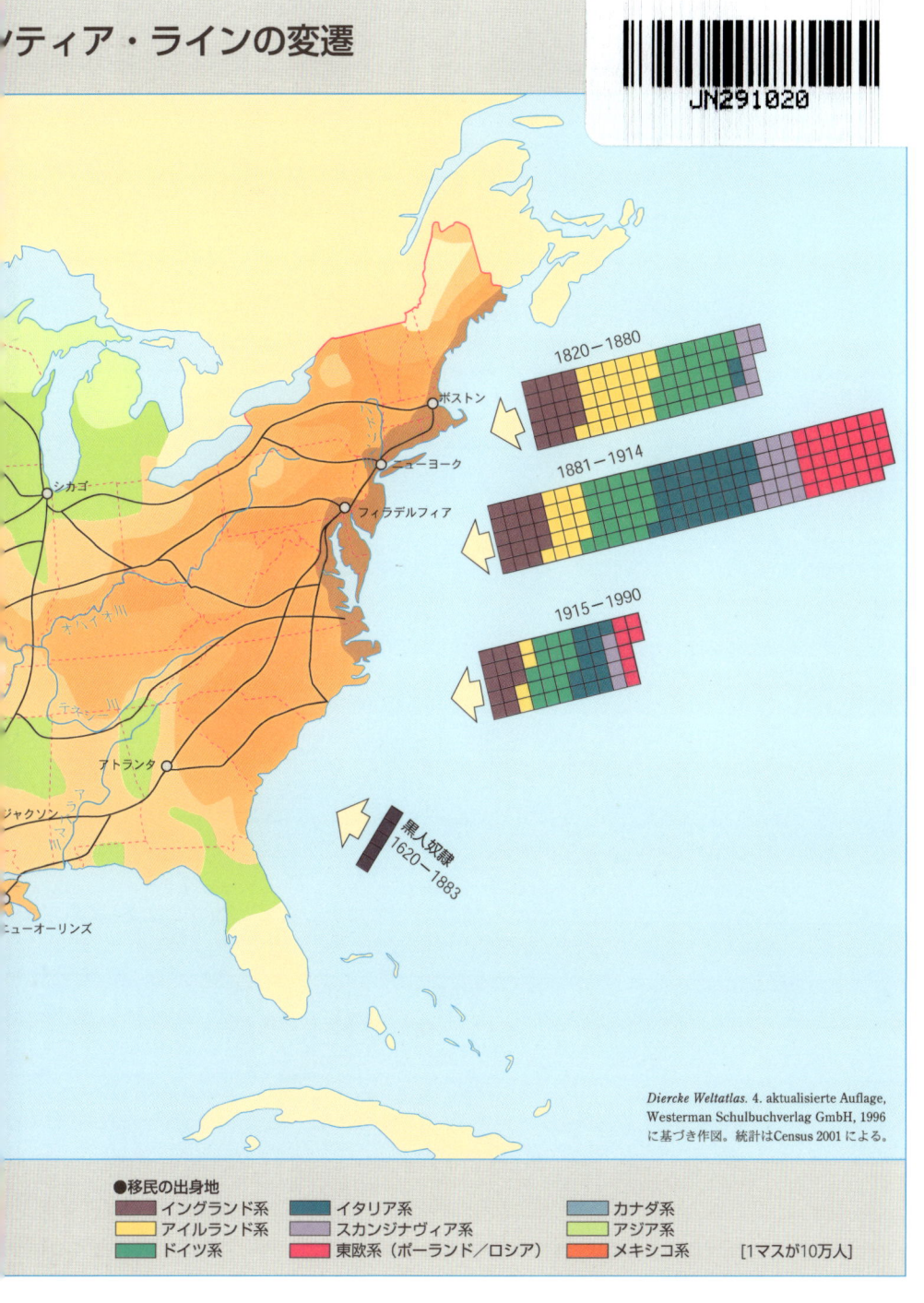

USA TODAY

事典■CD-ROM付
現代のアメリカ

小田隆裕・柏木　博
巽　孝之・能登路雅子
松尾弌之・吉見俊哉　編集

大修館書店

まえがき

　われわれの身のまわりにはアメリカ的なモノや考えがあふれている。それは二重の「アメリカ」という名前の洗礼を受けた結果でもある。まず日本はアメリカとの遭遇によって，封建時代の永い夢から目を覚ました。ペリー提督が率いるアメリカ艦隊の来訪以来，キリスト教の宣教師，人権思想，それに機械文明や近代化などの波が押し寄せた。第2次世界大戦後のアメリカ軍政部を中心とした日本の占領と「民主化」は，こうした流れをさらに加速させる出来事であった。

　もう一つの洗礼はグローバル化の波である。世界の基軸通貨はもちろんのこと，望ましいとされる政治制度，通信システムの基盤，大衆文化，それに何よりも民衆の夢が，世界的な規模で「アメリカン・ドリーム」の名のもとに広がりつつある。好むと好まざるとに関係なく巨大な怪物としての「アメリカ」は，すでにわれわれの身体の一部を成しているかのようだ。

　そのアメリカが，2001年9月11日の同時多発テロ事件以降大きく変貌した。居丈高になって反撃をこころみ，伝統的な価値観を守ろうとする一方，いままでの「アメリカ」のあり方を内側から問い直そうとする動きもあった。国内世論はますます分裂し，従来からみられた多元的な文化はますますその多様性を増している。他方で，世界の世論もアメリカを再検討するという姿勢を見せている。

　アメリカの変貌とともに，アメリカを取り巻く世界情勢も劇的に変化しているわけだが，『事典現代のアメリカ』は，このような動態的なアメリカの変わる部分，変わらない部分の両方に目を配り，われわれの一部となった「アメリカ」のより立体的で正確な姿をとらえようとした。アメリカを知ることは世界の理解につながり，われわれの存在の姿をも明らかにしてくれるはずだからである。

　すでに刊行されている『現代のドイツ』や『現代のフランス』と同じように，できるかぎり多くのテーマを取りあげ，おおかたの関心に応えると同時に，統合的な「アメリカ」の解明を目指した。そのためにあらかじめ編集委員が分野構成を定め，分野のなかの項目については数多くの専門家の手をわずらわせることになった。

　各界の英知を統合した本書は，おかげで詳細かつ具体的な情報を提供するにとどまらず，一冊の読み物としても手ごたえのあるアメリカ理解の書に仕上がったと考えている。付属のCD-ROMには多彩な検索機能がついているため，併せておおいにご活用いただければ幸いである。

2004年8月

編集委員一同

執筆者・担当箇所一覧 [50音順]

青山　南　　　早稲田大学文学部教授
(あおやま みなみ)　90.雑誌

明石　紀雄　　筑波大学名誉教授
(あかし のりお)　15.独立宣言の意味／45.ヨーロッパ系移民／コラム「独立宣言の原文」(15)／コラム「『人種のるつぼ』から『サラダボウル』へ」(45)

秋元　英一　　千葉大学経済学部教授
(あきもと えいいち)　57.経済の歴史／コラム「ニュー・エコノミー」(57)

浅井　澄子　　大妻女子大学社会情報学部助教授
(あさい すみこ)　70.情報通信産業

阿南　東也　　愛知県立大学外国語学部助教授
(あなみ はるや)　2.軍事・安全保障政策の変遷

阿部　齊　　　放送大学名誉教授
(あべ ひとし)　25.大統領／コラム「大統領とマスコミの関係」(25)

有馬　哲夫　　早稲田大学社会科学部教授
(ありま てつお)　87.テレビ／コラム「アメリカの移植から始まった日本のテレビ放送」(87)

飯島　洋一　　多摩美術大学美術学部教授
(いいじま よういち)　85.建築

飯野　正子　　津田塾大学英文学科教授
(いいの まさこ)　105.日系アメリカ人

石井　修　　　明治学院大学法学部教授・一橋大学名誉教授
(いしい おさむ)　3.外交政策の展開

石川　准　　　静岡県立大学国際関係学部教授
(いしかわ じゅん)　56.障害者と社会

生井　英考　　共立女子大学国際文化学部教授
(いくい えいこう)　96.写真

岩野　一郎　　南山大学外国語学部教授
(いわの いちろう)　23.合衆国議会／コラム「ロビイストとロビー活動」(23) [共同執筆]

江畑　謙介　　軍事評論家
(えばた けんすけ)　68.軍事産業

遠藤　徹　　　同志社大学言語文化教育研究センター助教授
(えんどう とおる)　66.原材料・新素材／コラム「物質科学の誕生」(66)

大井　浩二　　関西学院大学名誉教授
(おおい こうじ)　75.アメリカン・ヒーロー

大串　尚代　　慶應義塾大学文学部助手
(おおぐし ひさよ)　アメリカ史年表

大西　直樹　　国際基督教大学教養学部教授
(おおにし なおき)　29.思想の歴史／コラム「イロコイ連合とアメリカ合衆国連邦制度」(29)

大平　和登	演劇・ミュージカル評論家
(おおひら かずと)	101.演劇とミュージカル／コラム「オン・ブロードウェイとオフ・ブロードウェイ」(101)
岡田　泰男	慶應義塾大学名誉教授
(おかだ やすお)	16.国土の形成／76.フォークロア
岡本　勝	広島大学総合科学部教授
(おかもと まさる)	55.酒類・タバコ規制
奥平　康弘	東京大学名誉教授
(おくだいら やすひろ)	22.合衆国憲法
小塩　和人	日本女子大学文学部教授
(おしお かずと)	18.環境と自然のかかわり／79.消費生活・商業空間／コラム「国立公園の成立とその使命」(18)／コラム「アメリカの環境政策と国際関係」(18)／コラム「百貨店とショッピングモール」(79)
小田　隆裕	朝日新聞国際担当
(おだ たかひろ)	1.グローバル・システムとしてのアメリカ／コラム「日系アメリカ人と軍隊」(105)
越智　道雄	明治大学商学部教授
(おち みちお)	30.アメリカ生まれの宗教
音　好宏	上智大学文学部助教授
(おと よしひろ)	71.メディア産業
鍛治　壯一	航空評論家
(かじ そういち)	69.航空宇宙産業／コラム「空の大量輸送を開拓したB747ジャンボ」(68)／コラム「チャレンジャー号とコロンビア号事故」(69)
柏木　博	武蔵野美術大学造形学部教授
(かしわぎ ひろし)	94.デザイン／コラム「日常生活を変えたガジェット」(58)
桂　英史	東京芸術大学美術学部助教授
(かつら えいし)	41.図書館
加藤信一郎	食文化研究家
(かとう しんいちろう)	80.食物・飲料・料理／コラム「アメリカ各地の名物料理」(80)
加藤　裕子	生活文化ジャーナリスト
(かとう ひろこ)	コラム「米国の食事は本当にまずいか？」(80)
加藤　幹郎	京都大学大学院人間・環境学研究科助教授
(かとう みきろう)	100.映画
金子　隆一	評論家
(かねこ りゅういち)	59.宇宙開発
川澄　哲夫	文学博士・元慶應義塾大学文学部教授
(かわすみ てつお)	104.日米交流のはじまり／コラム「宣教師とお雇い外国人たち」(104)
川辺　信雄	早稲田大学商学部教授
(かわべ のぶお)	63.商業・流通業
菅　英輝	九州大学大学院比較社会文化研究院教授
(かん ひでき)	4.領土拡張の動き
菅野　峰明	埼玉大学教養学部教授
(かんの みねあき)	21.人口の動態

喜多村和之　　私学高等教育研究所主幹・早稲田大学教育学部特任教授
（きたむら　かずゆき）　38.高等教育／コラム「学生消費者主義」(38)

鬼頭栄美子　　弁護士
（きとう　えみこ）　72.代理業／コラム「知的所有権の考え方」(72)／コラム「ロビイストとロビー活動」
(23)[共同執筆]

桑山　敬己　　北海道大学大学院文学研究科教授
（くわやま　たかみ）　33.文化人類学

高齋　正　　作家
（こうさい　ただし）　81.自動車

後藤　康浩　　日本経済新聞社論説委員・編集委員
（ごとう　やすひろ）　64.エネルギー産業／コラム「メジャーと新興勢力」(64)

小林袈裟治　　龍谷大学名誉教授
（こばやし　けさじ）　93.広告／コラム「ベネトンの広告革命」(93)

小檜山ルイ　　東京女子大学現代文化学部教授
（こひやま　るい）　7.キリスト教の伝道

小室　俊明　　大東文化大学文学部助教授
（こむろ　としあき）　74.アメリカ英語／コラム「方言区分研究の進展」(74)／コラム「黒人英語と英語公用
語化問題」(74)

榊原　胖夫　　関西外国語大学外国語学部教授
（さかきばら　やすお）　67.交通・運輸

櫻庭　千尋　　日本銀行北九州支店長
（さくらば　ちひろ）　62.金融業と金融政策／コラム「米国の金融機関監督」(62)

佐藤　良明　　東京大学大学院総合文化研究科教授
（さとう　よしあき）　102.音楽

下平　雅人　　みずほ総合研究所調査本部主任研究員（執筆時）
（しもだいら　まさと）　6.多国籍企業と貿易

鈴木　淑美　　翻訳家
（すずき　としみ）　84.心の産業／コラム「漫画に描かれた精神科医と患者」(84)

外岡　秀俊　　朝日新聞ヨーロッパ総局長
（そとおか　ひでとし）　110.安全保障から見た日米関係

竹村　和子　　お茶の水女子大学人間文化研究科教授
（たけむら　かずこ）　53.フェミニズム

舘　美貴子　　東京大学大学院総合文化研究科助手
（たち　みきこ）　コラム「アメリカの国歌」(19)／コラム「宗教の分類から見るアメリカ社会」(30)／
コラム「大学入学から卒業まで」(38)／コラム「グレーハウンドとアムトラック」
(67)

巽　孝之　　慶應義塾大学文学部教授
（たつみ　たかゆき）　13.アメリカ史の中の9.11テロ／31.文学の歴史／コラム「美術家一家の伝統：ピール
王朝とワイエス王朝」(95)

中條　献　　桜美林大学国際学部教授
（ちゅうじょう　けん）　52.公民権運動とマイノリティ運動／コラム「アファーマティブ・アクション」(52)

恒吉　僚子 (つねよし りょうこ)	東京大学大学院教育学研究科助教授 37.初等・中等教育／コラム「チャータースクール」(37)	
富田　虎男 (とみた とらお)	立教大学名誉教授 43.ネイティブ・アメリカン／コラム「インディアンの文化復興」(43)／コラム「ウラン放射能被曝問題」(43)	
鳥飼玖美子 (とりかい くみこ)	立教大学大学院異文化コミュニケーション研究科教授 73.アメリカン・ウェイ・オブ・コミュニケーション	
内藤　陽介 (ないとう ようすけ)	郵便学者・(財)切手の博物館副館長 コラム「切手に見るアメリカン・ヒロインの系譜」(75)	
中井　良則 (なかい よしのり)	毎日新聞社外信部長 83.健康産業	
中尾　茂夫 (なかお しげお)	明治学院大学経済学部教授 5.ドルが支配する世界／コラム「ニクソン・ショックの人脈」(5)	
永瀬　唯 (ながせ ただし)	評論家 58.発明と科学技術開発の流れ／コラム「コピー機の発明とオフィス革命」(58)	
中村　雅子 (なかむら まさこ)	桜美林大学国際学部教授 36.公民教育・コミュニティ	
沼上　幹 (ぬまがみ つよし)	一橋大学商学部教授 34.経営学	
能登路雅子 (のとじ まさこ)	東京大学大学院総合文化研究科教授 77.祝祭日と祝い事／99.テーマパーク／コラム「1ドル札の裏に描かれたアメリカ精神」(1)／コラム「ハロウィーン」(77)／アメリカ史年表／《カラーページ》アメリカの象徴、アメリカ都市物語⑥シアトル、⑦ロサンゼルス、⑧ヒューストン	
野村　達朗 (のむら たつろう)	愛知学院大学文学部教授 47.ユダヤ系アメリカ人／50.労働運動	
朴　元奎 (パク ウォンキュ)	北九州市立大学法学部教授 28.国内治安・犯罪（犯罪）	
長谷川祐子 (はせがわ ゆうこ)	金沢21世紀美術館学芸課長 95.美術	
秦　隆司 (はた たかし)	*American Book Jam*編集長・ジャーナリスト 91.書籍・出版／コラム「リテラリー・エージェントの役割」(91)	
服部　桂 (はっとり かつら)	朝日新聞社総合研究本部主任研究員 92.サイバーカルチャー	
平井　肇 (ひらい はじめ)	滋賀大学教育学部助教授 98.スポーツ	
藤倉皓一郎 (ふじくら こういちろう)	同志社大学法科大学院教授 26.裁判制度／コラム「陪審員はどのように選ぶのか」(26)	
藤田　伍一 (ふじた ごいち)	一橋大学社会学部教授 27.社会保障制度／コラム「産業主義と社会保障」(27)	
藤田　博司 (ふじた ひろし)	上智大学文学部教授 89.新聞	

藤本　隆宏 (ふじもと たかひろ)	東京大学経済学部教授 61.製造業の過去と現在
堀口　健治 (ほりぐち けんじ)	早稲田大学政治経済学部教授 65.農業
前川　玲子 (まえかわ れいこ)	京都大学人間・環境学研究科助教授 8.海外援助と財団活動
前嶋　和弘 (まえしま かずひろ)	敬和大学人文学部専任講師 28.国内治安・犯罪（国内治安）
前島　正裕 (まえじま まさひろ)	国立科学博物館理工学研究部主任研究官 82.電化製品／コラム「エジソンと配電システム」(82)
町村　敬志 (まちむら たかし)	一橋大学大学院社会学研究科教授 20.都市／コラム「シカゴの発展と都市社会学の誕生」(20)
松尾　弌之 (まつお かずゆき)	上智大学外国語学部教授 14.アメリカ成立の過程／19.地域の特色／コラム「アメリカの国旗」(19)／コラム「共和党と民主党」(23)／アメリカ史年表／《カラーページ》アメリカでよく見られる動物・植物，アメリカ都市物語①ニューヨーク，②シカゴ，③アトランタ，④ニューオリンズ，⑤サンフランシスコ
松原隆一郎 (まつばら りゅういちろう)	東京大学大学院総合文化研究科教授 109.経済を中心とする日米関係
三浦　展 (みうら あつし)	カルチャースタディーズ研究所主宰・立教大学大学院非常勤講師 78.アメリカン・ファミリー／コラム「ニューヨーク万博とアメリカの家族」(78)
三浦　俊章 (みうら としあき)	朝日新聞政治部次長 12.世界の中での 9.11 テロ
水越　伸 (みずこし しん)	東京大学大学院情報学環助教授 88.ラジオ
道下　匡子 (みちした きょうこ)	作家・翻訳家 97.ファッション
宮田　律 (みやた おさむ)	静岡県立大学国際関係学部助教授 11.イスラムから見たアメリカ
ミヨシ，マサオ (Miyoshi, Masao)	カリフォルニア大学サンディエゴ校教授 9.グローバリゼーションとアメリカ
向江　龍治 (むかえ りゅうじ)	ニューヨーク大学客員教授 39.高等研究機関
村上由見子 (むらかみ ゆみこ)	著述家・東京大学大学院情報学環客員教授 48.アジア系アメリカ人／106.アメリカの中の日本
村田　勝幸 (むらた かつゆき)	北海道大学大学院文学研究科助教授 46.ヒスパニック系
森茂　岳雄 (もりも たけお)	中央大学文学部教授 42.多文化主義をめぐる議論
矢ケ﨑典隆 (やがさき のりたか)	東京学芸大学教育学部教授 17.地形と気候／コラム「健康ユートピアとしてのカリフォルニア」(17)

八木　幸二 (やぎ　こうじ)	東京工業大学理工学研究科建築学専攻教授 86.住宅
矢口　祐人 (やぐち　ゆうじん)	東京大学アメリカ太平洋地域研究センター助教授 40.博物館・美術館
矢澤修次郎 (やざわ　しゅうじろう)	一橋大学大学院社会学研究科教授 32.社会学の成立
谷中　寿子 (やなか　ひさこ)	共立女子大学国際文化学部教授 44.アフリカ系アメリカ人
山岸　秀雄 (やまぎし　ひでお)	NPOサポートセンター理事長 51.市民運動・草の根活動
山崎カヲル (やまさき　かおる)	東京経済大学コミュニケーション学部教授 10.ラテンアメリカから見た米国／コラム「米国本土攻撃の先駆け，パンチョ・ビジャ」(10)
山本　晶 (やももと　しょう)	慶應義塾大学名誉教授 コラム「アーミッシュ」(30)
湯浅　成大 (ゆあさ　しげひろ)	東京女子大学現代文化学部教授 24.連邦組織と地方政府
油井大三郎 (ゆい　だいざぶろう)	東京大学大学院総合文化研究科教授 49.移民とディアスポラ
吉見　俊哉 (よしみ　しゅんや)	東京大学大学院情報学環教授 107.日本の中の「アメリカ」：戦前／108.日本の中の「アメリカ」：戦後
米倉誠一郎 (よねくら　せいいちろう)	一橋大学イノベーション研究センター教授 60.企業経営の歴史／コラム「企業格付けの先駆者ヘンリー・ヴァーナム・プア」(60)
米本　昌平 (よねもと　しょうへい)	科学技術文明研究所所長 35.自然科学
若島　正 (わかしま　ただし)	京都大学大学院文学研究科教授 103.小説
渡部　桃子 (わたなべ　ももこ)	東京都立大学人文学部教授 54.ゲイ・レズビアン／コラム「ハリウッド映画とゲイの男たち」(54)／コラム「おしゃれなのはレズビアン？」(54)

［肩書きは2004年7月現在。コラムの後に括弧で囲んで記した数字は，コラムが置かれた章ナンバーを示す。］

総目次

まえがき ―――――――――――― iii
執筆者・担当箇所一覧 ―――――― iv
本文詳細目次 ―――――――――― xii
凡例 ――――――――――――― xli

●

A――グローバル・システムとしてのアメリカ
1――グローバル・システムとしてのアメリカ ―――― 4
2――軍事・安全保障政策の変遷 ―― 17
3――外交政策の展開 ――――――― 27
4――領土拡張の動き ――――――― 35
5――ドルが支配する世界 ――――― 47
6――多国籍企業と貿易 ―――――― 57
7――キリスト教の伝道 ―――――― 72
8――海外援助と財団活動 ――――― 82
9――グローバリゼーションとアメリカ ―― 92
10――ラテンアメリカから見た米国 ―― 108
11――イスラムから見たアメリカ ―― 115
12――世界の中での9.11テロ ――― 124
13――アメリカ史の中の9.11テロ ― 134

B――国家意識の成立
14――アメリカの成立過程 ―――― 144
15――独立宣言の意味 ―――――― 171
16――国土の形成 ―――――――― 180
17――地形と気候 ―――――――― 190
18――環境・自然とのかかわり ―― 203
19――地域の特色 ―――――――― 215
20――都市 ―――――――――― 234
21――人口の動態 ―――――――― 243

C――国家の枠組み
22――合衆国憲法 ―――――――― 258
23――合衆国議会 ―――――――― 268
24――連邦組織と地方政府 ―――― 285
25――大統領 ――――――――― 296
26――裁判制度 ―――――――― 311

27――社会保障制度 ――――――― 320
28――国内治安・犯罪 ―――――― 329

D――アメリカ的知の枠組み
29――思想の歴史 ―――――――― 342
30――アメリカ生まれの宗教 ――― 354
31――文学の歴史 ―――――――― 366
32――社会学の成立 ――――――― 380
33――文化人類学 ―――――――― 392
34――経営学 ――――――――― 400
35――自然科学 ―――――――― 409
36――公民教育・コミュニティ ―― 421
37――初等・中等教育 ―――――― 430
38――高等教育 ―――――――― 439
39――高等研究機関 ――――――― 451
40――博物館・美術館 ―――――― 464
41――図書館 ――――――――― 475

E――多民族社会の実態
42――多文化主義をめぐる議論 ―― 486
43――ネイティブ・アメリカン ―― 498
44――アフリカ系アメリカ人 ――― 511
45――ヨーロッパ系移民 ――――― 521
46――ヒスパニック系 ―――――― 529
47――ユダヤ系アメリカ人 ―――― 537
48――アジア系アメリカ人 ―――― 546
49――移民とディアスポラ ―――― 555

F――社会改革運動
50――労働運動 ―――――――― 566
51――市民運動・草の根活動 ――― 578
52――公民権運動とマイノリティ運動 ― 592
53――フェミニズム ――――――― 601
54――ゲイ・レズビアン ――――― 613
55――酒類・タバコ規制 ――――― 622
56――障害者と社会 ――――――― 632

G――経済・技術・発明
57――経済の歴史 ―――――――― 642

58 — 発明と科学技術開発の流れ — 657
59 — 宇宙開発 — 672
60 — 企業経営の歴史 — 680
61 — 製造業の過去と現在 — 689
62 — 金融業と金融政策 — 699
63 — 商業・流通業 — 708
64 — エネルギー産業 — 718
65 — 農業 — 727
66 — 原材料・新素材 — 738
67 — 交通・運輸 — 749
68 — 軍事産業 — 761
69 — 航空宇宙産業 — 771
70 — 情報通信産業 — 781
71 — メディア産業 — 790
72 — 代理業 — 800

H — アメリカン・ウェイ・オブ・ライフ
73 — アメリカン・ウェイ・オブ・コミュニケーション — 812
74 — アメリカ英語 — 821
75 — アメリカン・ヒーロー — 837
76 — フォークロア — 850
77 — 祝祭日と祝い事 — 859
78 — アメリカン・ファミリー — 873
79 — 消費生活・商業空間 — 882
80 — 食物・飲料・料理 — 892
81 — 自動車 — 901
82 — 電化製品 — 910
83 — 健康産業 — 919
84 — 心の産業 — 929
85 — 建築 — 939
86 — 住宅 — 951

I — メディア・カルチャー
87 — テレビ — 966
88 — ラジオ — 974
89 — 新聞 — 982
90 — 雑誌 — 990
91 — 書籍・出版 — 999
92 — サイバーカルチャー — 1011
93 — 広告 — 1020
94 — デザイン — 1030
95 — 美術 — 1043
96 — 写真 — 1054
97 — ファッション — 1063
98 — スポーツ — 1071
99 — テーマパーク — 1080
100 — 映画 — 1089
101 — 演劇とミュージカル — 1101
102 — 音楽 — 1117
103 — 小説 — 1126

J — 日本とアメリカの関係
104 — 日米交流のはじまり — 1136
105 — 日系アメリカ人 — 1147
106 — アメリカの中の日本 — 1158
107 — 日本の中の「アメリカ」：戦前 — 1167
108 — 日本の中の「アメリカ」：戦後 — 1177
109　経済を中心とする日米関係 — 1187
110 — 安全保障から見た日米関係 — 1197

●

アメリカ史年表 — 1206
歴代大統領・副大統領・国務長官一覧 — 1288
主要参考文献 — 1292
日英用語対照表 — 1297
英日用語対照表 — 1343
日英人名対照表 — 1390
略語・略記一覧 — 1412
事項索引 — 1419
人名索引 — 1458
図表一覧 — 1467
写真・図版出典一覧 — 1470

●

別冊● CD-ROMの使い方

本文詳細目次

A──グローバル・システムとしてのアメリカ

1──グローバル・システムとしてのアメリカ ［小田隆裕］────4
- A──多様の統一────4
  - 1｜「世界のモデル」の意識　2｜アメリカのジレンマ
- B──理念────6
- C──戦争が果たした役割────8
  - 1｜最大の経済大国に　2｜寛容な戦後政策
- D──技術────10
- E──キリスト教会と宣教師の役割────11
- F──文化の影響力────12
  - 1｜世界にあふれる「アメリカ」　2｜留学　3｜国際機関
- G──「世界語」としての英語────15
- ●コラム｜1ドル札の裏に描かれたアメリカ精神［能登路雅子］──7

2──軍事・安全保障政策の変遷 ［阿南東也］────17
- A──「世界大国」への道程────17
  - 1｜「武装市民」の思想と軍隊　2｜本格的な対外戦争の時代　3｜第1次大戦後の再軍備政策
- B──抑止力戦略への転換と定着────19
  - 1｜冷戦の時代　2｜ソ連の脅威と軍事費の増強　3｜通常兵器の削減と核兵器依存　4｜大量報復政策の転換
- C──抑止戦略の再確認────21
  - 1｜ケネディの柔軟反応戦略　2｜ニクソンの現実主義的抑止政策　3｜第2次冷戦の時代
- D──大国間抑止の終焉と新世界────23
  - 1｜レーガンの軍備拡張政策　2｜軍縮の時代へ　3｜ポスト冷戦期の軍事政策

3──外交政策の展開 ［石井修］────27
- A──冷戦後のアメリカ外交────27
- B──南北アメリカの自由貿易圏構想────28
- C──民主主義の拡大────28
- D──NATOの東方拡大────29
- E──地域紛争────29
- F──アメリカの中東政策────30
- G──対中関係────31
- H──対日関係────32
- I──議会と大統領────33
- J──クリントン外交の評価────33

4──領土拡張の動き ［菅英輝］────35

A──モンロー・ドクトリンと「明白な運命」────35
B──世紀転換期の「帝国主義」論争と「門戸開放帝国主義」────37
C──ウッドロー・ウィルソンの「宣教師外交」と自由主義的国際主義────40
D──トルーマン・ドクトリンと「アメリカの世紀」論────42
E──9.11テロとブッシュ・ドクトリン────44

5──ドルが支配する世界 [中尾茂夫]────47
A──基軸通貨と覇権────47
B──20世紀とともに伸びた米ドル────48
　　1│基軸通貨への道　2│ブレトンウッズ体制
C──金から離れた米ドル────49
　　1│シカゴ筋の主張　2│米ドル低下に対応した2つの動き　3│米ドル下落とジャパン・マネー
D──米ドルの復活────52
　　1│復活への大転換を見せた1990年代　2│アメリカへの資本還流　3│決済システムの強靭さ
●コラム│ニクソン・ショックの人脈 [中尾茂夫]────51

6──多国籍企業と貿易 [下平雅人]────57
A──世界経済における米国系多国籍企業の大きなプレゼンス────57
B──歴史的な変遷：マルチ・ドメスティック型からグローバル型へ────60
C──産業別に見る米国系多国籍企業のパワー────61
　　1│国策産業としての色合いを強く残す石油産業　2│古くて新しい米系アグリ・バイオビジネスのパワー　3│絶対的な優位を誇る米国の情報・通信企業　4│世界の資金フローと大型M&Aを演出する米国系金融・会計監査企業
D──80年代半ば以降の米貿易・投資の急増と貿易・投資自由化の進展────66

7──キリスト教の伝道 [小檜山ルイ]────72
A──伝道史概説────72
　　1│カトリックによるインディアン伝道　2│プロテスタントによるインディアン伝道　3│その他の国内伝道　4│海外伝道
B──伝道の仕組み────76
C──伝道とアメリカ的特性────77
　　1│伝道を支える宗教的情熱　2│世俗化する伝道　3│伝道地からの批判
D──伝道は何をもたらしたか────79

8──海外援助と財団活動 [前川玲子]────82
A──国際貢献事業の胎動と財団の誕生────82
　　1│孤立主義とミッショナリー・スピリット　2│資本主義の発達と余剰財産の社会還元　3│嵐の中の船出と国際貢献
B──戦争と対外コミットメントの拡大────84
　　1│孤立主義からの転換　2│政府組織と非政府組織の連携　3│援助大国への道
C──戦後復興支援と冷戦────86
　　1│大国の「使命」と援助の拡大　2│民間組織の活動とジレンマ　3│財団と世界戦略
D──東西対立から南北問題へ：今後の課題────89
●コラム│フィランソロピーとは? [前川玲子]────85

9 グローバリゼーションとアメリカ [マサオ・ミヨシ] ——92
A グローバリゼーションとは何か ——92
1｜グローバリゼーションの歴史　2｜経済の脱国家現象　3｜国家本位から企業本位へ　4｜不均衡を生むグローバリゼーション
B アメリカとグローバリゼーション ——95
1｜グローバリゼーションはアメリカニゼーションか　2｜グローバリゼーションと植民地主義　3｜何が「アメリカ的」なのか　4｜アメリカ文明の多様性　5｜コカ・コーラ，マクドナルド，ハリウッド　6｜民主主義はアメリカの「スタイル」か
C 国際機構とグローバリゼーション ——100
1｜地球規模の相互依存と国際機構　2｜第三世界と国際機構　3｜多国籍企業の進出と主権・人権の侵害　4｜地域統合機関とグローバリゼーション
D 地球の一体化と環境破壊 ——102
1｜環境破壊の地球的拡大　2｜戦争と自動車による環境破壊　3｜地球化経済と地球文化主義
E 反グローバリゼーションの動き ——105

10 ラテンアメリカから見た米国 [山崎カヲル] ——108
A 「アメリカ」とは何か ——108
1｜アメリカ＝米国ではない　2｜帝国としての米国　3｜愛憎が混じり合う対米感情
B ラテンアメリカの解体 ——110
1｜ラテンアメリカに実態はあるのか　2｜エスニックの混合が崩す地域区分
●コラム｜米国本土攻撃の先駆け，パンチョ・ビジャ [山崎カヲル] ——113

11 イスラムから見たアメリカ [宮田律] ——115
A イスラムの国際関係観とアメリカ ——115
B イスラエルの擁護 ——116
C キリスト教原理主義の影響 ——117
D イスラム政治運動（原理主義）に対する対応 ——119
E 第2次大戦後のアメリカによるイスラム世界への軍事的・政治的干渉 ——120
F アメリカのイスラム政策の課題 ——121

12 世界の中での9.11テロ [三浦俊章] ——124
A グローバリゼーションが生んだテロ ——124
1｜同時多発テロ事件　2｜超大国の逆説　3｜非対称な戦争
B 米国の「正義」 ——126
1｜なぜわれわれは嫌われるか　2｜特別軍事法廷と悪の枢軸　3｜「戦時大統領」　4｜アメリカ社会の変容
C 単独行動主義の底流 ——128
1｜湾岸戦争が残した課題　2｜政権内の路線闘争　3｜ブッシュ・ドクトリン
D 原則合意崩れる世界 ——129
1｜米欧関係の亀裂　2｜米外交の革新　3｜9.11の米外交への影響　4｜世界への影響　5｜国際社会の亀裂

13 アメリカ史の中の9.11テロ [巽孝之] ——134
A 同時多発テロからイラク戦争へ ——134

B──報復の科学：魔女狩りからスターウォーズ計画まで──────135
　C──ならず者国家の倫理とポスト植民地主義の精神──────138
　D──いま「9.11」をどのように表象しうるか──────139

B──国家意識の成立

14──アメリカ成立の過程　[松尾弌之]──────144
　A──新大陸とヨーロッパの遭遇──────144
　　　1｜アメリカの先住者たち　2｜基層文化としての先住民文化
　B──ヨーロッパによる植民の始まり──────145
　　　1｜スペイン・フランスの植民　2｜イギリスの進出
　C──アメリカ植民地の生活──────147
　　　1｜ニューイングランド植民地の発展　2｜南部植民地の発展
　D──アメリカ独立革命──────149
　　　1｜イギリスの締め付けと独立の機運　2｜独立戦争の勃発
　E──国づくりをめぐる論争──────151
　　　1｜憲法制定会議の開催　2｜フェデラリストと民主共和派の対立
　F──領土の拡大とコモンマンの文化──────152
　　　1｜国土の拡大　2｜庶民派大統領ジャクソン
　G──南北戦争──────153
　　　1｜奴隷制度をめぐる争い　2｜北軍の勝利と南部の「再建」
　H──ビッグ・ビジネスと近代アメリカの出現──────155
　　　1｜産業の発展と土地利用の拡大　2｜新移民の流入
　I──金ぴか時代への批判──────157
　　　1｜楽観主義と深刻な現実　2｜企業活動への政府の介入
　J──革新主義：20世紀アメリカの始まり──────158
　　　1｜革新主義と対外政策　2｜セオドア・ローズヴェルトの改革　3｜ウィルソンの改革　4｜世界平和と14ヵ条
　K──1920年代の社会と政治──────160
　　　1｜充実する個人生活　2｜女性の台頭とモダニズム　3｜反動の時代　4｜ビッグ・クラッシュ
　L──ニューディールと第2次世界大戦──────161
　　　1｜ニューディール政策　2｜大戦参戦と孤立主義の終わり
　M──パックス・アメリカーナへの道──────163
　　　1｜トルーマン・ドクトリンとフェアディール政策　2｜赤狩り　3｜人種差別撤廃の気運　4｜パックス・アメリカーナ
　N──ニューフロンティアと対抗文化──────165
　　　1｜ケネディのニューフロンティア政策　2｜人種差別撤廃の動き　3｜社会変革の時代　4｜ベトナム内戦への介入
　O──ネオコンサーバティズムから21世紀へ──────167
　　　1｜ベトナム戦の敗北　2｜ウォーターゲート事件　3｜輝きを失う大統領　4｜ネオコンサーバティズム　5｜ブッシュからクリントンへ　6｜9.11テロとその影響

15──独立宣言の意味　[明石紀雄]──────171
　A──独立宣言とは何か──────171

B──決議──171
　　1｜決議に至るまでの過程　2｜その政治理念：自然権哲学
C──宣言書──174
　　1｜起草者ジェファソン　2｜「当時の一致した意見」の表明　3｜奴隷制への言及　4｜「戦争における敵」への言及　5｜帝国の中の対等な一員として
D──独立宣言の文章スタイル──178
●コラム｜独立宣言の原文 [明石紀雄]──176

16──国土の形成 [岡田泰男]──180
A──植民地から独立へ──180
　　1｜イギリス人の植民　2｜土地の所有権と境界
B──独立と公有地の成立──182
　　1｜合衆国領土の成立　2｜「公有地」の誕生　3｜公有地の売却
C──領土の拡大──183
　　1｜西方・南方への拡大　2｜「明白な運命」　3｜カリフォルニアでの金の発見
D──開拓の進展──186
　　1｜フロンティアラインの西進　2｜フロンティアの消滅
E──国土は誰のものか──188

17──地形と気候 [矢ケ崎典隆]──190
A──アメリカ合衆国の地形と気候──190
　　1｜地形　2｜気候　3｜植生
B──環境利用の変化──196
　　1｜農業における環境利用　2｜工業における環境利用
C──ミシシッピ川と河川交通──197
D──大平原：砂漠から食肉産地へ──198
E──自然環境の意義──200
●コラム｜健康ユートピアとしてのカリフォルニア [矢ケ崎典隆]──201

18──環境・自然とのかかわり [小塩和人]──203
A──アメリカ人と環境──203
B──資源開発と環境破壊：19世紀まで──204
　　1｜先住民の暮らしと植民地建設　2｜環境資源と所有権　3｜連邦公有地政策の展開　4｜環境破壊と政府の役割
C──経済成長と環境保護：20世紀──207
　　1｜資源保全と環境保護　2｜第2次大戦後の環境保護運動　3｜国家環境政策法　4｜環境保護政策と経済成長　5｜「環境正義」問題の発生　6｜環境保護思想・運動の行方
●コラム｜国立公園の成立とその使命 [小塩和人]──208
●コラム｜アメリカの環境政策と国際関係 [小塩和人]──213

19──地域の特色 [松尾弌之]──215
A──アメリカの緑の丘──215
　　1｜アパラチア山脈以東　2｜大平原　3｜ロッキー山脈以西
B──国土の利用風景──216

　　　　1｜政府保有地　2｜放牧地・農耕地　3｜トウモロコシ畑　4｜肉牛の産地
　C──伝統のニューイングランド──────217
　　　　1｜ニューイングランドの景観　2｜自給自足的農業の伝統　3｜海に開いた交易ネットワーク　4｜蓄積された富と産業発展
　D──知性の王国──────219
　　　　1｜神の王国建設と教育　2｜教育の先駆的地域　3｜エリートの輩出
　E──農民のふるさと中西部──────221
　　　　1｜独立自尊の象徴としての農民　2｜アメリカの食料庫　3｜農業の企業化
　F──ミスター・アメリカン──────223
　　　　1｜フロンティア学説　2｜典型的アメリカ人のふるさと　3｜コモンマン
　G──途上国南部──────225
　　　　1｜南部とはどこか　2｜奴隷制の伝統　3｜南部の後進性
　H──南部のゆとり──────226
　　　　1｜プア・ホワイトのふるさと　2｜プア・ブラックの世界　3｜サザン・ホスピタリティー
　I──永遠の西部地方──────228
　　　　1｜開拓の記憶　2｜マウンテンメン　3｜カウボーイ　4｜農民
　J──西部をめぐる神話──────230
　　　　1｜可能性の土地，西部　2｜メディアと西部イメージ　3｜究極の西部カリフォルニア
　K──拮抗するイメージ──────232

20──都市　[町村敬志]──────234
　A──広野に姿を現すメトロポリス──────234
　　　　1｜都市化の進展とその要因　2｜都市を性格付けるマイノリティ
　B──アーバニズムと反アーバニズムの相克──────235
　C──郊外社会の理想と憂鬱──────236
　D──都市社会の衰退と再生──────238
　E──アメリカ的都市要素の世界への広がり──────239
　F──多文化主義の理想と要塞化──────241
　　　　1｜多文化政策がもたらした皮肉な展開　2｜「ホーム」としての都市は実現できるか
●コラム｜シカゴの発展と都市社会学の誕生　[町村敬志]──────237

21──人口の動態　[菅野峰明]──────243
　A──総人口の増加──────243
　　　　1｜人口の増加　2｜出生率・死亡率の変化　3｜平均余命の増加　4｜離婚率の変化　5｜宗教別人口
　B──移民の推移──────246
　　　　1｜ヨーロッパからの移民　2｜アフリカ系の移民　3｜アジア系移民　4｜ラテンアメリカ系移民
　C──人口移動──────248
　　　　1｜人口重心の移動　2｜地域間人口移動　3｜人口分布
　D──エスニック集団の構成──────252

C──国家の枠組み

22──合衆国憲法　[奥平康弘]──────258
　A──憲法の理念と構造上の特色──────258

B──合衆国憲法の成立過程────────259
C──権力構造────────260
　　1｜三権分立の原則　2｜合衆国議会　3｜大統領　4｜司法権
D──憲法の歴史的展開：州権尊重から合衆国権力の伸張へ────────264
E──憲法の歴史的展開：1920年代以降────────265
F──憲法における「市民」像────────266

23──合衆国議会 [岩野一郎]────────268
A──合衆国議会の成り立ち────────268
B──上・下両院の仕組み────────269
　　1｜上・下両院の改選と議席配分　2｜上・下両院の比較　3｜上・下両院議員の被選挙資格　4｜上・下両院の選挙と代表観・選挙区割り
C──議員と立法権の範囲────────271
　　1｜議員たちの横顔とスタッフ　2｜憲法の示す立法権限　3｜法律（公法・私法）と諸決議
D──議会の組織と権力構造────────273
　　1｜上・下両院の組織と権力構造　2｜上・下両院の議長職　3｜歴史的に見た下院議長　4｜院内総務・院内幹事　5｜その他の組織
E──立法過程────────276
　　1｜低い法案成立率　2｜法案の上程と委員会への付託　3｜常設委員会　4｜公聴会の開催とロビー活動　5｜委員会から本会議への道　6｜「議事運営委員会」というハードル　7｜上院本会議での「フィリバスター」　8｜両院協議会での調整
F──大統領と議会────────281
　　1｜大統領の拒否権　2｜議会と大統領のリーダーシップ
●コラム｜共和党と民主党 [松尾弌之]────275
●コラム｜ロビイストとロビー活動 [岩野一郎・鬼頭栄美子]────279

24──連邦組織と地方政府 [湯浅成大]────────285
A──連邦政府の組織────────285
　　1｜連邦政府の構成　2｜行政国家への道　3｜大きな政府，そして小さな政府へ
B──州政府と地方政府────────288
　　1｜さまざまな地方政府　2｜州政府・地方政府の構成と機能
C──連邦制と政府間関係────────291
　　1｜連邦制というシステム　2｜二重連邦主義　3｜協力的連邦主義　4｜創造的連邦主義　5｜新連邦主義　6｜州・地方の政府間関係
D──新しい役割分担へ────────294

25──大統領 [阿部齊]────────296
A──大統領制の特質────────296
　　1｜歴史的背景　2｜諸外国との比較
B──大統領の資格────────298
C──大統領の選出────────298
　　1｜選挙制度　2｜予備選挙　3｜公営選挙
D──大統領の役割────────301
E──行政部の構成と機能────────302

1｜伝統的行政機関　2｜内閣制の特質　3｜大統領府の発展
F──歴史に名を残した大統領────307
G──大統領制の評価────308
●コラム｜大統領とマスコミの関係［阿部齊］──309

26──裁判制度［藤倉皓一郎］────311
A──裁判制度の仕組み────311
B──法の担い手────313
1｜裁判官　2｜弁護士　3｜陪審
C──訴訟────317
●コラム｜陪審員をどのように選ぶのか［藤倉皓一郎］──315

27──社会保障制度［藤田伍一］────320
A──アメリカ社会保障の政策的枠組み────320
B──制度の枠組みと特質────321
C──年金保険（OASDI）の現況────322
D──健康保険と関連医療制度────324
E──その他の社会保険────325
1｜失業保険　2｜労災補償保険
F──公的扶助制度────326
1｜補足的保障所得制度（SSI）　2｜対困窮家庭一時扶助制度（TANF/AFDC）　3｜フード・スタンプ　4｜対低所得世帯光熱費扶助（LIHEAP）
●コラム｜産業主義と社会保障［藤田伍一］──327

28──国内治安・犯罪［前嶋和弘・朴元奎］────329
A──治安体制────329
1｜治安対策における連邦主義　2｜州，郡，市の治安対策組織　3｜連邦政府の治安対策組織
B──違法行為に対する対策────331
1｜治安改善努力　2｜犯罪の国際化・専門化
C──テロ対策のための政府組織────333
D──犯罪と刑罰────334
1｜犯罪の傾向と犯罪減少の要因　2｜刑事司法政策の理念と刑罰の実態　3｜テロ後の状況と将来の展望

D──アメリカ的知の枠組み

29──思想の歴史［大西直樹］────342
A──アメリカ思想の鳥瞰図────342
B──プロテスタント神学思想の起源────343
C──革命期の政治思想────344
D──第2次覚醒運動────346
E──トランセンデンタリストとセントルイス・ヘーゲリアン────346
F──ダーウィンの進化論────347
G──プラグマティズムの発生────348

H──アメリカ哲学史の黄金時代────349
　　　1｜J.ロイスと W.ジェイムズ　2｜ジョン・デューイ　3｜ジョージ・サンタヤナ
　I──デューイ以降のアメリカ哲学────352
　J──現代アメリカ思想と科学者────352
●コラム｜イロコイ連合とアメリカ合衆国連邦制度［大西直樹］──345

30──アメリカ生まれの宗教［越智道雄］────354
　A──宗教と産業の因果関係とアメリカの特殊事情────354
　　　1｜「天職」概念と産業社会　2｜千年紀後再臨説・千年紀前再臨説
　B──さまざまなアメリカ始発宗派とモルモン教────355
　　　1｜キリストの教会・キリストの弟子たち　2｜モルモン教
　C──最もアメリカ的な宗派が最も弾圧された皮肉────358
　D──アメリカとの妥協だった一夫多妻制廃止とユタ州昇格────359
　E──神の国の形而下化と人間再生としての治療────360
　F──「神の柔和化」と現世利益，女権伸張────361
　G──「神の相対化」vs「神の絶対化」────362
　H──高度管理社会と第 6 次大覚醒期────364
●コラム｜宗教の分類から見るアメリカ社会［舘美貴子］──356
●コラム｜アーミッシュ［山本晶］──363

31──文学の歴史［巽孝之］────366
　A──文学史の底流をなしたアメリカン・ドリーム────366
　B──ピューリタン植民地時代の文学────366
　C──共和制時代の文学────368
　D──ロマン主義時代の文学────370
　E──ダーウィン以後の文学────371
　F──コスモポリタニズムの文学────373
　G──ポスト・アメリカニズムの文学────375

32──社会学の成立［矢澤修次郎］────380
　A──アメリカの特徴────380
　B──アメリカ思想の特徴────381
　C──アメリカの原点をめぐる矛盾────382
　D──アメリカ社会学成立前史────383
　E──社会進化論の台頭────383
　F──最初の社会学者：サムナー────384
　G──革新主義の台頭────385
　H──スペンサーから革新主義の社会学へ：ウォード────385
　I──プラグマティズムの台頭────386
　J──社会学的プラグマティズム：クーリー────387
　K──シカゴ社会学の展開────387
　L──アメリカ現代社会学の成立────388
　M──スペンサーの死と社会秩序の問題：パーソンズ────388
　N──社会調査の社会学：ラザースフェルド────389

O──アメリカ社会およびアメリカ社会学の根源的課題────389
P──アメリカ現代社会学の課題────390

33──文化人類学 [桑山敬己] ────392
A──四分野アプローチ────392
B──アメリカ人類学の父：ボアズ────392
C──アメリカ人類学の初期：1920年代から40年代前半────393
D──アメリカ人類学の発展期[前期]：1940年代後半から60年代前半────394
　　1｜文化とパーソナリティ（心理人類学）　2｜機能主義　3｜新進化主義と文化生態学
E──アメリカ人類学の発展期[後期]：1960年代後半から80年代前半────396
　　1｜文化唯物論　2｜ポリティカル・エコノミー論　3｜認識人類学　4｜象徴人類学　5｜解釈人類学
F──アメリカ人類学の転換期：1980年代以降────398
G──ヨーロッパの影────399

34──経営学 [沼上幹] ────400
A──「科学」としての経営学────400
　　1｜経営学の祖テイラー　2｜実践志向と科学性の追求　3｜科学的経営学の方法
B──アメリカ経営学の具体例────403
　　1｜素朴な科学としての経営学　2｜洗練された「科学」としての経営学　3｜洗練された「科学」の代表例：組織のコンティンジェンシー理論
C──近年のアメリカ経営学────407

35──自然科学 [米本昌平] ────409
A──ヨーロッパ科学の移植とプラグマティズム────409
B──応用遺伝学としての優生学────410
C──亡命知識人と戦時科学動員────411
D──冷戦と科学技術への国家の支援────413
E──国防研究と大学────415
F──核兵器複合体────416
G──医学研究────416
H──分子生物学の発展────417
I──遺伝子組換え技術とヒトゲノム計画────418
J──冷戦の終焉と軍民転換────419

36──公民教育・コミュニティ [中村雅子] ────421
A──公民教育とは────421
B──公民教育を捉える視点────422
C──共和国の教育としての公民教育────423
D──教科としての「公民科」の登場とコミュニティ・シビックスの展開────423
E──社会科教育の目的としての公民教育────424
F──20世紀のカリキュラム論から見た公民教育────426
G──'CIVITAS'における公民的徳への回帰────426
H──多文化社会の公民教育をめぐって────427

37 ― 初等・中等教育 [恒吉僚子] ―― 430
- A ― るつぼ理論からの脱却 ―― 430
- B ― 教科書に見る「アメリカ人」イメージの変遷 ―― 431
- C ― 多文化共存への取り組み ―― 432
- D ― 分権化と個別化 ―― 432
- E ― 現代アメリカの教育動向 ―― 433
  - 1│スタンダードとテスト 2│ヴァウチャー 3│チャータースクール 4│民営化の波
- ●コラム│チャータースクール [恒吉僚子] ―― 436

38 ― 高等教育 [喜多村和之] ―― 439
- A ― 学校制度と高等教育の概観 ―― 439
- B ― 万人のための高等教育制度 ―― 440
- C ― 多様性と分権化 ―― 440
- D ― 合衆国における高等教育システムの展開 ―― 442
- E ― 高等教育の機能と構造 ―― 444
- F ― 学部課程と大学院 ―― 446
- G ― 最大の外国人留学生受入国 ―― 448
- H ― 大学の管理運営：独自の意思決定機構 ―― 448
- ●コラム│学生消費者主義 [喜多村和之] ―― 445
- ●コラム│大学入学から卒業まで [舘美貴子] ―― 447

39 ― 高等研究機関 [向江龍治] ―― 451
- A ― 政府系研究機関・基金 ―― 451
  - 1│軍事・宇宙技術分野の研究機関 2│一般科学技術分野の研究機関 3│医学・バイオ分野の研究機関 4│高等研究助成基金
- B ― 民間財団 ―― 453
  - 1│民間財団の位置付け 2│独立系民間財団
- C ― シンクタンク ―― 455
  - 1│シンクタンクとは 2│米国にシンクタンクが多いのはなぜか 3│思想史から見たシンクタンク 4│総合型シンクタンク 5│専門型シンクタンク
- D ― グローバル化と高等研究機関 ―― 462

40 ― 博物館・美術館 [矢口祐人] ―― 464
- A ― チャールズ・ウィルソン・ピールとアメリカのミュージアム ―― 464
  - 1│ミュージアムの起源 2│アメリカのミュージアムの草分け 3│ピールのミュージアムの使命
- B ― スミソニアン ―― 465
  - 1│スミソニアンの設立 2│今日のスミソニアン
- C ― ミュージアムとアメリカ社会：エノラ・ゲイ展示をめぐって ―― 467
  - 1│ミュージアムの社会的役割 2│「エノラ・ゲイ」の展示中止 3│研究者の視点と社会の視点
- D ― 知の枠組みとしてのミュージアム ―― 469
- E ― お薦めミュージアム ―― 469

41 ― 図書館 [桂英史] ―― 475
- A ― 公共図書館の先駆 ―― 475

B──読書の資本化と図書館の近代化────476
　　1｜イギリスの職工学校図書館　2｜近代的公共性を支えた時間管理　3｜標準時の確立と私生活の資本化　4｜知の共有が生む「想像の共同体」
C──世界典拠としての議会図書館────478
　　1｜国家を支える教養，教養を支える図書館　2｜図書館運営の近代化　3｜メディア産業が確立した知の生産・消費のサイクル　4｜世界秩序を支える出版物のデータベース化とネットワーク化
D──バベルの電子図書館────481
　　1｜電子図書館プロジェクトの進展　2｜インターネット時代の著作権　3｜21世紀の知的権威の行方

E──多民族社会の実態

42──多文化主義をめぐる議論　[森茂岳雄]────486
A──アメリカの国民統合と同化理論────486
　　1｜アングロ・コンフォーミティ　2｜るつぼ　3｜文化多元主義
B──多文化主義の出現────488
C──アファーマティブ・アクション論争────490
D──バイリンガル教育論争────491
E──大学カリキュラム論争────493
F──PC 論争────495

43──ネイティブ・アメリカン　[富田虎男]────498
A──ネイティブ・アメリカンとは誰か────498
B──インディアンの現状────499
　　1｜人口の増加　2｜都市インディアンの急増　3｜保留地インディアン　4｜社会・経済・保健状態
C──インディアン自決運動────505
　　1｜自決路線と「レッド・パワー」　2｜土地権・漁業権・水利権をめぐる闘い
●コラム｜インディアンの文化復興　[富田虎男]────501
●コラム｜ウラン放射能被曝問題　[富田虎男]────507

44──アフリカ系アメリカ人　[谷中寿子]────511
A──アフリカ系アメリカ人のサガ────511
　　1｜アフリカから新大陸へ　2｜植民地から共和国へ：国づくりを支えたアフリカ系アメリカ人　3｜奴隷から自由へ　4｜解放の喜びからジム・クロウ制度へ　5｜黒人解放運動の誕生：南部農村から北部都市への大移動　6｜黒人差別撤廃の幕開けから公民権運動へ
B──アフリカ系アメリカ人の文化：アイデンティティの探求────518

45──ヨーロッパ系移民　[明石紀雄]────521
A──人口：建国期────521
B──人口：建国以後────521
C──創立委員の役割────523
　　1｜アングロ=アメリカ社会の形成　2｜アメリカの基層文化の担い手
D──旧移民の到着：19世紀前半以後────524
　　1｜ドイツ系　2｜アイルランド系
E──19世紀後半から20世紀────525

1｜南・東ヨーロッパから　2｜「新移民」　3｜イタリアからの移民
F──難民────────528
●コラム｜「人種のるつぼ」から「サラダボウル」へ［明石紀雄］──527

46──ヒスパニック系　［村田勝幸］────────────────────529
A──ヒスパニック系とは誰か？────────529
　　　1｜センサス（国勢調査）による分類　2｜用語の起源とアイデンティティ　3｜地域的な特性・分布
B──主なヒスパニック系集団の歴史────────531
　　　1｜メキシコ系　2｜プエルトリカン　3｜キューバ系　4｜それ以外の中南米系
C──ヒスパニック系の文化と彼らを取り巻く状況────────535
　　　1｜人物・表象・文化　2｜新しい移民排斥主義

47──ユダヤ系アメリカ人　［野村達朗］────────────────537
A──ユダヤ系のアメリカ渡来────────537
　　　1｜ユダヤ系アメリカ人の定義　2｜初期アメリカにおけるセファーディック・ユダヤ人　3｜ドイツ系ユダヤ人　4｜東欧系ユダヤ人の到着
B──20世紀前半を中心に────────539
　　　1｜アメリカにおける東欧系ユダヤ人　2｜その後のユダヤ移民　3｜ユダヤ教　4｜ユダヤ系アメリカ人の社会的上昇　5｜反ユダヤ主義とユダヤ人差別
C──今日のユダヤ系アメリカ人────────542
　　　1｜第2次世界大戦以降のユダヤ系アメリカ人の進出　2｜ユダヤ系の進出　3｜ユダヤ系アメリカ人の諸団体　4｜同化の落し穴　5｜存続と解体の危機？

48──アジア系アメリカ人　［村上由見子］────────────────546
A──アジア系移民の始まり────────546
　　　1｜中国人移民　2｜日本人・アジア諸国の移民
B──排斥と差別────────548
　　　1｜排日運動の高まり　2｜アジア系移民のヒエラルキー　3｜日米戦争勃発と日系人
C──アジア系の増加と結束────────550
　　　1｜移民法改正とアジア系移民の増加　2｜アジア系マイノリティの団結　3｜変わるアジア系アメリカ人の内部地図
D──アジア系アメリカ人の現状と将来────────551
　　　1｜上昇するアジア系アメリカ人の地位　2｜残る差別・偏見

49──移民とディアスポラ　［油井大三郎］────────────────555
A──概念の交通整理────────555
B──イギリス植民地時代────────556
C──建国初期────────557
D──「新移民」の大量流入期────────558
E──人種・民族差別的移民法の是正期────────560
F──非ヨーロッパ系人口の急増と多文化主義の台頭期────────561
G──アメリカ文化と流動性────────562

F　社会改革運動

50　労働運動　[野村達朗] ——566
A　前史：第2次世界大戦以前 ——566
B　戦後：1940年代後半〜50年代の労働運動 ——567
　1｜戦後期の労働運動　2｜AFLとCIOの合同の実現　3｜ビジネス・ユニオニズム　4｜労働組合運動の官僚化と腐敗　5｜「豊かな社会」の労働者
C　1960年代を中心として ——569
　1｜現状変革運動が激発した60年代　2｜官公労働者の組織化　3｜マイノリティ労働者の組織化　4｜60年代の労働運動と政治　5｜若い一般組合労働者たちの抗議
D　経済構造の変化と労働組合 ——571
　1｜「グレート・Uターン」　2｜産業の空洞化　3｜所得不平等の拡大　4｜女性とマイノリティ労働者　5｜苦境に陥った労働組合　6｜コンセッションの嵐　7｜カークランド新会長のもとでの改革の試み
E　1990年代の労働運動 ——574
　1｜クリントン政権と労働運動　2｜スウィーニー新会長のもとでの新しい展開

51　市民運動・草の根活動　[山岸秀雄] ——578
A　アメリカの市民運動 ——578
B　アメリカの環境NPOの運動 ——579
　1｜活動方針をめぐる対立と先鋭化　2｜活動スタイルのバラエティ　3｜企業・政府との関係　4｜マイノリティと環境問題
C　消費者運動 ——581

52　公民権運動とマイノリティ運動　[中條献] ——592
A　アフリカ系アメリカ人と「公民権」 ——592
　1｜ジム・クロウ制度下の差別　2｜社会経済的基盤の変化
B　運動の始まりと高揚 ——593
　1｜ブラウン判決　2｜バス・ボイコット運動と「座り込み運動」　3｜非暴力直接行動
C　新しい流れ ——595
　1｜マルコム・Xと黒人民族主義　2｜ブラック・パワーの台頭　3｜キング牧師の暗殺
D　運動の成果と限界 ——598
　1｜「アメリカ人」のアイデンティティ　2｜公民権運動の限界
　●コラム｜アファーマティブ・アクション [中條献] ——597

53　フェミニズム　[竹村和子] ——601
A　米国フェミニズムの歴史的連続 ——601
B　第2波フェミニズムの誕生 ——602
C　ラディカリズム・フェミニズム，リベラル・フェミニズム ——604
D　ERAをめぐる攻防 ——605
E　バックラッシュ ——607
F　中絶の合法化をめぐる闘い ——608
G　セクシュアリティ ——609
H　人種・民族そしてグローバルな今後の課題 ——611

54 — ゲイ・レズビアン [渡部桃子] ——613
A——ストーンウォール暴動——613
B——ストーンウォール前夜——614
  1｜ハリー・ヘイとマタシン協会　2｜マタシン協会とレズビアンたち　3｜ビリティスの娘たち
C——ストーンウォールを越えて——616
  1｜アニタ・ブライアントとハーヴェイ・ミルク　2｜エイズとアクト・アップ　3｜クイア登場
●コラム｜ハリウッド映画とゲイの男たち [渡部桃子]——617
●コラム｜おしゃれなのはレズビアン？ [渡部桃子]——619

55 — 酒類・タバコ規制 [岡本勝] ——622
A——節酒・禁酒から禁酒法へ——622
  1｜運動の始まり　2｜法的強制
B——禁酒法運動の目的——623
  1｜社会・政治浄化　2｜産業の効率化
C——全国禁酒法以降——625
  1｜禁酒法の評価　2｜廃止直後の活動　3｜20世紀後半の飲酒状況
D——初期タバコ規制——626
  1｜消費拡大と規制の動き　2｜紙巻きタバコの販売規制
E——タバコ問題の政治イシュー化——627
  1｜1964年の医務総監報告　2｜警告表示と広告の禁止　3｜分煙・禁煙の推進　4｜課税強化
F——タバコ訴訟の現状——629
  1｜個人による訴訟　2｜集団と州政府による訴訟　3｜減少する国内需要と海外展開

56 — 障害者と社会 [石川准] ——632
A——障害者の統計——632
B——職業リハビリテーション——632
C——障害者の人権——633
D——交通・建築障壁——634
E——情報アクセシビリティ——635
  1｜テレビ番組のバリアフリー　2｜ウェブ・アクセシビリティの保障
F——バリアフリー社会の両義性——636
G——平等と差異——636
H——差異派を代表するろう文化——637
I——障害学の登場——638

G — 経済・技術・発明

57 — 経済の歴史 [秋元英一] ——642
A——アメリカ経済の成立：1607-1861年——642
  1｜経済成長の諸条件　2｜綿花輸出と輸入代替工業化
B——工業大国の出現：1865-1914年——647
  1｜急成長とセクター間格差　2｜消費者資本主義
C——ブームから大恐慌へ：1914-41年——650

　　　　1｜分割払いによる自動車購入　2｜景気政策の失敗
　D——黄金時代からスタグフレーションを経て新しい競争社会へ：1945-2000年————652
　　　　1｜軍需も福祉も　2｜スタグフレーション　3｜インフレ抑制と失業率低下の同時達成
●コラム｜ニュー・エコノミー［秋元英一］——655

58——発明と科学技術開発の流れ［永瀬唯］————657
　A——発明の19世紀————657
　　　　1｜テクノロジーの時代へ　2｜エジソン：電信技士から発明家へ　3｜電信技士から発明家へ：原ハッカーの時代
　B——資本と発明：開発のシステム化と新世代の「発明家」たち————660
　　　　1｜企業内研究所：発明から開発へ　2｜無線という名のニューメディア　3｜アマチュア無線という名のハッカー文化　4｜タイタニック号と無線クラッカー　5｜ラジオという大衆マーケット
　C——収容所テクノロジーからビッグ・サイエンスへ————665
　　　　1｜収容所テクノロジー：マンハッタン計画とV-2号　2｜汎用コンピュータという不幸　3｜ワールウィンドから「マウス」へ　4｜パソコンとデジタル・コミュニティ
●コラム｜日常生活を変えたガジェット［柏木博］——663
●コラム｜コピー機の発明とオフィス革命［永瀬唯］——668

59——宇宙開発［金子隆一］————672
　A——黎明期：1910年代-第2次大戦————672
　　　　1｜ロケット研究の先駆者たち　2｜ロバート・ゴダード
　B——スプートニク・ショック：1950年代————673
　　　　1｜ドイツのロケット開発　2｜フォン・ブラウンと人工衛星打ち上げ　3｜ソ連によるスプートニクの打ち上げ
　C——アポロ計画：1961-72年————675
　　　　1｜有人宇宙飛行計画　2｜ソ連との開発競争　3｜アポロ計画の実現
　D——1970年代以降の宇宙開発————676
　　　　1｜NASAの基本戦略　2｜スペースシャトルの開発　3｜無人探査体による惑星探査
　E——現状と将来————678
　　　　1｜国際宇宙ステーション計画　2｜「コロンビア」事故以降の展望

60——企業経営の歴史［米倉誠一郎］————680
　A——アメリカの企業経営の歴史的変遷と特徴————680
　B——現代企業パラダイムとビッグ・ビジネス————681
　　　　1｜「現代企業」とは何か　2｜大企業誕生以前　3｜鉄道・電信の発達と国内市場の創出　4｜大量生産・大量流通の時代へ　5｜「範囲の経済」の活用
　C——現代企業と企業内外の制度生成————683
　　　　1｜近代的管理技法の開発　2｜証券市場の発達と資本調達方式の確立　3｜労使関係の変化　4｜経営者支配から株主重視へ
　D——日本の挑戦————684
　　　　1｜日本独自の成長メカニズム　2｜不況から新たな生産方式の創出へ
　E——シリコンヴァレー・モデル————687
　　　　1｜新しいビジネス・モデルの形成　2｜ベンチャー・キャピタルの考案

●コラム│企業格付けの先駆者ヘンリー・ヴァーナム・プア［米倉誠一郎］──685

61──製造業の過去と現在　［藤本隆宏］──689
A──米国製造システムの変遷──689
　　1│部品互換性の歴史　2│設計モジュラー化の歴史
B──フォード主義とテイラー主義──690
　　1│フォード生産方式の確立　2│生産性と柔軟性のジレンマ　3│フォードの生産技術史的評価
C──米国製造業の趨勢と現状──693
　　1│製造業の躍進期　2│製造業の後退
D──1980年代の「大量生産システム」批判──694
　　1│「生産システムの累積化」仮説　2│「パラダイム・チェンジ」説　3│「リーン・プロダクション」仮説
E──1990年代の米国製造業──696
　　1│米国経済の復活とその要因　2│新情報技術の発展　3│日本型「もの造り」方式の浸透

62──金融業と金融政策　［櫻庭千尋］──699
A──破綻と金融革新の歴史──699
　　1│大恐慌とグラス゠スティーガル法　2│ディスインターミディエーションの進行
B──金融機関経営の見直し──700
　　1│金融自由化の進行　2│リスク管理の強化　3│情報技術革命の影響
C──合併と投資銀行の活躍──702
　　1│メガバンクの登場　2│投資銀行の躍進
D──金融制度改革法の制定──703
　　1│規制体系・監督体制の立ち遅れ　2│金融制度改革法の制定
E──金融政策とプルーデンス政策──704
　　1│米国資金の流れ　2│金融政策のしくみ　3│プルーデンス政策　4│健全経営の伝統
F──基軸通貨国としての米国の金融──706
●コラム│米国の金融機関監督［櫻庭千尋］──703

63──商業・流通業　［川辺信雄］──708
A──消費の民主主義──708
　　1│大量消費社会の形成　2│商業・流通企業の特徴　3│消費の民主主義の発展　4│第3次産業革命による変化
B──商業・流通企業の史的発展──711
　　1│近代的小売業の発展　2│チェーン・ストア・エイジ　3│小売革命の時代
C──電子商取引時代の到来──714
　　1│消費者の変化　2│ディスカウント・ストアの台頭　3│新たな小売業態の成長　4│ネット販売の登場　5│海外進出の活発化

64──エネルギー産業　［後藤康浩］──718
A──エネルギーをめぐるアメリカの世界戦略と国際石油資本──718
　　1│メジャーの誕生　2│エネルギーによる覇権主義　3│海外エネルギービジネスへの進出
B──アメリカのエネルギー需要と供給──722

　　　　1｜エネルギーの需要構造　2｜天然ガス　3｜石油　4｜石炭　5｜原子力　6｜新エネルギー政策
C──アメリカのエネルギー政策────────724
　　　　1｜再生可能エネルギーの開発　2｜電力自由化　3｜電力における環境対策
●コラム｜メジャーと新興勢力 [後藤康浩]──721

65──農業 [堀口健治]─────────────────────────────727
A──印象と実情とのギャップ────────727
　　　　1｜農業の規模の大きさと農産物輸出大国　2｜補助額の大きさと農家収入に占める高さ
B──補助システムの変化と金額の大きさ────────729
　　　　1｜価格支持政策　2｜不足払い制の導入　3｜不足払いから直接支払いへ　4｜額の大きさとマーケティング・ローン
C──農業構造とコストとしての地代────────732
　　　　1｜農業の生産構造　2｜高コストとしての地代支払い
D──新農業法と米国農業の特徴────────735

66──原材料・新素材 [遠藤徹]─────────────────────────738
A──「物質」文明国アメリカ────────738
　　　　1｜構造物としての物質：「合成」と「純化」への鍵　2｜鋼鉄社会の陰で　3｜半導体の登場
B──物質のデザイン────────741
　　　　1｜物質の疲労を防ぐ　2｜ミリタリーな動機付け　3｜さまざまな新素材　4｜擬似生物化する物質，物質化する生物　5｜物質のデザイン
C──暴走する欲望世界────────745
●コラム｜物質科学の誕生 [遠藤徹]──746

67──交通・運輸 [榊原胖夫]─────────────────────────749
A──アメリカ人の交通認識────────749
　　　　1｜交通の発達が生んだ国家　2｜政府による交通計画
B──交通大国アメリカ────────750
　　　　1｜高い可動性　2｜鉄道網　3｜自動車交通　4｜航空輸送　5｜船舶輸送
C──アメリカの交通と運輸の特徴────────754
　　　　1｜旅客輸送　2｜貨物輸送
D──交通規制とその撤廃────────755
　　　　1｜州際通商委員会の設立　2｜運輸省の設立　3｜規制撤廃と競争の激化
E──21世紀のアメリカの交通政策────────756
　　　　1｜ISTEAの成立　2｜TEA-21の成立
F──都市交通と国際交通────────758
　　　　1｜環境重視の都市交通　2｜アライアンスの進展
●コラム｜グレーハウンドとアムトラック [舘美貴子]──757

68──軍事産業 [江畑謙介]─────────────────────────761
A──南北戦争で発達したアメリカ軍需産業────────761
B──第1次世界大戦から第2次世界大戦へ────────762
C──冷戦と軍産複合体制────────763

D──ポスト冷戦後の平和の配当────────764
E──失敗した民需転換と急速に進められた M&A────────765
F── M&A に対する米政府の介入と軍事産業基盤維持問題────────767
G──世界の独占に走るアメリカの兵器輸出────────768
H──絶対的に優れるアメリカ製兵器と世界企業化────────770

69──航空宇宙産業［鍛治壯一］────────771
A──ライト兄弟からリンドバーグまで────────771
B──第 2 次大戦で世界一の航空機産業国へ────────771
C──プロペラ機の花形たち────────772
D──ジェット時代を制する────────772
E──ジャンボの登場────────773
F──ハイテク旅客機でボーイングの独走へ────────773
G──大手メーカーの合併・統合化────────774
H──米ソ宇宙開発競争から月着陸へ────────776
I──スペースシャトルの活躍────────778
J──宇宙ステーション建設────────778
●コラム｜空の大量輸送を開拓した B747 ジャンボ［鍛治壯一］──775
●コラム｜チャレンジャー号とコロンビア号事故［鍛治壯一］──779

70──情報通信産業［浅井澄子］────────781
A──発展の歴史────────781
　　1｜AT&T の独占と分割　2｜情報スーパーハイウェイ構想と通信法改正
B──地域通信市場の競争とネットワークの高度化────────783
　　1｜地域通信市場における競争　2｜ネットワークの高度化
C──合併の動向────────785
　　1｜垂直合併　2｜コングロマリット　3｜水平合併　4｜メディア産業における合併
D──インターネットの動向────────787
　　1｜インターネットの誕生と普及　2｜インターネット・ビジネス
E──米国のインプリケーション────────788

71──メディア産業［音好宏］────────790
A──アメリカと「メディア産業」────────790
B──新聞事業の発展とその特質────────791
C──アメリカにおける放送事業の制度的位置付け────────792
D──放送ビジネスの生成とネットワークの伸張────────792
　　1｜ラジオ放送の開始と FCC の設立　2｜ネットワークの台頭　3｜公共放送の育成とネットワーク規制
E──ケーブルテレビ事業の伸張────────795
F──メディア産業の再編────────796
　　1｜ネットワークの弱体化と規制緩和　2｜クリントン政権のメディア産業活性化策　3｜加速する再編の波
G──メディア資本の再編とメディアサービスの多様性────────798

72 — 代理業 [鬼頭栄美子] ———————————————————— 800
A — 代理制度の誕生と普及 ———— 800
B — 代理業の実態 ———— 801
  1｜弁護士　2｜スポーツ・エージェント　3｜代理母出産エージェンシー　4｜出版コンサルタント
C — 代理業の基盤をなすアメリカ的価値観 ———— 808
● コラム｜知的所有権の考え方 [鬼頭栄美子] —— 809

H — アメリカン・ウェイ・オブ・ライフ

73 — アメリカン・ウェイ・オブ・コミュニケーション [鳥飼玖美子] ——————— 812
A — 日本型コミュニケーションとの対比 ———— 812
B — 論理思考パターン ———— 813
C — 会話 ———— 814
  1｜会話協調の原則　2｜アメリカ型コミュニケーションのあり方
D — 対人コミュニケーション ———— 816
E — 大統領に見る「アメリカン・ウェイ・オブ・コミュニケーション」———— 817
F — コミュニケーション・ギャップの克服に向けて ———— 819

74 — アメリカ英語 [小室俊明] ———————————————————— 821
A — アメリカ英語の成立 ———— 821
  1｜アメリカ英語前史　2｜移民とアメリカ英語の出発点　3｜アメリカ英語の進路を左右した要因
B — イギリス英語との違いに見るアメリカ英語の特徴 ———— 825
  1｜音声面　2｜語彙　3｜文法用法
C — アメリカ英語のバリエーション ———— 828
  1｜地域による方言　2｜社会（階層）の方言　3｜男女の違い　4｜黒人英語
D — 世界の中のアメリカ英語 ———— 833
E — これからのアメリカ英語 ———— 834
● コラム｜方言区分研究の進展 [小室俊明] —— 830
● コラム｜黒人英語と英語公用語化問題 [小室俊明] —— 835

75 — アメリカン・ヒーロー [大井浩二] ———————————————————— 837
A — 大統領としてのヒーローたち ———— 837
  1｜ジョージ・ワシントン　2｜トマス・ジェファソン　3｜エイブラハム・リンカン
B — 西部のヒーローたち ———— 840
  1｜デイヴィ・クロケット　2｜バッファロー・ビル　3｜ビリー・ザ・キッド
C — 新しいフロンティアのヒーローたち ———— 844
  1｜トマス・エジソン　2｜ヘンリー・フォード　3｜チャールズ・リンドバーグ
D — 多文化主義時代のヒーロー像 ———— 847

76 — フォークロア [岡田泰男] ———————————————————— 850
A — 先住民インディアンのフォークロア ———— 850
  1｜つくられたインディアン神話　2｜北西部のインディアン　3｜東部森林地帯のインディアン
  4｜大平原のインディアン

B——ピューリタンのフォークロア————852
 1｜「最初」の植民者　2｜ピューリタンとインディアン　3｜セイラムの魔女狩り
C——フロンティアのフォークロア————854
 1｜フロンティア・スピリット　2｜丸太小屋と幌馬車　3｜フロンティアの人々
D——黒人のフォークロア————857
 1｜黒人と音楽　2｜黒人音楽の特徴

77——祝祭日と祝い事 ［能登路雅子］————859
A——祝日のアメリカ的多様性————859
B——ワシントン誕生日から独立記念日へ————861
 1｜建国の理念をテーマにした祝日　2｜再生と愛を祝福する春　3｜星条旗と太陽を祝福する夏
C——感謝祭からクリスマスへ————865
 1｜新大陸の豊穣と収穫を祝う秋　2｜年末年始のアメリカ的演出
●コラム｜ハロウィーン ［能登路雅子］——867

78——アメリカン・ファミリー ［三浦展］————873
A——冷戦構造の中でイデオロギー化した家族：1950年代————873
 1｜郊外中流家族の理想化　2｜冷戦時代の家族の意味　3｜家族主義の時代
B——画一的な家族像・性役割への不満：1960年代————876
 1｜女らしさの神話　2｜主婦生活の空しさ
C——女性の解放と家族の混乱：1970年代以降————877
 1｜離婚率の倍増　2｜片親家族の増加　3｜シングルマザーの急増と人種問題
D——理想的家族モデルのない時代：現代————880
 1｜相対化される1950年代　2｜個人の自己実現と家族の矛盾　3｜変化か多様性か
●コラム｜ニューヨーク万博とアメリカの家族 ［三浦展］——875

79——消費生活・商業空間 ［小塩和人］————882
A——消費の歴史学————882
B——消費の歴史：17-19世紀————883
 1｜独立革命と消費生活　2｜政治的消費行為の発生　3｜「消費共同体」の出現
C——消費の歴史：20世紀————885
 1｜大量生産・大量消費の時代　2｜消費に対する批判
D——消費の言説————888
 1｜消費をめぐる2つの言説　2｜消費者の自律性　3｜消費生活史の展望
●コラム｜百貨店とショッピングモール ［小塩和人］——887

80——食物・飲料・料理 ［加藤信一郎］————892
A——コカ・コーラとマクドナルド————892
 1｜コカ・コーラ　2｜マクドナルド　3｜均質化と世界
B——科学主義と家政学————894
C——ライフスタイルと食の変化————896
 1｜豊かさと均質性　2｜モータリゼーション　3｜女性　4｜変化の兆し
D——アメリカ料理とは————897

1｜ネイティブと開拓者の料理　2｜WASPの料理　3｜エスニック料理　4｜フュージョン料理
- ●コラム｜米国の食事は本当にまずいか？［加藤裕子］——895
- ●コラム｜アメリカ各地の名物料理［加藤信一郎］——899

81——自動車 ［高齋正］————901
- A——アメリカ車への誤解————901
- B——アメリカ自動車の歴史————902
    1｜フォードとゼネラル・モーターズ　2｜セルデン特許問題　3｜クライスラー社の設立　4｜ジープとミニバン
- C——モータースポーツ————904
    1｜自動車レースの草創期　2｜インディ500の開催　3｜自動車レースの経済　4｜アメリカ的レース観　5｜サーキット・レースの導入　6｜ドラッグ・レースとオフロード・レース　7｜ステータス・シンボルとしての自動車
- D——オートバイ————908

82——電化製品 ［前島正裕］————910
- A——電灯から電力の利用へ————910
    1｜電灯事業始まる　2｜家庭電化の推進　3｜ネットワークの形成
- B——家庭電化製品の登場————912
    1｜家電メーカーの登場　2｜洗濯機　3｜プラグとコンセント　4｜家庭電化製品の普及　5｜冷蔵庫　6｜エアーコンディショナー　7｜電子レンジ
- C——選ばれた道————916
    1｜生き残った機械　2｜作られたイメージ　3｜貧富の差の縮小
- ●コラム｜エジソンと配電システム［前島正裕］——911

83——健康産業 ［中井良則］————919
- A——アメリカ人はなぜもっとやせたいのか————919
    1｜半分以上が太りすぎ　2｜国家目標で体重管理を　3｜たくさん食べて動かないから
- B——やせるためのビジネス————921
    1｜体重管理会社　2｜フィットネスセンター　3｜美容整形　4｜サプリメント（栄養補助剤）
- C——ボディイメージの文化————925
    1｜世論調査にみるアメリカ人の自己認識　2｜やせるカルト，女性の場合　3｜アドニス・コンプレックス，男性の場合

84——心の産業 ［鈴木淑美］————929
- A——消費されるフロイト————929
    1｜アメリカのフロイト現象　2｜フロイト産業　3｜フロイト受容の素地
- B——ポリアンナの伝統————933
    1｜無敵のヒロイン　2｜ポリアンナという薬
- C——アメリカの精神医療————935
- D——アメリカ人と自己分析————936
- E——心の美容産業————936
- ●コラム｜漫画に描かれた精神科医と患者［鈴木淑美］——931

85　建築　[飯島洋一]　939
- A　第三の道　939
  - 1｜フロンティアの消滅と建築　2｜「モダン・アーキテクチャー」展　3｜インターナショナル・スタイルの誕生
- B　奇妙な傾斜　942
  - 1｜ナショナリスト，ジョンソン　2｜建築家を目指す
- C　抵抗の時代　944
  - 1｜ヴェンチューリの登場　2｜「ホワイト＆グレイ」論争
- D　フィクサー　947
  - 1｜AT&Tビル　2｜ジョンソンとデコンストラクション

86　住宅　[八木幸二]　951
- A　植民初期の住宅　951
  - 1｜東部のイギリス系コロニアル住宅　2｜南部のイギリス系コロニアル住宅　3｜ハドソン川沿いのオランダ系コロニアル住宅　4｜デラウェア川沿いのドイツ系，北欧系コロニアル住宅　5｜丸太小屋住宅　6｜ミシシッピ川沿いのフランス系コロニアル住宅　7｜南西部のスペイン系コロニアル住宅
- B　ステータスとしての建築様式　956
  - 1｜ジョージアン様式　2｜フェデラル様式　3｜グリーク・リバイバル様式
- C　大衆化社会における様式の部品化と量産化　957
  - 1｜パターンブックによる様式の大衆化　2｜工業化構法の発達　3｜ゴチック・リバイバル　4｜イタリアネート　5｜オクタゴン　6｜第2帝政様式（セカンド・エンパイア様式）　7｜スティック・スタイル　8｜ヴィクトリアン・クイーンアン
- D　独自のスタイルの探究　960
  - 1｜シングル・スタイル　2｜アーツ・アンド・クラフトとバンガロー住宅　3｜フランク・ロイド・ライト
- E　生産から販売へのアメリカン・スタイル　961
  - 1｜メールオーダー住宅　2｜プレハブ住宅　3｜モービル・ホーム　4｜住み替えのための住宅

I　メディア・カルチャー

87　テレビ　[有馬哲夫]　966
- A　3大ネットワーク体制　966
  - 1｜テレビ放送の開始　2｜3大ネットワーク体制の成立　3｜テレビの隆盛と映画産業の衰退　4｜テレビによる選挙戦　5｜マイノリティ・女性への配慮　6｜ネットワークによる独占の規制
- B　多チャンネル化と多様化　969
  - 1｜ケーブルテレビの成長　2｜ネットワークの弱体化　3｜新しい情報産業の創出　4｜インターネットとの融合
- ●コラム｜アメリカの移植から始まった日本のテレビ放送　[有馬哲夫]　971

88　ラジオ　[水越伸]　974
- A　電気情報技術と無線想像力　974
- B　無線からラジオへ　975
- C　大衆消費社会の到来　976
- D　ネットワーク広告放送の確立　978

E──テレビの登場と地域への回帰────────979
　　F──多様性と産業的発達────────980

89──新聞［藤田博司］────────982
　　A──新聞発行の現況────────982
　　B──新聞界の動向────────983
　　C──新聞の一般的特徴────────985
　　D──主要紙のプロフィール────────985
　　E──新聞ジャーナリズム────────987
　　F──通信社の役割────────987
　　G──新聞記者────────988

90──雑誌［青山南］────────990
　　A──ウェブジンの登場────────990
　　　　1｜インターネット上の雑誌　2｜激増するウェブジン
　　B──ウェブジンの種類と評価────────991
　　　　1｜オンライン・ジャーナリズム賞の設立　2｜多様なウェブジンの世界　3｜伝統雑誌のウェブジン化
　　C──19世紀からラジオの出現までの雑誌────────993
　　　　1｜女性雑誌の登場　2｜短編小説の隆盛　3｜『サタデー・イブニング・ポスト』の飛躍　4｜告発する媒体としての新聞雑誌　5｜ファッション誌の台頭
　　D──電話による通信革命の時代の雑誌────────995
　　　　1｜『リーダーズ・ダイジェスト』・『タイム』の登場　2｜『ライフ』とフォトジャーナリズム　3｜都会派雑誌『ニューヨーカー』
　　E──テレビ時代の雑誌────────996
　　　　1｜テレビの脅威　2｜アンダーグラウンド雑誌の登場　3｜クラス・マガジン

91──書籍・出版［秦隆司］────────999
　　A──出版大国アメリカ────────999
　　B──アメリカ社会を形成した出版物────────999
　　　　1｜独立の気風と民主主義社会の形成を促した出版物　2｜アメリカ英語を確立したウェブスター　3｜国論の形成に大きな影響を及ぼした出版物　4｜ペーパーバックの普及
　　C──アメリカ式生活スタイルを支えた出版物────────1003
　　　　1｜通信販売カタログ　2｜生活スタイルの合理化と画一化を促した出版物
　　D──出版社の発展とベストセラー────────1004
　　　　1｜出版社の生い立ちと現状　2｜ベストセラー・リストの誕生　3｜歴史に残るベストセラー
　　E──書籍流通のしくみ────────1006
　　　　1｜ディストリビューター　2｜ホールセラー　3｜ジョバー　4｜その他の流通　5｜ブック・クラブへの流通　6｜オンライン書店とデジタル出版
　　●コラム｜リテラリー・エージェントの役割［秦隆司］────────1007

92──サイバーカルチャー［服部桂］────────1011
　　A──サイバーカルチャー前史────────1011
　　　　1｜サイバネティック・グループ　2｜コンピュータの開発　3｜カウンターカルチャーからハッカーカルチャーまで　4｜パソコンの登場

B──サイバーカルチャー──────1016
 1｜サイバーパンク　2｜90年代以降のサイバーカルチャー
C──サイバーカルチャーの本質──────1018

93─広告 [小林袈裟治]──────1020
A──広告の歴史──────1020
 1｜植民地時代の広告　2｜19世紀の広告
B──大量販売時代の広告──────1022
 1｜新製品の開発と広告　2｜第2次大戦後の広告
C──IT革命と広告──────1024
 1｜インターネットの普及　2｜インターネット広告
D──政治広告──────1027
●コラム｜ベネトンの広告革命 [小林袈裟治]──1025

94─デザイン [柏木博]──────1030
A──アメリカ的文化とデザイン──────1030
B──20世紀の世界を覆ったシステム──────1031
C──第一世代のデザイナー──────1032
 1｜レイモンド・ローウィ　2｜モックアップ・モデル　3｜アメリカの夢を描いた博覧会
D──第二世代のデザイナー──────1037
 1｜チャールズ・イームズ　2｜アメリカン・ドリームのデザイン　3｜GMがリードする未来イメージ
E──カウンター・デザイン──────1040
F──デザイン・ビジネスのグローバル化──────1041

95─美術 [長谷川祐子]──────1043
A──アメリカ美術の特徴──────1043
B──アメリカ美術の黎明期：1930年代まで──────1044
 1｜開拓時代の美術動向　2｜ヨーロッパの前衛芸術の受容　3｜大恐慌期の美術動向
C──アメリカ美術の確立期：1940-50年代──────1046
 1｜抽象表現主義　2｜ポスト・ペインタリー・アブストラクション　3｜自然と対峙する「物」の創造
D──多様な表現の展開期：1950-60年代──────1048
 1｜ネオ・ダダ　2｜ポップアート　3｜ハプニング
E──美術潮流の変容：1960-70年代──────1050
 1｜ミニマリズム　2｜環境芸術　3｜コンセプチュアル・アート
F──ニューペインティングとポストモダン：1980年代──────1051
G──文化多元主義の時代の新展開：1990年代──────1052
●コラム｜美術家一家の伝統：ピール王朝とワイエス王朝 [巽孝之]──1047

96─写真 [生井英考]──────1054
A──アメリカ写真の草創期──────1054
B──アメリカ写真の昂揚期──────1055
C──アメリカ写真の普及期──────1057
D──アメリカ写真の展開期──────1058
E──アメリカ写真の変容──────1060

97 ファッション ［道下匡子］ ──1063
- A ── アメリカの文化革命 ──1063
- B ── 文化革命以前の保守的なアメリカ ──1064
- C ── ミニスカートとパンツスーツの登場 ──1066
- D ── フェミニスト運動の影響 ──1066
- E ── 父権制社会の「美」の基準の弊害 ──1067
- F ── バランスのとれた人生を送るために ──1069

98 スポーツ ［平井肇］ ──1071
- A ── スポーツの黄金時代としての1920年代 ──1071
  - 1｜'20年代のスターたち　2｜スポーツ隆盛の背景
- B ── 大学対抗運動競技のコントロールをめぐって ──1072
  - 1｜キャンパスを飛び出すフットボール　2｜巨大商業資本のコントロール
- C ── プロスポーツとエージェントの関係 ──1074
  - 1｜強まるエージェントの影響力　2｜エージェントの役割の変化
- D ── マイノリティとスポーツ ──1075
  - 1｜マイノリティのスポーツ界進出　2｜マイノリティ差別
- E ── 女性のスポーツ参加 ──1077
  - 1｜タイトル・ナインの制定　2｜女性スポーツの隆盛
- F ── 世界へ波及するアメリカン・ウェイ ──1078

99 テーマパーク ［能登路雅子］ ──1080
- A ── 大人を楽しませる装置 ──1080
- B ── 遊園地の文化史 ──1081
  - 1｜プレジャー・ガーデンのアメリカ的展開　2｜博覧会の歓楽街とテクノロジー　3｜トロリー・パーク
- C ── テーマパークの時代 ──1083
  - 1｜ディズニーの新機軸　2｜ライド中心のテーマパーク　3｜天候，景気，テロとの戦い
- D ── テーマパークのグローバル化 ──1084
  - 1｜国内市場の飽和とアメリカ的空間の輸出　2｜マックワールドという共通文化の浸透
- E ── 都市のテーマパーク化 ──1085
  - 1｜ディズニー化するラスヴェガス　2｜モデル都市の管理ノウハウ　3｜楽園からの逃走

100 映画 ［加藤幹郎］ ──1089
- A ── ハリウッド映画とは何か ──1089
  - 1｜巨大映画会社の誕生　2｜ヘイズ・コードによる倫理規制　3｜ハリウッド映画の構造変革期
- B ── アメリカ映画の父グリフィス ──1091
- C ── ハリウッド・スターと自己同一化 ──1092
- D ── 映画ジャンルの生成変化 ──1093
- E ── ドライブ・イン・シアターと地域共同体 ──1094
  - 1｜ドライブ・イン・シアターの出現　2｜ドライブ・イン・シアターの共同体形成機能
- F ── シネマ・コンプレックスとショッピング ──1096
  - 1｜ショッピングモール内のシネマ・コンプレックス　2｜テレビとの競合
- G ── ファントム・ライドとしての映画 ──1098

H──黒人劇場────1100

101─演劇とミュージカル [大平和登]────1101
A──劇場文化のメッカ，ブロードウェイ────1101
 1｜ショービジネスの魅力　2｜公演システム　3｜劇評の役割
B──アメリカ演劇の歴史────1104
 1｜植民地時代から近代へ　2｜アメリカ近代演劇の確立　3｜大恐慌下の苦闘から黄金時代へ　4｜ニューフロンティアからベトナム反戦へ　5｜多文化主義時代の多様化する演劇活動　6｜21世紀への課題
C──ミュージカルの歴史────1109
 1｜源流としての19世紀ショービジネス　2｜ミュージカルの開拓期　3｜ミュージカルの確立期　4｜ミュージカルの成熟期　5｜ミュージカルの黄金期　6｜ミュージカルの変革期　7｜ブロードウェイの国際化とロンドン・ミュージカル　8｜新たな黄金期への胎動
●コラム｜オン・ブロードウェイとオフ・ブロードウェイ [大平和登]──1103

102─音楽 [佐藤良明]────1117
A──百年の溝────1117
B──アフリカ的伝統のアメリカ的展開────1118
C──踊るアメリカ────1120
D──ロックンロール革命────1121
E──ロックの定着と民族差の解消────1122

103─小説 [若島正]────1126
A──アメリカ小説活性化の運動────1126
 1｜ビート　2｜1960年代の「新しい作家」たち　3｜ニュー・ジャーナリズムとノンフィクション・ノベル　4｜ミニマリズム　5｜フェミニズムとマルチカルチュラリズム
B──大衆小説の現状────1131
 1｜クライム・ノベル　2｜SF・ファンタジー　3｜ホラー
C──アメリカ小説の未来────1132

J──日本とアメリカの関係

104─日米交流のはじまり [川澄哲夫]────1136
A──マロー号による日本漁場の発見────1136
B──漂流民のアメリカ体験────1138
C──「日本を開国するのは捕鯨船だ」────1139
D──たった1人の日本遠征────1140
E──夷狄感克服へ，試練の旅────1141
F──華盛頓の子孫はどうなっているか────1143
●コラム｜宣教師とお雇い外国人たち [川澄哲夫]──1145

105─日系アメリカ人 [飯野正子]────1147
A──日本からの移民のはじまりと増加────1147
 1｜移民のはじまり　2｜農民の窮乏と海外移住　3｜移民保護規制の制定
B──定着と排斥────1149

1｜カリフォルニアへの定着　2｜アジア人排斥運動　3｜サンフランシスコ学童隔離問題　4｜土地法の制定
C──第2次世界大戦と日系人────1152
　　　1｜強制立ち退き実施　2｜転住先での苦難
D──戦後────1154
　　　1｜立ち退き命令の撤回　2｜補償請求運動の結実
●コラム｜日系アメリカ人と軍隊［小田隆裕］──1155

106─アメリカの中の日本 ［村上由見子］────────1158
A──「日本」との邂逅────1158
　　　1｜アメリカのジャポニズム　2｜高まる日本文化への関心
B──「マスキュリン」な日本像の台頭────1160
　　　1｜日露戦争と日本の脅威　2｜絡み合う「フェミニン」・「マスキュリン」イメージ　3｜「去勢化」される日本人イメージ
C──戦中と戦後の日本人像────1162
　　　1｜憎悪の対象としての日本人　2｜学術的日本研究のはじまり　3｜再びフェミニンな日本へ　4｜日米ハネムーン時代
D──経済大国ニッポンから「ピカチュウ」まで────1164
　　　1｜ジャパン・バッシング　2｜大衆文化に浸透する"日本イメージ"

107─日本の中の「アメリカ」：戦前 ［吉見俊哉］────────1167
A──「アメリカ」との出会い────1167
B──日露戦争後のアメリカ観の変容────1169
C──「敵」としての「アメリカ」────1170
D──民衆娯楽の中の「アメリカ」────1171
E──「今や，アメリカ的でない日本がどこにあるか」────1173

108─日本の中の「アメリカ」：戦後 ［吉見俊哉］────────1177
A──米軍基地と占領期のアメリカ文化────1177
B──否認される「アメリカ」と若者文化────1178
C──ブラウン管の中の「アメリカ」────1180
D──変貌し，分裂する「アメリカ」────1182
E──日常としての「アメリカ」────1183

109─経済を中心とする日米関係 ［松原隆一郎］────────1187
A──日米間の貿易における相互依存関係────1187
B──戦後経済における日米関係────1188
　　　1｜技術革新と輸出　2｜日本型経済システム　3｜日本型消費社会の誕生

110─安全保障から見た日米関係 ［外岡秀俊］────────1197
A──アメリカから見た日米安保────1197
B──日米安保旧条約の成立────1198
C──安保条約の改定────1199
D──沖縄返還────1200

E──日米安保体制の変質────1201
F──冷戦後の日米安保────1203

●カラーページ
移民の歴史的推移とフロンティア・ラインの変遷────表見返し
アメリカの象徴[能登路雅子]────p.160の後
アメリカでよく見られる動物・植物[松尾弌之]────p.192の後
アメリカの国旗[松尾弌之]────p.224の後
合衆国50州情報────p.224の2ページ後
アメリカの国歌[舘 美貴子]────p.225の前
アメリカ都市物語　①ニューヨーク[松尾弌之]/②シカゴ[松尾弌之]────p.256の後
アメリカ都市物語　③アトランタ[松尾弌之]/④ニューオーリンズ[松尾弌之]────p.384の後
アメリカ都市物語　⑤サンフランシスコ[松尾弌之]/⑥シアトル[能登路雅子]────p.640の後
切手に見るアメリカン・ヒロインの系譜[内藤陽介]────p.848の後
アメリカの料理────p.896の後
アメリカのモダン・デザイン/アメリカの現代アート────p.1040の後
アメリカ都市物語　⑦ロサンゼルス[能登路雅子]/⑧ヒューストン[能登路雅子]────p.1088の後
合衆国50州と地域区分，主要都市────裏見返し

凡例

1. **執筆者名の表示** 各章の執筆者名は章の冒頭に，またコラムの執筆者名はコラムの末尾に表示した．さらに，巻頭に「執筆者・担当箇所一覧」を設け，執筆者ごとの担当箇所をまとめて記した．
2. **外国語の表記** 外国の人名・地名や外国語の用語をそのままカタカナ表記するにあたっては，次の原則に従った．①慣用的な表記が一般化していると判断される場合には慣用表記に従った，②各専門分野で確立された表記がある場合にはその表記を尊重した，③上記以外の場合には原音になるべく近い表記で記すことを原則とした．
3. **訳語** 英語がもとになっている用語の訳語については，可能な限り統一を図った．しかし，定訳がない場合や，定訳があっても原語の内容が的確に表されていない場合には，分野によっていくつかの異なる訳語をあてたケースもある．
4. **英語の用語** 本文中で英語の用語を示すのは必要最小限にとどめた．このため，人名・地名などの固有名や述語などに対応する英語を確かめたい場合には，巻末の「日英/英日用語対照表」と「日英人名対照表」を参照されたい．
5. **統計** 統計については出典を明示し，できるだけ最新のデータを盛り込むようにした．ただし，分野によってはやや古い統計しか利用できなかった場合もある．
6. **参照指示** 取り上げられた内容と関連した記述が別の箇所にある場合には，⇨で参照指示を行った．
7. **参考情報** 各章末に「さらに知りたい場合には」というコーナーを設け，該当分野についてさらに詳しい情報が載っている書籍を紹介した．また，章によっては「インターネット関連サイト」というコーナーも設け，関連する URL を紹介した．
8. **CD-ROM** この本に盛り込まれたほとんどの内容が付属の CD-ROM にも収められており，さまざまな検索ができるようになっている．その使い方については別冊の「CD-ROM の使い方」を参照されたい．
9. **関連サイトリンク集** 大修館書店ホームページ（http://www.taishukan.co.jp）に，各分野についてのより詳しい情報源にアクセスできる関連サイトリンク集を開設してある．

事典

現代のアメリカ

A

グローバル・システムとしてのアメリカ

　「アメリカ合衆国をどう思いますか」——いま，世界の各地で同じ質問をしたら，どういう答えが返ってくるだろうか。「最も好きな国」なのか，「最も嫌いな国」。あるいは「最も民主的な国」か，「最も独善的な国」。おそらく好き嫌いがはっきりと分かれるにちがいない。しかし，いずれの答えであれ，世界のシステムを牛耳るアメリカの圧倒的な力がそう言わせるのだろう。

　何がアメリカをそういう存在にさせたのか。それは，この国の生い立ちとも関係が深い。アメリカは，その歴史の初めから，「選ばれた民の国」という独自の使命感を掲げて，「アメリカ文明」を世界に広げてきた。第2次世界大戦後，とくにソ連の崩壊後，その軍事力，経済力で，「アメリカは世界」になった。2001年9月11日，その「グローバルシステムの盟主」の象徴であるニューヨークの世界貿易センタービルなどを標的に，イスラム勢力による同時多発テロ事件が襲った。それは「アメリカとは何か」「アメリカ主導のグローバリゼーションとは」を世界に改めて問い直させることになった。

1 グローバル・システムとしてのアメリカ
The US as a Global System

小田隆裕

「グローバリゼーション」という怪物が世界をのし歩いている。20世紀の最後の10年ほど前から姿を現したその怪物は，市場経済や情報技術にのって，国家の境界を軽々と飛び越えてのし歩いている。21世紀にはさらに巨大になりそうな気配だ。怪物の正体をよく見ると，全身に星条旗をまとっている。どうやら「アメリカ」の進化した姿であるらしい。これに対して，世界では「グローバル化はアメリカ化ではない」という意見もある。アメリカ国内でも「グローバリゼーション」に嫌悪感を示す人々もいる。しかし，これまでのところ，「グローバリゼーション」の推進役はアメリカであることは疑いない。この怪物は，軍事力とドルの力と，コンピュータに代表される技術力という「ハードウェア」，そして，自由と民主主義，英語という便利なことば，合理的な生活様式，誰もが楽しめるエンターテインメントなど，「ソフトウェア」も身に付けて世界を「アメリカ化」しつつある。

A──多様の統一

❶──「世界のモデル」の意識

聖書に有名な一節がある。
　初めに言葉があった。言葉は神とともにあった。言葉は神であった。
　　（「ヨハネによる福音書」第1章）
現代のアメリカを，この言い方を借りて言えば，初めにアメリカがあった。アメリカは世界とともにあった。アメリカは世界であった──と言えるかもしれない。

「アメリカは世界である」──実際，そういう認識をアメリカの指導者はさまざまな機会に口にする。例えば，ジョン・F. ケネディ大統領は1961年の有名な大統領就任演説で「わが仲間である世界の市民諸君，アメリカが諸君のために何をなしうるかを問うな。人類の自由のために，ともに何ができうるのかを，問いたまえ」と言った。ここには「アメリカが世界である」という強烈な意識がむき出しになっている。

そんな古い例を出すまでもない。クリントン大統領はもっと具体的だった。1999年11月24日，旧ユーゴスラビアの民族紛争解決のためコソボ自治区に派遣された米軍部隊を慰問した際の演説で，「今日，世界で一番たいへんな問題はここ，ボスニアの紛争である。ここでは民族，部族，そして宗教上の憎しみ合い，非人道的行為が渦巻いている。ひるがえって，われらのこの米軍を見てみよ。コソボの現実とまったく逆である。ここにはアメリカ社会の理想がまさに現実となった世界の模範がある。すなわち，ここにいる兵士たちは出身，背景，人種，信仰も生きてきた道もみんな違う。しかし，1つのチームとなって働いているのだ」と，「世

1　グローバル・システムとしてのアメリカ——5

界のモデル・アメリカ」を称揚してみせた。

　20世紀がまもなく始まろうという1900年，アメリカのアフリカ系学者W. E. B. デュ・ボイスは「20世紀の問題は肌の色の問題である」と予言した。多民族国家アメリカが「世界のモデル」であるためには，人種問題はその資格を問う重要な要件であることは間違いない。

　2000年の米国大統領選挙は，その1つの回答であった。「肌の色」はいつもの大統領選挙と同じように，あからさまな争点にはならなかったが，大きな要素となった。

　7月，ペンシルヴェニア州フィラデルフィアで開かれた共和党大会の基調演説は，アフリカ系で初の米軍統合参謀本部議長を務めたコリン・パウエルが行った。ニューヨークの黒人街ハーレムに生まれ，アメリカでも有数のスラムで治安の悪い場所といわれるサウスブロンクスで育ったパウエルは，「人種問題はいまだに私たちの社会に影を落としている。私は移民の息子である。共和党は少数派，とりわけ，アフリカ系アメリカ人の社会に手を差し延べなくてはならない。われわれは，黒人社会に巣食っている疎外感を理解しなければならない」と訴えた。

　一方，民主党のゴア大統領候補は副大統領候補に，二大政党として初めて正統派ユダヤ教徒のジョゼフ・リーバーマン上院議員を指名。テネシー州ナッシュビルの集会で，「リーバーマン氏の指名は宗教，人種による分断の障害を崩すだろう」と演説した。これらの光景は選挙で少数派の支持を狙ったものでもある。しかし，アメリカが「肌の色」を乗り越えようとしてきた1つの成果でもある。大統領に当選した共和党のジョージ・W. ブッシュは，国務長官にアフリカ系で初めてパウエルを起用したほか，中国系，日系，ヒスパニック系を閣僚にあて，「米国の融和」を演出した。

　アメリカを代表する作家，ジョン・スタインベックはこう書いている。

　アメリカの「多様の統一（エ・プルリブス・ウヌム）」というモットーは事実である。不思議な信じられないようなことだが真実だ。アメリカは存在していなかった。労働と恐怖の四世紀がこの国土をつくったのだ。われわれがアメリカをつくり，その過程がわれわれをアメリカ人にした。あらゆる人種に根ざし，あらゆる色をし，民族的には一見無秩序な新しい民族につくり上げたのである。それから，ほんの少しの間に，われわれは違う点より似ている点が多くなった。新しい社会になったのである。偉大ではないが，「多様の統一」という大それたことを求めたにしては，適応した社会になったのである。(『アメリカとアメリカ人』)。

　スタインベックの文学的な表現を，ジャーナリストのマイケル・リンドは，もう少し，学問的な言い方でこう言っている。

　「アメリカは『アングロ・アメリカ』共和国（建国から南北戦争まで）に始まり，『ユーロ・アメリカ』(19世紀後半から1950年末まで)，そして70年代以降は『多文化的アメリカ』共和国となって現在に至り，多国民国家への方向に向かっているように見える」と (Lind, M. *The Next American Nation: The New Nationalism and the Fourth American Revolution*. Free Press, 1995.)。

❷——アメリカのジレンマ

　しかし，もちろん，この「移民国家」はそうすんなりと，成り立ったわけではない。移民が「アメリカ人」と認められるまでには，新たな移民がやって来なければならなかった。19世紀半ばにケネディ大統領の祖先であるアイルランド系移民がジャガイモの飢饉から逃れてアメリカに流入した。そのアイルランド人が「アメリカ人」と認められるためには，次のポーラン

ド移民が，その後には，レオナルド・ディカプリオの先祖であるイタリア系移民がやって来なければならなかった。西海岸では中国系アメリカ人が誕生するためには日系移民が，日系の後にはインド人，フィリピン人，そして南からメキシコ人などヒスパニックの流入が必要だった。

いや，もっと古い移民（強制移民）であるアフリカ系が「公民権法」を獲得したのは1964年である。その公民権も自然に獲得できたのではない。後に，公民権運動の指導者，マーティン・ルーサー・キング牧師の暗殺という悲劇を生み出さなければならなかった。——ついきのうのこと，なのである。

今でも，米国内には，デュ・ボイスと同じように，「人種・民族問題」がこの国の最大の問題だとみる知識人は少なくない。政治学者のアンドルー・ハッカーは，アメリカは事実上，白人と黒人の「2つの国」に分かれている，という厳しい現実を指摘している。同氏は筆者とのインタビューで「米国の白人は，本心を言えば『この国から黒人がいなくなったらどんなに良いことか』と思っている」とさえ，解説した。ケネディ大統領の補佐官だった歴史家のアーサー・シュレジンガー・ジュニアも，「アメリカはそれぞれの人種が自分たちの文化が優れていると主張しだして，事実上，分裂に向かっている」という見方をしている。人種問題は「アメリカのジレンマ」なのである。

しかし，それでもこの多元的で開放的な国が，南北戦争という内戦は経験したが現在まで分裂せずに，今なお，世界の各地から人々を吸い寄せるのは何か。アメリカの著名なジャーナリストであるデイヴィッド・ハルバースタムのことばに言い表わされている。「人種間の分裂という問題を抱える世界の国々のうち，アメリカ以外のどの国が（統合参謀本部議長という）これほど重要な職務を（コリン・パウエルのような）マイノリティに属する人間に託しているだろうか」（『幻想の超大国——アメリカの世紀の終わりに』）。つまり，アメリカは多くの問題を抱えた国ではあるが，普遍性のある理念に向かって努力してきた国であり，そういう姿勢が説得力をもっているからだろう。「米国は世界を映している」という，コソボでのクリントン大統領の演説は，単なるレトリックでなく，「米国の信仰」でもあるのだ。

B——理念

では，具体的に，米国の理念とは何か。要約すれば，それは自由，民主主義，平等といえるだろう。クリントン大統領は1997年，2期目の大統領就任演説で，「歴史上初めて，この地球上で独裁制より民主主義のもとで，より多くの人が暮らしている」と，「民主主義の勝利」を宣言した。また，2000年の年頭教書では「グローバリゼーションは単に経済だけにとどまらない。われわれの目的は自由と民主主義と平和を，そして，このような価値を切り裂こうとする者と戦うことにある」と語った。これを「アメリカの傲慢さ」とみることもできる。しかし，指導者がこういう演説をして似合う国とそうでない国とがある。おそらく，世界でも「民主主義の旗手」と自他ともに認める米国大統領しか言えないだろう。「民主主義」は「アメリカの制服」なのである。

19世紀はイギリスの世紀，20世紀はアメリカの世紀といわれる。2つの国に共通するのは，ともに覇権国家ということだが，違っているのはそれぞれの国のあり方と時代である。

19世紀のヨーロッパは基本的に貴族社会，階級社会だった。貴族階級が国家を越えて1つの「支配クラブ」をつくっていた。一方，

1ドル札の裏に描かれたアメリカ精神

アメリカ合衆国の国璽（The Great Seal of the United States）を私たちがよく見かけるのはホワイトハウスで大統領が演説をするときだろう。演台の前面に付けられた，鷲が翼を広げているあの国章のデザインは，1776年独立宣言採択の日に検討が始まり，6年後にようやく議会で採択された。

❶合衆国国璽の表［1ドル紙幣の裏面右側に印刷されている］

合衆国の基本理念が凝縮されている国璽には表と裏があって，その両方が1ドル札の裏面に印刷されている。国璽の表（図版①）にはアメリカの国鳥である白頭鷲が描かれ，嘴にくわえているリボンには E PLURIBUS UNUM というラテン語が見える。これは英語にすれば One From Many，すなわち「多様のなかの統一」というアメリカの理想像を表わしていて，建国以来，長年にわたって国是とされてきた。

鷲は一方の足で月桂樹の枝を，もう一方の足で矢を摑んでいる。鷲が月桂樹の方を向いているのは平和を優先する原理を示しているが，対話が失敗したときに備えて，戦争のための矢を持つことも忘れていない。月桂樹には13の実がなっており，矢も13本であるのは独立13州という合衆国の原点を強調するためである。鷲の手前の旗に13本の縞が描かれているのも，同じ意味がある。

国璽の裏（図版②）にはピラミッドが描かれ，一番下の段にアメリカ独立の1776年を表わすローマ数字が刻まれている。後方の砂漠はヨーロッパ旧世界の荒廃や不毛を表わし，前方にわずかに生えている草と花々はアメリカ合衆国の新しい生命を象徴している。ナイル河の毎年の洪水のあと，最初に姿を現すピラミッドが新世界の記号の役目をしている。下方の標語 NOVUS ORDO SECLORUM はローマの詩人ウェルギリウスの「牧歌集」に由来する「世界の新秩序」の意味で，アメリカの発足を高らか

❷合衆国国璽の裏［1ドル紙幣の裏面左側に印刷されている］

に宣言している。ピラミッドの上方の ANNUIT CŒPTIS も同じ詩人の「農耕歌」からとられたもので，「彼は我々の試みに笑みを与えた」の意であるが，その「彼」はピラミッドの13段のさらに上に輝く「理性の目」として表現される。神ではなく理性を最上の力と捉えているのは，アメリカが単なる戦争ではなく，理性の名において建設された世界で最初の国家であるという自負，特別な啓示や権威を必要としない理性こそが民主主義の基本原理であることを物語っている。

アメリカの建国指導者の多くは西洋古典から18世紀啓蒙主義にいたる豊かな学識を身につけた知識人であり，フリーメーソンのメンバーとしてエジプトの伝説やシンボルにも精通していた。彼らが国璽に込めた新生国家のイメージは，1ドル札の形でいまも国民一人一人のポケットやバッグに携帯され流通しつづけている。

アメリカは多元的な共生を謳うラテン語の国是を1956年，英語の In God We Trust に変更した。建国の父たちは世界の根源としての神の存在を認めながら，人格としての神を否定する理神論者であったが，冷戦期のさなかに共産主義の無神論に対抗して唯一の人格的な神を信じる立場から God が国家の守護神に据えられた。200年前から国璽に描かれてきた理性としての神の目に，21世紀のアメリカと世界はどのように映っているのだろうか。

［能登路雅子］

20世紀のアメリカは，その成り立ちから，ヨーロッパのような貴族社会をもたない大衆社会だった。アメリカのような社会では，全体を統合するためには，一部の世界にしか通じない「符丁」ではなく，「普遍性のある理念・価値観」を示さなければならない。米国のそれが民主主義，平等になるのは必然だった。アメリカが20世紀のヘゲモニーを握ったまず第一の理由はその「理念」を，圧倒的な軍事力，経済力を通して世界に浸透させたからである。

「神はアメリカに三度，その祝福を与えたといえそうだ。現在と過去と未来に。(中略)わたしのいう祝福とは，現在の繁栄，過去の自由，未来の平等である。(中略)アメリカの自己規定は常に，事実上，世界の観点でなされていた。そして，世界のその他の地域も，今まで約200年の間，いつもその注意を何よりもアメリカに向けてきた」と，アメリカの歴史家ウォーラーステインは『アフター・リベラリズム』で書いた。20世紀のアメリカを世界がどう見，アメリカがそれをどう自覚していたのか，の一端をこのことばは語っている。

C──戦争が果たした役割

❶──最大の経済大国に

しかし，理念，イデオロギーだけではそれがどんなに優れていても，アメリカは「世界」にならなかった。それを世界に伝達する手段が必要だった。1つの有力な手段は戦争であった。

「アメリカの戦争」というとき，アメリカ人がしばしば「特徴」として挙げることがある。(1)アメリカ人は外国の軍隊に国土を侵略されたことがない，(2)敗戦も，外国軍の軍事占領も体験したことはない，(3)アメリカは領土的，経済的野心で戦争をしたことがない，などである。(3)については米西戦争などをみれば大いに議論があるところだが，その他についてはその通りだろう。何より，アメリカの地理的位置からくる安全さがそうさせた。

もう1つ，「アメリカの戦争」の特徴をつけ加えれば，戦争をするにあたって，「理念」「大義」を強調することである。

アメリカが初めて世界規模の戦争に参加したのは第1次世界大戦である。時の大統領だったウッドロー・ウィルソンはドイツに宣戦布告をする際，「世界に民主主義を確保するため」と「理念」を表に出した。このあたりは，ピューリタンの指導者，ジョン・ウィンスロップが「イギリスや全世界の目が注がれる丘の上の町を築こう」と語ったのと似通うものがある。

第2次世界大戦でもフランクリン・ローズヴェルト大統領は1941年，ドイツと日本への宣戦布告が11ヵ月後にせまっているときに「4つの自由」擁護を掲げた。「言論と表現の自由」「信仰の自由」「欠乏からの自由」「恐怖からの自由」である。米国にとって，戦争は「理念」を実現するための使命であるとの形をとったのである。

この2つの大戦のほかに，アメリカは主なだけでも，朝鮮戦争，ベトナム戦争，湾岸戦争，最近では国連主導で性格は違うが旧ユーゴスラビア紛争，そして第2次大戦以降，ソ連の崩壊まで「冷戦」を戦った。それぞれの戦争の性格は違っていた。第1次，第2次大戦とも，その「理念」の一方で，「自由主義的国際経済秩序の創設」という戦略をもっていたとされる。「冷戦」，朝鮮戦争，ベトナム戦争は共産主義との戦いであり，「パックス・アメリカーナ」（アメリカの力による平和）のための戦争であった。湾岸戦争は冷戦崩壊後の「新秩序」のための戦いといえる。旧ユーゴスラビア紛争に米国が軍隊を派遣したのは「世界で唯一の超大国の責任」に加えて，「米国がヨーロッパで

も支配的パワーでありたいという欲望からだった」という見方もある。ベトナム戦争を除いて，アメリカはそれぞれの戦争に勝ったか，あるいは負けなかった。近代戦は，軍隊の運営方法，武器や戦略にとどまらず，社会の仕組みまでも進化させ，世界を標準化させる。米国がこれらの世界規模の戦争を主導した結果，世界を急速にグローバル化，すなわちアメリカ化させたのである。

しかし，最大の成果は，戦争がアメリカを世界一の経済大国にしたことである。第2次大戦後，世界は「ポンドの世界」から「ドルの世界」に変わった。第1次大戦後にはすでにアメリカは英国をしのぐ経済力をもっていたが，1931年9月，それまで国際経済の中心だった英国の金本位制が崩壊した。その後の英，米，仏三国通貨協定で，アメリカだけが金交換を許される「ドル本位制」に代わった。この時点で「パックス・ブリタニカ」から「パックス・アメリカーナ」への道筋が敷かれた。そして，第2次大戦中の1944年には，ブレトンウッズ会議で戦後の構想が描かれ，それを受けて1947年，国際通貨基金（IMF）が創設され，ドルが国際基軸通貨とされたのである。

ドルはその後，71年のニクソン・ショックでも，85年にアメリカが債務国に転落しても「基軸通貨」でありつづけ，アメリカの強さを支えてきたのである。

❷——寛容な戦後政策

アメリカの経済力，軍事力，そしてドルの力は，第2次大戦後，特に「冷戦」を栄養にして世界に浸透していく。アメリカを世界に受け入れさせたのは，その方法である。最も象徴的だったのは，「ヨーロッパにおけるマーシャル・プランと対日占領」の2つと言えるだろう。

マーシャル・プラン（欧州復興計画）はトルーマン大統領が西欧各国を戦争の疲弊から立ち直らせるために1948年から52年まで行った経済，軍事援助計画である。この間，アメリカは約120〜130億㌦を投入したとされ，欧州経済の再建を助けた。

このようなアメリカの「寛容さ」は日本に対する戦後政策でもよく知られていることである。政治学者の五百旗頭真は「一言でいえば，日本占領は史上まれにみる厳しさであり，かつ，まれに見る寛大さであった」として，その二面性を次のように指摘している。

「日本占領がまれなほど厳しいとは，どういう意味か。第一に，占領の範囲と期間が，終戦までの軍事的実績に照らして，大き過ぎる点である。（中略）敗者となった日本は，本土を戦場とする前に武器を置いたにもかかわらず，全土を長期にわたって占領され，占領下で国内社会の全面的な変革を強いられたのである。（中略）より重要なのは占領政策の内容そのものである。米国の究極的な対日目的は，日本を二度と脅威とならしめないことであった。そのために，2つの措置を必要と考えた。非軍事化と民主化である。それは誠に徹底したものであった。（中略）しかし，より重要なことは，勝者が非軍事化と民主化の政策を，敗者に対する破壊的・禁制的な措置としてではなく，人類史が犠牲を払って獲得した最良の成果を日本に提供する理想主義的改革として示したことにある。日本無力化の強制ではなく，戦後の国際社会が共有する価値たる平和と民主主義の福音として，占領政策は説明された」。（ディダラス／アステイオン共編『日米の昭和』TBSブリタニカ，1990.）

占領が具体的にもたらしたものは数多い。平和憲法の制定，財閥解体，地方自治の徹底，それまで一握りの大地主が所有していた農地を開放して自作農をつくった農地改革などの民主化

政策。日本の独立を認め，日本経済再建のためにさまざまな援助を与え，米国の市場を開放したこと。日米安保体制の傘の下で日本を軽軍備にとどめ，経済再建を優先させた。現在，日本が世界第2位の経済大国でありながら軍事大国でないのは，その結果だとも言える。日本人の大多数は，こうした一連の政策を通して，「アメリカの民主主義」「アメリカの精神」を受け入れたのである。

アメリカのこうした「寛容さ」は当時のアメリカがもっていた圧倒的な豊かさがあってのことである。そして何よりも共産主義の浸透を防ぐという大戦後の「米国の最大の大義」によるものである。特に日本に対する寛容さは，当時のアメリカの指導者たちには日本の民主化が成功すればアジアの他の国々の発展と安定のモデルになり，共産主義の膨張を防ぐことができるという意図もあったものとみられる。

しかし，アメリカの場合，それだけで判断するのはためらわれる。この国はどこかに「正義の旗手」的な部分をもっている。

外交雑誌『フォーリン・ポリシー』(1998年6月22日)は「昔の帝国主義勢力は植民地を本国の経済的利益のために使った。主要産業を独占し，植民地より本国の経済を優先した。対照的に，米国の政策は輸入者であり，最終的には出資者である。米国はたいした論争もなく，世界の経済の安定役を買ってでた。それはしばしば自国の利益に反しながらも。特に1945年から1965年まではアメリカは世界の警察官というよりも，サマリタン（困った人に親切にする人）というものだった」と論じている。アメリカの政策には，確かに，そのような部分があることは否定できない。

これとは別に，「占領」や「進駐」が「アメリカ」を外国に理解させるうえで役割を果たしていた側面もある。アメリカは国の成り立ちを反映してか，あるいは「アメリカ的生活が理想」と自信をもっているせいか，自分たちだけで1つの「宇宙」をつくる傾向がある。進駐軍が牧師や神父を伴い，基地や兵士の住宅の近くに教会を建てた。また，基地の中ですべての生活が成り立つようにスーパーマーケットを持ち込んだ。いわば，「アメリカをそのまま持ち込んだ」のである。占領や進駐された国民にとっては，それが豊かさ，合理性など「アメリカ的生活」のショーウインドーの役割も果たしたのである。

D── 技術

アメリカを「世界化」したものとして，技術の果たした役割を忘れるわけにいかない。象徴的な「製品」を2つ挙げれば，20世紀初頭のT型フォードと21世紀を支配するであろうコンピュータである。

20世紀が始まったばかりの1908年，のちに「自動車王」と呼ばれたヘンリー・フォードが生み出したT型フォードは，自動車そのものよりも，その生産方式が世界の注目を浴びた。自動車はそれまで熟練労働者に頼り，生産量も少なかったが，T型フォードは生産工程をすべて機械化し，ベルトコンベアによる流れ作業で，大量生産を可能にした。その結果，価格は当然安くなり，それまで一部の金持ちの持ち物だった自動車を普通の市民も買うことができるようにしたのである。労働者の賃金も上がり，労働者自身を車を買う消費者にもしたのである。

今日ではあまりにあたり前になった，この大量生産・大量消費方式は，フォードのやり方にちなんで「フォーディズム」と呼ばれ，革命的だった。もっと大切なことは，この方式が自動車の生産だけでなく，他の工業製品の生産方式

をも変えたことである。例えば，ビル・レヴィットという人物はフォード方式で住宅を大量生産するようにした。大量生産で同じような製品を安く作る。それは，「みんな平等に，同じものを持つ」ということを可能にする。結果的に「アメリカ民主主義の精神」を人々に刷り込むことになる。アメリカの技術はこうして世界に「民主主義」「大衆主義」を拡げるうえで大きな役割を果たすのである。

フランスの思想家アレクシス・ド・トクヴィルは1830年代に，アメリカを見聞した結果として，「アメリカ人がどのように技術を考え，生み出していったか」について，『アメリカの民主政治』の中で，要旨，次のような見方をしている。

「アメリカ人においては，有用なものへの好みが美しいものへの愛好よりも，心を支配するようになっている。民主的国民ではこれらのすべてのものが見いだされる。生活を安楽にし快くするのに役立つ技術を研究開拓するであろう」「貴族的社会では，労働者は自らの生産物をいくらかの人々に，非常に高い値段で売ろうとする。値段を低めるには2つの手段がある。商品を生産するために，いっそう優れた，いっそう容易な，巧妙な手段を見つけること，少ない費用でいっそう大量に生産することである」。トクヴィルは「大量生産，大量消費」の根底に「アメリカの民主主義」があることを，T型フォード以前に見抜いていたことになる。

コンピュータを代表とする最近の情報技術も，15世紀にグーテンベルクが活版印刷を発明したのと同様に，世界を変えた。情報革命はもとはといえば，第2次大戦後の冷戦下でアメリカが世界大恐慌の再発を防ぐことと，共産主義を封じ込めるために，「世界経済のグローバル化を図る」という目的で進めてきたものである。ここには米国の膨大な軍事予算がつぎこまれている。コンピュータに世界が投資したうちの40％以上はアメリカによるものだったといわれる。その結果，世界平均の8倍の金額をつぎこんでいる。ヨーロッパや日本と比べて，労働者1人当たりのコンピュータの数は5倍以上になるという。

技術はいうまでもなく，開発した国（者）が基準を決める。いわば，「創業者利得」である。コンピュータなどの基準はしたがって大部分はアメリカン・スタンダードである。ウォルター・リストン・シティバンク前会長は『フォーリン・アフェアーズ』に情報革命の効果として，こんな例を挙げている。

「1988年にプラハの通りで最初に反政府行動を起こした人々は，CNNのカメラをのぞき込みながら機動隊に対して『世界がお前たちを見ているぞ』と繰り返し叫んだが，実際，そのとおりだった。他の東欧諸国の人々がロシアの人工衛星によって中継されていたCNNでプラハの革命を目の当たりにし，勇気を奮い起こして自分たちの政府に対して反乱を起こしたのは歴史的にも異例のことである」と。

このほかにも，電話，インターネット，航空機など，アメリカ主導の技術はあまたある。しかし，見過ごせないのは，これらの技術が貴族や研究者にとどまるのではなく，「民衆の技術」であったがゆえに世界に広まり，「世界のデファクト・スタンダード」になったということである。

E──キリスト教会と宣教師の役割

キリスト教を通して，アメリカが世界に及ぼした影響もかなり大きい。日本の例を見よう。津田塾大学の前身，女子英学塾を津田梅子が創設したのが1900年だが，その津田は6歳のときにアメリカに留学，キリスト教の強い影響を

受けたことはよく知られている。津田塾大学自体はいわゆるミッション・スクールではないが，同大学にはチャペルがあり，聖書講読が必須科目とされている。明治期のキリスト教の影響を物語っている。

このように，日本でのキリスト教や，その影響を概観すれば，明治期以降と，第2次大戦後に分けられる。日本にプロテスタントの最初の宣教師がやって来たのは1859年とされるが，戦前のプロテスタント各派の教会やミッション・スクールでは，外国人の宣教師が教会はもちろん，校長などを務めていた。日本人の信者は外国人宣教師に指導される立場だった。

一方，戦後はアメリカ自体の，また，マッカーサーの対日占領政策と密接に結び付いている。そもそも，F. ローズヴェルト大統領が第2次大戦に参戦するにあたって掲げた「大義名分」はすでに述べたように，「4つの自由」であった。その1つに「信仰の自由」が入っていたことは注目に値する。日米開戦に先立つ1941年5月，ローズヴェルト大統領は国民向けのラジオ演説で，第2次大戦はキリスト教的理想主義と異教徒的野蛮との戦いであると強調した。戦後，戦争に勝利したアメリカが日本占領にあたって日本のキリスト教化政策を考えたのは一貫している。連合軍司令官マッカーサーはアメリカ議会にあてて，「日本国民を改宗させ」「太平洋の平和のための強力な防波堤にする」と報告した。また，「自分がキリスト教によって日本人の精神的な真空状態を埋めないなら，共産主義がそれを埋めるだろう」とも述べている。彼は，外国人の日本入国規制をしたが，宣教師については免除し，本国に日本への宣教師派遣を求めた。宣教師は連合軍の協力を背景に布教を広め，1947-48年をピークに信者を増やした。信者の数は1985年でプロテスタント約61万人，カトリック約45万人（キリスト教辞典，カトリック辞典）で，両方合わせても日本の人口の1％程度でしかない。しかし，日本人は信者にならなくてもキリスト教の宣教師を通して，アメリカの民主主義やアメリカ人の生活にじかに触れ，大きな影響を受けたのである。

一方，世界におけるアメリカのキリスト教布教活動を概観すれば，スペインなどを中心とした米大陸でのカトリック布教が下火になり，アメリカが国際舞台に本格的に登場するようになった19世紀末から20世紀初めに積極的になる。アメリカがハワイ併合，フィリピン領有などを進め帝国主義時代に入った頃である。その特徴は，「福音を広めるだけでなく，アメリカ的文明を広める」という明確な目的をもっていた。現在は，海外での布教はモルモン教，エホバの証人など，ファンダメンタリストと呼ばれる宗派が中心となっているが，全体を通して，こうした布教活動が，結果的に「アメリカ的価値，正義」のセールスマンになっていることは間違いない。

F──文化の影響力

❶──世界にあふれる「アメリカ」

マドンナ，マクガイア，マイケル・ジョーダン，マクドナルド，コカ・コーラ，ディズニーランド，リーバイス，……みんな，アメリカである。おそらく，若者たちは，それらが「アメリカ産」とわかっていても，もはや，意識もしないだろう。アメリカの文化は日本人の，いや，世界の生活に入り込んでしまった。映画，音楽，ソフトウェア，放送などエンターテインメント産業はアメリカでは今や，航空機産業に次いで2番目の輸出商品になって世界の市場を席巻している。

クリントン政権の元商務次官でイェール大学

経営学部長のジェフリー・ガーテンは『ビジネス・ウィーク』誌でこう警告した。

「米国の自由貿易の精神は外国ではしばしば，'トロイの木馬'とみられている。ディズニーやCNNといった会社が米国人のライフスタイルや価値観を押し付けるからという理由だ。アメリカ人は『それは大きな誤りだ』と肩をすくめるだろう。しかし，アメリカ人は『文化侵略』と批判する外国の懸念を気にしてもおかしくはない。なぜなら，つい10年前，ソニーがコロンビア映画を買収し，三菱がロックフェラー・センターを買ったときのことを思い起こせばいい。それは変なナショナリズムをはびこらせ，反米主義となる。インターネットなどで米国文化の浸透は止められない。すべきでもない。しかし，米国は，世界各地の文化の多様性を尊重し，独占を減らすようにできるはずだ」

確かに，アメリカ文化の影響力はすさまじい。それに反発して各国で騒ぎも起きている。1999年8月，フランスではマクドナルドの店が「アメリカの象徴」として農民らから襲撃される事件も起きた。同じ農民がその後，アメリカ・シアトルで開かれた世界貿易機関(WTO)の会議に，禁輸品とされているフランス産のロックフォールチーズを持ち込み，アメリカへのデモンストレーションとして注目を浴びた。欧州一の農業国であるフランスがアメリカに侵食されてしまうという「グローバリゼーション」への反発が背景にあったようで，フランスの『ルモンド』紙は「自由ロックフォール万歳」という社説で，「ハンバーガーというアメリカの覇権に抵抗するのは文化の責務である」と主張した。マクドナルドはテレビのコマーシャルで，「フランスではフランスの肉を使っています」などと，騒ぎを鎮めるのに懸命だった。

こうした一連の騒ぎについて，『フォーリン・アフェアーズ』誌は「フランスの文化アイデンティティの一部に反米感情が存在することはよく知られている。屈辱を感じながらも，アメリカの助けに依存せざるをえなかった両大戦の記憶が，植民地帝国の崩壊という過去が，この感情に影を落としている」という見方を示した。

フランスだけではない。カナダは「隣国アメリカから文化の独立を守る方策」を模索している。国連主催の「国民文化の保護」をテーマにした会議もしばしば開かれる。いずれも，「アメリカの文化的影響力」を案じてのことである。

しかし，同じクリントン政権にいたジョゼフ・ナイ・ハーヴァード大教授は，アメリカの「文化の力」を積極的に評価する。ナイは，軍事力や経済制裁など，脅迫や強制力を伴うものを「ハードパワー」とする一方，「他の勢力が同じように望む『文化の力』」を「ソフトパワー」と呼ぶ。なかでも，世界の民衆の心に「アメリカ」を焼き付けたのはジャズ，ロック，ラップなどの音楽，映画など大衆文化である。エルヴィス・プレスリー，マドンナ，ジョン・ウェインなどを挙げるまでもなく，アメリカはこれらを通して，世界の民衆を味方につけてしまったのである。

しかし，「ソフトパワー」は多様で広い範囲に及ぶ。ナイは「アメリカの価値観」もその1つに挙げる。「アメリカは，自由と人権，民主主義の旗手と見られており，他の国の人もそれに魅かれてわれわれに従う。しかし，もしわれわれがそのように掲げていることを実行できず，口ばかりの偽善者になったら，他の国の人もわれわれを受け入れたがらないだろう。われわれの国内での繁栄，社会保障措置，法的保護，民主的選挙など，生活のありようは国際社会での評価に強い影響をもたらす。アイゼンハワー大統領やケネディ大統領は国内で人種差別をしていたら外交政策の信用をなくすというこ

とを認識していた」と言う。つまり，アメリカの普段の生活の仕方がモデルになる，というのである。

❷──留学

「アメリカの大学の魅力」もその1つである。「年間50万人もの留学生が米国で学んでいるのは力の源泉である。すべての留学生が満足して帰国するわけではないが，大部分が米国に対して現実的で好感を抱いている」と，ナイは言う。

その指摘を待つまでもなく，アメリカの大学は，世界の若者や研究者をひきつけてきた。その基礎を築いたのは，第2次大戦直後の1946年に始まった「フルブライト交流計画」であることはよく知られている。この計画は，アメリカ連邦議会の上院外交委員長などを務め，ベトナム戦争を批判したりして「アメリカの良心」と呼ばれたJ.ウィリアム・フルブライトの提唱で生まれた。戦後のアメリカの対外政策で最も成功したものの1つといわれている。フルブライトは「原爆の惨禍が私に交換留学生計画の提案を決意させる直接の原因となった。各国ともお互いの国民が対立し合うことがないよう，心の結びつきをつくり，育てていかなければならない。世界中の人たちがお互いをもっとよく知り合えば，敵対して殺し合うことも，原爆まで使って相手を壊滅させようなどと思うこともなくなるのではないか──というのが発想の起点だった」と著書『権力の驕りに抗して』で書いている。

日本の場合は，「フルブライト交流計画」は米軍による占領が終わった直後の1952年から始まり，現在まで合計6,748人（1999年現在）が参加した。その中には国連事務次長からカンボジアや旧ユーゴスラビア紛争の平和活動の指揮をとった明石康，東大学長や文部大臣を務め

た物理学者有馬朗人，ベトナム反戦運動などで知られた作家小田実ら，各界で指導的立場に立つさまざまな人々がいる。同計画だけでなく，さまざまなかたちでアメリカの大学に留学した人はざっと4万6,000人（1998年現在）。高校生も含めると相当な数になる。

フルブライト留学生の1人，島田晴雄慶応大学教授は，「フルブライト留学から私が得たものは計り知れない。多くのかけがえのない友人をつくることができたことである。今や，世界中に広がったこの人脈が，私の人生でおそらく最も貴重な財産になっている。さらに重要なことはアメリカが自由で，公正で，開かれた社会であることを肌で実感したことである。（中略）旧敵国，敗戦国の日本人に対しても，個人の人間性を尊重し，完全に対等に対応するアメリカ人の大らかさと公正さに私は感動し，そのよき思い出は私のアメリカ観の基底に定着している」と，記している。

フルブライトのねらいは決して，「親米派」を増やすことではなく，事実，必ずしもすべての学生が満足して帰国したわけではないだろうが，その後，島田氏のように世界各地の留学体験者が「アメリカ民主主義やアメリカ精神の宣教師」となって有形，無形にアメリカを浸透させる役割を果たした。それはひょっとしたら軍事力より「アメリカの力」となったのである。

これはフルブライト交流計画だけではない。現在，世界の若者，ビジネスマン，官僚，知識人らが競ってアメリカの大学・大学院に留学し，学位をとって帰国し社会を動かす姿は当然のようになった。彼らは，こういう体験を通してアメリカとアメリカ人の友人となり，アメリカの理解者となる。

❸──国際機関

IMFやNATO，米州人権委員会などの国

国際機関も「ソフトパワー」である。

　国際機関といえば，アメリカにとって必ずしも心地がよくない国連もIMFなどと同じく，創設を主導したのもアメリカである。それを唱えたのは，フルブライトであった。同氏が1943年2月，下院議員になって初めての演説で，「世界の安全保障のための国際機構づくり」を提唱，これを受けて，1944年10月のダンバートンオークス会議で国連創設が決まった。このようにアメリカは特に第2次大戦後の世界のシステムづくりの主導者であった。

　ナイは，こうした「ソフトパワー」が説得力をもつためには裏付けとなる「信頼性」がなければならないと言う。「例えばアメリカ人が人種差別を大目にみているかぎりは，普遍的な人権の唱導者にはなりえない。98年6月，訪中したクリントン大統領は北京大学で中国人の聴衆に人権の大切さを説いた。これが可能だったのは，講演後の質疑応答でアメリカ社会の問題点を聞かれた大統領が，アメリカもまた，理想的な平等を実現するためにさらに努力し，状況を進展させる必要があることを率直に認めたからだ」。

G──「世界語」としての英語

　ところで，アメリカをグローバル化の規範にさせている強力な要因は英語だろう。英語はそれ自体ソフトパワーだが，アメリカのほかのソフトパワーの伝達の手段としても，重要な役割を果たしている。

　作家のスタインベックは「アメリカ人は世界で一番，外国語がへたな国民になった」と書いたが（『アメリカとアメリカ人』），それは「言語覇権国」として他国のことばを覚える必要がなかったからかもしれない。現に，『ヘラルド・トリビューン朝日』紙（2001年4月17日付）によれば，2000年9月の連邦上院では「国務省職員の半数は職務に必要な外国語能力を欠いている」という証言がなされた。また，連邦捜査局（FBI）は年間百万ページにも及ぶ探知した会話を翻訳しなければならないが，外国語の翻訳能力が不足しているために，ほかの犯罪防止や捜査に手が回らない状態だという。

　英語を話す人は世界で現在約8億から10億人といわれる。欧州連合の調査では，70％が「誰もが英語を話せるべきだ」と答えている。自分の文化，言語についての誇り高さで知られるフランスでも国民のほぼ半分が外国語，特に英語に自信をもっているという。同国最大の通信会社「アルカテル」は社内公用語は英語である。一方，アジアでも主要言語が10以上もあるインドでは共通語として英語は不可欠で，人口10億人のうち，3億人が英語を使えるという。パキスタン，フィリピンなど，多数の言語が存在する多民族国家でも英語は「共通語」として使われている。これらを合わせると，英語は今や，世界人口の3分の1から4分の1が使っている計算になる。

　ほとんどの国際機関でも公用語は英語である。IMFやNATOはもともと米国の主導でつくられたし，事実上，米国が中心の組織だから当然としても，東南アジア諸国連合（ASEAN）や石油輸出国機構（OPEC）でも英語が「第一公用語」である。国連は英，仏，スペイン，ロシア，中国，アラビア語の6ヵ国語が公用語とされているが，総会や安全保障理事会の会議録や発言要旨が広報室から代表団や記者団に最初に配られるのは英語のそれである。加盟国が189ヵ国に達した今（2000年現在），英語が最も便利な「共通語」であるからにほかならない。国連総会や安全保障理事会などを聞いていると，お世辞にもうまいと言えない英語で堂々と演説する各国代表が多い。日本

人初の国連職員になり，事務次長を務めた明石康は「世界で一番使われている英語はブロークン・イングリッシュ」と言ってはばからない。

英語が世界の共通語となるのは，多くの人が使っていることがもちろんだが，「英語という言語がもつ，合理性と，アカウンタビリティ（説明責任）という特性に原因がある。説明をしないことには，英語ということばは成り立たない」（寺澤芳男）というこの言語の性質が，文化背景の違う人々の言語として受け入れられやすいということからでもある。英語を使うことで，知らないうちにアメリカ的発想を身に付けて「アメリカニゼーション」を深めているという部分も無視できない。そして，いうまでもなく，英語の現在の地位は，アメリカの軍事力，経済力を後ろ盾として築かれたのである。

何がアメリカを，グローバル化した世界の事実上の基準国としたのか。それは，アメリカが説得力のある理念と，その理念を世界に植え付ける強制力とを兼ね備えていたからにほかならない。もともと，世界各地からの，広い意味での「避難民」から成り立った人工国家アメリカは，誰にでも受け入れられる普遍的な理念を必要とした。自由，民主主義，大衆主義が基本になったのは自然のことである。

それらの理念を価値観として世界に浸透させたのは，アメリカの経済力，軍事力，文化の影響である。

■参考文献

アステイオン/ディダラス共編『日米の昭和』TBSブリタニカ，1990.

ウォーラーステイン，I.（松岡利道訳）『アフター・リベラリズム――近代世界システムを支えたイデオロギーの終焉』藤原書店，2000.

折口透『自動車の世紀』岩波新書，1997.

スタインベック，J.（大前正臣訳）『アメリカとアメリカ人』サイマル出版会，1969.

トクヴィル，A.（井伊玄太郎訳）『アメリカの民主政治』（上中下）講談社学術文庫，1987.

ハルバースタム，D.（狩野秀之訳）『幻想の超大国――アメリカの世紀の終りに』講談社，1994.

フルブライト，J.W.（勝又美智雄訳）『権力の驕りに抗して――私の履歴書』日本経済新聞社，1991.

森孝一『宗教からよむアメリカ』講談社選書メチエ，1996.

Hacker, A. *Two Nations: Black and White, Separate, Hostile, Unequal*. Scribners, 1992.

Lind, M. *The Next American Nation: The New Nationalism and the Fourth American Revolution*. Free Press, 1995.

■さらに知りたい場合には

佐々木毅『現代アメリカの保守主義』岩波書店，1984.
　［米国の対イラク戦争でにわかに注目されたネオコン（新保守主義）を，米国の保守主義の源流から理解するために役立つ。］

船橋洋一『同盟漂流』岩波書店，1997.
　［日米関係の基礎である日米同盟。しかし，その実態は決して平坦でも安穏でもない。同盟関係とは何か。綿密な取材で描き切った，微細にして壮大な日米現代史。］

マンチェスター，W.（鈴木主税訳）『栄光と夢』（全5巻）草思社，1976.
　［大恐慌から1972年のウォーターゲート事件の幕開けまでのアメリカ現代史を，政治，経済だけでなく，大衆文化，社会風俗など，さまざまな角度から生き生きと描いた名著。］

2 | 軍事・安全保障政策の変遷
American National Security Strategies in Transition

阿南東也

アメリカには建国以前から自らの安全は自らで守るという「武装市民」の思想が根強くあった。しかし建国時の独立戦争や南北戦争などの市民兵士の時代を経て，対外的野心を持ち始めるにつれ，職業軍人による常備軍の整備が進められるようになった。両大戦への参加により孤立主義を脱却したアメリカは，大戦後名実ともに自由主義圏の指導国となり，ソ連を盟主とする共産主義陣営と対峙することになる。核兵器を前提とした両陣営の軍事的均衡を保持すべく採られたアメリカの軍事政策は，国際情勢の変化に対応しながら変転を遂げてきた。そして現在，ソ連の崩壊による冷戦の終結によって，国際情勢の図式は大きく変わり，さらにテロリズムなどの新たな脅威への対処が必要となり，唯一の超大国となり，「単独主義」を標榜するようになったアメリカの軍事政策もまた新たな変化を見せつつある。

A──「世界大国」への道程

20世紀は「アメリカの世紀」といわれ，アメリカは世界に向けて文明の発信源であり続けたのであるが，それはアメリカがその時代を通じて軍事大国として国際政治のなかに君臨し，圧倒的な影響力を保持し続けた事実に起因することは言うまでもない。20世紀の最後の四半世紀においてはアメリカの軍事的優位の衰退，影響力の低下がささやかれたものの，冷戦が終結してからほぼ10年を経て，新世紀を迎えた現在，再びアメリカの「一国主義」論が広く議論されている現状にある。このように軍事大国としての存在が当然至極のこととして受け入れられているアメリカではあるが，それに至るには存外にも長い道のりを必要とした。

❶──「武装市民」の思想と軍隊

元来アメリカ国民の中には，常備軍を嫌う感情的傾向があったと言える。アメリカは建国以前より，自らの安全は自らで守る「武装市民」の思想が強く存在し，逆に国家が強力な軍隊を持つことに忌避の念を抱いていた。国家が個人の自由を侵犯することへの懸念に加え，アメリカが外交の指針として孤立主義を掲げており，海を越えた対外的な戦争の必要性が軽んじられていたことが背景として挙げられよう。したがって18世紀から19世紀の間は，アメリカは陸軍と海軍を創設し維持したものの，基本的に，強力な常備軍を整備するのではなく何か必要が生じればそれに対応する形で軍を動かすという「動員」型の方針を採っていた。

その時代に起きた戦争として，まず1775年から82年までの独立戦争が挙げられるが，厳

密にはアメリカ建国以前の戦争であり，ジョージ・ワシントン総司令官の指揮下にあったのは，2万人前後の小規模正規部隊である大陸軍と数万の民兵による混成部隊であり，合衆国成立後はワシントン政権下で創設された最初の省庁の1つとして「陸軍省」が陸軍の行政管理に当たるべく制度が整備された。1812年の対英戦争時には当時の正規軍人4万人に加え短期民兵3万人が戦ったが，軍のすべてのレベルで任務遂行能力が貧弱であることが明白となり，後に大統領となるアンドルー・ジャクソン将軍が軍規を確立し，州権論者で知られるJ.C.カルフーン陸軍長官が機構を整備したため正規軍としての米国陸軍は定着した。ウェストポイント陸軍士官学校が制度化されたものの，1820年代のセミノール族との戦争および1846年のアメリカ=メキシコ戦争の時期には1万人程度であった。1861年から65年までの南北戦争はアメリカ史上最大の規模で遂行され，最高時には南北軍あわせて300万人が軍役に就き死傷者は60万人以上であったとされるが，そのほとんどは市民兵士であった。

❷ 本格的な対外戦争の時代

世紀末転換期を迎え，最初の本格的な対外戦争，領土獲得戦争であった1898年の米西戦争を経験したあたりから徐々に，武装市民思想からの脱却と職業軍人による常備軍の整備，ならびに地政学的考察，海軍力の重要性が主張され始めた。E.アプトン『アメリカ合衆国の軍事政策』，ホーマー・リー『無知の勇気』，そしてA.マハン『海軍力の歴史への影響』(1890)といった軍事思想に関する著書が影響力をもち，セオドア・ローズヴェルト大統領期の「オレンジ計画」のような，太平洋での海軍戦を想定した戦争計画も練られた。

1917年に参戦した第1次世界大戦では，伝統通り勃発直後は中立を宣言したものの，アメリカは武器生産業が成長し，欧州との貿易が阻害され，より直接的にはドイツ潜水艦の無制限攻撃により生命と財産が危険にさらされたため三国協商側について参戦し，志願兵を中心とした400万人が主にフランスに派遣され，装備は同盟国に依存したものの軍艦，輸送で活躍し勝利に貢献した。

❸ 第1次大戦後の再軍備政策

1920年代以降，長距離爆撃機と航空母艦の発達によりアメリカは初めて他の大陸から攻撃される可能性が現実味を帯びてきた。しかし，第1次大戦後はやはり兵員規模は少なくなり，予算も縮小されたため軍はごくわずかな数の近代的な航空機，戦車を保持できたのみであり，また21-22年のワシントン海軍軍縮会議で海軍兵力制限に同意し，太平洋地域における日本の海軍力の優越を容認したため，防衛力は比較的脆弱なままであった。

1930年代にはヨーロッパにおけるドイツの進出により，大西洋におけるドイツ，イタリアの海軍の優越，および西アフリカ基地からの攻撃の危険にさらされると同時に，アメリカ海軍は日本のアジア大陸進出を抑制するべく釘付けにされた。このため，フランクリン・ローズヴェルト大統領は善隣外交で西半球の共同連携防衛を確立するとともに，国内では選抜徴兵制を採用し，大規模な再軍備に着手した。

アメリカを中心とした大国主導による戦争の進行構想を持っていたローズヴェルトとは異なって，議会は中立法(1935)を通過させたが，イギリスや反枢軸国諸国への物資援助を最終的には500億㌦に至るまで行って協力関係を維持した。1941年にはアメリカ海軍がイギリス船舶の護衛を行うなど連合国側への傾斜が明確となり，12月7日，日本軍がハワイとフィリ

ピンの米軍基地を予告なしの攻撃を行い，ドイツ，イタリアは対米宣戦布告をしたため，アメリカも議会が史上5度目の宣戦布告を行い，正式に参戦した。以降アメリカは延べ1,500万人を動員し，これは反枢軸国連合の4分の1に相当した。最大国が参加し，地中海，欧州，太平洋地域で大規模な作戦を展開したため，連合国側の勝利に大きく貢献した。

B──抑止力戦略への転換と定着

❶──冷戦の時代

　第2次世界大戦の終結後，冷戦が開始され，アメリカが自由主義圏の指導国として登場した。そのため，アメリカはその軍事戦略を，それ以前の，常備軍を否定した，有事のたびに脅威に対応する動員に中心を据えたものから，常に臨戦態勢を整えることによって脅威の発生を予防するという抑止概念を取り入れたものへと転換せざるをえなくなった。

　しかしながら終戦直後の時期は，動員と抑止の戦略が混在し，過渡期の様相を呈していた。1945年から47年までのあいだに，軍人数は戦時最高時の1,200万人から140万人になるという史上最も速い動員解除を経験した。この時期にもソ連の東欧，ギリシャ，トルコ，極東での勢力拡張政策が明らかとなり，戦時同盟は緊張関係へと変容した。トルーマン大統領は47年3月「トルーマン・ドクトリン」を発表し，アメリカはギリシャ，トルコのみならず世界のあらゆる地域で共産主義拡張の脅威と戦っている人々を支持するとして冷戦開始を内外に宣言したと同時に，アメリカに長くあった，平時における対外関与を最小限にとどめる意味での孤立主義からの脱却，そしてアメリカの，共産主義の拡張排除のための軍事的対外行動，経済援助

を正当化する根拠を与えた。経済援助に関しては48年から開始された「マーシャル・プラン」によって具体化され，アメリカの対外的指導力は同盟地域の経済的安定にかかっている構造が明らかになった。そしてこれらの冷戦政策は，国際政治学者で当時は国務省政策企画室長であったG. F. ケナンによる「膨張的性向を持つソ連に対する，長期的視野に立った，根気強くかつ堅固で慎重な『封じ込め』」ということばによって以後40年間語られることとなった。

　このような変化への対応を制度的にも整備しようとし，1947年国家安全保障法により，三軍を文官として統括する国防総省，大統領を中心とした閣僚による政策決定体である国家安全保障会議，情報収集機関である中央情報局（CIA）が創設された。軍事的な対応も急がれ，48年12月に初代国防長官J. フォレスタルは「世界における軍事情勢の四大変化」として，（1）ヨーロッパ，アメリカの生産力の優越，（2）アメリカ海軍力の優勢，（3）アメリカの原子力兵器の独占，（4）アメリカの生産力の優越，を挙げた。しかし，ソ連の脅威に抑止力をもって対応するにはアメリカ側の陸空軍の通常兵力が明らかに劣っており，48年国家予算法では軍事支出も制限されたため，アメリカの軍事政策はその時点でも動員を軸に置いていたかのようだった。

❷──ソ連の脅威と軍事費の増強

　1948年のチェコスロバキアの共産化，ベルリン封鎖，49年のソ連の核実験成功，中国での共産党の政権掌握といった一連の事件によってアメリカ側にも軍事態勢の不備が気づかれるようになり，50年4月，ポール・ニッツ国務省政策室長を中心とした国務省国防総省合同作成による「国家安全保障会議文書68号（NSC

❶ NATO結成の調印式［P.H.スパーク・ベルギー首相兼外相が一人目の署名をしているところ。ロンドンにて、1949年4月4日］

-68)」において，全面戦争にも限定戦争にも対応可能でソ連の性向に変更を強要するような，核，通常兵力双方の増強，国防費の増加が主張された。これは同年6月の朝鮮戦争勃発によって具体的な脅威が生まれたことを受けて現実路線となり，1950年度には130億ドルであった国防費が53年度には504億ドルにまで跳ね上がり，戦争勃発後の再軍備計画が，（1）朝鮮戦争の早期終結，（2）長期的視野での動員基盤の確保，（3）ソ連の軍事力に対抗し，攻撃行動を抑止するための常備軍の整備，を軸に行われたため，NSC-68によって政策は軍事的な意味合いを強めたといえる。

またベルリン封鎖後の49年4月ヨーロッパにおいて，アメリカにとっては史上初の平時軍事同盟といえる北大西洋条約機構（NATO）が構築され，アメリカの，共産主義を軍事手段によって封じ込める意志の表明となった。西欧諸国は52年のリスボン会議以降，朝鮮戦争が全面戦争に発展しなかったことから軍備削減を始めたため，アメリカの核に抑止を依存することになった。

❸ 通常兵器の削減と核兵器依存

このようにアメリカは徐々に軍事政策を動員から抑止への転換を図ったものの，軍事費増加に対する国民の反感は大きく，加えて中国の共産化，朝鮮戦争勃発，マッカーシズムなどを受け民主党政権は支持を失い，1952年選挙の結果登場した共和党のアイゼンハワー政権は国内からの要求と国際的必要性を調和させるべく「ニュー・ルック戦略」を打ち出した。「国家安全保障会議文書162号（NSC-162)」に具体化されたその政策は，軍事支出を削減して財政均衡を図り，同時に核兵器と戦略空軍への依存度を高めて軍事封じ込めを継続しようというものであり，これは統合参謀本部（JCS）による「セコイア計画」で実施された，対外駐留部隊の撤退，移動戦略部隊の創設，地域防衛は同盟国への責任を増やすことなど，アメリカの通常兵器を削減することによって補われた。核兵器への依存を高めることはJ.ダレス国務長官によって54年1月に発表された「大量報復戦略」，すなわち，戦争のレベル以下の軍事的脅威に対してもアメリカは核兵器をもって対処する意思と準備がある，という路線によって明確に打ち出され，さらにNATOも，小規模の軍事的脅威でも使用される可能性を前提とした戦術核兵器を西ヨーロッパに配備することで具体化された。

さらにこの時代は，アメリカの軍事的同盟関係がNATOを超えて世界に拡大し，反共ネットワークを構築することによって軍事的封じ込

め政策が補完された。51年に日本と日米安全保障条約を締結し、日本の防衛を保障する代償として日本本土で陸海空軍基地を利用する権利を得た。同年アメリカはフィリピンとも同様の相互防衛条約を結び、オーストラリアとニュージーランドともいわゆるアンザス（ANZUS）条約を締結して2国の安全保障面での援助を確約した。53年には、休戦を受けて韓国と、軍事攻撃の相互協議、および陸海空軍の駐留を旨とした相互安全保障条約である米韓条約を結び、翌54年には、台湾海峡を境に本土中国の共産党と台湾の国民党との間に発生した最初の本格的な紛争であった第1次金門島・馬祖島危機の最中に、国民党政府と米華条約を締結し、同様の相互協議、台湾と沿岸諸島への軍配備を認めさせた。さらに同年、オーストラリア、フランス、ニュージーランド、パキスタン、フィリピン、タイ、イギリスとの間にNATOと同様の集団安全保障体制である東南アジア条約機構（SEATO）が成立し、条約の適用地域内に共通の危険が生じた場合、共同行動を起こすことが明言された。さらに、アメリカは正式には加わらなかったものの支援というかたちをとった中央条約機構（CENTO）はイギリス、トルコ、イラン、パキスタンを集団安全保障体制に結び付け共産主義の南側への膨張を予防しようとし、加えてアメリカはパキスタン、イランとそれぞれ2国間条約を締結した。

❹——大量報復政策の転換

1954年時点での大量報復政策は、ソ連からの報復をほとんど受けることなくソ連軍を壊滅できるとの前提に立っていたが、56年までにはソ連が技術的に追いつき相互脆弱の状態が生まれたことにより再検討を余儀なくされた。またH. キッシンジャーら専門家から大量報復戦略では限定戦争を抑止できないとの疑義が呈さ れ、また50年代後半の経済停滞で軍事コストが自然上昇し財政赤字をもたらしたため、軌道修正を余儀なくされた。加えて57年8月にソ連がアメリカに先んじて大陸間弾道ミサイル（ICBM）の実験に成功し、10月には人工衛星スプートニク号打ち上げに成功したため、アメリカはソ連に軍事、宇宙開発で量的にも質的にもはるかに劣勢であるという「ミサイル・ギャップ論争」がアメリカ国内世論を席巻し、政府内でも国防費増額と戦略態勢の見直しを提言した「ゲイザー報告書」が提出された。ソ連の水爆開発による熱核技術の発達、中ソの亀裂によって中国も単独の敵と見なさなければならなくなったことも影響した。

C——抑止戦略の再確認

❶——ケネディの柔軟反応戦略

1960年の選挙で登場した民主党のケネディ政権は、これらの状況に鑑み核戦略の見直しに着手した。「柔軟反応戦略」として知られるそれは、「大金槌を使うより蠅たたきの方が有用である場合には、後者を使えるよう準備しておく」と表現されたごとく、通常兵力の育成強化を図りつつ、局地戦争から戦術核兵器使用、そして全面核戦争と段階分けしそれぞれに相応しい「多角的な選択肢」を使用可能に準備し、対外政策に柔軟性を確保しようとするものであった。核戦略のレベルでは、ポラリスのような潜水艦発射型弾道ミサイル（SLBM）やミニットマンのようなICBMの開発によって確実な報復兵器が得られ、それらが可能になった。前政権の大量報復戦略と比較して最も異なるのは通常兵器レベルであり、その拡張によりアメリカは「2・1/2戦争」すなわちヨーロッパでの大規模戦争と、その他の地域での武力紛争、そ

❷戦略兵器制限条約（SALT）の発効に向けての最終確認書への署名［中央がニクソン米大統領、その左がグロムイコ・ソ連外相、右がロジャーズ米国務長官。ホワイトハウスにて、1972年10月3日］

して小規模な脅威に同時に対処できるとされた。

60年代にケネディ、ジョンソン政権と続いてとられた戦略は、核抑止の効力が減じられることを恐れたNATO諸国からの反発を招き、ドゴール大統領によるフランスの核武装、NATO脱退、独自外交路線の背景となった。また62年のキューバ・ミサイル危機を経験したことによって米ソとも核兵器は最終的には使用できない兵器であるとの学習が決定的になり、「核手詰まり」状況が生じ、さらに同時期のベトナム戦争への介入の泥沼化によって国防予算も780億ドルまで跳ね上がり、国民からの反発も強まり、封じ込め政策そのものが疑問視されるに至った。

❷──ニクソンの現実主義的抑止政策

1969年に登場したニクソン政権は「現実主義的抑止」の名のもと、対外政策全体の路線変更を図った。その時点でアメリカが直面している国際的脅威の再評価を試み、それまでにソ連はアメリカと核兵器のレベルではパリティの状態まで達し、両側が第二攻撃能力を備えたがゆえにいずれの側も核攻撃を開始することによっては勝利は得られず、両国は直接対峙の回避と軍備管理共通利益を見いだすべきだとし、これは同政権による「緊張緩和（デタント）」政策と戦略兵器制限交渉（SALT）に結び付いた。核戦略は「戦略的十分性」すなわちパリティの状態ではアメリカは核軍備での優越を求めることはできず、同時にソ連が優越することも認められないために核のパリティを最大限に肯定する方針を打ち出した。これはICBM、SLBM、爆撃機による報復能力によって敵側に受容しがたい損害を与えうることを保証する「確証破壊」、弾頭の照準精度が高まったために可能となった、あらゆる軍事上の緊急事態に対応できる「柔軟な核の選択肢」、アメリカとソ連が戦略的能力において互いに均衡している状態にあると認識している「知覚上の均衡」、そしてそれらの状態があるからこそ国際危機の際には双方とも過度の行動を自重するという「危機の安定」の4つの前提をもとに考えられていた。「確証破壊」は、SALT Ⅰと同時に成立した弾道弾迎撃ミサイル（ABM）制限条約で、米ソが互いに相手が打ったICBMを迎撃するためのミサイル配備を制限して攻撃目標を裸にし、相手の攻撃に対して脆弱な状態にしておくことによって「相互確証破壊」（MAD）状況を保って最初の攻撃が行きにくい状況を醸成していた。またこのような東西間の核抑止体系は、その時点ですでに核兵器を持っている国の保有国と仕手の位置を固定化し、非保有国の将来にわたる保有を禁じる「核不拡散条約」（NPT）の成立によって、それ以外の核の脅威の出現の可能性を摘み取ったことによって補完された。

またベトナム戦争の結果、内戦状況における限定戦争論が有効でないことが明白となり、国民、議会からの反発、インフレによるドルの価値の低下も加わり、通常兵器の役割も見直された。同盟国間の関係が弱体化したことを受け、ニクソン政権はNATOへの関与を再び強化

し、また「2・1/2戦略」を放棄し、代わりに「1・1/2戦略」すなわちヨーロッパまたはアジアでの1つの大きな戦争と1つの小規模紛争に対処できる軍備を保持するとの方針転換を打ち出した。また地域紛争、ことに第三世界でのそれらを抑止、解決することの実効性に関しての見直しは「グアム（ニクソン）・ドクトリン」という形で発表され、アメリカは今後、対外的小規模紛争に自動的に介入することはありえないとし、地域的な責任、自助努力を促そうとした。このようにアメリカは友好的な発展途上地域では軍事プレゼンスそのものは最小限に留めつつ適度な軍事援助を行い、アメリカの国益が脅かされる場合のみ介入するという原則に転換し、これは後に続くフォード、カーター政権にも基本的に受け継がれた。

❸——第2次冷戦の時代

その1970年代までのアメリカを取り巻く戦略環境の変化として、デタントはソ連に利を与えたのみとするアメリカ国内からの反発、第三世界の台頭、国内の景気後退による国防費削減への圧力、科学技術の発達による個別誘導型再突入複数弾頭（MIRV）化などがあった。その状況下でカーター政権は「基本的同位」の原則のもと、戦略核兵器での均衡維持を追求し、その文脈でSALT IIの交渉を進めた。それは79年のウィーンでのL. ブレジネフとの首脳会談で妥決を見、その後アメリカ上院はソ連のアフガニスタン侵攻に抗議して批准を拒んだものの、80年代以降もその枠組みそのものは順守された。

ヨーロッパでは前方戦略を維持しつつNATO諸国により多くの負担を求め、全体的に「1・1/2戦略」を踏襲した。しかし、ソ連の後押しを得たキューバが介入したオガデン紛争や前述のアフガニスタン侵攻事件によりカーター政権も対ソ政策を大きく強硬路線に転換させ、80年に「大統領指令59号」（PD59）を発表し、「核戦争を実際に戦う能力の向上」を目的とした軍備増強を打ち出した。この「第2次冷戦」発生を受けて、NATOは、ソ連が中距離ミサイルSS-20をヨーロッパに向けて配備している対抗措置として同様の中距離ミサイルであるパーシングIIを配備し、同時に米ソにそれらの削減交渉を呼びかけるという「二重決定」を打ち出した。

D——大国間抑止の終焉と新世界

❶——レーガンの軍備拡張政策

1980年の選挙で登場したロナルド・レーガンは、デタント政策は結局ソ連を有利にしただけであり、アメリカは万能性を失ったとする国民のなかの悲観主義に応えるべく、アメリカの軍備増強はソ連による共産主義膨張を食い止めるための手段であることを明確にし、平時としては最大となる軍備拡張政策を行った。国防費は81会計年度の1,300億ドルから85年には2,500億ドルへと、2倍に跳ね上がった。あらゆる軍事部門で新世代技術を優先的に採用し、海軍艦隊船を600隻まで増加し、そのほか陸軍、空軍の兵器の刷新に努めた。

最も大きな安全保障政策の転換は、83年3月、「戦略防衛構想」（SDI）いわゆる「スターウォーズ計画」の発表であろう。ソ連から大陸間道弾ミサイルが発射された場合、静止衛星レーダー網によって特定し迎撃するというこのシステムは、もし完成すれば、核兵器、ICBMはすべて時代遅れの過去の産物になり、「相互確証破壊」のうえに成り立っていた米ソの核戦略の均衡の原則を根底から崩してしまうものであり、その後の米ソ間の軍備管理交渉の阻害要

因となった。

　レーガン政権は第三世界における東西対立に関しては，慎重ながらもより干渉的な方向に戻り，それは「レーガン・ドクトリン」として知られるようになり，結果的にはニカラグアでの自由選挙，サンディニスタ政権の崩壊を導いた反共コントラ・ゲリラへの支援，グレナダに侵攻して共産勢力による政権奪取を防いだ事例などをつくりだした。ニカラグアのコントラ・ゲリラへの支援に関しては，イランに武器を売却して資金を作り秘密運用していたことが発覚した「イラン・コントラ事件」の根拠となった。

❷ーー軍縮の時代へ

　1985年にレーガンの2期目が始まったのとほぼ同時期に，ソ連ではM. ゴルバチョフが登場し，「ペレストロイカ（改革）」の標語のもと，停滞した国内社会の建て直し政策を開始し，その外的環境を安定させるためにに「新思考外交」を展開し始め，その文脈で一方的に画期的な軍備縮小を提案するようになった。それを受けてレーガンも方向転換が可能になり，その結果87年にはINF条約で「二重決定」以来の懸案であったヨーロッパ配備の中距離核ミサイルの全廃が実現し，その2年後の画期的な東欧革命の結果，ワルシャワ条約機構も解消し，その結果として欧州通常兵器（CFE）条約が90年に，米ソ間に戦略核兵器削減条約（START）が91年に締結され，初めて本格的に「制限」から「軍縮」へと移った。89年に「封じ込め」終了宣言が出され，冷戦は実質的には終了した。

　ブッシュ（父）政権は毎年度発行の「合衆国の安全保障戦略」で軍事戦略の見直しを発表し，地域紛争，それへの対処のための核抑止の新たな機能，東西間ではなく南北間の軍備管理，すなわち兵器拡散防止，経済問題の安全保障政策への統合，などが冷戦後世界の根本変更事項として挙げられた。これを受けて，湾岸戦争の最中であった91年1月，R. B. チェイニー国防長官は上院公聴会で，アメリカ軍を95年までに90年のレベルから25％削減する複数年国防予算計画を発表した。それによると100もの武器開発計画を中止し，200もの海外基地・施設を統廃合縮小し，常備兵員と国防総省の文官職員を20万削減する，という，米軍の軍備水準を朝鮮戦争直前の段階まで削減し，連邦予算における軍事予算を40年間で最低レベルである18％にまで下げ，97年で対GNP比を第2次世界大戦前の水準である3.7％にまで落とすものであり，それらによる余剰をいかに生かすかという「平和の配当」の議論がにわかに盛んになった。これによって，戦略も軍の「ダウンサイジング」に合わせより柔軟に，選択の幅の広いものとなり，警報システム，質的に向上した核兵器による抑止と防衛，アメリカが国益を有している地域への前方展開，同盟国の自助努力，地域紛争への単独または多国間による対応，などが軸に据えられた。

　この文脈で91年の湾岸戦争では冷戦以来初めて米ソが共同歩調をとり多国籍軍を成立させて勝利を収めた。またその後は旧ユーゴスラビアでの民族間紛争など，アメリカが外交的，軍事的に関与を余儀なくされる紛争が多発し，その場合平和維持活動（PKO）型の，従来の戦闘ではない，物資補給や停戦監視といった新たな武力行使の形が中心となった。

❸ーーポスト冷戦期の軍事政策

　クリントン政権は前政権の方針も慎重に引き継ぎながらも微妙な増強への変化を見せた。政権初年の1993年には「ボトム・アップ・レビュー」（BUR）を発表し，湾岸戦争のような「地域的大緊急事態」（MRC）を一度に2つ戦

わなければいけない状況を想定し、5つの陸軍部隊、海兵隊旅団部隊、100機の爆撃機などで構成される兵力が提案された。96年国防予算法によってさらなる軍の編成見直しが議会によって促された後、97年には「四年期国防レビュー」（QDR）が発表され、BUR以来の2つのMRCを同時に戦える兵力を、朝鮮半島と中東を念頭に置いた形での具体化を目指した。核兵器に関しても、抑止の対象が中小国が大量破壊兵器を使用することに対するものへと変化し、陸、空、潜水艦発射核ミサイルに関して柔軟な選択の幅を打ち出した。

このようにポスト冷戦期の変化への順応にとどまった前半期のクリントン政権ではあったが、96年以降の後半期には、アメリカが好況に転じたことも幸いし、冷戦後世界はやはりアメリカが唯一の超大国として指導的役割を担ってゆく単極構造であるとする議論が強まり、99年4月のNATOによるコソボ空爆をアメリカが主導権を握って遂行したことはその論拠となった。クリントン政権は「封じ込め」戦略終了後のアメリカの大戦略は、民主主義、自由市場経済体制の「拡大」（enlargement）にあると位置付け、その枠外に存在するイラン、イラク、北朝鮮を「ならず者国家」（後に「懸念国家に修正」）と名付けて敵対視し、それらから大陸間弾道ミサイルが発射される可能性に備える「国家ミサイル防衛」（NMD）構想もにわかに浮上した。

そのNMDの推進はABM制限条約に抵触するため国内外に議論を巻き起こし、クリントン政権は2000年の大統領選挙の際、決定を次政権に先送りし委ねた。しかし、その選挙の結果登場したジョージ・W. ブッシュ共和党新政権は、ロシアなどからの反対を黙殺して推進を決定した。他にも前政権の世界各地の人権抑圧問題に幅広く介入する権利があるとした「クリントン・ドクトリン」を批判し、対外介入は最

❸コソボ紛争の際のNATO軍による空爆［火の手が上がっているのはベオグラード北西にあるノヴィサド付近、1999年4月21日］

小限に控えるべきであると主張するなど、アメリカの国益を重視する傾向を打ち出し、「一国主義」あるいは「単独（行動）主義」的立場を鮮明にした。

周知のとおり2001年9月11日の同時多発テロ事件は国際政治構造のみならずアメリカの安全保障政策上の分水嶺となった。さらなるテロ攻撃の可能性、および同時期に発生した炭疽菌によるテロ事件から生まれた恐怖感によって、従来の警察力では対処できないテロリズム、外的脅威から国内の安全を確保する「本土安全保障」概念への関心が高まり、10月には大統領府内に専門局が設けられ、2003年1月には省に昇格された（国土安全保障省[DHS]）。

2001年10月7日より開始されたテロ事件への報復である対アフガニスタン空爆戦争では、ブッシュ政権は事件直後にはロシアやNATO諸国との共同歩調をとる姿勢を見せたものの、作戦開始の後はやはりアメリカの軍事技術や兵力の圧倒的優位が明らかとなりアメリカがその意志に基づきほぼ単独で作戦遂行する状態となり「一国主義」のアメリカの優越を強調する別側面が顕在化する結果となった。NMDに関しても、テロ事件後のロシアの歩み寄りに乗じ、12月にABM制限条約の一方的破棄を通告し、

同条約は翌年6月に失効した。

　タリバン政権瓦解が明白となった2002年1月，ブッシュ大統領は一般教書演説において，テロリズムと大量破壊兵器拡散を新たな時代における国際的脅威と位置付け，それらに関与していると想定された，前政権が「ならず者国家」と呼んだ国々を「悪の枢軸」とさらに強い表現に改め態度を硬化させることを表明した。同年9月には「アメリカ国家安全保障戦略」を発表し，先制的自衛権を拡大解釈し，アメリカの圧倒的軍事力を背景にテロリズムや「悪の枢軸」国による合衆国に対する脅威となりうる行動に対しては先制攻撃も含めた先制行動（preemptive action）をもって対処するという新方針を打ち出した。同年前半よりそれらの宣言を受けて，大量破壊兵器密造が懸念されていたイラクへの攻撃を推し進めようとし，翌2003年3月，フランス，ロシア，ドイツなどからの反対を押し切り，イギリスとともに攻撃を開始し（イラク戦争），フセイン政権を崩壊に導いた。

　同時多発テロ事件以降の世界を「ポスト・ポスト冷戦期」と呼ぶ向きもある。アメリカの「一国主義」に基づいた新戦略により新時代の軍事戦略は形を見せてきたが，今後の変化やその実際については，観察を続けていく必要があると言えるだろう。

■さらに知りたい場合には

岩島久夫編訳『アメリカ国防・軍事政策史』日本国際問題研究所，1983．

クレア，M.（アジア太平洋資料センター訳）『アメリカの軍事戦略——世界戦略転換の全体像』サイマル出版会，1975．

シュワルツ，U.（岩島久夫訳）『アメリカの戦略思想——第一次大戦からニクソンまで』読売新聞社，1972．

ペイン，J.L.（岩島久夫訳）『アメリカと戦争——脅威の理論』サイマル出版会，1971．

　［いずれも冷戦期までのアメリカの軍事，安全保障政策の変化とその背景を知るにはよい概説書。］

阿南東也『ポスト冷戦のアメリカ政治外交——残された超大国のゆくえ』東信堂，1999．

近藤重克・梅本哲也共編『ブッシュ政権の国防政策』日本国際問題研究所，2002．

佐藤誠三郎編『新戦略の模索——冷戦後のアメリカ』日本国際問題研究所，1993．

　［いずれもポスト冷戦期の軍事戦略をさまざまな観点から論じている。］

3 | 外交政策の展開
Developments in US Foreign Policy

石井 修

ソ連の解体とともに米国は「唯一の超大国」としてそれまで以上に国際社会をリードする立場に置かれた。しかし、その後アメリカは明確な外交目標をいまだ確立しえず、目前の状況に追われる場当たり外交に終始した。ブッシュ政権の4年とクリントン政権の初期はソ連（ロシア）との協調を前提とした、また国連への協力をもとにした「新国際秩序」の構築を試みた。しかし、ロシアの政治経済の低迷や地域紛争、民族対立、テロ、飢餓、人権、環境、麻薬、エイズ、大量破壊兵器の拡散問題など、冷戦時代には二義的に見なされがちだった問題が表舞台に出てきて、外交イシューが多様化した。外交の主体もNGOや多国籍企業などますます多元化している。冷戦終結は、また、日米やNATOなどの「同盟」の再定義を迫った。クリントンは内政志向が強く、経済重視だったため、外交の大戦略や優先順位を明確化できないままに、よく言えば、プラグマティックな外交的対応で終わってしまった感があり、大きな外交上の成果も上げることはできなかった。ブッシュ（息子）政権の発足した2001年9月に同時多発テロ事件が発生した。ブッシュは「テロとの戦争」を最優先課題として外交を展開した。

A──冷戦後のアメリカ外交

冷戦の終焉からすでに10年余。アメリカは「唯一の超大国」となったが、その外交は明確な目標や戦略を欠いたまま混迷を続けてた。1989年末マルタでの米ソ首脳会談における冷戦の終結宣言、そして91年にはソ連の解体。アメリカは「勝利」の陶酔感に浸りながら、ソ連（そしてロシア）の協力を得て新たな国際秩序を創造しようとした。冷戦の終結は「国連ルネサンス」（国連の再活性化）も予感させた。1990年から翌年にかけてのペルシャ湾岸危機と湾岸戦争はアメリカの描き始めていた冷戦後の「新国際秩序」への挑戦であり、石油供給の流れを乱すものでもあった。ジョージ・ブッシュ共和党政権は国連決議に沿うかたちをとりながら、多国籍軍を動員してイラクに圧勝した。ブッシュ大統領への支持率は国内で90％にまで急上昇した。ところが、92年大統領選挙でブッシュはアーカンソー州知事であった若い新顔に敗北して、再選を果たせなかった。92年の選挙戦中、ビル・クリントン候補は国内経済を前面に出して戦った。アメリカ経済は低迷を続けており、ブッシュは外交を優先し内政を後回しにしている、と批判した。アメリカ経済の国際競争力、財政赤字、失業に取り組むことを公約にし、クリントンは当選を果たしたのである。就任後も「国内政治の大統領」の姿勢を保ち、それを象徴したのが、国家安全保障会議

❶冷戦の終結を象徴したマルタでの米ソ首脳会談［ブッシュ米大統領（右）とゴルバチョフソ連大統領（左）。1989年12月2日］

(NSC) にならった国家経済会議 (NEC) の創設および米国通商代表部 (USTR) の強化であった。ピーター・ターノフ国務次官補が「今日，アメリカが冷戦時代のようなグローバルな指導力を発揮することを国民は許さないだろう」と発言したことは，クリントン民主党政権の内政・経済優先の立場を裏付けるものだった。クリントン大統領は外交の素人で，かつ外交問題への関心は薄かった。しかも大統領補佐官や国務長官などクリントンを補佐するポストにも強力な人物を配置しなかった。しかし，国際環境は根底からしかも急速に変化していた。アメリカはソ連という敵を倒すという冷戦時代の大目標を失ってしまっていた。「冷戦の巨龍は倒したが，世界は蛇のうごめくジャングル」（元CIA長官ジェイムズ・ウルジーのことば）へと変わっていた。世界は複雑になっていたのである。民族や部族間の争いなどの地域紛争が多発し，人権問題が表面化し，大量殺傷兵器の拡散の可能性が増すなど，外交イシューが多様化するとともに，外交にかかわる主体も国家以外に非政府組織 (NGO) や多国籍企業などの力が大きくなり，多元化していた。すでにベトナム戦争の結果アメリカ国内の「冷戦コンセンサス」は融解していたが，それは冷戦の終焉とともにさらに加速された。国内世論はリベラルな国際主義から孤立主義に至るさまざまなベクトルに拡散していた。国民一般の対外政策への関心は薄れ，「内向き」の傾向を示すようになる。対外援助についても「同情疲れ」が見え始めた。アメリカ議会はこうした国内の雰囲気を反映していく。クリントン大統領は就任した93年末に「ああ，冷戦が懐かしいよ」と少しおどけて嘆いてみせた。

B　南北アメリカの自由貿易圏構想

米加自由貿易協定はブッシュ政権期の89年1月に発効した。これにメキシコを加えた北米自由貿易協定 (NAFTA) をつくることには国内的に反対があった。低賃金労働を恐れる労働組合や環境汚染をメキシコに輸出すると抗議する環境保護グループだった。しかし，クリントン政権はブッシュ政権の方針を引き継いで93年9月にNAFTAの締結にこぎつけた（94年1月発効）。3億6,000万人，国内総生産6兆8,000万ドルの自由貿易圏が誕生した。94年12月のマイアミでの米州サミット（米州機構 [OAS] 加盟国の首脳会談）では，南北アメリカで貿易と投資の障壁撤廃を目指す自由貿易圏構想のための交渉を2005年までに終了することで合意した。これにより人口8億5,000万人，購買力13兆ドルの世界最大の自由貿易圏が出現することとなる。

C　民主主義の拡大

ブッシュ時代から始まった対ソ連（ロシア）および旧東欧諸国への財政的支援は引き継がれた。大統領のリーダーシップで包括的な支援策

が93年に議会を通過した。クリントン大統領府がつむぎ出したスローガンは「封じ込めから（民主主義）拡大へ」だった。旧ソ連圏を念頭に，民主主義や市場経済を世界中に拡げていくことがアメリカにとっても世界にとってもよいことだ，との信念に基づくものであり，また「民主主義国家同士は互いに戦争をしない」という国際政治学での経験則もその根拠にしていた。人権重視と国連などの多国間枠組を重視する姿勢も政権発足時には目立った。国防省内に「民主主義と平和維持」担当の次官補のポストを新設し，国務省でそれまでの「人権および人道問題」局を「民主主義，人権，労働」局へと改組し，米国国際開発庁（USAID）内に「民主主義とガヴァナンス」局を新設したことなどに象徴的に表われた。

対ロシア支援は，民主化がはかどらず，しかもロシア経済が市場経済への移行に手間どり，闇経済がはびこる状況をみて，アメリカの関心が徐々に薄れていった。しかし，ロシア支援の問題は核兵器の相互削減（START II, START III），核管理，核不拡散（NPT）という共通の問題ともからんでおり，アメリカにとって対ロ政策はなおざりにはできない。北大西洋条約機構（NATO）の東方拡大問題が本格化していくなかで，さらにアメリカの国家ミサイル防衛（NMD）や日本などの同盟国との戦域ミサイル防衛（TMD）の問題をめぐって，米ロ関係は冷却していく。

D ── NATOの東方拡大

冷戦崩壊後，旧東欧諸国はNATOへの参加を求めた。ソ連（ロシア）の勢力の回復を恐れる気持ちとEUへいずれ加入したいとの思惑が重なっていた。アメリカ政府内部や識者の間では意見が二分された。賛成論者は，旧東欧諸国に民主主義と市場経済を根付かせるうえで拡大は必要であり，またロシアの復活におびえるこれらの国々に安保の傘をたてかけてやるべし，と議論した。反対論者は，ヨーロッパの勢力均衡が崩れることを恐れるとか，ロシアを不安にし，改革派を窮地に追いつめ，民族主義者の立場を強めるなどと議論した。国防省は当初，旧東欧にまで守備範囲を拡げることに抵抗を示した。クリントンは拡大と対ロ融和を同時に模索する二重路線をとった。結局，97年5月のパリでのNATO首脳会議はロシアにNATOの政策決定へ関与させる「NATO＝ロシア基本議定書」に調印。7月のマドリードでのNATO特別首脳会議は99年4月のNATO 50周年をめどにポーランド，ハンガリー，チェコ共和国の3国の加盟を認めた。ほかにバルト3国，旧ユーゴのスロヴェニア，クロアチアなどもNATOへの加盟を望んでいる。2002年に入りNATOとロシアは相互の信頼関係をさらに高める手段を講じている。

E ── 地域紛争

人権・人道の分野で，アメリカはハイチ，ソマリア，ボスニアなどにかかわった。ハイチでは1986年に29年間続いた独裁制が崩れた後も政情不安が続いた。90年に大統領選挙で選ばれたアリスティド神父は，そのときの対抗馬によるクーデターで91年にアメリカへの亡命を余儀なくされた。この間ハイチではいちじるしい人権侵害が続いた。クリントン政権はハイチに対して94年に軍事介入し，アリスティドの復権を助けた。明らかに「民主化のための介入」であったが，アメリカ兵のハイチ上陸は現地住民に歓迎されず苦い思いをした。クリント

ン政権の掲げていた「積極的な多国間主義」はソマリアでさらに大きな挫折を味わった。

　「アフリカの角」に位置するソマリアでは91年内戦と干ばつで飢餓が進行していた。国連安保理は同年末，国連憲章第7章下の強制措置を伴った史上初の人道的介入を決議し，アメリカ軍指揮下の多国籍軍派遣を決めた。ブッシュ政権は「希望回復作戦」に2万8,000人のアメリカ兵を送った。92年選挙の最中，クリントン民主党大統領候補はブッシュ政権のソマリア政策を支持した。この頃，国連ではブトロス＝ガリ事務総長は「平和の課題」を発表し，「戦う強い国連軍」という「平和執行部隊」構想を打ち出した。クリントン政権は93年7月「大統領政策再検討指令第13号」(PRD13) において，国連平和維持活動や平和強制活動の拡大を支持し，アメリカ軍が国連の指揮下に入ることも認めた。ところが，93年3月の第2次国連ソマリア活動では，アイディード将軍という地方の軍閥を相手に戦う事態になり，国連軍は本来歓迎してくれるはずの現地住民の敵意にさらされる結果となった。そして同年10月，多数のパキスタン兵とともにアメリカ兵士18名が戦死。1人のアメリカ兵士の死体が首都モガディシオの街中をひきずり回される光景や，アメリカのヘリコプター操縦士が捕虜となった姿がテレビに映し出されると，アメリカ市民は強い衝撃を受けた。クリントンは「ソマリア社会の再建…はわれわれの仕事ではない」と述べて，兵の撤退を決めた。クリントン大統領は翌94年5月の「大統領決定指令第25号」(PDD25) では国連平和維持活動に消極的な姿勢を打ち出した。またブトロス＝ガリの「戦う国連軍」構想も見直しを迫られた。この後，同じくアフリカのルワンダで部族間の紛争により大虐殺が起こり，国連事務総長からの派兵要請があったが，アメリカはこれを拒否した。

　しかし，92年4月から3年半にわたって続いたボスニア・ヘルツェゴビナ内戦ではアメリカの仲介が功を奏し，95年末，オハイオ州デイトンの軍事基地での合意が成立した。これによりムスリム系住民とクロアチア人による連邦とセルビア人による共和国の2つの領土から成る単一国家が成立することとなった。この成功の陰には，この年8月のNATO軍のセルビア勢力への空爆やリチャード・ホルブルック・アメリカ特使の働きがあった。この後NATO主導の多国籍軍6万が入り，平和維持にあたったが，アメリカも1万人の兵士を送った。

F──アメリカの中東政策

　ブッシュ，クリントンの両政権ともイラクとイランに対する「二重の封じ込め」政策を遂行してきた。これら2国はリビア，シリア，北朝鮮などとともに「ならず者国家」の烙印が押されていた。アメリカの石油業界の働きかけとイランの穏健化とが相まって，イランとの関係が改善の兆しを見せ始めていた矢先，9.11テロの発生により，イランとの関係は逆戻りした。中東地域では1948年のイスラエルの建国以来，不安定な状況が続いているが，この地域を安定させることはアメリカ政府にとっては重要な課題でありつづけた。その際アメリカ国内のユダヤ・ロビーと石油ロビーのもつ影響力を念頭に置く必要がある。ブッシュ政権は91年10月にマドリードで中東和平会議を開催，イスラエルと国境を接するアラブ諸国との間で，二国間交渉を促す契機をつくった。その結果，93年9月にはクリントン大統領が見守るなかで，ホワイトハウスにおいて，ラビン・イスラエル首相とアラファト・PLO（パレスチナ解放機構）議長との間で，パレスチナ人の暫定自治に関する合意が成立した。95年にはイスラ

エルとヨルダンとの和平条約が締結された。2000年7月バラク・イスラエル首相とアラファトとがワシントン郊外の大統領山荘キャンプデーヴィッドでクリントンの仲介により会談を行ったが，東エルサレムの統治権をめぐって決裂した。2001年に始まったイスラエルとパレスチナとの泥沼の武力紛争はいつ果てるともしれない。

G── 対中関係

1989年6月の中国の「天安門事件」で米中関係は冷却した。反共・親台湾派議員やリベラルな人権擁護派を抱えるアメリカ議会は対中制裁を求めた。もともと親中派であったブッシュ大統領は中国の人権弾圧に厳しい批判を加えながらも，経済制裁には慎重だった。アメリカの74年通商法の「ジャクソン゠ヴァニク」修正により，最恵国待遇（MFN）の供与と人権問題とがリンクされていたが，中国の改革開放路線が明確になるにつれ，ブッシュ政権は毎年，1年ごとに，中国に対する最恵国待遇を延長した。92年の選挙戦の最中クリントン候補はブッシュを中国に甘いと批判したが，実際大統領に就任した後はブッシュと同様の措置をとった。そればかりか，経済重視のクリントン政権は高度成長を遂げつつある中国市場に惹かれ，またそれへの参入を求める財界の声にも押されて，94年には人権問題と最恵国待遇とを切り離した。廉価な商品の流入を恐れる労働組合や保護貿易主義者，それに人権派などの反対にもかかわらず，99年には中国の世界貿易機関（WTO）への参加を可能にする米中間の合意が成立し，また2000年9月に「対中貿易法」が可決され，中国に恒久的な最恵国待遇が与えられた。98年クリントンは天安門事件後，ア

❷イスラエルとパレスチナの和平合意［クリントン大統領の仲介で握手するラビン・イスラエル首相（左）とアラファトPLO議長（右）。1993年9月］

メリカ大統領として初めて中国を訪問した。多くの財界人を引き連れての9日間もの滞在で，日本，韓国などを素通りしたことはこれらの国に不快感を与えた。クリントンはこのとき上海で「3つのノー」（台湾の独立を支持しない，「2つの中国」を支持しない，国際機関への台湾の加盟を支持しない）を表明した。中国の市場としての魅力はさることながら，中国がアメリカを「独覇」（唯一の覇権国）と見なして対抗意識を燃やし，軍事力強化を目指しており，しかも，軍事技術をイランなどアメリカが「ならず者国家」と見なす国々に売り渡していることなどに，アメリカは警戒感，さらには敵対心を強めている。また議会には，チベット問題，宗教への迫害，台湾問題をめぐって，中国への反発があり，「国際信教自由法案」「宗教迫害からの自由法案」などが議会に提出された。中国はこれをアメリカによる内政干渉とみる。またNMD（国家ミサイル防衛）やTMD（戦域ミサイル防衛）にはロシアとともに反対している。NMDについては共和党のほうが積極的で，94年に上院がNMD法を可決したが，クリントンは署名を拒否した。しかし，北朝鮮のミサイル開発による脅威が生じ，クリントン大統領は姿勢を改め，99年7月に署名した。今後の実験や配備の問題については，ブッシュ

(子)大統領に先送りされることとなった。

H──対日関係

1980年代末に「日本の経済的脅威のほうがソ連の軍事的脅威より深刻である」との世論調査に日本人は驚かされた。日米間の経済摩擦が激化し、両国間の貿易不均衡は拡大の一途をたどっていた。日本の民主主義も資本主義も欧米のものとは異なっている、との「リビジョニスト」による「日本異質論」が飛び出し、はては「日本封じ込め論」も出てきた。日本は89年、90年の2回にわたって通商法スーパー301条の対象国に指定され、報復の脅しがアメリカによってかけられた。こうしたなか、89年秋に日米構造協議（SII）が始められ、翌年6月に合意が成立した。その過程で、日本の商慣行や官庁の許認可制度、はては日本文化までが俎上にのせられた。80年代末、日本はバブル景気の絶頂期にあり、海外で不動産を買いあさった。国内に行き場を失った日本のカネは海外に流れ、ソニーのコロンビア映画、三菱地所のロックフェラーセンターの買収がみられた。アメリカの文化や'魂'がカネで買われたことに衝撃を受けたアメリカ人は、「日本脅威論」を展開した。バブルがはじけ日本が経済停滞に陥った90年代には「日本脅威論」は昔話となり、アメリカでは「侮日」の風潮が現れる。クリントンのアメリカは成長いちじるしい中国のほうを重視し始め、日本の地位は相対的に低下した。

クリントン政権も94年に、88年包括通商法の「スーパー301条」規定を復活・強化し、制裁措置の脅しを日本にかけた。特に「相互主義」「結果重視」「数値目標」などのことばで日本に迫った。こうした傾向は、93年7月の宮沢＝クリントン会談で開催が合意された日米包括協議、日米半導体協定、写真フィルム問題の交渉でもはっきりと示された。日米包括協議の優先3分野（保険、政府調達、自動車・自動車部品）の交渉では、94年初め、細川＝クリントン会談で、日本側が協議の継続を拒否する事態となった。しかし、6月には再開され、9月に前二者の分野でかろうじて妥協が成立した。自動車および部品については、通商法301条の脅しを受けながら、95年6月にようやく合意した。この合意成立の交渉過程で、米国の諜報機関が日本交渉団の盗聴をしており、これがアメリカ側の方針決定の参考にされたという。

安全保障の分野では、ウィリアム・ペリー元国防長官が挙げた「3つの危機」、すなわち94年の北朝鮮核開発疑惑、95年の沖縄少女暴行事件、96年の台湾海峡ミサイル発射事件に、クリントン政権は相次いで対応を迫られた。この頃、日本側の首相諮問機関である防衛問題懇談会が94年8月に報告書を発表した。『日本の安全保障と防衛力のあり方』（樋口レポート）である。これに触発されたアメリカ側は、ジョゼフ・ナイ国防次官補が中心となって『東アジア戦略報告』（ナイ・レポート）を発表し、アジア太平洋に10万の兵力を引き続き当分の間配備することを確認した。内訳は、日本に4万7,000、韓国に3万7,000、残りは洋上である。NATOの米軍が10万なので、それに見合う数字であった。92年に国際原子力機構（IAEA）は北朝鮮の核疑惑を発表。翌年北朝鮮は核不拡散条約（NPT）から脱退。その後脱退を保留したが、94年には再び緊張が高まった。このとき、クリントン大統領の依頼でカーター元大統領が北朝鮮に渡り、金日成国家主席と会談し、危機は回避された。同年10月米朝は「枠組み合意」に調印した。北朝鮮側が核開発の凍結と特別査察を受けることと引き換えに、米国は平和目的の軽水炉と重油とを供給するというものであった。これを助けるため、

95年日米韓による「朝鮮半島エネルギー開発機構」（KEDO）が設立された。

95年沖縄でアメリカ海兵隊員により少女に対する暴行事件が起こったが，日米の同盟関係を揺るがしかねない状況になった。日米同盟を再確認することが必要となり，96年4月にクリントンが訪日し，橋本龍太郎首相との間で「日米安保共同宣言」が発せられた。21世紀へ向けての安保条約の目的を「極東の平和と安全」から「アジア太平洋地域の平和と安全」へと再定義し，「日米物品役務協定」（ACSA）や有事の際の日米の提携と役割分担などの両国間の協力の必要性がうたわれた。翌年11月に78年の日米防衛のガイドラインに代わる新たなガイドラインを日本政府は決定した。米国の「テロとの戦争」を支援するため日本は自衛隊をインド洋に派遣。2002年には自国の安全強化と対米支援強化のため有事立法を成立させた。

I──議会と大統領

94年の中間選挙で共和党は上下両院で多数を握った。大統領は民主党員，議会は共和党が多数派という「分割政府」が生じた。選挙後の第104議会はその結果，内政・外交においてしばしば「膠着状態」をつくり出した。共和党は，自国の防衛に力を注ぎ，国際条約や国際機関には不信感をもち，「孤立主義」的傾向が強い。上院外交委員長に選出されたジェシー・ヘルムズ（共和党，ノースカロライナ州選出）には特にこの傾向が強くみられる。ヘルムズは国連はアメリカの主権を侵害するものと敵意を抱き，国際機関への分担金の支払いを引き延ばしている。また対外援助に反対する。そのため，米国国際開発庁（USAID）などの政府機関の廃止を図ろうとした。これを阻もうとするクリントン政権との間でこれらの機関の予算カットという妥協が図られた。議会の国連不信はブトロス=ガリ事務総長の2期目の就任に反対し，出馬を諦めさせたことにも表われた。議会共和党はNMDを支持し，「包括的核実験禁止条約」（CTBT）には反対する。CTBTが上院の批准のための審議に入った99年10月の時点で，155ヵ国が署名し，51ヵ国が批准していた。95年春に恒久化された核不拡散条約（NPT）とともに，核不拡散レジームを形成するものであった。98年夏のインドとパキスタンによる核実験の強行はCTBT反対論者に格好の口実を与えてしまった。条約批准は48対51の反対多数で否決された。これはウィルソン大統領の押すヴェルサイユ講和条約が1920年にアメリカの上院によって否決されたことにも比せられる。共和党がNMD賛成・CTBT反対で，民主党がNMD反対・CTBT賛成というはっきりした構図となっていた。これとは対照的に，中国のチベット支配や人権侵害に対する反対のように政党の垣根を越えて「交錯」し，「奇妙な連合」が形成されることもある。ブッシュ（息子）政権では，議会で共和党が優勢だが，上院では民主党と共和党が同数で，議長である副大統領（共和党）の1票で評決されるというきわどい状況である。テロ事件以降，超党派外交が続いたが，2002年の中間選挙では共和党が勝利し，共和党の路線が強まっている。

J──クリントン外交の評価

8年間のクリントン外交をみて，一貫性の欠如，内政的発想，場当り的行動，世論への迎合などの印象が拭えない。ハーヴァード大学のス

❸国連安保理で大量破壊兵器査察受け入れを表明するアル=ドゥーリ・イラク国連大使（左）と、それを聞くパウエル米国務長官（右）［2003年2月］

タンリー・ホフマン教授は「クリントン政権は，外交政策をもたない戦後唯一の政府である」と酷評した。これは辛すぎる評価かもしれないが，次のコメントは的を射たものといえよう。「大統領は自ら外交政策の優先順位を決めなければならない。さもなければ，敵や，あるいはCNNが生中継で伝えるそのときどきの危機など，外的要因によって政策の優先順位が決められてしまうことになる。そんなことでは，アメリカの外交政策は国益を忘れた場当たり的で受動的なものになってしまいかねない」。これはブッシュ大統領の子息であるテキサス州知事であったジョージ・W. ブッシュが2000年大統領選挙に共和党から出馬し，99年11月にカリフォルニア州のレーガン大統領図書館で行った外交演説の一節である。彼は選挙に当選し，ホワイトハウスの主となったが，まもなくテロ事件が勃発。「テロとの戦争」のため軍事・外交に最大限のエネルギーを注ぐこととなった。

■参考文献

阿南東也『ポスト冷戦のアメリカ政治外交』東信堂，1999.

五十嵐武士『覇権国アメリカの再編』東京大学出版会，2000.

石井修『国際政治史としての20世紀』有信堂，2000.

五味俊樹・滝田賢治共編『現代アメリカ外交の転換過程』南窓社，1999.

佐藤誠三郎編『新戦略の模索』国際問題研究所，1994.

長谷川雄一・高杉忠明編著『現代の国際政治』ミネルヴァ書房，1998.

吉原欣一編著『現代アメリカの政治権力構造』日本評論社，2000.

Scott, J. M. ed. *After The End*. Duke Univ. Press, 1998.

Nye, J. S., Jr. *The Paradox of American Power*. Oxford Univ. Press, 2002.

■さらに知りたい場合には

佐々木卓也編『戦後アメリカ外交史』有斐閣，2002.
　［第2次大戦後の歴代政権別に，アメリカ外交の展開が要領よく叙述されており，簡便である。］

石井修・滝田賢治編『現代アメリカ外交キーワード』有斐閣，2003.
　［現代アメリカ外交について，人物，事例，現象，政策など，さまざまな角度から100項目が取り上げられ，丁寧な説明が付されている。］

松岡完『ベトナム症候群』中央公論新社，2003.
　［ベトナム戦争以後のアメリカの外交軍事問題が興味深いエピソードや数字によって，説明されている。現在入手しうる最もアップデイトなものである。］

4 | 領土拡張の動き
Territorial Expansion

菅 英輝

アメリカ合衆国の歴史は膨張の歴史と言っても過言ではない。しかも，アメリカが膨張を続けていく過程においては，その膨張を正当化するイデオロギーや論理が生まれた。ここでは，モンロー・ドクトリン，「明白な運命」論，西欧文明の優越性論，アングロ=サクソン民族の優越性を唱える人種論，「門戸開放帝国主義」論，自由主義的国際主義，などを検討するなかで，アメリカの膨張主義イデオロギーの系譜をたどり，20世紀アメリカ型帝国主義の論理，特徴，問題点を記述し，そうした論理，特徴，問題点が冷戦期および冷戦後の世界におけるアメリカの外交理念や役割意識（使命感）にどう継承されているのかについて述べる。その膨張主義の伝統とイデオロギーには「アメリカ的なもの」が色濃く反映されている。

A── モンロー・ドクトリンと「明白な運命」

一般に，1870/80年代から1914年までの時期は帝国主義の時代といわれる。19世紀の後半には，ドイツや西欧諸国では産業資本の成熟をみるに至り，西欧の各列強は高度の保護貿易主義を採用し自国資本のために国内市場を確保すると同時に，海外においても市場と原料資源を確保するために植民地の獲得に乗り出した。西欧諸国が1876年の時点で保有していた植民地面積は4,649万 km²から1900年には7,290万 km²に拡大し，同時期にイギリスのそれは2,247万 km²から3,271万 km²に拡大した。新たに獲得された植民地は，第1次世界大戦直前のイギリス帝国総面積の3分の1に相当した。

一方，アメリカ合衆国の植民地面積は1900年の時点でも187万 km²であり，フランスの1,098万 km²，ドイツの257万 km²と比べてみても，目立って少ない。それゆえ，アメリカ合衆国の膨張の特質をどう説明するかをめぐって論争が展開されてきた。

アメリカの膨張主義の伝統はアメリカ人の自己認識やアメリカ像と密接に結び付いているが，その起源はヨーロッパからアメリカ大陸に移住してきた人々の中に見いだすことができる。彼らの言動からは，強烈な目的意識，使命感，選民意識などが感じられ，そこにはすでにアメリカ例外主義の萌芽を認めることができる。

1630年，弁護士で清教徒でもあり，またマサチューセッツ湾植民地初代総督となるジョン・ウィンスロップは，約1,000名からなるピューリタンの一団を率いてマサチューセッツに移住した。彼らは新世界に「神の国」を建設する目的で大西洋を横断してきた。有名な「丘の

❶モンロー・ドクトリンをめぐる風刺画〔「近寄るな！モンロー・ドクトリン」と題されている。アンクル・サムが、釣りが禁止されているメキシコの海岸で銃剣で釣りをしている日本人兵士に、出ていくよう命じている。前もって、その日本人兵士には銃眼を通して照準がしっかりと定められている。1912年〕

上の町」ということばは、大西洋を航行中のアーベラ号の船上で行った説教の中で、ウィンスロップがアメリカで建設しようとする新しい社会を「丘の上の町」にたとえたことに由来している。ボストンのビーコン・ヒル（かがり火の丘）と呼ばれる小高い丘の上に州議会が建てられている事実からは、アメリカをヨーロッパに住む人たちの「導きの星」たらんとする彼らの選民意識、強烈な使命感が伝わってくる。それ以来、アメリカ人はヨーロッパとの対比において「アメリカ的特性」を創造してきた。新大陸は共和制/市民社会/自由/進歩を象徴し、旧世界は君主制/貴族社会/抑圧/退廃の象徴とされてきた。西部開拓時代には、西部はインディアンの住む未開の地として位置付けられ、「明白な運命」（Manifest Destiny）のイデオロギーのもとに、「自由の帝国」を拡大するという使命感に駆り立てられながら、「アメリカ的なもの」を形成してきた。

しかもアメリカ社会を統合する基盤が「理念」に求められ、そのユニークさと普遍性がともに強調されたことから、アメリカ例外主義の観念が芽生えることになった。ハンス・コーンは名著『アメリカのナショナリズム』の中で、イギリス人と区別するためにアメリカ人としての国民性の基礎を理念に見いださざるをえなかったと指摘し、自由、平等、同意に基づく政府という諸原則へのコミットメントによって国家としての自己規定を行った、と述べている。そこから、政治的信条による統合が強調されることになる。この国の統合の基盤は地理とか人種とかの自然的要素に基づくというよりもむしろ、政治的信条に求められてきた。指導者たちが、「アメリカ的なもの」を政治的信条に求め、選ばれた民の国、ユニークな国、世界に例をみない、優れた政治体制の国、といった自国像を繰り返し強調してきた結果、アメリカ人の意識の中には世界に対する独特の使命感とアメリカ例外主義の観念が植え付けられることになった。

19世紀末までのアメリカ外交は孤立主義を特色としていた。それはヨーロッパからの孤立ないしは干渉の排除という形をとった。「アメリカ革命は、母国（イギリス）とのヘソの緒を切ったという点で、本来孤立の行為なのである」といわれるように、「イギリスとの絶縁自体がある意味では孤立主義的精神の表現」であった。しかし、孤立主義はヨーロッパからの孤立ないしは干渉の排除という形をとったものの、他方で、アジアや西半球への膨張という形をとった。

1823年のモンロー教書において表明された対外方針は、その後モンロー・ドクトリンと称されるようになり、19世紀アメリカ外交の原則となるが、同教書はまさに、排除と膨張の論理を含んでいた。モンロー・ドクトリンは、ヨーロッパの政治体制は「アメリカ体制」とは明確に区別されるべきものであるとの確固たる信念のもとに、西欧列強による西半球への干渉の排除を唱えている。と同時に、ヨーロッパの干

渉からアメリカ大陸を隔離することができれば、「アメリカ体制」は必然的に西半球に拡大されるということが期待されていた。「自由の帝国」の建設をアメリカの使命と見なしたトマス・ジェファソンは、「アメリカはヨーロッパとは異なったアメリカ独自の体制をもつべきである」との信念のもとに、「ヨーロッパが専制主義の本拠たらんと努力しつづけているとすれば、われわれはわが西半球を自由の本拠地とすべく努力しなければならない」と主張した。反植民地主義の主張に加えて、ここでは、アメリカ文明・体制・理念の普遍性に対する信念が強烈である。

19世紀初頭から開始される西部への膨張（西漸運動）の過程では、「明白な運命」というイデオロギーが登場した。1845年のテキサス併合、オレゴン領有をめぐる国内論争において、このことばが初めて使用されたといわれる。ジョン・L. オサリヴァンは1845年夏、自らが編集する雑誌の社説でテキサス併合はアメリカ人に付与された「明白な運命」だと述べ、さらに同年12月27日の『ニューヨーク・モーニングニューズ』紙社説で「われわれに委ねられている自由と連邦自治という偉大な実験を発展せしめるために、神がわれわれに与え給うたこの全大陸に拡大し、それを所有するという明白な運命」という論理でオレゴン領有を正当化した。これ以降、このことばは一種の流行語となり、アメリカ大陸の膨張を正当化するのに使われた。

西漸運動と結び付いた「明白な運命」のイデオロギーはまた、西欧文明やアングロ＝サクソン民族の優越性の観念とも結び付き、西部への拡張、さらにはアジアへのアメリカの膨張の論拠を提供した。

B——世紀転換期の「帝国主義」論争と「門戸開放帝国主義」

19世紀を通して、アメリカ資本主義は広大な国内市場を獲得する形で「大陸帝国」を建設してきた。この時期の大陸膨張はヨーロッパ列強の海外植民地と同様な機能を果たす「国内植民地」を提供してきた。しかし、19世紀末には、「大陸帝国」の建設は完成に近づき、海外市場の獲得が日程にのぼることになった。

かくして、世紀転換期はアメリカ史にとって1つの分水嶺となった。世紀転換期のアメリカは、「明白な運命」に内在する大陸限定の論理に代わる、新たな帝国の論理と戦略を必要としていた。1898年の米西戦争とハワイ、フィリピン併合を契機にアメリカ国内で巻き起こった「帝国主義」論争を通して、やがて20世紀アメリカ型帝国主義として定式化される「門戸開放型帝国主義」、「非公式の帝国」のイデオロギーが形成されていくことになる。

20世紀アメリカ型帝国主義を形成するイデオロギー的系譜は経済的フロンティアの拡大を中核としながらも、それにとどまらず、文明論、宗教的人道主義、人種主義、地政学的発想などが複雑に織り交ざった形で発展していった。それゆえ、膨張論者によって、そのなかのどの要素を強調するかは異なっていたことに注意する必要がある。以下においては、この点を踏まえたうえで、20世紀アメリカ型帝国主義の今日に至るまでの軌跡をたどってみることにする。

世紀末ヨーロッパの帝国主義的膨張とそれを支える思想は、一部のアメリカ人にも大きな影響を及ぼし、彼らはアメリカの積極的対外膨張の必要性を唱えた。エイブラハム・リンカン、アンドルー・ジョンソン両政権のもとで国務長

官を務めたウィリアム・スーアードはカリブ海域および太平洋・アラスカに延びる遠大な「海洋帝国」建設の構想を抱いていた。スーワードは，1867年にはアラスカの購入を実現し，同年ミッドウェー島を併合した。さらに，ヘンリー・カボット・ロッジ上院議員，セオドア・ローズヴェルト大統領，アルフレッド・T. マハン提督，歴史家ブルックス・アダムズなど膨張主義論者たちは，欧州列強同様帝国主義競争に参加すべきだと考えており，カリブ海域における海軍基地の建設，大西洋と太平洋を結ぶ地峡運河の建設，中国市場の拠点として戦略的にも重要なハワイの獲得を主張し，そのために海軍力強化の必要性を説いた。しかも，彼らの国際政治観は，勢力均衡的観点を重視したという点で，欧州列強のそれに近かった。彼らの膨張主義的イデオロギーは植民地主義的な領土獲得をも視野に入れた対外的膨張を含むもので，「公式の帝国」を追求した。その意味で，彼らは植民地主義的膨張論者であった。

セオドア・ローズヴェルトは1901年9月，ウィリアム・マッキンリー大統領が暗殺者の凶弾に倒れたため，副大統領から大統領に昇格したが，次のように述べて，モンロー・ドクトリンの拡大解釈による西半球への露骨な干渉に乗り出した。「『おだやかに語り，大きな棍棒を携えて行け，そうすれば遠くまで行ける』という素朴な格言がある」，アメリカがこの格言のように行動すれば，「モンロー・ドクトリンは遠くまで行ける」。1904年にはパナマ運河建設に着手したのに続き，同年末にはサント・ドミンゴの内政に干渉し，関税収入を管理する権利を獲得した。彼は，同年12月末の年次教書において，こうした露骨な内政干渉をモンロー・ドクトリンに基づくアメリカの国際警察行動として正当化した（ローズヴェルトの系論）。しかも，彼は，こうした国際警察行動を，自己管理能力を喪失した国々に対する文明国の責務とみなした。ローズヴェルトの系論を援用してローズヴェルトが行った西半球への「棍棒外交」は，ここに至って，ヨーロッパ列強の内政干渉を排除する教義からアメリカによる干渉を正当化する教義へと転換したのである。

他方，膨張主義論者の中には，海外領土の併合は必要最小限に抑えるべきだとして，ハワイ，グアム，マニラと連なる通商のための海上ルートの確保を唱えたものの，基本的には自由貿易論の立場に立ち，領土支配を伴わない「非公式の帝国」の建設を目指すべきだと主張する者もいた。「門戸開放政策」を唱えたマッキンリー政権の国務長官ジョン・ヘイはこの系譜に属した。ヘイは1899年第1次通牒を発し，中国における貿易の機会均等を唱えた。1900年の第2次通牒では，中国における通商上の機会均等に加えて，中国の領土的・行政的保全をうたった。

門戸開放政策は，アメリカの巨大な経済力を梃子として，通商の機会均等を主張することにより，政治的・軍事的コミットメントを行わずに，貿易の拡大，市場・原材料の確保を目指したものであり，「自信に満ちた工業大国の対外政策」（ロイド・ガードナー）という性格をもっていた。20世紀アメリカの対外政策の基本原則を「門戸開放型帝国主義」だとして定式化した外交史家ウィリアム・A. ウィリアムズは『アメリカ外交の悲劇』の中で，この政策が「20世紀アメリカの帝国的膨張のための基本的な戦略・戦術」である，と述べている。

通商の機会均等は中国分割への帝国主義的参加よりもより大きな利益をもたらすとの考えは，当時の国民の間にも広範にみられた。そのことを最もよく示すのは，フィリピン併合に反対を唱えた「反帝国主義者」の立場であろう。「反帝国主義者」たちが異を唱えたのは，膨張それ自体ではなかった。当時「反帝国主義」の立場に立った民主党の綱領は，「平和的な正当

な手段による通商上の膨張」は，これを欲するというものであり，金融・製造・商業部門の指導者，南部木綿輸出業者だけでなく労働者や農民も海外市場の拡大を支持していた。すなわち，「反帝国主義」論者たちの帝国主義理解は，帝国主義＝植民地主義であり，領土拡大を伴わない対外的膨張に異論はなかったのである。

外交史家ウォルター・ラフィーバーは20世紀末のアメリカ帝国形成過程を研究した著書 *The New Empire* (1963) のタイトルを「新しい帝国」と表現したが，「新しい」とは，領土的拡大を伴わずアメリカの経済力を背景に市場の拡大と原料資源の確保を主たる目的とする帝国拡大を意味した。それは19世紀イギリスの「自由貿易帝国主義」と同様，「できるだけ非公式に，やむを得ない場合には公式に支配する」（J.ギャラハー，R.ロビンソン）という戦略に支えられた「安上がりの帝国主義」であった。

ところで，20世紀アメリカ型帝国主義の特質を「門戸開放型帝国主義」として定式化することが可能だとしても，それだけではアメリカ膨張主義の特質を十分語ったことにはならない。

「アメリカ帝国」興隆論の熱烈なイデオローグであるブルックス・アダムズは1895年に『文明興亡の法則』を世に問い，その中で，「アジアは生き残り，ヨーロッパは滅亡する趨勢にある」と論じ，ヨーロッパの衰退を予言した。その後，アダムズは富と権力の中心が東から西に移動しつつあるとして，アメリカ合衆国がアジアに進出し，中国市場を支配することができれば，文明の中心に位置することが可能だと論じた。文明興亡論と結び付いた「アメリカの帝国」のためのブルックスのビジョンは，当時親交のあったロッジ，ローズヴェルト，ヘイらをはじめとして，多くのアメリカ人の共感を得た。マハンはそうした観点から「文明の衝突」論（サミュエル・ハンティントン）を想起させるような主張を展開した。彼にとって，ハワイ併合は「東洋文明の力と西洋文明の力」との間の大闘争の前哨戦と位置付けられていた。

そのような歴史認識はまた，しばしば，アングロ＝サクソン民族の優越性の観念と結び付いていた。マハンは，フィリピン領有は神によって運命付けられたものであるとして「明白な運命」論を展開したが，それはフィリピン原住民に対する人種主義的な意識に支えられていた。彼にとって，フィリピン原住民は「子供のように知能の劣った愚鈍な人々」であるがゆえに，独立国家として認めることなど論外であった。同様に，中国人に対しては，「子育てと同様の方法で」接するべきだと考えていた。このような人種観は，マハンに限らず，キリスト教文明に改宗させる義務があるという信念やアングロ＝サクソン民族の優越性の観念と渾然一体となって，ある種の使命感にまで高められることになった。

マハンは大海軍論者であり，社会進化論の影響もあり，地政学的発想が顕著である。国際政治を「対立する国益の考慮に基づき決定される力の闘争である」と捉える見方は，第2次大戦後の冷戦期アメリカにおいて隆盛を極めることになる「政治的現実主義」の国際政治観を彷彿とさせる。しかし，マハンのような大海軍主義者，植民地帝国論者であっても，16, 17世紀の「重商主義的植民地主義」とは異なり，彼の「海上権力」論の基礎には生産力があり，生産の過剰問題を解決するために海外膨張を必要とするとの論理が展開された。しかも，海外進出（通商）によって蓄積された富が「海上権力」の基礎となる，と考えられていた。マハンにとって，「生産・海運・植民地」は密接不可分な関係にあると捉えられており，その意味で，彼は植民地帝国論者であるばかりでなく，通商帝国論者，門戸開放論者でもあった。

したがって、マハンのように権力政治的、地政学的要素の濃厚な膨張主義論の中にも、20世紀アメリカ型帝国主義の基本的特徴である「門戸開放帝国主義」と通底する部分を認めることができる。アメリカの膨張主義イデオロギーを論じる際に、このことは忘れてならない点であろう。このように、20世紀アメリカの膨張主義思想には、西欧文明の優越観、アングロ=サクソン民族の優越性への信念、地政学的発想、アメリカの生産力に対する揺るぎない自信、アメリカ的価値観や制度への確信などが渾然一体となっている点に特徴がある。それらが渾然一体となってアメリカを世界に例をみないユニークな存在と見なすアメリカ例外主義が形成されることになり、さらにそれはある種の使命感にまで高められ、世界中の人々を「アメリカ的なもの」に改宗させようとする態度となって現われることになる。

しかし、モンロー・ドクトリンは西半球へのアメリカの膨張という地理的限定を伴っていた。したがって、西半球以外の領土を獲得することは、モンロー・ドクトリンでは正当化することは困難であった。19世紀末から20世紀初めにかけてアメリカ合衆国が西半球以外の他の海外領土にも目を向けざるをえなくなると、モンロー・ドクトリンの地理的限定を取り払う論理が必要になってくる。その論理とはアメリカ文明・体制・理念の普遍性の論理であった。

同様に、「明白な運命」論もまた、アメリカ大陸における南と西への膨張という地理的限定と不可分に結び付きながら使用されてきたため、海外への膨張を説明する論拠としては説得力を欠いていた。そのうえ、このイデオロギーはアングロ=サクソン民族の優越性という人種主義的要素とも結び付いており、20世紀以降においては、露骨な人種主義によって膨張や支配を正当化することはますます困難となった。

アメリカ合衆国が「大陸帝国」から「海洋帝国」への道を歩み始めた時期に、通商の機会均等および中国の領土的・行政的保全という普遍性の論理を掲げた「門戸開放」政策は、時代の思潮と傾向に適合的であった。「門戸開放」政策が当初は中国に対するアメリカの政策として打ち出されたにもかかわらず、それが20世紀アメリカ外交の原則の表明にまで高められることになったのは、この政策が普遍性の論理を内包していたからである。それは、世紀転換期アメリカの生産力と工業製品の競争力に対する揺るぎない自信とアメリカを工業大国に押し上げることになったアメリカ体制の普遍性への確信との双方に支えられ、しかも軍事力や戦争に訴えることは極力回避し、国際的協調により目的を達成しようとするものであった。それはまた、ヨーロッパの帝国主義的国際関係のあり方とは異なる国際関係を追求するものであった。

C──ウッドロー・ウィルソンの「宣教師外交」と自由主義的国際主義

「門戸開放」膨張主義イデオロギーの中国への適用をグローバルな文脈にまで拡大することに大きく貢献したのはウッドロー・ウィルソンであった。彼ほど普遍的なことばで体系的にアメリカの理念を語った政治家はまれである。ウィルソンはフロンティア説で名声を博することになるフレデリック・ジャクソン・ターナーとはジョンズ・ホプキンズ大学時代の知己であり、1880年代末における彼との会話を通して、ターナーのフロンティア説に大きな感化を受けていた。ターナーは、「アメリカのデモクラシーは西部の森の中で生まれた」と述べ、西部に広がる広大な辺境の存在がアメリカ民主主義と繁栄の基礎となってきたことを指摘した。とりわけ衝撃的であったのは、「フロンティアは消

滅した。フロンティアの消滅とともにアメリカ史の第１期は終わったのである」(1893年アメリカ歴史学会大会報告)という彼の宣言であった。ターナー自身は海外への膨張に関しては慎重であったが、フロンティアの消滅は、ウィルソンをはじめとする多くのアメリカ人にとって、アメリカが今後とも繁栄、自由、民主主義を維持していくためには、海外に向かって新たなフロンティアを開拓しなければならないことを意味した。ウィルソンは、アメリカ合衆国の繁栄と国内秩序を維持するためには、海外市場を拡大することが不可欠であると考えていた。彼もまた、門戸開放政策の唱導者であった。

しかも、ウィルソンは、経済的フロンティアの海外への拡大は同時に、アメリカ文明やアメリカ民主主義（自由民主主義）の世界への拡大を伴うべきだと信じていた。1917年４月、ウィルソン大統領は「世界を民主主義のために安全なものとする」という目標を掲げて第１次世界大戦に参戦するが、1918年１月に行われた有名な「14ヵ条」演説には、秘密外交の廃止、航海の自由の原則の確立、通商上の障壁の除去、軍備縮小、自決権の尊重、国際連盟の設置など、重要な理念が盛り込まれていた。それは、1917年11月のロシア革命のイデオロギー的挑戦に対抗すると同時に、ヨーロッパの国際関係に特徴的な勢力均衡、同盟、秘密外交を廃止し、集団安全保障体制の確立によって平和を維持し、同時に門戸開放・自由貿易による世界経済の拡大によって繁栄を確保しようとする野心的な戦後構想であった。ウィルソンは、いうなれば、リベラル・デモクラシーの信奉者として、自由主義的で資本主義的な国際秩序の構築に主導的な役割を果たすために参戦を決意したのである。

ウィルソンはアメリカ民主主義の世界への拡大がアメリカ国内における自由主義の開花と繁栄にとって不可欠だとの信念を持っていた。国

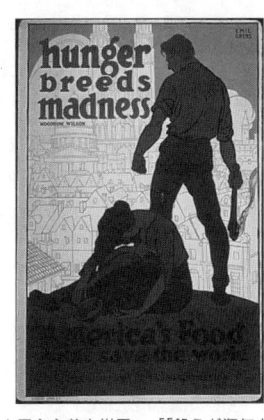

❷アメリカ民主主義を世界へ［「飢えが狂気を生み出す。アメリカの食糧が世界を救う」というW.ウィルソン大統領の主張を盛り込んだ政府広告。1910年代後半］

内体制と国際秩序とは不可分の関係にあるというのが、彼の考えであった。そのため、ウィルソンはしばしば、「宣教師外交」とも称されるような外交を展開し、メキシコ革命への干渉、ハイチ、ドミニカ、ニカラグアへの軍事介入を繰り返し、ラテン・アメリカ諸国の強い反感と不信を買うことになった。彼はまた、ロシア革命へのイデオロギー的反感から1918年７月にはシベリアへの出兵を決意し、ロシア革命にも干渉したが、そこには異質なイデオロギーに対する排除の論理が反映されている。軍事独裁体制であれ、社会主義であれ、ウィルソンにとってもまた、アメリカ的信条や体制と相容れないものを排除するという論理と、それに代わってアメリカ体制を世界に普及させるという論理とは表裏一体の関係にあった。

また、ウィルソンが民族自決の原則を国際関係の行動原則とすることを打ち出したことは、従属地域や植民地の諸民族に大きな希望を与えたのみならず、南北両アメリカ大陸は西欧列強による植民地化の対象と見なされるべきではないとするモンロー・ドクトリンの植民地主義反対の主張にさらに普遍的な要素が加わったことを意味した。その意味で、モンロー・ドクトリ

ンに内在的な地理的限定は，ウィルソンの唱える民族自決の原則という普遍的理念と結び付いて初めて，そのグローバル化が可能となったと言える。同様に，中国の領土的・行政的保全という門戸開放政策が唱えた当初の地理的限定もまた，民族自決の原則によって取り払われることになった。

フランクリン・ローズヴェルト大統領は1941年8月に発表された大西洋憲章によって民族自決の原則を再確認し，第2次世界大戦後の脱植民地化の流れを形成することに貢献することとなる。モンロー・ドクトリンは西半球への西欧列強の干渉の排除＝植民地化反対を唱えたものであったが，同時に「ローズヴェルトの系論」に基づく西半球へのアメリカの干渉を正当化する教義に容易に転化するという限界を露呈した。フランクリン・ローズヴェルト大統領は，大西洋憲章においてウィルソンの唱えた自決権の尊重を再確認することで，戦後構想においては，民族自決と反植民地主義原則のグローバル化を目指すための理論武装を行った。

大西洋憲章および第2次世界大戦後の戦後構想はまた，排他的な経済ブロックや勢力圏の形成に代わってグローバルな貿易自由化と為替の安定を目指す体制（ブレトンウッズ体制）を構築する考えを表明した。この点は門戸開放政策の継承を意味する。

さらに，ローズヴェルト政権はファシズム諸国を打倒することによって民主主義の世界的規模での拡大を目指した。そのため，ファシズムのイデオロギーに対抗して民主主義の旗を掲げた。さらに，ファシズム諸国の軍事的脅威にも対抗する必要から，アメリカの軍事力の強化にも着手した。アメリカを「民主主義の大兵器廠」とするというローズヴェルト大統領演説は，地政学的・権力政治的発想とウィルソン的国際主義（自由主義的国際主義）の結合を象徴的に示すものである。

D——トルーマン・ドクトリンと「アメリカの世紀」論

ファシズム諸国との戦争でアメリカが主導的役割を果たしたという事実は，第2次世界大戦後の世界における「アメリカの世紀」の到来を予知させるものであった。戦後世界に対するこうしたアメリカ国民の願望と期待をみごとに表現したのが，ヘンリー・ルースの「アメリカの世紀」論であった。ルースは「アメリカの世紀」と題した評論を1941年2月17日の『ライフ』誌に発表した。ルースはその中で，人類史上初めて，世界中の人々に「より豊かな生活」を約束することが可能となったと述べ，この「豊かな生活」を約束するものは，アメリカが誇る生産力であるとの観点から，アメリカ的生産様式が世界に拡大することを期待した。さらに，「アメリカの世紀」を実現する第二の基礎はアメリカの理念であるとした。要するに，ルースは，アメリカを「自由と正義という理念の発電所」であると位置付け，アメリカという発電所からアメリカの理念が世界中に広がり，人類の生活を「けもの」のレベルから「天使より少しばかり低い」レベルまで引き上げるという使命を果たすべきだ，と主張した。この強烈な使命感が，アメリカの強大化した軍事力と経済力によって支えられながら，第2次世界大戦後の世界において「パックス・アメリカーナ」実現の原動力となる。

「パックス・アメリカーナ」の実現を目指す過程で，アメリカ合衆国はソビエト共産主義のイデオロギーへの敵意をむき出しにした対ソ「封じ込め」政策を展開することになった。米ソ冷戦の開始である。冷戦の公式宣言といわれるトルーマン・ドクトリンはモンロー・ドクトリンの論理を確認するものであった。両者に

は，ウィルソン的国際主義と同様，排除と膨張の論理が共通している。欧州からの干渉を排除すれば，西半球にアメリカ体制が拡大するだろうというのがモンロー・ドクトリンの論理であったとすれば，共産主義を隔離することができれば世界の他の諸国はアメリカ体制を採用するだろうとの前提に立って打ち出されたのが，トルーマン・ドクトリンであった。しかも，第2次世界大戦後の世界では，反共・反ソの「封じ込め」政策は核兵器に象徴される強大な軍事力と権力政治的思考様式によって補強されていた。

40年以上に及ぶ冷戦期を通して，共産主義との「聖戦」において，国内の支持を調達し，同盟国や友好国の団結を維持するために，戦後の大統領もまた普遍主義的な外交理念を掲げてきた。ハリー・トルーマンは戦後世界を「自由主義」対「全体主義」という2つの生活様式の対決として捉え，「自由な諸国民」の闘いを支持することを使命とした。その後，ジョン・F. ケネディの「ニューフロンティア」，リンドン・B. ジョンソンの「貧困に対する戦い」とその外交版としてのメコン川流域開発計画，ジミー・カーターの「人権外交」，ロナルド・レーガンの「民主主義革命」，ジョージ・ブッシュ（父）の「新世界秩序」などが続いた。

これらの理念や目的を実現しようとする過程で，アメリカの歴代大統領は，西側陣営のリーダーを自認し，国益の確保と同時にその責任に伴うコストも支払ってきたが，同時に過剰介入の問題にも直面した。つまり，アメリカ人の役割意識はときには，軍事力を背景にしたヘゲモニー追求にアメリカを向かわせることになった。ジョンソン政権期のベトナム戦争はそのような例として記憶されることだろう。

米ソ冷戦は1990年にようやく終焉を迎えた。冷戦の終焉はアメリカにおいては西側陣営の勝利だと受け止められた。共産主義に対するリベラリズムの勝利というアメリカ社会の受け止め方は，アメリカが20世紀を通して追求してきた理念や目標が実現したかのような印象を国民に与えることになり，逆に，アメリカの使命が終わったかのような目標喪失感がアメリカ国民を捉えることになった。この点は，国家のアイデンティティを理念に求めてきた共和国の陥りやすいディレンマでもある。

今日，識者のある者は「歴史の終焉」や「『明白な運命』の終焉」を語り，また他の者は新たな目的の発見を模索するかのように，「文明の衝突」論を展開している。漂流感さえ漂うなか，ビル・クリントン政権は「ならず者国家」（rogue states）という敵の発見に努めた。それは，他者との比較や外部の脅威との戦いを通して「アメリカ的なもの」を形成してきた超大国アメリカにとって，冷戦後の目標喪失感を克服しようとする必死の試みのように映る。加えて，クリントン政権は「拡大と関与」国家戦略を唱えた。拡大戦略とは，民主主義と人権を世界中に拡大することを目指しており，関与戦略とはアメリカが冷戦後も孤立主義に戻ることなく国際的責任を果たしていくことの意思表示でもある。裏を返せば，今日のアメリカは孤立主義に復帰せず，過剰介入にも陥らず，国際的責任を果たしていくことができるかどうかが問われていると言える。

そうしたなかで，アメリカ経済の好景気の持続を背景に，1990年代半ば以降，「アメリカの世紀」論やアメリカのヘゲモニー論がアメリカ社会内に再び広まっている。そのようなアメリカ人の期待や楽観主義がバブルのようにはじけるのかどうか，さらには冷戦後のアメリカニズムは排除の論理を克服し，異質の文化との共存を目指すことができるかどうか，アメリカ例外主義の伝統を克服できるのかどうか，世界中が関心をもって注視しているところである。この国の指導者は国民と世界に向かって常に理念と

❸ブッシュ・ドクトリンの具現［イラク戦争の際、バグダッド郊外に迫る米軍戦車。2003年4月］

ビジョンについて語りつづけなければならないと感じているようだ。それがまた、アメリカの「アメリカらしさ」なのかもしれない。20世紀アメリカ型帝国主義にもそのような「アメリカ的なもの」が反映されている。

E——9.11テロとブッシュ・ドクトリン

21世紀アメリカ最初の大統領ジョージ・W.ブッシュは2001年1月の就任演説で、「過去1世紀の多くを通して、アメリカの自由と民主主義に対する信念は荒波に立つ岩のような存在であった。今や、それは風に乗って舞う種子となって、多くの国に根付きつつある」と演説し、「自由の大義を導く」アメリカを宣言した。実は、彼の父親ジョージ・ブッシュもまた、大統領就任後間もなくの1990年1月、議会宛教書の中で、「アメリカは拡大する自由の円の中心に位置している。……この国、アメリカという理念の国は、いつも新世界であったし、これからもそうであるだろう」と演説していた。アメリカは新世界であり、拡大する自由の中心にあるというアメリカ国民の物語は21世紀に入っても健在である。

ところが、2001年9月11日、「拡大する自由の円の中心部」に挑戦するかのような衝撃的事件が発生した。2,801（2002年9月10日米政府発表）人の生命を一瞬にして奪った同時多発テロである。当然のことながら、9.11テロは自由に対する挑戦であると受け止められた。ブッシュ新大統領は9月20日、議会と米国民に向かって、「自由の敵がわが国に対する戦争行為を犯した」と宣言して、対テロ戦争を開始した。また、同じ演説の中で、大統領は「われわれの側につくか、さもなければテロリストの側につくかである。われわれは、テロリストとそのネットワークを除去するだけでなく、テロリストをかくまう者たちを除去する必要がある」と述べた。これがブッシュ・ドクトリンである。世界を善悪二元論で描き、米国を自由世界のリーダーと見なす姿勢は変わっていない。

しかし、9.11テロはアメリカ例外主義を克服できるかどうかをアメリカ社会に問うことになった。というのは、この事件はアメリカ主導のグローバリゼーションが世界に拡大する一方、他方では、圧制と貧困に苦しむ無数の民がつくり出されている現実を浮き彫りにしたからである。「9.11テロは米国の独占物ではない」という小論を書いたデューク大学教授アリエル・ドルフマンは、もう1つの「9月11日」にふれ、28年前の「同じ日、同じ火曜日」にアルゼンチンで起きたアゼンデ政権打倒のクーデタについて語っている。アメリカ政府も関与したこの軍事クーデタでは、少なくとも3,000人のチリ市民が殺されるか、行方不明になっている。パレスチナでも同じような悲劇が繰り返されてきた。アメリカの掲げる自由主義的国際主義のイデオロギーは善で、それに抵抗する人々は悪であるとするブッシュ・ドクトリンの

もとで進められる「自由の帝国」の建設は，2001年10月のアフガニスタン空爆に続いて，2003年3月の対イラク戦争を引き起こした。アメリカ国民にとってこの種の戦争は「正義の戦争」と位置付けられ，しかもテレビ映画の中の戦争（「ヴァーチャル・ウォー」）であるが，他方で，大規模空爆によって多数の民間人死者を出す「リアル・ウォー」でもある。この内と外の対照性は，国内世論の支持を得るのには効果的でも，世界の共感と支持を獲得することは難しいという状況を生み出している。アメリカ国民の他者理解を求める声は根強い。アメリカの多文化主義が一国主義にとどまることなく，アメリカニズムを相対化して，世界における多民族共生の思想として機能しうるか否かもまた21世紀アメリカ帝国主義の課題である。

■参考文献

『アメリカ古典文庫8（アルフレッド・T. マハン）』研究社，1977．

『アメリカ古典文庫2（クレヴクール）』研究社，1977．

有賀貞『アメリカ史概論』東京大学出版会，1987．

ウィリアムズ，W. A.（高橋章他訳）『アメリカ外交の悲劇』御茶ノ水書房，1986．

斎藤真『アメリカとは何か』平凡社，1995．

高橋章『アメリカ帝国主義成立史の研究』名古屋大学出版会，1999．

バン=アルスタイン，R. W.（高橋章・長田豊臣・山本幹雄訳）『アメリカ帝国の興隆』ミネルヴァ書房，1970．

Healy, D. *U. S. Expansionism*. The Univ. of Wisconsin Press, 1970.

Horsman, R. *Race and Manifest Destiny*. Harvard Univ. Press, 1981.

Hunt, M. H. *Ideology and U.S. Foreign Policy*. Yale Univ. Press, 1987.

Kohn, H. *American Nationalism*. Collier Books, 1961, c.1954

LaFeber, W. *The New Empire*. Cornell Univ. Press, 1963.

McDougall, W. A. *Promised Land, Crusade State*. Houghton Mifflin Co., 1997.

Perkins, D. *A History of the Monroe Doctrine*. Little, Brown, 1941.

Rosenberg, E. S. *Spreading the American Dream*. Hill & Wang, 1982.

Smith, G. *The Last Years of the Monroe Doctrine, 1945-1993*. Hill & Wang, 1994.

Smith, T. *America's Mission*. Princeton Univ. Press, 1994.

Stephanson, A. *Manifest Destiny*. Hill & Wang, 1995.

Weinberg, A. K. *Manifest Destiny*. Quadrangle Books, 1963.

■さらに知りたい場合には

秋元英一・菅英輝『20世紀のアメリカ史』東京大学出版会，2003．
〔19世紀末転換期から9.11テロ以降の対イラク戦争までを政治・外交，社会・経済の領域において記述しており，20世紀アメリカ史としては最も包括的で最新の通史。〕

マコーミック，T. J.（松田武他訳）『パクス・アメリカーナの五十年——世界システムの中の現代アメリカ外交』東京創元社，1992．
〔世界システム論とコーポラティズム論とを接合した分析枠組みを使って第2次世界大戦後のアメリカの対外関係を再解釈したアメリカ外交史。〕

松尾弌之『民族から読みとく「アメリカ」』講談社，2000．
〔多民族社会アメリカの姿をイギリス系，ドイツ系，アイルランド系，イタリア系，ユダヤ系，黒人を取り上げて多彩に描く。〕

松田武『このままでよいのか日米関係』東京創元社，1997.
　[著者の30年に及ぶアメリカ外交史研究を踏まえた論文集で，19世紀末から20世紀前半までの対外関係史の記述は密度が高い。]
リンク，A. S.（松延慶二・菅英輝訳）『地球時代の先駆者：外政家ウィルソン』玉川大学出版部，1979.
　[ウィルソン研究の第一人者であった著者によるアルバート・ショー外交史講演を収録したもので，著者のウィルソン研究の特色が要領よくまとめられている。]

5 | ドルが支配する世界
Hegemony of the US Dollar

中尾茂夫

19世紀パックス・ブリタニカの世界はポンド体制だったが,現代の国際通貨システムは米ドルを基軸通貨とする。米ドルの国際化は,アメリカが債権国へ浮上した第1次大戦後に始まる。本項目では,米ドルの国際通貨史を,20世紀史として描く。20世紀前半は英ポンドと米ドルの並存時代が続いたが,1944年のブレトンウッズ協定で,米ドルは英ポンドに勝利し,1971年のニクソン・ショックで金の縛りから解かれた。80年代には「双子の赤字」(経常赤字+財政赤字)に呻吟する米ドルは,暴落懸念に揺れたものの,プラザ合意やルーブル合意といった国際政策協調によって乗り切った。一転して脱冷戦の90年代には,アメリカは好調なニューエコノミーを謳歌し,グローバリズムの風潮が広がった。そのなかで,資本市場中心のアメリカ的金融システムが勢いを強め,米ドルの信認を支える。欧州の単一通貨ユーロの挑戦や,アジア圏を構想する円や元との相克の行方が注目される。

A── 基軸通貨と覇権

国際通貨とは国際取引によってつくり出された債権債務の決済を司る通貨のことであり,そのなかの支配的通貨が基軸通貨と呼ばれ,現在は米ドルがその地位を占めている。

具体的には,政府が対外準備として保有する外貨準備,さらに民間取引では,貿易取引,債券発行,銀行貸出,デリバティブ(金融派生商品)取引などにおいて,米ドル建ての取引が多い。日本は4,697億㌦という世界最大の外貨準備国だが,その大半を,米国債や米ドル預金で運用する(82.5％が外貨建証券で,金はわずか1.8％,いずれも2002年末の数字。http://www.mof.go.jp/)。

19世紀から20世紀にかけて,日本をはじめ世界の多くの国々が在外正貨として金をロンドンに置き,決済通貨としてポンド預金を保有し,そのポンド預金の振替で決済を行った。ちなみに明治期における鉄道等の資金需要から,日露戦争に必要な資金調達に至るまで,日本近代をファイナンスしたのはロンドン金融市場だった。

現代,米ドルが19世紀のポンドの役割を演じている。世界中の諸国はニューヨークに米ドル預金をもち,米ドル建ての公社債で運用する。ニューヨーク市場の取引量が多く,いつでも当該債券を売却でき,借り入れも容易だという市場の厚みが,非居住者の資本を吸引する。そして,国際取引の最終決済は米ドルの口座振替によって行われている。

基軸通貨が政治的支配を意味する覇権ということばで形容されるのは,国際取引決済に関する基軸通貨国と非基軸通貨国との間に,非対称性が存在するからである。換言すれば,非居住

者保有の基軸通貨建て預金勘定（例えば，在日邦銀がもつ在米ドル預金）は，基軸通貨国にとっては自国通貨建ての対外債務であるのに対して，非居住者（在日邦銀）にとっては外貨建ての海外資産だということである。預金勘定を債務として振替可能な基軸通貨国にとって，自国通貨建て債務を創出できるメリットは計り知れない。例えば，日本がサウジアラビアから原油を米ドル建てで輸入した場合，日本保有の米ドル預金からサウジ保有の米ドル預金への振替によって決済は終了する。この場合，在米ドル預金の増減は，非基軸通貨国（この事例では，日本とサウジアラビア）にとっては，いずれも財輸出入という貿易取引の対価だが，金交換を閉ざされた現在，米ドルの通貨発行権を有する米政府は容易に米ドル債務を創出できる。ハーマン・カーン（ハドソン研究所の創設者）は，この国際通貨構造を「史上最大のペテン」だと称した。

以下，この100年にわたる国際通貨史として米ドル史を追う。

B——20世紀とともに伸びた米ドル

❶——基軸通貨への道

20世紀初頭のアメリカは，経済力では英国をはるかに上回る工業国だったが，金融的にはまったくのロンドン依存だった。しかも，一方では，ニューヨークを頂点とする大都市所在銀行に国内の農村資金がコルレス口座を通じて流入し，それが株式仲買人にブローカーズ・ローンとして貸し付けられていたため，株価の乱高下に符合して金利も乱高下するという性格を有していた。さらに，いわば「最後の貸し手」を演じていたモルガン商会をはじめとするニューヨーク所在銀行はロンドン宛てに金融手形を振り出して，資金逼迫に対応するという関係にあった。

ところが，アメリカ金融手形の信憑性に疑問をもったロンドンは，アメリカの金融手形割引を拒否し，信用恐慌に発展するという事態が起こった（1907年恐慌）。ここで，事態は一変し，全米金融委員会がつくられ，ロンドンからの自立を模索する金融改革運動が盛り上がった。その結果，国法銀行に海外店を認め，国法銀行宛てに振り出された銀行引受手形市場を認可し，「最後の貸し手」としての12地区に分割された連邦準備銀行が創設された。

この過程が，その他先進諸国と異なるのは，一般的に中央銀行創設は金融制度の整備によって，金融安定化を目指すものだが，アメリカでは，それだけでなく，当初から英ポンドからの自立が，換言すれば米ドルの国際化もくろまれていたということである。ロンドン金融市場に支払う手数料が「ロンドンへの貢物」として批判の対象になり，英ポンドからの自立要求が高まり，1913年ついに「反中央」意識の濃かったアメリカに中央銀行が創設された。これが米ドル国際化の歴史的起点である。

「怒濤の20年代」と呼ばれる1920年代の活況に符合するように，それまで英国からの資本輸入国だったアメリカは，逆に世界へ米ドルを貸し出す側へと変貌した。しかし，1929年の「暗黒の木曜日」を転機に，アメリカは「内向き」へと再逆転し，その後米ドルの国際化が再び前向きになるのはブレトンウッズ協定で英米が対峙した1944年以降のことである。

❷——ブレトンウッズ体制

同協定で，アメリカ代表のホワイト案が英国代表のケインズ案を一蹴することによって，米ドルは基軸通貨の地位に就く。金との交換性を米ドルだけが独占し，その他通貨は米ドルと固

定レートで結び付くことになった。さらに、IMF（国際通貨基金）を銀行のようにいくらでも借入可能な状態にしておくこと（銀行の信用創造機能）によって、IMFを資金貸借の緩衝装置として使い、アメリカの覇権を減殺しようともくろんだケインズに対して、アメリカは、IMFを媒介としないで、直接英国に貸し付け、それによる政治的圧力を狙ったのである（IMF創設をめぐる米英の政治的駆け引き）。結局、基金原理を主張するアメリカの野心が、銀行原理を主張したケインズ案を葬り去った。翌1945年には、米英金融協定の合意が交わされ、アメリカは直接英国に借款を供与し、その結果、米ドル支配を阻む最大の障害であった英ポンド圏を解体させる方途を手に入れたのである。

時は下って1960年代、米ドルの基軸通貨としての比重は高まったが、同時に、アメリカの国際収支赤字も続いた。結果的にアメリカからの金流出が続き、ドル不安に火がついた。そこで、国際通貨体制の安定を期すために、60年代には数々の改革案が探られた。ローザ・ボンドという非市場性の米国債発行（外貨建て証券も発行可能）や、中央銀行間で通貨を預け合うスワップ協定によって、外国為替市場に介入する外貨調達のネットワークを制度化した。さらには、金プール制によってロンドン自由金市場で売却される米ドル投機に公的筋の拠出金で鎮静化を図ったものの、68年には、投機圧力の前に同制度はあえなく終焉し、金の公定価格（金1オンス＝35ドル）と自由金市場との「金二重価格制」に移った。

そこで、焦点は、金の公定価格を維持できそうもないことが明白になりつつあった基軸通貨米ドルへの対処をどうするかに移っていった。金選好の強いフランスを筆頭に、欧州は安定した国際通貨制度をいかにつくり上げるかについて具体的なアイデアを模索し始め、欧州通貨改

❶ブレトンウッズ連合国通貨金融会議［1944年7月］

革の青写真づくりが前向きになっていく。

その世界の不安に対するアメリカの回答こそが、ニクソン・ショック（⇨コラム「ニクソン・ショックの人脈」）だった。

C——金から離れた米ドル

❶——シカゴ筋の主張

当時金交換を喪失した米ドルの力は失墜するだろうと真剣に議論されたにもかかわらず、国際通貨システムは崩壊しなかった。

この背景には何があるのだろうか。ブレトンウッズ体制崩壊のその年に、ちょうど、CME（シカゴ・マーカンタイル取引所）のレオ・メラメッド（1969年から72年まで同取引所会長。現在は同名誉会長兼上級政策アドバイザー）が、シカゴ大学のミルトン・フリードマン教授に、5,000ドルで通貨先物の論文執筆を依頼したという逸話は有名である。

実は、このニクソン・ショックを機縁にして、先物やオプションという市場リスクそのものを市場で取引するという仕組みが広がったのである。その中心にシカゴの二大取引所があった。1つは、シカゴの老舗CBOT（シカゴ商品取引所）で、もう1つがライバルのCME

❷金と米ドルの交換停止を発表するニクソン大統領
［1971年8月15日］

だった。

　要するに，金交換と遮断された米ドル不安が世界に高まっていったにもかかわらず，資本取引のほうは激増を続けた。そうなれば，為替相場も金利も乱高下を余儀なくされるが，その乱高下のリスクを回避しようとする思惑（ヘッジ）と，リスクに賭けることで収益を狙う投機（スペキュレーション）行為が錯綜し，さらに市場は膨らんだ。

　かくて，シカゴ先物市場の主要な取引商品はそれまでの100年以上の歴史を有する穀物から，金利先物や通貨先物，あるいは株価指数といった金融先物取引が中心になっていった。換言すれば，1960年代までが，概して公的通貨当局による金プールやスワップ協定といった通貨当局による政策協調メカニズムの発動によって，国際通貨安定を維持しようとしたのに対して，70年代におけるシカゴ先物といった市場動向は市場諸力に委ねるという方向への転換点だったと認識しうるであろう。

❷──米ドル低下に対応した2つの動き

　1970年代，乱高下を繰り返す米ドル不信を強めた世界で，2つの動きが起こった。

　1つは欧州で，為替相場の乱高下を政策協調によって封じ込めようという戦略が採られた。その結果，変動が一定の範囲での上下動に収まり，その形が蛇が進むときの動きに似ていたことから，同通貨システムをスネークと呼ぶ。これは参加国が欧州に特定され，それが，79年のEMS（欧州通貨制度）構想，さらに新計算通貨であるエキュ（ECU）の創設へとつながっていく。これらは，いずれも欧州の米ドル離れの政治力学に基づく戦略である。もともと，欧州は域内の取引比率が大きく，域内通貨が選好されてきたという歴史的経緯があった。つまり，欧州では米ドルはすでに主要な通貨ではなかったのである。この延長線上で，1999年の単一通貨ユーロの発行に行き着く。

　2つ目は原油価格の上昇である。石油産出諸国は，米ドル建てで輸出をするため，米ドル相場の下落により，所得がいちじるしく減退した。途上諸国では原油採掘が行われるものの，石油精製は消費地の先進諸国で行われる。したがって，原油産出途上諸国は原油を採掘するだけの経済構造を余儀なくされてきたため，米ドルの相場下落は原油輸出途上諸国の収入を直撃した。

　原油輸出途上諸国としては，取引原油価格の引き上げによってしか交易条件を改善する道は残されていなかったのである。

❸──米ドル下落とジャパン・マネー

　1985年9月のプラザ合意や，87年2月のルーブル合意では，アメリカの退潮や米ドルの暴落危機が喧伝された。一方のジャパン・マネーの席巻もあって，世界最大の債務国に転落したアメリカの退潮は誰の目にも明らかだった。その結果が87年10月に起こったブラックマンデーで，1日の低下率では1929年を上回った。株式市場の時価総額では，80年代後半にはニューヨークは東京に抜かれてしまった。

ニクソン・ショックの人脈

　ブレトンウッズ体制は1971年8月15日のニクソン声明（金ドル交換停止）によって様変わりする（ちなみに，アメリカではニクソン・ショックとはいわないが，これも国際通貨システムの非対称性といえるだろう）。公的対外債務が金準備をはるかに上回り，金準備の払底が懸念されたとき，アメリカはこの措置に踏み切った。フランスのドゴール大統領の金選好が有名だが，アメリカの国際収支赤字でたまった米ドルを金に交換して本国へ輸送するという作業光景を眼前にして，アメリカは金交換停止という選択肢を採らざるをえなかった。

　アメリカの政界にも，金交換停止には，賛成論（最大の強硬派がジョン・コナリー財務長官であり，そのシナリオ・ライターの1人が当時のポール・ヴォルカ―同次官）と反対論（アーサー・バーンズFRB議長）が渦巻くなか，キャンプデーヴィッドの山荘会議で，ニクソン大統領の決断によって断行された。

　このニクソン・ショックに至る過程で興味深いのは，ニューヨーク連邦銀行の立場である。同連銀副総裁で国際金融スペシャリストだったチャールズ・クームズによれば，金交換停止は米ドルの威信を喪失させるという立場から，反対だったが，ニューヨーク連銀には総裁も含め何も意見を求められなかったという。そういった憤慨をクームズが抱いていたことを知ったヴォルカーは，キャンプデーヴィッド会議の直前にコナリーとクームズの接見をセットしたが，不発に終わった。クームズは，コナリー財務長官に対する数々の批判を回顧録（『国際通貨外交の内幕』）で吐露している。ヴォルカーが同連銀総裁に着任する1975年，クームズは同連銀を去る。

　この会議で論陣を張った人物の系譜も興味深い。ジョン・F.ケネディ大統領がダラスで暗殺された1963年11月，テキサス州知事として同乗していたコナリーは，ケネディを継いだジョンソン大統領を支えたテキサスの石油人脈に属し，80年代のブッシュ政権につながる。

　一方，当時財務次官としてコナリーを支えたヴォルカーは，60年代前半のケネディ政権下では著名な論客だったロバート・ローザ財務次官のもとで，ドル危機鎮静化策（金プール制，ローザ・ボンド構想，オペレーション・ツイスト等）を学ぶ。そのヴォルカーは，79年にFRB議長に就任する。第2次石油危機を引き金に，米ドルの暴落危機に面していた当時の救済策として高金利策を採用し，短期資本の流出に歯止めをかけ，ドル危機を救った。そして，85年のプラザ合意では日本をはじめとする各国のドル下落への国際協調策をまとめる主役を務め，87年に退陣し，コロンビア大学でバーンズの弟子だったアラン・グリーンスパンに議長職を譲った。さらに，91年から2001年までは，73年に設立された日米欧にまたがる財界人会議である日米欧三極委員会の北米議長のポジションに座った。同委員会は「欧米を中心としていた階級構成体の基礎を拡大し，日本を取り込む必要が生じた」（スティーヴン・ギル『地球政治の再構築』朝日選書，1996.）ために形成されたものだといわれる。

　ちなみに，日本は，ニクソン大統領の発表から2週間，世界中が市場を閉鎖するなか，例外的に外国為替市場を閉めず，相場下落が明白だった米ドルを360円という固定相場で買い支えた。結果として，殺到した米ドル投機で，たちまちにして外貨準備を積み上げる愚を犯した。当時の行政サイドでは，ヴォルカーの知己でもあり，国際金融の「プロ」という評価の高かった柏木雄介大蔵省顧問の助言に負うところが大きかったといわれるが，この外為市場を開けつづけた「戦後史の謎」に対して，ときの水田三喜男蔵相は，後日，政策の失敗を認めている。

[中尾茂夫]

ジャパン・マネーの世界での席巻ぶりは確かにすさまじかった。欧米の大都市では、名だたるビルがジャパン・マネーによって買収され、絵画のオークションでは日本からのバイヤーが目立った。米国債投資や銀行のシンジケートローンでも、あるいはユーロ債市場における発行者も投資家も、圧倒的にジャパン・マネーが席巻するという光景がポピュラーだった。ケイレツ（企業系列）やモチアイ（株式持ち合い）は閉鎖的な日本市場を象徴するものとして語られた。

一方、同じ頃のアメリカは、商業銀行やS&L（貯蓄貸付組合）の倒産が続き、経常収支赤字累積によって、世界最大の債務国に転落した。そのため、世界中で再三にわたって、米ドルやニューヨーク株式の暴落危機が懸念された。その不安を鎮静化させるための政策協調が、世界の首脳会議（サミットやG7等）の議題となった。日本が自国のインフレ懸念を棚に上げ、金利引上げ抑制を続けたのも、日米金利差維持という政策協調ゆえである。80年代後半、明らかに日本経済は過熱気味だったにもかかわらず、金利の引き上げを断念したことは、87年10月のブラックマンデーを抜きには考えられない。そのような政策スタンスは、米ドル買い支えを断固拒否したドイツの姿勢とは対照的だった。

D──米ドルの復活

❶──復活への大転換を見せた1990年代

しかしながら、時代は一転する。89年のベルリンの壁崩壊以降、東欧革命が進展し、ついに91年にはソ連が崩壊した。この冷戦の終焉は、米ドル回帰をつくり出し、軍事技術の民需転換が加速され、インターネットをはじめとする通信情報産業が活況となった。同時に、歴史の浅いベンチャー企業が資金調達を、間接金融ではなく直接金融に見いだし、アメリカの資本市場は大ブームとなり、マイクロソフトやインテルに代表されるハイテク株の株価高騰がアメリカ経済を支えた。

一時は三極通貨圏の一角に数えられた日本円だったが、対米ドル相場はともかく、ことシェアからすれば地位の上昇はあまり見られなかった。為替相場でこそ、米ドルは1ドル＝79円（95年4月）にまで下落したものの、取引シェアは相変わらず大きく、公的外貨準備も、2001年末の米ドルの世界シェアは68.3％で、この10年間で最高に近い。それに対して、01年末の日本円はわずか4.9％にすぎず、10年間の推移でも最低のシェアである。99年に登場した単一通貨ユーロは01年末に13％である（*IMF Annual Report*. 2002）。

世界の外国為替市場の通貨別内訳を示した表5-1を見ると、90年代に米ドルの取引シェアは上昇したことがわかる。それに対して独マルクや日本円は漸減した。世界のほとんどの為替取引が米ドルを対価に行われているといっても過言ではあるまい。ちなみに、この為替取引を市場別に見ると、31.1％の英国がトップで、アメリカは15.7％、日本が9.1％、シンガポール6.2％、ドイツ5.4％、スイス4.4％、香港4.1％と続く（数字はBISより2001年4月のもの）。

このような状況を打開すべく、欧州は米ドル離れを志向する。92年のマーストリヒト条約を経て、欧州連合EUを結成し、発券組織と金融政策の脱国家組織である欧州中央銀行（ECB）がフランクフルトに設立された。99年1月にはユーロ発行も始まり、すでにドイツやフランスを中心とするユーロ圏諸国11ヵ国はユーロと固定相場で結び付いている。2002年には国民通貨の廃止と、ユーロの一般

表 5-1 ●世界の外国為替市場における通貨別比率の推移　　　　　　　　　　　　　　　　　[単位：%]

通貨	1989年4月	1992年4月	1995年4月	1998年4月	2001年4月
米ドル	90	82	83	87	90
ユーロ	-	-	-	-	38
ドイツ・マルク	27	40	37	30	-
日本円	27	23	24	21	23
イギリス・ポンド	15	14	10	11	13
フランス・フラン	2	4	8	5	-
スイス・フラン	10	9	7	7	6
カナダ・ドル	1	3	3	4	5
オーストラリア・ドル	2	2	3	3	4
その他	22	9	8	9	10
合計	196	186	183	177	189

● 出典｜BIS, *Triennial Central Bank Survey of Foreign Exchange and Derivatives Market Activity*, 2002.
● 注｜外国為替取引全体を200％とした場合の，1日の取引高シェアを表示したもの。各取引につき，2つの通貨が二重計上されている。

流通が開始（紙幣や硬貨での登場，国民通貨の廃止）され，通貨統合は新たな段階へ入りつつある。

ユーロは米ドルへの挑戦を含む欧州統合の象徴である。これに対し，国際貸付市場や外国為替市場，あるいは外国銀行所在地でも最大を誇る英国がどう対処するかが注目される。そこで，ユーロ立上げから1年以上をへた2000年3月時点における英国所在銀行の取引通貨別内訳（図5-1）を見ると，ユーロ建て取引は米ドルに次ぐ地位にある。これは，英国がユーロ建てのグロス決済システムであるTARGETに加入している所産でもあるが，米ドルとユーロの双方を秤にかけながら，意思決定の方向性を探る英国の巧妙な国際戦略をうかがわせる。

❷ ── アメリカへの資本還流

一方，米ドルの巨大なシェアを支えるのは，まずはアメリカの金融市場の好調ぶりである。例えば，世界の株式時価総額（2000年5月末）順位では，1位GE，2位インテル，3位シスコ・システムズ，4位マイクロソフト，5位エクソンモービル（*Business Week*, Jul. 10, 2000）と，すべてアメリカ勢が上位を占める。

アメリカは世界最大の債務国だが，それは，アメリカの国際競争力低下によって経常収支赤字が累積したからだといった1980年代にはやった解釈は影を潜めた。それに代わって，90年代はもっぱら，アメリカの資本市場の好調さが世界の資本を引きつけるからであるといわれた。したがって，貯蓄と投資の格差が大きく，貯蓄率がマイナスに転落しているにもかかわら

図5-1 ●イギリス所在銀行の非居住者向け取引の通貨別内訳［2000年3月末］　　　　　　[単位：%]

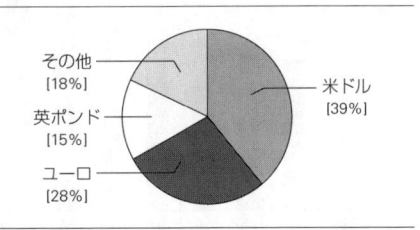

- 米ドル [39%]
- ユーロ [28%]
- 英ポンド [15%]
- その他 [18%]

● 出典｜Bank of England, *Practical Issues arising from the EURO*, Jun. 2000.

❸活況を呈するニューヨーク証券取引所[1997年5月]

ジアは米国債志向で，欧州は社債や株式志向である。今や，どの在米金融資産をみても，外資の所有比率は相当な規模で，世界全体の経常収支黒字の6割をアメリカ一国で吸収する（図5-2）。

アジアの高度経済成長に世界の注目が集まった90年代前半までは，アジアの教育熱や勤勉さが貯蓄率を高め，豊富な投資源泉として高く評価された。ところが，1990年代，ニュー・エコノミーと評されるアメリカの好調は，貯蓄よりも消費の過熱が景気を引っ張っている。シカゴ大学の社会学者ブルース・カミングズは「われ買い物をする。ゆえにわれあり」と消費に沸くアメリカ社会を形容している（"The American Ascendancy" *The Nation*. May 8, 2000）。

ず，それに対する危機感はアメリカには薄い。

IMFの『国際資本市場報告』（2000）によれば，公社債や株式，あるいは直接投資やインターバンク取引といった多様な形態を通じて，膨大な資本がアメリカに向かっている。概してア

図5-2 ●世界の資本をかき集めるアメリカ　　　　　　　　　　　　　　　　　　　　　　　　　　　　[単位：％]

A●アメリカの経常赤字÷世界の経常黒字全体

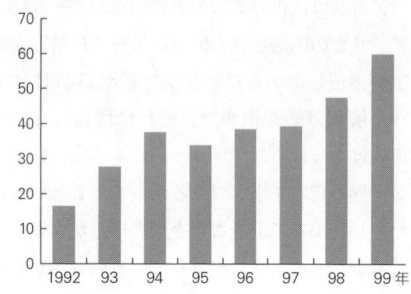

B●米国債の非居住者保有比

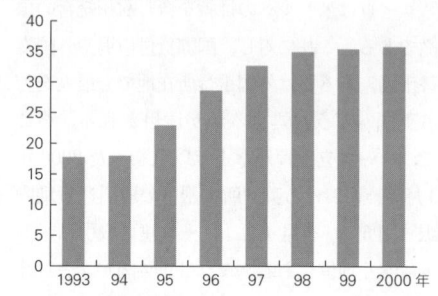

C●米社債の非居住者保有比

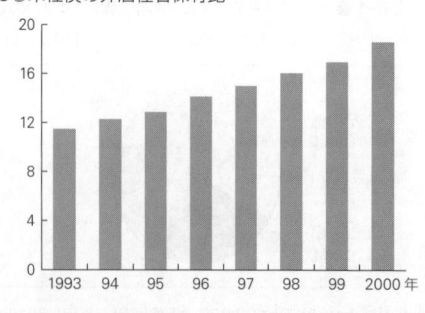

D●米株式の非居住者保有比

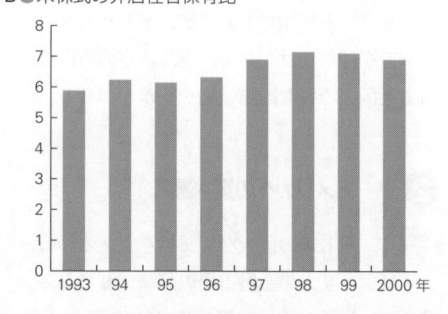

●出典｜ IMF, *International Capital Markets*, Sept. 2000.

このアメリカ経済の好調さが米ドルの流通を支える最大の根拠であることは疑いない。その資金循環は，「帝国循環」とも「体制支持金融」とも，あるいは「米国債本位制」とも呼ばれながら，世界中から貯蓄をかき集める。一方の消費不況にあえぐ日本は，相も変わらず米国債や銀行間取引を通して，その潤沢な貯蓄をアメリカに流している。

❸──決済システムの強靭さ

米ドルの国際的流通を支えるのが，米ドル決済を支えるコンピュータ・ネットワークであることも重要である。ニューヨークには国際間ドル建て決済を遂行するニューヨーク手形交換所と連携するCHIPSがあり，連銀はフェドワイヤーという連銀内部の決済口座での電子決済ネットワークをもつ。当該決済メカニズムの中を米ドルが流通するのである。

しかも，このような決済システムは公的筋の強固な連携の中で遂行されていることも注目に値する。なぜならば，一般的に「市場メカニズム」重視社会のアメリカでは，民間の比重が大きく，公的筋の役割は規制撤廃によって後景に退くかのような誤解を抱きやすいからである。金融政策を司るFRB（連邦準備制度理事会）をはじめ，国際金融政策を主導する財務省，その中で国法銀行検査を遂行するOCC（通貨監督局），銀行の安定性を維持するFDIC（連邦預金保険公社），証券市場を監視するSEC（証券取引委員会），先物取引を監督するCFTC（商品先物取引委員会）と，市場を監督するいずれの機関も巨大である。

現在の米ドルは，その印刷された米ドル紙幣の50％〜70％は海外で流通するといわれるほどに，旧東欧・ロシアや，ラテン・アメリカで人気がある。これらの諸国では，国内通貨がインフレによって目減りがひどく，信頼を失っているからである。

このような政治力学や経済事情のいくつかの諸要因が重なって，債務国転落以降も，米ドルは基軸通貨としての地位を保持し続けている。

アメリカ中心のグローバリズムが勢いを増すなかで，米ドルはその金融覇権を象徴するものである。100年前，基軸通貨だった英ポンドの覇権に挑戦し，それを奪い取った米ドルだが，21世紀にその座に挑戦する通貨は現れるだろうか。

それは欧州の長年にわたる知恵と政治力学の結晶であるユーロかもしれないし，米ドルでの外貨準備保有比率の高い日本や中国を中心とするアジア圏の行方も無視できない。だが，結局のところ，米ドルの行方はアメリカ経済の帰趨次第だろう。なぜならば，通貨の盛衰と一国経済の盛衰過程がタイムラグを随伴するとはいえ，基本的に符合することは否めないからである。

2001年には，9.11テロに噴出する抑圧された側の憎悪の爆発，同年末にはエンロン事件に示されるアメリカ資本市場における大々的な不正な株価操作の数々が，アメリカ資本主義の透明性や情報公開，さらには1990年代における「ニュー・エコノミー神話」を急速に色褪せたものにした。それとともに，米ドルに対する市場の信認も遠のく可能性を強めている。まさに，歴史は，近未来の行方さえ不確かなものにして，再び動き出したのである。

■参考文献

クームズ，C.（荒木信義訳）『国際通貨外交の内幕』日本経済新聞社，1977.

ボルカー，P./行天豊雄（江澤雄一訳）『富の興亡』東洋経済新報社，1992.

西川純子・松井和夫『アメリカ金融史』有斐閣，1989.

中尾茂夫『ハイエナ資本主義』ちくま新書，

2002.

中尾茂夫『円とドルの存亡』三田出版会，1996.

■さらに知りたい場合には

塩田潮『霞が関が震えた日』講談社文庫，1993.
　[ニクソン・ショックが日本にもたらした政治経済的インパクトを，通貨戦争として描き，日米金融関係が日本の政財界に及ぼした巨大な影響を抉る。]

ギル，S.（遠藤誠治訳）『地球政治の再構築』朝日選書，1995.
　[日米欧三極委員会の役割を中心に，国際的利害調整機構を媒介にした現実の国際政治力学を分析することによって，アメリカの覇権後退論に反論した。]

中尾茂夫『FRB　ドルの守護神』PHP新書，2000.
　[20世紀におけるアメリカの金融制度の推移について，FRB設立期から1990年代のニューエコノミーに至るまで，国際的視点を重視して概説する。]

三國陽夫/R.T.マーフィー『円デフレ』東洋経済新報社，2002.
　[1990年代の日本の不況の原因を，対米貿易黒字が在米ドル資産として退蔵され，それを維持する日本外為会計操作との合体策とし認識する話題作。]

■インターネット関連サイト

IMF…http://www.imf.org/
世界銀行…http://www.worldbank.org/
FRB…http://www.federalreserve.gov/
欧州中央銀行…http://www.ecb.int/
BIS (Bank for International Settlements) …http://www.bis.org/
SEC (U.S. Securities and Exchange Commission) …http://www.sec.gov/
日米欧三極委員会…http://www.trilateral.org/
財務省（日本）…http://www.mof.go.jp/

6 | 多国籍企業と貿易
Multinational Corporations and International Trade

下平雅人

　第2次世界大戦後，資源・資本の面での比較優位と自国の覇権によって保障される海外活動の安全とを背景にもつ米国系多国籍企業は，戦争によって疲弊した日欧企業を横目に，世界の生産，貿易，投資において，圧倒的なプレゼンスを誇るようになった。その後も米国系多国籍企業の優位は続いたが，日欧の復興にともなって，徐々に相対的な優位に変質し，さらに80年代の後半には，主に製造業の分野で日欧企業に脅かされるまでになった。しかし，90年代以降においては，以前からの規制緩和やリストラなどがようやく効果を現し，商用インターネットを代表とする情報通信技術（IT）や遺伝子操作などのバイオ技術などを基盤とした先端産業が花開き，世界をリードするようになった。米国系多国籍企業は，最先端技術における優位と豊富な国際資本の流入を両輪としながら，製造業を含むさまざまな産業における世界的なデファクト・スタンダードを確立し，これをグローバル・スタンダード化することで，かつてとは異なるかたちで世界経済への影響力を強めつつある。

A── 世界経済における米国系多国籍企業の大きなプレゼンス

　世界経済における米国系多国籍企業の位置付けは，どのようなものだろうか。その活動状況が反映される貿易・投資の状況を見てみよう。まず，投資規模の面で米国系多国籍企業のプレゼンスを見てみる。UNCTADの『世界投資報告2002年版』によると，米国は，世界各国からの対世界直接投資残高合計（2000年の推計値）のうち21.1％のシェアを占めており，14.4％で第2位の英国を大きく引き離している（UNCTAD, 2002）。データが，97年時点とやや古いが，日・米・欧の間の直接投資の動きをみても，やはり米国からの流れが大きい（図6-1）。また，同報告によると，2000年の海外資産規模で見た世界ランキング100位までの非金融多国籍企業のうち，米国系は24社であり，国別では2位の日本の16社を大きく引き離して首位となっている。特に，トップ5では，3社が米国系である（表6-1）。米国系多国籍企業は，多国籍企業世界トップ100社の海外資産規模で27.2％（2位の英国は21.0％）を占めている。

　米国系多国籍企業の世界的なプレゼンスは，貿易規模の面から見ても大きい。IMF資料によると，2002年の米国の財貿易規模（輸出＋輸入）のシェアは，世界全体の14.5％，先進国全体の22.7％を占めており，やはり国別では世界第1位である（表6-2）。また，米国と各国・各地域との輸出入を見ると，国レベルでは，日本以上にNAFTA（北米自由貿易協定）加盟国であるカナダ，メキシコとの関係が深い

図 6-1 ●対外直接投資残高で見る米国と各地域との関係［1997年］

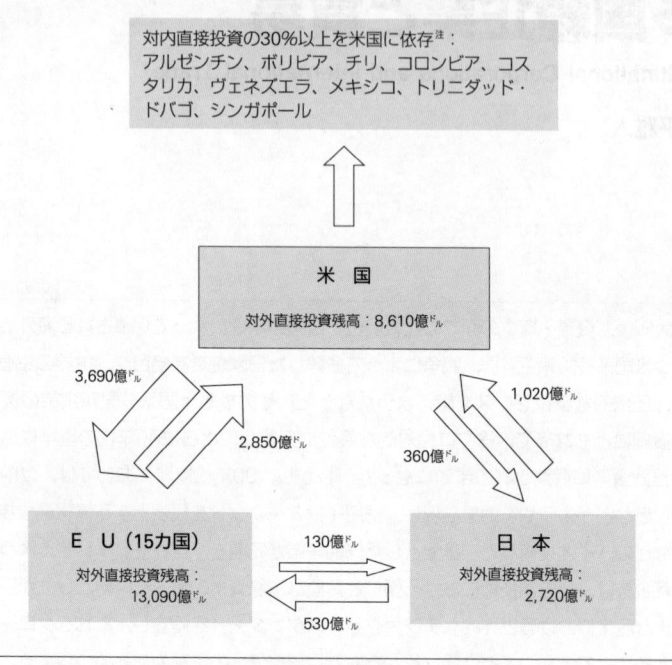

```
                対内直接投資の30%以上を米国に依存[注]：
                アルゼンチン、ボリビア、チリ、コロンビア、コス
                タリカ、ヴェネズエラ、メキシコ、トリニダッド・
                ドバゴ、シンガポール
                              ↑
                           米　国
                      対外直接投資残高：8,610億ドル

       3,690億ドル  ↙↗                    ↖↘ 1,020億ドル
                     2,850億ドル       360億ドル

         EU（15カ国）    130億ドル →     日　本
         対外直接投資残高：                対外直接投資残高：
           13,090億ドル   ← 530億ドル       2,720億ドル
```

● 出典 | UNCTAD, *World Investment Report* 1999.
● 注 | 1997年以前の3年間の直接投資フローの合計をベースとしたもの。

表 6-1 ●米国系多国籍企業の海外資産額による世界ランキング［2000年］

順位	企業名	産業分類	順位	企業名	産業分類
2	ゼネラル・エレクトリック	電機	47	コカ・コーラ	食品・飲料品
3	エクソンモービル	石油	50	ダウ・ケミカル	化学
5	ゼネラル・モーターズ	自動車	55	モトローラ	通信
11	IBM	コンピュータ	58	ベライゾン	通信
13	シェブロンテキサコ	石油	59	ジョンソン＆ジョンソン	医薬品
16	ダイムラー＝クライスラー	自動車	60	SBCコミュニケーション	通信
28	ウォルマート	小売	63	AES	電力・ガス・水道
38	フォード	自動車	67	マクドナルド	小売・レストラン
41	TXU	電力・ガス・水道	73	メルク	医薬品
43	ファイザー	医薬品	87	カーニバル	観光
44	ヒューレット・パッカード	電機・電子機器	95	コノコ	石油
46	プロクター＆ギャンブル	多角経営	100	フィリップ・モーリス	多角経営

● 出典 | UNCTAD, *World Investment Report* 2002.

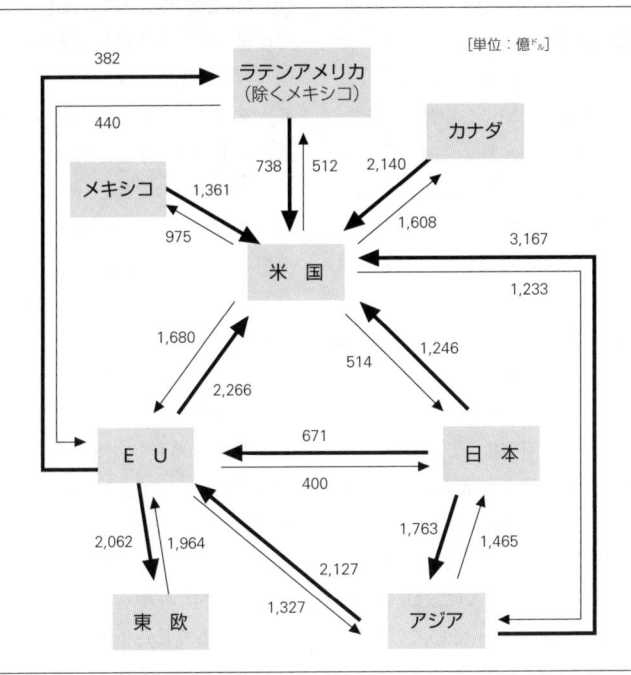

図6-2 ●貿易で見る米国と各国・地域の関係［2002年］

[単位：億ドル]

```
                           ラテンアメリカ
           382            （除くメキシコ）
      ┌──────────────────────→
      │     440
      │   ┌────────────
      │   │          738 ↓ ↑ 512    2,140
      │   │   メキシコ          ┌────→ カナダ
      │   │         1,361       │
      │   │    ←──────          │ 1,608
      │   │         975         │
      │   │              米 国 ←──────── 3,167
      │   │                     │
      │   │                     │ 1,233
      │   │    1,680    514   1,246
      │   │   ↗       ↖   ↗
      │   │  2,266
      │   ↓                          
      └─→ E U  ←── 671 ── 日 本
                  400 ──→       1,763 ↓ ↑ 1,465
           2,062 ↓ ↑ 1,964    2,127
                                  ↓ ↑ 1,327
              東 欧              アジア
```

● 出典｜IMF, *Direction of Trade Statistics*, June 2003.
● 注｜統計上の制約から，EU の輸出入はすべて EU 側から見た数字。対 EU を除く米国の輸出入は，米国から見た数字。日本・アジア間は，日本から見た数字。

表6-2 ●主要国による財貿易の状況

	輸出額[億ドル]	対世界シェア[%]	輸入額[億ドル]	対世界シェア[%]
世界	63,892	100.0	67,043	100.0
先進国	42,042	65.8	40,502	60.4
米国	11,447	17.9	7,512	11.2
［米国/先進国］		[27.2]		[18.5]
日本	3,055	4.8	4,540	6.8
中国	2,503	3.9	465	0.7
ドイツ	4,874	7.6	6,107	9.1
フランス	3,236	5.1	3,214	4.8
英国	3,441	5.4	2,687	4.0
EU	23,124	36.2	23,498	35.0

● 出典｜IMF, *Direction of Trade Statistics*, June 2003.

（図6-2）。一方，地域レベルでは，ラテンアメリカよりEUやアジアとの関係が深い（IMF, 2003）。米国の財貿易のうち，少なくとも一方が米国系多国籍企業の親会社ないし海外子会社である多国籍企業関連の貿易について見ると，輸出では実に全体の56％，輸入でも35％を占めている。このうち米国系多国籍企業の親会社と海外子会社の間で行われている企業内貿易は，輸出全体の21％，輸入全体の15％を占めている。

また，米国は，運輸などを含むサービス貿易でも大きなシェアを占めており，しかも黒字を続けている。このうち，主に海外子会社から親会社に支払われる，知的所有権，ブランド，技術ノウハウなどの面での優劣を示すロイヤルティ（特許・商標などの使用料）等の収支を見ると，日独が小幅ながら赤字になっているのに対し，米国は，約163億ドルの支払いに対し約387億ドルの受取で大幅な黒字となっている（IMF, 2002）。米国系多国籍企業は，特許やブランド，ノウハウなどの面でも世界経済に大きなプレゼンスを確立していると言える。

B──歴史的な変遷：マルチ・ドメスティック型からグローバル型へ

このように米国系多国籍企業は，世界経済の中で大きなプレゼンスを占めているが，歴史的にみると常にそうであったわけではなく，経営形態・企業組織をグローバル化することによって，現在の大きな存在となってきた。日欧が第2次大戦からの復興途上にあった1960年代当時は，「多国籍企業イコール米国企業」という認識が一般的であった。70年代に，戦後独立した多くの途上国が，国連などの場において多国籍企業による搾取行為などを問題視した際に，米国企業を主たるターゲットとしたのはこうした認識のゆえんである。この認識は，正確ではないが，あながち事実無根というわけでもなかった。実際，ジョゼフ・ナイ・ハーヴァード大学教授によると，「世界の対外直接投資に占める米国の比率は，60年代半ばで約60％に達していた」のである（ナイ，1976）。

ところが，70年代以降，第2次大戦後の経済復興を達成した日欧の対外直接投資が増加したため，米国のシェアは大きく低下した。80年代にも，80年の42.9％から85年の36.6％，90年の25.4％と着実にシェアが低下し，その後は，ほぼ同じレベルで推移している。

ただし，90年代半ば以降においては，世界的なデフレの中で，規制緩和や，リストラクチャリング，IT革命などに先んじて取り組んできたことによって，復活を果たした米国経済だけが長期的な好況を享受する独り勝ちの覇者となった。こうしたことなどから，企業の経営から経済政策に至るまで，米国流の規範がグローバル・スタンダードと同一視されるような状況が生じた。こうした環境のもとで，60年代とは別の意味ではあるが，米国系多国籍企業が再び大きな影響力を示すようになっている。

米国系多国籍企業は，直接投資残高で見たシェアの低下と並行して，経営形態や企業構造の面でも変化を経験した。70年代までの米国系多国籍企業は，本国にある本社の意思決定には従いつつも，進出先の各子会社が現地化し，地元市場における最大利益だけを念頭に活動するマルチ・ドメスティック型が中心であった。本社を頂点とするピラミッド構造であり，子会社間の調整は限定的である。例えば，コカ・コーラなどは，現在もこれに近い形で成功しつづけている。

しかし，80年代以降には，本社・子会社間のみならず，子会社同士もネットワークを形成し，密に調整をしながら世界全体での利益最大

化を念頭に活動を行うグローバル型に比重を移してきた。各国を別々の市場として見るのではなく，世界全体を１つの市場と見なし，最適地で調達，生産，販売するという連携プレーで活動するようになりつつある。例えば，マクドナルドは，フライ用のジャガイモやハンバーガー用のパンなどを，世界で最も安く調達できる時期と場所で購入し，最も安く加工できるところを選ぶことでコストを抑え，世界100ヵ国以上，２万5,000店以上のフランチャイズ店に供給できる体制を整えている。日本マクドナルドが，2000年から2002年にかけて，通常の半値で大量に販売する戦略を採用することができたのは，こうしたグローバル型の企業構造を持っているからである。

さらに，直接的な資本関係がある親子間あるいは合弁企業のネットワークのほかに，技術提携，アウトソーシング契約，ライセンシング契約，販売パートナーシップなどの形で，必ずしも資本関係を伴わない企業との連携関係が，国境を越えて網の目のように取り巻くようになってきている。

こうした一連の変化は，「米国系」多国籍企業が，法律上・税制上の本社の所在などを除き，グローバル企業あるいはトランスナショナル企業としての性格を強めつつあることを意味している。この変化を捉え，歴史家の中には，戦後途切れることなく続いてきた米国政府とのパートナーシップが，90年代に入って終焉を迎えた，との見方も出ている（Reardon, 1992）。米国政府は，米国製造業の代表である自動車のビッグ・スリーを，陰に陽に支えてきた（例えば，カーター政権による1980年のクライスラー救済措置）。しかし，国際的な業界再編の中で1998年に起きたダイムラー＝ベンツによるクライスラーの買収によって，単純な形での米国政府とビッグ・スリーのパートナーシップは解体した。新会社ダイムラー＝クライスラーにとって，米国政府は，依然として重要ではあるがパートナーとして唯一ではなくなったのである。多国籍企業同士が国境を越えて合従連衡することによって生じる「国離れ」の傾向は，金融業界の大規模クロスボーダーＭ＆Ａや通信業界，航空業界の合弁・提携など，多くの業界に見られる。

こうした米国系多国籍企業のグローバル化を促進した要因としては，①急速に膨張するＲ＆Ｄ投資費用を分散する必要性，②インターネットなどの情報・通信技術が米国主導で発達したこと，③進出先各国の規制緩和や民営化，④多国間，地域間および２国間での貿易・投資の自由化などが挙げられる。特に，90年代半ばに相次いで成立したWTO（世界貿易機関）とNAFTA（北米自由貿易協定）は，財貿易の面だけではなく，投資やサービス，知的所有権にまで踏み込んだ自由化と規律が含まれた点が画期的であり，APEC（アジア太平洋経済協力会議）など，他の貿易・投資自由化枠組みとともに，米国系多国籍企業の活動を促進するインフラとなっている。

C── 産業別に見る米国系多国籍企業のパワー

現在の米国系多国籍企業は，石油や農産品における資源面での比較優位を持つと同時に，情報・通信，金融，会計などに至るまで，多くのビジネス・インフラにおいてデファクト・スタンダードを握っている。米国流のビジネスルールを広めることで世界経済への影響力を確保し，究極的には，他国の企業より有利な立場で収益を確保するシステムを構築してきているのである。これは，国家戦略でもある。米国政府は，グローバル化・IT化・サービス化に伴う

戦略産業の変遷を認識しており，規制緩和や貿易・投資の自由化交渉を通じて，こうした産業のアメリカン・スタンダードがグローバル・スタンダードになるよう，後押ししてきたのである。ここでは，①石油，②アグリ・バイオ，③情報・通信，④金融・会計監査の4業種を取り上げる。

❶──国策産業としての色合いを強く残す石油産業

1970年代の石油危機まで，原油生産から流通まで世界の石油市場を握っていたのは，「セブン・シスターズ」と呼ばれた石油メジャー（国際石油資本）であった。このうち，BP（現BPアモコ）が英国系，ロイヤル・ダッチ・シェルが英蘭系であったが，残りのエクソン，モービル（99年にエクソンと合併），ソーカル（現シェブロン），ガルフ（84年にシェブロンと合併），テキサコ（2001年にシェブロンと合併）は米国系であった。しかし，73年からの2度にわたる石油危機期を経て，石油メジャーの自社原油生産は，73年の日量約2,830万バレルから80年の1,280万バレルにまで落ち込み，うちOPEC諸国内に利権がある原油の生産量は，73年の1,914万バレルから80年の194万バレルへと激減した（OPEC）。こうして原油生産の面では，OPEC諸国が主役となった。しかし，活動範囲の主力が精製，流通などの下流部門が中心になったとはいえ，世界経済における米系石油メジャーの存在は，依然として大きい。例えば，2003年発表の『フォーチュン』誌グローバル500社収益順リストでは，エクソンモービルが3位，シェブロンテキサコが15位に入っている。

米国は，もともと世界有数の産油国ではあるが，その膨大な消費量からグロスでもネットでも石油輸入大国としての面を持っている。石油は，技術革新による採掘可能な埋蔵量の増加や省エネの浸透，サービス化や情報化の進展で米国経済の化石燃料への依存度が低下したことなどによって，現在では，石油危機当時に比べれば経済へのインパクトも弱くなっている。また，80年代以降は，必要に応じて国際市場から調達できる市況製品としての色彩が強まっている。

しかし，これは程度の違いであり，米国政府が，石油を経済安全保障のうえで極めて重要な国策製品として扱っていることに変わりはない。例えば，湾岸戦争における米国の積極的な取り組みは，単にイラクの国際法違反を正すという外交上の筋論だけから生じたものではなく，石油輸入大国としての立場から，中東での石油安定供給を確保するという経済安全保障的な動機があったと考えられる。また，2000年に原油価格が1バレル30ドル以上に高騰した局面においては，OPEC加盟諸国に対し，増産に向けて盛んに外交的圧力をかけた。

こうした国策的な石油の扱いは，中東に死活的な利益をもつエクソンモービル，シェブロンテキサコといった世界でも有数の多国籍企業である米国系石油メジャーの利害とも重なるものである。90年代の後半には，こうした石油メジャー同士が，ときには米国企業同士，ときには英国系と国境を越えた合併によってスーパーメジャーが誕生する状況となっており，ますます寡占化が進展してきている。寡占化に対してかなり厳しい立場をとっている米国の独禁法政策当局も，米国系石油メジャー同士であるエクソンとモービルの合併に見られるように，比較的緩やかな対応にとどめているようであり，こうしたところにも，米国政府の石油メジャーへの肩入れ具合がうかがえる（⇨「64エネルギー産業」のコラム「メジャーと新興勢力」）。

❷——古くて新しい米系アグリ・バイオビジネスのパワー

　米国は，世界第1位の農産品輸出国であり，世界の農産物輸出シェアの13.9％を占めている（FAO, 2001）。そもそも米国は，肥沃で広大な耕作地に恵まれ，大規模化・機械化が進んでいるため，多くの農産品の国際競争力は高い。また，政府も農産品輸出を促進するため，GATT・ウルグアイ・ラウンドでは，極めて強硬に輸入国の市場開放を迫った。

　米国は，WTO発足後も，紛争処理機構を活用し，積極的に米国の農業やアグリビジネスを擁護しつづけている。例えば，EUは，成長ホルモンを使用した米国産牛肉について，安全性が確認されていないとして輸入を禁止したが，米国は，この措置についてWTOに提訴し勝訴したものの，EUはまだ禁止を解いていない。また，米国は，EUが旧欧州植民地産のバナナ（業者）を優遇し，米国系多国籍企業（ドール，チキータ）が生産しているラテン・アメリカ産バナナ（業者）を差別しているとして，EUのバナナ輸入・流通制度について提訴し，勝訴している。さらに，2000年初頭に開始されたWTO新ラウンドの農業交渉でも，いっそうの農産品輸入自由化を輸入国側に強く求めている。

　農産品の加工・流通では，寡占化がいちじるしく進展しており，カーギルやADMのような米国系穀物メジャーが，大きな影響力を持っている。例えば，穀物輸出や大豆加工でトップに位置するカーギルの場合，アルゼンチンからジンバブエまで世界60ヵ国以上に少なくとも生産・加工・流通のいずれかの拠点を持ち，2002年度には，508億ドルの収益を上げている（同社資料）。この額は，2002年の『フォーチュン』誌グローバル500社収益順リストの55位（カーギルは株式未公開企業のため同リストには含まれていないため参考順位），また米国の農産品輸出総額248億ドル（2002年，センサスおよびNAICSベースの名目値）にほぼ匹敵する額である。また，米農務省推定によると，カーギルは，98年末時点での米国の穀物輸出において，トウモロコシの約42％，大豆の約31％，小麦の約20％をたった1社で扱ったとみられ，企業内貿易を加えるとさらにその比率は上昇するという。

　さらに，バイオテクノロジーの農業への応用技術が確立した近年では，GM（遺伝子組換え）作物の生産・輸出が重要な意味合いをもってきている。このため，もともとは農薬を生産していた米国系多国籍化学企業が，バイオ企業のM&Aを重ね，自社の農薬に耐性をもつ品種を開発するなど，種子ビジネスを支配するようになってきている。種子販売では，2000年の収益でデュポン系列のパイオニア・ハイブリッドとモンサントの両米国企業が1位と2位を占めている（ETC Group, *July/August*, 2001）。カーギルはモンサントと，またADMはスイス系アグリビジネス大手のシンジェンタと緩やかな提携関係にあり，いわば特許登録した種子の遺伝子から，食卓の上のさまざまな食品に至るまでを支配しようという戦略が見えてきている。米農務省によると，米国内の大豆作付面積に占めるGM大豆の比率は，2000年の54％から2003年の81％へと大幅に増加している。また，国際アグリバイオ協会（ISAAA）によると，2002年における全世界のGM作物作付面積は前年比11％増の1億4,200万エーカーで，全体の5分の1以上を占めるに至ったという。ただし，EUや日本においては，GM作物の安全性に対する不安が根強いため，さらなる普及については不透明になってきている。

❸──絶対的な優位を誇る米国の情報・通信企業

米国系多国籍企業の中でも，世界経済に対して，最も大きなインパクトをもたらしたのは，情報・通信産業に属する企業であろう。同時に，こうした企業は，多くの米国企業にIT革命をもたらし，90年代後半以降の独り勝ちに至る土台を提供した。

まず，71年，インテルのマーシャン・テッド・ホフがマイクロプロセッサー（ワンチップのCPU）の製造に成功し，ワンチップ・コンピュータが実現した。これが，ハードウェア面でのコンピュータの基礎であり，インテルは，先駆者としての優位を維持し，今でも世界のCPUメーカーのリーダーとして君臨している。

パソコン市場に目を転じると，普及機の第1号は，78年アップル社の8ビットパソコン，アップルⅡであった。小売価格は，当時の価値で約3,000㌦と高めであったが，すでにフロッピーディスク・ドライブとカラー・グラフィクス機能を搭載しており，79年発売されたビジカルクという初の表計算ソフトのヒットにも助けられて，商業的な成功を収めた。しかし，81年にメインフレームやミニコン市場を席巻していたIBMが16ビットの高速処理ができるIBM PCでパソコン市場にも参入し，わずか1，2年でアップルⅡの2倍を売り上げるようになった。このIBM PCに搭載されていたCPUがインテルの8088であり，また基本ソフト（OS）がマイクロソフトのMS-DOS（PC-DOS）であった。これが，マイクロソフトのウィンドウズとインテルのペンティアムという，現在に至る「ウィンテル連合」によるパソコン市場における世界的なデファクト・スタンダード確立の始まりとなった。また，83年に発売されたロータス社のIBM-PC用表計算ソフト「ロータス1-2-3」の成功や「コンパック」のようなIBM-PC互換機の広がりは，IBM，インテル，マイクロソフトがパソコン市場における最大シェアを確保することによるデファクト・スタンダードの確立を大きく助けた。

今日でも，世界のソフトウェア市場におけるマイクロソフトとIBMのシェアは大きい。『ソフトウェア・マガジン』誌によると，世界のソフトウェアおよびITサービス企業500社における2001年の売上額順位トップ10社のうち，8社までが米国系で占められている。特に，1位と2位のIBMとマイクロソフトは，200億㌦以上もの売り上げを計上している。このトップ10企業は，業界の全世界売上額の約3分の1を占め，また全従業員の約3分の1を雇用している。米国企業は，業界の全世界売上額の約9割を占めており，圧倒的なプレゼンスを示している。

すでにコンピュータの世界は，その中心がハードウェアから関連サービス事業やネット関連事業に移行している。例えば，代表的なコンピュータメーカーであるIBMにしても，95年以降は，収益の過半をハードウェアではなくソフトウェアや多国籍企業の情報処理を一括受託するサービスなどから得ており，その比率は年々上昇傾向にある。また，90年代に爆発的な普及を遂げたインターネットやLANに関連するネット関連事業についてみると，サーバー市場，ネットワーク機器市場，あるいは通信機器市場においても，シスコ・システムズやルーセントなどの米国企業が世界的な優位を維持している。また，ある意味で，生まれた瞬間にグローバル企業である電子商取引分野の企業においても，多くのビジネスモデルが米国で生み出された。なかでも，検索サイトのヤフー，ネット小売りのアマゾン・ドット・コム，ネット・オークションのイーベイなどは，特許登録などの戦略によって，2000年のITバブルの崩壊

をも乗り切った。

昨今，コンピュータの世界と融合が進みつつある通信の分野においては，無線通信分野に限っては日欧が優位にあるが，その他の分野においては，米国勢が優位にある。国際的な事業展開でいえば，例えば，AT＆Tは，99年にIBMが持っていたグローバル・ネットワーク部門を買収し，約60ヵ国，850都市の多国籍企業向けに国際専用線などの音声・データ通信や，情報システム構築・販売・サービス提供などのグローバル・サービスを行っている。また，データ通信分野では，世界最初にして最大級のISP（インターネット・サービス・プロバイダー）で世界中に約3,800ヵ所のアクセスポイントを擁するMCI（旧ワールドコム）がデータ通信における基幹網（バックボーン）の大きなシェアを握っている。

❹ 世界の資金フローと大型M＆Aを演出する米国系金融・会計監査企業

米国の事業会社が多国籍化し，海外に進出していくのと並行し，こうした企業を顧客に持つ米国の金融・会計監査企業も多国籍化した。米国の大手商業銀行には，バンク・オブ・アメリカのように国内重視のものもあるが，シティグループの銀行部門のように，約100ヵ国に展開し，社員の約6割が海外に属し，国外での収益が全体の約7割を占める典型的な多国籍企業もある。

特に90年代には，世界的なデフレの中，唯一長期的な好況を維持した米国が日欧から直接・間接投資の資金を集めた。好況に伴い天井知らずで上昇した株高が大きな役割を果たしたことは確かであるが，いざというときに為替リスクなしで，米国債という世界で一番安全な資産に逃げることができるドル資産市場の幅の広さと懐の深さも背景に存在していたと考えられる。世界中に展開している米国の投資銀行や保険会社は，こうして集めた資金を高度な投資ノウハウを活用して，国内のみならず途上国などにも投資して還流させた。いわば国際的な資金フローのハブあるいはポンプになっていたわけである。

また，米国の投資銀行（証券会社）は，直接投資の中心を占めるM＆Aを促進する影の主役でもある。例えば，M＆Aブームのピークであった2000年において，世界全体で，M＆Aアドバイザーとして各投資銀行が仲介した取引額の合計ランキングを見ると，上位4社であるモルガン・スタンレー・ディーン・ウィッター（現モルガン・スタンレー），ゴールドマン・サックス，ソロモン・スミス・バーニー（現シティグループ・グローバル・マーケッツ），メリル・リンチは，すべて米国系であった（Thomson Financial Securities Data社）。ときには1件で数百億ドル規模のクロスボーダーM＆Aが，年間数件も発生することさえあることを考えると，その仲介役である米国系投資銀行の影響力は極めて大きいといえる。

金融サービスとならんで多国籍企業の活動のインフラを担う会計監査・コンサルティング業界では，ビッグ・フォーと呼ばれる会計事務所（KPMG，プライスウォーターハウスクーパーズ，デロイト・トウシュ・トーマツ，エルンスト・アンド・ヤング）が，各々100ヵ国以上に展開し，全世界の市場を席巻している。これらは，すべて基本的に英米系（アングロ＝アメリカン）の多国籍企業であり，4社の収益合計は約600億ドルと，小さな先進国のGDP並みに達している。多国籍企業を含むほとんどの英米大手企業の監査を担当しているほか，日本の大手会計監査事務所もビッグ・フォーと提携関係にあるなど，広い意味で言えば，ビッグ・フォーが世界中ほとんどの大手企業の監査に関係して

いると言っても過言ではない。

なぜすべてが英米系なのかといえば、もともとニューヨークとロンドンに世界の金融センターが存在し、そこに上場するには、英米流の会計規則を適用する必要があったからである。また、なぜこれほどの寡占化が進んだのかといえば、会計監査という「信用」を必要とするサービスの性格上、企業規模の大きさ自体が競争力の源泉であったからである。(ストレンジ、1998)

ビッグ・フォーは、監査法人としてのみならず、経営コンサルタントとして、税務、法務から、経営戦略、ネット関連システムの構築、M＆Aブローカー業務に至るまで、あらゆるビジネスサービスを提供しており、すでに、この面での活動が収益の過半を占めるまでになっている。ただし、2001年に発生したエンロンの不正会計問題を発端とする一連の企業会計問題の原因の1つとして、経営の監視役(会計監査)と助言者(経営コンサルティング)を同じビッグ・フォーが行っていた点が問題視され、法的に禁止されることになった。

M＆Aを含む資金フローや事実上の国際的な会計基準を司り、また、世界中の大手企業の経営に深く入り込んでいる米国の投資銀行や会計監査のビッグ・フォーが、世界経済に与える影響は計り知れないほど大きいものである。米国系多国籍企業が、先に見た情報・通信分野やバイオ分野においてもデファクト・スタンダードや基本特許を握っていることと併せて考えると、これらのビジネスインフラを担う米国系多国籍/グローバル企業は、世界中の企業にとって、本拠とする国家とならんで重要な存在とさえ言えるかもしれない。アメリカン・スタンダードをグローバル・スタンダードにするという米国政府の国家戦略は、かなり成功してきたと言えそうである。

D──80年代半ば以降の米貿易・投資の急増と貿易・投資自由化の進展

以上で見てきたような米国系多国籍企業は、その活動をグローバル化させることによって、1980年代半ば以降の米貿易・投資の急増と貿易・投資自由化の促進をもたらした。

Bの項で述べたように、80年代以降、多くの米国系多国籍企業は、その経営組織と活動形態を各国市場で独立して活動するマルチ・ドメスティック型から、世界全体を1つの市場と捉えて最適な調達・生産・販売などを行うグローバル型に比重を移した。Cの項で取り上げたアグリ・バイオ企業や情報・通信業企業、金融・会計監査企業なども例外ではなく、特に情報・通信技術が発達した90年代にはその傾向をさらに強めながら活動を活発化させた。このグローバル型の米系多国籍企業の隆盛は、米国の貿易・投資に対して2つの点で影響をもたらした。

第一点は、米国系多国籍企業が国境を越えて最適な調達・生産・販売を活発化させていく過程で、直接的に対外直接投資と企業内外での貿易を増加させたことである。グローバル型の場合は、対外直接投資の増加が企業内貿易を誘発する仕組みが働く。これが、80年代半ば以降、米国の対外直接投資の増加にともなって貿易の規模が急速に拡大する要因の1つとなった。

具体的な貿易・投資額の推移を見てみよう。まず主要国の対外直接投資残高の推移を見ると、米国は、85年以降着実に対外直接投資を続け、常にトップを維持していることがわかる(図6-3)。特に国境を越えた大型M＆Aブームなどがあった90年代後半には、英国とならんで残高を大きく伸ばしている。また、米国の経常収支と輸出入の推移を見ると、景気後退期

を除いて輸入は着実に増加し、特に90年代後半の伸びがいちじるしい（図6-4）。これに対して米国の輸出は、80年代初頭から停滞していたが85年のプラザ合意あたりから増加し、やはり90年代の後半に大きく伸びている。

グローバル型企業の隆盛が米貿易・投資にもたらした影響の第二点は、80年代半ば以降、グローバル型企業の活動をしやすくするため、サービスや投資の自由化や知的財産権などの国際的な共通ルールの整備が求められるようになったことである。このため米国政府は、モノに対する関税や非関税障壁の撤廃とならんで、サービスや投資などの分野を含む包括的な自由化交渉を活発化させ、90年代半ばには具体的な成果を挙げて、さらなる貿易・投資の増加をもたらす環境を作り出した。

86年に開始されたGATT・ウルグアイ・ラウンドは、多国間でサービスや貿易関連の投資措置までを含む包括的な自由化を目指すという

図6-3 ● 主要国の対外直接投資残高の推移

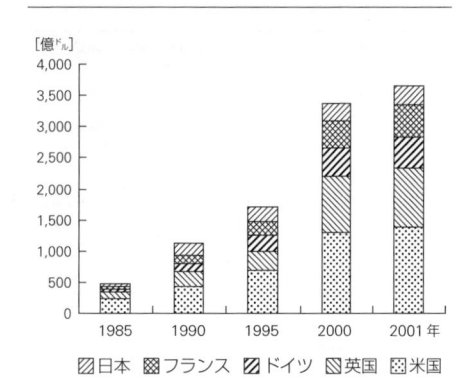

● 出典 | UNCTAD, *World Investment Report 2002.*

野心的な内容であり、それゆえに、交渉はなかなか進展しなかった。そこで、80年代末以降の米国政府は、より早く交渉が進展する二国間の合意で包括的な貿易・投資自由化の成果を早

図6-4 ● 米国の経常収支と輸出入の推移 [1960-2002年]

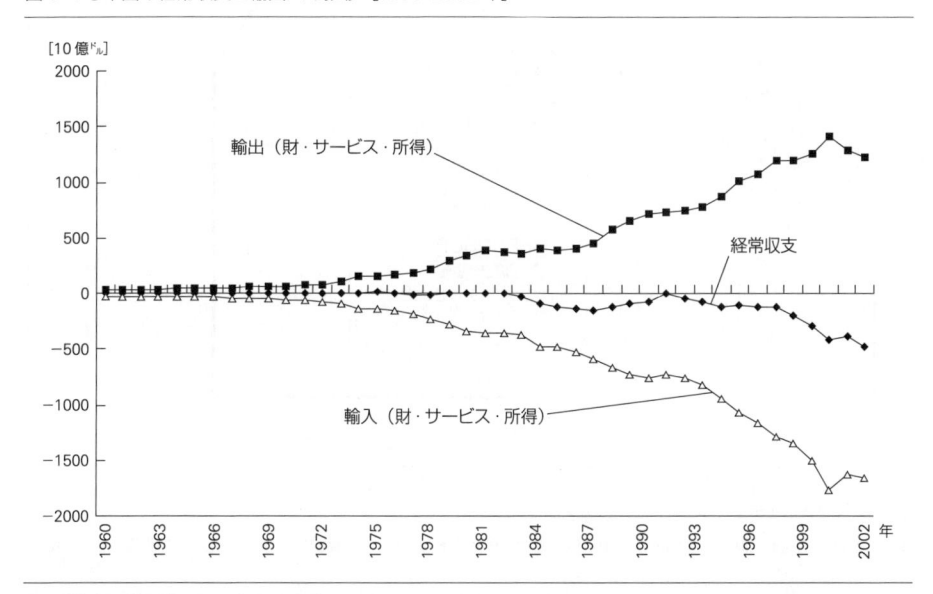

● 出典 | 米国商務省。

図 6-5 ●米国を中心とした自由貿易圏・FTA など [2003 年 7 月時点]

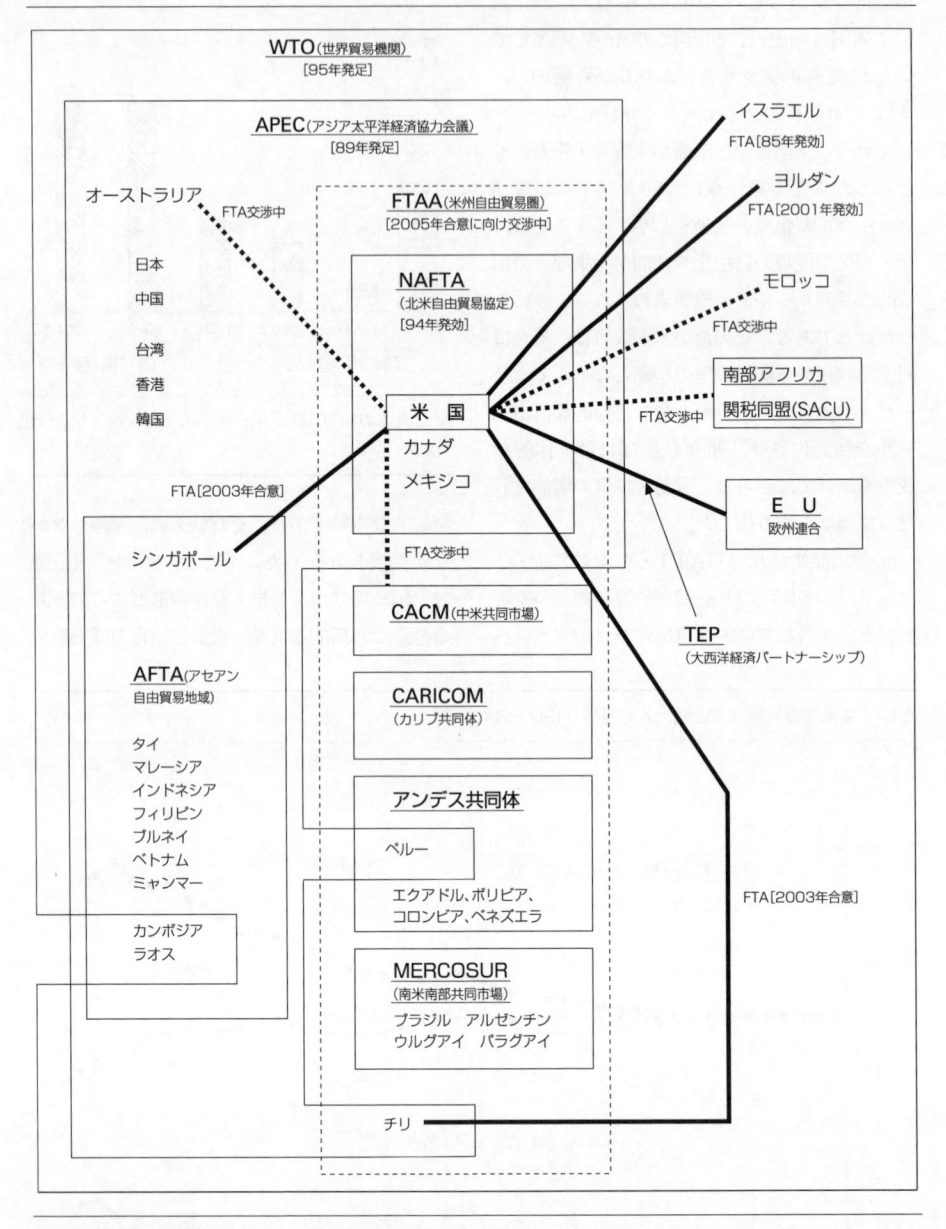

WTO(世界貿易機関) [95年発足]

APEC(アジア太平洋経済協力会議) [89年発足]

- オーストラリア　FTA交渉中
- 日本
- 中国
- 台湾
- 香港
- 韓国

FTAA(米州自由貿易圏) [2005年合意に向け交渉中]

NAFTA(北米自由貿易協定) [94年発効]

米　国
カナダ
メキシコ

- イスラエル　FTA[85年発効]
- ヨルダン　FTA[2001年発効]
- モロッコ　FTA交渉中
- 南部アフリカ関税同盟(SACU)　FTA交渉中
- EU 欧州連合
- **TEP**(大西洋経済パートナーシップ)

FTA[2003年合意]
- シンガポール

FTA交渉中

CACM(中米共同市場)

CARICOM(カリブ共同体)

アンデス共同体
- ペルー
- エクアドル、ボリビア、コロンビア、ベネズエラ

MERCOSUR(南米南部共同市場)
ブラジル　アルゼンチン
ウルグアイ　パラグアイ

- チリ　FTA[2003年合意]

AFTA(アセアン自由貿易地域)
- タイ
- マレーシア
- インドネシア
- フィリピン
- ブルネイ
- ベトナム
- ミャンマー
- カンボジア
- ラオス

●出典｜米国通商代表部 (USTR), WTO などの資料に基づく。
●注｜枠は自由貿易地域，関税同盟などを示し，線は二国間の FTA を示す。点線は交渉中，実線は発効済みないし合意済みのもの。

図 6-6 ●米国財輸出の国別シェアの推移
[1975-2002 年]

図 6-7 ●米国財輸入の国別シェアの推移
[1975-2002 年]

凡例：日本　中国　カナダ　メキシコ　英国　ドイツ　フランス　その他

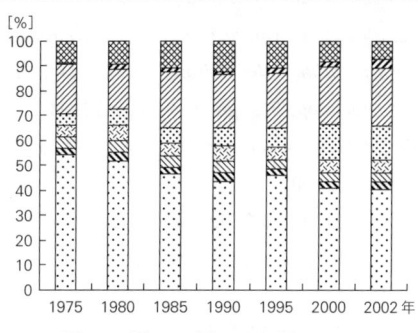

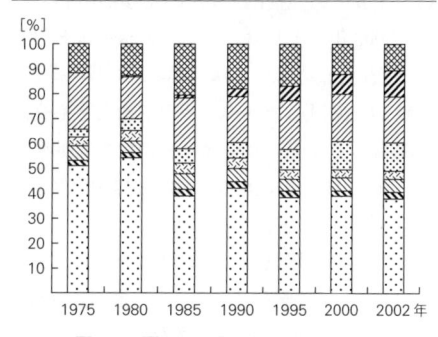

● 出典｜米国商務省。
● 注｜数字はセンサス・ベース。

めに収穫することを狙うようになった。具体的には，まず隣国カナダと二国間でサービスや投資を含む包括的 FTA（自由貿易協定）を締結する新しい動きをみせた。さらに 90 年代に入ってからの米国政府は，メキシコを含めた北米地域内での包括的 FTA である NAFTA（北米自由貿易協定）や，ラテンアメリカを含めた米州地域内での包括的 FTA である FTAA（米州自由貿易圏）の交渉にも取り組むようになった（図 6-5）。

これまでの具体的な成果としては，まず GATT・ウルグアイ・ラウンドの結果，95 年に WTO が発足したことが挙げられる。多くの場合，現地法人や子会社を通じて提供する必要があるサービス分野の協定（GATS）やモノの貿易に関連する投資措置に関する協定（TRIM 協定）など，直接投資を規制してきた国内措置の一部が自由化の対象となり，それぞれが WTO 諸協定の一部として結実している。これらは，90 年代後半に米国の対外直接投資や貿易が大きく伸びている理由の 1 つとなっている。さらに，残された投資分野などについ

ては，2005 年の合意を目指した新ラウンドが 2001 年に開始され，交渉が行われている。

また，地域的な貿易・投資自由化の面では，アジア環太平洋地域での貿易自由化のための緩やかな協力枠組みである APEC が 89 年に発足している。また 94 年の NAFTA 発足によって，米国は，輸出入の両面でメキシコとの関係を深めている（図 6-6, 6-7）。NAFTA は，WTO の諸協定より踏み込んだ投資自由化措置やサービス分野，紛争処理手続きなどが組み込まれているため，加盟国間により深い貿易・投資関係をもたらしているのである。さらに，米国は，FTAA を構築する方針を 94 年に決定し，2005 年の合意に向けた交渉を行っている。

このように 90 年代には，サービスや投資分野での自由化がある程度実現し，さらなる自由化に向けた動きも始まった。しかし，すでにかなり自由化が進展した現在，多国間での交渉の対象となるのは利害調整の難しい分野がほとんどであり，2003 年時点においては，ともに 2005 年の合意を目指す WTO・新ラウンドと FTAA の交渉は大幅に遅れており，APEC の

活動も停滞している。結果として，現在，米国の貿易・投資自由化政策は，比較的交渉しやすい二国間での包括的FTAの交渉が中心である。2003年にチリおよびシンガポールと包括的FTAを締結したほか，モロッコ，中米共同市場（CACM），オーストラリアなどとも交渉を開始しており，90年代ほどの大きな進展はみられないものの，可能な限りの自由化促進は行われていると言えるだろう。

2001年の米景気後退や同時多発テロ，2003年の対イラク攻撃などによって，米国系多国籍企業の活動は一時停滞を余儀なくされ，米国の貿易・投資も一時的に大きく落ち込んだ。しかし2003年時点の現在，すでに景気回復過程に入っており，米国の貿易・投資は再び増加しつつある。今後の米国の貿易・投資が，90年代後半ほど大きく伸びるかどうかはわからないが，少なくともグローバル型を中心とする米国系多国籍企業のプレゼンスが低下するようなことはないだろう。

■参考文献

ナイ，J.「多国籍企業と世界秩序」ジョージ・ボール編（小宮隆太郎訳）『多国籍企業――その政治経済学』日本経済新聞社，1976.

ストレンジ，S.（櫻井公人訳），『国家の退場――グローバル経済の新しい主役たち』岩波書店，1998.

クリンジリー，R.著（藪曉彦訳），『コンピュータ帝国の興亡』アスキー出版局，1994.

IMF. *Balance of Payments Statistics Yearbook*, 2002.

IMF. *Direction of Trade Statistics*. （季刊）

Matalini, Jr., Raymond, J. U.S. Multinational Companies: Operations in 1998, U.S. Department of Commerce, *Survey of Current Business December, 2002*. （月刊）

McGraw-Hill Companies and U.S. Department of Commerce. *U.S. Industry & Trade Outlook 2000*. McGraw-Hill, 2000.

OPEC. *Annual Statistical Bulletin*. （年刊）

Reardon, J. J. *America and the Multinational Corporation: the History of a Troubled Partnership*. Praeger Publishers, 1992.

ETC Group. *Communique, Issue # 71*, July/August, 2001.

UNCTAD. *World Investment Report 2002*. United Nations, 2002. （年刊）

■さらに知りたい場合には

小島明『グローバリゼーション――世界経済の統合と協調』中公新書，1990.
［80年代後半以降における急速な世界経済のグローバリゼーションを活写している。特にソ連・東欧経済の資本主義化，日本の対外直接投資拡大と日米投資摩擦，日米の経済的相互依存関係，グローバリゼーションによる国家機能の変化などに焦点をあてている。］

細野昭夫『APECとNAFTA――グローバリズムとリージョナリズムの相克』有斐閣，1995.
［NAFTAやFTAAなど米州での経済統合と比較することで，APECを中心とするアジアで経済統合の特質を示すことを主眼としている。さらに，欧州を含む世界各地での経済統合を取り上げ，グローバリズムの中でのリージョナリズムの位置付けを分析している。］

ポーター，M. E. 編著（土岐坤・小野寺武夫・中辻万治訳）『グローバル企業の競争戦略』ダイヤモンド社，1989.
［多国籍企業のグローバル競争戦略をテーマとした論文集。理論的枠組みを提示したうえで，財務，マーケティングなど企業の機能部門別の議論と組織論に進み，最後に実証分析を配しており，幅広くかつバランスが取れて

いる。]

日本貿易振興会（JETRO）『ジェトロ貿易白書』・『ジェトロ投資白書』（年1回刊行。2002年から『ジェトロ貿易投資白書』として一本化。）
［ともに，世界各国の貿易・投資に関する豊富なファクトとタイムリーなトピックについての分析がコンパクトにまとめられており，米国についても参考になる。］

Dunning, J. H. *Multinational Enterprises and the Global Economy*. Addison-Wesley Publishing Company, 1993.
［国際直接投資の一般理論である内部化理論の中心的な提唱者による代表作の1つ。多国籍企業の行動の決定要因を企業，企業立地，内部化の3つに分けて考えるOLIモデル（折衷理論）に基づいて多国籍企業と国との相互作用を包括的に分析している。］

■インターネット関連サイト

米国商務省 Bureau of Census…http://www.census.gov/foreign-trade/www/

米国商務省 International Trade Administration…http://www.ita.doc.gov/

米国商務省 Bureau of Economic Analysis, International Accounts Data…http://www.bea.doc.gov/bea/ai/1099srv/intlserv.htm

米国農務省…http://www.usda.gov/nass/

FAO…http://www.fao.org

ETC Group…http://www.etcgroup.org（カナダのNGO）

UNCTAD…http://www.unctad.org

7 | キリスト教の伝道
Christian Missions and Cultural Encounters

小檜山ルイ

　キリスト教の伝道はヨーロッパ人がアメリカに来訪，移住し始めた当初から彼らの胸に深く刻まれた目的の1つであった。それは金や土地へのむきだしの欲望に劣らないほど執拗な野望であった。弱者への愛を強調するキリスト教の伝道とその弱者の容赦ない搾取の共存。この西洋的メカニズムは日本人にはなかなか理解し難い。しかし，その一見，矛盾にも偽善にも見える共存は，おそらく，弱く，「原罪にまみれた」人間がなお神的なものを希求し，救いを求める姿なのであろう。別の言い方をすれば，聖と俗のこの世的な交差のあり方の1つなのだと言える。アメリカにおけるキリスト教の伝道には，大別すると，先住民を対象とするもの，移民を対象とするもの，国外の「異教徒」を対象とするものがある。伝道を先導したのは，カトリック教会，プロテスタント諸教派，キリスト教系新興諸宗教団体など多様である。ここでは，アメリカと「他者」とのかかわり方の原形を提示するという観点から，植民地建設時代から近年に至るまでの伝道事業の主な流れを追う。

A──伝道史概説

❶──カトリックによるインディアン伝道

　アメリカ先住民へのキリスト教伝道の試みは，1492年のコロンブスのアメリカ「発見」以来，ヨーロッパ列強の新大陸への野心とともにあった。16世紀以来，18世紀前半までに，スペインは，現在の南米・カリブ海諸島から北上して，およそ現在のフロリダおよびテキサス，ニューメキシコ，アリゾナ，カリフォルニアに至る地域を勢力圏とした。同時期，フランスはセントローレンス川流域から五大湖周辺，ミシシッピ川流域一帯を勢力圏とした。
　カトリックの宣教師は，スペイン，フランスが派遣した探検隊や商隊に随伴してこれらの地域に至り，留まってインディアンを対象とする伝道拠点を築いた。スペイン圏では，16世紀中葉以降，フロリダの周辺で展開されたいくつかのミッション，同じく16世紀中葉以降，ニューメキシコ周辺で展開されたもの，そして，18世紀に入ってから，サンディエゴからソノマに至るカリフォルニア太平洋沿岸地域21拠点で展開されたものなどがある。フランス圏では，17世紀にセントローレンス川沿いにイエズス会士が入り，モホーク，イロコイ，アルゴンキン，ヒューロンを対象として伝道したが，多くが「殉教」した。17世紀後半から18世紀はじめにかけては，五大湖からミシシッピ川を下り，ニューオーリンズに至る地域をイエズス会士が探訪し，ニューオーリンズをはじめとするいくつかの拠点を築いた。
　以上のようなカトリックの宣教師によるインディアン伝道は，1769年，ヨーロッパにおけ

る7年戦争の終結以降，イギリスの北アメリカにおける覇権が次第に確定し，さらにアメリカ合衆国成立後は，その西への膨張が進むにつれ，衰退していった。カリフォルニア等の西南部のミッションは，19世紀前半まで存続し，今日でも「ミッション・スタイル」と称される建築様式の伝道拠点の遺構を見ることができる。

❷──プロテスタントによる　　インディアン伝道

伝道はまた，イギリス人のアメリカ植民の当初から存在したテーマであった。1607年のジェームズタウンの建設に結び付いたヴァージニア会社の最初のチャーターの第3条やプリマス植民地の総督ウィリアム・ブラッドフォードの手記には，入植の理由の1つとしてキリスト教の福音を世界に広めるという目的が明記されている。植民地時代，ロジャー・ウィリアムズ，トマス・メイヒュー，ジョン・エリオット，ジョン・サージェント，デイヴィッド・ブレイナード，エレザ・ウィーロックなどがアメリカ大西洋沿岸地域でインディアンへの伝道を試みた。

アメリカ合衆国成立後も，インディアン伝道は細々と続けられた。アメリカ海外伝道局（以下アメリカン・ボードと表記）のサミュエル・A.ウースターによるチェロキー伝道やスティーヴン・R.リグスによるミネソタのダコタ（スー）への伝道が有名である。インディアン伝道は，キリスト教への改宗とともに，合衆国の主流文化への同化を促す傾向を強く持った。農業技術，言語，生活様式の伝達を行って，部族のライフスタイルを捨てさせ，「祈るインディアン」のコミュニティをつくることは，アメリカ的制度の大陸内での膨張にとって，インディアンの全滅の次に都合のよい展開であったと言える。したがって，いかに伝道に直接かかわった人々の意図が敬虔あるいは善良であったにせよ，この試みは，欲望とそれに対する抵抗をめぐるきな臭い政治の渦中においてしか存在しえなかった。端的に，伝道は非常に困難であった。

1869年から1882年までの「平和政策」で，連邦政府は協力諸教会にインディアン・エージェントの仕事を統括する権限を与えた。この政策の終了後も，政府の資金を用いてインディアンのための「契約学校」を諸教派が運営する慣行が続いた。また，1869年から1933年まで諮問機関として機能したインディアン理事会を通じ，諸教会はインディアン政策にかなりの発言力を持った。連邦政府の施策に関係したプロテスタントの改革者のことを「インディアンの友達」というが，彼らは「インディアンを殺して，人を救う」を旗印に，同化を強力に推進した。寄宿学校をつくって子供をなかば強制的に引き取り，教育することは，最も一般的に採択されたその方策の1つである。インディアン伝道は，このような連邦の政策に寄り添いながら展開された。

❸──その他の国内伝道

アメリカはキリスト教国として知られ，プリマスやボストンの植民地がピューリタンによって，信仰生活を守るために建設されたことは建国神話となっている。しかし，実際にはアメリカ大陸に渡った移民の多くは，もともと信仰深くなかったか，故郷では教会に所属していたが移住のために所属を失った者であった。彼らは，プロテスタント諸教派の国内伝道の主たるターゲットとなった。特に，19世紀前半に急速に拡大した西部の領土への移住者に対する伝道は，ドラマティックに推進された。合衆国は信教の自由を憲法に掲げ，公立教会制度がなく

❶キャンプ・ミーティング［H.ブリドポートが描いた石版画，1829年頃］

なると，諸教会は会員を増やすことでの経済的自立を求められたため，伝道は必須であった。諸教会は自らの存亡を賭けて西部に教会を組織していったが，それはまた，アメリカ合衆国的制度の西部への拡大の重要な要素となった。

西部への伝道で圧倒的成功を収めたのはバプテストとメソジストであった。18世紀末から19世紀初頭にかけての第2次大覚醒で新生アメリカ合衆国の宗教熱は一気に高まった。キャンプ・ミーティングという手法が編み出され，辺境の青天井の仮設舞台で説教が行われた。その当日には，うわさを聞きつけて遠方からも大勢の聴衆が集まった。人がまばらにしか定住していない西部の辺境地帯では，共同体も未成立で，娯楽もない。宗教は一種のエンターテインメントであった。そして聖霊が下り，集団回心が起こる。このようなリバイバル熱を国内伝道のシステムとして制度化することに成功したのがメソジストとバプテストだった。この両教派は教育レベルよりも説教する能力の方を重視したので，西部の状況に対応しつつ，効率よく伝道できた。

このことは，両教派が黒人の間に圧倒的支持を獲得したことにも関係している。メソジストの巡回牧師の行動力は黒人を伝道のターゲットとすることをいとわなかったし，教養主義に拘束されないバプテストは黒人の説教者に按手（信者の頭に手を置き，祝福，恩恵などを授けること）を与えることにたじろがなかった。奴隷制時代でも，白人人口の少ない西南部等においては，黒人牧師が黒人の会衆をリードすることもあった。解放後は，白人との混合教会で特別に席をあてがわれていた黒人も，そこを出て，独自の教会を組織した。教会が黒人のコミュニティにとって，精神的にも組織的にも中心的存在になったことはよく知られている。南北戦争後に，北部の教会が中心となって，解放黒人対象の伝道事業を展開し，教育事業に見るべき成果があったことにも言及すべきだろう。例えば，ブッカー・T.ワシントンが学んだハンプトン・インスティテュートもその一環として設立されたものである。

ヨーロッパ系移民の中で英語を解さない集団や，アングロ＝サクソン系のプロテスタント文化に距離感あるいは抵抗感をもつ集団については，母国で所属していた教会のアメリカ版を提供する教会側の努力が成功した。ドイツ系移民を対象としたルーテル教会やアイルランド系，南欧系移民を対象としたカトリック教会がその典型的な例である。母国での宗教をもってきて，そのアメリカ支部をつくる移民もあった。ヨーロッパのさまざまなセクトがアメリカにもたらされ，教派も増えた。1880年代以降のいわゆる新移民は，南欧，東欧からの者が大半を占め，このようなパターンを踏襲する場合が多かった。新移民に対するプロテスタント諸教会の伝道は，アメリカ化運動の一端という側面を強くもった。

❹ 海外伝道

海外伝道への要求が上述のような国内伝道に乗り遅れた会衆派からまず起こったのは，偶然ではない。第2次大覚醒の熱気の中，会衆派，長老派といった教派では，国内伝道協会が組織

されたものの，そのエリート的志向から需要に見合った速度で牧師を供給できなかった。また，ともすると野卑になりがちなリバイバル的手法への懐疑と批判も強く，教派の分裂も招いた。しかしこれらの教派の人々もリバイバルに無縁ではなく，宗教的高揚は海外への情熱を生むことになった。1810年，会衆派の主導でアメリカン・ボードが設立された。これはもとマサチューセッツ州のウィリアムズ大学で学生の間に起こったリバイバルに端を発している。1812年5人の宣教師とその妻3人がインドに向けて派遣され，アメリカによる海外での伝道事業が途に就いた。

　最初にインドに向かった8人のうち，アドニラム・ジャドソン夫妻はインドでバプテストに改宗し，単独でビルマにミッションを開いた。これを受けて1814年，バプテストは海外伝道総会を設立，この分野に参入した。長老派，オランダ改革派等は1817年に合同海外伝道会を結成，1826年にはアメリカン・ボードと合併した。以後，同ボードは1870年まで，いくつかの教派の合同のプロジェクトとなった。その他の主要教派では，1830年にアメリカ聖公会，1833年には北部メソジスト監督派，1841年にルーテル教会，1846年に南部メソジスト監督派が海外伝道に乗り出している。地域的な広がりをアメリカン・ボードを例に見てみると，インドに続いて，1819年にハワイとパレスチナ，1820年にトルコ，1830年に西アフリカ，1835年に東南アジア，1847年に中国，1852年にミクロネシア，1869年に日本に進出している。プロテスタントの世界伝道という視点からすると，人的・金銭的資源の投入で，19世紀を通じイギリスの優位は動かなかったものの，20世紀初頭にはイギリスとアメリカでプロテスタント伝道の勢力をほぼ2分し，第1次世界大戦後，アメリカはイギリスを追い抜いている。

❷洗礼を施すバプテスト教会の宣教師とそれを見守る信者たち［横浜にて，1890年頃］

　アメリカのプロテスタントによる海外伝道の歴史を大きく時代ごとに分けると，まず，1812年から南北戦争までが草創期である。この時代の主要な経験は何といってもアメリカン・ボードによるハワイ伝道であった。1825年ハワイ王朝摂政カアフマヌ（カメハメハ大王未亡人）がキリスト教に改宗して以降，宣教師は王朝のアドバイザー等として大きな政治的影響力を行使した。第2期，発展期にあたるのが南北戦争後から19世紀末である。この時期の出来事として重要なのは各教派婦人伝道局の設立と言えよう。女性の貢献度の高さは，北米の海外伝道の特徴の1つであった。各地に独身婦人宣教師が派遣され，女性の割合は宣教師全体のほぼ3分の2にも達した。第3期，最盛期は20世紀初頭の約20年である。1898年のハワイ併合，フィリピンの領有等によってアメリカは海外に植民地を保有するようになった。「伝道地」は国際政治経済の舞台となり，国民的関心を呼ぶ場所となった。19世紀末，アメリカのキリスト教界は，一世を風靡したイデオローグ，ジョサイア・ストロングらのリードで，「今世代中の世界のキリスト教化」を目標に掲げた。海外伝道はもはや一部のクリスチャンのみが関心を寄せる特殊分野ではなくなった。同じく19世紀末には「学生ボランティア運動」が盛んに展開され，宣教師のリクルート

が各地大学キャンパスで大々的に行われ，多くの学生が献身を申し出た。1891年には6,000人の学生が宣教師になるという誓いのカードに署名したという。国際的な宣教師会議も1888年以降，ほぼ10年ごとに開かれ，イギリスとアメリカが中心になって世界伝道計画が論議された。大掛かりなプロジェクトを遂行するために，エキュメニズムの潮流のもと，アメリカ国内外での教派間協力が進んでいった。第4期，衰退・転換期は第1次世界大戦以降である。アメリカの主流教会における海外伝道熱は急速に冷めていく。代わって海外伝道に熱意を示し出すのが，保守的なファンダメンタリスト的傾向を持つ集団である。もともと海外伝道には，「信仰ミッション」と呼ばれる，托鉢伝道を基本とする保守的な団体が早くから存在していたが，保守派集団の間では，これに類似した比較的規模の小さな独立した伝道会を運営するケースが増えていった。それでも1956年の段階では北米（カナダを含む）のプロテスタント宣教師の56％はそれぞれの国の全国教会協議会（NCC）に関係していた。しかし，1985年までにはNCC系の宣教師は全体の12％まで下がり，それ以外の独立系の宣教師が88％を占めるに至っている。

一方，アメリカのカトリックは19世紀を通じ，国内伝道に努力を傾注し，海外伝道への進出はプロテスタントに約1世紀遅れた。アメリカ・カトリック海外宣教会（メリノール・ファーザーズ・アンド・ブラザーズ）が創設されたのは1911年で，最初の宣教師がここから送られたのは1918年である。一般にメリノール・シスターズとして知られる「聖ドミニコ海外宣教修道女」が最初の女性の宣教師団を送り出したのは1921年となっている。カトリックにとって，元来，海外における宣教はヨーロッパの専売特許というイメージが強かった。アメリカのカトリックの海外宣教運動はプロテスタントの前例から，献金の集め方や子供の組織化など，多くの方式を採択した。

B──伝道の仕組み

伝道は，一般的には宣教師と彼らを送り出すホームベースでの支援団体との連携で成り立っている。ホームベースの支援団体は「伝道局」，「伝道会」と呼ばれ，資金調達，宣教師のリクルート，宣教師との交信，伝道計画の立案等に責任を持つ。プロテスタント系の伝道局は，最も一般的には教派単位で作られ，各教派の総会等で承認を受けた。伝道局の事務所の多くはニューヨークに所在した。事務局長と何人かの局員が国内伝道と海外伝道を別々に担当する。大規模に世界伝道が展開されるようになると，伝道地別に通信責任者が決められるようになった。宣教師や予算の決定は，伝道局の理事会の承認を必要とした。

海外の宣教師は任地でミッションを形成した。各宣教師はミッションの常任委員会の決定により，各人の仕事に対する認可と予算の配分を受けた。1つのミッションの傘下にいくつかのステーション（拠点）が開かれ，宣教師が定住する。宣教師はまず住居を確保し，現地の言葉の習得に努める。聖書の現地語への翻訳が始められる。繁華な通りに説教所を設け，そこで説教，礼拝，トラクト（宗教上のパンフレット）の配布等を行う。婦人宣教師なら近隣の家庭訪問をする。これら「直接伝道」と呼べる活動に加え，教育事業，医療事業，孤児院等の博愛主義的な社会事業からなる「間接伝道」があった。後者は元来現地人との接触のきっかけをつかむために行われたものだが，伝道事業の非常に大きな部分を占めるようになった。

先にも言及したように，北米のミッションに

おける女性の宣教師の活躍には特記すべきものがあった。女学校の設立や看護婦・女医の養成，幼児教育など，伝道地にとっては未経験の分野を導入したのは婦人宣教師たちである。彼女たちの活躍を支えたのが婦人伝道局と呼ばれるホームベースの支援組織である。多くの場合，婦人伝道局は教派ベースで組織され，伝道局の下部組織として位置付けられていた。しかし，女性たちは独自に活動を展開し，その集めた資金は伝道全体の予算のおよそ3分の1にも達するようになり，かつ，その使用方法に対する決定権はほぼ女性たちにより掌握されていた。婦人伝道局の活動は特に献金を掘り起こし，子供たちに伝道の情報を流し，その重要性を印象付けるのに多大な役割を果たした。

20世紀に入ると超教派の大規模プロジェクト——大学の設置など——を支える超教派の組織ができてくる。これらは，その組織をリードする人物が事務局を取り仕切り，参加する各教派からの代表者からなる理事会によって最終的な意思決定が成されていた。

C——伝道とアメリカ的特性

❶——伝道を支える宗教的情熱

伝道というとまず想起されるのは，帝国主義的膨張主義との結託である。アメリカの場合も，北米大陸西部への膨張には国内伝道への熱気が伴ったし，やがてフロンティアを喪失し，太平洋のかなたに市場的価値を見出し，領土を獲得すると，海外伝道への情熱は最高潮を迎えた。確かに，伝道は，キリスト教世界の価値観とアメリカ的社会システムの移植に多大な役割を果たす。政治的，経済的膨張主義を少なくとも補完すると考えることは，妥当と言えるだろう。

しかし，このような図式は，歴史的に見るとより注意深い留保をつける必要がある。アメリカにおける海外伝道の例をとってみると，伝道への当初の熱意は明らかにリバイバルによる敬虔な宗教的情熱の高まりに起因している。伝道はイエス・キリストが与えた「大命」（マタイによる福音書28章19-20節）であった。さらに，終末を視野に据えると，伝道は「異教徒」を救済するという，「キリストの愛」にならう，クリスチャンの義務であり愛の行為となった。19世紀を通じてアメリカではポスト・ミレニアリズムが支配的で，千年王国の到来のために，福音を広め，すべての人のキリスト教への改宗が目指されることになった。19世紀末から20世紀初頭になると，プレ・ミレニアリズムが台頭し，終末の到来前にできるだけ多くの人類を救済することが，神学的保守主義に立つ独立系のミッションを中心に，課題となった。伝道はこのような宗教的文脈の中で初めて試みられるものである。

伝道地においても，宣教師は本国からやってくる商人らと対立することが多かった。例えばハワイでは，欧米の船乗り，商人が現地人の無知につけこんで，不当な取り引きや性的搾取に及ぶのを宣教師は妨害しようとした。これに対抗して，船乗りや商人は宣教師のハワイにおける贅沢，「自然」を無理に文明化しようとする宣教師の愚かさをアメリカ本国で告発した。このような背景もあって，アメリカン・ボードのルーファス・アンダーソンは，福音の宣教と文明伝播は峻別すべきであり，宣教師の役割は福音を宣べ伝えることにあるのであって，文明伝播の働きは必要最低限度に抑えるべきだという伝道理論を構築した。これは19世紀を通じ伝道界の正論となった。宣教師は福音を伝える人であって，文明の使者ではない。政治や経済には原則的に口を差し挟まない，純粋に宗教的次元の存在である——このことを少なくとも伝道

局や宣教師は自覚的に仕事上の制約事項として意識していた。

しかし，実際の伝道の現場において，福音と文明を分けることはほとんど不可能であった。のみならず，往々にして文明伝播的活動のほうが現地人に歓迎された。宣教師の仕事として，教育，医療，社会事業は，教会の設立以上に現地社会において大きな影響力を持つことが多かった。一方，文明伝播的な事業は大きな資金を要する。にもかかわらず，必ずしもキリスト教への改宗につながらない。多くの現地人は英語や西洋の知識の習得あるいは金銭的報酬の獲得を功利的に目指して，これらの事業にかかわったのである。したがって，19世紀を通じて，福音と文明の峻別の論議は，再三にわたり繰り返され，宣教師も伝道局も常にジレンマを抱えていた。

❷——世俗化する伝道

このようなジレンマは，しかし，19世紀末から20世紀初頭の主流教会による海外伝道の最盛期には希薄になっていく。アメリカが海外に植民地を持つ帝国となったとき，それはまさに社会進化論と優生学が席巻した時代であり，「科学的」観察に基づくとしてアングロ=サクソン民族の優越性が説かれた時代であった。アングロ=サクソン民族は，世界の諸民族の頂点に立ち，指導し支配する使命を負わされているのであり，それこそが全人類の利益なのであった。この文脈の中で，アメリカ的システムの「異教徒」への伝道は，善として位置付けられていく。キリスト教伝道が躊躇しつつ伴わざるをえなかった文明伝播の役割は，ここに至ってむしろ積極的に評価される。結果，福音と文明はほとんど同一視され，伝道は文明を伝え，文明は伝道を促進するかのようなレトリックが多用されるようになった。別の言い方をすると，伝道は世俗的に，文明伝播は宗教的に表現されるようになった。20世紀初頭の伝道専門誌等では，しばしばキリスト教化と民主主義化が同義語として使われている。

これは，この時期のアメリカの国際主義や人権外交と呼ばれるアメリカ的外交スタイルを考える上で極めて興味深い。外交についてのアメリカの基本的態度としてモンロー主義がよく知られるが，それは主としてヨーロッパを意識して構築された。19世紀末から20世紀初頭，アメリカは国際政治の舞台に本格デビューし，主導的役割を演じ始める。そしてその舞台は，主としてアジア，太平洋地域であった。そして，そこはアメリカによるキリスト教伝道が先行したところであり，長期にわたり現地社会に深くかかわりをもって活動を展開していたのは，ほとんど唯一宣教師のみであった。したがって，伝道のレトリックと外交のレトリックが接近する素地があった。一歩踏み込んだ表現をするなら，外交の経験が浅いアメリカにおいては，伝道はほとんど唯一参照可能な「他者」との接触の伝統であった。ウィルソンの国際主義や人権外交の中にキリスト教伝道に見られる人道主義や使命感と同質的なものを見いだすことができるのは偶然ではなかろう。

伝道はアメリカの政治的，経済的，社会的動機とともに発展した。結局，伝道は資金的，人的後ろ盾なしには存在しないのだから，むしろそれは当然である。しかし，その関係は単純な結託ではない。キリスト教伝道はまず，宗教的次元に立とうとし，その次元から政治的，経済的，社会的動機と関係しようとした。その結果，容赦のない他者の政治的，経済的搾取が抑制されることもあった。しかし，同時にだからこそ，他者の社会にアメリカ的文明を軟着陸させ，じわじわと食い込ませて，結果的にアメリカの政治経済的利益が守られるという役目も負ったのである。

20世紀初頭，主流教会の海外伝道において，福音と文明の区別があいまいになり，アメリカの政治経済的権益とキリスト教伝道が手をたずさえてアメリカにとってのばら色の未来を描いた一瞬があった。しかし，その伝道の黄金期に，キリスト教界の内部批判と「異教徒」からの批判が，モダンな，非常に世俗的なアメリカ社会の出現とあいまって，伝道を古臭いものにしようとしていた。キリスト教の内部で19世紀末以来，いわゆるリベラリズム（モダニズム）と保守主義の論争があったことはつとに知られている。伝道の世界ではこの対立はまさに福音の伝播と文明の伝播の関係をめぐる，古くからの論争の蒸し返しという形をとった。保守主義に立つ人々は大学や病院の設立に巨額の資金をつぎ込み，文明と福音の伝播を混同するばかりか，むしろ前者を優先するモダニストの伝道を批判した。巨大化した主流教会の伝道は草深い信仰の地盤から遊離し，世俗的価値観と接近しすぎだというわけである。彼らの多くは，先に指摘したように，独立系のミッションを新たにつくって，主流教会の伝道とたもとを分かった。

❸──伝道地からの批判

一方，前世紀からの努力の成果で，20世紀に入ると伝道地の教会において，現地人のリーダーシップが育ち，宣教師としばしば衝突するようになった。とりわけアメリカに深刻な打撃を与えたのは，中国からの批判の声であろう。アメリカ人にとって中国は特別ロマンティックな感情をかき立てる大国であった。さらに国民党政府ができ，蒋介石がキリスト教に改宗すると，この悠久の歴史を誇る大国が民主主義国＝キリスト教国に生まれ変わるとの期待はいやおうなしに高まった。アメリカは中国に最も多くの宣教師を，しかも比較的優秀な人材を送り込んだ。アメリカの資金によるキリスト教系の高等教育機関も多数設立された。その中国において，ナショナリズムが高まり，宣教師の教育機関の中国化（校長，学長などを中国人にすべしとか，中国人教師雇用の要請など）の圧力が強まり，伝道事業への激しいマルクス主義的批判が高まっていった。伝道は，アメリカ帝国主義を補完する文化的侵略――文化帝国主義――であって，その「善意」は，搾取の欲望を隠蔽するいまいましい仮面だというわけである。後に共産党政権の成立でアメリカは中国を「喪失」する。さらにアメリカ国内では1960年代の公民権運動を通じて伝統的権威が批判にさらされた。このような過程を経て，アメリカの主流教会を支えてきたような層は，キリスト教伝道に対する中国的批判を内面化していったように見える。伝道の役割の一部が世俗的ヒューマニズムに基づく民間外交に代替されていったこともあり，今や「ミッショナリー」ということばは，多くのアメリカ人には否定的なイメージ，ある種の恥ずかしさの感情を呼び起こすようだ。

D──伝道は何をもたらしたか

被伝道地の側から見ると，アメリカ人宣教師は「近代化」のエージェントとして大きな影響力をもった場合が多い。辞書作成などの言語分野での仕事，西洋医学や印刷技術の紹介，初等から高等に至るまでの教育事業，孤児院や癩病患者のための施設設立などの社会福祉事業，恋愛結婚，一夫一婦制，性道徳など，男女関係をめぐる規律やライフスタイルの紹介，讃美歌等を通じての西洋音楽の紹介，また伝道地の文化の西洋社会への紹介等々，非常に広範囲の分野でその事業は先駆的役割を担った。宣教師は必

ずしも優れた人ばかりではなかったし，職務自体は地味であった。にもかかわらず，彼らは被伝道地の社会に食い込んだところで活動しようとし，それゆえに，被伝道地の側から見ると，歴史上無視できない存在である。その社会的，文化的影響については，積極的な評価も多い一方で，文化帝国主義的で土着文化の破壊をもたらしたという，否定的評価もなされている。宣教師の役割は両義的で，単純な評価にはなじまない。

例えば，中国における纏足廃止運動に宣教師，特に婦人宣教師の果たした役目は少なくなく，これは近代化，あるいは，人道的観点，女性解放の視点からすると宣教師のもたらした絶対的に好ましい影響と評価できるであろう。しかし，纏足の習慣はアメリカ本国の伝道広報雑誌等に「異教徒」の野蛮な制度としてしばしば紹介され，アメリカ人の猟奇趣味的な好奇心を刺激するとともに，その撲滅を図る宣教師たちの働きをキリスト教的正義としてアピールするのに大いに利用された。つまり，単に善なる意図だけでこの文化的介入を理解するわけにはいかない。さらに，纏足は，12世紀以降，特に16世紀の明王朝の時代以来，漢民族のアイデンティティ構築に一定の役割を果たし，身体を隠すことを文明と理解する中国の文化的伝統と密接にかかわっていた。したがって，纏足廃止は伝統文化の根本的破壊でもあったのである。ここで忘れてはならないのは，最終的には，纏足の廃止は，中国人の主体的選択だったことである。宣教師が介入しはじめた19世紀にはすでに纏足の習慣は衰退局面に入っていたともいう。その選択において，宣教師は脇役を演じたにすぎない。

より一般化して言うなら，「伝道がもたらすもの」とは，伝道する側の一方的な押し付けによってもたらされるのではなく，ネイティブの側が主導する選択的受容によって現実のものとなる。キリスト教の伝道そのものが成功したといえる地域が少ないのも異文化接触の最前線における受容者側のしたたかな選択を表現していよう。アメリカによるキリスト教伝道は朝鮮においては他のアジア地域で例を見ないほどの成功を収め，また，対日独立運動との結び付きも強くした。日本ではキリスト教そのものの不調にもかかわらず，教育部門においては無視できない役割を果たしてきた。キリスト教伝道がさまざまな伝道地でいかに受け止められたか，比較研究は今後の課題となっている。

第2次世界大戦直後のヨーロッパ，日本等の救援活動にキリスト教海外伝道のネットワークが果たした役割は決して小さいものではなく，例えば日本ではララ救援物資がよく知られている。アメリカ国内では戦後に大規模な信仰復興もあった。しかし，先にも言及したように，主流教会による伝道事業の長期凋落傾向はその後も続き，代わりに台頭したのは，いわゆるファンダメンタリスト系の諸教会である。今日，世界各地，とりわけ日本で私たちが出会うアメリカ人宣教師は，ほとんどがこの系列の教会から派遣されており，それはアメリカ国内において「モラル・マジョリティ」のような教団が大規模化し，宗教右翼として政治力をもつ現状と呼応している。

■参考文献

Ahlstrom, S. E. *A Religious History of the American People*. Image Books, 1975.

Huntchison, W. R. *Errand to the World: American Protestant Thought and Foreign Missions*. Univ. of Chicago Press, 1987.

Jackson, R. H. and E. Castilla. *Franciscans and Spanish Colonization: The Impact of the Mission Sysytem on California Indians*. Univ. of New Mexico Press, 1995.

Ko, D. "The Body as Affire: The Shifting

Meanings of Footbinding in Seventeenth-Century China." *Journal of Women's History* 8-4, 1997.

Robert, D. L. *American Women in Mission: A Social History of Their Thought and Practice.* Mercer Univ. Press, 1996.

Smith, B. *Yankees in Paradise: The New England Impact on Hawaii.* J. B. Lippincott Company, 1956.

■さらに知りたい場合には

小檜山ルイ『アメリカ婦人宣教師――来日の背景とその影響』東京大学出版会，1992．
　［アメリカのキリスト教伝道の最大の特徴の1つであった女性の参加について，女性史の観点から説明分析した本。ホームベースの婦人伝道局と宣教師の活動の概略やパターンも知ることができる。］

手代木俊一『讃美歌・聖歌と近代日本』音楽之友社，1999．
　［日本への讃美歌の移入過程や日本の唱歌が，讃美歌から発展したことを丹念にあとづけた本。日本人が，海外からもたらされたものをいかに変形し，国家的文化統合の道具にしていったか考えさせられる。］

同志社大学人文化学研究所編『来日アメリカ宣教師――アメリカン・ボード宣教師書簡の研究 1809〜1890』現代史料出版，1999．
　［主としてアメリカン・ボードの宣教師が伝道局宛に書いた書簡をもとに書かれた論文集。日本人相手に展開された多様な伝道事業について知ることができる。］

森孝一編『アメリカと宗教』日本国際問題研究所，1997．
　［アメリカと宗教の関係について複数の著者が異なるテーマを扱っている。伝道については一部が扱うにとどまるが，宗教を軸としてアメリカ社会を見る場合の問題群のいくつかを知ることができる。］

8 海外援助と財団活動
Foreign Aid and the Role of Foundations

前川玲子

　アメリカが政府主導の援助大国になった歴史は意外に浅い。しかし，アメリカの歴史をさかのぼってみると，国境を越えた相互扶助の精神や，宗教，科学，知識の普及を通しての国際的なコミュニティづくりへの熱意が脈々と息づいている。もともと移民国であるアメリカは，旧世界との絆をもつ人々が寄り集まってできた多文化・多民族社会であり，世界中で起こる問題に無関心ではいられない宿命であった。アメリカ政府が本格的な対外援助を始めるまでの時期，アメリカの「国際貢献」の主役は伝道教会，財団などの非政府組織だった。本章では，さまざまな課題に直面しているアメリカの対外援助の歴史を，「国際貢献」に関するアメリカ人の意識や理念に注目しながらたどっていく。

A──国際貢献事業の胎動と財団の誕生

❶──孤立主義とミッショナリー・スピリット

　アメリカ独立から南北戦争までの1世紀足らずの間，連邦政府の対外援助に関しては，積極論よりも慎重論が優勢を占めた。南北戦争以前のアメリカ政府による直接対外援助は，ベネズエラの地震に際しての1812年の食糧緊急援助のみである。1847年，アイルランド飢饉への政府支援を呼びかける世論に押されて議会で成立したのは，民間の救援組織が集めた物資を現地に運搬するため海軍所有の船舶を貸与するという限定的なものだった。国内外を問わず，慈善事業に連邦の資金を供出することはできないというのが，慎重論に傾いた政治家の主張だった。モンロー宣言に基づく孤立政策をとっていたことも，外交よりも国内問題を重視する傾向を助長したと言える。こうして，世界各地で起こる自然災害や，戦争・内乱の犠牲者への支援は，市民団体，移民者グループ，商工会議所などが多元的に行っていくパターンが生まれていった。さらに，1830年代頃から，プロテスタント諸派による宣教活動が本格化し，アジア，中近東など宣教地域の医療，教育，社会福祉の改善に取り組み始めていた。キリスト教，民主主義そして科学技術の福音を，国境を越えて伝えることがアメリカの「使命」であるという考え方は，民間組織の「国際貢献」を促す1つの思想的根拠となった。

❷──資本主義の発達と余剰財産の社会還元

　南北戦争の経験とその後のアメリカの急速な経済発展は，民間団体を主体とした国際貢献活動にも変化をもたらした。まず，南北戦争中には，傷病兵への医療活動，キャンプでの衛生状態の改善，物資の遠方への運搬，困窮する未亡人や孤児への支援，全国規模での募金活動など

が緊急の課題となった。こうした問題に対応するためには，支援活動の組織化，資金調達部門と実働部隊との分業，さらに，医療，看護，ソーシャルワークなどの専門的スタッフの養成などが必要とされた。それまでの善意の人道主義に代わって，より「科学的な」アプローチが求められたのである。

　一方，南北戦争後の経済発展は，アメリカに未曾有の富の集積をもたらした。スタンダード石油の創業者ジョン・D. ロックフェラー，U. S. スティール社を一代で築き上げたアンドルー・カーネギーなどの新興大富豪は，その余剰財産を旧来の施しにではなく，「人類の福祉向上」のために活用したいと考えるようになった。彼らには，これまでの慈善活動は貧困や社会問題への対症療法にすぎず，合理性や能率性の観点に欠けていると思われた。そこで考え出されたのが，学術研究，医療，社会福祉などに直接携わる事業型の非営利団体に安定した財政基盤を提供する助成団体——財団（foundation）の設立だった。財団は，製造会社に対する持ち株会社のような役割を果たすものとされた。1890年のシャーマン反トラスト法により，巨大なスタンダード石油は解体・分割を迫られるが，皮肉にもロックフェラーの言う「慈善的なトラスト」として財団が誕生しようとしていた。

❸——嵐の中の船出と国際貢献

　20世紀の初頭，現在まで活動を続けているアメリカの主要な財団が設立された。しかし，「汚れた金」への不信は強く，ロックフェラー財団（1913年設立）の法人化が連邦議会で拒否されるなど，財団は敵意の中で船出したと言える。ロックフェラーは，とかく論争の火種になりがちな社会福祉などの分野を避け，科学——とりわけ医学の振興——に重点をおいた。ロ

❶カーネギーのフィランソロピー精神を皮肉った風刺画 [*Life*誌，1905年4月13日]

ックフェラーの資金で設立された最初の先端学術組織は，野口英世が黄熱病の研究をしたことで有名なロックフェラー医学研究所（1901年設立）であった。ここでの予防医学の研究と連動して，1909年にはロックフェラー衛生委員会が組織され，南部での十二指腸虫病の撲滅運動が展開された。この委員会は後にロックフェラー財団の国際衛生部門となり，1913年以降1920年代の終わり頃まで，西インド諸島およびブラジルなどにおいて黄熱病や十二指腸虫病撲滅運動を行った。こうした体験は医療および公衆衛生の専門家が不足していることを痛感させ，医学教育の改善を目的として，ジョンズ・ホプキンズ大学などに多額の寄付を行う契機となった。一方，カーネギーは，生まれ故郷スコットランドをはじめカナダ，オーストラリアの公立図書館への寄贈，カーネギー国際平和基金（1910年設立）の創設など，国境を越えた文化支援や国際平和などを目標として財団活動を繰り広げた。さらに，カーネギー財団（1911年設立）は，ワシントン・カーネギー研究所（1902年設立）を通じてキュリー夫人をはじめ多くのヨーロッパの科学者に研究補助金を出すなど，ロックフェラー財団と並んで，科学振興のための国際的な相互協力体制を創り出そうと

❷第1次大戦中フランスで結核予防活動にあたるロックフェラー財団衛生委員会のメンバー［1918年2月］

していた。第1次世界大戦の火蓋が切られる頃までに，資金運用や組織運営，科学技術など幅広い分野の専門家の協力を得た両財団は，日陰の存在からアメリカの国際貢献の顔になりつつあった。

B── 戦争と対外コミットメントの拡大

❶── 孤立主義からの転換

アメリカの連邦政府による対外援助は，1847年のアイルランド飢饉への限定的援助以降30年近く再開されなかった。1880年に再び飢饉に見舞われたアイルランドへの支援が国民的盛り上がりをみせたときも，議会は1847年と同じく，民間グループへの船舶貸与を承認するにとどまった。1890年代には，ロシアの飢饉や，トルコでのアルメニア人への迫害に対する救済の世論が高まったが，連邦政府は内政問題への干渉は避けたいとの立場を変えず，救援活動は再び民間の手に委ねられた。しかし，米西戦争を境にアメリカの領土が拡張され，世界の列強の1つとしての自負心が生まれるにつれて，連邦政府の対外援助活動への関与は増大していった。1902年には，セオドア・ローズヴェルト大統領の要請を受けて，西インド諸島の一部マルティニーク島の地震被災者支援に連邦資金20万ドルを供出することが，議会で難なく承認された。これを皮切りに，1909年のシシリー地震被災者への800万ドルの大型支援，1906年と1911年の中国飢饉救済などが次々に行われた。国際援助は，人道的な観点より，むしろ政治的，戦略的な観点から重要であるという意見が，外交政策立案者の間に出始めていたのである。

❷── 政府組織と非政府組織の連携

第1次世界大戦が始まる頃までに，各地の民間ボランティア組織と政府機関との連携の動きが出てきた。南北戦争で活躍したクララ・バートンが人道的民間団体として設立した赤十字アメリカ支部（1881年設立，1893年にアメリカ赤十字に名称変更）は，1905年の組織再編によって，アメリカ大統領を名誉総裁とする準公的な組織となった。第1次世界大戦開始からアメリカ参戦までの時期，赤十字，財団，大使館スタッフ，宣教師などは連携して，戦火のヨーロッパでの救援活動を行った。後に大統領となるハーバート・フーヴァー率いる「ベルギー救済のための合衆国委員会」は，ドイツ占領下にあったベルギーの文民支援のため，全世界からの食糧の調達，運搬，配給にあたった。

さらに，ロックフェラー財団の衛生委員会は，赤十字と協力して，セルビアでの発疹チフス，またフランスでの結核の流行を食い止める活動に従事した。第1次世界大戦終結後も，ロックフェラー，カーネギーの二大財団は，戦後の財政難で苦しむヨーロッパの主要大学への研究助成を行った。大西洋を越えた知のネットワークづくりは，第2次世界大戦勃発まで続けられた。一方，1921年には，中国在住の宣教師と協力して，ロックフェラー財団の中国医

フィランソロピーとは？

　ギリシア語の「愛する」（philos）と「人類」（anthropos）を語源とするフィランソロピー（philanthropy）は、日本ではまだなじみの薄いことばである。「やさしい人間愛」、「慈善活動」、「社会貢献活動」などさまざまな訳語が試みられてきたが、最近ではカタカナで表記されることが多くなった。アカデミアを開いて若者の教育にあたったプラトンも、芸術家を支援したローマのマエケナス（「メセナ」＝Mécénatの語源）も、喜捨や慈悲を自ら実行し奨励した釈迦やその弟子も、時代、宗教、文化の違いを超えてみなフィランソロピストだったといってよい。このようにフィランソロピーは国境を越えた概念であるが、それぞれの国や文化の中で独自の発展を遂げてきた。

　アメリカにおけるフィランソロピーの重要性に注目し、それをアメリカ人の「心の習性」とまで呼んだのは、『アメリカの民主政治』（1835）の著者トクヴィルである。さまざまな社会問題が出てくると、アメリカ人は行政組織に頼るよりも先にボランタリー・アソシエーション（自発的結社）をつくって問題解決にあたることに、驚きと賛美の念を表わしている。フランス人のトクヴィルの眼には、教育、文化、慈善活動などが民間団体の手に委ねられているようすは「アメリカ的」だと映ったにちがいない。しかし、新大陸に多くの移民を送り出したイギリスでは、アソシエーションの伝統はエリザベス朝時代にまでさかのぼる。多様な慈善団体、宗教団体、啓蒙団体が登場した17世紀のイギリスでは、新大陸への植民そのものも、貧しい人々に仕事や土地を与え、荒野に文明をもたらすための博愛事業、すなわちフィランソロピーと見なされたのである。

　植民時代の初期において新大陸で活動を始めた多くの団体は、教育、宗教、社会福祉を担う実働部隊であって、イギリスをはじめとするヨーロッパの篤志家やアソシエーションは、それらの団体に資金や人材を提供する役割を果たしていた。しかし、アメリカの独立の機運が高まるにつれ、資金もサービスも自前でまかなう必要が出てきた。大金持ちも貴族も存在せず、労働力の乏しい社会では、広く薄く資金を吸収しさまざまな社会問題を自分たちの手で解決するというボランティア精神に頼らざるをえなかった。こうしたなかで、「フィランソロピー」は、ピューリタンの指導者の説いた「神に選ばれた富者の義務」から、18世紀の啓蒙主義者の奨励する「民主主義社会での市民的美徳」へと変貌していった。この変化を象徴する人物が、貧しい印刷工から出発して成功の梯子を登ったベンジャミン・フランクリンである。彼は、フィラデルフィア市民に寄付や労力の提供を呼びかけ、病院、図書館、アカデミーなどの建設に尽力した。

　個人の寄付活動やボランティア活動が高く評価されてきた反面で、金持ちのフィランソロピーはとかく白眼視されたのもアメリカ的現象だった。ヘンリー・デイヴィッド・ソローは『ウォールデン』（1854）の中でフィランソロピストの愚かさと偽善者ぶりを皮肉っている。ラルフ・エリソンの小説『見えない人間』（1952）においても、黒人大学に多額の寄付を続ける北部の白人実業家は神経症的な偽善者として描かれている。大衆作家ホレイショ・アルジャーが得意とした「サクセス・ストーリー」にみられるように、篤志家の善意が貧しい少年の自助努力を促し、成功への鍵になった場合にのみ、金持ちのフィランソロピーは許容されたのである。金持ちや権力者が弱者への優越感を誇示するのではなく、普通の市民が公益的な非営利団体への寄付やボランティア活動を通じて互いに助け合い向上し合う――これがアメリカ人の使う「フィランソロピー」ということばの背後にある精神である。

　　　　　　　　　　　　　　　　［前川玲子］

療委員会が，北京に医科大学を設立し，米中の国際親善に一役買った。こうして財団は，民間組織としての独自性を強調するとともに，政府組織および現地の諸団体との連携を密にすることで，その活動範囲を世界に拡げていった。

❸——援助大国への道

第2次世界大戦の期間は，アメリカの対外援助の主導権が民間から連邦政府に移行していく過渡期となった。ニューディール改革を通じて弱者救済事業への連邦政府の関与が増大したことに加えて，戦時下における連邦政府機能の拡大も，この傾向に拍車をかけた。1939年の中立法は，ボランティア団体が交戦国の文民および難民援助を行う際の登録と国務省への報告の義務を課した。アメリカ参戦後は，すべての援助活動は，大統領直属の戦時救援管理局の下に置かれるようになった。

さらに，戦後復興支援が空前の規模になることを予想していたアメリカは，援助を担う国際的なシステムづくりに着手し始めた。1943年には，54の国々に呼びかけて連合国復興機関（UNRRA）を組織した。この国際機関は，戦争末期から戦後にかけて，ヨーロッパの解放地域および連合国の戦争被害者に食糧，医療などの緊急生活物資を供与した。1946年末にアメリカが脱退して実質的な活動が停止するまでに，連合国復興機関の総経費40億㌦の70％をアメリカ政府が負担している。1944年には，44の連合国が参加したブレトンウッズ会議に，戦後の経済復興のための資金貸付を目的とした「国際復興開発銀行」の設置をアメリカ政府が提案し，これが協定に盛り込まれた。少なくともこの時点においては，こうした国際協力と被援助国の自助努力を前提とした援助の仕組みは合理的で機能的なものと思われたのである。

C——戦後復興支援と冷戦

❶——大国の「使命」と援助の拡大

第2次世界大戦後，アメリカはまさに大国の「重荷」を一身に背負った。1945年から1959年までの対外援助は，726億㌦という膨大な額に上っている（表8-1）。1948年に開始されたヨーロッパ17ヵ国への総額約130億㌦の欧州復興計画（ERP），いわゆるマーシャル・プランが一応の完成年度を迎えた1952年までをとってみると，総額約380億㌦の84％が非軍事援助であるのがわかる。このうち西ヨーロッパへの支援が70％を占める（表8-2）。支援額の多い国順にみると1位イギリス，2位フランス，3位西ドイツ，4位イタリア，5位日本となっている（表8-3）。

アメリカは1946年，連合国復興機関から脱退した時点で，国際機関を通じての戦後復興に見切りをつけた感がある。国際協調による「痛み分け」よりも，一国で「重荷」を背負うこと

表8-1 ●合衆国政府の対外援助額［1945-1959年］
［単位：100万㌦］

	1945-52年	1953-59年	合計
非軍事援助			
贈与	23,430	12,005	35,435
借款	8,594	974	9,568
小計	32,024	12,979	45,003
軍事援助	5,996	19,363	25,359
短期援助	—	2,233	2,233
援助総額	38,020	34,575	72,595

●出典｜U.S. Census Bureau, *Statistical Abstract of the United States*, 1960, p.870.
●注｜①援助には，贈与（軍事物資と軍事サービスの供与とその他の贈与），借款，および短期援助（合衆国農産物の移転の見返りとしての外貨貸付）が含まれる。
②1945年7月1日から1959年12月31日まで。

表 8-2 ● 合衆国政府非軍事援助の地域別金額・比率
[単位：100万ドル]

	1945-52 年	1953-59 年
西ヨーロッパ	22,427[70%]	2,270[17%]
東ヨーロッパ	1,088[3%]	55[1%]
中近東	1,694[5%]	2,131[16%]
アフリカ	−8[0%]	397[3%]
南アジア	255[1%]	1,142[9%]
極東太平洋	5,184[16%]	4,792[37%]
西半球	533[2%]	1,684[13%]
カナダ	7[〜0%]	−14[〜0%]
その他の国際機関および不特定地域	844[3%]	522[4%]

●出典｜U.S. Census Bureau, *Statistical Abstract of the United States*, 1960, pp.871-4 に基づく。

表 8-3 ● 合衆国政府非軍事援助の主要受領国
[単位：100万ドル]

1945-52 年		1953-59 年	
①イギリス	6,552	①韓国	1,853
②フランス	4,665	②ベトナム	1,081
③西ドイツ	3,753	③フランス	717
④イタリア	2,528	④中国（台湾）	635
⑤日本	2,233	⑤パキスタン	588
⑥ギリシャ	1,137	⑥トルコ	566
⑦オランダ	1,059	⑦ユーゴスラヴィア	532
⑧中国（台湾）	969	⑧ブラジル	519
⑨オーストリア	959	⑨インド	429
⑩フィリピン	780	⑩イラン	428

●出典｜U.S. Census Bureau, *Statistical Abstract of the United States*, 1960, pp.871-4 に基づく。

を決意した背景には，ソ連との関係にきしみが出てきたこと，アメリカ経済の成長を支える金とモノの流れをつくり出すためにも，一部の先進国ないしは中進国に重点的なテコ入れが必要だという政治的，経済的配慮があったことはいうまでもない。しかし，旧敵国にまで経済援助の恩恵を与えることには少なからぬ抵抗があった。このため，大規模な援助は「重荷」ではなく「明白なる使命」であることを国民に訴える「レトリック」がさまざまに試みられた。1947年3月，トルコとギリシアへの経済，軍事援助についての議会の承認を取り付けようとしたトルーマン大統領は，共産主義の「脅威」に対し，自由と民主主義を死守することはアメリカ国民の崇高なる義務だと訴えた。その3ヵ月後，マーシャル国務長官は，欧州復興計画案を開陳したハーヴァード大学での演説で，ヨーロッパを覆う「飢餓，貧困，絶望，混乱」に対する「鎮痛剤ではなく全治の効果をもつ」援助こそが大切だと力説した。共産主義および飢餓や貧困という「悪」の撲滅に対する十字軍的使命感は，いずれも多くのアメリカ人に訴えかける力をもっていた。しかし1953年以降，アメリカの対外援助に占める軍事援助の比重が増すにしたがって，理想主義的なレトリックと現実との間の落差も大きくなっていった。

❷――民間組織の活動とジレンマ

1946年，戦時救済管理局の後任組織として，国務省に「民間海外援助諮問委員会」が設置され，民間団体に助言を与え，協力を要請する権限が与えられた。1943年に結成されたボランティア団体の連合体「海外奉仕のためのボランティア団体アメリカ会議」は，政府と加盟団体（1947年には55団体）の調整役として，戦後の主な非政府プログラムの指揮にあたった。占領地域ではボランティア団体が許可なく活動することが許されなかったため，複数のボランティア団体が「ドイツ救済連盟」（CRALOG），「アジア救済連盟」（LARA），「朝鮮のためのアメリカ救援」（ARK）などの認可組織をつくって，アメリカ市民から寄せられた緊急生活物資を児童福祉施設などに送る活動を行った。またヨーロッパ各地の指定された宛名人に，食糧や野菜の種などを励ましの手紙を付けて送った

「ヨーロッパに小包を送るアメリカ人の会」(CARE) は、官僚的になりがちな政府主導の援助の隙間を埋め、人間味を与えることで、アメリカとヨーロッパとの民間レベルでの結び付きを強めた。

こうした緊急食糧援助が一段落した後、民間ボランティア団体が取り組んだのは、難民問題だった。アメリカ政府は、北西ヨーロッパ地域以外からの移民を制限した国別割り当て法 (1924年) の抜本的見直しには応じなかったが、1948年の難民法や1953年の難民救援法を通じて、延べ約60万人の難民の受け入れを認めた。これらの法律では、ボランティア団体が難民の保証人になることを認めていたため、渡航費の工面、仕事探し、住居の確保などの全責任が団体の肩にかかった。一方、こうした活動に対する政府援助の見返りに、共産主義国からの亡命者に法的および生活上の便宜を図る「合衆国亡命者プログラム」や共産主義国向けのラジオ放送「自由ヨーロッパ」などへの協力を要請されることもあった。こうしたなかで、非政府組織としての独自性が「国策」の中にのみ込まれることに危惧を抱くボランティア団体も少なくなかった。

❸──財団と世界戦略

ヨーロッパ復興のめどがついた1950年代には、共産主義のアジア諸国への「浸透」がアメリカ政府の新たな懸念材料となった。1949年のソ連の原爆保有と中国革命、1950年の朝鮮戦争の勃発は、国際共産主義の「脅威」を印象付けるものだった。アメリカは各国と軍事協定を結ぶ一方で、貧困や絶望は共産主義の温床になるという分析のもとに、発展途上国への経済援助に乗り出した。すでにトルーマンは1949年、低開発地域への技術援助を外交政策の第4の柱とする計画（「ポイント・フォー・プログラム」）を発表しており、この方針はアイゼンハワー政権にも引き継がれた。

このような政府の方針の先導役を果たしたのが、ロックフェラー財団、フォード財団 (1936年設立) などだった。教育、医療、公衆衛生、農業技術指導の分野で豊富な経験をもつロックフェラー財団や、潤沢な資金力に支えられて世界に活動範囲を拡げたフォード財団は、戦後になって食糧危機や人口問題などのグローバルな問題に社会工学的アプローチを導入しようとした。インドや東南アジアなどを中心に、穀物の品種改良などの従来からの取り組みに加えて、「家族計画」カウンセリングを通じた産児制限、識字率の上昇や農村の生活改善、近代化促進のためのリーダー育成などを進めていった。さらに、ロックフェラー財団の理事長を務めたジョン・フォスター・ダレスが対日講和使節団長を経て、アイゼンハワー政権の国務長官になるなど、政府分野と民間分野との間の幹部の行き来も頻繁になった。このため、主要財団が政府の対外政策に及ぼす影響も増大した。1957年には、ロックフェラー兄弟基金 (1940年設立) の後援でヘンリー・キッシンジャーを長として結成された外交問題研究班がロックフェラー報告書を出し、アメリカの軍事費の50％増額を提案している。

こうして、アメリカの政治的、軍事的なヘゲモニーが拡大していった50年代には、政府の外交政策立案者、大企業幹部、財団代表者、および主要な大学に籍をおく社会科学者などから構成されるエリート集団が、世界戦略の1つの要として対外援助政策を練り上げていくというパターンが生まれていった。本来「人類の福祉の向上」に貢献するはずだった財団は、単に、「アメリカ帝国主義」の尖兵あるいは隠れ蓑にすぎないとの批判も、アメリカ内外でささやかれるようになった。さらに、財団からの助成を受けて活動するアメリカおよび被支援国の

研究者や技術者に対しても，支援を切実に求めている発展途上国の民衆の利害よりも，アメリカの国益ないしは，自分の立身出世を優先させているという批判的見方が出てきた。だが，こうした問題が公に議論され始めたのは，「コンセンサス」の時代といわれた50年代が終わり既成体制への異義申し立てが盛んになった60年代に入ってからのことだった。

D── 東西対立から南北問題へ：今後の課題

1960年代に東西冷戦に緊張緩和の兆しが見え始めた頃，アメリカ政府にとって無視できなくなってきたのが，南北問題であった。1961年に発足したケネディ政権は，「進歩のための同盟」計画を発表し，「開発の10年」間に200億㌦の開発途上国援助を行うことを約束した。さらに平和部隊の創設や国際開発庁（USAID）の設置など，対外援助にも「フロンティア精神」の息吹を吹き込もうとした。しかし，インドシナ情勢の不安定化に伴い，アジアの新興諸国の連鎖的共産主義化への危惧が高まるにつれて，経済援助の大部分が，ベトナムをはじめとする戦略的に重要なアジア地域につぎ込まれた。本来「進歩のための同盟」の最重要パートナーであった中南米諸国への援助は一部の国に限定され，貧困や飢餓が深刻で，社会資本の整備が必要とされていたアフリカ大陸の大部分の国は援助の射程に入ってこなかったのである。

被援助国の生活水準の向上，南北の所得・技術格差の是正という本来の「開発援助」の目的よりも，援助国の軍事・政治・経済的利害が優先される傾向に対し，第三世界の反発も強まってきた。1966年にキューバで開かれたアジア・アフリカ・ラテンアメリカ三大陸人民連帯会議にはアジア・アフリカ・ラテンアメリカの100ヵ国の代表が参加し，帝国主義および新旧植民地主義への反対を決議した。一方アメリカ国内でも，ベトナム戦争へのアメリカの介入と泥沼化は，戦後の軍事・経済援助政策に対する国民の不信を招くことになった。

アメリカの世界における道義的指導性を回復しようとしたカーター政権は，1977年に人権侵害国への援助減額の方針を打ち出して「人権外交」を開始した。そのレトリックは1990年代のクリントン政権にも引き継がれた。1991年のソ連邦解体によって唯一の超大国となったアメリカは，南北問題への対処をはじめ，グローバルな相互依存システムづくりにおけるリーダーシップを求められつづけている。1997年時点でアメリカから経済援助を受けている国には，イスラエルなどの中東諸国，ラテンアメリカ，南アジア，アフリカ諸国に加え，東欧，ロシアなどが含まれ，一地域集中型から拡散型の

表8-4 ●合衆国政府経済援助の主要受領国[1997年]
[単位：100万㌦]

①イスラエル	1,200
②エジプト	811
③ボスニア・ヘルツェゴビナ	184
④ヨルダン	153
⑤ボリビア	131
⑥ペルー	126
⑦インド	125
⑧ハイチ	101
⑨ルワンダ	87
⑩南アフリカ	79
⑪エチオピア	79
⑫バングラデシュ	78
⑬（ヨルダン川）西岸/ガザ地区	67
⑭ロシア	65

●出典｜U.S. Census Bureau, *Statistical Abstract of the United States*, 1999, p.801.
注｜データはAID（国際開発庁）による経済援助の実行を示す。年度末は9月30日。

❸エイズ対策などのために，インド政府に財団を通じて1億ドルの寄付をしたビル・ゲイツ［2002年11月］

傾向を強めている（表8-4）。

　こうしたなかで，アメリカの民間組織の間にもさまざまな動きが出ている。財団などが政府の外交政策立案におけるパートナーあるいは牽引役を果たそうとする一方で，ボランティア団体の中には，世界市民の一員として，「国境を越えた医師団」や地雷禁止国際キャンペーンなどの国際的組織や運動に参加する傾向も出てきている。アメリカ政府の外交方針とは一線を画した独自性を強めることで，アメリカの対外政策における意志決定過程に批判的に介入しようとする新しい流れは，今後のアメリカの対外援助政策にも少なからぬ影響を与えるかもしれない。2001年9月11日にニューヨークで起きた同時多発テロ事件は，アメリカ主導による経済，政治・社会体制のグローバリゼーションが進むなかで反発や苛立ちを深める勢力が存在することを認識させるものだった。何のために，誰のために海外援助を行うべきかが，再び問われているのである。

■参考文献

岩崎正洋・植村秀樹・宮脇昇『グローバリゼーションの現在』一芸社，2000．
ウォーラーステイン，I.（丸山勝訳）『ポスト・アメリカ』藤原書店，1991．
エリソン，R.（橋本福夫訳）『見えない人間』早川書房，1974．
小関隆（編）『世紀転換期イギリスの人びと』人文書院，2000．
紀平英作『パクス・アメリカーナへの道』山川出版社，1996．
ソーロー，H. D.（神吉三郎訳）『森の生活──ウォールデン』岩波文庫，1979．
出口正之『フィランソロピー：企業と人の社会貢献』丸善ライブラリー，1993．
永田実『マーシャル・プラン』中公新書，1991．
バリー，J./ブルックス，C.（山本正監訳）『イギリスのミドリング・ソート』昭和堂，1998．
本間正明（編）『フィランソロピーの社会経済学』東洋経済新報社，1993．
マコーミック，T.（松田武・高橋章・杉田米行訳）『パクス・アメリカーナの五十年』東京創元社，1992．
Arnove, R. F. *Philanthropy and Cultural Imperialism: The Foundations at Home and Abroad*. 1980. Reprint. Indiana Univ. Press, 1982.
Bremner, R. H. *American Philanthropy*. 2nd. ed. Univ. of Chicago Press, 1988.
Cuero, M., ed. *Missionaries of Science: The Rockefeller Foundation and Latin America*. Indiana Univ. Press, 1994.
Curti, M. *American Philanthropy Abroad*. 1963. Reprint. Transaction Books, 1988.
Ekirch, A. Jr. *Ideas, Ideals, and American Diplomacy*. Meredith Publishing Company, 1966.
Harr, J., and P. Johnson, eds. *The Rockefeller Conscience*. Charles Scribner's Son, 1991.
Hewa, S., and P. Hove, eds. *Philanthropy and Cultural Context: Western Philanthropy in South, East, and Southeast Asia in the 20th*

Century. Univ. Press of America, 1997.

Hogan, M. J., ed. *The Ambiguous Legacy: U. S. Foreign Relations in the "American Century."* Cambridge Univ. Press, 1999.

Kohler, R. E. *Partners in Science*. Univ. of Chicago Press, 1991.

Lagemann, E. C., ed. *Philanthropic Foundations*. Indiana Univ. Press, 1999.

Tocqueville, A. *Democracy in America*. Anchor Books, 1969.

Vernon, R. W. *United States Development Assistance Policy*. Johns Hopkins Univ. Press, 1996.

Wheatley, S. C. *The Politics of Philanthropy*. Univ. of Wisconsin Press, 1988.

■さらに知りたい場合には

林雄二郎・今田忠編『改訂フィランソロピーの思想——NPOとボランティア』日本経済評論社，2000．
［日本社会におけるフィランソロピー思想の受容，国際NGOや国際ボランティアの活動などについての最新の研究を収録した論文集］

ニールセン，Y．（林雄二郎訳）『アメリカの大型財団』河出書房新社，1984．
［アメリカの大型財団33団体の活動実態と問題点を詳述。財団の性格と役割を，アメリカの社会体制という背景のなかで捉えている。］

出口正之『フィランソロピー——企業と人の社会貢献』丸善ライブラリー，1993．
［ブルッキングス研究所の創設者からマジック・ジョンソンに至るまでアメリカのフィランソロピストたちの姿や，企業メセナなどが生き生きと語られている。］

永田実『マーシャル・プラン』中公新書，1991．
［アメリカの実施した戦後最大の援助計画の政治的背景と実態を知るのに最適。］

本間正明編『フィランソロピーの社会経済学』東洋経済新報社，1993．
［民間非営利セクターの活動規模に関する国際比較研究。アメリカの個人，法人企業，財団による公益寄付活動を知る上でかかせない。］

Bremner, R. H. *American Philanthropy*. 2nd. ed. Univ. of Chicago Press, 1988.
［アメリカの民間団体，および政府機関による海外援助の歴史を簡潔にまとめた入門書。］

■インターネット関連サイト

USAID（米国国際開発庁）…http://www.usaid.gov/

Council Foundation…http://www.cof.org/

The Foundation Center…http://fdncenter.org/

Center on Philanthropy Civil Society…http://www.philanthropy.org/

U.S. Census Bureau…http://www.census.gov/statab/www/

The Rockefeller Archive Center…http://www.rockefeller.edu/archive.ctr

9 グローバリゼーションとアメリカ
Globalization and the USA

マサオ・ミヨシ

　グローバリゼーションは世界的に展開しつつあり，少なくとも経済的には近代国家体制に取って代わろうとしている。市場原理に動かされる脱国家資本主義は，利益追求に専心し，非効率，不利益の地域と住民は，それがどこにあろうと切り捨てる。利益の向上は必然的に貧富の差の拡大を生み出す。驚くばかりに発達したハイテクは物資，資本，技術，生産，消費の動きを安く速く大きくする。したがって旅行，通信，運輸などにかかわるビジネスは激増するが，技術のない労働者は取り残される。地球経済の中で「アメリカ」の役割は大きくみえるが，脱国家的資本主義はアメリカニゼーションではない。多国籍企業を規制する政治法律的機関は国連を含めて存在しない。もう1つ地球を真に統合する現象がある。環境破壊である。温暖化とオゾン層破壊は貧富の差や地域の差にかかわらず進展する。その不可避的，普遍的な危機に対応することから真のグローバリゼーションは可能になるかもしれない。

A──グローバリゼーションとは何か

❶──グローバリゼーションの歴史

　いわゆる「グローバリゼーション」が今歴史的に展開しつつあることは，すでに否定できない。一部の学者の間にはいまだに懐疑論が繰り返されているが，たいていの経済学者や社会学者は地球化と認めている。しかしグローバリゼーションは，後でまた考えるが，真新しい歴史的事件でも，また地球全般（グローバル）に起こっているわけでもない。経済の地球的統合は，フランスの歴史学者F.ブローデルがかなり以前に説明したように，歴史のはじめにまでさかのぼることができる。また資本主義と国家体制および植民地主義が熾烈化した150年前の世界を，マルクスとエンゲルスは『共産党宣言』の中で明確に記述しているが，それはそのまま，現在の世界にあてはまるものでもある。一方グローバリゼーションは世界の各地域に均等に展開しているわけでは決してない。少数の高度生産国の間では，地球全般にわたる経済統合が急速に促進されているが，多くの途上国（例えば，アフリカ，南アジア，中東，南米などの国々）は，グローバリゼーション（つまり資本，生産，技術，情報の地球的流通）から，程度は異なるにせよ，ほとんど完全に除外されている。ただ国際資本が，ひとたび利益追求の目的にかなうと判断した場合には，いつでも，どこでも，地域とその住民をその目的のために動員することができるという可能性がある。その意味では，グローバリゼーションは世界全体に潜在的にはすでに展開しているということができよう。

❷──経済の脱国家現象

　第2次大戦後，戦争被害を完全に逃れた唯一の生産国家としてアメリカは全面的に大英帝国に取って代わった。さらに1990年前後のソ連圏の崩壊によって冷戦が終わった後，米超帝国主義がつくり出された。それではグローバリゼーションはアメリカの帝国主義あるいは植民地主義の単なる延長なのだろうか。米国の総生産額（GDP）10兆ドル（2002年）に上る巨大な経済が世界経済を制圧し，歴史の新しい局面をつくり出したというのだろうか。

　2つの相反する諾否の解答が考えられる。1つはグローバリゼーションをいくつもの面で未曾有の歴史的発展と考えること。もう1つは，しかしそのいくつかは，今までに続いてあった事実が少し極端化しただけと考える見方である。この両方を具体的な面に沿って考えてみたい。第一に，グローバル経済のなかでは，中心的主導者が国家政治権力ではなく，大規模な会社，特に多国籍企業に代わったということである。1980年代すでに，大資本は国境を越えて資本・生産・技術・労働・情報・消費の移転を激化し始めた。冷戦終焉後の90年代に至っては，さらに貿易生産の「国際化」というより，「脱国家的」，つまり国家機構を無視する金融投機が世界に動く資本の大部分を占めるようになった。そうした流通は運輸・伝達技術の驚くべき発展と相まって，総量，速度，簡易さが激化したことはいうまでもない。またその流通技術の発達は数多くの分野ですでに国家体制が管理統制できる限度をはるかに超えている。この脱国家は新しい現象といえよう。

❸──国家本位から企業本位へ

　現在世界に流通する資本は毎日1兆ドルを超え，そのなかの95％までは投機にあてられ，しかもその額の80％は1週間以内に売買の往復を終えるという短期勘定である（繰り返して言うが，「世界」といっても，ヨーロッパの18ヵ国と米国，カナダ，オーストラリア，ニュージーランド，南アフリカの5英語圏国家，それに日本を加えた24ヵ国と東アジアの新興経済国，ブラジルとメキシコにほとんどが限られている）。脱工業の現代では，製品生産は金融投機に比べて利潤が低いことが要因の1つである。しかも先進工業国家は生産工程を大半海外に移転し，人口の60～70％は後述するように，サービスの分野に移り，農業人口は激減し，また工業生産に従事する数も25～30％に減っている。これも新しい現象といえるだろう。

　一方企業の大きさは，100の世界中の最大経済単位の中，その過半数は国家ではなく，多国籍企業であり，また世界の民間資金の3分の1以上は多国籍企業に属するということを思い合わせれば，いかに現在の経済，したがって政治の動きが国家本位でなく，企業本位に変わっているかがわかるだろう（図9-1）。そうした大資本を動かして国際通貨を操作する場合，新興経済国ばかりか，イギリスのような大経済までが，中央銀行を使って対抗しようとしても，太刀打ちできない場合が頻繁にあり，国家経済が投機者によって不安定化される危険は絶えずある。

　世界で最大の100の会社をとってみれば，今なおほとんどはアメリカと日本とヨーロッパのものである。しかしそのなかには韓国の会社も見いだされる。さらにグローバルな1,000社をみた場合，ブラジル，香港，台湾，韓国，シンガポール，中国，メキシコ，ロシア，インド等に根ざすものもかなり数えられる。つまり多国籍企業は，不均衡ではあれ，第一世界外の第二，第三世界にも広がっている。また諸国家の各々に根拠を置いているとはいえ，企業の投資

❶ダイムラーとクライスラーの合併〔新株券のレプリカを手に会見するシュレンプ・ダイムラー社長（右）とイートン・クライスラー社長（左）。1998年11月16日〕

はこれもまた国籍を問わずにさまざまな財源から集まっている。また大会社が国籍を無視して合弁，合併，買収する例は数限りない（トヨタとGM，ダイムラー・ベンツとクライスラー，BPとAMOCO等々）。個人の資産をとってみても，10億ドル以上の財産を持つ富豪は米欧日に最も多くいるが，しかし第三世界にもかなりの人がいることも忘れてはならない。グローバルな脱国家の経済では，資本と労働の区別が，過去の植民地主義実行国家と植民地地域というふうに明確に二分されていないということである。この意味でも，政治面の弱体化と経済面の強化は，新しい展開といえる。

❹── 不均衡を生むグローバリゼーション

しかし，グローバリゼーションを新たな共同世界へ向けての黎明として歓迎することは間違いである。旧態依然として続くのは，弱肉強食の基本的な搾取論理である。第一に，政治経済の施為者としての国民国家が多国籍企業に取って代わられたということは，国家機構が行動力を喪失したことを意味しない。アメリカをはじめ，いくつかの国家機構は企業の希望要求に従

って，国際規定を無視してでも軍事力を行使する。冷戦後内戦や地域戦争が起きた場合，強国はそれが大企業の利益にかかわる場合は介入に躊躇することはない。湾岸戦争は好例の1つだが，バルカン紛争へのNATOの駐兵，米国の台中問題や，イスラエルとパレスチナ紛争への干渉，中南米への出兵など，例はかぎりない。アメリカは国軍110万のうち，ヨーロッパに10万以上，朝鮮半島と沖縄に今なお8万人近くの軍隊を駐留させているが，それが人類の平和のためというより，アメリカ，日本，その他の資本主義国家の企業を保護するためであることはもちろんである。また国民所得額の高い米欧日の諸国は，国境をますます資本，技術家，観光客等に開放する一方，世界人口の圧倒的多数を占める教育も技能もない労働者たちには，国境閉鎖を厳しくするばかりである。グローバリゼーションがいかに均衡に欠けているかは常に記憶にとどめられるべきであろう。

しかしこの新植民地主義はかつての大英帝国や日本帝国の制覇体制とは大きく異なる。英国や日本の帝国主義は国民国家のナショナリズムに基づいた資本主義に動かされていた。したがって国民は──もちろん，歴史を通じて，いつも権力者に使われていたことは認めなければならないが──それでも帝国主義からの利潤にあやかるところもあった。また国家が大衆の意志に従って動かざるをえないこともあった。だがグローバリゼーションのもとでは，国民は市場経済によって再編成される。国家機構は国民一般の福祉への関心を大幅に切り下げ，その分を多国籍企業の福祉に向けることを躊躇しない。むしろそうした国際的市場経済基本主義こそ，一般労働者の所得向上に貢献するという説明を押しつける。国民を国家機構の公共事業から切り捨てる，つまりプリヴァティゼーション（企業化）は，アメリカばかりでなく，資本主義国家のほとんど，特にイギリス，ニュージーラン

図9-1 ●多国籍企業の売上額と国家のGDPとの対応

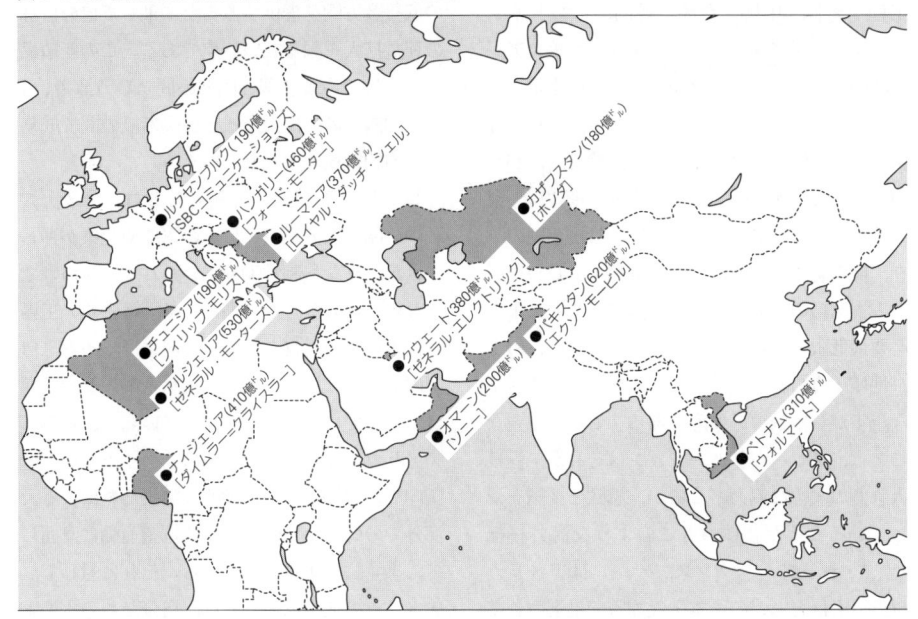

地図上のラベル：
- ルクセンブルク(190億ドル)[SBCコミュニケーションズ]
- ハンガリー(460億ドル)[フォード・モーター]
- ルーマニア(370億ドル)[ロイヤル・ダッチ・シェル]
- カザフスタン(180億ドル)[ホンダ]
- チュニジア(190億ドル)[フィリップ・モリス]
- アルジェリア(530億ドル)[ゼネラル・モーターズ]
- クウェート(380億ドル)[ゼネラル・エレクトリック]
- ウズベキスタン(620億ドル)[エクソン・モービル]
- ナイジェリア(410億ドル)[ダイムラークライスラー]
- オマーン(200億ドル)[ソニー]
- ベトナム(310億ドル)[ウォルマート]

●出典 | UNCTAD, *World Investment Report 2002: Transnational Corporations and Export Competitiveness*, Box table Ⅳ.1.1.のデータに基づき作図。
●注 | 例えば、右端に示したベトナムの場合、2000年のベトナムのGDPと同年度のウォルマートの付加価値換算を施した年間売上額がほぼ同じであることを表わしている。このように、地図上の該当する国の2000年度のGDPとほぼ同じ年間売上額（付加価値換算）の多国籍企業名を下に［ ］で囲んで示した。

ド，オーストラリア，ドイツで進んでいるが，日本でもその傾向は進むばかりである。後で詳説するがNAFTAやMAIもそのよい例である。

B──アメリカとグローバリゼーション

❶──グローバリゼーションはアメリカニゼーションか

すでにふれたことだが，もう少し敷衍しなければならないことがある。グローバリゼーションはアメリカニゼーションを意味するのかとい

う問題だが，これは明らかに間違いである。歴史的にみても，プリヴァティゼーションとネオ・リベラル方策は，アメリカとイギリスがほぼ同時に打ち出したといえる。労働党に代表された労働組合を抑制することが，企業を代表する保守党の目的だったが，労働賃金と社会福祉を抑えることによってイギリス資本の経済競争力の強化を狙ったものだ。この点でサッチャー首相は少なくともレーガン大統領とその取り巻きの先導者であったと言えるだろう。ニューディール体制から逃れようとしていたアメリカの資本は，日本の経済力が80年代に急速に増大したことに対抗するためという名目で，リストラを強行し，操業コストの高い自国の工場を閉

鎖し，部品の海外生産を増やすばかりか，生産工程を韓国，中国，台湾，香港，インドネシア，マレーシア，インド，フィリピン等のアジア諸国，およびメキシコをはじめ，中南米に送り出し，またオートメーション化を進めた。理由が安い労働賃金にあることは無論だ。だがそのほかにも，比較的高度の教育と技術習得，権力政治によって維持される治安，労働運動の不在，環境意識の欠如，女性の権利をはじめ一般的人権意識の未発達，そして進出先政府による必要最低限の運輸・通信インフラの整備，および地域政府の課税免除をはじめとしてさまざまな譲歩が資本誘導の要因である。ここで重要なことは，グローバリゼーションはそれが，受け入れ側の大幅な協力どころか，誘致と要請を受けていることだ。しかもこのような海外移転（オフ・ショア・トランスファー）はアメリカ以外でもほとんどの資本主義国家で推進されているばかりか，第一世界国家内部でも，沈滞した地域は企業受け入れにやっきとなっている。例えば，国民平均所得の一番高いスイスは，ヨーロッパ市場に向けて作られた日本の自動車工場を受け入れている。またアメリカ南部の諸州，例えばアラバマ州とかテネシー州も，日本やドイツの自動車工場を，多額の税金控除を提供することによって誘致している。世界のたいていの先進国の間で市場経済原理が受け入れられ，21世紀の基本論理として機能し始めているということであろうか。

❷──グローバリゼーションと植民地主義

　グローバリゼーションが植民地主義と共通する点ももちろん少なくない。第一に受け入れ側の国々では，市民と統治者の関係は平等でなく，収入資産の不均衡が巨大なばかりでなく，資本や工場の受け入れについて市民が意見を求められ承諾を与えることはまれである。つまり少数の協力者が米日欧の資本に参与し，自国民の低賃金労働を提供することによって自分自身の利益拡大を図るという点である。この新植民地主義は，つまり国と国との間というより，1つの国内での，権力階級と労働階級の間で成り立つ内的植民地主義ともいえる。

　しかしそこで働く労働者たちは，第2次大戦中の朝鮮人労働者に日本の軍部や企業が押しつけたような強制労働を強いられているわけではない。自分たちから進んで多国籍企業の工場に仕事を求め，喜んで働くのが普通である。自国内の賃金に比べれば，多国籍企業の賃金基準は（少しではあっても）たいてい高いからだ。アメリカの運動靴メーカーの「ナイキ」が，米国内で，労働組合や進歩的な学生たちによる，海外での低賃金労働に対する抗議運動に直面して，よく公表する弁明である。それに対して，アメリカの進歩派の返答は，自分たちの水準までインドネシアやベトナムの工場労働者の賃金を上げよというところまではいっていない。それをすれば自分自身の給料を下げねばならないことを知っているからだ。今のところ，人権を無視するような虐待酷使を避け，労働環境を改善し，世界の平均的な水準に向けて少しでも賃金を上げるよう圧力をかけるというところにとどまっている。それでも学生や組合の抗議が多少の労働条件改善の成果につながっているのは事実である。グローバリゼーションによってあらわになった世界経済の不平等不均衡の好例といえる。

　グローバリゼーションはアメリカの仕業なのだろうか。学者の意見は2つに分かれる。アメリカ国内に根を下ろす企業が圧倒的に巨大な資本を持つという点では，グローバリゼーションはアメリカの経済的軍事的覇権の所産といえないことはない。しかし上に書いてきたように，経済行為が国家の枠を離れて大企業本位に移ってきた現在，その説明はもはや正確ではな

いだろう。つまり，グローバリゼーションは米欧日等の大資本が，自己利益を求めて強行しているという見方のほうが正確なのではないか。では，グローバリゼーションの文化的意義はどうか。それはアメリカニゼーションと同一なのか。

❸──何が「アメリカ的」なのか

グローバリゼーションをアメリカニゼーションと呼ぶことの不正確さは「アメリカ文化」という概念自身，特にそれを要約したアメリカニズムといった考え方の知的脆弱さに根ざす。アメリカニゼーションということばを使うからにはその裏に少なくともアメリカ文明の均等性が内包されるであろう。アメリカ文明が世界に体制，スタイル，イメージ，イデオロギーを押しつけているとすれば，そこには均質の「アメリカ的」という何かがなければならない。「アメリカ人」であるかぎり外国人が認めずにはいられない性質，傾向，特色である。しかしそうした国民文化はいったい本当にアメリカに存在するのだろうか。イギリス文化にせよ，フランス文化にせよ，日本精神にせよ，そうした要約はすべて国民国家が必要だったときの，歴史的なイデオロギーの産物でしかないのではないか。精密な分析をした場合に，要約としての国民文化はすべて無意味なおとぎ話として崩壊するのではないか。

グローバル化した市場経済の中では，資本，生産，技能，消費は絶えず国外に転出し，また国外から導入され，その間にプリヴァティゼーションは激化する。その結果「アメリカ」という枠の中での社会的な団結は──それが過去に本当にあったかどうかさえ疑しいが──いまいっそう衰退し，例えば貧富の差は飛躍的に増大する。少し数字を引用すれば，1974年に大会社の社長と工場労働者の所得の差は35対1の割合だった。それが1994年には187対1に伸び，1998年には326対1，さらに2000年には475対1にまで格差がついている。この差は世界で年間個人所得平均最高のスイス（4万3,000ドル）と最低のミャンマー（100ドル）の430対1よりも大きな差である。また年収の所得の差も増すばかりである。1999年9月，最低所得層の5分の1の人口は過去2年間に12％収入を減らしているが，その一方最高所得層の1％は，119.7％を同じ2年間に増やしている。最高所得の人たちと市民の大部分の日常生活の間にどういう共通点があるといえるだろうか。もしアメリカニゼーションが世界的に展開しているというなら，その「アメリカ」とはどのセクターによって代表されているのだろうか。

❹──アメリカ文明の多様性

また民族的な問題がある。グローバリゼーションはアメリカの移民の多様性をさらに強めた。20世紀，21世紀のアメリカを考える場合，旧態依然たるニューイングランドの清教徒の伝統とか，南部のイギリス系地主階級の社会などを本質とか正統とかいうことはほとんど完全に無意味である。だが，ネイティブ・アメリカンを除いてアメリカに住むすべての人について言えることは，すべての市民，あるいはそのかなり近い祖先が必ず一度は自分の生まれた村や都市のコミュニティを放擲して海を越え，あるいは大陸を北上して移住してきたということだ。20世紀初めから第1次大戦までの間，また第2次大戦後は特に世界中の各地域からの新しい移民が激増し，したがって文化の多様性も増大した。にもかかわらず，誰もが長らく知り合って，住みなれた空間を捨てて未知の土地に新しい自分のコンテクストをつくろうとしたことが1つの共通性といえる。今でもイギリ

スでは60％の市民が生まれた場所から5マイル以内に居住しているのだが、これを5年に1度は州を越えて引越しするというアメリカ人と比べていかに相違が大きいかは、考えるべきである。

しかしそれも、世界中の異文化は、アメリカに渡来し移転を続ける間、母国の「純粋文化」（純粋という概念自体、神話でしかないのだが）を保持するというより、新しく接触し邂逅する他文化とぶつかり合い、変種中国文化、混合アフリカ文明、非宗教的ユダヤ社会等をつくり始める。この混然多様性がアメリカ文明の特色といえるのかもしれない。しかしここで注意すべきさらに複雑なことは、この多くの文化はいつか将来には統合して1つの共同文化をつくるかもしれないが、今のところ、混合結婚は増加しているにもかかわらず、むしろ相互に無視しようと努め、反発し合いながら共存を続けているというほうがより正確だと思う。そこでまた同じ質問が問われなければならない。アメリカニゼーションとはその多くの「アメリカ」のどの1つによって行われているのだろう。

❺──コカ・コーラ，マクドナルド，ハリウッド

アメリカを論じるときにコカ・コーラや、ハリウッドや、マクドナルドがその文化を象徴すると、まことしやかに言う人が日本でも学者やジャーナリストの間にさえ、数多くいるということだ。確かに象徴としてのそうした製品が複雑な文明の説明を省略して簡単に片づけてしまうのに役立つことは否定できない。しかしそれをまじめに文化批評に使うことは、危険というより馬鹿げたことだ。

コカ・コーラが世界に蔓延しているとすれば、それは巨大な資本が可能とする独占販売のトリックも含めて大量生産，広告，販売，配達の器用さと強引さによるものであろう。コカ・コーラを政治的倫理的な理由から1滴も飲まない人たちがアメリカを含めた世界の各地にいることもあたり前のことだ。

マクドナルドも同じことである。しかしハンバーガーの場合、収入が限られ自由な時間をもたない人たちや若い学生たちの間で、一時の空腹を満たすために利用されていることは否めない。世界中でマクドナルドが売れるのは、これも大量生産，広告，販売，配達の合理化が理由であるのはもちろんだが、短時間で食べられ、値段が安く、予期できる画一性と衛生水準、それに急速にカロリーを補足する脂肪の誘惑があるのが理由だろう。しかしマクドナルドの消費する膨大な牛肉を補給するための牛を飼う必要から南米の熱帯林がものすごい速さで切り倒され、その環境破壊のむごさから、反対運動がアメリカでも、他の国にでもしばしば起きていることも考えねばならない。いずれにせよ、アメリカの中流家族がマクドナルドに夕食を楽しむために出かけるなどとはちょっと考えられないことだ。とすると、マクドナルドがアメリカを象徴するとはどういうことなのか。

マクドナルド式のファーストフード・レストランは世界中に広がっているが、これは「アメリカ」の影響なのか、それとも資本生産形態の中で、安く短時間で食べるほうが、落ち着いた所で味も栄養もよいものを楽しむより、時々は必要になったという、これまた激化した経済文明の所産なのではないか。また寿司がベルトコンベアにのせられ、客の前で回転するファーストフード・レストランは今アメリカのどんな街でもよく見られるが、そうした寿司屋は日本を象徴するのだろうか。

ハリウッドがアメリカ文明を表徴するかどうか、これはコカ・コーラやマクドナルドよりはるかに複雑な問題だ。第一に、ハリウッドの映画はもちろん画一的ではない。陳腐なものが大

半だが，まじめなものももちろんある。第二に，反ハリウッド映画をハリウッドがつくったり，配給することが頻繁にある。第三に，いわゆる「大衆」のためのハリウッドが世界の映画界を圧倒しているというのが事実なら，それは何を意味するのか。第四に，ハリウッドが完全に商業的採算によって巨大な企業群として運営されるのはもちろんだ。しかし他の映画界，エジプト，インド，フランス，イギリス，台湾，中国，スペイン，日本，韓国のそれは別の論理によって動いているのだろうか。それが本当なら，なぜなのだろう。最大公約数としての安易文化が，Tシャツやブルージーンズといっしょに世界中の大衆を蠱惑するということなのか。そうだとすれば，大衆とはそんなに簡単に誘惑されるほど批判力に欠けているのだろうか。そこには別な不可避の理由が働いているのか。大衆娯楽が，純文学や高級文化に比べて，批評力を欠き，商業的消費財でしかないという考え方は正しいのだろうか。それとも，知的高度文化は階級的に定義されるだけで，それ自体に絶対的な批評思考価値があるとはかぎらないという見方は正しいのだろうか。また繰り返すが，なぜハリウッドは他の地域の大衆文化に比べて，強力に世界中の若い消費者を惹きつけるのだろうか。「アメリカ文化」を考えるとき，こうした質問が問われねばならない。

観点の相違によって観察の客体が大幅に変えられることはいうまでもない。日本のような国民文化の均等性を明治以後国家的信条として繰り返し求めてきた国では，他国を見ても同じように1つの均質の文化としてエッセンシャライズしがちである。したがって，「アメリカニズム」，「ヤンキー物質主義」，最近の流行語では「アメリカン・スタンダード」等とかいう要約語を採用し，第2次大戦中と同様に，歪曲した単純化を続けている。国民国家とグローバル経済を問題にする場合，その複雑さは充分に考慮に入れられるべきではないか。

❻──民主主義はアメリカの「スタイル」か

この点で1つだけ特に指摘しておくべき問題がある。日本での「グローバリゼーションすなわちアメリカニゼーション」論の中で，「民主主義」はアメリカの「スタイル」にすぎず，グローバリゼーションとともにアメリカはこれを世界に売りつけているといった議論が出ている。これは驚くべき暴論と言わねばならない。歴史をさかのぼるまでもなく，人間は常にどこでも平等と自由を求めてきた。封建時代や植民地時代を終えて，人間の平等への希求はたいていの国で法的に認められるようになった。フランス，アメリカ，旧ソ連，中国，キューバまた他の第三世界の国では，革命の形をとり，イギリスやヨーロッパ諸国，また別の第三世界の国々では「進歩」の形をとった。しかし，民衆の間での平等への希求には例外はない。アメリカと民主主義を考えた場合，アメリカは民主主義を実際に推進しているのではなく，逆に企業に奉仕する国家構造が国内をはじめ，中南米，中東，アジア等で民主主義を抑圧していることに問題があるのだ。もしグローバリゼーションが民主主義を促進するのなら，つまりスイスやルクセンブルクや日本やアメリカのような金持ちの国々と，サハラ砂漠以南の収入が皆無に近いアフリカの国々との間に，またそれぞれの国内に，富の平等化を実現しようとするのなら，それほど素晴らしいユートピア案はほかにないだろう。

世界的な貧富の差は1800年までは3対1，1900年までは6対1と極めて小さいものだったといわれる。それが前述のように今では400対1，それよりさらに広がる可能性は強い。グローバリゼーションがこの傾向を停止して貧富の差の縮小を目的とするのが本当なら，これほ

ど喜ぶべきことはまずない。しかしその努力をアメリカ（および日本の）政府が先頭に立って推進しているとは残念ながら考えようもないことである。ともあれ、「民主主義」を嘆くべきアメリカニゼーションの一部と考えるのは、日本以外では、石油国家の専制的国王、マレーシアのマハティール元首相、ミャンマーの軍事独裁者、ウガンダのムセベニ大統領等のほかには今ではあまり数多くないのではないか。

C──国際機構とグローバリゼーション

❶──地球規模の相互依存と国際機構

　グローバリゼーションは、地球全体の相互依存の必要を増大するが、今の世界にそうした協力管理体制はあるのだろうか。第2次大戦後の世界の「平和維持」に勝利国家が共同して構成した国際的政治経済機関はいうまでもなく国際連合であり、またアメリカ、ニューハンプシャー州のブレトンウッズでケインズを議長として討議を進めた結果つくり出した国際通貨基金（IMF）、世界銀行（WB）、とガット（GATT、後に世界貿易機関WTO）の3つである。グローバリゼーションが進展する現在当然中心となるべき機構でありながら、充分に機能していないことをここで考える必要がある。

　国連は安全保障理事会と、全メンバー国家から成る総会に分かれ、後者には決定権はなく、実権のある前者は米露英仏中の常任5大国に権限が集中し、しかも冷戦時代にはアメリカが押し通そうとする外交方針とソ連の反対、また総会の決議へのアメリカの拒否権行使等によって、国連が世界を真に代表するということは不可能だった。もちろん世界の全市民を民主的に公平に代表するとは何を意味するかは、想像もできないほど難しい問題である。国家主権が多国籍企業に基本的に挑戦されている現代、国連が企業を監視統制するなどはとうてい不可能である。例えば、国連が1994年に調査監督を目的として設置した多国籍企業委員会は、ビル・クリントンが大統領に就任した直後に、事務総長によって撤廃されている。そして国連は現在平和維持軍や難民救済等に活動を集中している。それ自体望ましくないことではないが、国連にはほかにも重要な目標があるはずだ。後にまた取り上げるが、環境問題も貧富の差解消問題も、国連が対応する実力をもつとはとうてい考えられない。

❷──第三世界と国際機構

　国連がこの半世紀前に期待をもたれたような成果を上げていないのと同様に、IMF、WB、そしてWTOもまた、1944年に考えられた機能を果たしているとは考えられない。1970年代の初めに、米ドルを金基準から切り離し、変動相場制に切り換えたときから、IMFは国際通貨制度管理の役割を失った。その後は主に途上国を経済危機から救済するために融資することが中心機能となった。第三世界諸国への企業市場銀行の融資開発が失敗し、損失が企業やその国家政府の手に負えなくなったときに、IMFは非常に厳しい経済政策を条件として押し付けたうえで、経済が回復するまで融資するわけである。IMF条件とは、デフレ政策や大幅な首切り、賃金差し押さえ、輸出増加等の政府への要求であるが、結果として一般市民の貧困と困難は急速に増加し、そのためIMFは第三世界の各国人民一般から憎悪の対象となることはしばしばである。例えば、サハラ砂漠以南の途上国ではIMFの利子返済の年額が、GNPの10％から20％にまで増え、その全輸出額を上回ることも少なくない。つまり、IMFの恩恵を最大に享受するのは第一世

界，主にアメリカの銀行の投資者である。アメリカをはじめ融資国家の市民の税金と途上国の貧しい市民のさらに厳しい節約によって，先進国の大銀行や途上国の指導者は，投機に失敗しても自分たちは損を回収できる仕組みになっているわけだ。これがいかにグロテスクな状況かは，こうしたアフリカ諸国ではHIV/AIDSの感染率は25〜30％に上り，その医療費はほとんどないにもかかわらず，IMFへの利子を払い続けねばならないということだけでも明らかだろう。ただ最近IMFへの抗議は米欧日の内部でも広がり始め，IMFやWBの内部自体にさえ，批判の声が高まりつつある。WBは個々の事業への投資を管轄するが，IMFと似た活動が多い。

ガットは1995年にWTOに再編成されたが，その目的は多角貿易の相互無差別化，関税の引き下げ，撤廃とそれ以外の貿易障壁の撤廃をゆくゆくは世界全般に拡げることといわれている。WTOはこのように「自由貿易」を建て前とするのだが，これが少なくとも一時的には——どの先進国家も過去には必要だった——保護を必要とする途上国にとって問題となることはいうまでもない。しかもアメリカを含む先進国家の間でも，国内の抵抗から，輸入制限を継続する要求は頻繁に起こり，WTOの将来は決して明確ではない。IMF，WB，WTOは国際公共機関でありながらいずれもその方針，会計，報告には透明でないところが多い。そのためもあって欧米の一般市民の間でさえ不満がデモに盛り上がることはしばしばであり，この先も注目に値する。例えば1999年と2000年に起きたシアトルとワシントンD.C.のデモは労働組合，学生など多数の集団の集まりであり，グローバリゼーション反対運動の中で現在目立ったものとして将来の傾向を示唆している。

❷反WTOグループの抗議行動［シアトルで開催されたWTO閣僚会議に対する抗議の座り込み，1999年11月］

❸──多国籍企業の進出と主権・人権の侵害

グローバリゼーションが技術知識の驚くべき発展に基づくことはいうまでもないが，前に触れたように知的所有権自体が世界で取引される額は巨大なものになっている。また金融投資が生産物取引額をはるかに上回ることが，WTOの構成の内容にもかかわることはもちろんである。生産過程が途上国に移るということは先進国家の脱工業，つまりサービス部門への転換を意味する。「サービス」といっても，通信，保険，銀行，法務，技術，教育，医療，保健，ソフトウェアにわたる広大な範囲に広がる知識生産面を意味する。これがグローバル化貿易の中核をなし，知識産業と脱工業化が経済競争の最も重要な鍵となる新しい生産条件の基礎となっている。

IMF，WB，WTOの多角協定のほかに地域的経済統合を求める動きも見逃すことはできない。すなわち北米自由貿易協定（NAFTA），欧州連合（EU），アジア，東アジア，東南アジアにおける諸協定等である。地域内の国家間で関税の特恵条件を相互に付与するものだ。またEUやNAFTAが，多国籍企業による近代国家主権の浸蝕を示す好例であることも付言すべきであろう。したがってNAFTAは大企業が大いに推進する一方，労働組合や進歩的知識

人が示した米国内の反対運動は極めて激しいものであった。

しかしNAFTAに比べて，国家主権というより市民に対する人権侵害のさらに深刻な協定が長年にわたって国際的に交渉されている。MAI（多角的投資貿易協定）である。これは採択以前に世界中に起きた反対運動と，協定国の間での利害一致がみられなかったために，1999年に無期延長となったが，近い将来に復活される可能性は十分にある。MAIによれば，外国直接投資は条約国のいかなる国内法律規定からも免除される。これがもし採決された場合には環境や労働問題までが外国投資者によって決定され，当事者である市民一般は無視されることとなる。これは国家主権侵害の問題というより，多国籍企業とそれに動かされる国家制度当為者が人権，市民権を侵すことを意味する。グローバリゼーションにからめて，MAIの将来は注意を必要とする。

❹ 地域統合機関とグローバリゼーション

NAFTAやEUやアジアのAPECは地域統合の機関協定だが，これはグローバリゼーションとどのように関係付けられるのだろうか。一面からいえば，ローカルな統合協定はグローバルな協定に対立，対抗するように考えられないことはない。しかし地域協定といっても，それが脱国家，超国家的であることには変わりなく，したがって国家体制を超えたWTO，IMF，WBと相通じるものがあるし，さらに多国籍企業の利益に反するものでもない。脱国家の立場をとりながら，市民の権利を守るためにはNGO（非政府非営利団体）があり，その活動にはめざましいものがある。しかし国家体制や企業からのさまざまな制約もあり，これがグローバリゼーションに決定的な影響をもつまでにはまだ発展していない。

D 地球の一体化と環境破壊

❶ 環境破壊の地球的拡大

すでに述べたように，グローバルな経済といっても資本は地球全体に広がっているわけではなく，かぎられた意味で部分的に国境なき世界をつくっている。しかし地球のどの部分も除外することなく，真にグローバル化している現象がすでに1つある。それは環境破壊現象である。環境問題に関するかぎり，究極的にはそれが地球全体を包み込み，そこから逃れることはどこにいようと誰にも不可能であり，また環境システムの中では一切の現象がお互いにかかわり合っている。経済面では貧しい国を無視することは，不可能でもないし，それが普通のことのように行われている。しかし隣の街の有害な廃棄物はやがては自分の街にも広がってくる。元米国財務長官でその後ハーヴァード大学総長を務めているローレンス・サマーズの有名な「毒害物植民主義」（貧乏国は汚染が低過ぎるから，先進国の毒害物を買い取って，移すべきであるという主張）は時限爆弾を隣の家へ移すようなもので，爆発のときがくれば自分も被害者になる。空気汚染にいたっては途上国の汚染は長い時間を待つまでもなく，先進国に移動する。この地球の一体性の激化こそは，真のグローバリゼーションといわれねばならない。

1997年のインドネシアにおける巨大な熱帯林の火災を考えてみよう。貧しい農民が普通森林に火をつける理由は伝統的な農地開発にある。しかしこの大火事は，材木会社が高価な熱帯材を大規模に切り倒した後，森を焼却して一掃することから始まったといわれる。消火処置が政府や軍隊の手に負えなくなった後，火事は広大な地域に広がり，灰や煙や毒性ガスは東南アジア全域から，オーストラリアにほとんど達

するまで拡大した。もしモンスーン雨季が来なかったら，さらに広範な地域で大破壊を起こしただろうと考えられる。

空気汚染はまだ地域的にとどまり，地球全体に広がってはいない。だが，地球の温暖化とオゾン層の破壊は，宇宙の中の1個体としての地球全体の現象である。1997年の地球の温度は，寒暖計を使い始めた19世紀中期以来の最高を記録し，また樹輪を調べたところでは，1990年代は過去600年の最高の温度であった。しかもこの50，60年の間に地球温度は摂氏1度から5度まで上昇を続けるといわれている。最後の氷河期が終わって以来の1万2,000年間に地球温度はわずか摂氏5度上がっただけということを考えれば，地球の温暖化がいかに恐るべき現象であるかわかるのではないか。地球温度の上昇は農業や森林に大影響を及ぼすばかりではない。南極と北極の氷山を溶かし，1993年以後グリーンランドだけでも毎年2マイル平方の氷が溶けている。そして海水面の上昇は過去100年には10～20cmだったといわれるが，新世紀の終わりまでには1mも上がるという気象学者もいる。それが海に沿う低平地を海水の下に失う結果となるばかりか，地球上の清水供給減少の危機も考えられる。

こうした環境破壊の原因は，過去1世紀間の人口の激増，未曾有の工業化，および化石燃料消費の激増がただちに考えられるが，この3つの要因はお互いに密接な関連をもっている。つまり，出生率の増加や寿命の延長は，保健や技術の改善の結果と考えられるが，技術発達は同時にエネルギーの消費を急増させ，化石燃料の膨大な消費を必要とし，また技術生産の発展は貧富の差を拡大し，貧しい世界では避けられない人口の爆発的増加をもたらす。それが安い労働力を提供し，工業化が第三世界に進む。そして空気汚染を伴う。途上国の環境破壊は，貧困状態が続くかぎり変わることはないであろう。そして地球全体の環境破壊の要因でありつづけるだろう。同時に先進国，特にアメリカでは生活の利便化と高度技術が進むためにエネルギーの消費は途上国の何十倍から百倍にも至るほど増え，環境破壊を別の角度から進行させる。この悪循環は，どこから破ることができるだろうか。

地球温暖化のほかに，オゾン層の破壊は南極ばかりではなく，北半球にも及び，有害な紫外線の増大を招き，皮膚ガンの原因ともなる。オゾン層破壊の最大要因は自動車，工場，暖冷房の排気ガスだが，この何十年かにわたってスモッグが世界中で問題になっていたにもかかわらず，条件は先進国の大都会でもほとんど改善されていない。途上国で急速に大都市化しているバンコク，台北，サンパウロ，北京，ジャカルタ，上海，メキシコシティ，カルカッタ等での大気汚染が近い将来に好転する兆しはほとんどないようだ。このほか，海水汚染，飲料水汚染，塵芥，害毒化学物質処理の危機等地球を脅かす問題に限りはないが，ここでは2つの具体例を挙げることにとどめたい。

❷──戦争と自動車による環境破壊

第一は，1991年の湾岸戦争である。戦争が平和な市民生活を破壊し人命を奪うことはもちろんだが，第2次大戦，朝鮮戦争を通じて環境が戦争問題の一部として考えられたことはなかった。それがベトナム戦争から環境への影響が議論され始めたのである。湾岸戦争に至っては，その政治的意味以上に環境破壊問題が考えられたと言っても言い過ぎではないかもしれない。原油のペルシャ湾への流出と油田の炎上による空気の汚染が最も顕著である。流出した原油は全部で300万バルに上り，これがペルシャ湾を600kmも南下した。海洋生物の死滅はいうまでもない。一方クウェートの国有油井750

❸戦争による環境破壊　[湾岸戦争の際、イラク軍の放火によって炎上するクウェートの油田。1991年3月]

ののうち650までが燃え、大気中にSO_2，NO_x，CO_2等を含めた有害なガスを排出したが、それは気流に乗って東南アジアからハワイに達するほどであった。しかもこの莫大な汚染はわずか1ヵ月半の交戦の結果なのである。戦争が、死傷者以外に、いかにグローバルな環境汚染を引き起こすかを立証するものである。

化石燃料、特にガソリンが大気を汚染しオゾン層を破壊することはすでに述べたが、ここで考えるべきことは、その弊害の大きさは周知のことでありながら、改善の兆しがほとんどないということである（表9-1）。そして、また自動車の製造と所有の数は毎年増加するばかりか、ガソリンを大量に消費し排気量も極めて大きな超大型の自動車の率は、特にアメリカでは、増えるばかりである。1997年に150ヵ国が京都議定書で採択された内容は、2010年までに1990年のレベルから地球温室化のガスを5％減らすというものだった。環境維持には60〜80％減少が必要であり、したがってこの5％という率は10分の1にも達しないのだが、それでも各国の議会でこれが批准される可能性はほとんどない。

ここでもう1つ考えねばならないことは、中国とインドの20億人の人口全部が、現在のアメリカの自動車所有率——ほとんど1人1台に近い——で自動車を持つようになるとすると、その排気ガスに地球が耐えうるかという質問である。返答はおそらく否であるが、先進国が自分の欲求をすでに満足させてきた以上、中国、インドの市民に同じ権利を否定することは、倫理的、法的に、また実際的にも不可能である。しかし地球環境の重大危機も疑いようはない。このパラドックスを解くためには、アメリカをはじめ先進国が自動車の使用を大幅に切りつめるか、化石燃料以外のエネルギーで走る自動車を普及するしかないと思われるが、その実現は当分考えられない。一方米欧日の自動車メーカーは中国とインドのマーケットの拡大に非常な努力を払っている。

❸——地球化経済と地球文化主義

自由貿易が各地域の特産物を相互交換することによって全体的な効率を上げうるというその原理はおそらく否定できないだろう。ただたいていの場合、自由貿易は事実上「自由」ではなく、強者が弱者を制御し、貿易を自由と保護の間で気ままに操作し、利益を独占するというのが現実なのであり、互恵的な思考がグローバリゼーションと共存するとは想像し難い。保守的な1990年代を通して、先進国の知識層は、極めて少数の批評家や経済学者を除いては、この企業中心の体制を不可避と見なしてそこに自分自身にとっての好機を見いだして、「地球化経済」を条件付きではあっても、支持するのが大部分であった。

また少なくとも先進国の間では、グローバリゼーションは偏見や地域的な感情にとらわれないコスモポリタニズム、世界文化主義、と考えられているのも事実である。芸術家や知識階級の人達や学生たちの世界旅行が、普通の日常生活の一部となりきった現在、世界旅行こそグローバリゼーションであり、世界の消費文化こそ、地球文化だという安易な誤解を起こしやす

表9-1 ●主要国における化石燃料消費による二酸化炭素の放出量と将来予測 ［単位：100万メトリック・トン］

国名	1994年	1998年	2005年［予測］	2010年［予測］
アメリカ	1,418	1,504	1,690	1,809
イギリス	155	155	168	177
インド	190	232	300	351
カナダ	135	148	158	165
韓国	96	101	128	144
中国	768	765	889	1,131
ドイツ	230	237	246	252
日本	299	300	324	330
ブラジル	71	88	108	139
フランス	97	110	116	120
メキシコ	90	105	124	145
ロシア	477	398	［NA］	［NA］
世界総計	5,913	6,198	7,015	7,835

●出典｜U. S. Energy Information Administration, *International Energy Annual, 1999* および *International Energy Outlook, 2001* に基づく。
●注｜①石油，天然ガス，石炭の消費および天然ガスの燃焼による二酸化炭素の放出を含む。
②［NA］は，データなし。

い。しかしグローバリゼーションとは，文化やスタイルの問題ではなく，その底にある経済と政治面での軋轢を無視することはできない。文化やスタイルとしての地球化は，多国籍企業活動に何らかの形で参与しているかぎられた人たちの間でのみ可能であり，取り残された世界の大多数の人たちを常に心にとめるべきである。

E──反グローバリゼーションの動き

グローバリゼーションに反対者もないわけではない。経済学者，文化評論家，労働組合にかかわる知識層，学生，環境主義者の間に多少数えられるが，そうした人たちの間でも組織的で明確な計画が今構成されているとは考えられない。例えば，超国家，脱国家経済に反対するためにはどのような規制システムを考案できるだろうか。

1つは国家政治経済制度の再建であり，そのために国家権力の再強化，またそのために必要な国家文化の復活が考えられる。しかし過去2世紀にわたる先進国家の，国家体制行使の歴史を考えれば，望ましくない点が非常に多いのではないか。国家組織は数多くの途上国で今なお重要な機能を果たすが，先進国の間ではいろいろな難問を提出するのではないか。

今世界で活力をみせている集団運動は宗教原理主義だ。地球化経済による地域精神や地域文化喪失への不満と反対であると通常考えられている。特にイスラム原理主義が注目を集め，モロッコからインドネシアにわたる広大なイスラム圏が欧米日の世俗的資本主義に反抗する精神的なより所を探索していることは事実といえよう。また，宗教原理主義はイスラム教にかぎるわけではない。ユダヤ教正統主義やキリスト教原理主義はその批判と分析よりも，信仰と伝統

を強調することからいっても，イスラム原理主義に十分比較できるものだ（アメリカの再洗礼原理主義(ボーンアゲイン)の広がりは普通外国で考えられるよりはるかに強く，大きいものだ）。しかしそうした原理主義は経済的にも政治的にも，地球化経済と社会に対抗できる知的な基盤を提供できるだろうか。また宗教原理主義と，後期資本主義との本質的な密着をどう説明できるのか。むしろ，アメリカの再洗礼原理主義の場合特に明らかなように，それは資本主義の一面でしかないのではないか。不満ではあっても，対抗組織へと成長することは不可能なのではないか。

後期資本主義の一部であるグローバリゼーションはもちろん歴史の終焉を意味しない。歴史はここから先も大きなうねりをみせながら，新しい局面に移っていくことだろう。そのただ中でわれわれは模索を続けるところである。しかし貧富の差と環境問題はいつまでも無期に決断を先送りし続けることはできない。地球と，世界のすべての人間を含めた全体との統合，つまり真のグローバリゼーションを考えるときはすでに到来しているのではないか。

2001年9月11日の世界貿易センターへの自爆テロ（9.11テロ）は，グローバリゼーションの過程を突如として複雑化した。アメリカの経済軍事力が世界一であることはもちろんだが，その国内総生産（GDP）は第2位の日本の2倍であり，軍事予算の巨大さは，軍事費2位から10位までの9ヵ国の予算の総計を上まわる。この史上前例のない権力独占は，世界平和と福祉の貢献にまたとない機会と責任をアメリカに与えうるものだが，しかし同時に，誰にも制御しようのない軍事経済力の独走を——少なくとも論理的には——可能にする。

事実イスラム原理主義過激派のアル・カイダによるテロリズム抹消を名目として，ブッシュ政権は大規模な石油政策を拡大し，十分な説明もないままに，イラク侵攻が当然の義務かのような発言を続け，2003年春には，ついに開戦に踏みきった。2002年春までは，これを批判する声は，国内では与党の共和党はもとより，野党の民主党からも，さらにはメディアからもほとんど聞こえなかった。しかし共和党タカ派が強引に押し進める戦争計画は決して世論を代表しているわけではない。反対の声はアメリカの内部でも——共和党の内部からさえ——次第に高まっている。一方世界全体では，イスラエルを除き，アメリカの伝統的同盟国であるヨーロッパ諸国においても，批判と反対でほとんど一致している。

グローバリゼーションが，アメリカを含めて国民国家形態の衰退を意味するという分析は，9月11日後の現在でも，改訂の必要はまったくない。しかしアメリカの資本に動かされている軍事政策が，国際資本のグローバルな枠組みの中で，どう関連しているかは，興味深いばかりではなく，緊急な問題である。アメリカの内外を問わず，世界一般市民の利害が，グローバリゼーション経済からも，米国の軍事政策からも，切り離され無視されていることはいうまでもない。環境問題から考えても，平和福祉問題から考えても，世界の中で真に民主的な地球化を実現するには世界全体の市民が，批判と反対を続けることが絶対に必要である。

■さらに知りたい場合には

賀来弓月『地球化時代の国際政治経済——情報通信化革命と運輸革命の衝撃』中公新書，1995.
　［一般の読者にも平易，公正な点でよい入門書。］

Chomsky, N. *Profit over People: Neoliberalism and Global Order*. Seven Stories Press, 1998.
　［グローバリゼーションを，彼特有の広範で

明確な視点から，政治的問題として扱う。]
Harvey, D. *Justice, Nuture and Geography of Difference*. Blackwell, 1996.
　［グローバリゼーションと環境の問題を理論的に論じる。］
Jameson, F. and M. Miyoshi eds. *The Cultures of Globalization*. Duke Univ. Press, 1998.
　［約20人の世界各国の学者がグローバリゼーションと文化との関連を論じる。］
Stiglitz, J. E. *Globalization and Its Discontents*. W. W. Norton, 2002.
　［世界銀行に所属し，ノーベル経済学賞を受けたコロンビア大学の学者でありながら，経済主流の支持するグローバリゼーションを烈しく批判する。］

10 | ラテンアメリカから見た米国
The USA through Latin American Eyes
山崎カヲル

アメリカ合衆国をラテンアメリカから見ることは，決して容易とは言えない。ラテンアメリカといっても，多様な人々の集合体であり，それをひとくくりにするのは少々乱暴にすぎる。また，このテーマはこれまで，主に外交史，経済史，国際関係論といった領域において議論されてきたのだが，近年では，ポスト植民地論，サバルタン（従属集団）研究，雑種性（hybridity）論等の，新しく登場した理論の影響のもとで，かなり大きな理論的パラダイムの切り替えが急速に進行している。したがって，極めて流動的な研究状況が生まれているため，簡単な要約を許さないのである。それらについては議論の中で若干の言及をするが，ここではまず，与えられたテーマに必ずまとわりついてくる2つの基本的な困難を指摘しておきたい。その第一は「アメリカ」という名称にかかわり，第二はラテンアメリカという形象にかかわる。

A──「アメリカ」とは何か

❶──アメリカ＝米国ではない

第一の問題については，まず，1つの歴史的エピソードから始めよう。

クリスマス近くになると鮮やかに赤くなった葉で私たちを楽しませてくれる観葉植物のポインセチア（Euphorbia pulcherrima）は，メキシコではノーチェ・ブエナ（クリスマス・イブ）という名前で呼ばれている。それがポインセチアとして知られているのは，独立直後のメキシコ国内政治の混乱に深く介入したために1830年に放逐された，米国の政治家・外交家ジョエル・ポインセットが，帰国後に自分の名前をつけて喧伝したからである。メキシコで出されたポインセットの伝記は，彼がメキシコ皇帝になる可能性もあったことに触れながら，彼の名前が美しい花につき，メキシコという国につかなかったことを「残念でした」と皮肉っている。

ポインセチアは例の1つであって，もともと名付けとは，ニーチェを持ち出すまでもなく，はっきりとした支配の身振りの一部である。ラテンアメリカ研究者としては，アメリカという固有名詞が，なぜ強大ではあっても，アメリカ大陸の一部にすぎない国家によって独占されているのかを真剣に問いつめることから，問題を考え始めざるをえない。

おそらくこの事典においても，ほとんどの執筆者は「アメリカ合衆国」(the United States of America)を「アメリカ」と呼び書くことに，なんの違和も感じないであろう。それは日本だけの慣習ではない。米国（以下では「アメリカ合衆国」を便宜的に米国と表記する）の多くの研究者も，自らの国を「アメリカ」と表記

することを当然視している。しかし，その「アメリカ」は，アメリゴ・ヴェスプッチの名前を冠された地域では本来ないし，ましてや例えば19世紀初めに「解放者」シモン・ボリーバルがスペインからの解放闘争において，さらにはその後において作り上げようとした「アメリカ」でもない。ボリーバルにとって「アメリカ」とは何よりもまず，イベリア半島の長く続いた植民地支配から脱却するために戦っている南米諸地域であり，そこにおける希望や夢の総体を指していたからである。そして，19世紀初めに展開されたラテンアメリカの独立運動にあっては「アメリカ合衆国」の独立革命も，その不可欠な一部だと意識されていたのである。トマス・ペインやベンジャミン・フランクリンは，ボリーバルの「アメリカ」の不可欠な構成要素であった。フランスの啓蒙思想と米国の独立思想とを糧として成立したそのような全大陸を覆う発想を，歴史家のジョン・リンチは「アメリカ主義」（Americanism）と呼んでいる。独立闘争の過程で，米国は輝かしい先駆者であり，その共和主義や連邦主義は，ラテンアメリカ各地で多大な共感を呼んでいた。

❷——帝国としての米国

しかし，やがて「モンロー・ドクトリン」が発表され（1823），次いでテキサスが擬似的な「独立」の後に米国に併合されるという歴史の中で，北の「アメリカ」に対する警戒の念が高まってくる。19世紀半ばになると，メキシコは対米戦争での敗北の結果，グアダルーペ・イダルゴ条約（1848年）によって国土の半分を割譲させられた。また，米国人ウィリアム・ウォーカーはメキシコやニカラグアにおいて，いくつもの病的な冒険を行い，米国の介入を促した。そして米国政府の中から，プエルトリコやキューバへの露骨な野心表明が繰り返される。

このような態度はラテンアメリカにとっては，もはや懸念すべきものという範囲を越えたのである。19世紀後半には，米国に対する明確な敵意がラテンアメリカ中に広がる。キューバにおける独立闘争の指導者だった詩人のホセ・マルティは，1891年の有名なエッセイ「われらのアメリカ」（Nuestra América）において，隣人である北アメリカが，「われらのアメリカ」に無知であり，その南への侮蔑こそが「われらのアメリカの最大の脅威」だと指摘している。彼の不安は米西戦争と，キューバの軍事占領によって的中する。キューバにとって米軍による占領は，独立運動の圧殺でもあった（現在もこの占領の継続として，キューバではグアンタナモに米軍が駐留している）。

実際，19世紀後半から1930年代までの米国は，カリブ地域，メキシコ，さらには中米諸国にとっては，常に領土的・経済的・政治的な野心を隠すことのない帝国であった。そのような野望は，現在も続いていると受け取られている。第2次大戦後，米国はドミニカやグレナダやパナマに軍事侵攻を行ったし，直接的な軍事的介入だけでなく，チリでは軍部クーデタ（1973年の，これも9月11日に起こった出来事である）を画策して，アジェンデ政権を倒した。また，ニカラグア，エルサルバドル，グアテマラでの長く続いた内戦（それは悲惨な流血を生み出してきた）の背後に，米国政府と米軍の密かな参加があったことを，誰も否定できないであろう。チリやアルゼンチンの軍事政権を支えたのは，かつてはパナマにあり，今では米国ジョージア州フォートベニングに移っている米州学校（名称も西半球安全協力研究所に変わっている）で対ゲリラ戦や低強度戦争を学んだ，ラテンアメリカの軍人たちであった。ときおり，帝国としての米国は1930年代で終わったかのような記述を見受けるが，これは西半球に限定しても，およそ正確ではない。

❸──愛憎が混じり合う対米感情

　米国はいぜんとして多くのラテンアメリカ人には，帝国主義として意識されているのである。「ヤンキー帝国主義」(imperialismo yanqui) ということばは，決して過去に属してはいない。米国自体がしばしばそのことを，露骨に認めている。例えば，米国海兵隊の賛歌は，いまだに「モクテズマの宮殿から」という歌詞から始まっている。これはアメリカ＝メキシコ戦争において，ベラクルスに上陸した米国海兵隊が，ついにはメキシコ市の大統領宮殿を占領したときの「勲し」を歌ったものであるが，それはほとんどのメキシコ人には歴史の屈辱的な一こまなのである。この賛歌がいまだに海兵隊の「栄光」の一部とされているかぎり，米国が侵略者の側面を保持していると見なされざるをえない。

　ラテンアメリカから見れば，アングロ＝サクソンのアメリカはアメリカの一部だとさえ認めたくない歴史をもつ国なのである。米国人が日常においては，「ヤンキー」あるいは「グリンゴ」と呼ばれ，決してアメリカ人とはいわれないことを，私たちは軽視すべきではない。

　政治や軍事だけではない。近年では，ミルトン・フリードマンたちの自由主義経済学が，ラテンアメリカのほとんどの国で企業家やテクノクラート官吏層に採用されて猛威をふるっており，伝統的な社会政策が次々に破棄されている。このことが，貧しい人々の間での反米感情を高めている。北米自由貿易協定 (NAFTA) のような自由貿易体制への移行も，米国産の安価な農産物や工業製品の大量流入を促進して，失業率を高めている（逆に米国内では，国外への工場移転による失業も発生しており，事態を複雑にしているが）。

　もちろん，反米感情や米国への断罪だけしかないわけではない。とりわけ経済と文化との両面において，米国が発揮している圧倒的な力は，反発と同時に強力な魅力となっている。このため，ラテンアメリカの対米感情は深く両価的であって，カルロス・ランヘルのようにそれを文字通り「愛-憎関係」だと呼ぶ人もいる。ラテンアメリカ社会のいたるところで観察される反米の身振りは，「ヤンキーは国に帰れ，そのさいには私を連れてって」(Yankees go home and take me with you) という屈折した表現とともにしか考えざるをえないのである。

　さらに，かつては多くヨーロッパに留学していた上流階級の子弟が，今では米国の大学や大学院で教育を受けるようになっており，彼らは流暢に英語をしゃべり，ほとんど反米感情をもたない。また，音楽，映画，服装，食生活等の文化領域においても，米国で発信されたものが広く大衆的に受け入れられている。プロテスタント諸宗派を信じる人々の数もしだいに増えており，カトリシズムの伝統的な牙城は崩れつつある。日常生活の米国化は，実際驚くほどの勢いで進行中である。米国とラテンアメリカとの間にこれまで想定されてきたくっきりとした対比は，もはや消滅し始めている。

B──ラテンアメリカの解体

❶──ラテンアメリカに実態はあるのか

　第二の問題は，もう少し複雑である。

　リオグランデ川以南，ティエラ・デル・フエゴに至る広大な地域（カリブ海をも含めて）を，私たちはラテンアメリカと呼ぶ（中南米という名称は，メキシコが地理学的には北米に属するために適切ではない）。確かに，若干の例外を除けば，そこには歴史的にスペインとポルトガルに侵略され，長くイベリア半島の植民地支配のもとにあったという記憶，そしてこれら

❶左｜サパティスタ蜂起を率いたマルコス副司令官
❷右｜蜂起にあたって空に向けて発砲するサパティスタの兵士たち［メキシコ南部のチアパス州にて、1994年10月］

宗主国から独立を勝ち取ったという記憶が共有されており，さらに，植民地時代から引き継いだ言語や宗教等の共同基盤が存在する。それに対して「アングロアメリカ」は，アングロ＝サクソンを基本にした，異なった宗教・言語・文化の持ち主であり，それらによって「ラテンアメリカ」とはっきりと異質だと見なされてきた。加えて，経済・政治・軍事・文化における圧倒的な格差が，リオグランデの北と南を明確に分断しているとも言える。

とはいえ，目下私たちラテンアメリカ研究者がかかえている最大の問題の1つは，ラテンアメリカという統一された「実体」（entity）を，北米帝国主義に対する闘争を度外視することなく，どう解体するか，という点にある。ラテンアメリカは基本的には19世紀初め，ガチュピン（イベリア半島生まれのスペイン人）の支配に対するクリオージョ（新大陸生まれのスペイン系人口）の闘争の結果として独立した。「アメリカ主義」といっても，それはまずもってクリオージョの大陸規模での連帯のしるしであって，多くの場合，先住民やアフリカ人，さらには一般にカスタと呼ばれた多様な混血人口は，存在を無視されていた。独立の過程で，彼らの存在はほとんど無視され，その後の「近代化」においても同様であった。とりわけ先住民はまさしく「見えない人間」として扱われていた。彼らが同国人として社会的・政治的に意識され，深刻な議論の対象になるには，例えばメキシコでは1994年のサパティスタ蜂起が必要であった。

今ではこれらサバルタン（従属的）な人々に注意がそそがれるようになり，それにともなって，ラテンアメリカという統一した観念を支えてきた制度や思想の全面的な再検討と，内部にある差異をあらためて確認する作業が始まっている。ラテンアメリカはもとより，メキシコやペルーといった統一性でさえも，批判的な検証にさらされている。そして，そのような検証のおかげで，「アングロアメリカ」と「ラテンアメリカ」という外的な差異の強調が果たしてきた抑圧的な役割も明らかになりつつある。この強調は，内部を均質化する作用を通じて，極めて多くの人々の希求や願望を押しつぶしてきた。もはや「ラテンアメリカでは……」という語り口そのものが困難な時期になっている。このため，与えられた「ラテンアメリカから見た米国」というタイトルは，今では簡単には成り立ちにくいのである。

❷──エスニックの混合が崩す地域区分

これと関連して，「アングロアメリカ」というまとまりも，近年のチカノ研究あるいはラティーノ研究の進展の中で，異なった姿をとるようになってきた。例えばアルフレド・アルテアガのようなチカノ批評家にとっては，米国は「アングロアメリカ」と等置されるものではな

❸米国とメキシコを隔てるリオグランデ川

く、「アングロ」のヘゲモニーのもとにあるにしても、その他者であるチカノ、ラティーノ、インディアン、黒人、アジア人たちを不可避的に含むものである（このうちヒスパニック系人口は米国人口の10％近くを占めており、特にカリフォルニア、テキサスの両州とニューヨーク、さらにはフロリダに集中して高い出生率を示している）。つまり、ラテンアメリカだけでなく、米国もまた、深く内的に多様なのである。「ラテンアメリカから見た米国」という場合、私たちはどの米国を対象にすべきなのであろうか。

はっきりとしているのは、ラテンアメリカから見る米国像は、これからは従来のヘゲモニー的な大枠を、両者の中にある微細で数多い反ヘゲモニーの動きを考慮しながら再検証し再構築する過程でしか描きえないということである。今まで確固としてあると了解されてきた対比あるいは比較の基準線が、今では崩れ始めている。大きな物語だけでなく、大きな地域単位も成り立たない世界を前提にするという態度がラテンアメリカ研究では広がっており、そこから紡ぎ出される議論は、米国やラテンアメリカがこれまで広めてきた神話に挑戦的に働くのである。

確かに、リオグランデ川は南北2つのアメリカを隔てる非対称的で象徴的な境界線であり、米国はそこに今ではほとんど軍事的な壁を築いて、厳しい警戒を行っている。しかしながら、その両側では国境警備隊や鉄条網によってはとうてい防ぐことのできない緻密な流通が実現している。そこから生まれてきているハイブリッドな文化は、カリブ地域におけるクレオール文化とともに、現在最も活発な流れの1つをつくっている。その一例として、メキシコ系のレズビアン・フェミニスト詩人であるグローリア・アンサルドゥーアを取り上げてみよう。彼女は8つの言語を話す。それは標準英語、労働者のスラング英語、標準スペイン語、標準メキシコ系スペイン語、北メキシコのスペイン語方言、チカノ・スペイン語、テクスメックス語、それにパチュコという独特なスペイン語である。このような多言語を駆使して彼女の詩は書かれている。彼女は国境地帯に住む人々、国境の両側に引き裂かれたアイデンティティをもつ人々、まさしく交差点である人々のひとりなのである。「ラティーノ」でもなく「アングロ」でもなく、しかしその双方でもあるという、アンサルドゥーアのような人々は、自らが生きているハイブリッドな状況に苦しみながら、しかしそれを積極的に生きようとしている。アンサルドゥーアから見れば「ラテンアメリカから見た米国」というテーマは、日本の私たちが立てるものとはまったく別個の色彩を帯びて現れるはずである。

ともあれ、チアパス州の叛乱するマヤ系農民、ボゴタのストリートチルドレン（ガミンと呼ばれる）、モンテビデオの上流階級、リオデジャネイロの労働者といった多様な人々が、すべて同じ米国観をもっているわけではない。そのような差異が、少なくとも前提されてからでないと、何も始まらない。同様に、テキサスの成功したメキシコ系米国人、ロサンゼルスの貧

米国本土攻撃の先駆け,パンチョ・ビジャ

2001年の9.11テロのさい、私はメキシコにいたが、その直後、面白いテレビニュースが流れた。あるアナウンサーが「米国本土を直接攻撃したのは、彼らに先駆けてわがパンチョ・ビジャ将軍だった」とコメントしたのである。

ビジャ将軍とはメキシコ革命の過程で、北部軍団を指揮したフランシスコ・(パンチョ・)ビジャのことである。髭面で、太ったからだに弾帯をたすきにかけ、陽気で残忍、ソンブレーロの下で高笑いする悪党のメキシコ人は、これまで西部劇の中に数え切れないほど登場してきている。そのイメージの原形を提供したのは、このパンチョ・ビジャであろう。

1916年1月末、彼は400名の精鋭部隊を率いて突然リオグランデ川を越え、米国南部の各地を荒らしまわったあげく、3月9日にはニューメキシコ州コロンバスの町を攻撃した。このいわゆるコロンバス襲撃は、メキシコのナショナルな記憶の中にしっかりと記銘されている。これは、1812年の英米戦争以来、という限定つきではあるが、確かに米国が本土においてこうむった初めての攻撃だった。

ビジャは本名をドロテオ・アランゴといい、メキシコ北部のドゥランゴ州で1878年に生まれた。貧しい農民の出身で、一時期は匪賊団に入っていたこともある。1910年にメキシコ革命が始まると、彼は革命軍の指揮者として急速に頭角を現し、やがて北部軍団の司令官になる。

革命ののろしを上げたマデーロ大統領が、1913年2月に反動的なウエルタ将軍のクーデタで倒されると、ビジャはやはり北部で叛乱を起こしたカランサとともに、反ウエルタの旗を掲げて戦うことになる。

ビジャと米国との関係は、はじめは悪くはなかった。成立したばかりのウィルソン政権はウエルタを嫌い、米国の利権を保証するかぎりで、北部の叛乱に支援を与えており、特にビジャと友好的だった。ビジャにしても、革命派の中では最も親米的だったといえる。それに米国からの武器購入が決定的に重要だったので、米国とはトラブルを起こしたくなかったという事情もあった。

❹フランシスコ・ビジャ

しかし、彼は尊大な大地主のカランサとそりが合わず、やがて対立するようになる。そのうえ、15年春にビジャはカランサ派のオブレゴン軍によって軍事的な大敗北をこうむり、ウィルソンは最終的には彼を見放して、同年11月にカランサ政権を公式に承認する。カランサによる攻勢の背後に米国がいる、というのがビジャの判断で、コロンバス襲撃に至る侵攻はそのために行われたのである。

ビジャの米国侵入は、独立以来の歴史のなかで、軍事的に米国にかなうことがなかったメキシコが、それで一矢を報いたとして、ナショナルな叙事詩の一部になっている。

「わがビジャ将軍」を口走ったメキシコのテレビ・アナウンサーは、それによってメキシコ人の記憶の中に長らく堆積してきている怨念の一端を、端なくも明らかにしたのである。9月11日の自爆攻撃は、米国では日本の真珠湾攻撃の記憶と重ねられた。だが、メキシコではまるで別個な記憶が掘り起こされた。

メキシコの作家カルロス・フエンテスはある小説(『私が愛したグリンゴ』安藤哲行訳、集英社)の中で、パンチョ・ビジャに「どうして一度くらい連中を侵略してはいかんのだ、侵略されてどんな気分かわからせてやるために?」と語らせている。連中とはもちろん、米国人のことである。

[山崎カヲル]

しいグアテマラ系米国人，ニューヨークに住むエイズにかかったプエルトリコ系の米国人のラテンアメリカ観は，「アングロアメリカ」の主流である人々のそれとは大きく異なっている。南北2つのアメリカはこのように，お互いの雑多な内部の中から，従来とは違った交流をつむぎだしており，そこから生まれ始めているものは，「アングロアメリカ」と「ラテンアメリカ」という区別の解体方向に進むであろう。

■参考文献

揚井克巳『アメリカ帝国主義史論』東京大学出版会，1959.

Kaplan, A. and D. Pesse, eds. *Cultures of United States Imperialism*. Duke Univ. Press, 1993.

Langley, L. D. *America and the Americas: The United States in the Western Hemisphere*. Univ. of Georgia Press, 1989.

Rangel, C. *Latin Americans: Their Love-Hate Relationship with the United States*. Harcourt Brace, 1977.

■さらに知りたい場合には

Gilbert M. J., et al. *Close Encounters of Empire: Writing the Cultural History of U. S.- Latin American relations*. Duke Univ. Press, 1998.
［米国とラテンアメリカの関係を，国際関係論や外交史とはまったく異なった視角から分析した刺激的な論文集。］

Antonia, D. A. and R. D. Torres, eds. *The Latino Studies Reader*. Blackwell, 1998.
［米国の内部にあるラテンアメリカの多様なあり方を伝えてくれる基本的なテキストの1つ。］

11 イスラムから見たアメリカ
The USA from the Islamic Perspective

宮田 律

21世紀に入り，9.11テロ事件以降立て続けに起こったアフガン戦争，イラク戦争によって，アメリカとイスラム世界の亀裂は決定的なものになりつつある。しかし，これまでイスラム世界とアメリカは常に反目していたわけではなかった。第2次世界大戦以前，この地域への帝国主義的進出を図った英仏に比して，アメリカは好感すらもたれていた。ところが，戦後，アメリカは明確な親イスラエル政策を打ち出す一方，レバノンやリビアに軍事介入を行うなど，イスラム世界でのアメリカ外交姿勢に対する不信感はしだいに強まっていった。そして湾岸戦争の勃発によってその反米感情は決定的なものとなる。現在，両者の関係はアメリカの軍事的圧力に対する過激派のテロリズムという暴力的な応酬にまでエスカレートしている。ここでは，冷戦以降，アメリカ国内でユダヤ系ロビイストや，「新保守派」「クリスチャン・シオニズム」等の勢力が，対イスラム政策にいかなる影響を及ぼしているのか，またそうした政策をイスラム世界ではどのように捉えているのかを見てゆく。

A──イスラムの国際関係観とアメリカ

イスラム世界の対米感情が曇ったのは，第2次世界大戦後のことである。その1つの重要な背景には，アメリカが，イスラム世界に干渉したり，あるいはイスラムの聖地であるエルサレムを占領し，ムスリム同胞であるパレスチナ人を軍事的圧力のもとに置くイスラエルを支援したことなどがあった。これらの行為は，イスラムの宗教感情からは容認できるものではない。

サダム・フセインのクウェート侵攻や，イスラム過激派のテロはあったが，本来，ムスリム（イスラム教徒）には，正しい社会を実現する手段として，「剣」よりも，「心」や「ことば」を用いることが求められている。ムスリムは，不義を正すために自らの富と生活を絶えまなく捧げることが義務付けられた。また，イスラムではムスリムに不義をしかける者に対する戦いは認めるが，侵略行為は厳に戒めている（『コーラン』第2章190節）。

イスラムで考えられる世界平和は，このようにイスラムの価値基準に基づいて図られるものなのである。イスラムと他の文明社会との共存は，イスラムの信仰の自由，イスラムの伝道に対する不可侵，また世界において包括的な正義の実現があって初めて可能になる。こうした考えは，近年特にいわゆる「イスラム原理主義者」と呼ばれる，イスラムによって政治，社会，経済の改良を考える人々によって提唱されているが，一般のムスリムにも広く共有されるものだ。

アメリカやイギリスは，湾岸戦争，また同時

多発テロ後のアフガン戦争，さらにはイラク戦争で，イスラムで特に配慮を求める「寡婦」や「孤児」を大量にもたらした。アメリカなど他の文明社会が不公正なことをイスラム世界に対して行い，イスラムの信仰を侵しているという思いも，ムスリムの苛立ちを増幅させている。

「イスラム」ということば自体が本来「平和」を意味するように，イスラムは寛容で，非暴力的な宗教である。イスラムは本来政治の多元主義を認め，またイスラム世界では，戦争よりもむしろ平和的交渉によって非イスラム世界との政治的解決を図ったケースのほうが歴史的には多かった。第2次世界大戦後のイスラム世界とアメリカの関係は，イスラム世界に対するアメリカの軍事介入，またイスラエルに対する支援，さらに抑圧的な政治を行い，また政治腐敗が見られるイスラム諸国政府に対する援助などの要因によって，イスラム世界のアメリカへの反発を生み，2001年9月11日のテロの背景となった。ムスリムから「不公正」と見られるアメリカの対イスラム世界外交が，イスラム過激派のテロや，ムスリムの大衆レベルでは根強い反米感情となって現れている。

B——イスラエルの擁護

アメリカとイスラエルの「特殊」ともいわれる親密な関係は，イスラム世界のアメリカへの強い反発を招いてきた。国連安保理や国連総会でイスラエルに対する非難決議が出されるたびに，反対票を投じたり，棄権したりするなどパレスチナ問題でアメリカがイスラエル寄りの姿勢をとるのは，特に国内政治の要因が大きい。アメリカのユダヤ系社会は，AIPAC（アメリカ・イスラエル公共問題委員会）などロビー活動を通じてアメリカ外交，とりわけその対中東政策に大きな影響を及ぼしてきた。ユダヤ系ロビーはアメリカの政治システムを熟知しているといえ，議員たちの議会での投票行動を監視し，イスラエルに敵対的な議員が選挙で敗れるように，その対立候補に選挙資金を重点的に供与したり，またイスラエルに友好的な主張を行う候補に対して政治献金を提供したりしてきた。

勤勉で教育熱心なユダヤ人は，知的な職業に就くことが多く，医師，弁護士，ジャーナリスト，大学教員などの職種にはユダヤ人が多く進出している。とりわけ，マスコミでは『ニューヨーク・タイムズ』『ワシントン・ポスト』など有力紙にユダヤ系の記者が多く，米国の世論形成に大きな影響を及ぼしていることは明らかである。こうしたアメリカの政治・社会の仕組みによって，アメリカの対中東政策は，イスラエル寄りに展開せざるをえない。

選挙におけるアメリカのユダヤ系社会の投票率は，他のエスニック・コミュニティーに比較して明らかに高い。1992年にユダヤ人はアメリカの総人口の2.4％を構成していたにすぎないが，ユダヤ票は総投票の4％を占め，またクリントン候補の得票のうち6.4％から7％を構成した。また，ユダヤ人は，カリフォルニア，イリノイ，ニューヨークなど大統領選挙人の数が多い重要な州に人口が集中しているため，選挙の帰趨を決定するうえでユダヤ票の獲得は極めて重要となる。このように，クリントン政権の誕生がユダヤ社会支持のうえに成り立っていたことは明らかであり，それはゴア副大統領の「アメリカは平和への揺るぎないパートナーとして，イスラエルに絶対的な支持を与える」（1994年3月13日，AIPAC第25回年次大会）という発言にも表れた。

92年の大統領選挙でクリントン候補はその選挙運動資金の60％をユダヤ社会から受け取ったと推定されているが，このためクリントン

候補は選挙期間中，親イスラエル的な発言を繰り返し，エルサレムはイスラエルの永遠の首都であるとまで言い切った。

特にクリントン政権に見られる親イスラエルの政策は，中東における明白な「二重基準」となって現れる。例えば，核不拡散条約（NPT）についてアメリカはイスラム諸国に対して条約の批准を更新するよう圧力をかけるが，イスラエルについてはこのようなアメリカの圧力は見られない。湾岸戦争後イラクに対して国連を通じた査察を繰り返してきたアメリカは，核兵器保有の疑惑があるイスラエルに対しては微塵もそのような姿勢を示さない。

また，2代目ブッシュ政権の「新保守派」と呼ばれる勢力は，特に国防総省の中枢にいて，ポール・ウォルフォウィッツ国防副長官，ダグラス・ファイス国防次官，リチャード・パール国防政策委員会委員長などユダヤ系の人々が国防政策を担うようになった。ブッシュ政権がイラクの核兵器など大量破壊兵器の武装解除に前向きになったのは，イスラエルの安全を高めようとする意図もその背景にあった。

しかし，こうしたイスラエルを擁護しようとするアメリカの姿勢は，イスラム世界との関係においてたえずジレンマを生み出してきた。例えば，1973年の第4次中東戦争におけるアメリカのイスラエルに対する支援は，湾岸のアラブ産油国によるアメリカへの石油禁輸になったし，またアメリカとイスラエルの「特殊関係」は，98年8月のオサマ・ビン・ラディン・グループによるアメリカ大使館爆破事件や，2001年の同時多発テロ事件に見られたように，アメリカ人やアメリカの関連施設に対するイスラム過激派のテロの要因になるなどアメリカの安全保障にとって危険なファクターでありつづけている。

C――キリスト教原理主義の影響

このような政治・社会的要因のほかに，アメリカがイスラエルを支持する宗教的背景としてクリスチャン・シオニズムのイデオロギーがある。アメリカの福音主義者の中には，ユダヤ人のパレスチナへの帰還と，イスラエルの建国をキリスト再臨の予兆と見なし，これを歓迎する人々がいる。彼らの思想は「キリスト教原理主義」とも呼ばれているが，このキリスト教原理主義者の中には，レーガン元大統領も含まれ，その政権の親イスラエルの姿勢には，クリスチャン・シオニズムのイデオロギーがあったことが指摘されている。

2代目ブッシュ政権になって，このキリスト教原理主義者は，共和党保守派や，新保守主義者と呼ばれる勢力と強い結び付きをもつようになり，それがアメリカによるイラク攻撃の重要な背景になったといわれている。

このクリスチャン・シオニズムの唱道者であるジェリー・フォールウェルは，クリスチャンはユダヤ人とイスラエルを支持する義務があり，神がアメリカを祝福するのは，アメリカがユダヤ人を祝福するからであると主張する。フォールウェルによれば，それに対してPLO（パレスチナ解放機構）はイスラエルを見放すようアメリカを脅迫する殺人者であり，またアラブ諸国は全体主義的価値を受け入れ，アメリカの基本的生活様式を否定し，民主的なユダヤ・キリスト教的伝統とはかけ離れた価値観をもっている。また，フォールウェルは，イスラエルの地理的範囲を，ヨルダン，シリア，イラク，そしてエジプトの大部分を含むナイル川からユーフラテス川に至る地域と考える。このようなフォールウェルの思想や活動に対して，イスラエルのメナヘム・ベギン政権は，1980年

にウラジミール・ジャボチンスキー（修正シオニズムの創始者）賞を与えた。

クリスチャン・シオニズムは，アメリカで成長した宗教イデオロギーであり，ヨーロッパでは意識されることはあまりない。クリスチャン・シオニストたちはイスラエルを支援することでキリストの再臨を早めることができると考えるが，そのため彼らのイデオロギーでは，パレスチナはユダヤ人によって支配されていた方が都合が良いことになる。クリスチャン・シオニズムは，ユダヤ人を民族として解放し，また国家として復活させることを考え，ユダヤ民族が自由にならないかぎり，人類はその過ちを際限なく繰り返していくであろうと訴える。

このように，アメリカ社会の中には，クリスチャン・シオニズムの考えに影響され，それを支持するキリスト教原理主義者たちが少なからずいる。こうしたクリスチャン・シオニズムのイデオロギーが今後もパレスチナ問題に関してアメリカに親イスラエルの政策をとらせる1つの重要な要因としてありつづけることは間違いなく，アメリカの対中東政策に二重の基準をもたらす可能性は大きい。アメリカのキリスト教原理主義者は南部を中心に300万人（自称700万人）の信徒を抱えているといわれている。クリスチャン・シオニズムの考えはアメリカの対イスラム世界政策政策決定において見過ごせぬファクターであることは間違いない。

2代目ブッシュ政権になって，「新保守主義」を掲げる勢力は，クリスチャン・シオニズムの考えをもつキリスト教原理主義者たちとの連携を深めるようになった。キリスト教原理主義者たちは，経済的には富裕で，共和党保守派に強い影響力がある。さらに，テキサス州出身のブッシュ大統領の周辺にもこうした福音主義者たちが配置されるようになった。最近では，中東地域におけるテロや暴力の激化がキリストの再臨を早め，またイラク攻撃が世界をハルマゲドン（世界の終末における善と悪の決戦場）に近づけると考えるようになった。

「新米国の世紀プロジェクト（PNAC）」という新保守主義を代表するシンクタンクは，イラク攻撃，国防費の増大を唱えるようになったが，軍事力を積極的に行使し，自由や人権，民主主義，資本主義といったアメリカ的価値観を世界に普及させる新保守主義を提唱した。また，イラク攻撃については，地上軍を投入し，反政府勢力の蜂起を促すべきと主張した。

9.11同時多発テロ後，ジェリー・フォールウェルは，「ムハンマドはテロリスト。Bible Belt（米国南部のキリスト教篤信地帯）はイスラエルの安全を保障する人々が居住する地帯である。われわれには700万人の支持者がいる。政府がイスラエルへの支持を停止すれば，キリスト教徒は怒りの声を上げるだろう（CBSとのインタビュー）」と述べた。また，ブッシュ大統領の就任式で礼拝を指導した人物であるビリー・グレアムは，「イスラムは極めて邪まな宗教である」と語り，さらにキリスト教原理主義の牧師エド・マカティアは「『テロとの戦い』は，メシア（キリスト）の復活の前触れとなる大動乱をもたらすイスラムとの闘争である。われわれは予言が急速に実現されることを見ている」と発言した。

これらの福音主義者のイデオロギーを著した『置き去られて』という小説が全米でベストセラーになるなど，そのイデオロギーは，アメリカの政治・社会で少なからぬ影響をもつようになった。ブッシュ政権が2002年4月にイスラエルのシャロン首相にヨルダン川西岸からの撤退を求めると，10万通の抗議のEメールが届き，その後ブッシュ大統領はイスラエルに軍撤退の圧力をかけることがなかった。また，こうしたキリスト教原理主義者たちの考えや活動は，アメリカ国内におけるムスリムに対する差別や迫害を助長するものと，ムスリム系の人権

擁護団体は訴えるようになった。

D──イスラム政治運動（原理主義）に対する対応

現代国家におけるイスラムの役割を国際社会に強烈にアピールしたイラン革命（1979年2月）によって，イスラム政治運動は国際政治の中で注目されるファクターになった。このイラン革命が契機になって，中東イスラム諸国にもイスラム政治運動の潮流が高まっていく。例えば，レバノンでは親イランのシーア派組織，ヒズボラ（神の党）が結成され，またパレスチナでもイラン革命に心酔する「イスラムのジハード」が活動を開始した。さらにイランから遠く離れたチュニジアでも現代におけるイスラムの役割について雑誌などを通じて議論が行われるようになった。

アメリカは冷戦時代，このイスラム政治運動を共産主義の浸透に対抗するために利用していた。革命後のイランの宗教体制ですら，その反無神論の姿勢によって，アメリカはソ連の影響を食い止める手段となりうると判断したのである。アメリカは1980年代，ソ連軍が侵攻したアフガニスタンのムジャヒディン（イスラムの聖なる戦士たち）に総額35億㌦に相当する武器や資金，また軍事技術を与えることになった。このアメリカによるムジャヒディン支援は，ムジャヒディン・グループの性格や主張にかかわりなく行われた。

アメリカは対パキスタン政策についても同様な政策をとり，77年から88年までパキスタンで政権の座にあったのは，イスラム主義者の軍人，ズィア・ウル・ハクであったが，米国はハクに武器の大量供与などの支援を行った。アメリカは，ハクが統治するパキスタンをアフガニ

❶亡命先からイランに帰国したイスラム原理派指導者ホメイニ（中央）を一目見ようと集まった支持者たち［イラン革命の際，テヘランのイスラム原理派拠点にて，1979年2月］

スタンのムジャヒディンを支援するための基地として重視していた。そのため，米国はパキスタンによる核兵器の開発や，ハク政権が関与したと思われるヨーロッパへの麻薬の輸出をも黙認していた。

また，アメリカはサウジアラビアによる各地のイスラム主義集団への経済的支援にも反対することがなかった。サウジアラビアは，エジプト，ヨルダン，パレスチナの「ムスリム同胞団」に資金を与えていたが，こうした支援が共産主義や急進的なアラブ・ナショナリズムの台頭を防ぐものであるとアメリカは考えた。しかし，冷戦が終結すると，これらのイスラム主義集団は，一様に反米を唱え，アメリカにとって脅威となった。特に，パレスチナの「ムスリム同胞団」は1980年代後半に「ハマス」と名称を変え，その武闘組織によるテロ活動は，中東におけるアメリカの同盟国であるイスラエルの安全保障上の深刻な脅威となっている。

イスラム勢力が急速に反米姿勢を強めたのは，特に冷戦の終結後の湾岸戦争を契機として強まった。メッカ，メジナというイスラムの聖地を抱えるサウジアラビアに米軍主体の大規模な多国籍軍が展開したことや，またその後も米軍が湾岸地域に駐留を継続していることが，イスラムという宗教そのものを冒瀆するものであ

❷イラン=イラク戦争の際、ペルシャ湾に派遣された米海軍艦艇［1987年2月］

るとイスラム主義勢力は考えている。こうした見解は、同時多発テロの首謀者であるとアメリカによって目されたオサマ・ビン・ラディンによっても繰り返し明らかにされた。

イスラム政治運動の急進的な形態であるイスラム過激派のネットワークは、内部的にはイスラム諸国の社会経済的混迷や、あるいは民主主義の欠如などを背景に、さらに国際的には1980年代のアフガニスタン内戦や、90年代初頭の湾岸戦争などを要因として強まった。こうしたイスラム過激派の水平的連帯は、中東和平の停滞や、同時多発テロ事件後の米軍によるアフガニスタン攻撃、さらにイラク戦争などの要因を背景にして、いっそう強まる可能性が高い。特に中東和平については、シャロン政権などイスラエルの右翼政権の強硬な姿勢とも相まってその解決への糸口がなかなか見えてこないばかりか、アメリカが有効な圧力をイスラエルにかけない実情から、イスラム過激派はますますアメリカに対する反発を強めるであろう。アメリカがイスラム過激派のテロを受ける背景に検討を加えず、テロへの対決姿勢のみを強めていけば、イスラム過激派の主張や活動がいっそう活発になることは明らかである。

E──第2次大戦後のアメリカによるイスラム世界への軍事的・政治的干渉

第2次大戦後の欧米諸国のイスラム世界への干渉では、急進的なアラブ・ナショナリズムのレバノンへの波及を恐れたアメリカは、1958年に海兵隊をレバノンに派遣し、親西側のレバノン政府の安定を図った。また、パレスチナ問題をめぐっては、アメリカは1967年の第3次中東戦争でイスラエルに情報を提供したり、武器の供与を行ったりした。さらに1973年の第4次中東戦争でもアメリカは、当初劣勢であったイスラエルに対して武器や情報の提供を行ったが、それがアラブ諸国による石油禁輸を招き第1次石油危機となった。さらに、1982年、イスラエルがレバノンに侵攻したレバノン戦争でアメリカは、シリア軍の進駐を抑止し、またPLOのベイルートからの撤退を容易にするため、再び海兵隊をベイルートに派遣した。

また、アメリカは、ドイツでリビアのテロリストによる爆破事件が起こると、1986年にリビアのトリポリを爆撃し、1980年から88年のイラン=イラク戦争ではペルシャ湾に海軍を派遣し、クウェートのタンカーに星条旗を掲揚させ、イラン海軍と数多くの武力衝突を起こしている。さらに湾岸戦争では、イラクがクウェートに侵攻後、アラブ諸国による解決が唱えられたにもかかわらず、米軍を中心とする多国籍軍が湾岸に展開し、戦争に至ったことも多くのムスリム大衆の反感を買ったことは明らかで、イラク戦争もイラクによる大量破壊兵器の保有や国連の決議なしで開始されたので、イスラム世

界にあるアメリカに対する反発をいっそう募らせたにちがいない。

　さらにアメリカは，中東で敵対する国家に対して，他の中東諸国と友好関係を確立したり，維持することによって，自国の中東における利益を追求しようとしたりしてきた。例えば，ナセルのエジプトに対してレバノン，ヨルダンと同盟し，やはりサダム・フセインのイラクに対してイランの国王政権，あるいはサウジアラビアに接近した。また，こうした同盟関係はリビアに対するエジプト，南イエメンに対する北イエメン，アルジェリアに対するモロッコ，さらにナセルのエジプトなど急進派アラブ諸国に対するイスラエルとの同盟関係について見られた。こうしたイスラム諸国を用いた友好や敵対関係の構築もムスリムの側から見れば，アメリカのイスラム世界への干渉政策と見られたことは明らかである。

　アメリカの中東学者シーリーン・ハンターによれば，アメリカが中東地域で脅威に感じるのは，石油を武器として用いられること，アメリカに友好的なアラブ保守王国が脅威にさらされること，地域の不安定化に至る地域諸国や勢力の競合，中東イスラム諸国の国内的な政治・経済問題，また欧米が同盟してイスラエルの利益を擁護していると見られることである。アメリカはその国益に応じて中東イスラム世界の秩序を考えていることは明らかであり，これがイスラム主義者などムスリムの側の強い反発を招いている。第２次世界大戦後，イスラム諸国が独立してから見られた一連の欧米諸国によるイスラム地域への介入政策は，中東イスラム世界の運命がムスリム自身ではなく，アメリカなど欧米諸国によって決められているという思いをムスリムの側に強く植え付けた。イラク戦争が開始されたプロセスや，イラクの戦後復興でも，イスラム諸国の意向はほとんど反映されなかった。

　アメリカによるイスラム地域への干渉政策に当初激しく反発したのは，アラブ・ナショナリズムなど中東イスラム地域の民族運動であったが，1980年代以降その中心に位置するのは，イスラム政治運動となっている。アメリカは，その利益や政策に反対を唱えるイスラム政治運動の活動や訴えを強く警戒するようになった。かりにイスラム政治運動が親米で，イスラム地域におけるアメリカの軍事基地の存在を容認し，石油を欧米にとって合理的な価格に置くことを支持し，またイスラム過激派のテロがなかったならば，アメリカによる「イスラムの脅威」認識や訴えも生まれなかったにちがいない。

F——アメリカのイスラム政策の課題

　第２次世界大戦後の米国の対中東政策の決定過程で，ユダヤ・ロビーと石油ロビーが大きな影響力をもってきた。しかし，その力関係でいえば，ユダヤ・ロビーの方がその影響力ははるかに大きい。それは，ユダヤ・ロビーの，とりわけ議会に対する影響力の大きさによってである。ユダヤ・ロビーはその資金力，組織力でイスラエル有利の政策を米国政府にとらせてきた。

　アメリカはブッシュ政権時代に，中東地域に安定をもたらすために，湾岸戦争を契機に中東地域に対する不偏的なアメリカの外交政策を追求しようとした。しかし，クリントン政権になると，アメリカの中東政策は，再び国内的要因によって強く影響されるようになる。アメリカの中東政策が国内的要因によって決定されることは，クリントン政権の「二重封じ込め」政策や，さらに２代目ブッシュ政権による「悪の枢軸」発言にも明確に現れている。

❸ヨルダンのアカバで開催された平和サミットに出席した中東和平を担う3首脳［左から，シャロン・イスラエル首相，ブッシュ米大統領，マームード・パレスチナ暫定自治政府首相，2003年6月4日］

アメリカは，イラクが湾岸戦争でイスラエルにミサイル攻撃を行い，また実際の核兵器製造までに近い過程にあったこと，他方イランについては革命の指導者であるホメイニが「イスラエルの抹殺」を口にし，さらに核エネルギー開発を行っていることが，イスラエルの安全保障を脅かすことになると考え，それがクリントン政権による「二重封じ込め」政策や，二代目ブッシュ政権による「悪の枢軸」の提唱となった。ブッシュ政権は，2002年1月にイランによるパレスチナへの武器移転が発覚すると，イラク，北朝鮮とならんでイランの封じ込めを考えるようになった。

第2次世界大戦後のアメリカの中東政策が多かれ少なかれ，イスラエルの擁護というファクターによって形成されてきたことは明らかである。それは，冷戦時代においてさえもソ連の影響力を封じ込めるという目標よりも比重が大きく，そしてこの要因がアメリカの中東政策の他の目標にも影響を及ぼさざるをえなかった。例えば，イランでホメイニが反米主張を唱え，それが現在の政府にも引き継がれているのも，ひとつにはアメリカとイスラエルの親密な関係がある。また，イスラム政治運動は，穏健な組織であれ，過激な組織であれ，一様に反米主張を唱えるが，それもアメリカがイスラエルの政策を擁護することが背景にある。そのため，国内にイスラム政治運動の反対勢力を抱え，かつエジプトやサウジアラビアなど親米的なスタンスをとるイスラム諸国政府にジレンマを与え，このジレンマがこれら諸国の不安定要因になっていることは間違いない。

第2次世界大戦以前，イスラム地域で反発をもたれていたのは，この地域に帝国主義的進出を行ったイギリスとフランスであり，アメリカはむしろこれら諸国の進出に対してバランスをとる勢力として好感をもたれていた。しかし，アメリカのイスラム世界での良好なイメージが戦後一挙に崩れてしまったのは，イスラエルを一方的に擁護する姿勢や，湾岸戦争やアフガン戦争，さらにイラク戦争などに見られたアメリカの介入政策のためである。アメリカが，停滞する中東和平や，深刻化する社会・経済矛盾，さらには中東諸国政府の腐敗などテロの背景となる中東の諸問題を冷静に分析し，その改善を図らないかぎり中東イスラム世界におけるアメリカのイメージに変化がないことは明らかで，同時多発テロ事件に見られたイスラム過激派による反米テロの根源を断つことができない。アメリカがそのイスラム政策に対する真剣な再検討を迫られていることは否定できないだろう。

■参考文献

Esposito, J. L. *The Islamic Threat: Myth or Reality?* Oxford Univ. Press 1992.

Esposito, J. L. "Islamic Movements and U.S. Foreign Policy," in Marr, P. and W. Lewis, eds. *Riding the Tiger: The Middle East Challenge After the Cold War*. Westview Press, 1993.

Halliday, F. *Islam & the Myth of Confrontation: Religion and Politics in the Middle East*. I. B. Tauris, 1995.

Hudson, M. "To Play the Hegemon: Fifty Years of US Policy Toward the Middle East," *Middle East Journal* 50/3 (Summer 1996).

Reich, B. *Securing the Covenant: United States-Israel Relations After the Cold War*. Greenwood Press, 1995.

■さらに知りたい場合には

木村修三『中東和平とイスラエル』神戸大学研究双書刊行会，1991．
　［アメリカの中東政策を決定する要因として，ユダヤ系社会の影響力に焦点を当てて分析し，また中東和平各段階におけるイスラエル政権の目標なども明らかにしている。］

立山良司編『国際情勢ベーシックシリーズ　中東』自由国民社，1994．
　［中東の概念，イスラムの宗教理念，また中東の安全保障問題，パレスチナ問題の推移，さらにはアメリカと中東とのかかわりなどの問題を基本から教えている。］

宮田律『イスラム世界と欧米の衝突』NHK ブックス，1998．
　［湾岸戦争後，強まったかに思えるイスラム世界と欧米の対立構図やその背景を解明し，国際社会安定のためにはどのような方策が必要なのか考察する。］

12 世界の中での9.11テロ

9.11 and its Impact on Global Systems

三浦俊章

旅客機を乗っ取って米中枢を攻撃する同時多発テロ事件は，世界を震撼させた。冷戦後，唯一の超大国としてのパワーを誇っていた米国は，その富と軍事力のシンボルを，カッターナイフで武装しただけの小集団に無残に破壊された。主権国家が国力をあげてぶつかり合う従来型の戦争に代わって，インターネットで連絡し合い，開かれた社会の脆弱部分を狙う「非対称戦争」の時代が始まった。背景には，政治・軍事・経済・文化の多方面にわたる米主導のグローバリゼーションがもたらした矛盾への，イスラム世界からの反発があった。しかし，米政権はテロの根を絶つのではなく，テロリストとその背景にあると米国が断定する政権を軍事力で鎮圧しようとし，さらに大量破壊兵器問題をめぐって，イラクとの戦争に踏み切る。国際協調路線を軽視した米国の行動は，それまで存在した国際社会の原則をめぐる合意を掘り崩し始めた。

A──グローバリゼーションが生んだテロ

❶──同時多発テロ事件

2001年9月11日。米東部時間で午前8時46分，アメリカン航空11便が，ニューヨーク市マンハッタン島南端にそびえる世界貿易センタービルの北棟に激突。午前9時3分には，ユナイテッド航空175便が，同センターの南棟に突入した。衝突のショックと満載していたジェット燃料が引き起こした高温の火災のため，110階建てのツイン・タワーは相次いで崩壊した。

同9時38分，ワシントン郊外のヴァージニア州アーリントンにある国防総省（ペンタゴン）にアメリカン航空77便が突っ込み，さらに10時には，ペンシルヴェニア州西部の寒村シャンクスビルに，ユナイテッド航空93便が墜落した。

これらの4機はいずれも東部の空港から飛び立った西海岸行きの旅客機で，離陸直後にハイジャックされた。旅客機自体を爆弾と見なしてビルに体当たりするという想像を超える新手のテロ事件だった。無人の地に墜落したユナイテッド航空93便は，携帯電話で他のテロ事件を知った乗客が，テロリストに実力で抵抗して墜落，突入事件を未然に阻んだものだと判明した。4件の事故の死者の合計は3,000人以上を数え，邦人犠牲者は24人だった。

米捜査当局は乗っ取り犯19人を特定したが，全員がアラブ系だった。ブッシュ政権は，イスラム原理主義に立つ国際テロ組織アルカイダの指導者オサマ・ビン・ラディンを「最重要容疑者」と認定した。

大統領は，事件の実行者を逮捕するために国際社会の協力を要請する一方，テロに対する

「戦争」を宣言した。米軍は同年10月7日、ビン・ラディンをかくまっていたアフガニスタンのタリバーン政権への攻撃を開始。2ヵ月後には崩壊させ、ハミド・カルザイを首班とする暫定政権を樹立させた。

❷── 超大国の逆説

ビジネスと軍事という米国のパワーを象徴する2つのビルを攻撃され、米国民の誇りは深く傷ついた。特に、世界貿易センターの倒壊する特撮映画のような映像は、米国民に、長く続く強烈なイメージを残した。それは、太平洋と大西洋という2つの海に挟まれ、米本土自体を脅かす軍事的脅威はないという、米国民が暗黙のうちにもっていた安全保障観がもはや成り立たないことを意味した。

米国は、第2次米英戦争（1812-15年）で、英国海軍に首都ワシントンを攻略され、ホワイトハウスなどを焼かれた。また、第2次世界大戦では、日本海軍にハワイの真珠湾を奇襲された。しかし、同時多発テロ事件ほどの規模で本土を攻撃されたことは初めてであった。超大国イメージが冷戦後に膨らんでいた分だけ、ショックは深かった。

国際政治の面からみれば、主権国家の軍事力では他国に圧倒的な差をつけている米国が、従来の戦争の概念では捉えられないテロ組織に対しては、驚くほど脆弱であることが判明したと言える。こうしたテロリズムの脅威については、各国の情報専門家の間では、90年代以降、ずっと指摘されていたが、一般国民の共有する知識ではなかった。国際政治学者で米ハーヴァード大学行政大学院のジョゼフ・ナイは、「インターネットの普及で通信コストが下がり、テクノロジーの民主化が進んだ結果、国家が独占していた兵器が個人や集団の手に渡る。テロとは戦争の私有化なのだ」と語った。そうした世界においては、米国のパワーが他のどの国よりも大きくとも、その大きさだけでは、従来のように米国の安全を保障しない。そこに「米国のパワーの逆説」があるという指摘である。

❶ハイジャック機の突入により煙を上げる世界貿易センタービル南棟［ニューヨーク、2001年9月11日］

❸── 非対称な戦争

暗視装置を装備して夜間でも戦える歩兵。衛星を利用した全地球測位システム（GPS）で目標に爆弾を誘導する爆撃機。1990年代以降のハイテクを使った軍事技術の発達はめざましい。米国が実現したこうした「軍事革命」（RMA）の結果、通常兵器を使った戦闘で米軍に勝てる相手はいなくなった。

しかし、こうした状況を逆手にとって、国家間の戦闘では使用を想定されていなかったテロ行為や大量破壊兵器（核兵器、生物・化学兵器）を使用する可能性が浮上した。これが、テロリストのような国家以外の集団が、通常と違う手段で国家に打撃を与える「非対称戦争」である。

9.11で19人のテロリストが米国に加えた攻撃は、この「非対称戦争」の典型である。特定の領土と国民を持つ国家に対して、テロリスト集団は、どこからでも自由に侵入し、最も攻撃に有利な場所と時間を選択できる。米国のように移動の自由を尊重し、空港や飛行機の警備の緩やかな国では、ハイジャックは極めて容易であった。また、長距離飛行に備えて燃料を満載した旅客機自体を凶器に変えるという発想も、こうしたハイテクの盲点をつく「非対称戦争」の戦法だった。

B──米国の「正義」

❶──なぜわれわれは嫌われるか

テロの攻撃を受けた米国民がまず抱いたのは、なぜわれわれは嫌われるのか、という疑問だった。テレビでは、世界貿易センターの倒壊に歓喜するパレスチナ民衆の映像が流れていた。テロから10日目の9月20日、ブッシュ大統領は連邦議事堂で上下両院合同会議を招集し、全国民へのメッセージを発した。その演説の中で、大統領も「なぜ彼ら（テロリスト）はわれわれを憎むのか」と自問した。大統領の答えは、「テロリストは、民主的に選挙された政府が憎いのだ。われわれの自由が憎いのだ」というものだった。

米国内にはもちろん、自己批判もあった。例えば、外交記事に定評のある『クリスチャンサイエンス・モニター』紙は同月27日付けで、特集記事を組み、イスラムの人々は米国の理念を嫌っているのではなく、米外交の実態が理念を裏切っていると批判しているという分析を掲載した。メディアの一部にはこのような冷静な自己分析が見られ、米国が民主主義の理念を宣伝しながら、実際にはサウジアラビアなどの権威主義的政府を支えていることが二重基準と受け取られていることを紹介している。

ただし、こうした声は少数だった。幼いときから「米国は地球上で最も偉大な国」と教えられてきた多数の米国民にとっては、自分たちは善良で、正義であるがゆえに、悪に憎まれているという大統領の論理の方が自然に受け入れられたのである。

❷──特別軍事法廷と悪の枢軸

9.11の危機のなか、米国流の「正義」という考え方が増幅された。その典型が、ブッシュ大統領が明らかにした特別軍事法廷の構想だった。オサマ・ビン・ラディンらテロ組織のメンバーを捕まえた場合に、米国単独で、ある種の秘密裁判で審理を行うことを可能にする仕組みである。

米国は、戦争犯罪人を裁く国際刑事裁判所（ICC）の設立に強く反対していた。海外に駐留する自国の兵士が拘束されて、同裁判所の管轄下で裁かれることを、米国の主権の侵害にあたるとして認めない立場をとるからだった。

ところが、この特別軍事法廷は、対象となるのは米国内外で逮捕された外国人テロリストで、誰が訴追されるかは大統領の判断で決められる。最高刑は死刑。議会やメディアからは、被告の人権など米国が重んじてきた価値が踏みにじられると批判が集中し、イスラム法学者も含めた国際法廷の設置を求める声も上がった。しかし、ブッシュ大統領はあくまでも、自らを正義と信じる単独行動主義に固執した。

さらにこうした「正義」観が、結晶化されたのが、翌2002年1月29日の大統領の一般教書演説だった。ブッシュは、大量破壊兵器の開発に手を出しているテロ支援国家として、イラク、イラン、北朝鮮の3ヵ国を名指しして、まとめて「悪の枢軸」と呼んだ。改革派のハタ

ミ大統領が政権に就いているイラン，韓国の金大中大統領が関与政策をとっている北朝鮮など，本来はきめ細かく違った対応をとるべき対象をひとくくりにして，「悪」のレッテルで束ねた。正義対悪，黒白二元論で国際関係を見るブッシュ流の世界観が色濃く出ている。

❸——「戦時大統領」

ブッシュ大統領がさまざまな内外からの批判にもかかわらず，自らが信じる単独行動主義的な外交政策を推し進めることができたのは，9.11が飛躍的に引き上げた大統領支持率のおかげである。

9.11以前のブッシュ大統領は，開票作業の不手際から歴史的な大混乱に陥った2000年の大統領選の影を引きずっていた。一般投票では民主党候補のゴアに約34万票の差をつけられた。しかし，フロリダ州の開票問題が連邦最高裁までもつれ込み，保守派の優る最高裁は一票差の判決で，共和党のブッシュを大統領に選んだ。民主党支持者にとっては，ブッシュが「選挙を盗んだ」も同然であった。政権は発足したものの，国民の3分の1が，ブッシュを支持しないという構造的な不安定さを抱え込んでいた。

それが，同時多発テロ事件を機に一変した。米大統領としては決して高いとは言えない50%台を前後していた支持率は，一時的に90％に跳ね上がり，その後，50％台に戻ったのは1年半後であった。危機のときに大統領のまわりに結束するという，米国民が歴史上しばしば見せてきた現象が繰り返された。「戦時大統領」ということばが使われた。南北戦争のリンカン，第1次世界大戦のウィルソン，第2次世界大戦のフランクリン・ローズヴェルトといった先人たちと同列に並べられたのである。

❷連邦議会の両院合同会議で一般教書演説を行うブッシュ大統領［2002年］

❹——アメリカ社会の変容

テロ直後のアメリカ社会は，激しいショックから異様な雰囲気に包まれた。ブッシュ大統領がテロリストを「臆病者」と呼んだことに対して，深夜テレビ番組の司会者が，「飛行機に乗ってビルに突っ込むのは臆病な行為ではない」とコメント。これに抗議が殺到して，スポンサーが番組から降りる騒ぎになった。共和，民主両党の議員が，連邦議事堂の階段で，愛国歌「ゴッド・ブレス・アメリカ」を合唱した。昨日まで激しくいがみ合っていた民主党のダシュル上院院内総務とブッシュ大統領が，テレビカメラの前で固く抱き合った。挙国一致の精神がアメリカ社会を覆ったかのように見えた。

笑いや反論を一切許さないような極端な雰囲気は，さすがに一時的現象で，やがて薄らいでいく。ただし，テロに対抗する措置として，大統領権限が肥大化していった。テロ容疑者の拘束期間の延長や盗聴権限の拡大などが行われ，市民的自由（civil liberties）が大幅に制約されるようになった。オレゴン州のポートランド

市など少数の自治体では、警察が、具体的な容疑なしにアラブ系留学生らのプライバシーに触れる聞き取りはできないと、連邦捜査局（FBI）の捜査協力を阻んだ例もあった。しかし、「戦争」下では、権力のコントロールや人権擁護よりも、戦いに勝つことが優先されがちだ。これまでの歴史が示しているように、テロとの戦いには簡単に終わりが見えない。大統領権力の強化は、長期的には米政治の基本である三権分立のバランスを崩しかねない危険性が生まれた。

C——単独行動主義の底流

❶——湾岸戦争が残した課題

同時多発テロ事件の発生した2001年9月11日の夜、遊説先のフロリダ州から慌ただしくワシントンに戻ったブッシュ大統領は、ホワイトハウスから全国民に向けて演説した。そのなかで「テロリストと彼らをかくまう者との区別をしない」と明言した。これは、1年半後に大量破壊兵器を開発・保持していることを理由にイラクに対して行った先制攻撃を正当化する論理につながっていく。冷戦時代の封じ込めと抑止に代わって、先制攻撃を認める新しい米外交政策の始まりであった。この転換の意味を理解するためには、湾岸戦争（1991年）にさかのぼらねばならない。

イラクのクウェート侵攻をきっかけとする湾岸戦争は、米軍など多国籍軍の空爆で軍事行動が始まってから6週間で、クウェートが解放された。当時、制服組トップのパウエル統合参謀本部議長が強く進言して、ブッシュ大統領（父）はクウェート解放の時点で戦闘停止を決めた。国連安保理決議が認めているのは、クウェートの解放だけだったのである。だが、政権内のタカ派は、バクダッドまでの進軍を主張し、フセイン政権を打倒すべきだと考えていた。彼らは、湾岸戦争の終わり方に不満だった。戦争終了後、イラク南部でフセイン政権に対する反乱が始まったが、ブッシュ大統領は不介入の姿勢をとり、結果的に見殺しにする形となった。タカ派にとってはこれは間違いだった。彼らの中心は当時の国防次官を務めていたポール・ウォルフォウィッツであった。

ウォルフォウィッツは理論家、戦略家として鳴らしていた。湾岸戦争の翌92年、軍事政策の要となる「国防計画ガイダンス」の草案を執筆する。その中で、ウォルフォウィッツは、封じ込めは冷戦時代の古い考えであり、これからは米国の圧倒的な軍事力を活用して、脅威に先制攻撃で対処することを唱えた。この草案には、国防総省内に批判があった。マスコミにリークされてホワイトハウスの知るところとなり、書き換えを命じられた。93年に民主党のクリントン政権が発足、ウォルフォウィッツは下野した。先制攻撃に基づく外交論は、顧みられない時代に入った。

❷——政権内の路線闘争

2001年1月20日。息子のブッシュ大統領の政権が誕生したときに、外交政策をめぐっては政権内に2つの流れがあった。チェイニー副大統領、ラムズフェルド国防長官を中心とする新保守主義グループ（タカ派）と、今度は国務長官に就任したパウエルらの実務的現実主義者（ハト派）である。タカ派の戦略家ウォルフォウィッツは、今度は国防総省のナンバー2である副長官に就任した。ブッシュ氏の家庭教師役、国家安全保障問題担当のコンドリーザ・ライス大統領補佐官は、中間的な位置をとっていた。そもそも「思いやりのある保守主義」をスローガンに内政を重視していた同政権では当

初，外交政策については，どちらのラインを重んじるのかはっきりしていなかった。

それが，一変したのは9.11テロである。タカ派は，「最重要容疑者」ビン・ラディンと彼をかくまうアフガニスタンのタリバーン政権にとどまらず，イラクをも射程に入れた。しかし，大統領はまず戦争の第1段階をアフガニスタンに限定した。イラクが戦争の第2段階で浮上するのは，タリバーン政権が崩壊し，翌2002年1月の一般教書演説で，大統領が「悪の枢軸」を糾弾してからである。ブッシュ大統領は同年9月の国連総会の演説で，イラク攻撃の前に国連決議を求める考えを明らかにした。同年11月，国連安全保障理事会は，イラクに対して期限付きで大量破壊兵器の査察受け入れと廃棄を求める決議1441を全会一致で採択した。米国はこれをてこに，さらにイラクへの対決姿勢を強めていき，開戦に至った。イラク自身の非妥協的な態度や，国連安保理常任理事国であるフランスの頑強な抵抗もあり，イラク問題に関するかぎり，ブッシュ政権内の路線闘争はウォルフォウィッツ国防副長官らのタカ派が勝利した。

❸──ブッシュ・ドクトリン

米国単独で世界をつくりかえようとするブッシュ政権の外交政策を文書化したのが，2002年9月に発表された政策文書「米国の国家安全保障戦略」（ブッシュ・ドクトリン）だ。この政策文書は，「ソ連崩壊後，圧倒的な優位に立った米国にいかなる国家も追いつくことは許されない」として，唯一の超大国の地位を維持していく固い決意を示している。その上で，テロリストをかくまい大量破壊兵器を開発しているイラクなどを念頭に，「必要に迫られれば先制攻撃で自国を防衛する権利を行使するため，単独行動もためらわない」とした。

冷戦時代の抑止や封じ込めといった従来の政策を否定し，米国の安全保障政策をほぼ半世紀ぶりに一変させる内容だ。実際に攻撃をしかけていない国を先制攻撃で叩くことは，米外交として新しい概念だった。その理由として，ブッシュ政権は「行動しないことの方のリスクが大きい」（ブッシュ大統領），「9.11が基準を変えた」（パウエル国務長官）などと説明する。もともと単独行動主義を目指し，先制攻撃の必要性を唱えていた政権内部のタカ派・共和党右派の勢力が，同時多発テロ事件をきっかけに，長年温めていたアジェンダを一気に実現したと言える。

D──原則合意崩れる世界

❶──米欧関係の亀裂

単独行動主義的なブッシュ・ドクトリンは，9.11の後，米国の安全保障を第一に考え，国際協調路線を放棄したことにとどまらない。イスラム世界の対米憎悪を高めたうえに，国際社会のあり方そのものについて欧州諸国と深い亀裂を生みだし，世界システムそのものを不安定にする危険をはらんでいる。多くの国にとって，米国のイラク攻撃問題は，イラクそのものの問題というよりも，むしろ攻撃に執着する米国の問題として捉えられた。

その最大の危機は，冷戦時代を通じて強固な団結を保った米欧関係に現れた。冷戦下の1949年に生まれた北大西洋条約機構（NATO）は，「人類史上最も偉大な政治軍事同盟」（ジョン・マケイン上院議員）といわれた。その同盟国の中核であるドイツとフランスがイラク攻撃をめぐって米国と深刻な対立関係に陥った。ドイツは社会民主党のシュレーダー首相が2002年秋の総選挙で，イラク攻撃への

❸国連安全保障理事会で査察継続を訴えるドヴィルパン仏外相［2003年2月5日］

非協力を公約に掲げた。フランスは拒否権を持つ国連安保理常任理事国として，イラク攻撃にはやる米英に対して，同国に対する大量破壊兵器の査察継続を主張した。

欧州連合など，超国家機関に主権を委譲している独仏にとっては，国際機関や国際法の基盤を強化することが重要だ。また，そうしたやり方を通して自国の立場を確保してきた。それだけに，単独行動主義に傾く米政府とは根本的な路線対立に陥る。米国が主張するように単独の先制攻撃が正当化されるとなると，これまで国際法が積み上げてきた戦争の違法化の議論が崩される可能性があるからだ。

米国の新保守主義の論客，ロバート・ケーガンは，安全保障をめぐる米欧の世界観の違いを指摘した。同氏によると，米国は，「万人の万人に対する戦い」を自然状態と見る『リヴァイアサン』を書いたホッブズ的な世界像をもっている。米国は圧倒的な軍事力をもち，必要なときはそれを使わなければならないと考える。一方，欧州は，紛争は軍事力ではなく，話し合いと妥協で解決する「永久平和論」のカント的な世界像を持つ。ケーガン氏は，「欧州がヴィーナス（金星＝愛と美の女神）に住んでいるならば，米国はマルス（火星＝軍神）にいるほど世界観が違う」と書いた。ブッシュ政権のリチャード・ハース国務省政策企画局長も「欧州連合の諸国は，自分たちの意見の違いを一定のルールの枠の中で解決しようとする。しかし，欧州以外の世界はそんなルールには従わない。欧州は，世界の他の地域を欧州連合の加入審査対象国であるかのように見ている」と批判した。

❷──米外交の革新

9.11以後にブッシュ政権が見せた単独行動主義的な外交は，3つのレベルでそれまでの外交を革新するものであった。第一に，1990年代のクリントン政権が見せた現状維持を望む大国から，自らが望む方向に世界を作り変えることを目指した現状変革パワーに変容した点だ。第二に，抑止と封じ込めが機能すると想定していた冷戦期の国際政治観を改め，大量破壊兵器に手を伸ばそうとするテロ組織や主権国家に対しては，先制攻撃をいとわない国家安全保障戦略を打ち出した点。そして，第三に，そもそも米国が第2次世界大戦後に樹立に尽力してきた国際機関や国際法秩序に対して背を向けた点である。ブッシュ政権の国際政治観には，パワー・ポリティックスに基づく19世紀以前の国際政治に戻りかねない力学をはらんでいる。

❸──9.11の米外交への影響

ブッシュ政権の単独行動主義については，大統領本人や政権に入った共和党タカ派に濃厚なキリスト教右派（原理主義的なプロテスタント保守派）の影響が指摘される。善悪二元論的な世界観や，その悪を叩く自己イメージなどが，そうした信仰から来たという見方だ。確かに，ブッシュ大統領の演説を読むかぎり，キリスト教の色彩が濃厚だ。例えば，テロの10日後に，連邦上下院合同会議で行われた演説の中で，大統領は「この戦いの行方は知らない。し

かし，結果は確かである。自由と恐怖，正義と残酷さが常に戦っており，神が両者の間で中立でないことをわれわれは知っている」と述べている。

だが，こうした単独行動主義も，米外交の伝統に照らして理解することが重要だ。もともと米外交には，孤立主義と国際介入主義との間を振り子のように揺れる傾向があった。両者の根っこにあるのは，米国は特別の国であるという自己イメージである。その特別の国を，外部の世界の汚染から守ろうと思えば孤立に傾き，逆にその特別の国の価値・理念を外に広めようと思えば国際介入主義をとる。ブッシュ政権に見られる単独行動主義は，世界を米国流の自由民主主義に変えようという点では，この国際介入主義に通じる面をもっている。

また，冷戦がソ連の崩壊によって終わったことから，米国自身が1990年代を通じて，極めて内向きの傾向を強めていったことも，単独行動主義の要因として重要だ。

ニュース・メディアのコングロマリット化に伴い，収益が重視されるようになり，膨大な経費がかかる海外ニュースは激減した。一部のメディアを除いて，スキャンダルや有名人のゴシップなど取材経費のかからない国内ニュースが主流になった。90年代に米国を騒がせた最も大きなニュースが，元フットボール選手のO. J. シンプソン氏の妻殺害をめぐる裁判と，クリントン大統領のホワイトハウス実習生とのスキャンダルだったことを思い起こせば十分であろう。また，90年代末には，老齢化のため消えつつある第2次世界大戦を戦った世代を「グレーテスト・ジェネレーション（最も偉大な世代）」とたたえる歴史ブームが起こった。未曾有の経済繁栄のもと，米国は自らに酔いしれる時代に入っていた。そういう時代背景の中で，9.11が起こった。米国がもつ自由などの価値観ゆえに攻撃されたという理屈が抵抗感な

く受け入れられる素地は，米社会の中に十分あったのである。

ブッシュ大統領の単独行動主義は単なる大統領個人の信仰だけでなく，冷戦後の米国民の世界政治観に裏付けられている。したがって，この単独行動主義は，9.11の衝撃的な記憶とともに相当程度の長期にわたる影響を米外交に刻印したものといってもよいだろう。

❹──世界への影響

イラク現地時間の2003年3月20日，ブッシュ大統領は「イラクを武装解除し，イラク国民を解放する」と宣言，イラク攻撃に踏み切った。大統領は，「米国民とその同盟国は，大量破壊兵器で世界の平和を脅かす無法者の体制のなすがままにはならない」と，戦争目的を説明した。同年4月9日，米軍は首都バグダッドを制圧。フセイン大統領の銅像が取り壊されるシーンが，全世界に中継された。そして5月1日，ブッシュ大統領はイラク戦争から帰還途中の太平洋上の空母エイブラハム・リンカンの艦上で，戦闘終結を宣言した。開戦からわずか6週間。9.11を受けて，「自衛」に動き出した米国の行動はここにひとつのクライマックスを迎えた。

しかし，イラク戦争後の世界には，ブッシュ大統領の呼ぶ「悪」を倒したという高揚感を米国と分かち合う国は少なかった。米国の軍事行動を支持した国は，約30ヵ国にすぎない。米国の一方的・圧倒的な軍事的勝利を前に，世界に漂ったのは，米国の一極支配に対する懸念と反感だった。

戦争前，米国とイスラエルを同一視し，「反米」の炎が燃え上がったアラブ諸国では，イラクの精鋭部隊である共和国防衛隊の戦車部隊が米軍のハイテク武器によって，ほとんどなすすべもなく壊滅させられたのを目の当たりにして

むしろ無力感が漂った。しかし，それも短期的なもので，長い目で見れば，米国への敵意の新たな種がまかれたといえるだろう。イラク開戦に最後まで反対し，米国の望む武力行使容認の国連決議の可決を阻んだフランスは，2003年6月，自らが議長国を務めた戦争後最初のエヴィアン・サミット（主要国首脳会議）で，開発途上国を関連行事に参加させ，意識的に世界の「多極化」を演出した。フランス国内には，フランスが米国に追随せず，アラブを理解するスタンスをとったがゆえに，イラク戦争が「文明の対立」になることを防いだという捉え方さえ生まれた。

一方，9.11前には，人権問題などをめぐって米国のネオコン（新保守主義者）の目の敵にされてきた中国は，テロとの戦争やイラク問題が浮上すると，米国と対立する独仏ロとは一歩距離を置き，対米関係の修復を進めた。背景にあるのは，米国の圧倒的な軍事力を当面は受け入れ，自らの経済発展に専念するという考え方である。フランスと中国という，東西の外交大国の見せた両極端の対応に，9.11後の世界における米国以外の国の外交の難しさがのぞく。米国が自らを正義と信じ，単独での軍事力行使を辞さない姿勢をとる以上，交渉によって落としどころを探る外交が現実に機能する余地は極めて狭まっているのである。

❺── 国際社会の亀裂

9.11テロ後，この事件が世界を変えたかどうかについてさかんに議論された。以上見てきたように，この事件そのものが世界を変えたというよりも，冷戦という第2次世界大戦後の世界を支配して大きな対立軸が消えた後，国際社会の深層で起こっていた変化を，この事件が一気に露わにしたという方が的確であろう。

テロ組織が超大国にダメージを与えうるという戦争の非対称性，国際紛争の解決策をめぐるかつての同盟国である米国と西欧との亀裂，米国主導のグローバリゼーションが生んだ米国への憎悪の広がり。いずれもが，従来の国際政治のパラダイムでは説明できない要素をはらんでいる。問題は，米国が自らの基準だけで，単独あるいは従う同盟国（coalition of the willing）だけで，新たなルールを作ろうとしていることである。

イラクへの攻撃問題を議論している最中，チェイニー副大統領は，米国とその他の国々との亀裂を問われて，「分水嶺」ということばを使った。9.11以後の世界は，もはや封じ込めや抑止では新たな脅威に対応できない。米国は，9.11のテロを経験してそのことを悟った。その意味で，米国は歴史の分水嶺を越え，他国はそこまで到達していないという理屈だった。ここにあるのは，9.11を米国という国家・国民の経験として絶対化する発想である。事件直後に「文明世界への共通の脅威」という位置付けをしながら，米政権は，その認識を世界と共有することに失敗した。代わりに示したのは，米国の力で新しい歴史を切り開くという単独行動主義だった。問題は，それが実現するためには，米国が常に政治・経済・軍事のすべてにわたってナンバー1でありつづけなければならないということだろう。20世紀を通じて持続してきた国際社会の制度化への流れは，21世紀初頭にいたって，その最も強力なプレーヤーが，軍事力を頼んでルールを変えるという力学を強めてきたことで混沌の時代を迎えたといえるかもしれない。

■参考文献

Nye, J. S. *The Paradox of American Power*. Oxford Univ. Press, 2002.（山岡洋一訳『アメリカへの警告』日本経済新聞社，2002.）

Woodward, B. *Bush at War*. Simon & Schuster, 2002.（伏見威蕃訳『ブッシュの戦争』日本経済新聞社，2003.）

藤原帰一編『テロ後　世界はどう変わったか』岩波新書，2002.

■さらに知りたい場合には

Frum, D. *The Right Man*. Random House, 2003.
　［ブッシュ政権の初期に大統領のスピーチライターを務めた保守派評論家の回想。2002年1月の一般教書演説で有名になった「悪の枢軸」というセリフが生まれた内幕など，ブッシュ政権のホワイトハウスの雰囲気を知るには有用。］

Bennett, W. J. *Why We Fight*. Regnery Publishing, Inc., 2002.
　［著者はレーガン政権で教育長官を務めた保守派の論客。外交に道義的明快さを求める。］

Kagan, R. *Of Paradise and Power: America and Europe in the New World*. Knopf, 2003.
　［米国を火星，欧州を金星にたとえて，まったく異なる安全保障観をもっていると分析する。］

13 アメリカ史の中の9.11テロ
9.11 and the Political Unconscious in US History

巽 孝之

2001年に起きた9.11テロは，アメリカとイスラムの対立という現代の潮流の中で捉えられがちである。しかし，メイフラワー号以来のアメリカ史の文脈においてテロに対する米国の反応を捉え直すと，連綿として続く別の歴史的伏流が浮かび上がってくる。それは，ピューリタン的倫理に基づく異端の捏造と排除の逆説的な論理とでもいうべきものである。セイラムの魔女狩りをはじめ，第2次大戦後のマッカーシーの赤狩りなど，危機に瀕したときの米国では決まって「魔女を狩る者こそはもうひとりの魔女にならざるをえない」というアイロニカルな反応がくりかえし露呈してきたのだ。9.11テロからイラク戦争に至る経過の中で反復されたこうした反応とその背後にある逆説的論理を，アメリカ史の文脈に位置付けて再検証する。

A──同時多発テロからイラク戦争へ

　時は西暦2001年9月11日午前8時45分過ぎ，場所はアメリカ東海岸。カリスマ的指導者オサマ・ビン・ラディンの指揮するイスラム系テロ組織「アルカイダ」のメンバーによってハイジャックされた巨大旅客機が，ニューヨークの世界貿易センタービル，通称ツインタワー・ビルとワシントンDCの国防総省，通称ペンタゴンに体当たりして自爆するという超弩級の惨劇が起こった。

　被害は絶大だった。アメリカ合衆国の国家的中枢のみならず，米ソ冷戦解消後，ようやく形成されようとしていた超大国を中軸とするグローバリズム時代の世界秩序そのものが危うくなった。この信じがたい悲劇を，わが国では通称「同時多発テロ」（英語圏では"9.11 hijacking attacks"ないし"9.11 terrorist hijacking"）の名で呼びならわす。

　アメリカ合衆国第43代大統領ジョージ・W・ブッシュはただちに「これは戦争だ」と宣言し，国家対国家ならぬ国家対テロ組織の戦争を合法化した末，同年10月7日にはアフガニスタン空爆を決断。11月12日には首都カブールを制圧していたタリバーン政府を葬り去り，12月22日にはカルザイをトップに据えるアフガニスタン暫定政権を発足させた。その時点までなら，尋常ならざる同時多発テロに立ち向かう正義の報復という大義名分を，かろうじて維持できたかもしれない。ところが明けて2002年，まだ同時多発テロの真相も究明されないまま，ブッシュ大統領はビン・ラディンとの関係を憶測ないし捏造してフセイン大統領の君臨するイラクへの攻撃を示唆しつづけ，ついに2003年3月13日，イギリスとともにイラク戦争を開始した。国連安保理決議を経ずに行われたこの武力攻撃は，一方的にある一国の政権転

覆を目指しているため，国連憲章や国際法に違反するのみならず，民族自決主義の蹂躙と国家主権に対する侵害となり，その結果，いかなる他者とも理性的な対話によって相互理解をもくろむ国際理解の原則を自動的に放棄してしまう。しかも，同時多発テロでは世界がアメリカに同情したが，イラク戦争では世界で反戦運動が巻き起こり，その渦中で，合衆国内におけるナショナリズムに抗う者は，ノーベル平和賞受賞者すら逮捕を余儀なくされる始末である。

ここで思い出されるのは，1998年12月，第42代合衆国大統領ビル・クリントン政権が，モニカ・ルインスキーとの不倫疑惑で揺れ動いているまさにその最中，あたかもスキャンダルから国民の視線をそらそうとするかのごとく，国連による大量破壊兵器査察を拒否したイラクへの空爆を行っていることだが，皮肉なことにブッシュ政権もまた，チェイニー副大統領やラムズフェルド国防長官と共謀した石油の利権争いという私利私欲を「イラクの自由」なる名目にすりかえ，2001年に入るや否や，2月の段階でイラク爆撃を再開し，アフガニスタン空爆のさなかの11月にもイラク攻撃を提案したことだ。端的にいうなら，同時多発テロの事態収拾も冷めやらぬうちに，イラク戦争が始まったのは，一般にそう映るほどには不条理な展開ではない。湾岸戦争以来，もともとイラクとの確執が尾を引くさなかで，同時多発テロが起こり，このときアメリカ国民が覚えた恐怖と国際的な同情を絶好の口実として利用しつつ，以前からの宿題であるイラク戦争へ踏み切ろうとした，これはブッシュ政権内部では極めて合理的な展開であった。ただし，ブッシュ政権においては合理化されている正義の報復が，もともとアメリカニズムと不即不離だったはずのグローバリズムに照らして普遍的な価値を持ちえないところに，現代アメリカ最大のアイロニーがひそむ。

B──報復の科学：魔女狩りから　　スターウォーズ計画まで

ここで，先代の第41代合衆国大統領ジョージ・ブッシュが湾岸戦争を「聖戦」と呼び，息子である第43代ジョージ・W・ブッシュが毎朝聖書を読むのを日課にしていることに注目するなら，筆者はむしろ，21世紀現在のアメリカ合衆国が，17世紀ピューリタン植民地時代において培われた論理を，いまもたえまなくリメイクしつつ稼働していることを実感せざるをえない。最も単純化してまとめるならば，それは「魔女を狩る者こそはもうひとりの魔女にならざるをえない」という，1692年初頭に勃発したいわゆる「セイラムの魔女狩り」以来アメリカの深層を連綿と貫く論理である。そもそもセイラムの魔女狩り自体が，現実の超自然的な魔女を相手にしていたわけではなく（牧師サミュエル・パリス家の混血黒人女性奴隷ティテュバがブードゥー的呪術で子供たちを楽しませていたにすぎない），真相としては，宗主国イギリスの介入に抵抗し土地問題にからむ利権争いを封じ込めようとするあまりに多くのスケープゴートを出した，いわゆる内ゲバであった。ところがこの時に確立された神権政治的圧政の構図が現代アメリカの政治学にまで命脈を保つ。それは，米ソ冷戦下におけるアメリカが，リベラリズムの美名のもとに多元文化を容認するようでいて結局は反共いわば現代の魔女狩りたる「赤狩り」の姿勢を強化し，その過程において，白人男性ピューリタン社会の伝統におけるあらゆる「少数派」を「異質なるもの」と見て包摂しつつ抑圧していった歴史そのものであろう。植民地時代のアメリカ・インディアンはもとより，黒人奴隷も黄色人種も共産主義者も，そして高齢者や独身者や同性愛者や女権拡張論者も

❶左｜「セイラムの魔女狩り」の法廷の様子を描いた絵
❷右｜1950年前後、「現代版魔女狩り」ともいえる「赤狩り」を推し進めたマッカーシー上院議員

すべて、「魔女」の資格充分なのだ。アメリカの夢がすぐにもアメリカの悪夢とすりかわってしまうメカニズムが、ここにある。

例えばレーガン元大統領夫人が占星術師と親密になれば、アメリカの世論は彼女をさんざんにこきおろす。例えばヨーコ・オノの音楽活動はいまも故ジョン・レノンの威光の結果として揶揄される。ココム事件の折、東芝製品を打ち壊してデモンストレーションするアメリカ人の映像には、むしろワラ人形に釘を打ち込む式の民俗性がみとめられた。それは、イラク戦争へなだれこもうとするアメリカの暴走に異議申し立てを行い、国連安保理決議でブッシュ大統領やブレア首相の思惑を阻んだシラク大統領がたちまち悪役に仕立て上げられ、たちまち合衆国内部ではフランス製ワインやフランスパンが放逐された構図にも、ことごとくくりかえされている。魔女を封じ込めるはずの魔女狩り自体が、ここでは極めて悪魔的な形を帯びてしまう。狩る者が狩られる者の構造を反復し、アメリカン・エデンがたちまちアメリカン・ソドムへと転化しかねないアイロニーは、戦時下にあっては忌むべきものだが、しかしそれと同時に、まさにこのアイロニーにこそアメリカというソフトウェアが稼働し続けるための本質がひそんでいたことも、否定するわけにはいかない。

このような「魔女を狩る者こそはもうひとりの魔女にならざるをえない」というピューリタンゆかりの論理と相性がいいのが、「平和を守るためにこそ、どんな兵器にも負けない超兵器を持たざるをえない」という、もうひとつの長い伝統を誇る論理である。かのロナルド・レーガン第40代合衆国大統領が1983年に樹立した戦略防衛構想（SDI）、すなわちソ連の戦略ミサイルを発射直後に宇宙空間から撃ち落とすスターウォーズ計画が、それだ。思えば、レーガン本人が二流のハリウッド役者だったときに出演した作品が、まさしくSDIの原型ともいうべきアイデアを孕む『宇宙の殺人者』（1940）であった。ところが、ここで文化史家ブルース・フランクリンの見解を参照するならば、SDIの起源は共和制時代の軍事発明家ロバート・フルトンの仕事の中に求められる。彼は1797年、「恒久的平和」を達成しようとするあまりに、世界初の潜水艇を発明し、アメリカ共和制を妨げる最大の障壁たるイギリス海軍を粉砕しようと考えた。「共和的平和」を死守するために「いっさいの敵を撲滅する超兵器」がここに開発されたわけであり、ここにこそ、今日の超大国が「世界の相対的平和は核の抑止力によって保障されなくてはならない」と信じる根拠がある。この発想はのちにアメリカン・ヒーローの代表格である世紀転換期の発明王トマス・エジソンに引き継がれた。げんにイギリス作家H. G. ウェルズの未来小説『宇宙戦争』

(1898)に影響を受けたアメリカ作家の作品群は、明らかに当時のアジア系やアフリカ系、はたまたロシア系に対する外敵恐怖を宇宙からの侵略者像に託すかたちで膨大に書かれ、そのなかにはギャレット・サーヴィスが実在の発明王を主役にした『エジソンの火星征服』(1898)なる小説まで含まれていたほどである。

げんに世紀転換期には、南部作家トマス・ディクソンがリンカン暗殺にまつわる南部白人の暗躍を描く長篇小説『クランズマン』(1905)が話題を呼び、ディクソンの親友たるウッドロー・ウィルソン第28代大統領は、同小説を原作とするグリフィス映画の『国民の創生』(1915)を積極的にプロモートし、かくして第1次世界大戦以後には、19世紀後半に消え去ったとばかり信じられていた白人優位主義の権化たる秘密結社クー・クラックス・クラン(KKK)が、奇跡のように息を吹き返す。初期のKKKは黒人と共和党を攻撃するばかりだったが、この第2次KKKにおいては、自らの敵を「無法者、売春婦、黒人、ユダヤ人、カトリック信者、外国人、誤ったプロテスタント信者」に定めている。

かてて加えて、セオドア・ローズヴェルト第26代大統領の友人にして優生学信奉者、保守反動の権化たるマディソン・グラントは、当時の代表的なニュージャージーの教育者ヘンリー・ゴダードと同調するように、世紀転換期アメリカにおけるおびただしい移民の波に対し「外国人の脅威」(alien menace)を見てとった。とりわけ1916年に出版される『偉大なる種族の危機』において、グラントは「もしも人種のるつぼを煮えたぎるままにし、あえて人種や信条や皮膚の色といった区別に目をつぶろうとしたら、植民地時代以来のアメリカ人像は、ペリクレス時代のアテネ人やロロ時代のヴァイキングのごとく、廃れてしまうことだろう」と主張。彼によれば、第1次世界大戦は北欧人種がまさに北欧人種自身と殺戮し合う「民族自殺」にほかならない。かくして、戦後のいわゆる「荒地世界」において、北欧人種崇拝はひとつの流行とまで化し、1925年出版になるスコット・フィッツジェラルドの名作『華麗なるギャツビー』にまで影を落とす。何しろ主人公ギャツビーの恋人デイジーの夫であるトム・ブキャナンは、「ゴダードという男の『有色人帝国の勃興』」に賛意を示し、「そいつの考えはだな、おれたちは北欧人種だというんだ」と断言、白人優位主義への共鳴を隠さないのだから。だが、これと同じ思想こそは、ありとあらゆる仮想敵を狩りたててやまないKKKを皮肉にもアメリカ最大の民衆の敵へと仕立て上げた元凶であった。

ここで興味深いのは、「魔女を狩る者こそはもうひとりの魔女にならざるをえない」という論理が、けっきょくのところ「狩る者」と「狩られる者」の差異をなしくずしにしてしまう点だ。かつて9.11同時多発テロが起こったとき、多くの文学者がその決定的場面を19世紀ロマン派作家ハーマン・メルヴィルの『白鯨』に、それもピークォド号が白鯨へ突進するクライマックスにたとえたが、さて、その図式においては、自爆テロリスト率いる巨大旅客機がエイハブ船長率いるピークォド号に、ツインタワービルやペンタゴンが白鯨に相当するのかといえば、さほどはっきりとは割り切れない。代表的知識人エドワード・サイードはむしろ「オサマ・ビン・ラディンという白鯨を追跡するジョージ・W.ブッシュ演ずるところのエイハブ船長」という構図で考えている。確かに、テロリストを狩る者こそはもうひとりのテロリストにならざるをえないのだと考えるなら、エイハブと白鯨の間はもちろん、ビン・ラディンとブッシュの間も、さほど明確に区別できなくなるだろう。メルヴィルの『白鯨』のメタファーが息を吹き返す時というのはきまって、植民地時代

の魔女狩りの論理がテロリズムの論理へ, ひいては戦争の論理へと一気に接続される瞬間なのである.

C——ならず者国家の倫理とポスト植民地主義の精神

歴史をふりかえるなら, そもそも17世紀植民地時代以来, ピューリタンの共同体が夢見た「丘の上の町」すなわちアウグスティヌス的な「神の国」の近代版は, 「善良なる移民のみならず, 来る年も来る年もイギリスやアイルランドやその他の姉妹国家の牢獄から吐き出されるならず者ども」(ベンジャミン・ラッシュ『共和制教育について』1786) をも, 倦むことなく迎え入れてきた. アメリカは当初, 必ずしもご立派なピューリタンの信じる「神の国」としてばかりでなく, 半ば旧世界の廃棄物たる海賊や詐欺師など「犯罪者たちの流刑地」としても出発したのだ. しかもこの「ならず者ども」は, 単にひとつの少数派にとどまらず, ほかならぬピューリタン白人共同体ともその根深いところで共犯関係を結び, アメリカの表の歴史が裏の歴史といつしか切っても切れないかたちを成していくことを, 思い知らせる.

じっさい, エリザベス朝 (1558-1603年) はイギリスが絶大なる制海権を獲得していった時期だが, この頃の海上での戦闘というのは限りなく海賊的な略奪とほとんど見分けがつかなかった. 近代世界システムの形成途上において, 西欧的近代国家と海賊的共同体の区別, 植民地主義者と反植民地主義者の区別, インサイダーとアウトサイダーの区別は, 一見そう映るほどには明快でない. 労働と犯罪, 軍事力と海賊力を, いってみれば公共空間と私的空間をやすやすと交錯させてしまうような, しかしそのように巧妙なすりかえなしには決して成立しなかったような言説制度は, むしろ植民地時代以来のアメリカにおいて確固たる伝統を形成する.

そのような視点から, 今日, ブッシュ大統領がイラクやイランや北朝鮮を「ならず者国家」と呼んで罵倒している現状を見直すならば, そもそもアメリカ合衆国そのものの起源に海賊共同体が存在し, それこそが近代民主主義国家の原型のひとつを成したとする説を参照したくなるのもやむをえまい. アメリカ民主主義の雛型は1620年, 巡礼の父祖たちのメイフラワー誓約書に窺われる社会契約思想に垣間見られたが, しかし実際のところは, すでにピューリタン以前の段階からニューイングランド沿岸を荒らしていた海賊たちによる, 一見傍若無人な共同体の内部にこそはっきり形成されていた. そもそもピューリタン植民者たちの側もまた, アメリカ原住民に対して海賊的にふるまったであろう. ピューリタン共同体と海賊共同体が表面的には反発し合いながらも, 折にふれて互いに誘引し合い互いに搾取し合ってきた最大のゆえんは, そのあたりに求められる.

20世紀初頭, かの社会学者マックス・ウェーバーが提唱したとおり, プロテスタンティズムの倫理はまちがいなく資本主義の精神の形成に有用であったが, そこでいう聖書的倫理が海賊的仁義と表裏一体であったことを無視しては公平を欠く. 「魔女を狩る者こそはもうひとりの魔女にならざるをえない」という論理は, じつのところ「魔女と魔女を狩る者とが相互交渉し共犯関係を結び役割交換する」というもうひとつの論理を排除するものではない. かつてトマス・ピンチョンは, メルヴィルの『白鯨』の精神を継ぐポストモダン・アメリカ文学の聖典『重力の虹』(1973) の中で, ドイツ系が開発したV2ロケットをアフリカ系ヘレロ族出身者が奪取し再利用するという展開を書き込んだが, 1991年の湾岸戦争におけるイラク軍は,

明らかにV2ロケットの末裔というべきミサイル〈アル・フセイン〉を開発していた。西欧が非西欧へ植民し教育を施した最大の成果が，反西欧，転じては脱西欧というかたちのポスト植民地主義を採りうること，これが肝心である。ノーム・チョムスキーも『テロの帝国アメリカ』(1986/2002) で洞察したように，その主体が帝王でも海賊でも，超大国でも中東諸国家でも，はたまたキリスト教圏とイスラム教圏でも，戦争はテロリズムには変わりがなく，そこでは往々にして過去の共謀関係が隠蔽される。

以上の構図を理解してこそ，じつは投資用私企業カーライルをめぐってブッシュ家とビン・ラディン家がパートナー関係を結んでいた蜜月があること，ジミー・カーター第39代大統領政権下のアフガン戦争においてケーシーCIA長官がパキスタンのISI（軍統合情報部）経由で資金援助と軍事訓練などを行い，結果的にオサマ・ビン・ラディン育成に荷担していたこと，そしてそもそもイラク戦争のきっかけとなった大量破壊兵器の素材というのは1980年のイラン・イラク戦争以後，アメリカ側がイラクに供与したものであったことなどの背後に，単なるスキャンダルを超えて，植民地主義からポスト植民地主義へ向かう確固たるロジックの種子が透けて見えるはずである。

D──いま「9.11」をどのように表象しうるか

戦争を「愚行の世界史」と片づけてしまえば，こんなに簡単なことはない。にもかかわらず歴史上，地球上から戦争が絶えたことがないのは事実である。かくして戦争が勃発するたびに，人々はそれに対して政治的にも経済的にも芸術的にもさまざまなメッセージを発する。だが，ベトナム戦争に抵抗するべきハリウッド映画が湾岸戦争へヒントを与えてしまったように，2003年のイラク戦争でもイラク軍のゲリラ戦略はリドリー・スコット監督の映画『ブラックホーク・ダウン』(2001) に多くを学んでいるという。戦争について語り表現することすら，さらなる戦争を引き起こしかねないというアイロニーについて，ひとは告発すべきか，単に沈黙すべきだろうか。

いや，断じて沈黙すべきではない，という明確な立場を守るのが，映画監督であり，『アホでマヌケなアメリカ白人』を出版したことでも知られるマイケル・ムーアであろう。彼は2003年3月23日，ハリウッドで行われた第75回米アカデミー賞授賞式で，ブッシュ大統領とともに銃社会アメリカを厳しく批判し2002年5月のカンヌ映画祭でも喝采を浴びた記録映画『ボウリング・フォー・コロンバイン』で長編ドキュメンタリー賞受賞に輝く。少なからぬ受賞候補の映画監督たちが反戦を理由に欠席するなかで，あえて出席を選んだ彼は，受賞挨拶の折にひときわ声高に叫び，センセーションを巻き起こした──「僕らはインチキな大統領を選び出してしまうようなインチキな選挙をするような時代に生きているんだ。嘘の理由で僕らを戦場に送り込むようなやつがいる時代を生きているんだ。とにかくこの戦争には反対だ。ブッシュよ，恥を知れ。お前の持ち時間は終りだ」。9.11同時多発テロの実況映像はのちに無数のメディアで何度となくくりかえし流され，全地球的な恐怖感を煽ったが，ムーア監督はそれに拮抗するべく，多分に創造的かつ作為的な演出を含む作品を「記録映画」の名のもとに公開し，アカデミー賞授賞式という年間最大のメディア行事をまんまと利用して反撃に出たのである。そこでは，ハードロック歌手マリリン・マンソンとハリウッド名優チャールトン・ヘストンにほぼ同じ問いが投げかけられ，

前者が「メディアこそ恐怖と消費のキャンペーンを造り出し，まさにその恐怖が人を銃へ向かわせるのだ」とすがすがしく答えるのとは裏腹に，後者が「銃を持っていると安心するんだ」と頼りなげに答えるという好対照が演出される。ヘストンの回答はもちろん，共和制時代の軍事発明家ロバート・フルトン以来の「平和を守るためにこそ，どんな兵器にも負けない超兵器を持たざるをえない」という，核抑止力につながる論理の焼き直しにすぎない。

一方，フランス作家アラン・ブリガンの発案により，全世界の代表的映画監督11人の競作というかたちで進められ，テロよりきっかり1年後の2002年9月11日に公開されたオムニバス映画『11'09"01/セプテンバー11』は，この事件に対する反応が必ずしも一枚岩でもなければ二項対立的でもないことを痛感させる。フランス人監督クロード・ルルーシュやアフリカ系監督アレハンドロ・イニャリトゥのように聴覚や視覚を剥奪された沈黙の世界や，イラン人監督サミラ・マフマルバフのようにイランに亡命したアフガン人教師と子供たちの間で生じる認識の齟齬，イギリス人監督ケン・ローチのように同じ9月11日でもチリで起きた1973年9月11日の軍事クーデターを重視するチリ系亡命者の視点など秀作が揃う中で，日本人監督・今村昌平はアメリカにも同時多発テロにも直接は言及せず，戦争で受けた精神的外傷（トラウマ）があまりにも深いために自分を人間ではない，ヘビだと信じ込み，ヘビの生態を模して生きるようになってしまう男の物語を撮影して異彩を放った。そこには，そもそも戦争に聖戦などありえないという最も普遍的な真理を最も単純明快に訴える姿勢がある。マイケル・ムーアとはまったく対照的な手法ながら，そこには9.11以後の展望を直接語らないことにより最も雄弁に語るための希望が，ひっそりと，だが極めてたくましく芽生えている。

■参考文献

ウォーラーステイン，I.（川北稔訳）『近代世界システム 1600-1750』名古屋大学出版会，1993.

チョムスキー，N.（海輪由香子他訳）『テロの帝国アメリカ』明石書店，2003.

デウィット，A./金子勝『反ブッシュイズム』岩波ブックレット No.587, 2003.

ムーア，M.（松田和也訳）『アホでマヌケなアメリカ白人』柏書房，2002.

Rush, B. "Benjamin Rush on Republican Education." *A Plea for the Establishment of Public Schools and the Diffusion of Knowledge in Pennsylvania* (1786), 13-36. Rept. in *Theories of Education in Early America 1655-1819*. Ed. W. Smith. Indianapolis: Bobbs-Merril, 1973. 257-265.

Zelizer, B. and S. Allan, eds. *Journalism after September 11*. London & New York: Routledge, 2002.

■さらに知りたい場合には

Dow, G. F. and J. H. Edmonds. *The Pirates of the New England Coast 1630-1730*. Marine Research Society, 1923; Reprint, Dover, 1996.

［17世紀植民地時代以来，いかにアメリカが海賊国家の顔を隠し持っていたかが，資本主義発展史への洞察とともに解明される。］

Franklin, H. B. *War Stars: The Superweapon and the American Imagination*. Oxford Univ. Press, 1988.

［メルヴィル研究から出発した著者は，超兵器発明と表裏一体をなす超英雄待望の論理がいかに大衆文化を通して普遍化してきたかを克明に分析する。］

Said, E. "The Progressive Interview" (by D. Barsamian). *The Progressive* (November

2001).
［戦争が始まるとメルヴィルの『白鯨』のメタファーが決まって復活するも，たいていの場合，イメージ先行にならざるをえない。その最大の実例。］

B

国家意識の成立

　アメリカ大陸の大西洋岸に，永続的なイギリス系植民地が建設されたのは17世紀早々であった。それからおよそ250年の永い歳月をかけて植民者たちは太平洋に到達し，大陸横断が完結した。行く手にはだかっていたのはネイティブ・アメリカンだけではなかった。東部を南北に走るアパラチア山脈が開拓者を阻み，その先の大平原の向こうには乾燥地帯，砂漠，そして4000メートル級の峰をもつロッキー山脈があった。

　人々はさまざまな困難を克服して西へと向かったが，その過程で「自分たちの場所」という発想が固まった。Our Countryという概念は，開拓の体験と地理上の特徴がないまぜになった内なる思念であった。しかし，20世紀になってアメリカが対外関係を広げ，連邦政府の拡大がおこるにつれて，世界の他者の視点が加わるようになり，「アメリカ」は内的な定義に加えて外的な概念として確立していった。21世紀の現在に至って，またもやアメリカの定義が揺れ動き，世界と国内に見られる多元的な側面を再認識する傾向が強まりつつある。

14 アメリカ成立の過程

The Making of America

松尾弌之

　もともとネイティブ・アメリカンの居住の場であったアメリカ大陸は，15世紀末のスペインの到来に続いてフランスやオランダが植民地をつくり，100年後の17世紀にイギリスが大きな勢力圏を確立する場所となった。そこはヨーロッパ人にとって信仰の自由などの精神上の夢を追求するところである一方，金銀の財宝や富を入手するという物欲追及の場所でもあった。北アメリカは独立，南北戦争を経て，世界に冠たる産業国となり，国際社会での地位を確立した。北米大陸で移民たちのさまざまな夢の実現や努力の主張が行われ，妥協や闘争をくりかえしながら最大公約数的な文化や生き方が生まれ，今日のアメリカの原型が形づくられた。

A── 新大陸とヨーロッパの遭遇

❶── アメリカの先住者たち

　新世界あるいは新大陸とは南北アメリカを指すが，この表現はアメリカがあたかも新開地のような印象を与える。しかしアメリカはヨーロッパにとって新しかったにすぎない。コロンブスによる「アメリカ発見」のはるか以前に，ネイティブ・アメリカン（アメリカ・インディアン）が定着して高度な文明を生み出していた。ネイティブ・アメリカンの祖先はアジア系（モンゴロイド）で，およそ3万年から6,000年ほど前にベーリング海峡を経てアメリカ大陸に到着したと考えられている。しかしアメリカにはアジア系だけではなく，さまざまなルートを経て多様な人間たちが到着したことが知られている。北アメリカには北欧系の人間（ヴァイキング）が紀元10世紀から11世紀にかけて到着した痕跡が見られるし，南アメリカではもっと古くから南太平洋の諸島や南アジアとの交流のあとがうかがえ，太平洋を介して複雑な文化交流が成立していた。

　南北アメリカの住民は数万年の間に多様な文化を発展させた。インカ文明やマヤ文明，アステカ文明以外にもさまざまな文化があった。言語だけを取り上げても北米で300種類以上に達し，生活形態もホピ族のように農耕に従事する部族もあれば，ナヴァホ族のように狩猟を中心にするものもいた。巨大都市を形成する人々もいたが，集落単位で生きた部族もいた。

　しかし一般的に共通の傾向もうかがえる。ほとんどの部族は天や地，草木や岩石などの万物に精霊の存在を認め，アニミズム的な思想体系を有していた。それゆえ自然に対して最大の注意を払い，狩猟の際には獲物の命を奪うことに許しを請う祈りをささげたし，トウモロコシなどの農作物を天地の恵みとして神聖視した。自然を尊ぶ生活態度は資源の無駄づかいを防ぎ，資源の枯渇防止にも役立っていた。またほとん

どの部族には私有財産の概念がなかった。大地や太陽の光，空気，水などは人間が共有して利用するものとされ，自分と他人の所有物についての厳しい区別がない非所有の社会形態をつくり上げていた。ヨーロッパ人は土地の私有制度を当然と考えたので，両者の食い違いはのちに大きな問題を生じることになった。

❷——基層文化としての先住民文化

　新大陸の古い文化はヨーロッパ移民の流入によって絶えてしまったわけではなく，今日でもアメリカの基層となって残っている。例えば新世界の作物であるトウモロコシを食生活の中心に据えるという風習がある。アメリカの風土に適したこの作物はあらゆる移民たちの主要穀類となり，コーンフレークスやトウモロコシ粥，パンなどに加工されて日常食となった。さらにポップコーン，バーボンの原料などとして活用され，ウシやブタ，ニワトリなどの家畜類の飼料となった。トウモロコシ以外にも七面鳥やカボチャ，ジャガイモ，トマト，ナス，ピーマンなどといった南北アメリカ原産の食料が，移民の食卓をにぎわすことになった。

　アメリカに見られる多くの地名なども，ほとんどはネイティブ・アメリカン伝来のものである。首都ワシントンD. C.を流れる川はポトマックと称するし，大都市シカゴの名称は有力な部族の呼び名であった。ネイティブ・アメリカンの影響は言語などにもおよび，raccoon（アライグマ），tobacco（タバコ）などという表現が英語のなかに取り入れられた。

　アメリカの制度や思想も新世界の影響を受けているとする考え方もある。民主主義の多数決の原理は，東海岸のイロコイ連合のやり方を模倣したものだという説があるし，今日の環境保護運動などにネイティブ・アメリカン特有の思想の影を見るものも多い（⇨「29 思想の歴史」のコラム「イロコイ連合とアメリカ合衆国連邦制度」）。

B——ヨーロッパによる植民の始まり

❶——スペイン・フランスの植民

　15世紀後半の大航海の時代になると，新世界にヨーロッパ系の人間が到着した。クリストファー・コロンブスによるアメリカ到着（1492年）は，その象徴的なきっかけであった。コロンブスを財政的に支援したスペインは，他国に先駆けてアメリカ大陸の植民地化を試みた。15世紀末から16世紀初頭にかけて探検隊を送り込み，抵抗する人々を制圧して金や銀を入手したり，スペイン国教のカトリックの教えを布教した。征服者たちは，南アメリカや中央アメリカを統治下においたが，やがてその勢力圏を今日のフロリダやテキサス，ニューメキシコ，カリフォルニア地方などに広げていった。スペインの探検家エルナンド・デ・ソートは，ミシシッピ川を見つけた最初のヨーロッパ人だとされる。

　北アメリカ地域がスペインの影響下におかれるようになると，スペイン文化とネイティブ・アメリカンの文化が並存したり融合したりした。ネイティブの中にはスペイン人がもたらした羊などの家畜や馬を利用するものが現れた。アパッチ族などが馬に乗って平原を駆けるのは，もともとスペインのやり方であった。一方サンフランシスコやロサンゼルスなど西部の地名にはスペイン語がそのまま残ったし，食物，風習にもスペイン色が残っている。テキサス州やニューメキシコ州などにはスペイン系の名前を有する者が多いが，これらの人々の先祖はアメリカ合衆国が存在する以前にすでにスペイン文化圏を形成していた。

❶メイフラワー誓約に署名するピルグリム・ファーザーズ　[1620年，P. モラン画]

スペイン系についで古い歴史を有するのはフランス系である。フランスも16世紀早々に探検隊を送り込み，モントリオールに植民地を開設した。植民者たちは東のアパラチア山脈から西のロッキー山脈に至る広大な土地に入り込み，ここをニューフランスまたはルイジアナと称した。南部ルイジアナ地域では，フランス文化やネイティブ・アメリカンの文化，さらにはアフリカ系文化などが混在して，クレオール文化といわれる混合文化が生まれた。

❷——イギリスの進出

スペインやフランスの進出からおよそ100年後にイギリスによる新大陸進出が始まった。スペインの勢力が及んでいなかった北部地域に数回にわたる植民の試みがなされ，今日のヴァージニア州のジェームズタウンに1607年に到着した一行が，植民地樹立のきっかけをつくった。このとき上陸をはたしたおよそ100人の男性のほとんどは，7ヵ月のうちに病気や飢えで死に絶えたが，翌年にジョン・スミスが同じ場所に入植を試みて定住に成功した。ヴァージニア植民地でタバコの栽培がさかんになるにつれて生計の道が開かれ，この地方のイギリス植民地は安定した。しかしネイティブ・アメリカンとの対立や紛争が絶えず，植民地の有力者ジョン・ロルフは部族の首長の娘ポカホンタスと結婚したりしたが，事態は改まることがなかった。

ヴァージニアの植民から遅れること13年後の1620年に，今日のマサチューセッツ州のプリマスにメイフラワー号に乗った102名の人々が上陸した。そのうち37名がイギリス国教会からの分離を主張してオランダに渡った人々で，後にピューリタン（清教徒）とかピルグリム・ファーザーズと呼ばれた。上陸をまえにして船内で41名の男性がメイフラワー誓約といわれる文書に署名したが，それは分離派教会の団結文書を手本にして上陸後の自治政府の運営を定めたものであった。上陸後のピューリタンたちは盟約と神の教えにのっとった社会を形成し，農作業に従事して自給自足の生活を送った。この一行をたよって多くのピューリタンが次々と移民を開始し，やがてボストンがマサチューセッツ植民地の首都となった。ボストンは今日に至るまでニューイングランド地方の中心と考えられている。

北米大陸で主流を占めるに至るイギリス系移民は，結局アメリカで2種類の流れを作り上げた。1つはヴァージニアに上陸した人間の流れである。入植者たちはロンドンに設立されたロンドン会社が利益追求のために送り出したものであり，試行錯誤の末にタバコや綿花の大量栽培に成功した。そして植民地経営に財政面から大いに寄与した。アメリカの独立後もこれらの作物を栽培し，裕福な南部社会を形成した。もう1つの流れはニューイングランドに上陸した人々である。大部分は利益の追求が目的ではなく，自らの信仰ゆえにふるさとを捨ててアメリカに渡った。人々は自給自足のつつましい生活に満足し，知識を増やしたり神をあがめることに喜びを感じていた。上陸後わずか16年目にハーヴァード大学の前身のカレッジが設立された（1636年）のもそのためである。人々

は物欲主義に反発しながら理想を追い求め，正義を実現しようとする流れを形成していった。

アメリカの歴史は物的な欲望に突き動かされた人々だけの物語ではない。あるいは自由と民主主義を求めた求道の歴史だけでもない。その両方を含みながら同時に古くからの多層的な文化を内包した複雑な現象なのである。

C——アメリカ植民地の生活

❶——ニューイングランド植民地の発展

イギリスによる植民が始まってからアメリカ合衆国が独立するまでの170年あまりを植民地の時代と呼ぶが，この間にイギリスによる北アメリカ大陸の支配が確立し，英語圏文化の優位性が樹立された。またこの期間に北アメリカに特有の言語的表現や文化の基礎となる風習などが定着した。なかでもニューイングランド地方の精神・生活共同体は，その後のアメリカの政治制度に影響を及ぼし，議会民主主義の手本となった。

しかしその共同体は選良からなる組織であり，共同体以外の人間を異端視する傾向を有した。教会のメンバーのみが政治論議に参加することを許されたし，アン・ハチンソンやロジャー・ウィリアムズなどの異説を唱えるものはきびしく排除された。まとまって排他的な社会は，しかし組織として動くことが可能であった。

ニューイングランド植民地のもう1つの特色として，イギリス国王との対立の歴史をあげることができる。あまりにもピューリタンの反抗が多いという理由で植民地に対する国王の勅許状が取り消された（1684年）こともあるし，直接統治のため司政官が任命されたときには反乱が起こった。17世紀末になってイギリスは教会の集会が政治的騒乱の温床だと判断して，兵隊を派遣して集会そのものを管理した。

このような本国の政策もあり，18世紀をむかえる頃には植民地の自治制度を支えたピューリタン指導層の影響力が低下した。またこの頃セイラムで魔女裁判が行われ（1692年），300名以上の者が疑いをかけられ20名が魔女として処刑されるという事件が起こったが，住民をあおってこのような行動に駆り立てたのは宗教上の指導者であったとの反省が生まれ，植民地指導層の力がさらに弱まった（⇨76フォークロアB-3）。

ニューイングランドの神権政治やその指導層の影響力が低下したもう1つの原因は，植民地の経済的繁栄にあった。最初の移民は沿岸部に定着したが，18世紀になると内陸部に多くの者が入り込み，川のほとりに水車小屋が建設されて製粉や製材，製鉄や毛織物製造などが行われた。こうした物産は沿岸の港から各地に運ばれたが，運送にあたった船主のなかには海外との交易を行う者が出た。

アメリカ植民地の船は木材，塩漬けの魚などをカリブ海に運び，糖蜜と砂糖を持ち帰った。糖蜜や砂糖はメドフォードやニューベリーポートなどでラム酒となり，ラム酒は衣類や鍋などの調理用具とともにアフリカ西海岸にもたらされて奴隷と交換された。奴隷はカリブ海や南アメリカで売りさばかれた。交易地点はニューイングランド，アフリカ沿岸，カリブ海を結んだので三角貿易と呼ばれたが，ニューイングランドに大きな収益をもたらし，財をなした船主たちは競って豪華な住宅を建てたとされる。富の蓄積は現世的なものへの関心をもたらすと同時に，自主独立の気概を強めていった。

❷——南部植民地の発展

アメリカ南部は同じ植民地でもその様相はま

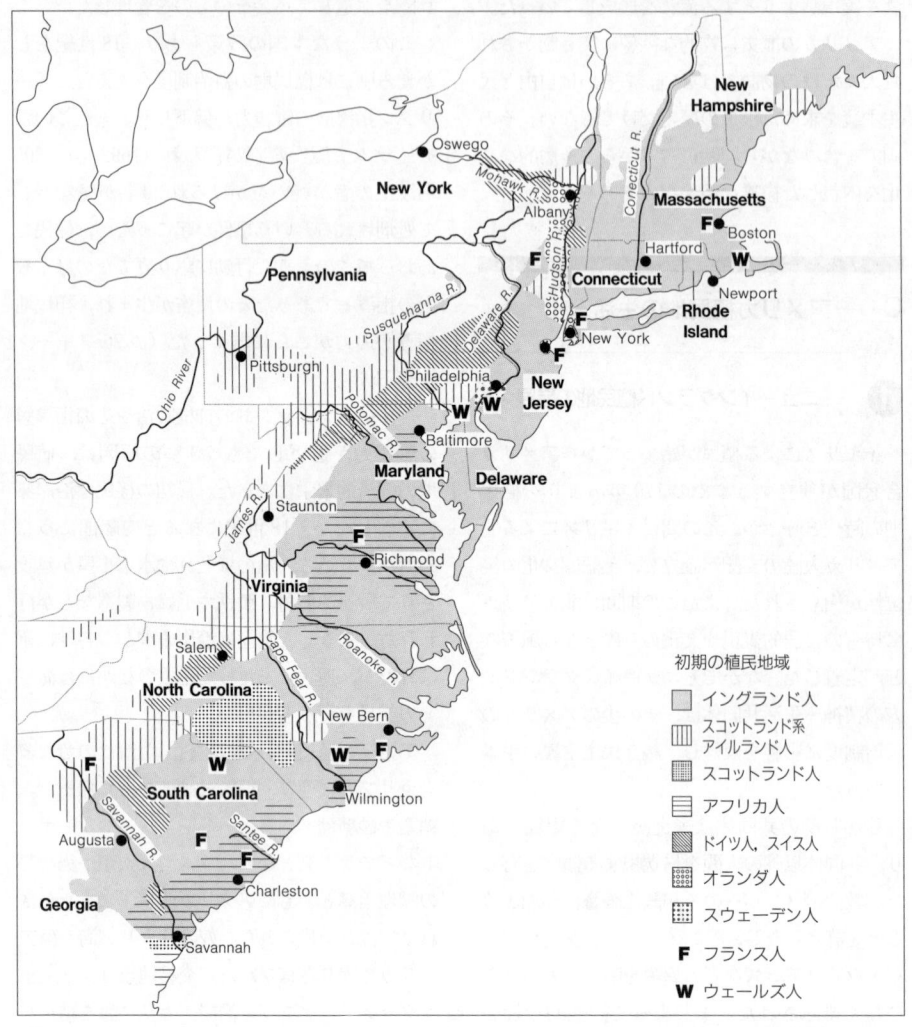

図14-1 ● 18世紀半ば頃のイギリス植民地におけるエスニック・グループの分布

初期の植民地域
- ▨ イングランド人
- ▦ スコットランド系アイルランド人
- ▩ スコットランド人
- ▤ アフリカ人
- ▧ ドイツ人，スイス人
- ▦ オランダ人
- ▦ スウェーデン人
- F フランス人
- W ウェールズ人

●出典｜Flanders, S. A. *Atlas of American Migration.* New York: Facts On File, Inc., 1998に基づく。

ったく異なっていた。南部はタバコ，染料用の藍，米，綿花などの換金作物の栽培を行うという経済制度をつくり上げ，イギリス本国に対する原材料供給地の性格を有していた。作物の大量収穫のためには多くの人手を必要としたので，17世紀早々（1619年）からアフリカ人の利用がはかられたが，やがて奴隷制度が定着し，南部植民地の最大の特色を形成した。1700年の時点でヴァージニア地方にはおよそ1万6,000人のアフリカ系奴隷がいたと推測されるが，70年後には18万7,000人に増加している。これは同地方の白人人口の半分に匹敵する。同じ傾向は他の南部地域でも認められ，カロライナ地方などでも奴隷の数は10万人に達

している。

　奴隷という安価な労働力を用いることのできた大農場（プランテーション）は裕福な社会階層を支えた。南部の富裕層はヨーロッパの貴族階級に匹敵するが、広大な住居に住み多数の使用人を抱え、子弟の教育は住み込みの家庭教師にまかせたあとイギリス本国に送って仕上げをする、などということが普通であった。

　イギリスとの結び付きの強かった南部ではあったが、広大な土地に大農場が拡散しているという地理上の特色は、ニューイングランド地方と異なってイギリス国王による直接統治が不可能であった。したがって国王の存在感はうすく、家父長を中心にした農場は独立王国の様相を呈していた。一家の重大な事柄は家父長の一存で決められたが、こうした状況が150年以上続いた結果として、南部社会では政治上の束縛を嫌う気運が強かった。また自らの財産は武器をもって守るという自己防衛の気概が強まった。こうした発想はアメリカ合衆国が独立する際の有力な思想となって独立宣言などに結実し、南部出身の人材はワシントンやジェファソン、マディソンなど新国家の指導者として活躍した。内部に奴隷制度を抱えた南部社会が、自由と平等を掲げる独立国家の有力な人材供給源となったというのは皮肉な現象である。

D——アメリカ独立革命

❶——イギリスの締め付けと独立の機運

　アメリカ植民地に行政上の経験が蓄積され、貿易などで富を蓄える者が増えるなかで、イギリスの植民地経営に対する不満が強まっていった。一方のイギリスは国内の騒乱や財政難を経験しており、植民地に対する財政的締め付けを強化せざるを得ない立場にあった。たび重なる航海条例が発令され、植民地独自の交易を禁止したり、港の利用を制限して交易から生じる収益を本国に吸収しようとした。こうした統治に対する不信感がつのりつつあった頃、イギリスと対立していたフランスがアメリカ植民地に協力するという国際情勢が生まれ、植民地の不満はアメリカ独立戦争に発展した。

　18世紀中葉になるとイギリス植民地の人口が増え、アパラチア山脈を越えて西部を目指す者があらわれた。この地域で毛皮採集にあたっていたフランスは危機感を強め、西部地方の領有をめぐるイギリスとフランスの争い（英仏戦争1754-63年）に発展した。この争いはヨーロッパに持ち込まれ7年戦争といわれる戦争となり、イギリスの勝利に終わった。しかし長期にわたる戦争でイギリス本国の財政は破綻し、資金調達のために印紙条例（1765年）が制定された。アメリカ植民地に対する初めての直接税であったが、法律や通商上の文書、新聞やパンフレットなどの印刷物に収入印紙を貼るという厳しいものであった。植民地ではイギリス議会に代表を送っていなかったので、代表権のないところに課税はないという主張がなされ、植民地代表者会議ではアメリカ権利宣言が作成された。また「自由の息子たち」と称する集団が暴動を起こしたり、イギリス製品不買運動、条例に対する不服従が広がった。印紙条例はやがて撤回されたが、このときの論議はアメリカ独立革命の大原則となった。

❷——独立戦争の勃発

　フランスとの武力対立を経験したイギリスは、万一の事態に備えて6,000人のイギリス兵を植民地に駐屯させたが、多数のイギリス兵の存在は植民地側の反発を招いた。さらに植民地の集会にイギリス軍を派遣するという規定が制定されると（1765年）、これは思想統制と受け

❷アメリカ軍を指揮するワシントン［1775年］

止められた。輸入品に関税をかけようとした際（1767年）には興奮した群衆がボストンでイギリス軍と小競り合いとなり、イギリス側の発砲で5人が死亡した（マサチューセッツの虐殺）。事件は大ニュースとして植民地全体に広がった。こうしたなかでボストン茶会事件（1773年）が起こった。イギリスによる茶の輸入措置に反発した人々が、ボストン港に停泊中の船から積み荷の茶を海に投げ捨てるという事件だったが、これに対してイギリス政府は強い制裁措置を決め、マサチューセッツ自治の廃止とボストン港の閉鎖を発表した。植民地は騒然となり、各地で暴力事件が頻発した。事態打開のために植民地代表者による大陸会議が召集されたが、会議開催中に情勢は深刻化した。農村部では民兵の訓練が自主的に始まり、植民地の教会はイギリスの司教の支配下におかれるとか、土地は没収されて農民は小作農になるといった噂が興奮した民衆のあいだに流れた。マサチューセッツの農村コンコードに武器が隠されていると知ったイギリス軍は、約700名の兵士を派遣したが農民兵との銃撃戦となり、多数の死傷者を出して引き上げた（1775年）。この戦いで勢いをつけたマサチューセッツ各地の農民兵はボストンの周辺に集まり、夜中には焚き火をたいて気勢をあげた。実質的なアメリカ独立戦争の始まりであった。

この頃トマス・ペインは小冊子『コモン・センス』を発刊し、人間に備わった権利やすべての人間の平等などを主張した。10万部以上が印刷され、イギリス国王による植民地統治の不当性について認識が深まる中で、各地でイギリスとの紛争は続いた。後戻りのできない状態のなかで1776年7月4日に大陸会議はアメリカ独立宣言を採択したが、主としてヴァージニア代表であったトマス・ジェファソンの手になる文書であり、主権在民の思想や平等の思想などがうたわれた（⇨15独立宣言の意味）。このような考え方はヨーロッパの啓蒙思想を反映しており、当時の最先端の思想を盛り込んでいた。アメリカ独立革命の動機として農民による不満やボストンの商人による反乱といった経済的要因、あるいは自由か死かと叫んだ民衆に重点をおく考えがあるが、独立宣言に見られるように思想的な裏付けもあった。

アメリカ独立戦争は苦戦の連続で、レキシントンとコンコードで戦闘（レキシントン・コンコードの戦い）が始まってからパリ講和会議（1783年）まで8年間にわたる長期戦であった。大陸会議によって任命されたジョージ・ワシントンが制服も装備もないアメリカ義勇兵を率いてゲリラ戦争さながらの戦闘を繰り返したが、イギリスと敵対関係にあったフランスによる軍事援助が行われるようになり、戦闘後半の事態は有利に展開した。1778年にアメリカ沿岸に到達したフランス海軍は、海岸線を封鎖していたイギリス海軍を壊滅させている。同じくフランスとの共同作戦によってアメリカ独立軍はヨークタウンの戦いで大きな勝利を収めた（1781年）。この戦いで独立戦争の趨勢が決まったといわれており、まもなくイギリスとの和平交渉が行われた。交渉はやはりフランスの仲介で進められ、最終的にアメリカ側の勝利という形で決着した。その結果ミシシッピ川の東側をアメリカ合衆国とすることで同意が成立した。

E——国づくりをめぐる論争

❶——憲法制定会議の開催

　独立戦争後にアメリカ合衆国はただちに今日の国家としての機能を発揮したわけではない。むしろ存続の危機に見舞われながら，徐々に国家としての体裁を整えていった。独立戦争に参加した13州は1781年に連合規約を作成してUSAという国名や，アパラチア山脈の西側の土地は合衆国議会が管理することなどを決めていたが，徴税権などは州政府にあり，中央政府の実体はあってなきがごとき状態であった。また戦争中にアメリカ軍は軍票を発行して戦費の調達に当てていたが，人々が購入した軍票は現金化される見込みがなかったし，農民兵などに対する給与も未払いのままであった。各地では不満を抱いた農民などが暴動を起こし，独立後の国内は騒乱状態が続いた。1786年にはダニエル・シェイズが不満の農夫1,200人以上を引き連れてボストンの近郷にまで攻め込み，店舗や役所を破壊略奪した（シェイズの反乱）。反乱は民兵の動員で収まったが，シェイズはもとアメリカ独立軍の兵士であったところから，全国に与えた衝撃は大きかった。

　国家の枠組みを固め国内の安定を図るためには連合規約のみでは不十分だとする認識が高まり，中央政府強化のための基本法が検討された。長期にわたる困難な調整作業と論議が繰り返された末に，憲法制定会議が開催された。フィラデルフィアに集まった各州代表に示された草案の前文には「アメリカの民衆は，団結をさらに強固なものにするために憲法を定める」とある。奴隷制度については言及せず，アメリカには連邦政府と州政府という二重の政権をおくこと，連邦政府には外交や国防などのごく限られた権限のみを与えること，連邦政府の大統領は投票によって選出されること，民衆を代表する合衆国議会は上院と下院の二院制にすること，司法と行政と立法機関は互いに監視しながら独裁制度の出現をはばむこと，などが憲法の条文となった。

　合衆国憲法は各州の批准を得て1788年に成立したが，独立宣言と同じように当時としては斬新かつ革新的な法律であり，主権在民をうたった世界で最初の成文法だといわれている。憲法に基づいて初代の大統領ジョージ・ワシントンが選出されたのは1789年であり，ようやくアメリカの国家としての基礎ができた。

❷——フェデラリストと民主共和派の対立

　合衆国政府が発足するとただちにその路線をめぐる対立が生じた。有力な指導者の1人であった初代財務長官アレグザンダー・ハミルトンと，独立宣言の起草者であり初代国務長官を務めたジェファソンの論争である。フェデラリストといわれるハミルトン一派は，連邦政府を強力な組織に育てて外国の脅威に備え，中央統制を強めて国家としての機能を強化すべきだとした。中央銀行を設けて産業を奨励すると同時に，税金の増収を図って富国強兵策を進めようとした。ジェファソンの一派は民主共和派といわれたが，主権在民精神を重んじて連邦政府は弱体で良いと主張し，中央統制の危険性を指摘した。「自分は民衆を恐れていない。民衆はときには暴走するが，知識を獲得することによってより良い判断ができるようになる」として，ジェファソンは一部のエリートが支配する連邦政府の判断よりも，民衆の判断を重んじようとした。強力な国家による国民保護が良いことなのか，あるいは小さな国家で民間の活力を大切にすべきか，という論議は今日でも繰り返されていまだに結論が出ない問題である。

その後アメリカの産業は成長し，連邦政府は強力な存在となってハミルトンの主張が実現することになる。しかしその一方でトマス・ジェファソンが第3代目の大統領となり（1801年），政府の肥大化に歯止めをかけようとした。同大統領は草の根民主主義の思想と分権思想を前面に押し出し，国家による税金の徴収を意図的に遅らせたり，海軍を大幅に削減して小さな政府の実現を図った。ジェファソンとその後継者による政治は1860年頃まで継続し，アメリカの政治が民衆寄りの立場を貫くという伝統を形成した。

一方でジェファソンは特使をフランスに派遣してナポレオンと交渉し，1,500万ドルでルイジアナ地方の購入を行っている（ルイジアナ購入，1803年）。ルイジアナ地方とは今日のミシシッピ川の西からロッキー山脈のふもとに達する広大な地域で，これによりアメリカの国土は従来の2倍に達することになった。また新世界に対するフランスの領土的野心はこれをもって終了した。

アメリカ合衆国の存在をさらに確かにしたのは，1812年から始まった第2次米英戦争（1812年戦争）であった。イギリスはアメリカ独立後も西部地方に関心を抱いて兵隊を駐屯させたのみならず，アメリカの船舶を海賊行為の疑いで捕獲したり，アメリカ人を強制的にイギリス船の水夫にするなどという行為を繰り返していた。両者の対立が決定的となって戦争になったが，またもやヨーロッパの勢力争いがアメリカに有利に展開した。フランスをはじめとするヨーロッパ諸国の援助で，アメリカ軍はイギリス勢をカナダ国境まで押しやるとともに，メキシコ湾でも壊滅的な打撃を与えることに成功した。ベルギーのガンで講和条約が締結され（ガン講和条約 1814年），イギリス勢力は今日のカナダにとどまることとなって北の国境線が安定した。フェデラリスト党は対英戦争に反対したため反愛国的集団と見なされて支持者を失い消滅した。民主共和党では派閥争いが起こり，分裂を繰り返したあげくに影響力を失った。国家創設の際に貢献した2つの政治集団は，アメリカ合衆国が安定するとともに消滅するという皮肉な運命をたどった。しかしハミルトンのもくろんだ中央集権的アメリカは依然として存在するし，ジェファソンの考えた民衆のアメリカという思想も消え去ったわけではない。

F——領土の拡大とコモンマンの文化

❶——国土の拡大

行く手をはばむ要素が少なくなった合衆国の国土は急激に拡大した。同時に人口も増加し1820年に960万人であった全米の人口は50年に2,300万人に達し，60年には3,150万人に達した。北西部条例（1787年）に基づきアパラチア山脈の西に位置する地域では成人男子の人口が5,000に達すると準州となり，60,000に達すると州になる資格があるとされたが，1815年から50年にかけて2年半に1つの割合で新しい州が生まれた（⇨16国土の形成B-2）。南部地方では綿花栽培が本格的に行われるようになり，南西部のルイジアナやテキサス地方にかけて大農場が広がった。北部ではオハイオ川北部の平原地域で大麦の生産と家畜の飼育が行われるようになり，中西部の農産物の集積所としてシカゴが発展した。

北米大陸に残る外国勢力はスペインのみとなったが，その影響力もしだいに駆逐されていった。1819年にはスペインとの協定でフロリダとオレゴンがアメリカの管理下におかれたが，大陸の南西部も例外ではなかった。テキサス地域はスペインから独立したメキシコの管轄下に

あったが，アメリカ人入植者とメキシコ政府のあいだに紛争が起こり，テキサス地方が共和国として独立を遂げた後に合衆国に併合された（テキサス併合 1845 年）。その後も合衆国とメキシコとの紛争が繰り返され，その結果としてカリフォルニアとニューメキシコの一部が半強制的に 1,500 万ドルで合衆国側に割譲された。1853 年にはニューメキシコとアリゾナ地域が 1,000 万ドルで合衆国に売却された。こうして 19 世紀の半ばまでにアメリカ合衆国はほぼ今日の姿を整えることになったが，拡大を続けた当時のありさまを指して，文明程度の高いアメリカがその他の劣った民族や国家を吸収していくのは当然だとする論議がなされた。このような傾向は「明白な運命」だとされた。行く手をはばむ者のいない時代に生まれたおごった思想であった（⇨ 16 国土の形成）。

❷──庶民派大統領ジャクソン

合衆国に西部地方が編入され西部の人口が増えたという歴史の流れは，アメリカ全体に影響を及ぼし，アメリカの文化を変容させた。それまでの政治上の指導層は南部社会ことにヴァージニアから多く輩出したので，「ヴァージニア王朝」などとあだ名されたが，西部地方に人口が増えて発言力を増したとき，アメリカの政治が変わった。高度の教育や家柄とは関係のない庶民的な人物が政治上の指導者となることが普通になり，率直で気取らない政治家の態度をもって良しとする傾向が生まれた。その意味でジェファソンの描いた民衆のアメリカが現実のものとなった。最も顕著な例はアンドルー・ジャクソン大統領の登場（1829 年）であろう。ジャクソンはテネシーの農場で育ち，西部でネイティブ・アメリカンやイギリスと戦った有名人であったが，読み書きができないという噂があった。東部や南部の政治家の妨害にもかかわら

ず西部の有権者に支持されて大統領になったが，開放的で形式を無視するという庶民的伝統の象徴となった。ホワイトハウスの台所で立ったままコーヒーを片手に政策などを相談したのでキッチン・キャビネット（＝台所内閣）を形成したといわれた。政府高官の腐敗とおごりを防ぐためにおよそ 4 年の任期で退職させるという制度を始めたが，この習慣は今日でも生きて大統領が交代するたびに高級官僚が入れ替わっている。こうした一連の政策と庶民的な政治スタイルを総称してジャクソニアン・デモクラシーと称する。

東部や南部のエリートのみが政治を担うのではなく，普通の人間（＝コモンマン）こそが民衆のための政策を実現できるという通念は，その後のアメリカの伝統となって「丸太小屋伝説」を生んだ（⇨ 75 アメリカン・ヒーロー A-3, 76 フォークロア C-1）。すなわち，たとえ貴族的な家柄の出身であろうとも，貧しい丸太小屋で生まれ育ったふりをしなければ大票田の西部地方を疎外することになり，政治家としての成功はおぼつかないとするアメリカの暗黙の前提条件が形成された。前提条件は政治以外の世界にも広がり，庶民的な顔をした知識人や企業の指導者などを生み出した。

G──南北戦争

❶──奴隷制度をめぐる争い

フランス，イギリス，メキシコやスペインの勢力が北アメリカから撤退し，西部地方がアメリカ合衆国の一部となったとき，皮肉なことに拡大した領土をめぐる争いがこんどは国内で起きた。新しく入手した西部地域に奴隷制度を持ち込み南部型の経済システムを築くべきか，あるいは奴隷を禁止して工業中心の経済運営をす

❸南北戦争のとき，フロリダ州ウォリングトンに設置された南軍の砲台［南北戦争は，史上初の近代兵器を駆使した総力戦となった］

べきかという立場の違いが南北戦争をもたらした。南部と北部は新しく州が加わるごとに勢力の均衡をはかるなどしてバランスを保ってきたが，1850年頃から妥協が難しくなり54年にカンザスが州に昇格する段になって問題は先鋭化した。奴隷の有無は住民投票で決めるとされたので，奴隷制に賛成，反対の両陣営は自分たちにくみする移住者を送り込んだからである。移住者の対立は殺し合いにまで発展したため，流血のカンザスなどといわれた。またこの頃に合衆国最高裁判所が奴隷制度を認める判決を下し（ドレッド・スコット事件，1857年），ウィリアム・ギャリソンなどが率いる北部の奴隷解放論者を憤激させた。さらにハリエット・ストウの小説『アンクル・トムの小屋』が59年に発刊され，北部に反奴隷感情が高まった。同じ年に熱烈な奴隷制反対論者ジョン・ブラウンが連邦政府の武器弾薬庫を占拠し，武器を南部の奴隷に供給して反乱を呼びかけたが，奴隷州のヴァージニア州の手で裁判にかけられて処刑された。こうした一連の出来事は一段と反南部感情を北部に広めた。

奴隷制反対を掲げたエイブラハム・リンカンが政界に頭角をあらわし，共和党の大統領候補となって1860年に大統領に選出された。しかし奴隷制反対を政策として掲げた大統領のもとで国家の一部を形成することはできないとして，サウスカロライナ州がリンカンの就任を待たずに連邦から脱退し，続いてミシシッピ，フロリダ，アラバマ，ジョージア，ルイジアナ，テキサス州などが続いた。離脱した南部諸州は新しい国家連合である南部連合を形成し（1861年2月），北アメリカは2つの国に分かれた。リンカン大統領の就任後1ヵ月目にサウスカロライナ州のチャールストンにあるフォートサムター島で南北間の銃撃戦が始まり，続いてブルランの地で本格的な戦闘が始まった。当時のアメリカ全体の人口は3,200万人であったが北軍の兵士になった者が150万人，南軍に加わった者が100万人であり，南北軍の死者は合計で62万に達した。第2次世界大戦時のアメリカの人口は1億3,500万人であり，戦争による死者が40万人だったことを考えると，このときの戦闘規模の大きさと陰惨さが想像できる。

❷ 北軍の勝利と南部の「再建」

北部は南部と比べて圧倒的に強力な工業力を有しており，鉄道や運河などの基礎施設も整っていたため，時間がたつにつれて戦闘の劣勢を挽回した。63年の1月にリンカンは奴隷解放宣言を出して南部の奴隷をすべて解放したが，この頃になると南軍は勢いを失いつつあった。7月のゲティスバーグの戦いで南軍は決定的な敗北をこうむったが，この時リンカンが現地で行った演説の中に「人民の人民による人民のための政府」という表現があった。アメリカ国内でアメリカ人同士によって戦われた戦争は，65年春に南軍の抵抗が総崩れとなり終了した。

戦争は北部社会を大きく変貌させた。戦争中に近代的な企業組織がその効率の良さを発揮し，軍需物資を大量に供給しつつ産業として成長した。産業活動は戦後も引き継がれて工業製

品の大量生産が行われるようになった。大陸横断鉄道が開通し（1869年），西部の土地は政府の手で入植者に開放された。南部社会では「再建」と称して北軍による軍政のもとで急激な社会変革が試みられた。しかし南部の経済基盤であった大土地所有制度が温存されたため，南部社会の伝統や人種差別などは改まることがなかった。もと奴隷の多くは大農場に雇われて綿花などを耕作し，その収入を土地所有者と折半するという物納小作制度のもとに囲い込まれたが，その収入のレベルは低いままであった。1890年代になって北部軍政が解除になると，南部諸州では人種差別的な立法が制定され，レストランやトイレ，公共施設などで差別が行われる状況が復活した。また秘密組織のクー・クラックス・クラン（KKK）が活躍し，アフリカ系の抑圧やリンチ（私刑）を行った。アフリカ系がアメリカ合衆国の市民として真の市民権を獲得するには，南北戦争を経てさらに100年の年月を要したのである。

H ── ビッグ・ビジネスと近代アメリカの出現

❶ ── 産業の発展と土地利用の拡大

　南北戦争から20世紀にいたるアメリカは急速な産業の発展期をむかえた。トマス・エジソンの発明に代表されるような技術革新があいつぎ，科学技術を応用した産業は飛躍的な発展を遂げた。企業どうしの競争も激しくあらゆる手段を講じて相手を打ち負かす風潮も強かったので，大資本家は強盗のようなやり方で大金を入手するとして「強盗貴族」などと呼ばれた。産業の牽引力となったのは鉄道事業であり，1865年に5万6,000kmであった鉄道路線は1910年に38万6,000kmに達した。鉄道が発

❹南北戦争終結後，急激な発展を見せたシカゴ［産業国家へと変貌を遂げるアメリカの象徴的風景，1870年代］

達して流通網ができると，数多くの製品を全国に売りさばくという大量生産大量消費の時代となり，全国規模のマーケットが成立した。農産物や家畜も例外ではなく，鉄道網を通じて都市部の消費地に輸送できたため，肉牛の大量飼育が行われた。西部地方の広大な牧草地に数千頭単位の牛が放し飼いにされ，その世話をするカウボーイが活躍した。荒野のなかでガンと単純な正義に生きるというカウボーイ神話が成立するのはこの頃である。また中西部の大平原で生産される多量の小麦やトウモロコシは，アメリカ全体を養ったというので，この地域をアメリカのパンかごと呼ぶようになった。

　西部の土地利用拡大にともなってネイティブ・アメリカンとの関係が悪化した。対立は実質的な戦争状態（Indian Wars）となり，1864年から80年代の半ばまで続いた。平原のネイティブの生活を支えていたのは野牛（バッファロー）であったが，鉄道旅行で都市からやってきた者たちが娯楽として狩りを行うことがさかんになり，野牛はほぼ絶滅した。生活の手段を失ったネイティブ・アメリカンの多くはこの頃に滅亡への道をたどった。1887年に法（通称ドーズ法）が制定されて，ネイティブ・アメリカンに居留地の中に65haの土地が割り当てられた。この時代の「改革者」たちは，一定の土地を与えることによってネイティブ・アメリカ

ンを農民として定着させ，西部地方の平和を達成しようとしたのである。

❷──新移民の流入

アメリカ合衆国の人口は1890年に6,300万人に達したが，この数は1860年の2倍に相当する。30年間におこった急激な人口増加のうちおよそ1,000万人分はアメリカへの新規移民であった（さらに1890年から1920年までの間に1,500万人がアメリカに渡った）。新しい移民は従来のような北西ヨーロッパ系ではなく，新移民といわれるイタリア，ポーランド，ハンガリー，ボヘミア，ギリシャ，ユダヤ系などの南ヨーロッパもしくは東ヨーロッパからの者たちであった（⇨45ヨーロッパ系移民E）。この傾向は80年以降なおさら激しくなるが，新移民の食生活や宗教，生活習慣などは従来の移民とは著しく異なっていた。ことに宗教の違いは大きく，アメリカに少なかったユダヤ教徒やカトリック教徒が大量に増えた。例えば1850年に160万人であったカトリック教徒の数は1900年に1,200万人に達している。

新移民は貧しい者が多く，土地を購入する資金や内陸部に移動する資金もとぼしかったので，大部分は到着した港の近くの都市で工場労働者となった。従来の移民は土地を入手して農民となる者が多かったが，1910年の時点で新移民の75％が都市部に住んでいた。そのためアメリカの都市は不思議な言語を操り，不思議な宗教をもった新移民の巣窟とみなされた。都市には酒場，劇場，ダンスホール，スラムなどがあり，旧来の住民であるアングロ＝サクソン系からは危険な場所とみなされた。

アメリカは雑多な民族集団からなる社会に変貌しつつあったが，こうした傾向を悲観的に捉える「人種自殺説」がおこった。そのためカトリック教徒に対する反対運動や移民禁止運動がさかんになった。一方新移民たちは団結して労働条件の改善を訴えた。労働運動は厳しく弾圧されたが，労働騎士団が形成されて（1878年），労働者の待遇改善と社会改革，経済改革が主張された。労働組合運動の流れはのちにサミュエル・ゴンパーズの組織したアメリカ労働総同盟（AFL）に引き継がれていった（⇨50労働運動A）。

この時代の成功者とはジョン・ロックフェラー（石油）やアンドルー・カーネギー（鉄鋼），コーネリウス・ヴァンダービルト（鉄道）などの企業競争で勝ち残った大資本家であった。

労働者は社会の底辺で大企業を支えていたが，このような社会のヒエラルキーを肯定するような社会理論がこの頃にあらわれた。社会進化論である。もともと進化論はチャールズ・ダーウィンの『種の起源』で話題となった生物学的な理論であったが，ハーバート・スペンサーなどがこの進化論を拡大解釈し，人間社会にも弱肉強食や自然淘汰は当てはまるとした。社会進化論によれば，社会の強者はそれなりの淘汰を経て強者となったのであり，勝者を助長し敗者を淘汰することは社会がより良い方向へ進化する道なのだとされた。この思想は弱者切り捨て論につながり，社会福祉無用論を生んだ。また自由市場で見えざる手による自動調節作用が機能するとする古典経済理論は社会進化論と融合した。

経済の自由放任思想や社会進化論は当時の社会を上手に説明しているように見え，成功した企業家の自己満足や正当化につながった。産業拡大期のアメリカの政治や経済活動は，社会進化論の影響を強く受けたが，それはむき出しの資本主義的論理でもあった。こうした思想は根強く存在しており，今日でも日本や合衆国の規制緩和の声に見ることができる。

I──金ぴか時代への批判

❶──楽観主義と深刻な現実

　産業発展は生活を豊かで便利なものに変え、アメリカは大きな楽観主義に包まれた。努力次第で誰でも名誉や金銭を入手できるという機会均等の神話はこうした時代の雰囲気の中でできあがり、農村の貧しい青年が努力を重ねて大金持ちになるという立身出世物語をあつかった大衆小説が流行した。しかし表面上の豊かさのかげには、多くの工場労働者の貧窮や南部のアフリカ系小作農民の絶望、行き場所を失ったネイティブ・アメリカンの苦しみなどがあった。マーク・トウェインはこうしたアメリカ社会のありさまを指して、表面は豪華な金色に輝くが中身はボロな金メッキだとして、この時代を金ぴか時代と称した。

　トウェインと同様にこの頃の作家は現実社会の醜い部分を強調して描き、アメリカ自然主義といわれる流れを作った。スティーヴン・クレインは『街の女マギー』（1893）などで都会で堕落していく農村の女性を描いたし、フランク・ノリスは大企業の欺瞞や人間の欲望について描写した。シオドア・ドライサーは立身出世が可能だとは限らないアメリカ社会を指摘した。こうした社会批判に続いて20世紀になるとアプトン・シンクレアは『ジャングル』（1906）で食肉加工業の非衛生的な様子を暴露したし、ヘンリー・アダムズは『ヘンリー・アダムズの教育』（1918）で空虚なアメリカ社会を描いた。また同じころにボストンの哲学者や心理学者を中心にしてプラグマティズム哲学が展開されたが、旧来の価値観を否定するという意味で社会批判の要素を含んでいた。ウィリアム・ジェイムズ等は絶対的な価値観というものはなく、すべての原理は仮説にすぎないとした。具体的な結果のみが思想の価値や意味をもたらすとして、世界を流動的、相対的に捉えようとした。また体験とは豊かな世界現象を味わうことであり、人間は世界の傍観者ではなく参加者なのだとした。こうした思想は多くの者に影響を及ぼしたが、ことにジョン・デューイは教育における思考過程と参加体験の重要性を指摘した。デューイの教育思想はアメリカの教育全体を変え、新しい教育では事実を記憶することではなしに考える過程に重点をおくことが中心となった。

❷──企業活動への政府の介入

　この時代の政治は共和党と民主党のきわどいバランスで成り立っていたが、大企業と協力関係を打ち立てた共和党が政権をとることが多かった。共和党政権はもともとリンカンの政党であったが、この頃になると産業寄りとなり、資本家中心の社会形成を目指す政党になった。これに対する民主党は、政権をとるよりは合衆国議会を制することが多かったが、権力者や有産階級に対抗した。この頃農産物の過剰生産と世界的な経済不況が重なり、農産物の価格下落に苦しむ農民たちは農産物価格の上昇と借入金の目減りを期待してインフレ政策を提唱し、人民党を形成した（1892年）。人民党の主張はやがて民主党に吸収され、西部ウィスコンシン州出身でインフレ論者のウィリアム・ブライアンを大統領候補に擁立した（1896年）が成功しなかった。

　農民の不満は農産物の価格下落だけではなく、大企業による農業経営に向けられた。食料の大量生産が行われるようになると、今日でも名の知られるキャンベルなどの大資本が農地の買い占めに動き、そのため農地の価格が高騰し、大企業経営の農場で農民は賃金労働者と化した。いわゆるアグリビジネスの出現であり、

農業の構造変革が起こったのだが，多くの農民にとっては額に汗して働くという伝統的なアメリカ的価値観の崩壊を意味した。農民が特に目の敵にしたのが東部資本であり，工業発展の象徴とされた鉄道であった。輸送運賃は鉄道間の競争で決まったため競合路線のない農村部の運賃は割高で，それが農民には不公平と映った。不満はやがてイリノイ州の農民を中心とする鉄道管理運動となり，ついには合衆国議会による鉄道規制が検討された。

政府が私企業の活動に介入できるかどうかという問題は，アメリカのあり方にかかわる重大な憲法問題であった。合衆国議会での激しい論議の結果，企業に法律上の人格（法人）を認めるかわりに州間の通商は連邦政府が管理するという妥協が成立し，連邦州際通商法が定められた（1887年）。この法律により州際通商委員会（ICC）が設立され鉄道規制が始まった。政府が企業活動に介入するという初めてのケースであったが，これに続いてシャーマン反トラスト法（1890年）が制定された。民衆の保護を名目とした連邦政府による企業活動への介入は，このあとの革新主義の中心課題となり，20世紀アメリカを特色付ける大きなテーマとなった。

J──革新主義：20世紀アメリカの始まり

❶──革新主義と対外政策

20世紀が始まる頃から1920年までのアメリカを革新主義の時代というが，それまでの資本主義的な論理にとらわれていた社会に対する批判が強まり，科学的思考をもとにした改革の気運が強まった時代である。社会の巨悪は個人や州政府の力では対応に限界があり，連邦政府が出動して初めて解決が可能だとされたが，連邦州際通商委員会の設立などはその先駆けであった。しかし公共の福祉のために連邦政府が乗り出すという20世紀の革新主義思想は，国内への介入にとどまることなく外国のことがらにまで及んだのが特徴である。

アメリカの対外活動は19世紀末になって活発化し，カリブ海や太平洋の諸島を領有し，キリスト教宣教師団が南米や東洋に出かけた。その理由として海外市場への意識が高まったこと，世界の強国の植民地政策を前に対応を迫られたこと，海軍力強化のための海外基地が必要だったことなどがあげられる。しかし国内改革運動と同じように，正義を実施するのが合衆国政府の義務だとする世論が強かったことも事実である。

キューバで独立運動が再燃した際にスペインの統治に対する非難が高まり，世論に押される形で米西戦争（1898年）となった。勝利を収めた合衆国は旧スペイン領のフィリピンやプエルトリコなどを領有する海洋国家となった。さらにハワイ併合（1898年）を行って東洋への橋を確実なものにし，1900年には門戸開放宣言を出した。おびやかされていた中国独立の擁護と中国市場に対する列国の機会均等を主張したもので，新規に参入したアメリカの権益を守る意図もあった。コロンビアの暴政に反対する運動を支援してパナマの独立が達成されると（1903年），パナマ運河の掘削権と管理権を入手した。南米諸国の内政に関与する権利を確認した（1904年）が，これはヨーロッパ勢力を南北アメリカから排除したモンロー宣言の再現であった。1905年に日露戦争の仲介役を買って出たほか，海軍力を強化して艦隊の世界一周を行った。アメリカはこの頃に世界の大国の仲間入りを果たした。

❷——セオドア・ローズヴェルトの改革

20世紀が始まる年に共和党のセオドア・ローズヴェルトが大統領に就任した（1901年）が，同大統領は伝統的な共和党政治とは一線を画し，革新主義の流れを受けて諸制度の改革を行った。地方レベルでは都市政治の腐敗除去などの改革が始まっていたが，ローズヴェルトは連邦政府の役割を強化して国家レベルの改革を実現した。企業連合に対して分割命令が出され，州際通商委員会は強化され（ヘップバーン法1906年），食料品や薬品の安全規定が作られた（食品安全法，1906年）。企業による開発活動から自然を守ろうとする手段も講じられ，国有林や国有保存林が設定され，国立公園制度が拡大されて風光明媚な場所が新たに連邦政府の管轄下におかれた。この制度はドイツや日本がすぐに見習った。ローズヴェルト政権下では間に合わなかったが，憲法修正第16条（所得税修正，1913年）が成立し，個人所得税の導入で連邦政府が直接資金を調達することが可能となった。

❸——ウィルソンの改革

ローズヴェルトの後を継いだウィリアム・H. タフト政権は共和党保守派の傀儡と化したため，これを不満とした改革派は分裂して第三政党としての進歩党を形成した。共和党の分裂で有利となった民主党は，1912年の選挙でウッドロー・ウィルソンを大統領とすることに成功した。政党は異なるがウィルソンはローズヴェルトの革新主義の伝統を踏まえた政策を展開した。巨大権力としての大企業を非難し，中小企業こそがアメリカの経済活力の源泉だとして企業間競争を促進するための規定を設けた。連邦準備銀行（1913年），連邦取引委員会（1914年），関税委員会（1916年）の強化などといった今日でもおなじみの規制機関が整備された。

アメリカ企業による海外投資が行われるようになり，ドル外交といわれたが，ウィルソン大統領はアメリカ企業の海外進出は現地の安定と民主主義の傾向を強めると考えた。革命後混乱していたハイチに米軍を派遣してアメリカ資本の保護を行い（1915年），翌年にはドミニカに対しても同様の措置をとった。このように南アメリカに対する介入はさかんに行われたが，ヨーロッパへの介入は慎重で，1914年にヨーロッパで第1次世界大戦が勃発した際にはあくまでも中立を貫こうとした。しかしイギリス，ドイツの両陣営による宣伝合戦がアメリカで大々的に繰り広げられ，イギリスがたくみな情報操作を行ってアメリカの民衆の同情心を買うことに成功した。ドイツに対する反感が強まる中で，潜水艦による無差別攻撃などが世論を動かし，世論に押される形でアメリカは参戦した（1917年）。

❹——世界平和と14ヵ条

ウィルソン大統領は世界平和の前提として14ヵ条の条件を発表したが，その中には公海通行の自由，貿易障壁の撤廃，秘密外交の廃止，軍縮の実施，東ヨーロッパの非抑圧民族の独立，国際連盟の創設などが盛り込まれていた。戦争終了にともないパリ講和会議が開催されたが，ウィルソンのいう「勝利なき平和」はあまりにも理想的すぎて列国から無視され，提案のうち実現したのは国際連盟の設立のみであった。しかしアメリカ国内では各国の権益争いなどがからむ海外情勢に関与すべきではないとする孤立主義的な世論が高まり，合衆国議会上院は国際連盟加盟を拒否した。世論を変えようとして全国遊説の旅に出たウィルソン大統領は途中で死亡し，アメリカは国際連盟に加入することがなかった。

強い正義感と改革の精神にあふれたローズヴェルト政権とウィルソン政権は，国内の改革を実現して連邦政府の存在を強大なものにした。巨大化する資本主義に対応して民衆を保護するには連邦政府を強力なものにする以外に道はないと思われたからである。この発想はその後フランクリン・ローズヴェルト政権やジョン・F.ケネディ政権に引き継がれて，20世紀アメリカの大きな特色となった。また革新思想を海外にまで当てはめるというアメリカの外交政策は，アメリカが世界大国となるにつれてますますさかんになり，20世紀外交を特徴付けた。革新主義の時代とその精神は，20世紀アメリカ全体の基調を形成したといえる。

K——1920年代の社会と政治

❶——充実する個人生活

世界大戦が終わり大統領選挙が行われた（1920年）が，共和党のウォレン・ハーディングが民主党候補に大差をつけて大統領となった。ハーディングのモットーは「普通の状態に戻ろう」（Return to Normalcy）であったが，それは革新の時代は異常な時代であり，普段の状態とは個人の生活を大事にすることだという主張がこめられていた。ハーディングの死にともないカルヴィン・クーリッジ大統領が誕生するが（1923年），同大統領も「アメリカのビジネスはビジネスだ」として大企業の活動を支持した。続くハーバート・フーヴァー大統領も，個の尊重を守るには資本主義制度が欠かせないという信念の持ち主であり，20年代は企業寄りの発想をもった共和党政権の時代であった。

経済は軍需産業の活況もあって好況で，人々の生活は目に見えて向上した。生活の改善とともに今の生活を楽しみたいとする傾向が濃厚になり，こうした傾向を助長するような奇跡とも思える技術革新があいついだ。電球は暗い夜を明るいものに変えたし，飛行機の実用化は距離を一挙に縮めた。電話はコミュニケーションのあり方を変えた。ほかにも洗濯機，トースター，冷蔵庫などが日常生活を大いに変えた。昨日までのアメリカ企業は民衆を抑圧する悪であったが，20年代には生活向上の救い主と化した。ヘンリー・フォードは流れ作業の技術を用いて自動車を大量生産し，T型フォードの価格は下がって自動車は国民的な移動手段となった。ラジオの普及と映画産業の隆盛のおかげで同じ内容のメッセージが全国に流れ，都市部の新しい価値観に基づいたナショナル・カルチャーが形成された。チャールズ・リンドバーグは単独で大西洋を横断飛行して英雄扱いを受けたが（1927年），機械に操られる人間ではなく機械を操って人間の勇気を示すことで時代の象徴とされた。

❷——女性の台頭とモダニズム

女性に参政権を認めた憲法修正第19条項の成立（1920年）は，女性の役割の変化を象徴した。それまでの女性は受け身で家庭にとどまる存在とされていたが，戦争中の人手不足のなかで女性の採用が進み，戦後には企業のリーダーシップをとる女性や法律などの専門職につく者も増えた。また伝統的に男性的と考えられていた喫煙，飲酒などにも参画するようになり，男女の役割分担があいまいになった。若者たちは短いヘアースタイルに短い衣装でチャールストンを踊る女性に代表される新しい倫理観をもつようになった。文化上のモダニズムの流れは新しいものを受け入れる態度につながり，アフリカ系の音楽であったジャズ音楽が流行した。ジャズはアメリカ特有の音楽であり，20年代を代表する音楽であるが故にこの時代を「ジャ

アメリカの象徴 [能登路雅子]

●

1. ジラード大学で演説するキング牧師 (1965)
2. マウント・ラシュモア国立メモリアルの大統領の頭像 (G.ボーグラム作、1941)
3. クレージー・ホース・メモリアル (ボーグラムの助手K.ゾルコウスキ作、進行中)。第7騎兵隊を全滅させたスー族の英雄を称える
4. ホワイトハウス。第2次米英戦争で焼討ちに遭った建物を白く塗ったことが名称の由来
5. 2度目の月面着陸。「嵐の海」に立つ星条旗とC.コンラッド飛行士 (1969)
6. ケネディ大統領肖像写真 (1963)
7. 全米ライフル協会 (1971年設立) のマーク
8. 自由の女神百周年記念式典で演説するレーガン大統領とナンシー夫人 (1986)
9. グローバル企業のロゴマークが並ぶ星条旗。2003年2月、パリのイラク戦争反対デモ
10. 1996年民主党大会のクリントン大統領
11. ワシントン記念塔 (1984)
12. レーガン元大統領国葬 (2004)
13. 硫黄島に星条旗を立てる米海兵隊員 (1945)
14. 「イラクの自由」作戦で展開する空母USSニミッツ (2003)
15. ベトナム帰還兵記念碑 (中国系女子大生M.リン作、1982)。戦死者・行方不明者58,235名の名前が黒い御影石に刻まれる
16. 『タイム』誌2003年12月29日/2004年1月5日合併号表紙。中央は女性兵士B.グライムズ
17. 9.11テロによるワールド・トレード・センター崩壊 (2001)
18. 「スーパーマーケットの買い物客」(D.ハンソン作、1970) ポリエステルを使用したスーパーリアリズムの作品。過剰な消費生活の風刺
21. ニューヨーク5番街の「プエルトリカンの日」パレード (1993)
22. ハーレーダビッドソン (唯一の米国製オートバイ)
23. ウインブルドンで栄光に輝くセレナとヴィーナス・ウィリアムズ姉妹 (2003)
24. カリフォルニア州のニューポート・センター。ショッピングモール、オフィスビル、住居が合体した巨大消費生活空間 (1967)
25. ミネソタ州ブルーミントン市のモール・オブ・アメリカ (1992)。3層に400店舗が並ぶ
26. ハロウィーンのかぼちゃ直売場 (2003)
27. 映画『オズの魔法使い』の記念切手
28. 映画『風と共に去りぬ』の記念切手
29. アメリカ国境。壁のメキシコ側につけられた無名の犠牲者を悼む十字架の列 (2001)
30. モニュメント・ヴァレー。ナヴァホ族居留地
31. ロサンゼルスのコリアタウン (2003)
33. 『カリフォルニア』誌1988年3月号表紙。北斎の波に乗って押し寄せる日本製品
36. エルヴィス・プレスリー (1956)
37. R.キング殺害事件の無罪判決後、ロス市警前で抗議するアフリカ系アメリカ市民 (1992)
38. ワシントン州東部の穀倉地帯
39. レトロな住宅地。ディズニー開発のフロリダ「セレブレーション」(1995年販売開始)
41. 第38回スーパーボウル (2003)

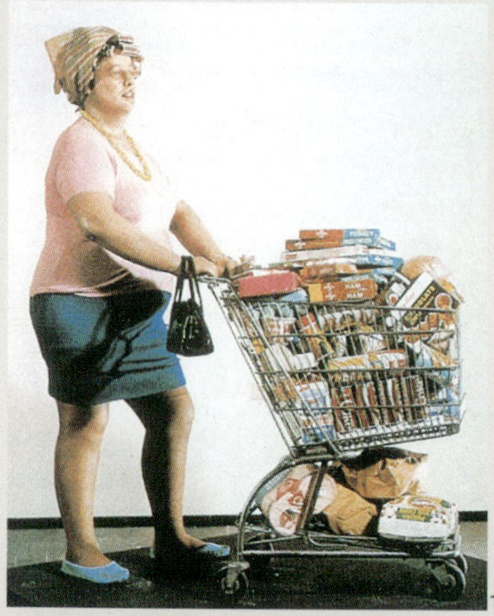
18

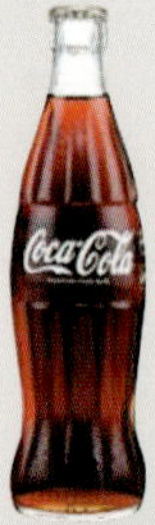

19

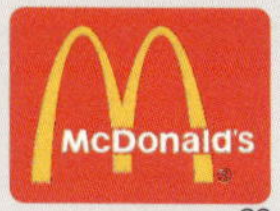

20

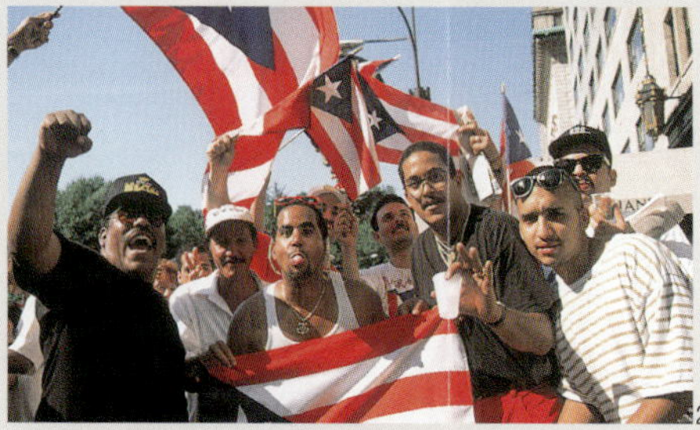
21

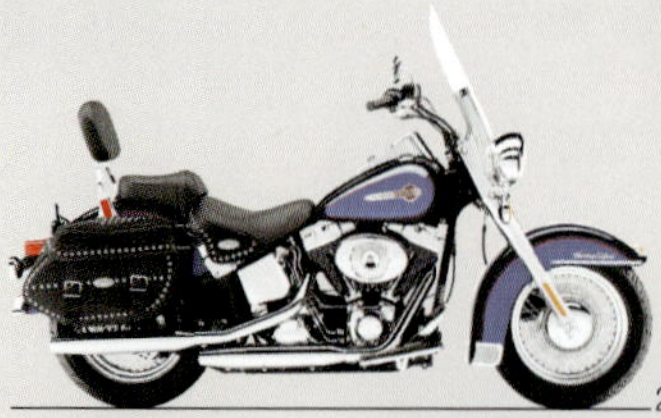
22

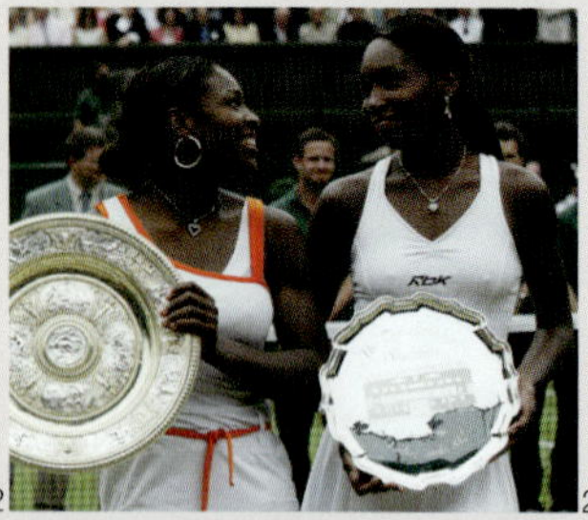
23

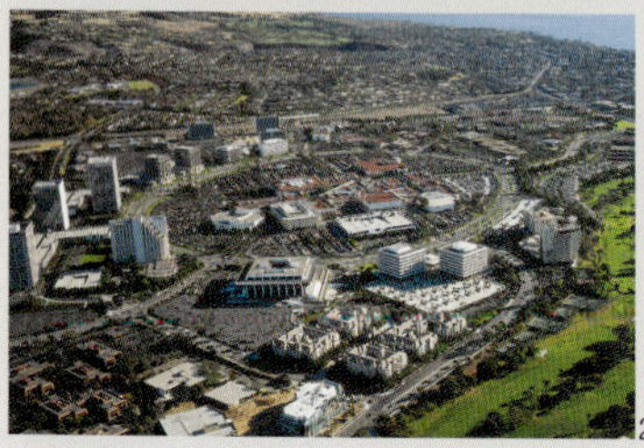
24

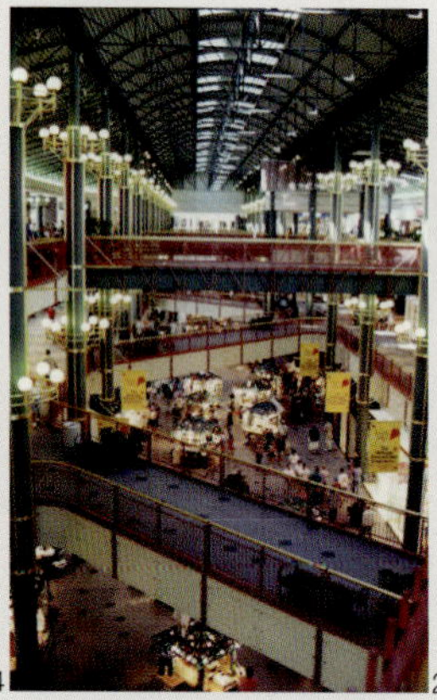
25

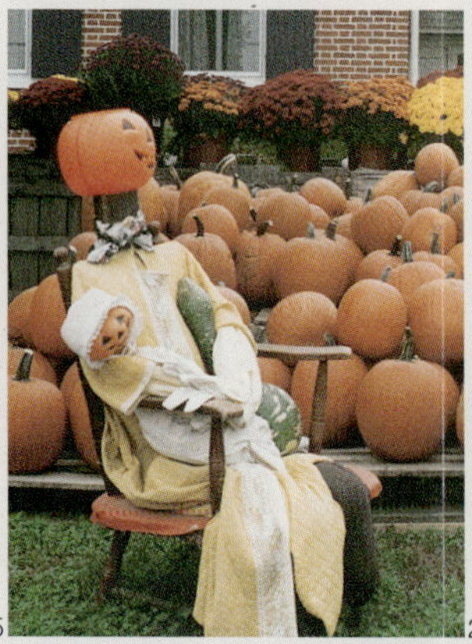
26

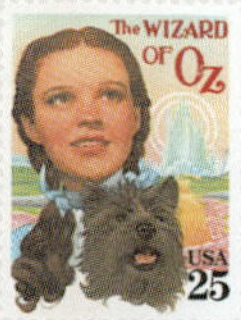

27

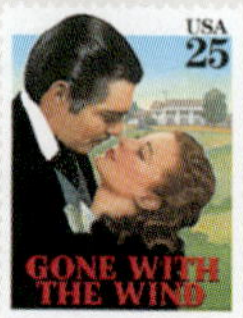

28

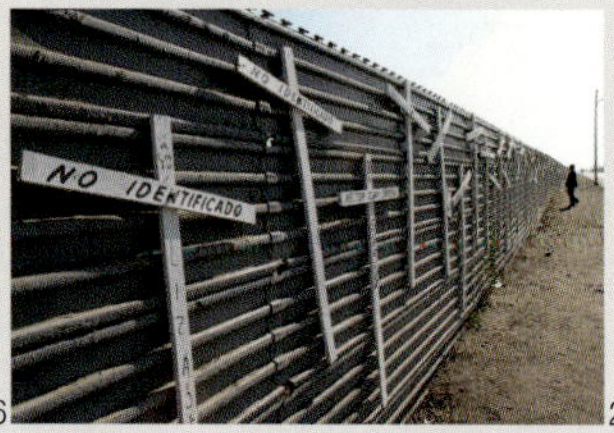

29

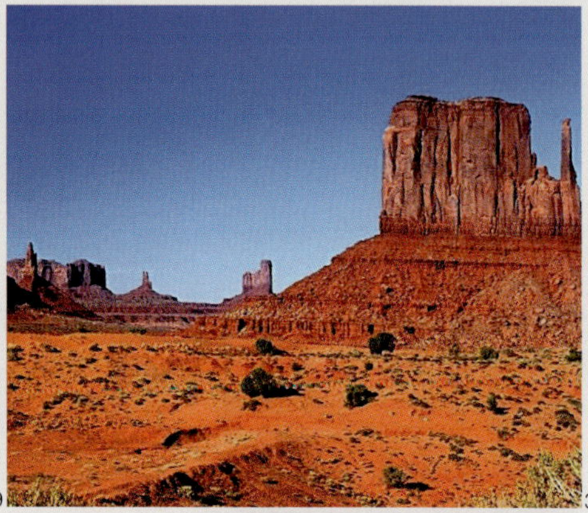
30

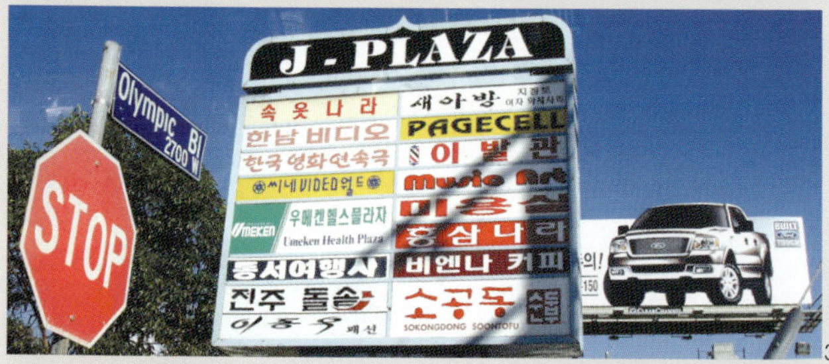

31

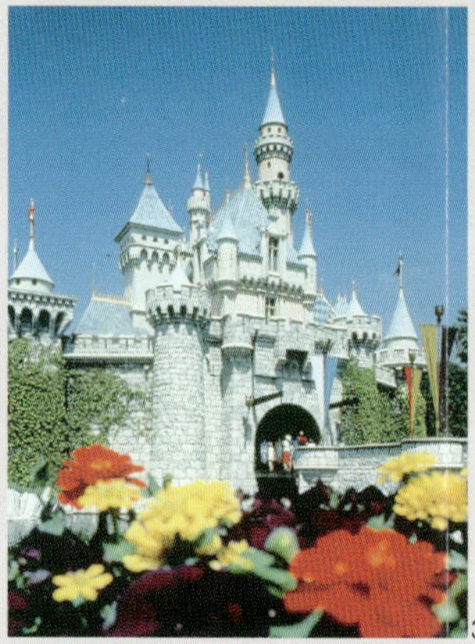
32

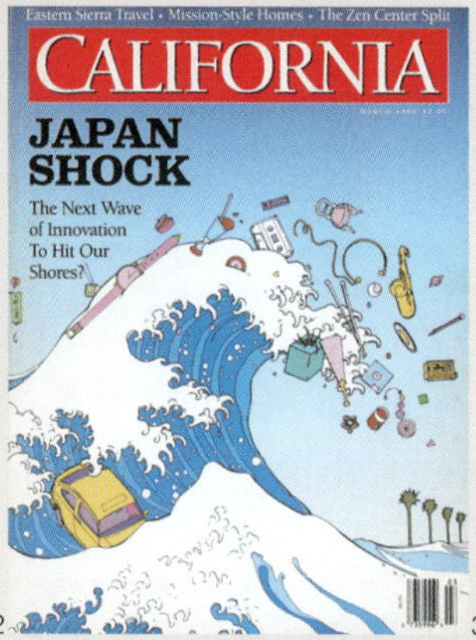

33

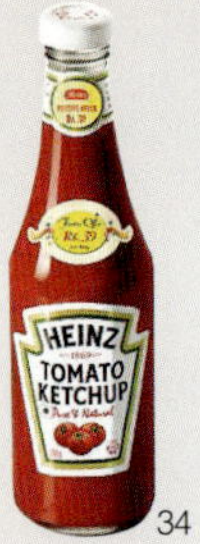

34

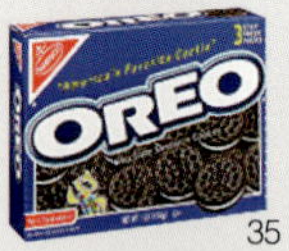

35

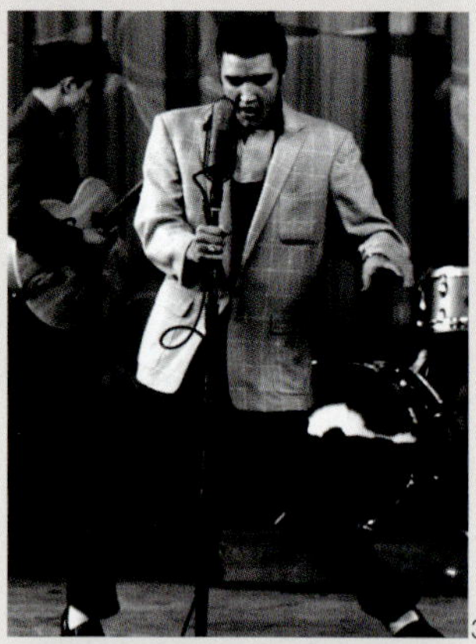
36

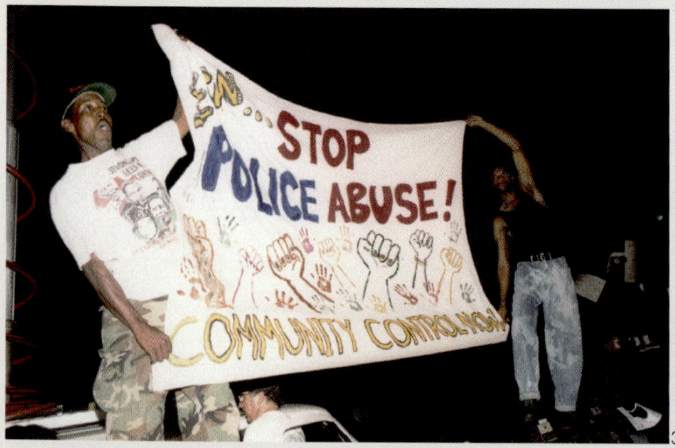

37

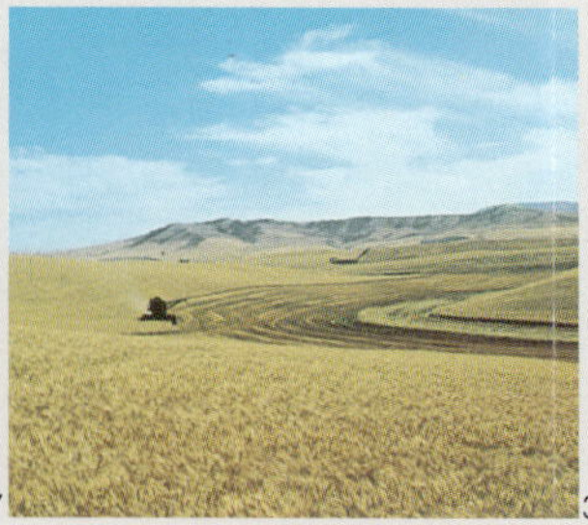
38

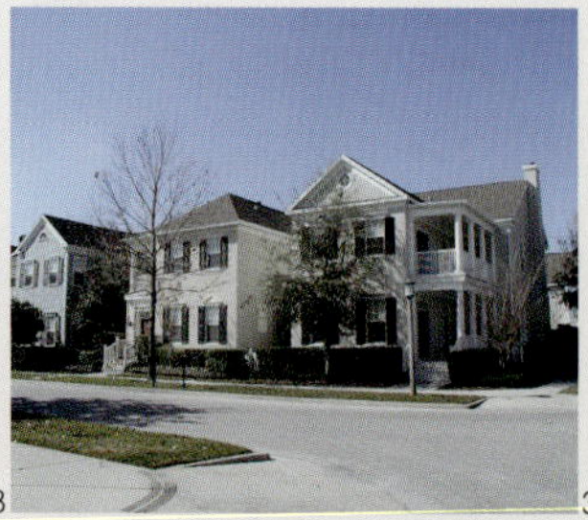
39

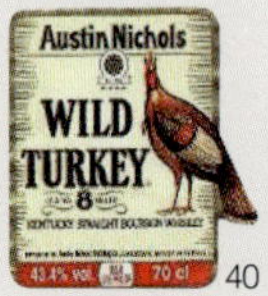

40

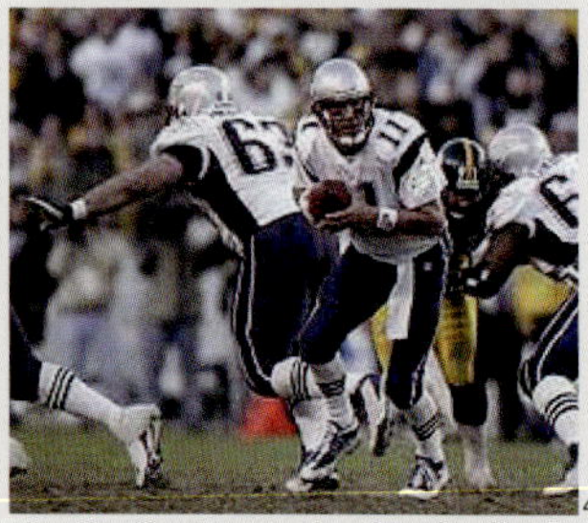
41

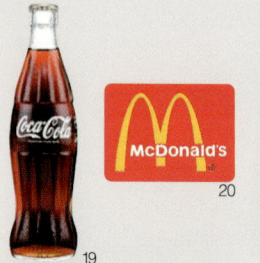

ズ・エイジ」と称する。またアフリカ系はジャズ以外にもすぐれた文学作品を生み出し，ニューヨークの一角のハーレムから文芸復興がおこったとして「ハーレム・ルネサンス」と称せられる。

❸──反動の時代

20年代は反動の時代でもある。19年に禁酒法が成立したが，これは飲酒の習慣がある新移民文化に対するアングロ＝サクソン文化の勝利と考えられた。アングロ＝サクソン系には飲酒の習慣が少ないからである。またロシアで共産主義革命が成功してソ連邦が生まれた（1917年）反動として，レッドスケアといわれる現象が起きた。社会主義者や無政府主義者，その疑いのある移民や知識人6,000人あまりが検挙されたばかりではなく，労働組合運動はモスクワとの関係を疑われた。

クー・クラックス・クランが復活し，アフリカ系やカトリック教徒，ユダヤ系，新移民などが排斥された。移民に対する反動は合衆国議会を動かして移民法を成立（1924年）させ，北ヨーロッパ系以外に対する移民制限が実施された。中国系の移民禁止や日系移民の排斥はこうした状況のなかで強化された。ヨーロッパ人の入植が始まって以来アメリカ大陸は移住を希望する者はすべて受け入れるという開かれた場所であったが，この時代をもって新たな移民に対する門戸が閉ざされた。この出来事は従来の「アメリカ」の定義を変更せざるを得ないという歴史上の大転換点であった。

❹──ビッグ・クラッシュ

20年代アメリカの快楽的で現状肯定的な雰囲気は，20年代の最後になって突然崩れ去った。1929年10月に株式市場が変調をきたし，

❺ジャズ・エイジの風俗を描いた *Life* 誌の表紙［J. ヘルド二世によるデザイン］

ほとんどの株価は数日以内に半分近くまで下落した。大企業による資金注入などにもかかわらず株式市場は実質的に崩壊し，信用不安やパニックが広がってアメリカの経済は停止状態におちいった。「ビッグ・クラッシュ」といわれる経済恐慌の始まりであったが，就任して間のなかったフーヴァー大統領は，時間をかければ景気は自律的に回復すると信じ，抜本的な対策をおこたった。景気は悪化の一途をたどり，失業者が町にあふれ，住宅を失った人々は板切れでできた小屋で暮らしたが，小屋の集まっている地域を，人々は皮肉をこめて「フーヴァー村」と呼んだ。

L──ニューディールと第2次世界大戦

❶──ニューディール政策

アメリカの景気は1932年になっても回復せず，失業者数が1,400万人に達した。工業生産は29年の3分の1に減少し，国民所得は半分以下となった。このような緊急事態のもとで大統領選挙が行われたが，選挙民は共和党のフーヴァー大統領をふたたびホワイトハウスに送り

❻当時のニューメディア，ラジオを通して国民に政策を語りかけるF. ローズヴェルト大統領［「炉辺談話」といわれて親しまれた。1937年11月］

込むことをせず，圧倒的な差で民主党のフランクリン・ローズヴェルトを大統領に選出した。ローズヴェルトは就任と同時にニューディール政策を実行したが，それはアメリカにとって新しい時代の到来を意味した。西ヨーロッパ諸国に見られるような社会民主主義的な政策が取り入れられ，資本主義制度の恒久的な手直しが行われたからである。

ローズヴェルト大統領就任から1935年頃までの政策を「第1次ニューディール」というが，景気回復のための対策（各種委員会設立，銀行再編など）のほかに，企業間の過当競争と過剰生産を調整するための機関が設立された（全国復興局：NRA）。また農民保護を目的とした機関も設立された（農業調整法：AAA）。景気は一進一退を繰り返していたが，35年になると失業者数は1,000万人にまで減少した。しかし合衆国最高裁判所は異議申し立てを認め，政策の一部に対して違憲判決を下した。

こうした反対勢力の存在にもかかわらず「第2次ニューディール」（1935-38年）はさらに先鋭化し，反企業色を強めて社会的弱者寄りの政策を強化した。再選を経たローズヴェルト政権は大型の財政支出（雇用促進局：WPAなど）を行って，消費活動の呼び水とするほか国内の金本位制度を破棄するなどして，従来の経済理論より動的で相対的な側面をもったケインズ経済学の成果を取り入れた。40年頃になると第2次大戦に突入したヨーロッパからの軍需物資買い付けもあり，景気は回復の兆しを見せた。

ニューディール政策はアメリカに修正資本主義の体制を作り上げた。農産物の価格は国家が支えたし，農産物の作付けも中央が決定した。通貨供給量は連邦政府の管理下におかれ，株式の売買は自由な商取引ではなく証券取引委員会の監督下で行われるようになった。銀行預金は個人の責任ではなく連邦預金保険公社が保証した。銀行業務は厳重な監督のもとにおかれ（銀行法），労使関係は公けの監督下におかれた（全国労働関係法）。テネシー渓谷開発公社（TVA）は連邦政府の設備を用いて電力を供給したし，全国のガス，電気，水道などの公益事業は分割されて政府の監督下におかれた。独占禁止措置が強化され，アメリカの最低生活は最低賃金法によって保障された。社会保障法が導入され，老齢年金や傷害年金が支給されるようになった。労働者の賃金上昇が図られ，専門技能を持たない賃金労働者保護のために産業別労働組合として産業別組織会議（CIO）の形成が奨励された。

❷──大戦参戦と孤立主義の終わり

世界では全体主義的な動きが強まって危機的な状態が出現したが，アメリカ世論はこうした外部世界の紛争に巻き込まれることに反対であり，合衆国議会は1935年から37年にかけて一連の中立宣言を決議した。決議は戦争当事者の双方にアメリカが武器弾薬を売ることを禁止し，交戦国に対する金銭の貸し付けや交戦国の船舶にアメリカ国民が乗船することを禁止した。しかし根強い孤立主義は時間がたつにつれ

て弱まっていった。ナチス・ドイツとその同盟国が侵略行為を繰り返すにつれ，アメリカの国内世論は連合国側に同情的となっていったからである。もしアドルフ・ヒトラーがヨーロッパ全土を支配するなら，アメリカ合衆国は国家として存在できず，西欧文明は危機に瀕するという考えをローズヴェルト大統領も抱くようになり，40年9月に徴兵制度が導入された。6ヵ月後には中立宣言の一部が改められて，イギリスに武器を移動することが可能となった。

アメリカが徐々に戦時体制を固めつつあるなかで，日本による真珠湾(パールハーバー)攻撃が行われた(1941年12月7日)。この奇襲攻撃でアメリカの孤立主義は一挙に消滅し，ローズヴェルト大統領は枢軸国に対する宣戦布告を行った。アメリカはナチス・ドイツの勢力をまず破壊することに目標を定めて，北アフリカの上陸に続いてイタリア進撃を行った。ドイツ軍がロシア戦線で苦戦するなかでパリが連合軍の手にわたり，ヒトラーの帝国は45年5月に崩壊した。太平洋戦争は継続したが日本は45年なかばにはアメリカの空襲に対する抵抗力を失っていた。ローズヴェルトの死亡で45年4月にハリー・トルーマンが大統領となっていたが，アメリカ兵による日本本土上陸のかわりとして原子爆弾の使用が決断された。8月6日の広島市の破壊に続き8月9日に長崎市が原子爆弾で破壊され，それから1週間以内に太平洋戦争も終結した。

ニューディールは20世紀初頭に現れた革新主義の流れを汲む改革運動であったが，第2次世界大戦という全面戦争によって強化された。国家総動員体制をしいて経済の回復に努めるなかで統制的な側面を強化して戦時体制に変化し，体制はそのまま戦後アメリカの経済繁栄を支えたがゆえに，ニューディールは戦争で中断されたのではなくむしろ戦争を経て戦後アメリカに引き継がれたといえる。修正資本主義を生み出し公共の福祉実現という理想をかかげた

ニューディールの遺産は，今日のアメリカ社会でも年金制度や各種行政委員会などに見られ，アメリカで依然大きな役割を果たしている。

M——パックス・アメリカーナへの道

❶——トルーマン・ドクトリンとフェアディール政策

第2次世界大戦後の世界のあり方については連合国の指導者たちによって大筋が決められていた。しかし実際には計画通りにいかず，ソ連とアメリカは互いを疑惑の目で眺めるようになった。アメリカ側は世界に共産主義勢力が拡大しつつあると考えたし，ソ連側は資本主義陣営との永続的な平和はあり得ないとした。トルーマン大統領は「外国による支配や国内少数派の武力支配に抵抗を続ける民衆を助けるのがアメリカの政策でなくてはならない」とするトルーマン・ドクトリンを発表した（1947年）。さらにヨーロッパの国々が立ち直って自力で共産主義に対応できるように，マーシャル・プランによる120億ドルの援助が行われた。ウィルソンの夢は国際連合となって発足し，世界の協調のために関税・貿易に関する一般協定（GATT）が成立した。

共産主義の拡張防止のために封じ込め政策がとられ，西側諸国による北大西洋条約機構（NATO）が結成された。アジアでは英国，フランス，オランダによる植民地支配が崩壊し混乱が続くなかで北朝鮮軍が南側に侵攻し，アメリカを中心とする国連多国籍軍が侵攻を食い止めようとした（朝鮮戦争）。戦後世界の各地で勃発する問題はアメリカの問題となり，ほとんどの場合に何らかの形でアメリカが関与するというやり方が定着していった。

トルーマン政権はニューディールの後継政策

としてフェアディールと称する賃金や物価の凍結を含む大がかりな改革案を議会に提出した（1945年）。しかしかつてのような支持は得られず、むしろ改革案とは反対の動員解除運動が展開された。戦時体制の解除やアメリカ兵の早急な引き上げ、統制解除などの幅広い要求を含むものであったが、微妙な政治上の問題をはらんでいた。ニューディールと戦時動員の区別は明確なものではなかったから、全国的な動員解除運動は単純な戦時体制廃止運動でもあったし、ニューディール批判運動でもあり得た。

❷──赤狩り

この頃ソ連のスパイ組織がアメリカやイギリスで発覚し、ソ連の核実験や中華人民共和国の成立が伝えられると（1949年）、共産主義成功の影にはアメリカ国内に協力者がいるとする疑念が強まった。進歩的な思想の持ち主やハリウッドの映画制作者などが疑惑の対象になるなか、1950年2月に共和党のジョゼフ・マッカーシー上院議員がアメリカ政府内に共産党員がいるとする衝撃的な発表を行い、一躍注目の的となった。同議員は議会の査問委員会に次々と容疑者を呼び出し、テレビでその様子を見ていた全国はヒステリア状態におちいった。世論は左寄りの人間はすべて危険人物とみなすようになり、あいついで官僚や知識人が社会から葬り去られていった（赤狩り）。マッカーシー議員は最後には合衆国陸軍やアイゼンハワー大統領さえも攻撃し、54年にその行き過ぎが原因で失脚した。しかし同議員やその協力者たちがかもし出した共産主義への恐怖と異端分子の迫害は、長期にわたってアメリカ社会を覆うことになった。

❸──人種差別撤廃の気運

赤狩りのさなかに大統領選挙が行われたが（1952年）、20年近くにわたってニューディール政策を担った民主党は敗退し、反共産主義を前面に打ち出した共和党の圧倒的な勝利となった。しかしドワイト・アイゼンハワー大統領はアメリカの社会経済制度の根幹となっていたニューディール制度を廃止するつもりのないことを明言した。その一方特に大きな改革案は出さず保守よりの政策をとった。ただ最高裁判所首席裁判官にアール・ウォレンを指名したが、この任命はアメリカにゆるやかな革命をもたらした。ウォレン首席裁判官のもとで最高裁判所はアメリカの法制度に残存していた人種差別をすべて撤廃し、議会代議員制度の偏りの是正を指示した。被告人の権利保護強化や猥褻物の定義の拡大なども行った。なかでも最大の影響力をもった判決は、公立学校での人種区別を禁止し、人種が分離されていること自体が差別であるとしたブラウン判決（1954年）であった。この判決に続いて公共施設での人種差別などを違法とし、アメリカの人種関係が大きく変化する基盤を提供した。

❹──パックス・アメリカーナ

1950年代は好景気が続き「アイゼンハワー景気」といわれたが、国内の過半数を占めた中産階級は自動車などの耐久消費財をあらそって購入しただけではなく、映画や旅行、テーマパークなどの娯楽産業にも多くの支出を行った。マリリン・モンローに代表されるアメリカ映画は黄金期をむかえ、快適なアメリカ的生活スタイルは世界の隅々にまで知られるところとなった。アメリカ的制度を模倣することで平和と繁栄がもたらされるように見えた。「パックス・アメリカーナ」の時代であったが、対抗する共

産主義勢力圏には貧困や物資不足が目立ち，アメリカはあらゆる面で世界の覇者としての地位を確立したかに見えた。そのさなかにソ連による人工衛星打ち上げが行われ（1957年），自己満足のなかのアメリカ人を仰天させた。消費物資のみならず宇宙技術や軍事技術，医学などの科学技術でソ連をはるかに上回っているとされたのに，実態はそうでもないことが判明したからである。「スプートニク・ショック」のなかで世論は沸騰し，教育の欠陥が指摘された。特に科学技術教育の遅れが話題となり，58年に国防教育法が制定されて，学校教育強化のため10億㌦の助成金が出された。

アメリカの外交政策は国務長官ジョン・フォスター・ダレスの強力な指導のもとで進められたが，あまりにも激しいアメリカ中心主義や強い反共産主義などが目立つようになり，経済復興を遂げた西ヨーロッパ諸国とのあいだに意見の食い違いが出るようになった。それでも自由世界擁護の責任を感じたアメリカは，ますます多くの世界的課題を自らの問題として抱え込んでいった。ソ連との核兵器保有競争やミサイル競争などに多大の国防費を費やしたのみならず，世界の各地でおこりつつあった民族解放戦線との対決までも引き受けたのである。

N——ニューフロンティアと対抗文化

❶——ケネディのニューフロンティア政策

1961年に民主党のジョン・F. ケネディが大統領に就任したが，40歳代という若々しい大統領のもとで政治に理想主義がよみがえり，ふたたび改革の機運が高まった。ケネディはローズヴェルトにならい，就任して100日のあいだに矢継ぎ早に「ニューフロンティア政策」と

❼ニューフロンティア政策を掲げ，アメリカに新たな希望をもたらしたケネディ大統領［1963年11月］

いわれる一連の政策提案を行った。老人健康保険制度の改革，教育制度の改革，住宅開発，都市再開発，公民権法の制定，交通システムの整備，などが含まれた提案であったが，合衆国議会で共和党と南部民主党の保守派が連携して抵抗し，ケネディの暗殺（1963年11月）までほとんど見るべき成果は出なかった。ただ平和部隊が実現して3年間で1万人を46の国に派遣したし，南米経済復興10年計画も成功しつつあった。またケネディは宇宙開発計画を整理して月に人間を送り込むことを目標に掲げ，議会も大型の予算をつけてこれを支援した。宇宙開発計画は同大統領の死後69年にアポロ計画の成功として達成された。

ケネディ大統領の就任直後にキューバを共産主義者の手から解放するための侵攻計画が実施されたが作戦は失敗した。その後キューバにソ連のミサイルが配置されていることが判明し，合衆国は戦艦をもってキューバを包囲するなどの強硬手段を講じてソ連の妥協を引き出すことに成功した（キューバ危機）。これがきっかけとなってモスクワとの話し合いが進展し，東西両陣営の雪解け（デタント）が始まった。核実験禁止条約が調印されて（1963年）米ソの間に新しい関係が生まれたが，これをもって冷戦の終わりとする説もあるくらいである。

ケネディ暗殺のあとを継いだリンドン・ジョンソン大統領は，国内政策でもケネディの理想を次々と実現して，政治家としての手腕を発揮した。64年早々に「貧困に対する戦い」を提案し，教育と職業訓練を充実して貧困を撲滅しようとした。65年の年頭教書で「偉大な社会」構想を発表し，アメリカという偉大な国家が貧困などの国内問題を解決できないはずがないとして，連邦政府の資金を注入して貧困対策を強化し，老人医療保険制度を充実させた。また教育と芸術に対する政府助成金が増額され，住宅・都市開発省が創設されて公共住宅の建設やスラム対策などの都市再開発が行われた。平和部隊の国内版であるビスタ（VISTA）計画が発足し，環境保護に対する政策が強化された。野生動植物法により未開の原野や海岸線が保護され，新設された機会均等局は貧困地帯で職業訓練などを施した。

❷──人種差別撤廃の動き

人種差別問題は第2次世界大戦後改善の傾向があったが，南部では差別が当たり前といった風潮があった。北部でもアフリカ系の高失業率や居住区の区別，就職に際しての差別などの「見えない差別」が一般的であった。1950年代の半ばから60年代にかけてさまざまな抵抗運動が展開され，北部では暴動が頻発した。マーティン・ルーサー・キング牧師は南部キリスト教指導者会議（SCLC）を率いて非暴力・直接行動を訴え，63年に差別撤廃を要求してワシントンへの行進を組織し（ワシントン大行進），このときに著名な「私には夢がある……」という演説を行った。合衆国議会はすでに公民権保護の法律を制定していたが，ケネディ大統領はすべての公共機関での差別禁止などを盛り込んだ新たな法律を提案した。新たな公民権法（1964年，1965年）が議会を通過するのは，ケネディの死後のことであった。

❸──社会変革の時代

60年代は社会変革の時代でもあった。それまでのアメリカは経済恐慌や戦争，冷戦などという危機状態のもとで画一化やチームスピリットが強調された時代であった。しかし冷戦構造が和らぎ経済も好調であった60年代になると，人々は抑制よりも解放を，集団の規律よりも自分を大切にする風潮を好み，理性よりも本能を重んじる傾向を示した。また経口避妊薬が実用化され，『プレイボーイ』誌はどこでも入手できるという状況のなかで，最高裁判所のあいつぐ判決により猥褻物の定義が変化し，アメリカは性的にもっとも解放された国となった。高揚した気分を得るためのドラッグ文化が流行し，キリスト教以外の東洋の宗教に対する関心が高まった。

こうした変化にいち早く反応したのが第2次世界大戦後のベビーブームで生まれた当時の若者たちである。人口の中に占める比率も大きかった青年たちは，ベトナム戦争に送られるという直接の被害者でもあり，反戦運動をはじめとする社会への異議申し立てを行った。運動は反戦にとどまらず既存の権威や文化伝統の否定につながり，学生革命運動，ヒッピー，対抗文化（カウンターカルチャー）運動，フラワーチルドレンなどと称せられる動きを生み出した。

既存の権威の否定はアメリカ社会のタブーを破ることにつながり，女性解放や少数民族の保護，アフリカ系のプライドやロック音楽の誕生，環境保護運動や労働者の権利保護，消費者保護運動の高まりなどをもたらした。

❹──ベトナム内戦への介入

アメリカが進めていた南ベトナム保護を名目

とした戦争は，大統領の信用の失墜につながっていった。南ベトナムに対する援助は1954年以来行われていたが，ケネディ大統領のときに1万5,000人のアメリカ人軍事顧問を派遣した。ジョンソン大統領は戦争の拡大による解決を目指して北ベトナムの空爆（北爆）を開始した。多量の爆弾や枯葉剤が投下され，ベトナムの森林や農地，都市などが破壊されて多くの人命が失われた。しかしこうした物量作戦にもかかわらず戦争の行方には影響がなく，69年には55万のアメリカ人兵士が戦争に投入された。アメリカを非難する声が国際的に高まるなかで，ジョンソン大統領は68年3月に戦線縮小に転じた。実質的な敗戦宣言であったが，同大統領は国内に広がった不信感を背景に大統領としての再選を断念すると発表した。インドシナ半島に民主主義と自由を打ち立てるというアメリカのもくろみとその挫折は，アメリカ社会を根底から揺り動かし，大統領職までも危機にさらしたのである。

❽ベトナム反戦デモ[サンフランシスコ，1967年4月]

〇——ネオコンサーバティズムから21世紀へ

❶——ベトナム戦の敗北

ベトナム戦争をめぐってアメリカ国内は混乱したが，1969年の選挙で共和党のリチャード・ニクソンが大統領に選出された。ニクソンは泥沼化したベトナム戦争に関して「ベトナム化政策」を発表し，アメリカ兵を段階的に引き上げて南ベトナム軍を強化するとした。それと同時にカンボジアの共産主義勢力撲滅作戦を開始した。そのうえで中国訪問（1972年2月）を実現して世界を驚かせたが，北ベトナムの空爆は中止されることなく，むしろ以前よりも激しくなった。こうした事態を前に合衆国議会は北爆許可を与えた64年の議会決議を取り消したが，ニクソンは軍隊の最高司令官としての大統領権限を理由に議会の決議を無視して爆撃を続行した。しかし73年1月に北ベトナムとの和平交渉の締結が発表され，アメリカは実質的な敗北を認めてベトナムから撤退し，南ベトナムは国家として消滅した。

❷——ウォーターゲート事件

ニクソンは再選を経て1973年に大統領として2期目に入ったが，この年に大統領を巻き込んだスキャンダルが発生した。ウォーターゲート事件は秘密裏に結成された特別調査班が民主党の全国本部に侵入し盗聴装置を仕かけようとしたことから始まった。事件が表に出ると大統領府の関与を隠す必死の努力がなされたが，73年5月に合衆国議会の調査が始まり，その様子はテレビ中継で多数の国民が視聴した。そこで明らかになったのは，秘密の金庫に詰まった多額の現金がやり取りされる様子や，証拠隠滅のためにあらゆる手段が講じられるというスパイ小説もどきのありさまであった。ニクソン大統領の信用が急速に失墜するなかで，議会はカンボジア爆撃に関するすべての予算を削減した。こうしてベトナム和平の後にくすぶり続けていたインドシナ半島の戦争は終了した。追い

かけるように議会は戦争権限法を制定して、外国の戦争に関するアメリカ大統領の権限を厳しく規制した。一方大統領と側近がウォーターゲート事件に関して相談している録音テープの存在が明らかになり、最高裁判所の命令でテープの中身が公開されると、隠蔽工作に大統領が直接加担していたことが判明した。憲法の規定に基づいた議会による弾劾裁判と大統領罷免が確実となるなかで、ニクソンは74年8月9日をもって大統領を辞任した。現職の大統領が辞任するという事件はアメリカの歴史のなかでも例がなく、国民の受けた衝撃は大きかった。

❸──輝きを失う大統領

副大統領のジェラルド・フォードがニクソンを継いだが、フォードはアグニュー副大統領が辞任したあとに議会が任命したミシガン州の議員であり、全国的になじみのない人物であった。まもなくアメリカ建国200年祭を迎えようとしていたが、ベトナム戦争の敗北と大統領をめぐるスキャンダルに見舞われたアメリカは建国を祝う気分とは程遠い状態にあり、建国祭はさした盛り上がりを見せないまま終了した。

このころのアメリカが悟ったのは、アメリカ合衆国にも力の限界があるということであり、国家が掲げる戦争目的は必ずしも正しいとは限らず、国家の最高責任者といえども信用できないことがあるということであった。おそらくは敗戦後の日本国民が抱いた失望状態に近いものであったろう。このような意識を反映して、以降クリントンを経てブッシュ大統領に至るまでの大統領のイメージは、かつての指導者としての輝きを失ったままとなった。

フォードの後を継いだのは民主党のジミー・カーターであったが、同大統領も「ジミーって誰のこと？」といわれるほど知名度が低く、カリスマや指導力とは程遠い存在であった。イスラエルとエジプトとの和平交渉を成立させ、パナマ運河返還協定の批准を行ったが、石油危機と極端なインフレに見舞われ、アメリカ軍人と外交官がイランに人質として取られるなかで再選を果たすことがなかった。

❹──ネオコンサーバティズム

1980年の選挙で共和党のロナルド・レーガンが大統領となったが、強い指導力を発揮することをせずにもっぱら側近に実務をまかせるというスタイルをとった。政策は保守的で、福祉予算の削減を行う一方国防予算を増加させた。減税と規制緩和を実施して経済を活性化させ、雇用状態を改善し、インフレを抑えて財政赤字の解消を図るとされたが、このような政策は消費者ではなく企業側にたったものだというので、サプライサイド経済学（レーガノミックス）といわれた。86年になると失業者の減少、消費者物価指数の下落、株価の上昇などが見られ、レーガンの人気が定着した。しかし好況は貧困者の犠牲のうえに成り立ったとする見解もある。農村部と中西部の旧工業地帯は忘れ去られた地域であったし、7人に1人のアメリカ人が貧困ライン以下の生活を強いられた。住宅補助が削減された結果自宅を手放すものが増え、ホームレスということばが流行した。レーガンは家族の価値や宗教などの伝統的価値観を重んじアメリカに対する愛国心を誇りとした。ソ連を悪の帝国と呼んで共産主義に対する嫌悪感を示し、「ネオコンサーバティズム」といわれる新しいタイプの保守主義を打ち出した。

❺──ブッシュからクリントンへ

レーガン人気に乗ずる形で副大統領ジョージ・ブッシュが大統領に選出された（1989年）。ブッシュ大統領は東ヨーロッパの社会主

義国家の崩壊（1989-90年）やソ連の混乱（1991年）に見舞われた。対外的にはパナマに軍事介入してノリエガ大統領を追放し（1989年），イラクによるクウェート占領を理由にアメリカ軍をペルシャ湾に派遣して電撃作戦でイラクに勝利を収めた（湾岸戦争 1991年）。中東の石油資源の保護が目的であった。国内政策には見るべきものがなく，景気後退にもかかわらず強力な対策を講じることができず，財政赤字削減のために公約を破って増税を行った。共和党の保守派がブッシュ大統領を見限るなかで再選を目指したが，民主党のビル・クリントンに敗れた（1992年）。クリントン大統領は民主党出身でありながら政府予算の縮小，規制緩和などの共和党的な政策に歩み寄り，穏健で中道的な政策路線をとった。国民皆保険制度などのニューディール的な政策を試みることはあったが，共和党勢力の強い議会の反対を得て実現することはなかった。好調な経済に支えられて現代アメリカの大統領には珍しく2期大統領を務めて，2001年1月に任期をまっとうした。その意味でレーガン大統領と並ぶ存在であるが，国民的人気や強力な指導力とは無縁の大統領であった。

クリントン大統領をもって20世紀は幕を閉じた。ニクソン大統領の辞任以後に見られるように，アメリカは強力な大統領不在の時代を経験しながら20世紀の幕を閉じたといえる。20世紀がアメリカの世紀であったという言い方があるが，この世紀を通じて国内では革新主義などの社会管理的な政策を実施したアメリカは，対外的にも「改革」や民主化を押し付けるという行動をとって世界の「リーダー」となっていた。その一方で大統領の実権が徐々にではあるが勢力を失いつつあったという皮肉な傾向を有していた。また1960年代以降さかんになった異議申し立ての雰囲気は，ますます盛んになって「文化多元主義」の主張となり，アングロ＝

❾強いアメリカの復活を目指したレーガン大統領［ネオコンサーバティズムの先駆けとなった］

サクソン系を中心とするアメリカ文化が，もっと多元的で雑多な文化として再定義されるに至ったというのも，20世紀最後の流れであった。

❻──9.11テロとその影響

21世紀をむかえて最初の大統領は，共和党のブッシュ大統領の子息のジョージ・W. ブッシュである。アメリカには珍しい二世の大統領であり，その知性や政治家としてのスタイルに疑問の声が上がっていた矢先に，ニューヨークとワシントンに対するテロ事件「ナインイレブン」（2001年9月11日）が発生し，状況が一変した。危機に際しては異論を無視して大統領のもとに駆けつけるという伝統がアメリカにはあるからである。

かつて世界の問題はアメリカの問題としてアメリカによる介入が行われたが，今度はアメリカの危機が世界の危機につながるということで，世界とアメリカ合衆国の関係は新たな局面をむかえたと言える。さらに「ナインイレブン」は世界に流通するようになった「アメリカ文化」や「アメリカ的生活方法」に対する異議申し立てと受け止めることができる。アメリカの内部から多元主義の声が上がっていた中で，今度は世界の多様な生き様を認めざるを得ない

状況が生まれたわけで，世界の中の「アメリカ」とは何かという古い問いかけが，21世紀に新しい意味を持ち始めている。

■**参考文献**

有賀貞『アメリカ史概論』東京大学出版会，1987．

有賀貞・大下尚一他編『世界歴史体系 アメリカ史』（全2巻）山川出版社，1993．

大下・平野・志邨・有賀編『概説アメリカ史（新版）』有斐閣，1990．

斎藤眞『アメリカ現代史』山川出版社，1976．

清水博編著『アメリカ史（増補改訂版）』山川出版社，1986．

新川健三郎・長沼秀世『アメリカ現代史』岩波書店，1991．

ノートン，M. B. 他著（本田創造監修）『アメリカの歴史』（全6巻）三省堂，1996．

野村達朗編著『アメリカ合衆国の歴史』ミネルヴァ書房，1998．

安武秀岳・野村達朗・上杉忍『新書アメリカ合衆国史』（全3巻）講談社，1988-89．

■**さらに知りたい場合には**

秋本英一『アメリカ経済の歴史 1492-1993』東京大学出版会，1996．
　［500年にわたる経済面の歴史を系統的に叙述。経済の発展と諸地域の連関，高度成長と世界市場への参画，消費者資本主義の発展，指導力の確立と動揺などにふれる。］

ビアード，C.（斎藤眞・有賀貞訳編）『アメリカ政党史』〈UP選書〉 東京大学出版会，1968．
　［著名な歴史学者によるアメリカ政治の歴史。政党という政治を下支えした組織に注目して，より具体的で現実的な姿が浮かび上がる。］

有賀貞・宮里政玄編『概説アメリカ外交史』東京大学出版会，1987．
　［対外政策とその背後にある対外意識を系統立てて論述した。対外政策の決定過程や，多民族，多人種のもつ政策への影響にも触れている。］

クォールズ，B.（明石紀雄他訳）『アメリカ黒人の歴史』明石書房，1994．
　［始まりから現代までの通史。一般の文化に同化すると同時に変化させてきたアメリカ黒人の役割に焦点。他のエスニック・グループ史の参考にも。］

ハワード，Z.（猿谷要監修）『民衆のアメリカ史』（全3巻）TBSブリタニカ，1982．
　［偉大な人物が登場する歴史ではなく，できるだけ普通の人々に光を当ててアメリカ史を再構築した。社会史，民衆史といった傾向。］

15 独立宣言の意味
The Declaration of Independence

明石紀雄

独立宣言は，アメリカがイギリスの支配を脱して独立する理由とそれを正当化する理念を，世界に向けて発した宣言である。理念の核心をなすのは，「すべて人は平等に造られ，造物主によって，一定の誰にも譲ることのない権利を与えられている。これらの権利の中には，生命・自由および幸福の追求が含まれる……」という思想である。これは当時の啓蒙思想に基づく理念であり，必ずしも独立宣言にオリジナルなものではない。しかし，こうした精神を具現した国家が生まれたことが後世に与えた影響は大きい。その後のフランス革命をはじめとする人民主体の民主主義国家の成立を促し，アメリカ国内においては誰もがアメリカンドリームを追求するための平等の機会が与えられる社会の建設を目指す道標となった。その意味でこの宣言は新たな時代を切り拓いた画期的な意味をもっている。

A── 独立宣言とは何か

独立宣言というとき，実際には3つのことを指す。独立の決議，そのことを宣する行為，独立の決議とそれまでに至る理由を述べた文書である。独立の決議は，1776年7月2日に採択され，以後イギリス領北アメリカ植民地は連合してイギリス本国から分離し，独立国となるとしたものである。この事実を広く内外に知らせることの必要性が認められ，植民地は1つの宣言文を1776年7月4日に採択した。普遍的な統治原則と独立の決議に至った当時の特殊状況が，流麗なことばで表わされている。独立宣言には56人の署名者の名がみられる。彼らは字句どおりの「建国の父」である。羊皮紙のこの文書は1776年8月2日に完成し，署名はその日から始まった。独立宣言はどの観点から見ても，その意味は大きい。独立を決議し，そ

れを宣することは極めて重大な行為であった。文書にそのことが記録されることは，後世に彼らのなしたことが伝えられることを保証するものであった。(⇨ 14 アメリカの成立過程 D-2)

B── 決議

❶── 決議に至るまでの過程

7年戦争（1756-63年）後イギリスはその広範な帝国の再編成を目指し，植民地政策を改めることとなった。それは北アメリカ大陸の同国植民地に対する規制強化に連なるものであった。この政策に対し，カナダ，西インド諸島を除く植民地は抗議した。和解の試みもなされたが，1775年4月19日レキシントンとコンコード（ともにマサチューセッツ植民地）でイギリ

❶独立宣言起草委員会［中心メンバーであったフランクリン，ジェファソン，アダムズ，リヴィングストン，シャーマンの5人が描かれている。アロンゾ・チャペルによる銅版画，1776年］

ス正規軍と植民地民兵が衝突し，本国と植民地間の抗争は武力を伴うものとなった。各植民地では以前からあった統治機構が機能を停止し，従来の植民地議会に代わる代議会あるいは革命協議会が設置された。また協同して戦闘を遂行していくために必要な機関として，植民地の代表から成る大陸会議が結成された（1774年9-10月に第1回召集）。それは植民地間の主張を調整し，外国との交渉にあたるなど，中央政府の役割を果たすこととなる。

　武力抗争が始まり，植民地の本国からの分離・独立が現実的な課題として討議されるようになる。しかし，このような急進的な態度を取ることに反対の者，反対しないまでも本国との和解を信じ躊躇する者がいた。それぞれ全人口の3分の1に上ったと推測される。言い換えると，独立賛成者は全人口の3分の1しかなかったことになる。

　そのようななか，大陸会議において1776年6月7日から，独立の決議をめぐる審議が始まった。この日，ヴァージニア植民地代表のリチャード・ヘンリー・リーが，同植民地革命協議会からの指令に基づき，全植民地は一致して独立の宣言を出すべきであるとする決議案を提出

した。同決議案は6月10日まで審議されたが一致した見解には至らなかった。そのために7月1日まで審議を延期することが決められた。なおリーは独立決議案と並行して，外国との同盟の締結および独立後の植民地の連合計画の提案をも行った。

　独立決議案の審議が延期された同じ日，大陸会議は同案が成立した場合を予想し，このことを広く知らしめるための文書（宣言文）を起草することを決め，その作業にあたる委員会の設置を決めた。翌11日，トマス・ジェファソン，ジョン・アダムズ，ベンジャミン・フランクリン他2名，計5人が起草委員として選出された。最初に選ばれたのはヴァージニア植民地代表のジェファソンであった。彼はこの2年前に「イギリス領アメリカの諸権利についての意見の要約」を著し，優れた文筆家であるという評価が広まっていた。実際に，最初の起草委員会において草案作成の任務はジェファソンに課せられた。彼は草案を6月28日までに完成していた。その日，起草委員会が開かれ，ジェファソンが用意した草案が検討された。わずかな訂正がなされただけで草案は採択され，独立の決議が成立したならば，宣言文の原案として提出されることになった。

　7月1日，先に延期されていた独立決議案の審議が再開された。しかしこの日は8つの植民地が賛成しただけであった。最終決定はさらに1日延期され，翌7月2日代表を送っていなかったロードアイランド，棄権したニューヨークを除く11植民地が賛成し，独立の決議は成立した。

　独立の決議の成立に引き続き，先に起草委員会が提出していた宣言文の原案が審議された。審議は2日後の7月4日に完了する。なお独立の決議は7月2日になされたのであったが，ニューヨークの革命協議会が独立の決議を承認したのは7月9日であり，その決定が大陸会

議に伝えられたのは7月19日であった。したがって，独立が「全員一致」で決議されたのはこの日ということになる。他に記念すべき日があったにもかかわらず，アメリカ合衆国の独立記念日が7月4日に定められているのは，独立宣言文の最終案が同日に採択されたことに由来する。

❷ その政治理念：自然権哲学

独立宣言に盛られた政治理念については，カール・ベッカー以来，ジョン・ロックの自然権哲学の影響が強いという解釈が一般的である。すなわち，人間は生まれながらにして平等であり基本的権利を有する，人は合意によって国家をつくりそれを統治するものに権力を信託する，しかし統治者がその権力を濫用するときはそれに抵抗し，場合によっては新しい組織をつくることができるとする理念が，独立宣言には一貫してあるというものである。特に独立宣言の前文（普遍的統治原理の表明）と本文（本国からの分離・独立が避けられなくなった理由の陳述）において，ロックの影響は明らかである。（ジョン・ロック『市民政府論』1960，参照）

独立宣言には前文に先立って，導入部がある。

「人類の歴史において，ある国民が他国民と結ばれていた政治上の絆を断ち切り，自然の法と自然の神の法によって本来与えられるべき自立平等の地位を主張しなければならなくなる場合がある。そうした場合，人類の意見をしかるべく尊重しようとするならば，その国民が独立せざるをえなくなった原因を，公に表明することが必要である」。

ここでは3つの点が注目される。第一は，植民地人が自らの行為を「人類の歴史」および「人類の意見」に訴え，正当化していることである。第二は，本国人を「他国民」と呼び，「ある国民」である自分たちと明確に分けていることである。そして第三は，文書としての独立宣言は読む人を説得することを目指したものではなく，自分たちの立場を「表明」することであるとしている点である。

アメリカ独立宣言を不朽の歴史的文書としてきたのは，導入部に続くわずか202語から成る前文である。

「われわれは，次のことは自明の真理であると信じている。すなわち，すべて人は平等に造られ，造物主によって，一定の誰にも譲ることのない権利を与えられている。これらの権利の中には，生命・自由および幸福の追求が含まれる。……［政府が］国民を絶対的な専制政治の下に引き入れようとする意図を明らかにしているときには，そのような政府を転覆し，自らの将来の安全のために新しい保障の組織をつくることは，国民の権利であり，また義務でもある」。

「自明の真理」（truths...self-evident），「生命，自由および幸福の追求」（life, liberty and the pursuit of happiness）はいずれも抽象的な概念であり，明確なビジョンを伴うものではない。しかし，本文に述べられる具体的行為（国王による権力の濫用と簒奪）を位置付けるためには有効な理念的枠組みとなるものであった。

導入部，前文においては一般論が述べられているが，本文において，植民地人が不安に感じ，警戒していることの理由が列挙されている。その数は合計29に及び，すべて国王に対する告発として表わされている。

「彼，イギリス国王は，一般の福祉のために適正かつ必要な裁可を拒んだ。彼は，広範な地方を国民の利用に供させる法律の制定を拒んだ。……彼は，数多くの官職をつくり，新任の官吏を無数に派遣してわれわれ植民地人

を悩まし，その財産を消耗させた。……

彼は，辺境の住民に対して，過酷な先住民の攻撃を来たらしめた。先住民の戦争法が，年齢，性別，貧富の別なく相手方を全面的に破壊せしめるものであることは知られている」。

これらの不正な行為に対し，植民地人は「きわめて謙虚なことばをもってその是正」を請願するのであったが，顧みられることはなかった。

結びの部分はリーによる独立決議が繰り返し述べられている。すなわち，イギリスとの「政治的関係はすべて消滅した」こと，植民地は以後「独立国として当然行いうる一切の行為をなす権限」を有することである。そして，「この宣言の支持のために，われわれは相共に生命，財産および神聖なる名誉を捧げることを誓う」ということばをもって結ばれる。

C——宣言書

❶——起草者ジェファソン

今日ある独立宣言は，起草委員会が作成した案が大陸会議において検討され採択されたものであるが，実質的な起草者はトマス・ジェファソンであった。

ジェファソンが宣言文の草案を起草する任務を与えられるに至ったことに関して，伝えられているエピソードがある。同じく起草委員に選ばれていたジョン・アダムズがジェファソンに対し，ヴァージニア人がその任にあたるべきであること，自分には人気がない，そして何よりジェファソンのほうが「十倍もうまく書ける」と述べ，彼を説得したというものである。

この最後の点についてはアダムズの言うことが正しいわけではない。法律家として彼も緻密な文章をものした。しかし彼は，おそらく公衆の面前で朗読されるであろう宣言文を書くスタイルを自分は有していないが，ジェファソンにはその才能が備わっているということを伝えたかったのであろう。

❷——「当時の一致した意見」の表明

早い時期より，独立宣言には大陸会議で論じられてきたこと以外何も新しいことは示されていないとか，そこに述べられている事実が誤っているとか，独創性がない，単にジョン・ロックの政治理論を引き写しているにすぎないという指摘がなされていた。また「聞こえが立派だが意味内容の乏しい……一般原則を抱え込んだ情熱的にして華麗な宣言文」でしかないとするルーファス・チョートによるような批判もなされた。チョートは，19世紀中期の保守派の政治家である。おそらく彼には起草にあたってのジェファソンの役割を低く評価する意図があったことであろう。しかし独立宣言を起草するにあたり，ジェファソンに個人的動機があったとみるのは正しくない。むしろその逆で，彼は，本国からの分離・独立は全植民地人が意識的に選んだものであり，そのような決定はより高い統治原則に基づいていたということをあまねく伝えるために，宣言文を起草することに同意したとみるのが妥当な解釈であろう。

1825年5月8日のリチャード・ヘンリー・リー宛の書簡はそのことを如実に物語る。彼は，独立宣言の目的は「それまで考えられたことのないような新しい原理や論議を見つけ出すのではなく，また単に従来いわれなかったことを語るというばかりでなく，独立の問題についての常識をできるだけわかりやすく人々に示し……われわれがやむをえず取った立場について正当化」すること，言い換えれば，「アメリカ人の精神を表現すること」であったと述べる。

彼の起草したこの文書は，まさに「当時の一致した意見」(the harmonizing sentiments of the day) を表明したものであり，「アリストテレス，キケロ，ロック，シドニー等による政治についての基本的書物」がその典拠であった。したがって，それはゆるがない権威と正統性を伴うものであり，広く世界に向かって述べ伝えることに大きな意義があることを彼は疑わなかったのである。

❸──奴隷制への言及

最終的に大陸会議により採択されたものと起草委員会から同会議に送られた原案を比較して，前者のほうが後者より短くまた力強いことがわかる。それだけ大陸会議においての修正の作業が徹底していたことがうかがわれる。しかし，目前で自分が主としてその起草にあたった原案が一字一句検討されるのを見るのは，起草者としてのジェファソンにとって辛い試練であったにちがいない。彼が特に強調した箇所のいくつかが削られた。ジェファソンは終生，大陸会議のほうが間違っていて，自分の案のほうが優れていたと見たのであった。晩年に書き始めた未刊の『自伝』において，彼は最終案と原案とを並べ，削除された箇所を強調して示している。

例えば，奴隷制がアメリカに存在していることについて国王を告発した箇所と，イギリスの同胞を非難し「訣別」に至った理由を述べた箇所である。まず前者であるが，それは次のようなことばで始まっていた。

「彼は，彼に何ら危害を加えたことのない遠い地の人間をとらえて西半球に送って奴隷とし，あるいはその輸送途上において惨めな死に至らしめ，これらの人間にとって最も神聖な権利である生命と自由とを侵害してきた。これはまさしく人間性自体に対する残虐な戦いというべきである」。

続いて彼は，このようなことはまさに「海賊的な戦い」であり，「キリスト教徒」としての「信仰に背く権力行使」であると述べる。ジェファソンは国王に対する告発をさらに続ける。

「彼は，人間の売買のための市場を長く開放しておくために，このいまわしい通商を禁止ないし制限しようとする立法上の試みを一切押さえようとして，国王の拒否権を悪用した」。

以上の引用からは，ジェファソンが奴隷制に反対の立場にあったことがうかがわれる。植民地はその廃止を願っていたが，国王の反対によりそれはならなかったと彼は主張しているように思われる。しかしこの箇所は，奴隷制を擁する植民地の要求によって削除されたのである。現実に奴隷制に大きく依拠しながら，あたかも国王が同制度をアメリカにもたらしたかのように述べ，その悪をもって国王を告発することには論理の矛盾がある。この箇所の削除を要求した代表たちのほうが，より誠実であったと言えよう。

❹──「戦争における敵」への言及

イギリスの同胞との「訣別」をうたったジェファソンの原案は以下のことばを含んでいた。「無感覚のわれわれの同胞と永遠に訣別すること，それが真の勇気である。……われわれはともに，自由にして偉大な国民であった。しかし，高邁かつ自由な交渉は彼らにとって品位を汚すもののようである。彼らでも幸福と栄光への道を歩むことができるのであるならば，われわれにとってもそれは不可能ではないはずである。彼らとは分かれて，歩もうではないか」。

このようなことばにより，ジェファソンは国王に対してのみならずイギリスの同胞を厳しく

独立宣言の原文

今日国立古文書館に保管されている独立宣言文（オリジナルと呼ばれる）は，羊皮紙に清書されたもので，それへの署名は8月2日から始まり，最終的に56人が署名した。しかし，独立の決議が採択された日に大陸会議にありながら，本国と和解の可能性を信じて独立の決議に反対したジョン・ディキンソンのように，また宣言文の起草委員の1人であったが宣言の発布は時期尚早であると信じていたロバート・リヴィングストンのように，署名しなかった代表もいた。

オリジナルができるより早く，ダンラップ版（Dunlap broadside）として知られるものが世に出た。それは最終案が採択されたその日に活字印刷されたもので，宣言文の後に「大陸会議の命により，議長ジョン・ハンコックならびに同秘書チャールズ・トムソンこれに署名する」ということばが付け加えられただけであった（図15-1）。大陸会議の議事録に綴じられているのはこの版である。各植民地議会に送られたのもこのダンラップ版である。現在24のダンラップ版の独立宣言の所在が確認されている（国立古文書館，議会図書館，アメリカ哲学協会，ニューヨーク公立図書館，ハーヴァード大学，エール大学，ヴァージニア大学など）。

その後，ティモシー・マトラックという印刷工によりオリジナルが作られた。それには1つ訂正箇所がある。下から11行目に"only"ということばが挿入されている。

このオリジナルは独立戦争の間は戦火を避けてボルティモア，ランカスターなどに，戦争終了後は連合会議（独立後各州の代表から構成されていた統治機構）が開かれる場所（プリンストン，アナポリス，トレントン，ニューヨーク），そして新国家誕生の後は首都（ニューヨーク，フィラデルフィア，ワシントン）に保管された。イギリスとの戦争（1812年戦争または第2次英米戦争）の最中の1814年に，一時期ヴァージニア州リースバーグに移されたことがある。

オリジナルは19世紀初頭以降何回か複写されてきた。その破損が危惧されたことと，より多くの国民が独立宣言文の内容と形式を知るのを容易にするためであった。なかでもウィリアム・J・ストーンによるものは，3年かけて銅板に作られたものであり，オリジナルと寸分違わないと評価されている。この銅板から作られた最初の200部の複写コピーは羊皮紙を用いたもので，左上に'Engraved by W. J. Stone for the Department of State, by order'，そして右上に'of J. Q. Adams, Sec. of State July 4th 1823'という文字が書き込まれている（図15-2）。

56名の署名者が亡くなると，その日は特別な記念日となった。ともに起草の作業にあたり，後にそれぞれアメリカ合衆国第2代および第3代大統領として国の礎を形成に尽くしたジョン・アダムズとトマス・ジェファソンは，宣言文採択からちょうど50年経った同じ日（1826年7月4日）に亡くなった。奇跡的としか言えない一致である。最後に亡くなったのはチャールズ・キャロルトン（メリーランド代表）で，1832年だった。

オリジナルは，1876年のフィラデルフィアで建国百年記念博覧会に特別展示されたときと，第2次世界大戦中に戦火がワシントンに及んだときに備えて3年間（1941-44）フォートノックスの金塊貯蔵所に移された以外，ワシントンを離れたことはない。またその保管は，国務省や議会図書館を経て，1952年以来，国立公文書館の管轄の下にある。1987年には300万ドルの予算でオリジナルの状態がコンピュータによって分析され，その結果に従って，ヘリウム・ガス入りの特別のケースに収められることになった。オリジナルは一般に公開されており，国立公文書館を訪れる者は誰でもそれを目にし，それを採択した当時の植民地人の意思と決意に思いをはせることであろう。

[明石紀雄]

図15-1 ●ダンラップ版独立宣言
[活字印刷, 1776年]

図15-2 ●ストーン版独立宣言
[銅板彫, 1823年]

批判したのであったが，大陸会議はこの箇所を大幅に改め，原案にもあったように，単に「イギリスの同胞は他国民と同様，戦争においては敵，平和においては友と見なさざるをえない」としたのである。その結果，最終案はジェファソンの原案に比して，簡潔にして要を得たものとなった。

❺──帝国の中の対等な一員として

最終案には含まれていないが，ジェファソンの原案に盛られていたもう1つの注目すべき点がある。それはイギリス帝国のあり方についてのジェファソンの発想である。

彼は植民地人が「アメリカに移住した事情」について特に述べ，「われわれは1人の共通の国王を擁することを決め」たのであり，また各植民地が制定した憲法は「イギリス議会（Parliament）への服従をうたっていなかった」と書いたのであった。言い換えれば，彼はアメリカに建設された植民地のそれぞれの議会は，イギリス議会の下部に位置するものではないことを明確に述べたのである。また共通の国王を擁するということは，イギリス国王に対してのみ忠誠を抱くことを意味し，この点で植民地人は本国人と対等な立場にあることを彼は主張したのであった。

以上から，イギリス帝国の一員であることをやめることをジェファソンは願っていなかったのではないかという疑問が生じる。イギリスにおいて権力を濫用し簒奪していたのは，国王ではなく，議会であったというのが彼の主張ではなかったのではないだろうか。しかしそれをいうことは，アメリカ植民地がイギリス議会の統治下にあることを認めることになる。それができないので，彼は国王に対する一連の抗議という形で植民地の意見を表明したのであった。彼が真に抗議したかったのは，イギリス本国人の植民地に対する誤った認識であった。そのために，原案において彼の論理が錯綜し理解しにくくなった点がある。それを大陸会議の代表たちは見抜き，ジェファソンの原案から削除したのである。それは賢明な決定であった。

D──独立宣言の文章スタイル

ピーター・ゲイは，スタイル（表現形式あるいは方法）について次のように述べている。それは「すべての芸術作品と工芸品のテクスチャーに織り込まれた形式と内容」であり，「内容を形づくるが内容によって決められる」（*Style in History*. 1974）。この観点から見るとき，アメリカ独立宣言の草案を書くにあたり，ジェファソンが周到に修辞的（レトリカル）な効果を追求したことが明らかになる。本文の国王を告発する部分が，あたかも起訴事実を被告人に通告する明細書（bill of particulars）の様相を呈していることはしばしば指摘されてきた。ここではその他に，前文において「生‐死‐再生」という道徳劇のシナリオが提起されていること，本文後半のイギリスの同胞への「訣別」を告げる部分において明白な頭韻法（alliteration）および交錯配列法（chiasmus）が用いられていること，宣言を締めくくる部分の独特の調子（cadence）に注目したい。

前文は基本的に，3つの前提から成り立っており，それぞれ，生──「すべて人は平等に造られ，［基本的権利を確保するために］政府が設置される」──，死──「［設置された目的を破壊するようになれば］政府は変改されるか廃止される」──，再生──「新しい保障の組織がつくられる」──を表わしている。各前提の内容自体には宗教的意味合いはないが，それらが合わさったとき，そこに大きなドラマが生

まれる。

同音もしくは同字で始まる頭韻法は，例えば"British brethren"（イギリスの同胞），"from time to time"（再三再四），"our common kindred"（血縁の絆），"our connections and correspondence"（相互の結び付きと交渉）にみられ，文体的効果を生んでいる。

交錯配列法は類似の語句を繰り返すとき，語句の順序を逆にするやり方で，独立宣言の中での最も顕著な例は，本文の最後の部分——"Enemies in War, in Peace Friends"（戦争においては敵，平和においては友）——である。

独立宣言は，植民地人が彼らの「生命，財産および神聖なる名誉を捧げる」という誓いをもって結ばれる。生命と財産を並べて用いるのは当時の常套であり，ジェファソンはそれに忠実に従っているといえる。しかし「神聖なる名誉」のことばが加わることにより，その誓いはより厳粛なものとなる。生命も財産も人間にとって貴重であることは否定できないが，それら以上に大切なもの，すなわち「神聖なる名誉」があるとうたわれている。ジェファソンは，自分たちはそれをも捧げる用意があることをいい，彼らが採択したばかりの独立の決議が真摯であることを示そうとしたのである。

■参考文献

阿部齊他（編）『アメリカ独立革命——伝統の形成』東京大学出版会，1982.

武則忠見『アメリカ革命の価値体系』亜紀書房，1972.

Becker, C. L. *The Declaration of Independence: A Study in the History of Political Ideas*. Alfred A. Knopf, 1942.

Fliegelman, J. *Declaring Independence: Jefferson, Natural Language, & the Culture of Performance*. Stanford Univ. Press, 1993.

Wills, G. *Inventing America : Jefferson's Declaration of Independence*. Doubleday & Company, Inc., 1978.

Maier, P. *American Scripture : Making the Declaration of Independence*. Alfred A. Knopf, 1997.

Lucas, S. E. "The Stylistic Artistry of the Declaration of Independence." (http://www.archives.gov/exhibit hall/charters of freedom/declaration/declaration style.html) (2003.8.30)

"The Declaration of Independece: A History" (http://www.archives.gov/exhibition hall/charters of freedom/declaration/declaration hist.html) (2003.8.30)

■さらに知りたい場合には

明石紀雄『トマス・ジェファソンと「自由の帝国」の理念』ミネルヴァ書房，1993.
　［アメリカ独立宣言の実質的な起草者であったトマス・ジェファソンの公的生涯全般を論じる。第1〜3章において彼の思想的背景を概説し，第4章において同宣言の原案と最終案（邦訳）を比較検討する。］

有賀貞『アメリカ革命』東京大学出版会，1988.
　［イギリス本国政府への抗議運動から始まり，独立を決議するまでの植民地の動きを包括的に解説する。戦争や外交交渉よりも，思想面を重視する。］

斎藤眞『アメリカ革命史研究——自由と統合』東京大学出版会，1992.
　［アメリカ革命を「多元的な社会の建設およびその後の発展の原型」と捉える総合的な解釈が示される。近年のアメリカ学界におけるアメリカ独立宣言の思想内容についての議論を紹介する章もある。］

16 | 国土の形成
Development of the Land

岡田泰男

　アメリカは，わが国の約25倍に当たる広大な国土を所有している。植民地時代のアメリカは，大西洋岸からアパラチア山脈に至る地域を占めていたにすぎないが，独立によってミシシッピ川までの領土を獲得した。1803年にはフランスからのルイジアナ購入によって領土はほぼ倍になり，その後，フロリダ，オレゴン，カリフォルニアへと領土を拡大し，1867年にはアラスカを取得して，ほぼ今日の合衆国の姿となった。このような領土の拡大につれて，白人の開拓地も拡大していった。白人による開拓の最前線をフロンティアと呼ぶが，時代とともにフロンティアは西へと進んだ。独立の頃，アパラチア山脈にあったフロンティアは，南北戦争の頃にはミズーリ川を越えて，1890年には消滅した。以下，領土拡大と開拓進展の2つの過程について検討する。

A── 植民地から独立へ

　最初に，独立直後の1790年から，フロンティア消滅後の1900年に至るまでの領土面積と人口密度の変化を表16-1に示す。1900年以降，人口は増大したが，領土はほとんど増えていないので，その数字はあげていない。後に図も示すが，全体としての国土が，1世紀とわずかの間に4倍強となり，人口もそれ以上のスピードで増えたことがわかるであろう。

❶── イギリス人の植民

　今日のアメリカ合衆国にイギリス人が植民した時点では，スペイン，ポルトガル，フランスなどによる新大陸進出に遅れをとっていたし，金銀その他の資源にしても，南アメリカの方が有望であった。ヨーロッパの諸国の中で，15，16世紀のイギリスは，いわば後進的であったから，当時にしてみれば魅力のあまりない地域のみが残されていたといえよう。アメリカは，「機会の国」といわれるが，出発点においてはそれほどでもなく，そのためイギリスの植民は国家の事業というよりは，民間の努力に負うところが大きかった。

　イギリスがアメリカに対して関心を抱いたのは，(1)スペイン等への対抗という軍事的理由，(2)東洋への貿易ルート，さらにイギリス商品の市場の開拓という商業的理由，(3)金銀の発見への期待と，森林資源および漁業資源の豊かさ，(4)過剰人口のはけ口となるなどの理由によったが，同時に貴族の次男，三男，小農民や小作人，そして商人は土地にも関心をよせた。貴族の次男，三男は領地を，農民は自分の土地を，商人は投資対象を求めたのである。イギリス人による最初の植民の企ては，ハンフリー・ギルバートによったが，これは失

表16-1 ●領土面積と人口密度

	面積 [1,000 平方マイル]	人口密度 [平方マイル当たり]
1790 年	891	4.5
1810 年	1,723	4.3
1850 年	2,992	7.9
1900 年	3,607	25.6

● 出典｜*Historical Statistics of the U.S.*
● 注｜1900 年の数字にアラスカは含まれていない。

❶南西部のフロンティアにおけるインディアンとの紛争

敗し，その事業はウォルター・ローリーに引き継がれる。当時のイギリス女王エリザベス1世にちなんでヴァージニアと命名された土地への植民にあたり，「他のキリスト教徒の君主もしくは住民」が領有あるいは居住しない異教徒の土地が，彼に与えられることになっていた。ローリーの植民地も実現しなかったが，スペインやフランス領同様，イギリスの植民地が建設された土地はイギリス領土とされたのである。

❷——土地の所有権と境界

　ヨーロッパの諸国は，先住民であるインディアンが，土地に対して完全な所有権を持っているとは認めなかった。もっともイギリス，そして後にアメリカは，インディアンが一応，占有権を持っていることは認め，それを協定や条約によって取得していった。イギリス人による永続的な植民は，ヴァージニアやマサチューセッツで開始されたが，土地に対する権利は本来イギリス国王から与えられたものであったから，個人が直接インディアンから土地（占有権）を購入することは認められていなかった。しかし，これは原則であって，勝手にインディアンと交渉したり，インディアンの土地に住みついたりする者が絶えず，その結果，紛争が生ずることも多かった。そのため，インディアンとの交渉は植民地もしくは本国政府，アメリカ独立後は合衆国政府があたるとされた。

　インディアンがヨーロッパ的土地所有観念を持っていなかったことは確かであるが，それは単なる縄張り的なものとはいえない。インディアンは個人あるいはグループによる土地の占有権，使用権を尊重し，他部族との境界線も尊重した。しかし，インディアンには土地を売却するという観念はなく，土地と品物（または貨幣）を交換するという観念もなかった。さらに，部族の中の個人が，それが首長であっても，土地占有権を他に譲渡することは認めなかった。したがって，いったん白人に「売った」はずの土地を取り戻そうとする場合も生じ，紛争の原因となった。インディアンに最終的にヨーロッパ的個人所有観念を押し付けたのはドーズ法（1887年）であった。

　イギリスはアメリカに植民する会社や個人に土地を与える際，その境界を明確に設定したわけではなかった。これは当時の地理的知識からして，しかたのないことではあったが，植民地の間で境界紛争が生ずることとなった。メリーランドとペンシルヴェニア，マサチューセッツとニューヨーク，ニューハンプシャーとニューヨーク等，各地で争いがあり，後に自由州と奴隷州の境界を示すことになったメイソン＝ディクソン・ラインも，もとはヴァージニアとメリ

ーランドの境界争いを解決するために測量されたものだった（⇨ 19 地域の特色 G-1）。さらに，ニューヨークやマサチューセッツのように「海から海まで」，すなわち大西洋岸の2つの地点から「西方の南海に至るまで」平行に引いた線に含まれる土地を与えられた植民地と，西側の境界が決められているメリーランドのような植民地もあった。当時はアメリカ大陸の大きさは不明であり，西方の海がどこにあるかもわかっていなかった。

アメリカにおけるイギリス植民地の土地は，それぞれの植民地政府が移住者に分配を行った。すでに独立前，トマス・ジェファソンは，土地はイギリス国王のものではなく，住民のものだと主張していたが，その当時には，まだアメリカの国土という考え方は存在していなかった。独立戦争によって 13 植民地がイギリスから独立して初めて，アメリカの国土という考え方が生まれてくる。

B──独立と公有地の成立

❶──合衆国領土の成立

アメリカ植民地の独立が達成され，パリ条約（1783 年）によりミシシッピ川以東の土地が，新たに誕生した合衆国の領土とされた。北側の今日のカナダはイギリス領，ミシシッピ川以西と現在のフロリダはスペイン領であった。しかし，イギリスから譲られた土地，特にアパラチア山脈以西の土地については，誰の土地かという点で問題があった。かつての 13 植民地，特に「海から海まで」の土地を与えられていた植民地は，自分たちの権利を主張したし，これに境界争いもからまっていたからである。例えばヴァージニアは，オハイオ川と五大湖の間の土地を，ヴァージニアの軍隊によって獲得されたものだと，強く主張した。これに対して，「海から海まで」の土地を与えられていなかったメリーランドやニュージャージーなどが反発するのは当然であった。

❷──「公有地」の誕生

せっかく独立はしたものの，土地をめぐる旧植民地間の争いが続けば，合衆国のまとまりは維持されず，再びヨーロッパ諸国から狙われるおそれもあった。そのため，イギリスから獲得したアパラチア以西の土地は，植民地の人々の「共同の剣と財布と血」によって得られたものであるから，合衆国全体の土地とするべきだというメリーランド等の主張が通ることとなった。ヴァージニア，マサチューセッツ，ニューヨークなどは「海から海まで」の権利を合衆国に譲渡し，こうして連邦政府の所有する「公有地」が生まれた。ただアパラチア山脈以東の，すでに植民されていた土地は，新たに州となった旧植民地の所有が認められた。もっとも，そのかなりの部分は個人の所有地となっていた。

なお，「公有地」は 'Public Land' の訳であるが，この訳語について記しておく必要がある。英語の辞書を引くと，public の第一の意味は「people の」ということであり，国，政府，役所の，という意味は二義的である。これに対して，「公」という字には，国，政府，役所というのみで，人々という意味は含まれていない。この点は重要な相違であって，Public Land は第一に「人々の，または皆の土地」という意味である。アメリカの国土は，まさにアメリカの国民の土地であり，国や政府はいわば保管しているにすぎない。アメリカの小学生が大好きな "This land is your land, this land is my land" という歌があるが，アメリカ人にとって国土は自分たちのものなのだ。

アメリカが新たに得た公有地の面積は2億

3,300万エーカーに上り，旧13植民地の面積より大きかった。アパラチア山脈以東の開拓には約170年間かかり，まだ未開拓地も残っていたので，この新しい領土の存在は，アメリカ人の必要を長期にわたって満たすものと考えられた。この土地をいかに扱うかについて，1785年の土地法と，1787年の北西部条例とが制定された。公有地はまず政府によって測量される。6マイル平方（1タウンシップ）に区画され，それがさらに1マイル平方の1セクション（640エーカー）に分割され，エーカー当たり1ドルで売却されることとなった。ただし，これは最低価格で，売却は競売制によった。土地が売却され，人々が開拓を始めた後の政治の形態は北西部条令により定められた（⇨14 アメリカ成立の過程 F-1）。特定の地域に，当初連邦議会が任命した知事がおかれ，成人男子が5,000人に達すると准州議会がおかれる。そして住民が6万人になると，すでにある州と同等の資格を持つ州として連邦に加入するというものであった。

❸──公有地の売却

公有地は，すでに記したように国民のものであるから，政府が国有地として保管し続けるのは不合理であるし，西方の土地への要求は大きかったので，売却されることになったのも当然といえる。また，独立宣言の起草者であり，土地法制定にもかかわったジェファソンは，自分の土地を持つ農民こそ，新しい共和国の基盤と考えていた。ヨーロッパの農奴や小作人は，領主や地主に圧迫されるし，工場労働者も資本家に気がねする必要がある。自作農民であれば，独立した人間として民主主義の支えになるというわけである。こうした大義名分に加え，独立戦争の際の負債を抱えた新政府の財政状態が，公有地の売却に踏み切る要因となった。

土地は国民のものであるとはいえ，政府の財政収入源としても捉えられていたので，一般の開拓民が公有地を購入することは必ずしも容易ではなかった。売却単位は640エーカーで，一般の農民が必要とするより，はるかに大きかったし，競売という点にも問題があった。こうして，実際に土地を必要とする開拓民ではなく，土地投機業者が大量の土地を買い占めてしまう事態も生じた。やがて開拓が進めば，土地が値上りすることは確実だったからである。こうして，公有地をめぐって，開拓農民対投機業者という対立が生じ，公有地は誰のものかという議論の1つの焦点となった。開拓民の中には，所有権を取得せず無断で移住し，開墾を行い，開墾をしたという事実によって，その土地に対する権利を主張する者も存在した。そして，西部の住民が増加するにつれ，しだいに彼らの政治的勢力も大きくなり，公有地法は開拓民に有利な方向へ改正されていった。

広大な未墾地の存在するアメリカでは「土地はそのままでは無価値であり，開拓民の労力によって初めて価値が生ずる」という考え方があり，それが開拓民の占有権の基礎となった。すなわち，無断移住者であっても，ある土地を占有して開墾しているかぎり，開墾した部分に対する補償なしに放逐されることはない，という権利である。そして，これが占有した土地を優先的に購入できる先買権法（1841年）につながり，さらには，5年間，開墾・居住すれば，160エーカーの土地を無償で取得できるホームステッド法（1862年）に至ったのである。

C──領土の拡大

❶──西方・南方への拡大

アメリカの領土は，図16-1に示すように拡大した。まず1803年，ジェファソンが大統領

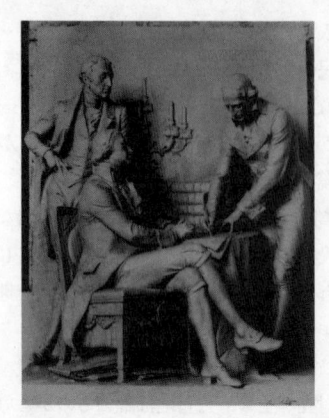

❷ルイジアナ購入条約への署名

であったとき，ミシシッピ川以西の旧スペイン領，当時フランス領になっていたルイジアナ（今日のルイジアナ州とは異なる）を，ナポレオンから購入した（ルイジアナ購入）。もとは，アパラチア山脈以西へ定着した開拓民が，ニューオーリンズの港の閉鎖を恐れ，その利用を確保することを求めたことから開始された交渉は，ルイジアナ領全域，ミシシッピ川からロッキー山脈に至る地域の購入という結果をもたらした。当時は境界もはっきりしておらず，その地方についての情報もなかったので，ジェファソンはメリウェザー・ルイスとウィリアム・クラークを団長とする探検隊を送り（ルイス＝クラーク探検隊），太平洋への道を探った。

ルイスとクラークの探検隊は，アメリカ人として初めてミシシッピ川から太平洋に至る大陸横断を成し遂げ，北アメリカの西半分の地理，先住民，動植物などについての情報をもたらした。これによって，アメリカの国土についてのイメージは，まさに具体的なものとなったといえる。1804年5月，セントルイスを出発した一行48名は，ロッキー山脈を越え翌年11月に太平洋岸，コロンビア河口に達し，1806年9月，セントルイスに戻った。道案内をつとめたインディアン女性サカジャウェアや，クラークに付きそった黒人奴隷ヨークのことも忘れられてはならない。この探検隊はルイジアナについての知識をもたらすと同時に，まだ帰属のはっきりしなかったオレゴン地方へのアメリカの領有権の足がかりをつくった。今日でも西部を旅行すれば，ルイスとクラークたちのたどった跡を示す道標や案内板を見ることができる。

次に1819年，アダムス・オニス条約によって，フロリダがスペインから譲渡された。その前年，後の大統領アンドルー・ジャクソンは，インディアン戦争の名目でフロリダに侵入し，スペインは南アフリカでの植民地紛争もあったため，上の条約を結んだのであった。この条約はルイジアナ領の西の境界をも決定し，テキサス以西の土地は，いったんスペイン領として確定された。もっとも，この地域では，メキシコの独立派とスペイン本国との紛争が生じており，1821年にはメキシコの独立が宣言された。テキサスへは，この頃からアメリカ人が移住を始め，1830年代半ばには3万人を超えていた。メキシコは当初アメリカ人の移住を認め，奨励すらしたが，多数の移民に驚き，それを抑制する方針に切り替えた。こうして1836年，アメリカ人の反乱が生じ，テキサスは事実上，独立した。テキサスはアメリカへの合併を希望したが，メキシコ政府は独立を認めていなかったため，1845年，合衆国がテキサスの併合を決定したことにより，アメリカ＝メキシコ戦争（1846-48年）が起こる。

❷──「明白な運命」

当時のアメリカにおける膨脹主義を最もよく表わしているのは，テキサス，そして後にオレゴンの取得に関して使われた，「明白な運命」ということばであろう。すなわち太平洋岸に至るまでの土地に国土を拡大することは，神によって与えられた使命だという考え方である。アメリカ人にとっては，極めて好都合で耳に聞こ

図16-1 ●米国の領土の拡大

- イギリスより割譲[1818年]
- カナダ
- イギリスより割譲[1842年]
- オレゴン領有[1846年]
- メキシコより割譲[1848年]
- ルイジアナ購入[1803年]
- イギリスより割譲[1783年]
- 北米植民地
- ガズデン購入[1853年]
- テキサス併合[1845年]
- フロリダ併合[1819年]
- メキシコ

●注｜アラスカとハワイは除く。

えのよい，このスローガンのもと，アメリカはアメリカ＝メキシコ戦争によってカリフォルニアを含む地域を取得し，またイギリスとの交渉によってオレゴンを手に入れた。もちろん，メキシコとイギリスとを相手に同時に戦争をすることは困難であったから，オレゴンが外交手段で取得できたことは幸運であった。こうして，アメリカは大西洋から太平洋に至る国土を有する国となり，さらに1867年，ロシアからアラスカを購入した。これはロシア側から持ちかけられた話であり，アラスカ購入は，国務長官「スーアードの愚行」といわれた。

テキサスがメキシコ領であった時期からアメリカからの移住者が入っていったように，オレゴンやカリフォルニアへも，それがアメリカの領土になる以前から移住者が存在した。オレゴンへは最初，毛皮を求める猟師たちが入ったが，やがて開拓民や宣教師が入植した。特にマーカス・ホイットマンが有名であるが，やがてオレゴン・トレイルがつくられ，1843年には900人以上の「大移住」も行われた。そして同年7月には新たに自治を行う政府を設立した。カリフォルニアの場合，スペイン領時代にカトリックの修道士や牧場主により植民活動が行われていたが，そこへもアメリカ人は入っていった。そして1846年には熊の印のついた旗を掲げ，勝手にカリフォルニア共和国と称した。これは，いわば一握りのアメリカ人のしたことにすぎなかったが，1848年，カリフォルニアがアメリカの領土になったとたんに金が発見された。

❸──カリフォルニアでの金の発見

北アメリカにも金銀があるかもしれないという期待は，イギリス人による植民の最初から存

在した。しかし、アメリカ合衆国の領土は、農業に適した豊かな土地に恵まれてはいたものの、金銀は発見されなかった。カリフォルニアはスペイン、メキシコ領の時代には牧畜中心であったため、金が発見されたのは偶然であった。あるアメリカ人牧師は、「神はその岸辺をピルグリムの子孫のためにとっておかれた。スペイン人は富を求めて、われわれよりずっと以前に到着したが、彼らの目は金を見いだせぬよう閉ざされていた」と説教した。スペイン人は、その地域のインディアンが金銀の品物を所有していることを、金が存在する証拠と考えてきた。カリフォルニアのインディアンは、貝細工は持っていても、金銀の装飾品で身を飾っていなかったので、金があるとは思わなかったのである。

1848年、アメリカンリヴァーで金が発見されると、そのニュースはカリフォルニアからワシントン、そして世界各地へ広まった。アメリカでは対メキシコ戦争が終了して、落ち着き先の決まらぬ兵士が大勢いたし、ヨーロッパでは革命があり、アイルランドは飢饉に苦しんでいた。中国でもアヘン戦争後の混乱のなか、広東、広西は大凶作にみまわれていた。カリフォルニアの黄金はまさにタイミングよく発見され、世界の耳目をひきつけたのであった。1849年にカリフォルニアへ来た「フォーティーナイナーズ」は有名であるが、ともあれ金発見から数年のうちに、カリフォルニアには10万近くの人間がやって来た。オレゴンやカリフォルニアがアメリカの領土になっただけでは、太平洋岸の開拓はそれほど進まなかったであろうが、金のおかげで、国土の拡大と開拓の進展が一挙にもたらされたのである。

D——開拓の進展

❶——フロンティアラインの西進

図16-2は、1820年、1840年、1890年における人口密度の変化を示している。それはまた、アメリカにおける開拓の進展をも示している。図16-2の中で、1平方マイル当たり人口2人以下の白の部分と、2人から6人の斜線の部分との境界線がフロンティアラインである。フロンティアラインは独立の頃にはアパラチア山脈にあったが、独立後、ケンタッキーやテネシーへの開拓民が入ってゆく。当初河川交通の便が重要であったから、1820年の図では、オハイオ州沿いに開拓地が広がっていることがわかる。すでにミシシッピ川以西もアメリカの領土ではあったが、そこまで開拓は進んでいない。わずかにニューオーリンズとセントルイスの周辺に定住が始まっている程度である。なお、人口2人以下の地域を定住地と見なさないのは、夫婦2人と子供からなる家族こそ、開拓の主人公と考えたからであった。

1840年になると、フロンティアラインはミシシッピ川を越え、今日のミズーリ、アーカンソー、ルイジアナの州境まで達している。北部では、すでにイリノイからウィスコンシン、アイオワへ開拓地が伸び、ミシガンの南部へも定住地が広がっている。1820年と1840年の間の20年間は交通機関の発達が著しかった。ミシシッピ川を蒸気船でさかのぼる航行は、1817年頃から始まり、20年以降本格化した。同年すでに69隻の蒸気船が運航していた。北部では1825年にエリー運河が完成し、東部から中西部への移住が容易になった。エリー運河でエリー湖沿いのバッファローに着き、そこから五大湖水運によるのである。またエリー運河の成功に刺激されて、運河建設も進んだ。デトロイ

16 国土の形成──187

図 16-2 ●開拓の進展と人口密度の変化

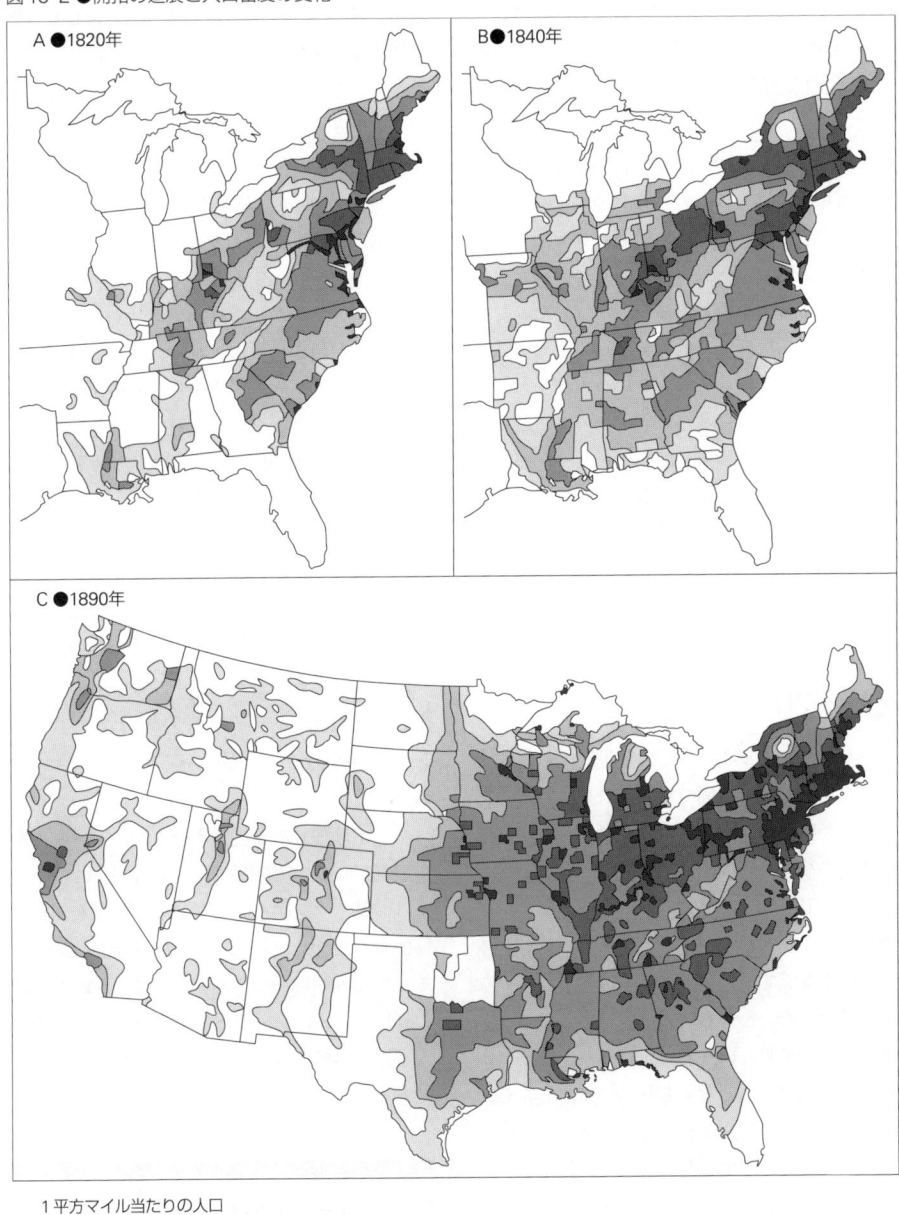

A ●1820年

B ●1840年

C ●1890年

1平方マイル当たりの人口

☐ 2人以下　☐ 2-6人　☐ 6-18人　☐ 18-45人　☐ 45-90人　■ 90人以上

●出典｜ Milner, C. A. et,al. eds. *Oxford History of the American West* (1994), pp.280-81.

トやシカゴも生まれ，商業の中心とともに，移住の基地となった。鉄道建設はまだ開始されていないが，アメリカの国土の東半分は開拓され，「明白な運命」により，さらに西に進むことになる。

西部開拓に鉄道が必要なことは明らかだった。連邦政府は憲法上の制約もあったため，自ら鉄道建設を行ったり，直接建設費を負担したりせず，鉄道会社へ公有地を与え，会社がそれを売却して資金を得る方法をとっていた。ただし，碁盤目状に区切られた公有地の半分を鉄道に，残り半分は倍額で競売という方法をとったので，負担はゼロになるはずであった。鉄道会社は，とりあえず大土地所有者となり，路線沿いの便利な土地は一般の公有地よりも高い価格で売却された。もっとも鉄道は移住者を割引運賃で運んだり，農業指導をしたりして開拓進展に貢献した。

❷──フロンティアの消滅

1840年から1890年までの半世紀間は，領土がさらに拡大し，一面では，それによってもたらされた南北の対立から南北戦争が生じ，北部の勝利の後，大陸横断鉄道も完成された時期であった。1840年の図のフロンティアライン以西は，テキサスおよびインディアンの権利が残っている地域で，公有地売却も開始されていない地域だった。しかも，大平原に対しては「アメリカ大砂漠」という名が付けられ，開拓に向かない不毛の土地と考えられていた。しかし，オレゴンへの道が開かれ，カリフォルニアのゴールドラッシュが生じたことで，開拓地は一気に西へ広がり，太平洋岸の人口が増加した。1890年の人口密度を見れば明らかであるが，西へ向かって大平原のあたりまで定住が進み，逆に太平洋岸のカリフォルニアとオレゴンからは東へ向かって定住地が伸びている。中間のロッキー山脈地帯には，まだ人口2人以下の地域がたくさん残っているが，もはや1本の線ではっきりフロンティアラインは引けない。こうして，フロンティアの終了が告げられた。

フレデリック・ターナーという歴史家は，フロンティアの存在と，西部への開拓の進展が，アメリカ史を解く鍵であると述べた（⇨ 4領土拡張の動きC，19地域の特色F-1）。西方に広がる土地を開拓するなかで，ヨーロッパとは異なるアメリカが生まれ，アメリカ人が誕生した。誰もが自由に手に入れられる土地は，機会の平等，個人主義，民主主義の発達を助長し，開拓者精神に富む国民性を育てた。西部開拓すなわち西漸運動の展開こそ，アメリカという国家と国民の形成の過程にほかならない，とターナーは主張したのである。このターナーの説は，フロンティアが終了した19世紀末に発表されたが，新たなフロンティアを求めるという，アメリカの海外進出を正当化する理由にも利用された。もっとも，アメリカがその後，獲得した領土は，ハワイのように，われわれに親しい地域もあるが，面積からいえば大きくない。

ハワイは独立の王国であったが，アメリカからの捕鯨船，宣教師などが訪れ，19世紀中葉には砂糖プランテーションによる利益を目指す移住者も増加し，1894年には共和国となった。そして1898年にはアメリカに併合されたが，これはグアム，フィリピンと同様，アメリカの太平洋への拡大政策の一環として行われたものであった。

E──国土は誰のものか

アメリカの国土はアメリカ国民のものだということを先に記した。しかし，実際には，土地

投機業者と開拓民との争いのように，公有地をめぐる対立が存在した。そうした中での最大の対立は，東部と西部の対立である。旧植民地は，アパラチア山脈以西の土地を合衆国のものとはしたが，州内の土地に対する権利は確保した。これに対して，公有地の中に新たにつくられた州は，州内の土地を自分のものにできない。ごくわずかの土地が連邦政府から譲渡されるのみで，残りは連邦の土地であり，公有地売却代金も州のものとはならない。これは新しい公有地州から見れば不公平である。しかし，旧植民地州からすれば，公有地からの収入が，自分たちにも与えられるべきだ，ということになる。

この「皆の土地」をめぐる争いは20世紀にも続く。ロッキー山脈以西の州には，今日も公有地が多く残っている。これは19世紀末，フロンティアの終了や，森林資源枯渇へのおそれから，公有地売却を中止し，資源保護政策がとられたためである。また，イエローストーンやヨセミテなどの国立公園もつくられ，美しい自然が守られることになった。しかし，西部諸州は，自分の州にある土地を自由に開発できないことに不満である。土地は，州の人々のものか，アメリカ国民全体のものか，国土は誰のものかという議論は今日も続いている。

今日，国土の4分の1は公有地であり，国立公園，国有林などとして連邦政府の管理下にある。しかし，その大半が西部にあるため，前述のような不満がある。1960年代には，じつは国土の3分の1が公有地であったが，レーガン政権の時代に，多くの土地が処分され，今日の状態になった。一般的に民主党は資源保護に熱心で，共和党は開発促進派といわれる。ただ土地の開発は都市化を伴うため，州のレベルで土地保護が行われたり，水資源，特に地下水が不足するのではないかという問題に関心が集まっている。土地にせよ水にせよ，かつてのように無制限に利用できないことは，誰もが認識しており，政府による管理と保全の重要性は高まってきている。

❸グランドティトン国立公園の景観［イエローストーンに隣接しており，上方左端に見えるのが主峰のグランドティトン］

■さらに知りたい場合には

Gates, P. W. *History of Public Land Law Development*. The Supt. of Docs., U. S. Govt. Print. Off., 1968.
［アメリカの公有地政策についての最良の概説書。］

Milner, C. A. II. et al. eds., *Oxford History of the American West*. Oxford Univ. Press, 1994.
［国土の形成と密接に関連した西部開拓史の入門書。］

クラウソン，M.（小沢健二訳）『アメリカの土地制度』大明堂，1981.
［簡潔で要領を得た通史。］

17 | 地形と気候
Topography and Climate

矢ケ﨑典隆

大陸規模の国家であるアメリカ合衆国には，多様な自然環境が存在する。山岳，丘陵，平野，海岸など，地形は多様性に富む。熱帯から冷帯まで，湿潤から乾燥までと，気候も多様である。植民・開発が進む過程で，それぞれの地域の環境条件を利用することによって，その地域の経済が発展し，地域性が形成された。また，環境条件に適応したり克服するために，さまざまな工夫がなされた。こうして，環境条件の意義は，時代とともに変化してきた。ミシシッピ川，大平原（グレートプレーンズ），カリフォルニアの気候は，時代によって異なった意味をもっている。環境が文化や社会や経済を規定するという環境決定論に陥ることは避けなければならない。しかし，自然環境は人間の活動の舞台である。地形や気候などの自然環境について理解を深めることによって，アメリカ合衆国の発展と地域性の形成をよりよく把握することができる。

A── アメリカ合衆国の地形と気候

❶── 地形

アメリカ合衆国の地形を概観すると，西部には山脈が，中央部には低地が，東部には山脈・丘陵と海岸平野が存在する。図17-1は北アメリカの地形区分を示したものである。

ⓐ アパラチア山脈

アパラチア山脈は，カナダのセントローレンス湾からアラバマにかけて延びる。全体的に低い高原状の地形で，高度1,000m以下の地域が多く，森林で覆われる。先カンブリア時代と古生代の地層から構成され，断層・褶曲を受けた古生代造山帯である。ペンシルヴェニアから南にかけては堆積岩地帯である。その東部では，褶曲運動によって，細長い谷と急峻な尾根が平行する地形が形成された。最東部にはブルーリッジ山脈があり，ミッチェル山（2,037m）はアパラチア山脈の最高峰である。この地域の西側に広がるのはアレゲニー台地とカンバーランド台地で，長期にわたる開析によって低い丘陵が卓越する。一方，ペンシルヴェニアから北側では火成岩や変成岩が一般的で，丘陵や低い山地から構成される。

ⓑ ロッキー山脈

西部にそびえるロッキー山脈は，南北アメリカ大陸の西部に連なるコルディレラ山系の一部であり，北アメリカ大陸の大陸分水界をなす。4,000m級の高峰が連なり，最高峰はエルバート山（コロラド州，4,399m）である。中生代末期に褶曲，断層，隆起を経験し，その後準平原化したが，第三紀末期の激しい造山運動によって大山脈となった。平行する険しい山脈，高原や盆地，山脈を横切る横谷，火山地形，氷河地形などの複雑な地形が存在する。森林資源や

図17-1 ●北アメリカの地形区分

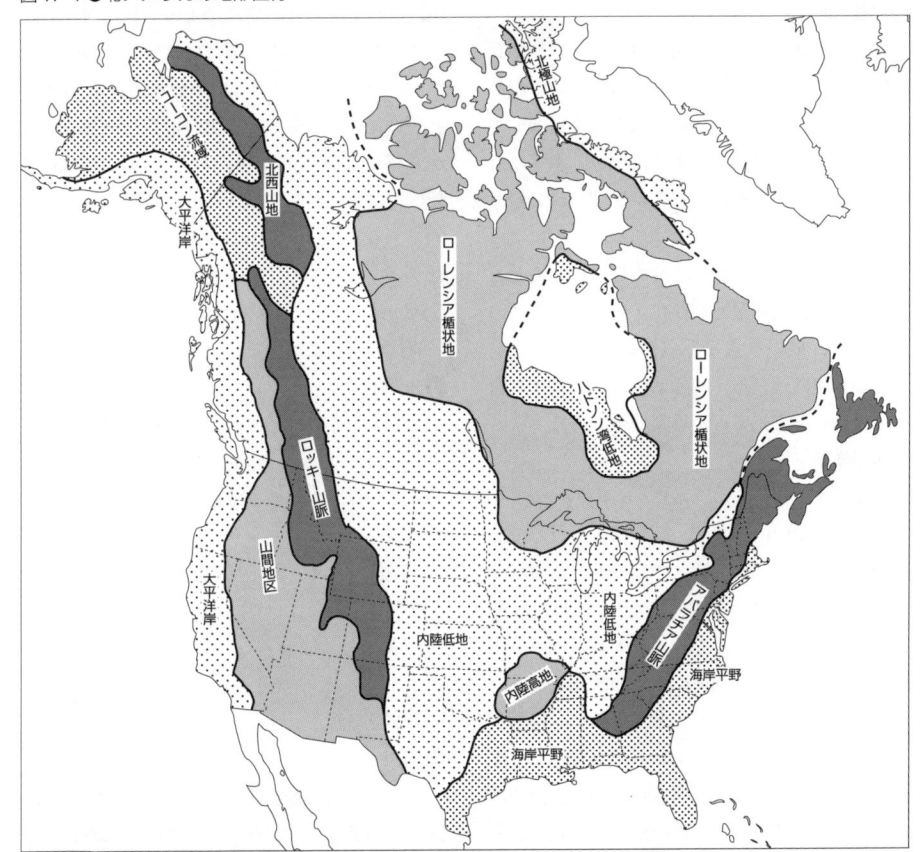

(地図中のラベル: 北極山地、北西山地、ローレンシア楯状地、ローレンシア楯状地、大平洋岸、ロッキー山脈、湾岸低地、山間地区、大平洋岸、内陸低地、内陸低地、内陸高地、アパラチア山脈、海岸平野、海岸平野)

●出典｜White, C. L., E. J. Foscue and T. L. McKnight, *Regional Geography of Anglo-America* (Englewood Cliffs: Prentice-Hall, Inc., 1985), p.17 に基づく。

鉱物資源に恵まれるほか，国立公園が設置されて，自然環境の保護が図られてきた。

ⓒ 海岸平野

南東部には，メインからテキサスにかけて海岸平野が広がる。この平野は海岸線に向かって緩やかに傾斜しており，沖には大陸棚が分布する。アパラチア山脈が隆起する一方で大西洋側が沈降したため，地層は内陸から大西洋方向に傾いている。エスチュアリー（三角江），ラグーン（潟湖），湿地，砂州などが見られる出入りの激しい海岸線は，沈水によって形成された。チェサピーク湾は世界有数のエスチュアリーで，湾奥までの長さは300km余りに達する。アパラチア山脈南東麓のピードモント台地と海岸平野との境界地帯では，河川に滝や急流が形成された。それらは線状に連続的に分布しており，滝線と呼ばれる。ここでは水力を利用して水車を動かしたり，後には水力発電を行うことによって工業化が進展した。滝線に沿って形成された都市は滝線都市と呼ばれ，フィラデルフィア，ボルティモア，リッチモンド，ローリー，コロンビア，オーガスタなどがその例で

ある。

ⓓ 内陸低地

東のアパラチア山脈と西のロッキー山脈の間には，広大な内陸低地が存在する。この中央部と東部にかけては標高500m以下の中央低地が広がり，低い丘陵が卓越する。比較的水平に近い堆積岩が大部分を占め，これが削られて侵食平野が形成された。北部では，氷河作用によって地形が大きく改変され，五大湖をはじめとして，数多くの湖や湿地が存在する。中央低地の西側には，平坦な大平原（グレートプレーンズ）が南北に延びる。内陸低地は，アメリカ合衆国の発展を支えてきた農業地帯である。

ⓔ 太平洋岸

太平洋岸には，シエラネヴァダ山脈，カスケード山脈，海岸山脈など，海岸線に平行して高い山脈が連なる。この地区では，シエラネヴァダ山脈のホイットニー山（4,420m）が最高峰である。氷河地形が発達し，シエラネヴァダ山脈のヨセミテ国立公園には多くの観光客が訪れる。カリフォルニアのセントラルヴァレーやオレゴンのウィラメットヴァレーのように，山脈に挟まれた谷は農業に利用されてきた。海岸山脈に沿って，活発な横ずれ断層運動で知られるサンアンドレアス断層系がある。これは太平洋プレートと北アメリカプレートの境界をなし，カリフォルニア北部からカリフォルニア湾にかけて1,400kmにわたって延びる。ここでは1906年のサンフランシスコ地震のように，地震活動が活発である。

ⓕ 山間地区

ロッキー山脈と太平洋岸の山脈地帯に挟まれて，山間地区が広がる。ここには多様な地形が見られる。南部と南西部には，不連続で急峻な山脈と平坦な沖積谷が無数に存在し，盆地・山脈（ベースンアンドレンジ）地域と呼ばれる。北部のコロンビア高原は玄武岩の溶岩台地であり，溶岩の厚さは50〜150mに及ぶ。平均標高は1,200mであるが，コロンビア川，スネーク川，そしてそれらの支流によって深い河谷が形成された。一方，南東部にはコロラド高原が広がる。水平に近い古生層・中生層からなる高原と，コロラド川やその支流が侵食した深い峡谷から構成される。海抜高度は600〜3,600mで起伏に富み，メサやビュートなどの地形が特徴的である。コロラド川の侵食によって形成されたグランドキャニオンでは，峡谷の深さが1,500m以上の地域もあり，谷底は先カンブリア時代の岩石に達する。

ⓖ 氷河時代

北アメリカの地形には氷河時代の影響が認められる。氷期には，氷河がオハイオ川やミズーリ川にかけての地域まで南下したし，西部の山岳地帯には，ニューメキシコ北部やカリフォルニア南部を含めて，山岳氷河が発達した。氷食と氷河堆積物によって，地形が大きく改変された。氷河谷（U字谷），カール（圏谷），氷河湖，モレーン（堆石）など，多様な侵食・堆積地形が見られる。

ⓗ 河川

アメリカには大きな河川が存在する（図17-2）。なかでもミシシッピ・ミズーリ水系と，セントローレンス・五大湖水系が重要である。五大湖に流れ込む河川は短く，流域は狭い。スペリオル湖，ヒューロン湖，エリー湖，オンタリオ湖はカナダとアメリカ合衆国との国境をなす。ナイアガラの滝は重要な観光資源である。ミシシッピ・ミズーリ川はアメリカ中央部に広大な流域を有する。左岸から合流する主要河川はオハイオ川で，内陸地域の開発を促進する上で重要な役割を演じた。オハイオ川の支流のテネシー川では，ニューディール政策の一環としてテネシー渓谷開発公社（TVA）が組織され，1930年代から河川流域の総合開発が展開されてきた。

降水量を反映して，東部の河川は水量に恵ま

● アメリカでよく見られる動物・1

[動植物の名称は，一般に通用していると判断されるものを採用した。必ずしも分類学上の厳密なものではない。]

アメリカヘラジカ
Moose
カナダや米国北部の巨大な鹿。雄は巨大な扇状の角を有する。キャンプなどをしていると彼方に見かけることがあるが、その角の大きさは見事としか言いようがない。ムースクラブという男性労働者階層の結社がある。

ショウジョウコウカンチョウ
Cardinal
アメリカの東部からメキシコにかけて生息。びっくりするほど赤いので目立つが、その姿がカトリック教会の枢機卿（cardinal 深紅の衣をまとう）と似ていることから名付けられた。7つの州の「州鳥」で、鳴き声は朗らかで澄み切っている。

アルマジロ
Armadillo
南北アメリカ特有の夜行性の動物で、全身が鱗のような固い殻で覆われる。初めて見たスペイン人が「甲冑をつけた小さなもの」という意味を込めて命名。危険を感じると手足を引っ込め、種類によっては丸い玉になる。肉は食用になるがさっぱりとした味。

タラ
Cod
ボストンの南にケープ・コッドという半島があるが、近辺ではタラが大量に捕れた。干物にしたタラは初期アメリカの貴重なタンパク源であり、トウモロコシと同じように人々の命をつないだ。イギリスなどへの有力な輸出品でもあった。

サケ
Salmon
かつては大西洋と太平洋の沿岸北部に豊富で、スポーツフィッシングの対象として人気があった。太平洋側のサケは川に遡上して産卵後に死ぬ。沿岸のアメリカ・インディアンの主要食物。カナダからオレゴン州にかけてサケ専門のファミリーレストランがある。

バイソン（バッファロー）
Bison（Buffalo）
アメリカヤギュウとも言う。大平原の象徴。ウシの仲間で、群れをなして移動していた。ネイティブ・アメリカンが肉や皮革を利用して命の糧としていたが、鉄道の開通でハンターがやってきて鉄砲で効率的に射殺。500頭近くまで減ったが、現在は数万頭に回復した。

シチメンチョウ
Turkey
北アメリカ原産でキジ科の大型の鳥。ピューリタン時代からの伝統として秋の感謝祭には必ず食卓にのぼるが、肉は乾き気味なのでツルコケモモの甘いソースなどを付けて食する。西部では野生のシチメンチョウが庭に現れたりするが、驚かすと方向感覚を失う。

ハクトウワシ
Bald Eagle
成長すると頭部としっぽが白い羽毛で覆われ、ワシの仲間では目立つ存在。大空を飛ぶ自由の象徴で、敵に攻撃されたら黙っていないという攻撃性もある。アメリカの「国鳥」に指定されており、紋章や紙幣などにその姿が刻まれている。

●アメリカでよく見られる植物

アガーヴェ(リュウゼツラン)
Agave
カリフォルニアからアリゾナにかけての暑く乾燥した砂漠地帯に自生。南米のアンデス山脈にそって仲間が生えていて南北アメリカの連帯を思わせる。長い茎を出して頂上に花を咲かせる。メキシコではテキーラの原料。蒸し焼きにすると中心部が食料になる。

コムギ
Wheat
西欧社会にとって最重要の食物。約9000年前に今日のイラク地域で栽培が始まった。アメリカとカナダが主要輸出国。ロックフェラー財団を中心に含有タンパク質と収穫量を増やすための品種開発が進んだ。世界の飢えを解消する「緑の革命」の象徴である。

アスター
Aster
北アメリカ大陸を中心に広く分布するキク科の植物。夏の終わりから秋にかけて道路わきや空き地、野原などいたるところに花を咲かせる。ケート・D.ウィギンの小説『レベッカ』にも、カエデが色づく初秋に庭いっぱいに花をつけたアスターの様子が出てくる。

サグアロ
Saguaro
アリゾナ近辺の砂漠に群生する柱サボテン。背の高いものは18メートル近くまで達し、草齢は400年に及ぶものもある。カウボーイ映画などに出てくる大西部の象徴。大きなサグアロにはさまざまな小動物が住みつくが、その実はネイティブが食用とした。

オーク
Oak
アメリカ中央部や南部の森林はカシやナラの類であるオークから成っていた。初期イギリス移民は故郷と同じ木を発見して喜ぶと同時に大いに利用した。家具や住宅用の建材となったが、船舶の用材、酒樽の材料としても輸出され、大きな収入源となった。

ジャガイモ
Potato
南米、アンデス高地が原産で、世界の4大農産物(コムギ、コメ、トウモロコシ、ジャガイモ)の1つとして人類の重要な栄養源である。アメリカは主要輸出国。花が夜に開花することから、ヨーロッパに伝えられた当初は忌み嫌われた。

カエデ
Maple
カナダからニューイングランド一帯を覆う樹木。サトウカエデ(sugar maple)は幹からメープルシロップを抽出し、パンケーキなどにかけて食する。アメリカ東部はカエデ類のおかげで秋に赤や黄色の紅葉の観を呈する。造船材や樽の材料にもなる有用な樹木。

セコイア
Sequoia
カリフォルニア産の大きな針葉樹の総称。Redwoodともいう。マンモスツリーにできたトンネルを自動車が通る姿は有名。腐りにくく巨大なため建築用材として伐採が進んだが、熱心な保護運動の結果、現在、生育地は国立公園などに包含されている。

ダグラスモミ
Douglas fir

カナダの太平洋岸からアメリカ西部地方にかけて生えるマツ科の常緑樹。ロッキー山脈の青々とした常緑樹の代表格。高さ60メートルにも達する大木となり、加工しやすい木質のため昔からさかんに伐採された。日本にも輸出されている。

ハナミズキ
Dogwood

新世界を代表するミズキ科の花木。めだたない低木だが春先に可憐な白い花をつけ、森の斜面が真っ白に染まる。ピンクの花の変種を先住民にちなんで「チェロキー」という。戦前に日本が贈呈したサクラのお返しに苗木が日本に贈られた。

トウモロコシ
Corn

南北アメリカ原産。およそ7000年前にメキシコ地方で食用になっていたことが知られているが、ネイティブにとっては中心的な主要食品。16世紀に全世界に伝わった。アメリカの中西部は世界の生産量の40％を生産し、半分以上がウシなどの家畜の飼料となる。

マグノリア
Magnolia

ルイジアナ、ミシシッピなどの州花（ミシシッピの愛称は Magnolia State）で、温暖湿潤な南部地方の表象。南部を舞台にした文学作品などによく登場する。早春の真っ白な大型の花は、おっとりとして優雅な南部美人を連想させる。

ハイビスカス
Hibiscus

熱帯や亜熱帯に生育するアオイ科の植物。ハワイ州の州花となっている種類は、太平洋とアジア原産の植物が交配したものと考えられている。赤や白の大型の目につきやすい花や、その花を髪の毛につけた娘などは、まさに「エキゾチックな熱帯」の象徴。

ヤシ
Palm

世界には約2500種類のヤシがある。独特の形態ゆえに「南国」を連想させるためフロリダやサウスカロライナ、カリフォルニアではヤシを植えて南国を演出するが、ロサンゼルスの街路樹のヤシはスモッグで枯れるため、プラスチック製に代えられるものもある。

ハナビシソウ
California Poppy

北米西部原産のケシ科の植物。目立つオレンジ色の花をつけるが、白や赤い花の変種が混ざる。乾燥気味のカリフォルニアの丘や野原にいっせいに花をつけて咲いている光景は絶景。南カリフォルニアのロンポク・ミサイル基地の周辺はこの花の名所でもある。

リンゴ
Apple

原産ではないが全米北部に広がる。食料確保のため開拓者は必ず庭にリンゴの木を植えた。素性の知れない訪問者に宿を貸すと翌朝に一握りの種を残し、植えたらリンゴが実をつけたというのが「ジョニー・アップルシード」の伝説。アップルパイは米国のシンボル。

● アメリカでよく見られる動物・2

ハチドリ
Hummingbird
花の蜜を吸いにくる玉虫色の小鳥。最小種は体長5センチで昆虫と間違う。まるで花の上に止まっているように見えるのは、1秒間に80回も羽を上下させて空中で静止するからだ。上下、左右、後方への移動もスムーズにできる。新世界にのみ生息。

ボブキャット
Bobcat
カナダからアメリカ全土、メキシコ北部の森林や平原に生息するネコ科動物。家庭で飼うネコに似ているが、体長は70センチを超えるものも多く大きい。夜行性のため見つかりにくいが、うす茶色の表皮に黒い斑点を有する。

ヒグマ
Brown Bear
褐色でどう猛な大熊。北アメリカ西部の産。山火事防止キャンペーンキャラクターのスモーキーベアーは、50年以上も親しまれている。丸太小屋から蜂蜜を盗む機転もあり、西部の開拓者を悩ませた。灰褐色のグリズリー（grizzly bear）はその亜種。

マッコウクジラ
Sperm Whale
メルヴィルの文学作品『白鯨』に登場する巨大な鯨。大海の神秘と、巨大さと、悪意の象徴。アメリカの船は19世紀に太平洋に出没してクジラを捕獲し、脂身をロウソクの原料にした。ペリー来日の目的の1つは捕鯨船の補給基地の確保だった。

ビーバー
Beaver
水陸両生で木や枝を集めて水上に巣を作る。その毛皮がヨーロッパで珍重されて帽子やコートになったため、多くの毛皮採集者が未開の西部に入り込んだ。彼らがつけた山道はやがて西部開拓者の通り道となった。捕獲が過ぎて絶滅しかなかった。

マネシツグミ
Mockingbird
他の鳥の鳴き声を巧みにまねることからの命名。米国南部、メキシコ産で、アメリカ南部ではひんぱんに見かける。ハーパー・リーの名著『アラバマ物語』の原題はTo Kill a Mockingbirdだった。

プレーリードッグ
Prairie Dog
行けどもつきぬ大草原の風物。高速道路の端に立ちあがった姿は愛らしいが、クルマにひかれることも多い。リス科の動物で群れをなしており、地中に穴を掘って暮らす。犬のような鳴き声を出すことから命名。農作物を荒らすとして捕獲され、その数を減らした。

ミチバシリ
Roadrunner
乾燥地に生息する米国産のホトトギス科の鳥で、足が長く地上をよく走る。西部地方のいくつかの州が州鳥に指定している。愛嬌のあるすばしこい鳥で、「ケケケ」と声を立てて走る。アメリカのマンガによく出てくる。

［解説：松尾弐之］

図17-2 ●合衆国の主要河川と湖

●出典｜White, C. L., E. J. Foscue and T. L. McKnight. *Regional Geography of Anglo-America* (Englewood Cliffs: Prentice-Hall, Inc., 1985), p.12 に基づく。

れるが，西部の河川の水量は一般に乏しい。コロラド川はロッキー山脈を水源とし，南西部の乾燥地帯を流れてメキシコ領に入り，カリフォルニア湾に注ぐ。コロラド川には連邦政府によるダム建設が進み，人造湖が形成された。カリフォルニア南部のインペリアルヴァレーは，かつてはコロラド砂漠と呼ばれた灼熱の地であったが，コロラド川の水を導入する灌漑事業によって，肥沃な農業地帯へと変貌を遂げた。リオグランデ川はメキシコとの国境をなす。この川を越えて，メキシコからの不法入国者（ウェットバック）が後を絶たない。コロンビア川では，コロンビア流域事業という大規模な灌漑開発事業が展開した。西部の乾燥地域には，外洋への排水路をもたない内陸の河川が存在する。ユタ北部のグレートソルトレイク湖はその典型である。

❷——気候

アメリカ合衆国の気候は地域によって多様である。中央部を境にして，東側と西側では異な

図17-3 ●北アメリカの気候区分

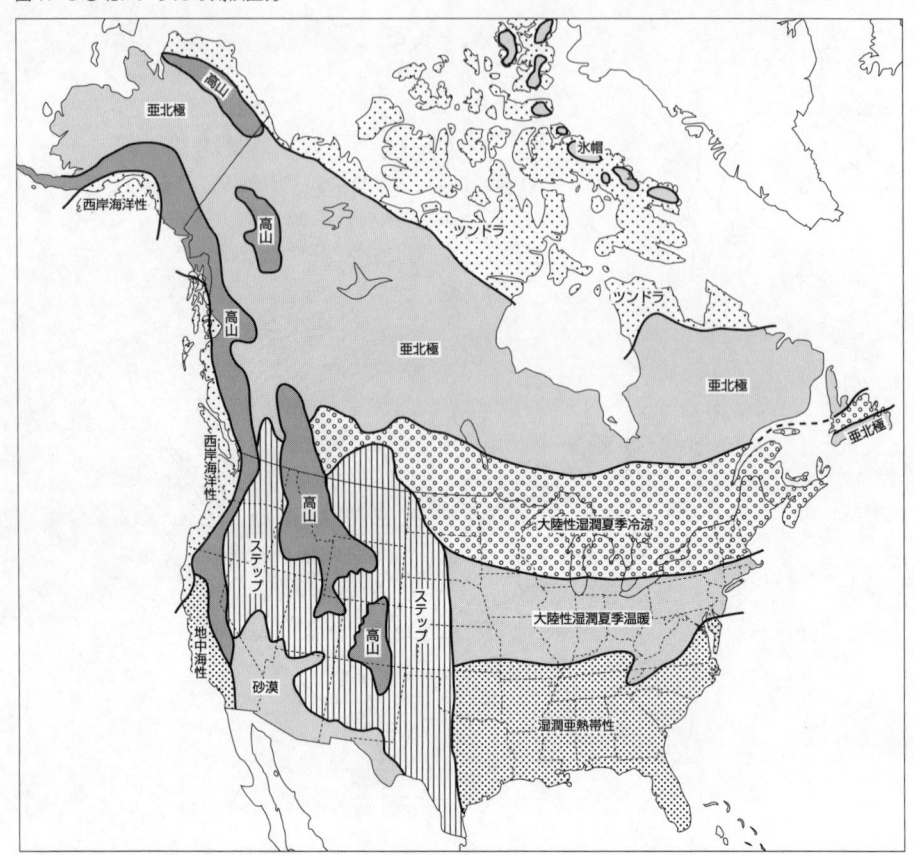

●出典｜White, C. L., E. J. Foscue and T. L. McKnight. *Regional Geography of Anglo-America* (Englewood Cliffs: Prentice-Hall, Inc., 1985), p.21 に基づく。

った特徴が見られる。東部では東西方向に気候帯が形成されるが，西部では南北方向の気候帯である。これは緯度と地形を反映したものである。気候区分を示した図17-3と，気温と降水量を示した表17-1を見ながら，アメリカの気候を概観してみよう。

ⓐ 湿潤気候

南東部では湿潤亜熱帯性気候が見られる。夏季に高温となり，冬季も温暖である。降水量は年間を通じて多い。マイアミとニューオーリンズはこのような気候の事例である。この北側の中東部は大陸性湿潤夏季温暖気候である。熱帯気団と極気団の影響を受けて気候の変化がいちじるしく，夏季には高温，冬季には寒冷となる。ニューヨーク，シカゴ，セントルイスはこのような気候の事例である。この気候区の北側には大陸性湿潤夏季冷涼気候が見られる。夏季は短く冷涼で，冬季は長く寒さは厳しい。バッファローはこのような気候の事例である。

ⓑ ステップ気候・砂漠気候

西部にはステップ気候が広がる。グレートプレーンズと山間地区の半乾燥地域では，夏季に

表17-1 ●主要都市の月別平年気温と月別平年降水量　　　　　　　　　　［単位：気温＝摂氏，降水量＝mm］

	マイアミ		ニューオーリンズ		ニューヨーク		シカゴ		セントルイス		バッファロー	
	気温	降水量	気温	降水量	気温	降水量	気温	降水量	気温	降水量	気温	降水量
1月	19.6	51.0	10.6	131.1	−0.2	76.6	−6.2	44.3	−1.7	46.0	−4.7	68.7
2月	20.2	52.8	12.4	152.6	0.7	72.7	−3.1	36.9	0.4	54.2	−4.2	58.9
3月	22.1	60.7	16.4	124.7	5.3	91.5	3.0	75.7	7.0	90.9	1.0	68.0
4月	24.0	76.6	20.3	114.4	10.8	96.2	9.4	109.3	13.4	88.9	7.3	72.9
5月	25.9	158.7	23.8	115.7	16.6	96.4	15.5	84.1	18.6	101.0	13.6	79.7
6月	27.4	237.2	26.7	147.8	21.7	91.1	21.0	94.7	23.8	94.3	18.8	90.0
7月	28.2	144.8	27.7	155.3	24.7	103.4	23.6	106.4	26.2	97.9	21.7	78.2
8月	28.3	192.8	27.5	156.6	24.1	94.9	22.8	95.8	25.0	72.1	20.5	105.8
9月	27.7	193.7	25.6	140.0	20.1	86.2	18.6	95.7	20.9	79.0	16.6	88.8
10月	25.7	143.3	20.6	77.7	14.1	76.8	11.9	60.8	14.3	67.7	10.6	78.4
11月	23.0	67.7	16.2	121.6	8.6	96.6	5.0	70.5	7.5	83.3	4.7	97.4
12月	20.6	46.4	12.5	146.0	2.5	86.4	−2.3	74.3	0.8	77.1	−1.6	93.2
年間	24.4	1425.7	20.0	1583.5	12.4	1068.8	9.9	948.5	13.0	952.4	8.7	980.0

	デンヴァー		ソルトレイクシティ		ラスヴェガス		サンフランシスコ		ポートランド	
	気温	降水量	気温	降水量	気温	降水量	気温	降水量	気温	降水量
1月	−1.3	12.7	−2.3	28.2	7.3	12.2	9.2	110.5	4.3	136.0
2月	0.5	14.6	1.2	31.3	10.4	12.2	11.1	80.6	6.5	98.0
3月	3.9	32.5	5.5	48.6	13.5	10.8	11.9	77.7	8.5	90.4
4月	9.0	43.5	9.8	53.9	17.8	5.5	13.1	34.8	10.5	60.8
5月	14.0	60.9	14.9	45.8	23.3	6.8	14.5	4.9	13.9	52.3
6月	19.4	45.5	20.5	23.6	29.0	3.1	16.2	2.8	17.4	37.1
7月	23.0	48.3	25.5	20.7	32.4	8.8	17.1	0.9	20.1	16.2
8月	21.9	38.5	24.2	21.9	31.2	12.5	17.6	1.5	20.2	29.6
9月	16.8	31.8	18.4	32.5	26.5	7.3	17.8	7.6	17.2	51.8
10月	10.8	25.1	11.6	36.8	19.7	5.3	16.1	31.0	12.4	68.4
11月	3.9	22.2	4.8	33.1	12.4	11.0	12.6	70.7	7.9	135.8
12月	−0.7	16.4	−1.2	35.5	7.4	9.6	9.6	78.6	4.6	155.6
年間	10.1	392.0	11.1	411.9	19.2	105.1	13.9	501.6	12.0	932.0

●出典｜国立天文台編『理科年表』丸善，1999．

高温・乾燥となり，激しい雷雨が時折起きる。冬季は冷涼・乾燥で，ブリザードにしばしば見舞われる。竜巻，雹，熱波などの自然災害も特徴的である。ソルトレイクシティ，デンヴァーがこのような気候の事例である。この南には砂漠気候があり，ここでは夏季は長く高温で，冬季は短く温暖である。ラスヴェガスの事例からも明らかなように，降水量は極端に少ない。

❸ 地中海性気候・西岸海洋性気候

カリフォルニアの太平洋岸には地中海性気候が見られる。夏季には高気圧に支配されるためほとんど雨が降らないが，冬季には前線によって降水がもたらされる。サンフランシスコの事例が示すように，温暖な気候に恵まれる。太平

洋岸北部の気候は西岸海洋性気候である。多雨で比較的温暖な長い冬と，比較的乾燥した心地よい短い夏が特徴的である。ポートランドはこのような気候の事例である。

❸ 植生

気候や地形を反映して，アメリカの植生も多様である。原植生を大きく区分すると，森林，草原，低木林に区分される。しかし，このような植生は人間の活動によって大きく改変されてきた。特にヨーロッパ人による開拓と植民が進行するにつれて，本来の植生は取り除かれ，外来の植物（農作物，牧草，雑草）が導入された。

ⓐ 森林地帯

主要な森林地帯は，大きく分けると，東部，ロッキー山脈，太平洋岸に存在した。東部森林地帯では，アパラチア山脈と隣接低地において落葉広葉樹が卓越した。その南側と北側では，落葉広葉樹と常緑針葉樹が混在した。ニューイングランドからアパラチアにかけては，ヨーロッパと類似した森林が存在した。オーク，トネリコ，ニレ，カバ，カエデ，ポプラ，ヤナギ，シナノキ，ヒイラギなど，ヨーロッパと類似した広葉樹が存在したほか，ヨーロッパとは異なる広葉樹（クルミノキ，ヒッコリー，ペカン，ユリノキなど）もあった。いずれにせよ，落葉広葉樹を薪炭や木工の原料として利用したり，堅果を食用にしたりするヨーロッパの森林文化が導入され，開拓の基盤となった。東部森林地帯の北部や南部，海岸では多様な種類の松が混在しており，これらはヨーロッパ移民にとっては新しい経験であった。チェサピーク湾から南に広がる湿地帯では針葉樹が存在した。その他，野生のイチゴやブドウも豊富に存在した。全体的には，アメリカ東部は，ヨーロッパを上回る良質の森林資源に恵まれていたわけである。

ロッキー山脈では，高度に従って植生が変化する。針葉樹が卓越するが，湿潤な地域ではトウヒとモミが，乾燥した地域ではマツやビャクシンが多い。山火事の後に最初に生えるアスペンは数少ない落葉樹であり，秋の黄葉は美しい。太平洋岸の山岳地帯も森林に恵まれており，この地域は巨木地帯として知られる。北部ではモミ，トウヒ，ベイツガが，カリフォルニアではセコイア（redwoodとbig-tree）が特徴的である。

ⓑ 乾燥・半乾燥地帯

少雨のため樹林が形成されない地域では草原が卓越する。アメリカ中央部にはイネ科のプレーリー植生の広大な草原が広がるが，降水量を反映して，西に向かうにつれて草丈は低くなる。カリフォルニアのセントラルヴァレー，ワシントン東部にも草原が広がる。乾燥・半乾燥地域では，低木と草地が卓越する。テキサス南部・中部ではメスキート，ネヴァダからワイオミングにかけてでは，ヤマヨモギが一般的である。南西部の砂漠ではサボテン類が特徴的である。

B 環境利用の変化

❶ 農業における環境利用

ネイティブ・アメリカン（先住民）たちは，ヨーロッパ人との接触時までには，アメリカの多様な自然環境に適応した，持続性の高い生産・生活様式を確立していた。東部の森林地帯では，野生植物の採取とともに，トウモロコシ，マメ，カボチャなどの栽培が行われた。中央部の草原では，バッファロー（バイソン）をはじめとする野生動物の狩猟が中心となった。西部の乾燥・半乾燥地域では，堅果の採取が重

要であったが，河川沿いで灌漑農業を行った人々もいた。

ヨーロッパ人による植民・開発が始まると，アメリカの自然環境は異なった方法で利用されるようになった。湿潤な東部では，森林が伐採されて農地が拡大し，ヨーロッパから導入された作物や家畜に基づいて農業が展開した。19世紀中頃からは，乾燥した草原の開拓が進んだ。森林地帯の開墾に用いた農機具は役に立たなかったので，さまざまな改良や発明が必要となった。草地を開墾するために鉄製のスキが，地下水を揚水するために風車が，農地のまわりを囲う牧柵の材料として有刺鉄線が普及した。開拓農民は，東部森林地帯では丸太小屋を建設したが，草原ではブロック状に切り出した芝土を積み上げて住宅を建設した。

アメリカ農業の発展は，ヨーロッパから導入された混合農業を基盤とするが，それぞれの地域の環境に適応するような努力がなされた結果，農業の地域分化が進行した。アメリカの農業が適地適作であるといわれてきたのはこのためである。もっとも，最近では，大資本の進出，農業の大規模化・企業化，農業技術の進歩，流通機構の改善などによって，小規模な家族農場は減少し，アメリカの伝統的な農業地域区分は大きく修正されつつある。

❷──工業における環境利用

アメリカ合衆国の工業は，大きな資本や移民労働力の存在もさることながら，石炭や鉄鉱石をはじめとする豊富な地下資源の発見と開発，そして水運の発達によって進展した。つまり，工業発展において，自然環境が重要な役割を演じたわけである。その結果，北東部から五大湖にかけての地域は，アメリカ合衆国の経済発展の中心地となった。

1970年代からは，北緯37度線から南側の地域がサンベルトと呼ばれて，ここに資本や人間が移動するようになった。石油危機を契機として，気候の温暖な地域が脚光を浴びた結果であった。一方，スノーベルトと呼ばれる北部では，古くからの工業都市で経済が衰退した。産業構造の変化に伴って，経済のサービス化が進行するとともに，重化学工業からハイテク・情報技術産業へと経済の中心が移行したためであった。

以上のように，環境に対する評価や環境の利用形態は時代によって異なる。次に，ミシシッピ川と大平原について，具体的に考えてみよう。

C──ミシシッピ川と河川交通

ミシシッピ川はミネソタ北部を水源とし，アメリカ中央部を南流してメキシコ湾に注ぐ。ミシシッピ川の流域面積は3,248万km²で，アパラチア山脈とロッキー山脈の間に広がる。最大の支流であるミズーリ川はロッキー山脈を水源としており，ミシシッピ・ミズーリ・レッドロック川（全長5,971km）は，ナイル川，アマゾン川，長江に次いで長い。左岸に合流するオハイオ川は，中西部とアパラチア山脈北部を水源とし，支流の中で最大の流量を誇る。アパラチア山脈南部とその周辺を水源とするテネシー川は，オハイオ川の支流である。

ミシシッピ川を最初に見たヨーロッパ人はスペイン人探検家であった。しかし，ミシシッピ川を内陸開発に利用したのはフランス人であった。フランス植民地では毛皮交易は重要な経済活動であり，ミシシッピ川，五大湖，セントローレンス川という水域は植民地経営の軸となった。ミシシッピ川以西の流域はルイジアナと呼ばれるようになり，中流域にはセントルイス

❶トウボートに押されてミシシッピ川を進む平底船［ミシシッピ州ヴィクスバーグ付近］

が，下流部にはニューオーリンズが建設された。

ミシシッピ川からロッキー山脈に至る広大な土地は，1803年のルイジアナ購入によって，フランス領からアメリカ領となった。1804年にセントルイスを出発し，ミズーリ川の源流から太平洋岸に達したルイス＝クラーク探検隊をはじめとして，ミシシッピ・ミズーリ川は西部への進入ルートとして重要な役割を演じた。

1810年代に入ると，ミシシッピ川に蒸気船による河川交通の時代が到来した。ミシシッピ川とオハイオ川は水路によって五大湖と結ばれた。木材，綿花，小麦粉，皮革，獣脂，毛皮，ウイスキーなど，内陸産の多様な物資が東部市場へ運搬された。1860年には700隻以上の蒸気船が西部の水域を航行しており，ニューオーリンズ，シンシナティ，ルイヴィル，ピッツバーグは港町として繁栄した。蒸気船はミシシッピ川右岸の支流であるアーカンザス川やレッド川を航行していたし，ミズーリ川ではモンタナのフォートベントンまで航行していた。蒸気船によって，広大なアメリカ中央部が外部市場と結び付けられたわけである。しかし，鉄道交通の発達によって，まもなく蒸気船の時代は終わりを告げることになる。

ミシシッピ川は，水運による経済発展の軸としてばかりでなく，アメリカ文学の素材としても重要となった。ミシシッピ川は西部の大自然を象徴する存在であり，ミシシッピ川を題材にした文学作品は数多い。なかでも，マーク・トウェインは，『トム・ソーヤの冒険』，『ハックルベリー・フィンの冒険』などを書いた。

現在でも，ミシシッピ川はアメリカの河川交通の動脈として重要な役割を演じ続けている。ミシシッピ川ではミネアポリスまで，ミズーリ川ではスーシティまで遡行可能である。なかでも小麦，トウモロコシ，大豆など，穀物輸送は重要である。穀倉地帯から集散地の穀物倉庫（ターミナルエレベーター）に集められた穀物は，穀物輸送船でミシシッピ川を下る。ニューオーリンズ近くの河岸には大規模な輸出用穀物倉庫が建ち並び，ここに貯蔵された穀物は海外に輸出される。

D──大平原：砂漠から食肉産地へ

ⓐ 大平原

大平原（グレートプレーンズ）とは，中央低地の西からロッキー山脈の東麓にかけて広がる台地状の平原である。東側の海抜600mから西側の1,800mまで，緩やかに傾斜する。西経100度線の西側に位置し，年間の降水量は500mm以下で，草丈の低い草原が広がる。

ネイティブ・アメリカンの時代には，バッファローなど，草原に生息する大型野生動物を狩猟する文化が存在した。スペイン人によって導入された馬がネイティブ・アメリカンの間に普及すると，彼らの生活様式に変化が生じた。

ⓑ アメリカ大砂漠

19世紀に入ると，フランスからのルイジアナ購入によって，ミシシッピ川以西の広大な土地がアメリカ領となった。東部森林地帯で開拓

に従事した人々にとって，樹木の生えていない草原は不毛の土地のように見えた。初期の探検調査によって，この広大な草原が砂漠であると報告され，このような認識は一般の人々にも広まった。今日のネブラスカとカンザスの地域は，当時の地図に「アメリカ大砂漠」と記載された。探検や鉄道建設のための調査が進むにつれて，この地域の実態が明らかになり，砂漠という地域認識はしだいに変化していった。

❸ カウボーイ文化の誕生

19世紀後半に入ると，大平原にはテキサス・ロングホーン牛を自由放牧する粗放的牧畜業が成立し，カウボーイ文化が誕生した。これは天然の草地を基盤とした産業であった。カウボーイたちは，テキサス南部から北に向かって牛を連れて移動し，鉄道駅を目指した。このような移動ルートはキャトル・トレイルと呼ばれ，チザム・トレイルやグレートウェスタン・トレイルなど，いくつかのトレイルが有名であった。一方，ネイティブ・アメリカンたちが依存したバッファローは，狩猟や乱獲によっていちじるしく減少した。

❹ 乾燥農法の普及

19世紀末になると，東部から開拓農民が流入して定住するようになり，牧畜から農業へと経済は移行した。乾燥農法の普及によって，農民は天水に依存しながら細々と小麦を栽培することができた。しかし，干ばつが起きると，農民たちは土地を捨て，さらに西へと移動した。1930年代の大干ばつ（ダストボウル）時代には，多くの農民がカリフォルニアを目指して大平原を去った。再び雨が降るようになると，新たに東から流入した農民が大平原に定住した。

❺ 地下水資源の活用

1970年代には大平原で新しい変化が始まった。それは莫大な地下水資源を基盤とした地域開発の進展である。すでに19世紀末には，入植者たちは風車を立てて浅い地下水を利用していた。しかし，1970年代から利用が進んだのは，ネブラスカからテキサス北部にかけて存在する，ハイプレーンズ（オガララ）帯水層と呼ばれる古い地下水である。これは世界最大の地下水資源である。

❻ 灌漑装置の普及

今日，大平原の上空を飛行機で飛ぶと，緑色の円形の畑が規則的に連続する風景を見ることができる。これはセンターピボット灌漑装置によって灌漑された畑である。ここでは，ハイプレーンズ帯水層から揚水された地下水が，全長400mにおよぶ自走式の灌漑装置によって灌漑されている。タウンシップ制では1マイル（1,600m）四方のセクションが地割の単位であり，4分の1セクションに1基のセンターピボット灌漑装置が設置されている。

この灌漑装置の普及によって，水効率のよい，省力的な灌漑が可能となり，大平原にいちじるしい変化がもたらされた。すなわち，天水に依存した小麦栽培がこの地域の農業の特徴であったのに対して，トウモロコシ，大豆，牧草などを大量に栽培できるようになったからである。これらの飼料作物の増産は，食肉産業の立地移動を促進することになった。

❼ アメリカ最大の牛肉産地

従来，コーンベルト（トウモロコシ地帯）と呼ばれた中西部の混合農業地帯が，飼料作物栽培と牛・豚の肥育の中心であった。大平原で飼料作物の栽培が盛んになると，地元の飼料を利用して牛や豚を集中的に生産する企業的経営が発達した。フィードロットと呼ばれる肥育牧場では，子牛を4ヵ月間にわたって集中的に肥育する。数万頭の収容規模をもつ商業的肥育牧場が多い。それらは地元資本やアグリビジネスによって経営される。

肥育された牛は，大規模な食肉工場に出荷され，牛肉に加工される。部位ごとにカットされ，冷凍された箱詰牛肉は，保冷トラックによ

❷上｜フィードロット［カンザス州南西部］
❸下｜世界最大の食肉工場［カンザス州南西部］

って全米の市場に出荷されるばかりでなく，日本などの外国にも輸出される。今日，大平原はアメリカ最大の牛肉産地である。

❻ 企業的養豚場の形成

さらに最近では，大平原に企業的な豚肉産地が形成されつつある。もともとコーンベルトが豚の産地であった。ここでは，それぞれの農家でトウモロコシなどの飼料が栽培され，豚が飼育された。一方，ノースカロライナでは，不振に陥ったタバコ産業に代わる産業として，企業的養豚業が発展した。しかし，1990年代中頃から，大規模食肉工場の建設を契機として，オクラホマ州パンハンドル地方やテキサス州パンハンドル地方で，企業的養豚業が発展し始めた。ここにはアメリカの養豚企業ばかりでなく，スペインや日本から進出した多国籍養豚企業も立地する。

以上のような20世紀末に展開した大平原の変化は，豊富な地下水資源に依存したものである。飼料栽培，フィードロット，養豚場，食肉工場はいずれも地下水資源に大きく依存している。しかし，最近では地下水位の低下が問題となっており，水資源が枯渇すれば，大平原には新しい時代が到来することになるだろう。

E── 自然環境の意義

アメリカにはスノーバードと呼ばれる人々がいる。彼らの多くは退職した高齢者であり，秋になると，温暖な冬を過ごすために，キャンピングカーを運転しながら北部から南部へ移動する。アリゾナ，テキサス，フロリダには，冬の間，彼らを収容するためのオートキャンプ場が数多くある。快適な環境を求めて季節的に移動するのはアメリカ人の1つの生活様式である。

本章で検討したように，アメリカが発展する過程で，自然環境は重要な意味をもっていた。自然環境を利用・克服することによって，アメリカ的な生活様式や生産様式が形成された。現在でも，スノーバードの例に見られるように，自然環境はアメリカ人の生活・文化を形成する要因として重要性を維持している。

■参考文献

ハゲット，P. 他編（田辺裕・阿部一訳）『図説大百科世界の地理　アメリカ合衆国I』朝倉書店，1996.

ハゲット，P. 他編（矢ケ崎典隆訳）『図説百科世界の地理　アメリカ合衆国II』朝倉書店，1997.

矢ケ﨑典隆「19世紀におけるカリフォルニアのイメージと地域性」『学芸地理』54，1999.

矢ケ﨑典隆・斎藤功・菅野峰明編著『アメリカ大平原──食糧基地の形成と持続性』朝倉書店，2003.

健康ユートピアとしてのカリフォルニア

「カリフォルニア」という地名は，いつの時代にも独特の響きをもってきた。コロンブスがアメリカ大陸へ到達すると，ヨーロッパでは地上の楽園がさかんに追求されるようになったが，作家や冒険家の想像力が生み出したユートピアの1つがカリフォルニアであった。スペインの作家モンタルボは，アマゾネスのような美しい黒人女性が住む地上の楽園とその女王カラフィアの物語を描いた。もっとも，19世紀前半までのスペイン植民地時代とメキシコ時代を通じて，カリフォルニアがもつ理想郷のイメージとは対照的に，カリフォルニアの人口増加と経済発展はかぎられていた。

カリフォルニアの気候が地域の発展を促す重要な要因となったのは，アメリカ領になってからのことである。1848年に金が発見され，翌年に始まったゴールドラッシュがカリフォルニアの発展を促進する要因となったことはよく知られている。しかし，ゴールドラッシュ時代はまもなく幕を閉じ，その後，移住者を継続してひきつける経済基盤の形成には時間がかかった。19世紀後半には，経済発展を上回るスピードで人口が増加したが，こうした人口移動を誘引したのは，非経済的な要因，すなわち温暖な気候であった。カリフォルニアが気候に恵まれた地域であるという情報は，すでにゴールドラッシュ以前からアメリカ東部にもたらされていた。カリフォルニアに関する情報が増大する中で，1869年には大陸横断鉄道が開通し，カリフォルニアへの交通の便はいちじるしく改善された。

19世紀末まで，病気は環境に存在する有毒物質によって引き起こされるという病因論が支配的であり，医療気候学と呼ばれる分野が確立していた。したがって，病気を治療するためには気候療法が有効であり，これは気候に恵まれた場所に滞在する転地療養であった。コロラド，ニューメキシコ，アリゾナとともに，南カリフォルニアは転地療養の適地として認識されるようになった。その結果，19世紀後半には，アメリカ東部からカリフォルニアへ病弱者や医者がさかんに移住した。結核患者や病弱者にとってカリフォルニアはユートピアであるという地域認識が形成された。

もっとも，日本よりも広い面積を有するカリフォルニアには多様な自然環境が存在する。医療気候学の観点からすると，カリフォルニア全体が気候的に優れた地域であったわけではなかった。セントラルヴァレーの湿地や冠水地は，マラリアが多発するため，病気発生（ミアズマ）地域であると認識された。結核患者や病弱者にとって最適な地域は南カリフォルニア沿岸部であった。ここには病院，療養所，ホテルが建設され，東部からの移住者を受け入れた。農地を購入して農業に従事しながら健康の回復を図った人々や，集団で農業コロニーを建設して入植した人々もいた。

20世紀には，経済の活力や自由な社会が，カリフォルニアの発展の原動力となった。特にロサンゼルスを中心とした南カリフォルニアは，急速な経済発展を経験することになる。ハリウッド映画産業や航空機産業にとって，年間を通して晴天日の多い南カリフォルニアは，映画撮影や試験飛行のために最適であった。1970年代からは，石油危機をひとつの契機として，冬の厳しいスノーベルトから温暖な気候に恵まれたサンベルトへの傾斜が進行した。カリフォルニアにも，シリコンヴァレーに象徴される，ハイテク・情報技術産業が集積する新しい工業地帯が発展した。一方，アメリカ社会には，カリフォルニアはさまざまな分野で他の地域より進んでおり，アメリカの将来の姿がここに映し出されているという認識も存在した。以上のように，19世紀後半には，健康ユートピアを求めて人々はカリフォルニアに移住したが，その後も，恵まれた気候は社会や経済の発展にとって重要な要因でありつづけているように見える。

［矢ケ﨑典隆］

■さらに知りたい場合には

矢ケ﨑典隆・斎藤功・菅野峰明編著『アメリカ大平原——食糧基地の形成と持続性』古今書院，2003.
［グレートプレーンズを対象地域として，資源・環境の利用および地域・経済の変化が地理学の観点からダイナミックに説明されている。］

赤澤威・阪口豊・冨田幸光・山本紀夫編『アメリカ大陸の自然誌1〜3』岩波書店，1992.
［現代的な問題は取り扱われていないが，南北アメリカにおける自然と文明の展開を知るために参考になる。］

18 | 環境・自然とのかかわり
People, the Environment, and Nature

小塩和人

1970年以降のアメリカでは、環境問題が連邦政府の政策課題として常に議論されてきた。そこで「環境の時代」は1970年に始まった、と考えられている。アースデイに見られる環境保護運動の高まり、国家環境政策法など連邦諸法の制定や環境保護庁の創設など、確かに大きな政治的盛り上がりをみた時期にあたる。そして多くの研究が、20世紀最後の30年に集中し、それ以前の歴史に言及することは比較的少ない。歴史の専門家ですら、20世紀初頭のセオドア・ローズヴェルト政権あるいは19世紀のロマンティシズムやイエローストーン国立公園創設あたりから考察を始めるのが一般的である。しかし、価値観や制度は決して最近の歴史的産物ではなく、ヨーロッパによる北米大陸植民時代にまでさかのぼって考えるべきものである。環境の定義が複雑化し、政策論争が迷走するなか、この歴史的展開をふまえた包括的認識が今まさに必要とされている、と言えよう。

A——アメリカ人と環境

リントン・コールドウェルが初めて「環境政策」という表現を使ったのは、ようやく1963年になってからである。だが、リチャード・アンドルーズの指摘を待つまでもなく、アメリカ人と彼らを取り巻く環境との関係は、60年代に突如として顕在化したのではなく、それ以前から価値観や制度として徐々に形作られてきた。それは連邦憲法が制定された200年、あるいは西欧列強が北米植民地を建設した500年前にさかのぼって考察することができる。つまり、現在の環境問題は長い歴史的な積み重ねの過程を経てわれわれの前に立ち現れた、と言えよう。それはまた、今日の選択が将来にわたって大きな影響を及ぼすことをも意味している。

アメリカにおける環境と人間との関係は、特定の歴史的文脈の中で展開してきた。例えば、無限に存在すると考えられた豊かな土地や資源が、封建的なヨーロッパの下で発達した所有権制度を変容させた。また権力の集中を嫌う知的風土が、問題を解決するための主体を中央政府に求めない。さらに積極的司法の役割が、市民に対して情報収集と賠償を受ける権利とを広く認める。そして国内の環境問題に集中することで、地球規模で拡大する現状への対応が遅れた。これらの特徴は、アメリカ史を通して形成された歴史の産物である。

例えば北米植民地が建設された時期には、西洋の科学革命や産業革命によって人々の知識、技術、社会組織などが大きく変化していた。それは貴族封建制度から憲法による統治へ、経済的自由主義へと移行する時代とも合致していた。その中で形作られた私的所有権が、18世

❶「アースデイ」のパレードで廃棄物を積み上げた山車の上に乗る女神［自由の女神に似せた扮装の彼女は、マスクをして大気汚染への抗議も表明している。フロリダ州マイアミにて、1970年］

紀末に完成する限定的な連邦権力のもとで保証されていく。19世紀には、連邦公有地・資源の管理制度や地方都市における公衆衛生対策が展開される。そして20世紀前半の革新主義やニューディールが、戦後環境政策の序章を奏でるのである。

そもそも環境とは、生命体を取り巻き、それと接触する自然（場合によっては人工）の外界を意味する。ある時代に特定の場所で生活する人間が、どうやって環境に働きかけたか。この働きかけに人種、民族、性別などの違いは関係するか。環境の違いは、（採集、狩猟、漁業、農業、牧畜業、鉱業、林業など）異なった生産システムを生み出したか。産業化や都市化によっていかなる汚染や資源枯渇が起こったか。資源利用や管理をめぐってはどのような政治・法律的な対立・妥協がみられたか。自然や自然観は時間とともにどのように変化したか。生態系についての概念が変化すると、環境認識はどう変わったか。21世紀が真の「環境の世紀」となるためには、歴史を振り返るとき、実に多くの命題が考察されなければならないのである。

B── 資源開発と環境破壊：19世紀まで

❶── 先住民の暮らしと植民地建設

南北アメリカ大陸に人間の足跡が刻まれたのはおよそ3万年ほど前。アジア大陸からアメリカ先住民の先祖がベーリング陸橋をわたって、1万4,000年ほど前には、氷河の溶解とともに大陸全体へと広がった、といわれている。各地の異なった環境に適応して、彼らは多様な文化を形成し、狩猟や漁労、採集さらにはトウモロコシ、カボチャ、マメなどの耕作も行った。15世紀後半、南北アメリカに1,500万人、現在のアメリカ合衆国にあたる地域には500万人の先住民が生活していた。スペインやフランスをはじめとするヨーロッパ列強が「新大陸」へと進出し始めたこの時期、旧大陸から病原菌が持ち込まれ、抗体をもたない先住民の生命が脅かされ、文化的基盤が揺らいでいく。さらにヨーロッパ人が持ち込んだ動植物によって、そして彼らが押し進めた毛皮交易によって先住民と自然環境との関係が変化していく。

例えば、現在のニューイングランド南部地域にいた先住民たちは、低地で耕作を森林では食肉と衣料用に動物を捕獲して生活していた。彼らは、狩猟や移動そして鹿を放牧する目的でときどき森林の一部に火をはなっていた。1620年にはプリマス、1630年にはマサチューセッツ湾にイギリス植民地が建設される。17世紀のニューイングランドでは、森林伐採、毛皮狩猟、魚貝捕獲、農作物耕作を中心とした経済活動が確立されていく。イギリス植民者たちは定住農業をはじめ、森林資源を自らの住居建設や交易のために伐採していく。さらに、各種麦の耕作や牛豚鳥などの家畜の導入によってニューイングランドの環境が急速に変化し、それが人間や動植物の生産と再生産に大きな影響を及ぼ

していた。

プリマス植民地の総督であったウィリアム・ブラッドフォードは，清教徒たちにとって森林が畏怖すべき原生自然であること，その森林が交易や耕作によって変化していく様子を記録に残している。マサチューセッツ植民地の総督であったジョン・ウィンスロップは『聖書』の創世記第1章28節を引いて，新大陸の土地を支配し，イギリスからの人々で満たし，農業や貿易によって豊かにしていく必要性を強調した。さらに1637年トマス・モートンは『新しいイギリスのカナン』の中で，新大陸が約束の地であり，自然を女性に見立てて清教徒たちが努力すれば処女地から果実を得ることがかなう，と説いた。

一方，メリーランド，ヴァージニア，カロライナを中心とした南部植民地では，本国イギリスとの交易を目的としたタバコの大量栽培が行われていた。そこでは，土壌に含まれる栄養分を急速に吸収する作物が，経済的利益を最優先に，奴隷を酷使して作られた。タバコという単一商品作物の労働集約的生産は，こうして人間と環境とに壊滅的打撃を与えていったのである。

ところで，16世紀から17世紀にかけて，植民地建設を目的として大西洋を西進したヨーロッパの国々では，人類史上まれにみる重要な変化が起きていた。この歴史的変容は，北米大陸における人間と環境との関係に大きな影響を及ぼすのである。例えば，実証的科学と功利主義が勃興し，憲法に基づく統治と資本主義的な経済システムが登場し，エネルギーを動物ではなく化石燃料に頼るようになり，社会が進化すると考えられるようになっていた。そうした歴史的文脈の中で，アメリカ合衆国は「幸福の追求」を成文憲法に掲げる初めての国家として誕生する。

❷ 環境資源と所有権

イギリス植民地では，土地や水の利用，水質の汚染，森林や鉱物資源，魚や野生生物に対する価値観が制度となって形作られた。それらはすべて所有権の問題として認識された。誰がいかなる権利をもって資源を使いまた変容させてよいのか。その際にはどのような責任が伴い，政府はいかなる制限を加えることができるのか，といった命題が取り上げられた。

植民地社会で形成される制度は，一方で北米先住民が社会的に認知していた土地や資源を共同で「使う権利」，他方で英国封建制が定めていた極めて限定的な土地所有権を塗りかえていく。個人が所有する土地に存在する資源はかなり搾取できるようになり，さらに利益を目的として土地の分割・販売が可能になった。また水に関していえば，公共の使用を制限していた西欧の伝統に対して，水運の重要性に鑑み，河川沿岸の土地所有者にかぎらず広く利用を認めた。さらに狩猟については，ヨーロッパのように社会的独占を認めるようなことはなかった。

資源の豊富さに裏打ちされて，北米植民地では特にイギリス本国が自らの商業的利益を保護するためにさまざまな規制をかけていた。それへの対抗意識が，植民地人の間に権力からの自由を求め，中央集権を嫌う風土を助長していく。大量の移民と大規模な貿易を伴い，北米植民地は土地を個人が囲い込み，可能な限り資源を開発して金銭的利益に還元していくことをよしとする価値観と制度を築き上げたのである。

「ニューイングランドの生態系と世界資本主義経済とを結び付けることで，植民者と先住民とは長期にわたって激しい環境変化を作り上げていく。豊富な生態系と経済活動が表裏一体をなし，豊かな人々は浪費する人々となったのである」とウィリアム・クロノンはまとめている。

あり余る資源は誰を利するべきなのか，金持ちの資本家かあるいは多数を占める貧農か，という命題は，合衆国憲法を起草するにあたって大論争を引き起こした。新しい国家として製造業と農業とのどちらを優先すべきか，政府はどの程度この振興策にかかわるべきなのか，といった課題は後述するように西部開拓と深く関連するばかりか，今なお重要な問題である。

❸ 連邦公有地政策の展開

19世紀を通して，最も重要な環境政策課題は連邦公有地をどうするかであった（⇨16国土の形成 B-2, 3）。カナダを除く北米大陸全体を国土として確保し，定住を促し，資源を開発し，経済発展を実現すること。この目標を達成するために，大統領の指導力と連邦議会が法制化するさまざまな制度が必要であった。公有地を国民に委譲し，政府の補助金を出し，鉄道会社へは無償で土地を譲渡することまで行った。

連邦公有地「改革」という名のもとに展開した一連の政策には，資源保全や環境保護といった価値観が入り込む余地がほとんどなかった。人間の手が入らないことを無駄使いと考え，土壌がやせていくことや資源を乱開発することに目が向かなかったのである。それまたは，公共の土地を個人の手に渡すことで連邦政府の収入にもなる，という理由で支持された。国民の承認を得た公有地政策だったが，弱い政府には十分な運営能力が欠けていた。

確かにこの時代には，ヘンリー・デイヴィッド・ソローが素朴な自然の価値を訴え，ラルフ・ウォルドー・エマソンが自然と一体化する精神の昇華をたたえ，ジョン・ジェイムズ・オーデュボンが野生生物の美しさを知らしめ，ジョージ・カトリンが荘厳な風景と先住民の高貴さを伝えている。だが彼らの主張は，「明白な運命」を合言葉に経済発展を信奉する社会風潮とあまりに大きくかけ離れていた。

当初の連邦公有地政策の目的，つまり西部開拓や経済開発は着実に達成されていく。しかし，その代償として大きく北米大陸の環境を変化させ，場合によっては壊滅的破壊をもたらしたのである。中西部の森，南部の土壌，西部の野生動物や鉱脈いずれも搾取の対象となった。

公有地の譲渡にあたって，家族農場とアグリビジネスのどちらを優先させるか，農本主義を説くジェファソンの理想と工業化を促進するハミルトンの哲学が対立した。一方で開拓者に農地の私物化を許容し，他方で広大な土地を鉄道会社に無償で提供した。これは経済発展のために草の根民主主義を犠牲にした，あるいは大規模自然破壊に政府が加担した，という理由で批判されることもあったが，大半の国民は短期的利益を求めていたのである。民主主義が民意を反映するのであれば，環境保護がいかに難しいか，物語る好例と言えよう。

いずれにせよ19世紀における土地の私有化という政策は，それ以前のイギリス植民地の方針や20世紀の方向性と趣を異にしている。つまり，公の資源として私物化を制限するか，すでに私有化されている財であっても公共目的で規制する，という政策と大きくかけ離れていた。

❹ 環境破壊と政府の役割

この時期に環境破壊が進んだのは，田舎の自然だけではなく産業化が急速に進行する都市でもあった。特に公衆衛生が重要な課題として認識され，住宅改善，下水道整備，食品管理，予防接種などが実施された。その結果，例えばニューヨーク市では1885年から1915年の間に，幼児死亡率が3分の1に激減した。

都市の生活環境を改善することが政府の役割

だと考えられるようになり，科学や技術の発展が都市環境を改善する専門家を生んだ。化学や細菌学をはじめ，工学，統計学，免疫学，社会学などの学問分野が貢献した。しかし，最先端の科学的知識をもってしても，悪化する都市環境の何が原因となって住民の健康被害が起こるのか，解明は容易でなかった。それでも，政府は何をすれば最も効率よく問題を解決できるのか，試行錯誤を繰り返した。また都市住民の生活水準を向上させる（はずの）生産活動をどこまで規制できるかも難しい問題であった。

C——経済成長と環境保護：20世紀

❶——資源保全と環境保護

20世紀は，次のように第26代大統領セオドア・ローズヴェルトが訴えることで幕を開けた。「ある国家が，自然資源の価値を損なうのではなく，むしろ増やして次の世代に引き継ぐべき資産として扱うならば，その国は素晴らしい」と。特に森林・水利資源が乱開発されていることを国民に広く知らしめ，この問題を解決する責任は連邦政府が担うことを彼は約束した。一方で，功利主義的な考え方や経済的進歩に価値を置く姿勢を保ちつつ，他方で公共利益のために専門知識をもった連邦政府の官僚が資源の効率的管理を任されることになった。これを一般に保全（conservation）という。

このような商業的利用を前提とする保全政策に対して，自然それ自体の完全な保護（preservation）を訴える少数派も存在した。シエラ・クラブを創設したジョン・ミューアらである。保全と保護とは対立し，例えばヨセミテ公園のヘッチヘッチー渓谷にダムを建設してサンフランシスコに水を供給する政策論争では，前者の価値観が勝利する。

この革新主義時代とならんで，1930年代フランクリン・ローズヴェルト政権下で展開したニューディール政策は，第2次世界大戦後の環境保護政策にとって重要な基盤を築いた。一方では多目的ダムの建設などを通して，技術で自然を支配しようとする政策が展開された。しかし，他方で失業解消を目的とする自然保護事業に多くの市民が参加した。彼らは，農地の土壌を改良したり植林やキャンプ場の整備を通して，環境と人間の関係を修復することに寄与した。

このように20世紀前半では，連邦政府が新たな任務として環境保全に乗り出した，として評価される。しかし，大気・水質汚染，廃棄物処理，有害物質の規制，連邦公有地以外の土地利用など，多くの問題が未解決のまま残された。また多くの場合，専門知識を有する科学者や行政官ら少数エリートによって政策が立案・実施されていた。

❷——第2次大戦後の環境保護運動

これに対して，第2次世界大戦後の環境保護運動は，その自然観や運動の担い手において，戦前の資源保全運動とは異質だと考えられている。つまり，自然資源を効率的に利用しようとした専門家による古い運動に対して，新しい運動は，アメニティと生活の質に関心を寄せる国民世論に基盤を置いていた，というのである。

戦後，産業活動の拡大とともに大量消費が可能になり，郊外住宅に住む豊かな中産階級家族が増えた。冷戦によって軍事関連産業もまた，一般企業同様に資源を消費する経済活動を続けていた。物質主義が蔓延する一方で，余暇を楽しむ人々が清浄な環境を求めるようになった。

こうした経済的な余裕は，自然そのものに価値を置く考えを受け入れる素地を作った。例え

国立公園の成立とその使命

●**国立公園の魅力**——アメリカ合衆国（以下アメリカと略す）の国立公園（National Park）を訪れた人々の多くは，その雄大な景観と徹底した自然保護のあり方に感嘆する。レンジャーやさまざまなボランティアが原生自然の保護に熱心に取り組み，公園内は管理が行き届いている。また，そこを訪れる子供たちに対する環境教育や，成人に対する専門的なガイドも充実している。そこは，手付かずの大自然の懐深く入り込むことによって，人間もまた自然の一部であることを実感させてくれる場所となっている。

しかし，一介の旅行者のロマンティックな自然への憧れなどは吹き飛ばすような，自然保護派と開発派との間の厳しい対立の中からアメリカの国立公園は生まれてきたのである。

●**成立の歴史**——アメリカの発展史は，一面では自然破壊の歴史でもあった。ヨーロッパからの移民が始まった頃には無尽蔵にあるかに見えた大自然も，19世紀末にフロンティアの消滅が宣言される頃になると手付かずの地域は限られた範囲にしか残っていなかった。

それに先立つ19世紀前半頃から，失われ行く自然や節度のないハンターたちの乱獲などに心を痛めた人々が声を上げはじめた。そうしたなか，アメリカ先住民の生活を描いていた画家のジョージ・カトリンが初めて「ネイションズ・パーク」（nation's Park）というアイデアを提唱した。彼は1832年，「政府の強力な保護政策によって野生のまま保護された国民のための公園」の必要性を訴えた。そして，それに思想的な肉付けをほどこす役目を果たしたのが，ヘンリー・デイヴィッド・ソローであった。それに加えて，観光客を呼び込みたい鉄道会社や獲物を確保したいハンティング愛好家たちの思惑もからんで，1872年にイエローストーンがアメリカ初の国立公園に指定された。

しかし，これをもって原生自然を保護することの重要性とそのために国立公園が果たすべき役割についての社会的認識が確立したわけではなく，誕生したばかりのイエローストーン国立公園の管理運営の実態もお寒いものであった。

こうしたなか，19世紀末から20世紀初頭にかけて，自然保護の意味を全米に広め，国立公園の発展に大きな足跡を残したのが，「国立公園の父」と言われるジョン・ミューアであった。

学生の頃から北米の自然に魅せられて各地を放浪したミューアは，1868年以来カリフォルニア州のヨセミテに腰を落ち着け，そこの自然環境の科学的探査を進めるなかで，自然保護の必要性を痛感するようになった。1892年に初の自然保護団体シエラ・クラブが設立されると，ミューアは会長に担ぎ出され，自然保護と国立公園の内実を充実させる運動の先頭に立つようになった。

ミューアには独特の人間的魅力があり，自然保護に深い関心を寄せた哲学者エマソンと親交を結び，1903年にはセオドア・ローズヴェルトと二人だけでヨセミテでキャンプ生活を楽しむ機会にも恵まれた。ローズヴェルト自身が自然保護に積極的であったとはいえ，現職の大統領が民間人とこのような行動をとるのは異例なことであった。

ミューアが最大の試練にさらされたのは，1901-13年にかけてたたかわされたヘッチヘッチー渓谷のダム建設をめぐる論争であった。このダムはサンフランシスコに水道水を供給する目的でヨセミテ国立公園内に建設が計画された。ミューアは自然保護の立場からこれに反対の論陣を張り，この論争は全米の注目するところとなった。結局ダムは建設され，ミューアは論争に敗れた形になった。しかし，この論争は自然保護への関心を高め，全米に広げる作用を果たした。

こうしたミューアの活動を支えた基盤となったのは，「人の手で乱されたことのない原生自然はそれ自体として価値を持ち，アメリカの人々はその純粋な原生自然に触れることによって精神の健

康を維持することができる」と要約できるような信念であったといえよう。

　論争の終結後，連邦政府も国立公園を管理するための専門部局の必要性を認め，1917年には内務省内に国立公園局が設置された。以降，開発派と自然保護派の間の綱引きのためにさまざまな紆余曲折を経ながらも，この局が国立公園の管理にあたっている。

●**アメリカの良識と汚点**──国立公園という制度は世界に先駆けてまずアメリカで成立し，世界に広まった。こうした制度がほかならぬアメリカで生まれた要因として，自然保護を訴える人々の主張を評価し，その草の根活動を受け容れることができたリベラルなデモクラシー社会が成立していたことが挙げられる。その意味で，国立公園はアメリカの良識が結晶したものと言えよう。

　しかしその反面，負の側面をかかえていたことも見過ごすわけにはいかない。インディアンの排除である。アメリカに豊富な原生自然が残されていたのに大きな力となったのは，先住民たちの自然と比較的共生した生き方であった。ところが，彼らは居住地から区域外への移住を強制され，そこが国立公園に指定されたのである。

●**環境の世紀へ向けて**──国立公園局は，2003年現在，50の国立公園のほか，各種の400近い自然景観や文化・歴史遺産の保護管理にあたっている。その総面積は33万 km²，国土面積の約3％におよぶ。そこにはアメリカのみならず全世界から人々が訪れ，その数は年間3億人を超える。

　そうした観光客の増加のほか，区域周辺の環境悪化にともなう大気汚染，水質汚濁，植生の変容など，自然環境を脅かす要因は増えつづけ，複雑化している。さらにレーガン政権やブッシュ（子）政権などには開発派の意向が強く反映される傾向も目立ち，取り組むべき課題は多い。環境の世紀といわれる21世紀に向けて，その使命はますます重要性を増すことになろう。

[小塩和人]

❷ヨセミテ国立公園で数日間キャンプを楽しみながら自然保護について語り合ったセオドア・ローズヴェルト大統領（左）とジョン・ミューア（右）[1903年]

図18-1●主要な国立公園の所在地

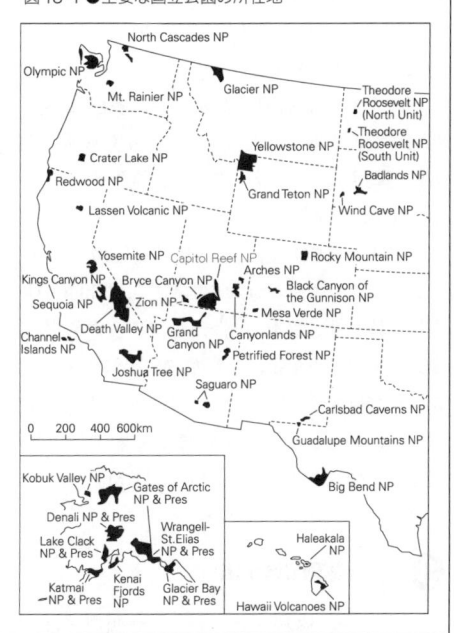

❸左｜レイチェル・カーソン
❹右｜『沈黙の春』のカバー

ば「土地とそこに存在する生命体が人間に妨げられず、人間はそこにとどまることのない訪問者である場所……永久的に開発を行わず、人間が生活しないところ」を原生自然（wilderness）として保護することが可能になった。1964年の原生自然法によって400万haがその指定を受け、その面積は続く10年間で10倍に拡大し、1987年までに137の原生自然が創設されたのである。

1960年代、経済成長が続く中、多様な集団が環境問題を取り上げた（⇨51市民運動・草の根運動 B）。シエラ・クラブ、全米オーデュボン協会、アイザック・ウォルトン・リーグなどが景観保全を訴え、全米自動車協会がアウトドア・レクリエーションを推進し、都市圏の地方自治体が社会資本の充実を訴えた。さらに産業汚染や有害廃棄物、核廃棄物に警鐘をならす組織が登場する。特に、レイチェル・カーソンの『沈黙の春』は国民を震撼させた（⇨79消費生活・商業空間 C-2、90雑誌 D-3）。

❸──国家環境政策法

1960年代の終わりに、それまで個別ばらばらに認識されていた問題が1つに収束していく。特に、汚染を防止するための諸制度、そして一般市民が法律の執行や司法の介入にあたって直接参加できるようになったことは歴史的前例をみない出来事であった。それは1970年の国家環境政策法に結実し、政府の活動に環境アセスメントが義務付けられた。とりあえず科学技術をもって全米一律に規制する手法は、大気・水汚染の解消と有害廃棄物の処理といった当初の目的を達成するのに役立った。だが、有鉛ガソリン・ポリ塩化ビフェニールなどを除き、長期的には汚染物質の生産や使用を禁止するには至らなかった。事実、殺虫剤の使用量は1964年から82年の間に1.7倍にも増えた。

また、大量消費社会のライフスタイルや経済活動が新たな規制によって脅かされる、と反発も生じた。さらに地方分権の伝統をもつアメリカで、連邦政府の役割に疑義を唱える者も多かった。その結果、例えば1994年時点で環境保護庁が規制できる有害物質の数は約7万種類のうち9つにすぎなかった。1960-70年代にかけて次々と制度化された環境法は壮大な実験であった、といえよう。

こうしてアメリカの環境保護運動は、史上まれにみる高揚期を迎えた。ところが、その直後に、国民全般の関心がいちじるしく低下する。さらに反環境保護勢力が台頭し、環境保護団体の成長も鈍化するなど、特にジミー・カーター政権下では、運動の衰退傾向が見られた。

ロナルド・レーガン政権は、従来の環境保護に敵対的な政策を展開する。そこで逆に運動は再活性化し、多くの団体の会員数が再び上昇に転じた。この時期に、国内各地で有害・有毒廃棄物の投棄・処分場の問題が深刻化し、地球規模で酸性雨やオゾン層の破壊が論じられるようになったことも、環境問題への市民的関心を高めた要因であろう。ただし、1980年代末からの景気低迷に伴い、新たな環境保護政策は制定

されず，全国的団体も縮小に転じる一方で，環境保護政策の基本は維持されて，現在に至っている。

❹──環境保護政策と経済成長

環境保護政策が充実することで，さまざまな経済活動は厳しく制限されることになった。これには財界が反発するが，環境保護運動は安定し，政策決定へ恒常的に参加する主体となり，さらに，環境政策に対する肯定的な世論が政策の後押しをしている。だが政治的雰囲気は，明らかに保守へと傾いている。

世論は環境保護を支持する一方で，税金や規制といったコストの負担には同意しかねている。そこで，ビル・クリントン政権は，環境保護政策が経済成長を阻害しない，と訴える必要に迫られた。保守派が，環境保護は経済成長と二律背反の関係にある，と主張することで，産業や農業・林業・鉱業労働者の支持を集めてきたからである。

こうした状況下において，環境問題への政策対応も，柔軟で中道的なアプローチが台頭しつつある。政府による規制を補完するものとして，企業による自主規制が提言されている。この変化は，問題解決の実現可能性を重視するようになった環境保護団体や環境保護庁の方針変更も要因の1つとなっている。

従来，企業との対決や対立によって問題の解決が遅れた，という反省のうえに立って，事前に規制される業界と行政府とが交渉する，という新しい傾向もみられる。さらに，排出基準を厳しくすることで対処してきた政策手法も，汚染権売買のような市場原理を重視する，公害未然防止策が考案されている。

汚染媒体別に〈出口〉で規制する代わりに〈根源〉において汚染物質そのものを削減するため，強制措置よりも経済的誘因が効果的だ，という政策案が具体化していく。そしてこのアイデアは，主要な環境保護団体に支持され，〈政策の窓〉が開いている瞬間に，政治的潮流と合流して，政策に結実し，さらに高い現実性という評価を受けて効果を上げていく。

❺──「環境正義」問題の発生

ところが皮肉なことに，多くの消費者を保護する目的で制定された環境関連法が少数の人の生活・労働環境を悪化させる結果を招いた。例えば，環境保護庁が1972年に使用の禁止を定めたDDT，アルドリン，ヘプタクロールなど塩化炭化水素系の農薬は，毒素効果が長時間にわたるため，結果的に消費者が野菜や果物を口にする際に有害だ，として問題になっていた。そこで，1970年代以降は，マラチオン，パラチオンなど，殺虫効果の短い有機燐酸系農薬が使われるようになった。

これらの農薬は，散布したときに猛毒性を有しているために，かえって農場で働く者にとっては健康を害する率が高くなった。これらの農業労働者の多くが，ヒスパニック系アメリカ人あるいは非合法移民であること，さらには低賃金で働いていること，などの理由から，社会的な批判の対象となったのである。

環境浄化を目的とする諸法が，人種・民族・階級的にすべての人を均等に守っていない，とする課題が「環境正義（Environmental Justice）」という名称で大きく取り上げられるようになったのは，1990年代になってからである。これに応えるように，1994年2月11日にはクリントン大統領が行政命令12898号を発令して，連邦政府諸機関が環境正義を希求するよう命じた。さらに，環境保護庁内には環境正義事務局が開設され，全米環境正義諮問評議会も新たに創設された。

こうした連邦政府の対応以前に，環境正義の

❺リオデジャネイロ地球環境サミットの際の米国の環境政策に対する抗議行動［1992年6月］

問題は1970年代から取り上げられ、草の根レベルの運動は1980年代から全米で展開されていた。つまり、環境保護という公共の利益が、差別的意図の有無にかかわらず、社会的少数派集団に享受されていない、という環境保護の新たな課題が浮上してきたのである。

現実の環境保護は、制度化を通して一定の成果を上げつつも、新たな課題に直面している。それは、高学歴ミドルクラス出身の白人男性エリートが運動の主体であり、企業や行政に対して妥協的で、人間の健康問題よりも絶滅の危機にある生物種の保護といった問題にしか関心を寄せていない、とする批判に表われている。

❻──環境保護思想・運動の行方

環境保護は、20世紀において最も重要な社会運動の1つに数えられ、その背後にある考え方も広く社会に定着していると断言してよかろう。そして、21世紀においてもその重要性が即座に衰えるとは考えにくい。ただし、一口に環境保護といってもその思想と運動の内実は多様である。環境保護の何がどのように複雑なのか、しっかりと見据えておく必要がある。そこで本稿では、環境保護の思想と運動がいかに成果を上げてきたかだけではなく、どのような問題をはらんで展開してきたのかを検証してきた。

特に自然をどう保全していけばよいかが中心に議論されたのは、19世紀から20世紀前半にかけてであった。一握りの国民と政府官僚とが美しい自然を保護し、天然資源を大事にしようとした時代である。彼らは連邦政府が管理・所有する公有地を科学的・合理的に利用し、人間の手があまり加わっていない野生の自然をそのまま保存し、そこに生息する生物を保護しようと努めた。こうして国立公園という新しい制度が世界で初めて誕生し、森林資源を国有林として管理する目的の省庁が創設されていくのである。

第2次世界大戦後とりわけ1960年代、多くの国民が身のまわりのさまざまな汚染と急増する人口の問題に関心を寄せるようになった。産業の発達によって生活の便利さが飛躍的に向上していく一方で、人々の生活環境に危険が及ぶ実体が明らかになっていく。彼らは、産業資本主義を否定するというより、自然や生活といった環境に悪影響を与える経済成長に歯止めをかけようとした。アメリカの生産と消費活動がもたらす数かぎりない問題に、政府もマスメディアも対応に追われた。こうして環境保護は、価値観として広く浸透するばかりではなく、運動にかかわる層も大衆化する。

1970年代以降、環境保護はアメリカ社会に定着することで、逆に社会が内包する対立を顕著に示すようになってくる。もはや一握りの国民と専門家だけがかかわるのではなく、広く財界、官界、政界、生産者、消費者、女性やマイノリティが運動の主体として参加することで、彼らの間に存在する社会経済的差異が顕在化する。政治イデオロギーの対立に始まって、人種

アメリカの環境政策と国際関係

経済活動が地球規模で拡大するなか，アメリカの環境政策は国際関係とますます密接につながっている。例えば国内の石油需要を減らすこと，輸入製品に環境配慮を求めること，情報公開・市民参加・排出権売買などの政策アイデアを提供すること，などが挙げられよう。

確かに，アメリカは20世紀を通して国際環境問題に取り組んできた実績がある。1910年代を中心に渡り鳥，30年代には鯨の保護にかかわった。また，カナダおよびメキシコとの間では水資源・大気汚染などをめぐる課題に対処してきた。さらに，フランクリン・ローズヴェルト大統領が構想した国連資源保全利用科学会議は，1949年に開かれている。しかし，アメリカの伝統は孤立主義であり，冷戦時代は軍事問題が主要課題で，環境政策との関連性は認識されていなかった。

第2次大戦後，アメリカは孤立主義の伝統から脱却し，世界政治と深くかかわるようになった。マーシャル・プランにはじまり世界銀行，国際通貨基金，関税と貿易に関する一般合意（GATT）などが創設され，さらに共産主義勢力の拡大を防ぐため，発展途上国への開発援助が始まり，社会資本の充実や緑の農業革命を目的とした。

こうした戦後の冷戦外交に転換期が訪れたのは1960年代末，まさに国内で環境保護運動がピークを迎えていたときである。1968年にポールとアン・エーリックが『人口爆弾』，4年後にドネラとデニス・メドウズが『成長の限界』を著し，経済成長や人口急増が世界規模で人類を危機に陥れる可能性を訴えたのである。

1972年の国連ストックホルム環境会議は国際環境政治の分岐点となった。その直後に，海洋汚染防止，絶滅の危機に瀕する動物の貿易規制，文化遺産保護などをめぐる協定が結ばれ，越境する大気汚染に対処する議定書も取り交わされた。なかでもモントリオール議定書をめぐるアメリカの役割は大きく，1978年には国内でCFC（フロン）の使用を（少数の例外を除き）禁止した。

しかし，続くカーター，レーガン，ブッシュ政権は環境保護を目的とする国際・多国間協定から距離を置いた。1990年代に開かれた国連のリオ会議や京都会議でもアメリカの陰は薄かった。主要な環境保護団体も関心は国内に向いていた。

加えて，戦後のアメリカ経済外交は自由貿易と開発を志向していた。環境保護政策は新しい貿易障壁として認識されてきた。しかし，1980年には「永続可能な発展」が国際政治の語彙に加わり，1994年ついにGATTが環境問題を認知した。また，ブッシュならびにクリントン政権が実現した北米自由貿易協定（NAFTA），特にその副産物というべき環境協力に関する北米協定（NAAEC）には評価すべき点がある。

1994年1月1日，NAFTAとNAAECとが発効した。後者によって創設された国境環境協力委員会（BECC）と北米開発銀行（NADBANK）は，21世紀型の国際環境政策を先取りした，と高い評価を受けている。地域住民の意志決定過程への参加を義務付けた制度は，環境に配慮した開発政策を実施する段階で成功率を格段に高めている。人権と環境との結び付きを認め，トップダウン式の世界銀行を改革する際のモデルともいわれている。

グローバリゼーションが進むとともに，国際ビジネス基準としてのISO14000が定められた。これに対応するため，1998年にようやく企業と環境保護庁との折衝が始まったが，その成果が現れるのにはまだ時間がかかりそうである。また産業界の利益を反映して，ジョージ・W. ブッシュ大統領は「京都議定書」への署名を拒否している。21世紀の国際環境政策にアメリカがどれだけかかわっていくのか，GATT, NAFTA, ISOに加えて非政府組織（NGO）の役割にも大きな期待がかかっている。

［小塩和人］

差別や階級格差さらには科学の排他性などが，環境保護を語るうえで無視できない問題として浮上していくのである。

このような歴史的潮流に加えて，21世紀初頭の転換期にはいまだ判然とした思想・運動として認識できないが，新たな傾向が見てとれるようになりつつある。自然界と人間社会とがともに進化していくこと，つまり相互に依存している自然環境も生活環境も同時に保護されなければならない，とするものである。この考え方のもとで新たに環境教育や政策提言が行われ，裁判や直接行動を通して環境改善を模索する集団もある。

どの環境をなぜ優先して保護しなければならないのか，環境保護を指向する多様な運動の中から模索していかねばならない。環境保護への風当たりが強くなる一方で，問題の所在は地球規模に拡大している。これからアメリカ人と彼らを取り巻く環境との関係がどう変容していくのかは，予断を許さないところである。

■参考文献

岡島成行『アメリカの環境保護運動』岩波書店，1990.

久保文明『現代アメリカ政治と公共利益』東京大学出版会，1997.

山村恒年『自然保護の法と戦略・第2版』有斐閣，1994.

Andrews, R. *Managing the Environment, Managing Ourselves*. Yale Univ. Press, 1999.

Dimento, J. and P. Doughman. "Soft Teeth in the Back of the Mouth." *Georgetown International Environmental Law Review*, 10-3. 1998.

■さらに知りたい場合には

岡島成行『アメリカの環境保護運動』岩波書店，1990.

［アメリカにおける自然保護の歴史と環境NGOの現状をまとめたルポルタージュ。］

久保文明『現代アメリカ政治の公共利益』東京大学出版会，1997.

［1980-90年代を中心に，アメリカ政治が環境保護をどう制度化したか分析した専門書。］

レオポルド，A.（新島義昭訳）『野生のうたが聞こえる』講談社学術文庫，1997.

［20世紀中頃に「土地の倫理」をキーワードに人間を自然の一部として捉えた環境倫理の古典。］

カーソン，R.（青樹簗一訳）『沈黙の春』新潮文庫，1974.

［戦後未曾有の経済成長期に化学物質依存社会を冷静に糾弾した環境汚染に関する古典。］

Merchant, C. ed. *Major Problems in American Environmental History*. D. C. Health, 1993.

［クロノンやウースターなど環境史に関する研究文献と一次史料を一冊にまとめた資料集。］

19 | 地域の特色
Regional Characteristics

松尾弌之

　ニューイングランドに最初のピューリタンが入植して以来，アメリカは北東部から南部，中西部，さらには西部へとそのフロンティアを拡大し，さまざまな地理的条件や歴史的背景を抱える広大な国土を持つに至った。そこでは，起伏に富む自然にかたどられた産業構造など，地理的特性によって地域性が育まれただけでなく，歴史的にあるいはメディアによって，「知性の王国」ニューイングランド，「農民のふるさと」中西部，「優雅な文化を持つ」南部，さらには「アメリカ的なものの象徴」としての西部といった，なかば神話的ともいえる地域イメージが定着することになった。ここでは，こうした多様なアメリカの地域の地理的条件，地域形成の歴史的背景，またそのイメージ形成の過程を見ていく。

A──アメリカの緑の丘

❶──アパラチア山脈以東

　アメリカ合衆国の地図を上から眺めると，南北に走る3つの山脈部分と，中央部の広大な平野を区別することができる。いちばん東側に連なる山々がアパラチア山脈で，北はカナダのニューファウンドランドから始まり，東部の主だった州を経て南部のアラバマ州に達する。総延長1,950kmに及ぶ大山脈で，なかには高さが2,000mを超える峰もある。山脈の大部分は森林だが，開墾された部分や，国立公園に指定された部分もあり，地元の人間たちは近くの峰のいただきをそれぞれグレートスモーキー，ブルーリッジ，キャッツキル，ホワイトマウンテンなどと呼び習わして親しんでいる。
　山脈は北東部では海岸線にせり寄っているが，南に行くにしたがって内陸部に後退するため，北に位置するマサチューセッツ州などは山脈のふもとに位置するが，南のノースカロライナ州やジョージア州などでは沿岸にそって平坦地がある。東海岸（イーストコースト）といわれるのはこのアパラチアの東側の部分で，海岸線と山岳にはさまれた幅160kmから320kmの部分をいう。合衆国の国土の10％の面積を占める。イギリス系の入植はここから始まったため，住宅や街の様子などにはいまだにイギリス色が強い。独立戦争を戦った最初の13州はすべてこの部分にある。

❷──大平原

　アパラチア山脈を越えるとロッキー山脈に至るまでの広大な草原や荒地が広がる。東西の幅は1,125kmに達し，南北の幅はカナダのマッケンジー川からテキサス州に至る4,830kmで，基本的には平坦な大地が延々と続くという地域

である。大平原とかプレーリー，大草原などと呼ばれる場所が含まれ，南西部には砂漠地帯もある。この広大な大地はかつてスペインやフランスの影響下にあったがやがてアメリカの支配下におさまり，東海岸からの移住者が多くなるにつれ，オクラホマ・ラッシュなどの開拓競争や鉄道建設競争，カウボーイと農民の土地利用をめぐる対立，南北アメリカの戦争などというドラマが展開された。中心部をオハイオ川とミズーリ川が流れ，やがてミシシッピ川に合流して世界でも有数の河川系（源流から河口まで6,000km）を形成する。

❸ ロッキー山脈以西

大平原の西の端にそびえて行く手をはばんでいるのがロッキー山脈で，いわば北アメリカ大陸の背骨を形成する形で3,000m級の山々が連なっている。カナダからニューメキシコに及ぶ高山群はあまりにも険しくて，永いあいだロッキー山脈より西への人間の移動をはばんでいた。かつては山中から金や銀が産出され，多くの鉱山があったが，今では人の住まないゴーストタウンになっていたり，観光地になったりしている。最高峰のエルバート山は4,399mに達し万年雪に覆われているが，連山の大部分は針葉樹や白樺などの樹木に覆われた緑の豊かな地域であり，野生動物の宝庫となっている。全国でも有数のレクリエーションの場として知られ，冬のスキーや夏のキャンピング，登山などが行われる。

ロッキー山脈の西側から太平洋岸までは山岳や砂漠の続く乾燥地帯が広がっている。ロッキー山脈の南にあたるコロラド台地は標高1,500mにあり，ここを深く切り刻んでいるのがグランドキャニオンである。山脈の西側にも高原地帯があり，高原に取り囲まれる形でソノーラ砂漠やデスヴァレーなどの砂漠地帯がある。その西側にそびえたってアメリカ大陸で最も西よりの大山脈を形成しているのがシエラネヴァダ山脈である。シエラネヴァダ山脈はカリフォルニア州の背骨のように南北に725kmにわたって伸び，最高峰は4,418mのホイットニー山である。シエラネヴァダの山系は北西部で火山性のカスケード山脈に引き継がれて，オレゴン州とワシントン州の風景をつくりあげているが，ここだけは西海岸のなかでも降雨量がとびぬけて多い。これらの山脈は太平洋に向かって広い裾野を有し，沿岸部の多少の隆起とのあいだでゆるやかな渓谷地となっている。ワインで知られるソノマヴァレーやコンピューター産業で有名なシリコンヴァレーなどが「ヴァレー」と呼ばれるのはそのためである。ここでは灌漑水を用いた大規模農業が展開される。

B 国土の利用風景

❶ 政府保有地

合衆国の国土は2001年の時点で合計19億3,767万8,000エーカー（962万9,091km²）あり，そのうち連邦政府が保有して国立公園や国有林，国有保存地などに指定されている土地が4億789万9,000エーカーに達する。連邦政府の現在の保有地はいまのところ開発からまぬがれたところが多く，国立公園とて例外ではないので，手付かずの土地が全体のおよそ2割弱存在することになる。残りの8割の土地は私有地であるが，森林のまま所有されている土地が3億9,443万7,000エーカーあり，これは連邦政府の全所有地に匹敵する。その双方を合計すると国土の4割近くになるが，このことはアメリカの風景の半分弱が森林ないしは未開発の原野だということを意味する。

❷──放牧地・農耕地

　私有地として開発された土地のうち放牧地として利用されているところが3億9,880万3,000エーカーあり、私有地のなかでは最大の面積を占める。トウモロコシなどの農作物が植え付けられているのは3億8,195万エーカーで、これは放牧地とほぼ同じ面積である。さらに1億2,521万5,000エーカーが牧草地として利用されている。これらを合計すると国土の面積の半分近くになる。すなわち風景の5割が、草原や農地などの開けた緑の空間だということになる。こうした農業・牧畜用地と、国有林や原野を合計すると、合衆国の面積の9割近くに達し、アメリカは広いとか緑が多いといった実感を裏付けている。都市として利用されている土地は9,194万6,000エーカーにすぎず、これは国土の20分の1に相当する。アメリカにはニューヨークやシカゴ、ロサンゼルスなどの大都市があり、高度な都市国家的なイメージを与えることもあるが、それは都市部を中心にした見方に過ぎない。基本的にアメリカは森林と草原や農地からなる田園国家なのである。

❸──トウモロコシ畑

　またアメリカの大平原を行けば、いつまでも延々とトウモロコシ畑が続くという風景に出くわすが、この印象は統計的にも正しい。2000年の統計によれば、年間の穀物販売から得られた全米の収入は約1,100億ドルであったが、そのうちトウモロコシからの収入は215億ドルであり、他の作物に比して生産高が圧倒的に多かった。農地の多くがトウモロコシ畑として利用されているのである。トウモロコシについで大豆が162億ドルの収入をあげ、続いて小麦、綿花の順となっている。またトウモロコシの州別生産高を見ると、アイオワ州が全体の生産量の20％を産出し、続いてイリノイ州の17％、ネブラスカ州の11％となっている。アイオワ州やイリノイ州などの中西部の景色にとって、トウモロコシ畑が抜きがたい要素であるというのは事実なのである。

❹──肉牛の産地

　また大平原の南西部に目を向けると、多数の牛を見かけることになるが、実際にテキサス州は全米一の肉牛の生産地である。テキサス州とネブラスカ州、カンザス州で飼育される肉牛を合わせると、全米の25％強に達する。アメリカの南西部は主食の肉を供給する重要な地域なのである。食肉用の牛は茶色か黒色のものが多いため、牧場の一帯が囲い込まれた多数の牛でこげ茶色に染まることも珍しくない。あるいは伝説上の人物像だと考えていたカウボーイが、いまだに存在していて、おなじみの格好で牛を追う姿を認めることができるのもこの地域である。

C──伝統のニューイングランド

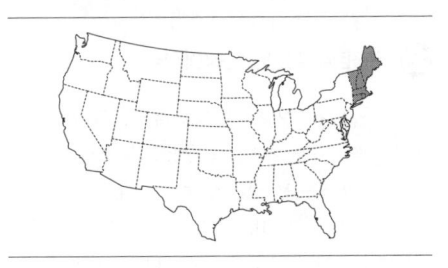

❶──ニューイングランドの景観

　合衆国の北東部分にあたるニューイングランドは、アメリカの始まった場所であり、歴史的に最も重要な地域であるが、ここには広大な牧場も、延々と続くトウモロコシ畑もない。アパ

❶ヤンキー・クリッパー「ライトニング号」[1854年にボストン-リヴァプール間を13日と19時間半で航海し，当時の最速記録を樹立した。]

ラチア山脈の山腹から海岸にかけての傾斜地がほとんどなので，大規模農業に適した土地はなく，深い森林と，規模の小さな農場と，肩を寄せ合うようにして固まった集落が地域の特徴となっている。こうした集落の中央部には「ビレッジコモン」といわれる芝生が広がり，正面にあたるところに白ペンキ塗りの教会が建っているという風景が繰り返されるのが普通である。どちらかといえば山岳的な風景であるが，そこにある違和感をもってマストが林立する港などという海洋性の風物が混ざり合う。ニューイングランドの東の端は大西洋に面しているから，入り組んだ海岸沿いに由緒ありげな古い港町が点在する。

❷──自給自足的農業の伝統

ニューイングランド地域に含まれるのはメイン州，ニューハンプシャー州，ヴァーモント州，マサチューセッツ州，コネティカット州，ロードアイランド州，さらにニューヨーク州の一部であるが，かつてこの地はピューリタンといわれる人たちが中心になって入植した。ピューリタンはこの世の繁栄や富を追い求めたのではなく，誰にも邪魔されることのない場所で自分たちの神をあがめることを人生の目的としたから，生活もつつましやかで控えめであった。土地を耕して農業に従事したが，それも収入を得るためのものではなく，自分たちの食料を得るための手段にすぎなかった。

今日でもニューイングランドの小ぶりな農場のほとんどは，腰の高さほどもある石垣で囲われている。それは隣との境界線であったり野生動物の侵入を防ぐ役割を果たしているのだが，先祖たちが爪に火をともすような生活を続けながら苦労して土地を耕し，鍬にあたった石を1個ずつ畑の端に積み上げた結果なのだと聞かされる。

この地では小規模の自給自足の農業が伝統となったが，この傾向は今日まで続いている。2000年の農業統計によると，テキサス州やモンタナ州，カンザス州などでは規模の大きな農場が多く，一農場あたりの大きさは600エーカーから4,000エーカーに及ぶが，マサチューセッツ州やコネティカット州の農場は90エーカー以下がほとんどである。ニューハンプシャー州には次のような言い伝えが残っている。「かつてここの住民は自分たちの農場と神様に満足して暮らし，せっせと働いて州の90％を開拓した。ところが南北戦争がおこり，従軍した男たちは南部の土地の広さと豊かさを目の当たりにした。戦争が終わると多くの従軍兵たちは家族を引き連れて南部に移住してしまった」。ニューハンプシャーの畑は放置されたまま100年の時間が流れ，今日では同州の90％が森である。

❸──海に開いた交易ネットワーク

しかしニューイングランドは貧しい農村地帯のままとどまったのではない。大西洋に面した港町は，狭い農地ではなく海洋に活路を見いだし，海を通して徐々に交易ネットワークを発展させていった。ヤンキー・クリッパーといわれたニューイングランドの帆船は果敢なことで知られるようになり，アメリカ沿岸のみならずカリブ海やアフリカと交易したし，アメリカ沿岸

を南下して太平洋にまわり，中国との交易に従事するようになった。またアメリカ船は大西洋や太平洋でさかんに捕鯨を行った。肉は食べずに脂身をローソクの原料としたが，その結果としてハワイや日本，中国との接点ができた。例えば江戸時代に土佐の漁師であったジョン万次郎（中浜万次郎）が漂流中にアメリカ船に救助されてコネティカット州で暮らしたことはよく知られているし，1853年のペリー提督来日の目的の1つは，アメリカの捕鯨船や商船の補給基地の確保であった（⇨104 日米交流のはじまりA）。

❹──蓄積された富と産業発展

　海外との交易で蓄積されたニューイングランドの富は，アメリカの産業発展にとって欠くことのできない資本となった。独立革命前後にアメリカでも産業革命がおこるが，初期の産業のほとんどがニューイングランド地方に立地しているのはそのためでもある。ニューイングランドはアメリカの製造業の中心地となり，かつては紡績産業や製靴業，時計製造業，工作機械製造業などが栄えた。その後時代の変遷とともに産業の中心はアメリカの他の都市に移っていったし，第2次世界大戦後は外国に移転していった。しかしニューイングランドで育った高度な工業基盤の伝統はまだ完全には失われていない。現在では電子部品製造，コンピュータ部品製造，航空機部品製造，精密機械製造などが行われており，カリフォルニアのシリコンヴァレーにつぐハイテク関連産業の一大集積地となっている。

　ニューイングランドは観光産業の中心地でもある。夏は避暑地として賑わい，冬はウィンタースポーツの一大中心地となっている。また「アメリカの始まった聖地」であるため，歴史をしのんでの観光客も多い。ボストン市内には独立に至る道筋を徒歩でたどることができる「フリーダム・トレール」などがあるし，郊外のレキシントン村とコンコード村一帯は，アメリカ革命が実際に始まった場所として連邦政府により歴史公園に指定されている。また日本などとは異なって戦災などがなかったため，17世紀から18世紀にかけての古い町並みが昔のまま残っており，そうした雰囲気を味わいに訪れる旅行者も多い。ここでは，日本は古くてアメリカは新しいという通説は通じがたい。

D──知性の王国

❶──神の王国建設と教育

　ニューイングランドに定着したピューリタンは，腐敗した旧世界を捨てて新世界に光り輝く「丘の上の町」を形成するという希望を抱いていた。こうした神の王国建設の願望は，コミュニティーの理想的な運営管理への熱意につながり，敬虔な信徒からなる模範的な集落が各地に形成された。信仰の熱意が内部に向かうときに異端者排斥の動きとなり，ロジャー・ウィリアムズは神の真実は個人に宿ると主張して，当時の僻地であったロードアイランドに追放された。アン・ハチンソンは女性でありながら聖書を勝手に解釈したとして，同じく追放された。セイラムの地で起こった魔女狩りも，アメリカの異端尋問としてよく知られたところである。今日ロードアイランド州の州都プロヴィデンスの空港に降り立つと，建物の壁面に「すべての異説をもつものはこの自由の地に来たれ」と記してあるのは，ロジャー・ウィリアムズのことばであり，そうした故事を踏まえたものである。

　光り輝く神の王国建設の熱意は，異端の排斥もさることながら，自分たちの神をさらによく

❷アメリカ最古の大学町ボストン［手前がハーヴァード大学で，その先に市中心部の高層ビル群が見える］

知るための努力につながった。アメリカで最初の大学はハーヴァード・カレッジであるが，プリマスの地に最初のピューリタンが上陸してからわずか16年目に設立されている。まだ生活が苦しいなかでの大学設立の理由は，学ぶという行為を永久に続け，知識を増やすことで神と人間存在の神秘を少しでも明らかにしていくことにあった。このような大学で神と人間に関する深い知識を得た卒業生は，必然的に祈りの集会や集落の指導者となっていった。また19世紀から20世紀初頭にかけて，祈りの指導者たちは海外でも神の王国を建設するべく，キリスト教の宣教師として，日本や中国を含めた世界の各地に出かけた。ハーヴァードの設立に続いて140年の間に8つの大学がニューイングランドに設立されたが，大部分の大学は同様の目的をもってキリスト教の各種宗派団体の支援を得て始まっている。

❷──教育の先駆的地域

知的な探究を行って神を知るという伝統は，やがて教育そのものに対する熱意となり，教育活動はニューイングランドの特色となった。大学以外でも教育の場で数多くの試みが取り入れられるようになり，教育における先駆的な場所となった。アメリカ合衆国のあらゆる教育制度や教育思想は，すべてニューイングランドで生まれたといわれているくらいである。ハーヴァード設立の前年にボストンに「ラテン学校」が設立され（1635年），合衆国における公立中等教育の始まりとなった。ニューイングランドのすべての集落に学校を設立して義務教育を行うことが定められ（1642年），義務教育の先駆けとなった。アメリカで最初の公立職業訓練学校が始まった（1821年）のもボストンであったが，最初の女子高等学校が設立された（1826年）のも同地方であった。こうした教育熱心な伝統のため，初等教育機関から大学に至るまで学校の先生といえば例外なくニューイングランドの出身者という時代が長い間続いた。

今日では全米各地の大学で教育を受けた者が教員となるが，それでも知性の府としてのニューイングランドの地位はいまだに健在のように見える。ニューイングランドの人口は全国の19％に過ぎないが，その比率以上に学校の数は多く，教育は一大産業となって多くの学生を集めている。地域の人口当たりの学校数は大学ではカリフォルニアに次ぐ規模となるが，あらゆる学校を含めれば全国でも飛びぬけて学校の多い場所となっている。

❸──エリートの輩出

　ニューイングランドにはハーヴァード大学のほかに，マサチューセッツ工科大学や，スミス・カレッジ，ブラウン大学などの日本でも名の知られた名門校が集積しており，真実の探究のために，アメリカ全土はいうに及ばず世界各地から人材が訪れる。大学は学問上の大きな権威を有しているし，世間で尊敬される知識人や，時の政権のブレーンとなる者の圧倒的多数はニューイングランドの大学出身者である。

　アメリカの歴史の中で神の王国建設の熱意はしだいに薄れていき，ニューイングランド出身の宣教師の数も少なくなった。しかし知性の王国が神の王国にとって代わり，そこで養成されたエリートは依然として「集会の指導者」としての役割を果たしている。ニューイングランドのヘゲモニーは，いまだに健在なのである。

E──農民のふるさと中西部

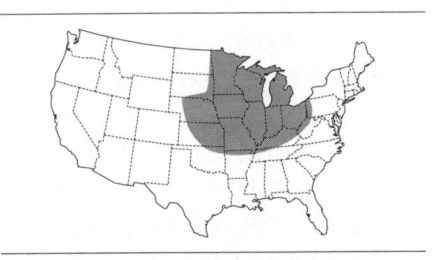

❶──独立自尊の象徴としての農民

　アメリカ人が漠然と考える典型的なアメリカ的価値観は，エリートの知識人や教会の牧師などが代々受け継いで守ってきたのではない。農民こそがその価値観の担い手であり，独立自尊の人生の象徴なのである。アメリカの集団の記憶にある農民は，おおよそ160エーカー(65ha)ばかりの土地を耕し，さまざまな野菜や穀物を栽培している。収入を得るためにトウモロコシや大豆も生産するが，大部分の作物は自らの食料となり，牛や豚，鶏などの家畜の餌となる。一家は大家族であり農作業は子供たちの手も借りて行われるが，外部から労働者を雇って作業を行うことはあり得ない。額に汗を流して自ら土地に立ち向かい，そこから得た実りをもって生活を成り立たせるのが，自主的人生の誇りというものである。住宅は農場のなかにあるため隣家から離れているが，納屋の修理やサイロの建築に際しては近隣の農民たちが集まってくる。

　自立した人間の理想像として描かれる農民は，アメリカの中西部に現存すると考えられている。そしてこの考え方はさほど的を外れたものではない。中西部とはアパラチア山脈を越えた西側の大平原の始まりに位置し，カナダとの国境を接する五大湖周辺の地域をさすが，完全な西部ではないが東部でもないということで，ミドル・ウェストまたはミッド・ウェストといわれる。人口の西部拡大とともに早くから開けた場所であり，今日では全米の人口の23％を擁する。州としてはミネソタ，ウィスコンシン，ミシガン，ペンシルヴェニア西部，オハイオ，インディアナ，イリノイ，アイオワ，ネブラスカ東部，カンザス東部などが含まれるが，中心となる大都市はシカゴである。大平原の北部に位置するため，気候は大陸性で冬は冷え込むが夏は相当に暑くなる。

❷──アメリカの食料庫

　中西部一帯はトウモロコシの生産が多く「コーンベルト」などといわれ，その名の通りアメリカの食料供給基地としての重要な役割を受け持っている（⇨17地形と気候D-g，65農業B-1）。「アメリカの食料庫」あるいは「アメリカのパンかご」などともいわれるが，このような役割は1870年代から1920年代にかけて，

❸ゆるやかな起伏を見せながら延々と広がる中西部の農耕地［アイオワ州クロウフォード郡］

アメリカが農業国から工業国へと大きく変身した時代に確立された。多くの工場が東海岸の都市部につくられるなかで，土地が肥えているうえに比較的平坦で広大な中西部は，農業機械の導入が容易であり，食料の大量生産が可能であった。そのため増加し続ける都市の人口を養うパンの供給源となった。

農民となって西部地方に入植したのはイギリス系の古い集団が中心であったが，そこにドイツ系やアイルランド系，北欧系が加わって中西部の基本的な人口構成が成り立っていた。こうした人々は北ヨーロッパの出身であり，生活風習が比較的似通っていたから，均質的な「大草原の小さな家」の生活が展開された。大都市で工場労働者となった新移民は東ヨーロッパや南ヨーロッパ出身で，従来のアメリカ人とは異なる伝統を有していた。それゆえ都市がもたらす変化の影響を受けない中西部の農民こそが，アメリカ文化の守り手とするイメージが生まれたのであろう。

❸——農業の企業化

しかし第2次世界大戦後になるとアメリカの農業は大きな変革を経験し，中西部でも変革にともなう混乱や痛みが生まれた。工業の生産性向上の流れの中で農業にも生産の効率化が求められるようになり，多くの農場は吸収併合された。自動綿摘み機に代表されるような農作業用の機械が導入されて，農産物の大量生産が行われるようになった。その結果アメリカ全体でみると，1980年の農産物の生産量は30年前の1950年の2倍になったが，同時に農家の数は560万軒から240万軒に減少した。農業に従事する人口も2,300万人から30年後には600万人へと減少した。このような生産規模の拡大と集中化は，都市部の大資本によって進められた。巨大企業が運営する効率的な生産は，主としてカリフォルニア州，テキサス州，ミシシッピ州などで行われたが，その結果として農場規模で上位20％の企業が，全国の農産物の80％を生産する時代が出現したのである。

大企業による農業生産はスケールメリットを追求し，機械と，化学肥料と，合理的な生産計画に依存する。そして従来の農民がもっていた作物に対する特別の思い入れや，土の記憶とでもいうべきことがらを無視するところに成り立つ。しかし中西部の特色は，こうした時代の流れに対して農家が頑強に抵抗を試みているところにある。企業化を拒む中西部の農場は，いまだに個人所有のものが多いし，使用人を雇わない家族による農業運営も守られている。しかし

大企業と立ち向かうには，専門化して得意な作物に特化する以外に方法はない。そこでトウモロコシ，大豆，養豚，酪農のいずれか1つを行う農場がほとんどとなった。また機械の導入による効率化も必要とされ，そのための費用も必要となったし，作物の種や肥料などは借入金でまかなわれるようになった。中西部の農民にも経営能力が要求される時代となったが，今日の典型的な中西部の農家は，土地を含めておよそ150万ドルの資本投下を行っており，年間平均30万ドルの売り上げを上げている。しかしここから上がる純益は年間3万ドルを切るレベルであり，農業だけで生計を立てることは難しい。したがって中西部の半分以上の農家が，今日では農産物以外の収入源を有するとしている。

　中西部の農民の身を切るような努力と副業によって，アメリカのパンかごの伝説はかろうじて守られており，自主独立の理想像も消え去ったわけではない。行けども尽きぬトウモロコシ畑はいまだに健在だし，工業化される農業に対する抵抗も続いている。しかし近年では，大草原にも食品加工工場やビニールハウスが立ち並び始めている。かつての大草原の小さな家は観光施設と化してしまったように，アメリカの理想像も，アメリカの中西部も，独立自尊の精神も，時代の流れの中で大きな変遷を余儀なくされているのは，まぎれのない事実である。

F——ミスター・アメリカン

❶——フロンティア学説

　20世紀初頭にウィスコンシン大学やハーヴァード大学で歴史を教えていたフレデリック・J. ターナーは，フロンティア学説を発表してアメリカの歴史学の方向を変えたといわれている（⇨4 領土拡大の動き C，16 国土の形成 D-2）。その考えというのは，西部があったからこそアメリカは独特の文化を発展させることができた，というものであった。アメリカの東海岸の歴史や文化はヨーロッパの影響を強く受けているが，アパラチア山脈の西側に広がる広大な土地こそが真にアメリカ的なものをはぐくんだという。荒野や原生林を切り開くという作業にあたっているうちに，人々は論議を交わして集団の同意点を探るという民主主義の風習を身につけた。個性や個人の生き方を尊重するという思想や，役に立たないことがらを評価しない風習も生まれたし，好奇心にあふれた精神構造，場合によってはすぐに住居を変えるという落ち着きのなさ，物事は何とかなっていくとする楽観主義，お金しか信用できないとする即物的な考え，資源などの浪費癖，などという傾向が生まれたという。

❷——典型的アメリカ人のふるさと

　ターナー学説の当否はともかく，中西部が典型的なアメリカ人のふるさとだというのは正しい考えのように思われる。中西部はニューイングランドのように突出した学問の伝統やキリスト教宣教の熱意を生み出さなかったが，率直で正直で好奇心にあふれたアメリカ人を生み出した。平等思想が行き渡り，極めて実利的な発想をするのも中西部である。異常な事を嫌う農村的な風潮は，他人を疑うことを知らない，あくまでも平均的で中産階級的な「ミスター・アメリカン」を生み出した。「イリノイ州ペオリアの町」といえば，単に中西部の町の名前ではなく，極めて典型的でアメリカ的な特色を備えた場所を意味する。「アイオワ州デモイン」や「オハイオ州デイトン」なども同様で，アメリカの平均ないしは標準といった意味合いをもつ。実際に企業のマーケット調査は，全国の傾

向を探るために中西部の町でテストされることが多い。あるいはアメリカの言語であるアメリカ英語にしても，ニューヨークやボストンのことばが標準とされるのではなく，中西部のことばが標準語となっている。

中西部はアメリカでもまれに見る均質的な社会を形成しており，農家は同じような構成で成り立ち（全国平均より多い子供がいて全員が健康そのものである），同じような食事をとり（大きな肉とジャガイモと豆類。それにグリーンサラダ），同じ価値観（アメリカに対する愛国心とキリスト教信仰）を抱いている。ここでは民主主義が具体化されているのである。平原に点在する町の構成も酷似しており，セントラル・アヴェニューもしくはメインストリートと命名された大通りにそって，小売店や保険の代理店，アイスクリームのチェーン店などが並んでいるのはおなじみの光景である。

❸──コモンマン

どこを切り取っても似ているという中西部の社会は，異常な才能を有する人物ではなく，コモンマンといわれるごくありきたりの人間こそが歴史や政治，芸術などの主人公なのだとする神話を生み出していった。アメリカの歴史は貴族階級ではなく民衆が支えた歴史なのだとくりかえし学校で教えられるし，イリノイ州の貧しい家庭で生まれたエイブラハム・リンカンは，努力を重ねてホワイトハウスの主となった。ウィスコンシン州のサン平原に生まれたジョージア・オキーフは，アメリカを代表する女性画家となった。同じくウィスコンシン州生まれのフランク・L. ライトは，苦労の末に世界的な建築家となった。こうしたコモンマンへの信仰は，大平原の政治活動のエネルギーとなり，民衆の声こそが神の声なのだとするポピュリズムの伝統となって今日まで続いている。あるいは

遠くはなれた海外の事柄は日常生活の範囲外にあり，自分たちの常識外のことがらには干渉しないという政治上の孤立主義の源泉となっている。

多くの民話や大衆小説，文学作品などがコモンマン神話を繰り返し，そのことがまた神話を強化していったが，特によく知られている例が「ホレイショ・アルジャー物語」であろう。ホレイショ・アルジャーは19世紀後半に活躍した大衆小説家で，*Ragged Dick* (1867)，*Luck and Pluck* (1869)，*Tattered Tom* (1871) など100篇以上の作品を発表し，その著作の合計販売部数は2,000万部を超えた（⇨「8 海外援助と財団活動」のコラム「フィランソロピーとは？」）。作品はどれも似通っており，貧しい農村の青年が持ち前の勇気を発揮して認められ，やがて大成功を収めるというものである。アルジャー物語の主人公は中西部の青年の象徴であるが，すべての人間に機会があり，普通の人間でも努力次第で大きな成功を手にすることができるという機会均等の夢は，アメリカ的というよりはむしろ中西部的な思想である。

しかし皮肉なことに，中西部は野心を抱く者にとっては通過地点に過ぎない。アルジャー物語の主人公たちが成功を収めるのは中西部の農場ではなく大都会であった。リンカンなどの中西部出身の偉人は，死んではじめてふるさとに戻ってきた。農場に平均的な日常はあるが，青年の野心にふさわしいチャンスは少ないからである。

中西部はもともと地理的にこのような位置におかれる運命にあったともいえる。馬車の車輪が改良されてアパラチア山脈を越えることができるようになり，ようやく西部に多くの人間が入り込むようになったとき，アメリカで最初の準州になったのはオハイオであった。しかしオハイオはそのまま発展してまっ先に州に昇格し

アメリカの国旗

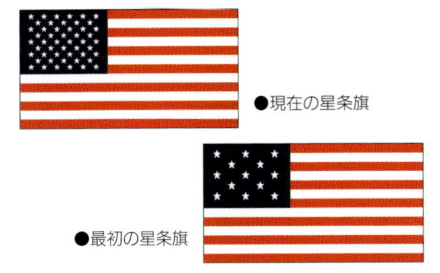

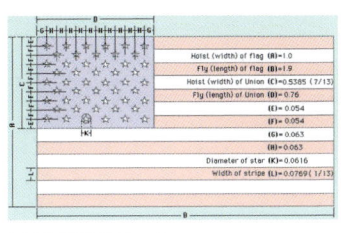

●現在の星条旗

●最初の星条旗

●星条旗のプロトコル

　アメリカ国旗の別名を星条旗と言うが，英語でも Stars and Stripes（星と縞模様）あるいは Star-Spangled Banner（星の輝く旗）などと言う。国旗成立の由来ははっきりしないが，独立革命中のアメリカを代表した「第2次大陸会議」が，国旗は白と赤の縞13本が交互に配置され，統合の象徴として「青色を背景に13の星が新しい星座を形成する」と定めた（1777年）。しかし星の形態や並べ具合が定義されていなかったために，当初はさまざまなデザインの国旗が用いられた。

　その頃の著名人がペンシルバニアのお針子ベッツィー・ロスだ。普段からジョージ・ワシントンの衣類のほつれなどを直していたが，革命戦争中にワシントンの要請を受けてアメリカの国旗を縫いあげたという伝説がある。この話を聞いた20世紀早々のウィルソン大統領は，「本当なら美しい話だね」と言った。だがロスはペンシルヴェニア海軍のための旗を実際に制作しており，円形の星座をもったロスの星条旗はしばらくのあいだ同地方で使用されたのは事実だ。

　その後横縞の数が変更されたりしたが，1818年になって縞模様は独立当初の13州を記念して13本に固定し，新しい州が加わるごとに星を追加することが定められた。西部開拓時代が終わり新たな州の増加がなくなると，星の数は48で安定していた。その後アラスカとハワイが州として合衆国に編入され，今日の50の星をもった国旗が生まれた（1960年）。同じ頃に大統領令10834号をもって縞模様の間隔や星の形が正式に決まった（1959年）。近年にいたるまでダイナミックに時代とともに変遷してきたのがアメリカの国旗だ。

　国旗をめぐるプロトコルは厳密に規定されている。星条旗に対する礼儀は，帽子を取って起立し国旗のほうに向かい，右手を心臓の上に当てる。公立学校の生徒たちは，毎朝この姿勢で「忠誠の宣誓」を行う。また日の出から日没まですべての公の建築物，選挙日の投票所，学校などに国旗が掲揚されなければならない。他国の旗や州旗と並べる場合には，必ず星条旗を最上部か，向かって左端に置く。1月1日，リンカンの誕生日，ワシントン誕生日，復活祭などの国民的な祝祭日には，必ず国旗掲揚が行われる。

　ごく身近でかつ強力なシンボルが星条旗だが，最も尊敬されると同時に最も憎まれる「アメリカ」の象徴でもある。場合によっては民主主義と，自由と，繁栄と，正義の象徴だが，反対に俗物的で，貪欲で，傲慢で，帝国主義的なあり方の象徴としてもアメリカや世界で受け止められる。しかし，2001年に起きた9.11テロを境に，国旗掲揚に乗り気でなかったアメリカ人といえども，家庭や職場，自家用車などに国旗を掲げるようになった。星条旗は単なる愛国心の表現というよりは，多文化社会をまとめ上げる符号であり，人類世界に「アメリカという現象」が存在することの象徴なのである。

［松尾弌之］

●世界貿易センター跡から回収された星条旗

合衆国 50 州情報

州旗	州名 英語名[略号] 州都	自動車ナンバープレート [愛称・キャッチフレーズ]	特色
	アイオワ Iowa[IA] Des Moines	992 GGG Hawkeye State	穏やかな起伏が連なる西部の大農業州。全米のトウモロコシの20パーセントを産出。ダイズ生産も。アイオワ州のデモインは、典型的中部アメリカの代名詞。
	アイダホ Idaho[ID] Boise	A 71 545 Famous Potatoes	カナダ国境沿いの西部。山岳や乾燥地が広大な風景を形成し、地理的多様性に富む。全米の加工済みジャガイモの3分の2を供給。銀などの鉱物資源も豊か。
	アーカンソー Arkansas[AR] Little Rock	634 ASY The Natural State	南部と西部の混合。森林や沃野に恵まれ温泉療養地も。観光産業が主要産業。アーカンサスでなくアーカンソーと発音するのは州議会の決議（1881）による。
	アラスカ Alaska[AK] Juneau	CZW 646 The Last Frontier	北の最果てで短い夏と極寒の冬。夏の果物の味が濃い。ゴルフコースにヘラジカが現れたりする。オーロラや氷河が名物。ロシア帝国から720万ドルで購入。
	アラバマ Alabama[AL] Montgomery	47F007J Stars Fell On	典型的な南部。州都モントゴメリーで南部連合を締結。綿花が主要作物だったが今はピーナッツ。髄膜炎を克服して著名な教育者となったヘレン・ケラーの出身地。
	アリゾナ Arizona[AZ] Phoenix	001-AAA Grand Canyon State	グランドキャニオン等の大自然の景観。草齢500年のサグアロサボテンも。乾燥、温暖な気候故に年金生活者が移り住む。プエブロ・インディアンの故郷。
	イリノイ Illinois[IL] Springfield	116 4342 Land of Lincoln	アメリカの中央部。大都市シカゴの周辺に延々と農場が広がる。食肉、トウモロコシ、ダイズが特産物で「世界の食料庫」の役割。リンカン大統領の出身地。
	インディアナ Indiana[IN] Indianapolis	99A262 Hoosier State	平坦な中西部の農業州。多くの開拓者が西部に向かって通過したため、「東西の交差点」の別名。レーシングカーが走る「インディアナポリス500」が著名。
	ヴァージニア Virginia[VA] Richmond	JDA-2058 Old Dominion	首都の南にある緑豊かな南部州。イギリス人が最初に上陸して植民地を形成。タバコが名産。ワシントンをはじめ多数の大統領をだし、「ヴァージニア王朝」の異名。

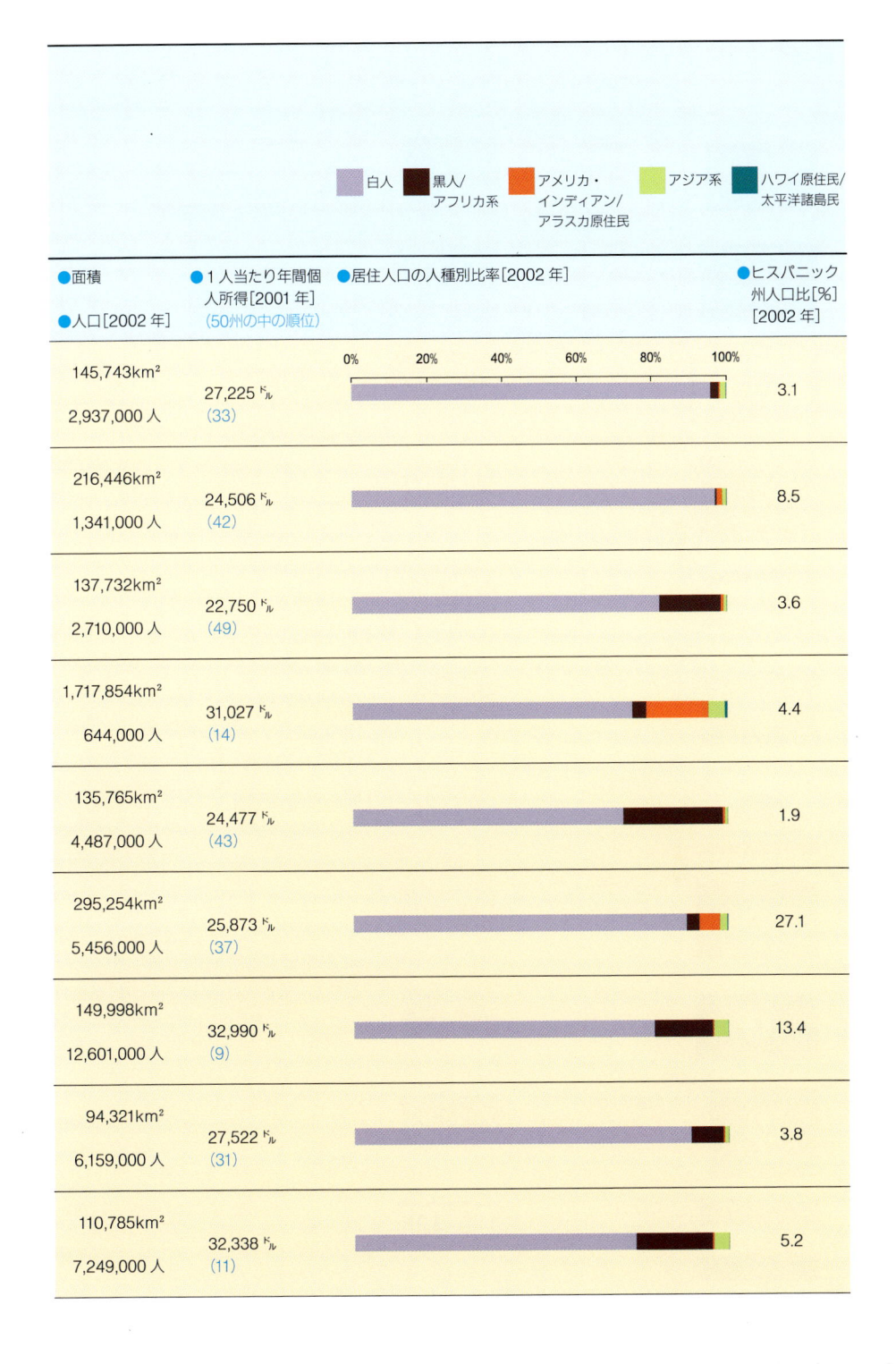

●面積 ●人口[2002年]	●1人当たり年間個人所得[2001年] (50州の中の順位)	●居住人口の人種別比率[2002年]　　白人／黒人・アフリカ系／アメリカ・インディアン・アラスカ原住民／アジア系／ハワイ原住民・太平洋諸島民	●ヒスパニック州人口比[%][2002年]
145,743km² 2,937,000人	27,225ドル (33)		3.1
216,446km² 1,341,000人	24,506ドル (42)		8.5
137,732km² 2,710,000人	22,750ドル (49)		3.6
1,717,854km² 644,000人	31,027ドル (14)		4.4
135,765km² 4,487,000人	24,477ドル (43)		1.9
295,254km² 5,456,000人	25,873ドル (37)		27.1
149,998km² 12,601,000人	32,990ドル (9)		13.4
94,321km² 6,159,000人	27,522ドル (31)		3.8
110,785km² 7,249,000人	32,338ドル (11)		5.2

州旗	州名 英語名[略号] 州都	自動車ナンバープレート [愛称・キャッチフレーズ]	特色
	ヴァーモント Vermont[VT] Montpelier	 APC 838 Green Mountain State	カナダと国境を接する緑の美しい小州。独立精神の旺盛な人々が小規模な農業に従事。メープルシロップが名物。アメリカ合衆国に参加した14番目の州。
	ウィスコンシン Wisconsin[WI] Madison	 537-AKY America's Dairyland	カナダと国境を接する広大な中西部。北部は森林と湖の大地、南部は牧畜業のさかんな草原。有数の酪農地で、全米のチーズの40パーセントを供給。
	ウェストヴァージニア West Virginia[WV] Charleston	 4N 3972 Wild, Wonderful	アパラチア山系の中で州土の75パーセントが森林。全米の石炭の15パーセントを産出。南北戦争中にヴァージニアから分離した。作家パール・バックの故郷。
	オクラホマ Oklahoma[OK] Oklahoma City	 HHC 372 Native America	大陸中央部のカウボーイ・カントリー。豊かな緑地は馬や徒歩で走った分を入手できるという制度が昔あった。今日でも55のネイティブの言語が話されている。
	オハイオ Ohio[OH] Columbus	 AL55UJ Birthplace of America	典型的中西部。鉄鋼などの工業とトウモロコシ栽培などが同居。ライト兄弟、J.グレン（最初の宇宙飛行士）、N.アームストロング（月世界に到着）の故郷。
	オレゴン Oregon[OR] Salem	 RPG 048 Beaver State	太平洋に面した荒々しい沿岸と、火山性の山々と、深い渓谷と、緑の平野部をもった美しい場所。木材、合板を産する。環境保護運動が極めてさかん。
	カリフォルニア California[CA] Sacramento	 4ACE422 The Golden State	年間を通じて気候が安定。「黄金の国 The Golden State」が別名。ハイテク産業、オレンジ農園、野菜畑が広がる。人間の夢の実現の地。日系人が住み着いた。
	カンザス Kansas[KS] Topeka	 RKK 800 Sunflower State	平坦な大地に小麦がはてしなく植えられている。アメリカのパンかご。平均的なアメリカ人と竜巻の里。『オズの魔法使い』の主人公ドロシーの故郷。
	ケンタッキー Kentucky[KY] Frankfort	 541 JRW Bluegrass State	シェナンドア山脈西側の山と平原。特産のバーボンと草競馬ケンタッキーダービーが著名。ブルーグラス音楽の伝統。フォスターの「ケンタッキーの我が家」。
	コネティカット Connecticut[CT] Hartford	 259-GMS Constitution State	伝統的な東部。小州だが産業の発祥地で、ヘリコプター、ジェットエンジン、潜水艦が製造される。江戸末期にジョン万次郎が滞在。イェール大学がある。
	コロラド Colorado[CO] Denver	 135・ADM Centennial State	ロッキー山脈を中心に風光明媚。人も風景も開放的で、まさに西部的。製造業、農業、観光業が中心。デンヴァーの州議事堂は標高1600メートルにある。

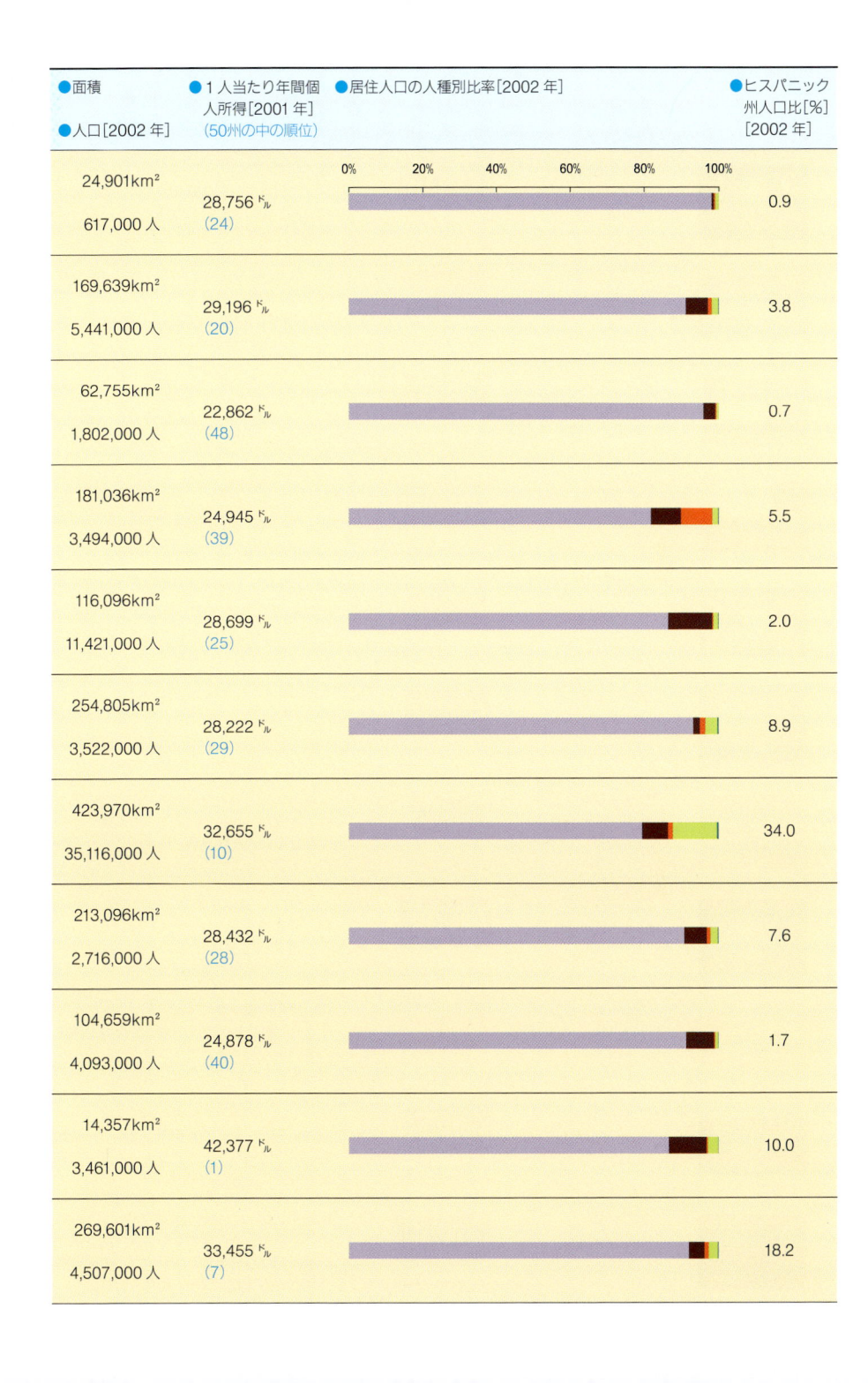

●面積 ●人口[2002年]	●1人当たり年間個人所得[2001年] (50州の中の順位)	●居住人口の人種別比率[2002年]	●ヒスパニック州人口比[%] [2002年]
24,901km² 617,000人	28,756ドル (24)		0.9
169,639km² 5,441,000人	29,196ドル (20)		3.8
62,755km² 1,802,000人	22,862ドル (48)		0.7
181,036km² 3,494,000人	24,945ドル (39)		5.5
116,096km² 11,421,000人	28,699ドル (25)		2.0
254,805km² 3,522,000人	28,222ドル (29)		8.9
423,970km² 35,116,000人	32,655ドル (10)		34.0
213,096km² 2,716,000人	28,432ドル (28)		7.6
104,659km² 4,093,000人	24,878ドル (40)		1.7
14,357km² 3,461,000人	42,377ドル (1)		10.0
269,601km² 4,507,000人	33,455ドル (7)		18.2

●州旗	●州名 英語名[略号] 州都	●自動車ナンバープレート [愛称・キャッチフレーズ]	●特色
	サウスカロライナ South Carolina[SC] Columbia	833 BTE Smiling Faces Beautiful Places	温暖湿潤な気候の典型的南部。チャールストンの町を中心に優雅な南部貴族の伝統が残る。この町は奴隷の陸揚げ港だった。南北戦争が始まった場所でもある。
	サウスダコタ South Dakota[SD] Pierre	1CD 676 Coyote State	州土の90％を占める草原の合間に異様な形をした岩山がそびえる。昔はバッファローの大群がいた。大統領の顔を彫ったラシュモア山。典型的な西部。
	ジョージア Georgia[GA] Atlanta	AGL 7114 Empire State of the South	南部特有のねっとりとした夏の暑さ。ピーナッツ、ピカンなどの産地。アトランタからキング牧師の黒人解放運動が始まった。小説『風と共に去りぬ』の舞台。
	テキサス Texas[TX] Austin	J75 HFT The Lone Star State	メキシコ湾に面し、あらゆるものが巨大。石油、肉牛、綿花の生産は全米一。宇宙産業などのハイテク産業も。メキシコ文化の影響が濃厚で、アラモの砦がある。
	テネシー Tennessee[TN] Nashville	KDQ 777 Volunteer State	アパラチア山脈の西側のすそ野。地域活性化のためにTVAが作られた。ブルース、ブルーグラス、カントリー音楽などが温存され、エルヴィス・プレスリーらが輩出。
	デラウェア Delaware[DE] Dover	427297 The First State	大西洋に面したデラウェア湾はカブトガニの産卵地。スウェーデン人が入植して丸太小屋を伝える。ナイロン開発のデュポン社があり、化学産業の中心地。
	ニュージャージー New Jersey[NJ] Trenton	BL 134M Golden State	大都市ニューヨークの南隣。そのため早くから工業がさかんで、大企業の本社や工場が林立し交通網が発達。ニューヨーカーのベッドタウンでもある。
	ニューハンプシャー New Hampshire[NH] Concord	607 Live Free or Die	ニューイングランドの一部で冬はスキー場、夏は避暑地となる風光明媚な地。ハイテク産業が散在するが、基本は農業や林業。古くからの町並みが残る。
	ニューメキシコ New Mexico[NM] Santa Fe	4 Land of Enchantment	南西部の砂漠地帯。ネイティブとスペインの文化が融合し、サンタフェの街など独特の雰囲気を有する。日本に投下した原子爆弾を製造したロスアラモス研究所がある。
	ニューヨーク New York[NY] Albany	AFV 5000 The Empire State	ナイアガラの滝でカナダと国境を接し、東側は大西洋に開く。大都市ニューヨークは移民の上陸地点。一方でファッションや演劇、放送、出版などの中心地。
	ネヴァダ Nevada[NV] Carson City	936 MTB The Silver State	南西部の乾いた大砂漠にこびりついた集落。突然現れるラスヴェガスは「あり得ない事が起こりそうな」ギャンブルの街。銀採掘とダム建設でブーム時代を経験。

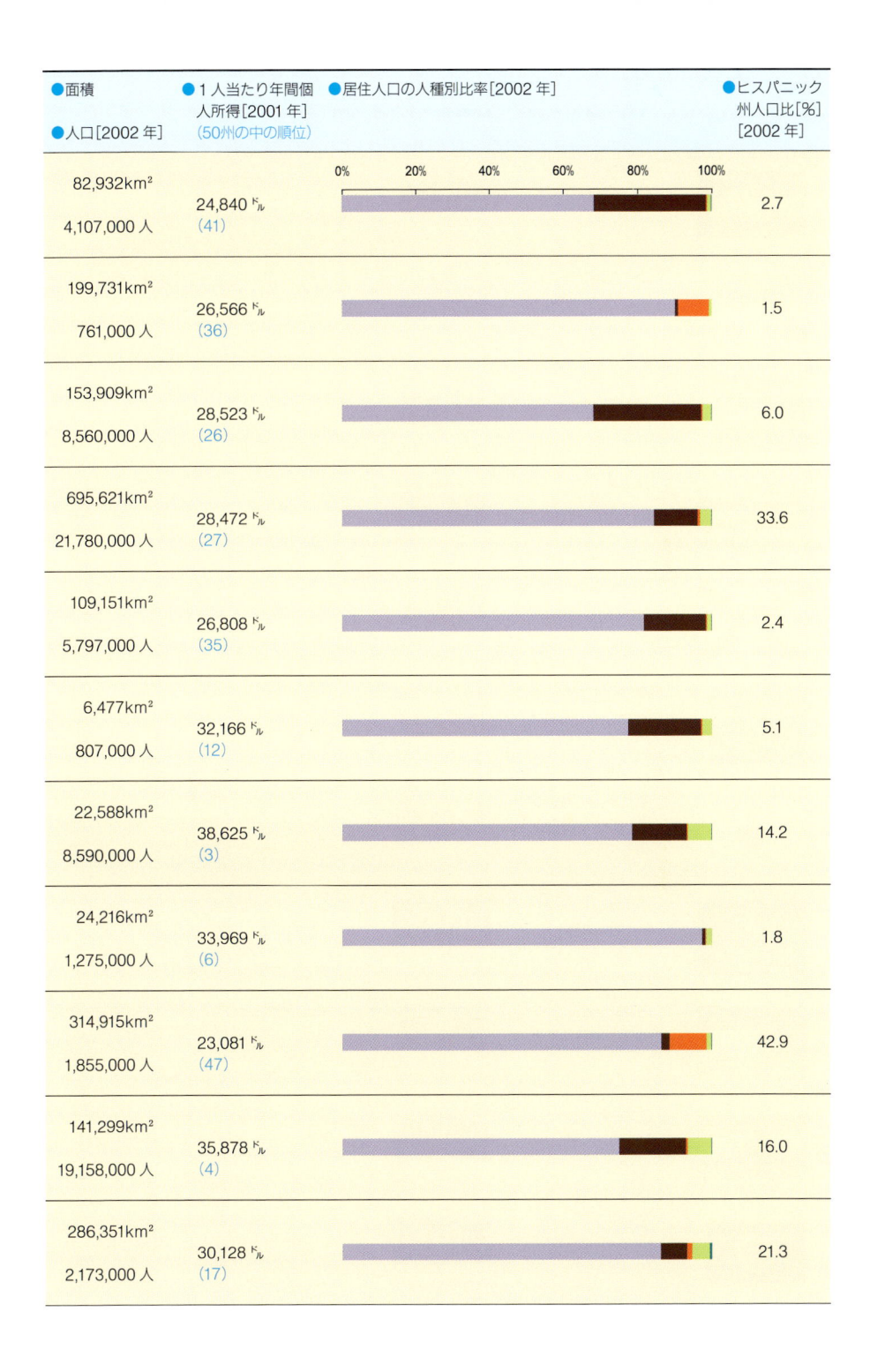

●面積 ●人口[2002年]	●1人当たり年間個人所得[2001年] (50州の中の順位)	●居住人口の人種別比率[2002年]	●ヒスパニック州人口比[%] [2002年]
82,932km² 4,107,000人	24,840ドル (41)		2.7
199,731km² 761,000人	26,566ドル (36)		1.5
153,909km² 8,560,000人	28,523ドル (26)		6.0
695,621km² 21,780,000人	28,472ドル (27)		33.6
109,151km² 5,797,000人	26,808ドル (35)		2.4
6,477km² 807,000人	32,166ドル (12)		5.1
22,588km² 8,590,000人	38,625ドル (3)		14.2
24,216km² 1,275,000人	33,969ドル (6)		1.8
314,915km² 1,855,000人	23,081ドル (47)		42.9
141,299km² 19,158,000人	35,878ドル (4)		16.0
286,351km² 2,173,000人	30,128ドル (17)		21.3

州旗	州名 英語名[略号] 州都	自動車ナンバープレート [愛称・キャッチフレーズ]	特色
	ネブラスカ Nebraska[NE] Lincoln	NKL 294 Cornhusker State	ロッキー山脈の東側に展開する大平原。見渡すかぎりの小麦畑が風になびく中に松林が点在。肉牛の大群が現れることも。駅馬車や開拓者がここを通過した。
	ノースカロライナ North Carolina[NC] Raleigh	LWW-9580 First in Flight	大西洋に面した沿岸は常に風があるため、ライト兄弟が最初の飛行を試みた。西端には屏風のようにアパラチア山脈が連なる。タバコ、繊維産業が健在。
	ノースダコタ North Dakota[ND] Bismarck	DJE 155 Peace Garden State	カナダと国境を接する西部で、緩やかに波打つ平原が続く。人口密度が低く大きな青空と美しい星空。小麦のほかに家畜、大麦、ヒマワリ、ミルクを産する。
	ハワイ Hawaii[HI] Honolulu	HXM 691 Aloha State	太平洋の常夏の国。もと王国だったがアメリカに併合された。真珠湾がある。ポリネシア系の文化が残り、日系人をはじめアジア系も多い。最も多元的な社会。
	フロリダ Florida[FL] Tallahassee	XGY 84M Sunshine State	大陸の最南端で別名サンシャインステート。太陽を求めて年間600万人の観光客が訪れる。ディズニーワールド、ワニの棲む湿地帯、ロケット打ち上げ基地。
	ペンシルヴェニア Pennsylvania[PA] Harrisburg	DZR·1722 Keystone State	フィラデルフィアでアメリカの独立が宣言され、憲法が制定された。開祖ウィリアム・ペンはクエーカー教徒で、あらゆる宗派を歓迎した。小麦と石油を産出。
	マサチューセッツ Massachusetts[MA] Boston	997·XNE The Spirit of America	合衆国の歴史を担った自負。ピューリタンの上陸地プリマスは聖地。ケネディ大統領の故郷。進歩的政治傾向を有し、マサチューセッツ人民共和国の異名も。
	ミシガン Michigan[MI] Lansing	GXM 636 Great Lakes	カナダと国境を接し5大湖のうち4つの湖に面する。フォード自動車（T型フォード）をはじめクルマを作る工場がデトロイト近辺に集中し、自動車州の別名も。
	ミシシッピ Mississippi[MS] Jackson	721·TPA Magnolia State	黒人差別が永く残存した南部。20世紀中頃までは綿花だけが主要産物だった。都市化の波に乗ることなく、農村地帯が広がる中に小ぶりの街が散在する。
	ミズーリ Missouri[MO] Jefferson City	749 GNA Show Me State	ミシシッピ川とミズーリ川の流れる交通の要所。別名の「The Show Me State」は、自分の目で確かめなければ物事を信じない西部農民の精神構造を指す。
	ミネソタ Minnesota[MN] St. Paul	BDY·194 10,000 Lakes	ミシシッピ川の源流がある北の地。12,000以上の湖があり夏は休養地となる。北欧からの移民の子孫が多く、道行く人に金髪が多い。農業、牧畜業がさかん。

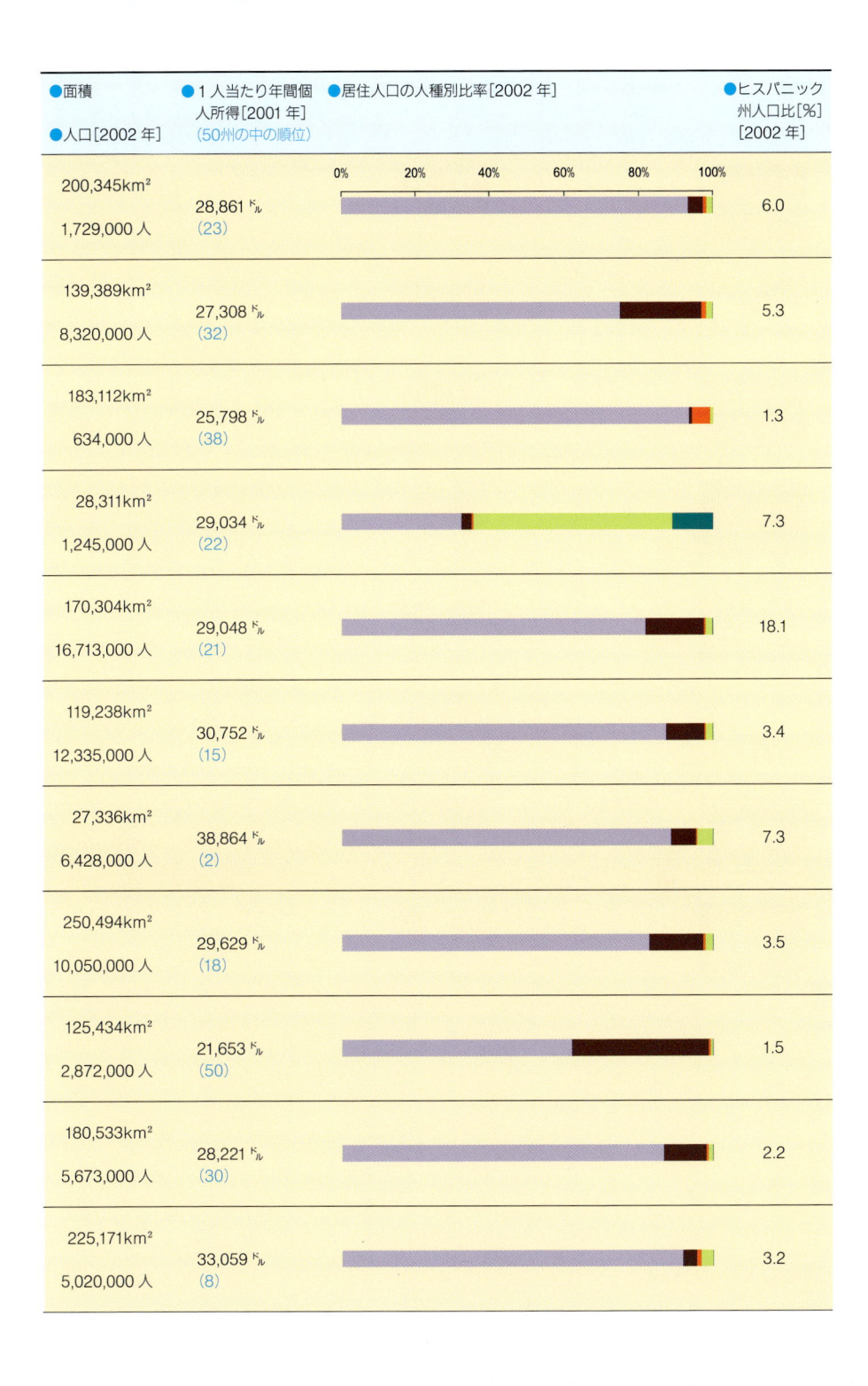

●面積　　●1人当たり年間個人所得[2001年]　●居住人口の人種別比率[2002年]			●ヒスパニック州人口比[%][2002年]
●人口[2002年]	(50州の中の順位)	0%　20%　40%　60%　80%　100%	
200,345km²　1,729,000人	28,861ドル (23)		6.0
139,389km²　8,320,000人	27,308ドル (32)		5.3
183,112km²　634,000人	25,798ドル (38)		1.3
28,311km²　1,245,000人	29,034ドル (22)		7.3
170,304km²　16,713,000人	29,048ドル (21)		18.1
119,238km²　12,335,000人	30,752ドル (15)		3.4
27,336km²　6,428,000人	38,864ドル (2)		7.3
250,494km²　10,050,000人	29,629ドル (18)		3.5
125,434km²　2,872,000人	21,653ドル (50)		1.5
180,533km²　5,673,000人	28,221ドル (30)		2.2
225,171km²　5,020,000人	33,059ドル (8)		3.2

●州旗	●州名 英語名[略号] 州都	●自動車ナンバープレート [愛称・キャッチフレーズ]	●特色
	メイン Maine[ME] Augasta	 1435 GK Vacationland	大西洋岸北部の小州。土地の90パーセントが針葉樹で覆われ、沿岸部は息をのむような絶景。港町が多く海洋性。ジャガイモのほかにブルーベリーの産地。
	メリーランド Maryland[MD] Annapolis	 EER 816 Old Line State	大西洋に面し、南にはワシントンD.C.がある。世界最大の入り江チェサピーク湾によって二分され、海産物が豊か。カトリック教徒の貴族による開拓地だった。
	モンタナ Montana[MT] Helena	 4T-B3317 Treasure State	カナダと国境を接し、東部では大平原と大きな空が広がり、数千頭単位の牛の放牧が見られる。イエローストーン国立公園ではバッファローを見かけることも。
	ユタ Utah[UT] Salt Lake City	 058 ZBR Beehive State	西部の乾燥地で奇岩や奇景が多い。迫害されたモルモン教徒がアメリカを逃れてこの地を築いた。後アメリカに編入。2002年に冬季オリンピックが開催された。
	ルイジアナ Louisiana[LA] Baton Rouge	 LMH 254 Pelican State	メキシコ湾に面した湿潤な土地。フランス領有の時代があり、あらゆる文化様式が混合したクレオール文化が特色。ニューオーリンズからジャズが生まれた。
	ロードアイランド Rhode Island[RI] Providence	 EE-674 Ocean State	ニューイングランド南端の全米最小の州。人口密度が高く産業が多い。19世紀の大富豪の別荘が多数ある。昔ピューリタンの異端者たちがここに島流しに。
	ワイオミング Wyoming[WY] Cheyenne	 1 Equality State	高原に草原が広がる西部。イエローストーン国立公園の一部。農業と放牧が伝統産業で、カウボーイやララミー牧場が実在。女性が参政権を獲得した最初の州。
	ワシントン Washington[WA] Olympia	 602-JPG Evergreen State	太平洋沿岸でカナダと国境を接する。降雨量が多く広大な森林があり、木材が輸出される。おおらかな西部の雰囲気。航空機、ソフトウェア、リンゴ、サケの産地。

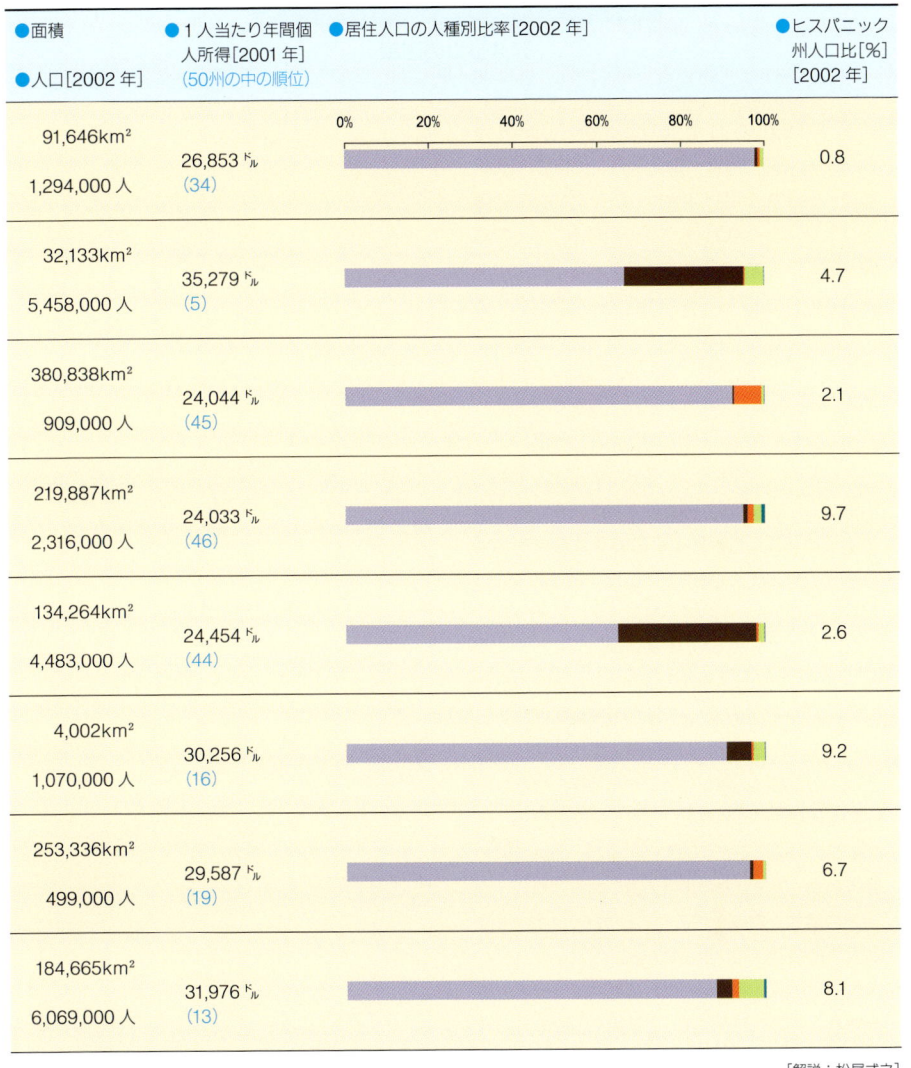

●面積 ●人口[2002年]	●1人当たり年間個人所得[2001年] (50州の中の順位)	●居住人口の人種別比率[2002年]	●ヒスパニック州人口比[％][2002年]
91,646km² 1,294,000人	26,853ドル (34)		0.8
32,133km² 5,458,000人	35,279ドル (5)		4.7
380,838km² 909,000人	24,044ドル (45)		2.1
219,887km² 2,316,000人	24,033ドル (46)		9.7
134,264km² 4,483,000人	24,454ドル (44)		2.6
4,002km² 1,070,000人	30,256ドル (16)		9.2
253,336km² 499,000人	29,587ドル (19)		6.7
184,665km² 6,069,000人	31,976ドル (13)		8.1

[解説：松尾弌之]

アメリカの国歌

アメリカの国歌（The Star-Spangled Banner）の歌詞は，1812年戦争（第2次米英戦争）の最中の1814年9月，ワシントンの弁護士フランシス・スコット・キーが作ったものである。英軍の捕虜となった友人の釈放を求めて，キーはボルティモア沖に停泊中の英国戦艦に乗り込んだ。しかし，湾口にあるマクヘンリー要塞攻撃開始を目前にした英軍にキーは抑留され，要塞が猛烈な砲火を浴びるのを敵船から目撃する破目になった。一晩中続いた砲撃が止んだ明け方，デッキから要塞の方を眺めると朝もやの中から星条旗の姿が現れた。かくして祖国が敵の攻撃に耐え抜いたことを知った感動と自由の尊さをキーは4番までの詩に綴り，当時アメリカで愛唱されていた歌のメロディーがつけられて全米に広まった。

この曲はイギリス人の教会音楽家ジョン・スタッフォード・スミス作曲の『アナクレオンの歌』で，イギリスではバリトン歌手が声域を披露するために歌ったというだけあって，1オクターブ半という広い音域と激しく上下する音程，複雑な拍子のため歌いにくいうえ，酒盛りの歌の印象が強い。そのため，正式な国歌とすることには抵抗もあったが，アメリカが軍事大国になるにつれ，陸海軍の儀式で演奏されるようになり，1931年に正式に国歌として制定された。

現在では，スポーツの試合の開会式などでも演奏され，愛国心の表現として観客も国旗の方を向いて左胸に手をあてて聞き入るか自らも唇を動かす。しかし，合唱しやすい愛国歌としては「ゴッド・ブレス・アメリカ」が選ばれることが多い。

ところで，筆者もアメリカ留学中にカリフォルニア大学バークレー校の音楽学者の教授の前でアメリカ国歌を歌わされて散々な思いをしたことがある。アメリカの国歌にしては，あまりに歌いにくく非民主的ではないかと尋ねてみたところ，彼女はにっこり笑って，この国歌は民主主義の達成がいかに困難であり，また達成できたときの喜

● The Star-Spangled Banner

Oh say! can you see, by the dawn's early light, What so proudly we hail'd at the twilight's last gleaming? Whose broad stripes and bright stars, thro' the perilous fight, O'er the ramparts we watch'd, were so gallantly streaming? And the rocket's red glare, the bombs bursting in air, Gave proof thro' the night that our flag was still there. O say, does that Star Spangled Banner yet wave O'er the land of the free and the home of the brave?

● 星ちりばめた旗
ああ，君には見えるか，夜明けの明かりで，
ゆうべ闇に閉ざされる前に
われらの誇らかに歓呼したものが？
激戦の間中，幅広い筋と輝く星をたたえて，
われらの見つめる要塞に
堂々とひるがえっていたものが！
照明弾が赤く燃え，砲弾が空中に炸裂して，
一晩中，われらの旗の
まだそこに立つことを証明していた。
ああ，その星ちりばめた旗はまだはためいているか，
自由なる者の国土に，果敢な者の祖国に？

（亀井俊介・川本皓嗣編『アメリカ名詩選』岩波書店，1993年による）

びがいかなるものかを音楽的に表現しているのだと答えてくれた。

［舘　美貴子］

たのではなかった。入植者たちはさらに西部へと移動していったからである。オハイオは長いあいだ西部発展の基地ないしは物資の供給地であり、州に昇格するのは17番目にすぎなかった。典型的なアメリカを提供し続ける中西部は、アメリカのふるさとであるが、同時に通過したり捨てられるふるさとでもある。

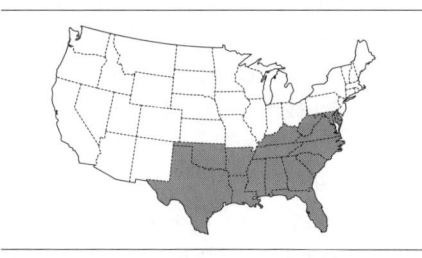

G── 途上国南部

❶── 南部とはどこか

アメリカの公式の資料や統計類には、西部とか中西部といった分類はあるが、南部という分類はなかなか見当たらない。しかし実生活のうえでは南部の存在は相当強く感じられ、南部文学などという表現もあるし、南部のことばや、南部の美人、南部の食べ物といった一般的な概念を否定することはできない。あるいは産業の南部への移転などともいう。このようなことから言えるのは、アメリカの南部とは、400年にわたる歴史がつくりあげた漠然とした地域のくくり方だということである。しかしそのイメージは空疎なものではなく、ある程度の実体を伴いながら、社会のあり方や歴史の歩みに微妙な影響を及ぼしている。

アメリカ南部と北部を具体的に分けるのは、一般に「メイソン＝ディクソン・ライン」とされている（⇨ 16 国土の形成 A-2）。もともと18世紀半ばにペンシルヴェニア州とメリーランド州が境界線をめぐって争ったとき、メイソンとディクソンという2人の技師が雇われて土地の測量を行い、その結果をもとに州境が定まった。アメリカで奴隷制度が大きな問題となったときに、同じ境界線が使用されて自由州と奴隷州の区別がなされた。その境界線は、ほぼそのままの形で西側に延長されて、西部地方における南北の境となった。南北戦争という国内戦争の際も、当然同じ考えが適用された。こうして生まれた南北の区別は、国家統一を図る連邦政府にとってはあってはならない境界線であるが、現実にはいまだに根強い命をもち続けている。現在でもペンシルヴェニア州は北部でありメリーランド州は南部に属するとされるが、メリーランド以外に南部に属するのは、ウェストヴァージニア、ヴァージニア、ケンタッキー、ミズーリ、ノースカロライナ、サウスカロライナ、ジョージア、テネシー、アーカンソー、フロリダ、アラバマ、ミシシッピ、ルイジアナ、テキサスの各州であり、全米の人口に占める人口比率は35％に達する。

❷── 奴隷制の伝統

南部を最も大きく特徴付けているのは、かつてここは奴隷がいたという事実であり、奴隷が解放されて130年以上たった今日でも、このことはまだ重い意味を有している。例えば南部地方はいまだにアフリカ系アメリカ人の多い所であり、過去を引きずったままであることが多い。町を歩けばアフリカ系の数の多さに気が付くし、農場の労働者はほぼ間違いなくアフリカ系であることも見て取ることができる。掃除や荷物運びなどの下積みの作業はもっぱらアフリカ系が担当し、雇用主に対する遠慮や気後れを読み取ることも困難ではない。あからさまな人種差別はなくなったとはいえ、依然として根強い差別も残存している。2000年の統計では、

❹開拓時代からミシシッピ川を行き来した外輪船〔ルイジアナ州ニューオーリンズ〕

全米のアフリカ系人口 3,500 万のうち 52.8％が南部地方に住んでいる。ニューイングランドには 18.7％，中西部に 19.1％，西部に 9.4％であるから，南部におけるアフリカ系の数の多さは際立っている。

南部では奴隷時代と同じように，綿花やタバコなどの換金作物の栽培がさかんである。「ディープサウス」といわれるルイジアナ州の農作物は，収入の多い順に，綿花，砂糖，大豆，米となっている。タバコはアパラチア山脈の東側の海寄りの地域で栽培されていて，いまだにヴァージニア州のタバコは名産となっている。このような南部の農業を支えるのは，豊富な人手，亜熱帯性の気候，豊かな土壌などである。南部一般の土壌は養分の豊かな粘土質で，その深さは場合によっては地下 30m にも達する。鉄分が溶け込んでいるため赤色を帯びており，南部の農場を舞台にした小説『風と共に去りぬ』の主人公がスカーレット（紅色）という名前であるのは偶然ではない。

❸──南部の後進性

しかし農業を中心にした南部は，工業化を中心にした北部と比べて種々の面での立ち遅れが目立っている。すでに 19 世紀中葉の南北戦争の頃に同じ傾向が指摘され，工業化に立ち遅れた南部は北部の工業力に敗北したともいわれていた。南部は昔からアメリカ国内の途上国の役割をにない，原材料を生産して北部に提供し，北部でできた工業製品を受け入れてきた。現在では南部への工業進出が盛んでこうした傾向は薄まりつつあるとはいうものの，依然として南部には社会階層化の問題や，人種差別の問題，貧困の問題，女性の地位の問題，教育の遅れの問題などの第三世界的な課題が山積している。

産業の移入に伴い南部の後進性は徐々に改善されつつあるのは事実だが，事態は急に改まることはない。また同時に急速な工業の進出にともない，環境破壊や，労使関係のもつれ，都市の犯罪，家族の崩壊など，かつては北部だけに見られた「近代病」が発生しているのも事実である。国内戦争まで行って解決しようとしたアメリカの南北問題は，21 世紀の今日もまだ解決を見ていないと言える。

H──南部のゆとり

❶──プア・ホワイトのふるさと

近代から取り残された地域にはある種のゆとりが存在するが，アメリカ南部でもその傾向は濃厚である。時間はゆっくりと流れ，手付かずの森林が緑の環境を提供する。アパラチア山脈の西側の裾野にあるテネシー州やウェストヴァージニア州を行けば，人々は貧しい中でゆったりとした人生を送っている。有り余る時間の中で他人の話に耳を傾け，バンジョーを持ち出して山岳地帯の民謡であるヒルビリーソングを歌っている風景を目にすることができる。たいていの家の前面は幅広いデッキになっており，そこでは近所の者たちを交えて雑談が行われている。食事は一家がそろってとることが当たり前

と考えられている。しかしヒルビリーソングのふるさとは，伝統的に貧しいところであり，近年には炭鉱が閉鎖されたりしてなおさら苦しい地域でもある。1960年代のジョンソン政権時代には，貧困にあえぐ白人「プア・ホワイト」のふるさととして，重点的な福祉政策が実施された地域でもある。

❷──プア・ブラックの世界

山岳地帯を出て平野部に入れば，こんどは「プア・ブラック」の世界である。すべての町にアフリカ系のスラムがあり，多数の貧困者を目にする。奴隷は読み書きを習うことを禁止され，家族を維持することさえ不可能な境遇の中にあったが，こうした過去は簡単に消滅せずに今日の社会問題につながっている。しかしアフリカ系は極貧の状態にもかかわらず，ニューオーリンズの町を中心にしてジャズ音楽を生み出したし，各地の農場や教会では労働歌やゴスペルソング（霊歌）を歌いついできた。こうした豊かな音楽の水源地をもとにして，1950年代から60年代にかけてメンフィスの町でロック音楽の初源的な形が生まれた（⇨76フォークロアD-1）。音楽以外にも貧困と抑圧の中で保持してきた物語や身体表現，寛容の精神などは，「ソウル＝アフリカ系の魂」の文化として南部の特色となっている。

❸──サザン・ホスピタリティー

南部社会には貧困のなかのゆとりだけではなく，本物のゆとりも存在する。綿花などの換金作物の大量栽培は奴隷の手で支えられた。中西部の自営農民のような中産階級は不在であったから，豊かな大農場経営者を中心に貴族社会が成立し，その伝統が300年近くも続いたのである。有産階級が生み出した優雅なライフスタ

❺ニューオーリンズの街角でジャズ演奏を楽しみながら披露するストリート・ミュージシャン

イルは，南北戦争などがあったにもかかわらず今日にいたるまで保持されることになった。

南部貴族社会の発想では，男性は誇りの高い騎士であり，女性は典雅な淑女であったが，このようないささか18世紀的な男女観は，いまだに南部社会の片隅や人々の想像の中に健在である。レディーファーストと称する女性優遇の行動様式も見られるし，男性はあくまでも女性の僕であることが建て前でもある。

ニューオーリンズやチャールストンの町を歩けば，昔は高価であったレンガで造った歩道が続き，マグノリアの大木が茂る中に由緒ありげなレストランなどがひっそりとしたたたずまいを見せている。ここでは時間がゆっくりと流れ，食事は空腹を満たすためではなく社交のためになされる。ゆとりのある貴族の末裔たちは，時間をかけて他人と交わり，ゆっくりと他人の話に耳を傾け，そのことを無上の喜びとする伝統をつくりあげた。これを南部のもてなし好き「サザン・ホスピタリティー」と称する。

アメリカの北東部はピューリタンのふるさとであり，謹厳実直で人間の情感を押さえつけるような風潮を生み出した。また商業の中心地となった結果，すべてに打算的でぎすぎすした人間を多く生み出した。中西部や西部は農民やカウボーイの国であり，優雅な文化や味のある人

間付き合いとは無縁の、荒々しく粗雑な社会を作り上げた。南部は戦争に敗れその社会制度は破壊されたが、生活のゆとりとおいしい食事、優雅な身のこなし、他人に対する思いやりと、美しい民謡の数々を保持してきた。

たとえこうしたことが南部の共同幻想であろうとも、ともすればせちがらく金儲けに走るその他のアメリカに対する軌道修正の役割は果たしてきた。というのが南部の今日的誇りなのである。

永遠の西部地方

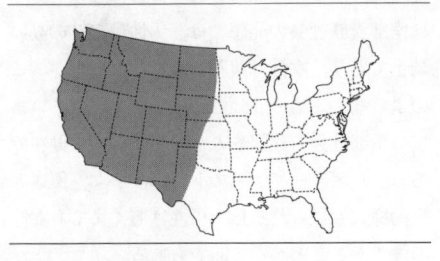

❶ 開拓の記憶

アメリカの西部とはどのあたりを指すか特定することは難しい。西部とは移動する概念であって、正確な場所を指し示すことができないからである。そして特定できないところが、いかにも西部らしい特徴となっている。独立戦争前後の時代には、アパラチア山脈の西側はすべて西部であった。しかし19世紀の初頭にはミシシッピ川の東側は州や準州になっており、西部というよりは中西部と表現したほうがふさわしい状態となった。大平原やロッキー山脈、さらにその西のカリフォルニアが新たな西部の役割をになりつつあった。

人口は増えつつ西側に拡散していったが、太平洋岸までは東海岸から数えて4,800kmの距離がある。そしてここまで開拓者が到達するには、およそ300年の年月がかかっている。この流れを1年あたりの動きに換算すれば、1年間に16kmの速さで西部が開拓されていったことになる。比較的ゆっくりとした速度で原始林や、荒野、砂漠、山岳地帯などが克服されていったが、300年に及ぶ開拓の経験は、すべて「西部」として記憶されている。

しかし一般的に西部といえば、ミシシッピ川の西側の世界を指すことになっている。これは19世紀末に固まった考えだが、この状況は今日でもさして変わっていない。今日西部というときにはロッキー山脈のふもとの諸州、モンタナ、ワイオミング、コロラド、ノースダコタ、サウスダコタや南西部のネブラスカ、カンザス、テキサス、ネヴァダ、アリゾナ、ニューメキシコ、それに西海岸諸州のカリフォルニア、オレゴン、ワシントンを意味する。この地域の人口は全米の約22％を占め、主な産業としては牧畜業、灌漑用水を用いた農業、石油、石炭、ウラニウムなどの鉱業、航空機産業などの製造業などがある。人口が希薄なうえに風光明媚な場所が多く、アメリカの国立公園の3分の2以上が西部地方にある。そのため観光産業も大きな役割を果たしている。

❷ マウンテンメン

日本の集落の発展などとは異なって、アメリカの西部地域の拡大には独特のパターンが認められる。毛皮の採集者がまず入り込み、そのあとを牛の飼育者が追い、最後に農民が定着するのである。アメリカ大陸にヨーロッパ系が入植すると直ちに毛皮の採集者が奥地に入り込んだが、かれらは動物の通り道やネイティブ・アメリカンの踏み分けた道をたどって西部への道をつけ、最終的には他の入植者のために太平洋への道をつけるという重要な役割をになった。毛皮採集人は徒党を組むことを嫌って1人で山

に入る者が多く，自然のなかでネイティブの生活方法を身につけていった。ネイティブとの交流もさかんで，ウィスキーと病気を広めるといったこともしたが，ネイティブの女性を娶る者も多かった。一般には「マウンテンメン」と呼ばれ，自然を友にして生きる野生児であり，西部の人間のイメージの原型となった。

❸──カウボーイ

　毛皮採集者の後に続いたのが肉牛の飼育者たちで，カウボーイと呼ばれる男たちである。彼らは牧草の生えている場所を求めて西部地方を転々とした。ほとんどは政府が所有する無人に近い土地を渡り歩いたが，もとからそこに住んでいたネイティブ・アメリカンとのいざこざは絶えなかった。警察権力の及ばない地域であったため，盗難などに備えて銃を身につけていた。南北戦争の頃にはテキサス地方が飼育の中心地となっており，南西部から北部へ多数の牛を移動させる光景がひんぱんに見られたという。しかし鉄道が発達して牛の輸送が貨車で効率的に行われるようになり，政府の土地で勝手に牛を飼育することも禁止されるに至った。さらに牧畜業は19世紀末になると大部分が大企業の運営するビジネスと化し，鉄条網の囲いの中で牛の飼育が効率的に行われるようになった。さえぎるもののない広々とした草地や荒野をオープンレンジというが，そこを自由に行き来するカウボーイの姿は，20世紀に入る頃には鉄条網の中にしか見ることができなくなったわけである。しかし荒野を駆けめぐる自由の象徴としてのカウボーイ神話は，いまだアメリカで消え失せてしまったわけではない。

❹──農民

　カウボーイの後を追ったのは農民であり，西

❻ バイソンの群れを追い込むカウボーイ［モンタナ州］

部開拓にあたって最も大きな役割を果たした。毛皮採集人やカウボーイは自然をそのまま生かして共生を図り，そこから利益を生み出すのが仕事であったが，農作業は1ヵ所に住み着いて自然の克服や管理を行うことを意味する。したがって西部地方に古くからあった樹木やネイティブの人々は，雑草や害虫のように除去されねばならなかった。

　農民が現われるにつれ西部の原始林が次々と消滅し，風景は永遠に変わっていったのである。農民の多くは集落に入植者が増えてくると家と土地を良い値段で売却して，さらに西の方に移るということをくりかえした。西部の農民にとっては，一生のうちに6回から7回家を移ることが普通であったという。平坦な農場はますます西に広がって，農業という名前のブルドーザーで西部地方の姿を変えていったのである。

　こうした農民は政府から優遇され，土地はただ同然の価格で入手することができた。また1862年のホームステッド法では，農民が無断で使用中の土地は手続き費用だけでその4分の1を取得できると定めている。西部に入る農民を優遇するという思想は，ごく最近の1977年まで法律として定めてあった。

J──西部をめぐる神話

❶──可能性の土地，西部

　アメリカ大陸の東海岸にヨーロッパ系の人々が定着を始めてから長い時間がたつうちに，人間が作り上げたしきたりや慣習，政府の規則や社会のしがらみなどが蓄積していった。煩雑なもろもろの約束事を心得ることが行儀の良い市民の条件となっていったが，西部の出現は，そうした息の詰まるような社会に対して風穴を開ける役割を果たしたのである。

　アメリカの内陸部が開拓されたとき，そこに入り込んだのはマウンテンマンやカウボーイ，金銀を求めた山師たちであり，西部の人間像は秩序だった東部社会のアンチテーゼとなった。ふるまいが粗野であり，既存の常識を心得ず，高度な文化の理解者ではなかったが，見知らぬ他人を善人と考え，人間の過去を問わずに将来に期待するという人のよさがあった。実際に，農家に立ち寄った旅人には当然のように夕食と一夜の宿が与えられた。家にかぎをかけなくても泥棒がいない社会であり，酒場では相手の過去については一切触れることなしに会話が弾み，約束事は口頭であっても必ず守るという風習もあった。

　規制の手が届かず既存の常識のしがらみのない生活，広大な土地が約束する無限の可能性，などに引かれて多くの者が西部に移動した。むしろ西部への移住を夢見たことのないアメリカ人は少なかったといえる。「息子よ，西部へ行け」というのがアメリカの父親の口癖であったとさえいわれている。しかしながら実際の生活は苦しく，開拓作業，作物の植え付け，生活の維持などの苦労があり，ことに女性にとっての生活には過酷なものがあった。絶え間ない家事のほかに，子育てや病気などの心配事，ネイティブの襲撃や孤独な生活の心労などが重なって，女性は40歳にもなると老齢者のようになったといわれる。

　事実を丹念に追っていけば，けっきょく西部にユートピアは建設されなかったことが判明するし，一介の労働者に新しいスタートを提供する機会も少なかった。それにもかかわらず，西部はアメリカ人を魅了し続けてきたのである。そしてこの動きは今日でもまだ進行中である。数百万のアメリカ人にとって，西部はそこにあるから行かざるを得ない場所であり続ける。

❷──メディアと西部イメージ

　西部の夢は大衆小説の中にくりかえしあらわれる。手軽に10セントで購入できたためダイム・ノベルと称する小説が18世紀中頃にあらわれたが，そうした流行作家の1人がネッド・バントラインである。バントラインは1886年に生涯を閉じるまでに400種類近くのダイム・ノベルを著したが，その内容はほとんどが空想であり，冒険と暴力に満ちた西部の物語であった。主人公をバッファロー・ビルといったが，ビルは野生動物を手なずけ，荒野の悪者と戦うなどして大活躍を展開し，多くの読者の想像を掻き立てた（⇨75 アメリカン・ヒーロー B-2）。20世紀早々にはマックス・ブランド，ゼーン・グレイ，ルイス・ラモー，オーウェン・ウィスターなどの大衆作家が出現し，バッファロー・ビルの系譜を引き継いで多くの西部物語を発表した。ベストセラーも多かったがその内容は似通っており，例えば『平原の男の最後』（1908）に代表されるグレイの作品では，ガンさばきが上手で独立精神の旺盛な主人公が登場して悪にまみれた敵をこらしめている。

　アメリカの西部はさらに具体的な形でも提示されて，西部に対する想像力をかきたてた。い

まだに人気が衰えず全米で行われているロデオは，カウボーイの姿をした男たちが暴れ馬を乗りこなしたり，雄牛の背中にまたがったり，子牛にロープをかけて絡めとるなどという見世物である。今日ではカウボーイの勇姿のほかにさまざまな西部の風物などがあしらわれて西部観光ショーのおもむきがあるが，商業的な見世物として確立したのは19世紀末のことであった。もとは本物のカウボーイたちが放し飼いの牛を駆り集めるというつらい労働を終えて賃金を受け取ったときに，仕事の終わりを祝って互いの技術を見せ合ったところから始まった。しかし見世物としてのロデオは民衆の娯楽として大きな人気を博し，西部神話の主人公としてのカウボーイのイメージを固めて今日にいたっている。

ロデオに代表される西部のイメージはサーカスなどにも取り入れられたが，さらに説得力を発揮したのが映画である。映画は『列車強盗』(1903) のように，その始まりから西部を舞台にしているが，その後も多くの西部劇映画がつくられた（▷100映画D）。大部分はダイム・ノベルの伝統に基づく物語が内容となっているが，なかでもジョン・ウェイン主演の『駅馬車』，『アラモ』，ジョン・フォード監督の『荒野の決闘』（邦題），『リバティ・バランスを撃った男』などが大きな影響力をもったといわれる。また1950年代からはテレビが普及し，ソープオペラとともに西部劇が番組を構成する重要な要素となった。

こうした一連の流れのなかで，アメリカの大衆文化のジャンルとして「ウェスタン」といわれる分野が成立した。ウェスタンはきわめて通俗的な物語形式をもち，テレビ，映画，小説，歌謡，ファッションなどのあらゆるマスメディアに存在する。19世紀末の法と秩序がないに等しいアメリカの西部が舞台で，理想化されたヒーローが悪者と対決して暴力的な衝突が起こ

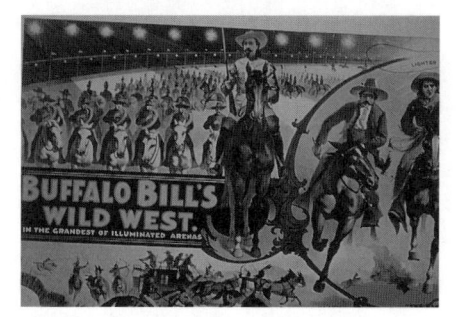

❼西部イメージの神話化を促した「ワイルド・ウェスト・ショー」のポスター

る。英雄はカウボーイであったり，マウンテンメンであったり，法治社会の外に生きるアウトローであったりするが，大事なのは彼らが自由人であることだ。小道具はガン，馬，酒場，平原，ジーンズなどである。

❸——究極の西部カリフォルニア

20世紀のアメリカはますます都市化し，1996年の統計では全人口の79.8％が都市部に住む。それにもかかわらず多くのアメリカ人の心のなかには，自己イメージとして伝説の西部の人間像が棲みついている。

縛り付けられることを嫌い，タフで，前向きで，恐怖心を知らない人物は，なにごとにも勝利をおさめなければ気がすまない。たとえそれがアメリカンフットボールであったり，中古車の売買であったり，デートであっても「勝利」がかかっている。それはアメリカ社会の男性中心的な価値観というよりは，管理社会のなかでの自由への憧れがかもし出した人間像なのであろう。

西部地方はそうした願望を受け入れてきた。また西部の定義は歴史のなかでゆれ動いてきたが，反論の余地のない究極の西部はカリフォルニアであることははっきりしている。そこで夢のカリフォルニアには，論理的な説明を超えた

あらゆる願望が集積することになった。広々とした空間, 小さなオレンジ農場付きの住宅, 一攫千金の夢, 疲れた農民を癒す再出発の機会, 無政府主義者, 高級車ポルシェと優雅な人生, 形而上の悟り, 異端者の容認, 東部の失敗に学んだ新しい街づくり, などなど。

K——拮抗するイメージ

アメリカの地域の分類は極めて恣意的なものであり, すでに西部地方の例で見たように揺れ動くことさえある。ここにあげた地域分類をさらに細かくする方法もあり, 例えば東海岸をニューイングランド, ミッドアトランティック (ペンシルヴェニア地域), タイドウォーター (ヴァージニアとメリーランド近辺), 南部 (ジョージアなど) とすることもできる。現在の西部地方も, ロッキーマウンテン地域, 南西部, 西北部, 西海岸として分ける考えもある。こうした分類は地理上の特徴をもとにしたり, 言語的な特徴やエスニック・グループの分布状況がもとになっていたりする。あるいは歴史的な行きがかりが地域の分類の基本であることも多い。また逆にここで取り扱った以上に大きく区切ることも可能で, その典型が合衆国政府の定める時間帯であろう。アメリカには東部時間帯, 中央時間帯, 山岳時間帯, 太平洋時間帯の4種類があり, これは鉄道や航空機の運行の必要に迫られて無機的に定められた。

それぞれの分類方法には抜き差しならぬ理由があり, 区分された地域にはそれなりの正当性をもって地域の特色が存在する。しかし各種の分類のわがままを許すときに, 私たちはやがてものごとの認識のよすがを失っていく。アメリカの草の根の意見を聞けば, 分類は限りなく細分化され続けてとどまることがないであろう。

東海岸に属するニューヨーク市という単位には, ユダヤ系とイタリア系が多いといっても, それはあまりにも大雑把な分類にすぎない。実際にはモット通りに沿ってイタリアのカラブリア地方の人間が集中して住んでいるし, マルベリー通り付近はナポリの出身者で占められる。ナポリの人間にとっては「イタリア」は念頭にないどころか, モット通りの連中とは食べ物や風習が違うがゆえに敵対関係にある。さらに外国人である私たちには窺い知ることのできない, ナポリ系のなかのさらなる区分もあり得る。

分類のもたらす知的アナーキズムを回避するために, 私たちは2つの方法に依存してきたように思われる。ひとつは地域間の差異や特色はないと言い切ってしまう方法である。かつての言い方としては, アメリカはすべてが溶け合ってひとつになる「メルティングポット」だという説明である。新しい言い方は, テレビやインターネットが発達して同じメッセージが全国に流れ, 連邦政府が強大化して全国をまとめるようになった結果, 地域間の格差や差異は埋まりつつあるとする論議である。

しかしこうした論議は, モット通りの人間たちの冷笑の対象になるだけであろう。もう1つの方法は, アメリカの時間帯のように, 無理を承知で無機的に区切ってしまう方法である。もともとアメリカ合衆国という区切り方じたいも無機的, 人工的な側面を持つが, 北部と南部といった分類や, ケンタッキー州とカンザス州は別物だといった区切り方がそれにあたる。しかし北部人とかカンザス州民, あるいはアメリカ人などと称してその特色を論じるとき, うさん臭さが付きまとうことは避けられない。「アメリカ人は誇りを持って云々」などという表現が, いかにも信用できない雰囲気を持つのはそのためであろう。

アメリカ大陸の広大なトポスの広がりは, 限

りなく具体的で個別的な事例を内包しながら，私たちの概念化の試みに反乱を仕掛けてくる。かつてジョン・グレンがアメリカ最初の宇宙飛行士として天の高みから帰還したとき，宇宙から見たアメリカには何が見えたかと聞かれた。そのときグレンは「アメリカの緑の丘」が見えたと答えている。

　私たちは宇宙飛行士ではないし，まして神でもない。そこで認識の力に限りのある人間として，緑の丘とモット通りのあいだを漂うことにしか方法がないように思われる。場合によってはニューイングランド的思想と南部的思想が拮抗する姿を認め，カウボーイ神話もプロテスタント的資本主義精神の発露も，あるがままに認識していかなければならないのではないだろうか。焦点距離の異なるもろもろの拮抗関係が起こって混乱を極めているのが，結局はアメリカというトポスだったのではないかと思われる。

■さらに知りたい場合には

岡田泰男編『アメリカ地域発展史』有斐閣，1988.
　[地域によって大きく異なる自然や風土，人々の生活や価値観などを取り上げて多様なアメリカを描き出し，歴史的な背景にも触れる。]

清水克祐『アメリカ州別文化事典』名著普及会，1986.
　[州別に解説した文化事典。人名，地名，ニックネームなども取り上げ，その文化の特徴をきめ細かく記述。]

ピアス，N.他編（中屋健一訳）『ザブックオブアメリカ──最新アメリカ50州州別詳説！』実業之日本社，1985.
　[読みやすい文体で，各州の文化傾向，社会，経済，政治などについて詳しく解説したもの。]

地球の歩き方編集室編『地球の歩き方　アメリカ（2003〜2004年版）』ダイヤモンドビッグ社，2004.
　[カリフォルニアを中心とした年ガイドのほかに，ロッキー山脈と西部，五大湖と中西部，フロリダと南部，ニューヨークと東部などについて，実用的な情報を提供。]

地球の歩き方編集室編『地球の歩き方プラス・ワン　アメリカ・ドライブ旅行』ダイヤモンドビッグ社，2002.
　[北米大陸横断やアメリカ南部大陸横断，西部9州周遊の旅の体験記と，ドライブにあたっての注意事項など，話が具体的。]

Rand McNally 2003 Road Atlas United States: Large Scale (Rand McNally Large Scale Road Atlas US). Rand McNally, 2002.
　[アメリカの道路地図。]

20 | 都市
American Cities

町村敬志

都市とは，まとまった規模の人々が暮らすために人工的に構築された居住空間であり，そこには多くの社会的な機能が集積し，その形成のされ方に応じて独自の歴史が刻まれている。したがって，一口にアメリカの都市と言っても多様な個性が見られるが，それらに通底するアメリカ独自の特徴を挙げることもできよう。ここでは次の2点を指摘しておきたい。第一に，都市とは，次から次へとやってくる移動民が，アメリカでまず当座の居場所を見つける空間であった。第二に，アメリカ人にとって，自らの夢である「ホーム」が実現されるべき場所であった。ホームとは，荒々しい自然の脅威から守られた安全な人工的場所であると同時に，田園に似せられた緑豊かな場所であることが期待された。アメリカン・ドリームを求めてアメリカに足を踏み入れた人々にとって，都市とはいわば入口でもあり到達点でもあったわけである。こうしたアメリカの都市が，どのような矛盾や緊張をはらみながら形成されてきたかを探ってみよう。

A──広野に姿を現すメトロポリス

❶──都市化の進展とその要因

アメリカで都市化が急速に進んだのは19世紀の後半以降である。1850年，都市人口は総人口の15.3％にすぎなかった。しかし1900年，その値は39.7％になり，1920年には都市人口が農村人口を凌駕する。1940年には大都市圏に暮らす人口が総人口の過半を占め，2000年には80.3％に達している（以上人口センサスによる）。

このように都市化が進展した理由として次のような要因を挙げることができる。

①解体直前にあったヨーロッパ・アジアの旧帝国やメキシコなどからの膨大な移民の流入。

②アフリカ系住民による国内移住（南部から北部・西部へ）の増加。

③南北戦争（1861-65年）後の，特に北部における工業を中心とした産業の発展。

④フロンティアの消滅（1890年）にともない新たな農地・放牧地の入手が困難になったこと。

⑤上記の③④ともからんで生じた産業構造の変動（工業が中心になり，その従事者が急増）。

⑥鉄道や自動車の普及による交通・流通機能の飛躍的向上。

⑦高層建築，公衆衛生，生活必需物資の流通など，集住技術の発達。

❷——都市を性格付けるマイノリティ

上の①で挙げたような移民は，建国当初の移民たちと区別して新移民と呼ばれる。彼らは沿岸都市を起点としながらしだいに内陸へと移住し，各地で成長を遂げる都市の新しい住民となっていった。加えて，②に挙げたアフリカ系住民の国内移住の活発化が，アメリカ都市の多様化を促進する。第1次世界大戦勃発によるヨーロッパ移民流入の停滞，病害虫による綿花不作などが重なって，南部コットンベルトに集中していたアフリカ系の住民たちが，北上を本格化させた。その結果，東部や中西部大都市に存在していた小規模な黒人居住地区は，隔離されたいわゆる黒人ゲットーとして，しだいにその規模を拡大させていった。

20世紀の都市形成のあり方を大ざっぱに見ると，大都市を目指したのは主流派白人ではなく，むしろ多様なマイノリティたちであったことが見て取れる。とりわけアフリカ系黒人たちの大規模な都心移住と白人の郊外脱出が，大都市のあり方を基本的に性格付けていく。黒人たちにとって，日常的な差別に充ちた「現にそこにある都市」と，かなわぬ理想（Sweet Home）を幻視させる「見えない都市」とが，隔離された都市のゲットーの中で重層化していく。

しかしながら多数派の白人からみて，有色人種の増加はそれ自体，コミュニティ解体や社会問題の原因と見なされた。すなわち，都市に流入した有色人種はきびしい差別の下で多く都心に住みつき，それまで都心に居住していた白人はこれを嫌って郊外へ移り住んだ。急激な住民の移動により地域コミュニティの機能が低下し，また低所得の住民が増加したことによって，都心部のスラム化が進んだのである。こうしたスプロール化の原因が有色人種の流入に求められ，後述する反アーバニズムの動きが強められていったのである。

B——アーバニズムと反アーバニズムの相克

都市化の進展の中で，アメリカの都市はどのような特徴を示すようになり，またそこに住む人々はどのような夢を思い描いたのであろうか。

一口にアメリカ都市と言っても，ヨーロッパの影響を強く受けた大西洋岸都市と，その他の地域の都市では，歴史的背景や景観が大きく異なる。しかしながら国家としての統合が進む19世紀後半から20世紀にかけて，現代へも受け継がれていくことになるアメリカ都市の基本的イメージが，具体的な形をとるようになってきた。それは一言で言うと，アーバニズムと反アーバニズムの対立と共存と要約することができる。

スタインベックが『アメリカとアメリカ人』の中で，「新しくアメリカにやってきた人たちは，自分たちと同じ言語や習慣の土地にいき，他方，どの町も他国者を入りこませぬため，わが町を守った」（大前正臣訳）と記したように，都市はこうした開放性と閉鎖性を2つながらに実現しようとするところから，常にその内部に緊張をはらんだ場所となった。しかも，人々が夢の実現を目指したホームは常に幻想でしかなく，またその実現可能性には人種民族や階層によって大きな差があるのが普通であった。

逆説的かもしれないが，こうした幻想的な部分をはらんでいればこそ，広大な平野に忽然と姿を現したメトロポリスは，人々にとって得体の知れない魅力をたたえたフロンティアとなっていく。こうした魅力について T. ドライサーは，田舎町から大都市シカゴを目指した18歳の娘を主人公にした小説『シスター・キャリー』（1900）の中で次のように書いた。

1889年のシカゴは，前代未聞の成長を遂げている真っ最中で，若い娘たちさえもこのように胸躍る旅に出てやってくるのは，無理もないと思えるような都市だった。稼ぎにありつける可能性にあふれていて，まだまだ発展中だという噂は遠くにまで広がっており，そのために，あらゆるところから希望にみちた人びとや希望を失った人びとを引きつける巨大な磁石になっていた。(村山淳彦訳，岩波文庫版 (上)，1997, pp.36-37)

　他方で都市はまた，実直な自作農が作り上げる農村との対比で，否定的な特徴を持つ存在としても位置付けられてきた。シンクレア・ルイスは，中西部の小都市を舞台に設定した小説『本町通り』(1920) に寄せた序文 (1937年版) でこう語る。

　その昔，1905年に，アメリカでは，都市は邪悪であり，農業地においてさえ時に神の怒りを受くべき人びとがいるけれども，村落は天国同然であることが，ほぼ一般に知られていた。村落は，いつでも，大きな緑の木立ちにおおわれた白い小住宅から成っており，貧困もなければ，口に出すほどの苦労もなかったし，日曜日ごとに気立ての優しい，その声が朗々と響く牧師たちが慰安と学識を注ぎ出し，銀行家は相当にいかがわしい取り引きをやらかすにせよ，結局，実直な自作農に打ち負かされるのであった。(斎藤忠利訳，1937年限定版の序文から，岩波文庫版 (上)，1970年, p.4)

C── 郊外社会の理想と憂鬱

　19世紀末以降のメトロポリスの急激な拡大は，アメリカにかぎらず世界的な趨勢となり，それに対抗する反アーバニズムの思想と実験が世界各地で生み出された。理想のコミュニティを模索する試みは，例えばイギリスで，都市と農村の融合を目指す田園都市 (Garden City) の思想 (E. ハワードら) を生み出す。しかしながら反アーバニズムに根をもっていたはずの小コミュニティの理想は，皮肉な結果として，大都市周辺部に郊外と呼ばれる新しい都市空間を壮大な規模で生み出していく。

　アメリカにおいてもそれは，C. A. ペリーが1924年に提唱した近隣住区の実現という形をとりながら展開した。「近隣住区」とは都市計画を立案する際の基本となる計画単位である。1つの近隣住区は1つの小学校が成立するくらいの人口と広さを目安に設定され，そこに計画的に各種施設を配置し，上述したような都市の環境悪化を食い止め，住民参加によるコミュニティの再生を図ることを目的としている。このアイデアは世界的な影響を及ぼし，日本の団地やニュータウンづくりにもその基本理念が採用されている。

　郊外は，19世紀末に「路面電車の郊外」としてまず姿を現したが，1910年代に入ると自動車の急激な普及によってその相貌と役割を大きく変えていった。人々が手にした自分専用の自由な移動手段に，「腐敗した都市では失われてしまったコミュニティを再建する」という理想が結び付いて，アメリカ都市は外縁部に向かって増殖を遂げていく。ただしそれは，職住一体の労働者コミュニティ建設という意図を備えていた田園都市構想とは異なり，白人中産層の排他的な住居専用地域としての性格を急速に強めていった。

　第2次世界大戦後，復員軍人やベビーブームによって急増した住宅需要に応える形で，レヴィットタウンなどの大規模な郊外住宅地の建設が盛んに行われ，郊外社会はさらに拡大していった (⇨ 94 デザイン D-2)。規格化された安価な住宅が大量に建てられ，都心と郊外を結

シカゴの発展と都市社会学の誕生

　読者のみなさんは「シカゴ」といわれて何を思い浮かべるだろうか。音楽ファンならばブルースのメッカとしてのシカゴ，エコノミストであれば世界の動向をリードする先物市場が頭に浮かぶだろう。美術ファンにとってはスーラの「グランド・ジャット島の日曜日の午後」で有名なシカゴ美術館，建築マニアにはF. L. ライトら著名な建築家たちが競うように設計したいくつもの摩天楼も見逃せない。こうした多彩な都市の相貌が19世紀半ば以来のわずか150年ほどの間に形作られたのである。活発な経済活動がこうした発展の基礎になったが，その背後には多様な人種・階層にわたる人々の猥雑なまでの活力が脈打っていた。

　「風の街」シカゴは「最も典型的なアメリカ的都市」ともいわれる。19世紀の中頃から，中西部の農産物などの集散地として，また東部と西部を結ぶ交通の要衝として発展を始め，各地で都市化が進んだ19世紀末から20世紀初頭にかけては，全米でも最も急激な発展を遂げた都市となった。1850年の人口は約3万人であった。それが1870年には30万人，1920年には270万人まで膨れ上がった。

　それにともない，さまざまな都市問題が集約された形でドラスティックに生起する。1893年に万国博が開催されたことからもうかがえるように，活気に満ちた経済活動にひかれて，多様な人々が流入し，急激な膨張のために住環境は悪化した。住民の貧富の差は拡大し，人種や階層による住宅地区の住み分けがはっきりしてきた。激しい労働争議や人種対立が頻発し，ギャング組織のネットワークも張りめぐらされた。こうしたなかで，上述のハイカルチャーからサブカルチャーに至る雑多な文化も花開いたのである。

　1910年代から30年代にかけて，こうして急成長を続けるシカゴを研究対象とする社会学が生まれ発展を遂げた。R. パークらシカゴ学派（⇨ 32 社会学の成立 K）と呼ばれる社会学者たちは，植物の群落や動物の群れの変容にヒントを得ながら，人間生態学という発想で都市社会のダイナミックな変化を説明しようとした。都市の発展を自然現象になぞらえて捉えようとしたのである。彼らは，都市内で拡大する階層分化，支配的な社会規範からの逸脱を含む多様な都市文化などを，都市エスノグラフィーの手法を用いながら生き生きと描き出していった。

　次々生まれる移民たちの小コミュニティは自然地域（natural area）と位置付けられ，都市はそれらが作り出すモザイクとして認識されていく。活気に充ちた都心の周辺部には，異質性に富む新しい移民たちを受け入れては，適応の進展とともにそれらを外へと押し出していく働きをする遷移地帯が形成される。遷移地帯には，リトル・イタリーやチャイナタウンのような自然地域が生み出されていく。

　都市社会学という新しい認識のスタイルは，都市の歴史でいえば新参者にすぎない「場末」のシカゴで大きな発展を遂げた。分厚く累積した歴史や文化の上に形成される旧世界の都市とは異なり，アメリカでは，いわば「都市的なるもの」が野生のまま荒々しくその姿を露出させていた。目の前に生起している現象をそのものとして的確に捉えようとし，さらに問題解決のための政策的応用を志向するプラグマティズムによって裏打ちされたシカゴ学派のスタイルは，それ自体，都市の自画像を映し出す極めてアメリカ的な鏡となっていった。

　1926年，シカゴを起点とするハイウェイがルート66として完成される。終点のロサンゼルスは20世紀後半，多人種と消費・エンターテイメントによって彩られる巨大都市へと成長していく。シカゴ学派からロサンゼルス学派へ。21世紀初め，都市研究にも新しい風が吹き始めている。

　　　　　　　　　　　　　　　　　［町村敬志］

❶郊外に登場した典型的な住宅地レヴィットタウン［ニュージャージー州，1957年］

ぶ都市フリーウェイも整備された。こうして一般化していく郊外は，「豊かな社会」を体現するアメリカン・ファミリーの主要な活動舞台となるとともに，体制順応的で個性を失った大衆社会の象徴として位置付けられていく。2000年の人口センサスによれば，総人口のちょうど50.0％が郊外地域（大都市圏内でかつ中心都市以外の地域）に居住している。

郊外社会は確かにひとつのユートピアであった。しかしそれは，ゾーニングなどの制度を通じて白人中産層によって排他的に独占され，かつ専業主婦化した女性をその内側に閉じ込めたブルジョワ・ユートピアの空間であった。だが，人種的・ジェンダー的にみて極めて偏りをもった空間として形成された郊外社会は，疑いなく20世紀アメリカ都市の生み出した最も典型的な風景のひとつとなっていく（⇨78アメリカン・ファミリー）。

D──都心社会の衰退と再生

大都市圏中心都市からの白人住民の脱出は，その中心都市の衰退を引き起こした。経済的な衰退と雇用機会の減少，富裕層減少に伴う都市財政の悪化，物理的建造環境の荒廃が相互に連関し合いながら進行した。そのしわ寄せがとりわけ都心部に取り残されたマイノリティに降り

かかり，その抱える問題が深刻さを増した。1950年代以降，都市問題は人種問題としての様相を濃くしていく。このため，それまで都市政治への介入に慎重であった連邦政府は，都市問題の全国化とともに，しだいにその関与の度合いを高めていった。

1949年住宅法に基づき，1950年代，都心部では連邦政府の資金援助を得て大規模な再開発事業が進められた。しかし，クリアランス（建物の解体・撤去）を伴うその手法は，アフリカ系住民やイタリア系など新移民のコミュニティをしばしば根こそぎ解体する結果を招いた。また跡地に建設された公的な集合住宅はアフリカ系住民の新たな人種隔離をもたらし，コミュニティ維持に失敗した高層住宅はしばしば立体スラムと化していった。

公民権運動の高まり，ワッツ暴動（1965年夏，ロサンゼルスで起きた黒人ゲットー住民の大暴動）など人種間紛争の多発に全米都市が直面した1960年代，都市政策は国家の最重要課題へと浮上する。その結果，大都市で暮らすマイノリティの社会的機会構造の改善を目指して教育や職業訓練の充実を目指す一連の社会政策（コミュニティ・アクション事業，モデル都市事業など）が，連邦政府の支援の下で大規模に進められていく。また，差別解消のためのさらに積極的なアファーマティブ・アクションとして，人種混合教育実現のための強制バス通学がボストンなどで実施に移され，白人層の強い反

対運動を引き起こした。

　しかしながら，アメリカ経済が低迷していく1970年代に入り，これら積極的な介入政策に対して，白人を中心とした層で反発が強まり，また財政的な裏付けも失われていく。このため十分な成果を上げることができないまま，政府の財政危機によって中断を余儀なくされていった。代わって，市場原理や自助原理を重視する大都市の経済的再生，都市の再構築（リストラクチュアリング）を目指す動きが，レーガノミックスとも結び付いて，1980年代から大きな流れを形作っていく。ピッツバーグ，デトロイト，ボルティモアなど東部から中西部にかけての伝統的な工業都市では，衰退した都心空間を再商品化するため，ウォーターフロント開発などジェントリフィケーション（都心の衰退地区の高級住宅地化）を目指す再開発が進められた。

　都市産業の中心が工業から金融，情報，観光，コンベンションなど各種サービス業へと転換していくにつれ，資本や消費者，観光客を誘致するための都市間競争が激化していく。プロスポーツのフランチャイズ制にも象徴されるように（図20-1），アメリカでは各都市が成長マシンとして互いに競い合う歴史をもっていた。そのため，第2次大戦後，アメリカの各都市はオリンピックや国際博覧会などの各種メガ・イベントを競って招致した（夏季オリンピックを例にとると，1984年にロサンゼルス，1996年にはアトランタで開催された。このほかデトロイトは3回立候補しすべて落選した）。ラスヴェガスやディズニーランドに象徴されるような徹底した空間商品化の手法は，場所のマーケティングの技法として洗練され，それ自体アメリカ都市を特徴付ける重要な文化的要素となっていった。

❷ロサンゼルス・ダウンタウン再開発の一環として建てられたウォルト・ディズニー・コンサートホール［2003年10月に完成し，その斬新なデザインにより都市の新たなランドマークとなった。］

E──アメリカ的都市要素の世界への広がり

　1980年代に入ると，グローバリゼーションの進展が都市経済に大きな変化をもたらすようになる。厳しさを増す国際競争，工場の海外移転などによって落ち込んだ都市経済を，国際金融センターや多国籍企業本社の本拠地として立て直すことを意図した政策が，ニューヨークなどで採用される。国境を越える経済的ヒエラルキーのトップに君臨する都市を指す概念として，世界都市（world city, global city）という語が採用され，新しい都市モデルとして1980年代から流布するようになる。だが，世界都市という語には，もうひとつ別の含意があった。すなわち，ひとつの都市のただ中に，あたかも先進国と途上国の間に存在するような極めて大きな経済的格差と支配従属の構造が埋め込まれつつあることである。1980年代に入り，ラテンアメリカやアジアからやってくる移民の数は再び急増を示していた。多様さを増していく移民の中で，依然として多くの層は，低賃金

図20-1 ●メジャーリーグ・ベースボールの球団立地都市［2003年］

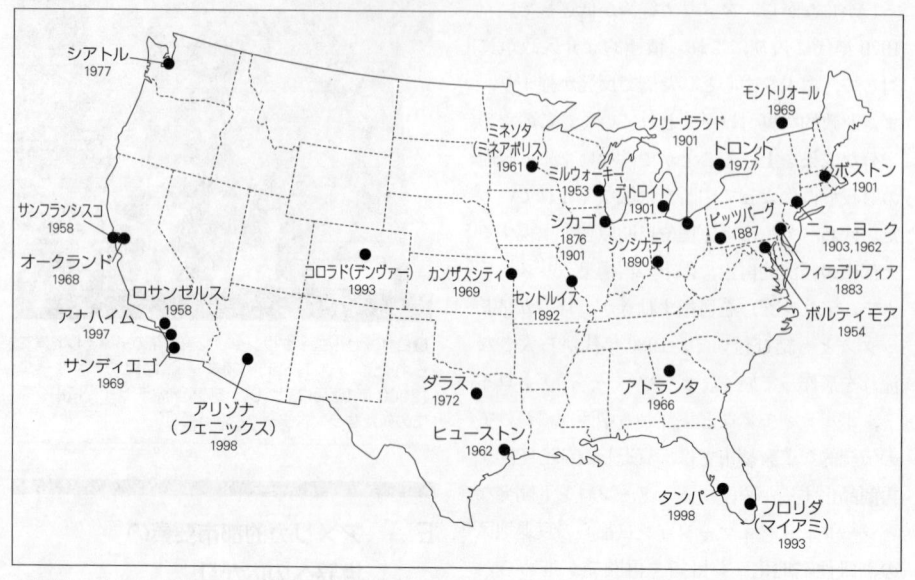

●出典｜メジャーリーグ・ベースボール公式ホームページ（http://www.mlb.com）に基づいて作成。
●注｜地名の下の数字は，2003年時点に立地する球団がその都市に本拠地を置いた年を示す。都市の発展に歩調を合わせるかのように，球団によってはその本拠地を大きく移動させてきた。例えば，ブレーブスはボストンからミルウォーキー（1953年）を経てアトランタ（1966年）へ，ドジャーズはブルックリン（ニューヨーク）からロサンゼルス（1958年）へ，ジャイアンツはニューヨークからサンフランシスコ（1958年）へ，アスレチックスはフィラデルフィアからカンザスシティ（1955年）を経てオークランド（1968年）へ移転した。

労働者として大都市の中に居場所を見つけ出していく。ビル清掃，食品加工，服飾縫製，ホテル・レストランなどがその主要な職種であり，ニューヨークやロサンゼルスといった巨大都市の経済は次々やってくる低賃金移民労働者の存在に依存する構造になっている。

劣悪な労働条件がそこに待っていたにもかかわらず，なぜ多くの移民たちはアメリカ都市を目指し続けたのか。その背景にあったのは，単に経済的成功を収めるチャンスの大きさばかりでなかった。移民たちの移動を促進した理由のひとつ，それは，ハリウッド映画やテレビ，音楽の影響，アメリカ的生活様式の普及を介して，アメリカ都市と世界各地域の間に作り出されてきた太い文化的紐帯の存在があった。人々は，実際に移動する前から「アメリカ都市」を知っていた。なぜなら，アメリカ都市を象徴すると考えられる数々の意匠（典型としてのマクドナルドやスターバックス）や建造環境（摩天楼，ショッピングモール，郊外型アウトレットなど）は，アメリカを離れて世界の都市へとすでに移植されていたからである。その結果，都市の風景は世界的規模で同質性を強めていく。グローバリゼーションが展開されるなかで，各地域の文化との接触を通してアメリカ風の要素にその土地のフィルターがかかり，バリエーションが無数に生み出されてきた。しかし，それにもかかわらず，グローバリゼーションはなおアメリカナイゼーションと大きく重なり合っていた。世界各地に見られる現代の大衆消費都市

は，地域ごとの特色で染め上げられた個性を発揮しつつも，アメリカ都市のイメージをプロトタイプとして内に含んでいる。

F——多文化主義の理想と要塞化

❶——多文化政策がもたらした皮肉な展開

都市における人種的隔離は，白人と黒人の間に関するかぎり，1950年代から70年代にかけて全米で最も深刻な状態にあった。その後，両者の間における隔離の程度はしだいに低下していく。だが，このことは，人種と結び付いた貧困問題が解決に向かっていったことを意味してはいなかった。1980年代以降に表面化してくるのは，人種やエスニシティのラインと密接にかかわり合いながらも，もはやそれらとは完全に一致しない，より深刻化した階層分極化の問題であった。

一方には，ゆっくりとだが確実に中産層へと上昇移動を遂げるマイノリティが増加している。アフリカ系の黒人の中でも中産層化していくグループが生まれ，彼らは都心のゲットーを後にして，白人同様に郊外へと移り住んだ。しかしその結果，それまで隔離の裏返しとして統合力を維持していたアフリカ系コミュニティは，その社会的凝集性を急速に低下させていく。次の世代の若者にマイノリティとして生きる作法を伝えてきた街の知恵者（ストリートワイズ）は姿を消し，地域の経済的衰退は若者の雇用機会を奪っていく。このため，簡単に金を稼ぐ手段として麻薬密売や非合法の商売に手を出す若者が増加する。結果的に，地域の治安は悪化し社会的排除の度合いがいっそう強まっていく。このような悪循環によって，都心周辺部にはアフリカ系のアンダークラスが滞留するようになる。加えて，1980年代からは新たに参入をしたヒスパニック系やアジア系の住民が，若者を中心にアフリカ系と都心空間で競合するようになる。1992年，アフリカ系青年への警官暴行事件に端を発して起こったいわゆる「ロサンゼルス暴動」は，ヒスパニック系やアジア系を巻き込む多人種紛争へと展開した。

❷——「ホーム」としての都市は実現できるか

2000年人口センサスにおいて，白人（非ヒスパニック系）の人口比率は全米100大都市平均で50％を下回った。全米の人口比率ではまだマイノリティに属するエスニック・グループが大都市では多数派を占めるに至る。ニューヨーク，ロサンゼルス，マイアミなど多人種が混在するメトロポリスでは，アフリカ系だけでなく，ヒスパニック系やアジア系の郊外コミュニティが姿を現すようになる（例えば，郊外型チャイナタウンの成立）。

だが都市住民の異質化は，他方で，セキュリティへの関心を高めていく。ビデオカメラや警備員によって監視・管理された空間が拡大し，街路という公共空間はショッピングモールという閉鎖的な私的空間へと変質を遂げていく。郊外には，関係者以外の立ち入りを許さないゲート付きコミュニティが増加する。だが，この「要塞化」（M. デイビス）する都市もまた，完全に「安全」ではありえないことが，2001年9月11日の同時多発テロによって明らかにされる。

グローバル化する経済の恩恵を，アメリカの都市は，その覇権的な地位を利用して幅広く受けてきた。しかし同時にアメリカの都市は，グローバリゼーションの荒波にその社会空間を最も激しくさらされる場所のひとつでもある。資本や情報は国家を越えた空間で簡単にやりとりされ，それにかかわる活動がグローバルに展開される。だが，都市は物理的な存在としてそこ

に残り続ける。アメリカ都市は，新しいノマド，越境者たちの「ホーム」となりうるのか。とりわけ，ネーションに回帰していくような歴史や記憶の共有ではなく，むしろ未来に横たわる不確実性とそれを乗り越えようとする意志の共有によって，人々はこれからも自らを都市へとつなぎ止めていくことができるのか。アメリカ都市の新しい可能性が試されようとしている。

■参考文献

Fishman. R. *Bourgeois Utopias: The Rise and Fall of Suburbia*. Basic Books, 1987. (小池和子訳『ブルジョワ・ユートピア：郊外住宅地の盛衰』勁草書房，1990)

Katz, B. and R.E. Lang eds. *Redefining Urban & Suburban America: Evidence from Census 2000*. Vol.1, Brookings Institution Press, 2003.

Park, R.E., E. W. Burgess and R. D. McKenzie. *The City*. Univ. of Chicago Press, 1925. (大道安次郎・倉田和四生訳『都市：人間生態学とコミュニティ論』鹿島出版会，1972)

Perry, C.A. *The Neighborhood Unit: in Regional Survey of New York and Its Environs*. Regional Plan of New York, 1929. (倉田和四生訳『近隣住区論：新しいコミュニティ計画のために』鹿島出版会，1975)

Sassen, S. *The Global City: New York, London, Tokyo*. 2nd ed., Princeton Univ. Press, 2001.

Scruggs, C. *Sweet Home: Invisible Cities in the Afro-American Novel*. Johns Hopkins Univ. Press, 1993. (松本昇・行方均・福田千鶴子訳『黒人文学と見えない都市：アメリカ×スイートホーム』彩流社，1997)

U.S. National Advisory Commission on Civil Disorders. *Report of the National Advisory Commission on Civil Disorders*. Bantam Books, 1968.

Zorbaugh, H.W. *The Gold Coast and the Slum: A Sociological Study of Chicago's Near North Side*. Univ. of Chicago Press, 1929. (吉原直樹他訳『ゴールドコーストとスラム』ハーベスト社，1997)

■さらに知りたい場合には

コールハース，R.（鈴木圭介訳）『錯乱のニューヨーク』筑摩書房，1995.
［ニューヨーク・マンハッタンにおける摩天楼形成の一筋縄ではいかない歴史を建築家の視点から描き出したコールハースの著作は，今こそ再び読み直される必要がある。］

デイヴィス，M.（村山敏勝・日比野啓訳）『要塞都市 LA』青土社，2001.
［グローバル化する空間の中に浮かんだロサンゼルスを対象に，アメリカ都市の過去と現在と未来を鋭く描き出した新感覚の都市社会史を代表する作品。］

d'Eramo, M. *The Pig and the Skyscraper: Chicago: A History of Our Future*. Verso, 2002.
［農産物の集散地として蓄積した富の上に摩天楼を築き上げていった最もアメリカ的な都市シカゴの歴史を，イタリア人の筆者が縦横無尽に描き出した出色の都市社会史。］

21 | 人口の動態
Population Dynamics

菅野峰明

2億8,000万人以上の人口を擁するアメリカ合衆国は，少数の先住民を除くと，移民で形成された国家である。現在でも，年人口増加の約3分の1は移民によるものである。移民はヨーロッパをはじめ世界各地からやって来て，合衆国の各地に定住し，移民した民族の文化的伝統を地域に植え付けた。合衆国の領土の拡大に伴い，人々は新天地を求めて荒野を西へ移動し，人口重心もそれにつれて西へ移動して，現在ではミシシッピ川を越えている。地域間の人口移動は北東部や中西部から南部や西部への流れが主流であるが，西部への移動がやや減少している。人々の社会的，空間的モビリティの増加によって，エスニック集団の融合化が進展し，複数のエスニック集団を祖先とする人々が増えてきた。

A── 総人口の増加

❶── 人口の増加

アメリカ合衆国の人口は2000年4月1日現在，推定で2億8,142万人であり，これは12.6億人の中国，10.1億人のインドに次いで世界第3位である。アメリカ合衆国が独立して最初に行った国勢調査（Census, 1790年）によると，当時の人口は393万人であった（表21-1）。この人口はその後，19世紀から20世紀にかけて急速に増加した。1790年から1850年にかけての10年ごとの人口増加率は32％から36％の間という高いものであった。この急激な人口増加の多くはもちろん移民による社会増加が大きかったためである。その結果，1870年の総人口は3,982万人となり，合衆国独立後100年足らずで人口は10倍に増加した。1850年から1900年の間も10年ごとの人口増加率は21％から36％の間で，高い人口増加率を維持し，その結果1915年には総人口が1億人を超えることになった。1930年代の年平均0.7％という低い増加率を除くと，1910年代から人口増加率は年平均1％台となり，この値は1970年代まで続いた。1950年代はベビーブームであり，合衆国は高い出生率と人口増加率（年平均1.7％）を経験し，1968年には人口が2億人を突破した。1980年代になると人口増加率は年0.8〜1％台になり，1990年代もほぼ同じ増加率で推移している。1990年代の人口増加の約3分の1は移民の流入によるものである。

❷── 出生率・死亡率の変化

20世紀は細かな変動はあるものの，一般的な傾向として出生率も死亡率も低下し続けた。この一般的傾向に変動をもたらしたものは，

表 21-1 ●合衆国の総人口の推移 [1790-2000 年]　　　　　　　　　　　　　　　　[単位：1,000 人]

年度	総人口	白人	黒人	その他	ヒスパニック
1790 年	3,929	3,172	757		
1800 年	5,308	4,306	1,002		
1850 年	23,192	19,553	3,639		
1900 年	75,994	66,809	8,834	351	
1910 年	91,973	81,732	9,828	413	
1920 年	105,711	94.821	10,463	427	
1930 年	122,775	110,287	11,891	597	
1940 年	131,670	118,215	12,866	589	
1950 年	151,326	135,150	15,045	1,131	
1960 年	179,324	158,832	18,872	1,620	
1970 年	203,236	178,098	22,581	2,557	
1980 年	226,546	194,713	26,683	5,150	14,609
1990 年	248,765	208,727	30,511	9,527	22,372
1995 年	262,803	193,328	31,590	10,778	27,107
1998 年	270,248	195,414	32,718	11,865	30,252
2000 年	281,422	228,104	35,704	13,716	35,306

●出典｜1790-1990 年までは Statistical Abstract of the United State: 1999 に，1995 年，1998 年は同 Abstract: 2001 に，2000 年は同 Abstract: 2002 に基づく。
●注｜空欄はデータなし。ヒスパニックは人種による分類ではなく，別の分類。

1930 年代の経済不況と第 2 次世界大戦であった。1933 年に 1,000 人当たり出生率は 18.4 にまで低下し，その後，出生率は上昇に転じ，1947 年には 1,000 人当たり 26.5 という高い値になった。これは，第 2 次世界大戦で従軍していた兵士たちが大量に帰国し，家族と再会したり，世帯をもったりしたことから生じたものであった。

第 2 次世界大戦直後から起こったベビーブームは 1，2 年で終わることなく，10 年以上も続いた。戦後，アメリカの女性たちは若いうちに結婚し，すぐ子供を産んだ。さらに，戦後，若い女性たちだけではなく，大不況と第 2 次世界大戦のために出産をのばしていた女性たちまでも子供を産むようになり，これらが合わさって高い出生率となった。しかし，出生率は 1965 年から 1,000 人当たり 20 を下回るようになり，1990 年代には 14〜16 となった。

死亡率も 20 世紀の初めから着実に低下してきた。1900 年に 1,000 人当たり死亡率は 17.2 であったが，医学の進歩と栄養および公衆衛生の改善によって 1950 年には 9.6 にまで下がった。それ以降，死亡率は緩やかに低下し，1995 年でも 8.8 にとどまっている。

乳児死亡率（1,000 件の出生数に対する 1 歳未満の乳児死亡数の比率）も，医学の進歩と公衆衛生や経済水準の上昇を反映して 20 世紀の前半に大きく低下した。合衆国の乳児死亡率は 1915 年には 99.9 であったが，1950 年には 29.2 となり，1995 年には 7.6 にまで低下した。しかし，この値は，乳児死亡率の低い世界 10 ヵ国の中には入らない。

アフリカ系アメリカ人の乳児死亡率（15.1 [1995 年]）は，他の民族集団（白人 6.3 [1995

年］）のそれよりもいつも高かった。アフリカ系アメリカ人の乳児死亡率が高いのは，アフリカ系アメリカ人の出生児には未熟児が多いためといわれている。しかし，なぜアフリカ系アメリカ人の女性が産む子供に未熟児が多いのかはよくわかっていない。アフリカ系アメリカ人女性は貧困率が高いこと，妊娠初期に医療機関へ行く頻度が低いこと，さらに若い母親が多いこと，妊娠期間中に喫煙や飲酒，薬物を使用する率が高いことなどが，その理由として考えられている。

❸──平均余命の増加

1900年における平均余命はわずか47歳であった。20世紀前半の乳児死亡率のいちじるしい低下と伝染病に対する予防と治療の進歩により，平均余命は伸び，1950年には68歳になった。1900年から1950年にかけての平均余命の伸びは，男性よりも女性，白人よりも非白人が顕著で，女性の平均余命は48.3歳から71.1歳，非白人のそれは33.0歳から60.8歳にまで伸びた。平均余命はその後も順調に伸び続け，1950年から1996年にかけて合衆国の非白人女性は平均余命を13.2年伸ばして76.1歳となり，非白人男性も9.8年伸ばして68.9歳となった。白人男性も，この期間に平均余命を8.2年伸ばして73.8歳となったが，白人女性の伸びは最も少なく，7.4年伸びて79.6歳にとどまっている。

❹──離婚率の変化

合衆国は先進諸国の中で最も離婚率が高い国の1つである。人口1,000人当たりの離婚件数は1939年以前には2件未満であったが，第2次世界大戦直後には3～4件台に増加した。その後，1960年代は3件未満であったが，1970年代から増加し始め，1975年には4.8件，1981年には5.3件にまで上昇した。1980年代後半から離婚率は次第に下がり始め，1998年には4.3件にまで下がった。

離婚率の高い地域は南東部と西部である。一方，離婚率の低い地域は北東部と中西部である。この地域差の要因の1つはキリスト教徒の割合であり，アイオワ，ミネソタ，ノースダコタ，サウスダコタなどキリスト教徒の比率の高い州では離婚率は低く，カリフォルニア，ネヴァダなどキリスト教徒の比率の低い州では離婚率は高い。ただし，ネヴァダ州は州法で離婚が容易なため，離婚希望者が短期的に流入しているし，キリスト教徒の多い州すべてで離婚率が低いわけでもない。

❺──宗教別人口

アメリカ人は宗教に関心をもつ割合が高い。人口の約70％（1998年）は教会に所属し，約40％は毎週教会に通っている。人口のほぼ90％は神の存在を信じ，75％は祈りの有効性を信じている。そして80％は神が奇跡を行うと信じている。宗教はあまり重要でないと感じている人は人口の14％にすぎない。

アメリカ人の56％（2000年）はプロテスタント教徒であり，次に多いのがカトリック教徒で，総人口の27％を占める。ユダヤ教徒は人口の2％，イスラム教徒も約2％を占める。宗教を好まない人の割合は，1967年には人口の2％であったが，2000年には8％までに増加した。残りの5％はヒンドゥー教，仏教，儒教などである（➪「30 アメリカ生まれの宗教」のコラム「宗教の分類から見るアメリカ社会」）。

地域的に卓越する宗派をみると，バプテスト派は南部に多く，ルター派は中西部北部と大平原に多い。カトリック教徒は北東部と南西部，

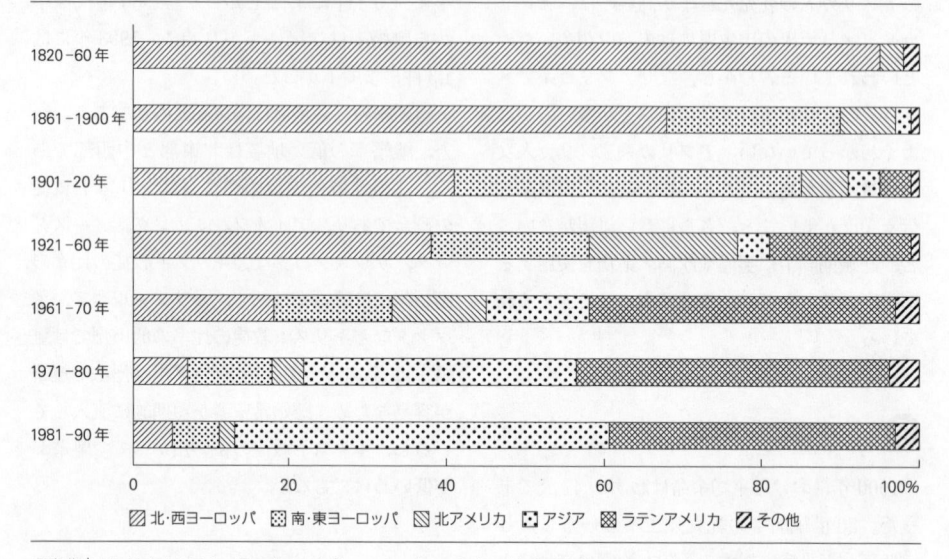

図 21-1 ●合衆国への移民の出身地域の推移［1820-1990 年］

期間	0	20	40	60	80	100%
1820-60 年						
1861-1900 年						
1901-20 年						
1921-60 年						
1961-70 年						
1971-80 年						
1981-90 年						

凡例：北・西ヨーロッパ／南・東ヨーロッパ／北アメリカ／アジア／ラテンアメリカ／その他

●出典｜McKnight, T. L., *Regional Geography of the United States and Canada* (Englewood Cliffs: Prentice Hall, 1997), p. 35 の図に基づく。

そしてルイジアナ州南部で他の宗教を上回っている。南部に定住した初期の人々はピューリタンの流れを引くバプテスト教徒であったために，南部では今でもバプテスト派が多い。中西部北部と大平原に多いルター派は，19世紀にこれらの地域に移民してきたドイツ系とスカンジナヴィア系の人々によって特色付けられていった。北東部にカトリック教徒が多いのは，この地域の植民初期にアイルランド系とドイツ系の移民が多く，のちにイタリア系，ポーランド系，フランス系カナダ人などが加わったためである。南西部では入植の初期にスペイン人が多く移住して，カトリックの基礎を築き，現在ではメキシコ系移民によってカトリック教徒が多くなっている。

B── 移民の推移

❶── ヨーロッパからの移民

合衆国の人口はさまざまな民族集団から構成されており，多様性に富んでいる。この多様性は植民地時代から続いてきた移民の流入によるところが大きい。移民を多数送り込み，合衆国のその後の社会制度や経済的基盤の確立に影響を与えたのはヨーロッパであった（図 21-1）。1815 年以前の移民の多くはイングランド系であり，これにアイルランド系，スコットランド系，ウェールズ系が加わり，イギリス本国出身者が大部分を占めた。1790 年の国勢調査によると，合衆国の総人口 393 万人のうち白人は 81％であった。白人の民族集団としてはイギリス系が約 8 割を占め，ドイツ系は 9％，オランダ系は 3％を占めるだけであった。

ヨーロッパからの移民の第1波は1815年から1860年にかけてであった。1820年代の10年間は13万人程度の移民であったが，1850年代の10年間に移民は281万人にも達した。この時期の移民は，合衆国の広大な処女地における経済的な機会にひきつけられた人々と，本国における生活の困窮と政治的不安定から逃れる人々が主であった。これらの移民の半数以上はイギリス諸島，特にアイルランドからの移民であった。これに次ぐのがドイツからであり，少数ではあるがフランス，ノルウェー，スウェーデン，オランダ，スイスからの移民もあった。

ヨーロッパ移民の第2の波は南北戦争後の30年間であった。この時期もヨーロッパ北西部の国々からの移民が大部分を占め，ドイツ，イギリス諸島，スカンジナヴィア諸島，スイス，オランダなどからの移民が多かった。移民の総数は第1次の波をはるかに上回り，1880年代の10年間の移民数は500万人を超え，特にドイツからの移民は1882年に25万人に達した。1890年から第1次世界大戦までの期間は移民の総数という点では，最も重要であり，年間100万人もの移民があった。ところが，この時期の移民の出身地は主に南・東ヨーロッパであった。イタリア，オーストリア＝ハンガリーそしてロシアが移民の主な供給地であったが，ギリシャやポルトガルからの移民もあった。

第1次世界大戦直後，移民はいちじるしく減少したが，1919年から増加に転じた。移民の急増と移民源の南・東ヨーロッパへの転換は，移民制限の動きをもたらし，1924年には移民法が成立した。これは，1900年の国勢調査の結果による出生国別人口に基づいて，年間移民許可数を割り当てるものであった。したがって，北・西ヨーロッパ諸国の移民割当数は多くなり，南・東ヨーロッパ諸国の移民割当数は少なくなった。この結果，合衆国への移民は急激に減少し，1920年代の後半には年間15万人以下となった。1965年には新しい移民国籍法が制定されて，出身国別割当制は廃止され，1国当たり2万人を限度とすると同時に移民の種類による優先順位が設けられた。この移民法によって，合衆国への移民は1980年代に年間平均約65万人となり，1994-98年には年間平均78万人にも達した（⇨45ヨーロッパ系移民）。

❷──アフリカ系の移民

自由意志による移住とは異なるが，合衆国にはアフリカ系アメリカ人が多数存在する。アフリカ系アメリカ人は奴隷としてアメリカに連れてこられた人々の子孫である。合衆国の南部では，ヨーロッパでの需要が大きかったタバコ，砂糖，藍，綿花，コメなどを大規模な農場で生産するプランテーション農業が展開された。そこでの労働者として黒人奴隷が使用されたのである。合衆国が独立する頃の黒人奴隷の数は約50万人で，そのうち9割は南部に住んでいた。南北戦争後，奴隷制度は廃止され，それ以来，ごく最近を除くと，アフリカからの移民はない。17世紀から19世紀にかけてアメリカに連れてこられた黒人の子孫は1900年には約900万人になり，1990年には3,000万人を超えた。

19世紀までアフリカ系アメリカ人の多くは南東部に集中していた。20世紀にアフリカ系アメリカ人の北部および西部への移動が起こり，1950年代にはアフリカ系アメリカ人の3分の1は南部の農村，3分の1は南部の都市，残りの3分の1は北部と西部の都市に住むようになった。その後，農村から都市への人口移動が顕著になり，多くのアフリカ系アメリカ人は都市居住者となった。1970年代からは北東部の都市から南部の都市へのアフリカ系アメリカ人の移動が続いている。アフリカ系アメリ

人の55％（2000年）は南部に住んでいる（⇨44アフリカ系アメリカ人）。

❸──アジア系移民

1960年以前のアジア系の移民はごくかぎられたものであった。アジア系の移民は労働者として，あるいは自分の意志で新天地にやってきた。1850年から，中国人排斥法が成立する1882年の間に約30万人の中国人がカリフォルニア州に移住した。その多くは男性で，鉄道建設や鉱山での金の採掘に従事した。これらの仕事がなくなると，中国人はサンフランシスコ，ロサンゼルス，シアトル，ニューヨーク，シカゴなどの大都市のチャイナタウンに住み着いた。日本からの移民は，1880年代にハワイのサトウキビ・プランテーションで働く契約労働者として移住したのが最初であった。1898年にハワイが合衆国の領土となると，日系人は自由に本土に移住できるようになり，20世紀の初めに数万人が本土に渡った。

1960年代の新しい移民政策はアジアからの移民に対して再び門戸を開放し，これによってアジアからの移民が急増した。1960年代の後半には台湾と香港からの中国人そしてフィリピン人の移民が多くなり，それらに次ぐのが韓国，インドからの移民であった。1970年代にはアジアからの移民は移民総数の約3分の1を占め，1980年代には約4割を占めるようになった。1990年代前半のアジアからの移民で多いのは，フィリピン，ベトナム，中国，インドの順であった。アジア系の移民の多くは合衆国の西海岸，特にカリフォルニア州に住んでいる（⇨48アジア系アメリカ人）。

❹──ラテンアメリカ系移民

今日のアメリカ南西部に最初に移住してきたラテンアメリカ系は，メキシコからの人たちであった。彼らは1598年から1821年にかけて，カリフォルニア，アリゾナ，ニューメキシコ，コロラド，テキサス州の一部に定住した。そのため，これらの地域ではメキシコ系アメリカ人の文化，例えば，地名，建築様式，社会慣習などが残っている。20世紀におけるラテンアメリカから合衆国への移民は，キューバからの移民を除くと，経済的機会を求めての移民であった。ラテンアメリカは1924年の移民法による移民割当から除外されたので，合衆国への移民が可能であった。合衆国への移民が最も多いのは，もちろんメキシコであり，20世紀に数百万人が合衆国に入国した。さらに，近年メキシコからの不法入国者も多い。メキシコからの移民のほとんどは，合衆国とメキシコの境界諸州とコロラド州に住んでいる。

西インド諸島からの移民も長く続いている。特に合衆国と政治的関係の強いプエルトリコからは長期間にわたって移住者が送り出されてきた。1980年代にドミニカ共和国からの移民は20万人を超え，ジャマイカからの移民も20万人に達した。キューバは約15万人以上を合衆国に送り出したが，その中の11万人は難民であった。ラテンアメリカ諸国出身者とその子孫は，ブラジルを除くと，スペイン語圏の国を故国としているので，ヒスパニックともいわれる（⇨46ヒスパニック系）。

C──人口移動

❶──人口重心の移動

合衆国の人口は，北東部の大西洋沿岸から五大湖南岸と南東部そして太平洋沿岸に多く分布している。この人口分布の重心，つまり，1枚の板の上にすべての人々が乗って均衡する地点

図21-2 ●合衆国の人口重心の移動 [1790-2000年]

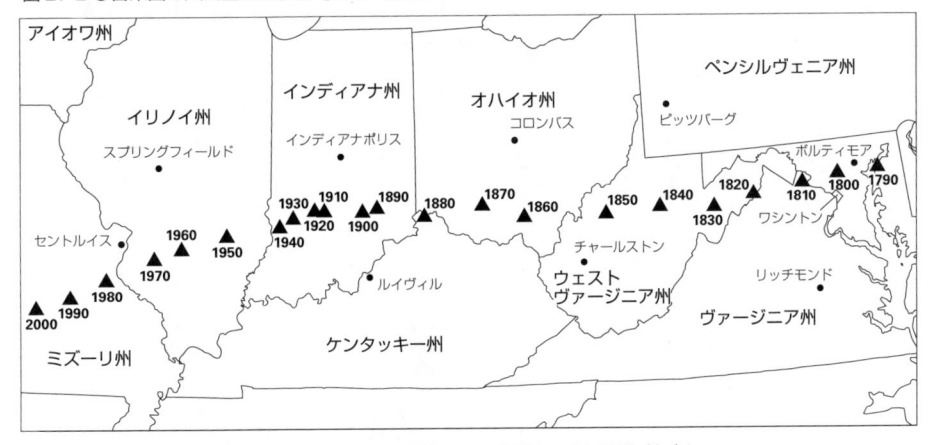

●出典│*Statistical Abstract of the United States: 2001*, p.20 の図に基づく。

は，合衆国の独立以来常に西へ西へと移動してきた（図21-2）。これは，合衆国の領土の拡大と西漸運動を反映するものであった。1790年の第1回国勢調査では人口重心はチェサピーク湾の奥のほうにあったが，1860年にはアパラチア山脈を越えてオハイオ州の平原に達した。人口重心の西への移動距離が長かったのは西漸運動の大きさを反映して19世紀の中頃であった。人口重心は1890年にはインディアナ州に達したが，フロンティアが消滅したといわれるこの時期からは西への移動距離が減少し，この傾向は1940年頃まで続いた。ところが，第2次世界大戦の頃から，カリフォルニア州を中心とする太平洋沿岸および南西部の軍事産業およびその他の経済活動の発展，そして気候・風土条件のよいこれらの地域への引退者の人口移動が多くなり，人口重心は再び西への移動を早めた。

1940年まで人口重心はほぼ北緯39度線に沿って西へ移動していたが，1950年からは北緯39度線から南へ向かうようになった。1980年に人口重心はミシシッピ川を越えてミズーリ州セントルイスの南南西約50kmの地点に到達し，2000年にはセントルイスの南西約180kmの地点に達した。1960年頃から顕著になった，西および南西へ向かう人口重心の移動は，1970年代と1980年代における北東部と中西部から西部および南部への人口移動を反映している。

❷ 地域間人口移動

1950年代前半までの人口移動は西部へ向かう流れが主流であった。この時期までは南部諸州から北東部や中西部諸州への人口移動もあった。これは経済的に貧しい南部の農村から北部の工業都市，例えばニューヨーク，シカゴ，デトロイト，クリーヴランド，シンシナティなどへの移動であった。しかし，1950年代後半から，南部は純人口移動がプラスに転じ，逆に北東部や中西部の諸州が人口流出の起点となった。1950年代後半から1960年代にかけての北東部や中部北東部から南部と南西部への人口移動は快適な気候を求めての引退者の移動が主であった。

ところが，1970年代からの南部および南西

図21-3 ●合衆国の地域間純人口移動 ［1980年代］

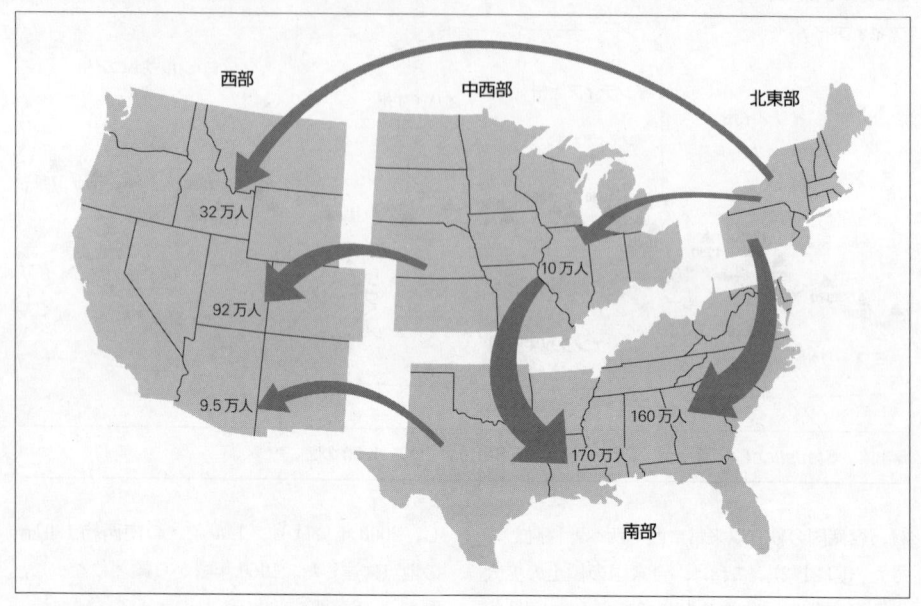

西部　中西部　北東部
32万人
92万人
10万人
9.5万人
160万人
170万人
南部

●出典 | Getis, A. and J. Getis. *The United States and Canada: The Land and the People* (IA: Wm. C. Brown Publishers,1995), p. 126 の図に基づく。

部への人口移動は、サンベルト現象といわれる、この地域の急速な経済発展によるものであった。北緯37度線の南側の地域は、北部のスノーベルトよりも経済成長率が高く、雇用の機会が増大したために北東部や中西部から多数の人口が流入した。人口流入の地域は南部の大都市地域であり、その主な都市はヒューストン、ダラス、アトランタ、マイアミなどであった。流入人口は北部や中西部からの管理職、熟練労働者、引退者であったが、南部の経済発展にともなってサービス業従事者も多かった。

1980年代になると、西部への純人口移動がやや減少し、南部への純人口移動が増加した（図21-3）。また、中西部からの人口流出が減少した。太平洋沿岸諸州への人口流入が減少する一方、山岳諸州への人口流入が増加した。このような人口移動パターンの変化は、合衆国の経済活動の再編成と関係したものであった。か

つて経済発展の中心であったカリフォルニア州では高賃金と高地価によって経済発展が停滞し、人口流入が減少した。

1990年代になると合衆国の4地域（北東部、中西部、南部、西部）間の純人口移動は年度による変動があるが、常に増加を続けているのは南部である。これまで人口移動の流入地域であった西部も1996-97年と1997-98年の年度において純人口移動がマイナスとなり、それぞれ11.8万人、14.6万人が流出した。これは中西部や南部への人口移動が増加したためである。1990-2000年の州別人口増加を見ると、これらの傾向を反映してアイダホ、ネヴァダ、ユタ、アリゾナ、コロラド州などの西部山岳諸州およびテキサス、ジョージア州の人口増加率が高い（図21-4）。

図 21-4 ●州別人口増加率 [1990-2000 年]

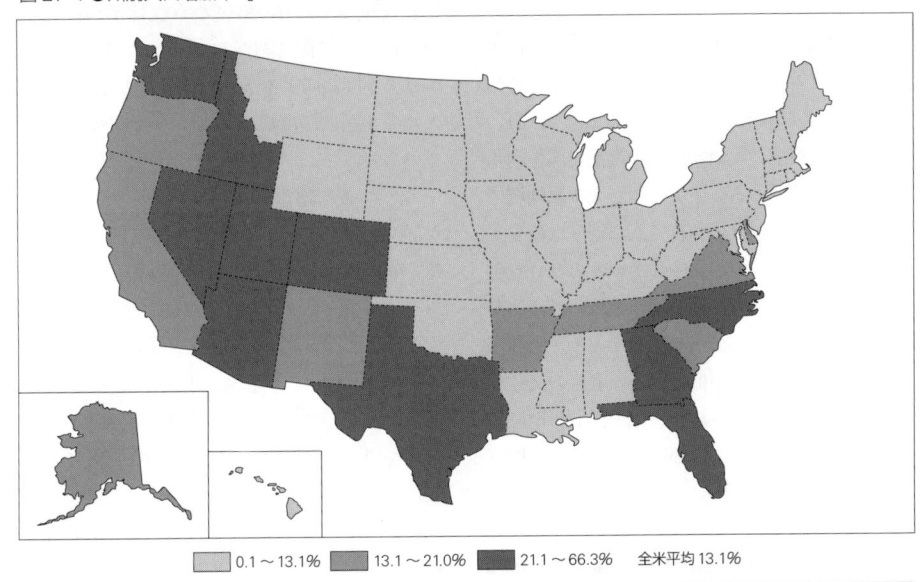

凡例: 0.1～13.1% / 13.1～21.0% / 21.1～66.3%　全米平均 13.1%

●出典 | U. S. Census Bureau, 2003. http://quickfacts.census.gov/qfd/rankings/PL01120000r.html/

図 21-5 ●州別人口密度 [2000 年]

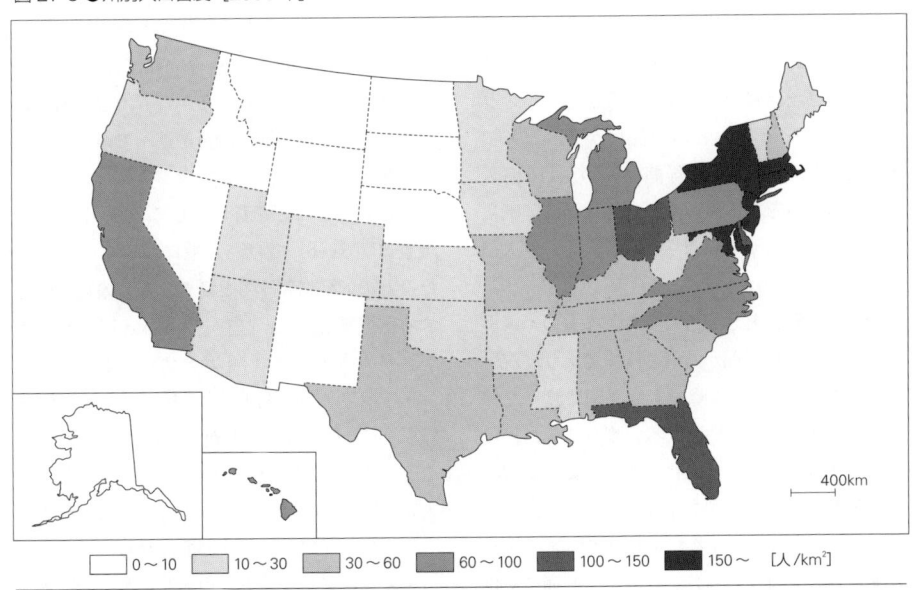

凡例: 0～10 / 10～30 / 30～60 / 60～100 / 100～150 / 150～　[人/km²]

●出典 | U.S.Census Bureau, 2003, http://quickfacts.census.gov/qfd/rankings/PL0200000r.html

❸──人口分布

合衆国の人口は北東部と五大湖沿岸，特に大西洋岸のメガロポリス地域，エリー湖南岸そしてミシガン湖南岸に集中している（図21-5）。合衆国の南東部の人口密度は，大都市部を除くとほぼ中程度である。中央平原と大平原地域では東から西に向かうにつれて人口密度は減少する。この地域で人口の集中しているのはロッキー山脈の麓に位置している都市地域と灌漑農業の発達している主要河川の流域である。山間盆地地域では人口密度が低く，人口密度の高い部分は都市地域に限定される。太平洋沿岸地域においては河谷部，特に大都市地域周辺で人口密度が高い。

D──エスニック集団の構成

2000年の国勢調査によると，総人口2億8,142万人のうち，白人が2億2,623万人で82.2％，黒人が3,531万人で12.8％，アメリカ・インディアンなどの先住民が243万人で0.9％，アジア系と太平洋諸島系が1,116万人で4.1％である。これらの区分とは別の範疇に属するヒスパニック系は3,244万人で，総人口の11.8％を占めている。

合衆国は移民として渡ってきた多くのエスニック集団とその子孫から成る国家であり，統計がとられた1820年以降でも合衆国に渡った移民の数は6,200万人に達する。渡ってきた移民とその子孫はアメリカ人になるために合衆国の諸制度を受容し，英語を学んだ。しかし，移民の第2，3世代になっても故国の民族的伝統が消滅することはなかった。こうして共通の文化的伝統をもち，1つの集団に属しているという意識をもった人々から成るエスニック集団が生き残った。しかしそれでも，エスニック集団の定義は曖昧であり，厳密な定義は不可能に近い。1990年の国勢調査で，「あなたはどのエスニック集団に属するか」と質問された合衆国の人々の4割は，複数のエスニック集団を挙げている。

エスニック集団の中で最も多かったのはドイツ系（5,797万人），次いでアイルランド系（3,874万人），イギリス系（3,265万人）である。フランス系，イタリア系も1,000万人を超える大きなエスニック集団である。その他ヨーロッパ系では，ポーランド系，オランダ系，スコットランド系，スコッチ=アイリッシュ系が500万人を超える。メキシコ系は1,159万人である（表21-2）。

ところが，エスニック集団についての質問に対して，「アメリカン」と答えた者が1,240万人おり，ただ「白人」と答えた者も180万人いる。自分のエスニックな起源を知らないかあるいは気にしない人々も増加してきたし，自分を「アメリカ人」と見なす人々も増えてきた。また，回答者の4割が自分の属するエスニック集団を複数記述したことからも，合衆国においてエスニック集団の融合が進んでいるということができる。

このようなことを背景にして2000年の国勢調査（図21-6）では，人種についての「あなたはどの人種に属すると考えるか」の質問に対する選択肢として，「白人」「黒人・アフリカ系アメリカ人・ニグロ」「アメリカ・インディアン・アラスカの先住民」「アジア系・太平洋諸島系」「その他の人種」があり，これらの中から1つあるいは複数の人種，例えば白人と黒人の混血ならば「白人」と「黒人」，アメリカ・インディアンと白人の混血ならば「アメリカ・インディアン」と「白人」を選択できるようになった。また，自分が複数のエスニック集団に属すると考えるときには，「その他の人種」

表21-2 ●合衆国のエスニック集団の構成 [1990年]　　　　　　　　　　　　　　　　[単位：1,000人]

祖先	人口	祖先	人口
●ヨーロッパ系		●中南米およびスペイン系	
ドイツ	57,947	メキシコ	11,587
アイルランド	38,736	スペイン	2,024
イングランド	32,652	プエルトリコ	1,955
イタリア	14,665	ヒスパニック	1,113
フランス	10,321	●アジア系	
ポーランド	9,366	中国	1,505
オランダ	6,227	フィリピン	1,451
スコッチ=アイリッシュ	5,618	日本	1,005
スコットランド	5,394	●北アメリカ系	
スウェーデン	4,681	アフロ=アメリカン	23,777
ノルウェー	3,869	アメリカン	12,366
ロシア	2,953	アメリカ・インディアン	8,708
ウェールズ	2,034	フレンチ・カナディアン	2,167
スロバキア	1,883	白人	1,800
デンマーク	1,635		
ハンガリー	1,582		
チェコ	1,296		
ポルトガル	1,153		
イギリス	1,119		
ギリシャ	1,110		
スイス	1,045		

●出典｜*Statistical Abstract of the United States: 1999* に基づく。
●注｜人口100万人未満は省略。回答者の自己申告に基づく。一人で複数の祖先をあげている者もいるので合計は合衆国人口を上回る。

の箇所に，例えば「スペイン・メキシコ系」「アイルランド・メキシコ系」「フレンチ・カナディアン系」と書き込むことができるようになった。さらに，人種に関する質問項目のほかに「ヒスパニックかどうか」と「祖先あるいはエスニック集団」についての質問項目が含まれており，エスニック集団の実態を捉えようとしている。

　自分が属していると思われるエスニック集団を融合した形態で回答することが可能になったが，統計の項目別集計は複数回答を反映して複雑になることが予想され，自分が複数のエスニック集団に所属しているという認識をもつ人々が増加している実態をどの程度表現することができるか注目されている。合衆国の人口，出生率，死亡率，乳児死亡率，平均余命，離婚率，移民数，地域間人口移動などのデータは国勢調査局のホームページから入手することができる（http://www.census.gov）。

■参考文献

菅野峰明「合衆国南部という地域」『地理』1994年7月号.
ドイル，R.編（高橋伸夫・田林明監訳）『アメリカ合衆国テーマ別地図』東洋書林, 1995.
野村達朗『「民族」で読むアメリカ』講談社，

図 21-6 ●合衆国国勢調査［Census 2000］の記入用紙

United States Census 2000

U.S. Department of Commerce • Bureau of the Census

This is the official form for all the people at this address. It is quick and easy, and your answers are protected by law. Complete the Census and help your community get what it needs — today and in the future!

Start Here
Please use a black or blue pen.

1. **How many people were living or staying in this house, apartment, or mobile home on April 1, 2000?**

   ☐☐ Number of people

   INCLUDE in this number:
   - foster children, roomers, or housemates
   - people staying here on April 1, 2000 who have no other permanent place to stay
   - people living here most of the time while working, even if they have another place to live

   DO NOT INCLUDE in this number:
   - college students living away while attending college
   - people in a correctional facility, nursing home, or mental hospital on April 1, 2000
   - Armed Forces personnel living somewhere else
   - people who live or stay at another place most of the time

2. **Is this house, apartment, or mobile home —** Mark ☒ ONE box.
   - ☐ Owned by you or someone in this household with a mortgage or loan?
   - ☐ Owned by you or someone in this household free and clear (without a mortgage or loan)?
   - ☐ Rented for cash rent?
   - ☐ Occupied without payment of cash rent?

3. **Please answer the following questions for each person living in this house, apartment, or mobile home. Start with the name of one of the people living here who owns, is buying, or rents this house, apartment, or mobile home. If there is no such person, start with any adult living or staying here. We will refer to this person as Person 1.**

   What is this person's name? Print name below.

   Last Name
   ☐☐☐☐☐☐☐☐☐☐☐☐

   First Name ☐☐☐☐☐☐☐☐☐☐☐ MI ☐

OMB No. 0607-0856: Approval Expires 12/31/2000

Form **D-61A**

4. **What is Person 1's telephone number?** *We may call this person if we don't understand an answer.*
   Area Code + Number
   ☐☐☐ – ☐☐☐ – ☐☐☐☐

5. **What is Person 1's sex?** Mark ☒ ONE box.
   ☐ Male   ☐ Female

6. **What is Person 1's age and what is Person 1's date of birth?**
   Age on April 1, 2000
   ☐☐☐

   Print numbers in boxes.
   Month   Day   Year of birth
   ☐☐   ☐☐   ☐☐☐☐

→ NOTE: Please answer BOTH Questions 7 and 8.

7. **Is Person 1 Spanish/Hispanic/Latino?** Mark ☒ the *"No"* box if *not* Spanish/Hispanic/Latino.
   - ☐ **No,** not Spanish/Hispanic/Latino
   - ☐ Yes, Mexican, Mexican Am., Chicano   ☐ Yes, Puerto Rican
   - ☐ Yes, Cuban
   - ☐ Yes, other Spanish/Hispanic/Latino — *Print group.*
   ☐☐☐☐☐☐☐☐☐☐☐☐☐☐

8. **What is Person 1's race?** *Mark ☒ one or more races to indicate what this person considers himself/herself to be.*
   - ☐ White
   - ☐ Black, African Am., or Negro
   - ☐ American Indian or Alaska Native — *Print name of enrolled or principal tribe.*
   ☐☐☐☐☐☐☐☐☐☐☐☐☐☐

   - ☐ Asian Indian   ☐ Japanese   ☐ Native Hawaiian
   - ☐ Chinese   ☐ Korean   ☐ Guamanian or Chamorro
   - ☐ Filipino   ☐ Vietnamese   ☐ Samoan
   - ☐ Other Asian — *Print race.*   ☐ Other Pacific Islander — *Print race.*
   ☐☐☐☐☐☐☐☐   ☐☐☐☐☐☐☐☐

   - ☐ Some other race — *Print race.*
   ☐☐☐☐☐☐☐☐☐☐☐☐☐☐

→ If more people live here, continue with Person 2.

INFORMATION A COPY

1992.

松尾弌之『民族から読みとく「アメリカ」』講談社，2000.

Faber, C. S. "Geographical Mobility: Population Characteristics, March 1997 to March 1998," *Current Population Reports*, January 2000, U. S. Department of Commerce, U. S. Census Bureau, 2000.

Getis, A. and J. Getis, eds. *The United States And Canada: The Land and the People*. Wm. C. Brown Publishers, 1995.

McKnight, T. L. *Regional Geography of the United States and Canada*. Englewood Prentice Hall, 1997.

Pandit, K. and S. D. Withers, eds. *Migration and Restructuring in the United States: A Geographic Perspective*. Rowman & Littlefield Publishers, 1999.

Sawers, L. and W. K. Tabb, eds. *Sunbelt/Snowbelt: Urban Development and Regional Restructuring*. Oxford Univ. Press, 1984.

U. S. Department of Commerce, Bureau of the Census. *Historical Statistics of the United States: Colonial Times to 1970*. Bicentenial ed., Government Printing Office, 1975.

U. S. Department of Commerce, Bureau of the Census. *Statistical Abstract of the United States: 1999*. Government Printing Office, 2000.

Weinstein, B. L. and R. E. Firestone. *Regional Growth and Decline in the United States: The Rise of the Sunbelt and the Decline of the Northeast*. Praeger Publishers, 1978.

■さらに知りたい場合には

アンドリュー，A. C./J. W.フォンセカ編著（高橋伸夫・菅野峰明・田林明監訳）『現代アメリカ社会地図』東洋書林，1997.
［アメリカ社会の多様性を地図によって分析している。人口分布，出生率，死亡率，人口移動をはじめとして人口移動とエスニックに関する地図を多数含んでいる。］

明石紀雄・飯野正子『エスニック・アメリカ――多民族国家における統合の現実』（新版）有斐閣，1997.
［アメリカ社会を構成している白人，アメリカ・インディアン，アフリカ系アメリカ人，アジア系，ヒスパニック系などのエスニック集団の形成を歴史的文脈の中で捉えている。］

■アメリカ都市物語①

ニューヨーク
New York

●願望の街——ニューヨーク市は，古いオランダの亡霊とヨーロッパ移民の願望が結晶化した街だ。17世紀の初めにオランダはこの地に入植，わずか40年間ではあったが一帯を支配した。中心地マンハッタン島は，ネイティブから24㌦相当の資金で買収した。オランダは宗教にとらわれない商業国家であったから，宣教や国家の威光の実現などの関心はなく，もっぱら通商に専念した。その伝統は絶えることなく今日にまで引き継がれており，ニューヨークは主義主張にこだわらない商業活動の街として繁栄する。

　ニューヨーク港は世界でも有数の交易センターとしてにぎわい，年間およそ1億6,000万㌧の貨物をさばいている。ケネディ空港とラガーディア空港は，アメリカのハブというよりは全世界のハブ空港としての役割を演じている。市内にはアメリカを代表する大企業の本社があるし，マディソン街は広告業の中心地，ウォール街は世界の証券取引や金融業の中心地である。9.11テロによって破壊された世界貿易センターの2つの高層ビルは，ウォール街の真ん中でアメリカの資本主義を象徴する建物だった。

　自由の女神像の建つ島のそばにエリス島があるが，ここはかつての移民受け入れセンターで，1892年から1924年の間に1,200万人の移民が通過した。すべての移民が資本主義者ではなかったろうが，多くの者は新天地での成功を夢見てここに上陸して定着した。ユダヤ系，イタリア系，アイルランド系，ロシア系，中国系，ポーランド系，プエルトリコ系，カリブ海系など，ここには他に類を見ない数のエスニック・グループが存在する。アフリカ系はハーレムを中心に約210万人が居住し，アメリカ最大の黒人集団を形成する。

●ハーレムの雑踏

●早口の大都市
ニューヨークはアメリカ最大の都市で，市内の居住人口はおよそ740万人，周辺の人口を加えると1,800万人になる。これに年間1,700万人の訪問者・観光客が加わる

●マンハッタンの高層ビル群

から，市内は絶えず混雑する。網の目のように張りめぐらされた地下鉄には日本と似たラッシュアワーがあるし，道路混雑は日常的となっている。

　ニューヨークの中心地はマンハッタン島。ここはセントラルパークなどの公園地以外はすべて市街地となっており，整然とした道路が縦横に走る。南北に背骨のように島を貫く大通りは5番街で，デパートや高級ブティック，宝飾店，高級アパートなどが並ぶ。メトロポリタン美術館やグッゲンハイム美術館もこの通りに沿っている。もう1つの著名な通りは島を斜めに横切るブロードウェイで，中央部辺りには大小の劇場群が並ぶ。

　この街には美術館や博物館のほかにコロンビア大学をはじめとする著名大学や，大新聞社，出版社，放送局の本社などの知的業務が集中する。それと同時に移民街や大都市特有の猥雑な場所も多い。何でもありの雰囲気のなかで，ニューヨークっ子が目を輝かせて走りまわり活動する様子は，この街に独特の活気をかもし出す。そのたくましさは9.11テロのあとも衰えていない。ややもすれば粗雑な人間関係と，荒っぽいことば遣い，早口の英語などにとまどうが，それは悪意ではなくて魚市場の活気に似た現象であることに，訪問者はまもなく気付く。そしてニューヨークっ子の願望の大きさに圧倒される。　　　　　［松尾弌之］

■アメリカ都市物語②

シカゴ
Chicago

●セカンドシティ──シカゴが世に誇る事柄は少なくない。世界で最初に鉄骨を組み上げて高層建築を生み出したシカゴには，高さ443mに達する超高層ビル，シアーズタワーがある。その背後には金属加工業という強大な地場産業や，世界で最初にエレベーターを開発したオーチス・エレベーターなどの機械産業がある。オヘア国際空港は例年世界で最も交通量の多いハブ空港だが，ミシガン湖に面したこの街は西部開拓時代から人間や物資輸送の要の役割を果たしてきた。中西部の穀倉地域を背景にして商品交易所や株式市場も巨大化し，先物取引の量は世界最大規模に達する。

経済だけではない。シカゴ交響楽団は率直で明朗な響きで世界的に知られるオーケストラであるし，シカゴ大学は全米でも屈指の名門大学である。シカゴ美術館のフランス印象派の絵画コレクションは，世界に類がないほど充実している。

素晴らしく大きくて，美しくて，おおらかなシカゴの街は，しかしながら「セカンドシティ」のあだ名で呼ばれてきた。アメリカのなかの中西部のように，あるいは西欧世界のなかのアメリカのように，底力はあるのにいつも二流扱いだった。ニューヨークがアメリカ随一の街として君臨し，シカゴはいつもその影にあって目立たない弟分だったからだ。今日では人口規模（約300万人，周辺の地域を含めて800万人）からいってロサンゼルスに追い越され，3番目の弟になってしまった。

●よそ者の街──ミシガン湖の岸辺に吹く強い風ゆえにシカゴは「風の街」と言われるが，同時によそ者の街でもある。19世紀になって急速に発展し，特に後半以降は多数の移民が流入した。こ

●ミシガン湖畔の高層ビル群が描き出すスカイライン

の街に住む者はそのときの子孫が大部分で，それゆえ新開地の自由と気軽さがあって，いまだに異邦人の街といった雰囲気が漂う。

ギャングの親分アル・カポネがニューヨークにいたたまれなくなりシカゴに移住，ここを本拠にして密造酒製造などに手を染めたのも，異邦人の街の自由があったためだろう。急いで成長したよそ者たちの街は，悪事にしろ，芸術にしろ，真に力を発揮するものに大きな機会をもたらした。旧帝国ホテルの設計者フランク・L. ライトは，20歳のときに建築家としての資格がないままウィスコンシンからシカゴに移住して名声を手にした。ここには発行部数300万部以上を誇る『プレイボーイ』誌の発行元があるが，実質上のオーナーであるヒュー・ヘフナーは，1万㌦の資金を元手に一大産業を築き上げ，大金を入手すると同時に慎み深い装いのアメリカの道徳観を覆した。

善悪の区別なくあらゆる機会を提供するシカゴは，昔から夢の街だった。アメリカを代表する詩人カール・サンドバーグは『シカゴ詩集』のなかで，幸せがどこにあるかを聞いても誰も教えてくれなかった，賢者も，大実業家も，首を振るばかりだった。しかしふとシカゴの川辺に立ったときに，「女性や子供たちを交えたたくさんのハンガリー人が，木陰で麦酒の樽とアコーディオンを囲んでいるのを私は見た」と謳っている。ここは大平原で収穫された小麦や大豆，トウモロコシ，肉牛などが集まる中西部の中心地だが，同様に東欧からの移民も，アメリカ農村部の青年男女も，夢や幸せを求めて集まる。風の街はあこがれの街でもある。

［松尾弌之］

●シカゴ商品取引所

C

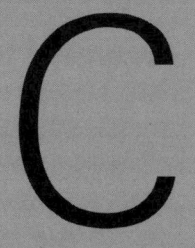

国家の枠組み

　アメリカを初めて訪れた人は，国旗がやたらと目につくことに驚くにちがいない。公共施設はもちろん，街角にも星条旗がはためく。アメリカはごく自然に成り立った国ではない。世界の多様な人種が寄り集まってつくった，いわば「人工国家」である。「ここはアメリカ合衆国」「われわれはアメリカ人」――国旗は，改めてそう確認しているように見える。

　この国の法や制度の特徴は，合衆国が連邦と州の2つから成り立っているため，法律も連邦法と州法があり，州によっても法律が違う，という点にある。しかし，アメリカは，多様な国民を統合していく必要から，民主的制度作りのうえでは，世界に先駆けてきた部分が多い。例えば，成文憲法や大統領制はアメリカが発明した制度である。「社会保障」という名前をつけた法律もアメリカの産物である。もちろん，いま，「民主主義」はアメリカだけの専売特許ではない。この国の制度のすべてがうまく機能しているわけでもない。しかし，制度のさまざまな部分で，「チェック　アンド　バランス」（抑制と均衡）が効いているのが「アメリカの民主制度」の特徴であり，その普遍性が他の国のモデルにもなっているのである。

22 | 合衆国憲法
The US Constitution

奥平康弘

本来,合衆国はさまざまな出自を持つ人々が集まって作り上げられた国家である。多様な国民の利害関係を調整しながら1つの国として統合してゆくうえで,特に憲法は重要な役割を担ってきた。三権分立や合衆国政府と諸州の関係などを規定する憲法典,そして人民の権利・自由に関する保障を定めた「権利章典」から成り立つ憲法は,度重なる修正を経て,アメリカの民主主義を体現し,また統合の象徴としてアメリカ人のアイデンティティの拠り所ともなっている。さらに,人種,信条などにおける多元化の傾向がますます強まっていく現代,合衆国憲法の統合力維持に果たす役割はますます大きくなっている。

A──憲法の理念と構造上の特色

成文としての合衆国憲法は,1787年に制定された統治構造(Government)の基本原則に関するものと,人民の権利を保障するために1792年に増補された「権利章典」の両方,およびその後の歴史過程で修正条項の形式で付加されたものから成り立つ。しかし普通合衆国憲法ということで意味するのは,こうした明文で示されている規範命題だけではなくて,むしろそれら憲法の条文を現実の政治的・社会的・経済的な条件の中で解釈し適用することを通じて諸条項の規範内容を具体化し実体化したものの総体を指す。合衆国は成立以来約210年を超える歳月の変遷を経過しているが,その諸展開は常に合衆国憲法を体現したものであるがゆえに正当であるという,憲法に基づく正統化の道筋をたどってきた点で特徴的である。

何よりもまず,憲法の理念(と称されるもの)が,利害関係を大いに異にする人々が統合して一国としてまとまりをつけてゆくうえで,決定的に重要な役割を果した。憲法は政治実践上「導きの糸」としてはたらいたのである。この場合,憲法の理念なるものは,自立した諸個人には平等に自由に生きてゆく権利が備わっているはずだという自然法的な思想に基づき,それに適合した政治共同体を協同して作り続けてゆこうとする考えを基本的内容とするものであって,それはすでに独立宣言でうたわれた精神の再言にほかならない。'rights-based democracy'(諸権利の保障の上に成り立つ民主主義)というコンセプトがあるが,合衆国憲法はまさにこうした意味での民主主義を制度化することを眼目としているのであって,それが世界史的に持つ意義は大きい。

合衆国憲法は,この国の成り立ち全体がそうであるように,イギリス憲法から枝分かれした面がある。イギリスに固有なコモンロー体系のもとで築き上げられた「法の支配」(Rule of law）（「人の支配」——すなわち特定の人間の恣意に基づいて統治が行われる体制——の対極にあるものとして措定された法概念）を，合衆国憲法は継受した。立法・司法・行政の各部門によって担われた統治はすべて，法的に適合的であるべきことが要請され，かつ，そうした要請に応えるべく，「法とは何か」を解明するにあたり裁判所のはたらきが相対的に重要視されるのもこの国の特色である。合衆国は母国イギリスと違ってその初発において成文化した憲法典を設定する仕組みをとり，「法」の頂点（最高法規性）に立つものとしての憲法が，裁判所のはたらき（司法審査制）を媒体として，統治面においての極めて実践的な役割を果たすようになる。こうして政治的なるものだけではなくて，道徳的なるものも含めた係争（社会紛争）の多くが，司法を通じて，憲法規範レベルで調整され処理される傾向が，この国ではしばしば生ずる。

この国では憲法は，単なる法規範たることを超えて，ある種の政治的信条あるいは生活基準の表現として市民の間に浸透し機能しているといえる。

B——合衆国憲法の成立過程

憲法典が成立したのは，1788年6月，ニューハンプシャーの批准があって，有効成立要件（9邦以上の批准）が充足された時点においてである。この憲法は合衆国統治機構，すなわち三権分立の構造，合衆国と邦（州）の関係など，組織のあり方を定めている。ところがこの点が諸邦の批准審議過程において議論の的になった。憲法典には人民の権利自由に関する保障諸規定が欠けていることに，強い不満が表明されることになったのである。いくつかの邦ではこの点の増補がなされたことを条件として批准を行うといった経緯もあった。こうして新憲法のもと，新たに誕生した合衆国議会が最初に行わなければならなかった仕事の1つは，憲法に付加すべき「権利章典」を作成することだった。でき上がったのが宗教の自由，言論・出版の自由を保護する修正第1条から始まる修正諸条項である。1791年成立したこの部分は「権利章典」として知られ，1788年成立の合衆国憲法典とともに，'オリジナル'憲法典を構成する。

この憲法が成立するに先立ち，イギリス王制の支配からの分離をうたった独立宣言（1776）は，「13のアメリカ連合諸邦（ユナイテッド・ステイツ）」（statesは，1788年，憲法以前にあっては，「邦」と訳し，それ以降は「州」とする）がそれぞれ「自由にして独立な国家」であることを宣言していた。諸邦はおのおの，一定の統治機構のもと人民の権利自由を保障する憲法を有していた。これら諸邦の共通利益を追求すべく「より完全な連合体」を形成することを眼目として，合衆国憲法が作られたのである。それはまったく新しい統治構造の創造を意味したものの，統治のあり方については植民地以来の政治制度上の所産およびその運営上の経験を踏まえ，それに大きい影響を受けた。すでに各邦では議会を中心に統治が行われていたが，人民参加・意思決定の仕組みなど民主政（共和政）をめぐる議論の経験は，「より完全な連合体」統治のあり様を定める合衆国憲法の制度づくりに反映した。まったく新しい国家としての合衆国は，憲法に明記された以外の権力をいっさい持たないことを前提としたから（limited government），人民の権利自由を侵害する契機はなく，したがって諸邦憲法と違って「権利章典」は不用であると制定者らは考えたが，既述のように批准過程でそれを欠くことが問題視され，こうして付加された修正諸条項は，三権分

立などを定めた統治構造諸規定と一体となって憲法の本質部分をなすものとして，憲法史上極めて重要な地歩を占めることになるのである。

19世紀に入り合衆国憲法に基づく統治が現実に展開する段階で最も重要視された争点は，諸邦にそなわった統治権力を既得のものとしてそのまま温存させた上での「連合体」の構成なのか，それとも諸邦の権力をある程度犠牲にした上で，より統合機能を果たしうる，「連合体」を創出してゆくべきなのか，この選択にあった。概して言えば，後の歴史展開では，後者に傾斜して憲法運営がなされてゆくようになる。

奴隷制存廃をめぐる議論に端を発して戦われた南北戦争（1861-65年）は，合衆国憲法の存立にとって致命的な出来事であったが，合衆国軍隊の勝利をもって戦争は終結したため，合衆国憲法の生命はことなきをえた。（合衆国から分離した南部諸州は，1861年3月，南部連合の憲法を制定したが，これは南部連合側の敗戦とともに失効した）。かえって，奴隷制廃絶・黒人の平等をうたう3箇条（修正13，14および15の諸条）が修正増補された。この憲法改正は，単に人権保障体系の面のみならず，合衆国の権力関係の面でも，潜在的には憲法史上ほとんど革命に類する変革力を秘めるものであった。

現在の憲法典は，27の修正条項をあい伴っている（このうちに，アルコール飲料品の製造・販売等を禁止する修正18条およびこの法案を廃止した修正21条が含まれる。このプラス・マイナス・ゼロを算入しないとすると修正条項は25となる）。これら改正手続による明文修正に勝るとも劣らない「憲法革命」をも視野におくべきだという，最近の考え方がある。それによれば，1930年代のニューディール政策（福祉国家志向）は，実質的な憲法改正の典型例である。

C——権力構造

❶——三権分立の原則

憲法が定める統治構造上の特色は，2点に見られる。(1)合衆国政府の3つの作用，すなわち立法・行政（執行）・司法が，それぞれ議会・大統領・裁判所の3つの異なった機関に分属されていて，各機関は多かれ少なかれ独立して定められた作用を行う。いわゆる三権分立の仕組みである。三権はそれぞれの職権行使を通じて他機関の行き過ぎを是正し，それによって統治機能総体のバランスをとる，すなわち全体として抑制均衡が保持されることが期待されている。(2)合衆国はその名（United States）が示すように，各邦（州）が寄り集まって成立している連邦国家であって，各州はその領域内において本来的に完結した主権的な権力を持っているということを前提としている。州は合衆国憲法の定めるところにしたがって，自らの権限の一部を合衆国に移譲したのであって，合衆国はそのように憲法明文上移譲されたかぎりにおいて権限を行使しうるという建前をとる（修正10条はそのことを確認した規定であるが，修正9条と相まって，合衆国は人民との関係も含め，憲法上委任された権限以外のものを持たないとする憲法概念「制限統治」を誕生させた点でも特徴的である）。合衆国と州との間の権力の配分のありようは，歴史的に大きな変遷が見られるものの，州には基本的な統治権力が留保されているという観念は厳然として存続している。

❷——合衆国議会

合衆国議会は上院と下院の両院から成る。上院議員は各州から2名選出され，州の代表と

図 22-1 ●合衆国憲法の原文

図 22-2 ●権利章典の原文

見なされている。議員の任期は6年，2年ごと3分の1ずつ改選される。下院議員の議席数は各州の人口に比例して配分され，その選出は人民の投票により，その任期は2年である。いずれの院の議員選出についても，選挙方法は各州の法律に委ねられている。ただし，大統領選挙も含む合衆国公職選挙については，憲法上18歳以上の合衆国市民に平等な投票権が保障されている。かつて選挙人資格には，財産所有・奴隷身分・人種・性別・人頭税などの点で差別が設けられていたが，その後徐々に平等化が進行し現在に至っている。

合衆国議会の権限は明文により17の事項に限定して列挙されている（1条8節）。債務支払・共同防衛・一定種類の租税の賦課徴収から，外国および州際間の通商規制・内外の貨幣規律・郵便・戦争宣言・民兵招集も含む陸海軍に関する規則などである。憲法は事項列挙につづいて，1条8節の最後（18項）で「上記の権限……を執行するために，必要にして適当な（necessary and proper）すべての法律を制定すること」を議会に委ねている。この条文および「州際間の通商」の規定などの拡張解釈を通じて，州権との関係において合衆国の権限を限定する効果は大きく縮減し，逆に合衆国の権限は漸増する傾向にある。

議会は主として法律を制定して，憲法上合衆国に委ねられている仕事をこなしてゆく。法案は両院の議決を経て大統領に送付される。大統領が署名を拒否し不同意を表明した場合には，法律として成立しない。この場合，法案につき両院が3分の2以上の多数で再可決して初めて法律となりうる（⇨23 合衆国議会）。

❸──大統領

大統領は行政権（執行権）の主体である。副大統領とともに次のような方法で選出される。各州はその州から送りうる合衆国上院議員および下院議員の総数と同数の選挙人が投票して決定するという憲法上の仕組みがまずある。民主党と共和党の二大政党制のもとで政治慣行上，それぞれの政党が各州ごと予備選挙などを通じて大統領（および副大統領）候補者を決めてゆき，最後に各党全国大会で特定単独の候補者に絞り，その者について各州の選挙人が投票により大統領たるべき者を決定する。このように，大統領（および副大統領）は，選挙人による投票で選ばれる仕組みになっていて，市民が直接選挙するわけではない。けれども，市民は各州において選挙人を選出する段階ですでに，その選挙人が大統領として誰に投票するかということがはっきりわかっていて投票するのだから，実質上は，直接選挙と異ならない。大統領の任期は4年，三選はできない。

憲法上明記されている権限は，「行政権」のほか，陸海軍・民兵等の最高指揮権，恩赦権，上院議員3分の2の同意を得た条約の締結権，外交使節・最高裁判事その他法律で定める合衆国官吏につき，上院の同意を得たうえ任命する権限（官吏任命権），非常時における議会（議院）招集権，外国使節の接受などである。大統領職は王制下の国王の執行権になぞらえて構想された部分が多く，公選による選出という契機も相まって，対内外的に国家代表として振る舞うのが許容される傾向にある。

「行政権」につき憲法が明文上定めているのは，「行政各部省の長官からそれぞれの部省の職務に関する事項につき，文書によって意見を徴することができる」（2条2節1項）を除くとわずかである。19世紀後半以降，合衆国政府が行政上の手法によりなすべき仕事が多くなり，独立性の強い準司法的機能をそなえた行政委員会方式が発達した。大統領はその職員の任命権を通じて，これに関わる。1930年代のニューディール期以降，大統領の権限が拡大し，

その後さらに軍事・外交領域での合衆国の役割が拡大するにつれ，大統領の権限がますます大きくなった。「帝王的大統領」などという言い方が出てきたりもした。こうした傾向に対して，三権分立の原則を盾に，合衆国議会が大統領権限の制約を試み，両者の関係が紛糾することが少なくない（⇨ 25 大統領）。

❹──司法権

司法権は「1つの最高裁判所および（法律により）随時制定設置する下級裁判所に属する」（3条1節）。現行法制では下級裁判所は，コロンビア特別区と11の巡回区に設置された控訴裁判所，および連邦レベルの請求裁判所1，関税特許控訴裁判所1，さらに全国にまたがって設けられている94の地方裁判所がある（⇨ 26 裁判制度 A）。裁判所の判事は，上院の同意を得て大統領により任命され，非行なき限りその職を保持し，在任中相当の報酬を受ける。強い独立性が期待されている。司法権に関する憲法規定（3条2節）から割り出された法概念（'cases'and 'controversies'）に基づき，当事者間の争訟事件性が訴訟要件とされる。抽象的な法律問題や法的助言を求める訴えは不適法とされる。

憲法および法律により裁判所の管轄事項は明記されているが，ある事件が州裁判所の管轄に属するものであっても，合衆国の憲法・法令に抵触する疑いがある場合には，利害関係者は合衆国あるいは州のいずれをも選択して出訴しうる。けれども，合衆国の憲法・法律問題を最終的に判断するのは，合衆国最高裁であるのは言うまでもない。

最高裁は長官と8名の陪席判事から成る。最高裁が決定する憲法その他の訴訟事件は国政および社会・経済に及ぼす影響が大きくなるにつれ，最高裁人事はますます人々の関心をひくに至っている。大統領は司法長官その他の助言をもとに人選を行うが，最近は妊娠中絶・政教分離などのような意見対立が深刻な争点をめぐる訴訟が耳目を集めるようになっていることを背景にして，大統領に指名された最高裁判事候補者に対して行われる上院（司法委員会）のこれら争点をめぐる調査・審問が，TV同時中継などマスメディアで好んで取り上げられ，それ自体政治問題となる傾向が強い。

1915年大統領ウィルソンに任命されたブランダイスがユダヤ系法律家の最高裁入り第1号で，その後，B. カードーゾ，F. フランクファータと続き，今では，9名中1人は「ユダヤ系の椅子」に就くのがどちらかというと通例となっている。アフリカ系市民の最高裁入りは，T. マーシャルを嚆矢とし（1965年），女性法律家としては，1980年 S. オコナーの就任が最初だが，現在は彼女を含め女性は2名いる。このように大統領は時代の変遷に合わせて，ある種のバランス人事を心掛ける傾向にある。

最高裁は普通，州最高裁または合衆国控訴裁判所からの上告に基づいて事案に当面するが，上告を受理するかどうかの決定は裁量による。先例その他に照らして最高裁が審理する必要がないと判断した場合には，上告は受理されない。最高裁の審理は通常，書面によりなされ，まれに口頭弁論が行われる。判決は判事の過半数の賛成が得られたものである場合に，法廷意見として支配することになる。可否同数の場合は最高裁の裁断がなかったことになり，原審判決がそのまま有効となる。理由について意見が分かれるが，結論で同じ意見があって，これを合体すれば過半数以上になる場合には，相対多数意見として結論部分が支配することになる。最近の最高裁ではめったなことでは全員一致の判決が出ない。特に重要憲法問題ではいくつもの意見が分かれ，そういう場合には先例価値（precedent）として何が示されているかを判

定することが難しい。

　裁判所に政治的社会的な紛争解決の役割を大きく期待する意味でのリーガリズムはアメリカ的特色の1つとしてつとに指摘されている。価値観の対立が恒常化し多元化した現今では、特に道徳的性格の強い憲法問題などにつき、過度に司法的解決を求めないようにすべきだという声も聞かれる（⇨26裁判制度）。

D── 憲法の歴史的展開：
州権尊重から合衆国権力の伸張へ

　'合衆国憲法'の意味の拡張，「より完全な連合体」の形成を目指して憲法典が成立したが，歴史上「より完全な連合体」が何を意味するかは憲法を読む者の解釈によって異なる。そしてその解釈は，その者の政治・経済・社会についての立場に左右される。大きく言って2つの解釈の対立がある。1つは，「連合体」をできるだけ強固な存在と観念し，その名によって合衆国のなすべき仕事を増やしてゆこうとする考え方である。これによる者たちはフェデラリストと呼ばれる。これに反し，アンチ・フェデラリストと呼ばれるもう1つの立場は，フェデラリストの構想する新しい政府は特定の利益に仕える専制的なものへ発展する可能性があると反対し，人民の諸自由・よき秩序は歴史的・伝統的に邦（州）によって守られてきたという実績に照らし，州の主権的権限を尊重することに重点をおいて，比較的に緩やかな「連合体」を形成するよう努めるべきだと考える。

　憲法制定直後の新政府はたくさんの重要問題を抱えていた。なかんずく戦争により荒廃した財政の立て直しは緊急であった。それに絡む国内債券の償還策・租税賦課・国立銀行設置などの策を，新しい政府は果たしていかなる憲法解釈によりいかに取り組めるかなどをめぐる争いであった。またヨーロッパの動乱に伴う移住者の増大，その他外国勢力に対抗して国内秩序維持を目的としてフェデラリストは，「外国人・治安煽動法」を制定したのに対し，それは合衆国権力の逸脱であると同時に言論の自由など市民的自由の侵害だとするアンチ・フェデラリストの反対があって，激しい対立が起こった。

　国づくりについてこうした深刻な意見の違いがありながらも，「連合体」そのものを解体させようとする動きはほとんど見られなかった。かえって，州であれ合衆国であれ，それぞれが自然法的に観念された「自由な共和制」の諸原則に基づき共存を図ってゆく立憲主義が定着してゆくことになる。1812年の米英戦争後のナショナリズムの高揚，ジャクソン大統領下でのデモクラシーの進展や産業政策の展開など，19世紀前半の社会変化は，概して言えば，州権の抑制と合衆国権力の拡張をもたらした。憲法の中身は，このような国づくりに適合的な意味・解釈により充足された。

　この場合注目に値するのは，合衆国最高裁が果たした役割である。最も顕著なのは，1803年のマーベリ対マディソン事件である。この訴訟で初めて，憲法上明文規定がないにもかかわらず，合衆国裁判所は，合衆国憲法に違反するいかなる法令をも無効と宣言する権限がある，と判示した。この，憲法解釈の所産として生み出された違憲立法審査制（司法審査制）は，19世紀前半にわたる法実践の中で確立し，この国に特有な憲法制度として，日本を含む諸外国に大きな影響を及ぼすに至る。マーベリ判決を書いたのは，ときの最高裁長官J. マーシャルである。彼のリードする最高裁は，第2国立銀行の存立をめぐる訴訟であるマカロック対メリーランド（1819年）において，共和派（アンチ・フェデラリスト）の主張する憲法論（憲法1条8節18項「必要にして適当なすべ

ての法律」という文言を狭く限定的に解釈する立場）をしりぞけて，合衆国議会の制定した第2国立銀行設置法を有効にしたのが典型例で，その在任中（1800-35年）多くの訴訟を通じて，憲法の連邦主義的運営が最高裁によってバックアップされた（合衆国議会に許容される立法権の範囲にかかわるもう1つの争点は，1条8節3項の州際通商規制権限規定について生ずる。マーシャル長官は，ギボンズ対オグデン（1824年）で，合衆国議会の権限範囲を広く解する立場をとったのが，典型例である）。

オリジナルな憲法は，南部諸州の農業経営上不可欠とされた黒人奴隷制を承認するという妥協の上に成立したが，1830年代には逃亡奴隷の処遇などをめぐり南北間（あるいは南部諸州と合衆国間）の紛争がますます激しくなった。合衆国最高裁がドレッド・スコット対サンフォード（1857年）でかかわったのは，次のような内容の訴訟である。すなわち，ある軍医の従僕として自由州で働いた経歴を持つ黒人がのち，ミズーリ州に移動し，そこで自分はすでに自由な合衆国市民の身分を取得しているはずだと主張し，その確認を求めて訴えたのである。合衆国最高裁は，奴隷所有権は通常の商品や財産と同じように自由に取引きできる権利であって，この権利はすべての市民に憲法上保障されていると解し，合衆国政府にはこの権利を制限する権力は委ねられないと判示し，原告たる黒人の主張をしりぞけたのである。いかな最高裁といえども，奴隷制を承認する憲法には勝てない，というわけである。1861年に，奴隷制の是非をめぐって南北戦争が始まったが，その一因は憲法訴訟ではこの問題は片付かないことを教えたドレッド判決にあると言われる。

南北戦争は，合衆国側の勝利で終り，間もなく奴隷解放を宣言する憲法修正第13条（1865年確定），法の下の平等・適正手続保障を定める修正第14条（1868年確定）そして投票権の人種差別を禁止する修正第15条（1870年確定）の「再建諸条項」が制定された。憲法史上最も重要な改正である。けれども，こうした憲法改革にもかかわらず，制度としての奴隷制はともかく，奴隷的身分・人種に基づく差別は南部諸州に厳然と残った。法の下の平等に関する憲法の条項が実現の緒につくのには，20世紀中葉にかけて合衆国最高裁を頂点とする合衆国政府の努力を待たねばならなかった。1954年最高裁のブラウン対教育委員会事件の判決を契機に1960年代展開する公民権運動にあってさえも，憲法上の州権論によって激しい抵抗をする南部諸州を効果的におさえ込む必要があった。

E── 憲法の歴史的展開：1920年代以降

合衆国憲法の「権利章典」部分が最高裁の法実践を通じて，現実に規範的な意味を持つようになるのは──一般常識に反するが──1920年代以降のことである。「権利章典」が保障する表現の自由・信教の自由など市民的自由はすべてオリジナルには，合衆国政府からの侵害に対してのみ──逆に言えば，州政府からの侵害に対して，ではなく──保護されているにすぎない。そして合衆国政府は憲法上制限された活動領域の中でしか権力を持たないと解されていた結果，郵便・税関・軍事など限られた連邦管轄分野でのみ，市民的自由の抵触が問題となったにとどまる。第1次世界大戦前後に合衆国議会は反戦・反体制的な表現活動に対し相当にきびしい制限を加えたのに，最高裁は違憲としなかった。この時期わずかに少数意見として権力を限定する「明白にして現在の危険」論が語られたにすぎない。徐々に，この少数意見的な憲法論──市民的自由の制限は，例外的な場合（市民の言論活動が，社会に対し「明白にして

現存の危険」をもたらすおそれがある場合）にだけ憲法上許されるとする法理——が最高裁の中で多数意見として支配するようになり，30年代後半の「ローズヴェルト裁判所」でこうした方向における権利保障体系がようやく公認のものとなった。1920年代後半から，この推移ときびすを接して憲法の新しい展開が現われる。すなわち修正14条の適正手続条項をテコに，いままで合衆国憲法の支配圏域外にあった州権による市民的自由の制約問題を，合衆国の最高裁が司法審査の対象として取り上げることになったのである。実際のところ，市民的自由の制限は州権による場合の方が多いとさえいえ，「権利章典」が現実的意味を持つようになるのは，章典が州にも適用されることが可能になった両大戦間期以降のことだといえる。20世紀前半までは，概して言えば，結局のところ最高裁は，合衆国と州との間での権力配分問題領域内において，財産権保障に眼目がおかれる経済活動の自由にかかわってきた。その最高裁がニューディール政策に当面した際，これを推し進めようとする合衆国の諸法律を違憲無効と判定してゆずらなかったことに象徴されるように，リバタリアン的な見地に立って頑固に財産権保障に徹する保守的な立場を貫いた。「ローズヴェルト裁判所」になってようやく，こうした憲法論が修正され，社会経済立法に関しては「合憲の推定」をはたらかせるようになる。このことにより合衆国が「福祉国家」へ転換することが——憲法改正を経由することなく——行われた。実質的な憲法改革である。

合衆国憲法が実践上大きな意味を持つに至るのは，1950年後半，マッカーシズムの沈静後始まる刑事手続保障の実質化（「デュー・プロセス革命」），公民権運動を契機とする人種隔離撤廃の展開が見られる50年-60年代である。フェミニズム，政教分離，プライバシーなどをめぐる社会問題が，憲法政策として最高裁の審理すべき課題となり，やがて妊娠中絶・同性愛・差別表現・生死などをめぐり市民の権利問題が登場するに至っている。

F——憲法における「市民」像

オリジナルの憲法典は，奴隷として入国した人たち（その子孫）は「市民」ではないことを当然の前提とした。アフリカ系の人たちに「市民権」を与える道が開かれたのは，修正第14条（1868年確定）によってである（14条1節「合衆国において出生し，または帰化し，その管轄権に服するすべての人は，合衆国およびその居住する州の市民である」）。憲法に基づいて制定された法律によれば，市民たる資格は，出生による取得と帰化による取得の2つがあり，前者はさらに合衆国で生まれたことによる場合（生地主義）と親が市民であることによる場合（血統主義）に分かれる。帰化については，いくつかの条件をクリアしなければならないが，そのうち憲法上の原則との関係でかつて問題になったのは，申請者は戦時にあって武器をもって敵軍と戦うことを宣誓する手続の合憲性に関してであった。現行法では良心的兵役拒否の要件が充たされれば，帰化が許される仕組みになっている。帰化にあっては，申請者が合衆国，したがってまた憲法に忠誠を誓うことが要求される（そして，大逆罪は「市民」にのみ問われうる）。市民は——帰化市民は，大統領被選挙権および就任資格を有しないとするなど憲法上の制限がある場合をのぞく——あらゆる点で平等に取り扱われる権利がある。

大統領被選挙権を「出生による合衆国市民もしくはこの憲法採択のときに合衆国の市民である者」に限っている憲法規定（2条1節5項）には，いろいろな意味がこもっているであろう

（この規定のもと，例えば1970年代有能な国務長官として名高かった H. A. キッシンジャーは，いかに外交手腕に長け政治家としての評判が高かろうと，大統領候補たることはありえなかった。ドイツ生まれの彼が合衆国市民となったのは，1943年彼が20歳のときのことだったからである）。それらはさておき，合衆国成立期にあってはこの規定はごく自然な発想から出たものであったに違いない。ここで規定された「市民」の圧倒的多数は，アングロ＝サクソン系プロテスタント（WASP）の流れを汲むのであった。彼らは，大いに神話的・観念的なものでしかなかったとしても「メイフラワー誓約」（1620年）のような統合象徴や当時なお記憶に新しい独立宣言（1776年）に強くアイデンティティを感ずる人々であった。彼らにとっては，州憲法・合衆国憲法は，そのような意味をもつ「メイフラワー誓約」等に連なるものとして，受けとめられた。その後の展開とともに，アフリカ系の人々の市民化や帰化市民の増大，したがってまたその人たちから枝分かれしし「出生による市民」のあいだの人種・信条などにおける多元化が他に例を見ない仕方でなされた。こうして市民の「多元性」がそれ自体，合衆国の特質と見なされるようになった。

　このような国家の担い手における多元性は，国家としてのまとまりを失わせる方向にはたらく可能性を秘めるものであった。しかし幸いにして合衆国は恒常的にとどまるところを知らない勢いで経済的な発展を遂げ，このことにより統合力を失う心配よりもむしろ，社会的吸引力をますます強く保持することができたのであった。そしてこの場合，「メイフラワー誓約」と一体化して観念された合衆国憲法が諸国の比較を絶する形で統合力維持に大きく寄与しえたのは疑いない。新しい市民は，ひとまず合衆国憲法へ帰依することによってこの共同体に同化し，さらに今度は自ら帰依した憲法を新しく活かすことによって，この共同体を新しいものへと発展させてゆくことになるのであった。

　「アメリカ人」はこうした憲法の枠組みおよびそれと相関関係にある政治文化が織りなした人間像である。かかるものとして彼らは，「憲法上の信念」を自覚的に抱懐し，「憲法の担い手」たることを意欲する人間であるべく期待されている。

■さらに知りたい場合には

エマスン，T. I./木下毅『現代アメリカ憲法』東京大学出版会，1978.
　［イェール・ロースクールの教授であったエマスンとアメリカ法専門の木下氏の共著。今では少し古くなったきらいはあるが，合衆国最高裁判所の判例を概観する形態をとって，合衆国憲法全体をたくみに叙述した概説書。］

松井茂記『アメリカ憲法入門（第二版）』有斐閣，1992.
　［アメリカ憲法の現代的な特徴を，要領よく記述した入門書。憲法の生きた姿を伝えようとする意図が成功した作品。］

憲法訴訟研究会・芦部信喜編『アメリカ憲法判例』有斐閣，1998.
　［アメリカ憲法の全領域にまたがって最高裁判例57件を選び出し，各件の事実・判例の要旨，そして憲法理論としての意味などを紹介している。現代判例を中心にしているが，憲法史上重要で，古典的な判決も収録。］

奥平康弘『「表現の自由」を求めて――アメリカにおける権利獲得の軌跡』岩波書店，1999.
　［基本的人権のうちで最も実践的な意味合いが強い，表現の自由に焦点を当て，この観念が植民地時代から現代に至るまでの獲得の闘いの中でいかに成立・展開したかを考察した研究書。表現の自由のみならず，基本的人権なるものがアメリカでどのように闘いとられてきたかを読み取ることができよう。］

23 | 合衆国議会
The US Congress

岩野一郎

合衆国憲法によって一切の立法権を与えられた合衆国議会は，行政部，司法部とともに三権分立の一翼を担っている。議会は，連邦制国家として州を代表する上院，人民の代表と見なされる下院の二院から構成され，それぞれに与えられた役割は異なっている。上院は大統領が締結した条約に対する批准権，大統領による官職任命に対する同意権など，国政に直結する権限が与えられている一方，下院には歳入法案の先議権が与えられ，国民や地域の利害に直接結び付いた問題に関心をもっている。こうした議会での立法プロセスはさまざまな要素が複雑に絡み合っている。例えば，「抑制と均衡」の関係を前提とした大統領とのかかわりやロビイストとの折衝，さらに二院間でのプレスティージの格差，政党の拘束力が脆弱な中での議員間の意見調整など，法案成立までに踏まなければならない段階は多い。ここでは，こうした合衆国議会の仕組みやその立法のプロセスを俯瞰する。

A――合衆国議会の成り立ち

アメリカ合衆国議会は上院（正式には元老院）と下院（本来の意味は代議院）とで構成される二院制をとっている。連邦制度をとるアメリカでは，上院は連邦の構成単位である州を代表し，下院は各州の人民を代表している。

アメリカ合衆国憲法第1条第1節には次のように記されている。「この憲法によって与えられる一切の立法権は，合衆国連邦議会に属し，連邦議会は上院および下院で構成される。」

憲法制定時，立法部のあり方をめぐって人口の多い大州と少ない小州との間の対立があったが，妥協によって上院は州を代表するものとし，人口にかかわりなく1つの州から2名の議員を送ることができ，下院は各州の人民を代表するという形で，各州はその人口に比例した数の議員を送る制度を採用した。現在上院は50の州それぞれを代表する任期6年の計100名から成る議員によって構成されており，下院は435名が定員で，10年ごとに実施される国勢調査の結果に基づき，人口に比例した議席数が各州に配分される。下院議員の任期は1期2年である。

なお，下院議員の任期が2年ということから，議会を2年を単位として番号を付ける習慣がある。1789年に始まったのが第1議会で，2003年から始まった議会は108議会と呼ばれている。それぞれ1年目を第1会期，2年目を第2会期と呼ぶ慣わしになっている。

B——上・下両院の仕組み

❶——上・下両院の改選と議席配分

　任期6年の上院議員は一斉に6年ごとに改選されるわけではない。また，同じ州の上院議員2名も同時に改選されることはない。上院議員全体を3つのほぼ均等なグループに分けて，2年ごとに3分の1ずつが改選される。下院は2年ごとに全員が改選される。つまり，大統領選挙の年とその間に行われる中間選挙で，上院議員の3分の1と下院議員全員が改選されるのである。

　合衆国憲法に基づいて第1議会が召集されたとき，下院は65名の定員で始まったが，現在は定員は435名に固定されている。10年ごとの国勢調査によって，下院の議席数は人口に比例した形で各州に再配分が行われるが，2000年の国勢調査で人口の最も多かったカリフォルニア州は53で，1990年に比較して1増加し，それに次ぐテキサス州は32で2増加，フロリダ州は25で2議席が2002年の選挙から増加することになった。これは人口の中心が南・西部のいわゆるサンベルトに移っていったことを反映しており，東部・北部のフロストベルトの諸州は相対的に議席数を失ったことになる。

❷——上・下両院の比較

　上院と下院とでは，選出母体も議員数も異なっているが，そのほかの大きな差異は，後にも触れるように，下院には歳入法案の先議権が与えられていることと，上院のみに大統領が締結した条約に対する批准権と大統領による官職任命に対する同意権が与えられていることである。これは，いわゆる上院の「助言と同意」と呼ばれるものである。

　上院議員は人数も少なく，任期も長く，大統領候補者の経歴を眺めると，下院議員に比較して圧倒的に上院議員経験者が多い。また，下院議員が上院議員に鞍替えするのはごく普通のことであるところから，上院議員のもっているプレスティージのほうが下院議員に比べて高い。マスメディアでの取り上げられ方においても，上院議員のほうが目立つ存在である。そこで，しばしば給与の点においても差異があるのではないかと考えるが，年俸は上・下両院とも，まったく同額である。2003年現在で，それぞれが年俸15万ドルとなっている。

　さらには，州内を分割した，地理的に比較的狭く，利害も割合均質な選挙区を代表する下院議員が選挙区の利害を追求する傾向が強いのに対して，州という広く多様性に富む選挙母体から選出される上院議員が連邦全体の立場に立って，国家的な判断を下す役割を担うという一般的傾向が認められる。

　また，本会議での討論においては，上院のほうが討論に関する規則が自由であるのに対し，下院では議員数の多さなどにより，修正案の提出や討論時間などに関しての制限が大きい。しかし，立法部の最も重要な役割である法案の提出や審議という点に関しては，両者の間にはまったく差異はない。

❸——上・下両院議員の被選挙資格

　議員の被選挙資格に関して憲法に記されている要件は，年齢と市民権を有している期間と選出州居住についての3つだけである（第1条第3節）。上院議員については，年齢30歳に満たず，9年以上にわたって合衆国市民でなく，選出時にその選出州の住民でないものは議員になれないと規定されており，下院議員については，年齢は25歳に満たず，7年以上合衆

❶連邦議会議事堂の外観［ワシントンD.C.にあり，その所在地はキャピトルヒルと呼ばれる］

国市民でなく，また，選出州の住民でないものは議員になれないとしてある。

この被選挙資格で問題となるのは選出州の住民という要件である。憲法の解釈では，住民とは法律上の住所を有する者という意味である（アメリカには戸籍や住民票の制度はないので，住所を定めることで住民になる）。かつてジョン・F. ケネディ大統領のもとで司法長官を務めた弟のロバート・ケネディが1964年にニューヨーク州から上院議員選挙に出馬した際に，マサチューセッツが本拠であり，ワシントンで活躍しているケネディ家の一員が，はたしてニューヨークの住民といえるかが問題となった。これを快く思わなかったニューヨーク州民は，南北戦争の後，カーペットバッグ（合財袋）1つで北部から南部に渡っていって一旗揚げようとたくらんだ人々にちなんで，彼を「カーペットバガー」と呼んだ。同じことが，2000年のニューヨーク州の上院議員選挙に，クリントン大統領夫人のヒラリー・クリントンが出馬して当選した際にも問題となったのは周知のことである。

❹ 上・下両院の選挙と代表観・選挙区割り

選挙区に関しては，上院議員は州を代表する以上，当然のことながら州全体が選挙区である。州全体の選挙民の支持を得るためには，一般的に下院議員と比較して特定の利害にあまり深くコミットせず，より広い支持を集めるような選挙戦を展開する。

他方，下院議員選挙は1人1区の小選挙区制で実施される。小選挙区内部では，比較的利害が均質化されていることが多いので，下院議員は選挙区の利害を代表する「ワシントンへの大使」と見なされる場合が多い。

イギリスや日本では，国政の場に選出される議員は選挙区の代表ではなく，国民全体を代表する「国民代表」だという意識が建て前のうえでは強い。これと比較して，アメリカの場合には，議員は選挙区を代表し，しかも選挙区民の意志に拘束される度合いの強い「地域代表」だとする考え方がある。とりわけ下院議員の場合にこの傾向が強く認められる。再選を確保するために，たとえ廃案になるとわかっていても，選挙区の利益を増進するための法案を提出する下院議員が多いのはこのためである。

また，前述のように，国勢調査の結果で下院

の議席数が再配分され、議席数に変化が生じた場合、下院議員選挙区の区画のやり直しをしなければならない。この選挙区の再区割りの問題は、まさに州内の政党政治にとっての大きな利害が絡んでくる。それは1812年にレパブリカン党のマサチューセッツ州知事エルブリッジ・ゲリーが自党に有利な形の選挙区割りを行った、いわゆるゲリマンダーの起源にまでさかのぼることができる。

また、選挙区割りの問題は党派の対立ばかりではなく、1票の格差の問題も抱えていた。1920年の国勢調査の結果、アメリカでは都市部の人口が農村部を上回るようになっても、それを反映しない形のまま維持されてきた選挙区割りは、農村部の過大代表と都市部の過小代表という1票の格差を生んだ。

この問題が解決されたのは1960年代になってからであり、アール・ウォレン最高裁首席判事のもとでベーカー対カー事件(1962)などの一連の判決によって、「1人1票の原則」(one person, one vote) が打ち立てられてからのことであった。

また1965年の「投票権法」の成立以降、少数人種集団の代表を確保するために、例えば黒人の有権者が多数派となるような選挙区の区割りを意図的に行うことも試みられた。しかし、その後最高裁の判断は、こうした選挙区割りに対しては厳しい制限を加えるようになった (Shaw v. Reno, 1993/Shaw v. Hunt, 1996)。

C── 議員と立法権の範囲

❶── 議員たちの横顔とスタッフ

各州で選出される上・下両院の議員たちは、近年非常に多様性に富むようになってきた。もちろん、いまだに白人の男性が優位に立つ立法部ではあるが、近頃は女性議員の進出も目立つようになった。2002年の中間選挙の結果、下院には62名の女性議員が議席を有しており、上院には14名の女性上院議員がいる。カリフォルニア州に至っては、1993年以降、上院議員2名ともが女性議員となっている。

人種についても、少数人種集団からの議員の数が飛躍的に増大した。1989年に17名だったアフリカ系下院議員は、2003年には37名に倍増し、数のうえでは2001年に19名とアフリカ系下院議員を下回るものの、80年代からの伸び率で目立つのはヒスパニック系であり、108議会では23名となった。また、アジア系の進出も目につくようになり、2003年にはハワイ系を含め7名となった。

年齢で見ると、下院では40歳代と50歳代とで過半数を占め、2003年初めで平均年令は53.9歳であった。上院では平均年齢はやや高く、2003年初めでは、平均年令が59.5歳であった。

職業的背景で眺めると、上・下両院議員ともに、弁護士などの法曹界出身者が多く、上院の場合には、半数以上となっている。それに次ぐ第2位は企業・銀行業関係で、第3位となっているのが公職・政治関係である。

議員としての在職年数では、上・下両院とも近年長くなる傾向にあり、2003年のデータでは、上院議員の平均在職年数は約11年であり、また、下院議員の平均在職年数は約9年であった。108議会初頭で上院議員で上院臨時議長に選出されたテッド・スティーヴンス(共和党、アラスカ州選出)は、在職最長で34年、下院ではジョン・ディンゲル議員(民主党、ミシガン州選出)は、在職47年に及んでいる。上・下両院議員の選挙では、現職の再選率が圧倒的に高い。そのため、大統領に三選禁止規定があるように、議員に対しても在職期間を制限し、多選禁止にしようとする動き

(term limit）が出ていたが，最高裁判所は，州による連邦議会議員の多選制限法は，大統領の場合のように，憲法修正を行わないかぎり，憲法違反であるという判断を下している（U. S. Termlimits, Inc. v. Thornton, 1995）。

ところで，議員が立法活動を行い，かつ選挙区民に対するサービスを行っていくことができるのは，議員のオフィスで立法活動を支援するスタッフが多いだけでなく，議会内の諸委員会にも多くのスタッフがいるためである。議員のスタッフは秘書的な業務のみならず，法案の作成からロビイストとの交渉などをこなし，地元有権者の要望に応える活動を行っている。1999年の数字では，議員個人スタッフは上・下両院で総計1万1,000人を超え，常設委員会や議院そのもののスタッフを加えると，1万3,000名を超えている。数だけで比較しても，日本とは比べるべくもないほどの数である。

そのほかに，議会には議会図書館および議会調査局が立法に関する情報を提供し，会計検査院が政府の会計に関する情報を提供し，議会予算局が予算案作成の支援を行うことによって，それぞれ立法活動を支えている。

❷──憲法の示す立法権限

ところで，合衆国議会の立法権の内容は，合衆国憲法第1条第8節に列挙されている。これらは第1項の課税権に始まり，国債の発行（第2項）と続き，第3項に諸外国，および各州間の通商の規制権が書かれている。この各州間の通商を規制する権限の条項は「州際通商規制条項」(interstate commerce clause) と呼ばれ，連邦議会の立法権の範囲が歴史的に拡大していくにあたって，重要な憲法上の根拠を与えた。例えば，1964年の「公民権法」も，「州際通商規制条項」を援用して，連邦政府による黒人の公民権の確保とその実施とを，連邦議会の立法権の範囲内に取り込んだものといえる。

この第8節の最後におかれている第18項には，これまで列挙してきた議会の立法権に関連して「必要にして適切なすべての法律を制定する」権限が記されている。いわゆる「必要適切条項」(necessary and proper clause) である。前記の「州際通商規制条項」とこの「必要適切条項」の2つは，合衆国議会の立法権の範囲拡大に有効な役割を果たしてきた。

第8節はこのほかに帰化・破産・通貨の鋳造・度量衡の制定・通貨偽造の罰則・郵便制度・著作権，特許権の保護といった，連邦全体で統一すべきことがらに関する立法権限を規定している。さらには，最高裁判所の下に下級裁判所を設置する権限や，国際法や戦争に際しての宣戦布告権・民兵を含む軍隊の編成と統制権等が定められている。これらのうち，宣戦布告権は，大統領の最高司令官としての統帥権に対して議会が抑制をかける，いわゆる「抑制と均衡」の理念の具体化にほかならない。

また，合衆国政府の首都である地域に対する専権的立法権が議会の権限となっている。いわゆるワシントンD.C.が連邦議会直轄地といわれるゆえんである。

❸──法律（公法・私法）と諸決議

立法部の任務が法律の制定にあるのはいうまでもない。通常，合衆国議会の制定する法律は公法（public law）と呼ばれており，議会の制定する法律のほとんどがこれである。

しかし，ある特定の人々のみを対象とし，それらの人々の帰化（市民権の獲得）であるとか，国家に対する賠償などの請求権の承認などを目的とした，適用の対象が限定された法律も，その数は極めて少ないが議会によって制定される。これらは私法（private law）と呼ばれる。日本の私法，公法の分け方とはまったく

異なった意味なので，注意を要する。

また，議会は法の制定に加えて3つの種類の決議を行う。単純決議，上・下両院同意決議と上・下両院合同決議の3つである。

最初の単純決議は，それぞれの院が政治，社会，あるいは国際情勢に対する院としての意見を表明するとか，ある人に対する感謝の意を表するような場合に行うものである。同意決議は例えば，議会の休会の時期など，両院での調整を図ることが必要な場合に行われる決議で，以上の2つには法律としての効果はなく，大統領による署名も必要としない。

しかし，両院合同決議は法案と同じように両院で決議されたものは大統領のもとに送られ，法律と同じ手続きを踏み，成立すれば法律と同じ効果をもつ。通常の法案よりも，その適用範囲がやや限定されている場合に使われることが多い。ベトナム戦争中の1973年に議会が大統領の戦争遂行権限に歯止めをかけようとして制定した「戦争権限法」も，実はこの合同決議だったのであり，厳密に言えば War Powers Resolution と記されるべきものである。

D──議会の組織と権力構造

❶──上・下両院の組織と権力構造

合衆国憲法が各院内の組織に関して述べていることは，下院については第1条第2節第5項で，議長およびその他の役員を選任するとしているだけであり，上院に関しては第3節第4項と第5項で，それぞれ上院の議長は合衆国副大統領が務め，議長は可否同数のとき以外の表決権はなく，それと副大統領欠席の場合には臨時議長を選任し，その他の役員をも選任すると規定しているだけである。

よく言われることであるが，合衆国憲法は，政党と内閣に関する記述がない。ところが，大統領選挙に関して1804年に修正第12条が確定発効し，正・副大統領各々のための投票を行うようになったのも，大統領選挙が政党によって支配されている現実を追認するためのものだったのである。

政党が議会の組織にとって重要なことは，議会の内部構造を眺めるとすぐに理解できる。つまり，議会の組織・構造は，民主・共和の二大政党制に依拠しているのがその実態である。

❷──上・下両院の議長職

合議体としての議会を考えたとき，最も重要なのは議長であろう。前述のように，上院の議長は副大統領が兼務するが，上院臨時議長は通常上院の多数党の中で，最も在職期間の長い長老議員が選出されることになっている。しかし，この地位は下院議長の場合と較べれば，儀礼的なものであり，実際の権限の行使から考えると，通常は後に述べる院内総務のほうがより権威ある存在である。2003年に始まった第108議会では，多数党が共和党に代わってから上院臨時議長に選出されたのは，1968年以来上院議員を務めてきたテッド・スティーヴンス（共和党，アラスカ州選出）であった。

これにひきかえ，下院の議長はいわば立法部を代表するリーダーとしての地位にあると言っても過言ではない。下院議長は，大統領職継承順位でも副大統領の次となっている。下院議長は下院多数党の議員総会によって指名され，下院全体で選出されることになっている。全体で選出するといっても，多数党がその指名を行うということは，下院議長は不偏不党ではなく，党派的な存在であることを意味している。アメリカの場合，下院議長の政党中立性は存在しないと言ってよかろう。

上・下両院の議長は本会議の司会をするだけ

ではなく，議員から提案された法案をどの常設委員会に付託するかの権限をもっている。常設委員会は立法過程の中で最も重要な役割を握っているのであり，学者としてのウィルソン大統領（彼はプリンストン大学の総長を務めた歴史・政治学者でもあった）は，委員会のことを「小さな立法部」と呼んだほどである。法案がどの委員会に付託されるかによって，その成否が左右される場合が多い。しかも，下院議長は自党のリーダーとして，常設委員会の自党議員の割当リストの作成にも大きな力をふるう。この委員会委員割当の中には，下院の常設委員会の中で最も強力な存在といわれる議事運営委員会が含まれており，法案の成否に影響を与える度合いにおいて，下院議長の果たす役割ははなはだ大きいのである。

❸ 歴史的に見た下院議長

歴史的に眺めると，1880年代頃まで下院議長は，例えば奴隷制度をめぐる南北対立の調整役として活躍したケンタッキー州選出ヘンリー・クレイ議長を除き，それほど目立つ存在ではなかった。トマス・リード下院議員（共和党，メイン州選出）が議長になった1880年代末から議長職の権威が上昇し始め，20世紀初頭にジョゼフ・キャノン下院議員（共和党，イリノイ州選出）が議長を務めていた頃に，その権威は頂点に達した。リードもキャノンも議長として前述の議事運営委員会を牛耳り，権力を欲しいままにした。

しかし，17年という最も長い間議長職にあったサム・レイバーン下院議員（民主党，テキサス州選出）は，名議長としてその名を歴史にとどめている。1940年から1961年に在職中に死亡するまで途中共和党が多数党となった一時期を除き議長を務め，公民権をめぐって分裂しそうになった民主党をまとめる大きな役割を担った。

その後のいわゆる大物議長として名を残しているのは1977年から1987年まで議長を務めたトマス・オニール下院議員（民主党，マサチューセッツ州選出），のちにクリントン大統領によって駐日アメリカ合衆国大使に任命されたトマス・フォーリー下院議員（民主党，ワシントン州選出，議長在職1989-94年）などがいる。

近年問題となった議長は，ニュート・ギングリッチであった。クリントン大統領第1期の中間選挙の年の1994年に共和党が下院の多数党になり，その結果1995年から下院議長となったジョージア州選出共和党のギングリッチは，「アメリカとの契約」という保守的なスローガンを掲げて当選し，議長に就任した。彼は一時は次期共和党大統領候補にまで擬せられたが，クリントン大統領と予算案成立をめぐって対立し，1995年から1996年にかけて予算案の不成立のために連邦政府部局を一時閉鎖状況にまで追い込んだ。1998年の中間選挙では共和党が議席数を減らす結果となり，ギングリッチはその責任をとって議長のみならず，議員も辞職することとなった。1999年に始まった第106議会以来下院議長は，デニス・ハスタート下院議員（共和党，イリノイ州選出）が務めている。

❹ 院内総務・院内幹事

議長職に次いで政党の中で重要な職責を果たすのが，院内総務と呼ばれる人々である。上・下両院とも，多数党と少数党にそれぞれ1人ずつ院内総務がおり，それぞれ多数党院内総務，少数党院内総務と呼ばれている。

下院の多数党院内総務は，議長に次ぐいわばナンバー2の地位にある。民主・共和両党とも，選挙で多数を確保した場合，それぞれの議員総会によって選出される。下院多数党院内総

共和党と民主党

●**共和と民主の差異**──アメリカの政党は、その存在が憲法によって定められているわけではない。いわば自主的に形成された非営利団体（NPO）だが、その組織を基盤として合衆国議会が生まれ、大統領が輩出する。選挙関係の法律などによって行動は規制されるが、非公式な団体が公式制度の母体となるという意味において、アメリカ民主主義の底深い裂け目を露呈している。

政党は数多く存在するが、圧倒的な勢力を有するのが共和党と民主党だ。選挙の際には有権者をほぼ2分するが、それ以外の第三政党などから大統領が生まれた例はないし、連立政権の例もない。その理由については、制度面や文化面などからさまざまな論議がなされて結論は出ていない。

共和党は自由経済を支持し、個人や私企業の競争が社会経済の活性化につながるとする。アメリカの伝統的な価値観を重んじ、資本主義的な考えを打ち出しがちだ。民主党は資本主義を否定しないが、政府による介入（規制）をもって自由競争の行き過ぎを是正しようとする。資本主義の修正を行い、競争からの落ちこぼれにも目を注ぎ、所得も再分配しようという福祉型の発想だ。共和党は出発点の平等を重んじ、民主党はゴールの平等を重んじるなどと言われる。

共和党の支持者は白人の中産階級で、性別では男性が多い。民主党は恵まれない人々や黒人などのマイノリティ、労働者、女性、それに知識階層が多い。しかし近年ではその区分がぼやけてきている。有権者の半数近くが支持政党をもたない無所属派になっているし、大統領の政策をとっても際だった政党色が消えているのも事実だ。

●**永遠の革命**──民主党の歴史は建国期のトマス・ジェファソンにさかのぼる。民衆寄りの発想や、地方分権、農業重視の考えなどは代々受け継がれて、1820年代に民主党（Democratic Party）という名称が採択され今日に至っている。共和党もそのルーツを建国期に殖産興業を主張した連邦主義者（フェデラリスト）にたどることができる。名称は何度か変わったが、1850年代に奴隷制度が政治問題化した頃に共和党（Republican Party）という名前が定まり、リンカンはこの政党を代表して大統領となった。そして南北戦争に勝利した。

こうした歴史的背景のために、共和党は戦争に勝った政党であり、北部工業化社会の利害を代表する政党となった。南北戦争後の長期政権を担い、自由競争を重んじるビジネスの政党という伝統が生まれた。反対に戦争後の南部では有産階級といえども民主党に荷担し、黒人や移民など本来的に異質な人々が糾合した政治勢力となった。民主党はアメリカがアメリカ的でありすぎることに異議を唱える政党だと言える。

近年の政権は共和党と民主党が交互に担当しているが、お互いの行き過ぎを監視して是正する役割を果たしている。さらに政権交代時に、閣僚はおろか政府組織の主だった役職者が、政党の息のかかった者に入れ替わる伝統がある。在外公館の大使も変わる。その数は政権によって異なり、6,000人から5万人に達する。ニクソン政権まで全国の郵便局長まで入れ替えになっていた。このように政治手法の異なる二大政党によって交互に政府の実質的入れ替えが行われるという状況は、暴力をともなわない革命が4年から8年間隔で繰り返されることを意味する。政党政治には欠点もあるが、アメリカの政治が新鮮に見え、政治の世界に希望を託するという発想が生まれるゆえんでもあろう。

［松尾弌之］

❷共和党のシンボルにはゾウ、民主党では1820年代からロバが使われている

務は議長の右腕となって議事の進行や審議・投票とりまとめなどに関して活躍する。

少数党院内総務も同様に選出され，自党の立法活動のリーダーを務めるが，法案審議をめぐって政党間に対立がある場合には，調整を図ったり，あるいは，審議抑止を図るなどの行動をとることもある。日米間の貿易問題で日本にも馴染みのある名前のリチャード・ゲッパート議員（民主党，ミズーリ州選出）も下院院内総務を務めたが，2003年に始まった108議会で，初めて少数党院内総務に女性が就任した。ナンシー・ペロシ議員（民主党，カリフォルニア州選出）である。

上院の院内総務も，任務に関しては下院とあまり大きく変わりはないが，上院の院内総務を経験した人々の中には，例えば後に民主党大統領として公民権や社会保障政策を推進したリンドン・ジョンソン（テキサス州選出）や，多数党院内総務の最長経験年数記録をもち（1961-77年の16年に及ぶ），引退後はカーター大統領によってアメリカ合衆国駐日大使に任命されたマイク・マンスフィールド（民主党，モンタナ州選出）などの錚々たる人物がいる。

上・下両院において，多数党であれ，少数党であれ院内総務を補佐する役割を担っているのが院内幹事である。主たる役割は本会議での投票が行われる場合に，自党の議員の出席と党議に従った投票を確保することにある。とはいうものの，党議拘束力が日本やイギリスと比較して弱いアメリカでは，あまり有意な結果を出しえないのが実状である。

❺──その他の組織

これまで述べてきた，いわば正規の院内組織に加えて，コーカスとかグループなどと呼ばれるいろいろな非公式な組織がある。これらは上・下両院議員によって，党派・イデオロギー，それに人種・ジェンダーを同じくする立場によって結成されている。例えば下院民主党のリベラル派は「民主党研究グループ」を，また共和党は「下院共和党研究委員会」を組織している。

ジェンダーや人種の立場から結成されたものとしては，「議会女性コーカス」や，「議会黒人議員コーカス」，「ヒスパニック系議員コーカス」などがある。これらの利害を背景としたグループは，自分達にとって有利な立法の促進や，行政省庁へのはたらきかけなどの活動を行うのである。

E──立法過程

❶──低い法案成立率

合衆国憲法によれば，「歳入の徴収に関するすべての法律案は，まず下院に提出しなければならない。」（第1条第7節第1項）と定められている。この規定に抵触しないかぎり，あらゆる法案はいずれの院から審議が始まってもよいが，通常は上・下両院で類似の法案の審議を並行して進めていくことが多い。

通常，1年間に議会に提案される法案の数は，1990年代の平均では約3,500ほどである。しかし，そのうち両院を通過して法律となるのは，わずか5％程度にしかすぎない。法案は提出されても成立するまでに越えなければならないハードルがいくつもあり，また，とりわけ下院の場合，再選のために，選挙区民向けのジェスチャーとして，成立しないことがわかっていても，法案を提出する場合も多い。

❷──法案の上程と委員会への付託

厳格な三権分立の考えに立つアメリカの政治

制度では，立法に関して議会に法案を上程することができるのは，上・下両院の議員だけである。とはいうものの，実態は議院内閣制をとる国々と同じように，法案，とりわけ広く国民生活全般にかかわるような法案の作成には，大統領府あるいは行政部各省庁がかかわる場合が多い。行政部と立法部とが同じ政党で占められている場合にはいっそうこの傾向が強くなる。

元来大統領は合衆国憲法第2条第3節によって「自ら必要で良策だと考えられる施策について議会に対し審議を勧告する」権限が与えられている。この大統領の立法勧告権は，ニューディール以降の大統領のリーダーシップの拡大にともない，行政部提案による法案の比率をますます増大させることとなったのである。

とはいえ，あくまでも形式的には法案を各院に上程できるのは議員達だけである。さらには，常設委員会によって法案が起草され，委員長が法案の提案者になる場合もある。

❸——常設委員会

上程された法案は，上・下両院それぞれの議長によって，その法案審議の管轄権をもっている常設委員会に付託される。委員会の委員長，その下の小委員会委員長も，すべて多数党議員が務める。現在常設委員会は上院に16，下院に19あり（表23-1），行政部の各省と対応するような形で設置されている。先にもふれたように，これらの常設委員会こそ，立法過程の中心的な役割を担っているのであり，「立法部のワークショップ」ともいわれている。

上院でも，下院でも，議員は複数のいずれかの委員会に所属しているが，やはり下院では予算・財政関連の委員会や（歳入，歳出），下院特有の議事運営委員会の権威が高い。上院では予算・財政関連の委員会に加えて，大統領が締結した条約の批准権をもっているのが上院であることから，外交委員会や外交と関連の深い軍事委員会などが権威あるものとなっている。

これらの委員会の下には，それぞれ小委員会が置かれている。各委員会の委員長は，委員会に付託されてきた法案を手際よくさばくために，小委員会に審議を委託する。ちなみに，2001年に始まった第107議会には，上・下両院合わせて160の小委員会が存在していた。

委員会や小委員会は，先にもふれたように，付託された法案の審議を行うばかりではなく，自ら法案の作成も行っているのである。それらの目的のためには，公聴会を開催したり，あるいはスタッフを使っていろいろな立法に関する調査活動を行うのである。

これらの常設委員会のほかに，時に応じて設置される特別委員会があり，108議会では下院に2つ，上院に4つ置かれている。また，上・下両院の議員からなる目的の限定された合同委員会があるが，これらは通常法案の提案にかかわることはない。

❹——公聴会の開催とロビー活動

法案の審議にあたって，委員会は自分たちだけの会合を開くほかに，公聴会を開催する。この公聴会では当該法案に関連した証人が，賛否の立場から意見を陳述する。通常は専門的な立場からその問題を論ずることのできる学者，その法案の内容に関連した政府省庁の担当者などが意見を述べる。例えば，2001会計年度の軍事関連予算について上・下両院の軍事委員会で議論されたが，冷戦後の軍隊装備の劣化を説明し，装備の近代化を図るよう証言したのは，統合参謀本部議長のヘンリー・シェルトン将軍であった。

この委員会の公聴会で活躍する人々の中で見逃せないのが，いわゆるロビイストたちである。特定の法案の成否は，特定の利益集団ない

表23-1 ● 上院・下院の常設委員会［2003年108議会］

●下院	House [19]	●上院	Senate [16]
農業	Agriculture	農業・栄養・林業	Agriculture, Nutrition, and Forestry
歳出	Appropriations	歳出	Appropriations
軍事	Armed Services	軍事	Armed Servicess
予算	Budget	銀行・住宅・都市問題	Banking, Housing and Urban Affairs
エネルギー・商務	Energy and Commerce	予算	Budget
教育・労働者	Education and Workforce	通商・科学・運輸	Commerce, Science and Transportation
財務サービス	Financial Services	エネルギー・天然資源	Energy and Natural Resources
政府改革	Government Reform	環境・公共事業	Environment and Public Works
下院運営	House Administration	財政	Finance
国際関係	International Relations	外交	Foreign Relations
司法	Judiciary	政府活動	Governmental Affairs
資源	Resources	健康・教育・労働・年金	Health, Education, Labor and Pensions
議事運営	Rules	司法	Judiciary
科学	Science	規則・行政	Rules and Administration
小企業	Small Business	小企業	Small Business
公務基準	Standards of Official Conduct	退役軍人	Veterans' Affairs
運輸・社会基盤	Transportation and Infrastructure		
退役軍人	Veterans' Affairs		
歳入	Ways and Means		
●下院特別	House Select	●上院特別	Senate Select and Special
諜報	Intelligence	老齢問題	Aging
		倫理	Ethics
		インディアン問題	Indian Affairs
		諜報	Intelligence
●両院合同	Joint Committee		
経済合同	Joint Economic	政府印刷局合同	Joint Printing
議会図書館合同	Joint Library	課税合同	Joint Taxation

しは圧力団体にとって大きな利害が絡んでくる。これらの団体の活動の中で，とりわけ議会にはたらきかけて，立法を有利な方向に導く活動を行うのがロビイストと呼ばれる人々である。

　ロビイストの活動は単に議員に委員会や本会議場ではたらきかけるだけではなく，議場外でも議員や省庁の官僚に対し情報の提供や請願活動を行って，立法に大きな影響を及ぼすのである。その力があまりにも大きなところから，議会の第三院とまでいわれたことがある。

❺──委員会から本会議への道

　ところで，常設委員会およびその下に設置される小委員会は，付託された法案を審議・検討

ロビイストとロビー活動

　議会議事堂のロビーに陣取って，本会議や委員会に出席する議員たちに対し，法案の成否をめぐるさまざまなはたらきかけを行う人々をロビイストと呼ぶ。このことばの起源はイギリスにあるとされるが，アメリカでは19世紀の半ばには一般的に用いられるようになった。彼らの活動をロビー活動，あるいはロビイングという。その議会に対する影響力の強さから，「議会の第三院」(third house) とまで言われている。

　ロビイストは，企業，業界団体，利益団体，非営利団体（NPO），外国政府などの利益を代弁して議会や行政府に要請，嘆願などを行い，法案が通過するように（場合によっては廃案になるように）はたらきかけることを仕事にしている。

　ロビイストになるのは，一般的に立法過程によく通じた人々である。弁護士やコンサルタントが多いが，一線を退いた元政府高官や元議員が，現役時代の経験や人脈を生かしてロビイストに転じるケースも少なくない。

　その活動として次のようなことが挙げられる。
①議員や政府高官，関係省庁の担当者，および彼らのスタッフとの面会を通じて顧客の利益を代弁する。
②議会や行政府内における新たな規制や立法の動きを事細かに監視する。
③訴訟に際して，「法廷の友」(amicus curiae) として司法部にはたらきかける。

　法律事務所やコンサルティング会社，広告代理店などの中には，こうした活動を専門に請け負うものもある。最近ではそれらのロビー会社が，新聞への意見広告やテレビCMを通して直接世論にはたらきかける広報活動，世論調査，ダイレクトメール活動，草の根運動 (grassroots lobbying：議員の選出母体である有権者に訴え，間接的に議員に影響力を及ぼそうとする活動手法）まで一括して扱うこともある。

　ロビイストの雇い主になるのは，企業や利益団体だけではない。ロビー活動を受ける側の政府高官や政党・議員もまた専属のロビイストをかかえ，法案の支持・反対運動を行わせたり，アドバイスを仰いだりしている。また，法案提出にあたって議員自身の専門知識が不足している場合には，専門の弁護士ロビイストに，法案の文案作成，利害関係者の実状調査，議員やスタッフへの情報提供といった仕事を依頼するケースが多い。

　現在，ロビー活動にかかわる人は首都ワシントン周辺だけで5万人を超えるといわれる。これほどまでにロビイストが必要とされる要因として，アメリカの議会のあり方，および経済社会における自由競争の激化という2つが考えられる。

　アメリカでは政党内の規律が弱く，党議拘束がほとんどない。議員は各々の地元有権者や支持団体の意向，さらには受けたロビイングなどを考慮に入れて行動する。このためロビイストは個々の議員に直接はたらきかける必要がある。

　また，企業競争の激化も，ロビイストの需要を増大させている。1990年代以降，連邦政府の審査の対象となる企業の合併・買収（M＆A）活動が盛んになり，その承認を得ようとロビー活動を行うケースが増大した。さらに，規制に縛られていた金融・通信・薬品・電力業界で緩和の動きが加速し，関連企業は新制度構築にあたって少しでも有利な環境を作り出そうと，ロビー活動を活発化させたのである。

　こうしたロビイストの活動は，ともすると収賄などの疑惑を招きやすく，そのイメージは必ずしも明朗ではない。そのため，1946年に「連邦ロビイスト規制法」が制定された。しかし，決して強い規制力が発揮されているとは言いがたい。

　ロビー活動は，合衆国憲法修正第1条が認めている言論の自由や請願の自由に基づく活動であり，さらに言うならば，歴史的にアメリカ社会の底流をなす個人主義，人民主義の表われなのである。

［岩野一郎・鬼頭栄美子］

し，原案のまま，あるいは修正を加えて可決する場合もあるし，完全に新しい法案と思われるほどに全面的に書き直しをすることもある。また，まったく棚上げし，一切審議をしないこともある。棚上げということは，法案を否決したことと同じである。いずれにせよ，法案はまず小委員会で可決し，次いで上部の委員会で可決しないかぎり，本会議にかけられることはほとんどありえない（例外的ではあるが，委員会で棚上げにされた法案は，下院の場合過半数の議員の賛成によって，また，上院の場合には動議を提出して特別に決議すれば，本会議にかけることは可能である。しかし，特に下院の場合，議員の過半数である218名の賛成を得ることは，至難の技である）。このため，大部分の法案は，委員会を通過することなく，廃案となってしまい，本会議にたどり着けるのは上程された法案の5％を上回る程度だといわれている。

❻──「議事運営委員会」というハードル

さらには，たとえ委員会を通過しても，法案にはさらなるハードルが待ちかまえている。まず下院の場合であるが，委員会を通過したすべての法案は本会議にかけられる前に，議事運営委員会に付託されなければならない。この委員会は交通整理の警官になぞらえられるが，下院は上院に比較して，委員会も多く，議員の数も多いので，法案を順序よく審議するため，個々の法案を本会議で審議する際の「ルール」を設けなければならない。これを行うのが，この委員会の重要な役割である。

具体的に言えば，本会議での討論時間や，修正案の提案を認めるかどうかといったことがらを，法案ひとつひとつに付与するのである。この委員会がこの「ルール」を付与しないかぎり，法案はそこで棚上げとなってしまうのである。1950年代から60年代にかけて，南部民主党の保守的な議員が委員長を務めていたため，しばしば公民権法案はこの議事運営委員会というハードルを越えられなかったのであった。

ちなみに，上・下両院において，本会議の定足数は議員の過半数である。本会議にたどり着いたとしても，修正動議が出されたり，採決で否決されることも十分考えられることである。

❼──上院本会議での「フィリバスター」

下院のように「議事運営委員会」のようなハードルはないが，上院にも本会議で法案が遭遇する難関がある。それはフィリバスターと呼ばれる議事妨害である。上院の本会議では伝統的に規則のうえで審議時間には制限がなく，いったん議長によって指名された議員は，自ら放棄しないかぎり発言権を保ち続けられる。これを利用して，延々と発言を続け，そのために同僚の議員が耐えられなくなって議場から退席していき，結局定足数の不足を招く。その結果として本会議が流会になり，法案審議はストップし，結局廃案となってしまう。このフィリバスターをやめさせるためには，クローチュアと呼ばれる討論終結動議が成立しなければならない。これは全上院議員の5分の3の賛成を得なければならず，60名の賛成を確保するのは至難の技である。

❽──両院協議会での調整

このように上・下両院のいろいろなハードルを乗り越え，やっと本会議で審議にたどり着けるのであるが，両院を通過した法案は，たとえ当初は似たようなものであっても，審議の過程で異なったものとなってしまうことは避けられない。その結果，両院で可決した法案に食い違いが生じるのである。これらの相違を解消して1つの法案に擦り合わせるためには，上・下両

院の議長によって任命される委員で構成される両院協議会が開催されなければならない。

この委員会で差異が調整されなければ，結局法案は流れることとなる。うまく調整がついた法案は，両院に再び持ち込まれ，本会議で再び採否を投票により決しなければならない。上・下両院双方が可決して，初めて法案は議会の手を離れることとなる。だが，ハードルはここで終わったわけではない。

F──大統領と議会

❶──大統領の拒否権

合衆国憲法によれば，議会を通過した法案は大統領の下に送付される。それが法律になるには，1）大統領が署名をした場合，2）大統領が送付を受けてから日曜日を除く10日以内に，法案を議会に還付しなかった場合のいずれかである（第1条第7節第2項）。

しかし，大統領はその法案に反対する場合には，拒否理由とともに発議した議院に送り返すこともできる。これがいわゆる大統領の拒否権の行使である。大統領が拒否権を行使した法案は，議会の各院で3分の2の多数により再び可決しないかぎり，大統領の拒否権を乗り越えることはできない（第1条第7節第2項）。

また，先に述べたように，大統領が10日以内に議会に法案を返したくても，議会が休会してしまっている場合には，返す先がないことになる。この場合にも，結果的には拒否権を行使したことと同じになる。「ポケット・ヴィトー」と呼ばれるものである。

なお，大統領には法案の一部分に対する拒否権は認められていなかったので，いくつかの州の州知事がもっているように，項目別拒否権が行使できるようにと，1996年に議会は「項目別拒否権法」を制定した。クリントン大統領はこの法に基づく項目別拒否権を行使したが，1998年に最高裁判所は，この法律は結果として議会の立法権を大統領が侵害することから憲法違反であるとの判断を下した（Clinton v. City of New York, 1998）。

❷──議会と大統領のリーダーシップ

以上，合衆国議会のしくみを眺めてきたが，議会と大統領の関係については，憲法の枠内の「抑制と均衡」の立場から言及してきた。上院のもっている「助言と同意」の権限は，条約の批准という形で大統領の外交権にチェックをかけ，大統領による閣僚，大使・公使や最高裁判官など，行政部・司法部の任命権に承認・不承認という形でコミットする。レーガン＝ブッシュ時代に，上院は閣僚任命・最高裁判事任命人事それぞれ1名ずつの承認を拒否した。

これに対し，大統領は拒否権を行使することによって，議会の立法権にチェックをかけることはすでに見てきたとおりである。この拒否権は，実際に行使しなくても，行使するかもしれないという意志表示をするというだけで，十分議会の立法過程にチェックをかけることができる。クリントン大統領は1997年までに20回通常の拒否権を行使したが，議会がこれを「乗り越え」たのはわずか1回だけであった。

また，議会は大統領を含めた官僚や裁判官を弾劾によって罷免する権限をもっている。下院が検察の役割を担い，上院が裁判官の役割を担う。（第1条第2節第5項および第3節第6項）大統領に関していえば，南北戦争後の1868年にアンドルー・ジョンソン大統領が，また，1999年にはクリントン大統領が弾劾裁判にかけられたが，いずれの場合も弾劾は成立しなかった。ニクソン大統領がウォーターゲート事件に関連して弾劾にかけられそうになった

❸上院議会における審議［クリントン弾劾をめぐって，1999年2月12日］

が，その前に辞任したのは周知の事実である。

ところで，合衆国議会の組織・構造が二大政党制を基盤としていることはすでに述べたところであるが，ニューディール期以来，1970年代初頭までは，アイゼンハワー時代の一時期を除いて，大統領と議会の多数党とが民主党という時代が長く続いた。ニクソン時代以降は，クリントン政権になるまで，カーター時代を除いて議会多数派が民主党，大統領が共和党という，それぞれが政党を異にする状況がしばしば起こった。分割政府と呼ばれるものである。大統領が再び民主党になったクリントンになってからは，1994年の中間選挙以来，逆に共和党が議会上・下両院で多数党となるというそれまでとは逆の分割政府の状況が生じた。また2000年の大統領選挙で難産の結果ブッシュ共和党政権が誕生したが，議会では下院で共和党が9議席差でかろうじて多数党の地位を占めた。しかし，上院では当初民主・共和両党がそれぞれ50議席となり，議長としてのディック・チェイニー副大統領の役割が重要になると思われていた。ところが2001年5月にジェイムズ・ジェフォード上院議員（共和党，ヴァーモント州選出）が党籍を離脱して無党派となったため，民主党が1議席差で多数党となった。しかし，2002年の中間選挙の結果，上・下両院とも共和党が多数党となった。

日本の与野党の対立の構図から考えると，分割政府の下で大統領と議会とが対立すれば，その調整ははなはだ難しいと思わざるをえない。ところが，アメリカにおいては，日本と異なり，政党の党議拘束力がはなはだ低いことは前にも触れた。したがって，上・下両院議員とも，議会での投票に際しては，自分の判断に基づいて行うことが多い。つまり，議員たちが案件ごとに投票を行うために，投票が党派別に行われる保証はないのである。このことは，逆に大統領と議会の多数派が同じ政党であったとしても，起こりうることで，大統領は「必要にして良策」と考えられる法案を議会に審議勧告しても，自党議員の賛成を当然のこととして，当てにできるとはかぎらないのである。

それゆえに，アメリカ大統領は議会との関係において，まず自党の院内総務をはじめとする議会指導者との接触を密にして，自党の議員の一致を確保する努力をしなければならない。

次いで野党の説得を図り，妥協によって党派をまたがった多数派形成に努力しなければ，自己の政策を法律という形で実現するのは，大変に難しいのである。ホワイトハウスの補佐官の中にも，議会対策を専門に行う者がいる。

また，議会を動かすには，世論を喚起しなければならず，そのためには議員を飛び越えて，国民に直接はたらきかけることも重要になってくる。マスコミを利用した世論の形成が大統領のリーダーシップの重要な要素となるのであり，国民とのコミュニケーションをうまくとることが，近年では大統領の重要な資質の1つとなっている。レーガン大統領は「グレート・コミュニケーター」と呼ばれ，クリントン大統領にもその資質を認めることができる。これは2001年の9.11同時多発テロ事件後のブッシュ大統領にもあてはまる。大統領はあらゆる手段を用いて議会を説得し，議会に対するリーダーシップを発揮することが，国民からも求められ

ているのである。

■参考文献

市川雍雄『アメリカ議会で世界を読む』洋泉社，1988.

内田満『変貌するアメリカ圧力政治──その理論と実際』三嶺書房，1995.

小尾敏夫『ロビイスト──アメリカ政治を動かすもの』講談社現代新書，1991.

オレセック，W.J.（青木栄一訳）『米国議会の実際知識』日本経済新聞社，1982.

草野厚『アメリカ議会と日米関係』中公叢書，1991.

Davidson, R. H. and W. J. Oleszek. *Congress and Its Members*. 6th ed. C Q Press, 1997.

Dickson, P. and C. Paul, eds. *The Congress Dictionary: the Ways and Meanings of Capitol Hill*. John Wiley & Sons, Inc., 1993.

Kravitz, W. *Congressional Quarterly's American Congressional Dictionary*. 2nd ed. Congressional Quarterly, Inc., 1997.

Oleszek, W. J. *Congressional Procedures and the Policy Process*. 2nd ed. C Q Press, 1984.

Tarr, D. R. and A. O'Connor, eds. *Congress A to Z*. 3rd ed. Fitzroy Dearborn Publisher, 1999.

U. S. Census Bureau. *Statistical Abstract of the United States: 2002*. USGPO, 2002.

Stanley, H. W. and R. G. Niemi. *Vital Statistics on American Politics, 2001-2002*. CQ Press, 2001.

■さらに知りたい場合には

阿部竹松『アメリカ合衆国憲法［統治機構］』有信堂，2002.

［アメリカ合衆国憲法が第1条で連邦議会を扱っているが，憲法に示されている立法部がどのようなものであり，組織・作用・法案審議・立法権などを憲法の立場から知るのに好適。］

日本国際交流センター編『アメリカの議会・日本の議会』サイマル出版会，1982.

［議院内閣制を採る日本と，大統領制を採るアメリカ合衆国の立法部がどのようにその性格が異なっているかについて比較しながら知るのに便利。］

信田智人『アメリカ議会をロビーする』ジャパンタイムズ，1989.

［副題の「ワシントンの中の日米関係」が示すように，後半において主として日米経済に関連したアメリカの議会の政策と日本ロビーの活動についての記述が詳しい。］

藤本一美『米国議会と大統領選挙』同文館，1998.

［全Ⅲ部からなる本書は，その第Ⅰ部で連邦議会のリーダーシップを扱っている。日米比較から始めて，米国議会の指導体制や権力構造を手際よく説明している。］

Barone, M. et al. *The Almanac of American Politics 2002*. National Journal, 2002.

Nutting, B. and H. A. Stern, eds. *CQ's Politics in America 2002*. Congressional Quarterly Inc., 2001.

［上記の2冊は2年に1巻ずつ出版されるもので，50州の上・下両院議員の経歴や政治的姿勢，議員活動を知るに最も優れたものであると同時に，連邦議会上・下院両院の常設委員会・小委員会の構成やメンバーなどの詳細についても記述がある。］

■インターネット関連サイト

連邦議会に関連したインターネットのウェブサイトには，以下のようなものがある。上・下両院に関しては，それぞれ

・下院…http://www.house.gov

・上院…http://www.senate.gov

がある。

　上記のサイトでは，各院の構成やその他立法過程に関するあらゆる情報が得られるほか，各院の議員や常設委員会の持っている個別のサイトへのリンクに関する情報も得られる。

　議会図書館（Library of Congress）のウェブサイトで立法過程，各種委員会，とりわけ議会議事録などに関する情報関連のものとして http://thomas.loc.gov があるが，このサイトには議会図書館のホームページ http://lcweb.loc.gov にアクセスして，リンクすることもできる。

　以上のほかに連邦議会に関するニュース・情報関連のウェブサイトとしては，Roll Call という雑誌のサイトである http://www.rollcall.com に加えて，議会の中継を行っているケーブルテレビ C-SPAN のサイトである http://www.c-span.org がある。

　また，首府ワシントンに本拠を置き，連邦政治全体に加えて地方政治までもカバーしている出版社 Congressional Quarterly Inc.も，独自のサイトである http://www.cqpress.com をもっている。

24 | 連邦組織と地方政府
Federal Government and Local Governments

湯浅成大

1788年制定のアメリカ合衆国憲法は，中央政府の力を制限するために2つの原則を確立した。権力分立と連邦制である。権力分立とは，いうまでもなく司法府・立法府・行政府の分立に象徴される，統治機構相互の抑制と均衡のための制度であり，連邦制とは連邦と州のレベルで主権を分け合う制度である。したがって，アメリカの政府機構における最大の特色は，さまざまなレベルにおいて抑制と均衡がはたらいていることだといってよいだろう。それでは，実際に連邦政府，州政府，地方政府はどのように組織され，その中で抑制と均衡のメカニズムがどのように機能しているのか。歴史的経過もふまえて探ってみよう。

A── 連邦政府の組織

❶── 連邦政府の構成

アメリカ合衆国連邦憲法においては，司法府の優越が一応確立されているが，三権の間では抑制と均衡（check and balance）のメカニズムが均等な形で働いている。立法府と行政府の間では，唯一の法案提出権を持つ議会の可決した法律案に対して，大統領は拒否権を行使しうる。しかし，議会も再度の投票（上下両院それぞれの3分の2以上の多数決）によって，大統領の決定を覆すことができる。また立法府は大統領を弾劾し，裁判にかけて辞職させることができるし，大統領による閣僚等の高級人事の政治的任命に対しては，立法府（上院）の同意を必要とする。行政府と司法府の関係でいえば，連邦最高裁判所判事は大統領が任命するが，連邦最高裁判事の任期は終身で，大統領は辞職させることはできない。さらに司法府は立法府が可決した法律を違憲立法審査によって憲法違反の判断を下すことがあるが，連邦最高裁の人事は立法府（上院）の同意を必要とする。ほかにも連邦憲法は抑制と均衡のメカニズムを持っている。例えば連邦議会の議員は直接選挙で選ばれるのに対して，大統領は間接選挙で選ばれるという形で（上院議員も，1913年の連邦憲法修正までは間接選挙だった），それぞれの選出集団を異なるものにして，互いに牽制させようと考えていた。このように連邦憲法が抑制と均衡のメカニズムを随所に張りめぐらせていたのは，強大な連邦政府の出現を阻止しようとする，限定政府の考え方を根底にもっているからと言える。

行政府の構成であるが，行政府は大統領府と行政機関に分かれている。大統領府にある主な組織は，ホワイトハウス事務局，経済諮問委員会，国家安全保障会議，国家経済会議，行政管理予算局，米国通商代表部などがある。

行政機関の中には，現在15ある省庁（表24

表24-1 ●アメリカ合衆国の省庁［設立順］

省庁名	英語名	設立年
国務省	Department of State	1789[1]
財務省	Department of the Treasury	1789
司法省	Department of Justice	1789
内務省	Department of the Interior	1849
農務省	Department of Agriculture	1862
商務省	Department of Commerce	1913[2]
労働省	Department of Labor	1913[3]
国防総省	Department of Defense	1947[4]
住宅都市開発省	Department of Housing and Urban Development	1965
運輸省	Department of Transportation	1966
エネルギー省	Department of Energy	1977
教育省	Department of Education	1980[5]
厚生省	Department of Health and Human Services	1980[6]
退役軍人省	Department of Veterans Affairs	1989
国土安全保障省	Department of Homeland Security	2003

●注｜①当初は外務省（Department of Foreign Affairs）として設立され，同年9月15日に「国務省」と改称。
②③1903年設立の商務労働省（Department of Commerce and Labor）が商務省と労働省に分割。
④1789年設立の陸軍省（Department of War）と1798年設立の海軍省（Department of Navy）を統合。
⑤⑥1953年設立の保健教育福祉省（Department of Health, Education and Welfare）が教育省と厚生省に分割。
＊その他に郵政省が1789年から1970年まで存在。

-1)以外に独立行政機関や政府公社が含まれる。独立行政機関および政府公社は，2002年現在で55あり，代表的なものとしては，中央情報局（CIA）（ちなみにFBIは司法省内の1機関），米国輸出入銀行，連邦通信委員会，連邦準備制度，連邦取引委員会，平和部隊，米国軍縮軍備管理機関，郵政公社などがあり，多岐にわたっている（⇨25大統領E）。

❷──行政国家への道

現在15ある省庁も，初代大統領ワシントンの時代には，国務・財務・司法・陸軍・郵政の5省を数えるだけだった。このことはまさにアメリカが行政国家への道を歩んだ過程を象徴している。また大統領府の拡大と発展もニューディール以降の行政国家化の反映といえる。

そもそも連邦憲法は限定政府としての連邦政府を想定していた。連邦政府の権限は連邦憲法に列挙されているものにかぎられるとされた。連邦憲法第1条第8節で定められている権限とは，（1）税金（関税を含む），（2）合衆国の信用による借り入れ，（3）対外通商および州際通商，（4）帰化法と破産法の制定，（5）貨幣価値と度量衡基準の公定，（6）通貨証券偽造に対する罰則の制定，（7）郵便，（8）科学や文化の育成，（9）裁判所の設立，（10）公海上の国際法違反の処罰，（11）戦争の宣言，（12）陸軍の維持拡充，（13）海軍の創設と拡充，（14）陸海軍の統制，（15）民兵の召集，（16）民兵の統制と連邦議会，（17）連邦政府の所在地，（18）必要かつ適当なすべての法律の制定，である。また，連邦政府の権限が限定的に列挙されているものにとどまることをあらためて確認するかのように，連邦憲法修正第10条には，連邦憲法によって合衆国に委任されず，また州に対して禁止されなかった権限は，各州それぞれにまた人民に留保されると定められている。

連邦政府と州政府の関係については大きくいって2つの考え方がある。1つは連邦憲法の文言どおり，連邦政府の権限を厳格に解釈して制限する立場であり，もう1つは第1条8節3項の州際通商条項や18項の必要かつ適当なすべての法律の制定条項を根拠に，連邦政府の権限を広く解釈する立場である。早くも1819年に，ジョン・マーシャル連邦最高裁判所判事が，マカロック対メリーランド事件の判決で，

憲法の必要かつ適切な法律の制定の条項を援用して、連邦政府には憲法に明示されていない権限があるとの考えを示したように、19世紀における資本主義の発達と西部開拓の進展は、連邦政府権限の拡大の方向へと作用した。そのとき梃子となったのが、連邦憲法の州際通商に関する規定である。建国当時の通商活動といえば州内で完結するのが一般的だったが、複数の州にまたがる通商関係が広まるにつれて連邦政府介入の道筋が開かれたのである。とりわけ、1886年最高裁判所が「ウォバッシュ鉄道対イリノイ州」事件の判決で、州を越えて営業する鉄道には州の規制権は及ばないという判断を下した後、連邦議会は1887年に州際通商法を成立させ、連邦政府は規制権を持つ州際通商委員会の設置を決め、西部農民の怨嗟の的であった恣意的な鉄道料金決定を禁じたことは大きな前進だった（⇨67 交通・運輸 D）。

20世紀に入ると、19世紀末からの革新主義の流れに乗って、政府は独占の規制に乗り出した。次いで1913年の連邦憲法の修正により、連邦政府が直接税を徴収できるようになり、連邦政府の広範囲な活動が可能になった。さらに第1次大戦でアメリカは政府主導の動員や資源調達を経験した。1917年戦時産業局が設置され、翌年バーナード・バルークがその長官に起用されると、彼は産業界を統制して軍需生産への転換を効率的に推し進めた。また食料長官ハーバート・フーヴァーは戦時の食料増産と調達に辣腕を発揮した。戦時中の連邦政府は着々と権限を強化していった。戦時の動員体制は大戦終了後解消されたが、これらの経験がニューディールによって始まる、本格的な行政国家へのプロローグとなったのである。

❸——大きな政府、そして小さな政府へ

1929年にアメリカを襲った大恐慌はアメリカ社会を未曾有の大混乱に陥れた。当時の大統領ハーバート・フーヴァーは恐慌への対応に失敗し、1932年の大統領選挙に落選した。そのフーヴァーの跡を受けて1933年に大統領に就任したフランクリン・D. ローズヴェルトがニューディールといわれる新政策を展開した。ニューディール政策とは、それまで連邦政府がタッチする領域ではないと考えられていた企業の経済活動や貧困などの社会問題について、連邦政府が積極的に介入して問題解決にあたろうとしたものである。

ローズヴェルトのニューディールの主な施策は以下のようなものであった。まず全国産業復興法や農業調整法のような連邦政府の介入による生産調整である。次に公共事業局（PWA）、雇用促進局（WPA）の諸事業に代表される公共事業の推進による失業救済。さらに失業保険や老齢年金などを定めた社会保障法の制定にみられるように、連邦政府が社会福祉政策の実施に乗り出したことである。要するに、ローズヴェルトは、自由放任を旨とする限定政府の伝統をもつアメリカに、福祉国家・積極国家を打ち立てたのである。このローズヴェルトの路線は第2次大戦後も歴代の民主党政権に受け継がれた。在任中に死亡したローズヴェルトを引き継いだハリー・トルーマンは、フェアディール政策を打ち出し、ニューディールの継承を宣言した。特に1946年制定された雇用法は、雇用に関して連邦政府が責任をもつことを定めた点で、政府の積極的な経済介入を正当化するものとなった。

このようにアメリカに福祉国家・積極国家をもたらしたニューディールは、同時に連邦政府組織の拡大をもたらした。とりわけ顕著なのが大統領府の拡大である。はじめに書いたように、大統領府が正式に設立されたのは1939年の行政再組織法による。そこで注目すべき点は、1つはホワイトハウス事務局が設置され、

大統領補佐官が正式のスタッフとして常駐するようになったことである。当初6人だった補佐官も現在では数十名規模に膨らんでいる。もう1つは当時財務省に属していた予算局が大統領府に移されたことである。この予算局はニクソン大統領時代に改組拡充され，行政管理予算局となり大きな権力を集中させている。大統領府の拡大により，商務省と通商代表部のように省庁と競合するような組織が大統領府には存在するようになったが，このことは大統領の政策立案能力を高めると同時に，行政府内部にも一種の抑制均衡メカニズムをはたらかせたものと言えるだろう。

1960年代のケネディ，ジョンソン政権期には連邦政府組織が飛躍的に増加した。当時は公民権運動をはじめとして，さまざまな集団が権利擁護を求めて立ち上がった時代であった。そして連邦政府の中枢にいたリベラル派の人々は連邦政府の政策として彼らを救済したと同時に，そのための組織を拡大していったのである。特にリンドン・ジョンソン大統領は「偉大な社会」計画において，対貧困政策をはじめとしてさまざまな施策を行い，連邦補助金のネットワークを全米に築き上げた。

しかしながらこのような連邦政府の拡大は，連邦政府財政の悪化と相まって国民の官僚制批判を招いた。とりわけこの争点を強調したのが，1980年選挙で大統領に当選したロナルド・レーガンである。レーガンは官僚制がエリート支配の温床であると批判し，政府を民衆の手に取り戻すべきだといって小さな政府を主張した。例えばレーガンは教育省やエネルギー省の廃止を提案している（しかし失敗）。減税や補助金削減あるいは規制緩和，そして中央・地方の権限配分の面では，彼の主張はある程度実行されたものの，小さな政府の実現には成功しなかった。1990年代のクリントン大統領も，政府の官僚的体質を一掃し企業家精神を吹き込もうという行政改革に乗り出した。彼は，いっそうの規制緩和や連邦政府の地方事務所の統廃合，現業部門の民営化などを目指したが，十分な成果は上がらなかった。

B 州政府と地方政府

❶ さまざまな地方政府

ⓐ 地方政府の仕組み

中央政府，地方政府という分け方をすると，州政府も他の市町村などと同様地方政府の範疇に含みうる。しかしアメリカ政治においては，連邦政府に対置されるのは州政府であり，他の市町村などのことを州政府とは区別して地方政府と呼ぶ。州は全米に一様に存在し，州政府機構それ自体に大差はない。一方地方政府にはさまざまなバラエティが存在する（表24-2）。

ⓑ ミュニシパリティ

アメリカにおける地方政府を大きく分類すると，ミュニシパリティ，カウンティ，特別区，その他に分けることができる。ミュニシパリティというのは，州の立法によって設立される統治団体のことをいい，市町村などがこれに相当する（ミュニシパリティは市町村あるいは基礎自治体と訳されることが多いが，自治体と地方政府は概念的に異なるものなので，ここではあえて日本語訳は使わない）。ある地域の住民が自分たちの自治組織をつくるために州議会に請願を行い，憲章をつくる許可を得て，市などの自分たちの統治団体をつくったのが始まりである。形式的にいえば，カウンティの中に独立の自治領域をつくることになる（したがって，ミュニシパリティに属する住民でも，特定の行政領域についてはカウンティの管轄下に入る）。

かつては各ミュニシパリティごとに州議会が個別に法を制定して憲章を与えたり，州が一律

表24-2 ●タイプ別の地方政府の数の変遷［1952年-2002年］

地方政府のタイプ	1952年	1962年	1972年	1982年	1992年	1997年	2002年
ミュニシパリティ	16,807	18,000	18,517	19,076	19,279	19,372	19,431
カウンティ	3,052	3,043	3,044	3,041	3,043	3,043	3,034
特別区	12,340	18,323	23,885	28,078	31,555	34,683	35,356
学校区	67,355	34,678	15,781	14,851	14,422	13,726	13,522
タウンシップとタウン	17,202	17,142	16,991	16,734	16,656	16,629	16,506
合計	116,756	91,186	78,218	81,780	84,955	87,453	87,849

●出典｜US Department of Commerce, *Statistical Abstract*.に基づく。
●注｜1952年の数字にはアラスカとハワイが含まれている。なお，両州が正式に合衆国に加わったのは1959年。

に憲章を制定してミュニシパリティに付与したりしていた。現在は団体の規模に応じた等級別憲章が定められていたり，ミュニシパリティにいくつかのモデル憲章を選択させたりと，ミュニシパリティ設立にもいくつかのバリエーションが生まれている。

いずれにしてもミュニシパリティ設立の決定権を州がもっているのだが，それに対してミュニシパリティ自らが憲章を定める，ホーム・ルール憲章の制度がある。この制度は州政府の地方政府支配に対する自治獲得闘争の過程で確立された。現在では大都市を中心に，全米で約40ほどの州がこの制度を採用し，ミュニシパリティの独自性を発揮しようとしている。

ⓒ カウンティ

カウンティ（郡と訳されることが多い）というのは州が行政の下部単位として設置する団体で，憲章によって設立されるミュニシパリティとはこの点が違っている。カウンティは州の出先としてさまざまな業務を行う行政の基礎単位となっており，例えば2000年の大統領選挙で注目を集めたが，選挙業務の最小単位はカウンティの選挙管理委員会なのである。他の職務としては，裁判，刑務所の管理などの司法行政，警察行政，幹線以外の道路や橋の建設と管理，福祉や教育，ゾーニング（目的別地域区分）などがある。

カウンティは州の出先であるので独自の首長を持たず，保安官など選挙によって選ばれる多くの公職者によって運営されているため，行政の効率的執行という面では不十分な点が多かった。しかし，近年カウンティも単なる出先の執行機関以上の役割を主張するようになり，これまでミュニシパリティにだけ認められていたような自由裁量権が与えられたり，カウンティ支配人制度が採用されたりして，行政の効率化が追求されるようになってきた。

ⓓ 特別区

特別区というのはミュニシパリティと似た存在であるが，特定の目的（消防，土壌の保護など）を果たすために組織される自治団体で，しばしばミュニシパリティやカウンティの境界を越えてつくられ，特定の分野における広域行政の担い手となっている。特別区は独自の課税権をもっていたり，使用料等による独立採算のシステムをもっている。

特別区の中で最も典型的なのが学校区である。これは革新主義の時代（1900年代〜1910年代），初等中等教育の運営が地方政治に巻き込まれるのを防ぐため，地方政府から機能を分離させる形でつくられたのが始まりとされている。現在でもさまざまな教育の試みを党派性をこえた次元で実行するために活用されている。

ⓔ タウンシップ

現在でもニューイングランドなどに残っているタウンシップは、憲章をもたず、直接州法の規定に従って設置されるという点でミュニシパリティとは区別される。だが実質的には市などが有する権限を与えられていることが多く、ミュニシパリティと同様の機能を果たしている。

❷ ——州政府・地方政府の構成と機能

ⓐ 州政府の構成と機能

州政府の構成は、おおむね連邦政府と似通ったものとなっている。州はそれぞれ州憲法をもち、厳格な三権分立制を採用している。州議会と州知事はそれぞれ独自に選ばれ、州議会による立法権の独占に対する州知事の拒否権という形の抑制均衡システムを内蔵し、互いに罷免解散権をもっていない（議会による州知事の弾劾は別）。そして州議会は上院・下院に分かれている。例外は一院制をとるネブラスカ州、州知事が立法に対して一切の拒否権をもたないノースカロライナ州などごくわずかである。州政府は連邦憲法10条が示すように広範な権限があるということになっている。とりわけポリス・パワーという形で、公衆の安全・健康・倫理・利便・福祉に関する規制は、一般的に州の権限と考えられている。具体的にいうと、警察消防に始まり、弁護士・医師等の免許の付与、公衆衛生や建築基準の設定、小学校から大学までの教育、道路や公園の管理などである。また刑法や民法も州ごとに定められる。

ⓑ 市の組織

●市長-市議会型——地方政府においては、その形態がさまざまであるように政府の構成にもバリエーションがある。市の場合を考えてみよう。まず市長-市議会型といって、市長と議会が公選で選ばれるやり方がある。市長は予算編成権と議会の議決に対する拒否権をもっており、議会に対して有利な立場にある。この型には2つのタイプがあり、首長や議員以外の役職も選挙で選ばれる制度と日本のように市長と議会だけが選挙される制度がある。前者はアメリカの市において最も古くからある形だが、住民に責任を負うのは市長だけではないので、市長の行政組織に対するコントロールは弱くなる。それに対して後者の市長は相対的に強いリーダーシップを発揮しうるので、多くの大都市がこのタイプを採用している。

●市支配人型・委員会型——次に市支配人型がある。これは市議会が行政の専門家を支配人として選び、行政部を運営する。この場合市長は市議会議員の中から互選によって選ばれ、対外的に市を代表する役割を担う。さらに立法と行政を同時に行う委員会を選挙で選ぶ委員会型を採っている市もある。これらの型は主として中小都市で採用されている。

ⓒ カウンティの組織

カウンティには通常首長も議会も存在しない。あくまで州の下部行政単位にすぎないからだ。通常カウンティでは数名の委員が選挙で選ばれ、基本的な運営について合議を行う。この組織はカウンティ委員会と呼ばれ、Board of commissioners や Board of administrators などさまざまな呼称がついている。その他、保安官、法務官、財務長官、検死官などのポストが直接公選されている。最近では、行政専門家としてのカウンティ支配人を任命する例も増えている。

大都市化の進展や住民に対するサービスの多様化により、地方政府の役割はより専門化してゆく傾向がある。したがって、大都市では市長-市議会型が今でもほとんどであるが、より柔軟かつ迅速な決定を行うために、専門家が裁量をふるいやすい市支配人型が、地方政府において現在数を増やしつつあることは注目される。

さらに近年では、いくつかの大都市圏におい

て，各種の地方政府（主として市とカウンティ）が連合して1つの大政府的機能を果たすような試みがなされている。この試みは政府機能の統合と呼ばれているが，これによって組織や権限の重なりや競合が起きないように配慮しながら，広域行政へのニーズに対応している。

C── 連邦制と政府間関係

❶── 連邦制というシステム

冒頭で述べたとおりアメリカは連邦制をとっている。連邦制というのは，中央政府と下位の政府の権限が明確に憲法で規定される制度のことをいう。日本の場合と異なり，下位の政府の権限が中央政府によって委任されているわけではないのである。連邦憲法第6条は，連邦憲法の最高法規性を規定することで連邦政府の優位を定めているが，第1条第8節に見られるように連邦政府の権限は明文に列挙されたものに限定されている（連邦政府と書いたが，憲法が定めているのは連邦議会の権限であって行政府の権限ではない。このことから連邦憲法制定当時においては，行政府は単なる執行機関として位置付けられていたことがわかる）。

そもそも連邦政府は，独立の時点で存在していたわけではなく，後になって設立されたものである。独立革命以前にはアメリカ植民地という統一的な実体はなかった。13州が別個の存在として自立していたのである。独立戦争を通じて大陸会議と大陸軍が組織されたが，それはあくまで戦争という非常事態に際して，各州が協力するための装置にすぎなかったのである。本来アメリカの独立は，中央政府であるイギリス政府の専制に対する抵抗とそこからの離脱という側面を強く持っていた。その点からいくと13州がイギリス本国に代わる中央政府的なも

のの必要性を認めなかったのもいわば当然の帰結と言える。

とはいえ外から見れば独立したのは「アメリカ」であり，通商条約なども「アメリカ」相手に結ばれることになる。したがって中央政府的なものはつくらざるをえない。その役目を担わされたのが，1781年に制定された連合規約のもとで組織された連合会議である。しかし連合会議は各州の代表による合議機関にすぎず，各州に対する強制力ももたなかった。そこで，対外的にも内政的にも中央政府が必要とされるようになってきたのである。だが連邦憲法の制定（そして連邦政府の設立）の過程では，憲法制定会議の代表からも強い中央政府への懸念が示された。当時のアメリカ人の多くにとって，政府というのは実際に政治参加が可能なサイズでなければ代表政府とはいえないという観念が強かった。独立直前の「代表なくして課税なし」をめぐる議論の際も，仮にイギリスに植民地代表を送ったとしても，大西洋というあまりに遠すぎる距離を隔ててしまうと，彼らはもはや植民地代表とはいえないという主張がなされていた。つまり真の共和政は小国家でなければ実現できないというのである。

このようなアメリカ人を納得させるためにつくられたのが，連邦政府という中央政府を設立しつつも，既存の州政府の権限を奪わないという連邦制という二重統治体制であったのだ。だがこの連邦制は中央政府に対する嫌悪感といった消極的な考慮からだけでつくられたものではない。ジェイムズ・マディソンが『フェデラリスト』で述べたように，連邦制度を採用することによって人民の権利が保障されると同時に，社会において多様性が確保されて「多数の専制」的な状況を回避できるという積極的な考えもあった。したがって連邦憲法は，あらゆる意味において連邦政府を文字どおり限定政府として組織しようとしたのである。

❷──二重連邦主義

　連邦政府と州政府の関係は，連邦憲法に明記されているとおり，機能的な分業体制が成立するはずであった。だが連邦政府と州政府の政府間関係はいくつもの段階を経てさまざまな変遷を遂げてきた。連邦と州の政府間関係については大きくいって2つの考え方がある。1つは連邦憲法の文言どおり，連邦政府の権限を厳格に解釈して制限する立場であり，もう1つは第1条8節3項の州際通商条項や18項の必要かつ適当なすべての法律の制定条項を根拠に，連邦政府の権限を広く解釈する立場である。歴史は後者の方向へと向かっていったが，1930年代のニューディールまでは，連邦政府と州政府は異なる領域で活動しており，分業体制が確立されていたといってよい。例えば，州際通商は連邦政府が権限を独占していたのに対し，州内通商に関しては州政府が権限を守っていたのである。このように連邦政府・州政府が理論的にも実体的にもそれぞれ別個の機能と責任をもっているという見方を二重連邦主義という。この二重連邦主義は二層の生地が重なってできているお菓子になぞらえて，レイヤーケーキ・スタイルと呼ばれている。

❸──協力的連邦主義

　ニューディール政策により，連邦政府はさまざまな政策を遂行した。その際連邦政府は，州政府・地方政府と協力してプログラムを実行した。例えば社会保障政策についていえば，連邦議会が法律を制定し，予算をつけ，実際に実施にあたるのは州政府や地方政府という形をとった。このように連邦・州・地方の各政府は1つの問題をめぐって協力するようになったという見解を協力的連邦主義という。このような政府間関係の変化を，政治学者のモートン・グ ージンズは「レイヤーケーキからマーブルケーキへ」と表現した。別々の層が重なり合うのではなく，いろいろな味の生地が複雑に交じり合っているお菓子にたとえたのである。

　このマーブルケーキ・スタイルの連邦制において，各レベルの政府を結び付けたのは補助金である（補助金の額の変遷については表24-3を参照）。州や地方政府が連邦プログラムを実施することは，連邦政府の財源なしには不可能だった。補助金には3つのタイプがある。第一に使途別補助金である。この補助金は，使用目的以外への流用は一切認められず，交付された州や地方政府の側もマッチング・ファンドといわれる最高で連邦からの交付金と同額の資金を準備する必要があり，また補助金の執行にあたっては連邦政府のガイドラインに従わなくてはならない。第二に一括補助金である。これは使用目的が大まかに示されたもので，具体的使途については交付される側の裁量権が認められているものである。連邦からの規制もゆるくマッチング・ファンドの必要もないことから受給側には歓迎されている。第三のものは，ニクソン政権期に発足した歳入分与制度である。これは日本の地方交付税交付金に似たような制度で，一定の算入式に基づいて，州や地方政府に連邦資金を配分する制度である。特定の目的（例えばマッチング・ファンドへの充当）への使用は禁じられているが，支出目的については受給側の裁量権が与えられている。

❹──創造的連邦主義

　さて協力的連邦主義とはいったものの，実際のプログラムの実施に関しては，連邦による介入領域の拡張や連邦基準の押し付けなど，州や地方政府との間で摩擦が多かった。1960年代のジョンソン政権期は，1960年の約70億ドルから1970年の240億ドルへの増額が示すように，

表 24-3 ●連邦補助金額の変遷［1950 年-95 年］

	1950 年	1960 年	1970 年	1975 年	1980 年	1985 年	1990 年	1995 年
連邦補助金額[100 万ドル]	2.3	7.0	24.1	49.8	91.4	105.9	135.3	225.0
連邦支出に占める比率	5.3％	8.0％	12.0％	15.0％	15.0％	11.0％	11.0％	15.0％
州/地方政府歳出に占める比率	8.2％	19.0％	24.0％	27.0％	31.0％	25.0％	21.0％	25.0％
対 GDP 比	0.8％	1.0％	2.0％	3.0％	3.0％	3.0％	2.0％	3.0％

●出典｜Office of Management and Budget, *Budget of the United States Government, Fiscal Year 1999, Analytical Perspectives*（1998）に基づく。

連邦補助金が飛躍的に増大した時期であった。ジョンソンは「偉大な社会」プログラムの実現にあたって、連邦政府主導でありつつも、州・地方政府や非政府組織とパートナーシップを組んで政策立案を行った。このように政策立案の当初からすべてのレベルの政府の関与を求めるタイプを創造的連邦主義という。この時期は都市・貧困・人種などの問題が各地方の個別の問題ではなく全米的な課題として連邦政府によって追求されたため、融合連邦主義ではないかという批判も受けた。創造的連邦主義は高度に相互依存的な政府間関係を生み出したのである。

❺──新連邦主義

このような連邦政府の集権化に反対して新しい政府関係を提唱したのはリチャード・ニクソン大統領である。ニクソンは連邦政府の州や地方の自主性の尊重を主張して、新連邦主義を打ち出した。この典型は 1972 年に始まった歳入分与制度である。しかし創造的連邦主義時代に創設された多数の使途別補助金は、強固な既得権益のネットワークをつくり出していたので、ニクソンの意図とは裏腹に、使途別補助金の件数は拡大を続けた。

あらためてこのような傾向に歯止めをかけようとしたのは、ロナルド・レーガン大統領である。レーガンは連邦政府財政の悪化という現実に直面して、再度新連邦主義を掲げて政府間関係の再編に乗り出した。彼は地方への権限委譲と補助金の大幅削減を主張した。1981 年の包括予算調整法によって、さまざまな使途別補助金が一括補助金へとまとめられた。また歳入分与制度も 1987 年に終了した。この背景にはレーガン自身の保守主義思想もあるが、福祉政策の行き過ぎに幻滅し、「小さな政府」を求める国民の支持があったことを忘れてはならない。ただし実際の補助金支給額はレーガンの思ったほどは減少しなかった。

州や地方に自主性を与えようとする傾向はその後も継続した。クリントン政権において補助金の額は微増したがほとんどは一括補助金であった。象徴的なのは 1996 年に通過したいわゆる福祉再編成法（正しくは個人責任と就業機会に関する調整法）である。これによってニューディール以来の福祉政策の主要な柱の 1 つである被扶養児童家庭扶助（AFDC）が一括補助金つきで州政府に移管された。このことは受給資格などに関して州の自主性が認められたといえるが、逆に言えば連邦一律レベルの福祉サービスの供給が困難になったことを意味するのである。このことを指して、政治学者のセオドア・ロウィは、クリントンはニクソンやレーガンの新連邦主義を採用したとまで言っている。

❻──州・地方の政府間関係

連邦と州の間の政府間関係は連邦制という枠

組で規定されている。では州同士の関係はどうか。州同士の関係に関する重要な規定は，連邦憲法第4条第1項にある「十分な信用と信頼」条項と第2節の「特権及び免責条項」である。前者は民事に関しては，他州の法律や裁判の結果を尊重しなくてはいけないことを定め（刑事の場合は他州の法律は執行できない），後者は他州の市民が不利な扱いを受けることを禁じたものである。また同じ第2節には，州同士の犯罪者引渡しについても定めてある。このような州同士の関係のことを，水平的連邦主義と呼んでいる。一方，州政府と地方政府の関係は，連邦制とはまったく異なっている。ミュニシパリティの設立にみられるように，州と地方の上下関係ははっきり定まっており，地方政府の権限は基本的には州法の委任による。

D──新しい役割分担へ

アメリカ人は大きな政府に対して好感情をもっていないといわれる。政府の大きさはより小さいほうが自分たちの要求を反映できると考えている。それでは州政府や地方政府は連邦政府より身近で重要な存在なのだろうか。表24-4によると，州政府や地方政府に期待していることは，それほど多くない。というか，この項目を見るかぎりでは，州政府や地方政府に最も期待されているのは教育問題だけである。確かに現実には州政府や地方政府にそれほど大きなことが期待されているわけではない。それでも州政府や地方政府をなくせという声はない。

その理由として考えられることは，まず何といっても連邦制に対する支持である。州政府には，権力の分散，連邦政府に対する抑制と均衡という役割を担ってもらいたいとの希望がある。大統領選挙や上院議員選挙にみられるような州単位の代表選出も，異論はあるものの大きな反対はない。もう1つの理由は，州政府や地方政府には，連邦政府とは異なる役割が期待されていることだろう。州政府や地方政府は中間層やより豊かな層の利益を代弁するという見解がある。もちろん，州政府や地方政府が貧しい者やマイノリティの権利を軽視しているというわけではないが，州政府や地方政府は（連邦レベル以上に低い投票率からみて），どちらかというと中間層以上をより代表する傾向があるといわれている。近年州が独自性を発揮している領域で目立っているのは，中間層以上の住民の要求に応えることと，企業により有利な環境を提供することというのもその1つの現れと言える。例えば，いわゆる納税者の反乱に対応した減税や福祉プログラムの見直し，カリフォルニア州などの住民投票で可決されたアファーマティブ・アクションの廃止，マサチューセッツ州やカリフォルニア州で行われている，海外企業に有利な税制の整備などであり，地方政府においてもこの傾向は変わらない。

政治学者のトマス・ダイはこのような状況を評して，連邦・州・地方それぞれのレベルの政府が，住民の要望に応じてどのようなサービスを提供するかという点で互いに競争する「競争的連邦主義」の始まりだと述べている。ダイはこのような傾向を好意的に捉えているが，同時に各レベルの諸政府の政策の焦点が中産階級以上の層や企業に向きがちなこと，諸政府の「経営効率」がいっそう強調されることから，福祉などのサービス「切り捨て競争」が起こる危険を彼が指摘していることも忘れてはならない。

1980年代以来の連邦政府の大幅な財政赤字は，人々の政府に対する考え方に変化をもたらした。財政赤字の解消は国民的コンセンサスとなり，単年度黒字を達成した1990年代末でも，赤字をともなうような福祉の拡大は支持されなかった。その結果さまざまな権限が州や地

表24-4 ●どこが主たる責任を負うべきかについてのアンケートに対する回答　　　　　　　　　　　[単位：%]

質問内容	連邦政府	州および地方政府	私企業	個人/コミュニティ・グループ	わからない/回答拒否
・食品と医薬品の安全性についての保証	73	14	6	5	2
・景気後退と不況を避けるための経済運営	68	13	7	7	5
・すべてのアメリカ人が健康管理のためのサービスを受けられる保証	58	22	8	10	2
・国土の自然資源の保護	52	21	5	18	4
・老人に対する一定以上の生活水準の維持	46	30	2	19	3
・すべてのアメリカ人が子供を大学へ入学させることができるための保証	35	19	4	38	4
・貧困の減少	34	27	6	26	7
・公立学校での教科水準の設定	22	50	2	25	1
・人々の誠実さ・道徳心の育成	16	9	1	71	3
・少年非行の防止	7	31	1	58	3

●出典｜Pew Reserch Center for the People & the Press, *Survey Reports: How Americans View Government*, Mach 10, 1998に基づく。

方に委譲され，政府間関係にも変化が起こった。確かに，減少したとはいえ，1993年の時点でも使途別補助金578件に対して，一括補助金はわずか15件であり，協調的連邦主義時代に築かれたプログラムのネットワークはまだ健在である。しかしながら州や地方政府は独自の役割も主張しつつある。この状況は，二重連邦主義への回帰とはいえないものの，新たな段階に入ったことを示唆しているのかもしれない。

■参考文献

Berman, D. R. *State and Local Politics*. 9th ed. M. E. Sharpe, 2000.
Dye, T. R. *American Federalism: Competition among Governments*. Lexington Books, 1990.
Lowi, T. J. and B. Ginsberg. *American Government: Freedom and Power*. 6th ed. W. W. Norton, 2000.

■さらに知りたい場合には

ツィンマーマン，J. F.（神戸市地方自治研究会訳）『アメリカの地方自治——州と地方団体』勁草書房，1986.
［アメリカの地方制度の概説書。］
新藤宗幸『アメリカ財政のパラダイム——政府間関係』新曜社，1986.
中邨章『アメリカの地方自治』学陽書房，1991.
牧田義輝『アメリカ大都市圏の行政システム』勁草書房，1996.
横田清『アメリカにおける自治・分権・参加の発展』敬文堂，1997.
［いずれも日本の研究者によるアメリカ地方自治の研究。特に新藤の著作は，政府間関係を，補助金などの財政面から描いた好著。］
秋月謙吾『行政・地方自治』（社会科学の理論とモデル9）東京大学出版会，2001.
［連邦制・政府間関係に関する理論を幅広く考察している。］

25 | 大統領
The President

阿部　齊

　大統領制は，成文憲法とならんで，アメリカが発明した政治制度の1つである。今日ではアメリカにならって大統領制を採用する国が少なくないが，それらの国の大統領とアメリカの大統領は必ずしも同一ではない。最大の相違点は，アメリカの大統領が首相を兼ねていることである。これは一見アメリカの大統領のリーダーシップを強化するように見えるが，実際には必ずしも強化する結果になっていない。それはなぜなのか。まず第一に，憲法に規定されている選挙制度が時代遅れになっていること，第二に，連邦議会に足場を持たない内閣が，大統領を十分に補佐していないことなどが，その理由として挙げられよう。内閣と並列する大統領府の発展は，こうした欠陥を補おうとするものであったが，大統領府をいかに機能させるかは，結局大統領のリーダーシップにかかっている。大統領制にかかわる課題の解決は，大統領制全体の再検討を必要とすると言わざるをえない。

A──大統領制の特質

❶──歴史的背景

　大統領制は，成文憲法とならんで，アメリカが他国に先んじて導入した政治制度の1つである。アメリカが合衆国憲法の制定に着手した頃，世界各国の政治体制は基本的に君主制であった。アメリカ植民地の母国であったイギリスも君主国であり，アメリカ独立革命は，イギリス君主制の支配からの独立を意味していた。君主制を否定した以上，新しい制度の中に君主制を再現することはできない。その結果，君主が果たしていた役割を担う新たな官職を創設することが必要になった。それが大統領にほかならない。

　では，君主が果たしていた役割とは何であったか。少なくともイギリスにおいては，それは行政部の首長たることであった。大臣は君主によって任命されるのであり，閣議を主催するのは君主であった。のちに内閣を統率するようになる首相の地位はまだ確立されていなかった。君主自身が首相の役割を果たしていたのである。アメリカが創設した大統領という官職は，名誉革命以後のイギリス君主の地位に最もよく似ていた。そこでは，君主が行政権を保持し，立法権を握る議会と対抗していた。また司法権は君主からも議会からも独立した裁判所の手中にあった。ここには，古典的な三権分立と抑制均衡の制度が存在していたと言ってよい。

　イギリスでは，ハノーヴァー王朝のジョージ1世が王位に就くとともに，国王は閣議に出席しなくなる。そのため，行政部は首相の統率下に置かれるようになり，やがて内閣が議会の統制下に置かれる議院内閣制が成立した。アメリカが独立のためにイギリスと戦ったときには，

イギリスはすでに議院内閣制を確立していた。しかし、アメリカはあえてそれ以前の制限君主制をモデルとして大統領制を創出したのである。ただ、アメリカの状況では、世襲の君主制を制度化することはできなかったので、選挙による大統領をもってそれに代えることとした。アメリカの大統領制はイギリスの制限君主制をモデルとしてつくり出されたということもできよう。

イギリスの制限君主制が尊重された最大の理由は、それが古典的な三権分立の制度だからであった。大統領制も、本来は三権分立の制度の中で議会の越権を抑えるための装置として構想された。しかし、三権分立の制度の中で積極的な政治指導が必要とされたとき、それに応えうる機関は大統領しか存在しなかった。そのため、今世紀に入るとともに、大統領への権力集中が進み、大統領制はアメリカの政治制度の中枢となったのである。

❷──諸外国との比較

今日、大統領を置いている国は少なくない。それらの国の中で最初に大統領制を確立したのは、アメリカ合衆国であり、他の諸国はアメリカ合衆国をモデルとして大統領制を樹立したのである。しかし、模倣のしかたは多様であるから、現実の大統領制も多様化せざるをえない。現在世界各国にみられる大統領制は、だいたい次の4つに分けることができるであろう。

①ラテンアメリカ型　アメリカ合衆国をモデルとしてつくられたが、権力制限の装置を発展させることができなかったため、大統領は事実上独裁者となった。アジアでも、韓国やフィリピンで制度化された大統領は、ある時期独裁者に近い存在であったと言えよう。

②ヨーロッパ型　ヨーロッパ諸国では、伝統的に君主制があり、国民主権が確立されてからも、君主は儀礼的形式的に国家を代表することが多かった。しかし、今世紀には、こうした形式的君主制も廃止される傾向にあった。君主制が廃止された後に、儀礼的形式的に国家を代表するものとして、大統領を設けた国が少なくない。政治的には重要な役割を果たさないのが普通であるが、非常事態には限られた役割を果たすこともある。ドイツ、イタリア、スイスなどが、この型の大統領をとる代表的な国である。

③フランス型　第4共和制のフランスでは、ヨーロッパ型の大統領がとられていたが、1958年の政治危機にドゴールが登場して、第5共和制が成立するとともに、大統領の地位が強化され、アメリカの大統領のそれに近いものになった。ただ、アメリカの大統領とフランスの大統領との違いは、アメリカの大統領が首相を兼ねているのに対して、フランスでは大統領の他に首相が存在することである。首相は大統領に任命されるが、議会の信任を必要とする。したがって、議会と大統領が異なった党派によって支配されている場合には、首相と大統領が党派的に対立することも少なくない。ソ連のペレストロイカと東欧革命によって共産党支配が崩壊した後の旧共産主義諸国では、フランス型の大統領をとる国が増えている。

④アメリカ型　いうまでもなく、大統領制の原型であるが、厳密にアメリカ型の大統領を模倣した国がなかったため、アメリカ型の大統領は現実にはアメリカにしか存在しないといってよい。その特徴の第一は、フランス型とは異なり、首相を兼務していることであろう。アメリカの大統領は行政部の首長であり、各省長官を任命し、閣議を主宰する。第二に、アメリカの大統領は、潜在的には、大きな権限を与えられているが、後に「G大統領制の評価」で述べるように、法的にも政治的にもさまざまな制約があり、必ずしも強い指導力を発揮することができない。ソ連や東欧諸国で大統領制をとる際

に，アメリカ型よりもフランス型がモデルとされるのも，アメリカ型が持つこうした特徴が，他の国々に適合しないからだと言えよう。

B――大統領の資格

憲法には，大統領の資格として「出生による合衆国市民」で年齢35歳以上であることを要求している。また「14年間合衆国内の住民でない者」は，大統領に選ばれる資格がないとしている。したがって，アメリカに移住して国籍を取得した合衆国市民は大統領になる資格をもたない。しかし，外国人がアメリカ滞在中に生んだ子供は，長じて合衆国市民になることを選択し，かつ14年間アメリカに住んだ場合，法的には大統領になる資格を持つ。

大統領の任期は4年で，現行の憲法の規定では，2回を超えて大統領に選ばれることを禁じている。この規定は，1951年に憲法の修正条項として追加されたもので，それまでは憲法の条文上は在任期間の制限がなかった。ただ，初代の大統領のワシントンが2期8年で退いたため，大統領の在任期間は2期8年とするという不文律が成立していた。1940年にフランクリン・ローズヴェルトが3選されるまでは，この不文律を破るものは現れなかった。ローズヴェルトは，第2次世界大戦という非常事態の最中であったこともあって，44年にも大統領に選ばれ，4選を果たした。その後，51年に新しい規定が作られて，大統領の3選が禁止されたのである。なお，副大統領が大統領の死亡などの理由で大統領に昇格した場合，2年以上の残任期間があれば，大統領に選ばれるのは1回だけと定められている。

実際に大統領に就任した人々の経歴をみると，大きな州の知事や上院議員が圧倒的に多い。特に今世紀に入ってからは，州知事か上院議員以外の経歴の大統領は，タフト，フーヴァー，アイゼンハワー，フォード，ブッシュ（父）の5人を数えるにとどまる。下院議員を主要な経歴として大統領になった政治家は，19世紀にはリンカンやマディソンなど6人を数えるが，20世紀には，ニクソンの辞任の後に大統領に昇格したフォードだけであり，しかも再選には失敗している。閣僚経験者は19世紀には8人おり，特に国務長官は重要な大統領の供給源であったが，20世紀にはタフト（陸軍長官）とフーヴァー（商務長官）の2人だけであり，その2人も閣僚であったことが大統領に選ばれた主な理由ではなかった。今日のアメリカでは，下院議員や閣僚は大統領になるための重要なステップではないと言ってよいであろう。

C――大統領の選出

❶――選挙制度

大統領選挙も連邦議会議員選挙も，4で割り切れる年の11月の第1月曜日の次の火曜日に行われる。アメリカでは，同日選挙が原則であり，ほかに州知事や州議会議員の選挙があれば，それも同じ日に行われる。そのため，アメリカの選挙では，投票用紙が非常に長くなるのが普通である。

大統領選挙のしくみは，憲法上の規定と実際の制度とが乖離しているために，やや複雑である。まず憲法の規定によれば，大統領選挙は間接選挙であり，有権者は大統領選挙人を選び，大統領選挙人が大統領を選ぶ。選挙人は各州ごとに選ばれ，その数は各州に配分されている上院議員数（総数435名）と下院議員数（総数100名）の和である。したがって，全国では

535名となるはずであるが，実際には首都ワシントン（どこの州にも属していないため，1961年までは大統領選挙に投票できなかった）に特別枠として3名を配分しているため，総数538名になっている。

大統領選挙人は，12月の第2水曜日の後の最初の月曜日に各州の州都に会合し，投票する。投票の結果は上院議長に郵送され，翌年の1月6日に連邦議会で開票される。大統領に当選するためには，538名の選挙人の過半数，すなわち270名以上を獲得しなければならない。もしだれも過半数の選挙人を獲得できなかったときには，大統領の選任は連邦議会の下院に委ねられる。大統領の選任に際しては，各州が1票を行使すると定められており，州単位で投票が行われることになる。全州の3分の2の出席をもって定足数とし，全国選挙での得票順に上位3名の候補者の中で過半数の州の支持を得たものが，大統領の地位につく。

このように，憲法上，大統領選挙は間接選挙であるが，今日では実質的に直接選挙に近いものになっている。その理由は第一に，1800年以降，政党があらかじめ自党の大統領候補を指名し公表したことである。その結果，有権者は選挙人に投票する段階ですでに，どの選挙人に投票すれば，どの大統領候補を支持することになるかを知ることになった。第二に，1836年から，すべての州で勝者独占方式（Winner-take-all system）が採用されたことである。この方式では，ある州で多数を獲得した候補が，その州の選挙人全部を獲得する。勝者独占方式が採用されるまでは，選挙人にも多少の選択の余地が残されていたが，この方式が採用されてからは，選挙人はまったく機械的に自党の候補に投票することになった。

今日の大統領選挙では，政党はあらかじめ選挙人のリストを作成し，州の選挙管理委員会に提出しておくが，そこに名前を掲載された人は政党に何らかの貢献をした人が多く，政党は感謝の意味でそれらの人を指名する。選挙が終わると，州単位の選挙で勝った政党のリストに登載されている人たちが，その州の選挙人になる。3分の2の州では，こうした選挙人の氏名は大統領選挙の投票用紙にも現れない。有権者は投票用紙に記載されている大統領候補の氏名にマークするだけである。したがって，有権者の投票のしかたは直接選挙とまったく同じである。選挙人は，有権者が政党とその大統領候補を選択する際の匿名の媒体となるにすぎない。

現在の方式では，11月の選挙で大統領選挙人が選ばれた段階で，選挙結果は判明する。したがって，過半数の選挙人を獲得した候補者がなかった場合を除いて，12月以降の手続きは単なる儀礼にすぎない。この方式に対しては，多くの批判があるが，一般得票数（各候補の得票を全国で集計したもの）と選挙人獲得数が対応しないことが，最も大きな問題点であろう。一般得票数で敗れながら，選挙人では多数を獲得して大統領に当選した事例もある。もっと単純な制度に改めるべきだという意見は多いが，制度の是正には憲法の修正が必要であり，目下のところ実現の可能性は低い。

❷──予備選挙

アメリカの選挙の特徴の1つは，各党の候補者の指名に関して，予備選挙が行われていることであろう。予備選挙とは，各種公職への各党候補者を有権者の直接投票によって指名しようとする制度であり，1903年に初めてウィスコンシン州で制度化された。その後，急速に各州に普及し，1918年には4州を除くすべての州で採用されるまでに至った。1955年にコネティカット州で予備選挙法が制定されたことで，全州が予備選挙制度を採用したことになる。この選挙は州法に基づいて行われ，投票用

図 25-1 ●大統領選出のしくみ

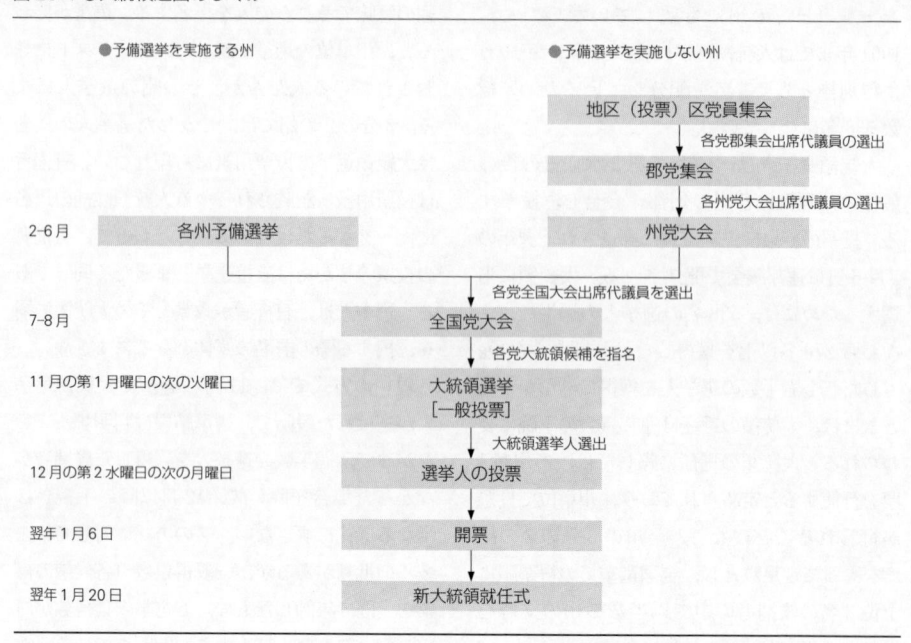

	●予備選挙を実施する州	●予備選挙を実施しない州

```
                                                      地区（投票）区党員集会
                                                              │ 各党郡集会出席代議員の選出
                                                              ▼
                                                           郡党集会
                                                              │ 各州党大会出席代議員の選出
                                                              ▼
2-6月            各州予備選挙                              州党大会
                        │                                     │
                        └──────────┬──────────────────────────┘
                                   │ 各党全国大会出席代議員を選出
                                   ▼
7-8月                          全国党大会
                                   │ 各党大統領候補を指名
                                   ▼
11月の第1月曜日の次の火曜日      大統領選挙
                                 [一般投票]
                                   │ 大統領選挙人選出
                                   ▼
12月の第2水曜日の次の月曜日      選挙人の投票
                                   │
                                   ▼
翌年1月6日                         開票
                                   │
                                   ▼
翌年1月20日                    新大統領就任式
```

紙の印刷や配付から，開票や集計に至るまで，すべて州により管理され運営される。このように，政党の候補者指名という本来は私的な活動を公的な行事として行うという点で，予備選挙はアメリカに独自の制度と言えよう。

現在では，連邦議会議員から州知事や州議会議員に至るあらゆる公職の候補者が，予備選挙で指名されている。大統領選挙に関しては，大統領候補が全国党大会で指名されるために，予備選挙で直接候補者を決定することはできない。そこで考えられたのが，全国党大会に出席する代議員を有権者の投票によって選出することであった。その具体的な方法には，有権者による代議員の直接選挙と大統領候補者選好投票とがあり，両者を合わせて大統領予備選挙と呼ばれている。この予備選挙では，有権者の各大統領候補に対する支持率が代議員の配分を決定することになると言ってよい。ただ，決定のしかたは多様で，勝者独占方式がとられる州もあれば，比例的に配分する州もある。同じ州でも党によって異なる方式をとることもあり，単純化はできないが，大雑把な傾向として，比例的な配分をとる州が増えていると言えよう。2000年の選挙では，大統領予備選挙を実施した州が民主党39州，共和党42州であった。

予備選挙を実施しない州は，党員集会（コーカス）によって代議員を選出する。党員集会は次の順序で開かれる。まず，地区（多くは投票区）ごとに党員集会が開かれ，郡党員集会への代表が選ばれる。次いで，郡党員集会は州党大会への代表を選び，州党大会で全国党大会への代議員が決定される。アメリカの場合，党員とは有権者登録の際に支持政党を登録した人で，一般有権者の一部であること，また最近では州代議員の決定に際して，地区段階で表明された有権者の意向をできるだけ正確に反映させるようにしていることなどから，党員集会も実質的には予備選挙に近いものになりつつあると言え

よう。予備選挙の比重が高まり，党員集会も予備選挙化した結果，最近の大統領選挙では比較的に早い時期に各候補者の獲得代議員数が明らかになり，全国党大会を待たずして，各党の候補者が確定してしまうことも少なくない。

❸――公営選挙

大統領候補の選挙運動は，アメリカ全土にわたって繰り広げられる運動であるから，莫大な費用がかかると言ってよい。こうした費用は従来候補者の個人財産や政治献金によってまかなわれてきた。しかし，1976年の大統領選挙以来，選挙に必要な経費については，その全部または一部が国庫から支出されることになり，選挙公営に近い形がとられている。それを定めているのは，「連邦選挙運動法1971年改正法」である。同法によると，大統領選挙運動基金と呼ばれる特別会計が設けられ，納税者は所得税申告のとき，税額のうち1ドル（1993年以降3ドル）を基金に振り込むか否かを選択する。この基金から，全国党大会，本選挙，予備選挙の3項目に関して費用が支給される。

まず党大会の費用として，大政党の全国委員会に200万ドルずつ支給される。大政党とは，前回の選挙で一般得票の25％以上を獲得した政党であり，5％から25％までの票を得た政党が小政党である。それ以外は新政党と呼ばれる。小政党には，その政党の得票数と大政党の平均得票数との比率に基づいて支給され，新政党に対しては支給されない。

本選挙について，大政党指名の候補者には2,000万ドルが支給される。小政党指名の候補者には，党大会の場合と同じ方式で決められた額が支給される。新政党の候補者には原則として支給されないが，一般得票の5％以上を獲得した場合には，選挙後に小政党候補者と同様の計算に基づいて支給される。こうした支給を受ける条件として，選挙運動費用は支給限度額の2,000万ドルを超えないこと，その全額を国庫から支給される大政党の候補者の場合には，政治献金はいっさい受け取らないことが要求される。小政党候補者の場合も，国庫支給額と支出限度額との差額だけを寄付金でうめることができるとされている。

予備選挙で党の指名を求める候補者に対しては，20州以上の各州で250ドル以下の小口献金により，それぞれ5,000ドル以上，合計で10万ドル以上を集めた候補者に対して，こうして集めた額と同額が国庫から支給される。連続2回の予備選挙で10％未満しか得票できなかった場合には，交付が停止されるが，その後の予備選挙で20％以上を得票すれば，復活される。なお，以上の数字はいずれも1971年における物価から算出されたもので，その後は同年を基準として毎年の消費者物価指数に応じて調整される。その結果，例えば2000年については，大政党の大統領候補への国庫支給額は6,200万ドルであった。

D――大統領の役割

アメリカの大統領の役割は極めて多面的である。まず，憲法上は次の3つの役割が重要であろう。第一に，大統領は連邦行政部の首長である。行政部は立法部からまったく独立しており，大統領は議会に対してではなく，国民に対して直接に責任を負う。行政各部門の長官は大統領によって任命され，大統領に対してのみ責任を負い，議会とは何の関係も持たない。行政部の権限と責任とは，原則としてすべて大統領一身に集中しており，国民はこの大統領の選挙を通じて行政部の統制を果たすものとされている。

第二に，大統領は軍隊の統帥権を持つ最高司令官である。合衆国憲法によれば，大統領は陸海軍および連邦軍に編入された各州民兵の最高司令官である。もちろん，これは大統領が常に戦争の直接指揮をとることを意味するものではない。慣例上は，大統領は現役軍隊の最高指揮権を軍人に委任している。しかし，ときには大統領が直接に命令を下すこともある。例えば，1862年にリンカン大統領は，ジョージ・マックレランに作戦行動を起こさせるために総進撃の命令を発した。1945年にトルーマン大統領は，広島および長崎への原爆投下を命じている。

　第三に，大統領は外交において国を代表する役割を果たしている。憲法上，大統領は上院の助言に従い，その同意を得て条約を締結する権限を持つ。しかし，条約締結の過程において，交渉と批准は区別されており，上院が関与するのは批准についてだけであって，交渉は大統領の指導のもとに行政部により処理すべきものとされている。さらに，社交的あるいは儀礼的な場面でも，大統領がアメリカを代表することは言うまでもない（⇨22合衆国憲法C-3）。

　こうした憲法上の役割を離れても，大統領には果たさなければならない重要な役割がある。その1つは，政党の党首としての役割である。アメリカの政党には形式的には党首はいない。しかし，政権党については，事実上大統領が党首といってよいであろう。大統領は，自分が所属する政党の候補者が選挙で勝てるように応援の遊説を行うし，また政党が主宰する会合に出席して，挨拶の演説を行うことも少なくない。

　もう1つの役割は，「国民的英雄」としての大統領に期待されている役割である。今世紀に入って，大統領に強い指導力が要請されるとともに，大統領を全国民的な共同社会の代表と見なす観念が形成された。それは，別の見方をすれば，大統領とアメリカとの間に強固な心理的結び付きが生まれたことを意味する。いわば，大統領はアメリカ国民の心理的帰属感の集中する焦点であり，その意味でアメリカ国民「統合の象徴」であると考えることができる。ウォーターゲート事件に際して，ニクソン大統領の進退が重大な問題になったのも，大統領が君主に似た性格を付与されていることと無関係ではない。今日の大統領は，全国民の期待と関心が集中する国民的英雄であり，その一挙一動にはしばしば全世界が注目する。こうした大統領の英雄視は，大統領の指導力の源泉になりうるが，同時に大統領に過大な心理的負担を与えることで，その地位を不安定なものにしていることも否定できないであろう。

E──行政部の構成と機能

❶──伝統的行政機関

　大統領の持つ多面的な役割の中で，今日最も重要なものは，行政部の首長としての役割であろう。現代の政治において，その規模からいっても比重からいっても，圧倒的に重要な位置を占めている部門が行政部であることは言うまでもない。大統領は，この行政部の統率者であり，最高責任者である。行政部には，その膨大な日常的業務を遂行するために，巨大な官僚制機構が設けられている。それは大きく分けて，各省によって構成される伝統的な行政部，内閣に属さず大統領が直轄する独立行政機関，それに大統領府から成り立っていると言えよう（⇨24連邦組織と地方政府A-1）。

　伝統的な行政部は，現在15の省から成り立っている。1789年に，連邦政府がスタートしたときには，国務，国防，財務の3省しか設けられていなかった。その後，新たな問題に応じて新しい省が設けられてきた。最近では，

図 25-2 ●合衆国政府の行政機構図

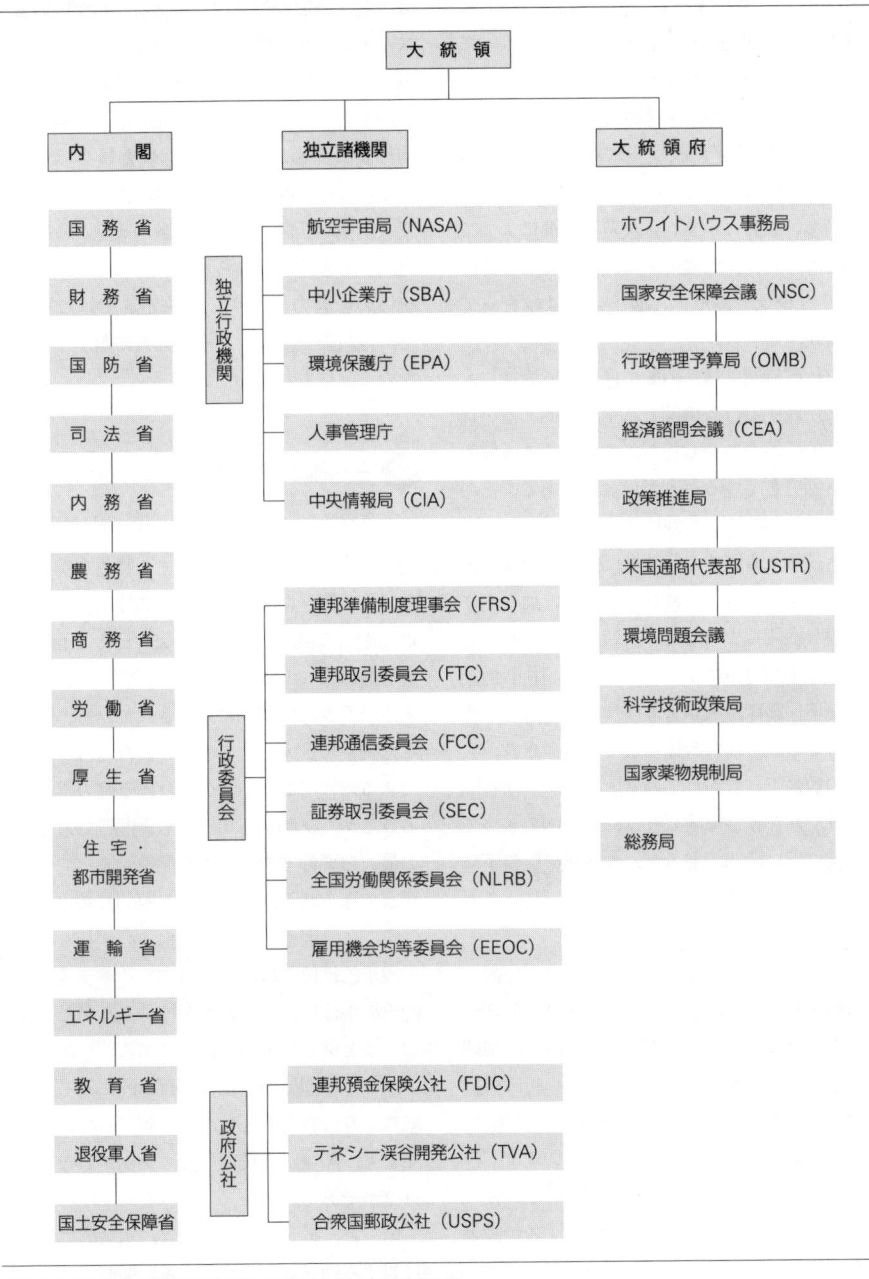

```
                              大 統 領
           ┌────────────────────┼────────────────────┐
         内 閣              独立諸機関            大統領府
```

内閣
- 国務省
- 財務省
- 国防省
- 司法省
- 内務省
- 農務省
- 商務省
- 労働省
- 厚生省
- 住宅・都市開発省
- 運輸省
- エネルギー省
- 教育省
- 退役軍人省
- 国土安全保障省

独立諸機関

独立行政機関
- 航空宇宙局（NASA）
- 中小企業庁（SBA）
- 環境保護庁（EPA）
- 人事管理庁
- 中央情報局（CIA）

行政委員会
- 連邦準備制度理事会（FRS）
- 連邦取引委員会（FTC）
- 連邦通信委員会（FCC）
- 証券取引委員会（SEC）
- 全国労働関係委員会（NLRB）
- 雇用機会均等委員会（EEOC）

政府公社
- 連邦預金保険公社（FDIC）
- テネシー渓谷開発公社（TVA）
- 合衆国郵政公社（USPS）

大統領府
- ホワイトハウス事務局
- 国家安全保障会議（NSC）
- 行政管理予算局（OMB）
- 経済諮問会議（CEA）
- 政策推進局
- 米国通商代表部（USTR）
- 環境問題会議
- 科学技術政策局
- 国家薬物規制局
- 総務局

●注｜①2004年2月現在の時点で現存する行政機関を掲げた。
②スペースの都合もあり，独立機関はよく知られたものに限って挙げた。

1960年代に住宅・都市開発省と運輸省が，1970年代にエネルギー省，教育省，厚生省が，1980年代には退役軍人省が，21世紀に入って国土安全保障省がそれぞれ新設されている。これらの各省は，それぞれ膨大な数の公務員を擁している。1966年に設けられた運輸省をとっても，2000年の時点で約6万3,000人の公務員を持ち，長官，次官，6人の次官補によって統率されている。各省の中で，最大の省は国防総省で約68万2,000人，最小の省は教育省で約4,600人である。

独立行政機関には，内閣に属さず，直接に大統領に所属する行政機関と，半司法的あるいは半立法的機能をあわせ持ち，それゆえに大統領からも独立している行政委員会とがある。その両者を合わせると，2003年現在で50を超える。大統領に直属する行政機関には，合衆国郵政公社のような巨大な機関もあるが，比較的に小規模な機関も少なくない。特に重要なものとしては，航空宇宙局，中央情報局，中小企業庁，環境保護庁，人事管理庁などがある。いずれも，その長官は大統領によって任命され，大統領の監督下に置かれている。テネシー渓谷開発公社や連邦預金保険公社は，わが国のかつての公社に近い機関であるが，大統領の監督下に置かれている点では，同じカテゴリーに入るものと言ってよい。

これに対して，行政委員会の発展は，行政機能の拡大とともに，半司法的（例えば，仲裁や裁定を行う），半立法的（例えば，独自の規則を制定する）機能をあわせ持つ新しい行政機関が要求されたことに対応している。わが国でも，労働委員会や公正取引委員会のように，行政部が直接担当することが望ましくない分野で，行政部から独立して問題を処理する行政委員会が設けられている。アメリカの行政委員会として著名なものには，州際通商委員会（行政組織改革のため1995年廃止），連邦取引委員会，全国労働関係委員会，連邦準備制度理事会，連邦通信委員会などがある。わが国の証券スキャンダルの際，こうした問題のチェック機関として注目を集めた証券取引委員会や，上院でのセクハラ証言で一躍脚光を浴びた雇用機会均等委員会も，こうした行政委員会の1つである。これら委員会の委員は，上院の承認を得て大統領が任命するが，複数の政党から委員を選出するように定められていることが多く，大統領の影響力は必ずしも決定的ではない。また，行政委員会が大統領の監督に服する必要のないことはもちろんである。

❷──内閣制の特質

アメリカの内閣制は，イギリス型の議院内閣制と対比した場合，さまざまな特色を備えている。まず第一に，アメリカの閣僚（各省長官）は，憲法の規定により，上院もしくは下院の議員を兼ねることはできない。議会の討論に参加することも，伝統的に禁止されている。閣僚はただ議会に証人として喚問された場合に，証言できるだけである。この点は，下院の議員であることが，法制上も事実上も，閣僚であることの最大の要件であり，また閣僚が議会で自由に発言できる議院内閣制とは対照的である。

第二に，閣僚という地位は，必ずしも最上級の政治的地位ではない。日本やイギリスでは，閣僚の地位は，議会に席を持つ人々がたえず近づこうと努力している目標である。しかし，アメリカでは閣僚の地位は，政治的にみて，上院議員よりも有力だとは考えられていない。少なくとも，閣僚が大統領へのステップでないことは確かである。

第三に，アメリカの内閣は，本来的に大統領に対する助言者の集団である。閣僚とは，大統領が常に助言を求め，その同意を得なければならない人々ではない。決定に対して責任を負う

のは大統領だけであり，内閣の連帯責任は，法制上も道義上も存在しない。

第四に，内閣は助言者の集団であるとしても，大統領が助言を求める唯一の源泉ではない。非公式な助言者がしばしば介在するし，さらに今日では，大統領補佐官（例えば，ブッシュ政権で対外問題を担当するコンドリーザ・ライス補佐官や，内政問題を担当するマーガレット・スペリングス補佐官など）という形で制度化さえされている。また，閣僚が助言者として重要な役割を果たす場合でも，すべての閣僚ではなくて，特定の閣僚が選ばれることが多い。

第五に，議院内閣制では，内閣全体の統一性が重視されるのに対して，アメリカ型の大統領制では，閣僚の選考に多様な考慮が払われるために，統一的なチームは形成されにくい。例えば，議会に勢力を持つ人物を加えること，地域的均衡を図ること，教会や労組からも参加させること，大統領選挙に貢献した人物も入閣させることなどが考慮される。

要するに，アメリカの内閣は基本的に寄せ集めのチームにすぎない。イギリスや日本の内閣の場合，若干の例外を除いて，閣僚は就任以前においても相互に既知の関係にある。アメリカの場合，大統領は多様な観点から全国的に人材を登用するのであり，彼らは首都ワシントンにおいては本来的に他人同士なのである。政治学者のヒュー・ヘクロは，アメリカの政府を「他人同士の政府」（A Government of Strangers）と呼んでいるが，的を射た表現と言うべきであろう。

ヘクロによれば，「他人同士の政府」の問題点は「政治的リーダーの行政チームが，政府が組織される前ではなく後から創られる」ことである。政治的リーダーの行政チーム，すなわち内閣の役割は，その政治力によって行政部官僚を統制し，同時に行政部に殺到する集団的圧力に対して行政部の独立性を守ることであろう。

アメリカの内閣はいずれの役割をも十分には達成し難いと言わざるをえない。

閣僚の役割は本来的に大統領の助言者であることにとどまる。閣議は，いかなる意味でも，大統領を拘束できる合議体ではない。かつて，リンカン大統領が，閣議で全閣僚の反対に直面したとき，「反対7，賛成1，よって賛成に決しました」と述べたことは，よく知られている。アメリカの政治制度の原則によれば，行政における責任はすべて大統領に集中している。そのため，大統領は内閣に責任の分担を求めることはできないし，内閣もまた大統領の責任を全面的に分担できる立場にはないと言うべきであろう。

❸ 大統領府の発展

アメリカの大統領制において，内閣が大統領の責務の遂行を助けるうえで大きな役割を果たすことができないとすれば，巨大化した大統領の責務遂行を可能にする何らかの方策が講じられなければならない。アメリカの現在の統治機構において，ともかくもこうした要求に応えているのは大統領府である。大統領府は1939年にフランクリン・ローズヴェルト大統領によって創設された。当時その主要な構成要素は，予算局と若干のホワイトハウス・スタッフだけであったが，その後拡大の一途をたどり，現在この部門を構成する機関は，ホワイトハウス事務局を筆頭に11あり，その大半はホワイトハウスの西側にあるエグゼキュティブ・ビルに置かれている。

ホワイトハウス事務局には，大統領報道官や面会係秘書のように，秘書として大統領の執務を助ける人々のほか，大統領補佐官として大統領の政策決定を直接に補佐する少数の人がいる。例えば，ニクソン大統領の外交面における助言者として，1970年代のデタント外交に大

❶ホワイトハウス

きな役割を果たしたキッシンジャーは、国家安全保障会議担当の補佐官であった。

予算局は1921年の予算会計法によって設置され、のち1939年に大統領直属の機関になった。さらに、1970年にはニクソン大統領によって行政管理予算局（OMB）に改組され、今日に至っている。OMBは予算案の作成のほかに、連邦政府諸機関の管理にもあたるものとされ、政府組織の改善、情報組織の整備、幹部職員養成計画の作成などを主な任務としている。OMBは、予算作成過程において各部局間の調整にあたるほか、その他の広範な面で行政内部の調整を図ることが期待されているのである。

アメリカ大統領制のもとでは、行政内部の調整を図ることは、大統領のみに属する機能である。議院内閣制においても、調整は首相の役割に属するが、同時に閣議が実質的な調整の場となっている。アメリカの閣議は、こうした調整の場としても大きな役割を果たしえない。その結果、大統領はこの面でも過重の負担を負わざるをえないことになる。大統領府は、行政面における大統領の過重な負担を制度的に支えようとするものであるから、そこに多くの調整機能が期待されるのは当然とも言えよう。

OMBのほかに、こうした調整機能を期待されるものとしては、国家安全保障会議（NSC）がある。NSCは、1947年に国家安全保障法のもとで創設されたもので、正副両大統領、国務・国防両長官によって構成され、そのほかに大統領補佐官、統合参謀本部議長、中央情報局長官らが出席する。外交および軍事の面で、大統領の政策決定を補佐する機関である。ただ、NSCを重視する大統領もあれば、軽視する大統領もあり、NSCが果たす実質的な役割は一様ではない。

政策決定に際しての助言者として、重要な役割を果たしているのは、経済諮問委員会である。これは1946年に設けられたもので、上院の承認のもとに任命される3名の委員から成り、政府の経済政策に専門的な立場から助言を与える。今日では、連邦政府の経済政策は極めて広い範囲にわたっており、しかも繁栄を維持することは、政府に課せられた最大の責任の1つと言ってよい。それゆえ、経済学の専門家の助言は、今や政府に不可欠のものとなっている。

1970年に創設された環境問題会議も、公害問題が重視されている今日、重要な機関の1つである。これも上院の承認のもとで大統領により任命された3名の委員から成る。環境に影響を及ぼすあらゆる連邦諸機関の企画を審査して大統領に必要な勧告を行うとともに、環境汚染に関する研究を促進することが、その主要な任務である。

米国通商代表部（USTR）も、アメリカの貿易赤字の増大とともに、その重要性を増している機関の1つと言えよう。これは、アメリカの貿易政策に関して大統領を補佐する機関で、1979年に設立された。その前身は62年に設置された特別通商代表で、貿易交渉について大統領に助言し、ときには大統領の命令を受けて交渉にあたった。74年の通商法により権限を強化され、さらに79年の通商協定法で改組拡充されて、米国通商代表部となった。商務省や国防省と協力して、対外交渉の窓口の役割を果たしており、日米貿易摩擦でも、アメリカを

代表して日本との交渉にあたっている。

　いずれにしても，これらの諸機関は，アメリカの制度上大統領が果たさざるをえない行政上の責務に関して，大統領を補佐する機関である。これらの機関が有効に働くことが，大統領の指導力を制度的に強化するものであることは疑いない。しかし，こうした機関が有効に活動しうるか否かは，結局大統領がそれをいかに巧みに運用しうるかにかかっている。それゆえ，たとえ大統領府が整備されたとしても，アメリカ的制度の成否を決するものは依然として大統領であると言わなければならない。

F──歴史に名を残した大統領

　歴史に名を残した最初の大統領は，初代の大統領ジョージ・ワシントンである。ワシントンは当初はイギリス本国に忠実な将校であったが，漸次反英独立の立場を強め，米植民地軍の総司令官になった。ワシントンの率いる劣勢な植民地軍と英正規軍との戦いは，一進一退を繰り返し長期に及んだが，結局フランスの助力を得た植民地軍が勝利を収めた。合衆国憲法の制定会議が開かれると，彼はその議長となり，憲法成立後は全選挙人の支持を得て1789年に初代大統領に就任した。2期8年を勤めて引退，それが大統領の任期は2期8年とする慣行の端緒となった（⇨75アメリカ・ヒーローA-1）。

　第3代大統領トマス・ジェファソンは独立宣言の起草者として知られる。大統領在任中の最大の功績は，ルイジアナ地方をフランスから購入し，合衆国の領土を一挙に倍加させたことであろう。独立自営農民こそが共和国を担うと考えていたジェファソンにとって，広大な新領土は独立自営農民に無限の機会を保障するものであった（⇨75アメリカ・ヒーローA-2）。

　第16代大統領エイブラハム・リンカンは南北戦争を指導して，北軍の勝利を導き，奴隷制を廃止したことで知られている。彼の本来の目的は，奴隷制廃止よりも，連邦制の維持にあった。ゲティスバーグ追悼演説での「人民の，人民による，人民のための政治」はデモクラシーの真髄を示すことばとして有名である。業半ばにして暗殺者の凶弾に倒れたため，理想に殉じた政治家とみられることが多いが，その真価はすぐれた現実主義的政治家たることにあった（⇨75アメリカ・ヒーローA-3）。

　第26代大統領セオドア・ローズヴェルトは，最初マッキンリー大統領のもとで副大統領を務めていたが，同大統領が暗殺されるに及んで，大統領に就任した。国民の指導者であることを最も強く自覚した大統領のひとりである。産業化と都市化が急速に進行するなかで，労働問題，公衆衛生問題，消費者問題などに積極的に対応した。自然環境の保護にも強い関心を示し，在任中5ヵ所の国立公園が指定されている。また，海外進出のために，強力な海軍を建設したことでも知られている。

　第28代大統領ウッドロー・ウィルソンは，内政面ではローズヴェルトの革新主義を継承して多くの改革を手掛けた。関税率の引き下げ，企業独占の規制，銀行・通貨制度の改革などがその主な成果である。1914年に第1次世界大戦が勃発したとき，ウィルソンは中立の維持に努力したが，戦争が長期化するに及んで参戦やむなしと決意し，17年ドイツに宣戦を布告した。18年には14ヵ条の平和原則を発表し，そのなかで国際連盟の設立を提言した。大戦終結後，国際連盟は実現したが，アメリカの加入は議会の同意が得られず，ウィルソンの理想は挫折した。

　第32代大統領フランクリン・ローズヴェル

トは，1929年に始まった未曾有の大不況の中で衆望を担って大統領の地位についた。不況克服のためにとられた政策は，試行錯誤の中で1つのシステムを形成していく。それは，基本的には大きな政府のもとで福祉国家を実現することであった。第2次世界大戦が勃発すると，ローズヴェルトは大戦終結のためにはアメリカの参戦が不可避だと判断し，日本の真珠湾攻撃を好機と捉えて日独伊同盟国に対する開戦に踏み切った。ローズヴェルトはこの間国民の強い支持を得ており，空前絶後の大統領4選を果たしたが，4期目に入るとまもなく病死した。リンカンとならんで最も高い評価を受けている大統領のひとりである。

第35代大統領ジョン・F.ケネディは，最も人気の高い大統領のひとりである。少数派のカトリック教徒でありながら，巧みな弁論と魅力的な人柄によって，弱冠43歳で大統領に就任した。ケネディは内政面ではニューディール路線を継承し，人種差別の撤廃を目指す画期的な公民権法や社会福祉の充実を求める立法を提案した。しかし，議会の抵抗によってその多くは未成立のままに終わり，彼がダラスで暗殺された後，後継者のリンドン・ジョンソン大統領のもとでようやく成立することになる。外交面では，アメリカの伝統的なイデオロギー外交からの脱却を国民に説いていたが，ケネディのもとで始まったベトナム戦争が，彼の死後拡大の一途をたどったことは，彼の希望を大きく裏切るものであったと言わざるをえない。

第40代大統領ロナルド・レーガンは，大統領就任後まもなく70歳に達し，その後2期8年の間に史上最高齢の大統領となった。彼はその生い立ちからアメリカの成功神話を体現した人物として高い人気を博している。小さな政府と自由競争社会の実現を目指す保守的信条の持ち主で，ニューディール路線の政治を転換することに力を注いだ。在任中にアメリカ経済は不況から好況に転じたが，その代償として巨大な財政赤字と貿易赤字を残すことを余儀なくされた。対外政策では，旧ソ連を軍事力で圧倒する政策をとり，その結果とは言えないにせよ，レーガンの任期が終わる頃には，旧ソ連や東欧諸国が相次いで自己崩壊を遂げ，冷戦は終焉を迎えた。

G——大統領制の評価

現代アメリカの政治制度は，大統領の強力なリーダーシップを前提として作動していると見る人は少なくない。事実，アメリカの大統領が強いリーダーシップを発揮した事例を探し出すことは，それほど困難ではないであろう。わが国で首相公選論が浮上する場合も，アメリカの大統領が1つのモデルとされていることは確かである。ただ，アメリカの政治制度が強い大統領に有利な環境を用意しているか否かには，いくつかの疑問が残る。

第一に，合衆国憲法の特徴である厳格な権力分立である。アメリカの三権分立が直接は立法府に向けられたものであったとしても，大統領もまた三権相互間の抑制均衡から自由であるわけではない。大統領と連邦議会が対立すれば，行政府にとって生命線ともいうべき連邦予算が不成立に追い込まれることは，1995年のクリントン政権が直面した事態であった。最高裁の憲法判断が行政部の政策の根幹を揺さぶった例として，ローズヴェルトのニューディール政策に対する違憲判決はあまりにも有名である。要するに，アメリカの憲法は大統領の権力にも多様な制約を置いているのである。

第二に，アメリカの政治制度には，大統領への権力集中を容易にする要因よりも，それを阻止する要因の方が多い。政党は基本的に分権的

大統領とマスコミの関係

　大統領とマスコミの関係は極めて密接である。一方でマスコミは、大統領と政府を監視して権力の濫用を抑制するとともに、他方で大統領は、マスコミを用いて国民にアピールしてきた。マスコミの中では、新聞とラジオとテレビが特に重要な役割を果たしてきたが、それぞれに大統領と密接にかかわってきた。

　アメリカの新聞は地方紙が中心であるため、大統領とのかかわり方も多様であるが、準全国紙的性格を持つ『ワシントン・ポスト』と『ニューヨーク・タイムズ』は、大統領権力の抑制にしばしば大きな役割を果たしてきた。国防総省秘密文書事件やウォーターゲート事件は、両紙の記者の活躍がなければ陽の目を見ることもなかったであろう。

　ラジオを最も有効に活用したのは、フランクリン・ローズヴェルト大統領である。彼が大統領に就任したとき、アメリカは未曾有の大不況の最中で、国民の心理的落ち込みも激しかった。彼はラジオの「炉辺談話」と呼ばれる番組で、国民に親しみのある口調で語りかけ、国民の自信回復を促進した。ニューディール政策を成功させた陰の主役とも言えよう。

　20世紀後半、マスコミの主役はテレビに移るが、大統領とテレビの関係が最初にクローズアップされたのは、1960年の選挙である。この年、民主党のケネディ候補と共和党のニクソン候補は、初めてテレビ討論を行った。討論の内容は互角であったとしても、ブラウン管に写る映像では、ケネディがニクソンを圧倒していた。選挙は大接戦で、ケネディが辛うじてニクソンを押さえ大統領に当選した。テレビ討論が選挙の結果を左右したと言ってよい。その後、テレビ討論の行われない選挙もあったが、現在では大統領選挙の恒例の行事として定着している。

　テレビを国民にアピールする手段として最大限に活用したのは、レーガン大統領であった。レーガンは映画俳優になるまでラジオのアナウンサーとして活躍していたし、映画俳優の時代にもテレビ番組の司会者を務めていた。こうした経験が彼の話術を洗練させ、「グレート・コミュニケーター」を作り上げたのである。いずれにしても、レーガンがテレビで国民に語りかけるとき、レーガンの話術は国民を強く魅了したと言ってよい。

　レーガンにかぎらず、今日の大統領はテレビの影響力を利用することに長じている。大統領報道官による記者会見は頻繁に開かれ、大統領自身の記者会見もしばしば行われている。こうした記者会見はテレビで放映されるのが普通であるし、大統領が重大な発表を行うときは、そのためのテレビ放送が用意されることが多い。大統領のテレビ映りがよいかどうか、大統領がテレビ向けの話術に長じているかどうかが、大統領の支持率を左右することもめずらしくない。

　大統領が巧みな話術でテレビを通じて国民を動かそうとすることは、言い換えれば、テレビが世論操作の手段となることを意味する。テレビ自体は政治的に中立な道具の1つであるとしても、普通の人がテレビカメラの前に立つことは、大統領がテレビに出演するよりもはるかに困難である。トークショーが大統領に批判的な話題を取り上げることがないとは言えないにしても、その影響は大統領に及ばない。テレビは大統領にとって極めて快適なメディアだと言ってよいであろう。

　大統領の権力を抑制するという点では、テレビの後塵を拝しつつある新聞が依然として優位に立っている。権力の腐敗や濫用を暴くためには、優れたジャーナリストの地道な活動を必要とするし、それをバックアップできるのは新聞社である。私たちは、テレビの明るい画面に注目するだけでなく、新聞の活字の陰に潜む真実にも目を向けなければならないのである。

［阿部　齊］

であり，全国的に一本化した組織が大統領を全面的に支持することは期待できないであろう。利益集団は多様に分化しており，全国的に組織された業界団体が大統領の強い支持基盤になることも期待しがたい。アメリカの政治制度は多元主義を特徴の1つとしており，それは本来的に大統領のリーダーシップを制約する傾向を持っている。

　アメリカ型の大統領制を議院内閣制と比較すれば，議会の多数派に基礎を置く首相の方が強いリーダーシップを発揮する場合が少なくない。特に，議会の多数派が強い規律を持った全国政党である場合，首相のリーダーシップが極めて強力でありうることは，イギリスのサッチャー政権が如実に示していた。むしろ，アメリカの大統領はさまざまな制約にもかかわらず，必要な場合には，強い指導力を発揮してきたことが注目されなければならないであろう。形骸化された間接選挙にみられるような，やや時代遅れになった大統領選挙の制度も含めて，アメリカの大統領制に再検討を要する課題が少なくないことは確かである。

■参考文献
飽戸弘『メディア政治時代の選挙：大統領はこうしてつくられる』筑摩書房，1989.

阿部齊『アメリカ大統領』（2版）三省堂選書，1984.
宇佐美滋『アメリカ大統領：最高権力をつかんだ男たち』講談社，1988.
ウッドワード，B.（山岡洋一・仁平和夫訳）『大統領の執務室：裸のクリントン政権』文藝春秋，1994.
本間長世『アメリカ大統領のリーダーシップ』筑摩書房，1992.

■さらに知りたい場合には
ウッドワード，B.（伏見威蕃訳）『ブッシュの戦争』日本経済新聞社，2003.
　［9月11日の同時多発テロ以降，ブッシュ大統領が報復攻撃の標的としてまずアフガニスタンを選び，同国のタリバン政権を打倒した後，イラク攻撃を決断するまでの過程を多様な角度から分析した。現代史のすぐれた成果の1つ。］
村田晃嗣『大統領の挫折：カーター政権の在韓米軍撤退政策』有斐閣，1998.
　［カーターはなぜ在韓米軍の撤退を図ったのか。米大統領が選挙公約たる対外政策の実現に挫折する過程を，ニクソン，ブッシュの削減政策と比較検討した外交史事例研究の力作である。］

26 | 裁判制度
Court System

藤倉皓一郎

アメリカの裁判所は，立法府，行政府とならぶ司法府であるが，独自の強い権限を持っている。裁判所は議会の制定した法律や大統領の行為が憲法に合致するかを審査し，憲法に違反するものを無効であると宣言できる。この権限は「違憲審査権」と呼ばれる。アメリカの裁判所はこの権限を行使して，憲法の番人としての役割を果たしている。アメリカ合衆国は連邦国家である。すでに独立国であった13邦（のちの州）の代表が合衆国憲法を起草して，連邦政府に付与する権限を明示した。明示されていない権限は，すべて州に留保されている。連邦国家アメリカには，連邦法と州法が併存し，連邦裁判所と州裁判所が並立している。このことから，アメリカの法制度，裁判制度は単一国家には見られない複雑な様相を帯びている。また多人種，多民族社会であるところから，明確な行為基準を示し，秩序を維持するために法が重要な意味を持っている。「法の支配」が重視される。法を制定，運用，実施するために多くの法律家が必要になる。社会問題や日常の紛争，事件の法的処理，解決に法律家が大きな役割を担う。紛争の多くが訴訟となり，裁判所が活用される。

A ── 裁判制度の仕組み

合衆国に存在する法をアメリカ法という1つのことばでくくることは難しい。合衆国には違った源から生まれた法が，多様なかたちで，しばしば重なりあって存在する。50州にはそれぞれ州憲法，州議会の制定する法律がある。各州はそれぞれが独立の法域であり，その州の法が支配している。また各州には，イギリスから継受したコモン・ロー（慣習法）を基にして，州裁判所が発展させた判例法がある。さらに合衆国全体に適用される連邦憲法があり，連邦議会が制定する法律がある。このように合衆国には50州と連邦という主な法の単位があり，51通りの法が存在するといえる。連邦法と州法があい反する場合は，連邦法が優越する（合衆国憲法第3編2, 3項）。州法と連邦法とが対立する具体的事件に最終的な判断を下すのは，合衆国最高裁判所である。

合衆国には二組の裁判所制度がある（図26-1）。州裁判所と連邦裁判所である。それぞれが独立の制度として並立している。植民地時代を経て，独立した13「邦」には，すでに独自の裁判所制度があった。合衆国誕生時に，新たに連邦裁判所制度が設けられた。歴史的には州裁判所が連邦裁判所よりも古いのである。

州裁判所はあらゆる事件について原則として裁判権を有する。州裁判所はその州で生じた事件について州憲法・州法を解釈，適用する。そればかりか合衆国憲法・連邦法をも解釈，適用する。これに対して，連邦裁判所は合衆国憲法

図26-1 ●裁判所組織略図

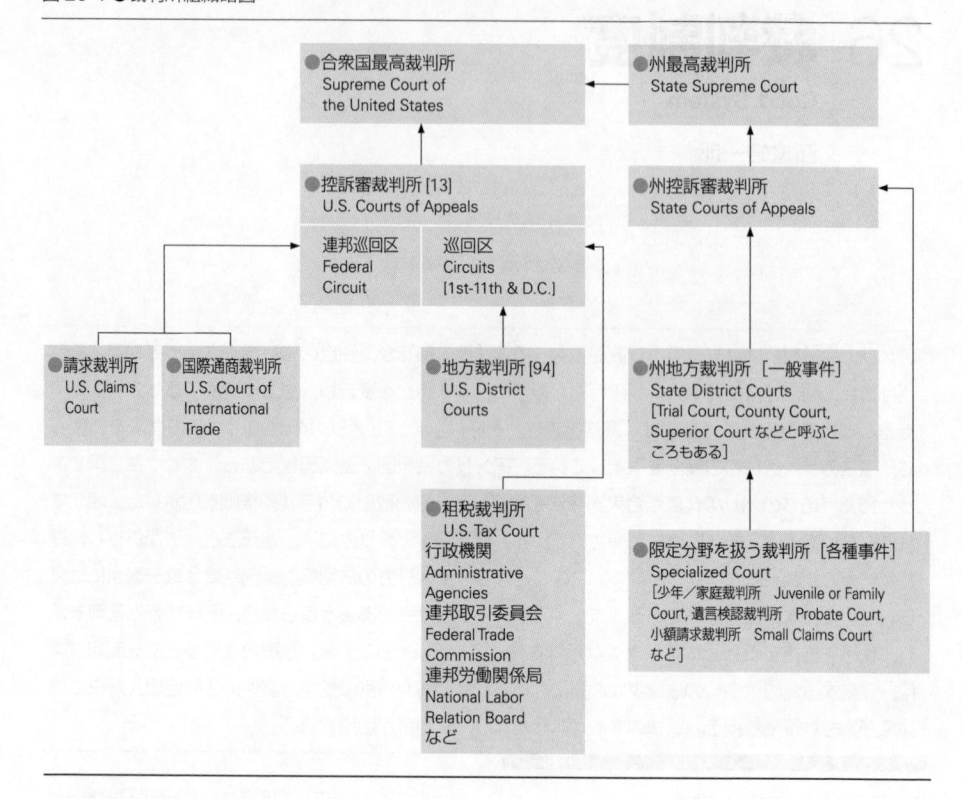

```
●合衆国最高裁判所                    ●州最高裁判所
 Supreme Court of                  State Supreme Court
 the United States

●控訴審裁判所[13]                   ●州控訴審裁判所
 U.S. Courts of Appeals            State Courts of Appeals

 連邦巡回区    巡回区
 Federal     Circuits
 Circuit     [1st-11th & D.C.]

●請求裁判所  ●国際通商裁判所  ●地方裁判所[94]  ●州地方裁判所［一般事件］
 U.S. Claims  U.S. Court of   U.S. District    State District Courts
 Court        International   Courts           [Trial Court, County Court,
              Trade                            Superior Court などと呼ぶと
                                               ころもある]

             ●租税裁判所
              U.S. Tax Court
              行政機関
              Administrative
              Agencies              ●限定分野を扱う裁判所［各種事件］
              連邦取引委員会           Specialized Court
              Federal Trade         [少年／家庭裁判所 Juvenile or Family
              Commission            Court, 遺言検認裁判所 Probate Court,
              連邦労働関係局           小額請求裁判所 Small Claims Court
              National Labor        など]
              Relation Board
              など
```

のもとで定められている事件についてのみ裁判権を行使できる。

連邦裁判所が審理する事件は，主に①連邦問題に関わる事件と，②異なる州の市民間の訴訟である。連邦問題に関わる事件とは，合衆国憲法，連邦議会の制定した法律，外国との条約の解釈，適用が争われる事件である。これらの事件のうち，破産事件，特許事件などについては，連邦法によって連邦裁判所のみが事件を審理する。しかし，それ以外の事件については，州裁判所にも裁判権がある。連邦裁判所は異なる州に住む市民間の訴訟を審理できる。連邦裁判所はその事件に適用される州法を確定し，州法に基づいて判断を下す。この種の事件は，州裁判所にも裁判権があるが，原告が州裁判所ではなく連邦裁判所に訴えを起こした場合，または原告が州裁判所に訴えたが，被告が連邦裁判所への移送を申し立てた場合には，連邦裁判所が事件を審理する。

連邦裁判所には3つの審級がある。第一審（事実審）の連邦地方裁判所が全国に94あり，そこでは裁判官が単独で審理にあたる。さらに全国に13の控訴審裁判所がある。そのなかには，1から11までのナンバーが付く各巡回区の控訴審裁判所と，ワシントン特別区のためだけの控訴審裁判所，さらに全国からの特許法事件と連邦政府に対する損害賠償請求事件を扱う連邦巡回区控訴審裁判所とがある。通常は，3人の裁判官が一組（パネル）になって審理をする。連邦裁判所制度の頂点には9人の裁判官

による合衆国最高裁判所がある。合衆国最高裁判所は連邦控訴審裁判所のすべての判決を審理でき，また州最高裁判所が連邦法の問題について下した判決を審理できる。合衆国最高裁判所が上告された事件を取り上げて審理するかどうかは，限られた場合を除いて，その裁量に委ねられている。多数の州は連邦裁判所制度にならって3つの審級の裁判所をもつが，なかには中間の控訴審裁判所をもたないこともある。アメリカ市民にとって身近な裁判所は州裁判所である。州裁判所は年間にアメリカで起こる訴訟件数の9割を処理している（⇨22 合衆国憲法C-4）。

❶合衆国最高裁判所

B——法の担い手

❶——裁判官

アメリカの連邦裁判所と州裁判所の裁判官は，ほぼ全員がロースクールで学び弁護士資格を持っている。はじめから裁判官を目指す人を養成するシステムはない。裁判官が就任後，任地を移動したり，裁判所組織の中で昇進する仕組みもない。多様な経験，経歴をもつ法律家が選ばれて裁判官に就任する。さまざまな分野で活躍する弁護士，法律教授，検察官などの中から選ばれる。政治家の経験を持つ人も多い。

裁判官の選任には，主に4つの方式がある。①行政府の長が指名し議会の承認をえる。②選考委員会が作成した候補者リストから行政府の長が選任する。③一般の選挙による。④議会が選任する。

連邦裁判官は大統領が指名し連邦議会（上院）の承認をえて任命される。州裁判官の選任について，いくつかの州は選考委員会方式を採用している。委員には弁護士，裁判官，市民がなり，政治的党派にとらわれない中立の立場で，候補者を選考し短いリストを作成する。州知事はそのリストの中から裁判官を任命する。この方式はミズーリ州で始まり，メリット・プランと呼ばれる。一般選挙による方式は，19世紀のジャクソニアン・デモクラシーの時代に始まり，現在でも多くの州で行われている。裁判官候補者は無所属で立候補し選挙運動をするが，具体的な政策や公約を掲げない。支持者から選挙資金を受けるので，当選後，裁判官としての中正な立場を保てるのかという批判がある。州議会が裁判官を選任する方式は，建国時には半数を超える州が採用していたが，現在では数州にとどまる。一般選挙による場合ほど資金を必要としないが，任命が議会の政争の具とされやすい。一般選挙方式と議会による任命方式の下で，一般選挙までの期間または議会の休会中に裁判官の空席が生じたときは，知事が任命する。

❷——弁護士

アメリカには弁護士資格を持つ人が100万人前後いる。この数の中には裁判官，検察官，法律教授，企業，政府で働く人，すでに引退した弁護士が含まれる。20世紀の後半に，弁護士の数は倍増した。アメリカには弁護士の数をコントロールするような規制はない。弁護士サ

弁護士の資格は各州が認定する。アメリカ全土に共通の弁護士資格があるわけではない。各州の最高裁判所か州議会か，または両者が協同して資格基準を定めている。ほとんどの州では，大学卒業後，3年間のロースクール教育を受け，州の司法試験に合格することを要件としている。

　弁護士の激増につれて，その業態も変化している。大都市には数百人から千人を超える法律事務所が増えた。大法律事務所は法の各分野について専門弁護士をそろえ，顧客が求める高度のサービスを提供する。大企業や多国籍企業が顧客である。大法律事務所は，そこだけで顧客の抱える複雑な法律問題について，多角的，総合的な対応ができる。しかし，アメリカの弁護士の過半数は，依然として単独か，数人から数十人の規模の法律事務所で営業している。弁護士で法廷での弁論を専門とする人たちはごく少数である。大半の弁護士は，書面の作成，情報の収集，調査，検討，相手方の弁護士との交渉などに当たっている。

　弁護士間の競争は激しい。弁護士の中で法分野による専門化と収益の差による階層化が進んでいる。しかし，一般の市民・消費者が，必要とする法的サービスを十分に利用できるとはいえない。高額の費用を払える顧客は有能な弁護士による十二分のサービスを受けられる。しかし，中産層と低所得層の人たちは料金が高いので弁護士を利用できない。安い料金で，定型的に処理ができる事件を多数こなし収入をあげる弁護士もいる。交通事故の示談，離婚，相続，遺言にかかわる書面作成，土地・建物の売買契約書などである。市民が自分で書面を作成できるような手引書の公刊や書面の単純化が試みられている。弁護士が公益のために無償で法的サービスを提供する活動や貧困者のための法律扶助機構もある。弁護士は業務の広告ができる。都市では事件の種類によって料金を掲げ，低料金で事件を引き受けるという広告が多い。しかし，一般市民にとって弁護士の利用は容易でない。弁護士の中にも，業務に見切りをつけて，収入の安定する社内弁護士や公務員，教職へ転進する例も少なくない。

　弁護士と依頼人との間には一定の信頼関係が必要である。弁護士は依頼を受けた事項について守秘義務を負っている。弁護士が継続的な収入をもたらす顧客を失わないために，顧客の意向に添わない助言をためらい，法的判断を曲げることも起こる。

　市民がアメリカの弁護士全般に抱く印象は良いとはいえない。弁護士に対する市民の不満は強い。弁護士が法にかかわる業務を独占している。難解な専門用語を使う。料金の基準が明確でない。弁護士会はその独立・自治を盾にして，職業倫理に反した弁護士への制裁や消費者からの苦情に適切に対応していない。要するに，弁護士がその業務に伴う公的な説明責任を尽くしていないというのである（⇨ 72代理業B-1）。

❸——陪審

　アメリカでは，一般市民から無作為に選ばれた陪審員が裁判審理に加わり，事件の事実について独立の判断を下す。陪審制は英米に発展した制度である。アメリカでは，刑事・民事の裁判審理において活用されている。陪審制の母国であるイギリスでは，現在，陪審が付くのは刑事事件に限られ，民事裁判では名誉毀損を争う事件などで認められるにすぎない。

　合衆国憲法はその「権利章典」（第1修正〜第10修正）の中で陪審裁判を保障している。犯罪の告発，起訴について大陪審による審理を受ける権利（第5修正），刑事訴追された

被告人が「公平な陪審」による裁判を受ける権利（第6修正），コモン・ロー上の訴訟（民事事件）について陪審審理を受ける権利（第7修正）である。憲法制定者が陪審裁判をいかに重視したかを示している。歴史的にも陪審裁判は，イギリス国王の支配に対して植民地の人びとを守る役割を果たした。現在でも，市民の中に陪審裁判を支持する感情が強い。法の専門家である1人の裁判官によって裁かれるよりも，12人の同輩市民の判断を信頼するというのである。

陪審には刑事事件で被疑者の起訴・不起訴を決定する大陪審と，起訴された被疑者の有罪・無罪を審理する小陪審とがある。大陪審は，連邦の裁判手続では16人以上23人以下と定められている。連邦の小陪審は伝統的に12人の陪審員により構成され，刑事・民事事件を審理する。それよりも少ない人数（最少6人）で陪審を構成する州もある。

陪審員は市民の中から無作為に選ばれる。連邦陪審選任法によれば，次の資格を充たす人は陪審の義務を負う。①18歳以上のアメリカ国民で，その裁判区に1年以上居住している。②陪審資格用紙に記入するための英語を読み，書き，理解できる。③英語を話せる。④陪審義務に支障のない心身の能力をもっている。⑤重罪について有罪の判決を受け，または起訴されていない。

陪審は大きな力を持っている。陪審による無罪評決は最終であり，検察側は控訴できない。被告人は即刻，自由の身になって法廷を出てゆける。有罪の評決を受けた被告人は控訴でき

陪審員をどのように選ぶのか

陪審員を選ぶために，裁判区ごとに候補者名簿が作成される。アメリカには日本のような戸籍制度はない。また町役場，市役所が完備した住民台帳を備え，住民の家族構成や移動を把握しているということもない。陪審候補者名簿を作成するための信頼できる公的資料がないのである。そこで，すでにある名簿類を利用するしかない。よく使われるのは有権者名簿である。ところが，これは選挙で投票するためにあらかじめ自分で登録した人だけの名簿である。特に政治に関心がなく投票するつもりのない人，忙しくて登録手続をしない人は名簿に載らない。マイノリティの人たちには，生活に追われて登録などしない人が多い。また住むところをよく変わる人は登録の要件を充たすことができない。社会的，経済的に恵まれない階層の人たちは名簿から脱落する。したがって有権者名簿を基礎に陪審候補者を選ぶと，マイノリティに属する人は排除される。こうした偏りを是正するために，自動車免許証の取得者名簿や電話帳をあわせて使う方法が試みられている。しかし，そのコミュニティに住む人の人種構成を偏りなく反映する陪審候補者名簿を作成することはなかなか難しい。

陪審候補者名簿に基本的な偏りがあると，事件を審理するための陪審を選ぶために呼び出される陪審候補者のプールが，同じような背景を持つ市民によって占められる。そこから個別の事件を実際に審理する陪審を選任すると，その構成に偏りを生じることになりやすい。人種的に偏った構成の陪審は，人種の絡む事件において公平な事実審理を行い，公正な評決が下せるのか。ロサンゼルス市の白人警官が黒人被疑者に暴行を加える現場がビデオに撮られたロドニィ・キング事件（1992），ルイジアナ州で起こった日本人留学生服部剛丈君の射殺事件（1993）では，主に白人によって構成された陪審が白人被告人を無罪とする評決を下し，強い批判を招いた。

［藤倉皓一郎］

図26-2 ●刑事陪審裁判の流れ

●陪審資格者名簿
・有権者名簿,運転免許所有者台帳などから作成
  ⇩
●呼出
・陪審資格者名簿からランダムに選ぶ
  ⇩
●陪審候補者 (venireman) 出頭
・いくつかの事件の陪審員を選ぶための候補者プール
    質問・調査書への記入
    義務免除の申立
  ⇩
●事実審理手続 (trial) の開始
・個別事件のための陪審員選任 (jury selection)
・予備尋問 (voir dire)
    理由付き忌避 (challenge for cause)
    理由不要の忌避 (peremptory challenge)
・陪審パネル決定
  ⇩
●事実審理
・冒頭陳述 (opening statement)
・立証 (presentation of evidence)
・最終弁論 (closing argument)
・裁判官による陪審への説示 (instruction, charge)
  ⇩
●陪審員長の選出
  ⇩
●陪審評議 (jury deliberation)
  ⇩
●評決 (verdict)
・無罪 (not guilty)   →無罪赦免 (acquittal)
・有罪 (guilty)   →有罪判決 (judgment of conviction)
・評決不成立 (hung jury)→再審理 (new trial)
  ⇩
●刑の宣告手続 (sentencing)
  ⇩
●上訴 (appeal)

　陪審の役割は,第一に,法廷にあらわれた証人の証言,提出された証拠に基づいて,事件の事実を審理し認定することである。誰が,いつ,どこで,なぜ,どのようにして,紛争・事件を起こしたのか。これらは事実にかかわる事柄であり,市民にも判断のつくことである。むしろ常識ある市民による事実についての集合的判断は,法律専門家より確かであるかもしれない。第二に,認定した事実に裁判官の示す法を適用して,無罪か有罪かを判定することである。裁判官は制定法の条文,判例法のルールの中から,その事件に適用される法を確定し陪審に説示する。「陪審は事実問題,裁判官は法律問題」を判定する。このように陪審と裁判官とは裁判におけるそれぞれの役割を分担している。

　陪審制は市民が裁判に参加する機会を与える。市民は陪審として法の運用の重要な一端を担い,裁判の実態を知るのである。陪審が裁判に加わることによって,法の専門家である裁判官の判断が正しいかどうか,法の論理が市民の常識にかなうかどうかをチェックできる。陪審員が事実審理を担うのは,市民の常識,コミュニティの良識を裁判に反映させるためである。裁判で問題になる社会通念,公序良俗の内容は,多分に事実にかかわっている。市民が健全な社会常識に基づいて判定できる事柄である。何が名誉毀損にあたるのか,何が猥褻かは,特に法的訓練を受けていなくても,市民が判断できる。市民の常識に反するような裁判官の独断,専断は陪審によって批判される。こうした点が,アメリカ陪審制(図26-2)支持の論拠として挙げられる。

　合衆国憲法は「公平な陪審」による審理を保障している。公平な陪審とは,コミュニティに住む人々の横断面を示すように選ばれた陪審である。そのためには,陪審候補者名簿がコミュニティの構成員を公平に反映するように作成されなければならない。人種,性別,出身国などを理由に特定のグループを排除してはならない。名簿から無作為に抽出して,まず数十人か

ら数百人の陪審候補者が裁判所へ呼び出され、その中から個別の事件を審理する12人の陪審員が選任される。はじめの陪審候補者のプールが、公正な名簿から無作為に抽出されたのであれば、公平な陪審選任の手続が踏まれたとされる。個別事件の審理に当たる陪審については、コミュニティの人種構成を反映することは求められない。さまざまな人種やマイノリティをそれぞれの陪審員が代表するような陪審を構成することは難しい。事件を審理する陪審員が全員白人または黒人であっても、それだけで公平な陪審でないとはいえない。しかし、全員白人の陪審が、黒人に暴行を加えた白人被告人を無罪にし、逆に、全員黒人の陪審が、同じような事件で白人被告人を有罪とするような評決が繰り返されると、陪審の判断が人種偏見による疑いが強くなる。

法廷における審理が終結すると、裁判官が事件の法的争点、適用すべき法ルール、評議において留意する点を陪審に説示する。陪審は別室に移って評議に入る。法廷での証人の証言と採用された証拠に基づいて、陪審全員が合意する判定を見いだす共同作業である。評議は時間の制約なしに結論がでるまで続けられる。陪審員は各人がまったく平等の立場で、自由に意見を述べる。陪審長が互選されるが、その役割は評議を進行させ、評決の結果を法廷で裁判官に伝えることである。評議の間、陪審は外部との接触を遮断され、一切の干渉を受けない。裁判官、検察官、弁護人は評議の場には入れない。法廷での証言や証拠について疑問が生じたときには、記録を取り寄せて確認することができる。評議が何日にもわたる場合には、全員がホテルに宿泊し、裁判所に通う。宿泊中も外部とは隔離される。

陪審評決は評議の結論である。連邦裁判所においては陪審の評決は全員一致が原則である。陪審が全員一致の結論にどうしても到達できない場合（hung juryという）には、審理無効となる。新しく陪審を選んで審理をやり直す。州の裁判所では一定数を超える多数決による評決を認めるところがある。

陪審の評議の内容、模様は記録されない。評決は有罪か無罪かの結論のみで、その理由も根拠も示されず、説明は一切ない。陪審の任務はその事件1回限りで、評決を下せば終了する。陪審はその評決について責任を問われることはない。

C──訴訟

法が多く法律家が多い社会では訴訟も多い。アメリカでは1960年代に訴訟が爆発的に増えた。さらに、ここ30年間でそれまでの3倍の数になっている。おそらくアメリカの伝統的な社会制度の変質、弱体化がその遠因といえよう。この時期、家庭、学校、教会、職場、コミュニティでの人間関係の絆が弱くなり、集団の規制や紛争解決機能が失われた。人種、宗教、グループの対立が激化した。総人口は増加し法的な規制も拡大した。生活の中へ法規制が浸透し、多くの紛争が法的決着を求めて裁判所に持ち込まれた。

アメリカの法制度には訴訟を容易にする装置がいくつもある。例えば、クラス（集合代表）訴訟である。同じ原因で同じような損害が多くの人に生じた場合、被害者の1人が他の被害者全員を代表して訴訟を起こす。裁判所は裁量によって、同じような状況におかれた被害者を1つのクラスとして、訴訟を認めることができる。判決の効力は、敗訴でも勝訴でも、クラス全員に及ぶ。各被害者の損害が小さく、訴訟費用に見合わない場合でも、同じ立場にある者を集合することで訴訟が可能になる。

❷郡裁判所での審理［ヴァージニア州マナサス，2002年］

訴訟を起こすと事実審理前に，ディスカバリー手続が広く認められる。当事者が法廷外で互いに，事件に関する情報を開示し収集する手続である。証言の録取，質問書，文書などの提出，土地などへの立入許可，身体または精神検査，自白の要求などができる。

懲罰的損害が認められる場合，つまり被害者が相手の悪質な侵害行為によって損害を受けた場合，実損害額を超える何十倍，何百倍の賠償を請求できる。加害者を懲罰し，同じ行為を一般的に予防するためである。被害者にもその弁護士にも，高額の賠償を求めて訴訟を起こすインセンティブとなる。

弁護士は成功報酬の約束で事件を引き受ける。弁護士は勝訴した場合にのみ，賠償金の一定割合（3割から4割）を報酬として受け取る。敗訴の場合には報酬はない。依頼人は弁護士費用がなくても訴訟を起こすことがきる。

訴訟の基本は，両当事者が定められた手続に従って，自己に有利，相手に不利な主張・立証を尽くし，中立の第三者である裁判官の公平な判断を求めることにある。そのために裁判官は中正な受身の立場で，事件を判断する責任のみを負う。裁判官が判断の根拠とする証拠と弁論を提示するのは，訴訟当事者の責任である。裁判審理は集中，継続して行われる。相対立する当事者の証拠と弁論を対決させ，総体的な判断を下すためである。両当事者は裁判官の前で自己の主張を尽くす平等の機会を与えられる。こうしたアメリカの訴訟の特色は，当事者対決方式と呼ばれる。裁判官が真実認定の責任を持つ，大陸法の審問方式と対比される。

訴訟が激増したため，伝統的な当事者対決方式にも変化が生じている。裁判官は受身のアンパイアーから積極的な訴訟指揮をするマネジャーへ変身することが求められる。大量の事件を迅速に処理するためである。事実審裁判官は双方の弁護士と接触し，話し合い，争点を整理し，訴訟の進行に努める。また示談，調停，仲裁，和解など，裁判外の解決（ADA）の可能性をも探る。控訴審裁判所でも，当事者の提出した書面によって審理事件を選別する。多くの事件は控訴書面のみに基づいて決定される。判決の理由は付さない。複雑な事件についてのみ，口頭弁論を開き理由を付した判決が示される。控訴審でも，裁判官は当事者に積極的に和解を勧める。

当事者対決方式は訴訟に限らずアメリカの法文化の特色となっている。あらゆる社会的，日常的な紛争について，当事者に主張を尽くす機会を与えなければならない。そのための制度的保障，手続を法律家が独占してきた。専門家が関与すると紛争解決の手続費用は大きなものとなる。裁判外の紛争解決方式には，事件の性質に応じていろいろな形式が試みられている。弁護士を関与させない場合もある。いずれも手続を簡略にして，当事者間の話し合いと合意によって，紛争を解決しようとする。

公害や薬害など現代型の大規模な被害を生じる事件では，まず訴訟が提起されるが，最終的な決着は当事者間の話し合いと和解による場合が多い。多くの利害関係者を特定し，話し合いの土俵を設定するために，裁判が使われる。土俵ができると当事者間の交渉による合意解決が図られる。アメリカは訴訟社会から和解社会へ向かうのかもしれない。

■参考文献

Burnham, W. *Introduction to the Law and Legal System of the United States*. West Pub. Co., 1995.

Meador, D. J. *American Courts*. West Pub. Co., 1991.

■さらに知りたい場合には

田中英夫『英米法総論（下）』東京大学出版会，1987.
　［アメリカ法制度全般についての基本的な記述がある。裁判所，法曹，陪審，訴訟手続とともに法の実現方法についても知ることができる。］

田中英夫『英米の司法』東京大学出版会，1973.
　［アメリカ司法の枠組みと担い手を知るために，依然として参照される基本書。］

浅香吉幹『アメリカ民事手続法』弘文堂，2000.
　［アメリカの民事裁判手続きの的確な概説である。裁判手続きの意味，流れ，特色を理解するのによい。］

Harrell, M. A. *Equal Justice Under Law: the Supreme Court in American Life*. The Supreme Court Historical Society, 1994.
　［豊富な写真と絵とともにアメリカ社会における最高裁判所の歴史，役割を平易に解説する。］

田中英夫編『Basic 英米法辞典』東京大学出版会，1993.
　［英米法の基本的な法律用語の辞典であるが，付録に詳細な裁判所構成図，訴訟手続チャート，年表などがあり裁判制度の理解に有用。］

27 | 社会保障制度
Social Security

藤田伍一

アメリカ社会はいわば産業社会であって，労働主義が強く社会保障にも投影している。しかも連邦と州の政治・経済関係が複雑かつ微妙ではあるが，社会保障面では法制上も社会規範としても役割分担ははっきりしている。もともと，福祉や社会保障は州政府の責任であって連邦がこれに介入することは違憲と見られてきた。しかし自由社会を標榜するアメリカでは労働移動を阻害しないことが何よりも重要であった。州ごとの年金制度では長期財政が混乱するとの判断があって，現在の「老齢・遺族・障害保険」（OASDI）においても連邦が直営して今日に至っている。すなわち労働政策に影響する社会保障制度は連邦が担当し，労働に関係しない扶助関係は基本的に州政府やローカルが担当するという役割分担ができているのである。州・ローカルの制度は独自で一様でないため，ここでは連邦制度を中心に見ていくことにしたい。

A――アメリカ社会保障の政策的枠組み

アメリカの社会保障は1935年にニューディールの一環として成立した。アメリカ社会保障の政策類型や制度的特質はこの35年法に集約されているように思われる。世界で最初に「社会保障」の名前を冠した1935年社会保障法は1929年に始まる大不況を背景に誕生した。

世界的な不況に悩まされた各国はそれぞれの国情にあった大不況の克服を図ったが，その克服策には2つの類型が指摘されている。ひとつはいわゆる「ナチズム＝ファッシズム型」であって，不況脱出のために国内的にはコストを圧縮するために低賃金，長時間労働を実施し，対外的には武力を背景として製品市場と原料市場を独占して輸出を拡大する方法であった。

もうひとつは「ニューディール型」である。こちらはコストを圧縮するよりも購買力を拡大することで内国市場を拡大し，景気を回復させようとする方法である。そのため労働賃金を引き上げ，購買力を拡大することが基本政策となった。社会保障はニューディール型に属し，新しい購買力の創出を担うべきものとして構想されたのである。

内国市場が主要な市場であるアメリカでは国民購買力の動向は常に政策当局の大きな関心事となってきた。そして国民購買力の大きな部分は勤労者の賃金所得であって，その賃金の引き上げが不況の克服につながると見る購買力補給論がニューディール政策の中心的な思想となったのである。デフレ・ギャップが顕在化した大不況以降，「福祉国家」への道が資本主義経済の安定と発展につながるという見方が定着し始めた。その意味で1935年社会保障法がアメリカ型福祉国家の原型を形成したということがで

きよう。

　だが，アメリカで世界最初の社会保障が制度化されたことには違和感を伴うかもしれない。それは最も成熟した資本主義国家でなぜ社会保障が必要なのかという疑問である。競争原理を社会構成原理とし，市場経済をモットーとするアメリカにおいて，競争原理にネガティブな社会保障制度を世界に先駆けて導入したのは何故であろうか。

　アメリカで社会保障制度が世界で最初に開花した理由についてはいろいろ考えられるが，ケインズの有効需要理論によれば，資本主義が発達・成熟してくると，需要が減退し，供給と需要，生産と消費に構造的なギャップが出てくる。これを近代経済学的に説明すれば「過少消費説」となり，マルクス経済学的に理解すれば「過剰生産説」となる。だが，両論はメダルを表と裏から見ているにすぎない。需給ギャップ，すなわちデフレ・ギャップが恒常化してくる点では両論は同じ理解なのである。

　資本主義経済は成熟化すると，市場が相対的に狭隘となり，自律的な市場活動を維持することが困難となる。1929年の恐慌とそれに続く大不況は資本主義的競争で最も優位にあったアメリカが最も早くデフレ・ギャップに陥ったことを意味している。そのため，広大な内国市場に依存しているアメリカでは，社会問題の深刻化に対応するために，社会的リベラリズムの高まりを背景に国民購買力補給策としてニューディール政策を開始することになったのである。

　そしてニューディール政策の一環として，所得の再分配を行う社会保障によって購買力を拡大し，これを貧困層に付与していくことが構想された。社会保障が先進国でしか成立しないのは，こうした国民経済のデフレ・ギャップを前提としているからである（⇨ 57 経済の歴史 C-2-a）。

❶社会保障法案にサインする F.ローズヴェルト大統領 [1935年]

B──制度の枠組みと特質

　世界で初めての社会保障となった1935年アメリカ社会保障の中核制度は「老齢年金保険」である。これは当時では世界最大のカバリッジ（適用範囲）をもつ公的年金制度であって，一般に OAI（Old Age Insurance）と呼ばれている。だが，実際の立案過程と立法過程ではさまざまな問題点が提起され，工夫を重ねてようやく制度化にこぎつけたのである。

　そのひとつは行政管轄問題である。アメリカは48州（当時）からなる連邦国家である。アメリカ国民にとって国の概念は連邦よりむしろ州であるが，事実，市民生活に密着する問題は州政府が担当している。連邦はいわば対外的な顔であって，戦争を含む外交，対外通商を扱い，国内的には州際通商問題に関与しているにすぎない。したがって福祉問題をはじめとして市民生活に関係することがらは州政府の所管事項なのであって連邦政府の関与すべき問題ではないのである。

　実際にも，1930年代にはニューディール政策の主要立法が連邦憲法に違反するとした判決を受けている。例えば社会保障法成立直前に

NIRA（全国産業復興法）やAAA（農業調整法）のようなニューディール政策の基幹立法さえも違憲判決を受けたのであった。

このため1935年の社会保障法の制度化にあたっては、まず州政府によるアクションが求められた。だが、立案にあたった「経済保障委員会」(CES) は違憲の恐れはあるものの、連邦全体で1つの年金制度をつくることに固執せざるをえなかった。アメリカでは社会移動が激しく、多くの労働者が州境を越えて移動することから、年金管理事務の煩雑さを避けるためには公的年金制度を一元的に絞る必要があったからである。したがって公的年金を連邦制度とした場合に、いかにして違憲判決を避けるかに関心が集まることとなった。

こうして、工夫を重ねて成立した社会保障法は憲法上の制約から他国にない構造的な特徴をいくつか持つに至っている。

第一に、アメリカ社会保障の中核制度である年金制度（OAI）では、歳入規定と歳出規定が分離して置かれることになった。すなわち、社会保障法ではTitle IIで歳出（＝給付）が規定されているが、他方で歳入（＝拠出）規定は離れたTitle VIIIに置かれている。しかもTitle IIとTitle VIIIは相互に関連していることを示す文言がなく、互いに独立したTitleとなっている。これは明らかに歳入と歳出を別個に置くことによって外形的に社会保険でないことを主張したものと見なされている。アメリカ社会保障制度が「モザイク的」といわれるのは、このような構成の「ちぐはぐさ」によるところが大きいと思われるが、内実はこのような形式をとることによって憲法抵触を避けようとしたものであった。

特徴の第二は、年金保険が保険料方式ではなく租税方式をとっていることである。年金制度（OAI）は時のフランクリン・ローズヴェルト大統領の強い要請によって社会保険の枠組みを持つことになった。だが、社会保険であるとすれば、当然、保険料を徴収しなければならない。だが、保険料を徴収すれば社会保険の形式となって、違憲判決を受ける可能性が高くなるわけである。そこで外形的に保険料方式をとらずに租税方式としたのである。

具体的には、社会保障の財源として「ペイロール・タックス（賃金支払い税）」と「所得税」を社会保障税として労使に課税している。だが、租税方式をとったために拠出はいったん一般会計に繰り入れられた後、特別会計に回されることになっている。アメリカの社会保障が複雑な性格を持つ一因はこのようなアメリカ社会の政治的、制度的な特殊事情によるものである。

1937年に社会保障法が合憲と認定された後も、これらの制度的特色はそのまま引き継がれて今日に至っている。

特徴の第三として挙げられるのは、社会保障に不可欠な「健康保険」がまだ制度化されていないことである。確かに「老齢者健康保険（メディケア）」と呼ばれるものはあるが、これは65歳以上のOASDI受給者と末期の腎臓病患者だけを対象にした特定医療制度であって、一般国民を対象とする「健康保険」はまだないのである。

トルーマン、ケネディ、クリントンの歴代民主党政権の下で一般国民を対象とする健康保険の制度化が試みられたもののいまだに実現していないのである。

C──年金保険（OASDI）の現況

すでに述べたように、アメリカ社会保障制度は憲法上の問題もあって特異な経営形態となっている。連邦が直接経営する社会保障制度は

表 27-1 ●政府による社会保障の対個人移転支払いの推移 [種類別]　　　　　　[単位：100万ドル]

項目	1990年	1995年	1999年
●退職・障害保険給付	263,854	350,027	402,844
老齢・遺族・障害保険	244,135	327,667	379,905
鉄道退職・障害保険	7,221	8,028	8,203
労働者給与（連邦政府，州政府）	8,618	10,530	10,374
その他政府の障害保険・退職金[1]	3,880	3,802	4,362
●医療費給付	189,099	337,532	399,060
メディケア	107,929	180,283	208,081
公的扶助医療費[2]	781,761	155,017	188,972
軍人医療保険[3]	2,994	2,232	2,007
●所得維持給付	63,481	100,444	104,137
補足的保障所得（SSI）	16,670	27,726	31,024
対困窮家庭一時扶助[4]	19,187	22,637	17,760
フードスタンプ	14,741	22,447	15,492
その他所得維持[5]	12,883	27,634	39,861
●失業保険給付	18,208	21,864	20,765
州管掌失業保険	17,644	20,975	20,016
連邦政府職員（文官）失業給付	215	339	223
鉄道職員失業給付	89	62	65
退役軍人失業給付	144	320	231
その他失業給付[6]	116	168	230
●退役軍人給付	17,687	20,545	24,076
●連邦政府教育訓練補助給付[7]	7,300	9,007	11,264
●その他対個人給付[8]	1,770	1,622	2,027
計	561,399	841,041	964,173

●出典｜合衆国商務省センサス局編『現代アメリカデータ総覧2001』東洋書林，2002. p340. No. 519に基づく。
●注｜①一時的障害給付の大半と炭塵肺給付。
②メディケイドおよびその他の医療負担。
③現役・退役軍人とその扶養家族が，軍の医療施設以外の施設を利用した場合に発生する医療費を補助するトリケア・マネージメント・プログラムによる。
④被扶養家庭扶助（AFDC）から，1997年以降対困窮家庭一時扶助（TANF）に移行。
⑤一般援助，難民援助，里親制度，養子縁組制度，所得税控除，対低所得世帯光熱費扶助（LIHEAP）の大部分を含む。
⑥商業再調整給付，レッドウッド公園給付，公的サービス業従業員給付，過渡給付。
⑦退役軍人に対する給付は除く。連邦政府のフェローシップ給付（全米科学財団のフェロー・訓練生，州の海軍士官学校の士官候補生およびその他の連邦政府のフェローに対する援助）および高等教育ローンの利子補助金，基礎教育機会補助金，ジョブ・コープス給付金を含む。
⑧インディアン局の給付，教育交換給付，アラスカ・パーマネント・ファンドの配当金，治安・救助部門職員の遺族に対する給付，犯罪犠牲者に対する給付，天災被害者救援給付，日系人収容者に対する補償金，その他の個人に対する給付金。

「社会保険」「公的扶助」「特定職域制度」を柱として構成されている（表27-1）。

そのうち連邦経営の社会保険として挙げられるのは「老齢・遺族・障害・健康保険」（OASDHI）であるが、これは信託基金の違いで年金保険と健康保険に分けられる。年金保険は具体的には「老齢・遺族・障害年金保険（以下、OASDIと略称）」と呼ばれるものである。

OASDIは被保険者に退職、死亡、障害の事故が発生した場合に、保険技術を使って所得の一部を補塡し、所得変動を防ぐ所得保障制度である。アメリカで社会保障という場合は一般にこのOASDIを指している。民間企業の使用者、被用者、年収400㌦以上の自営業者が強制適用者となっている。また1984年から新規採用の連邦公務員と議会職員、および公務員退職年金制度に未加入の議会職員、連邦議会議員、正副大統領の加入が義務付けられた。適用除外者にも、外国政府および国際機関の被用者を含めて任意加入の途は開かれている。制度がカバーしている職域は全職域の96％におよび、1億5,300万人が被保険者としてこれに拠出している。また4,500万人がこの制度から総額で約4,000億㌦の年金給付を受けている。

OASDIの給付を得るためには産業社会への貢献度を示し、過去の稼得実績を証明する必要がある。具体的には稼得額のあった四半期を単位に適格期間数で表わすが、適格期間として認定されるためには、家内業や農業の従事者を除いて、1四半期について最低830㌦の稼得をあげなければならない。この最低稼得額は平均賃金をベースに毎年見直しを受けることになっている。そして現行規定では遺族給付が6四半期（1年6ヵ月）、退職給付が40四半期（10年間）を最低適格期間数としている。

OASDIの給付種類には老齢給付（＝退職給付）、遺族給付、障害給付があり、主として年金方式で給付を行っている。老齢給付は満62歳以上の適格被保険者、および62歳に達したその配偶者に与えられる。65歳から受給を開始すると完全年金を支給されるが、65歳未満で受給を開始すると一定の減額率をかけた年金、いわゆる減額年金が給付される。老齢給付を受けるには21歳から61歳までの経過年数と同数の適格期間数（すなわち最低40四半期数）を得なければならない。

遺族給付は60歳以上の遺族配偶者に与えられる。被保険者が完全被保険者になる前に死亡したときは、死亡直前の13四半期のうち6適格期間を取得すれば一時被保険者として遺族給付の受給資格者となる。その場合、遺族配偶者が障害者であれば50歳から受給できる。

障害給付は完全被保険者資格をもつ者、あるいはそれに準じる者（すなわち31歳以上の者は障害事故が発生した時点からさかのぼって40四半期のうち20四半期をもつ者、あるいは21歳からの四半期数のうち半数以上の適格期間をもつ者）を対象としている。障害者が65歳に達すれば、老齢給付に切り替えられることになっている。

「特定職域制度」には公務員退職年金制度、鉄道従業員退職制度および軍人・軍属年金制度等がある。しかし、いずれも84年の社会保障連邦法の改正によって、いずれ一般制度に吸収されることになっている。

D——健康保険と関連医療制度

アメリカの健康保険は原則的に65歳以上の高齢者を対象とする制度である。これは通常「メディケア」と呼ばれている。社会保障連邦法の1965年改正によって導入された「メディケア」とは'medical care'（医療保障）の略称である。これはパートAとパートBの2つの

部分，すなわち強制の「入院保険」（HI）と任意の「補足的医療保険」（SMI）に分けられる。当初は老齢者だけを対象としていたが，72年の改正で65歳未満の重度障害者と重度腎臓病患者が被保険者に加えられている。

OASDIの受給資格者は65歳に達すると入院サービスの費用をカバーする入院保険の受給資格が得られる。HIプログラム加入者数はおよそ3,900万人であって，その直接給付費はだいたい1,300億ドルである。これは老人医療費の約半分に相当している。

給付内容には入院医療サービス，ナーシング・ホーム等での療養サービス，退院後の在宅保健サービス，ホスピス・ケアなどがある。

HIが扱わない診療サービスについては「SMI（Supplementary Medical Insurance）」という任意保険組織が作られており，HIの受給資格を持つ老齢者と障害者合わせて約3,700万人がカバーされており，その直接給付費はおよそ800億ドルである。外国人にも一定の条件で加入を認めている。

また，保険ではないが，公的医療制度として「対低所得者医療制度」がある。これはメディケイドと呼ばれているように，一種の医療扶助制度である。メディケアと密接な関係をもって運用されている。そのため，いっしょに65年に制度化されている。現在では，アメリカ全州がメディケイドのプログラムに参加しており，州によっては，保険料を州が負担する形でメディケイドの受給者をメディケアに参加させるところもある。またメディケアの給付しない長期看護施設ケアを提供することで，メディケアを補完する性格も持たされている面もある。メディケイド・プログラムの主な対象者は後で述べるAFDC受給者やSSI受給者を含めた低所得の老齢者，障害者である。また低所得者に対する医療サービス・システムを持つ州に対してマッチング方式で連邦が財政援助を行っている。

❷メディケア・ヴァウチャー反対集会に参加する高齢者
［参加者は，メディケイドに処方薬の負担も含めるよう要求した。ワシントンDC，1999年4月13日］

メディケイドの受給者はおよそ年間で4,000万人以上にのぼっている。その給付費は総額でおよそ1,800億ドル（連邦負担分1,000億ドル，州負担分800億ドル）が支出されている。管理費を除いて受給者1人当たりのコストはおよそ3,500ドルである。

E──その他の社会保険

❶──失業保険

連邦の直接経営でなく州が主管する社会保険としては「失業保険」と「労災補償保険」がある。「失業保険」は就労の意思と能力をもつ労働者が非自発的に失業した場合に喪失所得を部分的に補填するものである。アメリカの失業保険は州が主管しているが，連邦は一定の連邦基準を満たす保険システムには運営費の一部を補助しており，失業信託基金の投資管理も行っている。現在，50州と3準州で失業保険が施行されており，約1億2,800万人が被保険者となっている。受給資格については，一定の「加入期間」── 一般に直前5四半期のうち4四半期の加入──を要件とする州が多い。給付額は受給者の過去の賃金額に比例する部分が大きいが，所得代替率はおよそ50％である。その週

平均受給者数はおよそ 210～220 万人である。その失業保険の年間給付総額は 200 億^{ドル}程度であって，平均給付額（週給）は 220^{ドル}，平均給付期間は 14 週程度である。

❷ 労災補償保険

労災補償保険は労働過程で生じた傷害・疾病および死亡の事故に対して所得補償と医療給付を与えるものであり，社会保険の中では最も早く 10 年代にはほぼ全州で制度化されている。現在は 55 のプログラム（2 個の連邦プログラムを含む）が作動中である。給付額は事故の程度や家族構成によって異なるが平均は従前所得の 3 分の 2 程度と見られる。医療給付は 160 億^{ドル}，所得補償は 260 億^{ドル}，合計 420 億^{ドル}程度が給付されている。待機期間は通常 3～7 日間である。保険料は産業事故としての性格から事業主が全額を負担するのが通例である。

また労災事故の発生は産業によって大きな差があるが，平均コストは給与支払い額の 1.35 ％程度である。

F 公的扶助制度

❶ 補足的保障所得制度（SSI）

SSI（Supplemental Security Income）は生活に困窮している 65 歳以上の老齢者，盲人および障害者を扶助する公的扶助のプログラムである。この種のプログラムは従来は州が所管していたが，全国的な最低基準を設定し，全体のレベルを引き上げることを目的として 1972 年に連邦主管の SSI プログラムとして改編された。

新規の無資産受給者に対する連邦の SSI 給付上限額は月額 530^{ドル}程度である。夫婦ともに SSI の受給要件を満たす場合には合わせておよそ月額 800^{ドル}となる。現在の連邦 SSI の受給者はおよそ 660 万人（老齢者約 200 万人，盲人と障害者合わせて約 460 万人）であって，連邦はおよそ 320 億^{ドル}程度を支出している。

実際の給付月額は平均でおおよそ 380^{ドル}である。これとは別に，各州は（2 州を除いて）独自の SSI プログラムを実施して連邦 SSI に上乗せしている。州による平均の給付月額は 110^{ドル}程度である。

❷ 対困窮家庭一時扶助制度（TANF/AFDC）

TANF は困窮家庭に扶助と就業機会を与える制度であって，「被扶養児童家庭扶助」(AFDC) に代わるものである。97 年 7 月 1 日から州政府の TANF 実施計画書を受けて順次 AFDC から切り替えられつつある。AFDC は親の稼得能力の欠如，死亡，所在不明などによって貧困状態にある家庭で 16 歳未満の被扶養児童を抱える世帯に対する連邦の扶助プログラムであった。従来は失業を理由とした貧困の家庭にも適用されていたが，90 年 10 月からは労働要件を課すように変更された。TANF はこの方針を受け継ぎ，さらに 96 年の「個人責任と就業機会に関する調整法」(PRWORA) の成立を受けて就業促進を強化する責任を負っている。受給期間も最高 2 年に制限され，その後は就業を義務付けられることになった。

AFDC のケースでは受給世帯の多くは母子家庭であった。連邦と州の共同事業であるが，連邦は州拠出に対応して拠出する，すなわちマッチング方式（州の財政状態でレートは変わる）で財政支出を行ってきた。したがって州の扶助計画には連邦の同意を必要とするが，扶助方法や扶助額などは州の裁量に委ねられている。全国平均を見てみると，現在，年間で 260

万世帯，700万人が給付を受けており，その給付月額は世帯当たり約700ドルである。物価水準や州の財政能力に依存するため，給付水準の州格差は大きい。そのため，連邦がAFDC給付月額のうち1人当たり18ドルまでの6分の5（＝15ドル）を負担して制度を支えてきた。18ドルを超える部分については州支出の50〜83％のマッチング・レートで補助している。

❸──フード・スタンプ

この制度は1964年に22の州が参加して開始されたもので，資産および所得が全国基準に達しない個人および世帯に対して，連邦が普通の小売店で利用できる食料購入用のクーポンを支給する制度である。連邦議会が全州に対してフード・スタンプを給付するよう要請した74年から本格化し，全国的に拡張されて50州と3準州で実施されている。クーポンの額は世帯構成員や所得の大きさによって異なり，月額10ドルから430ドル（4人世帯）程度の範囲で支給されている。給付額は食料品の物価上昇にあわせて引き上げられている。受給資格は金融資産が2,000ドル未満であり，実質所得が連邦の「貧困線」以下の世帯に限られる。受給者数は月平均で1,700万人であり，単身世帯の上限給付月額は100〜170ドル程度である。連邦負担額は年間約150億ドルである。

産業主義と社会保障

アメリカ社会保障は市場主義を制度内部に取り入れており，労働市場と連動する社会保障制度を開発し，労働主義や産業主義を強く打ち出している。市場競争社会であるアメリカでは社会保障においても可能なかぎり産業主義を適用しようとしている。例えば労災保険や失業保険において「メリット料率制」を採用して，リスクを防止するインセンティブを与えるなど，企業の市場原理を刺激するシステムを採用している。このようなリスク防止的な考え方は，20世紀初頭に，制度学派に属するJ. R. コモンズのグループがアメリカの土壌に馴染むとして開発したものである。彼らはリスクに遭遇した後の「救済」を目的とするヨーロッパ的な考えとたもとを分かつ意味で「アメリカン・プラン」と自賛している。

産業主義といえば，OASDIに直接加入できるのは産業で稼得労働に従事する者だけである。すなわち産業原因による社会問題として社会保険の枠組みをつくり，連邦がこれに関与する仕組みがとられたのである。労働市場と関係を持たない家庭の主婦等は直接には加入できず，給付において配偶者加給を得るだけである。失業保険や労災保険など産業原因によるリスクに備えるのがアメリカにおける社会保険の役割と見られている。

反面，産業原因によらない社会的事故は社会保障の制度に乗りにくいことになる。例えば，業務外疾病を扱う健康保険はまだアメリカでは制度化されていない。

アメリカで繰り返し提案される国民皆保険構想が成功していない理由の一半は，やはり健康保険が産業原因によらない傷病を対象にしていることにあると見られる。同じ疾病でも，産業原因による傷病，すなわち業務上災害は最も早く成立した労災保険でカバーされていることもこれを裏付けている。

現在，老齢者以外の国民は企業提供の健康保険制度に加入したり，会員制の医療保険に参加して医療事故に備えている。しかしいずれの医療保険にも加入していない，いわゆる「無保険者」は3,500万人以上いるといわれ，大きな社会問題となっている。

［藤田伍一］

❹──対低所得世帯光熱費扶助（LIHEAP）

扶助制度としては，その他，82年から始まった「対低所得世帯光熱費扶助」（LIHEAP）等がある。「対低所得世帯光熱費扶助」は70年代のオイルショックを契機とした光熱費の急激な上昇に対して，連邦政府がその一部を肩代わりするものである。約420万世帯に支給しており，その扶助費用は10億ドル程度である。

ここで述べる公的扶助制度以外には，州とローカル当局が行う「一般扶助」（GA）があるが，これには連邦関与していない。総じていえば，受給資格や給付水準の州間格差が大きく，また給付内容も一般に貧弱である。

■参考文献

藤田伍一・塩野谷祐一編『先進諸国の社会保障7──アメリカ』東京大学出版会，2000.

藤田伍一「アメリカ失業保険成立の一側面──失業防止理論の生成と限界」『一橋論叢』1972年12月号.

藤田伍一「アメリカ老齢年金保険の構造分析」『季刊社会保障研究』Vol.10, No.2（10月）.

藤田伍一「アメリカ老齢・遺族年金保険の成立──1939年社会保障連邦法の改正意図」『一橋論叢』1974年11月号.

Brown, J. D. *An American Philosophy of Social Security: Evolution and Issues*. Princeton Univ. Press, 1972.

Magill, R. S. *Social Policy in American Society*. Human Sciences Press, 1984.

Myers, R. J. *Social Security*. Published for McCahan Foundation, Bryn Mawr, Pa., by R. D. Irwin, 1975.

Skocpol, T. *Social Policy in the United States*. Princeton Univ. Press, 1995.

■さらに知りたい場合には

新中幸吉『ニューディールの福祉国家』白桃書房，1993.

［アメリカの1929年恐慌に続く大不況期にその克服策として登場したニューディールが，社会保障を含めてアメリカ福祉国家の原型を形成した点を克明に描写している。］

菊池馨実『年金保険の基本構造──アメリカの社会保険制度の展開と自由の理念』北海道大学図書刊行会，1998.

［1935年に成立した社会保障法の主要部分である年金保険の制度展開を改正時に合わせて考察している。］

28 | 国内治安・犯罪
Crime and Law Enforcement

前嶋和弘・朴　元奎

先進国の中では最悪とまで言われてきた，アメリカの国内治安は1990年代，急激に改善した。好景気という大きな要因はあったものの，犯罪の急減は，各州，郡，市などの警察機構や連邦政府のFBIが犯罪対策に本腰を入れたためにほかならない。それでも，アメリカの場合，多様な人種，民族，広大な国土など，国独自の特徴があるため，犯罪捜査や予防は他国に比べて決して簡単なものではない。これに加え，銃規制の緩さや，貧富の差を遠因にしている大都市内での麻薬問題など，犯罪の病根は複雑である。こうした状況に対応して，連邦，州，郡，市のレベルでどのような治安対策システムが組織されているのか，また犯罪に対する刑罰がどのような社会状況を反映し，どのような政策理念のもとに執行されているのかを探る。さらに，2001年9月11日の同時多発テロから，国際テロ対策が国内治安対策に直結するというパラダイムの一大転換も起こっており，本格化しつつあるテロ対策活動の再編にも触れる。

A ── 治安体制　[前嶋和弘]

アメリカでは，治安対策組織（法執行機関）が数多く存在し，重なる部分もあるが，基本的にはそれぞれ独立した権限をもって活動している。まず，アメリカの治安体制について，①治安対策における連邦主義，②州，郡，市の治安対策組織，③連邦政府の治安対策組織──という3点に分けて概括する。

❶ ── 治安対策における連邦主義

連邦主義の考えが犯罪防止・摘発においても適用されており，アメリカの治安対策は連邦政府と各州（郡，市などを含む）との二重体制になっている。通常の事件の多くは，特定の地域に限定されるため，犯罪や治安対策の多くを担当するのは，各州，郡，市などの警察組織となっている。一方で，複数の州にまたがる事件や連邦政府管理地域内での犯罪などの場合，FBI（連邦捜査局）をはじめとする連邦政府の機関が担当する。

注意しなければならないのは，同一の犯罪が，連邦と州，郡，市のそれぞれの管轄となる場合には，連邦政府に自動的に優越した捜査権が与えられるというわけではない点である。このような場合，基本的には「タスク・フォース」を結成して，それぞれの組織からの代表が協力して捜査を行う。

国内治安対策における連邦政府の役割は元々，大きいとは言えなかった。しかし，20世紀半ばから，連邦法による犯罪の対象となる範囲が多くなるにつれ，連邦政府の管轄が次

第に大きくなる傾向にある。特に，1960年代以降，連邦政府による治安対策は，民主・共和両党の政策争点の一部となっている。共和党の大統領・議員の候補者の主張に多いのが，犯罪に対する厳罰主義の導入だが，これに対して民主党の候補の場合，銃規制を掲げ，治安対策を訴えるケースが一般的である。

治安対策における連邦主義で近年，注目されているのが，連邦政府のコーディネーターとしての役割である。連邦政府は，全米を網羅する犯罪データベースである「全米統一犯罪報告」を作成するほか，各州でまちまちだった「量刑ガイドライン」の策定などを通じ，州，郡，市の治安対策組織との調整を図っている。また，各自治体の治安対策組織に所属する職員に対する犯罪捜査や予防のための各種訓練を提供している。このような，治安対策における連邦と州などの自治体との連携は1990年代に犯罪が大きく減った理由の1つと考えられている。

一方，州の間で，特定の犯罪に対する認識そのものが異なっており，連邦政府によるさらなる調整が必要となっている事例も少なくない。例えば，ヘイトクライム（憎悪犯罪）の場合，FBIによると，2001年の全米での報告総数は1万1,451だが，そのなかでは，カリフォルニア州（報告数2,640），ニュージャージー州（同804）など，ヘイトクライム対策に積極的であるといわれる州では，報告数が比較的多いのに対して，アラバマ州（同0），ミシシッピ州（同3），ルイジアナ州（同10）など，差別を原因にした犯罪の数が歴史的に多い州の報告数は，極端に少なくなっている。これについては，連邦政府による統計収集のためのガイドラインはあるものの，ヘイトクライムの原因となる「偏見」に対する見方について，地域的な差があるため，報告数に地域的な差が出てしまうと考えられている。

❷ 州，郡，市の治安対策組織

基本的な治安体制は各州，郡，市などの自治体の警察機構が担当している。州警察は，州内広域の治安維持が目的であり，州内の各自治体警察と協力し，治安維持活動を行っている。州内の各自治体警察から要請があった場合，捜査協力を行うほか，州全体を包括する犯罪捜査も担当している。高速道路上を管轄するハイウェイ・パトロールも州政府の組織となっている。このほか，州立大学警察や州立公園管理官など特別な地域だけを管轄する州の治安対策組織もある。一方，郡警察，市警察は，それぞれの自治体内を管轄としている。

州の治安対策組織として，植民地時代の民兵から発展した，州兵の役割も特筆される。州兵は，州単位に組織された陸軍，および空軍で，平時には州知事の指揮下に置かれているが，連邦政府の正規軍の予備組織であり，戦時や緊急時には大統領の命令によって連邦軍として機能する。そのため，連邦と州の二面的な性格がある。実際には，警察では制圧できない大規模なデモや暴動などを鎮圧するために出動することが多く，例えば，1970年にベトナム戦争反対のデモを鎮圧するために，オハイオ州兵が学生に発砲し，4人の死者を出したケント州立大学事件のように，州兵のあり方が社会問題になるケースもあった。

❸ 連邦政府の治安対策組織

ⓐ FBI

連邦政府の犯罪防止・摘発において要となるのが，FBI（連邦捜査局）である。FBIは連邦法の対象となる複数の州をまたぐ各種広域犯罪の捜査と摘発，公安情報の収集を任務としている。捜査の対象は，窃盗から麻薬密輸，誘拐，殺人などの凶悪犯から，横領や詐欺，贈収

賄，偽造，脱税などのホワイトカラー犯罪まで幅広い。また，FBI は国際テロ事件からアメリカ国民を守るための対敵諜報活動も行っている。2003 年 3 月現在，FBI はワシントン本部のほかに，全米に 56 の地方支部があり，1 万 1,400 人の特別捜査員を抱えている。

FBI は 1908 年，司法省内に捜査局として発足し，1935 年に FBI と改称された。FBI の権力が大きくなっていったのは，連邦法による犯罪の捜査範囲が広くなった事実と関連している。1924 年に就任し，1972 年まで 48 年間，局長として君臨した J. E. フーヴァーは，組織の近代化に努めた大きな功績がある。しかし，政界トップとの癒着や強い反共主義の立場を貫いたことで，フーヴァーに対する非難も少なくない。

FBI が 200 以上の連邦法による各種広域犯罪の捜査と摘発を行っているのに対し，特定の連邦法だけに基づいて捜査・摘発を行う連邦政府の機関もある。代表的なものが，麻薬関連犯罪を担当する麻薬取締局（DEA）と，銃器や爆発物の取締りや，放火犯の検挙を行う，アルコール・タバコ・火器・爆発物取締局（ATF）である。いずれも現在は司法省の傘下にある。ATF はアルコール・タバコ・火器取締局として，財務省の組織だったが，2003 年 1 月末，司法省の傘下に移り，現在の名称になった。また，国立公園については，国立公園警察が担当する。

❺ CIA

同じ連邦政府の機関でも，諸外国に関するインテリジェンス（高度な情報）を収集・分析する機関として非常に名高いのが，CIA（中央情報局）である。CIA は大統領に直属し，対外政策の最高決定機関である国家安全保障会議に必要な情報を提供する。東西冷戦の終結に伴い，CIA は経済諜報活動に力を入れてきたが，同時多発テロ後には，活動の焦点を国際テロ対

❶ 48 年間 FBI 局長を務めた J. E. フーヴァー

策に移しつつある。

CIA は安全保障に関する外国の諜報活動に特化した機関であり，アメリカ国民を対象にした情報収集は基本的には禁じられている。また，FBI のような捜査・摘発を行う機能もない。とはいえ，CIA の特徴は何といっても，その秘密主義であり，人事，予算，正確な活動内容などは公表されていないため，実際の活動は一般には把握できない。これまでも，各国政府を揺るがすための各種の秘密工作が行われたのは間違いなく，軍特殊部隊と協力し，CIA が外国に潜伏し，各種の偵察活動を行うのも一般的である。

B── 違法行為に対する対策　［前嶋和弘］

FBI によると，全米の人口 10 万人当たりの殺人件数は，約 10 人だった 1992 年から 1999 年には約 6 人と，4 割も減るなど，アメリカの治安は 90 年代，大きく改善された。しかし，国際化などに伴う麻薬，不法移民の問題のほか，犯罪の高度化・多様化も目立っており，治安対策組織に与えられた課題は少なくない。

❶──治安改善努力

　1990年代に治安改善努力を積極的に行った自治体に共通するのが，摘発から犯罪予防の方に重点を移すという発想の転換である。そのポイントとなっているのが「割れ窓理論」であり，窓が割れたまま放置されていると，建物全体が荒廃するため，初期段階の軽微な違法行為を徹底して取り締まれば，凶悪犯罪も防ぐことができるという原則に従っている。「割れ窓理論」に基づいて，各自治体は軽微な犯罪を含む各種犯罪を徹底的に摘発する「ゼロ・トレランス」の姿勢で治安維持活動を行った。

　その典型的なケースが，ニューヨーク市である。1994年1月に市長になったルドルフ・ジュリアーニは，アメリカ有数の犯罪都市であるという汚名をすすぐために，ニューヨーク市の治安の改善に本腰を入れた。同氏はまず，3万人だった警察官を6,000人増員し，麻薬密売や窃盗はもちろん，「割れ窓理論」に基づいて，落書きなどの軽犯罪の罰則を強化した。市民からは「逮捕権の乱用」と批判も多かったものの，この作戦は明確な効果を示し，市長在任中の最後の年である2001年の市内での殺人件数は，就任した1994年と比べ，62％と急減したほか，強盗も同年比67％減となっている。

　摘発強化とともに，各自治体が力を入れているのは，科学的な治安維持活動の徹底である。各自治体の警察組織はFBIの全米犯罪情報センターにオンラインでアクセスし，各種犯罪のデータや犯罪者の指紋などの情報を検索し，捜査に役立てている。また，管轄地区の犯罪傾向をコンピュータで分析し，地図上でわかりやすく表わす「コンプスタット」（COMPSTAT）も，ニューヨーク，ワシントン，ロサンゼルス，フィラデルフィアなどの大都市のほとんどが導入している。

　さらに，捜査そのものについても，科学的な手法が取り入れられている。行動科学に基づいた犯人捜査としてよく知られているのが，犯罪プロファイリングである。犯罪プロファイリングは新たに起こった犯罪をデータ化し，これまでに蓄積されたデータとの相関などを統計的に分析し，犯人像を絞っていく手法である。現在，FBIをはじめ，全米の警察の多くが導入している。一方，同じ「プロファイル」ということばを使っていても，多角的な統計分析ではなく，アフリカ系など，特定の人種だけを選んで職務質問などを行う行為の通称である「人種プロファイリング」については，人種差別的であるとして，人権擁護団体などから強く非難されている。

❷──犯罪の国際化・専門化

　各種の治安改善努力は成果を挙げているものの，犯罪自体は非常に複雑になっている。例えば，犯罪の国際化であり，国際化に伴い，本来，国内事件を担当するFBIも2003年現在，海外支局を世界40ヵ国に設置し，犯罪の国際化に対応している。犯罪の国際化を象徴するのが，麻薬取引や不法移民に関する問題である。麻薬に関しては，アメリカは世界最大の麻薬消費国であるといわれており，コロンビアやメキシコなどの諸国に本部をもつ麻薬組織からの密輸は絶えない。ニクソン大統領の時代から「麻薬との戦争」というスローガンが導入され，FBIのほか，DEAも麻薬対策に力を入れているが，成果はなかなか上がっていない。一方，不法入国問題もメキシコとの外交問題にも発展しており，国境警備隊の捜査だけでは追いつかなくなっている。例えば，カリフォルニア州の主要輸出品である農作物を生産する労働者の2割程度がメキシコを中心とするラテン系の不法移民であるといわれているなど，アメリカの経済システムの一部に不法移民が組み込まれてい

るために他ならず，この問題の根は深い。

また，犯罪の高度化も大きな問題となっている。例えば，情報化社会への移行にともなって，コンピュータ犯罪が急増しており，捜査のための専門家養成も急務となっている。FBIはコンピュータ犯罪専門担当者で構成する「サイバー部門」を立ち上げたほか，州警察の多くもコンピュータ犯罪の専門家育成に力を入れている。

さらに，これまで犯罪とは見なされなかったものも，社会の変化に伴い，犯罪化しつつある。例えば，2001年末のエネルギー総合商社のエンロンの破綻以降，連続して起こった企業の不正会計問題では，企業倫理が大きな問題となった。改革のために2002年夏に立法化された「企業会計改革法」（サーベーンズ・オクスレー法）では，粉飾決算などの不正行為を行った企業経営者には刑事罰を適用する条項が導入された。そのため，「企業統治」の分野での"治安維持"もこれまでのSEC（証券取引委員会）による規制だけでなく，FBIを中心とする司法省の担当となりつつある。

C——テロ対策のための政府組織
[前嶋和弘]

2001年9月11日の同時多発テロ以前にも，例えば，1995年4月のオクラホマシティ連邦ビル爆破事件など，数々の国内テロ事件があった。また，テロリストによる事件を想定し，高度に訓練された特殊技能と最先端の装備を駆使する部隊として，SWATや爆発物対策部隊は，FBIやATFなどの連邦政府機関だけではなく，州警察や郡警察のほとんどもすでにもっていた。しかし，同時多発テロは，アメリカの国内治安維持にとって，まったく新しいパラ

❷テロ対策の演習を行うマイアミ-デイド警察の特殊部隊［マイアミ，2003年5月21日］

ダイムの転換を生んだ。それは，アメリカ国内を狙った国際テロ活動の日常化にほかならない。

同時多発テロをきっかけに本格的なテロ対策が進められるなか，国土安全保障省が2003年に正式発足した。同省は，これまで，断片的な事前情報を持ちながら判断不足で活用し損なった，という同時テロでの教訓も生かし，異なる省庁に分散していた対テロ関連部門を統合し，テロ対策を有機的に統括する。

同省の活動は，（1）国境・交通の安全確保，（2）緊急事態への対応，（3）生物・化学・核兵器など大量破壊兵器に対する対策，（4）テロ情報の収集・分析と社会基盤保護——の4部局から構成される。国土安全保障省は，22の政府機関の集合体となり，職員総数は16万9,000人に及ぶ。同省に統合される連邦政府の機関は，司法省の場合，出入国を取り締まる移民帰化局やメキシコやカナダとの国境に駐在し，密輸や密入国への警備にあたっている国境警備隊となっている。また，運輸省からは，沿岸警備隊と交通安全局が，財務省では税関局と要人警護に当たるシークレット・サービスが，それぞれ統合される。また，災害復旧担当の連邦緊急事態管理局も国土安全保障省の中核組織

の1つに組み込まれた。

各種組織の統合については、膨大な人員の異動や省庁間の調整が必要となるため、国土安全保障省の活動が軌道に乗るまでに、数年は必要とみられているほか、統合の対象外となったFBIやCIAなどとの連携体制作りなど、同省に与えられた課題は少なくない。

一方、連邦政府だけではなく、同時多発テロをきっかけに、市や州レベルでのテロ対策も進んでおり、テロ対策専門の担当者を割り当てている自治体が多くなっている。例えば、ニューヨーク市の場合、「テロ対策タスク・フォース」をニューヨーク市消防本部内に設置し、核に詳しい物理学者や元CIA関係者などを顧問とし、核や生物化学兵器によるものを含むテロ発生時の救助活動などについて対策を検討している。

D──犯罪と刑罰　[朴元奎]

アメリカにおける犯罪の傾向と刑罰の政策理念には、20世紀末の30年の間に劇的な変化が生じた。犯罪についての顕著な傾向は、1990年代に入ってから暴力犯罪、財産犯罪などの犯罪率が激減していることである。一方、刑罰については、1970年代以降重罰化政策が強力に展開されている。これは、それ以前に支配的であった社会復帰モデルが失敗したことの反省から、一転してとられた政策理念である。1968年、ニクソンが大統領選挙にあたって厳罰主義を基調とする「法と秩序」を訴え、それを「声なき多数派」が支持したのは、その端的な表われであった。その背景には、60年代後半ベトナム反戦運動が盛り上がるなか、68年にキング牧師とロバート・ケネディが相ついで暗殺され、社会不安が高まっていた時代風潮があった。

重罰化政策がもたらした問題点として、①死刑の復活とその適用・執行の拡大、②記録的な拘禁率の上昇とそれにともなう過剰拘禁の問題、③黒人受刑者比率の顕著な上昇、などが挙げられる。ここでは、犯罪と刑罰をめぐるこうした変化の実態ならびにその社会的要因を探る。

❶──犯罪の傾向と犯罪減少の要因

ⓐ 現代アメリカの犯罪傾向

1970年代から90年代にかけての主要な犯罪の発生率（人口10万人当たりの認知件数）の推移を見ると、次のような特徴が浮かび上がってくる（図28-1）。

① 1990年代に入ってから主要な犯罪の発生率が全体として急激な低下を見せている。
② 暴力犯罪（殺人、強姦、強盗、加重暴行）が、1991年をピークにその後は減少傾向にある。ただし、1999年の発生率は、1971年に比べるとまだ32.5％高かった。
③ 暴力犯罪の中でも注目されるのは、1992年以降の殺人率の急激な減少である。1999年の数値は5.7であったが、これは1966年以降では最も低い比率であった。
④ 財産犯罪（不法目的侵入、窃盗、自動車窃盗）は、1980年をピークに、84年までは減少した。85年～90年代初頭の間は微増傾向を示したものの、その後は現在（2002年）まで一貫して顕著な減少傾向を見せている。

ⓑ 1990年代以降の犯罪減少傾向の要因

上述のとおり、アメリカでは1990年代に犯罪率が全般にわたって低下した。その要因として次の3つがしばしば指摘される。

① 人口統計学的要因（年齢構成）
② 経済的要因
③ 刑事司法的要因

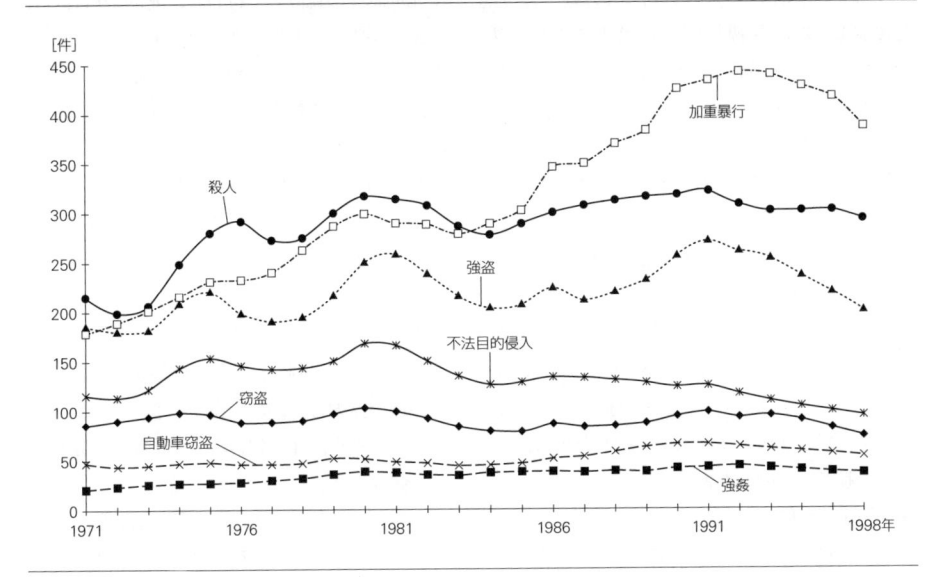

図28-1 ●人口10万人当たりの罪種別指標犯罪の発生率の推移［1971-96年］　　　　［単位：件］

●出典｜Tonry, M. ed. *The Handbook of Crime and Punishment* (Oxford Univ. Press, 1998), p. 13の図に基づく。
●注｜図表の便宜のために，殺人率は10で乗し，不法目的進入，窃盗および自動車窃盗の各発生率は10で除したものである。

人口統計学的説明の根拠は，人口の年齢分布の変化である。つまり，犯罪を犯すリスクが高い24歳以下の若年層男性の人口が90年代に入って急減していることが，犯罪率の減少につながっていると見る。

経済的要因として挙げられているのは，90年代以降の景気拡大の結果，失業率が大幅に下がったことである。このため非合法的労働（例えば，薬物市場）の機会が減少したと見る。

刑事司法的要因としては，厳格な刑事立法，警察官の増員配置，警察の取締活動の強化，コミュニティ・ポリーシング（警察と地域社会の協力関係に基づく地域防犯活動）の展開，犯罪者の刑務所収容の急増，刑務所拘禁の長期化などが指摘されている。抑止刑論（刑罰の厳格化が犯罪の抑止につながるとする説）が正しければ，この指摘に妥当性が認められよう。しかし，この説は90年代の10年間にかぎってみれば説得力をもつものの，過去30年にまでスパンを拡げて見ると，拘禁率と犯罪率の動向には必ずしも対応がないことが判明する。このため，刑事司法的要因だけに犯罪率低下の根拠を求めるのは無理があろう。

❷ 刑事司法政策の理念と刑罰の実態

ⓐ 刑事司法政策理念の転換

20世紀末の30年間に，米国の刑罰・犯罪者処遇政策は大きな転換を遂げた。1970年代初頭までは社会復帰・改善教育刑モデルが優勢であったのが，80年代から90年代にかけて応報刑・抑止刑モデルへとシフトしたのである。その背景として以下の2点が考えられる。

第一に，1960年代以降米国で犯罪が激増し，

「刑事政策の危機」が叫ばれるようになったという現実的事情が挙げられる。そのなかで、社会復帰モデルは再犯防止という点から見て有効ではないという評価・批判が、「社会復帰の神話」というスローガンの形で、多くの専門家によって展開された。

第二に、より重要な背景として、大統領選挙をはじめとする各種選挙で犯罪への対応が重要な争点となり、厳罰主義が有権者の支持を集めるようになったことが挙げられる。1968年にニクソンが前述の「法と秩序」路線を掲げて大統領に当選したことや、1988年にブッシュ（父）が対立候補のデュカキスの犯罪者に対する対応の甘さを突いて劣勢を逆転したのは、そうした趨勢を反映した例と言えよう。

❺ 死刑のあり方

現在、G7およびOECD加盟国の中で死刑制度を存続させている国は、日本とアメリカだけである。しかもアメリカは、少年犯罪にも死刑を認めている数少ない国の1つとなっている。ただし、アメリカの死刑制度は州によって異なる。2001年4月1日現在、死刑を認めているのは38州、認めていないのは12州であり、連邦は死刑を認めている。

死刑の是非をめぐっては長く論議が続いており、ことに1960年代から70年代にかけては死刑にかかわる訴訟が続出した。死刑反対派の論拠は、死刑は残酷なうえ犯罪の予防効果も薄い、その証拠に死刑を認めている州と認めていない州の間の殺人事件の発生率に差がほとんどない、というようなものであった。また、死刑判決が黒人や貧困者に際立って多く宣告されたことも批判された。一方、死刑肯定派の論拠は、非道な犯罪に対する応報ならびに予防のために正当な刑罰というものであった。

こうしたなか、1972年に最高裁で「裁判官や陪審に死刑の恣意的な選択を許す州法は違憲である」という判決が下され、72年～76年にかけて死刑執行が停止された。この判決を受けて死刑制度の見直しが行われ、死刑が科せられる犯罪が限定・明確化された。その内容は州によって異なるが、一般的には内乱、スパイ行為、放火、強盗殺人、強姦殺害などに適用される。

1976年～2000年の間の死刑執行数は図28-2に示したとおりであり、この期間のアメリカにおける死刑制度の特徴は次のようにまとめられる。

① 1976年以来、連邦および州レベルの種々の法改正・判例法に見られる流れが、死刑適用拡大の方向に向いている。
② その結果、死刑宣告数と死刑執行数が増加傾向にある。
③ 死刑宣告数と実際の死刑執行数の間に大きな隔たりがあり、死刑執行率が相対的に低くなっているため、死刑囚が急激に増加している。
④ 死刑執行の圧倒的多数が、南部諸州に集中している。
⑤ 米人口のエスニック別構成比に比して、黒人死刑囚の比率が際立って高い（全死刑囚の43％、人口比で見ると白人の約4倍）。

❻ 拘禁率の激増とその要因

拘禁刑の執行を主要任務とするアメリカの刑事施設には、大別すると刑務所（prison）とジェイル（jail）がある。刑務所は、州および連邦政府が管理運営する施設で、重罪（felony）で有罪判決を受け、1年以上の刑期の拘禁刑を宣告された受刑者を収容する。ジェイルは、地方政府機関（とりわけカウンティ・シェリフ）により管理運営される施設で、未決囚（公判を待つ被告人）のほか、軽罪（misdemeanor）で有罪判決を受け、1年以下の拘禁刑を宣告された受刑者も収容する多目的拘禁施設である。ジェイルは、拘置所と刑務所の両機能を合わせもった、日本にはないユニークな刑事施設であ

図 28-2 ●アメリカの死刑執行数の推移［1976-2000 年］　　　　　　　　　　　　［単位：人］

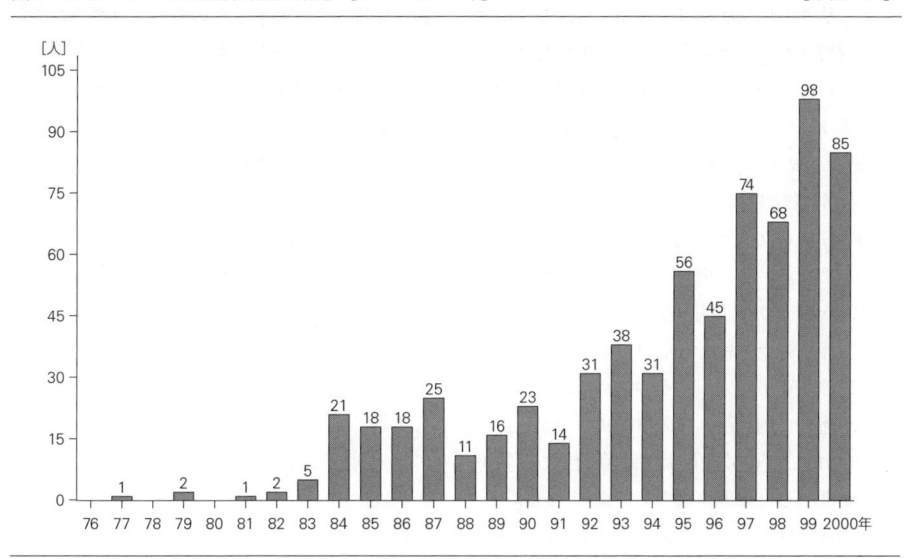

グラフ数値：76: 0, 77: 1, 78: 0, 79: 2, 80: 0, 81: 1, 82: 2, 83: 5, 84: 21, 85: 18, 86: 18, 87: 25, 88: 11, 89: 16, 90: 23, 91: 14, 92: 31, 93: 38, 94: 31, 95: 56, 96: 45, 97: 74, 98: 68, 99: 98, 2000: 85

●出典｜ Death Penalty Information Center (2001):http://www.deathpenaltyinfo.org/dpicexec.html の図に基づく。
●注｜ 2001 年 4 月 1 日現在で，同年中に 33 名の執行があった。

図 28-3 ●人口 10 万人当たりの暴力犯罪の発生率［単位：件］と刑務所拘禁率［単位：人］の推移［1971-96 年］

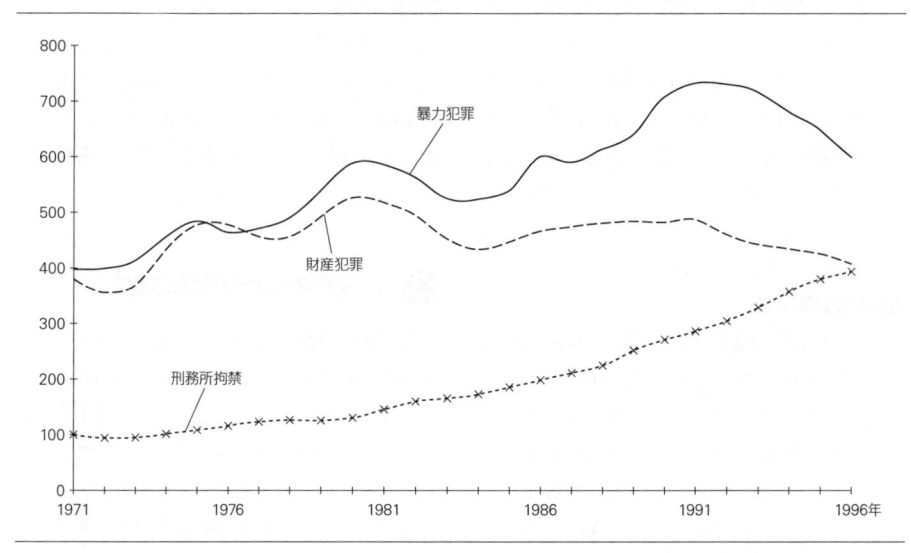

●出典｜ Tonry, M. ed. *The Handbook of Crime and Punishment* (Oxford Univ. Press, 1998), p. 11 の図に基づく。
●注｜ 財産犯罪の発生率は，図表の便宜上 10 で除したものである。

る。

アメリカの刑務所拘禁率（州または連邦刑務所に収容された受刑者数の人口10万人当たりの比率）は，1973年以降急激に増加しており，1999年には対73年比で約5倍に達した（図28-3）。ジェイルの収容者数も加えた1999年末の受刑者総数は197万人に達し，アメリカ人の137人に1人が刑事施設に拘禁されている勘定になる。この拘禁率の急激な上昇については，次のような説明がなされている。

①犯罪の上昇にともない，犯罪に対する国民の不安が増大し，そのため重罰化の要求が起きて刑務所人口の増加につながった。（ただし，この説明は1990年代に犯罪率が低下した事態には当てはまらない。）
②80年代のレーガン政権に始まった「薬物に対する戦争」の結果，薬物犯罪に対する摘発が厳格になり，それで服役した受刑者が急増した。
③80年代〜90年代に連邦法および多くの州法で，特定タイプの犯罪（暴力犯罪，薬物犯罪，銃器使用犯罪など）に対する厳罰主義的な「必要的最小刑制度」あるいは「強制的量刑法」（TIS）を採用し，その結果裁判所による量刑実務がそれまでより厳格になった。さらに，いわゆる「三振アウト法」の制定も刑務所人口の増加にいっそうの拍車を加えることになった。

ⓓ 過剰拘禁の問題

近年の刑務所人口急増の結果，過剰拘禁状態が生じ，刑務所運営上の重要問題になっている。1980年以来，全米で約1,000の刑務所とジェイルが新設された。それにもかかわらず，1999年末の連邦刑務所の収容率（収容定員に対する収容人員の比率）は132％，州刑務所は全米平均で117％であり，全米最高のカリフォルニア州では194％に達すると推計されている。

こうした事態の結果，受刑者教育，職業訓練，保健衛生，娯楽などの処遇プログラムのための人的・物的資源が著しく不足し，受刑者の生活条件が相当劣悪になっている。また，それにともない，受刑者の医療・精神衛生上の問題や，刑務所内で暴力事件が頻発するなどの問題が生じている。

ⓔ 黒人受刑者の比率急上昇の背景

受刑者の人種別・性別拘禁率（人種別・性別成人人口10万人当たりの州・連邦刑務所・地方ジェイル収容の受刑者数）のデータ（表28-1）を見ると，黒人受刑者が近年突出して増加していることが明白になる。例えば，1995年の黒人男性と白人男性の拘禁率を比べると，黒人男性は白人男性の7.5倍となっている。さらに目につくのは年ごとの増加人数であり，85年から95年の10年間に白人男性が10万人当たり391人の増加であったのに対し，黒人男性は3,482人の増加を記録している。

黒人受刑者が突出して増加している要因は，前述の刑務所人口増加の要因と重なる。すなわち，薬物犯罪取締の対象となった非合法麻薬取引の違反者の大部分は，スラム化した大都市の中心部にたむろする貧しい黒人であった。また，厳罰主義的な一連の量刑改革も黒人受刑者に対して最大の影響を及ぼしたのである。

❸ テロ後の状況と将来の展望

将来の犯罪動向を展望すると，近時のアメリカを取り巻く国内外での政治経済的不安定要因が加速するなかで，前述したような減少傾向が21世紀初めには反転しうることを予想しなければならない。しかしながら，他方でアメリカの重罰化傾向は，おそらくは重罰化コスト（例えば，死刑相当事件の法的処理，刑務所の新設・増設，受刑者の施設収容にかかる諸経費など）の加重負担によって，それを回避するため

表28-1 ●州刑務所・連邦刑務所・地方ジェイルに収容された成人受刑者の収容人員と比率［人種別・性別］
　　　　［1985-95年］　　　　　　　　　　　　　　　　　　　　　　　　　　　　　　　　　　　　［単位：人］

年	人数				比率			
	白人		黒人		白人		黒人	
	男	女	男	女	男	女	男	女
1985年	382,800	21,400	309,800	19,100	528	27	3,544	183
1986年	417,600	23,000	342,400	19,900	570	29	3,850	189
1987年	439,000	27,700	356,300	23,200	594	35	3,943	216
1988年	469,200	32,600	407,400	28,000	629	41	4,441	257
1989年	516,000	38,500	472,800	35,500	685	47	5,066	321
1990年	545,900	39,300	508,800	38,000	718	48	5,365	338
1991年	566,800	42,200	551,000	40,600	740	51	5,717	356
1992年	598,000	44,100	590,300	42,400	774	53	6,015	365
1993年	627,100	46,500	624,100	47,500	805	58	6,259	403
1994年	674,400	51,800	676,000	52,300	851	61	6,682	435
1995年	726,500	57,800	711,600	55,300	919	68	6,926	456

●出典｜Tonry, M. ed. *The Handbook of Crime and Punishment* (Oxford Univ. Press, 1998), p.19の表に基づく。
●注｜成人受刑者の人種別・性別比率は，各人種別・性別グループの成人人口10万人当たりの成人受刑者数をいう。

にある一定水準にまで後退せざるをえないであろう。ただ，このような予測が，2001年9月11日の同時多発テロ事件によって極めて実現困難になっていることも疑いはない。すなわち，《9.11》以降のアメリカ社会では，国際テロ防止およびテロ鎮圧対策の一環として「米国パトリオット法」が制定され，対テロ用の盗聴・監視法制の強化・拡充が図られている。表現の自由や個人のプライバシーが大幅に制限され，確たる証拠もなしに人種差別的な逮捕が繰り返されている。市民的自由に対する深刻な状況が続くなかで，このような国内治安対策をいくら強化しても，テロの防止にはほとんど効果がないことは，過去20年間におけるアメリカ自身の経験からも明らかであろう。したがって，もしそうだとするならば，21世紀におけるアメリカの刑事司法政策の最大の課題は，国内治安対策の強化や重罰化政策の方向ではなく，やはりそれらの弊害を克服する試みのなかで「自由と安全」のパラドックスを止揚する新しい道筋を模索することにあると思われる。その意味で，アメリカの刑事司法は，今その重大な岐路に立たされていると言ってもよいであろう。

■参考文献

ビール，S. S.（山本志織訳）「アメリカ刑事法における重罰化傾向について」『アメリカ法』1998-2.

ホフマン，J. L.（井上正仁訳）「アメリカの死刑制度：法典上および研究上の最近の動向」『刑法雑誌』1999年第38巻第2号.

Gest, T. *Crime & Politics: Big Government's Erratic Campaign for Law and Order*. Oxford, 2001.

Beckett, K. and T. Sasson. *The Politics of Injustice: Crime and Punishment in America*. Pine Forge Press, 2000.

■さらに知りたい場合には

前嶋和弘「ヘイトクライム（憎悪犯罪）規制法とその問題点」『アメリカ・カナダ研究』No.18, 2000.
　［ヘイトクライムとは何か，そして「憎悪」という行為を犯罪として定義する際の混乱など，「統計法」「判決強化法」という連邦ヘイトクライム規制2法に関する各種の争点を論じた論文。］

ラフリー, G.（宝月誠監訳）『正統性の喪失——アメリカの街頭犯罪と社会制度の衰退』東信堂，2002.
　［米国社会における政治不信，経済的緊張，家族崩壊等の「伝統的諸制度の正統性の喪失」が街路犯罪の推移パターンの主要因であることを統計的に解明した好著。］

Blumstein, A. and J. Wallman, eds. *The Crime Drop in America*. Cambridge Univ. Press, 2000.
　［1990年代の米国社会における暴力犯罪の急激な低下の原因をさまざまな観点から統計的に分析・検討した現代アメリカ犯罪学の研究水準を示す論文集。］

Wilson, J. Q. and J. Petersilia, eds. *Crime: Public Policies for Crime Control*. Institute for Contemporary Studies, 2002.
　［犯罪学，犯罪心理学，公共政策学，社会学などの専門家が米国の犯罪と治安対策を多方面から論じ，公共政策として治安対策を包括的にまとめた著書。犯罪摘発ではなく，犯罪防止に力点を置いている米国の現状にもふれている。］

■インターネット関連サイト

FBI, Uniform Crime Reports…http://www.fbi.gov/（FBIホームページ内，Uniform Crime Reports参照）

Bureau of Justice Statistics (BJS), Sourcebook of Criminal Justice Statistics…http://www.albany.edu/sourcebook/

BJS, Reports…http://www.ojp.usdoj.gov/bjs/

Death Penalty Information Center (DPIC)…http://www.deathpenaltyinfo.org/

D

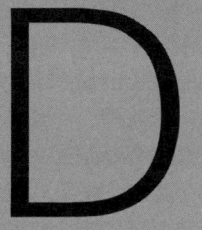

アメリカ的知の枠組み

　アメリカに思想はない，と断ずる向きは少なくない。ヨーロッパ系の思想がアメリカの制度に摂取されるやいなや，それは実用主義的でご都合主義的なかたちで改変されてしまうと信じる人々は後を絶たない。そんなイメージの中心には，おそらくアメリカ人といったら青白きインテリを忌み嫌い，赤ら顔の肉体派ばかりを贔屓(ひいき)するカウボーイたちの集団にちがいないとする偏見がひそむ。

　だが，本当にそうか。17世紀植民地時代にはピューリタニズムという宗教的言説がその屋台骨を成し，18世紀には啓蒙主義の波を受け，世界初の民主主義国家が誕生した。共和制下の知識人たちは，この巨大な新大陸における新発見を蒐集しては分類し，博物館や図書館を通して知識の民主的分配を行い，国民国家の教育制度を練り上げ，それを全世界の共有財産へと仕立て上げた。アメリカ独自の知的体系は，それに対する批判もまた再回収してしまうほどに，グローバルな浸透度を深めている。

29 | 思想の歴史
History of Thought

大西直樹

アメリカ思想史の大きな特徴は，哲学，神学，文芸思想，科学思想が渾然一体となっていること，そしてプロテスタント神学がその根底に絶えず流れていたことである。ヨーロッパの哲学・思想の影響を受けながら，常に現実社会との接点を志向したアメリカ思想は，20世紀に入ってプラグマティズムというまったく新しい哲学を生み出すに至った。以後マーティン・ルーサー・キングなど社会的実践を目指す思想家の活躍に見られるように，アメリカの思想は時代の社会状況を敏感に反映させながら発展してきた。そして現代，専門化・細分化された哲学界では，かつてのような大思想家を輩出することはなくなったが，一方で環境破壊やエイズの蔓延など地球規模の問題に対して，アメリカに限定されない地球全体を視野に入れた新たな思想が求められる時代になっている。

A——アメリカ思想の鳥瞰図

　本章における「思想の歴史」とは，ヒストリー・オブ・アイディアズ，あるいはインテレクチャル・ヒストリーと通称される領域を含んだ概念であるが，アメリカにおける思想というとその内実は極めて曖昧であり，ヨーロッパ起源の伝統的学問領域の区分がそのまま当てはまらないことをまず認識しておかなければならない。つまり，ここで思想史とは，哲学，神学，そして文芸思想や科学思想などが混然となった領域であり，そもそもそれら1つひとつが，分離して意識されていないところがアメリカの思想史の特徴の1つと言えるだろう。哲学を取り上げて考えてみても，それが形而上学として独自の領域を構成しておらず，常に現実社会での展開を視野に入れている。こうした特質をもつアメリカにおける思想史の流れの特徴を一言で述べるとすれば，ヨーロッパにおける哲学史の発展に大きな影響を受け，しかも初期には植民地として本国イギリスやヨーロッパの哲学の模倣と移入に終始しながらも，キリスト教神学思想，それもプロテスタント神学が重要な位置を占めていた，ということが言えよう。それは17世紀前半の植民地時代から20世紀初頭頃までの，つまりアメリカ史の全体にわたって極めて深い影響力を持っていたという事実である。実際，南北戦争前夜の1860年頃まで，神学と科学思想との区別が明瞭となってはおらず，博物学は神学を支えるための学問であり「自然神学」と銘打った学問がさかんに研究されていたり，旧約聖書の創世記にあるノアの洪水の根拠を求めようとする「地質学の神学」といったことも真剣に論じられていた。そうした流れに大きな変化を与えたのが1859年出版のダーウィンの進化論であり，当時活発化していた大学の発展に伴ってキリスト教神学に基礎を

もたない思想家が出現してきたのである。それでも、アメリカの思想家の関心は根本的にまた広義的には宗教的であり、彼らの念頭には教会牧師の果たしていた社会的役割があって、哲学書といえども形而上の世界に引きこもることなく、社会への働きかけを怠らなかった。だから、20世紀になるまでのアメリカ思想史の状況を全般的に見渡すならば、例外的にアメリカ独立革命期の短期間に啓蒙思想を背景とした法律家や政治家が法哲学や政治哲学の中核を担ったことがあったが、それも1800年代には勢力を失い、19世紀は全般にわたってキリスト教神学思想が支配し、その後再び宗教的基盤をもたない哲学思想が論じられるようになるのは20世紀も後半になってからのことであった。

B──プロテスタント神学思想の起源

このようなアメリカ思想の特徴があるために、プロテスタント神学の背景と発展をどうしても押さえておかなくてはならないが、その歴史的起源をたどろうとすると植民地時代のニューイングランド、マサチューセッツ湾岸に根を下ろしたピューリタニズムの神学思想から説き起こす必要がある。なぜなら、17世紀前半からアメリカ大陸東北海岸に植民地を形成していったピューリタンは、人間性を厳しく捉えるキリスト教教義や、それに裏付けされた世界観をアメリカ大陸に持ち込んだが、それが以後のアメリカ思想に決定的な基礎と方向性を与えたからである。つまり、イギリスに起源を持ったピューリタニズムが植民地アメリカにおいてさらにラディカルな発展をみせ、神を中心とした人間の自己理解、教会を中心とするコミュニティ論、神の現れとしての自然理解を特徴としてニューイングランドに着実に根を下ろしたのである。ことに、マサチューセッツ湾岸を形成した非分離主義にたつ会衆派教会では、教会論や、信仰の持つ形態論などがジョン・コットン、ジョン・ダヴンポートら多くの聖職者たちによってことあるごとに論じられ、契約神学にのっとった「目に見える聖徒」ととしての自覚の上に、自らを特別の使命感を与えられた共同体として自己認識していた。こうした宗教的理念は入植後それほど時間が経たないうちに次第に崩れ始め、18世紀になる頃にはピューリタン社会の宗教的基盤は大きく変容してしまう。

18世紀初頭からはヨーロッパで発達した啓蒙思想がアメリカ大陸にも伝播し、東海岸でもイギリス国教会の勢力が強かったヴァージニアやクエーカー色の強いフィラデルフィアなどのミドル・ステイト地域では、啓蒙思想の影響を受けたトマス・ジェファソンやベンジャミン・フランクリンらが、科学的実証主義の体現者として重要な業績を残している。ことにフランクリンはキリスト教についても理神論に立つリベラルな宗教理解を持ち、ニューイングランドのピューリタンとは異なっていた。彼は、独立、自由、勤勉、成功といった極めてアメリカ的な原理を実際の生活を通して体現しそれらを『自伝』に著した。以後、この本は「アメリカの成功の夢」の具体的な手引書として広く読まれ、ここに宗教改革以降、啓蒙思想によって合理化された宗教意識が、成功を求めて勤勉な労働意欲をもたらすという資本主義的原理も見ることができる。ドイツの経済学者マックス・ウェーバーが『プロテスタンティズムの倫理と資本主義の精神』の中で、フランクリンをその典型例として用いている所以である。一般的に世俗的側面ばかり強調されるフランクリンであったが、それは比較の上での問題であって、当時のヨーロッパの啓蒙思想主義指導者の立場に比べればアメリカの啓蒙思想家は、宗教的側面を色濃く保持していた。フランクリンが、イギリス

❶ J.エドワーズ

から北アメリカに布教のため7度におよぶ徒歩旅行を行った宣教師ジョージ・ホイットフィールドに対して，深い尊敬と友情を抱いていた事実にもそれが表れている。

そのホイットフィールドが，東部13植民地の主要都市を巡り歩いて熱烈な宗教的関心を呼び起こし群集を巻き込んだ狂乱状態が発生した。彼の訪問に伴って，ニューイングランドでは奥地のマサチューセッツ西部，コネティカット渓谷中流に位置するノーサンプトン市を中心に，1740年代初期には「大覚醒」と呼ばれる大規模な宗教復興運動（リバイバル）が発生した。つまり，マサチューセッツ湾岸植民地は入植当時以来の宗教的衰退のあげく，再び大規模な昂揚期を迎えたのである。後に振り返ってこの時期の宗教回帰を第1次大覚醒と呼ぶことになるが，中心人物はノーサンプトン教会の牧師であったジョナサン・エドワーズである。彼はフランクリンと同時代人であり，ニュートンの自然哲学と科学思想，ロックの経験論と実証主義を若い頃から学んで育ち啓蒙主義的合理主義の影響も受けるが，やがてロックから離反し，宗教的真理に近づくための手段は人間の心に備えられている感性の働きにあると主張した。そして，1740年代に発生した覚醒現象に関して，後千年王国論や世界救済の視点で論じつつ，ニューイングランドが世界救済の先駆けになると主張している。その後，伝統的カルヴィニズムの復興を目指し，ロック批判として主観的理想主義に基づく総括的な神学体系を打ち立てた。彼の膨大な業績が最近全集としてようやくその全貌を見せ始めるにつれ，彼のアメリカ思想に及ぼした影響が極めて重大かつ広範にわたっていることがわかってきた。ことに，人間は誰しも心と感性が備えられているのだから，道徳や宗教上の真理は誰でも感知できるという，極めて民主主義的な見方がこれ以後定着するようになる。彼は後に19世紀後半までアメリカの神学思想の中核をなす「ニューイングランド神学」の創始者であり，ジョゼフ・ベラミー，サミュエル・ホプキンズ，ティモシー・ドワイトらイェール神学校の後継者たちに深い影響を残した。その彼らが19世紀初頭からアメリカの精神的風土となる第2次大覚醒の担い手となったのである。

C──革命期の政治思想

こうした宗教色の深いアメリカ思想の流れの中で例外的なのが革命期と呼ばれる，1763年から1787年の合衆国連邦憲法制定までのごく限定された期間における政治哲学の隆盛である。植民地はイギリス本国の税制，通商規制，法治制度などの多くの問題に対抗する際，ラディカルなホイッグ党の論調をとり入れていたが，13植民地が一致して母国イギリスから独立を求める過程では新たな政治理論を構築するに至る。それが最も明瞭に主張されている文書といえば，当時33歳の若さで起草委員のひとりとしてトマス・ジェファソンが取り組んだ独立宣言である。11年後の1787年に合衆国連邦憲法が制定される時期には，彼はフランスに駐在公使として出向いており憲法制定会議には参加できなかったが，連邦憲法については権利章

イロコイ連合とアメリカ合衆国連邦制度

　現在，アッパーニューヨークと呼ばれているカナダとの国境に近いニューヨーク州北部には，上空から見ると五本の指を並べたかのようなフィンガーレイク湖が広がっている。それぞれの湖水近辺に生活していたのがイロコイ族で，当初はセネカ，オノンダガ，オネイダ，モホーク，カユーガの5部族であったが，それに1714年頃ノースカロライナから逃亡してきたトスカロラスが加わって合計6部族が別個にそれぞれの領域を支配し，いわば独立国家のように存在していた。

　17世紀初頭アメリカ大陸東海岸にヴァージニア，プリマス，マサチューセッツ，コネティカットなど農耕を主体とするイギリス系植民地が設立され，前後してセントローレンス川流域には，フランス人が川づたいに展開して五大湖を目指して狩猟を基盤とする勢力範囲を広めると，その間にはさまった領域がイロコイ族の支配地域となった。イロコイ族5部族は長年にわたる部族間闘争を続けてきたが，それまでの戦闘状態を解消する連合が成立したのは1450年頃と考えられている。それにはイロコイ族に属さないヒューロン族のダガンウィダと，後にロングフェローの長詩でよく知られるようになるハイアワサが中心となった和平工作があり，そこからイロコイ連合が成立し平和的部族間関係が確立したのである。

　イロコイ連合の基本は「平和の大原則」と称される規則で，後にモホーク族のセス・ニューハウスによって1880年に英訳され出版されている。要点は，5つの独立した部族国家がそれぞれ平等な立場で政治的権力を保持し，連合を保ちながら，合議制をもって運営される政治機構である。後から参加したトスカロラス部族は18世紀初頭には議決権が与えられなかったが，戦争などの重要事項は諸部族の満場一致によってのみ承認された。すなわち，ヨーロッパ社会のような貴族の圧政と階層的社会とは異なった，いわば，合議制に基づく民主主義的平等主義の要素を強くもっていたのである。そればかりでなく，連合における政治と宗教の分離，女性の権利なども認められていた。

　18世紀後半，13植民地がイギリス本国から独立していく過程で，どのような統一的政治形態をもってイギリスと対抗していくかが大きな問題であり，フェデラリストとアンチ・フェデラリストの論争が繰り広げられる。結論的にはトマス・ジェファソンやベンジャミン・フランクリンが中心となって連邦制度が確立されるのだが，その背後には当然ヨーロッパ啓蒙思想の潮流に立つジョン・ロックやホッブス，エドマンド・バークらの政治哲学が思想的影響を与えていた。しかし，こうした西欧政治思想とは別に，ネイティブ・アメリカンの政治機構が影響を与えたと主張されている。

　つまり，フランス勢力と対抗するため，イギリス系植民地とイロコイ連合との間に外交条約締結が度々なされるが，それらを印刷したのがフィラデルフィアで印刷業を営んでいたベンジャミン・フランクリンであり，のちに植民地政府から特使として彼自身が派遣されると，外交交渉をとおしてイロコイ連合の政治機構のあり方を直接見聞きする立場に置かれた。彼はそうした経験から13植民地が連邦制度をもって合衆国を形成する可能性をみたのである。いうなれば，ヨーロッパ的貴族政治から脱皮した新生アメリカ合衆国の国家形成過程は民主主義政治を展開する格好の実験場であったのだ。そのとき，土着のイロコイ連合の政治機構が導入され，連邦制度をはじめとするアメリカ的民主主義政治形成に少なからぬ影響を与えたというのである。こうした主張はアメリカ原住民の固有の文化を擁護し，そのアメリカ文化に対する貢献を評価しようとする立場に立つものであるが，アメリカ政治のヨーロッパ起源と対立しつつ論争が続いている。

［大西直樹］

典の必要と大統領の任期制限が盛り込まれるよう強く要求した。また，合衆国憲法修正第1条として明記される政教分離の原理は，それ以前のヴァジニアにおいてジェファソンの草起したヴァジニア信教自由法が1786年に承認されているが，政教分離の基礎となる信教の自由を最初に認めた例であり，その意味でも極めて重要である。植民地時代以来，宗教的起源の特徴を強く持つアメリカが政教分離を国是とするという，一見逆説的な宗教政策がとられるようになった背後にはジェファソンの政治哲学が極めて深い影響を与えている。さらに，政治哲学の面で同様に重要な文献としては1787年から88年にわたり新聞紙上において掲載された85編の評論からなる『フェデラリスト・ペーパー』がある。これはジェイムズ・マディソン，アレグザンダー・ハミルトン，ジョン・ジェイが展開した憲法擁護論であり，権力と自由，中央政府と地方政府の在り方など，立憲政治の基本，民主主義政治哲学の理論的根幹が，彼らと彼らに反対するアンチ・フェデラリストたちを取り巻く論争の中で確立された。こうして18世紀後半に確立された民主主義政治理論の基盤の上に，アメリカの政治および法制度の仕組みは機能し，21世紀となった現在でも連邦憲法という形でこの国を支えているのである。

D──第2次覚醒運動

さて，18世紀末葉に入り独立革命の混乱期が過ぎ去ると，啓蒙主義的イデオロギーに対する反発が起こり，宗教的正統主義の立場にある思想家の発言が影響力を深めた。そのため1620年のピルグリム・ファーザーズによるプリマス上陸200年祭にあたる1820年を中心に，1861年の南北戦争勃発に至る時期まで，アメリカ思想界はキリスト教聖職者たちが再び支配するに至る。当時は大学も大きな発展の時期をむかえ，さまざまなキリスト教派が運営していた神学校においても，学術面や教育面でキリスト教的色彩は支配的であった。イェール大学の神学校で，ジョナサン・エドワーズの直系の弟子たちが中心となった宣教運動によるリバイバルが起こった。彼らはジョナサン・エドワーズによるリバイバルを第1次覚醒と名付けることで，自らの宣教活動をそれに連なる第2次大覚醒と位置付け，活発化させた。その頃プリンストン大学ではジョン・ウィザースプーンが学長になると，スコットランド哲学が大きな影響を与えていた。

E──トランセンデンタリストとセントルイス・ヘーゲリアン

一方，大学の場を離れたところからも思想界に大きな影響を与えたグループが活動していた。ラルフ・ウォルドー・エマソンを中心としたトランセンデンタリスト（超絶主義者）のグループで，彼らは大学中心に展開された正統主義にまっこうから対立した。エマソンを中心とした彼らの思想的姿勢には，反主知主義と反都会主義とが共通して強く意識されているが，彼に私淑し『ウォールデン』を著したヘンリー・デイヴィッド・ソロー，ユニテリアン派牧師のセオドア・パーカー，教育者ブロンソン・オルコット，ジョージ・リプリー，そして女権論者のマーガレット・フラーらが，ハーヴァード大学を意識しながら，ボストン郊外のコンコードに集まって活動していた。しかし，トランセンデンタリズムをひとつの系統的な思想に基づいた主義と考えるべきではなく，かかわりをもっ

た人々の思想は極めて多様性に富み，1つにくくるわけにはいかない。それでも，彼らの関心は極めて精神的あるいは宗教的であり，主要メンバーは伝統的な三位一体を否定するユニテリアン派の出身でありながら，その教義に飽き足らず，イギリスのロマン派詩人サミュエル・テイラー・コールリッジの観念哲学，さらに彼を経由してシェリングらのドイツ観念論への傾斜を深めていた。エマソンは人間個人の内なる魂と，神の意志である「大霊」とが自然を媒介に，彼の言うところの「理性」を働かせることで共感を持つとする『自然論』を1836年に発表したが，ここにはトランセンデンタリストたちの主張が結実している。発表当時，極めてラディカルと捉えられた彼らの思想は，その後のドイツ哲学，ことに観念論がアメリカ思想に影響を深める1880年頃までには，広い支持を獲得していった。

やはり大学教育の場以外で活動していたグループがもう1つある。19世紀中頃にはドイツとの文化交流が深まり，同時にドイツからの移民の激増と，その逆にアメリカの学生の多くが専門教育を目指して博士号取得のためにドイツに留学する風潮が高まった。そのためドイツ文化の影響が広まったが，ことにドイツからの移民が多く定着した中西部のセントルイスでは，ヘーゲルを中心としたドイツ観念哲学を取り入れたウィリアム・ハリスやヘンリー・ブロックマイヤーを指導者としたいわゆる「セントルイス運動」が展開された。彼らを通して，ヘーゲルばかりでなく，フィヒテ，シェリング，ショーペンハウエルなどの著作が英語に翻訳され，ドイツ観念論がアメリカにおいて定着する。その例として，例えば，ハートフォードの会衆派牧師ホレス・ブッシュネルは過激な教会論を展開したが，そこにもドイツ観念論からの影響が見られる。このようにして19世紀アメリカでは，南北戦争期にかけて次第にドイツ観念論が

❷ R. W. エマソン

その影響力を深めていたのである。

以上に述べた時代を通してアメリカ思想を見渡すならば，そこには，アメリカならではの特徴が示されている。つまり，エドワーズの宗教思想にも，革命期の政治ならびに法哲学においても，さらに，超越主義者たちの思想においても，哲学は宗教，政治，法律，文学を支えつつ，人々の実際の生活に密着し役に立つことがなければならない，という揺るぎない信念がそこに見えるのである。確かにフランクリンとは違って，エドワーズもエマソンも実利とか実用という面では役に立つということはないかもしれない。しかし，彼らの関心は常に一般の人々の実際の生活に向けられていたのである。逆に言うならば，哲学が哲学を専門とする人々の形而上のみの学問であってはアメリカでは役に立たないということが実感されていたと言える。

F── ダーウィンの進化論

こうした特質を持ったアメリカの思想の流れにおいて，1つの大きな衝撃をもたらしたのが，『種の起原』(1859)によって発表されたチャールズ・ダーウィンの進化論である。この出版は，これまでのアメリカ合衆国の知的世界を支配していた宗教観を打ち砕くかのような衝

撃であり，たちまちにアメリカ思想界に急激に広まり，1つの社会現象の様相を呈すると同時に，かつてない激しい論争が巻き起こった。進化論に対しては当然，厳しい抵抗の声が叫ばれ，ハーヴァード大学の著名な植物学者ルイ・アガシも進化論を否定する説を展開した。しかし，進化論は勢いを衰えさせるどころか，さらに広い支持を集めていった。ダーウィンの進化論が従来のキリスト教的世界観とラディカルに異なる点は，人間は神の被造物ではないとする点であり，魂の永遠性や生命の復活というキリスト教の根本的な教えを認めないところにある。さらにダーウィンは，自然が1つの意図をもってつくられているという点も否定し，人間が被造物として動物性と精神性を兼ね備えているゆえに自然の理解ができるとする従来の観念を覆したのである。イギリスではトマス・ハックスリーや社会学者ハーバート・スペンサーらが，ダーウィンの進化論を独自に発展させた。ことにスペンサーの主張した社会進化論は，人間社会も生物界のように進化するとしたもので，アメリカの地ではビジネスを支え，さらに促進させるためにひとつのイデオロギーとして独特なかたちで応用された。また一方で人種差別を正当化する理論として用いられたこともあった。

これらの主張に対しては伝統的宗教勢力の立場からの激しい反論も加わり，進化論を教育の場でいかに扱うか，伝統的なキリスト教の立場からの対立が最高裁まで争われた。一方で，思想界の闊達な論争のなかから，ダーウィン以降の，いわゆる「アメリカ哲学史の黄金時代」を作り出した哲学者や思想家が生まれてきたのだ。アメリカでは数学者のチョンシー・ライトが進化論に深くかかわっていた。彼は，エドワーズと同様ノーサンプトンの出身であり，ハーヴァード大学で学び始めた頃はエマソンを愛読していたが，ダーウィンの著作から決定的な影響を受け，スチュワート・ミルの信奉者としてイギリス経験論の立場から，当時急激に精彩を失いつつあった超絶主義を批判した。一言で言うなら，ライトは移り変わる時代の潮目に置かれた存在であったのだ。ダーウィンを擁護する一方で，彼はスペンサーを批判し，進化論は生物学の仮説にしかすぎないのであって，これを形而上学に応用したり転用することには強く反対し実証主義の立場を貫いた。ライトはその意味でも，極めて重要な影響を残した。彼はケンブリッジで「形而上クラブ」という集会を始め，ここでは彼から極めて深い影響を受けたチャールズ・サンダーズ・パースをはじめ，ウィリアム・ジェイムズも活動していた。

G──プラグマティズムの発生

アメリカの代表的な哲学概念とされるプラグマティズムは，それ自体，統一的な全体像をもっているものではない，ということにまず留意しなければならない。この哲学的傾向を備えていたグループに属する何人かの哲学者は，決してプラグマティズムという何らかの統一見解を共有しているというのではなく，1つのグループに属すると考えられているものの，個人個人は大きな対立や矛盾を抱えてきたのである。ただし，ある種の精神的親近感ということでは共通の基盤に立っているといえよう。先にエマソンを中心とした超越主義者がボストン郊外のコンコードで活動したことは述べたが，この現代のアメリカ哲学を形成していったグループも，やはりボストン近郊のケンブリッジに集まり哲学的論争を深め「形而上クラブ」を結成した。そこから，いわゆるプラグマティズムと称されるアメリカ特有の哲学観が生まれてくるのだが，その中心人物がチャールズ・サンダーズ・

パースである。若い頃からエマニュエル・カントの論理学的側面に深く傾倒していたパースは，当時ジョージ・ブールらによって数学的論理学が形成される時期であったこともあり，数学と論理学を探求し，論証理論，数学の基礎，などの分野で極めて重要な業績を残した。彼はプラグマティズムの始祖であるといえ，また現代記号論の創始者の1人ともいわれている。しかし，彼の論理学を基礎とする思想はあまりにも時代を先取りしており，友人の度重なる推薦にもかかわらず，ハーヴァード大学のチャールズ・エリオット学長が彼の雇用を拒否し続けた。そのため，パースは学術的な研究機関で研究生活を送ることなく，早くから隠居生活をしながら思索を深めたが，その生涯は孤独と無理解にさいなまれた不遇なものであった。生前は評価されなかった彼の業績は遺稿として1931年から35年にわたって全集が出版され，それに伴ってアメリカ哲学の先駆者としての評価がにわかに高まったのである。こうしたパースであったが，彼は根本的には観念論者であり，個人個人の人間は，大きな宇宙的意志の象徴であるという観念論から出発している。この宇宙的意志とはすなわち，個々の心の共同体であり，統覚と彼が呼ぶところのものだが，それはパースにとっては，すべての象徴によって構成される論理的一貫性をもった統合として捉えられている。後期のパースはシネキズムと彼が呼ぶ概念を発展させた。彼によれば現実は連続性を持ち，物質といわれているために物理的法則のように見えるのだ。この延長上に彼の宇宙論が展開され，宇宙の進化は，神によってもたらされ，必然的に道徳的方向性をもつと主張した。つまり，パースはダーウィニズムの持ち込んだ渾沌に対して1つの解決を与えたのである。そして，思想は行動によってその思想を実現する方途を見いださねばならない，というのが彼の持論であった。

❸ C. S. パース

H──アメリカ哲学史の黄金時代

❶──J. ロイスと W. ジェイムズ

19世紀後半から20世紀初頭にかけてハーヴァード大学を中心に絶大な影響力を有していた哲学者がジョサイア・ロイスである。カリフォルニア生まれの彼はドイツに留学して哲学を修め，ジョンズ・ホプキンス大学で博士号をとった後は，カリフォルニア大学で教職に就いたが，ウィリアム・ジェイムズらの誘いでハーヴァード大学で哲学を講じるようになり，そこで生涯，研究と著作に専念した。彼はパースに従い論理学を基礎にした究極的な観念主義を主張した。カントの哲学の伝統に立つロイスは，新ヘーゲル主義者でもあり，思考には2つの種類があるという。1つは客観的に描写可能な科学的思考であり，もう1つはそれをも包み込む絶対者の精神の在り方である。人間の個々の精神はこの絶対者の精神の1つの部分あるいは一連の印であるという絶対的観念論をとなえた。

ウィリアム・ジェイムズはロイスに比べるなら，さらに深い宗教的背景を備えていた。スウェーデンボルグ派の宗教思想家の父ヘンリー・ジェイムズの長男としてニューヨーク市に生まれたが，弟は父と同名のアメリカ文学史上重要

❹ W.ジェイムズ

な作品を残した小説家ヘンリー・ジェイムズである。彼は生涯を通して宗教的基礎の上に自分の知的活動を据えようとしていた。進化論がどのような影響をもたらすかを早くから見抜いていた彼は、ダーウィンの理論に対抗するためには生物学に十分習熟していなければならないと考えて医学を学び、やがてハーヴァード大学で解剖学の教鞭をとるようになる。彼によれば、進化論を取り巻く論争の中心的課題は人間の精神のありようであり、進化論者ハーバート・スペンサーをはじめとする唯物論者たちが主張するところとは違い、精神活動は物理的法則によるのではなく、また、決定論によって限定されるものでもなく、根源的には自由な固有な働きがあることを主張した。それは、彼の言葉で言えば「信ずる意志」であり、その意志を具体的に行動に移すための哲学が彼のプラグマティズムである。彼によれば、人間1人ひとりの信ずる意志は、客観的な実験結果のように誰にとっても普遍的な意味を持つものではなく、個々の具体的な個人にとってそれぞれ別個な結果が生ずるとされる。ここに彼の哲学が極めて個人主義的色彩が強いとされる要因がある。1880年代になると心理学研究に没頭するようになり、記念碑的な著作となった『心理学原理』(1890)はそれ以後の心理学に決定的な影響をもたらすものとなり、後述するデューイもこの著作に大いに刺激を受けている。また、ジェイムズは実験心理学の創始者といわれ、哲学をロックやヒュームの伝統から切り離したとも言えるだろう。またパースのプラグマティズムを彼独自の見地から紹介し、そのことをとおして、プラグマティズムという名称を一般に広めたのは彼の功績でもある。

❷——ジョン・デューイ

ジョン・デューイはダーウィンの『種の起原』が出版された年に生まれた。彼は、パース、ロイス、ジェイムズより年少であったが、彼らと同様に深い宗教的な背景を持っていた。ニューイングランドのカルヴィン派を受け継ぐ家系に育ち、ヴァーモント大学では、ジェイムズ・マーシュが導入していたドイツ観念主義の影響を色濃く受けながら、それとは別に独自の哲学を形成していった。ジョンズ・ホプキンズ大学院に進むと観念論を学び、ミシガン大学を経て1894年にシカゴ大学で教鞭をとり始める頃には、極めて著名な哲学者としてその名を馳せるようになっていた。その後はコロンビア大学で名声をほしいままにしながら膨大な著作を残した。20世紀初頭から30年代にかけてプラグマティズムが全盛期を迎えていた頃には、その中心人物として、教育、社会、政治、心理、倫理、さらに論理学や宗教学などを含むさまざまな分野について多岐にわたる、しかも深い影響力を持った思想を展開していた。その意味で、彼の中心的な関心は、哲学の問題解決というよりむしろもっと実践的な人間を対象とし、生活の場における哲学を標榜しつつ、具体性と実践面を持った社会改革を目指していた。そのなかで、教育改革、政治改革を通し、倫理学や社会哲学においてプラグマティズムがいかなる意味合いを持ちうるかという問題に取り組んでいた。つまり科学はいかにすれば、現実の問題解決に役に立つことが可能であるか、それこそ

が哲学に課せられた務めだと考えていた。その中心には彼の経験に対する独自の概念がある。彼以前の哲学では経験を単に認知論によって捉えていたが、彼はこのような伝統的哲学のもつ主知的傾向を退け、日常生活における生活、生活を通しての経験という連続性に注目した。その上で、彼のいう自然主義と道具主義という概念がはたらく。ダーウィンの進化論に深い影響を受けた彼は、観念論が主張するような人間の持つ先験性を完全に破棄し、同時に、精神と物質、本質と存在、自然と経験といった従来の二項対立概念をも退けた。そして、人間の文化的あるいは精神的営みというものは、人間が自然的、生物学的なものから発し、生活と環境から受ける相互作用とそのなかで発揮され、そこで生み出される思考や認識、そして言語などの知的活動を経て、文化的精神的生活を作り上げる、というのである。その際自然環境との相互作用において媒介となるのが道具であり、彼はこれを道具主義と名付けている。つまり、自然的環境におかれた人間はそこでのさまざまな問題と困難を克服するため、環境に適応する手立てとして道具をもちいるが、それによってよりよい生活を営むことができるのである。彼の科学に対する信奉もこの延長上にあり、科学のもつ実験的探求の姿勢と方法も人間の精神の営みと捉え、科学的方法の重要性を主張したのである。このような立場で展開された彼の実践的教育論は進歩主義教育と呼ばれ、アメリカの教育界のみならず広く世界中の教育に対して極めて大きな影響を与えた。

❸ ジョージ・サンタヤナ

ロイス、ジェイムズ、デューイ等のプラグマティストは結局のところ、デカルト、ヒューム、カントと連なる哲学的伝統から離れ、哲学を形而上の理念主義から救い出したと言えよ

❺ J. デューイ

う。ということは同時に道徳と宗教理念についても、それらを実証主義にたつ懐疑主義から救い出したとも言いうる。こうして彼らは20世紀前半のアメリカ思想界における中心的地位を保持し続けたのである。ところで、これら3人のグループのうちロイスとジェイムズを同僚としながら、彼らの哲学的主義主張とは明確な一線を画し、理想主義者に相対する芸術家、活動家に対する運命論者という批判的位置を堅持し続けた存在として異色を放つ哲学者がジョージ・サンタヤナである。スペインに生まれ、ハーヴァード大学を優秀な成績で卒業した彼は、そこで哲学を講じることになるが、外国人として哲学の分野で最初に大きな影響力を発揮した人物である。彼はカトリック信仰の背景をもつといわれるが、実際に信仰をもっていたかどうかは定かではない。彼はエドワーズのプロテスタント神学やエマソンの超越主義には終始はっきりした反発の態度を貫き、やがてアメリカでの生活にも見切りをつけて、1912年以降はイギリスとヨーロッパ大陸で生涯を過ごした。こうした生涯からも明らかなように、ここまで述べた同僚のいわゆるプラグマティストたちとは違い、彼はアメリカの将来像に楽観的になることができなかった。彼の小説『最後のピューリタン』には、アメリカ人の気質の中に、かつてのピューリタン的側面が人々の呪縛となって生き延びているありようが描かれている。

I──デューイ以降のアメリカ哲学

デューイが注目を浴びていた50年代が過ぎるとアメリカの哲学界は，これまでの哲学者が持っていた総括的視野を失うという傾向を如実に示すようになる。そうなる以前の哲学者の関心は，宗教，政治，法律，そして教育といった広い視野を備えていたために，社会的関心も強く時代の批評家として一般からの尊敬も集めてきた。しかし，この時代に至るとその視野が専門化して狭まり，ある特定の分野にかかわる哲学が究められるようになる。例えば，論理学，言語哲学，などである。これらの分野の専門家は，デューイ以前の思想家とは違い広く社会との接点をもたなくなってしまった。しかし，そうした哲学者たちの一般的傾向とは別に，第1次世界大戦，および第2次世界大戦の時期に極めて重要な影響を思想界にもたらしていたのは，神学者のラインホールド・ニーバーである。彼はドイツ移民の子孫でルター派の牧師の子として中西部ミズーリ州に生まれ，後にニューヨーク市のユニオン神学校において1928年から60年間キリスト教倫理学を講じながら，ネオ・オーソドクシーと呼ばれる神学を代表する神学思想家として広く知られていた。そればかりか，一般の知的社会のみならず，政治界，および実際の国家の内外政策にも顧問として直接の影響を与えていた。彼から影響を受けた人物には政治学者のハンス・モーゲンソー，歴史学者のアーサー・シュレジンガーをはじめ，実際に政治や外交の現場にある政府高官など広範囲に及び，その意味で20世紀アメリカの代表的な政治学者であったとも言いうる。彼は，プラグマティズムが主張していた楽観的な進歩発展の思想的傾向に対して，伝統的ピューリタニズムを背景に厳しい原罪認識を踏まえた批判的スタンスをとり，歴史の持つアイロニー，つまり逆説的展開に注目していた。ことに，両世界大戦を通じて国際的に超大国となったアメリカ合衆国に対して，その自意識と責任のあり方に警告を発し，旧約聖書の預言者のような発言を繰り返し大きな影響をおよぼした。ファシズムの台頭や共産主義の進展など激変する世界情勢のなかを生き抜いた彼は，変化していくものと変わることのないものとを見極める力を自他ともに求めていたと言える。一方，60年代にはアフリカ系アメリカ人の公民権運動指導者マーティン・ルーサー・キングの思想と行動が大きな注目を集めた。ジョージア州アトランタに育った彼は，神学校を経てボストン大学から博士号を取得すると，牧師としてアラバマ州モンゴメリーに赴任する。そこでは黒人に対する人種差別に抗議してバス・ボイコットが行われるが，19世紀の超越主義者ソローや，インドのマハトマ・ガンジーの平和思想から深い影響を受けたキングは，非暴力的手段による抵抗運動を指導してこれを成功に導いた。また，アメリカ南部にけるキリスト教指導者を団結させ，公民権運動の中心的な人物となった。彼の説く平和主義，人種平等主義，そして非暴力による不服従政策は60年代後半に広く支持され，その時代精神として共感を与えたのである。

J──現代アメリカ思想と科学者

このニーバーやキングのようにある1人の思想家が一世を風靡するような注目を集めていた50年代および60年代までのアメリカの思想界は，あの混乱と激動の60年代後半を経て大きくその様相を変えることになる。それまで哲学として扱われてきた領域はさらに細分化され，専門化されることで，大思想家と称される

ような哲学者や思想家の出現が困難な状況が生じてきた。さらに1973年のベトナム戦争敗北や，その後20世紀の末葉になると，アメリカ合衆国を取り巻く国際政治情勢は激変の時期を迎えた。1989年の共産主義ソビエト・ロシアの崩壊によって政治的イデオロギーの対立構造は解消し，それまでの明解な政治的図式にとって代わって容易に把握することのできない複雑な状況が現代の人間を取り巻いている。最近では世界的規模の環境破壊，エイズの蔓延，クローン動物が象徴するような遺伝子工学の発展等，さらにインターネットをはじめとする情報科学技術の発達のなかで，人間は自分の作り出した技術革新に目を奪われているうちに，気づいてみると，自分の築き上げた文化環境のなかでどうしてよいかわからない状況に囲まれている。人類と地球を崩壊させる力を人間が自分の手のうちに持ってしまったという状況が生まれているのである。さらに，それが，ごく限られた専門家の判断にゆだねられているのではなく，誰でもがこれらの専門的知識を入手し，それをもとにした技術を行使できうる環境ができてしまっている。

　人類史上これまで遭遇したことのなかったこうした状況の中で，人間観も世界観も，そして宇宙観も，新たな構築が求められており，科学の進歩と人間の知恵とが統合されうる方法を，哲学あるいは思想が提示しなければならない。しかしながら，技術発展の進歩の速度にとうてい追いついていないのが現状であろう。そうした危機感もあって，アメリカの先住民の思想についての関心も深まっている。ネイティブ・アメリカンの世界観は，簡単に述べれば，汎神論的な自然崇拝と科学技術発展以前のコミュニティ感覚がその基本にある。ところが問題はそもそも文字文化をもたなかったこうした先住民族の文化が，民族を超えて広く理解されたり支持されることは極めて困難であり，アメリカ合衆国の思想文化に与える影響ないしインパクトは依然として極めて限られているといわなければならない。

　一方で，インターネットを中心とした急激なグローバリゼーションが地球上に網目をくまなくはり巡らしている昨今，アメリカ合衆国独自の哲学とか思想をうんぬんすることの意味そのものが薄れてきている。もはや，国境と国籍を超え，1つの地球全体という視野で捉えなければならないさまざまな問題が目の前に迫っているのである。

■参考文献

鶴見俊輔『アメリカ哲学（新装版）』講談社学術文庫，1986.

Flower, E. and Murphey, M. *A History of Philosophy in America*. 2 vols. Capricorn Books, 1977.

Miller, P. *The New England Mind*. 2 vols. Harvard Univ. Press, 1939, 1953.

Schneider, H. *A History of American Philosophy*. Columbia Univ. Press, 1963.

■さらに知りたい場合には

日本には，アメリカの思想家や時代思潮について特定の分野だけを扱った本はあるが，アメリカ思想史・哲学史の全般にわたって論じたものは翻訳書にも見当たらない。このため英語で書かれたものを2冊だけ紹介する。

Curti, M. *Growth of American Thought*. Transaction Publishers, 2003³（初版1943）.
［アメリカ思想史の流れを鳥瞰できる定評のある大著。1000ページ近いが，2003年に第3版がペーパーバックで刊行された。］

Bercovitch, S. *The Puritan Origins of the American Self*. Yale Univ. Press, 1975.
［アメリカ思想のピューリタン起源を論じたもの。難解だが，根源的な問題を扱う。］

30 | アメリカ生まれの宗教
Religions Developed in the USA

越智道雄

大航海時代，「天下った天国またはエデン」として意識された新大陸において，宗教の目的は天国を物質化することだった。ヨーロッパの産業革命を支えることにもなったこのプロテスタンティズムの理念は，アメリカにおいて産業化と手を携えながらさらなる発展を遂げ，信仰復興運動という形をとっていまだ再生を繰り返している。またプロテスタンティズムを背景にもつ新たな宗派も続々と登場し，19世紀初頭に現れた「キリストの教会」「キリストの弟子たち」をはじめとし，モルモン教，クリスチャン・サイエンスなどのアメリカ始発の宗教は現在でも多くの信者を抱えている。しかしこれまで禁欲的な宗教倫理と産業化による欲望拡大の調整役を果たしてきた宗教も，現在の高度管理社会にあって転換期を迎えつつある。

A── 宗教と産業の因果関係とアメリカの特殊事情

❶──「天職」概念と産業社会

プロテスタンティズムには「天職（コーリング）」(calling) の概念がある。「私は神によってこの職業に召された（コールド）」(called) という信仰である。天職は牧師だけでなく，俗人にも認められると考えられた。

天職に励むかぎり，俗世間での成功は是認された。この関係は，産業革命で勃興してきたブルジョワジーに，新テクノロジー開発による自分らの成功が神のみそなわすところだという保証をあたえるものだった。彼らは新たに創出した産業社会をプロテスタンティズムの保証によって「天職」の結果と見ようとしたのである。

しかし欲望抑制を基礎とする神が，欲望開放を基礎とする産業活動の達成度を測る尺度になることは大きな矛盾の根源になった。この矛盾は産業規模が天文学的に拡大した今日，従来のプロテスタンティズム信仰では調整不可能となってきている。初期の産業社会時代から矛盾の調整役を果たしてきたのが「信仰復興運動（リバイバリズム）」だったが，最も高度に産業化された今日のアメリカにおいて，究極の信仰復興運動である一見時代錯誤的な福音主義派＝根本主義派（エバンジェリカルズ＝ファンダメンタリスツ）がいっこうに衰えを見せない背景もそこにあるのである。

❷── 千年期後再臨説・千年期前再臨説

アメリカの場合，上記の宗教と産業の因果関係が，以下の理由でヨーロッパよりはるかに増幅された。中世の神学的世界観ではアメリカ大陸は存在しなかったので，大航海時代に新たに発見されたとき，この新大陸は「天下った天国

またはエデン」と意識されたのだ。新大陸が「物質化，形而下化された天国」だと見る，この見方は，終末思想（エスカトロジー）や最後の審判を隠喩ではなく，文字どおりに「物質化，形而下化」して受け取る今日のアメリカの福音主義派＝根本主義派の台頭を予示していたわけだが，同時に本稿で扱うアメリカ始発の宗派の登場は必然性を帯びていたことになる。

ともかく，この「天国形而下化」が「千年期後再臨説（ポストミレニアリズム）」の楽観主義につながった。この説は，キリスト再臨が千年期の後に起こるとするものである。

一方，「千年期前再臨説（プレミレニアリズム）」は，再臨が千年期の前に起こると主張した。つまり，携挙（信徒の天空への緊急避難），ハルマゲドン，最後の審判など，非信徒には戦慄すべき地獄が口を開いた後，千年期が訪れるわけで，キリストは恐るべき破壊者として再臨し，アンチキリストと彼に率いられた不信心者らを葬り去るというシナリオを提示したのである。

アメリカでは最初は，インクリース・マザーとコットン・マザー父子らピューリタンが「千年期前再臨説」だったが，ジョナサン・エドワーズがアメリカではハルマゲドンなどなしに自然な過程で千年王国が実現すると，「千年期後再臨説」を唱え，これが南北戦争まで主流となった。

B── さまざまなアメリカ始発宗派とモルモン教

❶── キリストの教会・キリストの弟子たち

この流れの中で19世紀初頭，最初に生まれてきたアメリカ始発の宗派が，「万人救済説（レストレーショニズム）」に基づくもので，究極的には「キリストの教会」（信徒約25万人：2001年の推計値，以下信徒数については同様）と「キリストの弟子たち」（信徒約49万人）である。いずれも「原始キリスト教」への回帰，聖書への極端な依拠が特徴だが，前者が保守派，後者がリベラル。レーガン元大統領は母親の影響で後者の信徒だったが，彼自身の政治信条は保守だったし，後にはボーンアゲイン・キリスト教徒だと名乗った。

次のアメリカ始発宗派は「再臨派（アドヴェンティスト）」系列の宗派で，1844年，ウィリアム・ミラーが終末予言をしくじり，一時衰退したものの，今日では「安息日再臨派（セブンスデイ・アドヴェンティスト）」（信徒数約72万人）に統合された。1993年，「アルコール・タバコ・火器・爆発物取締局（ATF）」やFBIと銃撃戦を展開，自滅した「ブランチ・デヴィディアン」は，20世紀前半，安息日再臨派から独立したカルトである。

やはり再臨派系の「エホバの証人」（信徒数約133万人）の前身は1874年に設立された。また信仰の踊りの奇怪な身振りからシェーカーズ（震える者）と呼ばれた「キリスト再臨信仰者統一教会」は18世紀，イギリスでクエーカーから分離したが，アン・リーによって新大陸へ移し変えられ，極めてアメリカ的な宗派となった。19世紀初頭には盛んだったが，独身主義なので今日では激減している。

19世紀後半に生まれた，罪のない生き方，改宗後の「第二の祝福」を信じる，ホーリネスと呼ばれる系列では，「神の教会」（信徒数約94万人）が代表的教団である。

なお，上で触れたクエーカー（Quaker）は17世紀にイギリスで生まれたプロテスタントの一派である。クエーカーの信仰の特徴は，深く内面に根ざした「内なる光」を求め，聖書よりも聖霊とのまじわりに重きを置き，そこに信仰の基盤を認めたところにある。しかも，宗

宗教の分類から見るアメリカ社会

アメリカ合衆国というと，キリスト教を中心とした国で，特にプロテスタントが圧倒的多数を占めると一般に考えられてきた。しかし，これには近年になって微妙な変化が見られる。例えば，1990年から2001年までの11年間で，アメリカ成人人口（18歳以上）におけるキリスト教徒の割合は86％から77％へと減少した。一方，冷戦の終結とも関連しているのか，無宗教と答えた人の割合が8％から14％へと大幅に上昇し，また，無回答の割合も2.3％から5.4％へ増加した。世俗化，そして宗教を個人の私的な信念と考える傾向が進んでいるといえる。

プロテスタントの中でもさらに主流であるとされていた各派（バプテスト（Baptist），メソジスト（Methodist），長老派（Presbyterian），監督教会派（Episcopal Church），ルター派（Lutheran Church）など）の信者は減少しており，一方で，南部バプテスト（Southern Baptist）などにみられる福音主義者（Evangelical），ボーン・アゲイン，ファンダメンタリスト（Fundamentalist）が確実に信者を増やしている。

近年のアメリカでは，世俗化や脱組織化を通して人々が宗教から離れていく動きが見られる一方で，一部では低所得者層を中心として宗教活動が活発化しているという，二極分化の現象が見られる。また，中南米やアジアからの移民の増加も，これまでの宗教分布を変化させる要因となっている。もっとも，依然として77％の国民が自らをキリスト教徒として考えているということは，厳然たる事実ではある。実際，キリスト教以外の宗教は3.3％から3.7％に微増するにとどまっている（⇨21 人口の動態 A-5）。

「日曜の朝の礼拝は，アメリカで最も人種隔離が進んだ時間帯である」と揶揄されるように，アメリカ合衆国において宗教は，単に自由選択した個人的な信仰心を示すものではなく，人種，民族，出身地域，そして階級など社会的なステータスを色濃く反映するものである。このことは特に，信仰や教義そのものよりも，教会などの組織への帰属こそが重要視されていることを示唆している。1950年代のハーヴァード大学を舞台とした小説『ザ・クラス』（エリック・シーガル著）にも，入学手続きに訪れた4人の男子学生が，例えば上流階級のアンドリューが監督教会であるなど，それぞれのバックグラウンドに応じて異なる宗派を記入する場面がある。

一般的にいって，もともと英国国教会（Anglican Church）がアメリカ化したものである監督教会派，およびルター派は，裕福な階層がメンバーとなっていることが多く，礼拝の儀式も華やかである。メソジストは最も「典型的な」アメリカ人の宗派とされており，中産階級を中心とした信者が多く，全国ほぼすべての地域を網羅するように教会が存在し，また中央集権的で礼拝の形式も均質化されているといわれている。他方でバプテストは貧しい階層が所属する傾向があり，地域差が大きい。このことは，南部でのバプテストが，主流のバプテストと大きく異なることにも表われている。

一方，プロテスタントに比べて，過去11年間で微減するにとどまったカトリックは，もともと南欧系やアイルランド系の信者が多く，アメリカ北東部と一部の中西部に広がった。中南米からの移民の急増を反映して，カトリックは南部の特にその都市部において増加し，これまでプロテスタント一色だった南部地域に変化を与えている。しかしながら，4分の3がカトリックであるヒスパニック系アメリカ人も，若い世代を中心に福音主義の宗派に改宗する傾向があり，必ずしもカトリックにとどまるわけではない。このように，アメリカにおける宗教地図は，階級や民族，地域と密接にかかわりながら常に変化し続け，複雑化，多元化する動きを示している。　　　［舘　美貴子］

表 30-1 ●合衆国における宗教の主要宗派別推計人口 [2001 年]　　　　　　　　　　　　　　［単位：1000 人］

宗派	推計人口 ［比率］	宗派	推計人口 ［比率］
●キリスト教全体	159,030 [76.7%]	●カトリック	50,873 [24.5%]
●プロテスタント	90,535 [43.7%]	●その他のキリスト教	17,622 [8.5%]
バプテスト	33,830 [16.3%]	モルモン教	2,787 [1.3%]
メソジスト	14,140 [6.8%]	東方正教	645 [0.3%]
ルーテル教会員	9,580 [4.6%]	●キリスト教以外の宗教	7,740 [3.7%]
長老派	5,596 [2.7%]	ユダヤ教	2,831 [1.3%]
ペンテコステ派/カリスマ派	4,407 [2.1%]	イスラム	1,104 [0.5%]
監督教会	3,451 [1.7%]	仏教	1,082 [0.5%]
キリストの教会	2,503 [1.2%]	ヒンドゥー教	766 [0.4%]
エホバの証人	1,331 [0.6%]	ユニテリアン	629 [0.3%]
福音主義派	1,032 [0.5%]	●無宗教	29,481 [14.1%]
クエーカー	217 [0.1%]		
クリスチャン・サイエンス	194 [0.1%]	●回答拒否	11,246 [5.4%]

●出典｜City University of New York Graduate Center, American Religious Identification Survey (ARIS 2001)による統計に基づき作成。
●注｜人口はサンプル調査に基づいて算出された加重推計値，比率は 2001 年の合衆国の総成人人口（18 歳以上，2 億 798 万人）に占める割合を示す。

図 30-1 ●合衆国における宗教の主要宗派別推計人口の推移 [1990-2001 年]

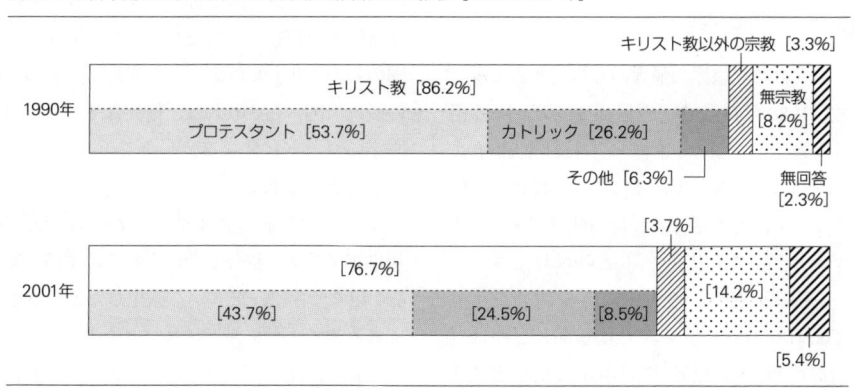

1990年
キリスト教 [86.2%]　　　　　　　　　　　　　　　　　キリスト教以外の宗教 [3.3%]
プロテスタント [53.7%]　カトリック [26.2%]　その他 [6.3%]　無宗教 [8.2%]　無回答 [2.3%]

2001年
[76.7%]　[3.7%]
[43.7%]　[24.5%]　[8.5%]　[14.2%]　[5.4%]

●出典｜2001 年の数値は上記の ARIS 2001 による統計，また 1990 年の数値はやはり CUNY Graduate Center による National Survey of Religious Identification を参照した。
●注｜人口はサンプル調査に基づいて算出された加重推計値，比率は合衆国の総成人人口（18 歳以上，1990 年 1 億 7,544 万人，2001 年 2 億 798 万人）に占める割合を示す。

派・階級などにかかわりなく，その「内なる光」を見いだす可能性はすべての人に開かれていると考える。その帰結として，どの宗派にもまして自由と平等を重んじた。

純粋な意味ではアメリカ生まれの宗派ではないものの，クエーカーがアメリカ社会に及ぼした影響は大きい。宗教的信念に基づいて徴兵拒否，税金滞納などを行ったクエーカーは，イギリスでは異端の危険思想と見なされ，ピューリタン革命後多くのクエーカーたちがアメリカへ渡った。アメリカでも迫害されたが，独立宣言の理念とも共鳴する彼らの信条は奴隷解放運動などに影響を与えた。信教の自由を標榜してペンシルヴェニア植民地を拓いたウィリアム・ペンもクエーカーであった。現在でも彼らはリベラルな平和主義者として知られている。

ちなみに，クエーカーもシェーカーも「震える者」という意味であるが，これは彼らが霊的な経験をしたときに法悦のあまり身を震わせたことに由来する。

❷──モルモン教

アメリカ始発宗教の最大のものであるモルモン教（1988年時点で国内信徒430万，海外信徒640万人）の正式呼称は「末日聖徒イエス・キリスト教会」である。この宗派は，「（信仰によって）焼き尽くされた地域（バーントオーヴァ・ディストリクト）」と呼ばれたニューヨーク州北西部で，18世紀末から19世紀半ばまで荒れ狂った「第2次大覚醒期」と呼ばれる信仰復興運動の熱気の只中から躍り出てきた。前記のミラーの再臨派やシェーカーズなどもこの地域から呱々の声をあげた。

第2次大覚醒期の背景には，前述の産業化と信仰の因果関係が露呈している。この時期のアメリカ北東部は産業化でイギリスに追いつく勢いを見せ，この運動律が後に南北戦争へとなだれ込んでいく。したがって例の因果関係が引き起こす矛盾への恐れが，信仰復興運動を活性化させた（⇨ 29思想の歴史D）。この熱気の只中から，ニューヨーク州パルミラのジョゼフ・スミスが「紀元5世紀の預言者モルモンが教義を象形文字で記した黄金板を，1827年に授かった」と宣言したのである（象形文字の翻訳機ウリムとスミムまで授かった！）。

C──最もアメリカ的な宗派が最も弾圧された皮肉

モルモンと，彼の息子で1823年スミスに天使として顕れたモローニらがアメリカ始発の預言者だったほかにも，モルモン教の教義には極めてアメリカ的な特徴が見られた。まず自らを「末日（世界終末）聖徒」と呼んだこと自体，アメリカを「天下った天国」としてイスラエルに対置するドグマ的心情が横溢している。さらに，三位一体説でも，神とキリストはともに肉体を備えた存在とされたが，これは前述の「天国の形而下化」に呼応する。逆に，幾多の試練の後に天国へ召されれば，信徒はそこで神（小文字のゴッド）になるとしたことは，「人間の形而上化」である。

またこの教派はエルサレムから紀元前600年にアメリカへ移住した白人とその子孫が紀元421年まで存続，彼らから派生した悪しき種子である褐色人種に滅ぼされたと主張したが，この主張は，ネイティブ・アメリカンから先住民の地位を奪い，白人こそ先住民だったとして自らの土地収奪を正当化することにつながった。

さらに「天国の形而下化」を徹底させたのが，復活後にキリストがアメリカ大陸に渡来，例の「先行白人」らに布教，教会まで建てたという主張である。キリストの努力もむなしく，

先行白人は褐色派生種に滅ぼされ、信仰は途絶え、黄金板に残されたわけだ。

また、幼児は原罪がないとして幼児洗礼を認めず、責任能力がめざめる8歳から浸礼によって受洗させる点は、第2次大覚醒期の指導者チャールズ・G.フィニーがカルヴィニズムの峻厳な予定説に抵抗し、個々の信徒には神の救済を自ら選ぶ力と自由があると主張したことに呼応する。モルモン教自体、カルヴィンの予定説を否定しているのだ。

この教派が最も迫害される原因となった一夫多妻制ですら（スミスの通じた女性信徒は50名、2代目指導者ブリガム・ヤングの相手は27名）、アメリカでこそ旧約の世界が復元されると信じた彼らが、旧約の族長らの一夫多妻制の復元を図った痕跡と見られる。

またソルトレイクシティにあるモルモン教の系図館は、小説『ルーツ』大ヒットによるルーツ探しのはるか以前から、歴史の新しいアメリカでは個々の国民の背景を知るうえで貴重な資料を提供してきた。この系図館の由来は、キリスト以前にもいたはずの「義人」をも受け入れる点にあるが、ネイティブ・アメリカン以前に新大陸を占有していた白人の子孫を僭称する根拠の薄弱さへの反動ではないかと思われる。

さらにモルモン教が政府の助成を忌避するのは、自由競争を基礎とするアメリカ人の間に浸透している「自助精神」と軌を一にしている。信徒らは非常時に備えて生活物資を備蓄、身体障害者にも可能な形での労働を要求する。

スミスの時代からモルモン教徒は蓄財がうまく、冒頭の天職概念を連想させる。スミスが1844年、合衆国大統領選に打って出ると宣言したのも、自らを最も新世界的と見なしたこのアメリカ始発教派からすれば、つじつまの合ったことだったろう。ところが、最もアメリカ的なこの教派はほかならぬアメリカで最も弾圧された。大統領選出馬声明の直後、スミスはイリノイ州カーセジでリンチで殺害されたのだ。

❶ソルトレイクシティにあるモルモン教の神殿

D——アメリカとの妥協だった
一夫多妻制廃止とユタ州昇格

冒頭の信仰活動と産業活動の因果関係をモルモン教が最も体現したのは、「明白な運命」と呼ばれたアメリカの西進の運動律を率先垂範した点においてだった。スミス殺害後、彼が築いた拠点ナウヴーが非信徒の襲撃で壊滅した後、ブリガム・ヤングが率いた1,768kmに及ぶ西部へのエクソダス（1846-47年）はモーセの「出エジプト」と比較された。彼に従った新しい信徒らの多くは、ヨーロッパからきたばかりの移民だったことも、古代エジプトで疎外されていたユダヤ教徒らに呼応する。貧しい彼らは牛に引かせる牛車すらなく、手押し車でこの脱出行に参加した。

宗教教団にはあらゆる職種の人間が集まるのでモルモン教徒にかぎったことではないのだが、教徒らはこの脱出行で各自の生業の技術をフルに駆使した。ヤングが決めた方角に、グランドキャニオンのような障害があっても迂回せ

ず, 目もくらむ大峡谷へ牛車をつり下ろす技術を使ってコースを変えなかった。定住後, 優れた灌漑技術を駆使して荒野を農地に変えたのも, モルモン教徒が最初だったといわれる。

技術を駆使する開拓活動と信仰活動をリンクさせるやり方は, 最も先鋭な「明白な運命」の実現だった。メキシコ戦争でヤングが「モルモン大隊」を編成, カリフォルニアへ進撃したのも, 合衆国自体の「明白な運命」への同化だった。合衆国政府はユタを中心に成立したモルモン神殿国家を州として取り込みたかったが, まず一夫多妻制を禁じる法律を制定してから, モルモンにこの習慣を停止させ (1890年), 6年後に州に昇格させた。

プロテスタント宗派では非主流なので, モルモン教の信徒らが, 底辺からトップまで, 各自の職場横断的にネットワークを形成, 組織内外で影響力を行使しようとする度合いは, 主流宗派より目立つといわれる。その割に, 海外で入信させた信徒をアメリカに集めることには消極的で, 各自の国々での布教活動を奨励する。

海外布教には10名弱の若い信徒を1チームとして派遣する。海外布教の若者らは「神の兵士」然としており, 布教先での言語に通じている。

布教と言語の関係で言えば, 彼らはソルトレイクシティのブリガムヤング大学で徹底した語学教育を受けている。この大学の語学教育は世界の主要言語をすべて網羅しており, アメリカでも有数の外国語教育機関として知られている。ここで世界布教にかける熱意にすぐれた外国語の使い手を生み出しているが, 国内布教も全米にわたるため, モルモン布教団は独特な「標準英語」を開発してきたと見られる。その証拠に, 今日のアメリカ・メディアで使われている英語は彼らのアクセントだとする説が強い。

信徒らは各自の収入の10分の1を献金して教団を支えている。酒, 煙草はもとより紅茶やコーヒーまで控える生活態度なので, 個人的な奢侈には超然とする傾向がある。

アメリカで国論を二分してきた社会問題では, モルモン教徒は明確に保守派で, 反中絶, 反女権で, 1980年代に全米を二分したERA(性差別禁止を憲法修正条項に盛り込む運動)でも反対にまわった。

E──神の国の形而下化と人間再生としての治療

他方, クリスチャン・サイエンスは, 病気はすべて「神の国」に対する誤解に起因すると主張, その誤解を解けば治癒するとして, すべての医療を拒否した。それなのに「サイエンス」という呼称を用いたのは, 創始者のメアリー・ベイカー・エディが「神の国」を現世の彼方の超自然的な領域ではなく, 神が現実に支配する「科学的な秩序」だと見なしていたからである。だから神の慈悲を乞い願うのではなく, 「科学的な秩序」を心底から受け入れれば, 治癒につながると見なしたのだ。ここでも「神の国の形而下化」が見られる。

したがってイエス・キリストこそ, 「科学的な秩序」を心底から受け入れて「再生した人類の原型」と見たのだ。例えば, 「あなたがたはこの世に倣ってはなりません。むしろ, 心を新たにして自分を変えていただき, 何が神の御心であるか, 何が善いことで, 神に喜ばれ, また完全なことであるかをわきまえるようになりなさい」(ローマの信徒への手紙, 12-2) に, ひたすら形而上的な響きを持つ聖句が, 実は「変えられた自分」, つまり「再生され治癒した自分」という形而下的な目標を示していると, エディは解釈したのである。

エディがこの特殊な聖書解釈を始めた契機は，彼女が多病で薬石効なく困り果てたとき，催眠術を使う精神治療師フィニアス・P. クィンビーに救われ，弟子入りしたことだった。クリスチャン・サイエンスという語句は，クィンビーからの借用である。ところが，彼が死んだ1866年，エディは氷に滑って転倒，腰骨を強打して寝込んだのに，3日後，聖書を読んでいると，神の実在を感得する心が異様に拡大，何事もなかったように立ち上がれた。この「復活」は，彼女の師匠からの自立であり，クリスチャン・サイエンスの創設の瞬間でもあった。

エディがこのとき読んでいた聖句は，イエスが寝たきりの中風の人物を立ち上がらせた挿話（マタイ，9-1～8）だった。イエスは中風の人物に，最初は「あなたの罪は赦される」と告げたのだが，律法学者らが内心イエスを冒瀆者と思っているのを感じ取ったイエスが，「『あなたの罪は赦される』と言うのと，『起きて歩け』と言うのと，どちらが易しいか」と問い返し，その人物を立たせたのである。「罪の赦し」とは，エディによれば，「神の国の科学的秩序」へと「再生」されることで，それが中風の人物を立たせるという肉体的成果として発現されたことを意味したのである。

クリスチャン・サイエンスがウィリアム・ジェイムズのプラグマティズムを基礎にしていた点でも，「サイエンス」ということばに「信仰のプラグマティズム化，つまり形而下化」が露呈しているともいえる。さらにこの教団が聖職者を置かず，クリスチャン・サイエンティストと呼ばれる信徒団によって運営されていることは，プラグマティズムの最たるものといえる。

❷ M. B. エディ

F——「神の柔和化」と現世利益，女権伸張

また，クリスチャン・サイエンスがラルフ・ウォルドー・エマソンに始まる超絶論にも依拠していた点では形而下化とは逆だった。しかしプロテスタンティズムの峻厳な神に対して，人間と融和してくれる神を登場させた点では，エマソンも，エディも共通である。つまり冒頭で触れた，欲望抑制の神が欲望開放の産業活動の達成度を測る矛盾を直観し，その矛盾の和らげ方こそが当時の「現代人」の精神治療につながると見ていたことがうかがえる。いうなれば産業活動の達成度より，峻厳な神を柔和な神に変えることで，その矛盾からの救済を最優先させたわけである。そこには，エドワーズが唱えた穏健な終末思想，「千年期後再臨説」のエコーも感じられる。

「柔和な神」の概念は，前述のクィンビー，次いでクリスチャン・サイエンスから派生した「新思考（ニュー・ソート）」と呼ばれる調和主義（ハーモニアリズム）の一派においていっそう徹底された。宗教のドグマや制度化の忌避，宗教的真理到達の道筋の個別性，「神は個人に内在する」とする極端に楽観的な神人同形説などから，1960年代のヒッピーの宗教観の先駆

❸プロテスタント教会の儀式を踏襲する大統領就任式〔聖書に手を置き誓約するクリントン大統領，右手に最高裁首席判事レンクイスト，1997年1月20日〕

をなした。しかし新思考の世俗的な指導者はデイル・カーネギーやノーマン・ヴィンセント・ピールらで，しきりに個人の自信の回復を唱えたことから「信念の信仰」と揶揄された。この傾向が巡りめぐって，1980年代に「峻厳な神」の回復を唱える，前述の福音主義派＝根本主義派に逆戻りしたのは皮肉である。

新思考派の神と人間の関係の概念に比べて，エディのそれは楽観主義が少なく，再生されていない人間は神に逆らっているとした。治癒の原動力とされた「動物磁気」についても，「悪意ある動物磁気」の害毒を指摘している。しかし「柔和な神」概念による宗教的自由化で冒頭で触れた信仰と産業の相関的矛盾を乗り越えた結果，神学より治療を優先するプラグマティズムに依拠してきたクリスチャン・サイエンティストらは1人当たりの所得は全キリスト教宗派でトップという現世利益を達成した。いや，神を「柔和化，自由化」した分だけ，いっそう，信仰活動が現世利益的になったのである。さらに教祖が女性だったこの宗派の特徴は，信徒の大半が女性で，意図せざる形で女権伸長に一役買ってきたことだろう。

1881年，エディはボストンに本拠を移し，95年には壮大な「マザー教会」を建設した（エディはマザーと呼ばれていた）。1910年には信徒数が10万人を突破した。彼女が発足させた組織のうち，『クリスチャン・サイエンス・モニター』紙（1908年創刊）は偏りのない良心的で正確な報道で知られ，一般読者にも広く親しまれている。

しかし信仰治療だけに頼り，医療を峻拒した結果，幾多の死亡ケースが発生，遺族からの訴訟にさらされている。

G——「神の相対化」vs「神の絶対化」

最後に，宗教に関する最もアメリカ的な背景は，「信教の自由」である。これは長らく続いてきたカトックとプロテスタントの戦いで疲弊したヨーロッパの姿を他山の石として，「建国の父たち」は宗教の相対化・多元化で宗教の力を削ぎ，政治は民主共和制で一元化しようとした。要するに，宗教は何を信じてもいいが，民主共和制以外の政治システムを持ち込もうとすれば国家反逆罪にするというのだ。この戦略の中から生まれてきた「信教の自由」は，おもて向きの建て前ほど立派なものではないことに，まず留意すべきである。

建国の父たちのこの荒療治は，彼らも信徒だったプロテスタンティズムの指導者らには「信教の自由」ではなく，「祭政分離（チャーチ・アンド・ステイト）」と意識され，彼らの間に深刻なトラウマを残した。牧師らは信徒らに向かって，合衆国政府の「祭政分離」を攻撃して止まなかったので，建国の父たちは牧師らのトラウマに配慮，例えば大統領就任式や裁判所では必ず聖書に手を当てての誓約などを儀式化してきたのである。

冒頭で触れた産業活動へのお墨付きとしてのプロテスタンティズムという，宗教に課せられ

アーミッシュ

　北はアメリカ合衆国の20州やカナダから、南はグァテマラやカリブ海の島嶼にまで及ぶ広い領域に、約16万人の「アーミッシュ」と呼ばれる人々が住んでいる。その祖先は17世紀スイスで、再洗礼派の1つメノウ派から分離したキリスト教少数派であるが、18世紀前半、迫害を逃れて米国東部のペンシルヴェニアに移住した人々である。その名は指導者ヤーコブ・アマンに由来し、別名を「ペンシルヴェニア・ダッチ」としても知られている。

　ダッチと言ってもオランダ人ではなく、またの名を「ペンシルヴェニア・ジャーマンズ」とも呼ばれるようにドイツ系で、日常語もドイツ語方言を使う。アーミッシュは、ヨーロッパでは消滅してしまい、今は主としてアメリカ大陸で、確固とした特異な生き方を示している。

　その生き方をひとことで言えば「忌避」。彼らはドイツ語でマイドゥンクと言うが、英語ではシャニング（shunning）と訳す。忌避とは、現世的なものを「回避または隔離」することで、本来これがキリスト教徒の拠るべき原理であり、初期キリスト教会に始まり、中世カトリシズムも保持していた大原則であった。

　ところが、宗教の国教化が進むにしたがい、宗教界と俗世間との間に「妥協」が図られ、例えばカトリック圏では原則を修道僧に限定して、一般信徒は厳しく拘束しないようになった。宗教改革とは、このような妥協に対する反動であって、忌避の教理を全信徒に要請する運動であった。その主張に最も熱心だったのが、再洗礼派である。だが、こうした厳格な原理主義は政府や教会、周辺農民との間に激しい摩擦をひき起こし、苛酷な迫害を招くもとになった。アーミッシュのアメリカ移住には、このような背景がある。

　つまり宗教的原理主義者であるがゆえに、もっぱら聖書至上主義で生きており、主に次のような特徴が見られる。①農業中心の生活、②没我的人生の追求、③制度的教会の否定、④幼児洗礼の否定、⑤兵役の拒否、⑥偶像の否定、⑦高等教育の否定、⑧食事をともなう集会など。

　彼らは老若男女の別こそあれ、それぞれの範囲では、みな同じような格好をしている。ボタンは贅沢だとして鉤ホックを使う。プライド＝高慢を許さないという信仰上の理由で、目立つことを避ける考えが徹底している。

　質朴であるが決して貧しくはなく、むしろ豊かで健康によい食事や暮らし方をしている。電気、水道、ガスを使わず、移動の手段に馬車を用いるので、よく「自動車文明を拒否する人々」と呼ばれるが、かならずしも一概に拒否しているわけではない。便利の追求や所有のはてに、貪欲に陥ることを避けているのである。真に必要であれば、公衆電話を使うこともあるし、一般市民の自動車に便乗することもあるから、実態は文明の利器を「選択利用」していると見た方がよい。

　映画『刑事ジョン・ブック/目撃者』（1985）が見事その世界を描いている。娯楽作品の装いながら、旧約聖書エレミヤ記に予言され、新約聖書マタイ伝に記録された母親ラケル（レイチェル）の嘆きを下敷きにしている。

　アーミッシュは時代遅れと言われるが、実は所有欲が肥大化した現代人による、消費万能のアメリカ式ライフスタイルに対して、「現代のアンチテーゼ」を突きつける存在とも見なされよう。

［山本 晶］

❹「バギー」と呼ばれる馬車に乗るアーミッシュの人々［ペンシルヴェニア州ベルヴィルにて］

た異様な機能，また「天下った天国」を今度こそ本物の「神の国」に変えようとするプロテスタントらの熱狂的な意気込みから見ても，アメリカ合衆国を「祭政一致」の国にしないという建国の父たちの決意と配慮は周到だった。

今日，イスラム諸国は祭政一致の国の典型と誤解されているが，実はそれらは祭政分離を旨としている。祭政一致と言えるのはホメイニ時代のイランくらいで，そのイランもホメイニ後は徐々に祭政分離へと踏み出しつつある。

アメリカでも，世界的なエキュメニカル運動（和解の動き）の流れを受けてプロテスタンティズムとカトリシズム，ユダヤ教，三者のリベラルなグループ同士の交流は相当進んできた。これからはイスラム教徒（アメリカにおける信徒数約110万人）との交流が課題となる。その意味では，「神の柔和化」ばかりか，各宗教の神の概念が相対化されてきつつあるわけだ。しかしまさにそれゆえに，リベラル度の強い宗派は軒並み信徒数を減らしてきてもいる。

逆に「峻厳な神」の相対化を峻拒する，前述の福音主義派=根本主義派が，信徒数を増やしてきつつある。彼らは宗派ではなく，すべてのプロテスタント宗派に存在する極右派閥である。この一派に長らく主導権をにぎられているのは最大宗派南部バプテストである。クリントンやゴアもこの宗派だが，彼らは極右ではなく，右派で，まだ柔軟性がある。

また人民寺院やブランチ・デヴィディアンなどはしくじったキリスト教系カルトだが，類似のものは，福音主義派=根本主義派とは比較にならない小人数であるにせよ，教線を拡大してきている。

福音主義派=根本主義派が異様に信徒数が多いのは，スター説教師らがケーブルTVを駆使して説教し続けてきたからである（彼らは「TV説教師」と呼ばれる）。

H──高度管理社会と第6次大覚醒期

また，福音主義派・根本主義派の中にはジェリー・フォールウェルやパット・ロバートソンら，カリスマ的指導者がつき従う信徒を共和党の組織票に組み込み，レーガンを大統領当選に有利に導いたり，ロバートソンのように自ら大統領予備選に打って出た者までいて，政治がらみで教線拡大を図る動きもある。これはまさに，祭政分離のトラウマを祭政一致で回復を図る図式だ。政治的に見た場合，彼らは「キリスト教右翼」と呼ばれ，共和党員の3分の1を占めるといわれる。

同じ共和党党員でも，ブッシュ前大統領はキリスト教右翼嫌いで，選挙運動中，ついに彼らの大会での演説を仮病で断っている。息子のG.W.ブッシュ大統領も，このグループは忌避している。福音主義派=根本主義派の呼称も便宜的で，前者は保革双方に分裂，ジミー・カーター元大統領はリベラルな福音主義者である。両派の最大の違いは，福音主義派が信仰治療を売り物にするのに対して，根本主義派は聖書を文字通りに解釈するなどの範囲にとどまり，信仰治療は慎む傾向がある点だ。前者の典型がカリスマティック派のロバートソン，後者の典型が南部バプテストのフォールウェルである。

根本主義派の抱える矛盾は，「スコープス裁判」（別名「モンキー裁判」1925年）で，名うてのリベラル派弁護士クラレンス・ダロウが，例えば聖書にあるとおり，世界が6,000年前に始まったと主張する相手を，「では，中国文明は世界が始まる前に存在していたことになりますな」などとやり込めたとき，十二分に暴露されていた（中国文明は7,000年前に存在した）。

しかし1970年代，60年代カウンターカルチャー（対抗文化）への反動として復活して以

来,相当な知識人層の間でも信徒を集めてきたのは,冒頭で触れたように,リベラル派のプロテスタンティズムが現代の高度管理社会,高度情報化社会,高度消費社会の運動律を,宗教的に説明し,保証することができなくなった結果,曲がりなりにも説明と保証を強引に押しつけてきた福音主義派＝根本主義派にしか行き場がなくなったと意識されているせいである。

しかし福音主義派＝根本主義派は高度管理社会を射程距離に捉えられるだけの理論がなく,いたずらにカウンターカルチャー攻撃に終始しているのが現状である。

それでもこの派には切り札といえるものがある。それは,高度管理社会による資源枯渇と人間感情枯渇というダブルパンチにより終末が迫っているという主張であり,これが一般受けするのも,そうして煽られた終末への切迫感がアメリカ人の恐れに訴えかけるためである。思えば,欲望抑制の神が欲望開放の産業の達成度を測る尺度となってきた矛盾,これを現実的に解決せず,幻想的に解決してきたのが信仰復興運動だった。これが盛んな時期を,アメリカ人は「大覚醒期」と呼んだが,福音主義派＝根本主義派のこの30余年間にわたる隆盛は,第6番目の大覚醒期に当たる。深まりゆく高度管理社会のただ中で,宗教横断的和解の努力を続けるリベラル派と,ひたすら終末への崩壊を目指す極右派との間で,アメリカの宗教は引き裂かれているのである。

■さらに知りたい場合には

蓮見博昭『宗教に揺れるアメリカ――民主政治の背後にあるもの』日本評論社, 2002.
 [アメリカにおける宗教と政治のかかわりを,その歴史的概観,キリスト教各派の政界への影響力,中絶をめぐる論争など,多文化社会の変容とからめて多面的に探っている。]

森孝一『宗教からよむ「アメリカ」』講談社選書メチエ, 1996.
 [「見えざる国教」(＝キリスト教)がアメリカの政治や社会を動かす大きなパワーになっていることを,大統領就任式のあり方をはじめ,さまざまな歴史的事件や社会現象を手がかりに考察し,アメリカの深層をえぐる。]

米山義男・越智道雄他『新宗教時代5 カルトと終末思想』大蔵出版, 1996.
 [日本におけるカルト流行の背景を探ることを中心にまとめられているが,アメリカにおける宗教状況にも触れた箇所が示唆に富む。]

31 | 文学の歴史
American Literary History

巽 孝之

アメリカがアメリカになるまでの歩みは，10〜11世紀のスカンジナヴィア系から15〜16世紀のスペイン系，そして16〜17世紀のイギリス系に至るまで，多くの植民者たちがキリスト教布教の過程で覇権交替していく歴史だった。だが，アメリカ文学史の起源とされる17世紀ピューリタン神権制時代の文学もまた，18世紀には独立革命を転機として小説を中心とした民主主義時代の文学へ切り替わり，19世紀の南北戦争以前にはロマン主義文学，南北戦争以後には自然主義文学，世紀転換期から第2次世界大戦以前まではモダニズムの文学，戦後から20世紀末にかけてはポストモダニズムの文学へと，目まぐるしく交替を遂げていく。その過程でアメリカン・ナラティヴはいかに変質したのか，その流れを追う。

A──文学史の底流をなしたアメリカン・ドリーム

アメリカン・ドリームは，すでにアメリカが今日わたしたちの知るアメリカになる以前の時代から始まっていた。時間軸に沿って整理し直すならば，まず10〜11世紀には，西方への探検航海における最大の覇者であったヴァイキングたちが発見したスカンジナヴィア系のアメリカがヴィンランドの名で親しまれており，そのあとの15〜16世紀には「キリスト教の世界制覇」を志すコロンブスたちが探検したスペイン系のアメリカが続く。やがて17世紀初頭にはイギリス国内のピューリタンたちがジェイムズ1世による弾圧強化に伴い亡命し，当時信仰の自由が保証されていたオランダのライデンを経て，1620年にメイフラワー号にて新大陸の土を踏み，このときようやくイギリス系のアメリカ人，すなわち今日でいうWASP（白人アングロ＝サクソン系プロテスタント）が支配権を握る。まさにこうした覇権交替ドラマの中で，アメリカン・ドリームはそのすがたを変貌させ，今日の多文化的なアメリカ文学史に連なる根幹を形成していくのである。

B──ピューリタン植民地時代の文学

ピューリタンたちは17世紀から18世紀中葉に至るまで，自らを神に選ばれた民と意識しながら，新大陸アメリカを掌握するために徹底した神権制社会を築いた。時間的順序からいけば，いわゆる巡礼の父祖たち（ピルグリム・ファーザーズ）に代表されるピューリタンたちはイギリスを追い出されたものと見るのが正しい。ところが一方で，この時のアメリカ植民者

たちには，自らの運命を「イギリス追放」どころか神から与えられた「黙示的使命」と読み直そうとする物語の秩序が確実にあり，これもまた彼らなりに正しいのだ。ピルグリムズにとっては，すでに出エジプト記という予型(type)〔タイプ〕があったからこそ，それに旧大陸からのニューイングランド移住が原型(anti-type)〔アンチタイプ〕としてごく自然に対応していたのである。マサチューセッツ湾岸植民地初代総督ジョン・ウィンスロップがニューイングランドへ向かう大西洋上，アーベラ号の上で行った説教「キリスト教的慈愛の雛型」(1630)でも語ったように，この地に新たな神の都市すなわち「丘の上の町」を建設することこそ，神から与えられた任務にほかならない。このように世俗史/救済史に根ざす予型と原型の弁証法の上に成り立つキリスト教的レトリックを「予型論」〔タイポロジー〕と呼ぶ。事実が物語を生むのではなく，物語が歴史を生むのだ。その意味で，イギリス系アメリカ植民が成功したのはピューリタニズムという物語の力であり，そこにこそアメリカ文学のひとつの雛型が胚胎していたと言えよう。

さてアメリカ・ピューリタニズムの根本条件は，おおむね5つ挙げられる。

① 「人間はアダムとイヴ以来本質的に堕落した存在であり原罪から免れないこと」(Total Depravity)
② 「人間がいくら努力しても神は無条件の選びによってしか救済しないこと」(Unconditional Election)
③ 「限られた人間に対してしか贖罪が与えられないこと」(Limited Atonement)
④ 「そのようにしてもたらされた恩寵に対して人間は決して抵抗しえないこと」(Irresistible Grace)
⑤ 「このように救済され回心を得た聖徒は世俗世界において倦まず生き抜くこと」(Perseverance of the Saints)

各項の頭文字を取って TULIP とも略称される5ヶ条は，その最終目的からも察せられるように，何よりもピューリタン共同体に属する各人の内部より「回心告白」〔コンヴァージョン・ナラティヴ〕を触発するために不可欠だった。新大陸の苦難を生き抜くためには，教会を中心に敬虔(piety)を軸とした宗教的信仰を共有しなくてはならない。その結果，ピューリタン教会の戒律はますます厳しくなり，ロジャー・ウィリアムズやアン・ハチンソンのように教会よりも個人の自由意志を優先させる人々は異端視され，「反律法主義論争」(1636-38年)を経て，マサチューセッツ追放を余儀なくされたほどであった。1692年に勃発するセイラムの魔女狩りも，ただでさえイギリス帝国側の植民地抑圧が強化されていた時代に，バルバドス島出身の混血黒人女性奴隷ティテュバの持ち込んだブードゥー教呪術が町の少女たちを巻き込み集団ヒステリーを巻き起こしてしまったため，いわば植民地内外における異端者勢力を一掃する目的で起こった必然的な事件として捉え直すことができる。

ピューリタンたちにとって宗教上の異端者と人種的な異民族とは，同じように撲滅すべき対象だった。のちに主導的牧師コットン・マザーが『アメリカにおけるキリストの大いなる御業——ニューイングランド教会史』(1694-98)において明記するように，荒野にひそむインディアンたちは聖書でいうキリストの誘惑者サタンそのものと見なされた。逆にいえば，悪魔ともおぼしき異端者や異民族がいるからこそピューリタンとして真の回心を得ることができたのであり，それは回心告白ないし回心体験記の発展型「インディアン捕囚体験記」〔キャプティヴィティ・ナラティヴ〕に明らかだ。

代表格であるメアリ・ホワイト・ローランソンの『崇高にして慈悲深き神はその公約を守りたもう』(1682)は，インディアンに捕まりながらも最終的にはほうほうのていで救われると

❶ハンナ・ダスタンが捕囚から脱出するときのさまを描いた挿絵［手に斧を持った白人女性がインディアンを殺して脱出しようとしている。コロンビア大学図書館蔵］

C──共和制時代の文学

　17世紀から18世紀へ至る世紀転換期にピューリタン神権制の盛衰を体現したコットン・マザーから，18世紀中葉，大覚醒に象徴される信仰復興運動を指導したジョナサン・エドワーズへ至る道において，敬虔なる信仰心の喪失はいうまでもなく啓蒙主義思想の勃興と裏腹であった。医学者ウィリアム・ハーヴェイや物理学者アイザック・ニュートンの科学的思想体系は，やがて独立革命以降の共和制政治体系へも深い影を落とす。

　だが，まさしくそうした啓蒙主義時代に苦悩するハードコア・ピューリタニズムが，やがてマザーやエドワーズを耽読することで自己形成し，果ては建国の父祖たち（ファウンディング・ファーザーズ）の1人のみならず「すべてのヤンキーの父」とさえ呼ばれるベンジャミン・フランクリンを得て，コロンブスの卵にもたとえられる一大変貌を遂げる。新聞人・科学者・発明家・政治家・文筆家として植民地時代きってのマルチタレントだったフランクリンは，その成功の秘訣を『自伝』（1791）の中で，有名な以下の13の徳にまとめている──「節制」「沈黙」「規律」「決断」「節約」「勤勉」「誠実」「正義」「中庸」「清潔」「平静」「純潔」「謙譲」。さらに彼はこれらの徳目が習慣になるようにと考え，一挙にすべてを実践することはせず，まずは毎週どの曜日にどの徳目を破ったかを小さな手帳に記録し，つぎに一週にひとつの割合で徳目を獲得していこうと決心した。そのうえ1日24時間分をどう過ごすかという時間表も作り，朝5時の起床とともに「今日はいかなる善行をなすべきか」，夜10時の就寝前には「今日はいかなる善行をなしたか」と設問することにした（第6章「十三徳樹立」）。

という実体験を，何よりも神の摂理の賜物として，ひいては自らの信仰を再確認する絶好の試練として物語化している。以後ハンナ・ダスタンやジョン・ウィリアムズら無数の人々によって書かれたインディアン捕囚体験記は，牧師たちのもくろみどおりインディアン撲滅のための絶好のプロパガンダとなり，植民地内部で熱狂的に読まれていく。この形式は18世紀にはアフリカ系アメリカ人による奴隷体験記(スレイヴ・ナラティヴ)へも影響を及ぼし，やがて19世紀の感傷小説(センチメンタル・フィクション)はもちろん，今日のメロドラマからホラーに至る煽情文学すべての先駆となる。アメリカ文学の雛型は，このようにピューリタン植民者たちがさまざまな実体験を巧みに物語化していく形式，いわばアメリカン・ナラティヴによって確立した。昨今の文学史研究には，こうしたアメリカン・ナラティヴこそは以後本国へ逆作用し，イギリス小説の起源を成したのではないかと見る推測まで存在する。

彼はすでに1732年の時点で、上のビジョンに基づきアメリカ的立身出世の雛型を体現するかのような仮想人格を作り出し『貧しきリチャードの暦』シリーズ（1732-57）を書き始める。「富へ至る道」（1762）は、上の引用からもわかるとおり、フランクリンが1747年以来長く根本に据えてきた「時は金なり」「信用は通貨なり」「貨幣は繁殖し子をもたらす」という発想がみごとに開花したものだ。フランクリンは啓蒙主義時代の風潮に即して、すでに神への信仰すなわち敬虔の美徳よりも、人間がむしろ自分自身に依存するべきであるという個人主義的なビジョンを優先させた。旧来の神権制が神を絶対視する君主制だとすれば、啓蒙主義ならではの理神論は神を相対化して自然の原理を重視する点で最も近代的な民主制を用意した。この方向は、むろん第3代大統領トマス・ジェファソン執筆になる「独立宣言」（1776）の概念とも共振する。そう、神権制では禁欲を守り勤勉を重ね信仰を蓄積することで神からの「召命」（calling）を全うすれば天国が保証されたのに対し、民主制ではまさに同じ禁欲から勤勉へ至る手続きを経ても、信用を蓄積することで神からの「天職」（calling）を貫き個人の資本を蓄積して国家全体の利益へ貢献するという論理へ、力点が移動するのだ。

そんな共和制思想とともにアメリカ最初の小説群は出発する。1789年、合衆国憲法が制定された同じ年にボストンの詩人・随筆家・劇作家ウィリアム・ヒル・ブラウンが発表したアメリカ最初の小説『共感力』（1789）からフィラデルフィアの女優でもあったスザンナ・ローソンの手になるアメリカ最初の女性小説『シャーロット・テンプル』（1794）、マサチューセッツ生れの牧師の妻ハンナ・フォスターによる『浮気娘』（1797）、それにニューハンプシャー出身の議員の妻タビサ・ギルマン・テニーによる『ドン・キホーテ娘』（1801）に至るまで、

❷ B. フランクリン

悪しきプレイボーイの手練手管に翻弄された純情娘の悲劇というパターンに即し、「愛と恐怖」を訴えるメロドラマが数多く世に問われる。

こうした物語群は、白人女性の囚われる悲劇的な運命を描く点でインディアン捕囚体験記の発展型とも見られ、感傷小説とも煽情小説とも誘惑小説とも呼ばれるが、ストーリーだけ耳にするなら、いずれもあまりに典型的なお涙頂戴メロドラマのように響くかもしれない。だが、イギリスの弾圧に堪え忍ぶアメリカ人であったからこそ、このようにみじめであわれでかわいそうな娘たちのシナリオに同情し感情移入し、たっぷり思い入れる運びとなったことは容易に推測できる。もともとジェファソン執筆の「独立宣言」最大のレトリックは、本来個人の身体に属する「絶対不可侵の権利」を拡大し、民衆の政体は効力のない政治形態をいつでも「変更し廃止する権利」を持つことを強調した点にある。そのように個人が国家へ情緒的にも心理的にも生理的にも本質的な共感を抱くよう仕向けるのが民主主義のレトリックであり、それなくしてアメリカ人の基本的性格は成立しない。共和制小説に姦通や近親相姦、自殺や産褥死といったモチーフがおびただしいのも、そうした悲劇の種子をばらまく尊大にして恥辱にみちた父親像を批判する傾向があったからであり、その背後には明らかに当時の帝国イギリスのすがたを透視することができる。

❸ H. D. ソロー

D──ロマン主義時代の文学

19世紀初頭の共和制末期から19世紀半ばの南北戦争前夜へ至る60年あまりの歳月において，イギリス文学史を追うようにアメリカにもロマンティシズムの精神が芽生えた。インディアン捕囚体験記はさまざまな変形を加えられ，チャールズ・ブロックデン・ブラウンの『エドガー・ハントリー』（1779）のようなゴシック・ロマンスは確実に，ジェイムズ・フェニモア・クーパーの『最後のモヒカン族』（1826）を中心とする皮脚半物語（レザーストッキング・テールズ）や，リディア・マリア・チャイルドの『ホボモク』（1824）のような人種混淆物語に代表されるアメリカン・ロマンスの正統へと発展解消していった。かくしてロマンティシズム時代における文壇の帝王にしてボストン知識人（ブラーミン）の中心的な存在だったヘンリー・ワズワース・ロングフェローは，1855年にインディアンの民間伝承から着想し，フィンランドの叙事詩『カレワラ』から韻律を借りてアメリカならではの独自の叙事詩を計画，それを『ハイアワサ』の表題で発表して，作家的名声を不動のものとする。

これがアメリカ最初の職業作家にしてニューヨーク派作家（Knickerbocker）の代表格ワシントン・アーヴィングになると，その主要短篇集『スケッチブック』（1819-20）に収められた代表作「スリーピーホローの伝説」（1820）では，主人公のイカバッド・クレーンが北部の伊達男ヤンキー（白人インテリ（ペイルフェイス））を代表する一方，その恋敵たるブロム・ボーンズには西部開拓者的でインディアン的な豪快男フロンティアズマン（野性的な赤い肌（レッドスキン））が理念化される。

さて，アメリカ・ロマン主義の円熟期である19世紀中葉はアメリカン・ルネサンスの名で親しまれるが，それは1776年，トマス・ジェファソンが「独立宣言」で国家的独立を言明してから半世紀以上を経てようやく成った文化的独立の時代であった。例えば自然の中で自ら「一個の透明な眼球」となり神との合一を夢見る超絶主義哲学者ラルフ・ウォルドー・エマソンが神よりも人間の主体を選び取る「自己依存」（1841）を書き，エマソンの弟子で文字どおり1845年から47年の2年間，ウォールデン湖のほとりに小屋を建て孤独な隠遁生活を送ったヘンリー・デイヴィッド・ソローが奴隷制とメキシコとの戦争に反対して「市民的不服従」（1849）を発表したのは，まぎれもなく独立宣言の思想が浸透し再構築された証だろう。

なるほど，この期間に発表された主なものだけでも，エドガー・アラン・ポーによる推理小説の元祖「モルグ街の殺人」（1841）やジョージ・リッパードによる都市ミステリ『クエーカー・シティ』（1845），エマソンの偉人伝『代表的人間』（1850）からナサニエル・ホーソンが17世紀植民地時代の異端審問をモチーフにした『緋文字』（1850）や『七破風の家』（1851），ハーマン・メルヴィルが当時のアメリカ膨張主義精神を表現した『白鯨』（1851）や近親相姦ロマンス『ピエール』（1852），ソローが独身者の思索を綴り今日でいう自然文学（nature writing）の先鞭を付けた『ウォール

デン——森の生活』(1854)，およびウォルト・ホイットマンの汎性欲的長詩『草の葉』(1855)，それにマサチューセッツ州アマーストの隠遁的な女性詩人エミリ・ディキンスンの諸作まで，枚挙にいとまがない。

アメリカン・ルネサンスは，哲学的には超絶主義運動だが，政治的にはヤング・アメリカ運動に支えられた膨張主義的精神の開花期でもあった。『デモクラティック・レヴュー』に集う主要メンバーのひとりジョン・オサリヴァンは，1845年の段階で，のちにフロンティア開拓の原動力となる「明白な運命(マニフェスト・デスティニー)」なる概念，すなわちWASPによる北米大陸支配は神の摂理によって定められているとする考え方を編み出す。ヤング・アメリカは，カナダ併合を手初めに，アイルランドやシシリーの征服をもややヒステリックに謳った。グローバルな世界戦略という見地に立つなら，『白鯨』の出版された1851年というのは，この「明白な運命」のもとに領土拡張の膨脹気分が西漸運動に結実し，西海岸の果てにハワイを，さらには捕鯨基地としての日本さえも射程に収めていた時期であり，現にわが国は1853年に開国を迫られている。もっとも，アメリカ国内においてこれは，1850年の逃亡奴隷法強化に基づく政治的妥協があったにもかかわらず，いやまさにそれゆえに奴隷制是か非かをめぐる南北の対立がますますエスカレートした危機的な時期でもあったことは，明記しておくべきだろう。

したがって，伝統批判から文学的傑作を生み落としたアメリカン・ルネサンスの中で，ハリエット・ビーチャー・ストウの『アンクル・トムの小屋』(1852)のように，フェミニズム的視点からする人種差別批判を巧みに刷り込み，南北戦争を引き起こしたとさえ噂される作品が登場したことは，時代の必然であった。

❹ H. B. ストウ

E——ダーウィン以後の文学

アメリカ文学史を二分する南北戦争以前の時代(antebellum)と南北戦争以後の時代(postbellum)の分岐点を成す1859年に，生物学者チャールズ・ダーウィンの『種の起原』が出版されているのは，はなはだ象徴的である。ダーウィン登場以前の段階においてすら，アフリカ系(奴隷)を人類よりもむしろ霊長類全般の枠組における「存在の大いなる鎖」の中に位置付ける進化論的発想が培われ黒人奴隷制を正当化していたが，いざ進化論が誕生すると，こんどは皮肉にも，時代・環境・遺伝を条件とする人間性悪説というかたちで，かつてのピューリタン的倫理観が息を吹き返す。

注目すべきは，1760年に黒人奴隷ブリトン・ハモンの手で始まった「奴隷体験記(スレイヴ・ナラティヴ)」が，1845年，以後の奴隷体験記の代名詞として知られるフレデリック・ダグラスの『自伝』(1845)出版によって文学的ジャンルとしての地歩を固めたことだろう。したがって，前掲ストウの『アンクル・トムの小屋』の人気をにらみ，混血黒人女性奴隷ハリエット・アン・ジェイコブズが1861年に自伝『ある奴隷娘の生涯で起こった事件』を出版，白人の奴隷所有者に

❺ F. ダグラス

よる性的虐待を避けるように北部へ逃亡した彼女の半生が，奴隷制廃止論者のあいだで強い支持を得たのもふしぎはない。

すでに奴隷制是か非かをめぐる論争は，1831年の黒人奴隷ナット・ターナーの反乱から59年のジョン・ブラウンの煽動に至る過程でさまざまなテロリズムをもたらしており，こうした歴史を背景に，エイブラハム・リンカンは1861年に第16代アメリカ合衆国大統領に就任する。そして1861年4月12日午前4時30分，南部からの砲弾によって南北戦争の火蓋が切られ，北部同盟（ユニオン）と南部連合（コンフェデレシー）のあいだの葛藤が，1865年のアポマトックスにて南部のリー将軍が北部のグラント将軍に投降するまで続く。

さて，この戦争最大の文学的収穫のひとつは，リンカン本人が深い文学的教養を演説原稿に活かし，1863年11月19日，ゲティスバーグの戦場の国有墓地にて行った「演説」だろう。リンカンは基本的に聖書的世界観に基づきつつ，それを民主主義精神と絶妙に接続し，あの殺し文句「民衆のために，民衆が，民衆を治める政治がこの地上から絶えることなかれ」(government of the people, by the people, for the people, shall not perish from the earth) を編み出した。

その結果，南北戦争を境に夢想にあふれたロマンティシズムは現実味あふれるリアリズムへ移行し，あくまで運命論的なキリスト教的な神（God）への信仰と懐疑に引き裂かれたアメリカン・ルネサンスにおける「黄金時代」は，偶然論的な金の神(マモン)を拝むにわか成金が勃興し，解放された黒人に仕事を圧迫された白人たちが人種差別的秘密結社KKK（クー・クラックス・クラン）を結成してテロをも辞さない「金ぴか時代」へと変質していく。

時代の寵児は，まさに「金ぴか時代」(ギルデッド・エイジ)の名付け親であったマーク・トウェイン。その作品史は，楽観主義から悲観主義への変貌，自由人礼讃から人間性悪説への変貌，アメリカ賛歌からヨーロッパ志向への変貌と見られることが多いが，しかし代表作『ハックルベリー・フィン』(1884)においてハックが黒人奴隷ジムを解放せんとするあまり，最後まで「文明化」されることを拒否し，あくまで「少年」（疑似黒人少年？）であり続けることを選ぶその意志のなかには，もともとキリスト教的な「無垢」概念への強烈な批判が込められていたとおぼしい。

かくして南北戦争以後，前掲トウェインやアンブローズ・ビアス，それにウィリアム・ディーン・ハウェルズやヘンリー・ジェイムズらのリアリズム文学が勃興し，それがさらに世紀転換期におけるジャック・ロンドンやフランク・ノリス，ハムリン・ガーランド，シオドア・ドライサーらの自然主義文学へ接続される。とりわけダーウィンの影響色濃い自然主義文学は南北戦争以後すなわち黄金時代ならぬ「金ぴか時代」の特産物として，金のために露呈する人生の暗黒面をあえて暴き出す傾向にあり，それは20世紀初頭には社会悪を告発するアプトン・シンクレアらの「醜聞暴露」(マックレイキング)（汚物さらいの意より）の手法を生む。

この時代の代表的作家で，『ある婦人の肖像』(1881)や『ねじの回転』(1895)，『鳩の翼』(1902)などの傑作で知られるヘンリー・ジェイムズの文学は，大別して国際的主題，認識論

的主題，芸術論的主題の3つを抱いて出発するが，やがてそれらは最終的に個々の作品内部においても相互に乗り入れていく。だが，ここで興味深いのは，1910年代には，ヘンリー・ジェイムズとイギリス作家H. G. ウェルズが大論争を行い，ジェイムズの19世紀的な芸術至上主義文学とウェルズの20世紀的な政治社会的文学との亀裂が明確になったことだろう。時折しも，曾祖父と祖父がアメリカ大統領であったという名門に生まれた歴史家ヘンリー・アダムズが自伝『ヘンリー・アダムズの教育』(1905-06)の第25章で，1900年のパリ万国博覧会で見たダイナモに刺激を受け，中世以来のヨーロッパ・キリスト教世界を支配してきた聖母マリアの時代がダイナモの時代へ，秩序から混沌，統一性から多様性の時代へパラダイム・シフトが起こっていると報告したばかりのころである。

そうした転換の徴候は，例えば昨今再評価の進む深南部クレオール都市ニューオーリンズゆかりの女性作家ケイト・ショパンが人妻エドナ・ポンテリエ夫人のまさしく宗教的ならぬ女性的大覚醒を描いて1899年に出版した『目覚め』の中に見ることができる。もうひとりの同時代作家スティーヴン・クレインが先行して出版した南北戦争小説『赤い武勲章』(1895)の主人公であるヘンリー・フレミングとエドナ・ポンテリエ夫人とは，まさに新時代の「戦う兵士」としての意識を共有する。

ちなみに，まったく同じ世紀転換期，ショパンとほぼ同年生れで同年没のギリシャ系アイルランド系アメリカ作家ラフカディオ・ハーン，またの名を小泉八雲が，似て非なるクレオール文学の方向へ歩み出している。彼は黒人女性との疑似結婚生活に破れながらも，1877年にニューオーリンズへ行きブードゥー教ゾンビの取材をし，まさにその後1890年には日本へ赴き民間伝承の収集成果を『怪談』(1904)として

❻ M.トウェイン

発表することで，文学史に銘記されるに至った。まさしく深南部で培われたであろう彼のクレオール的エキゾティシズムはダーウィニズムのもとで培われた人種差別意識とも無縁でなかったはずだが，にもかかわらず，こうした多文化的条件がなかったら，ブードゥー的ゾンビと日本的幽霊が彼の中でほとんど区別しえないほど二重写しになることも，ありえなかっただろう。

F——コスモポリタニズムの文学

19世紀から20世紀への橋渡しがなされるアメリカの世紀転換期は，日清戦争（1894-95年）・日露戦争（1904-05年）の影響により，典型的なアジア系差別すなわち「黄禍論」(イエロー・ペリル)が叫ばれた時代である。代表的な自然主義作家のひとりであったジャック・ロンドンは，ダーウィンの進化論のみならずマルクスの社会主義，ニーチェの超人思想にも感化を受け，適者生存を語る『野生の呼び声』(1903)から『鉄の踵』(1907)に至る傑作を書き綴ったが，1906年に書かれ1910年に発表された短篇「比類なき侵略」においては，明らかに日露戦争以後の黄禍論に立脚した政治的人種偏見を中心に，当時からすれば70年も未来にありうべき戦争を

❼ G. スタイン

空想してみせている。

　このように世紀転換期に再発した異国への恐怖は，必ずといっていいほど異国への憧憬と表裏一体を成す。もうひとりの代表的な自然主義作家フランク・ノリスや短篇小説の名手O. ヘンリーも，その作品に東洋恐怖と東洋趣味とを巧みに織り込んでいる。アメリカ的混成社会はこれまで人種のるつぼからオーケストラへ，さらにはサラダボウルへと，さまざまな比喩によって語り継がれてきたが，そうした比喩の胚胎期こそは，今日でいう多元文化主義，すなわち社会思想家ランドルフ・ボーンが論文「トランスナショナル・アメリカ」(1916) で示唆したようなコスモポリタニズムの理論化が促進される時代だった。

　そして，まさに世紀が転換する1900年には，ライマン・フランク・ボームがカンザス上空の別世界へ飛ばされてしまった少女ドロシーが帰郷するまでの冒険を描く児童文学『オズの魔法使い』と，アメリカ自然主義文学の巨匠シオドア・ドライサーが労働者階級出身の少女キャリーが男を食い物にして成り上がり女優への道を突進する主流文学長篇『シスター・キャリー』とが同時に出版され，世紀転換期アメリカならではの消費文化指向をともに証言する。

　だが20世紀初頭，最もコスモポリタンな文学活動といったら，ユダヤ系アメリカ女性詩人・批評家ガートルード・スタインの開くパリのサロンにとどめをさす。彼女は『アメリカ人の成り立ち』(1903-11, 1903年執筆，24年発表) でも指摘するとおり，いかなる人生も反復にすぎないという「永遠に続く現在」(continuous present) の視点を重視して，歴史的伝統を否定し，言語個々を映画のスプロケットのように捉え，すべてが同時存在してさまざまなジャンルが交差しあう前衛芸術の本質へ迫った。そして1905年から20年代にかけて，毎週土曜日にパリの自宅で多くの芸術家たちが積極的に交流できる場を設け，モダニズム最大の触媒かつパトロンになっている。彼女は小説家シャーウッド・アンダソンやアーネスト・ヘミングウェイ，ポール・ボウルズらを育て，詩人エズラ・パウンドやT. S. エリオットらに囲まれていた。

　実際，スタインがいなければ，現代詩およびアメリカ新批評の原型を決定したT. S. エリオットの代表作「荒地」(1922) も完成することはなかったろう。すでに当時のロンドンで，実質的な師匠格にしてイマジズムの推進者であり「現代文学の興行師」とも呼ばれるエズラ・パウンドと知り合っていたエリオットは，彼の後押しにより1915年，「J. アルフレッド・プルフロックの恋歌」を発表して，詩人としてのデビューを果たし，「荒地」発表に際してはパウンドから大幅なノリとハサミを入れられている。エリオットの最も有名な論考「伝統と個人の才能」(1919) では，スタインの理念にならい，文学的伝統を「永遠に続く現在」ならぬ「過去の現在性」の視点から再定義し，「ホメロス以来のヨーロッパ文学の総体が築いている同時存在的な秩序 (simultaneous order)」を強調，構造主義的「共時」概念を彼が自らの「伝統」観に適用したことで，作品にいっさいの歴史的・伝記的背景を読み込まない「新批評」の路線を預言した。その背後には，エリオット本人のアメリカ中西部出身という主体形成の歴史

そのものを抜本的に抹消し，そのうえで故郷離脱者すなわちコスモポリタンたらんとする姿勢が潜む。

エリオットの影響下で1920年代より形成されるのが，スタインの命名になる「失われた世代」の作家たちである。第1次世界大戦が終わる1919年のメーデーに始まり1929年の大恐慌で幕をおろすこの10年間のバブル的好況期こそは「ジャズ・エイジ」と呼ばれ，19世紀までの芸術的伝統を批判し無意識や言語そのものに重点を置くダダイズム，シュールレアリスムなどを中心とした「モダニズム」の高揚期として知られる。

それは，26年4月にルクセンブルク系移民の青年技術者ヒューゴー・ガーンズバックが世界初の科学小説誌『アメージング・ストーリーズ』を創刊した時代。ニューヨークの黒人作家ジーン・トゥーマーやラングストン・ヒューズらが中心となって「ハーレム・ルネサンス」が勃興した時代。ヴィクトリア朝アメリカで培われた白人的母権制から脱却するためフロイトのエディプス・コンプレックスにはじまる精神分析理論を大歓迎したモダニズムの黄金時代。そしてそれはもちろん，作家スコット・フィッツジェラルドが『華麗なるギャツビー』(1925)を世に問い，ジョン・ドス・パソスが『マンハッタン乗換駅』(1924)を，アーネスト・ヘミングウェイが『日はまた昇る』(1926)を，ウィリアム・フォークナーが『兵士の報酬』(1926)を出し，詩人エドナ・セント・ヴィンセント・ミレーが『第二の四月』(1921)を，e. e. カミングズが『巨大な部屋』(1922)をまとめ，劇作家ではユージーン・オニールが『楡の木陰の欲望』(1924)を，ソーントン・ワイルダーが『サン・ルイ・レイの橋』(1927)を上演した文学的収穫期であった。

折も折，1929年に大恐慌が起こり，すべてが変わる。1920年代ジャズ・エイジから1930

❽ F. S. フィッツジェラルド

年代ニューディール政策期へ移ると，夢想的で家庭的で女性的な文学よりも，あくまで厳しい環境を強くたくましく生き抜くための処方箋が求められる。例えば1910年代から20年代にかけて，最初の長篇小説『アレキサンダーの橋』(1912)から『大司教に死は来る』(1927)まで，主として家庭小説の体裁の中にアメリカとヨーロッパを対照させ，移民社会のコスモポリタン的本質を突こうとした中西部作家ウィラ・キャザーの評価が大いに下落した。それは，モダニズム文学が確立していく途上における尊い犠牲であったかもしれない。

G——ポスト・アメリカニズムの文学

20世紀前半，「強いアメリカ」が成立する過程において，さまざまな文学運動が起こる。

例えば，「シカゴ・ルネサンス」(1910年代から20年代)においては，シオドア・ドライサーやシャーウッド・アンダソンらのように失われた世代にも影響を与えた小説家はもちろんのこと，ホイットマンの伝統を継ぐカール・サンドバーグや新詩運動を代表するヴェイチェル・リンジー，ロバート・ブラウニング風ともいわれるエドガー・リー・マスターズといった詩人，そして新詩運動の中核を成した詩誌『ポ

❾ W. フォークナー

エトリ』(1912年創刊) の編集長ハリエット・モンローなど多士済々が活躍した。

また,「ハーレム・ルネサンス」(1920年代から30年代まで) においては, ニューヨークのハーレムを中心にした前掲ヒューズや小説家トゥーマーらが頭角を現し, 批評家アレン・リロイ・ロックが一種の宣言書ともいえる詩選集『新しい黒人』(1925) をまとめており, 後に事実上「新しい黒人」となるリチャード・ライトが白人少女殺人を行った黒人青年の運命を描く黒人系自然主義小説『アメリカの息子』(1940) や, ラルフ・エリソンがポー的亡霊とH. G. ウェルズ的透明人間 (The Invisible Man) を黒人の隠喩にしつらえた黒人系モダニズム小説『見えない人間』(1952) へも影響を及ぼす。黒人女性作家として今日のアリス・ウォーカーやトニ・モリソンの原型を成すゾラ・ニール・ハーストンも, この運動の渦中である1925年にニューヨークへ向かい27年にデビューし, やがて民俗学的素養を活かしつつ黒人差別内部の女性差別をえぐり出す傑作『彼らの目は神を見ていた』(1937) を発表した。

さらに加えて,「サザン・ルネサンス」(1920-50年代) においては, アレン・テイトやロバート・ペン・ウォレン, ジョン・クロウ・ランサムらのように, 南部農本主義の立場より文学外部の歴史的・伝記的条件を切り離し作品内部の自律的宇宙だけを読み解く新批評を促進した新批評家たちとともに,『心は淋しい狩人』(1940) などで南部人の精神的孤独を描破するカーソン・マッカラーズや,『遠い声, 遠い部屋』(1948) などで南部的幻想にゲイ的感性を反映させるトルーマン・カポーティ, それに『賢い血』(1952) などでグロテスクな描写とカトリック信仰を融合させたフラナリー・オコナーらによる南部系ゴシックが勃興した。

だが, アメリカの世紀を代表するアメリカ作家といったらやはりウィリアム・フォークナーであろう。アメリカ南部はミシシッピ州出身であり, その小説においては, 師匠格のひとりシャーウッド・アンダソンのスモールタウン連作短篇集『オハイオ州ワインズバーグ』(1919) あたりとも通ずる架空の南部ヨクナパトウファ郡を舞台に据えながら, まさにそのために通常の時空間を魔術的に塗り替える特殊な想像力を発揮し, 結果的に世界文学的意義を得てしまった巨大な存在。彼は1929年に白痴ベンジーを視点人物のひとりに据えるという衝撃的な複合プロットから南部貴族コンプソン家にひそむ近親相姦的恋愛の悲劇的顚末を物語る『響きと怒り』によって, 一気にモダニズム文学の最高峰に到達してしまう。そこに表現されているのは, 南北戦争以後に南部人が味わった挫折感があまりにも深いために培われた敗戦の想像力による, もうひとつの南部的時空間にほかならない。その意味で, フォークナーの同時代, 南部はジョージア州生まれのマーガレット・ミッチェルもまた南北戦争時代に材を採り1936年に発表した歴史ロマンス『風と共に去りぬ』において, 南部の問題をアメリカ30年代の問題へ巧みに適用したのだ。ウェストヴァージニア州生まれのパール・バックが中国の農奴社会に材を採った『大地』(1931) も, その意味でもうひとつの南部文学の収穫と見ていいだろう。

それでは, こうしたモダニズム的想像力の成果は, いかにして戦後のポストモダニズム的想

像力を触発していったのだろうか。アメリカさえ平和なら世界全体が相対的に平和であるという，とてつもなく明るい「パックス・アメリカーナ」のイデオロギーは，まさにその内部に，ソ連など共産圏に対するあまりにも暗い封じ込め政策を隠蔽していたからこそ，成り立っていた。ユダヤ系作家としてのちにノーベル賞受賞者となるソール・ベローの長篇第一作『宙ぶらりんの男』(1944)やノーマン・メイラーの『裸者と死者』(1948)，前掲ポール・ボウルズの長篇『天蓋の空』(1949)などは，すべて戦前・戦後の分岐点にあって，強いアメリカの矛盾と限界を鋭くえぐり出そうとした傑作群である。折しも演劇では，1953年に，劇作家アーサー・ミラーが17世紀末セイラムの魔女狩りに材を採り，そこに共産主義者狩りとしてのマッカーシズムの恐怖を巧みに重ね合わせた傑作『るつぼ』を発表した。

しかし，戦後のポストモダニズム文学が確実に新しい動きとして目に見えるようになったのは，1920年代ジャズ・エイジに活躍した「失われた世代」につづくかたちで，もうひとりのパリ亡命ボヘミアン作家ヘンリー・ミラーの影響をはさみ，50年代パックス・アメリカーナを背景に産業文明への不信を隠さない「ビート世代」が形成されたことに尽きる。その御三家は，長篇小説『裸のランチ』(1959)で小説的可能性の極北へ挑んだウィリアム・バロウズ，ビートの名付親にして『路上』(1957)によりロード・ノベルの先鞭をつけたジャック・ケルアック，1955年に傑作詩「吠える」を朗読してセンセーションを巻き起こし，サンフランシスコ・ポエトリ・ルネサンスの中心人物となった詩人アレン・ギンズバーグにほかならない。

1950年代のアメリカは，未曾有の好景気に見舞われていた。それをいちばん典型的に表していたのは，1920年代のパルプ雑誌ブームや39年以後のペーパーバック革命とともに発展

❿ V. ナボコフ

しながら同じ50年代にはジャンルSFの分野が黄金時代を迎え，未来に賭けるアメリカン・ドリームの可能性を再確認したことだろう。

そしてこのころにはユダヤ系作家を代表するJ. D. サリンジャーが，1951年に長篇『ライ麦畑でつかまえて』を発表，16歳のアンチヒーロー，ホールデン・コールフィールドを主人公に，大人社会の「インチキさ」(phony)を暴きだし，全世界で1千万部を超えるベストセラーとなっている。

こうした黄金の50年代からもたらされたポストモダニズム文学の原型こそは，同じくユダヤ系アメリカ文学を代表するジョセフ・ヘラーの手になるアメリカン・ブラックユーモアを代表する戦争不条理小説『キャッチ=22』(1961)であり，ケン・キージーが対抗文化の落とし子と精神病患者を類推した『カッコーの巣の上で』(1962)であり，さらにその翌年，女性詩人シルヴィア・プラスが作家志望と自殺願望に悩む主人公を描いた長篇小説『ベル・ジャー』(1963)であった。それらはいずれも，ハイテク管理社会とそれに対して抵抗する主体との錯綜した関係へ焦点を絞る。まさにこの時代，ロシア系亡命作家ウラジーミル・ナボコフによる小説批評的小説すなわちメタフィクションの傑作にして，時に「20世紀英語文学の最高傑作」とも目される『青白い炎』(1962)が書かれていることも見逃せない。モダニズムが

❶ T. ピンチョン

　固有名をもつ近代的主体による大きな物語を確立したとしたら，ポストモダニズムは固有名を剝がれた人間像によって大きな物語が粉砕され，無数の小さな物語が蔓延した時代を表現する。それは，いささか図式的にまとめるならば，20世紀前半，「強いアメリカ」がパックス・アメリカーナを確立していく流れが，20世紀後半，「暗いアメリカ」のうちにポスト・アメリカ像が構築されていく流れに対応する。

　具体的に20世紀後半を決定したポストモダニズム的瞬間を特定するなら，メディア・テクノロジーがイデオロギーとほとんど見分けがつかないほどに結託する事件，すなわち1963年11月22日のテキサス州ダラスで，第35代アメリカ大統領ジョン・F. ケネディ大統領が暗殺された瞬間以外にない。ケネディ暗殺は，アメリカ国民と大統領との間に築かれた確固たる信頼関係の鏡球が，一瞬にして瓦解した瞬間に等しく，以後，ベトナム戦争の泥沼化に加え72年のニクソン大統領のウォーターゲート事件が拍車をかけ，国民間には不信感ばかりがつのる。したがって，以後の60年代アメリカ文学が，現実の全体性を疑い謀略にみちたものとして捉え直し，断片化および言語実験へ赴いたのは，ごく必然的な道筋だった。そしてまさに60年代から70年代へ至る過程において，ウィリアム・ギャディスやジョン・ホークス，ジョン・バースやトマス・ピンチョン，ドン・デリーロといったニュー・フィクション作家たちは，それまで主流文学とは分け隔てられていたSF的意匠を積極的に取り込み，他方，フィリップ・K. ディックやサミュエル・ディレイニー，アーシュラ・K. ル=グィンといったSF作家たちはイギリス系ニューウェーヴ運動の影響を受けて実験的な思索小説（スペキュレーティヴ・フィクション）へ挑戦し始める。政治的現実の境界解体は，主流文学と通俗文学なる文学ジャンルの境界解体を促す。のちにブルース・スターリングが命名する境界解体文学（変流文学（スリップ・ストリーム））の始まりだ。この傾向は，トマス・ピンチョンがテクノロジーによって自身のセクシュアリティを制御されているロケット人間タイロン・スロースロップを一応の主役にしたサイバネティックス小説の巨篇『重力の虹』(1973) によって，ピークを遂げる。

　やがて1980年代には，そうしたニュー・フィクション的な重厚かつ実験的な長篇小説への反発からか，例えばレイモンド・カーヴァーやアン・ベイティに代表されるミニマリズム的な軽妙かつ日常的な短篇小説への揺り返しが起こる。ジョン・アーヴィングのように，正統的な物語技法を復活させようとする動きも見逃せない。しかし，いったん露呈したサイバネティックス時代の文学が衰えることはなく，さらなるハイテクノロジーの進展とともにパックス・ジャポニカの時代が到来。とりわけポスト・ピンチョンを代表する新鋭ウィリアム・ギブスンは，電脳空間に直接没入できるコンピュータ・カウボーイ（ハッカー）を主役にした第一長篇『ニューロマンサー』(1984) 以後の電脳空間三部作において，技術論的日本趣味と経済論的日本批判とが混濁する時代を露呈させ，新たな文学潮流サイバーパンクを一挙に創造してしまう。批評家ラリイ・マキャフリイは，このように高度資本主義によって地球全体が書割舞台化した現実をポップ文化の内部から撃つため，前衛と通俗の区分を巧妙に再搾取する作家たち，

ウィリアム・ヴォルマンやマーク・レイナー、ブレット・イーストン・エリス、キャシー・アッカー、ユーリディシー、マーク・ジェイコブスンらに注目し、このもうひとつの境界解体の文学をアヴァン・ポップと命名する。

境界解体の世紀末が、これまで欧米中心に構築され普遍化されてきた現実や歴史の信憑性を根本から突き崩すことになったのは当然だろう。20世紀前半を席巻した新批評から後半を支配した脱構築や新歴史主義、ポストコロニアリズムへ至る流れに共振するように、とりわけ1980年代以降には歴史自体を根本から問い直し複数化する動きが、歴史改変小説やスチームパンク、マジック・リアリズム、ポスト・フェミニズムなど無数のジャンルのなかに見られるようになり、ユダヤ系を含む白人男性作家ではティム・パワーズやリチャード・パワーズ、ポール・オースターにスティーヴ・エリクソン、アジア系作家ではマキシン・ホン・キングストンやデイヴィッド・ヘンリー・ホアン、カレン・テイ・ヤマシタ、それにチャンネ・リー、黒人女性作家ではポール・マーシャルやグロリア・ネイラー、女性SF作家マージ・ピアシーやコニー・ウィリス、オクティヴィア・バトラーらが躍進した。そして20世紀最後の年には、ナボコフら文学批評的文学の伝統を継ぐ新人作家マーク・ダニエレブスキーが、明らかに高度資本主義メディア社会の勃興と連動し、スティーヴン・キング流のホラーをはじめとする大衆小説ともSFXにみちみちた映像メディアとも絡み合うハイパーテキスト状の長篇小説『紙葉の家』(2000)を発表した。それは、パックス・アメリカーナ以後の日常を成してきた現実を最も深い部分から疑う手つきにおいて、ポストモダニズムがポスト・アメリカニズムになりうる時代を最も鋭利に輪郭づけている（⇨103 小説）。

■さらに知りたい場合には

秋山健監修『アメリカの嘆き——米文学史の中のピューリタニズム』松柏社，1999.

[ペリー・ミラーやサクヴァン・バーコヴィッチの学問的伝統をふまえ植民地時代から現代へ至るアメリカ文学史の底流を再解釈した、日本におけるピューリタニズム研究の成果。]

ホフマン，D.（根本治訳）『アメリカ文学における形式とロマンス』研究社，1983.

[ホーソーンやメルヴィルなど19世紀ロマン派作家を中心に、その作品の中でいかにギリシャ・ローマ神話とアメリカ国民神話とが弁証法的発展を遂げたかを緻密に読み解く。]

タナー，T.（佐伯彰一・武藤脩二訳）『言語と都市』白水社，1980.

[ジョン・バースやトマス・ピンチョンなど20世紀ポストモダン作家のメタフクションとも呼ばれる文学がいかに熱力学でいうエントロピーの原理を体現しているかを見据える。]

カークパトリック，D. L. 編（岩元巌・酒本雅之監修）『アメリカ文学作家作品事典』本の友社，1991.

[17世紀から20世紀までの個別作家評価のみならず主要作品に関する読みごたえじゅうぶんの梗概、詳細な邦訳書目一覧まで含まれており、現時点で最も参考になる事典。]

巽孝之『アメリカ文学史——駆動する物語の時空間』慶応義塾大学出版会，2003.

[ヴァイキングが北米大陸を発見した10世紀から同時多発テロ以後の21世紀まで、アメリカ文学をたえずフロンティアが移動するロード・ナラティヴの歴史として読み直す。]

32 社会学の成立
Development of American Sociology
矢澤修次郎

清教徒を先駆とする移民たちが築き上げたアメリカは，当初から完璧に近い自由と平等を持った社会として出発した。そこでは，ヨーロッパで政治生活が上層から社会全体へと広がったのとはまったく正反対に，共同体から郡，州，連邦へと発展していったのである。先住民との確執や奴隷制という問題をはらみながら，やがてアメリカは高度な資本主義社会への道を進んでゆく。そのような社会の変化と歩調を合わせるかのように，奴隷制維持や身分秩序の構築を主張する草創期の社会学者の意見は社会進化論にのみ込まれ，さらに革新主義，プラグマティズムの洗礼を受ける。このようにアメリカの社会学のパラダイムはたえず更新され続けてきた。さまざまな人種・民族が共生することによって成り立つアメリカは，いわば実験社会・実験国家であり，その社会を支える知識の重要な一角を占める社会学は，あるべき社会のモデルを提示し，また社会の複雑系から派生するさまざまな問題を解決することが求められてきたのである。

A――アメリカの特徴

1831年5月から1832年2月までアメリカに滞在し，1835年，1840年に不朽の名著『アメリカの民主政治』を公刊したA. トクヴィルは，その名著の冒頭において，アメリカに関しては，「出発点がたやすく説明されないような1つの意見も，1つの習性も，1つの法律も，また1つの事件もない」と述べ（トクヴィル, 1987, p.65）したがって，その出発点のうちに続くべきものの芽とアメリカの多くのものを理解する鍵を見出しうる，と主張している。そして彼のいう出発点として，次のものを挙げている。すなわち同一言語，同一民族，熾烈な党派争いによって育まれた政治教育，ヨーロッパの大多数の民族よりも発達した権利の概念と真の自由の原則，宗教闘争・知的闘争を通じての教育の進展，深い精神的教養，風習の純化，完全民主主義の芽の存在，がそれである。ニューイングランドに定着した移民たちは，その信条の厳格さゆえに清教徒と呼ばれたイギリスの一宗派に属していた。ピューリタニズムは，単なる宗教上の教義ではなく，「最も完全純粋な民主的並びに共和的諸理論をまじえてもっていた」（前掲書p.72）。そこで彼らは，アメリカに上陸するやいなや，神の栄光のために，彼ら自らを社会に組織することを行った。かくして，政治生活が社会の上層にはじまり，少しずつ社会全体の種々の部分に伝わっていったヨーロッパとは逆に，下から，共同体が郡以前に，郡は州以前に，州は連邦以前に，組織されていったのである。

B──アメリカ思想の特徴

さてこれまでも多くの人々によって明らかにされてきたように、アメリカという精神の共和国をつくろうとしてきたアメリカ人たちに共有されたのは、ジョン・ロックの科学哲学・政治哲学であった。アメリカ・イデオロギーの重要な構成要素の1つは、ロック流の自由主義であることは、ほぼ間違いない。しかしアメリカ人が一般的な前提として受け入れたロックは、ロックの主張とは著しく異なるものであることを指摘しておかなければならない。すなわちロックは、ヨーロッパのパターナリズムや絶対王政に対抗して自己の自由主義を展開したのであるが、アメリカでは1つの「記述」として、さらに言えば、「歴史的真空状態の下で始まったものを守るという保守的な目的のために」(Hawthorn, 1976, p.192) 使用されたのである。

G. ホーソーンは、以上のことから3つの帰結がもたらされたという。第一は、アメリカには、個人と政府があるだけで、身分や既成の教会もなく、ヨーロッパでいう社会構造という観念がなかった、ということである。第二は、誰もが他者と平等で、財産を除けば自らの特権を主張する根拠を持たなかったために、コンフォーミティ、大勢順応主義が蔓延したことである。第三は、アメリカ人が特別の時間感覚を持ったことである。すなわち、ヨーロッパではパーフェクションは未来に属するが、アメリカではそれは現在に限りなく近いものと考えられた。したがって、残された問題は物質的な改善、技術的な進展だけであり、それと既成の完全社会の理想をどのように調和させてゆくかが、絶えず問題にされることになったのである。

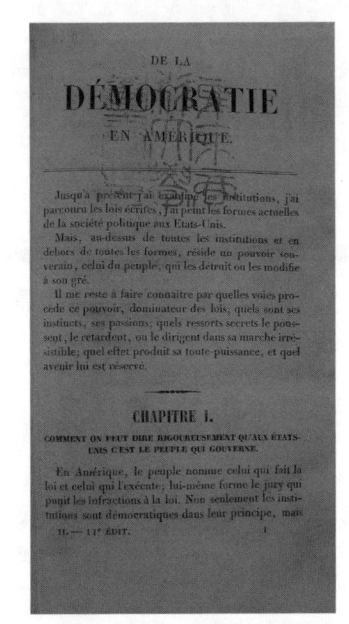

❶トクヴィル『アメリカの民主政治』の初版本本文の冒頭ページ

さらに G. ホーソーンは、この3つの帰結のおのおのがアメリカの知的生活に与えた結果を、これまた3つ指摘した。第一は、アメリカの社会的、政治的な思考は、ヨーロッパに比べて、著しく狭い境界──既成のリベラリズム──の内部で展開されることになった。ヨーロッパではリベラリズムは批判的な原理であったが、アメリカではすでに現実であった。したがって、ヨーロッパでは目的の批判をすることも可能であったが、アメリカでは目的がすでに与えられ、手段のみが議論の対象になったのである。このことと関連して第二に、ヨーロッパでは批判的原理を未来の想像的状態のなかに位置付けておいて、それが現在から未来への道程において実現されるとするような思考が可能であったが、アメリカでは植民地時代にキリスト教宗派の信念が生きていた時代が過ぎると、そうした思考は不可能になってしまったことである。また第三にアメリカの知識人は、批判をリ

ベラリズムの原理を用いて行うと同時に，かつまたその原理によって容易に挑戦されたがために，一貫して無能な状態に置かれたことである。アメリカほど反知性主義の強いところはない。

C──アメリカの原点をめぐる矛盾

ところでトクヴィルは，先のようなアメリカ・システムが時代を経るにつれて変容し，ヨーロッパと同じようなものになってしまいはしないかという多くの人々が持った危機感に対しては，距離を置き，むしろアメリカ民主政の独自性を強調した。彼は間違っていなかったが，いささか楽観的に過ぎたと言うべきか，あるいは経済的思考が弱すぎたと言うべきだろうか。18世紀の後半から南北戦争に至る時期に起こった産業革命は，アメリカを大きな社会変動に巻き込んだ。動力と技術の革命が行われて，生産力が急激に上昇し，アメリカは原料供給国から製造業中心の経済構造へと変化した。また運輸・交通における機械革命によって，人・物の全国的な流通・交通網が確立した。それに伴って，大都市への人口集中が加速された。その大都市に集積したさまざまな製造業の提供する職業機会を捉えるべく，旧世界から大量の移民が到来した。

これまで経済階級の中核を形成していた商人たちは，製造業者に取って代わられた。また製造業者は，より大きな資本を獲得すべく株式会社をつくるようになり，その運営を専門的に担当する企業経営者も登場するようになった。一方，これらの製造業・機械工業は，従来のような自分の道具・時間の所有者としての職工・職人ではなくて，労働市場で自分の労働力を売る賃労働者を必要とし，そうした純粋な労働者が増加した。かくしてアメリカは，産業革命の結果として，資本家・企業家と賃労働者という階級関係を持つようになり，両者間の闘争の段階を迎えることになったのである。

トクヴィルのアメリカ認識には，もう1つ別の，いやより根源的な問題点がある。それは，アメリカ史の原点にあったアメリカ先住民，奴隷制に関する認識が弱いということである（この点では，Zinn, *People's History of the United States, 1492-Present* [Harper Perennial, 1995] が参考になる）。ヨーロッパからの移民たちは，歴史的真空の中に降り立ったわけではない。コロンブスが新大陸に到着した時点には，2,500万人の先住民がおり，女性差別のない，ヨーロッパの価値とは根本的に異なる多様な文化が開花していた。さらにヨーロッパからの植民者は，17世紀初頭以来，すでにラテンアメリカ，カリブ海諸地域で一般化していたアフリカからの奴隷の導入を開始し，彼らを自らの生き残りを根底で支えるものとして使役していった。以後奴隷は煙草，藍，綿花などのプランテーションにおける主要な労働力として，一時藍の不振のさいに後退はあったものの，増えつづけ，1860年には400万人にまでふくれ上がっていった。アメリカ政府は，奴隷制には色々な問題を感じながらも，現実には，綿花の摘み取りなどをはじめとするさまざまな労働の担い手，また安価な労働力として，欠くことのできないものとして許容してきたが，一方では奴隷制を推進する者の利害と土地や公共政策をめぐる北部商工業資本の利害との矛盾，奴隷の反乱などの事態に直面し，アメリカの社会建設の基本設計として奴隷制をどうするかが，しだいしだいに，根本的なイシューとして浮上してきたのである。

D──アメリカ社会学成立前史

　近代的な革命的自然法を掲げて奴隷制の廃止を迫った北部の奴隷制廃止論者に対して、南部は、自然法に基づく社会設計が、安定した良い社会を創造するどころか、ヨーロッパ社会の現状からもわかるように、下層階級が支配エリートに挑戦するような不安定社会をつくり出すと判断し、奴隷制を維持し、身分秩序をつくり出し、産業的にはパターナリズム、政治的には貴族主義、エリート主義を発展させることを主張した。そうした主張をリードしたのが、サウスカロライナ選出上院議員ジョン・カルフーン、アメリカ最初の社会学者であるヘンリー・ヒューズ、アメリカにおけるA.コントの継承者C. F.ホームズ、『南部のための社会学』(1854) の著者ジョージ・フィッツヒューなどである。彼らの社会学は、アメリカ社会学前史として位置付けられる。

　南部の富裕層を主体とする奴隷制擁護の利害と、北部の新興商工業資本を中核とした自由労働、自由市場のために奴隷制を廃止しようとする利害の対立は、南北戦争となって爆発し、後者の勝利に帰した。そのことの意味は、「白人のコントロールする条件のもとにおいてだけの、そして北部のビジネスエリートの政治的、経済的なニーズが必要としている時だけの」(Zinn、前掲書、p.182) 限定的な奴隷解放だったということである。以後アメリカは、資本主義の発展の道を邁進することになった。

E──社会進化論の台頭

　アメリカ社会学は、南北戦争後、さまざまな前提に支えられながら、社会進化論の展開のなかで成立していった。これまでも触れてきたが、資本主義化、産業化、都市化などの進展、移民の増大（1870年代以降は、毎年300万人以上、しかもほとんどは不熟練労働者）などは、社会学を成立させるための重要な条件であった。すなわち多くの人が資本主義企業、工場で働き、大都市に居住し、しかもそこに多くの不熟練労働者としての移民が流入し、アメリカは多くの社会問題を抱えるようになり、いかにしてどのような社会を建設するかの重大問題を突きつけられたのである。また、大学革命が進行し、従来は神学教育、紳士養成教育に限定された観のあった大学が、大学院を含めた専門的な大学として生まれ変わり、問題を考える足場が確立されたことも大きいだろう。しかしその問題を考える基盤となる新しい思想としての社会進化論の登場こそ、アメリカ社会学を産み落とした最も重要な条件といわなければならない。

　南北戦争以前にアメリカで支配的であった思想は、ユニテリアン派の教義を中心としたさまざまなキリスト教教義、超越論などであったといわれているが、資本主義の道を突き進みつつあった南北戦争前後のアメリカには、それに代わって、大量のイギリス科学が流入した。なかでも「均一の条件のもとでの途絶えることのない進化」を説くC.ダーウィン、H.スペンサーの進化思想は、多くの人々に受け入れられた。それは、若きヘンリー・アダムズが言うように、安全で、保守的で、プラクティカルな宗教の代替物であると同時に、統一を求め、莫大な費用と命を浪費して戦った、オリジナルなアメリカのイノセンスに瑕をつけてしまった人々にとって、適合的なものであった。またスペンサーの場合には、1776年に軍事型社会において達成された近似的なパーフェクションが、進歩によって、産業型社会において完成されると

いう解釈を提供し得たことが大きいのではなかろうか。こうして南北戦争後アメリカでは，進歩の価値がよりいっそう支持されるようになり，サイエンスや技術を手段にして，民主主義の展開を含めて現在よりも明るい未来を実現することができるという価値が広まっていったが，その価値を体現して登場したのが社会進化論だったのである。

❷ W. G. サムナー

F——最初の社会学者：サムナー

1875年に世界で初めての社会学のコースをイェール大学で教えたW. G. サムナーは，プロテスタントの倫理，古典派経済学の教義，自然淘汰，この三者を統合するような社会学を提唱した。彼は，社会を「生存を維持し，人種を永続するために，協調的な努力にかかわる集団のことである」（Bierstedt, 1981, p.10）と考えると同時に，その社会は進化の法則に従って，さまざまな段階を継起して，発展すると考えた。彼は，進化論の正統派が提起した生存競争に，もう1つ別の生活の競争と呼ばれるものを付け加えた。第一の生存競争は，人間の自然に対する，人間の他の種に対する自然界における闘争である。これに対して生活の競争は，社会的世界における生存をかけての人間と人間の闘争である。サムナーによれば，この2つを関係づけると同時に，区別することが重要である。後者の生活の競争は，人と土地の比率（マルサス）に依存する。人間は，究極的に言えば，土壌から自らの生きる糧を得ることによって生存を図っていかざるをえないのであるから，彼らが達成した存在のあり方，それを確立する方法，その過程における相互関係などは，その比率によって決定される。人間が少なく土地が潤沢である場合には，生存競争はそれほど野蛮ではなく，民主主義も行き渡るが，逆の場合には，野蛮主義，帝国主義が開花することになる。

こうしてサムナーにとって，人間の生活を規定する第1の事実は，生存競争である。またこの競争を推進する第1のステップは進化のプレミアとしての資本の形成である。それは，労働の果実を増大させ，文明の進歩のための必要手段を提供する。社会的前進は，第一義的には，努力のプレミアとしての受け継がれた富，遺産に依存している。それは，勤勉な人間を保障し，家族をうまく機能させることによって，社会的選択を進めてゆくのである。このようなメカニズムを経て，適者生存が行われ，効率よいマネージメントのベネフィットが社会全体に広く行き渡るならば，キャプテン・オブ・インダストリーは，その組織化のタレントに対して十分な報酬を支払われるべきである。その巨大な富は，生存の成功の印に他ならない。要するにサムナーは，「競争の過程は，その手段や度合いによって，あらゆる権力を発達させる。自由があれば，あらゆる人は競争に参加する。その結果は，勇気があり，事を良くし，良い訓練を受け，インテリジェンスを持っている人がトップに位置するようになる。すなわち権力の不平等が，進化のプレミアである。」（Hofstadter, 1955, p.59）と主張しているのであろう。

■アメリカ都市物語③

アトランタ
Atlanta

●コントラストの世界——ジョージアの州都アトランタはアメリカ南東部の中心地だ。鉄道網や高速道路の集結点であり、多くの産業が集まると同時に物流の拠点になっている。企業活動がサンベルトへと南下するのにともない、急速に経済活動が活発になり人口が増えた（人口40万人だが周辺の人口を入れると300万になる）。街の中心部ピーチツリー・センター周辺には高層建築物が林立し、忙しく行き交う人の流れはここが大都会であることを物語っている。しかし目をこらして観察すれば、ここは南部社会の中心であり、北部工業社会にはない独特の伝統や奥深い文化が根づいていることにも気がつく。超近代と伝統が併存する場所。アトランタはコントラストに満ちた世界だ。

古くから交通の要衝で、南北戦争中には南軍の補給基地として利用された。そのため北軍の将軍ウィリアム・シャーマンがこの街を占領したとき、街全体に火をかけることを命じた。風にあおられた猛火はあらゆるものを焼き尽くしたが、『風と共に去りぬ』はそのようなアトランタの光景を背景にして書かれている。街は灰燼に帰したが、主人公スカーレットが焼けた邸宅を背景に大地をたたきながら「私はこの地を復興させてみせる」と叫んだように、アトランタは見事に立ち直った。

しかも近代化の過程のなかで古い南部が滅び去ることはなかった。街の中心部を離れれば、ゆっくりと時間の流れる南部社会の雰囲気がある。おいしい料理をたっぷりと時間をかけて楽しみ、日がな一日他人のうわさ話に耳を傾ける、などといった生活がかいま見られる。

それと同時に人口の3分の2近くが黒人であり、昔は多くの奴隷がいたことを思い出させられる。黒人のために設立された大学などもあるし、黒人専用のバプテスト教会も多い。こうした風土を背景にしてマーティン・ルーサー・キング牧師らが輩出した。キング牧師はここに南部キリスト教指導者会議（SCLC）の本部を置き、市民権獲得運動に生涯をかけた。

●コカ・コーラ博物館

●キング牧師ゆかりの教会

●スカーレットの大地——アトランタから世界に広まったものとしてCNNとコカ・コーラが挙げられる。父親の広告業を継いだロバート・（テッド）・ターナーは、業務を広げケーブル放送網に24時間ニュースを流すビジネスを始めた。いまやCNNはアメリカの顔として世界に通用するが、父親が広告業者であったというのは象徴的だ。

コカ・コーラは19世紀末にアトランタの薬剤師が作り出した飲み物で、本社はいまもこの街にある。初めの頃はコカイン入りの頭痛の特効薬だった。今日ではそうした非合法の成分は含有されないが、それでもコークを飲めば爽快な気分になるなどといったイメージが広告で流されるのは、昔の伝統を忘れずにふまえているのであろう。アトランタで生まれた飲み物が、現在では全世界200ヵ国で受け入れられている事実の意味は重い。

ねっとりとした南部特有の空気に別れを告げて飛行機に乗ると、眼下に広がる大地が真っ赤なことに気がつく。鉄分を含んだローム層が広がるのがこの地域の特色で、舞い上がるほこりもピンク色だ。この土があったからこそ奴隷制度が成り立ち、豊かな農作物を産出して今日につながる繁栄のもとを築いた。スカーレット（深紅）とは、この大地のことであったと気がつくのはそんなときである。

［松尾弌之］

■アメリカ都市物語④

ニューオーリンズ
New Orleans

●**河口の湿地帯**——大河ミシシッピが3,779kmの旅を終えてメキシコ湾に注ぐあたり、すなわち大陸中央部の広大なデルタ地帯の河口の端にニューオーリンズはある。このような地の利を生かして昔から港町として栄えた。西部や中西部の産物がミシシッピ川を経てここに集まり、大型の外航船に積み替えられて世界に出荷される。世界でも有数の港で、アメリカでは最大規模を誇る。

ここはルイジアナ州随一の大都市で人口は約50万、周辺地域を含めて130万になる。年間を通じて気候は温暖で、真冬の1月でも平均気温は13℃を下らない。リオのカーニバルと並び称せられるマルディ・グラ(謝肉祭)は、こうしたなま暖かい雰囲気のなかで開催される。一方、夏はせいぜい28℃にしか達しないのに、湿気が多くて蒸し暑く、もの憂くけだるい感じがつきまとう。

アメリカ大陸の水運の要所だったため、早くからフランスが領有した。その後スペインの手に渡ったが、ふたたびフランスの手に入り、ナポレオンが新興のアメリカに売却した。こうした歴史もあってフランス系住民が多く、それがこの都市独特の空気をかもし出している。街の中心部はフレンチクォーターと呼ばれ、フランスのマルセイユで見かけるような白ペンキ塗りの住宅が密着して立ち並ぶ。窓はよろい戸で覆われ、2階のバルコニーは黒塗りの装飾付き鉄細工でできている。

●**混合文化**——もとからのフランス系住民はクレオールと呼ばれ、かつては奴隷所有者であり裕福な階層をなしていた。今日でもその優雅な生活スタイルや、プライド、マナーなどは温存されており、それがこの街の風習となっている。フランスの影響は建築様式だけでなく、手の込んだ食事、ひんぱんに開かれるパーティー、カトリック信仰などにも現れる。街のはずれの湿地には別な種類のフランス系がいる。その昔イギリス系の多いカナダで迫害されて移住したケージャンといわれる人たちで、ルイ王朝時代の古いフランス語の一種を話し、沼地の小エビをとらえて生業とする。

●マルディ・グラ

当地の名物料理にジャンバラヤがあるが、米や薬草、トマト、タマネギ、肉または魚などを混ぜた炊き込みご飯だ。芝エビガンボというのは、沼地の小エビとオクラを混ぜたシチューだが、オクラはもともとアフリカの野菜で黒人奴隷と関係がある。この混合ぶりはニューオーリンズの街の文化にも現れている。フランス系のほかに、スペイン系、イギリス系、イタリア系、それにアフリカ系がおり、最近ではキューバ系も多い。それらの人々の文化は溶け合うわけではないが反発し合うでもなく、お互いに影響を与え合いながら炊き込みご飯のように共存してきた。

異文化の交差の中からジャズ音楽も生まれた。アフリカ系の霊歌や労働歌などが基盤になったが、トランペットやクラリネットなどの楽器はヨーロッパ系のものだ。もともとアフリカ系の葬式の楽隊が、埋葬が終わった帰り道に即興で、自由に演奏したのが「ラグタイム・ジャズ」だった。これはディキシーランド・ジャズともいわれ、やがてシカゴやニューヨークに伝播して洗練され、即興性やシンコペーションなどを生かした独自の音楽形式が生み出された。異文化に寛容で亜熱帯性の気候のもとのニューオーリンズは、東部や西部とは異質な顔を持っている。　　　[松尾弌之]

●ミシシッピ川から望むニューオーリンズ中心街

以上のようなサムナーの社会学，社会進化論は，明らかに平等と自然法という伝統的なアメリカ・イデオロギーを否定し，民主主義にも懐疑の目を向けている。それが，資本主義のダイナミックな展開の中で求められたのであろう。自然法などどこにもない，権利は法律に結晶化されたフォークウェイズ（folkways）にすぎず，産業運営はリパブリカン，民主的ではありえない，というわけである。他方，サムナーは，スペンサーの進化思想に依拠して，社会は数世紀をかけての漸次的な進化の結果としてあるのであって，立法によって瞬時に変えられるものではない，自然法則を無視し，人工的に社会を変えることはできない，と社会改良主義，主意主義を批判した。サムナーの防衛線は，しばらくは機能していたものの，世紀の転換点に向けて資本主義の矛盾が激化するにつれて，持ちこたえられなくなり，社会改良主義の主張が前面に出てくることになる。

G──革新主義の台頭

改革への圧力は，2つの方向から出てきた。1つは，南部や西部で農業に従事している人々から，もう1つは北部や東部の都市居住者からである。前者は，農村の理想郷を体現してきた生粋のアメリカ人で，18世紀アメリカの純粋無垢なる価値をもっていたが，当時の経済的変動に翻弄された人々である。彼らは，輸出用の穀物生産に従事していたが，その価値が世界市場で下落し，土地を鉄道などに売却せざるをえないところまで追い込まれていた。後者は，アメリカ生まれの非肉体労働者，中間層で，両者とも，独占・トラストを敵とし，改革を進めることによって，アメリカの夢を実現し，貧困の改善と虐げられた人々の救済を叫んだ。

最初の改革者達は，都市の教会，セミナリー，神学大学などから現われた。これには，牧師をめぐる地位革命を理解しておかなければならない。南北戦争後，牧師達は富と権力を追求した結果，それまで保持していたコミュニティにおけるモラルリーダーの地位を失ってしまった。また，進化思想が宗教的教義に取って代わってしまった。さらに大学などのポストも経済界のリーダーや法律家に奪われてしまった。こうした失われた地位を取り戻すために，彼らは改革運動に積極的にコミットしていき，セミナリーや大学で社会学的な研究や教育を始めたのである（Coser, 1978, p.288）。こうした動きに，慈善・福祉団体やジャーナリストが呼応した。1865年には，イギリスのそれに倣ってアメリカ社会科学協会が設立され，改革を目指した大量の調査が行われ，レポートや雑誌の発行が活発に行われた。そうした動きは，大量の社会学的研究・教育の需要を喚起し，大学革命によって作られた新しい専門的な大学における社会学の台頭を結果した。シカゴ大学に最初の社会学部が創設されたのは，1892年のことであった。

H──スペンサーから革新主義の社会学へ：ウォード

L. ウォードは1890年代に，あらゆるアメリカの社会学者はスペンサーの弟子であると言っている。しかしそのころになると，スペンサーからの離脱が始まった。1つは，ウォードの社会学の試みであり，もう1つは「形式主義への反逆」の結果として現れた「プラグマティックな観点」の成立である。

ウォードの社会学がまず問題にしたことは，自然諸力と社会諸力との関係である。自然選択

❸ L. F. ウォード

の過程を通じて，最高次のもの，最善のものが生き残る。それは良いとして，それと人間・社会諸力とはどうかかわるのか。彼は，人間や社会を動かすのは感情であるとする。最も有効なのは，宗教であるが，これはあまりよい結果を人間や社会にもたらさない。そこで感情に代わるものは，教育であり，教育によって知識を社会の成員に配布することが良い社会的結果をもたらすのではないか。なぜならば，教育は自然諸力を使用する方法をわれわれに教えてくれるからである。

こうした議論に重ねて，ウォードは「自然の遺伝的諸力」と「人間の目的的諸力」の区別を導入する（Bierstedt, 前掲書, p.53）。前者は，きわめてゆっくりと社会の改善に役立ってゆくが，後者は人間のデザイン，人間主体のコントロールのことを言う。この2つのものは決して対立するものではない。後者は前者を補完する。決して作り出されたり破壊されたりすることのない自然的諸力は，人間主体のコントロール，デザインを施されてはじめて，文明と呼ばれるものを作るのである。

明らかにウォードの主張は，まったくの自由放任に対する批判になりえている。この点で彼は，A. スモールを通じて20世紀アメリカ社会学の展開を用意したと評価することができる。しかし理論的には，彼の社会学は A. コントの流れを汲む実証主義的な総合社会学であり，彼の書いた『動的社会学』(1883)，『純粋社会学』(1903)，『応用社会学』(1906) ははっきりした継承者をもつことはなかった。

I──プラグマティズムの台頭

もう1つスペンサーからの離脱を促進したのは，M. ホワイトの言うところの「形式主義」に対する反逆が起こり，ヘーゲルに代表される超越論的観念主義が拒否されて，人々が「プラグマティックな」見方を採用していったことである（White, 1957, pp.11-32）。スペンサーは，人間のあらゆる活動を生存本能の結果として理解した。その考えを思考にまで展開すると，思考は生存本能の結果であり，有機体の生存のために有用であれば，真なるものであると考えられる。こうして「真なるものは有用なものである」という「プラグマティックな観点」が成立したのである。

G. ホーソーンは，20世紀初頭のアメリカ社会学は「それを学ぶ学生は，圧倒的に改革のためにプラクティカルものを求めていたが，テキストは，原理の長くルーズなエラボレーションに費やされていた」(G. Hawthorn, 前掲書, p.9) と述べているが，これまでのアメリカ社会学史を見てみれば，それは正鵠を射た表現と言える。そこから出発してその後は，改革のための社会学は，中西部の小寒村から極めて短期間にアメリカ第二の都市になったシカゴを実験室として，アメリカ資本主義の社会問題を解き明かそうとして1892年に設立されたシカゴ大学とその社会学部，あるいは進歩党の政治家ロバート・ラフォレットを通じて革新主義の運動と密接な関係をもっていたウィスコンシン大学などが主要な担い手になっていった。またプラグマティズムの社会学は，ミシガン大学で社会

学の教鞭を執ったC. H. クーリーが担っていった。

J──社会学的プラグマティズム：クーリー

C. H. クーリーは，スペンサーに影響を受けて出発したが，そのドグマティズムとその思想が個々人の心理の複雑性を把握できないことに不満を持っていた。そのために彼は，ジェイムズのプラグマティズム，とりわけその心理学に興味を持ち，ジェイムズがI＝知る者としてのセルフと，me＝知られる者としてのセルフを区別して，セルフの社会的性格を明らかにしていることに注目した。しかしクーリーは，ジェイムズにあっては個人と社会全体との関係が真に有機的に把握されていないことを批判し，社会学的プラグマティズムを作り出すことを課題としたのである。

クーリーの出発点は，個人と社会を別のものと捉えたり，対立的に捉えずに，同じものの別の側面として捉えることである。彼の指導理念は，社会はメンタルであるということと，マインドは社会的であるということである。彼は，社会は第一義的には，パーソナルなアイデア間の関係であると考える。われわれが社会を持つためには，人々はどこかで集まる必要がある。それはどこで可能なのか。それは人々のマインドのパーソナルなアイデアにおいて他にない。社会は，Iと名付けられた一定のアイデア間の接触・相互影響として，人々のマインドの中にある。社会学は，そのアイデアの関係を集団，制度，過程として捉える学問である。またセルフは，マインドがそのコミュニケーション的生活において涵養するアイデア，アイデアの体系であるから，本質的に社会的なものであり，そのセルフは他者という鏡に自分を映してみて，

❹ C. H. クーリー

他者に自分がどのように見えているか，自分が見えていることがどのように判断されているか，あるいはどのような感情が現れているか，などを想像してみるものである。だからセルフは，そのセルフがなんであるかを他者が考えたものを，そのセルフがどのように考えるか，ということである（Bierstedt，前掲書，pp. 92-98）。クーリーのセルフ概念は，鏡に映った自我として，その後の社会学に定着していき，最後はG. H. ミードに引き継がれ，『精神・自我・社会』（1934）において自我論，コミュニケーション論として完成されていった。

K──シカゴ社会学の展開

1892年に創設されたシカゴ大学の社会学部は，当初，A. スモールによって担われたが，スタッフにW. I. トーマスを得，さらにR. パークが加わったことで，学部として発展軌道を描き，1920年代にはアメリカ社会学のヘゲモニーを握るまでになった。トーマスは，F. ズナニエツキと共同で『ポーランド農民』（1918-20）を書き，アメリカの最も重要問題の1つである移民問題に取り組み，社会学的な実証研究として高く評価されるべき成果を上げた。パークは，デューイ，ジェイムズ，ジンメルの影

❺ T. パーソンズ

響を受けながら、アカデミズムとジャーナリズム、実践的な研究所を回流する生活を送ったが、その問題意識をもって学部をリードし、シカゴ大学の社会学部は、都市研究を中心として、アメリカ資本主義の多くの社会問題に関する実証的、実践的な研究成果を上げていった。それらを総称してシカゴ学派の社会学という（⇨「20 都市」のコラム「シカゴの発展と都市社会学の誕生」）。

パークは、もちろん、単にプラクティカルな研究だけを推奨したのではない。彼は、科学としての社会学の確立を希求した。この側面は、1927 年に学部に加わった W. F. オグバーンが継承した。彼は科学的社会学の確立、方法論的な精緻化に努力するとともに、社会動向調査を手がけた。

L──アメリカ現代社会学の成立

シカゴ社会学は、アメリカにおける近代社会学を確立したものとして評価することができる。しかしアメリカの大恐慌は、そのシカゴ社会学の影響力をそいでしまった。すなわちシカゴ社会学は、大恐慌以降のアメリカの現実を前にして、その説明力と魅力を失ってしまった。大恐慌以後のアメリカの現実を説明することのできる新たな理論と実証が求められた。その要請に応えられたものが、アメリカ現代社会学に他ならない。

アメリカ現代社会学確立の基盤になったのは、ヨーロッパの近代社会学である。ヨーロッパ近代社会学のアメリカへの導入は、従来のような留学というルートもあったが、ヨーロッパのナチス支配を逃れてアメリカに亡命してきた知識人によってもたらされたものが重要であった。アメリカ現代社会学を確立するという文脈においては、従来のような社会的プラグマティズムとしてのアメリカ社会学の伝統といったん切れる必要があったことに留意しておく必要があるだろう。

M──スペンサーの死と
　　社会秩序の問題：パーソンズ

アメリカ現代社会学は、理論的には T. パーソンズの『社会的行為の構造』(1937) をもって始まる。パーソンズは、ヨーロッパに留学して M. ウェーバーに深く傾倒して、ウェーバーと W. ゾンバルトの資本主義論を検討した博士論文を書いた。帰国後本格的な学究生活に入った彼の問題関心は、ヨーロッパにおけるナチスの台頭、アメリカにおける大恐慌を目の当たりにして、「社会秩序は如何にして可能であるのか」であった。これまでのように、進化の法則に依拠して、個々人が合理的な利害を追求していれば、それが究極的には最大多数の欲求充足につながるという現実は、もはやどこにもない。あるのは、ホッブズの主張を裏付ける「万人に対する万人の闘争」状態であった。そこで彼は、どうしても「スペンサーは死んだ」「誰がどのようにしてスペンサーを殺したのか」（パーソンズ，1976, p.17）を問い、いかにし

て社会秩序が可能であるかを明らかにせざるをえなかったのである。

彼はこの課題を，社会変化のイデオロギー的な反映という形で考えるのではなく，「経験的事実に関する社会理論や知識群」の内部で「内在的」（パーソンズ，前掲書，p.21) に発展したものと考える。スペンサーが代表する実証主義的・功利主義的社会理論は，行為の客観的条件を重視するあまりその主観的条件を無視する社会理論であった。それが死んでしまったということは，社会理論のその局面から別の局面へ移行してしまったことを意味する。また，実証主義的・功利主義的社会理論の対極に位置して，行為の主観的条件を重視してその客観的条件を無視する理想主義的社会理論も，同じように1つの局面から別の局面への移行過程にある。両者の行き着く先は，行為の客観的条件と主観的条件両者を十全に説明できる「目的-手段」図式，「主意主義的行為理論」である。実際のところ，ヨーロッパの社会理論の歴史を検討すると，A. マーシャル，V. パレート，E. デュルケム，M. ウェーバーの理論はいずれも「主意主義的行為理論」の方向に収斂している。

以上のようにパーソンズ理論には，たえず賛否両論が渦巻いている。しかし彼の社会学がアメリカ社会学に新たな段階を画したことは，大方の認めるところであろう。

N──社会調査の社会学：ラザースフェルド

もう1つオグバーンが確立した社会調査の方向は，1930年代の後半，ウィーンから亡命してきた P. ラザースフェルドによって受け継がれ，彼は，コロンビア大学の応用社会研究所を基盤にして，サンプル抽出された諸個人のデ

❻ P. F. ラザースフェルド

ータ分析の方法を確立した。これが経験的社会調査の方向での現代アメリカ社会学の確立と言えよう。その後，このような社会調査はあらゆる方面で使われるようになり，アメリカ大衆社会の羅針盤としてなくてはならないものになっていった。

O──アメリカ社会および アメリカ社会学の根源的課題

先のトクヴィルの指摘にもあったように，アメリカははっきりと出発点が説明できる，その出発点に完成に近い自由と平等をもった社会として出発した。そして歴史上初めて意識的に新しい国民社会，国民国家を建設していった，極めてユニークな社会である。このユニークな特徴は，今にまで受け継がれている。このユニークさが失われ，歴史が無視されていた時から歴史意識が芽生える時に至ると，ヨーロッパと同じようになってしまうのは，むしろ問題である。そうなってしまえば，これまで西洋近代の延命を果たしてきたアメリカの意味も失われることになる。アメリカは，それなるがゆえに，世界史上で，自由と平等を徹底的に実現し完成してゆく永続革命の課題を抱えているし，抱えざるをえない。

アメリカは，世界中のあらゆる人種・民族が寄り集まって共生することによって作られてゆく，実験社会，実験国家である。この実験では，世界史を先取りしてきたと言っていいだろう。そしてその実験社会，実験国家は，根本的に知識や教育によって支えられてきた。アメリカ社会学は，その知識の一角を占め，複雑な条件を踏まえてどのような社会を建設したらよいのか，社会の複雑化から派生してくるさまざまな社会問題をいかにして解決するのかを探究してきた。社会学はアメリカン・サイエンスといわれるほど，この実験に深くコミットしてきたのであろう。それなるがゆえに，世界で一番最初に大学その他の制度において認められ，急速に発展していったのであろう。アメリカ社会学の課題は，この実験の完遂を知的に進めることである。

P——アメリカ現代社会学の課題

先にアメリカ現代社会学は，パーソンズの社会学理論とラザースフェルドの経験的社会調査方法論とによって確立されたことを説明した。この文脈に即して現代アメリカ社会学の問題を指摘するとすれば，この2つのものが乖離してしまっていることが挙げられるであろう。両者を媒介するものとしてR. K. マートンの「中範囲の理論」などが提出されたが，C. W. ミルズが『社会学的想像力』(1959)において指摘したように，パーソンズの社会学はますます開発された概念の集積体へと，またラザースフェルトのそれは「抽象化された経験主義」へと分極化していった。

その意味では，アメリカ現代社会学は，パーソンズを中心とする社会学的機能主義が支配的なパラダイムであった時期を経過して1960年代の初め頃までには，再び「形式主義」化してしまった感じを多くの人々に与え，再び論理，演繹ではなくて，経験が多くの人々に希求されていった。その後この期待に応えるべく，象徴的相互作用論，エスノメソドロジー，現象学的社会学，構造主義，闘争理論などなどさまざまなパラダイムが提出されたが，パーソンズに匹敵する理論家が出ていないこともあって，課題の達成に汗牛充棟している。

■参考文献

トクヴィル，A.de（井伊玄太郎訳）『アメリカの民主政治』上，講談社学術文庫，1987. (Tocqueville, Alexis de. *De La Democratie en Amérique*)

パーソンズ，T.（稲上毅・厚東洋輔訳）『社会的行為の構造』木鐸社，1976 (Parsons, T. *The Structure of Social Action: A Study in Social Theory with Special Referenc to A Group of Recent European Writers*. McGraw Hill, 1937)

Bierstedt, R. *American Sociological Theory: A Critical History*. Academic Press, 1981.

Coser, L. "American Trends," Tom Bottomore and Robert Nisbet eds., *A History of Sociological Analysis*. Basic Books, 1978.

Hawthorn, G. *Enlightenment and Despair: A History of Sociology*. Cambridge Univ. Press, 1976.

Hofstadter, R. *Social Darwinism in American Thought*. The Beacon Press, 1955.（後藤昭次訳『アメリカの社会進化思想』研究社，1973）

Zinn, H. *People's History of the United States, 1492-Present*. Revised Edition, Harper Perennial, 1995.

■さらに知りたい場合には

『アメリカ古典文庫 18 社会進化論』（後藤昭次訳・本間長世解説）研究社，1975．
　［アメリカにおける進化論に依拠した社会理論の展開とアメリカ社会学の成立の思想的文脈を包括的に論じた古典的な名著。］

Veblen, T. B. *Leisure Class: An Economic Study in Evolution of Institutions*. Macmillan, 1899. （小原敬士訳『有閑階級の理論』岩波文庫，1961）
　［アメリカ独占資本主義形成期の資本家階級の生活様式を「誇示的消費」などの概念を使って分析したもの。そのユニークな分析は，世界社会科学の貴重な遺産であるとともに，アメリカのその後の社会学，経済学の拠り所の1つになっていった。］

Riesman, D. *The Lonely Crowd: a Study of Changing American Character*. Yale Univ. Press, 1950. （加藤秀俊訳『孤独な群集』みすず書房，1964）
　［第2次世界大戦以降のアメリカ大衆社会の社会学的分析。「伝統指向型」「内部指向型」「外部指向型」といった人間類型論を駆使して，アメリカ大衆社会の問題点を指摘した。彼の社会学はアカデミズムを越えた公衆に向けられたものであり，その意味で公衆社会学を形成したものとして重要である。］

Mills, C. W. *The Power Elite*. Oxford Univ. Press, 1956. （鵜飼住成・綿貫譲治訳『パワー・エリート』東京大学出版会，1958）
　［アメリカの1950年代の社会を，階級・階層別に批判的に分析しようとしたミルズの支配階級に関する分析。彼の公衆社会学は，大勢順応の時代を超えてゆこうとした1960年代のアメリカの若者に支持された。］

Bell, D. *The End of Ideology: On the Exhaustion of Political Ideas in the Fifties*. Free Press, 1960. （岡田直之訳『イデオロギーの終焉——1950年代における政治思想の枯渇について』東京創元社，1969）
　［両大戦間期のアメリカにおける思想とその担い手の問題を社会との関連において総括したものであり，その結果として新たな時代の到来を主張している。彼も公衆社会学を展開した1人であり，資本主義の変容とそこにおける文化，思想の問題に鋭い感覚を披露している。］

Bellah, R. N. et. al. *Habits of the Heart: Individualism and Commitment in American Life*. Univ. of California Press, 1985. （島薗進・中村圭志訳『心の習慣——アメリカ個人主義のゆくえ』みすず書房，1991）
　［アメリカにおける個人主義の問題をその起源から行方に至るまで包括的・実証的に分析したもの。アメリカ人の価値意識をそれを支えている宗教性にまで遡及しながら解明しようとする彼の公衆社会学は，世界の資本主義の最先端を担うアメリカ人の心と共鳴して，大きな広がりを持った。］

33 | 文化人類学
Development of Cultural Anthropology

桑山敬己

19世紀末に登場したアメリカ人類学の最大の貢献は、文化を洗練された教養や芸術としてではなく、生活様式（way of life）として捉え、人間であることが文化的であることを示した点にある。それは社会進化論に代表される当時の西欧中心主義への挑戦であった。異文化理解の重要性が日常的に語られる今日、文化ということばに特別な響きはないかもしれないが、生活様式としての文化という考え方は革命的であった。そして、アメリカの人類学は文化の概念を中心に発展したので、この学問の歴史について語ることは、文化について語るといってよい。成立時から現在までの軌跡を、代表的な学者に焦点を当てて考察する。

A──四分野アプローチ

アメリカ人類学会の設立は1902年である。学会のジャーナル『アメリカン・アンソロポジスト』の創刊が1888年であったことを考慮しても、人類学はアメリカではわずか1世紀ほどの歴史をもつにすぎない。しかし、今日ではアメリカは先行したヨーロッパを抜き去り、世界の人類学の中心として君臨している。アメリカでは、人類学は自然人類学（人間の身体的特徴や進化を研究する分野）・考古学・文化人類学・言語学の四分野を包括的に示すことばである。人間に関する総合科学として発達したアメリカの人類学は、これらすべてを研究して初めて人間がわかるという考えが強い。これを「四分野アプローチ」という。現実には専門化や細分化の傾向は避け難いが、理念としての「四分野アプローチ」は健在で、人類学専攻の学生には四分野すべてを学習させる大学が多い。最大の研究者数を抱える文化人類学は、以下に見るように細かく分類されるが、いずれも「生活様式」としての文化を中心概念としている。なお、イギリスで発達した人類学を伝統的に社会人類学と呼ぶが、英米間の知的交流が活発化した今日では、文化人類学との顕著な差は少ない。

B──アメリカ人類学の父：ボアズ

総合科学としての人類学の基礎を築いたのが、フランツ・ボアズである。ドイツのユダヤ系中産階級の家庭に生まれた彼は、1883年グリーンランド西方のバフィン島を訪れ、人生観を変える決定的な経験をした。それは「野蛮人」とさげすまれたイヌイットの高い人間性の発見である。彼は「文化的な」人間とは単に相対的なものであり、人間の真の価値は「心の教

❶ F. ボアズ

育」にあることを悟った。文化相対主義（cultural relativism）誕生の瞬間である。その後ボアズはアメリカに移住し、コロンビア大学で数多くの有能な弟子を育てた。

『原始人の心』(1911) や『人種・言語・文化』(1940) におけるボアズの主張は歴史個別主義と呼ばれ、次のような特徴をもつ。（1）ルイス・モルガンやエドワード・タイラーに代表される社会進化論の否定。彼らは西欧を頂点に世界を序列化したが、ボアズは人類文化の多様性を重視して、文化の相対性や平等性を強調した。（2）普遍性を標榜する壮大な理論体系を退け、個々の文化の特殊性を歴史的観点から考察した。歴史とは、ある文化が現在の形をとるようになった過程を示す。（3）1つの要因（例えば環境や経済）で文化を説明することを避け、全体論的（holistic）アプローチを取った。ボアズの思想を一言で表現すれば、それは抽象性/単数性に対する具象性/複数性であろう。文明の同義語として不可算名詞で使われていた culture ということばを、彼は cultures という可算名詞の複数形で使ったという事実に、それは象徴的に表わされている。ボアズはあまり理論的な学者ではなかったが、長期のフィールドワークに基づく手法は、実証科学としての人類学の確立に大きく貢献した。

C——アメリカ人類学の初期：1920年代から40年代前半

ボアズの相対的文化観を発展させ、アメリカ人類学の進路に大きな影響を与えたのがルース・ベネディクトである。彼女の理論の特徴は、（1）文化を唯一無比の存在と考え、その一回起性を重視する、（2）文化を内的に統合された独自の表現、つまり形態（configuration：ゲシュタルト心理学からの援用）として把握する、（3）詩的直観により民族のエトスに迫る、以上の3点にある。こうした特徴は「文化のパターン」ということばに凝縮されている。主著 Patterns of Culture (1934) は、日本では『文化の型』として出版されたが、「型」は type（現象のカテゴリー化）を想起させるので、強いて訳せば「様式」が適切である。文化がパーソナリティに与える影響を重視したベネディクトは、日本文化論の古典『菊と刀』(1946) で、子育てに1章をさいた。

ベネディクトの親友で、人類学の一般化に貢献したのがマーガレット・ミードである。1928年、彼女は『サモアの思春期』を著し、アメリカと違ってサモアでは婚前交渉が公に認められていて、生活も単純でストレスが少ないので、思春期特有の問題は見られないと主張し

❷ R. ベネディクト

た。この見解の妥当性については当初から議論があり，彼女の死後に『マーガレット・ミードとサモア』(1983) を書いたデレック・フリーマンは，ミードを徹底的に批判して大論争を巻き起こした。だが彼女の貢献には，単なる論の正否以上のものがある。まず『サモアの思春期』(1928)，『ニューギニアで育つ』(1930)，『三つの原始社会における性と気質』(1935) の三部作は，ボアズの相対主義を受け継ぎ，文化が人間に与える影響の大きさを示した。それは文化決定論の危険と背中合わせだったが，1930年代のリベラリズムと呼応し，遺伝 (nature) よりも環境 (nurture) を重視する反人種主義的な社会思想を学問的に支えた。また，遠くの異文化からアメリカを眺め，「原始」社会を鏡として現代社会を問うという姿勢は，一般読者に広く迎えられた。後にミードは『火薬を湿らすな』(1942) を書き，アメリカ人の国民性について論じている。最後に，『男性と女性』(1949) に代表されるジェンダーの研究は，今日のフェミニズムの先駆的業績といえる。

概して，初期の人類学者はボアズの強い影響下にあり，生活様式としての文化の重要性を熱心に説いた。これはボアズと多少距離をとり，文化圏や文明について書くことが多かったアルフレッド・クローバーも同じである。彼の超有機体論は，個人を超越した文化や文明の自律性を主張した点で，フランスのエミール・デュルケムの社会観に近い。だが，クローバーが文化を個人から切り離した理由の1つは，有機体としての個人には生物学的特徴が備わっているからである。つまり，彼は人種主義に陥りやすい生物（特に遺伝）決定論とは一線を画そうとしたのである。このことは，奴隷制という負の遺産を抱えるアメリカの歴史的背景を考慮せずに理解することはできない。また，それは過ぎ去った時代の問題ではなく，現在の問題でもある。例えば，1960年代には公民権運動に対するヨーロッパ系の反発として，人種と知能指数の関連を説いたジェンセニズムが登場した。さらに，1990年代には社会の保守化を反映して，それぞれの人種の知能指数に見合った階級社会を実現しようと呼びかけた *The Bell Curve* (1995) が出版され，多くの読者を獲得した。ボアズ以降，アメリカの人類学者が後天的に獲得される文化の重要性を繰り返し説いてきたのは，こうした科学的人種主義が後を絶たないからである。

D――アメリカ人類学の発展期［前期］：1940年代後半から60年代前半

❶――文化とパーソナリティ（心理人類学）

ベネディクト，ミード，および言語学者としても知られたエドワード・サピアは，文化の心理的側面に注目したので，彼（女）らの研究から発展した学派を，「文化とパーソナリティ」と呼ぶ。その最大の関心は，文化がパーソナリティの形成に与える影響にあり，なかでも子育て（社会化または文化化）を重視した。第2次世界大戦前後には，研究対象を部族社会から近代国家に移し，日本・ドイツ・ロシアなどの国民性を分析した。初期には印象記的な叙述が多かったが，次第に精神分析に接近して精緻さを増した。エイブラム・カーディナーは『個人と社会』(1939) の中で，文化を第1次制度（パーソナリティを形成するもの）と第2次制度（パーソナリティが投影されたもの）に分け，両者の間に基本的パーソナリティ構造を置いた。この図式は，HRAF (Human Relations Area Files) の設立者ジョージ・マードックと協力したジョン・ホワイティングにより修正され，1970年代に「6つの文化プロジェ

クト」という通文化的（cross-cultural）社会化の研究に結実した。文化とパーソナリティは心理人類学とも呼ばれ、アメリカに独自の分野であり、現在でも活発な活動が続いている。

❷──機能主義

　ボアズが理論にあまり熱心でなかったのは、当時ネイティブ・アメリカンの文化が急速に消滅しつつあったからである。理論化はいつでもできるが、民族資料の収集には時間的限界があると彼は考えていた。今日、ボアズの学問は「救済人類学」と揶揄されることもあるが、そのおかげで貴重な記録が保存された。しかし、理論的欲求不満をつのらせた若手の多くは、活路をイギリスに求めた。1920年代初頭に登場したA. R. ラドクリフ=ブラウンとブロニスラフ・マリノフスキーの機能主義がそれである。彼らの基本的な考えは、社会を構成する要素は相互に結び付いており、1つのシステムを構成するというものである（この点ではベネディクトの統合・形態と一致する）。ラドクリフ=ブラウンは、人間関係の組織原理としての構造と、社会の各要素が全体を維持するために果たす役割としての機能を重視したので、彼の学派を構造機能主義と呼ぶ。彼は1930年から36年までシカゴ大学の人類学部長を務め、多くの研究者を育てた。そのなかには、熊本の農村を調査して『須恵村』（1939）を著したジョン・エンブリーがいる。一方、マリノフスキーは理論的精彩を欠いたが、ボアズを上まわる徹底したフィールドワークと、魅力的なエスノグラフィー（民族誌）で、近代人類学の祖とも評価される。彼は1938年に渡米し、イェール大学で客員教授を務めニューヘヴンで客死した。機能主義は1960年代位まで英米の人類学の花形であり、膨大な数の民族誌やモノグラフを残した。

❸──新進化主義と文化生態学

　モルガンは、マルクスとエンゲルスにも影響を与えた『古代社会』（1877）の中で、人類社会の「進歩」を野蛮・未開・文明の3段階に分けた。こうした進化論はボアズにより否定されたが、戦後は新進化主義として再登場した。中心人物はミシガン大学のレズリー・ホワイトである。ボアズ学派を敵に回し、マッカーシズムが吹き荒れるなか、彼は孤軍奮闘して『文化の進化』（1959）を著した。彼の主張は、年間1人当たりのエネルギーの使用量により、社会の進化が測れるという単純なものであったが、進化論の生命を絶やさなかった功績は大きい。1960年、ホワイトの学生であったマーシャル・サーリンズとエルマン・サーヴィスは、一般進化と特殊進化という対概念を提唱し、下（単純）から上（複雑）への変化を普遍的と想定する一方で、個々の文化が環境に適応しながら独自の変化を遂げる過程を重視した。その後、サーヴィスは独自に、今日広く用いられているバンド・部族・首長制・国家という図式を提示した。また、文化生態学の創始者として知られるジュリアン・スチュワードは、主著『文化変化の理論』（1955）で、モルガンの理論を単系進化論、ホワイトの理論を普遍進化論と呼び、自らの多系（multilinear）進化論と区別した。文化生態学の目的は、環境への適応が文化にもたらす変化を実証的に調査することにある。それは複数の文化間にみられる限定的な類似性を比較検討して、進化の法則を見いだそうとする多系進化論の実践といえる。

E──アメリカ人類学の発展期［後期］：1960年代後半から80年代前半

❶──文化唯物論

アメリカ人類学を観念論（idealism）と唯物論（materialism）に二分し、後者の代表として自らを位置付けたのが、文化唯物論の提唱者マーヴィン・ハリスである。彼はエミック（emic 内側の視点）よりエティック（etic 外側の視点）を重視し、行為やモノの意味の「解釈」ではなく、現象の因果関係の「説明」を求める。「文化科学の闘争」という副題のついた『文化唯物論』（1979）の中で、ハリスは文化を下部構造（生産様式と再生産様式）、構造（家内経済と政治経済）、上部構造の三層に分け、下部構造決定論を唱えた。そのわりにマルクスの影響がさほど強くないのは、彼の関心は物的要因（例えば食料の確保）への適応として、心的現象（例えば食事のタブー）を説明することにあるからだ。つまりハリスには、マルクスのイデオロギー論に特徴的な権力、特に支配にまつわる社会関係のダイナミックスへの関心が希薄なのである。マルクスの社会批判が色濃く反映されるのは、唯物論派ではなく後述のポストモダニズム派である。

❷──ポリティカル・エコノミー論

この学派は、(1)文化をそれ自身で完結したシステムと見なさず、文化と文化の接触をグローバルな規模で捉える、(2)近代西欧の政治経済（特に資本主義）が、非西欧のローカルな文化に与えた影響を考察する、(3)植民地主義や帝国主義など、強者と弱者の力の不均衡に由来する歴史的要因を重視する。第1点は、個々の文化の独自性を強調したボアズ学派や、社会や文化の内的一貫性を追究した機能主義に対する挑戦である。代表的な論客はエリック・ウルフであり、大著『ヨーロッパと歴史のない人々』（1982）は、15世紀以降の西欧の世界進出を、その犠牲者であり歴史から抹消された非西欧の人々に注目して描いたものである。ポリティカル・エコノミー論は、従属理論や世界システム論から発展したが、そこにはロバート・レッドフィールドの遺産を見て取ることもできる。彼はメキシコの片田舎にも近代ヨーロッパ文明の影響が及んでいる事実に着目し、機能主義を批判して歴史への傾斜を強めた。また、国家の一部としての農村論（part-society）を展開し、土着の民俗社会の「小伝統」と外国文明を受容した都市の「大伝統」の接触を研究した。なお、ポリティカル・エコノミー学派には、『甘さと権力』（1985）で砂糖と世界システムの関連を論じたシドニー・ミンツを含め、ラテンアメリカ専攻の学者が多い。その理由として、この地域には言語的にも宗教的にもヨーロッパの影響が一目瞭然なこと、政治的独立後もアメリカ合衆国による支配が続いていることなどが考えられる。

❸──認識人類学

認識人類学は1960年代に登場した分野で、初期にはエスノサイエンスまたは新民族誌とも呼ばれていた。代表格のウォード・グッドイナフは、文化を実際の行動や出来事とは切り離して、文化の成員がある状況下で適切な行動をとるために必要な「知識体系」として文化を定義した。つまり、彼は文化を人間の頭の中に置き、一種のメンタル・マップとして把握したのである。認識人類学の特徴は、民俗語彙の成分分析（componential analysis）を通じて、ネイティブが住む世界を内側から客観的に描写することにある。当初は、個別文化の親族用語や

動植物の名称の分析が多かったが，そのうち色彩用語などの通文化的分析に関心が移った。1969年に出版された『基本色彩語彙』は，世界の言語には色に関する11の基本語彙があり，それらは7つの段階を経て進化したと説いて，大きな反響を呼んだ。認識人類学は，民族の世界を内側の視点（エミック）から映し出そうとしたが，客観的科学性にこだわり言語学的手法に依存したため，あまりに厳格で形式的な分析に終始した。現在は，知識構造としてのschemaが実際の行動・動機・感情とどのように結び付き，社会化の過程でどのように内面化されるかの問題に，この分野の関心は移っている。

❹——象徴人類学

1960年代後半に登場した象徴人類学の代表的論客は，デイヴィッド・シュナイダー，ヴィクター・ターナー，クリフォード・ギアーツの3人である。現在，ギアーツのアプローチは解釈人類学と呼ばれているので，次項で別個に検討する。シュナイダーは主著『アメリカの親族』(1968)で，親族を象徴（シンボル）体系と捉え，親族を表わすことばの弁別的特徴の分析を通じて，親族の意味領域を明らかにした。象徴とは「何かを表わし」「表わされたものと必然（内在）的関連のないもの」を意味する。彼の議論で最も関心を呼んだのは，文化を象徴と意味の独立体系と定義し，実際の行動とは切り離したことにある。これに対して，ターナーは象徴を社会的ダイナミックスに取り込み，象徴が儀礼を通じて新たな社会秩序の形成に果す役割を重視した。スコットランド生まれの彼は，師マックス・グラックマンの影響で社会内部の葛藤に関心を寄せたが，最終的に均衡を想定する点で機能主義的である。代表作『象徴の森』(1967)，『儀礼の過程』(1969)，『象徴と社会』(1974)で使われた「リミナリティ」「コムニタス」「反構造」は，人類学の用語の一部となった。ターナーの象徴論は，イギリスではエドマンド・リーチ，メアリー・ダグラス，ロドニー・ニーダムらの研究と連動する。なお，フランスのクロード・レヴィ＝ストロースの構造主義，特に二項対立の原理を応用した儀礼や神話の分析は一時流行したが，彼の主知主義は実証性を重んじるアメリカ人類学とは相容れなかった。そして，方法ではなく思想としての構造主義を軽視したところに，80年代に怒濤のように流れ込んできたフランス発のポストモダニズムにアメリカが翻弄された理由がある。

❺——解釈人類学

解釈人類学の提唱者ギアーツは，今日アメリカで最も影響力の大きい人類学者である。彼の理論で注目を浴びたのは象徴体系としての文化だが，行動（社会行為）を除外しない点でシュナイダーとは異なる。また，ギアーツにとって文化は公的な存在で，グッドイナフが考えたように人間の頭の中にあるものではない。象徴にはありとあらゆるものが選ばれるが，それは極めて包括的に理解された「意味」を含んでおり，その意味を解釈することがギアーツの人類学の目的である。解釈は個々の文化の枠組みで行われるので，法則定立的で因果関係を追求する実験科学とは異なる。そして解釈は正否の問題ではなく，複数の可能な解釈のうち，どれが優れているかの問題だというのが，ギアーツの立場である。彼のいう「厚い描写」(thick description)とは，おそらくこの優劣の判断基準を提供するもので，それは異文化を内側から（つまり「ネイティブの視点」で）詳細に描くことにより，読者に筆者の解釈の妥当性を示す手段といえよう。ギアーツの魅力は，一見些

❸ C. ギアーツ

細な日常的な出来事（例えばバリの闘鶏の風景）を通じて，背後に潜む大きな世界やエトスを示すことにある。また，ホワイティングの通文化研究とは違い，少数の異文化に対象を絞って深く研究するのも彼の特徴である。ギアーツは多くの分野に「解釈学的転回」をもたらしたと評価されるが，人類学者としての彼の影響力は，ボアズの伝統を現代に体現している点にある。それは，主著『文化の解釈学』(1973)の原題 The Interpretation of Cultures の最後のs（複数性）と，『ローカル・ノレッジ』(1983)の local（個別性）に象徴的に表されている。

F──アメリカ人類学の転換期：1980年代以降

現在，アメリカ人類学は転換期を迎えているが，主な要因は4つある。(1)進化論に背を向け，『文化と実践的理性』(1976)で象徴論を展開したサーリンズの「転向」に表わされる文化の「メンタル化」の反作用として，現場における実践（practice）を重視するようになった。フランスの社会学者ピエール・ブルデューの実践理論が注目されている。(2)エドワード・サイードのオリエンタリズム批判と，ほぼ時を同じくして人類学を襲ったポスト構造主義およびポストモダニズムは，この学問の営みに根本的な自省を迫った。(3)グローバリゼーションは，すべての分野で世界各地の相互依存を高め，孤立した未開社会の学として発達した人類学のアイデンティティを揺さぶっている。(4)社会理論の男性中心主義を批判し，近年では白人中産階級の女性研究者自身のバイアスを自省するフェミニズムが影響力を持ち始めた。

特に第二の要因については，次の点に注意したい。(1)オリエンタリズム批判：サイードが『オリエンタリズム』(1978)で強調したのは，言説としてのオリエント研究，西洋によるオリエント研究の支配，西洋との対比によるオリエント理解，オリエントの異質性・非道徳性・幼児性の強調，西洋の自己投影としてのオリエント像，他者研究における力（power）の側面などである。(2)異文化研究の政治性：この問題は，1960年代に一部の急進的人類学者が取り上げたが，それ以降は不問に付されていた。しかし，知と力の関係を暴露したミシェル・フーコーなどの影響を受け，人類学者は自らの「植民地主義的ルーツ」について反省を迫られた。(3)知の部分性と主観性：ジェームズ・クリフォードは，ポストモダンの人類学の引き金となった『文化を書く』(1986)の序章で，人類学者の異文化像は，書き手の人類学者が主観的に構成した部分的真理であり，「フィクション」にすぎないと述べた。この主張は客観的で科学的な異文化研究という人類学の位置付けを根底から覆した。(4)実験的民族誌：伝統的な民族誌の特徴である客観性・文化の全体像・調査者と被調査者の距離・単声/単音などに対して，主観性・文化の部分像・調査者と被調査者のダイアログ・複声/多音などを強調した，新たな民族誌の書き方が求められるようになった。また，グローバルな動きをローカルな出来事に見いだし，両者を接合するような叙

述（いわばウルフとギアーツの組み合わせ）も期待されている。

G——ヨーロッパの影

　以上，アメリカ人類学の鳥瞰図を学説史的に提示したが，アメリカはその圧倒的な力とは裏腹に，意外にもヨーロッパの大思想家の影響を強く受けている。個々の文化の独自性を強調したボアズの世界観には，普遍的な人類文明という観念を退けて，民族の精神的独自性を主張したドイツのヘルダーの影響がみられる。また晩年のベネディクトとミードは，フロイトの精神分析に傾斜した。イギリス産の機能主義はデュルケムの社会学を基礎に発展を遂げ，唯物論はマルクス抜きには語れない。最も独創的といわれるギアーツでさえ，行為の意味を重視したドイツの社会学者ウェーバーの影が散見される。ポスト構造主義がレヴィ=ストロースに端を発することはいうまでもない。逆説的ではあるが，アメリカの人類学はヨーロッパで生産された思想を自由闊達に消費して成長し，「知の世界システム」の中心として君臨しているのである。

■参考文献

石川栄吉他（編）『文化人類学事典』弘文堂，1987.

Barfield, T., ed. *The Dictionary of Anthropology*. Blackwell Publishers, 1997.

Langness, L. L. *The Study of Culture*. Chandler & Sharp Publishers, 1974.

Ortner, S. "Theory in Anthropology since the Sixties." N. B. Dirks, G. Eley, and S. B. Ortner, eds. *Culture/Power/History: A Reader in Contemporary Social Theory*. Princeton Univ. Press, 1994.

■さらに知りたい場合には

綾部恒雄編『文化人類学15の理論』中央公論社，1984.
　［19世紀後半の社会進化論から，1980年代のギアーツの象徴人類学まで，文化人類学における主要な文化理論を簡潔に説明した好著。］

江渕一公『文化人類学』放送大学教育振興会，2000.
　［文化人類学の古典と現代の両方を扱った本格的な入門書。1980年代以降の動き（例えばグローバリゼーション研究）を知りたい人には格好の書物。］

クラックホーン，C.（外山滋比古・金丸由雄訳）『文化人類学の世界』講談社，1971.
　［文化相対主義的な世界観を紹介した古典的名著の抄訳。第2次世界大戦後，アメリカ人を対象に書かれたものだが，現代の日本人にとっても価値を持つ。］

祖父江孝男『文化人類学入門』中央公論社，1979.
　［1970年代までの文化人類学全般を簡潔に説明した好著。一般教養科目の教科書として根強い人気を誇る。］

34 | 経営学
Business Administration

沼上 幹

アメリカの経営学は，①実践志向，②科学的根拠の執拗な追求，という2点が強く結び付いている点に特徴がある。科学的根拠の執拗な追求の結果，アメリカの経営学はその当初の素朴な科学としての経営学の時代から，洗練された「科学」としての経営学の時代に移り変わってきた。コンピュータの発達と多変量解析等の統計手法の発達によって，多様な変数が複雑に関係づけられたモデルを構築することが可能になった。そのようなモデルを積極的に取り入れ，組織や戦略等に関して「Aという状況下ではBという施策を行うと高い（低い）経営成果につながる」というタイプの命題を実証的に確立しようという努力が延々と積み重ねられてきた。また近年では経済学の影響を強く受けているという特徴も目立ち始めている。

A──「科学」としての経営学

❶──経営学の祖テイラー

経営学の始まりは米国人フレデリック・ウィンスロー・テイラーの科学的管理法だと考えるのが一般的である（⇨ 61 製造業の過去と現在 B-3）。この他にも，フランスのアンリ・フェイヨールやドイツの経営経済学等をその出発点だと考える立場もあるが，影響力の強さと広がりを考えると，やはりテイラーを始祖と考えるのが妥当であろう。テイラーの科学的管理法はアメリカばかりでなく，ドイツやフランス，共産主義のソビエトでも熱狂的な支持を得た。また学問的にも，マックス・ウェーバーの合理化の概念に対してテイラーの科学的管理法とそれを広める社会運動が強い影響を及ぼしたといわれる。その後，他の国々でも経営学が広く研究されるようになったがゆえに，今日では「アメリカの経営学」の特徴を他国と比較しながら考えるということが可能になったけれども，そもそも経営学はまさにアメリカ生まれのアメリカ的な学問だったのである。

経営学成立の起爆剤となったテイラーの科学的管理法は，テイラーが長年作業現場のエンジニアとして作業組織を合理化しようとしてきた努力から生まれてきた。今日のアメリカ経営学の特徴は，この作業現場のエンジニアが創始した科学的管理法の時からすでに明確に表われている。すなわち，まず第一に際立って実践志向が強いこと，そして第二に科学的な根拠に対する要求が強いことの2点である。アメリカの経営学は，まず科学的な知識を確立し，その科学的知識を基にして合理的な企業経営法を構想していこうとする志向性を強く持っている。あるいはまた，企業経営を合理的に遂行するために知識を応用しようとするのだから，経営成果に直接関係をもつ知識にとりわけ焦点が集中し

ていく傾向を強く持つといってもよい。

　実際，アメリカの経営学においては，自己資本利益率や投資収益率，経済的付加価値(EVA)等の経営成果を高めるような経営実践の探求が何よりも主流を占め，それに直接結び付きそうにない研究は少数派にとどまっている。例えば企業経営という社会現象をマルクス主義の立場から批判的に捉える研究や経営学の歴史を探究する研究が，他の国々では数多く見られるのに対して，アメリカでは非常に数少ない少数派にとどまっている。また一見経営成果から無縁に見える企業倫理の研究などでも，実は極めて実践志向性が強く浸透してくる。例えば「企業倫理に注意を払っている企業はそうでない企業よりも利益率が高い傾向にある」といった研究結果の追求が活発に行われるのである。

❷──実践志向と科学性の追求

　しかし，もともと経営学は企業経営をうまく遂行するための知識を追求するという側面を持つため，他国の経営学にも多かれ少なかれ実践志向は見いだされる。アメリカ経営学は他国の経営学以上に実践志向が強いという特徴を確かに持つが，それでもこの実践志向のみでアメリカ経営学を特徴付けるだけでは不十分であろう。むしろ，この実践志向が科学性の追求と強く結び付いている点にこそ，アメリカ経営学の本質的な特徴を求めるべきであろう。すなわち，アメリカ経営学は，その生成当初から，より科学的な根拠のある知識に基づいた経営実践の合理化という目標を追求してきた。アメリカ経営学の全体的な流れを大きく特徴付けているのは，より科学的な根拠のある経営学を構築しようという意図であり，その「科学」としての経営学をもって経営の実践を合理化していこうという志向性であったと考えられるのである。

　単なる実践志向であれば，経営者を長年経験

❶ F. W. テイラー

してきた人物が大学で教壇に立って講義したり，自らの蓄積してきた知恵を雑誌に公表するという慣行が成立する可能性もある。しかし，アメリカの経営学は実践志向を強く持ちつつも，逆に実務家の知恵を否定的に捉える傾向が強いという特徴も持っているのは科学性を強く追求しているためである。

　実務家たちは，自らの経験を基に学習を積み重ね，日々自らの経営実践を合理化している。自ら工夫した経営実践が高い経営成果をもたらしたときも，逆に期待にそぐわない結果をもたらしたときも，実務家たちはその原因について思いをめぐらす。原因を推測できれば，次の機会にはその原因を意図的に創り出して，より高い経営成果を達成しようと試み，その結果を振り返ってまた学習が進んでいく。このような〈実践→反省による原因の推測→次の実践〉という学習のサイクルによって，多様な経験知が蓄積され，その蓄積された経験知に反省のまなざしが向けられ，ある程度体系的に整理されることで，実践家の知恵としての経営術が発達していく。その意味では，企業経営を合理的に遂行するための知識は，まずもって実務家たちが自ら創り出し，蓄積しているはずである。

　しかし実務家たちの蓄積している知識は必ずしも妥当性が高いものであるとは限らない。なぜなら，実務家たちは体系的に観察を行っているわけではないし，自分の持っている知識が自

分の会社以外でも成り立つのか否かをチェックしているわけでもない。このような実務家の知恵としての経営術であれば，経営学が大学の教育科目として成立する以前にも多数存在していたにちがいない。しかし，経営学がひとつの独自の知識領域として成立していくには，このような実務家の知恵としての経営術ではない，他の知識正当化基盤を持たざるを得なかった。経営学の創始者テイラーはそうした実務家の知恵に対する差別化の根拠を「科学」に求めた。テイラーの科学的管理法に基づけば，仕事のやり方には「唯一最善の方法」（one best way）が存在する。企業経営のやり方に科学的な方法を持ち込もうとしたテイラーの活動から始まるアメリカ経営学は，その後さらに洗練された科学を目指して「進歩」してきたのである。

❸──科学的経営学の方法

ここで「科学」とは，簡単にいえば，(1) 体系的な観察を行い，(2) その観察から得られたパターンを一般化し，(3) そのパターンが因果関係であることを確認するという知識獲得手順を指す。科学的な基盤に立った経営学は，(4) 科学的な手順を経て確立された因果関係を転倒させて目的-手段関係を示唆する。以上の4点をまず簡単に説明しておこう。

(1) 体系的な観察

人間は印象的な事柄を強く記憶し，日常的な事柄を忘却する傾向がある。それゆえ，人々が日常的に抱いている印象論は，事実とは異なる場合が多々ある。企業経営においても，日常的な努力の地道な積み上げが成功をもたらしたとしても，その事実は忘却され，ハデに目に付く事件や意思決定，リーダーの振る舞いなどが成功の原因だと思い込まれることがある。このような印象論を克服して，より妥当な事実を集積するためには，アドホックな観察を廃止し，客観的な選択基準に基づいた体系的な観察が行われる必要がある。

(2) 発見事実（パターン）の一般化

例えばある企業では，「Aという施策を行うと，いつも高い経営成果が得られる」といった観察事実を得られたとしよう。しかしこの観察事実は必ずしもあらゆる企業で，あらゆる局面で成立するのではないかもしれない。自動車産業で得られた知見は化学産業で有効とは限らない。それゆえ，成功パターンや失敗パターンが多様なケースに観察可能であるとか，繰り返し再現可能であるということを確認することが「科学」的な経営学にとっては重要である。特定のパターンが多様な事例に適用可能であることを示す作業を一般化（generalization）という。より広い対象に適用できるパターンが発見されれば，その分だけ記憶を節約できるばかりでなく，より多様な条件の下で成立するパターンは，そもそも他の条件に左右されにくい，重要なパターンだということになる。それゆえ，この一般化は科学的な経営学を形成するうえで極めて重要な要素なのである。

(3) 経験的規則性が因果関係であることを確認する

経営施策Aを採用したら，経営成果が向上したとしよう。この経営施策Aの採用が原因であり，高い経営成果が結果であるとすれば，経営成果を高めるためには経営施策Aを採用すれば良いということになる。しかし，この両者が原因と結果の関係にあることを確立するのはそれほど簡単なことではない。例えば，経営施策Aそのものは重要ではなく，むしろ新たな経営施策を採用するという経営陣の積極性そのものが従業員にも伝播して高い経営成果を生みだしたという可能性もある。このような場合，経営施策Aの採用と経営成果の間には相関関係が見られるのだが，両者の相関は因果関係ではない。高い経営成果も，経営施策Aの

採用も共に経営陣の積極性がもたらす結果であって，経営施策Ａの採用と経営成果が直接関係しているわけではないのである。このような関係を見かけの相関という。経営施策Ａと経営成果の関係が見かけの相関である場合，後から追随して経営施策Ａを模倣しても経営成果を高めることはできない。経営成果を高めるには，まず経営陣の積極性を高める努力を行わなければならない。このように，見いだされたパターンが因果関係であることを確認する作業は，実際に経営実践を合理化していくうえで極めて重要である。次の項目で述べるように，原因-結果の関係を逆転させ，目的-手段の関係を示唆することで科学的な根拠のある経営学は経営の実践を合理化していくからである。

（４）因果関係の目的志向的な活用の示唆

　因果関係が確立されれば，それを目的-手段関係に転化するのは容易である。経営陣の積極性が原因であり，高い経営成果が結果であることがわかれば，今度は逆に，高い経営成果を目的とするならば，経営陣の積極性（＝手段）を高めればよいのである。逆に，低い経営成果をもたらす原因が明確になれば，その原因を避ければよい。いずれにせよ，原因-結果の関係が確立されれば，望ましい結果を得るにせよ，望ましくない結果を避けるにせよ，原因変数側を操作することで自分たちが望んでいる最終状態を手に入れることができるはずである。経営者たちが「どうすれば良いのか」と問うたときに，経営学者や経営コンサルタントが明確な返答をするうえで，因果関係の確立が極めて重要になるのは，因果関係を転倒することで目的-手段関係が得られるからである。

　必ずしも当初からこれらすべての要素を完全に備えていたわけではないが，それでもアメリカ経営学が20世紀を通じてこの４つの要素をますます強化しようと努力してきたことは容易に確認できる。また時とともにアメリカの経営学が「科学的」であると考える方法の特徴等には大きな変化が見られる。とりわけ，過去30年間ほどの間に，多変量解析の手法が進歩し，データ解析に使われる情報処理機器とソフトウェアの価格が低下してきたゆえに，近年のアメリカ経営学における見かけの相関の排除方法等は技法的に洗練されてきている。しかし，いくら手法的な洗練があるにせよ，その目指すところが「科学」的な経営学の洗練と，その「科学」的な知識を基礎に置いた経営実践の合理化であったことには変わりはない。この点について，より具体的な例で確認しておこう。

B──アメリカ経営学の具体例

❶──素朴な科学としての経営学

　テイラーを創始者とする科学的管理運動は上記４項目のすべての点で真に科学的であったわけではない。草創期のアメリカ経営学は，「科学的管理法」と名付けられたが，今日の視点から見ればずいぶん粗野で素朴な「科学」であった。しかし，それでもアドホックな実務家の経営術に比較すれば，科学的管理法は「科学的たろう」とする意欲という点で際だった特徴を備えていた。

　まず第一に，当時の実務家たちがアドホックな観察と経験に頼っていたのに対し，テイラーは体系的な観察を導入した。彼は作業現場で生産性の高い労働者を選び出し，その作業方法を体系的に観察するという手法を採用した。テイラーは何人かの優れた作業者の作業を細かい動作へと分解して比較し，各人の優れた部分動作を選び出して，最善のタスク（課業）遂行法を再構成しようとした。まさに分析（分解）と総合という科学・技術の基本的思考法を現場作業に応用しようとしていたのである。その後，テ

イラーの弟子のギルブレス夫妻は指先に豆電球を付けて指の動きの軌跡を写真撮影したり，一定時間間隔でフラッシュをたいて動作の加速・減速を写真におさめるといった洗練された観察手法を導入していった。12人の子供をつくり，『1ダースなら安くなる』という映画でも知られるギルブレス夫妻は，自らの姓の逆を命名した微細な単位動作（therblig）を確立し，今でもインダストリアル・エンジニアリング（IE）の世界にその業績を残している。

テイラーの科学的管理法に続く活発な研究運動となった人間関係論にも体系的な観察を通じて実践的に役に立つ知識を確立しようという志向性が見てとれる。当初，作業現場の照明の明るさと疲労の相関を探ろうという産業心理学的な実験からスタートしたホーソン工場実験も，今日の基準から見ると実験遂行の厳密性に多くの問題点を含んでいた。その意味では科学としては極めて素朴であったが，それでもなお当時としては体系的な観察を多様に試みた壮大な実験であったと評価するべきであろう。多様な作業条件のもとで作業者たちの生産高を計測した結果，最終的には照明の明るさや休憩時間そのものよりも，職場の人間関係や作業者の家庭の事情といった社会的要因が生産性の高低を左右する原因であることをハーヴァード大学のフリッツ・レスリスバーガーたちは発見した。因果関係の目的志向的活用という点でも，人間関係論はアメリカ経営学の典型例だと言える。部下の身の上話に真剣に耳を傾けるカウンセリングを通じて，作業者の生産性を高めるという考え方が人間関係論を発端にして広まり，人事管理の主要な手法として一世を風靡した。

人間関係論は理論構築という側面においても，アメリカ経営学のひとつのモデル・ケースとなっていく。一方でホーソン工場において実験やインタビュー，観察といった多様なデータ収集法を用いるとともに，他方ではハーヴァード大学の生理学者L. J. ヘンダーソンが主催していたシステム論のセミナーにレスリスバーガーが参加し，パレートの社会システム論を学び，データの解釈に活用していたからである。最先端のシステム論を学び，それを企業経営の分析に活用していくというスタンスは，その後の経営学史でも繰り返されていく。

このヘンダーソン・セミナーにひとりの知性あふれる経営者，チェスター・I. バーナードも出席していた。もともとハーヴァード大学を中退してAT&Tに入社し，後にニュージャージー・ベルの社長をつとめたバーナードは，当時まだ英訳のなかったウェーバーをドイツ語で読み，パレートをフランス語で読む知識人であった。バーナードは，企業組織を社会システムとして概念化しつつ，しかも経験科学としての経営学というよりも，むしろ思想体系としての経営学を構築した。含蓄あふれる著書『経営者の役割』（1968）は，経営学史上最大の古典的業績として今でも広く読み継がれている。

❷──洗練された「科学」としての経営学

しかし，科学的な要素を一部保有しながらも，思想や価値観にかかわる要素をふんだんに残していたバーナードの理論は，そのまま思想として発展するのではなく，科学としての経営学を確立しようというアメリカ経営学の流れの中で，むしろ思想と価値観を脱色されて純粋な「科学」へと変革されていく。その作業を担ったのはノーベル経済学賞を受賞したハーバート・サイモンであった。サイモンは，純粋な科学としての経営学を構築するべく，価値判断の問題と事実判断の問題を注意深く切り分ける作業を行った。価値判断を排除し，事実判断のみからなる科学としての経営学の確立をサイモンは目指していたのである。

ある組織体が何をなすべきかという目標設定

に関しては，価値の問題が関わり，それゆえに科学的な思考の対象を超えてしまう。しかしいったん何をなすべきかが決まれば，その目標を実現する手段の選択に関しては客観的に優劣を判定できる事実判断の問題のみが残されることになる。そうなると，客観的な判断が可能になり，科学的な経営学を構築できる。価値の問題を視野の外に追いやったうえで，サイモンは人間を不十分な情報処理機構として捉え，組織の問題を考える。不十分な情報処理ユニットである人間をうまく連結することによって，組織体としては個々の人間の能力を超えた情報処理が行えるようになることをサイモンは示したのである。サイモンの組織論が目指したものを，誤解を恐れずに簡単にいえば，価値や思想といった要素を会社に持ち込まない，不完全な情報処理ユニットとしての人間を部品として，情報処理機構（計算機）としての組織をどのように設計するか，ということだったのである。

サイモンの業績をひとつの転換点として洗練された「科学」への道を加速化したアメリカ経営学は，その後，当時から急速に発達し続けていた統計的手法とコンピュータの恩恵を受けて，ますます厳密で洗練された「科学」へと発展していった。コンピュータの進化は，コンピュータ設計というメタファーを用いて企業組織を考えるサイモン流の〈情報処理システムとしての組織〉という観点を生み出すのに役立ったばかりではない。コンピュータの進化は統計計算のコストを低下させ，理工系ばかりでなく社会科学系の研究者が統計的手法を使う需要を高め，また統計的手法自体の発達をも促していったのである。この統計的手法とコンピュータの発達によって，経営学は大きな変化を経験していくことになる。統計的手法とコンピュータの発達が経営学に与えたインパクトは，大きく分けると2つに分類可能である。

まず第一に，体系的観察・パターンの一般

❷ H. サイモン

化・因果関係の確定という作業を推し進めるうえで重要な道具立てを統計学は提供してくれた。確率論を用いた標本抽出法（例えばランダム・サンプリング）は体系的な観察を行うための基本的な考え方を厳密化し，統計的検定の諸手法は，発見された成功パターンや失敗パターンが偶然に発見されたものではないという信念の根拠を提供してくれた。さらに，見かけの相関を排除し，2つの変数間の関係が単なる相関関係ではなく，因果関係であると推論していく多様な手法が，多変量解析をはじめとする統計学の影響を受けて発達していった。これらの諸手法を通じて，経営理論の構築とその実証は，それまでよりもはるかに「科学的」な厳密性を高めることが可能になった。

第二のインパクトは，やはり多変量解析をベースとして「目に見えない変数」を測定する手法が発達したことである。直接観察不可能な概念も，多様な質問項目を作成したうえで行われる因子分析等によって背後の次元として測定されるようになっていった。もともと経営学はそのスタート時点で，〈作業手順と単位時間当たりの生産量との関係〉や〈照明の明るさと単位時間当たりの生産量の関係〉など，目に見える変数間の関係を模索していた。しかし，組織構造とか市場の不確実性，社員のあいまい性許容度等，本来目に見えるような具体的な現象ではない構成概念を多変量的に測定していく手法が確立していくことで，経営学は多様な心理学的

図34-1 ●コンティンジェンシー理論の主要命題

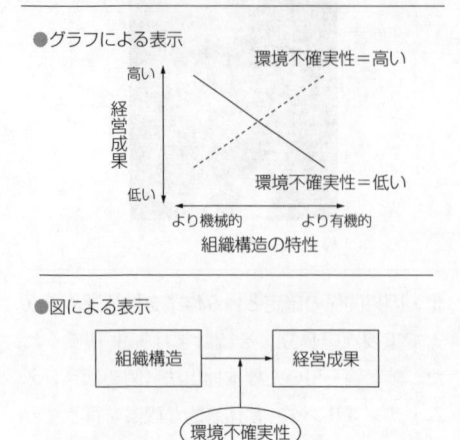

●グラフによる表示

（縦軸：経営成果 高い／低い、横軸：組織構造の特性 より機械的／より有機的、環境不確実性＝高い、環境不確実性＝低い）

●図による表示

組織構造 → 経営成果
環境不確実性

変数や社会学的変数を「科学」的に測定し、理論に導入するようになっていったのである。

本来見えないはずの概念を測定可能にする手法と、厳密な因果関係の確立を促進する考え方と手法は、それまでの素朴な「科学」としての経営学を、一段と洗練された「科学」へと押し上げることになった。これらの考え方と手法が出現する前の時点では、「科学」としての経営学と非科学的な実践家の知恵としての経営術という2つの基本的な知恵が存在し、前者の後者に対する絶対的な優位が強調されていた。非科学的な実践家の知恵に較べれば、科学的管理法であれ、人間関係論であれ、どのような条件の下でも唯一最善の方法（one best way）を提供するものだと想定されていた。

ところが因果関係確立のためのさまざまな視点と手法とが確立されてくると、より複雑で洗練されたモデルを扱えるようになる。それまでの非科学的な経営術と科学的な経営学の対比から、素朴な「科学」的経営学と洗練された「科学」的経営学の対比が行われるようになったのである。より具体的には、「どのような条件の下でも常に成立する唯一最善の方法など存在せず、条件次第で最善の方法は変わるのだ」と主張する組織のコンティンジェンシー理論の考え方が1960年代後半から80年代初頭まで支配的な枠組みとして君臨する時代が始まったのである。「唯一最善の組織化など存在しない」（There is no one best way to organize）と主張する組織のコンティンジェンシー理論は、いわば、それまでの素朴な「科学」としての経営学に対して、洗練された「科学」として戦いを挑んだのであった。

❸ 洗練された「科学」の代表例：組織のコンティンジェンシー理論

組織のコンティンジェンシー理論の主たる命題は、非常に単純である。環境の不確実性が低い場合には、組織が処理しなければならない情報量が少ないため、比較的簡単な官僚制機構で十分高い経営成果が達成できる。簡単な官僚制組織を、機械的組織と呼ぶ。しかし、環境の不確実性が高まるにつれて、組織の処理しなければならない情報量が増え、より複雑な情報のやりとりを行える柔軟な組織構造が有効になる。多様な情報チャネルを備えた柔軟な組織構造を有機的組織という。機械的組織は単純であるがゆえにコストの低い組織だが、有機的組織はその運営にコストがかかる。それゆえ、環境不確実性が低いときには機械的組織が低コストで十分に高い成果を達成でき、不確実性が高いときにはコスト高でも有機的組織でなければ対応不可能になる。

この命題の基本的な構造が図34-1に描かれている。まず上段に描かれているグラフを見よう。横軸に組織構造の特性をとり、左に行くほど機械的な組織に、右に行くほど有機的組織に近づく。縦軸には経営成果をとり、上に行くほど高い経営成果になる。組織のコンティンジェンシー理論が主張した基本命題は、組織構造の

特性と経営成果の関係が環境不確実性の高低に応じて異なる，ということである。すなわち，高い環境不確実性に直面している組織群をグラフに描くと，より有機的な組織構造のものが高い経営成果をもたらし，低い環境不確実性に直面している組織群をグラフに描けば，機械的な組織構造のものほど高い経営成果を達成している，という関係が得られるのである。

このグラフに描かれている関係をボックス・アンド・アロー・ダイヤグラムで描けば，図の下段のようになる。原因変数の組織構造と結果変数の経営成果との因果関係の形は，環境不確実性の程度によって変わる，ということをこの図は示している。このように因果の矢印自体に影響を及ぼす環境不確実性のような変数をモデレータ変数という。

環境条件など関係なく，どのような場合にも科学的管理法に基づいた作業設計が有効であるとか，部下の相談にのってあげるリーダーシップが有効である，と主張する既存の経営学に較べれば，コンティンジェンシー理論が洗練されたモデルを提供していることは明らかであろう。いわば2変数しか考慮しないモデルが，3変数（以上）のモデルに「進化」しているのである。2変数間の単純な因果モデルに多様な第3変数を導入し，しかもモデレータ変数という特殊な位置づけの変数も導入するというモデルの複雑化は，この時代の統計手法の発展と因果関係に関する考え方の洗練によってもたらされたのである。しかも環境不確実性という「目に見えない変数」を測定するうえでも，やはり多変量解析の手法が重要な基礎を提供している。

「科学」としての経営学を構築し，経営の実践を合理化していこうという大きな運動を続けてきたアメリカ経営学は，厳密な因果関係の特定化と見えない変数の測定という手法の変化を受けて，組織のコンティンジェンシー理論としてひとつの頂点を迎えることになった。

C──近年のアメリカ経営学

1970年代に一世を風靡した組織のコンティンジェンシー理論自体はその後退潮していく。1970年代に多くの経営学者たちが組織論に注目していたのとは異なり，80年代以降は戦略や組織文化，制度等々，多様な研究テーマに多様な人材が分散して取りかかっているように思われる。それゆえ，「アメリカの経営学」と言って簡単にひとくくりにはできない状況になってきていることは確かである。しかしそれでもなお，今日のアメリカの経営学に関して2点ほど目立った特徴を挙げることができる。

まず第一に，戦略や組織等々に研究テーマは分散して行き，しかも「コンティンジェンシー理論など古い」と多くの人々が思っているにもかかわらず，実はモデルの作り方はいまでもコンティンジェンシー理論の頃とほとんど変わっていないという点である。1970年代に比べれば若干の統計手法上の進歩やパソコン上で簡単に統計解析を行えるソフトウエアの普及などの変化はあるが，洗練された「科学」としての経営学の基本スタンスは変わっていない。すなわち，Aという状況下ではBという施策が高い（低い）経営成果をもたらす，というタイプの命題を追求するという点では変化は見られない。例えば戦略論の研究においても，製品品質が悪い場合にはプロモーション費用をかけても利益率は低下する，といった命題を実証的に確立していく研究が進められてきているのである。研究テーマ自体は多様性を極めているが，洗練された「科学」としての経営学の基本スタンスはこれまで通りなのである。

2つめの特徴は，経済学の影響が近年はより強くなってきたことである。その典型例は，組織の経済学と経営戦略論であろう。どちらも近

年の経済学の研究成果を企業間の競争・協調関係や企業内の構造に応用して成立した研究領域である。

かつての組織論は社会学を基礎にしたものや心理学を基礎にしたものが主流であったが，今日では社会学ベースの組織論がやや後退し，経済学ベースのものが台頭してきている。その典型は，取引コスト・アプローチやエージェンシー理論であろう。誤解を恐れずに簡単にまとめてしまえば，これらの研究では，まず「バレなければどんな悪いことでもする」という人間を仮定する。こういった行動を戦略的行動とか機会主義的行動という。仕事の成果や製品品質などを事後的にしか評価できない場合とか，事後的にも客観的な評価が難しい場合などといった不完全情報の状況を仮定すると，この戦略的行動は深刻な問題になる。このような状況下で，例えば外注するのを止めて内製した方が良いとか，内製した場合でも社員に対してどのようなインセンティブ・システムを作らなければ問題が生じるかといった研究を行うのである。

経営戦略論も，産業組織論を基礎にして発達してきている。産業組織論は，どのような市場構造の場合には，不完全な競争状況になって消費者が不利益を被ったり，社会全体でムダが生じたりするのかを研究してきた経済学の一分野である。ところがこれは逆に見れば，どのような状況を作れば，消費者には不利益になるが，企業には超過利潤をもたらすことができるのかを研究してきたともいえる。このような視点の転換を積極的に推し進めることで，超過利潤の獲得しやすい市場部分はどこかを見つけだしたり，あるいはいま自分の直面している市場部分で超過利潤を達成するためには何をすればよいかを考えるという戦略論が形成されていった。さらに近年では，経済学に積極的にゲーム理論が取り入れられてきた影響から，産業組織論ベースの戦略論にもゲーム理論が積極的に取り入れられるようになっている。

■参考文献

Wren, D. A. *The Evolution of Management Thought*. 4th ed. John Wiley & Sons, 1994.

沼上幹「20世紀の経営学：『科学』化からの脱却」『一橋ビジネスレビュー』2000年第48巻第3号

■さらに知りたい場合には

Barnard, C. I. *The Functions of the Executive*. Harvard Univ. Press, 1968. (山本安次郎訳『新訳 経営者の役割』ダイヤモンド社, 1968)
［現代に至るまで読み継がれる経営学・組織論の古典。ゆっくり読まないとその深い意味と体系的な構成を読み解くことは難しい。］

Simon, H. A. *Administrative Behavior: A Study of Decision-Making Processes in Administrative Organizations*. 4th ed. Free Press, 1997
［サイモンのアイデアに触れるには他の本でも良いが，その組織論を体系的に学ぶためにはこの本がベストであろう。］

Brandenburger, A. M. and B. J. Nalebuff. *Co-Opetition: A Revolutionary Mindset That Combines Competition and Co-Operation*. Harvard Business School Press, 1996. (嶋津祐一・東田啓作訳『コーペティション経営』日本経済新聞社, 1997)
［ゲーム理論的な経営戦略論のうち最も有名な本。具体例も多く楽しんで読める。］

Porter, M. E. *Competitive Strategy*. Free Press, 1980. (土岐坤・中辻萬治・服部照夫訳『競争の戦略』ダイヤモンド社, 1982)
［経済学ベースの競争戦略論の最も有名な本。もはや古典と呼ぶべきか。］

35 | 自然科学
Natural Science

米本昌平

アメリカは20世紀に入るまではヨーロッパにとっての周辺国であり、自然科学も基本的にはそれを移植したものであった。同時にこの国には、プラグマティズムと自助の精神の伝統が強く、科学技術もその有用性ゆえに奨励されるべきものと考えられてきた。とりわけこの精神が発揮されたのは西へ西へと拡大する農園という場であった。そこは地理的意味でフロンティアであるばかりでなく、科学技術の応用面でもフロンティアであった。19世紀末から20世紀初頭に成立した自然科学である遺伝学や進化論も、当初は育種学とほぼ同義語であった。この新しい生物学は人間にも適用され、人間の遺伝的改良を目指す優生学が成立したが、それはまずアメリカで大規模に実施された。プラグマティズムは、20世紀初頭には消費財の大量生産のために知識を動員する思想となり、人類史上初めて大衆消費社会を実現させた。第2次世界大戦勃発によってこのプラグマティズムは、大規模な戦時科学動員を可能にし、レーダーや原爆の開発などの成果を上げた。国防のための科学動員というまたとない成功体験は、冷戦時代を通して体制内化され、強化されてきた。冷戦とは、核兵器の開発・維持・展開のために大規模に国富を投入しつづけなければならない過酷な時代であったのであり、核兵器開発が研究開発の中心に置かれたことは、20世紀後半のアメリカにおける自然科学のあり方に決定的な影響を及ぼした。

A——ヨーロッパ科学の移植とプラグマティズム

アメリカ社会は、発明や技術の応用には熱心だが基礎研究には冷淡、というのが長い間、定説となっていた。実際、1771年に初めてフィラデルフィアで設立されたアメリカ哲学協会が掲げたモットーは、「有益な知識の増進」であった。この時代において、哲学とは自然に対する探究活動全般を意味することばであった。独立後のアメリカでは、科学や技術は基本的にヨーロッパからの移入物であった。しかし、イギリスからの影響を強く受けながらも次第に、化学、天文学、植物学、人類学、自然誌の分野で独自の研究成果が生まれるようになった。19世紀に入ると、世界的に科学者が独立の職能として制度化されたが、アメリカでも科学者が研究活動に対して公的助成を要求するようになる。そして、そのための論理もアメリカでは「社会に役立つから」という功利主義的色彩が濃厚であった。しかし政府はこれに関心を示さず、乏しい大学の基礎研究費を援助したのは個人の寄付や、南北戦争後に新興の巨大財閥が設立したフィランソロピー財団であった。

19世紀末にはこれら新興の財閥系財団は、

ヨーロッパに対抗できる自然科学の成果をアメリカ国内でも上げることを目指すようになり，自ら医学や生物学の研究所を設立した。ちょうどこの時期はドイツを中心におこった細菌学の確立期であり，現実的な課題としても，工業化による公衆衛生や産業衛生，植民地政策などにおいて細菌学研究は重要課題であった。このとき新設されたロックフェラー医学研究所に採用され，これを機に超人的な研究活動を行ったのが，遅れた極東の日本から渡ってきた野口英世であった。

連邦政府が唯一，研究費助成を行ったのは農業研究であった。連邦議会は1862年にモリル法を成立させ，各州に3万エーカーの土地を与え，これを核に主として農業と工学に関する大学をつくるよう命じた。これを機に連邦政府は，基礎研究・応用研究・農事試験場・自治体農政局・篤農家などが行ってきた育種改良の研究成果を，横断的に広めることを試みてきた。これは，政府・州立農科大学・生産者の利害が，農業における生産性の向上という目的で一致した結果であり，実際，有効に機能した。それは一面で，アメリカにおける科学の位置を象徴するものでもあった。この国は，西へ西へと拡大するフロンティアが活力の中心であり，そこに展開される巨大農場において科学技術は，自助とプラグマティズムの精神に支えられて，最大限に活用すべきものと見なされた。この国で，通信技術や自動車が世界で初めて実用化されたり商品化されたりしたが，その背景には，これらの巨大農場を管理するための需要があったのも一因だと考えられている。

アメリカは基本的に今日でもなお一大農業国であり，農業の生産性の向上と大規模農場の管理のために，最新の科学技術の成果を動員してやまない，技術の応用面でのフロンティアでありつづけている。一気に飛ぶが，これは1998年に欧米間で突如懸案となった遺伝子組換え作物（GM作物）の問題に根底でつながっている。1980年代を通してアメリカのアグリビジネスは，バイオテクノロジーを駆使してGM作物を開発し，国内ではほとんど抵抗感なしに農場で作付けされ市場に出されるようになった。しかし1990年代末にヨーロッパに輸入される段になって，イギリスなどの消費者の強い心理的抵抗を受けることになった。これは農業や食品に対する技術利用の哲学が，大西洋をはさんで基本的に異なった価値基準を形作ってきており，これが噴出したものとみることができる。

B── 応用遺伝学としての優生学

ヨーロッパで考え出された科学技術の応用の考え方が，アメリカで実用に付された特異な例として優生学がある。1883年にイギリスのF.ゴルトンは，優生学ということばを案出し，これを人間の遺伝的改善を目指す学問と定義した。それは19世紀末から20世紀初頭に成立した進化論や遺伝学の成果を，農業における育種と同様，人間にもあてはめようとするものであった。しかし優生学的施策や研究は，ゴルトンの本国イギリスでよりは，アメリカで大規模に実施に移された。1904年にカーネギー財団は，ニューヨーク郊外のコールドスプリングハーバーに，実験進化研究所という遺伝学研究所を設けた。当時のアメリカでは，遺伝と進化と育種ということばはほとんど同じ意味内容のものであった。事実，アメリカ育種家協会は，1906年に優生委員会を設置し人間の家系研究に着目する一方，14年には学会の名称をアメリカ遺伝学会に変更した。これを機に『遺伝学雑誌』を創刊するのだが，初期の内容は事実上，優生学の啓蒙誌と言ってよいものであっ

た。1909年に鉄道王のE. H. ハリマンが亡くなると，その意志を継いでハリマン夫人が，実験進化研究所に付属施設として優生学記録局を寄贈し，その後，研究費も寄付しつづけた。この施設は1939年に閉鎖されるまで，個人の家系をカード化するという方法で，人類遺伝学に関する膨大な資料を集めた。最終的に集められたカードは100万枚以上に達した。優生学記録局は人類家系の資料収集のためにフィールドワーカーを育成し，彼らを病院・精神病院・救貧施設などに赴かせたり，一般家庭を訪問させてカードを作成し，それを優生学記録局に送らせた。しかしこれらの資料は，今日からみると不完全で恣意的なものが少なくないといわれる。例えば，海軍軍人が多出する家系を調べ，海好きの因子がメンデル型の伴性遺伝をする，と報告したものがあった。

ただし多様な移民から成るアメリカ社会では，共通の解釈基準として科学的説明が重視される傾向があった。19世紀末以降，急速に学問としての形を整えた進化論と遺伝学という最新の生物学理論を人間にもあてはめ，これによって社会行動を解釈しようとする傾向は，20世紀前半のアメリカでとりわけ濃厚になった（社会進化論）。こうして，生物の形態や行動が遺伝子によって決まる以上，人種の能力差や犯罪傾向も遺伝に因ることを当然視する傾向が強くなった。優生学はその方法として理論的には，優秀な人間の多産を奨励することと，悪い形質の増加を抑える方法の2つがありうるが，政策として実行可能なのは後者であり，アメリカ社会は世界に先がけて断種法を成立させた。1909年のインディアナ州での断種法の成立を皮切りに，1924年までに32州でこの法律が成立した。

また人間の知能と遺伝の議論に大きな影響を与えたのがIQテストである。アメリカでIQテストを最初に普及させた研究者たちは，知能

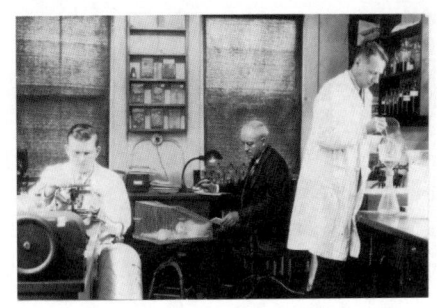

❶カーネギー財団が設立した実験進化研究所での実験風景［1938年］

は生得的に決定しているだけではなく遺伝すると考える者が多かった。アメリカにやってくる移民のIQテストを行ってみた結果，最近の移民になればなるほどIQテストの成績が悪くなることを見つけ，これを優秀な北欧系の移民が少なくなり，東欧系や南欧系が多くなったことと結び付けた。こうして，いく段階かの移民制限政策を集約する形で1924年に成立した絶対移民制限法によって，1890年の国勢調査の出身国比の2％以内に移民を制限することが決まった。これは事実上，非北欧系の移民を禁止することであり，この人種差別的な移民制限は，1965年の移民国籍法に改正されるまで機能した。IQ研究者が定式化したスタンフォード・ビネー・テストと呼ばれるIQテストは，確かに図ばかりで英語がわからなくても答えられるはずのものであった。しかし現在では，その内容は，アメリカの生活に馴染めば馴染むほど出題者の意図がわかるという，アメリカ文化に依存した問題が多かったことが明らかにされている。

C——亡命知識人と戦時科学動員

第2次世界大戦までのアメリカは日本と同

❷ A. アインシュタイン

様,自然科学者は,ヨーロッパ,例えばドイツやスイスで博士号を取得して帰るのが普通であった。しかし 1933 年のドイツにおけるナチス政権の成立は,アメリカの科学界に大きな影響をもたらした。ヒトラーは政権をとるとただちに,ドイツの大学や研究所から大量のユダヤ人を解雇した。反ユダヤ主義は日に日に激しくなり,これを逃れて多数の研究者や知識人がアメリカに亡命してきた。第 2 次世界大戦を境に,アメリカは自然科学研究でも世界の中心となるが,ドイツからの亡命ユダヤ人はこの歴史的変動に,第一級の人材を供給するという形で大きな貢献をすることになった。その代表格がアインシュタインであるが,レオ・シラード,マックス・デルブリュック,サルバドール・ルリアのように,アメリカへの亡命を機に物理学から生物学に転向した科学者たちがいたが,彼らによって分子生物学が打ち立てられた。

1939 年 8 月にアインシュタインは,同じドイツからの亡命科学者であるシラードの助言によって,フランクリン・ローズヴェルト大統領に手紙を書き,計り知れない破壊力を持つ可能性のある核分裂の研究に,アメリカが取り組むよう進言した。ただしローズヴェルトはこれには直接応えなかった。1940 年 4 月,ローズヴェルト大統領はワシントンで開かれたパン・アメリカ科学者会議で演説し,前年の 9 月におけるドイツのポーランド侵攻に言及した後,科学技術研究を平和達成のために活用することを呼びかけ,科学研究に戦時動員をかけることを明言した。これは政府の介入を嫌うアメリカ科学界にとっては微妙な意味を持つ演説であった。大統領はことば通りその 2 ヵ月後に,国家防衛研究委員会を置き,マサチューセッツ工科大学の電気工学の教授であったヴァンネヴァー・ブッシュを議長に任命した。この 1 年半後の 1941 年 12 月,日本軍による真珠湾攻撃を受け,アメリカは第 2 次世界大戦では当初から戦争当事国になった。それまではモンロー主義を国是とし,どこの国とも同盟を結ばないできたため軍事費全体は低水準に抑えられていた。しかしいきなり戦闘状態に入ったことで,それまで内政面では力を持たなかった大統領府は一気に求心力を獲得した。社会主義的政策として忌避されていた戦時統制経済が可能になり,貧富の差はみるみる小さくなり,科学研究の戦時動員が可能になった。ブッシュは,この委員会の下に科学研究開発局を設けて,戦時科学研究を組織した。発想が保守的で旧来の軍事研究の型にはまりがちな軍部から意図的に離して置かれたこの機関は,さまざまな科学技術者を動員して巨大プログラムを多数組織した。無線通信から始まって,レーダー,核兵器,潜水艦,航空機,計算機など戦時研究のほとんどを網羅する巨大組織となり,最終的に 1945 年の総予算は 1 億ドルを超えていた。戦争直前の軍の研究の総予算額が 2,300 万ドルの時代である。この科学者の戦時動員は,それまでは何もなかった連邦政府組織の中に,国家主導で新たな研究プロジェクトを立ち上げることであり,結果的に科学技術の極めて効率的な動員態勢であった。

なかでも重要だったのは,マンハッタン計画の符牒で呼ばれた原爆開発である。そもそもアインシュタインらが原爆開発を政府に進言したのは,ヒトラー・ドイツが先にこの巨大な破壊

力を持つ兵器を開発してしまうかもしれない，というおそれがその動機であった。しかしドイツ降伏後に明らかになったのは，ドイツの最も有能な物理学者 W. ハイゼンベルクですら原爆開発が実際に可能だとは考えていなかったことである。だが密かに巨額の研究予算を投入して進められてきた原爆開発について，これを中止しようという声は，どこからも出なかった。原爆にはウラン濃縮型とプルトニウム型がある。ドイツの降伏から 2 ヵ月後の 1945 年 7 月 16 日，ニューメキシコ州アラモゴードの砂漠の中でプルトニウム型原爆による，人類初の核爆発実験が行われ，成功を収めた。そのわずか 3 週間後の 8 月 6 日，広島にウラン濃縮型原爆が投下された。このタイプの原爆では文字通り人類初の爆発実験であり，大量殺戮実験でもあった。その後 8 月 9 日に長崎に投下されたのは，すでに実験を行ったプルトニウム型原爆であった。ドイツ降伏直後の 1945 年 6 月，ブッシュは，その後大きな影響力を持つことになる報告書『科学　終りなきフロンティア』を作成し，新任のトルーマン大統領に提出した。このなかで彼は，戦時科学動員の成功体験を平時にも維持し，政府が戦略的に科学研究に研究費を投入することの重要性を力説し，全米科学財団 (NSF) の創設を提案した。これを受ける形で 1947 年の大統領科学研究会議は，科学研究に GDP の 1 ％をあてることを勧告した。しかし，国としてどの分野にどのような態勢で支援を行うのが妥当かに関して議会で意見が割れたため，NSF は 1950 年になってようやく設立された。

D──冷戦と科学技術への国家の支援

核兵器はその破壊力が並外れて大きいことが

❸アラモゴードでの人類初の核爆発実験で立ち上るキノコ雲［1945 年 7 月 16 日。この実験に使用されたものと同型のプルトニウム型原爆が長崎に投下された。］

研究段階からわかっていたから，早くから核兵器の国際管理案が考えられていた。1946 年 6 月，アメリカの軍縮代表団の B. バルークは核兵器に関する情報を国際機関に順次移行させるという国際管理案を国連に提出した。しかしこれは，ソ連に対する警戒心が強く反映したものであったため，ソ連に拒否された。1947 年，トルーマン大統領はソ連封じ込め政策（トルーマン・ドクトリン）を表明し，米ソ対立は動かしがたいものになった。冷戦の開始である。1948 年からアメリカは核実験を開始するが，翌年秋，大気中の塵からソ連も核実験に成功したことが判明した。冷戦と核開発が結び付くのは不可避となった。1952 年にはアメリカが水爆実験に成功したが，そのわずか 1 年後にソ連も水爆実験に成功した。第 2 次大戦後は世界が疲弊し，アメリカに世界の富の半分が集中した時代であったから，このソ連の核開発は計り知れぬ脅威に映った。1957 年，ソ連は人類史上初の人工衛星，スプートニク 1 号を打ち上げた。この衛星は単純なラジオ波を発信するだけのものであったが，ソ連側の巧妙な宣伝もあって，近未来のフロンティアである宇宙開発

❹ NASAのマーシャル・スペースラボ・オペレーションセンターでスペースシャトルでの実験を見守る管制官［1985年］

ではソ連がアメリカを追い抜いたとする空気が世界に広まった。これはまた，核兵器の有力な運搬手段であるミサイル開発の成功を示すものであり，この面でのソ連の圧倒的な力を見せつけられ，安全保障上の大問題となった。「スプートニク・ショック」がアメリカ科学界に与えた影響は絶大であった。ワシントンの首脳部は，科学研究の水準が国の安全保障に直結していることをただちに認識した。1958年には国家防衛教育法を成立させ，大学教育の強化と奨学金の強化を決めた。こうして1960年代にはアメリカの大学に空前の理工学系ブームが押し寄せる。

スプートニク・ショックの直後，アメリカは人工衛星打ち上げに際して，これが非軍事の平和目的であり，かつ西側の結束を強めることになる方策を考えた。そこで，それまで地味であった国際地球観測年に合わせた観測衛星であることを強調した。こうして1957-58年には大規模な国際地球観測が始まり，ハワイのマウナロアで大気成分の精密測定など（例えば日本の南極観測）が始まった。58年1月，アメリカは最初の人工衛星エクスプローラ1号を打ち上げ，同年10月にはアメリカ航空宇宙局（NASA）が活動を開始した。

結局アメリカは，1941年の日本軍による真珠湾攻撃から1991年のソ連崩壊までのちょうど半世紀間，50年戦争を戦ってきたことになる。冷戦とは，非戦時でありながら常にGDP（国民総生産）の5～10％の富を国防費として直接投入しなくてはならない状態であり，臨戦態勢の平時化と呼ぶべき過酷な時代であった。同時に冷戦とは核対決のことであり，常に最新の核兵器を開発し配備し維持し続けなくてはならなかった。それは国家が核兵器開発を軸に科学研究に対して強烈なイニシアチブをとることであった。1950年代を通して構造物としても冷戦体制の骨格ができあがった。もともと連邦政府はその成り立ちから，国内産業政策を持たない構造になっている。こうして冷戦時代を通して国家安全保障という大義によって巨額の国防費を恒常化させ，国防というコストを考えない最高水準の技術を不可欠とする巨大な需要を喚起しつづけたことになる。結果的に世界最強の防衛産業を育てあげたのだが，これは間接的な産業政策でもあった。航空機・通信・コンピュータ・新素材・宇宙の領域で最先端の技術開発に拍車がかかり，ここから民生部門にもスピンオフ効果が生じることになる。スピンオフ効果という概念自体，公費によって軍需産業という特定の企業群を強化することを正当化するための論理であった。アメリカでハイテク産業といえば，国防産業とその衛星企業群をさす婉曲表現のことである。この経済効果全体を是認することで，逆に平時における巨額の国防予算も容認されてきた。軍需産業はアメリカ経済の中でも例外的な極めて閉鎖的セクターで，国防費を前提にし，コスト意識ゼロで軍仕様や軍規格に合った製品を納入することだけしか視野にない，類をみない産業文化をつくり出した。この体制を構築したアイゼンハワー大統領自身が1961年1月の退任講演で，軍産複合体と呼んで問題視せざるをえないほど巨大化した（⇨68軍事産業C）。

E——国防研究と大学

　結局,冷戦の最大の受益者の1つはアメリカの大学であった。すでに第2次大戦の終了時点で,戦時研究に積極的に参加したマサチューセッツ工科大学(MIT)は,軍から受ける委託研究額が1億ドルを超えるまでになっていた。NSFの設立構想で議論が割れるなか,海軍は1946年夏に海軍研究局を設立し,戦時科学動員が解消された後しばらくはここがアカデミズムに対する主要なスポンサーとなった。同じ1946年に原子力委員会が置かれ,この組織が高エネルギー物理と後に核融合の研究を推進した。MITは戦後も引き続き,軍から巨額の委託研究を受け,スタンフォード大学もこれにならった。特にスプートニク・ショック以降この傾向が顕著になり,戦前までは一地方大学であったこれらの大学は,研究水準・財務内容・特許保有の面で一気に強化され,研究大学としてアメリカにおける第一級の研究機関の地歩を確立していった。こうして国防研究を介して,軍・ハイテク企業・研究大学という「黄金のトライアングル」が形成され,ベンチャー企業群がこれをとりまくようになる。1960年代は大学キャンパスの中に軍事研究施設が存在しても,誰も問題視しなかったが,60年代末の公害問題やベトナム反戦の流れの中で突如,大学内の軍事研究は激しい攻撃の矢面に立たされることになった。以降,軍からの委託研究部門のほとんどはキャンパス外の別組織となった。

　それは,大学という空間には学問の自由と政治的中立という原理が貫徹していることを,アメリカ社会が再確認することでもあった。研究活動は研究者の好奇心に委ねるのがいちばん生産的との暗黙の合意が権力中枢にはあったから,国や軍は,大学に対して研究の自由という原則を尊重した。直接の軍事研究は,巨額の資金を投入して軍やエネルギー省直轄研究所で行われてきている。これらの軍事研究は,その成果はもちろんのこと研究プログラムそのものがほとんど非公開である。軍事研究費全体からみれば大学に流れる額はそれほど大きくはない。しかしその総体としては,大学の研究は,軍事研究という広大な沈黙領域を縁どる夢のある科学研究活動であり,そのような政治的機能も持つことになった。

　あらゆる領域の科学技術を動員し,しかもそれが国威発揚になり,かつ軍事技術開発と同調できる国家主導の研究開発プログラムが歓迎されたが,その象徴がアポロ計画であった。1960年代中に人類を月に送り込むという目標をかかげたケネディ大統領の意志を継いで,実際にこれを実現させたこの国家プロジェクトは,アメリカの伝統である,技術動員型プラグマティズムのイデオロギーによる結晶であった。人類は当分このような高揚感を持つことはないであろう。同様の例としてNASAがある。その活動の8割が軍事といわれ,これらは原則非公開で,報道されるのは非軍事領域のものだけである。戦後,アメリカの大学で,潤沢な研究資金が供給されたことに加え,実質的にも研究の自由という科学者の理想郷が実現されたのは,冷戦という核兵器の巨大なドームの内側で,科学者がそう振る舞うことが期待されたからである。基礎研究の高さが安全保障につながり,基礎研究は研究者の自由裁量にまかせておくのが最も生産性が高いという暗黙の了解があったのであり,これは科学技術政策におけるワシントン・コンセンサスと呼ばれる。しかし冷戦という歴史的構造が崩壊すれば,この理想郷も当然維持されなくなる。

　第2次大戦後にアメリカが,自然科学研究において世界の中心的地位を占めるようになった事実は,ノーベル賞受賞者の動向を見ると一

表35-1 ●アメリカ人科学者のノーベル賞受賞者数
[1901-1998年]

物理学賞	66	(8)
化学賞	45	(3)
医学・生理学賞	79	(9)
計	190	(20)

●注｜（ ）内は1945年以前の受賞者数

目瞭然である（表35-1）。

F──核兵器複合体

　冷戦時代の科学技術を論じる場合，その全体を核兵器複合体と呼ぶのが普通になっている。冷戦体制とは，一にも二にも新しい核兵器体系を構築しつづけることであったのであり，水爆の父といわれたエドワード・テラーを中心に，自然科学を大動員してでき上がったのが，人類が構築した最大の科学技術体系である核兵器複合体である。だがこれによって実現されたものは，国権の発動という枠をはるかに凌駕してしまうほど強力な，桁外れの破壊力を手中にすることであった。武装する国民国家が近代の1つの形態だとすれば，この論理を効果的に推し進めたアメリカが20世紀後半に達成したものは，いわば近代の目標の過剰実現であった。冷戦とは超近代であり，ウルトラモダンであったのである。

　冷戦末期には，核兵器の研究開発を担当するエネルギー省は異様に肥大化した。マンハッタン計画で核兵器の設計を行ったロスアラモス研究所，水爆研究のために1952年に新たに併設されたローレンス・リヴァモア研究所，素材研究を中心とするサンディア研究所という三大核兵器研究所は，それぞれが年10億ドル以上の研究予算を使うまでになっていた。核兵器，なかでも水爆は，その設計段階で複雑で膨大なコンピュータ計算が不可欠になる。またそのあまりの破壊力ゆえに，考えうるかぎりの厳格な管理・指揮系統が必要で，加えて相手国に対するスパイ衛星や通信傍受などによる偵察，先制攻撃に応ずるための早期警戒態勢などが必須のものになる。それは全世界レベルで高感度の同時大量・情報通信システムを構築することでもある。軍事用語でC^4I（4つのCと1つのIのことで具体的には command, control, communication, computer & intelligence）と呼ばれるのがほぼこれにあたる。つまり，情報通信技術の発達と核兵器体系の構築とは，不可分の関係にあった。90年代の科学技術政策は，冷戦に伴って構築されてきた巨大な科学技術体系をポスト冷戦時代に対応した水準にまで縮小・再編することであった。例えばこの時アメリカで喧伝された情報化社会論とは，核兵器体系の構築と並行して開発されてきた情報技術やインフラストラクチャーを，核解体後に民生目的で再活用しようとすることでもあった。その代表例がインターネットである。もともとインターネットは，核攻撃を受けた場合のことを想定し，複数のコンピュータ間で自由に通信をするARPANETという実験が出発点である。このシステムは80年代に軍からNSFに移管された。91年に商業利用が認められることになって，爆発的に利用が拡大し，今日のインターネット社会を到来させることになった。

G──医学研究

　医学研究が現在のような形態に移ったのも，第2次世界大戦がきっかけであった。その中心になったのが1930年に衛生研究室から改組

された，国立保健研究所（NIH）である。NIH の起源は，1887 年の海事病院サービスの中に設けられた，一部屋だけの研究室にさかのぼるといわれる。それは，アメリカにやってくる渡航者がコレラや黄熱病にかかっていないか調べることを議会が要求したため設けられた検疫の組織であった。この直前の 1884 年にコッホがコレラの病原菌を発見し，細菌学研究が最先端の研究課題となっていた。20 世紀に入って衛生研究室は，ウマを使ってジフテリア・ワクチンを生産したが，精製過程でしばしば問題を起していた。一方，1937 年には国立ガン研究所（NCI）が設置され，1944 年の法改正で NIH の管轄下の組織となった。NIH も，第 2 次大戦中は全面的に戦時研究動員の体制下に入り，徴兵検査の結果による虫歯と梅毒に対する対応の研究，軍事工場における毒性化合物への暴露の安全基準の研究，熱帯の感染症である黄熱病やチフスのワクチン生産と治療などの研究を進めた。

戦後，NIH の機構と機能は順次拡大され，1998 年現在では 24 の研究所ならびにセンターを包含する世界最大の医学研究および医学研究助成機関となっており，国立の生命科学研究所群であると同時に生命科学研究助成機関でもある。1944 年の公衆衛生サービス法で NIH は，医学研究の助成機関であると同時に，それ自身が臨床研究のセンターとして機能することが明示され，1953 年には 540 床の臨床研究病院も併設された。研究助成という研究政策手法は NCI が始めて，その後その成果が注目されるようになり，NIH 自身も 1947 年から研究助成を開始した。当初は 400 万ドルであったがその後急増し，1957 年に 1 億ドル，1974 年には 10 億ドルに達した。60 年代は黄金期と言われるほど予算的に充実し，その総予算は 1947 年の 800 万ドルから，99 年には 167 億ドルにまで拡大した。うち研究助成には 62％があてられ，アメリカの大学にとって最大の研究費の供給源になっている。

なかでもニクソン大統領は，1971 年の教書で，これからのアメリカ科学の目標は地上の病苦と貧困の撲滅にある，と宣言した。1970 年代には議会の側も，ガンと心臓病に研究の重心を移すよう求めるようになり，1971 年に国家ガン研究法，翌年には国家心臓・血管・血液研究法を成立させた。これは結果的に，1960 年代を通して推進されたアポロ計画から離れ，研究費を宇宙から医学・環境へとシフトするものであった。これによってバイオテクノロジーと生物医学研究におけるアメリカの圧倒的優位が確立されることになる。80 年代に入るとガン撲滅が当初の目標どおりには達成できなかったと批判されるが，その後，エイズが緊急の課題となり，これによって免疫学の基礎研究が格段に充実することになった。

H——分子生物学の発展

長く生物学は観察と分類が研究の中心であった。19 世紀後半，主にドイツで染色体の研究が進み，細胞分裂の過程に現れる染色体は必ず種ごとに特有の形をとることがはっきりした。この染色体の安定性が遺伝と対応しているとする考え方は，次第に広まってゆき，その集大成したものがワイズマン学説であった。しかし，この時代の遺伝学は家畜や植物を研究の対象としたため，幾世代にもわたって大量のデータを集めることはできなかった。ところが 1910 年からコロンビア大学のトマス・モーガンは，ショウジョウバエという寿命が短く飼育がやさしい昆虫を研究対象に絞り込み，その突然変異個体を集めた。そしてその変異が，染色体の上の微細な変化に対応している例を多数みつけた。

こうして遺伝子が染色体上に並んでいるとする考え方に有力な物証を得た。ただし多くの生物学者は，遺伝子は仮説的な存在であることで満足していた。ナチスの迫害でアメリカにわたってきた物理学者の一部は，オーストリアの物理学者，エルヴィン・シュレーディンガーの小著『生命とは何か』の影響を受け，生命現象を物理化学的に説明しようと考え始めていた。1944年の論文でロックフェラー研究所のオズワルド・エーヴリーらは，DNAが遺伝物質であることを実験的に明示したが，これが生命現象一般を説明するものとはただちには考えなかった。イギリスではX線回折によってDNAの構造が探究され，アメリカでは大腸菌に感染するファージを対象として研究を続けていたが，イギリスに渡ったジェイムズ・ワトソンとキャベンディッシュ研究所にいたフランシス・クリックによって，1953年にDNA二重らせんモデルが発見された。イギリスの構造学派分子生物学とアメリカの情報学派分子生物学の融合による成功とされるものである。続く遺伝暗号の解明も大西洋をはさんでさまざまな試みが行われたが，その多くはマーシャル・ニレンバーグやセベロ・オチョアなどアメリカの科学者やアメリカへ移住した研究者の手によって明らかにされ，分子生物学の中心もアメリカに移っていった。20世紀前半に遺伝研究をリードし，また優生学の一大センターとなったコールドスプリングハーバー研究所は，分子生物学の成立期には毎年，最先端のテーマでシンポジウムを行ってきたため，分子生物学の聖地のような場所になった。1968年から所長をワトソンが務めている（94年に会長に就任）。

▎──遺伝子組換え技術とヒトゲノム計画

1973年，スタンフォード大学のスタンレー・コーエンとハーバート・ボイヤーは，遺伝子組換え技術を確立させた。この技術を使ってガン・ウイルスのDNAを大腸菌内に導入しようと考えたポール・バーグは，この実験の潜在的危険性に気がつき，遺伝子組換え実験の一時停止を世界の科学者に向かって呼びかけた。これによって競争の激しい分子生物学の領域で実験の一時停止が成立し，1975年2月，カリフォルニア州アシロマに130名ほどの研究者が集まり，遺伝子組換え実験を一定の隔離条件のもとで行うことで合意した。アシロマ会議は，科学者自身が研究の潜在的危険性を事前に察知し，研究の一時停止を初めて実現させた，科学史上，画期的な出来事とされている。翌年，NIHが遺伝子組換え実験ガイドラインを公布し，実験は再開された。その後，未知の潜在的危険は極めて小さいとする意見が大勢となり，ガイドラインは順次緩和された。1980年代には哺乳類や植物の遺伝子組換えも可能になった。これらの技術を応用する最終目的は食糧生産や環境改善であるため，いずれ一般の環境下で生育させることになる。これは，隔離という遺伝子組換え実験規制の基本的考え方を解除するものであり，ヨーロッパには根本的懐疑があるが，アメリカ社会は遺伝子組換え作物の開発を推進し，実用化させてきた。

30億塩基対あるヒトゲノム（人間の全DNA）を全解読する計画は，80年代までは夢物語と思われてきた。しかしエネルギー省のチャールス・デリシは，80年代半ばに，その後ヒトゲノム計画と発展していく壮大な研究計画を考え出した。エネルギー省は，広島原爆調査

団以来，核戦争時の医学的被害を研究してきており，冷戦が緩みはじめたこの時期，ヒトゲノムの全解読は次なる格好の目標に見えた。有力な科学者は当初，この計画に資金が集中することを恐れて反対したが，NIHもこれに加わり，90年から正式にスタートした。5年3期の15年計画とされたが，NIHの研究者であったクレーグ・ベンターが独立してベンチャーを起こし，98年に2年間で全ヒトゲノムを解読すると宣言したため，公的資金の計画も前倒しにされ，2003年4月に解読終了を宣言した。この計画は，ゲノム研究から出発する薬品開発や個々人の遺伝的素質にあわせた医療などの可能性を開いたが，一方で生物特許の独占やプライバシー侵害のおそれなど，新しい問題をもたらした。

❺ヒトゲノム解読に成功したことを発表する国立ヒトゲノム研究所のフランシス・コリンズ博士［2003年4月14日］

J──冷戦の終焉と軍民転換

1992年の選挙に勝ったクリントン大統領は，翌年ホワイトハウス入りするとただちに「国益の中の科学」という文書をまとめ，科学研究の納税者に対する説明責任を強調する態度を鮮明にした。これは，科学技術の研究を高い水準に維持することが安全保障に直結しており，研究は科学者の自由にまかせておくのが最も効率がよい，という冷戦時代の政府・議会の暗黙の合意が崩れたことを意味した。ただし，50年戦争（1941-91年）を闘いぬき，社会的に極めて高い地位を築き上げてきた軍事セクターに向かって直接に解体再編を言うことははばかられたため，別の研究開発の目標を掲げる必要があった。それが，地球環境問題への対応，情報化社会の構築，企業の国際競争力強化である。しかしその基本にある考え方は，軍民転換であり，その意味するところは，それまで国防に投入されていた多様な資源を非軍事に振り向けることである。結局，誰が大統領になったとしても90年代のアメリカの科学技術政策は，冷戦体制の解体再編にならざるをえなかった。

クリントン大統領は，10年前にレーガン大統領が開始したSDI（戦略防衛構想）の打ち切りを決め，超伝導超大型粒子加速器（SSC）の計画も議会によって否決された。冷戦時代，国威発揚につながると考えられたこの種の大型研究は，時代遅れのものとなった。むしろ国防関連技術として開発され蓄積されてきた弱電・コンピュータなどの情報技術が大規模に民生に移されることで，90年代のアメリカでは，情報産業を中心とする空前の長期の好景気が実現した。同時にこの時期には最後のフロンティアとして生命科学が再び強化されることになり，1993-2001年の間に科学予算は，国防や宇宙が頭打ちになる一方，生命科学を所管するNIHの予算だけが倍増した（表35-2）。

しかし，2000年の大統領選挙で僅差で勝ったブッシュ大統領は，クリントン大統領が行った軍事研究の削減政策を逆転させ，ミサイル防衛（MD）など技術的に困難な目標を設定し，軍事研究動員による技術開発刺激策を再びとり始めた。

アメリカにおける科学技術の研究体制は，第2次世界大戦前までの耐久消費財の生産を志向するプラグマティズムから，第2次世界大戦

表35-2 ●研究開発支出［1960-2000年］　　　　　　　　　　　　　　　　　　　　　　　［単位：100万ドル］

	計	資金源					目的		
		連邦政府	産業	大学	非営利	非連邦[1]	国防関連[2]	航空宇宙関連[3]	その他
1960年	13,711	8,915	4,516	67	123	90	53%	3%	44%
1965年	20,252	13,194	6,549	136	225	150	33%	21%	45%
1970年	26,271	14,984	10,449	259	343	237	33%	10%	56%
1975年	35,671	18,533	15,824	432	534	348	28%	8%	65%
1980年	63,273	30,035	30,929	920	871	519	24%	5%	71%
1985年	114,778	52,748	57,962	1,743	1,491	834	30%	3%	66%
1990年	152,051	61,669	83,208	3,187	2,589	1,399	25%	4%	70%
1995年	183,611	62,961	110,870	4,108	3,924	1,750	19%	5%	77%
1999年	244,143	67,711	163,397	5,562	5,390	2,083	15%	3%	83%

●出典｜2002年Censusに基づく。
●注｜①連邦政府以外の政府から大学研究者に支給される資金。②国防総省の研究開発支出。③NASA

を機にこれが国防研究に動員され，その後50年戦争を経る過程でこの成功体験が体制内化されてきた。湾岸戦争，アフガニスタン戦争，イラク戦争と実戦を重ねるにつれて，兵器のハイテク化は一段と進み，アメリカ一国だけが圧倒的な軍事力を持っていることを世界に見せつけることになった。21世紀社会は，このアメリカの科学技術の圧倒的な優位をどう飼いならし，人間的な目標を与えられるかが，人類の運命を左右することになる。

■参考文献

Smith, B. *American Science Policy since World War II*. Brookings Institution, 1990.
Leslie, S. *The Cold War and American Science*. Columbia UP, 1993.
Kleinman, D. *Politics on the Endless Frontier*. Duke UP, 1995.

■さらに知りたい場合には

経済優先度評議会（藤岡惇他訳）『SDI──スターウォーズの経済科学』ミネルヴァ書房，1999.
［冷戦時代を代表するプロジェクトであるSDIを，政治的・経済的な面から分析する。］

シラード，L. 他（広重徹他訳）『亡命の現代史3 自然科学者』みすず書房，1972.
［ナチスの反ユダヤ政策によって，アメリカに亡命し，分子生物学など新しい学問の成立に寄与した科学者たちの証言集。］

米本昌平他『優生学と現代社会』講談社現代新書，2001.
［アメリカを含む，各国の優生学の歴史を概観，優生学がナチス・ドイツの独占物ではなかったことを実証する。］

プライス，D.（島尾永康訳）『リトル・サイエンス ビッグ・サイエンス』創元社，1970.
［アメリカの自然科学のプロジェクト化と，これによる科学の変質を分析した古典的著作。］

36 公民教育・コミュニティ
Citizenship Education and Community

中村雅子

アメリカにおける公民教育を「共同体の成員の教育」と捉えれば，公民教育とは合衆国成立以前の様々なコミュニティでの人間形成の営みを広く含むものであり，合衆国の成立はこの共同体を国家のレベルで捉え，成員の「徳」を重視する「共和国の教育としての公民教育」を制度化することとなった。教科としての「公民科」は共和国の憲法や政治体制を教えるものとして19世紀前半に成立したが，20世紀初頭には「コミュニティの成員としての子供」という観点を重視した「コミュニティ・シビックス」が登場し，1910年代には公民教育をになう科目としての「社会科」が成立する。1960年代から取り組まれている多文化教育は，子供のコミュニティの文化の尊重と国民統合という課題をあらためて鋭く突きつける，現代の公民教育の1つの焦点と見ることができる。

A──公民教育とは

公民教育にあたる英語は1つではなく，代表的なものとしては Citizenship Education, Civic Education, Citizen Education を挙げることができる。公民教育は要するに citizen として必要な知識や態度を養う教育ということになるのだが，一般に「市民」と訳されるこの citizen ということばを辞書で引くと，第一には［一国の］人民，国民，公民であり，第二に［市民権を有する］市民となっている。

さらに，citizen は subject との対比で次のようにも規定される。すなわち，citizen は「国民として政府に忠誠を誓いその保護を受ける人で公民権を持つ人」をさし，「主として共和国に用いる」のに対し，subject は「君主国の国民または被征服国民」をさす。以上から，公民とは citizen と subject の両者を含み，かつ，所属する政治組織のレベルに応じた市民や国民という言い方を包括するものとして捉えることができそうである。つまり，国あるいは地方公共団体という政治社会の構成員をさして公民とするというふうに，ここでは「公民」を捉えることにしたい。

Citizen Education をなぜ「市民教育」と訳さずに「公民教育」と訳すのかという問題は，大日本帝国憲法のもとで臣民・皇国民教育がなされていた1931（昭和6）年に日本で「公民科」が初めて設置されたことともかかわっているだろう。「公民」と一言で言っても，欧米では自由な権利主体，主権者としての市民（citizen）という観念が前提とされているのに対し，戦前の日本では天皇を統治者とする政治制度のもとで限定された「立憲政治」をになう「公民」を養成するものとして公民教育が行われたのであり，その「公民科」さえも1943（昭和18）年には廃止されたのである。

戦後，国民を主権者として定めた日本国憲法のもとで「良識ある公民たるに必要な政治的教養」（教育基本法第8条）の育成を目指す新しい公民教育が発足することとなったが，自治活動とともにそれを主としてになうこととなった「社会科」は，もともと公民教育をになう学科として1910年代にアメリカで成立したものであり，教育委員会制度やPTAなどとともにアメリカから導入されて日本の教育に大きな影響を及ぼしたものの1つである。

B──公民教育を捉える視点

このように，日本にもかかわりの深いアメリカの公民教育であるが，その内容は時代とともに大きな変化を遂げてきており，その点については本稿でも歴史的な概観を試みるが，それ以前の問題として，公民教育というものを捉えるレベルも実は多岐にわたっていることを指摘しておきたい。それは，個人の資質の発展だけでなく社会的な関係の中で生きる存在としての人間を育てるという点で，公民教育は教育そのものと言っても過言ではないという点である。

「公民」を最も広く定義すれば「社会集団の成員」ということになる。近代国家や市民社会の成立という歴史性を越えたところで，つまり，「市民」を規定する国家の存在以前に，家族を越えた社会集団の成員を育てる営みとしての公民教育は存在したのであり，アメリカ合衆国における公民教育を考える場合，その前史として，アメリカ合衆国の成立以前にさかのぼって植民地時代のコミュニティにおける人間形成をその基盤として捉えることが重要である。さらにさかのぼるならば，ヨーロッパ人が入植する以前の先住民社会における人間形成も，公民教育のシステムとして捉えることができよう。

すなわち，公民教育を捉える一番大きい捉え方は「共同体の成員の教育」というレベルで，これは「教育」とほぼ同義となるとともに，アメリカ合衆国成立以前のさまざまなコミュニティにおける人間形成の営みがこのレベルの公民教育に該当することになる。その共同体を国家のレベルとして認識すると，独立間もない共和国の存続と発展のために構想された教育活動のほとんどが「共和国の教育としての公民教育」として捉えられる。さらに，共和国の憲法や政治体制を教えるものとして19世紀前半には「公民科」（Civics）という科目が登場している。「教科としての『公民科』の登場」である。この「公民科」が世紀転換期の過渡期を経て「新しい公民科」として再構成されたものが「コミュニティ・シビックス」（Community Civics）で，これは文字どおり子供が生活するコミュニティを生きた教材として子供をその成員として教育するもので，新教育における子供中心主義とも相まって広まったものである。この「コミュニティ・シビックス」を中核としつつ，公民教育を主な課題として1910年代に成立したのが「社会科」である。「社会科の目的としての公民教育」という位置付けがここでなされることになる。

最近のアメリカにおける公民教育の動向として，最後に注目しておきたいのは，全米社会科協議会（NCSS）から1990年代初頭に相次いで出された2つの文書である。1つは1991年に公民教育の指針書として出された'CIVITAS'で，「公民的徳」の強調が注目される。もう1つは1992年に出された『多文化教育のためのカリキュラム・ガイドライン』である。「多文化社会における公民の教育」という課題にどう取り組むかが21世紀のアメリカの教育の大きな課題と言えるだろう。本稿の課題はそれを展望する素材を提供することである。

C──共和国の教育としての公民教育

　新しく誕生した世界最初の共和国の存続と発展のためには，共和国をになう市民の育成が不可欠であったことは容易に想像されよう。1910年代に P. P. クラクストン連邦教育局長は「合衆国における税によって支えられた公立学校制度の始まりから，その最も重要な機能の1つは，市民性の諸義務の聡明なる遂行にとって必要な教授と訓練を与えることであった。実際，市民性のためのこの準備作業は，教育を州の1つの機能とするための，そして学校支援のための税金を徴収することの正当性において，最も強力な論拠の1つであったし，現在もなおそうである」と述べている。

　ここでも述べられているとおり，教育は州の権限に属するものとされ，連邦政府は直接に教育活動にかかわることはしないというのが合衆国憲法の規定である。実際，アメリカには，国立の教育機関としては連邦政府の権限である軍隊にかかわる教育機関しか存在していない。それでも，各州の権限で行われた教育の内容が共和国と連邦政体の擁護を重視していたことは明らかであり，当時の教育を，連邦政府が直接関与しなかったとしても「共和国の教育としての公民教育」と捉えることは正当化されると思われる。

　独立当初の公民教育は愛国的・道徳的善をその主な内容とするものだった。共和国の政治原理や独立にいたる歴史が，それをになった「建国の父祖」といわれる人々の献身と「徳」への着目を促す形で子供たちに伝えられた。「歴史」や「読み方」の教材にちりばめられた多くの教訓から，子供の忠誠心が州や国家に向けられることが期待されていたのである。日本でもよく知られている初代大統領ジョージ・ワシントンの桜の木の逸話は，当時から広く流布されたものが明治維新の翻訳教科書を通して伝えられたものである。また，愛国的行為としての国旗への忠誠の儀式も，19世紀前半から，学校教育を通して広まったものである。

D──教科としての「公民科」の登場とコミュニティ・シビックスの展開

　独自の教科として「公民科」をとり入れたのは，1828年ボストンのイングリッシュ・ハイスクールが初めてといわれるが，ここではその名称を「シビル・ガヴァメント」(Civil Government) として合衆国憲法の学習が行われていた。このような教科を設けた学校は1892年においてハイスクールの3分の1，小学校の6分の1程度であったといわれる。科目の名称は Civics が一般的になったようだが，19世紀における「公民科」の特色は国家の政治体制，合衆国憲法の学習が主だったことであり，19世紀後半における「公民科」の普及には南北戦争後の国家意識の興隆という背景も大きかったと考えられる。当時よく使われた教科書であるオールデン著の『市民のマニュアル：コモンスクールのための政府のテキスト』は問答法で書かれており，内容の暗記を容易にするように工夫されたものであった。このように，当初の「公民科」の内容は憲法の条文や政治機構の暗記を強いるものであったため，大多数の生徒にとっては興味を引きつけない教科にとどまっていたといわれる。

　教科としての「公民科」の歴史においては，1890年までが第1期の「古い公民科」の時代とされ，世紀転換期（1890-1910年）が第2期の「過渡期」とされているが，この第2期の代表的な教科書である J. ブライスの『アメリ

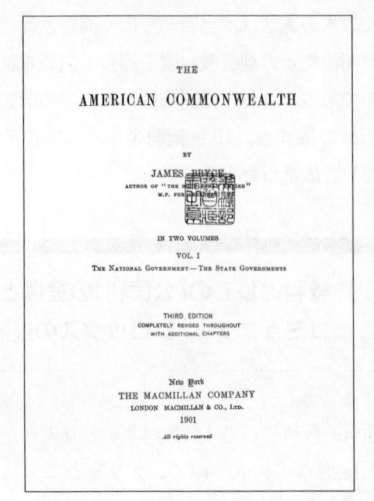

❶ J.ブライス『アメリカン・コモンウェルス』（第3版）の扉ページ

カン・コモンウェルス』は，国家，州，地方の政治機能を具体的に記述するとともに，政党，世論，選挙権，鉄道，大学，教会などの市民生活にかかわる重要な社会機能を取り上げていることがその特色であると評価されている。社会学の台頭に伴い，社会学者がこうした教科書の編纂にもかかわるようになり，政治，憲法，法律のほかに社会制度の意義が強調されるようになったのである。

1910年以降が「公民科」教育の第3期とされているが，その画期は「新しい公民科」として脚光を浴びたコミュニティ・シビックスの登場である。これは全米教育協会（NEA）の社会科委員会の1915年の報告書『コミュニティ・シビックスの教育』で包括的に提起されたものであるが，その先駆的実践はすでにインディアナ州等で先導的に試行されていたものである。

「古い公民科」と「新しい公民科」はどこが違うのか。上記の報告書によると，それは公民概念の相違であり，子供たちを「将来公民になりうる人間」と見なすのでなく，かれらを現在暮らしているコミュニティの公民として承認することが「新しい公民科」の要点であるという。つまり，ここでの「公民」は「選挙権を持った成人」ではなく「成員」(membership)と同義と捉えられている。子供たちによき公民となることを教えることは，所属する集団のよき成員となり，集団の幸福を増進するために役割を果たすことをかれらに教えることを意味する。このことを効果的に達成するために，学習の対象をコミュニティに求め，子供たちが地域社会を直接観察し，社会施設，機構を調査するとともに，学校生活を社会化し，それに子供たちが参加できるようにすることが大切になる。これが「新しい公民科」を導く方向として明らかにされたものであった。

このようなねらいを設定するならば自ずから「政治機構の学習を主とする古い公民科は，人類の発展のための社会的努力を行う方法を学習する新しい公民科に席を譲らなければならない」と報告書は指摘し，「大統領がどのようにして選出されるかについて生徒が知ることはそれほど重要なことではない。むしろ，コミュニティの保健官の仕事を理解すべきである」とまで断言するのである。

同報告書では，コミュニティ・シビックスは「子供の学習能力が許すかぎり早期に設けるべきである」ことが勧告され，「大部分の低学年児童はその学習ができる」としている。また，学校が小社会として子供たちに社会的経験をさせるための教育的環境になるべきことを指摘しているのも注目されよう。

E──社会科教育の目的としての公民教育

共和国の教育の目的そのものが公民教育であ

ったことはすでに述べたが，特にこの目的のために構成されたアメリカ独自の教科が社会科(Social Studies)であり，このような事情から，社会科教育と公民教育は一般的に同義とも見なされる。日本における社会科教育は，このSocial Studiesが第2次世界大戦後に導入されたものである。

教科としての「公民科」の登場と展開については前節で述べたが，アメリカ合衆国の公民教育の歴史においては社会科の成立も大きな1つの画期であると言える。社会科の成立は19世紀における学校教科としての「歴史」や「公民科」を統合する形で1880年頃から次第に活発化した流れとして捉えることができるが，その成立時期については，全米教育協会(NEA)の社会科委員会最終レポートの出た1916年とする見解をここではとることとしたい。

上記NEAの社会科委員会（1913-16年）は，その報告書で学校教育の主要な目的が「よき公民の育成」であり，社会科はそのための重要な教科であると述べている。やや詳しく述べるならば，上記委員会の委員長予備的声明（1913年）は「『よき公民』は高校の社会科の目標となるべきである」と明記し，さらに「学校における教育指導はコミュニティの社会的幸福に寄与しなければならないので，この点，社会科は直接の責任を負うものであることを強調したい」として社会科の任務を定めている。その教育においては「主題についての知識を与えることをねらうのではなく，これらの事物が，自分や社会にとってどんな意味をもっているかについて解決の手がかりを与えることや環境についてより多くを知りたいという欲求を喚起することをねらうものである」とされており，指導によって「生徒が公民として考えること，できれば，公民として生きるように援助することをねらう」，そのための効果的学習法は教科書に満足するのではなく，現存している人間を学習するものであることに留意しなければならないとされている。したがって，「教室，運動場の友人，職業を持った人々，政府の役人，実業家，投票者，労働者など」はすべて社会科の教材になりうるとするのである。「よき公民」とは，「自ら成員の一人として所属しているコミュニティの幸福について適切な関心を払いながら行為することを常とする人，そしてコミュニティの幸福のために他の成員と協力することに積極的であり聡明である人」を指している。ここで示された「よき公民の育成のための社会科」の核心的部分として同委員会の1915年の報告書で提起されたのが前節で触れたコミュニティ・シビックスである。

世紀転換期のいわゆる「新移民」の「アメリカナイゼーション」という課題や，政治学，歴史学などの社会諸科学の発展を背景に，さまざまな学会や団体が公民教育に対して積極的にかかわり発言するようになったことも，20世紀初頭の社会科成立の背景として特筆すべきことであろう。このような状況において，公民教育における道徳的性格は社会科学的色彩にとってかわられることになる。しかし，その一方で，アメリカ歴史学会社会科委員会の1932年の報告書において「社会科によって養われるすべての態度や忠誠心の中でも，郷土愛，愛国心は公民教育のプログラムで先ず第一のものである」と述べられているように，国家への忠誠というテーマは通奏低音として不動のものであり続けるのである。

コミュニティ・シビックスに典型的に見られるように，当時，公民教育の原点が地域社会（コミュニティ）にあるとされたことも注目すべきことであるが，これは，地域社会で政治的社会化が効率的に行われることが社会統制の最も効果的方策であると考えられたためである。さらに，当時の教育学的潮流ともかかわって，

子供を主体とした公民教育実践が展開されるようになったことも1つの画期と見てよいだろう。地域社会の生活への子供の直接的参加（生活の意識化と自分の役割の自覚化）と，1人の公民としての子供の尊重（公民になる子供ではなく，公民である子供の教育）が教育史的にも大きな意義をもっていたと考えられる。

F──20世紀のカリキュラム論から見た公民教育

カリキュラム論としての観点からは，20世紀初頭以降の社会科における公民教育は，以上の動向をうけて大きくは次の3つの類型に分類される形で展開した。

① 「生活適応」的カリキュラム論：「社会的効率性」にかなった公民教育が主眼とされ，「為すことによって学習する」という教育方法論が「社会への適応」の最善であると考えられた。これは1916年のNEA社会科委員会の公民教育論に代表されるものである。

② 「社会改造主義」的カリキュラム論：積極的な社会的現実への働きかけが公民教育の主眼とされた。H. ラッグやG. S. カウンツの主張がこの立場を代表するものであり，アメリカ歴史学会（AHA）社会科委員会（1923-34年）において，社会諸科学と社会的問題の両者を枠組みとする公民教育の再構成がはかられている。

③ 「反省的思考」中心のカリキュラム論：公民の最も重要な資質は意思決定であるとされ，公民的思考力の育成が主眼とされた。個々の子供の反省的・批判的思考力が重視され，意思決定を可能にする公民教育の教材と場が要求された。

以上の3類型は，歴史的展開を表現したものとも言えるが，現在のカリキュラムを分析する際の枠組みともなるものと捉えることができる。

全米社会科協議会（NCSS）の「社会科による公民教育」の委員会（1975-78年）は当時の公民教育の多様な方法論として，（1）歴史と社会諸科学によるアカデミックな訓練，（2）市民生活にかかわる法律に関連した教育，（3）特定の社会問題に焦点を置いたアプローチ，（4）批判的思考力の育成を中心にしたアプローチ，（5）価値明確化をはかるアプローチ，（6）道徳的発達を主眼にしたアプローチ，（7）地域社会への参加を中心にしたアプローチ，を挙げている。

1970年代のこれらの教育実践を踏まえて，NCSSは1980年に『社会科の本質』という指針を明らかにしており，その端書きで「公的生活への市民参加は，われわれの民主主義体制の健全さにとって必須なるものである。効果的な社会科プログラムは，ますます多元化する国家と相互依存化する世界が直面する諸問題を明確にし理解する若者を育成することを助ける」と述べ，社会科教育が公民教育を中心的課題としていることを改めて確認している。

G──'CIVITAS'における公民的徳への回帰

1991年，公民教育のフレームワーク（指針書）として，665頁の大部な'CIVITAS'がNCSSのブレティン86号として発行された。これは公民教育センターと公民的資質向上委員会の共同プロジェクトによるもので，メンバーにはR. F. バッツをはじめとする関係諸分野の高名な学者が名を連ねている。CIVITASということばはラテン語を語源としており，「地

域社会または国家を構成する人間と制度の機能的な集合体」という意味と,「公民の責任, 共通目的, 公民的資質の概念と価値」という意味の両者を包含するものとされている。序文において,「アメリカにおける公民教育の究極的な目標は, 立憲的民主主義の基本的価値と原理の実現に知識を持ち, かつそれにかかわる公民の, 政治過程における広範な参加にある」と述べられ, 公民教育で育てられるべき公民的能力はアメリカの政治および社会制度における効果的な参加のための能力であるとされている。

'CIVITAS'で示された公民教育の「目標と目的」は3つの部分にわたって述べられており, 第Ⅰ部は「公民的徳」, 第Ⅱ部は「公民的参加」, 第Ⅲ部は「公民的知識と技能」である。

「公民的徳」はアメリカ建国の経験からの伝統的な価値に気付かせるだけでなく, 公民に必要とされる公益への資質 (dispositions) と関与 (commitment) に注目させる用語として提起されている。「公民的資質」には, 公民性, 個人的責任, 自制, 公民的精神, 広い心, 妥協, 多様性の寛容, 忍耐と不屈, 同情, 雅量, 国家とその原理への忠誠という概念が含まれ,「公民的関与」には国民主権と立憲政治の概念が含まれる。また, アメリカ立憲民主主義の基本的価値として挙げられているのは公益, 個人的権利, 正義, 平等, 多様性, 真実, 愛国心の7項目である。

「公民的参加」は「立憲民主主義の基本的価値と原理の具体化に知識をもち, 有能でかかわることのできる公民による, その所属する集団の統治への幅広い参加」を求めるものであり, その統治には地方, 州, 国家が含まれているが, 教会, 労働組合, 企業, その他の私的団体と学校の統治も含まれる。よって, 公民教育においては低学年のレベルから学級から始まる各種の集団の統治に参加させるように生徒をしむけていかなければならないとされ, 適当な段階で公的な政治制度と政治過程を取り扱うこととされている。

「公民的知識と技能」とは, 公民として役立つために知らなければならないと専門家が考える内容を示したものであり, 概念, 歴史的知識と今日の社会の争点についての知識からなっている。

以上, 3つの構成部分の概略を示したが,「アメリカ建国の経験からの伝統的な価値」と結んで「公民的徳」が提起されていることに, 21世紀につながる公民教育の1つの流れを見ることができるだろう。

H 多文化社会の公民教育をめぐって

社会科成立以来の歴史的展開の中で1つの画期と見なされるのが1957年のスプートニク・ショックに始まる「教育の現代化」による「新社会科」であるが, そこで強調されたことの中に「教材の国際化」と「西欧中心主義の改善」があったことはあまり注目されていない。「多文化主義」は高等教育において1980年代後半から論争の的となったが, 初等教育においては1960年代から公民権運動などを受けて, アメリカの文化的民族的多様性を教育に反映させるものとして「多文化教育」が取り組まれてきており, 1992年にNCSSから発行された『多文化教育のためのカリキュラム・ガイドライン』は教科内容の変革だけでなく, 学校文化や規範の見直し, 教師の多文化理解の訓練を含む, 教育環境への配慮を促すものとして注目に値する。

多文化教育は, 子供がその成員であるコミュニティの文化の尊重と, 建国以来の国民統合の課題をあわせもつものとして, 2つのレベルの「共同体の成員の教育」を貫く, 現代における

公民教育の1つの焦点と見ることができるのである。

すべての集団が等しくアメリカ社会を構成する「公民」としての意識を持って参加できる社会をどう実現できるのかが，アメリカの公民教育の課題として，今まさに問われていると言えるだろう。アメリカの国際社会における影響力を考えるとき，その重要性は緊急かつ切実である（⇨ 37 初等・中等教育 C）。

■参考文献

江口勇治「外国の公民教育（1）アメリカ」日本社会科教育学会編『社会科における公民的資質の形成──公民教育の理論と実践』東洋館出版社，1984.

歓喜隆司『アメリカ社会科教育の成立・発展過程の研究──現代アメリカ公民教育の教科論的分析』風間書房，1988.

阪上順夫「アメリカ公民教育（CIVITAS）における政治教育」阪上順夫『現代における政治教育の研究』第一学習社，2000.

本間長世編『JIIA 現代アメリカ②アメリカ社会とコミュニティ』日本国際問題研究所，1993.

溝上泰「『Community Civics』の性格」『社会科研究』30，全国社会科教育学会，1983.

森田尚人「学校における愛国心の教育──アメリカ建国期における国民統合と教育」市村尚久他編『現代教育問題史──西洋の試みとの対話を求めて』明玄書房，1979.

Butts, R. F. *The Morality of Democratic Citizenship: Goals for Civic Education in the Republic's Third Century*. Center for Civic Education, 1988.

■さらに知りたい場合には

歓喜隆司『アメリカ社会科教育の成立・発展過程の研究──現代アメリカ公民教育の教科論的分析』風間書房，1988.

森分孝治『アメリカ社会科教育成立史研究』風間書房，1994.

［以上の2冊はそれぞれの著者の学位論文であり，日本におけるアメリカの公民教育研究の代表的文献である。］

阪上順夫「アメリカ公民教育（CIVITAS）における政治教育」阪上順夫『現代における政治教育の研究』第一学習社，2000.

［'CIVITAS'の概要を分析的に紹介し，日本の学習指導要領との比較を通じて日米の公民教育カリキュラムの比較検討を行っている。'CIVITAS'の原書は次のとおり。Quigley, C. N. and C. F. Bahmueller eds. *CIVITAS: A Framework for Civic Education (National Council for the Social Studies Bulletin 86)*. 1991］

本間長世編『JIIA 現代アメリカ②アメリカ社会とコミュニティ』日本国際問題研究所，1993.

［植民地時代から現代に至るさまざまなコミュニティを視野に，アメリカにおけるコミュニティ論を分析した，基本的かつ刺激的なアンソロジー。］

森田尚人「学校における愛国心の教育──アメリカ建国期における国民統合と教育」市村尚久他編『現代教育問題史──西洋の試みとの対話を求めて』明玄書房，1979.

［国家形成における教育の役割を独立革命からジャクソン民主主義に至る時期を対象に分析した論考で，共和国の教育としての公民教育の具体的展開を把握することができる。］

全米社会科協議会「多文化教育のためのガイドライン」（多文化社会研究会編訳）『多文化主義──アメリカ・カナダ・オーストラリア・イギリスの場合』木鐸社，1997.

［ガイドラインの序章，第一章の完訳と，第二章の項目の訳と要約である。なお，第三章

の邦訳は安池由子訳「多文化教育プログラム評価チェックリスト」森茂岳雄『社会科における多文化教育の比較研究』平成4年度科学研究費補助金研究成果報告書, 1993 を参照. 原書は National Council for Social Studies, "Curriculum Guidelines for Multicultural Education" *Social Education* (September, 1992)]

江淵一公「多文化教育の概念と実践的展開——アメリカの場合を中心として」『教育学研究』1994 年第 61 巻 3 号.

中村(笹本)雅子「多文化教育と『差異の政治』」『教育学研究』1997 年第 64 巻 3 号.

森茂岳雄『多文化社会アメリカにおける国民統合と日系人学習』明石書店, 1999.

[本稿で十分論ずることのできなかった多文化教育については, 以上の江淵, 中村(笹本), 森茂の論考を参照していただきたい。江淵(1994)は1990年代前半までの多文化教育の概念と実践を概観して整理したものであり, 中村(1997)は特に「差異の政治」との関連で多文化教育を論じている。森茂(1999)は日系人学習に焦点を当てて国民統合と教育を論じたものである。]

37 | 初等・中等教育
Elementary and Secondary Education

恒吉僚子

さまざまな国からの移民によって成り立っているアメリカにおいて，「アメリカ人」という国民意識を形成していくうえで，初等・中等教育は重要な役割を担ってきた。かつて多民族，多文化の混在するアメリカの状況を表わすメタファーとして「るつぼ」ということばが用いられていた。しかし，ここにはマイノリティをマジョリティのヨーロッパ系移民に同化させるという，強者の論理が反映されており，これに対する批判から現在では多文化共存の考え方が教育の中にも取り入れられるようになってきた。また，民営企業による公立学校の運営，テストとスタンダードによる学力向上の動き，チャータースクール，とアメリカの教育の素顔はめまぐるしく変化している。ここではアメリカの初等・中等教育のダイナミックな動きを俯瞰する。

A──るつぼ理論からの脱却

アメリカの初等・中等教育はアメリカ人の国民意識の形成と深くかかわりながら変化してきた。

長らくアメリカにおいては，多様な地から来た移民が，「アメリカ人」という新しい国民として融合する同化のイメージが支配的であった。そうしたなか，「るつぼ」がしばしばアメリカ社会のメタファーとして用いられてきた。そして，学校は「るつぼ」の中で「アメリカ人」を形作る同化装置として理解されたのである。

しかし，やがて「るつぼ」理論は，公正という観点からも，現実における「アメリカ人」の多様性との関係においても，疑問視されるようになる。「アメリカ人」を形作るための教育は，事実上，人種・民族の観点から見た場合，アメリカ社会の支配的な集団であるヨーロッパ系アメリカ人にマイノリティが同化してゆくことを求めるものであったからである。さらにジェンダー，階級，宗教等の観点から見た場合においても，社会的に劣位の者が優位な集団へ同化することを，例えば，女性が男性の基準に，下層階級が中産階級の基準に，非キリスト教徒がキリスト教徒の基準に同化することを「るつぼ」理論は自明視するものであった。「るつぼ」理論はマイノリティがマジョリティに同化することを求める同化政策を正当化する論理であり，現実に独自性を保つアメリカのさまざまな人種・民族集団の存在に目をつぶるものだとされるようになったのである。

1960年代以後は特に，マジョリティ支配の構図に対してさまざまなマイノリティ集団が異議申し立てを行ってきた。特にアフリカ系アメリカ人の権利主張は，るつぼイメージの偽善性を暴き，マイノリティの権利保障を視野に入れ

た社会変革へとつながってきた。教育の領域においては，例えば，後述する多文化教育はそうした'ポスト'るつぼ理論に対応しようとした実践，運動であると言えよう。

「るつぼ」に代わってアメリカ人の自己イメージとして提唱されるようになったのが，多様なアメリカ人から成る複合的な社会，虹やサラダボウルのように，多様な要素が共存している多文化社会アメリカである（⇨「42 多文化主義をめぐる議論」A，「45 ヨーロッパ系移民」のコラム「『人種のるつぼ』から『サラダボウル』へ」）。

B——教科書に見る「アメリカ人」イメージの変遷

前述のアメリカ人の国民意識の変化は教育の場においては例えば，教科書内容の変遷を通してうかがい知ることができる。

植民地時代，アメリカで広範に使われた教科書の1つとして，「ニューイングランドの小さな聖書」といわれる『ニューイングランド・プライマー』（図37-1）がある。その内容は，ピューリタン的，道徳的な色彩が強く，例えば，『プライマー』の中のアルファベット文字を使ったライムは有名だが，その冒頭を飾るのは原罪についてのメッセージである。

アダムの堕落でわれわれは皆罪を背負った (In Adam's Fall, We Sinned All)

一方，『ニューイングランド・プライマー』とともに後世に知られる教科書として，19世紀から20世紀にかけて広範に使われていたマクガフィーの教科書がある。W. マクガフィーによって始められたこの教科書シリーズはやがて彼の手を離れ，「マクガフィーのリーダーズ」として，何世代ものアメリカ人に親しまれた。

図 37-1 ●植民地時代の教科書『ニューイングランド・プライマー』の内容の一部

●出典 | Rare Book Division, the New York Public Library, Astor, Lenox and Tilden Foundations

当初のカルヴァン主義的な内容から，やがて教科書は社会の変化を反映してより世俗的なアメリカ中産階級的価値観，例えば，倹約，勤勉，謙遜，愛国心等を強調した内容に変化していく。

1940年代から50年代にかけては，3人兄弟姉妹を登場させたディック，ジェインとサリーのシリーズが愛用された（Scott, Foresman and Company社）。それらが描いた郊外の白い家に住み，クッキーを焼く専業主婦の母親，ブリーフケースを持って出勤する父親，3人の子供たちとペットが織りなす豊かな中産階級の白人家庭のイメージは，当時のアメリカン・ドリームを具現していたと言えよう。

しかし，こうしたイメージも，60年代以降は白人中産階級中心主義，固定的な男女観を助長するものとして非難され，今日のより多元化されたイメージの教科書が台頭する。現在のア

メリカの教科書は，働く母親，マイノリティの子供，都市の家族等を意識的に登場させている。同時に，今日のアメリカ社会の価値相対化，規範の緩みやモラルの低下を憂慮する人々，特に保守派層の中には，マクガフィーの教科書を1つの国民としてまとまった知識や伝統的道徳を子供たちに伝えていた「古き良きアメリカ」の教育を象徴するものと見なし，その復興を唱える者もいる。

C── 多文化共存への取り組み

前述のように，1960年代以降のアメリカの教育において，人種・民族をはじめとするマイノリティの教育機会の均等，公正の問題は，中核的な課題の1つである。

1964年の公民権法をはじめ，1965年の初等中等教育法，1975年の全障害児教育法等に象徴されるような立法は社会変革への大きな原動力となってきた。

また，多文化共存に向けての枠組み作りにおいて，裁判が果たした役割も少なくない。例えば，1896年にアメリカ最高裁はルイジアナ州で列車における人種別に分けた施設を違憲だと訴えた裁判（プレッシー対ファーガソン）で，こうした公的施設が「別々だが同等」（separate but equal）であるならば合法であるとし，公教育におけるアフリカ系アメリカ人と白人を分離した教育に正当性を与えた。それが1954年，ブラウン裁判においては，公教育において「別々だが同等」の原理は存在する余地がないとした画期的な判決が下され，人種統合努力が進められていく。バイリンガル教育をめぐる裁判，アファーマティブ・アクションをめぐる裁判，公教育と宗教をめぐる裁判等，裁判はしばしばアメリカの教育を変化させる突破口をつくってきた。

教育実践の領域においても，マイノリティの学力不振が社会問題化するなか，それぞれの民族集団の学習スタイル，マイノリティの自尊感情（self-esteem），異質な者への寛容性や文化感受性に配慮する実践，反人種差別教育等がさまざまに展開されてきた。多文化教育はそうした実践の中でも代表的なものであろう。多文化教育の定義はさまざまであり，支持者，批判者が混戦している状態である。ここではそれは，多文化が共存する社会（世界）において文化的多様性を肯定し，自文化中心主義の克服，マイノリティの権利保障等を促し，すべての文化集団が参加できる公正で民主主義的な多文化が共存する社会を念頭に入れた資質の育成や社会変革を志向するコンセプト，教育改革運動，プロセス，実践であり，ビジョンであると考えることにする。それはまた，グローバル化が進むなかでは，グローバル社会での多文化共存の課題につながるものである。実際の多文化教育の実践は，特定のマイノリティ集団に焦点を当てるものから包括的に「文化」を扱うもの，変革志向についても，急進的なものから現状維持的なものまで幅広く混在している（⇨ 36 公民教育・コミュニティ H）。

D── 分権化と個別化

アメリカの初等・中等教育（図37-2）は日本のような中央集権的な国に比べると，歴史的に州とその下の学区が裁量権をもつ分権的な体制となっている。教育経費の過去20年余の地方自治体・州・連邦政府の支出割合を見た場合，州の比率は増えてきたが，連邦政府は10％以下を推移しつづけている（*National Center of Education Statistics*, 2000）。

❶左上｜多様な移民の児童が共存する小学校［神戸の震災（1995年）のことを聞いた校長が，日本の子供たちに折り紙を折って送る計画を立てたところ．］
❷左下｜ショー・アンド・テル［表現することを重視する実践で，自分にとって大切なものを発表したり，本を紹介したりする．］
❸上｜「ドラッグにノー」を多言語で［多言語的背景の理解と実践］

　こうした分権性は一方では地域による多様性，さまざまな教育実験が展開するダイナミズムへとつながると同時に，学区による格差の広がりが特に人種・民族と階級の問題と絡められて論議されてきた。例えば，居住地域による事実上の人種分離によって，都市貧困地帯のマイノリティ校は，財政的にも地域の教育力に関しても不利であるのみならず，こうした学校ほど，経験のない教師が多く，ポストを埋められなかったり，教員の質の問題を抱えていることも指摘されている。万人の平等を目指した民主主義社会アメリカの理想と，現実に見られるこうした不平等との間の落差は，アメリカの教育が今日も直面している最大の課題の1つである。

　学校の組織と指導形態においてはアメリカの学校は個別化が進み，各種のスペシャリストがそれぞれの機能を担い，指導も個別化している。例えば，補償教育にはその担当者，第二言語としての英語，カウンセリングにはそれぞれの担当者，才能教育はその担当者等，教職員間で分業化が進んでいる。それに対して担任の教師は基本的に知的領域の担当者である。特に初等教育においては全人教育を強調し，仕組みとしても担任教師が多くの領域を包括的に扱ってきた日本の教師とこの点で異なる。しかし，日本においても就学児童生徒の多様化等に対応し，カウンセラー，日本語教室の担当者等，アメリカ型の分業化の方向にある（表37-1）。

E──現代アメリカの教育動向

　1950年代が白人中産階級中心のアメリカのイメージが教育においてもその正当性を崩されていなかった時代だとすると，続く1960年代はマイノリティの平等への闘い，機会均等への関心が高まった時代であった。一方，1980年代になると，『危機に立つ国家』をはじめとする，アメリカの教育の質を問題視し，それをアメリカ経済の競争力と結び付けて教育改革の必

図37-2 ●アメリカの教育制度

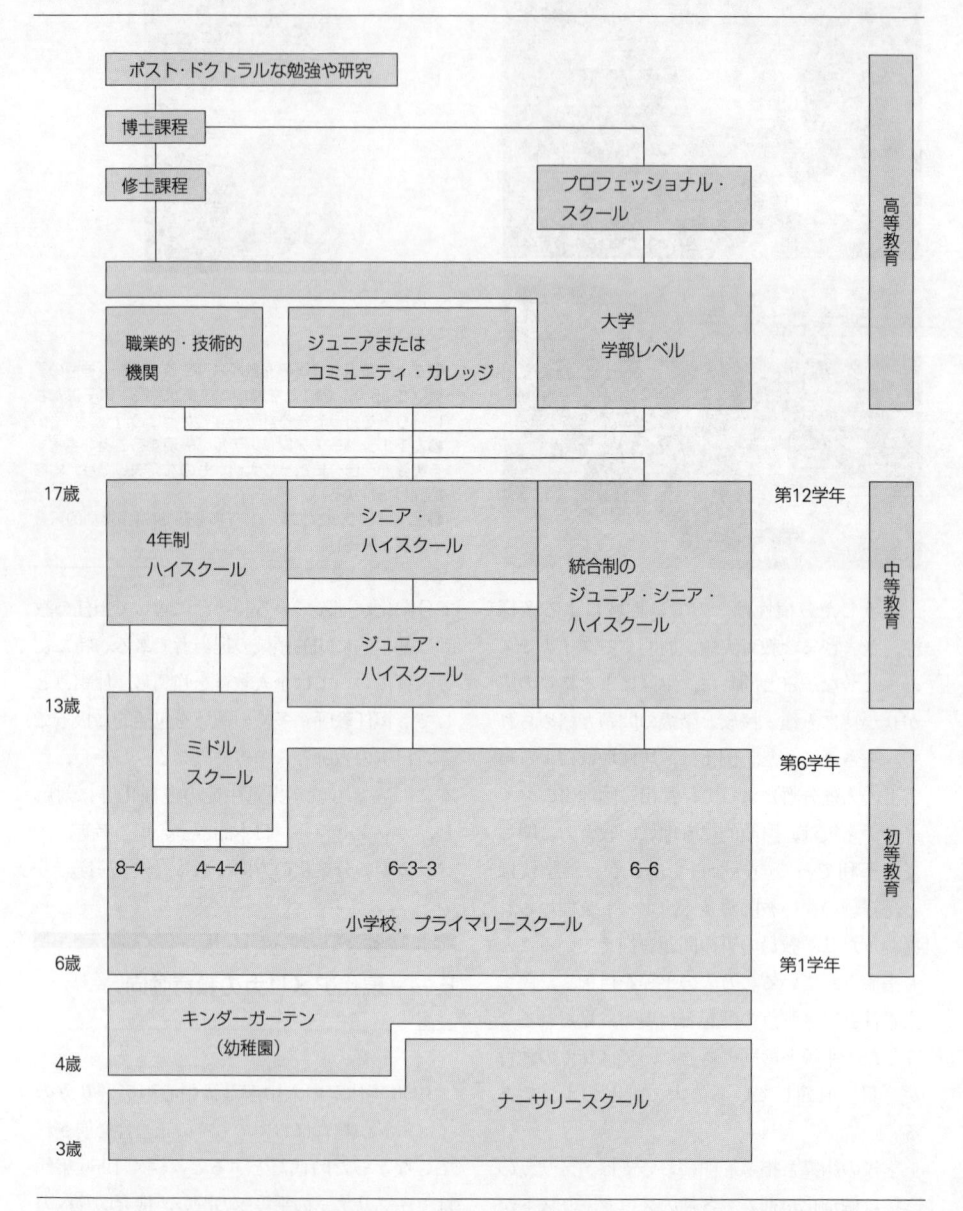

ポスト・ドクトラルな勉強や研究	高等教育
博士課程	
修士課程 / プロフェッショナル・スクール	
職業的・技術的機関 / ジュニアまたはコミュニティ・カレッジ / 大学学部レベル	
17歳 — 第12学年	
4年制ハイスクール / シニア・ハイスクール / 統合制のジュニア・シニア・ハイスクール	中等教育
ジュニア・ハイスクール	
13歳 — 第6学年	
ミドルスクール	
8-4 4-4-4 6-3-3 6-6	初等教育
小学校, プライマリースクール	
6歳 — 第1学年	
キンダーガーテン（幼稚園）	
4歳	
ナーサリースクール	
3歳	

● 出典 | National Center for Education Statistics, *Digest of Education Statistics, 2001* に基づく。

表37-1 ●教職員分業化例［R小学校[1]教職員リスト］

担当		人数	担当		人数
校長	Principal	1	第二言語としての英語	ESOL	5
副校長	Vice Principal	1	補償教育	Reading Recovery	2
幼稚園	Kindergarten	4	二言語教育	Dual Language	1
1年担任	1st Grade	5	（スペイン語のイマージョン担当）		
2年担任	2nd Grade	3	ヘッドスタート	Headstart Rm.1&2	4
3年担任	3rd Grade	4	特殊教育	Special Ed.	5
4年担任	4th Grade	3	就学前教育	Pre-K Rm.03	1
5年担任	5th Grade	3	理科担当	Science Coordinator[2]	1
6年担任	6th Grade	2	コンピュータ	Computer[3]	1
体育	Physical Ed.	1	図書室メディア専門家	Media	1
教師補助	Instructional Assistants	4	保護者連携	Parent Liaison[4]	1
マスター教師	Master Teacher	1	保健室	Healthroom	1
葛藤解決	Crisis Resource	1			
カウンセラー	Counselor	1			
秘書	Secretaries	2			
用務	Custodians	4			
キャフェテリア	Cafeteria	6			

●注｜①都市部のマイノリティが過半数を占めるメリーランド州の低所得者層の小学校である。アフリカ系アメリカ人とヒスパニックの住民が多く，それがスペイン語のイマージョン・プログラム，ヒスパニック系の保護者連携担当者の設置に反映されている。
②担当教師への情報源としての機能を果たし，特定の場面での理科の子供の指導を行う。
③コンピュータのラボの責任者。子供たちが通ったり，担任教師への情報源として機能するコンピュータ・プログラムの購入等を行う。
④地域のヒスパニック系住民によって雇われ（エルサルバドルの出身者），ヒスパニック住民と学校との間の連携を担当する。

要性を叫ぶ報告書が盛んに出されるようになる。当初はSAT（大学入試に際して受ける試験）でのアメリカ人生徒の点数の低下等が指摘され，また，今日に続く傾向として，アメリカの主要な貿易相手を含む国際テストでの算数・理科でのアメリカ人生徒の点数の低さ，それに比べた競争相手の点数の高さが強調されてきた。

こうしたなか，以下のようにスタンダード（目標基準）とテストを用いた学力向上への努力が見られる。他方では，市場原理，競争原理の導入が初等中等教育でも進められている。

❶ スタンダードとテスト

スタンダードやテストを用い，説明責任（アカウンタビリティ）を重視した学力向上や教育改善を目指す動きが活発化している。

2000年1月時点で，アイオワ州以外の州はすべて1つ以上の教科でスタンダードを設け，48の州が州テストを行っている。こうしたテストを用いながら，長期的に学力の改善が見ら

れない学校を閉鎖したり,学校運営に介入するためにテストを用いたり,結果を教師の給料に反映させたり,生徒の卒業条件にしたり等の縛りの強いテスト (high-stakes test) を実施している州や学区もある。

❷ ヴァウチャー

教育への市場原理の導入の1つの象徴的な例としてのヴァウチャー制度のもとでは,家族はヴァウチャー,すなわち特定額の支払い保証書をもらい,自分の選択した学校の費用としてそれを用いることができる。ヴァウチャー制度を弁護する側では,公立学校を競争にさらすことによって改善させることができる,経済的理由により学校選択の幅が少ない貧困家庭の選択肢を拡げることができる等の理由が正当化に使われることが多い。逆に反対者は,公教育の衰退,格差の拡大につながる等の理由で反対してきた。ヴァウチャーをめぐる争点の1つは私立学校,特に宗教系学校への使用を認めるかどうかである。例えば,1999年にはフロリダ州が,特定の水準に満たない学校の生徒がヴァウチャーを宗教系学校でも使えるようにした。2002年6月現在,宗教系学校とヴァウチャーをめぐる争いは最高裁にまで持ち込まれている。

❸ チャータースクール

(⇨コラム「チャータースクール」)

チャータースクール

チャータースクールとは地方自治体や州の教育委員会等の公的機関と設置者側が契約を結ぶことによって成立する公立学校である。チャータースクールの契約は,公立学校を縛る規制の多くを免除すると同時に,児童生徒の学力向上等,どのようにその学校が責任を果たすかの詳細,説明責任(アカウンタビリティ)を特定する。その責任を果たせない学校は契約を更新されない。

ミネソタ州が1991年に全米初のチャーター関連の法を成立させてから各州で類似した動きがみられ,1999年現在で36州とコロンビア特別地域がチャーター関連法をもっている。法律のあり方によって,保護者や教師,地域住民による設立,既存の公立・私立学校の転換等,さまざまなチャータースクールの設立経路がありうる。

アメリカ教育省のチャータースクールの全国調査によると,1999年9月現在において同じチャーターのもとで運営されている学校も含めると,1,605校のチャータースクールが運営されている。しかし,同時に閉鎖率も高く,最初のチャータースクールが設立された1992年からみると,実に約4%が閉鎖している。また1999年現在,増えているものの,公立学校在籍者のうち,チャータースクール在籍者は多い州でもせいぜい数パーセントであり,公立教育全体からみるとまだ少ない (U.S. Dept. of Education 2000)。

チャータースクール設立母体は保護者の団体,教師の集団,既存の青少年クラブから民営企業まで多様である。チャータースクール設立の最大の動機は,上記調査によると伝統的な公立学校に代わる学校のあり方 (alternative vision of schooling) を探ることにある。その支援者はチャータースクールが公教育に健全な競争原理を導入すること等を評価し,反対者は階級・人種間格差の広がり等を恐れる傾向がある。特に反発を受けやすいものの1つに,前記民営企業によるチャータースクールの運営がある。

[恒吉僚子]

❹──民営化の波

　教育への市場原理の導入の試みの中で，最も反発の多いものの1つが民営企業による公立学校の運営であろう。

　アメリカの教育の質についての論議が続くなか，1990年代以降，民営企業はさまざまなルートでアメリカの公教育領域に参入しつつある。教員養成の場や学校運営でさえも民営化が進んでいる。例えば，大手のエジソン・スクールズによると，同社は，2003年現在，150の公立学校（約80,000人の児童生徒）を運営している（http://www.edisonsschools.com）。また，既存の教育関係企業の中には教員養成の領域に参入したものもある（例：Sylvan Learning Systems）。この種の民営企業による学校運営は，まだ数は少ないものの，その象徴的意味は大きい。

　しかし，こうした企業による学校運営が学力向上に本当につながっているのか，企業が利益を追求する中で教育の公共性を犠牲にしているのではないか（例：障害者のためのプログラムを削る，人種間の分離に加担する），また，学校経営が利益を出す産業として成り立ちうるのかどうかについても議論が多い。

　学力向上，市場原理の導入と並行し，現代アメリカ社会が抱えるさまざまな問題に対応することを目的とした実践もまた多様に展開されつつある。

　例えば，増加する子供の凶悪犯罪や子供をめぐる暴力に対して，暴力を使わずに葛藤を平和的に解決する資質の育成や訓練をする葛藤解決の実践。同種の実践として，反暴力を教える実践，また，人種間の葛藤に焦点を当てた実践等もある。アメリカ教育省，司法省によると7割以上の公立学校が反暴力プログラムを取り入れている（U.S. Dept. of Education and U.S. Dept. of Justice 1998）。

あるいは，現代アメリカ社会における規範の緩み，モラル低下等に対応して，教育の中で「人格」形成を強調するような人格教育の系譜，さらには，子供の社会性の欠如や人間の能力の多面性等への関心が高まるなか，知性の多様性に注目したり，知的領域以外の能力，例えば，感情や社会性（emotional intelligence）の体系的な育成を公教育の中に求めたりする実践の系譜もある。小集団活動を用いた学習により，従来の個人主義的，競争的なアメリカの教育方法に問題提起をする協同学習の実践も広まりつつある。

　また，前記の多文化教育やグローバル教育のように，グローバル化，多文化化するわれわれの世界やアメリカ社会の中での共存を主眼とした教育実践，プログラムもある。他方では，すべてのアメリカ人に共通した知識や前提があるとして，コア・カリキュラム（E. D. ハーシュのものが有名）をプログラム化したものもある。

　特定の研究者の理論に基づいたモデル（例：James Comerのコーマー・モデル）も多数乱立し，互いに競合しながら存在している。まさに，現代アメリカ社会の方向性の不透明性を反映するがごとく，さまざまな実践の模索が行われているのである。こうしたさまざまなプログラム，実践の系譜は，組織的に学区等で採用されたり，あるいは個人的に教師によって用いられ，入り乱れながらアメリカの教室に参入している。

　これらの実践はそれぞれに背景に学問的裏付け（例：例えば，協同学習でいえばJohnson兄弟の理論等）をもちながら，現代アメリカ社会の問題に対応する処方箋として，現場で使いやすいものとして，「プログラム」として体系化が進むとともに，運動としてビデオやインターネット，教師用ワークショップ，教材セット等の形で積極的に広められている。

■参考文献

Ford, P. L., ed. *The New England Primer: A History of Its Origin and Development*. Teachers College, Columbia Univ., 1962 (1897).

Gay, G. "Curriculum Theory and Multicultural Education." in *Handbook of Research on Multicultural Education*. edited by James A. Banks. MacMillan Publishing U.S.A., 1995. pp. 25-43

Jerald, C. D. "The State of the States." *Education Week*, XIX (Jan.13), 2000.

National Commission on Excellence in Education. *A Nation at Risk: The Imperative for Educational Reform*. Government Printing Office, 1983.

U.S. Department of Education and U.S. Depatment of Justice. *Annual Report on Shcool Safety*. Washington D.C., 1998.

U.S. Department of Education. *The State of Charter Schools 2000* (Fourth-Year Report). 2000（米国教育省ホームページから入手可能）.

Westerhoff, J. H. III. *McGuffey and His Readers: Piety, Morality, and Education in Nineteenth-Century America*. Abingdon, 1978.

■さらに知りたい場合には

フィン，C. E. Jr.他（高野良一訳）『チャータースクールの胎動――新しい公教育をめざして』青木書店，2001.
［「保守派」として知られ，チャータースクール推進派，レーガン政権下で教育改革にもかかわったチャスター・フィンらのチャータースクールについての代表的な書。］

バンクス，J. A.（平沢安政訳）『入門 多文化教育――新しい時代の学校づくり』明石書店，1999.
［「保守派」からしばしば攻撃の的になってきた多文化主義，多文化教育のアメリカにおける理論家の第一人者による書。］

日本比較教育学会編『比較教育学研究 特集：学力問題を考える――国際比較』東信堂，2003.
［比較教育学会で，最近の学力問題をいくつかの国で紹介したもの。アメリカ，日本を国際比較の視点からコンパクトに概観できる。］

■インターネット関連サイト

米国教育省…http://www.ed.gov

National Center for Education Statistics… http://nces.ed.gov

The Association for Conflict Resolution… http://www.acrnet.org/

38 高等教育
Higher Education

喜多村和之

アメリカの高等教育は，その規模の大きさ，多様性，さらには地方分権的な性格などにおいて，ユニークな特徴をもっている。17世紀にイギリス・モデルを取り入れたハーヴァード・カレッジの創立以来，社会のニーズを取り込みながら多様な発展を遂げてきたアメリカの高等教育は，「すべての者に高等教育を」というスローガンのもと，社会のあらゆる層まで広がった。それと同時に高度に専門化された大学院教育では世界の学術研究をリードしているだけでなく，ロースクールやビジネススクールなどのプロフェッショナル・スクールでは実務分野での優れた人材も輩出している。多くの海外からの学生をも集めていまや巨大な産業ともなっているアメリカの高等教育の成り立ち，歴史を追う。

A——学校制度と高等教育の概観

合衆国の高等教育（Higher Education ないしは Postsecondary Education）は，各州によって独自の制度形態をとってはいるが，基本的には幼稚園から小学校，ハイスクールに至る，K12 と称される学校制度（初等・中等教育）の次の段階に連続して展開される教育システムを指す。高等教育の定義も多彩であるが，連邦法では高等教育機関とは①中等教育卒業資格をもつ者を正規の学生として受け入れていること，②正規の中等教育以上の教育課程と認可されていること，③学士ないし準学士の学位を授与する2年制以上の教育課程を提供していること，④公共的ないし非営利的性格の機関であること，⑤大学基準協会の基準に合格していること，などが挙げられている。近年はこの法的規定を超えた学習教育機会（例えば営利機関としてのバーチャル・ユニバーシティ等）も拡大されつつある。2001年現在で正規の高等教育機関の数だけでも4,000校余に及んでおり，このカテゴリーにあてはまらないが実質的に高等教育をになっている機関数を加えれば，全米でははるかにこれを超える数になる。

連邦教育統計局の統計によれば，2000-2001年，高等教育機関の数は4,182校（うち4年制大学は公立622校，私立1,828校，2年制短大は公立1,076校，私立656校）であった（同年次の日本の4年制大学669校，短大の559校と比べて約6倍の規模）。学生数は2000年には学士課程が721万人，大学院課程が216万人であった（日本の学生数は2001年に，大学248万人，短大28万9,000人，大学院21万6,000人）。

B──万人のための高等教育制度

合衆国の高等教育は，いくつかの面で諸外国と異なるきわだった特徴をもっている。

まず第一に挙げるべきはその大規模性である。21世紀初頭現在，その学校数，在籍学生数，該当年齢人口に占める就学率（約45％），受け入れている外国人留学生数（約51万人）や外国人学者の数，毎年投資されている高等教育や研究開発のための予算規模（約2,000億ドル）やGDPに占める比率（約2.8％），さらには年間に授与される学位授与件数等々の面で，抜きんでて巨大な高等教育制度を持つ。高等教育の普及も極めて広くにわたっており，例えば1997年において，高卒者の65％は何らかの形で高等教育（大学・短大を含む）を受けていたとされるが，これは世界の先進産業諸国のうちで最も高い比率の国に属する（U.S. Department of Education, *Condition of Education* [1998]）。

こうした大規模な高等教育体制を持っているという理由の一端は，階級制度のない合衆国では，高等教育が歴史的にヨーロッパ諸国のように少数のエリートに限られた特権的機会としてではなく，多くの一般市民に開放されるべき権利として観念されてきたからである。「すべての者に高等教育を」というスローガンは，合衆国では高等教育の大衆化を目指す積極的な公共政策として推進されてきた。米国の高等教育はその発生以来一貫して，他国にみられない迅速かつ継続的な大衆化と拡張の歴史をたどってきた。

高等教育の大衆化が達成できた背景には，州政府による相対的に開放的な事前評価である設置認可（チャータリング）の柔軟な運用と，自発的結社としてのボランタリー（非政府型）の大学基準協会による品質管理である基準認定制度（アクレディテーション）との組合せがある。原則として高度で同一的なアカデミック・スタンダードに基づいて国王または法王が独占する勅許状によって厳格に認可されるヨーロッパ式の大学に比して，米国のカレッジは「あたかも運河や農場や教会をつくるのと同じ精神」（F. ルドルフ，2003）ではるかに容易に創設することが可能であり，州政府の設置認可も極めて許容的で，個人，地域社会，教会等々が競ってカレッジの創設を目指したのである。

マーチン・トロウはヨーロッパの大学観が「程度の低い大学ならないほうがまし」（nothing if not the best）だとすると，アメリカ人のそれは「どんな大学でもないよりはまし」（something is better than nothing）というスローガンでたとえている。米国の高等教育はまさに，あらゆる人々に適合した多様な大学が存在し，互いに自己の存在意義や個性を主張しあい，競争し合いつつ共存しているのである。

C──多様性と分権化

米国の高等教育は，大規模性の裏返しでもある極度の多様性においても抜きんでている。高等教育の規模や大衆化の実現は，それだけの規模に応じた巨大な市場と，その多彩な需要を柔軟に吸収する高等教育の柔軟性がそなわっていなければ成立しがたい。高等教育機関の種類も，研究指向的で大学院教育を重視する総合大学としてのユニバーシティから，人間形成を使命とするリベラルアーツ・カレッジ，市民のための学部課程の大衆教育機関としての州立大学，生涯学習，職業訓練，短大教育をあわせて地域社会へのサービスに専念するコミュニティ・カレッジ，さらには遠隔教育やインターネ

ットを教育手段とするバーチャル・ユニバーシティや営利機関の教育機関に至るまで、極めて多種・多彩な機関によって高等教育システムが形成されている。しかもこうした学習機会は、若いハイスクール卒業生だけではなく、年齢、職業、学習形態（含パートタイム）、人種、宗教を問わず、主婦、職業人、退職した高齢者など、はやくからあらゆる人々に開かれてきた。今日では、高等教育機関に就学している学生の約40％は、25歳以上の成人によって占められている。そのことはまた、高等教育の内容や課程もその需要に応じて多種多様であり、その目的もエリート養成から大衆市民教育に至るまで、水準や程度なども柔軟かつ多彩であることを意味している。

米国高等教育の特徴は、その分権性的性格にもある。合衆国憲法が定めているところでは、教育の責任は中央（連邦）政府ではなく州政府にあり、したがって連邦政府の関与は原則として研究契約による研究費補助と学生に対する各種の奨学金の補助等の事業に限られ、高等教育の条件整備や設置認可、その財政と運営はもっぱら州政府の責任と権限のもとにおかれている。したがって合衆国には海軍士官養成所（大学）等の軍事関係を除いては国立大学は存在せず、初代のワシントン大統領当時から歴代の大統領が合衆国大学の創設を試みてきたにもかかわらず、各州の強い抵抗にあって、今日に至るまで実現されていない。このように強力な中央集権的な国家的モデル大学をもたなかったという歴史的事実が、高等教育における極度の分権性と多様性を形成した要因ともみられる。したがってヨーロッパ諸国や日本のように高等教育の中央政府による一元的な管轄・運営が存在せず、州によってそれぞれ個性的な性格をもち、相互に競争しあう関係にあることも特徴となっている。

しかし、連邦政府の高等教育における関与が限られているといっても、研究・開発における連邦資金の流れは莫大なものがあり、政府は特に第2次大戦以後大学を国の研究基地として活用するために、巨額の研究資金を注ぎ続けてきた。現代でも研究機能の高い有力大学は、公立・私立にかかわらず巨額の連邦政府資金を得ており、研究費に関しては有力な公私立大学はあたかも国立大学の観を呈しているといっても過言ではない。

同時に連邦政府の各種の学生援助資金が多くの学生、とりわけ低所得の学生の修学援助に大きな役割を果たしていることも、特記されなければならない。合衆国では10人の学生のうち7人はなんらかの形で学生援助を受けているが、毎年の学生援助資金のうち70％以上は連邦政府からの資金でまかなわれている。

さらに、ヨーロッパ諸国と異なり、17世紀に設立されたハーヴァード、イェールをはじめとする私立大学が歴史的にも古く、かつ威信も高く、公立大学の先導的役割を果たしてきたことも合衆国の高等教育の特徴である。今日では機関数では約60％が私学である。ただし19世紀以後公立大学が質量ともに拡充発展を遂げ、学生数では約74％が公立高等教育部門で学んでいる。日本では私立は機関数および学生数の75％を占めているので、大衆高等教育を公立部門で担っているアメリカと、私学が大衆化の機能をひきうけている日本の高等教育とは対照的な構造になっている。

この膨大な数の高等教育機関を一律に同じタイプの学校として論ずることは不可能であり、カーネギー教育振興財団が開発した大学分類が一般に用いられている。2000年度版のカーネギー分類によれば、この時点での合衆国の高等教育機関3,856校は、学位授与の観点から表38-1のように分類されている。

表38-1 ●カーネギー教育振興財団による大学分類
[2000年度]

博士学位授与/研究総合大学・広範型	3.5%
博士学位授与/研究総合大学・集中型	2.9%
修士授与複合大学 I	12.7%
修士授与複合大学 II	3.3%
学士課程大学・リベラルアーツ型	5.5%
学士課程大学・一般教育型	8.0%
学士/準学士課程併設カレッジ	1.3%
準学士カレッジ	42.5%
専門教育機関	19.2%
部族カレッジ	0.7%

●出典│ *2000 Carnegie Classification of Institutions of Higher Education,* Carnegie Foundation for the Advancement of Teaching.

D── 合衆国における高等教育システムの展開

米国の高等教育は17世紀にイギリス・モデルを模したハーヴァード・カレッジから始まり，19世紀初頭のドイツの総合大学をモデルにした研究機能の導入や大学院の創設，19世紀後半のモリル法による農業・工業をはじめとする実学中心のサービス機能を付加しつつ今日の構造を形成してきた。

マーチン・トロウは，先進産業諸国における高等教育システムの変化の過程を，エリート型，マス型，ユニバーサル型の3段階に分け，それぞれの段階の時期ごとに，高等教育システムの全体規模，高等教育の機会に対するイメージ，その目的，機能，教育対象，教育内容および方法，さらには財源，高等教育政策の決定の主体等において，構造的な変化が生ずることを指摘した。トロウの分類にしたがうならば，70年代初頭ににわかにあらわになってきたこれらの変化は，まさにアメリカの高等教育システムが，従来のマス型から次の段階のユニバーサル型へと移行しつつある兆候を示すものである。

このトロウ・モデルを下敷きにして，クラーク・カー（元カリフォルニア大学総長）が主宰したカーネギー高等教育審議会は，アメリカ高等教育の進行過程を次のように展開する。すなわち1636年のハーヴァード・カレッジの創設以来，アメリカの高等教育システムはまず少数者の教養教育を中心とするエリート型高等教育として出発した。しかし南北戦争後の国有地付与運動を境にして，高等教育は徐々にその機能を多様化させながら，しだいに多数者のための教育システムへと変貌してゆき，第2次大戦後にはエリート型からマス型へとはっきりと移行してきた。そして1960年代の爆発的な拡張の時代をクライマックスとして，高等教育の機会は多数の青年たちの教育を受ける権利をみたすべく，飛躍的に拡大された。マス型高等教育を担当する主要な施設としては，単に教養教育を授けるリベラルアーツ・カレッジばかりでなく，コミュニティ・カレッジや州立大学，さらには放送大学等の教育機会もつくられてきたのである。

そして1970年代に入って，アメリカの高等教育システムはさらに新しい事態に直面した。それは単に能力ある多数の青年たちのみならず，すべての青年や成人にも高等教育の機会を開くことを求める圧力である。このすべての者のための高等教育機会の開放（universal-access）への圧力は，まず青年層へ，ついですべての年齢層へと広がっていく。この段階では高等教育は教育を受ける権利としてよりも，むしろすべての者が受けざるをえない義務として意識されるようになる。それゆえ次の段階では単にすべての者に高等教育の機会が開かれているという状態にとどまらずに，むしろありとあらゆる者が現実に大学に就学を強制される

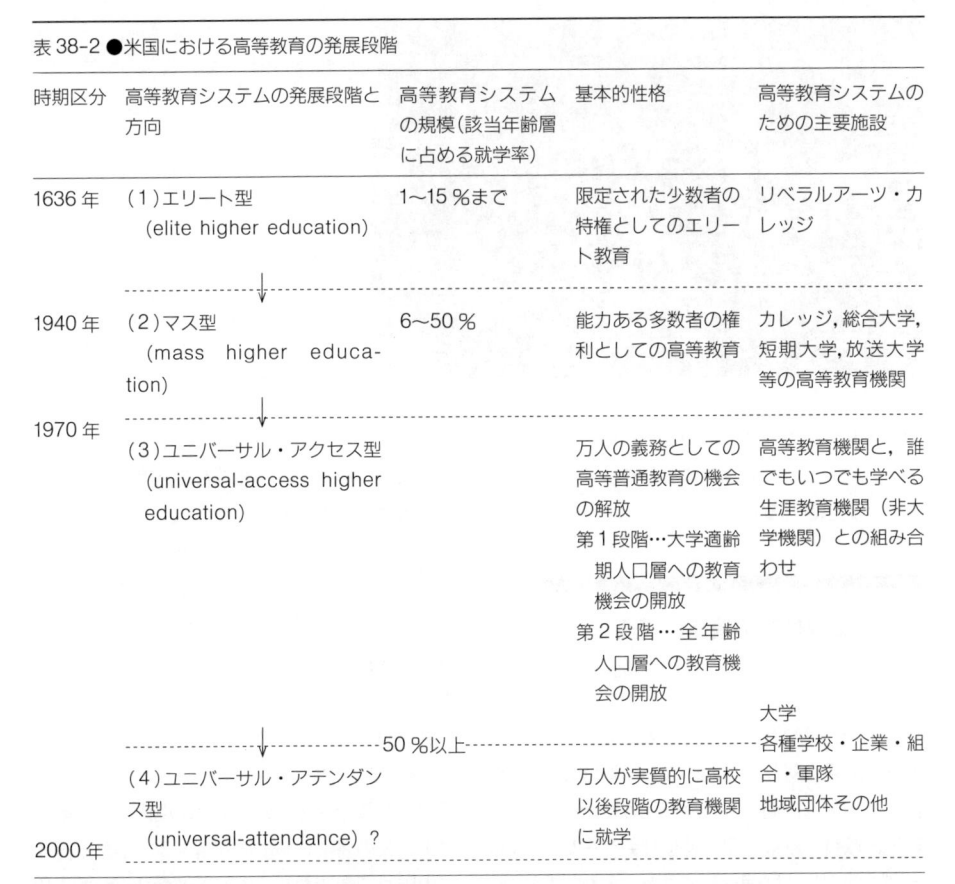

表38-2 ●米国における高等教育の発展段階

時期区分	高等教育システムの発展段階と方向	高等教育システムの規模(該当年齢層に占める就学率)	基本的性格	高等教育システムのための主要施設
1636年	(1) エリート型 (elite higher education)	1～15％まで	限定された少数者の特権としてのエリート教育	リベラルアーツ・カレッジ
	↓			
1940年	(2) マス型 (mass higher education)	6～50％	能力ある多数者の権利としての高等教育	カレッジ, 総合大学, 短期大学, 放送大学等の高等教育機関
	↓			
1970年	(3) ユニバーサル・アクセス型 (universal-access higher education)		万人の義務としての高等普通教育の機会の解放 第1段階…大学適齢期人口層への教育機会の開放 第2段階…全年齢人口層への教育機会の開放	高等教育機関と, 誰でもいつでも学べる生涯教育機関(非大学機関)との組み合わせ
	↓――――――50％以上――――――			大学 各種学校・企業・組合・軍隊 地域団体その他
2000年	(4) ユニバーサル・アテンダンス型 (universal-attendance) ?		万人が実質的に高校以後段階の教育機関に就学	

● 出典│喜多村和之『現代アメリカ高等教育論』東信堂 (1994) より [Trow, M., *Problems in the Transition from Elite to Mass Higher Education* (1973)/Carnegie Commission, *Priorities for Action* (1973)/Carnegie Commission, *Toward a Learning Society* (1973)に基づく。]

universal attendanceの時代に到達することになるかもしれない。このような状況が実際に生ずるのは西暦2000年になろう, と審議会は予想したが, 同時にこうした全員同時就学の状況は望ましくないとも審議会は指摘した。そしてはたしてその方向は, 新たな段階を迎えている。(表38-2)。

20世紀末までに「すべての者に高等教育を」という万人のための高等教育の理念をほぼ達成したアメリカ高等教育は, 現在新たな変革期に移行しつつある。それはインターネットに代表される情報技術とこれに結びついたグローバリゼーションの影響である。従来の対面教育に対して時間的・空間的制約を超えた教育学習の機会を可能とする遠隔教育の発達によって, 高等教育の分野に対面教育と遠隔教育との緊張関係が生まれている。すでにインターネットで学位取得が可能なバーチャル・ユニバーシティがおびただしく出現するとともに, 例えばマサチューセッツ工科大学ではその授業を無料で世界に公開するなどの試みも計画され, こうした動きは世界的に広まっていく傾向にある。21世紀

❶カリフォルニア大学バークレー校のキャンパス［世界最大規模を誇る大学で、多くの施設のかなたにはサンフランシスコ湾が広がる］

のアメリカ高等教育はこのような形での国際スタンダードとしても世界に影響を及ぼしていくものと予想される。

E──高等教育の機能と構造

米国の高等教育は社会からの高等教育への多面的な要求に対し、多元的な形で適応してきた歴史でもあり、高等教育の機能は、米国では、研究、教育のみならず、特に社会サービスという形を強調して展開されてきた。すなわち知識の発見、創造としての研究、その研究の成果や蓄積を伝達し、共有するための教育、そして研究・教育の成果を社会に適用し、あるいは還元するための社会サービスである。この機能はまた、社会の福祉、繁栄、競争力を強化するためのメリトクラシー、個人や社会の平等や機会を保証し、拡張するためのデモクラシー、社会福祉や教育機会を底辺から支えるエガリタリアニズムの要求に応えようとするものである。米国の高等教育はこれらのいずれの要請にも多元的に応えようとして、今日の多様な形態を形成してきたのである。

現代は互いに矛盾し対立し合う価値観に基づくさまざまな欲求や利害関係があからさまに衝突しあう時代である。例えば、高等教育の機会の拡大を求める力と研究教育の高度化を必要とする力は、両者ともに社会の維持発展のために不可欠であるが、現実には双方の要請を同時にそれぞれの欲求に応じて充足させることは、資源の制約からも実現不可能である。しかしながら、大衆社会はその達成しがたい欲望の充足を求めてやまない。

例えば、カリフォルニア・マスタープランは、相互に矛盾し対立する要請を、単一の州の公立高等教育システムの中で、現代社会の維持に不可欠な要素として取り込もうとした、極めて大胆な理念であり、また露骨な計画であり政策であった。こうした目的を達成するために、カリフォルニア州は、エリート型研究大学としての10校のカリフォルニア大学（UC）システムによってメリトクラシーの欲求を、マス型大学としての24校の州立大学・カレッジによって大衆民主主義の欲求を満たそうとした。また万人型のユニバーサル型機関としてのコミュニティ・カレッジの整備によって平等主義と福祉政策の充実を図り、その代償として三層構造という、極めて露骨なヒエラルキー的制度の固定化を図ったのである。しかも各機関の昇格は禁止され、現状の格差はそのまま固定化された。

このような制度的固定化を行う一方、マスタ

学生消費者主義

　学生を大学教育サービスの消費者として位置付け，消費者主権を認め，かつその権利を保護すべきだという考え方は，米国においては新しいことではない。しかしこれを本格的な時代の特性と捉え，その実態を詳細に分析するばかりでなく，社会的意味付けをあたえ，これからの高等教育の新しい動向の台頭として予測したのは，社会学者デイヴィッド・リースマンである。彼は1969年にクリストファー・ジェンクスとともに著した『大学革命』において，アメリカ高等教育における権力構造の中で，従来の権力の源泉として学長を中心とした大学管理者（アドミニストレーション）に対抗して，教育・研究の担い手としての教授団（アカデミックス）が次第に権力の座にのぼってくる過程を描き，その歴史学的・社会学的な分析を行った。

　しかしリースマンは，10年後の1980年に発表した『高等教育論——学生消費者時代の大学』においては，若年人口の減少が予測される今後の時代には，教授団にかわって学生が消費者主権を通じて大学の政策形成や意思決定に絶大な影響力を及ぼす時代が到来することを予測した。このような時代には，学生はもはや入学を懇願する大学に選ばれる立場ではなく，むしろ学生が入学先としての大学を自ら選び，大学から丁重に迎えられる顧客と見なされる。いわば売手市場と買手市場とが逆転するのである。学生は集団としては大学の教育，カリキュラム，管理，サービス面に隠然たる影響力をもつことになり，これまで伝統的な専門研究とディシプリン中心のアカデミズムに権威をおいてきた教授団は，学生中心の教育重視と学生の要求に合致するか否かによってサービスの価値が決定される市場主義に場をゆずることになる。リースマンにこの書を書くよう奨励したクラーク・カー（カリフォルニア大学群制度元総長）によれば，このアカデミック・メリット主義からスチューデント・コンシューマリズム（学生消費者主義）への転換は，古典的なカレッジの近代的なユニバーシティへの変質とならんで，アメリカ高等教育史上に起きた最も大きな2つの方向転換のうちの1つだとしている。

　しかしリースマンはこうした学生消費者主義を手放しで容認しているわけではなく，その行き過ぎやデメリットに厳しい警告をも表明している。学生が要求するとめどない授業の必修の撤廃や履修要件の安易化，成績のインフレ化，教育水準の低下などにはきびしい批判を行っている。しかも学生はせっかく持てるに至った市場支配力を賢明に行使しておらず，かえって狡猾な大学管理者の学生集めや教育詐欺の餌食にされていることも指摘している。

　リースマンがここでいうコンシューマーとはプロデューサーの対立概念であり，その本質は受動性であるとともに当事者意識の欠如にある。つまり最小の努力で最大の成果を求めるというのが消費者主義のモットーであり，そのことは往々にして能動的な学習者としての学生を堕落させる結果となっている。したがって，大学教育の専門職である大学教員とそのハイカルチャーと，大学教育というサービスを購入する消費者としての学生との間には，適切な力のバランスと緊張関係が必要だとするのである。

　大学というアカデミック・スーパーマーケットでいかに楽をして有利な知識の買い物をするかという，当事者意識を喪失しつつある受動的な消費者としての学生を，いかにして能動的，主体的な学習者に変革していくかが，今後の大学教育の大きな課題であり，この方向を諦めてはならないというのが，教育者でもあったリースマンの結論でもある。なぜなら学生は自分の教育・学習の消費者であるとともに生産者でもあるからである。

　リースマンの予言は21世紀の日本のキャンパスにも出現しつつある。

［喜多村和之］

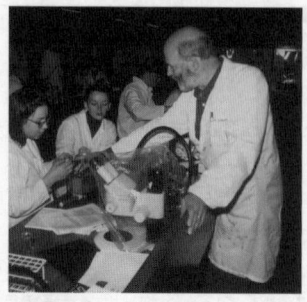

❷セントアンドルーズ大学における生命科学の授業

ープランは機関間の人（学生や教員）の自由な移動を認めている。つまりここでは機関のヒエラルキーは固定化させてしまうが，ひとのヨコの移動（トランスファー）を推進することによって，結果的に高等教育の質的水準と多様化を保持するという指向がみられるのである。

F──学部課程と大学院

　合衆国の高等教育機関は以上に概観したように極めて多彩な種類にわたっているが，一般にハイスクールないし中等教育機関を卒業した学生はカレッジまたはユニバーシティと呼ばれる大学ないしはコミュニティ・カレッジと呼ばれる短期高等教育機関に進学する。志願者は原則として，高校在学時の成績，高校長の推薦状，自己推薦状，大学進学検査の得点等々を添えて，志望先の学校に応募する。日本のように受験校に集合して一斉にペーパーテストを受けさせることはないが，面接を求められる場合がある。今日ではインターネットによる出願や選抜が普及している。選考は学生の募集，相談，高校訪問，広報等を担当する専門職（admission officer）によって行われる。日本で近年行われているいわゆるAO入試なるものは，米国の実態とは基本的に似て非なるものである。

　合衆国のユニークな高等教育機関としては，リベラルアーツ・カレッジがある。これは一般的にはイギリスのカレッジの伝統をひきついだ，4年制で，全寮制の，少人数の教養教育を目指す小型の私立カレッジで，宗教系の学校も少なくなく，学士課程のエリート教育機関として著名なものも多い。

　コミュニティ・カレッジはアメリカ生まれのユニークな短期高等教育機関であって，一般的に入学は18歳以上の者には自由に開かれ，学費は無料または低廉で，地域社会によって設立ないし運営され，短期大学，コミュニティセンター，職業訓練，生涯学習など，その地域の必要性に応じたプログラムを提供する。大学進学課程に入学し，準学士の学位を取得した者は，4年制大学に進学ないし転学（トランスファー）できるようになっていることも特徴のひとつである。

　入学許可された学生は多くは一般教育を主とする4年間の学士課程（undergraduate program）に進学し，卒業すれば学士（Bachelor）の学位を取得する。ただし学校や学部によっては，専門教育や職業教育をほどこすところも少なくない。一般教育2年間の短期大学の場合は準学士（Associate Degree）の学位を取得する。ここで学士課程を undergraduate と呼ぶのは，学士取得以前までの期間を意味し，この卒業時をひとつの区切りとしているからである。したがって学士課程以後の大学院課程を卒業後課程（post-graduate program）と呼ぶ。

　合衆国の大学院（Graduate School）は世界で最も規模が大きいのみならず，その質の高さや多様性の点で世界の羨望の的となっており，かつ多くの留学生をひきつけている。米国では一般に2つのタイプの大学院に分けられる。1つは学術系の研究者養成を主目的とし，

大学入学から卒業まで

「日本の大学は入るのは難しく，出るのは易しい。アメリカはその逆である」とよく言われる。しかし，ハーヴァード，イェール，ブラウンなどのいわゆるアイヴィー・リーグ（東部私立伝統校）や州立の有名校の場合，事情は少し異なる。卒業はもちろんのこと入学するのも，日本の大学に比べてはるかに困難だからだ。志望校で実施される入学試験はないが，高校での優れた成績に加え，SAT（大学進学適性テスト）での高得点，スポーツ，芸術，社会活動などでも秀でていることを証明しなければならない。大学側も，将来さまざまな分野で活躍して母校の名を上げてくれる人材を見つけようと入念な審査を行う。

アメリカで大人気のテレビドラマ『ギルモア・ガールズ』では，アイヴィー・リーグ進学を目指して有名私立高校に通う主人公が，常にトップの成績を保ちながら，それだけでは不安で，学校新聞の編集委員や生徒会副会長を務めて課外活動の実績を増やすようすが描かれている。また，多くの高校生は夏休みなどに親とともに志望校めぐりをして情報収集を行う。一家総出で全米の大学を10校以上まわるというのも珍しくない。また，学費捻出も親にとっては頭痛の種である。何年も前から貯蓄をし，さらに政府や大学からの奨学金に応募する。大学にはファイナンシャル・エイド・オフィスがあり，そこでは親の年収やその他の資料を基に丹念に奨学金額が計算される。

このようなプロセスを経て大学に合格すると，多くの場合は親元を離れ，4年間の青春生活を謳歌することになる。学業の要求水準は高い。1学期に平均して4科目と日本に比べ履修科目数は少ないが，各科目につき週2～3回の授業と，毎週出される課題（本を3冊から5冊程度読むことを要求される）をこなさなければならない。一般的には，週2回，教授が大講堂で講義をし，もう1回の授業は，ディスカッション・セクションと呼ばれる少人数のクラスに分かれて，大学院生のTA（ティーチング・アシスタント）が討論形式で学生を指導する。教授もTAも授業時間外にオフィス・アワーと呼ばれる時間帯を設けて，学生の質問や相談に個別に応じている。

また編入や中退が多いのもアメリカの大学の特徴である。特に州立大学などの場合，廉価なコミュニティー・カレッジで教養教育を受けた後，3年次から大学へ編入して専門教育を受けることもまれではない。いずれにせよ，大学でのGPAと呼ばれる成績平均点が就職活動や大学院進学に際して大きな影響力を持つことからも，学業をおろそかにはできない。

しかし，勉強のかたわら，スポーツやパーティなども楽しみたいのは日本の大学生と同じである。適度にストレスを解消しながらバランスを取ることがサバイバルには欠かせない。フットボールなどの大学対抗試合観戦や，寮生どうしで遊びに出かける「グループ・デート」，テスト期間中の息抜きパーティ「スタディー・ブレイク」など，大学ならではの賑やかな集いも多い。

学期中の忙しさとは対照的に，期末試験が終わると学業から完全に解放され，3ヵ月もの長い夏休みを楽しめるのはアメリカの大学のよさである。夏休みを利用し，興味のある職場でインターンとして働く学生が多いが，よいインターンシップを経験することが卒業後の就職の糸口となる。

一般にキャンパスが学生の生活の舞台になっているせいか，大学の行事も多様かつ盛大である。特に卒業式は，1日で終わる日本の卒業式とは違い1週間をかけた大イベントである。この卒業週間には，ダンスパーティや演奏会，名誉博士号を贈られる著名人の講演などが目白押しである。卒業式は学位授与だけが目的ではなく，卒業から5年ごとの区切りに母校に大集合する同窓会も兼ねている。学内の寮はすべて同窓生に解放され，昔の仲間との友情や愛校心を再確認する場となる。

[舘　美貴子]

その学位は学術博士（哲学博士ともいう）の Ph.D. (Doctor of Philosophy) を授与する（特に Graduate Schools of Arts and Sciences などに代表される）学術系大学院である。学者，大学教員，研究者等を目指す者はこの課程に進学し，博士論文の作成によって Ph.D. を取得しなければならない。

いま1つは専門職系大学院であり，これを一般にプロフェッショナル・スクールと呼ぶ。法律家，医師，教師，経営者，技術者等々のいわゆる高度な知的専門職（プロフェッショナル）を養成することを目的としているものである。米国では，伝統的なロースクール，メディカルスクールとならんで，最近特に経営学修士 MBA) を養成するビジネススクールが著名で，国際的にも高い評価を得ている。

G──最大の外国人留学生受入国

合衆国の高等教育は世界で最も多くの外国人留学生をひきつけていることでも知られる。1999-2000年度に在籍している外国人留学生の数は，約51万人余で世界最大の留学生受け入れ国である。連邦商務省ではアメリカ高等教育は統計的にいって全米で第5位のサービス部門の輸出量だとしている。

そのうち学士課程の留学生は約46％で，43％が大学院課程で占められている。ここにも合衆国の大学院教育の人気が高いことがあらわれている。一方2年制の短期高等教育機関への留学生は7万人余と学士課程を凌駕して急激に増加し続けている。ここには入学しやすく，かつ転学しやすいコミュニティ・カレッジを経由して4年制大学への入学をはたそうという外国人学生の留学傾向があらわれている。

短期高等教育機関への外国人留学生数の増加にはインターネットも一役買っており，多くの学生は情報を入手するとともにネットで出願してくる。同時に，コミュニティ・カレッジの中にも海外での学生募集も行っているところがある。

米国への外国人留学生のうち，圧倒的多数はアジアからで54.4％を占め，次いでヨーロッパ15.2％，ラテンアメリカ12.1％，中近東6.8％，北アメリカ4.7％，オセアニア0.9％と続く。

日本人の米国留学生数は4万6,000人と世界でトップクラスであるが，短期高等教育機関への在籍者や，比較的短期の留学が多く，学位取得を目指さない者が多いという点で他国の留学生と異質であるとされている。それにひきかえ中国とインドは日本にならぶ留学生輸出国で，コンピュータ科学，工学，自然科学のような分野の，大学院レベルの学位取得を目指すという留学生が多い。

全留学生の専攻分野別比率（2000-2001年）は，経営（19.3％），工学（15.1％），数学・コンピュータ科学（12.3％），社会科学（7.7％），物理・生命科学（7.0％）の順となっている。

H──大学の管理運営：
　　独自の意思決定機構

米国の大学がヨーロッパや日本と本質的に異なるユニークな面のひとつは，学外者から成る理事会（Board of Trustee/Board of Regents）を最高意思決定機関とし，大学の日常的な管理運営を総長とその管理スタッフに委任する素人（学外者）支配の大学経営システムである。公立であれ私立であれ大学とは市民の意思の代表された公共物であり，したがって大

学の最終的ないし最高の意思決定や政策形成は，市民の承認と監視下におかれなければならないという思想がその背後にある。総長 (President) は理事会によって任免され，あたかも企業の取締役社長 (CEO) のように，日常の一切の業務を原則として無期限に委任される。総長は学務，学生，開発等々の職務を担当する副学長 (Vice-President) や学部長 (Dean) 等からなる管理執行部 (Administration) を任命し，組織する。大学ではいうまでもなく教育・学術を担う教学 (Academic Affairs) が重要な要素を占めるが，これは第一席の地位をになう教務担当副学長（しばしば Provost ないし Vice President for Academic Affairs と呼ばれる）や教務部長 (Academic Deans)，学科主任 (Department Chair) 等が運営する。教学の最高意思決定機関は通常教授団の代表から構成される全学評議会 (Academic Senate) である。

日本や欧州の大学と異なるのは，管理と教学とが機能上明確に分離されていることで，教学は教育研究やカリキュラム編成等に責任を持つが，予算等の制約を伴う人事や運営の実施については管理執行部の権限が強い場合が多い。この点両機能が統合され，したがって未分化の形で管理も教学もいっさい学部教授会の意思決定に委ねられてきた日本の大学の管理運営方式とは異質である。前者は意思決定の迅速性や資源配分の効率性においてすぐれているが，教学と運営との緊張や対立が避けられない。反対に後者は教学側の利益や自治が守られやすい一方で意思決定のおくれや非効率的運営が伴わざるをえない。とりわけ変化の激しい現代において大学の管理運営は最も問題視されている分野であり，米国大学の運営方式も有力なモデルのひとつと見なされている。

さらに米国大学のきわだった特徴として，大学の設置認可と基準認定方式による質の保証と消費者保護のための評価システムが挙げられる。米国においては大学の設置は原則として州の教育省の認可事項であり，認められた学校は授業を開設し，学生を受け入れることが許される。しかしその卒業生が学士としての学位を取得するに値するか否かは，主として全米各地域に設けられている民間の基準協会の基準判定に合格しなければならない。不合格の場合は基準協会の会員校の資格を失い，その学校は連邦政府の学生奨学金や教員の研究契約金の受給資格を失うことになり，学校経営も破綻することにならざるをえない。このような政府によってではなく専門職団体として，ボランタリーな大学団体の自律的な評価機能によって大学の質や水準を守り，水準に達しない学校を排除しつつ，あわせて自己改善と消費者保護の社会的信用を確保しようとする活動をアクレディテーションという。この方式は近年大学評価が問題とされるにしたがって，日本，欧州，アジア諸国にも影響を与えている。

■参考文献

カー，C.（喜多村和之監訳）『アメリカ高等教育　試練の時代』玉川大学出版部，1998.

カー，C.（小原芳明・高橋靖直・加澤恒雄・今尾佳生訳）『アメリカの高等教育の大変貌 1960-1980 年』玉川大学出版部，1996.

カー，C.（喜多村和之監訳）『アメリカ高等教育の歴史と未来　21 世紀への展望』玉川大学出版部，1998.

トロウ，M.（喜多村和之編訳）『高度情報社会の大学　マスからユニバーサルへ』玉川大学出版部，2000.

ブレネマン，D. W.（宮田敏近訳）『リベラルアーツ・カレッジ』玉川大学出版部，1996.

ボイヤー，A. L.（喜多村和之・舘昭・伊藤彰浩訳）『アメリカの大学・カレッジ』リクルート出版，1988.

ホフスタッター，R.（井門藤夫・藤田文子訳）『学問自由の歴史Ⅰ　カレッジの時代』東京大学出版会，1980．

メッガー，R. W. P.（新川健三郎・岩野一郎訳）『学問の自由の歴史Ⅱ　ユニバーシティの時代』東京大学出版会，1980．

リースマン，D./ジェクス，C.（國弘正雄訳）『大学革命』サイマル出版会，1969．

リースマン，D（喜多村和之他訳）『高等教育論――学生消費者主義時代の大学』玉川大学出版部，1986．

■さらに知りたい場合には

ルドルフ，F.（阿部美哉・阿部温子訳）『アメリカ大学史』玉川大学出版部，2003．
　［アメリカ大学史の通史として定評のある著書の翻訳。入門書として必読。］

アルトバック，P. G.他（高橋靖直訳）『アメリカ社会と高等教育』玉川大学出版部，1998．
　［アメリカ社会と大学の関係を多面的に議論している。］

ロソフスキー，H.（佐藤隆三訳）『大学の未来へ』TBSブリタニカ，1992．
　［ハーヴァード大学の学部長による大学改革論。］

39 | 高等研究機関
Institutions for Advanced Research

向江龍治

米国経済が国際競争力を強化・維持できてきた大きな理由の1つは，その高度に発達した高等研究体制にある。米国の高等研究機関は，(1)民間企業の研究開発部門，(2)大学院をもついわゆるリサーチ・ユニバーシティとその付属研究機関，(3)政府系研究機関・基金，(4)フォードやロックフェラー等の民間財団，そして(5)いわゆるシンクタンクなどを構成要素とする「産・学・官・財・研」複合体を形成している。構造的にみると，連邦政府は，自前の機関で研究を行うほか，基金を通じて民間研究を奨励するとともに税制面で民間財団を助成する。一方，民間財団の援助を受けたシンクタンクは公共政策の研究・提言を通じて政府の政策決定過程に貢献している。この複合体が一枚岩的に動いているわけではもちろんない。しかし米国社会の流動性を反映して，各組織間の人的交流は活発であり，また国内だけではなく国外からの頭脳が常に流入していることが米国の研究体制の強みになっている。ここでは他項目との重複を避けるため企業と大学を除外した(A)政府，(B)財団，(C)シンクタンクに絞って，この複雑な研究複合体に部分的な光を当てることにする。

A──政府系研究機関・基金

❶──軍事・宇宙技術分野の研究機関

第2次大戦後，連邦政府自らが高等科学研究を促進してきた大きな理由の1つは，冷戦であった。西側の指導者としての米国は，ソ連との軍事的・経済的・政治的競争を余儀なくされたからである。スペースシャトル計画などで有名なアメリカ航空宇宙局（NASA）が1958年に設立されたのも，その前年にソ連がスプートニク人工衛星を打ち上げたからだった。同じ58年，国防総省内に国防高等研究計画局（DARPA）も設置され，軍事先端技術研究が本格化した。そこでまず公的研究開発に関して，軍事・宇宙技術分野を，次に一般科学技術・医学分野を紹介する。

国防総省の2000年度予算は2,800億ドルで依然として巨大だが，それでも冷戦終結で過去10年間に25％削減された。研究開発予算は現在，全体の13％（約370億ドル）を占める。なお同省の2003年度予算は，同時多発テロを受けた対テロ対策，ミサイル防衛計画などでふくらみ，約3,800億ドルが計上された。

予算20億ドルと小振りだが，数ある国防関連研究開発組織の中核を占めているのが，前述の国防高等研究計画局である。同局はリスクが高いが成功の際の見返りも大きい基礎・応用研究開発を行う。官僚機構からの独立を維持するとともに，単独のプログラム・マネジャーが担当プロジェクトに責任をもち，成果の上がらない研究が官僚的惰性で長期化しないように工夫さ

❶上｜国立保健研究所
❷左｜エイズ治療用の新薬を調合するNIH研究員

れている。これまでマイクロエレクトロニクスやネットワーク通信分野で成果を上げ，最近では特定のネットワーク通信プロトコルを提唱して業界に方向性を与えた。

「スプートニク・ショック」で誕生したもう一方のNASAは，アポロ計画が頂点に達した66年には連邦予算全体の4％を超える破格の予算を与えられたが，現在の予算（135億ドル）は全体の1％を切った。135億ドルの約40％（57億ドル）が航空宇宙技術を中心に地球科学，宇宙科学の研究開発に使われる。

❷ ── 一般科学技術分野の研究機関

連邦政府中，科学技術開発で知られるもう1つの省庁がエネルギー省である。所轄の28の研究所の中で一番有名なロスアラモス国立研究所（LANL）は，世界初の核兵器製造で知られるマンハッタン計画の一部として第2次大戦中に設立された。現在，従業員は約1万人で，その中には物理学者，技術者，化学者が多くいる。年間予算12億ドルで，今では核兵器技術にかぎらず，地球・環境研究，生物科学も研究している。同省の所有だが，運営は創立以来，カリフォルニア大学に委託されている（同省のローレンス・リヴァモア国立研究所も同じくカリフォルニア大が，アルゴンヌ国立研究所はシカゴ大学が運営）。各大学との共同研究を行うとともに，常時約1,500人の学生を研究訓練のため雇用している。民間部門に対しては，同研究所の技術者や管理者を最低2年間，企業に派遣し，新技術の共同開発や研究所開発技術の商業化・スピンオフを通して，官民の相互利益を図っている。

❸ ── 医学・バイオ分野の研究機関

厚生省も研究開発が盛んで，なかでも国立保健研究所（NIH）が有名である。首都郊外にあるNIHは，25の研究所から成る巨大な研究複合体をなす。156億ドル（99年度）の予算のうち，内部用は約1割のみで，約8割は米国内外の大学，医学部，病院，研究所への資金供与（常時約3万5,000件）と依託研究に使われ，医学分野の重要な政府基金になっている。NIH所属の研究所で最近，大きな注目を集めたのが国立ヒトゲノム研究所（NHGRI）である。同研究所は，人間の遺伝情報であるヒトゲノム研究を国際協力のもとで行う「ヒューマン・ジェノミック・プロジェクト」の中心組織として活動してきた。2000年6月，クリントン大統領自ら記者会見し，ヒトゲノム全体の概要の完成を発表して世界中の話題となったが，会見場にはNHGRIの所長が同席していた。80年代後半に始まった同計画はすでに約2億5,000万ドルを費やしたが，その資金はNIHと英国医薬品会社系の基金が出した。同計画は，解析作業を早める目的で二段構えの国際分業体制をとった。1つはNHGRI，エネルギー省・

共同ゲノム研究所，ワシントン大学（セントルイス），ホワイトヘッド研究所，ベイラー医科大学，英国のサンガー・センターから成る集団で，もう1つは日仏独中の研究所から成る集団であった。しかし前述の大統領記者会見にはもう1人の生物学者が同席していた。セレラ・ジェノミクス社社長のベンター博士である。ベンター博士はNHGRIを辞職した後，遺伝情報分析専門のベンチャー企業，セレラ社を設立し，国際計画と並行して作業を進め，ヒトゲノム解析を完成させて同計画との共同発表となった。官民協力だけでなく官民競争で研究作業が加速された好例である。今後，研究所や大学はヒトゲノム解析を医学・生物学の基礎研究に使い，ビジネス側は医薬品開発などの商業化を目指すことが予測されている。

❹──高等研究助成基金

もっぱら高等研究資金を提供する連邦政府組織として，全米科学財団（NSF），全米人文基金（NEH），全米芸術基金（NEA）などがある。「科学振興」「国民の福祉向上」とならんで「国防の確保」を設立目的に掲げて1950年に誕生したNSFは，当初は自然科学分野にかぎって大学や研究所への研究費，奨学金を提供していたが，今では社会科学分野も対象になる。各大学でのコンピュータ普及もその重要目標の1つで，95年以降，約180校に対し政府系高速ネットワークへの接続資金を与えた。

このような官民あげての科学研究と研究体制整備は，米国での高等研究の大きな強みであり，科学研究の国際的発展だけでなく自国の国際競争力の強化・維持にもつながっている。

B──民間財団

❶──民間財団の位置付け

高等研究における民間財団の役割を検討する前に，米国社会の中で民間財団がどのような位置を占めているかを見よう（以下の非営利セクターに関する統計は，Lester Salamon, *American's Nonprofit Sector*, Foundation Center [1999]の第3章による）。

日本でもよく知られたフォード財団やロックフェラー財団などの民間財団は，米国の非営利セクターの一部である。高度に発達した同国の非営利セクターは，約160万団体（1995年）から成り，その総収入（1996年）は約6,700億㌦だった。これは同国GDPの約9％に匹敵し，オーストラリアやカナダのGDPを上回る。同セクターは重要な雇用主でもあり，全米労働力の7％にあたる1,100万人を雇っている。このような文脈の中，民間財団は一言で言えば，他のNPOへの資金提供を専門とするNPOだと言えよう。そのような組織が民間に存在すること自体，米国の非営利セクターの発達ぶりを物語っている。

政府も税制面で民間財団を優遇している。1969年の連邦税法改正で民間財団の法的身分が確立され，現在，民間財団は法人税免除で，低率（1％）の消費税が課されるのみである。ただし，その身分を維持するためには，総資産の最低5％を毎年NPOに寄付する必要がある。ちなみに非営利セクターの受け取る資金のほとんどは一般市民からの寄付で，民間財団からの寄付は全体の約1割と比較的小さい。日本では米国社会における民間財団の役割が過大評価され勝ちなので，この点を指摘しておきたい。

❷──独立系民間財団

米国の民間財団の数は過去20年間に倍増し、99年には約4万7,000組織あった。民間財団総資産は過去10年間の米国経済好況を反映して、3,850億㌦に達した（1998年）。

民間財団といっても各種あり、企業が企業活動の一部として寄付を行う企業系財団なども含まれるが、フォード財団など日本で言うところの財団は独立系財団と呼ばれ、数は約3万7,000ある。この狭義の財団は、個人や家族が慈善目的で提供した資産を元手に財団が組織され、その運用利益の全部ないし一部を、現場のNPOに分配する団体を指す。これら独立系財団は、財団資産総額の85％、財団資金提供総額の77％を占める。

独立系財団の世界は寡占状態で、例えば1996年、数では全体の1％に満たない大手財団が資産総額の7割を占めていた。以下において、10大民間財団のうち、全世界的ないし全米的に活動を行うものだけを総資産額の大きい順に紹介する（順位は、株価変動で短期間に入れ替わる可能性が常にある）。

ⓐ ゲイツ財団

情報技術企業マイクロソフト社創設者のビル・ゲイツが1994年に設立した「ビル＆メリンダ・ゲイツ財団」が米国最大の財団である事実は、米国経済におけるハイテク産業の比重増大を物語る。75年の創設以来、急成長を遂げて世界最大のソフトウェア企業となった同社だが、「良き企業市民」としての社会活動が足りないと批判され、一部にはそれへの対策として財団が設立された。総資産170億㌦は世界最大規模である。寄付金の大部分を途上国での予防接種などの保健分野（約50％）や米国とカナダの公立図書館へのコンピュータ寄贈と関連技術訓練などの教育分野（約40％）に費やす。同財団はこのように健康面、教育面での基礎援助に重点を置いており、高等研究への援助については今のところ、エイズ・ワクチンの研究開発などにかぎられる。

ⓑ リリー財団

インシュリン開発で有名な製薬会社、イーライ・リリー社が1937年に設立した古参の財団である。96年、資産規模で米国第5位であったが、99年には資産160億㌦を誇る第2位の財団に急成長した。理由は簡単で、同社の抗うつ薬が世界中で大ヒットしたことによる。これにより同社の株価が急上昇し、財団もその恩恵を受けた。

宗教、教育、コミュニティ開発の分野で活動するが、寄付金の約6割を本部のあるインディアナ州内に還元している点で、同財団は、世界中に寄付するゲイツ財団と対照的である。しかし高等研究よりも基礎援助志向である点では共通する。

ⓒ フォード財団

米国民間財団の代名詞的存在である同財団の創立は1936年。当初は設立の地、ミシガン州だけの地域的慈善組織であったが、50年以降、全米的、そして国際的組織に発展した。フォード自動車の創設者、H.フォードが同社株を寄贈したのがその起源で、現在は投資も多様化し、フォード株を所有していない。資産146億㌦（2000年）の同財団は、ニューヨーク市に本部があり、アフリカ（3ヵ国）、中東（エジプト）、アジア（5ヵ国）、ラテンアメリカ（3ヵ国）の海外計13ヵ国に支部があるグローバルな財団である。創設以来これまでに100億㌦以上の寄付を内外に行ってきた。現在、寄付分野として、（1）経済開発、コミュニティ・資源開発、人的開発と再生産・生殖上の保健、（2）人権と国際協力、統治と市民社会、（3）教育・知識・宗教、メディア・芸術・文化の主要3分野がある。例えば2000年度の「人権と国際協力」分野をみると、ハーヴァード大

学やニューヨークのシンクタンクである外交問題評議会（CFR）など著名研究機関からナイジェリアの無名の人権団体まで，約130団体が寄贈を受けている。ちなみに，同財団では年間約4万5,000件の申込がくるが，そのうち選ばれるのは約2,000件（全体の4%強）にすぎない（*The New York Times* 6.14.2000）。

ⓓ パッカード財団

ゲイツ財団と同じく情報産業系の財団だが，歴史はもっと古い。ハードウェア企業，ヒューレット・パッカード社の共同創設者であるD. パッカードが創設した同財団は，ゲイツ財団に30年先行する。資産は約130億㌦（99年）あり，地球環境保全，世界人口問題，科学振興（特に米国少数民族大学院生への奨学金），児童，家族，芸術などの分野で活動する。ゲイツ財団と異なり，コンピュータの普及は直接には支援していない。

ⓔ ジョンソン財団

有名医薬品会社ジョンソン&ジョンソンの創設者，R. W. ジョンソンの名前を冠した財団が創設されたのは1972年である。資産は約86億㌦で，寄付先は医療分野が中心。現在の重点項目は，健康保険制度の改正，薬物乱用防止政策，少数民族医学生への奨学金などである。ニュージャージー州プリンストンにある本部には，医師，看護士，公衆衛生専門家，経済学者，法律家など150人のスタッフが働いている。

ⓕ ゲティ財団

石油王J. P. ゲティの遺産をもとに1982年に設立された同財団は，故人の美術愛好を引き継いで，映像美術と人文研究に重点を置いている。同財団は寄付を行わず，自ら研究計画を運営する点で他の財団と異なる。総資産81億㌦で，有名なゲティ美術館をロサンゼルスで経営するほか，美術史・人文研究所，文化財保存研究所，美術館経営研究所を運営する。

ⓖ ピュー財団

サン石油会社の創設者，J. ピューの死後，その子供たち4人が遺志を継いで1948年に設立した。正式名は「ピュー慈善基金」である。資産47億㌦で，医学と教育を主要分野とする。設立者たちの意向で，60年代までは寄付を匿名で行い，地域もフィラデルフィア地区に限定していたが，70年代以降は全米を対象とし，匿名も廃した。

ⓗ マッカーサー財団

1978年，保険会社経営者のJ. マッカーサーが組織した財団で，資産は40億㌦。人的・コミュニティ開発と地球安全保障・持続可能性の2分野がある。同財団は，分野を問わず独創的な活動をしている人に50万㌦を無条件で与えることで有名な「マッカーサー・フェローシップ」を運営している。

ⓘ ロックフェラー財団

知名度においてフォード財団に比肩するが，設立は1913年と古く，米国最古の財団の1つである。スタンダード石油会社所有者のJ. D. ロックフェラーが創設した同財団は，フォード財団と同様に，ニューヨークに本部を置き，4ヵ国に海外支部をもつ。資産は38億㌦で，途上国の食糧安全保障，公衆衛生上の地球的平等，国内都市貧困層の支援，グローバル化の悪影響是正などを主要課題に掲げている（⇨ 8 海外援助と財団活動 A-3）。

C── シンクタンク

❶── シンクタンクとは

ここではシンクタンク（以下，TTと略）をやや狭く定義する。TTとは「公共政策研究を行い，同政策に関する提言を行政府，議会，メディアに行い，同政策に関して一般市民を教育

することを中心活動とする非政府（NGO）かつ非営利（NPO）の組織」を指す。したがって，依託研究を有料で行うコンサルタント組織や特定団体の利益を代表するいわゆる圧力団体は除かれる。なお大学付属研究機関はTTの一種だが，これは学生を教育する高等教育機関でもあるのでここではふれない。

❷──米国にシンクタンクが多いのはなぜか

上記の定義があてはまるTTは米国に無数にある。首都だけでも120団体，全米では300を超え，その種類もさまざまである。以下では，米国の代表的なTTをその設立背景も含めて紹介する。しかしその前に，米国でなぜこれほどTTが発達したのかを，日本の事情と対照させながら検討したい。

第一にTTは，米国の政治構造自体の産物である。それは，政策立案能力の点で行政府よりも劣ってきた議会を手助けする形で発展してきた。議会は，各議員の政策スタッフに加えて，議会調査局（CRS），議会予算局（CBO）などTTに該当する機関を有するものの，政策企画能力の点で，14の省組織と約70の連邦政府独立機関（大統領直属）を擁する行政府にはかなわない。さらに，米国ではいわゆる三権分立の伝統が強いので，立法府と行政府は協力し合うことが難しく，むしろ敵対関係に陥りがちである。したがって議会は，法案作成を行政府官僚に頼る立場になく，部外者の助けを要する。そこでTTの登場となる。日本など議院内閣制をとる国では，行政府と立法府が融合しているので，立法府は部外者の助けは必要ない。

第二に，米国では国家官僚に対する不信感が非常に強いことが，TT発展を間接的に助けた。米国民は，選挙の洗礼を受けない公職者を非民主主義的なものとして信用しない傾向があるので，新しい大統領は就任後，高級官僚の多く（約3,000人）を更迭し，新しく政治任命する伝統がある。更迭された官僚の多くは，民間企業，大学，研究所，TTに再就職してそのままとどまるか，一時避難して起死回生を狙う。特に政権政党が変わるとき，首都のTTは，一種の「亡命政権」の様を呈することがある。つまりTTは，更迭官僚の天下り先ないし横滑り先となっている。とすれば，メリトクラシーに基づく官僚の自立性が強い日本では，更迭官僚が出ず，受け皿としてのTTの必要性がなかった。むしろ日本では，中央省庁自体が巨大な官製TTの役割を果たしてきたので，民間TTの出る幕がなかったと言ったほうが正確だろう。

それに関連して第三に，米国では二大政党間で政権交代が頻繁に行われてきた点である。新政権は旧政権との違いを強調する目的で，新しい政策構想を打ち出す。そこで，旧政権の政策を批判的に研究し，新政権への売り込みを展開するTTの研究成果と人材が新政権に抜擢される慣習が確立した。

❸──思想史から見たシンクタンク

米国でのTT発展を考えるうえで，その思想史・イデオロギー史が1つの手がかりとなる。独立後の米国は，いわゆる「実験国家」を標榜し，伝統にとらわれたヨーロッパと異なり，進取の気運が強く，合理主義的かつ実際的な思想が長く支配した。米国人歴史学者J.スミスのいう「プラグマティック・リベラリズム」である（James A. Smith, *Brookings at Seventy-Five*, Brookings Institution [1991]）。単純に言えば，問題を具体的に定義し，その解決に向けて実現可能な最適かつ最小コストの手段を案出・実行する，という思考様式である。米国で盛んな「オペレーションズ・リサーチ」

や「システムズ・アナリシス」などの方法論は，このプラグマティック・リベラリズムを下地に生まれたと言える。換言すると，社会は常に進歩するという前提のもとに，いかに困難な問題であっても解決手段が必ず見つかり，解決可能だ，という楽観的・合理主義的信念である。

このような文化の中では，各種の政策専門家を擁し，官庁と違って機敏かつ自由に行動できる民間TTが政策担当者に重宝がられることは当然と言える。過去の「ニューディール」(F. D. ローズヴェルト政権)，「偉大な社会」と「貧困に対する戦い」(ジョンソン政権)などは，プラグマティック・リベラリズムの政策化である。しかし60年代後半に入り，ベトナム戦争の泥沼化をきっかけにリベラル的合意が崩壊し，それに代わる国民的コンセンサスの再構築を求めて政治のイデオロギー化が進行した。すなわち，伝統的リベラリズムに対抗して新保守主義が生まれ，さらに政治に伝統的宗教性を復活させようとする宗教右派（ニューライト），政府の経済・社会介入に反対し，市場原理を信奉するリバタリアニズムが台頭した。これに対抗して，リベラリズム側からは民営化，分権化などを主張する新リベラリズムも生まれた。70年代に新規のTTが数多く設立された背景には，このような思想状況があった（現在，首都にあるTTの約6割は70年代以降に設立）。

以下ではこのような視点から，主なTTを，各政策分野を横断する総合型TTと特定の政策分野に特化した専門型TTに分けて紹介する。なお，カリフォルニアのランド研究所（地域研究・安全保障問題）や首都のアーバン・インスティチュート（社会問題）などは有名だが，依託研究中心で，政策研究面での自発性に欠けるので，ここでは省いた。

❹ 総合型シンクタンク

ⓐ ブルッキングズ研究所

第1次大戦中の1916年に首都ワシントンD. C.に設立された「政府研究所」にさかのぼる，首都では最古のTTである。27年，同じくワシントンD. C.にある他の2組織「経済研究所」「R. ブルッキングズ経済・政府研究大学院」と合併して現在の形になった。同研究所の名前は，初期の発展に尽くした実業家，ロバート・ブルッキングズに由来する。資産は99年に約2億3,400万ドルあり，運営費は資産運用，出版物販売，民間財団・企業・個人からの寄付で賄われる。

研究者は客員研究員を含め約140人で，経済研究，外交政策研究，政府研究の3分野に分かれている。経済研究のプロジェクトは現在，金融機関，政府財政，国際経済政策，マクロ経済安定化，社会的安全網と所得分配などがある。アリス・リブリン元連銀副議長も上級研究員の1人である。外交政策研究では，米国外交政策における人道介入，経済制裁とその代替政策，全米ミサイル防衛，冷戦後世界における核の危険などで，地球的問題では特に国内避難民に焦点を当てる。地域的には，伝統的にロシア（ソ連），アジア，中東に力点を置いてきたが，最近では欧州問題（米仏関係，バルカン問題）も研究されている。第一線の研究陣をそろえており，例えば国内避難民問題では同問題担当の国連事務総長特別代表を務めたフランシス・デンを上級研究員に迎えている。政府研究では，選挙運動資金改革，連邦予算，連邦公務員，都市部再活性化，年金改革，移民政策など，制度と政策の両面から研究しており，ワシントン・ポスト紙論説委員のE. J. ディオンヌなどの論客がいる。同研究所は民主党系TTと見なされているが，当初は保守的で，ローズヴェルト民主党政権のニューディール政策に強

❸左｜ブルッキングズ研究所
❹上｜創設者のロバート・ブルッキングズ（左）
［右に並んで座っているのはアンドルー・カーネギー］

く反対した歴史がある。前所長は共和党系のM. アマコスト元駐日米国大使で，現所長はクリントン民主党政権で国務副長官を務めた民主党系のストロウブ・タルボットである。全体にリベラル寄りだとはいえる。

❺アメリカン・エンタープライズ公共政策研究所（AEI）

1943年にビジネス研究所として発足したAEIは，一言で言うと「保守派のブルッキングズ」を目指してきた。長くAEIの所長を務めたW. バルーディが，リベラルな戦後政治に対抗して1950年代，60年代に保守派の経済学者を集め，「私企業の自由を政府介入から守る」ことを主張した。70年代に入ると，I. クリストルら新保守主義知識人と連携して影響力を強めた。AEIはブッシュ（子）政権の外交・国防政策に強い影響力を持つ。

研究分野は，経済政策（財政・金融，金融市場，国際貿易・金融，遠隔通信，規制），外交・防衛政策（アジア研究，米国外交，新大西洋構想），社会・政治（法律・憲法，米国政治，教育・文化・宗教）に及ぶ。約60人いる研究者の中には，レーガン大統領が最高裁判事に指名したR. ボーク（憲法），ブッシュ（子）政権の国防政策諮問委員会前委員長のR. パール（防衛政策），元下院議長（共和党）のN. ギングリッチ（ヘルスケア，情報技術）など筋金入

りの保守派論客の名前が見える。ブルッキングズと違って自己資産はなく，運営はすべて献金で賄う。98年の収入約2,000万ドルのうち，民間財団からの寄付が約4割，企業が約3割，個人が約2割であった。

❻ヘリテッジ財団

1973年に保守派議員の政策スタッフたちが結成した同財団（実際はTT）は，70年代の新保守主義運動の旗手を務め，レーガン共和党政権誕生に知的貢献を行った。「自由企業，限定的な政府，個人的自由，伝統的な米国的価値，強い国家防衛，の諸原理に基づく保守的な公共政策の形成・促進」を使命とする。年間予算3,000万ドルのほとんどは企業，財団，個人からの献金により，依託研究は行わない。

研究分野は国内・経済政策と外交・防衛政策に分かれ，前者は規制緩和，社会保障（年金）・医療保険の改革，連邦政府の縮小，税制の簡素化などで，後者は国防の強化（ミサイル防衛），中国問題（特に中国・台湾関係）などである。効果的なメディア対策が強みで，1,500人以上の保守派専門家を載せた「公共政策専門家リスト」をメディア用に毎年発表する。

❼ケイトー研究所

1977年，政治家の任期限定運動の創始者のひとりであるE. クレインによってカリフォルニアで設立され，のち首都に移転した。ヘリテ

ッジとともに新保守主義運動の一翼を担った。しかしケイトーは，政府による社会的経済的介入を個人的自由を阻害する悪と見なすリバタリアニズムを信奉している点で，ヘリテッジよりも右寄りである。99年の年間予算は約1,300万㌦で，資金調達方式はヘリテッジと同じく，献金による。約100人の研究スタッフがおり，連邦予算，社会保障，金融政策，自然資源政策，軍事支出，規制，NATO，国際貿易などを研究する。

❺ 進歩的政策研究所（PPI）

「レーガン政権，ブッシュ政権と共和党政権が12年間も続いた理由は，政府介入をすべて善しとする伝統的リベラリズムが国民に拒絶されたからだ」。そのような反省の上に立って，民主党右派は，今世紀初頭の「進歩主義」を現在の情報化時代に適応させることで自己再建を図る，「新進歩主義」を主張した。1989年，民主党指導者理事会（DLC）のW. マーシャルを中心にPPIが結成されたのはそのような理由からだった。PPIは，自由市場を支持する一方，市場の失敗によるマイナス影響を是正し，経済的正義を促進するための政府介入を主張するクリントン的な新民主党のTTと言える。PPIとDLCは同じ事務所を共有する。

❺── 専門型シンクタンク

❶ 外交問題評議会（CFR）

第1次大戦後のヴェルサイユ平和会議に参加した米国代表団のメンバーたちが，戦後において米国の国際的役割が高まることを予測して，1921年にニューヨークで設立した組織である。外交問題では米国で最も権威のある主流派TTと言えよう。会員制で現在，約3,600人の会員がいる。諸外国に関する米国人の理解を深めることを使命とし，公開ないし非公開の研究と討議を行う。メディア対策も効果的で，同評議会の研究員はテレビの解説に出たり，新聞記事で引用されることが多い。研究員は約100人おり，現在，アフリカの地域的組織化，アラビア湾岸諸国における内政と安全保障政策，地球規模の保健と外交政策，アジアにおける日本外交と米国の利益，難民と避難民，民族紛争と国家分離などをテーマにしている。資産は約1億㌦で，運営費は資産運用と個人・財団・企業からの献金，出版物の販売で賄われる。著名外交雑誌『フォーリン・アフェアーズ』の出版元でもある。

❷ 戦略・国際問題研究所（CSIS）

安保・外交政策にインパクトを与えることを使命として1962年にジョージタウン大学の関連組織として発足したが，87年に大学から独立した。98年予算は1,700万㌦で，政府依託研究も少しあるが，予算の8割強は企業，財団，個人からの献金による。特に企業献金は民間献金全体の65％を超え，その比率は米国のTTの中で最高とされる。したがって同研究所の対企業対策は充実しているが，企業依存度が高いため，研究はやや保守的である。

専従研究者は約90人おり，地域的にはほぼ世界中をカバーしており，現在，テーマは中東和平から環境問題，電子商業まで広範囲に及ぶ。同研究所はホノルルに「パシフィック・フォーラムCSIS」をもち，それを軸に環太平洋地域の20の研究所と連携する。

❸ 国際経済研究所（IIE）

カーター政権の財務次官補でブルッキングズ研究所でも働いた経済学者，C. フレッド・バーグステンが1981年に設立した，国際経済政策専門の組織である。年間予算約500万㌦で，専従研究者は約20人と小型ではあるが，研究には定評がある。マクロ経済学，国際金融・貿易・投資問題に力を入れており，現在，グローバル化が国際金融制度にどんな影響を及ぼすかに焦点を当てている。

表 39-1 ● 高等研究機関リスト

● 研究機関名	● 研究分野	● URL/住所
国防総省・国防高等研究計画局 [Defense Advanced Research Projects Agency: DARPA]	国防関連の基礎・応用研究	http://www.darpa.mil 23701 North Fairfax Dr., Arlington, VA22203-1714
アメリカ航空宇宙局 [National Aeronautics and Space Administration, NASA]	宇宙飛行, 航空宇宙技術開発, 宇宙科学	http://www.hq.nasa.gov NASA Headquarters, Washington, DC20546-0001
ロスアラモス国立研究所 [Los Alamos National Laboratory, LANL]	核兵器, エネルギー, 環境科学	http://www.lanl.gov P. O. Box 1663, Los Alamos, NM87545
国立保健研究所 [National Institutes of Health, NIH]	医学	http://www.nih.gov Bethesda, MD20892
全米科学財団 [National Science Foundation, NSF]	自然科学と社会科学の振興	http://www.nsf.gov 4201 Wilson Blvd., Arlington, VA22230
全米人文基金 [National Endowment for The Humanities, NEH]	人文学の振興	http://www.neh.fed.us 100 Pennsylvania Ave., NW, Washington, DC20506
全米芸術基金 [National Endowment for The Arts, NEA]	文学, 美術, 舞台芸術の振興	http://arts.endow.gov 1100 Pennsylvania Ave., NW, Washington, DC20506
ゲイツ財団 [Bill and Melinda Gates Foundation]	途上国保健促進・米国内コンピュータ普及	http://www.gatesfoundation.org P. O. Box 23350, Seattle, WA9810
リリー財団 [Lilly Endowment, Inc]	宗教・教育・地域社会振興	URL 無し P. O. Box 88068, Indianapolis, IN46208
フォード財団 [Ford Foundation]	経済開発, 人権, 国際協力, 教育文化	http://www.fordfound.org 320 East 43rd St., New York, NY10017
パッカード財団 [David and Lucile Packard Foundation]	地球環境, 人口問題, 科学振興	http://www.packfound.org 300 Second St., Suite 200, Los Altos, CA94022
ジョンソン財団 [Robert Wood Johnson Foundation]	健康保健問題, 薬物乱用防止	http://www.rwjf.org P. O. Box 2316, College Rd. East, Princeton, NJ08543-2316
ゲティ財団 [J. Paul Getty Trust]	映像芸術, 人文研究	http://www.getty.edu 1200 Getty Center Dr., Los Angeles, CA90049-1679
ピュー財団 [Pew Charitable Trusts]	文化, 教育, 環境, 保健	http://www.pewtrusts.com 2005 Market St., Suite 1700, Philadelphia, PA19103-7077

●研究機関名	●研究分野	●URL/住所
マッカーサー財団 [John D. and Catherine T. MacArthur Foundation]	人的・地域的発展, 地球的安全保障	http://www.macfdn.org 140 S. Dearborn St., Chicago, IL60603
ロックフェラー財団 [Rockefeller Foundation]	食糧安全保障, 健康上の平等, 創造性と文化	http://www.rockfound.org 420 Fifth Ave., New York, NY10018-2702
ブルッキングズ研究所 [Brookings Institution]	経済政策, 外交政策, 国内政治制度の研究	http://www.brookings.org 1775 Massachusetts Ave., NW, Washington, DC20036
アメリカン・エンタープライズ公共政策研究所 [American Enterprise Institute for Public Policy Research, AEI]	経済政策, 外交防衛政策, 政治・社会政策の研究	http://www.aei.org 1150 17th St., NW, Washington, DC20036
ヘリテッジ財団 [Heritage Foundation]	経済政策, 外交防衛政策, 政治・社会政策の研究	http://www.heritage.org 214 Massachusetts Ave., NE, Washington, DC20002-4999
ケイトー研究所 [Cato Institute]	経済政策規制緩和, 防衛・NATO政策, 社会保障など。	http://www.cato.org 1000 Massachusetts Ave., NW, Washington, DC20001-5403
進歩的政策研究所 [Progressive Policy Institute, PPI]	「新しい」民主党系のシンクタンク	http://www.ppionline.org 600 Pennsylvania Ave. SE, Washington, DC20003
外交問題評議会 [Council on Foreign Relations, CFR]	最も権威ある米国外交政策シンクタンク	http://www.cfr.org 58 East 68th St., New York NY10021
戦略・国際問題研究所 [Center for Strategic and International Studies, CSIS]	外交防衛政策, 国際経済, 情報技術, 環境	http://www.csis.org 1800 K St., NW, Washington, DC20006
国際経済研究所 [Institute for International Economics, IIE]	国際経済政策	http://www.iie.com 11 Dupont Circle, NW, Washington, DC20036-1207
フーヴァー戦争・革命・平和研究所 [Hoover Institution on War, Revolution and Peace]	ロシア・ソ連研究, 民主主義と自由市場, 国際競争・協力	http://www-hoover.stanford.edu Stanford University, Stanford, CA94305-6010
ワールドウォッチ研究所 [Worldwatch Institute]	環境問題	http://www.worldwatch.org 1776 Massachusetts Ave., NW, Washington, DC20036-1904

❹ フーヴァー戦争・革命・平和研究所

第1次大戦直後の1919年, H. フーヴァー（のちに大統領）が自ら収集した同大戦の資料をスタンフォード大学に寄贈した。この「フーヴァー戦争・革命・平和図書館」が同研究所の母体となった。長年所長を務めたW. グレン・キャンベルがあまりにも保守的だったので大学と軋轢を起こし, 59年, 同研究所は大学から分離独立した。

資料が初めにあり, その資料研究の必要性から研究者を雇っていった変則的なTTである。書籍約150万冊以上（そのうちアジア系言語の本約35万冊), 資料点数約5,000万点の図書館を有する。ロシア革命と中国革命の資料が世界的に有名である。現在の研究分野は, 歴史研究だけでなく, 米国の諸制度と経済, 民主主義と自由市場, 国際競争と地球規模の協力となっている。研究者は約120人で, ノーベル経済学賞受賞のM. フリードマン, ブッシュ（子）政権の国家安全保障担当大統領補佐官のC. ライス（補佐官在任中は同研究所を休職）等がいる。年間予算は約2,000万ドルで, 資産運用, 民間献金, そしてスタンフォード大学予算（資料用）から成る。全体的に保守系である。

❺ ワールドウォッチ研究所

環境問題に関して人々を啓発し, 為政者に対しては世界経済と地球環境との相互依存性を認識させるために, ロックフェラー兄弟財団会長のW. ディーテルと農業開発専門家のL. ブラウンが1974年に設立したリベラル派の研究所。地球環境の膨大な統計を載せ, 人気のある *State of the World*（年刊）は33ヵ国語で出版され, 17万5,000冊を売る。年間予算は440万ドルで, 出版物の販売と講師の講演報酬が半分, 民間財団と個人の献金が半分となっている。

D——グローバル化と高等研究機関

高等研究機関は, 他の社会組織と同様に当該社会の性格を反映する。米国の高等研究機関が高度に流動的で柔軟性, 多元性, そして開放性をもつのは, それを生んだ米国社会自体がそうであるからにほかならない。グローバル化の進むなか, 米国経済が抜群の強みを発揮している事実だけが強調されがちだが, 真相は, 上のような特徴を有する米国社会自体がグローバル化に適しているからである。したがって, グローバル化が今後とも進むにつれて, 米国の高等研究機関は, 米国経済を支え, またそれに支えられながら, その学問的国際競争力をさらに強めていくことが予想される。

■参考文献

Salamon, L. *America's Nonprofit Sector: A Primer*. Foundation Center, 1999.

Smith, J. A. *Brookings at Seventy-Five*. Brookings Institution, 1991.

Smith, J. A. *The Idea Brokers: Think Tanks and the Rise of the New Policy Elite*. The Free Press, 1991.

■さらに知りたい場合には

Abelson, D. E. *Do Think Tanks Matter? : Assessing the Impact of Public Policy Institutes*. McGill-Queen's Univ. Press, 2002.
［米国ではシンクタンクが政策決定に不可欠な一部になっているのに, 隣国カナダではそれほど影響力がないのはなぜかを比較分析しており, 日本にも参考になる。］

Dowie, M. *American Foundations: An Investigative History*. MIT Press, 2002.
［米国政府が権限を民間部門に委譲する傾向

を強めているので,将来,民間財団の力はさらに増加するとの予想に立ち,市民代表理事の参加などの民主的改革を提言している。]

Nielsen, W. A. *Inside American Philanthropy: The Dramas of Donorship*. Univ. of Oklahoma Press, 1996.

［複数財団の顧問をした経験から,伝統的な家族財団の業績と問題点,コミュニティ財団の利点などを分析しており,財団関係者や資金調達を目指す NPO に役立つ本である。]

40 博物館・美術館
Museums
矢口祐人

アメリカにはミュージアム（博物館・美術館）がたくさんある。アメリカ・ミュージアム連盟（AAM）によると約1万6,000ものミュージアムがある。メトロポリタン美術館やアメリカ自然史博物館など，日本からの観光客も多く訪れるミュージアムから，名もない小さな町のものに至るまで，数多くのミュージアムがあり，近年その数は増加傾向にある。来館者数も増えており，AAMの試算ではミュージアムを訪れる人の数は毎年約8億5,000万人にもなり，全米のプロ野球，フットボール，バスケットボールを合わせた観客動員数より多い。アメリカ国民は1人当たり年に3回以上，何らかのミュージアムに足を運んでいる計算だ。

A── チャールズ・ウィルソン・ピールとアメリカのミュージアム

❶── ミュージアムの起源

「ミュージアム」（museum）ということばの起源はギリシャ語のムセイオン（mouseion）であり，本来は神殿を意味する。英語の「ミュージアム」は，日本でいう美術館である場合もあるし，博物館や科学館であるときもある。したがって，「アート・ミュージアム」，「ヒストリー・ミュージアム」，「サイエンス・ミュージアム」など，具体的な説明を名称につけていることが多い。とはいえ，そのような種類分けの境界線は必ずしも厳密ではない。ヒストリー・ミュージアムに有名な絵画が何枚も展示されていることもあるし，アート・ミュージアムで歴史展示が行われている場合もある。

今日見られるアメリカのミュージアムの原型はヨーロッパにあった。すでにルネサンス期か らヨーロッパでは貴族たちが珍妙な品々を自分の部屋に飾るという習慣があったが，まとまった美術品などのコレクションが一般に公開されるようになったのは18世紀に入ってからである。18世紀初頭から各地で王室コレクションの一部公開が始まった。1753年にはロンドンに大英博物館が，1763年にはサンクトペテルブルクにエルミタージュ美術館が，1793年にはパリにルーヴル美術館が設立された。

❷── アメリカのミュージアムの草分け

当時，アメリカ合衆国にはヨーロッパに匹敵するような大規模なミュージアムはなかった。しかし，代表的なミュージアムの1つとして，画家のチャールズ・ウィルソン・ピールが1786年にペンシルヴェニア州フィラデルフィアに創設したピール・ミュージアムが挙げられる（⇨「95美術」のコラム「美術家一家の伝統」）。規模こそ小さかったものの，アメリカ合

衆国内で発見されたさまざまな「自然の珍品」が展示されていた。鉱石類をはじめ、化石、マンモスの骨、北アメリカ大陸固有の動物の剥製などが集められ、一般市民にも公開されていた。

ピールはアメリカで見いだされる動植物を集めて、分類・整理することでアメリカ大陸の自然の様相を理解しようとした。また、ミュージアムを通じてフィラデルフィア市民が自然理解を深めることが重要だと考えた。「農民はトウモロコシを食い荒らすネズミやモグラの天敵がヘビであると知るべきだ。大陸にある天然資源や、それをもとに作られた品物を売って生きている商人は、自然の世界を学ばなければならない。職人も自然界が供給してくれる材料の素材をよく理解しなければならない」。このように、ピールは自然環境を理解することが、各自の知識の増進だけではなく、地域や国家の経済的・社会的な繁栄にもつながると考えた。

❸──ピールのミュージアムの使命

以上のように、ピールのミュージアムには大きく分けて2つの使命があった。それはピール個人の知的興味を刺激するものを収集すると同時に、そこから得た最新の科学知識を他人に提供する教育の場でもあった。つまり、ものを収集し、調査する研究組織である一方で、展示を通して来館者に情報を提供する教育機関でもあった。

研究と教育というと堅苦しい感じもするが、ピールのミュージアムは一般市民にとっては娯楽の場でもあった。一定の入場料を支払えば、アメリカ大陸のさまざまなところから収集された珍種の動物の剥製や化石を眺めることができた。自分たちの住む大陸に生きる動植物を見て、まだ見たことのない遠い地に思いをはせることもできた。(また、ピールはミュージアムに自分の描いた著名人の肖像画を飾っていたが、それも来館者の人気を呼んでいた。）映画もテレビもない時代の市民にとって、ミュージアムを通して見知らぬものと出会うことは大きな驚きであるとともに楽しみでもあった。

このように、ピールのミュージアムはフィラデルフィアの市民にとって①研究、②教育、③娯楽の場であった。ミュージアムの持つこのような機能は、基本的に今日まで維持されつづけてきている。近年は来館者数を増やすため娯楽的な要素がますます重視されるようになっている。単に展示を見るだけではなく、体験型のゲームを楽しんだり、素敵なショップで買物をしたりすることができるミュージアムが多い。しかし、その一方で、アメリカの主要なミュージアムには必ず「キュレーター」と呼ばれる研究者がいて、専門的な研究に従事し、その結果を展示に反映させている。また、教育を専門とするスタッフを雇って来館者の教育に力を入れているところが多い。

B──スミソニアン

❶──スミソニアンの設立

アメリカ合衆国の中でも最大規模のミュージアムである、1846年設立のスミソニアンについて考えてみよう。2002年の統計によると、収集品の数は1億4,300万点、年間総予算額は約5億ドル、年間来館者数は2,400万人を超える巨大な組織である。スミソニアンは1つのミュージアムではなく、16の個別のミュージアム、動物園、7つの研究所から構成される連合組織である。ミュージアムのうち14はワシントンD.C.にあり（9つは連邦議会とワシントン記念碑を結ぶモール沿いに建っている）、2つはニューヨーク市内にある。

スミソニアンはイギリス人のジェイムズ・ス

❶スミソニアン本館［ワシントン D.C.のモール地区にある。1855 年に建てられ，「キャッスル」の愛称で親しまれている。］

ミッソンが，死後に自分の財産をアメリカにおける「知の増進と拡大のために使うように」という遺言を残したことがきっかけで創設された。アメリカを一度も訪れたことがなかったスミッソンが，なぜ多額の寄付をアメリカ政府にしたのかは今日まで不明である。当初はアメリカ政府も困惑し，「知の増進と拡大」をするための最も有効な方法がいろいろと議論されたが，なかなか結論に達しなかった。初代所長となるジョゼフ・ヘンリーはスミソニアンを自然科学の研究機関として位置付けようとした。しかし，種々の生物や植物の標本などが集まるうちに，スミソニアンは今日のような研究と展示の両方を行うミュージアムとしての機能を帯びていった。さらに，1876 年にフィラデルフィアで行われたアメリカ建国 100 周年記念万博に出展された世界各地の特産品を多数入手した。これらのものは，スミソニアンの建物の一室に展示され，市民の人気を集めた。結局，ヘンリー所長の意図とは異なり，スミソニアンは単なる研究所としてではなく，展示を通じて市民に新しい知識や情報を提供するミュージアムへと変貌したのである。

❷──今日のスミソニアン

1886 年のスミソニアンの展示の姿は今日，インターネット上で公開されている（http://www.150.si.edu/）。当時は 2 つの展示場から構成されており，ジョージ・ワシントン大統領が着た軍服からオランウータンの剥製に至るまで，雑多に陳列されていた。コレクションが多種にわたり，その量が増大するにつれ，スミソニアンは展示の内容別にミュージアムを創設するようになった。1910 年には自然史博物館がオープンした。また，大富豪チャールズ・フリーアの寄付を受けて，1923 年にはフリーア・ギャラリーがオープンし，東アジアと中東の美術工芸品などが展示されるようになった。戦後になると，1964 年にアメリカ史博物館，1968 年にはアメリカ美術史館，肖像画美術館などの人気ミュージアムがオープンし，建国 200 周年の 1976 年にはスミソニアンの中で最も高い人気を誇ることになる航空宇宙博物館が開設された。その後も 1989 年にアメリカ・インディアン博物館がオープンするなど，スミソニアンは着実に拡大し続けている。

展示機能の拡大と同時に，スミソニアンは一大研究所に変貌した。アメリカ美術史から熱帯地域の生態学に至るまで，さまざまな分野の一流の専門家が研究に従事している。その成果の多くが，新しい展示の企画や既存の展示の修正に際して反映される。附属図書館の蔵書数は 120 万冊以上で，スミソニアン関係者以外にも

貴重な情報を提供している。また，数多くの研究助成金やインターンシップなどを通して，他の研究機関の研究者や学生と積極的に交流している。

スミソニアンは月刊誌『スミソニアン』などの一般雑誌から『アメリカン・アート』などの学術誌に至るまでの発行を手がける出版組織でもある。博物館学，美術史，アメリカ史などに関連する専門書も出版している。

近年のスミソニアンは電子ミュージアムとしての機能に力を入れている。ホームページからすべてのミュージアムや研究所の情報が手に入れられるだけではなく，さまざまなバーチャル展示が楽しめるようになっている。実際にワシントンD.C.やニューヨーク市を訪れることができない人でも，スミソニアンが誇るコレクションの一部を見られるようになっている。日本からも簡単にスミソニアンを「訪れ」て楽しむことができる。現在進行中の特別展示がネット上で再現されていたり，普段は見ることのできない貴重なコレクションの写真が公開されていたりする。電子ミュージアム用に企画され，インターネット上だけで公開される展示もある。

C──ミュージアムとアメリカ社会：エノラ・ゲイ展示をめぐって

❶──ミュージアムの社会的役割

スミソニアンの例からもわかるように，アメリカのミュージアムは150年ほどの間に急速な発展を遂げた。研究，教育，娯楽施設として，アメリカに住む人々に欠くことのできないものである。

スミソニアンのような大規模な施設では，貴重な絵画や歴史的遺物を，じっくりと楽しめる。教育的配慮がなされる一方で，観客を楽しませることにも重点が置かれているので，気軽な気持ちで充実した時を過ごすことができる。しかも，スミソニアンはクーパー・ヒューイット・デザイン・ミュージアムを除いて常設展はすべて入場無料であるし，他の有名なミュージアムも手ごろな値段で入場できるところが多い。一方，小規模なミュージアムにもそれなりの面白さがある。小さな町の歴史博物館に行けば，知られざる地域史を垣間見ることができるし，地元の人々の歴史観に触れることもできる。個人でやっているミュージアムでは思わぬ珍品奇品に出くわしたりすることもある。

このような魅力的なミュージアム作りの背景には，ミュージアムの社会的役割を真剣に考えようとするアメリカ社会の姿勢がある。そこでは常に，ミュージアムは誰のためにあり，何をすべきなのかという問いかけがなされている。

とりわけ，スミソニアンのような公共のミュージアムに対する世間の目は厳しい。日本でも話題になった1995年のエノラ・ゲイをめぐる展示はその一例である。

❷──「エノラ・ゲイ」の展示中止

広島に原爆を投下した飛行機「エノラ・ゲイ」の展示を航空宇宙博物館で行おうという話がもち上がったのは1988年である。1993年には全体の計画案がまとまり，1995年，原爆投下50周年に合わせて展示がオープンすることになった。

最初の展示案は80年代以降盛んになった，新しい展示方法を念頭に作られた。それは，あるものを展示する際に，それだけにスポットライトを当てるのではなく，歴史的・社会的背景を紹介することで，来館者がより広い文脈の中でそのものの意義を理解できるようにすることだ。同時に，映像技術などを駆使して来館者の興味を引き立て，展示されているものに感情移

入ができるような一種の「ドラマ」を作り上げることでもあった。このような配慮のもとで書き上げられた展示台本は，単に「エノラ・ゲイ」という飛行機を展示室に置くだけのものではなかった。むしろ，「エノラ・ゲイ」を中心に据えながらも，太平洋戦争の原因，原爆開発の過程，原爆投下の是非，冷戦の原因などを考えるものだった。飛行機の展示とともに，広島や長崎で被害にあった市民の写真，エノラ・ゲイに搭乗していた兵士のインタビューのビデオなども含まれる予定だった。

ところが，1994年3月，展示台本を見たアメリカ空軍協会が企画の批判を開始した。展示の内容が日本に同情的過ぎて，「愛国心が欠如している」と見なされたのである。

その後，軍関係者や保守派のメディアからの非難が噴出し，ついには連邦議会の議員も抗議を始めた。原爆投下が戦争終結を早めたこと，それによってアメリカ軍兵士の死者数が抑制されたことを積極的に認めるべきだという声が相次いだ。また，日本側の戦争責任も問うべきであるという声も強かった。

このような批判に対して航空宇宙博物館では5度も展示台本を修正した。しかし，1994年11月に共和党が下院議会選挙で勝利を収め，保守派のニュート・ギングリッチ議員が下院議員として指導力を握ると，圧力はますます強まった。連邦政府からの財源に運営費の約75％以上を依存しているスミソニアンにとって，これは無視できないものだった。

スミソニアンは1995年1月30日にそれまでの展示計画をいったん中止することを発表した。そして，歴史的な流れの説明を省き，エノラ・ゲイだけの展示をすることを決定した。6月28日に公開された展示に含まれていたものは，飛行機と搭乗した兵士のビデオインタビューだけであった。

❸——研究者の視点と社会の視点

航空宇宙博物館で起こったことは，ミュージアム関係者にとって大きな事件だった。ミュージアム側が考える使命と，一般社会が求めるミュージアムの姿があまりにもかけ離れているのではないか。博士号を持つ一流の研究者がキュレーターとして働くスミソニアンでは，展示内容にも最新の研究成果を盛り込む努力がなされる。そうすることで，多くの来館者に新しい情報や視点を提供しようとする。その一方で，ミュージアムは来館者に楽しんでもらう努力，「来てよかった」と思わせる努力もしなければならない。エノラ・ゲイ展示の場合，ミュージアムで働く研究者の視点は学術的には「正しい」ものだったかもしれない。しかし，そのような視点を社会は受け入れようとしなかった。

航空宇宙博物館で起こったことに，多くのミュージアム関係者は衝撃を受け，絶望すら感じたという。ミュージアムが研究や教育機能を失い，世間が欲するものだけを提供する単なる娯楽施設になりさがってしまうのではないかと懸念する声さえあった。

しかし，その一方で，エノラ・ゲイ事件は，アメリカ社会がミュージアムに対して抱く関心と期待の高さを示すものでもあった。アメリカでは毎年数多くの人々がミュージアムを訪れる。航空宇宙博物館には，年間700万人もの来館者がある。さらに，最近はミュージアムに資産の一部を寄付する人の数も増えている。1997年の統計によると，アメリカ人がミュージアムを含む「文化関連事業」に寄付した総額は106億ドルだった。個人による寄付金に加え，企業からの寄付金，政府からの助成金などを使いながら，スミソニアンをはじめとするアメリカのミュージアムはコレクションを増やし，新しい建物を次々と建てている。

アメリカではミュージアムの存在意義が社会

的に認められているから、要求されるものも大きい。数多くの人がミュージアムを訪れる社会であるからこそ、ミュージアムが果たさなければならない役割も重大である。その意味で、エノラ・ゲイをめぐる論争は今後のミュージアム展示のあり方に大きな課題を残しながらも、アメリカにおけるミュージアムの社会的な意義をあらためて示したと言えよう。

D── 知の枠組みとしてのミュージアム

スミソニアンのような大規模なものから、小さな町の郷土資料館のようなものまで、研究・教育・娯楽を通じて来館者に知識を提供しようとするミュージアムは、近代の「知の枠組み」を形作るひとつの「装置」であると言える。ミュージアムは社会にとって「価値がある」と判断されるものを収集・保存し、理解しやすい方法で展示することで、その社会の価値体系を強化する。ミュージアムを訪れる人々は、展示をとおして、その社会で「大切」だとか「興味深い」とされることがらを学んだり、再確認したりする。

とりわけ、「知の枠組み」を形作る装置としてのミュージアムは社会の記憶の維持と再生に大きな役割を果たす。ミュージアムは種類のいかんを問わず、古いものを展示していることが多い。ギリシャ時代の彫刻から開発初期のロケットに至るまで、その社会によって価値があると見なされる歴史物を保存・展示することで、人々が共有する過去観を形成し、維持していく。

このように、ミュージアムはそれを生み出す社会の価値観と密接な関係にあるため、ミュージアムを観察・調査することで、その時代や社会の文化について考える手がかりを得ることもできる。展示内容のみならず、ミュージアムの社会的な位置付け、建築方法（スタイル、規模、外部の景観、内部の部屋割りなど）、収集方針、経営方針、スタッフの陣容、展示方針、教育活動、ホームページ、来館者数などを丹念に分析することで、ミュージアムが存在する地域や時代の文化全般について考察することができるのである。

一方、ミュージアムに与えられた社会的機能や教育的使命を真摯に考えるキュレーターは、展示を通して新たな歴史や文化理解を社会に提示しようと試みる。それが成功する場合もあるし、エノラ・ゲイの展示企画のように、展示側の意図が外部の社会と衝突し、論争を引き起こすことも珍しくない。しかし、その議論の中で、社会的価値観や歴史観が見直されるようになることもある。だから、本来のミュージアムは単に近代社会の価値観を反映するだけのものではない。むしろ、ミュージアムは、そのような価値観を維持・再生しながらも、ときには転覆させる潜在力をも持ち合わせているのである。

E── お薦めミュージアム

以下の表40-1で取り上げたミュージアムはアメリカにあるたくさんの魅力的なミュージアムのほんの一例である。その他の情報も大半はインターネットを使って入手できる。（最も便利なのは、ICOMのミュージアムデータベースである（http://www.museumca.org/usa/states.html）。ホームページには、住所や開館時間、展示内容などの情報が掲載されている。また、近年はネット上で「特別展」を開催している館も多い。

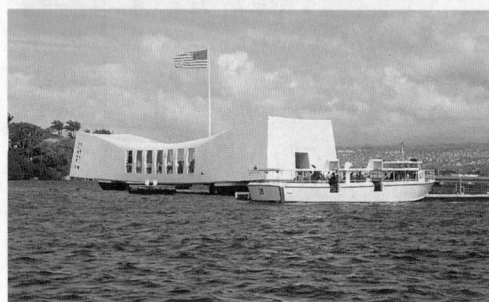

❷左上｜コロニアル・ウィリアムズバーグ［植民地期にウィリアムズバーグにあった裁判所を復元した建物。昔の「裁判」を傍聴できることもある。］
❸左中｜アリゾナ記念館［建築家アルフレッド・プライスの設計による記念碑は海中に沈む戦艦アリゾナ号をまたぐように海上に浮かぶ。］
❹左下｜ナショナル・カウボーイ・アンド・ウェスタン・ヘリテジ・ミュージアム［写真の彫刻は，ジェイムズ・E. フレーザー作の End of the Trail (1915) と題された作品。馬上でうつむくインディアン像は敗北的で，彫刻家の差別意識を描出しているという指摘もある。］

❺右上｜中国系アメリカ人博物館［展示は小規模だが，19世紀の中国人移民に関する興味深い一次資料が陳列されていて，見学者をひきつける。］
❻右中｜ブラッドベリー科学博物館［長崎に投下された原子爆弾「リトルボーイ」を収納したケースを見る子供。ここでは科学技術の説明が中心。］
❼右下｜アコマ・プエブロ［「スカイ・シティ」と呼ばれるアコマ・プエブロを遠方に望む。空気が澄んでいて，美しい空が近く感じられる。］

表40-1 ●主要博物館・美術館リスト

●博物館・美術館名[所在地/URL]	●展示内容
アコマ・プエブロ [Pueblo of Acoma] ニューメキシコ州アコマ http://www.puebloofacoma.org/	ネイティブ・アメリカンが住む「プエブロ」は実際の町であり,「ミュージアム」とはいえないかもしれない。しかし,文化と歴史を紹介するために,ネイティブ・アメリカン・コミュニティの管理のもとに,観光客に一部開放されているものもある。なかでもニューメキシコ州のアコマ・プエブロで行われるツアーはとてもよくできている。アコマのガイドの話を聞きながら,「スカイ・シティ」と呼ばれるアコマの村を見学すると,先住民の昔の生活だけではなく,今日のネイティブ・アメリカンを取り巻く諸問題について多くを学ぶことができる。周囲の景観も大変に美しい。
アリゾナ記念館 [USS Arizona Memorial] ハワイ州ホノルル http://www.nps.gov/usar/	1941年12月7日(現地時間)の日本軍による真珠湾攻撃で爆発・沈没した戦艦アリゾナ号の乗組員を追悼するためにつくられた記念碑。アメリカの国立公園局と海軍が共同で運営している。記念碑は船をまたぐようにして湾に浮かんでいる。岸には歴史資料館があり,攻撃に至るまでの過程や攻撃内容が示されている。日本人観光客の数は少ないが,アメリカからハワイを訪れる観光客には必見とされていて,夏場は大変混雑する。
ウィンターサー・ミュージアム [Winterthur Museum, Garden & Library] デラウェア州ウィンターサー http://www.winterthur.org/	全米でも有数のデコラティブ・アート(装飾品)美術館。特に,家具,食器,衣服など,人々の生活と密接に関連した品々を展示している。展示を通して,来館者がこれらのものが生産・消費されたアメリカ社会について考えることができるよう努力がなされている。例えば,アンティーク家具の展示では,家具職人の技術や当時の流行,家具を購入した家族の生活ぶりなどがわかるようになっている。来館者に装飾品の美しさを楽しませるだけではなく,人間の日常生活にあるさまざまな「もの」の意味を考えさせるミュージアムである。
エクスプロラトリアム [The Exploratorium] カルフォルニア州サンフランシスコ http://www.exploratorium.edu/	「教育の場としてのミュージアム」という使命を果たすため,1969年に物理学者のフランク・オッペンハイマーの提唱のもとに設立されたミュージアム。特に科学の魅力を一般市民に紹介するため,人間の知覚の仕組みから宇宙物理学まで,広範囲にわたる科学的事象がわかりやすく展示されている。体験型の展示が重視されていて,自分で実験をしたり,触ったり,動かしたりしながら科学を楽しく理解できるように工夫がなされている。
コロニアル・ウィリアムズバーグ [Colonial Williamsburg] ヴァージニア州ウィリアムズバーグ http://www.history.org/	ヴァージニア州の古都ウィリアムズバーグの街並みを復元した歴史村。独立革命期の指導者だったトマス・ジェファソンやジョン・マーシャルなどが住んでいたときの町の様子が復元されている。173エーカーの土地に500以上の建物があり,町全体が歴史博物館である。アメリカ人であれば子供のときに一度は訪れるといわれる場所で,年間150万人近くの観光客が訪れる全米でも最大規模の歴史村である。

●博物館・美術館名[所在地/URL]	●展示内容
J. ポール・ゲティ・ミュージアム [The J. Paul Getty Museum] カリフォルニア州ロサンゼルス・マリブ http://www.getty.edu/museum/	1953年に大富豪J. ポール・ゲティがカリフォルニア州マリブに自分のヨーロッパ美術コレクションを展示するために設立した小さな美術館が，今日ではアメリカを代表する一流美術館になった。1997年にはロサンゼルスに主にヨーロッパ美術を展示するゲティ・センターがオープンした。リチャード・マイアーの設計によるこの美術館は建物とその周囲の景観そのものがひとつのアートとして注目されている。2001年には古代美術を展示するザ・ヴィラがマリブにリニューアル・オープンされた。
シカゴ美術館 [Art Institute of Chicago] イリノイ州シカゴ http://www.artic.edu/	中西部随一の美術館として知られ，コレクションの数は30万点を超える。なかでも，日本からの観光客には超一級の印象派・後期印象派の絵画のコレクションが人気がある。スーラの傑作「グランド・ジャットの日曜日の午後」やモネの作品を30点以上も観ることができる。そのほかにも中世のヨーロッパ絵画からアジア・アフリカ・オセアニアの絵画に至るまで，幅広いコレクションを誇る。附属の図書館も全米最大規模の美術図書館として知られている。
中国系アメリカ人博物館 [Museum of Chinese in the Americas] ニューヨーク州ニューヨーク http://www.moca-nyc.org/MoCA/content.asp	1980年に創設された，ニューヨークのチャイナタウンにある中国系移民の歴史博物館。昔の学校を改造した建物の中にひっそりとある。マルチメディアを使った常設展示とともにさまざまな特別展を行いながら，南北アメリカに移住した中国人とその子孫の生活に焦点を当てる。とりわけ，チャイナタウンの歴史を保存するために積極的な活動を繰り拡げている。
ナショナル・カウボーイ・アンド・ウェスタン・ヘリテジ・ミュージアム [National Cowboy & Western Heritage Museum] オクラホマ州オクラホマ http://www.cowboyhalloffame.org/	1965年にアメリカ西部の伝統，とりわけカウボーイの文化を保存するために設立された。フレドリック・レミントンやアルバート・ビアシュタットなどが描いた西部の風景画，カウボーイの生活に関連する品々，全米のロデオ大会で優勝し殿堂入りしたカウボーイの肖像画などが展示されている。また，2000年秋にはより多様な西部史観を提供するために，ネイティブ・アメリカンの展示室もオープンした。
全米日系アメリカ人博物館 [Japanese American National Museum] カリフォルニア州ロサンゼルス http://www.janm.org/main.html	ロサンゼルス市のリトルトウキョウ地区にある旧東本願寺の建物を利用して1992年にオープンした。日系アメリカ人の歴史や文化を紹介することで，多様なアメリカ社会像を擁護・促進することを目的としている。第2次大戦中に日系アメリカ人が体験した強制収容に関する常設展に加え，日系社会のスポーツや食事に関する特別展などを常時企画している。1999年には新館がオープンした。
ニュージアム [The Newseum] ヴァージニア州アーリントン http://www.newseum.org/	新聞やテレビで報道されるニュースに関するミュージアム。来館者はジャーナリストがどのようにしてニュースを追い，原稿を書き，報道するかを見ることができる。特に体験型の展示を重視していて，実際にニュース原稿を書いてみたり，テレビカメラの前で報道してみたりすることができる。ニュースの社会的な意義，報道をめぐる倫理についての展示もある。ケネディ大統領の暗殺やベルリンの壁の崩壊など，過去の大ニュースを記録した展示も興味深い。

●博物館・美術館名[所在地/URL]	●展示内容
バーミンガム公民権館 [Birmingham Civil Rights Institute] アラバマ州バーミンガム http://www.bcri.org/	1950年代から60年代にかけて起こった南部の公民権運動を記念するために1992年に設立された。黒人差別の歴史を直視し、過去の過ちを反省し、より平等なアメリカ社会を考えようと来館者に呼びかけている。公然と黒人差別が行われていた戦後の社会、公民権運動の紹介（運動開始の契機となったモントゴメリー市のバス・ボイコット事件やマーチン・ルーサー・キング牧師が指導したデモ行進など）、運動後の黒人の政治参加などが主にアラバマ州を中心に紹介されている。「白人用」と「黒人用」の水飲み場を再現した展示などは、不条理な人種差別の歴史を肌で感じさせる効果がある。
フィールド博物館 [The Field Museum] イリノイ州シカゴ http://www.fmnh.org/	スミソニアンのアメリカ自然史博物館とともに、全米で最大規模の自然博物館。1893年のシカゴ万博の際に出品された生物標本と人類学資料を展示するために設立され、1905年から現在の名称となった。生物標本は2000万点以上ある。展示内容は宝石から恐竜の化石、オセアニアの民族資料に至るまで、非常に広範囲にわたる。一番の人気は1990年にサウスダコタ州で発見された世界最大級の恐竜ティラノサウルス・レックスの化石「スー」である。人類学、生物学、地質学、動物学などに関する一流の研究機関でもある。
ブラッドベリー科学博物館 [Bradbury Science Museum] ニューメキシコ州ロスアラモス http://www.lanl.gov/museum/	広島と長崎に投下された原子爆弾はニューメキシコ山中にあるロスアラモスの研究所で開発された。長い間この町の存在は秘密とされていたが、今日では、原爆開発をはじめとする、ロスアラモスにおけるさまざまな科学技術の発明を紹介する博物館がある。科学の発展をひたすら称揚する展示をみると複雑な気持ちにならざるをえないが、アメリカにおける科学技術の開発や、それに対する世論などを知るうえでは参考になる。
ホロコースト・ミュージアム [United States Holocaust Memorial Museum] ワシントンD.C. http://www.ushmm.org/	ナチによるユダヤ人迫害の歴史を記憶にとどめ、関連する知識の普及のために1993年にワシントンD.C.に設立された。迫害で亡くなった人々の遺品や写真、収容所の様子、生存者の証言などのほか、ユダヤ人を救済しようとした人々（オスカー・シンドラーや杉原千畝）に関する展示もある。また、アメリカ政府が亡命受け入れを拒否したために、ヨーロッパで命を失った人々の歴史を明記することで、アメリカ政府の責任を問う個所もある。展示は丁寧かつ詳細に作られており、多くの来館者の感動を呼ぶ。なお、同様のテーマを扱ったミュージアムがアメリカにはニューヨーク市、フロリダ州セントピーターズバーグ、ヒューストンなどにもある。
メトロポリタン美術館 [Metropolitan Museum of Art] ニューヨーク州ニューヨーク http://www.metmuseum.org/	ニューヨークのセントラルパークに位置する世界最大規模の美術館。'The Met'の名前で親しまれている。1870年に創立され、アメリカの大富豪 J. P. モーガンやジョン・D. ロックフェラーなどの寄付により、巨大な美術館へと成長した。コレクションの数は300万点を超える。内容は紀元前のギリシャ期の彫刻、中世の宗教画、アフリカ美術、東洋美術、ポストモダンアートなど、およそ考えられるすべての分野を網羅している。ミュージアムショップも充実していて、世界各地に店舗を出している。

●博物館・美術館名[所在地/URL]	●展示内容
ロックン・ロール・ホール・オブ・フェイム [Rock and Roll Hall of Fame and Museum] オハイオ州クリーヴランド http://www.rockhall.com/	初期のブルース音楽から最近のポップスターに至るまで，有名な曲や人気歌手にまつわるものが多数展示されている。ジミ・ヘンドリクス，ジョン・レノン，U2，アレサ・フランクリンなどが歌った曲の楽譜，使った楽器，ステージで着た衣装などの展示に加え，それぞれの人物紹介もある。また，さまざまな有名な曲を試聴できるコーナーもある。建築界の第一人者 I. M. ペイの設計によるミュージアムの建物も素晴らしい。

■参考文献

油井大三郎「戦争の記憶と歴史の壁」義江彰夫・山内昌之・本村凌二編『歴史の対位法』東京大学出版会，1998. pp.245-258

吉田憲司著『文化の「発見」：驚異の部屋からヴァーチャル・ミュージアムまで』岩波書店，1999.

■さらに知りたい場合には

Alexander, E. P. *The Museums in America: Innovators and Pioneers*. AltaMira Press, 1997.
[子供博物館，科学博物館，植物園，動物園など，広義な意味でのミュージアム作りに貢献したさまざまな人物を各章で伝記的に扱っている。]

Deloria, P. J. *Playing Indian*. Yale Univ. Press, 1998.
[ミュージアムだけに焦点を絞った研究ではないが，アメリカ社会における「インディアン」の表象を巡る諸問題について歴史的に分析した傑作。文化の表象という広い枠組みで展示を考えたい人にはぜひお薦め。]

Handler, R. and E. Gable. *The New History in an Old Museum: Creating the Past at Colonial Williamsburg*. Duke Univ. Press, 1997.
[アメリカを代表する歴史村，ウィリアムズバーグのエスノグラフィ。歴史表象をめぐる諸問題を人種や階層と絡めて考察する。歴史展示の難しさを痛感させる刺激的な著作。]

Henderson, A. and A. L. Kaeppler, *Exhibiting Dilemmas: Issues of Representation at the Smithsonian*. Smithsonian Institution Press, 1997.
[「文化をいかにして展示するか」という問題をミュージアムの現場で活躍する研究者たちが考えている。]

Luke, T. W. *Museum Politics: Power Plays at the Exhibition*. Univ. of Minnesota Press, 2002.
[アメリカのミュージアムと権力をめぐる諸問題について分析している。展示がいかなる価値観を作り上げ，強化し，再生産していくかなどが具体例を通して示されている。]

Wallach, A. *Exhibiting Contradictions: Essays on the Art Museum in the United States*. Univ. of Massachusetts Press, 1998.
[アメリカの美術館の社会的意義を考察したエッセイ集。美術館の「傑作」がいかに創られたか，社会意識の形成と美術館の間にある「共犯関係」などを大胆に捉える。]

West, P. *Domesticating History: The Political Origins of America's House Museums*. Smithsonian, 1999.
[マウント・バーノン，モンティチェロなどの著名な「ハウス・ミュージアム」の歴史的分析。]

41 | 図書館
Libraries

桂 英史

アメリカにおける図書館は，社会的・政治的なメディアセンターとして大きな役割を果たしてきた。ヨーロッパにおける図書館が，歴史的に見ると，王侯貴族や修道院，大学など限られた特権階層のものであったのに対し，アメリカで発達した図書館は，当初から民衆に開かれたものとして設立され，独立革命の理念形成にも広く寄与した。その後，交通・通信インフラの整備や産業国家化の進展にともない，資本主義的大衆社会の形成を補完し，またパックス・アメリカーナを支える機能も果たしてきた。アメリカの図書館がどのように形成・整備され，インターネット時代を迎えてどのように変貌しようとしているのか，その歴史と将来に向けての問題点を探る。

A──公共図書館の先駆

アメリカにあって今日のような公共図書館が始まったのは，18世紀から19世紀にかけての時期と言われる。とりわけ，1731年，有名な政治家・思想家・発明家，ベンジャミン・フランクリンがフィラデルフィアにつくった会員制図書館は，公共図書館の草分け的な存在として知られる。

印刷業から身を興し，ピューリタンとしての禁欲と倹約，人間関係を大切にし，巨万の富を獲得したフランクリンは，その資産を慈善事業に惜しみなく投じた。そのフランクリンを中心として上記の図書館が設立されたのは1731年のことであった。それ以前は貴族などの特権階級，修道院・大学という特殊な研究機関に向けてつくられた図書館が主なるものであったが，ここに民衆を対象とした図書館が，民衆の手によってつくられることとなった。

「フィラデルフィア図書館会社」とも呼ばれるこの図書館は，当時海外から取り寄せるほかなかった高価で貴重な図書をできるだけ数多くの人々に提供するというサービス精神が基礎となっている。植民地アメリカで生まれた二世である労働者階級の若者たちが，自己啓発を目的として図書を求めたからである。

そこで，フィラデルフィア図書館会社では，会員から一定の金を徴収し共同購入した図書を共同で利用するという方法で発足した。会員たちは，一般人民の政治に関与する権利の拡張や維持，革命や君主制の崩壊などのテーマを求めていたという。とりわけ，専制政治を批判し国民の自由と政治の調和を理想としたジョン・ロックの著作には関心が集まっていた。ここでは，古典よりも同時代の著作に関心が集まる傾向があり，会員たちの同時代への強い関心を如実に反映している。

さらにフィラデルフィア図書館会社にあって特筆すべきこととして，会員制図書館でありな

❶フィラデルフィア図書館会社の外観［B.フランクリンを中心に設立されたこの会員制図書館は，公共図書館の先駆となった］

がら，多少の保証金を積むことによって非会員でも図書館を利用できたことにある。このことが後の公共図書館への発展を促す基礎となった。

1830年代に入ると，市民の教養を支える施設として，ニューヨーク州を中心に，会員制図書館と公共図書館の中間的な形の学校区図書館ができ，州の税措置を基盤とする制度がつくられるようになった。これが普遍的で法的に保障された初めての公共図書館である。その法的根拠となる「図書館法」の制定は，イギリスと同時期ではあるが，実際面ではアメリカの方が早かったと言える。

B──読書の資本化と図書館の近代化

❶──イギリスの職工学校図書館

アメリカで先駆的に起こった，公共的な性格の強い会員制図書館はもちろんイギリスでも設立されつつあった。グラスゴー・インスティテューションで自然科学を教えていたジョージ・バークベックが，大学に出入りしている労働者たちが知識を求めていることを知ったことから職工のための学級を開設し，それが後に図書館を擁することとなる職工学校の基礎となった。ロンドン職工学校の開校を皮切りに，マンチェスター，ランカスター，リーズ等でも同様の学校が設立され，1830年代半ばには100校以上に達した。ある程度学生たちにより選書されたと考えられる図書館の蔵書は自然科学と技術に重点が置かれていたが，最も貸出量が多かったものは小説であったという。これはフィラデルフィア図書館会社における利用者の傾向と同様である。もちろん，ここにも後の公共図書館の性格がすでに現れている。

❷──近代的公共性を支えた時間管理

ここで重要であることは，公共図書館における「公共性」という点である。この「公共性」については，職工学校を興したのが，クエーカー教徒の銀行家の家に生まれたジョージ・バークベックであった点からも論じることができる。

17世紀から18世紀にかけて誕生したメソジスト派やクエーカー派など，プロテスタントから派生した宗派は，17世紀半ば以降，公的な政策や私的な日常生活にも少なからず影響を与えていた。とりわけ，イギリスにおける公教育の普及にあって，メソジスト運動の社会改良運動はよく知られている。公教育は，単に字の読み書きを教えるためにあったわけではない。規則正しい時間のリズムを日常的に習得させることに，重要な役割があったのである。

産業革命のシンボルでもある蒸気機関車は，イングランドのみならず，アメリカにおいても鉄道ネットワークを拡大していた。アメリカにおける通信業の草分け的な存在である，ウェスタンユニオン電報会社は，電報サービスのみならず，鉄道事業者向けに時報サービスの事業化に力を注いだ。鉄道事業者は，正確なダイヤ運行や鉄道乗務員の労務管理を必要としていたか

らである。標準時という情報を通信のネットワークを利用して提供するサービスが事業として成立した背景には、労働が財として売買される資本主義市場にあって標準的な時間が非常に重要な要素となったからだ。鉄道交通と通信技術は、「時間を生産するテクノロジー」という点で大きな共通点をもっているのだ。鉄道交通と通信技術に導かれた標準時という情報サービスは、公共財として市場原理を支えることになった。まさに「時は金なり」である。

　時間を基礎にした労働の概念は、この時期に影響力の強かった社会改良運動によってさらに強化されることになった。新興宗教、例えばメソジスト派やクエーカー教などを中心とする社会改革運動は、あくまで現状肯定と生活の規律に重点が置かれていた。そこを貫く思想や信条は、中世後期のギルドにおける職業的な倫理観を基本としていたものが多い。この考え方は、ルター派のプロテスタントが受け入れた普遍恩恵説と呼ばれる倫理観にさかのぼることができる。

　ギルドの徒弟（サーバント）にとってのサービス（労働）とは、マスター（主人）への忠誠心が基本となっていた。この倫理観では、ルターが農民戦争を弾圧したことからもわかるとおり、ギルドの上下関係や荘園領主と農奴との関係は、固定的である。したがって、資本家と労働者との関係も維持されることになる。つまり、普遍恩恵説は現状肯定が基本である。当時の社会改革運動は、この宗教観を基本として、生活の規律、つまり時間を守る道徳観の方に社会秩序を誘導した。

❸──標準時の確立と私生活の資本化

　標準時による労務管理と規律を重視する社会改良運動によって、時間の所有が労働市場の原理に委ねられ、資本家と労働者の関係が確立し、私生活は資本化されることになった。時間という情報の共有は、空間的な連帯意識をもたらすことになった。その連帯意識をベネディクト・アンダーソンは「想像の共同体」と呼んだのだ。

　イングランドにおいては、1850年の工場法によって、繊維産業の工場労働者は土曜半休（1日10時間半、土曜日7時間半）と定められた。その工場法が制定されたのと時をほぼ同じくして、図書館法も制定された。「読書」や「公教育」は、19世紀の資本主義社会が生み出した「発明」である。

　先に触れた職工学校は、知識やノウハウを教えることより、学校のカリキュラム（教科課程）という時間のリズムを教えることに重要性があった。職工学校がコミュニティ再生に役割を果たしたのは、時間のリズムを産業界の生産性などに合わせることによって生まれたのだと言える。職工学校で何かを学んだり、図書館で本を読むことは、生産様式のリズムに自らの生活を合わせる学習でもある。そして、それは国家の基盤である産業振興にとって極めて重要な基礎となった。

❹──知の共有が生む「想像の共同体」

　一般的に言って、図書館史では、図書館がサービスの公共性を獲得していく必要条件としては、宗教性からの脱却、近代科学の積極的受容、市民主義的な図書館運営などが挙げられる。19世紀後半のアメリカにおいて、そのような必要条件を完備したのが、ボストン公共図書館である。ボストン公共図書館では、辞書・辞典や稀少本、逐次刊行物を除く図書の自由な貸出を認め、閲覧希望図書は少なくとも1冊、リクエストが多いものは副本を購入し貸出に充てるという基本方針が実践された。これらは現在の公共図書館においても最も基本的とされる

❷ボストン公共図書館の閲覧室［図書の貸出しをはじめとする近代的図書館サービスを導入し，現在の公共図書館の原型となった］

サービスの考え方であり，世界中に拡大した近代的な公共図書館の先鞭となった。

確かに，フィラデルフィア図書館会社や職工学校からボストン公共図書館に至る公共図書館が確立されるプロセスには，18世紀の終わり頃，経済的な向上と政治の権利の獲得，闘争のためには教育が必要であるという声が労働者階級の中から起こり，それが新たなタイプの図書館を生む要因となっている。しかしながら，そのような近代化のプロセス，とりわけ資本主義が成熟していく過程で公共サービスが提供された背景には，さらに重要な社会経済的な要因が大きく作用している。

公共性は出版（publication）と語源を同じくしているが，本が単なる「世界の解釈モデル」であることを超えて，読むことによってネットワークを意識させること，すなわち「想像の共同体」という連帯感をもたらしたことに，公共サービスの核心がある。享受する側から見れば，時間の私有を市場に委ねることを引き換えに政府や行政組織から提供されるサービスなのである。

C──世界典拠としての議会図書館

❶──国家を支える教養，教養を支える図書館

独立を果たして間もない1800年，首都ワシントンに議会図書館が設置された。実は，先のフィラデルフィア図書館会社も，議会がフィラデルフィアにある頃から議員のための資料提供を行っていた。フィラデルフィア図書館会社は，公立図書館の起源であるだけでなく，議会図書館の起源でもある。ただ，1870年頃までは議会図書館は，内政をサポートする資料室のような役割しか果たしていなかった。当時の大統領は議会をフィラデルフィアからワシントンに移すことを実行したトマス・ジェファソンである。ジェファソンと彼が指名した初代館長ジョン・ジェイムズ・ベックリーは，議会図書館により高いサービス機能を求めた。つまり，サーバントが実務を行うための資料面でのサポート機能を重視したのである。知の集大成としての図書館よりも，より機能的な公共性の高いサービスを追求して始まったという点では，個人コレクションを基礎に規模を大きくしていったヨーロッパ各国の国立図書館とは性格を異にすると言える。現在のような，議会図書館が発展と成長の知的な基盤となるのは，新著作権法制定（1870）と法定納本制度が確立した19世紀後半以降である。

19世紀までは，州立図書館と大学図書館に大きな役割があった。1818年のオールバニに設立されたニューヨーク州立図書館，1826年にできたボストンのマサチューセッツ州立図書館などがモデルとなって，各州に州立図書館が相次いで設立されて，アメリカ全土に拡大することになった。

アメリカにおける図書館の近代化は，アメリ

カ図書館協会の設立（1876）とともに具体化する。とりわけ，1890年から1914年にかけての25年の間に，アメリカの図書館は発展を遂げた。もちろん，この背景には，未曾有の好景気があることは言うまでもない。そして，この背景に先に挙げた資本市場における労働概念の確立，プロテスタンティズムに基づく生活倫理も作用している。さらには，鉄道と通信がもたらしたネットワークの連帯組織が果たした影響も極めて大きい。

そのような産業化の進展を背景に，著作権と義務納本制度の確立がコレクションの拡大をもたらすことになった。義務納本制度は国内のあらゆる出版物を議会図書館に納める代わりに，出版社にまつわる権利，つまり著作権や出版権を財産権と同様に保証するというものである。本として書かれた内容は基本的に書いた人の財産として国家が保証する一方で，検閲で表現の自由に制約を加えるという側面も持つ。新著作権法では，著作権を主張する者（出版人）は，すべてを2部ずつ発行する日から10日以内に納本することを定めた。すべての記録物を議会図書館でコントロールすることが宣言され，知のあり方も国家主導の産業化のプロセスで編制されることになった。義務納本制度と著作権法は単に図書館のコレクションを大きくすることだけを目的としたものではなく，国民国家を教養が支えるというイデオロギーの大きな根拠となったのである。

❷──図書館運営の近代化

この19世紀末から20世紀初頭の数十年間に，義務納本制度と著作権法だけでなく，図書館にとっての外部的な必要条件，例えば建築，財政，個人からの寄付，人的資源の育成と確保など，あらゆる進歩的な技術とノウハウが結集されていった。時を同じくして，個人コレクシ

❸ M.デューイ

ョンから派生したヨーロッパの図書館と似た現象が同時に発生した。それがアンドルー・カーネギーに代表される資産家の社会還元事業である。

カーネギーだけではなく，19世紀後半からのアメリカの図書館に固有な現象としては，アメリカの経済的な繁栄を背景として莫大な富を得た個人のコレクションが寄贈されることによってできた図書館が多いことにある。そのコレクションは主に学術的な側面に注がれていた。典型的な図書館としては，カリフォルニアの鉄道王ヘンリー・ハンティントンのハンティントン図書館をはじめとして，ニューヨークのモーガン図書館，シカゴのニューベリー図書館，スタンフォード大学のフーヴァー戦争・革命・平和研究所など枚挙にいとまがない。

巨万の富が図書館に注ぎ込まれる一方で，この当時には図書館の現場でも傑出した人物を輩出することになった。その1人がメルヴィル・デューイであり，もう1人がチャールズ・カッターである。デューイは世界中の数多くの図書館で採用する書架分類である「十進分類法」を発案した。そして，カッターはアルファベット排列を用いた「辞書体目録」を提案した。

❸──メディア産業が確立した知の生産・消費のサイクル

さらには,この時期新聞をはじめとする新しいメディアが,印刷技術のさらなる洗練化とともに顕著となってきたことも特徴的である。出版点数の拡大とともに,新聞や雑誌という「今をすぐ知る」という速報性を重視したメディアが登場したことは,「読む」という人々の日常にとって静かな革命をもたらしたと言ってよい。とりわけ,新聞というメディアと新聞社という情報産業の存在感はアメリカにとって,極めて大きなものである。それは現在のアメリカにおいても,続いている。

新聞などの 19 世紀に産業として確立したメディアがそうであるように,需給関係が成立するためには,書き手である著者を経済の担い手にする一方で,消費者である読み手が確保されなければならない。もちろん,「有能な読み手」が理想化される。ここからリテラシー(識字)という考え方がさらに重視されるようになった。リテラシーによって,有能な読み手がいることによって,社会の成員が共有し,社会の運営に有効と認識されるために維持しようとすることがらについての知識の運用能力が保証される。その運用能力は,ジャーナリズムという国家の監視機構を行う基礎をなすという大義名分となる一方で,読者=消費者が市場にかかわることによってメディアとしての出版の産業化にとっても基礎となる。かくして著者と読者の需給関係が確立し,したがって,「読み手」を確保するために市場を想定することは,国民国家が安定的に運営されるための必要条件と考えられるようになった。

人は新聞を手にとり,十分な水準の理解力によって記事を読み,要点をつかみ,含意を読みとる。そして,その記事の内容を考えながら,現実の社会と関連付ける。このように,社会の成員が共有し,有効と認識されるために維持しようとすることがらについての知識,すなわち行動や知覚あるいは思考の習慣が「コンテクスト」(context)である。そして,コンテクストの運用能力を身に付けることが「リテラシー」とされる。

アメリカはこのようなコンテクストを徹底的に利用した。結果的に,アメリカ合衆国という国民国家にとって,「知は資本(capital)である」のだ。そして,その資本は,20 世紀になると原子力技術(原子爆弾)と情報通信技術(コンピュータ)という巨大な利子(interest)を生み出した。それは富と繁栄を誇示するために生み出した利子,つまり国益(public interest)となったのである。

❹──世界秩序を支える出版物のデータベース化とネットワーク化

第 2 次世界大戦後,「世界の警察」を自認するアメリカが最も重視したのは,「秩序」の維持という大義名分である。いうまでもなく,この背景にはソ連との冷戦がある。マンフォード館長時代の議会図書館は,拡大政策を余儀なくされることになった。第 2 次世界大戦中に戦地となった国々への余剰農産物の未払い分を,現物の資料(図書や学術雑誌あるいは政府刊行物)で決済するという特例法を制定したことは,経済の国際化と知の集中を示す典型的なエピソードである。冷戦を背景としたアメリカの電子国家建設は,世界中の資料を収集・管理しその翻訳を行うプロジェクトから始まった。その 1 つが「機械可読型目録」である。

「機械可読型目録」(MARC:Machine Readable Catalog)は巨大なデータベース構築の先がけとなるプロジェクトとなった。1960 年代のアメリカにおいては議会図書館を中心に図書館業務の機械化の可能性について検

討が始められた。もちろん，アメリカ国内はもとより世界中の図書館がこの機械化の歩調を合わせていくことになった。議会図書館をはじめとして，OCLC (Online Computer Library Center)，RLIN (Research Libraries Information Network)，WLN (Western Library Network) などが作成している複数の目録データベースが構築され，ネットワーク化が進んでいった。ヨーロッパや日本においても1980年代に至るまで，図書館へのコンピュータの導入が世界中で進展した。その結果，書誌目録のデータベース化とネットワークを介した二次情報検索サービスを主とする今日の機械化された図書館が実現した。議会図書館を中枢的な基地とする標準的な情報のフォーマットが，データベースによって強化されることになった。

第2次世界大戦後のアメリカは強大な軍事力によって世界の国々を導いていた。その軍事力の背景には知の標準化という国是が働いていた。その結果，17世紀以降世界をリードしてきたイギリスに代わり，アメリカが圧倒的な力で世界を支配することになった。

D——バベルの電子図書館

❶ 電子図書館プロジェクトの進展

冷戦構造が解体してさまざまな変化が訪れたが，情報を取り巻く環境も大きく変化した。その最も大きな変化の1つがインターネットの爆発的な普及であろう。周知のとおり，1990年代に入り，研究ネットワークから草の根的に発展したインターネットは，政府機関によるネットワーク基盤整備と商用インターネットサービス・プロバイダー（ISP）の登場やパソコンの高機能化と普及などにより急激な進展をみた。1990年代の初めに開発されたワールド・ワイド・ウェブ（WWW）は，その後短期間のうちに世界中に普及し，現在では数多くのサーチエンジンが提供され，インターネット上の情報源を効率よく検索できるようになっている。

このインターネットの普及にあわせて，公共性や有用性の高いアプリケーション（応用技術）として，電子図書館というテーマが注目されることになった。アメリカが主導するインターネットの拡大戦略に沿って，1995年2月のG7情報サミットでは，GII (Global Information Infrastructure) の構築について基本的合意に至った。その中で設定された11の国際共同研究プロジェクトの中で，広域ネットワークのグローバルな相互運用性と電子図書館が採択されたことで，電子図書館実現への機運が高まることになった。電子図書館とは，コンピュータが備えている蓄積と編集の能力を駆使して，二次情報にとどまっていた情報管理を，一次情報（原資料）のレベルにまで拡大し，統一的なアクセス手段を提供しようとする応用（アプリケーション）技術と理解してよいであろう。

実験的な電子図書館のプロジェクトが議会図書館や全米の主要大学が展開される一方で，オンライン目録検索システム（OPAC）のインターネット対応も進められた。WWWの閲覧ソフト（ブラウザ）でOPACの参照を可能とするWeb版OPACは，ほとんどの主要な図書館で開発され公開されている。また，図書館システムのOPAC間での相互操作性の標準化を目的とした情報検索のためのネットワーク・プロトコルZ39.50型OPACの開発も進められている。Z39.50対応のGatewayを付加すれば，自館のコマンド・インターフェースで全世界の図書館のOPACにアクセスして原資料を瞬時に手に入れることが可能となる。

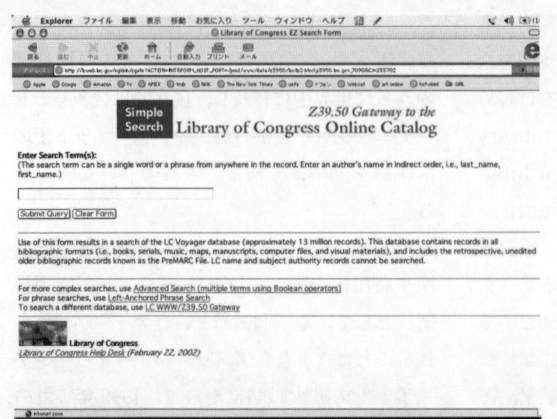

❹ Web 版 OPAC の画面［主要な大学のオンライン目録検索システムはインターネットの閲覧ソフトによって参照することができる］

❷──インターネット時代の著作権

しかしながら，10年近く経過した段階で，インターネット上の電子図書館プロジェクトが大きく知のあり方を変革するようなものにはなっていない。むしろ，従来の権利や利害調整に対して新しい問題を突きつけているとも言える。インターネットに関しては米国標準機構（ANSI）や米国情報標準機構（NISO）といった機関が標準化をめぐって調整を続けているが，その利害調整は極めて難航している。そもそも，その規格そのものもそれほど重要な位置を占めているとは言いがたい。

国家や産業界が利害調整を続けているうちに，インターネットは進化を続けている。P2P（Peer To Peer）という新たなコミュニケーション・プロトコルの普及はその典型である。匿名でログインしてファイルを入手したり与えたりすることができる匿名 FTP サーバによるファイル交換をさらに発展させたものが P2P モデルである。クライアントとサーバの両方の役割を状況に応じて使い分けることができる P2P モデルを用いると，分散して処理が行われるため，通信にかかる負荷が小さく通信インフラが貧弱でもファイルの交換がスムーズに実行できる。P2P に関して世界中に衝撃を与えたのが，音楽ファイルの交換を目的とした Napster の登場である。Napster の普及によって，専用ソフトをインストールしている全世界の人々とファイルを共有することが可能となり，全盛期で約6,000万人のユーザを擁する巨大なコミュニティとなった。当然ながら，著作権保護が深刻な問題となり，連邦裁判所の違法判決を受けて Napster 社は破産，アプリケーションは使用不可能になった。その後，2001年には Napster の基本的なスタイルを踏襲し，なおかつ音楽ファイル以外のファイルも交換できるファイル交換ソフト WinMX が登場している。

電子図書館が原資料のファイルを交換するための応用技術だと考えると，Napster や WinMX も電子図書館のシステムの1つである。ただ，議会図書館が巨大化したころにあった国家や産業資本による権利保護や利害調整の意識はない。著作権や工業規格が通用しなくなりつつあるインターネットにおいて，従来の権利や利害調整を維持したまま電子図書館を構想することは，もはや幻想にすぎない。

❸——21世紀の知的権威の行方

　ノーベル経済学賞を受賞したロバート・フォーゲルは，アメリカの経済発展において鉄道が果たした役割を計量的に分析した。最終的に，フォーゲルはアメリカ経済の発展にとって，鉄道網の建設は決定的ではなかったと結論付けた。フォーゲルは，17世紀以来蓄積してきた科学的知識がアメリカの経済発展を促したと指摘したのだ。それまでに蓄積された膨大な知識の集大成がつくり出す数々のチャンスが発展と成長の遺伝子となるのだという考え方である。しかしながら，鉄道網や通信網などのネットワークを想定しない知識の集大成はありえなかったはずだ。そして，そのネットワークは20世紀末にインターネットとして発展した。

　ユーザが強いローカリティ（地域性）を発揮すればするほど応用の可能性が拡大するインターネットと中央集権的な知の編制を象徴する図書館。21世紀のアメリカはどこにどのような知的権威を与えていくのであろうか。

■さらに知りたい場合には

ウィリアムズ，P.（原田勝訳）『アメリカ公共図書館史　1841年-1987年』勁草書房，1991.
　[近代アメリカ公共図書館の活動と思想に関する豊富な資料を詳細に検証しながら，公共図書館の社会における位置を問い直す研究書。]

オマリー，M.（高島平吾訳）『時計と人間：アメリカの時間の歴史』晶文社，1994.
　[19世紀のアメリカで，標準時という「新しい時間」の誕生によって，アメリカ人の生活がどのように変容してきたかという文化史。]

川崎良孝『アメリカ公立図書館成立思想史』日本図書館協会，1991.
　[アメリカの植民地時代から公立図書館が成立する1850年代までの歴史を，とりわけ社会思想の変遷という観点から包括的に扱った研究書。]

藤野幸雄『アメリカ議会図書館：世界最大の情報センター』中公新書，1998.
　[アメリカの繁栄と成長とともに拡大を続けてきた世界最大の図書館が歩んだ歴史をたどりながら，転換期を迎えた図書館の社会的役割を問う。]

Fogel, R. W. *The Union Pacific Railroad: a case in premature enterprise.* Johns Hopkins Press, 1960.
　[鉄道ネットワークの開発がアメリカの経済成長における転機だったという一般的な固定観念を，計量経済史の手法で批判した研究書。]

E

多民族社会の実態

　18世紀の独立革命以後から20世紀初頭にかけて，アメリカはWASPへの「同化」政策から人種間の「融和」政策へ移行し，人種的雑居を積極的に容認する「多元主義」の時代が到来した。20世紀前半にはこれを「るつぼ」のメタファーで捉える傾向が一般的になるが，じつは第1次文化多元主義時代のはじまる1915年あたりに，それを「オーケストラ」のメタファーへ発展解消させようとする動きもあり，さらに戦後，1960年代以降の第2次文化多元主義時代，すなわちブラック・パワーその他の台頭期に入ると，新たなメタファーとして「サラダボウル」が効力をもつ。

　多様な異分子がどろどろに溶け合う「るつぼ」状ではなく，部分的には異質でも全体として美味しい「サラダ」状の様相を呈するアメリカ像へ。たしかに，このメタファーは美しい。けれども同時に忘れてはならないのは，サラダボウルが，まさにその美しさにより無数の矛盾を隠蔽してきた歴史である。

42 多文化主義をめぐる議論
Multiculturalism：Pros and Cons

森茂岳雄

1980年代から90年代にかけて，アメリカでは多民族社会の新しい国民統合の原理である「文化多元主義」(Cultural Pluralism)／「多文化主義」(Multiculturalism) をめぐってさまざまな分野で激しい論争が展開された。その議論の中心にあるのは，アメリカが建国以来国是としてきた「多様の中の統一」(E pluribus unum) という理念の問い直しであり，アメリカ（人）の自己像（アイデンティティ）の再定義であった。本項では，この多文化主義論争の背景にあるアメリカのエスニックの国民統合（同化）をめぐる議論の歴史的変遷を簡単にたどるとともに，主に1980年代後半から顕著になった多文化主義をめぐる論争の中からアファーマティブ・アクション，公用語とバイリンガル教育，大学カリキュラム，およびポリティカル・コレクトネス（PC）と表現の自由をめぐる論争を取り上げ，それが国民統合をめぐる議論に何を提起したかを考える。

A──アメリカの国民統合と同化理論

社会学者ミルトン・ゴードンは，アメリカにおけるエスニック集団の同化過程の歴史的観察に基づいて同化の理論を，「アングロ・コンフォーミティ」論，「るつぼ」論，「文化多元主義」の3つに分けて論じている。

❶──アングロ・コンフォーミティ

アメリカでは建国以前から，さまざまな言語・文化をもった人が集まり，多文化・多言語社会を形成してきた。しかし実際には，建国時には一部の地域を除きイギリス系住民が多数派を占め，政治的，経済的権力を手にしたアングロ=サクソンの諸制度やイギリス人の言語である英語が共通語として認められていったのをはじめ，アングロ=サクソン流の生活様式や価値が，その後にアメリカに渡った移民の同化の基準になっていった。すなわち，「アメリカ人」になるということは，アングロ=サクソン化することを意味していた。その考え方の背景には，アメリカの諸制度はアングロ=サクソン，あるいはチュートン系民族に起源をもつという「チュートン淵源説」や，進化論の影響による当時のアングロ=サクソンの人種的優越論があった。このようなWASP優越論とそれに基づくアングロ・コンフォーミティ論は，とりわけ1890年代以降，非アングロ=サクソン系である東欧や南欧からのいわゆる「新移民」の流入が増すにつれて高まっていった。

❷──るつぼ

アメリカには，るつぼの中でさまざまな金属

が溶け合ってまったく新しい金属が生成されるように，世界各地からさまざまな人種や民族がやってきて，アメリカで生活することにより，文化的にも生物的にも新しい人間，すなわち「アメリカ人」が生まれるという考え方がある。このような考え方の原型は，すでに独立革命期にフランスからアメリカに移住したヘクター・クレヴクールが書いた『アメリカ農夫の手紙』(1782) の中に見られる。この書の中でクレヴクールは，みずから「この新しい人間，アメリカ人とは何者であろう」と問い，具体的例を挙げながら「このアメリカではあらゆる国籍の個人が融合して1つの新しい人種となっている……」と述べた。

「るつぼ」説を最もみごとに大衆化したのは，ユダヤ系イギリス人作家イズラエル・ザングウィルの戯曲『るつぼ』であった。1908年，ブロードウェイで上演されロングランとなったこの戯曲は，迫害を逃れてニューヨークに移民したロシア系ユダヤ人作曲家をモデルにしている。彼は，アメリカの移民が溶け合わされて1つの新しい民族・文化を形成していく過程を壮大な交響曲にしようと志を抱いていた。ザングウィルが劇中の主人公に語らせた次のことばの中に「るつぼ」説が象徴的に示されている。

 「アメリカは神のるつぼ，すなわちヨーロッパのあらゆる人種が溶け合い，再形成される偉大なるつぼである。……ドイツ人もフランス人も，アイルランド人もイギリス人も，ユダヤ人もロシア人もすべてるつぼの中に溶け込んでしまう。神がアメリカを作っているのだ。」

その後，「るつぼ」というメタファーは，アメリカにおける移民の同化過程を考える1つの解釈モデルとなった（⇨「45 ヨーロッパ系移民」のコラム「『人種のるつぼ』から『サラダボウル』へ」）。

❶教会のリーダーによる9.11テロの犠牲者を悼むスピーチに，人種を超えた共感をもって聞き入る人々[ミシシッピ州ジャクソンの州議会前にて，2001年9月14日]

❸──文化多元主義

「るつぼ」説に対する批判は，1915年ユダヤ系アメリカ人の哲学者ホレース・カレンによってなされた。彼はアメリカ社会が移民に同化を強いてきた一方，それとは逆に彼らが自らの属するエスニック集団の言語や宗教などの伝統的文化に依然として固執していることに注目した。現に，アイルランド移民はカトリック信仰への強い献身を保持しており，アーミッシュのようにアングロ＝サクソン文化とは隔絶した生活を送っているエスニック集団も存在する。また多くのドイツ人コミュニティでは，早くから学校教育の中にドイツ語教育を設定することによって「言語的忠誠」を育成しようとした。カレンはこのような現実の観察を通して，異なった文化的背景をもつエスニック集団はそれを維持する権利を持つこと，そしてアメリカという国家はその権利を保障するとともに各エスニック集団の文化的連邦にならなければならないこと，そしてそれら多様な文化が調和することによってアメリカ文明はより豊かになることを次のようなオーケストラの比喩によって主張し

た。

「『アメリカ文明』は，……統一の中の多様性，人類のオーケストラである。オーケストラのおのおのの楽器にはその特質と形態に見合ったそれぞれの音色と調性があり，交響曲にはおのおののタイプの楽器に適応したテーマとメロディがあるように，社会の中にあっては，それぞれの人種集団が自然の楽器であり，その精神と文化がテーマでありメロディである。」

ここには，アメリカは究極的に同質化された社会になるのではなく，異質なものがモザイクのように組み合わされた文化の連邦になるべきであるとする「文化多元主義」のさきがけを見ることができる。しかし，カレンのいう文化多元主義は，あくまでヨーロッパ系白人を中心としたアメリカ文明を前提とした議論であり，アフリカ系やヒスパニック，アジア系を含んだものではなかった。

その後，文化多元主義の思想は，第1次および第2次大戦時においてはナショナリズムへの批判としてランドルフ・ボーンらによって主張された。そして1963年，ネイサン・グレーザーとダニエル・モイニハンによるアフリカ系，アイルランド系，イタリア系，ユダヤ系，プエルトリコ系を中心としたニューヨーク市のエスニック集団の実態についての研究『人種のるつぼを越えて』(1963)が，19世紀末の大量移民の時代から2つの大戦を経た後も，各エスニック集団が依然として民族的文化的独自性を保持しつづけている事実を明らかにするに及んで，「るつぼの神話」は急速に崩壊していった。

文化多元主義は，1950年代後半から60年代にかけて展開されたアフリカ系を中心とした公民権運動を契機に高揚した「エスニック・リバイバル」の中で叫ばれ，さまざまな制度改革の提案となって表われた。このような文化多元主義は，カレンの「オーケストラ論」とならんで「サラダボウル論」とも呼ばれている。すなわち，サラダボウルの中でトマト，レタス，キュウリなどが形をそのままに保って，持ち味を出しているように，アメリカを構成する各エスニック集団が，それぞれの固有の文化の多様性を維持しながら共生し1つのアメリカを構成していくという思想であり，多様性に富むことが全体としての文化をいっそう豊かにすることができるという思想である。

B——多文化主義の出現

出身国別割当制度の廃止を盛り込んだ1965年の修正移民法によって，1970年代以降アメリカへの移民の出身地域はヨーロッパ中心からアジア，ラテンアメリカ中心へと大きく転換した。そしてアジア，ラテンアメリカからの非ヨーロッパ系エスニック集団の移民が増大するにつれ，アメリカのエスニック構成は急速に多様性を増した。国勢調査によれば，アメリカの総人口に占める白人人口は1960年には88.6％であったが，1990年には80.3％，2000年にはさらに落ちて75.1％（総人口2億8,100万人のうち2億1,150万人。ヒスパニックの白人を除いた白人は69％）にまで下がってきている。それに対し，2000年現在，ヒスパニックは12.5％（3,530万）とアフリカ系の12.3％（3,466万）を初めて抜き，最大のマイノリティ集団となった。またアジア系も3.8％(1,064万)と大幅に増え，先住民族も0.9％(248万)に増えている（表42-1）。

このような人種構成の多様化の進行に伴い，カレンの文化多元主義では言及されなかったアフリカ系，アジア系，ヒスパニック系を含めたアメリカ社会の多様性が再認識された。そして

表42-1 ●米国におけるエスニック集団ごとの人口の推移［1960-2000年］　　　　［単位：1,000人］

年度	総人口	白人	黒人	アジア太平洋	インディアン・エスキモー・アリュート	ヒスパニック（ラティーノ）
1960年	179,326	158,838 [88.6%]	18,849 [10.5%]	891 [0.5%]	546 [0.3%]	
1970年	203,210	178,119 [87.7%]	22,539 [11.1%]	1,526 [0.8%]	761 [0.4%]	9,073 [4.5%]
1980年	226,546	189,035 [83.4%]	26,482 [11.7%]	3,726 [1.6%]	1,534 [0.7%]	14,604 [6.4%]
1990年	248,710	199,686 [80.3%]	29,986 [12.1%]	7,274 [2.9%]	1,959 [0.8%]	22,354 [9.0%]
2000年	281,421	211,460 [75.1%]	34,658 [12.3%]	10,642 [3.8%]	2,476 [0.9%]	35,306 [12.5%]

●出典｜有賀夏紀『アメリカの20世紀（下）：1945年〜2000年』中公新書，2002. p.152に基づく。オリジナル・データはU. S. Census Bureauの資料による。
●注｜①ヒスパニック（ラティーノ）は，白人，黒人，アジア・太平洋，インディアン・エスキモー・アリュートなどの「人種」とは分類基準が異なる。
②国勢調査ごとに分類基準が異なったため，1960年および1970年の「インディアン・エスキモー・アリュート」欄にはインディアンのみの数値を示した。

1980年代後半には，これまで抑圧を受けてきたそれらマイノリティ集団が，自らの歴史に対する正当な評価を求め，さらには彼らの文化的差異や尊厳の承認を要求する「多文化主義」という考え方が出現した。この主張は，その後単に人種的・民族的マイノリティだけではなく，女性や同性愛者，高齢者，身障者等の社会的弱者の尊厳と承認を要求する政治闘争的性格をもって展開されてきている。

このように多文化主義は，「西洋白人男性」を基準とする価値観に対する政治的異議申し立てということができるが，アメリカではそのような価値観の対立は，単に政治闘争だけでなく，文化闘争ないし道徳論争といったより広い領域で展開されている。例えば，それはアファーマティブ・アクション，公用語とバイリンガル教育，大学カリキュラム，移民，同性愛，妊娠中絶，死刑判決，代理母，環境，動物の権利等々，包括的にはポリティカル・コレクトネス（政治的正しさ）にかかわるさまざまな問題が含まれる。これらの問題は，いずれも自由，平等，権利，尊厳といった価値をめぐる論争という点で共通しており，広く「文化戦争」と呼ばれている。

本項では，これらの論争のうち，アファーマティブ・アクション，公用語とバイリンガル教育，大学カリキュラム，およびポリティカル・コレクトネスと表現の自由をめぐる論争を取り上げる。

なお，「文化多元主義」と「多文化主義」の概念の区別については，現在アメリカの研究者の間においても十分明確になっているわけではない。一般に両者の決定的な違いは，前者がアメリカの独立宣言や合衆国憲法に象徴される自由や平等という共通の価値を前提としたうえで文化の多様性を強調するのに対し，後者はその

ような価値がすべてマイノリティ集団に等しく適応されてこなかったという歴史的な現実を強調して，各集団固有の文化の独自性を唱えるところにある。

C——アファーマティブ・アクション論争

アファーマティブ・アクション（積極的差別是正措置）は，従来差別されてきたエスニック集団や女性に雇用，昇進，職業訓練，大学入学などの機会を積極的に与えることによって，彼らが過去に受けてきた差別への補償と彼らの地位向上を目指したものであった。これは，もともと1964年の公民権法の成立をうけて，それを推進するための「大統領行政命令11246号」として提出された。具体的には，連邦政府と契約を結ぶ事業主に対して民族，宗教，肌の色，出身地にかかわりなく雇用，昇進，職業訓練などあらゆる面で差別しないように求めるものであった。2年後にはこれに性別が加えられた（⇨「52 公民権運動とマイノリティ運動」のコラム「アファーマティブ・アクションン」）。

この制度の是非をめぐっては今日まで論争が続いてきている。その争点は，歴史的に不利益を被ってきたエスニック集団ならびに女性に対して特別の優遇措置を講ずることは，人種や性別に基づく差別を禁じ，法の下の平等を唱える合衆国憲法およびそれに基づいて制定された公民権法そのものに違反するのではないかというものである。すなわち，公民権法は人種や肌の色，性別などを無視して機会の平等を達成しようとするものであるのに対し，アファーマティブ・アクションは逆にこれを基準にして差別を解消しようとする点にある。これは「カラー・ブラインド（肌の色を無視する）」主義と「カラー・コンシャス（肌の色を意識する）」主義の論争といえる。

アファーマティブ・アクションを擁護する「カラー・コンシャス」主義者は，アファーマティブ・アクションは過去の耐えがたい差別に対する補償として正当化されるものであり，いまだ現存する差別状況を是正するためにも，さらに将来に公正な社会を実現するためにも正当化されると主張する。これに対し，自由と平等を信奉する「カラー・ブラインド」主義者は，差別撤廃のために「機会の平等」を提供することは許されても，「結果の平等」までも要求し，統計的目標まで設けてマイノリティの雇用を優遇することはアファーマティブ・アクションの適応を受けていない人を締め出してしまうことになる。これは逆に積極的差別（affirmative discrimination）であり，逆差別（reverse discrimination）であると主張する。このようにアファーマティブ・アクションをめぐる論争は，「機会の平等」か「結果の平等」かをめぐる論争でもある。

このような論争は，法廷にも持ち込まれた。連邦最高裁で争われた代表的な事例として常に言及されるディファーニス対オデガード事件判決（1974年），カリフォルニア大学評議員対バッキ事件判決（1978年），ならびにアメリカ鉄鋼労働組合対ウェーバー事件判決（1979年）などは，いずれも白人が人種を理由に入学や昇進の道を閉ざされたことに対して逆差別を受けたとして提訴したものである。

これらの判決は，すべて判事全員の意見が一致せずいずれも難しい争点を含むものであったが，結果的に連邦最高裁がアファーマティブ・アクションは「法の下の平等」をうたった合衆国憲法の精神に違反しないと認めたものであった。その後もアファーマティブ・アクションをめぐる訴訟は繰り返されたが，1980年代に入ると，最高裁には共和党政権任命の保守的な判事が増えたこともあってアファーマティブ・ア

クションを後退させるような判決が相次いで出され，消極的な態度が目立っていった。

1995年7月には，9つのキャンパスを有するカリフォルニア大学理事会が，入学選抜，職員採用，業者選定において「人種，宗教，性，肌の色，出身民族および出身国（地域）を判定の基準としない」こと，すなわちアファーマティブ・アクションの廃止を決定した。また翌1996年11月にはカリフォルニア州の住民投票の結果，公共業務や大学入学におけるアファーマティブ・アクションをすべて撤廃することを主張した「住民提案209」の施行が決定された。この「提案209」については，連邦地裁が違憲の疑いがあるとして差し止めを命じたが，1997年4月に連邦高裁がこの下級審の判決を逆転させ，合憲判決とした。さらに11月には最高裁が連邦高裁の判決を支持するという判断をくだしている。同様に，ワシントン州でも，カリフォルニア州に次いで1998年11月の住民投票でアファーマティブ・アクション廃止が決定された。

その後，カリフォルニア大学をはじめアファーマティブ・アクションの廃止を行った大学におけるマイノリティの受験希望者，合格者は共に大幅に減少した。そのため，現在各地の大学はアファーマティブ・アクションに頼らずにキャンパスの多様性を確保するための方策を導入している。

しかし，これらの方法によっても全学生に占めるマイノリティの学生の割合はアファーマティブ・アクション廃止以前のようには回復していないのが現状である。こうした状況の中で大学への批判が高まり，カリフォルニア大学では，2001年3月にバークレー校およびロサンゼルス校で激しい抵抗運動が起こった。大学理事会は同年5月，アファーマティブ・アクションの廃止を定めた1995年の理事会決議の撤廃に踏み切った。

2003年6月には，1997年にアファーマティブ・アクションによる選抜制度を行っているミシガン大学法科専門大学院の入学選抜で不合格になった3人の白人学生が「人種のみを理由にした逆差別だ」として起こした裁判で，連邦最高裁は「措置そのものは合憲」とする決定をした。このように21世紀に入り，アファーマティブ・アクションの存続を評価する再度の揺り戻し現象が現れてきている。

アファーマティブ・アクションがもっているもう1つの論争点としては，このような措置がむしろ適応を受けるマイノリティに劣等感を内面化させ，白人には新たな憎悪を抱かせる逆効果が大きいというものである。確かに黒人であるから大学に入学できたとか，雇用や昇進の機会を与えられたと思い，思われることは黒人の自尊心を傷つける。反対に，白人の中にはいい職に就けない理由をアファーマティブ・アクションのせいにする傾向があることも人種関係にとっては好ましいものではない。

多文化主義的な文脈の中で広がったアファーマティブ・アクションをめぐる論争は，マジョリティとマイノリティという競合し合う利害関係をどのような観点から調停することが道徳的に正しいかという問題を提起している。

D——バイリンガル教育論争

多文化主義論争は，ナショナル・アイデンティティの形成に深くかかわる言語（教育）の分野においても活発になされてきている。それは一言でいえば，英語をアメリカの「国家語」あるいは「公用語」とするかどうかという英語公用語論争であり，国民国家の枠内で言語の多様性はどこまで認められるかというバイリンガル教育についての論争である。具体的には，アメ

リカにおいては，英語が多様な民族からなる社会を統合する絆であるとし，英語を公用語として規定し，他の言語の公的使用を禁止することによって英語による国民統合を推進しようという立場と，多様な言語の存在は国際社会に対応するためのアメリカの財産であり，英語習得の面でも積極的なバイリンガル教育がより効果的であるとして，アメリカの多様な言語・文化を保護し，維持，振興することを目指す立場との間の論争である。

前者は「イングリッシュ・オンリー」（英語第一主義）と呼ばれ，前述した同化論に従えば，アングロ＝サクソン文化・言語への同化を目指す「アングロ・コンフォーミティ」に基づき二言語・多言語の併用を認めない立場である。すなわち，英語がわからない移民に対する政府の多言語サービスやバイリンガル教育は移民の英語習得を遅らせるとする「イングリッシュ・イマージョン」方式を主張する。後者は「イングリッシュ・プラス」と呼ばれ，多文化・多言語の共存・共生を目指す文化多元主義に基づき二言語・多言語の使用を受容する立場である。

前述したように，アメリカは建国当初から多言語・多文化社会であったが，政治的，経済的権力を握ったイギリス人によって英語が主流の言語となっていった。特に，19世紀末から20世紀初頭にかけての新移民の増加に伴って強まったアメリカ化運動の中で，英語の能力がアメリカへの忠誠心の尺度と見なされ，「よきアメリカ人」の資質を英語の習得と結び付けて論ずる風潮が高まった。そのような動きの中で，1917年には，英語のできない移民の入国を制限する法案が初めて連邦議会を通過した。以来，英語はアメリカの国民統合の核と考えられてきた。

このような同化主義的な言語政策に転換を迫ったのは1960年代の公民権運動であった。1964年の公民権法の影響を受けて，英語が理解できないことから学力が上がらず，自己尊厳を失いかけている子供たちの教育を改革し，教育における平等を保障することを目的に，1968年「バイリンガル教育法」の名で知られる，「初等中等教育改正法」の第7条（Title Ⅶ）が成立した。これは英語の能力が不十分なマイノリティの子供のために，公立学校で子供たちの第一言語と英語の併用で授業することを許可かつ奨励する連邦法である。それによって子供に英語の能力を高めさせるとともに，第一言語の維持と能力の向上を図ることによって子供のもっているエスニック文化に自信をもち，それを保持することを目的としたものであった。この法案は，主に第一言語がスペイン語であるヒスパニックの子供を念頭においたものであった。

このバイリンガル教育の推進に大きな影響を与えたのは1974年の連邦最高裁によるラウ対ニコラス事件判決である。この事例は，サンフランシスコの公立学校に通う中国系の子供たちがサンフランシスコの統合学区を相手取って起こした集団訴訟である。この学区の英語を話すことのできない中国系の3分の2の子供たちに英語の補習授業を施していないのは，法の下の平等の保護をうたった合衆国憲法修正第14条と，連邦からの財政援助を受けている活動やプログラムが人種，肌の色，出身国のいかんにかかわらず差別をしてはならないとした公民権法6条に違反するというものであった。最高裁は，原告の訴えを認め，サンフランシスコ学区が英語を話せない中国系の子供に対して英語の補習授業や他の適切な手立てを用意しなかったことは彼らが公立学校のプログラムに参加する機会を奪ったことになるとして，それを是正するために教育委員会は積極的な措置を講ずべきであるとした。

しかし，1980年代に入りスペイン語を第一

言語とするヒスパニックや，アジアからの移民が増加するにつれ，自分たちの言語や文化が脅かされてしまうのではないかと不安を抱く人々の中からバイリンガル教育に反対し英語を公用語にしようという運動が活発になった。1981年には，日系の共和党上院議員であるサミュエル・I. ハヤカワによって英語を公用語にするという憲法修正案が議会に提出され，1983年には，ハヤカワを中心に，移民規制推進を提唱する院外団体の活動組織のひとつとして，英語第一主義を振興するために「USイングリッシュ」が創立された。USイングリッシュは，公立学校でのバイリンガル教育も英語以外での投票権も禁止すべきであると主張している。

その後も英語公用語関係法案が連邦議会に次々と提出されている。これらの法案はいずれも議会を通過しなかったが，州レベルでも英語公用語化の動きが活発になり，カリフォルニア州では，1986年に「住民提案63」が可決され，英語が公用語になった。以後2002年までに27の州で英語が公用語に指定されている。さらに1998年6月には，カリフォルニア州において英語に制約のある（Limited English Proficient）子供に対し，英語以外の言語を教育手段として使用することを著しく制限し，英語のみで授業を受けさせることを規定した「住民提案227」が採択され，バイリンガル教育が事実上終焉を迎えた。同様の趣旨の住民提案は2000年，アリゾナ州でも可決された。

こうしたイングリッシュ・オンリーの主張が強まるなかで，これに反対するイングリッシュ・プラスの動きも1985年頃から活発になってきている。イングリッシュ・プラスは，イングリッシュ・オンリーがネイティビズム，孤立主義，人種差別主義の現れであると批判し，英語の重要性を認識したうえで，国民の多様な言語と文化を保護し，育成することを目指している。1989年にはニューメキシコ州が，州として初めてイングリッシュ・プラスの考え方（多言語・多文化主義）を法制化し，その後オレゴン，ワシントン，ロードアイランドの各州も加わった。

このように今日，英語公用化運動に対する文化同化主義と多文化主義という明確な対抗軸が形成されてきている（⇨「74 アメリカ英語」のコラム「黒人英語と英語公用語化問題」）。

E——大学カリキュラム論争

多文化主義をめぐる論争は，ナショナル・アイデンティティの形成にかかわる教育の分野においても活発に行われてきた。その代表的な論争が，これまでアメリカの大学のカリキュラムを支配してきた西洋中心主義をめぐる論争である。ここでは，その事例としてマスコミを巻き込んで大論争の発端となったスタンフォード大学のカリキュラム改革をめぐる論争を取り上げる。

1988年，スタンフォード大学は，それまで伝統的にアメリカの大学教育の堅固な基盤であった西洋文化の「正典」(the canon) に対する長年の信仰を否定し，全新入生に必修科目として履修を義務付けてきた「西洋文化」というコア・カリキュラム領域を改編し，非西洋文化研究と女性やエスニック・マイノリティに関する多彩な科目を自由に選択できる「文化，思想，価値」に変更した。この改革の大きな要因の1つには，スタンフォード大学に入学するエスニック・マイノリティの学生の増加が挙げられる。これをきっかけに，アメリカの多くの大学でカリキュラム改革の嵐が吹き荒れ，大学は「文化戦争」の戦場となった。

大学カリキュラムをめぐるこの戦いは，主に西洋文化の古典を中心としたコア・カリキュラ

ムを信奉する文化的保守主義者と，女性やマイノリティ，非西洋文化を取り入れた多様なカリキュラムを支持する多文化主義者の間で繰り広げられている。

この文化的保守主義者の代表は，レーガン政権下で教育長官を務めたウィリアム・ベネットである。彼は1988年にスタンフォード大学で行った「なぜ西洋なのか」（Why the West?）と題する講演の中で，その理由として次3点を挙げた。①私たちの制度や思想はすべて，西洋の歴史を通して形成され，価値を得てきたものである。②西洋は世界の最も公正で効果的な政治のシステム，代表民主主義のシステムを生み出した。③西洋は他と比べることのできない知識の複雑さ，多様さ，深さの源泉である。このような理由から西洋文化の普遍性や絶対的優越性を主張している。同じ頃，アラン・ブルームもその挑発の書『アメリカン・マインドの終焉』(1987)を著わし，現代アメリカの高等教育の質的凋落の原因を文化相対主義の影響による西洋文明の後退であるとし，アメリカの大学におけるカリキュラムの中心はアメリカとその国民に対して最も強力で広範な影響を与えた源泉である西洋であるべきであると主張して大きな反響を巻き起こした。

これに対し，多文化主義者は，アメリカのルーツをすべてヨーロッパに求める「西洋文化」コースの普遍性は神話であり，知識というものは有限でも普遍でもないと批判する。またそこでは，ホメロス，プラトンからシェイクスピアをへてヴォルテールに至る西洋古典が「偉大な書物」（Great Books）と呼ばれ必読書となっているが，それらすべては「死に絶えた西洋の白人男」（Died White European Male）の内容であると軽蔑する。そしてこの国は，ルーツにおいても現実にも多文化社会であり，こうした多様な文化の学習こそが大学教育に力と活気をもたらすと主張する。大学カリキュラムをめぐる多文化主義論争は，高等教育における西洋中心の教育内容のあり方を根本から問い直す論争であり，それはまたアメリカのアイデンティティの再定義をめぐる論争であった。このような西洋中心のカリキュラム内容をめぐる多文化主義論争は，その後初等・中等教育における社会科カリキュラムや教科書のあり方をめぐっても活発に行われた。

その後，例えばカリフォルニア大学バークレー校では，1989年に「アメリカ文化卒業要件」と呼ばれる科目を設け，すべての学生にアフリカ系アメリカ人，アジア系アメリカ人，ヒスパニック，先住アメリカ人，ヨーロッパ系移民の5つのエスニック集団の中から少なくとも3集団について学ばなければならないと定めた。このような改革は，マイノリティの多い西海岸の大学だけでなく，白人学生が圧倒的多数を占める中西部のウィスコンシンやミネソタといった大学においても同様に行われた。

このように，高等教育機関のさまざまな分野において多文化主義は，その後急速に浸透しつつある。1992年に行われたある調査によれば，当時アメリカの全大学の3分の1以上において，アフリカ系アメリカ人，ヒスパニック，先住アメリカ人，あるいはアジア系アメリカ人についてのコースが開設され，半数以上において学部の多文化科目が増設され，半分以上において多文化的な学生相談システムが導入され，60％の大学において教員集団を多文化的な状態に保つための雇用政策がとられ，40％以上の大学が多文化主義的争点に照準をあわせた研究推進プログラムを有し，3分の1以上が多文化研究所ないし研究センターを有していたとされた。高等教育機関における多文化主義のこのような定着と拡大傾向は，初等・中等教育段階にも着実に反映してきている。

F──PC 論争

　多文化主義にかかわって，近年表現の自由をめぐる論争として議論を呼んでいるのが，いわゆる PC (Political Correctness，政治的正しさ) と呼ばれる主張である。PC とは，従来アメリカの伝統的文化や価値観が「西欧・白人・男性」中心であったことへの反省に立ち，各エスニック・マイノリティ集団，女性や同性愛者，障害者等の社会的弱者の文化，権利，尊厳を承認し，彼らを傷つける言動を排除しようという思想であり，配慮であり，運動である。

　広い意味では，前述したアファーマティブ・アクションや大学カリキュラムをめぐる問題も PC 問題に含まれるが，PC 問題として最も象徴的なものが不適切な差別表現の言い換えに見ることができる。例えば，議長 (chairman)，消防士 (fireman) という男性中心的な表現を "chairperson" や "fire-fighter" としたり，インディアンを先住アメリカ人 (Native American)，黒人をアフリカ系アメリカ人 (African American)，障害者 (disabled) を "differently-abled" などに言い換えようというもので，一部はすでに定着しているものもある。最近では，ガールフレンドを「知り合いレイプ生存者」(acquaintance rape survivor)，「主婦」(housewife) を「家内禁錮生存者」(domestic incarceration survivor) と言い換える場合もある。身体的，精神的特徴の表現として不適切な "blind"，"tall (short)"，"fat"，"mentally retarded"，"stupid" は，それぞれ "optically inconvenienced"，"vertically challenged"，"horizontally challenged"，"mentally challenged"，"cerebrally challenged" と言い換える。ここまでくると，PC は単なる差別表現の改革を超えた政治運動であると言える。

　PC とは，もともと毛沢東の用いた「正しい思想」からの「偏向」を糾弾する共産党正統路線を批判する際に，共産党員が独自の判断をもたないで教条的に共産党の判断に従って「政治的に正しい」といって判断していたことを，逆に彼らに対して嘲笑したことに由来している。それが 1990 年代には転用されて，多文化主義や反人種主義，同性愛擁護を主張し，PC を実践している学生や教師を揶揄する表現として，保守派の知識人によって用いられるようになった。

　1989 年，西欧の知的遺産を中心とした知識と教育の復権を掲げてニューイングランドの大学教員を中心に組織された全米学識者協会は，大学における学問の自由と民主主義社会の実現のために PC 批判を展開している。彼らに代表される PC 批判の論点は，PC は社会的弱者に対する配慮ではあるが，それを強要すると表現の自由を奪う「言語浄化（ことば狩り）」になり，さらには「思想浄化」につながる。またそれは，自らのために主張する自由を他人には認めず，PC 以外の思想と言動を密告，検閲，糾弾，恐喝などの手段によって攻撃するから，「新たなマッカーシズム」であると反論する。このように，PC 論争に特徴的なことは，「表現の自由」が本来少数派の権利を擁護するためのものであったにもかかわらず，むしろそれが「表現の自由」を制約し，二律背反の選択を迫るものになっていることである。

　PC と表現の自由をめぐる論争の事例として，1993 年 1 月にペンシルヴェニア大学で起こった「水牛」事件を取り上げてみよう。事件の発端は，黒人女子学生クラブ (sorority) が夜にダンスをしているとき，寮で勉強をしていたユダヤ人の白人男子学生が彼女らに「うるさいぞ，この水牛たち！」，「パーティをやりたかったら 1 マイル先に動物園があるぞ」と怒鳴

ったことである。怒鳴られた黒人女性学生は，その白人男子学生の言動を人種差別的だと大学に訴えたのである。そのユダヤ人学生の母国語のヘブライ語では「水牛」は「ばか」を意味していた。この当時，全米の60％以上の大学で，人種差別や性差別発言に対して処罰する規則（speech code）が定められており，ペンシルヴェニア大学においても同様のスピーチ・コードが存在した。"water buffalo"と叫んだ白人学生は，このスピーチ・コードに違反したとして訴えられたのである。この事件を契機にPCとしてのスピーチ・コードが言論の自由を制約しているという批判が全米で起き，メディアも言論の自由のためにPC批判の声を増大させていった。そしてついに1994年6月，同大学はスピーチ・コードの廃止を決定した。この一連の事件の経緯は，PCが差別・偏見の是正と言論の自由の擁護という憲法条項の解釈をめぐる論争であったことを物語っている。

　以上，多文化主義論争が提出している共通な課題は，一国家内における，一と多，絶対と相対，普遍と特殊をいかに総合，両立させていくか，言い換えれば多文化の共生を認めながら，共通な価値で結ばれた人類的連帯をいかにして構築するかという点である。それが多文化主義をアナーキズムやニヒリズムの袋小路に閉じ込めない方法でもある。

■参考文献

有賀貞『エスニック状況の現在』日本国際問題研究所，1995.
澤田昭夫「PC運動と『アメリカの分裂』（1）～（5）」『書斎の窓』有斐閣，1994.
末藤美津子『アメリカのバイリンガル教育――新しい社会の構築をめざして』東信堂，2000.
高階悟「PC論争と文化戦争」立教大学文学部英文学科『英米文学』No.57，1997.
多文化社会研究会編訳『多文化主義――アメリカ，カナダ，オーストラリア，イギリスの場合』木鐸社，1997.
辻内鏡人『現代アメリカの政治文化――多文化主義とポストコロニアルの交錯』ミネルヴァ書房，2001.
古谷旬『アメリカニズム――「普遍国家」のナショナリズム』東京大学出版会，2002.
油井大三郎・遠藤泰生編『多文化主義のアメリカ――揺らぐナショナル・アイデンティティ』東大出版会，1999.
Crawford, J. H. *Your Tongue: Bilingualism and Politics of "English Only"*. Addison-Wesley, 1992.（本名信行訳『移民社会アメリカの言語事情――英語第一主義と二言語主義の戦い』ジャパン・タイムズ社，1994）
Aufderheide, P., ed. *Beyond PC: Toward a Politics of Understanding*. Graywolf Press, 1992.（脇浜義明訳『アメリカの差別問題――PC（政治的正義）論争をふまえて』明石書店，1995）
Cahn, S. M. *The Affirmative Action Debate*. Routledge, 1995.
Carnochan, W. B. *The Battleground of Curriculum: Liberal Education and American Experience*. Stanford Univ. Press, 1993.（丹治めぐみ訳『カリキュラム論争――アメリカ一般教養の歴史』玉川大学出版会，1996）
Gordon, M. M. *Assimilation in American Life: The Role of Race, Religion, and National Origins*. Oxford Univ. Press, 1964.（倉田和四生・山本剛郎訳編『アメリカンライフにおける同化理論の諸相――人種・宗教および出身国の役割』晃洋書房，2000）
Schlesinger, Jr., A. M. *The Disuniting of America: Reflections on a Multicultural Society*. W. W. Norton, 1997.（都留重人監訳『アメリカの分裂――多文化社会について

の所見』岩波書店，1992)

■さらに知りたい場合には

戴エイカ『多文化主義とディアスポラ――Voice from San Francisco』明石書店，1999.
　［多文化主義，ディアスポラ，ハイブリディティという3つの概念を中心に，グローバル時代のエスニシティのあり方を論ずる。特に第2章では，アメリカの多文化主義論争の分析を通して，差別構造を切り崩していくために生み出された戦略的概念が，常に支配権力によって囲い込まれる傾向にあることを指摘。］

De Anda, D. ed. *Controversial Issues in Multiculturalism*. Allyn and Bacon, 1997.
　［人種・民族問題，ジェンダー問題，移民問題，多文化教育，アファーマティブ・アクション等々，多文化主義をめぐる論争問題について肯定派と否定派の主張をディベート形式で掲載。］

D'Souza, D. *Illiberal Education: The Politics of Race and Sex on Campus*. Vintage Books, 1991.
　［アメリカの6つの大学で起きた入学審査や教師の採用，カリキュラム，言論の自由，学問の自由，学生生活などの人種をめぐる事件とそれをめぐる論争について報告。］

Hollinger, D. A. *Postethnic America*. Basic Books, 1995.（藤田文子訳『ポストエスニック・アメリカ――多文化主義を超えて』明石書店，2002.)
　［人種・民族によるアイデンティティの問題を主にアメリカ思想史の側面から論ずる。多文化主義の遺産を受け継ぎながらも，人々の連帯の輪が広がるポストエスニック・アメリカの可能性を未来に託す。］

43 ネイティブ・アメリカン
Native Americans

富田虎男

通常、ネイティブ・アメリカンとは、いわゆるアメリカ・インディアンとアラスカ州の先住民族を指す。その人口は、2000年現在、およそ248万人である。ヨーロッパからの植民者たちによる征服、さらに民族差別を経験してきた今日まで、ネイティブ・アメリカンを取り巻く社会・経済的環境には極めて厳しいものがある。これまでアメリカ各地の都市や保留地で暮らすネイティブ・アメリカンは、全国規模の組織を結成し、状況の改善を求めて闘ってきた。特に1960年代、黒人公民権運動や少数民族解放運動に呼応した民族自決運動は、ネイティブ・アメリカンの地位向上をもたらしただけではなく、自らの伝統文化、価値観、生活様式への自覚を促した。しかしその一方で、都市化や、他民族との交婚や、白人社会への同化も進み、固有の言語を使う人も激減し、民族としてのアイデンティティの喪失の危機も潜在している。彼らの生活や権利は1960年代以降徐々に改善されてきたが、依然として解決されねばならない課題も多く残されている。

A──ネイティブ・アメリカンとは誰か

ここでネイティブ・アメリカンとは、現在のアメリカ合衆国本土の48州に先住するアメリカ・インディアンと呼ばれる人々と、アラスカ州に住む先住民の3つの民族集団（インディアン、エスキモー、アリュート）を指している。1975年のネイティブ・アメリカン・プログラム法では、もっと広く定義されて合衆国に属する太平洋諸島のアメリカ領の先住民たち（サモア人、グアム人、北マリアナ共和国人、パラウ共和国人、そしてハワイ州の先住民）もネイティブ・アメリカンに含めている。また先着してアメリカ国民になった人々が、後から来た移民たちから自分たちを区別するためにアメリカ生まれという意味でネイティブ・アメリカンと称する場合もある。しかし、ここでは狭く前記の人々に対象を限定することにする。

ネイティブ・アメリカンの全人口は、2000年の合衆国商務省の国勢調査局の調査報告書によると、約248万人である。インディアンとは誰か、これは繰り返し問い返される問題で、その定義はさまざまある。例えば、国勢調査では調査票の所属民族欄にインディアンと自己申告した人のことで、アイデンティフィケーション（自己認識あるいは帰属意識）がその基準とされている。一方、インディアン業務を統括している内務省のインディアン局（BIA）は、インディアンを、一般に連邦政府によって「承認された」トライブ（tribe 以下、部族と訳す）、バンド、コミュニティのメンバーであって、インディアン保留地もしくはその周辺に住み、インディアンの血を4分の1ひいている

人と定義している。1989年のインディアン局の統計によるとその数は94万9,075人で，国勢調査の数の半分に満たない。他方1976年のインディアン保健法などでは，「承認された」部族のメンバーと規定されているだけで，血統とか居住地を資格要件とはしていない。

インディアン自身の間でも，その定義はさまざまである。オクラホマ州のチェロキー族は独自のチェロキー国を維持していた最後の年にあたる1906年の部族民名簿に名前が記載されている人とその子孫をメンバーとして認めている。一方ナヴァホ族はナヴァホの血を4分の1以上ひいている人をメンバーとして認めている。また部族によっては，2分の1以上としているものもあって一様ではない。

図43-1 ●アメリカ・インディアンの人口の推移

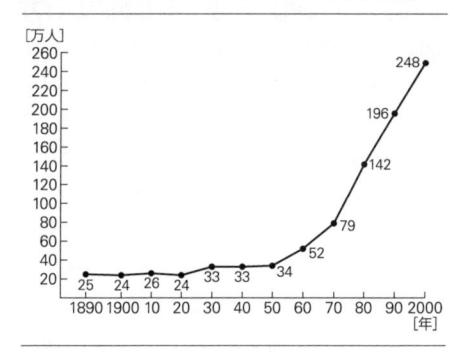

●出典｜U. S. Department of Commerce, *Statistical Abstracts of the United States, 1790-1970*.とその後の国勢調査による。

B──インディアンの現状

❶──人口の増加

近年のネイティブ・アメリカンの人口動態の特徴として，人口の急増と都市部に居住する都市インディアンの増加を挙げることができる。図43-1に見られるように，国勢調査局が初めて全インディアンの人口統計を報告した1890年にはその人口は24.8万人で，その後30年間，停滞あるいはやや減少の傾向さえ示し，インディアンの絶滅が憂えられたが，1930年代から次第に増加に転じ，50年には34.3万人，60年には52.4万人，70年には79.3万人，80年には142.0万人，90年には195.9万人，2000年には248万人へと急激に増加した。その原因は非常に高い出生率──1,000人につき全国民の15.7に対し27.5（1987年）──にもあるが，国勢調査票に誇りをもってインディアンと自己申告する人が増えたことによるところが大きい。その背景として，1960年代以来の

インディアン復権運動の進展につれて，インディアンとしての自己認識が強まったこと，またさまざまな立法措置により年金や保健・福祉などの面で，インディアンであることにより公共のサービスの受益者になることができるようになったことを挙げることができる。

ここで用いるデータについてお断りしておかなければならないのは，人口については2000年の国勢調査の数字を挙げながら，その他の社会的・経済的なデータは，1990年の国勢調査などの数字を用いている点である。その理由は，2000年の国勢調査の詳しい分析結果の報告書がまだ出ていないからである。1990年のそれは1994年に公刊された。

❷──都市インディアンの急増

人口の急増とともに，都市部に居住するインディアン（都市インディアン）がいちじるしく増加したことも，最近の人口動態の特徴の1つに数えられる。都市インディアンのインディアン全人口に占める比率は，第2次世界大戦後急激に高まり，1970年には45％，90年に

は56.3％（110万534人）と50％を超えた。その背景として第2次世界大戦中の軍役（2万5,000人）や軍需産業への動員（5万人）によって、多くのインディアンが保留地外の世界を体験したことや、戦後の都市転住計画や連邦管理終結（ターミネーション）政策によって移住が促進されたことを挙げることができるが、何よりも保留地における異常に高い失業率が最大の原因と言える。その失業率は1980年代の統計で、平均30～50％、僻遠の地では70～80％にも達している。保留地の人々は働き口を求めて、また就職に必要な教育の機会を求めて都市部へと移動した。インディアン人口の多い上位5都市は、ロサンゼルス（8万7,487人）、タルサ（4万8,196人）、ニューヨーク（4万6,191人）、オクラホマシティ（4万5,720人）、サンフランシスコ（4万847人）で、ニューヨークを除きすべて保留地に近い西部にある。6位から10位の都市も同様である。工業発展のいちじるしいカリフォルニア州の場合、都市インディアンがインディアン人口の90％以上を占めている。

都市インディアンは3つのタイプに分けられる。第一は、都市の生活に不適応を起こして、保留地に戻ったり、両方の間を往来する出稼ぎ型の一時滞在者。第二は都市に定住してさまざまな雑役に従事する賃金労働者で、低賃金のため都市社会の底辺部に沈澱している人々。第三は同じく定住型であるが、教育の機会に恵まれて専門職などにつき、中流社会の一員となる人々。第一と第二のタイプの都市インディアンの多くは、貧困と差別の苦しみに加えてインディアンとしての帰属意識を喪失する危機にさらされながら暮らしている。彼らを支援するため、多くの都市にネイティブ・アメリカン・センターが設置され、日常的にインディアン相互の交流の場を提供し、就職、保育、健康、法律などの相談に応じている。またパウワウ（踊りの大会）などを開催して、彼らの部族意識と民族意識の高揚にも努めている。一方、都市では他民族との接触の機会が増えたことから、他民族との交婚率が急速に高まっている。現在では男女とも48％がインディアン以外の異性と結婚していることをデータは示している。この傾向は都市インディアンの増加とともにいっそう強まると予測され、インディアンとしてのアイデンティティに今後少なからざる影響を与えるのではないかと思われる。

❸──保留地インディアン

一方、1990年現在インディアン保留地〔呼び名はリザベーション、プエブロ、ランチェリー、コロニー、コミュニティなどさまざま〕と連邦信託地には43万7,431人（全インディアンの22.3％）が、また以前には保留地であったが現在は「部族管轄統計地域」と呼ばれているオクラホマ州の諸地域には20万789人（10.2％）が、さらにその他の州の「部族指定統計地域」には5万3,644人、アラスカの「先住民村落統計地域」には4万7,224人が住んでいる。したがって、合計73万9,108人（37.7％）が国勢調査局のいう「インディアン居住地域」に住んでいることになる。これらの人々を都市インディアンに対して保留地インディアンと呼ぶことができる。

ところでインディアン保留地とは何か。それは1871年以前インディアン諸部族が連邦政府と個別に条約を結んで境界線を設定し、その領土を割譲した際に、領土の一部を居住地として「保留」した、つまり連邦に引き渡さなかったインディアン固有の領土である。1871年に条約締結の慣行が廃止された後、大統領行政命令や連邦議会の立法や内務長官の決定によって設置された保留地もある。これらの保留地の総面積は、1881年に1億5,563エーカーあったが、その

インディアンの文化復興

　1960年代以降盛り上がりを見せたインディアン自決運動の中で，固有な伝統文化の見直しが行われ，復興された。伝統文化は1880年代に始まる強制同化政策のもとで，市民文化とは対照的に，遅れたもの，野蛮なもの，邪悪なものとしてさげすまれ，踊りや儀式などの慣行も禁止され，寄宿制学校では子供たちに部族語の使用さえ禁止された。1930年代のニューディール政策のもとで，ようやく禁令がとかれ，60-70年代にかけてペイオーティ信仰（先住アメリカ人教会）やサンダンス教のめざましい復興をみた。いくつかの部族では部族語を教えるようになった。78年には，ニューカレッジ補助法やインディアン児童福祉法によって教育面での充実が図られた。また同年にインディアン宗教自由法も制定された。

　芸術面では，伝統美術工芸の発展がめざましい。1962年にニューメキシコ州のサンタフェに設立された全米インディアン芸術学院は，絵画，彫刻，織物，陶芸だけでなく，映画，演劇，音楽などの各分野で活躍するインディアン芸術家を輩出した。映画部門で最近注目されるのは，クラマス保留地出身の若い映画監督クリス・エアの映画『スモーク・シグナルズ』で，それはインディアン少年2人の友情を描いて，第11回東京国際映画祭で最優秀芸術貢献賞を受賞した。

　文学の部門では，スコット・ママディ，レスリー・M. シルコウ，ルイーズ・アードリック，ジェラルド・ヴィゼナーなどが，インディアン固有の世界を描いた作品を発表している。作品のいくつかは邦訳されている。

　伝統的な慣行や行事もめざましく復活して，保留地だけでなく，都市でも行われている。代表的なものとして，ポトラッチ（分け合い），スウェット・ロッジ（汗かき小屋），パウワウ（踊り大会）があり，インディアンであることの自己確認に貢献している。

　これらに加えて，最近では歴史的記憶の見直しの動きが注目される。90年には先住アメリカ人墓地保護・返還法が制定されて，かつて没収された遺骨や儀式用具など聖なるものは，元の所有者が確認されれば博物館などの所蔵品でも返還されることになった。またモンタナ州の旧カスター国立記念戦跡は，92年にリトルビッグホーン国立記念戦跡に改称された。インディアンに恐れられた白人の軍人の英雄カスターの名がはずされて，インディアンが空前の大勝利を収めた戦場の地名がつけられたのである。98年にはコロラド州にサンド・クリーク虐殺史跡設置法が制定されて，南北戦争中の1864年にコロラド義勇軍が平和裡に野営していたインディアンを襲撃して，非戦闘員多数を虐殺した歴史的記憶を再確認するための史跡がつくられた。その歴史的記憶は，かつてベトナム戦争中にソンミの虐殺事件を契機によみがえって，映画『ソルジャー・ブルー』となった。

［富田虎男］

❶パウワウで伝統的舞踊を踊るインディアン

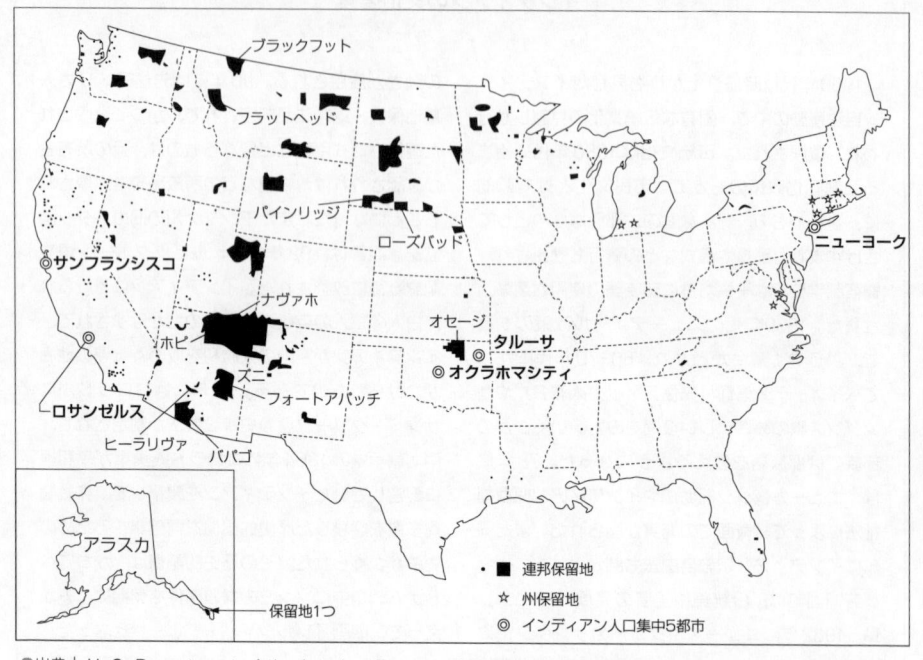

図43-2 ●インディアン保留地とインディアン人口集中都市 ［1992年］

（地図：ブラックフット、フラットヘッド、パインリッジ、ローズバッド、サンフランシスコ、ナヴァホ、ホピ、ズニ、オセージ、タルーサ、ニューヨーク、ロサンゼルス、フォートアパッチ、オクラホマシティ、ヒーラリヴァ、パパゴ、アラスカ　保留地1つ　■ 連邦保留地　☆ 州保留地　◎ インディアン人口集中5都市）

●出典｜U. S. Department of the Interior, Bureau of Indian Affairs, *Indian Land Map* (1989)に基づく。

後ドーズ法をはじめとする強制同化政策によってその80％が奪い取られ，1930年には約3,210万エーカーにまで減少した。ようやく1934年のインディアン再組織法によって土地奪取に歯止めがかけられ，現在約5,500万エーカー（22万km²）にまで回復している。

保留地の数は287（1990年）で，インディアン保留地分布地図に見られるように（図43-2），大半が北部中央と西部の地域にある。各保留地の面積は6.5万km²（九州と四国を合わせた広さ）もある最大のナヴァホ保留地から，4,000m²に満たない最小のシープ・ランチ・ランチェリアに至るまで，大小さまざまである。保留地に居住するインディアンの数も，最多のナヴァホ族18.0万人から無人の保留地まで，幅が広い。しかも保留地にはインディアン以外の人々も大勢住んでいて，フラットヘッド保留地のように，インディアン人口5,130人に対してインディアン以外の人口が1万6,129人（人口の76％）もいるところもあるし，ヘイメス・プエブロのように，インディアン人口が99.3％を占めているところもある。

多くの保留地では，部族協議会を中心としてインディアンの自治が行われているが，一方で，大半の保留地に内務省インディアン局の出張所（agency）が設置されていて，部族協議会を通じて連邦政府の諸種の行政サービスを提供している。それはまた連邦政府によるインディアン管理機構の末端の役割も担っている。多くの保留地の行政の中心部では，部族旗を掲げた部族協議会の建物に隣接して，星条旗を掲げた出張所の建物が立っている光景が見られるが，それは準主権をもつ「国家内の従属国家」という合衆国におけるインディアンの法的地位

表 43-1 ●インディアンの社会・経済状態の他集団との比較

	白人	黒人	インディアン	アジア系	ヒスパニック
●年収［ドル］					
家族全員	37,630	22,470	21,750	41,250	25,060
男性	30,760	21,690	22,080	30,080	20,320
女性	20,050	18,020	16,680	21,340	16,310
●貧困レベル以下の世帯・個人					
世帯数［万世帯］	357.3	150.5	12.5	18.3	106.7
総世帯に対する比率	7.0％	23.9％	27.0％	11.6％	22.3％
総個人に対する個人の比率	9.2％	29.5％	30.9％	14.1％	25.3％
●職種					
経営者・専門職	25.8％	18.2％	18.3％	30.6％	14.1％
技師・販売・行政補佐	32.6％	29.4％	26.8％	33.2％	25.9％
サービス	11.5％	22.1％	18.5％	14.8％	19.2％
農林水産業	2.4％	1.5％	3.3％	1.2％	5.0％
精密工業・工芸機械工	11.6％	8.1％	13.7％	8.0％	13.1％
組立工	13.4％	20.8％	19.4％	12.1％	22.9％
●教育［25歳以上］					
高校卒　男性	79.6％	62.3％	65.8％	81.5％	49.8％
女性	78.5％	64.0％	65.3％	74.0％	49.9％
大学卒　男性	25.6％	11.0％	10.1％	41.9％	9.8％
女性	18.8％	11.8％	8.9％	31.9％	8.2％

●出典｜Farley, R. ed., *State of Union*, 2 vol (New York; Russell Sage Foundation, 1995).

を象徴的に表わしている。

❹──社会・経済・保健状態

　保留地に住むと都市部に住むとを問わず，インディアンがおかれている状況は極めて厳しく困難に満ちている。1990年の国勢調査報告書の諸種の統計によれば，表43-1に見られるように，経済的には貧困状態にある。インディアン家族全員年収の中央値は2万1,750ドルでヨーロッパ系の3万7,630ドルの57.8％，アジア系の4万1,250ドルの52.6％にすぎず，ヒスパニック系とアフリカ系よりもやや低い。また貧困レベル以下の世帯数の比率もヨーロッパ系の7％やアジア系の11.6％に比べて，27％と高く，貧困レベル以下の個人数の比率も30.9％で，アフリカ系の29.5％とならんで高い比率を示している。

　職種においても，高収入の経営者や専門職の比率は，白人の25.8％やアジア系の30.6％に比べてインディアンは18.3％と低く，ヒスパニック系の14.1％に近い。一方，低収入の第1次産業従事者を合計した比率は36.4％で，ヒスパニックの41％に次いで高い。

　収入・職種と深い関係がある教育について見ると，25歳以上のインディアンの高校卒は男65.8％，女65.3％でヨーロッパ系やアジア系に比べるとまだ低く，アフリカ系とほぼ同率である。4年制大学卒は，近年の教育振興策にもかかわらず，男10.1％，女8.9％とアジア系やヨーロッパ系と比べてかなり低く，ヒスパニック系とほぼ同率である。

表43-2 ●インディアンの保健状態の全国民との比較
[単位:人]

	インディアン	全国民
●出生率 [1987年] [1,000人当たり]	27.5	15.7
●幼児死亡率 [1987年] [新生児1,000人当たり]	9.7	10.1
●平均寿命 [1988年]	72歳	75歳
●主な死亡原因 [1990年] [10万人当たり]		
全体	574.3	535.5
心臓血管病	172.5	206.6
心臓病	138.1	166.3
脳血管病	26.4	29.7
アテローム性動脈硬化症	3.0	3.4
悪性腫瘍	91.3	132.7
事故	80.8	35.0
自動車	44.7	19.7
その他	36.1	15.3
慢性肝臓病と肝硬変	30.4	9.0
糖尿病	25.8	10.1
肺炎とインフルエンザ	18.7	14.2
自殺	14.5	11.4
殺人	14.1	9.0
慢性肺疾患	13.8	19.4
結核	2.5	0.5
●過度のアルコール摂取による死亡率	33.9	6.4

●出典 | Utter, J., *American Indians* (National Woodlands Publishing Co., Lake Ann, 1993).

図43-3 ●インディアンと他民族集団の貧困率
[単位:%]

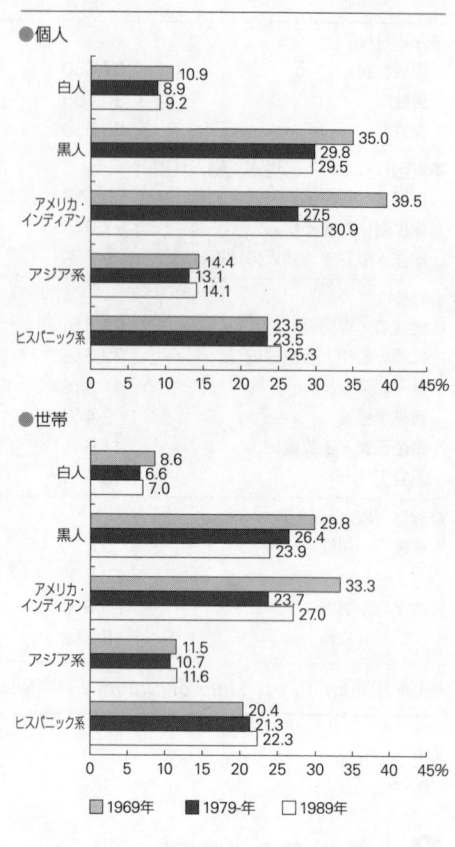

●個人

民族	1969年	1979年	1989年
白人	10.9	8.9	9.2
黒人	35.0	29.8	29.5
アメリカ・インディアン	39.5	27.5	30.9
アジア系	14.4	13.1	14.1
ヒスパニック系	23.5	23.5	25.3

●世帯

民族	1969年	1979年	1989年
白人	8.6	6.6	7.0
黒人	29.8	26.4	23.9
アメリカ・インディアン	33.3	23.7	27.0
アジア系	11.5	10.7	11.6
ヒスパニック系	20.4	21.3	22.3

●出典 | Farley, R. ed., *State of Union*, Vol.1 (Russell Sage Foundation, New York, 1995).

他方、インディアンの保健状態を全国民のそれと対比した表43-2によると、まず出生率は27.5％と非常に高く、平均寿命は72歳でやや低い。主な死亡原因の中で事故死の多さが全国民の2.3倍と目立っている。疾病では慢性肝臓病と肝硬変が3倍、糖尿病が2.5倍、結核が5倍に上る。これらのうち、自動車事故と肝臓病は、アルコール類の過度の摂取と関係が深い。過度の飲酒による死亡者は10万人につき33.9人で、全国民の6.4人の5倍強に上り、自殺と殺人の比率の高さとともに深刻な社会問題となっている。

以上のような社会・経済・保健状態を示す数値を、1970年のそれと比較すると、インディアンがおかれている状況がこの20年間に少し改善されたことがわかる。例えば貧困レベル以下の家族の割合は、1970年の33.3％から90年の27.0％に減っている。教育面でも高校卒は男が33.6％から90年の65.8％へ、女が33％から65.3％へと倍増し、4年制大学卒も3.8

％から男10.1％，女8.9％へと急増している。また農林水産業や諸種の工員つまり第1次産業従事者は48.7％から36.4％に減っている一方，経営者・技師と，販売・行政補佐は26.6％から45.1％に増えている。

また保健の面でも，居住環境の改善や保健衛生施設の整備が進んだこともあって，1970年には1,000人当たり35.5人だった幼児死亡率が9.5人に減り，結核による死亡も激減し，1970年に多かった赤痢が主な死亡原因のリストから消えている。平均寿命も63.5歳から72歳に伸びている。

このように改善のあとが見られるにしても，インディアンが，アフリカ系やヒスパニック系とともに，アメリカ社会の最底辺部に組み込まれている構図は依然として変わっていないことを見落とすことはできない（図43-3）。

C——インディアン自決運動

❶——自決路線と「レッド・パワー」

このような状況の部分的な改善をもたらした原動力が，インディアン自身の自決（セルフ・デタミネーション）を求める復権（権利回復）運動にあったことはいうまでもない。その発端となったのが，1961年に開催された全国アメリカ・インディアン会議（NCAI）のシカゴ大会であった。この会議には90部族の代表460人が全国から参集し，討議の末「目的宣言」を採択して「民族固有の権利」を強調し，連邦政府と結んだ「諸条約を尊重」するよう訴え，「慈悲と温情主義」を断固拒否することを声明した。特に保留地の解消を目指した1953年の連邦管理終結を，新しい形の同化政策として，その廃棄を強く要求した。

これに呼応してニューメキシコ大学のインディアンの学生や若者が，全国インディアン青年会議（NIYC）を結成して，各地で展開されつつあったダム建設反対運動，漁業権闘争，インディアン子弟の教育運動に進んで参加し，身体を張って戦った。このような実践を通して，彼らはインディアンはインディアンでしかありえないこと，インディアンであるためには，自分たちの固有な伝統文化，価値観，生活様式を自分たちの手で守り，復活し再生しなければならないことを深く自覚するに至った。

彼らは旧来の部族指導者がとってきた連邦政府への「嘆願」と「同化」の路線をヨーロッパ系にへつらうアンクル・トムをもじって「アンクル・トマホーク（物乞主義）」と批判して，新たにインディアン自身によるインディアンの自己決定「セルフ・デタミネーション」路線を提起した。この自己決定，言い換えれば「民族自決」は，単なる抽象的な原理にとどまらず，各部族が合衆国政府と結んだ条約上の諸権利を取り戻すための運動に裏打ちされていた。具体的には，それはマンダン族，ヒダッツァ族，アリーカラ族，クロウ族，セネカ族にとっては，同意なしに保留地内で強行されたダム建設に反対する運動であり，エスキモー族，ピットリヴァ族，チピワ族，イロコイ族などにとっては，固有の領土権を擁護する運動であった。またマカー族，プヤラップ族，ヤキマ族などにとっては漁業権の侵害に対する反対運動であり，またパイユート族，タオスプエブロ族などにとっては，湖水の水利権を擁護し聖地を奪還する運動であった。

このようなインディアン自決運動は，60年代の世界における民族独立運動の高揚や，国内における黒人公民権運動に呼応して始まったが，60年代後半になると，ベトナム民族解放戦争の進展，「ブラック・パワー」の台頭，「スチューデント・パワー」とベトナム反戦運動の高揚，チカノや女性などの権利要求運動などの

❷内務省インディアン局を占拠するAIMのメンバーたち［ワシントンD. C., 1972年11月4日］

開始を背景として，政治的に急進化して「レッド・パワー」をとなえるようになった。この自決運動に理論的な武器を提供したのが，全国アメリカ・インディアン会議の指導者であるラコタ族出身のヴァイン・デロリア・Jr.であった。デロリアは，『カスターは君たちの罪のために死んだ』や『俺たちが語る。君たちは聞け』を書いて，インディアン自決運動が，単なる「物質的生存」のためではなく，「イデオロギー的生存」をかけた戦いであると説いた。後者の著作は「インディアン独立宣言」といわれる。一方，急激に人口が増加しつつあった都市インディアンの意見をも代弁する運動体として，1968年，ミネアポリスでアメリカ・インディアン運動（AIM）が結成された。直接行動を特色とするAIMは，翌69年から71年にかけてアルカトラズ島の占拠，72年には「破られた条約の旅」を経て内務省インディアン局の占拠に中心的役割を果した。

73年には，1890年に合衆国第7騎兵隊によってオグララ・スー族が大虐殺されたサウスダコタ州パインリッジ保留地のウンデッドニーにかけつけて，部族評議会議長リチャード・ウィルソンの腐敗の糾弾に立ち上がった部族民を支援した。部族民とAIMは，人質11人をとって教会堂と交易所に立てこもり，連邦保安官や連邦警察と銃撃戦を交えた。この模様はマスコミによって世界に報道され，第2次ウンデッドニー事件として大きな反響を呼んだ。この事件中，オグララ・スー族は「独立宣言」を発した。71日間の籠城後，占拠は終わった。

事件後，AIMは，先住民の国際的連帯の道を模索して翌74年に，南北アメリカの97の先住民諸ネーションの代表を招いて第1回国際インディアン条約会議を開催し，「独立の継続」を再確認した。同会議は77年に国連から非政府機構（NGO）として認められ，80年代から国連の先住民作業部会で活躍している。

これより早く60年代半ばに，アラスカ先住民はアラスカ先住民国家連合を結成して固有の文化と土地を守る運動を展開し，71年にアラスカ先住民請求解決法の制定に導いた。また50年代のターミネーション政策によって保留地を奪われたメノミー族は，独自の運動を展開して，72年に保留地を取り戻した。全国アメリカ・インディアン会議（NAIC）も，74年の大会で「主権宣言」を発して，自決の路線を再確認した。

こうした自決運動の高まりの中で，68年に連邦議会はインディアン公民権法を制定してターミネーションを原則的に否認した。またニクソン大統領も70年の演説の中で「ターミネーションなきセルフ・デタミネーション」と述べてその撤回を公約した。さらに75年にはインディアン自決・教育援助法が制定されて，「インディアン自決政策を通じて，連邦政府がインディアンに関与と責任を負いつづける」ことが法的に確認された。

こうしてインディアンの自決は，政府公認の原理となった。それはインディアンがこれまでの自決運動を通じてかちとった大きな成果といえる。しかし問題はその「自決」の中身である。批判者はこの法でいう自決は，連邦政府がプログラムを作り，資金を提供して，その運用

ウラン放射能被曝問題

アメリカ・インディアンがウラン放射能に被曝し，今も後遺症に苦しんでいる問題は，局地的なせいか，あまり知られていないが，現代世界がかかえる普遍的な問題の1つを提起している。

インディアン保留地は，かつては不毛の地として白人が見捨てた西部の不毛の僻地に多いが，現在ではその地下に豊富に埋蔵された貴重な鉱物資源の産地として注目されている。例えば，ナヴァホ保留地の地下にある低硫黄石炭は西部全体の埋蔵量の3分の1，石油と天然ガス資源は全米の20％，ウラン鉱は全米の2分の1を占めている。このナヴァホ保留地で，1952年に部族評議会とカーマギー社との間に契約が結ばれ，80年に閉鎖されるまで，シプロックとチャーチロックで，42のウラン鉱山の採鉱が行われ，7つのウラン工場が操業していた。この28年間に低賃金で同社に雇われていたナヴァホ族の従業員のうち，坑内の通風機能の悪さも手伝って，35人が肺ガンで死亡し，95人が呼吸器疾患を患った。坑内の放射能は，1959年の報告によれば，安全許容量の90倍にも達していたという。

それだけではない。チャーチロックで操業していたユナイテッド・ニュークリア工場の近くの廃水用ダムが決壊して，高度に放射能を含んだ水100万ガロン（約380万㍑）がリオプエルコ川に流れこんだ。会社は少なくとも2ヵ月前にダムに亀裂が入っていることを知っていながら補修していなかった。この川の水を生活用水に使っていた1,700人の住民が，放射能の被害を受けた。その水を飲んだ羊などの家畜1,000頭が死んだ。住民，特に新生児に，異常に高い率で身体障害と白血病の患者が出た。マクギー社は放射能の恐ろしさを住民に知らせていなかったため，ある従業員はウランの廃坑を自宅の建築材料に使って身体に障害をきたした。放射能のせいであることを知ったのは，その後のことであった。

マクギー社は，ナヴァホ族に採掘権収入と一時的な雇用をもたらしはしたが，採鉱がとれなくなると，放射能被害者への補償を曖昧にしたまま，そしてウラン廃棄物を放置したまま，突如保留地から撤収した。

同じようなことは，ウラン鉱が埋蔵されているサウスダコタ州のパインリッジ保留地でも見られたし，今後もウラン鉱のある保留地で起こる可能性が十分にある。カナダでも，クリー族の土地や，マッケンジー地方イエローナイフとウォレストン地区で同様なことが起こっている。

［富田虎男］

図43-4 ●ナヴァホ保留地付近の炭鉱・ウラン鉱山と廃鉱堆積地

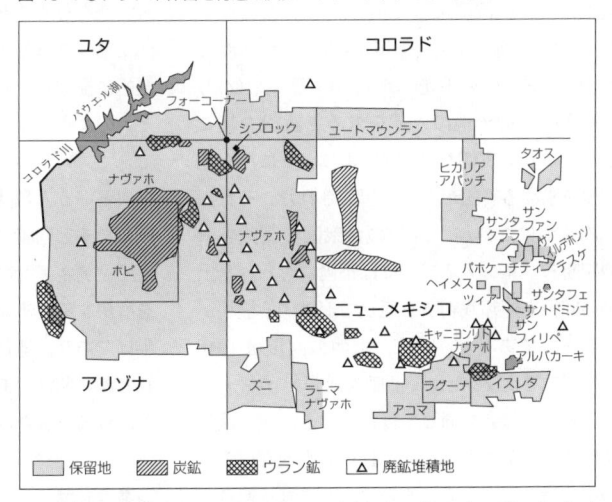

●出典 | Jaimes, A. ed., *The State of Native America* (South End Press, 1992).

をインディアンに任せる「自己管理」であって、そのプログラムの作成までを任せてはいないので「自己決定」ではないとした。また70年代後半の白人勢力の巻き返し「ホワイト・バックラッシュ」の中で、インディアンの自決や主権を否定する反動的論調も勢いを増し、連邦資金への経済的依存に足をからめとられた部族指導層の中には、自決への指向を弱め体制に順応する者もいた。この風潮に反撃を加えたのが、78年にAIMが組織した「一番長い行進」であった。これを最後に直接行動による自決運動は影をひそめた。その後も部族指導層は、自決と連邦政府への経済的依存のはざまで揺れ動きながら、真の自決の道を模索していく者と、経済的な依存に傾いていく者とに分かれて、政治的対立を続けている。

❷——土地権・漁業権・水利権をめぐる闘い

1970年代以降、自決運動の主要な手段の1つになったのが、法廷への訴訟である。その訴訟は次第に、法科大学出の若いインディアン弁護士たちの組織によって担われるようになった。まず72年にメイン州のパサマコディ族とペノブスコット族が1,200万エーカー（4万8,600km²）の土地の返還を求めて訴訟を起こした。これを皮切りに表43-3のように、土地回復を求める訴訟が次々に起こされた。それに弾みをつけたのが、74年の合衆国最高裁判所の判断——インディアンには不当に奪われた土地の回復を連邦裁判所を通じて追求する権利がある——であった。従来、土地の回復は1946年に設立され78年まで活動を続けたインディアン請求委員会を通じて行われてきたが、連邦法廷に舞台が移された。これらの土地回復訴訟の中で特に目立っているのは、イロコイ連合、ラコタ族、ホピ族とナヴァホ族のそれである。

漁業権をめぐる闘争も、1960年代に引き続いてワシントン州の太平洋岸やコロンビア川流域で展開され、74年以降にはウィスコンシン州の湖沼地帯でもアニシナベ族によってさまざまな妨害を排除して進められ、法廷でも勝訴している。また水利権をめぐる闘争も、70年代から80年代にかけて、各地の河川や湖沼で、グロヴァントル族、アシニボイン族、ピマ族、パパゴ族、パイユート族、セミノール族などによって行われている。

こうした各部族の諸権利のための闘争によって、1975年のインディアン自決・教育援助法では認められなかった連邦プログラム作成へのインディアンの参加が、88年の同法の修正によって部分的にではあるが認められた。またレーガン、ブッシュ、クリントンの歴代大統領も、インディアンと連邦との関係は、諸部族政府と、州政府と連邦政府との「政府対政府」関係にあると繰り返し声明した。さらにダニエル・イノウエを委員長とする上院のインディアンに関する特別調査委員会は、89年に豊富なデータに基づいて、連邦政府は温情主義的なインディアン管理をやめること、諸部族は自治の全責任を負うこと、連邦の資産と関連予算をすべて部族に移管することなど、今後の課題を包括的に提案した。

このようにインディアンは自決への道を進んできて、いくつもの成果を上げてきた。それは自決という人類共通の普遍的目標に向けての挑戦であると同時に、条約上の諸権利の回復というインディアンに固有な、具体的な歴史的課題を解決するための努力であった。その道はまだ半ばであり、連邦政府への経済的依存とか、それと深い関係のある部族指導層内部での対立など、今後克服されるべき課題は少なくはない。

■参考文献
有賀貞編『エスニック状況の現在』日本国際問題研究所、1999．

表43-3 ●インディアンの土地回復訴訟［1992年現在］

原告［起訴年］	州名	要求	証拠	解決年	解決内容
パサマコディとペノブスコット［1972年］	メイン	1,200万エーカー	G.ワシントンの手紙	1980	土地30万エーカー回復、2,700万ドル補償
ナラガンセット［1978年］	ロードアイランド	3,200万エーカー	州による奪取	1978	1,800エーカー回復
マシャンタケット・ピークォート［1976年］	マサチューセッツ	800エーカー	州による削減	1983	800エーカー分の購入資金補償
ワムパノアグ（マシュビー地区）［1974年］	マサチューセッツ	1万1,000エーカー	州による奪取	1978	原告として認められず却下、最高裁も再審拒否
シャティコックとモヒーガン［1980,83］	コネティカット	1,000エーカー	州による奪取		未決
カトーバ［1980］	サウスカロライナ	14万4,000エーカー	州による詐取	1983	却下→上告
セミノール（ミコスキー）	フロリダ	保留地設立	強制移住拒否	1982	係争中
アニシナベ	ミネソタ	ホワイトアース保留地の20％の管理権、一部土地の回復	1854年の条約		係争中
パパゴ（トホノ・オードハム）	アリゾナ	バボキヴァリ山脈の保全			係争中
ホピとナヴァホ	アリゾナ	聖地サンフランシスコ峰のスキーリゾート化反対			係争中
ホピとナヴァホ	アリゾナ	共有地からの強制移住反対			係争中
ゲイヘッド・ワムパノアグ	マサチューセッツ	祖先の土地の管理権の回復			訴訟準備中
アラスカ先住民	アラスカ	油田の一部管理権保持	アラスカ先住民土地請求解決法		係争中
イロコイ連合	ニューヨーク	土地回復			係争中
ラコタ（ウェスタン・スー）	サウスダコタ	ブラックヒルズ返還、土地回復			係争中
ウェスタン・ショショニ	ネヴァダ	土地への補償			係争中

●出典 | Jaimes, A., *The State of Native America* (South End Press, 1992).

❸未解決のスー族男性殺害事件等に対し抗議デモを行うAIMの活動家R.ミーンズ（中央）［1999年7月3日］

青柳清孝・松山利夫編『先住民と都市』青木書店，1999．

五十嵐武士編『アメリカの多民族体制』東大出版会，2000．

梅棹忠夫監修『世界民族問題事典』平凡社，1995．

コスター，J.（清水知久訳）『この大地，わが大地』三一書房，1977．

清水知久『米国先住民の歴史』明石書店，1992．

富田虎男『アメリカ・インディアンの歴史』（第3版）雄山閣，1997．

平野孝編訳『アメリカ・インディアン』研究社，1977．

横須賀孝弘『ハウ・コラ──インディアンに学ぶ』NHK出版，1991．

Jaimes, M. A. ed. *The State of Native American*. South End Press, 1992.

Utter, J. *American Indians: Answers to Todays Questions*. National Woodlands Publishing Co., 1993.

Trigger, B. and W. E. Washburn, eds. *The Cambridge History of The Native Peoples of The Americas, Volume I North America*. Cambridge Univ. Press, 1996.

Farley, R. ed. *State of Union: America in the 1990's*, 2 Vols. Russell Sage Foundation, 1995.

Mudd, V. directed. *Broken Rain Bow*. Earthworks Films, A Documentary Video on Navajo Relocation, 1985.

■さらに知りたい場合には

大貫良夫編『モンゴロイドの地球5　最初のアメリカ人』東京大学出版会，1995．

赤澤威他編『アメリカ大陸の自然誌2　最初のアメリカ人』岩波書店，1992．

［大貫編はアフリカで誕生した人類が世界へ移住し拡散していく過程の1つ，モンゴロイドのアジアからアメリカ大陸への移動と拡散に焦点をあわせ，その足跡を追った総合的な科学的調査の成果。赤澤他編も同じ問題を論じている。］

ブラウン，D.（鈴木主税訳）『わが魂を聖地に埋めよ』（上・下）草思社，1972，1997．

［19世紀後半の西部で展開されたインディアン諸部族の凄絶な戦いを描いたもう1つの西部史。］

阿部珠理『アメリカ先住民の精神世界』NHKブックス，1994．

北沢方邦『蛇と太陽とコロンブス』農文教，1992．

金関寿夫『魔法としての言葉──アメリカ・インディアンの口承詩』思潮社，1996．

西村頼男他編『ネイティヴ・アメリカンの文学』ミネルヴァ書房，2002．

［本章では扱われなかったネイティブ・アメリカンの精神世界については，阿部は平原インディアンのラコタ（スー）族を，北沢は南西部のホピを対象とし，金関はネイティブの詩の世界に分け入り，西村他編は文学を扱っている。］

44 | アフリカ系アメリカ人
African Americans

谷中寿子

2000年国勢調査によると，アフリカ系アメリカ人人口は約3,547万人で，合衆国全人口の12.8％を占めている。「アフリカン」から，「奴隷」「フリードマン」「カラード」「ニグロ」「ブラック（黒人）」「アフロ・アメリカン」「アフリカ系アメリカ人」まで，名称は時代とともに変化しているが，アフリカ系アメリカ人の存在はアメリカの経済，政治，文化の発展を左右する要因の1つとなっている。アフリカ系アメリカ人の労働力があったからこそ，アメリカ植民地の存続が可能となり，合衆国の農業社会，やがては産業資本主義社会が発展したのだった。彼らの人権・自由・公正を求める長い闘争は，合衆国が建国時に掲げた「自由と平等」の理念を具現するものであった。彼らの創造性・独創性が，アメリカの音楽や踊り，文学を豊かに育んでいる。彼らが優れた知的・身体的資質を発揮しているので，アメリカ人のスポーツ記録は世界を凌駕している。さらに，アフリカ系アメリカ人は国境を超えて，全世界の人々にアイデンティティ探求の意義を示している。それゆえ，アフリカ系アメリカ人は，日本で最も注目されているアメリカのエスニック・グループの1つである。

A──アフリカ系アメリカ人のサガ

❶──アフリカから新大陸へ

　アフリカ系アメリカ人の祖国西アフリカでは，8世紀頃にはガーナ，その後マリやソンガイ，ベニン，コンゴなどの王国が次々と出現し，さまざまな形態の政治組織で統治されていた。アフリカ人は家族単位で農耕生活を営み，金を中心に鉄，銀，銅，木などの工芸品や織物を制作しながら，豊かな経済活動に従事していた。14世紀頃には，それぞれの部族の専業化が進み，部族や王国の間で物々交換が始まった。広く交易を行うために，支配層はすでに7世紀にアラビアから入ってきていたイスラム教を受け入れたが，一般のアフリカ人は先祖伝来の部族崇拝の宗教儀式を守っていた。

　このような状況下の西アフリカに，15世紀，ポルトガルの航海王ヘンリーが探検隊を送り，果実，オリーブ油，金などのアフリカ特産物と黒人奴隷を持ち帰らせた。年間700人から800人の奴隷がポルトガルに連れてこられ，続いてスペインも奴隷貿易に参入した。しかし，15世紀末の奴隷貿易はそれほど利潤を上げるものではなく，ヨーロッパ国内では，黒人奴隷の需要は限られたものであった。ヨーロッパ人はアフリカ人同士が戦争，誘拐などによって獲得し酷使していた捕虜を買ったにすぎないとか，キリスト教伝道のためであるなどの理由をつけて，奴隷貿易を正当化した。

　ところが，1492年，クリストファー・コロンブスが西インド諸島に到着し，ヨーロッパ人

による新大陸探検の時代が始まると、大西洋を囲んで、ヨーロッパとアフリカと新大陸の間で新たな関係が樹立した。ヨーロッパ探検隊には多くのアフリカ人が随行し、探検事業に卓越した役割を演じた者もいた。やがて、ポルトガルは南米ブラジルを征服し、スペインはカリブ海諸島から中米に至る地域を領有し、天然資源の開発や植民地建設のために労働力を必要とした。1600年までに約12万5,000人のアフリカ人がこれらの地域に連れてこられた。徐々に奴隷貿易が大きな利潤を生むことが知れ渡り、17世紀から18世紀にかけて、オランダ、フランス、イギリスは政府が貿易会社に独占権を与えて、奴隷貿易の仕組みを確立していった。

銃と火薬、ラム酒、綿布などの商品を積んだヨーロッパ船がアフリカ西海岸の交易所に到着した。そこにはアフリカ内陸部の各地で誘拐された者や戦争捕虜が集められていた。商品と人間の売買が成立し、アフリカ人は「黒い積荷」として、鎖に繋がれ、身動きできないすし詰め状態で船倉に積み込まれた。毎年1万人のアフリカ人が連行され、その3分の1がカリブ海域、3分の1がブラジルへ、残り3分の1がその他の地域へ渡った。19世紀前半に、奴隷貿易が終結するまで、カリブ海、中米、南米がアフリカからのディアスポラの主な到着地であり、北米に直接渡ったアフリカ人は全体の5％以下であった。

一般に「中間航路」として知られる南北アメリカに向かう大西洋上の奴隷船では、伝染病、自殺が多発した。16世紀から奴隷貿易が廃止された後の密貿易も含めて、420年間続いた奴隷貿易において、1,500万人以上のアフリカ人が故郷から連れ去られた。航海中の死亡により、実際には約1,000万人が新世界に輸入されたと推定される。しかも、まともな健康体で到着した奴隷はその半分以下ともいわれ、奴隷貿易の悲惨さを物語っている。アフリカ人にとって、このような状況のなかで生存すること自体が闘争であり、なかには実際に奴隷反乱を起こす者もいた。

❷ 植民地から共和国へ：国づくりを支えたアフリカ系アメリカ人

1619年、オランダ船で連れてこられた女性3人を含む20人のアフリカ人が、北米イギリス植民地に初めて上陸した。彼らは年季奉公人として、ヴァージニアを中心に南部植民地でタバコ、トウモロコシの栽培に従事した。労働力不足に悩むイギリス植民者はまず、先住アメリカ人を奴隷として使用した。しかし先住アメリカ人はヨーロッパ人が持ち込んだ病気への抵抗力が弱く、強制労働に適応できなかった。ヨーロッパから年季奉公人が渡ってきたが、契約期間が4～5年で終了することや、逃亡したヨーロッパ人の奉公人は見つけにくく、安定した労働力とはならなかった。そこで、カリブ海の西インド諸島に奴隷として連れてこられていたアフリカ人を奴隷として輸入し始めた。先住アメリカ人とは異なり、出身地がさまざまなアフリカ人同士は意思の疎通に欠け、無抵抗であろうし、また無尽蔵にアフリカから供給できるであろうとヨーロッパからの植民者は考えた。そこで、子孫にまでその身分が及ぶ黒人奴隷制度が採用され始めた。

中部植民地やニューイングランド植民地では商業、造船業、漁業が経済基盤となったので、農業奴隷をそれほど必要としていなかった。だから、西インド諸島経由で入ってきたアフリカ人は職人、船乗り、家庭内労働者として、植民地建設に寄与した。また、これらの地域では、奴隷貿易から上がる利潤が植民地の経済的繁栄に不可欠であった。奴隷制の合法化も1641年のマサチューセッツ湾植民地を先頭に、北部植民地から始まった。18世紀半ばまでに13植民

地すべてが奴隷制を法的に容認し，奴隷は所有者の動産と位置付けられた。

黒人奴隷はさまざまな奴隷法で行動範囲が規制され，過酷な労働を強制された。このような奴隷所有者の仕打ちに対して，18世紀に入ると，イギリス植民地各地で奴隷暴動が続発した。ハイチ，パナマなどで起こった奴隷暴動の話が北米植民地にも伝わってきていたのだった。そのほか，逃亡，仮病，自殺，収穫物の廃棄，放火など，奴隷の反抗は数知れない。奴隷は自由を渇望し，中部植民地では奴隷制反対の議論も出てきた。しかし，奴隷の反逆に恐れおののく南部プランターはかえって奴隷の取り締まりを強化した。

独立革命の頃，ヨーロッパ人入植者200万人に対して，アフリカから連行された者は約50万人で，そのほとんどが奴隷として南部に住んでいた。本国に対する植民地の抵抗運動は奴隷にも大きな影響を及ぼした。「ボストン大虐殺」の犠牲者となった逃亡奴隷クリスパス・アタックスのように，自ら植民地の抵抗に加担する者もいた。1775年に始まった独立戦争でも，30万人の植民地軍兵士のうち，約5,000人は黒人兵であった。イギリス本国も兵役後の奴隷解放を約束して，奴隷を取り込もうとした。実際，約2万人の黒人奴隷がイギリス軍の下でスパイ，道案内役を務め，道路や要塞の建設に従事した。敗戦時にイギリス人に従って，ロンドンやノヴァスコシア，西インド諸島に渡った黒人奴隷も多かった。

植民地人のなかにはイギリス本国国王の圧政に立ち向かいながら，奴隷制に関しては自らが圧迫者になっているという矛盾点に気づいている者もいた。「独立宣言」の起草者トマス・ジェファソンは，草案には黒人奴隷貿易を批判する条文を入れたが，南部プランターと北部の奴隷貿易業者の反対にあって，最終的には削除せざるをえなかった。しかし，ペンシルヴェニア

❶ニューオーリンズの奴隷オークション

のクエーカー教徒を中心に展開された奴隷制反対運動などの影響もあって，奴隷の漸次解放や個人的解放，奴隷貿易禁止の気運が高まりつつあった。事実，1777年制定のヴァーモント州憲法を皮切りに，戦後，北部諸州では州憲法で奴隷制度を廃止した。新たに合衆国に加わる北西部地域においては，オハイオ川以北の領地では奴隷制度が禁止されることとなった。

奴隷労働を必要としていた南部は，合衆国憲法制定会議において，下院議員の選出にあたって，奴隷を人口に加算して勢力拡大を図ったが，奴隷1人を自由人の5分の3に数えること（3/5条項）で妥協した。その代わり，合衆国憲法はその後20年間におよぶ奴隷貿易の続行を認め，南部における動産奴隷制度を合法化してしまった。これにより，アフリカ系アメリカ人は北部では自由人，南部では大多数が奴隷という異なった身分に位置付けられた。

❸──奴隷から自由へ

1790年第1回国勢調査によると，全人口400万のうち黒人奴隷は約70万人で，そのほぼ90％は南部に住み，南部人口の3分の1を占めていた。自由黒人は全国で5万9,000人

❷ F. ダグラス

（南部に3万2,000人）おり，1810年頃までは個人的解放などにより，自由黒人の増加率は70％を超える勢いであった。

ところが，1793年のイーライ・ホイットニーによる綿繰機の発明や西方へ広がる土地開拓によって，19世紀に入ると南部プランテーションにおける綿花の生産量が急増した。奴隷を使って生産される綿花はアメリカ国内の紡績業および産業革命でいちじるしい発展を遂げたイギリス綿工業に原料を供給した。綿花輸出金額は，19世紀半ばまでアメリカの総輸出額の50％を占め，アメリカ経済の支柱となった。「綿花王国」南部では，以前には存在していた個人的解放や自由黒人に対する寛容な態度は許されず，奴隷制度は単なる労働形態ではなく，擁護すべき社会秩序であり，南部独特の生活様式や文化を支える基礎となった。南部各地で起こる奴隷反乱におびえる南部人は，さらに厳しい「奴隷取締法」を制定し，奴隷に読み書きを教えることも禁止した。南部自由黒人も強制追放，伝道・集会の禁止，土地所有や結婚の制限，選挙権剥奪などによって，限りなく奴隷に近い状態に追い込まれた。

一方，奴隷制が廃止された北部諸州では19世紀半ば，残った奴隷はわずか1,000人ばかりで，自由黒人の数は23万人に達していた。北部自由黒人も，黒人を蔑視するヨーロッパ系アメリカ人から，職種や，居住地，教育において人種偏見と差別を受けた。アフリカ系アメリカ人をアフリカに追放しようというアメリカ植民協会などのような組織が，大統領などの有力者の支援を受けて結成された。大方の自由黒人はアメリカ人であるとの意識からこれに反対した。

北部，南部，西部の地域（セクション）の間の利害関係が顕著になった1830年代，争点の1つである奴隷制の即時廃止を求める運動がニューイングランドを中心に起こった。アメリカ全地域のアフリカ系アメリカ人の自由と権利を求めたこの奴隷制反対運動に参加した自由黒人も多かった。そのなかのひとり，元奴隷であったフレデリック・ダグラスは，奴隷解放を訴える新聞『北極星』の発行や伝記の執筆，講演活動，女性参政権運動の支援など幅広い活躍をした。後に1889年，ハイチ共和国の領事となり，長年にわたりアメリカ政治とかかわりを持ち，卓越したアフリカ系アメリカ人指導者となった。

南部奴隷制の根底を揺るがすもう1つの活動は，北部やカナダへ逃亡する奴隷を援助する非合法的組織「地下鉄道」である。この運動でも，北部自由黒人が活躍した。自ら逃亡した経験を生かして，逃亡の道案内役として，北部と南部を19回往復し，約300人もの奴隷を助けたハリエット・タブマンは特に有名である。南北戦争が始まるまでの30年間に，合計6万から7万人の奴隷が，この組織を利用して逃亡したといわれている。

そのほか，奴隷制からの解放と精神的向上を目指した組織として，黒人教会の存在も大きい。早くも18世紀半ばには，アフリカ系アメリカ人の宗教的集会がもたれた。19世紀に入り独立した黒人教会として，アフリカン・メソジスト・エピスコパル（AME）教会やバプテスト教会が各地に設立された。アメリカの諸教会から締め出されたアフリカ系アメリカ人にと

って，自分たちで別個に設立した教会は人間性と自尊心を回復する場所であり，またキリスト教の教義を学ぶことによって，教育を受ける場でもあった。南部社会では，敬虔なアフリカ系アメリカ人キリスト教徒が教義から奴隷制に反抗する精神を会得し，実際に奴隷暴動を起こすこともあった。さらに，教会牧師は生活全般にわたる指導者であり，彼らがアフリカ系アメリカ人コミュニティの中で占める重要な地位は，現在に至るまで続いている。

これら奴隷制を廃止する動きにもかかわらず，奴隷制を擁護する南部は西方へ勢力を伸ばし続けた。1820年代（ミズーリ協定）から50年（1850年の妥協）にかけて持続されていた南北両地域の妥協的態度が限界を超え，ついに1861年，南北戦争へと突入した。連邦政府によって徴兵された「合衆国カラード隊」は，俸給，武器調達，携帯品などあらゆる面で差別され，最も危険な前線に送られた。結局，戦争終了までに約20万人のアフリカ系アメリカ人が自由を求めて戦争に参加した。全戦死者62万人のうち3万8,000人がアフリカ系アメリカ人兵士であり，死亡率は白人兵士に比べて40％も高かった。

リンカン大統領の掲げた戦争の第一目的は連邦統一であったが，「軍事的必要性」という政治的理由のために，1863年「奴隷解放宣言」が発布された。この時は反乱地域南部11州の奴隷のみが解放されたが，連邦勝利後に成立した憲法修正第13条で，奴隷制は完全に廃止となった。再建期に成立した憲法修正第14条，憲法修正第15条で，アフリカ系アメリカ人は合衆国憲法によって，平等な市民権と投票権が保証された。

❹──解放の喜びからジム・クロウ制度へ

リンカン暗殺によって，解放黒人に「40エーカーの土地とラバ1頭」を与える計画は頓挫した。解放黒人局による教育，就業の世話にも限界があり，解放された奴隷のほとんどは，元プランターのもとでシェア・クロッパー（分作小作人）となった。不当に高い地代と不安定な収入，職種の制限，火器所有・販売禁止，集会の禁止，放浪者への罰金などにより，結局，アフリカ系アメリカ人は戦前と変わらない隷属状態に置かれた。

政治面では，共和党急進派による再建政策によって，軍事支配下に置かれた南部諸州で，アフリカ系アメリカ人の連邦上院議員2名，連邦下院議員20名，副知事3名，そのほか，州最高裁判事，教育長，市長が誕生した。しかしこの政治的進出も一時的現象にとどまった。白人優越を信奉する南部白人は，北部共和党とアフリカ系アメリカ人による南部政治支配に反感を抱き，権力奪回に乗り出した。1870年代に入ると，もともと人種差別意識を持つ北部人は，黒人問題に対する関心を失い，南部政治には干渉せず，産業資本の発展に専念し始めた。

その結果，南部は民主党支配による「堅固な南部」社会となり，アフリカ系アメリカ人は祖父条項や白人のみによる予備選挙，読み書きテスト，人頭税納税義務などを規定した州法により投票権も剥奪された。日常生活でも，人々を人種の線で分け，交通機関，学校，病院，墓地などあらゆる場所でアフリカ系アメリカ人を隔離・差別する，いわゆる「ジム・クロウ」制度が確立した。白人を侮辱したり，罪を犯したとされるアフリカ系アメリカ人は，クー・クラックス・クラン（KKK）や白椿騎士団などの秘密結社に属する南部白人によって，リンチという非合法的制裁を受けた。1890年から20世紀

❸ W. E. B. デュ・ボイス

初頭にかけて，合計3,200人のアフリカ系アメリカ人男女がリンチにあっている。

ジム・クロウ制度は南部以外の地域にも浸透していった。カンザスなどの中西部に移住した黒人農民や北部の黒人労働者は，法のもとでは平等なはずなのに，他のエスニック・グループの農民や労働者との競争のなかで，肌の色のために差別された。連邦最高裁判所も，1896年，「分離すれど平等」ならば違憲ではないと判決を下し，人種差別を容認した（プレッシー対ファーガソン判決）。もちろん，実際にはアフリカ系アメリカ人用の施設は質，量のいずれにおいても一般の施設に劣るものであった。このようにアフリカ系アメリカ人はアメリカ社会の至るところで，第二級市民として扱われ，社会の底辺に押し込まれた。

❺ 黒人解放運動の誕生：南部農村から北部都市への大移動

19世紀末，アフリカ系アメリカ人の経済的・政治的・社会的状況はどん底であった。しかし，南部黒人は再建時代の解放黒人局から支援された経験から，生活を向上させ，地位を高めるには教育が最重要課題であると認識していた。アメリカ伝道協会や北部慈善家による南部教育推進活動はアフリカ系アメリカ人も対象としていた。学校に通う解放されたアフリカ系アメリカ人児童は1870年には，就学年齢の子供のうちわずか8％であったが，1910年には43％に増加した（南部白人児童は33％から60％へ）。同年，65歳以上の元奴隷であったアフリカ系アメリカ人の識字率は20％（同年代の南部白人の場合85％）であったが，10歳から14歳までのアフリカ系アメリカ人の識字率は80％（南部白人は95％）に達していた。さらに，フィスク，リンカン，ハワード，モアハウスなどの黒人私立大学が開設され，ヴァージニア，アーカンソー，ジョージア，デラウェアの各州には州立黒人大学があり，1900年までに2,000人以上が大学を卒業し，その年の大学在校生数は700名であった。

アフリカ系アメリカ人指導者の中からも，同胞の苦境を教育によって救おうという動きが現れた。農場奴隷の身から一念発起して1881年，アラバマ州タスキーギに黒人職業訓練学校を創設したブッカー・T.ワシントンがそのひとりである。アフリカ系アメリカ人は勤勉，節約，自助の精神に基づいて，他のエスニック・グループとは競合しない技術を習得して，アメリカ社会の中で人々と協調しながら経済的独立を目指すべきであると，ワシントンは提唱した。

これとは対照的に，農村における職業訓練を重視する教育哲学は，20世紀の産業資本主義の時代には即さないとワシントンを批判し，異なる黒人運動を展開したのがW. E. B. デュ・ボイスである。ハーヴァード大学，ベルリン大学で学び，アフリカ系アメリカ人として初めて博士号を取得し，アトランタ大学社会学教授を務めたデュボイスは，少数の優秀な黒人知識人を率いて，人種差別撤廃闘争「ナイアガラ運動」を展開した。デュボイスの活動は1909年設立の最初の公民権団体，全国黒人地位向上協会（NAACP）の先鞭をつけるものであった。NAACPには白人活動家も加わっており，そ

の活動は差別撤廃，教育・職業の機会均等を求める法廷闘争やリンチ反対運動など広範囲に及ぶものであった。

確かに，19世紀末の産業化・都市化に伴い，農村での苦しいシェア・クロッパーの職を捨て，工場労働者になるべく都市に移住したアフリカ系アメリカ人が多くなった。第1次世界大戦下の戦時体制により，彼らの集団移住に拍車がかかり，1910年から20年にかけて，約52万人ものアフリカ系アメリカ人が南部を離れ，「約束の地」北部を目指した。しかし，彼らを待ちうけたのは，労働条件の劣悪な低賃金の職場と非衛生的なスラム化した黒人居住地であった。人種偏見と差別に苦しみながら，悲惨な都市生活を送るアフリカ系アメリカ人を救う組織，都市同盟（NUL）が1911年，白人慈善家の援助を受けて結成された。

「民主主義のために世界を救おう」というウィルソン大統領のスローガンのもとに参戦した第1次世界大戦では，38万人のアフリカ系アメリカ人が兵役に服した。ヨーロッパ前線での彼らの勇敢な活躍にもかかわらず，戦後，アフリカ系アメリカ人を取り巻く環境は改善されなかった。白人プロテスタント優越主義を信奉するKKKが復活し，アフリカ系アメリカ人のほか，カトリック教徒，ユダヤ人，急増する新移民がKKKの攻撃対象となった。1919年夏をピークにして25件以上の人種暴動が大都市を中心に発生した。この時期，人種の平等をアメリカで獲得することをあきらめ，アフリカ系アメリカ人としての誇りを取り戻すために「アフリカに帰って，国を作ろう」と，今回はアフリカ系アメリカ人自身が呼びかけた運動（マーカス・ガーヴェイ運動）も起こった。しかし，多くのアフリカ系アメリカ人は，アメリカこそ自分たちの国であるとの思いを再確認し，この運動は途中で挫折してしまった。

❻──黒人差別撤廃の幕開けから公民権運動へ

1930年代の大恐慌によってアフリカ系アメリカ人の経済状態はさらに悪化し，黒人労働者の失業率は43％に達した。これに対して，ニューディール政策をとるフランクリン・ローズヴェルト大統領は，すべてのアメリカ人を対象とした社会福祉を唱え，アフリカ系アメリカ人にも公正な公共事業や失業対策を講じた。実際，1930年代半ば，ローズヴェルト政権の閣僚，局長に45人ものアフリカ系アメリカ人が加わった。黒人連邦職員もローズヴェルト在職中に4倍の20万人に達した。リンカン大統領以来共和党を支持してきたアフリカ系アメリカ人であったが，これ以後，民主党の支持基盤となる「ニューディール連合」の一翼を担うようになった。しかし，人種差別制度を死守する南部民主党保守派によるローズヴェルト批判は強く，ニューディール期における黒人差別撤廃は未達成に終わった。

第2次世界大戦においても，約100万人のアフリカ系アメリカ人男女が入隊し，その半分が国外で任務についた。この間，2人の民主党大統領は行政命令を発布して，軍隊や防衛産業，政府機関における人種差別を禁止した。戦時中，比較的平等な扱いを受けた海外での経験から，アフリカ系アメリカ人は公正さを求める気持ちを強めた。白人のみによる予備選挙は違憲であるとの最高裁判決も，1944年下された。戦後，南部以外の諸州は，雇用や公共施設における人種差別を禁止し，平等と公正を規定する法令を制定した。これらの人種平等に向けてのうねりは，1954年，連邦最高裁が公立学校における人種隔離を違憲とした「ブラウン判決」を下したことで，ひとつの山を越えた。19世紀以来続いたジム・クロウ制度が否定され，人種統合・公正な社会へと扉は開かれた。しか

❹人種差別撤廃を求めるワシントン行進でのキング牧師
[ワシントン D. C.にて，1963年8月28日]

し，最高裁は即時の人種共学を強制しなかったので，南部白人からの抵抗は続いた。

　ブラウン判決を契機に，教育，雇用，居住地域，投票，司法などあらゆる分野における人種隔離・差別の制度と慣行に対して，南部黒人は抗議し始めた。この社会抵抗運動は法的平等を保証する公民権法の成立を目指していたので，公民権運動と呼ばれている（詳細は⇨「52 公民権運動とマイノリティ運動」）。

　初期の公民権運動は，1955年のアラバマ州モントゴメリー市のバス・ボイコット運動，1960年，ノースカロライナ州グリーンズボロで始まった「座り込み運動」（Sit-ins），翌年の「自由のための乗車運動」などで明らかなように，非暴力による直接抗議行動を特徴としていた。これらの運動のなかから，南部キリスト教指導者会議（SCLC）や学生非暴力調整委員会（SNCC）などの公民権団体が誕生し，マーティン・ルーサー・キング牧師というカリスマ的な指導者が黒人大衆を率いて，抵抗運動を展開した。1963年，25万人を超える多様なアメリカ市民が参加したワシントン大行進のなかで行われたキングの「私には夢がある」で始まる演説は，希望に満ちた公民権運動の絶頂を示すものであった。この翌年に制定された公民権法と1965年の投票権法によって，人種隔離・差別は完全に禁止され，選挙登録は保証されることとなった。

　しかし，南部白人による無抵抗のアフリカ系アメリカ人に対する攻撃（ホワイト・バックラッシュ）はいっこうに収まらなかった。さらに，1960年代後半には，北部都市でも人種暴動が起こり，法的平等が達成されても，人種問題が解決しないことが判明した。「ブラック・パワー」をスローガンとして，白人とは共闘せずにアフリカ系アメリカ人のみによる戦闘的闘争を提唱する指導者も出現し，公民権運動は分裂と混迷の時期に入った。

　公民権運動以後，一部のアフリカ系アメリカ人はアファーマティブ・アクション（積極的差別是正措置）の下，経済的，政治的，社会的に主流アメリカ人に仲間入りしていったが，アフリカ系アメリカ人の貧困層が拡大していったことも事実である。アフリカ系アメリカ人コミュニティが二極化し，韓国系，ヒスパニックなどの他のマイノリティとアフリカ系アメリカ人の利害関係が衝突する事件も起きている。近年，アメリカ社会のさまざまなエスニック・グループの情勢はますます複雑になっている（⇨ 52 公民権運動とマイノリティ運動）。

B——アフリカ系アメリカ人の文化：アイデンティティの探求

　アフリカ系アメリカ人は，自らの意思に反してアメリカに連れてこられたエスニック・マイノリティである。彼らはアメリカ大陸に到着してから現在に至る500年間の葛藤のなかで，先祖伝来のアフリカ文化と新大陸で遭遇したヨーロッパ人の文化，先住アメリカ人の文化とを融合してクロス・カルチャーの伝統を築いてきた。今世紀初め，デュボイスは著作『黒人のた

ましい』の中で，アフリカ系アメリカ人は「いつでも二重の意識を持っている。アメリカ人としての自己と，黒人としての自己，2つの魂，2つの考え，調和することない2つ意識のせめぎ合い，……アメリカ黒人の歴史は，自意識の確立した人間性を獲得することであり，二重の自己からより良い，本来の自己に移っていく歴史である」と記している。このアイデンティティの探求こそが，アフリカ系アメリカ人の文学，音楽，絵画のテーマとなり，さらに彼らの信仰の真髄である。

早くも18世紀半ば，セネガルからボストンに連れてこられた黒人女性奴隷がアフリカ人としてのアイデンティティと到達地アメリカ植民地人の意識の接点を詩に表わした。彼女が乗船していた奴隷船名と彼女を買いとった所有者の名を組み合わせて，フィリス・ホイートリーと名付けられたこのアフリカ人少女は，植民地の言語と宗教，文化を吸収し，植民地新聞に詩を発表した。白人の主人と渡英した際，イギリス伯爵の援助を受けて，彼女の詩集が出版された。マサチューセッツに帰国後，自由の身となった。独立戦争中に書いた詩の中で，彼女は愛国的精神を歌いながら，その裏に，故郷アフリカへの思いと同胞の自由を求める願いを託した。

さらに，18世紀末頃から，黒人奴隷自身によるナラティヴ（手記）が北部の奴隷制廃止協会の手によって，小冊子やパンフレット，伝記の形式で出版され始めた。そのほとんどがアフリカ系アメリカ人としてのアイデンティティ探求と過酷で悲惨な奴隷生活の描写を主題としていた。

実際，奴隷居住区では，奴隷売買や移動によって，家族の絆を維持することが難しかった。それにもかかわらず，広範囲な親族から成る奴隷のネットワークが近隣のプランテーションにまたがって形成されていた。アフリカ伝来の物

❺オリンピック・メキシコ大会の陸上400m走の表彰台で，アメリカのスポーツ界のみならず，南アフリカや南ローデシアの人種差別に抗議して，黒いベレー帽をかざした3人のアフリカ系アメリカ人のメダル獲得選手たち［1968年］

語，歌，踊り，料理法，病気治療法など，奴隷が生き延びるための精神的な支えと知恵が，祖父母の代から口承で子供たちへと伝えられた。また，奴隷制度と奴隷所有者に対する怒り，恨み，憎しみや，恋人のいとおしさ，離れて暮らす家族への思い，来世に託する自由へのあこがれなどが，労働歌，宗教的黒人霊歌（スピリチュアル）の形式で歌われた。この奴隷文化から生み出されたリズムが後のラグタイム，ブルース，ジャズへと発展し，やがてはアメリカ音楽の基礎となるのであった。

20世紀になって，新たな黒人文化が開花した。アフリカ系アメリカ人の北部への大移動に伴って，ニューヨークのハーレムには，故郷南部を見捨てたアフリカ系アメリカ人やアフリカ，カリブ海諸島，南米，中米からのアフリカ系移民が集まっていた。彼らは，奴隷居住区での古い経験や最近のリンチや人種暴動に対する抗議を文学，演劇，音楽，絵画などさまざまな形式で表現した。「約束の地」北部でも拭いきれない抑圧された感情と，彼ら特有の文化遺産や伝統に対する誇りを爆発させたのだった。この1920年代のハーレム・ルネサンスと呼ばれる文化現象は，他の北部都市にも伝播したが，大恐慌の訪れとともに終息した。しかし，アフ

リカ系アメリカ人としてのアイデンティティを保とうとする強い意思は，1940年代，50年代になって，人種差別の抗議文学，アメリカ民主主義の偽善性を告発する文学へと引き継がれていく。

アフリカ系アメリカ人の文化は1960年代の公民権運動を経て，ますます政治的意味合いを深め，ブラック・ナショナリズムの要素が強まっていく。アフリカ系アメリカ人を対象としたラジオ局やレコード会社が出現し，黒人監督によって多くの映画も製作された。さまざまなメディアを通して，アメリカ社会の中でアフリカ系アメリカ人として生きる意味，黒人コミュニティの姿，他のエスニック・グループとの関係などが表現される。アカデミックの分野でもブラック・スタディーズを経てアフリカ中心主義の立場をとる知識人の中には，アメリカ社会が西欧文明のみを重視し，アフリカ系アメリカ人の文化を蔑ろにする現状を糾弾する者もいる。そして，多くのアフリカ系アメリカ人は白人の価値や白人性を否定し，アフリカ系アメリカ人としてのアイデンティティを誇示する傾向にある。さらに，ノーベル文学賞を受賞したトニ・モリスンなどのアフリカ系アメリカ人女性作家の活躍によって，ジェンダーの視点からも，アフリカ系アメリカ人のアイデンティティが問い直されている。

このように，アフリカ系アメリカ人のアイデンティティの探求に誘発されて，他のマイノリティ集団も同じような意識を深めている。アメリカ人になるとはどういうことか。どのように独自のアイデンティティを保ちながら，アメリカ社会に参加したらよいのか，アメリカ合衆国はどのような人々によって形成されていくのかなど，より根源的な問いかけがさまざまなエスニック集団によって叫ばれている。

■さらに知りたい場合には

ウェッバー，T. L.（竹中興慈訳）『奴隷文化の誕生――もうひとつのアメリカ社会史』新評論，1988.
　［1830年代から南北戦争終結までの南部プランテーションにおいて，奴隷たちがどのように独自文化を創造し，伝達していったのか，家族，宗教，音楽など黒人文化のルーツを探る本。］

北村崇郎『ニグロ・スピリチュアル――黒人音楽のみなもと』みすず書房，2000.
　［奴隷制時代から受け継がれている音楽がアフリカ系アメリカ人の自由を求める力にどれほど強く作用してきたのか，社会運動と音楽の関係を歴史の流れの中で検証している本。］

クォールズ，B.（明石紀雄他訳）『アメリカ黒人の歴史』明石書店，1994.
　［アフリカ系アメリカ人が合衆国の歴史形成において，重要な役割を担っていたことを強調しながらも，黒人と白人との協調も示唆して，一般読者対象に1980年代半ばまでの黒人史を扱った本。］

ジョーンズ，J.（風呂本惇子他訳）『愛と哀――アメリカ黒人女性労働史』学藝書林，1997.
　［奴隷制が確立した1830年代からフェミニズム運動が台頭した後の1980年代半ばまで，アメリカ黒人女性の労働と家庭生活のかかわりを膨大な資料を用いて分析した本。］

フランクリン，J. H.（井出義光他訳）『アメリカ黒人の歴史――奴隷から自由へ』研究社，1978.
　［黒人奴隷の出身地アフリカに関する記述から1970年代のベトナム戦争に至る，アフリカ系アメリカ人の歴史の第一人者による黒人の視点から叙述したアメリカ史。］

45 ヨーロッパ系移民
European Immigrants

明石紀雄

15世紀末のコロンブス以前にも，北アメリカ大陸の今日アメリカ合衆国となっている地域にヨーロッパ人が到来したという記録がある（9世紀から10世紀の北欧ヴァイキング，11世紀から15世紀にかけての古代スカンディナヴィア人など）。しかしヨーロッパ人による永続的な植民地の建設は，16世紀中頃から17世紀初頭にかけてのスペイン人，フランス人，オランダ人，イギリス人の到着を待たなければならなかった。彼らヨーロッパ人が持ち込んだ政治的・経済的・社会的諸制度および諸価値観が，後にアメリカ合衆国のさまざまな領域での基層となる。その意味で，ヨーロッパ出身者はアメリカ合衆国の創立委員（チャーター・メンバー）であったと言えよう。彼らおよびその子孫は，ヨーロッパからの新たな移民を迎えながら，数万年前からアメリカ大陸に居住していた先住民およびほとんど全員が奴隷として輸入されたアフリカ出身者と共同して，その後の同国の発展を担うことになる。最近でこそ世界の他の地域——特に中南米大陸およびアジア——からの急激な移民の増加がみられ，ヨーロッパ系の人々の相対的地位は低下しているが，彼らは創立委員であったとともに，維持会員でありつづけている。

A——人口：建国期

ヨーロッパ系移民がアメリカ合衆国の創立委員であり維持会員であったことを統計により概観する。表45-1は，1776年頃の，後にアメリカ合衆国になるイギリス植民地の人種・民族別人口を示す。

それによれば，総人口の20％（5人に1人）のアフリカ系（黒人）と植民地内に定住した少数のネイティブ（先住民）を除けば，他の全員がヨーロッパ大陸出身者，しかも北西ヨーロッパ出身者である。ウェールズ系は当時スコットランド系とほぼ同数を占めていたことが知られているので，表45-1中の「不明」の5.5％をウェールズ系と見なし，これをイングランド系，スコットランド系，スコットランド系アイルランドに加えるならば，グレート・ブリテン島出身者（広義のイギリス系）は63％を占め，これはアフリカ系およびネイティブを除いた数の約8割にあたる。アメリカ合衆国がいわゆるワスプ（WASP）の国として始まったことをこの統計は示す。

B——人口：建国以後

建国直後にはナポレオン戦争（1806-15年）の影響などにより，ヨーロッパからの移民の流入は少なかった。しかし安定した国際秩序の到来とともに，移民の数は増加した。アメリカ合

表 45-1 ●人種・民族別植民地人口 ［1776 年］

	人口
イングランド系	1,213,500 [46.9%]
スコットランド系	158,000 [6.1%]
スコットランド系　アイルランド	116,500 [4.5%]
アイルランド系	71,400 [2.8%]
ドイツ系	177,200 [6.8%]
オランダ系	61,400 [2.4%]
フランス系	33,300 [1.3%]
スウェーデン系	14,600 [0.6%]
不明	142,000 [5.5%]
アフリカ系	529,100 [20.5%]
先住民	70,000 [2.7%]
総計	2,587,200 [100%]

●出典｜ Rose, P. I., *They and We: Radical and Ethnic Relations in the United States*, 5th ed. (1997), p.32.

そのためである。

1820 年から 1960 年までの期間に，アメリカ合衆国への全移民数に占めるヨーロッパ系の割合は 82.6％ である。しかし，1961 年から 1970 年の期間にその割合は 37.3％ に減じ，1971-1980 年および 1981-1997 年にはさらに減じ，それぞれ全体の 17.8％，11.9％ を占めるにすぎない。それに対し，南北アメリカ大陸からの移民数は急増し，アジア系も増えている。

ヨーロッパ大陸出身者の内訳をもう少し詳しく見るならば，1820-1960 年の期間では，ドイツ出身者が合計 672 万 6,000 人を数え最も多い。次いでオーストリア＝ハンガリー出身者が 427 万 6,000 人，アイルランドおよびイタリア出身者がそれぞれ 467 万 6,000 人，496 万 2,000 人を数え，グレートブリテン島出身者（イングランド，スコットランド，ウェールズ）はそれに続く 378 万 5,000 人である。

1961-1970 年の期間では，ドイツ出身者の 20 万人，イタリア出身者の 20 万 7,000 人，グレートブリテン島（連合王国）出身者の 23 万 1,000 人が目立つ。1971-1980 年の期間に関してもこの 3 国出身者がヨーロッパ系では多数であるが，最大の連合王国出身者でも 12 万

衆国において正確な移民統計を収集するための制度的整備がなされるのもこの頃である。

表 45-2 は 1820 年から最近までの「出生大陸別移民」を示す。1965 年に改正移民法が成立し，従来の出身国別割当制が廃止された結果，以後移民の性格が変わることになる。1960 年までをもって1つの区切りとするのは

表 45-2 ●出生大陸別移民[1820-1997 年] ［単位：1000 人］

大陸	1820-1960 年 累計	1961-1970 年 累計	1971-1980 年 累計	1981-1997 年 累計
ヨーロッパ	34,574.0 [82.6%]	1,238.6 [37.3%]	801.3 [17.8%]	1,701.1 [11.9%]
北アメリカ	5,754.2 [13.8%]	1,351.1 [40.7%]	1,645.0 [36.6%]	5,025.2 [35.2%]
南アメリカ		228.2 [6.9%]	284.4 [6.3%]	6,173.2 [43.2%]
アジア	1,119.1 [2.7%]	445.3 [13.4%]	1,633.8 [36.4%]	852.8 [6.0%]
アフリカ	47.5 [0.1%]	39.3 [1.2%]	91.5 [2.0%]	453.3 [3.2%]
その他[1]	346.5 [0.8%]	191.1 [0.6%]	37.3 [0.8%]	77.4 [0.5%]
合計	41,840.9 [100%]	3,321.7 [100%]	4,493.3 [100%]	14,283.0 [100%]

●出典｜ *Statistical Abstract of the United States: 1961, 1988, 1999* に基づく。
●注｜ ①オーストラリア，ニュージーランドおよび不明の国々を含む。

4,000人で，フィリピン出身者の3分の1，メキシコ出身者の5分の1以下である。なおこの時期にポルトガルおよびギリシャ出身者の数の増加がみられた。1981年以降，連合王国からの移民数は旧ソ連を除くどのヨーロッパ諸国からの移民数より多い。しかしその数は1996年において1万3,000人を数えるだけであり，ポーランド出身者の数に及ばない。

C——創立委員の役割

❶——アングロ＝アメリカ社会の形成

17世紀および18世紀にアメリカに渡ったヨーロッパ系の人々の移住の背景については，これまでにさまざまな解釈が提起されてきた。第一は，彼らは低い階層の出の者が多かったというものである。この解釈は，ベンジャミン・フランクリンやクレヴクール等，同時代人の残した記述に影響されたものである。フランクリンは「それぞれの母国にいたら土地が完全に占有されていて，労賃も低いので，生まれ落ちた貧しい境遇から脱することはできなかったであろう」人々がアメリカにやってきた（『アメリカへ移住しようとする人々』1784）と述べている。またクレヴクールは，アメリカに渡ったのは「国からは一切れのパンも与えられず，自分の畑の収穫ももらえず，体験したことといえば金持ちのしかめっ面，法律の過酷さ，獄屋と刑罰，そしてこの地球上の広大な表面にただ1フィートの土地も持てなかった者」であったと書いた（『アメリカ農夫の手紙』1782）。

第二に，近年の研究では，年季奉公人としてアメリカに渡った人々には本国において相当の社会的地位にあった者が含まれていたこと，日雇い労働者などいわゆる社会の下層に属する人々よりも，農民と熟練職人等ヨーロッパ社会の中層から出ていたことが指摘されている。言い換えれば，彼らはヨーロッパの「労働人口の最も生産的な部分」から出ていたのであり，アメリカで成功する確率は高かったと言える。

❷——アメリカの基層文化の担い手

今日のアメリカ合衆国に特徴的な習慣や制度の多くは，最初に到着したヨーロッパ（特に北西ヨーロッパ）出身者がもたらしたものであった。具体的には，政治制度（成文憲法，代議制など），言語（英語），宗教（プロテスタントのキリスト教），個人主義，自発的結社の理念，勤勉・節約・奉仕の精神，万人は社会において成功する機会を平等に与えられているという信念などである。

植民地時代にグレートブリテン島出身者は，どの地域においても多数を占めたが，特にニューイングランドおよび南部において多かった。前者においては，宗教的に長老派および会衆派に属する者が多かったが，後者では英国教会派の者が多かった。しかし中部大西洋岸地域（ニューヨーク，ニュージャージー，ペンシルヴェニア）では，グレートブリテン島出身者の占める割合は相対的に少なかった。そこではオランダ系やドイツ系住民が多かった。

独立・建国期においてスコットランド系は，特に政治の分野で指導力を発揮した。アメリカ独立宣言（⇨ 15 独立宣言の意味）の56名の署名者のうち，11名はスコットランド出身者もしくはその子孫である。スコットランド系アイルランド人は，後の1830-40年代に増加したカトリック教徒のアイルランド系移民と区別するために「スコッチ＝アイリッシュ」と呼ばれてきた。彼らはまずスコットランドから北アイルランドに移り，第二の移住としてアメリカに渡った者で，ペンシルヴェニア西部や南部の内陸部に定着した。

❶ゴールドラッシュにわくカリフォルニアで衣料品を製造・販売するドイツ系移民［このときつくられたズボンがのちのジーンズに発展した］

ウェールズ系は17世紀末より集団で移住した。宗教的にはバプテスト派，メソジスト派，会衆派が多かったが，フレンド派（クエーカー）も含まれていた。しかし早い時期からアメリカ文化の主流に吸収され，今日では民族的伝統が意識されることは少ない。

スウェーデン系は17世紀中期に後にデラウェアとなる地域に植民地をつくったが，やがてペンシルヴェニアに吸収された。またプロテスタントのフランス系住民（ユグノー）はサウスカロライナに多く移り住んだ。

アメリカ合衆国の以後の歴史は，北西ヨーロッパ系住民を中心として形成された基層文化が新しい移民（他のヨーロッパ地域のみならず，アジア，アフリカ，南北アメリカ大陸）によりいかに変容され，彼らがそれにいかに同化していくかの物語である。

D——旧移民の到着：19世紀前半以後

フランス革命とそれに続いたナポレオン戦争の間，ヨーロッパからアメリカへの移民は減少した。しかしウィーン会議（1814年）により国際秩序が安定した後，再び移民の数は増加した。以後南北戦争（1861-65年）前後までの時期にアメリカに移住したヨーロッパ人のうち，その数が最も多かったのはドイツ系およびアイルランド系であった。ともに230万人以上がアメリカに新天地を求めて移住したのであり，合わせてこの時期の全移民数740万人の60％を超えた（イギリス系は約10％）。

この時期に到着した移民は，既存のアメリカ＝ホスト社会の構成員と多くの共通した要素を持っていた。後の時代に到着する移民と対比して「旧移民」と呼ばれるのは，社会的背景の違いを指してのことである。

❶——ドイツ系

ドイツ系移民にはバイエルンなど南の地域の出身者が多かった。農業に従事する者は，しばしば襲う不作と高い小作料に苦しんでいた。また産業化に伴う社会の動揺ならびに1848年の革命（三月革命）に伴う政治的不安定さも，アメリカへの移住の機運を高めた。彼らはアメリカ到着後，中西部の農業地域に定住し，ミネソタやウィスコンシンなどでは酪農業の基礎を築き，イリノイやミズーリに入った者は小麦栽培に貢献した。テキサス（特に西テキサス）にもドイツ系の開拓地がみられた。さらに，遠く太平洋岸まで達した者もいた。1848年，スイス出身のドイツ系住民ヨハン・アウグスツス・サッター所有の地（現在のカリフォルニア州サクラメント近郊）で金が発見され，ゴールドラッシュが始まった。またこの時代になって姿を現し始めた都市（シンシナティ，ミルウォーキー，セントルイスなど）は，ドイツ人の町として発達した。彼らはそこで主に醸造業を営んだ。ドイツ系移民の社会的慣習および文化的価値観は，先に到着していたイギリス系住民のそれと共通した要素が多くあった。そのために彼らのアメリカ社会への同化は比較的早い段階から見られ，スムーズに行われたのであった。

❷——アイルランド系

アイルランド系移民のアメリカ社会への同化はこのパターンとはやや異なった。彼らは南北戦争が終わるまでに合衆国の総人口の7％を占めるまでに至っていたが，主に東部の都市に定住し，独特の共同社会を築いた。アイルランド系の移住の動機は主として経済的なものであった。すなわち，イギリスの不在地主による搾取，穀物不作などである。しかし彼らはアメリカに到着しても，土地はおろか西部に行き開拓を始めるのに必要な資材を購入する資金を持たなかった。その代わりに彼らはこの頃新たに興った工場で職工として働いたり，個人の家で召使いとして働いた。彼らが都市を居住地に選んだ理由はほかにもあった。彼らの多くはカトリック教徒であり，教会が都市に多くあったからである。

アイルランド系の親たちは子供を公立学校——そこで教えられる道徳はプロテスタントの影響の強いものであった——ではなく，教区学校にやることが常だった。カトリック系の施設では風紀が乱れており，教えられる科目は邪悪な内容であるといううわさが広まり，カトリックの学校が焼き打ちされる事件が起こった（例えば1838年ニューヨークにおいて）。しかしアイルランド系は，政治マシーン（ボス）を通して自分たちの権利や利害関係を守ることができ，アメリカ社会における自らの地位を築くことに成功していくのである。

E——19世紀後半から20世紀

❶——南・東ヨーロッパから

アメリカを旅行してヨーロッパに戻ったスイス人のフィリップ・シャフは1854年にベルリ

❷ 19世紀後半に急速に増加した東ヨーロッパ系移民

ンで行った講演で，アメリカでは「イングランド人，スコットランド人，アイルランド人，ドイツ人，スイス人，オランダ人，フランス人，スペイン人，イタリア人，スウェーデン人，ノルウェー人，ポーランド人，マジャール（ハンガリー）人が，よく知られているそれぞれの民族的特徴を持って，政治的および社会的平等のうちに平和に住んでいる」と述べた。すでにこの頃「イタリア人」「ポーランド人」「ハンガリー人」など南，東，中央ヨーロッパ出身者がいたことが注目されるが，彼らは19世紀後半さらにその数を増すことになる（⇨14アメリカ成立の過程 H-2）。

1896年にはすでにイタリア，ロシア，ポーランド，ブルガリア，オーストリア=ハンガリー，ギリシャなどからの移民が，北西ヨーロッパからの移民を数のうえで追い越した。1907年はアメリカ合衆国への入国者の数が最も多かった年であるが（年間128万5,000人），南・東ヨーロッパ移民は全移民の81％を占めた（1882年には12％）。1880年から1914年にかけて，同地域からの移民は合計約750万人に達した。なお19世紀末から20世紀初頭にかけて，200万人近いユダヤ人がさまざまな抑圧を受けアメリカ合衆国に渡ったが，「ユダヤ人」として登録されることはなく，通常は上記の諸国出身者統計に含まれた（⇨47ユダヤ系アメリカ人）。

❷——「新移民」

　この時期に到着した主に南・東ヨーロッパ出身者は「新移民」と呼ばれた。「新移民」が増加するのにともない、移民制限を求める声が高まった。合衆国移民委員会の設置はその一例である。同委員会が1911年にまとめた報告書には次のように述べられていた。

　　「新移民とは、主として……ヨーロッパの進歩発展の遅れた国々から、多くの場合、一時的滞在者として渡って来た非熟練労働者である。彼らはほとんど農業には従事せず、都市および工業地帯に、アメリカ生まれのアメリカ人や古くからの移民とは離れて群居しているため、早い時期に渡来した非英語系の人々と比べて同化が遅い。……新移民は旧移民よりはるかに知的水準が低い」。

　このことばの中には、「新移民」に対する偏見が読み取れる。「新移民」のアメリカ合衆国における同化の歴史は、このような偏見との闘いの歴史である。

❸——イタリアからの移民

　「新移民」の代表とされるのはイタリア系移民である。公式の移民統計がとられるようになった1820年以来イタリア系は到着するが、その数は少なかった。1860年までの40年の間（1850年代に集中）に約1万4,000人の移民が記録されている。北部イタリア出身者が多く、商人であったり、青果栽培やブドウ栽培、ワイン醸造に従事する者もいた。

　これに対し、1880年からの40年間に400万人が入国した。彼らのほとんどは貧しい南イタリアの出身であった。さらに、16歳から48歳までの男子が大半であり、ニューヨーク、ニュージャージー、ペンシルヴェニアなどの大都市に移り住んだ。

　これらのイタリア系移民は、アメリカ合衆国に永住するのではなく、季節労働者として働いて金が貯まると帰国する「渡り鳥（出稼ぎ労働者）」と呼ばれる出稼ぎ労働者であった。入国した移民の約半数に相当する人々が、同期間に故国に帰ったと推測される。その意味では、先に引用したディリンガム委員会の報告書は事実を伝えていたといえる。

　この頃のイタリア系移民は、アメリカ合衆国に定着するにあたり、「パドローネ」と呼ばれたボス＝世話役に頼ることが多かった。ことばがわからず、アメリカの生活習慣になじみのない場合、通訳を兼ね、アメリカのビジネスの仕組みを心得ており、雇用者との仲介の労もとってくれるボスはありがたい存在であった。しかしボスの力は政治の腐敗をもたらすことがしばしばあり、そのために移民排斥の一要因ともなった。

　イタリア系の人々に対してはもう1つ切り離すのが難しいイメージがある。禁酒法時代（1921-33年）に酒の密造と密売などの違法行為およびそれに付随した暴力事件に、イタリア系の人々が目立ってかかわっていたことから、イタリア系には犯罪者が多いという印象が生まれた。すべてのイタリア系がマフィア（秘密犯罪組織）の一員であるというような印象がかつては強くあったが、イタリア系アメリカ人全体の犯罪率がアメリカ合衆国全体の率より高かったことを示す統計はない。

　イタリア系はまた教育に対して強い熱意を示してきた。これは、故国において低い教育水準しか得ていなかった移民一世が二世には高い教育を受けさせる機会を与え、それによって社会的成功を収めることを期待していたことの反映とみることができよう。イタリア系の間の家族の絆の強さをうかがわせるものである。

「人種のるつぼ」から「サラダボウル」へ

　アメリカ合衆国について，それはあたかも「人種のるつぼ」のようであるというのは極めて常套的である。人種・民族的背景を異にする多数の人間がアメリカ合衆国に到着した後，融合して「新しい人間」に生まれ変わるというこのメタファー（比喩）はわかりやすく，またかなりの真実を伝えるものとして受け取られてきた。

　このメタファーは古くは，18世紀末にフランスから移住したクレヴクールによって用いられた。「ここではあらゆる国から来た人間が融け合い，1つの新しい人種となっている」と彼は述べた（『アメリカ農夫の手紙』1784）。しかし「人種のるつぼ」という表現は，1世紀後にイズラエル・ザングウィルの戯曲『るつぼ』(1908)によって，より知られるようになった。主人公デイヴィッドがその恋人のヴェラにアパートの屋上から路上を見下ろしながら話しかけている。

　　「ここに偉大なるつぼが横たわっている。聞いてごらん。君には，どよめき，ぶつぶつとたぎるるつぼの音が聞こえないかい。……ケルト系もラテン系も，スラヴ系もチュートン系も，シリア系も。……回教もキリスト教も，錬金術師である創造主が清めの火でもってこれらを溶かし，融合させることの何と偉大なことか」。

　しかし，クレヴクールとザングウィルには1つの大きな違いがある。クレヴクールが「あらゆる国から来た人間」というとき，主に北西ヨーロッパ系の経済的地位および文化的背景が比較的同質の集団を指していた。それに対しザングウィルは，南・東ヨーロッパからの移民をも包含したビジョンを提示している。後者の「るつぼ」のほうがより融合の力が強いということになろう。

　　「溶け合い1つの国民〔アメリカ合衆国民〕となる」こと，言い換えれば，先に到着した主に北西ヨーロッパ系によって持ち込まれた政治的信条や慣習を受け入れることによって，出自は問われなくなり，移民が機会と成功の夢を保証されると

❸近年イスラムの人々も増加し，エスニック構成がますます多様化してきた〔ミシガン州にて，2003年〕

いうケースは数多く見られた。その限りにおいて「人種のるつぼ」というメタファーは成り立つ。

　しかし，ここに問題がないわけではない。各人種・民族集団は，文字どおりに生物学的に融合してしまうのであろうか。文化的に融合するという場合，各集団が保持しつづけるものはないのであろうか。さらに，最初は「人種のるつぼ」に加わることを認められなかった集団──ネイティブ，アフリカ系，アジア系など──の体験は，先着のヨーロッパ系の人々のそれとどう違ったかを見ることが課題として浮かび上がる。

　近年では融合を強調する「るつぼ」に代わって，アメリカに到着する人種・民族がそれぞれの文化や伝統を維持する傾向があるとする「サラダボウル」論が注目されている。同じ意味で「モザイク」のメタファーが用いられることが多い。最初から「るつぼ」に入ることを期待されていなかったアフリカ系アメリカ人（黒人），英語を母国語としない中南米大陸からの移民（ヒスパニック），同化の「優等生」ではあったが，その異質性を指摘されるアジア系，さらにはユダヤ＝キリスト教とは異なる宗教を持つモスレム（回教徒）などを含めたアメリカ社会は極めて多文化主義的であり，この現実を踏まえた適切なメタファーが模索されている。

〔明石紀雄〕

F──難民

　最後に,「難民」としてヨーロッパからアメリカ合衆国に到着した人々について触れる。

　最も顕著な例は,第2次世界大戦中ナチス・ドイツにおいて差別され,虐殺を逃れてきた難民の場合である。その大多数はユダヤ系であったが,ナチス・ドイツに抗議した非ユダヤ系の人々もいた。その数は20万人を数えたが,もしアメリカ合衆国が寛大な移民政策をとり,早い段階でユダヤ系難民を受け入れていたならば,この数字はもっと多くなっていたであろう。

　冷戦のさなか,主に宗教団体やその他の民間組織が中心となって,1950年代末にハンガリーの,1960年代末にはチェコスロヴァキアの,そして1980年代にはポーランドの共産主義の支配を逃れる人々を救済する努力がなされた。1991年のソ連崩壊後は,同地域からの移住者の数が増えている。1981-90年にはその数は8万4,000人を数えるだけであったが,1991-96年には33万9,000人に上っている。特にウクライナおよびロシア出身者の数が顕著である。これらの難民がアメリカ合衆国において,世界の他の地域──キューバ,ベトナム,中国など──から到着する「難民」と比べて有利な扱いを受けているのか,彼らのアメリカへの適応は後者と比べてより容易なものであるかは,一概に言えない。しかし,彼らの流入と体験がそれまでのヨーロッパ系移民の場合と同じように,アメリカ合衆国の社会と文化を豊かなものにしていることは確かである。

■参考文献

明石紀雄・飯野正子『(新版) エスニック・アメリカ──多民族国家における統合の現実』有斐閣,1997.

綾部恒雄編『アメリカの民族──ルツボからサラダボウルへ』弘文堂,1992.

グリーン,N.(村上伸子訳)『多民族の国アメリカ──移民たちの歴史』(知の再発見双書) 創元社,1997.

野村達朗『「民族」で読むアメリカ』講談社新書,1992.

松尾弌之『民族から読みとく「アメリカ」』講談社選書,2000.

■さらに知りたい場合には

野村達朗『ユダヤ移民のニューヨーク』山川出版社,1995.
　[1930年代までの東欧系ユダヤ人の労働と生活を細かく描いた幅広い社会文化史の書。]

ハイアム,J.(斎藤真他訳)『自由の女神のもとへ──移民とエスニシティ』平凡社,2000.
　[民族集団間の亀裂が深まりつつあるアメリカでの多元的統合の可能性を提示する。]

パリーロ,V.N.(富田虎男訳)『多様性の国アメリカ──変化するモザイク』明石書店,1997.
　[同化主義と多元主義がともに存在してきた「二重の現実」を明らかにする。]

46 ヒスパニック系
Hispanic Americans

村田勝幸

2000年センサスは，アメリカ史上初めて人口数でヒスパニック系（12.5%）がアフリカ系（12.3%）を凌駕したことを告げた。だが，ヒスパニック系という呼称が巷間をにぎわすようになったのは，ここ四半世紀のことにすぎない。周知のように，それ以前からもメキシコ系やプエルトリカン，キューバ系をはじめ，多くのスペイン語系エスニック集団が存在してきた。これらの複数の集団を束ねる形で生み出された新しい上位分類こそが，ヒスパニック系なのである。確かにヒスパニック系という分類は短期間のうちに広く社会の中に普及していった。だが，ときとして彼らの増加は，言語や移民にかかわる社会問題と結び付けられてきた。最大のマイノリティ集団・ヒスパニック系について考えることは，ある特定集団の実態を把握することにとどまらず，アメリカ社会において人種やエスニシティが歴史的にもってきた意味を考えることにもつながる。

A——ヒスパニック系とは誰か？

❶——センサス（国勢調査）による分類

「ヒスパニック系とは誰か？」という問いに答えることは容易ではない。一般的な定義では，スペイン語を母語とする者や，スペイン語を母語とする国や地域を出自とする者ということになる。それでは英語しか理解できずアメリカしか知らない二世以上の者たちはどうなるのか。あるいは他の人種・エスニック集団との結婚（intermarriage）で産まれた子供はどうなるのか。ヒスパニック系の定義をめぐるこのような難しさの背後には，他者規定と自己規定（アイデンティティ）の相互補完的な関係がある。

特定個人の人種・エスニックな帰属を外在的に，また公的に分類するとされているセンサス（国勢調査）は，1980年以降，調査者による分類から被調査者自身による自己申告へと調査方法を変えた。これによって，公的な人種・エスニック分類の基盤たるセンサスの中身が自己申告によって決定されるという状況が生まれた。同時にそうした自己申告が，センサス局によって予め設定された選択肢の範囲内で行われていることも重要である。つまり，外部による規定が自己規定を部分的に決定しているのである。

2000年センサスは，これらの点を具体的に考察するうえで格好の素材を提供してくれる。人種・エスニックな分類にかかわって最初に登場する質問項目は，回答者が「スパニッシュ/ヒスパニック/ラティノ」かどうか，もしそうだとすれば「メキシコ系」「キューバ系」「プエルトリカン」「それ以外」のどれか，というものであった。まずここで注目すべきなのは，「スパニッシュ/ヒスパニック/ラティノ」とい

う新たな分類の登場である。例えば1980年センサスにおいては，これに該当する用語は「スペインを出自とする人」(persons of Spanish origin) であった。だが，アメリカ社会においてスペイン語系住民の圧倒的大多数はラテンアメリカを直接的な出自としている。「ラティノ」は彼らの政治的・文化的なプレゼンスの顕在化を受けて，センサスに挿入された用語なのである。

さて，ヒスパニック系にかかわって2000年センサスに見られた重要な変更点は，人種をめぐる分類であった。ヒスパニック系を人種集団ではなくエスニック集団と捉える点では，1990年までのセンサスと共通していた。しかし，1990年センサスが人種に関する選択肢のどれか1つだけを選択させたのに対して，2000年センサスは複数選択することを認めた。「白人」「黒人/アフリカ系/ニグロ」「アメリカ・インディアン/アラスカ先住民」のほかに，「インド系」「中国系」「日系」「ベトナム系」など (2000年センサスでは「日系」などは独立人種集団を形成) が列挙され，それらと横並びで「それ以外の人種 (some other race)」が選択肢として設定された。なお，最後の「それ以外の人種」については，具体的な人種名を回答者自らが記入する方式になっている。

人種に関するこの複数回答方式は，出自的にそもそも混血が進んでいるとされるヒスパニック系に配慮したものでもあった。同時に，近年急速に増加している白人・黒人・アジア系などの間の結婚および出産によって，単一の人種区分ではうまく分類できないという，ヒスパニック以外も含めた全般的な傾向も影響していた。ただ，人種規定に関してこれまでひじょうに曖昧な位置にあったヒスパニック系が，この複数選択方式によって分類上の曖昧さをいっそう増したことも否定できない。例えばある研究者は，彼が教えるメキシコ系アメリカ人学生の家族全員が人種項目に関してバラバラの回答をしたという事例を紹介している。彼によれば，その学生の父親は「白人」を，母親は「白人」と「インディアン」の2つを，そしてその学生本人は「その他の人種」という選択肢をチェックしたうえで「メキシカン」と記入したという。

❷──用語の起源とアイデンティティ

ヒスパニック系と区分される（あるいは自己規定する）人々が，共通の本質を持った一枚岩の存在でないことは上述したとおりである。だが，歴史的な関係性の網の目の中で他集団と区別され，徐々にヒスパニック系として束ねられていったことも事実である。アメリカ合衆国におけるスペイン語系住民の歴史は古い。だが呼称に関していうと，「ヒスパニック系」と総称される集団として巷間で広く語られるようになったのは1970年代後半以降のことであった。特に「ヒスパニック系」は，連邦の立法府や行政府が位置する東海岸で（大半がラテンアメリカ出自からなる）スペイン語系住民を指す用語として好んで使用されるようになった。

研究者の中にはこのような用語の発生・起源に政治的な背景を見る者も多い。つまり，スペイン語の使用やスペインという遠い起源に共通項を求める「ヒスパニック系」という分類が，スペイン語系住民の多くが内包するラテンアメリカ的特質を隠蔽するという意図で使われているというのである。事実，1970年代という時期には，（後述するように）メキシコ系アメリカ人によるチカノ運動の余波がまだ南西部を中心に残っていた。同じ頃，アメリカ本土に居住していた一部のプエルトリカンがプエルトリコの独立運動を唱導するという事態もみられた。また，メキシコなどラテンアメリカ諸国からの移民が急増し始めたのも1970年代であった。つまり，複数のラテンアメリカ出自のエスニッ

ク集団が波状的に政治的な訴えを強めていた時期と,「ヒスパニック系」という呼称が公的な場で頻繁に使用され始めた時期はおおよそ重なっているのである。加えて,白人中心主義的な原理が貫徹するアメリカの主流社会の中で体制内上昇を遂げた者たちから,「ヒスパニック系」という呼称が積極的に受け入れられたことも重要である。この呼称がしばしば中産階級性を連想させるものとして使用される理由もここにある。

エスニック集団固有の政治的な主張を骨抜きにし,そのうえでやんわりと束ねようとした「ヒスパニック系」という分類は,「ラティノ」という対抗的アイデンティティを前面に押し出す結果となった。ただしこのアイデンティティは,メキシコ系やキューバ系,ドミニカ系などとしての細分化された下位分類や,アメリカ人としての上位分類を同時に含んだ多層的な構造をなしている。さらに,これらにジェンダーやセクシュアリティ,地域性などの別の要素が加わることで,多層性がさらに増している場合も多い。

❸──地域的な特性・分布

ヒスパニック系の特徴は何よりもその分布の偏在性にある。2000年センサスによれば,全人口の12.5％を占める彼らの7割以上(およそ2,600万人)がカリフォルニア,テキサス,ニューヨーク,フロリダ,ニューメキシコ,イリノイの6州に集中している。さらにもう1つの大きな特徴は,エスニック集団ごとに集住するという傾向である。カリフォルニアやテキサス,ニューメキシコなどの(いわゆる西部も含む)南西部諸州,イリノイやニュージャージーなどの一部の中西部・北東部の大都市にはメキシコ系が,フロリダにはキューバ系が,ニューヨークにはプエルトリカンが集中している。

近年それ以外のヒスパニック系集団の流入を受けながらも,そうした地域においてメキシコ系・キューバ系・プエルトリカンが大多数をなしているという構造には基本的に変化はない。

またこれらの州の統計数値を仔細に検討してみれば,特に限られた範囲にヒスパニック系が集中していることがわかる。例えば,32.4％のヒスパニック系人口を擁するカリフォルニア州の中でも,ロサンゼルス郡ではその数値は約45％にまで上昇する。同様に,ヒスパニック系を州人口の16.8％抱えるフロリダ州の中でもマイアミ=デード郡に対象範囲を絞り込めば,その数値は過半数の57.3％にまで跳ね上がる。このようなエスニック集団ごとの集住傾向は,ヒスパニック系が多く住む地域の歴史とそれぞれのエスニック集団ごとに記憶されている歴史の両方を強く特徴付けてきた。

B──主なヒスパニック系集団の歴史

❶──メキシコ系

ヒスパニック系の中でも最も多く,かつ最も古くからアメリカの地に居住しているのがメキシコ系である。1846年から1848年にかけて戦われたアメリカ=メキシコ戦争によって,メキシコは当時の領土の約半分を失った。その地域は現在アメリカ南西部と呼ばれている地域とほぼ重なっている。同戦争を終結させたグアダルーペ・イダルゴ条約によって,アメリカ領に残ることを希望した約8万人のメキシコ人がアメリカ人としての市民権を付与された。

ここで重要なのは,19世紀中葉のアメリカにおいて,アメリカ人への帰化は「自由な白人」のみに認められていたということである。そのため,新たにアメリカに編入されたメキシコ系はインディアンと分類された者などを除

き，公的には「白人」として分類されるようになった。だが実生活において彼らは，東部から大量にやってくるアングロ系住民とは人種的な属性を異にする存在として広く捉えられていた。つまり「白人」としての公的な分類と「非白人」としてのリアルな処遇という捻れが，メキシコ系住民の社会状況を長らく規定し続けたのである。

19世紀後半は，南西部に集住するメキシコ系にとって苦難の歴史であった。アメリカ＝メキシコ戦争直後に起こったゴールドラッシュは，メキシコ人だけでなく，多くのアングロ系住民をカリフォルニア北部へとひきつけた。アングロ系の中には，ブームが去った後も東部に戻らず，西海岸に腰を下ろす者も多かった。また，土地と仕事を求めて，メキシコ系の多くが居住する南カリフォルニアに移ってくる者も相当数いた。アングロ系の流入に押し出される形で，多くのメキシコ系は彼らの生活を支えていた牧畜業の基盤たる土地を失っていった。その背景としては，アメリカ流の土地所有権の捉え方とスペイン流のそれとの違いがあった。後者を理解していないメキシコ系が，法廷闘争に訴えたアングロ系の入植者に土地を奪取されるなどという事態は日常茶飯事であったという。また，法廷闘争には勝利しながら法外なコミッションをアングロ系の弁護士に要求されて，結果的に土地を失ったというケースも報告されている。

19-20世紀転換期になるとメキシコからの移民は急増する。西部における経済発展やテキサスでの牧畜業や綿栽培のブームなどがプル要因として作用した。さらに重要なのは，中国人移民や，彼らに続いて入ってきた日本人移民が「帰化不能外国人」として排斥されていくなかで，メキシコからの移民がニッチを埋める形で受け入れられたことである。折しも20世紀初頭のメキシコは，1910年に起こったメキシコ革命によって社会的に混迷した状況にあった。そうした動乱を逃れるメキシコ人の受け皿の役割を，約3,500kmの国境を陸上で接するアメリカが引き受けたのである。また，移民制限主義的な社会風潮の中で，とりわけ東・南欧系の「新移民」の厳しい受け入れ規制やアジアから移民の締め出しを意図した1921年移民法と1924年移民法が，メキシコを含めた西半球からの移民を無制限に受け入れたことも重要である。しかも，合法にせよ非合法にせよメキシコからの移民は事実上フリーパスに近かった。

20世紀前半はメキシコ系およびメキシコからの移民にとって激動の時期であった。1920年代にはおよそ50万人のメキシコ人移民がアメリカとの国境を越えて南西部を目指した。この数字は同時期の全移民数の約11％にあたるという。だが，1920年代末に大恐慌がアメリカ社会を襲うと，メキシコ系は一転して社会的な厄介者と捉えられるに至る。1930年代を通じて，約50万人のメキシコ国籍者とメキシコ系アメリカ人がメキシコへと強制送還された。だが，第2次世界大戦が始まり，多くの労働者が兵士として戦場に送られ，あるいは軍需生産部門にまわされると，特に農業部門での労働力の逼迫が問題となった。アメリカとメキシコとの間の協定で決められたブラセロ計画によって，1942年以降延べ約500万人のメキシコ人契約労働者が国境を越えてアメリカに導入された。このブラセロ協定は，いくぶん形を変えながらも労働組合等の反対を受けて廃止が決定される1964年まで継続された。

20世紀後半において特に政治意識という面でメキシコ系にとっての画期となったのがチカノ運動の台頭であった。1950年代中葉に本格化し特に60年代に法制度的な成果をもたらした公民権運動に触発され，1960年代後半に南西部を中心に展開されたのがこのチカノ運動である。1920年代末に創設された統一ラテンア

メリカ系市民連盟（LULAC）などの穏健派組織がメキシコ系の「白人性」を強調し主流社会への同化を説いていたのに対して，ロドルフォ・ゴンサレスなどのチカノ運動指導者たちは自らを「褐色の民」(bronze people) と規定し，同化主義との決別を宣言した。そもそも「チカノ」とは，それまで下層の労働者階級を指す侮蔑的な用語とされてきた呼称を，誇るべきものとして反転させた自称であった。

主に大学キャンパスや街頭などで展開されていたチカノ運動以外にも，メキシコ系の社会運動は存在した。なかでも最も有名かつ重要なのは，セサール・チャベス率いる統一農場労働者組合（UFW）による活動であろう。チャベスは，農業労働者の権利獲得と待遇改善を求め，全米を巻き込んで，ストライキや特定農産品の不買運動，農業労働者保護を目的とした法律制定のためのロビー活動を行った（⇨ 50 労働運動 C-3）。彼は，アメリカで最も有名で尊敬を受けたメキシコ系アメリカ人の 1 人と言える。

❷——プエルトリカン

メキシコ系に次いで多いのがプエルトリカンである。彼らの多くはニューヨークやニュージャージーなどの東海岸都市部に集住しているが，小規模ながらサンフランシスコやロサンゼルスなどにもコミュニティを形成している。

プエルトリカンと他のヒスパニック系を大きく分けるのは，すべてのプエルトリカンがアメリカ市民だという事実である。これは，自由連合州（commonwealth）というアメリカ合衆国の中でのプエルトリコの政治的地位によっている。米西戦争の結果，スペイン領からアメリカ領へと移行したプエルトリコの住民は，1917 年のジョーンズ法によってアメリカ市民になった。1948 年には前年に制定された知事選挙法によって，大衆民主党（PPD）の創設

❶ UFW を率いるセサール・チャベス［フロリダのコカ・コーラ社（食品部門）に勝利した農業労働者ユニオンの労働争議が，新たな地域に広がっていく期待を，記者会見で表明した。マイアミにて，1972 年］

者ルイス・ムニョス・マリンがプエルトリコ住民選出の初の知事となった。独立や州昇格を自ら決定できないなどのさまざまな制限をはらみながらも，1951 年 7 月のレファレンダムを経て翌 1952 年にプエルトリコの自治憲法は誕生した。こうした流れを経て，プエルトリコがアメリカ合衆国の自由連合州であると公式に規定された。

だが，プエルトリコの独立を目指す運動は絶えることはなかった。とりわけ 20 世紀初頭にニューヨークに集まっていたプエルトリカンが，そうした独立運動に与えた思想的な影響は大きい。その意味でも，同地のプエルトリカン（Nuyorican とも呼ばれる）の歴史は古い。現在，全プエルトリカン人口の約 3 分の 1 がアメリカ本土に居住しているといわれる。アメリカ市民であることによる移動の容易さもあり，他のヒスパニック系に比べて本土と出身地である島との往来が比較的頻繁に行われてきたというのがプエルトリカンの特徴の 1 つである。

近年，定住化傾向をみせているアメリカ本土生まれ世代の中には，英語しか話せず補習校で

スペイン語を学ぶ若年層も多いという。また、プエルトリカンはこれまでさまざまな社会科学研究の中で、貧困率が高く教育水準が低い、アメリカ主流社会への同化や体制内上昇に失敗したエスニック集団として描かれることが多かった。ネイサン・グレイザーとパトリック・モイニハンの『人種のるつぼを越えて』などは、1950年代を対象としたそうした研究の典型である。

❸――キューバ系

ヒスパニック系の中では3番目に多く、社会的な成功者が最も多いと見られているのがキューバ系である。キューバ系移民の起源は18世紀前半にさかのぼるが、それが広く世間の耳目に触れるようになったのは1950年代末以降のことである。フィデル・カストロの社会主義革命を逃れて、1959年から1962年にかけて15万人以上のキューバ人がアメリカに大挙して渡って来た。この集団の大半は社会主義体制を嫌悪した上流ないし中流層で、実業家や専門家、大土地所有者などからなっていた。彼らの多くは、カストロ体制が早期に倒され、速やかにキューバに帰還することを希望したので、対岸に母国を見渡すことができるフロリダに集住する傾向があった。こうしてできた濃密なコミュニティとそこに生まれたエスニック・ビジネスが、キューバ系の社会経済的な成功を支えていることは間違いない。

人種に関していえば、多くのキューバ系はセンサスなどの場で自らを白人と規定する傾向があった。1970年センサスでは95％ものキューバ系が白人として申告したという。このことは、彼らがアメリカにおける人種主義の根強さを認識していたことを示している。同時に、そもそも白人には見えないキューバ人があまりアメリカに渡らなかったことの証左であるとも言える。事実、キューバ革命の指導者たちは、アメリカは非白人に対して抑圧的な国であるとの宣伝を積極的に行っていた。それにもかかわらずアメリカへと渡った黒人のキューバ系移民たちは、肌の白い裕福なキューバ系を避け、北東部の都市に住む傾向があった。

1980年の夏から秋にかけて、12万人強のマリエル難民と呼ばれるキューバ人亡命者がフロリダ沿岸に漂着した。このカストロが「非革命分子」と見なした者たちの流入は、キューバ系の多様性を増すとともに、キューバ系に対する世間の風当たりを強くする結果となった。また彼らの流入は、同時期の移民難民政策をめぐる議論を加速化した。

❹――それ以外の中南米系

2000年センサスによると、人口数においてキューバ系（ヒスパニック系の3.5％）に次ぐのがドミニカ系（同2.2％）である。この後エルサルバドル系（同1.9％）、コロンビア系（同1.3％）、グアテマラ系（1.1％）が続く。これ以外にも主に中南米諸国が移民送り出し国として列挙されているが、ヒスパニック系全人口の1％を超えるものはない。

逆説的ながら、アメリカ史上初めて西半球全体に移民数量制限（年間12万人）を課すことを決めた1965年移民法の制定以降、中南米諸国からの移民は急増した。また、彼らの多く、特に中米からの移民たちは、西海岸や北東部、中西部、カリブ海沿岸の大都市部にコミュニティを形成して集住する傾向があった。彼らの多くは出身国を単位としたエスニック集団でまとまり、メキシコ系やプエルトリカン、キューバ系などの集団と緊密な関係を築くことはあまりなかった。だが、彼らの中にヒスパニック系/ラティノという包括的なエスニシティが生まれていることも事実である。

出身国の違いという境界線がある程度浸透的であるのに対して，社会階層や人種の差違が越えがたい障壁になっているともいわれる。人種を社会的な階層の差違とほぼ同義のものと捉えることが多い出身国とは異なり，アメリカ社会は彼らを独自の人種枠組みの中に投げ入れた。アメリカにおける彼らのエスニック・アイデンティティの構築は，未知なる人種枠組みとの「出会い」と切り離すことはできないだろう。

社会経済的な特徴に関していえば，中南米系は，メキシコ系やプエルトリカンに比べて所得や教育水準などの点で秀でている者が多いといわれる。とりわけそうした傾向はアメリカ生まれの者に顕著である。

C──ヒスパニック系の文化と彼らを取り巻く状況

❶──人物・表象・文化

10年ごとに発表されるセンサスの数値に加えて，アメリカでヒスパニック系の存在を強く意識させるのは，日常的な風景の中で目にする彼らの生の姿であろう。ロサンゼルスの中心街を車で少し東に抜ければ，そこにはマリアッチの音楽が流れ，スペイン語が飛び交う「メキシコ」が広がっている。また，カストロ体制早期崩壊の見込みが崩れいったんは郊外に居を構えたキューバ系の多くは，マイアミの沿岸地域に舞い戻っているという。リトル・キューバの街並みには，革命前キューバの面影も残っている。

彼らヒスパニック系と日常的に接することのない多くの人々にとって，ヒスパニック系と「出会う」ことができる場が大衆文化という領域である。とりわけポピュラー音楽や映画においてヒスパニック系の活躍は目立っている。グロリア・エステファンやロス・ロボス，ルイス・ミゲル，リンダ・ロンシュタットなどのミュージシャンのほか，『ミ・ファミリア』(1995)などの映画で俳優としても活躍しているジェニファー・ロペスなどがその一例である。映画の分野では，キューバ生まれのアンディ・ガルシアのほか，『落ちこぼれの天使たち』(1988)でメキシコ系の数学教師を熱演したエドワード・ジェイムズ・オルモスなどが有名である。また，『トラフィック』(2001)でメキシコ人警官を演じ，アカデミー賞最優秀助演男優賞の栄誉を受けたプエルトリカンの俳優，ベニシオ・デル・トロの活躍も記憶に新しい。ヒスパニック系にかかわる映画としては，チカノ・ギャングの抗争と仲間同士の絆を描いたテイラー・ハックフォード監督の『ブラッド・イン・ブラッド・アウト』(1993)や，メキシコからロサンゼルスにやって来た移民労働者の内面世界を活写したケン・ローチ監督の『ブレッド&ローズ』(2000)などがある。

❷──新しい移民排斥主義

総じて，19世紀と20世紀ではヒスパニック系の状況を規定する要因は大きく異なるといえる。メキシコ系とプエルトリカンを例にとれば，19世紀半ばから19-20世紀転換期にかけては，アメリカと本国（または旧宗主国）との間のコロニアルな関係が半ば強制的に同地の住民をアメリカへと編入していった。他方で20世紀になると，ポストコロニアル，あるいはネオコロニアルな関係が彼らを規定することとなった。具体的には，移民という形で人々はアメリカへと取り込まれていった。

20世紀後半の特徴的な現象の1つとして，移民排斥主義と反ヒスパニック感情の連動が挙げられる。特に1970年代以降，グローバリゼーションの副産物とも言える移民の急増は，西

❷メキシコとの国境地域の道路に設置された，メキシコからの（非合法）入国者を「警戒」する標識［*Economist* 2. Nov. 2002 年の表紙］

海岸や北東部の大都市におけるヒスパニック系人口の拡大へと帰結した。また，ラテンアメリカから流入した非合法な移民が社会問題化され始めたのも同じ時期である。こうしたなか，カリフォルニア州では，非合法移民の社会的な締め出しを狙った提案187号と二言語使用教育の廃止をうたった提案227号が州民の多数の支持を受けて1990年代に法制化された。このような動きに対してはヒスパニック系の多くが反対の声を上げている。アフリカ系を抜いて最大のマイノリティ集団となったヒスパニック系を取り巻く状況が今後どうなるのか。移民排斥主義やナショナリズムとの関係を含めて，引き続き注目する必要があるだろう。

■参考文献

Acuña, R. *Occupied America: A History of Chicanos*. Harper Collins, 1988.

Monroy, D. *Thrown Among Strangers: The Making of Mexican Culture in Frontier California*. Univ. of California Press, 1990.

Oboler, S. *Ethnic Labels, Latino Lives: Identity and the Politics of (Re) Presentation in the United States*. Univ. of Minnesota Press, 1995.

Rodríguez, C. E. *Changing Race: Latinos, the Census, and the History of Ethnicity in the United States*. New York Univ. Press, 2000.

Suárez-Orozco, M. M. and Mariela M. Páez, eds. *Latinos: Remaking America*. Univ. of California Press, 2002.

■さらに知りたい場合には

ワイヤー，T.（浅野徹訳）『米国社会を変えるヒスパニック スペイン語を話すアメリカ人たち』日本経済新聞社，1993.
［ヒスパニックの現在を知るうえで有用な，日本語で読める数少ない文献。教育，政治，宗教，商業などの側面や，移民政策とヒスパニック系のかかわりに焦点を当てている。］

村田勝幸「引き直された境界線——チカノ運動，セサール・チャベス，非合法移民」油井大三郎・遠藤泰生編『浸透するアメリカ，拒まれるアメリカ』東京大学出版会，2003.
［20世紀後半に社会問題化した非合法な移民がヒスパニック系のアイデンティティに与えた影響を分析。チカノ運動以降の彼らによる歴史記述や自己認識の変化にも注目。］

■インターネット関連サイト

人種・エスニック集団別統計…
http://www.census.gov/

47 | ユダヤ系アメリカ人
Jewish Americans

野村達朗

現在600万近くを数えるユダヤ系アメリカ人は植民地時代に渡米したセファーディック系，19世紀に渡米したドイツ系，そして19世紀末・20世紀初頭に移住した東欧系の融合によって形成されたが，東欧系が圧倒的である。東欧系は労働者階級を基層とする移民文化を発展させたが，第2世代の台頭とともに社会的上昇，アメリカ社会への同化が進んだ。1930年代からはナチズムの迫害から逃れるユダヤ人が亡命してきた。その後もソ連やイスラエルなどからの渡米が継続した。彼らのユダヤ教は正統派，改革派，保守派に分かれるが，非信者も増えてきている。長らく彼らはユダヤ人差別に苦しんだが，大戦後は反ユダヤ主義は衰え，ユダヤ系は経済界，ジャーナリズム，アカデミズム，芸能界など多様な分野に進出した。彼らはユダヤ系アメリカ人として多くの組織をつくり，活発な運動を展開してきたが，今日では他のエスニック集団との婚姻も増え，アメリカ社会への同化に伴い，アイデンティティの危機も訪れているのである。

A──ユダヤ系のアメリカ渡来

❶──ユダヤ系アメリカ人の定義

アメリカ合衆国は世界最大のユダヤ系人口を擁しているが，その数を正確に知ることはできない。「ユダヤ人」という名称は宗教的な「ユダヤ教徒」をも意味するために，アメリカの国勢調査では「ユダヤ系アメリカ人」に対して「ユダヤ人」としては申告させないからである。またユダヤ教を信じなかったり，ユダヤ人としての意識には個人差があるからである。しかしおおよその推定では今日アメリカ合衆国には600万近くのユダヤ系がいるとされ，合衆国総人口の3％，世界ユダヤ人総数1,300万人の4割強を占める。

アメリカに渡ったユダヤ移民はユダヤ教と結び付いた多様なユダヤ文化をアメリカに持ち込んだ。ユダヤ人とは宗教的にはユダヤ教を信仰する者ということになるが，ユダヤ教は信仰，倫理，儀式，伝統ならびに歴史的意識を内包したユダヤ民族固有の宗教であるために，世俗的な民族的存在と結び付いている。かつてユダヤ人はユダヤ人の両親の間に生まれ，ユダヤ人のコミュニティの中で育ち，周囲の社会から特殊な集団の一員として認識されたから，ユダヤ人としての存在は明確であった。しかし今日ではユダヤ教を信じていない者，ユダヤ人意識が希薄な者も増えており，またユダヤ人であることをまったく放棄してしまった者も多く存在する一方，ユダヤ人と婚姻し，ユダヤ教に改宗した者も含めてユダヤ系である。

他の移民系諸集団が一定の国や地域から1つの文化をもって移住してきたのに対して，ユ

表47-1 ●総移民数とユダヤ移民数［年代別］

[単位：人]

期間	総移民数	ユダヤ移民数	比率
1881-1890年	5,246,613	193,021	3.7％
1891-1900年	3,687,564	393,516	10.7％
1901-1910年	8,795,386	976,263	11.1％
1911-1920年	5,735,811	491,165	8.6％
合計	23,465,374	2,053,965	8.8％

●出典｜Joseph, S., *Jewish Immigration to the United States* (Columbia Univ. Press, 1914), p. 174.

表47-2 ●合衆国へのユダヤ移民の出身国別分類

［1881年-1910年］　［単位：人］

出身国	ユダヤ移民数	比率
ロシア帝国	1,119,059	71.6％
オーストリア=ハンガリー	281,150	17.9％
ルーマニア	67,057	4.3％
イギリス	42,896	2.8％
ドイツ	20,454	1.3％
カナダ	9,706	0.6％
トルコ	5,276	0.3％
フランス	2,299	0.2％
他	14,903	1.0％
合計	1,562,800	100％

●出典｜前掲書，pp.93-95.

ダヤ系アメリカ人は世界のさまざまな地域から多様な文化をもって渡米した者とその子孫であり，多様なユダヤ系集団の融合によってアメリカで新しく形成された。彼らはアメリカ製の1つのエスニック集団なのである。

❷——初期アメリカにおけるセファーディック・ユダヤ人

アメリカにおけるユダヤ人の歴史は1654年，当時オランダ領だったニューアムステルダム（今日のニューヨーク市）にブラジルから23人のユダヤ人が渡来したことに始まる。その後イギリス領の沿岸諸都市にユダヤ人が定住するようになった。彼らはセファーディック系と呼ばれるスペイン・ポルトガル系統のユダヤ人が主流だったが，その数はわずかで，18世紀末にも2,000人ほどにすぎなかった。彼らにはさまざまな制約が課せられたが，ヨーロッパに比べるとユダヤ人にとってアメリカは極めて寛容であり，ユダヤ人は自由にその信仰を保持することができた。さらにアメリカ独立革命が起こると，合衆国憲法の政教分離の原則，そして「権利章典」によって，彼らは信仰の自由，そして他のヨーロッパ系と対等な市民権を保障された。しかしセファーディック・ユダヤ人は必ずしも緊密な共同体をつくることなく，今日ではほとんど消滅してしまった。

❸——ドイツ系ユダヤ人

1830年代から1880年ごろにかけては中央ヨーロッパのドイツ語圏諸地域（オーストリア，ハンガリー，ボヘミアなどを含む）に住む多くの「ドイツ系」ユダヤ人が多数渡米してくるようになり，これにより合衆国のユダヤ系人口は増大し，1880年には28万人を数えることになった。

ドイツ系ユダヤ移民の大部分は最初は貧しく，行商人として出発する者も多かったが，当時のアメリカ社会の西方への拡大の波に乗って全国的に拡散し，小売商人，古着商，質屋などになり，そのなかから百貨店主などの有力ユダヤ系商人が出現することになった。また仕立工や葉巻工などの職人，労働者となる者も多かった。彼らはアメリカ社会に急速に適応し，いちじるしい社会的上昇を示し，19世紀末には実業家，プロフェッショナル，ホワイトカラーなどの職業に従事するようになっていた。英語の習得にも熱心で，アメリカ社会への同化を図っ

た彼らは, 宗教的にはアメリカのリベラルな社会に適合的な改革派ユダヤ教の立場を発展させた。儀式の改革が進められ, シナゴーグ（礼拝堂）で男女同席したり, 礼拝時にオルガン演奏を行ったり, 男女混声の合唱団を組織したり, 英語やドイツ語で祈るなど, ユダヤ教のアメリカ化が進行した。そして友愛互助組織ブネイ・ブリスの結成（1843年）などによりアメリカ・ユダヤ系社会の基礎が置かれることになった。そして彼らは後に渡来する東欧系ユダヤ人を保護する役割を果たすことになるのである。

❹――東欧系ユダヤ人の到着

19世紀末にはユダヤ人のアメリカ移住は増大し, 1881-1920年の40年間には205万人, 移民総数の約1割を占めた。そしてこの時期のユダヤ移民の9割以上がポーランド, リトアニア, ウクライナ, ベラルーシなどを含むロシア帝国を中心に, ルーマニア, そしてオーストリア＝ハンガリー帝国などの東ヨーロッパから来た。東欧ユダヤ人の3分の1が西方に向かったといわれ, これにより世界ユダヤ人人口の中心はロシア帝国からアメリカ合衆国に移った。アメリカ・ユダヤ人は大膨張しただけでなく, その基本的性格がドイツ系から東欧系へと転換したのである。今日のユダヤ系アメリカ人の中で圧倒的多数はこの東欧系ユダヤ人の子孫なのである。

ロシア帝国からのユダヤ人の国外移住率はいちじるしい割合に達した。彼らの国外移住は1881年のアレクサンドル2世暗殺を契機に激化した帝政政府による抑圧政策と, それに刺激されたロシア民衆によるポグロム（ユダヤ人に対する暴力的迫害）により増大した。しかし経済の資本主義化によりユダヤ人の経済生活が変化したことも重要な背景であった。彼らの間での人口増加, 都市への集中, 国内移住, 工業従事者の増大, プロレタリア化の進行が背後に存在したのである。

東欧ユダヤ人のアメリカ移住は, 出稼ぎ型が多かった当時の他の南・東ヨーロッパ系の「新移民」と異なり, 大部分が女性と子供を含んだ家族ぐるみの移住であり, 帰国率も極めて低かった。彼らはアメリカにおける定住の地として北東部諸州, それも大都市に定住した。特にニューヨークへの集中が顕著だったことはよく知られている。

B――20世紀前半を中心に

❶――アメリカにおける東欧系ユダヤ人

ニューヨーク市内のユダヤ人人口は1880年には8万人ほどで人口の4％程度にすぎなかったのが, 1910年には125万人で, 同市人口の4分の1ほどになった。こうしてニューヨークは世界最大のユダヤ人都市となったのである。初め彼らはマンハッタン南東部のロワーイーストサイドに集中した。

ニューヨークをはじめとしてアメリカの大都市において東欧系ユダヤ移民がつくったコミュニティは貧しい肉体労働者を基層とする社会であった。多くのユダヤ移民が衣服産業の労働者となった。そのほか, 多様な産業において彼らは低賃金, 長時間労働, 零細なスウェットショップ（苦汗工場）での劣悪な労働条件に苦しみ, 劣悪なスラムでの貧困な生活に耐えた。やがて彼らは活発な労働運動を起こし, 国際婦人服労組（ILGWU）や合同男子服労組（ACWA）をはじめとする有力な労働組合を樹立し, またアメリカ社会党の有力な基盤を構成した。そしてニューヨークからはユダヤ系社会主義者メイヤー・ロンドンが連邦議会に3度当選した。またロシア革命後は共産主義運動も

フォーワード』として知られたイディッシュ語新聞である。このイデュッシュ文化は1920年代に爛熟期を迎えたが、流入する移民の激減、第2世代の台頭などにより、しだいに衰退していった。アメリカ生まれがユダヤ人社会の過半数となるのは1940年のことである。

❷ ── その後のユダヤ移民

ロシア社会主義革命、アメリカにおける1924年の移民制限法の制定以後、アメリカへの東欧系ユダヤ移民の大きな流れは停止した。そして1933年にドイツでナチスが政権を握ると、多くのドイツ系ユダヤ人がアメリカに亡命するようになった。彼らの半半は知識人を含めた上層中産階級であった。なかでもアルバート・アインシュタイン、エーリッヒ・フロム、ハンナ・アーレントなどのユダヤ人学者はアメリカの知的生産活動に大きな貢献をなすことになる。

第2次世界大戦以降もユダヤ人のアメリカ移住は継続した。戦争終了から50年代初頭にかけて入国した第一波は大戦の犠牲者である難民や流民だったが、1965年の新しい移民法により国別割当制度が廃止されたことにも関連して、ソ連からのユダヤ難民が流入するようになった。この流れはゴルバチョフ時代に大きく膨れ上がり、90年代初頭には年3万人以上に及んだ。またイスラエルやイラン、その他からの移民も増えた。このような移民の流入がアメリカ・ユダヤ社会を維持するうえで不可欠な役割を果たしているのである。

❶上｜一家総出で腕輪作りの内職を深夜まで行うユダヤ人家族［ニューヨーク、1912年］
❷下｜イディッシュ語新聞『フォーワード』［1973年］

ユダヤ人の間で活発化した。

しかしユダヤ移民労働者もアメリカ滞在期間が延びるにつれて収入も増え、しだいに生活にも余裕が出てくるようになり、活発なコミュニティ生活が形成された。移民世代の東欧系ユダヤ人のコミュニティはイディッシュ語（中世ドイツ語を基軸にヘブライ語、スラブ系言語が混じり合ってできた独特の東欧系ユダヤ人の口語）と結び付いた民族的な文化を培った。はじめ彼らは英語の習得が不十分であり、高度に発達したアメリカの都市的社会への適応に苦しんだが、アメリカで表現の自由を与えられて、ジャーナリズム、文学、演劇などイディッシュ語を用いる独自の文化が花開いた。この時代のイディッシュ文化を代表したのが、エイブラハム・カーンが編集した日刊新聞『フォアヴェルツ』、英語名で『ジューイッシュ・デイリー・

❸ ── ユダヤ教

かつてはユダヤ人とはユダヤ教の信奉者とされ、ユダヤ系アメリカ人はユダヤ教を中心とする民族的な文化的伝統によって結び付けられて

いた。そのユダヤ教は3つの宗派（正統派，改革派，保守派）に分かれている。

改革派ユダヤ教は19世紀にドイツ系ユダヤ人の間に台頭したが，大量の東欧系ユダヤ移民が正統派の信仰を持ち込んだ。しかしアメリカへの同化が進んだ今日では改革派が最も多数であり，ユダヤ系アメリカ人の中で半分近くを占めている。改革派ユダヤ教徒はユダヤの伝統を守りながら，信仰の形態を現代に適合させようと努力する。女性が男性と平等であるとして，女性がラビになることをも認めるのである。

アメリカの近代的社会への適応による正統的信仰の腐食を恐れる者たちは，厳格な伝統の保持に努力し，改革に反対した。これが正統派ユダヤ教である。そして正統派の中でも特に厳格にユダヤ教の伝統を守り，教会堂の中では男女が分かれて座り，女性はラビにはなれないということを含めて，原理主義者と呼ばれる者たちがいる。

そして正統派と改革派の中間に保守派が位置している。保守派はユダヤの古来の伝統的儀礼を尊重し，祈りのことばにはヘブライ語を用いるが，現実社会に適応するためにある程度の改革を受け入れる中庸な立場である。このほかにモーディカイ・カプラン師の教えに由来して20世紀初頭に起こった再建派ユダヤ教，18世紀に東欧に起こった信仰覚醒運動に起源し，神秘主義的な敬虔主義運動であるハシディズムもアメリカに伝わっている。

❹──ユダヤ系アメリカ人の社会的上昇

20世紀のユダヤ系アメリカ人の生活には大きな変化が生じた。すでに20世紀初頭の段階で労働者からホワイトカラーや小実業家へと上昇する者が現れたが，第1次世界大戦以降，ユダヤ系労働者の間で脱プロレタリア化がいちじるしく進行した。本格的な社会的上昇は第2

❸伝統的な慣習を守り新年の祈りをささげるユダヤ系アメリカ人［1905-1915年頃］

世代から開始された。大戦間期にはアメリカ・ユダヤ人社会は大部分労働者から構成される社会から大部分中産階級からなる社会へ移行した。1937年ニューヨーク市内でユダヤ系は約4分の1を占めながら，市内の弁護士・判事の65％，歯科医の55％，医師の55％がユダヤ系だった。

彼らが進出したことでよく知られる領域としては衣服産業のほかに，映画産業がある。移民地区の映画館経営から出発し，ついにはハリウッドの映画製作にかかわることになった。1930年代には主要映画会社は1社を除いてすべてがユダヤ系の手中にあった。経営者だけでなく，俳優や監督，脚本執筆者などにユダヤ系が多い（⇨100映画A-1）。ワスプ的芸名をもっているが，ダニー・ケイは本名ダニエル・カミンスキー，トニー・カーティスはバーナード・シュワルツ，ドリス・デイはドリス・カッペルホフである。そして今日の個性的映画監督，ウッディ・アレン，スティーヴン・スピルバーグもユダヤ系である。

❺──反ユダヤ主義とユダヤ人差別

アメリカの反ユダヤ主義はヨーロッパに比べると，国家によって制度化されることがなく，またヨーロッパにおけるよりは穏やかだった

が，ユダヤ系の進出は反ユダヤ主義とユダヤ系への差別を強め，ユダヤ系は絶えざる差別と偏見の中で生活せざるをえなかった。アメリカにおける反ユダヤ主義は1880年頃から強さを増した。上流階級は社交界からユダヤ系を締め出そうとした。また不況に苦しむ南部や西部の農民の間でも農民の利益を吸い取る東部銀行家のイメージと，金融業で労せずに儲けるユダヤ人というイメージが重なり，反ユダヤ主義的な議論がなされた。

ユダヤ系の社会的進出につれて20世紀にも反ユダヤ主義の動きが高まった。1915年に再組織されたKKKは黒人やカトリックとならんでユダヤ系をも主要な攻撃対象とした。自動車王ヘンリー・フォードも自分が買い取った『ディアボーン・インデペンデンツ』紙上で激しいユダヤ系攻撃を展開したことがある。ユダヤ系のホワイトカラー職や専門職への進出に対して，ユダヤ系に対する職業上の雇用差別は厳しく，社交クラブへの入会，ホテル宿泊，借家，住宅購入などにおける差別もユダヤ系を苦しめた。ハーヴァード大学をはじめとする名門大学がユダヤ系学生の入学を一定数以下に限定しようと試みたこともよく知られている。

アメリカ国民が深刻な不安に襲われた1930年代の大不況期には反ユダヤ主義者の活動が活発化し，ユダヤ系への攻撃が増え，ユダヤ系市民が恐怖を抱く状況が生じた。ラジオ放送で多数の聴衆をひきつけたカトリックのチャールズ・コグリン神父も反ユダヤ主義をあおりたてた人物の1人だった。このような反ユダヤ主義に抗議した中心的組織が，1913年に創設されたブネイ・ブリスの「反名誉毀損同盟」である。

しかし第2次大戦後，アメリカの反ユダヤ主義は急速に衰えた。ナチズムの人種主義的犯罪が明らかにされたことで，反ユダヤ主義は少数の狂信的犯罪分子の主張であるとの空気が広まった。1947年には反ユダヤ主義を批判した映画『紳士協定』がアカデミー作品賞を受賞した。いくつもの州でユダヤ系差別禁止の立法化が進んだ。1950年代にはアメリカ国内の反ユダヤ主義は社会の主流からは消えてしまった。今日ではかつては同じ被差別者として連帯感に結ばれていた黒人の間で反ユダヤ的気運が強まっているという情況も存在するなど，反ユダヤ主義は消滅してはいないが，ほとんど表面に出なくなり，ユダヤ系はアメリカ社会の主流に受け入れられるに至った。2000年の大統領選挙戦でユダヤ系のJ. リーバーマン上院議員が民主党の副大統領候補に指名されたことは象徴的である。

C──今日のユダヤ系アメリカ人

❶──第2次世界大戦以降のユダヤ系アメリカ人の進出

第2次世界大戦はユダヤ系アメリカ人史の分水嶺となった。ユダヤ系アメリカ人男性のほぼ半数が兵役に従事し，合衆国という国家への一体感を強めた。そして戦後は反ユダヤ主義が沈静化した。そして大戦後のアメリカの経済的繁栄の中でユダヤ系の社会的上昇はさらにいちじるしく進行した。ユダヤ系の大半は中産階級となり，多くが快適な郊外に居住するようになり，安定した中産階級的コミュニティが形成された。シナゴーグ，慈善機関，友愛団体，女性クラブ，日曜学校などを含めて，活発なコミュニティ活動が展開された。

このような繁栄を示しているユダヤ系アメリカ人の社会は，かつては単一のコミュニティではなかった。今世紀初頭にはドイツ系と東欧系という明確に区別される2つのコミュニティがあり，それぞれ独自の文化と生活様式をも

ち，それぞれが多様な組織の網の目を樹立していた。この2つが融合するのは第2次大戦以後であり，そのためには東欧系ユダヤ人の社会的上昇によって両者の区別が一掃されること，東欧系がアメリカ化し，イディッシュ語を捨てて英語を使用するようになることが必要だった。

ユダヤ人の間ではアメリカ社会への同化が進行した。1920年代の移民制限法により東欧ユダヤ文化が生のまま入ってくることはなくなった。そして第2世代は公立学校で英語を身に付け，最初からアメリカ市民として育った。こうして伝統的なユダヤ文化の保持よりもアメリカ社会への同化を選ぶ新しい世代が台頭していく。イディッシュ語に基づいた移民ユダヤ文化は衰退した。英語に基づいて生活する「ユダヤ系アメリカ人」の社会になったのである。そしてユダヤ教の強制力は減退し，全般的な世俗化が進行した。

❷──ユダヤ系の進出

現代アメリカ社会におけるユダヤ系の社会進出は驚くほどである。ユダヤ系アメリカ人はその生活水準や教育程度の面で最高位のグループに入っている。かつてはユダヤ系がアメリカの大企業のトップを占めることなど考えられなかったのに，1973年にアーヴィング・シャピーロがデュポン社の会長に就任したことを筆頭に，ユダヤ系市民の経済力はいちじるしいものがある。

政治的にも彼らは大きな影響力をふるうようになった。1970年代後半から選挙政治に参入するユダヤ系が増え，1991年には連邦議会下院議員に33名を数え，翌年の選挙の結果，上院議員に10名のユダヤ系アメリカ人を数えるに至った。ヘンリー・キッシンジャーはドイツ生まれのユダヤ人である。

学問の分野でも彼らの活躍は特に顕著である。ハンナ・アーレントやハーバート・マルクーゼなどはアメリカで活動を続けた亡命知識人だったが，東欧ユダヤ移民の2世や3世で，父や祖父は労働者だった人が第一級の学者や知識人となった場合も多いのである。

映画だけでなく，美術や音楽，大衆文化の領域でも20世紀のユダヤ系アメリカ人は驚くべき進出ぶりを示してきた。音楽におけるジョージ・ガーシュウィン，アーヴィング・バーリン，アイザック・スターン，レナード・バーンスタイン。ミュージカルにおけるジェローム・カーン，リチャード・ロジャーズとオスカー・ハマースタイン・ジュニア。アル・ジョルソン，エディー・カンター，バーブラ・ストライサンドらの歌手。劇作におけるリリアン・ヘルマン，クリフォード・オデッツ，アーサー・ミラー，ニール・サイモン。文学におけるノーマン・メイラー，バーナード・マラマッド，ソール・ベロー，フィリップ・ロス。詩人のアレン・ギンズバーグ。ジャーナリズムの分野でのユダヤ人の活躍もめざましい。20世紀アメリカ文化はユダヤ系なしには語れない。

❸──ユダヤ系アメリカ人の諸団体

ユダヤ系組織の活動も精力的であり，広範なネットワークが存在している。ユダヤ人連帯のための代表的な組織としては，19世紀に創設されて，友愛と奉仕を中心とする「ブネイ・ブリス」，ユダヤ系に対するあらゆる種類の中傷・名誉毀損に反対するための反名誉毀損同盟，1906年に創設されてユダヤ系市民の権利と平等を唱える「アメリカ・ユダヤ人委員会」，ユダヤの宗教・文化を守るために1917年に創設された「アメリカ・ユダヤ人会議」などである。

アメリカにおけるシオニズム運動は19世紀

末に始まり，連邦最高裁の判事となるルイス・ブランダイスが中心となって以来活発化し，1917年アメリカ・シオニスト機構が成立し，進展することになった。ナチス・ドイツによるホロコースト，そしてイスラエルへの脱出などによって，かつてユダヤ人人口の大半を占めた東欧ユダヤ人世界がほぼ消滅した現代にあって，アメリカのユダヤ人諸団体は国外のユダヤ人の救援に手を差し伸べるとともに，1948年のイスラエル建国以来，惜しみない援助をイスラエルに送りつづけてきたのである。

❹──同化の落し穴

大成功を収めたユダヤ系アメリカ人は，もはやアメリカ社会の「異端」集団ではなく，アメリカ社会の主流の一部となり，「アメリカ・ユダヤ人」ではなく，「ユダヤ系アメリカ人」となった。しかし多くのユダヤ系にとって「成功の夢」の実現は，ユダヤ人としてのアイデンティティの減退・喪失をも招いた。すでに20世紀初頭からドイツ系ユダヤ人の間には，自己のユダヤ性を主張せず，そのアメリカ性のみを主張する者たちが現れていた。

人類学者のフランツ・ボアズ，評論家のウォルター・リップマン，写真家のアルフレッド・スティーグリッツなどもこの部類に属した。

今日ユダヤ系のアメリカ化はみごとに成功した。同化を端的に示しているのは非ユダヤ系との通婚，インターマリッジの進行である。移民の第1世代は同じユダヤ系の中でも同じエスニック（ポーランド系，リトアニア系，ルーマニア系など）の中から配偶者を選んだ。しかしこうした区別はしだいに薄れ，ユダヤ系でありさえすれば，違うエスニック間との婚姻が増えていった。ユダヤ系内部での融合がまず進行したのである。

ところが第2次大戦以後，とりわけ1960年代以降，宗教の枠をも超えて配偶者を選ぶ若者たちが増えるようになった。黒人の公民権運動に刺激された人種平等思想の高まりは集団間の平等，相互の尊重の念を生み，インターマリッジに対するかつての社会的抑制は大きく減少した。異教徒との結婚がタブーだったユダヤ系の場合も劇的な変化が生じた。今や非ユダヤ系との結婚が半数を占めるという趨勢である。キリスト教徒との間の融和が進み，異教徒間結婚は進み，クリスマスを祝うユダヤ系アメリカ人も増えつつあるのである。

❺──存続と解体の危機？

偉大な成功物語としてのユダヤ系アメリカ人の歴史は，深刻なジレンマを生み出すことになった。彼らへの差別は衰え，彼らのアメリカ化が進めば，ユダヤ人であることの意味が薄れていくという危険性である。ホロコーストによる絶滅ではなく，アメリカにおける「成功」によってユダヤ系アメリカ人は消滅への道を歩んでいくのではないかという危惧も生じつつある。それにユダヤ系アメリカ人の間における出生率の低下もいちじるしい。

ユダヤ系アメリカ人の間においては，ユダヤ人であろうとする気持ちと，ユダヤ人であることをやめたいという気持ちとが入り組んでおり，ユダヤの伝統が失われつつあることが近年ユダヤ系アメリカ人の間で強く意識され，危機感が抱かれているのである。ユダヤ共同体からの離脱，いわゆる「パッシング」はかなり以前からいちじるしい規模で進行してきた。以前には自己がユダヤ性を否定したくても，周囲の社会が彼らをユダヤ系として特別視した。しかし差別が衰えた現在，エスニック・アイデンティティは「生まれ」から「選択」へと移行しつつあるともいわれ，他のエスニック集団と同様に，ユダヤ系アメリカ人も絶えざる変化の過程

にあるのである。

■参考文献

佐藤唯行『アメリカ・ユダヤ人の経済力』PHP研究所，1999.

野村達朗「ユダヤ移民とアメリカ社会」岩波講座『世界歴史 第19巻移動と移民』岩波書店，1999.

本間長世『ユダヤ系アメリカ人』PHP研究所，1998.

丸山直起『アメリカのユダヤ人社会』ジャパンタイムズ，1990.

シルヴァーマン，C. E.（武田尚子訳）『アメリカのユダヤ人』サイマル出版会，1988.

ヤッフェ，J.（西尾忠久訳）『アメリカのユダヤ人』日本経済新聞社，1972.

Feingold, H. L. *Zion in America*. Hippocrene Books, 1974.

Glazer, N. *American Judaism*. Univ. of Chicago Press, 1972.

Goren, A. "Jews," S. Thernstrom, ed., *Harvard Encyclopedia of American Ethnic Groups*. Harvard Univ. Press, 1980.

Howe, I. *World of Our Fathers: The Journey of East European Jews to America and the Life They Found and Made*. Harcourt Brace Jovanovich, 1976.

Meltzer, M. *Taking Root: Jewish Immigrants in America*. Farrar, Straus, and Giroux, 1976.

Moore, D. D. "Judaism and Jewish Culture," S. I. Kutler, et al. eds. *Encyclopedia of the United States in the Twentieth Century*. Vol.IV, Charles Scribner's Sons, 1996.

Muggamin, H. *The Jewish Americans*. Chelsea House Publishers, 1988.

■さらに知りたい場合には

本間長世『ユダヤ系アメリカ人』PHP研究所，1998.
［アメリカにおけるユダヤ系の歴史と現状に関して，最もバランスのとれた的確な解説書。］

佐藤唯行『アメリカのユダヤ人迫害史』集英社，2000.
［ユダヤ系アメリカ人の歴史は反ユダヤ主義の迫害に耐え，それをはね返してきた歴史だった。その実態を歴史的に説明している。］

土井敏邦『アメリカのユダヤ人』岩波書店，1991.
［アメリカの中東政策との関連に焦点を置きながら，ユダヤ系アメリカ人の現状を解説している。］

丸山直起『アメリカのユダヤ人社会』ジャパンタイムズ，1990.
［中東問題に詳しい政治学者がアメリカにおけるユダヤ・パワーや反ユダヤ主義，アメリカ・イスラエル関係などについて論じたもの。］

野村達朗『ユダヤ移民のニューヨーク』山川出版社，1995.
［19世紀末・20世紀初頭に大挙して移住してきた東欧系ユダヤ移民がニューヨーク市において形成した注目すべき世界を描いた社会史。ユダヤ系アメリカ人の歴史的背景を理解するのに役立つ。］

48 | アジア系アメリカ人
Asian Americans

村上由見子

「アジア系アメリカ人」という名称が誕生したのは1960年代終わりのこと。アジア系グループをまとめるために作為的に名付けられたとも言えよう。ここには中国系，日系，韓国系，ベトナム系，インド系に至るまで，さまざまなエスニックが同居している。移民の歴史も文化も異なるこれらアジア系が結束するに至った大きな理由は，アメリカ社会でのマイノリティとしての「発言権」の獲得である。多様な背景をもつアジア系だが，過去の歴史を振り返ったとき，アジア系移民には多く共通体験があった。ヨーロッパ移民との決定的な違いは，アジア移民一世は当初「帰化不能外国人」（aliens ineligible for citizenship）とされ，'異端者'扱いをされたことである。今日，1,000万人を超えたアジア系は，過去のさまざまな差別体験を踏まえ，結束することによってその存在をアピールし，アメリカ社会へのさらなる参加を図っているところだ。

A——アジア系移民の始まり

❶——中国人移民

アジア系移民のアメリカ流入の歴史は，近代における「太平洋」の登場と深くかかわってくる。西洋にとって，東洋とは長くユーラシア大陸の東の果てに位置する世界であったが，19世紀半ばになると，その地理的概念は「太平洋」という'もうひとつの大海'の認識によって大きく揺さぶられ，変化していく。「明白な運命」により，東部から西部へと開拓を進めてきたアメリカが太平洋岸に達し，カリフォルニアをメキシコから割譲されたのが1848年。また，アメリカの東インド艦隊のペリー提督が黒船を率いて浦賀沖に現れたのが1853年。アジア「極東」にあった日本は，太平洋をはさんで初めてアメリカと対峙することになる。こうして19世紀半ば，太平洋の扉が大きく開かれたことは，アジアからアメリカ大陸へと大量の労働力がなだれ込む道筋をつけたことにもなった。

それよりはるか以前の18世紀半ば，スペイン艦隊に雇われたフィリピン人がニューオーリンズ周辺に住みついた記録もあるが，一般にアジア系移民史は，アメリカ西部のゴールドラッシュ期にさかのぼってひもとかれる。1848年，カリフォルニアで金鉱が発見されるとともに，アメリカ国内では一攫千金を夢見た人々が東部から西部へと大挙して向かったが，同じ時期，人の波は逆方向から，つまり太平洋の向こうからも押し寄せた。アジア系移民の先陣を切ったのは辮髪姿の中国人だった。

中国（清）はアヘン戦争の敗北によって1842年にはイギリスと南京条約を結び，主要5港の開放，香港の割譲などを認めた。1844

年にはアメリカと望厦条約，フランスと黄埔条約を結び，弱体化した中国は欧米列強諸国に屈する形となる。戦乱，暴動，天災，飢饉が続き，国内の疲弊が進むなか，人々は押し出される形で外へと流出を始めた。清朝政府は海外渡航を禁じていたが，厦門や香港からは下層労働者がハワイ，アメリカ大陸，オーストラリアなどへ契約移民として大量に流れ出ていく。いわゆる「苦力（クーリー）貿易」の始まりである。奴隷貿易と違い，あくまで自由意志だったとはいえ，多くの中国人にとっては「生き延びる」ための海外出稼ぎ渡航であった。

ヨーロッパ移民が到着したのがニューヨークなら，アジア移民を迎え入れる玄関口はサンフランシスコだった。当初，アメリカでは「安価で良質な」中国人労働力は大いに歓迎された。折しもゴールドラッシュに沸くアメリカ西部では，鉱山を掘る労働力はいくらあっても足りず，また，1860年代からは大陸横断鉄道の建設（1869年完成）にも数万人の中国人が線路工夫として雇われた。中国人は労働チームを結成して仕事を請け負い，山奥での危険な発破作業などにも従事した。その労働は「シエラネヴァダ山脈を走る鉄道の枕木一本一本に中国人1人ずつの死がある」といわれるほど苛酷で，事故犠牲者も多かった。アメリカ西部開拓史には，こうした中国人労働者の隠れた貢献があることを忘れてはならない。

しかし低賃金で働く中国人は，次第に白人労働者の競争相手と目され，敵対視されていく。労働争議のスト破りとして中国人労働集団が使われることも災いした。また，辮髪姿で，言語・習慣がまったく異なる中国人に対する人種差別も根強く，各地では暴力事件や殺人も頻発した。大小のチャイナタウンが各地で形成された背景には，同胞の結束意識のほかに自己防衛策という側面があった点も否めない。

その中国人コミュニティは単身出稼ぎの男性

❶苛酷な条件のもと大陸横断鉄道建設に従事する中国系移民［ユタ州プロモントリーの東西からの工事が合流した地点。西からの労働者の多くは中国系，東からはアイルランド系が多かった。1869年］

社会であり，賭博や阿片や売買春が横行したのも事実だった。そのため，チャイナタウンには，ミステリアスでおどろおどろしい「悪の巣窟」というイメージがついてまわるようになる。「チャイナマン」，「チンク」とは中国人に対する侮蔑的総称だが，東洋人種への警戒心には，白人種の純血を汚す性的脅威もあった。

鉱山や鉄道工事で解雇された中国人は，サンフランシスコなど都市部に集まり始める。1870年にアメリカ本土には6万3,000人の中国人がいたが，その大半はカリフォルニアに住み，州人口の約10％を形成するに至っていた。カリフォルニアを「金山」（Gam Saan）と呼び，吸い寄せられるようにこの地へ上陸した中国人だったが，彼らに対する反発は高まる一方で，1882年にアメリカ連邦議会は「中国人排斥法」を通過させ，以降の中国人移民の流入を禁じた。そして，中国人労働者と交替する形で次に登場したのが日本人移民だった。

❷──日本人・アジア諸国の移民

日本政府はハワイ王朝政府と契約を結び，1885年（明治18年）から10年間にわたり「官約移民」を送り出した。サトウキビ畑での労働は苛酷だったが，ハワイへの出稼ぎ移民は

以降も途切れることなく続き，この地に一大日系人コミュニティを形成することになる。また，アメリカがハワイを併合した1898年以降は，ハワイからアメリカ本土へ渡る本土転航組も増加した。

同じ1898年，フィリピン群島もまたアメリカ領となったことから，フィリピン人も太平洋を越えてハワイへと流入する。当時，ハワイで砂糖きび産業を支配していたのはアメリカ人だったが，すでに移民が禁止されていた中国人，団結を深めていた日本人労働者に代わり，さらに低賃金で働くアジア人が求められていた。1903-1905年には朝鮮半島からも約6,700人の労働者が雇われてハワイへ向かった。これが韓国移民の嚆矢となるが，日露戦争後に韓国（「朝鮮」の名称は1910-1945年）を支配下に置いた日本は1905年に韓人のアメリカへの移民を禁止した。ハワイ近代史には，中国人，日本人，フィリピン人，韓国人と，多様なアジア系労働移民の足跡が残されている。また，ハワイを足掛かりにして，アメリカ本土へと渡っていったアジア系移民も少なくない。

日本からアメリカ本土への出稼ぎ移民が急増したのは1890年代からで，1892年（明治25年）に日清戦争が終結した後，日本では「海外移住論」「渡米熱」が沸き起こる。この海外雄飛のブームにより明治30年代（1897-1906年）は毎年数千人，数万人の日本人がアメリカへ渡った。

アメリカ，特に急速に発展する太平洋岸諸州では，労働力の需要は尽きることがなかった。鉄道建設や鉱山産業のほかに，各地では農地の開拓も始まる。都市部で消費される野菜や果物の需要が増し，その農作業にも多くの人手を必要とした。さらに日本人は耕作地を所有して農産物の生産にも成功していく。シアトル，サンフランシスコ，ロサンゼルスといった都市部には日本人町が形成されていった。

B──排斥と差別

❶──排日運動の高まり

しかし，以前の中国人と同様，日本人に対する排斥の気運が高まっていく。日本が日露戦争で勝利した1905年には，東洋人種に対する怖れをあおる「黄禍」論が盛んとなった。黄禍論の背後には欧米で育まれてきた「オリエンタリズム」がある。これは非西欧人をエキゾティックな「他者」として見る目線だが，カリフォルニアではアジア系労働者の浸透という経済的脅威を根底に，日本に対する軍事的脅威，東洋人種に対する文化・身体的怖れまでをあおり，日本人移民排斥は一大社会運動と化していく。ハースト系新聞では大々的な反日キャンペーンを展開した。

カリフォルニアで燃え盛る排日運動に対処すべく，アメリカ連邦政府は1907年，ハワイからアメリカ本土への日本人の転航を禁止，続いて日本人の移民を制限する「日米紳士協定」を結んだ。このころから日系人社会は単身者の「一時出稼ぎ」から，家族単位での「定住」へと移行する。配偶者をアメリカへ呼び寄せるという名目で「写真花嫁」の渡航も増加するが，この結婚形態も非文明的な風習として非難された。

カリフォルニア州ではその後も次々と排日法案が提出され，1913年には帰化不能外国人の土地所有・相続を禁止した「外国人土地法」が成立した。アジア系移民の一世は初めから帰化が認められていないうえ，これは明らかに日本人農業者をターゲットとしたもので，日本では一般に「第1次排日土地法」と呼ばれる。1920年には借地権も禁止され，さらに1924年には日本人移民の新たな入国を全面的に禁止すべく「移民法」が連邦議会で可決した。ここか

ら約30年間，再び移民法が改正されるまで，アジア移民の入国は完全にシャットアウトされたのである（⇨105日系アメリカ人）。

❷ アジア系移民のヒエラルキー

アメリカ社会で排斥の標的とされていた日本人だが，当時，アジア系移民の間にもまたヒエラルキーと差別があった点は見逃せない。アジアからの後発移民，フィリピン人はアメリカ領から来たもののアメリカ市民権はなく，日系人の農地で働いたり，ホテルやレストランの下働きに雇われるなど，さらに社会の下層に追いやられていた。また，フィリピン人農場労働者は組合を結成してストに突入するなど，手強い存在となりつつあった。1924年のアジア人排斥移民法がフィリピン人には適用されなかったことから，1934年にはフィリピン人も「帰化不能外国人」枠に入れる新たな法が成立した。

祖国が日本の植民地となった韓人たちの間では，反日感情が根強かった。1909年，祖国独立を悲願として「大韓人国民会」がサンフランシスコで結成された。この組織は政治団体でもあり，亡国の民であった彼らの領事館的役割も担った。アメリカで民族独立闘争を率いた指導者には，後に独立運動の父と呼ばれる安昌浩（アン・チャンホ）や，戦後に帰国して韓国大統領となる李承晩（イ・スンマン）などがいる。しかし，当時，在米韓人はアメリカ本土でも2,000人以下とごく少数で，祖国独立の悲痛な訴えもアメリカ社会では理解を得るのは困難だった。

在米の各アジア移民は，常に母国とアメリカとの国家関係の影響を受けてきた。日本が中国大陸に侵略を始めた1930年代，日米関係は悪化の一途をたどり，日系人はますます肩身が狭くなる。アメリカ国内では中国に対する同情の念が沸き起こり，中国民衆を描いたパール・バックの小説『大地』がベストセラーになった。祖国愛を抱くアジア系移民一世は互いに敵対し合うことが多かったが，アメリカ生まれのアジア系二世たちには「親のアジア文化圏とアメリカ社会の狭間で生きる」という共通した葛藤があった。

❸ 日米戦争勃発と日系人

1941年，日本が真珠湾を奇襲攻撃して日米間に戦争が起きるや，日系人は「敵性外国人」と見なされ，翌年からは太平洋岸に住む11万人余りの日系人が10ヵ所の強制収容所へと送られる。ハワイでは島人口の40％にあたる約16万人の日系人がいたが，ハワイ経済の麻痺を恐れて強制収容はなかった。本土で収容された日系人のうち3分の2はアメリカ生まれのアメリカ市民であり，この隔離措置は明らかに憲法違反だったが，戦争ヒステリアの渦巻く中では「ジャップはどうなってもジャップ」（J. L. デウィット将軍）という空気が支配的だった。

二世たちのジレンマとなったのが「忠誠問題」だった。1943年，二世部隊編成の決定により収容所の全成人は国家忠誠を問う質問状に答える必要に迫られた。敵性外国人として隔離収容されながら忠誠を問われる，という矛盾の中で，多くの二世は引き裂かれる思いだった。しかしハワイから，強制収容所から，少なからぬ日系二世が米軍に志願し戦地へ赴いたのは，生命を賭けてアメリカ人であることを証明する決意ゆえである。日系二世の442連隊は「Go for broke（当たって砕けろ）」をモットーに勇猛に戦い，アメリカ軍隊史上最も多い勲章を授与された（⇨「105日系アメリカ人」のコラム「日系アメリカ人と軍隊」）。

戦中，他のアジア系は日系人と混同されるのを恐れ，「No, I am not Jap（私はジャップではない）」といったバッジを胸につけて外出し

たほどで，母国を日本軍に蹂躙されていた中国人，韓人，フィリピン人は，日米間で起きた戦争を歓迎する気分すらあった。しかし，日系二世と同様，「祖国アメリカ」のためにと従軍したアジア系二世は少なくない。また，敵の敵は味方，ということで戦中の1943年には「中国人排斥法」が廃止されるが，これはあくまで建前的なものにとどまった。

C──アジア系の増加と結束

❶──移民法改正とアジア系移民の増加

第2次大戦後，アメリカは新たな世界情勢に対応する必要に迫られ，1952年に移民・帰化法を改正する。このマッカラン=ウォルター移民国籍法の成立により，1790年から続いていた「アメリカに帰化できるのは白人種のみ」という条件が初めて削除され，アジア移民一世もアメリカ市民権を得ることができることになった。また，戦後にはアジア各地からアメリカ兵と結婚した多くの「戦争花嫁」がアメリカへ渡ってきた。

60年代に入ると，アメリカ国内では公民権運動が盛んになり，人種差別が告発されるとともに，西欧諸国を優遇するそれまでの移民法も大幅な見直しを迫られた。1965年，新たな移民法が成立し，国別の不平等移民枠が撤廃された。1国当たり年間2万人までという平等割当制度となると同時に，「家族呼び寄せ」も大幅に緩和された。本人がアメリカ市民であれば，配偶者や未成年の子供，両親などの直系家族を簡単にアメリカへ呼び寄せられるようになったのである。また，それ以外の成人した子供，姉妹兄弟なども優先順位で呼び寄せられるほか，各分野の専門職も労働許可証を取得して移民できるようになった。

この移民法改正により，1960年代後半からアジアからの新移民が激増することになる。それに加え，1975年のベトナム戦争終結ののちには，アジア各国から難民がどっと押し寄せてきた。こうしてアジア系移民史で「第二の波」と呼ばれる，ニューカマーたちの流入が始まった。70年代にはアジアからの移民がヨーロッパ移民の数を凌駕する。アジア太平洋系の総人口は1960年の88万人から，1970年には153万人に，1980年には373万人，1990年には727万人と，10年ごとに倍増していく。

❷──アジア系マイノリティの団結

一方，ブラックパワーのうねりが押し寄せた60年代半ば，アジア系の若者たちもマイノリティ意識に目覚め，初めてエスニックの壁を越えて結集し始めた。1968年，カリフォルニア大学バークレー校のアジア系学生や研究者が集まり「アジア系アメリカ人政治同盟」というベトナム反戦組織を結成する。これが「アジア系アメリカ人」という呼称の誕生となった。命名者は日系二世のユージ・イチオカ（後にUCLA教授）。この新たなネーミングは，アジア系の若者に大きな自己意識改革を促した。60年代終わりから70年代にかけては，いわばアジア系アメリカ人の'建国'の高揚期にあたる。人種差別による長年の抑圧を糾弾し，マイノリティの権利と認知を求め，アジア系自身のプライドを模索するなど，各局面で運動は急速に展開していった。カリフォルニアの大学ではアジア系アメリカ人研究のクラスも設置されるようになる。また，アジア系各コミュニティでは，さまざまな草の根活動も始まった。

文化活動も緒に就き，早くも1965年には全米でも初めてのアジア系アメリカ人劇団「イースト・ウェスト・プレイヤーズ」が創設され，座長格のマコ（岩松信）を中心にアジア系演劇

の可能性が模索された。文学の分野では，70年代初めに中国系の劇作家フランク・チンが型破りな作品群で鮮烈なデビューをし，74年にはチンらが編者となってアジア系作家の初のアンソロジー『アイイイー！』が出版された。76年には中国系女性作家マキシン・ホン・キングストンの『チャイナタウンの女武者』が出版されて話題を呼ぶが，これは後にアジア系アメリカ人文学の「古典」と位置付けられる作品となる。

「アジア系アメリカ人」結集をリードしたのは，アメリカ生まれの若者世代で，日系社会でいえば戦後生まれの三世が中心だった。1970年時点で，日系人はアジア系人口全体の43％（約60万人）と多数派を占め，32％の中国系（約43万人）が続き，残り25％がフィリピン系や韓国系などその他アジア系だった。そのエスニック人口構成が大幅に変わってくるきっかけとなったのが，前述した1965年の移民法である。

❸──変わるアジア系アメリカ人の内部地図

1970年代以降，アジアからの新移民が続々と入ってきたことにより，アジア系内部の地図も大きく塗り替えられていく。1980年国勢調査では，アジア系人口トップは中国系へ代わり，フィリピン系が2位，日系は3位へと大きく後退した。中国系の新移民は中国本土，台湾，香港，その他の国からの華僑・華人もすべて含み，政治難民や頭脳流出組もいれば，「家族呼び寄せ」システムで渡米した者も少なくない。フィリピン系は，当時のマルコス独裁政権を嫌って逃げ出したミドルクラスが多かった。

また，日系の後には，インド系，韓国系，ベトナム系の新移民の数が追い上げてきた。インドからはまず上流階級の高学歴な移民が，韓国からは専門職の中産階級が活路を求めて，そして東南アジアからはベトナム系やカンボジア系の難民が，次々とアメリカへ流入してきた。彼らはいずれも国を出てきた複雑な事情を背負っており，新移民の姿は激動するアジア現代史そのものを語ってもいる。こうして「アジア系アメリカ人」は，その名称とフレームワークが決定したと同時に，多様なエスニックの新移民を傘下に迎え入れる，という複雑な状況に直面することになった。

70年代以降は，刻々と移り変わる現実のほうが「アジア系アメリカ人」の意味を定義し直してきた，と言ってもいい。アメリカが多民族主義，多文化主義ということばを使い始めるずっと以前から，アジア系内部ではカラフルな多民族を擁し，共存の意味を模索しつづけてきたのである。

D──アジア系アメリカ人の現状と将来

❶──上昇するアジア系アメリカ人の地位

2000年の国勢調査で，アジア太平洋系の人口は1,080万人と，10年間で46％増となっている（なお，2000年の国勢調査から，該当する「人種」に複数回答が可能になった。この数字はアジア系「1人種」のみに回答した人口）。過去10年ごとに倍々で増えてきたペースに比べるとややスローダウンしたものの，1,000万人を超えたアジア系の存在には熱い注目が集まっている。アジア系の約半数は西部諸州に居住しているが，カリフォルニア州には370万人（州人口の10.9％），ニューヨーク州には104万人（州人口の5.5％），ハワイ州に50万人（州人口の41.6％）が住んでいる（ハワイ州の21.4％は「混血」と回答しているが，この中にはアジア系の混血も多い）。

表48-1 ●シリコンヴァレーで創業された中国系・インド系経営のハイテク企業の推移　　　［単位：社］

	総計	インド系	中国系	白人
1980-1984年	1,349 [100%]	47 [3%]	121 [9%]	1,181 [88%]
1985-1989年	2,264 [100%]	90 [4%]	347 [15%]	1,181 [81%]
1990-1994年	3,763 [100%]	252 [7%]	724 [19%]	2,787 [74%]
1995-1998年	4,063 [100%]	385 [9%]	809 [20%]	2,869 [71%]

●出典｜Saxenian, A. *Silicon Valley's New Immigrant Entrepreneurs*, 1999. p.24の表2.7に基づく。

アジア系に対してよく使われるのが「モデル・マイノリティ（規範少数民族）」という褒めことばである。アジア系が際立っているのは教育の高さで，2000年の国勢調査局の発表では，25歳以上で四年制大学卒の学士号取得以上の学歴をもつのは白人28.1％に対してアジア太平洋系は43.9％と，大きく引き離している。実際，近年ではUCLAやUCバークレー校などカリフォルニアの名門大学では新入生の4割をアジア系が占めており，白人学生の数を追い越している。これはアジア系家庭が教育に熱心なこと，新移民がアメリカ社会に浸透するには高学歴が必要だとしている「動機」の高さが挙げられよう。教育の高さでは，アジア系は常にユダヤ系とならんで取り上げられることが多い。

また，2000年調査でアジア系は世帯平均年収でも75,000㌦以上が全世帯の37.2％で，白人の31.6％を上回るが，これは1世帯当たりの人数が関係しており，実際，個人年収は白人のほうが多くなっている。それと同時にアジア系の貧困率も10.7％と白人の7.7％と比べると決して低い数字ではなく，アジア系内部の貧富の差，両極分解の現実を語っている。

近年，アジア系の台頭が特にめざましいのはコンピュータ分野で，シリコンヴァレーではインド系や台湾系の技術者，あるいはベンチャー起業家が続々と誕生している（表48-1）。成功者の代表格はインターネット検索サービス大手「ヤフー」創立者のジェリー・ヤン（台湾系）だが，いわゆるドットコム・ビジネスでも多くのアジア系が活躍している。その多くは新移民とその子弟で，アメリカで高等教育を受けたのちにビジネスに参入している。

文学の世界でも新移民の活躍はめざましく，1999年には全米図書賞，2000年にはペン/フォークナー賞をダブル受賞したハ・ジン（中国系）の*Waiting*（邦訳『待ち暮らし』），ピューリッツァー賞小説部門を受賞したジュンパ・ラヒリ（インド系）の*Interpreter of Maladies*（邦訳『停電の夜に』）など，話題作が生まれた。アジア系アメリカ文学も，従来のアメリカ生まれの中国系や日系の作家層のほかに，韓国系やフィリピン系，ベトナム系，インド系に至るまでの新たな作家たちが加わってきて活気を生んでいる。

アジア系が出遅れているのは政治の分野だが，自らの「声」をアメリカ社会に反映していこうと，1990年代からはアジア系団体の結束が急速に進んできた。1996年の大統領選挙の際には「アジア献金疑惑」のスキャンダルが持ち上がり，一時は気をそがれた形となったアジア系だが，2000年7月にはクリントン大統領が日系二世のノーマン・ミネタを商務長官に任命，アジア系初の閣僚となった。ミネタは共和党のブッシュ政権でも引き続き運輸長官に任命された。また中国系のイレーン・チャオも労働長官に就任した。2003年末現在で，連邦議会

のアジア系議員は上院で2人，下院で3人（2002年9月に死去したハワイ州のパツィー・タケモト・ミンク議員の議席は除外）だが，ワシントン州知事の中国系のゲイリー・ロックなど，地方自治体レベルではアジア系の姿が徐々に見え始めている。今後は新移民の子弟が市町村や学校区など，地元コミュニティーから足場を固めていくだろうと予想されている。

❷──残る差別・偏見

その一方，アメリカ社会にはいまだアジア系に対する人種偏見や差別が残っているのも事実だ。「モデル・マイノリティ」と称賛される一方で，アジア系は従順すぎて自己主張が足りないと見られがちで，企業の上層部になかなか食い込めない現実がある。いわゆる「ガラスの天井」と呼ばれる頭打ちの限界で，透明なガラスのようで見えにくいものの，確かに存在する昇進の障壁のことだが，その背後にはアジア系に対する偏見やステレオタイプが見え隠れする。アジア系アメリカ人に対する目線には，その時々のアメリカとアジアの関係が常に反映されてきた。1980年代に隆盛したジャパン・バッシングはアメリカのアジア系市民にも大いに影響したが，1982年には中国系青年が日本人と間違えられて撲殺された「ヴィンセント・チン事件」が起きた。1990年代後半には米中関係がぎくしゃくしたが，1996年の「アジア献金疑惑」が起きた際には「スパイとカネを送り込んでいる中国の陰謀」といった論調がマスコミに横行した。1999年にはロスアラモス国立研究所の研究員，中国系のウェンホー・リーが核スパイ疑惑で逮捕されるに至ったが，このときもアメリカでは「スパイ・ヒステリア」が高まり，中国系アメリカ人に対する侮辱的言動が増した。結局，リーは9ヵ月後に証拠不十分で釈放され，検察側に非難が集中した。

❷人種偏見に基づく犯罪行為に対する抗議集会を行うアジア・太平洋系の人々［ワシントンDCにて，2002年］

「いかがわしい東洋人」「油断のならない東洋人」というステレオタイプは，ハリウッド映画の歴史を振り返っても顕著だが，いつまでたっても「永遠の外国人」扱いされるという不満がアジア系にはある。差別や偏見があるかぎり，アジア系は異議申し立てのために結束せざるをえない。ただ，アジア系が決して一枚岩といえないのは，近年のアメリカで混血が急速に進んでいることも理由に挙げられる。白人や黒人などの他人種との結婚（interracial marriage），アジア系内部の他のエスニック同士の結婚（interethnic marriage）も多く，アジア系のハイブリッドが進行している今，個人はどのグループに帰属意識をもつか，あるいは人種とエスニシティのタガははずれてくるのか，アジア系アメリカ人社会の将来は興味深い。

■参考文献

斎藤眞『アメリカ現代史』山川出版社，1976.

鶴谷寿『アメリカ西部開拓と日本人』日本放送出版協会，1977.

李光洙（具末謨訳）『至誠，天を動かす　大韓民族独立運動の父　島山安昌浩の思想と生涯』現代書林，1991.

マックウィリアムス，C.（鈴木二郎・小野瀬嘉慈共訳）『アメリカの人種的偏見　日系米人

の悲劇』新泉社, 1970.

Cao, L. and H. Novas. *Everything You Need to Know about Asian-American History*. Plume (Penguin Group), 1996.

Takaki, R. *Strangers from a Different Shore: A History of Asian Americans*. Penguin Books, 1989.

■さらに知りたい場合には

タカキ, R.（阿部紀子・石松久幸共訳）『もう一つのアメリカン・ドリーム——アジア系アメリカ人の挑戦』岩波書店, 1996.

［上記 *Strangers from a Different Shore* の邦訳。アジア系アメリカ人移民史を包括的に解説した入門書だが, 訳書には原書からカットされた部分もある。］

村上由見子『アジア系アメリカ人——アメリカの新しい顔』中公新書, 1997.

［激動する近年のアジア系アメリカ人の実態をルポを交えて紹介。政治状況から文化, アイデンティティ問題まで, 幅広く網羅。］

アジア系アメリカ文学研究会編『アジア系アメリカ文学』大阪教育図書, 2001.

［文学を通してアジア系アメリカ人を知りたい人に。歴史, 戦争, 家族・コミュニティ, 自伝, とテーマごとに作品が紹介されている。］

キム, E.（植木照代・山本秀行・申幸月訳）『アジア系アメリカ文学』世界思想社, 2002.

［アメリカの大学ではアジア系アメリカ文学研究の教科書的一冊。］

■インターネット関連サイト

人種別人口統計…
　http://www.census.gov/population
アジア系アメリカ人情報…
　http://www.sscnet.ucla.edu/aasc/
　http://www.ai.mit.edu/people/irie/aar/

49 | 移民とディアスポラ
Immigrants and Diaspora

油井大三郎

アメリカは，先住民を除けば，すべて外来者で構成されてきた移民起源社会である。ただし，その到来のしかたは多様であり，個人の自由意思に基づく自由移民だけでなく，奴隷として強制的に連れてこられたアフリカ系住民のような例もあった。また，かつての宗主国であったイギリスから植民者として入植した場合もあれば，渡航費や当座の滞在費を出してもらう代わりに，「年季奉公人」として半強制的労働を強いられた例もあった。さらに，祖国における宗教的，政治的弾圧を逃れて渡ってきた難民や亡命者も多く存在し，アメリカは「自由の女神」像に象徴されるように，自らを「避難所」と位置付け，多くの難民や亡命者を受け入れてきた。そして，多くの流入者は自らアメリカの文化や社会に同化して，アメリカ化していったが，なかには祖国や母文化との結び付きを何らかの形で維持しようとする「ディアスポラ」的な人々も存在した。

A── 概念の交通整理

人が国境を越えて移動（migration）する動機はさまざまである。観光や出張，留学などの場合には一定期間外国に居住するものの，多くの場合，いずれ帰国することが前提とされている。それに対して，移民（immigrant）の場合には，移住先に永住し，移住先の国籍や市民権を取得する場合が多い。その際も，流出の過程では移出民（emigrant）と呼ばれ，流入の過程では移入民（immigrant）と呼ばれて区別される。この移出民の中でもフランス革命などの政治的混乱を逃れて国外亡命した人たちは「エミグレ」（émigré）と呼ばれてきた。

また，移出の動機や形態に注目した場合には，まず，宗主国から「植民者」（colonist）として移住した場合には国籍の変更は発生しないし，母国からの保護も継続されることが多いので，移民の場合と性格を異にする。ただし，植民者も世代を経て，「クレオール」と呼ばれる現地生まれの人口が増加すると宗主国離れの傾向が発生し，独立が選択された場合も多い。また，奴隷として強制的に連れてこられた場合とか，戦争や革命などによる母国の混乱で国外亡命を余儀なくされた場合には，母文化への郷愁はより強く維持される傾向があり，このような場合には，近年「離散民」を意味する「ディアスポラ」ということばで表現することが多くなっている。

このディアスポラという概念は，語源的には，地中海の各地に離散した古代ギリシャ人の呼称から始まっているが，祖国が滅亡して世界各地に離散したユダヤ人が典型例として挙げられることが多い。アメリカの場合，ユダヤ系の人々がシオニズムやイスラエル支援に動く事例

が関連する。また，アフリカ系のように，アメリカに強制移住させられた後でも，マーカス・ガーヴェイによるアフリカ帰還運動やイタリアによるエチオピア侵略に対する反対運動として知られるラスタファリ運動などが組織されたり，アフリカの音楽や舞踊が黒人霊歌やジャズなどに継承されている面に注目して，「ブラック・ディアスポラ」として分析する研究も近年増えている。

つまり，ここでは，移民のように移住先に同化して母文化を希薄化させるのではなく，長く母文化との繋がりを維持したり，移住先の文化と融合して混合的な文化を形成した事例が注目されている。換言すれば，ディアスポラ概念は，「国民国家」が万能であった近代世界では自明とされた特定国家への帰属や特定文化への同化を前提とする「移民」観を批判し，文化の「複数性」(plurality) や「混淆性」(hybridity) を強調する「ポストモダニズム」の思想の影響を強く受けて注目されるようになったものである。

このような新しい概念が近年になって注目されてきたのは，交通手段の飛躍的な発展によって外国への移動が容易となり，「永住型移民」だけでなく，「出稼ぎ型」の外国人労働者の存在が目立つようになってきたこと。また，第三世界から欧米の大学に留学し，そのまま欧米の大学で教えるようになった知識人が増加するにつれて，彼らが出身国と欧米社会の間の「境界」的な意識を強調するようになった結果であった。それゆえ，現在の段階でアメリカの移民を論じるにあたっては，定住・同化型だけでなく，ディアスポラ型の存在にも注意を払う必要がある。

アメリカが移民起源社会であるといっても，時代により移入民の動機や形態，アメリカ側の移民や帰化政策には大きな変化があった。それだけに，移民史や移民政策史の時代区分に即して移民の変化を概観することにしよう。

B──イギリス植民地時代

第1期は，1607年のジェームズタウン建設から1776年のアメリカ独立までの英領植民地時代である。この時代のイギリスは，絶対王制から1688年の名誉革命を経て，立憲君主制のもとで初期の資本主義化が進展したが，基本的には「重商主義」といわれる体制のもとで国内の産業や商業が保護され，海外の植民地拡大が奨励された時代であった。この時代の英領北米植民地はアパラチア山脈以東の大西洋岸に限られていたが，ヴァージニアなどの南部では王領植民地の形態で主としてタバコなどの単一作物栽培地となっていった。その結果，宗主国イギリスから渡った植民者がプランテーションなどの大土地所有者になる反面，必要とされた労働力はイギリスからの年季奉公人や黒人奴隷によってまかなわれることになった。

他方，ニューイングランドなどの北部には，1620年にイギリスでの宗教的な弾圧を逃れて，移住してきた「ピルグリム・ファーザーズ」と呼ばれたピューリタンたちが家族ぐるみで集団的に入植していった。その結果，北部では自営農民が中心となって「タウン・ミーティング」などの自治政治を定着させていったが，反面，特定の宗派による宗教政治の色彩も強くなった。また，中部の植民地では，1625年から1664年までオランダ領ニューアムステルダムと呼ばれたニューヨークの場合，宗教的寛容の政治が導入された結果，ユダヤ系などの移住が増加し，商業の発展が促された。また，クエーカー教徒のウィリアム・ペンが中心となって建設したペンシルヴェニアの場合も，宗教的寛容が導入され，ドイツからの移民など多様な移民

を引きつけていった。しかし，このようにイギリスなどからの植民者が入植地を拡大するにつれて，先住民であるネイティブ・アメリカン諸部族との対立が激化し，武力に優るイギリス系の植民者によって内陸部へ駆逐されていった。

C──建国初期

　第2期は，1776年にアメリカ合衆国がイギリスから独立してから19世紀末に東欧や南欧から大量の移民が到来するまでの時代で，白人（White）でアングロ＝サクソン系（Anglo-Saxon）のプロテスタント（Protestant）教徒の人口，その頭文字をとって後に「ワスプ」（WASP）と呼ばれるようになる人々が圧倒的な優位を誇っていた時代である。

　まず，アメリカの独立のきっかけは，1756年から63年までイギリスがフランスなどと戦った7年戦争の結果，財政が逼迫し，植民地への課税を強化したことに対する植民地人の反発にあった。つまり，イギリスからの植民者が中心であっても，最初の入植以来，1世紀半以上もの歳月が過ぎたうえ，各植民地ごとに自治を享受していただけに，現地生まれの人々は独自の意識を持ち始めていた。そこに，課税権限をめぐる対立が発生したため，13の英領植民地が連合して独立戦争を戦うなかで，「アメリカ人」としての共通意識が育っていった。

　同時に，独立宣言に示された「ひとは生まれながらに平等」とする啓蒙思想や自由主義，共和主義などの理念によって統合された，史上初の民主国家が建設されたのであったが，連邦制によって各州間の妥協が図られた結果，南部の黒人奴隷制は容認された。また，独立後はアパラチア山脈以西でミシシッピ川以東の土地がアメリカ領土に編入されたし，19世紀に入ると，フランスからルイジアナを購入（1803年）したり，メキシコとの戦争（アメリカ＝メキシコ戦争，1846-48年）で勝利し，ニューメキシコやカリフォルニアを領有した結果，広大な西部地域に白人の入植者が「西漸運動」の名のもとに大量に入植していった。その結果，先住民との戦争が多発し，敗れたネイティブ・アメリカン諸部族の人口は激減していった。

　つまり，独立宣言にうたわれた「ひとは生まれながらに平等」とされた「ひと」の観念からアフリカ系や先住民は事実上除外されていたのであり，その点でアメリカの独立は「植民地の独立」というより，イギリス系「植民者の独立」という性格を色濃くもっていた。しかし，独立の過程で高らかにうたわれた人権思想は，この後にアフリカ系や先住民が人種差別を批判する思想的武器ともなり，このような批判を通じてアメリカの人権や国民観念は幅を拡げてゆくことになるのである。

　また，独立当時のアメリカの人口は約250万人であったが，約8割がヨーロッパ系であり，その内のイギリス系が約80％という圧倒的多数を占めたものの，その他にはドイツ系が約9％，アイルランド系が約6％，オランダ系が約3％を占め，当初からヨーロッパ系のなかでの多様性もみられた。そのため当初から「多からなる一（E Pluribus Unum）」が建国の理念として掲げられるとともに，憲法で「政教分離」が規定され，宗教的な寛容も奨励された。

　しかし，それでも，「ワスプ」的文化への同化を迫る圧力は強く，19世紀半ばに多くのアイルランド系移民が流入した（1830-70年間で延べ約230万人）ときには，彼らを排斥する運動が東部の諸都市を中心に発生した。それは，アイルランド系移民の多くがそれまでの農業移民とは異なり，不熟練労働者として都市部に集住し，子供へのカトリック教育や飲酒の習

慣に固執したことなどが排斥の理由となった。

一方，西海岸では，カリフォルニアにおいて1848年に金鉱が発見され，世界中から一攫千金を狙う人々が殺到した（ゴールドラッシュ）が，そのなかには中国人労働者も含まれていた。当時の中国は清朝のもとで1869年までは「海禁政策」という移民禁止政策をとっていたため，移民は中国から非合法の形で連れ出され，鉱山地帯や大陸横断鉄道の建設現場で過酷な労働を強いられたため，「苦力（クーリー）」と呼ばれて排斥された。特に，1869年にセントラル・パシフィック鉄道が完成すると，職を失った中国人は都市部に集中し，ヨーロッパ系労働者と競合関係が激しくなった結果，各地で排斥運動に直面した。しかも，当時の中国人移民は，出稼ぎ的性格が強く，1853-1902年の間に約36万人が流入し，28万人が帰国しているので，残留したのは8万人程度であった。残留した中国人は「チャイナタウン」を形成して生活するようになった。また，当時のアメリカでは，1790年の帰化法以来，市民権の取得を「自由な白人」に限定していたため，中国系の一世は「市民」として抵抗する道がなかった（ただし，二世は，属地主義の原則から自動的に市民となった）。結局，1882年には中国人の流入と帰化を禁止する中国系移民排斥法が可決された。これは，ずっと移民を無制限に受け入れてきたアメリカが初めて採用した移民制限法となった。

また，1861-65年の南北戦争の結果，南部の黒人奴隷制が廃止され，憲法修正第14条によってアフリカ系にも投票権が認められたが，南部では土地改革が行われなかったため，奴隷から解放されたアフリカ系は引き続き小作農としてプランターに隷属せざるをえなかった。その上，1877年に南北の妥協によって北軍が撤退した後には，プランターの権力が復権し，州法によってアフリカ系の選挙権を剥奪し，公共施設における人種隔離を規定する「ジム・クロウ」制が定着していった。

このように第2期のアメリカでは「法のもとの平等」や「多からなる一」という理念が公式には承認されていたが，実際には南部のアフリカ系が人種隔離制のもとに置かれたり，アイルランド系や中国系移民が激しい排斥に直面したように，イギリス系文化への同化を強く求められた「アングロ＝サクソン優越主義」の時代であった（⇨42多文化主義をめぐる議論A-1）。

D──「新移民」の大量流入期

第3期は東欧や南欧から「新移民」が大量に流入した19世紀末からその規制が立法化された1924年移民法までの時代である。この時代では，まず，1890年の国勢調査が「フロンティアラインの消滅」を宣言し，西部での開拓農民になる条件が狭まった影響が大きかった。

しかも，南北戦争後のアメリカでは，西欧資本の貸し付けなどで促進された鉄道建設などに刺激され，急速な重工業化が進行し，巨大企業が続々と登場したため，大量の労働者が必要とされた。しかし，アメリカの場合，西部や南部の農業が並行的に発展していたため，農村から労働者を大量に調達できず，この工業労働力は海外から調達されることになった。その際，従来の供給源であった西欧諸国でも急速な工業化が進行し，労働需要が高まっていたため，新たな供給源として東欧や南欧が注目された。それは，この時期に進展した鉄道や汽船の発達による「交通革命」によって南北アメリカの安い農産物が西欧市場に供給されるようになった結果，従来，西欧に農産物を供給していた東欧や南欧諸国の農民層が苦境に陥り，彼らの多くが

南北アメリカに移民していったのであった。加えて、ユダヤ系の場合には、この時期のロシアなどで吹き荒れた「ポグロム」といわれたユダヤ人排斥を逃れて、家族ぐるみで移住した。

つまり、この時期の「ひとの移動」は「ものや金の移動」と連動関係にあり、従来の移民研究で行われてきた移民送出国側の「プッシュ要因」と移民受け入れ国側の「プル要因」を別個に分析するのではなく、両者を同じ「世界システム」の中で相互連関的に分析する方法が必要になっている。

この東欧や南欧からの移民は、その多くが英語能力に欠けていたり、宗教的にはカトリックやユダヤ教、ギリシャ正教などが多かったため、「ワスプ」の側からは「同化」が困難な「新移民」として排斥されることになった。しかも、外国生まれ人口の中での彼らの比重は、1880年にはわずか12万人（1.8％）であったが、1910年には523万人（38.6％）にも上昇したため、イギリス系の人口構成上の優位が崩れることが真剣に憂慮された。しかも、東欧や南欧系の移民の多くは低賃金の不熟練労働に従事し、大都市のスラム街に居住して、ボス政治家から職を斡旋してもらう代わりに、選挙時にはこぞってボス政治家に投票するといった行動をとったので、20世紀初めのアメリカで展開した「ワスプ」の都市中産層を中心とする「革新主義」（⇨14 アメリカ成立の過程 J）と呼ばれた改革運動の標的にもなった。

そのうえ、第1次世界大戦後に再び移民の流入が増加し始めると、南北戦争後の南部でアフリカ系排斥を主張して台頭したクー・クラックス・クラン（KKK）が北部でも反アフリカ系に加えて、反カトリック、反ユダヤ、反外国人を主張して、台頭し、最盛期には450万人もの会員を擁した。

このような排斥ムードの高まりの中で、1924年に制定された移民法では、1890年における外国生まれ人口を出身国別に分類し、その2％を年間の移民許可数として割り当てることとした。この出身国別割当制は、明らかに西欧や北欧系を優先し、東欧や南欧系の増加を抑える目的で制定されたもので、民族差別的な性格をもっていた。

この時期に「新移民」と並行して流入した日系移民は、「新移民」以上の排斥をうけた。彼らは、19世紀末から西海岸の農業が小麦やトウモロコシなどの粗放農業から野菜や果物などの集約農業に変化したことに対応して、多くが農業労働者として流入した。

しかし、日系移民が小金をためて農業労働者から自営農民に上昇し始めると、排斥運動が活発になっていった。1907年には日米政府間で「紳士協定」が締結され、日本政府側が渡米目的の労働者への旅券発給を自主規制することになった。それでも、妻の呼び寄せは認められたため、「写真花嫁」という形での女性の渡米が

❶大型蒸気船に乗ってアメリカを目指す移民たち［19世紀末から20世紀初頭にかけては、彼らの多くが東欧・南欧の出身であった］

❷誇らしげに星条旗を掲げて閲兵を受ける日系二世部隊の兵士たち

増加すると，再び排斥運動が高まり，1913年にはカリフォルニア州議会が市民権を取得できない日系一世の農地所有を禁止する「外国人土地法」を制定すると，類似の州法が西部諸州にも広がっていった。

そして，主として「新移民」の流入制限を意図して制定された1924年移民法では，アジア系移民を「帰化不能外国人」と規定してその入国を禁止する条項が挿入されたため，日本ではこの法律を「排日移民法」と呼び，日米対立が激化する要因となった。

つまり，建国以来，基本的には移民の流入を歓迎してきたアメリカも，1882年の中国系移民排斥法の制定に始まり，1924年移民法の制定によって西欧や北欧系優先の形で移民の流入を制限する国へと変わっていったのであった。

E──人種・民族差別的移民法の是正期

第4期は，1924年から出身国別割当制が1965年の移民法で廃止されるまでの時代である。ここでは，1929年の大恐慌に始まる長期の不況の到来により移民の流入が一時急減したが，第2次世界大戦が勃発すると，大量の青年男子が戦場に送られる一方で，急速な軍需産業の発展により労働力不足が深刻化した。その結果，女性の社会進出が進むとともに，南西部の農業労働力を調達するため，アメリカ政府はメキシコ政府との間で「ブラセロ計画」と呼ばれたメキシコ人契約労働者の受け入れを決定した。しかも，この計画は1964年まで継続し，メキシコ系人口が増大するきっかけとなった。

第2次大戦は，また，アメリカ本土の約12万人もの日系人が強制収容される一方で，中国系移民に対する差別法廃止の契機ともなった。それは，連合国の大国と位置づけられた中国からの移民に対する差別が外交上適当でないという判断が作用し，差別法が1943年に廃止されたためであった。その結果，中国系の一世が帰化権を獲得するとともに，1924年移民法の出身国別割当制の適用を受け，年間100名余というわずかな数であったが，新たな受入枠が認められた。

次いで，第2次大戦後にもアメリカがアジアへの関与を継続する中で，1946年にはインド系とフィリピン系に対する差別が撤廃された。また，1952年のマッカラン＝ウォルター移民国籍法では，共産主義者の入国を厳しく制限する一方で，日系と朝鮮系に対する差別が撤廃されたため，日系一世はようやく帰化できるようになった。

そのうえ，アジアの各地に駐留したアメリカ兵が現地の女性と結婚するケースが増えた結果，1946年には戦争花嫁法が制定され，アジア系の女性たちの入国が別枠で認められた。さらに，中国革命などで難民や亡命者が発生すると，「自由主義陣営の盟主」を自認するアメリカは，1948年に難民法を制定して，積極的に難民を受け入れていったが，この措置もアジア系が増加する原因となった。

他方、1950年代半ばから南部におけるジム・クロウ制に反対する公民権運動が高まり、1964年の公民権法でようやく「法のもとの平等」が南部の黒人たちにも適用されるようになると、1924年移民法における人種・民族差別的な出身国別割当制の撤廃が求められるようになった。特に、「新移民」と呼ばれた東・南ヨーロッパ系は民主党の有力基盤となり、1960年の大統領選挙でカトリック教徒で、アイルランド系移民の子孫であったジョン・F. ケネディが当選するまでになった。その結果、1965年のジョンソン移民法では、年間、東半球から17万人、西半球から12万人という総枠の制限を加えたうえで、選定の基準を出身国別割当制ではなく、家族がアメリカにいるものや技術をもつものを優先する原理へと変更した。

この変更は、アメリカがもはや「ワスプ」だけの国ではなく、さまざまな「人種のるつぼ」であることを象徴するものでもあった。元来、この「るつぼ」理論は、20世紀初めにユダヤ系の作家が戯曲のタイトルに採用したものであり、アメリカ人は出身国に関係なくアメリカという「るつぼ」で溶かされて生まれ変わるという論理によって、「アングロ゠サクソン優越主義」を否定しようとしたものであった。それが1960年代になると、広く受け入れられるようになったのであり、1965年のジョンソン移民法の成立はそれを象徴するものであった。同時に、1960年代末になると、「ブラック・パワー」運動の台頭などの影響でアメリカを多人種・民族集団の共存する社会とみる発想が台頭し、その結果、アメリカを「サラダボウル」とか、「人種のモザイク」とみる見方も普及した（⇨「42 多文化主義をめぐる議論」A、「45 ヨーロッパ系移民」のコラム『人種のるつぼ』から『サラダボウル』へ」）。

F——非ヨーロッパ系人口の急増と多文化主義の台頭期

第5期は、1965年から現在までの時代であるが、中南米系とアジア系移民の急増という特徴がみられる。

まず、アジア系については、難民法や戦争花嫁法によってアジア系移民が第2次大戦後に増加していたところに、1965年移民法（ジョンソン移民法）で家族優先が認められたため、多くの血縁者の移住が認められることになった。他方、西欧においては高度経済成長期を迎え、むしろトルコやアフリカなどから外国人労働者を迎え入れる状況にあったし、東欧は社会主義国化して移出民を厳しく制限していたため、アメリカにとっての新たな移民供給源はアジアや中南米となった。その際、アジアの場合、比較的高学歴で、技術を持つ者も多かったので、技術優先条項もアジア系を増加させる原因となった。そのうえに、ベトナム戦争の敗北によるインドシナ難民の受け入れが加わり、2000年の国勢調査によると、アジア系は全体で1,024万人にも達し、1970年から7倍以上も増加したことになっている。

他方、中南米系の場合は、1970年代からアメリカ経済のリストラクチャリングが進み、知識集約的産業が急成長する一方で、アジアの新興工業諸国（NIES）に追い上げられている在来の軽工業や都市のサービス産業などでは低賃金労働力の需要が高まった結果、中南米からの移民が激増することになった。特に、メキシコとの間では1992年に自由貿易協定が締結され、商品や投資の越境が自由化されたため、連動してひとの移動も促進されていった。しかし、1965年移民法では初めて西半球からの移民に年間12万という制限を加えたため、その

数を超える部分は非合法移民として流入した。その結果，1986年の移民法改正では非合法移民と知りながら雇用した雇用者に対する罰則が規定されたが，依然として陸続きの利点を活かした非合法移民の流入は続いている。それは，従来のような定住型移民とは性格を異にする，外国人労働者層の増大という問題であり，アメリカも西欧諸国と同様，長期滞在外国人の人権保障という新しい問題に直面している。

このような中南米系移民の増加の結果，2000年には3,531万人を記録し，アフリカ系の3,466万を超える最大のマイノリティとなっている。しかも，中南米系は，アジア系とともに，急速な人口増加を遂げているため，アフリカ系も加えると，21世紀半ばにはヨーロッパ系人口が過半数を割るという予測もでており，1990年代における「多文化主義」をめぐる論争もそうした新しい状況に対応して激しいものになっている。

それは，「法のもとの平等」が実現した後も，社会・経済的差別に直面しているアフリカ系などの人種的マイノリティに対する積極的差別是正措置（アファーマティブ・アクション）の是非や，中南米系の増加に伴う二言語教育，さらにはアフロ・セントリズムなどの台頭による西洋中心的な歴史教育への批判などさまざまな分野で激しく展開されている。いずれもヨーロッパ系移民中心的なアメリカ国家の伝統的なあり方の見直しを迫るもので，論争の今後の行方が注目される。

G──アメリカ文化と流動性

以上のように，アメリカは多様な移民で構成される社会であるが，同時に排斥や同化の圧力も激しい社会であった。しかし，その同化の理念は時代とともに変化してきた点が注目に値する。それは，「アングロ＝サクソン優越主義」から「人種のるつぼ」をへて，多文化主義の影響を受けた「サラダボウル」や「人種のモザイク」へといった変化である。

このように，アメリカでは国民統合の理念が歴史的に変化してきたのであるが，それ自体がアメリカ社会の流動性の高さを物語っている。それは，アメリカがその独立に際して，啓蒙思想の影響を受けて，「ひとは生まれながら平等」という普遍的な理念を掲げたことに関連している。つまり，アメリカの国民統合の理念は，イギリス系の植民者が独立の中心を担ったために，当初は実態として「アングロ＝サクソン優越主義」の傾向を帯びていたが，同時に，理念としてはアメリカに居住するものの「法のもとの平等」を目指す「市民国家」的な性格に根ざしていた。そのため，イギリス系でない移民もこの人権平等の理念を手がかりとして差別の撤廃を迫ることが可能であったのであり，これらの抵抗の結果として，国民統合の理念が時代とともに変化していったのであった。

また，この「自由と民主主義の守り手」という自己意識は，同時に，世界中から政治難民や亡命者を受け入れる姿勢に繋がった。特に19世紀の西欧ではナポレオンの失脚後「旧体制」が復活し，自由主義者の多くがアメリカに亡命したし，1885年にフランスから贈られた「自由の女神」像の台座に「疲れた，貧しい人々を私のもとに送りなさい」という詩が刻まれたのもそれを象徴するものであった。そのうえ，ロシア革命で社会主義国家が誕生した後は，自由主義国家のリーダーとしての自負から政治難民を積極的に受け入れてゆくことになった。

さらに，宗教難民の受け入れにも積極的であった。それは，そもそもニューイングランドの植民地がイギリス国教会からの弾圧を逃れて移住したピューリタンによって開拓されたことに

始まっていた。彼らは，聖書の教えに従ってアメリカの地にキリスト者の共同体となる「丘の上の町」を建設することを理想とした。それゆえ，独立後もアメリカは宗教難民を積極的に受け入れていったのであった。

同時に，先住民などから広大な土地を獲得したアメリカは当初，慢性的な労働力不足に直面し，その面でも移民を歓迎する姿勢をとった。特に階級的な格差が固定的であったヨーロッパに比べて，西部に広大な土地を確保していたアメリカの場合には少し努力すれば自営農民になれるという「アメリカン・ドリーム」が移民を促進した誘因となった。しかも，19世紀末に「フロンティアラインの消滅」が宣言された後でもアメリカでは職業や居住地を変えることによって地位上昇を遂げるケースが多かったため，社会的な流動性の高さは持続し，それが引き続き移民をひきつける要因となった。

しかし，渡米した移民のすべてがアメリカに定住したわけではなく，出稼ぎ労働者的に一時滞在するだけの者も多かった。例えば，19世紀末から1924年までに渡米したポーランド人約150万人中の40％は帰国したという。また，祖国を追われて亡命した者の中には，孫文のようにアメリカの中国系移民に助けられながら革命運動を展開した者もいた。つまり，移民の中には亡命や出稼ぎなどの形でアメリカに一時的に滞在するだけの者も多かったが，彼らは文字通りディアスポラ的な存在であった。近年の中南米とアメリカとの経済関係の緊密化の結果，非合法に入国するヒスパニック系労働者が増加しているが，彼らの多くは定住同化を前提とする移民ではなく，外国人労働者の性格が強いのであり，アメリカも今や「外国人労働者」的なディアスポラの問題に直面している。

しかし，アフリカ系のように，定住者であっても，厳しい人種差別に直面した結果，アメリカ社会に同化しきれず，アフリカへの帰還運動や「パン・アフリカニズム」という形で全世界のアフリカ系の連帯を模索したり，音楽や舞踊などの形で祖国との文化的な絆を維持しようとするなどの形で，ディアスポラ的な性格を帯びる場合もあった。また，近年では，第三世界からアメリカに留学し，そのままアメリカの大学などで教職につく知識人が増加している。その典型はパレスチナ出身のエドワード・サイードであるが，彼らは第三世界とアメリカの「境界」的な位置にあって思想活動を営んでいるだけに，思想的ディアスポラと呼びうる存在であろう。彼らは，近代の国民国家が強調してきた「国民的な同質性」を神話として批判し，文化の「混淆性」や「越境性」を強調する特徴があるが，それは彼ら自身の体験に根ざしたものであった。

しかも，近年の世界では交通や通信手段の革新が飛躍的に進み，「グローバリゼーション」という形で「国民国家」の相対化が進行しているだけに，知識人に限らず，「トランスナショナル」な意識をもつ人々が増加している。そのため，比喩的な意味で「ディアスポラ」的な意識の高まりがしばしば指摘されるが，同時に，現代の世界ではネオ・ナショナリズムの高まりもみられるだけに，ディアスポラの思想と現実との関係については事例ごとに実態に即した分析が必要になっている。

❸ E.サイード［ディアスポラの立場からユニークな思想活動を展開した知識人の一人］

■参考文献

明石紀雄・飯野正子『エスニック・アメリカ（新版）』有斐閣，1997.

上野俊哉『ディアスポラの思考』筑摩書房，1999.

シーガル，R.（富田虎男監訳）『ブラック・ディアスポラ』明石書店，1999.

チョウ，R.（本橋哲也訳）『ディアスポラの知識人』青土社，1998.

古矢旬『アメリカニズム——「普遍国家」のナショナリズム』東京大学出版会，2002.

ベラー，N. R.（松本滋・中川徹子訳）『破られた契約』未来社，1983.

ホリンガー，D.A（藤田文子訳）『ポスト・エスニック・アメリカ——多文化主義を超えて』明石書店，2002.

サイード，E.（大橋洋一訳）『知識人とは何か』平凡社，1996.

■さらに知りたい場合には

五十嵐武士編『アメリカの多民族体制』東京大学出版会，2000.
　［米国社会を「多民族体制」と把握し，先住民，ヒスパニック，アジア系，ユダヤ系などのマイノリティが米国に「国民統合」される過程を比較研究した成果。］

遠藤泰生・木村秀雄編『クレオールのかたち』東京大学出版会，2002.
　［カリブ海地域の英，米，仏領などの植民地化で進んだ文化混合の実態を「クレオール」概念を手がかりとして検証した国際的共同研究の成果。］

コーエン，R.（角谷多佳子訳）『グローバル・ディアスポラ』明石書店，2001.（Cohen, R. *Global Diaspora*. UCL Press, 1997）
　［ユダヤ系にはじまり，アフリカ系，インド系，中国系など世界史上のさまざまなディアスポラに関する事例を整理したうえで，グローバリゼーション時代の今日の特徴を明示する著。］

油井大三郎・遠藤泰生編『多文化主義のアメリカ——揺らぐナショナル・アイデンティティ』東京大学出版会，1999.
　［1990年代の米国で展開した多文化主義をめぐる論争を，人種，ジェンダー，歴史意識など多面的に検証した論文集。］

油井大三郎・遠藤泰生『浸透するアメリカ，拒まれるアメリカ』東京大学出版会，2003.
　［米国国内における移民の「アメリカ化」と諸外国のそれを比較し，移民集団に対する「同化」と「他者化」の過程を比較研究した共同研究の成果。］

F

社会改革運動

　多様性の国アメリカ。その多様性が生み出されるもとになっているのはエスニックの違いにとどまらない。資本家と労働者，政府や大企業と草の根の市民，男性と女性，同性愛者と異性愛者，喫煙者と非喫煙者，障害者と健常者など，立場の違いがさまざまな異なる価値観をもたらし，それらが緊張をはらんで対立しながら渦巻いているのがアメリカ社会の実態といえよう。

　「ブラック・イズ・ビューティフル」。公民権運動のときに発せられたこのスローガンに，アメリカの社会運動の特徴を垣間見ることができる。それはマイノリティとされるグループによる既存の社会通念への異議申し立てであり，社会的公正の実現を求めた叫びでもある。それに端を発した対立と共存のダイナミズムの中で社会通念が徐々に変わっていくというプロセスを経て，今日のアメリカ社会が形成されてきた。その底流には，国家ではなく，市民一人一人によるコミュニティの中での自主的な活動が社会を動かすより強い力となってきたという歴史がある。

50 労働運動
Labor Movement

野村達朗

1955年AFLとCIOの合同により分裂を克服した労働運動は1960年代まで大きな勢力を誇った。諸組合はビジネス・ユニオニズムに立脚し，団体交渉によって体制内での待遇の改善に努めたが，官僚化や一部幹部の腐敗も生じた。1960年代には指導部はベトナム戦争を含めて民主党政権を支持したが，運動の内部にはベトナム反戦，公務員やマイノリティの組織化，労働疎外への抵抗なども活発化した。1970年代以降，労働運動には苦難の時期が訪れ，組織率の低下がいちじるしくなった。西欧・日本との経済競争の激化によるアメリカ経済の悪化，製造業の衰退，サービス産業化などの経済構造の変化の中で企業はコスト削減のために組合側に反撃し，組合は譲歩を余儀なくされた。1990年代のクリントン政権期にはスウィーニー会長の下で体勢建て直しに努力している。

A——前史：第2次世界大戦以前

現代アメリカ労働組合の連合組織，AFL-CIO（アメリカ労働総同盟=産業別組織会議）の起源は1886年AFL（アメリカ労働総同盟）が創設された時にある（⇨14 アメリカ成立の過程 H-2）。AFLは職能別組合を中軸に資本主義体制内での熟練工の諸条件の改善を目指した。ラディカルな動きも活発化し，20世紀初頭にはアメリカ社会党や革命的産業別組合主義に立つIWWの活動が見られたが，あまり伸びなかった。そして繁栄の1920年代は労働運動が停滞した「不毛の時代」となった。

ところが1930年代のニューディール期には1935年のワグナー法（全国労働関係法）のもとで有利な状況が訪れ，労働運動の爆発的高揚期が訪れた。大企業の大量生産体制に適合した産業別組合主義に立って労働運動の再編成を図ろうとする動きが本格化し，1935年AFL内にCIO（Committee for Industrial Organization：産業別組織化委員会）が結成され，1938年にはCIO（Congress of Industrial Organizations：産業別組織会議）としてAFLから分離した。CIOは続々と産業別労働組合を結成し，1940年には組織労働者数は894万人（AFL 425万人，CIO 362万人）となり，基幹産業における労働諸条件は労使間の団体交渉によって定められるようになった。政治的にはローズヴェルト連合の一翼として民主党との結び付きを強め，第2次世界大戦中には政府が労組に協力を求め，労働運動は大きな発言権を得た。

B——戦後：1940年代後半〜50年代の労働運動

❶——戦後期の労働運動

　1945年第二次大戦が終わると，超過勤務手当の消失と激しいインフレで実質賃金が低下したために，アメリカ史上空前のストライキの大波が起こった。これに対して共和党を中心とする議会保守派はワグナー法を右寄りに修正したタフト・ハートレー法（労使関係法）を制定して組合活動の抑制を図った。トルーマン大統領の拒否権も議会により乗り越えられ，労働陣営による同法撤廃運動も成功しなかった。また冷戦開始とともに反共ヒステリーが広がり，1949年には100万人以上の組合員をもつ11組合がCIOから追放されるなど，労働運動から共産主義勢力が一掃された。

❷——AFLとCIOの合同の実現

　守勢に立った労働運動は1955年に合同を達成し，AFL-CIOとなった。AFLのG.ミーニーが会長に，CIOのW.ルーサーが副会長の1人になり，AFL主導の統合が実現した。それは組合員数1,500万を擁する大組織であり，組織率は32％に及び，アメリカ社会はビッグ・ガヴァメント，ビッグ・ビジネス，ビッグ・レイバーの三者鼎立の上に立っているといわれるほどだった。
　AFL-CIOは全国的な産業・職業別組合の連合体であり，労働者の利益のための立法活動，国際活動，そして加盟組合への援助等を中心とした活動を展開している。最高意思決定機関は2年に1回開催される定期大会であり，日常的な決定機関として会長，会計書記長，多数の副会長から成る執行評議会が設置されている。ワシントンに置かれた中央本部には会長や会計書記長がおり，調査，教育，組織など多数の部局に専門スタッフが配置されている。加盟全国組合は産業・職業ごとに組織されており，組合員はその地方組合（ローカル）に所属している。各全国組合の最高意思決定機関は各組合大会であるが，日常的な決定機関は執行委員会であり，日常業務は会長の指揮の下に本部職員が中心となって行っている。なおカナダなどをも組織している幾多の組合は「国際」という名を冠していることが多い。

❶上｜労働条件の改善を求めてストライキに入ったGMの労働者を威嚇する州兵［ミシガン州フリントにて，1937年］
❷下｜AFLとCIOの合同を発表するAFLのミーニー（中央）とCIOのルーサー（右隣）［1955年］

❸——ビジネス・ユニオニズム

　AFLの創始者サミュエル・ゴンパーズ以来の伝統に立って，AFL-CIOは団体交渉に重点

表50-1 ●米国における労働組合員数と組織率の推移 [1955-93年]　　　　　　　　　　　　[単位：1,000人]

年	労働組合全体		AFL-CIO加盟労働組合	
	組合員数	組織率	組合員数	組織率
1955年	16,127	31.8%	12,622	24.9%
1961年	15,401	28.5%	12,553	23.2%
1965年	18,269	30.1%	12,919	20.9%
1971年	20,711	29.1%	13,177	18.5%
1975年	22,207	28.9%	14,070	18.3%
1981年	20,647	22.6%	13,602	14.9%
1985年	16,996	18.3%	13,109	14.1%
1991年	16,568	16.1%	13,923	13.5%
1993年	16,598	15.8%	13,299	12.7%

●出典｜Gallenson, W., *The American Labor Movement, 1955-1995* (Greenwood Press, 1996), p.2.

表50-2 ●労働組合員の経済部門別分布率の変化　　　　　　　　　　　　　　　　　　　　[単位：%]

年	鉱業	製造業	建設	運輸・公益	卸売・小売業	金融・保険・不動産	サービス	政府	農業	総計
1956年	2.9	48.7	11.7	19.3	4.9	0.3	6.7	5.1	0.4	100.0
1993年	0.6	21.6	5.5	11.6	8.2	0.8	9.1	42.0	0.5	100.0

●出典｜Gallenson, W., *The American Labor Movement, 1955-1995* (Greenwood Press, 1996), p.4.

をおくプラグマティックな経済的労働運動であり，労働力の売買というビジネスを中軸とするビジネス・ユニオニズムに立っている。アメリカの労使交渉はヨーロッパに比べると分権化された交渉機構から成っており，大部分は地方組合が関与して事業所単位で交渉されるが，労働条件の均質化を図るため全国組合の統制，指導を受ける。労使間に合意された労働条件案は組合員の投票に付され，過半数の賛成で確定し，協約の有効期間中は労使双方が遵守義務を負い，ストライキはできない。組合は交渉が比較的容易とみられる企業を選んで先行して交渉を行い，他の企業にも同一内容を迫るパターン・バーゲニングをしばしば行う。またインフレからの保護を求めて多くの場合，生活コスト調整を獲得した。協約内容は詳細で包括的である。

他の先進工業国で法律によって定められる事項の多くがアメリカでは労使の交渉によって決定されるからである。また組合は経営の外部に存在し，ヨーロッパ諸国におけるような労働者評議会による経営参加はない。またヨーロッパや日本に比べると組織率が低いのがアメリカの特徴である。

こうして労使間の団体交渉が制度化し，両者の協調を基軸とする産業関係が成立した。R.ライシュによれば，経営者が高賃金を求める労働者の要求に応じ，その見返りに労働者は大量製品の生産に協力するという「暗黙の合意」が成立した。

またアメリカの労働組合は北東部工業地帯を中心に製造業，運輸業，建築業で働く男性ブルーカラーの組織という性格が強く，一方でホワ

イトカラー，他方で女性やアフリカ系その他のマイノリティが組織の外部に放置されることが多かった。また他の先進工業国とは対照的に社会主義思想の影響が微弱であり，労働者階級政党を発展させず，労働組合は主に民主党を通じて間接的に議会に働きかける方法をとった。また反共的であり，国際的には世界労連に対抗して，1949年に国際自由労連（ICFTU）の結成に加わった。

❹──労働組合運動の官僚化と腐敗

「ビッグ・レイバー」は大きな機構と専門化した役員を必要とし，組合は労使の協調体制を守ろうとして一般組合員を統制するようになった。「出世」を望む労働者は組合組織内での上昇を求め，その地位を守ろうとし，組合内民主主義が阻害されがちとなる。組合員のほうも組合費を支払い，組合役員が良い労働諸条件をとってくることを期待するといった態度になりがちとなり，「社会運動」としての性格が低下した。

組合幹部の腐敗も起こった。全国本部に集まる膨大な組合費を組合幹部が，さらにはギャングが食い物にする場合が生じた。トラック運転手を中心とするティームスター組合の場合が特に悪名高く，1957年議会に特別調査委員会が設けられ，腐敗の実態が明らかにされ，1959年ランドラム=グリフィン法（労使報告公開法）が成立した。

❺──「豊かな社会」の労働者

大戦後のアメリカ人は世界に隔絶した生活水準を享受した。GNPは1940年から1960年の20年間に5倍に，1人当たり所得も4倍近く増加し，多くの労働者が経済成長の恩恵に浴した。ブルーカラー労働者の所得もホワイトカラーや専門職に近づくようになり，意識の中産階級化が論じられた。統計的にも1956年にはホワイトカラーがブルーカラー労働者数を凌駕した。アメリカの「幸福な労働者」というイメージが広がった。

しかし諸調査が明らかにしたように，現場の労働者の間には不満がたまっており，組合上層部の命令に反抗しての山猫ストライキも頻発した。さらに1950年代には公然たる人種差別や性差別もいちじるしかった。そして貧困人口は1959年22.4％，アフリカ系の間では55.1％に及んだ。

C──1960年代を中心として

❶──現状変革運動が激発した60年代

1960年代を揺るがした反体制運動の中心となったのはアフリカ系，その他のマイノリティ，大学生，女性であり，労働運動はあまり注目されなかったが，実は多くの労働者も60年代の激動に参加したのである。60年代の経済成長は組合にとって有利だった。60年代後半にはベトナムの戦費が失業を引き下げると同時に価格を引き上げたので，労働者は失職を心配せずにストライキに加わり，実質賃金は増加した。

❷──官公労働者の組織化

この時期に最も伸張したのは公的部門の組合だった。官公労組合員は1956年の92万人から1972年の246万人へと激増した。きっかけは連邦公務員に団結権・団体交渉権を与えた1962年のケネディの行政命令だった。幾多の州がこれにならった。アメリカ州・郡・都市被用者組合連盟（AFSCME）は1971年には約

55万人を擁する大組合になり，連邦公務員を組織するアメリカ政府従業員連盟（AFGE）も30万人を擁した。これら組合には街路掃除夫やゴミ収集人などの不熟練・半熟練労働者，そして多くのアフリカ系が含まれた。法的制限にもかかわらず，彼らはしばしばストライキに訴えた。キング牧師が暗殺されたのは，1968年にメンフィスのゴミ収集労働者（アフリカ系）のストを支援するために出かけたときだった。1970年には郵便労働者による大ストライキが配達をストップさせた。アメリカ教師連盟（AFT）のメンバー数も激増し，ストライキが頻発した。

❸──マイノリティ労働者の組織化

1962年M. ハリントン著『もう1つのアメリカ』は全土に貧困が広がっていることを衝撃的な形で呈示し，ジョンソン大統領は64年に「貧困に対する戦争」を宣言した。貧困問題は人種問題と絡んでいた。多数の黒人が南部農村から北部都市に流入し，底辺労働者を構成した。それまでの組合には黒人を排除する強い傾向があった。1959年黒人労働指導者のA. P. ランドルフが黒人差別を実施している組合を除名すべきであると強硬に主張したが，ミーニー会長はこれをはねつけた。しかし1964年の公民権法が大きな変化をもたらした。労働運動においても差別撤廃の原則がしだいに普及し，労働運動への黒人の大量流入がみられ，1970年には300万以上の黒人が組合に所属した。しかし公民権法自体は貧困問題解決には直接役立たず，黒人暴動が頻発し，ブラック・パンサー党など黒人労働者のラディカルな運動が爆発した。

またメキシコ系のセサール・チャベスに率いられた統一農場労働者組合（UFW）によってカリフォルニアで農業労働者の組織化活動が進んだ（⇨ 46 ヒスパニック系 B-1）。

❹──60年代の労働運動と政治

AFL-CIO指導部の公式の態度はベトナム戦争を含めてジョンソン政権を支持するものだった。また1970年ニューヨーク市で反戦デモを建設労働者が襲撃する事件も起こった。しかしベトナム反戦は労働者の間にも広がった。1965年「ニグロ・アメリカ労働評議会」がベトナム戦争反対決議を通したのを皮切りにミーニーの政策に対する反対が激増し，統一自動車労組（UAW）のW. ルーサーがその声を代弁した。かつて社会主義者だったW. ルーサーはベトナム戦争を批判し1968年にUAWはついにAFL-CIOから脱退し，ティームスターと合同して「労働行動同盟」を結成した。同団体は反戦感情を明瞭に表明したが，ルーサーは1970年飛行機事故で死亡した。

ケネディとジョンソンの民主党政権期は労働運動にとって有利な時期だった。政権は労組側の意見に耳を傾け，その政治的プログラムの多くを支持した。AFL-CIOはその政治教育委員会（COPE）を通じて選挙政治に積極的に参加した。しかし1968年の大統領選挙でのヒューバート・ハンフリーの落選，ニクソンの勝利は労働運動にとって痛い打撃だった。ハンフリーはもともとミネソタ農民労働党出身の政治家であり，労働運動に対して強い親近感を抱く政治家だったからである。

❺──若い一般組合労働者たちの抗議

1960年代末から70年代初頭には組合幹部の支配に抗しながらの山猫ストライキ，協約拒絶，サボタージュが噴出した。そして労働の疎外の問題が浮かび上がった。60年代に工場に入った新しい世代の労働者は親たちほどには貧

困や不安定さにおびえず，権威にもおびえず，大学生やアフリカ系と同様に高い権利意識を抱き，高い欠勤率，作業現場での不服従が広がった。1971年オハイオ州ローズタウンの自動車工場で起こった若い労働者たちによる激しい山猫ストライキ，そして「打ち壊し」は労働疎外への反乱を反映していた。

D── 経済構造の変化と労働組合

❶──「グレート・Uターン」

1970年代初頭を境にしてアメリカ経済には「グレート・Uターン」が起こり，実質賃金の停滞，所得格差の拡大，貧困人口比率の増加などが起こった。石油輸出国機構の石油戦略による石油危機が大きな契機になった。石油価格，そしてエネルギー・コストが高騰し，インフレと不況が並行する「スタグフレーション」が起こり，深刻極まる失業が蔓延し，アメリカ経済は苦難の時期を迎えた。

また第2次大戦による疲弊から回復し，高度成長に入った西ヨーロッパ諸国と日本がアメリカに競争を挑み，安い工業製品を送り込んだ。国際的競争が激化すると，企業は製品価格を引き下げるために，コスト削減に努めた。高価格では消費者は外国製品を買うことになるからである。労働者の解雇，賃金カットの嵐が荒れ狂った。企業は仕事を細分化してパートタイム労働者を増やした。企業はそれまでの労使間の「暗黙の合意」を廃棄したのである。

❷── 産業の空洞化

また企業は低賃金を求めて工場を南部からカリフォルニアに伸びる「サンベルト」へと移した。さらに多くの企業が多国籍企業となり，製造部門を第三世界の低賃金地域に移した。こうしてアメリカ国内では「産業の空洞化」が生じ，多くの工場が閉鎖され，失業者が増大し，多くの工業都市が荒廃した。失業率は1970年代後半から1980年代半ばまで7％から9％以上に達した。失業に対しては社会保障法による失業保険制度があり，一定期間の所得保障が行われ，また政府は公共施設の改修事業などの雇用プログラムを実施したが，失業が長期化すると労働者の困窮がひどくなった。

1950-90年の間に雇用における製造業の比率は33.7％から17.3％に低下し，サービス労働の比重が高まった。初めこの「サービス革命」は経済の高度化の反映として歓迎された。しかしサービス部門は高給の職種と低賃金の職種に分裂しており，圧倒的に低賃金職種の比率が高く，サービス経済への移行は中所得社会から大きな所得格差によって特徴付けられる社会への移行を意味した。これらの構造的変化は労働組

表50-3 ● 平均賃金の推移［1967-96年］

A ● 平均賃金の推移　　　　　　　　［単位：ドル］

	年間賃金	週賃金	時間賃金
1967年	21,830	501.78	12.76
1973年	25,393	585.22	15.17
1979年	25,580	584.02	15.05
1989年	27,905	614.65	15.65
1992年	27,065	597.47	15.24
1996年	28,222	613.52	15.45

B ● 平均賃金の年間増加率　　　　　　［単位：％］

	年間賃金	週賃金	時間賃金
1967-73年	2.5	2.6	2.9
1973-79年	0.1	0.0	−0.1
1979-89年	0.9	0.5	0.4
1989-96年	0.2	0.0	−0.2

● 出典｜*The State of Working America*, p.123.
● 注｜ここで示したドル価額は，1997年を基準とした実質ドル価額。

表 50-4 ●中位家族年間所得の推移とその人種別比較 [1947-97年]　　　　　　　　　　　　[単位：ドル]

	中位家族所得額				白人家族年間所得に対する比率	
	全体	白人	黒人	ヒスパニック	黒人	ヒスパニック
1947年	20,102	20,938	10,704	[NA]	51.1%	[NA]
1967年	35,076	36,407	21,554	[NA]	59.2%	[NA]
1973年	40,978	42,829	24,717	29,635	57.7%	69.2%
1979年	42,483	44,330	25,103	30,731	56.6%	69.3%
1989年	44,283	46,564	26,158	30,348	56.2%	65.2%
1997年	44,568	46,754	28,602	28,142	61.2%	60.2%

●出典｜ Mishel, L., J. Bernstein, and J. Schmit, *The State of Working America, 1998-99* (Economic Policy Institute, 1999), p.45.
●注｜ ここで示したドル価額は，1997年を基準とした実質ドル価額である。

表 50-5 ●年間所得に応じて区分した階層別の家族所得配分の推移 [1947-97年]　　　　　　[単位：%]

	最低1/5	第二1/5	第三1/5	第四1/5	最上1/5	トップ5
1947年	5.0	11.9	17.0	23.1	43.0	17.5
1967年	5.4	12.2	17.5	23.5	41.4	16.4
1973年	5.5	11.9	17.5	24.0	41.1	15.5
1979年	5.4	11.6	17.5	24.1	41.4	15.3
1989年	4.6	10.6	16.5	23.7	44.6	17.9
1997年	4.2	9.9	15.7	23.0	47.2	20.7

●出典｜ *The State of Working America*, p. 49.

表 50-6 ●失業率の推移 [1947-97年]　　　　　　　　　　　　　　　　　　　　　　　　[単位：%]

	男女別			人種別		
	全体	男性	女性	白人	黒人	ヒスパニック
1947-1967年	4.7	4.5	5.0	[NA]	[NA]	[NA]
1967-1973年	4.6	4.0	5.7	4.1	[NA]	[NA]
1973-1979年	6.5	5.8	7.5	5.8	12.5	9.5
1979-1989年	7.1	7.0	7.3	6.2	14.7	10.3
1989-1997年	6.0	6.1	5.8	5.2	11.7	9.4

●出典｜ *The State of Working America*, p. 221.

合にとって不利に作用した。伝統的に組合が強力だった諸産業の比重が下がり，それまで組合があまり関与しなかったホワイトカラーやサービス職種の比重が増し，また組織化が困難なサンベルト地域へ製造業が移転したからである。

❸ 所得不平等の拡大

アメリカ社会にはいちじるしい所得不平等化が進行した。1973-89年にトップの20％の世帯の所得のシェアは41％から45％へと増大する一方，最下層の20％の取り分は6％から

表50-7 ●人種別の貧困率の推移 [1959-97年]　　　　　　　　　　　　　　　　　　　　　　[単位：%]

年	全体	白人	黒人	ヒスパニック
1959年	22.4	18.1	55.1	[NA]
1967年	14.2	11.1	39.3	[NA]
1973年	11.1	8.4	31.4	21.9
1979年	11.7	9.0	31.0	21.8
1989年	12.8	10.0	30.7	29.2
1997年	13.3	11.0	26.5	27.1

●出典｜The State of Working America, pp. 279-280.

5％へと減少した。そして中産層の中の中層においても，取り分は18％から17％に低下した。この傾向はレーガン政権下で特に急速に進展した。アメリカ経済には上に向かう小さなエスカレーターと，下に向かうずっと大きなエスカレーターがあり，金持ちはさらに金持ちに，貧乏人はさらに貧乏に，そして中産階級も下に向かうエスカレーターに乗ったのである。

❹──女性とマイノリティ労働者

労働力構成の変化も大きかった。労働力への女性の参入は増大を続け，家庭の外で働く女性の比率は1960年の35％から1992年の58％へと上昇した。女性の就業分野も拡大した。これには生活コストの上昇，所得の低下のために家族員による複数の収入が必要となったという事情もあった。平等の法的保障にもかかわらず，従事する職種の差のゆえに労働女性の所得は男性のそれよりも一般に低く，多くの女性の職場は限定されつづけた。「貧困の女性化」が生じ，特に母子家庭の貧困化が深刻な問題となった。

黒人の状況にはいちじるしい改善が生じた。公民権法とアファーマティブ・アクションに助けられて，多くの黒人が中産階級の仲間入りをした。1990年に黒人労働者の約46％はホワイトカラーの職を持ち，また多くの黒人が安定したブルーカラーの職に就いた。しかし他方では黒人スラム地区の陰惨な世界が存在している。1988年政府の公式の貧困水準以下の人口の比率は白人の10.1％，黒人の31.6％，ヒスパニックの26.8％となっている。そして麻薬や犯罪などさまざまな社会的病理が貧しい黒人をむしばんだ。

1965年の移民法の改訂以来，移民は劇的な増加をみせた。それに多数の非合法入国者があり，合計して毎年100万人以上が流入するようになった。またアジア系とヒスパニック系移民が激増した。新しい移民流入の影響を受けて，アメリカ人口のエスニック構成が変化しつつある。1980-2000年の20年間に総人口に占める比率は黒人が11.7％から12.3％へ，アジア系が1.5％から3.6％へ，ヒスパニックが6.5％から12.5％へ，先住民が0.6％から0.9％へと高まる一方，ヨーロッパ系白人の比率は79.6％から69.1％へと低下した。マイノリティ人口は1980年の5分の1から2000年の3分の1近くへと増大した。

人種的な多様性の増大と並行してアンダークラス問題が重大化した。アンダークラスとは都市のスラムに群住し，国の貧困線よりもはるかに下の収入しか得られず，長期失業にあえぎ，あるいは職探しそのものをあきらめて労働市場から脱落した者たちであり，その大きな部分を黒人が占めているのである。しかしそれよりも

重要なのは「働く貧困者」(working poor) の広がりである。そしてこのような未組織の下層労働者の組織化にはかつての AFL-CIO 指導部は熱心でなかったのである。

❺ 苦境に陥った労働組合

労働組合はかつての勢力を失った。労働組合への組織率は 1960 年の 31.4％から，1970 年の 27.3％，1980 年の 24.7％，1990 年の 16.1％へ，そして 1995 年には 15.8％にまで落ちた。組合に組織されている労働者は全雇用者のうちの 7 人に 1 人しかいないのである。それどころか，80 年代に入ってからは，組合員実数までが絶対的減少をするようになった。1980 年には 2,237 万人いた労働組合員は，1990 年には 1,674 万人，1995 年には 1,659 万人に減少した。

1981 年に始まるレーガンとブッシュの共和党政権の 12 年間は労働組合にとって冬の時代であった。レーガン政権はニューディール以来の政策を大転換させ，組合勢力に明確に反対する態度を打ち出した。1981 年 8 月 3 日連邦航空管制官組合 (PATCO) の 1 万 3,000 人がストライキ (違法) に突入すると，レーガンは 48 時間以内に戻らなければ解雇すると通告し，通告通り参加者全員を解雇した。彼はこれにより公共部門の組合を威嚇しただけでなく，「ホワイトハウスに友がいる」ことを示して反組合的経営者を励まし，労働運動に不利な状況を醸成することを狙ったのである。

❻ コンセッションの嵐

レーガンに刺激されて，経営側は組合攻撃を強め，1980 年代には組合に譲歩 (コンセッション) を迫った。組合はそれまでに獲得してきた賃金・休暇その他の労働条件の一部をあきらめ，使用者に返却した。1970 年代末に倒産の危機に瀕したクライスラー社に対する UAW の譲歩に始まったコンセッションの嵐は経済が回復してもやまず，1985 年団体交渉の適用を受けた労働者の 3 分の 1 が賃金凍結やカットの憂き目をみた。

ただ労働組合は唯々諾々とその流れに身を委ねたのではなく，代わりに雇用保障などを確保した。このような状況の副産物として使用者が労使協議制度を導入するなど，労使協調を志向する流れも生じた。クライスラー社で自動車労組のフレイザー委員長が取締役会の椅子を獲得したのを手始めに，さまざまな産業における「参加」が進展し，また日本的経営への関心が高まった。

❼ カークランド新会長のもとでの改革の試み

組織労働は体勢の挽回に乗り出した。1979 年末にミーニーが引退し，レーン・カークランドが会長になると，組織内でリベラル派の勢力が伸びた。労働運動の危機を認識した AFL-CIO は，報告書『変貌する労働者と労働組合』により組合運動再興の気持ちを固めた。また UAW やティームスターズが AFL-CIO へ復帰し，労働戦線の統一が進んだほか，諸組合は合併や管轄権の拡大を通じて巨大化した。

E 1990 年代の労働運動

❶ クリントン政権と労働運動

ブッシュ政権末期にアメリカは深刻なリセッションに入り，解雇の嵐が吹き荒れた。「アメリカンドリーム」が失われたという叫びが高まった。「親の代よりも生活が苦しくなった」と

表50-8 ● AFL-CIO傘下の10大組合

①国際運転手友愛会	Teamsters [International Brotherhood of Teamsters]
②国際食品・商業労働組合	UFCW [United Food and Commercial Workers International Union]
③国際サービス労働組合	SEIU [Service Employees International Union]
④アメリカ州・郡・都市被用者組合連合	AFSCME [American Federation of State, County and Municipal Employees]
⑤北米国際労働者組合	LIUNA [Laborers' International Union of North America]
⑥統一自動車・航空機・農業機械労働組合	UAW [United Automobile, Aerospace, and Agricultural Implement Workers]
⑦国際機械工組合	IAM [International Association of Machinists]
⑧国際電気工組合	IBEW [International Brotherhood of Electorical Workers]
⑨アメリカ教師連盟	AFT [American Federation of Teachers]
⑩統一鉄鋼労働組合	USW [United Steelworkers of America]

● 出典│Gifford, C., ed., *Directory of U. S. Labor Organizations,* 2000 edition (Bureau of National Affairs, 2000), p. 2.
● 注│1999年現在，メンバー数60万人以上。

いう実感，「自分の子供の代にはもっと暮らし向きが悪くなるのではないか」という不安が米国全体を覆うようになった。

このような状況のもとで1992年民主党のビル・クリントンが大統領選に勝利した。AFL-CIOはこの選挙において全面的にクリントンを支持した。そしてまたクリントンもAFL-CIO大会に出席して「私が大統領となった理由の1つは，アメリカの労働運動と新しいパートナーシップを結ぶことを欲したからだ」と演説した。ライシュ労働長官も次期のハーマン長官も親労働者的であった。

クリントンのもとでの経済のいちじるしい回復は労働者生活の向上に寄与した。ほぼ完全雇用が達成されるようになった。しかし経済成長の陰で貧富の差は依然として拡大を続け，平均時間賃金，週賃金には低下が生じており，年間賃金の漸増は労働時間の増加によって得られている。

❷ ── スウィーニー新会長のもとでの新しい展開

1995年ジョン・スウィーニーがAFL-CIO会長に選出された。スウィーニーは国際サービス労働組合（SEIU）の会長として，精力的な組織化運動により彼の組合を100万人近くの組合へと引き上げた人物である。「アメリカの労働運動は変わらねばならない。それこそ私がAFL-CIOの会長職を目指して立候補した理由であり，また私が勝利した理由である」と彼は述べた。彼のもとでAFL-CIOは女性とマイノリティの重視，組織化キャンペーンの拡大，政治活動の活発化などの方針を採択した。

労働組合構成員の職種にも比重の大きな変化が起こった。かつて製造業，建設，運輸を主軸にしたのに，1993年最大の部門は官公労42％であり，次いで製造業22％，運輸業12％である。1998年の組織率は全体で13.9％であるが，黒人労働者は17.7％，ヒスパニック11.9％であり，男性の16.2％に対して女性は11.4

%である。

　以前に比べてストライキ件数はいちじるしく減少したが、注目される闘争も展開されている。1997年ティームスター組合に属する18万5,000人の労働者が15日間にわたって世界最大の宅配会社、ユナイテッド・パーセル・サービス社（UPS）に対してストライキを敢行し、幅広い世論の支持を得て、1万人のパートタイマーの正社員への登用などを獲得した。また1999年末にシアトルで開催された世界貿易機関（WTO）閣僚会議に際して、環境諸団体とならんで多様な労働団体が激しい抗議行動を展開したことも記憶に新しい。そして2000年大統領選挙戦では民主党のゴア大統領候補のキャンペーンの背後には労働組合の支援があったのである。

　ゴアは僅差で敗北し、2001年1月、共和党のジョージ・W．ブッシュが大統領に就任した。彼はその哲学を「思いやりのある保守主義」と名付け、経済的繁栄を目標とし、その目的から「除外される者、とり残される者がないようにする」と述べ、アジア系の女性イレーン・チャオを労働長官に任命したが、彼の唱える「保守的な自由市場の原則」はアメリカの労働運動の展開にとって不利な環境をつくり出している。

　西漸運動により広大な西部に農業社会が広がっていった19世紀アメリカにおいては、他者から雇用される労働者はあるべき市民像から転落した存在とも見なされた。しかし世界最大の工業国家となった20世紀のアメリカでは、アメリカ人の大半が雇用労働に依拠して生活することになった。全就業者の中で被雇用者が占める比率は1982年には90.4％となった。この意味では圧倒的多数のアメリカ人は労働者階級に属することになったのである。しかし経済構造の変化の中で、働く者の大半がホワイトカラーになった今日、自らが労働者階級に属するという意識は希薄なものになり、統一した階級的意識を低下させてしまった。「労働者階級」ということばには「肉体労働者」のイメージが強いからである。アメリカ労働運動が直面している重大な問題がここにあると言えよう。

■参考文献

秋本樹『アメリカ労働運動の新潮流』日本経済評論社，1992．

岡崎淳一『アメリカの労働』日本労働研究機構，1996．

福田茂夫・野村達朗・岩野一郎・堀一郎編『現代アメリカ合衆国』ミネルヴァ書房，1993．

フリーマン，R. B./J. L.メドフ（島田晴雄・岸智子訳）『労働組合の活路』日本生産性本部，1987．

ベネット，H./B.ブルーストン（田中孝顕訳）『危険な大転進』騎虎書房，1990．

マーシャル，レイ/ラングリング，ブライアン（山本隆道訳）『アメリカの労働組合』サイマル出版会，1976．

ライシュ，R.（中谷巌訳）『ザ・ワーク・オブ・ネーションズ』ダイヤモンド社，1991．

American Social History Project. *Who Built America: Working People and the Nation's Economy, Politics, Culture and Society*. Vol. 2. Pantheon Books, 1992.

Babson, S. *The Unfinished Struggle: Turning Points in American Labor*. Rowman & Littlefield Publishers, 1999.

Galenson, W. *The American Labor Movement. 1955-1995*. Greenwood Press, 1996.

Green, J. *The World of the Worker: Labor in Twentieth-Century America*. Hill & Wang, 1980.

Mishel, L., J. Bernstein and John Schmit. *The State of Working America, 1998-99*. Economic Policy Institute, 1999.

U. S. Department of Commerce. *Statistical Abstract of the United States, 1997*. Bureau of the Census, 1997.

■さらに知りたい場合には

秋本樹『アメリカ労働運動の新潮流』日本経済評論社, 1992.
　［長期のアメリカ労働運動および労働者の実情についての実地調査に基づいて, アメリカ労働運動の現状と今後の展望を論じたもの。］
岡崎淳一『アメリカの労働』日本労働研究機構, 1996.
　［労働省や在米大使館に勤務した著者がアメリカの雇用, 労使関係, 賃金と生活水準福利厚生などを精密に説明したもの。実情を知るのに良い。］
柏木宏『アメリカ労働運動の挑戦』労働大学, 2000.
　［1995年AFL-CIO会長に選出されたスウィーニーのもとで, アメリカの労働運動が未組織労働者の組織化に本格的に乗り出した状況をわかりやすく説明している。］
マンツィオス, G.編（戸塚秀夫監訳）『新世紀の労働運動――アメリカの実験』
　［産業構造の変化に対応して労働運動の活性化を図っているスウィーニー新会長をはじめとする活動家たちの論文を集めた本。労働運動に関心をよせる者を勇気づける本。］
フリーマン, R.B./メドフ, J.L.（島田晴雄・岸智子訳）『労働組合の活路』日本生産性本部, 1987.
　［産業構造の変動によって生じたアメリカ労働組合の危機に対応して, 今後の労使関係はいかにあるべきか, 新方向を探った本。］

51 | 市民運動・草の根活動
Citizens Movement and Grass-roots Action

山岸秀雄

アメリカは，先住民の歴史を除けば，長い歴史的な時間を経て国家が大きな力を発揮するようになった国々とは違い，いきなり近世，近代に入ったという歴史をもつ。この点がアメリカの市民運動と社会との関係を特徴付けることになったと言ってよいだろう。植民地時代はもとより，独立後もアメリカは国家のシステムが弱く，その一方で人々の自主的な活動や組織が発展した。社会システムそのものが市民の自主的な活動を前提にし，組み込むことで成立するということがアメリカ民主主義の特徴であり，市民運動，草の根活動がそのバロメーターの役割を果たしている。アメリカの市民運動や草の根活動は社会システムや市民社会の成熟度に対応すると同時に，これらに影響を与えながら発展してきた。アメリカの市民運動をNPO（民間非営利組織）制度と実態から見ることが，アメリカ民主主義を理解することにつながる。

A── アメリカの市民運動

アメリカのNPOは今日，1つの社会セクターを形成するまでになった。NPOセクターという言い方には，行政，企業とならぶ3セクターの1つという意味が込められている。個々のNPOの固まりがセクターを形成するまでに成長している。その数，約120万団体にのぼる。

NPOは，市民運動，市民活動，市民事業，という市民の幅広い活動領域を通じて，社会問題を解決し，社会システムを変革するという社会的役割を達成するものと言っていいだろう。問題領域は福祉，環境，教育，まちづくり，消費者，国際協力，貧困，人権，平和などと幅広い。アメリカ社会は「人種のるつぼ」といわれる現象だけをみても社会そのものに分裂傾向を内在する「違い」をはらんでいる。それをどのように統合していくかという問題が常にあるようである。次々に起きてくる摩擦や対立，常に新しい社会問題に直面し，それらをどのように解決していくかというテーマは，必然的に社会のシステムチェンジにかかわらざるをえない，ということになる。

したがって，NPOはアドボカシー（市民政策提言運動）を継続していくことが生命線である。非営利独立型（NPO型）のシンクタンクによって政策をつくっていくことも，NPOの重要な範疇に入る。首都ワシントンには200人から400人もの研究員を抱えるシンクタンクがいくつもあって，政治的にも大きな役割を果たしている。

NPOの資金は寄付（18.4％），事業収入（39.1％），政府資金（31.3％）を主な収入源にしているが，国民経済に占める割合の大きさ

(GDP)は，6.9％に達している。NPOの人材は，他のセクターと比べても高学歴者が多いのが特色だが，大学，大学院に設置された専門学部等が大きな供給源になっている。ボランティアもNPOの重要な資源だが，NPOの関連で動くボランティアは，ボランティア活動の90％近くにのぼっていることも見逃せない影響力を持っている。言い方をかえれば，NPOがなければ，ボランティア活動も発展しないと言えるだろう。

アメリカのNPOの存在は建国以来のものだといわれるが，団体数だけでみると，1940年に1万2,500団体，1950年5万団体，1967年30万団体，77年79万団体，そして2003年現在120万団体を超えるまでになった，というのが歴史的経緯である。筆者は歴史上の大きな転換点は，1960年代末の公民権運動，ベトナム反戦運動期の社会矛盾の解決と社会運営のために，アメリカ社会はNPOを選択したと考えている。

日本のNPO法（特定非営利活動促進法）はアメリカのNPO法をモデルにして1998年に成立したものである。多様な活動を展開するアメリカNPOの中から，環境運動，消費者運動を紹介する。

B——アメリカの環境NPOの運動

アメリカは，環境NPOの先進国といわれるほど，環境問題の取り組みには100年以上の長い歴史をもっている。1892年の「シエラ・クラブ」設立を皮切りに大規模な組織が次々に誕生し，1990年代にはいると会員数が数十万人を超える巨大環境NPOがいくつも誕生するようになった。アメリカの環境NPOの歴史的進展について寺田良一は，3つのピークがある

❶自然保護，持続可能なグローバリゼーション，クリーンエネルギーの必要を訴えてデモをするSierra Student Coalition (SCC) [SCCは全国の高校生，大学生からなる国内最大級の学生環境問題NGO]

として次のように整理している（山岸秀雄編『アメリカのNPO』第一書林，2000）。「第一は，19世紀末から戦間期にかけての，失業，貧困，自然破壊など，進歩主義的政治の時期である。第二は，環境運動，学生運動，反戦平和運動，公民権運動，女性運動など，「新しい社会運動」が台頭した1960年代末から70年代にかけてである。第三は，アメリカ国内においては有害廃棄物処分場の人種的マイノリティの居住地区への集中など環境問題が社会的公正との絡みで問題化し，世界的には地球規模の環境問題や南北問題と環境問題との結び付きが顕在化した1980年代末から90年代にかけてである。」

第1世代の環境NPOの特徴は中産階層による運動という性格が濃く，自然保護を主な目的にしていたために，その後の運動を，「自然保護運動」であるという印象を与えることになった。一方でシエラ・クラブによる1908年のヨセミテ国立公園内でのダム建設計画反対運動は，その後の開発政策に大きな影響を与えることになった（⇨「18環境・自然とのかかわり」のコラム「国立公園の成立とその使命」）。

1960年代の変化が運動のあり方を大きく変えることになり，第2世代の環境NPOが登場した。農薬，化学物質の問題，石油・原子力中心のエネルギー政策等，新しい課題に対する運

動を展開し，アメリカの環境運動は，自然保護運動から，より広い環境問題へ活動領域を拡げた。「環境防衛基金（EDF，1967年設立）」「自然資源防衛会議（NRDC，1970年設立）」「地球の友」（1969年設立）等が設立された。

「第1世代の組織が，議会でのロビー活動等を通じて，政治的圧力集団として活動したのに対して，第2世代の組織は，多くの環境科学の専門家や法律家をスタッフとして抱え，政策対案や法律案を提起するアドボカシー活動を展開したり訴訟戦術をとることに特徴がある」（寺田）。

しかし第2世代も，1980年代に入ると草の根環境NPOからさまざまな批判を浴びるようになった。第3世代の台頭である。第3世代の草の根環境NPOの特徴は，公害被害の救済，環境問題における人種差別や格差是正の問題等を鮮明にし，有色人種や女性が初めて参加するようになった（⇨18 環境・自然とのかかわりC）。

❶——活動方針をめぐる対立と先鋭化

1969年，シエラ・クラブの事務局長だったD. ブラウアーは，活動方針の対立から新たに「地球の友」を創設した。同じくシエラ・クラブの元会員らが，核実験反対の抗議行動のために設立したのが「グリーンピース」である。さらに77年，グリーンピース創設メンバーのP. ワトソンは，より急進的活動を行う団体として「シーシェパード」を設立した。

グリーンピースの活動が「非暴力」性を重視するのに対し，「シーシェパード」や「アース・ファースト！」では，メンバーや支持者による暴力活動，破壊行為が指摘されている。これらの行動は環境保護運動の内外から多くの批判を受けている。

❷——活動スタイルのバラエティ

活動方針や主張の穏健さ/過激さとは別に，活動形態の点でもNPOのスタイルは多様化している。特に専門化された形態としては，政策提言を重視するシンクタンク型NPO（ワールドウォッチ，世界資源研究所など）や，訴訟活動に特化した団体（EDF，NRDCなど）などがある。また「ネイチャー・コンサバンシー」や「コンサベーション・インターナショナル」などの団体は，保護すべき土地を直接買い上げる活動に力をそそいでいる。

❸——企業・政府との関係

企業や政府に対するスタンスについても，各団体ごとに違いがみられる。

アメリカ環境NPOの間で意見対立が表面化したイシューにNAFTA加盟問題がある。クリントン政権が環境NPOとの連携政策をとった結果，主要環境NPOはNAFTAを支持するグループと反対するグループに分かれ，深刻な対立を引き起こした。

企業との連携については，グリーンピースのように企業からの寄付を一切受けない団体もあるが，例外的である。多くの団体では，環境汚染に対する告発キャンペーンや訴訟を行う一方で，企業の寄付も受け入れている。企業経営者がNPO理事に就任することも少なくない。ネイチャー・コンサバンシーのように，企業の寄付金を使って土地を購入するため「企業寄り」とみられる団体，またEDFのように，設立当初の対決的なスタンスから，企業との連携を重視し始めた団体もみられる。

企業との連携は時に問題化する場合もある。一例としてNWFでは，バルディーズ号事件をめぐってエクソン社を批判した結果，エクソンはNWFとの協力関係を解消した。その後

NWF 自身も，環境規制に違反している別の企業との関係（寄付・理事の受け入れ）を批判され，企業との提携機関「環境保全企業協議会」を 1996 年に廃止している。

❹──マイノリティと環境問題

伝統的な環境 NPO の担い手が白人層に偏っていることは従来から指摘されてきた。1990 年に行われたある調査では，主流環境団体の 3 分の 1 には有色人種スタッフがおらず，5 分の 1 以上の団体には有色人種の理事がいないことが示された。また，人種や所得階層などの社会的ポジションと，有害な環境にさらされるリスクには相関関係があるとの調査結果から，環境問題が人種差別や貧困とも関係することが明らかとなってきた。筆者が参加したワシントン D.C. のアースデーは，議事堂広場を約 20 万人の市民が埋める大集会だったが，有色人種をほとんど見かけることはなかった。

マイノリティの視点から環境面での「平等」を問題にする運動は「環境正義」と呼ばれる。この視点からは，主流 NPO の活動も「白人中心主義」だとして批判を受けることになる。こうした主張の一例として，1991 年 10 月には第 1 回「全米有色人種環境運動指導者サミット」が開催され，全米 50 州から 300 人の代表が集まった（マーク・ダウィ『草の根環境主義』日本経済評論社，1998）。

C──消費者運動

アメリカの消費者運動は 19 世紀末，インフレから立ち直るために，女性達が食物価格の分野で始めたものである。1899 年「全国消費者連盟」（NCL）が設立され，雑誌や小説にも消費者被害や安全性の問題を扱ったものも現れ，消費者問題が次第に社会的影響力をもち始めた。

1930 年代，世界恐慌の時代に，コンシューマー・ユニオンが設立され，商品テストを掲載した雑誌『消費者レポート』が毎月発行されるようになった。

1960 年代，大きな社会転換の時代の中で，消費者の社会的位置も大きく変化した時代であった。ケネディ大統領は 1962 年に教書「消費者保護と利益」を議会に提出し，「消費者の 4 つの権利」の考え方を世に示した。それ以来，世界の消費者運動はこの「4 つの権利」を基本理念の尺度として活動するようになった。「消費者の 4 つの権利」とは，「安全の権利」「知らされる権利」「選ぶ権利」「意見が聞き入れられる権利」である。この時期に消費者運動を大きく拓いたのは，ラルフ・ネーダーの登場と活躍である。ネーダーの『どんなスピードでも自動車は危険だ』の出版がきっかけとなった社会的影響は大きく，消費者運動のあり方に転換をもたらした。

アメリカの自動車の技術的欠陥，衝突時に人を守るための対策不足に焦点をあてて，ゼネラル・モーターズ（GM）の新車「コルベア」の欠陥を論証した。この出版は，衝撃を受けたゼネラル・モーターズの反撃を生み，マスメディ

❷上院の小委員会で，自動車の危険性を証言する R. ネーダー［ワシントン D.C., 1966 年 3 月 22 日］

アへの圧力，自動車の欠陥，不備部分の隠蔽工作，業界批判をかわそうとするさまざまな画策が裁判の過程で暴露され，さらに企業の社会的責任が問われることになった。「車の安全性という切り口から企業の社会的責任の追及は，コンシューマリズムの端緒としても名高い。ここでいうコンシューマリズムとは，消費者主権を基本とする思想と運動であり，大衆消費社会の進展と高度化の中で，例えば，消費者から見て必要な情報が十分に提供されていないといった状態を消費者の権利の侵害と捉え，その解決を目指して行動するのである。」(中村陽一「アメリカのニューウェーブとしてのNPOに学ぶ」山岸秀雄編『アメリカのNPO』第一書林，2000)。「このドラマがもたらした最も重要なポイントは全米道路交通自動車安全法が1966年9月に制定され，自動車業界の特権が法的に中止されたことであった。同時に，「コンシューマリズム」の新語が生まれ，まったく新しい質の消費者運動がネーダーを先頭に展開し始めたことである。」(野村かつ子『泣き寝入りはしない』公明ブックレット，1990)。

この時期に重要なことは，法的・制度的な整備が進んだことである。消費者の権利や安全を守るための法律や行政機関を次々につくっていったことである。「これらの消費者のための法律には4つのポイントがあった。①安全性の基準，②開発研究の調査権限，③消費者に情報を与え，注意を促す権限，④安全性に問題のある自動車や有害商品の市場からの排除，である」(中村，前掲書)。

この時期の消費者運動の特徴として挙げられるのは，特にコンシューマリズム下で科学者，弁護士等の専門家が直接運動に参加するようになったこと，ネーダーの影響を受けた大学生のグループが力を発揮したことの2点である。ネーダーが1971年に発足させたNPO「パブリック・シチズン」の領域別の専門家集団が，数百人もの若者達を訓練して社会に送り出し，政府，マスコミ，NPO等での活躍が次第に社会的影響力を増していった。大学生のグループはNPO「PIRG」を設立した。このNPOは，200近い大学，カレッジでも組織され，それぞれの課題と連携した取り組みによって，一般の人々の利益を守るための調査を実施し，問題解決を目指している。

1980年代半ば頃より，ニューウェーブと呼ばれる新しい運動スタイルの影響下で，消費者運動は消費者主導の経済への転換を図るためのさまざまな運動を展開した。食物，住宅，エネルギー，金融，保険など多様な分野で，消費者自らの事業を生み出し，あらゆる分野で価値観の転換を図ろうとするものであった。こうしたなかで急成長を遂げたアメリカ最大のNPO「AARP」(アメリカ退職者協会，会員3,000万人)のグループ保険のための行動など，新しい活動が成果を上げた。

消費者の立場から商品情報の提供，不買運動，よい商品の推奨等によって，企業行動の変革を促しているNPOの中から，いくつかの事例を紹介しよう。

●コープアメリカ　1982年設立。「現状の経済システムを通して社会的責任や環境的責任を果たす社会をつくりあげる」ことをミッションとする。政治や法的措置ではなく，個人の消費や投資活動が持つ潜在的な力を企業の変革につなげる点が特徴。主な活動プログラムは，グリーンビジネス(社会や環境に責任のあるスモールビジネスの支援)，消費者教育とエンパワーメント・企業の社会的責任(ボイコットや株主行動に関する情報を提供することで無責任な企業に対抗し，企業の社会的責任を促す)，持続可能な生活(自分たちの暮らしを有意味で持続可能なものにするために役に立つ情報の提供)，の4点である。

特に消費者教育とエンパワーメントには力を

入れており，年1回発行される『ナショナルグリーンページ』では，環境問題や社会的責任への取り組みに積極的な企業を選び，その製品・サービスを消費者に紹介する。その他，個人が責任のある投資や賢い家計運営を行うためのガイドブック発行，従業員や関連企業に劣悪な労働環境を強いている「スウェットショップ」についての格付けなども行っている。

●経済優先度評議会（CEP）　1969年，証券業界出身のアリス・テッパー・マリーンが設立。消費者や投資家，政策決定者に対し，企業の社会的責任に関する情報提供を行う。

86年に発行した『企業の良心度評価』では，大手企業130社について「女性・少数民族への平等」「情報公開」「兵器産業への関与」「原子力産業への関与」などをチェックし公表。続編となる『ショッピング・フォー・ベター・ワールド』（1988）はベストセラーとなり，日本にも影響を与えた。

その他，国際倫理，コミュニティ・パートナーシップ，従業員のエンパワーメントなどの観点から，企業の表彰を行っている。ウェブサイトには「情報開示」「環境」「マイノリティ」などの観点から約200社の格付けが公表されている（森孝之『「想い」を売る会社』日本経済新聞社，1998）。

「株主（投資家）」の立場から企業行動に社会的な配慮を要請する方法によって，企業行動をコントロールする方法もある。

●社会的責任投資（SRI）　社会的責任投資とは「資金を投下する際に，財務的な観点からの判断だけでなく，資金投下先の事業の社会的側面をも考慮して行う投資」のことをいう。

アメリカでは20世紀初頭より，教会の資産運用にあたって飲酒や喫煙に関連する企業を避けるなどの事例が見られた。その後，60年代後半のベトナム反戦運動，南アフリカのアパルトヘイト批判などを受け，関連企業への投資忌避が広まった。

NPO「ソーシャル・インベストメント・フォーラム」（1982年設立）によると，社会的責任投資の手法は以下の3つに大別される。

①スクリーニング：「社員の労働環境」「コミュニティへの参画」「環境への配慮」「人権」など，ある一定の社会的，環境的な基準を設定し，その観点からポートフォリオへの組み込み銘柄を選別する。「南アフリカに投資している企業」のようにネガティブな基準に該当する企業を排除する場合と，「女性の就労に積極的な企業」のようにポジティブな選別を行う場合がある。

②株主行動：1970年のGM欠陥車問題を機に提出された各種の株主提案が，株主行動の始まりだとされる。アメリカにおける株主行動の主要テーマとしては，南アフリカへの投資，タバコ関連事業，環境問題，雇用機会の均等と職場環境，人権などがある。現在では総会における対決的な手法に留まらず，日常のやりとりを通じて経営への働きかけを行うことも株主行動の一環とされている。

③コミュニティ投資：一般の金融機関から融資を受けにくいマイノリティに対し，住宅取得やスモールビジネスのための必要資金を融資すること。なおソーシャル・インベストメント・フォーラムの1999年報告によると，全米でプロの管理下に置かれている投資総額16.3兆^{ドル}のうち，約8分の1に当たる2兆^{ドル}以上は，社会的責任に配慮した方法で投資されている。

■**参考文献**

野村かつ子『泣き寝入りはしない』公明ブックレット，1990.

ダヴィ, M.（戸田清訳）『草の根環境主義』日本経済評論社，1998.

山岸秀雄編『アメリカのNPO』第一書林，2000.

中村陽一「アメリカのニューウェーブとしてのNPOに学ぶ」山岸秀雄編『アメリカのNPO』第一書林，2000．

森孝之『「想い」を売る会社』日本経済新聞社，1998．

■さらに知りたい場合には

山岸秀雄編『アメリカのNPO──日本社会へのメッセージ』第一書林，2000．

［アメリカのNPOは日本のNPO制度と運動の原点である。アメリカNPOの歴史，理論から，福祉，環境，まちづくりなど，多様な分野ごとの実態と課題について詳細に述べ，アメリカNPOを理解するうえで，最高水準の出版物。］

表51-1 ●主要NPO・NGOリスト

● NPO・NGO名	● 活動内容/URL
●インターミディアリー	
アスペン研究所 [The Aspen Institute]	情報提供を通じて知的指導力の向上を目指している教育団体。 http://www.aspeninstitute.org/index.asp
NPOサポートセンター [Support Center for Nonprofit Management]	NPOにかかわる人に，コンサルティング，情報提供等を行う経営支援組織。 http://www.supportctr.org/
現物寄付活動促進インターナショナル [Gifts in Kind International]	物資を必要としているNPOに製造業や小売業などの在庫品を提供する団体。 http://www.giftsinkind.org/
コンピュメンター [CompuMentor]	NPOや学校にコンピュータ技術のボランティア指導員を派遣するための団体。 http://www.compumentor.org/
助成財団資料センター [The Foundation Center]	助成団体に対する社会の理解を深めるため，1956年に設立された団体。 http://fdncenter.org/
ボードソース（前全米NPO理事評議会） [BoardSource]	理事会強化によるNPO発展を目的とするNPOのための経営支援組織。 http://www.ncnb.org/
全米慈善団体情報局 [National Charities Information Bureau]	NPOに効果的な寄付がなされるよう，NPOの情報を一般に提供する団体。
フィデリティ投資慈善寄附基金 [Fidelity Investments Charitable Gift Fund]	寄付者に税金対策や，資産運用の手段としての寄付に関するアドバイスを提供。 http://www.charitablegift.org/
●救援	
アトランタ・ユニオン・ミッション [Atlanta Union Mission]	アトランタのホームレスを救済するために設立されたキリスト教系の団体。 http://www.aumcares.org/

●NPO・NGO名	●活動内容/URL
飢える人への食糧 [Food for the Hungry]	第三世界の貧困と飢えに苦しむ子供たちを支援するキリスト教系の団体。 http://www.fh.org/
救世軍 [The Salvation Army]	1865年設立のキリスト教系団体。時代の変化に対応してプログラムが増加。 http://www.salvationarmyusa.org/
グローバル・エクスチェンジ [Global Exchange]	より公正な経済的機会が保障される世界を目指す国際協力・開発教育団体。 http://www.globalexchange.org/
グッドウィル・インターナショナル [Goodwill Industries International]	広範囲の「障害者」に対し,北米をはじめ世界各地で,職業訓練を提供。 URL: http://www.goodwill.org/
第二の収穫 [America's Second Harvest]	全米最大の食糧援助団体。188のフードバンクを通じて,5万団体を支援。 http://www.secondharvest.org/
貧しい人たちへの食糧 [Food for The Poor]	1982年に設立された,貧しい人を支援しているキリスト教系の団体。 http://www.foodforthepoor.org/
メノナイト中央委員会 [Mennonite Central Committee]	移民,難民,先住民,障害者などを救援するキリスト教系団体の集合体。　　　　http://www.mcc.org/
●芸術・学術・スポーツ	
ケネディ芸術センター [The John F. Kennedy Center for The Performing Arts]	芸術活動に参加,理解を促すことを目的としている文化芸術団体。 http://www.kennedy-center.org/
サンフランシスコ交響楽団 [San Francisco symphony]	1906年設立の世界的に有名な交響楽団。主に,コンサート活動を行っている。 http://www.sfsymphony.org/
シカゴ交響楽団 [Chicago Symphony Orchestra]	1891年に設立された,世界でも屈指の交響楽団。 http://www.cso.org/
スミソニアン協会 [Smithsonian Institution]	スミソニアンの遺産を基金に1846年に設立。傘下に多くの博物館,美術館,研究所を擁する世界有数の文化団体。 http://www.si.edu/
全米科学学会 [National Academy of Sciences]	国の政策決定に科学的な知識や情報が必要な場合,アドバイスを行う学会。 http://www4.nationalacademies.org/nas/nashome.ns/
米国オリンピック委員会 [The United States Olympic Committee]	1978年アマチュア・スポーツ法が連邦議会での制定にともない設立。　　　http://www.olympic-usa.org/
リンカンセンター協会 [Lincoln Center Institute]	ニューヨーク市の小中学校との連携を通じて,芸術教育の発展を目指す。　　http://www.lcinstitute.org/

●NPO・NGO 名	●活動内容/URL
●健康	
アメリカ癌研究所 [American Institute for Cancer Research]	食事や栄養面に焦点を当てた癌研究所。全米で研究と一般教育活動を展開。 http://www.aicr.org/index.lasso
アメリカ心臓協会 [American Heart Association]	心臓病や心臓発作から起こる障害や死亡を減少させるための研究，啓発活動。 http://www.americanheart.org/
筋萎縮症協会 [Muscular Dystrophy Association]	1950年に筋萎縮症患者とその家族によって設立された健康医療団体。 http://www.mdausa.org/
全米腎臓財団 [National Kidney Foundation]	腎臓や泌尿器系疾患の患者の健康と福祉の向上，移植の増加が目的。 http://www.kidney.org/
全米精神衛生協会 [National Mental Health Association]	精神衛生の向上と，精神病予防，克服に取り組んでいる団体。 http://www.nmha.org/
全米民間健康機構 [National Voluntary Health Agencies]	全米60以上の健康医療団体の連合組織。
男性同性愛者の健康の危機 [Gay Men's Health Crisis]	全米で最も古く，最大規模のエイズ患者救援団体。エイズ患者と家族を援助。 http://www.gmhc.org/
てんかん財団 [Epilepsy Foundation]	全米で唯一のてんかん患者だけを対象にした団体。全米に60以上の支部。 http://www.epilepsyfoundation.org/
●高齢者	
アメリカお兄さんお姉さんの会 [Big Brothers big Sisters of America]	大人がメンターとなり，子供に一対一の相談を行うプログラムを提供。 http://www.bbbsa.org/
アメリカ少年少女クラブ [Boys & Girls Clubs of America]	経済的に恵まれない青少年対象に各種のプログラムを提供している団体。 http://www.bgca.org/
アメリカ退職者協会 [American Association of Retired Persons (AARP)]	全米最大の高齢者団体。高齢者の生活の自立，尊厳の獲得が目的。 http://www.aarp.org/
アルツハイマー協会 [Alzheimer's Association]	アルツハイマー病の撲滅，患者とその家族に対する治療や支援を行う団体。 http://www.alz.org/
エルダーホステル [Elderhostel]	55歳以上の人に，教養講座，野外活動など教育的活動プログラムを提供。 http://www.elderhostel.org/welcome/home.asp

●NPO・NGO名	●活動内容/URL
シニアネット [Senior Net]	高齢者にコンピュータ教育を提供する団体。140ヵ所以上の教育センターを所有。 http://www.seniornet.org/php/
●子供	
アメリカ・ガールスカウト [Girl Scouts of the USA]	少女のための組織では，世界最大の団体。少女を対象にしたプログラムを実施。 http://www.girlscouts.org/
少女の会 [Girls Incorporated]	マイノリティの少女のために，調査，アドボカシー，教育活動を行う団体。 http://www.girlsinc.org/
チャイルドリーチ [Childreach]	子供の権利と生活の向上に取り組むため，1937年に設立。 http://www.childreach.org/
少女と少年の家 [Girls and Boys Town]	以前は「フラナガン神父の子供の家」の名で知られた，問題児やその家族に対してケアを行う団体。 http://www.girlsandboystown.org/home.asp
ボーイスカウト・オブ・アメリカ [Boy Scouts of America]	ボーイスカウト運動の活動組織。野外活動を通じた人格形成などが目的。 http://www.scouting.org/
微笑み作戦 [Operation Smile]	1982年に設立された奇形を持った青少年の治療を行う医療団体。 http://www.operationsmile.org/
●障害者	
自立生活センター [Center for Independent Living]	障害者の人権擁護と地域での自立生活を支援するため，1972年に設立。 http://www.cilberkeley.org/
スペシャル・オリンピック・インターナショナル [Special Olympics International]	知的障害者のために，スポーツのトレーニングと競技を実施する国際組織。 http://www.specialolympics.org/
世界障害者研究所 [The World Institute on Disability]	障害者の自立と社会への共生の促進を図るため設立された公共政策団体。 http://www.wid.org/
全米脳性麻痺協会 [United Cerebral Palsy (UCP)]	150の支部をもつ全米第2の健康医療団体。 http://www.ucpa.org/
●奨学金	
アメリカ市民奨学金 [Citizen' Scholarship Foundation of America]	全米最大の教育支援団体で，教育の機会拡大を目指す。 http://www.scholarshipamerica.org/
国際教育機構 [Institute of International Education]	優秀な人材が，他国で教育や訓練，調査ができるよう，奨学金プログラムを提供。 http://www.iie.org/

●NPO・NGO 名	●活動内容/URL
合同黒人大学基金 [United Negro College Fund]	1944 年に設立された全米で最も古い黒人の高等教育支援団体。 http://www.unitednegrocollegefund.com/
ライオンズクラブ [Lions Clubs International]	失明防止プログラムを運営するなど，視覚障害者の問題に取り組む団体。 http://www.lionsclubs.org/
ロータリー財団 [Rotary Foundation of Rotary International]	国際的な人道，教育，文化交換プログラムを通じて，世界平和に貢献。 http://www.rotary.org/

●消費者/企業の社会的責任

エッセンシャル・インフォメーション [Essential Information]	米国系多国籍企業問題に関する情報を提供。ラルフ・ネーダーが設立。 http://www.essential.org/
経済優先度評議会 [Council on Economic Priorities (CEP)]	企業の社会的責任に関する調査の公表により，企業への働きかけを目指す。 http://www.cepnyc.org/
コープアメリカ [Co-op America]	社会問題と環境問題を啓発するために，1982 年に設立された消費者団体。 http://www.coopamerica.org/
消費者組合 [Consumers Union]	生産物の検査，社会啓発，消費者保護に取り組むための調査団体。 http://www.consumersunion.org/
コープ・ウォッチ [Corp Watch]	企業ビヘイビアの調査・分析を通じて，企業の社会的責任を促進する団体。 http://www.corpwatch.org/
投資家責任リサーチ・センター [Investor Responsibility Research Center]	企業および株式に関する高品質かつ客観的・公平な情報の提供を目的に設立。 http://www.irrc.org/
パブリック・シティズン [Public Citizen]	1971 年に設立された，消費者問題に取り組む団体。 http://www.citizen.org/

●女性/男性

家族と家庭のネットワーク [Family and Home Network]	全米最大で最も歴史のある，子育てに専念している母親のための団体。 http://www.familyandhome.org/
解放された男性たちの全米協議会 [National Coalition of Free Men]	人権，健康，国際問題を男性の視点から見直し，社会啓発を行っている男性団体。 http://www.ncfm.org/
カタリスト（触媒） [Catalyst]	企業における女性の地位向上を目的とした調査と，提言を行っている団体。 http://www.catalystwomen.org/

●NPO・NGO名	●活動内容/URL
全米女性機構 [National Organization for Women (NOW)]	米最大の女性団体。性差別とあらゆる抑圧をなくすための社会改革に取り組む。 http://www.now.org/
全米強姦・虐待・近親相姦ネットワーク [Rape, Abuse & Incest National Network (RAINN)]	全米約750の強姦救援センターと協力し，性暴力被害者にサービスを提供。 http://www.rainn.org/
第二歩 [The Second Step]	1978年に「性暴力ドメスティック・バイオレンス(DV)センター」として設立。 http://www.thesecondstep.org/
全米父性イニシアティブ [National Fatherhood Initiative]	父親不在の子供の増加を憂う男性たちによって，1994年に設立された団体。 http://www.fatherhood.org/
●シンクタンク	
カーター・センター [The Carter Center]	元大統領のカーター夫妻によって設立された超党派の公共政策機関。 http://www.cartercenter.org/
都市研究所 [Urban Institute]	1968年に設立された公共政策研究機関。NPOに対する調査で有名。 http://www.urban.org/
ヘリテッジ財団 [The Heritage Foundation]	全米最大のシンクタンクの1つ。保守的な公共政策作成・促進。 http://www.heritage.org/
●人権	
アメリカ・フレンド・サービス委員会 [American Friends Service Committee]	良心的徴兵拒否者を支援するため，1917年にクエーカー教徒が設立。 http://www.afsc.org/
アムネスティ・インターナショナル [Amnesty International]	世界人権宣言などに基づき，人権擁護のための活動をしている団体。 http://www.amnesty.org/
正義のためのカリフォルニア人教育基金 [Californians For Justice Education Fund]	アファーマティブ・アクション推進のため設立された，草の根レベルの政治団体。 http://www.caljustice.org/
全米都市連合 [National Urban League]	アフリカ系アメリカ人に対する社会的，経済的な平等達成の支援が目的。 http://www.nul.org/
全国黒人地位向上協会 [National Association for the Advanced of Colored People (NAACP)]	1909年に設立された全米で最大，かつ最も古い人権擁護団体。 http://www.naacp.org/
全米日系市民協会 [Japanese American Citizens League (JACL)]	1929年に日系人に対する差別をなくすために設立された団体。 http://www.jacl.org/

●NPO・NGO 名	●活動内容/URL
ラムダ法律擁護と教育基金 [Lambda Legal Defense and Education Fund]	訴訟や啓発，公共政策策定を通じて，同性愛者とエイズ感染者の権利を擁護。 http://www.lambdalegal.org/
●ボランティア	
アメリカ・ボランティア協会 [Volunteers of America]	1896年に設立された全米で最も古く，最大規模の社会奉仕団体。 http://www.voa.org/
ポインツ・オブ・ライト財団 [Points of Light Foundation]	ブッシュ大統領（父）の呼びかけに応え，ボランティア活動を広めるために設立。 http://www.pointsoflight.org/
●まちづくり	
コミュニティ情報交流会 [Community Information Exchange]	まちづくりに関連する情報の提供を目的に，1983年設立。
全米地域再投資連合 [National Community Reinvestment Coalition]	貧しい地域への資本導入を増やすため，1990年に設立された団体の連合体。 http://www.ncrc.org/
地域活動支援公社 [Local Initiatives Support Corporation (LISC)]	荒廃した地域社会の再建を図る住民活動の支援組織としては，全米最大。 http://www.liscnet.org/
地域社会変革センター [Center for community Change]	自助的な活動を行っている地域団体とそのリーダーの育成・強化が中心活動。 http://www.communitychange.org/default.asp
テナントと所有者開発公社 [Tenants and Owners Development Corp (TODCO)]	サンフランシスコの再開発計画反対のためにつくられた団体。
テンダーロイン近隣開発公社 [Tenderloin Neighborhood Development Corporations]	マイノリティや低所得者に適切な住環境を提供するため設立された団体。 http://www.tndc.org/
ブリッジ住宅公社 [Bridge Housing Corporation]	全米最大の非営利住宅開発団体。サンフランシスコ周辺で低所得者用住宅を供給。 http://www.bridgehousing.com/
●メディア	
グローバル・コミュニケーション研究所 [Institute for Global Communications (IGC)]	1986年に設立された，全米唯一の非営利のインターネットプロバイダー。 http://www.igc.org/
KQED	テレビとラジオ用にサンフランシスコ湾岸地域と密着した番組を作成放送。 http://www.kqed.org/
コミュニティ・メディア連合 [Alliance for Community Media]	すべての人の電子メディアのアクセスを目指したケーブルアクセス関係の団体。 http://www.alliancecm.org/

●NPO・NGO名	●活動内容/URL
連邦議会テレビ C-SPAN [Cable Satellite Public Affairs Network (C-SPAN)]	議会中継を中心とする公共問題専門放送局。編集なしの完全放送が基本原則。 http://www.c-span.org/
●リーガル・アドボケイト	
アメリカ先住民権利擁護基金 [Native American Rights Fund]	アメリカ先住民の法的権利を擁護。全米190の部族の法的代表者。 http://www.narf.org/
飲酒運転に反対する母の会 [Mother Against Drunk Driving (MADD)]	飲酒運転で事故にあった被害者の救援を行うとともに、啓蒙活動を行う団体。 http://www.madd.org/home/
グリーンピース・アメリカ [Greenpeace USA]	直接抗議行動をはじめ、ロビー活動、調査活動、草の根団体づくりなどで活動。 http://www.greenpeaceusa.org/
公共の福祉に関する法律センター [Center for Law in the Public Interest]	環境や土地利用、消費者保護、権利擁護などの法律に関する調査や研究諸活動。 http://www.clipi.org/
障害者の権利擁護教育基金 [Disability Rights Education and Defense Fund]	障害者の公民権の擁護と発展のために、障害者とその親たちにより設立。 http://www.dredf.org/
●環境	
コミュニティ環境協議会 [Community Environmental Council]	環境問題の研究機関。行政・企業・大学とのパートナーシップに事業の重点。 http://www.communityenvironmentalcouncil.org/
シエラ・クラブ [Sierra Club]	1892年に設立され、全米で最も古い環境保護団体の1つ。 http://www.sierraclub.org/
資源再生センター [Resource Renewal Institute]	1983年に設立され、全米はもとより世界中の環境マネジメントのための支援。 http://www.rri.org/
全米オーデュボン協会 [National Audubon Society]	1886年に設立された、シエラ・クラブとならぶ環境保護団体の老舗的存在。 http://www.audubon.org/
全米野生保護基金 [World Wildlife Fund (WWF)]	1961年に設立された世界で最も大きな野生動物保護団体の1つ。 http://www.worldwildlife.org/
地球の友 [Friends of the Earth]	世界の環境問題に取り組んでいる。特に、戦争による環境問題に精通。 http://www.foe.org/

52 公民権運動とマイノリティ運動
Civil Rights Movement and Minority Movement

中條 献

1950年代半ばから1960年代にかけて，アフリカ系アメリカ人たちは，市民的な諸権利の獲得と人種の平等を目指して，大規模な社会抵抗運動を繰り広げた。公民権運動と呼ばれた彼らの闘争は，女性解放運動やベトナム反戦運動などと相まって，当時のアメリカ社会を大きく揺さぶった。合衆国南部においては，法的な人種隔離の撤廃や，参政権剥奪の禁止，全国的には，人種差別を禁止するための法律や政策の実現など，公民権運動は，いくつかの重要な成果を上げた。また，アフリカ系アメリカ人たちの主体的な運動として，彼らのアイデンティティを確立し，他のマイノリティ集団をも含めて意識革命を促した点でも，この運動には大きな意義があった。しかし，1970年代以後，アフリカ系集団内部での階層分化が進む一方で，人種間の経済的格差は縮まらず，アメリカ社会全体の貧困の問題は，複雑かつ深刻なものとなっている。ここでは主として公民権運動の大まかな流れと社会的背景，この運動が達成した成果およびその限界を探る。

A──アフリカ系アメリカ人と「公民権」

❶──ジム・クロウ制度下の差別

1865年，南北戦争における北部の勝利により，奴隷制度が廃止された。南部諸州に居住していた400万人以上の元奴隷＝解放民たちは，いかなる地位におかれるのか。「人種」や「民族」という，その後のアメリカ合衆国社会を規定する大きな問題が，その具体的な姿を現し始めたのである。戦争直後に制定された，合衆国憲法修正第14条と第15条は，解放されたアフリカ系アメリカ人の合衆国市民としての諸権利，そして投票権を確約するものと思われた。しかし実際は，19世紀後半から世紀転換期にかけて確立した人種差別制度のもとで，彼らは，ありとあらゆる政治，経済，社会的な権利を奪われていった。公共施設における隔離，選挙権の剥奪，小作制度のもとでの経済的搾取，リンチと呼ばれた暴力行為，等々。

ジム・クロウ制度と呼ばれる，この人種隔離差別体制こそ，奴隷解放後のアフリカ系アメリカ人に対して，アメリカ社会が出した回答だった。アフリカ系アメリカ人たちは，「civil rights」(「公民権」と訳される)，すなわちアメリカ合衆国市民が有すべき諸権利を奪われ，いわゆる「二級市民」としての地位におかれたのである。

❷──社会経済的基盤の変化

20世紀に入ると，アフリカ系アメリカ人たちは，工業労働力の需要が高まった北部大都市へ大規模な移住を始める。また，南部内部にお

いても、都市化と工業化が徐々に進展すると同時に、農業の機械化も進み、小作労働に従事していた彼らも都市部に移動してコミュニティを形成するなど、社会経済環境も変わっていった。第2次世界大戦後、こうした傾向はますます加速し、人種差別を支えていた南部農村社会の社会経済的基盤は、少しずつ揺らいでいった。換言すれば、徹底した人種隔離と差別のもとで、小作労働力としてのアフリカ系アメリカ人を搾取/支配するという社会的構図に、変化の兆しが現れたのである。

公民権運動が始まる以前、アフリカ系アメリカ人たちが人種差別制度に対して無抵抗であったわけでは、決してない。小作制度のもとでの労働争議であれ、人種隔離に対する法的闘争であれ、公民権の獲得や社会的平等の実現のために、彼らは、南部各地でさまざまな抵抗を示した。しかし、こうした動きが結集され、まさに社会運動として大規模な展開をみせたのが、1950年代半ばに始まる公民権運動だったと言えよう。

B——運動の始まりと高揚

❶——ブラウン判決

1954年5月、アメリカ合衆国最高裁判所は、「ブラウン対トピーカ教育委員会」の訴訟において、公教育における人種の隔離は憲法に違反するとの判決を下した。NAACP（全国黒人地位向上協会、1909年に結成）などの組織を中心として、人種隔離に反対して繰り広げられた地道な法廷闘争が、大きな実を結んだのである。この判決に力を得て、南部の都市部では、公立学校の人種統合を進める動きが見え始めた。しかし、南部の州政府や地元白人社会は、人種統合に対して激しく執拗な抵抗を示し、暴

❶ジム・クロウ制度下の人種隔離差別［バスの座席も前後（後部がアフリカ系）で分離されていた、1951年］

動が発生することもあった。アーカンソー州リトルロックでは、公立高校での人種統合を実施する際に、治安を維持するために、アイゼンハワー大統領が連邦軍を派遣しなければならなかったほどである。結局、「ブラウン判決」にもかかわらず、南部の学校での人種統合は遅々として進まず、社会変革に対する抵抗の大きさと、それを乗り越えるためには、裁判所の判決以上のものが必要とされることが明らかになった。

❷——バス・ボイコット運動と「座り込み運動」

後に公民権運動と呼ばれるようになった、一連の社会抵抗運動について、その始まりを特定することは難しい。しかし、大きなきっかけとして、1955年にアラバマ州モントゴメリーで起きたバス・ボイコット運動を無視することはできないだろう。発端は、ローザ・パークスというアフリカ系アメリカ人の女性が、市営バスで白人に座席をゆずらなかったため規定違反として、警察に逮捕されたことにある。これに抗議して、アフリカ系アメリカ人たちは、バスの乗車拒否運動を実行した。彼らは、通勤に欠かせない交通手段だったバスに代えて、徒歩や車の相乗りに頼ることで、381日間にわたる乗車拒否の闘争を展開したのである。地元の白人社

❷公民権運動のピークとなったワシントン大行進［ワシントンD.C., 1963年］

会から反発や脅迫を受けながらも、ボイコット運動が続くなか、1956年、合衆国最高裁判所は、公共の乗り物における人種隔離は、憲法修正第14条に違反するとの判断を下した。アフリカ系アメリカ人たちは、人種隔離のないバスに乗る権利を、自らの闘争により勝ち取ったのだ。第2次大戦後の南部でボイコット運動が起きたのは、モントゴメリーが初めてではなかったが、この勝利は、各地で起こりつつあった抵抗運動に大きな影響を与えた。

モントゴメリーの成功の背景には、同市を中心とするアフリカ系アメリカ人のコミュニティの存在、特に、教会を中心とするさまざまなコミュニティ組織の存在があった。ボイコットのような大衆運動が実現しうる社会的基盤の存在は重要である。また、ボイコット運動が抵抗の手段となりうるほどに、アフリカ系アメリカ人たちの「購買力」が無視できないものになっていた事実も大きい。さらには、運動の過程において、マーティン・L. キング牧師という、優れた指導者が生まれた点も指摘できる。当時弱冠26歳のキングは、その卓越した指導力と弁舌能力で、後に公民権運動を代表する指導者へと成長する。いずれにしろ、コミュニティ全体が力を結集して勝ち取ったケースとして、「モントゴメリー」は、歴史に残ることになったのである。

1960年2月、ノースカロライナ州グリーンズボロで、新たな形態の抵抗運動が始められた。4人のアフリカ系アメリカ人の学生が、市内の大手雑貨店にある「白人専用」のランチ・カウンターに入り、飲食物を注文するとともに、それが聞き入れられるまで、そこに座り込むという行動に出たのである。この運動は、瞬く間に他の都市へと広まった。この「座り込み運動」（sit-in）をきっかけとして、同年4月にはSNCC（学生非暴力調整委員会）が結成された。SNCCは、黒人と白人の大学生を中心とした若い世代の組織であり、以後、公民権運動において重要な役割を果たすようになる。

❸──非暴力直接行動

人種隔離体制を打破するためにとられた抵抗の手段は、ボイコットと座り込みだけではなかった。長距離バスにおいて、座席隔離の規則を無視して乗車する「自由のための乗車運動」（freedom ride）、そして数々の抗議集会やデモ行進など。こうした直接的な抗議行動が大衆規模で起きたことに、公民権運動の大きな特徴があった。いまひとつ重要な点は、この動きを阻止すべく、地元白人社会が振るう暴力に対して、運動の参加者たちが非暴力的抵抗を貫いた事実である。この「非暴力直接行動」こそが、初期の公民権運動を規定する大きな特徴であった。

アフリカ系アメリカ人による大規模な直接抗議行動が南部中に拡がるにつれ、キング牧師が運動の指導者として、全米の注目を集めるようになる。前述の非暴力的抵抗も、メディアなどを通じて、キングの思想として知られるようになった。しかし、各地で展開された行動を支えていたのは、地元の組織や指導者層と、ほかならぬ大衆自身であった。

公民権運動が達した1つの頂点は，1963年に首都ワシントンで行われた大行進と集会に象徴されている（ワシントンへの行進）。行進の目的は，雇用機会の促進，最低賃金の引き上げ，そして議会に提出されていた公民権法案の実現などであった。8月の炎天下の集会には20万人以上の人々が全米から参加し，集会のプログラムの最後を飾ったキング牧師は，「私には夢がある」という感動的な演説で，世界中に名を残すことになったのである。

この集会の翌年，ジョンソン大統領は，長年の懸案だった公民権法案に署名し，運動の大きな成果が1つ結実した。この法律は，(1)投票権の行使を保障する，(2)人種，肌の色，宗教，出身国を理由に，公共施設において差別あるいは隔離することを禁止する，(3)公教育における人種差別を排除する，(4)連邦政府の援助を受けている事業で，雇用や労働条件において，人種，肌の色，宗教，性別，出身国に基づく一切の差別を禁止する，といった包括的なものであった。

C──新しい流れ

❶──マルコム・Xと黒人民族主義

1964年の公民権法は，確かに，公民権運動がもたらした大きな成果であった。しかし，その直後，アメリカ北部の大都市でアフリカ系アメリカ人たちの「暴動」が頻発する。北部の大都市では，人種差別が南部とは異なる形態をとっていたのだ。

20世紀に入って，多くのアフリカ系アメリカ人が移住した北部大都市では，南部のような法的な人種隔離こそなかったが，住居差別の結果，ゲットーと呼ばれる黒人居住区が形成された。ゲットーに集中して住む彼らは，学校も実

❸人種差別を糾弾するマルコム・X［1962年］

質的には隔離され，社会福祉等における差別も激しかった。また何よりも，経済的な差別と貧困が彼らを苦しめ，政治への不信も大きかった。このような都市部のアフリカ系アメリカ人に対して，南部を中心とする公民権運動は，解決策を提供していなかったのである。

1960年代に入り，北部の諸都市でアフリカ系アメリカ人たちの強い支持を受けたのが，マルコム・Xと，彼が所属するネーション・オブ・イスラームという黒人イスラム教徒の組織である。黒人民族主義に基づき，白人による人種差別を徹底的に糾弾するとともに，イスラームの教えを説き，精神的および経済的な自立を訴えかけるマルコムに対して，都市部で貧困に苦しむアフリカ系アメリカ人の大衆は，熱狂的な反応を示した。また，キングをはじめとする公民権運動の指導者が提唱する，非暴力主義や人種統合への要求をあまりにも妥協的だとして厳しく批判したマルコムだが，彼の力強いことばは，すべてのアフリカ系アメリカ人たちに，人種差別的な社会を批判する力と勇気を与えるとともに，新たな自己認識の覚醒を促した。その後，マルコム・Xはネーション・オブ・イスラームを脱退して，新たな運動を模索しようとした矢先の1965年に暗殺された。

北部諸都市でアフリカ系アメリカ人たちの不

満が爆発すると同時に，公民権運動内部においても，運動の方針やアメリカ合衆国に対する態度や理解をめぐって，対立が目立つようになった。それを象徴する出来事は，1964年，南部で展開されていた選挙権登録の運動において起こった。世紀転換期以来，南部諸州では，投票税の課税，読み書き能力の試験，脅迫と暴力などによって，アフリカ系に対する選挙権登録の妨害が行われてきた。この年の夏，SNCCが中心となって，彼らに選挙権登録を進める運動が，ミシシッピ州を中心に始まった。運動家たちは，南部農村地帯に散在する小作人たちの住居を1軒ずつ訪ね，有権者に選挙権登録を促していった。

こうした政治参加を目指す動きは，最も差別の激しかったといわれる同州で，アフリカ系による独自の政党であるミシシッピ自由民主党の結成につながった。大統領選挙を控えた同年夏の民主党全国大会で，ミシシッピ自由民主党は，白人に支配された既存の民主党州代表に対抗して代議員を送り込み，彼らの主張を訴えた。しかし，ジョンソン大統領を中心とする民主党全国組織は，この動きを歓迎せず，彼らの訴えをほとんど無視したのである。その結果，SNCCをはじめとして，運動の内部では，既存の政党政治に対する不信感が増殖し，運動内部にも大きな対立が生じた。翌1965年には，黒人の選挙権登録を保障するための投票権法が成立したが，アメリカの政治体制全般に対する不信が，運動内部で解消されることはなかった。

❷──ブラック・パワーの台頭

1966年，ミシシッピ州で行われていたある行進で，運動全体に大きな影響を及ぼす新たな動きが発生した。ジョンソン政権の公民権政策をめぐって，それを支持する穏健派と，批判する若い世代が内部衝突し，穏健派が行進を離脱したのである。若い世代を代表するSNCCの委員長ストークリー・カーマイケルは，仲間とともに行進を続けたが，彼らの怒りと抗議を表現するために，参加者に向かって「ブラック・パワー」ということばを連呼した。聴衆の反応は絶大で，またたくまに，このスローガンは全米中を駆け巡った。マルコム・Xに強く影響を受けていたカーマイケルは，既存の政治制度のもとでリベラルな白人の協力を得て行う改革に限界を感じていた。彼は，黒人だけの組織を結成し，自らの行動で「力（パワー）」を獲得して，社会を変革することを説いたのである。

「ブラック・パワー」は，法的平等がある程度は達成しつつも，依然として差別や抑圧の現実に苦しむアフリカ系アメリカ人たちが発した，怒りの叫びであった。キングも分析した通り，「黒人であること」とその尊厳を強調し，同じ黒人たちに向かって結集を呼びかけ，人種差別的な社会における心理的な呪縛から自らを解放する意味が，このスローガンには込められていた。当時，人種を超えた幅広い経済的貧困の問題に関心を寄せていたキングは，「ブラック・パワー」の叫びは，いたずらに白人と黒人を分離させる感情的なものだと危険視した。しかし，この意識革命は急速に拡大し，「ブラック・イズ・ビューティフル」といった表現にもあるように，自らの伝統，文化，存在そのものを，アフリカ系アメリカ人たち自身が高らかに肯定するようになったことは確かである。

こうした運動の新しい流れを代表する組織の1つが，カリフォルニア州オークランドのゲットーで1966年に結成された「ブラック・パンサー党」である。ヒューイ・ニュートンとボビー・シールという2人の青年が結成したパンサー党は，ゲットーの貧しい人々に無料で食事を提供したり，子供たちを集めてアフリカ系アメリカ人の歴史を教えるなどの活動を展開し

た。また，武器所持に関する州法を研究したうえで，合法的に銃やショットガンで武装した彼らは，ゲットー内で暴力的に振る舞う地元の警察官を，逆に監視する行動に出た。

パンサー党は，アメリカという国家そのものを根底から批判し，その権力の象徴である警察と政治家を相手に闘争を展開した。党の綱領によれば，ゲットー内でのアフリカ系アメリカ人の自治権や兵役の免除などが主張され，既存の政治社会体制のもとでの改革を強く否定する姿勢がみられた。パンサー党の断固とした思想は，シンボルである黒豹のマークと，制服の黒

アファーマティブ・アクション

「アファーマティブ・アクション」を日本語に直訳すれば，「積極的な行動」である。このことばが法律の上で初めて使用されたのは，1964年に成立した公民権法の中であった。「人種，肌の色，宗教，性別，出身国などに基づく」雇用上の差別を禁止し，そのような差別が行われたと認められたときには，裁判所が，「給与の遡及措置を含む再雇用や雇用など，そして，こうした措置に限らない……アファーマティブ・アクションを命ずることができる」と，この法律には規定されている。

このように，アファーマティブ・アクションは，人種や性に基づく差別を是正・禁止するための多様な措置を意味しうるものである。しかし，その後，最も議論を呼ぶことになったのが，雇用や大学への入学に際して，女性やマイノリティの人々のために一定の優先的な枠組みを設ける，いわゆる「クォータ制（割り当て制）」であった。1978年，クォータ制のために入学を拒否されたと，カリフォルニア大学を訴えた白人青年アラン・バッキに対して，最高裁判所は，アファーマティブ・アクション自体の合憲性を認めながらも，バッキの入学を命じた。

以来，アファーマティブ・アクションは，このクォータ制と同義語のように理解され，その是非が論じられてきた向きもある。また，バッキ判決の後は，マイノリティや女性たちに優先枠を設けることが，白人男性に対する「逆差別」であるという主張がなされている。この主張には，過去の人種差別や性差別に対する「償い」は，いつまで続くのかといった不満が根底にある。これに対して，差別は今でも厳然と存在しており，それを禁止あるいは是正するためにも，「積極的な行動」が必要だとする見地から，アファーマティブ・アクションの存続を主張する立場がある。

近年，前者の立場が，社会的傾向として無視できないものとなっている。これを背景に，アファーマティブ・アクションの実施自体も，危機にさらされていると言ってよい。1997年，テキサス大学は裁判所命令により，入学者選抜における，人種に基づくアファーマティブ・アクションの採用を禁じられた。きっかけは，バッキ判決と同様に，白人の学生による訴訟であった。その結果，アフリカ系アメリカ人の入学者は，前年度の半数に減った。同様に，州内で人口比率の高いヒスパニックに関しても，法学部の新入生に占めるヒスパニックの学生数が半数以下に減るに至った。

さらに翌年，カリフォルニアの州立大学が一斉に，入学者の選抜において，「人種」に基づくアファーマティブ・アクションを採用しないことを決定し，大きな議論を呼んだ。その1つ，カリフォルニア大学バークレー校では，アフリカ系アメリカ人の入学者数は，前年度の34％，ヒスパニック系については41％に減ったという。

公教育における人種隔離を禁止したブラウン判決から40年，また，アファーマティブ・アクションが法的に規定されてから30年。差別の禁止と是正をめぐる議論は，アメリカ社会でその激しさを増している（⇨42多文化主義をめぐる議論C）。

［中條　献］

いベレー帽などとともに，全米の都市に住む若い世代の黒人の心をつかんだ。正確な党員数などは不明だが，全盛期には40以上の党支部が全国に置かれていた。

❸──キング牧師の暗殺

こうして，「ブラック・パワー」やブラック・パンサー党に体現される，新しい運動の流れが高まるなか，キングが暗殺されるという衝撃的なニュースが全米を走った。キング自身は，運動自体の変化に苦悩し，熟慮を続けるなかで，ベトナム戦争とアメリカ社会の貧困の問題に注目するようになっていた。1967年2月，キングは初めて演説の中で，ベトナムにおけるアメリカ合衆国の戦争行為を明確に批判すると，その後は，全米各地でベトナム反戦を説くようになった。これに対して，マスメディアだけでなく，公民権運動の内部でも大きな反発が生じ，キングのベトナム戦争反対の主張は，運動自体に悪影響を与えるという批判まで起きた。さらに，キングは，アメリカ資本主義が必然的に生み出す「貧困」問題に注目し，社会全体における経済的正義の達成がなければ，アフリカ系アメリカ人たちの地位向上もないと考えるようになった。ベトナム反戦の訴え，そして資本主義体制下の経済的不正義の告発。アメリカ合衆国社会への根底からの批判を始めたキングだが，1968年4月，清掃労働者のストライキを支援するために訪れた先，テネシー州メンフィスのホテルで凶弾に倒れたのである。

キング暗殺の報せとともに，全米でアフリカ系アメリカ人たちの反乱が勃発した。160以上の都市で起きた暴動により，40人近い人が殺された。その2ヵ月後，大統領選挙だったこの年に，故ジョン・F. ケネディ大統領の弟で，民主党から候補に名乗りを挙げていたロバート・ケネディ上院議員が暗殺された。さらに，民主党全国大会が開かれたシカゴでは，会場周辺で反戦などを唱えていた若者たちの集会に，警官隊が突入して暴力を振るい，大混乱が生じた。公民権運動，ベトナム反戦運動，若い世代による「対抗文化」の主張など，アメリカ社会は1つの曲がり角にきていたと言えよう。

結局，その年の秋の大統領選挙では，共和党のリチャード・ニクソンが当選し，社会全体の風潮が「争乱の60年代」から目を背ける方向に変わっていった。公民権運動内部では，法的隔離の撤廃，公民権法や投票権法の制定によって，1つの成果を達成したという見方と，ブラック・パンサー党をはじめとして，アフリカ系アメリカ人たちの独自の組織による運動を継続させようとする流れがあった。しかし，後者は，1970年に入り，政府や警察の過激な弾圧を受けるとともに，少しずつ衰退していった。

1970年代半ば以降，「ブラック・パワー」というスローガンが有する急進的な力は，急速に衰えていった。これは，抑圧されたマイノリティ集団によるアイデンティティの自己主張が，ある意味ではアメリカ社会に受け入れられることで，吸収・統合されたといえる。それとともに，公民権運動も収束していったのである（⇨44アフリカ系アメリカ人）。

D──運動の成果と限界

❶──「アメリカ人」のアイデンティティ

公民権運動は，南部を中心とする人種隔離体制と差別制度を打破したという点において，歴史的に大きな意義を有する。また，「自由と平等の国」とされてきたアメリカ合衆国は，この運動によって，そのイメージと現実の乖離が露呈されたのである。さらに，この運動が一定の成果をもたらしたことにより，以後，アメリカ

国内におけるマイノリティ集団と（不）平等の問題に関して，それを座視することはできないような社会的意識が形成された。

運動がもたらした，いまひとつの大きな成果は，意識革命としての側面にある。「ブラック・パワー」の主張にみられたように，自己認識のあり方をめぐって，「アメリカ人」というアイデンティティの中身を問い直す動きが，マジョリティではなく，マイノリティ集団の側から起きたことは重要である。多様な人々と文化が1つに融合して「アメリカ人」になるという「理想」に異議を唱え，「同化」を基軸とする伝統的な価値観や規範を変革して，固有の自己認識を確立し，それに対する尊厳を要求する。意識変革を目指すこのような動きは，アフリカ系アメリカ人だけでなく，他のマイノリティ集団にも大きな影響を与えた。

例えば，1960年代末から1970年代にかけて，北米大陸に先住のネイティブ・アメリカンたちが，数百年にわたる抑圧と差別を自ら訴えるとともに，自己の存在を主張する行動に出た。また，1960年代末から人口の急増したヒスパニックの人々も，労働運動や政治において声をあげ，自らの言語であるスペイン語や，多様な文化的伝統を強調するようになった。さらには，この時期，アメリカの大学では「黒人研究」，「インディアン研究」，「ヒスパニック研究」，「アジア系研究」といった，いわゆる「エスニック研究」の分野が確立し，初等・中等教育のカリキュラムの内容にも，このような傾向が反映されていった。

❷──公民権運動の限界

一方で，人種差別撤廃闘争としての公民権運動には，いくつかの限界があった。例えば，公民権運動自体のなかに，ジェンダーに基づく差別が存在する事実を，女性運動家たちは当時から気づいていた。指導的役割を果たす男性と，補助的な役割に押しとどめられる女性という構造は，運動内部で日常的なものであった。なかでも，常に「人種」と「ジェンダー」による差別に直面したアフリカ系アメリカ人の女性たちにとって，それらは孤立した別個の問題ではなかった。しかし，「人種」と「ジェンダー」の差別の関連について，運動内部で問題化されることは，あまりなかったと言える。

さらには，法的人種隔離制度の撤廃や参政権の獲得だけでは，真の経済的・社会的平等は達成できないことを，この運動は歴史的に示した。確かに，公民権運動によって，アフリカ系アメリカ人たちの状況は，多方面にわたって改善された。彼らの職業構成は多様化し，公職者も含めて専門職に就く者の数が増大した。高等教育を受ける者の割合も増え，全体として，黒人中産階級やそれ以上の富裕な黒人層も出現した。しかし，一方では黒人貧困層もかつてないほどに増大しており，黒人内部の階層分化が進んでいる。人種間の経済的格差が依然として存在する事実と合わせて，現状はさらに複雑化している。結局，マルコム・Xや晩年のキングのように，「人種」と「階級」の問題をアメリカ合衆国の体制全体に結び付けて論じる姿勢は，公民権運動自体の中に見いだすことはできなかったと言えよう。

つまるところ，公民権運動は，フェミニズム運動，他のマイノリティ運動，ベトナム反戦運動，カウンターカルチャー運動などとともに，1960年代以降に展開されたさまざまな社会抵抗運動の1つであった。アメリカの公民権運動は，一部の例外を除けば，あくまで既存の社会体制の下で，国内問題としての人種差別を解決しようという目的を有していた。したがって，人種問題を，アメリカ合衆国全体のみならず，世界的な視点から見つめる姿勢が，公民権運動全体に浸透することは，ほとんどなかっ

た。いずれにしろ，こうした限界も含めて，運動の歴史的評価を検証する作業は，これからも重要な意味を持つであろう。

■さらに知りたい場合には

ウッドワード，C. V.（清水博他訳）『アメリカの人種差別の歴史』福村出版，1998.
　［奴隷解放後の南部社会を中心にして，人種隔離と差別の制度が確立していく過程を描いた古典的な名著（原著は1955年出版）。］

マルコム・X（浜本武雄訳）『完訳マルコムX自伝（上・下）』中央公論新社，2002.
　［公民権運動およびその後のアフリカ系アメリカ人たちに絶大な影響を与えた運動家の自伝。］

辻内鏡人・中條献『キング牧師——人種平等と人間愛を求めて』岩波書店，1993.
　［キング牧師の生い立ちと公民権運動における活動を追った一般読者向けの伝記。］

コーン，J. E.（梶原寿訳）『夢か悪夢か・キング牧師とマルコムX』日本基督教出版局，1996.
　［キング牧師とマルコムXという2人の黒人解放運動指導者の思想や行動を分析した書。］

53 | フェミニズム
Feminism

竹村和子

19世紀中葉から20世紀前半にかけて、世界の女性たちは最初の大目標であった参政権を求め「第1波フェミニズム」運動を展開した。さらにその流れは、1960年代のアメリカで「第2波フェミニズム」として一気に奔流となって噴出する。この時代、フリーダンの『女らしさの神話』が、女の問題が制度的待遇だけでなく、個人の生き方・感じ方にまで根をはっていることをあらわにし、また「全米女性機構」をはじめとする女性組織が次々に結成されるなど、理論的にも実践的にもアメリカの女性運動は急速に拡大していく。しかし一方で、今日に至るフェミニズムの歩みは、けっして平坦だとは言えない。たえず反フェミニズムの圧力にさらされ、また人種・民族やセクシャリティ等と複雑に絡み合い、フェミニズムは深化しながら、また多様化していった。そしてグローバル化が進む現在、これまで世界をリードしてきたアメリカ・フェミニズムは、多文化社会である国内のみならず、世界のフェミニズム思潮の中に何を投げかけうるのかが、あらためて問い直されている。

A──米国フェミニズムの歴史的連続

「20世紀は女の世紀だ」ということばは、女が真に平等な社会的成員として活動できるようになったというよりも、むしろ、女がさまざまに声を上げ始めてきたことに対する、男からの恐怖と揶揄の表現である場合が多い。だが圧倒的な社会的利得をもつ男たちに、そのような脅威の念を感じさせるほど力強い潮流が、この時期の女たちから生み出されたことは紛れもない事実であり、それを大きく牽引してきたのが、20世紀後半、特に1960年代以降の米国の女たちだった。だが、それ以前はどうだったのだろう。

平等を求める女たちの運動が、世界で最も顕在化したのが米国だったとはいえ、20世紀前半の女性運動やその成果において、米国が特にきわだっていたわけではない。実際「第1波フェミニズム」の大きな目標だった参政権獲得のために、熾烈で果敢な闘争が繰り広げられたのは英国であり、またそれを最初に成し遂げたのはニュージーランドであった（1893年）。米国はオーストラリア、北欧諸国、旧ソ連、ドイツ、そしてカナダ等にも遅れて、1920年に女性の参政権を得た。

しかしそうではあっても、米国で60年代以降に奔流となって噴出したフェミニズム活動は、20世紀前半の女性運動や、それを取り巻く政治状況からまったく切り離されたものではなかった。フェミニズムの進展にもかかわらず、むしろそれゆえに、未解決の課題として現在さらなる対応と考察が迫られているさまざまな事柄は、20世紀前半、さらにはそれ以前に、

すでに問題化されていたものだった。むしろ問題提起とそれへの反発の繰り返しの歴史の中に、ここ数十年の米国フェミニズムの勢いと先進性があると言えるだろう。

また60年代以降の急激なフェミニズム活動は、その急進性ゆえに、また米国独自の政権交代の制度とも相まって、各年代それぞれに激しいバックラッシュを経験してきた。米国のフェミニズムは少なくとも60年代70年代は、一見して向かうところ敵なしのようにみえる。しかしどの時代においても、米国のフェミニズムは他の国々と同様に、バックラッシュとの相克の中で紆余曲折しながら推移してきたのである。

さらに言えば、フェミニズムの内部においても、米国フェミニズムは葛藤を経験してきた。米国は多民族・多人種・多宗教によって編成されている階級社会であるが、それにもかかわらず、その現実を隠蔽し、白人中産階級プロテスタントを主流化してきた。この歴史的経緯は米国フェミニズムに、早い時期から多様性と摩擦を生み出すものとなった。他方このことは米国フェミニズムに、自己を内側から批判的に見て、その枠組み自体を解体しつつ押し広げる自己参照的な視点を与えることにもなった。後者の流れは特に1980年代以降、それまでフランスなどと比べて実践的・社会的原理を追求していた米国フェミニズムを、現実に投錨したものでありつつも、思弁的アリーナへと大きく飛躍させることに貢献し、さらには90年代の理論的先駆性を生み出す契機にもなった。

以上のように過去数十年間、国の内外に多大な影響を与えてきた米国のフェミニズムは、その歴史的文脈の中で独自の展開をみせてきた。では具体的にどんな歩みをしてきたのだろう。

B——第2波フェミニズムの誕生

新しいフロンティアの旗印のもとに民主党から選出されたジョン・F. ケネディは、1961年第35代大統領に就任した。しかしそれはかならずしも米国の女にとって、解放の約束にはならなかった。女の地位向上を願う女たちは、彼が自分たちの「味方」でも「敵」でもなく、ただ「無関心」であることをすぐに知った (Berkeley, 1999)。

確かにケネディ大統領は、1961年に「女性の地位に関する大統領委員会」を設置した。だが彼は二枚舌をつかって、一方では政府や民間企業における性差別の克服を語りつつ、他方では妻や母といった伝統的な性役割の遵守も望んでいた。ケネディ大統領の矛盾した態度は、この委員会の実質的な議長エスター・ピーターソンが労働省女性局の局長であることと相まって、彼女が「労働保護法」を優先させたために、「平等権修正条項」（ERA）の推進を頓挫させることになった。（議長は、元大統領夫人エレノア・ローズヴェルトだったが、名誉職的な役割に終始し、また委員会発足の翌年に死亡した。）

しかしこの委員会が1963年に発表した報告書『アメリカの女性』は、多くの人々に読まれた。さらに当委員会や、その実効を図るために各州に設置された委員会に参与した女たちの多くは、そこでの（挫折を含めた）経験を生かして、それ以降の女性運動を積極的に推進させた。その意味でこの委員会は、米国の「第2波フェミニズム」の誕生を間接的に準備したと言えるだろう。

そのような風土の中、1963年にベティ・フリーダンは『女らしさの神話』を出版し、ベストセラーとなった。第2次大戦後、急速に進

んだ消費文化やマスメディアの誘導によって、大学卒の白人中流階級の女たちは、車や家電製品で潤沢に装備された郊外の家庭に閉じ込められていた。フリーダンは、表面的には幸福に見える彼女たちが経験する不幸感や憂鬱に、「名前のない問題」ということばを与え、その原因は性抑圧にあることを指摘した。ここに女の問題は、制度的待遇のみならず、個人の生き方や感じ方、日常生活にまで根を張っていることが明らかにされた（⇨78 アメリカン・ファミリーB）。

フリーダンらは、現在でも米国最大の女性組織である「全米女性機構」（NOW）を1966年に設立した。同年、「学生非暴力調整委員会」の中の性差別を弾劾した、メアリ・キングらの意見書が、左翼雑誌『リベレイション』に掲載された（その意見書は、すでに2年前、匿名で出されていた）。翌67年、ニューヨークとシカゴで初のラディカル・フェミニストの団体が結成され、68年には、「全米女性解放会議」がシカゴで開催されたり、ニューヨーク証券取引所に魔法をかけるという奇抜なザップアクションが展開されたり、ミス・アメリカ・コンテストに対する抗議表明が行われたり、機関誌が次々と発行されて、女性運動は急速に拡大していった。

なお1969年にはコーネル大学で初めて「女性学」のコースが認可され、72年には「1972年の教育修正法第9条」によって、連邦政府が援助する全教育プログラムにおける性差別が禁止され、74年には「女性教育衡平法」が議会を通過して、性別をなくするカリキュラム等が促進された。また72年にグローリア・スタイネムは大衆誌『ミズ』を創刊し、同年に学術誌の『女性学』と『フェミニズム研究』が、75年には『サインズ』が出て、メディアやアカデミズムにもフェミニズムが浸透していった。ちなみに「女性教育衡平法」は、レーガン政権時代にフェミニズム攻撃のために廃棄にされそうになったが、議会の反対にあって、逆に強制力が強められた。

❶フリーダンの『女らしさの神話』原著表紙

フェミニズムの語が流通するのは70年代になってからで、60年代から70年代当初は、「女性解放運動」と呼ばれていた。その理由は、これが60年代に大きなうねりをみせていた公民権運動や学生運動が主唱する解放思想に呼応したものであったこと、しかし同時に、「学生非暴力調整委員会」への意見書に代表されるように、それぞれの解放運動の中に潜む性差別に反応したためでもあった。

さらにはケネディ大統領が設置した委員会の顛末でも明らかなように、性差別をなくそうとするはずの政府の諮問機関が十全に機能しないことへの苛立ちと反発も、解放へ向かう運動を促進させた。例えば「雇用機会均等委員会」は、雇用差別を監視するために「1964年の市民権法第7条」によって設立された政府機関だったが、その責務を怠ったとして、NOW設立の直接の動因となった。しかしその後委員会は性差別の積極的な告発を行うようになり、最近ではセクシュアル・ハラスメント摘発にも取り組んでいる。

C——ラディカル・フェミニズム，リベラル・フェミニズム

　米国の第2波フェミニズムの大きな特徴は，個々の女が日常的に経験している抑圧感や境遇が，その女だけの問題ではなく，そのような状況をつくり出している制度の問題であることを指摘したことである。しかし伝統的な性意識を血肉としている女たちが，自分の心情や状況を的確に把握するのは案外困難なことであり，それを解きほぐしていくために60年代末にフェミニズムが編み出した手法は，「意識覚醒運動」(CR)と呼ばれるものだった。これは何人かが定期的に集まって，自分の体験や感情を自由に平等に語り合う方式だが，それによって各自は，漠然とした抑圧感やことばにできない辛い事柄を言語化し，かつそれを共有して，孤独感から脱することができる。だが重要なことは，CRが単なる癒しにとどまらず，個人的な問題を制度的・社会的な課題として把握し，社会変革へと繋げていくプロセスであることだ。その意味でCRは，まさに「個人的なことは政治的なこと」という第2波フェミニズムのスローガンを行動するものである。

　CRは小さなグループで行われるために，そこから自発的に生まれたフェミニズムは，当然その基盤を草の根組織にもち，そこに米国フェミニズムの底力の1つがある。加えてこの手法は，ニューヨークの急進グループから生まれたこと，またスピークアウト等と結びついて，結果的に女たちに強い政治的結束をもたらしたこともあり，ラディカル・フェミニズムの土壌ともなった。

　「ラディカル・フェミニズム」は，男が支配する家父長制にこそ，現在の性抑圧の唯一根源的な原因があると見なし，現体制との交渉や妥協よりも，現体制にまったく汚染されないオルタナティブな価値や思考を，女によって現実的につくり出そうとする姿勢である。これは，その急進的な問題提起や，個人的・文化的事柄の重要性を示唆した点において革新的なものであり，米国内外に大きな影響を与えてきた。

　しかしこの姿勢はさまざまな著作や思想や活動の総体でもあり，それに影響を与えた書物には，ケイト・ミレットの『性の政治学』(1970)，シュラミス・ファイアストーンの『性の弁証法』(1970)，ロビン・モーガン編集の『シスターフッドはパワフル』(1970)，アン・コートの「膣オーガズムの神話」(1969)，「ボストン女性健康書コレクティヴ」という団体が発行した『私たちのからだ，私たち自身』(1973)，神学者メアリ・デイリの『ガイン/エコロジー』(1978)等がある。

　一般的にラディカル・フェミニズムの運動は，現体制から利得を得ている男とたもとを分かち，女だけの共同体をつくる必要があると考える「分離主義」(separatism)に結び付くことが多く，また女独自のものを追求するあまりに「本質主義」(essentialism)に偏りがちとなり，80年代後半以降は組織的な力を失っていった。

　他方，「リベラル・フェミニズム」は，「平等権フェミニズム」とも呼ばれ，男女の差異よりも，人間としての平等に訴え，その活動はおもに制度面での両性の平等に向けられた。したがってERA推進運動の中心になったのもこのグループで，NOWの構成員の多くがそうである。伝統的なリベラリズムを基盤とするために，急進派から批判されることも多いが，米国フェミニストの多数派を占め，「主流派フェミニズム」とも呼ばれる。

　「マルクス主義フェミニズム」や「社会主義フェミニズム」は，英国や北欧諸国ほどには，米国では実態的組織をもたなかった。両者と

も，現在の性体制の要因を資本制と家父長制の双方に置くもので，家父長制を唯一の原因とするラディカル・フェミニズムとは異なる見解をとる。だが90年代以降，ポストマルクス主義の洗礼を受けたセイラ・ベンハビブやナンシー・フレイザーらは，セクシュアリティを含む性抑圧と資本制の関係を，文化を含めて論じようとしている。なお20世紀初頭の米国の「社会フェミニズム」は，これら2つとは異なり，性差を認めたうえで，女の十全な自己実現を図ろうとするものであり，平等派フェミニズムと対立してERAに反対した。代表的人物はエレノア・ローズヴェルトで，夫フランクリンが大統領だった1933-45年に，多くの女たちを連邦組織に送り込み，ニューディール政策の一環として社会福祉に取り組む機会を与えた。

付け加えれば，以上のようなカテゴリー区分は，80年代以降の人種・民族・セクシュアリティ等の可視化に伴う米国フェミニズムの多様化と，90年代以降の理論的深化の中で，明確なものではなくなってきている。

D——ERAをめぐる攻防

第2波フェミニズムは，女の平等と解放を求めてさまざまな活動や提言を行ったが，何といっても，NOWをはじめとする女性組織の悲願は，「平等権修正条項」（ERA）の実現だ

図53-1 ●各州のERAの批准 ［1972年-1982年］

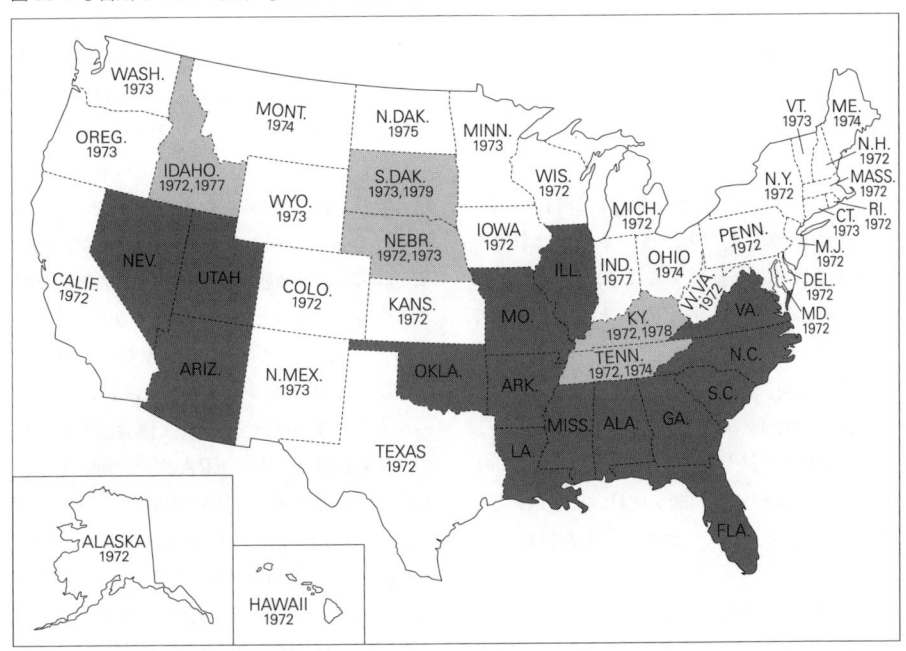

●出典｜Boles, J. K., *The Politics of the Equal Rights Amendment* (Longman, 1979) and *Facts on File World News Digest*, July 2, 1982.

❷全米女性会議でスピーチをする当時のカーター大統領夫人［この大会にはフォード前大統領夫人，ジョンソン元大統領夫人も参加した，1977年11月19日］

った。これは性別に基づく法的差別をすべて憲法違反とする条項で，その及ぶ範囲は雇用，婚姻，教育，福祉など，社会生活全般にかかわるといっても過言ではない。ERAは，1912年にアリス・ポールによって議会に提出されたが，やっと1972年に連邦議会で可決され，その批准のために各州に送られた。

同年すばやく22州が可決したが，それ以降の3年間は8州，3州，1州，1年おいた1977年に1州と賛同のスピードが落ち，加えてすでに可決していた州が無効の決定さえ下すようになった。このせいで，当初楽観視していたフェミニストたちも危機感を抱き，1977年以降は，運動を強化するとともに，批准期限の1979年をあと3年延長するよう，集会やロビー活動やデモ運動を展開した。その結果，期限延長が認められ，批准に必要な38州のうち35州はすでに可決していたが，期限切れの1982年，残る3州（ノースカロライナ，フロリダ，イリノイ）が否決したことをもって，ERAの実現は叶わなかった（図53-1）。ERAは第2波フェミニズムをいくつかの面で方向付けることになった。

第一は，第2波フェミニズムによる制度面への関与である。参政権運動という明示的目標をもっていた第1波フェミニズムと比べ，第2波フェミニズムは，個人の認識・心理や社会の言語使用も含み込む，性差別の重層性を言挙げしたことで知られている。むろんこのことが第2波フェミニズムの特徴であり，またその意義でもある。だがそれと並行して，第2波フェミニズムは制度的な性差別の解体にも，けっして無関心ではなかった。ERAは憲法修正条項であり，制度の根幹を改変するものである。その意味でERA推進運動は，第2波フェミニズムが展開した政治運動を象徴している。

第二は，米国フェミニズムの通時的かつ共時的なつながりである。確かにアメリカの女性運動は，60年代後半までは，ERAへの姿勢について分裂した見解を有していた。しかし20世紀初頭より途切れずに続いていたERAの提言は，第1波フェミニズムと第2波フェミニズムが底流において連動していることを示すものである。

また60年代以降は，活動形態や政治信条を異にするグループが多彩に組織されていた。それらのなかにはERAを重要視せず，補足的なものと捉えていた人々もいた。だが性別による労働保護法が無効になった1964年あたりから，ERA実現はフェミニストたちの最重要課題となり，ERAは彼女たちを大筋において協調させる役目を果たした。いわば，第1波フェミニズムの参政権に匹敵する象徴性と目標性をもつものになったと言えるだろう。

例えば1970年代後半，ERA実現に危惧を抱き始めたフェミニストたちは，1977年ヒューストンで開かれた「全米女性会議」において，満場の熱気の中でERA推進を確認した。ちなみにこの会議の議長を務めたベラ・アブザグは，「自分が死んでも花はいらない，ERAを批准していない州を捧げてほしい」と演説したという。この会議は，1975年メキシコシティで開催された国連の「国際女性年」に呼応して，フォード大統領が同年に設置した団体「国際女性年監視全米委員会」を総括するものであり，ここで26項目の「国内行動計画」が採択

された。

　第三は，皮肉なことに，次節で述べるようにERAが呼び起こしたバックラッシュである。

E——バックラッシュ

　フェミニストたちがERA実現に向けて団結すればするほど，フェミニズムの主張を阻止しようとする保守派もまた，力を蓄えていった。NOW成立の翌1967年に，すでにフィリス・シュラフリーは，月刊誌『フィリス・シュラフリー報告』を創刊していた。彼女は，ERA反対を明確に掲げる組織「ERA阻止」(1972-82年)と，反フェミニズム組織「イーグル・フォーラム」(1975年-) の2つを結成し，70年代，80年代に展開した反フェミニズム運動の顔となったが，彼女の経歴は，米国右翼とフェミニズムの関係をまさに示すものである。

　シュラフリーは，熱心なカトリック教徒で共和党支持の中流階級に生まれ，保守派の政治組織で働いたのちに，バリー・ゴールドウォーター上院議員の演説起草者になった。彼は1964年の大統領選で共和党候補の座を獲得したが，大統領選ではジョンソンに敗北した。ゴールドウォーターは「旧右翼」に属する人物で，内外の共産主義の脅威をあおり，福祉に手厚い「大きな政府」は個人主義と自由主義経済に反するものと見なして攻撃していた。しかし彼の敗北は，逆に新しい右翼形態を生んだ。

　新しい右翼は，「新右翼」あるいは「ラディカル右翼」と呼ばれ，標的を共産主義だけではなく，フェミニズムに比重を移し，フェミニズムこそ，アメリカ社会の「道徳的堕落」の宿根と批判した。新右翼は，両性間には神によって定められた上下関係があり，男は家長で，女は内助者であると規定し，「家族の価値」を前面に押し出した。この考えを支持したのは，宗教的にはモルモン教，カトリック，正統ユダヤ教，プロテスタント原理派等であり，階級的には中・上流階級で，高給取りの夫をもつ白人の主婦たちも含まれていた。だが攻撃の急先鋒のシュラフリー自身，ワシントン大やラドクリフ大で政治学や法学の学士や修士を取った高学歴の女で，結婚はしていたが，「全米共和党女性クラブ連合」の副会長を務め，その会長選に打って出るほどの「外向き」の女だった。

　いずれにせよ反フェミニズム運動の成果により，ERA批准は失敗に帰した。それ以降，議会に継続して提出されているが，ERAが，まだ「狭い法律上の争点」としての認識しかなかった数年前に議会を通過していればよかったが，右翼の新しいイデオロギーを呼び起こし，反フェミニズムの標的になった時点で，批准は望み薄になったという分析もある (Berkeley, 前掲書)。

　反フェミニズム運動は，ERA阻止ののちも活動をやめることはなく，「プロ・ファミリー運動」とも呼ばれて，妊娠中絶，デイ・ケア，コンパラブル・ワース（同一労働・同一賃金の原則），家族休暇，暴力からの女の避難所，アファーマティヴ・アクション，同性愛の権利などに反対している。それが最高潮に達したのは，1981年から93年までのレーガンとブッシュの共和党政権の時代だが，2001年からのブッシュ・ジュニアの共和党政権においても，連邦最高裁判事の任命などをはじめとして，バックラッシュが再開している。

　見方を変えれば，1962年のキューバ危機を回避したのち，米ソは正面衝突を避けており，また60年代後半から70年代前半にいたるベトナム反戦運動は，50年代ほどの共産党脅威説を持ち出しにくくした。そのような状勢の中で，右翼に起死回生の道を与えたのが，皮肉なことにフェミニズムだったと言えるだろう。だ

からこそ共和党選出のレーガン大統領は，80年代にエイズが出現した際に，それを同性愛者や麻薬中毒者の病気に特定して無策のまま放置し，性規範や社会規範の保守化に利用したのだし，また湾岸戦争後の92年の大統領選の争点は，中絶問題と，軍における同性愛者の処遇であった。勝利した民主党のクリントン大統領が，同性愛問題について公約を遂行できなかったのも，またさかのぼってリベラル派のカーター大統領が，「全米女性問題顧問委員会」を設置したものの優柔不断な態度をとり，議長に任命したアブザグと対立して，彼女を解任せざるをえなかったのも，反フェミニズムをバックに攻撃する右翼と，議会で対峙しなければならなかったからだ。この意味でフェミニズムは，米国政治の傍流の議題ではなく，良かれ悪しかれ政局の中枢にからむ事柄と言える。

またバックラッシュは，単に政局面だけではなく，一般大衆の心理のなかにも，女の社会進出を嫌う男や，フェミニズムについて誇張された「急進性」にひるむ女によって，引きつづき醸成されている。さらに逆説的なことに，フェミニズムの成果は権力や知の中心に女を送り込んできたが，特に90年代以降，それが女の新たな分断をもたらし，若い世代の女たちのなかには，自己のキャリア追求をフェミニズムと切り離して考え，むしろフェミニズムを疎んじる風土も生まれてきている。

F——中絶の合法化をめぐる闘い

（妊娠）中絶については，米国フェミニズムは複雑で困難な状況を抱えてきた。歴史的に米国社会はゆるやかに妊婦の選択に委ねていたが，19世紀半ばより中絶禁止が強力に主張され，女たちも概して中絶禁止に賛同するようになった。だが20世紀前半には，徐々に中絶禁止反対の姿勢が生まれ，NOWの創立時において，その内部で最も大きな争点となったのは，ERAではなく，中絶問題の方だった。

1967年の第2回大会で，NOWは「女性の権利宣言」を採択したが，その8箇条「性と生殖をコントロールする女の権利」をめぐって議論は沸騰した。特に中絶禁止法をまったく「廃案」にするか，それとも中流以上の女が中絶の選択にかかわれる程度の穏健な「改正」をすべきかが争点になった。結局NOWは廃案を採択したが，それによって例えばエリザベス・ボイヤーはNOWを脱退し，「女性衡平行動連盟」（WEAL）を翌年に結成した。このグループは活動の主眼を教育と雇用の問題におき，メンバーのほとんどは専門職の女だった。

最初に中絶禁止法を改正した州は，1967年のカリフォルニア，コロラド，ノースカロライナで，1970年までにさらに20州が加わった。ハワイ，ニューヨーク，アラスカでは改正でなく，廃止の論議もなされた。1969年には，ロビー活動のための「全米中絶法廃止協会」が結成され，同年のハリス・世論調査でも，回答者の3分の2が中絶を個人的事柄と見なした。

1973年連邦最高裁は「ロウ対ウェイド裁判」で，テキサス州の法律をプライバシー侵害の憲法違反として，条件付きで中絶を認めた。これに勢いを得て，妊婦に出産の選択権を認める「プロ＝チョイス」派は，同年WEALを「全米中絶権利行動連盟」と改名した（1994年には，それに「再生産（の権利）」の語を加えた）。

しかし妊婦の権利よりも胎児の権利を重んじて，中絶の非合法化を主張する「プロ＝ライフ」派も，1973年に「全米生命の権利委員会」を結成し，活発な右翼活動を行った。その結果76年「ハイド修正条項」によって，中絶のための連邦医療扶助基金の使用が制限され，81年には「家族保護法」によって伝統的家族が慫

憑された。しかし最も大きい転換点は，1989年の「ウェブスター対リプロダクティブ・ヘルス・サーヴィセズ裁判」である。最高裁は形式上はロウ判決を残しながら，前の判決の条件の1つ，妊娠3ヵ月までは本人と医師の診断で中絶が許可されるという条項をくつがえし，ミズーリ州の法の中の「各人の生命は受胎時に始まる」という見解を受け入れ，また州が中絶費用への医療補助を中止する権利も認めた。

　70年代半ば以降，プロ＝チョイス派とプロ＝ライフ派は政権の行方とも相まって，激しい攻防を続けている。特に80年代後半から，プロ＝ライフ派の不法行為や暴力行為が目立ち，電話帳のイエローページに中絶を行う「おとりクリニック」を載せ，逆の情報を与えたり，「オペレーション・レスキュー」を組織して（設立はプロテスタント原理主義者），中絶医院を妨害して閉鎖に追い込む示唆行動をしたり，中絶医院への放火や襲撃を行ったり，93年には中絶措置をする医師を射殺するまでになった。

　1992年の「ペンシルヴェニア州南東部家族計画協会対ケイシー裁判」では，連邦最高裁は若干姿勢を変更して，中庸の判決をくだし，本筋ではロウ判決の精神を受け継いで妊婦の権利を認めつつ，州の規制能力は温存した。その後，退任する2人の裁判官の後任は，プロ＝チョイス派を自認するクリントン大統領によって補充され，また彼はそれ以外でも，過去の共和党政権時代になされた中絶規制措置を撤廃する大統領令を下したが（荻野），それが中絶反対派の不満と反発を呼び，ブッシュ・ジュニアの政権になると，再び右翼化している。

❸クリニックの前でデモをするプロ＝チョイス派とプロ＝ライフ派

G──セクシュアリティ

　セクシュアリティをめぐっても，米国フェミニズムは当初より複雑な展開を見せてきた。女性運動が始まった19世紀中葉は，女たちの「ロマンティックな友情」や女2人が同居する「ボストン・マリッジ」が社会的に認められ，かつ同性愛を病理とするセクソロジーも展開していなかったので，活動家は，心情的ときに官能的な女同士の交流を結んでいた。だが20世紀に入ると，異性愛主義が強化され，レズビアニズムというカテゴリーも生まれて，女の同性愛は公的に不可視化された。だが十全な自己実現を望むフェミニストたちと，男中心主義を嫌うレズビアンの境界はそもそも曖昧で，例えばエレノア・ローズヴェルトはニューヨークのレズビアンたちとの交流が深かった。しかしレズビアニズムとフェミニズムが真っ向から切り結ぶのは，1969年のストーンウォール暴動（⇨54 ゲイ・レズビアンA）の後である。

　早くもその暴動の年，NOWの会長ベティ・フリーダンは，レズビアニズムがフェミニズムの価値を下げるのではないかと恐れ，レズビアンを「ラヴェンダー色［ゲイを示す］の脅威」と呼んだ。翌1970年の第2回「女性連帯会議」ではリタ・メイ・ブラウンらが，その字句を印刷したTシャツを着てあらわれ，議事を中断させてレズビアン差別に抗議し，NOWを脱会した。女性運動のなかに，ストレートの女とレズビアンの亀裂が生じたのだ。

❹ヒルがトマス判事をセクシャル・ハラスメントで訴えた裁判は、『ニューヨーク・タイムズ』紙の1面で大きく取り上げられた［1991年10月12日］

ブラウンらに理解を示したケイト・ミレットは、自らをバイセクシャルと語ったが、その発言が『タイム』誌（1970.12.14）に掲載され、フェミニズムに対する右翼からの搦め手攻撃も始まった。他方 NOW のリベラリズムを批判し、脱退していたティ＝グレイス・アトキンスンのように、「政府がレズビアニズムをフェミニストから孤立させるのに成功すれば、フェミニズムは敗北する」（1974年）と発言し、両者に連続性をおこうとする試みもなされた。

さきの会議でブラウンらが表明した「ラディカルズビアン」の声明では、「女に一体化する女」であるレズビアンこそ、男の抑圧からの真の解放を望む者だと述べられ、アドリエンヌ・リッチは、「強制的異性愛」に対抗するのは「レズビアン連続体」であり、これは必ずしも性愛を含まない女たちの歴史的・個人的な絆だと語った。総じて、分離主義を奉じていたラディカル・フェミニストたちは、もともとレズビアンだったり、レズビアンになったり、政治信条によりレズビアニズムに共感して、ストレートでありつつも「政治的レズビアン」と名のったりした。

だがこのことは、レズビアンに二律背反的な意味を与えた。レズビアニズムをフェミニズムの理念的形態とすることは、一方でフェミニズムと共闘する可能性を生み出すが、他方で女同士の性愛を無化するものにもなるからだ。さらには男支配の片鱗を伺わせるものをすべて排除しようとしたために、男役/女役の役割演技はむろんのこと、SM、ポルノグラフィー、挿入行為もすべて、相手を物象化する男支配をなぞるものだとして排除されることとなった。

「政治的正しさ」（PC）を追求したレズビアン・フェミニストに対して、80年代半ばに起こった「アイデンティティの政治」は、性指向の可視化を求めた。1984年には、レズビアンの過激な雑誌『オン・アワ・バックス』（フェミニズム雑誌『オフ・アワ・バックス』のもじり）や『バッド・アティテュード』が創刊され、パット・カリフィアは『マッチョな売奴』（1988）を出した。それらの主張は、レズビアンの SM や挿入は、男による性搾取の模倣ではなく、逆に、性器と生殖をつなげて女のセクシュアリティを次代再生産に収斂する性差別と異性愛主義に対する異議申し立てと見なした。またこの時期、有色人のレズビアンからも、文学作品を中心に声が上がってきた。オードリ・ロード、グロリア・アンザルドゥーア、チェリー・モラーガ等である。

90年代になると、フェミニズム理論はセクシュアリティ研究によって多大な貢献を受けることになる。ジェンダーの社会構築性を衝いても、セックス（生物学的性差）の次元で口ごもっていたフェミニストたちは、ジュディス・バトラーの『ジェンダー・トラブル』（1990）によって、性差は区別でなく差別であるとの理論的根拠を得た。またイヴ・K. セジウィックが『男同士の絆』（1985）や『クローゼットの認識論』（1990）で提示した「ホモソーシャリティ」の概念は、ともすれば女の問題を扱うことが多かったフェミニズムに、男の問題へ切り込

む理論的手がかりを与えた。

バトラーは『触発する言葉』(1997) では、行為遂行性の観点から論を展開し、ポルノ批判を続けるキャサリン・マッキノンとは別の視点をとり、またアニタ・ヒルが提訴した連邦最高裁判事のセクシュアル・ハラスメント裁判 (1991年) に見られる人種と性の複合問題も衝いている。なお90年代の理論的飛躍には、80年代に英訳されたフランスのフェミニズム理論や、70年代以降のポスト構造主義が、(それらへの批判も含めて) 基盤となっている。

H——人種・民族そしてグローバルな今後の課題

セネカ・フォールズでの米国初の女性集会 (1848年) が奴隷制の反対運動に源を発していたように、フェミニストは当初より人種問題に関心を示していた。だが南北戦争ののち、憲法上は人種間の平等が謳われても、性の平等は取り残され、また人種差別も実質的にはさほど改善されなかったため、白人の女と黒人の女の協同はなかなか難しかった。

黒人の女の組織では、早くも1896年に「全米有色女性協会」が、白人女性の「クラブ女性総連盟」に対抗して、富裕層を中心に設立された。さらに1935年には「全米ニグロ女性評議会」が発足し、雇用や強制的不妊等の問題に関して積極的活動を行うようになった。前者はERA に賛同したが、後者は長く反対した。

結局、人種差別と性差別によって二重に抑圧されてきたアフリカ系アメリカ人の女たちは、自らの抵抗を矛先をまずどちらに向けるか、言葉をかえれば、人種に忠誠を尽くすか、性に忠誠を尽くすかで、引き裂かれた状態だった。むろんこれには、白人のフェミニストの中にも執拗に存在する人種差別と、その裏返しの過度の罪意識があった。

だが1971年に女の政治家を増やす目的で結成された超党派組織「全米女性政治幹部会議」には、アフリカ系アメリカ人も数多く参加した。またすでに1968年に下院議員になっていた (1983年まで在任) シャーリー・チザムは、1972年には民主党の大統領候補選に出馬するまでになった。ただし彼女の出馬はフェミニストたちに、フェミニストとしての彼女の成果を取るか、もっと現実的に仕事をしてくれる男の候補者 (G. マクガヴァン) を取るかの選択を迫ることになり、NOW は非公式に彼女を推薦しつつも、白人のリーダーたちは両方を支持するというねじれた構造になり、有色人の女から非難を浴びることになった。

そのようななか、1973年に「全米黒人フェミニズム機構」が設立され、性差別と人種差別の両方に焦点をあてた活動が、ようやく開始されるようになった。だが人種と性の複合性を、多くの人々に如実に訴えたのは、アフリカ系アメリカ人の女の境遇や心理の細部を鮮明に描きだす文学作品や評論の登場によってだった。例えばそれは、アリス・ウォーカーの『カラー・パープル』(1982) や、トニ・モリスンの『ビラヴド』(1987) や、ベル・フックスの『わたしは女ではないのか』(1981)、『フェミニズム理論』(1984) である。モリスンは米国の女の作家では初めて、1993年にノーベル文学賞を受賞した。

さらに1980年代には、多文化主義や文学史読み直しの機運の中で、さまざまな人種・民族の女が「女のなかの差異」を主張し始めた。むろん70年代に「メキシコ系アメリカ人女性協会」や「汎アジア女性組織」等が組織されていた。しかしこの時期、チカーナやアジア系の女たちの声が、政治だけでなく、文学や理論において登場した。文学では、ラグナ・プエブロ系

のネイティブ・アメリカンとメキシコ人と白人の視先をもつレスリー・M. シルコウ，チパワ系の母とドイツ人の父をもつルイーズ・アードリック，中国系アメリカ人のエイミー・タン，また理論ではインド出身のガヤトリ・C. スピヴァック，ベトナム出身で映像作家でもあるトリン・T. ミンハ等がいる。

他方，米国フェミニズムの成果は，米国流（欧米流）のフェミニズムを欧米以外の国や地域に「押しつける」ものだとの批判が上がり，特に女性器切除をめぐっては，1980年のコペンハーゲンでの「国際女性年」の大会で，女たちの南北対立が顕在化し，現在においても解決をみていない。近年では，米国が先導している経済と情報のグローバル化の中で，人の国際移動や人身売買に伴う新たな性配置の問題も起こっている。

さらには，不安定化する安全保障における米国の戦闘行動も問題になっている。米国のフェミニストたちは，1915年の「女性平和党」の結成や，60年代，70年代のベトナム反戦運動など，戦争反対を主張してきた。だが他方で，2つの大戦への従軍や銃後の協力は，女の社会進出に寄与してきた（ただし第2次大戦中に流行した「リベット打ちのロージー」の歌に鼓舞されて，出兵した男の補充として重工業に従事した女たちが，戦後解雇されるという皮肉な顛末もある）。加えて1991年の湾岸戦争では，NOW は賛同を表明し，さらに最近では，ブッシュ・ジュニア政権のゴンドリーザ・ライス国家安全保障問題担当大統領補佐官のように，軍事の中枢に有色人の女が関与するまでになっている。他方，新保守主義者と宗教者派による反フェミニズム工作も活発になってきている。

このような歴史と，それゆえの錯綜した現実を有する米国フェミニズムが，人種・民族と性に関する事柄を，国内問題としてだけでなく，グローバルな問題だと位置付けながら，米国の中で，また世界に向けて，英語を使用する者としてどのように活動し，どのように理論を提示していくかは，今後の重要な課題である。

■参考文献
荻野美穂『中絶論争とアメリカ社会』岩波書店，2001.
ボールズ，J. K./D. L. ホーヴェラー（水田珠枝・安川悦子監訳）『フェミニズム歴史事典』明石書房，2000.
Berkeley, K. C. *The Women's Liberation Movement in America*. Greenwood P., 1999.

■さらに知りたい場合には
有賀夏紀『アメリカ・フェミニズムの社会史』勁草書房，1988.
［日本における米国女性史研究の第一人者が，米国女性の200年の歩みを社会の文脈に位置づけて論じた好著。発行年は古いが，現代を知るに必読。］
カーバー，L. K. 他編著（有賀夏紀他訳）『ウイメンズアメリカ資料編』ドメス出版，2000.
［これも17世紀からの資料集だが，戦争・労働・家族関係などの現代の問題を，資料に基づいて歴史的連続体のなかに位置づけられる。『論文編』もあり。］
渡辺和子編『アメリカ研究とジェンダー』世界思想社，1997.
［多文化主義の視点を取り入れ，米国の歴史・政治・経済・法律・文化・言語をフェミニズムの視点で多角的，学際的に論じた論集。］
竹村和子『フェミニズム』岩波書店，2000年
［米国に特化していないが，現在のフェミニズム理論が，米国の社会や歴史のなかでいかに発展し，要請されてきたかを知ることができる。］

54 | ゲイ・レズビアン
Gay/Lesbian Movement

渡部桃子

アメリカで「最後の少数派」と呼ばれるゲイの解放運動が始まったのは，1969年の「ストーンウォール暴動」の後とされるが，実は第2次大戦後あたりから，地味だが堅実な活動が続けられていたからこそ，「ストーンウォール暴動」後の発展があったとも言われる。1970年代は，ゲイ差別をなくし，その基本的人権を確立しようとする動きと，それを阻止しようする動きとが，激しくせめぎあった時期で，そのことを象徴するのがハーヴェイ・ミルクの「殉教の死」であろう。80年代，ゲイが直面しなければならなかったのは，アメリカの保守化とエイズ危機であり，ゲイ解放運動は再び活性化する。その後90年代になって，自分たちの呼称として「クイア」を用い始めるゲイが多くなるが，それはゲイ解放運動が，「男を愛する男」や「女を愛する女」のための運動に限定されない，あらゆる人間の解放をめざす運動へと進化していくことを暗示しているように思われる。

A──ストーンウォール暴動(ライオット)

20世紀のゲイ（ゲイ＋レズビアン，後述）解放運動は，1969年6月27日の深夜（正確に言えば，28日の早朝），ニューヨークのグリニッチ・ヴィレッジのゲイのためのバー，「ストーンウォール・イン」への警察の「手入れ」をきっかけに起こり，その後3日間続いた「ストーンウォール暴動」から始まるといわれる。ただしゲイのためのバーへの「手入れ」は，それほど珍しいものではなく，またゲイが抵抗したのも，これが最初というわけではなかった。だが，この「暴動」ほど，多くの人々の注目を集めたものはなく，また後のゲイたちの意識や生活に多大な影響を与えたものはなかった。

そのほぼ10日後（7月9日）には，ニューヨークでいちはやく，ゲイ解放戦線が結成され，さらに数ヵ月後には実にさまざまなゲイの団体が全米各地で結成された。これらの団体は，それ以前にゲイたちが組織していた同性愛者擁護団体が，おもに社会への順応（つまりゲイも「普通」の人間として受け入れられること）を目指していたのとは対照的に，よりラディカルな変革を目指していた。公民権運動や女性解放運動をモデルとし，社会および個人の意識を根源的(ラディカル)に変化させることによって，ゲイの基本的人権を認めさせようとするものだったのである（とは言っても，以前の運動には，1950年頃から始まったマッカーシー上院議員を中心とする「赤狩り」の余波で，いっそう激しくなったゲイ・バッシングのために順応主義を「戦略」として選ばなければならなかったという事情もあり，またそれにもかかわらず，地道な努力で確実な成果を上げていた）。

さらにその翌年，1970年6月29日にはニュ

❶ 1969年当時のストーンウォール・イン

ーヨークで「ストーンウォール暴動」を記念するパレードが行われ、それ以後は全米の大都市では、毎年6月や7月にプライド・セレブレーション、プライド・ラリーなどと呼ばれるゲイのためのゲイによるイベントやマーチが開催されるようになった。そして2000年3月、「ストーンウォール・イン」はアメリカの歴史的建造物に指定される。現代のゲイ解放運動を象徴するものとして、永遠に保存されることになったのである。それにしてもなぜ、このニューヨークでのゲイの「暴動」が、これほどのインパクトを与えたのだろうか。

この「暴動」が、主要なメディアが集中していたニューヨークで起きたというのも、その理由の1つであろう。多くのメディアによって広く、またさまざまに報道されたことで、単なる一都市の出来事という以上の重要性を帯びることになったのである。さらに当時のアメリカには、これを時代を象徴する出来事と捉える下地もあった。この時期のアメリカは保守的なアイゼンハワー大統領の時代(1953-61)の後に出現した「若者文化(ユースカルチャー)」が成熟してきた頃で、全体的に古い世代への反抗の機運が高まっていた。さらに1965年からアメリカが本格的に介入していったベトナム戦争に対する反対運動も盛り上がりをみせており、反体制的な傾向が特に若者たちの間では支配的であった。この「暴動」は歓迎はされないまでも多くの人々によって、――「ローザ・パークス事件」(1955)や、『いちご白書』(1970)というタイトルで映画にもなった「コロンビア大学の学生蜂起」(1968)などと同様に――起こるべくして起こったことと捉えられ、記録/記憶され、またゲイたちにとっては、「新しい時代」の始まりを告げるものとなったのであろう。

なお、本稿では、性愛の対象を同性とする人々を指す総称として、便宜的ではあるが「ゲイ」を用いる。これには異論もあろうが、アメリカで使われているさまざまな用語の中で、レズビアンも含めた総称としては、この語が現状で最も適切であろうと思われるからである。

B――ストーンウォール前夜

「ストーンウォール暴動」以前にも、ゲイ差別撤廃をめざす組織・運動がなかったわけではない。古くは1924年、ドイツ生まれのヘンリー・ガーバーがアメリカ初のゲイのための組織――主に同性愛を犯罪とする法律の廃止を求める――「人権協会」をシカゴに設立したこともあったが、その翌年、ガーバー自身ばかりか、そのメンバーたちまでが逮捕され、この「協会」はすぐに消滅した。本格的なゲイの組織・運動が始まったのは、第2次大戦後で、その中心地はカリフォルニア州だったが、これは戦後、多くのゲイたちが「新天地」を目指して、西海岸へ向かったためといわれている。この頃の運動は現在では順応主義的として軽視されがちだが、この時期の組織・運動が「ストーンウ

54 ゲイ・レズビアン——615

❷一堂に集ったマタシン協会創立メンバー〔左端，H.ヘイ〕

ォール」以後展開されるラディカルな活動の土台となったことは，否定できない。

❶——ハリー・ヘイとマタシン協会

　アメリカの近代ゲイ解放運動の父とも称されるハリー・ヘイは，1930年代に俳優として舞台に立っていた頃から，労働運動をはじめとするさまざまな左翼運動にかかわるようになり，1934年にはサンフランシスコのゼネストに参加し，アメリカ共産党に入党する。その後共産党員として多くの抗議行動に積極的に参加するが，1940年代の後半からは，ゲイのための運動を起こさなければならないと強く思うようになり，1950年11月11日，ロサンゼルスの自宅で，（共産党員，あるいは共産党シンパの）6人の友人たちと「マタシン財団」という名前の団体を結成する。ただしマッカーシズムが猖獗を極める時代状況を考量した創立メンバーたちは，1953年に全員役職から退き，「マタシン財団」という名前を「マタシン協会」と改め，またその（当時のアメリカ共産党の細胞組織に似せた）秘密結社的構造をよりオープンなものとした。

　マタシンとは，「仮面をつける」という意味のアラビア語で，中世ヨーロッパ，特にフランスやイタリアで，仮面をつけて体制批判をする芝居や儀式を行ったと伝えられる（おそらくゲイの）男だけの集団の名前に由来し，ヘイが考案したものであった。会員の数が飛躍的に伸びたのは，「マタシン財団」の主催という形で，カリフォルニア州各地で定期的に，少人数の集会が開かれるようになった1951年から1953年にかけてで，1953年の会員数は約2,000名，カリフォルニア州では常に100ほどの例会が開かれているというほどの盛況だった。またシカゴ，首都ワシントンD. C.，ニューヨーク，ボストン，デンヴァー，フィラデルフィアなどにも徐々に支部が結成される。その後1957年に，本部がロサンゼルスからサンフランシスコに移転してからの「マタシン協会」は，ゲイの権利獲得を目指す団体というより，ゲイたちをいろいろな形で援助する機関としての色彩を強めていく。また1961年には，それぞれの支部が独立することになり，サンフランシスコの本部もその1つとなったが，1967年にはほとんどの「マタシン協会」が経済的理由から消滅していった。

❷——マタシン協会とレズビアンたち

　「マタシン協会」はゲイの男たちによって創設されたが，ゲイの男たちだけのものではなかった。多くのレズビアンも中心的役割を担ったのである。例えば，1953年に創立メンバーが役職を退いた後，「マタシン協会」の運営に携

わった3人の新執行部のうち1人はレズビアンだった。また女性弁護士の草分けとして，1950年代に女性やゲイ，さらには移民たちの権利のために戦ったことで有名なパール・ハートは，「マタシン協会」のシカゴ支部の要とも言える存在であった。

特に「マタシン協会」の一部のメンバーたちによって，より自由で制約のない活動をするために結成された「ONE」は，レズビアンたちが主要なメンバーとなって運営された団体であった。この「ONE」の機関紙で，1953年1月に創刊された『ワンマガジン』では，（1954年から1960年までは）その3分の1を「女としての見解」というセクションが占めるほどだったのである。しかしレズビアンも，自分たちのための団体を持たなかったのではない。

❸——ビリティスの娘たち

アメリカ初のレズビアンのための団体，「ビリティスの娘たち」は，1955年，サンフランシスコで8人のレズビアンによって結成された。彼女たちがモデルにしたのは，「マタシン協会」のサンフランシスコ支部で，その名前はフランスの詩人，ピエール・ルイスが，1894年にレズビアンの「元祖」，サッフォーと同時代の女性詩人による詩をギリシア語から翻訳したものと称して出版した散文詩集，『ビリティスの歌』にちなむものであった。「ビリティスの娘たち」は，「マタシン協会」と「ONE」の全面的な協力を得て，1956年10月には機関紙，『ラダー』を創刊し，一躍その名を知られるようになる。その後10年間，「ビリティスの娘たち」は確実に会員数を伸ばし，各地に支部もできる。しかし，60年代になって第2波フェミニズムが始まると，女性解放を第一目標にするのか，あるいはゲイ解放を目指すのかで，内部でも意見が分かれるようになり，

1972年8月には『ラダー』も廃刊となった。その後も，支部ごとの活動はしばらく続いたものの，70年代半ばには「ビリティスの娘たち」も「マタシン協会」と同様に，静かに消えていったのである。

C——ストーンウォールを越えて

❶——アニタ・ブライアントとハーヴェイ・ミルク

1970年代前半は，「ストーンウォール」の余勢を駆って，全米各地でゲイ解放グループが数多く組織され，ゲイという存在がかつてないほどの可視性を得た時期だった。この頃の運動の大きな勝利の1つと言えるのは，1973年にアメリカ精神医学会が，その診断基準である「精神疾患の診断と統計マニュアル」（DSM）から同性愛についての記述を削除したことであろう。つまり，同性愛は「精神障害」ではないと認められたのである。ただしこの時期の運動は，一致団結して1つの大きな目標を目指すというより，個々のグループがそれぞれの目的を達成することに力を注ぐという傾向にあった。自分たちのコミュニティでのゲイの公民権を獲得し，ゲイを抑圧する条例を改正させ，さらにはやっとの思いで勝ち得た法令上の成果を撤回しようとするさまざまな動きに対抗するために，個々に戦っていたのである。

1970年代後半になると，ゲイ解放運動に対する巻き返し（バックラッシュ）が強まっていく。当時有名だった歌手，オクラホマ出身でフロリダ在住のアニタ・ブライアントが1977年フロリダ州で展開した「わたしたちの子供を守れ」キャンペーンが，その代表的なものであろう。彼女はゲイに同等の権利を与えると，無垢な子供たちがゲイ

ハリウッド映画とゲイの男たち

　20世紀初頭から，急速に発達した新聞，雑誌，ラジオ，映画などの大衆向けの情報媒体(メディア)でのゲイは，他のアメリカの「少数派(マイノリティ)」と同じように，紋切り型(ステレオタイプ)となるか，まったく見えないか，そのどちらかだった。最も大衆的なメディアとして驚異的な発展を遂げたハリウッド映画でも——特に「映画製作倫理規定」によって，厳しく規制されていた1930年代から1960年代の半ばまでは——同性愛がテーマになることはなく，ゲイとすぐにわかる人物が主役になることもなかった。

　それでもゲイの男の方は，「男らしい」＋「女らしい」主役を引き立てるために，脇役としてかなりの頻度でハリウッド映画に登場していた。むろん，そのような脇役たちは，ゲイの男のステレオタイプでしかなく，笑われるか，哀れに思われるか，恐れられるかであった。ただし，これらの脇役たちも，あからさまにゲイとして描かれるわけではなく，巧妙に「暗号化(コード)」されていた。

　このようなコード化は，ゲイの男同士の関係と見まがうような男と男のエロティックな愛情(憎)関係が描かれる多種多様なジャンル/作品にもうかがえる。例えば，ハリウッド映画で最も人気のあるジャンル，男の友情映画(バディフィルム)(『赤い河』(1948)等)，サスペンス映画(『ロープ』(1948)等)，青春映画(『理由なき反抗』(1955)等)，歴史スペクタクル映画(『ベン・ハー』(1959)等)が挙げられよう。また明らかに，ゲイの男のセクシュアリティが中心テーマとなっている作品(『去年の夏突然に』(1959)等)も，そのテーマは明確化しないように，巧みに隠蔽されていた。むろん，ゲイの観客たちは容易にこのコード化を見破ったが，大多数の一般の観客にとってゲイは見えない存在のままであった。

　1960年代後半になり「映画製作倫理規定」が廃止されても，すぐさま等身大のゲイが登場する映画が作られたわけではない。製作されたとしても，抑圧された同性愛の欲望に翻弄される陸軍少佐を主人公とした『禁じられた情事の森』(1967)のように，カトリック教会から正式の鑑賞禁止命令が出される。例外は『真夜中のパーティ』(1970)であろう。だが，この登場人物がすべてゲイの男という作品でも，やはりゲイの疎外感が前景化されていて，ゲイたちの間でも評価が分かれたとのことだ。一方，その10年後の同じ監督ウィリアム・フリードキンの作品，『クルージング』は，ゲイたちから激しい抗議を受けた。このことを反省してか，その後ハリウッドはゲイに配慮するようになる。

　トム・ハンクスがエイズを理由に解雇された弁護士を演じて，アカデミー最優秀主演男優賞を受賞した『フィラデルフィア』(1993)をはじめ，ハリウッド映画でさまざまなゲイの男たちが等身大に描かれるようになるのは，90年代になってからだった。なかでもタフな元警官とドラッグ・クイーンとの「交流？」を描いた『フローレス』(1999)には，保守的なビジネスマン風のゲイの男とドラッグ・クイーンの対立のエピソードまで盛り込まれている。それでも，2001年にアカデミー賞を制覇した『ビューティフル・マインド』が，主人公のモデルとなったJ.ナッシュが実際はバイセクシュアル的であったにもかかわらず，完全に夫婦愛の映画として仕上げられたことに，ハリウッドの限界が示されている。　　[渡部桃子]

❸映画『フィラデルフィア』の1シーン[左T.ハンクス, 1993年]

❹食品医療品局の前で、エイズ対策を求め抗議行動を起こしたゲイの組織「アクト・アップ」[メリーランド州ロックヴィル、1988年10月11日]

に「堕落」してしまうと主張し、その結果1977年6月、フロリダ州の主要な都市を含むマイアミ・デード郡の郡議会ではゲイ差別を撤廃する条例が通過しないことになった。だが、このことがかえって、全米のゲイたちを団結させることになる。同じ年の11月にサンフランシスコで、ハーヴェイ・ミルクがゲイとして初の市政執行委員に当選したことも、ブライアントの「十字軍（クルセード）」と無関係とは言えないかもしれない。しかし、ミルクは1978年11月27日に、彼の最大の協力者であった当時の市長、ジョージ・マスコーニとともに、同じ市政執行委員であったダン・ホワイトによって殺害されてしまう。ホワイトは裁判にかけられるが、翌年の5月21日に謀殺ではなく故殺（殺意なき殺人）という判決が下り、サンフランシスコでは大規模なデモが行われ、「ホワイト・ナイト」と呼ばれる暴動も起こった。そしてその年の10月14日には、ゲイのための初めての「ワシントン大行進」が行われ、10万人もの人々が参加した。

❷──エイズとアクト・アップ

80年代はレーガン大統領（在任1981-89）就任とともに、アメリカの保守的傾向が強まった時代だったが、そんななかでゲイが直面しなければならなかったのは、エイズ危機であった。1981年7月に全米疾病管理予防センター（CDC）によって、ゲイの男性がカリニ肺炎にかかって死亡するという症例が急増しているとの報告がなされたのが、エイズ危機の始まりだった。この「ゲイの疫病」がエイズと名付けられたのは、1982年の8月になってからだが、その時点で413の症例が報告され、死亡者は155名に達していた。さらにハリウッド映画のスターだったロック・ハドソンが1985年に死亡したことから、エイズという病は、一般にも広く知られるようになっていく。しかしレーガン政権は、1986年になっても、エイズをアメリカ全体の問題として認めようとはせず、エイズの治療法、予防対策などの研究にも予算を投入しなかった。そこで、ゲイたちは文字通り死に物狂いになって、政府にエイズへの適切な対策をとらせるための運動を展開していく。

エイズ危機は、ゲイに対する巻き返しの動きをいっそう強めたが、ゲイの男たちとレズビアンの結び付きを強化するという効用もあった。エイズで亡くなるレズビアンは、ごく少数だったが、レズビアンたちは早くから、ゲイの男たちを全面的にサポートし、物心両面からの援助を惜しまなかった。またエイズ危機は、一時は影を潜めていたゲイの過激な抗議行動を再び始動させる。なかでも1987年にニューヨークで結成された「アクト・アップ」（ACT-UP）は、ニューヨークの金融街での座り込み（1987年3月）、食品医療品局（FDA）に対する抗議行動（1988年10月）、カトリック教会が性教育やコンドームの使用に反対していることに対する聖パトリック大聖堂前でのデモ行進（1989年12月）などで、全米の注目を集め、1988年の終わり頃には、ダラス、ロサンゼルス、フィラデルフィア、サンフランシスコなどの大都市で、それぞれの「アクト・アップ」が結成されるほどだった。現在のところ、「アク

おしゃれなのはレズビアン？

　レズビアンということばがアメリカの大手の新聞紙上で初めて用いられたのは、1892年、アリス・ミッチェルが女の恋人を殺害した事件が報じられたときだったが、むろんそれ以前にも数多くの「女を愛する女」がいた。ただ「男を愛する男」と同様に、公には認知されず、その後もずっと不可視のままであった。

　だが1950年代から60年代半ばにかけて、レズビアンを主人公、またレズビアニズムを主題としたおびただしい数の廉価本(ペーパー・バック)が出版され、大量に消費された。それは現在、レズビアン・パルプフィクションと呼ばれる。そのほとんどは原色を用いたどぎつい表紙に、『女の兵舎』、『欲望の別の顔』などの思わせぶりのタイトルがおどる、異性愛の男たちによる異性愛の男たちのための「書き下ろし」であった。内容は、当時の倫理規定すれすれのソフト・ポルノで、登場するレズビアンのほとんどは「ビョーキ」。最後は精神病院、不幸な結婚、自殺のいずれかで、一種の「教訓小説」と言えるだろう。ただし、一部の女の書き手たちは、「ハッピーエンド禁止」という出版社の鉄則に微妙に背いて、レズビアンとその生き方を肯定的に描いた。

　また読者層の一部を（密かに）形成していたのは、長い間疎外感を味わってきた当時のレズビアンたちだった。巧妙に隠蔽されたレズビアンのセクシュアリティの実態を解読して学んだり、一部の書き手たちが密かに示すレズビアンとその生き方の共感などを読み取れた彼女たちにとっては、レズビアン・パルプフィクションがライフラインとなったのである。

　1970年代になり、レズビアンはまず女として解放されるべきだとするレズビアン・フェミニズムがレズビアンたちの間で主流となったとき、彼女たちは、それまでの自分たちのイメージを自ら作りかえようとし、あらゆる意味において、異性愛的なものから「撤退」しようとした。その頃、好まれたのは、レズビアン・パルプフィクションにおけるイメージとは正反対の、セクシュアリティを感じさせないものであった。例えば、美しい自然の中を長い髪をなびかせながら手をつないで歩く、カジュアルな服装の2人の女というのが、理想になったのである。

❺レズビアン・パルプフィクションの表紙［1957年］

　しかし80年代になると、レズビアンたちの間から、レズビアンも性表現の可能性を（例えば、SMプレイでもポルノでも、なんでも取り入れて）もっと追求するべきだという声があがり、「政治的に正しく」(ポリティカリィ・コレクト)あろうとするレズビアンたちとの大論争が展開された。この論争は後に「セックス戦争」(ウォー)と呼ばれるが、その頃までには教条主義に陥り始めていたレズビアン・フェミニズムも衰退し、レズビアンの多様なあり方、生き方が肯定されるようになっていく。

　90年代になると、レズビアンであることが（なぜか）ファッショナブルになる。93年の『エスクワイア』誌では、レズビアンが「今年のおしゃれなマイノリティ」と呼ばれ、『ニューズウィーク』などの表紙もレズビアンの写真が飾った。さらに97年にはテレビの人気番組、『エレン』で、主演のエレン・デジェネレスが、レズビアンであると番組の中で公表した。このような現象が一時的なものかアメリカ社会がレズビアンを受け入れようとしてかどうかは、これから明らかになろう。

［渡部桃子］

ト・アップ」はそれほど目立った活動はしていないが、その精神と手法は、「クイア・ネーション」(1990年結成)、「レズビアン・アヴェンジャー」(1992年結成)などのグループにも受け継がれている。なお、1987年10月に行われた2度目の「ワシントン大行進」に参加したのは、50万人であった。

❸──クイア登場

ゲイの運動は、90年代になって、ますます多面的、多様化していった。それでも公民権を求める運動、エイズのための活動とともに、軍隊にゲイをゲイとして受け入れさせるための運動、同性婚の合法化、あるいはドメスティック・パートナーシップ制度確立を目指す運動なども始まり、全体的にはゲイを「普通」の人間として認めさせるという方向に向かうようであった。一方、ゲイの若い世代は、自分たちを「クイア」と呼び始める。この「クイア」は、規範的なセクシュアリティ(性的指向、性的欲望のあり方や性行為にまつわる事象)やジェンダー(社会・文化的に構築された男性性/女性性)に順応しないあらゆる人々/行動/状態を意味するもので、つまりゲイばかりではなく、バイセクシュアル、トランスベスタイト、トランスセクシュアルなど、いわゆる「性的少数派」/その行動/その状態の総称として用いられる。

そもそも「クイア」とは、16世紀に「異常」という意味で使われ始めたことばだが、1910年代のアメリカでは、「男っぽい」ゲイの男たちが、自分たちを「女っぽいゲイの男」と区別するために使い始め、まもなくイギリスとアメリカでは「同性愛」の同義語として用いられたことばである。1930年代になると、「ゲイ」と「クイア」の両方が「同性愛」を表わすことばとして同じくらいの頻度で用いられ始めたが、当時「ゲイ」の方には「男っぽいゲイの男」というニュアンスはなかったようだ。1940年代になると、多くのゲイたちは「クイア」ということばを、その刺激的な響きのために嫌うようになったが、逆に異性愛者たちにひんしゅくを買う(売る?)挑戦的なことばとして、あえて「クイア」を使い続けたゲイもいた。

現在でも「クイア」ということばを嫌うゲイは少なくない。またそれ以上に、自分たち「普通」のゲイと、他の「性的少数派」とが同一視されるのに抵抗を覚えるゲイも多いようだ。その一方で、「クイア」を多くの豊かな可能性を含んだことばと見なすゲイも増え始めている。実際、多様性を許容してくれるように訴えるのではなく、規範的ジェンダー/セクシュアリティに挑戦し、その不条理性を露呈させるために用いられるとき、「クイア」は「性的多数派」を自認する人々に揺さぶりをかける効果がある。よく考えてみれば、規範的ジェンダー/セクシュアリティに完全に合致している人々/行動/状態こそ、「少数派」でしかないことに気づかずにはいられないからである。

「クイア」には、ゲイを解放するばかりではなく、社会全体を解放する可能性が秘められているようだ。多様性を肯定的に評価することを呼びかけるばかりでなく、ジェンダーによって規定されてきた役割の限界、男は常に「男らしく」、女は常に「女らしく」振舞えと要求することの空しさを思い起こさせる「クイア」は、あらゆる人間の生き方の可能性を拡げ、社会全体を豊かにするためのキーワードになりえるかもしれない。

■参考文献

Bullough, V. L., ed. *Before Stonewall: Activists for Gay and Lesbian Rights in Historical Context*. Harrington Park Press, 2002.

Chauncey, G. *Gay New York: Gender, Urban Culture, and the Making of the Gay Male World, 1890-1940*. BasicBooks, 1994.

D'Emilio, J. *Sexual Politics, Sexual Communities: The Making of a Homosexusal Minority in the United States, 1940-1970*. Univ. of Chicago Press, 1983.

Duberman, M., M. Vicinus, and G. Chanucey, Jr., ed. *Hidden from History: Reclaiming the Gay and Lesbian Past*. New American Library, 1989.

Dynes, W. R., ed. *Encyclopedia of Homosexuality*. 2 vols. Garland Pub., 1990.

Faderman, L. *Odd Girls and Twilight Lovers: A History of Lesbian Life in Twentieth-Century America*. Columbia Univ. Press, 1991.（富岡明美・原美奈子訳『レズビアンの歴史』筑摩書房，1996.）

Heller, D., ed. *Cross-Purposes: Lesbians, Feminists, and the Limits of Alliance*. Indiana Univ. Press, 1997.

Hogan, S. and F. Satofuka, eds. *Completely Queer: Gay and Lesbian Encyclopedia*. Henry Holt, 1998.

Johnston, J. *Lesbian Nation: the Feminist Solution*. Simon and Schuster, 1973.

Russo, V. *The Celluloid Closet: Homosexuality into the Movies*. Harper & Row, 1987.

■さらに知りたい場合には

シルツ，R.（曽田能宗訳）『そしてエイズは蔓延した』草思社，1991.
［ゲイ社会，ひいてはアメリカ全土に大きな被害を及ぼしたエイズ蔓延の隠された真実を徹底的に調べ上げた全米ベストセラー，*And the Band Played On*（1987）の翻訳。］

ヴィンセント，K.・風間孝・河口和也『ゲイ・スタディーズ』青土社，1997.
［「歴史編」，「理論編」，「実践編」の3部から成るゲイ自身によって書かれた「闘う理論」としてのゲイ・スタディーズの入門書。］

Barrios, R. *Screened Out: Playing Gay in Hollywood from Edison to Stonewall*. Routledge, 2003.
［ハリウッドがゲイ/レズビアンをどのように利用しながら描いてきたかを，映画そのものだけでなく，台本やカットされたシーンなども詳細に検証し，くまなく分析した好著。］

Jagose, A. *Queer Theory: an Introduction*. New York Univ. Press, 1996.
［クイア・セオリーの系譜をたどりながら，それが「セクシュアリティ」や「ジェンダー」ばかりではなく，「男」，「女」などの自明なものと見なされてきたカテゴリーさえ問題化するものと論じた入門書。］

Thompson, M. ed. *Long Road to Freedam: The Advocate History of the Gay and Lesbian Movement*. St. Martin's Press, 1994.
［1967年に創刊されたゲイのための雑誌，『アドボケート』によるコーヒーテーブルブック（大型豪華本）。ゲイ解放運動の歴史が写真や当時の記事の抜粋，年表などをふんだんに用いてわかりやすく詳説されている。］

55 酒類・タバコ規制
Alcohol and Tobacco Regulations

岡本　勝

アメリカにおいて，古くから薬剤としても使用され，また経済を支えてきた酒類とタバコが，19世紀には反社会的な迷惑行為を生み出すものとして非難の対象となり始めた。これらの嗜好品を槍玉にあげる人たちは，建国期の共和主義者のように，個人の自由や権利よりも社会全体の秩序や発展を優先的に考えた。過去において，酒類の規制を求める人の多くは反タバコ派であり，タバコの規制を求める人の多くは反酒類派であった。しかし，それぞれの規制を求める運動が，同じ時期に同じ程度活発化したことはなかった。タバコが規制対象として酒類よりも注目されるようになるのは20世紀の中頃以降で，それ以前は，酒類攻撃に付随してその悪害に言及されることがほとんどであった。ここでは，それぞれの運動の歴史的経緯と現状を見ていく。

A── 節酒・禁酒から禁酒法へ

❶── 運動の始まり

植民地時代から，酒類は「神より賜りし良き飲み物」という初期マサチューセッツ湾植民地の宗教指導者インクリース・マザーのことばから想像されるように，飲酒それ自体は何ら問題のない行為であった。しかし，過度の飲酒は神を冒瀆する所業として戒められた。そのような戒めが，運動として組織化されたのは19世紀前半のことで，その背景には飲酒量の増加があり，例えば1830年の飲酒年齢（当時は15歳）に達した国民1人当たりの無水アルコール年間摂取量は7.1ガロンだった。この数値はアメリカ史上最高値で，20世紀末の3倍以上である。

節酒・禁酒運動は，旧世界の腐敗を洗い流そうとする徳高き市民によって支えられるべき共和国の実状に，危機感を覚えた人たちが始めたものだ。当初は酒類を禁制品にするのではなく，節酒・禁酒の必要性を説く小冊子の配布，パレードや集会の開催，誓約書への署名集めなど，飲酒家の意志に直接訴える「道徳的説論」が行われ，実際に飲酒量は大幅に減り始めた。

ところが1840年代の中頃以降，道徳的説論では節酒・禁酒の意義が伝わりがたいと思われる集団が出現するようになり，活動手段の見直しが始まった。その集団とは，革命に失敗したドイツからの亡命者や，飢餓を逃れてアイルランドから移住したカトリック教徒だった。日曜日にもビアホールに集まるドイツ人と蒸留酒を好むアイルランド人は，文化的背景もあり節酒・禁酒の呼びかけには応えず，飲み過ぎて夜中に町の通りで騒ぎまわるなどして以前からそこに居住する人たちの反発を招いた。しかし，それ以上に問題になったのは，労働者の過度の飲酒によって引き起こされる経済的損失であった。

❷──法的強制

　そもそも節酒・禁酒運動は，個人を過度の飲酒という悪徳から救い出すと同時に，神による祝福を受けるにふさわしい社会を築くという目的で，ピューリタニズムの流れをくむプロテスタント諸教派の牧師たちを中心に始められた。しかし，すぐに産業資本家もその隊伍へと加わるようになった。それは，農業社会ではあまり問題にならなかった過度の飲酒に起因する工業労働者の能率低下が，黎明期とはいえ産業革命が始まった社会では，企業家にとって黙視できないものとなりつつあったからだ。このとき，道徳的説諭に代わって法的強制を新たな手段として提唱する運動家が増え始め，彼らは酒類の製造・販売等――ただし，購入と飲用は含まれない――を州レベルで禁止する法律（州禁酒法）の制定を求めて活動した。この禁酒法運動の結果，1850年代前半に北部を中心に11州と2準州で，州禁酒法は成立したのである（しかし，そのほとんどは，数年のうちに廃止もしくは大幅に修正された）。

　南北戦争期に沈滞した運動は，その後女性たちが先導する形で復活するが，彼女たちは禁酒法の成立以外にも，例えば売春の撲滅や女性参政権などさまざまな改革を目標に掲げた。1874年にオハイオ州で結成された女性キリスト教禁酒同盟は，共和党や第三政党の全国禁酒法党などの政党にはたらきかけて活発な運動を展開した。しかし，ほとんどの州で投票権が与えられていなかった女性たちによるリーダーシップには限界があり，禁酒法運動を全国レベルで統括することはできなかった。

　それに代わって運動の中心になったのは，1893年にやはりオハイオ州で結成され95年末に全国組織となった反酒場連盟という圧力団体だった。この組織は，当初は州レベルだけの，そして1913年以降は連邦レベルも含めた禁酒

❶酒場の前で禁酒を呼びかける女性たちを描いた木版画［1873年］

法の成立を目指した。飲酒にまつわるさまざまな弊害を訴えるプロパガンダを大量に頒布することで，反酒場連盟は禁酒法支持の世論を結集し，それを背景に政治家に請願を行った。この世紀転換期の禁酒法運動もまた，19世紀中頃のそれと同様に，プロテスタントの牧師と企業家が指導者になっており，その多くが中産階級に属すアングロ＝サクソン系の市民によって支持されたのである。

B──禁酒法運動の目的

❶──社会・政治浄化

　節酒・禁酒運動が始まった頃に多かった国民1人当たりの無水アルコールの摂取量も，19世紀後半には2㌘程度へと減少し，過度の飲酒は国民全体ではなく一部の人たちが抱える問題になった。したがって，酒類規制の目的は単に飲酒量を減らすことだけではなく，それ以外にも求められるようになったのである。反酒場連盟に関して，具体的にそれは「社会・政治浄

化」と「産業の効率化」という2点に集約された。

まず前者に関してだが，ここで槍玉にあがったのは反酒場連盟の名称の一部にもなった酒場と，その背後にいた酒造業界，特に業界を支配する醸造業者だった。この時代の酒場は都市に集中し，一部には高級な店もあったが，その多くは「貧しき者の社交場」と呼ばれ，そこに集まる労働者の多くは新参の移民だった。

世紀転換期の「新移民」には，イタリアやポーランドなど南・東欧からのカトリック教徒が多く，またユダヤ人も少なくなかった。そのような移民労働者たちが通う酒場の多くは，世紀末にはドイツ系市民が支配する醸造業者の系列下に置かれるようになった。それは，乱立して過当競争になった酒場の主人の中に，年々高額になっていた営業許可料の肩代わりを望む者が少なくなく，一方売り上げが増すと考えた醸造業者たちも，自社製のビールを独占販売することを条件に，それを支払って「特約酒場」を増やしていったからである。当時の酒場は，生き残りをかけて売春や賭博とそれまで以上に強く結び付くようになり，特に道徳的な女性たちから攻撃を受けるようになった。女性キリスト教禁酒同盟は，家庭を顧みない男性のこのような道徳的堕落を問題視しつづけたのである。

また酒場は，都市の政治を左右する「マシーン政治」が行われる場にもなった。世紀末のシカゴでは，市議会議員の4人に1人が酒場経営者など酒造業界の人物だった。20世紀初頭のミルウォーキーやデトロイトでは市議会議員の3人に1人が酒場経営者だった。彼らは店に集まる自分と同じ民族的背景をもつ労働者に，仕事を斡旋したり食事や宿泊場所を世話してやることで，選挙での票を確保したのである。議員となった経営者は「地区ボス」として権力を握り，警察官，消防署員，水道局員などの公職を手に入れて，それを自らが経営する酒場で分配した。移民労働者にとって，このような行為は「福祉」だったが，一般市民にとっては「腐敗」であった。酒場とその背後にいた酒造業界が，禁酒法運動の中で社会・政治浄化の標的になったのには，以上のような状況があったからである。

❷──産業の効率化

次に，禁酒法運動のもう1つの目的である産業の効率化を見てみたい。19世紀末に，アメリカの工業生産高はイギリスと肩を並べるほどになるのであるが，これを可能にした要因は，急速に進んだ機械化や企業の巨大化による大量生産などであった。しかし，機械化で複雑になった作業工程は，安全性の面で問題を引き起こすことになった。移民のほとんどが農業地域の出身だったこともあり，工場という不慣れな職場での事故は多発したが，それは労働者の生命だけではなく，高額の機械や施設の破壊を招いた。企業家たちは，安全対策として機械に対する労働者の無知や未経験をなくすキャンペーンを行ったが，同時に彼らの飲酒についても言及するようになったのである。

より安全で生産性の高い職場を築こうとした企業家にとって，労働者が週末に飲み過ぎて欠勤が多く能率が上がらない「ブルー・マンデー」は，避けられねばならない現象だった。一般的にアングロ=サクソン系が大半を占める企業家たちは，禁酒法を支持する傾向にあった。反酒場連盟の指導者には牧師が多かったが，活動を支える資金の多くは企業家からの寄付で賄われた。そのような企業家としては，ヘンリー・フォード，ジョン・ワナメーカー，ジョン・ロックフェラー親子，W. C. デュラント，ウィリアム・ハーストなどと枚挙にいとまがない。

以上のように，飲酒量を減らすこと以外に，

社会・政治浄化と産業の効率化を目的として，世紀転換期の禁酒法運動は進められた。その結果，第1次世界大戦が醸し出す愛国的で禁欲的な雰囲気の中で，1919年までに30余州で州禁酒法が成立し，また連邦レベルでは酒類の製造・販売・運搬等を禁止する合衆国憲法修正第18条が1919年1月に確定した（発効は1年後）。その後，この修正条項が廃止される1933年12月まで「全国禁酒法の時代」は続くのである。

C──全国禁酒法以降

❶──禁酒法の評価

憲法修正による禁酒法が成功したか失敗したかについては，意見が分かれるところである。闇酒が大量に出回り，アル・カポネに象徴される「犯罪の波」を発生させ，法律無視の時代風潮を生み出した点で失敗だったとする考え方が長い間支配的であった。しかし近年，社会・政治浄化と産業の効率化という目的に焦点を当てた評価も行われるようになった。闇酒を売るだけのもぐり酒場（speakeasy）は存在したが，政治腐敗や他の悪徳と結び付いた酒場は確かになくなった。また飲酒量は減少し，とりわけ労働者のそれは激減したのである。いずれにせよ，裕福な者だけが値上がりした禁制品を飲みつづけることができ，貧しい者が飲めなかったり粗悪品で命を落とすという不平等な社会の修正は，1933年のニューディールの発足と，「そろそろビールの時間だね」と言って禁酒法廃止を支持したF. ローズヴェルトの登場を待たねばならなかった。

❷──廃止直後の活動

全国禁酒法の廃止と前後して州禁酒法も順次廃止されるが，なかには，第2次世界大戦後まで存続した州もいくつかあった。法律が廃止された後も，過度の飲酒に警鐘を鳴らす活動は継続された。そこでは，医学の進歩を反映して生理学者や精神科医などの医療関係者で構成される組織が中心となり，アルコール依存は疾病であるという立場で啓蒙活動がなされた。また，依存症者もお互いを励まし合いながら断酒を実行するための団体を結成したが，特に「アルコール依存症者匿名会」（AA）は，現在でも世界各地に拠点をもつ特筆すべき組織である。1935年6月に，2人の依存症者によって始められたこの組織は，会員のプライバシー保護を重視したこともあって会員数は増え，現在その輪は日本を含めて世界中に広がっている。

❸──20世紀後半の飲酒状況

1960年代から70年代にかけて，公民権運動，ベトナム反戦運動，ウーマンリブ運動などによって触発された「対抗文化」の中で，とりわけ若者と女性の飲酒量が増え始め，1978年には国民1人当たりの無水アルコール摂取量が2.8ガロンへと上昇した。これに対して，医学会からは妊娠中の飲酒が胎児に悪影響を及ぼすなどという警告が発せられた。また「飲酒運転に反対する母の会」（1980年結成）が，全国で問題となっていた若者による飲酒運転に歯止めをかけようと活発なロビー活動を展開し，法律で許される飲酒年齢を21歳へ引き上げることに成功した。

1980年代に入り，ヤッピーと呼ばれた都会派若手エリート層を中心とした健康（フィットネス）志向と，社会・政治の保守化の影響もあり，飲酒量は2ガロン程度に減少し，90年代もこ

❷タバコの害と禁煙を訴えたポスター［20世紀初頭］

の数値を保った。1933年の全国禁酒法の廃止は、酒類規制の主な手段が個人的選択の自由を無視する法的強制から、再びそれを重視する道徳的説諭に戻るきっかけになった。以前は経済的、社会的、宗教的言説が説諭の主題として登場していたが、現在では医学的言説が説得力をもつものになっている。

D──初期タバコ規制

❶──消費拡大と規制の動き

イギリス人が北米大陸に植民を開始した17世紀の初頭以来、葉タバコはヨーロッパの市場に出回るなど南部植民地の経済を支える重要な作物であった。もともと、アメリカ人の使用方法としては嚙むものや嗅ぐもの（無煙タバコ）が多く、1900年の時点で最も人気があったのは嚙みタバコだった。しかし、19世紀末には大量生産を可能にする機械の発明や、アメリカ・タバコ会社を設立したジェイムズ・デュークのような広告を巧みに使う経営者の出現によって、紙巻きタバコの消費が伸び始めた。

植民地時代から居酒屋でのタバコ使用が戒められることはあったが、それ以外の場所での使用が非難されることはほとんどなかった。当時、タバコは嗜好品としてだけではなく、例えば解毒剤など、医薬としても広く認められていたことがその一因として考えられる。19世紀の中頃には、節酒・禁酒運動家の中に『反タバコ・ジャーナル』という雑誌を発行したジョージ・トラスク牧師のような、健康と道徳的観点から嗜癖性のあるタバコ──当時は滓を唾液とともにまき散らす嚙みタバコが主流──を捨て去るようにと呼びかける完全主義者もいたが、酒類規制が優先的に考えられていたこともあり反タバコ運動は低調だった。

ところが、紙巻きタバコの消費量が増え始めた19世紀末になると、タバコ規制を求める声が大きくなり、組織的な活動も一部で見られるようになった。その理由として、紙巻きタバコの紫煙が周囲に不快感を与えたことや、それまでのパイプや葉巻が主に成人男性によって吸われていたのと比較して、紙巻きタバコの喫煙習慣が、子供や女性の中へも入り込むようになったことが考えられる。

女性キリスト教禁酒同盟の活動家でもあったルーシー・ギャストンは、タバコ使用を「美徳に満ちた国家を退廃させる不道徳行為」として非難する一方、1911年には全国反紙巻きタバコ連盟を組織して、主に子供の喫煙にターゲットを定めて活動を行った。またトマス・エジソンは、紙巻きタバコの害が主に巻紙を燃やすために生じること、さらに、それによって発生する物質が脳細胞の退化を引き起こすが、特に少年の場合この現象は急速に現れるという見解を述べた。

❷——紙巻きタバコの販売規制

このような考え方は，例えばミシガン州にキャデラック自動車会社を設立した反酒場連盟の指導者ヘンリー・リーランドが，20世紀初頭に技術者養成のために開校した2年制のキャデラック応用力学学校へ，禁酒のみならず禁煙も習慣とする若者だけの入学を認めた「実験」にも反映されている。一方，組織的な活動も行われ，世紀末にはノースダコタ，アイオワそしてテネシーの各州議会は，紙巻きタバコの販売を禁止する法案を通過させた。その後，さらに十余州で類似の州法が成立したが，タバコが大量に密売されて実効が上がらないまま，1920年代末までにそれらは廃止された。多くのアメリカ人が伝統的に認めてきた個人の権利に対する侵害が，問題視されたのである。

また，販売禁止措置が成功しなかった別の理由として，タバコ会社の巧みな広告によって紙巻きタバコの人気が上昇しつづけたという事実もあった。1920年から28年にかけて，パイプタバコが9％，葉巻が20％も落ち込んだのに対して，紙巻きタバコの消費量は123％も増加した。「キャメル」，「チェスターフィールド」，「ラッキーストライク」などの銘柄が，消費者をひきつけるキャッチコピーによって売り上げを伸ばした。例えば，若くて美しいスリムな女性を登場させて，「クッキーの代わりにラッキー［ストライク］を」と言わせる広告は，喫煙によってスタイルがよくなることをほのめかすもので，多くの女性たちの心をとらえた。一方男性に対しても，後ろの馬にまたがったカウボーイ姿の「マールボロ・マン」に象徴されるような，喫煙が「自由，独立，力強さ，性的魅力」を連想させる広告が行われた。紙巻きタバコの消費量は伸びつづけ，1930年に成人1人当たりの消費量は年間1,485本だったが，1950年には3,552本へと増加した。

E——タバコ問題の政治イシュー化

❶——1964年の医務総監報告

このような状況で，健康被害に警鐘を鳴らす「アメリカ癌協会」，「アメリカ心臓協会」，そして「アメリカ肺協会」などの団体が，タバコ問題を政治イシュー化する目的で活動を行った。それに応えたのが，1957年以降の公衆衛生局医務総監たちで，特にルーサー・テリーは，1964年に「喫煙と健康に関する報告」を発表したが，これがタバコ規制を求める運動を活発化させるきっかけとなった。著名な学者たちが1年以上にわたり会合を重ね，数多くの先行研究を精査してまとめたこの「報告」の中で，テリー総監は喫煙と肺ガンの因果関係をそれまでになく明確に認め，喫煙者は非喫煙者よりも肺ガンによる死亡率が極端に高くなると結論付けたのである。

❷——警告表示と広告の禁止

全米で放映されたテレビ記者会見でのこの「報告」は，計り知れないインパクトをもっていた。さまざまな反タバコ団体や政府機関が初めて全国レベルで結集し，「喫煙と健康に関する全国連絡協議会」を組織して積極的に活動を行うようになった。このとき，反タバコ運動にはいくつかの目標が定められたが，それらは，①特に年少者と妊婦に対する禁煙教育の促進と無料サンプルの配布禁止，②有害表示の義務付け，③広告・販売規制，④タバコへの課税強化，⑤タバコ会社に対する責任追及などであった。

反タバコの世論に応えて，連邦議会はまず「連邦シガレット表示・広告法」を成立させて，「紙巻きタバコの喫煙はあなたの健康に危険を

もたらすかもしれない」という警告文を包装紙へ表示することを義務付けた。この法律は1984年に改正され，より大きな文字でより強い調子の警告文を複数作成し，それらを交互に表示することが義務付けられた。さらに議会は，「公衆衛生紙巻きタバコ喫煙法」を成立させて，テレビやラジオでの紙巻タバコの広告を禁止した。この立法に触発されて，タバコ広告を電車やバスの車内と駅で禁止する自治体や，掲載させないことを自主的に決めた雑誌が増え始めた。

画館・劇場，病院，スポーツ施設など公共の場所での禁煙を実施するところが大半になった。また，飲食店での禁煙も進んでおり，ニューヨーク市では2003年に酒場も禁煙の対象にした条例が施行されるなど，喫煙ができる人の集まる空間は，ますます狭められている。一方職場でも，当初は喫煙場所の指定（分煙）だったものが，完全隔離の換気扇つき喫煙室の設置もしくは全面禁煙へと変化し，近年では健康保険料が割高の喫煙者を，雇用しない企業や自治体も増えている。

❸ ── 分煙・禁煙の推進

これに対して，タバコ会社はフィルターつきのものや低タール・低ニコチンの製品を増産して安全性を強調したり，多額の政治献金を民主・共和両党に行う一方で，業界団体を結成して権力の過剰介入に反対するキャンペーンを展開した。しかし，カリフォルニア州の反タバコ団体を中心に「非喫煙者の権利を守るアメリカ人」が結成された1986年に，エヴェリット・クープ医務総監が，他の喫煙者の煙を吸わされるという受動喫煙も健康被害をもたらすと，それまでになく強い調子で警告したことで，新たな目標が全国レベルでの反タバコ運動に掲げられた。それは，公共の場所や職場での完全分煙もしくは禁煙を求めることであった。

まず反タバコ団体は，交通機関，とりわけ航空機における対策を迫った。カリフォルニア州が州内を飛ぶ近距離旅客機を禁煙にした1988年，連邦議会は飛行時間2時間以内，そして2年後には6時間以内のすべての国内線旅客機を全面禁煙とした。連邦政府関係の建物内での喫煙も1987年から制限され始め，特に厚生省では翌年に全館禁煙が実施された。州および自治体レベルでも，1990年代初頭までには，地方政府の建物，鉄道やバスなどの交通機関，映

❹ ── 課税強化

反タバコ運動が掲げる目標の中で，最近特に注目されているのが課税強化と企業に対する責任追及訴訟である。そもそもアメリカのタバコ税──酒税とともに罪悪税と呼ばれてきた──は，連邦税と地方税（主に州税）とに分かれている。1983年に32年ぶりに1箱16ﾄﾞﾙへ値上げされた連邦紙巻きタバコ税は，10年後には24ﾄﾞﾙへと引き上げられた。ホワイトハウスを禁煙にしたビル・クリントン大統領は，さらに1ﾄﾞﾙ近い増税を提案して議論を呼んだ。

一方，州タバコ税額については数セントから数十ﾄﾞﾙまでの幅があり，一般に葉タバコの生産地やタバコ会社の拠点ほど低額になっている。1990年の小売価格に占めるアメリカのタバコ税の割合は27％で，カナダの86％や日本の60％と比較すると低かった。

しかしその後，クリントン政権の反タバコの姿勢と歩調を合わせるかのように，財政赤字の補填と医療費負担の軽減を目的に，タバコ税を引き上げる州が増えている。21世紀になってもこの傾向は続いており，2002年には約半年間に合計13州で引き上げが行われた。さらに自治体でも増税するところが増えており，それまで1箱8ﾄﾞﾙだった市タバコ物品税を，2002

年7月に一挙に1ドル42セントも引き上げたニューヨーク市が注目されている。特に若年層の喫煙率低下に直結すると考えられているこのような課税強化策は，今後も反タバコ運動における重要な目標でありつづけよう。

F——タバコ訴訟の現状

❶——個人による訴訟

　タバコ会社の製造責任を追及する訴訟は，1950年代から90年代初頭までを第1期，そしてその後を第2期と区別できる。特に1950年代半ばから70年代初頭までと80年代に集中した第1期では，喫煙者が原告となり自らが被った健康被害への賠償を会社側に求めた訴訟が典型的なものとなり，合計で800件以上起こされた。一審で会社側が敗訴した事例も数件あったが，それらも控訴審で覆されたり差し戻されたりした。原告側は，企業がタバコの潜在的な危険性に気づいていたにもかかわらず，有害な商品を売りつづけたという過失責任を訴えたがそれを証明することができず，「買い手責任の原則」を打ち破れなかった。タバコ会社勝利の背景には，有能な弁護士を多数依頼できるほどの潤沢な資金があったこと，1954年の時点で国民の90％が喫煙と肺ガンの間に何らかの因果関係があると知らされていたこと，さらに警告表示が義務付けられて，世論が圧倒的に（常に80％前後）タバコ会社よりも喫煙者自身に責任があると考えていたことなどがあった。

❷——集団と州政府による訴訟

　しかし1990年代に入り，喫煙が個人に健康被害をもたらすだけではなく，公衆衛生に対する挑戦として考えられるようになり事態は変化した。州政府が喫煙によるとされる健康被害に対して負担した医療費の賠償を求めた訴訟や，費用などで個人では限界があった喫煙者が集団を代表して訴訟を起こすことが，この第2期の特徴となった。もちろん，個人によるものは継続され，さらに受動喫煙の被害に関するものが起こされるなど，訴訟は多様化していった。ところで，これらの裁判や政府機関による調査の過程で，会社側がタバコの嗜癖性と発ガン性を十分に認識していたことや，それを承知でニコチン含有量を増やしたり，若年層を標的にした販売戦略を立てたことなどを示す内部文書が明らかにされた。その結果，タバコ会社は悪意の不実表示や隠蔽を理由に，製造物責任が問われることになり，窮地に追い込まれたのである。

　1997年6月には，喫煙が原因とされる疾病に費やされた公的医療費の州負担分への損害賠償を40州から求められた訴訟に対して，タバコ業界は25年間に総額3,685億ドルの和解金を支払うと発表した。しかし，この「包括的和解案」には原告・被告双方から出されたさまざまな条件があり，例えば「今後は集団訴訟による賠償責任の追及を免れる」という会社側の条件を満たすためには，集団訴訟を禁止する法律を成立させる必要があった。その後，和解案を手ぬるいとする反タバコ団体に後押しされたクリントン政権と，それに対抗するタバコ産業との対立が1年ほど続くなか，結局議会は和解法案の立法化に失敗した。ただし，各州による医療費賠償請求訴訟は再開され，法制化を必要とするいくつかの条件は放棄され，最終的に2,460億ドルの和解金で決着した。

　一方，集団訴訟に関して新たな展開が見え始めている。1994年に，フロリダ州に住む3人の喫煙者が30万から70万人と推定される同州内の全喫煙者を代表して，大手タバコ会社5

社に対する訴訟を起こした。その後、最大手のフィリップ・モリス社がそれまでの主張を全面的に改めて、喫煙は有害で肺ガンや心臓病を引き起こすと認めるなか、2000年4月に州裁判所の陪審団は会社側が3人に対して1,270万㌦の損害賠償を、そして同年7月には州内全喫煙者を対象とする懲罰的賠償金1,450億㌦をさらに支払うよう評決を下したのであった。

❸──減少する国内需要と海外展開

反タバコの世論が強まるなかで、1964年に42％だった喫煙率は下がり始め、1980年代はおおむね30％台で推移し、さらに1990年代末には25％を下回った。特に健康と自己イメージへのこだわりが強いとされる高学歴者の喫煙率は低く、1995年の統計によれば、高卒以下の喫煙率が37％であるのに対し、大卒者のそれは17％だった。

このように、その存続さえも危ぶまれるほどの集中砲火を浴びているアメリカのタバコ産業だが、生き残るためには価格の引き上げや経営の多角化を図ること、さらには規制が緩やかなアジアや中南米などの海外市場への進出拡大が必要となった。

これらの試みはすでに始まっており、例えば1998年には和解金を捻出するために、1箱当たり小売価格が50㌣も値上げされた。多角化は清涼飲料水やビールの製造会社、食品メーカーなどを買収する形で1970年代から徐々に進められてきたが、今後ますますこの傾向は強まるものと考えられる。また、輸出に関しても、1984年に海外で販売されたアメリカ製タバコは全生産量の8％だったが、1996年には33％に伸びている。さらに、全米第2位のRJRナビスコ社は、1999年に海外タバコ販売部門を日本たばこ産業（JT）に売却するなど、タバコをめぐる問題は、21世紀になった現在、アメリカ国内からだけの視点ではなく、グローバルな視点で議論されるべきものになってきている。その点で、1988年に世界禁煙デーを定めて以来、地球規模で反喫煙運動を活発化させてきた世界保健機関（WHO）の動向が注目される。

■参考文献

Clark, N. *Deliver Us from Evil: An Interpretation of American Prohibition*. W.W.Norton & Company, 1976.

Rorabaugh, W. J. *The Alcoholic Republic: An American Tradition*. Oxford Univ. Press, 1979.

Blocker Jr., J. *American Temperance Movements: Cycles of Reform*. Twayne Publishers, 1989.

Hamm, R. *Shaping the 18th Amendment: Temperance Reform, Legal Culture, and Polity, 1880-1920*. The Univ. of North Carolina Press, 1995.

Klein, R. *Cigarettes Are Sublime*. Duke Univ. Press, 1993.

Brandt, A. "Up in Smoke: How Cigarettes Came to be a Controlled Substance." *Magazine of History*. Fall 1991, pp.22-24.

Kluger, R. *Ashes to Ashes: America's Hundred-Year Cigarette War, the Public Health, and the Unabashed Triumph of Philip Morris*. Vintage Books, 1997.

■さらに知りたい場合には

岡本勝『アメリカ禁酒運動の軌跡──植民地時代から全国禁酒法まで』ミネルヴァ書房、1994.

　［飲酒家個人に節酒・禁酒を勧める説得という手段が、酒類の製造・販売等の禁止という強制へ変化していった過程が詳しく説明され

ている研究書。]

岡本勝『禁酒法——「酒のない社会」の実験』講談社，1996.
　[1920年から33年まで施行された全国禁酒法が，考えられているほど極端なものでも，また失敗に終わったわけでもなかったことが説明されている啓蒙書。]

棚瀬孝雄編『たばこ訴訟の法社会学』世界思想社，2000.
　[主に日米におけるタバコ訴訟や喫煙の法的規制が意味するものを，本来の法社会学からだけではなく文化の次元でも探っている。]

花井喜六『アメリカ禁煙革命』近代文芸社，1994.
　[1960年代以降の米国における反タバコ言説の紹介と，喫煙規制を求める運動およびそれに対抗する喫煙派の反撃がわかりやすく解説されている。]

ヒルツ，P.（小林薫訳）『タバコ・ウォーズ』早川書房，1998.
　[巨額資金で政治や情報を操作して繁栄を築いたタバコ会社が，1990年代に暴露された内部文書によって，一転崩壊の危機に立たされるようになった経緯が描かれている。]

56 障害者と社会
Disabled People and Society

石川 准

今日のアメリカにおいて障害者の社会的地位は劇的に変わりつつある。哀れみや同情の対象を脱却し，平等な人権を有する市民としての立場を獲得しつつある。さらには，障害（ディスアビリティ）はジェンダーやエスニシティのような文化的差異であるとする障害者の主張さえ社会に少しずつ浸透しつつある。障害者の統計データ，人権を支える主要な法律，バリアフリーをめぐる最近の動向，障害者やろう者の思想，障害学などを紹介する。

A── 障害者の統計

今日のアメリカ社会において障害者は，数的にみて最大のマイノリティ・グループである。商務省統計局の SIPP 調査によれば，1997年時点で5,300万人（19.7％）が何らかの障害を持ち，そのうち3,300万人（12.3％）は重度障害者であると見積もられている。また障害者人口の割合は年齢とともに急上昇し，65歳から79歳では44.9％が何らかの障害を，37.7％が重度障害を持ち，80歳以上になると73.6％が何らかの障害を，57.6％が重度障害を持つ。

また就労についてみれば，21歳から64歳までの者のうち就労している健常者の割合が84.4％であるのに対して，軽度障害者では82.0％，重度障害者では31.4％である。障害種別ごとの就労率は，重度歩行障害者で22.5％，重度の視覚障害者で29.9％，重度の聴覚障害者で46.5％，学習障害者で55.1％，知的障害者で31.5％である。

一方収入は，21歳から64歳までの有職者のうち健常者の平均収入は年額23,700ドルであるのに対して，軽度障害者では20,500ドル，重度障害者では13,300ドルである。

また同じ年齢層の教育達成度を比べると，健常者で大学卒以上は28.5％，軽度障害者では18.2％，重度障害者では9.4％であり，一方高校卒未満は健常者で10.7％，軽度障害者で15.0％，重度障害者で32.6％である。

障害者人口は，障害の定義の仕方や集計方法により大きく異なる。「障害を持つアメリカ人法」（ADA）や「リハビリテーション法」では，身体的または精神的な機能欠損（impairment）により引き起こされた日常的行為または活動遂行の制限を障害（disability）としており，上記の官庁統計もそうした定義に基づいている。

B── 職業リハビリテーション

アメリカでは伝統的に，障害者に働く機会を

与えるための職業リハビリテーションが重視されてきた。障害者のための職業リハビリテーション制度は，1918年の傷痍軍人リハビリテーション法の制定に始まる。この法は，傷痍軍人の職業訓練に関して連邦政府に必要な権限を与え，傷痍軍人の復職または収入につながる雇用，もしくは現職の継続を目指して必要な施策を行うことを定めている。その2年後の1920年に，公民職業リハビリテーション法が制定され，身体障害を持つ者全般（精神障害者と精神薄弱者は含まなかった）に対する職業リハビリテーション・サービスが制度化された。さらに，1973年リハビリテーション法により「職業リハビリテーション法」という法律名から「職業」の文字が削除され，就労が困難な，重度障害者の自立生活への援助等を含め，総合的なリハビリテーションの基礎となる法制度が確立した。

しかし，このリハビリテーション法は，施行規則の制定時期を明確に定めていなかったため，長期間具体的効力のないものであった。全米の障害者の座り込みやデモンストレーションによって，1978年にようやく「施行規則」が発効された。このときの障害者の政治動員が，全米的な障害者の組織化へと発展し，「障害を持つアメリカ人法」（ADA）を成立させる政治力となったとも指摘されている。

アメリカには，法定雇用率制度はなく，障害者の雇用促進は，1973年リハビリテーション法や1990年ADAに基づいて，雇用の場面における障害を理由とする差別を禁止するという手法で進められている。その成果は徐々に上がってきているものの，依然多くの障害者はワークショップなどにおけるの保護的労働に従事している。

アメリカには，現在約5,000のワークショップがあり，約25万人がそこで訓練を受け，また就労している。だが，ワークショップに対しては隔離，低賃金，障害者の能力を低下させる，雇用への移行が少ないなどの批判がある。ワークショップの問題を改善するために考えられたものに援助付き雇用がある。援助付き雇用には，競争の導入，健常者とともに働く職場，援助サービスの継続供給，という特徴がある。その主な対象は重度障害者，知的障害者，学習障害者，精神障害者である。

C──障害者の人権

1964年公民権法は，人種，肌の色，性，出身，宗教による差別を禁止した包括的立法であったが，この理念を障害者の人権に適用した最初の法律が，連邦政府とその助成を受ける事業での障害者差別を禁止した1973年リハビリテーション法504条と，1977年の「施行規則」である。

さらに，障害者の市民権を確立するうえで決定的な役割を果たした法律として「障害を持つアメリカ人法」（ADA）がある。ADAは，障害者の完全な人権と平等を実現するために，障害者の社会参加に対するあらゆる差別を禁止した法律である。ADAは次の4つの柱から成る。(1)従業員15名以上のすべての事業者は，働くことのできる「働く能力のある障害者」を障害ゆえに差別してはならない。(2)鉄道やバスは，車イスの障害者が利用できるよう，リフトを設置しなければならない。(3)ホテル，レストラン，劇場，公会堂，ショッピングセンター，銀行，図書館などは，障害者が利用しやすいように，改造・修復しなければならない。(4)聴覚障害者が電話をかけられるように，交換手はリレーサービス（文字通信と音声の媒介）をしなければならない。

ADAにおける差別とは，「適用対象事業体」

❶車椅子に乗った障害者に見守られて「障害を持つアメリカ人法」に署名するブッシュ大統領［1990年7月26日］

が，求人応募手続き，従業員の採用や解雇，報酬，昇進，訓練およびその他の雇用条件および特典に関して，「働く能力のある障害者」を障害ゆえに差別することをいう。「働く能力のある障害者」とは雇用主が求める職責と職務を遂行する能力を持つ障害者のことを指している。職場に必要な設備が整っていないことは「働く能力のある障害者」を雇用しない正当な理由とは認められない。

こうした法律の成立や施行の背景には，多くの障害者とその支援者たちの地道な政治活動がある。アメリカの障害者は，かつての慈善と哀れみの対象，職業リハビリテーションもしくは施設収容の対象から，市民としての権利を有するマイノリティへと，しだいにその社会的地位を改善しつつある。障害者運動は，思想形成や運動の手法において，消費者運動や，黒人の公民権運動とそれに続くさまざまなマイノリティの権利擁護運動の大きなうねりに触発されて政治化し，しだいにその力を発揮してきた。

そうした運動の1つに，自立生活運動がある。重度障害者にとっては，経済的自立ではなく，自己決定に基づいて生活を営むことが自立なのだとする思想とそれに基づく運動である。就労が困難な重度障害者は職業リハビリテーションの対象からも除外され，社会から見捨てられてきた。自立生活運動はまさにそうした重度障害者の運動であった。彼ら/彼女らは各地に自立生活センターを作り，地域で生活する仲間の障害者に介助者，車椅子の修理サービス，住宅の紹介，権利擁護，自立生活に必要なピアカウンセリングなどの支援を提供する活動を始めた。カリフォルニア州バークレーで始まったこの運動は，やがて全米に波及し，その後の障害者の運動の基盤となっていった。

さらに1980年代以降，知的障害を持つ当事者の運動も始まる。知的障害者は決定能力がないように見なされてきたが，実はそうではない。適切な援助さえ受けられれば自己決定できるのだと主張した。他人に決められ，他人に保護されてきたことに対する反抗として障害者運動は始まる。それに対置される理念が，自己決定，自立であった。それらの概念の慣習的な意味を相対化する作業が運動を通じて行われているのである。

D——交通・建築障壁

障害者，特に車椅子の障害者の移動保障には，「メインストリーム」と「パラトランジット」という2つのアプローチがある。メインストリームとは，大量輸送交通機関（路線バス等）を整備し，障害者が自由に乗れるようにするという考え方である。具体的には，バスにリフトをつけたり，地下鉄にエレベーターを設置することによって，障害者が既存の交通機関を健常者と同等に利用できるようにするという手法である。それに対して，パラトランジットというのは，障害者・高齢者などに対して提供される専用の送迎サービスである。

アメリカの障害者の多くはメインストリームを支持し，またカリフォルニアなど西側の地域

では、リハビリテーション法に基づき、行政も積極的にメインストリームを志向した交通政策を行ってきた。メインストリームの流れが決定的になったのは、1990年「障害を持つアメリカ人法」（ADA）においてである。ADAでは、路線バスにリフトをつけたり、鉄道にエスカレーターを設置するなどして障害者の交通バリアフリーを保障することが義務付けられた。

1973年リハビリテーション法と障害を持つアメリカ人法は、公共施設や商業施設の障壁除去を促進するうえでも大きな力となった。具体的には、ホテル、モーテル等の宿泊施設で5室以上ある施設、レストラン、バーあるいは食品、飲物などを提供する施設、映画館、劇場、コンサートホール、スタジオなどの展示や催し施設、公会堂、会議場、講堂など、不特定多数の市民が集う施設、食品店、衣料品店、ショッピングセンターなど、その他販売あるいは賃貸の施設、コインランドリー、銀行、理・美容院、旅行代理店、ガソリンスタンド、会計士や弁護士事務所、薬局、保険会社、保健ケア提供者の専門事務所、病院、その他のサービス施設、公共輸送に使用するターミナル施設、博物館、図書館、ギャラリー、その他の公共の展示施設、公園、動物園、遊園地、あるいはその他レクリエーション施設、保育園、小・中・高・大学を含む教育施設、福祉施設などのサービス機関、体育館、ボーリング場、ゴルフ場、フィットネス・クラブ等のレクリエーション施設、などとなっており、ほとんど不特定多数の市民が利用する建築物は障壁を除去しなければならないとされている。

E──情報アクセシビリティ

❶──テレビ番組のバリアフリー

アメリカにおいては、テレビ番組に字幕（クローズド・キャプション）が付いているのはもはや常識である。もちろんそのことで、聴覚障害者は情報が保障される。だが字幕の恩恵を享受できるのは聴覚障害者だけではない。旅行者や英語が堪能でない移民にも有用なものである。言語獲得中の子供の教育にも良い影響を及ぼす。一時的な負荷のかかる環境においても有益なことが多い。例えば騒がしいスポーツ・バーでは字幕はいつも付いている。

現在アメリカでは1週間に200時間以上の字幕番組が放映されており、ゴールデンタイムの番組についてはほぼ100％字幕が付けられている。

クローズド・キャプションに関する基本環境もやはりADAによって準備された。そしてADA成立と同年テレビデコーダ法が、アメリカ内で販売される13㌅以上のテレビにデコーダを内蔵することを定めた。さらに1996年に制定されたテレコミュニケーション法は、新規に作成されるすべてのテレビ放送用ビデオプログラム（ニュースや映画などを含む）には、ビデオの提供者が100％クローズド・キャプションを付けることを義務付けた。また、通信機器の製造者に対しても、障害者がアクセス可能なもの、使い勝手がよいものを開発する義務が盛り込まれた。これは放送や通信業界にさまざまな変革を迫るものであった。

❷──ウェブ・アクセシビリティの保障

情報アクセシビリティのもう1つの大きな問題はウェブ・アクセシビリティつまりホーム

ページへのアクセスの視覚障害者などへの保障である。デジタル格差，つまりコンピュータ利用の格差の解消は，Eコマースなどの経済活動への参加，電子投票や行政府の広報へのアクセス，電子教材やオンラインデータベースの利用などの観点からも重要な課題と見なされつつある。

1998年の修正リハビリテーション法第508条によって，連邦政府が調達，使用する製品や，一般市民に提供する情報，サービスに対して，障害を持つ政府職員・一般市民が，障害を持たない人と同等にアクセスできるようにすることが義務付けられた。この法律の施行ガイドラインである「電子・情報技術アクセシビリティ基準」が実施されると，政府のWebサイトや，連邦政府が新たに購入する情報機器やソフトウェアなどは，それが「過度の負担」とならないかぎり，電子・情報技術アクセシビリティ基準を満たさなければならないということになった。最大の顧客である米国政府向けの製品・サービスをアクセシブルにしなければならなくなったことのIT業界への影響は大きい。

F——バリアフリー社会の両義性

障害者は，障害の克服はいかなる犠牲を払ってでも行わなければならないようなものではないと主張してきた。その一方で，有効な克服方法を求めてもきた。障害者の側の克服努力を一方的に求めるのでなく，障害を吸収するバリアフリーなインターフェースを社会の中に普及させ，社会的障壁の除去を目指すべきだとする主張である。これは能力主義を相対化するというよりは，誰もが有能でいられる社会を作ることによって障害者の統合を実現しようとする能力主義の現代的バージョンであるということもできるだろう。

しかし，障害者がハイテク補装具などのテクノロジーを利用できずに，あるいはあえて利用せずに，社会の中で暮らすということを，バリアフリー社会は歓迎しないのではないかという批判が示されることもある。人が異質性あるいは他者性を相互に保持しつつ共存して生きるには，インターフェースによって差異を吸収することが有効であるような局面がしばしばあるのは事実である。しかもできないということによるコストを支払うのは障害者の側なのだから，障害者がインターフェースを拒絶するのは原則として得策でない。だが，インターフェースが障害者の存在をいっそう忘却させる可能性がある。それを忘れるべきではないと，この批判はいう。「できるようにする技術」(enabling technology)によっては障害者を排除する社会のあり方の「本質」は変わらないどころか，ある意味ではいっそう排除は強化されることにもなりかねない。より多くの人々が有能でいられるような社会，「落伍者を出さない能力主義」を信奉する社会の真の障害者，例えば知的障害者などはいっそう排除されるかもしれないという危惧である。

G——平等と差異

民族的マイノリティの運動などではしばしば言われることだが，障害者運動——少なくともその先鋭な部分——でも同化を批判する言説がみられ，障害の個人的克服を目指すのは正しいことではないとする言説が生み出されてきた。同化には統合で報いるが，異化（同化しないこと）には排除で応える，と社会は宣言している。あるいは威嚇している。ところが，同化を達成しても，秩序に順応して適切に振る舞って

も，社会は私たちを排除し続けている。これは理不尽なことだ。社会は克服を要求するが，統合によってそれに報いることはしない。はじめからそのような意思を持たない。とりわけ障害の克服は，どこまで達成しても不十分なものだと言い得るのだから，統合しない本当の理由＝ディスエイブリズムは隠蔽され続ける。だから，同化（同化への努力）による統合，という戦略は賢明ではない。代償を支払って克服を目指しても，約束は果たされない。だから克服努力はやめて障害文化を育むべきだ。それに，たとえ克服による統合が可能だとしても，それは能力主義を追認し，仲間の障害者を背後に残して秩序の側に身を置こうとする振る舞いでもある。それはある種の裏切りでありエゴイズムであり，成り上がり戦術であり，エリート主義である。このようにいわれる。

同化には統合で報いるが異化には排除で応じるという図式を文字通りに信じれば，同化したにもかかわらず排除され続けるという状況は本来ありえないはずのことである。まだ同化が不十分なのかもしれない，もっと完璧に克服すれば必ず統合されるはずだと信じてじっと同化的な努力を続けるということもあるだろう。むだなことをやってきたとは思いたくないからだが，疑問はしだいに膨らみ，約束違反が起きていると感じられるようになる。

この実感をどのように受けとめるかによってそれぞれの障害者が向かう方向は一変する。社会の約束違反を指摘し，約束を果たすように社会に要求するというのが第一である。社会の不平等や差別や障壁の除去を要求する社会運動であり，あくまで統合への到達をめざす選択であり，平等派や統合派などと呼ばれる。こうした活動はそれまでの克服努力の延長線上にあるようにもいわれるが，1つの大きな変化が生じている。私にできることは同化する/しないのいずれかでしかないという観念が脱却され，私は社会の一員として社会のあり方を決める資格があるのだから，積極的に私の考えと希望を述べてよいのだとする変化である。

もう1つは，いままでのような克服努力は続けないという選択である。それには，自分にとって意味のない克服努力はもうしないというものから，異化の方向に向かって積極的に「再出発する」あるいは「引き返す」というものまでの広がりがある。その最も積極的なものは，自分たちという存在を肯定する（あるいは否定しない）「障害の文化」の構築であり，あるいは再評価であり，差異派，文化派と呼ばれているものに相当する。

H──差異派を代表するろう文化

疾病や欠損という概念自体を認めない思想がある。アメリカの聴覚障害者社会では，自らを手話という独自言語を用いる言語的少数者であるとする「ろう文化」の考え方が広がっており，ろう者と自称している。

ろう者社会の一員として成長した者は，自らの言語，社会組織，歴史，習俗，自分たちの生き方，独自のことばと文化を持つエスニシティへの帰属意識を持つ。こうしたろう文化は世界的に存在するが，アメリカは特にその傾向が強い。この背景には特に1970年代に始まる手話を独立の言語とする認識の深まりとともに，ろう者の大学であるギャローデット大学でろう者の学長が初めて選出された1988年のいわゆる「ギャローデット革命」によるろう者社会のアイデンティティの高揚がある。

「文化としてのろう」という視点から激しい批判にさらされているのがろう児への人工内耳手術である。

全米ろう者協会は，人工内耳手術を受けた子

❷ FDR記念館前の車椅子に乗ったF.ローズヴェルト大統領の銅像［2001年1月10日，クリントン大統領によって除幕された］

供は，訓練によっていくらか聴者のことばを弁別できるようになるかもしれないが，聴者のように自由に音声を聞き分け，聴者世界で聴者のように自由に振る舞えるようになるわけではないのみならず，ろう社会で自由に振る舞うために不可欠な「ろう者の手話」の学習と，ろう者社会の基本的な価値観の習得に失敗する危険が高いと指摘する。そして，子供が音声と手話のいずれのコミュニケーション手段もまったく身に付けずに成長するとしたら，言語能力に致命的なダメージを受けることになるかもしれないゆゆしきことであり，アイデンティティ問題はいうまでもなく，悪くすると精神的適応や精神保健の問題すらかかえこむことになるおそれがあると警告する。

なぜ人工内耳の埋め込みというような大胆な医療行為が幼いろう児に行われるのか。大がかりな手術であっても，不十分なテクノロジーであっても，多大な訓練を必要としていても，それによって他者の声がいくらかでも弁別できるようになるのなら，それを行わない理由などあるはずがないと思っているのはなぜなのか。音のない世界を生きることをどうしようもなく悲惨なこととする見方が聴者の間で確信されているからであると，ろう者は指摘する。

──障害学の登場

英国での障害学の誕生からやや遅れてアメリカでも1990年代に入ると障害学が登場する。女性学や黒人学，レズビアン・ゲイ・スタディーズがそうであるのと同様に，障害学研究者（その多くは自らが障害者である）は，障害の社会的文化的側面に注目し，アカデミズムや社会において再生産されてきた障害についての慣習的な知の脱構築を目指して活動し始めている。

障害学的言論が政府や社会を動かした一例としては，例えば2001年に車椅子に座ったフランクリン・ローズヴェルトの銅像がFDR記念館に建立されたという出来事がある。

ローズヴェルトは1921年，39歳で小児麻痺を発症し，その後は自力での歩行は困難となり，大統領在任中もずっと車椅子での生活を余儀なくされた。だが，車椅子に座ったローズヴェルトの写真はわずか2枚しか残されていない。ローズヴェルトは政治家生命が断たれることを恐れ，障害を徹底的に隠した。伝記にはわずかに触れられているものの，ローズヴェルトによって克服されたものとして処理されている。ローズヴェルトの死後，公式な場で彼の障害に言及するものはいなかった。いわばアメリカ社会全体でローズヴェルトの障害を隠蔽してきたということができる。

ヒュー・ギャラハー（自身も小児麻痺を持つ研究者）の『FDRのあざやかなる欺瞞』は，建設中のFDR記念館においてもこの共同欺瞞は続けられることになると批判した。このことがきっかけとなり，多くの障害者が，いまだに

われわれの社会は，障害を隠すべき恥と見なすのか，と抗議した。このことはメディアで大きく取り上げられ，結局ホワイトハウスは批判を受け入れ，新たに車椅子に座ったローズヴェルトの銅像が建立されることになったのである。

■参考文献

シャピロ，J. P.（秋山愛子訳）『哀れみはいらない——全米障害者運動の軌跡』現代書館，1999.

スコッチ，R. K.（竹前栄治監訳）『アメリカ初の障害者差別禁止法はこうして生まれた』明石書店，2000.

八代英太・冨安芳和編『ADA（障害をもつアメリカ人法）の衝撃』学苑社，1991

Lane, H. *The Mask of Benevolence: Disabling the Deaf Community*. Alfred A. Knopf, 1992.

■さらに知りたい場合には

石川准・長瀬修編『障害学への招待——社会，文化，ディスアビリティ』明石書店，1999.
［日本における障害学（ディスアビリティ・スタディーズ）の嚆矢の書。社会モデル，障害の文化，障害者のアイデンティティ，自己決定，優生思想等が論じられている。］

■アメリカ都市物語5

サンフランシスコ
San Francisco

●**美しい大都市**──イギリスの作家オスカー・ワイルドは，人がサンフランシスコを訪れるのはそこが美しい場所だからだと述べた。太平洋に面した丘の街で，市内にある43もの丘からながめる街や海，木立などの風景は確かに絶景である。大陸との間にサンフランシスコ湾を挟むこの街は，独特の海洋性気候に包み込まれ年間を通じて温暖で安定した気候に恵まれている（冬の平均気温9.4℃，夏の平均気温18℃）。街全体が霧で曇ることもあるが，たいていは輝くような太陽が出て，ヨーロッパや日本から持参した写真フィルムではとうてい表現できないのではと思うくらいの華やいだ明るさだ。

その風光を求めて年間1,400万人程度の観光客が訪れ，その中には多くの外国からの訪問者も含まれる。街の人口が79万人，周辺の人口を合わせても160万人という規模の都市としては，相当大きな数字である。

観光関連の売上額は年間60億ドル近くに達するが，この街は観光だけで成り立っているのではない。中心部には大銀行のバンクオブアメリカ本社をはじめとして，西海岸に本社を置く企業の建物が林立している。また，南の郊外にはシリコンヴァレーがあり，大企業から零細なベンチャー企業まで数多くのハイテク企業がひしめいている。

●**すべてを包含する街**──サンフランシスコが急速な発展を見たのは19世紀半ばのゴールドラッシュからだ。多くの者が陸路で市の北西方向（サクラメント近辺）に入り込んだが，裕福な者たちは海路を経てゴールデンゲートに向かった。一山当てた者たちはサンフランシスコに出て，その富の一部をふんだんに費やした。突然のように富を入手した山師どもが織りなす世界は，超高級ホテルやプライベートクラブ，オペラに交響楽団といった費用のかかるものと，酒場や売春宿，見せ物などの大衆的な施設を同居させた。そして聖なるものと俗なるもの，高度なものと低級なもの，あらゆるものに存在意義を認めた。

●ゴールデンゲート・ブリッジ

●急坂を登る名物のケーブルカー

典雅でリッチな世界はこの街の伝統だが，同時に反文明的な運動の中心地でもある。1890年代には無国籍的な作家たち，すなわちボヘミアンの故郷だった。1950年代にはビート・ジェネレーションの本拠地となったし，60年代には街の中央部のハイト・アッシュベリー地域を中心にしてフラワーチルドレン（ヒッピー，対抗文化運動）が生まれた。世界のゲイ，レズビアンの首都というあだ名もある。1955年に北米最初のレズビアン運動の本部が設置されたし，82年にはゲイのオリンピック大会が開催された。90年にはゲイの大物政治家（ハーヴェイ・ミルク）がでた。

すべてを許容し包み込んでしまう都市は，高度な教育が普及した街でもある。2000年の統計によれば，人口の45%が大学または大学院を卒業している。全米の教育水準からいってこれは異様な数字だ。したがって平均収入も年間5万5,000ドルと飛び抜けて高い。住民の構成も他に例がなく，ヨーロッパ系（白人）の人口は35.6%にすぎない。残りはアジア系（30.8%），ヒスパニック（14.1%），アフリカ系（7.8%）と続く。アメリカの文化多元主義を地で行く街だが，それは地の利ではなく，人々の柔軟性ゆえだ（not latitude, but attitude）と地元っ子は自慢する。　［松尾弌之］

■アメリカ都市物語⑥

シアトル
Seattle

●**発展を支えた森林資源**——常緑樹の森と静かなピュージェット湾に囲まれた港町シアトルは，人口56万。自然と経済のバランスがとれた住みやすい町として人気が高い。20世紀の終わりまでは航空機製造のボーイング社の企業城下町として知られたが，現在ではマイクロソフト，アマゾンなどのIT産業の本拠地，あるいはスターバックス・コーヒーの創業の地として，グローバル市場を睨んだ新たな発展を遂げている。アジアへの最短都市として太平洋交通の要衝をなし，また昔から日系人が多く，カスケード山脈に聳える標高4,392mのレーニア山は日系移民によって「タコマ富士」と呼ばれて親しまれてきた。日本人にとって，近年のシアトルはマリナーズのDAIMAJINやICHIROの活躍によってさらに身近な町になっている。

シアトルの発展の鍵は大陸氷河がつくり出した天然の良港に加え，その豊富な林産資源だった。アメリカ最後のフロンティアとしてこの地に入植者がやってきたのは19世紀半ばで，木材の伐採と積み出しのために中西部から移住してきた人々には，スウェーデン，ノルウェーなどの北欧系住民が多かった。1897年にアラスカのゴールドラッシュを契機に，寒村は一挙に開拓者の基地として栄え，銀行，酒場，売春宿が活況を呈した。このシアトル発祥の地は，今日では「パイオニア・スクエア」として再開発されている。

初期の飛行機が木製であった時代に，豊富な木材を求めてこの地が選ばれたのが端緒となって航空機産業が根づき，1940年代以降，ボーイング社がシアトルを中心に多数の工場を建設した。シアトルのスポーツチームも航空機産業にあやかって67年にはバスケットの「スーパーソニックス（超音速）」が誕生した。69年にはプロ野球の「パイロット」が結成されたが，翌年ミルウォーキーに移転し，77年に現在の「マリナーズ」が登場した。

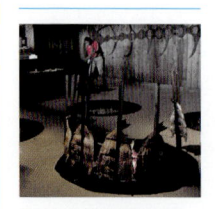

●サケの燻製作り

●**豊かな自然と太平洋に開かれた未来**——シアトルの未来志向は1962年の「21世紀博覧会」で

●スペース・ニードルとレーニア山

さらに飛躍を遂げ，跡地には博覧会のシンボルタワー「スペース・ニードル」が聳える。周辺一帯は科学センター，美術館，遊園地，競技場，オペラハウスなどを擁するシアトルセンターとして，文化やスポーツ活動の拠点となっている。

空から見たシアトルはくびれた砂時計のような形をしている。西側にユニオン湖，東側にワシントン湖が迫り，町は南北に分かれる。伝統あるワシントン大学は，森や入り江に囲まれた広大な美しいキャンパスを擁する。カヌーで湖を横切って通勤する教授もいるそうだが，自然に恵まれ，アウトドア活動が盛んなシアトルらしい話である。

北海道よりも北の高緯度にありながら，暖かい日本海流のおかげで雪はほとんど降らない。ただし雨は多く，晴天は年間平均55日しかない。特に11月から4月にかけては曇天，霧，霧雨が連日つづくが，市民は傘も差さず，平然としている。この湿気が豊かな緑を育むことを，そして夏のたとえようのない爽やかさと青空を彼らはよく知っているからだ。9時ごろまで明るい戸外で鮭をまるごとバーベキューするのもシアトルならではの楽しみといえる。人口規模でいえば全米23位の都市が落ち着いた生活環境と豊かなライフスタイルを実現しているのは，海の幸，山の幸に恵まれているというだけでなく，アジア太平洋の将来性をものがたっているようだ。　[能登路雅子]

G

経済・技術・発明

　メイフラワー号で1620年にアメリカに到着した人々は，なぜか楽器や日時計などは持参しながら，牛馬も農機具も持たずに荒野への第一歩を印した。彼らが全滅を免れたのはインディアンの協力と生活の知恵のお蔭である。開拓の歴史を通して自然の脅威と労働力不足に直面したアメリカ人は，実用主義と創意工夫を中核とする価値観を育んでいく。農業，工業ともに世界一の座についた19世紀末，時代の英雄はベル，エジソンをはじめとする発明家たちだった。フォードによる大量生産方式は製造業の経営管理に革命をもたらしたと同時に大量消費による巨大市場と新しい生活スタイルを生み出した。

　アメリカにおける経済や技術の発達史はまた，戦争や兵器の歴史でもある。食品生産から鉄道，航空，情報通信にいたるまで，軍事の必需品がビジネスに転用された例は無数にある。モノ，組織，サービスなど，有形，無形のメイド・イン・アメリカが現代世界を覆いつくしている。

57 | 経済の歴史
Economic History

秋元英一

イギリス植民地時代の17世紀初頭から，2000年に至るまでのアメリカ経済の歩みをたどる。地理的に見ると，大西洋をはさんでヨーロッパと一体だったアメリカ経済がしだいに自立して，国内市場を主たる成長源泉にする国民経済に変わっていき，経済の重心はしだいに北東部から，中西部，そして西部・南部へと移動していく。そのプロセスを4つの時期に分けて考察する。それぞれの時期のキーワードは，A．綿花，B．鉄鋼，C．自動車，D．インフレーションとその管理，ということになろうか。アメリカ経済の著しい特性としてあった高賃金は，1970年代以降の雇用増加と賃金レート停滞の中でヨーロッパや日本に遅れるようになった。近年中心となりつつある情報産業は，経済にとっての空間の意味を地理的なものから，インターネットに代表される無限の空間に変えつつある。

A──アメリカ経済の成立：1607-1861年

❶──経済成長の諸条件

ⓐ GNPの推移

　1620年，現在のマサチューセッツ州プリマスにイギリス人ピューリタンたちの一団が植民した。これがニューイングランド植民地の開始であり，それはその前の1607年のヴァージニア州ジェームズタウンよりも成功した。1650年には早くもアメリカ植民地全体で入植者人口は4万人を超えた。いったい，ある地域なり国なりの経済的成功，失敗は何によって決まるのだろうか。

　一般に経済成長の度合いは，国民1人当たり所得（あるいは1人当たりGNP）の大きさと伸びによって計られる。ところが，アメリカで信頼できる経済統計が得られるようになるのは，1840年以降のこと（人口統計は，センサス開始の1790年）なので，散在するデータをある一定の仮説のもとに総合するしか方法がない。アメリカ経済の初期的成長が急速であったことはまちがいないので，本国イギリスの経済成長データを基準として1650-1774年間の1人当たりGNPがイギリスの2倍の成長率，年平均0.6％だったと仮定すると，それに人口をかけたGNP総額は，ほぼ年率3.5％成長したことになる。アメリカ人たちが豊かだったことについては，いくつかのわかりやすい証拠もある。アメリカ革命期の植民地兵士たちはイギリス人兵士より平均3インチも背が高かったとする近年の研究は，当時のアメリカ人の栄養レベルがヨーロッパ人よりも高かった可能性を示す。イギリスと結婚年齢を比較すると，初婚はイギリス男性が26〜28歳に対して，アメリカ人男性が24〜27歳，女性はイギリスが25〜27歳に対してニューイングランドの場合，20〜23歳で，チェサピーク湾地域（タバコ生産が盛ん

表57-1 ●各国別1人当たりGDP成長率年平均 [1820-1989年]　　　　　　　　　　　[単位：%]

年	アメリカ	ドイツ	フランス	イギリス	日本
1820-1870年	1.2	0.7	0.8	1.2	0.1
1870-1913年	1.8	1.6	1.3	1.0	1.4
1913-1950年	1.6	0.7	1.1	0.8	0.9
1950-1973年	2.2	5.0	4.0	2.5	8.0
1973-1989年	1.6	1.9	1.9	1.9	3.0

●出典｜Angus Maddison, *Explaining the Economic Performance of Nations* (1995), p. 97.
●注｜GDP＝GNP－海外からの純所得

だった大西洋沿岸）は17～20歳と著しく早婚だった。当然出産率もイギリスよりも高く，1家族当たりの子供数も多かった。17世紀半ばの成人男性の識字率も，イギリス本国の3分の1に対して，ニューイングランドのそれは3分の2に近かった。その後のアメリカ経済の歩みについては，表57-1を参照しよう。他の諸国と比べて，アメリカ経済の成長率が高かったのは，とりわけ第1次大戦前の40年間である。次の時期，両大戦間期から戦後にかけても，他の諸国が低迷する中で，かなりよい成績を収めた。それだけに，オイル・ショック後の低い成長率はアメリカを苦しめたが，1990年代に入っての好調でそれも挽回しつつある。

ある時点のGNPが仮に同じレベルだった場合，人々の所得がほぼ均一に近いか，あるいは，貧富の差が著しいか，によって，経済の質が変わってくる。アメリカでは，植民地時代から黒人奴隷を多く使っていた南部の方が少数の大金持ちと多数の貧困な奴隷たち，に分かれていた。ニューイングランドや中部では家族単位の農家が多かったために，所得分布は比較的均等だった。中間所得層がしだいに大きくなるような経済発展の場合，「中産階級が拡大する」とも表現する。

ⓑ 経済政策と制度

経済成長に影響を与えるそのほかの要因を考えてみよう。それらを箇条書きにすれば，①その地域の天然資源や土地がたやすく利用可能な形ですでに存在しているか，という経済地理的条件。②人口増加とその適切な分布。③世界経済，ないしは他地域との貿易や資本の輸出入を通じた関連が適切であること。④中心的工業，特に製造業の発展。⑤経済の担い手となる企業家層の考え方が合理的，近代的であること。⑥国家，あるいは地方政府による経済政策のあり方と軍事体制を含む制度 (institution) のあり方。⑦産業を支える技術が企業家たちに分かち持たれていること。

⑥の制度について，少し考えておきたい。それは，個人や企業が持続的な生産活動を行うための法的，あるいは非経済的フレームワークのことである。極端な例をあげれば，イギリス人を主とするアメリカ植民地人たちがつぎつぎと，かつては先住民（以下インディアンと略す）のものだった土地を囲い込んで領有していくことは，いわば植民地経済発展の前提だが，先住民よりもはるかに優越したアメリカ人たちの軍事技術と軍隊編成がなければそれは不可能だった。通常アメリカにとってのマイナス要因とされる，イギリス重商主義体制（17世紀半ばの航海法などを含む）のもとで，イギリス海軍に保護されなければ，海賊の多い大西洋を安全に航海してヨーロッパにタバコや魚などのアメリカ産品を輸出することは不可能だった。

植民地時代アメリカ経済の初期的条件を考え

てみると，まず天然資源に恵まれていた。沿岸の海には豊かな魚資源，ほとんど海岸まで到達する樹木からは，燃料用や住宅建築用材，船舶用材がいくらでもとれたし，インディアンからはトウモロコシという，ヨーロッパの小麦に代替できる栄養豊かな穀物の栽培を受け継いだ。インディアンとことを構える必要のなかった時期にはもとより，しだいに土地不足が深刻になってきた時代も，西へ進むことで土地不足を解決した。植民地時代には，魚や木材，その他の食料がヨーロッパやカリブ海諸島に輸出されたし，やがて，当時最大のステイプル（特産主要輸出農産物）であるタバコが登場する。しかも，ヨーロッパから見てタバコはアメリカを除いて有力な競争相手がいなかった。

以上の条件と不可分なのが，入植の初めから，当時世界で最も先進的な地域，西ヨーロッパの技術・生活水準を植民者たちが持ち込んだことである。彼らは母国での生活レベルを植民地でも維持しようとしたから，それは生産活動や貿易を進展させる有力なインセンティブとなった。貿易黒字を獲得するに必要なステイプルが容易に見つかり，植民地経済はヨーロッパに対して比較優位の著しい農産物や林産物を輸出することによって，当面必要な生活物資をヨーロッパから輸入することができた。アメリカ商人が他の国とともに奴隷貿易に従事していたことも植民地経済全体を潤した。

アメリカ革命（1775-83年）は，経済発展の制度的編成を変えた。合衆国憲法は，私有財産権を明示的に承認し，契約行為を法的に承認した。連邦政府は課税権，徴税権，貨幣鋳造権，そして国防と外交に関する権限を与えられた。それらの多くはそれまでイギリス政府，ないしは州政府が行使していた。革命は市場経済がスムーズかつ安定的に機能するための法的・政治的フレームワークを作り出したのである。逆に，これまでイギリスとの対抗上団結していた南部と北部は，特に対外経済政策をめぐって対立を深めた。19世紀に入って綿繰機の発明によって綿花生産プロセスのボトルネックが解消されると，綿花はタバコに代わって南部の第一のステイプルの地位を獲得し，折からイギリスやヨーロッパで進行していた産業革命の需要に引っ張られて，急成長した。南北戦争前のアメリカ経済の成長要因を1つだけ示せ，と言われれば，躊躇なく綿花生産という解答が出てくる。

❷ 綿花輸出と輸入代替工業化

ⓐ 綿花生産の増大

綿花生産は南部においてアフリカ出身の黒人奴隷を使う奴隷制プランテーションで主として栽培された。その規模はカリブ海域の砂糖プランテーションと比較すればはるかに小さく，奴隷数50人以下の中規模のプランテーションが最も効率的だったとされる。南部のステイプル生産に奴隷が支配的となったのは，アメリカの労働力事情が反映している。もともとアメリカ植民地では土地は安価だったが，労働力が慢性的不足の状態にあり，したがって人を雇うコスト（賃金）は世界で最高水準にあった。当初イギリスからの移民の半数を占めていた年季奉公人は，4〜7年の契約期間を過ぎるまでは「不自由な」労働力だったが，期間満了後に土地を与えられて自立する例が多く，期間内の賃金も決して低くはなかった。きびしい競争のもとで淘汰を重ねたタバコ生産者が，コスト削減の決定打としてカリブ海域ですでに広く利用されていた黒人労働力に行き着くのは時間の問題だった。奴隷使用がタバコ生産に限定されていて，綿花生産があれほど広がらなかったとしたら，19世紀前半にアメリカの奴隷制は自然消滅したかもしれない。

賃金が相対的に高いアメリカでは，奴隷とい

えども，自由な賃金労働者と潜在的に競争関係にあったので，両者の価格（賃金と奴隷価格）は，綿花価格やインフレ率と連動していたと見られる。アメリカで産業革命が終わり，アメリカ自身が綿紡績業を本格的に開始して，綿花に対する需要がさらに高まる1840-50年代には，奴隷価格が上昇するのが避けられなかった。南部ではトウモロコシ畑がつぎつぎと綿花畑に変えられ，北部の綿紡績業を支えた女工たちの待遇はしだいに改善した。むしろ，産業革命と同時に都市化が進行すると，到着間もない移民たちの多く滞留するニューヨークなどの大都市で，最下層の労働者たちの悲惨な状況が目立った。しかしながら，彼らも定住して次の世代になると労働者としての生活も安定することが多かった。こうした関係から，南部の奴隷制綿花生産はアメリカ全体の工業化を促進こそすれ，その阻害要因ではなかった。それは，アメリカが綿花を生産せず，安価でない綿製品をアメリカ自身がイギリスから輸入したケースを想定してみれば明らかである。イギリスの綿紡績業もインド等の綿花に頼らざるを得ず，供給は制限され，コストは高くなったにちがいない。アメリカの綿紡績業は，製品の高価格とコストの高さで後の歴史のようにイギリスを追い越したかどうかは疑わしい。

❺ 輸入代替工業化

1820-30年代に進行したアメリカ産業革命は，後発性の利益と技術伝播の賜物であると同時に，運河を中心とする国内交通革命によって可能となった。後発性の利益とは，例えばイギリスでは産業革命を準備する過程でいくつもの発明発見が試みられ，一定の技術の完成にはおよそ半世紀を要したのだが，それらがほぼ収束した後に産業革命を迎えたアメリカはただそれらを模倣（emulate）すればよかった。技術の伝播には多数のヨーロッパ出身の技術者たちが貢献した。それでは，アメリカ的な特徴をもった技術はなかったのか，というと，それは技術の適用面に現れた。互換性技術と呼ばれるものである。ある製品を分解して修理するときに，ある特定の部品だけを交換することで修理を容易にし，迅速にできる。それは当初しだいに鋼鉄製に変わりつつあった耕作用の犂に適用され，やがて銃器の生産に応用された（⇨61製造業の過去と現在A）。

図57-1を見てわかるように，アメリカに貿易黒字を取得させ，海外から南部に入ってきた綿花販売益は，南部プランターの奢侈品消費，北部商人の手形利子，綿花保管の倉庫料，保険，サービスの支出の形で，北東部に流出し，また食料代金として西部にも流出した。つまり，南部の綿花生産は輸出ベースとなり，そこからアメリカ経済全体が潤ったのである。北東部綿紡績業は，後発国に特有な輸入代替工業化の一例でもある。当初イギリスやヨーロッパから輸入していた綿糸，綿布の消費がアメリカ国内で盛んとなると，技術をイギリスから模倣したアメリカ人が都市の商人から資金を調達して，自前の紡績業を経営し始めた。そのきっかけは，イギリス商品が一時的に入ってこなくなる1812-14年のイギリスとの戦争（第2次米英戦争）の時期である。戦後から1820年代にかけて産業革命とともに，アメリカ紡績業の輸入代替は完了した。南部綿花も相当部分が北東部で購入される。

❻ 国内交通革命

国内の交通革命は，有料道路，河川，外航海運，そして運河と進んだ。特に，1825年にニューヨーク州北部オルバニーからエリー湖に至るエリー運河の完成により，運河の時代が到来し，内陸輸送コストは劇的に低減した。運河建設は60〜70％を州が支える公共投資だった。東西輸送の動脈の完成は，西部産の小麦やトウモロコシ，ウィスキー，牛豚肉の地域価格差を著しく縮小させ，都市住民の購買力を高めると

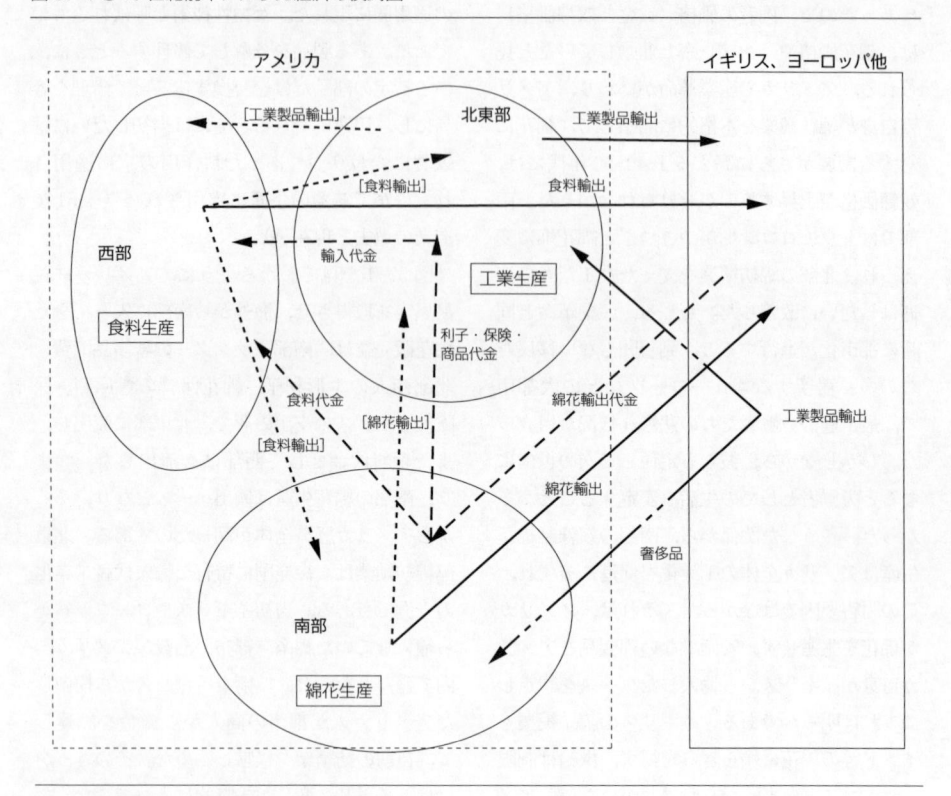

図57-1 ● 19世紀前半アメリカ経済の模式図

[図：アメリカ国内(西部：食料生産、北東部：工業生産、南部：綿花生産)とイギリス、ヨーロッパ他との間の商品の流れを示す模式図。西部から北東部・南部へ[食料輸出]、北東部から西部・南部へ[工業製品輸出]、南部から北東部・ヨーロッパへ[綿花輸出]、ヨーロッパから北東部へ工業製品輸出、南部へ奢侈品、北東部からヨーロッパへ食料輸出、代金として輸入代金、食料代金、綿花輸出代金、利子・保険・商品代金などの流れを矢印で表示。]

● 注│この図は当時の商品の流れの特徴を示すために作ったもので、実際の輸出入とは異なる。また、地域間の移動も輸出入と表現している。

同時に、農業地域としての西部の発展をも促進した。こうして、綿花というステイプル生産の南部、工業化の中心北東部、そして食料生産の西部という地域間分業が成立した。1840年代に入って鉄道建設が開始されると、競合する路線の運河は採算が苦しくなり、1トン・1マイル輸送の単位コストは運河の方がはるかに安かったにもかかわらず、運河が経営的に成功する例は限られていた。

これら国内輸送基盤整備の財源を連邦政府はもっぱら関税に求めた。アメリカ北部労働者の賃金は高かったから、国内産業に国内市場を確保するには、競合する輸入品に高関税をかけるしかない。こうして北部経営者と彼らを後押しする政治家は保護関税を主張し続けた。それに対して、高関税が外国の報復を通じて綿花輸出を困難にすることを恐れた南部プランテーション経営者たちは、自由貿易を主張して対立した。後期になるにしたがって、この対立は奴隷制の是非をめぐる論議と結びついて、国内の政治的緊張を高めた。この構図の中で、西部の農家はしだいに北部の経営者や労働者と利害を共にするようになる。

ⓓ 連邦政府の土地政策

南北戦争前のアメリカ経済を語るときにいまひとつ欠かせないのが、連邦政府の土地政策で

ある。インディアンたちから土地を取りあげたあとは，広大な公有地（農地）の開発コストをなるべく多く入植農家に転嫁して農地の開墾を促進することが必要だった。そのため，1785年の土地布告では640エーカーだった最小販売単位が取得しやすいようにしだいに小さくなり，1820年には現金購入に限って80エーカーでもよいとした。売却の最低価格も，1854年の法律では当初の10分の1となった。そしてついに1862年，南北戦争中の北部議会でホームステッド法が成立し，160エーカー以下の土地については，5年間の居住を条件に無料で譲渡することとした。ただし，5年も待てない農家が多かったと想像されるので，そういう人たちには6ヵ月居住の後に，エーカー当り，1.25ドルで先買いを許可した。その場合の価格は200ドルということになる。当時男子年賃金が325ドル程度，成人男性奴隷価格が平均1,400ドルもしていたことを思えば，農場の取得費は問題にならないくらい安く，むしろ開墾と維持費用の工面の方が大変だったろう。ここにも，土地が安価で労働力が高価なアメリカ経済の特質が反映している。

B── 工業大国の出現：1865-1914年

❶── 急成長とセクター間格差

1871-1914年間の1人当たりGNP増加率の年平均は2.2％である。19世紀に入ってから南北戦争までのそれが1％未満と推定されるので，南北戦争後の半世紀間にアメリカ経済が高度成長を遂げたことがわかる。1869年に最初の大陸横断鉄道が開通したことは象徴的な意味を持つ。この時期，戦前を上回る規模でヨーロッパからの移民が流入し，彼らはひとまず北東部沿岸の都市部に定着した。他方，国内にすでに定着していた人々は，あるいは西へ向かっ

❶大陸横断鉄道の広告［1870年］

て西漸運動の最終段階を仕上げ，あるいは，農村部から都市部への人口移動も加速して都市化を進展させた。ほぼ2,500人の固まりを表す都会人口が総人口に占めるシェア（都市化率）は，1790年には5.1％，1860年には19.8％だったが，1900年には39.7％となり，1920年には50％を超えた。地理的には，農産物集荷地点から発展してきたシカゴなどを巻き込んで北東・中西部製造業地帯が形成された。他方で人口増に恵まれたが，相対的に孤立的だったカリフォルニア州は，19世紀末に経済停滞に見舞われた。20世紀に入ると石油採掘の活発化に伴って，急激な成長軌道をたどった。

ⓐ セクター間格差と地域間格差

アメリカ経済の急成長は，2つの問題をかかえながら進行した。1つは，農業セクターと工業セクターとの所得格差がしだいに明瞭になってきたことである。戦前に耕耘作業の機械化が始まっていた農業では，播種，植え付け，バインダー，脱穀，収穫などおよそあらゆる面で機械化が進み，人力から馬による畜力への転換が進んだ。小麦とトウモロコシの労働生産性は，1800-50年間には年平均わずか0.4％だった

が，1850-1900年間には2.6％の増加を見た。ところが，ほぼ同じ時期（1860-1910）に製造業の労働生産性は2倍になっている。移民の急増による労働力投入の急増にもかかわらず，この時期に工業の生産性は非常に大きく伸びたのである。他方で，1870-1900年間に農業人口は2700万人へ800万人も増えている。この時期はなお，農業に参入する人口が増加していた。しかし，経済全体に占める農業所得の比重は1869年の24.1％から1900年の20.9％へと減少した。急成長する経済の中で農業所得は相対的に伸び悩んだのである。農業人口の多く，特に入植の続くカンザス，ネブラスカといったフロンティアの最前線では干ばつなど気候の変動も大きく，農民の不満が蓄積した。

いまひとつは，地域経済格差の拡大である。南北戦争前，南部は海外と国内綿花需要の長期にわたる増加に支えられて成長を続けたが，戦後はまず奴隷制廃止で，奴隷制的な形で生産性の上昇を図ることが困難となった。農場は小さな小作農場に分割され，農民は収穫物の半分を地代として受け取るシェア・クロッピング制の下で労働した。しだいに白人たちもこの身分に流入してきたが，地代を受け取っても住居・食料費で赤字となる農家が多く，地域の相対的所得レベルも，戦前に比して低下した。だが，工業化，都市化によって所得を引き上げていく方向は，北部に比べて大きく出遅れた。戦前から少しずつ始まった南部繊維産業は，最初は女性と子供がもっぱら労働力を担っていたし，ようやく第1次大戦頃になって成人男子が基幹労働力となった。その頃でも平均賃金はニューイングランドより3割程度低かった。

ⓑ 産業の独占化

この時期のアメリカの工業化は，従来の繊維産業の他に，鉄鋼，非鉄金属，タイプライター，ミシンなどを含む機械，鉄道建設，石炭，石油，電気，電話，食品加工などが中心となった。また，チェーンストア，デパート，通信販売などの大規模小売業も発展した（⇨63 商業・流通業B）。戦前の運河ブームに代わって鉄道建設ブームが起き，やがて鉄道会社間の過当競争となった。次の局面では鉄道業は統廃合が進み，独占形成の先駆けとなる。鉄道は，2つの意味でアメリカ産業史にとって重要である。1つは，競争から独占へと展開した過程で，政府による新たな産業規制政策開始の端緒をつくったこと。運賃規制は，州レベルで始まり，やがて1887年に州と州の間の通商を規制する州間通商委員会（ICC）が連邦政府のもとに設置された。いまひとつは，安全な運行管理が至上命令であることから，会社が責任の分担・連携を含めて組織原理をどう革新させるかが，他の産業よりも早くから問われたことである。その意味で鉄道業は経営革新の先例ともなった。

独占形成は他の産業でも活発だった。1901年のU.S.スティールは統合大企業として当初国内産鉄鋼市場の60％を支配した。石油産業ではロックフェラー系が統合して1882年にスタンダード石油トラストが設立されたが，10年後にオハイオ州の最高裁判決で解体された。この時期に，シャーマン反トラスト法，クレイトン法など独占規制立法が制定され，連邦取引委員会（FTC）が創設された。アメリカの場合，新しい独占形態に対しても州ごとの規制がまずデザインされ，しばらくの試行錯誤の後に，州間通商にかかわる分野だけを連邦法で規制するというのが，普通だった。外国の例を見てともかく法律を先に作るというやり方ではなかったのである。

❷ 消費者資本主義

ⓐ 消費者の広がり

植民地時代から始まって，アメリカは経済活

動の最終目標である消費を大事にする社会だった。その意味でアメリカ経済を消費者資本主義の国と表現することもできる。ペンシルヴェニア州の創始者、ウィリアム・ペンが述べたように、人間の自由とは外的なことがらにおける選択の自由であり、どこで買えとか、どこで食べろとか、どこで眠れとか強制されないことである。ひとは、社会主義時代のソ連でいかに消費行動が制限されており、また、ナチス時代後期のドイツで代用品使用がなかば強制され、戦時下の日本で主食その他が「配給」でしか得られなかったことを想起すればよい。それらは、消費における人間の選択権が奪われた状態である。逆に見れば、消費行動に個人の選択の自由が存在しないか、きわめて限られている場合には、その社会はなお欠陥をかかえていると言えよう。言うまでもなく、消費の自由には所得の大きさが関係してくるから、このことは与えられた所得の範囲内での消費行動の自由と言い換えた方がいいかもしれない。

アメリカの場合、当初消費の主体となった富裕階級は、すでに建国前後の東海岸都市の大商人や貿易成金の間に発生していた。特に産業革命後に、圧倒的に多くの経済活動がマーケットを介して行われるようになって、富裕な人々も急増した。そして、都市に中産階級と言いうるような階層が登場したのも、産業革命後であった。この階層の家庭では、男性が仕事、女性が家庭の主婦という役割分担が普通だった。このような、「ヴィクトリア的価値観」は今日に至るまで強固に存続した。19世紀初頭以前は、女性の役割が家庭を単位とした生産活動の一翼を担うことだったが、産業革命後は家庭にあって消費活動の主役となることに変わった。その頃の中産階級は今日の中産階級と比べればほんのひと握りだったが、彼らがアメリカ人の消費のあり方をリードした。その生活様式は時間の経過とともに、しだいに下層へ、そして労働者階級へと少なくとも表面的には模倣されていった。

軍隊用とか、学校用には一部大量生産されていた消費財が、奔流のごとく全社会的に大量生産されるようになるのが、1880年代以降である。特定の出入りの商人に注文を委託することがしだいに少なくなっていき、消費者が誕生し、彼らは商標というブランド名を頼りに、全国的マーケットで商品を選択することになる。開拓時代西部のカウボーイと農民の対立を描いた映画『シェーン』の中で、よろずやにシアーズの分厚いカタログが置いてあったのを覚えているひともいるだろう。通信販売も、農民の運動と連携する形で登場して、またたく間に全国に広がった。他方で市場経済の浸透は、貨幣所得を求めての女性の労働参加を促した。経済活動の多様化にともなって、これまであった肉体労働的な職種のほかに、店員、タイピスト、帳簿係、事務員、といった事務職の職種が急増した。それらの多くが女性によって占められた。1910年には就業する女性数は760万人、労働参加率は20％に近くなった。逆に伝統的に女性の職業領域だったメイド等の家庭サービス業はそのシェアを減少させた。

❻ 海外貿易の伸張

帆船から蒸気船へと外航航路の主役が交替し、輸送日数が短縮されるにしたがって、海外貿易額もその種類も増加した。農業の機械化は余剰農産物を増やしたから、それらは輸出への圧力となった。小麦の場合、南北戦争後から1890年代までに増加した生産額の半分が、輸出に向けられた。他方で、綿花のように、かつてはアメリカの排他的供給に頼っていたものが、多くの生産国の参入によって、輸出額の変動が大きくなった。工業化に伴って、貿易パターンも原材料輸入、完成品輸出に変わっていった。

南北戦争中から戦費確保の目的もあって高く

❷ 1910年フォードT型ツーリングモデル

なった関税率はほとんど下がらず，このことはアメリカの工業大国化と逆行するように見えた。連邦政府は，西部と南部におけるポピュリストの叛乱のときのように，相対立する地域的，階層的利害を調整する役割を果たしたが，独占規制や革新主義的改革のように，しだいに地方政府よりも経済的役割が大きくなるのは避けられなかった。ただし，おおざっぱに見てこの時期は，弁護士や医師，経営者その他が団体化して，労働組合も本格的に組織されるなど，団体組織化が進むが，政府自身が本格的に官僚化するのは次の時期になる。

C──ブームから大恐慌へ：1914-41年

❶──分割払いによる自動車購入

第1次大戦はヨーロッパ諸国の経済に対して大きな損害を与え，戦中にアメリカに借りた資金の元本と利息（戦債）が大きな借金として残った。アメリカは逆に海外投資残高がプラスに転じ，債権国となった。この時期以降は特に，アメリカ経済は世界経済との関連を考えないと説明しにくい。疲弊したヨーロッパ諸国とは対照的に，アメリカでは新たな耐久消費財が登場し，景気の牽引役となっていく。自動車の登場である。特にフォード社が1908年に投入したT型フォードは自社の従業員に買わせる目的で賃金を大幅に引き上げるなどの措置をとったために，一世を風靡するものとなった。自動車が普及するにつれて，人々は通勤に混雑する市街電車や汽車を使わなくてもよくなり，住宅の郊外化が進んだ。住宅建築に加えて，電力，ガソリン，道路建設が盛んとなり，ラジオや電気洗濯機などの家電製品が急速に普及した。それらの多くが分割払い信用によって購入されたことも特筆すべきであろう。将来の所得を前提に商品を購入する方法は，現在の資金以上の消費生活を可能にする。それは経済活動をよりいっそう活発化すると同時に，景気が悪化したときのリスクも大きくした。政府は道路建設などでモータリゼーションを援護するとともに，第1次大戦のときに行った戦時統制を撤廃した。共和党政権のもとで，所得税率も何度かにわたって大幅に引き下げられたし，法人税率も若干下がった。だが，所得税という直接税を税収の中心にするという形は残った。

1919-29年間に実質GNPがおよそ30％も上昇するという景気拡大期を迎えた。だが，1928-29年のアメリカ経済は当時の人々の多くが考えたような盤石な地盤の上に成り立ってはいなかった。第1次大戦とその直後の繁栄期を除くとしだいに農家の借金がふくらんでいたし，農産物輸出は伸び悩んだ。農民たちは「過剰農産物」問題の切り札として，輸出補助金の法制化を求めたが失敗した。フォード社がT型フォードの生産を中止した1927年は，新車販売が落ち込み，住宅建築は高原状態から下降局面に移行していた。他方で，株式市場は行き場をなくしていたヨーロッパの資金をも吸収して，投機色を強めていた。連邦準備局は投機を押さえる目的で公定歩合を何度かにわたって引き上げ，それによって最初は利上げに敏感な住宅，高額消費財を中心に悲観論が台頭し，株価の頭打ちから，株価暴落へとつながっていっ

た。

❷——景気政策の失敗

ⓐ 大恐慌とニューディール政策——

アメリカの1929年大恐慌は，1930年秋の銀行恐慌の第一波が起きる頃までに，連邦政府が金融・財政の積極策を講じていれば，その後の展開がソフト・ランディングになった可能性がある。事実は，1932年というデフレーションが本格化する頃にやっと多少の対策がとられただけで，その間にデフレ政策が繰り返されたために，世界の恐慌もアメリカの状況も最悪になってしまった。1933年3月にローズヴェルト大統領が政権につくと，当時のリフレーション（デフレーションが解消するまでインフレーション政策を意識的にとって景気浮揚させるべきだとする議論）論にしたがって，全国銀行休日，金本位制離脱，ドルの固定相場離脱，したがって短期的なフロート策によってドル通貨を減価させた。さらに，国民の精神面高揚を含めた不況打開策を多面的に採用し，物価や賃金を引き上げた。ただ，国内物価を引き上げるためにドルを十分に安くする政策は，各国通貨間の安定化には逆行するものだった。

1930年代には，ニューディール政策にもかかわらず，1千万人前後の失業者はなかなか思うように減少しなかった。恐慌の激しかった重工業を中心とするセクターでは不況下で合理化，リストラが繰り返されたから，スリムになった分，以前ほど多くの労働者を必要としなかった。解雇されない就業者も，景気回復につれて，しだいにフルタイムに復帰したはずだが，それは数字に現れなかった。もともと，賃金の引き上げは失業吸収にとってはマイナス材料でもあった。

今日では必ずしも多くのエリートたちの支持を得ているとは言えないケインズ的な経済政策は，アメリカでは1930年代の大量失業を契機に，採用された。世紀転換期に消費者資本主義に転じたとはいっても，経済学者の多くが「需要」サイドの大切さや政府による景気調節の意味を認識するまでにはかなりの時間と外的ショックを必要とした。ニューディールは当初むしろ通貨量拡大政策が中心で，政府による公共事業の拡大などの需要喚起，すなわち今日ケインズ政策として知られる政策に軸足を移したのは1938年である。そのきっかけは，前年の財政支出削減，金融引き締め政策によって上向き始めた景気がふたたび下降に転じたことにあった。

ニューディールは，短期の景気回復に必ずしも成功しなかったが，株式投機が激化しないように銀行法を改正（グラス=スティーガル法）して商業銀行が投資銀行業務を兼ねることを禁止した。個人の預金に一定額まで連邦保障をしたり，老齢年金や失業保険などを開始したほか，週労働時間，最低賃金を決め，労働者の団結権，団体交渉権，争議権を認めた。農産物の価格支持も始まった。それらは大恐慌をもたらしたアメリカ経済の弱い環を矯正して強化する試みだった。ただ，連邦政府自体が経済における比重を拡大することはあっても，政府が直接労働者を雇って土木・建設などを行うタイプの公共事業は，その後不況対策として大規模に繰り返されることはなかった。

ⓑ 不況期から戦時体制化へ——

長い不況の時期を迎えて普通の人々はどのような生活を送ったのだろうか。自動車でいうと，当初新車販売は落ち込んだが，多くの人は自分の車を手放さず，修理をして長く乗った。だから，ガソリン販売はさして落ち込まなかった。政府が地方で行った就業促進局（WPA）による失業対策事業に，多くの失業者が車に乗ってやってきたというのは有名な話だ。ぼろ車に家財道具いっさいを積んで西の黄金郷カリフ

ォルニア州を目指した農民家族も多かった。1930年代には女性の労働参加率は目立って増加はしなかったものの，単身者の割合が減り，既婚女性の割合が増えた。それまでの家計支持者の男性が失業してしまい，再就職の見込みもないとなれば，ハウスワイフたちがパートタイムを含め求職したのはふしぎではない。不況下で既婚女性が夫である男性と一緒の職場に就業している状態は，とりわけ公的機関では批判にさらされた。結婚率と出生率は大恐慌下で激減したが，結婚率は1930年代後期には回復に転じた。だが，きびしい生活は同時に離婚率の上昇をもたらした。長い不況期の後に戦時体制の時期が始まるアメリカでは，本当の意味での世帯形成にとってはマイナスの時期だった。第1次大戦が終わり，復員兵士がいっせいに所帯を持ち始め，ベビーブームが始まったのは自然の流れともいえる。

第2次大戦は，徴兵や軍事動員によっていわば擬似的な完全雇用経済を生み出した。自動車工場が航空機のエンジン製造に転換したように，民需から軍需への転換が進んだ。労働者の賃金は特に熟練工の場合著しく上昇したが，彼らにとって購入に値する魅力的な商品はなかったから，労働者は貯金を増やすか，戦時国債を購入した。戦時のインフレ率はそれまでの戦争に比べれば低かったので，そうした資金は戦後に「繰り延べ需要」となって，戦後経済の活性化に役立った。政府が建てた軍需工場は格安で民間企業に払い下げられ，民間企業に委託された軍需生産工場はさまざまな補助金がつけられたから，戦後にそれらを処分して新規投資を行うことは困難ではなかった。敵航空機の爆撃をも想定して，軍需工場は内陸に分散してつくられたので，戦後に工業の地理的分散が進むきっかけとなった。

D——黄金時代からスタグフレーションを経て新しい競争社会へ：1945-2000年

❶——軍需も福祉も

第2次大戦後のアメリカは何よりも戦中から続いた国際経済秩序の中心となり，政治的には覇権国（ヘゲモン）となった。国際通貨基金（IMF）とガット（GATT）を軸に，自由貿易とそのための固定為替制を加入国に義務づけるシステムがつくられ，ブレトンウッズ体制と呼ばれた。債務国に同情的でオーバーローンを許容する，拡大主義的なケインズ（案）が描いたものとは違って，アメリカの選択したシステムでは国際収支赤字国はほぼ自力で調整をしなくてはならなかった。実際には，当初ヨーロッパも日本も貿易決済に用いるべきドル資金が不足していたので，疲弊したヨーロッパに対してはマーシャル・プラン，日本に対してはさまざまな援助，という形で資金供給することで制度の硬直性をやわらげた。

大恐慌の記憶が鮮明だった戦争直後，多くの人は復員による失業者の急増を恐れたのだが，女性が家庭に戻ったり，退役軍人が大学に行ったり，自営業を開始したりで，大量失業は回避された。また，1946年に曲折の後に制定された「雇用法」は最大限雇用と生産と購買力を維持することが連邦政府の責任だと規定したが，広い意味では歴代の行政府はこの規定を遵守して経済運営を行ってきたといえる。ただ，共和党と民主党，不況期と好況期では政策にニュアンスの差が大きくなった。当初，共和党政府は小さな政府，プラス，（デフレ的）均衡財政，民主党政府が（福祉国家的）大きな政府，プラス，（インフレ的）赤字財政，と色分けできたが，しだいに両者の差はあいまいになってきて

いる。最も安定的な経済成長が実現したのは、資本主義の黄金時代と呼ばれる1950年代である。1948-60年、GNP年増加率は3.4％に達し、連邦と地方を合わせた政府の消費も年5.1％増加した。

1960年代に入って、ケネディ=ジョンソン期は経済成長率を限界まで拡大する、おそらく明示的には史上最後の「ケインズ的」財政政策をとった。一方でベトナム戦争を拡大し、他方で「貧困に対する闘い」による福祉支出を拡大したから、アメリカ経済にはインフレ体質がしみこんでしまった。徐々に世界のドル不足はドル過剰、したがってアメリカにとっての国際収支危機に変質していたが、この時期の成長政策はその傾向を強めた。鉄鋼製品の輸入が輸出を上回るのが1960年頃である。

1968年にベトナム戦争の戦後処理を当面の任務としたニクソン政権が誕生した。ニクソンは1971年にドル防衛、インフレ対策の切り札として、新経済政策（NEP）を発表した。その中身は、ドルを固定相場から解放してフロートさせた後に切り下げて、輸出促進と輸入抑制を図り、10％の輸入課徴金、国内投資減税、所得税減税、社会保障支出の拡大、90日の物価・賃金の凍結などである。この物価・賃金統制策は、統制解除後にインフレが高進して見事な失敗となったが、ドルのフロート策は、ブレトンウッズ体制の終焉、変動相場制への契機となった。

❷──スタグフレーション

1973年に全世界をおそったオイル・ショックは、原油価格の4倍化、食料価格の高騰を招き、それまで先進各国の成長を支えてきた原油安という条件を終わりにしたのみならず、各国は前例のないインフレに悩まされることになった。それまでは、インフレ期には少なくとも失業者が減少し、デフレ期には失業者が増えるものの物価は安定したのだが、オイル・ショック後のアメリカ経済は失業率が高いままで物価上昇が進行する事態を経験した。これを、景気停滞（stagnation）とインフレーションの同時進行という意味でスタグフレーションと呼ぶ。これに対しては、その後のフォード、カーター政権もさまざまな対策を試みたが、決定打は見つからなかった。ようやくカーター政権の末期、1979年10月に連邦準備当局が理事会議長にヴォルカーを登用し、これまでの金利政策に代わって通貨供給量のコントロールを政策目標にすることに決めた。通貨供給量増加率をしだいに引き下げて、ある点でそれを維持することを政策課題とした。この政策は功を奏し、次のレーガン政権に受け継がれた。

1970年代のスタグフレーションが需要管理を目指すケインズ政策の威信を低下させたので、次のレーガン政権はもっぱらマネタリスト的な、かつ、供給の経済学と呼ばれた立場から経済政策を行った。それらは財政支出削減による「小さな政府」、諸規制の撤廃による民間セクターの活性化、通貨量コントロールによるインフレの抑止、そして大幅減税を内容とした。減税にしてもケインズ的な需要面からの刺激というのでなく、減税によって企業家や労働者の「やる気」を引き出し、結果として税収の増加をもたらそうという意図からの政策である。レーガン政権の8年間に限ってみれば、前期は1981-82年に厳しい景気後退があり、財政赤字も拡大し、高金利、ドル高により輸入が急増した。全体の時期を通じて誤算だったのは、国内貯蓄が停滞したことで、歳出削減にもかかわらず、財政赤字は拡大した。むろん、これには冷戦時代の最終局面での国防予算の拡大も寄与した。1985年にアメリカは、世界最大の債務国となった。

1947-73年の年平均経済成長率は3.4％だっ

たが，1976-82年には1.8％へと下がった。1980-92年にはこれが2.1％まで回復した。失業率の数字も，民間投資も，個人消費もこの時期に目立って改善したわけではない。ただ，1980-90年間に民間セクターの労働者数が1,800万人増加したことでもわかるように，政策のトータルな結果として，サービス経済化のいっそうの進行，起業の増加，福祉受給者の労働参加などが起きて，1990年代の低失業率経済の土台をつくったと言えよう。むろん，その代価として，雇用の不安定化，労働時間の増加，地域的，経済階層的不均衡の増大が起きた。税制改革が，中上層の所得階層を他階層に比べてはるかに大きく益したことはよく知られている。逆に，規制撤廃の進んだ業種では，自らの企業努力によって生産性の増大を実現することで競争に勝ち残ることが可能になる道筋が個別企業に見えてきた。それは，税制改革によって働くインセンティブを大きくした企業家とともに，アメリカ経済を活性化することに貢献したのである。

❸——インフレ抑制と失業率低下の同時達成

1993年から政権についたクリントン政府にとって，レーガンの残したマイナスの遺産のゆえに，政策の選択肢はあまり大きくなかった。財政赤字を是が非でも削減する必要があったし，産業の国際競争力を強化して，輸出拡大につとめなくてはならなかった。財政赤字の削減については，クリントンは諸経費の削減以外に国防費の削減を徹底して行った。1990年の国防費の国内総生産（GDP）比は5.2％だったが，2000年には3.0％まで下がった。GDP自体も1994年以降，年平均4％を超える成長を示している。この成長率のおかげで，国防産業が受注を減らしても，民間需要への転換がうまくいった結果，失業者は増えなかった。クリントン政権はさらに，前政権から引き継いだ地域統合の努力，特に北米自由貿易協定（NAFTA）の批准と推進に力を注いだ。輸出と輸入を合わせた貿易額のGDP比は1999年には25％にも達し，アメリカ経済がかつてないほど世界経済と一体化していることがわかる。これらの結果，1980年代の激しい変動に比して，1990年代，特にクリントン政権期は国内投資率の高位安定が目につく。さらに，国内消費の伸びが著しい。インフレ率は前例のない平均3％前後に下がっており，失業率も4％台前半にまで下がった。生産性の上昇は，1990年代前半までは，これまでの低い傾向を逸脱するものでなかったが，後半になって情報化投資の効果がようやく出始めて上昇に転じた。政府の資本形成の占める割合は，前例のない低さになっている。

図57-3に示されたように，1990年代のアメリカ経済は成長率の高さ，失業率の低さ，そしてインフレ率の前例のない低下によって特徴付けられる。その奇跡のような好調な歩みは，1987年以来連邦準備制度理事会の議長を務めてきたアラン・グリーンスパンの金融政策（というよりは経済運営）の適切さにも帰せられる。彼はアメリカ経済の持続的成長が，グローバリゼーションへの適切な，オープンな対応と，インフレのコントロールにかかっていることをよく知っており，その立場からクリントン政権と足並みをそろえてきた。グローバリゼーションは，商品と労働力，資本と情報をはるかに自由に動かすことによって世界的競争をうながし，インフレを未然にふせぐ役割を果たしてきた。その波をうまく捉えてそれに乗ることが，結局はアメリカ経済に必要な投資資金を安価に調達できる。1990年代は1,500万人の新たな労働力を生み出したが，それらは固定しているわけではなく，相変わらず離職，再就職を

ニュー・エコノミー

「ニュー・エコノミー」という用語は，1990年代以降のアメリカの，情報テクノロジー（IT）革命とコンピュータ化，ネットワーク化による新しい経済のあり方という意味で用いられる場合が多い。ただし，それ以外にも，アメリカ経済の新しい成長分野を従来型の重化学，製造業などの「オールド・エコノミー」と対比させて，セクターの集合概念のように「ニュー・エコノミー」と呼ぶ場合もある。前者は研究者間で議論する場合に前提される場合が多く，後者は『ビジネスウィーク』をはじめとする経済マスコミの論壇で前提される場合が多い。ヨーロッパや日本はアメリカよりも「ニュー・エコノミー」への発展が遅いと言われており，アジア諸国でも，その進展の度合いにはばらつきがある。今後は進展を示す共通の指標を見つける必要があるかもしれない。図57-2は，アメリカ経済に占める情報テクノロジー産業の産出のシェアが，急速に高まっている様子を示す。

これまでの経済発展は工業化が都市化を伴い，都市に住む人々の生活感覚，生活様式がそれ以外の地域の人々の将来像をリードしたのだが，今日の「ニュー・エコノミー」化は，例えばインターネットの店舗が場所を選ばないように，大都市圏が必ず発展の中心になるとは限らない。同じことは多国籍企業の立地についても言える。極限的なグローバル経済では，世界に1つの，オープンな市場があるだけだから，「本社」はどこにあってもいい。

ニュー・エコノミーの特徴点を挙げると，1) 企業にとって労働者雇用の地理的範囲，雇用形態がフレキシブルになるので，労働コストの大幅削減が可能になる。2) コンピュータによる管理が商品在庫を最小限化できるので，無駄なコストを削減できる。3) 国民経済的に見て，コンピュータ化，ネットワーク化が一定程度進展すると，生産性の上昇が本格化する。4) 商品サービスの需給がグローバルになるにつれて，ある一国の経済政策が景気循環に影響する割合は弱まる。5) 資金調達がグローバル化すると，低利資金が得やすくなる。

ただし，良いことずくめではない。ネット企業も大量注文を迅速に処理するには，ある程度大きな在庫をかかえていなければならない。そうするとかつて伝統的大量生産工業がかかえていたのと同じ悩みをかかえる可能性もある。労働コストの削減はそのまま労働者の生活の不安定化につながる。資金調達領域の拡大は，リスクの増大にもつながる。一般に，コンピュータ関連産業は，製造業などと比べて，雇用吸収力が小さい。生産性が高まれば，高まるほど雇用は小さくてすむという昔からのジレンマは同じである。競争条件が均等化し，企業同士の競争が激化するから，利潤率は圧縮されるだろう。要するに，ニュー・エコノミーは競争のあり方を変えるが，競争社会がなくなるわけではない。

［秋元英一］

図57-2 ●アメリカ経済に占める情報テクノロジー（IT）産業の産出シェア　　　［単位:%］

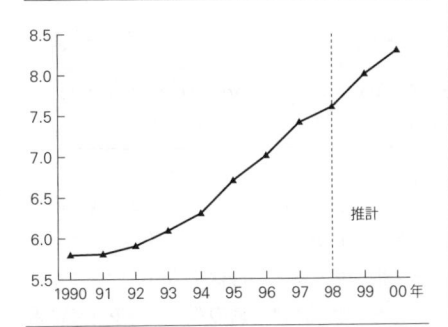

●出典｜ U. S. Dep. of Commerce, *Digital Economy 2000* (2000), p. 24.

図57-3 ● 各国経済成長の比較　　［単位：％］

A ● GDP年成長率の推移

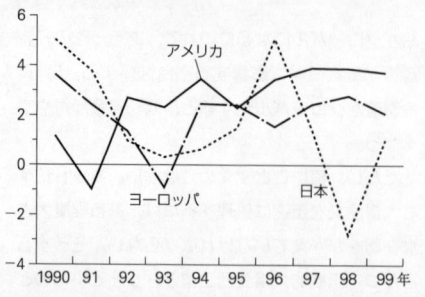

B ● 失業率推移

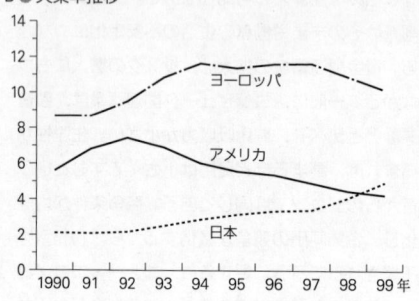

C ● インフレ率の推移

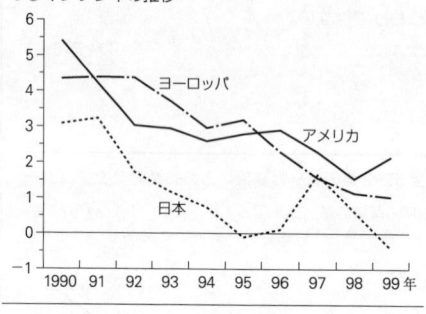

● 出典｜IMF, *World Economic Outlook* (October,1999), p. 72.

重ねる人が多い。起業数と倒産数は未曾有の高さである。情報テクノロジー（IT）とコンピュータ化はビジネスの態様を急速に変えつつある。アメリカ経済は一種の新しい競争社会に入ったとも言えよう。

■さらに知りたい場合には

標準的な概説として次の3点を挙げたい。

秋元英一『アメリカ経済の歴史，1492-1993年』東京大学出版会，1995.
　［クリントン政権の誕生までを，地理的配置や階層に注意しながら概説している。］

田口芳弘・澁谷昭彦『アメリカ経済発展の数量史的分析』（上・下）晃洋書房，2000，2003.
　［数量史的な分析方法による，テーマごとの経済史。］

河村哲二『現代アメリカ経済』有斐閣，2003.
　［豊富な統計データを駆使した，詳細な第2次大戦後のアメリカ経済史。］

本格的な統計データや最新の研究状況を知るには以下の文献が有用。

岡田泰男・須藤功編『アメリカ経済史の新潮流』慶應義塾大学出版会，2003.
　［市場革命，フロンティア，環境，通貨金融などテーマごとに内外の研究史を解説している。］

IMF. *World Economic Outlook* 各号。

Economic Report of the President．（日本語訳『米国経済白書』〔『エコノミスト』臨時増刊，毎日新聞社〕）各年号．

Engerman, S. L. and R. E. Gallman, eds. *The Cambridge Economic History of the United States*, Vol. III (The Twentieth Century) Cambridge Univ. Press, 2000.

ニュー・エコノミーについては，次の文献がお薦め。

Reich, R. *The Future of Success: Working and Living in the New Economy*. Vintage, 2000.（清家篤訳『勝者の代償』東洋経済新報社，2002）
　［ニュー・エコノミーを，個人の行動の次元からわかりやすく説明している。］

58 | 発明と科学技術開発の流れ
Inventions and Scientific Technology

永瀬 唯

アメリカの社会を動かし発展させた原動力のひとつになったのが、各種の発明や科学技術開発である。すでに植民地時代に、サミュエル・スレーターが完成させたアメリカで最初の紡績機がニューイングランドの産業構造を変え、それがひいては植民地経済の自立につながったように、発明が社会に大きなインパクトを及ぼした例は数多い。それはまた、多くの富を約束するアメリカン・ドリームの具現でもあった。現代のシリコンヴァレーにも生きているこうしたベンチャー精神は、アメリカ社会の底流として連綿と流れつづけている。ここでは、その中から現代のコンピュータ社会の実現につながった発明や科学技術開発を中心に取り上げ、19世紀末から現代にいたる大きな流れを素描したい。そこから浮かび上がる興味深い現象は、そうした発明の担い手として現代のハッカーにつながるような人々が大きな役割を果たしてきたという事実である。その一方、第1次世界大戦あたりを境に、国家や巨大企業に支えられ、体制化されたビッグ・サイエンスが次第に科学技術開発の主要な担い手となってきた趨勢も見据える。

A── 発明の 19 世紀

❶── テクノロジーの時代へ

19世紀も半ば以来、アメリカは世界最大の「発明の国」となった。1790年の特許法の制定、何度かの改訂を経て、その有する国内特許の数は増大、半世紀後には世界でも最も多いものとなっていたのだ。

それは、19世紀の最初の四半世紀をすぎる頃から、アメリカにおいても本格的な産業革命が始まったことにも起因していた。1830年に最初の鉄道運行が開始されたことからもうかがえるように、アメリカは、イギリスなどの西欧諸国よりも遅れて産業革命に突入した。

こうしたなかで、「発明家」たちの最初の全盛期が訪れる。ただし、新しい概念が受け入れられるまでには時間が必要とされる。当時の職種区分として発明家に最も近いのは「土木技術者」と思われる。「土木技術者」なるものが登場した1850年の国勢調査のデータによれば、その総数はわずか2,000人にすぎなかった(Layton, 1986)。もちろん、現在の観点からするならエンジニアと呼べる人々ははるかに多かったはずである。

こうした流れの中で、1870年には工学技術を教えるカレッジの数は全米で21に達した。しかし、その主流となったのは相変わらず土木工学であり、同時代の最新テクノロジーを学ぼうとするものは、別の道を選ぶしかなかった。

❶ T. A. エジソン

❷──エジソン：電信技士から発明家へ

直流発電配電システムと白熱電球，蠟管蓄音機，さらには覗き眼鏡方式だったために，世界最初とは言えないが，映画メディア確立における最初期の功労と，トマス・アルヴァ・エジソンにまつわる伝説はつきない。だが，彼の発明家歴の出発点であり，常にその発明の対象となっていたのは「電信」であった。

1847年にオハイオ州で生まれたエジソンは，登校拒否の科学少年として独学の道を選び，郷里の町へと新しい交通機関（蒸気鉄道）が開通すると，デトロイトとの往復便で新聞や野菜の売り子として勤めることになる。エジソンにとって幸いなことに，デトロイトには当時としてはかなりの規模の公立図書館があり，復路の待ち時間を使って，科学や工学関連書に学ぶことができた。

ちょうどその頃，1861年4月に始まった南北戦争は，近代戦争の始まりともいえるものだった。鉄道による大量の兵員武器物資の輸送，既存の常設線に加え，前線の仮設線5万kmに及ぶ電信ネットワーク，戦車の元祖とも呼べる大砲搭載の装甲列車，さらには従来の歩兵戦方式を一変させるに至る機関銃の導入，……。

モールス信号の発明者として知られるサミュエル・モースが政府の援助のもと，ワシントン-ボルティモア間60kmの電信による通信に成功したのは1844年。しかし，折からの不景気により，政府からの援助はこれ以上のぞめず，アメリカにおける電信は，1846年，純然たる民間事業として商業運用を開始した。

実は，世界的に見れば，電信の商業運用はこれが初めてではない。英国では，すでに1838年にはまったく別の，低速だが熟練を必要としないシステムが稼動を開始していた。だが，極めてシンプルな送信キーと，ロール紙に長短の信号を記録する受信装置を組み合わせたモースの方式は，のちに音で受信符号を伝える「サウンダー」が採用されるにおよんで，操作に高い熟練を必要としながらも英国方式なぞ比較にならない高速通信を実現することとなった。

英国と，しばらくのちにはモース方式一色となるヨーロッパでは，管理職以外のオペレーターには若い女性が起用された。一方，アメリカでは，電信オペレーターは，ほとんどが独学の，つまりはエジソンのような科学マニアであり，職人気質とマニア的要素がいりまじった独特のコミュニティを形づくることになった。

もちろん，大きな電信会社の本社には，マシン・ショップ，すなわち，工房が置かれ，新任のオペレーターの教育訓練や古手向けの研修と同時に，既存システムの改良や新たな発明も行われていた。19世紀も最後の四半期となるまでは，工学を教える教育機関は少数であり，とりわけ，電信のような新たに確立された技術分野では，独学か社内教育に頼るしかなかったのである。

戦争の激化は，当然，電信オペレーターの不足をもたらす。1863年，エジソンは聴力不足にもかかわらず，駅長とのコネクションを利用して，郷里の町の駅で見習い技師となり，さらに終戦となる1865年までに6ヵ所の任地を転々とする。ズダ袋に，自分で製造あるいは改造した送信装置と受信装置，それにバッテリー

容器や化学，電気工学の参考書を詰め込み，電信所から電信所へと流れ歩く。エジソンを典型とする電信技士たちは，中世の渡り職人と近代科学技術との奇妙な混交と呼べる存在だった。

それは同時に，異性排除的なコミュニティでもあった。南北戦争後の 1870 年からしか統計データはないが，この年の電信技士の総数は約 8,700 人。これに対して女性は 350 人と 4％しか占めていない。一方，1876 年にグラハム・ベルによって発明され，1879 年の交換システム導入を境に急速に普及が進んだ「電話」においては，数年もたたないうちに，交換手は「女の仕事」となった。ところが，電話とは対照的に，電信技士の世界では 1886 年においてもなお，総数 2 万人に対し女性オペレーターの数は 1,400 人と 7％でしかなかった。

❸ 電信技士から発明家へ：原ハッカーの時代

エジソンに代表される電信技士の体質の中には，さらなるランク・アップによる独立への志向性がはらまれていた。これがすなわち，発明家への道である。もっとも，彼らの中でその志向を開花させたのは限られた人間だけであったが。

ウェスタン・ユニオンの一級技師となったエジソンは，やがて職を辞し，ボストンで最初の発明品の特許を取得する。自動投票機というこの発明は，結局，実用にならなかったが，注目すべきは，この時代のエジソンが，科学実験用機器の製造販売や製造請負を行うマシン・ショップに寄宿していたことである。こうしたマシン・ショップはボストンやニューヨークに何か所かあり，エジソンが寄宿した工房ではこれ以前にモースの電信の試験機，さらに，ベルの電話機開発にも協力している。

さて，ボストンからニューヨークに移ったエジソンは，2 番目の特許となった発明品で，最初の成功を射止める。

当時，ニューヨークの金取引市場では，機械式の相場表示装置が導入されており，この改良品として，さらに，電信線を用いた受信専用の表示装置，次いでは紙テープに数字や記号をプリントする独自の印刷電信機が考案された。この相場受信システム（ストック・ティッカー）は，オペレーターなしの受信専用システムとして，電信システムのユーザー層を大いに拡大させることになった。

エジソンは，この新発明品に新たな方式をとりこみ，プリントアウト時のビット単位の送りエラーによる文字化けからのリセットを容易にした新製品を考案，特許を取得，ベンチャー会社を設立した。彼は，ウェスタン・ユニオン社にこの会社を売却，そこで得た資金で，ニュージャージー州ニューアークに自身のマシン・ショップを設立した。

彼は，独学であるがゆえの理論面での不足をおぎなうために，何人もの専門家を雇い入れた。実にこの時，個人の創意と，民間マシン・ショップの協力による「発明」から，系統的な「開発」への変容が開始されたといってよい。

産業技術の大枠が定まった分野においては，巨大な開発システムは有効である。だが，そのマーケットも，それどころか，使い道さえも不明な新しい技術においては，「個人」と，昔ながらの発明家気質が有効となる。

エジソンは，1876 年，同じニュージャージー州のメンローパークにより大規模な研究所を設立するが，それ以前のニューアーク時代から，せっかくの試作品が稼動しなかったときに，彼が放つ決まり文句があった。

「さあ，南京虫をつぶしにかかろうか！」

南京虫すなわちバグ。電信オペレーターの世界では文字化けなどの障害を指して広く使われていた。このエピソードからうかがえるよう

❷ 1876年エジソンが設立したメンローパーク研究所

に，エジソンはその他の多くの発明家とともに，最初のハッカー・コミュニティから巣立っていたのである。

B──資本と発明：開発のシステム化と新世代の「発明家」たち

❶──企業内研究所：発明から開発へ

　エジソンのその後の活躍と，国民の英雄化については語るまでもない。だが，「メンローパークの魔術師」の呼び名は，彼が一個の発明家ではなく，エジソンというブランドの研究所のリーダーであることを忘れさせてしまう。

　19世紀も末になると，カレッジ以上のクラスの高等教育機関で学んだエンジニアの数は急速に増大してゆく。1880年に設立されたアメリカ機械技術者協会（ASME）と，1884年に設立されたアメリカ電気技術者協会（AIEE）とは，従来の周縁テクノロジーを，制度化された学界に認知させるにあたり大きな役割を果たすこととなった。1896年には，110もの工学教育カレッジが存在し，工学を学ぶ学生の数も1890年の1,000人から1900年には1万人にも増大している。

　教育の成果もあって，エンジニアの絶対数もまた増加の一途をたどった。1880年には7,000人が記録されたプロの技術者の数は，1926年には13万6,000人となり，1930年には22万6,000人，1940年には26万人，1950年には50万人，1980年には80万人が記録されている。

　しかし，エンジニアのこうした増加は，その職能のライン業務化をうながす。

　エジソンのメンローパークを先駆として，1900年にはゼネラル・エレクトリック社が大規模な企業内研究所を設立，I. ラングミュアやW. D. クーリッジによるタングステン電球や真空管の研究が行われ，のちにふれるラジオ放送の時代の覇者となる準備を整えた。

　1911年には，デュポン社が，従来の小規模な社内研究所を拡大させた総合研究所を設置，プラスティックや化学繊維などの新素材の商品化に大きく貢献する。1935年，同社でナイロンを完成させたウォレス・カロザーズが，企業に管理される研究体制に絶望し，1937年に自殺した事件は，企業内研究所のかかえる大きな矛盾を象徴している。

　また，AT & T社とウェスタン・エレクトリック社は1925年にベル研究所を設立，これ以前から社内で本格的に進められてきた基礎研究を含む研究開発を本格化させる。ベル研は独占に甘えることなく最新の通信技術開発に努めたが，AT & Tと系列の電話会社は，こうした新技術を積極的に市場に投入したわけではなかった。独占状態では，革新は必ずしも必要とされないのである。

　ボックス・カメラで写真の普及に大きな役割を果たしたイーストマン・コダック社もまた，1912年にイーストマン社を設立した。カメラ用の，またのちには映画用のフィルムの基本特許をにぎったコダックは，こうした大型研究所を用いて，無数の周辺特許を確保，以後，ほぼ完全な独占体制を確立することになる。

　そして，コダックが活用し，エジソンも用い

た，企業内研究所による大量の関連特許取得というテクニックは，個人あるいは小規模のベンチャー企業による「発明の夢」を打ち砕いてゆくことになる。

アメリカにおける特許権の仕組みとその特異性については省略するが，ほかならぬエジソンは，例えば白熱電球や発電・送電に関係する，およそありとあらゆる特許を出願し，1887年には，特許権を獲得したものだけで345件，出願中のものもほぼ同数あったという。エジソンは，こうした権益を守るために，競争会社との間で徹底した法廷闘争を行い，1885年から1901年までの間に200万ドルもの訴訟費用を投じたということである。

のちのハッカー・テクノロジーとの比喩でいうなら，エジソンは，ハッカー的なコミュニティーから出発，ベンチャーでの成功とともに，独占により後進の道を奪うビル・ゲイツやスティーヴ・ジョブスの道を選んだことになる。

❷──無線という名のニューメディア

1888年，ドイツのハインリヒ・ヘルツによって存在が確認された電波（ヘルツ波）は，通信線なしの電信システムが，ごく近い未来に実現できるのではないかということで注目を集めた。結局，最初に実用化に成功したのは，科学アカデミズムの世界にも，大企業にも属さない個人，イタリア人のグリエルモ・マルコーニだった。

彼は1895年に1.5kmの送受信に成功したのち，イギリスに渡って出資者をつのり，1897年には英国マルコーニ社を設立，1899年には英仏海峡横断交信に成功した。さらに1901年には，大西洋の向こう側のニューファウンドランド無線局を設置，大西洋横断交信にも成功する。派手なパフォーマンスで世界の注目を集めたマルコーニは，1901年にはベルギーに，

❸無線技師養成のためニューヨークに設立されたマルコーニ無線学校

1903年にはカナダとフランスにと，各国に現地会社を設立，本格的な国際事業化を展開していった。

だが，冷静に技術面でのマルコーニの仕事をみたとき，その功績の度合いは意外に低い。そこで，特許権の問題が，国家の権益との関係の中で問題にされることとなった。しかし，マルコーニ会社の包囲網は，そうした国家権益がからんだ特許紛争をともないつつも，いやおうなしに地球規模で拡大してゆくことになった。電信では不可能な，船と船，船と港を結ぶ通信システムとして，マルコーニの無線は主に使われることになった。

だが，独占は進歩を阻害する。マルコーニは，その無線システムを，オペレーターごとのレンタルという形で船会社などに提供した。無線機もマルコーニのものなら，技士もマルコーニの社員。このシステムは，第1次大戦を境に，国家自体が対処に乗り出す大問題となったが，もうひとつ，技術の進歩の遅滞という事態をももたらすこととなった。

しかし，歴史は繰り返される。もちろん，それは大きな変奏をともなったものだったが……。

❸──アマチュア無線という名のハッカー文化

1906年，アメリカの科学雑誌『サイエンティフィック・アメリカン』に1つの広告が掲載された。

無線機の組み立てキットの通信販売である。広告の主はヒューゴー・ガーンズバック。親族が故郷のルクセンブルクで科学実験機器の製造ならびに販売を行っており，彼は同社のつてで，ヨーロッパからアメリカへの実験機器の販売を仕事としていた。モースやエジソン，ベルらが活躍する舞台となったマシン・ショップの伝統のうえに，彼のビジネスは成り立っていたわけである。

ちょうどこの頃，アメリカでは大衆向けの技術雑誌のブームが起こっていた。1848年に創刊された『サイエンティフィック・アメリカン』は，今日の同誌（日本語版は『日経サイエンス』）が，科学者が自らの研究テーマを書きくだいて解説するという形態の純然たる科学雑誌ではなく，大衆向けの「発明雑誌」であった。世紀の変わり目とともに，この陣営には，さまざまな大衆科学（ポピュラー・サイエンス）誌が加わってゆく。

かつて，電信技士という原ハッカー・コミュニティは独学で，あるいは企業内で科学技術を学び，ハッカー的な共同性をプロとしての仕事の中で獲得していた。しかし，普通教育の普及と就学年齢の増大は，趣味としてテクノロジーに加わる新たなコミュニティを生みだしつつあった。そうした人々の多くは，子供にガレージや屋根裏部屋のような個室を与えられる中産階層以上の男性の青少年であり，実験家（エクスペリメンター）と俗称された。

特許権からすればギリギリのはずだが，マルコーニ社は，このちっぽけな会社と紛争を起こすことはなかった。好調な売り上げにこたえ，また，立派な装丁のカタログが好評だったためもあり，ガーンズバックは1908年には，無線技術を中心とする独自の大衆科学雑誌を創刊する。ほぼ同じ頃には，1906年に考案された鉱石検波機も流通にまわるようになり，こと受信に限れば，アマチュアが無線を愉しむにあたっての壁も低いものになっていた。

その後のアマチュア無線家たちの増大のありさまは，ある時点までろくなデータがない。1910年にガーンズバックが自分の雑誌を母体に組織化した「ワイヤレス・アソシエーション・オブ・アメリカ」の場合，会員数は自称10万人に達しているが，これがあながちまったくのホラであったわけではないことが，翌1912年には明らかとなる。

❹──タイタニック号と無線クラッカー

きっかけは，1912年4月14日におきたタイタニック号沈没事件である。この事件においては，アマチュア無線によると思われる，現在ではクラッキングと呼ばれる行為が問題となった。伝言ゲームで伝えられた現場からの情報に偽のものがまじり，新聞の一部が，ほとんどの乗客が生還との報道をしてしまったのである。はたして意図的な偽情報なのか？世論はまさにそうだと感じた。そして，犯人はアマチュア無線家である，と。

すでに散発的ではあるが，アマチュア無線の弊害は問題になりかけていた。徹夜でリアル・タイムの交信（現代のチャット）を行う子供たちの学校での居眠りや健康面への憂慮，暗号化されていない信号を傍受，最新ニュースを仲間に伝えるために多数の交信が行われ，混信状態により，船会社や通信社，軍の業務に支障が出るなどなど。

議会では，アマチュア無線問題に関する公聴会が開かれ，マスメディアもアマチュア無線問

日常生活を変えたガジェット

　ほとんど，とるに足らないようなガジェットが，実のところ人々の生活を決定的なまでに変化させてしまったということが，アメリカでは少なくない。そのいくつかを見ておこう。

　●ショッピング・カートと紙袋──アメリカからはじまって，世界中に広がった消費スタイルに，スーパーマーケットでの消費がある。

　アメリカでスーパーが拡大していったのは，1930年代のことである。経済恐慌の中にあって，消費者は価格の低い商品を求めていた。また，30年代はアメリカではすでに自動車が普及しており，大量の商品を運ぶことが可能になっていた。1920年代頃から加工食品や食品保存の技術が向上しており，生鮮食品の扱いが容易になった。そうしたさまざまな要素を背景にスーパーが出現したのである。

　このスーパーで，大量にものを消費させることを促進した道具がショッピング・カートだ。それを最初に考案したのは，シルヴァン・N. ゴールドマンというオクラホマで食品店を経営していた人物だ。それは，まさにスーパーの数が増大していった時代，1936年に考案され，37年から使われるようになった。ゴールドマンは，折りたたみ式の椅子からヒントを得たという。カートは，次々に重ねることができるようにデザインされている。現在，アメリカで使われている「ネスト・カート」と呼ばれるものは戦後，1947年から使い始めたものである。

　カートの導入によって，人々はそれまで以上に大量消費することになった。1955年雑誌『ライフ』（1月3日号）は表紙をカートの写真でかざり，「マス・ラグジュアリー」（贅沢の大衆化）と語っている。カートは大量消費社会の象徴になったのである。最初のショッピング・カートはスミソニアン博物館に陳列されている。

　スーパーでの紙袋の使用は，買い物袋を用意しなくとも，ほんの気分次第で買い物ができるようにした。チャールズ・スティルウェルが，1883年に機械でつくる紙袋の特許をとった。これが現在の紙袋のはじまりである。

　それ以前の紙袋は手で糊を貼ってつくったものであった。また底の形状がV字型になっており床に置いても自立できず，折りたたむのできないデザインであった。スティルウェルの紙袋のデザインは実に簡潔なもので，この紙袋は「S・O・S」とも呼ばれた。つまり袋を手にしてほんのひと振りするれば袋全体が開くSelf-Opening-Sackだというのである。この紙袋がアメリカで実際にブームになるのは1930年代のことだ。スーパーマーケットの出現がその要因となった。

　●紙コップ──20世紀は使い捨ての文化を生みだした。それを最も早い時期に実現したのはアメリカだ。例えば，その典型である紙コップ（デキシー・カップ）が考案されたのは1908年のことだ。当初は紙コップそのものが商品として販売されたのではなく，1セント・コインを入れて紙コップで水が飲める販売機がつくられたのである。

　ヒュー・ムーアという人物がアメリカン・ウォーター・サプライ・オブ・ニューイングランドという会社名でこの販売機を商品化した。そして，すぐに彼は紙コップそのものが商品化できることに気づいた。ちょうどその頃，カンサスの列車に備え付けられた共同コップから結核菌が発見され，カンサス州ではブリキ製共同コップの使用が禁止になる。やがて，次々に共同コップの使用禁止が広がり，結局，紙コップが導入されていった。

　つまり，わたしたちの使い捨て文化を生み出したデザインの出現の要因のひとつは，「衛生」という観念からだ。この衛生観念は20世紀のわたしたちの文化の中で次第に過剰なものになっていったということも特徴的なことだ。

　使い捨てということでは，シェーバーの刃，あるいは使い捨て型のハンカチであるティッシュなどもアメリカの発明である。　　　　［柏木　博］

題を大々的に報道した。その結果，アマチュア無線の現状も次第に明らかとなった。『ニューヨーク・タイムズ』紙の調査によれば，この年1912年の時点で，ニューヨーク市周辺だけでも122もの無線クラブが存在し，生身ならびにヴァーチャルな会合が毎日のように開催されていた。同紙の見積もりによれば，アマチュア無線家の全国総数は少なくとも50〜60万人にも達するだろうとのことだった。

さて，1914年に始まった第1次世界大戦は，アマチュア無線家たちを潜在的なスパイと見なす世論を作り出してしまった。潜在敵国であるドイツのUボートによるアメリカ沿岸での活動，とりわけ，国内のスパイとの通信や工作員の潜入に利用されるのではないかとの邪推がまかりとおったのである。

1916年にはすべての無線局が認可制となった。認可制の威力は明らかで，第1次大戦後1920年のデータによれば，認可を受けた局の数は6,100局にまで低下しているが，それでも商用軍用無線局総数の15倍に達している。そして，1917年2月のアメリカ参戦と同時に，全国のアマチュア無線局の機材が，当局の指示により封印される。

しかし，欧州戦線への兵力投入は，事態を逆転させる。海軍でも陸軍でも，新しい時代の新しい戦争には不可欠の無線通信兵の数が圧倒的に足りなかったのである。アマチュア無線家たちはこぞって，志願入隊し，ニュー・メディアを用いた戦争におけるニュー・タイプのヒーローとなった。

❺——ラジオという大衆マーケット

無線実用化の初期から，音声通信の試みは繰り返し行われてきた。しかし，音質の良い送信にはすぐれた増幅機能を持つ最新の三極真空管が必要とされる。第1次大戦の終結によって，そうしたすぐれた機器の多くは余剰物資となった。市販はされていないが，ルートさえあれば入手は可能であった。

そういった状況の中でいちはやく実験的なアマチュア音声通信を開始したのが，ウェスティングハウス社のピッツバーグ工場の社員であり，大戦中は軍の通信隊向け小型無線機の製造を担当していたフランク・コンラッドだった。

1920年，彼は自宅の局から毎週土曜の夜に，近在の同じアマチュア無線家向けに，音声で話しかけ，また，最新の音楽をレコードで流すという試みを開始した。三極管がなくとも，鉱石検波機で通信の聞き取りは可能だが，逆に音声を発信できるアマチュアはほかにほとんどなかったから，この通信は一方的なものだったが，コンラッドによる「放送」はアマチュア無線家ばかりでなく，その家族や知人の人気を呼ぶこととなった。

コンラッドの放送によって，受信機，おそらくは鉱石検波機の売り上げが伸びたことをきっかけに，同じ年の10月には，地元のデパートが音声通信を用いた受信専用機の宣伝活動を開始した。これに注目したのが，ウェスティングハウス社の幹部社員ハリー・P. デイヴィスで，彼は会社上層部を説得，コンラッドを主任として，新たな発信専業無線局の設置を推進した。局の運用にかかる費用は，ウェスティングハウス社自体が販売する受信専用機，のちにラジオという名を与えられる商品の売り上げでまかなえると見込んだためである。

1920年11月2日，この新しいラジオ放送局KDKAは，最初の放送を開始した。内容は選挙速報であり，あらかじめ，デパートなどには通知が行われていた。このラジオ放送は圧倒的な人気を呼び，ほとんど即座に定時放送へと発展していった。「プログラム」に従ったこのシステムは，明らかに，マニアのみに向けられていたそれまでの実験的な放送とは異なるものだ

った。1922年の受信機の売り上げは6千万㌦，1923年は1億3,600万㌦，1924年には約4億㌦に達した。

やがて，ガーンズバックのそれも含め，全国に乱立したラジオ局は，局そのものの経営は赤字状態だったために廃止統合整理され，市外電話回線を用いた全国規模のネットワークへと再編成されてゆく（⇨ 88 ラジオ B）。

C──収容所テクノロジーから
　　ビッグ・サイエンスへ

❶──収容所テクノロジー：
　　マンハッタン計画とV-2号

第2次大戦は，科学技術開発への国家の参入を決定的なものにした。短波長レーダーやジェット機など，国家レベルでの「開発」が不可避とされた兵器類は多々あるが，なかでも代表的なのはアメリカの原爆とドイツのV-2号であろう。

原爆開発のために1943年に本格的に開始されたマンハッタン計画は，軍と科学界の密接な連携のもとで行われた。一方，ドイツのV-2号（正式なロケット開発名はA-4）は，これとは対照的な経緯をたどって国家プロジェクトとなったが，両者には多くの共通点があった。

その最大の特徴は，科学者や開発担当の技術者同士の自由なコミュニケーションを確保しつつ軍事機密を厳守するために，関係者を一般社会から遮断された環境に隔離したことである。完全に閉ざされた空間における「自由」な研究開発。それは「収容所テクノロジー」と呼ぶべきものだ。マンハッタン計画ではロスアラモスの急峻な台地の上に，一方V-2号開発ではバルト海沿岸の寒村ペーネミュンデに開発者たちは集められ，そこで全生活を過ごすことを強制

された。

もっとも，企業どころか，科学技術開発の国家による独占・寡占という第2次大戦後の米ソで実現した事態からすると，V-2号開発の場合，軍隊側はワルター・ドルンベルガーが，技術者側はウェルナー・フォン・ブラウンがリーダーを務めるという，異様な出発点を有するといえる。

それは，在野の研究者を中心とした「宇宙旅行協会」を名乗る団体の中核をスカウトしたものだったのである。まったく新しい技術には既存の専門家もいないし，基礎研究に寛大な企業内研究所でも多大な資金を獲得できるわけではない。ロケットの弾道弾（ミサイル）への応用を担当していたドルンベルガーは軍内でろくな研究が行われていなかったために，技術面で優秀なスタッフを軍にとりこんだのである。リーダー役となったフォン・ブラウンはこのとき20歳にすぎなかった。そう，ここにもまた，原ハッカーたちのコミュニティーが存在していたのである。

第2次大戦の終結とともに，アメリカでは強固に進められていた軍産学複合開発体制が，いったんはほぼ解体される。しかし，米ソを柱とする東西対立は，軍，学，産業一体となった，収容所的な軍事機密における科学技術の研究開発体制を復活させることになった。

フォン・ブラウンといえば，渡米後，最初にして唯一の有人月旅行を目指したアポロ計画を推進したことで知られるが，宇宙開発は少なくとも1960年代の末までは，長距離ミサイルによる核戦争という現実と裏表の関係にあったことを忘れてはならない（⇨ 59 宇宙開発 B，C）。

❷──汎用コンピュータという不幸

デジタル・コンピュータは，第2次大戦に

おける砲弾の弾道の高速計算，暗号解読などを目的とした軍事関連のプロジェクトの中から誕生した。一般には，1946年に公開されたアメリカのENIACが大きな反響を呼んだが，プログラム内装式の本格的なデジタル・コンピュータは，1949年に完成したイギリスのEDSACによって実現している。

1950年には，研究者によるベンチャー会社から最初の商用コンピュータUNIVAC-1が発売され，1952年には，IBMもこれに追随，当時のコンピュータの値段の高さと巨大さからすると驚くべき速度で，民間にも普及してゆく。

ただし，これには理由があった。保険会社や銀行，商社，鉄道会社などでは，これ以前からすでに，1890年代に開発された機械式の情報処理装置（作表機＝タビュレータ）を利用していた。厚手のカードに何列もの穴をあけ，デジタル符号で情報を記録，これを分類・検索などに使うというものだった。

国家規模で開発されたデジタル・コンピュータには，このパンチカードとその周辺システムがそのまま転用されていた。高速で，しかもいったん磁気テープに保存すれば，パンチカードの何千分の1の保管スペースですむ。従来のタビュレータのユーザー層には魅力的である。

だが，こうした形での実用化は，大きな弊害を生んだ。例えば大学などでは，研究者はあらかじめ膨大なパンチカードに専用のタイプライターでプログラム用のデータを打ち込み，大型コンピュータの管理センターの職員に手渡し，空き時間にこれを走らせてもらう。必然的に生じるプログラム上の誤り（バグ）でマシンが停止すると，パンチカードの束は研究者に返却され，その誤りを訂正してから，また同じ作業が繰り返される。このありさまでは，保険会社などの定型業務ならともかく，コンピュータの情報処理能力をフルに発揮することはとうていできない。

そこで，1948年には早くも，リアル・タイムでディスプレイを介して対話しながら作業を進める方式のコンピュータの開発が，マサチューセッツ工科大学を舞台に始まった。

ただし，ここでもうひとつの不幸がおそう。深まりつつある冷戦体制下における軍事機密の壁である。

❸──ワールウィンドから「マウス」へ

ワールウィンドと名付けられた新方式のコンピュータの研究開発は，1948年に海軍の資金援助のもとで開始されたが一応の成果を上げた時点で，今度は空軍がスポンサーになることとなった。

1949年，ソ連が原爆実験に成功したのに対抗するため，1950年米空軍は，ソ連の爆撃機が飛来するだろう北方防衛用のレーダー網と，これらをデジタルで結ぶ，のちにSAGE（半自動地上環境，すなわち地上でのレーダー情報統合）と呼ばれることになるシステムの建造を決定した。そのための原型コンピュータとして選ばれたのがワールウィンドだったのである。

ワールウィンドは円形のディスプレイ（レーダースコープと同じもの）に映った映像に，「ライトガン」（今日のライトペン）でマーキングし，敵味方や不明機，民間機の便名を専用のキーボードを介して表示させることができた。

リアルタイムで，しかも，グラフィックなインターフェースで作業できるこのコンピュータが，もしも民生用に開発されていたなら，コンピュータとネットワークの歴史は変わっただろう。

SAGEシステム用の改良型コンピュータは，IBMのもとで実際の製造が行われ，1958年から1965年にかけて設置された。しかし，民間への技術移転は，軍事機密の壁によって遅れ

た。IBMにより，航空会社のチケット予約用の全国規模のネットワークが建造されたのは，ようやく1964年になってからだった。

そうした状況の中で，パーソナルなコンピュータの実現を目指す2つの新しい流れが生まれてくる。ひとつはネットワークを用いて，遠方から複数の人間が同じコンピュータを使用できるようにしようという「タイムシェアリング」であり，もうひとつは，ワールウィンドのあとを継ぐ，リアルタイム操作環境でより使いやすいインターフェースを実現しようという「リアルタイムコンピューティング」だった。

前者は1957年にスプートニク・ショックを受けて設立された，ARPA（高等研究計画局，現在のDARPA）という，国防総省直轄で，軍学複合体制のもとで，直接の兵器開発に結びつかないものも含む研究に出資する機関の電子部門の局長によって，全世界のすべてのコンピュータをネットワークで結び，その情報処理能力を共有するという「銀河系間ネットワーク」構想へと発展してゆくことになる。

この構想には1960年代半ばにゴー・サインが下され，とりあえずたった4ヵ所を結ぶものであるが，分散処理という新方式のネットワークが1969年には設置されることになる。いわゆる「インターネット」の直系の先祖ARPANETである。ただし，ARPANETは，独自の接続方法をもつ，全米規模ではあるが孤立したネットワークであった。

同様の分散処理ネットワークは，1970年代に入ると，企業向けにベンチャーとしてもサービスを開始し，また，欧州や日本をはじめとした全世界で独自の孤立広域ネットワークが稼動を開始した。

一方，そのDARPAの資金援護のもと，スタンフォード大学の研究所（現在は独立してスタンフォード研究所）では，先進的なインターフェースの研究が進められた。マルチスクリーン，文字情報とグラフィック情報の混在，さらには，独自の電子メール・システムなども画期的であったが，最も注目すべきは，「マウス」という操作用の道具の発明だった。

スタンフォード研究所での研究は，1970年代になると1970年設立のゼロックス社のパロアルト研究所に受け継がれ，マウス，ウィンドウ，ポップアップ・メニューなど，現在のマックやWindowsと寸分たがわぬインターフェースを有するパーソナル・コンピュータ（現在の呼び名ではワークステーション）「アルト」が1974年には完成する。しかし，ゼロックス社は，企業的な体質もあって，はるかのちの1981年になるまでこのワークステーションを商品化できなかった。

そして，その間に「パーソナル・コンピュータ」は，まったく別のシステムに対する呼称として定着することになる。

❹──パソコンとデジタル・コミュニティ

1970年代に入ると，軍と国家，巨大企業による研究開発から阻害されてきた個人にも文字通りのパーソナル・コンピュータを製造，あるいは入手できる環境がととのうことになった。

従来のコンピューターの心臓部分を一枚のチップに集積したマイクロプロセッサーが考案され，とりあえずの使い道のめどがたたないまま市販されることとなったのである。4ビットという低能力の4004につづき，1972年にインテル社から発売された8008は，長く「発明の夢」から遠ざけられていた実験マニア（エクスペリメンター）たちに再度の活躍の機会を与えることになった。1975年のALTAIR，1977年のAppleIIと陸続として発売されていった「パーソナル・コンピュータ」の市場をになったのは，「ハッカー」と呼ばれる，60年代のヒッピー文化からの直系の電子オタクたちだっ

コピー機の発明とオフィス革命

アメリカで産業革命が進行しつつあった19世紀半ばが、グーテンベルク以来の活版印刷技術にも、大量印刷が可能な輪転印刷機が導入され、大部数の新聞や大衆向け雑誌のマーケットが確立されていった。しかし、活版印刷技術は大量に同じ内容の文字情報を刷るには適していたが、手間もコストもかかるため、数部からせいぜい数十部のコピーを得るには不向きだった。

例えば、ビジネス用に記された手紙とまったく同じコピーを、控えや同時送付のために何部か作ることはできないだろうか？ 実は、英国ならジェイムズ・ワット、アメリカの場合は、自身、印刷業にたずさわっていたベンジャミン・フランクリンを筆頭に、ジョージ・ワシントンやトマス・ジェファソンによって、そうしたマシンはすでに使われていた。

これはグーテンベルクが印刷に転用したのと同じプレス（圧搾）機を利用したもので、主として専業のコピー担当書記が、原紙に専用の浸透性の高いインクで手紙を書き、クッション上に、下から油紙、さらに数枚から20枚くらいのコピー紙、記入ずみの原紙をこれは裏表逆さに置いて、もう一度油紙をしき、さらにクッションを重ね、プレス機で押して、インキをコピー紙に浸透させてやるというものだった。

だが、1850年頃からは、もっとシンプルなコピー方式が、オフィスに導入される。1806年、英国のラルフ・ウェッジウッドは、本来は、彼の製造販売するウェッジウッド磁器に、同じ紋様の下書きをつけるために作られたカーボン紙（carbon paper）の特許を取得する。しかし、時代的な事情もあったのだろう、これがオフィス用に使われるようになったのが1850年頃だったのである。

さらなる変化は1870年代に訪れた。1870年には、濃いインクで紙に文字や絵を描き、いったんゼラチン質の湿った素材に転写、やはり湿った紙をおき、ローラーで押して文字を「表向きから裏向き、裏向きから表向き」という順番で転写する「ヘクトグラフ」（hectograph）という改良版プレス・コピー機が登場する。さらに1874年には、厚い原紙に穴をあけ、ステンシルを作り、ローラーで下に置かれた紙にインクを転写する「パピログラフ」（papilograph）がイタリアのE. ズッカートによって発明され、1876年には今度は、トマス・エジソンによって、電気モーターつきの専用ペンの先端を上下に振動させて、蠟引きの原紙に細かな穴をあけてゆく「ミメオグラフ」（mimeograph）の特許がとられる。

やがて、鑢（やすり）目をほどこし、焼き入れした固い鉄板の上に原紙を置き、尖った鉄筆で文字や絵を刻めば、エジソンの用いた電気式のペンなぞ必要がないことがわかり、簡易型孔版ステンシル印刷機はアメリカやイギリスで次々と商品化され、普及してゆく。

カーボン紙は、1874年にレミントン社からタイプライターが発売され、1880年代に入ってオフィスに普及すると、数部単位の複写には必須の道具となっていたが、1890年頃には、タイプラ

❹ゲステットナーのオフィス用軽印刷機［アメリカでは軽印刷機のことも「デュープリケイター」と呼ばれ、つまり複写機の一種とされている。］

イター用の原紙が考案されたこともあり，さらにのち，「謄写版」の名で日本において独自の発展をとげる孔版ステンシル印刷機は広く普及することになる。

こうして，20世紀の初め，1910年頃までには，少部数のコピーはカーボン紙とタイプライター，数十以上のコピー，つまり，日本でいう軽印刷は，専用のインク・リボンと原紙を用い，シンプルな絵柄なら手書きも可能な新世代ヘクトグラフか，タイプ原紙用の輪転式孔版ステンシル（ミメオグラフ）という使い分けが成立するようになった。

1930年代にいたると，ヘクトグラフやミメオグラフは大衆的にも普及，SFなどの分野で新しい時代の同人誌作りの道具として珍重されることになる。インダストリアル・デザインの祖として知られるレイモンド・ローウィの初期の重要な仕事のひとつが，オフィス用の，手が汚れないですむ輪転式ミメオグラフだったのは偶然ではない。

ただし，精密な図版複写が必要とされる建築図面や機械設計図面作りの世界では，相変わらず，1849年に写真の現像焼き付け用に考案されたシアノグラフ，いわゆる青写真がそのまま使われていた。液体の現像液を用いる青写真は，作業に手間がかかったが，文字や画像を精密に複写できる道具は，まだほかには見当たらなかったのである。

一瞬にして画像や文字を自在に，しかも精密に複写できるシステムは実現できないだろうか？1938年，アメリカのチェスター・カールソンは，光をあびると電気が流れるというTVカメラなどにも使われた光電子効果に，静電気によるデータ保存を組み合わせた画像複写システム「ゼログラフィー」(xerography)を考案する。

しかし，画像の複写という特性のみに注目が集まったこともあって，現在のゼロックス社により，彼の発明が商品化されたのはようやく1950

❺ C. カールソンと最初のゼログラフィー・マシン

年になってからだった。しかも，その目的は，複写ではなく，オフセット印刷という大量印刷技術の刷版にフィルム上に記録された画像を転写，製版に利用するというものだった。

本当の意味で新しい発明は，発明されて以後にはじめて，その用途が発見される。

1959年，オフィス用に発売されたゼロックスのコピー機は，普通の紙にコピーできることもあって，またたく間に広がってゆく。ただし，買い切りではなく利用量に応じた課金レンタル制度をとるゼロックス社の方針もあって，めんどうな原紙作成が必要なタイプ印刷機やポータブル青写真機（湿式コピー機）もまた，1970年代までは生き延びた。

しかし，パテント切れを待って日本などで独自に電子コピー機が生産され，コストが下がったこともあって，ゼロックスに代表される電子コピーは，1970年代末までには，オフィスどころか日常生活必須のアイテムとなった。

簡便なコピー・マシンは20世紀初頭の第1次オフィス革命を支え，さらには，電子コピーという形で，1960年代以来のオフィス・オートメーションの原動力となったのである。

［永瀬　唯］

た。

　こうした状況下で，ビル・ゲイツやスティーヴ・ジョブスをはじめとするパソコン・ベンチャーが活発な活動を見せたが，それについては「92サイバーカルチャー」で詳述されているため，そちらを参照されたい。

　現在のインターネットが1990年代半ばに完成したとき，その利用人口の過半は，実はARPANETとはまったく別系統のデジタル・コミュニティに属していた者たちだった。

　ARPANETではない，しかもオープンなネットワークは，おおむね3つに分類できる。

　まず，1978年にはARPANETの存在も知らぬままに，シカゴのPCハッカー，ウォード・クリスチャンセンとランディ・スースによって，電話回線を用いたパソコン用電子掲示板（BBS）ソフトcBBSが開発され，無料ソフト（PDS）として頒布され，全国のハッカーの間にローカルなBBS（パソコン通信）ブームがわきおこる。

　翌1979年にはcBBSにならった商用で全国規模のBBS，「ザ・ソース」が運用を開始する。さらにさまざまな会社がこうした商用パソコン通信サービスを開始，ネットワークは一般市民のものとなってゆく。

　一方，同じ1979年に，ニューズグループと呼ばれる一種の電子掲示板を利用するコミュニティを実現したのはUSENETで，ARPANETのサービスを受けられない大学や研究機関向けに一般電話回線による接続を用いたネットワーク機能を提供することとなった。基本となったのは，発明の権利の関係で研究者学生向けの無償版が存在していた基本ソフト（OS），バークレー（カリフォルニア大学バークレー校）版UNIXで，同梱されていた一般電話回線利用のネットワーク構築機能を用い，ノースカロライナ大学らのグループによって，実験的な運用が始まり，やがて，市民向けのパソコン通信と同様に，爆発的に普及，しばらくのちにはARPANETと電子メールのやりとりもできるようになった。

　こうして，1980年代に入る直前には，選ばれた大学・研究機関向けのARPANETと多くの中小規模の大学・研究機関をつなぐUSENET，さらに地域的な草の根BBSに加えて全国規模で誰でも入れる商用BBSという，4つのネットワーク・コミュニティが成立することになる。

　ARPANETの機能は全米科学財団（NSF）に受けつがれるが，1990年代に入るまでは所属機関のない個人や商用の利用は規制されていた。だが，ARPANETではごく初期から異種の接続手続きを採用する広域ネットワークをゲートウェイというマシン経由で，完全に近い形で接続するTCP/IPという約束事（プロトコル）を開発しており，USENETにも公開の後，1983年元旦にこの方式へと完全に切り替える。

　これが，あくまでもアカデミックな，また政府関係のユーザーにしか門戸を開いていなかったARPANET/NSFNETの意味合いを変えることになる。

　ゲートウェイによる接続は，接続先が別のネットワークであることを意識させない。アナーキーな形でNSFNETへの接続は拡大し，国家による管理と統制，所属機関のない個人や商用の利用の禁止という建前は1990年頃からじわじわと自壊を始める。インターネットの便利さを痛感した民間業者は，それまでNSFNETに頼っていた全米規模のバックボーン回線を独自に設置しはじめ，規制は意味を失う。

　こうした現実からすると，1993年に時の副大統領アル・ゴアがぶちあげた「情報スーパーハイウェイ構想」がネット関係者の間でいかに噴飯ものとされたかがよくわかる。NSFNET

が管理していた国有のバックボーンは，ゴアの演説とは逆に，1995年には廃止され，ネットワークをつなぐネットとしての「インターネット」は，完全に国家による管理統制から解き放たれることになる。

こうした「戦い」を反統制の立場から展開したのは，かつてのヒッピー直系の在野ハッカーである起業家たちであり，奇跡のような過程で実現したグローバルでオープンなネットワーク上には，まったく新しいマーケットが展開されることになる。

ことパソコンそのものに関していえば，19世紀末に，個人の発明から企業内研究所による開発への転換が行われたのと同様の寡占化が，現在ではほぼ完結し，1970年代後半から1980年代にかけての「発明への夢」はまたもや失われたかにみえる。しかし，ブラウザー技術の導入による一応の完成からまだ10年を経ていないインターネットについていえば，「発明への夢」はまだ終わってはいない（⇨ 92 サイバーカルチャー）。

■さらに知りたい場合には

Israel, P. *From Machine Shop to Industrial Laboratory — Telegraphy and Changing Context of American Invention, 1830-1920*. Johns Hopkins Univ. Press, 1992.

Wachhorst, W. *Thomas Alva Edison, an American Myth*. MIT Press, 1981.
　［この2冊は，「アメリカの神話」としてのエジソンについて分析したもの。］

ミラード，A.（橋本毅彦訳）『エジソン発明会社の没落』，朝日新聞社，1998.
　［エジソン発明会社に見るベンチャー企業の栄光と没落。］

Layton, E. T. Jr. *The Revolt of the Engineers — Social Responsibility and the American Engineering Profession*. Johns Hopkins Univ. Press, 1986.

Douglas, S. *Inventing American Broadcasting 1899-1922*. Johns Hopkins Univ. Press, 1987.
　［原ハッカー文化としてのアマチュア無線コミュニティに関する先駆的な研究書］

レビー，S.（古橋芳恵・松田信子訳）『ハッカーズ』工学社，1987.
　［ハッカー文化に関する在野からの壮大な文化史。原著は1982年発行。発表年代の関係でデジタル・ネットワーク文化について触れられていないのがおしい。］

アバテ，J.（大森義行・吉田晴代訳）『インターネットをつくる』北海道大学図書刊行会，2002.
　［原著は1999年発行。インターネットの歴史書も「逸話」から「実証」へとようやく進化しつつある。政府・軍・アカデミズムの占有物だったインターネットがいかなる「戦い」の中で，国籍さえ問わぬ人民のネットになったかについては，アスキー社の『インターネットの起源』（K. ハフナー, M. ライオン著，2000，原著1996年）も併読を。］

59 | 宇宙開発
Space Exploration
金子隆一

かつてJ. F. ケネディは「1960年代末までに宇宙飛行士を月面に送り込む」ことを公約し，宇宙こそ新たなフロンティアであることを内外に宣言した。このアポロ計画によって月に人類最初の足跡を残す栄誉に浴したのがアームストロングをはじめとするアメリカ人クルーであった。ロケット開発の祖ゴダードにはじまるアメリカの宇宙開発は，第2次大戦後ドイツから亡命したフォン・ブラウンらによって，大きく前進する。そして冷戦下，ソ連と激烈な開発競争を経て，ついに世界に先駆けて月面有人飛行を実現することになったのである。冷戦後ソ連の宇宙開発が後退するなか，アメリカはスペースシャトルや惑星への無人探査体打ち上げを成功させた。今や新たなフロンティアへの進出はアメリカの独壇場となりつつある。現在進められている国際宇宙ステーション計画，将来の大目標である有人火星探査計画などアメリカの宇宙開発は今後どこへ向かうのだろうか。

A——黎明期：1910年代-第2次大戦

❶——ロケット研究の先駆者たち

アメリカ独自の宇宙開発の歴史は，ロバート・ハッチンスン・ゴダードが1910年代に行ったロケット研究に始まる。

宇宙開発の歴史を扱った本には，必ず次の3人の先駆者の名前が登場する。

すなわち，宇宙飛行の手段としてのロケットの可能性に初めて着目し，その理論固めを行ったロシアのコンスタンチン・エドアルドビッチ・ツィオルコフスキー，それとは別個に，独自にロケットを構想し，世界で初めて液体燃料ロケットの開発・打ち上げに成功したゴダード，そしてロケットの知識の普及につとめ，ロケット実用化への道を開いたルーマニア（当時ハンガリー領）のヘルマン・オーベルトの3人である。

❷——ロバート・ゴダード

ゴダードは1882年10月，米マサチューセッツ州ウォーチェスターに生まれた。他の先駆者たちと同様，子供の頃から数学と物理学に親しみ，ジュール・ヴェルヌのSFに熱中したと伝えられる。17歳のとき，火星飛行の可能性について考え始め，これがそのまま彼の生涯のテーマとなった。ハイスクール在学中，すでに彼はロケットによる宇宙飛行の可能性や多段式ロケットのアイデアについて論文をまとめている。

1908年，ウォーチェスター工業技術大学を卒業した彼は，地元のクラーク大学で博士号を取得，そのままクラーク大学の物理学教授に就任すると，講義のかたわらロケットの研究に本

格的に取り組み始めた。そして，1919年，著書『超高空に到達する方法』の中で，彼は初めて一般に向けて，ロケットによる宇宙飛行の可能性をアピールする。

この主張に対し，『ニューヨーク・タイムズ』など，当時のマスコミは嘲笑を浴びせたが，ゴダードは決して研究の手を止めようとはしなかった。

そして，1926年3月16日，マサチューセッツ州オーバーンの農場において，ゴダードはついに世界初の液体燃料ロケットの打ち上げ実験に成功する。この時のロケットの飛行時間は2.5秒，到達高度は約12mであった。極めてささやかな成功ではあったが，こうして人類は，宇宙への確実な交通手段を初めて手にしたのである。ちなみに，火薬を使った固体燃料ロケットならば，すでに数百年にわたって使いつづけられていたが，いったん点火したら噴射を止めることのできない固体燃料ロケットは軍用や衛星打ち上げに用途が限られ，有人宇宙飛行には液体燃料ロケットが不可欠である。

その後，ゴダードはスミソニアン協会，グッゲンハイム財団などの資金援助を受けつつ，なおも液体燃料ロケットの改良を続け，1936年には，ジャイロスコープを搭載して自力で姿勢制御を行うロケットの飛行実験にも成功した。このとき，すでに彼のロケットは到達高度約1,400m，飛行距離3,900mを記録するまでになっていた。この姿勢制御システムは，その後あらゆる大型ロケットに引き継がれている。

こうして，ゴダードの実験は1941年まで継続したが，ついに世間は彼のこの業績を理解することなく，その後アメリカ政府が公式に彼の研究を引き継いで，この純国産技術のさらなる育成に努めることもなかった。

しかし，結局アメリカ政府は，1960年に「アポロ計画」をスタートさせるにあたって，ゴダードが取得していたロケットの姿勢制御システムやノズル，燃料加圧ポンプなどに関する特許214件を買い上げ，1969年7月，アポロ11号が月着陸に成功したその日，『ニューヨーク・タイムズ』は，50年前ゴダードの研究を嘲笑したことに対して公式に紙面で謝罪することとなる。

B──スプートニク・ショック：1950年代

❶──ドイツのロケット開発

アメリカでゴダードがただ1人ロケットの研究を続けていたころ，大西洋の向こうでは，ロケットへの関心がより大きなムーブメントとなっていた。ロケット技術のもう1人の先駆者であるヘルマン・オーベルトの1923年の著作『宇宙空間へのロケット』に触発され，ドイツに世界最初の民間宇宙飛行研究団体「ドイツ宇宙旅行協会（VfR）」が結成されたのである。

この組織は，当初純粋なロケット愛好家の集まりで，独自に液体燃料ロケットの開発も始めていたが，1930年代に入ると，ドイツを襲った大不況の影響で資金繰りが苦しくなり，研究も中断の瀬戸際に追い込まれた。

この時，VfRに接近してきたのがドイツ陸軍である。陸軍は資金を提供して軍用ロケットを開発させる話を持ちかけ，これに乗ったのが，当時VfRでロケット開発の指導的立場にいた，当時まだ20歳の大学生ウェルナー・フォン・ブラウンであった。

彼は，1937年以降，北海沿岸の開発センター，ペーネミュンデにおいて，ドイツ陸軍の潤沢な資金のもと，急ピッチでロケット開発を進め，ついに1944年には，彼らの作った世界最初の実戦型中距離弾道弾 A-4（V-2）が実戦に投入され始める。

❶ W. フォン・ブラウン

やがて、ドイツが敗戦を迎えたとき、フォン・ブラウンをはじめとするペーネミュンデの研究者たちは、迫り来るソ連軍の手を逃れ、大量の研究資料とともにアメリカ側に投降した。一方ソ連側はペーネミュンデを接収し、そこから膨大なデータを入手した。

これらの人材と資料が、後に戦後米ソの宇宙開発に多大な影響を与えることになる。したがって、戦後の宇宙開発は、直接にはすべてドイツの遺産をベースに進められたと言ってよい。

❷――フォン・ブラウンと人工衛星打ち上げ

戦後のアメリカのロケット研究は、1946年6月から始まった。ニューメキシコ州ホワイト・サンズにおいて、フォン・ブラウンの指揮のもと、ドイツから接収した300基のV-2号を使って、翌年まで打ち上げ実験が続けられ、大量のデータが収集される。

この頃、米陸・海・空三軍は、それぞれ独自に人工衛星の打ち上げ計画を立案し、研究を開始していたが、47年、国家安全保障法の成立により三軍が国防総省の傘下に入ることとなり、その初代長官となったジェイムズ・フォレスタルは、1948年、初めて公式にこの計画を国家として推進することを表明する。

フォン・ブラウンは、1950年正式にアメリカに帰化し、陸軍の命令により、さらに大型で高性能のロケット「レッドストーン」の開発を開始した。このロケットは、1953年には打ち上げに成功したが、いまだ人工衛星の打ち上げ計画は具体化せず、三軍がそれぞれの思惑にしたがって別々に宇宙計画を進めているのみだった。

❸――ソ連によるスプートニクの打ち上げ

しかし、1957年10月4日、ソ連が史上初の人工衛星「スプートニク1号」の打ち上げに成功すると、アメリカ政府と宇宙開発関係者の間に強い衝撃が走る。この年はちょうど地球観測年にあたり、海軍はヴァイキング・ロケットによる最初の人工衛星「ヴァンガード1号」の発射を予定していたが、同年12月の発射に失敗、ロケットは横転して大爆発を起こし、この後も何度も打ち上げが試みられてはすべて失敗した。

アメリカは威信をかけてフォン・ブラウンに人工衛星打ち上げを委任し、翌58年1月31日、レッドストーンの改良型である「ジュピターC」によって、アメリカ初の人工衛星「エクスプローラ1号」はようやく軌道に乗った。この衛星そのものは、ソ連のスプートニクに比べ、はるかに小型であったが、地球の周囲をとりまく放射能帯「ヴァン・アレン帯」を発見するという成果を上げた。

この年、アメリカは、三軍がばらばらに行っていた宇宙開発を統合して行う組織として、それまで航空宇宙関係の先端技術研究を統括していたNACA（国家航空評議委員会）を改組し、新たにNASA（アメリカ航空宇宙局）が発足した。以来この組織は、世界最大の宇宙開発機関としてこの分野をリードしてゆくことになる。

C——アポロ計画：1961-72年

❶——有人宇宙飛行計画

　いわゆる「スプートニク・ショック」から立ち直るべく，必死の追い上げを始めたアメリカは，1959年4月，最初の有人宇宙飛行計画「マーキュリー計画」を発表，ジョン・グレンをはじめ7人の宇宙飛行士候補がマスコミの前に姿を現した。宇宙船の開発，宇宙飛行士の訓練がNASAの総力をあげて進められ，1961年2月にはチンパンジーを使った弾道飛行実験にも成功，同年中に最初の宇宙飛行士が誕生するはずであった。

　ところが，ここで再びソ連はアメリカを出し抜いた。61年4月12日，ユーリ・ガガーリンの乗り込んだ「ヴォストーク1号」が地球を1周し，無事帰還したのである（もっとも，実際にはガガーリンは最初の「成功した」宇宙飛行士であり，彼の前にもう1人，帰還に失敗して中国領内に不時着した飛行士がいたという，かなり確度の高い情報も近年流れている）。

　アメリカは同年5月，マーキュリー計画1号機「フリーダム・セブン」でアラン・シェパード飛行士を弾道飛行に送り出し，62年2月には，ジョン・グレン搭乗の「フレンドシップ・セブン」で初の軌道周回飛行を成功させた。しかし，このままでは，アメリカはずっとソ連の後塵を拝することになる。

　そこで，1961年5月，ケネディ大統領は「1960年代末までに宇宙飛行士を月面に送り込み，無事帰還させる」と発表した。これによって，月着陸計画はNASAにとっての至上命令となったのである。

　この時，すでにNASAの部内では「アポロ計画」と呼ばれる月着陸計画が動き始めていたが，この計画には年限は設けられず，漠然と1970年代にそれが成功すればよいというものでしかなかった。だが，今やゴールまでの残り時間は厳しく限られ，その達成がすべてに優先するものとなる。

❷——ソ連との開発競争

　そこで，マーキュリー計画に続き，63年から打ち上げが予定されていた2人乗りの「ジェミニ計画」をいったん組み直し，このシリーズにおいて月着陸計画に必要なランデブー，ドッキングなどの技術を習熟させるとともに，フォン・ブラウンをチーフとするチームに，新たな超大型ロケットを開発させることが決定された。

　このため，ジェミニ計画の実施は予定より大幅に遅れ，ジェミニ1号が打ち上げられたのは1965年3月23日となった。以降，66年11月までの間に12機が打ち上げられ，後にアポロ宇宙船の乗組員となる多くの飛行士が技術を習得した。

　こうしてジェミニ計画は終了し，67年2月，いよいよ完成したサターンV型ロケットによる最初のテスト飛行が行われることとなった。ところが，このとき，機械チェックのため宇宙船内にいた3人の飛行士が，突然発生した火事により一酸化炭素中毒で死亡し，計画は大きく停滞せざるをえなかった。

　一方ソ連は，1967年，ジェミニ1号の打ち上げ直前，ヴォスホート2号でアレクセイ・レオーノフが世界初の宇宙遊泳を行って以来目立った成果を上げていなかったが，66年暮れには相次いで2機の探査体を月へ送っており，彼らも月着陸を狙っているのではないかという危惧がアメリカ側の焦燥をつのらせた。

　近年明らかになったところでは，事実ソ連は月着陸計画を進めており，サターンV型より巨大なロケット「N-1」を開発するとともに，レ

❷人類史上初めて月面の土を踏んだアポロ11号のクルー［着陸船から降りるオルドリン宇宙飛行士，1969年7月20日］

オーノフをチーフとする30人の月飛行士チームの選抜も行っていた。しかし，N-1は極めて信頼性が低く，伝えられるところでは，1968年，地球と月の位置関係によってソ連側に決定的に有利な打ち上げのチャンスがめぐってきたとき，発射台に据えられたN-1が爆発事故を起こして計画は頓挫したのだという。

❸──アポロ計画の実現

アポロ計画最初の有人飛行は，予定より1年9ヵ月遅れ，68年10月，アポロ7号によって行われた。続くアポロ8号は68年12月に打ち上げられ，これは史上初めて地球周回軌道を離れ，月の周りを回って帰還した宇宙船となった。さらに69年3月のアポロ9号は，地球周回軌道上で各システムの最終チェックを行い，5月のアポロ10号は，月表面からわずか14.3kmのところまで，月着陸船を伴って降下する予行演習を行った。

そして，1969年7月16日午前9時32分（東部標準時），フロリダ州ケネディ宇宙センターの第39番発射台を離れたアポロ11号は，約75時間の飛行の後月周回軌道に入り，7月20日午後4時17分，月の「静かの海」に着陸した。船長はニール・アームストロング，パイロットはエドウィン・オルドリン，そして司令船のパイロットはマイケル・コリンズであった。

こうして，ケネディの公約は果たされ，以降，1972年12月のアポロ17号まで（13号は事故により着陸を果たさず帰還），計6機，12人の人間が月面上を歩いた。しかし，この段階で，もはやソ連との競争も終わりを告げ，ベトナム戦争による社会的・経済的疲労感も相まって，アメリカ国民の宇宙熱は急激に冷え込んでゆく。この流れを受けて，アポロ計画はここで打ち切りとなり，以降いまだ二度と人類は月への再進出を果たしてはいない。

D──1970年代以降の宇宙開発

❶──NASAの基本戦略

NASAは，アポロ計画が予定通りに終了した後，そのままさらに有人宇宙飛行計画を拡大し，78年までには大型宇宙ステーションを，さらに，そこを足掛かりにして月面への恒久基地を建設するプランを進めていた。

しかし，もはやソ連との競争にも決着がつき，環境問題の台頭や，あまりにも高額についたアポロ計画（総額で概算250億5,000万㌦）への批判など，さまざまな要素が逆風として働き始め，さらなる投資を必要とする大計画は，軒並み中止ないし後倒しにせざるを得ない状況となった。

ここにおいて，NASAの基本戦略は次のようなものとなった。

まず，第一は，これまでのソ連との対立の図式を解消し，両国および独自の宇宙開発を続けていた各国との国際協調による宇宙開発の継続をアピールすること。

第二が，経済性を優先した，将来型の宇宙輸送システムを開発すること。

　第三が，金のかからない無人探査体による宇宙探査を推進すること。

　第一の流れは，両国の勝負がついた1970年，すでに始まっていた。同年10月，NASAとソ連科学アカデミーは宇宙開発協力協定を結び，今後両国の有人宇宙船や将来開発される宇宙ステーションをドッキング可能にして，共同でミッションを実施できるようにしようというものだった。まずその第一歩は，1975年7月のアポロ゠ソユーズ・ドッキング飛行の形で実施され，その後ソ連側の情勢変化などでしばらく具体的な形では結実しなかったが，今日の国際宇宙ステーション計画にも継承されている。

　第二の新しい宇宙輸送システムの開発計画が具体化したのは，これもいまだアポロ計画が進行中の1969年のことだった。この年NASA内部に「スペースシャトル特別グループ」が設立され，その翌年から，シャトルの基本設計案を模索するフェーズA研究が開始されている。

❷──スペースシャトルの開発

　これまでの宇宙開発において，その進展を阻む最大の要因は，ペイロードを軌道上に打ち上げるためのコストが非常にかさむことであり，さらにその理由としては，ロケットが基本的にすべて使い捨てであるという事実が大きく響いている。何とかロケットを反復使用して，打ち上げコストを低減できないかという発想は1950年代からあり，これまでにもさまざまな基本設計案が提出されていた。

　理想を言えば，新しい打ち上げシステム，すなわちスペースシャトルはすべてのパーツを完全に反復使用できることがむろん望ましい。そして，フェーズA研究で検討された無数の設計案の中には，オービター（いわゆるシャトル

❸ケネディ宇宙センターから打ち上げられたスペースシャトル・エンデヴァー号［2002年6月5日］

の部分）だけでなく，ブースターとその燃料タンクもすべて有翼のユニットにまとめられ，完全再使用が可能な形に計画されたものも多数含まれていた。

　しかし，十二分な予算をかけて完璧なシステムを作り上げることはすでに情勢が許さず，本来は宇宙ステーション建設のための輸送手段として考えられたシャトルも，実際に計画が動きだすころには，それ自体がもはや当面唯一の有人宇宙計画として自己目的化していた。

　最終的にスペースシャトルは，300回の反復使用が可能な全長37.2m，自重74.8トンのオービターに，使い捨ての外部燃料タンク，100回の反復使用が可能な2基の固体燃料ブースターを持つ，全備重量2043.1トン，ペイロード29.5トンのシステムとなり，その初号機は1981年4月12日に打ち上げられた。

　NASAはこの計画を守るため，当初ことさらにその経済性を強調したが，それが後にアメリカの宇宙開発の足を引っ張ることになる。つまり，1986年1月に，「チャレンジャー」の爆発事故が起こり，シャトルの打ち上げが中止されたとき，アメリカは代替打ち上げ手段をもっておらず，それからシャトルの安全対策が完了

するまでの2年8ヵ月にわたって、アメリカの宇宙開発はストップすることになったのである（⇨「69航空宇宙産業」のコラム「チャレンジャー号とコロンビア号事故」）。

人工衛星1つ打ち上げるのに、何もパイロットが2人もつきそい、巨額の打ち上げ経費を要するシャトルを使う必要はない。任務内容によっては、安く量産できる使い捨てロケットを使用した方がはるかに有利である。その後アメリカは再び、使い捨てロケットとシャトルの二本立ての打ち上げ体制に戻り、4機のシャトルを用いて年9回の打ち上げ体制を確立した。

❸——無人探査体による惑星探査

一方、70年代以降、30年ほどの間に、アメリカの打ち上げた無人探査体によって、太陽系に関するわれわれの知識は飛躍的に増大した。1976年、火星に着陸して生命探査を行ったヴァイキング1号、2号は、惑星進化理論の発展に多大な貢献をなし、1972年と73年に打ち上げられたパイオニア10号、11号、77年のボイジャー1号、2号は、それまで誰も間近に見たことのなかった太陽系のガス惑星たちとその衛星群に関する膨大なデータをわれわれにもたらした。さらに、金星探査体マゼラン、火星探査体マーズ・パス・ファインダー、マーズ・グローバル・サーベイヤーなどの活躍は、これらの惑星に関するわれわれの知識を今なお新たに、ますます詳細なものとしつつある。とりわけ、90年代に打ち上げられた火星探査体は、いかにして探査体を小型化し、コストを低減できるかという点で新たな可能性を次々に開いたことで高く評価されている。

無人探査体の活躍があまりに目ざましいため、今後の惑星探査はすべて無人化すべきであるとの議論もあるが、例えば火星の生命探査などを本当に十分な密度で実施するには、小型軽量の探査体の能力的限界はすでに明らかである。無人探査は、それ自体主力になりうるものではなく、最小限まで目標を絞り込んで実施される有人探査を補完するものとして、その存在意義を主張できるのである。

E——現状と将来

❶——国際宇宙ステーション計画

2003年現在、アメリカが単独で、あるいは国際協力体制を主導する形で推進するすべての宇宙計画の中で最大規模のものは、国際宇宙ステーション（ISS）計画である。

この宇宙ステーションは、本来アポロ計画からそのまま続く本格的な月進出への足掛かりとして計画されていたものの流れを汲んでいる。しかし、ポスト・アポロ期の逆風に押され、これまでにもたびたびその予算が議会で否決されたり、大幅に縮小され、そのたびに規模が小さくなってきた。

最終的に、このステーションはアメリカ単独の計画ではなく、ESA（ヨーロッパ宇宙機構）、ロシア、日本、カナダなどの各国による国際共同計画のもとで建設されることとなり、正式名称も「国際宇宙ステーション（ISS）」となった。その建設は1998年11月に基本機能棟がまず打ち上げられた。予定では、2004年に完成し、参加各国がそれぞれの居住・研究棟を使用するはずであった。

現在のステーションの規模では、当初考えられていた本格的な宇宙工業確立のための研究を実施するのは難しいが、月再進出のための支援基地としては必要最小限の規模は保っている。しかし、今のところ、アメリカには明確な月再進出計画はまだない。

むしろ、現在アメリカがより重点を置いてい

るのは火星の方である。NASAでは，今後も相次いで火星探査体を打ち上げ，火星表面に探査車を2台下ろしたり，火星表面のサンプルを地球に持ちかえる計画をたてている。これらはいずれも，将来の有人探査のための予備調査という含みももっており，実際，宇宙ステーションにドッキングさせて有人火星飛行のための各種シミュレーションを行う実験モジュールも建設中である。

火星飛行に際しては，今日の宇宙船の力不足にもとづくウインドウの狭さ，旅程の制限の厳しさが大きなネックとされるが，近年では，帰還用燃料を火星の大気や水から現地調達する方法が考案されて，この条件が大幅に緩和される見通しが出てきたため，火星有人探査が一気に現実味を帯びた話題となりつつある。おそらく，2010年までには，アメリカが有人火星探査を実施するかどうか，政府の基本方針が固まるだろう。

❷──「コロンビア」事故以降の展望

2003年2月1日，スペースシャトル「コロンビア」は，大気圏突入から約15分後，左翼の損傷が原因と思われる空中分解事故を起こし，乗員7名全員が死亡した。これにより，アメリカは事故原因が究明されるまですべてのシャトル打ち上げを中止，1986年の「チャレンジャー」爆発による2年8ヵ月の全宇宙計画中断に続く，大きな停滞を余儀なくされることになった（⇨「69航空宇宙産業」のコラム「チャレンジャー号とコロンビア号事故」）。

今後，アメリカがとりうる選択肢は大別して3つある。

1つは，もう1機シャトルを建造して，現在と同じ4機のシャトルによる運行体制を維持すること。しかし，現用シャトルは，基本的には1960年代の技術に基づいており，とりわけ断熱タイルを使うとその熱制御方式は非常にメンテナンス・コストが高くつき，現システムの最大のネックとなっている。この方法が選ばれる可能性は低い。

第2の選択肢は，シャトルに代わるより経済的な宇宙輸送システムを開発すること。すでに，シャトルの後継機開発計画は過去何度も浮上しており，1996年には，ロッキード・マーチン社の提案した，完全再使用型シャトル「X-33」が公式にシャトル後継機の地位を獲得した。しかし，このプランは，搭載予定の新型エンジンの開発の遅れからキャンセルされ，2002年5月以降，新たな仕様のもとに再び15種類の設計案が検討の対象となっている。これが順調に開発されれば，2012年頃からこの代替機による運行が始まるはずである。

そして，第3の選択肢は，このまますべての有人飛行計画を（宇宙ステーションも含め）打ち切り，今後は無人宇宙探査計画のみに目標に絞るというもの。

しかし，2003年2月の時点で，米国民の75％が有人飛行計画の継続を望んでいるという世論調査の結果があり，ブッシュ政権は計画続行の意思を明らかにしている。そもそも，基本的に，有人宇宙飛行は10年や20年の短期的視野でその得失を評価できるような性質の事業ではない。文明論的な視野と使命感をもって，初めてその意義が理解できるのである。ESAも日本も，現時点で独自の有人飛行計画をもたず，ロシアも大きな財政上の問題を抱えている今，アメリカはなお宇宙における唯一の超大国であり，21世紀における人類の宇宙活動の大局的な流れは，当面アメリカ一国の宇宙政策いかんに左右されると言っていいだろう。

■インターネット関連サイト

NASA…http://spaceflight.nasa.gov/

60 企業経営の歴史
History of Corporate Management

米倉誠一郎

アメリカにおける企業経営の歴史は，常に新しいフロンティアに挑もうとする人々による新しい実験の連続であった。企業経営の革新は，既存の市場にフィットするように，あるいはまったく新しい市場を創出するように，経営者が自らの信念に賭けた試みを絶えず継続していくことによって達成されていくものである。その点でアメリカは，企業家精神に基づくさまざまな経営上の実験を許容する場であり，実際に幾多の試みの中から，既存のパラダイムを覆し，次世代を規定するような企業経営のあり方が生み出されてきたのである。

A――アメリカの企業経営の歴史的変遷と特徴

1776年，イギリスの植民地支配から独立したアメリカは，ヨーロッパ的重圧を逃れて新たな夢を追いかける人々，あるいはヨーロッパという秩序の中で夢やぶれた人々を惹きつけるに十分な光を放っていた。なかでも企業経営活動は，ヨーロッパのような文化や伝統の蓄積，あるいは桎梏をもたない新大陸において，社会的な成功を勝ち得る実体のともなう方法の1つであった。創業者は個人的な野心や夢を企業経営に託し，その社会的成功はその個人の能力の高さを意味していた。人々は成功者を賞賛をもってたたえ，そうした生き方を人生における目指すべき姿と考えたのであった。

こうしたアメリカの企業経営の文化的背景は，企業経営においても失敗を過度に恐れることなく，さまざまな試みが行われることを許容した。実際に，アメリカは新しい企業経営のあり方を他国に先駆けて発信するという点においてこれまで大きい役割を担ってきた。その例が現代企業パラダイムに基づくビッグ・ビジネスや，また最近のシリコンヴァレー・モデルなどの経営革新である。もちろん経営革新は閉鎖された一国の内部で発生するものとは限らず，別のパラダイムを掲げて先行者に挑む他国のチャレンジが新たな変革の契機をもたらすこともある。例えば，1980年代の日本企業のチャレンジは，アメリカの企業経営に大きな影響を与え，アメリカは日本の企業経営手法の学習に努めた。しかしながら90年代に入り，そうした方法を効率的に吸収したアメリカは，日本企業とは異なるパラダイムで競争力を回復しつつある。こうした複数の国家間の企業経営システムの相互学習と進化という観点は，今後のわが国の企業経営の方向性に対しても多くのことを示唆してくれるであろう。

以下ではまず，アメリカのみならず世界各国の企業の基本的な経営パラダイムとなったビッグ・ビジネスが，なぜアメリカに世界で初めて

成立するに至ったのかを、歴史を振り返りつつ明らかにしていこう。

B──現代企業パラダイムとビッグ・ビジネス

❶──「現代企業」とは何か

現在を生きるわれわれにとって企業が業績を上げるにつれ、その規模を拡大させるということは疑問にすら感じないほど当たり前のことのように感じられる。実際に、現在、生産、流通、運輸、金融、サービス業など多種多様な産業において成功した企業のほとんどは、大企業という形態を採用している。

しかしながら、単純に組織の規模を拡大すれば、より効率的な経営が実現すると考えるのは誤りである。巨大規模の組織を管理する際には、業務について綿密に規定された階層組織や、権限と責任、組織内のコミュニケーション経路が必要であった。また複雑な活動を効率的に分業するためには、複数の職能（職能別組織）や多角化にともなう事業部（事業部制組織）といった組織革新が行われなければならなかった。大企業の経営は、単に経営規模の量的拡大のみによって実現されたのではなく、そのためには経営階層と複数職能を備え、市場メカニズムではなく内部取引によって資源の配分を行う新しい組織が必要だったのである。経営史家アルフレッド・チャンドラーは、こうした現代型の大企業を「現代企業」と定義し、その発展の歴史という観点から、アメリカのみならず世界各国の企業経営史を描き出した。チャンドラーは、その著作の中で、この巨大企業組織こそが20世紀をきわだって特徴付けるものであったと評している。アメリカに生まれた現代企業によるビッグ・ビジネスは、その後20世紀を通じて、世界各国に広まっていった。

❷──大企業誕生以前

しかし、歴史をひもといてみれば現在のような大規模な企業が、世界史に初めて現れたのはそれほど古いことではない。例えば、その発祥の地アメリカにおいてすら、1830年代には「資本金10万ドル以上で、従業員100人以上の企業というのは極めてまれで、資本金5万ドル、従業員50人という企業は大規模企業」だと考えられていた。いわば19世紀前半期の社会において、企業とはたかだか数人から数十人の従業員を擁する小規模な組織にすぎなかったのである。またその経営も、基本的にはごく少数の所有者によって意思決定がなされるものであり、その相談相手も共同出資者や同業者仲間、ときに貸付機関程度であったとされている。したがって当然のことながら、当時の企業には、現在のような俸給経営者はおらず、多くの段階を備えた複雑な階層もなく、また生産、販売、開発といった職能部門さえ組織的に存在していなかったのである。こうした状況については現代の家族経営による小企業を思い浮かべてもらえばよい。これが19世紀前半の大多数の企業の姿であった。それではなぜこうした小規模な企業が、あるときを境にビッグ・ビジネスと呼ばれるような大規模な現代企業に変化していったのであろうか。そのためにどのような社会的条件が必要だったのだろうか。

❸──鉄道・電信の発達と国内市場の創出

アメリカがイギリスから独立した18世紀後半には、まだボストンやニューヨークなどの東部商工業地帯と、奴隷使役による綿花生産を中心とした南部、さらにそうした南部と東部に食糧を提供する中西部穀物地帯の3地域は、そ

れぞれが分断された状態であった。現代企業への第一歩は，分断された市場の間の商品輸送コストを削減する輸送技術，ならびに頻繁なコミュニケーションを促進する技術の発達によってもたらされたものであった。それが鉄道と電信の発達である。

1840年代，鉄道は天候に左右されない安定性，迅速性，経済性からこれまでの蒸気船に代わる輸送手段として注目を集め，19世紀中期にはそのネットワークを急速に拡大させていった。重要なことはこの幹線鉄道の完成によって，それまで分断されていた東部，南部，西部の市場が結合していったことである。また安全な鉄道の運行のためには，電信技術による通信が極めて重要であった。19世紀中期以降，鉄道路線と電信網は手を取り合ってアメリカ全土を覆っていき，これにより企業経営の基盤となる広大な国内市場が創出されたのである。この間，アメリカの人口も他のどの国をも上回る成長を遂げ，1840年から90年の間に約4倍に増加した。

❹──大量生産・大量流通の時代へ

巨大な国内市場の創出は，これまでにない新しい形態の企業経営のあり方を必要とした。その基本的発想は大量生産と大量流通の統合にあった。アメリカでは鉄道の普及と前後して，蒸気機関を動力とした連続工程機械を用いた大量生産方式が発明され普及し始めていた。一般に大量生産の機械ができれば，すぐに大企業ができるように思われるかもしれないが，大量な製品を消費する市場なしに，大量生産を行うことはできない。例えば蒸気機関が発明されたイギリスでビッグ・ビジネスの時代が幕を開けたわけではなかった。アメリカの巨大市場とそれらを結ぶ確実な輸送，情報伝達手段こそが，歴史上初めて大量生産と大量流通を統合した企業が出現する必然性をもたらしたのであった。

こうした条件下において，特に石油精製，食品工業，金属加工業，軽機械組立業，化学製品など資本集約的な産業は大量生産のメリットを享受するために，製品を大量に生産する機械や設備に多額の資本投下を行った。その際の基本的発想は，多く生産すればそれだけユニット・コストが削減されるという「規模の経済」を活用することにあった。しかしながら，ここでもただ単に大量に生産すれば規模の経済が自動的に活用できるわけではない。そのためには生産設備を通過する原材料や半製品などの総量（通量）の計画的な管理調整が不可欠であった。その作業のために何層にもわたる経営階層組織が出現したのである。また垂直統合による業務の複雑化は，生産や販売，原材料の購入などの複数の職能の関係を複雑化させ，また現場以外に財務，人事，法律といったスタッフ部門を必要とする。これに対応するために作られたものが，複数職能を備えた職能別組織であった。

❺──「範囲の経済」の活用

こうして成立した複数職能別組織は購買から生産・販売機能までを自社内に統合して，まさに大企業となったわけだが，その後の発展過程でさらなる進化を遂げることとなった。生産過程で生じる副産物や企業の買収などによって増えた製品を，各機能の上に複数流すことによっていっそうの効率と利益を上げようとしたのであった。いわゆる多角化戦略であった。1つの商品を大量生産することによって単位コストを下げるのを「規模の経済」というのに対して，1つの生産ラインを流通チャネルに複数の製品を流してコストを下げることを「範囲の経済」という。

範囲の経済をはじめに大規模に活用したのは，第1次世界大戦中に火薬生産によって巨

大化したデュポン社であった。同社は大戦後，火薬生産プロセスから出てくるペイント，ニス，セルロースなどに多角化しようとしたが，売れば売るほど赤字が出るという事態に直面した。その理由は，商品にではなく組織にあったのである。デュポン社は多角化にあたって既存の複数職能別組織をそのまま利用した。しかし，火薬と民生用ペイントなどでは営業組織や販売ルートなどがまったく違ったため，営業成績は上がらなかった。そこで，同社は試行錯誤の末，各製品ごとに分権的な事業部制組織（形態は複数職能別組織）を設けて，それを中央本社が監督するという組織形態を完成したのであった。これが，分権的複数事業部制組織であり，多角化戦略に最も適合的な組織となったのである。

C──現代企業と企業内外の制度生成

❶──近代的管理技法の開発

アメリカにおける現代企業パラダイムは，これに合致するかたちでさまざまな企業制度やステークホルダー（利害関係者：株主・従業員・債権者など）との関係を生み出していった。

1840年代以前の企業はその事業単位が小さかったこともあり，企業内の専門化も進んでいなかった。ほとんどすべての事業を事業主自身が経営し，内部組織や統計数字，原価計算などの諸制度も必要とされていなかったのである。企業経営を支援する会計制度などの企業の内部，資金調達制度など企業の外部の諸制度もまた，現代企業の発展にともなって出現したものであった。

現代企業の先駆的な形態の1つは，市場を結合したインフラストラクチャーである鉄道会社それ自身の内に現れた。19世紀中期の鉄道

❶鉄道網の発達にともなって，管理体制の不備による大事故も発生した［ニューヨーク州アンゴラ，1867年］

網の急速な拡大は，まずは鉄道会社自身に複雑化した業務への対処を迫ったのである。鉄道網の拡大によって，鉄道会社は操業費と営業費の増大に直面し，また安全性を確保するためにいち早くこれを近代的に管理運営する必要が生じた。例えば1841年，アメリカ初の地域間鉄道であるウェスタン鉄道は組織的な管理体制を欠いていたことから旅客列車の正面衝突を引き起こし，同社の安全性対策に強い非難の声が寄せられている。そのため同社は複雑化した鉄道業務を安全に管理運営する組織的な対応策として，トップ・ミドルの役割分担を明確にし，これらの役職に就く者を専任の俸給経営者として雇用した。これはまさに経営階層組織の萌芽的形態であった。また鉄道会社以外でも，大規模な組織で複雑な業務を遂行するために，原価計算や工程管理，在庫管理といった近代的な管理技法が開発され，採用されたのであった。

❷──証券市場の発達と資本調達方式の確立

鉄道の敷設は，また空前の資本を必要とする

大事業でもあった。1859年までに民間鉄道会社の有価証券に投下された額は11億ドル以上にのぼり、この多額の資本を沿線の商人や農民のみから集めることはほぼ不可能であった。したがって幹線鉄道が人口の少ない西部に拡大するにつれ、資本の調達者は東部の商工業地帯に集中した。またおりしも当時のヨーロッパ資本は自国での革命の脅威を避けるため、アメリカに投資の機会を求めていた。それまでヨーロッパとの為替業務を担当していたニューヨークの輸入商社は鉄道証券の取引業務に専門化し、このことが後にニューヨークを中心とした証券市場の発展とアメリカ企業の資本調達方式の確立につながっていったのである。

❸──労使関係の変化

現代企業の発達は、企業の経営規模を拡大し、そのことは労使関係のあり方にも大きい影響を与えることになった。大量生産を行う工場において、効率性を高めるための技法の研究は、今世紀初頭にフレデリック・テイラーによる科学的管理法となり、多くのバリエーションを経て、工場管理におけるさまざまな管理技法となって確立した（⇨34経営学A）。しかし、そのことはチャップリンが『モダンタイムズ』で風刺したような画一化した労務管理という状況をもたらした。しかしながら1920年代になると職場における人間関係やインフォーマル・グループの重要性がホーソン工場実験などによって発見されたことによって、組織に忠誠を尽くす組織人の養成がその課題とされるようになった。ところが1960年代以後になると、企業はむしろ従業員が自己実現を追求する場と考えられるようになり、同時に障害者や人種、性別などによる差別を撤廃する組織的な努力が進められてきた。現代企業はその規模から従業員の管理においても社会的な存在として振る舞うことを期待されるようになったのである。

❹──経営者支配から株主重視へ

現代企業が俸給経営者によって管理されるという現象は、その一面で株主に対する経営者の相対的な権限拡大につながった。早くも1930年代にはバーリとミーンズによってアメリカにおける所有と経営の分離が主張され、アメリカ企業における経営者支配の傾向が明らかにされている。しかしながら、こうした状況も経営者への多額の報酬や経営管理の失敗の責任などの利己的なあり方に対する批判が高まるにつれ、本来の企業の所有者である株主の利益を尊重する方向への改革が進められた。そのために出資者の的確な企業評価のための会計情報の開示や、外部取締役の採用というかたちで株主の権利の強化が図られてきたのである。以上のように現代企業は単に企業経営のあり方のみならず、企業経営に付随する従業員や株主などさまざまなステークホルダーとの関係を規定していったのであった。

D──日本の挑戦

❶──日本独自の成長メカニズム

こうしたアメリカの現代企業パラダイムに対して、異なる視点から挑戦を試みた国が存在した。その1つが戦後の日本である（⇨109経済を中心とする日米関係B-1, 2）。日本企業の競争力は、主としてアメリカの現代企業パラダイムをそのままのかたちで適用したことによって生じたものではなく、日本企業がアメリカからさまざまな経営技法を学ぶ過程で、日本の実状に合わせ独自の応用を行っていった所産であった。ここではそのうち代表的な2つの例

企業格付けの先駆者ヘンリー・ヴァーナム・プア

19世紀アメリカにおいて，産業発展のためには企業情報が重要な役割をもたらすことを早くも見抜いた男がいた。それがヘンリー・ヴァーナム・プアである。彼は『ニューヨーク・タイムズ』の編集者を務め，さまざまな鉄道会社の設立に関与し，またその産業の統計や歴史に関する数多くのレポートや著作を執筆した。彼は正確で信頼性の高いビジネス情報を提供することに努め，彼の情報や分析は企業家や投資家に欠かせぬものとなった。プアのこうした試みは，大規模化するアメリカのビジネスにおいて，企業情報の伝達が新しい機能を果たすさきがけとなるものであった。

19世紀中期以降の鉄道の急速な拡張は，大規模な投資のチャンスを生み出した。投資家は勃興期の鉄道会社への投資を行うにあたり，判断の基準となる信頼できるデータを必要としていた。プアは，『アメリカ鉄道ジャーナル』の編集者として，いろいろな方法で投資家に企業情報を伝達していくことになる。同誌は，アメリカのほとんどすべての鉄道会社の年次報告書を読者が参照できるようにし，株価，資産，収益率，信頼性，利潤，配当などの情報を提供した。またプア自身によるデータの分析や評価も，鉄道業への投資を促進することになった。

またプアは株主や一般大衆に経営状況を説明しない鉄道会社を，同誌において激しく非難した。1853年，プアはエリー鉄道に対して，その独自の分析結果からエリー鉄道の建設費が予定外に肥大した状況を明らかにし，投資家に対する説明を求めた。プアはこの一連のキャンペーンによって一躍，投資家からの信頼を勝ち得たのであった。プアはさらにデータに基づいて数多くの鉄道会社の敷設計画中の路線を検証し，そのうち危険なものを投資家に警告した。その後，多くのケースで彼の警告が正しかったことがわかり，彼の名声はさらに高まっていった。ついには投資家だけでなく鉄道業の企業家も，彼の情報開示要請に真摯に耳を傾けねばならなくなったのである。

プアは経営の失敗を発見するだけでなく，同様に賞賛も惜しまなかった。そのため彼の人脈はニューヨーク証券取引所，鉄道会社やその企業家たちに広がっていった。プアは，アメリカの鉄道業の統計的データを整備する一方で，その歴史を記述することにも努めた。

アメリカにおける現代企業の発展は，必然的に企業組織内外の諸改革を必要とした。特に組織外においては企業や産業の規模拡大につれ，従来にはないかたちでの新たなステークホルダーとの関係が構築されねばならなかった。そうした際に，大規模化した企業は自らの経営情報を明らかにすることによって，広い社会的な支援を取り付けることが不可欠になっていったのである。プアはこの時代，揺籃期のビッグ・ビジネスの発展にともなうさまざまな問題に直面した企業に対しての間接的な支援者となった。彼は鉄道業とのかかわりを通じて，企業情報開示，ならびにそれに基づく分析・評価の重要性を示し，アメリカのビッグ・ビジネス体制を支える制度の構築に貢献したのである。

[米倉誠一郎]

❷ H.V. プア

を挙げ，競争力の源泉となったモデルについて説明しよう。その1つは，間接金融による設備投資先行型成長パターン，もう1つは，リーンな（むだのない）ジャスト・イン・タイム生産方式である。

戦後日本は，第2次世界大戦による焼け跡から再度の成長への出発を開始した。そのわずか10年後の1955年から65年を中心とする高度成長期の日本の経済成長を支えたのは，間接金融による設備投資先行型成長パターンであった。これは借入金を中心とした資本調達を最新鋭の大型設備に投下することによって国際競争力を構築するというものである。これが鉄鋼業から始まり，その他の工業に伝播した結果，1960年代に日本の重化学工業化が一挙に進展したのであった。このパターンは銀行にとってもメインバンク制を通じた重化学工業への積極投資につながり，そのことによって企業各社は借入金主体の大型設備を通じて同質的で激しい競争を繰り広げた。それがまた激しい新規設備への投資競争となる構造が生まれたのである。これが他国に類を見ない高度経済成長をもたらしたメカニズムであった。これは基本的には現代企業パラダイムを活用しつつも，オーバーボローイング（超過借入）による最新鋭設備の導入によって競争的寡占構造を生み出した点で，日本独自の成長メカニズムを機能させたものだといえる。

❷────不況から新たな生産方式の創出へ

しかし70年代のニクソン・ショックおよび石油ショックは，こうした構造に基づく成長に終止符を打つものと考えられた。ニクソン・ショックとは1971年のアメリカ大統領ニクソンによるドルと金との交換の一時停止や10％の輸入課徴金の発動であり，石油ショックとは1973年に中東石油価格が国際政治の手段と化したことによる原油価格の高騰であった。これらの2つのショックが日本経済に与えた衝撃は大きく，特に労働集約型の繊維産業やエネルギー多消費型の鉄鋼・造船・石油化学産業は国際競争力を相対的に失っていった。しかしながらそうした逆境の中において，比較的その影響が軽微であった電気機械や自動車産業では，新たな経営パラダイムによる発展が成し遂げられることになる。

しかし2つのショックによる不況下にあって，日本は縮小再生産の道を選ばず，新しい製品開発や販売戦略を採用していった。日本の電気機械や自動車の競争力を決定付けたのは，アメリカの大量生産・大量消費のパラダイムを覆す多品種少量生産であった。その基本的発想はあらゆるムダを廃することであり，その代表的な一例こそがジャスト・イン・タイム生産方式であった。製品組立企業と部品供給業者の密接な協力関係のもと，必要なものを必要なときに届けるという発想は，量産による規模の経済を追求する現代企業パラダイムを超えようとするものだったのである。こうした日本が発信した経営パラダイムは，世界各国で注目され，日本の企業経営のあり方から学ぼうとする機運がわき起こった（⇨109経済を中心とする日米関係 B-1-b）。

こうした日本企業の繁栄の一方，80年代においてはアメリカ企業の国際競争力の低下が顕著になっていった。80年代のアメリカでは，これまでの大量生産・大量流通による現代企業パラダイムに固執した結果，その行き詰まりが明らかになり，組織の肥大化とそれにともなう意思決定や市場変化への対応の遅れが問題視されるようになった。こうしたアメリカと日本の好対照から，日本ではもはやアメリカに学ぶものはないという考え方が現れるほどであった。しかしアメリカはこの間，日本企業の成功をただ単に眺めていたわけではなかったのである。

E──シリコンヴァレー・モデル

❶──新しいビジネス・モデルの形成

1990年代に入って日本経済は急速にその生彩を失い，かつては再起不能とも思われたアメリカ経済が勢いを盛り返してきた。日本経済の不振については，バブル経済の後遺症，政府の過剰規制，日本型企業システムの環境不適合などさまざまな要因が取りざたされているが，ここでは日本企業や日本型システムの問題点を指摘するのではなく，むしろアメリカ企業が新しいビジネス・モデルを通じて新たな産業ダイナミズムをもたらした経緯を説明しよう。

90年代のアメリカ経済を牽引したのは疑いなくサンフランシスコ郊外にあるシリコンヴァレーに群生した企業群であった。1990年代，世界はかつての産業革命に匹敵する情報革命に突入し，技術と市場の特性は大きな変化を遂げた。こうした技術と市場の変化はこれまで信じられてきた20世紀型の競争条件，資金調達，組織構築のあり方を一変し，それまで無関連に進化してきたいくつかのシステムと有機的に適合することによって新しいビジネス・モデルを形成したのであった。

90年代になってアメリカで花開いたリエンジニアリング，サプライ・チェーン・マネジメント，CALSなどは基本的に日本企業が提唱した経営方法を形式知化し，情報技術として処理することを可能にしたものといえる。これがアメリカ企業に著しい競争力強化をもたらしたのである。

❷──ベンチャー・キャピタルの考案

技術と市場ニーズが分散化し激しく変化する状況では，何かを合理的に計画し体系的に実行することが必ずしも成功にはつながらない。したがって，単発の計画合理性によって成功するよりも，多くの試行錯誤を繰り返しながら成功の糸口を発見することの方が確率が高いのである。またそのためには銀行からの借入よりも，短期間で新規事業あるいは新商品開発に必要な資金を集められ，しかも失敗したときにリスクが低い資金調達が考案される必要があった。それがベンチャー・キャピタルである。

またナスダック（NASDAQ）もこうした企業への迅速かつ容易な資金調達に貢献した。コンピュータを用いたその情報伝達の速さに加え，上場手続きの簡便さが新しい企業の参入を促進したのである。このように80年代以降，パソコンとインターネット技術を中心として，ベンチャー・キャピタルやナスダックといったインセンティブに関する一連のツールが整備された結果，90年代にかけてシリコンヴァレーと呼ばれる地域で新しい企業勃興が起こり，爆発的な新産業が創出されたのであった。

近年，まったく新しい技術に基づいた複合的なビジネスを立ち上げるには自社の内部蓄積に依存するよりも，それぞれが強いところをもち合う方がより早くより効果的に行えることが共通認識となったとき，これまでの現代企業パラダイムの有効性は急速に色あせていった。シリコンヴァレー・モデルとは，シリコンヴァレーで起こっていることのみを指しているのではない。むしろ，情報革命によってもたらされた不確実で分散した変化の激しい技術と市場ニーズに対して，より速くデファクト・スタンダードあるいは事業展開の糸口を見つけだすモデルの総称である。より具体的にいえば，ベンチャー・キャピタル，ベンチャー・キャピタリスト，簡便な公開市場，インセンティブとしてのストックオプション，そして多様なネットワークを可能とする複合的なビジネスの集積，といった新しいビジネス・モデルを指すことばなの

である。90年代以後のアメリカの企業経営は、現代企業パラダイムに代わる新たなモデルによって成果を収めてきたのである。以上のようにアメリカの企業経営は、現在においてもなお新しいパラダイムを提示し、経済活動を活性化させるさまざまな試みを継続している。

■参考文献

鈴木良隆・阿部悦生・米倉誠一郎『経営史』有斐閣，1987.

米倉誠一郎『経営革命の構造』岩波新書，2000.

米倉誠一郎『ネオIT革命』講談社，2000.

Chandler, A. D. *Henry Varnum Poor: Business Editor, Analyst and Reformer*. Harvard Univ. Press, 1956.

■さらに知りたい場合には

チャンドラー Jr., A. D.（三菱経済研究所訳）『経営戦略と組織』実業之日本社，1967.
［アメリカにおける事業部制組織成立についての文献の決定版。］

チャンドラー Jr., A. D.（鳥羽欽一郎・小林袈裟治訳）『経営者の時代』（上・下）東洋経済新報社，1979.
［アメリカにおける企業組織発達を広範な事例とロジックから一望した経営史学の金字塔。］

リー，C. -M. 他（中川勝弘監訳）『シリコンバレー』（上・下）日本経済新聞社，2001.
［シリコンヴァレー関係者がさまざまな角度からシリコンヴァレーを分析した書。とりあえずここからシリコンヴァレーへ入ってみよう。］

61 | 製造業の過去と現在
Manufacturing：Past and Present

藤本隆宏

一般に「製造業」とは，有形の製品を設計・生産する企業群のことを指す（無形の場合はサービス業という）。言い換えれば，技術者などが構想した製品設計情報（例えば回路設計）を，有形の素材（例えばシリコン片）の上に転写し，モノの形をした製品（例えば半導体）にして顧客に提供する業である。したがって，製造システムの分析とは，どんな設計情報を，どんな素材に，どのような手段で転写するかを考えることである。この観点からすると，米国の製造業，とりわけ機械産業が19世紀以来一貫して追求してきたのは，設計・生産の両面で，部品間の相互調整（擦り合わせ）をできるだけ減らすことだったと言える。ここで，設計面で相互調整が少ない度合を「モジュラー性」，生産面（特に組立）で相互調整が少ない度合を「互換性」と呼ぶならば，米国製造業が得意としてきたのは，同一のモジュラー的な製品設計を，十分な精度で，素材に繰り返し繰り返し転写すること，すなわち「モジュラー設計された互換部品の大量生産」だったといえる。そこで，「モジュラー設計」「互換部品」「大量生産方式」などを鍵概念として，現代米国製造業の発展過程，現状，問題点および対応を説明してみよう。

A――米国製造システムの変遷

❶――部品互換性の歴史

まず「部品互換性」の歴史を見ておく。アメリカを起点として，20世紀に全世界に普及した「大量生産システム」の源流は，19世紀アメリカの「アメリカ式製造システム」，すなわち，専用工作機械（特定部品を作るために設計・製作された工作機械）を連ねた加工工程による「互換部品」の生産であった。ここで「部品の互換性」とは，例えば別々に多数作られたボルトとナットを部品箱から1つずつ任意に取り出して合わせてもすべて勘合する，という程度に高い寸法精度が，工作機械によって確保されていることをいう。切削加工した部品を組み付けるのに，熟練した仕上げ工（フィッター）による「やすりがけ」等の擦り合わせ作業が不要である場合，その部品は互換性ありと判定される。

「大量生産システム」は，上記の「部品互換性」に加えて，「同一形状の製品・部品を大量に繰り返し生産すること」と，それによる「製造コスト・製品単価の大幅な低減」を特徴とする。つまり，「アメリカ式製造システム」の確立は「大量生産」の前提をなすと言える。

しかし，19世紀の米国では，本当の意味での「部品の互換性」は，概念ではわかっていても，実現するのは容易でなかった。銃の製造を通じて部品互換性の概念を唱道したイーライ・

ホイットニーもそれを実行はできていなかったし，拳銃のコルト社，ミシンのシンガー社，農業機械のマコーミック社など，「アメリカ式製造方式」の立役者と理解されていた代表的企業においても，真の意味での「部品の互換性」は実現していなかった。むしろ，一部の国営軍需工場での小火器生産において，互換性部品の生産が実現されていたが，こうした国営軍需工廠でも，低コストでの大量生産は実現されていなかった。

結局，文字通りの部品互換性と大量生産を，専用工作機を通じて実現し，これにより製品の低価格化を実現したのは，20世紀初期の自動車産業，とりわけ後述の「フォード・システム」（フォード生産方式）だった，というのが通説である。

❷ 設計モジュラー化の歴史

次に「設計モジュラー化」の歴史的過程を見ておこう。ここでの着眼点は「基本的な設計構想」すなわち「製品アーキテクチャ」の発展パターンであり，特に，製品間・企業間の部品設計の共通化・汎用化によって製品の「寄せ集め設計」が可能になるプロセスとも言える。

ⓐ 部品設計の社内共通化

19世紀前半，兵器産業から始まったアメリカ的生産方式は，その後，生産技術者の移動を伴いつつ，工作機械産業を媒介として，ミシン，タイプライター，自転車などの民需産業へと波及して行く。この時期の有力企業であったミシンのシンガー社では，同じ設計の部品（例えばミシン本体の構造部品）が，複数のモデル（例えば高級モデルと廉価板モデル）で共有されるようになった。つまり，社内の異なる製品モデルの間で共有される「共通設計部品」である。しかし，実際には，当時のシンガー社の生産現場では，いわゆる「部品互換性」は依然と して確立していなかった。

ⓑ モデルチェンジ

19世紀半ばには，回転式ピストルで有名なコルトや刈り取り機のマコーミックなどで，モデル間の「部品共通化」に加えて，定期的な「モデルチェンジ」という概念が導入され，旧モデルと新モデルで部品設計を共通化するようになった。これにより，製品設計の改良を比較的低コストで行うことが可能になった。

ⓒ 部品設計の業界標準化

19世紀末期の自転車産業，馬車産業，初期の自動車産業などが，この段階に相当する。同一設計の部品が複数の組立メーカーによって共有される，という，いわば企業を越えた部品の標準化・汎用化が進み，群小組立メーカーが比較的大きな専門部品メーカーから買った部品を寄せ集めて，自転車や馬車，そして初期の自動車を作った。しかしここでも，機械加工精度の限界から，真の部品互換性は達成されていなかったようである。

一般に，企業の境界を超えた汎用部品の寄せ集めでシステム製品を作れることを，現代では「オープン・アーキテクチャ」と呼ぶ。パソコンはその典型である。これに対し，各製品ごとに最適設計された専用部品を必要とする場合を「クローズド・アーキテクチャ」と呼ぶ。自転車は現在でも概して「オープン・アーキテクチャ」であり，初期の自動車もそうだったが，20世紀初頭（T型フォード）以降，自動車は急速に「クローズド」の方向に向かっていく。

B フォード主義とテイラー主義

❶ フォード生産方式の確立

前述のように，真の「大量生産方式」が達成されるのは，フォード生産方式においてであっ

❶フォードが確立した移動組立方式による自動車生産ライン［ミシガン州ハイランドパーク，1914年］

た。このシステムは，第一に専用工作機械の加工精度向上による真の「部品互換性」達成，第二にプレス工程の内製化による成形部品の高速製造，第三に「移動組立方式」導入を骨子としており，その完成はおおむね1913年のハイランドパーク工場においてである。ヘンリー・フォード率いる一群の生産技術者や現場作業者・監督者による，継続的な実験・試行錯誤・工程改善の積み重ねによりでき上がったといわれる。

もともと，1904年建設のピケット・アベニュー工場は，汎用機と熟練工による古いラインで，組立も固定ステーションでいくつかの組立工のチームが巡回しながら車1台を組み立てる「定置組立方式」だった。1908年，有名なT型モデル（T型フォード）が発売されたが，当初は依然として定置組立だった。しかし，T型の販売が増加し，生産がボトルネックに直面するに及び，ハイランドパーク工場でさまざまな組立ライン実験が行われ，フォード方式が一気に確立したのである。

結局，T型フォードは1908年から27年までに約1,500万台も大量生産された。1919年完成のリバー・ルージュ工場では，さらに極端な垂直統合と生産同期化が進んだ。単一モデルの超長期・大量生産により，コストは学習曲線に沿って下がり続け，T型の価格は当初の約1,000ドルから1925年には300ドル以下にまで下がった。

❷ 生産性と柔軟性のジレンマ

しかし，その成功ゆえに，T型フォードは「生産性と柔軟性のジレンマ」に陥ることになる。極端な量産追求，垂直統合，設備の専門化，労働者の単能化・脱熟練化によって，システム全体が硬直化に向かい，モデルチェンジに対する柔軟性を失った。熟練工は大量に流失し，現場管理層やインダストリアル・エンジニアリング（IE）専門家が意思決定し，非熟練作業者を単に手足と見なす「垂直的な分断」が定着した。これは，20世紀後半，大量生産システムの競争力低下の一因として指摘されたこと，すなわち「過度の分業化」と「管理層の現場からの遊離」にほかならない。

こうして，極端な単一品種大量生産を追求した初期のフォード方式は，1920年代後半には，ライバルであるゼネラル・モーターズ（GM）社の「フレキシブル大量生産」，つまり多数のモデルとそのモデルチェンジを前提とする，社内共通部品を活用した大量生産システムに対して競争力を失っていったのである。

図61-1 ● 19-20世紀米国の設計・生産方式の変遷［設計共通化・製造互換性の視点］

		●設計面の互換性			
		モデル専用部品	モデル間共通部品 ［多品種化対応］	世代間共通部品 ［モデルチェンジ対応］	企業間共通部品 ［業界標準部品］
●製造面の互換性	部品互換性なし ［概念は喧伝されたが］	E. ホイットニーの銃 ［1800年頃］	シンガー・ミシン ［19世紀後半］	コルト銃 マコーミック農業機械 ［19世紀半ば］	自転車 ［1890年代］
	部品互換性あり ［十分な加工精度達成］	スプリングフィールド銃 ［1820年代］			
	大量生産・低コスト化と連動	フォード方式 ［1910年代］	GMのスローン方式 ［フルライン・年次モデルチェンジ］ ［1920年代］		現代の自転車 ［オープン・アーキテクチャ製品］

●出典｜アバナシー他『インダストリアル・ルネッサンス』，ハウンシェル『アメリカン・システムから大量生産へ』，橋本毅彦『〈標準〉の哲学』などに基づき筆者作成．

❸——フォードの生産技術史的評価

　アメリカ生産技術史におけるフォードの位置付けは微妙である。専用機による部品互換性とコストダウンという大量生産方式を現実に確立したのは結局T型フォードであり，その意味で真に画期的だった。

　一方，多モデル生産・モデルチェンジ・部品共通化・サプライヤー利用など，製品設計のアーキテクチャという面では，その後登場するGMの「フレキシブル大量生産方式」の方が，コルト，シンガー，マコーミックなど，19世紀の有力企業の採ってきた「部品共通化・流用化」路線に乗っている（図61-1）。これに対して，単一モデル生産で，しかもモデルチェンジを20年近くもしなかったT型フォードは，こうした流れにあえて背を向けている。

　要するに，フォード・システムは，現場の生産体制の面では，紛れもなく，真の「大量生産システム」を確立したパイオニアであり，その意味では20世紀の「もの造り」に与えた影響は計り知れない。しかし，製品アーキテクチャの進化の面，特に「部品設計のモジュラー化」を重視しなかった点では，T型時代のフォードは，むしろ例外的であったとさえいえる。

　その意味で，GMの「フレキシブル大量生産」（スローン・システム）の段階になってはじめて，アメリカ式製造システムから大量生産システムへ連なる「部品互換性追求」の流れと，19世紀アメリカの製造大企業で始められた部品共通化・流用化（モデルチェンジ）・汎用化（業界標準化）といった「設計モジュラー化」の流れとが，一つに融合したとみることができよう。

　さて，ヘンリー・フォードとともに，20世紀の米国製造システムに大きな影響を与えたのがフレデリック・テイラー，あるいは「テイラー主義」である。テイラー主義の背景には，19世紀後半，アメリカ機械工業における労使問題がある。ヨーロッパ的なギルド的伝統の欠如，国内市場の急拡大，労働力の慢性的不足，相対的高賃金という当時の状況の中で，作業者

の労働の内容とペースをどうやってコントロールするかが，アメリカの経営者にとって頭痛の種だった。

これに対するテイラーの答えは，現場作業の徹底した標準化であった。工場の現場責任者やコンサルタントの経験を通じて，「時間研究」（作業を要素に分解し，それぞれの要素時間を測定したうえで集計して，その作業の標準時間を求めること），「差別的出来高給」（標準作業量実現者の賃金を高くして，未達成者と差別する賃金体系）など，後にテイラー・システムと呼ばれる作業統制方式を確立した。特に時間研究は，作業効率化手法の体系である「インダストリアル・エンジニアリング」（IE）として現代の製造管理に継承されている（⇨ 34 経営学 A，60 企業経営の歴史 C-3）。

ヘンリー・フォードが，機械そのもので労働の内容とペースを規制しようとしたのに対し，フレデリック・テイラーは，労働集約的職場を中心に，組織をあたかも機械のように統制することによって労働者をコントロールしようとした。フォード主義とテイラー主義は，その後融合して，20 世紀アメリカの大量生産システムを支えてゆくことになる。

C──米国製造業の趨勢と現状

❶──製造業の躍進期

米国は，1890 年代には世界の製造業生産の約 30％を占め，イギリスに代わって世界最大の工業国となった。米国製造業を牽引したのは，鉄鋼業や機械産業に代表される重工業分野である。背景には，重化学工業を核とする 19 世紀後半の第 2 次産業革命，広大な国土を背景にした鉄道建設ブームと国内統一市場の形成，石炭や鉄鉱石など国内天然資源の存在，大量の移民労働力の流入などがあったが，加えて前述の「アメリカ式製造システム」から「フォード・システム」に至る，大量生産システムの形成が，大きな役割を持ったことは疑いない。

その後，第 1 次大戦・第 2 次大戦ともに戦火を逃れたことや，1920 年代の長期繁栄（例えば耐久消費財ブーム）もあったため，30 年代の大恐慌にもかかわらず，米国の経済的な地位は，20 世紀前半を通じて上昇し続けた。例えば大恐慌直前の 1929 年，アメリカは全世界の粗鋼生産量の 47％，自動車生産台数に至っては 536 万台で実に世界の 85％を占めた。また，世界の製造業生産に占める米国の比率は，第 2 次大戦直後の 1948 年には実に 53％に達した。日欧の復興により，58 年には 44％に落ちるが，それでも欧州全体の 40％を上回っている（宮崎犀一他編『近代国際経済要覧』東京大学出版会，1981）。つまり，世界を制する工業国としての米国のピークは 20 世紀半ばであったといえる。またこの間，米国の貿易収支は，1870 年代から 1960 年代まで，ほぼ 100 年間，黒字基調が続いたのである。

❷──製造業の後退

しかしその後，米国経済に占める製造業の比率は徐々に低下していく。国内総生産に占める製造業の比率は，1960-67 年には 28％だったが，80-87 年には 21％に低下している。同時期，就業人口に占める製造業の比率も 27％から 20％へと下がっている（奥村茂次他『データ世界経済』東京大学出版会，1990）。また，1970 年代以降は，工業製品の貿易赤字が，自動車を含む消費材を中心に定着・拡大した。

鉱工業生産額に占める製造業各分野の比率は表 61-1 の通りである。1957 年から 89 年の動きで見ると，比重が拡大しているのが機械，電機，化学製品など，逆に比率を低めているのが

表61-1 ●米国鉱工業生産の産業別構成比　　　　　　　　　　　　　　　　　　　　[単位：％]

	金属	金属製品	機械	電機	輸送機器	木製品	食品	衣料	紡織	印刷出版	化学製品	鉱業
1947年	10.62	9.00	8.78	3.58	8.73	3.74	11.50	4.52	3.04	5.37	2.89	18.51
1957年	8.39	8.12	8.30	4.42	11.84	2.79	9.34	3.73	2.29	5.18	4.23	15.81
1966年	7.32	7.07	8.96	6.38	10.79	2.56	7.96	3.15	2.25	4.73	5.67	11.96
1973年	6.45	6.80	9.27	6.87	9.58	2.33	7.57	2.63	2.37	4.26	7.49	10.34
1981年	4.56	5.91	11.16	8.64	7.82	1.87	8.15	2.42	2.02	4.85	8.17	10.41
1989年	3.33	5.68	12.47	9.16	8.53	2.23	8.32	2.18	1.97	6.44	9.09	7.11

● 出典｜奥村茂次他編『データ世界経済』東京大学出版会，1990年。データ出所は *Federal Reserve Bulletin*。
● 注｜1977年の産業別ウェイトに各年の鉱工業生産指数を乗じて推計。

金属，金属製品，衣料，輸送機器などである。また，1989年の構成比を見ると，高い順に，機械，電機，化学製品，輸送機器，食品と続く。20世紀後半の米国製造業を引っ張ったのが，機械・エレクトロニクス・化学品であったことは明らかだ。一方，20世紀前半を引っ張った自動車など輸送機器は，やや比率を下げたが，依然として鉱工業生産の1割を占める主要産業の地位にとどまっている。

また，貿易収支などから各製品の国際競争力を推定すると，宇宙・航空，医薬品，医療機器，ソフトウェア，一部情報機器などでは20世紀末まで国際競争力を保ったものの，家電製品，自動車，事務機器，工作機械などでは，80年代までには貿易赤字基調となっていた。

このように，いわゆるパックス・アメリカーナを支えたアメリカ製造業の国際競争優位は，1970年代以降，多くの主力分野で失われていったのである。

D── 1980年代の「大量生産システム」批判

さて，大量生産方式をもって20世紀前半から半ばの世界経済に君臨したアメリカ製造業だが，1970-80年代になると，膨大な貿易赤字に代表されるような，そのパフォーマンスの悪さが盛んに指摘されるようになった。アメリカの科学技術教育の総本山の1つである，MITの学者グループが1989年に発表した有名な報告書『メイド・イン・アメリカ』の結論は，第一にアメリカ製造業のパフォーマンスが，特に日本に対して落ちてきていたこと，第二にその原因が，マクロ問題や経済政策を超えて，アメリカ的大量生産システムそのものに内在する問題であることであった。それでは，なぜアメリカ製造業は全体として国際競争力を失ったのか。いくつかの説があった。

❶──「生産システムの累積化」仮説

第一は，W. アバナシーらの「基本に帰れ」説。もの造り能力の地道な積み重ねが国際競争力を生み出す，という考え方で，いわば，「生産システムの累積進化」仮説である。これによれば，アメリカの製造システムは，初期のヘンリー・フォードの時代までは着実に進化してきたのだが，問題はその後，アメリカ企業が自ら作ってきた「製造の基本」を忘れ，あるいは，製造の問題は完全に解決したと錯覚していたことだとする。

その間に，戦後日本の多くの製造企業は，アメリカ製造業が作り上げてきた「基本」をきっ

ちりと習得し，その土台のうえに，フレキシビリティ・生産性・品質をかなりのレベルで両立させる改良型の生産システム（例えばトヨタに代表されるジャスト・イン・タイム・システム）を構築したのである。つまり，「もの造り」の基本は国を問わず同じだが，師匠（米国）がいわば手を抜いている間に弟子（日本）が腕を上げて追い越してしまったとみる。

したがって，この説から導かれる米国製造業への処方箋は「基本に帰れ」であり，「基本に忠実にやっている日本のメーカーにこれを学べ」であった。アメリカメーカーの場合，途中までは正常進化していたのだから，その後脱線した部分を改め，かつての弟子に学ぶべきは学ぶべきであり，そうすればまたアメリカ製造業は再生できるとみていた。

❷──「パラダイム・チェンジ」説

第二は，ウィッカム・スキナーらの「パラダイム・チェンジ」説。20世紀アメリカ製造業を覆っていた古いパラダイムは土台から陳腐化しており，したがって一度完全にこの枠組を破壊し（revolution），新しいパラダイムに移行しないと，アメリカ製造業の地盤沈下は止まらないとみた。

ここで「古いパラダイム」とは，工場を財務面からしか見ないこと，製造部門を軽視すること，工場の統制と安定性を重視しすぎること，労使の対立，機械化・大量生産至上主義，官僚主義，事なかれ主義，短期指向などが絡み合った1つのイデオロギーである。これに対し「新しいパラダイム」は，工場を競争の武器として重視し，製造部門の名誉を回復させ，フレキシビリティと労働者の自発的関与を重視し，イノベーション指向の積極経営を行うことである。

また，M. J. ピオリとC. F. セイブルは，クラフト（職人）的生産方式を駆逐しながら登場したアメリカ製造大企業の大量生産方式が70年代以後行きづまり，アメリカは第2回目の生産方式の基本的選択のための分岐点にさしかかっている，とする。ここで著者が提唱しているのは，部分的にはクラフト的なシステムへの回帰をも含む「フレキシブルな専門化」方式である。

❸──「リーン・プロダクション」仮説

第三は，「リーン・プロダクション」仮説。マサチューセッツ工科大学（MIT）が組織した「国際自動車研究プログラム」は，80年代を通じて世界中の研究者を集めて自動車産業の国際競争力とその源泉に関する大規模な共同研究を行い，その成果を「日本発のリーン生産方式に学べ」というメッセージに集約化した。ここでリーン（lean）とは「贅肉がない，無駄がない」といった意味である。

リーン生産説は，フォード・システム以来の大量生産方式はもはや行きづまったと指摘し，それに代わるものとして，トヨタなど日本メーカーを発祥の地とし，ジャスト・イン・タイム生産方式，統合型の製品開発方式，長期安定的なサプライヤー・システムなどを核とするリーン生産方式への移行が，自動車産業における国際競争生き残りの条件になると主張した。

やや一方的な日本企業礼賛，トヨタ礼賛になっており，話を単純化し過ぎるところもあり，これに対する批判も出たが，1980年代日本における先進的製造企業の到達点を，もの造りの「トータル・システム」として整理し，世界中に紹介したところが，「リーン生産説」の貢献だったと言えよう。

E──1990年代の米国製造業

❶──米国経済の復活とその要因

 このように，20世紀後半のアメリカ製造業に対する診断と処方箋には，いくつかのバリエーションがあった。しかし，そこに共通するのは，当時の米国製造業に対する深い自己反省であり，海外の事例や自らの歴史から謙虚に学ぶ，という学習態度だったといえよう。そして，これらの考え方の背景には，米国産業の国際競争力を復活させよう，という，国を挙げての学習運動があった。80年代から90年代にかけての米国では，国家資金による支援を伴う形で，MITなどの先端的な研究組織が中核となって，日本人を含む海外の研究者を留学あるいは国際共同研究の形で招き入れ，客観的なデータを収集し，深く分析し，その結果を，体系的な知識として結晶化していったのである。

 その効果もあって，90年代半ば以降，米国経済は長期の好況期に入り，「米国経済の復活」が喧伝されるようになった。その歴史的意義を総括することはまだできないが，米国経済の活況の背景には，少なくともいくつかのミクロ的要因が存在したようである。大きく分けると，(ⅰ)もともと米国産業が得意とする領域で「従来通りの強み」を発揮した，というケースと，(ⅱ)従来問題のあった分野で新たな知識・能力を習得した，というケースとがある。少なくともこの両面を見ないと90年代米国経済の回復軌道は説明できないだろう。

❷──新情報技術の発展

 第一に，「得意分野を伸ばした」という側面。パソコンやインターネットを核とする，90年代のデジタル情報ネットワーク技術の発展が真っ先に挙げられる。米国経済回復の牽引車の1つがこうした新情報技術を活用する諸産業であったことは，いまや周知の事実である。

 ここで忘れていけないのは，90年代に急成長した情報関連製品が，ハードであれソフトであれサービスであれ，概して「モジュラー型・オープン型」の製品アーキテクチャを持っていた，という事実である。そして，前述のように，こういうタイプの製品では，従来から米国の産業・企業が強い傾向があった。すでに見たように，19世紀以来の米国製造業の歴史は，生産面（互換部品化）でも設計面（モジュラー化）でも，要するに部品間・作業間の「すり合わせ」を減らす努力の歴史であった。その点，米国企業には分厚い組織能力の蓄積がある。

 オープン・モジュラー型の分野では，従来から「業界標準」作りのリーダーシップでは卓越したところのある米国企業が国際的にも有利である。また，いわゆるシリコンヴァレーに代表されるように，「企業の多産多死」という産業ダイナミズムを持ち，多くの起業家が個々別々にビジネス・チャンスに挑む，米国のベンチャー企業的伝統は，オープン・モジュラー・アーキテクチャの製品と最も相性が良いと言えよう。

 このように，米国産業の伝統的価値観・行動パターンと相性の良いアーキテクチャと産業構造を持つ新情報通信分野が爆発的に成長したことが，90年代アメリカ産業の躍進の一因であったことは間違いない。

 その関連で言うなら，一部の金融業・流通業のような既存サービス業が，モジュラー的な情報産業へと転換したことも大きい。顧客インターフェースでの「すり合わせ」が重視された既存の金融業・流通業に代わって，新金融商品，ネットワークを駆使した金融サービス，インターネット販売など，「組み合せ」が価値を生む「モジュラー」商品が台頭してきたことも，米

国企業の国際競争力を高めたと言えよう。

❸──日本型「もの造り」方式の浸透

　第二に，従来，競争力に問題のあった「擦り合わせ」型（インテグラル・アーキテクチャ）の製品に関しては，日本型の「もの造り」方式，つまり，比較的安定したメンバーの間で濃密なコミュニケーションや調整を行う「統合型の生産システム」が，米国企業に浸透したことが大きい。例えば，自動車産業やエレクトロニクス産業の大企業を中心に，前述の「リーン生産方式」「コンカレント・エンジニアリング」「シックス・シグマ運動」「サプライチェーン・マネジメント」など，日本発の生産・開発・購買管理のアイデアを欧米流に消化吸収したシステムが浸透していったのである。

　しかしながら，これらの米国流システムは，単純に日本企業の模倣をしているわけではなく，むしろ，それらの持つ暗黙知的な部分を明確化し，かつ，できるかぎり新情報・通信技術に対応するパッケージとして体系化しようとしている。ここに，20世紀のアメリカ企業が得意としてきたシステマティックな組織運営・管理技術が応用されたということもできる。その意味では，単なる「日本に学べ」ではなく，米国産業の得意とするモジュラー化の土俵に引き込もうという努力が見られる。

　このように，20世紀の最後の10年間における，米国産業の急速な再生は，（ⅰ）新情報通信技術とオープン・モジュラー・アーキテクチャを核とする「得意分野の急拡大」と，（ⅱ）従来やや苦手としてきたインテグラル・アーキテクチャ製品における，組織間・組織内コミュニケーションの改善成果とが，組み合わさった結果と言えよう。こうした「両面戦略」の総合的な結果として，米国経済・産業の活況がもたらされたのである。

　ただし，1990年代後半に入ると，やや「ITバブル」に浮かれた形で，米国企業による地道なもの造りシステムの改善のペースが落ちる傾向も見られた。2001年以降，ITバブル崩壊などにより，自動車メーカーなど，アメリカの製造企業の中でも業績の悪化するものが多く見られた。自動車メーカーの中には，あらためて，「もの造りの基本に学べ」という機運が強まっており，トヨタ自動車などに再び注目が集まるようになっている。

■参考文献

アバナシー，W./クラーク，K./カントロー，A.（望月嘉幸監訳・日本興業銀行産業調査部訳）『インダストリアル・ルネッサンス』TBSブリタニカ，1983.（Abernathy, W. J. and K. B. Clark, A. M. Kantrow. *Industrial Renaissance*. Basic Books, 1983）

下川浩一「フォードシステムからジャストインタイムシステムへ」テイラー，F. W.（上野陽一訳編）『科学的管理法』産業能率短期大学出版部，1969.（Taylor, F. W. *Principles of Scientific Management*. Harper and Row, 1911., Taylor, F. W. *Shop Management*. Harper and Row, 1911）

中川敬一郎『企業経営の歴史的研究』岩波書店，1991.

橋本毅彦『〈標準〉の哲学──スタンダード・テクノロジーの三〇〇年』講談社選書メチエ，2002.

MIT産業生産性調査委員会（依田直也訳）『メイド・イン・アメリカ』草思社，1989.（The MIT Commission on Industrial Productivity. *Made in America*. MIT Press, 1989）

Abernathy, W. J. *Productivity Dilemma*. Johns Hopkins Univ. Press, 1978.

Fujimoto, T. *The Evolution of a Manufactur-*

ing System at Toyota. Oxford Univ. Press, 1999.

Hayes, R. H. and S. C. Wheelwright. *Restoring Our Competitive Edge*. John Wiley & Sons, 1984.

Hayes, R. H., S. C. Wheelwright, and K. B. Clark. *Dynamic Manufacturing*. The Free Press, 1998.

Nelson, D. *Frederick W. Taylor and the Rise of Scientific Management*. Univ. of Wisconsin Press, 1980.

Rosenberg, N. "A Technological Change in the Machine Tool Industry. 1840-1910." *Journal of Economic History*, 1963.

Skinner, W. *Manufacturing: The Formidable Competitive Weapon*. John Wiley & Sons, 1985.

■さらに知りたい場合には

安保哲夫・板垣博・上山邦雄・河村哲二・公文溥『アメリカに生きる日本的生産システム』東洋経済新報社，1991．
［日本的な生産システムが海外工場にどのように移転されているかを分析している。］

ウォマック，J.他（沢田博訳）『リーン生産様式が，世界の自動車産業をこう変える』経済界，1990．(Womack, J. et. al. *The Machine That Changed the World*. Rawson Associate, 1990)
［「トヨタに学べ」という潮流を決定付けた，自動車生産システムの国際比較研究。］

チャンドラー Jr., A. D.（鳥羽欽一郎・小林袈裟治訳）『経営者の時代――アメリカ産業における近代企業の成立』東洋経済新報社，1979．(Chandler, A. D., Jr. *The Visible Hand*. Harvard Univ. Press, 1977)
［米国の大企業体制が確立する過程を示した古典。］

ハウンシェル，D.（和田一夫・金井光太朗・藤原道夫訳）『アメリカン・システムから大量生産へ』名古屋大学出版会，1998．(Hounshell, D. *From the American System to Mass Production, 1800-1932*. Johns Hopkins Univ. Press, 1984)
［アメリカ式製造システムから大量生産までの歴史を通観した決定版的な著作。］

ピオレ，M. J./セーブル，C. F.（山之内靖・永易浩一・石田あつみ訳）『第二の産業分水嶺』筑摩書房，1993．(Piore, M. J. and C. F. Sabel. *The Second Industrial Divide*. Basic Books, 1984)
［大企業による大量生産体制に代わる，企業ネットワークによるフレキシブル生産の可能性を提示。］

62 金融業と金融政策
Financial Sector and Monetary Policy

櫻庭千尋

米国の金融業は巨大な米国経済が必要とする資金を間断なく融通している。同時に，米国経済の所得の8％を金融業だけで稼ぎ出し，不動産部門も含めると2割に及ぶ。また，米国は金融革新を次々と生み出している。最先端の技術革新を活かし，インターネットで取引を済ませて，店舗を持たない銀行もいち早く出現している。金融業が活気を帯びて発展することは米国の繁栄を導くことになるが，金融機関が変貌すると，金融政策の伝わり方にも変革を迫る。米国連邦準備制度（Federal Reserve System，略してFedと呼ばれる米国の中央銀行）が所期の目標に向けて金融政策を運営できるかどうか。さらに，ドル相場の変動等を介して，日本をはじめ諸外国にどのような影響をもたらすものか。このように，米国の金融動向は常に世界の注目を集めている。そこでの焦点は，米国の金融業が変貌した後も，効率的な資金配分の機能を発揮し続けられるかどうかである。

A── 破綻と金融革新の歴史

❶── 大恐慌とグラス=スティーガル法

米国の金融の興亡は激しい。19世紀終わりに投資銀行が相次いで登場し，産業黎明期の事業資金を英国などの欧州から調達するようになった。JPモルガンなどが大西洋の玄関口であるニューヨークに拠点を構え，ウォールストリートと呼ばれる金融街が形成された。しかし，当時の米国は新興産業ばかりで，貸し倒れも頻発した。投融資を仲介する金融業も淘汰にさらされ，1929年の大恐慌では約1万の金融機関が倒産に追い込まれた。

しかも，大恐慌に至る過程で，多くの銀行が証券担保貸し付けをあおって株価の乱高下を招いたことや，取引先から引き受けた株式をいち早く売り逃げたことなどが明るみに出た。銀行家の倫理喪失が議会で指弾され，1933年に銀行法が改正されて，銀行業と証券業を兼営することが禁じられた。この改正条項部分がグラス=スティーガル法である。ほぼ同時期に預金金利の上限規制も導入され，銀行が州をまたがって支店を設置することを禁じた州際業務規制（1927年制定）とあわせ，銀行の業務を以後半世紀あまりにわたって制限することになった。

一連の規制は金融秩序を回復することに寄与した。しかし，第2次大戦が終わり経済情勢が落ち着いてくると，新規参入を阻止する弊害の色合いが強まってきた。競争相手が増えないために，革新的な金融サービスを生み出す意欲も湧き上がらない時期が続いた。

❶トレーダーの熱気に満ちたウォールストリートのニューヨーク証券取引所〔2002年9月9日〕

❷──ディスインターミディエーションの進行

1970年代になり、ベトナム戦争にともなう財政拡張の後遺症と石油危機の到来で、物価に上昇圧力がかかると、金利の上限規制に縛られた預金が敬遠されるようになった。債券や株式、あるいはそれらを組み込んだ投資信託に運用対象が移った。1975年には株式売買委託手数料が自由化され、証券分野では競争が投資家を呼び込み、多くの証券会社が活況を呈するようになった。

さらに、決済用口座との資金振り替えを低コストで行う投資信託が相次いで開発され、人気を博した。銀行預金から資金が大量に流出した。資金仲介において商業銀行や地方の貯蓄金融機関の果たす役割が低下した。ディスインターミディエーションの進行であり、英国とならんで世界に先駆けて金融の構図を変えていくことになった。

すなわち、顧客離れで経営が圧迫されてきた銀行は各種規制の緩和を求めるようになった。金利規制は当座預金への付利禁止を除いて1986年までに撤廃された。銀行が証券業務を直に兼営することは引き続き禁止されているが、規制の網をかいくぐって複合的な金融サービスを供給し始める大手の銀行も現れた。米国より先に自由化されたロンドン市場での金融革新（いわゆるビッグバン）の成果を取り入れた部分もあるが、米国市場ならではの激しい競争の中で編み出された金融商品も少なくない。

B──金融機関経営の見直し

❶──金融自由化の進行

規制の全面見直しは1999年の金融制度改革法成立まで待つことになるが、その間にも、金融自由化は実質的には相当程度進んだ。業務分野の拡大と同時に、銀行が引き込むリスクの量も種類も増え、軽視できない問題となってきた。

1980年代初頭にかけて、大手銀行は規制の少ない途上国向けの信用供与を積極化させた。ところが、1982年のメキシコ危機を発端とした累積債務問題に見舞われ、巨額の貸付金償却を余儀なくされた。

1982年のペン・スクエア銀行の破綻では、連邦預金保険公社（FDIC）が戦後初めてペイオフを実施して、保護対象預金を小口に限定した。これを契機に、預金者が銀行を厳しく選別するようになった。一方、1984年のコンチネンタル・イリノイ銀行の破綻では、資産規模が全米第7位と大きく、連鎖倒産の危機が懸念されたため、通貨監督局（OCC）と連邦準備制度（Fed）は全面的に支援した。大手金融機関は潰さない（too big to fail）との期待も現れて、収益性向上よりも、規模拡大や異なる事業の補完に重点を置いた合併が現れてきた。

また、1980年代を通じてテキサスなど中部を中心に、中小規模の貯蓄貸付組合（S&L）が相次いで破綻し、その数は7,000社あまりに及んだ。これらの預金の払い戻しが立ち行かな

くなり、預金者の預金離れが顕著になった。

❷──リスク管理の強化

こうした破綻事例を目の当たりにして、預金者や株主の金融機関経営に対する監視が強まってきた。金融機関の収益は、基本的に、資産運用の収入と調達する資金の費用の差額（利鞘）である。規制金利体系が崩れてくると、利鞘を各金融機関が主体的に拡大できるようになるが、競争相手も増え、利鞘の面で一方的に収益を増やすことは容易でない。そこで、リスクが顕現化しても損失を抑えることができる取り組みが盛んになってきた。

その代表格が債権流動化や証券化の手法であり、1980年代から一般化した。貸し出し債権を満期まで保有し続けると、貸し倒れリスクや金利変動リスクを長期間抱え続けることになる。そこで、貸し出しといえども流動化して銀行自身のバランスシートから除外する資産管理方法が多用されるようになった。証券化の場合であれば、小口の資産を集めて担保とし、まとまった金額の金融資産に組み替えたうえで、均等に分割し、投資家に売りやすくする。資産担保証券と呼ばれるもので、米国では日常的かつ広範に行われるようになった。クレジット・カードの債権でさえ、こうした仕組みで、クレジット・カード業務を営む銀行等から機関投資家へ売り渡されている。近年では派生商品（デリバティブ）を活用し、例えば利鞘部分だけを金融機関に残し、リスクの大層を手放す財務管理手法も盛んに取り入れられている。

また、仮にリスクが顕現化して損失が生じても、補塡できる（貸し倒れであれば償却する）ように十分な自己資本が金融機関には求められた。自己資本を増強するためには、さまざまな取り組みがあるが、結局のところは期間収益を着実に伸ばす以外にない。収益の好調が揺らぐと、増資もままならないからである。

そこで、多くの金融機関では、他社に比べて収益が上がらない部門を切り離す一方、得意とする業務分野に特化する方向で、組織運営を見直すようになった。総資産規模がいたずらに増えないように、従業員や店舗を調整することに主眼を置いた。こうした取り組みにより、資産合計に対する自己資本の比率を引き上げることができた。その結果、米国の銀行の多くは、その最低比率を国際的に定めたいわゆるBIS規制を余裕を持って充足した。

このように、近年の金融革新は金融機関経営を大きく変えるものとなっている。適切なリスク管理が不可欠となり、リスクの負担をより少なくする資産運用が指向された。高利回りの配当を求め続ける株主に応えるべく、経営資源を無駄なく活用することも求められた。規制緩和で自由に業務を展開できるようになった反面、競争激化で一瞬たりとも怠れない緊張がみなぎる時代になってきた。

経営革新に成功する金融機関が存在する一方で、業務分野の見直しや経営資源の再配置に遅れをとり、落伍する金融機関も少なからず出現した。競争力が後退した金融機関に対しては、多方面から買収・合併が持ち掛けられた。経営を覆す動きに対抗して、伝統的な預金・貸出業務の部門を進んで縮小することを選択した銀行もある。リストラされる部門がある一方で、派生商品等の複雑な価値計算ができる専門家が高給で集められ、人員配置も大きく変わってきた。

❸──情報技術革命の影響

1990年代になってからの新しい潮流としては、電子認証技術や高速データ処理等の情報技術革命（いわゆるIT革命）の成果が金融分野で取り込まれてきたことが挙げられる。しか

も，高度技術により提供できるようになった先進的な金融サービスを，ライバルの金融機関に先駆けて展開しようとする競争が激しくなっている。その結果，店舗を持たず，インターネットを介して決済を行う銀行業務が急速に広がっている。これは，営業窓口の要員を大幅に節減し，金融機関の構成職種を劇的に変えつつある。

また，オンラインでの株式仲介業務が広範化し，電子取引所も数多く設立されている。年金運用を家計に委ねる枠組み（年金制度変更や税制面からの優遇措置）が整ったことも，家計と株式等の金融資産との結び付きを深めることになっている。また，電子商取引が急速に普及し，金融と商業の境目があいまいになってきた。

C——合併と投資銀行の活躍

❶——メガバンクの登場

近年の技術革新は，巨額のコンピュータ関連投資を必要とする。単独でコンピュータ・システムを構築し，そのプログラムを開発するには負担が大き過ぎる。コンピュータ・ネットワーク等の投入資源を節約するためには，合併や提携が有効である。1998年のシティコープとトラベラーズや，チェイスとJPモルガンなど大型合併や異業態間の合併が相次いでいる。

メガバンクとも呼ばれる巨大な金融機関の登場が，米国の金融をさらに競争的にしている。1990年代の10年間で，銀行数は12,370行から8,698行へ3割減少したが，1行当たりの資産額は6.28億ドルとなり，インフレ率調整後でみても倍近く増加している。銀行資産の68％は上位50社の金融持株会社の傘下銀行によって占められるようになったが，寡占の弊害が現れるどころか，むしろ合併銀行ではコストの節減が進んで，効率的に金融サービスを提供できるようになったとの調査も報告されている。

金融機関が信用供与に伴うリスクへの認識を研ぎ澄ますようになるにつれ，企業の側でもより有利な条件で資金を調達できる術を磨くようになってきた。1982年には，証券を発行する手続きを企業があらかじめ一括して登録できる規則が導入された。こうした手続きの簡便化もあって，大手企業や伸び盛りの企業における資金調達の形態が大きく変わった。銀行から相対で借り入れる方法から，資本市場という公開の場でまとまった金額の証券を発行する直接金融へ，資金調達の比重が急速に変わった。

❷——投資銀行の躍進

企業金融の変化，そして，家計の資金運用対象が預金から投資信託に移ってきたことにより，預金を集めて貸出で利鞘を稼ぐ伝統的な商業銀行の活動の場は狭まった。代わって，投資銀行が米国金融の主役に再び躍り出た。

投資銀行の特徴は，自己資本の規模が大きく，大口の証券発行を仲介できるさまざまな能力を持ち合わせていることである。証券を発行しようとする企業の収益力を見極め，投資家が納得する発行価格を設定し，発行証券を小口化する金融技術を駆使して，米国中あるいは時には海外にも売りさばく。もし売れ残りが出ても，ある程度の期間であれば，投資銀行自身で保有できる資金余力がある。こうした実績を重ねて，投資銀行は発行企業と投資家の双方から信用を集め，業務規模を拡大していった。

資本規模が大きければ，より大きな資金供与案件を仲介することができる。そこで，投資銀行間の合併も一段と進み，最近では米国以外からも，ドイツ銀行などが米銀を買収する動きが見られる。国際的な金融機関の統合が進むと，

米国といえども他国の金融機関との競争にさらされる。

D——金融制度改革法の制定

❶——規制体系・監督体制の立ち遅れ

　国際競争に遅れをとらないことも米国全体の金融戦略として重要になってきた。とりわけ規制の法体系については，欧州統合の過程で包括的な法制を整えた欧州連合（EU）と比べて，随所に不備が目立ってきた。投資銀行の勢いが増して，グラス=スティーガル法をはじめとする諸規制は現実と合致しなくなり，金融革新を阻む面が目立ってきた。

　相次ぐ合併で，銀行規模が膨らんできたことから，金融全体のリスクが増大しないように，監督体制を整備することも急務となってきた。金融機関の業態別に細分化された監督体制は，1980年代に貯蓄貸付組合に破綻が集中した事態に対応できなかった。個々の金融機関のリスク管理が不適切だっただけでなく，金融システム全体としても万全の信用秩序を維持できる体制から後退していた。

❷——金融制度改革法の制定

　そこで，規制体系を見直そうとの論議が1991年頃から活発になり，難産の末に，1999年11月に新しい金融制度改革法が制定された。この新法により，銀行は証券子会社を傘下に収めること，あるいは，金融持株会社を設立して，証券業務，保険業務，投資信託業務，新

米国の金融機関監督

●**国法銀行**——米国では，19世紀来の伝統から，銀行免許を連邦当局が与える国法銀行と，州当局が与える州法銀行が併存している。
　国法銀行は免許を付与した通貨監督局（OCC）が第一義的監督権限を持つほか，連邦預金保険公社（FDIC）にも検査権限がある。
●**州法銀行**——州法銀行は州の銀行監督当局が第一義的監督権限を持っている。同時に，連邦準備制度（Fed）に口座を開設している銀行については連邦準備制度理事会（FRB）も第一義的監督権限を持っている。なかには，Fedに加盟していないがFDICの保険機構には加入している銀行があり，FedではなくFDICに第一義的監督権限がある。
●**貯蓄金融機関**——貯蓄金融機関も，銀行と同様に，連邦免許か州免許かで，監督権限を持つ当局が異なる。
●**保険会社**——一方，保険会社については，州当局が一元的に免許付与をはじめとする監督権限を持っている。なお，複数の州に営業網がまたがる保険会社の監督体制については，検討中である。
●**証券会社**——証券会社は，免許制ではなく，証券取引委員会（SEC）が登録を受け，第一義的監督権限を有しているが，情報開示等の最低限の遵守義務以外については，業界の自主規制機関が設定することになっている。
●**金融持株会社**——1956年銀行持株会社法に基づく銀行持株会社については，FRBが第一義的監督権限を持っている。新しい金融制度改革法の下では，FRBにumbrella supervisorとして包括的監督権限を与えるとともに，その他の関係監督機関にも機能別の監督権限を付与している。なお，銀行を傘下に持たない投資銀行持株会社は，包括的監督権限を行使する当局としてSECを選択することもできる。

［櫻庭千尋］

興企業等への資金供与を行うマーチャント・バンキング業務等を個別に営む業態別子会社を設けることのいずれかが可能になった。銀行の役員がこれらの系列会社の役員を兼務することもできるようになった。

なお，銀行の兼業範囲については，連邦準備制度理事会（FRB）および所定の監督機関が定めることとされた（米国の金融機関を監督する当局の構成については，⇨コラム「米国の金融機関監督」）。また，引き続き銀行自体が株式引き受け等の証券業務を兼業することや，証券会社自体が預金保険で保護される預金を受け入れることは禁止されている。銀行・証券の分離が完全に撤廃されたわけではないが，金融持株会社の広範囲な活動が認められるようになった。金融機関間の競争が一段と促進され，営業基盤の拡充や収益力の強化がもたらされると見込まれている。

グループ内企業の間で複数の業務を営み，1つの金融機関店舗でほとんどの金融取引やサービスを提供することも可能になった。ワンストップ・ショッピングと呼ばれる顧客にとって利便性の高いサービスである。こうした集客戦略により，顧客の資産・負債の全貌を1つの金融持株会社で完全に掌握し，顧客との取引関係をより長期間にわたって持続させることが期待されている。

もっとも，それぞれの顧客の利害が対立する場合に，いずれかの顧客に不利益を押し付けたり，リスク管理が甘くなった子会社を他のグループ企業が支援せざるを得ないという事態も出かねない。こうした経営上の諸問題が広範化しないように，金融持株会社や金融機関の行動規範を制定し，金融システム全体の健全性を確保することも，金融制度改革法の立法趣旨である。

E──金融政策とプルーデンス政策

❶──米国資金の流れ

さて，米国の資金の流れを概括すると，家計は27兆㌦の金融資産を保有している。そのうちの1割強が預金であるが，株式に2割，投資信託にも1割を運用している。最大の運用対象は年金と生命保険で3割に達する。一方，法人企業が調達する15兆㌦の資金残高の半分は株式であり，1割が社債である。これに対して，銀行借入はコマーシャル・ペーパーという証券形態ながら銀行が最初に引き受けるものを含めても1割に満たない。米国では，このように，家計と企業の間の資金が銀行部門よりも広範囲な金融資本市場を介して大量に移動している。世界で最も金融市場の裾野が広く，最も活発であると評価されている。

❷──金融政策のしくみ

しかし，金融資本市場は時として機能麻痺に陥ることがある。その時は，金融だけでなく経済全体が活動停止に追い込まれかねない。そこで，Fedや証券取引委員会（SEC）等が金融機関や市場の参加者を常時監視し，所要の政策措置を講じている。政策措置は大別して，Fedが運営する金融政策と，Fedがその他の監督当局と分担しているプルーデンス（信用維持）政策に分かれる。

米国の金融政策は，連邦準備法により，雇用の最大化と物価の安定を達成すべく，金利と通貨・信用の総量の伸びを調整することが目標であると明記されている。具体的には，Fedの最高意思決定機関である連邦準備制度理事会は，一部の地区連邦銀行総裁とともに連邦公開市場委員会（FOMC）を定期的に開いて，金

融政策の方針を決定する。1987年以降は，グリーンスパンFRB議長の下で，インフレをもたらすことなく，米国経済の安定成長を持続させるように，短期金利の水準を機動的に変更してきた。

FOMCの決定は，12の連邦準備銀行（連銀）を通じて金融市場の最前線に立つ銀行に次のような経路で伝わり，米国の金利水準が調整されることになる。民間銀行は銀行間決済のため，あるいは，法定により，準備を連銀に預けている。この準備のうち法定所要額を超過する部分を銀行間で融通し合う短期金融市場があり，その取引金利（翌日物のFederal Funds rate，略称FF金利）を目標水準（2003年10月時点では1.0％）に誘導するように，FOMCからニューヨーク連銀に指令が下りている。その達成に向けて，ニューヨーク連銀はウォール街に集まっている民間の銀行が保有している支払準備の総量を調整する。準備の総量を増やすときには，民間銀行から国債を買い上げる公開市場操作を用いることが多い。連銀が短期金利を高めに誘導するときは，準備の総量を減らすべく，国債等を売却する。

なお，政策金利としては連銀が民間銀行に直接貸し出す金利（公定歩合）もある。2003年10月の時点では2.0％に設定されている。

こうした金融政策の調節には，さまざまな方法が試みられてきた。最近では，Fedの意図している政策方針とその下での短期金利水準を直ちに民間銀行をはじめ経済全体に明確に伝える方法がとられている。このため，民間銀行が迷わずにFedの政策意図に沿って，民間企業や家計の資金調達・運用に適用する金利や取引条件を変更するようになっている。

Fedでは，政策運営をめぐる不確実性が高まらないように，政策関連情報をより広範囲に周知させるように取り組んでいる。金融資本市場の主たる担い手が商業銀行だけでなく，投資銀行やさまざまな業態の金融機関，さらには大口の資産を運用している機関投資家に広がってきたため，日々の準備を調節するだけで，政策意図を説明しない旧来の運営は不十分になってきた。そこで，FOMCの議決事項を他国の中央銀行に見習って，2000年より即日公表するように変更した。一方，政策決定に至る論点については，早くからFOMCの議事要旨を公表するように対応してきた。また，年2回定期的にFRB議長が議会に出席して，翌年にかけての経済展望を説明している。この他にも，FRBの首脳はさまざまな場で講演し，経済情勢と政策運営の方針について，米国内外からの理解を高めようと一貫して取り組んでいる。米国の金融政策は適切に運営されているという信認が維持されれば，例えば期待インフレーションが高まって経済の価格体系を混乱させるような事態が避けられる。

❸──プルーデンス政策

一方，プルーデンス政策には，金融機関が破綻した後での処理と，連鎖的な破綻が起きないように予防策を講じ，あるいは，事後的処理を最小限にとどめる工夫をあらかじめ凝らす事前的対応がある。80年代の相次ぐ貯蓄貸付組合の破綻に対しては事前的対応が全く不十分であった。その結果，破綻後の不良債権処理に約5千億㌦の公的資金を投入することになり，1990年代初めの金融仲介機能が大きく損なわれた。この反省から，預金保険の体制を強化するとともに，金融機関のリスク管理を強化させる工夫をこらしてきた。

また，貯蓄貸付組合の破綻処理がピークに達した1993年には，プルーデンス上の対応を優先して，金融引き締めへの転換に慎重になったといわれる。実際，この局面での最後の政策金利引き下げ（92年9月）から，最初に引き上

げる（94年2月）までの1年半にわたり，連邦公開市場委員会（FOMC）は利上げに関して検討を重ね続けたが，なかなか実行に移せなかった。

❹──健全経営の伝統

このように，プルーデンス政策と金融政策は目的が異なり，いずれかの運営が他方を制約する問題が潜んでいる。こうした悩ましい事態に陥らないように，Fedは機動的な政策運営を追求すると同時に，金融機関に対して監督当局として健全経営を常に求めている。

金融機関の側でも，金融変革の中でリスク管理が疎かになる可能性もあるため，部門別リスク評価等に主体的に取り組み，不良債権を自己査定して，その結果を定期的に開示している。米国の金融機関は情報開示の面で世界の最先端を行き，リスク許容力の高さを誇示している。商業銀行の役割は後退したが，英国で育まれてきた18世紀以来の健全経営の伝統は米国で研ぎ澄まされ，現代の金融政策を伝播する金融システムの不可欠な要素になっている。

こうした金融機関側の健全経営と効率性追求の努力が結実しなければ，金融当局が果敢な政策運営を決定しても，マクロ経済の安定的発展に向けて実効性をあげ得ない。米国の金融システムは，近年劇的に変わったことが注目されているが，政策当局と経済を結び付ける政策伝播経路としての役割をまったく後退させていない点でも，他国の垂涎の的である。

F──基軸通貨国としての米国の金融

米国の金融はダイナミズムに溢れ，個々の金融機関，あるいは，金融政策を運営し，金融システムを監督指揮する連邦準備制度を絶えず革新してきた。そして，米国流の金融慣行が世界に広がっている。米国以外でも外貨を用いた取引においてドルが使われるため，ドルに関する米国国内の金融取引慣行や規制が米国以外でも実質的に適用されるからである。ドルは世界で最も多く使われる「基軸通貨」であり，基軸通貨であるがゆえに，米国の金融慣行やリスク管理手法が世界標準として席捲しつつある。そこで，最後に，基軸通貨の面から，米国の金融を特徴付けることにしよう。

歴史的には戦後長らくブレトンウッズ体制と呼ばれる固定為替相場制の時代が続いた。金の価値を一定とし，金といつでも兌換できる通貨を米国のドルに限定していた。ドル以外の通貨については，ドルとの固定相場（円であれば1ドル＝360円）を維持できるように，日々の外国為替市場での介入を義務付けた。しかし，この固定為替相場制度はどの国にも国際収支が中長期的に均衡から離れないような経済政策運営を求めるものであったため，恒久的に長続きすることには多くの困難が伴った。実際，当の米国が経常収支赤字を垂れ流し続け，ドル相場に下落圧力がかかり，固定相場で金との兌換に応じることができなくなった。1971年のニクソン・ショックである。

それ以降，世界は変動為替相場制に移行した。そのため米国は法的根拠からドルを基軸通貨に据え続けることはできなくなった。しかし，その後30年間を経て，欧州通貨や日本の円が国際的に使われる割合はやや高まってきたとはいえ，主たる基軸通貨の座は引き続きドルが維持している。米国が世界経済を牽引しているという実体面の事情だけではない。ドルを供給している米国の金融システムに対する世界的な信認が長期間にわたって揺らいでいないという要素が大きい。機動的な金融政策運営，それを伝播する金融機関の健全性，何か問題が生じ

たときの当局の対応力など，諸々の強さが米国民のみならず，世界中を魅了して止まないともいえよう。米国の力の源泉が金融に由来することを物語っている。

こうした金融の強さは過去の遺産や政治・外交的な強制力から生じているわけではなく，常に革新を取り込もうとする競争指向が出発点になっている。米国の頑強さは金融分野においても保持されている（⇨5ドルが支配する世界）。

■参考文献

加野忠著『金融再編』文藝春秋，1999.

野々口秀樹・武田洋子「米国における金融制度改革法の概要」『日本銀行調査月報』，2000年1月号.

Federal Reserve Bank of New York. *The U. S. Monetary Policy and Financial Markets*. 1998.

Kevin, J. S. and J. P. Poole. "Explaining the rising concentration of banking assets in the 1990s," *Current Issues*, vol. 6 no. 9, Federal Reserve Bank of New York, 2000.

■さらに知りたい場合には

米国連邦準備制度理事会（日本銀行米国金融市場研究会訳）『連邦準備制度：目的と機能（第7版）』日本信用調査出版部，1985. (The Board of Governors of the Federal Reserve System. *The Federal Reserve System: Purposes & Functions*. 8th ed. 2002)

［中央銀行自身が解説した米国の金融政策運営の概略。1984年刊行の7版の邦訳はあったが，全面改訂された8版の邦訳は出版されていない。］

馬場直彦・久田高正「わが国金融システムの将来像──変革の圧力と金融当局の役」『金融研究』20巻4号，pp.1-51，日本銀行金融研究所，2001.

［米国の金融構造を日本や欧州と対比させた分析を含む展望論文。変化しつつある金融の本質を考察している。］

氷見野良三『〔検証〕BIS規制と日本』金融財政事情研究会，2003.

［銀行に適用される自己資本比率規制（いわゆるBIS規制）の制定過程を，日本人で初めてバーゼル委員会事務局長に就任した著者が詳しく記した。7章を中心に，本規制への対応が米国銀行の経営転換を促したと論じている。］

Espino, O. D. *How Wall Street Created a Nation: JP Morgan, Teddy Roosevelt, and the Panama Canal*. Pub Group West, 2003.

［20世紀最大の経済大国になるまでに，モルガン銀行をはじめとするニューヨークの金融街がかかわってきた足跡を書き下ろした評論。邦訳はない。］

63 商業・流通業
Commerce and Distribution

川辺信雄

アメリカは物質的な豊かさを他のどの国よりも求めてきた。これは，階級制度をもたなかったために，大衆消費社会が形成されたことによる。その結果，誰でもがモノを手に入れることのできる消費の民主主義が形成された。この発展の過程において，大きな役割を果たしたのが近代的な商業・流通企業であった。19世紀以後，卸売機能を吸収して大量仕入・大量販売を基礎とする近代的な商業・流通企業が発展した。その後は，アメリカ社会の発展とその変容に対応して，さまざまな商業・流通業態が生み出され，独自の発展を遂げた。1970年代に入ると，大量仕入・大量販売に代わる新しいビジネスモデルを有する商業・流通企業が発展した。それらは，それまでの家庭市場に対応するものに代わって，個人市場を対象とするものであった。マイクロエレクトロニクスや情報技術の発展により，個人市場を対象とし，メーカーや卸といった取引先との連携を図ることが技術的に可能になった。

A──消費の民主主義

❶──大量消費社会の形成

19世紀の半ばまでにアメリカを訪問した多くのヨーロッパ人が，アメリカの1つの特徴に気付いた。彼らは，アメリカ人の話すことばによってその社会階層を見分けることが困難であるのと同じように，人々が社会階層によって異なる服装をしていないことに気付いたのである。

アメリカにおいては，ヨーロッパとは異なり，階級社会ではなかったために標準化された堅牢な商品が求められた。これら標準化商品が広く人々の間に受け入れられ，大衆消費社会が形成されることになったのである。

この大衆消費社会を築くうえで，消費財の大量生産を担った消費財メーカーとともに重要な役割を担ったのが，大量仕入・大量販売をベースにした近代的な流通企業であった。今日，アメリカの近代流通企業の規模は極めて大きく，売上高でみた『フォーチュン』誌（2002年5月17日号）のランキングの中に，アメリカ企業上位50社に10社も入っているほどである。

❷──商業・流通企業の特徴

また，アメリカ商業・流通企業の特徴は，表63-1に見られるようにその業態の多様さにある。ウォルマート・ストアズのようなディスカウント・ストア，クローガーのようなスーパーマーケット，シアーズ・ローバックのようなGMS（総合小売企業），ホーム・デポのようなカテゴリーキラーと呼ばれる大型専門店，アルバートソンズのような百貨店，コストコ・ホールセールのような会員制卸，CVSのようなド

表63-1 ●米国流通企業上位30社 ［2001年度］　　　　　　　　　　　　　　　　　［単位：100万ドル］

	企業名	業態	売上高	利益	資産	株主資本
①	ウォルマート・ストアズ	ディスカウント・ストア	219,812.0	6,671.0	83,375.0	35,102.0
②	ホーム・デポ	ホームセンター（DIY）	53,353.0	3,044.0	17,081.0	18,082.0
③	クローガー	スーパーマーケット	50,098.0	1,042.5	3,502.1	3,502.1
④	シアーズ・ローバック	総合小売業	41,078.0	735.0	44,317.0	6,119.0
⑤	ターゲット	ディスカウント・ストア	39,888.0	1,368.0	24,154.0	6,119.0
⑥	アルバートソンズ	百貨店	37,931.0	501.0	15,967.0	5,915.0
⑦	Kマート	ディスカウント・ストア	36,910.0	−95.0	17,007.0	5,854.0
⑧	コストコ・ホールセール	会員制卸	34,797.0	602.1	10,089.8	4,882.9
⑨	セーフウェイ	スーパーマーケット	34,301.0	1,253.9	17,462.6	5,889.6
⑩	J.C.ペニー	総合小売業	32,004.0	98.0	18,241.0	6,063.0
⑪	ウォルグリーン	ドラッグ・ストア	24,623.0	885.6	8,833.9	5,207.2
⑫	CVS	ドラッグ・ストア	22,241.4	413.2	8,628.2	4,566.9
⑬	ロウズ	ホームセンター（DIY）	22,111.1	1,023.3	13,736.2	6,674.4
⑭	フェデレーテッド・デパートメントストアズ	総合卸売業	16,895.0	−276.0	15,044.0	5,564.0
⑮	ベスト・バイ	家電・コンピュータ専門店	15,326.6	395.8	4,839.6	1,821.9
⑯	ライト・エイド	ドラッグ・ストア	15,296.6	−1,589.2	7,913.9	−354.4
⑰	パブリクス・スーパーマーケッツ	スーパーマーケット	15,284.2	530.4	4,405.8	2,762.6
⑱	メイ・デパートメントストアズ	百貨店	14,175.0	703.0	11,920.0	3,841.0
⑲	GAP	衣料専門店	13,847.9	−7.8	7,591.3	3,009.6
⑳	サーキット・シティ・グループ	家電・コンピュータ専門店	12,959.0	160.8	3,871.3	2,356.5
㉑	ウィン・ディキシーストアズ	ドラッグ・ストア	12,903.4	45.3	3,041.7	771.7
㉒	オフィス・デポ	文具・事務用品専門店	11,154.1	201.0	4,331.6	1,848,4
㉓	トイザらス	玩具専門店	11,019.0	67.0	8,076.0	3,414.0
㉔	ステープルズ	文具・事務用品専門店	10,744.4	265.0	4,093.0	2,054.2
㉕	TJX	衣料雑貨専門店	10,709.0	500.4	3,595.7	1,340.7
㉖	リミテッド	婦人衣料専門店	9,363.0	518.9	4,719.2	2,743.7
㉗	ディラーズ	百貨店	8,388.0	72.0	7,075.0	2,688.0
㉘	コールズ	百貨店	7,488.7	495.7	4,929.6	2,719.4
㉙	サックス	百貨店	6,070.6	0.3	4,595.5	2,271.4
㉚	ノードストローム	衣料・靴・雑貨専門店	5,634.1	124.7	3,976.0	1,314.5

●出典｜*Fortune*（April 17, 2002）に基づく。

ラッグストア，GAP（ギャップ）のようなSPA（製造小売業），リミテッドのような専門店とまさに多彩である。

アメリカにおける商業・流通業はヨーロッパや日本と異なり，いくつかの特徴をもっている。第一は，封建社会を経験しなかったために社会階層性が欠如していたことである。そのため，大衆社会の形成がどの国よりも早く，標準化された大規模市場が成立した。同時に，市場が大衆化したために消費者が価格に対して極め

第二は，卸売商を中心とする全国流通のシステムが十分形成されないまま，製造業や小売業が発展し，両者が卸売機能を統合化する形で流通システムが発展したことである。

　第三は，卸売機能の統合をめぐって，小売企業は製造業者の流通支配力に対抗する形で大規模化したことである。

　第四は，国民の価格志向に対応して，安売りの小売業態が不況期を中心に台頭し，それが次第にサービスなどの付加価値をつけて高級化し，また新たな安売りの小売業態が誕生するというサイクルを繰り返していることである。この発展のプロセスは，「小売の輪」モデルと呼ばれている。

　第五は，広大な国土の中で，自動車が大衆に急速に普及したことである。そのため，狭い国土で鉄道など大量交通輸送機関が発達したヨーロッパや日本とは大きく異なった商業・流通企業の発展がみられることになった。

❸──消費の民主主義の発展

　1920年頃までには，大量生産（大量仕入）・大量販売によって製造業および流通業においてビッグ・ビジネスが成立していた。この結果，アメリカはモノの不足している社会からモノが過剰な社会へと移行した。このため，顧客にモノをいかに購入させるか，ということが非常に重要になってきた。かつての倹約を重んじるプロテスタントの倫理に代わって，消費を美徳とする価値観が，心理学を応用した広告や販売技術によって醸成されたのである。

　その結果，社会の基本的な考え方としては，大量に生産されたモノを大量に消費することがアメリカ的な価値となり，「消費者経済」がどの国よりも発展したのである。誰もが，自由にモノやサービスを手に入れることができ，物質的豊さを享受できる，これがまさしく消費の民主主義といわれるものである（⇨ 79 消費生活・商業空間 C-1）。

　特に，第2次大戦後には，アメリカは世界で最も高い所得と生活水準を享受できるようになり，他の国々にこのアメリカ的な消費の民主主義が喧伝された。

　この消費の民主主義を発展させるために，誰でもが手に入る価格，つまり低価格が非常に大きな役割を果たすようになった。多くの小売業態が，低価格を訴求することから始まり，次第に高級化していった。アメリカの場合，百貨店でさえ当初は安売店としてスタートしているのである。

　一方，その過程で商業・流通企業は出自などの社会階層ではなく，所得に対応した階層化が進んでいった。例えば，伝統的な百貨店は高所得者，GMS（総合小売企業）は中所得者，そしてディスカウント・ストアは低所得者といった具合である。こういった階層化は，ホテルやレストランなどのサービス業についてもいえることである。

❹──第3次産業革命による変化

　しかし，1970年代頃からアメリカ社会も大きな変化に見舞われ始めた。従来の大量仕入・大量販売による低価格戦略が大きく変化し始めたのである。この変化は，核家族を中心とする家庭市場から個人市場への変化，コンピュータの発展や情報技術の発展によってもたらされた。19世紀後半に生じた第2次産業革命に匹敵するもので，第3次産業革命というべきものである。こうした変化の中で，従来とはまったく異なる新しい小売業の業態とその経営方法が生まれつつある。

　1990年代に入ってからのアメリカの経済は，長期の好況を保っている。これに対応して，商

業・流通企業も全般的には好調といえる。しかしながら，商業・流通企業の間では，次第に「勝ち組」と「負け組」がはっきりし始めている。業態別では，ウォルマート，Ｋマート，ターゲットなどのディスカウント・ストアが好成績を上げている。また，サックス，ニーマンマーカスなどの高級百貨店が好調である。それに対し，ディラード，フェデレーテッド，J. C. ペニー，メイなど中規模百貨店およびGMSはあまり順調とはいえない。

一方，SPAのGAPは好調であるが，その他のアンテイラー，タルボッツ，エディバウワー，リミテッドといったアパレル専門店は低迷状況に陥っている。ホーム・デポ，文具・事務用品のステープルズ，オフィス・デポ，コンピュータ販売のコンプUSA，スポーツ用品のスポーツ・オーソリティなどのカテゴリーキラーの出店は依然快調である。

最近の新しい動きとしては，まだ，『フォーチュン』誌のランキングを賑わすまでには至っていないが，アマゾン・ドット・コムに見られるような電子商取引の小売企業の発展がある。1998年のクリスマスは「最初のネット・クリスマス」と呼ばれ，ネット経由のクリスマス・プレゼント用の玩具の売上高は2,600万ドルを記録した。その主役となったのが，玩具で3万点，書籍を加えれば10万点を扱うeトイズであった。

このように，社会の変化に対応して常に新しいビジネスモデルを構築してきたのがアメリカである。今後も，企業家たちが新しい業態や販売革新を生み出し続けていくことは間違いない。

❶高級百貨店ニーマンマーカスの豪華な店内［最上階がレストラン，その下が小売フロア］

B──商業・流通企業の史的発展

❶──近代的小売業の発展

アメリカにおける多様な商業・流通企業の発展は，アメリカ社会の発展とその変化に対応して生まれたものである。アメリカにおける商業・流通企業の発展を振り返ってみると，3つの時期に分けられる。

第1期は，1870年から1920年までの時期である。それ以前には，書籍，靴，敷物，陶器，ガラス器，食料雑貨，婦人用帽子，レース・刺繍，茶・コーヒーといった具合に，各商品ラインに小売商も卸売商も専門化していた。

19世紀後半になると，一方では都市化の進展とともに，また他方では農村市場の発展に対応して，百貨店，通信販売店，チェーン・ストアといった近代的な小売企業が誕生した。

アメリカでは，ニューヨークに1858年にリボン・レース店として設立されたメイシー百貨店が最初の百貨店といわれている。百貨店は，都市化による環境変化への対応としての「ワンストップ・ショッピング」の提供と，単一商品の取り扱いによる価格の下落や季節変動による危険性の回避を目的として生まれたものといえる。

通信販売店は，農民を対象として誕生した。近代的な通信販売店の起源は，1872年に創立されたモンゴメリー・ウォードに求められる。この時期，農村は都市とは独立した市場を形成していたが，鉄道の発展と農村地帯への小包の無料配達サービスの開始によって大規模な通信販売事業が可能になったのである。

通信販売は，店頭販売と異なり購買時点で直接商品を見ることができないため，販売手段としてのカタログ，購買時点における購買者の不安に対する保証制度，そして徹底した商品の標準化を行って発展した。

近代的なチェーン・ストアの起源は，1859年に成立したニューヨークのグレート・アトランティック・アンド・パシフィック・ティー（A＆P）である。食料雑貨が日常的に必要な商品であり，身近な店で買うのが消費者の購買慣習であったため，都市人口の増大により，多数の店舗の追加によって商業・流通企業が成長することが可能となったのである。

これらの近代的小売業態に共通した主要な戦略は，従来の小売商とは異なり徹底した「薄利多売」であった。これらの小売業態は当初から卸売商を通さず，卸売機能を内部化して製造業者から直接大量に仕入れ，大量仕入・大量販売によって低価格を実現したことである。この過程で，これらの企業はマーチャンダイジング能力を身に付け，このため，卸商の力は相対的に弱くなったのである。

❷──チェーン・ストア・エイジ

第2期は，1920年から第2次大戦の終結した1945年までである。1920年代までには，アメリカ社会は産業・都市社会的な性格を有するようになっていた。さらに，1930年までにはT型フォードに代表されるように自動車が大衆に普及した。このため，人々の移動は容易になり，農民も都市へ気楽に買物に出かけられるようになった。

その結果，それまで都市とは別個の市場を形成していた農村市場がその独自性を失い，内陸に中小都市が発展し，都市人口は農村人口を上回るようになった。

このような環境の変化に対応して，多くの専門店が多店舗化戦略，つまりチェーン化を進めた。1920年から30年にかけて，「チェーン・ストア・エイジ」と呼ばれるほど，食料品，雑貨，衣料，医薬品など各分野でチェーン・ストアが急激に成長したのである。

すでに店舗販売を行っていた企業だけでなく，農村市場を対象としていた通信販売店も，チェーン化を採用した。シアーズでは，ロバート・ウッドが自動車の普及による中小都市の発展と農村市場の消滅に気付き，1925年に店舗販売に進出している。

また，道路網の整備に伴って，自動車で移動する人々のためにロードサイドにハワード・ジョンソンのようなレストランやホリデイ・インのようなモーテルなどが出現し，全国にチェーン展開した。

チェーン・ストアは多数の店舗で大量に販売する商品を一括集中仕入したり，本部で重要な広告を一度に行ったり，店舗の設計や商品ディスプレイなどについて本部の専門家が利用できたり，さらには会社を全体として統制するための近代的管理を本社で確立することができた。そのため，チェーン・ストアは従来の小売店に

比べて，はるかに大きな経済優位性を獲得するようになったのである。

チェーン・ストアの発展に対し，既存の独立小売商や卸売商は当初政治的に反対活動を行った。しかし，結局彼らはチェーン・ストアの効率性を認め，そのメリットを生かして自らも小売商主宰のコオペラティブ・チェーン，卸商主宰のボランタリー・チェーンを展開して生き残っていったのである。

また，現在のディスカウント・ストアのような薄利多売などの特徴を備えてスタートした百貨店は，価格競争から設備やサービス，さらにはファッション性を高め，次第に高級化した。さらに，チェーン・ストアの影響を強く受けた有力な地方百貨店は，グループ化で対抗しようとして，1929年にフェデレーテッド・デパートメントストアズを創設した。

恐慌期の1930年には，マイケル・カレンがニューヨーク州ジャマイカにスーパーマーケットを開店している。消費者の価格志向が高まった時期に，ロス・リーダー（客寄せのための赤字覚悟の目玉商品）の導入による低価格政策と，ナショナル・ブランド商品の廉売というマーチャンダイジング方式が案出されたのである。これに加え，すでに考案されていた「セルフサービス」と「現金持ち帰り方式」を採用して販売を合理化し，低価格を実現した。

このスーパーマーケット戦略に対して，既存のA＆Pやクローガーといったチェーン・ストアがスーパーマーケット方式を導入して対応した。これと，自動車や電気冷蔵庫の普及によって，週1回食料品をまとめて購入するというパターンが形成された。その結果，スーパーマーケットのチェーン化で成功したA＆Pが流通企業をリードすることになった。

❸──小売革命の時代

第3期は，1945年から1970年の時期である。第2次大戦の終結とともに，新店舗建設禁止法や価格統制が撤廃され，アメリカ小売企業に再び革新と発展の機会が訪れた。特に，1948年から62年は，「小売革命の時代」と呼ばれているほどである。

商業・流通企業にとって，戦後アメリカの社会・経済的な変化として重要なものは，大都市周辺の郊外への人口の集中である。この郊外人口の中心をなしたのが中産階級であった。そして，新しいライフスタイルをもつ郊外の顧客のニーズに対応することが，アメリカ商業・流通企業の大きな課題となった。

戦後におけるアメリカ商業・流通企業の第一の変化は，郊外地区の発展に伴い，これまで都心にあった消費機能を郊外へ集団移転することが計画的・科学的に考えられ，新しい小売形態としてショッピングセンターが生まれたことである。

戦後のアメリカ商業・流通企業の郊外進出は，ほとんどがこのショッピングセンターへの出店という形で行われた。郊外の中産階級を狙って，このショッピングセンターに百貨店形式で積極的に進出したシアーズ・ローバックは，1964年に食品チェーンのA＆Pを抜いてアメリカ最大の小売業に躍進した。

戦後のアメリカ小売企業における第二の特徴は，ディスカウント旋風である。最初のディスカウント・ストアと呼ばれるE. J. コーベット社は，1948年にカバンの安売店としてスタートしている。

ディスカウント・ブームに対抗するために，ミネアポリスの地方百貨店であったデイトン社がターゲット・ストア，S. S. クレスギがKマート，F. W. ウールワースがウールコといった具合に自らディスカウント・ストアを設立し

❷ウォルマート・ストアズの店舗

て，この分野に参入した。

また，この時期には1927年に誕生したサウスランド社のセブン・イレブン（7-Eleven）をはじめとする価格訴求ではなく，「便利さ」を強調するコンビニエンス・ストアも急成長している。

このコンビニエンス・ストアにも適用されたフランチャイズ・システムが，1950年代の後半から1960年代にかけて，マクドナルドやドミノズ・ピザなどのファーストフードをはじめ多くの商業・流通企業に導入された。

C──電子商取引時代の到来

❶──消費者の変化

1980年代に入ると既存の大規模小売業は，大きな試練に直面した。これは，レーガン大統領の導入した経済政策の結果，中産階級の分裂が生じ，かなりの部分が所得を減少させる結果となったためである。その結果，中産階級を対象にしていたメイシーズのような百貨店やシアーズ，モンゴメリー・ウォード，J. C. ペニーのようなGMSは，売り上げを伸ばすことができず苦境に陥ってしまった。

これらの企業は，戦後の豊かなアメリカを象徴する第2次産業革命の中心市場であった中産階級の家庭をターゲットにしていた。買物の中心は主婦で，主婦が家族のために買物をしていた。1店舗内に何でもそろえてあるGMSは，彼女たちにとって非常に便利なものであった。

ところが，1970年代までにはアメリカは「シングル社会」になり，家庭の単位が核家族ではなく個人になってきた。また，女性の社会進出によって，買物は主婦ではなく家族のメンバーがそれぞれ自分の欲しいものを独自に購入する形に変わった。こうした変化に，GMSは対応できなくなったのである。

❷──ディスカウント・ストアの台頭

これに対して，ディスカウント・ストアは，1970年代から80年代にかけて猛威をふるうことになった。

初期のディスカウント・ストアは，その事業活動を都市郊外に限定していた。しかし，アメリカ人口のかなりの部分が依然として人口2万5,000人以下の小さな地方都市に住んでいた。そのため，これらの地域をターゲットとして，ディスカウント・ストアの積極的な展開がみられたのである。

最も成功を収めたのが，ウォルマートである。本部をアーカンソー州の田舎ベントン郡にもつ同社は，1990年シアーズ・ローバックを抜いて，売上高，利益ともアメリカ流通企業第1位になったのである。

ウォルマートの場合は，ディスカウント・ストアといっても，その内容は第2次産業革命の大量仕入・大量販売とは性質を異にしている。同社の構築しようとしているビジネスモデルは，従来の価格とサービスのトレード・オフの関係ではなく，両者を同時に実現しようとする，まさに第3次産業革命のビジネスモデルなのである。

例えば，同社では特売をせず，EDL（エブリデイ・ローエスト・プライシズ）を導入し，価格に対する消費者の信頼を獲得した。同時に，先端の情報システムの構築への積極的な投資を続け，徹底した効率経営を目指している。本社，店舗，配送センター間を通信衛星の使用によってオンライン化したり，在庫が一定水準まで下がると自動的に製造業者に発注し，製造業者はそれを受けて直ちに配送するという在庫管理システムを導入している。

同社は，さらに顧客がどのような商品を組み合わせて購入しているかを知ることのできる「バスケット分析」なども導入し，顧客1人ひとりのニーズに対応しようとしている。

❸──新たな小売業態の成長

業界全体としても，従来は対立関係にあった製造業者，卸売業者，小売業者が互いに協力して，配送や在庫のコストを下げながら，より効率的な物流システムを実現し，顧客に高品質の商品とサービスを提供するECR（Efficient Consumer Response）やQR（Quick Response）が導入されている。

同時に，セルフサービスによる徹底した省力化によって低価格を実現するという，従来の考えは希薄になっている。多くの企業が，従業員のモラルを高揚し，顧客にきめ細かいサービスを提供するようになっている。

1980年代には，トイザらスに代表されるカテゴリーキラーと呼ばれる小売業態も急成長した。これは，ウォルマートの戦略を特定の商品分野に絞って展開したものである。

トイザらスの成長に刺激を受け，さまざまな商品領域で専門大型店がチェーン展開するようになった。DIY（Do It Yourself）のホーム・デポ，文具・事務用品のオフィス・デポやオフィス・マックスなどカテゴリーキラー・ブームが生じた。また，カテゴリーキラー数店を1ヵ所に集めたパワーセンターも誕生している。ディスカウント商法を卸レベルに導入し，会員制をとって発展したのがホールセールクラブであり，その代表がウォルマートのサムズ・ホールセールクラブである。

1980年代の景気後退期には，オフプライス・ストア，ファクトリ・アウトレットも誕生している。オフプライス・ストアは売れ残りのブランド品を仕入れ，低価格で販売するものである。ファクトリ・アウトレットはメーカーの直売店である。1993年には雑貨や家庭用品を1㌦で販売する「ダラー・ストア」が生まれている。

❹──ネット販売の登場

さらに，第3次産業革命の基本的な流れの動きが生じている。それは，女性の社会進出，パソコンやクレジットカードの普及によって，従来の通信販売がネット販売という形で再登場したことである。

一般的には，通信販売と同じくネット取引が成長しているのは，商品の品質が平準化され，現物を見なくても購入の不安がない分野においてである。

既存の大手スーパーのセーフウェイは，パソコン通信を利用して日用雑貨を対象にオンライン販売を早くから開始している。百貨店のノードストロームやJ. C. ペニーはそれぞれ地域電話会社と組み，有線テレビでの双方向通信販売事業に取り組んでいる。他の百貨店など小売各社も，マルチメディアで新需要が創出されると見込んで，テレビショッピングやインターネット通信事業に参入している。

最近，最も注目されているのが，アマゾン・ドット・コムに代表されるネット企業である。同社は，1995年に書籍のネット販売を始めた。

現在では，音楽ソフトのネット販売でも首位に立っている。食料品や医薬品，ペット用品などのネット企業にも出資し，電子商取引の巨大百貨店へと発展しているのである。店舗と店頭在庫を持たない効率的な事業モデルを築いたと評されてきた。

ネット企業の収益モデルはまだ十分には確立されておらず，利益を上げている企業は意外と少ない。しかし，検索や双方向性などの機能をもつインターネットの登場・普及はまさに，第3次産業革命時代の商業・流通のビジネスモデルであると言える。

アメリカの場合には，シアーズやモンゴメリー・ウォードに代表される通信販売・カタログショッピングの100年以上の歴史があり，電話代などの通信コストや配送費が安く，さらには土地が広大で買物のために時間をとられる，といったことからこうした電子商取引の育つ土壌があると言える。

最近では，従来のネットはネット，店舗は店舗という図式が崩れ始め，「クリックス・アンド・モルタル」と呼ばれるようにネット販売に進出した伝統的小売業の間では，既存事業にネットを組み合わせて最適事業モデルを模索する動きが活発になっている。

❺ 海外進出の活発化

近年，アメリカ商業・流通企業の海外進出も活発化している。アメリカ小売業の海外進出は古く，戦前のウールワースの例，戦後のシアーズの例などがある。しかし，小売業はドメスティックな要素が強いということで，今まであまり積極的な海外展開はみられなかった。

現在急速な海外展開をしている企業は，ディスカウント・ストアのウォルマートを筆頭に，専門店のティファニー，GAP，タルボッツ，リミテッド，スピーゲル，カテゴリーキラーのトイザらス，ステープルズ，ホーム・デポなど，国内で強力なビジネスフォーマット（ブランド）を確立している企業である。

また，進出地域もカナダや南米といった地理的に近いところや，ヨーロッパのように文化的また経済的に比較的同水準のところのみならず，最近は経済成長を遂げつつあるアジアへの進出が活発である。

小売業のみならず，コーヒー専門店スターバックス社など飲食企業も，積極的な海外展開を図り，2002年3月末で日本における店舗数は345店に及んでいる。1970年代のマクドナルドやケンタッキー・フライドチキン，1980年代後半からのドミノ・ピザなどとは，一味異なったグルメタイプのファーストフード店の進出が盛んになる傾向にある。

アメリカの商業・流通企業の海外進出は，アメリカで構築したビジネスフォーマット（ブランド）を直接海外に持ち込み，アメリカのカジュアルな大衆文化を世界標準として海外に普及する大きな役割を果たしているとも言える。

■参考文献

川辺信雄『新版　セブン-イレブンの経営史——日本型情報企業への挑戦』有斐閣，2003.

徳永豊著『アメリカの流通業の歴史に学ぶ（第2版）』中央経済社，1992.

マクネア，M. P.／メイ，E. G.（清水猛訳）『「小売の輪」は回る』有斐閣，1982.

Bradley, S. P. and R. L. Nolan. eds., *Sense & Respond: Capturing Value in the Network Era*. Harvard Business School Press, 1998.

Nevett, T. and R. A. Fullerton. *Historical Perspectives in Marketing: Essays in Honor of Stanley C. Hollander*. D. C. Heath and Company, 1988.

Vance, S. S. and R. V. Scott. *Wal-Mart: A*

History of Sam Walton's Retail Phenomenon. Twayne Publishers, 1994.

■さらに知りたい場合には

角田正博『アメリカ小売業のすべて――常識の破壊者たち』ぱる出版，2001.
　［アメリカ小売業における革新について，その歴史的な発展，最近の動向，さらにはウォルマートなど主要な業態や主要な企業について包括的に説明したものである。］

川辺信雄『新版　セブン-イレブンの経営史――日本型情報企業への挑戦』有斐閣，2003.
　［アメリカで成立・発展したコンビニエンス・ストアの代表的なセブン-イレブンについて，第3次産業革命という視点から，その特徴と今後の展望を示した研究である。］

ワトソン，J.編著（前川啓治・竹内恵行・岡部曜子訳）『マクドナルドはグローバルか――東アジアのファーストフード』新曜社，2003.
　［アメリカで誕生し発展したマクドナルドがグローバル化の過程で北京，香港，台湾，韓国，日本でどのように受け入れられ，現地の食文化に適応したのかを明らかにしている。］

テドロー，R. S.（近藤文男監訳）『マス・マーケティング史』ミネルヴァ書房，1993.
　［マーケティングの発展を3つの段階に分け，なぜどのようにその内容が変化したのかを事例研究を中心に研究し，アメリカ社会の大衆消費の特徴を明らかにする。］

徳永豊『アメリカの流通業の歴史に学ぶ（第2版）』中央経済社，1992.
　［百貨店，チェーン・ストア，通信販売店，スーパーマーケット，ディスカウント・ストア，そしてコンビニエンス・ストアなどの小売業態の生成と発展を分析した研究。］

マクネア，M. P./メイ，E. G.（清水猛訳）『「小売の輪」は回る』有斐閣，1982.
　［小売業態の革新は，低価格戦略から高級化へ，そしてこの高級化戦略に代わって，新たな低価格戦略の小売業態が循環的に誕生するという代表的な小売業態革新理論。］

64 エネルギー産業
The Energy Industry

後藤康浩

19世紀後半，ロックフェラーが創設したスタンダード石油に端を発し，国際石油資本へと成長を遂げたいわゆるメジャーは，国内産業の発展はもとより，アメリカのグローバルな国家戦略とも結び付く巨大産業の1つとなった。第1次石油危機が起きるまで，メジャーは文字通り「石油の支配者」であり，世界のエネルギー情勢を左右する力をもっていた。しかし，その後OPECの台頭によって石油の独占的支配権が失われ，また原子力，天然ガスなどのエネルギーの多様化が進むと，メジャーの影響力は相対的に低下してきた。また，国内での電力自由化によって電力会社の苛烈な競争も生まれ，生き残りをかけた業界再編も進んでいる。一方，近年エネルギー問題は環境問題と密接に結び付き，再生可能なエネルギー開発が国際的に求められるようになってきた。そうした情勢のもと世界最大のエネルギー消費国であるアメリカの今後の動向に国際的な関心が集まっている。

A——エネルギーをめぐるアメリカの世界戦略と国際石油資本

❶——メジャーの誕生

1859年にペンシルヴェニア州タイタスヴィルで近代的な原油生産が始まって以来，21世紀の今日までエネルギー産業はアメリカ産業の中核を担ってきた。同時にアメリカのグローバルな覇権追求と手を携えるように世界に活動を広げ，現在もアメリカの国家戦略を最も密接に体現する産業の1つといえる。その象徴がエクソンモービル，シェブロンテキサコなど国際石油資本，いわゆるメジャーである。

米系メジャーの歴史は19世紀後半にジョン・ロックフェラーが創設し，アメリカの石油産業を支配したスタンダード石油にさかのぼる。それが1911年に「シャーマン反トラスト法」で分割された結果，現在のメジャーの基本的な枠組みができあがった。メジャーは1973年に第1次石油危機が起きるまで中東はじめ世界の油田権益をコントロールし，文字通り「石油の支配者」であったが，サウジアラビア，クウェート，イランなど産油国でわき起こった資源ナショナリズムによって油田資産を接収され，大きな打撃を受けた。石油の支配権は中東産油国を中心とする石油輸出国機構（OPEC）に移り，メジャーはサウジアラビア政府などから油田操業を下請けする立場に滑り落ちた。

しかし，油田開発の技術力，巨大なリスクに耐えられる資本力，世界に張りめぐらした精製・販売のネットワークのいずれをとってもメジャーに全面的に取って代わる存在はない。米石油産業は今なお強い影響力，競争力を維持しており，中央アジアなど中東以外の地域での油田開発の活発化や液化天然ガス（LNG），発電

などエネルギー事業の幅を拡大しつつある。

では、アメリカ政府とエネルギー産業が21世紀に描く世界戦略とは何か。大きく分けて2つの要素を指摘できる。

❷——エネルギーによる覇権主義

第一は、油田、ガス田など世界のエネルギー供給源への影響力拡大、エネルギー産業におけるアメリカ企業の優位性確立である。これは単に市場獲得、事業機会の拡大というビジネス上の狙いだけでなく、世界最大の石油消費国、原油輸入国であるアメリカ自身のエネルギー安全保障および世界における指導的立場の確立という政治的動機が根底にある。石油危機を思い出すまでもなく、日本をはじめ先進国の大半は石油供給の途絶に脆弱であり、アメリカの提供する「エネルギー安全保障の傘」に大なり小なり入らざるをえない。エネルギーはアメリカにとって軍事力とならぶ覇権手段として機能してきたのである。1990-91年の湾岸危機はアメリカが多国籍軍の名のもとに軍事力を行使し、中東の油田地帯を防衛、同盟国の利益を守ったという点で、アメリカの世界戦略におけるエネルギーの重要性を象徴的に示したのである。2003年のイラク戦争も同じ動機で行われたが、米の権益を優先する強引な戦略は世界から批判を浴び中東の地政学的リスクを高めることにもなった。

一方、メジャーは70年代に中東などの油田権益からの後退を余儀なくされたが、80年代に入って北海油田、アラスカ、メキシコ湾、西アフリカなど新たな油田資源の開発を進めた。その後、冷戦構造が崩壊した90年代初頭からは旧ソ連圏のカザフスタン、アゼルバイジャンなどカスピ海周辺や外資への開放が進み始めたロシアなどに進出、ユーラシア大陸のエネルギー源への接近を強めている。80年代には中東に代わるアメリカへの原油供給源の新たな獲得、90年代以降はアジア、欧州などへの供給ソースの開拓に力点を置いたとみることができる。

冷戦崩壊後の唯一の超大国として日本など先進各国やアジアの新興工業国、また今後アメリカの覇権に対する潜在的な挑戦者となる中国やインドが依存するエネルギー源に布石を打っているのである。こうした発想を露骨に示したのが、バクー油田などカスピ海周辺の原油を地中海方面に輸送するパイプライン・プロジェクトである。そのルートにはロシア経由、グルジア経由など複数の案があったが、結局アメリカの強い意向で、最も距離が長く建設コストのかさむグルジアを通過しトルコのジェイハンに抜ける総延長1,750kmのルートが採用された。ロシアを完全に迂回することで、カスピ海周辺の原油開発からロシアの影響力を排除する考えで、ロシアの猛反発を招いた。99年11月にイスタンブールで行われたプロジェクトの調印式にはクリントン大統領が自ら出席、カスピ海周辺のエネルギー資源に積極的に関与する姿勢を示した。

石油をめぐる戦略と密接に結び付いているのが、実はアメリカの対外的な原子力政策である。アメリカは1953年のアイゼンハワー大統領の「アトムズ・フォア・ピース」演説で原子力の平和利用を世界に呼びかけたが、その範囲はウラン235を燃料とする一般の原発にとどめ、プルトニウムを使い、燃料が増殖する高速増殖炉（FBR）には反対する政策を明らかにしている。原爆製造など軍事利用が可能なプルトニウムの拡散を阻止する狙いも大きいが、それと並んでFBRが実用化され普及した場合、日本をはじめ各国がエネルギーの自立を強め、石油を通じたアメリカの覇権が脅かされるとの発想も根底にある。日本、フランスのように石油資源に恵まれない国やアメリカの覇権に対抗

するロシア，中国がFBR開発を進めようとしているのはアメリカの意向を逆写しにしている。ブッシュ政権は2004年2月，核燃料の生産を既存の原子力発電利用国に限定するなど7項目の核利用に関する新提案を発表，核の利用拡大に一段と厳しい姿勢を打ち出した。

❸——海外エネルギービジネスへの進出

　第二は，アジア，中南米などエネルギービジネスの成長市場へのアメリカ企業の参入拡大である。エネルギーは国益に密着した産業として途上国では外資への参入規制が厳しかったが，90年代に入ってアメリカは規制緩和，自由化，民営化を旗印に各国に市場開放を迫り，橋頭保を築いてきた。これが端的に表れているのが電力事業であり，エンロン，サイスエナジーなど米国内のエネルギー事業者は90年代前半にアジア，中南米などに積極的に進出を始めた。電力，ガス事業は先進国では成熟化の段階を迎えており，需要の急増は期待できなくなる一方，電力などの小売価格は政府の競争導入政策によって下落を続けている。発電事業者は企業の成長と高収益を海外市場に求めざるをえなくなっているのである。

　対するアジア諸国側は生活水準の向上，工業の発展によって電力需要が二ケタ成長を続けているが，新規の発電所建設には莫大な資金がかかるため，電源開発が需要に追いつかない状況となっている。このため外資を使って電力，都市ガスなどエネルギーのインフラを整備する方針に転じつつある。ただ，投資する外国企業にとっては発電所などは一般的に10年以上の回収期間が必要で，しかも契約通りの売電収入が得られるかどうか，などさまざまなリスクがある。投資先の国に外資保護や卸電力事業に関する法律などを整備させることが不可欠であり，アメリカ政府の政治的バックアップが必要なのである。逆にアメリカとしてエネルギー産業を通じたアジア，中南米経済への浸透が中長期的に外交的な影響力拡大につながるとの考えもある。

　具体的なアジア進出のケースとしては卸発電大手のエディソン・ミッション・エナジーのタイでのガス火力発電所などがある。2001年に破綻したエンロンは日本で青森県むつ市，山口県宇部市などに大型の発電所を建設する計画を表明，米エネルギー業界は一時，アジア向けの投資に極めて強い意欲を示した。

　海外進出は電力だけではない。モータリゼーションの波によってガソリン，軽油など石油製品の需要が急拡大するアジア各国に対しては，ガソリンスタンドなど石油小売り事業への参入も着実に増えている。目立っているのは中国市場への進出である。エクソンモービルは中国の二大石油グループの1つである中国石化集団（SINOPEC）が2000年10月にニューヨーク，香港市場に上場した際に，19％分の株式を6億5,000万ドルで取得した。エクソンモービルは資金調達に協力する見返りとして中国政府から広東省などで500店舗のガソリンスタンドの出店や合弁の石化，石油精製プロジェクトを認められたといわれる。

　米系メジャーは日本ではこれと対照的な動きをみせている。シェブロンテキサコの子会社であるカルテックスは95年に日本石油（当時）の精製部門にあたる日本石油精製への出資を引き揚げ，保有株を日石（当時）に売却した。さらに99年には50％を出資する興亜石油の株式を日石三菱に売却，日本の精製・販売市場から全面撤退した。米メジャーは成熟化した日本など先進国市場から成長を続け，収益性も高い中国，インド，ロシア，ブラジルなどの市場に投資をシフトしているのである。

メジャーと新興勢力

よきにつけ、悪しきにつけアメリカのビッグ・ビジネスを象徴しているメジャーとはもともとエクソン、モービル、ソーカル、ガルフ、テキサコの米系5社と英蘭系のロイヤル・ダッチ・シェル、英ブリティッシュ・ペトロリアム（BP）の7社を指し、別名「セブン・シスターズ（7人の魔女）」とも呼ばれた。そのうちエクソン、モービル、ソーカルは独占で悪名をはせたスタンダード石油の分割によって誕生した会社である。

1950、60年代にはメジャー7社は世界の原油生産の半分以上を押さえ、その売り上げや資産はまさしく中規模の国家に匹敵していた。事業範囲は20世紀初頭から全世界にわたり、エクソン、モービルはアメリカの多国籍企業、グローバル企業の嚆矢となった。日本には1893年にモービルの前身のソコニーが進出している。ただ、現在のメジャー（エクソンモービル、シェブロンテキサコ、シェル、BPの4社）の合計の世界シェアは石油製品販売量こそ約38％だが、原油生産量で16％、天然ガス生産量で19％まで低下しており、支配力は往時に比べ低下している。仏トタルがベルギーのペトロフィナを買収、さらに仏エルクと合併してできたトタルフィナエルフは規模的にメジャーと肩を並べている。

90年代末に世界の石油産業に再編の嵐が吹き荒れ、米メジャーではエクソンがモービルを総額753億ﾄﾞﾙで買収、スーパーメジャー「エクソンモービル」が誕生、シェブロンもテキサコを350億ﾄﾞﾙで買収し「シェブロンテキサコ」となった。さらに準メジャー級の米石油会社であるアモコ、アルコの2社は英BPに吸収された。一方、アメリカではメジャーの地盤を切り崩す新興勢力が台頭している。トスコ（2001年にフィリップスと合併）、バレロといった独立系の石油会社で、メジャーなどがリストラで売りに出した製油所を安価に取得、賃金、間接費用を徹底的に削減した低コスト操業に切り替え、市場シェアを伸ばしている。

経済のソフト化、IT産業の急拡大でアメリカにおけるエネルギー産業の地位は低下しつつあるが、エクソンモービルは2003年決算で世界のあらゆる企業で過去最大の215億ﾄﾞﾙの最終利益をあげ、世界を代表するビッグ・ビジネスとしての存在を改めて示した。　　　　　〔後藤康浩〕

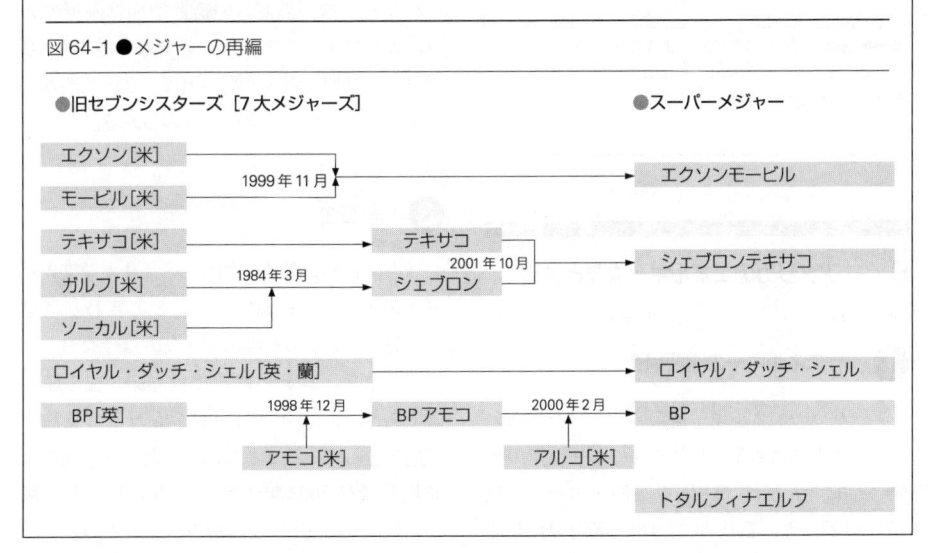

図64-1●メジャーの再編

●旧セブンシスターズ［7大メジャーズ］　　　　　●スーパーメジャー

旧セブンシスターズ	再編経過	スーパーメジャー
エクソン［米］	1999年11月	エクソンモービル
モービル［米］		
テキサコ［米］	テキサコ　2001年10月	シェブロンテキサコ
ガルフ［米］ 1984年3月	シェブロン	
ソーカル［米］		
ロイヤル・ダッチ・シェル［英・蘭］		ロイヤル・ダッチ・シェル
BP［英］ 1998年12月	BPアモコ　2000年2月	BP
	アモコ［米］　アルコ［米］	
		トタルフィナエルフ

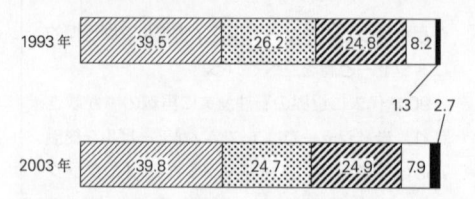

図64-2 ●アメリカの一次エネルギー供給の構成率
[単位：％]

	石油	天然ガス	石炭	原子力	水力
1993年	39.5	26.2	24.8	8.2	—
2003年	39.8	24.7	24.9	7.9	—

1993年の原子力・水力は1.3／2.7

●出典｜BP統計に基づく。

図64-3 ●アメリカのエネルギー輸入 [2003年]
[単位：100万トン]

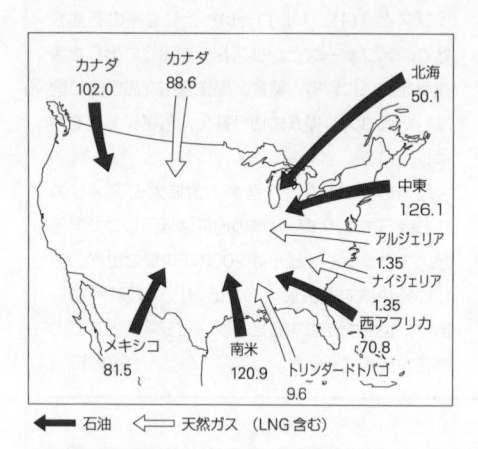

カナダ 102.0／カナダ 88.6／北海 50.1／中東 126.1／アルジェリア 1.35／ナイジェリア 1.35／西アフリカ 70.8／メキシコ 81.5／南米 120.9／トリニダードトバゴ 9.6

← 石油　⇐ 天然ガス (LNG含む)

●出典｜BP統計。
●注｜天然ガスは石油換算。

B アメリカのエネルギー需要と供給

❶ エネルギーの需要構造

アメリカのエネルギー需要の特徴は石油への依存の大きさにある。1次エネルギー消費の構成（2003年）では39.8％を石油が占め、天然ガスが24.7％、石炭が24.9％、原子力が7.9％、水力発電が2.7％となっている。これを92年と比較しても石油のシェアはほとんど変わらず、代わりに水力等が1.3ポイント上昇した程度の変化しかなく、アメリカのエネルギー消費構造は均衡状態にある（図64-2）。

❷ 天然ガス

一方、これを他地域と比較した場合、天然ガスの比率がアジアの10.7％に比べ高い点が目を引く。アメリカはロシアに次ぐ世界第2位の天然ガス生産国で、2003年のガス生産量は世界の21.0％にあたる5,495億m³に達している。その利用を促しているのが全土に張り巡らされたパイプライン網で、総延長は幹線用の高圧パイプラインが44万km、需要家につなぐ供給管が145万kmに達している。ただ天然ガスは需要に国内生産が追いつかなくなっており、カナダからパイプラインで調達しているほか、アルジェリアから液化天然ガス（LNG）を輸入している。このため天然ガスの自給率は93年の91.3％から2002年には87.2％まで低下した。今後、環境問題への対応から石油に比べクリーンな天然ガスの需要増加は確実であり、カリフォルニア州はじめ全米各地でLNG受け入れ基地の新設計画が出ており、天然ガスの輸入依存が拡大していくとみられる。

❸ 石油

一方、石油が自動車大国、アメリカを支える最大のエネルギー源であることに変わりはない。見落としがちなのはアメリカは今なおサウジアラビア、ロシアに次ぐ世界第3位の産油国であり、2002年には日量745万バレルの原油を国内生産していることである。ただ、原油の確認埋蔵量は2003年末時点で307億バレルまで減少、地球上の2.7％を占めるにすぎない。主な

産油地帯はテキサス州, アラスカ州, カリフォルニア州などだが, 原油生産量は 1985 年の日量 1,058 万バレルをピークに減少を続けている。これに対し, 消費量は着実に増加し, 90 年の日量 1,630 万バレルが 2003 年には 2,007 万バレルに拡大した。消費量の増加と産油量の減少のギャップを埋めるため, 原油輸入が急拡大しており, 輸入量は 98 年に初めて日量 1,000 万バレルを突破し, さらに増勢を続けている。輸入量はすでに世界第 2 位の原油輸入国である日本の 2 倍に達しており, 西欧諸国の合計すら上回っている。このため石油自給率は 92 年の 52.2 ％から, 2003 年には 37.1 ％まで低下した (図 64-3)。

原油輸入では供給源が中東諸国から中南米に移る傾向がみえる。メキシコ, ベネズエラなど中南米からの輸入量は 92 年に中東を逆転, 2003 年には中南米からの輸入が全体の 20.1 ％を占め, 中東からの 20.6 ％と肩を並べている。アンゴラ, ガボンなど西アフリカからの輸入も 11.6 ％まで拡大している。こうした原油の海外供給源の変化はアメリカの石油産業の経営方針の転換を反映している。

アメリカの石油産業は 90 年代に入って進んだ規制緩和, 自由化に伴う精製・販売分野の収益低下に対応して厳しいコスト削減を進めた。その中で重視したのが原油および石油製品の在庫圧縮であり, そのためメジャー各社は自動車など組み立て産業で広く導入されていた「ジャスト・イン・タイム」方式を取り入れた。ただ, 組み立て産業は部品メーカーに納入時間を指示し, きめ細かな配送で実現できるのに対し, 石油産業は遠い産油国から原油を大型タンカーで輸送するため, ある程度在庫量に余裕を持つ必要があり, ジャスト・イン・タイムの具体化には困難があった。こうした課題を米メジャーは原油輸入先を輸送時間が 3 週間かかる中東から数日ですむベネズエラ, メキシコ, カナダなどに移すことで克服したのである。

❹──石炭

石炭は需要でいえば 3 番手のエネルギーだが, アメリカにとっては依然, 重要な意味を持っている。国内に世界トップの 2,499 億 9,400 万トン (2003 年末) の埋蔵量を持っているためで, これは世界の石炭埋蔵量の 25.4 ％を占める。現在のペースで採掘を続けても 258 年分に相当する巨大な資源量であり, 原油が 11.3 年分, 天然ガスが 9.5 年分と埋蔵量に不安があるのと対照的にアメリカのエネルギーの最終的な安定要因になっている。豊富な資源量を背景にアジアなどに向けた輸出も続いており, 輸入依存が深まる原油, 天然ガスとは異なっている。しかし, 石炭は天然ガスなどに比べ二酸化炭素, 窒素酸化物, 硫黄酸化物の排出が多いことから, アメリカが今後, 石炭消費を拡大するには制約も多い。

❺──原子力

アメリカは 2001 年末時点で 103 基の稼働中の原子力発電所を持ち, 原発の総発電能力も 1 億 199.8 万 kW に達する世界最大の原子力大国である。商業用原子力発電所の稼働こそ 1956 年にコールダーホール原発の運転を開始した英国に先行されたが, 世界の原子力発電を一貫してリードしてきた。原発は国内電力供給の約 20 ％を占めているが, 79 年のスリーマイル原発の冷却水漏洩事故以降, 反原発運動が強まり, 80 年代に入ってから原発の新規着工は途絶えている。稼働も 90 年 8 月に運転を開始したシーブルック原発が最後となっている。さらに反対運動やコスト問題などから当初の操業認可期間の 40 年に達しないまま早期閉鎖する原発も出ており, 96 年から 98 年までの期間に 6 基の原発が運転を停止した。歴代の政権も原発には現状維持の姿勢に終始してきた。

❻ 新エネルギー政策

しかし，2001年5月，同年1月に就任したばかりのブッシュ大統領は新エネルギー政策を発表，原発推進路線への大転換に踏み切った。これを受け，電力大手のエクセロンは新規原発の建設と低コストで安全性も高いといわれる新型原子炉（ペブルベッド型モジュール炉）の導入を表明，政府はさらに従来，稼働から40年で廃棄するとしていた運転中の原発について安全上問題がなければ20年間の運転期間延長を認めた。これによって原発の経済性は格段に向上するため，電力会社は再び原発への関心を高めている。

ブッシュ大統領の新エネルギー政策は原発推進とともにアラスカの野生保護区内など国内の未開発油田，ガス田の開発促進，発電所，ガスパイプライン網の建設，拡充などアメリカ国内のエネルギー供給能力の強化を訴えている。これは90年代に続いた好景気，IT革命で国内のエネルギー需要が伸び，需給に逼迫感が出てきたことが背景にある。2000年末から2001年春にかけカリフォルニア州を襲った電力不足は計画停電や電気料金の高騰，地元電力会社の経営破綻を招き，アメリカの抱えるエネルギー不安の一端をかいま見させた。ただ，新エネルギー政策は「エネルギー多消費による経済成長」という従来のアメリカの路線を踏襲，需要抑制よりも供給力の拡大に重点が置かれていることが大きな特徴である。

C アメリカのエネルギー政策

❶ 再生可能エネルギーの開発

1980年代後半以降のアメリカ国内のエネルギー政策で「エネルギー安全保障」に加えて新たに重要な要素となってきたのは「市場原理」と「環境」の2つである。

アメリカでは1978-79年の第2次石油危機をきっかけにエネルギー利用の効率化，代替エネルギーの開発の必要性が指摘され，カーター政権は同年，PURPA法（The Public Utility Regulatory Policies Act）を制定，再生可能エネルギーの開発，普及の促進，エネルギーの効率利用を打ち出した。この法律は電力会社に対し，風力，太陽光，地熱発電といった再生可能エネルギーで生み出された電力やコージェネレーション（熱電併給）のようにエネルギー効率を高める設備からの電力購入を一定量義務付けた。もともとは原油価格の高騰，供給不安への備えとして発案されたが，副次的な効果として電力会社以外の企業の電力事業への参入に突破口を開き，電力自由化のきっかけをつくった。エネルギー多様化は86年の逆オイルショック以降の原油価格の大幅な下落，供給過剰で緊急性は薄れたが，再生可能エネルギーの実用化が同法によって促進され，政策の狙いも環境にシフトした。

❷ 電力自由化

80年代にはレーガン政権のもと通信，航空などの規制緩和が進んだ。アメリカの電力業界は日本の9電力体制とは対照的に地方公営の2,000社，協同組合営の900社などを中心に合計で5,000以上の電力会社が乱立，そのうち1,000社近くが「発電，送電，配電」を一貫して持つ体制だったために競争原理の導入に抵抗が強かった。しかし，92年にEPA法が制定され，発電専業のIPP（独立発電事業者）の業務展開が大幅に広げられたことで一気に自由化が進んだ。IPPは中小電力の発電部門よりコスト競争力が強く，IPPを活用することで電気料金の引き下げが可能になった。政府はさら

に96年に「オーダー888」,「オーダー889」と呼ばれる指令を出し,電力会社が保有する送電網をIPPが自由に利用できる枠組みをつくり,卸売り段階では電力がPX（Power Exchange）と呼ばれる取引所を通じて売買されるようにもなった。電力も小麦や金のようなコモディティー（市場商品）の性格を持ち始めたのである。

こうした動きと並行して州レベルでは既存の電力会社とIPPとの競争条件を公平にするため電力会社の発電部門を分離し,配電（電力小売り）事業に専念させようとする動きが強まっている。ニューハンプシャー州,メイン州は電力会社が発電所をすべて売却,カリフォルニア州でも大手3社は火力発電所の大半を売却した。自由化はさらに小売り段階まで進み,99年末までに全米で24州が電力市場の自由化に関する法律を制定した。これによって今後,一般家庭やオフィス,商店などが複数の電力会社から1社を選択して電力を購入する小売市場の完全自由化が段階的に実現していく見通しである。マサチューセッツ州,ロードアイランド州では小売り自由化が先行実施され,電気料金の引き下げに一定の効果を生んでいる。

一連の電力自由化の根底にあるのは,独占性を排除することで電力事業の効率を高め,エネルギーコストを下げる狙いである。その中で注目すべきは,送電線,配電線はそれを建設し,運営していた電力会社の所有ではなく,公共財とみる視点である。通信事業の自由化で通信回線を新規参入者に開放したのと同じ発想が電力,ガス事業に応用されているのである。自由化によってデュークエナジーやサザン・グループ,エンロンといった広域展開あるいは異業種から参入した強いIPPや電力の仲介事業者である「パワーマーケッター」が台頭,アメリカの電力産業の業界構造は大きく変化した。発電所の新設が稼働率重視のIPP主導になったこ

❶エンロン本社［同社は,電力自由化を背景に1990年代に急激な成長を遂げ,エネルギーを中心とした多角的経営はインターネット時代の新ビジネス・モデルと称揚された。しかし,2001年秋に不正経理が発覚して市場の信認を失い,同年12月には経営破綻。新興エネルギーベンチャーの盛衰の激しさを如実に示す実例となった。］

とで従来に比べ発電能力の予備力が大幅に縮小,電力供給の不安が一部に出ている。実際,カリフォルニア州での電力不足は自由化の制度設計に問題があったとの批判も起きている。アメリカのエネルギー産業の自由化は効率化追求で進んできたが,安定供給の担保という問題に再び直面している。前述のブッシュ政権の新エネルギー政策は「2020年までに国内に3億9,300万kW（現在の日本の電力業界の発電能力の約2倍）の新規の発電能力が必要と予測,1,300〜1,900ヵ所の発電所建設」を提言している。

❸──電力における環境対策

一方,電力における環境対応は風力発電を中心に急進展した。PURPA法や94年に導入された生産税額控除制度（PTC）によって風力発電からの買電価格が引き上げられ,事業としての採算性が高まったため,カリフォルニア州,ワイオミング州はじめ全土に広がり,総発電能力は2000年末に約255万kWに達した。民主党のクリントン政権も環境重視の姿勢で再

生可能エネルギーの普及促進を主張。米エネルギー省が99年に発表した計画では2020年までに合計8,000万kWの風力発電設備を建設し、その時点の電力需要の5％を風力で賄う構想を示した。その実現のためには総額600億ドルの投資が必要と試算されている。

また、アメリカでは環境にやさしい電力として「グリーン料金プログラム」が活発化している。これは「風力発電など環境負荷の低い発電設備から得られた電力に対して割り増し料金を負担する」ユーザー向けに93年に始まった制度で、99年末までに18州でスタートした。個人ユーザーだけでなく一部の企業は環境問題に協力的な姿勢を示すためオフィス、工場などで契約しているケースもある。

ただ、こうした再生可能エネルギーの普及計画がつまずけば97年に締結された地球温暖化防止のための京都議定書で米に義務付けられた2010年に90年水準より7％の二酸化炭素など温暖化ガス削減は困難になる。すでにブッシュ政権は2001年春に京都議定書からの離脱を表明しており、独自の温暖化ガス削減を進める構えである。アメリカは二酸化炭素排出量で世界の22.4％（1994）を占めているだけに影響は極めて大きく、アメリカの動向に世界の関心が集まっている。アメリカのエネルギー問題はアメリカ社会を特色付けるエネルギー多消費型のライフスタイルと強く結び付いており、地球環境問題の深刻化とともに世界からその修正を迫られているのである（⇨「18環境と自然とのかかわり」のコラム「アメリカの環境政策と国際関係」）。

■さらに知りたい場合には

瀬木耿太郎『石油を支配する者』岩波新書、1988.
　［石油の歴史を通観する好著であり、内容の半分はアメリカの石油史そのものと言える。］

矢島正之『世界の電力ビッグバン』東洋経済新報社、1999.
　［世界の電力自由化の流れを広く紹介、アメリカの電力産業の動きにも詳しい。］

ヤーギン、D.（日高義樹・持田直武訳）『石油の世紀』日本放送出版会、1991.
　［石油に関する世界的な名著の日本版。米メジャーについても詳しい。］

サンプソン、A.（大原進訳）『セブン・シスターズ』日本経済新聞社、1976.
　［ジャーナリストの著者がメジャーとOPECを追った好著で、欧州的視点から米メジャーを見ている。］

65 | 農業
Agriculture

堀口健治

アメリカ農業には，機械化された企業形態の農場で，あたかも工業製品のように農産物を生産し輸出しているというイメージがある。確かにアメリカは農産物輸出額で常に世界のトップに立ち，農産物だけの貿易収支をとると黒字を計上しつづけてきた。しかし農家が受け取る収入の4割近くが政府からの補助金であり，土地利用型農業は政府の補助金を得てはじめて成り立つ現実も忘れることができない。戦前の大恐慌以来，アメリカには生産調整を条件付けた価格支持政策をとるなどして農業を保護してきた歴史がある。このようにアメリカ農業は，圧倒的な生産力を誇る一方で，政府の保護政策に依存するという，強さと弱さの両面を併せ持っているのである。

A── 印象と実情とのギャップ

❶── 農業の規模の大きさと農産物輸出大国

一般に農産物は，輸出においては限界的な商品だといわれている。輸出国といえども自国の国民の食生活を満たしたうえで余剰を輸出する性格が強い。そのため世界的には人口増加とほぼそれに対応した農産物生産増のもと，輸出にまわる割合は低い水準でほぼ一定のレベルにある。他の商品のように価格が高い時期には爆発的に生産量が増え，その結果として輸出に回る量が大幅に増えるというような現象は見られない。

世界の主要農産物の生産量に占める輸出量の割合は穀物全体で1980年代から90年代にかけてほぼ12～13％である。そのうちコメは一番低く3～6％台であり，小麦20％前後，トウモロコシ13～15％である。ほかに大豆25～30％，牛肉10～12％，かんきつ類10％となっている（FAO・FAOSTATによる）。

こうした中で，農産物輸出国として常にトップを占めてきたのが米国だから（90年代，世界の農産物輸出額の13～14％），米国の農業生産力の高さおよび国際競争力の強さが印象付けられてきたのは当然であろう。小麦，トウモロコシそして大豆の輸出比率がコメに比べて高いのは，米国の輸出農産物がこれらの品目で大きな位置を占めているからにほかならない。

米国は自国の需要をはるかに上回る量の農産物を生産し，あたかも工業製品のように輸出してきた印象がある。事実，米国の貿易収支において農産物はほぼ黒字を計上し，他の商品の貿易赤字を補ってきたのである。

❷── 補助額の大きさと農家収入に占める高さ

しかし表65-1はそうした印象をくつがえす

表 65-1 ● 主要作物の収入構成 [1999 穀物年度]　　　　　　　　　　[単位：100万ドル, カッコ内%]

	小麦	飼料穀物	コメ	綿花	合計
市場販売収入	5,756[58.5]	19,650[70.0]	1,284[50.0]	3,673[55.4]	30,363[64.2]
直接固定支払い	1,447[14.7]	2,947[10.4]	466[18.1]	616[9.3]	5,476[11.6]
緊急直接支払い	1,444[14.7]	2,944[10.4]	465[18.1]	613[9.2]	5,466[11.6]
マーケティングローン支払い	953[9.7]	2,316[8.2]	354[13.8]	1,697[25.6]	5,320[11.3]
土壌保全支払い	235[2.4]	392[1.4]	－[－]	33[0.5]	660[1.4]
総収入	9,835[100]	28,249[100]	2,569[100]	6,632[100]	47,285[100]

● 出典 | JA全中「国際農業・食料レター」に基づく。

表 65-2 ● 農業経営の諸指標　　　　　　　　　　　　　　　　　　　　　　　　　[単位：億ドル]

指標	1990年	1993年	1996年	1997年	1998年	1999年	2000年	2001年	2002年
①現金取得	1,695	1,779	1,991	2,076	1,960	1,875	1,937	2,028	1,965
作物	803	874	1,062	1,111	1,019	919	941	964	991
家畜	892	904	930	965	941	956	996	1,064	974
②政府直接支払い	93	134	73	75	124	215	229	207	170
③関連所得	81	90	110	124	139	150	138	149	157
④総現金所得(①+②+③)	1,869	2,003	2,174	2,275	2,223	2,240	2,304	2,385	2,292
⑤現金支出	1,341	1,410	1,599	1,690	1,655	1,669	1,720	1,788	1,784
⑥純現金所得(④-⑤)	528	593	575	585	568	571	584	597	508
⑦農場負債額	1,380	1,420	1,561	1,654	1,729	1,764	1,842	1,920	1,965

● 出典 | USDA, *Agricultural Outlook*, Oct. 1999, pp. 54-55, Dec. 2002, pp. 70-71 に基づく。
● 注 | ①全米平均、②名目価格による計算、③ 2002 年の数値は予測値。

ものである。米国の農家・農場が99年度（98年10月-99年9月）に受け取った主要農作物の総収入のうち、市場販売収入は64％でしかなく、残りは政府からの支払い（補助金）である。コメ、綿花はとりわけ補助金の率が高いが、生産額の大きい小麦と飼料作物（トウモロコシが大半である）も補助金の割合は3～4割もの高さである。

表65-2はその推移をみたものである。99年でみれば、米国の農家・農場が市場で得た収入である現金取得（前表の市場販売収入に同じ）は作物、家畜の計で1,875億ドル、これに対して政府直接支払い（前表の4つの支払いの計）は215億ドルであり、総現金所得の計2,240億ドルに占める補助金の割合は9.6％でしかない。ということは前表の4つの支払いの合計が169億ドル（なお農産物の年度は異なるためまったく同数とはならない）だから、補助金のほとんどが小麦、トウモロコシ、コメ、綿花にあてられていることを物語る。

一方、米国の農産物輸出額は98年で574億ドル、そのうち菜種20％、畜産物19％、大豆11％、飼料穀物10％、野菜8％、果実7％、小麦7％、綿花5％、タバコ3％、酪農2％となっているから、補助金を受ける農産物は輸出はかなりなされているものの、米国農産物輸出額順位でいけば高い方にはない。

しかしそれぞれの農産物が世界貿易量に占め

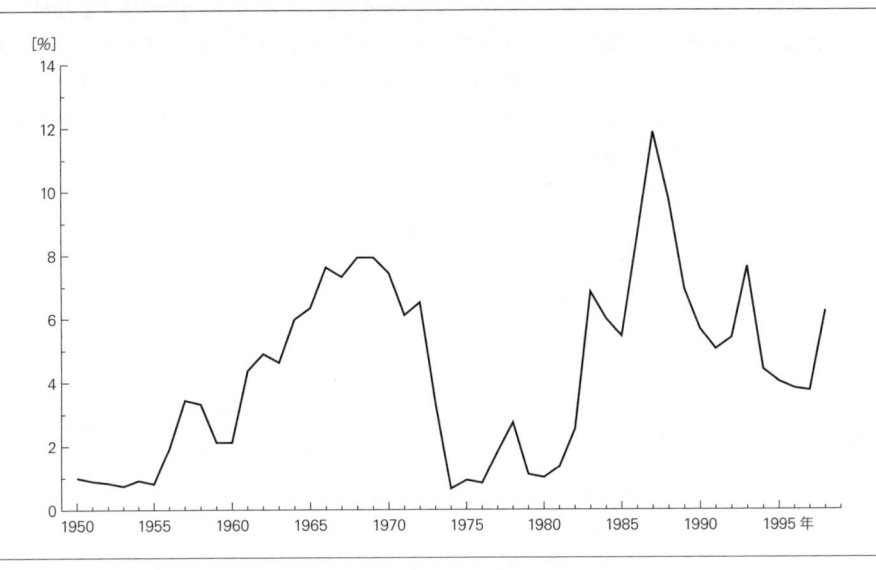

図 65-1 ●農家・農場の農業収入に占める政府補助の割合　　　　　　　　　　　　　　　　　［単位：％］

●出典 | Hallberg, M. C., *Economic Trends in U. S. Agriculture and Food Systems Since World War II*, (Iowa State Univ. Press, 2001), p. 65 に基づく。

る割合（96-98年平均）は，トウモロコシで70％，小麦で29％，大豆67％であり，いずれもトップである。付加価値額が低いので額は小さいものの量は大きく，輸出市場では補助金を受けた農産物――土地利用型の農産物――の，量的シェアは極めて高いのである。

多くの農産物は輸出競争力を持つものの，土地利用型農業では農家・農場は政府からの補助金を得てはじめて成り立っている現実がここにはある。

B── 補助システムの変化と金額の大きさ

❶── 価格支持政策

米国の主要な農業地帯は，中西部のコーン（トウモロコシ）ベルト，その西のウィート（小麦）ベルト，さらにその西のマイロ（コウリャンやヒエ等）を主とするベルトというように，土地利用型農業では分けられるが，米国の多くの農家・農場がここに展開しており，歴史的に政府の価格政策とかかわってきた。

図 65-1 は農家・農場の受け取り価格に対する政府補助の割合の推移を見たもので，全生産物の計で見ているために10％以下になっている。

米国の農業保護政策，とりわけ価格政策は第2次大戦前の大恐慌に始まる。大恐慌の回復過程においても，過剰生産による農産物価格の下落，その下落による農業所得の低下を補うためのいっそうの増産，その結果の暴落という悪循環が農村ではくりかえされていた。こうした農村の貧窮は米国経済全体の景気回復にも悪影響を及ぼすということで，はじめてとられた価格政策が，過剰生産を防ぐ生産調整（セット・アサイド，日本語でいえば減反政策）を条件とした最低価格保障による価格支持政策だったので

ある（1933年農業調整法）。これ以降，各国で価格支持政策がとられるようになった。ただしその方法は，日本が戦中から戦後ながく採ってきた政府による公定生産者価格でのコメ買い取りという価格支持の方法から，EUのような市場介入という市場での買い取りによる一定の価格水準の維持，そして米国のように生産調整と融資価格（作付け時に融資し収穫時に市場価格が融資価格を下回れば，連邦政府に収穫物をひきわたすことで政府から借りた融資の返済をまぬがれる方式）のやり方と，多様である。

❷──不足払い制の導入

米国の方式は，融資価格（ローン・レート）が最低保障価格となり，この水準が価格支持のレベルを示すものとなる。しかし1970年代以降になると，これに加えて再生産できる水準のターゲット・プライス（目標価格）を示し，収穫時の市場価格がこれに達しない場合はその差額を不足払いとして連邦政府が払う方式を導入した（1973年の農業法）。ただしこのメリットを受けられる農家・農場は生産調整つきの融資価格の制度に参加したものだけであり，市場価格（市場価格が融資価格を下回るときは融資価格）とターゲット・プライスとの差額を不足払いで受けることができるようにしたのである。

不足払い制が導入された理由は以下のように考えられる。

穀物を主にして単位面積当たり収量の上昇，作付面積の増加による生産量の大幅増，他方では需要の伸び悩みもあり，政府から融資を受けて収穫時の価格下落の損を回避しようとする生産者が激増した。その結果「質流れ」として融資返済の代わりに政府にひきわたされる穀物の量が増加した。そのため政府在庫の販売による国内価格のいっそうの下落を避けるため，歴史的に輸出補助金をつけてこれを海外で処分する政策を米国政府はとってきた。融資価格のメリットを受ける生産者は，生産調整の義務がついているものの，前年に比べて提示された分の作付面積削減に対して，それをとり返すだけの単収増加の努力をするので，生産者の参加割合の増加は連邦政府の在庫増，いっそうの政府によるダンピング輸出という結果となってきたのである。ということは最低保障価格としての融資価格を引き上げれば，それだけ輸出市場での競争力を失い，輸出補助金は増えざるをえない。そのため融資価格水準を引き上げず本来の最低水準に据え置き（ないしは切り下げ）のままにして，実質的な再生産費用は，融資価格と比べてより高い水準の目標価格を別途設けることにより，不足払いとして収穫後に補填する政策に切り替えた。それが不足払い制導入の理由である。これにより低い水準に設定された融資価格で引き取られた政府在庫の穀物は，大きな補助金をつけなくても，輸出可能になると考えられたのである。

前掲の図65-1を見ると，1970年代は全般に国際市場が供給不足で価格は高く，融資価格水準での政府引き取りや不足払い発動の機会は少なかったので，政府補助の割合は低い。しかし1980年代は，過剰穀物を輸出補助金つきで処理する方式をEUも導入したので国際価格が低調に推移し，その結果，不足払いを主に米国政府の補助額は増加したことが示されている。

そして1995年WTO（世界貿易機関）の発足で導入された農業協定は，生産を刺激する価格支持システムを各国政府は削減すべき対象（「黄」の政策と称す）とした。不足払いは実質的な所得補償と輸出競争力の維持効果を米国の場合もつが，この不足払いは2000年まで削減対象にしないものの，いずれは再検討の対象にするため，予算で増加させてもよいとする「緑」の政策に入れず，「青」の政策に分類した。

❸──不足払いから直接支払いへ

 1993年12月末のガット・ウルグアイ・ラウンド交渉終結までは米国政府は不足払いを残すべく努力して「青」に位置付けたにもかかわらず,ウルグアイ・ラウンドの結果できあがったWTO・農業協定ではこれを放棄した。基本的に5年ごとに立法している農業法だが,1996年農業法で米国は不足払い制を廃止し,戦前来の生産調整政策もやめて,生産とは切り離されたかたちで補助金を固定額として支払う方式,すなわち直接支払いに切り替えたのである。ただし忘れてならないのは,融資価格制度と生産調整を導入した1933年農業調整法の一部改正によりできあがった1938年農業調整法は,恒久法として今回も維持されていることである。生産調整はやめて自由に作付してよいものの,最低支持価格として融資価格を機能させるシステムは残しているのである。

 かくして96年以降の農業補助システムは以下のようになった。不足払い制を廃止した代わりに,過去の農業生産の実績をもとにした,生産者への固定額支給方式を導入したのである。生産量の増加とは直接リンクしていないということで,農業協定上「緑」とされている政策である。この固定額支給を7年間行う(前掲表65-1の直接固定支払いがそれに該当する)。財政赤字削減を求めている共和党と民主党の妥協の産物であるが,7年間経過すれば補助は消滅するという理解とそれ以降は再び考え直すという理解が残ったままの妥協である。発足当時は国際市況は好調だったので,作付増加で販売額が増加するとともに,不足払い制のもとでは市場価格が高いために得られるはずのない補助金が固定支払いでは生産者に入ってきた。そのことは固定支払いが生産増の要因になるわけだから,「緑」の政策として認められるのは問題なしとはいえないのだが,米国政府は「緑」の政策内だと強弁している。しかし97年のアジア危機を境にして,米国の最大農産物輸出相手国が集中するアジアでの需要が減少した。米国の農産物輸出額は97年555億㌦だが,うちアジア向けは264億㌦と48%を占める。このアジア向けが98年220億㌦,99年179億㌦と大きく減少した(97年アジア向け264億㌦のうち,主たる輸入国は日本107億,韓国33億,台湾26億,香港16億等である)。このことは市場価格の下落,販売量の減少による米国生産者の販売額および所得の減少を招いたので,緊急直接支払いが直接固定支払いに上乗せするかたちで予算化された。表65-2の政府直接支払いが98年(最初の緊急直接支払いは98会計年度──97年10月から98年9月──からである)から増加したのはそのためである。この緊急直接支払いはその後も毎年行っており,98年30億,99年55億であって,99年は直接固定支払いと同額である。1998-2000年にかけて固定・緊急の合計額は230億,これに2001年に入って55億㌦を補正予算で追加支給することになったので,総額280億㌦の巨額なものになっている。

❹──額の大きさとマーケティング・ローン

 この巨額の補助金は従来支払われた不足払いの額に匹敵するほどのものであり,結果として既存の生産者の生産力水準の維持ないし引き上げにつながっているといえよう。これに加えて,政府の在庫増をもたらしてきた融資価格制度の変更も一部の作物を対象になされてきた。それはマーケティング・ローンという方法である。国際市場価格を反映して国内価格が下回る場合,それを取り入れたマーケティング・ローンという,当初のローン・レートよりも低い水準を新たに定め,政府に穀物をひきわたさず市場に売り,マーケティング・ローンの水準で政

府に支払えば，作付け時の借入金を返済したことにする制度である。こうすれば政府在庫にならず，市場を経由して国際市場での競争力を米国の農産物は持つことになる。実質的な輸出補助であるこのマーケティング・ローンを導入した1985年農業法の対象農産物はコメ，綿花のみであったが，90年農業法で大豆などの油糧作物，そして飼料作物，小麦へと拡大されてきた。

こうした補助システムのうえに，世界最大の農産物輸出大国が成立していることを理解しておく必要があろう。

ガット体制のもとで最後のラウンド交渉となったウルグアイ・ラウンドでは，当初，アメリカは輸出補助金の撤廃を主張したり価格支持等の保護策への非難を行っていた。しかし，最終的にはEUと協議して，輸出補助金のわずかな削減とともにその公的是認を勝ち取る側に回り，他方でオーストラリアや日本のように輸出補助金を使用したことがない国に対しては新規導入を禁止した。また生産と切り離された補助金は削減対象にせず，生産を刺激する価格支持に対しては各国は目標年までに一定割合を削減する約束を，WTOの農業協定に盛り込んだのである。これは，オーストラリアやニュージーランドとの競争でアメリカは必ずしも勝てるとはいえず，そのためには輸出補助金を撤廃することに踏み切れなかったアメリカの事情を指摘すべきであろう。

また各国が増産に踏み切ると，輸出市場が狭くなるので，世界的な過剰生産を避けるために，増産刺激的な価格政策は削減対象の黄色の政策とし，自らの政策は形式的に生産と切り離された所得政策にすることで黄色から外すという交渉スタンスをアメリカはとったのである（⇨ 6 多国籍企業と貿易 C-2）。

C──農業構造とコストとしての地代

❶──農業の生産構造

1998年で見ると，国民所得に占める農業の割合は0.9％，就業者に占める農業部門の割合は2.2％，人口に占める農家人口の割合は1.7％であり，1940年ではそれぞれが6.4，16.9，23.2だったから，この間のシェアの減少は大きい。それは非農業部門での急速な成長がもたらしたものであり，農業生産の拡大を上回る農業以外の産業の成長がアメリカ経済で見られた結果である。しかし依然として農業部門が輸出に貢献する役割は大きく，世界最大の輸出国として生産の絶対量も大きいことは先に述べた。ここではそうした世界最大の農業生産を支える担い手，規模などを概観しておこう。農家や法人を合計した農場数は1950年の550万強から98年の200万へと急減し，その結果，図65-2に見るように，1農場当たりの経営面積は今では450エーカー（1エーカーは約0.4haだから183ha：ちなみに日本の平均経営面積は1.2ha）と1950年当時の2.3倍の規模に達している。そして1農場当たりの，名目ではない実質でみた収入も順調に増加して現在では10万ドル水準を示している。

土地所有との関係で見れば，経営地をすべて所有する自作農が農場数のうち60％，借地のみで所有地がゼロの完全借地農が10％，残りは所有地を一部持つ部分借地農が30％いる（97年）。平均経営面積は自作農276エーカー，完全借地農566エーカー，部分借地農885エーカーなので，主要な担い手は自作地のみの農場ではなく，借地で規模拡大してきた農場が大きな役割を示していることがわかる。そのため農地の55％，12％がそれぞれ部分借地農，完全借地農によって利用されている。数で最大の自作農は34％の

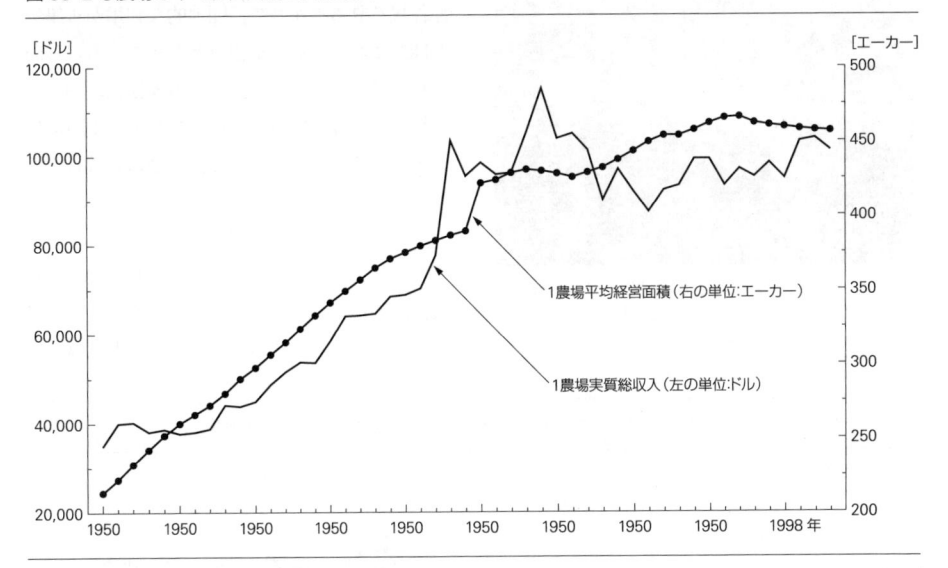

図 65-2 ●農場の平均経営面積と実質収入　　　　　　　　　　　　　　　　　　[単位：ドル，エーカー]

●出典 | Hallberg, M. C., *Economic Trends in U. S. Agriculture and Food Systems Since World War II* (Iowa State Univ. Press, 2001), p. 16 に基づく。

農地を利用しているだけで，農業以外の兼業収入に多く依存する兼業農家はアメリカではこの自作農の中に数多く存在する。

なお組織形態としては，アメリカ農業も家族経営主体であることを確認しておきたい。労働者を雇用した資本主義的経営によりアメリカ農業は営まれているという理解があるが，それは誤解である。畜産や一部の果樹・野菜にそうした経営があるが，穀物を主体にした土地利用型農業では家族経営が圧倒的である。アメリカ全体で農場数に占める家族経営は 97 年で 86％を占め，家族経営が集まった共同経営も家族経営に含めるとそれは 95％になる。経営耕地では家族経営と共同経営の合計で 79％を占めているが，さらに家族経営が主体になっている会社組織型の経営も含めると，実に 92％の高さになる。非農業セクターからの農業の参入に制度的な障壁はアメリカの場合ないが，大規模な会社組織の農業への参入が困難なのは以下に述べる土地コストにあると指摘できるであろう。

❷── 高コストとしての地代支払い

アメリカ農業の主たる担い手が借地で拡大してきた層であることはすでに述べた。その場合の借地コストを問題にしておきたい。

アメリカ農業はその広さが強みであるし，建国のときに連邦政府から白人の希望者に払い下げられた農場は，1 マイル（1,609m）四方の碁盤目状の道路に仕切られた正方形の 4 分の 1 の 1 団地，すなわち 64ha だったから，農場は分散型ではなく，団地的な農場から出発しているのも強みである。封建制時代を経て資本主義に移行した多くの国（旧開国）では，低い生産力時代の農業を歴史的に引き継いでいるために土地分散の悩みが深い。ヨーロッパや日本，中国等も同じで，大型機械の効率的利用が困難である。これに対して，アメリカ，オーストラリ

❶イリノイ州の広大な農場の典型的景観［大型トラクター（中央）とトウモロコシ・大豆を貯蔵する収納庫（右）は必須の機材・設備］

ア等は新開国であり，北海道も同様であるが，原住民を立ち退かせて，団地的な利用から農業が開始されているのが強みとなっている。しかし相続で分割されたりして，規模拡大の過程で分散の問題は新開国でも起きている。1団地の面積は大きいが，しかし経営耕地は分散し始めているのである。

アメリカ農業はその問題に直面し始めていることに加えて，規模拡大する経営間の競争の結果，図65-3に見るように，農業経営が得た農業所得に占める支払い地代の割合が大きいこと

図65-3 ●イリノイ州の穀作農場のエーカー当たり農業所得，純地代と農地価格の水準

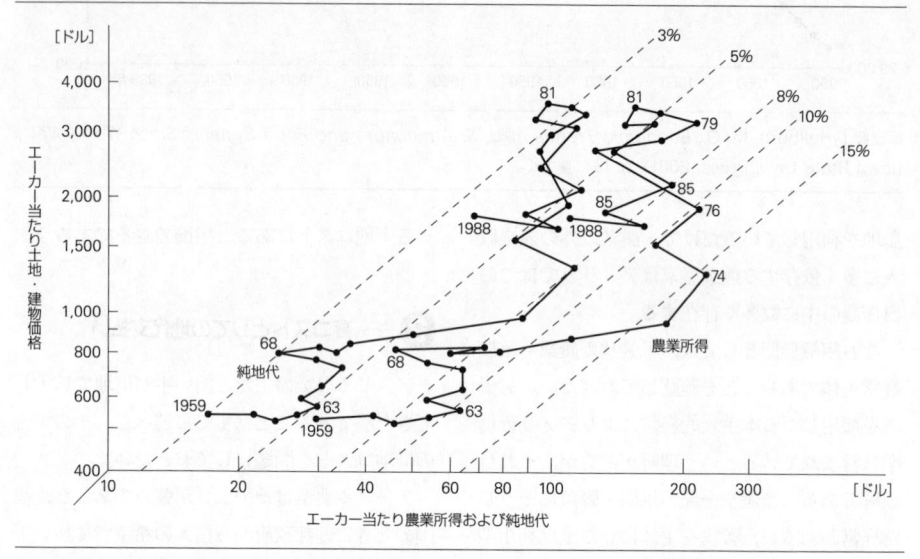

●出典｜ Scott, J. T. "Factors Affecting Land Price Decline：Where to from Here?" *Illinois Agricultural Economics Staff Paper*, 82に基づく。
●注｜①農地はイリノイ大学が定めた土壌度86〜100に所属する農地。この数値は土壌度のうち最も生産性が高く，イリノイ州北部，中部がこれに属する。南部はこれを大きく下回る。
②農業所得は農業収入から現金支出（資材費，雇用労賃，保険，税金），償却費を差し引いた残余であり，不払家族労働，支払利子，支払小作料（分益小作の場合も含む），経営報酬等を含む。純地代とは小作料収入から農業所得と同じ方法で費用を差し引き，その残余から家族労働を差し引いたもの。地主の家族労働はほぼゼロ。
③地価は，1960，71，79年の実勢地価を確定し，他の年次は米農務省の州別地価指数を利用して算出。
④図中の点線は文中にあるように借地料の地価利回り，すなわち還元利率の水準を見やすくしたものである。
⑤穀作農家とは自家飼料が総穀物価格の40％以下および酪農，家禽への飼料が総穀物価格の6分の1以下のもの。1973年以降は家禽を持つイリノイ北部の農家はこのグループから除外。
⑥価格は名目価格であり，デフレートしていない。

をここでは注目しておきたい。示されているのは1959年から1988年までだが，農業生産者が得た農業所得（この中には自家労働対価に加え経営者報酬，利子，そして地代分が含まれる）に対して，地代がその半分近くを占める大きさになっていることがわかるであろう。米国での土地利用型農業での借地形態は収穫物を地主と借地農とで一定の比率で分割し合う分益小作が圧倒的である。この図のケースは，コーンベルト地帯の代表であるイリノイ州の最も地力の高い農地での借地農と地主との収穫物折半の例である。単収低下を理由として，地主取り分は2分の1から，3分の1，4分の1というように地力の低い農地に応じて下がる。その地力の高い農地で，農業で得られた成果の多くが地主にとられていることをこの図では確認しておきたい。なお図中の斜めの点線は借地料の地価利回りを見やすくしたもので，1970年代後半から80年代にかけて農業所得は停滞的であったにもかかわらず，地価のみが上昇して，そのため借地料の地価利回りは3〜5％の低いレベルになっていることがわかるであろう。米国でも地価のみが上昇する，資産バブル的な動きが農地にも現れていたことが確認されるのである。

D──新農業法と米国農業の特徴

上記から米国の農業は，強さとともに弱さもあり，そのため他国に対しては自由化を求めるが他面では弱い面を守るために保護的な側面があることも理解しておきたい。ダブルスタンダードが米国の農業外交に見られるが，それは農業の実体を反映したものだといってよい。

そして2002年5月に成立した2002年農業法は，こうした補助金政策をさらに決定的に強化する内容を含んでいる。従来の直接固定支払いを維持・継続するとともに，緊急直接支払い（いずれも表65-1を参照）を毎年理由をつけて払ってきたものを，従来の不足払い制度を復活することで固定化させたからである。

WTOの農業協定では削減対象であるはずの価格支持システムを，国内支持をあからさまに増加させる政策として，理由をこじつけて実行したことになる。

農業関係の予算としては，2002年から2011年について，予算作成に使う議会のガイドラインが950億㌦，これに議会が790億㌦の追加支出を2001年に農業委員会で認めていたので，最大で総額1,740億㌦もの支出が予定されることになった。

この支出をどう新しい農業法に盛り込むか上院，下院で工夫され，またブッシュ政権もその方向に最終的には賛成することになったのである。下院案は近年毎年行ってきた緊急直接支払いを，不足払い制度を復活させることで恒常的な制度にしようとするものであった。上院も基本は下院と同じものであり，これに民主党が多数派である上院として，環境政策との関連や支払いの上限の強化といった特色を出そうとした。

当初は不足払い制復活に難色を示していたブッシュ政権も，2002年秋の中間選挙をにらみつつ，議会の賛成票の大きさをみて，支持する方向に転換した。そして両院協議会で上院，下院の両案の調整が行われ，790億㌦の追加支出を作物関係に6割，環境に2割強という配分で合意した。これを作物関係でみると毎年50億㌦弱の支出であり，98年以降，緊急直接支払いで毎年払ってきた額とほぼ同一になる。そして期間は期間10年案の下院と5年案の上院との間をとって6年間（2002-2007年）として，以下のような仕組みにした。

生産調整は行わず従来のような自由作付であ

❷戦後，防風林を取り払ったため，冬から春先にかけてエロージョンに襲われやすくなる。猛烈な砂嵐でハイウェイがストップすることもあり，防風林の再植樹など表土流出防止の対策が求められている。

ること，そして固定支払いは，一定の年数が経過すれば廃止する「サンセット」法であった前農業法の位置付けに対して，今回，新農業法で明確に維持・継続することをうたった。しかも対象外であった大豆も加えることになり，範囲を拡げたことになる。これにより毎年40〜50億㌦払ってきた従来の固定支払いが額としても削減されることなく維持されることがはっきりした。

そして緊急直接支払いは，目標価格を復活させ，融資価格に固定支払い額をのせた額が目標価格に達しないときは，その差額を支払うという仕組みに置き換えた。今までのように農民の受け取り価格の下落や災害といった種々の理由をつけて払ってきた緊急直接支払いを，不足払いというシステム的なものに当てたのである。

またマーケティング・ローン制度は同様に残っているので，支払い制限の強化（例えば受け取る農民1人当たり23万㌦の上限から18万㌦上限への引き下げ）や，環境面への配慮はみられるものの，基本は全体として補助金をシステムとして支出する形式を強化したことになる。

新農業法以前の2001年の例で見れば，直接固定支払い40億㌦，緊急直接支払い55億㌦，マーケティング・ローン56億㌦，これにローン・レート関連31億㌦の補助金を積み上げると182億㌦もの巨額なものになる。これに環境関連等を加えれば，価格・所得関連と環境等に関係しての農業への補助金総額は250億㌦前後の巨大なものになり，表65-1の補助金総額169億㌦を大きく上回っている。この大きく上回ったレベルで固定化し，その支払いをシステム的に保証したのが今回のアメリカの新農業法であるといってよい。

この新農業法は増産に結び付く補助金であり，輸出力を強化するものであるが，そうすることで貿易拡大を企図し，アメリカ農業の水準を維持することがアメリカ政府の狙いであろう。これが農産物貿易においても自由化を主張し，他国の国内保護についてクレームをつけるアメリカの農政の現実だといってよい。同じ輸出国とはいえ，オーストラリア，ニュージーランド等の「ケアンズグループ」とは異なるところであり，アメリカの農業の特徴を示すものである。

■参考文献

『農業と経済』2000年7月号別冊・「図で見る国際時代の日本農業論」富民協会/毎日新聞社，2000．

堀口健治「アメリカ農業」，磯辺・常盤・保志『日本農業論・新版』有斐閣，1993．

堀口健治・豊田隆・矢口芳生・加瀬良明『食料輸入大国への警鐘・農産物貿易の実相』農文協，1993．

村田武・三島徳三編『農政転換と価格・所得政策』筑波書房，2000．

Hallberg, M. C. *Economic Trends in U. S. Agriculture and Food Systems Since World War II*. Iowa State Univ. Press, 2001.

■さらに知りたい場合には

服部信司『グローバル化を生きる日本農業』

NHK 出版, 2001.

[アメリカ農業論に詳しい筆者は，本書のようなWTO交渉と農業の多面的機能の論点にも造詣が深い。巻末には服部氏が出版した一覧表も掲載されている。これをもとにして各国の農業政策を知ることができよう。]

梶井功『WTO時代の食糧・農業問題』家の光協会, 2003.

[農政学者として幅広い著作活動をしている筆者の最近の論文の集大成である。世界的な農業問題から日本の農業政策まで知ることで，世界におけるアメリカの農業政策まで知ることができ，世界におけるアメリカ農業の位置付けも読者自ら把握可能になるであろう。]

メレット, C. D.他編著（村田武, ・磯田宏監訳）『アメリカ新世代農協の挑戦』家の光協会, 2003.

[本書は，日本ではあまり知られていないアメリカの農協運動の過去と現在にふれている。多国籍企業，穀物メジャーが国内流通でも強い力をもっているアメリカであるが，農業協同組合もいろいろな形で活動を行っている。こうした視角でアメリカ農業の内実を捉えたい。]

66 原材料・新素材
Materials Science

遠藤 徹

　銅・銅と錫との合金である青銅・鉄から今日のさまざまな超合金へと至る金属，木材・獣皮・植物繊維・ゴムなどの天然ポリマーから，ベークライト・ナイロンなどへと至る高分子物質，石や陶器やガラスから「現代の石器」たるファイン・セラミックスへと至るセラミックスなどさまざまな物質をわれわれ人類は使いつづけてきた。人類の歴史とは，言い換えるならば人間が物質をどのように用い，変形させ，合成してきたかという歴史だったということも可能だろう。特に，世界的にも「物質文明」大国と見なされることの多いアメリカには，このことが大いにあてはまりそうである。一言でくくるならば，産業革命以来，鋼鉄によって栄えてきたアメリカ文明は今，これまで沈黙を守ってきた高分子物質たち，セラミックスたちによって巻き返しを受けつつある。さまざまな物質が等分にその価値を発揮し，主張する時代が現代であるということができるかもしれない。それはまた，所与の物質を加工する時代から，かつて存在したことのない物質を「デザイン」し，「合成」あるいは「純化」する時代であるとも言うことができるだろう。

A──「物質」文明国アメリカ

❶──構造物としての物質：「合成」と「純化」への鍵

　物質の内部構造に関心を抱き，現代につながるかたちの科学的探求を行った先駆的人物は，ドイツ人の錬金術師 J. F. ベトガーだといわれる。18世紀初頭，ザクセン国王アウグストの命によりベトガーはマイセン磁器を発明した。当時ヨーロッパでは，磁器は金にも匹敵する貴重品とされ，各地で競って磁器作りが試みられていた。その発明の過程でベトガーの工房にはさまざまな化学的知見が蓄積され，現代の物質工学の先駆けとなったのである。

　その後18世紀初めに，ウェッジウッドの同時代人であったフランス人，レオミュールが物質は「分子」と呼ばれる小さな単位から構成されているという仮説を提案した。けれども，それは推論の域を出ないものであり，物質が内部構造をもつということが実証されるにはさらに100年以上の時間が必要であった。つまり，イギリスのアマチュア地質学者ヘンリー・ソービーが，薄片化した石に酸をかけてエッチングする技法を編み出した1863年まで待たねばならなかったわけである。酸を浴びた石は，その内部構造をあらわにし，石が内部構造をもつ構造物であるということが明らかになった。

　この技法はただちに鉄や鋼鉄の微細構造を視覚化する手段として応用されることになる。こうして，物質がのっぺらぼうの単一な素材ではなく，内部構造や階層性をもつ構造物であるこ

とが明らかになり、これを探求する金属組織学（金相学）という分野が生み出されることになる。研究者たちは顕微鏡で見た内部構造と、化学式とを比較することを繰り返しながら、理論と実践の融合を目指した。観測の手段はさらに発展し、1912年から13年にかけて、ヘンリーとローレンスのブラッグ父子が原子レベルで物質を観察できるX線結晶観察機を開発する。X線解析によって、通常の金属が純粋状態で存在することがまれであるということ、つまりほとんどの鉱物はさまざまな結晶の混合体であるということがわかってきた。

物質が構造をもつということ、そして自然界には純粋な素材はほとんど存在しないということ。この2つの事実の自覚は、20世紀の物質観に大きな影響を与えることになる。構造物を組み合わせて新しい能力をもった物質を作り出すという「合成・複合」の方向と、純粋状態の物質へと純化することでその物質の能力を引き出すという「単離・純化」の方向性は、いずれもこうした自覚を背景として初めて出てきたものだからである。

❷——鋼鉄社会の陰で

産業革命以降、19世紀以降の文化を規定していた物質は、何といっても鉄であった。けれども、この鉄もまた純粋状態では産出しないし、人間の使用に耐える硬度をもたせるためには炭素を含有させることが必要不可欠であった。そもそものはじめから鉄もまた「合成物」として使用されていたのである。けれども、当初用いられていた炭素含有量の多い鋳鉄（2.0％以上）の限界がクリミア戦争時の大砲の事故で明らかとなり、新たな「合成」が志されることとなる。そこに登場したのが、イギリスのヘンリー・ベッセマーによって開発されたベッセマー炉であった。これは炭素を含まない鉄を炭

❶ベッセマー炉［カーネギーのピッツバーグ工場を描いた絵、1886年］

素を含んだ燃料で熱するという従来の方法と決別し、最初から炭素含有量の多い銑鉄を用い、酸素と結合させることによって余分な炭素を取り除く（炭素含有量2.0％以下）という方法への転換をもたらした。改良を重ねた結果、ベッセマー炉は、およそ20分で300㌧の銑鉄を鋼鉄に変えるという高い能力を獲得することになった。こうして、1870年代には年産50万㌧であった鋼鉄生産量は、世紀末には2,800万㌧へと飛躍的に増大し、かつてない強度、柔軟性、硬さ、成型性を兼ね備えた新たな素材が大量に生み出されることとなった。

周知のように、丈夫な鋼鉄を作るためには巨大な資金を要する高炉が必要であり、アンドルー・カーネギーがアメリカで鋼鉄製造を事業化した。カーネギーの企業はU.S.スティールと呼ばれ、資本主義体制内の独占企業を作り出すきっかけとなった。また、この鋼鉄なくしてはモダン都市の象徴たるエンパイアステートビルのような高層ビルも存在しえなかったし、ブル

ックリン橋のような巨大な構造物や，大型船舶，自動車の車体，ブルドーザーのシャベル，機関銃から爆弾に至る兵器も作ることはできなかった。つまり，近代都市も，大量生産も，自動車社会も，世界大戦も不可能であったことも忘れてはならないだろう。まさに，19世紀後半から20世紀半ばまでは鋼鉄の時代だったのである。

けれども，この鋼鉄の専制のもとで，ほかの素材ももう少し控えめなかたちながら，社会への参入を開始していた。例えば，上に述べたような鉄生産の増大の副産物として，地球上で3番目にありふれた鉱物であるアルミニウムが単離された。原鉱にあたるボーキサイトの内部で，アルミニウムは酸素と結合したアルミナの状態にある。当初は単離される量が少なかったために，貴重品として扱われ，1884年にワシントンの式典で建てられた記念碑の飾りとして用いられたとき，アルミは1ポンド当たり16ポンドと銀とほとんど同じ価格だった。けれども，1886年に，フランスのポール・L. T. エルーと，アメリカのチャールズ・M. ホールが，ほぼ同時に電気を用いて簡単に単離する方法を発見する。けれども「土から取られた銀」と呼ばれたアルミも，そのままでは義手，バスタブ，食器などにしか使うことができず，その用途が明確になったのは，マグネシウムおよび銅との合金であるジュラルミンという「合成物」となってからのことであった。軽量でありながら，強度が優れていたこのジュラルミンは，弾丸や薬きょう，飛行船の構造素材などに利用されることになる。

金属以外で重要なのは，いわゆる高分子化合物の系列である。その先駆けとなったのは，1839年にアマチュア化学者であったアメリカ人チャールズ・グッドイヤーが，夏には溶けてべたつき，冬には硬くもろくなって使いものにならないという天然ゴムの欠点を補う手段として，硫黄を加えるという方法を編み出したことであった。41年には，この最初の「合成」ゴムが商業化され，タイヤ需要の伸びを背景として40年代の間にいわゆるゴムタイヤが開発されることになる。これを受けて，ジョン・ボイド・ダンロップ，アンドレ＆デュダード・ミシュランらが自転車や馬車用の空気タイヤを開発し，これが後に開発される自動車に取り入れられることになる。

この間に，セルロースを素材とした最初のプラスチックであるセルロイドが，ニューヨークの印刷業者ジョン・ウェズリー・ハイアットによって1863年に開発され，1907年には，ベルギーから経済的成功を夢見てアメリカに移民してきた若き化学者レオ・ベークランドによって，「千の用途をもつ素材」ベークライトが開発されることになる。ベークライトは，丈夫で熱，化学物質にも強く，電気を通さず，成型性にも優れており，その上安価に生産できるという，まさに「夢の新素材」であった。さらに，その自由な成型性は，デザインとの結託によって，20世紀の消費スタイルに大いに影響を与えることになる。

❸──半導体の登場

もう1つ，現代社会に計り知れないほどの影響を与えた素材がある。アメリカでは，第2次世界大戦終結時においても，電話回線にはまだ真空管が用いられていた。それは，膨大な数の回線スイッチを，大勢のオペレーターがワンコールごとに切り替え，接続するという極めて煩雑なシステムであった。電話利用者の数が増えるとともに，ますます複雑化しつつあったスイッチングの必要性は，アメリカ電信電話局（ATT）を悩ませていたが，1947年にベル研究所のウォルター・ブラッテンと，ジョン・バーディーンが開発したトランジスタが救世主と

なった。トランジスタは，ケイ素とゲルマニウムから成る爪先ほどの大きさの「物質」が，巨大な真空管という「装置」と同様の半導体的働きをするというものであり，電気装置における革命的な出来事であった。ケイ素（シリコン）という「素材」が，エレクトロニクス革命という，まったく新しい地平を開くことになったわけである。

あとは，ごくささいな傷や汚れもない，純粋なケイ素結晶を作るという，「純化」が課題となり，これが克服されたことによって信頼性の高い半導体が得られることとなった。こうして，1960年代には，シリコンチップには，爪の大きさほどのトランジスタ1個が刻まれているだけだったのが，1970年代には同じシリコン基盤上に千個ものトランジスタが，1985年までには数十万個，90年代半ばまでには数百万個も刻み込まれることになる。現在のシリコンチップは，マッチ箱1つの中に，数百万人の人間が住む都市が入っているのに等しいだけの機能をもっているとされている。さらに，シリコンという素材に代わって，ヒ素化ガリウムのような，電子がより早く移動し，光も使用可能な代替素材の研究も進んでいるというのが現状である。

いずれにせよ，今日盛んに喧伝されている情報化社会の本質は，ケイ素やヒ素化ガリウムといった「素材」によって支えられているという事実を認識しておくことが重要であろう。同じく，情報化社会の未来像を語るときに必ず登場する光ファイバーにしても，1965年の時点では，光を1km以上運ぶことは不可能であった。ガラスの純度を高めることによって，今日ではほとんど損傷のないままに，どこまでも光を送れるようになったわけであり，ここにも物質の「純化」という工程が大きく関与しているのである。

B——物質のデザイン

❶——物質の疲労を防ぐ

1990年に出された『90年代の物質科学と物質工学』という政府報告書には，合衆国の経済は物質研究に大きく依存しているということが明確に語られている。現代的なさまざまな機器，機械，コンピュータ，自動車，飛行機，通信装置，構造物などからなる社会は，新しい物質とのかかわりなしには不可能であるというわけだ。

ここでいう新しい物質とは，かつて存在したことがなく，創られたこともない素材のことであり，新しい素材の誕生が，新しい能力の誕生を意味するような物質のことである。例えば，より硬い物質，より強い物質，より軽い物質，より伝導性のある物質が創り出されれば，それを利用できる新しい技術がそれに従うことになる。その結果，より速いジェット機，より高い通信能力，より強力なコンピュータ，より燃費のいい自動車，さらにはより破壊的な兵器が生み出されるという連鎖がそこからは導き出されることになる。

20世紀初頭において，鉄道事故の多発は，過重な重荷に耐え，金属疲労も少ない，より丈夫な鋼鉄の開発を促した。同じように，1986年に起こったスペースシャトル「チャレンジャー」の爆発事故の原因も，外部燃料タンクの隙間を埋めるエラストマー（ゴム）状リングが寒さのせいで硬く，もろくなり離陸の衝撃に耐えられなかったせいであると分析された。疲労しにくく，腐食，欠損，劣化しない信頼性の高い物質の開発は常に重要な課題なのである。ゴム輪1個の損傷が，宇宙飛行士の命と，スペースシャトルの建造費数十億ドルを左右するのであるから。現在は，粒子が小さいほど表面積が内

部面積より広くなるという性質が，さまざまの利点をもつということがわかったため，スペースシャトルのタイルや，電極，プレートなどを，ウイルスサイズの金属やセラミック粒子で作るという，ナノテクノロジーの応用が試みられている。

❷──ミリタリーな動機付け

けれども，注意しなければならないのは，20世紀初頭において，鉄道事故を減らすために改良を加えられた鋼鉄の誕生は，即座に第1次世界大戦における強力な殺人機械に転用されることになったという事実である。つまり，20世紀前半において戦争の勝敗を決したのは実は素材を扱う冶金学者だったとも言えるのである。この教訓は，プルトニウムやテフロンという素材の，まったく新しい活用法を編み出してしまったマンハッタン計画以降も生かされているとはいえない。原子爆弾は，確かに理論的には核物理学の産物だが，現実的にはプルトニウムという素材を変容させるという，物質工学の成果だったとも見なしうるわけだ。20世紀の後半においても，事情はまったく変わっておらず，相変わらず軍需こそが，新物質開発の大きな動機付けとなっている。例えば，戦闘機のジェットエンジンは作動温度が高ければ高いほど効率が高くなる。そのためには，高熱下でも劣化せず，溶融することもないタービン内部の素材が必要になる。そのような素材の開発費は，より速いジェット戦闘機のエンジン開発という動機付けがあって初めて獲得できることになる。現在では，ニッケルベースの合金に，防熱セラミック・コーティングを施すことによって，20世紀初頭の飛行機エンジンの10倍以上の高熱に耐えうるエンジンが開発されている。「見えない（レーダーに映らない）」戦闘機，B-2ステルスに用いられているエポキシ炭素樹脂等さまざまな複合材料も軍事的な目的があってこそ，開発可能になった素材である。

❸──さまざまな新素材

地上で最も硬い物質であるダイヤモンドは，その希少性ゆえに宝石などとしてしか用いられることがなかった。もし，これを人工で安価に大量生産できれば，物理的な衝撃にも，化学物質にも，放射能に対しても安定した，優れた素材を人類は手に入れることができる。例えば，決して傷つくことのない眼鏡レンズや，ガラス以上に優れた光透過性を利用した光ファイバーや，放射線探知機や，手術用のメスなどを作ることができるわけである。実験室でこの人工ダイヤモンドが初めて製作されたのは，1953年から4年にかけてであり，その翌年からゼネラル・エレクトリック社（GE）が商業化に乗り出したが，国防総省の介入を受け，かなりの期間国家機密として伏せさせられることになった。その後，GEはこの合成ダイヤ市場を一手に握り締めて，年間10億ドル単位の収入を得ているといわれている。今後は，レーザー光線を吸収する素材として，あるいは新しい半導体としての用途などが期待されている。つまり，地上で最も高価だった物質を，科学者たちは最もありふれた素材に変えつつあるということができるだろう。

1911年にオランダの物理学者ヘイケ・カーメリング・オンネスによって発見された超伝導現象は，絶対零度に近い温度にまで冷却した水銀が，まったく抵抗なく電気を通すという現象であったが，これは極低温でしか起こらなかった。その後，より常温に近い温度でこの超伝導を実現しようという試みが延々と続けられることになり，1980年代後半以降，セラミックに着目したIBM社が，超伝導が起こる温度を毎年少しずつ上げることに成功している。また，

磁気に関していえば，現在開発されているネオジムとボロンを用いた磁石は，20世紀初頭にあった磁石の200倍にも及ぶ磁力をもつものとなっている。磁場が強くなれば，より小型で効率のよいモーターが作れるわけであり，ここにも新たな素材の活用が大いに貢献しているわけである。

❹ーー擬似生物化する物質，物質化する生物

アイロンをかけなくても折り目が自動的につくズボンなどに用いられている形状記憶合金，明るさに応じて自動的に透明度を調節するサングラスなどに代表されるスマート・マテリアルと呼ばれる素材もまた，そもそもは軍需を背景として誕生した分野である。1980年代初頭に，米国空軍によってフォアカストIIと名付けられたスマート・スキン構想がきっかけとなったからである。フォアカストIIとは，第2次世界大戦の経験から，空軍技術こそが抑止力の要となると気づいた空軍が，自ら温度，圧力，風速，損傷を探知できるような航空機の開発を構想したものであった。すでに，NASAでは1970年代から，リチャード・クラウスを中心として，光ファイバーを用いた「神経系」の開発が試みられていた。フォアカストIIにおいては，この光ファイバー以外にも，感受性のある素材を用い，人間の神経系に近いものをもつ機械を作ることが目指された。

ここでは，損傷を探知して知らせる飛行機の翼や，疲労した部分を知らせる橋などへの応用が考えられていた。つまり，これらは「感覚神経」を宿したモノ作りを志向していたのだということができる。けれども，アラバマ大学のダン・ウリーは，このレベルを超え，感知するだけでなく，自らその損傷を修復しさえする能動的ポリマーを提案している。ウリーは筋肉の構造を調べ，酸，温度，電圧，塩濃度などに感応して作動するポリマーを創ろうと考え，光を当てると筋肉のように収縮して錘を持ち上げることのできる素材を開発した。ほかにも，ピエゾエレクトリック・セラミックとプラスチックを用いた素材のように，電圧をかけることによって自ら振動するという素材も開発されている。こうした素材を用いて，内部に埋めこまれたマイクロプロセッサー・ネットワークが，センサーから送られた信号を読み取り（状況の感知），筋肉のような活動部を制御して（状況への適合），自ら損傷部などを修復しさえする（状況の克服）擬似生物的な機械を作ることが，最終的には目標として設定されているというのが現状である。無生物である物質が，生物の能力を獲得しようとしているのである。こうした流れの中で，ICIやヘキスト・セラネーズなどの大手化学産業も，蛋白質ポリマーのデザインを開始している。これは，骨の損傷を補塡するバイオ・セラミック移植材や，蜘蛛の糸をヒントにした新繊維などの開発を目指すものといわれている。

このような物質のことを，生体模倣的な(biomimetic)素材と呼ぶが，その起源は第2次世界大戦中にナチス・ドイツが試みた，人工ゴム（ブナゴム）の開発にまでさかのぼる。けれども，実際にこの人工ゴムの開発に成功したのは，日本軍の東南アジア制圧によって，天然ゴムの輸入経路を断たれた米国であった。離陸した航空機が無事に着陸するために，あるいはジープが砂漠を駆け抜けるためには，どうしてもゴムタイヤが必要不可欠であったからであり，米国は1945年にポリスチレンとポリイソプチレンという2種類の合成物質を用いることによって，これに成功したのであった。1991年に，アメリカ海軍研究所のマイケル・マロンは，「自然はわれわれの知っている世界を凌駕する，素晴らしい問題解決能力をもって

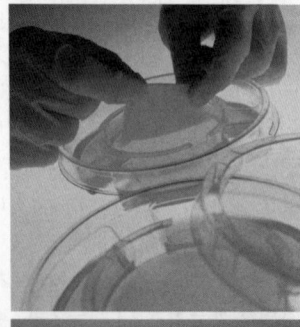

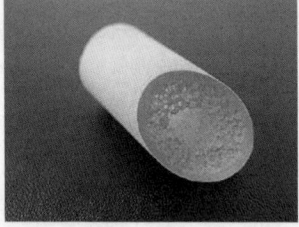

❷上｜人工皮膚［オーガノジェネシス社製］
❸下｜人口骨［ミレニアム・バイオロジックス社製］

いる」と語ったが，海底で使用可能な糊状物質や，腐食防止剤，甲殻類の殻や貝殻にヒントを得た軽くて硬い素材，結合組織，腱，歯，骨などさまざまな部位で多様な能力を発揮する蛋白質コラーゲンのような多機能物質など，生物に学んだ素材の開発はますます盛んになっていくと思われる。

これとは逆に，現在アメリカで盛んになりつつあるのが，脳死判定と臓器移植の解禁を背景とした臓器ビジネスであり，そこに最近，ついにヒトゲノム解読が終わったことを受けてささやかれている人間の遺伝子情報のビジネス化の可能性が付け加えられようとしている。ここではこの点について詳述は避けるが，素材が生物化しつつある一方で，生物は素材化しつつあるという状況が現在進行中なのである。これは，将来的に生物と無生物との境界を消し去り，すべてが「商品」と化す，素材一元論の状況が出現することへとつながりかねないとも考えられる。

❺——物質のデザイン

かつて新素材の開発は，個人が偶然のひらめきによって，あるいは試行錯誤の末に達成するものであった。けれども，現在では1人の個人が，新しい発見をするということはまれになってきている。ひとつには，物質科学という新しいジャンルの誕生に伴う研究のグループ化，マルチディシプリン化のせいであり（⇨コラム「物質科学の誕生」），もう1つはコンピュータというこれまた，シリコンという素材によって可能になった装置のせいである

MITの金属工学者グレッグ・オーソンは，「われわれがこれまで開発してきたすべての素材の現実は，それらが設計されたものではないということだ」と述べ，これからは新しい素材を設計する時代であるという宣言を行った。そして，科学と工学を架橋するこの試みをScieneering（ScienceとEngeneeringとをかけ合わせた造語）と名付けた。彼はこの試みを実践するために，ノースウェスタン大学に自らの研究所を設立している。

現在の新素材開発を可能にする3つの武器は，分析，総合，理論であるといわれている。分析とは，イオン顕微鏡，レーザー顕微鏡，走査トンネル顕微鏡（STM）などを用いて，物質の構造や機能を解明する能力のことをいい，総合とはSTMの針で原子を1個ずつ動かすことができるという事実にみられるように，特殊な微細構造をつくり上げる力のことをいう。そして，理論とは，数学やコンピュータを用いて，過去の知識を集積し，さらに物質現象をモデル化したり，シミュレートしたりすることを指している。

コンピュータの存在は知識の集積や，高速の演算ということ以外にも重要であり，例えばCAD/CAMという三次元的なグラフィックを描けるソフトによって，物質の青写真を描き，

画面上で加工することができる。あるいは，マイクロエレクトロニクスにコンピュータを関与させることによって，より精密に器具を操作し，得られたデータの意味をより迅速に理解し，構成要素によって引き起こされる反応をより速く，巧みに制御することが可能になる。

このような状況の中で，コーネル大学の固体物理学者フランシス・ディザルヴォは，可能性を有するあらゆる素材が元素表上で待機している。これは神が与えたもうパズルであり，しかもたくさんのヒントがすでに多く与えられてもいるのだと語っている。とはいえ，これらの新物質には，資本主義社会と相性が合うものであるべきだという大きな足かせをかけられている。つまり，たとえ世界記録的な能力を有する物質が開発できたとしても，それが十分に安価に生産できるものでなければ，単なる実験室でのお遊びに終わってしまうということである。あるいは，軍事的目的にしか用いられずに終わってしまう可能性があるということである。鋼鉄も，人工ゴムも，ベークライトやアクリルも，いずれも経済効率がよかったために，世界的な素材となりえたのであったから。

今後の物質開発に科せられたもう1つの大きな足かせは，環境問題である。フロンガス，アスベストなど，当時は素晴らしい新物質ともてはやされた素材が，最終的には地球レベルでの環境問題を引き起こすことになったという事実をよく見据えなければならないということだ。決して土に返らないプラスチックや，使用済み燃料の最良の処理方法がまだ見いだされないままに使い続けられているウランやプルトニウムの問題も重要である。人工ダイヤモンドにしても，一度世に出してしまえば，二度と分解できないという事実を見据えることが必要だろう。

こうした状況の中で，超伝導をより常温に近い状況で起こしうる素材の開発，より強力な磁力をもった素材の開発，人工ダイヤモンドの開発と応用，液晶ポリマーのさらなる可能性の探求，より効率のよい半導体の模索等など，これからも「物質」文明国アメリカにおける新素材の探求は休むことなく続けられていくことだろう。

C──暴走する欲望世界

現代のアメリカの物質観について思いをめぐらせるとき，まず念頭に浮かび上がってくるのは，映画『ターミネーター2』に登場した悪役サイボーグT1000だ。これは，いかなる損傷を受けても自在に変形して自己修復する液体金属の怪物だった。それは，物質工学者の見果てぬ夢だともいえるだろう。金属工学者グレッグ・オーソンが，自己修復する物質であるスマート・マテリアルを発想したのもこの映像が出発点だったというのはよく知られた逸話である。

けれどもむしろ，アメリカの物質観において，「自然の恵み」ということばが死語になってしまったということをこそ，この怪物的素材は示唆しているように思われるのだ。かつては自然から得られた所与の「物質」をどう活用するかを模索することが出発点だった。その結果得られた「情報」に基づいて製品化がなされたのであり，その製品をめぐってようやく「欲望」が誕生した。ところが，現代の科学力をもってすれば，思いのままに世界を変形させることができる。科学的な知見が，物質の奥深くまで透徹しているからである。つまり，まずは「欲望」が先行し，それはコンピュータ上のシミュレーション「情報」へと変換される。そして，シミュレーションがうまくいった場合にのみ，「物質」として現実世界に存在せしめられ

物質科学の誕生

チャールズ・グッドイヤー，ジョン・ウェズリー・ハイアット，ヘンリー・ベッセマー，レオ・ベークランド等といった個人開拓者が，単一の素材をもとにして事業をおこすという時代は，20世紀の初頭に終わりを告げる。それ以後は，集団の力を活用する組織による体系的研究・開発が中心となっていくのである。その先鞭をつけたのは，エジソンが，1876年にニュージャージー州メンローパークにつくった研究所だった。これに続き，1880年代にドイツの染料・化学産業が体系的研究を開始し，これ以後化学産業の中心はイギリスからドイツへと移行することになる。跡を追うアメリカでも，1900年，ゼネラル・エレクトリック社が，電球技術のために研究所を開設し，その2年後にデュポン社がこれに続き，さらにアンドルー・カーネギー，イーストマン・コダック，AT＆Tなどがこれにならった。

組織的研究の成果は，特に新ポリマー開発の分野でいちじるしく，1926年には，B. F. グッドリッチの研究所でポリ塩化ビニル，1930年にはドイツのI. G. ファルベンでポリスチレン，1936年にはローム＆ハース社で風防ガラスの代替品となりうるポリメチル・メタクリレイト（プレクシグラス），1937年にはデュポン社がその対抗馬としてのルーサイト，さらに30年代後半から40年代後半にかけてエポキシ樹脂，テフロン，ポリエチレン，PET等新素材が続々と開発されていった。なかでも，1928年に設立され，ナイロンを生み出す場となったデュポン社の研究所（俗称，ピュアリティ・ホール）が，最も象徴的な存在だと言えるだろう。

デュポン社がこのような体制の必要性を感じたのは，第1次世界大戦におけるドイツの行動に端を発している。資源が枯渇したドイツは，当時の化学力を結集して，合成ゴムの開発を目指したが果たせなかったのであった。こうした歴史認識を背景として，より本質的な化学の基礎研究の必要性をデュポン社は感じ取ったわけである。当時，新素材の開発は，依然として，試行錯誤の末に訪れる偶然に頼るという手探りの状態にあった。でき上がった新素材が，いかなる分子組成をもつものなのか，そのような組成はなぜでき上がったのかすらわからないという状況であった。そこで，デュポン社は，アカデミズムの世界から純粋化学の専門家であった若き英才ウォレス・ヒューム・カロザーズを研究所長として引き抜き，この任にあたらせた。カロザーズが実証を目指していたのは，高分子物質の存在を予見したシュタウディンガーのポリマー理論であった。結果的にこれを実証するかたちで完成したのが合成ゴムであった。この研究は，やがて純粋化学より実用性を重視する社の方針によって，むしろ最終的にはカロザーズを締め出すかたちで進められるようになり，その結果開発されたのがナイロンだったわけである。

これらの研究所の特徴は，組織的研究といわれるように，大量の観察研究データが蓄積され，物理学，化学など多分野にまたがる領域の研究者が共同で任にあたったという点にある。こうした素材研究における学際性の必要は，マンハッタン計画に代表される，新素材開発競争の観を呈した第2次世界大戦を経験したことによって，国家レベルで認知されていくことになる。例えば，冷戦下において優位に立つためには，無傷で大気圏から戻ってこられる宇宙船が必要だとの認識が，大気圏突入時の摩擦熱に耐え，またその衝撃で剥がれることのない外装素材の必要性を認識させることになる。そこでは，物質の性質に詳しい化学者，大気圏突入時における摩擦熱の度合いを推定できる物理学者，ロケットのシステムを知る工学者の共同作業が不可欠となる。

こうした流れの中で，まず1956年に原子力委員会諮問委員会が，「物質研究学会」の必要性を提唱し，ホワイトハウスの物質研究開発共同委員

会（CCMRD）もまた，国家安全保障の観点から物質研究の必要性について論じた．さらには，1958年に米国海軍，空軍からアイゼンハワー大統領宛に，物質研究の必要性を訴える調書が提出される．

けれども，こうした流れの中で学際的な物質研究を最初にはっきりと前面に打ち出したのは，若き冶金学者モリス・イーヴスを中心としたノースウェスタン大学であった．イーヴスは，大戦中はマンハッタン計画に加わっており，戦後はベル研究所でゲルマニウムやシリコンの研究に携わったという，20世紀の物質科学の精髄を身をもって体験してきた人物であり，それゆえにこそ彼は，従来の冶金学の枠を超えた，学際的物質研究の必要性を痛感していたわけである．こうして，1958年12月ノースウェスタン大学に，歴史上初めての「物質科学学科」が誕生した．その後大陸間弾道ミサイル開発に携わっていた高等研究計画局（ARPA）のハーヴァード・ヨークを中心として，ペンシルヴェニア大学，コーネル大学に学際研究所が設けられ，72年までには全米の主要な大学に物質科学研究の研究所あるいは学科が設けられることになる．そして，1973年には物質研究学会（MRS）が発足し，86年には『物質研究ジャーナル』の刊行が開始される．

この新しい科学が生み出したものとして，例えば「見えない戦闘機」と呼ばれるステルス戦闘機の例を考えてみることにしたい．ステルスとは「ひそかに」とか「忍者的に」という意味であり，敵のレーダー網や赤外線探知機，あるいは音響探知機などに感知されずにスパイ行為や攻撃を行うことを可能にする技術の総称である．レーダーに探知されないようにするためには，誘電体や抵抗体を利用したレーダー波吸収材料（RAM）のような新素材の開発はもちろんのこと，レーダー波をレーダー方向以外に散乱させるような表面を作り出す表面加工の技術，それにレーダーの反射断

❹ステルス戦闘機［ロッキード F-117A］

面積を減少させつつ飛行能力は維持するという特殊な形態を可能にする航空力学の知識も必要とされるわけであり，さまざまな異分野の人材を集結した共同作業によって初めてこれは可能になった．また，2000年のシドニー五輪で話題になったサメ肌素材アクアブレードⅡRの場合には，水抵抗を減じるサメの皮膚にある小さなV字型突起が，水着に採用された．ここにはまず海洋生物学の知見が生かされているわけであり，それをニット製の水着上に撥水プリントとして定着させるには，合成繊維や高分子化学の技術が必要とされた．また，この水着がその伸縮性によって体を締め付け，それによって筋肉の無駄な振動を減じたという点からは，運動生理学も積極的に取り入れられていることがうかがえる．このように，現代の新素材，あるいは新製品は，マルチディシプリンなものにならざるをえないわけである．

最後に注意しておきたいのは，物質科学あるいは，物質工学と呼びならわされるこの新しいジャンルの登場は，極めて実際的な，政治的・軍事的な必要に裏打ちされたものだったという点である．物質科学とは科学者や製造業者の問題なのではなく，社会的・地政学的・経済的なバランス・オブ・パワーにかかわる問題なのである．宇宙開発競争にせよ，湾岸戦争におけるステルス戦闘機やオリンピックにおける新しいスポーツウェアにせよ，さまざまな新機能物質を制するものが，政治的・経済的な優位に立つのだから．［遠藤　徹］

るのである。例えば，オーソンは，カーレースのための軽いギア用の鋼鉄から，ポリマーによって強化されたセラミック複合材や，ゴムによって強化された状況に応じて硬くなる素材，さらには新しい食感を持ったアイスクリームの開発までを「欲望」（＝需要）発，「情報（＝シミュレーション）」経由で「物質」として存在させている。

　現実が可塑的なものになったのは，何もCG映像だけの世界ではない。物質すらもが，「欲望」のままに操れると誰もが妄想する国，そんなふうに現代アメリカを捉え直すことも可能かもしれない。

■さらに知りたい場合には

Amato, Ivan. *Stuff: The Materials The World Is Made of*. Avon Books, 1997.
　［歴史の始まりから現在に至る物質と人類の関係についてまとめたもので，さまざまな情報が盛り込まれており，この分野に関する入門書としては最適。］

遠藤徹『プラスチックの文化史――可塑性物質の神話学』水声社，2000．
　［20世紀を代表する物質のひとつであるプラスチックの歴史と文化的意味を検証したもの。］

竹本喜一『生物をまねた新素材――夢の無公害・高機能材料への挑戦』講談社ブルーバックス，1995．
　［常温・常圧で優れた機能を発揮できる生物の機能をまねた新素材を開発するバイオミメティックスという分野への入門書。］

粟屋剛『人体部品ビジネス――「臓器」商品化時代の現実』講談社選書メチエ，1999．
　［さまざまな人体組織を加工して急成長するアメリカの臓器産業の現状を知ることができる。］

67 交通・運輸
Transportation

榊原胖夫

広大な国土を持つアメリカにおいて，国土の開発はすなわち交通・運輸網の開発を意味していた。馬車から船舶・鉄道へと交通手段が発展していくにつれ，内陸部の開発が進み，農地が生まれ，町ができ，産業がおこった。さらに長大な道路網，航空機の出現でアメリカ人はさらに高い可動性を持つに至った。こうした交通機関の発達は産業の発展に結び付いただけでなく，進歩の象徴として若者たちに運転士や船長，パイロットになる夢を与えることにもなった。一方，交通大国となったアメリカは，巨大化した交通網をコントロールする必要が生まれ，連邦レベルの規制機関としてまず1887年に州際通商委員会が設立され，さらに1966年に運輸省が設立される。しかし基本的に各交通機関にまかされた競争の結果，かつての覇者鉄道は主役の座を追われ，現在では自動車，航空機が激しくしのぎをけずるようになった。21世紀に入っても交通・運輸の効率化を求めてアメリカの交通はさらに進化を続けている。

A──アメリカ人の交通認識

❶──交通の発達が生んだ国家

アメリカ人の交通に対する考え方には独特なものがある。大陸国家アメリカではいつも，いかにして距離を克服し，国土を開発するかが課題であったからであろう。多くのアメリカ人は交通の発達がアメリカという国家そのものを生んだと考える。

独立当初のアメリカはほぼ完全にヨーロッパの辺境であって，アメリカ人の生活は海外貿易に依存していた。当時1㌧の貨物をイギリスからアメリカに運ぶには9㌦が必要であった。同じ9㌦で1㌧の貨物を馬車で運送するとすれば，50kmが限界であった。交通の発達があって内陸開発，内陸交易が可能になり，アメリカはヨーロッパから実質的に独立したのである。

交通の発達はアメリカ人の生活向上に直結していた。馬車やステージ・コーチが運河や鉄道に変わると，運送のコストが下がり，移動のスピードが上がった。蒸気船はミシシッピ川の遡行を可能にし，輸入品のコーヒーや農機具の価格を低下させた。西部への移住は交通があってはじめて可能となった。移住の波は利用可能な交通と東部やヨーロッパの小麦価格に連動していた。

交通は新しい農地をつくっただけでなく，都市をもつくった。内陸部の交通結節点にはシンシナティ，シカゴなどの都市が誕生した。都市で使われる交通手段も，乗合馬車，馬車鉄道，電気鉄道，バス，乗用車と変化していった。変化が生じるたびに郊外が広がって，市域が拡散

し，中心部の土地利用の形が変わった。交通は新しい生活様式を生み出した。

アメリカでは交通は進歩を代表する存在となり，若者たちに夢と希望を与えた。若者たちは汽車の運転士，蒸気船の船長，飛行機のパイロットになることを夢みた。

経済学者たちは古典学派の伝統にしたがって交通が地域的分業を可能にし，生産性を向上させたと論じた。もっともそれを統計的に実証することはむずかしいが，交通の発達が情報のより早い移動を可能にし，農民や企業家たちのリスクを減少させたことは確実であった。

❷ 政府による交通計画

1808年4月にはすでにアルバート・ギャラティンが『公共交通と運河に関する報告書』を上院に提出している。この報告書は世界最初の開発計画・交通計画といわれ，全土を運河と道路のネットワークでおおうべく連邦が努力することを求めている。広大な国土と重くてかさばる貨物が内陸部で生産されたために，アメリカでは国内総生産を上昇させるために必要な交通量はいつでも大きかった。交通施設に他の国より多くの資源を投入しなければならなかったのである。連邦も州も自治体も新しい交通のための援助を惜しまなかった。鉄道建設のためにはヨーロッパ，特にイギリスから資本が導入されたが，それには連邦政府や州政府の保証がついていた。政府は沿線の土地を無償で鉄道に供給し（ランドグラント），分譲開発させることによって間接的な援助を行った。

航空に対しては1950年代半ばまで郵政省が郵便輸送を通じて多額の補助金を与えたし，州や自治体は空港・航空路の建設を通じて間接的な補助金を与えている。航空や海運ではシップ・アメリカン政策（アメリカに出入りする製品をアメリカの船で運ぶよう奨励する政策）が長く維持されてきた。金額的に最も大きな援助は道路に対して行われた。アメリカの大部分の高速道路は現在でも料金を徴収していない。ごく最近になって有料道路制が見直され，都市周辺道路や橋梁について料金をとっているところがある。しかし既存の道路はすべてフリーである。いち早くアメリカ全土を「ひとつの市場」にすることが目的だったからであった。道路はいくつかのカテゴリーに分類されているが，現在州際道路（インターステート・ハイウェイ）の建設費の9割は連邦が支出し，残りの1割は州の資金でまかなわれている。急いで交通整備を行うためには私権の制限が必要であった。1837年の連邦最高裁判所による「チャールズリヴァー・ブリッジ」事件の判決は交通基盤整備の原則となった。既得権益を守ることに比べれば，新しい交通手段を積極的に建設し，古い手段と競争させる方が全体として人々の生活を向上させる。民主的な社会では全体の向上のために個人が協力するのは当然であるとされたわけである。アメリカでは今日でも公共目的のためには正当な手続きをふみ補償額を決定すれば，本人の同意なしでも私有財産を収用することが可能である。こうしてアメリカは交通大国を建設した。

B 交通大国アメリカ

❶ 高い可動性

アメリカの国土面積（962万9,000km²）はぼう大で，砂漠や山岳地帯，湿地帯をのぞくとその大部分が開発され，交通網が全土をおおっている（図67-1）。面積だけならばアメリカより大きい国はあるが，ツンドラ，砂漠，熱帯雨林などのために開発面積は小さいことが多い。

アメリカ人の可動性は歴史的社会的理由によ

表 67-1 ●主要空港の年間乗客数 [2001 年]　　　　　　　　　　　　　　　　　　　　[単位：1,000 人]

空港	年間乗客数	空港	年間乗客数
アトランタ（ハーツフィールド国際）	36,384	ボルティモア	9,451
シカゴ（オヘア国際）	28,626	ピッツバーグ	8,711
ダラス/フォートワース国際	25,198	シンシナティ	8,352
ロサンゼルス国際	22,873	ソルトレイクシティ	7,840
フェニックス・スカイハーバー国際	16,540	ホノルル	7,795
デンヴァー国際	16,397	タンパ	7,458
ラスヴェガス（マッカラン）	16,121	マイアミ/フォートローダーデイル	7,372
ミネアポリス-セントポール国際	15,648	サンディエゴ（国際リンドバーグ）	7,254
ヒューストン国際	15,640	シカゴ（ミッドウェイ）	7,063
デトロイト（ウェイン・カウンティ）	15,467	ポートランド	6,005
サンフランシスコ国際	13,863	サンノゼ自治体	5,866
ニューアーク	13,823	ワシントン（レーガン・ナショナル）	5,785
セントルイス（ランバート=セントルイス市）	12,864	ワシントン（ダレス国際）	5,754
シアトル=タコマ国際	12,705	クリーヴランド（ホプキンス国際）	5,529
オーランド国際	12,620	カンザスシティ	5,496
マイアミ国際	11,505	オークランド・メトロ国際	5,487
フィラデルフィア	10,387	メンフィス	4,785
ニューヨーク（ラガーディア）	10,311	ニューオーリンズ	4,683
シャーロット（ダグラス自治体）	10,226	サンフアン（ルイスムニョス・マリン国際）	4,538
ボストン（ローガン国際）	10,017	………………	
ニューヨーク（JFK）	9,647	全空港	595,946

●出典 | U. S. Bureau of Transportation Statistics, Office of Airline Information, BTS Form 41, Schedule T-3, unpublished data.

って高く，所得階層にもよる（所得の低い若い人ほどよく住居を変える）が比較的容易に住居を変え，成人すれば一家を別の地域や都市に構えるのが普通である。1997-98 年の 1 年間に全世帯数の 15％が住居を変えており，同じ郡の中で住居を変えた世帯は 10％，同じ州の中で変えた世帯は 3％，別の州へ移った世帯は 2％であった。

　またアメリカは世界最大の工業国であると同時に世界最大の農業国であり，多くの異なる種類の農産物がアメリカ全土で，また鉱産物や工業製品も全土に散らばって生産されている。そのため貨物輸送量も大きい。また国土が広いせいで，トンキロ（重さ×距離）や人キロ（旅客数×距離）で計った交通量はぼう大な規模に達する。

❷──鉄道網

　アメリカは今日でも世界最大の鉄道網を保有しており，その延長は 22 万 5,200km に達している（1997 年）。世界第 2 位のロシア（8 万 6,700km）の 2.6 倍，日本（2 万 200km）の約 10 倍である。鉄道の最盛期は 1890 年代といわれたが，今日までに鉄道は，都市近郊の路線や政府の援助を受けて運営されている少数の路線（アムトラック）をのぞいて旅客輸送をほぼ完全に失った。路線延長が維持されてきた理由はもっぱら貨物輸送にある。貨物輸送量はトンキロではかつて世界第 1 位で，面積が近い中国

図 67-1 ●インターステート・ハイウェイと交通の要衝にあたる都市

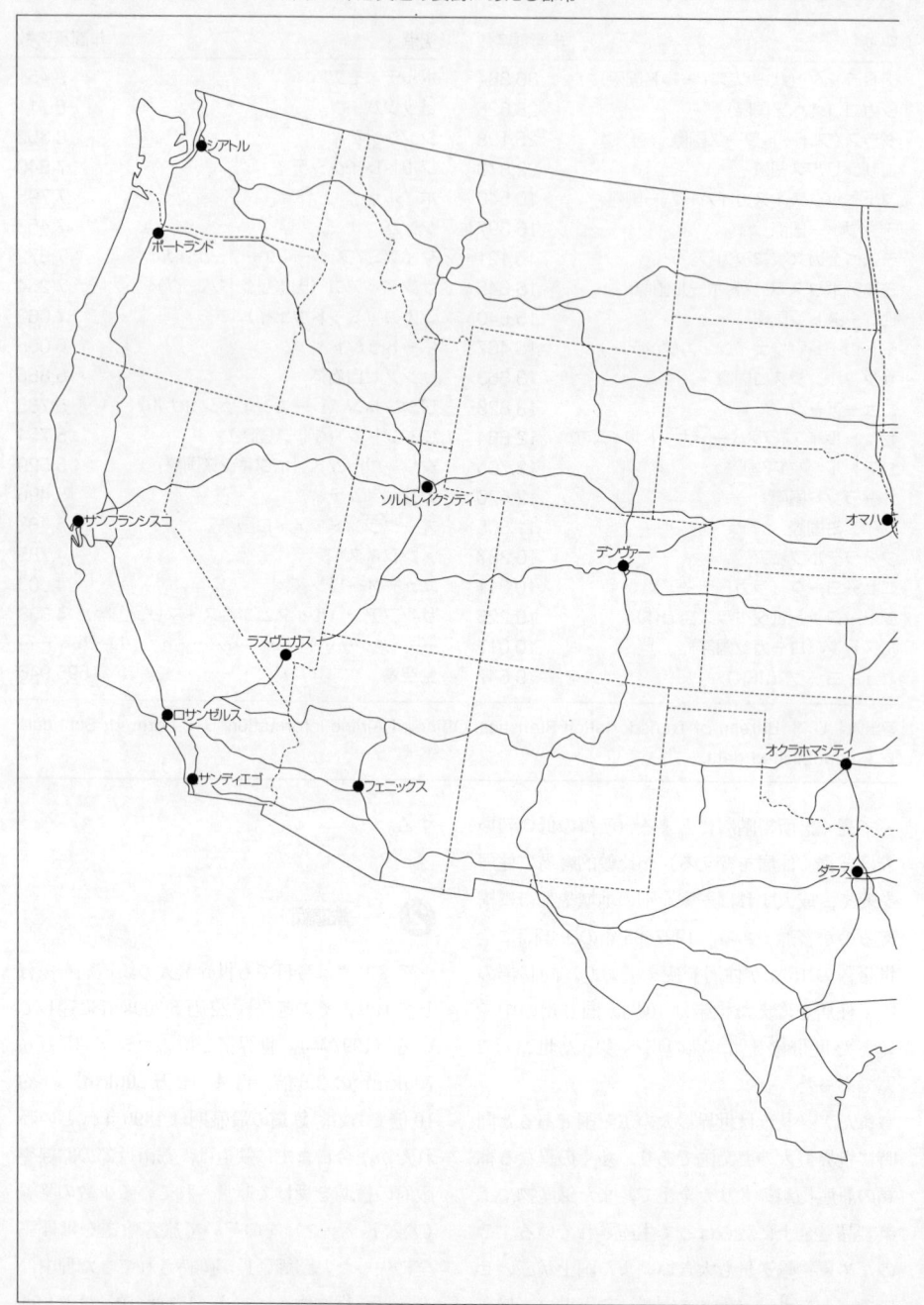

●出典 | U. S. Department of Transportation Agencies, "Major Transportation Facilities of the United

States, 1999"に基づく。

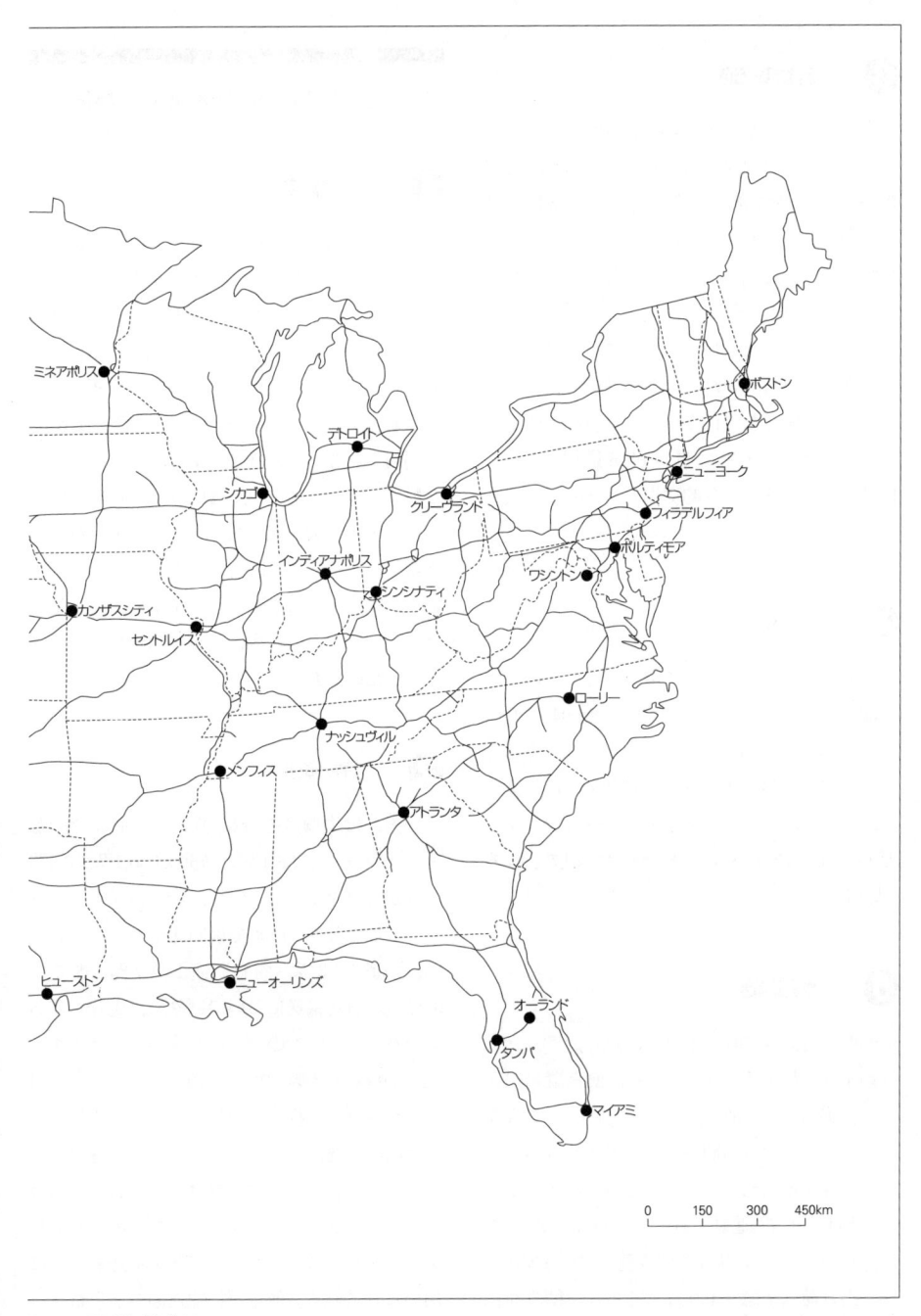

の約1.5倍，ロシアの約2倍である。

❸──自動車交通

人口1,000人当たりの乗用車の保有は約2人に1台で多くの先進国と変わらないが，乗用車の1年の平均走行距離は長い。道路延長は世界一で，2位インドの約2倍，3位ブラジルの約3倍，4位中国の約4倍である。ただし，アメリカで自動車交通が急に普及したのは1920年代で，1929年にはすでにほぼ4人に1人が車を保有していた。他の先進国の自動車保有台数が急増したのは1950年代，60年代であり，その点でアメリカは自動車先進国であり，自動車がもたらす社会的変化もアメリカで最も早く現れている。

❹──航空輸送

交通機関のなかで世界で突出しているのは航空輸送で，2位と3位のイギリスと日本の6倍強，中国の約13倍，ブラジルの約23倍である。世界で旅客数が最も多い空港はアトランタ，シカゴ，ダラス・フォートワース，ロサンゼルスで1位から4位までを独占している（表67-1）。

❺──船舶輸送

船舶保有高はグロストンでみると，アメリカは約1,200万㌧である。しかし，便宜置籍船が多く，実質的な船腹の保有高は明らかではない。アメリカの貿易額をみるとアメリカの港湾に出入りする船舶の数は極めて多く，アメリカが世界有数の海運国であることはまちがいない。1997年，アメリカの積み荷は3億9200万㌧，揚げ荷は7億1,400万㌧であり，積み荷は世界第1位，揚げ荷は第1位の日本に近い第2位となっている。

C──アメリカの交通と運輸の特徴

❶──旅客輸送

移動する旅客や貨物がどの交通機関によって運ばれているかをみると，アメリカの交通の特徴がよくわかる。旅客では人キロで計ると乗用車が81.8％，鉄道が0.6％，航空が17.5％である（日本では自動車：66.6％，鉄道：27.8％，航空：5.2％）。アメリカの場合，圧倒的に利用されているのは乗用車で，他国と比べると航空のシェアが高く，鉄道のシェアが小さい。アメリカの人口密度（29人/km²）から考えると，大量輸送手段としての鉄道は効率が悪く，短距離では自由がきく乗用車に，長距離ではスピードの速い航空に旅客を奪われ，採算性を失ったのであった。

❷──貨物輸送

一方，貨物輸送の分担率をトンキロで計ると，トラックが28.1％，鉄道が36.1％，内陸水運が18.9％，パイプラインが16.5％，航空が0.4％である（日本では同年トラック：53.8％，鉄道：4.3％，内航海運：41.7％，航空：0.2％）。貨物輸送においては鉄道，内陸水運およびパイプラインのシェアが高い。トラックが比較的軽量で距離の短い輸送に適しており，重くてかさばる貨物および長距離を運ぶ貨物は鉄道と内陸水運，さらにパイプラインで運ばれていることがわかる。パイプラインは石油，天然ガスなどのほかにスラリ輸送（石炭等の固形物を水とともにパイプラインで運ぶ輸送形式）に用いられている。航空貨物輸送のシェアはトンキロで計ると極めて小さいが，輸送される品目

は重量当たり価格が高いものが大部分で，価値のシェアでみると 11％を上まわっている。航空の分野ではフェデラル・エクスプレス (Fedex) やユナイテッド・パーセル・サービス (UPS) などのフォワーダー（貨物取扱業）が小包や郵便のクーリエ・サービスに進出し，急成長を遂げている。これらの企業は自前の輸送機を多数保有し，いくつかの空港に荷物を集中させ，夜間に貨物の積み換えを行い，翌日配送の実を上げている。1998 年のアメリカに到着した観光客の数は約 4,600 万人で，アメリカから海外に行った観光客は 5,300 万人である。到着客はフランスについでスペインとならび，出立客は世界一である。

❶中西部の交通の結節点シカゴのオヘア国際空港

D 交通規制とその撤廃

❶ 州際通商委員会の設立

19 世紀に交通が発達するにつれて，交通を規制する機関が必要となった。東部の先進州ではすでに 1830 年代から何らかの規制が始まっていたが，連邦レベルでは 1887 年に設立された州際通商委員会 (ICC) が最初であった。ICC は州間を結ぶ交通の運賃，参入・退出，サービス水準等を規制した。規制が始まった理由は西部農民を中心に広がった鉄道に対する不満と不信であった。規制の根拠は，自然に放置すれば独占にすすむ傾向にある鉄道に対して独占の弊害を抑え，消費者の利益を守ることにあった。その後交通手段の数が増えるにしたがって ICC がカバーする領域は鉄道だけでなく，トラック，バス，貨物取扱業業務，内陸水運業務，交通仲買人，クーリエ・サービス等に広がった。航空と海運をのぞくおよそすべての交通機関が ICC の監督下におかれたのである。最初は強制力がなかった ICC であったが，1906 年のヘップバーン法にはじまり，次第に権限を強め，特に基本賃率決定のための基準となる公正報酬率についての調査権限も保有することとなった。なお航空については民間航空委員会 (CAB) があり，海運については海事委員会が独立した監督機構として存在した。

❷ 運輸省の設立

州レベルで交通運輸行政を担当する運輸省があるところは多かったが，連邦政府に運輸省は存在しなかった。なぜなら，ICC や CAB のような独立した規制機関が存在したからである。1966 年になってジョンソン政権のもとでようやく運輸省が設立された。運輸省と独立委員会との関係は多少とも微妙であった。運輸省は規制機関でありえなかったために政策立案機関としての道をすすみ，設立当初から競争を重視する姿勢をとった。そのときまでに鉄道の独占は崩れ，交通機関の間の競争が激しくなっていた。19 世紀に考えられたように，自然独占傾向をもった交通機関はあまりなく，競争が常態であるような交通機関が増えた。市場を競争にまかせた方がより効率的であるという経済学者たちの意見も強くなった。規制撤廃は航空とトラックにはじまり交通全体におよんだ。ICC の経済規制は徐々に撤廃され，CAB は 1985 年に，ICC は 1995 年に廃止された。ICC の中

の安全規制は運輸省に，その他の残存機能の多くは運輸省の中にある新しい全国陸上交通委員会に移された。現在運輸省には長官直属の総務部のほかに，コースト・ガード（沿岸警備隊），航空，高速道路，自動車，鉄道，海運，交通安全，都市交通，セントローレンス水路開発公社，研究・計画，統計をつかさどる12の部局があり，そのほかにサービス・センターと独立委員会である全国陸上交通委員会の事務局がある。

❸ 規制撤廃と競争の激化

規制撤廃は交通機関に激しい競争をもたらした。航空における変化は特に目立った。ハブ・アンド・スポーク型（いくつかのハブ空港を設けて路線を集中させ，そこから多くのローカル空港へ路線を展開する車輪型）への路線網の再編，運賃の下落と多様化がすすんだが，航空会社自体は合併，併合を繰り返し，市場は寡占化していった。しかし，今日でも規制撤廃前に比べると各路線に就航している航空会社の数は増え，競争ははるかに激しくなっている。経済学者，行政当局および司法当局ではあらゆる市場で参入・退出が自由でかつ容易であるならば，市場が寡占化しても企業は独占力を発揮することができないという考え方が現在のところ有力である。競争激化に対応して航空会社は新しい戦略を開発した。1つはコンピュータ予約システム（CRS）であり，それから派生したイールド・マネージメント（収益の科学的管理）である。CRSによってあらゆる便の予約状況が瞬時にわかり，運賃の多様化，個別の座席販売が可能となった。最初にソフトを開発したのはユナイテッドとアメリカンで，他の航空会社は2つのCRSのいずれかに接続しなければならなかったが，各社とも自前のソフト開発に努力をかたむけ，現在では主な航空会社だけでなく，他の交通機関にも導入されている。いま1つはフリークェント・フライヤーズ・プログラム（FFP）である。FFPは特定の航空会社の便を使うと，そのマイル数が記録され，一定のマイル数を飛ぶと無料航空券などの特典が与えられる。競争の中でサービスを多様化し，自社の旅客を増やそうとする試みである。他方ローカル路線では中小型機を使ったコミューター路線が数多く運航されている。そのなかで保有機種を統一し，着陸料の高い大空港の利用を避け，高価なCRSを使わず，効率的な運営を達成したサウスウエスト航空が特に注目されているが，コミューター市場は全体として拡大傾向にあり，まもなく大企業の競争相手にまで育つのではないかといわれている。空港や港湾は自治体の経営である。各自治体とも空港や港湾の繁栄は自治体の繁栄に直結すると認識しており，路線の誘致とアクセスの改善に積極的である。伝統的な自治体間の対抗意識が他国にみられない激しい空港間，港湾間競争を生んでいる。

E 21世紀のアメリカの交通政策

❶ ISTEAの成立

1991年にアメリカの交通政策の将来を決定する新しい法律が成立した。インターモーダル陸上交通効率化法（ISTEA）である。ISTEAに基づいて長官直属のインターモーダリズム推進室が運輸省に設けられた。インターモーダリズムは1990年代以降，交通関係者の間で日常的に使われる言葉となった。ISTEAは当時の財政制約から新しく交通手段を建設するよりは既存の交通手段を効率的に利用することに重点が置かれた。そのなかには次の4つの基本理念がある。

グレーハウンドとアムトラック

　全米の都市を網の目のように結ぶ鉄道や長距離バスは，飛行機と自動車に主要交通手段が移って以来，その存在意義を模索し続けてきた。「金持ちはアムトラックで悠然と，中産階級は自家用車で，低所得者はグレーハウンドで」という言葉に表わされるように，時間をたっぷりかけて優雅な旅を楽しむ鉄道と，車を持たない人々のためのバスというイメージが戦後定着した。

　オードリー・ヘップバーン主演の映画『ティファニーで朝食を』(1961)でも，テキサスの田舎からホリーを連れ戻しにニューヨークへやって来た元夫ドックが，一人寂しくグレーハウンドバスに乗って帰ってゆく場面があるが，貧相な停車場が哀愁を引き立てる役割を果たしていた。

　長距離バスの代表であるグレーハウンドは，1914年にカール・エリック・ウィックマンがミネソタ州で鉱山を結ぶ路線バス「メサバ交通」を創業したことに始まる。バス輸送というビジネスの出現を受けて，自動車メーカーも特別な車両を考案し，細長い車体と灰色の塗装から，犬種の名前をとって「グレーハウンド」と呼ばれるようになった。同様のバス会社は各地に生まれ，1926年には4,000以上もの路線ができていたが，ウィックマンらはこれらを統合し，1930年にグレーハウンド社を設立した。同社はまた，アメリカ各地の風景や史跡を描いた広告キャンペーンを積極的に展開して人々の旅行熱を煽った。

　1936年までには全米の主要な都市はすべてバスによって結ばれ，1940年代，南部黒人の北部工業地帯への大移動にもグレーハウンドが使われた。戦後はもっぱら低所得層の交通機関として見られてきたが，近年になって高学歴・高所得の乗客の存在をアピールするなど，中産階級や学生の取り込みとイメージの一新を図っている。実際，写真にあるロードアイランド州プロヴィデンス市のターミナルは，きれいに整備されたダウンタウンの一角にあり，従来の薄暗い停車場のイメージを覆すものである。

　鉄道の歴史は19世紀に遡る。最盛期は世紀転換期で，1910年には都市間の移動の95％を担うまでに至った。第2次大戦までは主要な交通手段であったが，戦後は自家用車と飛行機に押されて乗客数は激減した。しかし，道路の渋滞や環境悪化への対策として鉄道の価値が見直され，1970年に「鉄道旅客サービス法」が成立し，翌年アムトラック社が設立された。アムトラックは，初期には石油価格高騰の影響もあって人気を集めたが，主要な移動手段としての地位を獲得するには至らず，赤字が続いた。また2001年9月11日のテロ直後，飛行機を避ける人々により一時的に乗客数が増加したものの，現在も存続の危機にある。主要路線でも例えばニューヨーク-ボストン間で一日わずか約20往復と少なく，東京-新大阪間を一日約100往復もする日本の新幹線とは感覚が違う。

　そのようななか，観光客や鉄道愛好家などは，利便性とは一味ちがう魅力を指摘している。窓の外に延々と続くアメリカの大自然や，夜行列車から眺める満天の星空，食堂やラウンジでの談笑や映画鑑賞など，今日のアムトラックは，交通手段というよりは，移動のプロセスそのものを楽しむ娯楽としての意味合いが強くなったと言える。

［舘　美貴子］

❷プロヴィデンス市のグレーハウンド停車場

(1) 連結：人々の乗り換えや貨物の積み換えが便利で早く効率的で安全であるという意味である。(2) 選択：異なる交通手段の競争を通じて利用者に選択肢を提供すること。交通に投資する際には、交通の必要性に対応する代替的なシステムがありえないかどうかを検討することである。(3) 調整と協調：効率性、安全性を向上させ、サービスの質を高めるために組織間の協力を実現することである。(4) 環境：将来の交通をまかなうにあたって環境の悪化をとどめるか、さらには環境が改善されるようなかたちで実施することである。ISTEAは旅客、貨物両者に適用され、道路、鉄道、航空および海上輸送も含めてアメリカ全体につなぎ目のない交通網を形成することを目標にしている。旅客も貨物もただ1つの交通機関だけを利用して、移動と輸送を完結させることはまずない。複数の機関を使うのが通常である。移動や輸送の選択肢を増やすとともに、つぎ目のないシステムを作ることは輸送の効率を高め、国際競争力を増すことになる。例えば特定の貨物については全距離をトラックで運ぶのではなく、一部をトラックで一部を鉄道で運ぶことによってコストを下げることができるかもしれない。必要なことは道路と鉄道の連結をよくするとともに、結節点での積みかえをスムーズに行うことである。鉄道貨物駅にトラック・ターミナルを設けるのは当然インターモーダル・プロジェクトとして認められる。また従来交通行政はどの国でも交通機関別の縦割りになっており、部局間の勢力争いや予算の取り合いなどに費やされる時間とエネルギーにはぼう大なものがある。インターモーダリズムはそのような不効率を除去するという目的も持つ。ISTEAのなかで特に強調されているのは人々の不効用を最小にすることである。不効用の中には不便さだけでなく、運賃も含まれる。また公害は不効用の最たるものである。そのため一定の環境基準を上まわる地域では道路の新設は認められない。具体的な方法としては、州が地方交通組織からあがってくるプロジェクトを一定の評価基準に基づいて順位をつけ、それを連邦の陸上交通委員会に提出し、補助金を受けるかたちとなっている。プロジェクトを計画するにあたって必要な便益計測や公害判断はできるかぎりマニュアル化され、誰でもアクセスが可能で、透明性が高く、比較的正確で簡便なものにしようとする努力が今も続けられている。

❷ TEA-21の成立

ISTEAは時限立法であったために、1998年に新たにTEA-21（交通公正法）が成立した。TEA-21が成立するまでにアメリカの財政収支は大幅に改善され、インターモーダル予算も大きく増えたため、TEA-21のもとで大都市圏、非都市地域を含めて、各州とも積極的にプロジェクトを連邦に提出している。このようにしてアメリカは来たるべき時代においても交通重視の視点を変えていない。

F 都市交通と国際交通

❶ 環境重視の都市交通

都市交通については都市の運輸当局が担当しており、連邦はTEA-21を通じて必要な補助金を与えるという間接的な役割を果たすにとどまっている。大都市圏では都市圏計画委員会(MPO)があり、市域にこだわらず地域計画を担当している。

近年多くの都市では自動車のもたらす排ガスなど公害対策が重視され、いわゆるTDM（トランスポーテーション・ディマンド・マネージメント）を採用するところが増えている。自動

車の市内流入を抑制するとともに，トロリーバス，ライトレイル（軽快電車）などを導入しようとする試みである。その建設には連邦からの補助金が与えられるが，システムの経営は大部分赤字である。デンヴァー市・郡のように市内中心部を走るトロリーバスを無料にしているところもある。したがって市民の税金負担増が前提となり，住民投票が行われる場合が多い。アメリカでは自動車の都心部流入を規制による強制的な転換ではなく，よりよい選択肢の提供によって達成しようとする都市が大部分である。

世界で最も早く自由化を達成したアメリカの民間航空は1980年には国際航空競争法を成立させ，二国間協定で次々と国際航空の自由化に向けた政策を展開していった。従来あったような便数，運賃，機材等についてまったく制約を設けず，参入・退出が自由であるような協定である。厳しい競争にさらされてきたアメリカの航空会社は生産性をいちじるしく向上させ，路線をつぎつぎと拡張し，国際競争上有利な地位を獲得した。諸外国も次第に自由化政策をとるようになり，世界の民間航空は大競争時代に向かって前進した。

❷──アライアンスの進展

近年，国際交通については海運，航空ともに多くのアライアンスが結成されている。海運の場合，船の用途，大きさ，速力等に多様性があり，機材がほぼ同一の航空に比べるとアライアンスを維持することは容易ではない。航空ではアメリカの航空会社を中心に世界的なレベルでアライアンスが進んでいるが，それは外国の航空会社を買収したり，併合したりすることが困難であるためと考えられている。アライアンスの目的は少なくとも3つある。第一は主要空港間路線の重複をさけ，各便のロード・ファクター（搭乗率）を上げることである。第二は多くの国に残存する規制をバイパスして国際・国内を問わず，路線網を拡充することである。第三は広告・宣伝，乗務員の訓練などを共同で行うことである。それらの目的が達成されればコストの低下はほぼ確実であるが，一方世界の航空市場が少数のアライアンスによる寡占状態になれば，利用者にとって負の効果になるのではないかと心配される。航空会社間の連携の戦略はコード・シェアリングである。2つの航空会社が同じ路線を共同で運航し，それぞれの航空会社のコードをつける場合である。コード・シェアリングは最近になって著しく拡大した。機材の合理的運用を図りながら路線網をひろげ，需要を増やすとともにFFP効果を充実させることができるからである。

■参考文献

榊原胖夫他『インターモーダリズム』勁草書房，1999．

榊原・加藤「インターモーダリズムの新しい潮流」『ていくおふ』No.86, 1999, 9-14（日本交通政策研究会，日交研シリーズD-91に再録）．

総務庁統計局編『世界の統計　2000』

平嶋隆司『TEA21の概要及びTEA21の個別事業選定に当たっての意思決定プロセスについて』運輸政策機構，国際問題研究所，2000．

Department of Commerce. *Statistical Abstract of the United States*, various years

Department of Transportation. *National Transportation Statistics*, various years

■さらに知りたい場合には

Richter, W. L. *Transporatation in America*. ABC-CLIO Inc., 1995.
　［アメリカの交通についての総合的な事典．

歴史，人物，会社，文献など，それぞれの項目を参照することによって知ることができる。］

野田秋雄『アメリカの鉄道政策』中央経済社，1999.
　［都市間鉄道衰退の問題点とそれに対する連邦政府の政策および都市内大量交通に関する新たな取り組みを分析，解説している。］

アメリカ連邦交通省道路局編（別所正彦・河合清三訳）『アメリカ道路史』原書房，1981.
　［アメリカの道路がどのようにしてつくられたか，自動車交通の発達とともにそれがどのように整備されていったかをやさしく解説している。］

榊原胖夫『アメリカ研究──社会科学的アプローチ』萌書房，2001.
　［第3章，6章，7章では，アメリカの経済発展にたいする交通の役割について，西部開発，地域間交易，都市の発展を例に解説している。］

68 軍事産業
Military Industry

江畑謙介

アメリカは独立当時ほとんど本格的な工業をもたず，したがって軍事産業と呼べるようなものもなかった。実際，アメリカ工業力の基盤となる大量生産技術の多くが，南北戦争によってその兵器生産から生まれている。第1次世界大戦でアメリカの軍事産業は一時的に隆盛したものの，大戦終結，その後の経済恐慌でほとんど消滅状態になった。しかし，第2次世界大戦はアメリカに巨大な軍事産業を出現させ，戦後も引き続いて起こった冷戦によって40年以上にわたり成長を続け，強固な軍産複合体制が確立された。だが冷戦後の国防費削減で軍事産業は大きな転換を余儀なくされ，前例をみない大規模なM＆Aを推し進める。同時に軍事産業基盤の維持と生き残りを目指した兵器輸出政策に拍車がかけられ，世界の兵器市場の40％近くを占めるに至っている。さらにヨーロッパ軍事産業とのM＆Aの可能性が探られ，アメリカ軍事産業は多国籍化の道をたどりつつある。

A── 南北戦争で発達したアメリカ軍需産業

独立当時のアメリカ技術は，ヨーロッパに比べると大きく遅れていた。アメリカへ移民してきた人々の間には熟練技能者も少なく，広大な土地は人口密度を希薄とし，西部開拓はさらに技術者（職人）の不足を加速させる結果となった。ここから熟練工の代わりとして機械に頼ろうとした，アメリカにおける機械工業発達の起因があるとされる（中山秀太郎『機械発達史』大河出版，1987）。

西部開拓の必需品の1つとされた武器（兵器）の生産でイーライ・ホイットニーは，互換性がある部品で作られた銃の大量生産という，軍事だけではなく，工業史上においても画期的な改良を行う。ホイットニーは綿花から綿だけを取り出す綿繰機を発明したが，特許権をめぐる争いでこの分野から手を引き，1798年，軍に接近してマスケット銃1万挺の受注に成功した。しかも4,000挺はその年のうちに，残りは翌年中にという，当時の常識を破る短期生産納入契約であった。ホイットニーは銃の構成部品各々を製造する専門の単能工作機械と，ジグを使う方法で作業と部品を標準化する方式を考えた。この生産方式は1812-14年の第2次米英戦争，1846-48年のアメリカ＝メキシコ戦争，そして1861-65年の南北戦争などの動乱期と，西部開拓という時と場所を得て，飛躍的に発展する。

アメリカ＝メキシコ戦争ではサミュエル・コルトが発明した連発式拳銃が威力を発揮し，ハートフォードに建設された生産工場では，ホイットニー式の互換性生産方式が導入された。コルトによって確立された生産工程や工具，ジグ

などは，第2次世界大戦が終わる頃までほとんど改良を加えることなく使用されたという。また1851年にロンドンのハイドパークで開催された第1回万国博覧会において，互換性方式によって製造されたロビンズ・ローレンス社のライフル銃はイギリス軍を驚かせ，イギリスのエンフィールド兵器工場にこの互換性製造方式が採用されることになる。

南北戦争は軍事工業をはじめとして，アメリカのあらゆる産業，製造業を飛躍的に発展させる効果をもたらした。軍服や軍靴の大量生産用に，ミシンをはじめとする各種の生産機械が発明され，普及した。アンドルー・カーネギーはベッセマー法による製鉄技術を採用して，1873年にピッツバーグに世界最大の製鉄所を建設，1868年にはジーメンス製鋼法を導入，1890年，年産400万トンを超える世界の鉄鋼生産におけるトップに立った。この生産能力が，海軍や陸軍兵器生産の背骨となった。

南北戦争では多くの新兵器が発明されている。ロバート・フルトンが実用化した蒸気船は軍艦に使われて南北戦争で海上戦闘の主力となった。またこの戦争では，蒸気船の外側を鋼鉄で被った装甲軍艦が初めて登場した。南軍はヴァージニア，北軍はモニターと呼ぶ艦を造り，1862年3月9日にハンプトン・ローズの沖で砲火を交えたが，互いにその装甲防御を破ることができず，引き分けに終わっている。これが後に重装甲防御と大口径砲を搭載する戦艦へと発展する。またアメリカは独立戦争で1人乗りの人力推進型潜水艦タートルを建造してイギリス艦隊への攻撃に用いたが，1800年にフルトンはより実用性が高い潜水艦ノーチラスを開発して近代的潜水艦実用化の先駆けを担い，南北戦争でも南軍はハンリーと名付けた潜水艦を使用し，北軍の水上艦を撃沈することに成功している。

B——第1次世界大戦から第2次世界大戦へ

それ以後，アメリカの軍事産業は戦争と平和の間で浮沈を繰り返す。南北戦争後，アメリカの軍事産業は急速に縮小されるが，その大量生産技術は民需製造業に広く生かされていく。そして1903年に創立されたフォード自動車会社により，大量生産を基盤とするアメリカ自動車産業へと発展して行った。

1898年の米西戦争で軍事産業は再び活性化するが，特に海軍力を充実させる必要性が痛感されて，アメリカ造船工業の基盤が確立される。1907-09年にかけて実施された戦艦16隻を中心とする「グレート・ホワイト・フリート」による世界一周航海は，その後のアメリカの海軍力による世界支配の端緒となるものであった。

第1次世界大戦はアメリカを世界工業生産のトップに押し上げる効果をもたらした。アメリカは当初中立を保ち，イギリス・フランス側，ドイツ・オーストリア側どちらにも民生品，軍需品の供給者として大きな利益を得た。さらにイギリス・フランス側に立って参戦をしてからは，その潜在的工業生産力をフルに発揮してぼう大な兵器の生産供給を開始した。総合工業力の象徴とされる艦船の建造だけを見ても，排水量1,090～1,190トン，4本煙突の駆逐艦，いわゆる「フラッシュ・デッカー」級は272隻が建造された。貨物船も戦時標準型が大量に建造され，2,300隻，600万重量トンが完成したものの，アメリカの参戦が遅かったために実際に役に立ったものは少なく，史上まれな浪費とも批判された。

第1次世界大戦後，アメリカ軍は急速な動員解除を進め，ごく小規模な基幹部隊を残すだけの大幅な縮小となった。これは軍事産業の縮

小も意味したが,反面,アメリカ社会は空前の繁栄を謳歌し,軍事産業の多くは民需産業へ転換した。1921年には人類史上初の国際軍備管理条約である,列強の戦艦保有量を制限するワシントン海軍軍縮条約が成立し,1930年には経済恐慌の中で,さらに補助艦(航空母艦,巡洋艦,駆逐艦)の保有を制限するロンドン海軍軍縮条約が締結されて,軍艦の建造産業はいっそう低迷する。状況は陸軍も同じで,第1次世界大戦で初登場した新兵器の戦車も航空機も,軍の主力装備として大量に調達されることはなかった。ただ,この平和の時期に,アメリカ軍は戦車や航空機の改良とそれらの陸海軍における運用研究を重ね,次の第2次世界大戦で大きな威力を発揮する。

第1次世界大戦でもアメリカの参戦は遅れたが,参戦後の工業力を総動員した兵器生産はばく大なもので,イギリス軍向けの艦艇や航空機の生産まで引き受けている。1,140トンの護衛駆逐艦はほぼ同じ型が563隻建造され,大型・中型の正規空母38隻のほかに護衛空母が86隻も建造された。リバティ級と呼ばれる戦時標準型貨物船は実に3,000隻が建造され,流れ作業とブロック建造方式によって4日間で完成した船もあった。貨物船,客船(兵員輸送船),タンカーなどの商船は,外洋航行型だけでも5,500隻が造られた。

アメリカは第2次世界大戦で現在の貨幣価値に換算して3兆3,500億ドルを戦費に費やしたとされるが(2000年に機密解除された国務省公文書による),それによって軍事産業も巨大な規模に成長した。自動車工場や機関車工場は戦車,装甲車の生産に転換され,自動車産業は航空機生産まで手掛けている。第2次世界大戦によってイギリスを含む欧州は疲弊し,アメリカはひとり,「世界の工場」としての地位を確立した。

この時期にアメリカはその技術開発力の底力を発揮して,今日の中心的技術の多くが開発されている(戦争の落し子という意味からウォー・ベイビーと呼ばれる)。原子力は核兵器という形で最初にその巨大なエネルギーの実用化が行われたが,核兵器開発のマンハッタン計画は,大規模システム開発計画の嚆矢でもある。また複雑な弾道計算を短時間で行うために開発された電子計算機は,現在のコンピュータのもととなったし,戦時下での大量の文書や地図の複製のために複写機(コピー)が開発され,レーダーの電波を透過しながらそのアンテナを保護する複合材料などが生み出されている。

C——冷戦と軍産複合体制

第2次世界大戦の終結によりアメリカ軍は急速に縮小され,軍事産業もまた民需産業への転換や回帰を開始したが,第1次世界大戦後のような完全な動員解除に至る前に冷戦の時代へと突入してしまった。東西ドイツ,ベルリンでの東西対立は,アジアにおいて朝鮮戦争となって火を噴き,以後,東西二大陣営は全面的な軍事衝突までには至らないものの,代理戦争という形で局地的な紛争を続けながら,40年以上にわたって大規模な軍備拡充競争を続けることになる。

この長期にわたる仮面の戦争の時代に,巨大な軍事機構と軍事産業は国家の政治と経済に大変な影響力をもつようになった。その傾向はすでに1960年代の初めより指摘されている。1961年1月17日,アイゼンハワー大統領はケネディ新大統領に政権を譲る際のスピーチ(farewell address)で次のように語った。「アメリカには第2次世界大戦までは軍事産業というものは存在しなかった。鋤を作っていたアメリカ人は時間的な余裕があったために,必要

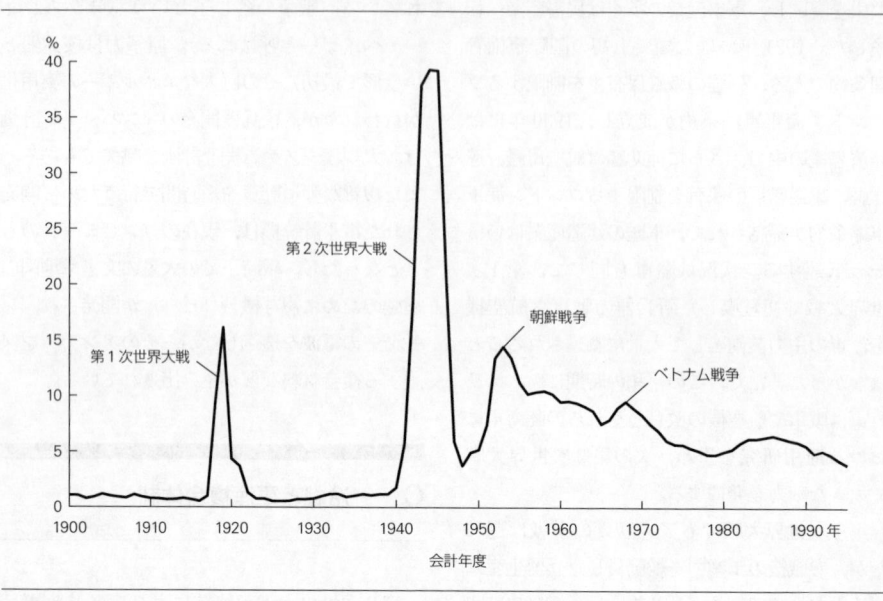

図68-1 ●アメリカのGDPに対する国防予算比率の推移［1900-96年度］　　［単位：％］

（グラフ：第1次世界大戦、第2次世界大戦、朝鮮戦争、ベトナム戦争のピークを示す）

会計年度

●出典｜ CRS Report for Congress, "Conventional Arms Transfers to Developing Nations, 1989-96." Aug. 13, 1997.

に応じて剣を作ることもできたからである。しかし、今やわれわれは国防を一時的な緊急措置だけで間に合わせることはできなくなった。われわれは巨大な規模をもつ恒久的な軍事産業を維持せざるをえなくなった。さらに350万人が直接国防に関係している。われわれアメリカは毎年、他のあらゆる企業が上げる純利益以上の金を軍事に投入している」。そして連邦政府、州議会、都市で、軍と産業の集合体が意識的に、または無意識的に不当な勢力を獲得しようとしていることを警戒せねばならないとし、「軍産複合体」ということばを用いてこの集合体を表現した（⇨ 35 自然科学 D）。

軍産複合体は、産業革命による工業化と軍隊が兵器を介して結び付き始めた19世紀から誕生したともいえるが、冷戦という世界を二分する大規模な軍事的確執が40年以上も続いた結果として、恒久的な形での巨大で堅固な体制が確立してしまった。国防予算は1962年度の499億ドルから1985年には2,850億ドルになり、兵器・装備の調達予算は1,270億ドルにも達した。もっとも、この間にアメリカの経済の発達によって、国防費が国内総生産（GDP）に占める割合はむしろ低下し、1962年当時の9％から1985年には6％に減少した（図68-1）。

D──ポスト冷戦後の平和の配当

1985年はソ連にゴルバチョフ政権が誕生した年である。これ以後、東西対立は緩和に向かい、1989年、ついに冷戦の引き金ともなった東西ベルリンを分ける壁が撤去されるに至って、世界は急速に「冷戦後の時代」に突入する。

冷戦後の時代は「平和の配当」が期待された

時代でもあった。1991年の湾岸戦争で一時は緊張したものの、それでも「地域紛争」でしかなく、その年の末、ソ連が崩壊すると、世界は完全に冷戦後の時代に突入した。地域紛争の多発が予想され、世界はなお不安定ではあるものの、そのために必要と考えられる軍備は、巨大なソ連の軍事力と対峙していた冷戦の時代に必要とされたものよりはずっと少なくてすみ、大幅な軍縮が可能となった。

このため、アメリカをはじめとするいわゆる西側先進国は国防費の削減に着手し、アメリカでは1997年度の国防予算が2,656億ドルと、1985年度国防予算より200億ドルも低い数値となっている。これはその間の貨幣価値の変動を考慮すると大変な削減である。この年の装備調達予算はわずか445億ドルでしかなかった。米議会調査局（CRS）の試算によると、2000年度の貨幣価値を基準に1985年度までの国防予算と、2004年度までの計画国防予算の換算を行うと、1985年度は4,246億ドルに相当し、2004年度でも2,777億ドルにしかならない。つまり国防予算はほとんど半分に減額された。この20年間に実際に支出される国防費は2000年度貨幣価値換算で合計6兆4,000億ドルになるが、もし1985年度のレベルの国防支出を20年間にわたって維持したなら、その合計支出額は8兆5,000億ドルとなる。つまりその差額2兆1,000億ドル（2003年中期現在の対ドル換算率で約235兆円）が「平和の配当」という計算である（図68-2, 3）。

E──失敗した民需転換と急速に進められたM＆A

その配当の効果がいかに大きかったかは1990年代のアメリカの繁栄が端的に表わしているが、一方で、軍隊と軍需産業は大きな縮小、再編を迫られることになった。結果の数字から先に挙げると、米労働省労働統計局によれば1987年に720万人、アメリカ全体で6.2％の雇用を提供していた軍と軍事産業は、1993年には160万人が削減された。その内訳は軍の雇用が63万1,000人、残りが軍事産業である。1999年には軍事関係の雇用数は430万人となり、第2次世界大戦以後最低を記録した1977年の486万4,000人よりも、さらに57万4,000人も少ない数字となっている。

この大規模削減により存亡の危機に直面したアメリカの軍事産業は、まず民需転換に望みをかけた。高度な軍事技術を民需製品に応用する（spin-off）ことと、その生産商品を兵器から民需製品へ転換するという方策である。例えば潜水艦を造っていた技術で観光用の潜航艇や海洋開発用施設を造ったり、航空機生産技術と複合材技術を生かしてバスや鉄道の車体を造ったりするというものである。だが、冷戦後のアメリカ社会で急速な成長を遂げ、多くの雇用を生み出したのは主に情報産業であって、このような機械産業の分野では、旧軍事産業が新たに参入できる余地はほとんどなかった。また研究開発費の大半を政府からの資金提供に依存し、生産に移れば一定の調達量が確保され、その価格も政府との直接交渉で、市場原理に支配されない方式に慣れてきた軍事産業にとって、民需分野への参入はそうたやすいものではなかった。このためごく少数の例外（電子・情報分野）を除いて、いわゆる民需転換に成功した企業はない。

代わってアメリカの軍事産業と工業技術基盤を生き残らせるために、そして生き残るためにとられた政策が統合再編成、いわゆるM＆Aである。1993年時のレス・アスピン国防長官はアメリカのトップ12軍事産業の代表を国防省の夕食会に招待し、もはやアメリカの国防予算は今後これら大規模軍事産業を維持できず、

図68-2 ●平和の配当の会計年度ごとの推移［1985-2004年度］　　　　　　　　　　［単位：億ドル］

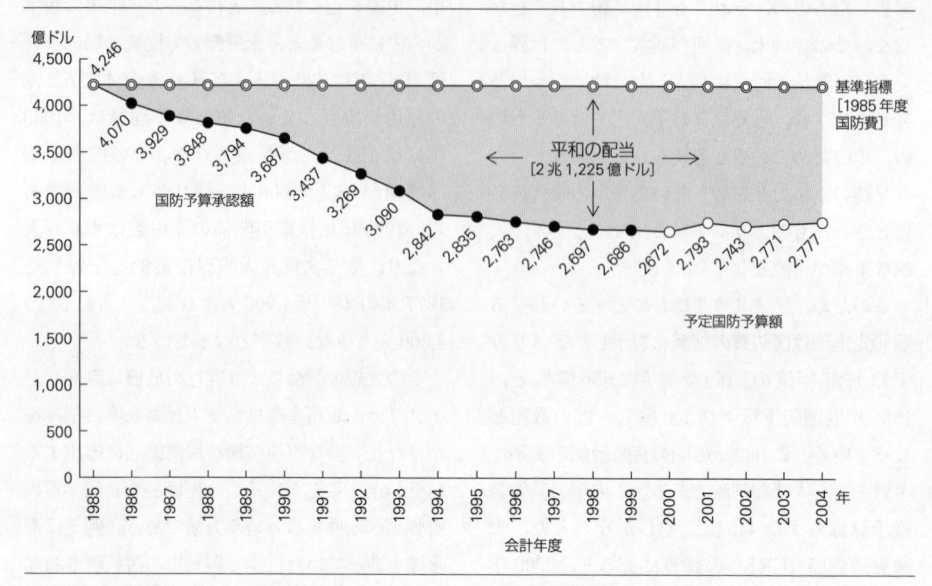

億ドル
年度	国防予算承認額
1985	4,246
1986	4,070
1987	3,929
1988	3,848
1989	3,794
1990	3,687
1991	3,437
1992	3,269
1993	3,090
1994	2,842
1995	2,835
1996	2,763
1997	2,746
1998	2,697
1999	2,686
2000	2,672
2001	2,793
2002	2,743
2003	2,771
2004	2,777

基準指標［1985年度国防費］
平和の配当［2兆1,225億ドル］
予定国防予算額

●出典｜ Congressional Research Service. Defense Budget for FY 2000: Data Summary.
●注｜ 金額は2000年度貨幣価値換算。

図68-3 ●アメリカのGDPに対する国防支出比率の推移［1950-2004年度］　　　　　　［単位：％］

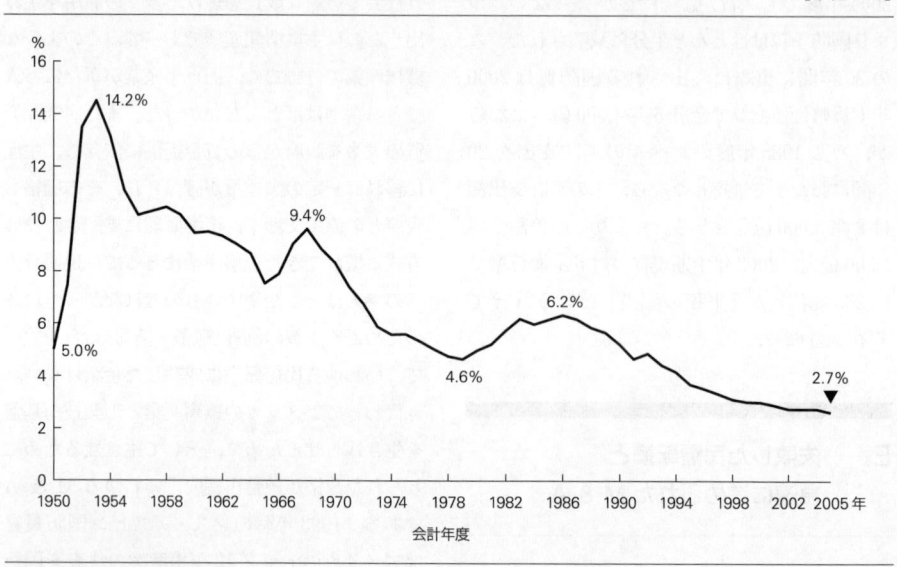

主要値：5.0％（1950）、14.2％、9.4％、4.6％、6.2％、2.7％

●出典｜ US Department of Defense
●注｜ 2005年度は推計。

5年後にはおそらく，そこに招待された企業の半数しか生き残れないであろうとの予測を告げた。ただ，国防総省は多くの企業が軍事分野からの撤退を覚悟すると同時に，生き残るための統合化を支援する用意があり，それに要する経費の一部に対する税制優遇や反トラスト規制の一時的な緩和も行い，兵器輸出を積極的に支援していく姿勢も明らかにしている。

アメリカ軍事産業の「最後の晩餐」として知られるようになるこの夕食会の後，前例をみない大規模な統合化が開始される。アメリカの軍事産業，ないしはそれに関係が深い航空機産業が，それまでに統合再編をしてこなかったわけではない。1967年に第2次世界大戦より戦闘機を造り続けてきたノースアメリカン社は自動車部品を造っているロックウェル社と合併，ノースアメリカン・ロックウェル社となり，その後ロックウェル・インターナショナル社の一部門となったが，そのノースアメリカン部門は後にボーイング社に売却されている。やはり戦闘機を造ってきたマクドネル社は，旅客機の大量受注でかえって資金繰りが苦しくなってしまった名門ダグラス航空機会社を買収，マクドネル・ダグラス社となった。爆撃機を造ってきたコンソリデイテッド・ヴァルティ社は第2次世界大戦後にコンベア社となり，中小の軍事・航空機製造企業を統合してゼネラル・ダイナミックス社となったが，1993年にはその航空機部門をロッキード社に売却している。

新しい統合化において最初に行動を開始したのはノースロップ社で，1994年5月，艦上戦闘機の名門グラマン社と合併してノースロップ・グラマン社となった。さらに1996年1月にウェスティングハウス社の軍事電子部門を買収，1997年5月にはロジコン社を合併している。続いて戦闘機の名門ロッキード社が大型ミサイル生産の老舗マーチン・マリエッタ社と1994年8月に合併してロッキード・マーチン

社となり，1996年1月には軍用電子装備の大手ローラル社を買収，1999年度の軍事関係売上高178億㌦という，アメリカのみならず，世界最大の軍事企業となった。電子システムやミサイルの雄，レイセオン社は1995年4月に電子関係のEシステムズ社を買収し，1996年4月にはクライスラー社の軍事部門を買収，以後，1997年8月にテキサス・インスツルメント社，同年12月にヒューズ・エレクトロニクス社の軍事部門を買収，アメリカ第3位の巨大軍事企業となった。最後に残った大物がボーイング社で，1996年8月にロックウェル・インターナショナル社の軍事・航空部門を買収，翌年8月にはマクドネル・ダグラス社も買収して1999年度の軍事関係売上高162億5,000万㌦，アメリカおよび世界でも第2位の軍事企業に成長した（⇨ 69航空宇宙産業G）。

F──M＆Aに対する米政府の介入と軍事産業基盤維持問題

さらに1998年7月，ロッキード・マーチン社とアメリカの軍事分野での売り上げ第5位，世界では7位のノースロップ・グラマン社との合併合意が発表されたが，司法省はこの合併が成立すると正当な競争原理が確保されないとして合意を認可しなかった。

このM＆Aに対する米政府の介入は造船業界にも及んだ。アメリカ造船業界においては1980年にレーガン政権が米海軍600隻艦隊構想を打ち出して，大規模な建艦計画に着手するのと引き換えに，民間造船所に対する政府補助金の支出が打ち切られた。このため世界市場で競争力を失ったアメリカ造船業界は外洋大型商船の受注が激減し，その建造能力のほとんどを米海軍の艦艇建造に依存するようになってしま

った。外洋船舶建造可能な会社数も，1980年の37から1990年には20になり，建造する船の90％が米海軍向けで，その95％が大手5社に集中している。冷戦後は米海軍が急速に縮小され，建造隻数は1988年の年間88隻から1998年には51隻になり，1998-2003年の年間新規発注数は6隻に減少する。この建造のほとんどを担当するのがビッグ・シックスと呼ばれる6社であるが，1995年から生き残りをかけてのM＆Aが開始された。まずゼネラル・ダイナミックス（GD）社がバス・アイアンワークス社を買収し，1998年12月にはナショナル・スチール・アンド・シップビルディング社（NASSCO）を買収した。1999年1月にはニューポート・ニューズ・シップビルディング（NNS）社がアボンディール社を買収したが，その買収が反トラスト法の審査にかけられている最中にGD社がNNS社買収計画を発表し，それが実現するとアメリカの造船業界はGD社と中規模のリットン・インガルス社の2社になってしまうために，議会，国防総省双方から反対が出た。ところが今度はリットン・インガルス社がNNSの買収計画を打ち出し，これも国防総省の反対で実現を見なかった。

NNSはアメリカで唯一の原子力水上艦（航空母艦）建造能力をもつ会社であり，また原子力潜水艦を建造できるのは同社とGD社しかない。1995年，冷戦の終結によりシーウルフ級攻撃型原子力潜水艦が2隻だけの建造で中止されることになったが，冷戦後の軍事情勢に対応できる新型潜水艦NSSN（ヴァージニア級）の建造開始までGD社の造船台が空いてしまうために，シーウルフ級の3番艦が追加建造されることになった。この建造が実現しないなら，GD社の造船台だけではなく，潜水艦用耐圧水密扉を造っているアメリカで1社しかない会社も，その技術が失われてしまうという問題があったからである。

結局，2001年11月7日になって，NNSは航空産業のノースロップ・グラマン社に買収され，ノースロップ・グラマン・ニューポート・ニューズ社となった。

このように国防費の大幅削減は，アメリカの軍事産業基盤維持という難問とも直面している。1995年までにアメリカの軍事産業に属する企業の数は75％も減少し，12万社から3万社へとなった。ここから競争原理や有事における増産体制という問題だけではなく，兵器生産に必要とされる部品の供給すら確保できなくなるという懸念も指摘されている（図68-4）。

G――世界の独占に走る アメリカの兵器輸出

その対策の1つとして有力視されているのが輸出である。2000年8月に米議会調査局（CRS）が公表した『開発途上国に対する通常兵器の移転，1992-1999』報告書によると，1999年の輸出契約額は118億ドルで，世界の兵器輸出契約総額302億6,800万ドルの39％を占めている。これは2位ロシアの48億ドルを大きく上回る数字であり，イギリス，フランス，ドイツなどのヨーロッパ兵器輸出国の合計額109億ドルよりも大きい（図68-5）。また1999年の兵器引き渡し総額は183億ドルで，1998年の170億ドルを上回った。

冷戦時代，兵器輸出（契約額，引き渡し額のいずれも）のトップは常にソ連であったが，これは主にその衛星諸国に対するものと，実際には代金の回収が難しい第三世界諸国への輸出が中心であった。冷戦時代に世界第2位であったアメリカの兵器輸出は，1991年のソ連の崩壊とともに世界1位に躍り出て以来，第2位に圧倒的な差をつけて常に第1位の座を守っ

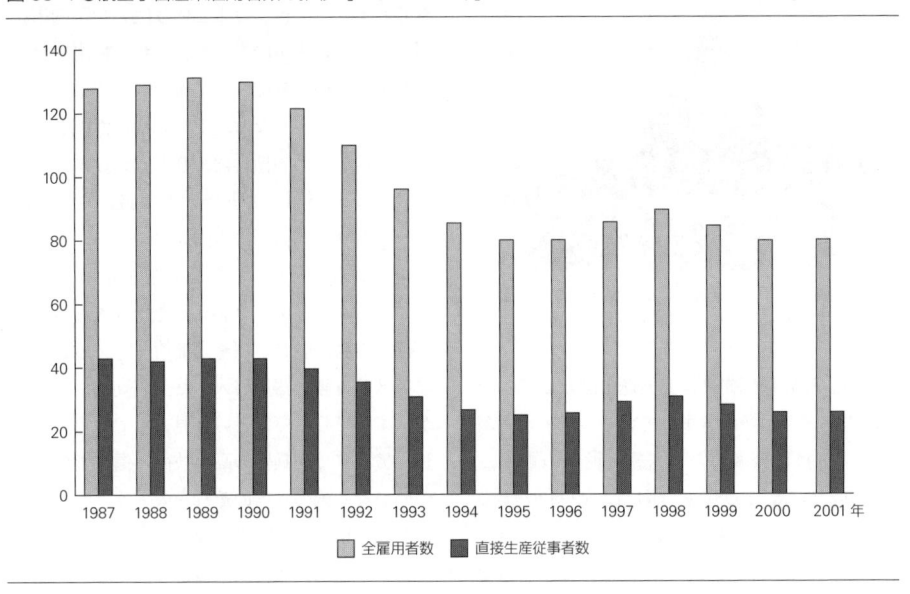

図 68-4 ●航空宇宙産業雇用者数の推移 [1987-2001 年] 　　　　　　　　　　[単位：万人]

●出典｜ Aerospace Industries Assn.

図 68-5 ●世界の主要兵器輸出国と市場占有率

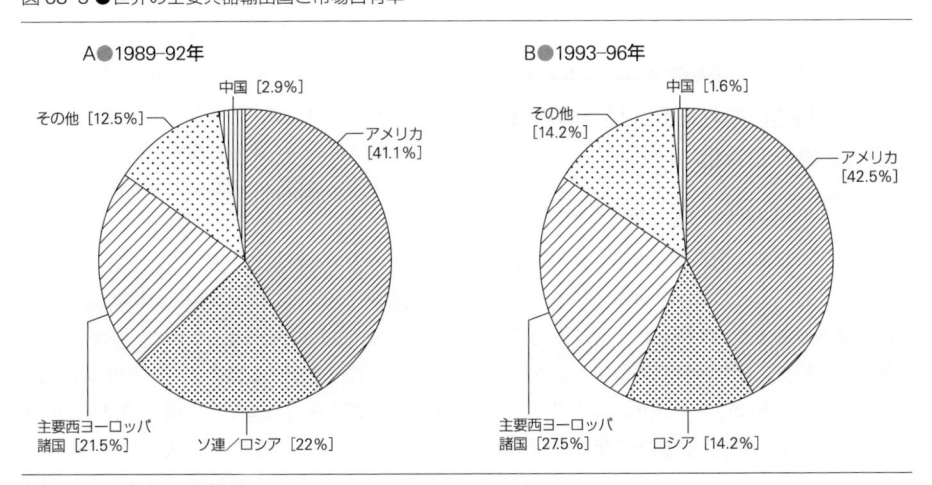

A● 1989-92 年
- 中国 [2.9%]
- その他 [12.5%]
- アメリカ [41.1%]
- 主要西ヨーロッパ諸国 [21.5%]
- ソ連／ロシア [22%]

B● 1993-96 年
- 中国 [1.6%]
- その他 [14.2%]
- アメリカ [42.5%]
- 主要西ヨーロッパ諸国 [27.5%]
- ロシア [14.2%]

●出典｜ CRS Report for Congress, "Conventional Arms Transfers to Developing Nations, 1989-96," Aug. 13, 1997.
●注｜主要西ヨーロッパ諸国とは，フランス，イギリス，ドイツ，イタリアを指す。

❶海上自衛隊のイージス艦「こんごう」[日本の自衛隊のハイテク装備は多くアメリカに依存している]

ている。その輸出先には発展途上国だけではなく，先進国も数多く含まれている。米国務省が2000年8月に公表した報告書『世界の軍事支出と兵器移転，1998』によれば，1995-97年の間にアメリカから輸出された兵器のうち，発展途上国向けは55％，NATO諸国へは24％であった。主な輸出先はサウジアラビア，台湾，日本，エジプト，イギリス，トルコ，クウェート，韓国，イスラエル，ドイツである。

H ── 絶対的に優れるアメリカ製兵器と世界企業化

アメリカの兵器輸出が世界市場で絶対的な力を占めているために，アメリカを「死の商人」と呼ぶ傾向があるが，実際にはアメリカ製兵器の性能の優秀さ，相対的価格の低さによる結果ということができよう。アメリカはまず自国の軍隊向けに兵器を開発し，輸出専用型として開発する例は非常に少ない。アメリカ軍は世界で実戦に投入される機会が多く，またアメリカ人のプラグマティズム的性格からか，その兵器には世界のどこにおいても確実に使える信頼性と，どこにおいても敵に勝てる最高の性能とが強く求められる。このためアメリカ製の兵器は世界のいかなる国でもほとんど問題なく使用できるうえに，アメリカ軍という巨大な国内市場があるために大量の生産が行われ，輸出やライセンス生産権譲与において研究開発費の一部上乗せがなされてもなお，その価格は性能と比較して，他の国の同種兵器よりも安い。

アメリカが第2次世界大戦以後，対ソ戦略の一環として同盟国の軍備強化を行い，当初は大量の兵器を貸与，ないしは無償供与してきた。ここからアメリカ製兵器を受け入れる市場が確立され，教育訓練整備補給を考えると，結局アメリカ製兵器を導入した方が安くつく条件が生まれてしまったという見方もできる。しかし，アメリカ製兵器の高い技術と信頼性は，他のいかなる国の兵器のそれを大きく上回っているという事実も否定できない。

アメリカは冷戦終結直後まで，むしろ兵器の輸出にあたっては，ヨーロッパ諸国に比べるとはるかに政治的制約条件を厳しくしてきた。その地域の安定が損なわれるような高性能兵器や，非民主国家であるとアメリカ政府が考える国への輸出は禁じられた。この基本原理はなお維持されてはいるが，アメリカ軍事産業の生き残りという目的から条件は緩和される傾向にあるし，政府が積極的に売り込みを支援するようにもなった。これは他の兵器輸出国にとっては競争上の大きな脅威である。このためヨーロッパ諸国もアメリカの巨大兵器産業に対抗する目的もあってM&Aを進めている。一方，巨大化に生き残りをかけるアメリカの軍事産業は，大西洋を越えてヨーロッパの軍事産業とのM&Aを進めようとしているが，アメリカの国家安全保障と知的財産権保護の見地から，外国軍事産業との合併に難色を示す議会代表者も少なくない。もしアメリカと外国の軍事産業との統合が大規模に推進されるなら，世界の軍事産業地図が大きく塗り替えられ，兵器輸出の状況も様変わりをする可能性がある。

69 | 航空宇宙産業
Aerospace Industry

鍛治壯一

アメリカは規模，売り上げ，技術レベルともに世界一の航空宇宙産業国である。多くの国において軍事と航空の発展を切り離して考えられないように，アメリカも，第1次，第2次大戦，朝鮮戦争，米ソの冷戦，湾岸戦争が航空機産業の起爆剤となってきた。軍用機開発の技術の民間転用も活発で，ジェット旅客機の時代になって，世界市場のシェアの60〜70％を占めることになる。特に1970年代に実用化されたボーイングB747は空の大量輸送時代の花形となり，欧州を含む大手航空会社の主力機として君臨している。宇宙開発でも，初めソ連におくれをとったが，人類初の月着陸でトップに立ち，スペースシャトル，宇宙ステーション，惑星探査などで，世界をリードしている。

A──ライト兄弟からリンドバーグまで

1903年にライト兄弟が世界初の動力飛行に成功したものの，航空機産業に関してアメリカはヨーロッパの足下にも及ばなかった。1914年に第1次大戦が勃発するが，この年の飛行機生産は，わずか49機にすぎない。町工場の規模だったが，マーチン，ロッキード，ボーイングといった後の大手の名前も加わっている。アメリカが4月に参戦するや，連合国のイギリス，フランス，イタリアは使節団を送り「飛行機2万5,000機を生産して欲しい」と要請した。これは航空機生産能力の10倍を超えるものだったが，米陸軍航空隊は休戦までの21ヵ月間に1万3,894機の飛行機と4万1,953台の航空機用エンジンを受け取った。これはアメリカ産業の奇跡といわれたが，勢いはそこまで。休戦3日後に，ほとんどの生産契約は取り消され，陸海軍は使いきれないほど多くの飛行機を保有することになった。その90％は商業飛行に向かない機体だった。1927年にリンドバーグが大西洋横断飛行を挙行し，アメリカ航空機産業の技術レベルの高さを内外に示したが，世界的な評価を得るには，国際情勢の緊迫から航空機の輸出が急増する1934年まで待たねばならなかった。

B──第2次大戦で世界一の航空機産業国へ

航空機メーカーは民間機に生き残りの道を求めた。広大な国内を運航する20数社の航空会社が，アメリカン航空，ユナイテッド航空，イースタン航空，トランスワールド航空の4社に統合され，それぞれが自社の路線に合う航空機の開発を依頼した。こうして1930年代前半に，ボーイング247，ダグラスDC3，ロッキ

ード14という全金属製で近代的な旅客機が誕生した。特にダグラスはDC3で旅客機メーカーとしての地位を確保，268機が国内ルートを飛んだ。それでも，航空機産業は政府からの受注に依存し，ダグラス社でさえ，この時期の売り上げの70％以上を官需が占めていた。

第2次大戦に参戦する前に，戦争準備のため航空機産業の拡張が始まった。1940年，F. ローズヴェルト大統領は「生産力を年間，5万機まで増強したい」と要請した。各メーカーは大量生産のため従来の手工業的な方法から，流れ作業方式に生産工程を転換する。ボーイングを例にとると，連合国側を勝利に導いた大きな力となったB17重爆撃機を8,600機も生産し，さらに，より高性能なB29重爆撃機を3,600機製造している。地味だが，同じくコンソリデイテッドの4発爆撃機B24の生産機数は1万8,000機にものぼった。結局，第2次大戦の傑作戦闘機となったノースアメリカンP51，ロッキードP38などを含め，1945年8月の終戦までに30万317機の軍用機を量産し，質量ともに世界最大の航空機産業国となった。

C──プロペラ機の花形たち

戦後，政府は軍用機発注を大量キャンセルするが，第1次大戦の轍を踏むまいと，官民ともに努力する。軍用輸送機の旅客機への改造もそのひとつ。ダグラスはC54輸送機から4発のDC4旅客機，さらにプロペラ旅客機最後の傑作となったDC6の生産を開始する。ボーイングではB29爆撃機からC97輸送機が作られ，これはボーイング377ストラトクルーザーという2階建ての旅客機に発展する。ロッキードはC69戦略輸送機からロッキードL749コンステレーション，L1049スーパー・コンステレーション旅客機を製造する。第2次大戦の戦勝で唯一，爆撃の被害を受けず，航空機工場を温存したうえ，設備投資を続けることができた。だが，より強大な産業となったのは，朝鮮戦争，ベトナム戦争，中東戦争という米ソの対立を背景にした軍需によるところが大きい。これは1980年半ばの冷戦終了まで続く。

D──ジェット時代を制する

1950年に朝鮮半島で戦火が起きたとき，航空機産業はジェット機の実用化の時代に入っていた。ロッキードP80ジェット戦闘機が初めて空中戦を行ったが，練習機T33として6,000機も生産された。40ヵ国以上に輸出，日本やカナダでもライセンス生産された。朝鮮戦争に投入されたソ連のミグ15戦闘機に対抗するため，後退角のついたノースアメリカンF86が登場。各型合せて6,400機以上生産され，日本やNATO諸国に供与したほかライセンス生産させることにより，世界の戦闘機市場に強い地盤を築くことになった。

ノースアメリカンはF100，ロッキードはF104戦闘機と続くが，そこまで。新しいジェット戦闘機メーカーとしてマクドネルがトップに躍進する。ベトナム戦争に参加したF4ファントムは空軍，海軍，海兵隊の主力戦闘機となり5,000機以上も量産され，日本，ドイツなど自由主義陣営の各国が採用，ライセンス生産もされた。続くF15イーグルも20世紀最強力のジェット戦闘機となり，マクドネルは民間機の名門ダグラスを吸収合併し，ダグラスの戦闘機部門が作ったF18ホーネット，垂直離着陸戦闘機AV8ハリヤーも生産する。ゼネラル・ダイナミックスのF16ファイティングファルコンは多目的の軽量戦闘機として，最も成功し

❶ F16 ファイティングファルコン戦闘機

た。1975年にNATO4ヵ国の共通機種としてフランスのミラージュ戦闘機を破って決定。日本が独自に開発しようとしたF2戦闘機もペンタゴンの圧力でF16との共同開発の形となった。すでに4,000機以上が量産されているが、70年代以降、最も輸出に力を入れ、18ヵ国に及んでいる。

E——ジャンボの登場

大型の軍用機である爆撃機はボーイングがB52戦略爆撃機で終わったのに対し、ノースアメリカンがB70バルキリー、可変翼のB1爆撃機を開発した。ここで、ボーイングは民間機に活路を見出そうとして、これに成功する。ボーイングが今日、ジェット旅客機メーカーとして世界の王座を占めているが、その第1号となったのが4発のB707。この原型となったのが自社開発によるKC135空中給油機で、1954年に初飛行している。プロペラ機の旅客機でリードしていたダグラス、ロッキード両社より早く、B707は世界各国の主力旅客機として967機生産された。ボーイングは63年に就航した3発エンジンのB727で、中距離でもジェット旅客機が経済的に運航できることを実証した。また、日本の国内線のジェット化のため日本航空と全日空が初めて統一機種として選定したのもB727で、1,832機も生産され、B737の出現まで、ジェット旅客機の受注数でナンバーワンを誇っていた。

しかし、空の大量輸送時代のきっかけをつくり、それを維持しているのはB747ジャンボ旅客機である。これもまた軍用機と深いかかわり合いを持つ。それまでの戦争の反省もあって、ケネディ大統領は柔軟反応戦略を唱えた。「アメリカの若者の血を、もうアジアやヨーロッパで流させない。海外駐留米軍兵士を極力カットし、有事には米本土から地上兵力と戦車やヘリコプターなどを紛争地域に急派する」というもの。そのために巨人輸送機の開発を計画し、CXとしてロッキード、ダグラス、ボーイング3社に競争設計させた。その結果はロッキードが勝ち、C5Aギャラクシー戦略輸送機が69年に完成する。所要機数115機の契約だったが、価格高騰などの理由から81機に減らされた。C5Aは中東戦争や湾岸戦争でアメリカの戦略を支える輸送手段として高い評価を受けたが、メーカーにもたらされた経済的メリットは少なかった。

これに対して、敗れたボーイングは巨人輸送機開発への投資をカバーするため旅客機への転用を計画。66年のパンアメリカン航空の発注を引き金に大手エアラインがこれに続き、B747ジャンボ機の生産が決定した。現在、各型合せて生産機数1,340を超えている。

F——ハイテク旅客機でボーイングの独走へ

ボーイングは80年代に入り、双発のB757、B767以降、完全なデジタル・アビオニクスを採用し、操縦室はグラス・コクピットと

❷ B777 双発旅客機

表 69-1 ● 航空宇宙産業の産業構造 ［億㌦］

A ● 航空宇宙産業の総売上額

	2000年	2001年	2002年
航空関係	820.7	841.4	761.1
ミサイル関係	94.6	107.7	129.2
宇宙関係	302.8	309.5	313.2
その他	243.6	251.7	240.7
合計	1461.7	1510.3	1444.2

B ● 売上の官・民の構成

	2000年	2001年	2002年
国防総省	469.7	496.8	537.6
NASA その他	133.3	142.5	139.5
民需	615.2	629.0	526.4

C ● 輸出入のバランス

	1999年	2000年	2001年
輸出	624.4	546.8	617.1
輸入	250.6	279.4	319.8
貿易収支	373.8	267.3	297.3

● 出典｜日本航空宇宙工業会編『世界の航空宇宙工業平成 14 年版』に基づく.
● 注｜2002 年の数値は予測値

なった．従来の計器類の代りに，テレビの画面のような CRT（カソード・レイ・チューブ）の表示板が 6 面並ぶ．パイロット・ミスがしにくく，ワーク・ロードを軽減するのが目的．同時に，航空機関士の仕事をコンピュータがとって代わり，大型機でも機長と副操縦士の 2 人乗務とした．B747 もグラス・コクピット，

2 人乗務の 400 型となり，89 年春から就航している．20 世紀最後の新造機となったのが 95 年 5 月から就航した B777 双発旅客機である．B747 に迫るワイド・ボディながら双発エンジンを可能にしたのは，高い技術だけでなく双発機の洋上飛行制限（ETOPS）の緩和である．連邦航空局（FAA）は，双発機の一発のエンジンが止まったときのトラブルを考慮して，陸上から離れ洋上飛行する時間を制限している．しかし，エンジンと機材の信頼性の向上により，ETOPS による制限をゆるめ，双発旅客機による太平洋のような長距離洋上飛行も可能になった．また B777 はボーイングとして初めてフライ・バイ・ワイヤーを操縦システムに採用し，ディスプレーも CRT でなく液晶パネルになった．4 発より経済的な双発ワイドボディの B777 が，近い将来，B747 の座にとって代わる可能性があるが，ハイテク機として台頭著しい欧州共同開発のエアバス旅客機群に対抗するねらいもある．

ロッキードはボーイングに追随すべく L1011 トライスターを製造，72 年から就航した．技術的には同時期のボーイング，ダグラスのジェット旅客機より進んでいたが，強引な海外売り込みがスキャンダルとなり，83 年に 250 機で製造中止となった．ダグラスはボーイングより 1 年余り遅れてジェット旅客機 DC8 を開発生産し，DC9，DC10 と続けたが，ボーイングのジャンボ機との競争に勝てず，67 年に戦闘機メーカーのマクドネルに合併された．

G—— 大手メーカーの合併・統合化

軍用機は中東戦争，湾岸戦争を契機に 1980 年代から相手レーダーに探知されにくいステルス性が重視され，ロッキード F117 戦闘機，ノ

ースロップB2爆撃機が脚光を浴びる。F15に代わる次期主力戦闘機はロッキード・マーチンF22ラプターが選定された。しかし，冷戦終了により，各メーカーが独自に軍用機を開発・量産することは，難しくなってきた。

1993年3月，ロッキードがゼネラル・ダイナミックスの戦闘機部門を買収し，航空宇宙工業界の再編成・統合が加速される。ゼネラル・ダイナミックスは空軍だけでなくNATO諸国などにも輸出するF16戦闘機を量産中だった。だが，F16の次の軍用機受注のメドがたたず，買収されて生きる道を選んだ。94年5月，ノースロップとグラマンが合併する。ノースロップはB2ステルス爆撃機の機数を大幅にカットされ苦境におちいった。グラマンは航空母艦搭載の戦闘機，攻撃機で第2次大戦以来の主力メーカーだが，F14トムキャット，A6イントルーダーという現用機の次を独自に開発する資金と技術を失ってしまった。これも業界全体の軍需が，98年には80年代半ばの40％の140億㌦に激減した結果である。

ロッキードもL1011トライスターで民間機部門が失敗し，倒産寸前に追い込まれた。そこを湾岸戦争で活躍したステルス戦闘機F117や

空の大量輸送を開拓したB747ジャンボ

ボーイングが巨人旅客機を提案したとき，世界中の航空会社は大きすぎると反対した。「現在の乗客数が，いっきに2～2.5倍になれば，集客できない」という。また初めの総2階のデザインは「緊急時の乗客の機外脱出に時間がかかりすぎる」と反対した。これは操縦室と一部の客室だけ2階のスタイルに変更した。ところが1966年，アメリカを代表する国際線航空会社のパンアメリカンが，突如，25機の大量発注を発表した。このため，ライバルの英国航空，日本航空，ルフトハンザ・ドイツ航空も追従して発注，生産を決めた。69年，B747の初号機がシアトル郊外エバレット工場で完成した。大きすぎて空港施設も滑走路も改修の必要があると批判の声も続いていた。しかし初号機を前にT.ウィルソン社長は「航空の歴史は，初めに飛行機ありきだった。まず巨人機B747が誕生し，あとは，それに追いついてくる。ボーイングとアメリカが，航空の歴史を創る」と演説した。いま，その通りになっている。

集客について航空会社と旅行業者は団体包括運賃という新しいアイディアを生み出した。簡単にいうと，大型化によってB747の1席当たりの運航コストが安くなった。もし客席の半分が正規の運賃を払えば，B747の運航コストをまかなえる。残りの半分は，これまでにない格安の運賃でよい。これにホテル代などを加えて団体客を集めればB747の客席を埋めることができるということ。B747の団体包括運賃によって，それまで考えられなかったような格安料金で海外旅行ができるようになった。

ジャンボはアフリカで巨象を意味し，初めボーイングは「鈍重のようで好ましくない」と反対したが，すぐB747のニックネームとして世界中から愛されるようになった。　　　　[鍛治壯一]

❸ B747-400ジャンボ旅客機

次期主力戦闘機F22の受注でしのぎ，ゼネラル・ダイナミックスに続き95年，ミサイル主体のマーチン・マリエッタと合併し，ロッキード・マーチンとなった。

旅客機の名門とジェット戦闘機の主流メーカーが合併したマクドネル・ダグラスは，民間機部門の赤字が重荷になった。そのうえ，21世紀初頭に最大の発注が予定されるJSF（ジョイント・ストライク・ファイター＝統合攻撃戦闘機）の競争設計に敗れ，97年8月，ボーイングに吸収合併された。これは伝統あるダグラスが消え，旅客機メーカーはボーイング1社になることだった（⇨68軍事産業E）。

H──米ソ宇宙開発競争から月着陸へ

アメリカの宇宙産業はソ連との競争によって加速され，確立されていった（⇨59宇宙開発C）。1957年10月4日，ソ連はスプートニク1号の打ち上げに成功，一歩遅れて12月6日に打ち上げたアメリカのヴァンガードは失敗。翌58年1月31日のエクスプローラ1号によってやっと打ち上げに成功する。このためアイゼンハワー大統領は宇宙開発体制の強化として58年10月，NASA（アメリカ航空宇宙局）を発足させる。61年にJ.F.ケネディが大統領に就任するが，4月12日，ソ連はウォストーク1号でガガーリン少佐を乗せた世界初の有人宇宙飛行に成功する。これを追うようにアメリカも5月5日，アラン・シェパード中佐がフリーダム・セブンで約15分間の弾道飛行を行うが，距離にして487kmでウォストークの4万kmにはるかに及ばない。

ここでアメリカは宇宙開発で政府，企業，大学研究所が総力をあげることを決意し，ケネディ大統領は5月25日，上下両院合同会議で演説する。「私は向こう10年以内に，わが国が人間を月面に上陸させて帰還させることができると信じます。人類にとってこれ以上に感動的で重要な意義をもつ宇宙開発計画はありません。それは困難な計画で経費も莫大になるものであります」。そして，月着陸は国家的プロジェクトとなった。

まず宇宙飛行士1人を宇宙へ運ぶマーキュリー計画で1961年から63年にかけ6回の有人飛行を行った。そのマーキュリー宇宙船は戦闘機メーカーのマクドネル社の設計。次のジェミニ宇宙船は2人乗りで，64年から66年までに10回の軌道飛行を実施した。宇宙飛行士が月までの長時間の飛行に耐えられるか調べ，またランデブーとドッキング，船外活動にも成功した。やはりマクドネルの製作で，打ち上げのロケットは空軍が大陸間弾道弾などのため開発してきたアトラス（ゼネラル・ダイナミックス社）を使っている。

両宇宙船で確信を得たNASAは68年10月の打ち上げからアポロ計画をスタートさせる。11機のアポロはボーイング社が新たに開発したサターン・ロケットで打ち上げられ，地球周回軌道飛行，月周回軌道飛行のあと，アポロ11号が69年7月20日，人類初の月面着陸に成功する。アポロは司令機械船と着陸船からなり，宇宙飛行士3人が乗り組む。以後，72年までに6機が月軟着陸を行う。ボーイングはサターン・ロケットだけでなくアポロ計画の全システムのインテグレーションを担当している。

アメリカは宇宙開発でソ連に追いつき追い越すことができたが，アポロ計画にかかった経費は250億ドルにのぼった。

69 航空宇宙産業──777

図 69-1 ●航空宇宙産業の主なグループ化

```
マクドネル・ダグラス ──1997年──→ ボーイング
ロックウェル（ノースアメリカン）──1996年軍需部門──↗
                              ──2000年衛星部門──→
ヒューズ ──1998年軍需部門──→ レイセオン

ゼネラル・ダイナミックス ──1993年戦闘機部門──↓
ロッキード ──────────────→ ロッキード・マーチン
マーチン・マリエッタ ──1995年──↗

グラマン ──1994年──↓
ノースロップ ──1994年──→ ノースロップ・グラマン
```

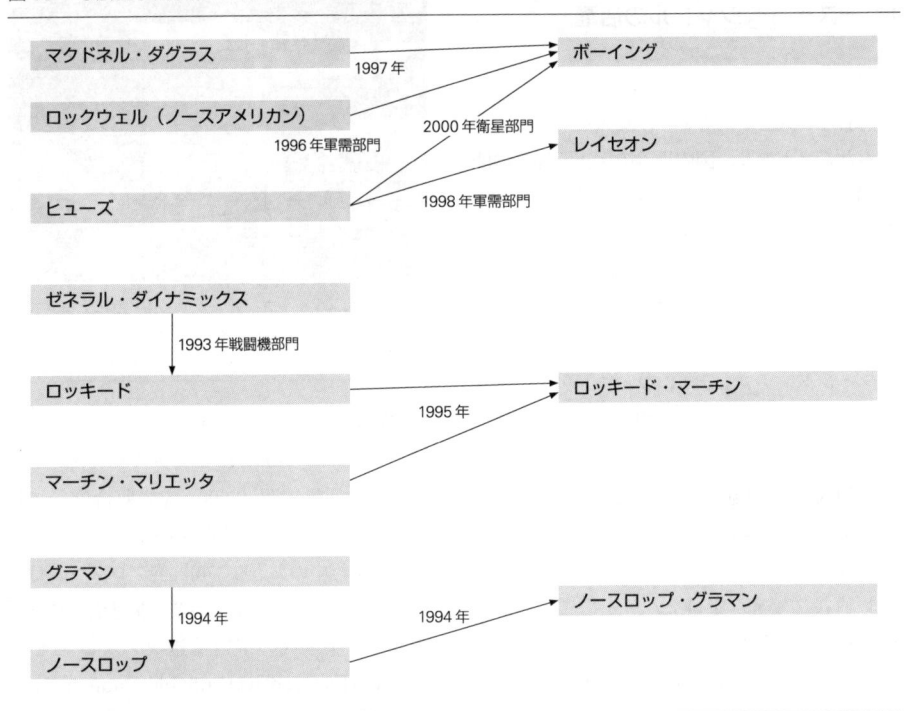

表 69-2 ●航空宇宙産業の主要メーカー［2000年現在］　　　　［単位：100万㌦］

社名	売上高	税引後利益	総資産	従業員[人]	主要製品
ボーイング	51,321	2,128	42,028	196,500	ジェット旅客機（B737, B757, B767, B777），F・A18戦闘機，F15戦闘機，C-17輸送機，宇宙機器
ロッキード・マーチン	25,329	529	30,349	130,000	F117戦闘機，F16戦闘機，C-130輸送機，P3哨戒機，宇宙機器，F22戦闘機
レイセオン	16,895	141	28,763	87,700	ビジネスジェット機，T-6練習機，ミサイル（SAM, ASM, AAM）
ノースロップ・グラマン	7,618	625	9,622	100,000	B2爆撃機，F14戦闘機，民間機用部品
テキストロン	13,090	2,226	16,393	68,000	ベル・ヘリコプター，セスナ・サイテーション・ジェット機
ゼネラル・エレクトリック	69,497	12,735	96,765	313,000	ジェットエンジン（CF6, GE90, F110）
ユナイテッド・テクノロジーズ	26,583	1,808	25,364	153,800	SH60ヘリコプター，ジェットエンジン（PW400, F100）

I──スペースシャトルの活躍

　月着陸に成功したものの、莫大なコストがかかったこともあり、国内世論の宇宙開発への関心が薄れた。しかし、アポロ計画で結集された巨大科学技術のエネルギーは次の目標を求め、新宇宙輸送システムの開発へ進む。71年、使い捨てロケットを中止して、反復使用可能なスペースシャトル開発に着手。製造はロックウェル・インターナショナル、マーチン・マリエッタ、サイオコールなどが分担。

　81年4月、スペースシャトル・コロンビア号が初飛行し、4機体制で衛星の運搬、宇宙遊泳による機外作業、各種実験などを行った。だが、86年1月28日、チャレンジャー号が打ち上げ直後に爆発、乗員7人が死亡、テレビ中継を見ていた全世界の人々に衝撃を与えた。

　スペースシャトルの運用は88年に再開されるが、宇宙開発政策は見直される。スペースシャトルによる打ち上げは軍事、科学技術上必要な場合に限定し、商業衛星の打ち上げは中止。使い捨てロケットを復活させ、衛星打ち上げの商業化、民間参加の促進を図ることにした。具体的にはマクダネル・ダグラスのデルタ、ゼネラル・ダイナミックスのアトラス、マーチン・マリエッタのタイタン各ミサイルの改修である。

J──宇宙ステーション建設

　商業化、民間化によって宇宙産業に参加するベンチャー企業が出現するが、1990年代に入ると軍事費の削減が宇宙開発予算の圧縮となる。この結果、航空分野で触れたように、大手宇宙産業の合併・統一が起こった。ボーイングは、ダグラス（1997）、ヒューズ・エレクトロニクスの衛星部門（2000）を吸収合併して世界最大の宇宙企業となっている。

　現在進行中のおもな宇宙開発プログラムは、有人宇宙ステーション、商業衛星通信、科学探査など。次世代の宇宙輸送システムとしてEELV（Evolved Expendable Launch Vehicle）の開発を進めている。

　このうち宇宙ステーションはESA（欧州宇宙機構）、カナダ、日本が参加し1988年に調印された。当時のボーイング、マクドネル・ダグラス、ゼネラル・エレクトリック、マーチン・マリエッタ、ロックウェル・インターナショナル、グラマンが参加し、2000年から軌道上で宇宙ステーションの組み立てを開始している（⇨59宇宙開発E-1）。

　しかし2003年2月1日、スペースシャトル・コロンビア号が大気圏再突入時に空中分解し、乗員7人が死亡する事故が起き、打ち上げが中断された。

　ブッシュ大統領は2004年1月、「2010年までに国際宇宙ステーションを完成させる。新ロケット・宇宙船は2008年までにテスト飛行、14年までに有人飛行。地球外軌道への飛行が主目的。月探査は遅くても2008年から無人機

❹国際宇宙ステーション完成予想図［宇宙ステーション（左上）にドッキングするスペースシャトル・アトランティス。2008年完成予定］

チャレンジャー号とコロンビア号事故

1986年1月28日、スペースシャトル・チャレンジャー号は3度の延期のあと、打ち上げが決定した。フロリダは快晴だが、寒い朝だった。女性教師クリスタ・マコーレフさんを含む7人が乗り込み、秒読み開始。午前11時38分、オービタ（軌道船）の主エンジンに点火された。次いで2基の固体ロケット・ブースター（SRB）がそれぞれ1,300トンの推力を発揮しはじめた。チャレンジャーは轟音とともに発射台から上昇、天空に向かった。発射35秒後、SRBは最大推力に達する。

ジョンソン宇宙センターから「チャレンジャー、スロットルを開け」と無線指令が飛ぶ。「了解」とスミス操縦士が応答。その数秒後、「おや?」という操縦士の声。次の瞬間、スペースシャトルは火の玉に包まれ大爆発した。

レーガン大統領の諮問委員会が事故調査にあたり、1年後に報告書が出た。直接の事故原因は、右側のSRBの継ぎ目に取りつけられているOリング（シール）の欠陥だった。そこからSRBの炎が吹き出し、外部液体燃料タンクに引火、大爆発となった。

スペースシャトルの打ち上げは25回目、チャレンジャー号にとって8回目だった。このOリングは10回目の打ち上げから問題が生じていたことをNASAも認めた。そして打ち上げ前夜、NASAの幹部と主委託会社のモートン・サイオコール社の技術者の行ったテレビ会議で、技術者は「このように異常に寒い日はOリングに欠陥を生ずる。明朝の打ち上げは反対だ」と発言していたことがわかった。Oリングは低温で硬くなり、弾力を取り戻して接合部を密閉するのに時間がかかるからだ。しかしNASAの幹部は打ち上げを主張した。打ち上げの変更は大統領の日程に影響するうえ、NASAは予算と人員の削減を突きつけられていた時期で、これ以上、延期したくない、という政治的配慮があった。このためサイオコール社は打ち上げに同意する文書の提出を要求され、副社長名で同意書にサインするのである。

大統領諮問委員会はNASAの組織内部の問題点を指摘している。そのひとつは、SRBの重要度のランクである。SRBはアルミニウムを燃料としている。いわば"コントロールされた爆弾"といってよい。ひとたび点火されると、もう止められない。噴射ノズルの方向を変えるか、ロケットの先端を吹き飛ばすしかない。このためSRBの継ぎ目は「C1」(Criticality 1)である。つまり、なにか欠陥があったり、トラブルが発生したら「生命とシャトルの破壊となる」という最も高い重要度にランクされている。このSRBは初め、「C1-R」だった。RはRedundancy、つまり、トラブルが起きても冗長性があり、他によってバックアップされることを示している。しかし、継ぎ目のトラブルにバックアップがないため、NASAは事故の4年前の82年に「C1-R」から「C1」に格上げしていた。ところが、事故後にわかったのだが、NASAの文書の多くは「C1-R」のままだったし、幹部や品質管理の担当者の大部分はRedundancyがあると信じていた。

2003年2月1日、スペースシャトル・コロンビア号は帰還のため大気圏に突入したあと、テキサス州上空で分解、またもや乗員7人が死亡する事故を世界の人々がテレビで観た。独立事故調査委員会は8月に出した報告書で「NASAの体質を改善すべきだ」と指摘した。打ち上げ直後に外部燃料タンクの断熱材の大きな破片が左翼前縁部の耐熱システムに損傷を与え亀裂が生じたのが事故のきっかけだった。映像解析班の技術者が気付いたが、飛行管理責任者がとり合わなかった。NASAは、本来「異常」とすべきことを「インシデント（事象）」として処理してしまったのだ。両事故を通じて、NASAのスケジュール優先、安全軽視の姿勢がクローズアップされた。

［鍛治壯一］

を打ち上げ，2015-20年に再び有人機を月に着陸させ，月面基地を建設」という新宇宙戦略を発表した。月面基地から打ち上げたロケットで火星も目指すという。経費は5年で120億ドルと見積もっているが，赤字財政とのかね合いをどうするかが今後の課題となっている（⇨59 宇宙開発 E-2）。

■さらに知りたい場合には

シモンソン，G. R.編（前谷清・振津純雄訳）『アメリカ航空機産業発展史』盛書房，1978.
　[ライト兄弟による人類初の動力飛行から1960年代半ばまで，米航空産業の歴史をたどる。各時代の背景を理解するため，その当時の航空に関する研究者，経済学者などの論文を収録してある。]

日本航空宇宙工業会編『世界の航空宇宙工業 平成14年版』日本航空宇宙工業会，毎年改訂版発行.
　[航空宇宙関係の国の機関，団体，学校のほか，同工業会所属の会員会社の概要を中心に，関連する法令や予算，生産・受注，輸出入などの統計をまとめた資料集。]

70 情報通信産業

Information Industry

浅井澄子

電話は100年以上前に米国で発明され，インターネットも米国を発祥の地とする。最近の情報技術（IT）の進展や，そのビジネスへの適用に関しても，米国が他の諸国に先駆けていることは，一般に認知されるところである。米国では，わが国やヨーロッパ諸国の情報通信産業が政府系機関の独占によって始まっているのとは対照的に，当初から民間企業の競争によって運営されてきた歴史を有し，この点でも米国の動向は関心を集めてきた。また，ITは1990年代の米国における物価上昇を伴わない経済成長の牽引役の1つにも挙げられている。IT関係のベンチャー企業や通信会社の経営環境は2000年の株価下落以降，全般的に厳しくなっているが，企業間電子商取引市場（B to B）は拡大しつつあり，ITは広範な産業に対してビジネスモデルの変革をもたらしている。

A──発展の歴史

❶──AT＆Tの独占と分割

電話は，1876年にグラハム・ベルにより発明された。そのベルが，ベル電話会社（後のAT＆T）を設立し，サービスを提供したのが，米国の電話事業の始まりである。ベルの特許は，1894年に失効し，それ以降，1,000社を超える独立系電話会社の登場によって，ベル電話会社との競争関係が発生した。わが国を含む諸外国の電話事業は，初期段階では，政府，あるいは，政府系機関によって運営されてきた歴史を持つが，米国の場合，当初から民間企業が競争でサービスを提供してきたことが特徴として挙げられる。

ベル電話会社は，独立系電話会社とのネットワークの接続拒否，略奪的価格設定や合併を繰り返すことによって，1910年代には事実上の独占を築くに至った。その独占的状態は，1970年代にMCIが長距離通信サービスに参入するまで維持された。このような市場の状況を背景に，AT＆Tは，1913年，1949年，1974年に司法省から反トラスト法に違反するとして提訴されてきた。その3回目の1974年の訴訟結果が，1982年の修正同意判決（Modification Final Judgement：MFJ）である。この判決で，AT＆Tは情報処理分野への進出が認められたが，①新たに設けられた地理的範囲であるLATA（Local Access and Transport Area）をまたがる通信サービスを提供するAT＆Tと，LATA内通信を担当する地域電話会社への垂直分離，②分離された地域電話会社の7つの持株会社への再編成，③地域電話会社に対する業務制約，④AT＆Tとこれ以外の長距離通信会社に対する同等の条件での接続（イコール・アクセス）（Equal Access）提供義務，⑤AT＆Tの100％子会社で通信機

表70-1 ● 通信市場の推移

	固定系電話加入数	長距離電話市場			携帯電話加入数
		通話分数[億分]	市場規模[億ドル]	AT&T占有率	
1985年	117,434,802	1,671	426	86.3%	340,213
1998年	180,471,261	5,189	944	42.9%	69,209,321
2000年	188,497,257	5,398	1,096	37.9%	109,478,031

● 出典 | FCC, *Trends in Telephone Service* (2000, 2001)に基づく。

器製造メーカーであったウェスタン・エレクトリック社とベル研究所との資本関係の解消等が規定された。これら一連の経営形態の変更は、AT&T分割と称され、1984年1月に実施された。

AT&T分割を契機に、長距離通信市場においては競争が進展した。表70-1で示すとおり、AT&Tの市場占有率（収入ベース）は、1985年の86％から、2000年には38％にまで低下した。この期間中に総通話分数は3倍以上に増加する一方、収入ベースの市場規模は2.5倍にとどまっており、技術進歩や需要の拡大に加え、競争メカニズムの機能によって、価格が低下している状況がうかがえる。

これに対し、地域通信市場では、依然として、AT&Tから分離されたベル系地域電話会社、または、独立系電話会社による独占的状態が続いている。このような状況は、市内交換機（最寄りの電話局）から加入者宅までの加入者回線を新たに構築することが、容易ではないことに起因し、米国にかぎらず、各国でも共通に見られる現象である。

❷ 情報スーパーハイウェイ構想と通信法改正

サービスの高度化を実現するには、加入者回線を従来の銅線から光ファイバーに更改すること、あるいは、DSL（デジタル加入者回線）技術や有線テレビジョン放送（CATV）ネットワークの利用等の通常の電話回線に代わる技術を使用することが不可欠となる。この加入者回線の高速・広帯域化は、ラスト・ワンマイル問題とも呼ばれている。

1993年に誕生したクリントン＝ゴア政権は、選挙キャンペーン中から、「情報スーパーハイウェイ構想」と称して、情報通信政策に積極的に取り組む姿勢を示し、同年9月に情報通信に関する政策綱領をNII（National Information Infrastructure）行動アジェンダとしてとりまとめた。このアジェンダには、高速・広帯域通信サービスの提供を競争メカニズムを通じて実現すること、政府は競争促進のためのあらゆる措置をとること、その1つとして、1934年に制定されて以降、大幅な改正は行われていない通信法を実態に即したものにすることが含まれている。

通信法改正をめぐっては、利害対立による紆余曲折があったが、1996年2月に、1934年通信法を改正するための1996年電気通信法が成立した。この法律は、電気通信だけではなく、放送、CATVやコンテンツの領域までも網羅する。主たる骨子としては、①AT&T分割以降、LATA間通信サービスや製造業務への従事を禁止されていたベル系地域電話会社に対し、条件付きでこれら分野への参入を認めること、②全米レベルで地域通信市場に競争を促進するための競争ルールを設定すること、③地域

電話会社のCATV事業への参入を認めること，④CATV会社の料金規制を緩和すること，⑤放送事業における所有規制を一部緩和すること，⑥わいせつな番組や暴力シーンを含む番組に対する規制措置を追加すること等が挙げられる。このように今回の法制度の改正は，独占的状態であった地域通信市場における競争政策を明確に打ち出し，長距離通信と地域通信，通信サービスと映像伝送サービスのように業態を分け，それぞれに規制の枠組みを設定する方針から，条件付きではあるが，サービスの融合化を踏まえた規制枠組みの統合化に向けて歩みだしたことに特徴がある。

このような競争政策と法的枠組みの変更を受けて，通信業界では1990年代半ば以降から，通信事業の枠を超えた放送，コンテンツ産業，コンピュータ・ソフトウェア業界との提携や合併が活発化している。主たる合併を含め，これまでの米国の情報通信の歴史をまとめたものが，表70-2である。

なお，米国の場合，通信に限定されるものではないが，州をまたがるものについては，連邦政府の管轄であり，連邦通信委員会（FCC）が，行政判断と準司法的判断を下す。一方，州内通信については，各州の公益事業委員会が，電力，ガス等の公益事業の一分野として，通信事業を所管している。

B——地域通信市場の競争とネットワークの高度化

❶——地域通信市場における競争

米国では，1993年のNII行動アジェンダ以降，ネットワークの高度化は，地域通信市場における競争によって進められてきた。このため，最初に地域通信市場における競争の進展状況を概観し，次にネットワークの高度化の状況を整理することとしよう。

米国の地域通信市場では，AT＆Tから分離されたベル系地域電話会社，または，独立系電話会社が，地域独占企業としてサービスを提供してきた。FCC調査によると，移動体通信サービスを除く収入ベースの地域通信市場では，1993年でベル系地域電話会社，または，独立系電話会社が市場全体の99.7％を占め，新規参入企業の占有率は0.3％にすぎなかった。しかし，2000年時点では，既存の地域電話会社の市場占有率（収入ベース）は，91.2％となり，速度はゆるやかであるが，低下傾向を示している（表70-3）。

また，FCC調査によると，加入者回線数で計測した新規参入企業の市場占有率は，1999年末現在の4.3％に対し，2002年末では13.2％に上昇している。地域通信市場は，その事業特性から必ずしも参入が容易な市場ではないが，1996年電気通信法をはじめとする地域通信市場への競争促進政策の結果が，この数値となって表われている。さらに，地域通信市場の競争状況を州別に見ると，2002年末現在全米平均では新規参入企業の加入者回線数の占有率は13％であるが，人口や企業が集積し，採算性が高いと見込まれるニューヨーク州では占有率は25％に達しており，州によって競争状況に格差が存在している。

❷——ネットワークの高度化

ネットワークの幹線にあたる中継回線部分はすでに光化が完了しており，問題となるのは，加入者回線部分の高速・広帯域化である。わが国では1990年代にネットワークの高度化の手段として光ファイバーが注目を集めたが，米国では当初から複数の伝送媒体が併存し，それぞれの通信会社が競い合っている。

表70-2 ●米国の情報通信産業の歴史

年	出来事
1876年	グラハム・ベルの電話特許取得
1877年	ベル電話会社の設立
1894年	ベルの電話特許の失効
1913年	司法省とAT＆T間のキングスベリーの誓約［第1回反トラスト法訴訟］
1934年	通信法の制定　FCCの設立
1956年	司法省とAT＆T間の同意判決［1949年提訴，第2回反トラスト法訴訟］
1969年	MCIの専用サービス提供 国防総省によるARPANETの実験開始
1978年	エグゼキュネット判決［MCIの電話サービス提供］
1982年	司法省とAT＆T間の修正同意判決［1974年提訴，第3回反トラスト法訴訟］
1984年	AT＆T分割
1993年	NII行動アジェンダ発表 インターネットの商用サービス開始
1996年	通信法改正［1996年電気通信法の成立］
1997年	SBCコミュニケーションズとパシフィック・テレシス・グループの合併 ベル・アトランティックとナイネックスの合併
1998年	AT＆Tとテレポートの合併 MCIとワールドコムの合併
1999年	AT＆TとTCI［CATV会社］の合併 SBCコミュニケーションズとアメリテックの合併 ベル・アトランティックのニューヨーク州での長距離通信サービス認可
2000年	SBCコミュニケーションズのテキサス州での長距離通信サービス認可 USウエストとクエストの合併［現，クエスト・コミュニケーションズ］ ベル・アトランティックとGTEの合併［現，ベライゾン・コミュニケーションズ］
2001年	SBCのカンザス州とオクラホマ州での長距離通信サービス認可 ベライゾン・コミュニケーションズのメイン州，ペンシルヴェニア州，コネティカット州での長距離通信サービス認可
2002年	SBCのアーカンソー州，ミズーリ州での長距離通信サービス認可 ベルサウス，ジョージア州，ルイジアナ州での長距離通信サービス認可 ベライゾン・コミュニケーションズのメイン州，ロードアイランド州，ヴァーモント州，ニュージャージー州での長距離通信サービス認可

　少なくとも一方向（情報をダウンロードする下り回線）で200kb/秒以上の伝送速度を有する回線を高速回線と定義し，その回線数の推移を示したのが，表70-4である。高速回線の伸び率は高いが，ブロードバンドが普及している韓国と比較すると，いっそうの進展の余地がある。また，伝送媒体の内訳としてはCATV，次いでADSLという順番になっている。わが国とは異なり，CATVが高速な通信手段として最も普及していることには，米国では地上波放送の受信状況が悪い地域が多く，CATVが地上波放送の代替手段として早くから普及したことが影響している。しかし，1990年代のいわゆるITバブルがはじけた以降，新規参入したADSL提供者の中には経営不振により退出した企業があること，CATV会社のネットワークの高度化のための設備投資負担が重いこともあり，ネットワーク高度化の将来動向については，注視する必要がある。

表 70-3 ● 地域通信産業の市場占有率（収入ベース）の推移　　　　　　　　　　　　　　　［単位：％］

	1993年	1994年	1995年	1996年	1997年	1998年	1999年	2000年
既存企業	99.7	99.6	99.3	99.0	97.7	96.5	94.2	91.2
ベル系	73.6	72.9	72.4	73.1	71.5	69.6	70.3	78.4
独立系	26.1	26.7	26.8	25.9	26.3	26.9	23.9	12.8
参入企業	0.3	0.4	0.7	1.0	2.3	3.5	5.8	8.8

● 出典｜FCC, *Trends in Telephone Service*, 2001 および FCC, *Local Telephone Competition Report*, 2001 に基づく。
● 注｜2000 年のベル系企業の占有率には，企業合併の影響を含む。

C──合併の動向

1984年以前の米国の情報通信産業では，通信機器の開発と製造，地域通信サービスから国際通信サービスの提供まで，100％の資本関係を持つAT＆Tとその子会社の集合体であるいわゆるベル・システムが，ほぼ独占的に事業展開を行ってきた。その後，修正同意判決に基づくAT＆T分割によって，それぞれの市場ごとの資本関係が解消され，参入企業との競争が成立するようになった。このような競争環境を踏まえて行われた通信法改正を契機に，市場は再び，統合化されていった。しかし，2000年以降では大規模な設備投資による過剰設備の発生，競争の進展による価格低下，株価の低迷等により，一部の情報通信関係企業では企業組織や事業領域の見直しも行われ，市場構造は短期間で変化しつつある。

❶──垂直合併

合併形態は，垂直合併，水平合併とこれ以外のコングロマリットの3形態に大別される。通信事業における垂直合併としては，AT＆T分割時にLATA内通信に限定されていたベル系地域電話会社が，LATA間の長距離通信サービスを提供する事例がこれにあたる。

ベル系地域電話会社の長距離通信サービスの提供に関しては，FCCが州公益事業委員会と司法省の意見を聴取したうえで，決定を下す。当初，地域通信市場の競争条件の整備が進んでいないことを理由に，長距離通信サービスの提供認可は限られていたが，表70-2に示すように2001年以降は認可された事例が着実に増えている。

またAT＆Tは，基本的には加入者回線部分を保有していない。そこでAT＆Tは1997年に就任したアームストロング会長のもとで，地域通信サービスから国際通信サービスまでをシームレスに提供することを目指し，携帯電話会社のマッコウセルラーや競争的アクセス事業者と呼ばれるテレポート，第2位のCATV会社であるTCIをはじめとする企業買収を積極的に行った。当初，この企業戦略は注目を集めたが，その後のAT＆Tの株価下落等もあり，結果的にAT＆Tは自社を法人向け長距離通信サービス，個人向け長距離通信サービス，携帯電話，CATV部門に4分割するという再編成計画を打ち出した。AT＆Tは1984年に反トラスト法によって分割を余儀なくされたが，今回は市場の動向を踏まえた自主的判断で分割という再編成を行ったことになる。

表 70-4 ● 高速回線の普及状況　　　　　　　　　　　　　　　　　　　　　　　[単位：回線数]

伝送技術	1999年[12月]	2000年[12月]	2001年[12月]	2002年[12月]
ADSL	369,792	1,977,101	3,947,808	6,471,716
	[291,757]	[1,594,879]	[3,615,989]	[5,529,241]
その他有線	609,909	1,021,291	1,078,597	1,216,208
	[46,856]	[176,520]	[139,660]	[213,489]
CATV	1,411,977	3,582,874	7,059,598	11,369,087
	[1,402,394]	[3,294,546]	[7,050,709]	[11,342,512]
光ファイバー	312,204	376,203	494,199	548,471
	[1,023]	[1,994]	[4,139]	[14,692]
衛星または固定無線	50,404	112,405	212,610	276,067
	[50,189]	[102,432]	[194,897]	[256,978]
合計	2,754,286	7,069,874	12,792,812	19,881,549
	[1,792,219]	[5,170,371]	[11,005,396]	[17,356,911]

● 出典｜FCC, *High-Speed Services for Internet Access: Status as of December, 31, 2002* に基づく。
● 注｜①ここでは高速回線とは，少なくとも一方向が200kb/秒以上の伝送速度を有する回線のことを指す。
②数値は事務用・住宅用契約者の合計回線数。[　]内の数値は，住宅用契約者の回線数。

❷──コングロマリット

1996年の通信法改正は，ベル系地域電話会社同士や長距離通信会社同士の合併について，何ら触れていないが，通信法改正以降で顕著な動きが見られたのが，これらの合併である。ベル系地域電話会社は，地域的に業務区域が分かれており，互いに競争関係はない。したがって，この場合の合併は，コングロマリットの形態にあたる。1984年のAT＆T分割当時は，7つの持株会社に再編成されたが，1997年には，SBCコミュニケーションズとパシフィック・テレシス・グループ，ベル・アトランティックとナイネックスの合併が承認され，1999年には合併後のSBCコミュニケーションズとアメリテックの合併も行われている。ベル系地域電話会社の場合，合併後もそれぞれの企業が提供できるサービスは，LATA間通信の認可が得られない限り，LATA内通信サービスに限定され，合併による業務範囲の変更はない。

これらのケースでは，当事者は，合併によってソフトウエアの調達費用や人件費の削減等の効率化が図られることを強調する。しかし，合併により双方の企業が，将来的に互いの地域に参入することが回避されることから，潜在的競争機会が失われることによる弊害も指摘されている。

さらに，2000年6月に合併を完了したベル系地域電話会社の1つであるUSウエストと，データ通信会社のクエストの場合では，合併後の名称がクエスト・コミュニケーションズとなっており，規模が小さい新興会社のクエストが，ベル・システムの構成員であったUSウエストを事実上，買収した事例として注目された。

❸──水平合併

情報通信産業における水平合併の事例として，長距離通信会社同士の合併があり，具体例

として1998年のMCIとワールドコムの合併が挙げられる。MCIは1997年時点では長距離通信市場（収入ベース）の19％を占有するAT＆Tに次ぐ第2位の企業であったが、ワールドコムとの合併によって、市場の25％を獲得する企業に規模を拡大している。

一方、司法省は、2000年6月に長距離通信市場で3番目の規模を持つスプリントと第2位のワールドコムの合併を認めないとする判断を下した。この決定により、両社は7月に合併計画を取り下げており、合併が進む中で、司法省反トラスト局が大型合併に歯止めをかけた例として注目される。

なお、一連の合併後のワールドコムは、2002年の不正会計処理の発覚により、株式市場における取引停止におちいった。会計更正計画の提出以降、MCIの名称でサービスが提供されている。

❹──メディア産業における合併

地域電話会社同士、あるいは、長距離通信会社同士の合併は、効率性向上を主たる目的としている。これに対し、コンピュータのソフトウエア分野、インターネット分野やコンテンツ業界を巻き込んだ合併や提携の動きは、技術やノウハウの獲得という補完的目的、標準化への対応目的、あるいは、インフラストラクチャーからコンテンツ、ハードウエアからソフトウエアまで一体的にカバーするという経営戦略に基づいて行われている傾向がある。

この一例が、2000年に発表されたインターネット・サービス・プロバイダーであるAOLとメディア企業であるタイム・ワーナーとの合併計画である。この計画は、インターネットとコンテンツの各事業を1つの傘下におさめる総合メディア企業を誕生させるというものである。この社会的影響力の大きさから、合併審査には約1年を要し、最終的にいくつかの条件が付加されたうえで、合併計画は認められ、実施に移された。しかし、合併後の経営状況はおもわしくなく、メディア企業の合併に疑問を投げかけることにもなっている。

D──インターネットの動向

❶──インターネットの誕生と普及

インターネットは、1969年に米国国防総省の高等研究計画局（ARPA）が、パケット交換ネットワークARPANETの実験を開始したことに端を発する。その後、全米科学財団（NSF）が、バックボーンであるNSFNETを構築し、軍事用ネットワークから学術研究用ネットワークの分離が行われた。さらに、1990年のARPANETの機能停止により、NSFNETがインターネットの役割を担うこととなる。国防総省の実験に始まるインターネットは、1980年代までに、研究者用ネットワークとして進展してきたが、1993年に民間部門との接続が認められ、これを契機に急速に普及するようになる。インターネットの利用者数とこれに関連する事業の状況は、この分野の変化が激しいことと、インターネットの性格上、統計データとして正確に把握できる環境にはないことから、調査機関によって、発表される数値が異なっているのが実態である。ニールセン社の調査では、米国のインターネット利用者数は2002年4月現在1億6,575万人で、普及率は59.1％に達している。

❷──インターネット・ビジネス

わが国の1990年代は「失われた10年」と称されるが、同時期の米国では、物価上昇を伴

わない経済成長を実現した。この物価上昇回避の要因である生産性上昇の牽引役がITであるという考え方は，広範囲で存在する。一方，2000年3月を境とする株価下落とこれに伴うベンチャー企業の破綻や2001年9月の同時多発テロによって，1990年代はITバブルであって，ITは実体経済に変化をもたらしたものではないという見解も広がった。確かに創業以来，一度も黒字を出していないドット・コム企業の株価が上昇を続けた背景には，ITバブルの要素も否定できないであろう。しかし，現在の米国経済には，ITによってこれまでにはない変化も見受けられる。

　第一には，生産性上昇率の変化である。商務省が毎年発表している『ディジタル・エコノミー』ではITによって生産性の伸びが見られる現象を「ニュー・エコノミー」と定義しているが，商務省や他の研究者の分析においても，1990年代に入り生産性の上昇が確認されるようになっている。

　第二に，企業間取引を中心とした電子商取引の普及とこれによる企業の行動形態の変化である。前述のとおり，米国民の過半数はインターネットを利用しているが，小売全体に占める電子商取引の比率は，1％程度とわずかである。一方，企業間の取引では輸送機械製造業で21％，製造業全体でも平均12％の出荷がオンラインで取引されている。つまり，対消費者取引（B to C）は市場が限定されているが，企業間電子商取引市場（B to B）は確実に企業の中に浸透しているということができる。これまでにも企業はEDI（Electronic Data Interchange）を使った取引を行ってきた。しかし，EDIでは取引先が限定され，運用のために必要な投資額も大きい。1990年代以降では，インターネットをプラットフォームとして利用することにより，個人を含む小規模な企業の電子商取引への参加，取引先の拡大，取引にかかわる時間とコストの削減が可能となってきている。このようにB to Bは，電子商取引市場の拡大をもたらすだけでなく，広範な産業で，ビジネスモデルの変革をもたらしている。

E──米国のインプリケーション

　米国は電話やインターネットの発祥の地のみならず，情報通信産業に早くから競争政策を適用した点で，わが国やヨーロッパ諸国とは異なるモデルを提供してきた。また，IBMやマイクロソフト社に象徴されるように，コンピュータのハードウェア，ソフトウェア部門において，米国企業は国際的な優位性を維持してきた。変化が激しい情報通信分野にあって，現在の優位性が将来的にも維持されるのかどうかは不確実であるが，現時点での情報産業における米国の位置付けは，ベンチャー企業を育成する社会システムの存在，米国の企業組織が比較的ITの活用に馴染むシステムであること等のさまざまな要因の結果ということができる。わが国でも，e-Japan戦略として情報化の推進が図られているが，米国の事例はIT化の進展とITの活用という2つの点で，試行錯誤の過程を世界に発信しているということができる。

■参考文献

浅井澄子『電気通信事業の経済分析──日米の比較分析』（増補改訂版）日本評論社，1999．

浅井澄子『情報通信の政策評価──米国通信法の解説』日本評論社，2001．

U.S. DOC. *Digital Economy*.各年版．（室田泰弘編訳『ディジタル・エコノミー』東洋経済新報社，各年版．）

■さらに知りたい場合には

(財) インターネット協会 (監修)『インターネット白書 2003』インプレス,2003.
　[インターネットの利用動向等を把握するのに最適。]

(財) 国際通信経済研究所『主要国・国際機関における情報通信の現状と動向』2000.
　[米国をはじめヨーロッパ主要国の制度概要が把握できる。]

Shapiro C. and H. R. Varian. *Information Rules*. Harvard Business School Press, 1998. (千本倖生監訳・宮本喜一訳『ネットワーク経済の法則』IDG コミュニケーションズ,1999.)
　[IT の経済的意味と米国の動向を知るには最適。]

■インターネット関連サイト

FCC (連邦通信委員会)…http://www.fcc.gov/
(財) インターネット協会…http://www.iajapan.org/

71 | メディア産業
Media Industry

音 好宏

自由の国アメリカにおいて、「言論の自由」は民主主義の維持・発展に欠かせないものとして、特に重要視されてきた。その意味でマスメディアは、まさに「言論の自由」を現実化する手段であった。しかし、社会的・公共的役割を期待されるメディアは、一方で、自由市場競争のもと、営利を追求するまぎれもない経済活動でもある。この2つの面がせめぎあいながら、メディア産業は新聞、ラジオ、テレビ、さらにマルチメディアへと技術的進化を遂げてゆく。そして、放送ビジネスが圧倒的な力をもつに至り、政府による法的規制も行われるようになった。その後クリントン政権下での規制緩和の流れの中で、メディア産業はますます多様化し、さらには、メディア資本による再編がグローバルな規模で進みつつある。肥大化したメディア企業の関心が、読者・視聴者ではなくウォール街のメディア・アナリストに向けられているとの批判も出るなか、アメリカ・メディア産業界の状況はさらに複雑化している。

A——アメリカと「メディア産業」

「経済活動の自由」(Free Economy)と「言論表現の自由」(Free Speech)は、アメリカの建国の基本的理念である。アメリカ憲法において、私有財産制に基づいた自由な経済活動と、「思想の自由市場」論に基づいた「言論表現の自由」は、保障されるべき権利として明確にうたわれている。そしてこの理念は、人類の普遍的価値としてアメリカが世界に訴えてきた価値理念でもある。

特に「言論表現の自由」は、デモクラシーの維持・発展に欠かせないものと見なされてきた。20世紀、国際社会においてアメリカが強力な発言力をもち、他国に影響力を行使し得たのは、政治的、経済的、軍事的優位性を確保していただけでなく、アメリカが世界に提示してきたデモクラシーのもつ普遍的価値が、アメリカ以外の国々にも広く受け入れられるものであったからであろう。

その「言論表現の自由」の具現化を、恒常的な経済活動の中で行うのがメディア産業である。その意味でも、アメリカのメディア産業は、その発展過程の中で、アメリカ建国の理念がどのように具現化されてきたのかを、つぶさに見ることができる象徴的な産業と言える。つまりメディア事業者は、自由市場競争のもと、私的営利を追求する私企業として経済活動を行いながら、ジャーナリズム活動、ならびに、芸術・文化の表現活動の担い手として、社会的、公共的機能を果たすことが求められてきたのである。ともすれば二律背反するこれらの目標を、バランスを取りながら実現しなくてはなら

ないわけである。そこにアメリカのメディア産業を考察・分析する意義もある。

B── 新聞事業の発展とその特質

そのような意味において，歴史的にメディア事業の先駆的役割を果たしてきた新聞事業は，極めて明解でもある。新聞社という私企業が，新聞発行という営利事業を行いながら，ジャーナリズムという社会性・公共性の高い活動を行っていくのである。そこでは，ジャーナリズム活動は，民主主義の発展に欠かせない活動と位置付けられる一方で，新聞社間では，自由市場のもとで読者獲得のための競争が繰り広げられるのである。

19世紀後半，アメリカ社会における都市化・工業化が進むと，新聞は大衆メディアとしての地位を獲得していく。そのようななか，特に都市部において，新聞社間による読者獲得合戦は，熾烈を極めるようになる。19世紀末，ニューヨークにおいて，新聞王のウィリアム・ハーストとジョゼフ・ピューリツァー傘下の両新聞が，読者獲得のための過激な紙面作りをしたことから，「イエロー・ジャーナリズム」ということばを生んだことに象徴されるように，市場競争に基づく新聞社間の過激な読者獲得合戦は，新聞に対する社会的信頼を失墜させ，逆に新聞界全体に市場規模を狭めることになるとの危惧を抱かせるまでになる。

これに対してアメリカの新聞界は，20世紀初頭に，プレスの「社会的責任論」を支持することで，プレスの自浄努力により社会的な規律を保ちつつ，市場競争のもとで「言論表現の自由」を具現化する事業として自らを捉え直して，アメリカの新聞事業は今日まで発展を続けてきた。

ただし，アメリカの新聞事業は，「地域メディア」として発達したという特色も色濃くもっている。アメリカの新聞事業は，移民が新天地を開拓し，そこに新たなコミュニティをつくるなかで，そのコミュニティを可視化する装置として機能，発展してきた。この「地域メディア」としての臭いを，今なお強くもつのが，アメリカの新聞事業と言えよう。アメリカで最も権威ある新聞とされる『ニューヨーク・タイムズ』や，ウォーターゲート事件で大統領を辞任にまで追いつめた『ワシントン・ポスト』も，その題字の通り，基本的には，ニューヨーク，ワシントンの地域紙である。

ナイト・リーダーやハーストといったチェーンと呼ばれる全米に展開する新聞資本があるものの，これらの新聞資本は，題字の異なる複数の新聞をそれぞれの地域で発行し，地域新聞として読者に提供するのである。例外とされるのは，経済専門紙である『ウォールストリート・ジャーナル』と，1970年代の衛星利用の自由化を背景に，衛星回線を利用しての全国発行を実現させた『USAトゥデイ』のみである。同紙は，テレビ時代に誕生した新聞らしく，テレビ・ニュース的な紙面づくりを標榜し，その経営を軌道に乗せていった。

2002年2月現在で，アメリカの日刊新聞は1,468紙。朝刊の発行総部数は，約4,680万部である。この数字から見ても，現在でもなお，アメリカの新聞は地域メディアとしての色合いが強い事業であることがわかろう。そのような性格もあり，一部のチェーン新聞などの例外はあるものの，新聞事業者は独立性が強く，それゆえに，放送事業などに比べ，メディア事業の多角化には消極的な事業者が多かった。

このように，アメリカの新聞事業は，アメリカ建国の理念として掲げる'Free Speech'を自由市場経済の中で，具現化してきた事業と言えよう（⇨ 89 新聞）。

C──アメリカにおける放送事業の制度的位置付け

そのような視角からアメリカのメディア産業を捉え直すと，よりいっそう興味深いのは放送事業である。つまり，放送事業は，電波の稀少性と社会的影響力という理由から，制度的には免許制度のもとで事業活動が行われる。しかし，日本のNHKをはじめ多くの国々のように，国家がその設立・運営に大きく関与するとした特別な放送事業体を設け，その放送事業体が放送サービス全体の発展の先導的役割を担うという形態をとらなかった。民間の商業放送事業者同士の自由な市場競争の中で，放送による「公共の利益」を維持しつつ，放送事業全体の発展を図るという手法を選択してきたのである。

世界的に見ると，このようなアメリカの放送事業のあり方は，特異な形態と言える。アメリカ放送史研究者のS.ヘッドとC.スターリングは，世界の放送事業の発展のあり方を，商業放送中心に発展する「自由主義型」，公共放送に先導的役割を担わせる「指導主義型」，社会主義国などに見られるように，国家が放送事業の経営に大きく関与する「国家主導型」の3つに分類している。ちなみにこの分類でいけば，商業放送を中心に発展を遂げてきたアメリカは「自由主義型」，イギリスや日本は，典型的な「指導主義型」と言うことになろう。ただし，世界的に見ると「自由主義型」をたどってきた国は極めて少ない。その多くが，「指導主義型」，ないしは「国家主導型」をとってきた。

つまり，イギリスや日本においては，BBCやNHKといった公共放送事業体を設立，制度的にも商業放送とは異なる特権的地位が与えられるとともに，放送サービスが公共の利益を実現しうるよう，そのサービス発展ための先導的役割を担わすという手法がとられきた。他方，アメリカにおいては，制度的に特権的地位を与えられた公共放送の存在は，「思想の自由市場」のもとでの自由な言論活動を阻害するとともに，放送事業における自由な経済活動（Free Economy）を阻害する要因となりうるとの見方をとる。各商業放送事業者が，市場競争の下で自社の利益を追求することとと，放送サービスにおける公共の利益を実現することは，両立しうるとの考え方に立つのである。

もちろん電波の稀少性などという技術的な問題があるがゆえに，放送事業への参入を希望する事業者誰もがサービスを行うことができるわけではない。アメリカにおいても，放送事業には免許制度が取られたが，免許期間を設け，放送事業者が継続的に事業を行うには，免許期間中に「公共の利益」の実現に寄与したかによって，免許更新が認められるのである。

アメリカの放送事業においては，その技術的な制約があるがゆえに，新聞事業以上にFree EconomyとFree Speechとの調整に苦慮してきたとも言える。言い換えれば，それゆえにアメリカ放送事業の足跡は，アメリカのメディア産業の特性を浮き彫りにしているとも言えるのである。

このような視点に立って，簡潔にアメリカ放送事業の沿革を振り返ってみよう。

D──放送ビジネスの生成とネットワークの伸張

❶──ラジオ放送の開始とFCCの設立

1920年11月2日，ペンシルヴェニア州ピッツバーグで，世界最初のラジオ定時放送が始まった。この放送を始めたのは，電機メーカーの

ウェスティングハウス傘下のKDKAである。ウェスティングハウスがラジオ定時放送に手を染めたのは，ラジオ放送により，自社製の無線受信機の販売促進につながるとともに，同社のPRにもなると考えたからである（⇨88ラジオB）。この時期，アメリカ国内では，この無線機器を用いた放送サービスに関心をもつ個人や企業は多かった。そのなかでも強い関心を示していた事業者の1つが，この時期，すでにアメリカ最大の電話会社となっていたAT&Tである。AT&Tでは，自ら番組を制作するのではなく，電話事業と同様に，放送という新たなサービスの場を希望者に提供することで収益を得る「有料放送」のシステムを考えていた。

ラジオ放送が始まった当初は，さまざまなビジネスモデルが提案・検討されたが，結局，電波を切り売りして，その利用者から利用料を得るのではなく，放送事業者が制作した番組に広告を挟み込むことで，広告主から広告収入を得るというビジネスモデルが多くの聴取者を集め，主流となっていく。つまり，ラジオ放送という新たなメディア・サービスの開始にあたって，広告放送という新たなビジネスの枠組みが提案されたのである。もちろん，この新たなメディア事業に参入したさまざまな事業者の創意工夫が，市場競争の中で淘汰されていった結果であることは言うまでもない。

他方，放送事業者の乱立は，混信などの混乱を招き，周波数の交通整理が緊急の課題となっていく。そのようななかで，政府は1927年に無線法を制定。それを発展する形で1934年に連邦通信法を制定し，通信・放送制度の整備を図る。その運用に関しては，無線法により設置された連邦無線委員会（FRC）を発展させる形で設立した独立行政委員会組織である連邦通信委員会（FCC）が，所管することとなる。

さて，このFCCによって進められた放送政策の基本姿勢について若干ふれておこう。FCCの放送政策の基本は，「競争」「多様性」「地域主義」を尊重することとまとめることができよう。放送事業者の自由闊達な競争を促進し，それによって放送サービスにおけるサービス内容の多元性を図るというものである。加えて，各放送局には，そのサービスエリアにおける地域メディアとしてのサービスの確保を求めていくのである。しかし，後述するように，全米に放送サービスを展開したネットワークの伸長は，この放送の地域サービスを弱体化させる側面もあり，FCCはネットワーク政策をその中心に据えて，放送行政を遂行していくことになる。

❷──ネットワークの台頭

商業放送を中心に発達してきたアメリカの放送事業において，その牽引車的役割を担ったのは，いわゆるネットワークであった。当初，AT&Tが有料放送サービスを展開するにあたって，複数の放送局を連動して，同一の放送番組を複数の放送局から提供するという「チェーン放送」というサービス展開を計画していた。1926年，電機メーカーのRCAは，AT&Tのラジオ事業を引き継ぎ，NBCを設立。ラジオ放送事業を開始する。NBCは，自社の番組を他のエリアの放送事業者に継続的に提供するネットワークのシステムを形成していく。ネットワークは，番組を制作・放送する一方で，番組に付随する広告枠に広告主の広告を差し込むことで広告収入を得る。ネットワークにとっては，ネットワークと契約を結ぶ加盟局が多ければ多いほど，広告主の広範なエリアに自社の広告を伝えることができることになる。他方，ネットワーク加盟局にとっては，ネットワークと契約することで容易に放送番組を調達できるとともに，ネットワークが広告を付けてい

ない空いている広告枠を，自らセールスすることで，収入を得ることができるのである。NBCと同様にネットワークを形成していったのが，CBSである（⇨ 88 ラジオD）。

ネットワーク・ビジネスの先鞭をつけたNBCは，レッドとブルーの2つのネットワークを所有するが，その後，FCCから，2つのネットワーク所有は放送市場の競争を阻害するものとの勧告を受け，1945年に，ブルー・ネットワークはNBCから独立することとなる。これが後のABCである。

1941年，NBCとCBSによってテレビ放送が開始。第2次大戦後の大衆消費社会化がいっそう進むなかで，全国にテレビ放送局が開局され，テレビ放送はアメリカの人々の生活の中に急速に普及浸透していく。各地の放送局は，開局とともに，NBC，CBS，ABCのいずれかのネットワークと契約を結び，ネットワーク加盟局として，安定的な番組提供を受けることになる。

❸──公共放送の育成とネットワーク規制

アメリカのテレビ放送産業は，この3大ネットワークが牽引する形で急速に発達していくことになる（⇨ 87 テレビA）。しかし，伸長いちじるしい3大ネットワークの番組の一部には，視聴者獲得のためのなりふり構わぬ番組作りなど，商業主義的傾向が強まり，社会的に批判も高まっていく。そのような社会的な声を受ける形で，1960年代に入るとFCCは，積極的に公共放送（PBS）の育成策を進めていく。1967年に公共放送法が制定され，1969年にPBSが設立される。PBSは，自治体や篤志家による資金援助によって運営される放送サービスで，広告収入を財源とする商業放送とは異なる事業形態の放送事業を設立することにより，放送サービスの多様性を図ろうとしたものであった。

ただしPBSは，イギリスのBBCや日本のNHKといった全国をそのサービスエリアに置く単一事業体ではなく，各地の非商業放送局の協会的性格をもつ。PBS登場後も，放送事業の牽引的役割は3大ネットワークが担ったままであった。

このような放送市場において依然として強いネットワークの支配力に対し，FCCは産業政策的な施策を打ち出すようになる。1970年，FCCは，ネットワークの市場支配を抑制する目的で，ファイナンシャル・アンド・シンジケーション・ルールと，プライムタイム・アクセス・ルールといったネットワーク規制を制定する。

このプライムタイム・アクセスルールは，ネットワーク加盟局も，プライムタイム（一般的に午後7時～11時を指す）のうち1時間をネットワークから番組調達を禁止するものである。これにより加盟局は自社制作の番組を作るか，または，ネットワーク以外から番組調達をせざるを得なくなった。他方，ファイナンシャル・アンド・シンジケーション・ルールは，ネットワークが番組販売事業を禁ずる制度である。

他方でFCCは，独立系の放送局の増加を目的に，放送事業の申請者に多数免許を交付していく。FCCが進めたこれらの一連の政策によって，ネットワークによらないシンジケーションと呼ばれる番組流通市場が拡大することになる。そこでは，放送局側がシンジケーター（番組供給事業者）に番組調達費を支払う代わりに，自社の広告枠を提供するバーター・シンジケーションといったビジネス手法も一般化するなど，シンジケーション市場は独自の発展を遂げつつある（図71-1）。

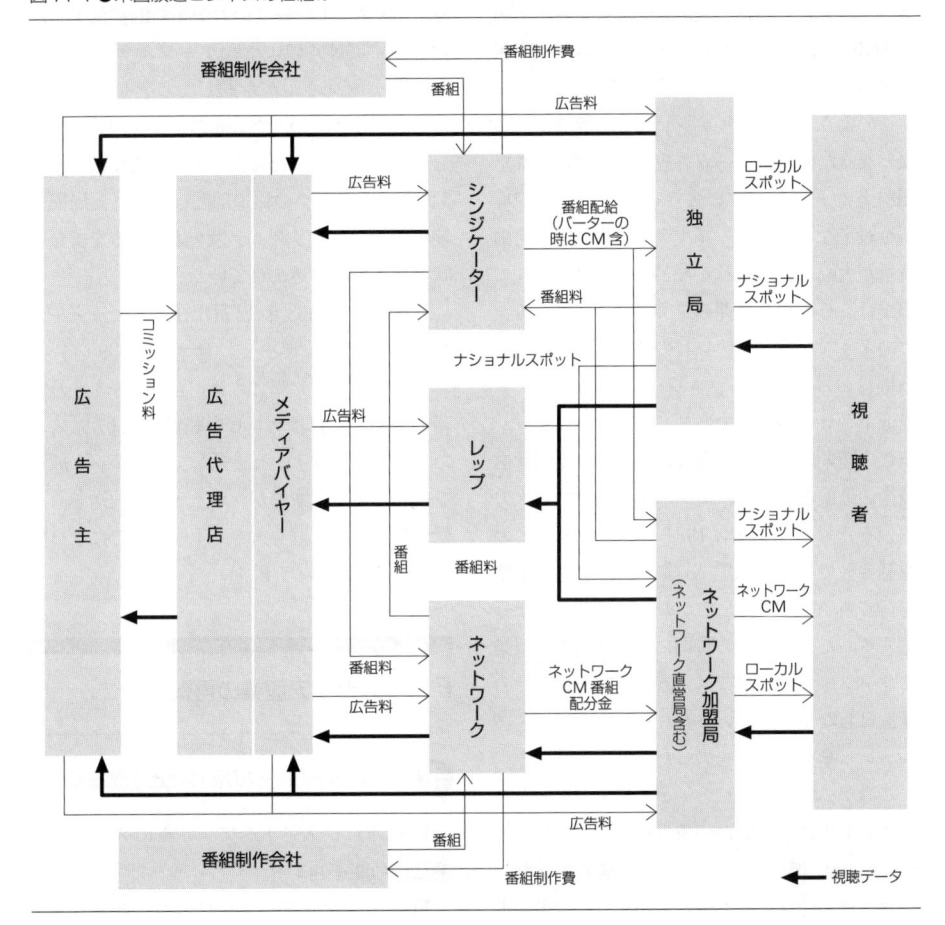

図71-1 ●米国放送ビジネスの仕組み

(図中の要素: 番組制作会社、シンジケーター、独立局、広告主、広告代理店、メディアバイヤー、レップ、ネットワーク、ネットワーク加盟局（ネットワーク直営局含む）、視聴者、番組制作会社。矢印のラベル: 番組制作費、番組、広告料、コミッション料、番組配給（バーターの時はCM含）、番組料、ナショナルスポット、ローカルスポット、ネットワークCM、ネットワークCM番組配分金、視聴データ)

E──ケーブルテレビ事業の伸張

　ネットワーク優位のアメリカの放送産業のありように，大きくさびを打つことになったのが，1980年代に急速に普及・発達を遂げたケーブルテレビであった。ケーブルテレビは，元来，地理的条件などから，テレビ放送の受信状態の悪い難視聴地域に，テレビ放送を提供するシステムとして登場したサービスであった。それが1970年代に入ってから，都市部などでも，同一エリア内の地上テレビ放送以外の放送を提供する，いわゆる「モア・チャンネル」サービスをセールスポイントとして，普及・浸透していくことになる。このようなサービスが発展した背景には，1972年に衛星利用の自由化がなされたことにより，独立系の地上テレビ放送局が自社の番組を，衛星を介して，他のサービス・エリアに提供する（Super Station）といったビジネスや，ハリウッドの有力な映画などを有料チャンネルとして配信するビジネスが

登場したことが挙げられる。そうしたなかで、ケーブルテレビ向けの映画専門チャンネルであるHBOや、ニュース専門チャンネルのCNNなどが事業を立ち上げていく。

このようなケーブルテレビ事業の発展に追い風となったのが、レーガン政権下で制定された1984年ケーブルテレビ法である。同法により、料金設定などで、ケーブルテレビ事業者の自由裁量が大幅に認められるなど、ケーブルテレビ事業は、その普及に弾みをつけることになる。このようなケーブルテレビの伸長は、テレビ受像機における3大ネットワークの視聴シェアを低下させていくのである。

この時期、レーガン政権は、将来の電気通信技術の進展を前提に、電話事業の異業種参入の垣根を下げる一方で、1984年には全米最大の電話会社であったAT＆Tを長距離電話事業を行う新AT＆Tと7つの地域電話会社に分割する。ただし、この時期には、地域電話事業にケーブルテレビ事業への参入を認めるまでの開放はしなかった。いうなれば、まずはケーブルテレビ事業の育成を図ったわけである。

このケーブルテレビのメディア・パワーをメディア業界に決定的に印象付けることになったのが、1991年に始まった湾岸危機であった。イラク軍のクウェート侵攻で始まった中東の軍事的緊張は、翌92年1月の湾岸戦争へと発展する。この間、アメリカのテレビ・メディアは、こぞってその戦況を報道。3大ネットワークは、この湾岸戦争の取材によって、1年分の報道番組予算を使い果たしてしまったと言われる。そのようななかで注目を集めたのは、西側メディアでほぼ唯一バグダッドに残留を許されたCNNであった。CNNのピーター・アーネット記者は、衛星電話を駆使して、連日、空爆を受けるバグダッドの模様を世界に報じ、報道機関としてのCNNの地位を不動のものとする。

報道という組織力がものをいう分野においても、3大ネットワークの力が相対的に低下し、代わってCNNのようなケーブルテレビ向けの専門チャンネルが台頭したことは、アメリカ・メディア界の勢力分布の変化を内外に知らしめることになったと言えよう。湾岸戦争後、3大ネットワークの報道部門は、海外支局網を縮小するなど、リストラ策を講ぜざるを得ない状況にまで追い込まれていく。

ちなみに、2003年12月現在で、ケーブルテレビ・オペレーターは、全米で9,339システム。ケーブルテレビ加入は、全米で7,336万世帯である。これはテレビ視聴世帯の67％にあたる。ケーブルテレビを通じて地上テレビ放送を視聴している家庭が、地上テレビ放送を直接受信している家庭を大きく上回るまでになっている（⇨87テレビB-1）。

F──メディア産業の再編

❶──ネットワークの弱体化と規制緩和

1990年代に入ると、アメリカのメディア産業は激動期を迎える。

FCCは、ケーブルテレビの伸長とネットワークの相対的弱体化を受け、ネットワーク政策を転換。それまでネットワークに対しとっていた規制策を緩和する方向に転じていく。放送分野に関して言えば、前述のファイナンシャル・アンド・シンジケーション・ルールが1995年に、プライムタイム・アクセス・ルールが1996年に撤廃される一方、ネットワークによる直営局数の緩和措置などがとられていく。

しかし、より注目すべきは、メディア産業界全体が連動する形で急速に再編を始めたことであろう（⇨87テレビB-2）。

このような動きの兆候は、1980年代のアメ

リカ経済の低迷期に，すでに現れていた。

1985年には，キャピタルシティがABCを傘下におさめる一方，翌86年にはNBCがGEの傘下となっている。

また，国外のメディア資本が，アメリカのメディアを買収，傘下におさめる動きも活発化している。ハリウッドの有力スタジオの1つである20世紀フォックスを傘下におさめたオーストラリア出身のルパート・マードックが率いるニューズは，同社傘下となった地上テレビ局にこの20世紀フォックス社のもつ映画などを，有力コンテンツとして流すことでネットワーク化。1986年にフォックス・ネットワーク（FOX）を設立する。現在，このFOXは，NBC，CBS，ABCに次ぐ第4のネットワークにまで発展している。

また，1989年には，ソニーがコロンビア映画の買収を発表する一方で，1990年には，松下電器産業もハリウッド・メジャーのMCAを買収（のち，カナダ・シーグラム社に売却）するなどの動きも起こっている。映像系以外でも，1988年には，大手出版社のダブルデイがドイツ系のベルテルスマンによって買収されるなど，この時期，外国資本によるアメリカ系メディア産業への進出ラッシュが続いた。

❷──クリントン政権のメディア産業活性化策

このようなメディア産業界の動きに対し，1993年に登場したクリントン政権は，積極的な規制緩和策で対応することになる。クリントン政権は，その大統領選挙期間中から「情報スーパーハイウェイ構想」を提唱し，情報通信基盤の整備を積極的に推進することにより，1980年代に疲弊したアメリカ経済の再建を図ろうとした。いうなれば，「メディア産業」をアメリカ経済の牽引車役として，その活性化を志向したのである。ただし，ここでいう「メディア産業」とは，電気通信技術の発展を背景にしたメディア融合を視野に入れたもので，放送，映画，ケーブルテレビといった既存のメディア事業のほか，通信事業やコンピュータ・ソフト，衛星事業といった，いわゆるIT関連事業をも含めた広義のメディア産業を示している。そしてこれらの各事業ごとに定められていた規制を緩和・撤廃し，また，これまで特定の企業の市場支配を招くとの懸念から認められがたかった大型合併を，政府は黙認する傾向が見られるようになっていく。いうなれば「規模の経済」を志向したのである。これらの動きは，垂直統合型のメディア資本の融合が進むことを意味した。

例えば，1995年7月31日，ハリウッド・メジャーのディズニーが，3大ネットワークの1つであるABCの買収を発表。翌8月1日には，今度は電機メーカーのウェスティングハウスによるCBSの買収が発表される。このような動きは3大ネットワークにとどまらず，同年9月には，ケーブルテレビ向けニュース専門局の草分け的存在であるCNNを傘下におくTBSが，タイム・ワーナーに買収されることも発表されている。このような大手メディア資本同士による一連のメディア再編では，まず異業種メディア事業者間の垂直統合が行われ，その後，不採算部門を切り離すことで，効率的な事業運営を図る。究極的には，自社完結型のメディア・ビジネスが志向されることになる。

このようなメディア再編の動きに対して，制度的にお墨付きを与える形となったのが，1996年の電気通信法の制定である。同法の制定は，1934年に制定された連邦通信法を見直す，通信制度の60年ぶりの大幅改正であったが，その基本は，通信・放送分野における規制の緩和と，融合の促進であった。

❸——加速する再編の波

　この電気通信法の制定は，メディア資本の再編に，よりいっそうの拍車をかけることになる。

　1999 年には，CBS が，レンタルビデオの大手ブロックバスターやハリウッドのメジャースタジオの 1 つパラマウントなどを傘下に抱えるメディア・コングロマリットのヴァイアコムに買収される。また，2001 年には，コンピュータ通信会社の AOL がタイム・ワーナーの買収を発表。FCC はこの合併を 2001 年 1 月に認めたことで，超メガ・メディア資本が誕生することとなる。

　もちろんこのようなメディア再編は，ケーブルテレビ業界も巻き込んで進んでいく。

　1998 年，長距離電話会社となっていた AT & T は，大手 MSO（マルチプル・システム・オペレーター：ケーブルテレビ統括運営会社）の TCI を買収したのを手始めに，メディア・ワンの買収や，タイム・ワーナー・ケーブルとの提携を次々と発表。一躍，全米最大の MSO となっていく。

　ところが，2000 年 10 月には，AT & T は本社の 4 分割化を発表。ケーブル・インターネット部門の AT & T ブロードバンドについては，2001 年 12 月にケーブルテレビ業界第 3 位のコムキャストに売却することが発表された。2001 年 12 月に，FCC はこの売却計画を認め，コムキャストは，業界第 2 位のタイムワーナー・ケーブルを追い越し，全米最大の MSO となる。

　このように，放送事業，ケーブルテレビ事業，電気通信事業に加え，比較的独立性の強かった新聞事業においても，メディア複合体を志向する傾向が強まっていく。1999 年には『シカゴ・トリビューン』などを発行するトリビューン社が，『ロサンゼルス・タイムズ』などを傘下におくタイムズ・ミラー・グループを買収し，傘下の放送事業と連動した事業展開を志向するなど，その動きは激しい。

G——メディア資本の再編と　　メディアサービスの多様性

　このように 1990 年代以降，アメリカで活発なメディア資本の再編が続いた背景には，前述の産業政策的な誘導があったことはもちろんであるが，その動きを加速させたのが，ベンチャー系企業を含めた広義のメディア産業に対する金融・証券筋の投機熱の高まりがあった。メディア資本の経営陣にとっても，これらの投資資金を元手に，マルチメディア関連事業への積極的な展開を図っていくことが，株式市場での評価を高めることにつながり，ひいては経営陣自身が高い評価を得ることになる。他方で，一連のメディア資本の再編の過程で，メディア産業に対するウォール街からの発言力が強まる傾向が続いている。

　確かに国際的に見れば，これらのメディア資本の再編は，国際競争力のある強いアメリカのメディア産業の育成につながった。しかし，このメディア資本の再編によってメディアサービスの多様性が広がったとの評価は少ない。むしろ，同一の放送コンテンツが何度も繰り返し放送されるケースが増えたり，また，市場から無難な評価を得るため，類似の放送番組が多数作られる傾向が高まったとされる。

　メディア企業の経営者にとって，読者や視聴者の動向よりも，ウォール街のメディア・アナリストの分析のほうが気になるという状況が，メディア産業全体にとって，はたして好ましいものなのだろうか。

　1998 年，アメリカの地上テレビ放送では，

イギリスとともに世界に先駆けてデジタル放送を開始した。しかし，その普及は当初の予想を大きく下回り，政府が示した2006年末までにデジタル放送に完全移行することは，極めて厳しい状況である。FCCは，この放送のデジタル化問題を抱え，よりいっそうの規制緩和と事業者間の競争によるメディア再編を進めざるをえないであろう。

　Free EconomyとFree Speechの関係を独特のバランス感覚でとってきたアメリカのメディア産業界であるが，1990年代以降の一連のメディア資本の再編とそれにともなうメディアサービスの変化に，このバランス感覚に陰りを見て取る向きも少なくない。デジタル化という差し迫った問題が，状況をよりいっそう複雑にしているのである。

■参考文献

Siebert, F., T. Peterson and W. Schramm. *Four Theories of The Press*. Univ. of Illinois Press, 1956.（内川芳美訳『マスコミの自由に関する四理論』東京創元新社，1953）

Head, S. and C. Sterling. *Broadcasting in America*. 8th ed., Houghton Mifflin Company, 1998.

Mchesney, R. W. *Rich Media Poor Democracy*. Univ. of Illinois Press, 1999.

音好宏「米国における放送政策の特質とその今日的課題」長谷部恭男・舟田正之編『放送制度の現代的展開』有斐閣，2001.

■さらに知りたい場合には

小林雅一『グローバル・メディア産業の未来図——米マスコミの現場から』光文社，2001.
［インターネット・バブル崩壊後も，市場競争の中で再編をくり返すアメリカの巨大メディア資本のダイナミックな動きを，現地で取材・報告している。］

下山進『アメリカ・ジャーナリズム』丸善ライブラリー，1995.
［1970年代，ウォーターゲート事件報道などで脚光を浴びた現代アメリカ・ジャーナリズムが，その後のメディアの産業化の中で弱体化していく背景を探る。］

ハルバースタム，D.（筑紫哲也・本郷茂彦訳）『メディアの権力』朝日文庫，1999.
［アメリカを代表するジャーナリストによるニューヨーク・タイムズ，CBSなど，アメリカのメディア産業の実情を追った長編ノンフィクション。］

■インターネット関連サイト

FCC（連邦通信委員会）… http://www.fcc.gov/

NAB (National Association of Broadcasters)…http://www.nab.org/

72 | 代理業
Lawyers, Agents, Consultants, and Surrogates

鬼頭栄美子

出自も価値観もさまざまに異なる人々が寄り集まって構成されている競争社会，アメリカ。その社会が円滑に機能するために，代理業は今や不可欠な存在になっている。ここでいう代理業とは，弁護士，ロビイスト，各種エージェント・エージェンシー，コンサルタント，コーディネーターなどを指す。社会の各分野におけるこうした専門家の知識と交渉力の助けなしには，現代の高度化した情報社会の中で，共通のルールに則って一人ひとりが自らの利益を確保することは難しくなっている。こうしたシステムの発達を促した要因として，フォード・システムに典型的に見られるような分業化の発達，そして建国以来培われてきた理念である自由主義，個人主義，（機会の）平等主義，民主主義，自己責任主義などが挙げられよう。代理社会がどのように機能しているかという実態をいくつかの具体事例に沿って考察し，ついには代理母や臓器売買の斡旋業まで出現するようになった代理社会を支える思想的背景を探る。

A——代理制度の誕生と普及

代理制度は，近代法上の諸制度の多くとは異なり，直接ローマ法から受け継がれた制度ではない。それが本格的な発達を見たのは，資本主義経済が量的にも質的にも高度の発展をし始めてからであり，それまでは各自の社会生活にかかわる諸手続きを個人で処理していれば足りたのである。

アメリカにおいて代理制度が発達したのは，19世紀後半以降である。南北戦争（1861-65年）を経て，戦争中の軍需生産をきっかけに工業が急速に発展し，その後鉄道の発達により流通網が整備され（大陸横断鉄道の完成は1869年），大量生産・大量消費の時代へ入っていった。1890年代には，ヨーロッパ先進諸国を追い抜き，アメリカは世界一の工業国となった。

このような工業経済の発達が，経済的分業と組織の複雑化の必要性を高め，代理制度が展開される素地が形成されたのである。資本主義経済のさらなる発展にともない，取引形態の専門化，技術化，組織化が進み，そのシステムは全米，さらに世界へと拡大していった。

時代が進むにつれて，さらにスピードも重視されるようになり，迅速・機敏な対応が常に求められるようになった。そのため，現代のアメリカにおいて，自分がかかわる各種取引を全般にわたって個人の力だけで処理することは，実質的に不可能になっている。

このような歴史的背景のもとに醸成された社会的ニーズ，それに加えて後述するアメリカ人のメンタリティも作用して，現代のアメリカではありとあらゆる分野において代理業が存在

し，日々その分野が細分化され，また深化していると言ってよい。

以下，具体的事例に即して，弁護士，スポーツ・エージェント，代理母出産エージェンシー，出版コンサルタントを取り上げ，現代アメリカにおける代理業の分業化および深化の現状を考察し，さらにそれを支えるアメリカのイデオロギー的価値観を概観する（ロビイストも典型的な代理業の1つだが，それについては⇨「23 合衆国議会」のコラム「ロビイストとロビー活動」）。

B——代理業の実態

❶——弁護士

ⓐ 弁護士の数と専門分化——

アメリカには弁護士が約100万人前後いるのに対し，日本の弁護士の数は2万264人（2002年）である。人口比にすると，アメリカは国民約300人に1人，日本では約7,000人に1人となる。

日本の場合は，弁護士の人数が少ないこともあって，通常1人の弁護士が比較的広範囲な分野の事件を取り扱う。いわゆるジェネラリスト型である。これに対し，アメリカの弁護士は，各自の担当する業務範囲を非常に狭め，専門化することで，それを売り物にする姿勢が徹底している。スペシャリスト型である。例えば，特許，企業法務，交通事故，医療過誤，破産，離婚，不動産取引，移民法，刑事，環境問題，契約書作成などの分野に，それぞれ特化した弁護士がいる。さらには，同じ訴訟弁護士の中でも，分野とは異なる分化があり，原告専門の弁護士に特化している者もいる。

そのためアメリカの法律事務所は，一般に，日本よりはるかに大規模化しているといってよい（小規模事務所の数も実に多いが）。特定の専門分野を売り物にした法律事務所もあれば，取扱分野を幅広く設定し事務所内部にさまざまな分野のスペシャリストを揃えた大規模法律事務所もある。弁護士1,000人を擁する大規模事務所も少なくない。

ⓑ 社会への密着——

日本の場合は，一部の例外を除き，多くの弁護士が法廷中心の生活を送っている。これに対しアメリカの場合には，各分野ごとの法廷専門弁護士もいれば，法廷にはまったく出ないで契約・交渉・コンサルティング等のサービスを専門とする者（例えば，後述のスポーツ・エージェントやロビイストもその1つの類型である），あるいは法的知識を生かして会社経営に携わる者など，仕事自体の幅が広い。弁護士出身議員も多いが，歴代大統領をみるとその約6割が弁護士出身者である。

つまり，弁護士が社会全体に幅広く食い込んでいるのである。激しい自由競争社会ゆえに，社会への密着が必要とされたと思われる。

ⓒ 仕事を獲得するための広告や工夫——

弁護士間の競争は極めて激しく，イエローページ（職業別電話帳）に写真入り一面広告を出したり，24時間フリーダイヤルで受け付けたり，テレビCMなどで「あなたのためにわれわれは闘います！」と拳を振り上げて宣伝したりしている弁護士は，けっして珍しくない。イエローページの広告に「眠らない法律事務所，24時間毎日無料で相談にのります。自宅や病院での相談もOK。」「最大限のお金を入手してみせます。24時間いつでもお電話ください。」「相談無料。成功しない限り支払不要。」などと宣伝している事故専門の法律事務所や「借金からすぐに解放します。無料電話まで。」と宣伝している破産専門の法律事務所など。

事故が起きると病院に駆けつけ，あるいはいつも病院に待機し，被害者や家族から委任状を

❶上｜労働者の補償問題に特化した弁護士事務所の広告［「敗訴した場合，代金不要」（No Recovery, No Fee）とうたっている］。
❷下｜「逮捕されたのですか？すぐに助けを!!」「あなたに対する訴えを却下させます」と過激なキャッチコピーでアピールする弁護士広告。

取りつける弁護士のことを揶揄して，アンビュランス・チェイサーと呼ぶこともある。着手金をもらわず，裁判などの結果勝ち取った額の3割程度を報酬金として受け取ることが多い。

ⓓ 訴訟社会

マクドナルドのコーヒーをこぼしてヤケドしたのは，コーヒーが熱すぎたせいだとして訴え，64万ドルの賠償金が認められた事件はよく知られている（1994年，ニューメキシコ州）。

このようにアメリカでは，個人が自己の利益を徹底して主張し，被った不利益に対してはその責任を可能な限り追及する。貧富の差が大きい社会の中では，ビッグ・ポケット（金があって訴訟の相手として不足がない企業や金持ちのこと）は，常に原告専門弁護士らの訴訟ターゲットになりうる。このため，ビッグ・ポケット側も自分を守るための弁護士が必要になる。まさに訴訟社会といわれるゆえんである。

それを端的に示しているのが次のような数字である。

①世界中の弁護士数に占めるアメリカの弁護士の比率は7割に達する。
②アメリカにおける企業の訴訟対策費は売り上げの3％から5％といわれる。
③個人が生涯においてかかわる弁護士の数は3人以上といわれる。

❷ スポーツ・エージェント

ⓐ スポーツ・エージェントの仕事

実在のスポーツ・エージェントをモデルにした映画『ザ・エージェント』（1996）のヒットに加え，野茂英雄，イチロー，松井秀喜ら日本人野球選手のメジャー・リーグ（MLB）移籍によって，「スポーツ・エージェント」ということばは日本でも急速に浸透した。

スポーツ・エージェントとは，現在一般に，スポーツ選手との間で代理人契約を締結して次のような仕事を引き受け，それに対してスポーツ選手から報酬の支払いを受ける者をいう。仕事内容は大別すると次の3点を含む。

①選手の代理人として，選手の所属するチームとの間で，年俸額，契約年数，その他の契約条件を交渉する。
②シューズ等の用具提供や自社の広告宣伝媒体への出演を申し出た企業との間で，スポ

ンサーシップ契約や広告宣伝契約をまとめる。

③選手に対し，日常の財務管理や税務アドバイス等を行う。

ⓑ スポーツ・エージェントの登場

アメリカ・プロスポーツ史上初のスポーツ・エージェントが登場したのは1925年である。C. C. パイルが，プロ・フットボール（アメフト）の有望選手レッド・グランジとエージェント契約を結び，シカゴ・ベアーズとの間で，8試合10万㌦の入団契約を締結したのが，最初の例といわれる。

1960年代に入ると，テレビ放送権料の高額化に伴い（1960年代には，全米の各家庭でのテレビ普及率は87％），選手の年俸が上昇し始めた。60年代中頃には，現在のスポーツ・エージェントの基礎ともいうべき業務形態──入団時のみならず，選手が所属するチームとの間の選手契約に関する交渉を中心としたサービスを提供するという形の業務──が現れ，スポーツ・エージェントの数が急増した。

もっとも，この時代，エージェントに対するチーム側の拒絶反応は激しいものであった。例えば，1967年，MLBデトロイト・タイガースに在籍していたアール・ウィルソンが，タイガースとの選手契約に関する助言を，ボブ・ウォールフに求めた。しかし，タイガースは，契約更改交渉当日，ウォールフがウィルソンの代理人として交渉の場に同席することを許さないという強硬な態度に出た。そのため，ウィルソンは球団との交渉の間，何度も席をたって自分のアパートに待機しているウォールフに電話をかけ，逐一交渉状況を報告してアドバイスを求め，そのたびに交渉の席に戻るという形を繰り返し，最終的に契約更改を終えたという逸話が残っているほどである。

ⓒ スポーツ・エージェントの発展

しかし，1970年代初頭になると，チーム側

❸米メジャーリーグ入りを決断，アーン・テレムと代理人契約し，記者会見で握手する松井秀喜外野手［2002年12月16日］

もスポーツ・エージェントの存在を無視しえなくなり，選手の代理人として契約交渉に直接関与することを容認せざるをえなくなった。その要因として次の点が挙げられる。

①法廷闘争による勝訴判決

保留・オプション条項（選手の身分を特定のチームに長期拘束する契約条項）は，違法である旨，選手側が主張して訴訟提起し，そのいくつかにおいて勝訴判決を得た（個人主義・自由主義に関連）。

②競合リーグの出現

競合リーグが出現し，希少なプロ・スポーツ選手を奪い合うという事態によって，選手の商品としての価値が再認識された（自由競争社会の出現）。

③選手組合の活性化

選手組合の労働組合化により，選手が労働者としての権利意識に目覚め，権利拡大のための活動をし始めた（個々人の権利主張）。

④スポーツのエンターテインメント化

テレビ・ラジオ等メディアの発展とともに，プロ・スポーツがエンターテインメントとして市民生活に根付き，選手のCM出演，マーチ

ャンダイジングへの関与等，試合以外の場所でサラリーを得る機会が増大した（資本主義経済の進化および選手のビッグ・ポケット化）。

上記①から④によって選手のサラリーが高騰し，選手は自己に代わってチームと交渉するエージェントを依頼する金銭的な余裕を得たのである。

一方，他チームへの移籍やコマーシャル契約等，契約交渉機会が増大し，契約条項も複雑化（出場試合数や成績によってサラリーが決まるインセンティブ・ボーナス，複数年契約，怪我をした場合の特別補償等）し始めたため，選手は，契約内容に関するアドバイス，高度な契約交渉技術，財務管理，投資および税法アドバイスの能力をもった専門家の存在を必要とするようになった。

さらに，上述のビッグ・ポケット化した有力選手などは，高額所得有名人相手の慰謝料目当てのでっちあげ訴訟やスキャンダル対策も必要となった。NBAの元スター選手マジック・ジョンソンは，「彼からエイズをうつされた。」と主張する女性から訴訟提起されたこともある。しかし，裁判ではエージェントの活躍により，「交際どころか会ったこともない。」というマジック側の言い分が認められた。

ⓓ スポーツ・エージェントの役割の拡大

当初は，選手にチームとの選手契約の助言を与えることのみが仕事内容であった。しかし，現在ではエージェントの役割は多岐にわたり，端的に言えば，選手の生活設計すべてに目を配るようになった。

すなわち，チームと契約交渉して最大利益を引き出すことや，チームとの間で緩衝材の役目を果たすことのほか，選手に有利なエンドースメント契約をまとめること，ファイナンシャル・サービスを提供することなども重要な役割の１つとなってきた。

エンドースメント契約とは，スポーツ選手のもつパブリシティ，評判，名声，あるいはプロ・スポーツ選手の技能，パフォーマンス等の価値と引き換えに対価を取得するという契約である。具体的には，スポーツ選手が特定の企業のコマーシャルに出演したり，特定の商品に氏名，肖像を使用するライセンスを付与するといった内容の契約がこれにあたる。例えば，タイガー・ウッズとナイキ社，アメックス，ロレックスとの契約がこれにあたる。

スポーツ・エージェントは，選手の引退後の生活設計についても相談にのり（米国におけるスポーツ選手としての平均実働年数は，フットボールで４年，アイスホッケーで５年，他のプロ・スポーツでも10年を超えることはないと言われる），財産管理・資金運用・税務対策（連邦制度のため，各州によって税法が異なり，ゲームをした州ごとに申告をしなければならない）のほか，怪我をした場合の補償対策，スキャンダルが起きた場合の法廷闘争・マスコミ対策等，あらゆる分野でその役割を果たしている。選手はただプレーに集中していればよいことになる（効率化のための分業）。

ⓔ チーム側から見たスポーツ・エージェント

上述のとおりチーム側は，当初，拒絶反応を見せていたが，エージェントを介することによって選手とチームが対等な立場で契約を締結することに次第に慣れてきた。

チーム側のメリットもある。選手の弱点や貢献度の少なさを指摘したい場合に，直接本人に言うのではなく，エージェントを通し，クッションをおきながら，選手のやる気を削がないように伝えることができるからである。エージェントが介在することによって選手が効率的に本来の仕事に専念できる環境が整うため，チームおよび選手の双方にとってメリットとなる（効率化のための分業）。

ⓕ スポーツ・エージェントの形態と今後の展望

このようにエージェントの役割が増大するに

つれて，1人の人間が幅広い範囲のエージェントをこなすことは，ほぼ不可能となった。

現在，エージェントの形態としては，大きく分けて次の2つがある。

①大規模会社型

IMG（弁護士マーク・マコーマックが設立。タイガー・ウッズも顧客の1人である）がその一例である。IMG は従業員数 2,500 人以上，全世界に 70 ヵ所以上の拠点をもつ。社内に弁護士，公認会計士，税理士，スポーツ心理学者，マーケティング・エキスパート等の各分野の専門家を多数抱えている。最大のエージェント会社であると同時に，スポーツ・プロモーターでもあり，テレビ放映権配給会社でもあり，ライセンス管理会社でもある。顧客のすべての要望に応えられるよう大規模化された。

②独立型

小人数のスタッフを抱える税法専門弁護士等の個人事務所である。この場合，1つのプロ・スポーツに特化し，顧客の数を絞り込んでエージェント業務を行っているのが通常である。

大規模会社のやり方は，顧客に対してはワンストップ型の効率化を目指しつつ，内部で徹底的に専門化・細分化する方法。独立型は，対象プロ・スポーツや対象顧客を絞ることで専門化し，家庭的ワンストップ型サービスという個性を打ち出して生き残ろうとする方法。いずれの形態をとるにせよ，1人ひとりのエージェントの専門はますます細分化されていき，スペシャリスト化はさらに進む。

❸ 代理母出産エージェンシー

ⓐ 代理母とは

代理母とは，他の女性に代わって妊娠・出産し，生まれた子供を契約者に渡す目的で自らの体を提供する女性のことをいう。妊娠にあたっての精子・卵子の組み合わせは，次の4つのケースがある。①子供を引き取る夫婦の精子・卵子を使う場合，②夫の精子と提供者（第三者）の卵子を使う場合，③提供者の精子と妻の卵子を使う場合，④提供者の精子・卵子を使う場合。以前は，代理母自身の卵子を使うケースもあったが，最近はほとんどない。後述する赤ん坊引き渡し拒絶のリスクが高まるからである（「ベビー M 事件」）。

アメリカで最初の代理出産が行われたのは 1976 年のことである。1985 年頃にはコーディネーター業務をする会社は 30 社にも上った（1991 年にはアメリカの代理母コーディネーター会社の日本事務所が開設されている）。現在も代理母については賛否両論があり，産みの親である代理母ではなく，依頼者を誕生証明書上，子供の親と認める州（カリフォルニア州など）と認めない州（こちらの方が圧倒的多数）とがある。

ⓑ 双方の動機

依頼者側の動機は主として不妊である。代理母側の動機は，不妊カップル等のために，というボランティア的心情と経済的動機の2点が挙げられる。新聞・インターネットなどの広告で募集すると，代理母になりたいという女性がアメリカには少なからずおり，通常支払われる謝礼は1万ドルから2万ドル程度（白人の方が黒人よりも報酬の額が高い）といわれている。もっとも，長期にわたるさまざまな制約や医学的リスクを考えるならば，金銭が介在するとはいえ，強いボランティア精神なくしてできる仕事ではない。宗教心を下敷きに，自分にできることをして誰かを喜ばせたい，究極のプレゼントをしてあげたいという心理が働いていると考えられる。

ⓒ 代理母出産エージェンシーの役割

代理母出産エージェンシーとは，代理母による妊娠から出産のすべてをコーディネートする機関を指す。

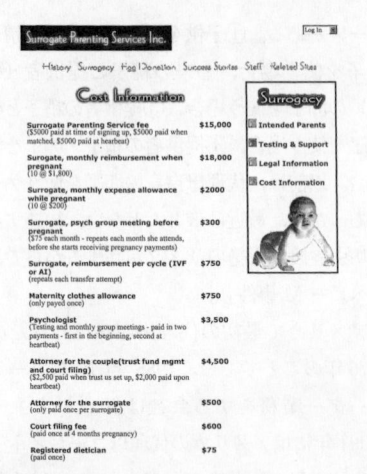

❹代理母出産エージェンシーのインターネット広告［項目ごとに事細かに料金が明示されているところが，いかにもビジネスライクでアメリカらしい。］

新聞やインターネット等で宣伝広告して代理母を探し，心理調査・身体調査をしたうえで，登録をしてもらい，代理母出産を望む依頼者とのマッチングをする。依頼者に対しての宣伝広告ももちろんする。依頼者側の心理調査・身体調査も必要である。依頼者夫婦の精子・卵子が使えない場合は，精子・卵子のドナーも探す。そして，担当する医者・病院（不妊治療専門の病院）・弁護士等の手配をする。受精卵を代理母の体内に戻しても一度で着床するとは限らず，少なくとも1件あたり2年にわたる長期プロジェクトとなる。

代理母出産エージェンシーの仕事内容は，広告・手配から双方の心理カウンセラー的な仕事まで含む。エージェンシーに依頼せず，目的を達することは困難である。他方，費用はかかっても，子供をどうしてもほしい依頼者は多数いる。かくして，代理業が成立する。

なお，日本では医学会の自己規制から代理母が認められておらず，日本からエージェンシーに依頼して，アメリカに渡る依頼者夫婦もいる。この場合，国外移送の手配も必要となる。

専門のエージェンシーにすべてを頼む場合，1万ドルから7万ドルくらいがかかる。

d 代理母出産をめぐるトラブル

代理母ビジネスはスムーズにいくとはかぎらず，後日紛争となり裁判に持ちこまれたケースもある。「ベビーM事件」（1985年），「カルバート対ジョンソン事件」（1990年）などが有名である。いずれも代理母が子供の引き渡しを拒絶した事件である。裁判ではいずれも依頼者側に子の引き渡しが認められた。「ベビーM事件」は代理母と依頼者側の夫が遺伝上の両親である事件だが，裁判所は金銭が介在する代理母契約は無効と判断し遺伝上の両親を父母であると認定したものの，子の福祉の観点から経済的裕福さ等を考慮し依頼者側の夫に養育権を認めた。「カルバート対ジョンソン事件」は白人夫婦である依頼者の受精卵を黒人の代理母に移植したところ，妊娠7ヵ月の時点で代理母が自分の子供として育てることを宣言し，養育費を求めて裁判を起こした事件である。裁判所は遺伝関係を理由にカルバート夫妻を唯一の親と認定した。

また，これらとは逆に生まれた子供に障害があったために，子供の引き取りをめぐってもめたケースもあった。

このようなトラブルが想定されるプロジェクトであるからこそ，事前の心理調査・身体調査・生活調査を含め，契約書作成・弁護士の関与等の対処を考えねばならない。専門のエージェンシーに頼らざるをえないゆえんである。

e 代理母出産をめぐる批判と論議

代理母出産をめぐっては，階級差別的であり，生殖技術の商業利用であるといった批判が，アメリカでも再三なされている。合衆国議会の技術アセスメント局（OTA）の1988年報告によれば，代理母契約を望む者の圧倒的多数は白人の結婚した30代後半から40代前半のカップルであり，一般に暮らし向きが良く高学歴である。約64％の世帯収入は年5万ドルを

超えており，少なくとも37％が大学を卒業しており，54％が大学院に通っていた。代理母契約に応じる側の88％が白人であるが，大学に通った者は35％，大学院に通った者は4％だけであり，66％は3万ドル未満しか収入がない。代理母出産を依頼するためには，代理母側への報酬，保険料，医療費，エージェンシーへの斡旋料等の費用負担が必要であるから，依頼者側の生活レベルが一定以上であるのは当然である。また，代理母側が依頼者側より収入が少ないことは，予測できるところである。

2003年には，代理母出産をめぐる論議に一石を投じるような出来事が生じた。アメリカで著名なTVキャスターであるジョーン・ランドン（52歳）が，代理母により双子の赤ん坊の母親となる予定（2003年6月）であるとテレビで語ったのである。ランドンはTVインタビュー（2003年2月12日）を受け，依頼したエージェンシーの名前も明かして経緯を詳細に語った。また，雑誌『ピープル』の取材も受け，42歳の代理母とともに双方実名・写真入りで，表紙を飾っている。

著名人であるランドンが，進行中の自らのケースを公表したことにより，その後，インターネット上などで，代理母による出産の是非・賛否について，活発な議論がかわされている。

❻ 代理母出産エージェンシーの今後

階級差別，生殖技術の商業利用等の批判がある一方，二極分化社会の中，子供を持ちたいという依頼者側のニーズはむしろ増大している。高学歴・高収入のカップルほど出産を遅らせる傾向があり，不妊の割合が高くなっていくからである。

近時は，エージェンシーを通さずに，直接依頼者が広告を出したり，代理母志願者が広告を出すこともあるし，また，双方の出逢いをサポートするウェブサイトもある。

代理母志願者の広告は，例えば，自分が健康

❺人気TVキャスター，J.ランドンの代理母出産を大きく取り上げた週刊誌『ピープル』の表紙［左がランドン，右が代理母，2003年3月10日発売号］

で良い家庭を持ちすでに二児の母であることを強調するものや，細かく報酬2万ドル・生命保険の提供・妊娠中の被服費800ドル・小遣い月200ドル・双子もOKただし5,000ドルアップなどと条件を記載するもの。以前にも代理母をやり成功した経験があることを売りにするものや，お金が必要だからと端的に記載したものなどさまざまである。依頼者側の広告も多彩で，子供に恵まれない夫婦からの広告が圧倒的に多いが，中には，一人者や同性愛者からの広告もあるし，ガールフレンドが子供を産むのを嫌がっているので頼むという広告まである。

インターネットにより，両当事者がエージェンシーを通さずに直接契約をする例も，上述のように出始めている。しかし，直接契約には，不安が残る。今までのトラブル例を考えれば，心理調査・身体調査・生活調査・契約書作成・弁護士の関与・病院手配等を総合的にコーディネートする専門エージェンシーを利用するメリットは，依頼者側に大きい。資金力のある依頼者にとっては，エージェンシーを排除する理由はない。双方の直接広告の場において，依頼者側より代理母志願者側の広告の方が圧倒的に数

が多いのは，そのせいであろう。上述のジョーン・ロンドンもエージェンシーを利用した一例といえる。

　子供をほしがる人々が存在し，費用負担が十分にできる一方で，代理母に応募する女性が存在する以上，両者を結び付ける代理母出産エージェンシーが消滅することは考えられない。それは，個人主義・自由主義・自由競争社会の土壌に結び付いているからである。

❹──出版コンサルタント

　本を出版しようとした場合，良い内容の原稿を書いたとしても，そのジャンルを専門とする出版社，編集者の目にとまらなければ，出版できる可能性は低い。そもそも出版社そのものも，また編集者自身も通常は得意分野をもって専門分化しており，原稿の内容に見合った正当な評価を得るためには，原稿を持ち込む場所を間違えてはならない。専門が違う編集者に見せたところで，相手にされないのがおちである。

　そこで，ある内容の原稿をどの出版社のどの編集者に持ち込めばよいのかを，戦略的にアドバイスする出版コンサルタントというエージェントが生まれた。効率化のための分業が深化している一例である（出版コンサルタントについて詳しくは，⇨「91書籍・出版」のコラム「リテラリー・エージェントの役割」）。

C──代理業の基盤をなす　アメリカ的価値観

　アメリカは信条によって作られた唯一の国である。その信条とは，アメリカニズムともいうべきイデオロギーである。それは例えば，独立宣言の序文に謳われている「自由主義」「個人主義」「平等主義」「人民主義（民主主義）」「放任主義」などに代表される建国の精神に表われている。このメンタリティは，アジアやヨーロッパをはじめとする他の国々のように，歴史的に形成された価値観の共有を国民のアイデンティティとする国とは異なる。

　また，アメリカ人はキリスト教社会の中で最も宗教心が強く，また最も個人主義的性向が強い国民性を持つ。キリスト教的個人主義の基盤をなすのは，人間はそもそも「神と人との間の契約」によって生かされているという考え方である。アメリカ人にとっては，自己と神との関係が第一義的であり，他人との関係は第二義的である。誰もが「己」をそのように考えていることが社会のベースにあるため，その結果として個人が尊重される社会となる。自己と神との関係が個人主義のベースであるから，いきおい他人との関係はどちらかというと希薄なものになりがちで，これが平等や自由という理念のベースともなる。

　個人主義社会であるから，誰もが自分の思うところに従って自由に意見や考えを述べる。個人の良心に従っての行動，個人の快適さが，重要視される。全体の「場」を保つために自己の意図に反して相手の意見に賛意を表明することも多い日本人とは，そのメンタリティがまったく異なるのである。したがって，個人が他人の考えに賛同できない場合，あくまでも自分の意見を主張することになる。ゆえに組織の意思決定の際にも，議論はする（他人を自分の意見に同調させようとはする）ものの，集団としてのコンセンサスづくりは不要であり，組織の最終的決定は採決によればよいことになる。

　また前述の5つの主義は，必然的に激しい「自由競争社会」を招く。経済活動についても，原則は，アダム・スミス以来の「レッセ・フェール（自由放任主義）」の思想が貫かれる（「経済的自由主義」が重要視される）。その「自由

知的所有権の考え方

「知的所有権」とは，人間の知能的活動の成果として誕生する無体財産に関する権利のことであり，「知的財産権」とも呼ぶ。無体財産のうち，精神文化の発展に寄与する創作的活動は「著作権」として，また物質文化の発展に貢献する創作的活動と識別標識は「工業所有権」として法的に保護されている。なお，「特許権」とは，「工業所有権」のうちの一部を指す。

●「アンチ・パテント」から「プロ・パテント」へ——アメリカにおける知的所有権の歴史をたどると，特許制度と独占禁止法との間には，本質的に相反する緊張関係が見てとれる。建国の精神からして自由市場経済を至上視するアメリカにおいては，反独占の考え方が支配的になる方が自然である。1930年代以降かなり厳格に反独占政策がとられていたアメリカでは，発明の保護に対しても消極的な空気が強く，1970年代まではアンチ・パテントの考え方が優勢な時代が続いた。

しかし1979年秋のカーター技術革新教書が，競争力強化の1つの柱と位置付けて知的所有権の保護強化を公然と打ち出した頃から，流れが変わり始めた。プロ・パテント（特許重視）時代の到来である。これは，1970年代後半，アメリカ産業界が日本の工業力に対して強い脅威を感じ始めたことの反映と言えよう。この頃のアメリカは，特に製造業の分野（製鉄・造船・自動車など）において，かつてのような圧倒的国際競争力を急速に失い始めた。そこでアメリカは，国策としてモノ作りの背後にある知的所有権の保護強化を打ち出すことにしたのである。

●国策としての知的所有権の保護強化——この流れは，続くレーガン政権・ブッシュ政権においていっそう強化された。1980年代に入り，エレクトロニクスやバイオテクノロジーを中心とする新しい技術革新が本格的な展開を遂げ，コンピュータ・プログラム，データベース，半導体マスクワーク，遺伝子組み換え技術，遺伝子工学など多くの知的生産物が生み出されるにしたがい，その保護強化への取り組みが進んできた。もはや知的所有権問題は単なる企業経営上の関心事にとどまらず，国防上，経済上の国家戦略の一環として対外政策上の重要テーマとなったからである。

特許権の強化だけではなく，その対象範囲も広げられた。すなわち，技術ノウハウ，コンピュータ・プログラム，営業秘密，植物新品種などは，ハード的なものを対象とする従来の特許権の考え方では保護の対象とは認められないが，それらすべての保護を目指す考え方が登場し，法改正が次々となされた。ソフト的なものはアイディアに近く，従来のハード技術とは異なり模倣が容易である。そのためより強い保護が必要とされた。

1990年代半ば頃からは，IT革命の下，「ビジネスモデル」（ビジネスの方法）についてまで特許が成立し始めた（例えば「逆オークション特許」，「金融ビジネス特許」，アマゾン・ドット・コムの「ワン・クリック」特許など）。

●「先発明主義」と「先願主義」——アメリカは，世界で唯一「先発明主義（若干の修正あり）」を採用している。他は「先願主義」をとっており，国際的ハーモナイゼーションの大きな障害となっている。先発明主義とは文字通り，先に発明した者を保護する制度であり，先願主義とは，先に出願した者を保護する制度である。

アメリカが先発明主義を採用してきた理由は「公正」の観念に合致するからであるといわれている。しかし，先発明主義は，公開されないまま水面下に潜って突然浮上する「サブマリン特許」の温床になりやすい。裁判になっても自分が先に発明したことを立証しさえすればよいことになるからである。反面，誰が先に発明したのかを決定する作業は極めて困難であり，致命的欠点といってもよい。国際的特許制度の共通ルール作りが急務とされるゆえんである。

[鬼頭栄美子]

競争社会」で生き抜いていくために，人は常に勝たねばならない。そこで生まれてくるのが，プラグマティズムの考え方である。

　その効率的な実践方法は，個人個人の最も優れた部分を徹底的に磨く，という戦略である。頭が良ければ頭を鍛え，運動能力が高ければ運動能力を磨くのである。ジェネラリストではなくスペシャリストを目指す。すなわち，専門を絞り込み，限定された分野に特化することで，その道の専門家になり，自分を売り込むという手法が生み出されたのである。

　さらに「移民国家」アメリカは，人種的・民族的・文化的多様性をもっている。このような国においては，人種的要素などによって深く分断されている「国民」の統合をいかに果たすかを常に考えることが必要となる。実体的にはアングロ＝サクソン文化への同化としての「アメリカ化」が学校教育を中心に推し進められてきたにせよ，建前においては，「自由競争社会」を前提に，「平等」なルールがすべての国民に適用されるという土壌作りが要請される。この土壌作りの要請がさまざまな領域におけるルールの専門化を招き，その道の専門家としての代理業を生み出したことも指摘できる。ルールを守らねばペナルティが発生する。そしてすべてのルールに精通することは不可能であり，専門家に依存せざるをえなくなるからである。

　もっとも「自由競争社会」は「強者の論理」で動くから，すべての国民が平等に専門家を利用するのは無理である。自由競争社会のもと，社会構造の二極分化は必然的に進行する。勝者は，快適さ・利便さを求め，さらに細分化・深化された代理業が生まれることになる。

■参考文献

梅田香子『スポーツ・エージェント』文藝春秋，2000.

升本喜郎『ショウ・ミー・ザ・マネー』ソニー・マガジンズ，2001.

菰田麻紀子『代理母出産』近代映画社，1996.

小泉カツミ『産めない母と産みの母』竹内書店新社，2001.

立岩真也『生殖技術論・3』Sociology Today 4 社会・意識・行動研究会，1993.

坂井昭夫『日米ハイテク摩擦と知的所有権』有斐閣，1994.

長谷川俊明『日米パテント・ウォー』弘文堂，1993.

岸宣仁『特許封鎖』中央公論新社，2000.

柳沢賢一郎『アメリカのしくみ』中経出版，2002.

油井大三郎・遠藤泰生『多文化主義のアメリカ』東京大学出版会，1999.

■さらに知りたい場合には

サイモン，R.（武田薫訳）『スポーツ代理人』ベースボールマガジン社，1998.

　［スポーツ・エージェントである著者が自らの体験を書き綴った書籍。元法廷弁護士であり，スポーツ・エージェントとしても大成功した著者の体験談は示唆に富んでいる。］

木村耕太郎『判例で読む米国特許法』社団法人商事法務研究会，2001.

　［米国特許法の基本を解説した学術書。判例を中心にまとめられている。難易度は高い。著者が日本の弁護士なので，日本法との異同についても少し触れられている。］

フォックス，R./スウェイジー，J.（森下直貴他訳）『臓器交換社会』青木書店，1999.

　［1980年代から臓器置換（臓器移植と人工物の埋め込み）の実験・治療が爆発的に拡大したアメリカの移植医療の進展ぶりを批判的に検討した書籍。「商品化」の進行による痛切で深刻な精神的重圧および医療コストとその分配の問題などに切り込んでいる。］

アメリカン・ウェイ・オブ・ライフ

1960年代，テレビの人気者だったスーパーマンは番組の冒頭で星条旗を背にして地球に仁王立ちになった。そこに「真実と正義とアメリカ的生き方を守るため，日夜戦い続けているのです！」という有名な台詞が入る。「アメリカ的生き方」にしても，原文のThe American Wayにしても，極めて曖昧なこのことばの意味するところはアメリカ人の価値観や流儀といったもので，さらにof Lifeが付くと，生活全体にかかわる衣食住，技術，言語などを含めたトータルな文化の営みが対象となる。

言い換えれば，アメリカという現代文明の最も根底の部分を多角的に探ることで初めてアメリカ人のものの見方や心情がわかるということになる。しかし，世界各国の中で特にアメリカに関して「アメリカン・ウェイ・オブ・ライフ」という言い方がされるのは，それがアメリカ人の「真実と正義」同様に，人類全体にとって賛否両論を含む重大関心事であるということにほかならない。

73 | アメリカン・ウェイ・オブ・コミュニケーション
American Ways of Communication

鳥飼玖美子

アメリカは「ことばの国」である。米国社会は「ことば」で成り立っていると言っても過言ではない。むろん、アメリカ合衆国のような広大な国をひとくくりにして論ずることは困難であり、安易な一般化は無謀である。地域的にも、発音、語彙、文法など言語面での違いが大きいし、多彩な人種・民族模様の織り成すコミュニケーションは当然ながら独自の色合いを有する。社会階層、所得、教育水準などによる言語的差異もある。ジェンダーによるコミュニケーション方策の違いも指摘されている。ニューヨークのような大都市になると、外国訛りの英語の方が多く、ニューヨーク市民の母語は150種類にもなる、といわれる。それほど、アメリカの英語は多種多様なのである。しかし、不思議なことに、そのような多様性にもかかわらず、アメリカ人と出会う日本人は一様に、「アメリカン・ウェイ・オブ・コミュニケーション」とでも呼べる独特なコミュニケーション・スタイルに日本型コミュニケーションとは異質なものを感じる。これはなぜか。コミュニケーションの諸相をステレオタイプ化することを懸念しつつも、米国人のコミュニケーション・スタイルにある種の一般化を試みることは、その「なぜか」を追求することにつながるはずである。以下は、その試みの一端である。

A——日本型コミュニケーションとの対比

アメリカ型コミュニケーションの特徴を鮮明にする、最もわかりやすい方法は、日本型コミュニケーションとの対比であるかもしれない。各国のコミュニケーション・スタイルの相違を比較した研究によれば、日本とアメリカは、ほぼ対極にあるとも言えるからである。例えば、仕事で腹が立ったときに不快感をどの程度、ことばにして表現するかというアンケート調査に対し、「表現しない」と回答した割合は、イタリア29％、フランス34％、米国40％であり、日本は83％が「表現しない」と答えている。同じ英語圏でも、英国は71％である。これを逆に見ると、日本人で怒りをことばにして表現するのは17％であるのに対し、アメリカ人の60％が黙っていないで、ことばで怒りを表わす、ということになる（Trompenaars, 1993, p. 63）。

ホフステードの文化的価値観の差異に関する研究によれば、個人主義についての数値は、アメリカ人が91と40ヵ国中で最高値であり、日本は46で平均値より若干低い。個人主義的傾向が強い場合は、同一集団への帰属意識が薄く、コミュニケーションは必然的にことばに依存する度合いが強くなる。日本人の場合は、内集団と外集団を明確に峻別し、外集団とのコミュニケーションは少ない。内集団は身内であるから、コミュニケーションと言ってもことばに

して表現する必要度は減少する。

　これは、エドワード・ホールの分類に従えば、高コンテクストと低コンテクストの対比となる。長い歴史を狭い風土で共有してきた日本という国では、コミュニケーションにあたっての情報を共通の基盤として有する割合が極めて高い。したがって、すべてを言語によって表現しなくとも相互理解が可能である。結果として、コミュニケーションは間接的な表現が多くなる。これが高コンテクストのコミュニケーションである。

　それに比して、アメリカ合衆国のように、比較的新しく、異なった民族グループが共生している多言語多文化社会では、共有しているコンテクストの割合が低いため、その分、言語に依存する度合いが高まり、質量ともにことばの重要性が増す（Hall, 1990）。「車輪はギイギイ音を立てなければ油をさしてもらえない」(The wheel that squeaks gets the oil.)、WYSIWYG "What you say is what you get."というのがアメリカ型コミュニケーションの基本である。黙っていては理解してもらえない。自分を主張し、考えを説明し、相手を説得するためにこそ言語は存在するのであり、言語を駆使してコミュニケーションをはかることに骨惜しみしないのが、アメリカン・ウェイ・オブ・コミュニケーションである。このような文化では、コミュニケーションは直接的な表現が多くなる。日本のように高コンテクストで多くを語る必要がない社会では、むしろ「沈黙は金」であり、言い過ぎては身もふたもない、「言わぬが花」であるが、西欧では「雄弁こそ金」であるギリシャ・ローマ以来の伝統をもつことに加え、共有するコンテクストが少ない社会では、言語に依存することが不可欠である。その際に使用する言語表現は、"Don't beat about the bush"、"Get to the point."と回りくどい表現を嫌い、直截的な表現を求める。そ

れがアメリカである。

　これまでの日米外交ではコミュニケーション上の齟齬から両国関係に亀裂が入ったことが何度かあるが、原因を分析すると、察しを前提に黙して語らぬ日本型コミュニケーションが、言語依存の度合いが大きいアメリカ型コミュニケーションと相容れなかったことに起因することが多いと思われる。その最も典型的な例が1970年の佐藤＝ニクソン会談で、「善処しましょう」の一言が招いた日米間の軋轢であろう（鳥飼、2001）。当時は、同席した通訳者の誤訳とされたが、これは純粋な訳し方の問題ではない。「できるだけやってみるけれど、繊維輸出の自主規制を業界が受け入れてくれるかどうか不明である」と、相当の背景説明が必要であった国内事情を、「善処します」の一言で片付けてしまった言語コミュニケーション上の怠慢が招いた誤解である。日本式コミュニケーションを理解していない、とニクソン大統領を責めることは可能であるが、コンテクストを共有していない相手と交渉する際には、ことばを尽くす努力が求められるわけで、その点についての認識不足が原因で、日本はニクソン・ショックという仕打ちに苦しみ、その後の両国関係は戦後最悪とまで言われるほど悪化した。日米関係をコミュニケーションという視点から考えるうえで忘れてはならない歴史であろう。

B──論理思考パターン

　アメリカ型コミュニケーションは、発話量の多さで一般的な日本人を圧倒するが、質に関しても、英語と日本語とでは差異が見られる。

　言語学者のR. キャプランは、外国人留学生が書いた英文パラグラフを論旨の展開という観点から調査分析し、言語と思考パターンの関係

についての仮説を提示した。英米語圏の「直線型思考パターン」に対するアジア圏の「渦巻型思考パターン」という分類には現在では批判も多いが，文章に表われるコミュニケーション・スタイルを，論理パターンを1つの要素として検討することは無意味ではない。キャプランによれば，アメリカの学生と，他国から米国に留学した学生を，英語レポートの論理展開から分類した場合，日本を含むアジア圏からの留学生の論理構成は，中心から外周に向かって渦巻く型が特徴であり，このような思考パターンの文化では，読み手を論理的に説得するというよりは，読み手の情感に訴えることが多く，文章をどこから，どのように始めても終わってもよい構成になっている，という。日本語を例として考えると，それぞれの段落が論理的なつながりを有するというよりは，むしろ読み手が「行間」を読み取ることを期待した段落構成になっている。

それに比して，アメリカ人学生の論理構成は「直線的思考パターン」が顕著であることが指摘された。直線的論理構成は，アメリカに限らず，英語そのものにおける文章作成法に明示的である。その骨子は概略，次のようにまとめられる。

1. 重要なポイントは，最初に提示する。
2. 1つのパラグラフには，1つのまとまった概念を入れる。
3. パラグラフの中では，そのパラグラフのテーマを表わす文章（トピック・センテンス）が存在し，その他の文章はテーマを敷衍し説明し例証する。最後の文章は，全体をまとめる結論文である。
4. 上記の論理の積み重ねは，パラグラフの積み重ねにおいても同様である。
①最初のパラグラフで，全体の概要を提示する。
②続くパラグラフは，全体テーマの説明，証明など，ディスカッション部分となる。
③最後のパラグラフは全体の総括をする結論パラグラフである。

達意の日本語の見本とされる，例えば朝日新聞「天声人語」をそのまま英訳し，英語母語話者に読ませると，各段落のつながりが脈絡に欠け論理をつかみにくい，と感じる。これは「直線型思考」の人間にとって，「渦巻き型思考パターン」が理解しにくいことの表われと解釈することができよう。

思考パターンの違いは，単なる文化の差異であるから，優劣の問題ではない。しかし，理解しやすさ，という点では，どうであろうか。コンテクストを共有している度合いが強ければ，行間を読み取ることを期待する渦巻き型論理思考が有効であろうが，コンテクストを共有しない多文化社会では，推察を前提とはできないわけで，わかりやすさを追求すれば，直線型になるのが自然であろう。そういった意味で，インターネットの共通語として英語，とりわけ米語が定着してきているのはうなずける部分がある。大量の情報が流れるインターネットでは，重要なことがまず真っ先に提示されるという英語式コミュニケーションが効率的であるのは間違いなく，簡潔明瞭にして平易なアメリカ語が国際コミュニケーションの共通語として機能するのは，大国としての権力を別にしても，理由のあることと言える。

C 会話

❶ 会話協調の原則

H. グライスは，人間同士のコミュニケーションを考察するにあたり，「会話の協調の原則」

を提示し，会話の公理として4原則にまとめた。

1. 量の公理（Maxims of Quantity）：
   （1）必要な情報量を提供すること。
   （2）要求されている以上の情報は提供しない。
2. 質の公理（Maxims of Quality）：
   ＊真実を語ること。
   （1）偽だと思うことを言わない。
   （2）十分な証拠のないことを言わない。
3. 関連の公理（Maxim of Relation）：
   関連のあることを言う。
4. 作法の公理（Maxims of Manner）：
   ＊明快であること。
   （1）不明瞭な表現を避ける。
   （2）曖昧さを避ける。
   （3）簡潔に述べる。
   （4）順序立てて述べる。

　低コンテクスト文化における協調的な会話では，この4原則に従い，適切な量，質，関連性と方法を含んだコミュニケーションを前提とする。例えばアメリカである。しかし，文化によっては，例えば高コンテクスト文化におけるコミュニケーションにおいては，必ずしもこの原則が適用されないため，誤解を生むことになる。日本型コミュニケーションが，簡潔・明瞭よりは曖昧さを尊ぶこと，情報量がアメリカ型コミュニケーションから見れば不十分な場合が多いことなどが例として考えられる。

　この観点からアメリカ型コミュニケーションを眺めてみよう。

❷──アメリカ型コミュニケーションのあり方

　2003年2月1日に起きたスペースシャトル事故についてのNASAの対応を，毎日新聞の斗ケ沢秀俊記者（北米総局）は，以下のように論評している。

　「『この説明で，質問の答えになっていますか』。米航空宇宙局（NASA）ジョンソン宇宙センターで開かれたスペースシャトル「コロンビア」の空中分解事故後の記者会見。シャトル計画マネジャーのロナルド・デイテモア氏が質問者に訊ね返した時，新鮮な驚きを覚えた。事故や不祥事に関する会見で，そんなことばを聞いたことはなかったからだ。……

　コロンビア事故は，日本にとって対岸の出来事ではない。事故や不祥事の際は，「事態を最も知る人物」が説明責任を果たす。NASAが実行した事故対応の手本を，日本社会も学ぶ必要があるだろう。」

（『毎日新聞』2003年2月19日付）

　NASAは過去には，これほど率直な情報開示をしなかったこともあるので，この記事に登場するNASAのデイテモア氏が一般的だということにはならないが，説明責任のあり方として理想的なモデルである，と米国内で好感をもって受け止められたことは事実である。また，「この説明で，質問の答えになっていますか？」という質問者への問いかけは，米国でよく耳にする一種の決まり文句と言ってよい。質問に対しては，ポイントをついて的確に答えることがよいこととされている証左のような表現である。そのような土壌があるからこそ，「説明責任」にaccountabilityという英語が使われるのである。事故などがあると，あれこれ言い訳するのをいさぎよしとしない日本社会では，企業経営陣が並んで黙って頭を下げ，「世間を騒がせて申しわけない」と土下座をすることで謝罪と見なされるのが慣例である。そのような社

会で，カタカナ語の「アカウンタビリティ」が，どれだけ英語の本来的意味を表象しているかは，疑問である。

D──対人コミュニケーション

アメリカ人のステレオタイプは，「よく喋る」「自己主張が強い」「はっきり物を言う」「人なつこい」「気取らない」という感想に集約されるであろうか。一般論であるから，このステレオタイプに当てはまらないアメリカ人も多く存在するが，そのような場合は，「あの人はアメリカ人なのに，静かだ」「自己主張をしない人でアメリカ人らしくない」といった形容をされがちである。時には「アメリカ人なのに遠慮深くて日本人みたい」という評価になることもある。

「よく喋る」というのは，発話量が日本人と比較して絶対的に多いことからくる印象で，これは上述のように，米国社会が低コンテクストであることに由来する。加えて，2人で対話している際に生まれる「沈黙」にアメリカ人は耐えられないことが多く，すぐにその沈黙をことばで埋めようと努力する。ところが日本人の対話には「間」があるのが普通であるので，日本人とアメリカ人が対話をすると，結果として「間」を取れないアメリカ人が一方的に喋りまくることになり，会話の順番取りが得意でない日本人は終始黙って聞くだけに終わってしまう。発言の機会を得られなかった日本人には不満が残るが，自分が話しただけで相手から何も得ることがなかった側も不満を抱く，という結果となりがちである。

「自己主張が強い」も同じことで，自分が何を考えているか口に出して説明しないかぎり，理解されず要求が受け入れられない社会であれば，当然のこととして明確に主張する。黙っていてもわかってもらえるのは，日本が高コンテクスト社会であるからで，さまざまな文化的背景を有する異質な人間同士の会話では，いちいちことばにして自己の意思を表現し主張し説得していくことが求められる。「自己主張が強い」という現象を，わがままや押しが強いという性格的な問題として評価してしまうと，判断を誤ることになる。逆に，日本人が米国に滞在し，日本流の黙って待つ，遠慮して我慢する，という品の良さを通そうとしても，理解されないどころか，黙っていて不気味，というマイナス・イメージを相手に与えることになる。

アメリカ人は見知らぬ相手に対しても，気楽に声をかけて挨拶するので，「人なつこい」と感じる日本人は多い。日本の場合は，身近な内集団への帰属意識が強く，それ以外の外集団に対してコミュニケーションを取ろうという意欲をもたないことが多いので，挨拶などはしない。したがって，赤の他人なのに平気で挨拶をしてくるアメリカ人を奇異に感じたり感心したりする。米国社会では日本のような内・外という区別をしないので，挨拶をすることが，一人の人間として認め，コミュニケーションを開始する一歩という感覚が強い。

アメリカ人は「はっきり物を言う」というのは，一面では正しい見方だが，実際には注意を要する。確かに，自分の意見などが正確に伝わるように，グライスの原則に従えば，「本当のこと」を「簡潔に」しかも「十分な量」で発言する。それが日本人にとっては「歯に衣着せず」「曖昧さで和らげることをせず」「言いたい放題言う」という印象になるのであろう。だが，それは内容伝達にあたってのことで，使用する表現に気配りしない，ということではない。この点が日本では誤解されているようで，「英語には敬語がない」などと考え，端的に言えば済む，と単純に考えて失敗することがあ

る。内容は率直に伝えるが，その際，使用する語法は，婉曲表現や丁寧表現を多用し，相手を傷つけないような配慮をするのが鉄則である。日本語のような敬語は存在しないが，例えば仮定法を使用するなどの方法で，文章を長くするほど丁寧度は増す。アメリカ人ははっきり「ノー」と言う，アメリカ人は決して「ソーリー」と謝らない，という説が流布しているが，招待を断る際には，"Thank you." と謝意を述べてから，"I am really sorry, but..." と詫び，そして断る理由を具体的に述べるのが暗黙のルールである。相手の意見に反論する場合も，"You have a point there." "I see what you mean." などの相手を立てる枕言葉を添えてから反対意見を述べる。ただ「ノー」とだけ言って黙ってしまうことは，かえって失礼になり，場合によっては「これ以上，あなたとは話すつもりはない」という強いメッセージを発信したと解釈されることもある。

「アメリカ人は気取らない」という感想をもつ根拠によく挙げられるのが，「ファースト・ネームで呼び合う」という米国の習慣である。アメリカ人同士が気楽にファースト・ネームで呼び合っているように見えるのは事実だが，仔細に観察してみると，相手構わずファースト・ネームにしているわけでは決してない。上司や経営者に対しては，いかに毎日親しく接していても，Mr. Ms.を付けて苗字で呼ぶし，大学教員に対しても多くの場合は，Professor, Dr.などの呼称をつけて苗字で呼ぶ。原則は，本人から「ファースト・ネームで呼んで」と言われたら，ファースト・ネームで呼ぶ，ということで，そうでないのに相手構わず勝手にファースト・ネームにすることはルール違反となりかねない。

アメリカ人は形式ばらない印象を与えるし，日本のような年功序列社会ではないが，上下関係は厳然として存在しており，それに応じた表現や語法を用いることは対人コミュニケーションの基本である。

E——大統領に見る「アメリカン・ウェイ・オブ・コミュニケーション」

アメリカ型コミュニケーションが最も特徴的に表象されるのは，大統領の言説においてであろう。アメリカ大統領を言語面から分析した松尾は，それを「アメリカ的なものが最も集約され，端的にアメリカの魂にふれることができるのは，国民統合のシンボルである大統領であり，大統領の用いることばではなかろうか」（松尾，1987, p.3）と表現している。

政治コミュニケーションを専門とする岡部は，「アメリカで200年以上の歴史と伝統を持つ大統領制は，憲法上の枠を超えて，まさにコミュニケーション的な性格が強い」（岡部，1992, p.11）とし「コミュニケーションの質と量が，大統領制を特徴づける」と言い切っている。

アメリカ大統領選挙は，候補者が全国民に向けて語る大イベントであり，「地上最大のコミュニケーション・ショー」（岡部，同上，p.228）と評される。長丁場にわたる選挙戦の中で，最もアメリカらしく象徴的なのは，テレビというメディアを通じてのディベートであろう。ディベートの伝統はギリシャ・ローマの説得術にその起源を有し，考え方や意見，主義主張を異にする者同士が特定の争点について論ずるのが基本であり，発言の機会が参加者に平等に与えられるという点で，民主主義の根幹をなす。司法の場を含め，アメリカ社会では欠かせないコミュニケーション形式と言える。そのディベートが大統領選挙で実施されたのは，1858年のダグラス上院議員と挑戦者のリンカ

❶ケネディとニクソンのテレビ討論［1960年］

ンが最初とされる。その後，大統領候補者同士のディベートがテレビを通して有権者の判断材料となったのは，1960年のケネディ対ニクソンが最初であった。この時のテレビ討論(ディベート)は，ケネディの方が視聴者から好感をもたれる結果となり，「イメージ選挙」の先駆けと評されている。あまりの僅差で選挙票の集計をやり直したことで歴史に残るブッシュ対ゴアの大統領選挙では，テレビ・ディベートにおける雄弁さと説得力で有利に見えたゴアよりも，失言もあり弁舌では押されていたブッシュが好感をもたれた，という皮肉な結果になった。テレビというメディアにおいては，ことば以外の非言語的要素がコミュニケーションに影響を与えることを物語っている。

テレビ討論で勝敗の方向付けが決定される，という意味で，テレビ・ディベートのあり方についての議論は多くあり，改善の必要を指摘する意見もあるが，4年に一度の大統領選挙における一連の過程の中で，テレビ・ディベートは，コミュニケーション能力を最大限に発揮しての闘いと位置付けられ，その重要性は今後，増すことはあっても減ることはないであろう。

そのようにして，米国ではコミュニケーションに成功した者が選挙に勝って大統領に就任することになるが，その後も，米大統領は，就任演説を皮切りに積極的にコミュニケーションをとることにより，国民に語りかける。現状を解説し，課題を提示し，将来のビジョンを描き，国民や議会を説得することにより，政策を実現し国家を統治する。コミュニケーションの手段としては，議会での演説を含む，種々のスピーチがある。政治コミュニケーション学者のデントンとハーンの試算によると，1945年から1975年までの30年間だけでも，大統領が行った公的スピーチの数は500％増加した，という。演説が得意でなかったジミー・カーターでも平均して1日1回のスピーチを行ったとされ，「偉大なコミュニケーター」と呼ばれたレーガン大統領は，1日平均2回以上のスピーチをこなしたといわれる。

公式スピーチは，通常の演説形態だけでなく，多くの場合，マスメディアを駆使することも忘れてはならない。フランクリン・ローズヴェルト大統領のラジオ放送を活用しての「炉辺談話」は歴史に残っているし，テレビ時代に入ってからの大統領が，ホワイトハウスの執務室から，あるいはローズガーデンと呼ばれる中庭から国家の重要決定について国民に語りかける姿は，お馴染みのものである。

アメリカ大統領のコミュニケーション活動は，自らの政策を正当化し，国民を説得し鼓舞するためのレトリックを用いることから，「レトリック的大統領制」と呼ばれる。このような，レトリックを活用したコミュニケーションを大統領が権力の拠り所とすることは，1912年の大統領選挙でのウッドロー・ウィルソンから始まったとされる。

日本の小泉首相は，感情的な一言で世論の受けをねらう「ワン・フレーズ・ポリティックス」と揶揄されたが，これはアメリカ式のレトリック的大統領とは程遠い。ウィルソンとともにレトリック型大統領を具現したフランクリン・ローズヴェルトは，1933年から1945年まで大統領を4期務めたが，経済的大恐慌から米国が立ち直る政策を提示し大統領としてのリ

ーダーシップを発揮する方策としてラジオ，映画ニュースを通し，あるいは遊説先で，直接国民に語りかけ，希望を与え，一致団結を訴えつづけた。現在では，アメリカ大統領にとっては，「語ることは統治なり」がすでに伝統であり，雄弁に語ることによってこそ，アメリカ型民主主義が機能すると考えられている。時として，その内容は外国人の目からは，あまりに米国内向けで独善的すぎたり，単純な二項対立に走りすぎている感が否めないが，米国民を代表する立場にある大統領は，「アメリカン・ウェイ・オブ・コミュニケーション」の体現者でもあると言えよう（⇨「25大統領」のコラム「大統領とマスコミの関係」）。

F——コミュニケーション・ギャップの克服に向けて

広大かつ多様な国であるアメリカ。一時期の「人種のるつぼ」から，個性の違いを認める「人種のサラダボウル」あるいは「人種のモザイク」と称されるに至ったことが象徴するように，アメリカ社会への同化を強要するのではなく，多様な文化が共存する多文化主義，あるいは複数文化主義へと移行しているアメリカ。それはすなわち多言語社会が現実のものとなっていることを意味しており，「アメリカの英語」としてまとめて論じることは困難になりつつある。

そのような状況の中で，それでも「これは，まさしくアメリカ」と言えるようなアメリカらしいコミュニケーションのあり方を検証してみた。もとより，これはアメリカ型コミュニケーションに関する包括的なものではなく，象徴的な部分を取り出したにすぎない。

しかし，断片的な特徴付けでありながら，これはアメリカという国をコミュニケーションの視点から性格付けようとした試みである。アメリカ型コミュニケーションは日本との比較検討において対照性が際立つ部分でもあり，今後の日米両国が，国家レベルにおいても個人レベルにあっても，友好的な関係を堅持していくうえで，コミュニケーション・ギャップを克服するための相互理解への努力は，今後ますます必要となるであろう。

■参考文献

岡部朗一『政治コミュニケーション』有斐閣，1992.

鳥飼玖美子『歴史をかえた誤訳』新潮社，2001.

松尾弌之『大統領の英語』講談社現代新書，1987（講談社学術文庫，2002）．

西田司/W. B. グデイカンスト『異文化間コミュニケーション入門：日米間の相互理解のために』丸善，2002.

Grice, H. P. *Studies in the Way of Words*. Harvard Univ. Press, 1989.

Hall, E. T. *Beyond Culture*. Doubleday, 1976.

Hall, E. T. *The Silent Language*. Doubleday, 1990.

Hatim, B. and I. Mason. *The Translator as Commnunicator*. Routledge, 1997.

Hofstede, G. *Culture's Consequences*. Sage, 1980.

Jenkins, J. *The Phonology of English as an International Language*. Oxford Univ. Press, 2000.

Trompenaars, F. *Riding the Waves of Culture*. The Economist Books, 1993.

■さらに知りたい場合には

Barnlund, D. C. *Communicative Styles of Japanese and Americans: Images and Real-*

ities. Wadsworth, 1989.
［日米コミュニケーション・スタイルの違いを分析した古典的文献。日米の差異を，社会的現象，対人関係，非言語コミュニケーション等の諸相を含めて考察している。］

フクシマ，G. S.（渡辺敏訳）『日米経済摩擦の政治学』朝日新聞社，1992.
［日米構造協議など経済交渉における日米間の摩擦を，米政府代表団の一員として日本政府との外交交渉に直接かかわった著者が事例を挙げて詳述しており，説得力がある。］

74 | アメリカ英語
American English

小室俊明

「アメリカ英語」とは簡単に言えば「アメリカ合衆国内で英語を母語として習得した人たちが話し，書く英語」のことである。しかし通常われわれは「英語」という意識はしていても，それが特に「アメリカ英語」であるかどうかには関心を払っていないことが多い。具体的にそれはどういうものであり，どこが他の英語と違うのだろうか。本節では「アメリカ英語」をキーワードにさまざまな面からアメリカ英語の姿を浮き彫りにしたい。第一にアメリカ英語がどのように成立していったのかという歴史的側面をとり上げる。次に他の英語（イギリス英語）とどのように違っているのかという点から現代のアメリカ英語の特徴を検証し，その後にアメリカ英語のバラエティ（方言）について見ていきたい。最後に世界の中のアメリカ英語とその将来像に触れて結びとしたい。

A ── アメリカ英語の成立

アメリカ英語の成立は「イギリスで誕生した英語が，移民によってアメリカに持ち込まれ，新しい経験に応じてさまざまなものを吸収しながら世代交代を繰り返すうちに少しずつ変化して，次第に他の地域の英語とは違った特徴を持つにいたった」というふうにまとめることができる。本セクションではまずそうしたアメリカ英語の成立の過程とその中で注目すべき要因を見ていきたい。

またそれに先立って，アメリカに渡る前までの英語の歴史の中から大切だと思われことに簡単に触れておきたい。アメリカ英語もやはり「英語」であるからには，その歴史を背負っているのである。

❶ ── アメリカ英語前史

英語の源は，インド=ヨーロッパ祖語（インド=ヨーロッパ共通基語と呼ばれることもある）であるといわれている。インド=ヨーロッパ祖語は，およそ紀元前3000年頃に東ヨーロッパまたは中央ヨーロッパの北部あたりで使われていたとされる言語で，現存する言語の3分の1はこの言語から派生しているとされる。英語はここから派生していったゲルマン語の流れを汲み，まず北欧系の言語と枝分かれし，やがてドイツ語の系統とも分かれ，最後にオランダ語やフリジア語などと分かれて成立した。このためにほとんどのヨーロッパの言語とは縁戚関係にあるといえる。

もう1つ英語の歴史上に起こった出来事でとり上げておきたいことは1066年のノルマン人によるイギリス征服（Norman Conquest）である。このためにイギリスでは次の300年

近く，フランス語が公用語になった。その間に2つの重要な変化が英語に起こった。

1つ目はフランス語との接触が多かったために大量のフランス語および一部ラテン語の語彙が英語に組み入れられたことである。そのために英語は本質的にはゲルマン語系でありながら，語彙的にはロマンス語系の色が濃いハイブリッドな言語になった。

2つ目はその当時すでに進んでいた文法関係を表す（単語などの）語尾の変化（「屈折」と呼ばれる）の簡素化が加速していったことである。やがて英語はインド＝ヨーロッパ祖語の派生語の中で最も屈折の少ない言語になっていった。

❷──移民とアメリカ英語の出発点

イギリスからの移民がアメリカに移住し始めた頃は，言うまでもなく彼らの話していたのは100％イギリス英語だった。ただ当時の「イギリス英語」は現代のイギリス英語とはかなり違ったものであったことを認識しておく必要がある（イギリス英語はその後の数百年間に起こった変化を経て今日の形に至っている）。したがって例えば初期の重要な植民地とされたジェームズタウン（現在のヴァージニア州東部）の入植者の話していた英語（イングランド南東部の方言）は，どちらかと言えば「現代イギリス英語」よりはむしろ「現代アメリカ英語」の方に近かったのである。

イギリスはその頃から地域的にも社会（階層）的にも多くの方言が存在していたので，当初アメリカで話されていた英語は，その地区の移民の出身地によって左右されていた。例えば北部のニューイングランド東部（マサチューセッツ州のボストンなど）やヴァージニア州東部の移民は主にイングランドの南東部出身者で占められていた。また中部のニュージャージー州やペンシルヴェニア州はイングランドの北部や西部の出身者が多かった。そのなかでもフィラデルフィアはイギリス北部出身のクエーカー教徒が中核となったことで有名である。こうした初期の入植者の出身地による方言の違いは現在でもそれぞれの地域方言の発音や語彙などにその片鱗を残している。

ただ長くつらい航海，そして入植後の厳しい生活を考えれば，移民の中心となったのは政治的，宗教的，経済的に弱者の立場にあった人たち，命をかけて満たされない夢を実現しようとした人たちであって，上流階級や経済的に成功しているいわばイギリス社会の本流にいる人々ではなかった。もちろん移民するには最低限，渡航費用が必要だったので，それが工面できないほど貧しい層は行きたくてもあきらめるしかなかった（例外的に雇用主が渡航費を支払った年季奉公人を除いて）。結局，社会的には「中層」と「下層の上」の人々が移住の中心勢力となった。彼らの話していたイギリス英語もこの事実を反映することになった。

❸──アメリカ英語の進路を左右した要因

次に当初の多様なイギリス方言が今のアメリカ英語にたどりつくまでに重要な役割を果たした要因をいくつかとり上げてみたい。

ⓐイギリス英語本流からの隔絶

大西洋によってイギリスと隔てられ，東海岸から西海岸に至る広大な地域に広がるという地理的要因のために，その後イギリス英語本流のたどった変化はアメリカ英語には十分に浸透しなかった。そのためにアメリカ英語はイギリス英語の束縛から自由になって，独自の道を進むことになった。

例えば，既存の語彙を組み合わせてアメリカ独自の新しい表現を作り出すことが行われた。（例：backwoods＝僻地，underbush＝下生え

の灌木，rattlesnake＝ガラガラヘビ，gold fever＝黄金［金鉱］熱，poker face＝ポーカーフェース［顔の表情が変わらない］，cover girl＝カバーガール［雑誌の表紙の美女］，ghost town＝ゴーストタウン［廃坑などで無人化した町］，Indian summer＝インディアンサマー［夏が終わった後に9月か10月に来る暑い日］など）

また既存の語彙に元のイギリス英語とは違う語義を付け加えることも行われた。（例：creek：イギリス英語では今も「［海の］入り江」を指すが，アメリカ英語では「小川」という意味で使われるようになった。）

独自に新しいものが生まれるという形だけではなく，古いものが残るという形でもアメリカ英語の独自性が現れた。つまりイギリス英語の進化のなかで淘汰された語彙や用法がアメリカ英語では生き残ったのである。例えば「秋」を意味する fall は，元はイギリス英語でもその意味で使われていた。それが次第に使われなくなり，秋を意味する fall はアメリカだけに残った。「貸す」という意味の loan，「怒っている」という意味の mad なども同様に淘汰をまぬがれて生き残った表現である。

❺ 各種イギリス方言の混交

移民によりもたらされたさまざまなイギリス方言は次第に至るところで違う方言との接触が増えていった。考えてみればイギリスでは地理的に隔てられていたから，南東部や南西部や中部の方言，またスコットランド英語などが交わることはまずないことであった。それが一堂に会するのはアメリカならではの現象であった。

この混交は特に多様な地域の方言の人が集まった中部地域で顕著であった。さらに西へ西へと移住していくなか，厳しい環境で助け合っていくうちに，方言差は平準化していき，融合された方言ができあがっていった。中部，西部の方言が北部や南部ほど際だった特徴を持たないのは，こうした成り立ちがあるからでもある。コーヒーに例えると，色々な種類の豆がブレンドされたまろやかな味になったとでも言えようか。

アメリカ社会は現代に至るまで人々が活発に居住地域を変える流動性の高い社会である。そのためにこの方言の混交は今も，そしてこれから先もアメリカ英語の大きな特徴であり続けることになろう。

❻ 英語以外の外国語との接触

新大陸に入った植民者は当然先住民族であるネイティブ・アメリカンとの接触も多く持つことになった。その結果アメリカ英語にはネイティブ・アメリカンの影響も入ってきた。特に母国では見たことのない動植物，自然現象など，表現する語彙を持たない事物に直面したときは，ネイティブ・アメリカンの使用していた語彙を借用することも多かった。（例：raccoon＝アライグマ，moccasin＝モカシン［鹿革製のかかとのない靴］，chipmunk＝シマリス，skunk＝スカンク，persimmon＝カキ［小さな渋ガキで日本のものとは別種など］）

またアメリカに移民してきたのは英語を話す人々だけではなかったので，そうした外国語を話す移民との接触を通じてアメリカ英語の中に他の外国語からの語彙や文法の影響が入ることになった。

以下にそうした形で外国語から英語に入って，定着した代表的な語彙をいくつか挙げておく。

（1）スペイン語から
canyon＝大峡谷，patio＝中庭，marijuana＝マリファナ［大麻］，macho＝男らしい（少しおおげさに），cafeteria＝カフェテリア［セルフサービスの食堂］など
（2）フランス語から
rapids＝急流，prairie＝大草原，trainee＝訓練を受ける人…取り入れられたのは -ee の

❶ノア・ウェブスター

語尾の部分で，フランス語では女性形の語尾だったが，アメリカ英語では-er「～する人」に対して，「その行為を受ける人」の意味で多くの語彙に取り入れられた。例としては，
interviewer-interviewee
examiner-examinee
employer-employee など

（3）オランダ語から
boss＝上司，実権を握っている人，Yankee＝アメリカ人，cookie＝クッキー，sleigh＝（馬車）ぞり，waffle＝ワッフル，landscape＝景色，Santa Claus＝サンタクロース など

（4）ドイツ語から
noodle＝麵類，hamburger＝ハンバーガー，delicatessen＝デリカテッセン［調理済み食品の販売店または食堂］，kindergarten＝幼稚園，frankfurter＝フランクフルトソーセージ など

初期に外国語から入ってきた語彙を見ると，動植物関係，地理関係のもの，移動関係のもの，食品，料理関係のものが多いことがわかる。まさにアメリカ英語の発達は新天地での生活を確立していくのと並行していたことがうかがわれる。

また文法面でも外国語からの影響を受けたものがある。例えば「入院中」のことをイギリス英語では in hospital と言うが，アメリカ英語では in the hospital と定冠詞の the を付けて言う。これはアイルランド系移民の話していたゲール語およびその影響を受けた英語方言の特徴が入ったものといわれている。

ⓓ 独立心の芽生えとアメリカ英語への誇り

次第に移民たちが今のアメリカの基礎を整えていくうちに，アメリカ人としての自信が少しずつ身に付いていった。独立戦争の頃にはイギリス英語とは違う自分たちのことばに誇りを持つようになっていた。そして「アメリカ語」を独立の旗印にしようと考える人たちも現れた。その結果，政治的な思惑でアメリカ英語の独自性が強調されて，意識的にイギリス英語とは違った方向に持ってゆこうとする動きもあった。こうした背景からノア・ウェブスターがアメリカ独自の綴り（spelling）を提唱した。ウェブスターは，イギリス英語では発音と綴りが合っていないために合理的ではないので，アメリカ英語は発音に忠実で学びやすい綴りを取り入れるべきだとした。ウェブスターの提案を盛り込んだ『アメリカン・スペリング・ブック』(1798) は急速に各家庭に普及し，ウェブスターのアメリカ綴りはアメリカ人の間に浸透した。以下にその主要なものを見てみよう。(「→の右」がアメリカ綴り)

（1）-our を-or に改める
behaviour → behavior（行動），harbour → harbor（港），rumour → rumor（噂），colour → color（色）

（2）-re を-er に改める
centre → center（中央），theatre → theater（劇場），fibre → fiber（繊維）

（3）-ll を-l に改める（または-gg-を-g-に改める）
cancell → cancel（取り消す），barrell → barrel（樽，一樽の量［バレル］），waggon → wagon（ワゴン）

（4）-ce を-se に改める

pretence → pretense（見せかけ），defence → defense（防御）

(5) -y-を-i-に改める tyre → tire（タイヤ）

(6) -e-を-a-に改める grey → gray（灰色）

(7) 発音にない字を取り除く
programme → program（計画），dialogue → dialog（対話），axe → ax（斧），cheque → check（小切手）など

こうした綴りの改訂は実はもう一度，1900年代になって時の大統領セオドア・ローズヴェルトによって再提案された。しかし head → hed, night → nite などをはじめとする新しい綴りは，前回と同じように綴りを発音に合わせて簡略化したにもかかわらず，もはや社会に受け入れられることはなかった。100年の月日の間に最初の頃のような大きな変革が受け入れられる土壌がなくなっていた。

B──イギリス英語との違いに見るアメリカ英語の特徴

英語が特に「アメリカ英語」として意識されるのは，ほとんどの場合，その発音，語彙，文法用法などがイギリス英語と対比され，相違点がクローズアップされたときである。アメリカ人が使用する発音，語彙，文法用法であっても，イギリス人もまた同じように使用するものについては「アメリカ英語」として脚光を浴びることはまれである。

それではアメリカとイギリスの英語の違いをまとめてみよう。違いは音声面，語彙（含む綴り），文法用法の3つの面に及んでいる。

❶──音声面

ⓐイントネーション

アメリカ英語はイギリス英語と比較してイントネーションの高低の変化が少なく（ピッチの上下の幅が狭い），平板で捉えにくく，そのためにイギリス英語と比べて「冷淡で感情がこもっていない」という印象を与えがちである。逆に言えばアメリカ人からはイギリス人の英語はオーバーで気取っていて，興奮しているように聞こえることになる。

ⓑ発音

全般的にアメリカ英語はイギリス英語に比べて鼻音が多く，柔らかで節目がはっきりしない特徴がある。

次にアメリカとイギリスで違う発音をする母音の代表的な例を2つ見てみよう。

(1) can't, fast などの母音をアメリカ人は [æ] と発音するがイギリス人は [ɑː] と発音する。この型のものとしては，grass, mask, flash, dance, half, plant, task, last などがある。

(2) box, lot などの母音をアメリカ人は [ɑ] と発音するがイギリス人は [ɔ] と発音する。この型のものとしては，god, fox, top, logic（第1音節の母音の方）などがある。

またアメリカ英語では，アクセントのない音節をイギリス英語と比べてはっきり発音する傾向がある。特に末尾の -ary, -ery, -ory の発音がそうである。例えば：monastery（修道院）のアメリカ発音は [mánəstèri] であり，イギリス発音は [mɔ́nəstəri] である。末尾が -oly の melancholy（憂鬱）も同様である。いずれの場合もイギリス英語では曖昧な母音の [ə] が使用され，アメリカ英語のようにはっきり発音されない。〔ただし -ile で終わる語末の場合は逆で，アメリカ英語の方が [ə] を使用するか母音が消えてしまい，イギリス英語の方

がはっきり発音する。（例：docile（従順な）の場合アメリカ発音は [dάsl]，イギリス発音は [dóusail] である。このタイプのものはほかに fertile（肥沃な），hostile（敵意のある），missile（ミサイル），sterile（不毛の）などがある。〕

最後にアメリカ英語の発音の特徴としてアクセント（強勢）を第1音節に移動する傾向を挙げておきたい。例えば defect（名詞），recess, laboratory などといったものがそうで，アメリカ英語では第1音節を強く発音するが，イギリス英語では第2音節を強く発音する。

❷──語彙

すでに綴りの違いについては詳しく述べた（⇨ A-3-d）ので省略する。ここではまず，分野別にアメリカとイギリスで違った用語が使われる代表的な例を表74-1 に挙げた。

次に同じ単語がアメリカ英語とイギリス英語ではまったく違った意味になる例を表74-2 にいくつか挙げた。

最後にアメリカ英語の語彙の特徴の1つとして頭字語の多用が挙げられる。イギリス人と比べてアメリカ人は積極的に頭字語を使用する傾向がある。（例：NASA [The National Aeronautics and Space Administration…米航空宇宙局]，POW [prisoner of war …戦争捕虜]，OJT [on the job training …実地訓練] など）

❸──文法用法

文法用法においてはアメリカ英語とイギリス英語にあまり相違はないといわれる。もちろん細かい点を挙げていけばそれなりにあるが（特に少しくだけた口語英語の場合），ここでは代表的なものだけをとり上げた。

まず Quirk et al.（1985）に示された4つの相違点から見ていきたい。

（1）アメリカ英語では get の過去分詞が2つ（got, gotten）あるが，イギリス英語では got しかない。

（2）ある種の集合名詞（singular collective noun）が主語のときには，アメリカ英語ではそれを単数の動詞形で受けるのが規範となっているが，イギリス英語では単数，複数の両方の動詞形で受けることが可能である（逆に複数の方が好まれているとする説もある）。

The government $\begin{Bmatrix} \text{is} \\ \text{are} \end{Bmatrix}$ in favour of economic sanctions.
（政府は経済的制裁に前向きである）

（3）（改まっていない状況で）アメリカ英語では過去形にするところをイギリス英語なら現在完了にする。

Sue just finished her homework.
Sue's just finished her homework.（'s= has）
（スーは宿題を終わらせたところである）

（4）アメリカ英語なら仮定法現在にするところイギリス英語では should を入れて使う。

I insisted that he $\begin{Bmatrix} \text{take} \\ \text{should take} \end{Bmatrix}$ the documents with him.
（私は彼が書類を持っていくよう言い張った）

Quirk et al. の指摘以外の点では have を使った構文の違いが目に付く。イギリス英語では動詞 have（所有するなどの意味）の場合には助動詞 do を使わないで疑問文や否定文を作るのが基本である。例えば「ペンをお持ちです

表74-1 ●アメリカ英語とイギリス英語で異なる語彙

アメリカ英語	イギリス英語	日本語
●飲食・料理関係		
can	tin	缶
French fries	chips	フライドポテト
shrimp	prawn	小エビ
lemonade	lemon squash	レモンスカッシュ
eggplant	aubergine	なすび
●雑貨		
Scotch tape	Sellotape	セロテープ
garbage can	dustbin	ごみ箱
Band Aid	plaster	バンドエイド
baby carriage	pram	ベビーカー
●スポーツ・娯楽		
soccer	football	サッカー
roller coaster	scenic railways	ジェットコースター
sneakers	trainers	スニーカー
carnival	fun fair	移動遊園地
●鉄道・自動車・輸送関係		
dining car	restaurant car	食堂車
one-way ticket	single ticket	片道切符
round-trip ticket	return ticket	往復切符
subway	underground	地下鉄
collision	crash	衝突
automobile	motor car	自動車
hood	bonnet	ボンネット
driver's license	driving license	運転免許証
truck	lorry	トラック
●その他		
pants	trousers	ズボン
checkout counter	cash desk	レジ（精算台）
savings account	deposit account	預金口座
national holiday	bank holiday	祭日
elevator	lift	エレベーター
first floor	ground floor	1階
call	ring	電話する
wrench	spanner	スパナ
eraser	rubber	消しゴム
flashlight	torch	懐中電灯
president, CEO	managing director	社長
real estate agent	estate agent	不動産屋
local taxes	rates	地方税
pill	tablet	錠剤
tied up	engaged	忙しい
john	loo	トイレ（口語）

か」と聞く場合，イギリス英語では Have you got a pen? と言うのが一般的である（got が使われているが，完了の意味はない）。しかしアメリカ英語にはそういう構文はなく，この場合 Do you have a pen? という言い方をする（イギリス英語の方では，前述の構文だけではなく，Do you have a pen? という言い方もよく使われるようになってきた。これはアメリカ英語から逆輸入されたものが広まったためだとされる）。

ほかにもアメリカ英語とイギリス英語では前置詞の使い方が違う例などがあるが，ある文脈の場合「通常アメリカではこちらの前置詞を使うことの方が多い」といった程度のものであ

表74-2 ●同じ語形でもアメリカ英語とイギリス英語で意味が異なる例

語形	アメリカ英語	イギリス英語
bomb	大失敗	大成功
davenport	ソファ	小机
landlord	家主	パブの経営者
tube	テレビ	地下鉄（ロンドンの）
rubber	コンドーム（俗語）	消しゴム

り，色々な例外もあり，それほど絶対的なものではない。以下に例をいくつか挙げる。（上の前置詞がアメリカ英語，下の前置詞がイギリス英語）

The moon goes $\begin{Bmatrix} \text{around} \\ \text{round} \end{Bmatrix}$ the earth.
（月は地球の周りを回っている）

He lives $\begin{Bmatrix} \text{on} \\ \text{in} \end{Bmatrix}$ 42nd street.
（彼は42番街に住んでいる）

Open your textbooks $\begin{Bmatrix} \text{to} \\ \text{at} \end{Bmatrix}$ page 10.
（教科書の10ページを開きなさい）

C──アメリカ英語のバリエーション

ここではアメリカ英語の中にあるさまざまなバリエーションを見ていきたい。まず地域による方言，次に階層方言，男女の英語の違い，黒人英語の特徴（これも広い意味の方言に含まれる）の順でとり上げたい。

❶──地域による方言

ⓐ方言区分──

アメリカはイギリスの35倍以上の広さの国土と2億7,000万を超える人口を持つ。そのことを考えれば方言の数は驚くほど少なく，またその差もあまり大きくない。

ただ実際方言がアメリカに正確にいくつあって，それが厳密にどこで区分けされるのかということになると，答えは簡単には出ない。まず方言は主に語彙と発音の分布で区分けされる。しかし語彙と発音が必ずしもまったく同じ分布にはならない。そういう意味では初期の方言調査は語彙中心であったが，次第に発音中心に変わってきているのでその統合も難しい。

次に語彙でも発音でも，何を中心に分布を見るかによって区分けが変わってしまうことがある。つまり「ある地域とその周りの地域でいくつかの語彙は共通だが，いくつかの語彙が違うような場合，どの語彙を中心に見て境を決めるのか」という問題である。またいったいいくつ違った語彙が存在すれば，違った方言になるかなど線引きの難しいところが多々ある。

実は最新の研究成果でも，方言地図の区分けが一致しない部分は残されている。ただし大枠に関してはだいたい一致している。

まず全体の構図を見ると，アメリカの主に東側には北部と南部にそれぞれはっきりとした特徴のある方言地域が見られる。これは前述したように初期の移民のもち込んだイギリス方言を土台に発展したものであると考えられている。この2つの方言の存在およびその分布地域に関してはほとんどの研究者が一致している。そして両「方言域」に挟まれた真ん中の部分と西部全般にまたがって「際だった特徴の少ない中立的な方言」があるという説をとる人も多い。

ⓑ北部方言の発音──

次に各方言の違いについて具体例を見ていきたい。まず発音の方だが，方言で発音が違うのは主に母音で，子音の発音はすべての方言でほぼ共通している。ただしある子音（例えば[r]）が発音されるか，されないかという形では違っている。

北部方言全体の特徴としては，

(1) 無声子音（unvoiced consonant）のsは無声のまま発音される。（例えばgreasyを発音するときに[s]と発音する。cf.南部方言）

(2) morningとmourningは違って発音される（cf.中部方言）。またauntとantも違って発音される（cf.南部方言）。

ただし北部の発音も一枚岩ではなく，3つの

サブカテゴリーに分かれる。ニューイングランド東部、ニューヨーク市、内陸北部である。

ニューイングランド東部はイギリス英語で標準的とされる RP (Received Pronunciation) の発音と最も近く、歯切れのよいはっきりした音調である。母音の後の r は発音されない。「ボストン訛り」といわれるものもこれに入る。

ニューヨーク市も基本的には母音の後の r は発音されない地域で、sauce と sourse は同じように発音される。ただ第2次大戦後の 10 年で「r を発音しない人は下品で教養がない」という考えが広まったために r を発音する人が大幅に増えることになった。

内陸北部は北部の方言の中では母音の後の r が発音されるなど、後述する General American (GA) と似た特徴を持っている。またテレビやラジオなどの放送で最も使われているのがこの方言の発音であるといわれ、そのためにこの方言は Network English と呼ばれることもある。

ⓒ 中部方言の発音

中部方言は面積で全米の 3 分の 2、人口で 70％にも及ぼうかという広い地域をカバーする方言で、最も一般的なアメリカ英語とされ、別名 General American (GA) と呼ばれる。前述したようにさまざまな方言が混ざり合って均質的になったもので、次のような主要な特徴を持つ。

(1) 母音の後の r は発音される。
(2) cot, god などの母音は [ɑ(ː)]
(3) ask, bath, staff の母音は [æ]
(4) horse と hoarse, war と wore が同じに発音される。また morning と mourning も同じに発音される。(ただし中部南域では違って発音される。cf.北部方言、南部方言)

GA の発音は最も勢力を得て、社会的にも優位に立っているといわれ、今日一般に「アメリカ発音」というときには常識的にこの型の発音を指すとされる。またテレビ・ラジオなどの放送で使われる発音（Network English）は内陸北部の方言であることにはすでに触れたが、Network English は広い意味での GA であるとする解釈もある。

ⓓ 南部方言の発音

南部の方言は Southern drawl と呼ばれる間のびして（非常にゆっくりと）聞こえる発音と独特の高低を持つピッチ・アクセント (pitch accent) が特徴である。さらに、

(1) 母音の後の r は発音されない。
(2) 無声子音 (unvoiced consonant) の s は有声に発音される。(例えば greasy を発音するときに [z] と発音する。cf.北部方言)
(3) morning と mourning は違って発音される (cf.中部方言)。aunt と ant は同じように発音される (cf.北部方言)。
(4) [ai] という二重母音が二重にならないで [ɑ] を引っ張った [ɑː] になる。例：time [taim] → [tɑːm], my [mai] → [mɑː], fine [fain] → [fɑːn]
(5) 単音の [ɑ] や [æ] などが二重母音の [ei] あるいは [i] になる。例：dance [dɑns/dæns] → [deins/dæins], class [klɑs] → [klǽis] (または [klǽjəs] のように余分な母音が入ることもある) pass [pɑ́s/pǽs] → [péis/péis]
(6) 語尾の t や d で終わることばの最後の子音が脱落して発音されない。例：find [fáind] → [fáin], last [lɑ́st] → [lǽis], kept [képt] → [kép]
(7) 語中のアクセント（強勢）のない l や r が発音されない。例：poor [púər] → [púə], your [júər] → [jóː], twelve [twélv] → [twéːv], help [hélp] → [héːp] といった点が挙げられる。

方言区分研究の進展

上述の通り，方言区分は大きく3つ（北部，中部，南部）に分けられるという説が広く支持されている。しかし，もちろん異論がないわけではない。また，より細かい観点から見れば，それぞれの方言の中にも地区によりさまざまな違いがある。そうした詳細な区分を探究すべく，さまざまな手がかりをもとにした研究が進められ，その成果に基づいた方言区分も提唱されている。ここでは，それらの中から重要なものをいくつか取り上げ，その調査方法と得られた方言区分を紹介しよう。

まず，Kurath (1949) では，調査員が各地区最低2名のインフォーマントと面接して，日頃使っている方言形を引き出すような質問をして結果を集計した。この調査を通じてアメリカの東半分の北部，中部，南部という方言の大きな枠組みが確認され，また各方言がそれぞれ5～7のサブカテゴリーに分かれる（計18になる）と結論した（図74-1）。

これに対し，Carver (1987) では，方言辞典 Dictionary of American Regional English（略称 DARE）編纂のために，1965年から70年にかけて約100名の調査員が全米1,002の地域社会で1,847の項目（天候，動植物，食物など）からなる質問表を用いて，2,777名のインフォーマントに対して面接を行った。またさまざまな文献で使われる語彙も調査対象となった。その結果，アメリカの東半分は南と北に大きく2分化され（それぞれが upper と lower の2つに細分化される），中部は独立した方言域とはならないと主張した。また西半分は明確な方言域を持っていないとした（図74-2）。つまり，これは中部方言の存在を否定する主張になる。

上の2つの研究は主に語彙に重点が置かれていたが，Labov (1991) では大規模な電話によるインタビューを行い，使われている音素を分析して発音面から方言を調査した。その結果，中部

図74-1 ●キュラスによる米国東部の方言区分

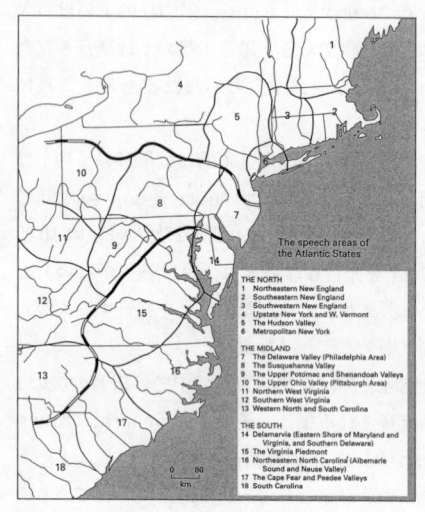

●出典 | Kurath, H. *Word Geography of the Eastern United States*. Univ. of Michigan Press, 1949.

の方言は確かに存在するとして，その点では境界線が多少ずれているところを除いては Kurath (1949) に近いものであった。しかも，3つの方言の差がより明確になってきていると述べている。Labov (1991) はさらに，西部に独立した第4の方言域があるとも主張している（図74-3）。

なお，このラボヴの調査はその後も続けられており，研究データは随時ホームページで更新されている。http://www.ling.upenn.edu/phono atlas/home.html

また方言調査のホームページとしては，ラボヴのもの以外にもアメリカの各地の方言を調査する9つのプロジェクトの情報が集約されている Linguistic Atlas Projects のもの http://hyde. park. uga. edu がある。

[小室俊明]

図 74-2 ●カーヴァーによる方言区分

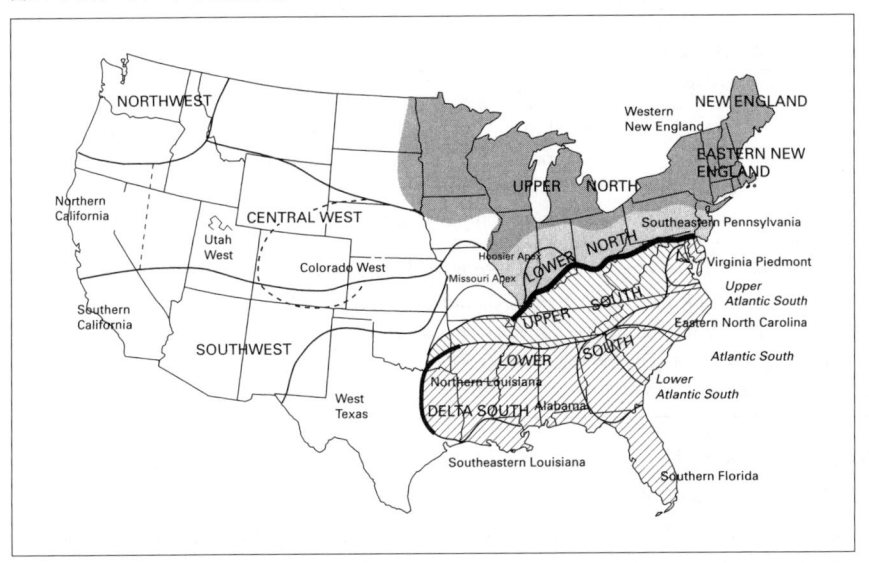

●出典｜Carver, C. M. *American Regional Dialects*. Univ. of Michigan Press, 1987, p. 248.

図 74-3 ●ラボヴによる方言区分

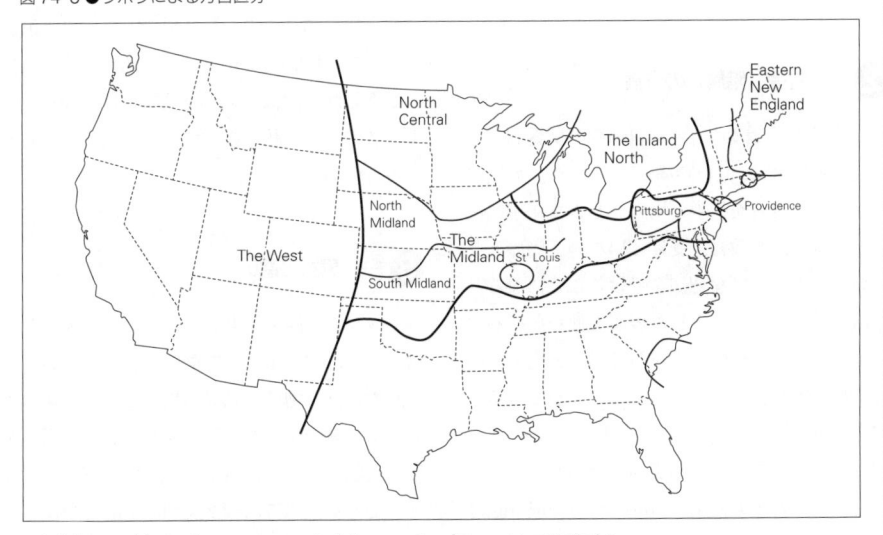

●出典｜http://www.ling.uppenn.edu/phono_atlas/home.html に基づく。

表74-3 ●方言によって異なる語彙の例

A ●方言ごとに異なる語彙がある例

意味	北部	中部	南部
石壁	stone wall	stone fence	rock fence

B ● 4つの地域で語彙が異なる例

意味	北東部	中西部	西部	南部
蛇口	faucet	tap	hydrant	spigot/spicket
バケツ	pail	pail	bucket/pail	bucket
羽目板	clapboard	weatherboards	batten	siding
パン[1]	Danish[2]	long john/Bismark[3]	bear claw	sweet roll

● 出典｜Flexner, S. B. and A. H. Soukhanov. *Speakig Freely: A Guided Tour of American English from Plymouth Rock to Silicon Valley*. Oxford Univ. Press, 1997.
● 注｜① 「デーニッシュパン」といわれる，ナッツなどが入った甘いパイ地のパン。
② Danish は他の地域でもよく使われるようになってきた。
③ シカゴ近辺の言い方。

ⓔ 方言による語彙の相違

次に方言によって語彙が違うものをいくつか見ていきたい（表74-3）。北部，中部，南部の方言で別の言い方が1つずつきちんと確立されている例は実は極めて少ない。通常語彙はもっと地域ごとに入り組んで交錯している。

❷ ── 社会（階層）の方言

社会的な方言の場合は「標準的な英語」と「社会的に地位の低い階層が多く使う」英語に分かれる。後者を相手と場所をわきまえずに使うと「きちんと教育を受けていない下層の人」というネガティブな認知を受けることになる。中流以上の人でもそうした表現を使わないわけではないが，そういう人たちは相手と場所に応じて標準的な英語に切り換えることができる。以下にそうした「庶民英語」とか「無教養英語」と呼ばれるものの代表的な特徴を挙げる。

（1）多重否定の使用：I didn't do nothing. のように anything などの代わりに否定表現を重ねる。

（2）ain't の使用：I ain't coming back. のように am not の代わりに ain't を使う。

（3）数・人称の不一致：We was there. のように人称と一致した動詞形にならない。

（4）-ing 型の語尾の脱落：He's swimmin'. のように末尾の音が脱落する。

（5）th の発音 [θ] が [d] や [t] で代用される：I saw dem. のようになる。

こうした特徴はアメリカ英語だけでなく，イギリスの庶民英語や後述する黒人英語とも共通するものが多い。

❸ ── 男女の違い

アメリカ英語の男女の差については大きな差はないが，次のような特徴が報告されている。

女性は同じ地域，階層の男性と比べて新しい表現や語彙を積極的に取り入れる。また男性が庶民英語（例えば前述の -in' 形）を使うようなときでも女性の方は標準英語の ing 形を使うことが多い。この説明として女性の方が社会的に評価の高い規範を自覚していて，自分のステー

タスを低めるような表現を避ける意識があるためではないかといわれている。

上記の特徴以外に，ロビン・レイコフは女性が使う英語の特徴として次の3点を挙げている（Robin Lakoff, 1973）。

（1）文の末尾に isn't it？のような付加疑問文を多用する。
（2）平叙文などの末尾を（疑問文のような）上昇イントネーションにする。
（3）依頼や指示をするときには命令文ではなく疑問文を使う。

これらの指摘については，「なるほどそうだ」と感じる人も多くいたものの，同意できないという人も少なくなかった。また，レイコフ自身が，自説には裏付けとなる客観的な根拠が何もないことを認めていたために大いに論争を呼び，その後多くの調査が行われた。しかし，その結果は混沌としたものであった。例えば，付加疑問についての調査でも，女性のほうが多用するという結果が出たものもあれば，逆に男性のほうが多用するという結果が出たものもある。

レイコフが挙げた女性英語の特徴は，相当数の人が共感を示すことからもうかがわれるように，特定の世代，地域，社会階層などではあるいは当てはまることがあるのかもしれない。しかし，少なくとも現時点では，全般にわたる女性英語の特徴であると結論付けることはできないようである。この点については，これからの研究の結果が明らかにしてくれることだろう。

❹──黒人英語

アメリカ英語の中で特異な地位を占めるのが黒人英語である。Black English, あるいは African American Vernacular English (AAVE), と呼ばれるこの英語は，庶民英語とも違う民族方言のような独特の地位が与えられている。その代表的な特徴を以下に記す。

（1）アクセントのある音節の末尾の有声音の無声化。例：bag [bǽg] → [bǽk]
（2）三人称単数 s の欠落。例：she walk
（3）普通名詞の複数形 s の欠落。例：four girl
（4）所有格の s の欠落。例：man hat
（5）be 動詞 is の欠落。例：she nice
（6）習慣を表す be。例：She don't usually be there.
（7）アクセントのある been で完了の意味を表す。例：I béen known him a long time.
（8）次に母音が来るときに語末の子音が欠落。例：lif' up (lift up)
（9）全体的に少し上がり気味のイントネーションで母音のいくつかが長く引き伸ばされる感じに聞こえる。
（10）語末の th [θ] の音が [f] などに転化する。例：bath [bɑːf]
（11）多重否定を使う。例：Ain't nobody; ain't got no money.

こうして見ると庶民英語と共通する部分がかなりある。しかし例えば「三人称単数 s の欠落率」を見ると両者には大きな違いがある。両者ともそれが必要な文脈で100％欠落するわけではない。庶民英語では5〜10％欠落するのに対し AAVE では80〜95％欠落する。これほど量的な差が大きいともはや質的な違いといえるだろう。したがってやはり両者は別の存在と考えるのが妥当だろう。

D──世界の中のアメリカ英語

今日アメリカ英語は，世界のコミュニケーションの言語として政治，経済，文化など幅広い分野で揺るぎない地位を築いている。このセク

ションではそれを可能にしていった要因について考えてみたい。

まず英語は，インド=ヨーロッパ祖語から派生して，しかもゲルマン語系とロマンス語系の特徴を掛け合わせたハイブリッドな言語であり，また最も屈折が少ないという条件を備えている。同じ派生語系列のヨーロッパのほとんどの国の人たちにとって，英語はどこか馴染みがあって親近感を感じさせ，習得も（例えば中国語などと比べて）はるかに楽である。世界の政治，経済，文化をリードする国々の大部分にとって，英語がこのような位置にあったことが，英語の国際化がここまで進んだことと決して無縁ではなかろう。

次の要因は英語を話す人口の問題である。現在英語を母語とする人口は4億近くに達している。またインドやフィリピンなどのように英語を公用語にしている国や広く話されている国（南アフリカ他）まで入れると中国語を話す人口に匹敵するほど英語を話す人口は多い。しかもそれが世界中にバランスよく散らばっている。

また18世紀に大英帝国が世界各地に植民地を作り，英語を広めておいたことも要因だろう。

こうした環境整備が整った後にアメリカが登場した。軍事，政治，経済，文化も含めた超大国は巨大な工業力で製品を輸出して，またたくまにテクノロジー関連のアメリカ英語（例えば，telephone, dynamo, research, system engineering, input, software, floppy disk, user friendly, radar, laser など）が世界を駆けめぐり，またハリウッド映画や音楽（jazz, blues, rock, popular），テレビ，ラジオ番組などを通じて世界中の若者をアメリカ文化の虜にしてしまった。そしてそれとともに，アメリカ英語も広まり，イギリス人の若者もアメリカ起源の語や表現を意識せずに使うようになり，ロックを完璧なアメリカ発音で歌いこなせるようになった。

ただアメリカ英語が世界の共通語化する中で，アメリカ英語はいやおうなく雑多な国際英語の洗礼を受けることになった。したがって，世界の共通語となったのはアメリカ英語とかイギリス英語とかを超えた無国籍な英語であるともいえる。

E──これからのアメリカ英語

現在アメリカ英語では，従来使用が限定されがちであった俗語や隠語の類いが容易に一般化するようになってきている。特に音楽や映画を通じてAAVE（黒人英語）の影響が若者を中心とする英語に顕著になっている。この動きはこれからも加速されると思われる。

またこれからは，インターネットの発達などによってますます違った方言が交わる速度が増していくものと思われる。その場合少数のはっきりとした各方言の特徴は残り，それ以外の二次的な違いは消滅するという方向にいくことが予測されている。

今でも毎年3,000語の新しいことばを誕生させるといわれるアメリカ英語の活力は健在だが，一方では国内で英語をきちんと話せない Limited English Proficient（LEP）といわれる人たちが全米で約300万人になるという火種を抱えている。そのために連邦政府は英語教育に莫大な予算をかけている。増え続けるLEPがこれからのアメリカ英語にどのような影響を与えるかは，21世紀が答えを出すだろう。

■参考文献

カッケンブッシュ，E.『活剣武士のリスニング

黒人英語と英語公用語化問題

アメリカにおける英語のあり方には，社会問題の反映が色濃く見られる。ここではその例として，黒人英語と英語公用語化問題を取り上げ，ことばと社会のかかわりについて考えてみたい。

●**エボニックスとしての黒人英語**——1996年にオークランド州の教育委員会は，「黒人英語」はアメリカ英語の方言や俗語ではなく独自の文法体系を持った独立した言語であると宣言し，その言語を「エボニックス」（Ebonics：ebony「黒檀」に由来する）と呼んだ。そして，その話者が多い公立学校のクラスでは，エボニックスを使って英語を教えるように提言した。

この背景には，黒人英語が知性や教養のなさと結び付けられ，ひいてはそれが黒人が劣っていることの証拠とされるような，根強い偏見があった。90年代後半に出版された *American English* (1998) にさえ，「黒人英語は人種に特有な生物学的な遺伝が原因ではない。標準英語を話す家庭で育った黒人は標準英語を話し，黒人英語を話す家庭に育った白人は黒人英語を話すようになる。しかし，この人種原因説の神話は根強く，それを否定し続ける必要がある」とわざわざ書かれているほどである。

黒人が一般社会でまともな仕事を手にするためには，標準英語を話せることが必須である。しかし，標準英語を使って標準英語を教えた場合に生徒の理解が十分でなかったり，あるいは標準英語しか理解できない教員が生徒の話す黒人英語を十分に理解できなかったりして，教育成果があまり上がらなかった。そこで，黒人英語を使って標準英語を教えたところ，標準英語を使ったときよりもずっと成果が上がったことが確認されたために，こうした提言がなされたのである。しかし，一般社会では「学校で生徒に俗語を教える」とか，「きちんとした英語を話さなくなる」という誤解も生み，さまざまな論争を引き起こした。

●**アメリカの公用語としての英語**——1996年，アメリカ合衆国の下院は「英語を合衆国の公用語とする法案」を259対169の賛成多数で可決した（上院では審議されなかった）。これには以下に記すような背景があった。

アメリカは移民の国であり，現在でも約300種類の言語がその領土内で話されている。特にスペイン語を母語とするヒスパニック系の移民（非合法のケースも含めて）が年々増加傾向にある。こうした人々の中には英語を話せない人も多く，このため英語を母語とする白人を中心に，英語がやがてマイノリティ（少数言語）の立場に落ちてしまうのではないかという漠然とした不安が広がっていた。それに輪をかけたのが，州政府などが行ったバイリンガル教育政策である。これは，英語を話せない人口の増加を受けて，教育や行政サービスなどを英語以外の言語で受けることができるようにしたものである。これには膨大な予算がかかるうえに，「アメリカ合衆国民を結び付ける絆としての英語」を否定するものだとする前述の人々の不安をさらに増幅する作用も及ぼした。

英語を公用語にする運動は政治的色彩が強く，個人のレベルでは実際にはあまり影響はないという声もあり，今後この「公用語運動」がどのように展開するかはまだ見通しがつかない。ただし，アメリカ人のうち外国で生まれた者は6％にすぎないという統計もあり（Bryson, 1994），イギリス，フランス，ドイツなどほとんどの先進諸国に比べて低い数字を示している。また，1985年に行われたメキシコ移民の調査でも，移民の子供の95％は英語を話し，その半分は英語しか話さなかった。別の調査では，移民自身も英語の習得を重要視していることが判明し，アメリカ英語がマイノリティ言語になることはまずないだろう。

なお，州レベルでは，2002年現在で27の州が英語を公用語と定めている。最近では，1998年にミズーリ州とアラスカ州が加わった。

［小室俊明］

道場』アルク，1980.

加藤和光著『文化の流れから見る英語』三修社，1996.

竹林滋他『アメリカ英語概説』大修館書店，1988.

信達郎・JansuszBuda監修『地球コミュニケーション時代の最新英語雑学事典』集英社，1999.

松尾弌之・丹野真『アメリカ研究』大修館書店，1984.

若田部博哉『英語史ⅢB』大修館書店，1985.

Baugh, A. C. and T. Cable. *A History of the English Language*. Routledge & Kegan Paul, 1978.

Blumenfeld, R. *Accents: a manual for actors*. Proscenium Publishers, 1999.

Carver, C. *American Regional Dialects*. Univ. of Michigan Press, 1987.

Bryson, B. *Made in America*. Minerva, 1994.

Dillard, J. L. *Black English*. Vintage Books, 1972.

McCrum, R., W. Cran and R. MacNeil *The Story of English*. Penguin Books, 1987.

Mcquain, J. *Never Enough Words*. Random House, 1999.

McWhorter, J. *The Word on the Street*. Plenum Trade, 1998.

Mencken, H. L. *The American Language*. 1936.

Quirk, R., S. Greenbaum, G. Leech, and N. W. Schur *British English, A to Z* (豊田昌倫他訳)『イギリス/アメリカ英語対照辞典』研究社，1996.)

Spears, R. A. *Slang American Style*. NTC Publishing Group, 1995.

Svartvik, J. *A Comprehensive Grammar of the English Language*. Longman, 1985.

Wolfram, W. and N. Schillig-Estes. *American English*. Blackwell Publishers, 1998.

■さらに知りたい場合には

竹林滋他著『アメリカ英語概説』大修館書店，1988.

［最新のものではないが，アメリカ英語の概説書としては国内で最も詳しい。アメリカ英語史，発音，語彙，語法，方言などを言語学的分析も加えながら詳しく解説してある。］

Flexner, S. B. and A. H. Soukhanov. *Speaking Freely: A Guided Tour of American English from Plymouth Rock to Silicon Valley*. Oxford Univ. Press, 1997.

［広告，スポーツ，音楽，インターネットなど，アメリカの文化や社会とかかわるアメリカ英語を，建国から今日まで網羅した百科事典のような楽しい読み物。資料としても非常に貴重。］

Wolfram, W. and N. Schillig-Estes. *American English: Dialects and Variation*. Blackwell Publishers, 1998.

［地域，社会階層，民族，ジェンダーなどによる英語の違いを「方言」というキーワードでまとめてアメリカ英語の多様性を綿密に検証した本である。とり上げ方は多角的で説明も詳しい。］

75 アメリカン・ヒーロー
American Heroes

大井浩二

アメリカ合衆国において英雄崇拝熱が高いのはなぜか。アメリカ人は誰をヒーローとしているのか。こういった疑問は，すでに多くの研究者によって解明されているので，ここではむしろ，すでにアメリカン・ヒーローとして一般に広く知られている人物を対象にして，はたして彼らのすべてに共通する特徴が存在するのか，という問題だけを考えてみたい。そのために代表的なヒーローを大統領としてのヒーロー（ジョージ・ワシントン，トマス・ジェファソン，エイブラハム・リンカン），西部のヒーロー（デイヴィ・クロケット，バッファロー・ビル，ビリー・ザ・キッド），新しいフロンティアのヒーロー（トマス・エジソン，ヘンリー・フォード，チャールズ・リンドバーグ）の3つのグループに分類し，それぞれに属する3人のヒーローたちの特性を探ると同時に，3つのグループのヒーローたちのいずれにも共通して見られる要素を考察することにする。

A──大統領としてのヒーローたち

このグループの3人のヒーローたちは，いずれもアメリカ全体がまだ西部であった時期に生まれているという意味で，フロンティアの息子たちと呼ぶことができるが，それ以外にどのような特性を共有しているというのだろうか。

❶──ジョージ・ワシントン

初代大統領ジョージ・ワシントンは，歴代大統領の人気投票や合衆国の地名に採られた人名のリストなどで，常に第1位か第2位にランクされ，カリスマ的指導者としての彼の存在がなければ，アメリカ共和国は出現することはなかったであろうとさえいわれる。国民的英雄としてのワシントンが，大陸軍総司令官に任命された1775年以来ずっと「国父」として神格化され，アメリカ国民に崇拝されているとしても不思議はあるまい。しばしば古代ローマの伝説的な政治家キンキンナトゥスになぞらえられているという事実もまた，ワシントンがアメリカ共和国の創世神話的ヒーローとなっていることを物語っている。

こうしたワシントン神格化の最初の重要なきっかけとなったのは，牧師メイソン・ウィームズが書いた『ワシントン伝』であった。1800年2月22日，つまりワシントンの誕生日に出版され，ワシントン夫人に捧げられたこの伝記は，わずか80ページ程度の小冊子であったが，たちまちベストセラーとなって版を重ね，さまざまなエピソードが付け加えられて，1806年刊行の第5版には有名なワシントンとサクラの木という逸話が導入されている。この嘘をつかないジョージ少年の話が根も葉もない

作り話であったというのは、アイロニカルというほかはないが、『ワシントン伝』は初代大統領の生涯を忠実にたどるというよりも、アメリカ植民地を支配者イギリスから守る救済者としての彼の正直、勤勉、節制、愛国心といった美徳に光を当てることを目指している。そこに描かれた「共和国の神聖なる創設者」としてのワシントンのイメージは、共和主義的イデオロギーとの密接な関係を浮き彫りにしているのである。

美徳のモデルとしてのワシントンは、「事実に基づく小説」と評される伝記作家ウィームズの作品だけでなく、ジョージ・バンクロフトの『アメリカ合衆国史』(1834-74) 10巻にも登場している。この19世紀アメリカを代表するロマンチックな歴史家にとって、不屈の精神と神に対する信念を抱きつづけるワシントンは、アメリカ共和国の「現在の幸福と栄光」の土台を築いたヒーローであった。バンクロフトの描いた初代大統領の中に、ある論者は「国民を救済するために選ばれたヒーロー」としての「救済者ワシントン」を読み取っているが、ほぼ同じことはもう1人の歴史家ヘンリー・アダムズについてもいえるのではないか。

アダムズはバンクロフトとは対照的な、高度に科学的な歴史家であったが、彼の小説『デモクラシー』(1880) にもまた、アメリカ共和国の理念を象徴するワシントンが影を落としていることは、登場人物の1人が「われわれにとって、彼は道徳、正義、義務、真実にほかならない」と語っていることからも明らかだろう。この小説の女性主人公が「手に触れるすべてのものを、ワシントンが清めてしまったのはなぜかしら。わたしたちの触れるすべてのものが薄汚れて見えるのはなぜかしら」と問いかけているのは、南北戦争以後のアメリカ共和国が危機的状況に陥っていたことを暗示している。アダムズはまた、自伝『ヘンリー・アダムズの教育』(1907, 1918) の中で、少年時代の彼にとってワシントンは北極星のような存在であったと告白しているが、それは初代大統領が永遠に変化することのない美徳を象徴するヒーローであったことを物語っているのである。

このようにワシントンの美徳が強調された理由は、18世紀の共和主義的イデオロギーにおいては、個人的な美徳を備えた人間は国家の利益のために自己を犠牲にする精神、つまり公徳を発揮することができると考えられていたからであった。ワシントンがアメリカ独立戦争を勝利に導いた救済者的ヒーローとして活躍できたのは、彼が愛国心という公徳の基盤としての私的なさまざまな美徳に恵まれていたからにほかならないが、この点では独立宣言書の起草者でもあった第3代大統領トマス・ジェファソンもまったく同様であった。

❷——トマス・ジェファソン

ある研究者が指摘しているように、「極めてアメリカ的な革命精神の極致」であったジェファソンはヒーローとしての条件を十二分に備えていた。例えば、1930年代にアメリカ知識人の必読書となっていた『アメリカ思想主潮史』(1927-30) の著者 V. L. パリントンは、「民主主義の理想を信じると告白する者にとって、ジェファソンは尽きることのないインスピレーションである」と語り、ジェファソン主義の熱烈な信奉者であることを認めていた。ジェファソン的であるか否かを価値判断の基準とした結果、ポーやホーソーンやジェイムズを理解できない文学史家という汚名を残すことになったとはいえ、この事実はパリントンにとってジェファソンがヒーロー以外の何者でもなかったことを示している。

ジェファソンは、生前に発表した唯一の書物『ヴァージニア覚え書』(1785) の中で、「もし神が選民をもつものとすれば、大地に働く人々

❶ゲティスバーグで演説するリンカン [1863年]

こそ神の選民であって，神はこれらの人々の胸を，根源的で純粋な徳のための特別な寄託所として選んだのである」と語って，自営農民が独立宣言でうたわれている生命，自由，そして幸福の追求という権利の継承者であることを明らかにしていた。さらにまた，彼は「依存は追従や金銭絶対の考えを生み，徳の芽を窒息させ，野心のたくらみに都合のよい道具をつくり出す」とも指摘しているが，こうした一連の発言で強調されている自営農民の「根源的で純粋な徳」(中屋健一訳)こそがアメリカ共和国を支える節約，勤勉，節制，質朴といった美徳であることはいうまでもない。『覚え書』におけるこの一見さりげないことばを，ある研究者が「共和国の文化的遺産」に関する「古典的発言」と呼んでいたことを指摘しておきたい。

独立宣言書において，イギリス国王による「権利侵害」と「権利簒奪」を非難し，「どれも暴君の定義となるような行為によって特徴付けられた君主は，自由な人民の統治者となるには不適当である」(斎藤眞訳)と論じたジェファソンは，「丘の上の町」としてのアメリカ植民地が危機にさらされていることを認識していた。その危機を排除するために，彼はアメリカ共和主義者として縦横の活躍をすることになるが，すでに触れたように，共和国のための自己犠牲という公徳は個人の私的な美徳から生まれ

る，という18世紀的通念に従えば，彼自身が「根源的で純粋な」美徳の持ち主であった，と言えるにちがいない。最近になって，アフリカ系奴隷サリー・ヘミングズその他との女性関係などを隠蔽してきた点が批判されているとはいえ，建国の父祖としてのジェファソンが共和国の美徳の伝統を擁護する救済者的ヒーローであったことは否定すべくもないだろう。

❸──エイブラハム・リンカン

第16代大統領エイブラハム・リンカンは，「丸太小屋からホワイトハウスへ」というアメリカ人好みの成功の夢を実現した人物であることはもちろん，「人民の，人民による，人民のための政治」という名言で知られるゲティスバーグの演説を行った，民主主義の体現者として，わが国でも知名度が高い。暗殺された最初のアメリカ大統領という事実もまた忘れがたいが，何よりもまず，リンカンは南北戦争による合衆国の分裂を防ぎ，数多くのアフリカ系アメリカ人を奴隷制度から解放した救済者あるいは解放者としてのヒーローであった。アメリカ国民はワシントンを崇拝し，ジェファソンを記憶し，リンカンを愛している，という評言からも，偉大なヒーローとしてリンカンがアメリカ意識のなかで占めている位置を想像することが

できる。

　リンカン大統領の人気は，現在では初代大統領ワシントンのそれをはるかに上回っていて，ある論者はそれをリンカン現象と名付けている。だが，まことに皮肉なことに，政治家リンカンに深い影響を与えたのは，ほかならぬワシントンであった。大統領に選出された後の1861年2月21日にニュージャージー州上院で演説したリンカンは，字を読むことができるようになった子供時代に，ウィームズの『ワシントン伝』という「1冊の小さな本」を手に入れたことを告白し，「そこに書かれていた戦場や国家の自由のための戦闘に関するすべての説明」を覚えている，と語っている。この演説がワシントンの誕生日の前日に，しかも独立戦争の古戦場であったニュージャージー州トレントンで行われたという事情を考慮するとしても，14歳のときに入手して，ほとんど暗記するほどであったと伝えられる『ワシントン伝』に対して，リンカンは特別の愛着を抱いていたにちがいない。

　『ワシントン伝』にはワシントンの告別演説が全文引用されているが，それをウィームズが重要視したのは，この演説が「かつての栄光ある『古代の共和国』のすべてを崩壊させ，今やついに，ここ合衆国において，地上に残された最後の共和国に燃え移ってきた不和という致命的な炎を，一時的にせよ，阻止するかもしれない」と考えたからであった。そこには「子供に対する父親の配慮」が溢れていて，それを読むアメリカ人たちは「今は墓の中にいる，かつて愛した父親の最後の手紙を読んでいる子供の心境」になるのではないか，とウィームズは語っている。『ワシントン伝』を読むことによって，リンカンは告別演説に触れ，独立戦争に関する知識を得ることになったが，この書物の中に，リンカンは彼が軽蔑する現実の父親に代わる「想像上の父親」を見出し，逆にリンカンは自らをワシントンの「精神的な息子」と見なしていた，と最近の研究者たちは論じている。この両者の意外な父子関係は，南北戦争という国家的危機を乗り越えた救済者的ヒーローとしてのリンカンの特性が共和主義的美徳であったことを裏書きしているのである。

　結局のところ，ワシントン，ジェファソン，リンカンといった大統領としてのヒーローは，いずれもさまざまな個人的な美徳を身に付けているだけでなく，その美徳から生まれた公徳という愛国心を発揮することによって，アメリカ共和国のために働き，その危機を乗り越えるという大事業を成し遂げた救済者的ヒーローであったという点でも共通性を示しているのである。

B――西部のヒーローたち

　ここで取り上げる西部のヒーローたちは，大統領としてのヒーローたちと同じように，フロンティアとしてのアメリカの土地の出身者たちであった。そこに両者の共通点を見いだすことができるが，このグループの3人はいずれも西部の荒野で活躍したハンターあるいはガンマンであって，当然のことながら，自然人としての彼らには，大統領としてのヒーローに備わっていた美徳は期待すべくもない。いったい，彼らのアメリカン・ヒーローとしての特性は，どこに求めることができるのだろうか。

❶――デイヴィ・クロケット

　デイヴィ・クロケットとして知られるようになったデイヴィッド・クロケットの場合，テネシーの片田舎に生まれた彼は，早くから狩猟の名手としての評判が高く，あるシーズンには

105頭もの熊を射止めたことがあるといわれている。1813年から14年にかけて，アンドルー・ジャクソン将軍の指揮下の義勇兵として，先住アメリカ人掃討作戦に従軍したこともあったが，指導力に恵まれたクロケットは，治安判事などを務めた後，政界に身を投じ，1827年には下院議員として首都ワシントンに乗り込んでいる。中央政界で活躍した期間は，さほど長くはなかったとはいえ，彼は新しい西部世界を象徴する政治家として一躍脚光を浴びたのである。

クロケットは粗野で，素朴で，射撃の腕が優れているだけの西部人であったが，それがかえって当時の大衆の嗜好に投じ，1831年には彼をモデルにした主人公の登場する戯曲『西部のライオン』が大当たりをとって，彼の人気はいやがうえにも高まった。2年後の1833年には，「半身は馬，半身はワニ」と豪語する神話的なクロケットの登場する伝記『西テネシーなるデイヴィッド・クロケット大佐の横顔と奇行』が出版されてベストセラーとなり，翌34年には，クロケット自身が友人トマス・チルトンの協力を得て，『テネシー州なるデイヴィッド・クロケットの生涯の物語』と題する自伝を発表している。さらに，彼の生前の1835年から56年にかけて刊行された「クロケット暦」では，デイヴィッドからデイヴィに変身した彼が超人的な能力を発揮するフォーク・ヒーローとして描かれている。その後，しばらくの間，彼の人気は下火になるが，1930年代にはコンスタンス・ルアークなどの研究者によって，また1940年代から50年代にかけてはハリウッドによって再発見され，アメリカン・ヒーローとして再び脚光を浴びることとなった。

だが，クロケットの最大の存在理由は，フロンティアにおける「暴力による再生という神話」（リチャード・スロトキン）を彼が体現していた点に求めるべきではないか。1835年11

❷ メキシコ軍相手に奮闘するデイヴィ・クロケット

月，独立戦争のさなかにあったテキサスに向かったクロケットは，テキサス人の小部隊とともにアラモ砦と呼ばれるサンアントニオの僧院に立てこもるが，サンタ・アナ将軍の率いるメキシコ軍に包囲され，1836年2月23日から3月6日までの13日間に及ぶ抗戦の末に，アラモ砦は陥落し，クロケットも捕らえられて処刑されたといわれている。この勇気ある行動によって，クロケットはアメリカ南部の，ひいてはアメリカ合衆国の歴史に名前を残すことになったが，このエピソードから浮かび上がってくるのは，射撃の名手としての手腕を発揮して，アメリカ合衆国の西部への発展を拒むメキシコ人を排除しようとしている開拓者としての彼のイメージにほかならない。美徳を備えた大統領としてのヒーローたちとは違って，デイヴィ・クロケットの場合には，ライフル銃を手にしたハンターとしての暴力（バイオレンス）によって，共和国アメリカを守護する救済者的ヒーローの栄誉を獲得することになった，と言えるだろう。

❷──バッファロー・ビル

他方，バッファロー・ビルことウィリアム・フレデリック・コーディは，デイヴィ・クロケ

❸ワイルド・ウェスト・ショーで共演したバッファロー・ビル（右）とシッティング・ブル［1880年頃］

ットの死から10年後にアイオワの農場で生まれている。やがて家族とともにカンザスに移住するが，父が1857年に死んでからの彼は，わずか11歳で運送会社に就職したり，ポニー・エクスプレスのメッセンジャーとして働いたりしていた。南北戦争が勃発すると，コーディはカンザスのゲリラ組織に加わったり，カンザス騎兵隊のスカウトに雇われたり，北軍に志願して短期間ながら軍隊生活を経験したりしている。1866年の結婚後，ホテル経営に手を出したものの，これも長続きせず，またもやスカウトや案内人の仕事に逆戻りすることになるが，1867年から68年にかけてカンザス・パシフィック鉄道のバッファロー・ハンターとして働いていたとき，わずか1年半という短期間に4,280頭ものバッファローを殺したといわれ，これがバッファロー・ビルの別名を生むこととなった。

その後，1868年から72年にかけて合衆国第5騎兵隊の主任スカウトとして働く一方で，有名人の狩猟ガイドを務めたりしていたコーディの生涯に，ひとつの転機が訪れる。1869年の夏，取材のために西部を訪れて，コーディと出会ったダイム・ノベルの作家ネッド・バントラインは，彼の手柄話に尾ひれをつける形で『バッファロー・ビル——辺境人の王者』と題する作品を書き，さらにそれが劇化されてシカゴで上演され，コーディ自身がそれを見物するといった一幕もあって，バッファロー・ビルの名前は全国的に知られることとなった。だが，西部のヒーローとしての彼の知名度を一気に高めることになったのは，1883年に旗揚げしたワイルド・ウェスト・ショーであって，このフロンティアにおける先住アメリカ人との対立抗争を売り物にした戸外ショーは，1887年にはヴィクトリア女王在位50年の祝賀行事でにぎわうロンドンでの公演で大成功を収めただけでなく，1893年のシカゴ万国博覧会でも話題を呼ぶことになった。

このワイルド・ウェスト・ショーのハイライトは，乗客を満載した鉄道列車や開拓者の丸太小屋が先住アメリカ人に襲撃される場面であったが，その事実からも明らかなように，先住民はアングロ＝サクソン系アメリカ人の平和な生活を脅す悪玉的な他者として登場していた。このショーの演目の1つに，1876年にコーディが倒したシャイアン族の戦士イエロー・ハンドとの決闘場面が用意されていたが，星条旗を腰布代わりにして，ブロンドの女性の頭皮を振りかざしたイエロー・ハンドを登場させるという演出は，先住アメリカ人に対する観客の嫌悪と敵意をかき立て，ライフル銃片手に立ち向かうバッファロー・ビルに拍手喝采を送らせる結果となった。西部の実態に詳しいはずのマーク・トウェインやセオドア・ローズヴェルトまでもが，このショーを絶賛していたことからも察せられるように，当時の一般大衆もまたバッファロー・ビルの主張と行動を無条件に受け入れていた。アメリカン・ヒーローとしてのバッファロー・ビルが果たしていたのは，ライフル銃というバイオレンスによってアメリカ文明の敵対者としての先住民を排除する救済者としての使命にほかならなかった。

❸——ビリー・ザ・キッド

　では，もう1人のヒーロー，ビリー・ザ・キッドの場合はどうだろうか。21歳で非業の最期を遂げるまでに20人以上を殺したガンマンとして知られている彼は，どうしてアメリカン・ヒーローとなることができたのか。彼の本名はヘンリー・マッカーティであったが，長い間，ウィリアム・H. ボニーと信じられていただけでなく，ヘンリー・アントリム，その他の名前でも知られていた。1859年11月23日にニューヨーク市で生まれたことになっているが，生地についてはミズーリ州，インディアナ州，イリノイ州，カンザス州といった具合に諸説が入り乱れている。西部のヒーローがニューヨークという都会生まれというのでは都合が悪いからだろうが，とにかく彼は再婚した母親や義父たちといっしょにニューメキシコのシルヴァーシティに移り住んでからはずっと，西部の土地と深いかかわりをもつことになる。母親の死後，彼は牛泥棒やカウボーイとなったりしながら悪事を重ね，大牧場主たちの土地争いとして有名な1878年のリンカン郡戦争に巻き込まれたあげくの果てに，1881年7月14日，ニューメキシコ州フォートサムナーで保安官パット・ギャレットに射殺されるが，ビリー・ザ・キッド自身は誰に殺されたか知らないままであったらしい。

　生前からビリー・ザ・キッドの名前はニューメキシコでは知られていたが，彼の死亡記事を書いた新聞記者たちは，悪名高い西部のならず者としての彼の死を歓迎し，彼を射殺したギャレットをニューメキシコから「血に飢えたアウトロー」を葬り去った英雄としてほめそやした。彼の死の直後に続々と書かれたジョン・W. ルイス『ビリー・ザ・キッドの真実の生涯』，エドマンド・フェイブル『ニューメキシコのアウトロー，ビリー・ザ・キッド』などと

❹ビリー・ザ・キッド

いったダイム・ノベルでも，翌1882年に出版されたギャレット自身の『ビリー・ザ・キッドの信頼しうる生涯』（実際に書いたのはギャレットの友人アッシュ・アプソンであった）でも，死亡記事の場合と同じように，ビリーは冷血で悪魔的な殺人鬼として描かれていた。こうしたステレオタイプ的な捉え方に反対する論者たちは，ビリーがヘビや悪魔の手先であると同時にまた，人間でもあることを主張していたといわれるが，この事実は「ヘビ」や「悪魔の手先」としての彼のイメージが定着していたことを暗示しているのである。

　ビリー・ザ・キッドがヒーローとしてアメリカ大衆に歓迎されるようになったのは，1920年代から30年代にかけてであって，この時期の彼はアメリカ西部という失われた牧歌的世界を象徴するガンマンとして登場することになった。かつての極悪非道のアウトローが牧歌的なアメリカを象徴するヒーローに生まれ変わった背景には，都市化と産業化が急速に進む一方で，禁酒法が制定されたり，大不況に見舞われたりしたアメリカ社会の現実があった。この時期には，例えば密造酒を資金源とするアル・カポネによって代表されるアウトローたちが暗躍したが，カポネが大都市シカゴの貧民街から生まれ出たイタリア系移民のギャングであったの

とは対照的に，ビリーは西部の自然の中で育まれた勇気ある，男性的なアングロ=サクソン系のガンマンであったことが強調されたのである。

その結果，アメリカ大衆の意識の中で，ビリー・ザ・キッドは血に飢えた，衝動的な殺人者であることをやめ，ある研究者によると，「『怒りのぶどう』のトム・ジョードと同様，ザ・キッドは他人を傷つけたかったのではなく，個人的な行動基準，通常ジェファソンの農本主義的理想と結び付けられる行動基準を守るために，彼が取ったような行動に駆り立てられた」ということになる。彼の行動がジェファソン主義に直結するというのは，意外な展開としかいいようがあるまい。だが，一見したところ，アメリカン・ヒーローとしての資質を一切欠いているかに思われていた無法者のビリー・ザ・キッドもまた，失われたフロンティア的アメリカの伝統的な価値をバイオレンスによって回復することを目指すヒーローに変身することになったのである。

こうして，デイヴィ・クロケットやバッファロー・ビルやビリー・ザ・キッドによって代表される西部のヒーローたちは，いずれもアメリカ文明の進歩のまえに立ちはだかる他者としてのメキシコ人や先住アメリカ人やイタリア移民などと対決することによって，アメリカ共和国の純粋性を守り続けるバイオレントな救済者であった，と結論しなければなるまい。

C──新しいフロンティアのヒーローたち

これまで見てきたアメリカン・ヒーローたちとは違って，ここで取り上げる3人のヒーローたちは，都市化され機械化されたアメリカ社会の落とし子であった。だが，この20世紀アメリカの都市文明を象徴するヒーローたちも，その出身地がアメリカ中西部であったという点では奇妙な一致を示していて，この事実が彼らの生活と意見に大きな影響を与えているように思われる。

❶──トマス・エジソン

19世紀後半の「金メッキ時代」（金ぴか時代）は，アメリカにおける発明の黄金時代でもあって，合衆国特許許可局は百万以上のパテントを与えたと伝えられるが，数多くの発明家の中でも，生涯に1,093もの特許を取ったトマス・エジソンこそ，発明王の名にふさわしい人物であった。エジソンはオハイオ州の小さな町に生まれ，わずか3ヵ月の教育を受けただけで，12歳のときから新聞少年として働き始め，15歳で電信技手に採用される。その後，1869年に最初の特許を取ったのをきっかけに，彼は発明家としての道を歩み始め，特に蓄音機（1877年）と白熱電灯（1879年）の発明によって，人類に大きな貢献をすることになった。彼の発明は映画，蓄電器，口述録音機，謄写印刷機などに及んでいるだけでなく，エジソン効果の発見によって，のちのラジオの出現にも力を貸している。

こうした超人的な仕事ぶりは，さまざまなエピードによって語られていて，エジソンはほとんど神話的なヒーローになっている。中西部の片田舎に生まれた彼が，ついに偉大な発明家として成功を収めるという意味で，彼は明らかに成功物語の主人公であった。しかも，たった一人で，誰の力も借りることなく，勤勉と努力と節制によって成功の階段を昇り詰めた彼の態度に，伝統的なプロテスタントの美徳を読み取ることは困難ではない。エジソンがしばしばリンカンと並べて論じられる理由は，両者ともにいわゆる独立独行の人間（セルフメイド・マン）

であったという事実に求められるだろう。だが、何よりもまず、テクノロジー文化を強力に推進する発明家の中に、産業革命以前の中西部的な価値が生きつづけている点にこそ、エジソンのアメリカ性が潜んでいるのではないか。機械あるいはテクノロジーによって都市空間を新しいフロンティアへと変貌させ、かつての中西部の自然によって象徴されていた古いアメリカの価値をそこに生かしつづけるという逆説的なパフォーマンスのゆえに、発明家エジソンはアメリカ大衆の救済者的ヒーローとなりえた、と言い換えてもよいだろう。

エジソンがアメリカの、ひいては世界の救済者と見なされていたことは、例えば第1次世界大戦のときに、アメリカに勝利をもたらす救世主的存在と考えられていたというエピソードが雄弁に物語っている。それによると、ある新聞はエジソンを「文明のための戦いにおける、この国の最大の資質の1つ」と呼び、別の雑誌は彼が「一撃のもとで、敵の大軍を絶滅させる素晴らしい電気仕掛けの機械」を発明することを予想していた。ある伝記作家がエジソンを「機械の使用による地球の救済」に結び付けているのは、アメリカン・ヒーローとしての彼によって象徴される機械の中に、都市生活を強いられた一般大衆が再生のための新しい力とエネルギーを見いだしていたことを物語っているのである（⇨58 発明と科学技術開発の流れA、B）。

❷――ヘンリー・フォード

エジソンと同じように、自動車王ヘンリー・フォードも中西部の出身であった。ミシガン州ディアボーンの近くの農家に生まれた彼は、正規の教育を8年間受けただけで、生まれ故郷を捨て、デトロイトで機械工として働き始めるが、農民としての過去を終生忘れることがなかった。1892年にはデトロイトのエジソン・カンパニーの技師となり、この技師時代の努力が実って、フォードはようやくガソリン自動車の改良に成功し、1903年にフォード自動車会社を設立する。1908年、大衆車として知られるT型フォードを発表した彼は、一躍自動車業界の指導的地位に就き、翌1909年には1万台のT型フォードを生産したと伝えられる。その後、アセンブリー・ラインの採用によって、自動車の生産量は増えつづけ、1915年には93秒に1台の割合で製造できるようにさえなった。この大量生産システムをフランス人アンドレ・シーグフリードはフォード主義と名付け、それはアメリカのテクノロジー文化を端的に表現することばとなったが、それはまたフォード自身が機械時代の指導者となったことを意味していた。

同じ中西部の生まれであり、かぎられた教育しか受けていない点でも共通していたので、フォードはエジソンに親近感を覚え、「私のヒーロー」とさえ呼んでいたが、彼もまたエジソンと同様、極めて複雑な個性の持ち主であった。フォードは一方では自動車の生産に情熱を傾けながら、他方では伝統的なアメリカの価値を重んじ、開拓者の精神を重視しつづけた。20世紀のアメリカ人が必要としているのは「神の新鮮な空気を吸うチャンス」であると信じる彼は、都市生活に背を向けて、自然の世界に没入し、1914年から24年にかけては、発明王エジソン、博物学者ジョン・バーローズ、実業家ハーヴェー・ファイアストーンなどとともにキャンプ旅行を繰り返して、絶えず文明生活から逃れようと試みていた。さらに彼は中西部での少年時代の旧家を完全に復元したり、グリーンフィールドと名付けた村に開拓時代の丸太小屋、ヴァージニア州にあったパトリック・ヘンリーの家、フォード自身が学んだ学校、さらにはエジソン関係の建物などを集めたりする一方で、

❺ C.リンドバーグ［1932年11月］

ユダヤ人をはじめとする新移民を反アメリカ的なグループとして排斥したり，ジャズ，アルコール，タバコなどに対して激しい嫌悪を示したりしている。

いったい，文明生活をリードする自動車王のフォードが古き良きアメリカを求めてやまなかったのはなぜか。結局のところ，それはフォードの生産するT型フォード，つまり機械文明の利器が「本源的な力」，彼のいわゆる「新しいメシア」となって，アメリカ人を都会の混沌から「神の開かれた偉大な空間」へ連れ出すことになる，と彼が信じていたからであった。「フォードはテクノロジーと牧歌的世界との統合という幻想を永続させることに力を貸した」（デイヴィッド・ナイ）とか，「フォードは過去の価値を失うことなく未来に移っていくことのできる，アメリカの能力を証明していた」（ロデリック・ナッシュ）とかいった評言からも明らかなように，フォードやエジソンのような新しいフロンティアのカルチュラル・ヒーローは，アメリカの未来を象徴する機械によって，失われた過去の庭園的アメリカを再現するという使命を果たしていたのである。

❸ チャールズ・リンドバーグ

この使命に挑戦した点では，もう1人のヒーロー，チャールズ・リンドバーグも同様であった。1927年5月20日午前7時52分に「セントルイスの魂」号でロングアイランドのローズヴェルト飛行場から飛び立って，33時間30分後にパリのル・ブールジェ飛行場に着陸したとき，彼は大西洋無着陸単独飛行に成功する。その瞬間，それまで無名であったリンドバーグは，大西洋の両岸で熱狂的な歓迎を受け，一躍時の人として脚光を浴びるようになるが，ミネソタの農家に生まれた，ハンサムで，勇敢で，控えめで，独学であった彼もまた，エジソンやフォードと同じように，中西部の息子としての特性を備えていた。

リンドバーグの単独飛行に対する一般大衆の反応を詳しく分析したジョン・ウォードによると，当時のジャーナリズムは，リンドバーグが単独で偉業を達成した点を強調して，彼を「ローン・イーグル（孤独なワシ）」と呼び，誰の助けも受けることなく苦闘した彼をフロンティア時代の「開拓者」になぞらえ，アメリカ的経験における強烈な個人主義の伝統に位置付けていた。「キャプテン・リンドバーグは青年の勇気を体現している。ダニエル・ブーン，デイヴィッド・クロケットなどといったタイプの人々は単独で行動し，アメリカをつくった。リンドバーグは彼らの直系の子孫である」とか，「チャールズ・リンドバーグはわれわれがアメリカで最高であると考えたいものすべての継承者である。彼は荒野を切り開いた開拓者たちがつくり出した資質を持っている」とかいったコメントが新聞や雑誌の紙面を飾っていた。リンドバーグをフロンティアの開拓者と見なすことによって，「アメリカの力の源は過去のどこかに横たわっている，という思いを大衆は表明していた」とウォードは説明し，当時のアメリカ人にとって，「手遅れにならないうちに失われた美徳を回復するためには，アメリカは後ろを振り返らなければならないということを，リンドバーグは意味していた」と付け加えている。

だが，大西洋単独横断飛行はリンドバーグの個人的な努力の成果であると同時に，性能の優れた飛行機を製作したテクノロジーの勝利でもあった。ある新聞は「リンドバーグはアメリカの天才を象徴する」という見出しの記事で，「飛行機がなければ，彼は飛ぶことさえもできなかっただろう」と述べ，彼が「20世紀のイカロス」であることを認めながらも，「彼は彼自身の翼の発明者ではなく，その発明の才でもって現代世界を創り出したあの全能のダイダロスの息子」にすぎない，と論じて，リンドバーグの勝利は機械の勝利であることを主張している。リンドバーグ自身，彼の単独飛行を可能にしたのが「航空学の発展のために長年研究してきたアメリカの科学と天才」である，と語って，「アメリカの工業」を高く評価していた。再びウォードを引用するならば，リンドバーグの偉業は「アメリカの理想は制度や社会の形態や自由な個人に課せられた制限からの解放である」ことを暗示する一方で，「アメリカの理想は現代社会を可能にしている複雑な制度の完成であり，機械の規制の受容である」ことを物語っている。

結局のところ，エジソンやフォードの場合と同じように，リンドバーグもまた「制度」からの解放と同時に「制度」の受容という2つの根本的に対立する「アメリカの理想」を一身に象徴するヒーローであった。ウィルバー・ゼリンスキーの適切な表現を借りれば，リンドバーグの単独飛行は「高度のテクノロジーの複雑さとフロンティアの美徳のノスタルジックな再確認を見事に結び付けていた」ということになるだろうが，彼をアメリカン・ヒーローとして熱烈歓迎した大衆は，ある批評家が説明しているように，「非個人的な産業社会の複雑な仕組みは孤独で，独立した，自由なアメリカ人の美徳に依存している」と信じることができたのである。この新しいフロンティアのヒーローもまた，近代的な機械によって近代以前の古き良き中西部の価値を再現するという実現不可能なアメリカ的願望を可能にしていた，と言い切ってよいだろう。

D——多文化主義時代のヒーロー像

以上のように見てくると，ここで取り上げたアメリカン・ヒーローは，①いずれもフロンティアあるいは西部の息子たちと呼べるアメリカ人たちであり，②美徳，暴力，機械といったそれぞれの異なった手段に訴えることによって，③それぞれの時期に共和国アメリカが直面していた危機を克服するという使命を見事に果たしていることが判明する。その意味で，こうしたアメリカン・ヒーローたちは，18世紀以来のアメリカ共和国の伝統を擁護するためにアメリカ大衆が生み出した救済者的ヒーローであった，と結論できるにちがいない。そして，そのアメリカ大衆は，日常生活に暗い影を落としている諸問題を，救済者的ヒーローたちが次々に解決してゆく姿を傍観者的に見守り，ワイルド・ウェスト・ショーの観客がそうであったように，彼らの超人的な活躍ぶりに喝采を送るだけで，差し迫った危機からの解放感をたっぷり味わうことができたのである。

だが，あらためて書き立てるまでもなく，ここで取り上げたヒーローたちはもちろん，一般にアメリカン・ヒーローと目されているアメリカ人たちも，ほとんど例外なくアングロ＝サクソン系の白人男性であった。それはアメリカ共和国の体制そのものがアングロ＝サクソン系の白人男性によって支配されていたためであって，アメリカ社会の周辺に追いやられていた同じアングロ＝サクソン系の女性や，非アングロ＝サクソン系の男性や女性はアメリカン・ヒー

ローの誕生とはまったく無縁であった。例えば，すでに見たように，西部のヒーローたちによって排除されていたメキシコ人や先住アメリカ人やイタリア人の集団から，アメリカン・ヒーローが生み出されるはずもなかった。アングロ＝サクソン中心主義が崩壊して，アメリカ社会の多文化性が主張されるようになった現在，さまざまの背景をもったアメリカン・ヒーローを待望する声が起こるとしても不思議はない。亀井俊介も「今や，まさに多人種国家アメリカにふさわしい，あらゆる人種にあてはまるヒーロー像が探求されるべきではないか」と指摘している。

詩人で小説家のロバート・ペン・ウォレンといえば，現代アメリカを代表する知性の1人であったが，ディクソン・ウェクターの名著『アメリカにおけるヒーロー』の1972年版につけた序文の中で，「われわれの時代に，つまり，第2次世界大戦以後に，アメリカにはヒーローがいただろうか」と問いかけた彼は，その資格を十分に備えた唯一の人物として，マーティン・ルーサー・キングの名前を思い浮かべている。「キングは民衆の意識のためにつくられているように思われるが，民衆の意識こそは真のヒーローを祀る記念堂である。キングはいつの日にか，白人世界の民衆の意識に入り込みさえするかもしれない」ということばは，「白人世界の民衆の意識」が依然として非アングロ＝サクソン系のヒーローの出現を阻む壁になっていることを暗示している，と受け取るべきかもしれない。だが，いつの日にか，その高く厚い壁を乗り越えて，ジェンダーや人種や階級の枠組みに縛られないアメリカン・ヒーローたちが登場してきたとき，そのヒーローたちは古き良きアメリカ共和国の価値と伝統の救済などといった使命とはまったく無関係な新しい使命に挑戦することになるのではないだろうか。

■参考文献

亀井俊介『アメリカン・ヒーローの系譜』研究社出版，1993．

亀井俊介「アメリカン・ヒーローとアメリカ人の夢」『アメリカ文化と日本──「拝米」と「排米」を超えて』岩波書店，2000．

西江雅之『伝説のアメリカン・ヒーロー』岩波書店，2000．

Nye, D. E. *Henry Ford: "Ignorant Idealist"*. Kennikat Press, 1979.

Tatum, S. *Inventing Billy the Kid: Visions of the Outlaw in America, 1881-1981*. Univ. of New Mexico Press, 1982.

Wachhorst, W. *Thomas Alva Edison: An American Myth*. MIT Press, 1981.

Ward, J. W. "The Meaning of Lindbergh's Flight." *Red, White and Blue: Men, Books, and Ideas in American Culture*. Oxford Univ. Press, 1968.

Wecter, D. *The Hero in America: A Chronicle of Hero-Worship*. Charles Scribner's Sons, 1972.

Zelinsky, W. *Nation into State: The Shifting Symbolic Foundations of American Nationalism*. Univ. of North Carolina Press, 1988.

■さらに知りたい場合には

亀井俊介『アメリカ・ヒーローの系譜』研究社出版，1993．

［アメリカ人が愛する民衆ヒーローを，同時代的証言その他の豊富な資料を縦横に駆使して網羅的に論じた，大仏次郎賞受賞の記念碑的な著作。詳しい参考書目も有益。］

亀井俊介『わがアメリカ文化誌』岩波書店，2003．

［「アメリカン・ヒーローの世界」「フォーク・ヒーローとフェイク・ヒーロー」「現代ヒーローの運命──1970年代」などの文章

切手に見るアメリカン・ヒロインの系譜

　米国が切手という手段を用いて顕彰した最初の女性は，スペインのイサベル1世である。すなわち，米国郵政は，1893年1月，コロンブスの新大陸発見400年を記念してシカゴで行われた"世界コロンブス博覧会"に際して，米国として最初の記念切手を16種類発行したが，このうちの4種に彼女のことが大きく取り上げられている（①②）。

　これらの切手は，イサベルがいかにコロンブスを支援したかという点が強調されており，それらを見るかぎり，レコンキスタを完遂し，スペイン統一を成し遂げた強権的な女王というイメージは想像しにくい。

　ついで，1902年になると，初代大統領となった夫，ジョージを内助の功で支えつづけたマーサ・ワシントンの肖像が8セントの通常切手に登場する（③）。

　さらに，1907年ヴァージニア州で開催された"ジェームズタウン博覧会"の切手にはポカホンタスが取り上げられている（④）。

　ポカホンタスといえば，ディズニーの映画でも主人公となったが，英国人ジョン・スミスの命を救い，植民地ジェームズタウンの建設のために白人に協力したネイティブ・アメリカンの女性として，日本でも，ディズニー映画でなじみが深い。

　彼女たち3人は，いずれも，米国史の英雄となった男性を献身的にサポートしたという点が高い評価を得て切手に取り上げられたわけで，20世紀初頭の段階では，まだまだ，男性から自立した存在としてのヒロインというものは，米国切手には登場していない。

　その後，しばらくの間，マーサ・ワシントンを除き，米国の切手には歴史上に名を残した女性が取り上げられなかったが，1936年，スーザン・アンソニーの切手が登場する（⑤）。

　アンソニーは，女性の権利拡大のために尽力した先駆的な活動家で，全米女性参政権協会や国際女性評議会の設立メンバーとして知られており，それまでの米国切手に登場した歴史上の女性とは明らかに性格を異にしている。

　当時の大統領，フランクリン・ローズヴェルトは切手収集家としても知られ，切手政策にも自ら積極的に関与していた。その結果，ニューディール政策に代表されるリベラルな思潮は米国切手にも大きな影響を与えることになり，従来，女性がほとんど登場しなかった米国切手にも，看護婦や女生徒，農婦等，女性を描くものが格段に増えている。

アンソニーの切手も，とうぜん，こうした文脈の中でとらえることができよう。

また，ローズヴェルト政権下では，ヴァージニア・デア（北米大陸で最初に生まれた入植者の子供：⑥）や『若草物語』のオルコット（⑦）なども切手に描かれており，独立した個人としてのヒロインという素材は，米国切手の題材としても違和感なく受け入れられるようになった。

こうした傾向は，続くトルーマン政権下でも受け継がれ，米国赤十字の創立者であるクララ・バートン，教育者のモニカ・マイケル，星条旗のオリジナル・デザインをつくったとされるベッツィ・ロス（⑧）などが歴史上の重要な女性として切手上に取り上げられている。

その後，アイゼンハワー政権下では女性の偉人切手は，上述のアンソニーが通常切手に取り上げられただけであったが，ケネディ政権下ではエレノア・ローズヴェルト（フランクリン・ローズヴェルトの妻で自身も社会活動家として有名）やアメリア・エアハート（女性として初めて大西洋横断に成功した飛行士）が登場しており，以後，米国史の教科書に登場するような女性は，散発的だが，確実に切手に取り上げられるようになっていく。

一方，スポーツ選手や芸能人など，よりポピュラーな意味でのヒロインを扱った切手としては，1984年にゴルファーのベイブ・ザハリアス（1930年代に無敵の強さを誇った：⑨）が取り上げられたのが最初である。以後，女性スポーツ選手としては，テニスのヘイゼル・ワイトマン，水泳のヘレン・マディソンなど，伝説的な名選手が取り上げられている。

これに対して，芸能人では，1990年に発行された"クラッシック映画"の切手で『オズの魔法使い』のジュディー・ガーランドと『風と共に去りぬ』のヴィヴィアン・リー（ただし，こちらは彼女だけでなく共演のクラーク・ゲーブルと一緒に取り上げられている）が登場したのが最初で，現在にいたるまで，グレース・ケリー（⑩）やマリリン・モンロー（⑪），クララ・ボウ，ビリー・ホリデイといった大御所クラスが取り上げられている。

なお，1990年代以降の米国では，さまざまな企画のシリーズ切手が発行されているが，その題材の選定にあたっては，人種や性別のバランスに対する配慮が慎重になされているため，必然的に，歴史上の女性が切手上に登場する機会も飛躍的に向上している。

[内藤陽介]

が収録されている。]

巽孝之『リンカーンの世紀——アメリカ大統領たちの文学思想史』青土社，2002.
　［アメリカン・ヒーローとしてのリンカン大統領暗殺の意味を文学史と文化史の両面から多角的に分析した好著。]

本間長世『アメリカ文化のヒーローたち』新潮社，1991.
　［例えば映画の世界からはクーパーとモンローといった具合に，大衆文化の各分野から選んだヒーローたちの魅力を，わが国におけるアメリカ研究の第一人者が解き明かしている。]

76 | フォークロア

American Folklore

岡田泰男

フォークロアは，民俗とか民間伝承などと訳されるが，政治や経済とは異なり，いささか定義が曖昧で，それに含まれる範囲も明確ではない。ここでは一応，人々に伝えられてきた慣習，生活様式や行事，俗信，民話等，なるべく幅広く捉えておく。フォークロアは，通常，特定の民族なり地域なりに結び付いている。民族や地域がフォークロアを生み，フォークロアが民族や地域を形成するともいわれる。アメリカは多民族からなる広大な地域であり，ペンシルヴェニア・ダッチのように，ヨーロッパの伝統が強いところもある。しかし，ここではアメリカのフォークロアという点に重心をおき，(A)先住民，(B)ピューリタン，(C)フロンティア，(D)黒人の4つのグループについて述べる。移民については，別に詳しい記述があるので，ここでは扱わない。

A── 先住民インディアンのフォークロア

❶──つくられたインディアン神話

コロンブスがアメリカに到着したとき，現地の人々をインディアンと呼び，その呼び方が今日に至るまで受け継がれてきたことにより，1つの神話が生じた。すなわち，インディアンという統一された民族がいるという考え方である。実際には，アジア人，あるいはアフリカ人などという民族がいないのと同様に，まとまったインディアンなどというものは存在しない。言語にせよ，生活形態にせよ，アメリカの先住民は極めて多様であり，インディアンというとバッファローを追い，皮のテントに住んでいるというイメージは，ハリウッドのつくり出した白人製のフォークロアにすぎない。

❷──北西部のインディアン

白人がインディアンと呼んだ先住民は，実際にはイロコイ族であり，ナヴァホ族であり，あるいはチェロキー族であって，狩猟を行う部族も，農耕に従事する部族もあり，住居の形態もさまざまであった。例えば太平洋岸の北西部に住んだ部族の多くは漁業や狩猟に従事し，家族はトーテムによるグループに分けられていた。わが国でもよく知られているトーテム・ポールには，サケ，シャチ，クマ等々が彫刻されているが，これは家屋の柱であったり，あるいは何らかの権威を象徴したり，人物や出来事の記念のために立てられた。トーテムのサケや鳥は，彼らの先祖というわけではなく，伝説の中で彼らを助けたり，重要な役割を演じたりする動物で，家の家紋のような性質を持っていた。そして，他の村から来た者であっても，同じトーテムのグループに属する者であれば，その家で食

事と居場所を期待することができた。

　北西部の先住民にとって，サケは重要な食料源であったから，サケについての伝説は多い。その中で，食物としてサケをとっても，神々は怒らないが，必要以上にとったり，あるいはサケを不必要にひどく取り扱ったりすると，天上からの報いを受ける。それが火山の噴火だという話は，資源保護の教えのようでもある。たぶん，サケに頼る人々の生み出した生活の知恵だったのだろう。ところで，トーテム・ポールとならんで有名な風習にポトラッチがある。これは祭礼などの時の儀礼的な交換の方法であるが，主人側が客により多くの贈り物をするばかりか，自分たちの豊かさを誇示するため，大切な品物をわざと壊したりすることで知られている。ポトラッチについては，さまざまな解釈があるが，平和的交換や分配の1つの形式としてみてよい。

❶ハイダ族のトーテム・ポール［運搬の際に中央で切断されている。］

❸——東部森林地帯のインディアン

　一方，アメリカ東部の森林地域には，農耕を主とする部族が存在した。彼らは狩猟や漁業も行ったが，主にトウモロコシ，豆類，カボチャなどを栽培した。彼らは森林を開墾するとき，大きな樹木の皮をはいで枯らす方法をとったが，この方法は後に白人の開拓民が学んだものであった。農耕や食料の保存と分配は女性の役割であったので，例えばイロコイ族の間で女性の地位は高かったといわれている。農業が重要であったため，季節の変化，太陽と月と星に人々は注目し，年に6回の祭礼があった。メイプル・シロップの原料となる砂糖カエデの樹液が流れ出す春先のカエデ祭，農耕を始めるにあたって種子への恵みを祈る種まき祭，野生の果実に感謝をする野イチゴの祭，トウモロコシや豆などが実ったのを祝う祭，そして収穫の祭，最後に真冬の，あるいは新年の祭である。

　この新年の祭のとき，参加者は白い貝殻玉の帯をつかみながら，過ぎた年を回顧，反省したといわれるが，この貝殻玉の帯は，イロコイ族が彼らの歴史を記憶するための道具であった。一般的に言って，先住民は文字を持たず，口伝えで文化を伝承した。イロコイ族の場合，部族の中で地位の高い者が，ハマグリ類の貝殻玉の帯を保管した。そして集会や祭の際に，これが取り出され，語り手がそれに関連した説話や伝説を物語った。それは部族の伝統を維持し，統一を保つための方法であった。白人との交渉にあたっても，この貝殻玉の帯は使われた。正方形あるいは平行四辺形は村落または国家を，つながったひし形は友好のきずなを示したといわれる。なお，これに類似したものとして，北方の狩猟部族のオジブワ族は，部族の神話を樺の樹皮に記録した。もっとも，先住民が文字を持っていなかったことが，白人の目を口頭の伝承に向かわせ，ここにアメリカにおけるフォークロア研究が生まれたともいえる。初期の研究者ヘンリー・スクールクラフトの集めた伝説は，

ヘンリー・ロングフェローの詩『ハイアワサの歌』に利用され，フォークロアと文学の結び付きも生じた。

❹——大平原のインディアン

さて，大平原でバッファローを狩猟した部族にもふれておかなければならない。白人と先住民との対立が高まる中で，アメリカ政府の騎兵隊と先住民との戦闘，'カスター将軍の最期'，ゴーストダンスなど，いわばアメリカ西部のフォークロアの素材を提供し，その舞台となったのが，狩猟を中心とした部族だったからである。彼らは衣食住のほとんどをバッファローに依存していたので，バッファローに関連した神話や儀礼が多い。バッファローを殺すことを，いわば彼らの最高指導者である「偉大な見えざるバッファロー」に謝罪する儀式もある。これは，バッファローがいつまでも存在することを願うものであった。しかし，白人による開拓の進展は，バッファローの絶滅の危機をもたらした。先住民は，「白人がいなくなり，バッファローが戻ってくる」ことを祈って，ゴーストダンスを踊ったのであった。これは，バッファローの狩猟の前に踊られたサンダンスの変形ともいえるが，先住民の絶望的な状況を示すものである。

先住民の説話にはトリックスターの存在が欠かせない。これはペテン師，いたずら者などの意味で，カラスであったり，オオカミであったりするが，ペテン師であると同時に，人間に太陽や月を与え，世界の創造を助ける文化的英雄であったりする。スー族の長であったシッティング・ブルは，部族の文化と団結を守ろうとしながら，白人との争いに巻き込まれ，一時はバッファロー・ビルのワイルド・ウェスト・ショーに出演したりする。それが，今日まで続いている「インディアン」のイメージの創造に一役買ったことは確かである。シッティング・ブルは，ゴーストダンスをめぐる紛争の中で白人に殺されてしまうが，文化的な英雄であり，ペテン師であったトリックスターの1人であったと考えてよいかもしれない。

B——ピューリタンのフォークロア

❶——「最初」の植民者

アメリカのフォークロアは地域により民族により多様であるが，もしアメリカ全体のフォークロアというものがあるとすれば，それはピューリタンが「最初に」アメリカに着いたとする考え方で，それを象徴するのがプリマス・ロックである。ボストンから，さほど遠からぬプリマスに着いた観光客が目にするのは，海岸の石造の神殿風の建物に囲まれた石であり，そこに1620と刻まれている。これは1741年に，トマス・フォーンスという95歳の老人が「ここにわれわれの祖先が上陸した」と言った，といわれる石であり，当時は別の場所にあったが，後に現在の場所に移され，上記の建物が建てられた。ヨーロッパで迫害されたピューリタンが，信仰の自由を求めてアメリカに移住し，プリマス・ロックに一歩をしるしたことにより，自由の国アメリカが始まったというわけである。

もちろん，アメリカの最初の植民地は，ヴァージニアのジェームズタウンであり，年代も1607年である。また，プリマス植民地にしても，メイフラワー号が最初に着いたのはケープコッドの先端のプロヴィンスタウンであり，今日，この町には巨大な記念塔が立っている。しかし，ヴァージニアは，後に奴隷制が広まった土地であるので，自由の国アメリカのイメージにそぐわない。また，プロヴィンスタウンには，実際に植民地が建設されたわけではないの

で、プリマス・ロックこそがアメリカ史の原点とされるのである。先住民のインディアンの神話には、彼らの先祖が地中から出てきたというものが多い。実は彼らの祖先も数万年前にアジアから渡来したとされているが、インディアンの意識としては、アメリカの大地は最初から彼らのものである。これに対して白人はまさに上陸してきたといえる。

しかし、白人にとってアメリカの土地はインディアンのものではない。世界は神が創造したものであり、アダムの子孫である彼らこそ、土地に対する正当な権利を持っている。しかも、インディアンは悪魔の子孫かもしれない。現代風に言えば、未開発の土地における経済的利益を、力のある者が奪うということになるが、ピューリタンはそうは考えない。彼らの使命は、アメリカに「丘の上の町」を築くことで、あらゆる人々の目が彼らにそそがれている。彼らが神から与えられた使命を果さなければ、神は決してお許しにならないというのが、その信念であった。この「神に与えられた使命」という考え方は、その後の西部開拓や領土拡大の「明白な運命」、さらに20世紀の世界大戦参戦や、冷戦期の西側の盟主としてのアメリカの姿勢にまでつながっている。

❷——ピューリタンとインディアン

もっとも、現実にプリマス植民地をつくったピルグリムたちは、生活の厳しさに直面した。そして、それを救ってくれたのはポカノケット族のインディアンであった。彼らは近くのナラガンセット族と争っていたので、新来者の力を借りようと、ピルグリムと手を結んだのである。特に、以前、イギリス漁民と交渉があり、イギリスに捕えられていたスカントというインディアンは、英語ができたので、トウモロコシの栽培法や、魚のとれる場所を教えてくれた。

彼は「神の送ってくれた水先案内人」であった。そして1621年、最初の収穫を祝って、感謝祭が開かれた。プリマスでの最初の感謝祭に、インディアンも招かれている光景は、アメリカ人の誰もが知っているものである。ピューリタンはクリスマスを祝わなかったので、感謝祭はまさにアメリカ的祝日となった。

アメリカ経済が不振に陥っていた1970年代、時の大統領は「アメリカ人はピューリタン以来の勤勉の精神を忘れてしまったのか」と嘆いた。アメリカ人がよく働く、という一種の神話は、ピューリタンに起源があるであろう。ピューリタンは神の道具として植民地の建設にあたっていたので、当然、勤勉でなければならなかった。怠惰であると悪魔の誘惑に陥りやすいと考えられた。白人にトウモロコシの栽培などを教えてくれたインディアンは、農耕を営んでいたが、それは主に女性の仕事で、男性は狩りに従事した。したがって白人は、インディアンを怠け者として軽蔑した。最初のうちは、感謝祭にも示されるように、両者の関係は一応友好的であったが、白人植民地の拡大につれて衝突が起きた。マサチューセッツのインディアンが、白人のもたらした伝染病によって大量に死亡したとき、ピューリタンはそれを神の御業として感謝した。そして「死んだインディアンだけが良いインディアン」となってゆく。

❸——セイラムの魔女狩り

ピューリタンは神を信じ、悪魔を信じ、魔女の存在を信じた。セイラムの魔女の話は、その象徴であろう。今日、セイラムは観光地となっており、特にハロウィーンの頃に行くと、町に魔女に扮した人々があふれている。そして「魔女の家」では魔女狩りの話が人形によって演じられている。1692年に起こったこの事件は若い娘たちが発作を起こし、魔女を告発したこと

❷フロンティアのヒーロー，ブーン［G. C. ビンガム画『カンバーランド渓谷を抜け入植者を護衛するダニエル・ブーン』1851-52 年］

から起こり，100 人以上が投獄され，19 名が処刑された。この大衆ヒステリー的状況は，植民地の支配階級に属する者まで魔女として告発されるに至って終止符が打たれたが，魔女狩りは他の植民地でも行われた。セイラムの事件には，有名な牧師のマザー親子もかかわっていたが，彼らも魔女の存在を信じた。この事件は，アーサー・ミラーの『るつぼ』において劇化されているが，マッカーシーの赤狩りが，魔女狩りを思い起こさせ，それが『るつぼ』の執筆につながったのであった。なお，1957 年になって，マサチューセッツ州議会は，1692 年の裁判が違法であったとし，事件の犠牲者に詫びている。

C——フロンティアのフォークロア

❶——フロンティア・スピリット

アメリカの歴史はフロンティアの開拓の歴史であり，この過程で生み出されたフォークロアは，プリマス・ロックと同様に，アメリカを象徴するものとなった。フロンティア・スピリットといえば，アメリカ人の精神そのものであり，パイオニア（開拓者）はアメリカ人の理想の姿である。ピューリタンも開拓者であったし，20 世紀そしてたぶん 21 世紀の政治家も，新たなフロンティアを目指す開拓者になろうとするであろう。

なぜ，アメリカ人が西を目指すのか。これに対しては，フロンティアが生んだヒーローの 1 人で，ケンタッキーを発見したことになっているダニエル・ブーンの言葉「もう少し，ひじをのばせる場所がほしい」が解答になっている。開拓地で，隣りに家が建ち煙が上るのが見えたら，口笛を吹いて犬を連れ，新たな土地に向かうのである。開拓者は単なる放浪者ではない。冒険家で鉄砲の名手でなければならないが，まさにアメリカという新しい国家の建設者でもある。粗野で個人主義的であるが，何でも屋であり，機知に富み，ユーモアにあふれた話が得意である。リンカン大統領は，フロンティアというよりは，国家を代表するヒーローであろうが，やはり開拓者としての面影を有している。特に「丸太小屋からホワイトハウスへ」という話は，フロンティアとアメリカにおける成功の夢との結び付きを示す。フロンティアは，ひじがのばせ，冒険のできる場所であるとともに，富と成功が待っているところでもある。

❷——丸太小屋と幌馬車

フロンティアの典型的な住居は，例の丸太小屋である。これはイギリスからのものではなく，スカンジナヴィアから伝わった建物であるといわれるが，ともあれフロンティアの住民は話の上でも，また実際にも丸太小屋に住んだ。丸太は縦ではなく横に組み合わされ，丸太の間は泥でふさぐ。屋根は木の板でふくが，床は土間であることが多い。部屋の片隅にいろりと煙突が取り付けられ，窓はあるが，ガラスははまっていない。快適な住居とは，とうてい思えないが，それでも草原地帯の芝土小屋よりはまし

である。中西部より西の大草原や大平原には樹木が少いので，丸太小屋を建てるわけにはいかない。芝土を四角く切りとり，レンガのように積み重ねて小屋とする。いろりはあっても，燃やすのは薪ではなく，バッファローの糞が乾燥して固まったものである。こうした住居はフロンティアの象徴であり，そこに住んでいる人こそ真のアメリカ人で，大統領になるにふさわしいとする政治的キャンペーンは，早くから行われた。そしてリンカンの頃には，「丸太小屋からホワイトハウス」が立身出世の象徴になったのである。

　西部へ移住する人は幌馬車に乗ることになっている。今日でも観光旅行の中に幌馬車による西部旅行があり，開拓時代の気分が味わえると宣伝文句にある。幌馬車は18世紀半ば，ペンシルヴェニアで生まれたといわれ，荷台に幌がかけられた荷馬車である。荷台の床が平らでなく，船のように中央部が弓なりになっていて，道路が凸凹でも荷物がころげ落ちたりしないようになっている。全体として船のような形であるので「草原の帆船」とも呼ばれた。数頭の馬や牛が引き，たくさんの荷物が積める幌馬車は西部開拓民にとって最適の輸送手段であった。オレゴンやカリフォルニアの開拓が始まり，大陸横断の移住が行われるようになると，何台もが組になって移動する幌馬車隊が一般的になる。これはインディアンの攻撃を防ぎ，見知らぬ道をたどるためである。交通路の中で一番有名なのはオレゴン・トレイルであって，今もそのルート沿いにさまざまな伝承が残り，記念碑などが建てられている。

❸──フロンティアの人々

　フロンティアと幌馬車といえばカウボーイやフォーティーナイナーズ（1849年，カリフォルニアの金を求めて出かけた人々）を思い起こ

❸上｜復元されたリンカンの生まれた丸太小屋［インディアナ州 Lincoln Boyhood National Memorial］
❹下｜カネストーガ・ワゴンと呼ばれた貨物輸送用の大型幌馬車［Pennsylvania Farm Museum of Landis Valley 蔵］

すが，その前にヤンキーの行商人にふれておきたい。ヤンキーの行商人はフロンティアだけではなく，東部の田舎町や南部にも荷馬車で雑貨を販売した商人であるが，ニューイングランド出身の抜け目のない，インチキもしばしば行う人間ということになっている。ヤンキー・ノーションといわれる小間物や金物が主な商品であるが，フロンティアや田舎町の純朴な人々をごまかし，あやしげな商品を売りつけたことになっている。19世紀には「ヤンキー」ということばには「ごまかす」という意味があったとすらいわれる。もっとも，東部の新しい情報や面白い話をもたらしてくれる行商人は，憎まれる存在ではなかった。ヤンキーの行商人にごまかされる話や，逆に彼らをごまかした話など，ユーモアにあふれた民話が数多く残っている。

❺ゴールドラッシュでわくカリフォルニアに単独で向かうゴールドハンター［1850年頃］

　フロンティアの開拓者といっても視覚的なイメージははっきりしないが、カウボーイとなれば誰もが目に浮かべることができる。カウボーイハットをかぶり、ブーツをはいた姿である。テキサス出身でなくとも、カウボーイハットをかぶってみせた大統領は、まさにアメリカを具現している。カウボーイハットはもちろん実用的で、当初はいろいろなものがあったが、ステットソンの売り出したものが一般化した。ブーツは靴ひものない長い革靴だが、底は薄めであり、拍車がつく。ズボンはリーヴァイスのジーンズであるが、これでは十分でないので皮のおおいをつける。シャツはカラーのないのが普通であったから、首にまく布が必要で、これは埃よけにもなる。こうした衣裳を身にまとい、6連発の銃とロープを持てば、強く勇敢で女性に礼儀正しいカウボーイができ上がるが、現実の彼らの生活はそうロマンティックなものではなかった。牧畜業に従事する低賃金の移動労働者というのが実の姿で、つらく単調な仕事をまぎらすため、カウボーイソングも生まれた。

　カウボーイは、もちろん今日でも存在するが、彼らの晴れ姿を見る機会はロデオであろう。夏、アメリカ西部を旅行すれば、至るところでロデオを見物する機会に恵まれる。言うまでもなく、ロデオはショーであり、出演者は本物のカウボーイというよりはプロであるが、カウボーイの仕事の中から生まれたさまざまな芸を見物できる。カウボーイからショービジネスへ入った最大の人物はウィル・ロジャーズであろう。彼の生涯は、1990年代のブロードウェイ・ミュージカル『ウィル・ロジャーズ・フォーリーズ』にも描かれているが、カウボーイが、個人主義、正義感、ユーモア、弱者への思いやり、といったアメリカの価値観を体現していることを、改めてみなに認識させたのであった。

　ウィル・ロジャーズが現実の人間であったように、伝説的なフロンティアのヒーローのほとんどは、歴史上、実在の人物であった。すでに述べたブーンをはじめ、鉄砲の名人で国会議員になり、アラモで戦死したデイヴィ・クロケット（⇨75アメリカン・ヒーローB-1）、ミシシッピ川の船乗りのマイク・フィンク、弱きを助け強きをくじいて悲劇的死をとげたジェシー・ジェイムズやビリー・ザ・キッド（⇨75アメリカン・ヒーローB-3）、これら伝説的人物はいずれも実在した。例外は伐木夫の巨人ポール・バニアンくらいであろう。しかし、フォークロアの中に生きている、これらヒーローの物語は、フロンティアに生きた人々の夢や希望、そしてつらい現実を忘れるためのホラ話や笑い話がつくり上げたものであった。カリフォルニアへ金を求めていったフォーティー・ナイナーズが、実は金を掘りあてられなかったこと、丸太小屋からホワイトハウスへ行くのがほとんど不可能なことは、誰もが知っている。しかし、フロンティアのフォークロアは、冷たい現実を乗り越える力を人々に与えたと言えよう。

D——黒人のフォークロア

❶——黒人と音楽

　厳しい現実という点で，黒人のおかれた状況は，とりわけ奴隷制の下では，白人開拓者どころではない。こうした中から生まれた黒人の音楽について述べたい。黒人霊歌やゴスペルソングが，アフリカからの伝統を継いでいるか，あるいはアメリカで形成されたものであるかについては議論が多い。植民地時代，奴隷としてアメリカに連れてこられた黒人は，楽器は持ってこなかったが，歌やダンスやリズムは身につけていたにちがいない。独唱と合唱との掛け合い，ドラムが大きな役割を演ずること，労働や遊び，そして宗教的な儀式の歌などは，アフリカからもたらされた要素であろう。

　しかし，プランテーションの中で，白人あるいはヨーロッパの音楽にふれたこと，アメリカ生まれの黒人が増大したことによって，彼らの音楽は変化していった。労働や遊びの歌，合唱，宗教的な歌は引き続きさかんに歌われたが，ドラムは，反乱を起こす連絡手段となることを恐れた奴隷所有者により禁止された。もっとも，その代わりの楽器や膝や手をたたいてリズムをとることが発達した。こうした中で育っていった黒人霊歌の歌詞はキリスト教のものであったが，意味合いは異なる。「救い」や「自由」は，黒人にとっては奴隷制からの自由を意味したし，「約束の地」は自由になれる北部であった。また，それは奴隷制に対する抗議の歌であり，時として脱走や反乱を助けるものであった。彼らは「白人のことば」で歌ったが，内容は異なっており，言わば二重の意味を有していた。

　南北戦争後になると，アメリカ人一般は黒人の音楽が独特のものであることを認識するようになった。そして，ブルースやラグタイムが生まれ，黒人の北部への移住にともなってジャズが発達し，シカゴやニューヨークのゲットー，スラムでいっそう発展した。しかし，白人との交流も生じ，黒人のみの音楽という特色は薄れていった。とはいえ，リズム＆ブルース（R＆B），ロックンロール，ソウル，レゲエに至るまで，黒人音楽の影響は明らかである（⇨102音楽B）。

❻南部のプランテーションでの黒人たち［画面右にバンジョーを弾く男の姿も見える。水彩画，1800年頃］

❷——黒人音楽の特徴

　黒人の音楽の1つの特徴は，歌とダンスとが組み合わさり，聴衆の参加が求められることである。楽器としては，バンジョー，タンバリン，バイオリン，拍子木などが使われる。リズムと即興性の重要さも1つの特徴であるが，礼拝の後に行われた「シャウト」には，これらが組み合わされている。シャウトは，リズムに合わせ輪になって踊りながら，踊りの動作と，独唱と合唱との掛け合いが混ぜ合わさり，聴衆も膝や手をたたいて参加するが，夜がふけるにつれ熱狂が高まってゆくものであった。

　黒人のフォークロアには，もちろん民話や迷信など，さまざまなものがある。ここで音楽のみを取り上げたのは，奴隷制のもとにあった黒人が，自分たちの気持や感情を表わすのに，そ

れが最も適した手段だったからにほかならない。それは、白人によって許された数少ない楽しみでもあり、苦難をまぎらわせる方法でもあった。アフリカの伝統がアメリカにおいて独自のスタイルで変化、発展したことを示すものこそ黒人音楽であり、それはアメリカの心を示すものとなっていった。

■さらに知りたい場合には

Brunnvand, J. H. ed. *American Folklore*. Gerald Publishing, 1996.
［生活，文学，歴史など，すべてにわたる便利な事典。］

ドーソン，R.（坂本完春訳）『アメリカの民間伝承』岩崎美術社，1981.
［フォークロア全般の手引書として好適。］

富田虎男『アメリカ・インディアンの歴史』雄山閣，1981.
［インディアンの歴史と生活についての入門書。］

77 | 祝祭日と祝い事
Holidays and Celebrations

能登路雅子

アメリカ人はお祭り好きな国民だとよくいわれる。独立記念日や感謝祭のパレード，大統領選挙，アカデミー賞授賞式，スーパーボウルの試合など，確かにあらゆる機会をとらえてエネルギーを発散させている。クリスマスやハロウィーンといったヨーロッパで発した祭日がアメリカで商業主義に結び付いて発展した例も多い。どんな国においても，祝祭日には歴史的に重要な事件や英雄，宗教上の教えや文化的伝統が刻印されている。人々は祝祭日を通して1年のサイクルや季節のリズムを体感し，同時に，共同体にとって大事な日を集合的に記憶することでアイデンティティを確かめ合う。アメリカという多文化社会で祝祭日はどのように成立し，それにまつわる物語やシンボルはどのような役割を果たしているのか，その変容とダイナミズムを探る。

A──祝日のアメリカ的多様性

17世紀初頭にヨーロッパ人たちの大規模な入植が始まって以来，アメリカでは多様な宗教や文化的背景をもつ人々が巨大な地理的空間に広がりながら移動をくりかえしてきた。その意味ではアメリカは現在も新大陸であり，共通の体験や価値観に基づいて自然発生的に祭日が合意成立していくだけの歴史的時間は，いまだ十分に経過していない。祝祭日のうちで，祭日が本来，宗教的契機に基づく安息日であり，祝日が国家の建設，戦勝などを記念する儀礼日であるとすれば，当初から近代国家として出発したアメリカにおいては，特に後者の祝日の数々が「アメリカ人とは何か」を規定するための，極めて人工的かつ重要な装置をなしてきたと言えるだろう。

アメリカ合衆国が祝日を国民統合の有効な手段として重んじる反面，「国民の祝日」という制度をもたないというのは一見，矛盾に思えるかもしれない。日本のカレンダーと違って，アメリカで売られているカレンダーは地域や機関によって記入されている祝祭日が微妙に異なっている。そもそも，祝祭日の決定に関する権限は，地方分権の精神に基づいて各州に置かれている。例えば南北戦争にまつわる歴史認識の違いから，リンカンの誕生日（2月12日）は北部の州では祝われても，南部諸州ではリー将軍の誕生日（1月19日）を記念するといった相異が見られる。他方，合衆国大統領および連邦議会は，首都ワシントンおよび全米の連邦職員に対してのみ連邦法定休日（表77-1）を制定することができる。しかし，今日では，大多数の州がこれらを休日として定めているのが実情である。

連邦法定休日の多くが月曜日に振り替えられて，連休にする措置がとられているのは，祝日

表 77-1 ●連邦法定休日

月日	名称	
1月1日	新年	New Year's Day
1月第3月曜日	キング誕生日	Martin Luther King Jr. Day
2月第3月曜日	ワシントン誕生日	Washington's Birthday
5月最終月曜日	戦没将兵記念日	Memorial Day
7月4日	独立記念日	Independence Day
9月第1月曜日	レイバー・デー	Labor Day
10月第2月曜日	コロンバス・デー	Columbus Day
11月11日	復員軍人の日	Veterans Day
11月第4木曜日	感謝祭	Thanksgiving Day
12月25日	クリスマス	Christmas Day

と休暇の混淆の傾向を表わしているが，その例外として動かない祝祭日がいくつかある。1月1日の「新年」と12月25日の「クリスマス」は当然としても，「独立記念日」は曜日にかかわらず必ず7月4日に，「復員軍人の日」は11月11日に，また「感謝祭」は11月の第4木曜日に決められている。それは，こうした祝日がアメリカ合衆国の建国神話や愛国的ナショナリズムの維持促進において，今日性を十分とどめているからだろう。

日本人の1年のサイクルを基本的に規定し，列島全域で「民族大移動」が起きるのが正月と盆であるとすれば，アメリカ人の文化的時間の流れとしての1年を作り上げる2本の柱は「独立記念日」と「感謝祭」である。特に祖母や母親が焼いた七面鳥を目指して家族が大集合する感謝祭の週末は空港や高速道路が1年のうちで最も混み合う時期であり，相当の計画性と忍耐が要求される。

こうした国家の成立や理念をテーマとする祝日とは別の次元で，より草の根の生活意識に根ざしたさまざまな暦がある。北半球のかなり寒冷で四季の変化の激しい地域を多く含んでいるアメリカでは，1年は春分，夏至，秋分，冬至の4つの節目を基本軸として，実に多種多様な宗教的，地域的行事が繰りひろげられている。それらはルーツをたどれば共通の農事暦や宗教上のできごとに由来することも多く，一方で，社会の要請によって新しい祝日が誕生したり，古い祭日が復活することもある。このように，天体の動きという普遍的な軸に聖と俗，エスニック集団や人種の歴史文化が多彩に絡み合う暦のあり方そのものが，アメリカ社会の複雑な多層性を映し出していると言えるだろう。

また，社会を特徴付ける主要なシンボルとして食べ物が用いられることは人類学者レヴィ＝ストロースの指摘を待つまでもないが，多くの祝祭日において，食物は重要な儀礼的機能を果たしている。祝祭を表わす英語 feast には饗宴やご馳走の意味もあり，festival も同様である。アメリカでは新大陸原産の食物に加えて世界各地からの移民がそれぞれの伝統料理をもたらし，それらすべてがこの国に新しい文化を創造する材料を提供してきた。特別の食事や音楽，詩歌，祈禱，スピーチ，衣装などのシンボルを総動員して歴史を記憶し，非日常の時間を集合的に祝うことを通して，アメリカの1年はさまざまな姿を見せながら豊かにめぐっていく（図77-1）。

B──ワシントン誕生日から独立記念日へ

❶──建国の理念をテーマにした祝日

 2月第3月曜の「ワシントン誕生日」から7月4日の「独立記念日」に至る半年は、合衆国の誕生とその理念をテーマとした祝祭日が並ぶ。リンカンの誕生日がキング牧師の誕生日と建国の父ワシントンの誕生日に挟まれた形で存在していることは、独立宣言に謳われた自由・平等・幸福追求の理念がその後の試練を経て今日に受け継がれていることをアメリカ国民に訴える効果をもっている。白人以外の人物を顕彰した初の法定休日として1986年にレーガン政権下で制定されたキングの誕生日は、レーガン大統領自身を含め、白人保守層からの抵抗が長く続いたが、現在では50州すべてで祝日とされている。

❷──再生と愛を祝福する春

ⓐ グラウンドホッグ・デーと聖燭祭

 アメリカ建国にまつわる国家レベルの祝賀と並行して、誕生や再生といった春をテーマとする民衆レベルの祭日も次々に登場する。テレビの天気予報などで毎年、春の訪れが最初に話題になるのは、2月2日の「グラウンドホッグ・デー」である。日本の暦の「啓蟄」は冬籠もりの虫が這い出てくる日とされているが、リスに似た大型の齧歯類であるグラウンドホッグが2月2日に巣穴から出て、もし地上に自分の影が映ればさらに6週間の冬眠に引き返し、春霞のために影が見えなければそのまま外に出るという言い伝えから、春の到来を占う日とされている。この日は17世紀にペンシルヴェニアに入植したドイツ系移民の農事暦に由来するが、クリスマスから40日目のカトリックの「聖燭祭」と同じ日にあたり、春の祭典として2月14日のヴァレンタイン・デーとも歴史的なルーツを共有しているといわれている。

ⓑ 聖ヴァレンタインの日

 「聖ヴァレンタインの日」はローマ時代の殉教者からその名をとっているが、鳥の求愛、ハートに矢を射るキューピッド、花など春の豊饒を表わす象徴に彩られている。キリスト教の影響下であからさまな性的シンボルは次第にロマンチックなものに取って代わられ、恋人たちが愛のメッセージを交換する日として定着した。また、小学校などでは生徒同士がカードを交換する光景も見られる。この日には、意中の相手に愛を告白するカードや真紅のバラなどのプレゼントを送ることがあるが、それは主に男性から女性に対して送られ、日本のようにもっぱら女性から男性にチョコレートを贈るという習慣はアメリカでは見られない。

ⓒ 聖パトリックの日・聖ヨセフの日

 ヴァレンタインの基本色の赤と白は雪を割って咲く花を表わしているが、3月17日の「聖パトリックの日」は緑一色の祭典である。5世紀のアイルランドにキリスト教を広めた守護聖人を祝うこの日は、アイルランドの国花でキリスト教の三位一体を表象する三つ葉のクローバーに似たシャムロックが第一のシンボルで、シャツ、ネクタイ、スカーフ、ハンカチなど何か緑のものを身につけて祝うのが習慣となった。アメリカでは酒と踊りと歌でハメをはずせる賑やかな都市の祭りに発展し、アイルランド系の多いニューヨークやボストン、サンフランシスコなどでは盛大なパレードが行われる。伝説によれば、アイルランドに蒸留酒をもたらしたのも聖パトリックだった。

 同じようにカトリック色の濃い祝日として、3月19日の「聖ヨセフの日」がある。これはイタリアのシシリア系が多いミルウォーキー、

図77-1 ●アメリカの祝祭日と季節のかかわり

円環図：
- 冬至
- 12月：クリスマス [12/25]
- 1月：新年 [1/1]
- 2月：聖燭祭/グラウンドホッグ・デー [2/2]、聖ヴァレンタインの日 [2/14]
- 3月：聖パトリックの日 [3/17]、聖ヨセフの日 [3/19]、春分
- 4月：四月馬鹿の日 [4/1]、復活祭、過ぎ越しの祝い
- 5月：メーデー [5/1]、戦没将兵記念日
- 6月：夏至
- 7月：独立記念日 [7/4]
- 8月
- 9月：レイバー・デー、秋分
- 10月：ハロウィーン [10/31]、ヨム・キプール（ユダヤ教贖罪の日）、ローシュ・ハシャナ（ユダヤ教新年祭）
- 11月：感謝祭

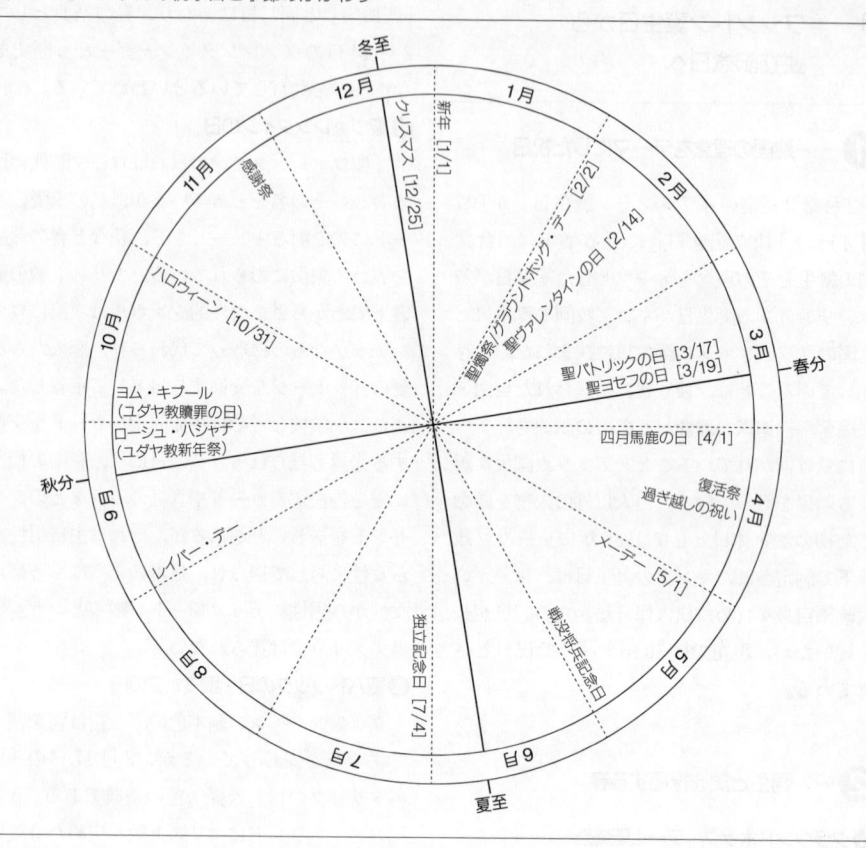

● 出典 | Santino, J. *All Around the Year: Holidays and Celebrations in American Life.* Univ. of Illinois Press, 1994, p. 19 の図に基づく

南カリフォルニアなどで特に盛大に祝われる。祭りの食卓の中心は魚料理であるが，それは魚が豊饒を表わすシンボルであるからといわれている。

d 復活祭

アメリカの春は3月末から4月にかけたイースターで本格化する。キリストの磔刑を記念する「聖金曜日」の後の日曜日が「復活祭」で，3月21日の春分以降の満月の次の日曜に設定されるので，年によって3月22日から4月25日まで，日が異なり，移動祝日と呼ばれる。この祭りは春分が表わす春の再来とキリストの復活が結び付いており，自然現象，農事暦，宗教暦の融合がここにも見てとれる。「聖金曜日」はカトリック勢力の強い地域を中心に，いくつかの州で休日に定められているが，復活祭そのものはプロテスタントにも共通する重要なキリスト教の祝祭である。

復活祭のシーズンは，イースターに先立つ46日間にわたる「四旬節」に始まり，荒野のキリストを記念するために断食や贖罪の儀式が行われる。その第1日目が「聖灰水曜日」で，カトリック教徒はミサに出席して，司祭から額に灰で十字の印をつけてもらう習慣がある。灰

のシンボリズムは「人は灰から生まれ塵に帰るべき存在である」ことを意味している。「聖灰水曜日」の直前の日曜，月曜，火曜の３日間が「謝肉祭」で，特にその最終日「マルディ・グラ」にはニューオーリンズで華麗な仮装舞踏会や街頭パレードが繰りひろげられ，時には乱痴気騒ぎになることもある。

　復活祭の象徴は何といっても新しい生命を表わす卵で，アメリカの家庭では鶏卵の殻に彩色をほどこし，イースターの日曜の朝，親が室内や庭のあちこちに隠した卵を子供が捜すというエッグ・ハントが行われ，普段よりも盛大な朝食をとる。また，旺盛な生殖能力を表わすウサギも復活祭に欠かせないシンボルで，卵やウサギをかたどったチョコレートや菓子類が店頭を可愛らしく飾る。デパートなどでは，春の衣替えシーズンに合わせたイースター・セールも大々的に展開される。

❷ 過ぎ越しの祝い

　復活祭とほぼ同じ時期に，ユダヤ教徒は「過ぎ越しの祝い」を盛大に行う。これはモーセに率いられたイスラエル人のエジプト脱出を記念する７日間の祝祭で，神ヤハウェがエジプト人の第１子を皆殺しにしたとき，イスラエル人の家々だけを過ぎ越したことに由来する。特にその第１夜には旧約聖書の故事にちなんだ種なしパンやワイン，羊肉料理を囲んで祖先の苦難をしのぶ正餐が開かれる。これに合わせて家族縁者が遠方から集まるユダヤ人家庭も多い。

❸ 夏時間への移行

　この時期，アメリカ人が春の到来を意識するもうひとつの出来事が，夏時間の始まりである。長くなった日照時間を有効に使うための法的措置で，ハワイなど２，３の州を除き，４月の第１日曜の午前２時に時計が１時間早まり，翌日は普段より早く朝が訪れることになる。前夜，テレビのニュースキャスターが「寝る前に

❶復活祭のグリーティング・カード［卵形の輪郭のカードに，復活祭のシンボルであるウサギが描かれている。］

時計の針を１時間進めることをお忘れなく」と呼びかけるが，人々はこれを「春は進め，秋は遅らせる」（Spring Forward, Fall Back）という懸け言葉で覚えている。スプリングに跳びはねる，芽生えるという意味があるのも，復活祭のウサギや生命が躍動するイメージに通じている。

　「四月馬鹿の日」または「万愚節」と呼ばれる４月１日は，復活祭などと同様に春分に関連したものと考えられている。友人をからかって楽しむ習慣は，1564年にフランスで新年がユリウス暦の４月１日からグレゴリウス暦に従って１月１日に改められた際，これに抵抗したり忘れたりして旧暦の新年祭を祝った人々を「４月の魚」と呼んで揶揄したことに始まったといわれる。太陽がちょうど12宮の魚座を通過する時期にあたることから，このような呼び方がされた。エイプリル・フールの習慣はイギリスを経てアメリカに伝わったが，ウソをつくことを罪悪視する傾向の強いアメリカでも，この日はジョークで公然と人をかついでよいことになっている。春の浮かれ気分に乗じて，雑誌などでユーモラスな特集が組まれることも多い。

❸ 星条旗と太陽を祝福する夏

ⓐ シンコ・デ・マイヨ

アイルランド系の「聖パトリックの日」とならんで、メキシコの歴史に起源をもつ5月5日の「シンコ・デ・マイヨ」も近年は全米に広がりつつある。メキシコの民族舞踊、マリアッチの演奏、パレードを見ながら陽気に騒ぐ人々の多くは5月5日をメキシコの独立記念日だと思い込んでいるが、この日は1862年にメキシコ軍が圧倒的なフランス軍勢を「プエブラの戦い」で撃退した日で、外国の侵略に対するメキシコ人の断固たる結束を記念する日となった。一見不思議に思えるのは、この記念日がメキシコ国内よりもアメリカで盛大に祝われていることだが、それは60年代以来のチカノ運動がもたらした民族覚醒や文化的伝統の再発見、ヒスパニック系人口の急増にともなうディアスポラ特有の現象と見ることができよう。

ⓑ 母の日・父の日

春の祭日の多くがヨーロッパを起源とするものであるのに対し、5月第2日曜の「母の日」はアメリカ生まれの祝日で、1907年、フィラデルフィアの女性教師アンナ・ジャーヴィスが母親の命日（5月9日）に友人を招いて追悼会を催し、母が好んだカーネーションを飾ったことに端を発したといわれる。やがて教会や新聞を通じて広まった「母の日」は、1914年にウィルソン大統領により祝日に指定され、星条旗の掲揚が定められた。しだいに贈り物をする習慣が盛んになったことをジャーヴィス自身は快く思わなかったが、今日ではプレゼントに加え、この日に母親を外食に招待することが一般化している。女性をテーマにした「母の日」には女性団体の集会が企画され、1968年にはキング夫人を中心に女性と子供の差別と貧困を訴える「母の日行進」が実行され、70年代にもこの日は女性解放運動の舞台となった。

「母の日」の制定に2年遅れて、ワシントン州のやはり民間人の女性が「父の日」を提案したが、全米に広まった背景には紳士服業界の後押しがあった。祝日として6月第3日曜に制定されたのは1972年になってからで、この日はネクタイや男性用化粧品、バーベキューセットなどが飛ぶように売れるという。

ⓒ メモリアル・デー

アメリカの過去のすべての戦争犠牲者に花を捧げる5月最終月曜の「戦没将兵記念日」は、南北戦争中に南部の女性たちが戦死者の墓前に献花したことに由来する。こうした手厚い供養に影響を受け、1868年には北軍の復員軍人組織である「共和国陸軍」（GAR）が5月30日に戦死者の墓に花を供える行事を始め、軍人年金の要求運動においても主導権を握った。1876年に「メモリアル・デー」が連邦法定休日に定められた後も、南北戦争中の「ヤンキー」と「デキシー」の地域的対立の後遺症はこの記念日の名称や祝い方をめぐって続いた。現在では星条旗と十字架をシンボルとして、ワシントンのアーリントン国立墓地をはじめ、各地で愛国的な追悼行事が行われるが、都市住民の多くは、この休日に裏庭でバーベキューをしたり、水辺に出かけて、待望の夏の訪れを喜ぶ。大勢が一斉に高速道路に繰り出す結果、例年、交通事故死が特に多い週末となっており、インディアナポリス500の自動車レースがメモリアル・デーに開催されるのも皮肉な偶然と言える。

人々が日常生活のレベルで夏の到来を実感するのは、子供たちの学校が終わり、長い夏休みが始まるころである。小学校は6月初旬には授業を終え、大学も5月から6月にかけて卒業式を迎える。ジューン・ブライドの呼び名に象徴されるように、6月に結婚式が多いのも、卒業の次のステップを画す通過儀礼として位置付けられるからとされている。こうして初夏は

個人のライフサイクルに関連の強い季節となっているが、一方、アメリカという国家の誕生・発展にまつわる暦のサイクルは、春から夏にかけての多彩な祝祭日でウォーミングアップしながら、7月4日の独立記念日で頂点を迎える。

ⓓ 独立記念日

1776年7月4日はアメリカ合衆国の独立宣言書が採択された日で、署名が完了したのは8月、そして実際の独立が達成されたのは、7年後にパリ条約が締結されたときであった。それから220年の歳月を経た今日も、アメリカ人にとって7月4日は独立宣言の精神を自己検証する機会となっている。ハリウッド映画においても、ベトナム帰還兵の反戦運動を描いた『7月4日に生まれて』(1989)、地球を宇宙人の侵略から守るアメリカ大統領を主役とする『インデペンデンス・デイ』(1996)など、この日が現代にもつ意味が問いつづけられている。

7月4日の典型的な行事は、パレード、ピクニック、花火大会である。野外コンサート、スポーツイベントなども賑やかに行われ、スーザの「星条旗よ永遠なれ」をはじめ威勢のいい行進曲が祝賀ムードを盛り上げる。この日のアメリカ国民の多くは、「赤、白、青の気分」に浮きたつが、星条旗だけでなく、アメリカの国家理念を表わす愛国的シンボルが総動員される。「自由の鐘」は、1776年7月8日に独立宣言が民衆の前で初めて朗読され公表された際に打ち鳴らされた。アメリカン・イーグルとも呼ばれる白頭ワシは、1782年に国鳥に指定された。「自由の鐘」がその深い亀裂によってなおさら人々の胸を打つのと同様、白頭ワシも絶滅に瀕した生き物として、強い象徴性をもっている。「アンクル・サム」はパレードなどに必ず登場する長身のあご髭のある人物で、山高帽に燕尾服、国旗をイメージした赤白の縞のズボンをはいている。19世紀半ばに画家トマス・ナスト

❷独立記念日の愛国的シンボルを満載したピクニック・バスケットが表紙のパンフレット［中央に描かれているのがひびの入った自由の鐘、右上が独立宣言文書。］

が描いたアメリカ合衆国を擬人化したこのキャラクターは、兵士募集のポスターや政治漫画によく登場してきた一方、アメリカの強権や傲慢のシンボルとして、海外の反米集会などでは憎悪の対象となる。

独立記念日は歴史的イベントの開催日としてもしばしば選ばれ、フランスによる「自由の女神像」の贈呈式 (1884)、太平洋横断ケーブル開通式 (1903)、フィリピン独立 (1946)、アラスカの合衆国加盟 (1959)、ハワイの合衆国加盟 (1960) なども7月4日を公式な日付として執り行われた。アメリカ航空宇宙局 (NASA) が史上初めて彗星に探査機ディープ・インパクトを衝突させる計画にも、2005年の7月4日が決行日に選ばれている。

C——感謝祭からクリスマスへ

❶——新大陸の豊饒と収穫を祝う秋

ⓐ レイバー・デー

アメリカの学校は9月に新年度を迎えるが、小中学校や高校における最初の開校日は9月1日ではなく、毎年9月第1月曜日の「レイバ

ー・デイ」の翌日と決められている。現在では長い夏休みシーズンの終わりを告げる連休という意味合いの強いこの休日であるが,「労働者の日」の名のとおり,アメリカには珍しく社会主義労働運動を起源としている。19世紀後半,産業資本家と大企業の発展にしたがい,労働者サイドでも組織化が進み,低賃金,長時間労働などの改善を要求する組合運動が高まりをみせた。なかでも最大の規模を誇った「労働騎士団」を中心に,1882年9月5日にニューヨークで2万人近くが団結を求めてパレードを行い,公園でのピクニックや演説,ドイツ系の歌唱団やアイルランド系のバンド演奏などを楽しんだ。以来,「労働者の日」は年中行事となったが,1884年に9月の第1月曜日に設定しなおされた。一日8時間労働が悲願であった当時,土曜はもちろん労働日だったが,2連休は大歓迎され,これがアメリカで最初の月曜休日の先例となった。その後,行事の内容は資本側への協調姿勢が強化され,パレードの旗も赤白青の愛国色が優勢となり,赤旗は禁止されるに至った。

一方で,8時間労働を要求する運動は1886年5月1日にシカゴで大規模なデモを展開し,5月4日には警官隊との衝突が起きた。双方に多数の死傷者が出た「ヘイマーケット事件」の記憶を含めて5月1日は第2インターナショナルにより労働者階級の国際的連帯を訴える日となった。しかし,赤旗や移民労働者の祖国の国旗が翻る「メーデー」は,一般国民の目には社会主義者,アナーキスト,移民,外国人の祭日と受けとめられ,アメリカ的祝日となることはなかった。

ⓑ コロンブス・デー

「レイバー・デー」の変遷にも見られるように,今日,全米共通の祝祭日には,最初は特定の集団や個人が発案したものが,しだいにアメリカの愛国的ストーリーに組み込まれ,国民的行事として定着したものが多い。10月第2月曜日の「コロンブス・デー」も,ニューヨーク市の政治団体タマニー協会が1792年10月12日にコロンブスのアメリカ大陸到達三百年を祝ったのが最初とされている。19世紀末から20世紀初めにイタリア系は最大の移民集団となったが,1892年の四百周年にはセントラルパークの南西端に広場コロンブス・サークルがつくられ,コロンブスの銅像が建てられた。翌年の10月からシカゴでコロンブス記念世界博覧会が開催されたのを契機に,10月12日は全国的な祝日になった。ニューヨークなど,イタリア系が多い都市では大パレードが行われるが,他の場所でもアイルランド系,中国系,アルメニア系など,さまざまな民族集団のアメリカへの貢献を祝う日となっている。

ⓒ ユダヤ教の新年と贖罪日

現在600万人を数えるユダヤ系も世紀転換期にロシアやポーランドなどから大量に移住し,宗教・文化のアイデンティティを維持するための民族組織を次々に設立した。太陰暦に基づくユダヤ暦の新年は西暦の9月から10月にかけての時期に訪れ「ローシュ・ハシャナ」(ヘブライ語で年頭の意)から10日間は特別な悔い改めの期間とされる。10日目に来る「ヨム・キプール」は仕事を休み,24時間飲食を断ち,ユダヤ教の会堂であるシナゴーグで祈る贖罪日である。2001年9月に敬虔なユダヤ教徒であるドジャーズのグリーン外野手がヨム・キプールのために連続出場記録を犠牲にしてまで試合を欠場し,その給料分を9.11犠牲者の家族に寄付したことは話題を呼んだ。

ⓓ 復員軍人の日

「復員軍人の日」は,第1次大戦の休戦が成立した1918年11月11日を記念して,最初は「休戦の日」と呼ばれていた。休戦中の1919年春,パーシング将軍が率いるアメリカ遠征軍がパリで会合を開いた際に組織された在

ハロウィーン

　古代ケルト族の民間信仰をルーツとするハロウィーンは、1年のうちでアメリカの子供が一番楽しみにしている行事である。10月31日の夜、子供たちは魔女や骸骨、ゾンビなどに扮装し、袋を手にもって近所の家々を回る。玄関先には人の顔の形にくりぬいた大きなカボチャ灯篭「ジャック・オ・ランタン」(jack-o'-lantern)のローソクの火が不気味に揺れ、トウモロコシの束が飾られる。ベルを鳴らして、家の人が出てくると、"Trick or treat"（悪さをしてやろうか、それともご馳走してくれるか）と言って迫る。たいていは、"Treat"という返事とともに、キャンディーやチョコレートがもらえ、袋がしだいに菓子や果物でいっぱいになる。スピルバーグ監督の映画『E・T』(1982)の中にも、地球外生物E・Tがハロウィーンの夜、全身を布で覆って郊外住宅地に繰り出す愉快なシーンがあった。一方、連続殺人鬼を扱ったホラー映画『ハロウィーン』シリーズも70年代から80年代にかけて延々と続いた。

　死の恐怖をテーマとしながら死と戯れて楽しむというこの不思議な行事は、紀元前5世紀にアイルランドで始まった死の神サムハイン（Samhain）の祭りに由来している。10月31日はケルトの旧暦の大晦日にあたり、太陽神に収穫を感謝する日であるとともに、その年に亡くなった人の魂が集合し黄泉の国に旅立つ日とされていた。つまり、あの世との通路が開かれる危険な夜であり、生者は村はずれに集まって大きな篝火を焚き、死の世界からやってくる魑魅魍魎を追い払い、死者の魂を鎮めるために捧げ物をした。

　その後、キリスト教の影響で、11月1日は特別の祭日をもたない聖人すべてを記念する「万聖節」と改められた。ハロウは中世英語で聖人と同義で、万聖節の前夜はハロウィーン（Halloween）と呼ばれるようになったが、同時にケルトの「異教」的風習は薄められ、娯楽的要素が強くなった。ハロウィーンの行事は、19世紀中頃、ジャガイモ飢饉で大量移住したアイルランド移民とともに大西洋をこえてアメリカに伝えられ、もともとは巨大なカブを使っていたオバケ灯篭もアメリカ原産のカボチャに取って代わられた。橙と黒を基調とする奇怪な装飾を家にほどこしたり、仮装をして外に繰り出す風習は特に1950年代から盛んになったが、夏休みと感謝祭のあいだの長く単調な秋のシーズンの恰好の刺激剤として、ハロウィーンは子供だけでなく、大学生や大人にも人気が高い。この日はパーティーのみならず、職場に黒猫や吸血鬼の扮装をして現れる大人も珍しくない。

　死と生、子供と大人、自然と人間の関係が逆転したり、境界があいまいになるハロウィーンは、社会の通常のルールが一時的に停止状態となる。治安の悪化とともに、80年代には子供たちに毒入りキャンディーを配ったり、カミソリの刃をリンゴに入れたりする事件が相次ぎ、外出する子供に同行したり、知り合いの家にしか行かせない親も増えた。隣人同士の相互信頼が失われていくなかで、人々は見知らぬ者の訪問を恐れ、ハロウィーンはしだいに安全な遊びの範囲をこえるようになってしまった。日本人がハロウィーンと聞いて思い出すのは、1992年にルイジアナ州バトンルージュ市で起きた日本人高校留学生の射殺事件だろう。ハロウィーンのパーティーに行く途中の服部剛丈君が会場を間違えて入った家の玄関先で住人にマグナム銃で撃たれるというこの悲劇の背景には、銃社会アメリカの病理、ハロウィーンが本来的にもつ恐怖と戯れの異界が幾重にも交錯していた。

［能登路雅子］　❸ハロウィーンのカード

❹ノーマン・ロックウェル画『欠乏からの自由』と題された絵をあしらった切手［第2次大戦中の1943年に描かれ，感謝祭の七面鳥を囲む家族の食卓は，アメリカが何のために戦うかを示す原初的イメージとなった。］

郷軍人会アメリカン・リージョンが，同年11月にミネアポリスで大会を開き，11月11日の11時に戦争犠牲者に黙禱を捧げた。これが休戦記念日の始まりであるが，5月末のメモリアル・デーの制定に南北戦争の復員軍人組織「共和国陸軍」（GAR）が影響力を発揮した前例にならい，在郷軍人会も休戦記念日を契機として復員軍人や遺族に対する保障など実質的な要求だけでなく，自らの政治力の増大を図った。

第1次大戦から1920年代にかけて，外国人移民や反戦運動，過激思想に不寛容な時代の風潮に乗って，アメリカニズム防衛の先頭に立ったのも在郷軍人会であった。ソビエト共産主義の台頭に対するアメリカ国民の恐怖心を背景に，全米各地で社会主義者の集会が襲撃を受けたが，メーデーの行事に復員軍人を含む暴徒が攻撃を加え，多くのパレード参加者が逮捕されるという事件も続発した。休戦記念日はその後，第2次世界大戦の英雄アイゼンハワー大統領が1954年に復員軍人の日と改名し，連邦法定休日とした。

❺ 感謝祭

伝説によれば，最初の感謝祭は1621年，現在のボストンに近いプリマス植民地を建設したピルグリム（巡礼始祖）が新大陸で最初の収穫を祝った日であるとされている。近隣の友好的なインディアンも食料を手に訪れ，全員が3日にわたる祝宴を行った。合衆国独立後，東部の人々の西部移住にともない，感謝祭の習慣は他の地域にも広がったが，必ずしも同じ日に行われることはなかった。感謝祭を全米共通の祝日にする運動の主役を演じたのは，1820年代の人気婦人雑誌『レディズ・マガジン』の編集長サラ・ジョゼファ・ヘイルで，彼女は自分の雑誌を通じて，また大統領への書簡を通じて40年近く連邦レベルでの法制化を訴えつづけた。ついにリンカンが1863年に11月最終木曜日を全国的な感謝祭として宣言したが，そこには南北戦争によって分裂したアメリカを1つの神に感謝することで再統合するという思いがこめられていた。

プリマス植民地と感謝祭との直接的な関連も，19世紀後半にピューリタンの伝統が歴史書や小説を通じてアメリカ国家起源神話の正統となるにつれて明確化され，七面鳥とクランベリーソース，パンプキンパイなどのニューイングランド特有の料理がこの日の国民的食べ物として定着した。ピルグリムと収穫を祝ったインディアンの柔和なイメージも，凄惨な対インディアン戦争の終焉と符合するものだった。また，この時期に増大した南欧や東欧からの新移民に対するアメリカ的価値観を広める絶好の機会として，感謝祭は新たな「国家の統合装置」としての機能を果たすようになった。

20世紀に入ってアメリカ人の大半が都市に住むようになると，感謝祭の性格はさらに消費主義のリズムに取り込まれた。大手デパートでは顧客の勧誘のために豪華なパレードを催すようになり，有名なニューヨークの百貨店メイシ

ーの感謝祭パレードも1927年以来，装飾を凝らしたフロートや巨大なバルーンを繰り出して毎年100万人を超える観客を集めている。ニューディール期の1939年，F. ローズヴェルト大統領がそれまで11月最終木曜日に定められていた感謝祭を第3木曜日に繰り上げると宣言したのもクリスマス前の買い物景気をあおるためだったが，多くの州が反対し，連邦議会での審議の結果，感謝祭は1941年以降は11月第4木曜日に固定された。

感謝祭で家族が集まるのは一般的には一番年長の世代が住む家であり，食卓の中心に置かれた七面鳥にナイフを入れるのも「おじいさん」の役目である。丸々と太った七面鳥は新世界の豊饒のシンボルとされるが，その腹部には内臓とパン，セロリなど，予め調理したスタッフィングあるいはドレッシングと呼ばれる詰め物がされている。その他にもパンプキンパイ，マッシュポテト，スイートポテトなど家庭ごとに独特の定番料理があり，日本の正月のおせち料理と同様，人々は毎年，伝来の味を賑やかに楽しみながら家族の絆を確認する。それゆえ，外国など家族から遠く離れた場所にいるアメリカ人が一番ホームシックになるのは，この時期だといわれる。

一方で，感謝祭という国民的祝宴にまったく別の立場をとる人々もいる。1970年11月の感謝祭の日，「アメリカ・インディアン運動」（AIM）を代表する25人のインディアンがメイフラワー号が1620年に到着したプリマスの地に伝統的な喪服姿で集まり，自分たちの伝統文化や土地を奪った植民者に対する怒りの声を上げた。以来，この日は「哀悼の日」として，白人が作り上げた「感謝祭神話」に対する先住アメリカ人の抵抗運動の中心に位置付けられ，マスコミを通じて，あるいは学校教育の場などでもインディアン側の歴史認識への関心を高める契機となっている。

❷——年末年始のアメリカ的演出

ⓐクリスマス

アメリカで最大の祝祭であるクリスマスについても，長い進化の歴史がある。植民地時代のニューイングランドで，禁欲的で贅沢華美を嫌うピューリタンたちは教会での祈禱以外のすべてのクリスマス行事に禁止令を出し，飾りつけをした者には罰金が課せられた。クリスマス・キャロルやツリーなど，今日ではお馴染みの演出が定着したのは，ドイツ系やカトリック系のアイルランド移民が急増した19世紀になってからである。オランダ系移民が18世紀初頭にアメリカにもたらしたサンタクロースは4世紀の聖ニコラスを起源とし，オランダ語綴りのSint NikolassがアメリカでSinter Klaasに転じ，オランダ人が建設したニューアムステルダムが1664年，イギリス軍に奪取されニューヨークとなった際にSanta Clausと英国風綴りに変わった。

ヨーロッパの伝説では聖ニコラスはロバにひかれて家々をまわり，暖炉わきの木靴の中に菓子などの小さな贈り物を入れたが，アメリカではプレゼントがたくさん入る大きな靴下に変わった。空飛ぶトナカイの橇に乗って煙突から降りてくるサンタが登場したのは，ニューヨークの神学者クレメント・ムーアが1822年に「聖ニコラスの訪問」と題する詩を創作したときで，この詩は印刷技術の発達を背景に新聞雑誌でまたたく間に広まり，全米の子供たちが暗誦するようになった。

多くの画家がムーアの詩にさまざまな視覚イメージを加えたが，トマス・ナストはそれまでの小柄で厳めしい感じのサンタ像を豊かな白髭，丸々と太った陽気な老人として描き直し，白い毛皮で縁取りされた赤い服を着せた。1840年から20年以上にわたり，ナストは人気雑誌『ハーパーズ・ウィークリー』のサンタ・

❺トマス・ナスト画『メリー・オールド・サンタクロース』［19世紀半ばにナストが描いた一連のサンタクロースの絵が，その後現代に至るイメージを決定付けた。］

シリーズを担当し，サンタが世界中の子供の行いを見守りながら小人の助けを借りて玩具作りに精を出しているというユーモラスな話を付け加えた。サンタの故郷を北極としたのもナストであったが，それは当時のアメリカ国民の北極に対する地理的・政治的関心を反映していた。アメリカ人による北極探検は19世紀半ばに始まり，1909年，海軍軍人ピアリーの北極点到達で頂点に達する。ナストはこの時期に前述の「アンクル・サム」の原型も描いており，ドイツ生まれの画家がアメリカの政治とファンタジーに欠かせない人物像を創り出したことになる。

ナストが描いたサンタの腕には玩具とともにU.S.の字が入った肩章が見える。19世紀末のアメリカで国家と子供がサンタを通じて結び付き，クリスマスの贈り物の習慣は大量生産システムの発達と中産階級の擡頭に支えられて急速に広まった。子供を無垢な宝物のように見なすようになったのもこの時代であり，サンタクロースは市場の物質主義と家庭の精神性の矛盾を解消する魔法の存在となった。アメリカのサンタ伝説をさらに強化したのは，1897年に『ニューヨーク・サン』紙に掲載された一少女への返答だった。サンタが本当にいるのかどうかを手紙で尋ねてきたヴァージニア・オハンロンに対し，同紙の編集長は「この世で一番大切な真実は子供も大人も目にすることができない」と言ってサンタの存在を保証した。

クリスマスの世俗化，商業化の動きは広告代理店の発達に助けられて年を追うごとに巧妙になった。1931年にコカ・コーラ社は冬期の売り上げ促進のためにサンタのイラストを宣伝に使いはじめ，1939年に大手デパートのモンゴメリー・ウォードが宣伝用に作った詩「赤鼻のトナカイ」は戦後にメロディーがつけられて大ヒットした。1942年に映画の主題曲としてビング・クロスビーが歌った「ホワイト・クリスマス」はその後3,000万枚以上のレコードを売り，世界一のヒット曲となったが，作曲家のアーヴィング・バーリンはロシア生まれのユダヤ系アメリカ人だった。1980年代の調査によれば，アメリカの家族は年収の平均4％をクリスマスの贈り物に使い，デパートでは玩具の年間売り上げの40％以上，菓子類，化粧品，カード，書籍，美術品の25％以上が毎年12月に集中するという。

❻ 多様化するクリスマス ──

現在のクリスマスには消費文化とともに，アメリカ社会の宗教的な多元主義の広がりも反映されている。スウェーデン系の人々は「聖ルチアの祭り」で4世紀に殉教した少女の栄光をたたえ，ルイジアナのフランス系住民は空から訪れる「パパ・ノエル」のためにミシシッピ川沿いに迎え火を焚く。メキシコ系はポサダ（スペイン語で宿屋の意）と呼ばれる祭りで，宿を求めるマリアとヨセフの旅路を再現し，子供たちは菓子やプレゼントが詰まったピニアータと呼ばれるクス玉を割る。

非キリスト教徒への配慮も広く見られ，アメリカ国内だけで20億枚送られるというクリスマスカードは，Merry Christmasではなく，

宗教色のない Season's Greeting と書かれたものも多い。支配的なクリスマス文化に対し，ユダヤ教徒にはエルサレムの神殿をシリア王から奪回したという紀元前2世紀の故事を記念する「ハヌカー祭」を祝う者も多い。破壊された神殿に1日分しかなかった灯し油が8日間燃えつづける奇跡が起きたことから「光の祭り」とも呼ばれ，家庭では八枝の燭台に毎日1本ずつロウソクを灯していき，子供たちも小さなプレゼントを毎日1つずつ開けていく。

またアフリカ系アメリカ人の間では公民権運動による文化的覚醒を反映して，1966年以来，12月26日から元旦まで7日にわたる「クワンザー」の祭りが行われる。アフリカ各地の収穫祭に由来し，赤（黒人の流した血），緑（自由の礎である土地），黒（アフリカ系の結束）のロウソクを毎日つけていき，最終日にプレゼントを開ける。他方，クリスマスを脱宗教化して「冬至祭り」として祝う人々もいるが，これらは家族と共同体をテーマとしてアメリカ最大の文化行事となったクリスマスという主題に対する，これまたアメリカ的な変奏とみることができよう。

ⓒ 新年

長いホリデー・シーズンの興奮はクリスマス翌日の大バーゲンから大晦日まで続き，ニューヨークのタイムズスクエアでの新年のカウントダウン風景は全世界に伝えられる。アメリカの元旦は休日ではあるが，日本のように改まった気分はない。人々は飽食と酔いから静かに回復しつつ，ロサンゼルス郊外のパサデナで繰りひろげられる恒例のローズ・パレードや大学アメフト優勝決定戦ローズボウルをテレビで楽しみ，翌日には平常通り職場に戻る。

各地のチャイナタウンでは1月最初の新月に始まる陰暦の新年を15日間にわたって盛大に祝うが，一般には1月は最終日曜の全米プロフットボール優勝を決めるスーパーボウル以外は，真冬の不活発な季節である。デパートで「ホワイト・セール」と呼ばれるシーツ類専門のバーゲンが行われるのもこの時期であるが，ヴァレンタインに向かって気分が浮きたつピンクや赤の色が街を彩り始める。やがて，アメリカの暦はワシントン誕生日という建国の原点を再び迎え，人々は国家，民族，季節のドラマに自分の新しい物語を重ねていく。

■参考文献

Litwicki, E. M. *America's Public Holidays: 1865-1920*. Smithsonian Institution Press, 2000.

Restad, P. L. *Christmas in America: A History*. Oxford Univ. Press, 1995.

Robertson, J. O. *American Myth, American Reality*. Hill & Wang, 1980.

Santino, J. *All Around the Year: Holidays and Celebrations in American Life*. Univ. of Illinois Press, 1994.

Santino, J. *New and Old-Fashioned Ways: Holidays and Popular Culture*. Univ. of Tennessee Press, 1996.

■さらに知りたい場合には

大島良行『アメリカン・ホリデー――その神話と現実』東京書籍，1987.
　［アメリカの祝祭日の特徴や制定の理由などを1年の暦に沿って詳しく解説。歴史的エピソードが豊富でアメリカ史やアメリカ文化の入門書としても最適。］

大西直樹『ピルグリム・ファーザーズという神話』講談社選書メチエ，1998.
　［プリマスという小さな植民地の出来事がアメリカの建国神話となり，感謝祭の原初的イメージを創り出した過程を分析。アメリカの植民地時代やピューリタニズムの現代的意味を知りたい人に薦めたい。］

本間千枝子『アメリカの食卓』文藝春秋, 1982.
　［アメリカの食生活を基軸に開拓時代の暮らし, アメリカ特有の人間関係, 祝祭日にまつわる多様な料理にも触れた香り高いアメリカ文化論。］

■インターネット関連サイト

http://www.myrtos.co.jp/topics/juda/juda03.html

http://www.melanet.com/kwanzaa/feelgood.html

http://www.new-year.co.uk/chinese/history.htm

78 | アメリカン・ファミリー
The American Family

三浦 展

個人主義の国であるアメリカにおいて，家族というものは本質的に矛盾を孕んでいるといえる。家族という集団は，国家や地域と結び付きながら，一方では個人に安息を提供するが，他方では，個人を束縛するものだからだ。1950年代のアメリカは，自由主義国の盟主として，家族にも政治的な意味づけを行った。給料を稼ぐ夫と，専業主婦の妻と，明るく健康的な子供たちが，郊外の一戸建て住宅に住むという中流家族のイメージは，大衆にとってひとつの夢であっただけでなく，アメリカン・ウェイ・オブ・ライフを具体的に示すものであり，そうであるがゆえに，ファシズムやコミュニズムに対抗する強力なイデオロギーだったのだ。しかし1960年代になると，そうした国家的意味づけへの反発からアメリカの家族は脱出し，個人化し，多様化し，混乱とアンビバレンスに満ちた状況を生み出している。

A——冷戦構造の中でイデオロギー化した家族：1950年代

❶——郊外中流家族の理想化

日本人で現在40代以上の世代であれば，子供時代にテレビでアメリカのホームドラマを見て，アメリカの豊かな生活や明るい家庭に憧れた記憶があるであろう。『パパは何でも知っている』『うちのママは世界一』『陽気なネルソン』といったドラマは，アメリカではどれも1950年代から60年代にかけて10年近くも連続して放映され，人気を博していた。

そこで描かれた家族像は，郊外に住む中流階級で，夫がホワイトカラーのサラリーマン，妻は専業主婦，子供は3人程度というものであり，この家族像こそがアメリカン・ウェイ・オブ・ライフの担い手としてメディアを通じて大量にばらまかれたのである。N. リーブマンによれば，1954年以前は，都市に住む家族か労働者階級の家族を描いたドラマが主だったのに対して，1950年代末に放送されたドラマのうち7割前後が家族ものであり，そのうちまた6割以上が郊外に住む中流家庭のドラマだったという。

❷——冷戦時代の家族の意味

郊外中流家族はテレビがばらまいたイメージであっただけでなく，確かに現実でもあった。第2次世界大戦後，若い退役軍人が結婚したことによる住宅難を解決するという目的もあって，急激に郊外一戸建て住宅地の開発が行われたからである。

しかし，当時のアメリカにおいて，郊外住宅の大量建設は，単に住宅政策・社会政策として

❶ 1950年代に理想とされた郊外中流家族のイメージ

表78-1 ●アメリカの平均初婚年齢の推移
[1920-70年]

年	男	女
1920年	24.6	21.2
1930年	24.3	21.3
1940年	24.3	21.5
1950年	22.8	20.8
1956年	22.5	20.1
1960年	22.8	20.3
1970年	23.2	20.8

● 出典｜合衆国商務省『アメリカ歴史統計』原書房，1987に基づく。

の意味を持っていただけではない。それは極めて政治的・イデオロギー的に大きな意味を持っていた。

歴史学者のE. T. メイによれば，1950年代にアイゼンハワー政権下で副大統領であったニクソンは，郊外の家族を共産主義に対するアメリカの優位性を示すものと考えていたという。そのことを端的に示すのが「台所論争」である（⇨79消費生活・商業空間C-1）。

台所論争とは，1959年，モスクワで開かれた「アメリカ博覧会」に出向いたニクソンが，その博覧会の会場でソ連のフルシチョフ書記長と行った論争である。「アメリカ博覧会」には多くの消費財やレジャー用品が展示されたが，なかでも展示の中心は原寸大でつくられたモデルハウスだった。さまざまな電気製品や設備を完備した住宅をすべての階級のアメリカ人が手に入れることができる，しかも多様な選択肢の中から商品を選ぶことができるということが，ソ連に対するアメリカの優位性を証明するとニクソンは考えたのである。

男性が仕事に専念し，給料を稼ぎ，郊外に家を買い，家の中を家電や家庭用品で埋め尽くし，自動車を買う。女性は家事・育児専門の専業主婦となり，アメリカの最新技術の粋を集めた製品に囲まれて平和で幸福な家庭を築き，夫の出世を支え，子供がより高い教育を受けられるように世話をする。そういう家族像，女性像が当時のアメリカの理想であった。しかしそれは単に家族の理想であるだけでなく，冷戦時代を闘うためのアメリカという国家にとっての理想であり，イデオロギー的な武器だったのである。

❸ 家族主義の時代

こうして冷戦時代のアメリカにおいては，郊外の家族に大きな価値が置かれ，家族のために消費することが社会の安定と正当性を証明する手段であると考えられるようになった。ファミリールーム，ファミリーカー，ファミリーフィルム，ファミリーレストラン，ファミリーヴァケーションなどのことばが生まれた。女性は早婚になり，ベビーブームが起きた。

統計を見ると，1920年の平均初婚年齢は男性が24.6歳，女性が21.2歳であったが，1956年のそれは男性が22.5歳，女性が20.1歳である（表78-1）。女性は大学を中退して結婚することも珍しくなかった。出生数は1930年代には230〜240万人だったのが，46-64年は毎年350万人以上，特に54-64年は400万人以上が生まれている（図78-1）。

ニューヨーク万博とアメリカの家族

　1950年代における郊外中流家族イメージの原点ともいうべきものを提案したのが1939年と40年に開催されたニューヨーク万国博覧会である。それは，アメリカが古めかしい階級が残存する暗黒のヨーロッパ社会に対抗するためと同時に，その階級社会への批判から生まれたコミュニズムとファシズムにも対抗するために開催されたと言ってよい。アメリカは，大量生産による安価な商品によってみすぼらしい労働者を豊かな消費者＝新中間層に変え，それによって労働問題を解決しようとした。そして自動車とハイウェイを基礎とする郊外（田園都市）の建設によって都市問題を解決しようとしたのである。それは，まさにデモクラシーと消費資本主義が結合した独特のアメリカン・ウェイ・オブ・ライフを大衆に提示して見せる一大国家イベントであった。

　ニューヨーク万博のテーマは「明日の世界の建設」。博覧会の計画者たちは，それまでの博覧会のような「生産者の博覧会」ではなく，「消費者の博覧会」であるべきだと考えた。そのため，デュポン，AT＆T，フォード，GM，ウェスティングハウスなどの民間企業が多数参加し，最終消費財を多く展示した。メインテーマ館の中には，2039年のメガロポリス「デモクラシティ」が作られ，その展示に際しては次のようなメッセージが流れた。「男たちと女たちが行進してくる。勝利の歌を歌いながら。それは明日の世界の真のシンボル。何百万人もの，何億人もの人々が，行進し，働き，歌うことができないなら，明日の世界は実現しない。腕を組み，牧師も，農民も，炭坑夫も，主婦も，砂利取り人も，野球選手も，電話交換手も，大臣も……すべての国の男も女も勝利の行進をしている。彼らは明日の世界を建設したのだ」。そこには，当時アメリカでも強まっていた労働運動の矛先をかわす意味があったことは間違いない。しかし，アメリカでは労働運動ではなく消費が労働者を勝利させるのだ！　それがニューヨーク万博のテーマであった。

　このように消費主義的なニューヨーク万博においては，その中心に「消費の単位」としての家族という考え方があり，「平均的アメリカ人」「平均的アメリカ家族」という観念が存在していたと歴史家のサスマンは言っている。特に40年の万博では，第2次世界大戦の勃発によって愛国主義的な傾向が強まり，「明日の世界」というテーマは「平和と自由のために」というスローガンに変わり，ポスターには平均的な中流の中年男の姿が描かれ，「アメリカ人であることをあなたは誇りに思う」というコピーがつけられた。

　典型的アメリカ家族を選ぶコンテストも行われた。それは，地方新聞へのエッセーコンテストと写真審査を通じて48州それぞれから家族が選ばれ，当選者は新型フォードに乗って無料で万博に招待され，連邦住宅局によって建てられた家に1週間ただで住み，その代わりにその典型的家族自身が展示されるというものであった。典型的家族には父親と母親と息子と娘からなるアメリカ生まれの白人の家族が好まれたが，その背景には当時流行していた優生学があったという。

　このように1950年代のアメリカで拡大した郊外中流家族の原型は，ファシズムとコミュニズムの勃興に対抗するために1930年代につくられたと言えるのである。　　　　　　　　　　［三浦　展］

❷ニューヨーク万博で「典型的アメリカ家族」に選ばれ，フォード社から新車を贈られる家族［1940年］

図78-1 ●アメリカの出生数の推移　［単位：万人］

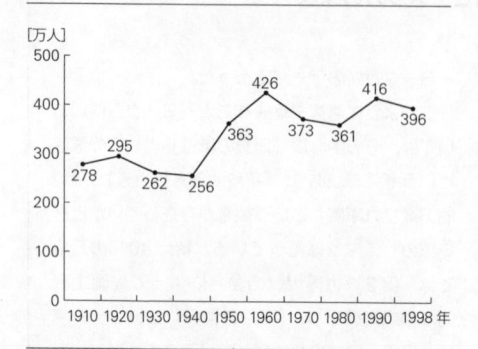

[万人]
500
426　　　416
295　　　　　363　　　　　　　396
278　　　　　　　　373　361
262　256
1910 1920 1930 1940 1950 1960 1970 1980 1990 1998年

●出典｜G. T. Kurian. *DATAPEDIA of the United States 1790-2000*. BERNAN PRESS, 1994 に基づく。
●注｜1990年以降のデータは合衆国商務省センサス局編『現代アメリカデータ総覧』東洋書林, 2002 に基づく。

図78-2 ●アメリカの婚姻率と離婚率の推移
［単位：人口1000人当たり］

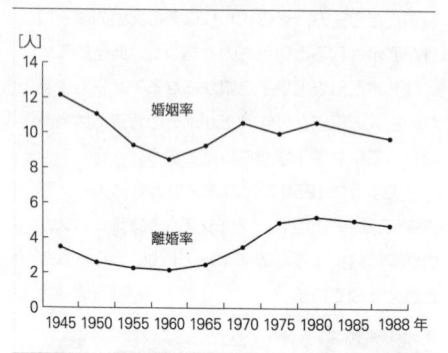

[人]
14
12
婚姻率
10
8
6
4
離婚率
2
0
1945 1950 1955 1960 1965 1970 1975 1980 1985 1988年

●出典｜G. T. Kurian. *DATAPEDIA of the United States 1790-2000*. Bernan Press, 1994 に基づく。

　一方、離婚率は46年以降低下を続け、54-64年は人口1,000人当たり離婚率は2.1～2.4を維持している（図78-2）。この54-64年は朝鮮戦争後からベトナム戦争介入までにあたり、アメリカの黄金時代であった。1955年のアンケートで、圧倒的多数のアメリカ人は結婚や子育てによって失ったものは何もないと答えるほ

ど、当時は家族主義的な時代であった（S. クーンツ『家族という神話』筑摩書房, 1998）。

B── 画一的な家族像・性役割への不満：1960年代

❶── 女らしさの神話

　このように1950年代のアメリカの家族とは、冷戦時代におけるイデオロギーとしての性格を色濃く持っている。したがって当然のことながら、家族は、確かに家族の成員1人ひとりにとって安息の場であったかもしれないが、他方ではむしろ彼らをひとつの画一的な鋳型にはめ、個人としての自由を阻害することにもなった。

　アメリカの女性は、一見世界で一番豊かで幸福そうでありながら、実はしばしばひどく抑圧された存在だった。そしてついに1963年、ベティ・フリーダンは『女らしさの神話』を書き、郊外の主婦の「名前のない問題」を暴いたのだった（⇨ 53 フェミニズム B）。

　『女らしさの神話』の冒頭は以下のような一節で始まる。

　「その問題は何年もの間語られぬままアメリカの女性の心の中に埋葬されて横たわっていた。20世紀中葉のアメリカにおける女性を覆っているのは、不可解な混乱と不満と渇望の感情であった。郊外の主婦は皆、その感情と一人で戦っていた。彼女はベッドを整え、食料品店で買い物をし、子供と一緒にピーナッツバター・サンドイッチを食べ、ボーイスカウトやガールスカウトに子供達を車で連れていき、夜には夫の横で眠った。そして彼女は静かに自分に問いかけることさえ恐れていた。『これで私の人生がおわりなの？』と」。

❷──主婦生活の空しさ

　フリーダン自身，結婚前はジャーナリストであったが，結婚してニューヨーク郊外に住み，子供を3人育てた。そして，郊外の主婦の心の底に「名前のない問題」が存在することに気づいた。フリーダンは，郊外住宅地に住む主婦に取材し，彼女たちが毎日の生活で感じている不満を浮き彫りにした。

　主婦たちは語った。「なんだか空しいの，不完全燃焼というか」「まるで自分が存在しないみたいな気分なんです」「疲れた感じで……子供を怒ってしまうし。それが怖いんです。……わけもなく泣きたくなるんです」「女性がすると考えられているようなことはみんなしてみました。趣味とか，ガーデニングとか，ピクルスづくりとか，缶詰づくりとか，隣近所のみなさんととても仲良くね。地域の委員会でも活動したし，PTAの役員にもなりました。できることはなんでもね。好きでしたよ，そういう仕事は。でも，そういう仕事には考えることなんて何もないんです。私でなければならない仕事だって感じはしない。私は職業を持とうなんて大それたことは考えたことないですよ。ただ結婚して，子供が4人欲しかっただけ。子供を愛していますし，夫も家も愛していますわ。名前を付けられるような問題は何もないんです。でも私，絶望しています。まるで自分に人格がないんじゃないかって感じるようになってしまって。私は食事を準備して，子供にパンツをはかせて，ベッドメイキングして，誰かが何かしたいときに呼ばれているだけ。それで，私って何ですか？」

　ごく平均的な郊外の中流家庭の主婦の幸福の中に，「名前のない問題」が胚胎していた。主婦たちは悩んでいた。鎮静剤が家庭に広まったのもまさに1950年代であった。その利用者は主に主婦だった。1955年には存在しなかった

❸『ライフ』誌の表紙を飾った女性解放運動のデモ行進［1970年9月28日号］

鎮静剤の消費量は，58年には年間46万ポンドになり，さらに1年後には115万ポンドに急増した。中流家庭の主婦のアルコール消費量も増えていたが，それは彼女たちが酒を2，3杯ひっかけないと家族の団欒に向かうことができなかったからだったとクーンツは言う。

C──女性の解放と家族の混乱：1970年代以降

❶──離婚率の倍増

　こうした女性の不満が1960年代以降，爆発する。1966年にはフリーダンが会長を務めた全米女性機構（NOW）が結成されるなど，いくつかの女性解放団体が結成され，女性解放運動が大きな社会的なうねりとなり，アメリカの家族は大きな変動期を迎えた。

　離婚率は65年の2.5から75年は4.9に倍増した。一方，婚姻率は9.3から10.0とほぼ同じである（図78-2）。つまり，2組の夫婦が生まれると1組の夫婦が離婚するという時代になったのである。この傾向は75年以降もほぼ

表78-2●アメリカの子供（0-17歳）のいる世帯の状況［1940-88年］　　　　　　［単位：%］

	1940年	1950年	1960年	1970年	1980年	1988年
●両親がいる家族	84.6	86.1	87.2	82.5	76.6	71.2
婚姻後生まれた子供	75.2	74.5	77.7	72.0	63.0	57.0
（親の一方もしくは両親が初婚）						
既婚両親	69.6	69.8	70.6	65.5	56.8	51.0
父親再婚・母親初婚	[NA]	[NA]	4.8	4.5	4.6	6.0
母親再婚・父親初婚	5.6	4.7	2.3	2.0	1.6	[NA]
少なくともステップチャイルドが1人いる家族	9.4	11.5	6.0	6.5	8.2	[NA]
母親初婚	8.2	6.2	2.6	3.0	3.8	[NA]
母親再婚	1.2	5.4	3.4	3.5	4.4	[NA]
両親とも再婚	[NA]	[NA]	3.6	4.0	5.5	[NA]
●片親家族	8.8	7.8	8.7	13.6	18.3	23.8
母親のみ	6.7	6.4	7.7	11.8	16.2	21.0
未婚の母親	0.1	0.1	0.3	1.1	3.0	6.7
母親が配偶者と別居もしくは配偶者が不在	2.1	2.7	3.6	4.7	4.4	5.2
離婚した母親	0.9	1.4	1.9	3.5	7.2	7.8
寡婦	3.6	2.2	1.9	2.5	1.6	1.3
父親のみ	2.1	1.4	1.0	1.8	2.1	2.8
未婚の父親	0.1	0.0	0.0	0.1	0.3	0.6
父親が配偶者と別居もしくは配偶者不在	0.6	0.6	0.6	1.0	0.5	0.7
離婚した父親	0.1	0.2	0.1	0.3	1.0	1.3
寡夫	1.3	0.6	0.3	0.4	0.3	0.2
●両親不在家族	6.7	6.0	3.9	4.1	5.1	5.0
祖父母家族	2.0	1.9	1.4	1.5	1.5	[NA]
子供が既婚の世帯主もしくは世帯主の配偶者	0.2	0.3	0.3	0.3	0.2	[NA]
子供が未婚の世帯主	0.0	0.0	0.0	0.1	0.1	[NA]
子供が世帯主の親類	2.1	1.7	1.0	1.0	1.7	[NA]
子供が世帯主と親類関係にない	1.2	0.8	0.5	0.6	1.1	[NA]
集団生活する子供	1.2	1.3	0.7	0.6	0.4	[NA]
世帯数総計［万世帯］	4,004	4,631	6,478	7,013	6,459	6,450

●出典｜PUMS, CPSに基づく。

同じである。70年代後半には，シングルズ・バーを舞台にした映画『ミスター・グッドバーを探して』，離婚を描いた『結婚しない女』『クレーマー，クレーマー』などが話題になった。

❷──片親家庭の増加

離婚の増加の結果，0〜17歳の子供のいる世帯のうち両親がそろっている世帯は1960年には87％だったが88年は71％になった。片親だけの世帯は8.7％から24％に増加しているので，両親のいる世帯と片親世帯の割合は10：1から3：1になったのである（表78-2）。

ちなみに比較のために日本の状況を見ると，2000年で，18歳未満の子供のいる核家族世帯

は，両親ともいる世帯が872万世帯，片親の世帯が100万世帯，うち母子世帯は57.7万世帯，父子世帯は7.5万世帯であるから，アメリカよりは相当少ない。

話をアメリカに戻すと，両親がそろっている世帯でも，離婚経験のない夫婦の世帯は60年は71％だったが88年は51％に減少。つまり子供のいる夫婦の残り半分は夫婦どちらかが離婚経験者の，いわゆるステップファミリーである。したがって子供がここに8人いるとすると，両親とも離婚していない子供が3人，ステップファミリーの子供が3人，片親の子供が2人ということになる。

❸──シングルマザーの急増と人種問題

また，母親のみの世帯で，かつ母親が未婚の世帯は60年には0.3％だったが，88年は6.7％に増加（図78-3）。同じく，母親が離婚している世帯は1.9％から7.8％に増加している。

さらに，未婚女性の出生数は1950年には14.2万人にすぎなかったが，89年には109.4万人に増加。89年の出生数の総数は404万人だから，ほぼ4人に1人の子供は，離婚によってではなく，生まれたときからシングルマザーということになる。

女性の就労率は，既婚女性の場合は1950年には25％にすぎなかったが，80年代は50％ほどに増加した（図78-4）。したがって，0～17歳の子供がいる世帯のうち，父親のみが働き，母親は専業主婦である非農家世帯は，1960年には全体の56％だったが，89年には25％にすぎない。逆に共働き世帯または片親世帯が30％から70％に増加している。

このように，1950年代当時は非常に均質で安定していたアメリカの家庭は，65年以降，離婚の増加，共働きの増加，シングルマザーの増加といった形で，極めて多様化してきた。

図78-3 ●アメリカの未婚女性の出生数の推移
[単位：万人]

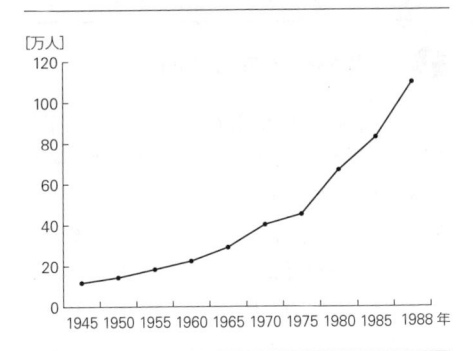

●出典｜G. T. Kurian. *DATAPEDIA of the United States 1790-2000*. BERNAN PRESS, 1994に基づく。

図78-4 ●アメリカ既婚女性の就労率の推移
[単位：％]

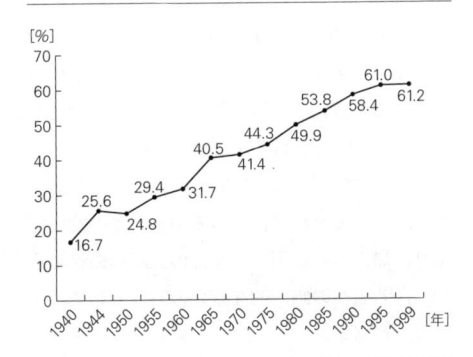

●出典｜合衆国商務省編『アメリカの歴史統計』原書房，1997年およびU.S. Bureau of Census. *Statistical Abstract of the United States: 2000*に基づく。

また，シングルマザーの傾向は，人種的には黒人に強く，0～17歳の子供のいる世帯で，両親がいるのは47％しかなく，母親のみが39％を占め，さらに両親ともいない世帯が11％もいる。このように，家族問題は人種問題と絡み合い，かつそれが貧困問題とつながるという複雑な様相を呈している。

D 理想的家族モデルのない時代：現代

❶ 相対化される1950年代

このような多様な，しかし逆に言えば不安定な家族の時代をアメリカ人はどう思っているのであろうか。通信社のナイト・リダー社のアンケートによると，子育てをする時代として最良な時代は1950年代だという回答が最も多く，38％。その傾向は50～64歳に多いが，それはその世代が1950年代に少年時代を過ごしたからであると考えられる。60年代や70年代を最良と考えるのは27％であり，30歳未満で70年代を選ぶ傾向が強い。また黒人は60～80年代に回答が散らばっているが，どの時代でも1950年代よりは良いと回答しているという（クーンツ）。

こうしてみると，1950年代の理想的家族像はすでにアメリカ人のなかではかなり相対化されていると言える。特に戦後生まれの世代にとっては，50年代は確かに豊かな時代ではあるが，他方で体制的で保守的な時代として意識される。そしてそれは白人のみの豊かさの時代であり，黒人への差別と，女性の家庭への封じ込めと，若者への画一的な教育の時代として，すでに60年代のカウンターカルチャー以降，鋭く批判の対象になってきたのである。

したがって「今日の世界では，どのような家族関係を築けばよいのかについてモデルとなるような伝統的家族形態はひとつとしてない」（クーンツ）。もはやかつての，働く父親と専業主婦と子供からなるという家族は再定義を余儀なくされ，今や家族は，どんな種類の人間でも（つまりシングルマザーと子供でも，未婚のカップルでも，あるいはゲイのカップルでも），とにかく一緒に住んでいる集団が家族だという意味になっている（Mintz, S. and S. Kellogg. *Domestic Revolution*. Free Press, 1988）。

❷ 個人の自己実現と家族の矛盾

しかし他方で，こうした変化は，アメリカ人の中に深い不確実性とアンビバレンツの感覚を生んできた。多くのアメリカ人は，出生率の急激な低下，離婚率の劇的な上昇，ルースで非契約的な性的関係は，利己主義と自己中心性がますます拡大する予兆であり，それは家族の強い愛情とは両立しないと恐れている。さらに，働く母親の増加によってますます子供が軽視される結果，10代の妊娠，非行，自殺，ドラッグ，アルコール中毒，落ちこぼれが増えるのではないかと恐れている。事実それらの逸脱の数は増えており，今日の社会は子育てには向かないという認識が広まっている（Mintz and Kellogg）。

さらにもうひとつの問題は，かつてのアメリカ人は困難な状況に立ち向かうときに，家族を足場にすることができたのに対して，現代のアメリカ人は，家族として果たすべき責任を，個人の自己実現の障害と見なしがちであるという点である。なぜなら現在親となる世代は，アメリカ社会の絶頂期に生まれたために，物質的豊かさの追求よりも，教育や旅行やレジャーによって自己実現することを重視した世代だからである（Mintz and Kellogg）。

❸ 変化か多様性か

こうしたアンビバレンツがあるにせよ，むしろ安定性ではなく変動こそがアメリカの家族の規範なのだと考えることもできる。アメリカの家族は繰り返し新しい環境に適応するために変質してきた。植民地時代から現代まで，家族の構造，役割，考え方の中で生じてきたいくつもの変動は非常に大きく，その変動は革命と考え

てもよいくらいである。だから「われわれは，家族のあり方がますます多様になることを心配する必要はないのだ」とミンツとケロッグは言う。

多様性と選択の自由がアメリカ社会の原理だとすれば，結婚も出産も家族形態も多様性が認められ，拡大していくことは避けられない。そしてその究極の形として，今日では，人工授精，体外受精，代理母（⇨ 72 代理業 B-3）が増加している。ある専門家の推計では，精子提供による出生数は年間 9 万人にのぼる。卵子提供による出生数は 1996 年で 1,894 人である。また，代理母出産による出生数は年間 1,000 人ほど。現在ではインターネットでも精子や卵子が売買され，代理母を探すことができる。インターネット上の精子バンクでは希望の目や髪の色，血液型，人種，学歴，職業などの情報を選ぶことができ，選ばれた精子が冷凍保存された状態で宅配便で自宅へ届けられるという（岡田光世『アメリカの家族』岩波書店，2000）。それは自分の子供もまた多様性と選択の自由の対象になったということを意味する。それこそがまさに最もアメリカ的な家族のあり方なのかもしれない。

■参考文献

三浦展『「家族」と「幸福」の戦後史――郊外の夢と現実』講談社現代新書，1999.

岡田光世『アメリカの家族』岩波書店，2000.

クーンツ，S.（岡村ひとみ訳）『家族という神話』筑摩書房，1998.（Coontz, S. *The Way We Never Were*. Basic Books, 1992.）

クーンツ，S.（岡村ひとみ訳）『家族に何が起きているのか』筑摩書房，2003.

フリーダン，B.（三浦富美子訳）『新しい女性の創造』大和書房，1965.（Friedan, B. *The Feminine Mystique*. Penguin Books, 1963.）

Leibman, N. C. *Living Room Lecture*. Univ. of Texas Press, 1995.

May, E. T. *Homeward Bound – American Families in the Cold War Era*. Basic Books, 1988.

Hernandez, D. J. *America's Children*. Russel Sae Foundation, 1993.

Mintz, S. and S. Kellogg. *Domestic Revolution*. Free Press, 1988.

79 | 消費生活・商業空間
Comsumer Life and Commercial Space

小塩和人

20世紀が「アメリカの世紀」であったということの例証として，アメリカで生まれた生活スタイルが世界中に広まったということが挙げられよう。その一例が消費生活と商業空間である。ところが消費についての研究は，アメリカでもまだ始まったばかりである。それは，消費が戦後大衆文化の一部にすぎず，本格的な研究対象としてとるに足りないと考えられていたからであろう。歴史の教科書は，第1次世界大戦後の繁栄が大量消費の素地を作り，第2次世界大戦後の未曾有の経済発展が大衆消費を根付かせた，と説明しているにすぎない。しかし，消費はアメリカ史全般を通して重要な役割を果たしてきた。消費は，単に社会的変化の結果なのではなく，その原因ともなりうる。しかもその影響が政治経済および外交にまで及ぶとなれば，消費とは何か，その過去と現状について分析する意義は大きい。ここでは消費の歴史と言説を整理してみた。

A── 消費の歴史学

ローレンス・グリックマンの指摘を待つまでもなく，消費生活がいつ始まったのか，またなぜ始まったのか，という問いはすぐれて歴史的な命題である。ほんの数世紀さかのぼるだけで，いかなる国のいかなる階層の人々も，現在われわれが抱くような消費に対する価値観もあるいはまた行動様式も持ち合わせていなかった，と言えよう。とすれば，消費社会は大量生産・大量消費の幕開けとともに徐々にその姿を現したのか，あるいはまた消費革命として突如われわれの眼前に立ち現れたのか。歴史家が消費社会について問うときに常についてまわる問題である。

ここでは，特定の人間または特別な機会に限って大変豪勢で象徴的な消費が行われていた時代と，非常に幅広い階層の人々が恒常的に消費行動を実践する時代とを明確に区別せねばならない。人類学者あるいはさらに古い時代となれば考古学者の指摘を待つまでもなく，人類史上常に消費行動は存在した。しかし，例えば自己認識あるいは自己実現の手段として不特定多数の人々が消費行動を日常的に行うようになったのは，太古の昔ではない。つまり消費行動の存在そのものよりも，消費行動が社会全体に浸透していったのがいつなのか，ということが問題にされるべきなのである。

一般論として言えば，経済成長が商業活動を拡大へと導き，市場規模が量的に大きくなり，また質的にも洗練され，商品の持つ社会生活全体への影響力も強まる。消費生活の拡張は，新しい商業空間を創造する必要性を生み出し，新しい広告媒体や戦略を出現させ，最終的には社会構成員を新たな生活様式へといざなうのであ

る。だが，この捉え方では消費生活が経済発展の結果にすぎない，という伝統的解釈にとどまる。

以下では，まずどのように文化と消費とが相互に影響を及ぼし合ってきたのか，つまり消費が単なる社会的変容の結果ではなく，歴史的変化の主要因ともなりえることを時代別に整理してみる。それから消費をめぐる言説がいかに展開してきたのかを考察してみることにしたい。

B── 消費の歴史：17-19 世紀

❶── 独立革命と消費生活

アメリカ史上，消費はいつの時代にも重要な歴史的役割を果たしてきた。例えば，ジェイムズ・アクステルは，北米植民地時代の初期を「第1次消費革命」時代と名付けている。先住民諸部族とヨーロッパから渡来した植民者たちとの間で商品の交換が行われ，双方に文化的な変容を引き起こした，というのである。つまり，産業革命によって大量生産が可能になるずっと以前から，消費は文字通り地球規模の商業空間と結び付いて，異文化接触と社会的変化の中心的な媒体となっていた。

その後，植民地時代には人口が25年ごとに倍増し，増殖する「中産階級」が自宅を飾り立てる目的で作られた工業製品を消費するようになっていく。植民者たちの収入が上昇するにつれて消費需要は高まる。そして最初はイギリス本国で起こった産業革命が，北米植民地にも伝播してくる。

この消費生活は，国際政治にも大きな影響を及ぼすことになる。アメリカ独立革命（1775-83年）は消費者の反乱だとする解釈もある。まさにベネディクト・アンダーソンが言う「想像の共同体」は，植民地で生産された手づくりの衣類を着て英国の製品をボイコットする行為によって形作られていく。そして，彼らの消費者意識が頂点に達するのがボストン茶会事件（1773年）だというのである。消費と政治の密接な関係は，こうして独立革命の参加者たちによってアメリカ史の伝統として築かれたのであった。

❷── 政治的消費行為の発生

さて，19世紀初頭のいわゆる市場革命は，大量生産された商品が，まずは都市の中産階級に，それから地方の小さな町に住む多くのアメリカ人に届くことを可能にしていく。アメリカの経済が，小規模農業中心から都市・産業型へと移行するにつれて，生活必需品の意味するところが徐々に変化していった。つまり基本的な日常生活を営むにあたって必要なものだけから，生活に潤いを与える贅沢品まで含むようになる。こうして消費水準は着実に上昇していく。

消費生活が豊かさを伴うと，アンテベラム期（南北戦争以前の時代）の労働者は労働時間の短縮を求め始める。そして1870年代から80年代にかけていわゆる1日8時間運動が激しさを増し，彼らは労働に従事しない余暇の時間を要求していく。未曾有の大量生産を可能にした労働者たちは，その果実を楽しむ機会を希求したのである。平均すると，1週間の労働時間は1850年の64時間から，1890年の60時間，1914年の55時間，そして1930年代の40時間へと着実に短縮化された。

ここで興味深いのは，労働運動が要求した項目の1つが「生活するための給与」，つまり生産に対する報酬というより日常の消費に必要な資金であったことである。また労働争議の現場も，生産ラインがフル回転する工場のみならず店舗のレジとなった。ある意味で19世紀後半

❶メールオーダー・カタログを眺める人 [1942年]

の労働運動は,生産者から消費者へと彼らのアイデンティティが変容していく歴史的プロセスの中で展開していったと言えよう。さらにこうした労働運動は,消費行為を個人よりも集団的意味合いをもつものへと変化させた。

政治的な消費行為は,労働者階級だけではなく南部アフリカ系の間でも戦略化される。ロビン・ケリーが指摘するとおり「消費者としての権利意識」が芽生えた彼らは,例えば1890年代にジム・クロウ制度を堅持する路面電車に対して,一大ボイコット運動を展開する。とはいうものの,消費生活を可能にする商業空間からアフリカ系やマイノリティたちが長い間締め出されていたことに変わりはない。

❸──「消費共同体」の出現

ところで,消費生活を飛躍的に拡大させた広告だが,専門的知識を活用して大々的に商業広告を打つ代理店が登場したのは1877年のことであった。広告代理店 N. W. エアー・アンド・サンが始めた商売は,四半世紀のうちに一大産業に急成長し,「アメリカン・ドリーム」を広める重要な役割を果たすようになる。1900年までに,何と彼らは9,500万ドルという巨額の資金を投じて全米の消費意欲をあおっていたのである。そして第1次世界大戦が終わる頃には,年間5億ドルを稼ぐ業界になっていた。

一方,メールオーダー・カタログの普及も画期的な出来事であった。ダニエル・ブーアスティンが「消費の共同体」と名付けたネットワークが可能になったからだ。何しろ全米どこにいても一定の値段で消費財を購入することができた。しかも,郵便という,直接顔を合わせない手段によって,既存の商業空間から締め出されていた人々も消費生活に加わることができるようになった意味は大きい。

こうして野火のように広がった消費生活は,世紀転換期にはアメリカ文化の中に深い根を下ろしていた。何も消費の対象となるのは生活必需品ばかりではない。都市景観をがらりと変えてしまったアミューズメントパークやダンスホール,つまり余暇を楽しむためにつくり出された空間の登場が,ヴィクトリア朝の社会構造と倫理観とを変容させていく。

つつましやかであるべきとされた中産階級の女性たちは,「クレプトマニア」と酷評される新しい社会病理に悩まされ始めた。ジョン・ワナメイカー,メイシーズ,ファイリーンをはじめとする有名百貨店が次々と店内を絢爛豪華に飾りつけしていく。陳列される商品の種類や質が格段に向上したばかりでなく,トレンディなレストランや奇抜なデコレーションで大いにアピールした。「消費の王宮」とまで称されたデパートは,都市の消費空間を女性の領域とする役割を果たす。

この時代に,ショッピングは女性の仕事だとする社会規範すら生まれた。さらに女性運動家を中心とする消費者運動も盛んになり,モード・ネイサンらは全国消費者連盟をつくり上げた。まさにキャサリン・スクラーが指摘するように「消費者としての自己認識が彼らの政治的意識をつくり上げた」のである。

C——消費の歴史：20世紀

❶——大量生産・大衆消費の時代

　さて，20世紀は大量生産・大衆消費の時代となった。これを象徴したのはいうまでもなく「フォーディズム」である。ヘンリー・フォードは，工場の流れ作業でT型フォード（モデルT）の生産にかかわる労働者たちに日給5㌦を支給し，自社の製品を消費することを可能にした。

　給料の上昇によって消費意欲の高まった一般大衆は，社会正義を求め，単なる消費行動を組織的政治運動へと発展させていく。第1次世界大戦後には，労働者や女性の集団が一方で全国組織化され，他方で草の根運動として盛り上がる。1930年代には都市に住むアフリカ系が「雇用しない場所では消費しない」というモットーのキャンペーンを展開した。1930年代，クレジットカードが現金を使わず商品を購入するための支払い方法として全米で広く使われるようになった。これは1938年，石油会社がガソリンの消費拡大を図って普及させたといわれている。だが，日常生活でクレジットカードが頻繁に使われるようになるためには，1950年代を待たねばならなかった。ひとつには，通信技術の発達によって，より早くより正確なクレジットカード情報のやりとりが可能になったからである。銀行をはじめ，百貨店，航空会社，ホテルなどがクレジットカードを発行しており，現在1億5,000万人ほどのカード保持者がいるとされている。

　ところで，ニューディールを指揮したフランクリン・D. ローズヴェルトは，1941年の年頭教書で欠乏からの自由を含む4つの自由を掲げ，「常に上昇・拡大しつづける生活水準を可能にする科学の進歩を，誰もが享受できるようにしなければならない」と訴えた。彼にとって大衆消費は自由主義の象徴であり，その本質をソビエトにわからせるための教科書はシアーズ社のメールオーダー・カタログだとさえ言わしめたのである。大恐慌と第2次世界大戦の間に「消費の民主化」は一時その勢いを失したが，大戦が終了するや，たちまち大衆消費の時代を迎えた。1946年に雑誌『フォーチュン』は「夢の時代が到来し，アメリカに大好況がやって来た」と伝えた。1945年にはたった8つしかなかったショッピングモールは，15年の間に4,000近くまで急増した。1950年には，毎日4,000世帯の若い家族が新築住宅に入居するようになり，彼らの家は，乳母車，衣類乾燥機，皿洗い機，冷蔵庫，洗濯機，そしてテレビであふれかえった。自家用自動車を乗りまわすベビーブーマーたちは，モールでの消費を娯楽として楽しむことができた。そしてディズニーランドで古き良きアメリカを懐古しながら遊んだのである。一方，巨額の出費を可能にした（不動産ローンを除く）消費者借入金は，1952年の274億㌦から4年間で52％増えて417億㌦へと飛躍的に急増した。

　連邦政府もこうした消費主義のうねりを追認する。1951年，連邦労働統計局は，テレビ，電気トースター，冷凍食品，缶入りベビーフード，家庭用パーマネントローションを生活費指標品目に追加した。さらに1953年，アイゼンハワー大統領が指名した経済諮問委員会の委員長は，アメリカ経済の究極の目的はより多くの消費財をつくることである，と宣言した。また彼の手がけたハイウェイ建設が都市の外に住む場所と消費する場所を拡大していく。つまり戦後，アメリカの物質的豊かさはまったく新しい段階に突入したのである。

　1950年代の消費活動は，国の内外でさらなる政治的意味合いを強めていく。アラバマ州モントゴメリーでのバス・ボイコットやノースカ

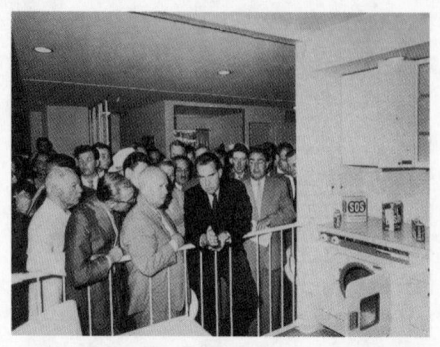

❷ニクソン米副大統領とフルシチョフ・ソ連首相との間でかわされた台所論争［モスクワで開催されたアメリカ博覧会にて，1959年］

ロライナ州グリーンズボロでの座り込み運動 (sit-in：⇨ 52 公民権運動とマイノリティ運動 B-2）を通して，公民権運動は社会正義と消費行動とをより強く結び付けていく。さらに冷戦外交の一環として，リチャード・ニクソン副大統領は自由主義の市場経済をアピールした。多くの女性が封じ込められていることは棚に上げて，大衆の手が届く郊外住宅の台所こそアメリカ資本主義を代表するものとして礼賛したのである。これこそ 1959 年モスクワでフルシチョフ・ソ連首相との間でかわされた「キッチン（台所）論争」と呼ばれる出来事であった（⇨ 78 アメリカン・ファミリー A-2）。1960 年代は「消費者の権利」が首都ワシントンで本格的に取り上げられた時期にあたる。1962 年，ジョン・F. ケネディ大統領は連邦議会にはたらきかけ，「権利の章典（安全な商品・製品の情報・豊富な選択肢・消費者政策決定への参加）」を法制化するよう促した。また 1964 年，リンドン・B. ジョンソン大統領が消費者問題担当官を創設し，エスター・ピーターソンを任命した。さらに 66 年，連邦上院議会のフィリップ・ハート民主党議員が提案した公正包装表示法が発効した。

❷──消費に対する批判

他方で消費をめぐる問題点も多く浮上してくる。1963 年，デイヴィッド・カプロウィッツは『貧乏人ほど高いものを買わされる』を出版して繁栄に隠れた貧困問題を指摘した。また前年の 62 年にはレイチェル・カーソンの『沈黙の春』が大量消費による環境問題を暴いた。そして 65 年，ラルフ・ネーダーが『どんなスピードでも自動車は危険だ』を通して，企業の暗躍を厳しく追及したのである（⇨ 51 市民運動・草の根活動 C）。

このような文脈で勃興したカウンターカルチャーは，古き良き伝統である「シンプルライフ」へ返ることを訴えた。だが，このスローガンさえ企業の利潤追求に利用されていく。とはいえ郊外の一戸建て住宅の消費者がすべて商業化された空間に飲み込まれていたわけではない。事実 1960 年代までに，彼らは自宅のガレージに山積みされたガラクタをゴミとして捨てず，週末に前庭ヤードに並べて売るという「ガレージセール」を楽しんでいた。それは大規模商業空間に対してリサイクル精神に則った草の根小規模消費であり，近隣の人々との交流も可能であった。1950 年代に一世を風靡した（既製品販売を目的とした）タッパーウェアパーティとは趣を異にしている。

さて，カウンターカルチャーのように消費に対して否定的な考えは，ジミー・カーター大統領による 1979 年の「危機に瀕した自信」演説に結晶していく。「あまりに多くの国民が消費を礼賛している。自分が誰であるかはもはや何をするかではなく何を所有しているかによって決められているようだ。しかし，消費と所有がわれわれを決して満たさないことを知るべきである。どれだけの物質的豊かさも心の空白は埋めてくれない。自信も人生の目的も与えてはくれないからだ」と。

百貨店とショッピングモール

　消費生活を促す商業空間として、店舗は常に歴史上存在していた。しかし、19世紀後半に登場した百貨店ほど重要な役割を果たしたものはない。それは新しい社会・経済的潮流とともに誕生した。従来の店舗は、いくつか特化した商品を専門に扱ったのに対して、百貨店は文字どおりありとあらゆる商品を提供し、さらに買うという行為をいかに気持ちよくさせるか、という配慮が施された場所であった。つまり百貨店は、生活スタイルの急速な変容にともない新しく都市に登場した公共空間として、はじめから中産階級の女性たちが快適に消費できるように設計されていたのである。自家用自動車が発達する前の時代に、百貨店こそは大都市の生活がつくり出し、またその生活様式を変えていく原動力ともなった。

　百貨店と大衆文化との関連性は重要である。例えば、クリスマスを祝う習慣は、19世紀末に百貨店の商業戦略の一環として社会に定着した。南北戦争後、メイシーズを中心として、クリスマス前のショッピングを楽しむことが年中行事として仕立て上げられていく。

　さて、1920年代に生まれ50年代に定着した新たな都市圏の公共空間が、ショッピングモールである。それは百貨店を中心とする数多くの店舗を配し、広い売り場面積と駐車場が取り囲む、消費文化の象徴である。その数は、1987年に全米で高校の総数を超えて3万5,000となった。

　モールは、商取引きやレクリエーションなどこれまで公共空間が果たしてきた機能を肩代わりしつつある。そして、この公共空間の商業化は、商業テレビ放送や広告の拡大とならんで、消費欲求を掘り起こす三大影響力だと言われている。

　顧客が、買い物する場所にコミュニティ感覚も求めている、と察知したモールの設計者がいた。「ショッピングセンターの父」という異名をとるヴィクター・グルーエンである。かくしてモールは、安全で、豊かで、小奇麗な町並みの様相を呈しており、誠実な店主たちが得意客に気を遣い、静かな泉が疲れた心を休ませてくれる場所となっている。だが、存在ではなく購買を求められる場所が本当にコミュニティなのか、と疑問視する者もいる。

　また人間の共同体のみならず生態系をも破壊するとして、モールは厳しい批判を浴びてきた。膨大なエネルギーや化学物質、金属を果てしなく注ぎ込まねば維持することのできない商業空間。この人造空間は世界中で増殖している。

　工業諸国の中で、日本はショッピングモールの進出に対して際立って反対の強い国であった。しかし1980年代末になって、アメリカの貿易交渉担当者は日本政府に対して大規模小売店舗法を撤廃・改正するよう、厳しい圧力をかけた。外交圧力に沿った規制緩和によって、コミュニティに根ざした日本の伝統的な商店街が失われていく、と『どれだけ消費すれば満足なのか』の著者アラン・ダーニングは指摘する。

　ショッピングモールの中で人が生まれ、幼稚園から大学まで通い、職に就き、デートし、結婚して、子供をもうけ、離婚し、転職で地位を上げ、医療保障を受け、あるいは逮捕され、裁判を受け、刑に服し、それなりに文化や娯楽に満ちた生活をし、ついには死んで葬式を出されるような日がくるだろう、とウィリアム・コウィンスキーは『モール化するアメリカ』で予測している。21世紀が「アメリカの世紀」となるのであれば、世界はモール化していくのだろうか。　　［小塩和人］

❸ショッピングモール［フロリダ州、1959年］

こうした悲観的風潮は1980年代に払拭されたかのように思われた。消費の主役はヤッピーに代表される若くて好奇心にあふれた都市の中産階級であった。引き続き90年代も、消費者支出、マーケティングや広告が拡大を続け、他方で新たな消費者運動がグローバル化する企業の力に警鐘を鳴らしている。

このようにアメリカに歴史的伝統として根付いてきた消費主義を、ポール・エキンズは「所有し利用する財およびサービスの数と種類を増やすことを何よりも大事な文化的欲求とし、個人の幸福、社会的地位の向上、国家としての成功に到達する最も確実な道と認識するような」文化的傾向と定義しているのである。

D── 消費の言説

❶── 消費をめぐる2つの言説

消費行為が歴史を通して重要な役割を果たしていたように、消費生活と商業空間をめぐる言説にも長い歴史がある。しかし、例えば第2次世界大戦後の大衆消費絶頂期に出版されたデイヴィッド・ポッターの『豊かな人々』は、アメリカ人の生活がいつも豊かであり、時代によってその程度が多少異なっていたにすぎない、と捉え方が一面的であった。また冷戦の最中、政治家が消費を自由主義の象徴として礼賛したのに対して、知識人の中でも保守派は程度の低い大衆文化として消費を蔑み、進歩派は資本主義に躍らされる大衆を憂えた。つまり、消費は道徳的善悪という比較的単純な枠組みの中で議論される傾向が強かったのである。だが、前節の歴史的概観からも明らかなように、消費者は消費社会に時として飲み込まれる一方で、しかしまたこれを利用してしたたかに生きてきた。これを単に倫理的側面から切って捨てるのは従来の見方である。消費に対する態度の変化を文化史的・心理学的に分析する例が出てきている。今や消費文化の考察は、物質的富の量だけではなく、スーパーマーケットや広告媒体といった商業空間、消費者としての自己意識の形成や運動、大量生産・消費を可能にする経済システムなど多様な分析を総合して行う段階にさしかかっていると言えよう。

事実、アメリカ史を振り返ると、消費をめぐって2つの異なった言説が対立していたことがわかる。1つは、不安つまり消費することによる倫理・道徳の退廃を危惧する立場、もう1つは自由つまり個人の判断で選択して消費できる社会を進歩と考える立場であった。例えば18世紀には、新世界での消費傾向に対して懸念を表明する宗教関係者もいた。多くのニューイングランド地方のピューリタン指導者の間で、輸入製品に「不当な価格」をつける商人の存在が問題となった。こうした彼らの消費行動への関心は、宗教的領域に市場概念が入り込むことを意味していた。神の名のもとに消費行動を敬遠しつつ、健全な消費生活を営む独立市民としての大切さを説かねばならないというジレンマが出現し、今もそれは継続している。

この頃、贅沢が公共精神を衰退させるだろうという従来の価値観に異議を唱えた人物として、バーナード・マンデヴィル、デイヴィッド・ヒューム、アダム・スミスらがいた。社会不安や宗教的堕落と結び付けて論じられていた欲望は、こうして市民権を得ていく。それから1世紀を経て、エドワード・ベラミーは『振り返れば』の中で消費社会が階級格差を縮小していくと歓迎した。だが他方で、『有閑階級の理論』を世に問うたソースタイン・ヴェブレンのように、モダニズムという名のデカダンスに危機感を持った人々も存在した。このように19世紀に支配的だった価値観はプロテスタント的なもの、すなわち救いと自制であったと言えよ

う。これとは対照的に，19世紀末から20世紀初頭にかけていわゆるモダニズムがアメリカ社会の価値観を根底から揺り動かし，そして大量生産・大量消費を可能にする新しい考え方，つまりモノやサービスをとことん追求する道徳観が生まれていく。

T. J. ジャクソン・リアーズによれば，プロテスタント的価値観が徐々に力を失っていった背景には，自己実現と心身の健康を重要視するセラピー的な倫理観の台頭があったという。つまり，神との関係において自らを律し罪をあがなうのではなく，消費行動を通して自分を向上させていく新しい道徳観念こそがアメリカ特有の消費文化をつくり出した，というのである。多様化と個性化を求める個々人の自立が達成された屈託ない社会がここにあるかのように見える。飢えと貧困を乗り越えた「豊かな社会」では，感性が消費者の選択基準となり，好き，嫌い，面白いといった感覚が重要になる。生産優位から消費優位へと転化することで，人々は商品との対話を通じて自己探求と自己発見を求めるようになった，とジャン・ボードリヤールは『消費社会の神話と構造』で分析する。あらゆるモノが消費の対象となるためには，それらがどの社会階級にとっても「無差別的に接近可能な記号」だという共通認識が広まる必要があった。つまり，かつて階級秩序の象徴であった対象が解放されることで消費社会が成立するはずだった。だが，真の解放は実現されない。それは，消費が社会全体を均質化するように見えて，じつは社会内部に微妙な差異のシステムを構築していくからである。その差異化は，個性の実現とはおよそ異質だ，とエーリッヒ・フロムは指摘する。産業社会によって画一化された生の代償として求められる差異化は，マーケティングが消費者の自己表現に先んじてモノを用意し，ときには強要することで実現している，というのだ。「在ること」ではなく「所有すること」で自分を確認する。つまり，愛すること，学ぶこと，働くことなど生そのものを問うのではなく，消費することに傾いた生き方が問題として浮上してくる。

❷──消費者の自律性

そもそも消費者の欲求，つまり市場における消費者の行動は，消費者自身のものなのか，自律的ではないのか，議論が続いてきた。必ずしも自律的ではない，とする解釈は，まず消費者が十分な情報を持たないことを根拠にしていた。消費者に伝達される広告という限られた情報では十分ではない。ジョン・ケネス・ガルブレイスは『豊かな社会』の中で，消費者同士の見栄張り競争という受動的な過程ばかりではなく，宣伝とそれに関連した積極的な活動によって，生産は，生産によって充足されるべき欲求をつくり出す，と指摘している。

さらに消費者の自律性を疑うもう1つの根拠が，個人内部の判断ではなく，外部からの強い影響によって欲求が形成されているという考えである。ジョン・メイナード・ケインズが『説得評論集』で指摘するように，他人がどうであろうと，自分はそれが欲しいという絶対的な必要と，それを満足させれば他人よりも偉くなった気がするという意味での相対的必要とを区別してみるとよい。

相対的な必要性を満たすための見栄張り競争が激しさを増すにあたって，その比較対象がいわゆる有名人の生活になってしまったことが悲劇だ，とジュリエット・ショアは『働き過ぎのアメリカ人』の中で主張する。給与格差がますます拡大していく1990年代，非現実的な比較をする中産階級が増えたために，アメリカ人の多くは余暇の時間を犠牲にしてまで働く必要に迫られた，と結論付けている。

当然こうした消費傾向は，決して満足感をも

たらすことがない。アメリカ社会に蔓延する欠落感については，ポール・ワクテルが『「豊かさ」の貧困』の中で論じている。意識調査に「大変幸福」と答えた人の割合は，第2次大戦後では1957年のピーク以降，その水準を超えたことがない。この欠落感がどこからきたのか，彼は読者に問いかける。「より多く」のモノを求める「成長マインド」が社会的に浸透しており，したがって「より多く」消費することをやめれば，それはただちに「より少ない」消費というジリ貧感を呼び起こす，とワクテルは主張する。つまり「社会神経症」に悩むアメリカ人がそこにはある。

またキャロリン・ウェッソンは『買い物しすぎる女たち』で「買い物依存症」という概念を紹介して注目を浴びた。要するに，消費社会は物質的快適さによって人々に充足感を与えようとして失敗した，とアラン・ダーニングが『どれだけ消費すれば満足なのか』で分析する。消費階層にあっては，人間同士のつながりの強さおよび余暇の質は，高められるどころか引き下げられてしまった。消費社会は，所得を押し上げることによって，どうやら私たちを貧しくしてしまったようである，とダーニングは論じている。

ダーニングの警鐘は，人間の福祉にとどまらない。消費が人間や環境に及ぼす影響がどうであれ，雇用を確保するために国の政策として消費を増やす努力をしなければならない，という考え方がいかに強いかを示したうえで，地球からの収奪と汚染とを続けることが，取り返しのつかない結果を生むであろう，と批判するのである。

❸──消費生活史の展望

産業化の初期段階において，生産は日常生活の基本的必要を満たすことに主眼を置いていた。それが20世紀中盤までに消費財生産の飛躍的拡大を通して，さまざまな欲求に応えるものに変容してきた。とはいえ，第2次世界大戦を挟んで，国民の意識が生産者から消費者へと初めて変わったわけではない。アメリカ史を通して，彼らの消費活動は歴史的変化と密接に関連しながら展開してきたのである。

世界最大の消費国アメリカ。彼らの消費生活史について分析が始まったのは，つい最近のことであると言っても過言ではない。大衆文化の一側面として捉えられていた消費生活が，政治・経済・外交，社会・思想・環境といった研究分野で本格的に取り上げられるようになってきた。また考察の対象となる時代も飛躍的に拡大し，もはや大衆消費が始まったといわれる1920年代とそれが定着した1950年代だけにかぎられない。こうした研究の深化と多様化は，明らかに消費の意味を複雑化させている。

かつて（そして今も）浪費として蔑まれた消費が，産業化とともに道徳的に中立もしくは肯定的な意味を持つように変化している。それはまた，トレーディングポストからインターネットへ，小さな町の商店から郊外の巨大モールへといった商業空間の変化をも伴ったのである。アメリカン・ウェイ・オブ・ライフとしての消費が21世紀の世界にどのような影響を及ぼし続けるのか。その行く末は予断を許さないところである。

■参考文献

奥出直人『トランスナショナル・アメリカ』岩波書店，1991.

ダーニング，A.（山藤泰訳）『どれだけ消費すれば満足なのか』ダイヤモンド社，1996.

ボードリヤール，J.（今村仁司・塚原史訳）『消費社会の神話と構造』紀伊国屋書店，1980.

ワクテル，P.（土屋政雄訳）『「豊かさ」の貧

困』TBSブリタニカ, 1985.

Glickman, L. *Consumer Society in American History.* Cornell Univ. Press, 1999.

Schor, J. *Do Americans Shop Too Much?* Beacon Press, 2000.

■さらに知りたい場合には

奥出直人『トランスナショナル・アメリカ』岩波書店, 1991.
　［建築, デザイン, 広告, 映画, 文学を通して「豊かさ」の文化的意味を考察した専門書。］

ショア, J.（森岡孝二訳）『消費するアメリカ人』岩波書店, 2000.
　［具体的な調査結果に基づく, 必要以上に消費に金を注ぎ込む米国消費者に対する警告の書。］

ボニス, J./R.バニスター（小林紀之・宮原佑弘監訳）『賢い消費者』家政教育社, 1998.
　［消費者が意思決定するために必要な基本的知識と消費者技術について解説した一般書。］

Schor, J. B. and D. B. Holt, eds. *The Consumer Society.* The New Press, 2000.
　［ヴェブレンやガルブレイスなど消費社会に関するあらゆる論考を1冊にまとめた資料集。］

80 食物・飲料・料理
Foods, Drinks, and Cooking

加藤信一郎

アメリカ料理といってもイメージは浮かべにくいが，アメリカ的な食べ物は多い。アメリカではやるものは世界中ではやる。その理由の1つはアメリカが広大な国土をもつ多民族国家だからで，類のない多様性をもつがゆえに，かえって均質な食べ物が普及する。アメリカ的な食べ物というとどうしても簡便なものに代表されがちである。開拓者の伝統というか，アメリカ社会を貫く能率性，実用性，合理性の思想は食の世界にも顕著である。量産される加工食品は科学的見地（栄養・清潔）からむしろ歓迎され，しかも安価で，平等でもある。ファーストフードや加工食品は，ライフスタイルの変化とともにアメリカ中に広まり，世界中に広まった。世界は「アメリカを食べている」のである。

A──コカ・コーラとマクドナルド

コカ・コーラとマクドナルドがアメリカを代表する食品であることは，論をまたないであろう。そしてこの2つは，世界で最も有名な商品名でもある。どちらも大衆消費社会の典型というべき商品で，ごく少数の規格化された食品で世界的な大企業になった。

❶──コカ・コーラ

1996年のアトランタ・オリンピックは「コカ・コーラと風と共に去りぬのオリンピック」と呼ばれた。ジョージア州アトランタはコカ・コーラの発祥の地であり今でも本社がある。アメリカ南部の暑さは，コカ・コーラの爽やかさをいっそう際立たせた。一方コカ・コーラは1920年代からオリンピックのオフィシャル・ドリンクであり続けている。スポーツの汗にもコカ・コーラはよく似合う。コカ・コーラは初め，1886年に薬用酒として開発された。その後禁酒運動が高まるなかで健康ドリンク，清涼飲料とその性格を変化させてきたが，そのため禁酒法の時代にはかえって代替飲料として売れ行きを伸ばした。禁酒法の時代はまたモータリゼーションの時期でもあり，それまでソーダファウンテンで売られていたコーラをビン詰めにしてガソリンスタンドで売る戦略も成功を収めた。壜詰めは一大転機になった。容量を6オンス，価格を5セントと定め，原料の砂糖や炭酸ガスに至るまで厳しく品質管理を行った。もちろん商標には徹底的にこだわって，世界で最も多くの商標訴訟を起こす企業となった。規格化された工業製品が安全面を含めて消費者の信用を得はじめていた時代で，世界中どこでもいつでも同じ味は安心を呼んだ。

第2次世界大戦はさらなる飛躍の機会であった。愛国的な宣伝にとどまらず，どんな戦地でも国内と同じ価格で売ると宣言することで，

戦地の軍人にも、国内の民衆にも、コカ・コーラがアメリカ人の生活の一部であることを改めて思い知らせたのである。アメリカ軍の世界的拡散とともに、戦後の世界にコカ・コーラを広める原動力ともなった。

❷──マクドナルド

マクドナルド兄弟が初めて成功した食堂は郊外のドライブインで、その売り上げの大部分をハンバーガーが占めていた。客は行列して待っていた。商品数を絞って早く出せるようにすれば効率的だ。

店を改装して挽肉を同量ずつ円盤型に成型する機械を特注し、できたハンバーガーを同時に24個保温できる回転コンベアも発明した。ケチャップ、マスタード、玉ネギ、ピクルスの量も一定にした。食器を紙製品にすると洗う必要もなくなった。調理場はもちろん完全分業の流れ作業であった。

ここで発明されたものは多い。まず規格化による大量生産で、フォードが自動車で行ったことを食品で行ったといわれる。野菜や調味料を一定にすると、いちいち客の注文に応じる必要がない分時間の短縮にもなった。スピードアップの時代にふさわしいファーストフードの誕生である。

ケチャップが飛び散る心配がないのは美観上もよく、使い捨ての紙製品も清潔であった。店員の服装もさっぱりしていた。きれいで明るい店はこの後世界の主流になる。

ドライブインといっても郊外型で、客の中心は子供連れの家族であった。共稼ぎで外食が増えたこともあったし、最初から持ち帰りもあった。紙包みはどちらにも手軽で便利であった。マクドナルドはファミリー・レストランのはしりでもあった。

家族を相手に安心を売る。安い価格も安心だ

し、少ないメニューでいつも同じ味も安心である。一番売れるのは土曜日の夜であった。つまりハンバーガーは「御馳走」だったのである。似た食べ物のホットドッグに比べ、豚肉から牛肉へのランクアップがあった。

1955年に全国的なチェーン展開を始めたが、規格化された均質な味はますます徹底された。あるいはマクドナルドの最大の発明は、愛想のいい、でも個性のない、それだけに誰にでも平等な挨拶だったかもしれない。大規模農業、加工食品に続く食堂の工業化、自動化である。生産とサービスの能率、スピード、管理と安心、マニュアル化、非個性化は、世界的な企業原理になりつつある。

❸──均質化と世界

規格化とスピードアップによってコストダウンされた量産品は、面白味はないが当たり外れがない。誰にでも同じ価格で提供されるし、安いから誰でも手にすることができる。これは限りない多様性を抱えながら平等を国是とする国にとって、重要なことである。伝統や地域性によらない、物の消費による結び付き。コカ・コーラを飲んでマックを食べることで、人は「標準的なアメリカ人」になるのである。

外国の場合はこれに「豊かな国アメリカ」への憧れが加わる。反面、反発もあって、フランスでは抗議運動が行われたこともあった。文化的、経済的な侵略であるという受け止め方である。だが世界的に生活の均質化、あるいは無国籍化が進んだ今、侵略の匂いのするアメリカニゼーションというよりは、グローバリゼーションという形でコカ・コーラもマクドナルドも世界に広がり続けている。

B──科学主義と家政学

開拓者が独立農民になったとき，家庭と家庭料理の重要性は他の国より大きかったはずである。ヴィクトリア朝の道徳観を受け継いだこともあって，家庭はアメリカ社会の柱であり，当然食事はその中心にあった。アメリカ人の一番好きなものといわれる「ママと星条旗とアップルパイ」のパイは，もちろん母親が作ってくれるもので，家庭ごとに味が違う。ところがその味が失われているという。

家庭の食事の改革運動を始めたのは女性たちであった。リディア・チャイルドは1829年に『アメリカのつましい主婦』を書き，その献辞を「節約を恥としない人たちへ」とした。この頃は，整理整頓されたきちんとした家庭内での主婦の義務を果たすことが女性の地位向上にもつながる，という考え方が支配的であった。

キャサリン・ビーチャーは科学を重視し，『家庭で役立つ家政経済論』(1845)において「家庭経済は化学や哲学，数学に匹敵する」と宣言して，主婦を「家庭科学者」と呼ぶべきだと主張した。『アメリカ婦人の家庭読本』(1869)では，台所を1インチ単位に区分して機能的に構成し，道具や材料の配置を考えるべきであるとしている。ふきんを用途別に3枚揃えて，別々の3本の釘にかけるべきだとの提案もある。

エレン・リチャーズは1870年にマサチューセッツ工科大学に入学して，後に食品化学の講座を開設した。彼女の理想は，貧困者に清潔で安いすぐに食べられる調理済みの食品を提供することであった。それは健康にも配慮した「平均的アメリカ料理」であった。

W.アットウォーターは男性であったが，多数の女性研究者を登用した。彼は「たんぱく質は筋肉を作る」といったように栄養素を機能別に分類し，食品ごとに栄養素とカロリーの含有量をまとめた食品成分表(1895)を出版した。この結果，「平均的アメリカ人」の栄養摂取量や所要量が論じられるようになった。

そしてボストン料理学校の校長ファニー・ファーマーが出てくる。その著書『ボストン料理学校クックブック』(1896)は300万部を売り，アメリカのみならず世界中の一般向け料理書の模範となった。「料理とはからだに栄養を与えるために食物を調理することである」と定義し，「文明の進歩には料理の進歩がつきもの」と書き添えるファーマーは，科学主義を具体的な調理法の形で広めた。最大の特徴は正確な計量で，「少々」「中火」といった曖昧な表現を排し，ティースプーン1杯といえばそれはすり切り1杯のことと定めた。量が正確で手順が順番に指示されているので，誰にでも料理を作ることができた。清潔意識も強烈で，食卓をきれいに，爪を切るように，食器を丁寧に磨くようにと念が入っている。栄養も科学的原則に従って考え「それぞれの料理法に圧縮された形で記されている科学的知識に基づいて何を食べるべきかをより深く考える」べきだと主張した。実用，能率，科学，栄養，保存とインスタン

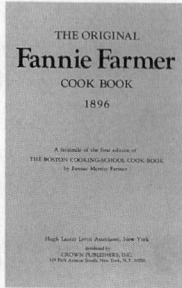

❶左｜ファニー・ファーマーが砂糖を計量カップで量り，表面をすり切りにしたところ［このような厳密な計量は科学的であるが，結果として料理のマニュアル化や量産化につながった。］
❷右｜『ボストン料理学校クックブック』(復刻版)のタイトルページ

米国の食事は本当にまずいか？

「ハンバーガーにコーラ」が代名詞のようなアメリカの食べ物を「おいしい」と誉めそやす人はめったにいない。「大味」で「量ばかり多く」て「画一的」と悪口を並べれば、話は大いに盛り上がる。完璧なまでにマニュアル化されたファーストフード、レンジでチンすれば終わりのTVディナー、シリアルにポテトチップス、砂糖がジャリジャリ音をたてそうな、どぎつい色のケーキやドーナツ……。少なからぬアメリカ人の日常の食事内容がこうなのだから、「まずい」と言われてもしかたがないだろう。

実際のところ、アメリカ人（と単純化はできないが）は「食べ物がおいしいかどうか」ということについて、あまり重きをおいていない節がある。アメリカ精神文化のひとつの主流であるピューリタンは、「美食・大食は罪」と禁欲に徹し、食卓の子供たちが「おいしい」と声をあげることは罰の対象にさえなった。また、気が遠くなるような道程を幌馬車で移動した開拓者たちにとって、来る日も来る日もトウモロコシパンと豆の煮込み、という単調な食事に耐えるタフネスがなければ、厳しい旅を生き抜くことは難しかったにちがいない。「美味なる食を追求するよりも優先すべきことがある」といった先祖たちのこうした精神構造は、現代のアメリカ人にも多かれ少なかれ受け継がれていると思われる。必要な栄養さえとれれば食事はサプリメントと水でかまわない、という考え方は、その極端な例だろう。

広大な国土の開発は、やがて長距離輸送にも変質しない缶詰や冷凍食品の需要を促し、画一的な味の製品化、安価な商品の大量流通が進んだ。一方、女性たちが社会に進出するにつれて、手間のかかる手作り料理は敬遠され、スーパーマーケットに並んだ、工業製品とも見まごう「便利」で「簡単」な既製食品が「家庭の味」となった。そして、今やアメリカの食卓は、莫大な資金力をバックにした宣伝とともに次々と売り出される大企業の新製品に席巻されている。

他のどの国にも先んじて、効率性や合理性という価値観が貫く社会を作り上げたアメリカにとっては、食の工業化は必然であったとも言える。実際、食の「アメリカ化」は、単なるファーストフード店の進出といった事象を超えて、世界中で進行しつつあるが、実はかつてアメリカにも「フランスよりおいしい」と称えられた食文化があった。トウモロコシ、カボチャ、七面鳥、ナッツ、ベリーといった、アメリカの大地で育まれた滋味なる恵み、そしてそれを女性たちが愛情をこめて調理した家庭料理こそが、アメリカならではの美味であった。素朴ではあるものの心あたたまるこうした料理の伝統は、現代アメリカにおいては風前のともしびといった状態にあるが、それでも復権の兆しがないわけではない。料理書が飛ぶように売れ、テレビの料理番組が高視聴率を記録し、土のぬくもりが感じられるファーマーズ・マーケットが人気を集めるといった現象は、アメリカ人が今ふたたび「自分の手で食事を作る」ことに関心を持ち始めたあらわれでもある。便利さと引き替えに失ったもの、例えば家庭料理の伝統や家族そろっての食卓などを取り戻すのは難しいだろうが、画一的な味では得られないものの必要性が再認識されてきている。

さらに、アメリカの味に新しい命を吹き込んでいるのは、絶え間なくこの国に訪れる移民たちだ。ちょっと大きな街であれば、チャイニーズ、メキシカン、インド、タイ、ベトナム、ギリシャ、アラブ、アフリカ……と、バラエティに富んだレストランで食事を楽しむことができる。フュージョンというさまざまな世界の味をブレンドした料理のジャンルがまずアメリカで発展したのも、こうした多様な食文化が身近に存在する環境があるからだ。「まずい」だけではないアメリカの食文化がこれからどう変容していくか、注目に値すると言えるだろう。　　　　［加藤裕子］

ト，清潔と安心，誰にでもできる簡単さと正確さ，安さと平等。現代の加工食品の理念はすべてここに出揃った。科学の行き着いたところが工業だった。20世紀の工業化と大衆消費社会の時代には，缶詰を代表とする大量の加工食品が出回った。加工食品の味は本物の素材の味ではなかったが，清潔で，栄養が考えてあり，何より便利で安かった。安くて地域差がない均質な食品は平等である。加工食品は科学と平等の立場から肯定された。家政学の科学主義と食品工業は完全に一致するものであった。

C——ライフスタイルと食の変化

❶——豊かさと均質性

アメリカは，他のどの国にもまして「標準的アメリカ人」を考える必要があり，また考えやすい国でもある。それは具体的でわかりやすい物と消費が基準になるからである。一番わかりやすい物は車と食べ物であった。早くもフーヴァー大統領は1928年に「すべての鍋に鶏1羽，すべての車庫に車2台」を選挙公約にした。1930年代になると，少数民族を支持基盤とした民主党政権下において，「アメリカン・ウェイ・オブ・ライフ」がアメリカ的豊かさと平等の表現となった。

19世紀後半に全国鉄道網が整備されたことは，新鮮な素材がいつでも提供できる全国市場の成立を意味していた。冷凍車両が開発されたこともあって，まず食肉，続いて野菜や果物が全国的に流通するようになった。地域差がなくなり，どこでも同じ食べ物が食べられるようになった。

同じ頃に普及した缶詰は，さらに食生活を変化させた。地域はもちろん季節を問わずにあらゆる食品が手に入る上，缶詰食品は火を通して味がつけてあるため，そのまま食べることのできる「料理」であった。こうして空間と時間の均質化が進んだ。

❷——モータリゼーション

1920年代には自動車と家電製品が大いに売れた。車で出かけて大量の食品をまとめ買いし，大型冷蔵庫に詰め込む姿は，アメリカ的豊かさの象徴であった。一方，車社会に適した食べ物が売れるようになった。それまでは野球場や映画館でのおやつであったホットドッグやハンバーガーが，ドライブインのメインのメニューになった。片手でも持てるので，車の中でも食べることができた。モータリゼーションはフランスではタイヤ会社ミシュランのガイドブックを生んだ。その3つ星の定義は「旅行して行くに値する」である。一方，アメリカでは開拓時代以来の伝統か，移動しながらの手軽な食事が歓迎された。

❸——女性

缶詰に続いて1920年代には冷凍食品が開発された。冷凍食品は缶詰よりさらに出来上がった料理に近かったが，味はもちろん均質で平板であった。20年代には家電製品も普及して，家事の能率化は大幅に進展したが，そのためにはお金が必要であった。家庭が社会化されたというか，家事が商品化され，消費行動の一部となった。完全機械化による家事の無人化が理想として語られるようになった。家事労働から解放されたアメリカの女性は，共稼ぎで外に出るか，家でテレビを観て過ごすことが多くなった。調理済み食品や外食への依存が多くなった。1950年代に発売されたTVディナー（テレビを観ている間にできるという意味の冷凍食品。付け合わせのついた完成した料理）は，そ

●アメリカの料理・1

❶ターキー[感謝祭に欠かせない伝統料理]

❷クラブケーキ[カニ肉を使った東海岸の料理]

❸カボチャのくりぬきスープ[ハロウィンのごちそう]

❹サーロインステーキ[とにかくごちそうといえばこれ]

❺ロブスター[リッチな東海岸の名物料理]

❻クラムチャウダー・ボストン風[ミルク風味が特徴]

❼ザリガニのケイジャン風煮込み[ニューオーリンズ名物]

●アメリカの料理・2

❶ハンバーガー[いまやグローバル食というべきか]

❷ホットドッグ[「アメリカの国民料理」ともいわれる]

❸フライドチキン[本格南部料理は油が濃厚]

❹フライドポテト[何にでも付け合せる]

❺ピザ[アメリカのピザはトッピングが豊富]

❻トルティーヤ[先住民の主食,トウモロコシの粉で作る]

❼チリコンカーン[メキシコ風だがアメリカ料理]

❽カリフォルニア巻き[アメリカナイズされたスシ]

うした時代を代表するものであった。1990年頃からは出来合いの惣菜を持ち帰るHMR（Home Meal Replacement 家庭の食事の代替）が流行している。冷凍食品よりはおいしいのだが，やはり家庭の味からは遠いものである。

❹──変化の兆し

「豊かな社会」の食生活には数多くの問題があった。肥満は美容上好ましくないばかりか，心疾患の原因にもなった。公害による食品の有害性も懸念されるようになった。こうした事態を受けて，1978年，マクガヴァン上院議員が率いる委員会が「合衆国の栄養目標」をまとめた。そこでは脂肪，砂糖，ナトリウム，食品添加物の増加が指摘され，カロリーと加工食品を減らすことが勧告された。

1960年代に対抗文化の若者（ヒッピー）が農村共同体を建設したのも，1つには安心でき，納得できる食べ物を自分たちの手で作ろうとしたからであった。実践はしなかったもののその思想を受け継いだヤッピーを中心に，若い世代には自然食，健康食への志向が強まっている。サラダが人気を集めているのは，そのナチュラルでフレッシュな感覚とともにビタミンや繊維を摂取できるからであり，日本料理，なかでも寿司を食べる人が増えているのも低カロリーでヘルシーだからであるが，加工食品や均質な味に飽きたアメリカ人が何か変わったものを求めているという面も見逃せない。

D──アメリカ料理とは

アメリカ料理とは何かをひとことで言い表わしにくいのは，「アメリカ人」の概念が変質し

❸電化されたキッチンで調理をする女性［棚には缶詰がずらりと並んでいる，1920年代］

ているからでもある。「アメリカ人」の変遷に合わせて「アメリカ料理」を時代順に語れば，①ネイティブと開拓者の料理，②WASPの料理，③エスニック料理，④フュージョン料理，ということになるだろう。

❶──ネイティブと開拓者の料理

当然ながら土地の素材を使った料理であった。トマト，ジャガイモ，トウガラシ，インゲン豆，トウモロコシ，ワイルドライス，七面鳥は新大陸で「発見」された食品で，初期の白人開拓者たちはネイティブから食べ方を教わった。バッファローや雷鳥は貴重な食肉供給源であった。

この時代に広く使われた調理器具にダッチ・オーブンがある。これは大き目の鉄製の蓋付き鍋で，18世紀初頭にヨーロッパからアメリカに伝わった。この鍋ひとつで，焼く，煮る，蒸すなどさまざまな調理法が可能で，シチューからパンまで多彩な料理を作ることができる。このため，開拓初期の狩猟者や幌馬車で西へ向かった開拓民たちにとって必需品となった。いかにもアメリカの風土とライフスタイルになじんだこのダッチ・オーブンは，そのシンプルなつくりと機能性の高さのゆえに，今も野外料理な

❹ ダッチ・オーブンでつくった煮込み料理［開拓時代にアメリカで普及した調理器具］

どで愛用されている。

❷──WASPの料理

中西部の開発が進み，大農場，大牧場からヨーロッパ以上に豊富な産物が食卓に供されるようになった。鶏や豚が移入され，牛とともに，アメリカの豊かさの象徴となった。アメリカの代表的食材は，19世紀は豚肉とリンゴで，20世紀に牛肉とオレンジになった。

❸──エスニック料理

エスニック料理とは「国内に居住する少数民族の料理」という意味で，つまりは貧しい移民の食べ物である。フランス料理は外国料理で，エスニックではない。19世紀半ば以降に増加した新移民は本国の料理を持ち込んだが，最初は自分たちのコミュニティ内で食べるだけであった。1930年代と60年代のいずれも民主党政権下で2回ブームがあり，全米に受けいれられるようになった。変わった食べ物という点では，グルメ志向の一種ということもできる。大恐慌の時代には，貧しい移民の食べ物が安くてありがたかったこともある。肉や脂肪をたっぷり使っているわけではないため，ヘルシーでもあった。30年代にはまだイタリア料理がエスニックで，ピザやスパゲッティが広まったのはこの時期であった。ハンバーグももともとはドイツ移民の食べ物であった。エスニック料理はまた，均質な味に対して多様性をもたらすものでもある。しかしハンバーガーやピザのように移民の食べ物がいつのまにかアメリカの主流の食べものになっているのも事実である。

❹──フュージョン料理

複数の民族要素を併せた料理をフュージョン（融合）料理という。日本料理をアメリカ風にアレンジしたものもある。多民族の国アメリカでフュージョン料理が発展するのは，ごく当たり前のことであった。どこの国の料理かわからないという意味で，無国籍料理と言い直してもいい。どこにもないものを作って，どこにでもあるようにするのが，アメリカ人の能力なのである。最もアメリカ的な食べ物と考えられているハンバーガーやホットドッグにしても，中身のハンバーグやソーセージはドイツから来たもので，一種のフュージョンである。アメリカは独自な料理は発明しなかったが，アメリカで独自に発展した食べ物は多い。そしてそれは世界に広まっている。ニューヨークのレストランで高級店といえばフランス料理になるが，それと並んでフュージョン料理の店が激増している。なかでも目立つのは東アジア，東南アジア，中南米の系統である。カリフォルニアではアリス・ウォーターズが，1971年，フランス料理と日本料理にヒントを得たカリフォルニア料理の店を開いた。有機栽培限定の野菜とハーブをふんだんに使用したその料理は，フレッシュでライトで，ナチュラルでヘルシーである。現代の食のトレンドがすべてここにある。アリスは，世界に最も大きな影響を与えた料理人かもしれない。

アメリカ各地の名物料理

　北東部はイギリス人が最初に入植したところ。収穫を感謝する感謝祭もここから始まった。「七面鳥のリンゴ詰め」は感謝祭に欠かせない。豚肉と豆をトマト味で煮る「ボストン・ベイクトビーンズ」のおかげでボストンはビーンタウンと呼ばれるが、同じような料理はアメリカ中にある。北東部の海は有数の漁場である。入植時には海岸を埋め尽くすほどいたという「ロブスター」も今は高級品。砂浜でクラム（はまぐり）やトウモロコシを積み上げて蒸し焼きにする「クラムベイク」は夏の風物詩。「クラムチャウダー」にはボストン風とマンハッタン風がある。「バッファロー・ウィング」は野牛ではなく、バッファロー市の名をとった鶏の手羽の揚物。ニューヨークに多いユダヤ人のパン「ベーグル」は、バター、牛乳、卵を使わないためヘルシーであるとして、大流行している。

　南部は農業が盛んで、カーター大統領で有名なピーナッツはここジョージア州が名産地。トウモロコシのウィスキー「バーボン」はアメリカ特産の酒で、「バーボンベイクトハム」など料理にも使う。「フライドチキン」もケンタッキーのある南部が本場とされる。豚の腸やトウモロコシのパンなどアフリカ系の貧しい食べ物「ソウルフード」は、最近では一般にも受けいれられている。「スペアリブ」もソウルフードから始まったらしく、最初は骨付き肉ではなく骨に残った肉だった。ニューオーリンズにはフランス系住民が多く、フランス、スペイン、ネイティブ、アフリカ系の食べ物を採り入れた「ガンボ（オクラ）のスープ」「ジャンバラヤ」などのケイジャン料理（クレオール料理）がある。また、オイスターバーで出される名産の生カキも美味。

　中西部は小麦、大麦、トウモロコシなどの一大穀倉地帯。ドイツ、北欧系が多いミルウォーキーの「ビール」は有名。ウィスコンシンはジャガイモ料理が多く、ミネソタにはニシン料理も見られる。

　南西部というと大牧場が目に浮かぶ。アメリカ人はステーキが大好きだが、ボリュームたっぷりの「テキサス・ステーキ」はその王様だろう。牛肉と玉ネギをチリで味付けして煮豆を添える「チリコンカーン」は Tex-Mex（テキサス/メキシコ）料理。刑事コロンボが食堂で必ず注文する「チリ」はこれを簡単にしたもの。トウモロコシの薄い皮が「トルティーヤ」で、中に肉などを詰めたものが「タコス」である。

　西海岸はオレンジ、リンゴ、ブドウなどフルーツの大産地である。ブドウはワインにもなり、「カリフォルニア・ワイン」は高く評価されている。ロメインレタスとクルトン、卵、チーズで作る「シーザーサラダ」はローマの英雄ではなく、料理人の名に因む。発明者はイタリア系メキシコ人であるが、アメリカ西海岸から世界に広まった。東海岸と同様シーフードも多い。オレゴンは猟鳥獣が多く、雷鳥は懐かしいアメリカの味。アジア系移民の急増で、日本、中国、韓国、タイ、ベトナムの料理も増えている。

　ハワイも注目を集めている。豚肉や魚のタロの葉蒸し「ラウラウ」や「バナナのバター焼き」のほか、何でもパイナップルを添えれば「ハワイ風」ということになる。

　全国的にチェーン店の数はハンバーガーよりピザの方が多い。トッピングの豊富なピザはアメリカで独自に発展した。もう1つの軽食サンドイッチも「BLTサンド」や「クラブハウス・サンド」はアメリカ生まれ。アウトドアの食事なら「バーベキュー」を楽しむ。代表的なお菓子は「アップルパイ」や「ピーカン（くるみに似た木の実）パイ」。それにアイスクリームとドーナッツ。

　ホワイトハウスの料理はケネディ時代がフランス料理、ジョンソン時代はテキサス料理、クリントン時代はカリフォルニア料理とか。

〔加藤信一郎〕

■参考文献

『朝日百科　世界の食べもの』朝日新聞社

ウィラン, A.（坂東三郎訳）『西洋料理の巨匠とその料理』鎌倉書房, 1981.

島田陽介『アメリカ外食業の新潮流』柴田書店, 1986.

シャピロ, L.（種田幸子訳）『家政学の間違い』晶文社, 1991.

平松由美『食べるアメリカ』駸々堂, 1985.

本間千枝子『アメリカの食卓』文藝春秋, 1984.

Fitzgibbon, T. *The Food of the Western World : An Encyclopedia of Food from Europe and North America*. Hutchinson, 1976.

Root, W. & R. de Rochemont. *Eating in America : A History*. Morrow, 1976.

■さらに知りたい場合には

柏木博『家事の政治学』青土社, 2000.
　［家事労働からの解放という女性の夢が, 家事の商品化によって実現していく過程を, 国家と家政のかかわりやアメリカの影響から考察した研究書。］

松本紘宇『おいしいアメリカ見つけた』筑摩書房, 1998.
　［ニューヨーク初の本格寿司店を開いた著者が, アメリカ料理を具体的に語り, 地方性, 多民族性にも言及する文化誌的ガイド。］

ベラスコ, W. J.（加藤信一郎訳）『ナチュラルとヘルシー』新宿書房, 1993.
　［農業, 食品, 料理の工業化によって味と栄養が失われている。食の自然志向, 健康志向が工業化への反発にとどまらず, 現代文明の批判になりうることを示した文化論。］

リッツァ, G.（正岡寛司監訳）『マクドナルド化する社会』早稲田大学出版部, 1999.
　［効率化とマニュアル化による経済合理性が, 生産のみならずサービスにも及び, 消費者もこれを受容して画一化する, 社会の非人格化を指摘した社会学的考察。］

加藤裕子『食べるアメリカ人』大修館書店, 2003.
　［「アメリカ人は, なぜあんなにマズい食事で平気なのか？」この疑問をかかえて全米各地を食べ歩き, アメリカ人の食生活・健康観とその歴史的背景を探った興趣あふれるルポ。］

81 | 自動車
The Automobile

高齋 正

フォードが大衆車Ｔ型フォードの大量生産を始めて以来，アメリカ人にとって自動車は誰にでも手に入る身近な存在になった。その後フォードはビッグ・スリーと並び称されるゼネラル・モーターズ，クライスラーとともにアメリカの自動車産業に空前の繁栄をもたらす。一方，自動車は生活の必需品という枠を越えて，インディ500に代表されるモータースポーツという新しいエンターテインメントをも生み出した。今や自動車はアメリカ人の心と身体から切り離すことができない存在になっているのである。ここでは自動車産業の発展，またそれに呼応するモータースポーツの発展の中に投影されてきたアメリカ人と自動車のかかわりを見てゆく。

A──アメリカ車への誤解

アメリカの自動車は日本において誤解されている。いわく，リッター当たりの馬力が低く，操縦性が悪く，技術的に劣っている，と。

しかし，これはヨーロッパ車の基準でアメリカ車を判断する，日本のマニアの間違った視点によるものである。

ヨーロッパでガソリンエンジン自動車が発明されたとき，馬車の時代の遺産として，都市間を結ぶ立派な道路がすでに存在していた。そして，ヨーロッパには貴族階級があった。貴族とお金持ちが自動車を使って長距離を走り，レースという遊びを始め，自動車に性能の高さが求められた。

これに対してアメリカでは，大衆用の自動車の生産が始まったときでも，都市間を結ぶ道路は自動車が走れるものではなかった。都市間の交通は鉄道に頼っていた。このため自動車の行動範囲はオーナーの住む地域に限られ，隣の町まで走ることはなく，性能の高さよりも信頼性・耐久性と修理のしやすさが求められていた。レースは特殊なクルマで行うものか，中古車を大改造して行うものであり，市販の自動車には高性能を求めなかった。

また，ヨーロッパの都市は古くからの石造りの建物があり，道路を拡げることが難しかったが，歴史が浅いアメリカは道路を広くつくることができた。アメリカの自動車のサイズが大きいのは，ヨーロッパと社会的条件が異なっていたからである。

都市と都市を結ぶ自動車の走れる道路がつくられるときに，アメリカではそれまでの曲がりくねった細い道路を拡幅するのではなく，まっすぐな道路にすることができた。アメリカの自動車にカーブでの操縦性は要求されなかった。このため，操縦性のよさよりも，乗り心地のよさが求められた。

日本人が書いた自動車の歴史は，社会的背景

❶上｜最初のT型フォード［1908年］
❷下｜T型フォードとほぼ同時期のGM社製キャデラック［1912年］

を無視して機械としての自動車だけを，ヨーロッパびいきのマニアの視点で書いている。アメリカ車については，自動車史研究家の神田重巳と故五十嵐平達の書いたものが信用できる。

B──アメリカ自動車の歴史

❶──フォードとゼネラル・モーターズ

アメリカの自動車の歴史をつくったのが，フォードとゼネラル・モーターズである。ヘンリー・フォードは，農家の息子としてミシガン州のスプリングフィールドに生まれたが，機械ものが大好きで，16歳の時にデトロイトに出て，技術の仕事に就いた。最初の自動車を製作した1896年に，彼はエジソン照明会社の技術部長の職にあり，トマス・エジソンとは死別するまで友人であった。

フォードは2台目のクルマを1898年に製作し，財政的な支援をする人がいて，エジソン照明会社を辞めて，自分の会社を設立したが，これは失敗に終わった。

2つ目の会社が1901年11月に設立されたが，フォード自身は翌年に会社を離れた。

フォードは，財政的な支援を得て，1902年10月にフォード自動車会社を設立した。そして原始的な大型のレーシングカーを製作した。18.9リッターの排気量をもつ4気筒エンジンを積んだ999というモデルである。彼は1904年にこのクルマを運転して，セント・クレア湖の氷上で91.37mph（147km/h）の世界陸上速度記録を樹立し，1ヵ月間それを保持した。その直後からフォードは有名なレーサーのバーニー・オールドフィールドに999を運転させて全国でレースに出場し，フォードの名前を有名にした。フォードはレースのPR効果を認識していた。

1908年10月に発売したT型フォードは，レース活動によって全国的にPRがいきとどいていたのと，850ドルという低価格のおかげで大成功となった。大量生産を開始したのが翌年の春である。発売後1年で生産台数が1万台を超えた。大量生産ラインが完成したのが1913年8月である。1914年には生産台数が30万台を超え，1915年の価格は440ドルに下がっていた。

T型フォードで成功を収めたフォードは，他のモデルの生産をやめて，1モデル主義をとるようになった。

一方，ゼネラル・モーターズ（GM）は，1908年9月にウィリアム・クレイポ・デュラントが設立した会社で，複雑な株式売買による企業買収を行って，ビュイック，キャデラックなど多くの自動車メーカーを傘下におさめた。デュラントはいったんGMから追い出され

るが，シボレーを設立して成功を収め，これを足がかりに再びGMを支配したが，最終的に支配力を失う。

フォードの1モデル主義に対して，GMは価格帯ごとにブランドを定め，市場のあらゆる層に対応するフルライン政策をとった。

❷――セルデン特許問題

アメリカの自動車産業の歴史で見過ごせないのがセルデン特許の問題である。ジョージ・ボールドウィン・セルデンは，機械ものを専門とする特許法の弁護士であった。

彼は1879年5月に「2ストローク・エンジンを使った道路用車輛」の特許を申請し，特許の内容に常に改変を加えて17年の特許有効期限を延長しながら，自動車産業が成熟する時期を待った。そして，1895年11月5日に最終的に特許を確定し，これを武器に自動車メーカーとライセンス契約を結ぼうとした。自動車そのものは各メーカーが独自に開発したものであるが，セルデンの特許を侵害しているので，合法的に生産するためにはセルデンとのライセンス契約が必要だというのである。

1900年6月にその頃の最大のメーカーであるウィントンが契約を結んだのを皮切りに，多くのメーカーが契約を結び，特許許諾自動車製造者協会を設立し，ロイヤリティを引き下げさせるかわりに，特許使用料の取り立てを代行した。1904年には協会に加盟する自動車メーカーが30社を超えた。

ヘンリー・フォードは1903年に会社を設立したが，マーモン社などとともに1905年にアメリカ自動車製造者協会を設立して，セルデンと戦うことにした。長い裁判が続き，1909年にセルデン特許が有効であるとニューヨーク裁判所で認められたが，フォードだけが戦い続けた。特許許諾自動車製造者協会がフォード不買運動を展開した。しかし，1911年1月に，セルデンの特許は有効であるが，フォードは特許に抵触していない，という判決が下り，4ストローク・エンジンを使用している他の自動車メーカーもセルデン特許から解放された。

フォードはT型フォードだけを生産して，生産を中止する1927年6月までに，アメリカとカナダでの生産が1,500万台を超えた。これに諸外国で生産されたT型フォードが加わる。

フォードは1922年にリンカーンを傘下におさめた。キャデラック車をつくったヘンリー・リーランドが独立してリンカーン車をつくるようになったが，会社の経営がうまくいかず，フォードが1,200万㌦を支出して救済したものである。リンカーン車はフォード・グループの最高級車となったが，実用的なフォード車との間を埋めるモデルとして，マーキュリーをつくるようになったのが1938年と遅かった。

実用車として優れていたT型フォードも，モデル末期には大衆から飽きられており，GMが採用する所得に応じた価格のクルマを選べるフルラインアップ政策では後れをとった。

❸――クライスラー社の設立

ウォルター・P. クライスラーはビュイックに入社し，1911年にはビュイックの社長とGMの副社長になった聡明な努力家で，経営危機に瀕した自動車会社の再建を頼まれて，クライスラー社を設立した。

GMはいすゞ，スズキ，富士重工を傘下に入れ，フォードはマツダを傘下にいれ，クライスラーはドイツのダイムラー・ベンツと合併して三菱自動車を傘下におさめた。

以上がアメリカのビッグ・スリーといわれた自動車メーカーの動きであるが，アメリカの自動車の特徴として，どの所得階層にも適したクルマを供給するために，高級車から低廉で実用

的なモデルまでのフルラインアップ政策をとっている。そして，技術の進歩は電動式始動装置や自動変速機など，実用面を重視している。GMが2000年に発表した赤外線カメラを使った夜間視野確保の技術も，その表われである。

さらに，1970年頃の大気汚染防止法や最近の排気規制への対応や電気自動車・燃料電池の研究など，自動車のもつ利点と環境保全とを両立させるための思いきった方策をうちだしている。

ここでアメリカで開発された車種を2つ紹介しておく。

❹──ジープとミニバン

ジープは第2次世界大戦のときにアメリカの国防相の要求する仕様に基づいて，各社が設計・試作したクルマのうちから，バンタム社が設計した車輛が選ばれ，ウィリス＝オーバーランドとフォードによって生産された軍用の4輪駆動車である。基本的な仕様は，全長333cm，全幅157cm，軸距203cm，乾燥重量1,060kgで，世界で最も有名な4輪駆動車である。

粗野な4輪駆動車に耐候性と乗り心地のよさを与えたのが，イギリスのランドローバーであり，その流れをくむものとして，トヨタのランドクルーザーなどがあるが，その原点はアメリカのジープにある。

ミニバンはキャンピングカーを次第に小型化してできたものである。機構的には新しいところはないが，クライスラー社が市場を育てながら開発したものであり，1985年に製作された映画『バック・トゥ・ザ・フューチャー』に登場している。日本製のミニバンが生産されるようになったのはそれ以後のことである。

C──モータースポーツ

❶──自動車レースの草創期

アメリカで最初に開催された自動車レースは1895年11月2日に開催されたシカゴのジャクソン公園からウィスコンシン州ミルウォーキーまでのレースであり，デュリア車が優勝した。これは1894年のパリ～ルーアン走行会と1895年のパリ～ボルドー往復レースに刺激されて開催されたものである。

しかし，アメリカにおける本格的なレースは1904年10月にニューヨークのロングアイランドで開催されたヴァンダービルト・カップレースである。鉄道財閥の息子のW. K. ヴァンダービルトはヨーロッパでレース活動を行い，上位入賞を記録したことや，世界陸上速度記録を保持したこともあった。彼はアメリカの自動車がヨーロッパの自動車より技術的に劣っていることを心配して，ヨーロッパ車とアメリカ車をいっしょにレースさせることにより，アメリカの自動車メーカーが奮起して技術の向上を目指すようにという目的で開催した。公道を使ったロードレースである。

1908年からアメリカン・グランド・プライズというレースがジョージア州サバンナで開催された。ヴァンダービルト・カップレースと同じコンセプトのロードレースであった。

このほかに，1907年に北京～パリという長距離レースが開催された後をうけて，1908年にニューヨーク～パリという長距離レースが開催された。参加車輛は雪と悪路でアメリカ大陸を横断するのに苦労した。このレースの出場車輛の何台かが日本を通っており，優勝したのはアメリカのトーマス・フライヤー車である。このレースはこの年だけで終わっている。

❸インディ500でオーバルトラックを疾走するレーシングカー［2002年］

❷──インディ500の開催

1909年にインディアナポリス・モータースピードウェイが完成し，1911年からインディアナポリス500マイル・レース（インディ500）が毎年開催されるようになった。第1回のレースに優勝したのは，地元マーモン社のワスプというモデルに乗る，同社の技術者のレイ・ハロウンである。

アメリカが第1次世界大戦に参戦する1916年までは，この3つの大レースが開催されていた。この時代は技術的な差が大きかったので，ヨーロッパ車が圧倒的な強さを発揮した。

1916年にはパイクスピーク・ヒルクライムが開催された。非舗装の曲がりくねった山道を登るタイムを競うイベントで，現在まで続いており，田嶋伸博選手が総合優勝したこともある。

3大レースのうち第1次世界大戦が終わって復活したのは，インディ500だけであった。ヴァンダービルト・カップレースもアメリカン・グランド・プライズも復活しなかった。

ヨーロッパ大陸のレースが公道を利用したサーキット・レースであったのに対して，第1次世界大戦後のアメリカのレースの主流はオーバル（楕円形）トラックでのレースになった。

日本の都市に野球場があるのと同じくらいの割合で各都市の郊外に小さなオーバルトラックが作られた。そこで小規模なローカルレースが開催された。パイプフレームで作られたミジェットカーと呼ばれるレーシングカーによるレースが登竜門で，そこでよい成績をあげるとインディ500に出場するというレーサーのピラミッドが形成された。

第1次世界大戦後になると，ヨーロッパ車はインディ500で活躍することがなくなり，アメリカ車が活躍するようになった。そしてスーパーチャージャーが導入されると，市販車とレーシングカーとの関連が薄くなった。

レーシングカーが走る実験室といわれた時代が1920年代の初めに終わり，レーシングカーは特殊な車輛となった。高回転では効率がよいが低回転では効率が悪い遠心式スーパーチャージャーを，オーバルトラックを走るレーシングカーが採用するようになると，カーブが多くてエンジン回転の変動の激しいヨーロッパのサーキット・レース用のグランプリカーとは，クルマの性格がまったく違ってきて，ヨーロッパとアメリカのレースの交流が少なくなった。

ヨーロッパのレーシングカーが再びアメリカに影響を与えるようになるきっかけが，1936/1937年に2回だけ復活したヴァンダービルト・カップ・レースに，ヨーロッパ車が出場したことである。コースがトラックでなく，飛行

場に設定した曲がりくねったサーキットであったので，連続するカーブでヨーロッパ車の操縦性のよさが目立ち，アメリカ勢もヨーロッパのグランプリカーを購入した。

ウィルバー・ショーが購入したマセラティは，ヨーロッパのグランプリ・レースではドイツ勢に歯が立たなかったが，インディではそのよさを発揮し，ショーが1939/1940年のインディに2連勝した。

❸────自動車レースの経済

初期のインディは，自動車メーカーが宣伝のために出場する形態であったが，第1次世界大戦後は独立したチームが既存のシャシーとエンジンを買ってレースに出場する形態になった。クルマに別の企業の製品の名前を描くことによって，その企業からスポンサー料をもらい，クルマの製作費とレースに出場する費用にあて，レースの賞金が利益になる。

ヨーロッパ系のグランプリカーは伝統的にナショナル・レーシングカラーで走っていたが，1967年のゴールドリーフ・チーム・ロータスから，スポンサーカラーに塗られるようになった。これは1960年代の初めにエンジンをドライバーと後輪の間につんだミドシップ車をもってインディに出場したロータスのコリン・チャップマンが，ここでスポンサー方式を知ったのがきっかけである。

第1次世界大戦後のアメリカのレースは，オーバルトラックのレースとなり，観客の入場料収入が賞金と主催者の利益となった。ロードコースでグランプリ・レースを行い，入場料収入を得られるのが仮設のスタンドの見物人からだけというヨーロッパのシステムとは，根本的に違ってきた。観客はスペクタクルを求め，主催者はマシーンの性能で勝負が決まるのではなく，ドライバーのコンペティションで勝負が決まるような方法を採用するようになった。

1920年代に木の厚板でできたボードトラックが各地に建造されて，この傾向がいっそう顕著になった。ボードトラックそのものは，耐久性がなかったために，やがて廃れた。

❹────アメリカ的レース観

お金をかけたマシーンが勝つのではなく，腕のよいドライバーが勝つ。そしてローカルレースからインディに出場するようになる。これがアメリカのレースの基本である。

インディの優勝者は一生ひとかどの人物として扱われる。インディ500はそれだけの重みのあるレースである。

1992年いっぱいでグランプリ・レースへのエンジン供給をやめたホンダが，インディに出場するチームにエンジンを供給しようとしたときに，インディの主催者が規則を変更して，1年目は1チーム2台へのエンジン供給でよいが，2年目からは2チーム4台へのエンジン供給を義務付けたのは，ホンダ・エンジンを手にしないとチャンピオン争いができないヨーロッパのF1とF2の状況を見て，ホンダの意向でインディ優勝者が絞られることを阻止するためであった。インディではアルファ・ロメオやポルシェがエンジンを供給しようとしたときにも，ターボの過給圧の規則を変更して，お金をかけたエンジンがチャンピオンを決定する事態を避けようとした。決してホンダだけを敵視したわけではない。レースがクルマの開発資金力の勝負ではなく，ドライバーの腕前と度胸の勝負とするのが，アメリカである。

第2次世界大戦後に盛んになったストックカー・レース（市販乗用車によるレース）も，現在は専門メーカーが製作する鉄パイプ製のフレームに市販乗用車の形をしたパネルを貼るものとなっており，レーシングカーとしてコスト

を低く抑えるように考えられている。

ストックカー・レースはインディなどのオープンホイール・レースとならんで，アメリカのレースの2つの大きな流れである。このレースは前を走るクルマの後ろの空気の薄いところを走るスリップストリーム走法をいかに利用するかがポイントであり，常に追い越しが行われている。

クルマが安価に入手できれば，ドライバーとして走る人が増え，腕のよいドライバーが賞金を稼いで上のレースにステップアップする資金とすることができる。

❺──サーキット・レースの導入

第2次世界大戦でヨーロッパ戦線にいった兵士たちが，MGなどに代表される小型軽量で操縦性の優れたヨーロッパのクルマのよさに気がついた。この影響でトラックではなくサーキットでのスポーツカー・レースが行われるようになった。大きな影響を与えたのが，1950-54年に開催されたメキシコでのカレラ・パンアメリカーナ・メヒコというロードレースである。この流れが1960年代になって，Can-Amという排気量無制限の2座席レーシングカーによる，いかにもアメリカ的な豪快なレースを生み出す。トヨタ7やニッサンR382などは，Can-Amレースに出場することを目指して開発されたクルマである。このレースは初めはマクラーレンが，次にポルシェが圧倒的な強さを発揮し，レースとしての面白さを損なって消滅した。

その過程でジム・ホールによって開発されたシャパラルというクルマが，空力（ウィング），自動変速機，サイドラジエーターを採用し，他のカテゴリーのレースに影響を与えた。それまでのグランプリカーやスポーツカーは，羽が付いておらず，手動変速機を使い，ラジエーターが前についていたが，現在では羽が付き，変速機が自動化の方向にすすみ，ラジエーターが後輪のすぐ前の左右に付いている。

アメリカにサーキット・レースが導入されたことによって，トラック・レースよりもサーキット・レースが好きというドライバーが現れた。その代表的なドライバーが，フェラーリに乗って1961年に世界チャンピオンになったフィル・ヒルであり，1960年代に活躍したダン・ガーニーである。ガーニーは自作のイーグル・ウェスレイクというクルマに乗って，1967年のベルギー・グランプリで優勝している。1990年代になって，アメリカのオープンホイール・レースにチームオーナーとして参戦し，彼のAARチームはトヨタ・エンジンを使用した。

❻──ドラッグ・レースと
　　オフロード・レース

アメリカ人はどんなものでも競技にしてしまう。静止状態からスタートして1/4マイル先までの到達タイムを競うドラッグ・レースは，信号機が赤から青に変わってからの加速競走を競技にしたものである。自動車を運転する人にとって舗装してない荒れ地は避けたい場所であるが，荒れ地を走る専用のバギーというクルマを開発して，砂漠地帯でレースを行っている。最も有名なものが，カリフォルニア半島のメキシコ領でのバハというオフロード・レースである。日本人も出場している。

❼──ステータス・シンボルとしての自動車

自動車のもう1つの効用は，ステータス・シンボルとしての役割である。アメリカでは乗っているクルマのブランドと年式によって，所得と社会的地位を示している。アメリカ映画を

見ると主人公の乗るクルマの変化により，立身出世するようすが理解できる。

かつてはアメリカに，パッカード，ピアス＝アロー，デューセンバーグなど，超高級ブランドのクルマが独立したメーカーの製品として存在していたが，現在はすべて消滅している。GMの最高級車のキャデラックやフォードの最高級車のリンカーンは，かつての超高級ブランドにはイメージがおよばない。フォードがイギリスの名門ジャガーを傘下におさめたのは，イメージ戦略として超高級ブランドを必要としたからである。

D——オートバイ

オートバイにも触れておく必要があろう。ハーレーダビッドソンは現存する唯一のアメリカ製オートバイである。ビル・ハーレーが設計し，アーサー・デイヴィッドソンが鋳型を作り，ウォルター・デイヴィッドソンが組み立てて，1904年に製作したハーレーダビッドソンは，最初は単気筒エンジンを積んでいたが，やがてV型2気筒エンジンを積むようになり，現在もそのレイアウトのオートバイを生産している。

1950年代から国内市場でのイギリス製オートバイとの競争，1970年代から日本製オートバイとの競争により，会社の経営が危機に瀕したこともあったが，現在はアメリカン・テイストのオートバイとして，アメリカ国内だけでなく広く世界中で人気を得ている。

ハーレーダビッドソンは1930年頃に，旧モデルの生産権と生産設備を日本に売却し，これを使って日本で陸王というオートバイが生産されるようになった。陸王は1960年頃まで白バイなどに使われていた。

アメリカ市場でハーレーダビッドソンとライバルの関係にあったオートバイがインディアンである。

インディアンを1901年に設立したのがジョージ・W．ヘンディーで，オスカー・ヘドストレムやC. B. フランクリンといった偉大な設計者たちをかかえていた。インディアンは第1次世界大戦前にヨーロッパでのレースに成功を収め，アメリカだけでなくヨーロッパでも有名になっていた。

第1次世界大戦後の1920年代に，インディアンはレースでさらなる成功を収めた。技術的にみると，単気筒とV型2気筒のマシーンが主流であり，何年もの間非常に進歩的な設計と見なされていた。1927年からのインディアンは，W．ヘンダーソンとアーサー・レモンが設計した，1265ccのエース（ACE）という空冷・直列4気筒のマシーンも製作した。

インディアンはすべてのモデルが頑丈な設計であった。会社を創設したウィリアム・ヘンディーが1920年代に会社を離れた後，会社の重役陣が頻繁に入れ替わっていたために，インディアンは衰退した。1950年代にイギリスのオートバイ・メーカーがインディアンを買収し，実質的にインディアンは消滅した。

■参考文献

五十嵐平達『フォード・1』二玄社，1970.

五十嵐平達『フォード・2 マーキュリー』二玄社，1971.

五十嵐平達『リンカーン』二玄社，1971.

デンフェルド，D.（高齋正訳）『ジープ』サンケイ出版（第2次世界大戦ブック 84），1981.

ライト，D. K.（高齋正訳）『ハーレーダビッドソン80年史』グランプリ出版，1988.

レイ，J. B.（岩崎玄・奥村雄二郎訳）『アメリカの自動車』小川出版，1969.

■さらに知りたい場合には

バナム，R. *THE FORD CENTURY*（フォード百年史）．Tehabi Books, 2003.
　［フォード社創立100年を記念して出版されたフォード社とその車の歴史。日本語版。大判でカラー写真も豊富。］

『大車林——自動車情報事典』三栄書房，2003.
　［三栄書房創立50周年を記念して出版された総合事典。機構からレース，社会，環境まで広範囲の内容。］

Georgano, N. *The Beaulien Encyclopedia of the Automobile*. The Stationary Office, 2001.
　［30年ぶりに大幅改訂された英文の自動車百科事典。同じ編者による旧版はモデルごとの変遷が中心であったが，新版では人間の動きの記述が増え，理解しやすくなった。］

Sucher, H. V. *The Iron Redskin: History of The Indian*. G. T. Foulis, 1978.
　［アメリカのオートバイを正しく理解するためには，ハーレーダビッドソンの歴史だけでなく，インディアンの歴史も知る必要がある。］

82 | 電化製品

Household Electrical Appliances

前島正裕

われわれは多くの家庭電化製品に囲まれて生活をしている。使うとき，プラグを差し込みスイッチを入れさえすればよい。これらの電化製品とそれを支えるシステムはどのように普及，構築されてきたのだろうか。電気が家庭に入り始めた頃は，供給される電気の周波数も電圧も地域によって異なっていた。それどころかプラグやコンセントさえ存在しなかった。電化製品は，アメリカのライフスタイルを象徴するものである。生活に密着した道具である家庭の器具が，電力網の発達を必要条件として，電気技術と消費社会によって形作られた。電化製品の登場によって，家事労働と家庭は変化したのだろうか。電化製品の登場と米国における普及過程を探る。

A── 電灯から電力の利用へ

❶── 電灯事業始まる

電気が家庭に初めて届いたとき，電気はすなわち照明のことであった。空気中で電気が放電をするときに発する光を利用したアーク灯は，英国人ハンフリー・デイヴィーにより発明され，その後の多くの改良により照明として使われるようになっていた。しかしアーク灯は非常にまぶしいので，ちらつかず小さく分割できる小型の照明が望まれた。トマス・エジソンと彼の研究所であるメンローパークのメンバーは，実用的な炭素電球を発明することによってこの問題を解決した。電灯は電気の供給なくして成り立たない。供給システムは，当時競合関係にあったガス灯よりコストや利便性の点で有利でなくてはならなかった。そこで彼は電球だけではなく，それに電気を供給する照明システム全体の開発を行い，ランプソケット，屋内配線，メータ，発電機，地下のケーブルなどを考案した。こうして彼は1882年にニューヨーク市のパールストリートで最初の中央発電所を開設したのである。電灯はガス灯に比較してすすが出ない，ホヤや部屋の掃除をする必要がない，室内の空気を汚さない，風で消えない，ガス漏れの心配もない，安全性が高いなどの利点が多い。このため可燃物を取り扱う繊維工場，製粉工場や鉱山でいち早く導入された。またランプやロウソクの光より自然光に近いため，色が自然に見えることから印刷工場などでも重宝した。文明の光は個人の屋敷にも訪れた。当初の顧客は，J. P. モルガンや C. ヴァンダービルトなど，ニューヨークの名士たちであった。

❷── 家庭電化の推進

電灯会社は最初の頃，一般の家屋への電灯供給を商業的にあまり評価していなかった。彼らは大口の顧客と需給契約を結び，小口の客のた

めに高価な供給網を作ることには消極的であった。街灯と商用照明は主に夜に使われる。その後，電気鉄道や産業の電力消費の増加とともに，電力消費のピークは昼に移った。このことは家庭への電気供給をより魅力あるものとした。発電設備は電気が消費されていないときは，遊んでいる。この時間帯，早朝と夕方に家庭の電灯は最もよく使われるからである。さらに，電球の消費電力が3分の1になるタングステン線が1910年頃工業化された。単純に考えれば従来の電灯用電力の3分の2はあまることになる。こんなわけで電力ネットワークの有望な顧客として，家庭電化が注目され始めた。

❸──ネットワークの形成

供給区域が拡大すると，発電所を大規模・集中化することが可能となり効率が上がる。需要者の数と種類が増えると消費する時間帯が分散し，負荷率が改善される。負荷率こそ中央ステーション運営上最重要のポイントである。こう

エジソンと配電システム

アーク灯に代わる照明として炭素電球が発明された。実用的な電球である炭素フィラメントの電球は，イギリス人のスワンが1878年に，米国人エジソンが1879年にそれぞれ別に発明した。エジソンのシステムが成功した理由は，できるだけ高い電圧で使える電球を開発できたことにある。電圧が高ければ同じ電力を送るのに少ない電流ですむ。送電時の電気の損失は，流す電流が多いほど損失も多くなるからである。したがって，電気を効率よく遠くに送るためには高い電圧が必要である。エジソンがニューヨークで電灯を点けたとき，最初は直流110Vで送電し，すぐに直流3線式の220Vに変えて送電を行った。エジソンのシステムの特徴は，電球を図82-1のように並列につなぐ配電システムである。このシステムは任意に電気を供給している線（電源）に電球や家電製品をつないだり，外したりすることができる。われわれが日々スイッチを入れたり切ったりして使っているお馴染みのシステムである。

しかし，半導体が発明されていない当時の直流方式では使う電圧で送る以外になく，220Vでは送電可能距離数は数キロメートルが限界であった。エジソンが直流にこだわっている間，ほかでは次第に交流高電圧による送電が行われ始めた。

図82-1●並列接続の配置システム

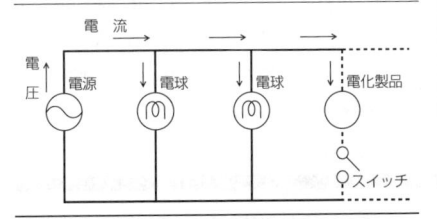

高い電圧で電気を送り，供給先近くで低い電圧に落とす方法（落とした後はエジソンの配電システムがそのまま使える）は1882年のゴーラールとギッブスの変圧器配電システムや1885年のガンツ社のエンジニアによる変圧器の交流並列接続技術などを通して，次第に確立していった。それに伴い送電可能距離は数十kmから数百kmへと伸びていった。電圧を変えるためには，当時の技術では交流でなくてはならず，電気会社や供給先の機器によって125，60，50，25Hz等のさまざまな周波数があった。電灯はちらつかないように高い周波数が，当時の電動機は技術的な理由から低い周波数がふさわしかった。ウェスティングハウスが60Hzを使っていたこともあり，しだいに60Hzで送電されるエリアが拡大していった。

[前島正裕]

して次第に供給地域が近い各電灯・電力会社同士が吸収合併を繰り返し、電力ネットワークを拡大してゆくのである。1907年には8％だった全米の電化率は、1920年までに34.7％（*Historical Statistics of the United States*, series S71. Washington, 1960, p.510）になり、都市部ではほとんどの住宅が電化された。

一方農村の電化は、F. ローズヴェルトのニューディール政策によるところが大きい。TVAと農村電化局は農業の近代化と農村の電化を促進するため、各地域に協同組合を作らせ、直接送電線を作る権限を与えた。TVAと農村電化局は田舎生活に劇的な変化をもたらした。農村の電化率は急増し、1941年には全米の住宅の80％が電化するまでになった（"Prices, and Cost and Standards of Living," *Monthly Labor Review* 61, December 1945：1220-21）。電灯の登場により、工場や家庭の労働環境は改善されたが、逆に夜間や長時間の労働を作り出した。

B──家庭電化製品の登場

❶──家電メーカーの登場

電灯に続いて家庭にやってきた電気製品は、モーターである。1880年代、まだ多くの家に電灯も電気もない頃、家庭電化製品第1号として、扇風機が登場した。それから30年間に登場した電化製品は、ミシンや洗濯機に取り付けるための小さい交流モーターとアイロン程度である。主要な顧客である裕福な家庭は使用人を雇うことを好かんだし、これらの製品は性能の割に高価であったのでそれほど売れなかった。大多数の家にはまだ電気が来ておらず、何百万という顧客は単なる可能性であった。当時ウェスティングハウス社（WH）やゼネラル・エレクトリック社（GE）のような大企業は、産業用動力、電車や商業照明などに力を注いでいた。

小型電気製品市場は重電市場に比べ、技術的にも経済的にも参入が楽であったので、多くの小さい製造業者が誕生した。電熱線として格段に優れたニクロム線が発明されると、これを組み込んだたくさんの種類の家庭用電熱器具が生まれた。ジョージ・ヒューズは電気レンジを開発し、シカゴで1910年にヒューズ電熱会社を設立する。カリフォルニアのオンタリオではホットポイント電気会社が小さな電気部品や家電製品を作り始めた。電気アイロンは従来の炭などを使うアイロンに比べ便利である。トースター、コーヒーメーカー、ワッフル製造機やヒーターなども宣伝された。残念ながらこれらは、料理や加熱に有利なガスと競合したので、扇風機やアイロンほども売れなかったが、こんなわけで家電のマーケットはゆっくりと成長した。1912年頃の家庭用器具カタログには、電気の製品はまだほとんど載っていない。最も目立つ項目は電気洗濯機である。

❷──洗濯機

コットンの登場によって庶民の間でも洗濯をする機会が増えた。しかし庶民が衣類を不潔感や衛生的観点から毎日のように洗濯するようになるのは、第2次大戦後である。外からの汚れより、内からの汚れを除こうとする洗濯観の転換は洗濯機の普及による影響が大きい。洗濯が大変だから洗濯機が普及したのであるが、洗濯機の普及によって洗濯物が増えたのも事実である。

機械による洗濯方法は、18世紀末の英国を中心に色々と考案され、その後開発競争は米国に移る。19世紀前半は洗濯する人間の動作をそのまま機械化しようとした。洗濯板に機械の

❶ 洗濯機 Electric Motor High Speed Washer [Michigan Washing Machine 社製, 1910 年]

❷ トール洗濯機（日本ではソーラー洗濯機）[GE 社製, 1924 年]

腕でこすり付けるとか，棒で叩くなど。1850年 J. ホートンはシリンダ型の函体の中に回転ドラムを置き，その中に洗濯物を入れ，外函に石鹸液を満たして，ドラムを回転させた。1869年には桶の底で傘歯車を回す，日本式の洗濯機の特許も取られている。19世紀後半には，洗濯機の特許が集中して出されている。図版①はそれまで長いこと使われていた桶形の洗濯機械にモーターを取り付けたタイプである。1914年には GE 社が洗濯機の底にモーターを取り付けた今日的なタイプを発売した。図版②は大正13（1924）年に日本にも輸入された横軸回転ドラム形の「トール」洗濯機である。

洗濯機械の登場によって共同洗濯場が失われ主婦が家庭に孤立するとして，いくつかの女性グループは協同で洗濯機を購入し，各家庭のスケジュールを調整して使うコミュニティを組織した。1920年代を通して，雑誌『ウィメンズ・ホーム・コンパニオン』は労働を軽減する機械の宣伝に対して警告を発し，共同作業の大切さを説いた。また，社会主義的ないくつかのグループが家事を分担で持ち回りする共同体コロニーを作った。しかし，多くのグループは1920年代の終わりまでに挫折した。

❸——プラグとコンセント

扇風機やアイロンが出回り始めた頃，屋内の配線は電灯用であり，壁の表面に沿って付けられていた。屋内には家庭電化製品をつなぐところはなかったのである。そこで家電製品に，エジソン電球のねじ込み式ソケットを付けた。これは使うときに電球をはずして，その代わりに家電製品を取り付ける構造になっている。電球はたいてい壁や天井の高いところに取り付けられていたので，かなり不便であった。その後，新築の家屋には，コンセント（米国ではレセプタクルと呼ぶ）が，電化製品にはプラグが取り付けられるようになるが，しばらくは各社から各種のものが発売され，混乱を招いた。家電製品普及のために，電灯協会（NELA）の指導のもと，1917年に T レセプタクルとして，コンセントとプラグの統一モデルが決まった。家電製品のカタログから完全にねじ込みプラグが消えるのは，1931年頃である。つまり，ここでやっと各家庭にコンセントが備わったと言える。電気イコール照明の時代から，新たなステップへと進んだのである。

図 82-2 ●電化製品の普及状況

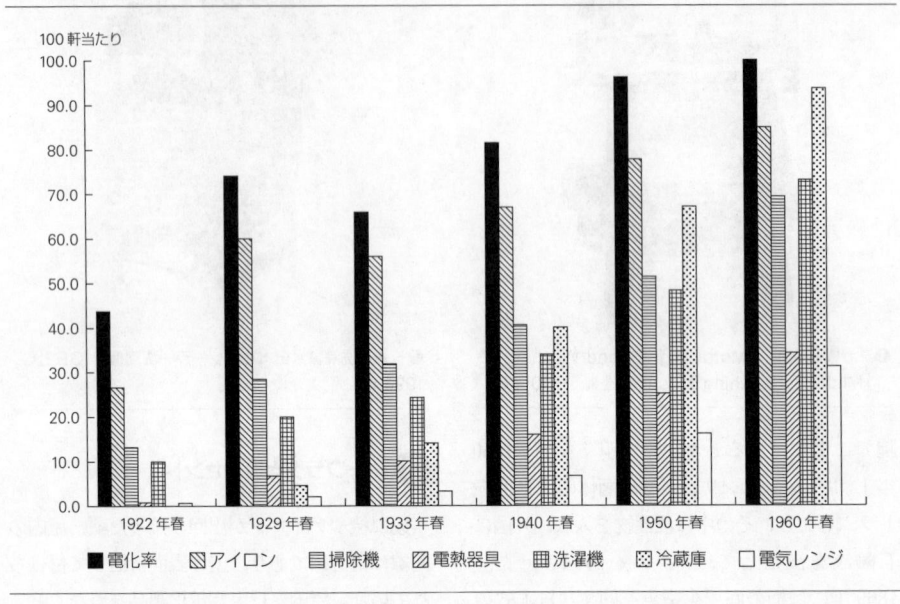

100軒当たり

	1922年春	1929年春	1933年春	1940年春	1950年春	1960年春
電化率	43.7	74.3	66.2	81.8	96.6	100.0
アイロン	26.5	60.0	56.0	67.1	78.0	85.0
掃除機	13.0	28.5	32.0	41.0	52.0	73.5
電熱器具		6.5	10.5	16.0	25.5	35.0
洗濯機	10.0	20.0	24.5	34.0	48.5	73.5
冷蔵庫		4.5	14.0	40.5	67.5	94.0
電気レンジ	0.5	2.0	3.5	7.0	16.5	31.5

●出典｜R. C. Tobey. *Technology as Freedom*. Univ. of California Press, 1996, p. 7 の表に基づく。

❹──家庭電化製品の普及

都市の電化が急速に進んでいた頃，GE 社と WH 社は本格的に家電市場に参入した。1910-1920 年にかけて，扇風機をカーペット掃除機に取り付けたような電気掃除機のプロトタイプ，皿洗い機，電気レンジ，冷蔵庫，その他の製品がモデルハウスやワールドフェアに登場した。主要な家電製品の普及率を図 82-2 に示すが，事実上電気レンジや冷蔵庫はまだ誰も持っていなかったし，パーコレーターと洗濯機は上流階級に限られていた。1920 年代になって大量生産技術の導入で洗濯機，ミシンと電気掃除機の価格が落ち，電気あわ立て器と電動ミルにも人気が出た。温度を一定に保つサーモスタットの発明により，ストーブ，トースター，電気温水器やルーム・ヒーターも実用的となった。図版③は電力会社の家電カタログである。そして冷蔵庫と電気レンジ（図版④）が伸びるのは 1930 年頃からである。

❺──冷蔵庫

木製キャビネットに氷を入れた家庭用のアイスボックスは，食生活の変化による生鮮食品の増加とともに普及した。それに使う天然氷はボストンなどから船積みされ，南部にも運ばれ氷蔵された。冷凍機による人造氷の製造は 1855 年に始まるが，製造技術が確立するのは 1880 年以降である。冷凍機は次第に米国の醸造所や缶詰工場に導入されてゆく。しかしこの技術をそのまま家庭用には応用できない。家庭用はどこにでも置け，メンテナンスフリーで素人でも使え，安全な冷媒を使用する必要があった。アイスボックスの普及状況とガスや電気の供給予想から，価格次第で各家庭が冷蔵庫を導入する

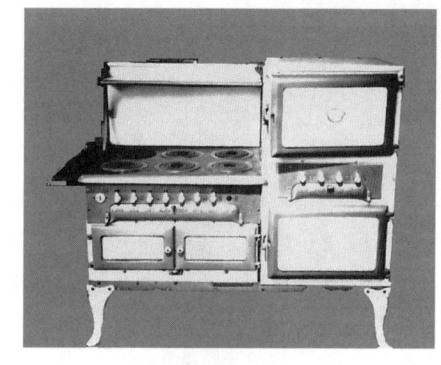

❸上｜Nebraska and Power 社の家電カタログ［1925 年］
❹右上｜電気レンジ［Michigan Stove 社製，1930 年］
❺右下｜モニタートップ冷蔵庫［GE 製，1925 年］

と予想された。電力会社にとって，24 時間稼動する冷蔵庫は他の機器より魅力的である。

　冷蔵庫は冷媒と呼ばれる液体を凝結・蒸発させることによって低温を作り出す。液体が蒸発するときに庫内の熱を奪い，凝縮するときに外へ熱を放出する。今日家庭で一般的に使われている冷蔵庫は，コンプレッサと呼ばれるポンプを使って，上記のサイクルを行っている。1920 年前後にはケルビネーター社やフリジデアー社から冷蔵装置付きの設備が販売され始めた。しかしコンプレッサ型冷蔵庫が市場を支配するうえで，大きな役割をになったのが後発のGE 社である。1925 年に発売したモニタートップと呼ばれる冷蔵庫（図版⑤）は革命的であった。2 年後には密閉形のモータを開発し，箱型の冷蔵庫を初めて作った。他社もこれに続き，米国の冷蔵庫はモニタートップの発明から10 年でサイズが 4 分の 1 になり，デザインも非常に変わり今の形になった。第 2 次大戦に突入する頃には分割払いと低価格化でアメリカ家庭の 40％以上に普及した。

❻——エアーコンディショナー

　エアコン，全自動洗濯機，電気皿洗い機と衣類乾燥機は第 2 次世界大戦の前に登場していたが，普及するのは戦後である。一般の住宅では 1890 年頃から重力循環式の温気炉が急激に

普及した。これは鋳鉄製大型ストーブで加熱した温風を，縦形のダクトを使って上の階に送る構造となっている。この方法は住宅のセントラルヒーティングとして温水暖房とともに1930年頃まで広くアメリカの住宅用に用いられた。一方，温水を通すパイプに冷水を通せば，部屋を冷やすことができる，現在のクーラーにも使われている冷房の技術である冷却コイルと再熱器を用いた露点温度制御法は，ウィリス・キャリアーによって1906年に考案された。ルームクーラーはGE社が水冷式のものを開発し，1930年頃から発売した。これらは冷媒として亜硫酸ガスまたはメチルクロライドを用いた開放式圧縮機のもので，床置きのコンソール型である。普及するようになるのは，1946年に認可されたE. バブコックの窓用以降である。その後，M. テリーとP. コモロフにより改良され，密閉式圧縮機を用いた現在の形に近いものとなった。窓用は構造も簡単でコストも安く，戦後，特に1952年頃から急激に普及し，翌年には年間100万台を超えるようになった。

❼──電子レンジ

戦後に新しく登場した電化製品の代表は電子レンジであろう。マイクロ波を使って直接食品を暖める電子レンジは，第2次大戦のレーダー技術を応用して開発された，まったく新しい家電機器である。米国レイセオン社のパーシー・スペンサーは第2次大戦中の1942年に，水分のある物にマイクロ波（波長の短い電磁波）を当てると熱を持つことから，マイクロウェーブオーブンの着想を得た。終戦とともに実用化研究を始め，1946年に完成させた。1953年にレーダーレンジとして販売したが，販売台数は15年間で1万台程度であった。この新兵器が台所の一角を占領するには，日本のメーカーの活躍を待たねばならない。

C──選ばれた道

❶──生き残った機械

20世紀初めの女性誌を見れば，構造は多少異なるが，身のまわりにあるほとんどの家庭用電気機械を見ることができる。電気を熱や動力へ応用できることがわかると，身のまわりにあるすべての道具を電化しようとしたからである。1927年頃のシアーズ・ローバック社のカタログにはランプ，掃除機，アイロン，グリル，ホットプレート，トースター，パーコレーター，ミキサー，ヘアードライヤー，ヒーティングパッド，扇風機，洗濯機，ポップコーン製造機，家庭用電気レンジ，ラジオ，ミシン，大工道具などが載っている。これらの機械は特定の機能を実現するために，技術も含めたさまざまな要因により特定の形へと発展した。例えば，1920年代，30年代の開発初期の洗濯機にはさまざまな形があった。桶の中で洗濯物が回転する構造の物のほかに，洗濯板を回転させるものや洗濯桶が左右に揺れるものなどである。冷蔵庫も家庭用冷蔵庫の実用化段階では，コンプレッサ式のほかに，ガスの吸収を利用した冷蔵庫が存在した。アンモニアを使用した吸収式がエレクトロラックス社から発売されたこともある。吸収式は静かで稼動部が少なく，メンテナンスを少なくできる可能性を持っていた。有利であったように思われたが，成功したのはコンプレッサ方式であった。ガス吸収式冷蔵庫のメーカーには，総合的な開発力がなかったことが一因である。洗濯機や冷蔵庫の歩んだ道は1つの典型的な例と言える。

❷──作られたイメージ

家庭電化製品は，当初は贅沢品であった。

『レディズ・ホーム・ジャーナル』や『グッド・ハウスキーピング』などのポピュラーな雑誌は，電気による照明，熱や料理などを盛んに取り上げ，高級感をアピールしていたが，次第に大衆化へと路線を変更した。メーカーや各電力会社も雑誌広告のほかに，戸別訪問やポスターコンテスト，パレードなど当時利用できるさまざまなメディアを通してマーケットを拡大した。1922年，GE社は広告会社のブルース・バートンを使い，新しい広告戦略を展開した。個別の商品を宣伝するより，ライフスタイル自体を売り込んだのである。バートンの広告は劇場的な演出が特徴であった。それまでの単に家事の軽減を強調する方法から，さまざまなストーリーの中の場面で「賢明な女性は電気ができることは電気にまかす」と描いた。バートンは宣伝を通して，主婦とその仕事の両方を再定義したのである。電力会社もメーカーと協力し，家電製品で満たされた電気の家を作るなど，イメージ戦略の一角をになった。こうして1920年以降の広告は主婦に新しいイデオロギーを広めた。電気器具は主婦の労働を単に軽減するものから，家事を家政学的に近代化するものとなった。多くの家庭でそれが実現化するのは，ニューディール政策の主要課題として家の電化が取り上げられてからである。特に1934年の住宅法は家電製品の購入と台所の電化を促進した。ベターハウジング・キャンペーンは社会運動となり，連邦政府，市当局，電力会社や家電メーカーが一体となって台所から家庭を電化していった。当時盛んに提示された「夢の電気ハウス」。これは家事から自由になる技術ではなく，産業化社会の拡大であり，工場生産による家庭のマスプロ化であった。

❸——貧富の差の縮小

裕福な家庭が電灯会社の主な顧客であった頃，家庭電化はしばしば使用人の代わりとして提案された。1910年からの10年間で米国の人口は15％増加しているにもかかわらず，使用人は減少した。外国生まれの若い女性の流入が減少したことや，産業化に伴う女性の工場への進出の影響も大きい。1940年代頃までに，中流以上の家庭の平均的主婦は両親の家より少し小さい家に住み，電話，上下水道，温水，ガスと電気などの近代的で便利な設備に囲まれ，彼女の母親が持っていなかった電気洗濯機や冷蔵庫，車のうち1つか2つは持つことになった。一方，アフリカ系アメリカ人や田舎に暮らしている多くの人々は，生活に余裕がなく，家電製品にはまだ手が届かなかった。

家電製品が家庭に普及する過程で，共同利用という道もあった。しかし，集団で家事を分担しながら住む社会形態よりも，アメリカの人々は郊外に個人で邸宅を構え，家族と住むことを好んだ。家電製品はこのような家庭の仕事を主婦が1人で実現できるようにしたのである。逆に言えば，主婦が1人で使えるように家電製品は進化してきたのである。1960年頃までに大多数の人々は衛生的な家に住めるようになった。多くの人々にとって豊かな生活とは，キャデラックやステレオや別荘ではなく，水洗トイレ，冷蔵庫と洗濯機のある生活を意味した。かつて一部の人のものであった快適な生活は，ほとんどの人の生活標準になった。

1920年代の主婦は1週間に51〜64時間を家事のために使っていた。現代では男性も家事を分担するようになったが，主婦が家事にかける労働時間はあまり変わらない。より変化に富んだ食事を作り，より頻繁に掃除機をかけ，より多くの服を洗濯し，そしてより多くの時間を子供と過ごす。家電製品は家庭の仕事を容易にしたが，その種類，頻度，複雑さは増えた。電気が家庭の基本的な構造を変えたわけではない。

■参考文献

井上宇市『冷凍空調史』(社)日本冷凍空調設備工業連合会, 1993.

山田正吾「家庭電気器具むかしむかし話」『産業と電気』関西電気協会, 1954.

Anderson, O. E. *Refrigeration in America*. Princeton Univ. Press, 1953.

Cowan, R. S. *More Work for Mother*. Basic Books, 1983.

Nayak, P. R. *Breakthroughs!* Arthur P. Little, Inc., 1986, 179-186.

Nye, D. E. *Electrifying America*. MIT Press, 1990.

Schroeder, F. E. H. "More 'Small Things Forgotten': Domestic Electrical Plugs and Receptacles, 1881-1931". *Technology and Culture*, 27 (1986), 525-43.

Tobey, R. C. *Technology as Freedom*. Univ. of California Press, 1996.

■さらに知りたい場合には

Cowan, R. S. *More Work for Mother*. Basic Books, 1983.
［社会と女性のかかわりの視点から, 工業化による家事と家庭の変遷を描いた古典的図書。］

Nye, D. E. *Electrifying America*. MIT Press, 1990.
［電力技術の発達による電気の普及を通して, 新しい技術が社会に与える影響を描写。］

Tobey, R. C. *Technology as Freedom*. Univ. of California Press, 1996.
［特定地域の電力網の発達過程から始まり, ニューディール政策などを踏まえて, 家庭への電気の浸透と電化製品の普及の過程を紹介。］

83 健康産業
Health Care Industry

中井良則

肥満は豊かなアメリカの現代病だ。人口の半分以上が「太りすぎ」と分類され，肥満は2番目に多い死因となる。なんでもビジネスになる資本主義の本家だから，「太りたくない」夢をターゲットにさまざまな健康産業が発達している。フィットネスクラブ，美容整形手術，サプリメント（栄養補助剤）……。やせたり筋肉を作るための消費行動は際限がない。太らないことは，自分の肉体を管理できる能力と経済力を示す。異性へ自分を売りこむ魅力を作ったり，目標達成の自己満足だけでなく，社会における評価につながる。単なる健康願望というより，いかなる肉体が自分にふさわしいかというボディイメージが重要となる。理想の身体へのあくことなき挑戦はアメリカ文化の一部となっている。ここでは「やせたいアメリカ人」の深層を探りたい。

A── アメリカ人はなぜもっとやせたいのか

❶── 半分以上が太りすぎ

アメリカの街を歩くと，驚くほど太っている人とすれちがうことがよくある。日本人では考えられないほど，おなかがふくれている。「中年太り」の域をはるかに越えているのだ。

シカゴ発ワシントン行きの飛行機で腹囲1mはありそうな男性の隣に座ったことがある。座席に無理にお尻を押し込んでいる。離陸時にはシートベルトを締めなければならない。だが，座席備え付けのシートベルトは短かすぎる。彼はスチュワーデスに何ごとか，手まねで示した。スチュワーデスはにっこり笑って，40cmほどの延長用ベルトを渡した。カチャ，カチャと両端を備え付けのベルトにつなぐ。飛行機は無事離陸した。米国の航空会社は，当然のように，太った人のために延長ベルトを用意しているのだ。

アメリカ人はどれぐらい太っているのか。

肥満の拡大について警鐘を鳴らす民間団体「アメリカ肥満協会」は「肥満はいまや流行病となった。肥満は年30万人の死亡原因となり，避けうる死因の第2位となっている。肥満のため米国が負担するコストは1,400億ドルにのぼる」という。

肥満（Obesity）の定義はさまざまあるが，連邦厚生省疾病管理予防センターに所属する全米健康統計センターのデータを見よう。1960年代からアメリカ人の身体・健康データを集め分析している。BMI（Body Mass Index，体重（kg）を身長（m）の2乗で割った体格指数）の数値が19から25を「健康」，25以上を「太りすぎ」（overweight），30以上を「肥満」（obese）と区分する。この定義によれば，身長1.7mの場合，「健康」は54.9kg〜72.3kgの範囲内。72.3kgを越えると「太りすぎ」，86.7

❶肥満体型の人が目につくアメリカ［ワシントンDCにて，2001年］

kg以上が「肥満」と認定される。

最新調査（1988-94年，調査対象4万人）では20歳以上74歳以下の成人の54％がBMI25以上の「太りすぎ（肥満を含む）」だった。太っている人の方が健康あるいはやせすぎより多数派なのだ。男性は59％で女性（50％）より比率は高い。20歳代は38％と少ないが，年をとるにつれて比率は高くなり，50歳代は69％と7割近くなる。1960-62年調査では成人の43％が「太りすぎ」だったから，30年間で11％も増えたことになる。

BMI30以上の「肥満」だけに限っても，成人の23％もいる。60-62年調査では13％だったから2倍近い増え方だ。男性は20％，女性は25％で，女性のほうが多い。

❷——国家目標で体重管理を

国民の半分が太りすぎ，5人に1人が肥満。こうなるとやせるのは国家目標でもある。厚生省と農務省は1980年から「アメリカ人のための食事指針」を発行している。食事の選び方を政府が指導する文書であり，「全米栄養調査法」という法律で発行が義務付けられている。2000年発行の第5版は10の指針の筆頭に「健康体重をめざせ」と掲げ，こう警告した。

「注意深い食事と定期的な肉体運動を組み合わせたライフスタイルを選ぼう。最善の状態であるために，成人は体重増加を避ける必要があり，多くの場合は体重を減らす必要がある。太りすぎや肥満により，高血圧，心臓病，脳卒中，糖尿病，ある種のがん，関節炎，呼吸困難の危険が増大する。健康な体重は長い人生，健康な生活のカギである」

さらに「体重を管理せよ」とこう求める。

「食事が多く，また，エネルギーや時間節約のため車を使うと，体重は増える。しかし，バランスのとれたカロリー摂取と肉体運動により体重の管理は可能となる」

厚生省が2000年に発表した「健康な人々2010年」という国民の健康目標によると，2010年までに成人の肥満（BMI30以上）比率を15％に減らすことになっている。もっとも，1990年に発表された2000年までの目標は「太りすぎを成人の20％に減らす」ことだったが，まったく実現できなかった。

政府が「もっとやせよう」と国民に呼びかけているのだ。

❸——たくさん食べて動かないから

だが，アメリカ人は太り続ける。なぜだろう。ニューヨーク大学のマリオン・ネスル教授（栄養学）とワシントンのシンクタンク，公共利益科学センターのマイケル・ジェイコブソン代表は「肥満の流行病に歯止めを」と題した論文で，政府の取り組み方をこう批判している。

「政府の行動計画は，政府の健康政策よりむしろ個人への警告が，健康なライフスタイルを促進すると見なしている。だが，ポスト産業社会が産み出したわれわれの文化，社会，経済は，食べすぎと座ったままの活動を助長している。この状況では政府の積極的な介入戦略が必要となるのだ」

肥満防止の障害としてネスル教授らは「エネルギーの取りすぎ」と「エネルギー消費が少ない」ことを次のように指摘する。

（1）1日当たり平均カロリー摂取量は1989-91年の1,774キロカロリーから94-96年は2,002キロカロリーに増えた。

（2）食品産業は全体で，広告費に年110億ドル，販売促進費に220億ドルをつぎ込んでいる。国立ガン研究所が果物と野菜を食べる教育キャンペーンに使うのはわずか年100万ドルにすぎない。

（3）全米にはファーストフード・レストランが17万店，コーラなどソフトドリンクの自動販売機が300万台ある。外食ではカロリーがわからない。アメリカ人は食費の半分を自宅以外の食事や飲み物に使う。

（4）コンピュータの普及でオフィスで座ったまま働く仕事が増え，労働に使うエネルギーが減った。冷暖房や空気調節が普及し，屋内にいる方が屋外より快適に過ごせる。近所が危険なので，外に出歩いたり，子供を外で遊ばせない。郊外住宅地は自動車の利用が便利なように作られている。歩ける距離には店がない。子供は毎日3時間，テレビを見る。学校は体育の授業を減らしている。

たくさん食べて，じっとしているから太る，というわけだ。社会環境そのものが，肥満を促進する有害な要素になっているようだ。

特に最後の指摘は重要だ。ニューヨーク市郊外とワシントン郊外に住んだ私の経験からも，アメリカの生活は「座ったまま」が多い。郊外住宅地に住むと，歩ける距離には学校も商店も日本でいうコンビニもない。わずかな買い物でも車に乗るしかない。通勤も自宅から車を運転する。歩くのは駐車場からオフィスまでとオフィスと家の中だけ，という日が本当にある。熱心に運動をするか，食べるものに気をつけないと太るのは宿命という気がしてくる。

B──やせるためのビジネス

❶──体重管理会社

健康になりたい，やせたいという願望をかなえるビジネスは次々に広がる。そのいくつかを見よう。

「体重管理」こそ政府の「食事指針」が国民に求めた課題だった。自分で管理できない人のために，体重をどう減らせばいいか計画をたて，食品とともに会員に売るビジネスがある。会員制体重管理プログラムあるいは減量計画と呼ばれる会社だ。

大手のひとつ，ジェニー・クレイグ（本社カリフォルニア州）は1983年創設。全米に自社所有の減量センター542ヵ所，フランチャイズ制のセンター110ヵ所を運営し，6万5,000人の会員がいる（1999年）。2002年3月期の年間売上高は3億500万ドル。

減量プログラムはいくつかあるが，インターネットで簡単に申し込めるライトアットホーム（自宅で正しく）プログラムの場合，4週間分の朝，昼，夕食のメニュー，食材と4回分の電話相談が含まれて価格は234ドルという。

会員は減量のために，カロリーが計算され栄養のバランスがとれた食事を決めてもらう。減量センターで会員だけに売っている冷凍食品や食材を買うか，自宅に配達される食品を食べる。減量のための運動が指示され，食習慣を変え，希望の体重に減らせるまで担当者が相談に乗る。会員の多くは女性で30ポンド（13.6kg）以上の減量を望んでいる。毎週平均1ポンド（450g）から1.5ポンド（680g）の減量が可能で，会員の期間は平均4ヵ月間という。

興味深いのは，社名にもなっている経営者のジェニー・クレイグ副会長という女性が，自分の減量体験を宣伝に使っていることだ。彼女は

❷電話帳のフィットネスセンターの広告［望みどおりのフィットネスが可能であることをうたっている］

約40年前，出産後，体重が20kg増えた。自分の母親と8人のおじおばが，太りすぎが原因で50歳になる前に亡くなっていた。彼女はジムに通って減量に取り組む。ここから成功物語が始まる。まじめに運動するので，ジムの経営者に見込まれ，マネージャーに雇われ，やがて自分でジムを持つようになった。女性向けフィットネスセンター経営者のシド・クレイグさんと再婚し，1983年，オーストラリアで食事と運動を組み合わせた「ジェニー・クレイグ減量プログラム」を始め大成功。85年，ロサンゼルスで12の減量センターを開き急成長した。

自分の減量だけでなく，女性経営者としても成功したアメリカン・ドリームの主人公のイメージだ。減量センターに通う女性は，ジェニー・クレイグさんに自分の姿を投影し，減量に励むという構図だ。

彼女は会員にこう呼びかけている。

「減量に成功すれば，自信やコントロールを回復できます。体重が減れば，体重管理だけでなく人生のほかの分野で自信が増えるのです。体重はライフスタイルの反映です」

何度，挑戦してもできなかった苦しい減量に成功することが，人生の成功につながるというメッセージだ。もちろん，そのためには，減量センターにおカネを払う消費者となる必要がある。

❷——フィットネスセンター

2000年のアカデミー賞映画『アメリカン・ビューティ』。高校生の娘の同級生に一目ぼれした主人公の中年男性は，何をしたか。たるんだ体を鍛えるために，自宅のガレージにこもってバーベルを挙げ始めたのだ。都市郊外に住む典型的なアメリカ人は，自宅に何らかの運動器具を持っている。1日中，音楽に合わせたエアロビクスを流しているテレビもあるので，自宅で運動することは可能だ。

だが，それほど意思の力は強くない。ひとりでは挫折するという大多数の人々のために，スポーツクラブやフィットネスセンターと呼ばれる施設がどの町にもある。大手業界団体「国際健康・ラケット・スポーツクラブ協会」の調査と推定によると，2001年に全米で3,380万人がクラブのメンバーだった。全人口の9人のうち1人が参加している計算だ。女性が52％と男性より多い。商業目的のクラブに入っている人が45％を占め，38％はYMCAや病院，地域，大学など公共の非営利クラブ，残り17％は企業付属やホテル，リゾート地の営利目的クラブ。

1989年のクラブ人口は2,090万人なので，90年代の好景気で1.6倍に増えた。クラブの数は89年の1万3,000ヵ所から2001年には1万7,000ヵ所とそれほど伸びていない。01年の全体の売上推定は122億ドル。年間100日以上，クラブに通う熱心な会員を業界で「中核会員」と呼ぶが，1,350万人で4割もいる。

この10年間で変わったのは年齢構成。87年には6割が34歳以下の若い層だった。2001年になると35歳以上が54％を占める。「フィットネスに励むスラリとした若者」というイメージはいまや「中高年の健康維持の場」にとって変わった。なかでも55歳以上が17％もいて，高齢者が最も伸び率の大きい年齢層。経営する

側から見れば、ベビーブーマーが常に目標だった。これからは、リタイアする年齢になったベビーブーマーをいかに会員に呼びこむかが成功の鍵となる。

アメリカのクラブは大きな建物に、室内プール、スカッシュ、室内テニス、バスケットボール・コートが並び、エアロビクス・トレーニング場や、固定式の自転車やランニング装置、バーベルなど器具を並べた部屋などなんでもそろった総合運動施設が多い。平均会費（99年）は入会金が181㌦、月64㌦と安くない。会員の3分の2は年収5万㌦以上で余裕がなければ、やはり難しい。

さまざまな変わりだねのクラブが最近、増えてきた。男女一緒だと男性の視線が気になるという女性のために、女性専用クラブが全米で1,200カ所できた。ただ、締め出された男性から「男女差別」と抗議されたケースもある。マサチューセッツ、アラスカなど法律で、女性専用クラブを特別に認めた州もある。

最近の流行は走ったり自転車をこいで汗を流しながら、インターネットを操作できる装置。忙しいビジネスマンにとって、電子メールや株価をチェックできるのが好評らしい。「ながら族」は日本人だけではない。

❸——美容整形

減量やダイエットや運動に取り組まなくても、手っ取り早く、やせる方法がある。

おなかでも太ももでもお尻でも、体のどこでも余分な脂肪を吸い出してしまうリポサクション（脂肪吸引術）。医師は処置する部分を切開してカニューレという管を突っ込む。掃除機のような機械につながっていて、皮膚の下に詰まった脂肪を吸い出す。場合によっては別の場所を切開して管をまた突っ込む。体液や血液も吸い取られるので、患者は静脈注射で体液を補給

❸電話帳の美容整形外科の広告［ルックスがよくなると気持ちもよくなる、とうたっている。］

したり輸血する場合もある。回復までに3週間かかる。「減量の代わりではないが、ダイエットやエクササイズに反応しない局部的な脂肪を取り除く方法だ。体がスリムになり、患者の快適さと自信が増大する。手術後の違いがはっきりわかるので、人気がある」と全米形成外科医協会は説明する。

同協会の調査では2001年、19万5,000人がこの脂肪吸引を受けた。92年に比べて4.1倍と急増し、美容整形手術全体の1割を占める。平均料金は1カ所につき約2,000㌦。大半は女性だが、18％は男性だった。

脂肪吸引など美容整形手術はブームになっている。同協会によると、2001年の美容整形は191万7,000人（うち男性は13％）と200万人の大台に近づいている。92年の4.7倍だ。

「女性も男性も若さを保ち、自信を得るために美容整形手術を選ぶ。技術の進歩でより簡単により安全になった」（リン・パケット同協会会長）。ベビーブーマーが中年になり、若返りのためならカネもリスクも惜しまない階層が増えたのだろう。

同協会の定義では美容整形とは「患者の外見や自己評価を高めるために、体の正常な構造に新形態をもたらす手術」。「病気や外傷、あるい

は生まれつきによる体の非正常な構造」への医療である形成外科手術と区別される。医療保険でカバーされないので，経済的に余裕のある人が選択する方法だ。

脂肪吸引と並ぶのは女性の豊胸で20万6,000人。目の下のふくらみを取ったり脂肪や皮膚を取って若く見せるまぶたの手術が14万1,000人（男性19％）。顔のしわやたるみ，脂肪を除くため，皮膚を切開し筋肉をスリムにしてまた縫い合わせるフェイスリフト（顔の若返り）は7万人（男性10％）と続く。

脂肪を取る人もいれば脂肪注入を受ける人もいるし，胸を小さくする手術もある。目や鼻だけでなく，ほお，あご，耳，ひたいの整形があり，人工皮膚もあれば，髪の毛の薄い人は毛髪移植もできる。

形成外科は戦争で発達した。重傷を負った兵士を治療するため新しい技術が開発され，ヨーロッパから米国に導入されたのは第1次大戦後。ポーランドとハンガリーから1923年移住した2人の医師が最初だ。一般の人が美容整形を利用するのは1950年代から。1960年代からシリコン・ゲル注入の豊胸手術が流行したが，1992年，連邦食品医薬品局（FDA）が使用中止を命じ，女性被害者が製造会社に賠償請求の訴えを起こす事件もあった。

❹──サプリメント（栄養補助剤）

スーパーストアに行くと，ぎっしりサプリメント（栄養補助剤）がならんでいる棚がある。ビタミン，ミネラル，ハーブ……。何百種類もの薬か食品かはっきりしないサプリメントが医師の処方箋なしで簡単に手に入る。成人の6割，1億人以上がサプリメントを定期的に摂取しているという。政府の規制がほとんどないまま，市場は急成長した。サプリメントに関連するとみられる健康被害や死亡も報告されるが，アメリカ人のサプリメント熱はさめない。

インドア・アメリカンフットボールのプロとして活躍していたカーティス・ジョーンズ選手（35）は2001年8月，ラスベガスで試合のあとロッカールームで突然倒れ，死亡した。心臓発作と診断されたが，エフェドラ（麻黄）というサプリメントを常用していたことがわかり，スポーツ選手のサプリメント関連死と見なされた。エフェドラはエネルギーが増える効果があるといわれる。ぜんそくの薬エフェドリンを含み，中枢神経系興奮剤メタフェタミンと化学的な構成が似ている。身長198㌢，体重125㌔の堂々たる体のジョーンズ選手も頼りすぎたのかもしれない。

高血圧，頭痛，心臓病，脳出血など94年以来，1,400件のエフェドラ関連副作用と80人の関連死が報告されている。元気になると思って摂取したのに体を壊した被害者は製造業者を相手取って損害賠償訴訟を各地で起こす。しかし，政府は生産中止を命令できない。因果関係を立証できず，規制権限がないからだ。

サプリメントがブームになったのは94年，栄養補助剤健康教育法（DSHEA）が成立してからだ。業界の後押しで作られた同法が重要なのは，サプリメントを薬品ではなく，食品の一部と規定したためだ。政府は薬品として規制できなくなった。

連邦食品医薬品局（FDA）には，安全性や効能を認定したり販売を事前に許可する権限がない。業者は安全性や効能の証拠をFDAに提出する義務はない。市販のサプリメントには成分や効き目を書いたラベルが貼られ「この表示はFDAによって評価されていない。この製品は病気の治療や予防を意図したものではない」と法定の断り書きがついている。政府は安全を保証せず，消費者の個人責任で買うわけだ。

業界団体「栄養補助剤情報協会」の世論調査（2001）によると，59％が定期的にサプリメン

トを摂取している。理由を聞くと「気分がよくなる」(72％)、「病気を防ぐ」(67％)、「病気になったときによくなる」(51％)、「長生き」(50％)と答えた。

業界専門誌『ニュトゥリションビジネス・ジャーナル』によると、2000年の販売額は168億㌦で、ビタミンが3分の1の59億㌦を占めた。ニンニク、薬用ニンジン、茶、大豆などハーブ・薬用植物が4分の1の41億㌦。スポーツ用栄養剤は16億㌦、カルシウム、鉄、マグネシウムなどミネラル剤は14億㌦だった。

C——ボディイメージの文化

❶——世論調査にみる
　　アメリカ人の自己認識

さまざまな健康産業が隆盛を極める原因はアメリカ人がやせたいと願うからだ。やせることに価値があると考える。そんな肉体のイメージはどのように心理的、文化的に作り上げられるのだろう。まず、アメリカ人は自分を太っていると見なしているのかどうか。身体に関する自己認識を最近の世論調査でみてみよう（世論調査会社ギャラップが1999年に行った各種調査による）。

第一に、身体的な魅力、美しさが現在の米社会で重要な要素と見なされている。

「幸福や成功の可能性において、身体の魅力はどれぐらい重要か」という質問に対し「とても重要」35％、「かなり重要」41％。あわせて4分の3は「美しい体」が成功の条件と考えている。

第二に、太っていることは認めるが、かといってやせることに執着するわけでもない矛盾がある。回答者に体重を尋ねると、男性の平均体重は190ポンド（86kg）、女性は150ポンド（68kg）。90年調査に比べると男性は10ポンド（4.5kg）、女性は8ポンド（3.6kg）太ったことになる。理想とする体重は男女とも現実より10ポンドほど少ない。

では、全員がやせたいか、というとそう単純ではない。「自分の体重をどう表現するか」という質問に対し、「おおむね妥当」は53％と過半数で、「太りすぎ」は39％だった。実際には、自分の理想とする体重より重い人は62％もいる。理想より太っていても、太りすぎとは見なさない楽観派がいるわけだ。「体重を増やしたいか、減らしたいか」と聞くと、39％は「いまのままでいい」と答え、「減らしたい」は52％と半分だ。

ところが「真剣に減量に努めているか」と尋ねると「努めている」は20％しかいない。51年調査と同じ数字で、減量実行はいつの時代も難しいことを裏付けているようだ。ただ、別の調査では「体形を保つために毎日、何かしているか」に対し60％が「イエス」と答えており、61年調査の24％より大幅に増えている。フィットネスが70、80年代にライフスタイルを変えたことをうかがわせる。

第三に、自分の体に満足している人は意外に多い。「肉体的外観」について5段階で自己評価する調査では、最高の「美しい」が8％、「魅力がある」が34％、「平均」は54％で、ほとんどは平均的かそれ以上と自信がある。「自分のボディ・ルックスが気に入っている」という回答は男性の80％、女性の64％。「健康状態」を聞くと「とても良好」が41％、「良好」が45％と9割近くが問題なし。

体重が多すぎると気にはなってやせたいが、健康なのでまあ満足している。世論調査で浮かび上がる平均的アメリカ人の姿だ。

❷——やせるカルト，女性の場合

　拒食症など摂食障害の大半は思春期の女性だ。大学に進学する女性は男性より多く，職場でも男女の機会の平等が保障される。社会的地位が向上しても「太りたくない」と思いつめる女性は多い。

　1994年，「骸骨」とニックネームがつくほどやせた少女をモデルに起用し，大手飲料会社が炭酸飲料の広告を作った。ボストンの女性組織「拒食宣伝ボイコット」は抗議の製品不買運動を行い，飲料会社は「骸骨」の広告を打ちきった。同組織は摂食障害の娘を持つ母親や自分自身が経験者の女性が参加する。「いまの文化は，まるで何も食べずに飢えているように見える子を称賛する。そんなモデルをわれわれの子供のあこがれにしたくない」と会員はいう。

　雑誌やテレビの広告に登場する若い女性はみなやせている。「やせることが美しい」というメッセージがメディアを通して流れ，少女は自分もやせようとする。90年代初めの調査ではファッションモデルの平均は身長178cm，体重50kgだった。普通のティーンエージャーより身長は20cm以上高く，体重は10kg以上少ない。現実には身のまわりを探してもモデルのようなすらっとやせた子はいない。だが「幸福になるためには雑誌のモデルみたいにやせなきゃ」と少女たちは不安感をあおられる。その最悪の結論のひとつが摂食障害だ。

　摂食障害の原因は確定していないが，「やせたい」という心理的な要因が大きいとみられる。精神科医が担当する。女性患者が男性の10倍といわれ，10代から20代の中流・上流階層に多い。全米摂食障害協会（NEDA）によると，控え目な推定でも女性は500万〜1,000万人，男性は100万人が摂食障害にかかっている。

　拒食症（神経性無食欲症）と過食症の2つの摂食障害が米社会の問題となったのは1970年代以降だ。拒食症は太ることを恐れ，食事を受けつけない。過食症も太ることを恐れるのは同じだが，コントロールがきかないほど大量に食べ，あとで吐いたり，下剤を使う。国立保健研究所（NIH）によると，女性の0.5％〜3.7％が拒食症，女性の1.1％〜4.2％が過食症にかかると推定される。家族にも秘密にしている場合が多い。体内の代謝機能のバランスが失われ突然死につながったり，自殺する場合もある。拒食症患者の10〜18％が死亡するという研究もあり，死に至る病だ。歌手カレン・カーペンターの死や女優ジェーン・フォンダやダイアナ妃の過食症の告白などで社会に知られるようになった。

　ボストン大学のシャーリン・ヘスバイバー助教授（女性学）によると，女性のボディイメージは，体重が健康水準の範囲内である医学モデルと「他人にどう見られたいか。どれぐらいやせたいか」という文化モデルに分かれる。女子大学生を対象にした調査では文化モデルの理想体重は医学モデルの健康体重より9キロも少ない。そして自分の理想体重を文化モデルで選ぶ女性の方が，体重を減らすために過激な行動をとり，摂食障害の危険が高い，という。

　ヘスバイバーによれば，米国の文化では男性は力強さや行動力で判定され，女性は外見や魅力で判断される。西洋文化の精神と肉体の二元論により，精神が男らしさ，肉体が女らしさを形づくる。『風と共に去りぬ』のスカーレット・オハラのように19世紀の女性はコルセットで体を締め上げた。21世紀になって女性の社会的地位は変わったが，やせる圧力は変わらない。コルセットがダイエットに変わっただけだ。やせることを追求する姿勢は，特定の価値観や理想や完全な状態を求める宗教カルトと似る。同助教授は「やせるカルト」と名付け，こう説明している。

「なぜ経済的な自立を得た女性が，それでも肉体を通して自らを信頼に足りるとかコントロールできると表現するのだろう。ダイエットやフィットネスは女性が服従しているからではなく，女性が力強さを感じる方法だという見方がある。太ると力を失うと女性は感じる。女性は男性を引きつけるために，彼女の自然資源つまり美しさや性的魅力に依存するよう社会から求められる。外見や体重が社会的成功に響く。多くの女性が精神と肉体の二分法を喜んで採用する。肉体に投資すれば，しばしば大きな見返りと利益を獲得できるからだ。投資を怠れば自尊心と社会的地位の両方を失う。女性の体は文化的産物であり歴史と文化により形成され続ける。そのような圧力のもとでは，"自然な肉体"は敗北するのだ」

❸——アドニス・コンプレックス，男性の場合

　ブッシュ政権のホワイトハウスが騒然となったのは 2001 年 2 月 7 日午前 11 時半過ぎだった。近くの道路で発砲事件があり，緊張が高まった。容疑者が逮捕され解決したが，ブッシュ大統領はこの時，何をしていたか。報道官は「ホワイトハウス内の私邸でエクササイズをしていた」と平然と答えた。大統領が仕事をせずに昼間から器械で走っていても，だれもとがめないほど，男性のフィットネスが定着していることを示すエピソードだ。

　肉体を気にするのは女性だけではない。多くの男性が運動に汗を流しサプリメントを取り，健康を気遣う。

　ハリソン・ポープ・ハーヴァード大学の教授らによると，男性もメディアや健康産業が流す筋肉隆々の男らしいボディ・イメージに囲まれ，自分の体が未完成でふさわしくないと悩んでいる。さらに，「真の男は見かけなど気にしないものだ」という規範があり，不安を感じることもだれかに話すことも禁じる社会的タブーに縛られている。不可能な理想体型と悩みを表現できないタブーの間で男たちは苦しみ，精神的なトラブルに陥る。同教授らはこうした症状を「アドニス・コンプレックス」と命名した。アドニスはギリシャ神話に登場する美少年だ。あまりに美しいので，愛と美の女神アフロディーテ（ローマ神話のビーナス）に愛された。西洋絵画で理想の男らしい肉体として描かれた。

　女性の場合は「やせる」がキーワードだった。男性の場合は「筋肉」だという。ハリウッド映画の男らしさは，かつてジョン・ウェインやグレゴリー・ペックに代表された。現在ではアーノルド・シュワルツェネッガーやシルベスター・スタローンの筋肉派だ。「スーパー男性」のイメージが広がり，自分の体を貧弱だと過剰に心配する男性が増えた。同教授らは 5,000 万人の男性が自分の筋肉に不満を覚えていると推定する。摂食障害は女性の病気と思われていたが，最近は過食症の男性が増え推定 100 万人いる。筋肉を人工的に作るためアナボリク・ステロイド（筋肉増強剤）をひそかに摂取する男性が増えた。

　なぜ，男らしさを肉体に求めるのか。同教授らはフェミニズムと結び付けて説明する。

「現代の女性は男のできることならほとんど何でもできるようになった。女性は戦闘機を飛ばし，警察署長になり，多国籍企業経営者になる。フェミニズムがいくら勝利しても，女性にできないことは何か。筋肉がいまだに男性が女性と区別しうる分野となる。男らしさと自尊心の基盤が筋肉なのだ」

　もちろん，男性の場合も引き締まった肉体が社会的成功の条件と見なされる。自分の体重をコントロールするのは，意思と実行力の証明だ。運動もせず，カロリーの高い食事を続けて太るのは自己管理能力に欠け，仕事の能力まで

疑われる。高額のフィットネスセンターに通うのは，経済力の証明でもある。

　男性も女性も，ボディ・イメージという社会と文化が作った価値に拘束される。異性が喜ぶだろうと勝手に想定した理想の体作りに励む。いくら努力しても到達できないようなモデルや俳優のイメージをメディアは量産し，人々の不安感を作り出す。健康産業はさまざまな仕掛けで人々を消費に向かわせる。かくして肉体をめぐるアメリカ的なシステムが自己増殖していく。

■参考文献

Hesse-Biber, S. *Am I Thin Enough Yet? The Cult of Thinness and the Commercialization of Identity*. Oxford Univ. Press, 1996.

Nestle, M. and M. Jacobson. *Halting the Obesity Epidemic : A Public Health Policy Approach*. Public Health Reports, January/February 2000, Volume 115.

Pope, H., K. Phillips and R. Olivardia. *The Adonis Complex : The Secret Crisis of Male Body Obsession*. Free Press, 2000.

The Boston Globe. 04/25/1994

■さらに知りたい場合には

リッツァ，G.（正岡寛司監訳）『マクドナルド化する社会』早稲田大学出版，1999.
　［アメリカで誕生し世界中に広がるハンバーガーのファーストフード。効率性と合理性を極限まで追求するアメリカ的システムを「マクドナルド化」と命名した社会学者の分析。］

シェル，E. R.（栗木さつき訳）『太りゆく人類——肥満遺伝子と過食社会』早川書房，2003.
　［肥満大国アメリカの実情から始まり，肥満遺伝子研究の最先端，やせ薬の危険性，食品業界の思惑と幅広く探る。著者はアメリカのサイエンス・ライター。］

Pendergrast, M. *For God, Country, and Coca Cola: The Definitive History of the Great American Soft Drink and the Company That Makes It*. 2nd ed. Basic Books, 2000.
　［アメリカの象徴コカ・コーラの誕生から，なぜ世界中で愛飲されるに至ったかを詳細に述べる。健康飲料としてアトランタの医師がつくり出したコカ・コーラにはアメリカの資本主義，大衆文化が凝縮されている。］

■インターネット関連サイト

アメリカ肥満協会…
　http://www.obesity.org
疾病管理予防センター…
　http://www.cdc.gov
農務省…http://www.usda.gov
厚生省…http://www.hhs.gov
公共利益科学センター…
　http://www.cspinet.org
ジェニー・クレイグ…
　http://www.jennycraig.com
国際健康・ラケット・スポーツクラブ協会…
　http://www.ihrsa.org
アメリカ・エクササイズ協議会…
　http://www.acefitness.org
クーパー・エアロビクスセンター…
　http://www.cooperaerobics.com
全米形成外科医協会…
　http://www.plasticsurgery.org
食品医薬品局…http://www.cfsan.fda.gov
栄養補助剤情報協会…
　http://www.supplementinfo.org
全米栄養食品協会…http://www.nnfa.org
ギャラップ…http://www.gallup.com
全米摂食障害協会…
　http://www.nationaleatingdisorders.org

84 心の産業
Mental Health Industry

鈴木淑美

　フロイトは，プラグマティズムとならび，20世紀のアメリカ精神に最も大きな影響を及ぼしたとされる。フロイトの精神分析，あるいは「フロイト風・精神分析的な発想」はアメリカ社会・産業を動かし，いまや「空気と同様に自然で不可避」といわれるほどアメリカに定着した。その一方で，クリスチャン・サイエンスに代表されるマインド・キュアも依然としてさかんである。この根底には，自己分析により自己を改良し成功することを重んじる精神伝統があり，同時に，他人の「心」と行動を動かして実利を得たいという経済的野心がひそんでいた。アメリカにおいて「心」への関心は「モノ」に直結し，政治・産業・経済と互いに影響を与え合いながら消費社会の発展を促してきた。

A────消費されるフロイト

❶────アメリカのフロイト現象

　精神分析はアメリカでは「あってあたりまえのものだ。ごく普通で日常的なものなので，あえて視線を向けたり，不思議に思ったり，疑問を抱いたりしない。精神分析を批判して冗談の種にすることは確かにあるけれども，それは天気についてあれこれいうようなものだ」。歴史家・心理学博士フィリップ・クシュマンは著書 Constructing the Self, Constructing America (1995) の第1章をこう始めている。

　同書によれば，1994年，カリフォルニアだけで精神分析医は6,500人，臨床心理学者1万3,800人，臨床ソーシャルワーカー1万4,000人，結婚・家族・児童セラピストは2万1,600人にのぼる。チャールズ・シュルツの漫画『ピーナッツ』でも，ルーシーがチャーリー・ブラウンを相手に「精神科医ごっこ」をし，ぎゃふんといわせ（ては，診察料を巻き上げ）るパターンはお馴染みで，精神科医のカウンセリングが子供の世界にも日常として捉えられていることがうかがえる（⇨コラム「漫画に描かれた患者と精神科医」）。

　フロイトによる精神分析はその誕生当時から今日に至るまで，精神医学界などから「科学ではない」とくりかえし批判されてきた。それでも，「フロイト主義」はこのようにアメリカに根づいている。それも，極めてアメリカ的な形で。

　そもそも精神分析ということばが初めて用いられたのは，1890年代半ば。ジャン・シャルコーのヒステリー研究を土台に，ジクムント・フロイトが精神分析を確立した当時は，ヨーロッパでまともな医学・科学として認められなかった。それが1909年，フロイトがクラーク大学の招きを受けて渡米し，精神分析について講演をおこなうと，専門の医者のみならず，一般人までもが飛びついた。これが，アメリカにお

❶ S. フロイト

ける「フロイト現象」を決定づけた。

　精神分析という概念は、まず都会の知識人に普及した。特にフロイトに傾倒したのがニューヨークで、まもなく国際精神分析学会ニューヨーク本部が設立された。1920年代はじめには、ニューヨークだけで500人ものフロイト主義者（エセも含めて）がいた。

　アメリカに紹介された当初から、医学の専門知識をもたない有名人がコメントにフロイトを引用したり、大衆メディアが競って紹介したりしたことで、フロイト、あるいはフロイト風レトリックは、科学としてでなく一種のポップカルチャー、社会的流行として話題を集めた。1年足らずで、フロイトの患者の60％をアメリカ人が占めたという。ニューヨークを中心に、いわゆる「フロイト・ファン」の集まりが催され、他人の行動や夢を判断する「サイキング」も流行した。

　フロイトの理論そのものでなく、自己分析や性欲、エディプス・コンプレックスなどフロイトがもたらした専門用語を流行として消費する「フロイト現象」は、1930年代まで続いた。影響は文学や舞台にも広がった。女性雑誌に「精神分析小説」が登場したのをはじめ、「本能」や「欲望」、「母-息子関係」などフロイト風の関心を取り入れた作品が小説や演劇、映画といった多様なジャンルで発表され、好んで論じられた。

❷──フロイト産業

　こうしてみると、はじめから、フロイトとアメリカは非常に相性がよかったといえそうだ。フロイト自身、精神分析を「アメリカ大陸発見によって世界を変えたコロンブス」にたとえている。アメリカはまっさきに精神分析を認めた国であった。アメリカで認められてはじめて、フロイトは、そして精神分析は、ヨーロッパでも力を得るようになったのだ。

　しかしフロイトは、「アメリカ人には精神分析が理解できない」と否定的だった。「科学」を単純化するアメリカ人によって、精神分析は歪曲され、大衆化のえじきになってしまうのではないか──と危惧したのだ。アメリカ人患者にはヨーロッパ人患者より高い料金をふっかけ、しかも手間も時間もかけなかったのは、そのせいかと考えられる。

　フロイトにとって金づるでしかなかったとしても、精神分析はほかならぬアメリカで複製され、アメリカ化され、華々しく市場に送り出された。アメリカはフロイトをとりこみ、独特のやりかたで利用していく。1920-30年代のアメリカにおいて、フロイト主義は、人間の心理を分析し、感情をコントロールする可能性と同義だった。

　フロイト主義はまず大企業により、労働管理、生産性向上目的で応用された。さらに消費戦略にも利用される。企業は、心理学的マーケティング・リサーチをもとに、消費者の無意識に働きかける「科学的」広告活動に乗り出した。車、タバコ、アルコール、アパレルなどでは、特に購買意欲を感じていない大衆に、「実

漫画に描かれた精神科医と患者

　チャールズ・シュルツによる連載漫画『ピーナッツ』には，何をやってもうまくいかない男の子チャーリー・ブラウンと，常に強気の女の子ルーシーのかけあいが，さまざまなバージョンで反復される。「精神科医と患者」もそのひとつ。ルーシーがレモネードのスタンドの看板をかけかえて開業していると，患者役のチャーリー・ブラウン（CB）がやってくる。

＊

CB：先生のアドバイスが役に立つかどうか，どうしたらわかるでしょうか？
ルーシー：（硬い顔）ここで差し上げるアドバイスは的確であることが保証ずみです…
CB：そうか，じゃあお願いしてみよう。
ルーシー：背筋をのばして！　猫背になってたらダメよ！

＊

CB：（背中を丸めて歩いてくる）なんか調子出ないや…
ルーシー：（ほんの少し愛想よく）はい，いらっしゃい，どうぞおすわりください。
CB：どうも…予約が必要かと思ったんですけど…。自分がまわりにしっくりしないなあ，というとき，どうしたらいいんでしょう。なんか人生が自分の側をただ通りすぎていくような気がして…
ルーシー：ついていらっしゃい。見せたいものがあるから。（先に立って歩いていく）
　（小高い広場で）むこうの水平線がみえる？　世界がどんなに大きいか，わかる？　ひとりひとりのために，どれだけ大きなスペースがあるかわかる？　ほかの世界を見たことがある？
CB：ないです。
ルーシー：自分の知るかぎり，世界はこれだけ…そうですね？
CB：はい。
ルーシー：あなたにとって，ほかに生きる世界はない。そうですね？
CB：そうです。
ルーシー：この世界に生きるために生まれてきた，そうですね？
CB：そうです。
ルーシー：（急に大声で）それなら，ここで，生きなくちゃ！（CBひっくり返る）はい，5セントいただきます。

＊

ルーシー：あなたが自己実現タイプじゃないのはよくないわね。…自己実現タイプであれば，不安や抑制を感じないのよ。自分自身を受け入れ，他人を受け入れる。自尊心と自信を持てるわ。
CB：ぼく，自己実現タイプの人になれますか？
ルーシー：むりね！　5セントいただきます…
CB：（やれやれ，といった表情）

＊

CB：欠点を直したいんですが，どうしたら…。
ルーシー：どうして欠点があるか，わかる？　弱点があるからよ！　弱点があるから，欠点が生まれるの。
CB：どうしたら弱点を直せるでしょうか。
ルーシー：（大声で）短所を直さなくちゃ！うまくいかないのは短所のせいよ！それが…（といいつのる）

＊

CB：普通の人生を送りたい，それだけが希望なんです…
ルーシー：（横を向いていたのが，向き直って，強い口調で）あなたが？　はい，5セントいただきます。（CB去ってから，両足をスタンドにのせて伸びをする）こういうショートセッションはおいしいわ。

［鈴木淑美］

は自分はこれを欲しがっている/自分にはこれが必要だ」と「気づかせる」ことが広告戦略の基本となった。このように被雇用者や消費者の心理を動かすという発想と方法を提供したことで，産業界にとってのフロイトの影響は非常に濃い。

アメリカにおいて，消費者の無意識の満足を刺激・追求する産業（例：化粧品・美容，フィットネス，テレビゲーム。予防医学も含まれる）が発達したのも，広義でのフロイト効果である。こうしてフロイトは資本主義にとりこまれ，アメリカに消費社会をもたらす原動力の1つとなった。

もちろん，自己を変えて「成功したい人たち」が，企業・個人ともに，セラピストの得意客になったことはいうまでもない。政治においても，フロイト主義は選挙運動に最大活用されていく。

精神分析そのものが下火になった1950-60年代には，フロイトの影響は，ヒューマン・ポテンシャル・ムーブメントとして現れる。自己の「気づき」を中心とするゲシュタルト療法が脚光をあび，その延長線上に各種の自己啓発運動が展開された。

大衆化されたフロイト現象は，今日でも，テレビや雑誌のあちこちで見ることができる。有名人あるいは一般人の事件やスキャンダルを，「親の育て方が原因である」とタレント精神科医が解説するコーナーは，常に安定した人気だ。興味を引くような「異常行動」に，エディプス・コンプレックスといったレトリックで説明をつける「フロイト主義」は，マスコミにとってやはり数字が確保できる，ありがたい「商品」なのである。

❸──フロイト受容の素地

アメリカ人は，フロイトの精神分析にプラグマティックなフィルターをかけ，自分たちが利用しやすく変形させて受容した。その背景として，自分の「見えない部分」を分析したうえで欠点を克服する精神分析が，現世的・物質的成功を目指すアメリカ人の目的に合致していたことが挙げられる。

ピューリタニズムとも結び付いた，アメリカ精神の根底にあるこうした傾向は，前提として市民の目指すべき生活，性格を明確に定める。その目標に向けて自己を改良するために，「自己分析」が必要になる。自分の見えない部分を知り，欠点のもとになる原因をつきとめ，それによって「改良された自分」を具体的に作り出そうというメンタリティが，フロイト歓迎の地盤となったと考えられる。

自己を分析し，欠点を改良し，その結果社会的に成功することは，アメリカにおいて非難されるどころか大いに称賛される。先走っていうと，自己改良・成功へのオブセッションはセルフ・ヘルプ本の伝統につながった。「相手を説得するには」「ビジネス・チャンスを生かすには」「自分の隠れた魅力を引き出すには」「愛される父親になるには」……，今日でも，ビジネス，アカデミズム，恋愛，結婚，家族，子育てなど，ありとあらゆる分野でセルフ・ヘルプ本が書かれ，このジャンルだけで書店の壁が埋まってしまうほどだ。実際に，ベストセラーのリストにはこれらのタイトルがひしめいている。わかりやすく単純化した自己分析と自己改良による現世的成功が，これらセルフ・ヘルプ本の基本路線であることは，容易に推測できるだろう。

このように，フロイトは，自己分析＝自己を改良して成功する鍵としてアメリカ人に受け入れられた。さらに世紀転換期から1920年代に至る産業社会の発展が重なり，他人の心理分析＝他人を動かして成功するための「科学的」なツールとして，フロイト主義はアメリカ社会

全般に浸透していった。フロイトは「心の暗部」を探る学問というよりも、(アメリカの)理想のモデルに近づくための基準であり、まさに現実的なノウハウとして消化されたのだ。付け加えれば、アメリカ人がフロイトに対して感じた数少ない違和感に、フロイトが自分の学問を「治療目的でない」と述べたことがある。このときから、アメリカにおいてフロイトは医学としてよりも産業として吸収されたのである。

B——ポリアンナの伝統

❶——無敵のヒロイン

フロイトとならんで、アメリカにおける「心の産業」を語るうえで欠かせない人物が、ポリアンナである。ポリアンナはエレノア・ポーターが1913年に発表した同名小説の主人公。貧しい牧師の父が亡くなり、孤児となったため、裕福だが頑なな伯母にひきとられる。つらいときでも、父に教わった「喜ぶゲーム」(glad game)をしてポリアンナが周囲の人たちの心をいやし、幸せにしていくこの物語は、発表直後に100万部を超えるベストセラーとなった。「喜ぶゲーム」とは、何かしら喜べるものを探す、というゲームで、それが困難であればあるほど、つまり自分のおかれた環境が苦しければ苦しいほど面白い、ということになっている。苦しみ、孤独、絶望に対する「解毒剤」として大人にも普及し、ポリアンナをまねする「喜ぶゲームクラブ」が各地で発足した(日本でも同様のサイトが開設されている)。またポリアンナの名を冠した商品、店舗も続々登場した。「これをしのぐ影響力があるのは第1次世界大戦だけ」といわれるブームを巻き起こし、辞書にも「ポリアンナ」の項が加えられたほどである(ただし今日では辛口のニュアンスで意味が付されている)。

1920年、メアリー・ピックフォード主演で映画化されたとき、その契約金は11万5,000ドルを上回る高額となった。同年ポーターが亡くなった後、他のさまざまな作家により続編が数十編書かれたこと、今日に至るまで絶版の時期がなかったことは、アメリカ人にとってポリアンナの占める位置の重大さを物語る。1960年にはディズニーが映画化(デイヴィッド・スウィフト脚本・監督)すると、主演ヘイリー・ミルズはアカデミー賞を受賞した。さらに99年にもABCテレビでドラマ化されている。ポジティブな哲学をビジュアル化するディズニーとの組み合わせは、最強のアメリカ的ヒロインを生み出した。

ピーター・ハントは、*Children's Literature* (1995)において、ハロルド・グレイが1924年から新聞『ニューヨーク・デイリーニューズ』に連載した漫画 *Little Orphan Annie* は『ポリアンナ』を下敷きにしている、と指摘する。漫画『孤児アニー』はスタート当時から大人気となり、1930年ラジオドラマ化(〜43年)、32年トーキー映画化、38年パラマウント映画で公開された。さらに76年にはミュージカル化。翌77年にはブロードウェーで大成功を収め、世界各国でヒット。あらためていうまでもないだろう。日本でも有名なミュージカル『アニー』である。

『ポリアンナ』と『アニー』に明らかな共通点があるとはいえないだろうが、両者に経済的・社会的成功者をよしとする思想が流れていることは見逃せない。登場するなり、ポリアンナは「お金をたくさん持っているのは、きっととってもすてきなことね」「お金持ちで、おばさま、すごくうれしいでしょうね!」と金持ちを全肯定する。はじめのうちこそ冷ややかで偽善的だった金持ちの人たちも、ポリアンナと接するようになって「本来の人の良さ」を取り戻

し、次々に「いいこと」をおこなう。『アニー』でも、大富豪はあっけなく情にもろい面を出して「いい人」となり、アニーのために尽力するし、ついには孤児たちをひきとってしまう。

　無敵の楽観主義を体現し、無邪気に経済力を肯定するポリアンナは、アメリカ人にとって、おそらくそれ以前のどの少女小説のヒロインよりも基本的心理構造にかなっていた。

❷──ポリアンナという薬

　しかし『ポリアンナ』がアメリカの「心の産業」において重要なのは、「こころ」のもちようを描いて一種の社会現象となったからだけではない。この小説で注目すべきは、心のみならず身体の病気を「心」で治すということが強調される点だ。

　例えば、「あの子は強壮剤1びんより効くんだよ」。これはれっきとしたドクターのせりふである。相手に、「その特別な強壮剤の成分は？」と訊かれると、「何が起こっても、これからどんなことが起こりそうでも、心底から全部ものすごく喜ぶ、ということじゃないかな。……あの子を処方箋に書けたらいいんだけど。丸薬みたいにね」と真顔で答えるのだ。医者もさじを投げるような長年寝たきりの病気の女性が、ポリアンナと話をすれば起き上がり、笑うようになる。大怪我をした男性も、「薬は何もない」ポリアンナの慰めのおかげで、具合がよくなる（それをドクターも認めている）。この男性の不満は、看護人や医者が余計なことばかりして大金を請求する、ということだ！

　医学よりも医師よりも、「心の治療」が有効──これこそ、まさにクリスチャン・サイエンスの「マインド・キュア」的発想である。クリスチャン・サイエンスは、1879年にメアリー・ベイカー・エディによって打ちたてられた宗派である。病弱だった彼女がメスメリズム治療を受けて健康になったことから、病気の多くは精神に原因があるとして、キリスト教信仰に基づく治療体系を編み出した。

　真実の信仰があれば、あらゆる病気は薬も手術もなしに治癒する、というかなり極端な唯心論であるが、20世紀に入って科学・医学が発展しても、クリスチャン・サイエンスの勢いは衰えないばかりか増大し続けた。1900年までには都会の女性たちに普及し、20年代に大流行する。30年代はさすがに失速するが、それでも今日まで、クリスチャン・サイエンス関連本はほぼ常にベストセラー入りしている。

　ポリアンナに代表されるマインド・キュア（クリスチャン・サイエンス、スピリチュアリズム──異世界との交流、死者との接触をおこなうもので、1840年代に登場し、ニューヨークからアメリカ全土、ヨーロッパに広がった──など）は、専門的科学・医学によらない、「一般人によるいやし（ヒーリング）」の伝統をくむ。この「療法」は『レディズ・ホーム・ジャーナル』など女性雑誌でさかんに取り上げられた。もともとアメリカでは、女性には人（特に男性）の心を正し、いやすつとめがあると見なされていた。家族の心身の健康は主婦が支える、というヴィクトリア朝の伝統も、ポリアンナ的マインド・キュアの普及を促したといえる。

　しかし1950年代以降、依然として「信者」は多いにせよ、ポリアンナはアメリカのインテリから嘲笑されるようになる。神経を病み、精神分析による治療を受け、フロイトに深い関心を寄せた詩人シルヴィア・プラスの自伝的小説『ベル・ジャー』には、自分を見失い絶望した女子大生が、「ポリアンナ」を「楽天家のおひとよし」と鼻で笑う象徴的な場面がある。

　実際、フロイトもマインド・キュアを非難していた。しかし少なくともフロイト上陸時のアメリカ人にとって、フロイトもマインド・キュ

アも大差はなかっただろう。いずれも人間の「心」に注目し、「心」を変えれば「身」＝「モノ」も変えられる、という思想が基盤となっているのだから。さらにいえば、「心」を変えることで、実際的な成果が期待できるということであり、これはアメリカのプラグマティックな発想にも見事に合致した。

C──アメリカの精神医療

　フロイトの精神分析について、アメリカの関心が集中したのは「無意識」の存在であった。フロイト経験によって、自己反省と自己改良を重視するピューリタン的精神が、自己を改良してより理想的なモデルに近づく傾向を促す。それと同時に、「他人の心」を動かし、実利を得るテクノロジーが発達し、またアメリカ産業社会そのものがフロイト主義を利用して消費経済へと加速したのである。

　歴史をさかのぼると、アメリカで「心」が今日的な意味で研究の対象となったのは、18世紀後半のこと。医者・政治家のベンジャミン・ラッシュは「狂気」を病気と見なし、原因を身体的異常などに探ろうとした。何らかの物理的原因があるならば、つまり治療が可能ということになる。19世紀から精神医学への関心が高まり、ヨーロッパからは遅れをとったものの、アメリカでも医学としてしだいに確立していった。とはいえ病院での環境整備による行動の矯正に重点が置かれることが多く、生物医学的アプローチは主流とならなかった。

　さらに20世紀に入り、フロイトと時期を同じくして「精神衛生」の概念が広まった。元来、精神病院の環境改善を目的とする運動だったが、やがて「汚染物」を清潔にすることで病気を予防できる、という方向に変容する。「不潔は病気を招く」から、限りなく清潔でなければならない、というオブセッションへと押し上げられ、病院から一般家庭まで、清潔産業の市場は拡大した。

　「フロイト現象」を経た後、精神分析そのものも産業化する。無数の形で応用したセラピーがもっぱら関心を集め、「利益効率のいい（医療）分野」として注目されるようになったのだ。当然のごとく、精神医学は非科学へと逸脱した、という批判も（当初とは別の文脈で）高まった。

　今日の精神医療は、アメリカ精神医学会による「精神疾患の診断・統計マニュアル」(DSM)に基づき、「病気」をカテゴライズし、症状をリストアップすることが中心となっている。原因や治療の研究はなおざりにされがちだ。これが極端に走ると、例えば自信がない、勉強に集中できない、けんかをする、など一定の「症状」が認められれば、「精神疾患」のレッテルがはられる。症状から病気を作り出すという非難が生じるのはこのせいだ。他方、病気であれば「正常」な人間が享受している正当な権利を受けられないのだから補償されるべきだ、という主張にもなった。例えば「学習態度に障害のある児童が、正常な児童と同じ条件で試験を受けることは不当」という訴訟が起こされることは、決して珍しくない。

　こうした「病気」を「正常」にするべく施される治療は、むろん医療機関によるセラピーが中心であるが、実際には、音楽、運動、温泉、呼吸法、瞑想、香り、ペット（コンパニオン・アニマル）、アート、アーユルヴェーダ、マッサージ、食餌療法など、無数の民間療法が存在する。その多くは組織化され、産業として成り立っている。これは最近の特徴ではなく、アメリカにおいて精神医療は産業と不可分であった。「能率・効率」あるいは「付加価値」が治療を決める大きな要素であったのも当然だろう。

D──アメリカ人と自己分析

アメリカ人の自己分析はさらに，「アメリカ人である自分」の分析へと展開する。経済的繁栄と民主主義，自由を実現した国として，世界の文化，産業，政治のリーダーを自負するアメリカを（ポリアンナ一流の楽観主義によって）自己分析し，改良を目指すということだ。アメリカ人である以上，正常で，健康でなければならない。正しい男性，正しい女性でなければならない。正しい感情をもち，正しい行動をし，正しく社会的評価を受ける正しいアメリカ人でなければならない──アメリカ人としての自己分析は，楽観的であるとともに，逆説的だが，そこから外れることの恐怖を内包する。

心の分析はそこにとどまらない。今度はアメリカ＝セラピストという立場で，他者の改良に強い関心を示す。アメリカ的な一定の理想を示し，それに近づけようとする。

「分析」とはもとより，「正常」と「異常」を分けることから始まる。何が正常で何が異常か，心理学はそれを決める絶対の「科学的基準」となった。他人を自分の楽観主義で「治療する」ポリアンナは，「喜ぶゲーム」を説明するとき，「～でなくてよかったと思えば，喜べるでしょう！」と教える。この発想は「正常」と「異常」を固定するものにほかならない。異常でなくてよかったというポリアンナの言葉は，今日極めて政治的な含みをおびるといえよう。

E──心の美容産業

自己を分析して，さらなる理想に近づけるべく改良する，というアメリカ的傾向は，20世紀後半から，サイコセラピーよりはるかに効率のよい自己改良の方法をもたらした。薬物療法がそれである。

抗うつ剤のプロザックは，脳内のセロトニン・レベルを高めてうつ状態を防ぎ，自尊心を高める。ピーター・クレイマーらがプロザックの効果を「実証する」著書がマスコミの話題となったこともあって，この薬はまたたくまに普及，90年代後半にイーライ・リリー社のドル箱となった。プロザックおよび関連薬は，現在アメリカ合衆国全人口の10％が服用する「国民薬」である。しかしセロトニン・レベルが低いとしても，それは決して「病気」ではない。つまり，プロザックは病気治療のためというよりも，普通の気分から「もっといい」気分になるために用いられているのである。

一方，ノヴァーティスの大ヒット作であるリタリンは本来，注意欠陥・多動性障害の児童に投与されていた。学習・作業の集中力を高める効果があることがわかると，1990年代，学生や社会人が成績向上目的で広く用いるようになった。

心の病気を薬で治すだけでなく，もっと理想的な自分になるために薬を用いる。映画俳優や歌手が「もっと美しくなるため」に美容整形を受けるように，「もっと自信のある」，「もっとてきぱき仕事をこなせる」，「もっとうまく人間関係をコントロールできる」，「もっと幸せな私になる」ために飲む薬は，いわば「美容薬」だ。体重増加や記憶喪失，脳障害といった副作用が報告されながらも，アメリカにおける美容薬マーケットは加速度をつけて拡大しつつある。自分の心を理想に近づけるために，そして他人の心を自分の理想に近づけるために。

■参考文献

小沢牧子『心の専門家はいらない』洋泉社，

2002.

ウォーカー，S.（冬樹純子訳）『狂気と正気のさじ加減』共立出版，1999.

大原健士郎・岡堂哲雄編『異常の心理治療　サイコセラピー』（現代のエスプリ別冊）至文堂，1976.

岡堂哲雄編『貢献者の肖像と寄与』（現代のエスプリ別冊）至文堂，1998.

カチンス，H./S. カーク編（高木俊介・塚本千秋監訳）『精神疾患はつくられる』日本評論社，2002.

カプラン，H. 編『臨床精神医学ハンドブック』医学書院，1997.

倉戸ヨシヤ編『ゲシュタルト療法』現代のエスプリ375号，至文堂，1998.

ジャミソン，K.（田中啓子訳）『躁うつ病を生きる』新曜社，1998.

ショーター，E.（木村定訳）『精神医学の歴史』青土社，1999.

ハント，P. 編（さくまゆみこ他訳）『子どもの本の歴史』柏書房，2001.（pp.293-294 に『ポリアンナ』に関する記述あり。）

ピショー，P.（帚木蓬生・大西守訳）『精神医学の二十世紀』新潮選書，1999.

福本修・斉藤環編『精神医学の名著50』平凡社，2003.

ブッククラブ回編『精神世界本　総カタログ』ブッククラブ回，1999.

フライシャー，L.（山本やよい訳）『アニー』早川書房，1982.

ムーア，B./B. ファイン（福島章監訳）『アメリカ精神分析学会　精神分析事典』新曜社，1995.

八木剛平・田辺英『精神病治療の開発思想史』星和書店，1999.

ワイル，A.（上野圭一訳）『癒す心，治る力』角川書店，1995.

Douglas, A. *Terrible Honesty: Mongrel Manhattan in the 1920s*. FSG, 1995.

Ehrenberg, O. and M. Ehrenberg. *The Psychotherapy Maze*. Jason Aronson, 1986.

Glenmullen, J. *Prozac Backlash*. Simon & Schuster, 2000.

Hale, N. G. *Freud and the Americans: The Beginnings of Psychoanalysis in the United States, 1876-1917*. Oxford UP, 1971.

Kramer, P. D. *Listening to Prozac*. Penguin, 1993.

Masson, J. *Against Therapy*. Common Courage Press, 1994.

Mullahy, P. *The Beginning of Modern American Psychiatry*. Houghton Mifflin, 1973.

Plath, S. *The Bell Jar*. Harper & Row, 1966.

Porter, E. H. *Pollyanna*. 1927. Penguin, 1994.

Porter, E. H. *Pollyanna Grows Up*. 1927. Penguin, 1994.

Schwartz, J. *Cassandra's Daughter*. Penguin, 1999.

Wurtzel, E. *Prozac Nation*. Riverhead Books, 1994.

■さらに知りたい場合には

カールソン，R.他編（上野圭一訳）『癒しのメッセージ』春秋社，1999.
　［40人近い医師や心理学者，カウンセラー，「ヒーラー」がそれぞれの立場から「癒し」を語っている。アメリカにおけるヒーリングの今日を知るには最適。］

度会好一『明治の精神異説　神経病，神経衰弱，神がかり』岩波，2003.
　［日本における精神病をめぐるレトリック研究の最新の収穫。］

斎藤学・波田あい子編『女らしさの病い』誠信書房，1986.

ショーウォーター，E.（山田晴子・薗田美和子訳）『心を病む女たち』朝日出版社，1990.

[「女性と精神分析・精神病」というテーマは古典的な響きがあるものの，フェミニズムにとって極めて重要な問題であることは変わらない。「心の産業」によって消費される女性のありようを考えるうえで，欠かせない一冊。]

小此木啓吾『フロイト』講談社学術文庫，1989.

ゲイ，P.（鈴木晶訳）『フロイト』みすず書房，1997.

[フロイトについては，全集が人文書院から出ている。上記2冊は平易でポイントを押さえた入門書。]

85 | 建築
Architecture

飯島洋一

アメリカは多様で複雑な国である。数多くの人種が複雑な人間関係をつくり，数多くの価値観や信仰が人々の生活を支えている。それはあたかも万華鏡のように1つの角度からでは切り取れないが，そのようなアメリカの多様さと複雑さは，21世紀になって，さらに大きくなったようにさえ思える。そのアメリカという国の建築をどう捉えるか——その困難な問いに対する1つの方法として，ここでは20世紀を生きたひとりのアメリカ人建築家を縦軸として登場させることにした。1906年生まれで，いまなお健在であるアメリカ建築界の教祖的存在，フィリップ・ジョンソンがその人である。本論を読み進めてゆくうちに，このジョンソンという人物の内部にも，アメリカと同様に1つの角度からではとても切り取れない多面性があることに気がつくだろう。そうした彼の人生と20世紀のアメリカ建築を並行して眺めてゆくなかで，20世紀アメリカの所在をも明らかにしてみたい。

A——第三の道

❶——フロンティアの消滅と建築

　フィリップ・ジョンソンは1906年7月8日，アメリカ南部のオハイオ州クリーヴランドに，弁護士の父ホーマー・H. ジョンソンと母ルイーズのあいだの，4人の子供の次男として生まれた。兄，姉，フィリップ，そして妹の4人である。ジョンソンの故郷のクリーヴランドは，ニューヨークとシカゴのちょうど中間に位置する工業都市である。ジョンソンが誕生した1906年は，古いアメリカが終わりを告げ，新しいアメリカが始まろうとする時代であった。農業でなく工業の時代，荒野でなく都市の時代であり，事実，19世紀末の1890年にフロンティアの消滅はすでに明らかになっていた。まさに新しいアメリカ，「現代アメリカ」が始まろうとしていた。

　しかしフロンティアの終わりは，逆に「フロンティアとは何だったのか」という問いを人々にあらためて投げ掛けることにもなった。1893年のF. J. ターナーの論文「アメリカ史におけるフロンティアの意義」は，ヨーロッパ文化よりもフロンティアこそがアメリカの独自性を打ち建てたと主張した。故国から新天地に移り，何もない場所に歴史をつくり出してきたアメリカ人は，それゆえに「アメリカの故郷をどこに求めるか」という問いに常にさいなまれてきたが，その問いがフロンティアの消滅によってさらに鮮明となったのである。「フロンティア」か，それとも「ヨーロッパ」か。現代アメリカの建築は，この2つの間で右往左往することになる。

　例えば，ジョンソンが生まれた1906年，いまだフロンティアを引きずるフランク・ロイ

❶上｜F. L. ライト「ユニティ・テンプル」（1906年）
［ライト初期の傑作］
❷右｜C. ギルバート「ウールワースビル」（1913年）

ド・ライトは，シカゴで「ユニティ・テンプル」を完成させているが，その外観は後にマヤ文化に傾くライトの荒々しさが漂うものとなっている。同じシカゴで，ライトは1909年に「ロビー邸」もつくったが，その水平にのびる屋根の形状は，彼の内部に荒野の地平線がなおも息づいていることを何よりも物語るものであった。

一方，20世紀初頭のアメリカは，ニューヨークを中心に，大きく発展し始めていた。第1次世界大戦が勃発する前年の1913年，マンハッタンにキャス・ギルバートの「ウールワースビル」が完成する。ウールワース・ゴシックと呼ばれるように，そのデザインには，ライトのフロンティアとは逆に，20世紀においてもこの国が，依然として強くヨーロッパへの憧れから抜けきれないでいるさまが表れていた。この摩天楼は，1930年にウィリアム・ヴァン・アレンによるアール・デコの傑作「クライスラービル」が登場するまで，世界第1位の高さを誇っている。

第1次世界大戦も終わり，ジョンソンがハーヴァード大学進学の準備をしていた1923年，アメリカは未曾有の好景気に浸っていた。この1920年代の10年間を一般に「ローリング・トゥエンティーズ」と呼んでいるが，それは同時にアール・デコ全盛の時代でもあった。アール・デコのデザインは，アメリカではマンハッタンの摩天楼デザインに顕著に表れる。27年にできたイライ・ジャック・カーンの「パークアヴェニュービル」は，先のゴシック調の「ウールワースビル」と異なって，プレ・コロンビア（コロンブスの到着以前に存在していた南北アメリカ大陸の文明の建築様式）を取り入れたものとなっており，こうしたアール・デコの摩天楼の中にも，アメリカの原点をどこに求めるかといった問いが投影されている。

❷——「モダン・アーキテクチャー」展

しかし繁栄はそれほど長続きはしなかった。1929年10月24日に株価が大暴落し，たちまち大恐慌となって，続く1930年代は一転して暗雲が立ちこめる時代が訪れたからだ。1930年はいわばアメリカが「どん底」を味わい始めた年であるが，この年にジョンソンはハーヴァード大学で芸術学の学位を取得している。卒業後しばらくして，彼はニューヨーク近代美術館（MoMA）の建築部門に就職し，31年には館長のアルフレッド・バーといっしょに「拒絶さ

れた建築家たち」という展覧会を企画した。20代後半のこの男は、早くもその才覚の一端を示し始めたのである。

ただしジョンソンの名前が、建築史の中でいまも燦然と輝くのは、翌32年に、その後の現代アメリカ建築の行方を決定付ける記念すべき展覧会を企画したことにある。館長のバー、建築史家のヘンリー=ラッセル・ヒッチコックとともに行った「モダン・アーキテクチャー」展がそれである。

1932年2月10日に始まったこの展覧会が画期的だったのは、これによってル・コルビュジエやミース・ファン・デル・ローエ、バウハウスを創設したワルター・グロピウスといった錚々たるヨーロッパ近代建築運動の旗手たちの作品が、大々的にアメリカに紹介されたことにある。コルビュジエは31年に完成したばかりの「サヴォア邸」を、ミースは30年の「トゥーゲンハット邸」を出品した。それはアメリカに、ヨーロッパの近代建築が初めて一括して輸入された展覧会だった。さらにこの展覧会に続いて、同じ年にジョンソンはヒッチコックと共著で『インターナショナル・スタイル』を出版している。

展示と著作といういわば車の両輪によって、作品でなくあくまでも概念としてではあるものの、早くも30年代にはアメリカに近代建築が根づいたと言うことができる。それほどに、この展覧会の持つ意味はアメリカにおいて大きかった。しかし、より正確に言えば、この「モダン・アーキテクチャー」展と『インターナショナル・スタイル』という本によりアメリカに根づいたものは、ヨーロッパの近代建築ではなかった。この後、この展示と著書をきっかけにして、第2次世界大戦後のアメリカ都市を席巻してゆくのは、ヨーロッパでのコルビュジエのような建築でも、ミースやグロピウスのような建築でもない別種のものだからだ。

❸──インターナショナル・スタイルの誕生

もちろん、後にアメリカに渡ったグロピウスやミースが、大戦後、この地で行った教育や実践の意味は大きい。しかしそこで彼らが種蒔いたのは、あくまでも「ヨーロッパのモダニズム」である。それに対して32年の展示と著書によってジョンソンが導き出し、大戦後にアメリカを席巻するのは、ヨーロッパのモダニズムを基底に据えながらも、それとはまったく異なるものだった。それは彼らの書名どおりの「インターナショナル・スタイル」、つまり「国際様式」であった。ジョンソンらはインターナショナル・スタイルにおいて、確かに機能的で機械的ではあるものの、どこかヨーロピアン・テイストのロマンティックなモダニズムとは別種のもの、よりクールで実利的なモダニズムをつくり出していたのである。

ジョンソンは「フィリップ・ジョンソンによる自序」というエッセイの中で、自身、このことを証言するかのように、次のように言っている。「30年代の初期、わたしが特に軽蔑まじりに見捨てていた2つの方向があった──それは『モダン・ムーブメント（近代運動）』とフランク・ロイド・ライトである」と。

コルビュジエもライトも出品した「モダン・アーキテクチャー」展の企画者のジョンソンが、彼らを「軽蔑まじりに見捨てていた」という表明は、これだけだけだと奇妙に聞こえるかもしれない。しかし実際にジョンソンは展覧会を通して、コルビュジエのような「ヨーロッパ」のモダン・ムーブメントに相対していたわけではなかったし、ライトのような「フロンティア」を直視していたわけでもなかった。彼が見ようとしていたのは、ヨーロッパのモダニズムを「アメリカ」のものとして翻訳するという一点だった。それがほかならぬ「インターナショナル・スタイル」となるのである。

❸ P. ジョンソン

つまり多くのアメリカ人が、「ヨーロッパ」と「フロンティア」の、「そのどちらがアメリカ」という問いの間で相変わらず揺れていたとき、自分はそれとは異なる第三の道を考えていたのだと、ジョンソンは先のエッセイ「フィリップ・ジョンソンによる自序」の中で「軽蔑まじり」と強調しながら語っているわけである。

ジョンソンが同じエッセイの別の箇所で言うように、インターナショナル・スタイルは「ある地域や地方や国家に限られることは決してなかった」。それゆえにとするべきか、それはアメリカ全土を席巻し、さらには「国際様式」の名を借りた「アメリカ様式」として、ディズニーランドやマクドナルドのように世界中に伝播していったのである。

しかしなぜ国際様式を「アメリカ様式」と呼ぶことができるのか。それはこの様式が、いまも記した通り、「ある地域や地方や国家に限られることは決してなかった」からである。つまりある特定の「地方や地域や国家」の嗜好にとらわれることなく、多様な人種の複雑な要望をすべて呑み込むことができるのが、すなわち「インターナショナル」であり「アメリカ」だった。だからこそ、何度も言うように、このアメリカで生まれたまったく新しい様式は、たちまちのうちに世界中に広がって行くことができたのである。

B——奇妙な傾斜

❶——ナショナリスト，ジョンソン

ジョンソンは「フィリップ・ジョンソンによる自序」の中で、「インターナショナル・スタイル」を呪った3人の「盲目的愛国者たち」の名前を挙げている。1人はローズヴェルト、もう1人はスターリン、3人目の名前はアドルフ・ヒトラーである。

「インターナショナル・スタイル」を呪った愛国者たちは、本来、ジョンソンとは相容れないはずだった。だが事はいささか違っていた。というのもMoMAでの展覧会を企画するよりもわずか5年前の1927年、彼がドイツに旅行していたときのことだが、まだ政権を取る前のヒトラーの行進にジョンソンが参加していたという、にわかに信じ難いエピソードが残されているからである。

このエピソードは磯崎新の「フィリップ・ジョンソン——現代のトリック・スター」に記載されているのだが、94年に出版された建築史家フランツ・シュルツの伝記『フィリップ・ジョンソン』には、「1927年の春のはじめ、ジョンソンは精神的な危機に陥った」とある。そしてその年の夏、「彼は家庭教師と一緒にドイツのハイデルベルクで過ごした」のだが、だとすれば、そうした危機的な精神状態のせいで、ジョンソンは27年に、ドイツでナチスの行進に参加したのだろうか。いずれにしてもこれが事実だとすれば、ジョンソンはアメリカで、ミースやグロピウスといった近代建築の貢献者たちの作品を大々的に紹介する一方で、まったくその逆とも言える行動、つまり彼らを誰よりも迫害したヒトラーに加担していたことになる。

さらにジョンソンの踏み外しはこれにとどまることはなかった。先の磯崎の論文とシュルツ

の伝記によると，32年の展示の2年後の34年12月4日，彼は同僚のアラン・ブラックバーンとともにMoMAを辞職し，「国家政党」と呼ばれる政治組織を結成することを人々の前で明らかにしたからである。彼ら2人はルイジアナにおいてファシストめいた運動をしていたヒューイ・ロングのところへ，その理論を学ぶために出向いた。

ジョンソンはなぜそのような行動に出たのか。その真の理由はもちろん定かではない。しかしシュルツの伝記によれば，彼は1933年には「ナチスの人種理論の自覚的信奉者となっていた」ようである。33年といえばヒトラーが政権を奪取した年であり，37年になるとジョンソンとブラック・バーンの2人は，「若きナショナリストたち」とそのグループ名を変更している。さらに1939年，ヒトラーがポーランドに侵攻するに際しては，ジョンソンは通信員として従軍したのである。

❷──建築家を目指す

ジョンソンはもともと1つの枠に納まるような人物ではなかった。彼は先にも書いたように，まずキュレーターとして現代アメリカ建築に決定的な貢献をした。これだけでも彼の名前はアメリカ建築史に残ったはずだが，彼の行動力はそれにとどまることはなかった。後に述べるように，第2次世界大戦後も彼は，さまざまなセンセーションを巻き起こすことになるからだ。一見常軌を逸したように思える彼の若き日の行動の中に，私は後にジョンソンが繰り広げて見せる偉大なるオポチュニストとしての真髄を早くも見るような思いがする。

ジョンソンはキュレーターとしての自分と，政治の分野のどちらにも飽き足らなかったのか，この後，さらに新たな道に進んだ。自らも建築をつくる決意をするのである。まだ第2次世界大戦にアメリカが参戦する前の1940年の終わり，すでに彼は34歳になっていたのだが，ジョンソンは遅れ馳せながら建築を学び始める。しかも所属したのは，当時，ナチスに追われて，ロンドン経由で37年にアメリカに亡命していたワルター・グロピウスのいるハーヴァード大学建築学科であった。

これはジョンソンが，ヒトラーのナチズムに興味を示した後，今度はそのナチズムの迫害を受けてアメリカに渡った建築家に教えを乞うたことを意味している。この時，ジョンソンの心中はどのようなものだったのだろうか。43年，ジョンソンは建築学科の学位を取得し，49年にはコネティカット州ニューキャナンに彼の自邸であり初期の傑作「グラス・ハウス」を完成させた（cf. 磯崎1976, Schulze 1994）。

グロピウスがアメリカに亡命したのと同じ37年に，もう1人のドイツ人がやはりナチスに追われるようにしてアメリカに逃れていた。そのドイツ人，ミース・ファン・デル・ローエは，イリノイ工科大学の主任教授となり，第2次世界大戦後の1951年，シカゴに「レイクショアドライヴ・アパートメント」を完成させている。この作品は1919年に彼がベルリンのフリードリッヒ街で構想していた摩天楼のプロジェクトとは異なって，一切のロマンティシズムを排した鉄とガラスの冷たい箱型のビルだった。

この同一部材の単調な反復によるミースのドライな作風は，アメリカの資本主義システムに巧みに合致し，さらにアメリカだけでなく，世界システムとしても十分に通用する「匿名性」を有していた。それはあらゆる人種のあらゆる嗜好を呑み込む「匿名性」である。まさにインターナショナル・スタイルがジョンソンの企画から20年の歳月を経てここに完成するわけだが，このミースのインターナショナル・スタイルは，スキッドモア・オウイングズ・アンド・

❹ミース・ファン・デル・ローエ/P.ジョンソン「シーグラムビル」（1958年）［インターナショナル・スタイルの作品］

メリル（SOM）が52年にマンハッタンにつくった「レヴァー・ハウス」へと引き継がれ，その数年後，ミース自身の傑作によって完全なものとなる。1958年にマンハッタンに完成した「シーグラムビル」がそれである。

「シーグラムビル」は鉄とガラスによるスカイスクレーパー（摩天楼）の傑作であり，この建築の模倣がこの後，アメリカ国内だけでなく，世界各地に伝播してゆく。それは先にも述べたように，後にディズニーランドやマクドナルドといった，最もアメリカ的なブランドが，日本やフランスなど世界各地を席巻してゆく現象とほとんどパラレルなものであった。

ところで私はいま，この「シーグラムビル」をミースの傑作と書いたが，正確に言えばそれは不十分な表記である。というのも，これはミースとともに，フィリップ・ジョンソンの作品でもあるからだ。「モダン・アーキテクチャー展」を開いた功績を思い出して，比喩的に言っているのではない。実際にこの「シーグラムビル」は，ミースとジョンソンの協同設計によるものなのである。

ジョンソンは，建築家としてスタートを切って10年ほどで，この傑作をミースとともに完成させた。それはキュレーター時代に企画した彼の夢想の完璧なまでの実現であり，念願の「アメリカ様式」の完成とも言えるが，同時にジョンソン自身が加担したナチズムによって故国を追われた，ミースとなし得た成果であったことを忘れてはならないだろう。ナチスに加担した後，グロピウスをアメリカに紹介し，かつそのもとで建築を学んだという事実とともに，ここにはジョンソンというアメリカ人の性格がよく表われている。

もちろん彼の偉大な日和見ぶりはこれにとどまることはない。すでに触れたように，この後の現代アメリカ建築は，こうしたジョンソンの「気紛れ」に，ますます翻弄されることになるからである。

C——抵抗の時代

❶——ヴェンチューリの登場

戦後，アメリカ建築は，ジョンソンの思惑通り，インターナショナル・スタイル一色に染まった。1958年には，グロピウスとピエトロ・ベルスキによる有名な「パンナムビル」が，グランド・セントラル駅の真裏にできあがっている。もちろん，50年代のアメリカではこうした鉄とガラスの箱ばかりがつくられていたわけではない。例えば59年にはライトの最後の作品というべき「グッゲンハイム美術館」がマンハッタンに完成している。それは全体が貝殻のような渦巻き状のものであり，晩年のライトの神秘主義的宇宙観を表象する作品であった。

しかしライトのそれは，戦後のアメリカ建築全体からすれば，あくまでも例外というべきものだった。少なくとも50年代，アメリカ建築は完全にインターナショナル・スタイルに埋め尽くされていたに近い状況だったからである。アメリカの都市は，ガラスと鉄の「匿名の箱」にほとんど占領されたのである。

この状況が揺らぐのは，1960年代にロバート・ヴェンチューリが登場した時以降のことだ。ヴェンチューリの理論はこうした潮流に一撃を加えた。しかしそれは唐突に出現したわけではない。1960年代ともなると，ガラスと鉄の退屈さに，人々はそろそろ飽き始めてもいたからである。時代もヴェンチューリに味方したというべきか。60年代のアメリカはケネディ暗殺の悲劇の後，わずか1年ほどで北ベトナムへの爆撃が始まり，さらに暗い時代へと突入していた。そのため既成の権力に反対する風潮が，社会全体に表われていた。ヒッピーやドロップ・アウトが叫ばれ，そのような「抵抗精神」が時代全体を包み始めたのである。

ヴェンチューリの登場も，ちょうどこの時代の雰囲気と同調するものであった。彼は何よりも，果敢に体制，つまりこの場合はミースに代表されるインターナショナル・スタイルに抵抗した。例えば彼は，66年にMoMAから出版した『建築の多様性と対立性』において，ミースに挑戦状を叩きつけている。ヴェンチューリはこの本の第2章で，ミースの言う「Less is more」，すなわち「より少ないことはより多いことだ」をドグマとしてわざわざ取り上げ，それに対して自らは「Less is bore」，すなわち「より少ないことは退屈なことなのである」とやり返している（ヴェンチューリ『建築の多様性と対立性』鹿島出版会，1982）。

つまりヴェンチューリがこのときに抵抗したのは，ミースの唱える普遍主義に対してであった。ミースのような普遍主義者は，1つの純粋

❺ R.ヴェンチューリ「母の家」（1963年）［ポストモダニズムの先駆的作品］

な「理想」を追う。しかしそのような「理想」などというものはそれ自体ですでに怪しげではないか。真理は決して1つではない。事態はもっと「複雑」で「多様」なのだ。ヴェンチューリがこのときに主張しようとしていたのは，およそそのようなことがらである。これは後に，1980年代になって明らかになるポストモダニズムを早くも先取りしていた言説といえるが，その実践としての彼の作品の方は，必ずしもこうしたプロパガンダほど刺激的なものではなかった。

ヴェンチューリの代表作である「母の家」は，彼の生まれ故郷フィラデルフィアのチェスナットヒルに63年に完成している。「母の家」と題されているように，これは彼自身の母親の家であった。正面から見るかぎり，それは切り妻屋根を持つ典型的な家に見える。しかし家の背後にまわると，その切り妻の家型は「看板」であることがわかる。また建物正面は中央の切り込みと煙突とがズレることで，左右対象が微妙に攪乱され，非対称性と複雑性が極めて微妙に表現されている。

ヴェンチューリは建築の機能を記号として表し，それとともにある種の多元性もここで表現しているわけだが，しかしいま問題にしたいのはそのことではない。問題はこれがヨーロッパの古典主義建築などから巧みに引用しつつ，そ

れと同時にアメリカのフロンティア時代の伝統的な民家をも思い出させる点にある。つまりここには「ヨーロッパ」かそれとも「フロンティア」かというあの決まり切った二項対立が、1つの作品の中に折り重なっているのである。

❷——「ホワイト＆グレイ」論争

こうした「フロンティア」か「ヨーロッパ」かという問い掛けは、1960年代半ば以降、ヴェンチューリとはまた違う方向からも表れる。それはヴェンチューリに対抗する格好でニューヨークに登場してきた「the Five」であった。そこにはピーター・アイゼンマン、マイケル・グレイヴズ、リチャード・マイヤー、ジョン・ヘイダック、チャールズ・グワスミイといった、いま思えば後のアメリカ建築の旗手となる錚々たる5人の建築家が参加しているのだが、彼らは72年にMoMAで開かれた展覧会で世間に知られるようになり、やがてヴェンチューリの仲間たち、ロバート・A. M. スターンやチャールズ・ムーアらと「ホワイト＆グレイ」という論争を巻き起こすことになる。

アイゼンマンらニューヨーク派は、別名「ホワイト派」とも呼ばれたが、それはその建物が「白く塗られている」ことに由来していた。彼らの「白」はモダニズム初期のコルビュジエなどを思い出させるとしばしば指摘されるが、モダニズムといってもこの場合は、もちろんヨーロピアン・テイストのモダニズムの「白」のことである。それはル・コルビュジエが強迫観念のようにとらわれていたあの純粋さとしての「白」だった。

それに対してスターンらの一派は「グレイ派」と呼ばれた。グレイ派の代表的な建築家はスターンのほかに、65年にカリフォルニアに「シーランチ・コンドミニアム」をつくったチャールズ・ムーアがいた。ムーアのこの作品は、外観を見るかぎり、アメリカの荒野の民家を思わせる。つまりグレイ派の作風には、ヴェンチューリもそうだったように、どこかフロンティアを思い出させる懐かしさがあった。

つまりこうした「ホワイト」と「グレイ」の対立も、結局はアメリカに深く根ざす「ヨーロッパ」か「フロンティア」かという対立の中に回収されてゆくのである。これは既成の権力となったインターナショナル・スタイルに抵抗するかたちで発生したものの、それはついにジョンソンが「モダン・アーキテクチャー」展で行ったような「新しいアメリカ」を見つけ出すには至らなかった。

もっともジョンソンは、当時どちらかといえば、こうした新しい論争には好意的だったようだ。シュルツの伝記によると、ジョンソンは「ヴェンチューリの重要性を認めていたので、MoMAからその本が出版されるのを支持した」し、また「ヴェンチューリやスターン、アイゼンマンやその他のメンバーが何をやっているのかを知っていた」という。ただしジョンソンは「その議論には関心を持ったが、実際にできた彼らの作品にはあまり感心しなかった」とも伝記にはつけ加えられている（F. Schulze, *Philip Johnson*. Univ. of Chicago Press, 1994）。

いずれにしてもここで重要なのは、ヴェンチューリの理論が先にも触れたようにポストモダニズムという新しい潮流を先取りしていた点である。なぜなら60年代半ばには早くもそれを評価したジョンソンは、後にこれを自分のスタイルとして実践に移すからである。

D——フィクサー

❶——AT＆Tビル

　1970年代のアメリカ建築は，長く大きな混迷に陥っていた。どこからも新しい動きが見えてくる気配はなかった。1つだけはっきりと言えたのは，インターナショナル・スタイルが行き詰まりになっていたということである。

　その中で，またしてもこうした状況に大きな口火を切ったのはフィリップ・ジョンソンであった。事態は1978年に，ジョンソンがAIAのゴールドメダルを受賞したことに始まる。授賞の理由がインターナショナル・スタイルへの先駆性に対するものであるのはジョンソン自身も認めている。しかしこのゴールドメダル受賞の翌年，驚くべきことが起こった。彼はどう見ても古典主義的容貌の建築デザインとしか思えない自身の新作の「AT＆Tビル」の模型を，79年1月8日号の『タイム』誌の表紙写真で衆目にさらしたのである。

　表紙には新作の「AT＆Tビル」の模型を持つジョンソン自身が写っている。スーツ姿の彼は，その上にコートを羽織って，模型を両手で掲げている。しかもその模型は，今も述べたように，インターナショナル・スタイルとはほど遠い，古典主義的なスタイルを標榜する作品である。頂上部は切り妻で，その一部が丸く切り取られている。シュルツはこの写真の意味するものが「モーセの十戒のメタファーであることは明らかだ」と先の伝記の中で書いているが，それは一方で，新しい潮流であるポストモダニズムが，ついにアメリカでも大きな位置を占めるようになったという宣言でもあった。

　ポストモダニズムは，1977年にイギリスで出版されたチャールズ・ジェンクスの著書『ポスト・モダニズムの建築言語』で使われたのがかなり早い段階のものとされている。もちろん，ジェンクス自身も同書で言うように，このことばは建築というよりも，「まずはじめに芸術の分野で広く出回ったもの」であった。「1976年頃から，正統派のモダニズムに対抗する最近の傾向を表すのに適切なことばとなって」，「ニューズウィーク誌やそのたぐいの雑誌に記載されてから，このことばはやたらと出回り，国際様式のあの直方体とは様相を異にするあらゆる建物を言い表すのに使われた」という。だから建築が最初というわけではないのだが，それにしても彼の本は建築においてその最も早い例として，大きな位置を示すものである。しかし肝心のその定義となると，「ポスト・モダニズムの建築とは，もし手短な定義が求められるなら，一度に少なくとも2つのレベルで語りかける建築ということになるだろう」という，いま思えば実に大雑把な見解であった（ジェンクス「ポスト・モダニズムの建築言語」エーアンドユー社，1978）。

　ジャン＝フランソワ・リオタールの『ポスト・モダンの条件』という良書はあるものの，ポストモダニズムの定義はいまだにはっきりと定まらず，混乱したままの様相を呈している。だが，少なくとも私たちは，それを多元的という視点でいったんは認めたうえで，このジョンソンの「AT＆Tビル」（ジョン・バギーと協同）を，それよりも2年前の82年に完成したマイケル・グレイヴズによる「ポートランドビル」とならぶ，世界的な意味でも先駆的なポストモダニズムの代表作の1つとすることができる。

　とするならば，ジョンソンはここで，またしても，ミースを裏切ったことになる。いや，自身が唱えたインターナショナル・スタイルを，AIAのゴールドメダルを堂々と首から下げながら，自身で自身を裏切ったとしてもかまわない。それとともに注意すべきは，ジョンソンの

❻ P.ジョンソン/J.バギー「AT & Tビル」（1984年）[ポストモダニズム建築の代表作]

中にも，こうした「AT&Tビル」のようなヨーロピアン・テイストの古典への志向が潜んでいたという点だろう。しかし考えてみれば，このような矛盾もまた偉大なオポチュニストのジョンソンゆえにとするべきなのかもしれない。

当時80歳になろうとしていたジョンソンは，このときすでに現代アメリカ建築界の「教祖」的存在であった。キュレーター，建築家，歴史家，プロパガンディストと，本人も認めるところも含めて彼にはいろいろな顔がある。だが最もふさわしいのは，「オポチュニスト」，いや「フィクサー」という呼び名ではあるまいか。フィクサーとは文字どおりの「黒幕」という意味だが，しかしそこには「ひっかきまわし屋」の黒幕という形容詞も含めていい。

❷——ジョンソンとデコンストラクション

そのフィクサーとしてのジョンソンの辣腕ぶりは，84年の「AT&Tビル」によるポストモダニズムの転倒劇では足りなかったのか，80年代後半には，もう1つ別のイベントとして表れた。88年の6月23日から8月30日にかけて，ジョンソンが展覧会のディレクターを務めた「デコンストラクティヴィスト・アーキテクチャー」展がそれである。舞台はまたしても，あのMoMAであった。

同展ではアメリカからはフランク・O.ゲーリー，ピーター・アイゼンマンらが，その他の国からはダニエル・リベスキンドやザハ・ハディドらが出品し，世界の建築の新しい潮流を発信しようとする企画であった。もともとこの展覧会の言葉の由来は，当時大流行だった哲学者ジャック・デリダの「デコンストラクション（脱構築）」から来ている。つまり建築における「脱構築」という傾向を，建築界の新たな潮流として仕掛けようとジョンソンはこのとき，もくろんでいたわけである。

私の手元にその展覧会のカタログがあるが，それを見ると確かにそこに収められた作品には，建築の構築性を転倒させようとするさまざまな試みが提示されていて興味深い。その反面，それよりももっと興味をひかれるのは，例えばゲーリーに明らかな反構築的な作風である。このカタログにはゲーリーの代表作で，79年にロサンゼルスにつくられた「ゲーリー自邸」の模型が載っているが，実際にこの建物では，波型亜鉛鍍鉄板や外構用の金網などのいくつもの素材，あるいは形態が混在し，衝突している。これは脱構築というよりも，どう見ても「ぶっ壊れた」建築なのだ。しかしこの破壊性はかつての「フロンティア」か「ヨーロッパ」かという問いとも，さらには「インターナショナル・スタイル」に見られた「アメリカ」ともまったく異なるものである。にもかかわらず，私たちはこのゲーリーの提出した行き場のない「空虚感」を前にして，ここに20世紀末「アメリカ」を感じないわけにはいかないのだ。

この展覧会が終わって，90年代に入ると，ジョンソンの思惑通り脱構築ブームが世界中に伝播した。ジョンソン自身も90年の「シートン・ヒル美術大学」などで，自分でも脱構築的

な作風を計画している。しかし数年もすると，デコンストラクション・ブームは嘘のように消えてなくなった。そしてそれ以降から21世紀の現在に至るまで，なぜか建築界の新しい動向は必ずしもアメリカ発とはかぎらない状況になっている。

20世紀の終わりになると，現代建築の動向は，観念的な思想より，単純なミニマリズムの美学へと大きく傾いていった。これをモダニズム・リバイバルと見なす人は多いが，それをあたかも暗示するように，その注目すべき作品は，それまでと大きく違って，アメリカでなく20世紀前半においてモダニズムのメッカであったオランダやフランス，スイスといったヨーロッパ圏で再び生産されている。むろん95年9月21日から96年1月2日までMoMAで開催された「ライト・コンストラクション」展（オーガナイザーはテレンス・ライリー）のように，ミニマリズムの取りまとめ役は相変わらずアメリカが担っているが，しかしこれまでのようにアメリカが独自に生産し，かつ仕掛けるという状況には必ずしもなっていない。

一方，ジョンソンはといえば，93年に「ベルリン・オルターネイティヴ」という作品を計画しているが，それは脱構築でもミニマリズムでもなく，ほとんど表現主義とも評することができるデザインである。その平面は，先も触れた1919年の，ミースによるベルリンのフリードリッヒ街の摩天楼プロジェクトにたいへんよく似ている。これが21世紀に向けての，ジョンソンの新たな変節のはじまりだったということなのだろうか。

このようにフィリップ・ジョンソンを縦軸にしつつ，アメリカの20世紀を眺めてきて，私たちはフィリップ・ジョンソンとは誰なのかと，ここで今一度問い掛けたくなる。どこに彼の真実があるのかと。

しかしこの問い掛けは，それ自体が不毛であるのはいうまでもない。私たちはジョンソンという人物の中に，1人の固定された人間像を見るべきではないからだ。そこにはもともと確たる「誰も存在しない」のである。

その都度に自身を変節し，その変節を都合のいいように修正しながら，そのたびに状況を揺り動かす立案を行うキュレーターとしてのジョンソンがいる。そうかと思えば，それを著述にし，体系化する歴史家としてのジョンソンもいる。さらに私たちは，その理念を実践する建築家ジョンソンのこともすでに知っている。

それらすべてがフィリップ・ジョンソンという人物なのだ。多様で複雑で，矛盾に満ち，分裂している。それがフィリップ・ジョンソンであり，同時に現代アメリカそのものなのである。私たちはジョンソンという建築家をよくよく眺めることで，そこに20世紀のアメリカ建築と，20世紀のアメリカが凝縮されていることに気がつくはずである。

■参考文献

磯崎新「フィリップ・ジョンソン——現代のトリック・スター」（『a+u』1979年6月臨時増刊号『フィリップ・ジョンソン作品集』所収），エー・アンド・ユー社.

ヴェンチューリ，R.（伊藤公文訳）『建築の多様性と対立性』鹿島出版会，1982.

ジェンクス，C.（竹山実訳）「ポスト・モダニズムの建築言語」（『a+u』1978年10月臨時増刊号），エー・アンド・ユー社.

ジョンソン，P.「フィリップ・ジョンソンによる自序」（『a+u』1979年6月臨時増刊号『フィリップ・ジョンソン作品集』所収），エー・アンド・ユー社.

ヒッチコック，H.-R./P. ジョンソン（武澤秀一訳）『インターナショナル・スタイル』鹿島出版会，1978.

Johnson, P. and M. Wigley. *Deconstructivst*

Architecture. The Museum of Modern Art, 1998.

Schulze, Frantz. *Philip Johnson*. Univ. of Chicago Press, 1994.

■さらに知りたい場合には

ジョンソン，P./D. ホイットニー編（横山正訳）『フィリップ・ジョンソン著作集』A. D. A. EDITA Tokyo Co., Ltd., 1975.
［講演や論文を集めたもの。ジョンソンの建築思想がよく理解できる。特にモニュメンタリティについての文章は，建築の英雄時代が去ったとされる今日，再読すべき意味を持つ。］

バーガー，P. G.（渡辺武信訳）『摩天楼』鹿島出版会，1988.
［アメリカにおける摩天楼の歴史を丹念に描いている。建設されることのなかった夢想的な案にも言及している。ミノル・ヤマサキの「ワールド・トレード・センター」への評価は厳しい。］

ライト，O. L.（遠藤楽訳）『ライトの生涯』彰国社，1977.
［ライトの身近にいた人によるライト伝。晩年のライトが神秘思想に傾いていったことがわかって，いろいろな意味で興味深い。］

86 | 住宅
American Houses

八木幸二

アメリカの戸建て住宅の90％以上は木造だといわれていて，そのほとんどは日本でいうツーバイフォー構法（アメリカではプラットフォーム構法と呼ぶ）で建てられている。その背景としては，北米の豊かな森林資源と単純な構法の普及があった。構法が単純化していった原点には，産業革命による工作機械の発展や広い国土での運搬性などとともに，新天地を切り開いた人たちの合理性がある。良い仕事を求めて移動することが多いために，汎用性のある住宅平面が求められ，自分で手入れをして価値を保ち，必要に応じてより大きな家を手に入れるのは日常的である。日本のように自分たち家族のための特別なものではない。特別な思い入れよりは，合理的で広い家が求められ，安くて素人にも扱いやすい木造が普及したのである。開拓時代から現代に至る住宅様式の変遷と，その様式を生んだ生活のあり方を探る。

A──植民初期の住宅

❶──東部のイギリス系コロニアル住宅

　植民の初期段階では，簡単に家を建てることが必要であった。1620年末にプリマスへ到着したピルグリム・ファーザーズの家の復元を見ると，木造軸組にわら葺きや柿（シングル）葺きの屋根で，壁は土壁を下見板で覆い，煙突が付いた暖炉があり，ニューイングランドの寒さに対応していたことがわかる（写真①）。イギリスから入植してきた人たちの多くは，まず1室のみのホール型住居を建てた。ホールと呼ばれた部屋の壁には石の暖炉があり，料理に使った火の残りは寒い夜の採暖を兼ね，暖炉と煙突は部屋の中にゆっくりと輻射熱を放っていた。やがて余裕ができると暖炉を挟む形で2室目を造り，居間や客間としてのホールと食堂や台所としてのパーラーが分離して，ホール＆パーラー型の住宅が多くなった。もう少し広くしたい場合には裏側に奥行きをとってケープコッドハウスと呼ばれるタイプの家になり，ホール＆パーラーが二階建てになるとⅠ型と呼ばれる4室型の住居になる。より大きくするためにⅠ型の裏に下屋（リントウ）を増設するとソルトボックスとかキャッツスライドと呼ばれるタイプになる（写真②）。

❷──南部のイギリス系コロニアル住宅

　1607年にイギリス人が住み始めたヴァージニアのジェームズタウンに再現されている家は，木造軸組に土壁を塗ったわら屋根で，土間の囲炉裏からの煙は当時のイギリスの農家と同様に屋根の隙間から出るようになっているタイプと，妻壁に土でできた煙突があるものがある。

❶左上｜ピルグリム・ファーザーズが建てた家の復元 [マサチューセッツ州プリマス]
❷左下｜ソルトボックス・タイプの家 [1687年頃, ロードアイランド州ジョンストン]
❸上｜煙突が壁の外側にある, 南部のれんが造住宅 [17世紀前半, ヴァージニア州ノーフォーク]

北部の商工業に比べ, ヴァージニア以南の南部では, タバコ, 麦, 綿花などのプランテーション農業が経済の基盤であり, 奴隷や新規移民を雇って大農園を築いた人たちは, 本国イギリスの荘園邸宅（マナーハウス）にも劣らぬレンガ造の大邸宅を建てるようになった。南部でれんが造が多いのは, ヴァージニア移民はもともとが裕福な人たちが多かったのと, 南ではれんがを造るのに適した土やモルタル用の石灰が入手しやすかったこともあるが, 南部の湿度やハリケーンに対して強いことも挙げられる。

中流以下の住宅では木造が多く, れんが造であれ木造であれ, 南部では煙突が壁の外側に出ていることが多いのは（写真❸）, 室内に熱を取り込む必要が少なかったためである。また, 部屋数が増える場合に, 風通しを考えて奥行き方向に建て増さないで部屋を横並びに増やしたり, 時には別棟として回廊で連結した。また, 半地下を設けたり高床にすることによって主要階を高く上げ, ポーチと呼ばれるベランダを造ったのも暑さと湿気への対策であった。

❸——ハドソン川沿いの オランダ系コロニアル住宅

オランダからの入植者達はハドソン川に沿って商業と農業を主とし, イギリス系に同化していった過程で, オランダの影響を残していった。オランダ系移民といっても, その背景は複雑で, フランダース（現ベルギー沿岸部とフランスの北部）やフランス, あるいはヨーロッパ内陸部から一時期オランダに避難していたプロテスタントであった。

オランダ植民地の住居は都市型と田舎型に分けられる。都市型は当時のアムステルダムのように, れんが造で, 切り妻屋根の建物の妻側に入り口があり, 道路側には模様積みのれんが壁が, 三角や階段状の屋根型を誇示するように建っていた（写真❹）。都市でも敷地に余裕があると, 妻入りではなく平側に入り口を設け, 庭

❹左｜模様積みのれんが壁が特徴的なオランダ風住宅 [18世紀初期，ニューヨーク州オールバニ郊外]
❺上｜駒形切り妻屋根と反り屋根が組み合わさった住宅 [18世紀前半，ニュージャージー州]

から入るものもあった。

田舎型の場合，れんがより石が多く用いられたのは，フランダースや他のヨーロッパの影響である。また，屋根型には，切り妻以外にオランダの田舎で見られた駒形切り妻屋根（ギャンブレルルーフ）と，フランダースの特徴といわれる反り屋根（フレアドルーフ）があった。駒形にしたのは屋根裏の収納や小部屋の天井を高くするためであり，反り屋根にしたのは軒先の高さを確保するためであった（写真⑤）。

勝手口の扉には，オランダ式と呼ばれる上下2枚に分かれたドアが用いられ，下部を閉じて家畜の侵入を防ぎ，上部だけ開けて風通しや採光を確保できた。また，玄関口の外側にベンチが造り付けられ，編み物をしながら通る人とのコミュニケーションができるようにしたのもあり，実用的なオランダ人気質がうかがわれる。

❹──デラウェア川沿いの ドイツ系，北欧系コロニアル住宅

17世紀後半に，デラウェア川流域（ペンシルヴェニア，ニュージャージー，デラウェア，メリーランド）に入植したのは，イギリス系以外ではドイツ系が最も多く，スウェーデン，フィンランド，スイスなどからの人々もいた。

ヨーロッパの森林地帯から来たこれらの人々は，最初はそれぞれの出身地におけるかつての自分たちの家のように，木造の丸太小屋やハーフティンバーと呼ばれる太い軸組の家を建てた。余裕が出てくると，かつての故郷の領主たちや裕福な人たちのように石造の家を建てるようになった。

ドイツ風の石造住居は，傾斜地では一部を地面に食い込ませるように建てて，地中の熱容量を利用し，冬暖かく夏涼しいようにし，川沿いでは水も引き込んで天然冷蔵室を造っていた。平地では，イギリス系のホール＆パーラーやI型住宅のように単純な切り妻屋根だが，壁は厚

❻傾斜地に建てられたドイツ風石造住宅 [18世紀前半，ペンシルヴェニア州バーズボロ]

❼リンカンが育った丸太小屋の復元［19世紀前半，ケンタッキー州エリザベスタウン郊外］

❽2室の間がベランダになったドッグ・トロット型丸太小屋［1832年，イリノイ州ニューセイラム］

い石造で，窓の上にはペントルーフと呼ばれる庇が横長についていることもある（写真⑥）。

❺──丸太小屋住宅

東海岸の植民地のように集団で移民してきたときには，大工職人もいたり，道具を船に乗せてきていたりしたが，山間部や西部へ植民した人たちは技術も道具も不足していて丸太をそのまま井桁に積み上げてログキャビンを造ったり，日乾し煉瓦や，芝土ブロックを積み上げたりしてとりあえず住めるような家を造った。

丸太小屋（写真⑦）で生まれた大統領としては，第16代のリンカンが有名だが，第7代のジャクソン，第12代のテイラー，第13代のフィルモア，第15代のブキャナン，第20代のガーフィールドも丸太小屋で生まれていて，一時期丸太小屋で生まれたことを選挙宣伝に使うこともあった。貧しい住まいの象徴のようだが，厚い木造壁なので，住み心地は悪くはない。

地理学者のT. G. ジョーダンは，アメリカの丸太小屋の伝統について，主に3つのルーツを挙げている。その1はスウェーデン，フィンランドを主とする北欧で，1630年代にデラウェア側流域に移住した北欧系の人たちのもの。その2は東ヨーロッパを起源とするもので，現在のチェコ，ポーランドからドイツ東部にまたがる森林地帯から，18世紀中頃にペンシルヴェニアに移住した人たちのもの。その3はスイス，オーストリアの山岳部を起源とするもので，1710年頃からアメリカ各地に持ち込まれた。

このほかに，東部イギリス系植民地ではイギリスの丸太小屋の伝統が持ち込まれ，西海岸ではアラスカ経由でロシアの丸太造りが，中部平原にはウクライナ地方の影響も見られるという。

一番単純な平面形はシングルペンといわれる一室型で，切り妻屋根の一方の妻壁に暖炉と煙突がついている。二室型，三室型，中央がベランダになったドッグ・トロット型（写真⑧）などがあり，2階建てもあった。

❻──ミシシッピ川沿いのフランス系コロニアル住宅

1700年代はじめにミシシッピ川沿いに移住してきたフランス系の人たちは，フランス領カナダ，フランス本国，西インド諸島などから異なった背景を持ち込み，冬の寒さが厳しい上流からメキシコ湾に注ぐ暖かい下流域まで，変化に富んだ住居を造った。

北部では，壁が厚く窓の小さい，急勾配の寄

❾フランス系カナダ人が建てたケージャン住宅［18世紀末，ルイジアナ州］

❿ギャラリーが特徴的な南部の都市型建物［1840年，ルイジアナ州ニューオーリンズ］

せ棟屋根であったが，ルイジアナでは壁が薄くなり，窓や扉を大きくし，周囲に深い庇を出しギャラリーと呼ばれる日陰の回廊を造った。また，西インド諸島を経てきたフランス系の人たちは，石造の1階の上に木造のギャラリー付き住居を載せて，より風通しの良い家を建てた。ルイジアナへ移住してきたフランス系カナダ人は，片側にギャラリーのある切妻屋根住宅を建て，ケージャン住宅と呼ばれた（写真❾）。

建築素材としては，ブルターニュの石造やノルマンディーの木造のように，初期の入植者は出身地の伝統を持ち込み，カナダでは石造，ルイジアナでは木造が多い。

都市部では2階建て3階建てになり，ギャラリーは道路側と裏側や中庭にも付くようになった（写真❿）。

❼──南西部のスペイン系コロニアル住宅

新大陸が発見されるや，まず中南米に進出したスペイン人は，より多くの黄金を求めて北進した。フロリダ半島のセントオーガスティンには，ヴァージニアやプリマスのイギリス系入植地よりも早く，1565年にスペインの軍事拠点が設立された。1588年にスペインの無敵艦隊がイギリスに敗れてからは，メキシコから北上したスペイン人がテキサスからカリフォルニアに至る南部の乾燥地帯に定住していった。

セントオーガスティンに再現されている家は，土壁の木構造や，セメントで貝殻や小石を固めた壁構造であり，白い石灰を塗った壁と木製の出窓がスペイン的である（写真⓫）。

スペイン的な住宅は中庭形式が多く，門を入るとまず庭があり，直線的に部屋が並んだ主屋と，炊事小屋，家畜舎，倉庫，井戸などが庭を囲んでいる。乾燥地の暑さ対策は風通しよりも日陰が大切で，ロッジアと呼ばれる回廊が，中庭の周りや，道路側に造られることが多かった。回廊の日陰は屋外の生活空間であり，ロッジアの列柱には馬を繋いだりした。

造りは，スペイン的に石や土の壁に木の梁や垂木を架けていることが多いが，イギリス系の影響を受けて木製の回廊を造ったり，1階がス

⓫白壁と木製の出窓が特徴的なスペイン風住宅［1740年，フロリダ州セントオーガスティン］

⓬ ジョージアン様式の住宅 [1748年，ロードアイランド州ニューポート]

⓭ フェデラル様式の住宅 [19世紀前半，マサチューセッツ州セイラム]

ペイン的で2階は木造ということもあった。

カリフォルニアに多かったのは，ミッションと呼ばれる，宗教的・軍事的拠点で，教会，宿坊，食堂，兵舎，貯蔵庫，などが中庭を取り巻き，外部に対しては小さな窓しかなく閉鎖的であった。白いスタッコを塗った壁や，教会の屋根，鐘楼，などが特徴的で，ミッション・スタイルと呼ばれる建築様式をつくり出した。

B ステータスとしての建築様式

❶ ジョージアン様式

出身地の伝統的な家造りを踏襲したコロニアル住宅の時代を経て，庶民の住宅にもルネサンス・スタイルを中心とした様式建築が取り入れられるようになってきたのは，生活が安定してきた証拠であった。植民地としてのコロニアルの終焉は1776年のアメリカ独立であり，建築のスタイルとしては地域や文化圏によって異なるが，カリフォルニアが併合された1848年あたりまでを含む。

初期の様式建築といえるのは，東海岸で1700年頃から1780年頃まで流行したジョージアン様式である。イギリスでロンドン大火(1666年)の後ジョージ1世から4世の頃に流行していたスタイルで，ルネサンス様式のイギリス版であった。

当時のコロニアル住宅の基本であった，ホールとパーラーの間に廊下がある2階建てのI型住宅では，中央玄関の上や左右の窓に，三角のペディメントやコーニスを付加したり，下見張りの壁の両端を隅石状にするだけでジョージアン様式らしくなるので，大いに流行し，コロニアル住宅の集大成のようなイメージとなった(写真⓬)。

❷ フェデラル様式

13州の連邦(フェデレーション)による独立後，ヨーロッパやイギリスとの貿易により資産家が誕生するようになり，ジョージアン様式よりもより立派に見える建築様式が求められた。19世紀初頭のイギリスでも簡素な初期ルネサンスよりもより壮麗に見える後期ルネサンスや古典(ギリシャ，ローマ)を範とする新古典主義が始まっていた。

アメリカにおける新古典は，時期によってフェデラル様式と，グリーク・リバイバル様式に二分される。1780年頃から1830年代頃までに流行したスタイルをフェデラル様式と呼び，イギリスでのアダム様式とリージェンシー様式に相当する。ホワイトハウスはフェデラル様式で

あり，中央にあるポルティコ（列柱玄関）が特徴を示している。また，玄関扉の上の半円形や半楕円形の窓とかオーバルルームと呼ばれる楕円形の部屋などもフェデラル様式の特徴であり，後期ルネサンスの流れである（写真⑬）。

❸──グリーク・リバイバル様式

1783年のパリ条約で正式にアメリカの独立が認められたとはいえ，1812年からの第2次米英戦争もあり，イギリスを範とする風潮は下火になった。さらに1812年にはトルコからの独立を目指してギリシャ独立戦争が始まり，民主主義の原点ギリシャに対する評価が高まっていた。折しも，ワシントンの政府関係建築物を建てる時期も重なり，多くの公共建築に，ギリシャ神殿の正面のようなギリシャ式列柱が採用された。

古代ギリシャ建築を範とした公共建築の影響は住宅にも現れ，1820年代から1860年代まで流行した。その特徴は，完全な神殿風のポルティコが付いたものから，表層的なファサードのみとか，玄関扉の周りのみといったものまでさまざまであった（写真⑭）。

C──大衆社会における様式の部品化と量産化

❶──パターンブックによる様式の大衆化

アッシャー・ベンジャミンが1797年に出版した『地方ビルダーの手引き』はアメリカで最初のパターンブックといわれ，1806年出版の『アメリカン・ビルダー・コンパニオン』は1827年までに6版を重ねた。こうした図解本のおかげで，地方の大工や素人でも，ジョージ

⑭グリーク・リバイバル様式の住宅［19世紀後半，ロードアイランド州ニューポート］

アン，フェデラル，グリーク・リバイバルなどのデザイン要素を簡単に取り入れることができるようになり，やがて，地方の大工や家具職人は木製で様式のエレメントを造るようになり，製材所（ミル）からの板（ボード）で造ったという意味でミルボード・グリークなどという呼び方もされた。

❷──工業化構法の発達

西部開拓からゴールドラッシュと，19世紀のアメリカでは移民が急激に増えつづけた。ヨーロッパで始まった産業革命の波が東海岸から五大湖周辺の北東部に波及し，家造りの中心となる木材供給でも合理化が始まった。1930年頃ミシガン湖周辺には多くの製材所があり，板厚を標準化して$2\frac{1}{4}''$厚に製材し，それを建築の軸組に使うという方法が始まった。

製材に帯ノコを使うようになったので一気に同じ寸法の加工ができるようになったのと，釘を針金から量産する機械ができたという技術革新のたまものである。それまでの柱材と比較すると2インチは薄すぎるが，部材同士を釘で接合するのにはちょうど良い寸法であり，柱梁による伝統的な軸組構造から間柱状の細い柱によるフレーム構法への変換点であった。あまりにも華奢で風船みたいだということからバルー

⓯ ゴチック・リバイバル様式の住宅［1846年，マサチューセッツ州ニューベッドフォード］

⓰ イタリアネート様式の住宅［1779年，ニューハンプシャー州マンチェスター］

ン・フレーム構法と呼ばれるようになった。

箱状の家を簡単に造れるようになっても，家としてのイメージも大切で，さまざまな様式の部材を箱に取り付けることで，様式の多様化と大衆化が進むことになった。ロマンティック・リバイバルといわれる一連のリバイバルやヴィクトリアン・クイーンアン様式は，こうした時代背景のもとに開花した。

❸──ゴチック・リバイバル

18世紀後半にイギリスで始まっていたゴチック教会や城のようなスタイルで，アメリカでは，中西部の篤実な農家の小住宅に適したスタイルとして，1840年頃から1880年頃までによく建てられた。

全体としては，構造の骨組みを細く強調するのが特徴であり，屋根は急勾配のとんがり屋根で，ゲーブル（破風）の頂部にはフィニアルと呼ばれる尖棒が付き，細かく透かした破風飾りや，縦長でアーチ状の窓など，宗教的な崇高さを感じさせるエレメントが多い（写真⓯）。

❹──イタリアネート

ゴチック・リバイバルと同じく18世紀後半にイギリスで始まったスタイルで，それまでの古典的な様式に対して，非対称でインフォーマルな形態が好まれるようになった。イタリアの荘園邸宅をモデルにしたもので，アメリカでは，ゴチック・リバイバルとほぼ同じ時期1840年頃から1885年頃まで流行した。

特徴としては，軒やポーチを支える形の持ち送り（ブラケット），窓の上や周りに付く小庇（フード），屋根の上に突き出した小部屋や展望台（キューポラ），建物の一部が高くなった塔などである（写真⓰）。主に木でできたブラケットはその繰り返しがリズムを生み，フードは窓をより深く感じさせた。キューポラや塔はイタリアの貴族が自分の荘園領地を眺めるためのもので，アメリカでは展望室や子供部屋などとして使われた。

❺──オクタゴン

イタリアネートの特別版とでもいえるタイプで，8角形のプランを基本としている。1853年にニューヨークの骨相学者オーソン・ファウラーが『万人のための八角形住宅』という本を出版し，建材と暖房費の節約や採光，通風の良さを説き，健康的な住まいとして，1860年代までブームとなった。

中央に八角形のキューポラをそびえさせることが多く，ブラケットとともにイタリアネート

⓱オクタゴン・タイプの住宅［19世紀中頃，ミシガン州マーシャル］

⓲スティック・スタイルの住宅［19世紀中頃，ロードアイランド州ニューポート］

の特徴を顕著にそなえている。なかにはイスラム風のドームや塔が付いているものもあり，当時アメリカで流行した異国趣味エキゾチック・リバイバルの一種でもあった（写真⓱）。

❻── 第2帝政様式
　　　（セカンド・エンパイア様式）

1852年に始まったナポレオン3世の第2帝政時代，パリの大改造が行われたときに，建築家マンサールが普及させた台形屋根を，彼の名にちなんでマンサード屋根という。この屋根形式が1860年代にアメリカでも普及した。特徴は，屋根裏部屋を広く使えるようにした急勾配の台形屋根で，その上端と下端にコーニスがめぐり，急勾配の屋根にドーマー窓が付いている。戸建て住宅では四周をドーマー屋根にすることが多かったが，連続住宅ではパリと同じく道路側だけであった。

❼── スティック・スタイル

ハーフティンバー構法と呼ばれるヨーロッパの木造住宅では，柱，梁，筋交いなどの構造を表わしている。こうした構造材の表現を，表層として使うようになったのがスティック・スタイルで，建築史家ヴィンセント・スカーリーが

1948年頃つけた名称である。もともとは造り方が単純化されてきた木造住宅の表面的な変化であり，ゴシック・リバイバルからヴィクトリアン・クイーンアンへ至る多様化の過渡的なものといえる。

特徴としては，急勾配の屋根と柱，梁や窓枠の強調，などである（写真⓲）。

❽── ヴィクトリアン・クイーンアン

イギリスのヴィクトリア女王の治世（1837年から1901年までの64年間）は，産業革命

⓳ヴィクトリアン・クイーンアン様式の住宅［1890年，オレゴン州ポートランド］

❷⓪シングルのみを表層材としたシンプルな設計の住宅
［19世紀後半，ロードアイランド州ニューポート］

に成功し世界の海を支配した豊かで輝かしい時代であった。その時代の風潮は進取の気性に富み，自由でかっ達な発想や創造力であった。建築的にヴィクトリアン・クイーンアンとは，イギリスの建築家リチャード・ノーマン・ショーの設計に見られるような，自由で非対称な平面や，ピクチャレスクな立面のことをいう。

パターンブックによって1870年代から1900年代初頭にかけて，アメリカ全土に広がったヴィクトリアン・クイーンアンの特徴は，急勾配で変化に富んだ形の屋根や塔によって強調された垂直性，ベイウインドーやポーチなどをピクチャレスクに用いた非対称で装飾的な立面，その元となっている複雑な平面などが挙げられる（写真⓳）。

また，塗料の発達により，白を基調としながらもピンク，黄，青，緑などの鮮やかな色が用いられるようになり，サンフランシスコの古い町並みはペインテッド・レイディーズ（ペンキぬりの貴婦人）と呼ばれるようになった。

D── 独自のスタイルの探究

❶── シングル・スタイル

装飾過剰なヴィクトリアン・クイーンアン様式の中で，次世代の近代建築への橋渡しともいわれるのがシングル・スタイルである。屋根材であるシングルを壁の部分に装飾的に使うことは当時行われていたが，1870年代から80年代にかけて，リチャードソンやマッキム・ミード・アンド・ホワイトなど当時の一流建築家が，シングルのみを表層材としたシンプルな設計を試みた（写真⓴）。

古くはコロニアル時代から使われつづけているシングルを，アメリカらしい表現手法と認めてシングル・スタイルと名付けたのは，スティック・スタイルの名付け親でもあるヴィンセント・スカーリーであった。

1950年代にはヴェンチューリ，ムーア，グワズミーなどの建築家によってシングル・スタイルの現代的な復活が行われたのも，シングルがアメリカらしい材料として認識されるようになったからといえる。

❷── アーツ・アンド・クラフトとバンガロー住宅

19世紀末にヴィクトリアンのけばけばしさを嫌う傾向が始まり，イギリスを発祥としたアーツ・アンド・クラフト運動がアメリカにも伝播した。工業的手法によって装飾や様式のエレメントを安く簡単に造るのが産業革命以来の流

❷①グリーン兄弟設計による木造住宅［1908年，カリフォルニア州パサディナ］

㉒ライト設計によるプレーリー・スタイルの住宅［1908年，ミシガン州グランドラピドゥス］

れであったが，クラフトマンシップの精緻な仕事を改めて見直そうというものであった。西海岸で活躍した，メイベックやグリーン兄弟などが設計した木造住宅の精緻で優美なディテールなどがその典型である（写真㉑）。

同じ頃，より大衆的なスタイルとしては，バンガロー住宅と呼ばれたものがある。もとはインドの「ベンガル地方の」という意味であり，深い庇が付いた小住宅という程度の意味で，ヨーロッパ各国が植民地で建てた住宅の1タイプであった。

アメリカでは，主に西海岸で，暖かい気候で健康的な屋外生活をどうぞという意味から，住宅販売会社の宣伝用語としてベランダ付きの住宅という程度に用いられた。スイス風バンガローとか日本風や中国風バンガローなどもあり，クラフトマンシップのもつイメージと重なっている。

大草原の小さな家に見るように，開拓時代の住宅にベランダは付き物であり，バンガロー住宅は当時のアメリカ的住宅の典型ともいえる。

❸──フランク・ロイド・ライト

一般のアメリカ人が最もよく知っている建築家はフランク・ロイド・ライトであろう。ヨーロッパの様式建築から解放され，なおかつヨーロッパの近代建築の流れとも距離を保って，アメリカの風土に根ざした設計をした建築家として高く評価されているからである。

1890年代の作品にはヴィクトリアン風の要素や日本風のものもあるが，1900年に入ってからのほぼ10年間に設計した住宅はプレーリー・スタイルと呼ばれ，中西部の平原（プレーリー）に似合う，水平性の強いデザインである（写真㉒）。広い土地に建てるアメリカの住宅にとっては，ギリシャ建築，ローマ建築を原点とする柱の垂直性やゴチックの急勾配な屋根よりも，太陽が昇降するプレーリーに似合う住宅のほうが心地よいのであろう。

E──生産から販売へのアメリカン・スタイル

❶──メールオーダー住宅

1886年に創業したシアーズ・ローバック社は，あらゆる生活用品のメールオーダー販売を手掛けるようになり，1908年には『モダンホーム・カタログ』を作成して22におよぶスタイルの住宅を650ドルから2,500ドルで販売し始め

❷シアーズ・ローバック社のメールオーダー住宅カタログの扉ページ

た（図㉓）。それまで販売していた暖炉や台所セットなども含め，構造材から壁，屋根，窓，釘，金物などすべての部材をキットにして設計図と組み立てマニュアルを付けたのである。購入したのは建て主自身や地方の大工であった。

その形態を見ると，コロニアル，ヴィクトリアン，バンガローなどが主で，ポーチやベランダ，ゲーブル屋根などがデザイン要素になっていて，まさに様式の大衆化であった。シアーズのほかにも何社かがカタログ販売を行い，シアーズだけでも1925年までに3万戸を販売し，1940年に生産を中止するまでに通算10万戸に達したといわれる。

様式の大衆化と通信販売が結び付いたのは，広い国土のアメリカならではである。

❷──プレハブ住宅

鉄やコンクリートを使った近代的な建築生産が住宅にも取り入れられるようになり，この分野でもアメリカらしさが発揮された。それは，工場で造って現場で組み立てるプレハブである。コーカ・アンド・フライのアルミネアー，カール・コッホのエイコン・ハウス，チャールズ・イームズの自邸，バックミンスター・フラーのダイマクション・ハウスなど実験的な住宅が建てられたが，量産として成功した例はほとんどなく，広大なアメリカでは運搬距離が遠いことや，普通の木造住宅より生産コストが高くなってしまうなどの問題から，日本のようには普及していない。

❸──モービル・ホーム

モービル・ホームはプレハブ住宅の一種であるが，安さと移動性に特徴がある。基本的には大形トレーラーのサイズで，建築のための移動性と，引っ越しのための移動性がある。建築のための移動性の場合にはトレーラー・サイズ2つを現場で合体させて1戸の住宅にすることが多い。引っ越しのための移動性を追求したものはトレーラー・サイズ1つのものが多く，自走式のものはキャンピングカーの大形版である。牽引式のものは大形コンテナに車輪が付いたようなもので，定住中は下部にカバーをしておくので土台が高い家に見える。

こうしたモービル・ホームは，都市計画区域外の町外れにあるモービル・ホーム・パーク（写真㉔）に停めて生活するので，土地の税金

㉔町外れにあるモービル・ホーム・パーク［ケンタッキー州パリ郊外］

も安く，移動の多いブルーカラーにとっては便利である。

❹──住み替えのための住宅

1980年代，『ウォールストリート・ジャーナル』が，驚異の日本製品として「車の次はプレハブ住宅か？」と書いたことがある。日本の住宅産業の発展を驚異と感じたようで，MITの建築学科やビジネススクールの先生が調査にやってきたりした。

確かに日本の工業化住宅は生産性だけでなく性能的に優れている点が多い。しかし，細かなことにこだわらないアメリカ人には，日本ではなぜこんなにまで完璧さを要求し，結局は高い製品を買っているのかが理解できない。現実に西海岸へ進出を試みた会社もあったが，日本の半額で家が建つところでは成功しなかった。

自分で増改築や修理をし，ペンキを塗り替えたりして，次の人に良い値で売って，より広い家に住み替えていくというアメリカの生活スタイルには，高度な工業化よりも，適度な人間性のほうが重要なのであろう。

■さらに知りたい場合には

フォーレイ，M. M.（八木幸二他訳）『絵で見る住宅様式史』鹿島出版会，1981.
　［開拓初期の住宅からソーラーハウスまで，320の住宅をすべてイラスト入りで紹介している入門書。公開している住宅のリストも付いている。］

八木幸二『アメリカの住宅建築Ⅰ〜Ⅲ』（Ⅰ．ヨーロッパの伝統，Ⅱ．様式の系譜，Ⅲ．多様化の時代）講談社，1994.
　［各巻500余のカラー写真を使い，アメリカの住宅史を総合的に解説している。］

八木幸二監修・著『アメリカの家』（1, 2）講談社，2001.
　［和田久士の写真でインテリアも多く見られるとともに，家具の歴史もイラスト入りで出ている。］

Walker, L. R. *American Shelter*. Overlook Press, 1981.
　［著者である建築家自身による千枚余のイラスト入りで，アメリカの住宅を簡明に解説している。］

メディア・カルチャー

　大統領選挙，スーパーボウル，アカデミー賞授賞式，……。こうしたイベントが全米に報道されるさまを見ると，アメリカはいかにもメディアによって支えられている社会であると実感させられる。さまざまな出自の人々が寄り集まり，異なる文化がぶつかり合いながら大衆社会を形成しているアメリカにあって，メディアが社会の統合に果たしている役割はことのほか大きい。それは民主主義を支える多彩な意見の表明の場を提供する一方，メディアを通して流される情報をもとに共通の「アメリカ的生活」なるもののイメージを普及させる役割も担った。

　また他方で，自己を主張し他者に効果的にアピールする力は，競争社会アメリカにあって社会を動かす重要な要素であり，そうしたニーズを背景にメディアの表現力も磨かれてきた。政治からエンターテインメントまで，アメリカで鍛え上げられたメディアのコンテンツと表現技法が，日本をはじめ世界に大きな影響を及ぼしている。

87 | テレビ
Television

有馬哲夫

アメリカのテレビは、ネットワークによる寡占のもとで始まり、そして発展していった。3大ネットワーク体制が栄華を誇っていた頃のアメリカ人は、その民族的、文化的、地域的多様性にもかかわらず、テレビにおいては情報と娯楽の大部分を共有していた。連邦通信委員会は、このように強大になったネットワークをさまざまな規制によって抑制しようとしてきた。しかし、ネットワークによる寡占を打ち破ったのは、規制というよりケーブルテレビに始まった多チャンネル化だった。その後も衛星放送や電話会社による映像配信などが加わり、テレビのチャンネルの数は増え続けている。アメリカのテレビは、番組だけでなく、伝送経路やサービスの内容や事業の形態においても大きく変わってきている。

A——3大ネットワーク体制

❶——テレビ放送の開始

アメリカでテレビ放送が始まったのは、1941年のことである。(部分商業放送が始まったのはその2年前) しかし、この年の12月に日本が真珠湾を攻撃して戦争に入ったため、戦争が終わる1945年まで実質的に中断された。

戦後テレビ放送が再開されたものの、テレビの家庭普及率は1946年でもわずか0.02％と低く、人々は街頭テレビでスポーツ中継やニュース番組を見る程度で、番組表にも空白が目立った。今日のようにさまざまなジャンルの番組が朝から夜まで番組表を埋め尽くすようになるのは1948年頃になってからである。

1951年にはAT＆Tの同軸ケーブルとマイクロ回線によるリレー網がアメリカ全土をカバーし、これを通じてテレビ番組を全国に送れるようになった。これに伴いアメリカのネットワーク(各地の放送局に番組を供給する会社で、日本のキー局にあたる)への加盟率もほぼ100％に達した(表87-1)。

❷——3大ネットワーク体制の成立

テレビの場合、ラジオとは比較にならないほど番組制作費がかかるため、放送局独自に番組を制作していたのでは、経営がたちゆかなくなる。ラジオの時代ですら、ネットワークに加盟していない放送局は、加盟している放送局に比べ半分以下の純益しか得られなかった。

1955年にデュモン・ネットワークが倒産すると、アメリカ全国のテレビ局のほとんどが、わずか3つのネットワーク(古い順にNBC、CBS、ABC)から供給される番組をその地域に放送する、いわゆる3大ネットワーク体制になった。アメリカはその地域的、文化的、民

族的多様性にもかかわらず，わずか3つの源泉から供給される娯楽と情報を共有することによって，テレビのもとでは1つの国民になった。

このような画一化は先行メディアであるラジオの場合と比べても際立っている。ラジオの場合は，ネットワーク加入率がテレビ放送の直前でも50％台しかなく，放送局は多くの場合，自社制作の番組を放送していた。ラジオの時代には，アメリカ人はそれぞれの地域で地方局が制作した地域性と多様性を持った番組を楽しむことができた。

テレビが大きな力を持ち得たのは，このようにネットワークが加盟局を通じて全国一律に番組を，そしてコマーシャルを送り届けることができたからだ。アメリカには日本のように大部数を誇る全国紙が存在しなかったため，全国的な広告メディアといえば，テレビ以前には雑誌とラジオしかなかった。テレビはラジオの役割と広告主を引き継いで，巨額の広告費を集める産業になった。

❸――テレビの隆盛と映画産業の衰退

テレビの娯楽メディアとしての隆盛は，映画産業の衰退とパラレルな関係にある。映画は1949年のパラマウント他数社vs.合衆国裁判で敗訴し，劇場部門を放棄せざるを得なくなり，経営的に弱体化していった。そこにテレビが家庭に，少なくとも直接には料金をとらずに，娯楽番組を送るようになったことも加わって，映画は観客を劇場に引きつけるのが困難になっていった。

草創期のテレビは，テレビを敵視する映画業界から協力が得られず，まだテレビ受像器を購入していない人々のために，一部の人気番組をラジオと並行して放送せざるを得ないという事情もあって，映画に比べて質が高いとはいえな

❶人気テレビ番組『アイ・ラブ・ルーシー』［主演のL.ボール，1951-57年放映］

かった。しかし，『アイ・ラブ・ルーシー』や『パパは何でも知っている』などのホーム・コメディー，『テキサコ・スター・シアター』や『エド・サリバン・ショー』などのバラエティ，『私の秘密』や『六万四千ドルの問題』などのクイズ番組など，老若男女を問わず，一家団欒で楽しめる番組の開発に成功して，人々を家庭に引き留めるだけの魅力を持っていた。

テレビ受像器の普及率が87.1％に達した1960年までには（表87-2），映画はすっかり斜陽化し，その収入を「テレフィルム」（テレビ用映画）などのテレビ番組の制作に頼るようになっていた。テレビ番組制作の中心地もニューヨークからハリウッドに移っていった。経営がたちゆかなくなったワーナーやパラマウントやMGMなどの大手映画会社は1960年代に次々と総合商社や金融会社などに買収されていった。

アメリカ人のほとんどが，わずか3つのネットワークを通じて，毎日一家団欒でテレビを視聴している状況は，アメリカのすべての茶の間にセールス・メッセージを送りたいと願う広告主にとってだけでなく，アメリカ全土の有権者に政治的メッセージを届けたいと思っている政治家にとっても魅力的だった。

表87-1 ●テレビ商用ネットワーク数の推移
　　　　[NBC, CBS, ABC, 1955 までデュモン]

	総局数	加盟局数	加盟率
1948 年	16	17	100 %
1950 年	98	96	98 %
1952 年	108	108	100 %
1954 年	354	317	90 %
1956 年	441	421	94 %
1958 年	495	469	95 %

●出典｜H. C. Sterling & J. C. Kittross, *Stay Tuned* (1990), p. 639 に基づく。

表87-2 ●アメリカでのテレビ受像機の普及

	台数	普及率
1946 年	8,000	0.02 %
1949 年	940,000	2.3 %
1952 年	15,300,000	34.2 %
1955 年	30,700,000	64.5 %
1958 年	41,925,000	83.2 %
1961 年	47,200,000	88.8 %

●出典｜*Television Bureau of Advertising* (1962)に基づく。

❹──テレビによる選挙戦

ネットワークが発達していなかった1928年に選挙戦にラジオを活用しようとしたカルヴィン・クーリッジは、全国の有権者に自分のメッセージを送り届けるために600人もの代読者を各地の放送局に派遣しなければならなかった。それでも、汽車に乗って何万マイルも遊説し、何百回も演説を行うよりは、少なくともメッセージを伝える上では、効率的だった。

ドワイト・アイゼンハワーが当選した1952年の大統領選挙では、単にテレビが使われただけでなく、石鹼などの家庭用品を売るコマーシャルの作り方が大統領を売り込むコマーシャルにも応用できることが証明された。「テレビ大統領」ジョン・F. ケネディが当選した1960年には、テレビ受像器はすでに全米のほとんどの家庭に普及していて、選挙以外の政治的コミュニケーションでも重要な役割をになうようになった（➡「25大統領」のコラム「大統領とマスコミの関係」）。

❺──マイノリティ・女性への配慮

こうして中心的メディアとして圧倒的な力を持つに至ったテレビは、同時に大きな問題もはらんでいた。広告のメディアであり、かつそのチャンネルが少なかったために、テレビはアメリカ社会で主流をなすと考えられていたヨーロッパ系中産階級の男性のみを視聴者と想定して番組づくりをし、アフリカ系などの少数民族や女性などを等閑視していたことである。

1960年代に入って、放送局に対して放送免許を発行し、更新する権限を持つ連邦通信委員会（FCC）は、放送免許更新の際にアフリカ系などの少数民族や女性を公共番組などに参加させ、かつ一定の数の職員や重役をこのような人々から採用するよう指導した。この指導は着実に実を結び、1968年には離婚歴のあるアフリカ系看護婦を主人公とする『ジュリア』が、1970年には自立した女性テレビ局職員を描いてフェミニストに賞賛された『メアリー・タイラー・ムーア・ショー』が現れた。

❻──ネットワークによる独占の規制

1970年代には、テレビはポータブルなものになり、1家に1台というより1人に1台の時代になっていた。番組も家族みんなが楽しむものというより、個々の視聴者層の好みに合わせたものが多くなった。この結果、番組の多様性が増す一方で、子供や年寄りが一緒に見ていたときにはなかったテーマが取り上げられ、性や暴力の表現も目立つようになった。

また，1970年にFCCは番組制作においてネットワークが独占的力を持っていることを問題視して，プライムタイム・アクセス・ルールとフィンシン・ルールを定めた。プライム・タイム・アクセス・ルールは，テレビ局が午後7時から11時までの4時間のゴールデン・アワーにネットワーク制作番組を3時間以上放送してはならないとするもので，ネットワーク番組によるゴールデン・アワーの独占を打ち破り，かつ地方局や非ネットワーク系の制作者（映画会社とか独立プロダクション）による番組制作を活発にすることを狙ったものである。

フィンシン・ルールもネットワークが制作し，加盟局を通じて放送された番組をシンジケーション（番組販売機関）に販売し，そこから利益を得ることを禁じたもので，ネットワークがシンジケーションに販売することを見越して，自らが制作した番組を加盟局に押しつけるのを防ぐ狙いを持っていた。この2つの規制によって，番組制作においてネットワークと映画会社や独立の制作会社とが競争するようになった。これは，このような規制がないためにキー局が番組制作を独占し，独立系の制作会社もその下請けになっているためにキー局同士の馴れ合いになりがちな日本の状況とは対照的である。

B ── 多チャンネル化と多様化

❶ ── ケーブルテレビの成長

しかしながら，ネットワークの力を衰えさせたのは，これらの規制というよりはむしろケーブルテレビの成長だった。

ケーブルテレビは，1950年代の初めにはすでに存在していたが，長いあいだ地上波放送に対して従属的な地位に置かれてきた。これは，

表87-3 ●ケーブルテレビの普及

[単位：1000世帯]

	事業者数	加入世帯数	加入率
1978年	3,875	12,500	17.1 %
1980年	4,225	15,200	19.9 %
1982年	4,825	24,290	29.8 %
1984年	6,200	32,920	39.3 %
1986年	7,500	39,160	45.6 %
1988年	8,413	43,790	49.4 %

●出典｜*National Cable Television Association* (1989)に基づく。

公共の電波を使う地上波放送は万人が受けるべき放送サービスだから，ケーブルテレビでも利用できるようにしなければならないと定めた1968年のマストキャリー・ルールや，ケーブルテレビは地上波放送に対して補助的なものであるべきであるとした1972年のFCC裁定などもあずかって力があった。

しかし，ネットワークに有利なさまざまな規制にもかかわらず，ケーブルテレビは1980年代には無視できない勢力に成長していた（表87-3）。その要因は，特にビルの林立する都市でテレビの映りが悪かったこととネットワークよりはるかに多いチャンネルの選択肢を加入世帯に与えたことに求めることができる。

とはいえ，人々は，チャンネルの数が増えただけでは，無料で地上波放送を視聴できるのに，金を払ってまでケーブルテレビに加入しない。ケーブルテレビの加入世帯が着実に増えたのは，再放送用番組を販売するシンジケーションがしだいに成長し，それを利用した古典的テレビ番組，映画，スポーツ，音楽，アニメーションなどの専門チャンネルも充実してきて，単にチャンネルの数を増やすだけでなく，魅力あるチャンネルを揃えるようになったからである。

また，ケーブルテレビは，チャンネルが多い

ために，そのいくつかをパブリック・アクセス・チャンネルとして地域住民や地方自治体に開放することもできた。たいていの場合，これらのチャンネルは，地域の歴史や環境についてのドキュメンタリー番組や市町村の議会および地域の問題の公聴会や討論会の実況放送にあてられるが，まったくの個人が企画し，制作した番組も（それを見る視聴者がいるかどうかは別として）放送されている。

ケーブルテレビによる多チャンネル化は，規制によらずとも，公共目的や教育目的の番組制作を活発化し，そのような番組を放送するチャンネルを増やし，かつ放送というものを市民に開放する結果を生んだ。

❷──ネットワークの弱体化

このような状況のもとで，地上波局の放送網であるネットワークは，ゆっくりではあるが着実に視聴者を失っていった。チャンネルの数が少なかったためにマス（塊）でいた視聴者は，ケーブルテレビによってチャンネルの数が20以上に増えると，細かい視聴者グループに分かれ，これまで以上に自らの好みを主張し，ネットワーク番組よりも自分の必要と好みにあった専門チャンネルの視聴時間を増やしていった。

1985年になると，弱体化した3大ネットワークは，NBCがゼネラル・エレクトリックに，ABCが新興メディア複合体キャピタルシティーズに買収され，CBSは投資家ロレンス・ティシュに支配権を握られた。そこへニューズ・コーポレーションを所有するルパート・マードックが20世紀フォックスを買収し，7大都市に独立局を所有するメトロ・メディアを買収して第4のネットワークになるFBCを発足させて参入してきた。

1987年には放送業者に課されていた公正原則も廃止された。それまでのFCCは放送が偏向しないよう，見解の相違が生まれる問題を扱うときは，なるべく多くの異なる見解を取り上げ，それを公平に扱うことを放送業者に求めていた。3大ネットワークによる寡占状態にあったときは，多くの見解を取り上げるといっても限界があるので，この原則は意味があった。だが，多数のチャンネルが存在し，それらがそれぞれ違う見解を表明するようになった状況では，言論の自由に抵触する部分もある公平原則をわざわざ放送業者に義務付ける必要はなくなった。その結果，名誉毀損にならない限り，猥褻な内容でない限り，一部の視聴者の反発を買うことを覚悟で，極端な見解でも放送されるようになった。

1990年代になるとさらに衛星放送が加わり，チャンネルの数もケーブル時代の2桁から3桁になり，ネットワークはいよいよ多チャンネル化の中で埋没していく。

皮肉なことに，これらのチャンネルに流れる番組のほとんどは，かつてネットワークが放送した番組だった。ネットワークの番組は，アメリカ国内のこれらニューメディアにとどまらず，同じくニューメディアが発達したため番組不足になった世界の諸地域でも，これまで以上に放送されるようになった。『ダラス』（1978年からアメリカで放送開始）という大富豪の一家のサーガを描いたテレビドラマは，1980年代に世界中で大人気となり，イギリスのカルチュラル・スタディーズ学者，イエン・アングもこれに注目して「ダラスの見方」という論文を書いたほどである。アメリカのテレビ番組は，以前から世界各国のテレビで盛んに放送されていたが，ニューメディアの発達によってこの傾向にさらに拍車がかかり，アメリカ製テレビ番組による「文化帝国主義」を危惧する声も以前にもまして強くなった。これほどアメリカ製テレビ番組が世界中で引っ張りだこになっているにもかかわらず，ネットワークは前述のフィ

アメリカの移植から始まった日本のテレビ放送

今日の日本のテレビ放送を形作る上で重要なことの多くは、戦後日本を支配していたGHQの影響のもとに決定されている。日本でテレビ放送が準備されていた1946年から1950年にかけては、ちょうどGHQが日本の放送を民主化するための改造を行っていた時期にあたり、この結果、日本のテレビ放送にはアメリカの制度や方式が多く入り込むことになった。

戦前の無線電信法（1915年制定）に代わって1950年に制定された電波三法（放送法、電波管理法、電波管理委員会設置法）は、GHQの主導のもとに作られたため、「公共の利益」や「放送の不偏不党」など、随所にアメリカの放送の原則が反映されている。電波管理委員会設置法で設置が定められた電波管理委員会などは、設置後わずか2年で廃止されるが、まさしくアメリカの連邦通信委員会をモデルとしている。広告収入を基盤とする商業放送も、日本側からGHQに認可を要求したものだが、その仕組みはアメリカのものにならっている。日本のテレビ放送は、このような放送のアメリカ化のあとを受けて登場してくる。

日本のテレビ放送の標準方式にNTSC方式が採用されたのも、このような流れにそったものである。525走査線の画面を1秒間に30画面映しだすというこの方式は、日本独自の方式ではなく、全米テレビ方式委員会がアメリカでテレビ放送を始めるにあたって1941年にとり決めたものである。日本では1952年に前述の電波管理委員会で、日本独自の7メガヘルツではなくアメリカと同じ6メガヘルツでNTSC方式を採用することを決定している。

アメリカと同じ方式が採用されれば、当然ながら放送機器やテレビ受像器もアメリカ製のものがそのまま使われることになる。博物館などで見ると、テレビ放送の草創期のテレビカメラやテレビ受像器はアメリカのRCA製である。日本の電器メーカーは、RCAの製品を模写することからテレビ受像器の開発を始めた。しかし、まさしくアメリカと規格が同一であるため、日本の電器メーカーが技術的優位に立った1970年代には、日本製のテレビ受像器やVTRがアメリカ市場を席巻することになる。

日本はテレビの実験放送の時期にテレビ番組の制作もアメリカから学んでいる。それまでの日本はラジオしかなく、テレビ番組づくりのノウハウを持っていなかった。また、ラジオ時代の日本の放送は娯楽目的ではなかったため、ジャンル的多様性に欠けていた。トークショーやホーム・コメディーや刑事ものなど、今日見られるテレビ番組のジャンルの多くは、アメリカのテレビ番組にルーツをたどることができる。なかには、クイズ番組のようにGHQやアメリカのテレビ局から派遣されたアメリカ人を通じて、制作方法も含めて移入されたものもある。彼らはアメリカ製の放送機器の使い方だけではなく、それらを使って番組をどう作るかも教えていた。

1953年にテレビ放送が始まっても、人員も資金も不足がちで、番組制作力も十分でなかった日本のテレビ放送は、番組そのものもアメリカ製の番組に依存することになった。昭和30年代まではゴールデン・アワーの大部分は、アメリカ製のホーム・コメディ（『アイ・ラブ・ルーシー』や『パパは何でも知っている』など）西部劇番組（『ローン・レンジャー』や『ボナンザ』など）に占領され、しかもそれが大人気を博した。

その後の日本のテレビ放送は番組制作力を向上させ、アメリカ製の番組に対する依存を弱めたが、最近の国産テレビ番組においてすら、以前に人気を博したアメリカ製番組の強い影響が見られる。現在でも日本のテレビ番組制作者たちは、さまざまなアイディアをアメリカの番組から得ている。

［有馬哲夫］

ンシン・ルールによってその恩恵に浴すことはできなかった。

❸──新しい情報産業の創出

1992年にはテレビ放送産業をさらに多様化させる決定がFCCによって下された。電話会社とケーブルテレビが互いの事業分野に相互乗り入れすることを可能にする「ビデオ・ダイヤル・トーン」裁定が下され、これによって巨大な資本力を誇る電話会社が放送産業に加わることになった。

1996年には1934年の通信法を抜本的に改定した電気通信法が制定され、放送や通信や映像制作などの産業間の垣根が取り払われ、これらが融合した新しい情報産業の創出が促進された。ネットワークが放送と映像制作の両方で独占的な力を持たないよう垣根となっていたフィンシン・ルールとプライムタイム・アクセス・ルールは、電気通信法の発効を前に1995年失効した。

その一方で、電気通信法は子供にとって有害な番組をカットするVチップの導入を定め、放送産業が自主規制として番組格付制度を受け入れるなど、番組中の暴力と性表現と言葉遣いについては規制が以前より強化された。

1979年に90％だったネットワークのゴールデン・アワーの視聴占有率合計の年平均は、1999年には52％（夏だけとれば42％）に落ちてしまった。また、1999年には、アメリカの全世帯の66.1％がケーブルテレビを通じて地上波放送を視聴していた。

1996年にはウォルト・ディズニー・カンパニーがABCを、ウェスティングハウス・エレクトリックがCBSを合併した。CBSはさらに1999年にヴァイアコムに買収された。ネットワークはかつてひざまづかせていた映画会社やケーブルテレビ会社に現在では支配されるに至っている。

とはいえ、ネットワークがしばしば買収の対象とされるのは、シンジケーションで高値がつく番組を生み出す過程で重要な役割を果たすからである。ネットワーク番組である『ER』や『Xファイル』も、万人が無料で見ることのできるネットワークで放送されて初めて、どのくらいの視聴率を獲得するのか、どのくらいの商品価値を持つのかがわかる。有料で比較的限られた層の視聴者が見るケーブルテレビや衛星放送では、このような役割は期待できない。

❹──インターネットとの融合

1990年代にはさらにインターネットが登場し、MSNBCなどインターネットと融合したテレビ放送も出てきた。デジタル放送も、衛星放送は1994年に、ワーナー・ケーブルなどのケーブル大手と大都市の地上波の有力局は1998年に開始し、その後地方局へ広がりつつある。デジタルテレビが普及し、デジタル放送がアメリカ全土をカバーするようになれば、ハイビジョン放送やデータ放送だけでなく、インターネットと結び付いたさまざまな双方向サービスも可能になる。

テレビは「見るテレビ」から「使うテレビ」に変わり、そのサービスの提供者も従来のネットワークとケーブルテレビのほかに、電話会社やインターネット・ポータルサイトや電力会社まで加わってきた。21世紀に入りアメリカのテレビは、これまでの既成概念が通用しなくなるほどの大きな変化を遂げつつある。

■参考文献

有馬哲夫『テレビの夢から覚めるまで』国文社、1997.

平本厚『日本のテレビ産業』ミネルヴァ書房、1994.

『民間放送十年史』日本民間放送連盟，1961.

志賀信夫著『昭和テレビ放送史』早川書房，1990.

『放送の五十年』日本放送協会，1997.

Barnouw. E. *A History of Broadcasting in the United States*. 3 vols. Oxford Univ. Press, 1966.

Diamond. E. & Bates, Stephen. *The Spot*. MIT Press, 1995.

Head. S. W., et al., eds. *Broadcasting in America*. Houghton Mifflin, 1998.

MacDonald, J. F. *One Nation under Television*. Nelson-Hall, 1994.

Newcomb, H. ed. *Encyclopaedia of Television*. 3 vols. Fitzroy Dearborn Publishers, 1997.

Sterling. C. H. and Kittross, J. M. *Stay Tuned*. Wordsworth, 1990.

■さらに知りたい場合には

ハルバースタム，D.（筑紫哲也・東郷茂彦・斎田一路訳）『メディアの権力』（全4巻）朝日文庫，1999.
　［新聞や雑誌のほかにテレビについても詳しく，特に1980年代までのテレビ産業と放送ジャーナリズムの状況を知るうえで必読の書。］

ブロック，A. B.（渡辺昭子訳）『米国メディア戦争最前線』角川書店，1991.
　［1980年代中頃に合衆国の三大ネットワークがすべて買収されるという地殻の大変動が起きたが，その内実を知るうえで重要。］

有馬哲夫『ディズニー千年王国の始まり』NTT出版，2001.
　［ディズニーによるABCの買収を軸として，1990年代の高度情報化と情報スーパーハイウェイ化の流れのなかでテレビネットワークがどのように変わったかがわかる。］

有馬哲夫「テレビが生んだアメリカの〈中流〉」『思想』（特集「テレビジョン再考」）2003年12月号
　［「中流化」という点からテレビがアメリカ人とその社会をどのように変えてきたかを明らかにしている。］

■インターネット関連サイト

Federal Communications Commission…http://www.fcc.gov/

National Association of Broadcasters…http://www.nab.org/

Television Bureau of Advertising…http://www.tvb.org/

National Cable& Telecommunication Association…http://www.ncta.com/

88 ラジオ

Radio

水越 伸

19世紀後半に登場した無線技術は，先行する電信・電話とのかかわりの中で，当初はさまざまな活用の方法が構想されていた。しかし第1次世界大戦を経て，1920年代のジャズ・エイジの中で，無線はラジオへとそのあり方を転回し，マスメディア，家電製品として急速に普及することになった。その過程で，リビングルームの娯楽，ジャーナリズム，流行とマーケティングなどといったアメリカのマスメディア文化の基本が形作られたのである。ラジオのインパクトは，さらにマス・コミュニケーション研究，調査産業などを勃興させた。第2次世界大戦後になると，テレビにリビングルームの主役の座を奪われたラジオは，日常に密着した地域メディアへと変容を遂げた。そして21世紀を迎え，地域的多様性と産業的独占のはざまで，インターネットとの結びつきを強めつつ，その姿を大きく変えつつある。ラジオの歴史を通して現代アメリカ社会の変化を追う。

A── 電気情報技術と無線想像力

ラジオ放送は，1920年前後，世界に先駆けてアメリカで始まった。しかしそれは突然始まったのではなく，情報技術と社会の相関関係の歴史的背景の中で生じた出来事だった。すでに19世紀半ばには，電気に対する科学的探求と，技術の社会的実用化が進められていた。最も早く社会に姿を現したのは，電信であり，それは鉄道とともに発達し，株式市場やジャーナリズムといった情報を基盤とする社会活動を促進した。19世紀後半に入ると白熱電球，電話，蓄音機，映画，無線などといった情報技術が，たがいに相関しながら雨後の筍のように姿を現しはじめた。

例えば電球と無線は今日の視点からすればまったく異なる技術のように見えるが，暗闇を照らし出す魔術的な電気の力と，線もないのに音が聞こえる神秘的な電波の力は，どちらも電気的なるものの象徴として，たがいに関係し合いながら，社会に強いインパクトを与えたのだった。19世紀後半の電気的な情報技術は，20世紀的な産業文明の発達と都市的な消費生活の普及を促すことになった。ラジオはそうした技術的系譜に裏打ちされたニューメディアだったのである。

1864年，ジェイムズ・マクスウェルが電磁波の存在を理論的に証明し，約20年後にハインリヒ・ヘルツによって実験的に実証された。それによれば大気は電磁波のさざ波で満ちており，人々はその目には見えない波動を活用して絵や文字，音といった情報をやりとりすることができることが明らかになったのである。欧米を中心とする各地の発明家たちはこの理論を応用し，電磁波によるコミュニケーション，いわ

ゆる無線の実現に取り組んだ。その結果 1895 年にはグリエルモ・マルコーニが，モールス信号を無線で送受信する無線電信を実用化した。奇しくも，フランスのリュミエール兄弟によって初めて映画が上映されたのと同じ年のことである（⇨ 58 発明と科学技術開発の流れ B-2）。

1900 年代になると，レジナルド・A. フェセンデン，ド・フォレストらによって音声の無線コミュニケーションが可能となった。有線ケーブルなしに人の声がする。大気の澄み切った夜空を，情報が飛び交う。西欧世界では古来，空中はエーテルによって満たされているといわれていた。無線技術は，当時の一般の人々によって，最先端の科学技術への知的憧憬と宗教的畏敬の念を込めて受け取られ，エーテルという古代的な空想上の物質を媒介にして成り立つものだと捉えられたのだった。

第 1 次世界大戦をはさむ 1910 年代から 20 年代前半にかけて，世界各地の発明家やアマチュアたちは，無線という新しいメディアのさまざまな可能性を実験を通して探求していた。一方，電信電話会社，電機メーカーなどは，無線のことを特殊用途のための周縁的な技術だと考えており，その研究開発は，在野の発明家やアマチュアたちの草の根の活動の中で進められたのである。彼らの多くは 10 代から 20 代の青年たちで，新しい時代を予感させる存在として無線少年と呼ばれていた。

アメリカでは，無線を国際的でインタラクティブなメディア，ちょうど 1990 年代のインターネットのようなメディアとして活用しようという試みがあった。エーテルをわたる情報の波紋を広げ，せまいコミュニティを超えて，世界の人々を無線で結び付けようというメディア観は，国際連盟の創設，ロシア革命などといった理想主義的な世界観と密接に結び付いていたのである。

B──無線からラジオへ

ところが 1920 年前後，無線コミュニケーションの世界に重大な変化が起こった。一言で言えば，無線からラジオへ，通信から放送へというメディアの転回が生じたのである。

それまでの無線は，音声をやりとりする周波数や時間帯もまったくバラバラだった。エーテルをわたる声は，少数の専門的知識を持つ発明家やアマチュアの若者たちが，ある時間にある周波数へ同調していれば，運よく聴くことができるかもしれないといった状態だった。無線機は木の板に打ち付けたむき出しの機械の塊のようなもので，素人が触れてはいけないような代物だった。それはたいてい，ガレージの 2 階にすえられていた。農機具や馬具，クルマなどがおかれ，「男の城」としての意味をもっていた「ガレージ」の 2 階で，大気の状態が安定する真夜中，無線少年たちはイヤフォンを耳に当て，ノイズの中から魔法のように聞こえてくる人の声やバイオリンの音色に一心に聴き入っていた。あるいは自分の身近な話や歌などで送信実験を繰り返していたのだった。

しかしこの時代になると，各地で無線の送受信実験が，無線少年の家族や知り合いの間でも話題になり始めた。ペンシルヴェニア州イースト・ピッツバーグのフランク・コンラッドは，自宅で運営していた 8XK という無線局において一定周波数上で，一定時刻に無線サービスを始めるようになった。これが話題を呼び，コンラッドが勤めていた電機メーカー，ウェスティングハウスが組織的な支援をし，無線受信機の販売促進のための広報手段としてラジオ放送をスタートさせた。1920 年 11 月，8XK は KDKA というコールレターを与えられ，ウォーレン・G. ハーディングとジェイムズ・コッ

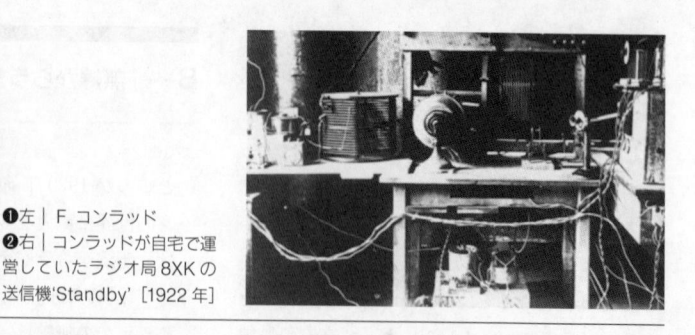

❶左｜F. コンラッド
❷右｜コンラッドが自宅で運営していたラジオ局8XKの送信機'Standby' [1922年]

クスの間で争われた大統領選挙の速報で放送サービスを開始したのだった。異説はさまざまあるが、これがアメリカで最も早い放送の1つだった。ほんの数年のうちにこの動きは、それまで無線を軍用、あるいは船舶、航空機などの特殊通信用の電話程度にしか捉えてこなかった競合する電機メーカー、電話会社などの巨大ビジネスを巻き込み、全米に瞬く間に拡がっていくことになったのである（⇨58 発明と科学技術開発の流れ B-5）。

実は1920年前後には、類似の活動が各地で始まっていた。そのなかでコンラッドとウェスティングハウスの活動の特徴は、音声をコメディやドラマなどの番組として形式化し、一定周波数上に、一定時刻ごとに編成したということと、少数の無線少年たちではなく不特定多数の大衆に向けて、一方向的に情報をまき散らすサービスを始めたということにあった。さらにいえば、そのサービスは単なる慈善事業でも、注目を集めるためのイベントでもなく、無線受信機というハードウェアの販売促進という企業の論理に裏打ちされていたのだった。すなわち無線ではなく、ラジオ放送という新しいマス・コミュニケーションのスタイルが生み出されたのである。それまで「豆まき」、「まき散らす」といった意味合いしかもっていなかったブロードキャスティング（broadcasting）ということばに、この時代から新たな意味合い、不特定多数に向けて無線を利用して番組サービスを行う営みという意味合いが、新たに加わった。

ここでは、無線からラジオへの転回が、無線技術の論理で生じたのではなく、アメリカ社会の政治経済、社会文化的な諸要因が複合的に絡まり合うなかで社会的に生じた、という点に留意しておかなければならない。ラジオは技術的にではなく、歴史社会的に発明されたのである。

C──大衆消費社会の到来

ラジオ放送の突如の出現は、無線少年たちの反発を招いた。グローバルで、インタラクティブな可能性を持った無線を、音楽やおしゃべりを一方向的に流すだけの大衆的な商品にしてしまうことは、彼らにしてみれば自分たちが育んだニューメディアの堕落を意味していた。特に情報を送信もできれば受信もできる無線から、送信機能が切り取られてしまったこと、キャンディやサーカスの宣伝など商業的なメッセージが徐々に増えてくることに対して、彼らは我慢がならなかったのである。

しかし無線少年のこのような反応とは対照的に、アメリカの大衆はラジオ放送に熱狂していった。その背景には、アメリカが第1次世界大戦を終え、トマス・ハーディング大統領が提唱した「常態への復帰」を果たし、戦時中に大

幅に拡大された工業生産力を背景として，大量生産，交通，通信，教育，マスメディアなどといった近代社会システムを確立していく過程があった。大量生産・大量消費の時代，喧噪と狂乱の20年代を迎え，20世紀的なアメリカ社会ができあがりつつあったのである。

工業化，都市化の進展のなかでいわゆるホワイトカラーを中心とする新しい中間階級が形成されていった。彼らは家庭電化製品を数多く備えた郊外住宅に住み，自動車で都心のオフィスに通勤し，夜にはリビングでラジオに耳を傾け，流行の音楽やダンス，ドラマなどに熱中したのである。シンクレア・ルイスの小説『バビット』に登場する広告代理店の営業マンの生き方に象徴される，物質主義，金銭中心主義，ビジネス倫理が人々に浸透した。ソースタイン・ヴェブレンが指摘した有閑階級的な消費行動を身に付けた大衆の登場である。

1920年代はマスメディアの発達もいちじるしかった。タブロイド新聞や大衆雑誌は，スキャンダル，犯罪，災害，人生ドラマ，スポーツなどを大々的に取り上げて人々の好奇心を刺激し，販売競争を繰り広げた。映画はハリウッドで一大産業として発達し，スターシステムを用いて，観客に夢のような非日常的世界をさかんに提供する大衆娯楽メディアとしての地位を確立しつつあった。

このようななかで，ラジオはむき出しの機械

❸ホテルのロビーで家具調ラジオの放送に聴き入る人々［ラジオにもたれているA.ケントは，当時全米最大のラジオメーカーの創業者であり，また自らのラジオ番組も持っていた。ワシントンD.C.にて，1920年代］

の塊であることをやめ，マホガニーの木箱でパッケージされた，家具調度品やオルゴールのような商品として売り買いされるようになった。利用者が自分で組み立てる楽しみや，性能を調整する範囲が少なくなり，簡単で便利な家電製品となったのである。以前は技術者が見よう見まねで作っていた番組は，音楽，ドラマ，クイズ，スポーツ，ニュースなどといったジャンルごとに徐々に洗練された形をもつようになった。かつてエーテルを飛び交う音声とそれを可能にする無線に対して，科学的，宗教的なあこがれを抱いていた一般大衆は，番組内容そのものの善し悪しを求めるようになった。それにともない，ラジオの置き場所も，無線少年たちの

表88-1 ●ラジオの普及状況［1922年-1944年］

年	ラジオ所有世帯数	世帯普及率	平均価格[ドル]	カー・ラジオ数	自動車保有率
1922	60,000	0.2%	50	—	—
1925	2,750,000	10.1%	83	—	—
1930	13,750,000	45.7%	78	80,000	0.1%
1935	21,456,000	67.2%	55	2,000,000	8.9%
1940	28,500,000	81.1%	38	7,500,000	27.4%
1944	32,500,000	87.5%		7,000,000	27.5%

●出典｜水越伸『メディアの生成——アメリカ・ラジオの動態史』同文舘，1993, p.94の表に基づく。

城であったガレージから，主婦や子供が集まるリビングルームへと移動していった。

1920年代半ば，全米のラジオ局数は600近くに達し，20年代後半には世帯普及率が10％台から30％台へと跳ね上がった。大恐慌時代を通じて，唯一発達普及し続けた消費財，メディアはラジオだった。F. D. ローズヴェルト大統領は，ラジオ番組「炉辺談話」を通して，ニューディール政策を，わかりやすく，直接一般大衆に語りかけ，人気を博したのである。

D──ネットワーク広告放送の確立

ラジオ・ブームと呼ばれた急速な発達は，一方で制度的，産業的な大混乱を引き起こした。アメリカでラジオは草の根の技術実験から立ち上がり，広大な国土の多様な地域でさまざまな人々が送り手となって始まった。しかしそれは行政機関によって周波数割り当てがきちんとなされたあとで展開されたわけではなく，常に現実のメディアが制度に先行していた。この点が，電波資源の配分や放送サービスのあり方を国家が慎重に見守りつつ進めたイギリスや日本との大きな違いであった。

いずれにしても制度の追いつかないなかで，音声の混信をはじめとするトラブルは頻発し，1920年代後半のラジオは「笛付きのピーナツあぶり焼き器」のような音を出していたと，27年に設立されたFRC（連邦無線委員会）の委員長は回想している。1934年に施行された「コミュニケーション法」に従い，FRCの機能を強化したFCC（連邦通信委員会）が独立行政委員会として設けられることで，ようやくエーテルの世界を規律する制度的仕組みができあがり，混乱は解消されていった。この間にアメリカのラジオは，ネットワーク広告放送という，今日のテレビ放送にまで連綿と続く産業構造を確立したのである。

1920年代後半，ラジオが金のなる木であることが明らかになると，電機メーカーと電話会社が2つの陣営に分かれ，特許やサービスの権利をめぐる熾烈な争いをはじめた。その過程で，ラジオ放送を産業として成り立たせる2つのシステムが形成されることになったのである。1つは，各地域のラジオを電話回線で連結し，全米を覆うネットワークにすることで，聴取者人口を拡大していくという仕組み，もう1つはラジオの財政基盤を広告収入に求める仕組みだった。ネットワークと広告は深く結び付き，商業放送としてのアメリカのラジオ産業の基本骨格となった。

1930年代から第2次世界大戦を経て50年代に至るまで，他の先進諸国と同様，アメリカのラジオは黄金期を迎えることになった。NBC，CBS，ABCという3大ネットワークが発達し，全米主要都市の加盟局を通じて人気の番組を放送した。歌とおしゃべりを交えた「ソング・アンド・パター」と呼ばれるバラエティ番組，大統領選挙や災害，スポーツなどのナショナル・イベントの同時中継，国民的な人気を博することになるドラマや流行歌などが電波に乗って，リビングルームで，ドライブするクルマの車内で聴取されるようになった。同時に，医療品・化粧品のプロクター＆ギャンブル，アメリカン・タバコなどは，ラジオ広告を通じて全国ブランドとしての地位を勝ち取っていった。

一方ラジオは，報道，ジャーナリズムの領域ではその可能性をなかなか実現できないでいた。ラジオの威力を目の当たりにした新聞社は警戒を強め，ラジオ報道番組の時間枠を厳しく規制する要求を突きつけていたのである。ラジオがその枷から自由になることができたのは，世界がヨーロッパにおけるナチス侵攻から太平

洋戦争へと続く第2次世界大戦に突入したためであった。特にCBSは、エド・マローを中心として同時多元中継を積極的に実現し、活字メディアとは違うラジオ独自のジャーナリズム表現の地平を切り開いていった。戦後マローは、放送ジャーナリズムの父と評価され、CBSは「報道のCBS」というイメージを勝ち取ることになった。

1940年前後には全米のラジオ局の約60％がネットワーク加盟局となった。一方45年には、ラジオ広告が全米の広告支出の15％を占めるまでになった。ネットワーク広告放送としてのラジオは、アメリカの基幹メディアとなったのである。

E——テレビの登場と地域への回帰

1941年、アメリカはテレビジョンの技術規格をNTSCに統一した。ニューヨークではCBSとNBCが所有する局が放送を開始した。しかしこの年の12月に真珠湾攻撃が勃発し、日米が開戦する。非常事態の中でテレビ局への放送免許は凍結されてしまった。戦後はカラーテレビジョンの規格統一問題が解決せず、アメリカのテレビが本格的に一般化するのは、結局日本とほぼ同じ1950年代に入ってからのことであった。

テレビジョンは今日、ラジオの発展版であると当然のことのように捉えられているが、実は1940年代、映画、電話とラジオという3つの先行メディアが、それぞれこのニューメディアを自らの後継者にしようと産業的攻防を繰り返していたのだった。映画は映画テレビとして、電話はテレビ電話として、テレビジョンの未来を思い描いていたのである。しかし結果としてテレビは、「絵がでる小窓のついたラジオ」と

なった。そしてラジオが培ってきたネットワーク広告放送というシステムをそのまま踏襲し、1950年代以降、ラジオの代わりにリビングルームの中心におかれることになった。

逆にラジオのネットワーク・システムは崩壊していった。1960年代に入ると全米のわずか3分の1のラジオ局がネットワークに加盟しているにすぎなくなり、それは成り立たなくなっていった。ラジオは日常生活のなかでもマスメディアの中心的な位置をテレビに譲り、草創期にそうであったようにふたたび地域的なメディアへと回帰していったのである。

この過程で注目されるのは、ロックンロールという音楽様式、FM、トランジスタ技術の登場である。1950年代に登場したロックンロールは、ラジオに新たな息吹を送り込むことになった。ディスクジョッキーがヒット曲をおしゃべりとともにかけていく「トップ40」型式が瞬く間に広まり、他の音楽ジャンルでも定着していくことになった。

1930年代に始まったFMラジオは、もともと音質の良さが売り物であったが、AMラジオの産業的繁栄やテレビのインパクトの陰に隠れ、長い間日の目を見ることができずにいた。しかし1960年代に入るとFCCの促進政策や、ロックンロールを中心とした音楽ジャンルの多様化にともない、音質の良さを売り物にして、若者を中心とする聴取者に愛好されるようになり、1990年代以降は全ラジオ局数の過半数を占めるようになった。

1960年代には真空管ラジオが小型高性能のトランジスタ・ラジオに取って代わられた。40年代後半に開発されたトランジスタによって、ラジオはどこにでももって歩くことができる、気軽で、日常的なメディアへと大きくそのあり方を変えていくことになった。ロックンロールとFM、そしてトランジスタは密接に結び付き、テレビとは異なるラジオの社会的イメ

ージを確立していったのである。

1980年代に入ると，人種やセックス，政治などをめぐる論争的な話題を取り上げ，聴取者からの電話とスタジオ入りした専門家とのやりとりを織り交ぜながら，過激な主張をするトーク・ラジオが若者を中心に関心を集めるようになった。また都心部の放送局では，その日のトップニュースから天気予報までを20分程度に詰め込んだオール・ニュース形式の番組も出現した。一方でこの頃から今日に至るまで，全ラジオ局の専門ジャンルの上位4位は，カントリー・ウェスタン，宗教とゴスペル，アダルト・コンテンポラリー，そしてオールディーズとクラシック・ロックである。ラジオは，過激さと凡庸さ，刺激と癒しが共生するメディアになっている。

F——多様性と産業的発達

テレビの登場以後，地域的メディアとなったラジオは，長くその姿を変えなかった。1990年代初めでも，アメリカの大半のラジオは単局経営だった。広大な国土のあちこちで，多様な人々が送り手となり，さまざまな情報を提供する小さなメディアとして機能してきたのである。

ところが90年代半ば以降，ラジオを取り巻く環境は大きく変化した。その背景にはまず，インターネットをはじめとするデジタル情報技術の発達があった。技術の発達は，ラジオをはじめあらゆるメディアの文化的，産業的な壁を溶かしはじめたのである。それにともない，マスメディア産業の寡占化，言い方を変えればAOLタイムワーナー，ディズニーに代表される巨大メディア資本が台頭しはじめた。アメリカのメディアは市場原理に貫かれ，より大きなもの，金を持つものの支配力が高まることになったのである。

ラジオにとって決定的だったのは，1996年のコミュニケーション法の大改正だった。当時のクリントン政権は，放送産業，通信産業の規制を大幅に緩和した。それはアメリカの国力を，情報産業を振興することによってふたたび高めようという国家政策に基づいたものだった。従来のコミュニケーション法は，ラジオ局の所有に関して厳しい規制を課し，表現の多様性を担保してきていたが，それが一気に緩和されたことによって，ラジオの世界にもコングロマリットが出現することになった。

例えば業界最大手のクリアチャンネル・コミュニケーションは，2003年には1,200を超えるラジオ局を所有し，それらを通じて毎週全米の1億1,000万人に聴取されているという。一言で言えばラジオはふたたびテレビのような業態になりつつある。90年代まではまったく考えられなかった状況である。

このほかラジオ局は，番組を供給するシンジケーションからフォーマットやフィーチャーという形で番組素材を買う傾向が高まっている。クイズ番組などの演出や構成の型式を商品化したものがフォーマット，番組の一部を切り売りするのがフィーチャーである。これらの既製品を切り貼りし，送り手は自局の編成枠を埋めていく。まるでスーパーマーケットで買ってきた冷凍食品やレトルト食品を組み合わせて食卓に並べるように，全米のラジオ局は均質化してきている。

しかしそれでもアメリカには現在，AM，FMを合わせて約1万2,000のラジオ局がある。2003年現在，ニューヨークのマンハッタン島だけでも，AM28局，FM42局，合計70局のラジオを聴くことができる。ちなみに日本では(社)日本民間放送連盟加盟のラジオ局が約110局，コミュニティFMが約160局であ

る。アメリカには，日本などと比べれば，無数と言っていいほどのラジオ局があるのである。数の多さは必ずしも多様さを保証するとはかぎらない。しかし二桁の数字の違いは，日本のラジオがどんなに小さくても会社然としているのに対して，アメリカのラジオに大学キャンパスで，アパートの一室で，裏庭のガレージでといった送り手の多様なあり方を可能にしていることはまちがいない。

21世紀を迎えたアメリカのラジオは，ケーブル・ラジオ，衛星ラジオ，さらにはインターネット・ラジオの出現によって，技術的には大きく様変わりしていくことだろう。古典的な無線技術は後退し，デジタル情報技術の大波の中に，この小さなメディアは組み込まれて行かざるをえない。しかし文化的にはどうだろうか。先に挙げた産業的独占集中化のなかで，商品としてさらに均質化していくのか。それとも地域や趣味のグループに根ざした日々の楽しみのためのメディアとして，あるいは政治的主張の場として，多様性を保つことができるのか。その問い掛けはとりもなおさず21世紀のアメリカ社会の行方に対する問い掛けとなっている。

■参考文献

Barnouw, E. *A Tower of Babel: A History of Broadcasting in the United States*. Vol.1/to 1933. Oxford Univ. Press, 1966.

Barnouw, E. *The Golden Web: A History of Broadcasting in the United States*. Vol.2/ 1933 to 1953. Oxford Univ. Press, 1968.

Barnouw, E. *The Image Empire: A History of Broadcasting in the United States*. Vol.3/ from 1953. Oxford Univ. Press, 1970.

Head, S. W. *Spann, Thomas and M. A. McGregor. Broadcasting in America: A Survey of Electronic Media*. 9th ed. Houghton Mifflin Company, 2001.

Sterling, C. H. and J. M. Kittross. *Stay Tuned: A History of American Broadcasting*. 3rd ed. Lawrence Erlbaum Associates, 2001.

■さらに知りたい場合には

アレン，F. L.（藤久ミネ訳）『オンリー・イエスタデイ：1920年代・アメリカ』筑摩書房，1993.
［1920年代のアメリカに勃興した大衆消費社会を，スカートの丈の長さからリンドバーグの冒険飛行に至るさまざまな出来事を拾い上げて鮮やかに描き出した社会史的ジャーナリズムの古典。］

ハルバースタム，D.（筑紫哲也・東郷茂彦・斎田一路訳）『メディアの権力』（全4巻）朝日文庫，1999.
［アメリカにおける現代的なマスメディアの形成過程を，CBS，タイムなどの個別メディアと人物に焦点をおきながら，骨太な歴史観で描き出したジャーナリズム論の大作。］

水越伸『メディアの生成：アメリカ・ラジオの動態史』同文舘，1993.
［アメリカにおける1920年の放送開始以前のダイナミズムと，第2次世界大戦までのラジオの形成過程の全体像を描き出したメディア史の1冊。］

月尾嘉男・浜野保樹・武邑光裕編『原典メディア環境：1851-2000』東京大学出版会，2001.
［メディアと情報技術の歴史を，各時代を画する一次資料（特許状，演説，小説など）を編み上げて示した貴重な1冊。その中でアメリカは大きな割合を占めている。］

89 | 新聞
Newspapers

藤田博司

アメリカでは、日本の25倍を超える広さの国土に、1,400を超える日刊紙と約7,600の週刊紙が発行されている。全国規模で読まれる新聞もごく少数あるが、大半は特定の地方ないし地域で読まれる地方紙であり、「高級紙」と呼ばれる一部の新聞を除いて、報道されるニュースも地方色が強い。大資本による新聞のグループ化、系列化が進み、競争関係の低下と多様性の喪失が危惧されている。グループ化、系列化はまた、新聞企業の利益重視体質を強め、逆に新聞メディアのジャーナリズム性、公共性の弱体化を促すのではないかという懸念も生じている。インターネットなどの電子メディアの普及で、これまでにもまして新聞の生き残りの道を模索する試みが続いている。

A── 新聞発行の現況

2002年時点で、アメリカで発行されている日刊紙の数は、朝刊、夕刊合わせて1,457に上る。総発行部数は約5,519万部、1987年に6,283万部を記録した後は着実に減少傾向が続いている。93年には6,000万部を切り、99年にはついに5,600万部を下回った（表89-1参照）。これは1950年代と同じ水準であり、この間、アメリカの人口が大幅に増加していることを考慮すると、読者の「新聞離れ」が確実に進んでいることがわかる。人口1,000人当たりの発行部数は218（95年）。この数字は国際的に比較すると、最も高いノルウェーの594部、日本の574部の半分にも達しない（ユネスコ統計年鑑）。先進国の中では、新聞の普及率がそれほど高くないことがわかる。

各紙ごとの発行部数を見ても、100万部を超えているのは上位3紙だけで、以下、50万部から100万部までが9紙、10万部から50万部までが93紙、5万部から10万部までが114紙、5万部以下が1,238紙と、5万部以下の小規模新聞が圧倒的に多い。このことから、アメリカの新聞のほとんどは、地方や地域を中心に発行されているローカル紙だということがいえる。

全国紙と呼べるものがないわけではない。部数第1位の『USAトゥデイ』と第2位の『ウォールストリート・ジャーナル』は全国に複数の印刷拠点をもち、購読範囲も全国に及んでいる。第3位の『ニューヨーク・タイムズ』も複数の拠点で印刷、発行しており、前2紙に準じる新聞と見なすことはできるが、購読範囲に偏りがあることは否めない。このほか『クリスチャン・サイエンス・モニター』なども全国的に読まれているものの、発行部数や購読者層が限られている。

発行部数で上位3紙に続くのが、ロサンゼルス、ワシントン、ニューヨーク、シカゴ、ヒ

表 89-1 ●米国の日刊紙の数と総発行部数の推移　　　　　　　　　　　　　　　　　[単位：1000 部]

	日刊紙数	総発行部数		日刊紙数	総発行部数
1960 年	1,763	58,881	1996 年	1,520	56,989
1965 年	1,751	60,357	1997 年	1,509	56,727
1970 年	1,748	62,107	1998 年	1,489	56,182
1975 年	1,756	60,655	1999 年	1,483	55,979
1980 年	1,745	62,201	2000 年	1,480	55,772
1985 年	1,676	62,766	2001 年	1,468	55,578
1990 年	1,611	62,324	2002 年	1,457	55,186
1995 年	1,533	58,193			

●出典｜Editor & Publisher, *Facts About Newspapers* (2003) に基づく。

表 89-2 ●米国の日刊紙上位 20 紙と発行部数　　　　　　　　　　　　　　　　　[単位：1000 部]

新聞名	部数	新聞名	部数
① USA トゥデイ	2,155	⑪ サンフランシスコ・クロニクル	513
② ウォールストリート・ジャーナル	2,091	⑫ ダラス・モーニング・ニューズ	510
③ ニューヨーク・タイムズ	1,119	⑬ シカゴ・サン・タイムズ	482
④ ロサンゼルス・タイムズ	996	⑭ ボストン・グローブ	451
⑤ ワシントン・ポスト	733	⑮ アリゾナ・リパブリック	432
⑥ ニューヨーク・デイリー・ニューズ	729	⑯ ニューアーク・スター・レジャー	409
⑦ シカゴ・トリビューン	681	⑰ ミネアポリス・スター・トリビューン	380
⑧ ニューヨーク・ポスト	652	⑱ フィラデルフィア・インクワイアラー	376
⑨ ニューズデイ	580	⑲ サンディエゴ・ユニオン・トリビューン	376
⑩ ヒューストン・クロニクル	553	⑳ クリーヴランド・プレイン・ディーラー	365

●出典｜Audit Bureau of Circulation, Fas-Fax Report に基づく（2002 年 9 月現在）。

ューストンなどの大都市圏で発行される新聞である。それぞれが 50 万部ないし 100 万部程度を発行し，上位 10 紙に数えられる。さらにこれらに続いて，ダラス，ボストン，サンフランシスコ，フィラデルフィアなどの主要都市で発行されている新聞が 30 万部ないし 50 万部を出して，上位 20 紙あたりを構成している。これらの新聞はそれぞれの州ないし地方での有力紙として重きをなしている（表 89-2）。

B──新聞界の動向

1950 年代から微減傾向にあった日刊紙の数が，80 年代以降，急速に減少している。50 年に 1,772 紙だった日刊紙総数は，80 年にはまだ 1,745 紙を数えていたが，90 年には 1,611 紙に，2002 年には 1,457 紙にまで大きく減少した（表 89-1）。これは主として，夕刊紙が急減しているためで，夕刊から朝刊発行への切り換えなどを含めて朝刊紙の数は増加しているものの，全体では減少の度合いが加速している。

表89-3 ●新聞グループ上位20社　　　　　　　　　　　　　　　　　　　　［単位：1000部］

グループ名	日刊紙数	発行部数計	グループ名	日刊紙数	発行部数計
①ガネット	99	7,288	⑫フリーダム・コミュニケーションズ	29	1,127
②ナイト・リダー	34	3,868	⑬コミュニティ・ニュースペーパー・ホールディングズ	115	1,056
③トリビューン	11	3,650			
④アドバンス・パブリケーションズ	27	2,903	⑭ベロ	5	880
⑤ニューヨーク・タイムズ	17	2,403	⑮メディア・ゼネラル	25	880
⑥ダウ・ジョーンズ	20	2,357	⑯ワシントン・ポスト	7	865
⑦メディアニューズ・グループ	46	1,773	⑰モリス・コミュニケーションズ	30	731
⑧ハースト・ニュースペーパーズ	12	1,671	⑱ホリンガー・インターナショナル	7	705
⑨E.W.スクリップス	22	1,521	⑲コプリー・プレス	7	684
⑩マクラッチー	11	1,348	⑳リー・エンタープライゼズ	27	654
⑪コックス・エンタプライゼズ	18	1,210			

●出典｜Editor & Publisher, *Facts About Newspapers 2001* に基づく。

夕刊の減少は60年代から始まっており，テレビの影響によるものと考えられる。90年代以降は，電子メディアの登場など，メディアの多様化がこの傾向に拍車をかけたといえる。

日刊紙の数が減少したことで，それまで2紙以上が競合していた地域で競争関係が失われ，主要都市を含め，1地域1紙という独占状態の地域が数多く誕生した。競争がなくなることは，新聞が怠惰に陥る危険と，伝えられる情報や意見に多様性が乏しくなる可能性をはらんでいる。

新聞の数が減り，競争関係が薄れていく背景に，個人の保有する新聞が次々と新聞系列資本に買収されてその支配下に入っていったことも指摘できる。かつて1960年代初めには，特定の系列やグループに所属しない独立の新聞が全体の4分の3を占めていたが，90年代には5分の1程度にまで減少，いまや大半の新聞がいずれかの系列下に組み込まれている。主だった新聞系列には，『USAトゥデイ』を旗艦紙とするガネット・グループのようにグループ全体で数十紙，合わせて数百万部の発行部数を持つものもあり，主要系列上位20グループの発行部数だけで3,758万部，総発行部数に占める割合は67.4％に上っている（表89-3）。これらの系列には，グループ内の新聞がニュースを共有できる通信社機能を備えたものもある。

読者の「新聞離れ」にもかかわらず，新聞経営は90年代のアメリカ経済の好調を反映して，基本的に安定している。特に発行部数の大きい新聞ほど好調で，上位20紙のうち16紙が2000年3月期に部数の伸びを記録している。ただインターネットの普及など情報通信環境の目まぐるしい変化で，新聞産業の長期的な将来見通しに不安があることも否めない。そのため新聞各社はインターネット上でそれぞれのホームページを開設，電子メディア分野への事業展開を視野に入れながら，生き残り策を模索している。

日刊紙とは別に，2002年時点で，6,699紙の週刊新聞がある（*Facts About Newspapers 2003*）。しかしこれらは，平均発行部数が9,000部前後の小規模新聞で，地域情報の担い手としては一定の役割を持っているものの，全国的なレベルではほとんど影響力を持っていない。

C──新聞の一般的特徴

冒頭の数字からも明らかなように，大多数の新聞が地方紙ないし地域紙であり，それぞれの地方，地域のニュースを中心としたローカル的色彩が濃いことが第一の特徴として挙げられる。『ニューヨーク・タイムズ』や『ワシントン・ポスト』といったいくつかの新聞を例外として，ほとんどの新聞は地元のニュースにもっぱら関心を向け，国際ニュースはもちろん，ワシントン発の全国ニュースにさえそれほど強い関心を払わない。海外やワシントンでの出来事を理解するには，地方都市で発行される部数数万部程度の新聞を読むだけでは，極めて不十分と言っていい。これはアメリカの地方にいまだ根強い，地域主義的な性格を反映したものと考えられる。

第二の特徴は，前述のように新聞の多様性が失われる懸念はあるものの，日本の新聞に比べれば，それぞれが特色を持ち，多様性に富んでいることである。ローカル色が濃いこともその理由として指摘できる。紙面の作り方やニュースの選び方にもそれぞれの新聞の特徴が表われる。日本の新聞が全国紙も地方紙も，押しなべて似通った紙面をつくる傾向が強いのとは対照的に，アメリカの新聞にはまだ，独自のニュース判断に基づき，独自の紙面を作ろうとする伝統が残っていることが感じられる。

新聞を，その内容を中心にして大別すると，次のように分けることができる。第一は，いわゆる高級紙（quality paper）。その編集方針に他の新聞と異なる明確な基準があるわけではないが，全体として情報の質が高く，バランスがとれていると評価される新聞がそれにあたる。『ニューヨーク・タイムズ』『ワシントン・ポスト』『ウォールストリート・ジャーナル』あたりが通常，これに数えられる。『クリスチャン・サイエンス・モニター』や『ロサンゼルス・タイムズ』もこれに含めることができる。これらの新聞は，首都ワシントンに支局を置いて全国ニュースの自社取材態勢を敷き，海外ニュースについても，自社特派員による報道に努めている。

第二は，有力地方紙と呼ばれるもの。主として上記以外の大都市圏，主要都市で発行されている，部数数10万部クラスの地方紙がこれに含まれる。ワシントンに支局は持つものの，APなどの通信社電にも依存する。海外ニュースになれば，通信社電への依存度はさらに高くなる。第三は，これよりさらに小規模の地方紙，地域紙で，紙面のうえでは地元ニュースの比重が圧倒的に大きい。自社で取材できる地元ニュース以外のニュースは，通信社や一部有力紙が提供するニュース・サービスなどに頼らざるをえない。第四に，犯罪やスキャンダルなどセンセーショナルな記事を売り物にする新聞がある。『ナショナル・エンクワイアラー』『グローブ』などがそれで，街頭やスーパーマーケットなどで売られている。

D──主要紙のプロフィール

ⓐ『ニューヨーク・タイムズ』

名実ともに，アメリカで最も優れた新聞といって誇張ではない。これまで最も数多くピューリツァー賞を獲得していることがそれを裏付けている。内外のニュースをバランスよく伝え，情報の質も極めて高い。政治家，官僚ら政策決定者にとって必読の新聞であり，アメリカ外交や国際問題に関心を持つ外国の指導者，識者にとっても必読の新聞と見なされている。コラムニストによる評論欄，一流の学者，専門家らによる寄稿欄も充実している。「印刷に値するす

べてのニュースを」をモットーとしており，記録性も高い。1971年，国防総省のベトナム秘密文書をすっぱ抜いて，報道の差し止めを求めた当時のニクソン政権と対立，最高裁まで争って勝利したことは，いまだに記憶に新しい。文字の多い，黒っぽい紙面の印象から長らく「灰色の貴婦人」の呼び名を奉られていたが，98年秋から本格的にカラー印刷を導入，紙面の印象ががらりと変わった。

ⓑ『ワシントン・ポスト』——

首都に本社を置く新聞でありながら，1960年代まではさほど高い評価を与えられていなかった。72年から74年にかけてのウォーターゲート事件の報道で新聞の声価を高め，『ニューヨーク・タイムズ』とならぶ最有力紙の1つに数えられるようになった。政治家や官僚にとっては，『タイムズ』とともに，必読紙とされている。政治報道に関しては評判が高いが，その他の分野の報道では，『タイムズ』に依然，一歩を譲るとの見方もある。

ⓒ『ウォールストリート・ジャーナル』——

経済専門紙としての評価が高く，経済・金融情報に関心を持つ人たちにとっては欠かせない新聞である。紙面に写真を使用せず，長文の読み物を1面に掲載する独特のスタイルを，いまだに頑固に守り通している。経済・金融関係の情報の量と質については定評があるが，同時に，社説や評論の立場が露骨に財界よりであることもしばしば指摘されている。1970年代から通信衛星を利用した全国複数地点での印刷・発行を始め，「全国紙」としての先鞭をつけた。経済専門紙でありながら，部数では第2位にある。

ⓓ『USAトゥデイ』——

部数では第1位の新聞だが，質的にはそれほど高い評価を与えられてはいない。1982年にガネット新聞系列が当初から「全国紙」と銘打って創刊，全面カラー印刷と簡潔で読みやすい記事，暗いニュースより明るいニュースを優先する編集方針を売りものにして「テレビ時代の新聞」と評された。また内容の軽さと全国展開したことを重ね合わせて「マク・ペーパー（マクドナルド・ハンバーガーのような新聞）」と揶揄された。しかし紙面のカラー化や記事の簡潔化は，テレビ時代に対処する紙面改革の方法として，既存の他の新聞が模倣することになった。当初赤字続きだったが，90年代には黒字に転換，その報道にも一定の評価が与えられるようになった。ただしこの新聞は，その部数の規模の大きさとは裏腹に，海外にはまったく特派員を派遣せず，国際ニュースに対する冷淡な姿勢をいまだに変えていない。

ⓔ『ロサンゼルス・タイムズ』——

かつては共和党色の強い新聞で地方紙の1つでしかなかったが，1970年代以降，次第に党派性を薄め，優れた人材を集めて，90年代には全米有力5紙の一角に数えられるようになった。しかし2000年には親会社のタイムズ・ミラー社が『シカゴ・トリビューン』などを発行するトリビューン社に買収され，その傘下に入った。

ⓕ『シカゴ・トリビューン』——

シカゴで発行される中西部の有力紙。「世界で最も偉大な新聞」がうたい文句。20世紀の前半，ロバート・マコーミックが発行人をしていたころは，超保守的，孤立主義的論調で知られていた。最近は新聞とテレビ，ケーブル・テレビ，インターネットなど総合的なメディア・ミックスの成功例として知られている。

ⓖ『ニューヨーク・デイリー・ニューズ』——

タブロイド版で発行されている大衆紙。かつては200万部を超える部数を誇っていたが，都市住民の郊外脱出や新聞の労使紛争などのあおりで70年代以降，部数の落ち込みが続いている。

E──新聞ジャーナリズム

テレビが今日のように大きな影響力を持つ前は，新聞がジャーナリズムの担い手だった。ニュース報道の主導権は新聞が握り，テレビやラジオはそれに従っていた。しかし，通信技術のめざましい発展により，現場中継を中心とするテレビのニュース報道が大きな役割を果たすようになって，テレビが主導権を握ることも多くなった。特にニュース専門のCNN放送が登場した80年代以降，必然的に新聞もテレビによるニュース報道の影響を受けることになった。

新聞の紙面が視覚化し，ニュースに娯楽的要素が強まったのは，その1つである。1982年に『USAトゥデイ』が「テレビ時代の新聞」として創刊された。カラー印刷，写真や図表の多用，スポーツや芸能ニュースの重視などを売りものにして，娯楽性の強いテレビニュースに対抗した。この時期，多くの新聞も紙面改革と称して『USAトゥデイ』の手法を取り入れた。以降，多くの新聞で，ゴシップやスキャンダル，犯罪といった軟派のニュースが硬派のニュースより重視される傾向が強まり，ニュースの「インフォテインメント（娯楽情報）化」と評された。

大資本による新聞のグループ化，系列化も新聞ジャーナリズムのありように大きな影響を残している。新聞事業がかつての個人経営中心から大資本経営中心に移ったことで，経営者の意識が利益重視に変わり，それが編集方針にまで反映されるようになった。取材現場では経費節減のため，非効率な調査報道の切り捨てや取材態勢の縮小などが推し進められた。その結果，新聞として本来，伝えなければならないニュースが伝えられなくなり，市民が必要とする情報を提供する，新聞としての機能が十分に果たせなくなりつつある，との懸念もある。

こうした読者や市民の利益より投資家の利益を重視するジャーナリズムのあり方は「ボトムライン・ジャーナリズム」と呼ばれている。利益重視のジャーナリズムはまた「市場の要請」を理由に「インフォテインメント化」を後押ししている。これらの力が80年代から90年代にかけて，新聞の公共的な役割を弱めていると指摘する人も少なくない。

90年代半ば過ぎの『ロサンゼルス・タイムズ』では，増収増益をうたう非メディア産業出身の経営者が，それまで不可侵と考えられていた編集部門と営業部門の境界の壁を取り払うことを実践して話題を呼んだ。『シカゴ・トリビューン』では，取材編集面での効率を高めるため，同じ系列下のテレビと新聞の人的資源の相互乗り入れを「シナジー」と称して実践している。これらもまた利益重視型のジャーナリズムの表われといえる。

F──通信社の役割

広大な国土の各地に点在する小さな新聞のニュース報道を，陰で支えているのが通信社の存在である。かつてはAP，UPIの2つが競合していたが，現在は実質的にAPが独占的な影響力を持っている。国内に145支局，海外に95支局を持ち，1日約200万語相当のニュースを発信している。アメリカの日刊紙のほとんどがAPを受信しており，海外の受信契約者数も8,500を数える（http://www.ap.org/pages/）最有力の国際通信社でもある。UPIは，1970年代以降の経営不振で身売りを繰り返し，取材網の縮小，受信契約者の激減などで，事実上，消滅した。

首都ワシントンや海外に支局を維持できる一部の有力紙は別として，大多数の新聞は地元のニュース以外の情報を通信社に頼らざるを得ない。また有力紙の場合でも，自社取材の及ばない地域のニュースは通信社に依存する。したがってUPIが影響力を失ったいま，地方紙のほとんどはAP電で重要ニュースを報道することになる。しかしこうしたAPによる一元的なニュース配信体制では報道の多様性が失われるとの懸念もある。

そうした状況を是正する形で機能しているのが「シンジケート」と呼ばれるニュース・サービスである。これは『ニューヨーク・タイムズ』のような有力紙が，自社の記事の一部を契約のある他の地方紙などに提供したり，有力新聞グループがグループ内の新聞や契約社向けに共通の記事を配信したりするもので，通信社の機能を補完する役割を持つことから「代替通信社」とも呼ばれる。地方紙はこれらのニュース・サービスを活用することによって，APだけに依存せず，報道内容に変化と幅をもたせることができるようになる。

主なシンジケートには次のようなものがある。

① ニューヨーク・タイムズ・ニュース・サービス
② ワシントン・ポスト／ロサンゼルス・タイムズ・ニュース・サービス
③ ナイト・リダー／トリビューン・インフォメーション・サービシズ
④ ダウ・ジョーンズ・ニュース・サービス
⑤ コプレー・ニュース・サービス

このほか，読み物記事やコラム，評論，漫画など特定の分野の記事を専門に配信するシンジケートも数多くある。

また一部の新聞は，イギリスのロイター，フランスのAFPなど，国際通信社のニュースも受信し，活用している。

G──新聞記者

20世紀半ば，大学でのジャーナリズム教育が整備されるに伴い，アメリカでも記者という仕事が知的職業の1つに数えられるようになった。現在，記者を仕事に選ぶ人たちのほとんどは大学卒ないし大学院卒の学歴を有している。日本のように大学卒業と同時に入社試験を受けて一流新聞社に入るという就職の仕方はない。多くの場合，地方の小新聞社や放送局でジャーナリズムの初歩を身につけ，経験を積むにしたがって有力紙へと順次移っていく。

ワシントンや海外でのポストにつくためには厳しい競争にさらされる。優れた記事を書き，実績を残したものだけが評価される。記者としての理想は，有力紙で自分のコラムを持つことといわれるが，実際にコラムニストとして自由に取材し，自分の意見を表明できる地位にたどりつける者はごくわずかしかいない。

新聞記者の平均的収入は，テレビの記者や弁護士，医師など他の専門職業人のそれと比較して低い。有力紙の場合でも，一般の記者の賃金水準はそれほど高くない。ただし，有力紙のコラムニストや名前を知られたスター記者になると，年収数10万ドルに上る者もいる。特にテレビの討論番組などにしばしば登場する，知名度の高い記者になると，講演などの申し込みが引きも切らず，高額の講演料などで副収入を得ているものが少なくない。

新聞記者は政治的傾向として，民主党系でリベラルな考えの持ち主が多いとの受け取り方が一般的だが，記者の意識調査などによると，実際にはそれほど顕著な傾向は現れていない。学歴が比較的高く，白人男性が多数を占めていることは確かだが，1970年代以降，女性や少数民族出身者，特に女性の進出が著しい。

■**参考文献**

藤田博司『アメリカのジャーナリズム』岩波書店，1991.

下山進『アメリカ・ジャーナリズム』丸善，1995.

■**さらに知りたい場合には**

藤田博司『アメリカのジャーナリズム』岩波書店，1991.
　[アメリカのジャーナリズムの最近の状況とそれが直面する問題点などをまとめた概説書。メディアと政治のかかわりなどを含め，ジャーナリズムの役割を考える材料を提供してくれる。]

佐々木伸『ホワイトハウスとメディア』中公新書，1992.
　[アメリカの政治の中心，ワシントンでのメディアと政治とのかかわりを，現場での取材の体験を基に描いたメディア論。]

下山進『アメリカ・ジャーナリズム』丸善，1995.
　[コロンビア大学ジャーナリズム学部への留学で学んだことと，それを踏まえて取材した，地方紙市場の構造的変化とジャーナリズムの変質ぶりを明らかにしている。]

ファローズ，J.（池上千寿子訳）『アメリカ人はなぜメディアを信用しないのか』はまの出版，1998.
　[アメリカの政治に対する市民の不信，ジャーナリズムとジャーナリストの実態を暴き，民主主義の危機に警鐘を鳴らしている。]

ヌーマン，J.（北川節郎訳）『情報革命という神話』柏書房，1998.
　[外交や紛争，戦争の場でのメディア，特にテレビが果たす役割を歴史的な経緯を視野に入れて振り返っている。豊富な具体的事例が面白い。]

ハルバースタム，D.（筑紫哲也・東郷茂彦・斎田一路訳）『メディアの権力』（全4巻）朝日文庫，1999.
　[アメリカの有力メディア企業4社の内幕を描いた力作。メディアを動かす人々の考え方，権力との関係などが具体的に明らかにされている。1970年代末に刊行された著作だが，アメリカのジャーナリズムの真髄を知るうえで参考になる。]

90 | 雑誌
Magazines

青山 南

インターネットが広がった20世紀末のアメリカでは，インターネット上にウェブジンとかＥジンと呼ばれるオンライン雑誌が現れ始めた。必ずしも，まっさらの新しい雑誌ばかりではない。長い歴史と伝統を誇る雑誌も次々とインターネット上への進出を図っている。アメリカの雑誌は，自由な言論の場として民主主義を育ててきた。また，読み物を提供する場所として文学を支えてもきた。しかし，何よりも，昔から変化に敏感なメディアだった。ラジオや電話やテレビといった新しい通信手段が現れるたび，新しいかたちを探ってきたのがアメリカの雑誌である。

A──ウェブジンの登場

❶──インターネット上の雑誌

インターネットがめざましい勢いで普及しているアメリカだが，インターネットをのぞくと，アメリカ人がいかに雑誌（magazine）を作るのが好きかがよくわかる。インターネット上に存在するオンライン雑誌のことをウェブジンとかＥジンというが，インターネットが一般に広がり始めた1990年代の半ば以降，アメリカではウェブジンもどっと登場したからである。

アメリカの雑誌に掲載された小説のなかからすぐれたものを選んで再録する短編小説年鑑に『Ｏ・ヘンリー賞受賞作品集』と『ベスト・アメリカン・ショート・ストーリーズ』があるが，両者とも1997年版で，ウェブジンへの対応を検討した。小説ものせているウェブジン，小説をもっぱらのせたウェブジン，と種類はさまざまだが，ウェブジンであることに変わりはない。その数がいきなり増えたので，それらも選考の対象に加えるべきかどうか，２つの年鑑は迷ったのである。

結論は，両者とも同じで，ウェブジンは別なメディアである，と判断して選考の対象からはずした。しかし，はずした本当の理由は，ウェブジンの実態はつかめない，ということだったろう。いったいどのくらいの数のウェブジンがあるのか，とても把握できないので，従来通りの印刷された雑誌に限るという方針をとるしかなかったのにちがいない。

❷──激増するウェブジン

そういう推測ができるのは，同じ1997年，ウェブジンだけを選考の対象にしてきた新手の短編小説年鑑がパンクしたからである。『ｅシーン』という年鑑で，スタートしたのは1995年。「世界でベストのオンライン・フィクション」を紹介するというふれこみで始まった。当初は９誌が参加した。ウェブジンがまだ珍し

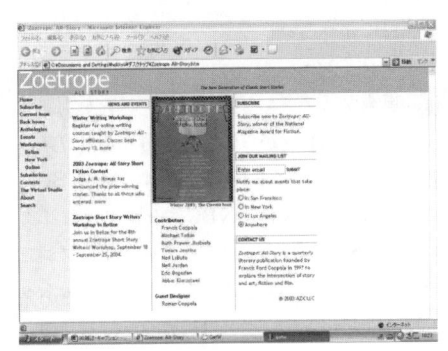

❶ F. コッポラが立ち上げたウェブジン『ゾートロープ・オールストーリー』[2003年]

い頃だった。ところが，その後がすさまじくて，1996年には一気に5倍以上の52誌が集まり，1997年になると，その数は87誌になった。そしてそれ以降，その年鑑の新しいのは出なくなったのである。ウェブジンにざっと目を通してそこからいいものを選ぶという企画そのものが無謀なものになったことからきた休刊である。

これらの事実は，1997年あたりからインターネット上にウェブジンが激増したことを示している。映画監督のフランシス・フォード・コッポラは，映画の素材と脚本探しもかねて，1997年から『ゾートロープ・オールストーリー』なる従来型のプリント・バージョンの雑誌をスタートさせたが，翌年にはそれに加えて，ウェブジン版も開始した。そのぐらい，1990年代もその時期になると，ウェブジンは見逃せないメディアになっていたのである。もともと雑誌を作るのが好きなアメリカ人である。ウェブジンの登場は，そういう傾向にさらにいっそう拍車をかけたのである。

B——ウェブジンの種類と評価

❶——オンライン・ジャーナリズム賞の設立

ウェブジンの増加にともなって，当然のことだが，それらに寄稿する書き手たちも増えてきていた。こういう書き手たちが集まって，1999年，オンライン・ニュース・アソシエーション（ONA）が結成された。そして，翌年の2000年，ONAはコロンビア大学のジャーナリズム科と共同でオンライン・ジャーナリズム賞を設立し，21世紀を迎える直前の12月には第1回の受賞者を発表した。

コロンビア大学のジャーナリズム科といえば，19世紀末の新聞王ジョゼフ・ピューリツァーの，立派なジャーナリストを育成してほしい，という願いから生まれたものとしてよく知られている。ピューリツァーの寄付金をもとにピューリツァーが亡くなった翌年の1912年に作られた学科である。そしてその学科は，5年後の1917年，アメリカのジャーナリズムの向上の奨励を目的に，ピューリツァーの遺贈金を基金にピューリツァー賞をスタートさせた。いまさら言うまでもなく，いまではすっかりアメリカの代表的なジャーナリズムの賞になっている。

したがって，ONAが，そのコロンビア大学のジャーナリズム科と組んで，オンライン・ジャーナリズム賞を始めたのには，はっきりと，これをオンライン・ジャーナリズムのピューリツァー賞にしようという意図がはたらいている。1990年代の半ば以降，ウェブジンをはじめとしていっきに膨張してきたオンライン・ジャーナリズムの中には，かなりすぐれたものもどっさりあったから，オンライン・ジャーナリズム賞は作られるべくして作られた新しい時代のジャーナリズムの賞なのである。しかし，イ

ンターネットの世界は広大無辺である。『eシーン』のようにパンクする可能性もないわけではない。

❷——多様なウェブジンの世界

ウェブジンには大きく分けて2種類ある。1つは、専業ウェブジンともいうべき、インターネット上にしかないもの、もう1つは、兼業ウェブジンともいうべき、さきに紹介したコッポラの『ゾートロープ・オールストーリー』のように、プリント・バージョンとウェブジンの両方をもつものである。

後者には、プリント・バージョンとウェブジンをどのように結び付けているかによって、さらにさまざまな種類がある。

（1）あくまでもプリント・バージョンが主で、ウェブジンはそれの宣伝に用いているもの。
（2）プリント・バージョンが主で、ウェブジンにはそこからの記事をいくつか転載しているだけのもの。
（3）プリント・バージョンの記事のほとんどをウェブジンに転載しているもの。
（4）プリント・バージョンの記事を転載する一方で、ウェブジン専用の記事も掲載しているもの。

どれがいちばんウェブジンらしいかといえば、もちろん、（4）になるが、目下のところ、最も多いのは（2）である。『ゾートロープ・オールストーリー』は、いまのところは、ここに入る。（3）もだんだん増えてきたが、（3）のものはたいていすみやかに（4）に移行していく。（2）と（3）の間が、いわば、従来の雑誌とオンラインの雑誌の境目になっていると言っていい。プリント・バージョンを売るためのウェブジンにするか、ウェブジンを作る以上はウェブジンの特性を生かしたものにするか、ここ

が境目になっている。

オンライン・ジャーナリズム賞（2000年）は、専業ウェブジンと兼業ウェブジンを別部門にして、それぞれから受賞者を選んだ。専業の方は『サロン』に、兼業の方は『MSNBC』に決まった。後者は、NBCニュースとマイクロソフト社がいっしょに作っているウェブジンである。NBCは雑誌ではなくてテレビ・ネットワークだが、テレビとは違うウェブジンの力を見逃すわけにはいかなくなってきたということだろう。それぞれの部門の最終候補を挙げると、次の通りである。

・専業部門：『サロン』、『セントラル・ヨーロッパ・レヴュー』、『CNETニュース』、『インシュア』、『ザ・ストリート』
・兼業部門：『MSNBC』、『アトランティック・アンバウンド』、『ビジネス・ウィーク・オンライン』、『FT』、『WSJ』

専業の方は、テクノジーについてのもの、保険についてのもの、金融についてのもの、中央ヨーロッパについてもの、総合的なもの、とその中身はいろいろである。兼業の方は、『アトランティック・アンバウンド』は『アトランティック・マンスリー』の、『ビジネス・ウィーク・オンライン』は『ビジネス・ウィーク』の、『FT』は『ファイナンシャル・タイムズ』の、『WSJ』は『ウォールストリート・ジャーナル』の、どれも出店である。

❸——伝統雑誌のウェブジン化

興味をそそられるのは『アトランティック・アンバウンド』である。それを作っている『アトランティック・マンスリー』は、アメリカの総合雑誌のなかでも最長に近い歴史を誇る総合雑誌だからである。さっき挙げた兼業ウェブジンの区分けを適用するなら、『アトランティック・アンバウンド』は（4）に相当し、ウェブ

ジン専用の記事の掲載はもちろんのこと，ウェブジンの特性を生かした雑誌作りを行っている。ウェブジンを推進しているのは何も新しい勢力だけではないのだ。

『アトランティック』がニューイングランドのボストンで創刊されたのは1857年で，当初は，WASPのハーヴァードのエリートたちの高踏的で偏狭な雑誌だった。雰囲気が変わったのは，3代目の編集長にウィリアム・ディーン・ハウエルズが就任してから。一転して，西部の辺境に目を向けるようになった。マーク・トウェインやブレット・ハートといった人気作家たちの辺境からの報告が掲載されるようになったのも，ハウエルズのおかげである。

『アトランティック』より早く1850年にニューヨークで創刊された総合雑誌は，『ハーパーズ・マガジン』である。この雑誌のオピニオン・リーダー的役割は大きく，共和党のシンボルが象に，民主党のがロバになったのも，1860年代に『ハーパーズ』の風刺漫画家トマス・ナストがそのように描いたからである。この雑誌もいまなお健在だが，『アトランティック』とは対照的に，ウェブジンの開発にはあまり積極的ではない。出してはいるが，さっきの区分にしたがえば，ほとんど(1)である。創刊号以来のバックナンバーすべてを電子化して保存しようという試みこそ行われているが，プリント・バージョンを中心に編集をすすめていくことにいまのところは変わりはないようである。既存の雑誌は，これらの例にも明らかなように，ウェブジンへの対応はさまざまである。開発を控えているところは，ウェブジンがこれからどうなっていくのか，そのようすをうかがっているような感じもある。

C——19世紀からラジオの出現までの雑誌

❶——女性雑誌の登場

では，ざっとアメリカの雑誌の歴史を振り返ってみよう。『アトランティック』と『ハーパーズ』が創刊されてからしばらくたった19世紀の末頃は，女性雑誌がたくさん登場してきた。先陣を切ったのは『ハーパーズ・バザー』で，発行元は『ハーパーズ』とおなじ出版社である。そしてその後，20世紀を迎えるまでに，主なものとして，『レディズ・ホーム・ジャーナル』や『グッド・ハウスキーピング』が出た。いずれも，ファッション雑誌というよりは，女性が家事をうまく行うための雑誌である。19世紀の末頃は，フェミニズム思想が台頭して，女性の自尊心が高まり，それと関連しながら家政学も登場してきた時期にあたる。そういう動きを背景にしての女性雑誌の登場なのだ。いずれも定価は安かった。

❷——短編小説の隆盛

19世紀の末は，その手の女性雑誌をふくめ，安価な雑誌が次々と登場した時期である。テレビはもちろん，ラジオもない時代のことだから，雑誌が娯楽の供給源で，小説がかならず載っていた。『アトランティック』を大きく変えた3代目の編集長のハウエルズは後には文壇の重鎮になっていった人物だが，アメリカで短編小説が栄えたのはひとえに雑誌がどっさりあったからだ，と19世紀の末にすでに言い切っている。雑誌が増えるので読み物としての短編小説も増え，量の拡大がやがては質の向上につながった，というわけである。

❷『レディズ・ホーム・ジャーナル』[1895 年]

❸──『サタデー・イブニング・ポスト』の飛躍

19世紀の末から飛躍的に伸びた雑誌に『サタデー・イブニング・ポスト』がある。この雑誌は，もともとは19世紀の半ばに創刊された新聞ではあるが，19世紀の末に『レディズ・ホーム・ジャーナル』の会社が買い取り，雑誌に変えた。新しい編集長に就いたジョージ・ホレス・ロリマーは読み物欄を充実させ，部数を伸ばした。ロリマーは1899年から36年間君臨したが，彼がふんだんに払う原稿料に恩恵をこうむった作家は，ジャック・ロンドンからスコット・フィッツジェラルドまで数多い。ロリマーが若い画家のノーマン・ロックウェルと出会ったのは1916年のことで，それ以降，ロックウェルの絵が表紙を飾ることになった。すでに発行部数が200万部を超えていたときである。保守的なロリマーの思想を反映して，『サタデイ・イブニング・ポスト』は，アメリカの保守思想の代表的な雑誌になっていったが，これほどまでにアメリカ人の考え方に影響を与えた雑誌はない。ロックウェルの絵がいまなお人気が高いのもその名残である。いまでも出ているが，形態はすっかり変わり，ノスタルジーを楽しむ雑誌になっている。

❹──告発する媒体としての新聞雑誌

しかし，20世紀の初頭は，独占資本の腐敗の是正や社会の平等を求めて，「プログレッシビズム」（革新主義）と呼ばれる改革の気運が盛り上がった時期でもあり，その動きは当然雑誌にも表われた。独占企業の腐敗や汚職といったものを告発する媒体としてたくさんの新聞雑誌が登場し，マックレイカーズと名付けられたジャーナリストたちが暴露記事をたくさん書いた。世界の左翼思想の台頭に影響を受けてアメリカに左翼思想が芽生えたのもこの時期である。雑誌として代表的なものには『ニュー・リパブリック』がある。創刊は1914年である。改革に積極的なリベラルな論客たちの集まる雑誌として名をはせた。1947年には，ソビエトとの外交問題をめぐってトルーマン大統領と対立した農務長官のヘンリー・ウォレスがその職を辞して，編集長に就任してもいる。ウォレス人気もあって，このときの発行部数が10万部で，最高記録だった。ウォレスは，その翌年には進歩党をおこして大統領選挙に出馬し，100万票以上を獲得している。この雑誌はいまなお続いている。最近は，ウェブジンの開発にも積極的である。

❺──ファッション誌の台頭

1910年代は，また，ファッションに的をしぼった女性雑誌が幅をきかせ始めた時期でもある。その先頭にたったのが『ヴォーグ』である。社交界の娘たちに礼儀作法を教える雑誌として昔からあったのを買い取ったコンデ・ナストは，誌面刷新を図り，『レディズ・ホーム・ジャーナル』のように不特定多数の読者に安く売るのではなく，少々高くしてでも特定の読者

に確実に売るという方法をとった。階層というものは富や教育程度によってだけできているのではなく，共通の趣味を持っている者同士もひとつの階層を作っている。ナストはそういう考え方のもと，いわゆるクラス・マガジンの路線をとった。読者の好みがはっきりしているので，広告主も広告が出しやすく，スタートしてまもない1910年，女性雑誌のなかで部数は最下位であるにもかかわらず，広告の占める割合は第1位となった。しかも，その広告料は相当に高かった。

最初のラジオ局が開局するのは1920年のことだが，1910年代，娯楽の最大のメディアである雑誌はおおいに繁栄していたのである。最初に紹介した短編小説年鑑の2つ，『O・ヘンリー賞受賞作品集』と『ベスト・アメリカン・ショート・ストーリーズ』が相次いで登場したのも1910年代のことである。

D──電話による通信革命の時代の雑誌

❶──『リーダーズ・ダイジェスト』・『タイム』の登場

しかし，ラジオが登場してもなお，雑誌の力はおとろえることはなかった。それどころか，第1次大戦後の好景気にも後押しされて，雑誌の開発がすすみ，新しいタイプの雑誌が現れてきた。まず1922年，『リーダーズ・ダイジェスト』が登場した。『O・ヘンリー賞受賞作品集』と『ベスト・アメリカン・ショート・ストーリーズ』がいろいろな雑誌から小説を集めたものなら，これはさまざまな雑誌から記事を集めて整理したもの。その手の雑誌は，昔からもないわけではなかったが，雑誌の数と種類ががぜん増えてきた1920年代，いちだんと求められた。

❸ジャーナリズム雑誌に新境地を開拓したH. ルース

すこぶるつきの好景気の狂乱の1920年代は，また，電話が登場したときでもあり，通信のスピードがだんぜん早くなったときだった。1923年に，ニュースを要領よく短くまとめたニュース週刊誌『タイム』が出たのも，スピードが重視される時代だったからこそである。当初は，『リーダーズ・ダイジェスト』とおなじく，他の新聞雑誌の記事を整理して集めていたが，整理法がだんだん洗練され，4年後には毎週17万部を超える雑誌となって，模倣誌も現れ始めた。

ちなみに，『タイム』といっしょにとり上げられることの多い『ニューズウィーク』は，創刊は1933年である。長いこと『タイム』の模倣誌のように扱われてきたが，若者文化が台頭した1960年代，『タイム』がますます保守性を強めるなか，若者寄りの誌面作りを行い，独自性を獲得するようになった。

❷──『ライフ』とフォトジャーナリズム

『タイム』の創刊者の1人のヘンリー・ルースは，『タイム』が成功すると，つぎつぎと新しい雑誌を作っていった。なかでも注目すべきは，1936年に始めた『ライフ』である。写真の時代がきっとやってくると見越しての発刊だったが，フォトジャーナリズムの育成にこの雑誌が果たした役割は大きい。テレビの映像ジャ

❹『ニューヨーカー』誌［大恐慌時，これみよがしに富を誇示する富裕階層を風刺する表紙画。1932年］

ーナリズムの台頭もあって週刊誌としては1972年に休刊したが，1978年から月刊誌として再スタートしている。『タイム』も『ライフ』も，いまは，ウェブジンをもっている。『ニューズウィーク』も，2000年の第1回オンライン・ジャーナリズム賞を受けたウェブジン『MSNBC』の柱の1つになっている。スピードを求める1920年代に誕生したニュース雑誌が，さらなるスピードを要求する21世紀に大きく変貌するのは必至である。

❸ 都会派雑誌『ニューヨーカー』

1920年代は，また，「ジャズ・エイジ」と呼ばれた若者と都市の時代で，若者が自由勝手にふるまい，都市への人口移動が著しく進んだ時期でもあった。1925年に創刊された『ニューヨーカー』も，都市に暮らす洒落た若者を対象にした。田舎の老人向けのものではない，といった主旨の発刊のことばをのせたほどである。当初はニューヨークのタウン誌のような雰囲気だったが，やがて文芸作品にも力をいれるようになり，すぐれた短編小説が次々と掲載されるようになった。創刊者のハロルド・ロスは『サタデイ・イブニング・ポスト』を仮想敵のように考えていたが，現在の『ニューヨーカー』は，かつての『サタデー・イブニング・ポスト』以上に，アメリカ文学をしっかりと支える重要な雑誌になっている。ノンフィクション記事も，20世紀後半はめきめき充実してきて，例えば，現代のエコロジー運動のきっかけをつくったレイチェル・カーソンの『沈黙の春』も，『ニューヨーカー』に1962年に数号にわたって連載されたものから生まれている。都会的なスマートさを身上にスタートした雑誌は，時代の流れとともに，硬派な姿勢も見せるようになった。

こうして振り返ってみると，車が登場して電話がいっきに普及した20世紀の最初の20年間にアメリカの雑誌が再編成されたのが，よくわかる。移動と通信の革命で，雑誌というメディアはがらりと変わった。

E テレビ時代の雑誌

❶ テレビの脅威

そのつぎに雑誌を変えたのはテレビである。ラジオの出現にはほとんど無傷でいられた雑誌も，テレビの力には大きな影響を受けた。テレビが広く普及した1950年代から1960年代にかけて，雑誌は娯楽の供給源としての立場をしだいにテレビに奪われていった。

そのころ雑誌に小説を書いて高い原稿料をもらっていたカート・ヴォネガットは，1953年に事情ががらりと変わった，と『バゴンボの嗅ぎタバコ入れ』の序文で言っている。「1950年の短編小説界は，とんでもない売り手市場だった」が，「わずか3年後に，広告主たちが雑誌

から撤退しはじめた」と。

その年、レイ・ブラッドベリが小説『華氏四五一度』を発表した。ヴォネガットのレジュメを拝借すると、それは次のようなものである。「この題名は、紙の自然発火温度を指している。そこまで温度を上げないと、本や雑誌は燃え上がらないのだ。この小説の主人公である男は、印刷物を燃やすことで給料をもらっている。もうだれも本を読まない。レイやわたしのような庶民が住むみすぼらしい家にもテレビ室があり、まわり四面の壁は床から天井まで届くテレビ・スクリーンで、その中央に椅子がおいてある。」(浅倉久志訳)

❷――アンダーグラウンド雑誌の登場

『華氏四五一度』は未来小説の体裁をとってはいたが、テレビに印刷物が脅威を感じていた1950年代の雰囲気をよく伝えている。雑誌は、テレビに対抗するためには、テレビにないものを追求していくしかなくなった。1960年代になって、膨大な種類の小雑誌が氾濫するようになったのも、不特定多数の大衆を相手にしたメディアであるテレビにはそれができないからだった。それらの雑誌をつなぐキーワードは「アンダーグラウンド」ということばだったが、テレビが支配する場所とは別なところで活動するという姿勢を、それは示している。

そういうところから生まれてきた雑誌が、例えば、『ヴィレッジ・ヴォイス』であり、『ローリング・ストーン』である。前者は1955年にニューヨークのヴィレッジ周辺のささやかな情報誌としてスタートした。地域限定のメディアだったわけである。また、後者は、1967年に、ロック音楽の雑誌としてサンフランシスコでスタートした。新しいジャンルの音楽に限定したメディアだったのである。それらは、読者を漠然と広く求めるのではなく、読者を限定して、

❺『ローリング・ストーン』誌［1968年］

そこへ向かって主張する方法をとった。共通の趣味と意識をもった人たちを標的にした。社会の出来事を追うにしても、テレビでは報道されない部分を暴露していくという道を選んだ。それらはやがてニュー・ジャーナリズムと呼ばれる、取材者の主観を重視する報道スタイルを育てていったし、そんな中から、かつて暴露記事をたくさん書いた1910年代のマックレイカーズたちの仕事ぶりが再発見されたりもした。

❸――クラス・マガジン

読者を限定したというところから思い出されるのは、やはり1910年代、『ヴォーグ』を生まれ変わらせたコンデ・ナストのクラス・マガジンの考え方である。不特定多数の読者に安く売るのではなく、趣味を基準にして読者を限定して高く売る、というのがナストのクラス・マガジンの理論だった。「高く売る」という点をのぞけば、1960年代以降にテレビに対抗するものとして姿を見せた雑誌のほとんどは、クラス・マガジンと同じ方向へ向かっていた。そして不特定多数を狙う雑誌はというと、テレビ番組やテレビのスターを取り上げるテレビの補助的な雑誌になった。

ナスト自身はとうの昔に亡くなったが、コンデ・ナスト社が20世紀末にはいくつもの雑誌を抱える巨大な雑誌帝国になっていたのも、むべなるかなである。そのほとんどすべてが、『ヴォーグ』がそもそもそうだったように、買収したものである。『ニューヨーカー』も、1985年に、コンデ・ナスト社に買収された。いや、それを言うなら、ナストのコンデ・ナスト社そのものが、1959年にS. I. ニューハウスに買収されていたのだが。

雑誌の歴史をながめてくると、新しい雑誌に見えたものが、じつは、古い雑誌の中身を変えたものであったり、新しい雑誌が、じつは、昔の雑誌の方法論をそのままいただいていたりするのがよくわかる。通信手段の革命が雑誌のあり方に大きな影をおとしてきたのも明瞭である。インターネットの急速な普及にともなって続々と現れてきたウェブジンは、更新の簡単さや双方向性といった特性を生かして、どのような雑誌に育っていくのか。紙製の雑誌は姿を消すのか。アメリカの雑誌は何度目かの大きな転換期を迎えている。

■さらに知りたい場合には

ロス、L.（古屋美登里訳）『「ニューヨーカー」とわたし』新潮社，2000.
　[『ニューヨーカー』のノンフィクションの書き手として著名だった著者による名編集長ウィリアム・ショーンとの愛の日々の思い出。雑誌界の内情がつかめて便利。]

トリリング、D.（野島秀勝訳）『旅のはじめに』法政大学出版局，1996.
　[思想と文芸の雑誌として20世紀の半ばから大きな影響力をもっていた『パーティザン・レヴュー』を距離をもって総括した好著。いわゆるニューヨーク知識人の生態もわかる。]

巽孝之『E・A・ポウを読む』岩波書店，1995.
　[ポウは雑誌編集者で、その試論にも小説論にも、編集者としての目がはたらいていた。アメリカ文学の原点が雑誌にあったことをあらためて確認させてくれる本。]

91 書籍・出版
Books and Publishing

秦 隆司

建国以来，理念によってさまざまな出自の人々をまとめ上げてきたアメリカでは，出版物の果たしてきた役割はことのほか大きい。独立の機運を盛り上げ，イギリスからの文化的自立をあかすアメリカ英語を確立し，19世紀末後半以来形成された大衆社会の基盤を整えるのに，出版物は不可欠のアイテムであった。そうした出版物の中から，アメリカ社会に大きなインパクトをもたらしたものをいくつか取り上げ，その社会的役割を探る。さらに，広大な国土と多彩なニーズに応じて，出版・流通のしくみがどのような展開を見せているかについても解説する。

A──出版大国アメリカ

アメリカの書籍市場規模は，ユーロモニター社の統計によると2002年の年間売上額は269億ドルであった。世界の他の主要国と比べると，ドイツが104億ドル，イギリスが55億ドル，フランスが28億ドルと，アメリカが世界でも図抜けた出版大国であることがわかる。

歴史的にみると，1865年の南北戦争を境に本を読む人口が増えたという。その後，雑誌や書籍はラジオ，映画，テレビなどとの他のメディアとの競合を余儀なくされた。しかし，新しいメディアが生まれたからといって，書籍や雑誌の売り上げが落ちることはなかった。そればかりか，新たなメディアの登場により，本や雑誌への関心が高まった場合もあった。

例えば，アメリカのラジオ局は，1940年代には探偵物の連続ラジオドラマを連載放送として流した。その結果，人々のパルプ・フィクション（大衆犯罪小説）書籍への関心が高まった。また，テレビが普及してくると，テレビのバラエティ・ショーの手法をまねて，ビジュアルと有名人の私生活に重点を当てた雑誌『ピープル』（タイム社発行）が創刊され大人気となった。デジタル時代を迎えた最近では，コンピュータ関連の書籍がよく売れ，『ヤフー』誌や『マックユーザー』誌などという新メディアからの雑誌も誕生した。

これまでのところ，新たなメディアの誕生が出版界に大打撃を与えることにはなっていない。

また歴史的にみると，アメリカが植民地だった時代から，続けられてきた出版は，アメリカ民主主義の理念の実現に大きく寄与してきた。

B──アメリカ社会を形成した出版物

アメリカでは建国当時から，現在に至るまで数々の状況のなかで，書籍，雑誌，印刷物が社

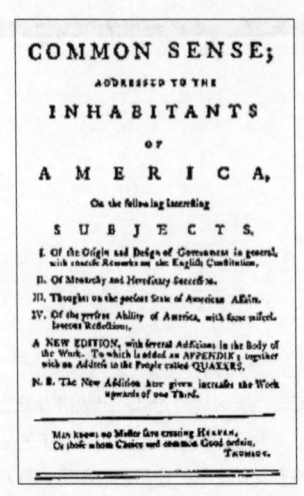

❶ T. ペイン『コモン・センス』の表紙

会変革の起爆剤となり，民主主義社会を育て，また支えてきた。アメリカがたどった民主主義確立の道と出版物には深い関係があり，出版物の歴史をたどることは，アメリカ社会の成り立ちを追うことにほかならない。

建国当時から，アメリカ社会や民主主義の確立に多大な影響を与えた出版物をみてみよう。

❶──独立の気風と民主主義社会の形成を促した出版物

アメリカ社会に大きなインパクトを与えた出版物として第一に挙げられるのがトマス・ペインが著した『コモン・センス』。出版されたのは1776年1月のことだった。コモン・センスとは日本語にすると「常識」となる。ペインはこの出版物で，アメリカがイギリスから独立するのは「常識」だと説いている。

なぜこの出版物が当時の人々の心を打ったのだろうか。アメリカが置かれた社会状況をみてみよう。当時アメリカはまだイギリスの植民地になっていたが，1775年4月，コンコードの戦いをきっかけにアメリカ独立戦争の火ぶたが切られた。独立を目指す戦いは始まったが，植民地に暮らすすべての人々がイギリスからの独立という強い希望をもっていたわけではなかった。特に上層階級の人々の多くはイギリスからの独立に消極的だった。

そこに『コモン・センス』が出版された。『コモン・センス』は50ページほどの小冊子（パンフレット）だったが，これまでの体制では真の自由は得られないとし，独立と共和制確立の必要性を熱く説いたものだった。アメリカがなぜ今，独立しなければならないか，その正当性を強く訴えたこの小冊子は，またたく間に人々の間に広まった。その頃の植民地社会では，1,500部程度の売り上げがあればベストセラーだったが，『コモン・センス』は2週間で1,000部，3ヵ月間では12万部も売れたという。イギリス本国やフランスまでにも売り上げを伸ばし，最終的には50万部も売れたといわれている。当時は，まだ印刷技術や流通が発達しておらず，読み物が人々の間でまわし読みされる頻度が高かったといわれる。そのことを考え合わせれば『コモン・センス』がアメリカ社会に与えた影響は計り知れない。アメリカ合衆国の形成に大きく寄与した出版物，それが『コモン・センス』だった。

また，当時の新聞の中にも植民地の人々の戦意を高揚させ，アメリカ国家の形成に寄与したと言えるものがある。アメリカは，1776年7月4日に，トマス・ジェファソンらが起草した，「独立宣言」の採択を行った。この「独立宣言」をいち早く全文掲載という形で伝えたのが『ペンシルヴェニア・イヴニング・ポスト』だった。掲載日は1776年7月6日。アメリカがイギリス本国から完全独立の承認を得るのは1783年のパリ条約なので，「独立宣言」の全文掲載はたぶんに象徴的な意味合いがあったと言えよう。

❷ アメリカ英語を確立したウェブスター

一方，ことばの分野でもアメリカの独自性を訴え，その後のアメリカ社会に大きな役割を果たす出版物を発行した人物もいた。それがノア・ウェブスターだった。現在，アメリカ英語，イギリス英語と同じ英語でも棲み分けがされているが，その始まりはウェブスターの出版した辞書やスペリング・ブックだった。

1783年，ウェブスターは「綴り方」，「文法」，「読本」からなるアメリカ独自の教科書 *A Grammatical Institute of the English Language* を出版した。その後，この教科書の「綴り方」の部分の内容を発展させた *The American Spelling Book* を出版。この教科書の特徴は，例えば Centre を Center とするなどイギリスとは違った，アメリカ独自の綴り方を多く収録していることだった。このスペリング・ブックは多くのアメリカの学校で使われ，アメリカ流の綴り方をアメリカ社会に浸透させた。

しかし，ウェブスターの最大の貢献は，今日のウェブスター大辞典の最初のものとなる *An American Dictionary of the English Language*（『アメリカ版英語辞典』）を発行したことだろう。この辞書は1828年に発行された。辞書に収められた語彙は約7万語。辞書に America を冠していることからも，ウェブスターの愛国的精神がうかがえる。ウェブスターの功績は，アメリカ流の英語単語や用法の単なる紹介に留まらず，それまで標準とされてたイギリスの辞書よりもさらに多くの語彙を収録し，アメリカ独自の辞書を出版したことにより，アメリカ英語に権威を与えたことにある。権威のあるアメリカ独自の辞書の発行は，その後のアメリカ社会に大きな影響を与えた。『ウェブスター大辞典』は現在も改訂増補され，ウェブスターの意思は現在もアメリカの社会に生きつづけている。

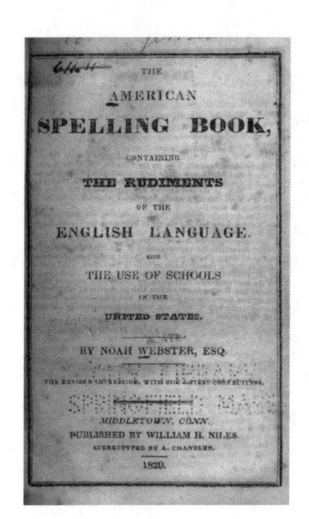

❷ウェブスターの *The American Spelling Book* の表紙

❸ 国論の形成に大きな影響を及ぼした出版物

文学作品としてアメリカ社会に影響を与えた作品としては，ハリエット・ストウ著，『アンクル・トムの小屋』がある。この作品は，1851年から52年の間 *The National Era* という雑誌に連載された。52年に書籍として発行されるやいなや，1年間で30万部を超えるベストセラーとなった。内容はアメリカの奴隷制度の悲惨さを描いたもので，奴隷制度に反対を唱える世論に火をつけた。その後，第16代大統領となったエイブラハム・リンカンは，南北戦争のきっかけとなったのは『アンクル・トムの小屋』だったと，冗談まじりに回顧したという。南北戦争は，アメリカが2つに分裂する危機を回避させた争いだった。また，奴隷制度も廃止された。このような重要な戦いの要因の1つが1冊の本だったことを考えれば，出版物が社会に与える影響の強さが窺える。

雑誌の世界では，『ハーパーズ・ウィークリ

ー』誌が，戦場に特派員とカメラマンを送り，戦場の様子を報告した。南北戦争は，アメリカ人が初めて，離れた戦場で何が起きているかをいながらにして知ることができた戦争だった。戦場の記事を読むことで，連邦側の人々は，毎週戦いへの決意を新たにしたという。

また，近年では『ライフ』誌が写真というメディアを通して，ベトナム戦争における前線の様子をアメリカの家庭に伝えた。ベトナム戦争の悲惨さを目の当たりにした多くのアメリカ人が，戦争反対の立場を取った。

このように，アメリカで発行されてきた出版物は，アメリカ社会やアメリカの民主主義のあり方に大きなインパクトをもたらしてきた。出版物は，テレビやラジオでのニュースのような公平さを求められず，自らの主義・主張を存分に表わすことができる点で，今後もアメリカ社会に大きな影響を与えていくだろう。

❹──ペーパーバックの普及

アメリカのペーパーバック出版は「ポケット・ブックス」というシリーズが発売され，本格化した。ポケット・ブックスを出版したのは，ロバート・フェア・ド・グラフ，リチャード・サイモン，マックス・シュスター，レオン・シムキンという人々だった。

出版日は，1939年6月19日。発売当日，『ニューヨーク・タイムズ』紙に「ポケット・ブックス」の発売を伝える派手な全面広告が掲載された。本の値段は1冊25㌣だった。当時，通常のハードカバーは1㌦から3㌦程度で売られていたので，25㌣はペーパーバックといえども破格の値段だった。

ド・グラフたちが最初に出版をしたのは10タイトル。幅広い読者層をつかむために，シェイクスピアからアガサ・クリスティ，ドロシー・パーカー，それに子供向けに『バンビ』まで出版した。

販路は，通常の本屋のほか，デパート，ニューススタンド，ドラッグストア，シガーショップまで伸ばした。

ポケット・ブックスは，当初，ニューヨーク市だけに限られた販売だった。アメリカ全土へ向けての販売は8月からを予定していたが，予想以上の売り上げをみせ，他州からの問い合わせが殺到したため，予定を繰り上げ7月からアメリカ全土での販売を開始した。

安価なペーパーバックの発売は，アメリカ人の読書熱を高めた。1941年にド・グラフが4万人の読者にアンケートを送り，どんな人々がポケット・ブックスの購入者であるかの調査を行った。その結果，蒸気機関車の運転手，ミュージシャン，ウェイター，ウェイトレス，牧場の働き手など，それまであまり本を買わなかった人々がポケット・ブックスの読者になっていたことがわかった。ポケット・ブックスの安さと，持ち運びの手軽さが本購入の大きな理由だった。

その後，ポケット・ブックス以外にも多くのペーパーバックが発売され，ペーパーバックの市場は伸びていった。

第2次世界大戦が始まると，アメリカ軍部は1億2,300万冊ものペーパーバック「アームド・サービシーズ・エディションズ（軍隊版）」を海外の兵士に向けて無料配布を行った。「アームド・サービシーズ・エディションズ（軍隊版）」にはミステリー，アドベンチャー，文学，伝記，クライム・ノンフィクションなど1,000を超すタイトルが選ばれた。前線で戦う兵士たちは，軍から送られてきたペーパーバックを読んだ。戦後，「アームド・サービシーズ・エディションズ（軍隊版）」により読書の楽しさを覚えた復員兵たちが，アメリカに新たなペーパーバックのブームを作り出していった。ペーパーバックの安さ，手軽さが，多くのアメリカ人

に読書の機会をもたらしたといえるだろう。

現在もペーパーバックは人気があり，価格もハードカバーの25ドル程度に比べ，12ドルから15ドル程度となっている。

C── アメリカ式生活スタイルを支えた出版物

さまざまな人種の人々が暮らし，各人の気に入る生活を送るという「多様性」はアメリカ社会の特徴の1つだ。ところが，生活様式をみてみると，面白いことに同質なものを多く共有している。イタリアからの移民も，ドイツからの移民も，中国からの移民も，貧富の差や土地の気候の差などはあるものの，ほとんど同じような衣服，家具，電化製品を買い，同じようなアメリカ式生活スタイルを営んでいる。アメリカは多様ではあるが，反面，均一化された社会とも言える。

アメリカ式生活スタイルと言えば，大きな家に住み，多少使い勝手の悪そうな電化製品に囲まれ，簡単な料理を口にしているというイメージがある。このイメージが正しいものかどうかはともかく，「アメリカ式生活スタイル」というとある種のイメージがあることは確かだろう。

そんな，アメリカ式生活スタイルの確立に役立った出版物をみてみよう。

❶── 通信販売カタログ

アメリカ式生活スタイル構築に貢献した出版物として，第一に挙げられるものは，何と言ってもシアーズ・ローバック社の通信販売カタログだろう。シアーズ・ローバック社のカタログが成功した理由として，シアーズ社が農民を主たる顧客ターゲットとしていたことが挙げられる。

当時，農民たちは広大な地域に点在して暮らしていた。そのため，商品を売っている町に出かけるには時間がかかり，労働時間を削って買い物を済ませなければならなかった。そのうえ，せっかく店に出かけても欲しい商品が必ずしもあるとは限らない。

その点，彼らの元に送られてくるカタログは魅力的かつ便利だった。カタログに載っている好きな商品を，葉書や電話で注文できて，店に出かけなくとも商品が自宅に届く通信販売は人気を博した。

1893年に設立されたシアーズ社は，1908年には約660万部のカタログを配布している。販売品目は衣類，工具，ミシン，ストーブ，ピアノ，女性用コルセット，帽子，鏡，農耕用のすき，医薬品，乳母車，靴，楽器などから住宅まで，つまり日常生活にかかわるすべての商品を扱っていたといっても間違いではないだろう。1900年には売り上げが約1,000万ドルに達した。

シアーズのカタログは，都市と農村の生活スタイルの格差を縮め，物資的側面からのアメリカ式生活スタイル確立に大いに役立ったと言えるだろう。

❷── 生活スタイルの合理化と画一化を促した出版物

合理的な段階をひとつずつ踏み進んでいくことで，均一化を図るという考え方もアメリカ的な考え方と言えるだろう。誰でも，あるやり方（マニュアル）に従えば同じ結果にたどり着くことができるという考え方だ。この合理性と均一化はフォードの大量生産方式や，アメリカで生まれたファーストフード店の調理法やサービスの仕方などに見られる。

アメリカの家庭で作られる料理にも，合理的な計量化を説く料理本の出版により，均一化が広まった。その料理本はファニー・ファーマーという女性が出版した『ボストン料理学校クックブック』だった。

『ボストン料理学校クックブック』の発行は1896年。アメリカでは1880年代に計量カップやスプーンが世の中に出始めていた。しかし，それまでの料理本に書かれている調理記述は，「小麦粉ひとにぎり」や「卵と同じくらいの大きさのバター」など大まかで，本を読んでも，最終的には作り手の経験や味覚に頼らざるをえなかった。

しかし，ファーマーが世に送り出した『ボストン料理学校クックブック』には「How to Measure（いかに計量するか）」という項目があった。この項目の中で彼女は「正確な計量は，絶対に欠かすことができません」と力説している。そうして，スプーンすり切り一杯という計り方ばかりではなく，スプーン半分，スプーン4分の1などの計り方も丁寧に説明している。これにより，本に紹介されている手順に従えば，誰が何度作っても，同じ味が得られるようになった（⇨ 80 食物・飲料・料理 B）。

さまざまな価値観をもつ人々が暮らすアメリカが，反面，社会や生活の均一性を求めるのは興味深い。価値観が多様だからこそ，誰にでも受け入れられる，また誰がやっても同じ結果を得られる方法や考え方が強く求められるのかもしれない。多様性と均一性は，アメリカがこれからも大切にしていく社会的要素だろう。

雑誌の方では，『グッド・ハウスキーピング』（1885年創刊）や『ベター・ホームズ・アンド・ガーデンズ』（1922年創刊）などが，家庭における生活スタイルについての記事を多く掲載し，アメリカに住む人々の暮らしぶりに影響を与えてきた。

1990年代後半から2000年代初頭にかけては，マーサ・スチュアートが，身近な材料を利用しながら，手軽で機知に富んだ工夫を加えることによってライフスタイルのセンスアップを図る方法を提唱し，雑誌やテレビなどで幅広い人気を博した。彼女はホワイトハウスで催されるパーティのアレンジを任されたこともあった。

そのほか，タイム社が発行している『リアル・シンプル』（2000年創刊）が，都会派のための生活スタイル雑誌として高い人気を博している。また，テレビのトーク番組の人気司会者，オプラ・ウィンフリーの名前を冠した雑誌『O』が発行され，オプラの提唱する生活スタイルが人々に受け入れられている。

D──出版社の発展とベストセラー

❶──出版社の生い立ちと現状

15世紀にドイツのグーテンベルクが発明した印刷技術を，最初にアメリカ大陸に持ち込んだのはカトリック教会だった。北アメリカではマサチューセッツ州ケンブリッジが印刷発祥の地となり，当時，北アメリカにあった13の植民地にその技術が急速に広まっていった。

19世紀に入ると，パトナム，ハーパーズ，スクリブナー，E. P. ダットン，ホートン・ミフリン，リトル・ブラウンなど，今も名を残す大手出版社が誕生した。南北戦争終結直後には，ヘンリー・ホルトやダブルデイが出版社を創業した。

また，20世紀になると，ランダムハウス，アルフレッド・A. クノッフ，サイモン・アンド・シュスター，ハーコート・ブレース，W. W. ノートン，クラウン，デラコーテ，エイヴォン・ブックス，バンタム・ブックスなどの出版社が生まれた。

1990年代に入ると，メディア産業にも分野を越え，国境を越えたグローバルな再編の波が押し寄せた。出版業界でも再編が進み，ドイツのメディア・コングロマリット，ベルテルスマンがアメリカ最大手のランダムハウスを買収している。ランダムハウスのインプリント（傘下出版社）には，バンタム，クラウン，ダブルデイ，クノッフなどが含まれている。また，サイモン・アンド・シュスターはパラマウント映画スタジオを所有するヴァイアコム・エンターテインメント・グループの傘下となっている。サイモン・アンド・シュスターのインプリントにはスクリブナーなどがある。

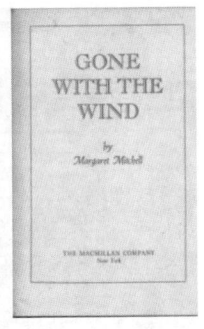

❸左｜ E. R. バローズ作「類猿人ターザン」が掲載された『オール・ストーリー・マガジン』の表紙　［ターザンの挿絵があしらわれている。1912 年］
❹右｜ M. ミッチェル『風と共に去りぬ』初版本表紙［1936 年］

❷——ベストセラー・リストの誕生

19世紀の終わりまでは，売り上げが良い本は中庸な作品とみられ，よく売れる本でも特に注目されていたわけではなかった。しかし，1895年に創刊された月刊の文芸誌『ブックマン』がベスセラー・リストを誌面に掲載し，ベストセラーという考え方が出版界に浸透していった。

1911年には出版業界専門誌『パブリッシャーズ・ウィークリー』誌も「ベストセラー・コンセンサス」という名称でベストセラー・リストの掲載を開始し，ほかのメディアもベストセラー・リストの掲載を始めるようになった。最も影響力をもつといわれている『ニューヨーク・タイムズ』紙のベストセラー・リストは1935年10月から始まっている。

❸——歴史に残るベストセラー

初期のベストセラーにはエドガー・ライス・バローズの『ターザン』がある。ターザンは文芸誌『オール・ストーリー・マガジン』に連載され，1914年にシカゴの出版社より書籍として出版された。バローズは合計25タイトルのターザン・シリーズを書いた。ターザンは映画，ラジオ番組，漫画などになり，バローズはカリフォルニア州ターザナにエドガー・ライス・バローズ社を設立するまでになった。ターザン・シリーズの最初の本，『類猿人ターザン』は500万冊ほど売れ，多くの国で翻訳本が出版された。

歴史に残るベストセラーとしてはマーガレット・ミッチェルの『風と共に去りぬ』がある。

1936年にマクミラン社より出版されたこの本は，マクミラン社に勤めていたハロルド・レイサムが1935年に作家を探す旅に出て原稿を入手した。

当初のタイトルは『トゥモロー・イズ・アナザー・デイ』。ヒロインの名前はパンシーだった。しかし，出版前にミッチェル自身がタイトルを『風と共に去りぬ』とし，ヒロインの名前もスカーレットに変更した。1936年に1冊3ドル，初版1万部で出版されたこの本は，1日5万冊も売れ，半年で100万部を売り上げた。クラーク・ゲーブル，ヴィヴィアン・リー主演で同名の映画にもなり，本は現在も売れ続けている。これまでの累計売上部数は，翻訳本，ペーパーバックを除いても1,000万〜1,200万部

❺ペーパーバックの新刊書が並ぶアメリカの書店の店内

程度といわれている。

2003年現在では、スティーヴン・キング、ジョン・グリシャム、パトリシア・コーンウェル、マイクル・クライトン、トム・クランシーなどがベストセラー作家と呼ばれている。

E──書籍流通のしくみ

アメリカの書籍流通業者は大きく分けて、ディストリビューター、ホールセラー、ジョバーの3つの形態がある。これら3つの流通業者はそれぞれ異なった販売形態をもつ。出版社側に立った販売を行うディストリビューター、書店への納品を第一とするホールセラー、書店以外の場所の流通を専門とするジョバー。また、この3つの流通業者のほかにも、販売を取りやめる本や、在庫となった本を扱うリメインダー・ディーラーや、図書館に向け書籍の流通を行うライブラリー・ディストリビューターなどがある。

❶──ディストリビューター

ディストリビューター（書籍販売代理卸売業者）は、本の販売、マーケティング、発送、倉庫管理、売上金の回収、月間の売上報告を行う。ディストリビューターは通常、独自の販売員を有し、書店やほかの買い手に対し本の販売促進も行う。契約を交わしたディストリビューターはその出版社の販売部門のような位置付けになり、ときには本の表紙や販売戦略についてのアドバイスも行う。そのため、ほとんどの場合、ディストリビューターは出版社と独占契約を結ぶ。一方、出版社側は自社に最も適したディストリビューターを注意深く選ぶことになる。出版社からディストリビューターへの卸値は定価の40％程度（定価20㌦なら8㌦がディストリビューターへの卸値）となっている。アメリカ全土をテリトリーとするナショナル・ディストリビューターにはアソシエイテッド・パブリッシャーズ・グループ、ナショナル・ブック・ネットワークなどがある。ディストリビューターのほとんどがアメリカ全土をテリトリーとしている。

❷──ホールセラー

ホールセラー（書籍卸売業者）は、書店などからの発注を受け本を迅速に届けることがその大きな役割となっている。そのため、よく売れる本を中心に在庫を抱え、在庫のある本については受注から1日または2日で注文先に本の納品ができる体制を整えている。基本的に買い手に対するサービスを重視するため、特別な場合を除いてホールセラーから本の販売促進をすることはない。しかし、出版社が広告費を払えばホールセラーが発行する新刊カタログに書籍の情報を載せたり、買い手からの注文があったときに特定の本を勧める「プラス・セールス」と呼ばれる販促活動を行ったりもする。出版社からホールセラーへの卸値は定価の45％程度（定価20㌦なら9㌦がホールセラーへの卸値）となっている。アメリカ全土をテリトリーとす

リテラリー・エージェントの役割

　作家と出版社の仲介役となり，クライアントである作家の作品を出版社に売り込むのがリテラリー・エージェントである（⇨72代理業B-4）。リテラリー・エージェントの歴史は古く，1880年代のイギリスで始まったとされている。アメリカでもほとんど時代を同じくしてリテラリー・エージェントが生まれた。リテラリー・エージェントはエージェンシーとして組織で機能する場合もあるが，個人で行う場合もある。また，作品の印税をもとに作家に前金として支払われるお金をアドバンスと呼ぶ。

　リテラリー・エージェントには個人，組織も含め大きく分けて2つの種類がある。1つは，ノン・フィー・チャージング・エージェントと呼ばれる作家からの原稿を無料で読むエージェント。もう1つは，作品を有料で読むフィー・チャージング・エージェントだ。

　料金の種類はリーディング・フィー（作品を読む），エバリュエーション・フィー（作品の市場性に対する意見を述べる），クリティッキング・サービス（作品がどうしたらよくなるかを述べる），エディティング・サービス（作品の弱い部分や改良点を詳細に述べる）などがある。料金は受けるサービスにより30～1,000ドル程度となっている。

　作家がクライアントになった場合，リテラリー・エージェントは，出版社に作品を送り出版交渉を行う。出版社によっては，リテラリー・エージェントの代理を受けていない作品には目を通さないところもある。リテラリー・エージェントの仕事は出版社との交渉にとどまらず，外国への版権販売や映画化権の交渉も行う。また，クライアントの作家が短編作家の場合，作品を発表できる雑誌を探すことも行う。出版された後は，雑誌や新聞にその作品の書評が掲載されるように働きかけ，ブックフェアに作家の代理人として出かけていき，市場開拓も行う。

　また，出版社を選ぶ際にも，単に契約金の良い出版社を優先するのではなく，ブックツアーを行うか，コンベンションでのプロモーションを計画しているかなど，出版社がいかにその作品を売っていこうとしているかを考慮し，作家側に立った判断を下す。いうなれば作家の総合的キャリア・マネジメントを担当するのがリテラリー・エージェントと言える。

　リテラリー・エージェントは作家により近い距離で仕事ができ，作品の内容にも初期の段階から深くかかわることができるため，リテラリー・エージェントに転職する編集者も多い。最近では，サイモン・アンド・シュスターの発行人，パトナム社のシニア・エディター，ランダムハウスの編集者，グローブ・プレスの編集長など出版界の大物といえる人材が出版社を辞め，リテラリー・エージェントになっている。

　出版社から支払われるアドバンスや，映画会社からの映画化権などの10～20％がエージェントの収入となる。なお，全米のリテラリー・エージェントのリストは『リテラリー・マーケット・プレース』に詳細が掲載されている。

　アドバンスは出版社から作家に対して，作品の印税を基準に支払われるお金である。通常，その作品のハードカバー，ペーパーバックの予想売上の約10％だが，作家や作品によっては，数社の出版社が出版権を争うオークションと呼ばれる競売となり，巨額のアドバンスを受け取る。通常，新人作家のアドバンスの額は8,000～2万5,000ドル程度だが，1999年に処女作『娘たちのための狩りと釣りの手引き』を書いたメリッサ・バンクのように27万5,000ドルものアドバンスを受ける作家もいる。

　アドバンスは契約時に半分が支払われ，作品の入稿とともに残りの半分が支払われる。

〔秦　隆司〕

るナショナル・ホールセラーにはイングラム，ベーカー・アンド・テイラーの2社がある。そのほか，特定の地域に強いリージョナル・ホールセラーや特定の書籍を扱うスペシャリティ・ホールセラーがある。

❸——ジョバー

ジョバー（小売店向け雑誌・書籍卸売業者）は，マス・マーケットのペーパーバックを空港，グローサリー・ストア，ニューススタンド，ギフトショップなどに流通させる。ジョバーが扱う品目の約90％が雑誌であり，書籍は10％程度。通常テリトリー制となっており1地域を1つのジョバーが受け持っている。出版社からジョバーへの卸値は50％程度（定価20ドルなら10ドルがジョバーへの卸値）となっている。ジョバーの最大手にはアンダーソン・ニュースがある。

❹——その他の流通

ⓐ リメインダー・ディーラー——

リメインダー・ディーラー（余剰書籍流通業者）は，販売を取りやめる本や，在庫となった本を買い取る。買い取り価格は1冊数セントから数十セント。流通先は古本屋や99セント・ショップなど。リメインダー・ディーラーにはブック・セール，S&L・セールスなどがある。

ⓑ ライブラリー・ディストリビューター——

ライブラリー・ディストリビューター（図書館専門書籍流通業者）は全米とカナダ全土の図書館に対して書籍の販売を行う。出版社からライブラリー・ディストリビューターへの卸値は定価の45％（定価20ドルなら9ドルがライブラリー・ディストリビューターの卸値）となっている。図書館への販売にはLC番号（ライブラリー・オブ・コングレス・ナンバー）を取得しておく必要がある。

❺——ブック・クラブへの流通

アメリカのブック・クラブにはブック・オブ・ザ・マンス・クラブやリテラリー・ギルドがある。ブック・クラブへの販売は，部数は伸びるが利益にはあまり繋がらない。しかし，大手のブック・クラブのリストに載ることで本の価値が上がり，宣伝効果も期待できる。出版社からブック・クラブへの卸値はブック・クラブが販売する価格の10％以下（ブック・クラブが15ドルで本を販売した場合，1ドル50セント以下）となっている。通常出版社はブック・クラブへの販売に対しては作家と特別契約を結び，ブック・クラブからの利益を折半（50対50）にする。

❻——オンライン書店とデジタル出版

ⓐ オンライン書店——

1994年に，現在オンライン書店の最大手とされているアマゾン・ドット・コムが設立された。その後，大手書籍チェーン店，バーンズ・アンド・ノーブル，ボーダーズなどが次々とオンライン書店を設立した。オンライン書店の99年の売り上げは大人向け書籍総売上の5.4％，2001年には7.5％を占めるほどに成長した。

オンライン書店の売り上げが伸びた理由の1つに書籍の割引販売が挙げられる。例えば，アマゾン・ドット・コムで販売される本の価格と店舗を構える大手チェーン書籍店での価格を比べると，アマゾン・ドット・コムの方が安く，2002年では，平均してペーパーバックで17％，ハードカバーで27％の価格差があった。

今後のオンライン書店の課題として，いかに

迅速に顧客のもとに注文書籍を届けるかということがある。迅速な配達を実現させるには，多くの地域に在庫倉庫を兼ねた発送センターが必要となり，発送センター維持の経費をどうやって吸収していくかが鍵となっている。

❻ デジタル出版

デジタル出版の形態は大きく分けて，電子ブックとPOD（プリント・オン・デマンド），それにCD-ROMがある。電子ブックは，読者のもつデジタル機器の端末に直接，原稿データを流し込む出版の形態。一方，PODは原稿をデジタルデータとして保存しておき，読者の注文があった時点で印刷製本を行い，1冊の書籍として提供する方法である。CD-ROMは書籍の情報を記憶させたCDに，いろいろな機能や写真などを付け，書籍の代わりに販売するものである。

電子ブックとPODのデジタル出版は2000年初め頃から本格的に注目され，アメリカの大手出版社や大手書籍流通会社は，デジタル出版に対応できる組織を自社の傘下や子会社として立ち上げた。しかし，現在のところ読者からのデジタル出版物への関心は低く，大きな市場を形成するまでに至っていない。そのため，2001年から2002年にかけて，一度立ち上げたデジタル部門や子会社を，閉鎖あるいは縮小する出版社や流通会社が相次いだ。

また，書籍のCD-ROM化の方は，魅力的な商品にするためにビジュアルを充実させたり，音声やそのほかの機能をつけなくてはならず，その製作費に見合う価格で販売できないのが現状だ。

今後のデジタル出版の成否は，読者を買う気にさせる商品を生み出せるかどうかにかかっている。

■参考文献

Cardoza, A. *The Complete Guide to Successful Publishiug*. Cardoza Publishing, 1998.

Emmet, B. and J. E. Jeuck. *Catalogues and Counters: A History of Sears, Roebuck and Company*. The Univ. of Chicago Press, 1950.

Hart, J. D. *The Oxford Companion to American Literature*. 5th ed. Oxford Univ. Press, 1983.

Micklethwait, D. *Noah Webster and the American Dictionary*. McFarland & Company. Inc., 2000.

Tebbel, J. *A History of Book Publishing in the United States*. Vol.1-3. R. R. Bowker, 1972.

Tebbel, J. and M. E. Zuckerman. *The Magazine in America 1741-1990*. Oxford Univ. Press, 1991.

■さらに知りたい場合には

Sloan, W. D. and J. H. Williams. *The Early American Press, 1760-1783*. Greenwood Press, 1994.

［植民地時代から，独立戦争前，戦争以後のアメリカにおける出版のあり方，また出版が社会に及ぼした影響を語っている。］

Janello, A. and J. Brennon. *The American Magazine*. Harry N. Abrams Inc., 1991.

［1741年のアメリカでの雑誌創刊から250周年を記念して出版された本。アメリカにおける雑誌の歴史が語られているだけでなく，発行されてきた雑誌の表紙や挿絵，写真も多く収められている。］

Cosner, L. A., C. Kadushin, and W. W. Powell. *Book: The Culture and Commerce of Publishing*. The Univ. of Chicago Press, 1985.

［アメリカの書籍業界を内側から解説している本。業界内でのキャリアの作り方，業界内

に残る性差別，リテラリー・エージェントの役割，書評家の役割など興味深い項目がある。]

Tebbel, J. *Between Covers; The Rise and Transformation of American Book Publishing*. Oxford Univ. Press, 1987.
[アメリカの出版社の成り立ちや，書籍業界の変遷を追っている。時代ごとに数冊でなく，過去から現在まで1冊にまとめられているので読みやすい。]

Larsen, M. *Literary Agents*. John Wiley & Sons, 1996.
[リテラリー・エージェントとは何か，いかに自分に合ったエージェントを探すかなどリテラリー・エージェントについての実用書。見本の契約書や書籍企画書なども収められている。]

92 | サイバーカルチャー
Cyberculture

服部 桂

世界規模の戦争や民族紛争に明け暮れた20世紀は，その後半に大きなパラダイムの転換を経験することになる。それを最も端的に性格付ける出来事は，「情報」という概念の明確化と，その概念を実体化する「コンピュータ」という機械の発明だ。第2次世界大戦末期に開発されたコンピュータは，その大戦の余波として尾を引いた東西冷戦の中で育ち，デジタル情報を流通するインターネットと呼ばれる電子ネットワークとともに，現在の「情報化社会」や「IT革命」と呼ばれる変革を巻き起こした。その時代の新しいメディアが人々の時間や空間に対する認識を変革し，ひいてはそれが社会や文化の枠組を大きく変えてしまったことは歴史の証明するところだが，コンピュータやインターネットと呼ばれる20世紀後半を象徴するメディアも例外ではない。コンピュータはまず第2次大戦で覇権を握った米国で発明され，カウンターカルチャーの嵐が吹き荒れた60年代にはハッカー文化を，70年代には大型コンピュータの対極にあるパーソナル・コンピュータを生み出し，80年代以降に「サイバーカルチャー」とも呼ばれる特異なムーブメントを引き起こした。これはコンピュータの一般化と，60年代から拡大を続けインターネットへと結実していく電子ネットワークが融合した新しいコミュニケーションのあり方を受け止める文化の1つの態度であり，いまやそれが90年代には広く認知されるのと同時に，世界規模の情報化を特徴付ける底流として進化し続けている。

A——サイバーカルチャー前史

❶——サイバネティック・グループ

サイバーということばが一般の認知を受けたのは，1948年にMIT教授ノーバート・ウィーナーが書いた『サイバネティックス』によるところが大きいが，これはギリシャ語の舵取りを意味する「kybernetes」から作られたことばだ。

ウィーナーはこの本を書く前に，46年から53年まで何度かメイシー財団の主催する「サイバネティックス・グループ」の会議に参加しており，その中で自らのアイデアを深化させていった。この会議は，戦後の社会科学の基点として有名だが，第2次大戦末期のマンハッタン計画の原爆開発に象徴される大規模なテクノロジー開発が，戦争という非常時を経ていかに着地すべきかを論議する場でもあった。

物質の最も基本的なミクロな成り立ちを探究することで人間のコントロールを超えた巨大なエネルギーを生み出す原爆の開発や，暗号や弾道計算のために作られたコンピュータの存在は，当時の社会的規範を逸脱する存在であり，それらを平和時の社会にどう位置付け活用するかは大きな課題だった。

❶世界初の電子式汎用コンピュータ ENIAC

❷──コンピュータの開発

コンピュータ本体の発明は，1946年に発表された電子式デジタル・コンピュータとしての ENIAC がつとに有名だが，これは戦時の弾道計算の効率化や暗号解析，マンハッタン計画への応用を目指して作られたものだった。

計算を行う機械としてのコンピュータ自体は17世紀のパスカルから19世紀のチャールズ・バベッジの解析エンジンへと続き，1890年の国勢調査に使われたホレリスのパンチカード・システムのような大量のデータ処理の補助手段として進化してきた。

19世紀に始まる電信や電話などの電子通信メディアや新聞メディア，さらには20世紀に入って進んだラジオやテレビのような本格的な電子的マスメディアの登場によって社会で生産・蓄積・流通される情報量は幾何級数的に増大したが，それらはまだ機械式の計算機で対処できる範囲のものだった。

現在の電子式コンピュータの発明は，戦争という節目でさらに情報化が集中的に加速されることによって，それを処理するための必然性によって不可避的に生じたものといえよう。

ENIAC 以外にもアイオワ州立大学のアタナソフやベル研のスタイビッツなどの電子式コンピュータがあり，米国以外でも英国のコロッサスのような先行する開発があったが，ENIAC は電子式デジタル・コンピュータとしてその後の米国を中心としたコンピュータ開発の象徴的存在となった。

真空管を使い故障しやすかった ENIAC に続き，トランジスタの発明を受けて50年代にはすでにユニバックや IBM による商用コンピュータの開発が始まり，60年代には DEC によるミニコンピュータや IBM のシステム360に代表される本格的ビジネスマシンが次々と市場に投入されるようになる。

サイバネティックスは，もともと高射砲の制御に象徴される機械とそれを制御する人間の間の綿密な連携関係を理論化したものだが，新たに生まれた情報機械としてのコンピュータと人間の関係を再定義するにも有効なものだった。このことばは，60年代に機械と有機体の融合として作られた「サイボーグ」や，80年代に顕在化した「サイバーカルチャー」，電子ネットワークの生み出す「サイバースペース」などということばに引き継がれた。

なお上記の会議では，文化人類学者のグレゴリー・ベイトソンが中心的役割を果たし，マンハッタン計画の中心人物でノイマン型コンピュータやゲーム理論を生み出し，生命の情報表現としてのセルオートマトンを発想したジョン・フォン・ノイマン，人間の神経組織からコンピュータを発想するニューロ・コンピュータの元祖ともなった神経学者のウォーレン・マカロックや生理学者のアルトゥーロ・ローゼンブリュートなどが参加しており，その後の人工生命や，情報テクノロジーの進歩の先に人類の新しい進化の段階を模索するポスト・ヒューマンなどの動きに関係するサイバーカルチャーのルーツともいえる論議がなされていたことにも注目すべきだろう。

大戦後の世界の覇権を二分するソ連と米国の競争は、核軍備を中心にした大陸間弾道ミサイルなどの巨大システムを生み出し、それを制御するためのコンピュータを必要とした。

57年10月にソ連が世界初の人工衛星スプートニク打ち上げに成功し「スプートニク・ショック」なることばも生まれて米ソ間の緊張は極限に達し、軍事・情報技術の後れを実感した米国はアメリカ航空宇宙局（NASA）や高等研究計画局（ARPA）を設立し、アポロ計画やSAGEなどの防空システムの展開が図られ、コンピュータ開発に拍車がかかった。

こうしたなかで、コンピュータはコミュニケーションの道具として有効なことがしだいに明らかになっていく。核攻撃を想定し、都市などに集中した通信機能が停止しないよう、分散型のコミュニケーション・システムが考えられ、それが現在のインターネットの元になった69年のARPAネット開発につながる。

しかしARPAネットは、軍の予算で開発されたため、一部のコンピュータ・エリートの道具としてしか存在せず、これがインターネットとして一般に認知されるのは90年代を待たなくてはならなかった。

❸──カウンターカルチャーからハッカーカルチャーまで

60年代は戦後からポスト戦後に向けた高度成長の時代となり、ケネディ大統領が「60年代の終わりまでに人間を月に送る」と宣言したアポロ計画に代表される高度な大型システムが賞賛される一方、米国の覇権拡張がベトナム戦争に象徴される軋轢をも生み出した。

特に戦後生まれのベビーブーマーと呼ばれる世代は、戦場となることなく戦後の繁栄を謳歌した米国で育ち、アポロ宇宙船から見た「宇宙船地球号」という新しい世界のイメージに触れ、通信衛星により世界同時中継が可能になったテレビという新しいメディア環境で青春を過ごす一方、それ以前の世代との大きな意識のズレに悩み、東西冷戦の影におびえ、ベトナム戦争に駆り出され犠牲者ともなった。新しいメディアの興隆と新しい世代の表現がこの時代を特徴付けたといってもいいだろう。

64年に出版されたマーシャル・マクルーハンの『メディアの理解』は、テレビに象徴されるグローバルなメディア環境を理論化してブームを巻き起こし、この時代のメディア状況を語るバイブルとなった。そして、大きなシステムが約束する予定調和的な理想と現実の破綻の狭間で、体制に反発し個人へと回帰するカウンターカルチャー（対抗文化）が生まれた。各所でベトナム戦争反対運動集会が開かれ、反戦ソングが歌われ、ビートルズやローリング・ストーンズなどに代表されるエレキギターという新しい音楽表現のツールが若者に世界に主張する手段として受け入れられた。

その一方で、ティモシー・リアリーなどがLSDの使用による心の拡張を主張し、いわゆるドラッグカルチャーが巻き起こる。66年にケン・キージーが行ったトリップ・フェスティバルのように、ドラッグやサイケデリックな体験を元にした映像表現がロックと結び付き、マルチメディアの元祖ともいうべきメディア表現が模索された時期でもある。

68年に公開されたスタンリー・キューブリック監督の『2001年宇宙の旅』には、宇宙や未来に限りなく拡張する壮大なスペースオペラ的感性と、心の内面から人間の解放を図ろうとするドラッグ体験やサイケデリックなどの相矛盾するムーブメントの影響が色濃く見られる。

セオドア・ローザックが『コンピュータの神話学』で述べているように、この時代の気分は「復古主義」と「技術狂のユートピア」という一見対立するイメージを情報の世界で統合しよ

うとしていたのであり，それは68年にスチュアート・ブランドによって発刊された『ホール・アース・カタログ』に端的に表現されている。

ベビーブーマーたちの「理由なき反抗」は，69年のウッドストックのコンサートで頂点に達したが，その後ジミ・ヘンドリクスやジャニス・ジョプリンなどのスーパースターが相次ぎドラッグ中毒で没し，70年代の石油ショックを経てそのパワーは失速していく。

体制との矛盾をドラッグによって回避し，「Power to the People」を標榜する若者がいる一方，大きなシステムにもっと別のアプローチをする一団が存在した。

彼らはコンピュータという新しいメディアに，管理や制御という役割を超えた新しい可能性を見いだした若者たちだった。MITやスタンフォードなどの大学でコンピュータを研究する若者たちは，プログラム開発にかかわるうちに，コンピュータの持つ能力と人間の精神作用が大いに親和性を持つことに気づいた。

コンピュータに寝食を忘れて打ち込み，その機能を極限まで表現しようと励む若者は「ハッカー」と呼ばれ，気の利いたプログラムや悪ふざけのような行為に喜びを見いだし，自分たちだけで通じる隠語をあやつり，情報やアイデアの自由な共有を理想とした。すでに彼らは「スペースウォー」と呼ばれるテレビゲームの祖先のようなゲームを作り出し，『スタートレック』やSF小説を愛し，新しい情報世界の中でもっと違う価値観を追求し始めていた。

コンピュータ・グラフィックスを作り出したアイヴァン・サザランドはすでに現実世界を仮想的に体験できるバーチャル・リアリティーの基礎的研究も行っており，すでにその後のサイバースペース的な感性は実体化し始めていた。

彼らの姿はスティーヴン・レビーの『ハッカーズ』やハワード・ラインゴールドの『思考のための道具』にも詳しく描かれている。

当初はコンピュータを自在に操れるエリートの尊称だったハッカーということばは，その後，コンピュータに不正なアクセスをしたりデータを破壊するなどの悪質な行為を行う事件を起こす人々が増え，こうした「クラッカー」や「ダークサイド・ハッカー」と混同されメディアから悪いイメージを持たれるようになっていく。

ハッカーたちがプログラミングを通して精神を拡張し，さらには初期のARPAネットを介してコンピュータ通信による精神のコミュニティーに目覚めている一方で，コンピュータの世界以外に暗躍する人々がいた。

彼らは巨大システムの象徴として電話システムを相手にした「電話フリーク」と呼ばれる一団だった。60年代に電話は自動交換化され，電話はコンピュータによって制御される交換機につながる端末になった。電話フリークは電話の制御を行える音を発生するブルーボックスというツールを作ったり，ソーシャルエンジニアリングと呼ばれる他人を口で騙してパスワードなどを聞き出す技量を持ち，電話のタダがけや電話システムの撹乱を行うことで社会に混乱をもたらした。

彼らは複数の不特定多数が参加できる電話会議（パーティライン）でコミュニティー作りにもはげんでいたが，その後の取締りでしだいにコンピュータへと移行していき，パソコンの登場する70年代後半以降はパソコン通信を使ったBBSなどに入り込んでいった。80年代初頭には8BBSなどいくつものBBSが不正にコピーしたソフトやクレジットカードの暗証番号などを交換する場となり，その後90年代にも悪質なハッカー事件を起こして注目されたケビン・ミトニックやスーザン・サンダーなどが暗躍することになる。

電話フリークの元祖とも目されるキャプテ

ン・クランチ（本名ジョン・ドレーパー）は逮捕・起訴されたが，こうしたグループと交流のあった人々の中には，後のアップル・コンピュータを興すスティーヴ・ジョブスやスティーヴ・ウォズニアックのような人もいた。

❹──パソコンの登場

60年代のハッカーは，大型コンピュータの持つ制度的管理的側面や自由度の低さに反発し，よりオープンなミニコンピュータを使ったが，まだコンピュータは専門家の特殊な道具のままだった。

アラン・ケイなどは60年代にコンピュータが人間の創造性を解放し，それを本のように万人が所有することで未来が開けることを確信し，「ダイナブック」と呼ばれるパーソナル・コンピュータ（パソコン）の基礎となる概念を提唱していた。

トランジスタの次にはより小さく高性能な集積回路（IC）が開発され，さらにはその技術を使ったマイクロコンピュータが71年にインテルから発売され，一般のホビイストがコンピュータにも接することができるようになった。

75年にはMITS社の組み立てコンピュータのAltairが紹介され爆発的な人気を呼んだ。このコンピュータのためにBASIC言語のプログラムを作ったのが，後にマイクロソフトを立ち上げるビル・ゲイツやポール・アレンだった。

また77年にはウォズニアックの作ったアップルIIやタンディーのTRS-80，コモドールのPETなどのパソコンが発表され，コンピュータは管理の道具から個人の自由を表現するための道具として受け入れられた。

パソコンがワープロや表計算などの仕事をこなせることから，ビジネス界も注目をし始め，81年にはIBMがパソコンを発売し，84年に

❷ガレージでアップルを立ち上げたS. ジョブス（右）とS. ウォズニアック［1976年頃］

はアップルがマッキントッシュを発売した。

アップルがマッキントッシュの発売に合わせて流したジョージ・オーウェルの『1984年』をパロディー化したCFは，〈ビッグブラザー＝IBMなどの大型コンピュータによる管理社会〉を〈アップル＝パソコン〉が打ち破るというシーンが描かれ，80年代的なカウンターカルチャーを宣言するものだったといえる。

パソコンはゲームやビジネス用のソフトを使えるばかりでなく，通信端末としての利用もできることから，80年代初頭には大型コンピュータに電話回線を通じて接続するThe Source, Compu Serveなどのパソコン通信が発達し，専門家しか使えなかったARPAネットのような電子ネットワークの持つ力を一般の人が実感できるようになった。

こうした状況の中で，ブルース・ベスカが83年に『サイバーパンク』という小説を書き，84年のウィリアム・ギブスンの『ニューロマンサー』が電子ネットワークの作り出す世界を「サイバースペース」と表現し，その後サイバーパンクSFというジャンルが認知されるようになる（⇨31文学の歴史G, 103小説B-2）。

B——サイバーカルチャー

　サイバーカルチャーということばに厳密な定義はない。ギブスンの小説以前にも19世紀の電信や電話の発明時にハッカー的な行動をする若者もいたし、コンピュータの発明以来、それに関わるさまざまな影響を含めることも可能であろう。しかしここでは、パソコンやサイバーパンクSFの登場によって、デジタル情報を電子ネットワークを介して一般の人が自由にやりとりできるようになった時代以降の影響を指すこととする。

❶——サイバーパンク

　ギブスンの小説に描かれる電子ネットワークの発達した未来は、1960年代がコンピュータに求めたユートピア的なイメージとはかなり違った、むしろディストピア的なものだった。82年の映画『ブレードランナー』に描かれる未来社会はデッドテックな核戦争後の世界だったし、83年に公開された映画『ウォーゲーム』は、高校生がパソコン通信を使って軍のミサイル制御コンピュータに侵入し、それが米ソの核戦争を誘発しそうになるというストーリーだった。

　まだ80年代には冷戦は終結しておらず、コンピュータは核戦争などのイメージと結びつけられ、電子ネットワークを操る未来の若者はより狡猾なハッカーとして描かれ、サイバーパンク（ごろつき）と呼ばれた。彼らは企業のデータを盗み取り引きし、社会の裏をかく存在であり、当時のパソコンを自由にあやつれる若者も社会の前面で認知された存在ではなかった。大人たちにとって、わけのわからないパソコンなどの電子機械を操り、企業や軍のコンピュータに無断で侵入する若者たちは異質の人種であり、社会からドロップアウトしたアウトロー的存在でしかなかった。

　サイバースペースを自由に旅するハッカーたちは、80年代に入って一部の人々が反社会的な事件を引き起こすことでネガティブなイメージを持たれるようになった。前述のケビン・ミトニックなどによる事件以外にも、KGBに依頼を受けたとされるドイツのカオス・コンピュータ・クラブの関係者がARPAネットに侵入したり、コンピュータのデータを破壊する悪質なプログラムであるコンピュータ・ウィルスがパソコンの利用者に蔓延する事件が起き、一般の人々は新しいデジタル世代の若者の行動に不信感を抱いた。88年11月には、コーネル大学の大学院生ロバート・モリスが作ったプログラムがARPAネットで自己増殖し約1割にあたる4,000台のコンピュータを止めるという事件が『ニューヨーク・タイムズ』の一面に掲載され、一般人はそこに巨大な電子ネットワークがあることに気付いた。

　パソコンは80年代に大型コンピュータより普及し、DTPやマルチメディアなどの普及でより一般の人々の生活に浸透していき、それに従ってコンピュータへの不正な侵入事件は年2倍のペースで増えていった。

　90年には当局による取締りが活発化し、スティーヴ・ジャクソン・ゲームズ社の家宅捜索やサンデビル作戦と呼ばれる大規模捜査で、無関係なコンピュータ機器などが押収されるという事件が起きた（ブルース・スターリングの『ハッカーを追え』に詳細）。コンピュータ化に対する社会の恐れが無差別捜査を行うことに対し、ロータス社の創業者ミッチ・ケーポアや60年代からサンフランシスコを中心にカルト的な人気を持つバンド、グレートフル・デッドの作詞家でもあるジョン・バーローたちが立ちあがり、電子フロンティア協会（EFF）を設

立し，電子社会における表現の自由や人権を保護するよう運動を開始した。

❷──90年代以降のサイバーカルチャー

90年代に入ってパソコンやインターネットが本格的に普及することによって，サイバーカルチャーは戦後の工業社会に対するカウンターカルチャーとしての性格を超え，より新しいデジタル時代のライフスタイルを表現するメジャーな存在へと変容していった。この時期のデジタル・メディアに影響を受けたアート表現や，60年代のドラッグカルチャーの90年代的な再現ともいえるレイブカルチャー，若者のライフスタイルの変容については，ダグラス・ラシュコフの『サイベリア』や，マーク・デリーの『エスケープ・ヴェロシティ』に広く紹介されている。

まずARPAネットがより広いインターネットとしての姿を整え，商用化することが許可されることで企業や一般市場へ電子ネットワークの利用が広がった。

ワールド・ワイド・ウェブ（WWW）という機構が開発され，ブラウザというソフトがシカゴ大学のマーク・アンドリーセンらによって作られ無料で配布されることで，インターネットで専門家でなくても簡単に情報交換ができるようになった。

また戦後生まれの世代としてクリントン政権が発足し，ゴア副大統領が「情報スーパーハイウェイ」構想を打ち上げることでインターネットは次世代の社会インフラとして認知され，94年ごろから爆発的に普及を始め，95年のウィンドウズ95の発売がそれにさらに火をつけた。

こうしたデジタル時代をとらえるように，ポイント財団の主催した「サイバーソン」やマルチメディアやCGを主体とした米コンピュータ機械学会（ACM）の主催するSIGGRAPHなどの会議が活況を帯びるようになった。

特に，グラフィックスの能力が向上したコンピュータに3Dグラフィックスをリアルタイムで描かせ，人間の五感と連動させて情報世界の操作に現実感を持たせるバーチャル・リアリティーの研究が，サイバースペースの表現に不可欠のものとなり，これを題材にした『バーチャル・ウォーズ』などの映画が話題を呼んだ。

一方では，現実世界のシミュレーションを超えて，生命表現をデジタル情報によって行う人工生命という分野もでき，インターネットが予感させる複雑な世界を記述する手法として注目を浴びるようになる。

いまや表舞台に立ったデジタル産業を扱う雑誌の発刊も相次いだ。91年にサンフランシスコで創刊された*WIRED*は，まさに新しいデジタル時代のライフスタイル誌として，90年代の『ローリング・ストーン』誌を目指すもので，デジタル世代の存在を世界に強烈にアピールするものだった。80年代にはハッカーの実用誌として*2600*のような雑誌しかなかったが，*MONDO2000*や*boingboing*など，デジタル時代のサブカルチャー的なムーブメントを全面的にサポートする雑誌も新しいサイバーカルチャーを支持するものとして受け入れられた。

EFFから始まった既存の権力とデジタル時代の軋轢を問題とする動きは，その後も尾を引いた。インターネットが社会インフラとなる時代の表現やプライバシー，安全保障の問題はまだ解決されておらず，コンピュータ・ウィルスやハッカー事件に一般人が巻き込まれる現在も論議が続いている。

94年には国家安全保障局（NSA）がデジタル化した電話の暗号を政府が合鍵で解読するクリッパーチップ構想を出し，これがEFFをはじめとして多くの人権保護団体から攻撃され廃

案となった。インターネットにおける暗号化は，今後の電子ビジネスにとって不可欠だが，当初米政府は強力な暗号ソフトを国家安全保障に支障をきたす禁輸品としてソフト業界ともめ，暗号ハッカーたちは「サイファーパンク」と呼ばれるムーブメントを起こしてこれに対抗した。

60年代のカウンターカルチャーのフレームを90年代に蘇らせたような現在のサイバーカルチャーの状況は，カウンターカルチャーが中心世代を社会の中核に取りこまれることで消滅したように，メジャー化することでその姿をあいまいにしつつある。コンピュータ創世期のハッカーたちからパソコン世代，さらには任天堂などのゲーム機や携帯電話で育ったアニメ世代が増えるにつれ，デジタル時代のカルチャーを「オタク」のように一言でくくることは難しくなってきている。

C──サイバーカルチャーの本質

コンピュータやネットワークに象徴されるサイバーカルチャー的なムーブメントがなぜアメリカを中心に起きたかを明確に説明することは難しい。

アルファベットがギリシャを，パピルスがローマを維持し，グーテンベルクの印刷術が中世のカトリック世界を近世へ導き，電信や電話が英国を中心とした19世紀の植民地主義を成立させたように，歴史的に新しいメディアの利用と国家の覇権は表裏一体となって展開されてきた。

コンピュータやネットワークの発明と利用は，まさに第2次大戦で覇権をにぎった米国の国家戦略でもあり必然でもあったかのように見える。

欧州の階級社会から解放されることを望んだ移民によって形成された国家としてのアメリカのエートスは，欧州の否定とフロンティアを肯定する2つの大きなベクトルによって牽引されてきたとも考えられる。民主主義の理想をボトムアップで組み上げ，少数の持つ知識を万人に広めることを理想としたジェファーソンの政治理念やそれをサポートするものとしてのメディアの利用が，コンピュータとネットワークのあり方にも大きな影響を与えている。

現世の家系や制度，さらには物質性からの脱却を目指すアメリカ文化に広く見られる傾向は，古くはディズニーランドやハリウッドの映画産業などの「聖地」に顕在化しているが，それが現在はサイバースペースというオルタナティブなフロンティアに投影されている。

ラシュコフが『サイベリア』で述べたように，「現実を好きなように選ぶことができる」というカウンターカルチャーの90年代版解釈ともいえるサイバースペースに展開されるサイバーカルチャーは，バーチャル・リアリティーや人工生命，また冷凍技術による不死テクノロジーという手段を介して形を成そうとする，地理的フロンティアを喪失したアメリカのポストヒューマンな未来のフロンティアを志向することばでもある。

インターネットに象徴されるメディアのグローバル化は，国家間の差異を解消に向かわせる一方で，ニンテンドウやアニメ文化による共通体験をもった新しい世代を世界各地に創出している。生まれたときから携帯電話やインターネットを享受する世代が増え，サイバースペースが人類共通の基本的な情報資産として機能するようになれば，サイバーカルチャーが喚起した情報と人間の新しい関係はアメリカという一国のエートスにとどまることなく，これまでの文化的・社会的規範を超えた新しい時代の共通言語として継承されていくだろう。

■参考文献

ケリー, K.（服部桂監修, 福岡洋一・横山亮訳）『「複雑系」を超えて』アスキー, 1999.

タークル, シャリー（西和彦訳）『インティメイトマシン——コンピュータに心はあるか』講談社, 1984.

デリー, マーク（松藤留美子訳）『エスケープ・ヴェロシティ——世紀末のサイバーカルチャー』角川書店, 1997.

ハイムズ, J. S.（忠平美幸訳）『サイバネティックス学者たち——アメリカ戦後科学の出発』朝日新聞社, 2001.

パウンドストーン, W.（松浦俊輔他訳）『囚人のジレンマ——フォン・ノイマンとゲームの理論』青土社, 1995.

マズリッシュ, B.（吉岡洋訳）『第四の境界人間——機械［マン-マシン］進化論』ジャストシステム, 1996.

ラインゴールド, H.（栗田昭平監訳・青木真美訳）『思考のための道具——異端の天才たちはコンピュータに何を求めたか？』パーソナルメディア, 1987.

ラシュコフ, D.（大森望訳）『サイベリア——デジタル・アンダーグラウンドの現在形』アスキー, 1995.

レジス, E.（大貫昌子訳）『不死テクノロジー——科学がSFを超える日』工作舎, 1993.

レビー, S.（古橋芳恵・松田信子訳）『ハッカーズ』工学社, 1987.

ローザク, T.（志村正雄訳）『意識の進化と神秘主義（第2版）』紀伊国屋書店, 1995.

ローザック, T.（成定薫・荒井克弘訳）『コンピュータの神話学』朝日新聞社, 1989.

ワイゼンバウム, J.（秋葉忠利訳）『コンピュータ・パワー——人工知能と人間の理性』サイマル出版, 1979.

服部桂「イメージのリミックスもしくは聖なるものの不在」『現代思想』1993年6月号

■さらに知りたい場合には

スターリング, B.（今岡清訳）『ハッカーを追え！』アスキー, 1993.
　［1990年に米当局が行ったハッカー一斉取締り「サンデビル作戦」を中心に, デジタル世界の新人類と体制側の確執を描いたドキュメンタリー。］

ハフナー, K./マルコフ, M.（服部桂訳）『ハッカーは笑う』NTT出版, 1995.
　［米国で悪名を馳せたハッカーのケヴィン・ミトニック, KGBに操られた独のカオス・コンピュータクラブ, インターネットを止めたロバート・モリスの事件を扱ったドキュメンタリー。］

ボルダー, J. D.（土屋俊・山口人生訳）『チューリング・マン』みすず書房, 1995.
　［コンピュータ時代の人をチューリング型として, その心は情報を処理するための装置なのだろうかと問いかけ, 技術と文化の関係を解き明かす。］

Barbrook, R. and A. Cameron. "The Californian Ideology" (http://cci.wmin.ac.uk/HRC/ci/calif5.html)
　［デジタル世代によってつくられたサイバーカルチャーが, 戦後のカウンターカルチャーなどの所産で, かつシリコンヴァレーによって仕掛けられた文化戦略だと論じる。］

93 | 広告
Advertising

小林袈裟治

現在，アメリカ合衆国は，第一に多民族国家として，第二に大量生産・大量消費の国として知られているが，この2つの特質を作り上げるのに寄与した要因の1つが広告であった。歴史的背景や文化を異にする国々から移住した多民族が，量産され広告で情報を与えられて購入した規格品を日常生活に用いるうちに，自らをアメリカ人として意識するようになり，やがて国民としてのアイデンティティを持つようになったからである。しかし最近は，多民族国家の属性であるエスニック・グループの多様性をはじめ，社会構成にまつわるさまざまな要因から，企業による市場差異化が進み，それに対応して広告もまた多様化してきている。

A――広告の歴史

❶――植民地時代の広告

広告や知人からの手紙で新大陸の良さを知り，移住したイギリス人が最初のアメリカ国民となった。彼らは，母国の例にならい，屋外広告やパンフレット，チラシなどで情報を伝えていたが，出版事業がおこるとともに新聞を発行し，それに広告を載せる者が現れた。

こうして出版業者の中で，特記に値するのがベンジャミン・フランクリンであった。彼は1730年に『ペンシルヴェニア・ガゼット』という新聞を刊行し，広告を掲載したが，その広告には挿絵を入れ，「メイドでもわかるような言葉づかいで」広告文を作った。さらにフランクリンは印刷所の余剰能力を利用して『貧しきリチャードの暦』という日めくり暦を発行したが，その余白には庶民の日常生活に役立つさまざまな情報と，「時は金なり」や「稼ぐに追い

つく貧乏なし」といった，勤勉と節約を説く格言を載せた。この暦をヤンキー・ペドラーと呼ばれた旅商人が仕入れ，聖書やほうき，錫製品その他の雑貨とともに農村を売り歩いた。フランクリンはまた，アメリカは平等な社会であり，技能を持った者なら誰でも尊敬され，一旗あげることができることを伝えるパンフレットを書き，人々の移住を促した。

イギリス植民地のアメリカに独立の気運が高まり，本国との関係が険悪化してくると，トマス・ペインの『コモン・センス』をはじめ，独立の正当性を主張する多数の文書が出回ったが，これは現在の意見広告のはしりと見ることができよう。やがて独立戦争が始まり，多数の兵士が必要となると，革命軍最高司令官のジョージ・ワシントンは自らペンをとり，「健康で五体満足の勇敢な若者に告ぐ……アメリカの自由と独立を守るため……ジョージ・ワシントンが編制中の軍隊に参加せよ」という勇ましいヘッドコピーをつけた募兵の広告文を書き上げ

た。

なお当時の広告には，逃亡した年季奉公人やアフリカ系奴隷の発見を依頼するものが散見し，後に盛んになる銃器の広告とともに，この国の特異な一面を伝えている。

❷──19世紀の広告

大量生産の技術的基礎となる部品互換性は軍用小銃を量産する必要から広がりはじめ，やがてその技術は，民用の小銃や拳銃，鍵，農業機械などの生産に適用されるようになった。こうした製品は，当時にあっては，家庭の安全確保と国民の多くが従事する農業の生産性を高めるのに必要な製品であったから，潜在的な需要は当初から見込まれていた。しかし，こうした需要を掘り起こし，量産された製品を販売するには，利用者に新しい製品の出現と，それがどれほど便利なものであるかを知らせる必要があった。当時の農業雑誌に載った収穫用の機械の広告には，若い農夫が馬にまたがり楽しそうに作業しているイラストや，機械によってどれほど能率が上がったかの証言がみられる。また当時のアメリカの農村では，農産物や家畜の品評会や共進会が頻繁に開催されたが，そのニュースは農業雑誌や地方紙で報じられ，高い評価を得た作物や家畜の記事は，そのまま広告となった。農民は，こうした催しで現物に接したり，そのニュースを読むことで必要な情報を手に入れ，品種改良や生産性を向上させることができた。

しかし，当時の広告が，すべてこのようにまともなものだったわけではない。それどころか現代の人々がみればインチキ広告，良く言っても誇大広告としか言いようのないものが多かった。なかでもパテント・メディシンと呼ばれた薬の広告が人目をひいた。あらゆる病気に効く万能薬もあれば一夜にしてピカピカの禿頭にふさふさの毛の生える特効薬があり，凡人を天才に変える薬もあれば男女双方に効き目のある精力増進剤があり，そしてこれらは，すべて著名なドクター何某の発明になる特許薬なのである。

他の製品の広告も大同小異，やがて人々の間には，広告を非常に好むとともに広告は信用できないとする2つの相反する感情が生じた。表面的な華やかさとは裏腹に，広告業は賤業であり，演技が売り物の芸能人といえども一流スターはCMには出たがらず，外国のCMには出ても，それをアメリカ国内では流さないという条件をつけるなどといった今日の状況は，かつて先祖がつくり上げた広告のイメージを受け継いだものであろう。

やがて，こうした無謀な広告は社会のためにならないと考える広告業者が現れた。N. W. エアー・アンド・サン社は1869年に創設され，2002年に大手の広告企業グループに合併されるまで活動してきた最古の広告代理店であるが，その記録をみると1878年に扱った広告28品目の筆頭はパテント・メディシンで，全体の26％を占めている。しかし，これが1900年以降の統計ではリストから消え去っており，会社の報告でも，いかがわしい商品の広告は引き受けないと明言している。また1888年に創業の商業専門誌『プリンターズ・インク』は欺瞞的広告を処罰する法律の私案をつくって世論を喚起し，業界に自粛を促すとともに州政府にはたらきかけて広告を一定の法的規制のもとに置こうと試みた。その後各州や連邦政府のもとで審議が進み広告が一定の規制のもとに置かれるに至った。しかし営業の自由を信奉するアメリカ国民は，総じて規制には反対であり，アルコール飲料やタバコのテレビ広告の禁止，子供向け番組や人種・性差別へ厳しい規制が行われるのは1970年代からのことに属する。

B──大量販売時代の広告

❶──新製品の開発と広告

19世紀末から20世紀初頭にかけて紙巻タバコや清涼飲料水のような嗜好品,ミシンやタイプライターのような軽量機械,冷蔵庫や洗濯機,掃除機のような家庭用電気製品,そして自動車といった,これまでになかった新しい製品がアメリカ人の生活に加わった。これらの新製品はいずれも専門メーカーによって大量生産され,大量販売されたが,その多くは,さまざまな理由から,既存の流通チャネルにのせて販売することが困難であったため,企業は自社の内部に販売部門を設け,自らの責任で販売するという戦略をとるようになった。

この頃までに企業は,広告が販売促進に極めて有効な手段であることを認識していた。一方広告の分野では,新聞や雑誌の紙面を買い取り,企業に薦めて広告を作成し,手持ちの紙面に掲載することを仕事にする広告代理店が生まれていた。そこで企業は広告代理店を積極的に活用するようになり,広告代理店もこのビジネスチャンスを生かすため,さまざまな工夫をこらして,消費者の購買意欲を喚起するような魅力ある広告づくりに励むようになった。

時代が進み,競争企業の製品の性能がさして変わらないようになると企業は,製品差別化という戦略を採るようになった。これは,製品の質や性能が同じであっても,例えばパッケージやキャッチフレーズで同業他社の製品よりも優れていると消費者に思わせるやり方で,価格競争とならぶ効果的な競争手段となった。こうした目的でつくられた広告が反復されるにつれ,製品のあるものは,いわゆるブランド商品となり,今日まで優位を保っている。例えば清涼飲料水の1つにすぎなかったコカ・コーラやペ

❶ 1920年代のコカ・コーラの広告

プシコーラを有名にしたのは波状攻撃のごとき広告であったし,ラッキーストライクをブランド・シガレットとしたのは,斬新なパッケージと「ラッキー吸ってスリムな体」といったキャッチフレーズで肥満を恐れる女性に喫煙を奨めるコピーであった。ケンタッキー・フライドチキンやマクドナルドといったファーストフードのチェーン店は人目をそばだたせる看板広告と独自のサービスで,また通信販売のシアーズ・ローバックは電話帳大の分厚いカタログで成功を収めた。自動車産業ではGMが,目的と所得に応じて選択できる複数車種を生産し,それを徹底的に宣伝することで,単一車種のフォードを抜き,現在に至る優位の基礎を築いた。さらに,熾烈な競争社会を反映して,競合他社製品をあえて取り上げて自社製品の優位性や差異を強調する比較広告などのさまざまな広告手法が編み出された。

こうして広告はひとつの産業となり,その活動範囲は国内だけでなく広く海外諸国にまで及ぶようになった。

1920年代にはラジオが,1950年代からはテ

レビが広告媒体に加わるが、いずれも当初は、広告のもたらす社会的悪影響という観点から識者の反対があった。しかし、音声や映像の持つ訴求力は、全国市場を対象に、規格品の大量販売を行う企業にとっては捨てがたい魅力であった。一方、放送メディアにとって広告は重要収入源であり、広告代理店にとっては新規軸をうちだす絶好の媒体であった。こうした利害をともにする三者の攻勢のまえに反対の声はかき消され、CMが生活の一部となった。現在、世界人口の6％にすぎないアメリカ人が、全世界の広告の57％を消費している。とはいえアメリカ人の中には、他国におけると同様、CMを嫌悪する人々がおり、CMを飛ばす技術も次々と開発されている。

❷――第2次大戦後の広告

第2次大戦に勝利したアメリカは、政治の世界でこそソビエトという強力なライバルが存在したものの、経済の領域においては、競争相手となる国を意識することなく四半世紀にわたる繁栄を謳歌することができた。こうした有利な環境の中でアメリカ経済をより強大なものにしたのは、何よりも高品質の消費財の開発であり、次いでそれを積極的に市場化したことであった。そして、その際に広告の果たした役割が極めて大きかったことは戦前と同様であった。しかし、戦後の一時期広告は、アメリカ社会の豊かさと、それを支える民主主義の制度を海外に宣伝する手段としても利用されたという点で、戦前とは異なる機能を有していた。

戦後いち早くアメリカ製品を世界に知らしめる宣伝マンとして一役買ったのは、占領軍の兵士として海外に派遣されたGIたちであった。彼らを通じてもたらされた食品や嗜好品は、アメリカ社会の豊かさを否応なく実感させるものであり、なかにはフランスのドゴール大統領のようにコカ・コーラを嫌悪した政治家もいたが、多くの国は、アメリカ製品を好んで受け入れた。また占領軍とともに入ってきた『ライフ』のような写真雑誌の広告に見るアメリカの市民生活は、多くの人々にとって憧れの的であった。かくてアメリカは、日本をはじめ戦後急速に復興した諸国のモデルとなり、到達すべき目標となった。

一方、アメリカ国内では、ショッピングはもとより生活のあらゆる面で広告は、庶民の生活にますます密着するようになった。その結果、例えば新聞の長期ストのような場合、経営者よりも先に読者が音を上げた。新聞広告を見ない生活には耐えられなかったのである。そして、テレビやパソコンの普及がさらにこの傾向に拍車をかけた。

産業の中では自動車が広告を利用することで急速な発展を遂げた。戦後の新規需要が一巡すると各メーカーは買い替え需要の発掘をねらって毎年モデルチェンジを行った。しかし、その多くはもっぱらスタイルの斬新さをアピールすることをねらったもので、性能の向上は二の次であったといわれ、その後この戦略は経営資源の浪費であったと批判されている。しかしなかには1959年に作成されたフォルクスワーゲン車の広告のように、後の環境問題を先取りしたものも現れた。いずれにせよ当時のアメリカ国民にとって、さまざまなメディアによる新車発表とショールームでの実物広告は心待ちするイベントであったし、自動車の設計思想が大きく変化した現在においても、広告はいぜん顧客の購買欲を喚起する主要な手段となっている。そしてこのことは家電をはじめとする多くの耐久消費財についても同様であった。

教育や研究の面でも広告はしだいに重視されるようになった。大学の経済学部や経営学部で学ぶマーケティングの科目では広告は重要なテーマの1つとなったが、それに応じて広告は

研究者の関心をひくようになり，広告を研究対象とする学者も増えてきた。その過程で広告は，社会心理学や人口統計などを取り入れることで，より科学的となりいっそう洗練されたものとなった。

こうして広告はアメリカ社会の全域にわたって深く根を下ろすようになったが，なかには広告が本来とは異なる影響力で人々の関心を集めたこともあった。そのひとつがサブリミナル広告として知られる一件であり，A. プラトカニスらの研究によれば，その経緯は次のようなものであった。

1950年代末，ニュージャージー州のある劇場で映画を観ていた観客は，なぜかポップコーンとコカ・コーラが無性に欲しくなった。これはジェイムズ・ヴィッカリーという広告の専門家が「ポップコーンを食べようコーラを飲もう」ということばを3千分の1秒という短い時間，映画のスクリーンに繰り返し映し出していた結果であった。彼はこれによってコーラは18.1％，ポップコーンは57.7％売り上げを伸ばしたと主張した。

こうした潜在意識にはたらきかける手法は，サブリミナル・メッセージあるいはサブリミナル広告と呼ばれ，またたく間にアメリカ社会の大問題となった。事態を憂慮した連邦政府は規制に乗り出し，諸外国の政府もこれに同調して禁止措置を講じるようになった。この手法はまた研究者の関心もひき，多くの実験が試みられた。しかしこれらの実験からは，人間は暗示にかかりやすいということ以外に何も得られなかった。最後に否定的な実験結果をつきつけられたヴィッカリー自身が，あれは実は下火になったマーケティング事業の顧客を増やすための作り事だったと告白し，この一件にけりがついた。しかし，サブリミナル効果が事実上否定された現在でも，この種のメッセージがいぜん送りつづけられていると信じている人が少なからずいるといわれている。

次に，近年のアメリカ市場の多様化に伴う広告業界の対応について見てみよう。多民族国家のアメリカには，さまざまなエスニック・グループが存在し，その各々のグループが特定の市場を構成している。そればかりでなく，地域や性別，世代，所得階層といった要因が市場のあり方を特徴付けている。そこで企業は，これらの要因に基づく市場のセグメンテーションを行い，ターゲットをしぼったマーケティングを行うという戦略をとるようになった。こうした企業の多様なニーズに応ずるためには，広告企業の活動もまた多様化せざるをえない。それには規模の経済と相乗効果が期待できる巨大企業が圧倒的に有利である。かくてアメリカはもとより世界的な規模で広告業界の寡占化が進み，メガ・エージェンシーと呼ばれる巨大広告企業が出現した。平久保仲人らの最近の研究によれば，イギリス1社とアメリカ2社の上位3社で世界市場の約44％を支配しており，上位10社を合わせれば，そのシェアは70％を超える。小規模な個人企業が斬新な広告で脚光を浴びることはまれにあっても，それらはやがて大企業に吸収され，永続することは困難だといわれている。

C——IT革命と広告

❶——インターネットの普及

インターネットは世界の国々に広がっているコンピュータのネットワークであり，これを利用すれば，接続しているどのコンピュータにもアクセスできる。その中心部分をなしているのが，ワールド・ワイド・ウェブ（WWW）であり，世界を覆うクモの巣の連想から，この呼び名が生まれた。こうしたウェブの普及に大き

ベネトンの広告革命

　1980年代から90年代初頭にかけて，それまでの広告の概念を一変させる新しいタイプの広告が出現し，世界の注目を集めた。それはイタリアの衣料製造企業，ベネトン社の依頼を受けて作成した，オリビエーロ・トスカーニの一連の広告であった。

　元来，広告は人々に夢を与える楽しいものであるべきだという考えに支配されていた。緑の芝生に囲まれた瀟洒な郊外住宅，ハンサムな夫と美人の妻，愛らしい子供とペット，最新の自動車と家具，心身ともに健康，輝かしい未来——文句を言うべき筋合いはひとつもない。

　こうした既成の概念に真っ向から挑戦したのが，トスカーニの手になるベネトン社の一連の広告で，それは次のようなショッキングな内容のものであった——キスをしている神父とシスター，手錠で繋がれた白人と黒人の手，へその緒のついた出生児，白人の赤子を抱く黒人の女，無数の十字架の立ち並ぶ戦没者の墓地，エイズで死の床にある息子を抱きしめる父親とそれを見守る母親と妹，色とりどりのコンドーム，50枚ほどのカラー写真を交互に並べた男女の性器，戦争で瓦礫の山と化した家の再建に煉瓦を運ぶ子供，そして戦死したクロアチア兵士の着ていた血まみれの戦闘服（ちなみに，この最後の新聞広告は，日本でADCグランプリを得た）。

　宗教，人種，エイズ，性といったタブーに反旗をひるがえしたベネトンの広告は，当然ながら多くの批判を浴びた。なかでもアメリカの広告業界とマスメディアからの批判は辛辣をきわめた。人の不幸を金儲けの手段にしている，人種差別だ，性器とセーターの間に何の関係があるのか等々，なかには広告の掲載を拒否する新聞社も現れた。しかし，トスカーニは意気軒昂，自ら著書で「巨額資金浪費の罪」以下12項目にわたる広告の罪状を列挙して現代の広告を告発した。同時に彼は広告という最強のメッセージ伝達手段を用いて，

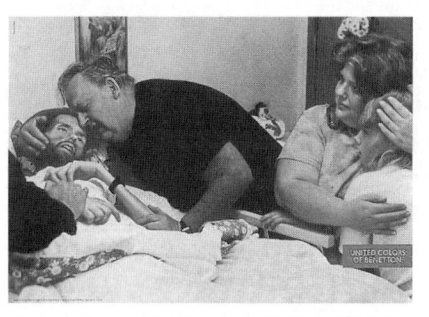

❷ O. トスカーニ作のベネトン社の広告〔1990年〕

タブー視され，無視されている現実世界の別の面を人々に示そうとした経緯を明らかにした。

　ともあれ，人々の意表をつくこれらの広告は話題となり，画面の一隅に小さな活字で入れられたロゴによって，イタリアの小さな衣料メーカーにすぎなかったベネトン社は世界的な大企業となり，主力製品のセーターは世界の特番となった。しかし消費者は飽きやすく，のべつ世界の不幸な出来事に胸を痛めてばかりはいられない。インターネットの普及とともに人々の関心は，オンライン・ショッピングという新しい方向に向かっていった。

　こうしている間にも，ベネトン社のいわゆる「衝撃広告」はますますエスカレートしていった。そしてアメリカの死刑囚の写真をもとにした広告が出るにおよんで批判はさらに激化した。その過程で，シアーズ社の販売拒否，死刑囚の遺族からの謝罪要求，ミズーリ州政府による告訴といった，広告の効果を台無しにするような反応があいついで生じ，ベネトン社でも営業成績の悪化が懸念されるようになった。2000年5月1日，イギリスの『フィナンシャル・タイムズ』紙は，ベネトン社が18年にも及ぶトスカーニとの提携を解消したと報じた。同紙によれば会社は，この提携解消は，「離婚」ではなく「友好的な別れ」だと説明している。　　　　　　　　　　〔小林袈裟治〕

く貢献したのが，検索会社ヤフーであった。それまで多くの個人や団体が，それぞれホームページを開設し，情報を交換したり，討論の場として利用するなどしたが，その範囲は限られていた。

ヤフーを設立したのは，ジェリー・ヤンとデイヴィッド・ファイロという2人のスタンフォード大学の大学院生であった。2人はウェブに登場したさまざまなサイトを分類整理し，検索できるようなガイドを作成してホームページにのせ，無料で開放したのである。これが評判を呼んでアクセスが急増した。当初，2人はこのウェブガイドに広告を掲載し収入を上げることは考えていなかったが，サイトをより充実したものとするため何らかの収入を必要とした。1995年8月，ヤフーは初めて広告を掲載した。その後のヤフーの成長はめざましく，時価総額は2年たらずで1億㌦から80億㌦へと急騰するとともに，2人は一躍時代のヒーローとなった。

インターネットが既存の広告媒体と根本的に異なる点は，情報を送る側と受ける側との間に双方向性をもっていることである。これに着目した企業は，インターネットを新たな広告媒体と見なし，自社のウェブサイトを構築していった。クリア・アレンらの著書によれば，1997年，調査対象企業の66％が広告・マーケティング・広報（PR）にウェブサイトを使用していると回答している。

❷──インターネット広告

インターネット広告で広く用いられているものにバナー広告がある。バナーは旗や横断幕のことであるが，インターネットで一般に使われているのは横7$\frac{1}{4}$㌅，縦1$\frac{1}{4}$㌅の長方形のグラフィック画像で，広告や宣伝文句が入っている。関心をもったユーザーは，その広告をクリックし，特定ページか別のサイトに入っていく。しかし，いくらバナー広告を出しても，アクセスしてもらえなければ意味がない。レイモンド・フロストらの著書には伝統的な口コミでこの問題を解決した企業の話がでている。それはトラベルズーという旅行会社で，ウェブユーザーなら誰でも登録すれば会社の株を3株無料で提供し，共同経営者になって重要な決定に参加してもらう。それだけでなく，他の人を紹介して登録させれば，さらに株を差し上げると広告したのである。ただちにウェブユーザーの間でEメールが飛び交ったらしい。1998年7月の同社のホームページには「45万5,616人のネットサーファーが経営しているウェブサイトへようこそ！」と出ていたという（現在，この表示はない）。

こうした企業のウェブ広告への関心の高まりとともに，これをビジネス・チャンスと捉え，オンライン広告に参入する起業家が相次ぎ，事業は急成長を遂げた。インターネット広告協議会（www.iab.net/）の報告によれば，1998年に対前年比で倍増したインターネット広告収益は99年の第3四半期に10億㌦を突破し，2001年第四半期には15億㌦を超えた。なるほど400億㌦を超えるテレビ，新聞，カタログに比べれば，その規模はいまだ小さい。しかし2002年末までに100億㌦に達するという予測もあり，IT革命の進展とともにインターネットが印刷物とテレビに次ぐ広告媒体となっていくと予想されている。

またIT革命はネット関連のベンチャー企業を生み出し，その多くが急速な成長を遂げているが，皮肉なことにこれらの企業は，インターネットではなくて，高視聴率テレビ番組CMで，その存在をアピールしている。例えば2000年1月のスーパーボウルでは，番組中の30秒スポットCMの2割がネット企業のものであったという。

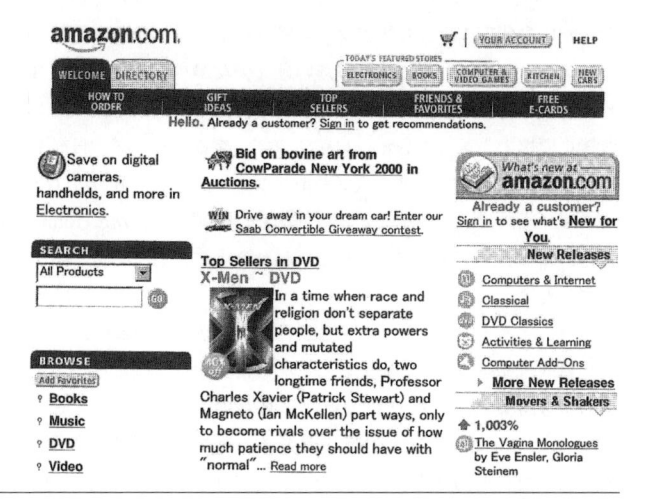

❸アマゾン社のインターネット広告

さらにIT革命は，インターネットを利用するオンライン・ショッピングをもたらした。起業家ジェフ・ベゾスは1995年，シアトルで小規模インターネット書店，アマゾン社を開業したが，インターネットのもつ双方向性が功を奏し，たちまち世界最大のネット書店へと発展した。amazonということばは，今ではネットでの購入を意味する動詞として使われているという。アマゾン社の成功に刺激を受けてこの分野に進出する企業が続出し，ネット販売がブームとなった。すでに乗用車の新規購入者の16％がインターネットを利用したという報告や2010年には35％に達するという予測もあり，今やネットは，物を買う場合の選択肢の1つとなっている。しかしアグレッシブな広告と大胆な値引き攻勢に頼るネット販売を不健全なマーケティングと見なす向きもあり，2000年9月には，アマゾン社がオークションで大きな損失を蒙ったことが報じられた。

D——政治広告

企業以外で広告が多用されたのは政治の世界であった。特に政府の強力なリーダーシップが求められる戦争や経済改革のとき，連邦政府は広告をPRの手段として用い，成功を収めた。

テレビが大統領選挙のキャンペーンに用いられようになったのは，アイゼンハワーが勝利した1952年の大統領選挙からであるが，60年のケネディ対ニクソンのテレビ討論でその真価が遺憾なく発揮された。凡庸なニクソンと才気煥発なケネディという対照的な候補者の姿が画面に写しだされ，結果ケネディが勝利した。以来アメリカ国民の間には，大統領を政見よりも外見で選ぶ傾向が強まったといわれている。

その後，大統領選挙におけるテレビの果たす役割はますます大きくなり，それを支えるプロの広告マンが及ぼす力も強まり，さまざまな広告手法が使われるようになった。

1964年の大統領選挙は民主党の現職ジョンソンと共和党のゴールドウォーターの対決となった。このときジョンソン陣営のPRを請け

負った広告代理店は「ヒナギク」と題されたテレビ広告を制作した。これはいたいけな少女がヒナギクの花びらを摘んでいる牧歌的な映像の背後に原爆のキノコ雲をオーバーラップさせるという映像によって，タカ派ゴールドウォーターのマイナスイメージをことさら強調した問題作で，ネガティブ・アプローチといわれる手法であった。

以後，こうしたネガティブ・アド（中傷広告）は大統領選挙の広告戦略として頻繁に活用されるようになり，それが頂点に達したのが1988年のブッシュ（父）対デュカキスの選挙戦であった。当初支持率で劣勢であったブッシュ陣営は，デュカキス候補の政策のひとつに犯罪者の人権保護と死刑禁止があることに目をつけた。そして，刑務所にいったん入った凶悪犯たちがまたぞろぞろ出てくるという内容のCMをつくり，デュカキスの政策の危険性とそれがもたらす結果を誇張したメッセージによって強烈にアピールした。このCMによってデュカキスの支持率は急落し，最終的にはブッシュが当選した。しかし，こうした手法に対しては批判も強く，以後大統領選挙においては極端なネガティブ・アドは影をひそめた。

しかしながら，政治を動かすキャンペーンを展開するにあたって，広告のプロの力は不可欠となり，その後も彼らの及ぼす力はますます大きくなっている。その力は，アメリカ国内だけでなく，国際政治にも及び，ロシアの大統領選挙でアメリカの広告代理店が活躍したりした。また，高木徹著『戦争広告代理店』によれば，ユーゴ紛争におけるボスニア・ヘルツェゴビナ独立をめぐるセルビアとの対立の中で，アメリカの広告代理店が，セルビアを国連追放にまで追いやるほどの力を発揮した。テレビを中核にした広告のプロによるキャンペーンが，アメリカ国内政治のみならず国際政治の力学も大きく左右する要因になってきたのである。

■参考文献

アレン，C.（篠原稔和他訳）『インターネット時代のワン・トゥ・ワンWebマーケティング』日経BP社，2000.（Allen, C. *Internet World Guide to One-To-One Web Marketing*. John Wiley & Sons, Inc., 1999.）

インターネット・マーケティング研究会『インターネット2000』Softbank Publishing, 2000.

岡部朗一『30秒の説得戦略――アメリカ大統領のテレビコマーシャル』南雲堂，1996.

小林保彦『アメリカ広告科学運動』日本経済新聞社，2000.

高木末秀『広告の世界史』日本経済新聞社，1994.

高木徹『ドキュメント 戦争広告代理店――情報操作とボスニア紛争』講談社，2002.

テドロー，R. S.（近藤文男監訳）『マス・マーケティング史』ミネルヴァ書房，1993.（Tedlow, R. *New and Improved: The Story of Mass Marketing in America*. Basic Books, Inc., 1990.）

トスカーニ，O.（岡本麻理恵訳）『広告は私たちに微笑みかける死体』紀伊国屋書店，1997.

春山行夫『西洋広告文化史』（上・下）講談社，1981.

平久保仲人・松前景雄『アメリカ広告業界がわかればマーケティングが見えてくる』日本実業出版社，2002.

プラトカニス，A./アロンソン，E.（社会行動研究会訳）『プロパガンダ―広告・政治宣伝のからくりを見抜く』誠信書房，1999.（Pratokanis, A., et al., *Age of Propaganda: The Everyday Use and Abuse of Persuasion*. W. H. Freeman and Company, 1992.）

フロスト，R.（麻田孝治訳）『インターネット・マーケティング概論』ピアソン・エデュ

ケーション，2000. (Frost, R., et al. *Marketing on the Internet: Principles of Online Marketing, Upper Saddle River*. Prentice-Hall, Inc., 1999.)

八巻俊雄『広告国際比較とグローバル戦略』産能大学出版部，1990.

ラクトリン，K.（井上久美訳）『広告から見たアメリカ文化』成美堂，1998. (Lacktorin, K. *Ads Speak American Culture*)

Hower, R. *The History of an Advertising Agency: N. W. Ayer & Son at Work 1869-1949*. Harvard Univ. Press, 1949.

■さらに知りたい場合には

天野祐吉『広告論講義』岩波書店，2002.
　［『広告批評』誌を主宰する著名なコラムニストによる大学での講義録。パリ万博からNASAに至る9事例で広告の本質を解明。］

荒井政治『広告の社会史』東洋経済新報社，1994.
　［第1次大戦以降イギリスに進出したアメリカの広告産業がいかに猛威を振るったか，これに対しイギリスはどう対応したかが詳細に描かれている。］

清水公一『広告の理論と戦略』創成社，2003.
　［低成長時代の広告のあり方を理論的に体系化した広告の専門書。］

94 デザイン
Design

柏木 博

1910年代,「時間の短縮化」や「大量化」といった発想から生み出されたアメリカ的生産様式は,アメリカのみならず世界中に大きな影響を及ぼした。そして,この大量生産・大量消費のシステムから生み出される生活様式のイメージを具体的に描く役割を担ったのがインダストリアル・デザインであった。1930年代,ローウィ,ゲディーズなど第一世代とよばれるデザイナーたちは,日常生活のなかに急速に浸透していく機械に,デザインを通して来るべき未来のイメージを与え,また彼らのデザインは社会主義やファシズムの対極にあるアメリカ的文化の固有性をアピールする役割も果たした。50年代以降,イームズら第二世代のデザイナーは,ヨーロッパ的伝統から脱皮し,独自のモダン・デザインを展開し始める。朝鮮戦争以後,限りなく成長する豊かな消費社会という社会の気分を受け,デザインはアメリカン・ドリームを具現化するものとして,人々の日常生活をも変えていった。さらに60年代,カウンターカルチャー運動のなかで展開された近代主義批判を経て,80年代ポストモダン時代に入りデザインは無国籍的なものとなり,もはやアメリカのイメージを担うものではなくなった。いまやグローバル化とともに「ビジネスとしてのデザイン」が世界市場へと広がりつつある。

A――アメリカ的文化とデザイン

　近代以前からデザインは存在するが,近代以前のデザインは,デザインによって新たな生活様式を提案したり,デザインによって大衆の意識や感覚のあり方あるいは欲望にかかわっていこうとするものではなかった。近代のデザイン(モダン・デザイン:modern design)は,市場での交換価値を高めるための実践であるとともに,生活様式の提案や,人々の意識や感覚のあり方にかかわっていく実践であった。それは,19世紀に始まり,20世紀前半に明確なかたちで現れ,展開されることになった。アメリカのデザインは,とりわけ1920年代に特有な形で展開され始めた。つまり,例えばドイツにおけるドイツ工作連盟からバウハウスに至る産業社会を背景にした合理主義デザインなどとは異なって,むしろ,市場を獲得するためのデザインということにより多くの力が注がれたことが,アメリカのデザインを特徴付けている。

　また,アメリカのデザインは,ロックやハリウッド映画などと同様,その善し悪しはおくとして,世界的に知られていることも特徴的なことである。つまり,アメリカのデザインはアメリカ的消費社会を具体的に示す商品として広く知られ,アメリカ的な文化をイメージとして認識させたともいえるだろう。

　20世紀の大衆文化(この概念自体が20世紀的であるわけだが)はアメリカが生み出したも

のを中心にしていたといってもいいだろう。20世紀を振り返ってみると、アメリカが世界に占めるものが極めて大きかったことがわかる。アメリカ的なものは、アメリカという領土にとどまることなく、世界中に遍在しているといえるだろう。

世界的な規模でアメリカ的な文化が広がることの前提には、まず、アメリカ自身が、自らアメリカ的なるものを意図的に生み出し、それを自らの姿として認識していく過程があった。そのアメリカ的文化の生産に深くかかわったもののひとつに、デザインがあったはずだ。

そうしたデザインは、世界的に知られるようになったデザイナーによるものもあれば、かならずしもそうではないが、それを見ただけでアメリカを想起するといったものもある。例えば、ギブソンやマーティンのギターのデザインなどは、デザイナーの名前はあまり知られていないが、それを見ただけで、アメリカを想起する。また、フェンダーのエレクトリックギター「ストラトキャスター」のデザインは、世界中にそのコピーが存在するほどである。そうしたものは、おそらく膨大な数にのぼるはずだ。例えば、コカ・コーラのボトル、サンビームのクロムメッキされたトースター、タッパーウェア、フィルコのテレビ、MacやIBMのパーソナルコンピュータなどはその一例にすぎない。

デザインという領域はグラフィックやファッションなど多くのジャンルをもっているが、ここでは、インダストリアル・デザインを中心に見ておきたい。

B——20世紀の世界を覆ったシステム

1920年代から30年代にかけて、レイモンド・ローウィ、ノーマン・ベル・ゲディーズ、ワルター・ドーウィン・ティーグ、ヘンリー・ドレフュスといったアメリカの第一世代のデザイナーが活動を開始し、他方では、アメリカ的な生活様式がアメリカ自身によって意識されるようになった。そうした状況が生み出される前提として、すでに1910年代に始まっていたアメリカ的な生産様式は、アメリカのみならず、世界中に多大な影響を与えていた。

20世紀の社会が実現すべきプロジェクトとして語ってきたものの多くは、「時間の短縮化（高速度化）」「大量化」といった発想をその論理の一部としていた。したがって、アメリカで出現したフレデリック・W. テイラーやヘンリー・フォードのシステムは、モダン・デザイン、そして社会全体に決定的な影響を与えたのである。ベルトコンベアのシステムが普及したのは、テイラーが労働時間の数量化を行ったことによっていた。テイラーは、それまでの労働作業の速度が個人的にばらつきがあり一定してないことを確認し、精密な時計を使って、労働時間の科学的かつシステマティックな計測と管理が必要であることを提案した。そして、そのシステムを1910年代に実践した。労働時間の計測と管理は、個人的な労働速度のばらつきを排除し、均質化させることになる。

1910年代にフォードは計測された労働作業をベルトコンベアの流れのなかに組み込んだ。ベルトコンベアの流れのなかに、製品の組立の行程を割り付け、そこに労働作業を組み込んでいった。こうした考え方は、やがて工場内のレイアウトやオフィス空間のデザイン、部品の輸送や倉庫の管理システムにまで広がっていった。また、産業の場ばかりではなく、家庭内においても、キッチンのデザインやレイアウトに多大な影響を与えた。

フォードのシステムにおいては、部品はどこでつくってもかまわず、最終的に部品を集めて

完成品を組み立てればいいということになった。フォードの試みは，彼自身の企業のなかでかならずしも成功したとはいえないが，それ以降の産業社会のあり方を再編した。人間が機械の一部として組み込まれたように，フォードの出現によって，社会全体もまた巨大な生産システムとして組織されたといえるだろう。

フォード・システムは，社会全体を巨大な生産システムに変え，それに対応する労働者の再編を行っただけではない。社会生活の商品化と，新たな消費システム（消費社会）をつくりだしたのである。フォードのつくったT型フォードは，1908年から生産がはじまり，1914年にベルトコンベアによって生産されるようになった。27年の生産中止までにおよそ1,500万台以上のT型フォードを市場に送り出した。フォードは，彼の工場で働く労働者を，また同時にT型フォードの消費者にもしたのである。この大量生産と大量消費のシステムこそ，20世紀の世界を被っていったシステムであった。フォードによるシステムは，単なる生産にかかわるシステムである以上に，20世紀を支配したシステム＝イデオロギーであったといっていい（⇨61 製造業の過去と現在 B）。

ただし，T型フォードの生産中止は，T型をモデルチェンジせずにコストを下げて販売し続けるということともかかわっていた。ゼネラル・モーターズ（GM）は，フォードとは反対に，毎年モデルチェンジし，デザインを華やかなものにすることで，市場を獲得し，結果としてT型フォードを生産中止に追い込んだのである。

C──第一世代のデザイナー

フォードのシステムは，その出現とともに世界中に影響を与えた。しかし，アメリカが自らの文化を世界戦略の中に意識的に位置付けていくのは，1930年代，つまり，経済恐慌時代になってからのことである。例えば，1925年にパリで開催された通称『アール・デコ展』（装飾芸術と現代産業の世界博）にアメリカは参加していない。その後，大統領となるハーバート・フーヴァー商務長官はこの博覧会への参加を辞退する理由として「アメリカにはモダン・アートはないから」と説明したという。

しかし，1930年代になると，アメリカは自らの生活の固有性を「アメリカン・ウェイ・オブ・リビング」（アメリカ的生活様式）として，対外的に積極的に示していくことになる。そのアメリカ的生活様式のイメージは，同時代における社会主義とファシズムの力に対して意図的かつ政治的に演出されることになったのである。具体的には，そのイメージは，例えば，博覧会のような場で示されることになった。

30年代に行われた博覧会の中で，アメリカの文化の現在と未来のイメージ，そしてアメリカ的生活様式を具体的に描く役割を担わされたのは，第一世代のデザイナーたちであった。アメリカでは，両大戦間の時代にインダストリアル・デザイナーが登場してきた。例えば，先にふれたようにレイモンド・ローウィ，ノーマン・ベル・ゲディーズ，ワルター・ドーウィン・ティーグ，ヘンリー・ドレフュスといった人たちがいる。彼らがデザイン事務所を開設し始めるのは1920年代後半のことであった。彼らによってはじめてインダストリアル・デザインがアメリカでビジネスとして成り立つようになった。ドイツでは，ペーター・ベーレンスのようなデザイナーが，それ以前から電気会社AEGでいわば専属のデザイナーとして仕事をしているが，デザイナーが個人事務所を持ちビジネスとしてのデザインを始めたのは，アメリカのデザイナーたちが最初であったといってい

いだろう。したがって，彼らを，今日では，アメリカの第一世代のインダストリアル・デザイナーと呼んでいる。

彼らの出現は，ひとつは日常生活への機械の浸透を背景にしていた。もう1つは，20年代末から30年代にかけての経済恐慌にかかわっていた。彼らは，新たに日常生活の中に浸透していった機械に，生活に馴染みのいいような形を与えたのである。また，彼らは，30年代の世界恐慌のなかにあって，モデルチェンジという手法によって，デザインを更新し，市場の活性化を図った。彼らは，機械が日常生活へ浸透していった時代に登場したマシン・エイジのデザイナーであった。

彼らは，最初からインダストリアル・デザイナーとして出発したわけではない。彼らは舞台のデザインやデパートの陳列のデザインを手がけていた。したがって，彼らは，商品とその環境を演出することに慣れていたといえるだろう。

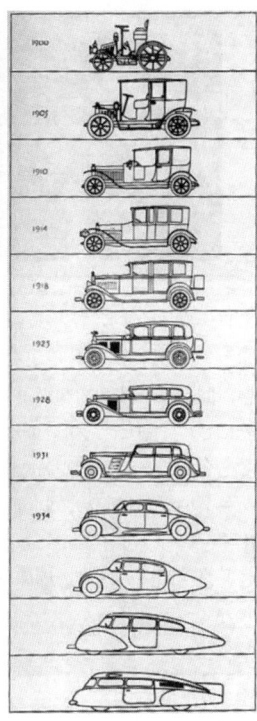

❶左｜R. ローウィ
❷右｜ローウィが考案した自動車デザインの進化図

❶——レイモンド・ローウィ

第一世代のデザイナーとして，典型的な存在はレイモンド・ローウィである。ローウィは，コカ・コーラのディスペンサー，グレーハウンドのバス（⇨カラーページ）などをはじめとして，大統領専用機エアフォース1など，アメリカの顔をデザインしたともいえる。

ローウィはパリで中産階級の家庭に生まれ，後に電気工学を学んでいる。第1次世界大戦では，当初から陸軍に従軍しており，その間，自分の軍服もデザインしたといわれている。1919年，ローウィはニューヨークに移住することになる。彼は，ニューヨークで，ファッション誌『ハーパーズ・バザー』などでイラストレーションを描いたり，グラフィック・デザインの仕事を手がけたりすることになる。また，メーシー百貨店のウィンドウの飾り付けの仕事などをする。しかし，メーシー百貨店の仕事はうまくいかなかったようだ。彼は，ニューヨークではフランス人のアーティストとされていた。それは，彼にとっては誇らしいことであった。一説によると，彼は，自分のフランス語訛りの英語を意図的に直さなかったといわれている。

ローウィが，インダストリアル・デザインの仕事を始めたのは，ほとんど偶然といっていい。イギリスの複写機（デュプリケート・マシン）のメーカーの経営者シグムント・ゲステットナーがニューヨークに来たときに，ローウィと出会い，同社の複写機のリデザインを依頼した。これが，ローウィの最初のインダストリアル・デザインである。

❸左｜N. B. ゲディーズ
❹上｜ゲディーズがデザインした「エアライナー・ナンバー 4」

ローウィのデザインは，それまで剥き出しになっていた機械を滑らかな形状のケースで被い，曲がった装飾的なキャビネットの脚を直線的にし，キャビネットと一体化するというものであった。それまで複雑な外観だったものを，ケースのなかに収め，制御ボタンだけを外部に出すというデザインだった。つまり，彼のしたことは，内部の機械の機能とはまったくかかわりなく，全体をケースで被うということだった。いわば，パッケージのデザインだったといえる。

実のところ，ローウィにかぎらず，1920年代から30年代に登場してきたアメリカの第一世代のデザイナーたちは，機械類にこざっぱりとした外観のいわばケースをデザインして被ってやるということをしたのである。とはいえ，機械類の表面を被うデザインは，こざっぱりとしたものであればなんでもいいというわけではなかった。家庭生活の中に入り込んできて，新しい生活を夢見させるさまざまな機械。人間の能力をはるかに超えて強大な力と速度をもつ機械。そうした機械の持つ論理をイメージとしてであれ，大衆に理解させ，納得のいく形態で現してやる必要があったといえよう。

道具としての機械の内部の部品をパッケージし，またそうした機械のイメージをすっきりと表現する形態として，第一世代のアメリカのデザイナーたちは，結局，「流線型」のデザインを発見した。それは当初，乗り物のデザインから広がっていった。そして，流線型はやがて，あらゆるもののデザインに使われることになった。流線型は抵抗のない形態ということから，マシン・エイジの象徴的なデザインとなったのである。そして，マシンもまたモダンということの象徴としてあった。第一世代のアメリカのデザイナーたちは，そうした象徴性を，さまざまな製品の外観に与えたのである。彼らは，新しいテクノロジーと未来のイメージをデザインによって具体的に描いたのである。例えば，同じ第一世代のデザイナー，ノーマン・ベル・ゲディーズも1932年に巨大な流線型の船舶「オーシャン・ライナー」を計画した。彼の計画では，ニューヨークからプリマスまで24時間以内に到達する高速船舶であった。あるいは，1929年に全体が翼となった流線型のブーメランのようなV字型の飛行機「エアーライナー・ナンバー4」の計画案を出している。この飛行機はプロペラが10基もつけられている。つまり，過剰なまでにプロペラを多くつけることで高速化が図れると考えたのだろう。彼らは，新しいテクノロジーと未来のイメージをデザインによって具体的に描いたのである。

❷——モックアップ・モデル

ここで興味深いのは，ローウィのとったデザインをすすめていく作業過程が，現在でも世界中でのインダストリアル・デザインの基本的な方法論になっていることだ。

1934年，ローウィは，シアーズ・ローバッ

ク社の冷蔵庫「コールドスポット」のリデザインを依頼される。ローウィは，冷蔵庫全体を白いケースのなかに収めた。アドリアン・フォーティは，この白い冷蔵庫は，単にモダンな印象を与えただけではなく，それまでの木製の冷蔵庫とは異なって汚れが目立つことになり，それゆえ，清潔さへの感覚を強めたのだと指摘している。

ゲステットナーの複写機のデザインをしたときもそうだが，コールドスポットのデザインをするときにも，ローウィは，彫塑用の粘土を使っている。ローウィは，ドローイングよりも粘土を使ってモデル（モックアップ）を作った方が，デザインを伝えやすく，また，作業も早いことに気づいたのである。原寸よりも，やや小さい木製の箱をつくり，そこに粘土をのせて形をつくっていく。さらにその上からペンキやラッカーで塗装する。ハンドルの部分には金属塗装を施し，さらにクロムメッキする。現物そっくりのモックアップ・モデルをデザインするのである。

このデザインの方法は，現在でもインダストリアル・デザインの基本的な方法になっている。もちろん，現在では，コンピュータを使うCADのシステムが導入されているが，プレゼンテーションには，モックアップ・モデルが使われることが少なくない。

はたして，こうしたモックアップ・モデルをインダストリアル・デザインの方法論として最初に導入したのが誰なのかは定かではないが，ローウィは，はじめてインダストリアル・デザインの仕事をしたときから，この方法に気づいたのである。

粘土を使って外観のデザインをローウィは手がけたということだ。ローウィに代表されるように，第一世代のインダストリアル・デザイナーたちは，外観のデザインをしたわけだが，以後，インダストリアル・デザインの仕事のなか

で，それが大きな部分を占めることになる。それは，ドイツのペーター・ベーレンスたちのような作業とは異なったものになっていった。

例えば，ラジオや電気の冷蔵庫は，ローウィがデザイナーとして仕事を始めた当時，出現してきてさほどたっていなかった。したがって，ラジオや冷蔵庫がどのような外観をもてばいいのか，誰も決定できずにいたともいえるだろう。ローウィは，そうしたラジオや冷蔵庫に形を与えたのである。これは，ローウィだけではない。第一世代のデザイナーたちは，誰もが，そうした新たな機械や装置に姿を与えたのである。

ローウィは，クルマや電話そして，ファションから住宅まで，デザインがどのように進化し，未来はどうなるのかというチャートを1933年に描いている。あらゆるものの未来の外観を予測しているのである。ローウィ以降，デザイナーは，未来を描いてみせることになった。それは現在も変わらない。「未来感あふれるクルマ」とか「未来を感じさせる時計」といったことばが広告では日常的に語られている。未来を現在，消費するというわけである。

34年には，ローウィは，ペンシルヴェニア鉄道の電気機関車GG1をデザインする。そして，以後，クルマのデザインから，スカイラブのインテリア，あるいはラッキーストライクまで，ありとあらゆるデザインを手がけることになる。まさにアメリカのイメージをデザインしたのである。

❸──アメリカの夢を描いた博覧会

そうした未来を描く能力があったからこそ，第一世代のデザイナーたちは，30年代の博覧会に総動員されたのである。30年代のアメリカにおける代表的博覧会のひとつは，1933年から34年にかけてシカゴで開催された「進化

❺ゲディーズがデザインした「フューチュラマ」[都市の未来イメージ形成に大きな影響を及ぼした]

の一世紀」展（CPE）である。アメリカはまだ経済恐慌から立ち直っていない時期であり，ナチスが政権を獲得した時期であった。1929年，ゲディーズはCPEの建築委員会からコンサルタントとして呼ばれて，CPEにかかわっていくことになった。ゲディーズが委員会から依頼を受けたのは，同時代のデザイナーのなかでは，彼が未来のイメージを最も巧みに描き出す能力をもっていたからだといえるだろう。シカゴで開催された博覧会は，その後，1939年から40年にかけてニューヨークで開催されることになる，「ニューヨーク世界博覧会」（NYWF）へとつながっていく理念をもっていた。

CPEそしてさらにはNYWFで徹底してディスプレイされることになるのは，科学と技術によって確信されたデモクラシー，資本主義，消費社会の未来であった。アメリカでは，資本と技術を背景としたデモクラシーがやがて実現するであろうユートピアとアメリカ的生活様式を具体的姿で示そうとした。それがとりわけNYWFでは展開されたのである。NYWFのテーマ館をデザインしたのはヘンリー・ドレフュスである。ドレフュスは「デモクラシティ」という未来都市を構成した。このテーマ館の名称が示しているようにデモクラシーのユートピアがNYWFのテーマだった。なお，ローウィはこのとき，ナショナル金銭登録機のパビリオンなどをデザインしている。

この博覧会テーマを最も的確に表現したのはデモクラシティよりも，ゲディーズのデザインした1960年のアメリカの都市を見せるGMの展示館「フューチュラマ」であった。農場や工場あるいは大都市を高速道路でネットワークしたアメリカの環境がそこでは描き出された。そうしたデザイナーの描き出す妄想的未来の図像が国家イデオロギーにとって極めて必要なものとなったのである。

とはいえ，ゲディーズ自身は，自著『ホライゾン』（1932）の中でソビエトについて，「現在のアメリカの人々の予想をはるかに越えて広く成功することを予測」していると述べている。つまり，どれほどに1920年代のソビエトのイメージが強烈であったかがわかる。

1930年代になって，社会主義とファシズムと資本主義のイデオロギー闘争の激化を背景にして，アメリカは急速に自国の文化や生活の固有性をプレゼンテーションするようになったのである。したがって，そこで，つくられたアメリカ的生活様式のイメージやアメリカ文化とは，人工的に演出されたものであったといえるだろう。

イデオロギー闘争を背景として演出されたアメリカのイメージは，結局，第2次世界大戦後にまで持ち越される。そして，1950年代から60年代にかけてつくられたアメリカのイメージは，世界中に少なからぬ影響を与えることになった。もちろん，日本にもその影響は強く現れた。そのイメージはデザイン，視覚的イメージとしていわばアメリカを演出していたといえなくもない。

D──第二世代のデザイナー

1950年代半ばから60年代半ばにかけての時代は、形骸化したイデオロギー的対立の結果として突入した第2次世界大戦が終わり、その後の冷戦構造があたかもこの世界の終焉まで続くかのように思われた時代であると同時に、冷戦構造を背景にしてアメリカとソビエトの両陣営が軍事テクノロジーとその一環としての宇宙開発競争が展開され、それが日常生活にも少なからぬ影響を与えた時代であった。冒頭に述べたように、大衆消費社会の生み出した文化は、例えばロックに代表されるように、アメリカの生み出したものが世界中でのメイン・ストリームになっていくことが明らかになっていった時代でもある。

アメリカの戦後モダン・デザインのイメージをつくりあげたのは第一世代に続く第二世代のデザイナーであった。彼らは、1910年代前後に生まれ、1940年代にその活動を開始したデザイナーたちであった。例えば、デイブ・チャップマン、モンゴメリー・フェラー、ジョージ・ベック、ジョージ・ネルソン、そしてチャールズ・イームズといったデザイナーたちである。彼らは、少なからず戦争中に軍事にかかわり、安全性や効率や代用品に関する研究を行っている。

第二世代のデザイナーたちは、第一世代のデザイナーとは異なって、デザインや建築の専門教育を受けており、デザイナーになるべくしてなったといえる。そして、彼らは、ヨーロッパにおけるバウハウスや北欧のモダン・デザインとは異なるアメリカのモダニズムを表現したのである。それは、ヨーロッパから離れて、いよいよアメリカの独自性を示すものとなっていった。

❶──チャールズ・イームズ

第二世代のデザイナーとして、最も知られているひとりは、チャールズ・イームズだろう。1907年生まれのイームズは、ワシントン大学などで建築を学び、39年から40年にかけてエリエル・サーリネンの事務所で仕事をしている。

当初、彼は合板を家具などに応用する実験を続けた。そして、量産化の方法を開発した。この合板の成形技術はたちまち軍事に転用された。骨折などの治療に使う添木をこの合板でデザインしたのだ。アメリカ海軍は1942年にイームズの添え木を5,000個も注文している。その後、イームズは成形合板の研究を続けており、彼のデザインした椅子にはさかんに合板が使われることになる。

1940-41年、ニューヨーク近代美術館が、当時同美術館のインダストリアル・デザイン部門にいたエリオット・ノイスの企画で、「家具の有機的（オーガニック）なデザイン」というコンペティションと展覧会を行い、このコンペティションに第二世代のデザイナーが参加した。このコンペティションは、第二世代のデザイナーを社会的に押し出すものとなった。

このコンペティションには、例えばイームズとともに、エリエルの息子であるエーロ・サーリネンが出品した。この展覧会の目的は、現代的な生活に役立つ家具、照明、織物などをデザインできる能力のあるデザイナーを見つけ出すことにあった。つまり、新たなアメリカのモダン・デザインをさぐるためのコンペティションであった。このコンペティションでイームズとエーロのデザインした椅子とシステム収納家具は一等を受賞した。この時に出品した椅子も成形合板を使用していた。

また、イームズは46年から47年にかけて、この成形合板の椅子の脚と背柱だけを金属に替

❻左｜C. イームズ
❼右｜イームズ・チェア［イームズがデザインし，1947年にハーマン・ミラー社が量産を始めた］

えたものをデザインしている。この椅子はイームズによる成形合板の椅子として最もよく知られているものである。当時，ハーマン・ミラー社のデザイナーをしていたジョージ・ネルソンは，この椅子に注目し，これをハーマン・ミラーで生産することを提案し，この成形合板をつくる金型などを導入し，生産することになった。その後，1956年，イームズは，ハーマン・ミラー社で有名な「ラウンジ・チェア」（⇒カラーページ）をデザインしている。この椅子は，当初，映画監督のビリー・ワイルダーのためにデザインしたのだといわれる。第二世代のデザイナーにとって，ハーマンミラー社は重要な企業のひとつとなった。同社は，彼らのデザインをビジネスとして実現していったからだ。

❷──アメリカン・ドリームのデザイン

朝鮮戦争以降，アメリカは，限りなく成長する豊かな消費社会という気分を社会に蔓延させた。50年代半ばから60年代の前半のアメリカは，経済的にも世界で最も豊かな生活環境を実現させただけではなく，文化の面においても，ヨーロッパの伝統から離れて，独自の表現を生み出したのである。

ところで，アメリカ人の戦後の生活様式を想起するとき，芝生の庭に一戸建ての家が並ぶ郊外住宅での生活をイメージする。その「アメリカン・ホーム」のイメージの原型は，ウィリアム・レヴィットが1947年に生産しはじめた郊外の建て売り住宅（レヴィットタウン）にある。郊外住宅がさらに大量に供給された1950年代頃の時代を，トマス・ハインは「ポピュラックス」の時代と呼んでいる。この時代にアメリカでは次々にホームドラマがつくられテレビで流されるようになった。『アイ・ラブ・ルーシー』『ドナ・リード・ショー』といったテレビ番組である。そうしたドラマの舞台になったのがアメリカの郊外住宅であった。

こうしたドラマで見せられる家庭生活，消費生活のイメージは，60年代の前半まで続いていく。この生活様式は，戦後アメリカの生活様式として受け取られることになった。それは，1930年代に人工的につくられたアメリカン・ウェイ・オブ・ライフの延長上に位置するものであった（⇨78アメリカン・ファミリーA）。

❸──GMがリードする未来イメージ

アメリカのライフスタイルとその生活環境のデザインのイメージは，おそらくテレビが独自につくりあげたものではない。どうやら，自動車メーカーがつくり出したイメージだと思われる。とりわけGMがつくりだしたイメージが大きく影響を与えているといえるだろう。39年にフューチュラマでアメリカの60年代の都市と生活環境のイメージをデザインしてみせたGMは，1950年代後半から60年代半ばにかけて，再びアメリカのあるべき生活をデザインしてみせた。GMは単にクルマのデザインを手がけるだけではなく，室内デザインから都市のデザイン，そして家庭生活のイメージまでを再び提案したのである。それは，アメリカの自動車産業が軍事産業ほどに力をもち得た時代だっ

たからだといえるだろう。

　GMは1956年に自動車ショー「モートラマ」を開催した。その後も，GMは自動車ショーを毎年開催し，そこでクルマだけではなく，消費社会の生活スタイルを演出してみせた。このGMのショーは60年代の初めころまで，影響力をもっていた。ショーの会場はニューヨークのアール・デコ建築で知られるホテル，ウォルドルフ・アストリアが使われた。このショーではポンティアック（クラブ・デ・マー），シボレー（インパラ），ビューイック（センチュリオン）などの新車の発表と，実験車ファイアーバードのシリーズが展示され，スポンサード・フィルムと呼ばれる短編のコマーシャル映画が流された。このときのクルマの多くは，後部にフィンがつけられたようなデザインで，「ジェットライン」（▷カラーページ）と呼ばれている。それは30年代に出現した「流線型」（ストリームライン）に対してそういわれるわけだが，朝鮮戦争ではじめてジェット戦闘機が登場したことがその要因になっている。

　ファイアーバードのシリーズは，GMが計画したいわば全自動自動車である。まったくハンドルを握らなくても運転のできるクルマをつくることがGMの未来計画であった。しかし，クルマとともに，多くの注目を集めたのは，キッチンであった。

　「ジョージ・M.ハンフリー財務省長官は，昨日GMの『モートラマ』で開催された家政学の短いセミナーを受講した。『未来のキッチン』は最大の関心を引いた。ハンフリー氏は4万2,000人を記録した来場者のなかの1人。……同氏は，皿洗いから調理まで主婦の退屈な家事を改善するためにデザインされたさまざまな展示物に目を奪われた様子。加熱する必要なしに調理ができる円形ガラスのオーブンに感嘆の表情を隠さなかった。その後，音波を使って洗浄・濯ぎ・乾燥・消毒の行程を3分間で処理する超音波ディッシュウォッシャーに見入っていた」（『ニューヨーク・タイムズ』1956年1月22日）

　電子的に制御される全自動キッチンや全自動自動車でハイウェイを走るファイアーバードのイメージを，アメリカのあるべき未来生活として描いた『デザイニング・フォー・ドリーム』というスポンサード・フィルムが会場で流された。このフィルムでは，キッチンでこぎれいなドレスを着た主婦が仕事をしたり，夫婦でファイアーバードに乗ってドライブするシーンなどが描かれている。その生活様式のイメージこそ，50年代半ばから60年代半ばにかけてのテレビに出現してきたホームドラマの原型になっているように思える。

　この映像では，レヴィットタウンを舞台にしたホームドラマに出てくる主婦像の典型のような女性が，電化・電子化されたキッチンを使って見せるのだが，そのイメージは，現実のアメリカの主婦とは異なっていた。しかし，そこに出現してくる主婦，そしてライフスタイルとそれをバックアップする室内装置とデザインが，戦後アメリカのライフスタイルとデザインとして広がり，現実のアメリカのライフスタイルを変化させたのである。

　家電と電子装置にかこまれ，労働から解放され，レクリエーションを楽しむ主婦，キッチンでも小綺麗な衣服を着て，労働の苦痛から解放される女性。そこには，消費しかない。しかし，これがあるべきモダンな主婦である。このアメリカのイメージは，日本をはじめとしたアメリカ以外の国々に影響を与えるとともに，自国アメリカにおいても影響を与えたのである。

　1950年代から60年代にかけて，アメリカではGMの技術研究所にも代表されるように，技術への夢が信じられた時代でもあった。例えば，バックミンスター・フラーの独自のアイデアによるスペースの研究やもののデザインがあ

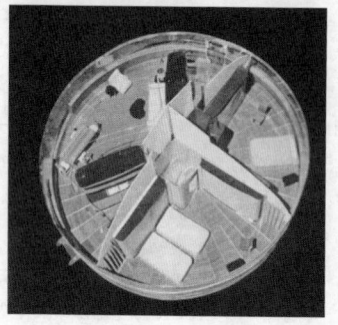

❽上｜バックミンスター・フラーが考案した「ダイマクション・ハウス」の組み立て中の外観
❾下｜「ダイマクション・ハウス」の内部模型

る。フラーの考え方は，人間を自立させ，自律させるのは技術であるというものであり，それはまさに60年代の技術の夢を象徴していた。一般には1967年のモントリオール万博のアメリカ館の巨大なフラー・ドーム（ジオデシック・ドーム⇨カラーページ）によってその存在が知られることになる。フラーのダイマクション・ハウスは中心のマストに住空間を吊るような構造になっており，コンテナーで輸送でき，1日で組立可能で低価格というものであった。また，ジオデシック・ドームは条件がゆるせば，都市全体を被うことができるほど巨大なものをユニットで構成することができる。60年代は，メガロマニアックな巨大なものをデザインすることが喜ばれた時代でもあった。

アメリカとソビエトの宇宙開発競争が展開されるのも1960年代のことだ。それは，冷戦構造下の軍事的な要請によっているにしても，その発想は，使い捨て時代の技術にふさわしく，やがて地球をも使い果たして宇宙に移住していくという考えをどこかに含んでいた。限りなく進展する技術と経済は，あらゆるものを使い捨てしてもまったく問題はないという意識を形成した。自然破壊と自然資源の浪費の結果，地球規模で自然が崩壊しても，他の星に移住すればいいというSF的な発想をもつに至ったのである。

E——カウンター・デザイン

60年代は，戦前のモダニズムを基礎にしたモダニズムが広がった時代だと一般的にはいえる。アメリカでもまた，例えばジョージ・ネルソンやチャールズ・イームズといったモダニズムのデザイナーがいまだ活動を続けた時代であった。したがって，この時代をいわば，戦後モダニズムの時代としてくくることができる。しかし，この戦後モダニズムは，60年代末のカウンター・カルチャーの運動によって批判にさらされることになる。そして，そのモダニズム批判は，1970年代末には形をかえてポストモダンといういささかジャーナリスティックな呼ばれ方をするデザインへとつながっていった。

巨大なもの，ユニヴァーサルなもの，過剰消費など，戦後の近代主義がデザインしてきたものに対する批判が60年代に急速にせり上がってくる。この現象は，基本的には，近代のデザインがつくりあげた環境に，いささかも自らの存在の根拠が見い出せないという存在論的な問いを要因にしていた。

60年代末に起こったカウンターカルチャー（対抗文化）運動は，それまでつくられてきた文化のメイン・ストリームに対する対抗という位置をもつと同時に，自らの生活環境を構成し

●アメリカのモダン・デザイン

レイモンド・ローウィのインダストリアル・デザイン3点[いずれも流線型が基調になっており，それが未来イメージを喚起している]
● 左上｜ペンシルヴェニア鉄道の蒸気機関車
● 右上｜グレーハウンド・バス
● 左　｜コカ・コーラのディスペンサー

● チャールズ・イームズ作「ラウンジ・チェア」[日常生活に入り込んだモダン・デザイン]

● 1959年型キャデラック[ジェットラインのデザインにより，時代の最先端のイメージを追求した]

● フロッグ・デザイン事務所作「アップル・コンピュータ」[世界市場へ向けたグローバル・デザイン]

● バックミンスター・フラー作「ジオデシック・ドーム」[1967年のモントリオール万博で展示された。科学的探究に裏付けられた合理的設計により人類の未来が拓かれるとされた。]

●アメリカの現代アート

●制作中のジャクソン・ポロック[上]──彼独特のドリッピングという技法で描いた抽象画は,アメリカ独自の美術様式確立に向けての先駆となった。[© Pollock-Krasner Foundation/ARS, NY & JVACS, Tokyo, 2004 ; Photograph by Hans Namuth]。
●ジャスパー・ジョーンズ「3つの旗」(1958)[右上]──ジョーンズは,それまでおよそ絵画の対象とは考えられていなかったものに題材を求め,次のポップアートへの道を切り拓いた。[© Jasper Johns/VEGA, New York & SPDA, Tokyo, 2004]

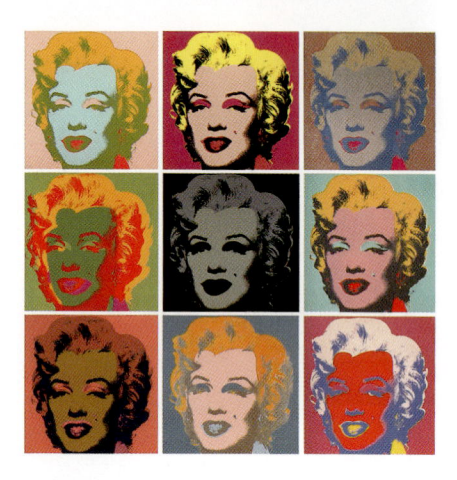

●アンディ・ウォーホル「マリリン」(1967)[上]──1960年代のポップアートの流れをリードしたウォーホル。彼は,描写対象の個性を消した即物的で無機的な描き方によって,大衆消費社会におけるアートのあり方をクールに表現した。[© The Andy Warhol Foundation for the Visual Arts/ARS, NY & JVACS, Tokyo, 2004]
●蔡國強「花火のディスプレイ」(2001)[左]──2001年に上海で開催されたAPECの際のアトラクションとして,蔡がプロデュースしたパフォーミング・アート。多彩な文化要素を取り込んだ,見る人の意表をつくスケールの大きいアート展開が蔡の特徴。[Courtesy of Cai Studio]

てきた近代主義に対する批判を含んでいた。対抗文化の生活に関する実践的な提案のひとつを代表するものにサンフランシスコ湾地域（サウサリート）で，スチュアート・ブランドを中心にして編集された『ホール・アース・カタログ』がある。それはある意味で，60年代末から70年代はじめにかけてのデザインのあり方を映し出していたといえる。

『ホール・アース・カタログ』は，既成に存在している物質的環境を全面的に否定してしまうのではなく，その物質的環境を自らの必然性によって，いわば編集し直そうとしたといえるだろう。『ホール・アース・カタログ』の副題に「道具の利用（アクセス）」とあるように，スチュアート・ブランドは道具環境へと批評的にアクセスしようとした。道具環境を批評的に編集し直すことによって，現にある生活環境はまったく異なったものになるはずである。ブランドは，このカタログをバックミンスター・フラーのアイデアを紹介することから始めている。

フラーのデザインは，60年代の技術中心主義の象徴として考えられた。と同時に，フラーのデザインはオルタナティブな技術を象徴するものとして，カウンター・カルチャーのデザインにも受け入れられたのである。では，なぜフラーは，徹底したエンジニアリングによって，居住と移動のシステムを構成しようとしたのか。その動機は，中央管理のシステムを排除し，あらゆる政治的権力から解放された環境を技術によって実現しようとしたからである。つまり，技術によって自立し自律する生活を誰もが手に入れられることをフラーは夢見ていたのである。

一切を，自分の手で行うとしたらどんな道具や情報が必要か。『ホール・アース・カタログ』は，消費社会が生み出した膨大な商品をあるべき自らの生活という視点から見直し，カタログという実践的な情報メディアにした。この考え方は，レヴィ゠ストロースが説明しようとした，ありあわせものを寄せ集めて必要なものをつくる器用人（ブリコール）の考え方に近いものであったといえるだろう。この考え方から，やがて，カウンター・カルチャーの電子デザイン，つまり，ガレージでアップル・コンピュータが生まれることになるのである。

F──デザイン・ビジネスのグローバル化

80年代半ば以降，世界的にデザイナーが国籍にかかわらず，さまざまな地域で仕事をするという現象がにわかに広がっていった。アメリカにおいても例外ではない。エットーレ・ソットサスやフィリップ・スタルクといったイタリアやフランスの多くのデザイナーたちが，世界中で仕事をするようになった。彼らの多くは，80年代に流行した「ポストモダン」と呼ばれる，それまでのモダンデザインとは異なり，装飾的，無国籍的，折衷的なデザインを浸透させた。したがって，それは，アメリカ的であるとは言い切れない，世界中での流行現象となった。また，そうした傾向を，マイケル・グレイヴスやチャールズ・ジェンクスといったアメリカの建築家たちも，家具などのデザインで実践した。

他方では，80年代以降，アメリカでは，それまで以上に洗練されたビジネスとしてデザインを展開するデザイン事務所が，次々に出現してきた。それらの事務所は，かつての事務所とは異なって，ローウィやイームズといったひとりの著名なデザイナーによっているのではなく，複数のデザイナーたちによって構成されたことも極めて特徴的である。例えば，「スマート・デザイン」「デザイン・ロジック」「フロッ

グ・デザイン」「テクノロジー・デザイン」といったデザイン事務所がよく知られている。なかでも，「フロッグ・デザイン」は，アップル・コンピュータのデザイン（⇨カラーページ）をはじめとして，わたしたち日本人も，実際に日常生活のなかで出会っている製品を多く手がけていることで，最も知られているデザイン事務所のひとつである。また，こうしたデザイン事務所の多くは，デザインを世界中で展開しており，そうした意味では，デザイン・ビジネスをグローバル化したといえるだろう。彼らは，すでにアメリカのイメージをデザインすることや，アメリカのモダニズムを提案するといったことではなく，ビジネスとしてのデザインを先鋭化させ世界市場へと向かう，まさに現代のデザインを実践することになった。

■参考文献

Arwas, V. *Art Deco*. Academy Edition, 1980.

Davison, J. and L. Davison. *To Make A House A Home*. Random House, 1994.

Geddes, N. B. *Horizons*. Dover Publication, Inc., 1977.

Hine, T. *Populuxe*. Alfred A. Knopf inc., 1986.

Prelinger, R. *Our Secret Century：Archival Films from the darker side of the American dream*. VOYAGER, 1996.（プレリンジャー, R.『忘れられたフィルム』[CD-ROM] 柏木博監修，ボイジャー, 1996.）

■さらに知りたい場合には

Pulos, A. J. *American Design Ethic: A History of Industrial Design*. The MIT Press, 1986.

[アメリカに持ち込まれた，18世紀のイギリス植民地時代のデザインからはじまり，アメリカの工業化時代，そして1930年代の第1世代のインダストリアル・デザイナーの時代にいたるアメリカのデザイン史。]

プーロス, A. J.（永田喬訳）『現代アメリカ・デザイン史——スプーンからジェット機まで』岩崎美術社, 1991.

[上記の *American Design Ethic* で書かれた時代に続く時代をテーマにしたアメリカのデザイン史。具体的には，第2次大戦以降の第2世代のデザイナーの活動を中心に，1960年代までのデザインの実践について記述。]

Votolato, G. *American Design in the Twentieth Century*. Manchester Univ. Press, 1998.

[アメリカのデザインの通史ではなく，20世紀のアメリカのデザインが持っている趣味や理念，あるいはそれを成り立たせている技術や，戦略について論じている。ポップアートからポストモダンにいたるアートや建築とも関連させて記述。]

95 | 美術
Visual Arts

長谷川祐子

アメリカ美術がそのアイデンティティを確立したのは，第2次大戦後である。それまではヨーロッパの模倣，あるいは大勢においてローカル美術の域を出なかった。しかし，1950年代に抽象表現主義が生まれたのがきっかけとなり，それ以来，60年代のポップアート，ミニマルアートと続くコンテンポラリーアートの主流を生み出すようになった。こうした流れの中で，アメリカ，特にニューヨークは，美術における「生産」と「流通」において世界の美術界の中心となっていった。このようにアメリカ美術が世界の美術の流れをリードするようになった主な要因として，①歴史的な束縛がなかったこと，②アメリカ社会がはらむ多様性，の2つが挙げられる。大衆文化と商業主義が席巻するアメリカ社会の中にあって，アメリカ美術がいかにして独自の表現を切り拓いてきたかを探る。

A──アメリカ美術の特徴

アメリカには，何百年，何千年にわたる長い歴史の中でその土地に根ざして培われた慣習，宗教，倫理を共有するコミュニティは形成されていない。そのかわりに，理念としての自由と正義，競争，機会の平等，自立心，現在のリアリティの重視などが，コミュニティを支える共通基盤になっている。視覚文化である美術においても，歴史的伝統にとらわれずに自分たちで新たな形態の創作活動を切り拓くという気概が旺盛で，それが「現代＝今」をそのまま作品に反映させていくという傾向を生んだと言えよう。そこにはハイカルチャー，ローカルチャーの区別から比較的自由な空気があった。

さらに，第2次大戦後の好況と，さまざまな表現メディアの発達，そしてヨーロッパだけでなくアジアや南米など各地からの移民の増加は，コンテンポラリーアートの基本要素である「多様性」が発揮される基盤となった。既存の文化との葛藤が少ないだけに，それらは自由に異種混交し，創作の可能性を拡張したといえる。反面，集団の中で歴史的に形成されるはずの共有意識は希薄であり，それが資本主義の隆盛とあいまって，個人の手仕事や感情表現を排した，表面的で物質主義的なスタイルを生み出した。フォト・リアリズムやミニマリズム，ネオジオなどはポップアートに端を発したアメリカ的な特徴と言えよう。

以上のような歴史的背景に基づく特徴のほかに，アメリカの美術状況を捉えるのに見落とせないのが地域的な傾向の違いである。東海岸と西海岸では美術状況が大きく異なる。東海岸はヨーロッパと深いかかわりをもち，アカデミックな批評理論，言説を生産しているのに対し，西海岸はフロンティアの気風を残し，環太平洋のネットワークに属するほか，背景にあるハリ

B── アメリカ美術の黎明期：1930年代まで

❶ 開拓時代の美術動向

アメリカでは，17世紀の初めイギリス人が入植を始めて以来，ヨーロッパ人中心に美術の歴史が形成されてきた。絵画では，ヨーロッパのアカデミズムの影響の濃い写実的な肖像画がよく描かれた。

そうしたなかにあって，トマス・コールを創始者とするハドソンリヴァー派の活動は，アメリカ人の自然観の表出として注目に値する。1820年代から始まるハドソンリヴァー派は，アメリカの未知の自然を地勢図的にではなく描いたアメリカ最初の美術動向である。国家の発展，辺境への侵入などによって自然が開拓される一方，未踏の自然が意識され求められていった。

❷ ヨーロッパの前衛芸術の受容

アメリカでは長い間ヨーロッパ人による芸術が受け容れられてきたが，前衛芸術も例外ではなかった。特に，ニューヨークは20世紀初頭から前衛芸術の受け容れに意欲的だった。

なかでもアメリカの美術に衝撃をもたらし覚醒を促したとされるのが，1913年に開催されたアーモリー・ショウ（正式名称：国際モダン・アート展）である。兵器庫の巨大な建物の中に1,600点ほどの作品が展示され，アングルからキュビスムに至るヨーロッパの作品の質は，展示作品の4分の3を占めるアメリカの作家をはるかにしのぎ，圧倒していた。3都市を巡回し30万人以上を集めたこの展覧会では，アメリカの公衆の作品に対する率直な反応が見られた。出品作の1つ，マルセル・デュ

❶アーモリー・ショウ［1913年にニューヨークで開催された大規模な美術展。そこで展示されたヨーロッパ現代美術のレベルの高さに，アメリカの美術界は衝撃を受けた。その後，シカゴ，ボストンなどを巡回。］

ウッドの映画産業，シリコンヴァレーのコンピュータ産業などからも影響を受けている。

アメリカは一から新たに自分たちの文化＝芸術をつくりだそうとした。そのときに力があったのは，富裕な個人のコレクターとそのコレクションをもとにした美術館設立への支援，彼らをクライアントとした画廊によって形成された市場システムである。加えて，特に第2次大戦後，新たな芸術を自国の文化的アイデンティティとして，移民も含めた多様な人種による国民に定着させようとする公的な教育方針があった。現在に至るまで，美術館における児童，生徒たちのツアーは，美術教育において重要な役割を占めている。アメリカにおいて，コンテンポラリーアートは，最初から，比較的市場とパブリックに開かれやすい状況にあったと言える。

商業主義の行き過ぎが批判されてはいるものの，「現代」とアクチュアルな関係を結びつつ，欲望に基づいて生産されていく美術表現，というアメリカ的な特徴は今なお脈打っている。

シャンの「階段を降りる裸婦」(1912)は一般の公衆にとっては理解不可能でありながら，最も物議をかもした作品の1つであった。デュシャンはまた，1917年にニューヨークで開催された「アンデパンダン展」に，レディメイドの小便器を「泉」と題して出品しようとした。主催者によって展示を拒否されたものの，これによって反芸術としてのダダの精神を明確にアピールした。

もう1つ前衛芸術の紹介に大きな貢献をしたのは，写真家のアルフレッド・スティーグリッツが経営していた画廊である。そこはヨーロッパの前衛芸術家を紹介する拠点となり，スティーグリッツが発行していた雑誌『291』も相まって，ニューヨークに築かれた，ヨーロッパの流れを汲んだそれまでの芸術に反逆する芸術運動の拠点ともなった。

❸──大恐慌期の美術動向

1929年，ニューヨークに近代美術館(Museum of Modern Art, 略称 MoMA)が開館した。MoMA は，初代館長にアルフレッド・バー・Jr.を迎え，フランスの近代美術やバウハウスなど，ヨーロッパのモダニズムの動向を伝えるのに大きな役割を果した。1932年の「モダニズム・アーキテクチャー展」，36年の「キュビスムと抽象芸術展」，38年の「バウハウス展」などの展覧会だけでなく，早くから建築部門や写真部門を設置し，絵画や彫刻にとどまらない幅広い収集を行った。しかし，一方，開館直後の1930年代は経済不況による反動の時代のはじまりだった。社会的，国家主義的，地方主義的動向が台頭した。大恐慌を受けての失業者雇用対策の一環として，連邦美術計画(FAP)が実施され，多くの芸術家たちが生き延びることができた。FAP は WPA (雇用促進局)の下部組織であり，F. ローズヴェ

❷ニューヨーク近代美術館［1929年に開館し，以来アメリカの現代美術の潮流をつくり出すのに大きな役割を果たした。］

ルト大統領が始めたニューディール政策の一環で，公共事業にさいして芸術家を動員して公共建築を飾るというプロジェクトであった。

すでに評価を受けた芸術家ばかりでなく，戦後活躍する若手も含めて，1935年以降8年間にわたり，1万人近くの芸術家がこのプロジェクトにかかわり，40万点以上の作品が生み出された。皮肉にもこの時期脚光をあびたのはアメリカンシーンの芸術家たちであり，社会主義リアリズムやリージョナリズム（地方主義）であった。また壁画などの大画面はメキシコの壁画運動に通じるようなものであった。いずれにせよ，アメリカのパブリックアートはこのように，芸術家に仕事を委託し，市民にそれらの芸術に接する機会を与えることから出発したのである。戦後は1965年に設立された全米芸術基金(NEA)が基金と自治体との共同出資によりサポートするという仕組みによって，パブリックアートを助成した。

地方主義は，8人の画家によって1907年に結成された「ジ・エイト」にも見られる。彼らは，1920年から30年代半ばにかけて，都市や農村の風景をモチーフに「アメリカン・シー

ン・ペインティング」と呼ばれる個性的な活動を展開した。代表画家には、チャールズ・バーチフィールド、エドワード・ホッパー、トマス・ハート・ベントンらがおり、その画風は写実的であったり半抽象的であったりした。

C——アメリカ美術の確立期：1940-50年代

❶ 抽象表現主義

抽象表現主義は1940年代から60年代にわたって展開したアメリカにおける抽象絵画の動向である。ヨーロッパにも同様の動きはあったが、これは「アール・アンフォルメル」と呼ばれた。抽象表現主義という言葉は、1919年ワシリー・カンディンスキーの作品を記述するときに始めて用いられたが、戦後では、1946年に『ニューヨーカー』誌上でロバート・コーツが自国の作家たちの作品に対して使ったのが最初だった。この動向は、1つの様式というよりは、美術に関する態度、姿勢をさし、それぞれ異なるアプローチをとる複数の作家たちの間に同時的に共有された、熱狂的な精神的磁場のようなものであった。1942年のはじまりから1951年のニューヨークの近代美術館での「アメリカの抽象絵画・彫刻展」で社会的に認められるまで、それはかつてないほど力強い発展をとげた。この動向はさまざまな民族の混交による異種交配の結果としてニューヨークに起こったため、ニューヨーク派と後に呼ばれるようになった。

この動向に強い影響を及ぼしたのは、タンギー、マッタ、ダリ、エルンストら、第2次大戦によってヨーロッパからニューヨークに移住してきたシュルレアリストたちであった。彼らがもたらしたユング的な思想に基づく創作への取り組み方、すなわち無意識や偶然、オートマティスムなど、意識下にある人間の根元的なものを探ろうとする姿勢が、ヨーロッパ的な伝統を超えて普遍的なものを探究しようとしていた新大陸の作家たちに受容されたのである。

ドイツ出身のハンス・ホフマンは、パリで学んだ後、1930年にニューヨークに移住し美術学校を開校した。彼は画面上の色彩と形態の「押して引く」(プッシュ・プル)緊張関係を基盤にする現代芸術理論を唱え、一方でそれに基づく作品も発表した。それらは抽象表現主義の形成に大きく寄与した。

抽象表現主義の代表的画家の1人、ジャクソン・ポロックは、大きなカンバスを床に置き、画面全体に四方八方から絵の具を滴り落としていく(ポウアリング、またはドリッピングと呼ばれる)方法によって、従来の部分と部分、部分と全体の関係とは異なる独特の抽象画面をつくりだした。行為が画面の生成を導き出していく緊張感に満ちたライブな関係によって、その方法は「アクション・ペインティング」とも呼ばれた(⇨カラーページ)。

ヴィレム・デ・クーニングはオランダで生まれ、モンドリアンなどの絵画に接した後、40年代に抽象的な形態から具体的な人物表現などに移行していく。激しいタッチで描かれた女性像は、ほかの抽象表現主義の作品とは異質であり、象形的な要素を多く残し、シュルレアリスムの影響を強く感じさせる。

ロシアに生まれ、10歳のときに移民してきたマーク・ロスコは神話的な図像を表現主義的に描きつつ、徐々に単純化していった。40年代末からいくつかの矩形が茫洋と平坦な色面の広がりの中に浮遊する作品を描くようになる。その画面は神秘的で宗教的な感情を喚起させる。

美術家一家の伝統：ピール王朝とワイエス王朝

アメリカを代表する美術家は少なくないが、美術家一家となると、その数は限られる。

先駆けとなったのは、独立革命前後のフィラデルフィアを根城に、18世紀後半から19世紀にかけて活躍し、のちのアメリカ視覚文化全般に多大な影響をおよぼすチャールズ・ウィルソン・ピールを開祖とする家族だ。彼は建国の父祖たちの肖像画を描き続け、1782年にはその集大成として偉人美術館を開いたことでも知られる一方、啓蒙主義時代を代表する科学者・発明家としても名を馳せた。彼の最大の業績は1786年、博物館と美術館を総合したミュージアムを築いたことに尽きる。もともと「だまし絵」を好む才気煥発な想像力の持ち主だった彼は、光に透かして見る原型的なスライドショー「透明絵画」の技術や、視聴覚効果あふるる原型的なジオラマにして仮想現実エンタテインメント「活動絵画」の技術を開発し、19世紀を代表する見世物師P.T.バーナム以後におけるミュージアム産業の青写真を提供した。

そうした視点から、等身大の自画像を含む晩年の代表作「画家とそのミュージアム」（1822）を見直すと、中央に立つ画家がカーテンをまくりあげ肖像画ならぬマストドンなど古生物の化石群を垣間見せようとしている構図のうちに、美学と科学の間を仕切るカーテンをこそ取り払う趣旨が見て取れよう。

やがて弟のジェイムズが細密画で名をあげ、その娘たちアンナ・クレイプールもサラ・ミリアムも父に倣い、ピール本人の息子ではラファエルが静物および肖像画家、レンブラントがフランス宮廷画家、ルーベンスが静物画家、チシアンが博物画家。孫の代まで含めると合計14名もの美術家が出ている勘定になり、ここにアメリカ画壇において彼らがピール王朝と呼ばれるゆえんがある。

19世紀から現在21世紀に至るまで活躍を続けてきた美術家一家としては、ワイエス家三代が見逃せない。

その開祖は世紀転換期から1930年代恐慌期半ばまで活躍したハワード・パイルの愛弟子であり優れた挿絵画家であったN.C.ワイエス。巨匠パイルは1900年以来、デラウェア州ウィルミングトンやペンシルヴェニア州チャッズフォードで美術学校を開き、そこに集った若き才能の中からN.C.を見いだした。N.C.は、ソローらロマン派作家たちを愛読し、西部やインディアンに強い憧憬を抱き、W.アーヴィングの「リップ・ヴァン・ウィンクル」からJ.F.クーパーの『最後のモヒカン族』に至るまで、19世紀アメリカで人気のあった小説群に独特な挿絵を付して話題を呼ぶ。それが息子であり今日のアメリカ画壇を代表する風景画家アンドルー・ワイエスにおよぼした影響は計り知れない。メイン州を舞台にした作品群の中でも、代表作「クリスティーナの世界」（1948）は、17世紀植民地時代から現代に至るニューイングランドへの想いを巧みに物語化した傑作となった。

アンドルーの息子であり、往々にして祖父N.C.ワイエスとの関連が指摘されるジェイムズ（ジェイミー）・ワイエスの作品群も無視できない。父アンドルーが祖父N.C.への意識ゆえほとんど歴史的素材に取り組まなかった一方、ジェイムズのほうは隔世遺伝とも思われるほどに祖父N.C.同様のアメリカ史的人物や事件を積極的に取り上げており、そのなかにはトマス・ジェファソンやホワイトハウス、愛国者と海賊など、まったく同一の主題さえ見受けられる。ワイエス王朝の秘密が、そこにある。　　　［巽　孝之］

❸ C. W. ピール「画家とそのミュージアム」をあしらった切手

❷ ポスト・ペインタリー・アブストラクション

バーネット・ニューマンは見る者の身体を包み込むような巨大な色面の広がりをもった「フィールドの絵画」（クレメント・グリンバーグ）を描いた。ほぼ一様な色面を縦に切り裂くジップと呼ばれる垂直の色帯は，闇を照らす一条の光を思わせ，「崇高」という言葉で表現された。ニューマンはカラー・フィールド・ペインティング（別称ポスト・ペインタリー・アブストラクション）の創始者として，さらにモリス・ルイスやケネス・ノーランドに大きな影響を与えた。ルイスはステイニング（染め出し画法）によりカンバスの面と色彩の層を一体化させた。色と面という2つの要素を強調し，奥行きというイリュージョンや手仕事的な筆遣いを否定した。

❸ 自然と対峙する「物」の創造

抽象表現主義の美術家に共通する特徴は，最初，神話や古代のシンボル，形象，シュルレアリスムのオートマティスムの手法を通した，個人的な感情や夢の表出から始まり，これにとどまらず，アメリカ的風土や精神を反映した荒々しい原始性とスケールの壮大な絵画空間の形成に至った点である。大自然に崇高や神秘の念をいだきつつ，これと一体化するのではなく，対峙する強固な「物」を生み出そうとする精神性である。これはポスト・ペインタリー・アブストラクションの一派によってすすめられた，画像と画面を一元化させ，絵画を即物的な平面として成立させる考え方により，次の展開を促した。

彫刻において戦後最も重要な1人はデイヴィッド・スミスである。金属のドローイングともいうべき初期作品から人体具象をへて，幾何学的形態を絵画的自由さで組み合わせていくそのダイナミックなスタイルは，アメリカの近代彫刻の基礎づくりに大きく貢献した。ほか建築家出身のトニー・スミスが挙げられる。

D 多様な表現の展開期：1950-60年代

❶ ネオ・ダダ

1950年代初頭，抽象表現主義のピークと同時期にネオ・ダダは現れた。消費物資や都市の生み出す残骸を作品に取り込み，芸術と非芸術の境界を問いかけた20世紀初頭の前衛運動ダダから名をとって，1958年『アート・ニューズ』誌の評論中でこの名は用いられた。52年から制作され始めた，ぼろ切れ，印刷物，廃物などを集積したロバート・ラウシェンバーグの「コンバイン絵画」はファウンドオブジェを用いたデュシャンらダダ的表現に，ジャスパー・ジョーンズのアメリカの国旗や標的を絵画にした作品は，ありふれた記号を，芸術に取り込むというダダ的な逆説と曖昧さを共通点としてもっていた（⇨カラーページ）。この背景には50年代初頭のブラックマウンテン・カレッジにおける作曲家ジョン・ケージの講演の影響があった。これはアラン・カプローによる「ハプニング」や「環境芸術」が現れる背景でもあった。

ネオ・ダダは抽象表現主義からポップアートへの橋渡し的な役割を果たしたといえる。つまりその中にある表現主義的なジェスチュラリズムと，日常生活のありふれたイメージを用いるポップアート的な面である。

❷ ポップアート

1950年代末から60年代にかけてイギリスとアメリカに発生したポップアートは，アメリカ

においては戦後の大衆消費社会に向けられた賛歌であると同時に，抽象表現主義のヒロイックで精神主義的な態度への反動でもあった。ポップアートとはポピュラー・アート（大衆芸術）からきている。ポップアートはその主題において，広告などのメディアを含む大衆文化を，そして手法においては，現実に対する個人的感興，手仕事的な表情をいっさい排除していくという「クール」な方法をとった。アメリカの日常生活にあるものを単体で即物的に扱う傾向が特徴となっており，これは都市生活における新たなリアリズムとでも呼べるものであった。一見ポップな外観の背後には，消費生活に対する知的な批評的態度があったが，イギリスと比べアメリカの場合は，ポップで明快なイメージを通して，一部のエリートだけではなく，大衆を取り込んでいくというアートワールドの自己展開があった。

　ポップアートの中心的存在として60年代のニューヨークに1つのシーンをつくりだしたのは，アンディ・ウォーホルである。商業美術の世界からその活動を出発した彼は，キャンベルスープやコカコーラボトルをそのままに平坦なグラフィックとして描いた。また，写真の中のイメージをシルクスクリーンの複製技術により，1つの画面の中に反復して配列するという方法を用いた。そこではいわゆる有名人のほか，自殺したマリリン・モンローや夫を暗殺されたジャクリーヌ・ケネディ，自動車事故や電気椅子といった，心理的不安を喚起するイメージが選ばれ，それらはメディア化され，作品化されることによって，本来の対象に対する感覚をマヒさせられてしまう（⇨カラーページ）。すべての感情的な距離感を等距離にしてしまうのだ。また彼はファクトリーと名付けたスタジオをかまえ，そこで作品を「生産」し，その創作活動はディスコやロックバンドのプロデュースや実験映画製作へと多岐に及んだ。

　ロイ・リキテンスタインは印刷された漫画の1こまを大きな画面に引き延ばして絵画として描いた。それが印刷物からとられたことを明示するため，印刷の網目はそのまま拡大されていた。

　クレス・オルデンバーグは食べ物や日用品をそのままに拡大して大きな彫刻を作った。巨大なハンバーガーや冷蔵庫，本来の素材とは対照的なソフトなビニールなどでつくられた彫刻は，マスプロダクツの肥大した記号であり，家具のように生活の一部として吸収されるものであった。

❸——ハプニング

　ポップアートをきっかけとして，あるいは同時期に現れた表現芸術として，テクノロジーと関連して動きや光をとりいれた，キネティック・アート，オプティカル・アートなどがある。また，ポップ・アーティストたちの主題および観客や場所を拡張しようとするオープンな態度は，さまざまな表現形態を生み出した。ひとつはハプニングであり，これは後，80年代になってパフォーマンスという言葉に吸収されるが，これは観客ともっと直接的なかかわりを持とうとした美術家たちによって促進された。初めてハプニングという言葉を用いたのは，アラン・カプローで，ブラックマウンテン・カレッジにおける総合芸術の試みに影響を受け，1959年のルーベンギャラリーで行った「6つのパートから成る10人のハプニングズ」において従来の演劇とは異なる日常的行為の表現を試みた。それは即興的で，観客と演者の間の境界を曖昧にさせることを意図していた。ハプニングは当時アメリカを覆っていたベトナム反戦運動やフェミニズムなどの政治的意思表明としても用いられた。

　1960年代の初め頃，ニューヨークを中心に

欧米各地で展開されたハプニング，イベントなどの行為を行ったグループがフルクサスである。これは50年代のジョン・ケージやカプローの偶然性，演劇性をもったハプニングとは異なり，より日常的な行為をその表現手段とした。ジョージ・マチューナス，オノ・ヨーコ（小野洋子），ナム・ジュン・パイク（白南準），などが参加したこの運動は，美術家だけでなく，詩人，音楽家などあらゆるジャンルの芸術家の参加により，日常空間を芸術表現の場に転換し，既成制度に対する視点を変換させることを意図していた。これは後に90年代以降のアーティストたちに大きな影響を与えることになる。

E——美術潮流の変容：1960-70年代

❶——ミニマリズム

ミニマリズムという言葉が現れたのは1960年代半ば，評論家バーバラ・ローズが論説で，最小限（ミニマム）にまできりつめられた美術について言及したときに初めて使われて以来普及した。幾何学的抽象を極限まで押し進めることにより，絵画や彫刻を本質的要素にまで還元しようとする，モダニズム的な弁証法的還元の方向を内在させていた。ミニマリズムはアメリカ生まれの作家だけによって先導された初めての国際的な芸術動向であった。

再現や表象を排除し，均質化された単一のイメージや，グリッドなどによる数学的で規則正しい構図，あるいは同じ形態の規則的な反復などを特徴とする。そして，絵画空間を排除した結果，純粋に物質的な絵画が目指され，今ここに存在するという現前性が前景化されている点でさらに徹底している。その本領を絵画より立体に求めるようになり，台座を排除し，作家の痕跡を排除するために，工業製品のように工場に発注するものが多かった。

特に彫刻に関して1966年にニューヨークのユダヤ美術館において企画された展覧会より，これらは「プライマリー・ストラクチャーズ」と呼ばれるようになった。ロバート・モリスの箱のような立方体や，ドナルド・ジャッド，カール・アンドレ，ダン・フレイヴィンらがプロセス・アートはパフォーマンスと同様に一時性や可変性を特徴としてミニマル・アートの構造的な不変性に対抗した。もろい素材を用いて，物が劣化する，変化する時間的過程を重要な手段とした。ロバート・モリス，エヴァ・ヘッセ，リンダ・ベングリスなどが挙げられるが，特に女性芸術家は「プロセス」の利用には積極的だった。なかでもミニマリズムの方法論を可変的な素材に適用し「未知の形態」をつくりだそうとしたエヴァ・ヘッセは90年代以降の現代作家に大きな影響を与えた。

❷——環境芸術

一方で，限られた画廊の空間および，アートにおける商業性から逃れようとする動向は，1960年代の終わりに環境芸術（アースワーク）を生んだ。そこには自然と人間との大規模な交流，都市生活の限定された空間から離れた広大な環境でのプリミティブな形象の発見など，アメリカの広大な土地を背景にしたロマンティシズムがあった。代表的な作家にロバート・スミッソン，マイケル・ハイザー，ウォルター・デ・マリアなどがいる。

例えばスミッソンは，ユタ州の荒涼とした湖沼に岩石，塩，土などで螺旋状の突堤「スパイラル・ジェッティ」（1970）をつくった。アリゾナの砂漠に金属の棒をたてて，そこに落ちる雷で大自然の中の大胆なエネルギー運動を視覚化するデ・マリアの「ライトニング・フィール

ド」など，いくつかは現存しているものもあるが，大半は場所や規模の問題から写真や映像などのドキュメントのみで残された。これらは，形態，ものとして残らない作品のあり方として，テクストや写真などによって構成されるコンセプチュアル・アートにもつながっていった。

❸──コンセプチュアル・アート

　コンセプチュアル・アートは，1960年代に環境芸術，ハプニング，その他ポップアートのパフォーマンスの延長上で発展した。この言葉を最初に使ったのは作家ソル・ルウィットである。彼は1967年，形態中心の美術が商業的になったことを批判し，アイデア，概念を主とする芸術を主張した。それは観念の芸術であるゆえに，アーティストはその観念を実現するのに適切と思われるいかなる方法もとることができる。

　例えば，ジョセフ・コスースによる1965年の「1つの椅子と3つの椅子」は，木の折りたたみ椅子1つと椅子の写真，辞書にある椅子の項の定義を撮った写真を大きく引き伸ばしたパネルからなっている。見る者は椅子という対象のアイデンティティをその3つのうち，いずれに見いだすことができるかという問いかけなのである。

　また70年代は多くの芸術家がパフォーマンスを行い，それらはボディ・アートと呼ばれた。その記録はビデオや写真で「作品」として残された。ヴィト・アコンチ，ブルース・ナウマン，クリス・バーデンなどがその例である。

　1960年代中頃から70年代中頃にかけて，こういった概念主導の表現に対する反動として新たなイリュージョンを求める動きがあった。フォト・リアリズムである。家族のポートレートや都市風景といった日常的な主題を扱いながら，写真映像の，レンズを通した単眼視による空間のゆがみや奥行きのなさ，パン・フォーカスによる平面的な画面効果そのものが画家の関心の対象となっている。絵画ではリチャード・エステス，チャック・クロースらが挙げられる。生身のモデルから型どりして作られたドゥエイン・ハンソンやジョン・デ・アンドレアのポリビニールによる彫刻は三次元に移し替えられた一種のフォト・リアリズムと見ることができる。

F──ニューペインティングとポストモダン：1980年代

　フォト・リアリズムは具象の復興と言えたが，1980年代に入るとペインタリーな表現への回帰が起こり，それがニューペインティングという動きを生み出した。ニューヨークにおけるジュリアン・シュナーベル展（1981），「ミニマリズムから表現主義へ」展（1983）などにその動向がうかがえ，そこでは巨大なカンバスに荒々しい筆致で描かれた表現主義的な絵画の復興が見られた。これはイタリアのトランス・アヴァンギャルディア，ドイツの新表現主義の動きと連動していたが，むしろ中心はヨーロッパの方にあった。

　シュナーベルは，画面に割れた皿などの陶片を貼り付け，それにペイントし，イメージを物質性によって脱構築するかのような画面をつくりだした。ほかには，デイヴィッド・サーレ，ジョナサン・ボロフスキーなどが挙げられる。共通している特徴は，次の2点である。

　①個人的な出来事と，歴史，神話などを等価なイメージとして扱い，断片的遊戯的に組み合わせる。
　②メディアによって現実とヴァーチャルの境

界が曖昧になった現代生活の感性や心理を浮かび上がらせようとする。

一方でグラフィティ・アートとして地下鉄の落書きから「表現行為」をはじめた，キース・ヘリングやジャン＝ミシェル・バスキアの流れがある。彼らの作品は猥雑な言葉や風刺的なイラスト，極彩色の色といったグラフィティの特徴をもちながら，洗練されていった。

また，ポストモダンと呼ばれる過去の引用，折衷，流用などを方法とするスタイルが80年代の主流となった。新しさに価値をおく進化論的歴史観——モダニティの限界とその方向変換——は，モダニズムを担ってきたアメリカの美術の転換点でもあった。

ここで制度批判，美術館批判などをはじめとして，芸術を脱構築するような理論および作品が多く現れるようになる。その多くが過去の美術作品や，現実のマスイメージや制度の流用，パスティーシュ（剽窃），レディメイドなどによるものだった。写真やテキスト，レディメイド・オブジェの洗練された組み合わせ，政治・社会的メッセージを含んだものが見られた。シェリー・レビーン，バーバラ・クルーガー，ジェニー・ホルツァーなどの女性作家の台頭が見られたのも，単なるフェミニズムを超えた，広義のモダニズム批判としての「父親の乗りこえ」にかかわるものであった。

例えば，レビーンはマティスなどモダニズムの巨匠の作品を，自分が実際見た本の複製のサイズで水彩で模写する。メディア世代においてはもはや複製の方が「オリジナル」な体験となるのである。雑誌のレイアウトを流用し，コピー（テキスト）と写真の批評的な組み合わせを作品化するクルーガー，町を歩く人々に電光掲示板を流れる文字テキストによって不意打ちを食わせるホルツァー。いわゆる常識に対する批判と抵抗がそこに示されている。

ポップアートの発展系として，アプロープリエーションは，彫刻，絵画に及んでいった。既成のイメージを流用しつつ，これをミニマリズムの手法でクールに洗練した作品は，視覚的インパクトが強く，社会的な批評性というコンセプチュアルな面も含んでいた。スポルディング社製のバスケットボールを2つ，水を入れたタンクに浮かべたジェフ・クーンズや，コンピュータの回路図，都市のプランのような幾何学的形態をカラフルな画面で描くピーター・ハリーなどが代表的である。彼らはネオジオ（ネオジオメトリック・コンセプチュアリズム）と呼ばれ，言説性と，絵画や彫刻の物質性の共存にその特徴があると言える。

G——文化多元主義の時代の新展開：1990年代

1990年代に入って，移民の非欧米作家や，女性作家による文化多元主義に基づいた作品が多く見られるようになった。それはカルチュラル・スタディーズやジェンダー理論の隆盛ともかかわっており，ビデオやインスタレーション・フォト，ドキュメンテーションなどが多く見られるようになった。1993年の展覧会ホイットニー・バイアニュアルはその傾向を明らかにした。

ニューヨークを中心に活性化する美術市場や学生やアーティストに対する助成制度は，中南米やアジアから多くの留学生やアーティストを集めることとなった。ガブリエル・オロスコ（メキシコ），シリン・ネシャット（イラン），蔡國強（中国；⇨カラーページ）など，ローカルな視覚言語，素材とインターナショナルな視覚言語を統合させ，オリジナルな表現を生み出した。

アートを日常の社会や生活とかかわらせてい

こうとする世界的な動きは，個人から政治的な意識が発せられ，社会に何らかの作用をもたらす，というミクロ・ポリティクスにつながった。これは社会やリアリティと等身大の関係をもったコンセプチュアル・アートの発展形であり，代表的な作家の1人として，フェリックス・ゴンザレス＝トレスが挙げられる。キューバからの移民でありゲイであった彼は，キャンデーを床や壁のコーナーに積んでミニマルなインスタレーションを作り，それを観客にもちかえらせるという一連の参加型の作品を作った。

一方で西海岸では，サブカルチャーを大胆に採り入れ，多ジャンルの人々とコラボレーションを通じて，社会的な批評を内包した作品を作ったマイク・ケリーが代表的な1人と言える。

21世紀になりアメリカ美術の特徴の1つは，なお多くの移民を受け入れつづけているアクティヴィティによって，形作られている。1980年代以降ヨーロッパに比べてマーケット主導の保守化が目につくとはいえ，アメリカが誰にでもチャンスを開く国であることには変わりはないと言えよう。

■さらに知りたい場合には

アーナソン，H. H.（上田高弘他訳）『現代美術の歴史　絵画　彫刻　写真』美術出版社，1995.
　［19世紀末から1980年代までの欧米を中心とした近現代美術史の歴史。政治社会など歴史的背景と美術史の関係の説明，個々の芸術家の紹介が充実している。また重要な要素であるヨーロッパ美術との関係も知ることができる。］

藤枝晃編『アメリカの芸術――現代性を表現する』弘文堂，1992.
　［アメリカの精神史，文化的背景が美術だけでなく多分野の芸術活動を通じて紹介，検証されている。］

フィンチ，C.（石崎浩一郎訳）『ポップアート　オブジェとイメージ』パルコ出版局，1976.
　［90年代以降の現代美術において，ミニマル，コンセプチュアル，ポップの混合は世界的なスタイルとなったが，キッチュ，マスカルチャーの巻き込みも含め，アメリカが生み出した最大のムーブメントはポップと言ってよいだろう。60年代とポップアートに関する類書は多いが，クールというアメリカ独特の美学について，一つの視点をもって語られている。］

松井みどり『アート："芸術"が終わった後の"アート"』朝日出版社，2002.
　［80年代の後半から2002年くらいまでの現代アートの動きを欧米を中心に，その影響関係における日本の芸術家の活動も含めて，平易な語り口で筆者独特の視点から語っている。］

96 | 写真
Photography

生井英考

写真術は産業革命のさなかに登場し，以後の人々の感覚や認識を大きく変えたテクノロジーのひとつである。とりわけアメリカの場合，アンテベラム（南北戦争前）からの社会の歩みがつぶさに写真で記録されており，写真の歴史と国家形成の過程そのものが一致したという点で世界に類を見ない存在だと言えるだろう。実用化された近代写真術がヨーロッパで公開されたのは1839年のことである。当時の開発競争は仏英2国をドイツが追うという構図だったが，産業革命が端緒についたばかりだったアメリカはこの経緯にほとんど貢献していない。けれどもいざ実用化された写真をまことに器用に使いこなし，さらにヨーロッパでは考えられないほど廉価な商品にして，あっという間に新しい社会的コミュニケーション媒体としての可能性を最大限に引き出したのは，ほかならぬアメリカであった。

A──アメリカ写真の草創期

アメリカ写真の最初の半世紀は，大別して3種類の写真家たちによって築かれた。第一はフランスで開発された「ダゲレオタイプ」を使う著名な職業写真師である。

ダゲレオタイプは沃化銀を塗布した鉛板に直接光を当てて感光させる通称「銀板写真」で，乳剤の支持体が金属であるため写像は極めて鮮明，しかも斜めにかざすと幽玄に浮き上がって見えるという性質を持つ。このため神秘的な威厳を貴ぶ肖像に好適とされ，ボストンのサウスワース＆ホーズやニューヨークのマシュー・ブレイディなど各地に著名な写真師の構えるダゲレオタイプ・パーラーがあった。

ちなみにサウスワース＆ホーズは詩人ロングフェローや作家ホーソーンなど著名な知識人を上得意とした写真館で，パートナーのジョサイア・ホーズはホーソーンの『七破風の家』に登場する銀板写真師ホールグレイヴのモデルだといわれている。

一方，ブレイディはマンハッタンとワシントンにスタジオを構え，各界の名士の肖像で広く知られた。特にジョン・クインシー・アダムズ以下歴代大統領経験者の肖像は評判となり，リンカンの肖像も大統領選挙で威力を発揮した。また南北戦争では部下を前線に派遣して戦場の写真を世に送るなど，なにかと話題づくりに長けた商才の持ち主で，サーカス王P. T. バーナムにも比すべき時代の寵児だったと言えよう。

なおブレイディの写真館では，彼が目を患ったこともあって撮影・現像・焼付を専門の技師が分業し，完成した写真に「ブレイディ」の名をサインするやり方をとっていた。分業方式自

体は1850年代に競争の激しい大都会の大手写真館がしばしば採用していたものだが、ブレイディはそこにブランド価値を導入し、今日的な商品ビジネスを展開したのである。

彼らにつづく第二の存在は、ホーズやブレイディのように著名ではないものの、ダゲレオタイプで顧客の肖像を撮影するのを営業内容とした無名の職業写真師たちである。

アメリカは世界でもぬきんでてダゲレオタイプの広く普及した国で、1853年だけで実に300万点が撮影されたとの記録もある。これは市場の広いアメリカでの銀板写真が廉価で、名刺大の画面が1ドル50セントとヨーロッパでは考えられない安さだったことから来ていた。特に1848年に始まるゴールドラッシュは写真の需要をも拡大し、一攫千金の賑わいを当てこんだ銀板写真師が大勢西部へ移住したこともあって、価格は数年でおよそ半分まで下がったという。

彼らのなかには写真館を開く者のほか、機材一式を携行して渡り職人的な生活をした者もいたらしい。このため、現存する多数のダゲレオタイプは画面に写った人々の風貌や服装、生活様式などの記録として有用であるだけでなく、考古史料としてのそれ自体の価値も高く、アメリカ史の貴重な財産となっている。

ところで上記の人々がいずれもプロであるのに対して、第三の存在はアマチュア写真家である。彼らは総じて恵まれた立場にあり、科学的好奇心と写真の視覚的驚異に魅せられていた。例えば作家のオリヴァー・ウェンデル・ホームズはステレオスコープ写真に凝って簡易式ヴューアーを発明したほどだったし、1860年代には全米の主要大都市すべてに富裕なアマチュア写真家たちの社交サークルがあったという。

こうしたアマチュアの多くはダゲレオタイプではなく、イギリスで開発された「カロタイプ」を使用した。これは特許上の制約の厳しい

❶ブレイディのフォトギャラリー［ニューヨーク，1860年頃］

ダゲレオタイプがアマチュアに敬遠されたためだが、紙ネガを使うカロタイプの軟調の仕上がりが、当時の中流階級の美的センスにかなったことも見逃せない。

その後、ガラス製ネガを使う「コロディオン・プロセス」が開発されるとアマチュア写真は裾野を広げ、1860年代から世紀末の技術革新で全盛期を迎えた。これがアメリカの急速な都市化や高等教育の充実、消費文化の抬頭、中産階級の拡大などと同時代の現象だったことは注目に値しよう。産業革命がもたらした写真は、「写す」ことと「写される」ことの双方を通して、人々の暮らしと意識の大きな変容にかかわっていたのである。

B——アメリカ写真の昂揚期

南北戦争後から世紀の変わり目にかけての時代は、アメリカの写真表現が独自性を発揮し始めるとともに、写真産業の分野でも大きな革新がもたらされた時期である。

戦争が終わると合衆国は国家再建に着手する一方、西への本格的な膨張を開始した。それ以前にもゴールドラッシュのカリフォルニアではカールトン・ワトキンズなどがシエラ山脈の鉱山やヨセミテの崇高な風景を絵画的手法で撮影

❷左｜A. スティーグリッツ
❸右｜写真分離派のポスター

していたが，いわゆる「明白な運命」（マニフェスト・デスティニー）の理念を体現する本格的な内陸フロンティア風景が撮影されたのは，大陸横断鉄道が伸張し，連邦政府の地理調査計画が実施された1860年代から70年代であった。

例えばブレイディのもとで南北戦争を撮影したアレグザンダー・ガードナーは地理調査写真に転じ，カンザス・パシフィック鉄道の工事隊とともに先住民居留地にも入っていった。同じくブレイディの写真館に勤めていたティモシー・オサリヴァンは，1867年から74年まで地質学者クラレンス・キングとジョージ・ウィーラーの2つの調査隊に雇われて，多数のフロンティア写真を撮影した。

さらにW. H. ジャクソンはフェルディナンド・ヘイデン調査隊に所属したが，フロンティア風景を撮影したステレオグラフ（立体写真）の版権を自分で所有し，プリントや写真集を発売して評判を呼んだ。この時代，ステレオグラフは現在のビデオと同じように全米の中流家庭に普及し，教育の現場などにも活用されていたのである。

一方，フロンティアの自然を新大陸独自の神話的偉観として「発見」した写真の目は，折か

ら急成長していた都市へも向けられてゆく。そこで登場するのがマルチプレート（多面）パノラマ写真である。

この技法の傑出した存在がイギリス生まれのイードウィアード・マイブリッジで，1878年には左右13面，全長約6㍍に及ぶサンフランシスコの巨大パノラマを撮影している。この種の大画像は興隆する都市の威容を表現するに最適の形式として特にアメリカ人に好まれ，ニューヨーク，ボストン，シカゴ，セントルイスなどでも盛んに撮影されたほか，ヨーロッパの万国博には必ず出品されて国威発揚に一役買った。

ちなみにパノラマと並んで彼が手がけたのが有名な馬の駆け足の分解連続写真で，元カリフォルニア州知事で鉄道社主のリーランド・スタンフォードの支援による一連の「運動写真」は，映画技術の先駆的な業績となる一方，画家トマス・エイキンズにも影響を与え，フランスで同種の実験を試みたマレーの仕事と並んで後年のモダンアートにまで示唆を与えた。

さて，これら職業写真家の仕事と並行して大きな進展を見せたのが，欧米の大都市各地で盛んになっていたアマチュア芸術写真である。

もともと草創期のアマチュアには科学的好奇心から写真に向かう者が多かったが，1880年代になるとアマチュア写真の芸術サロンが確立され，種々の国際コンクールが盛んになった。このなかから登場したのがアルフレッド・スティーグリッツで，1890年にドイツから帰国後，ウィーンの前衛運動を範とする「写真分離派」を主唱し，世紀の変わり目における最も精力的な芸術指導者・理論家として活躍した。

自己満足的なサロンと対立してカメラクラブを除名されたりもしたが，ロダン，マティス，セザンヌ，ピカソら近代美術の最先端を米国に紹介し，カリスマ的指導力でコスモポリタンな高級文化の土壌を育て，エドワード・スタイケ

ン，ポール・ストランド，エドワード・ウェストン，アンセル・アダムズら芸術写真家や，ボーモントとナンシーのニューホール夫妻，ドロシー・ノーマンら有力な批評家を世に送るなど，その業績と影響には比類がない。

ところでスティーグリッツの全盛期はコダック社の始祖ジョージ・イーストマンが新しい写真材料の開発で写真の大衆化に貢献した時期と一致する。この当時は写真産業全体の大きな革新期だが，特にイーストマンは現代的なロールフィルムの普及に力を注ぎ，大衆アマチュア市場の爆発的な拡大に成功したのである。こうした状況はスティーグリッツのようなエリート芸術家の憂うるところだったが，ロールフィルム式のハンドカメラの出現は写真表現を支える物的基盤を変え，歴史に大きな転機をもたらすこととなった。

C——アメリカ写真の普及期

カメラの小型化と簡易化は写真家の機動力を上げ，社会的活用の幅を広げることになった。例えば1880年代末，ニューヨークの新聞記者だったデンマーク移民のジェイコブ・リースは，マンハッタンの最貧地区バワリーに深夜の潜入取材を行い，同行したアマチュア写真家の目撃写真で評判を呼んだ。その後は自ら写真術を覚え，膨張する都市下層の移民街の姿を煽情的な筆致と写真で描いた『裏面の社会はいかに』を1890年に出版。この成功で当時ニューヨーク州政府の高官だったセオドア・ローズヴェルトと懇意になり，革新主義の社会改良運動家として盛名を馳せていった。

ちなみにこの当時，まだ新聞用に写真を高速印刷することはできず，写真から版木を起こした図版が紙面を飾っていたが，今日の写真週刊誌に当たる画報雑誌（イラストレーテッド・ニューズ）が人気を得るなど，映像を「事件」に仕立てるメディアの商法はすでに普及していたのである。またリースの写真は開発されたばかりのフラッシュライト（マグネシウム粉を爆発させる通称「ピストルランプ」）による強烈な暴露的効果が特徴だが，こうした技法が都市下層民の暮らしを奇襲・侵犯するかたちで駆使されたことに，当時の社会改良主義の象徴的な一面を見ることもできよう。

他方，写真機材のコストダウンと広汎な普及は2種類の新たな実践を誘うことになった。その第一がPR（広報宣伝）の分野への写真の応用である。

もともと写真は多様被写体を同一規格の画面に網羅的に記録できるという点で，データベースづくりに適した性質を持つ。このため19世紀の肖像写真は名士や有力者以外にも，優生学や骨相学，警察の犯罪者台帳などに大いに利用されていた。しかし世紀転換期に産業化・都市化状況が定着し，一部資本家による市場の独占への反撥が強まると，今度は巨大企業が「法人」としての社会的使命や意義を表現するために，写真の網羅的記録性の新たな利用法を模索し始めたのである。

例えば1892年に合併で誕生したGE（ゼネラル・エレクトリック）やウェスティングハウスでは社内に設けた写真部門が年間1万点もの写真を撮影したが，その多くはいわゆる商品広告よりも，工場の生産現場や工作機械，技師や労働者の集合写真の類いだったという。

こうした写真はまず業界の環境整備のための技術広報や社員の家族的連帯感を育てる社内報などに利用され，ついで一般消費者向けに電化生活の恵みを描く企業広告用の写真などが工夫された。つまりこれらの写真は，あくまで私的な利潤追求にほかならない企業活動を，社会全体の幸福を追求するイメージで描くための戦略

❹ G. ケーゼビアの代表作『汝、女たちの中で祝福されし者』(1899) をあしらった切手

的な宣伝資材だったのである。

世紀転換期における写真術の普及がもたらした第二の事象は、多数の女性写真家の登場である。もともと草創期のダゲレオタイプ館では写真師の夫を手伝う妻が現像や焼付けを担当する例が多く見られたが、これはあくまで裏方で、いわゆる作家史には記されない。しかし写真術の革新は余暇と教養に富む中流子女の参入を促し、写真と縁の深い印象主義やラファエル前派の影響などもあって、写真による自己表現をめざす女性たちを生み出したのである。

例えばスティーグリッツの写真分離派運動の重要な一員であるガートルード・ケーゼビアはニューヨークの富裕な家庭夫人として3人の子供を育てた後、37歳でブルックリンの美術学校に入学。一家でパリに転居したとき娘たちの写真を撮ったのが契機となり、1897年45歳でマンハッタンに自身のスタジオを開業するに至った。

歴史上、女性たちは正規の美術教育に触れる機会から疎外され、「巨匠」と認められるだけの芸術家を輩出し得る環境になかったといわれるが、産業革命の生んだ写真は美術制度の外にあった「技術」であり、それ故にこそ「芸術」におけるジェンダー障壁を超える可能性を示

えたのだとも言えそうだ。

こうして1852年生まれのケーゼビアに続いて、69年生まれのアン・ブリグマン、82年生まれのドリス・アルマン、83年生まれのイモージェン・カニンガム、91年生まれのローラ・ギルピンらが前後して芸術写真における女性の領域を築いてゆくこととなったのだった。

D──アメリカ写真の展開期

20世紀に入ると、アメリカではかつてなく多様な映像環境が出現した。映画は急増した移民を社会的にまとめ上げる最も効果的なメディアとなり、安価になったカメラは庶民の家庭にも家族アルバムをつくる習慣を植えつけた。写真術が学校のカリキュラムに採用され始めたのもこの頃のことである。

例えばニューヨークの道徳文化学校は産業主義と社会倫理の両立を唱えて1880年に開校した中高一貫校だが、ここで教鞭をとったルイス・ハインはジョン・デューイの影響を受け、エリス島の貧しい移民たちを撮影し、のちには連邦政府の児童労働委員会の写真家として重要な役割を果たしている。

ちなみに彼の写真学級の教え子がスティーグリッツに寵愛されたポール・ストランドで、同校の卒業生にはダイアン・アーバスらもいる。またコロンビア大学では芸術写真家のクラレンス・ホワイトが写真講座を担当し、ドキュメンタリー写真家のドロシア・ラングやマーガレット・バーク=ホワイトらを教えた。

これらの例が示唆するように、20世紀前半のアメリカ写真の展開は、生まれながらに写真や映画と接した世代が自己形成期に写真術を習得し、絵画的写実とは違う写真独自の表現を探究することから始まったのである。

例えばストランドは一貫してストレートフォトを追究し，20年代には極端なクロースアップによる細密描写でドイツの新即物主義にも似た傾向を示した。またマン・レイは渡仏後，フォトグラムやソラリゼーションなど写真術の原理に即した実験的表現でダダやシュルレアリスムの動きに加わった。

さらにストランドと実験映画を制作した画家チャールズ・シーラーは巨大な工場や機関車の細密な写真を撮影し，「精巧主義」と呼ばれる大戦間期の傾向を代表した。ちなみに30年代にはカリフォルニアで実験的集団「f.64」を結成したウェストンとアダムズが静物と風景写真の分野で高度な達成を見せるが，これらもまたレンズ操作や暗室技術の練磨による写真の独自性の追究といえよう。

ところで大戦間期は携帯用一眼レフカメラの隆盛期で，リンホフ，グラフレックス，コダックレフ，エルマノックスなどが報道写真家に普及し，ついで35ミリフィルムを使うライツ社のライカとツァイス・イコン社のコンタックスが世界的な成功を収めた時代である。

35ミリカメラは精密さでは大判フィルムを使うビューカメラに劣るものの機動性に優れ，被写体のなにげない一瞬を捉えるのに力を発揮した。そこに生まれた日常的なスナップショットの感覚が，20年代から30年代への世相の移ろいとともに，ストレートフォトの方向を精密描写から徐々に変化させてゆくのである。

例えばバーク＝ホワイトと並ぶ写真報道誌『ライフ』の雄だったアルフレッド・アイゼンスタットは常にライカを手放さず，独特の軽快な作風によっていわゆるグラフ・ジャーナリズムの分野で一世を風靡した。また20年代のパリでマン・レイの助手だったベレニース・アボットも，うたかたの世を自在に捉えるスナップショット的な視点で30年代の変貌するニューヨークを大胆にドキュメントした。後年，彼女

❺ W. エヴァンズ作『フランク・テングル・ファミリー』（1936）［アラバマ州ヘイル・カウンティーのシェアクロッパーといわれる小作人一家の肖像］

は科学写真で業績を残すが，これも見えない秩序を発見する写真ならではの志向の結果であったろう。

一方，大不況下のこの当時は，ニューディール政策関連の公共事業がストレートフォトに貢献した時代でもある。それがFSA（農業安定局）による調査写真プロジェクトである。

コロンビア大学の社会学者ロイ・ストライカーが率いたこの調査計画は1935年に発足し，洪水や旱魃などで疲弊した農業地帯の被害と回復状況を写真で記録することを目的に，ドロシア・ラング，ウォーカー・エヴァンズ，アーサー・ロスタイン，カール・マイダンス，ベン・シャーンらを各地に派遣した。とりわけエヴァンズは，作家ジェイムズ・エイジーとともにアラバマの小作農家を取材した『我らが有名人を称えよう』を含むこの時期の仕事を通して，現代写真にきわめて大きな影響を与えている。彼自身は代表作の多くを大型カメラで撮影したが，そこに見えるのは完璧さを競う精密描写ではなく，なにげない生の一瞬をすくいとって象徴化するような独特の写真的秩序なのである。

とはいえ，今日ほとんど神話的な域に達したエヴァンズの名声はあくまで後年のもので，当時の評価は『ライフ』の明快な報道写真やラングの率直真摯なドキュメンタリー表現のほうを歓迎していたことを忘れるべきではあるまい。

そしてこの傾向は，やがて戦後の1960年代を境に，劇的な変転を見せるのである。

E――アメリカ写真の変容

　第2次世界大戦後のアメリカ写真は，他の多くの分野と同様，制度と状況の大きな変容を相次いで経験した。

　まず大戦直後から50年代には，戦後の解放感と消費文化の拡大を受けてモード写真が活況を呈したが，そこで重要となったのがアートディレクターだった。例えば『ハーパーズ・バザー』のアレクセイ・ブロドヴィチは弱冠22歳の奔放なリチャード・アヴェドンを抜擢。『ヴォーグ』はアレグザンダー・リバーマンが端正なアーヴィング・ペンを擁して対抗した。

　ちなみにブロドヴィチは戦前ディアギレフ・バレエ団の舞台美術家だったロシア人，リバーマンもパリ暮らしの長いロシア人で，ともに幅広い人脈と見識に富み，無名時代のロバート・フランクやウィリアム・クラインなど，モード写真に限らず多彩な人材を数多く見いだしている。

　また報道写真の分野では，戦前のスペイン内戦報道で知られるハンガリー出身のロバート・キャパらで結成された写真集団「マグナム」の面々が各地の動乱やドキュメンタリー取材に取り組む一方，朝鮮戦争報道で一躍名を上げたデイヴィッド・ダグラス・ダンカンらが50年代の報道写真の隆盛に一役買った。この背景には第2次大戦でも重要な役割を果たした『ライフ』，『ルック』などのグラフ・ジャーナリズムの影響力が戦後さらに拡大し，報道写真が時代の寵児となったことが挙げられる。ベトナム戦争の時代になると報道写真は，超大国アメリカの迷妄や反戦世論の高まり，テレビ報道との厳しい競争など複雑化した状況の中で確固たる枠組みを失い，72年の『ライフ』休刊とともに変貌を余儀なくされることになるが，50年代には報道写真家こそが写真界の中心的な位置を保っていたのである。

　一方，50年代に美術館制度の要となったのが，戦後ニューヨーク近代美術館（MoMA）写真部門のディレクター（部長）に就任したエドワード・スタイケンである。

　かつてスティーグリッツの芸術写真運動の有力な一員だった彼は，大戦期間に商業写真に転じ，第2次大戦では65歳で海軍の前線写真家を志願するという波乱の生涯を送ってきた。また最晩年にはJ. F. ケネディから大統領自由勲章を授与された栄達の人でもある。その彼が1955年に開催した写真展『ファミリー・オブ・マン』は，世界68ヵ国から平和や家族愛の写真500点余を集めるというキュレーター主導型の企画で大成功を収めたのである。

　ちなみに『ライフ』のユージーン・スミスがいわゆるフォト・エッセイの手法を確立したのは同時期のことだが，スタイケンの企画展はまさに会場全体を立体的なフォト・エッセイにしたのだといえよう。こうしてスタイケンは写真を，いかにも戦後的な小市民的芸術として定義したのだった。

　ところが60年代になると，この種の写真観は根底から覆されてしまう。その立役者が，皮肉なことに，1962年にスタイケンから大抜擢されて後任となったジョン・シャカフスキーであった。

　有力美術館のディレクターの権威は欧米では絶大だが，特にシャカフスキーはこの立場を利して写真をめぐる認識の革命を起こした。すなわち構図や被写体や主題やプリントの質といった従来の基準を離れ，写真を撮影者と被写体と観者の心象が交感する「社会的風景」と見る視点を導入したのである。

実際,彼は自らの企画展でスティーグリッツやアダムズをしばしば無視し,不遇なロバート・フランクや,ダイアン・アーバス,リー・フリードランダー,ギャリー・ウィノグランドら新しい個性を重用した。この動きに呼応したのがジョージ・イーストマン・ハウスのキュレーター,ネイサン・ライオンズで,彼らによって「コンテンポラリー派」と呼ばれた動きが大きな潮流となってゆく。

さらに70年代にはMoMAのピーター・バンネルやメトロポリタン美術館のウェストン・ネフら学究肌のキュレーターが美術写真史の重要な展示を手がけたことで,これまでファインアートの固定観念に縛られてきた美術館・画廊・コレクターの三位一体が写真への認識を大きく改めることになった。こうして70年代末以降,写真美術の市場は驚異的に拡大し,全米の主要美術館で写真部門が独立し,スーザン・ソンタグの『写真論』(1977)のような思弁的な傾向の写真論が台頭することになったのである。

興味深いのは写真における主客の境界を揺るがすこの傾向が,同時代の報道写真にも微妙に見いだされたことだろう。かつて社会不正の告発に大きな役割を果たした報道写真はベトナム戦争の時代にも影響力を発揮したが,戦争報道のさなかに行方を絶ったラリー・バロウズや日本の水俣病を世界に知らしめるのに貢献したユージーン・スミスらの写真には,単なる告発ではなく被写体の痛みを撮る者と見る者双方の心の傷として分かち合う姿勢が見られたからである。

なお70年代のシャカフスキーのもうひとつの功績に,カラー写真を美術館の収蔵作品に加えたことが挙げられる。その背景にはカラー現像の技術革新があったが,ともあれこのようにしてウィリアム・エグルストンやジョエル・マイエロヴィツら「ニューカラー」派の写真家た

❻ E. スミス作『水筒を持つサイパン島の前線兵士』(1944)をあしらった切手

ちが認知されたことは,写真界の制度を政治的に左右するキュレーターの存在をいっそうきわだたせる契機となったと言えよう。

実際,80年代の写真界ではニューヨークのアンダーグラウンド育ちのロバート・メイプルソープがサブカルチャーと古典主義を直結してスター的存在となったが,この陰にも,彼に古典の素養を入念に手ほどきした元キュレーターで美術コレクターのサム・ウォグスタッフがパトロンとして控えていたのである。

今日アメリカにおける写真は,現代美術との接触を深める一方,90年代以降は特に哲学,歴史学,人類学,社会学などさまざまな分野で持続した大きな関心の的になっている。もちろん電子映像がかくも発達した現在,写真はもはや最先端の映像技術ではあり得ない。しかし複製技術時代の芸術の起点であることによって,写真はむしろ,現代文化の基層に深く根を下ろしたメディアとなっている。

さらに70年代以降,大きく影響力の衰えた報道写真が世紀の変わり目にあって「記憶のメディア」として改めて歴史的に振り返られ,2001年のいわゆる「9.11」事件以降,その重要性を増していることも注目されよう。この意味でも写真はもはや単なる記録媒体ではなく,

歴史化してゆく心性の深みをたたえた記憶の保存庫となっているのである。

■さらに知りたい場合には

ローゼンブラム，N.（大日向欣一他訳）『写真の歴史』美術出版社，1998.
　［原題は『写真の世界史』。写真の作家史・作品史だけでなく技術的発達も詳述された浩瀚な通史。本格的に学ぶために最も頼りになる基礎文献。］

トラクテンバーグ，A.（生井英考訳）『アメリカ写真を読む』白水社，1996.
　［アメリカン・スタディーズの方法を駆使して書かれたアメリカ写真の文化史。ダゲレオタイプ時代からウォーカー・エヴァンズまでの流れを「アメリカ」という理念の探究の系譜として論じている。］

ゴールドバーグ，V.（別宮貞徳訳）『パワーオヴフォトグラフィ』淡交社，1997.
　［写真を社会意識の表現として捉えた評論。その性格上，美術写真よりもドキュメンタリーの類いが多く取り上げられている。著者は写真評論家だがメディア論的な趣きが濃く，写真の社会的機能の多彩さを知るのに適している。］

97 | ファッション
Fashion

道下匡子

アメリカの女たちを取り巻く状況は，1960年代を境に大きく変わった。社会的，政治的，経済的に完全な平等を獲得するより一足先に，彼女たちは今ほぼ完璧な身体的解放を手にしている。20世紀の初頭，長いスカートとコルセットから解放された女たちは，今や最後の「拷問」——からだを苦しめ，痛めつける髪型や靴，そしてめまぐるしく流行の変わる洋服——から自らを解き放とうとしている。しかし同時に，極端な瘦身崇拝と弱さからなる古い「女らしさ」の定義を今なお信奉し，不可能なダイエットを続け，拒食症や過食症が原因で死んでいく女たちは後を絶たない。最新流行の衣服を意味する狭義の「ファッション」ではなく，髪の毛から足の先まで肉体を包むすべてのものと，身体そのものをも含む広義の「ファッション」の，60年代以降のアメリカにおける急激な変化と進化をたどり，社会の変化，個々のライフスタイルと世界観の変化が，衣生活の上にどのよう反映されているかを検証する。

A——アメリカの文化革命（カルチュラル・レボリューション）

アメリカ人の意識とライフスタイルの大きな変化は，ベトナム戦争を抜きにしては考えられない。1960年代の中頃から，ベトナム反戦運動と公民権運動はいよいよ激しさを増し，既成の絶対的な価値観に対抗する新しい文化，カウンターカルチャーを生み出すための文化革命（カルチュラル・レボリューション）がアメリカ全土を揺るがしていた。革命の究極の目標は，それまでアメリカ人の生活をことごとく牛耳ってきた中産階級の価値基準の偽善性を暴き，それを取り除くことだった。もっと自然に，正直に，そして人間らしく生きることを，若者が，アーティストが，知識人が，一丸となって激しく希求したのだ。「なぜアメリカが世界の警察であらねばならぬのか」，「セックスはなぜ結婚の中でしかできないのか」など，国，もしくは個にとっての根源的な問題について，ほとんど国民のすべてが熱烈な議論を闘わせた。若者は変革を支持して長髪にし，ロングヘアーはまたたくまに「既制社会からの脱落者（ドロップアウト）」，「反体制」の象徴となる。若い女たちの間でも，反体制の旗手として人気絶頂のフォーク歌手，ジョーン・バエズやロックの女王，ジャニス・ジョプリンを真似て，頭の真ん中に分け目を入れ，腰までまっすぐに伸ばした髪が大流行した。

サンフランシスコで生まれたヒッピーやフラワーチルドレンは，真紅の地に太く大きな青い文字を浮き出させた，当時の記念碑的なポスター，"Make Love, Not War（戦いではなく，愛を交わそう）"の忠実な僕（しもべ）だった。マリワナやLSDによる「悦楽の世界」に浸り，サイケ

❶カウンターカルチャーを象徴するウッドストックでのロック・フェスティバルに集う若者たち［1969年］

デリックなTシャツにベルボトムのブルージーンズ、そして額にはネイティブ・アメリカンのビーズのヘア・バンド。彼らは自分たちを、かつてのアメリカ大陸の先住者で、今は被抑圧階級であるネイティブ・アメリカンと同一視するだけでなく、自然を破壊し、人間を疎外する文明社会を救うためには、先住民族の伝統と叡知を学ばなければならないと信じていた。アメリカ先住民族は、彼らの求める「平和」と「人間性回復」の象徴だった。

1968年4月、反戦ロック・ミュージカル『ヘアー』（Hair）がヴィレッジの実験劇場からブロードウェイに移る。多くの人々の懸念をよそに、観客の大半は保守的な中流階級といわれるブロードウェイでこの未曾有のミュージカルは空前の大ヒット、ロングランとなる。実際、舞台の上の色とりどりの衣装をまとい、インディアン風ヘアバンドをした長髪の男女の姿は、そのままワシントン広場をはじめ、ヴィレッジの至る所で見られる風景そのままだった。若者は彼らを生んだアメリカ中産階級の価値基準やアメリカの夢、さらに画一化され機械化されたアメリカの体制そのものへの絶望感を、そして徴兵への恐れと苦悩を声にした。どうしたらいいのだ、カナダに逃げるのか、徴兵を逃れるために大学へ行くのか、それともベトナムで死ぬのか。「ぼくはどこへ行くのか、ぼくは生きるのか、教えてくれ、なぜかを、ぼくは死ぬのか、教えてくれ、なぜかを……」『ヘアー』の中でもとりわけ美しく、強く胸を打たれるこの曲は、そのまま当時のアメリカのすべての若者の叫びだったのだ。

B──文化革命以前の保守的なアメリカ

アメリカが急激に変わり始める文化革命以前のアメリカ人のライフスタイルはいったいどんなものだったのだろう。すでに述べたとおり、当時アメリカでは生活の隅々にまで、いわゆる中産階級の価値基準が浸透し、アメリカ人の考え方、生き方のすべてを支配しているといっても過言ではなかった。全人口のおよそ6、7割が中産階級に属し、裕福な上層中産階級はそのうちの約2割。彼らの多くは閑静で緑豊かな郊外で、ゆったりした趣味のよい家に住み、青々とよく手入れされた芝生、教養のある専業主婦の妻、子供は1人から3人、それに1匹の犬がいれば、アメリカン・ドリームは完璧だった。

日曜日の朝早く、彼らは家族そろって教会へ行く。父親はきちんとしたビジネス・スーツ、母親も昼間着るにふさわしいよそ行きのツーピース、もしくはワンピースを着て、踵の高いヒールをはく。当時のヒールは一様に踵が細く、高さは最低7cmのいわゆるピンヒール。老齢の婦人だけが、レッドクロス・シューズと呼ばれる、踵の太い、ヒールの高さが5cmほどの、編み上げのように前を靴紐で締める頑丈そうな靴をはいていた。キリストの復活を祝うイースターの日曜日には、女たちはみな一斉に春めいた装いに合わせて、色とりどりの造花や美しいリボンで飾られた帽子を被った。

ドレスアップをしてパーティやディナーや観劇やコンサートへ出掛けるアメリカの女性は，一晩中ヒールをはき続けることの辛さを高校生になると早々に味わわされた。それと同じ辛さを彼女たちは長年，髪のためにも味わわされてきた。時折のヒールとは違って，こちらはほとんど毎晩の儀式である。眠いのを我慢しながら，直径5cmはある網カーラーに次々と髪の毛を巻き付け，最後に全体をピンクの網状のターバンでしっかりとくるむ。そしてそんな頭のまま寝ることの拷問。こんな保守的な慣習を打ち破るように1960年代初頭，画期的な生理用材「タンパックス」が一気に全米に普及した。それはまもなく女たちが手にするトータルな身体的解放を予言していた。

アメリカは個性を重んずるとはいっても，何でも自分の好きなものを着てもよいというわけではなく，例えば高校生，大学生，職種など，それぞれ自分の帰属するグループの衣服に関する掟があり，そこからはずれることはほとんど不可能といってよかった。さらに昼間と夜では大きな違いがあり，会議，昼食会，劇場，晩餐会など，着て行く場所によっても暗黙の厳格な決まりがある。

例えば1960年代，女子大生のワードローブ（衣服）の必需品は，冬は膝丈のAラインの巻きスカートにセーターとニーソックスの組み合わせ，ドレスアップ用に黒のウールのシース（サックドレス），夏は白や淡いブルーのボタン・ダウンのシャツ，それにインドのマドラス地方特産の紺，ベージュ，白など微妙な色合いの格子柄に染め上げた木綿地のスカートやバミューダ・ショーツといった具合。それにアーミーズ・サープラス（軍隊の余剰物資）は安くて，丈夫なので，男女ともに学生の間でもてはやされた。特に内側にゴムを張ったカーキー色のフード付レインコートやネイビー・ブルー，ダブルの打合せの海軍の防寒用ジャケットは，当時アメリカのキャンパスでほとんどユニフォーム化していた。

靴は普段はローファーやスニーカー，それに少しドレッシーな黒のフラットとドレスアップ用の黒のヒールを一足。普段着として，ジーンズや綿パン，それにTシャツやカジュアルなセーターを少し。アメリカの大学生は昔も今も，とにかく死に物狂いで勉強をするので──ABCDの評価で，全科目の平均点Cを維持できなければ，大学を追い出される──余分なことなど考える暇はなく，衣服に関しては基本的に極めてシンプルで合理的。カルチュラル・レボリューション以前は，授業にジーンズや女子学生のスラックスはだめという暗黙の掟が存在したキャンパスが大半だった。

ところが装いに関する保守的な中産階級の掟に，変革の兆しが現れ始めた。例えばそれまでは防寒用でしかなかったブーツを，60年代半ば頃から若い女性は，突然どこへ行くにもはくようになり，母親族を仰天させた。ヒールを長時間はき続けることの拷問から，ついに女たちは自らを解放することを思い立ったのだった。それまで女たちはブーツに対する自らの固定観念や，自分たちを抑圧している「女らしさ」の概念に挑戦しようなどと，思ってみたことさえなかった。しかしキャンパスのあちこちで，ベトナム反戦のティーチ・インや集会が開かれ，ストークリー・カーマイケルやマルコム・Xなど，黒人運動のリーダーたちがメディアを賑わし，学生の問題意識と正義感が高揚されると，変革は文字どおり足元から始まったのだ。ベティ・フリーダンの『フェミニン・ミスティーク』（邦題『新しい女性の創造』）は1963年の出版と同時に，女子学生の間で評判になっていたが，フェミニスト運動としてはまだ形をなしてはおらず，公民権運動，ベトナム反戦運動が学生の関心と賛同を集め始めていた。反抗のスピリットは明らかに伝染する。

❷イギリス人モデル・ツイギーの来日はミニスカート・ブームを巻き起こした［1967年］

C——ミニスカートとパンツスーツの登場

ロンドンで生まれたミニスカートは，1967年，まるで伝染病のように，瞬く間にニューヨーク中に蔓延し，やがて全米へと広がった。経済観念のすぐれた女たちは，5番街の高級ブティックですぐに最新流行のドレスを求める代わりに，すでに持っているドレスやスカートの丈を一斉にせっせと詰め始めた。またそれまでのストッキングにガーターベルトの組み合わせは，ミニスカートの登場により，新しく開発されたパンティ・ホーズ（パンティ・ストッキング）に完全に取って代わられた。そして一躍時代の寵児となったモデルのツイギーは，その名のごとく，いまにも折れそうな細い小枝のような肢体で，後にふれる女たちの根強い痩身願望に拍車を掛けた。

パンツスーツもミニスカートとほとんど同時に登場した。それまでパンツ（ズボン）といえば，スポーツをする時か，もしくは掃除，洗濯，庭の手入れなど，労働のための普段着であり，おしゃれ着であることはなかった。新しくつくられたパンツスーツは，男たちのスーツと同様に，あらたまった装いの雰囲気をもち，同じ扱いを受けて当然のものだった。ところがこのパンツスーツをおしゃれ着と見なさない高級レストランや，バーや，ディスコで，それから数年間，入り口で不愉快な小競り合いが続いた。しかし勇気ある女たちのねばりづよい行動のお陰で，やがてパンツスーツは市民権を獲得する。これで洋服に関するタブーはほぼなくなり，女たちはあらゆる丈の長さのスカートから，さまざまな太さのパンツまで，純粋に自分の好みによってまとうことが可能になった。

D——フェミニスト運動の影響

「もっと自然に，正直に，人間的に」という1960年代の強烈なメッセージは，やがて第2波フェミニスト運動の中に吸収され，すべての市民にとって平等な真の民主社会建設を目指して，女たちの長い闘いが始まる。このわずか30年足らずのあいだに，女たちの生き方はめざましい変化を遂げ，女と男の関係はさらに平等なものになりつつある。この急激な変化はもちろん女たちの衣生活に影響を与え，60年代にすでに進化の兆しを見せていた髪型や靴の改善に拍車を掛けた。逆毛を立て，カールのひとつひとつをスプレーで固定する大きなカツラのような髪型から，一気にカットを重視し，後はブロウ・ドライで自分で手入れの可能なスタイルが主流となる。アリス・ウォーカーが書いているように，「抑圧された髪の毛は，脳みその限界を決めてしまう」のだ。

ラッシュにもまれての通勤，重要な書類がぎっしり詰まったアタシェケースと小型のスーツ

ケース，それに肩からは大型のショルダーバックを下げての出張となると，とてもヒールでは動きがとれない。1980年代初めリーボックが女たちに熱狂的に受け入れられたのをきっかけに，イージー・スピリット，アーチーなど，つぎつぎと強力なゴム底のおしゃれな靴が登場し，足元は大きな進化を遂げた。女たちは今しっかりと地面を踏みしめて歩くことの幸せをかみしめている。

　買い物の時間をもっとクリエイティブなことのために使いたい女たちは，スーツやコートなど本当に大切なもの以外はすべてカタログ（通信販売）ですませる。消費者の多様な経済度，美意識，目的に合わせたカタログ会社は百花繚乱，まさに選り取り見取り。イタリアの最高級リネンのシーツでも，スイスの下着でも，生産国と同じ値段で手に入る。老齢者やリュウマチなどで手を自由に動かすことの難しい人たちのためにつくられた，ファスナーやボタンの代わりにマジック・テープを使った衣服のカタログも多い。それも普段着から華やかなドレスまで。「ニーズがある」と見るや，すぐに誰かがそれをビジネスにする。起業や冒険はもちろんのこと，失敗すら讃えるのがアメリカ社会の特質といえよう。

E──父権制社会の「美」の基準の弊害

　1968年9月7日，午後1時，「ミス・アメリカ・コンテスト」が開かれるアトランティックシティ・コンベンションホール前のボードウォークは，コンテストに抗議する200人あまりの女たちの熱気で蒸せかえっていた。中央にFreedom Trash Can（自由のゴミ箱）と書かれた大きなドラム缶が据えられ，ブラジャー，ガードル，カーラー，付けまつげ，カツ

❸スーツにスニーカーで通勤するニューヨーカー［1980年代初頭から，女性の足元はより自由になってゆく］

ラ，それに伝統的な女の生き方を助長する雑誌，『コスモポリタン』，『レディズ・ホーム・ジャーナル』，『ファミリーサークル』などが，つぎつぎとその中へ放り込まれた。そして第2波フェミニスト運動（当時はウィメンズ・リベレーション運動と呼ばれた）のこの記念すべき最初の行動は，「リブの女たちがブラを焼いた」というメディアの捏造したニュースによって，人々の脳裏に刻まれることになる。彼女たちは自由のゴミ箱に火を付けるはずだったが，実は消防署からの許可が予定の時間までに届かず，焼くことは断念したのだ。10項目にわたるコンテストへの抗議声明の特に最初の理由は，父権制社会における最も根源的な性差別の仕組みを明らかにしている。

　1. 品位を落とす「愚かでデカパイの若い娘」の象徴。コンテストの参加者たちは女として私たちのすべてが演じることを強制されている諸々の役割を集約している。ステージの上をゆっくりと隊をなして歩く様子など，まさにおび

える動物が，歯，毛並み，肉付きなどで審査され，最良の「標本」がブルー・リボン賞を獲得する4Hクラブの地域品評会そのものだ。同様に女たちは日々社会の中で，互いに競って男たちの賛同を求め，それを真剣に受け止めるという巧妙に仕組まれた文化的すり込みによって，実に馬鹿げた「美」の基準の奴隷と化している(Robin Morgan [ed.], 1970)。

この30年間に，社会的，政治的，経済的な平等を獲得する上でアメリカの女たちは驚くべき進歩を成し遂げた。せっかくここまでたどりついたというのに，今なお男支配文化の「美」の基準に洗脳され，翻弄され続けたままの女性は無数に存在する。映画，テレビ，文学，さらに日常生活の中で，女として最大の資質は外見であることを女たちは繰り返し，繰り返し，認識させられる。そしてその「完璧さ」は時には見るからに肉付きがよくまろやかで官能的なことを意味し，またあるときは，平らな胸をした少年のようなからだを意味する。グローリア・スタイネムは彼女の著書『ほんとうの自分を求めて——自尊心と愛の革命』の中で，女のからだの「流行」について述べている。

「この国でも，痩せていることが常に好ましかったわけではない。北アメリカがもっと貧しく，フロンティアの人口を増やすことが目標であったとき，大家族が理想で，大きくて豊満な乳房やお尻が理想だった。フロンティアが閉鎖され，製造が主な富源となってからは，リリアン・ラッセルのようなふくよかな女性を好む国民的嗜好も変わってしまった。理想的な胸とヒップのサイズは，女性参政権運動や第1次世界大戦のあいだは小さくなり，胸の平らなフラッパーが大流行した1920年代は小さなままで，大恐慌の時代にバストの大きなスタイルが現実逃避的なハリウッド映画の中でふたたびもてはやされるようになったとき，またもや大きくなり，女たちが軍事工場に働きに出た1940年代には，また小さくなり，そしてふたたび人口を満たす役目が女たちに課された第2次大戦後，ウェストを締め付けるコルセットとパットの入ったブラとともに，豊満な胸は戻ってきた。ところがいったん必要が満たされると，1950年代のマリリン・モンローふうの曲線美は，1960年代のジャッキー・ケネディふうスタイルに取って代わられ，さらにその究極のスタイル，両性具有的なツイギーへと移ってゆく。」

さらにデビイ・ノトキンは，彼女のエッセイ「とても太めのフェミニズム——達成不可能な似非（えせ）理想像を捨て去ること」の中で興味深い事実を指摘している。ここ数世紀の西洋の歴史をひもとくと，フェミニズム，もしくは女性の権利といった主張が多くの人々の関心をひき，重要な社会問題として存在するときには，決まって世の女たちの理想の体型は小さくなる。豊満で官能的な女たちが理想像となるときは，ほぼ例外なく大多数の女たちがうやうやしく従順で，補助的な役割を受け入れているときだ。ところがいったん女たちが「女性解放」を口にするやいなや，男たちの支配するファッション業界は全力を尽くして，可能な限り私たちを小さく——つまり，見えない存在に——してしまう。

スタイネムによれば，男たちによってつくられるそれぞれの時代の「流行の女のからだ」に唯一共通する「女らしさ」の特徴は「弱さ」で，「強さは男性至上主義の仕組みが奨励するどんな"女らしさ"の定義にも，まったく含まれていない」。そしてツイギー以来今日まで延々と，まるで細いことが美しさの同義語であるような時代が続いている。こうして極端な痩身願望をかき立てられたアメリカの女たちは，自分のからだを嫌悪し，達成不可能な似非理想像をめざして，虚しく，時には危険なダイエットに励む。1990年のアメリカのダイエット産

業の売り上げ推定額は3,000億ドル。さらに年々確実に売り上げを伸ばしているこの業界は、大金を求めてますます熾烈な市場獲得争いが予想される。そして痛ましいことに、アメリカ拒食・過食協会によると、アメリカだけでも毎年15万人の女たちが拒食症で死んでいく。

F――バランスのとれた人生を送るために

「女は弱い」、「痩せた女は美しい」という概念は真実ではなく、父権制社会の性差別主義と、ダイエット産業やファッション業界をはじめとする資本主義との結託による陰謀にすぎないことが明らかにされた今日、なぜ多くの女性は今なおその陰謀の犠牲になっているのだろう。彼女たちは、女優やモデルのその細い肉体が、実は強靭なパワーを宿していることを知らない。そしてそれを可能にするために、日々どれほどの肉体的訓練を積んでいるかということも。彼女たちが健康の大切さを知り、それぞれあるがままの肉体の美しさに目覚め、自分がほんとうに生きたい人生を生きるようになるのは、はたして可能だろうか。デビイ・ノトキンは、そのためには「美」の基準はひとつではなく、無数にあることを知ることが重要だという。

「何百もの山々の休息の地、何千ものさまざまな日の出、何百万もの種々さまざまな花々の中に美が存在するように、人間の驚くばかりの多種多様な顔とからだの中にことごとく美の可能性が見出される。そして美の可能性がすべての人にまで広がった時、その時はじめて、各々の女をその真価によって評価することが可能になる――彼女は親切か、賢いか、ウィットに富んでいるか、知的か、興味深いか、思慮深いか、面白いか、アーティスティックかなど、な

ど。」（前出のエッセイ）

それでも自分をフェミニストと見なすアメリカ女性の6, 7割は、男性至上主義の馬鹿げた「美」の基準から、今ではほぼ解放されている。それぞれの目標に向かって、着実にからだを鍛え、自然の恩恵を享受し、読書や芝居や音楽を楽しみ、家族との暮らしも大切にしながら、バランスのとれた人生を送ろうとしている。衣服は住居や食事と同じように、健康で安全で快適な人生を可能にするための「道具」にすぎない、と彼女たちは考えている。流行を取り入れて「微調整」をすることはあっても、自分のスタイルをしっかりと確立した女たちは、もはや流行に振り回されることはない。

このように女たちの衣生活は60年代以降、身体的苦痛をほぼ完全に取り除き、メンズファッションのメリットをも取り込んで、画期的な進化を遂げた。その恩恵はそれを望む世界中のすべての女たちのものだ。女たちのめざましい進化にひきかえ、アメリカの男たちは他の先進国の男性同様、今なお猛暑においてすら基本的にスーツ、首を締め付ける糊のきいたワイシャツにネクタイという拷問に身をゆだねている。ただ90年代に入って、シリコンヴァレーを中心に微かに解放の兆しが見え始めた。急激なコンピュータ化社会の到来で、専門家たちは引く手あまた、希望は可能なかぎり聞き入れられる。表で人と会う必要のない「裏方」にかぎるとはいえ、オフィスでTシャツ、綿パン、スニーカーで働くコンピュータ技師たちが、疲弊し硬直した男社会にひとつ小さな風穴を開けたことは確かだろう。時代の趨勢か、2001年アメリカ大統領選は、運命を賭けたテレビ討論は別として、ゴア、ブッシュ両候補とも（正確にはゴアの成功をブッシュがすかさず真似たというのが事実だが）タイなしのカジュアルウェアで全米各地を駆けまわったという点でも、歴史に残るユニークなものだった。

ファッションとはつまり，単に洋服や靴，ハンドバッグ，ヘアースタイルにとどまらず，立ち居振る舞いから声，話し方をも含む，ひとりの人間の外観のすべてなのだ。なぜなら人間はマネキン人形にあらず，常に動き，話し，生きているのだから。そしてそれは個の帰属する文化のあり方と同時に，個々の価値観と人生観を如実に映し出す。だからファッションのセンスを磨くには，自由と民主主義を尊び，自分の人生を真剣に大切に生きることよりほかによい方法はないのである。

■参考文献

スタイネム，G.（道下匡子訳）『プレイボーイ・クラブ潜入記』三笠書房，1985．

スタイネム，G.（道下匡子訳）『ほんとうの自分を求めて――自尊心と愛の革命』中央公論新社，1999．

ノトキン，D.（道下匡子訳）「とても太めのフェミニズム――達成不可能な似非理想像を捨て去ること」異孝之監修『身体の未来』（株）トレヴィル，1998．

Morgan, R., ed. *Sisterhood is Powerful*. Random House, 1970.

Gitlin, T. *The Sixties: Years of Hope, Days of Rage*. A Bantam Book, 1997.

Mankiller, W., G. Mink, M. Navarro, B. Smith and G. Steinem, eds. *The Reader's Companion to U.S.: Women's History*. Houghton Mifflin, 1998.

■さらに知りたい場合には

ヘップバーン，C.（柴山幹郎訳）『Me――キャサリン・ヘップバーン自伝』（上・下）文春文庫，1993．

［2003年に96歳の生涯を閉じた伝説的女優の，世に遺された唯一の自伝。映画も愛も服装も究極の自分らしさを求めつづけた彼女は，自由の申し子，天性のフェミニストであった。］

Jacqueline Kennedy: The White House Years—Selections from the John F. Kennedy Museum and Library. Catalog to accompany the exhibition held at The Metropolitan Museum of Art, New York, May-July 2001. The Metropolitan Museum of Art, New York and Bulfinch Press, 2001.

［ニューヨークのメトロポリタン美術館で2001年5月に開催され，話題を呼んだ大衣装展「ホワイトハウス時代のジャクリーン・ケネディ」のカタログ。ジャッキー賛美者必見。］

ライル，L.（道下匡子訳）『ジョージア・オキーフ――崇高なるアメリカ精神の肖像』パルコ出版，2002．

［1986年98歳で世を去ったアメリカ近代絵画のパイオニア，オキーフの生存中に書かれた唯一の伝記。衣服，髪型，住まいのすべてに，作品と同様のエッセンスが息づいている。］

98 | スポーツ
Sports

平井 肇

アメリカ社会では、スポーツは最も華やかで目立つ大衆文化の1つで、この国の文化や社会を映し出す「鏡」であるともいえる。この国生まれのフットボールや野球、バスケットボール、さらにはテニスやゴルフなどは、1920年代以降「スペクテイター・スポーツ」として発展してきた。また、陸上競技や水泳などのアマチュア・スポーツも、時代とともにプロ化の道を歩んで行った。その背景には、スーパーヒーローやヒロインの出現、マスメディアや商業資本のスポーツへの注目、国民のスポーツを通した組織や地域などに対する帰属意識、さらにはこれらを上手に操るエージェントや統括組織の存在などがあった。ここでは、大学対抗運動競技プログラムやプロスポーツの世界で見られる現象や問題、スポーツの世界におけるエスニック・マイノリティや女性を取り巻く環境等のテーマを取り上げて、アメリカ・スポーツの現状を紹介する。

A──スポーツの黄金時代としての1920年代

❶──'20年代のスターたち

1920年代は、アメリカ・スポーツにとって、まさに「黄金時代」であった。19世紀後半から20世紀初頭にかけてがこの国における近代スポーツの誕生・普及期であるとしたら、この時期は、スポーツが大衆の娯楽としての地位を確固たるものとした発展期であったといえる。野球のベーブ・ルース、フットボールのレッド・グランジ、ボクシングのジャック・デンプシー、テニスのウィリアム・ティルデン、ゴルフのボビー・ジョーンズなどが大活躍をし、全米のヒーローとなった。野球では、ヤンキース王朝が確固たる地位を築いた。大学フットボールでは、ノートルダム大学の活躍が全米のアイルランド系の人たちやカトリック教徒を熱狂させた。1921年には、プロフットボールの組織も結成された。バスケットボールは、全米の大学に急速に普及し、冬のスポーツとして定着していった。ボクシングでは、デンプシーの世界タイトル戦に10万人以上の観客が押し寄せ、全米で5,000万もの人たちがラジオ中継に釘付けになった。また、ジョーンズの活躍もあってゴルフ人気が高まり、各地にゴルフコースが次々に作られた。女性のスポーツ参加の機会も増して、水泳や陸上競技でガートルード・エダールやミルドレッド・ディドリクソンのようなヒロインも登場した。

❷──スポーツ隆盛の背景

1920年代のスポーツの隆盛の背景には、さまざま要因が関係している。まず第一に、ルー

スやグランジたちのスポーツ選手としての資質が挙げられるであろう。例えば，ルースの1シーズン60本のホームラン記録は長く破られなかったし，生涯打率3割4分2厘は，彼が単なるホームランバッターでなかったことを証明している。と同時に，彼は人間的な魅力も兼ね備えていた。他のスーパースターたちも輝かしい成績を残したし，彼らのパーソナリティもカラフルで，人々の関心を引くものであった。

しかし，ここで見逃してならないのは，そこにはある「仕掛け」が用意されていたという事実である。スーパースターの背後には，今日のエージェントやプロモーターの先駆けのような役割を果たした人たちがいた。彼らは，メディアを最大限に利用してヒーロー・ヒロインたちのイメージアップを図った。また，興行収入や選手契約，広告収入などで巨額の富をもたらし，スポーツがビジネスとして魅力あるものだということを全米に知らしめた。

メディア以外のテクノロジーの発達も，この時代のスポーツの発展に寄与した。鉄道や道路網の整備によって，チームの移動範囲が広がり，野球やフットボールのフランチャイズが拡大した。大学フットボールでは，各地に巨大なスタジアムが続々と建設された。球団やリーグの運営は，より合理的なものになっていった。ルールや戦術，技術，トレーニング方法などでも，より科学的なアプローチが採られた。

1920年代には，スポーツを楽しむ人々の間にも大きな変化が生じてきた。余暇に費やすことのできる時間とお金が増大し，競技者としても観戦者としても，スポーツへの関心は高まっていった。人々はスーパースターのサクセス・ストーリーにアメリカン・ドリームを読みとり，晶屓（ひいき）のチームの活躍を通して，アメリカ社会や自分たちの住むコミュニティ，さらには自らのエスニシティに対するアイデンティティを再確認した。この時代は，まさに「アメリカのスポーツ」の幕開けの時期であった。しかし，それは同時に，この時代がこの国のスポーツ，いや世界のスポーツが今日抱えているさまざまな問題や現象の出発点となっていることもしっかりと認識しておく必要がある。

B── 大学対抗運動競技のコントロールをめぐって

❶── キャンパスを飛び出すフットボール

大学スポーツ，特に大学対抗運動競技プログラムは，アメリカ社会では，単なる教育活動や娯楽活動以上の意味を持つ。そのなかでも，19世紀半ばに誕生した（アメリカン）フットボールは，この国の秋の風物詩ともいえるほど，社会に根づいている。しかし，同時に，このスポーツの社会・経済的重要性が増してゆくにつれ，フットボールはキャンパスを飛び出して，当事者のコントロールの及ばない，怪物のような存在になってしまった。大学フットボールの歴史は，まさにこの怪物を，だれがどのようにコントロールしてきたかの歴史であったといえよう。

フットボールが，学内の余暇活動から対抗試合形式へと移行し始めた19世紀半ばに，プログラムの運営は当事者の学生の手を離れた。最初はOBが，そして活動規模の拡大とともに，大学当局が運動競技局を設置して，コントロールするようになった。その背景には，運動選手の学業軽視やフィールドの内外での暴力等の問題もあるが，このスポーツが学生の単なるパーティシパント（参加者）・スポーツから，スペクテイター（観戦者）・スポーツへと変容していったことが大きく関係している。さらには，ルールの制定や改正，選手のリクルートにかかわる問題等に関わって大学間の協議が必要とな

❶大学フットボールの頂点を決める4大ボウルの1つ，ローズ・ボウル[2001年]

る案件が増大するにつれて，大学の枠を超えた統括組織が必要となってきた。これが，1909年に結成された全米大学対抗運動競技連盟（NCAA）である。この組織は，当初関係する大学間の利害を調整するための比較的緩やかな組織であったが，しだいに権限を強化してゆく。その背景には，フットボールが，もはやパーティシパント・スポーツの論理でなく，スペクテイター・スポーツの論理で運営されるようになったことが大きく関係している。この傾向は，1920年代に顕著になり，第2次世界大戦後にテレビ中継とともに加速し，70年代にそのピークを迎える。大学のフットボールには，当初より教育的使命というよりは，娯楽提供としての役割の方が大きかった。最初は直接参加する学生が楽しむものであったが，しだいに大学コミュニティ，つまり，一般の学生やOB，地域の一般住民をも巻き込んだものへと変わってゆく。さらには，競技場で観戦もしないし，大学とは直接関係のない人々にとっても，大切な娯楽となって行く。大学のフットボールは，プロのフットボール以上に，人種や宗教的バックグラウンド，地域，社会階級と結び付いているといえる。人々は，贔屓の大学のフットボールの活躍を通して，自らのアイデンティティを確認するのである。

大学にとっても，フットボールをはじめとするスポーツ・プログラムは，運営してゆくだけの価値がある。入場料収入やテレビ放映権料，Tシャツなどのグッズの収入も魅力だが，それ以外にも，大学コミュニティ全体が受ける有形無形の恩恵は相当なものである。マスメディアを通してのビジビリティの増大とアイデンティティの形成は，ある意味で，直接的な財政収入よりも，大学にとって重要である。強豪はメディアの注目を集め，好成績を残せば，ボウルゲームに招待される。試合は，全米にテレビ中継される。一般市民は，大学でどんな研究が行われているのかはほとんど知らないが，その年の全米ナンバーワンの大学や，有名プロ選手の出身校の名前はよく知っている。チームの活躍と，翌年の入学志願者の増減には相関関係があるとの調査結果もある。大学への大口寄付金の申し込みや，州立大学の場合，州政府からの交付金が増加するともいわれている。

❷ 巨大商業資本のコントロール

60年代以降テレビ中継が拡大するなかで，フットボールをはじめとする大学スポーツは，NCAAのもとでテレビ放映権を一括して結び，放映権料の分配に関しても，あまり格差が生じることのないように一種の経済カルテルを形成していた。ところが，1980年代に入り，独占禁止法に違反する指摘を受けて，各大学やリーグが独自にテレビ放映契約を結ぶことが可能になった。ちょうどこの頃より，ケーブルテレビの普及によって多チャンネル化が進み，大学ス

ポーツは格好のコンテンツとして注目されるようになった。この結果，NCAAは，大学フットボールをコントロールする経済的な裏付けを失った。メディアコンテンツとして価値のある大学が，発言力を強めていった。90年代に入ると，彼らとテレビを中心としたマスメディア，その背後にある巨大商業資本が，大学のフットボールをコントロールするようになった。

今や大学のフットボール——特にディビジョン・ワンの強豪校——は，完全に娯楽産業の一部に組み込まれたといえる。大学でのもう1つのメジャーなスポーツ，バスケットボールでも状況は同じである。昔と変わらないのは，プレイする選手たちは相変わらず学生という身分で，「奨学金」という名のわずかな経済的な報酬しか受けていないという事実である。

C——プロスポーツとエージェントの関係

❶——強まるエージェントの影響力

今日，エージェント（代理人）の存在を無視して，アメリカのスポーツ界を語ることはできない（⇨72代理業B-2）。彼らは顧客である選手に代わって，入団や契約更改の交渉をしたり，スポンサー契約やCM出演の交渉をする。選手個人の財務管理や，時にはトラブル処理にもあたる。彼らの仕事は，選手が仕事に専念でき，彼らの労働に見合った「正当な」利益を確保できるように諸々の雑務を代行することなのである。野球，フットボール，バスケットボール，アイスホッケーなどのチームスポーツだけでなく，テニスやゴルフ，陸上競技などの個人スポーツでも，エージェントの存在は不可欠である。ある意味で，この国のスポーツ界をコントロールしているのは，オーナーでも，選手でも，スポンサーやメディアでもない。まして

や，ファンでもない。エージェント——特に有名選手を抱えるエージェント——が絶大な影響力を持っているのである。

スポーツ界におけるエージェントの存在自体新しいものではない。1920年代には，ルースやグランジ，デンプシーなどのヒーローたちと組んで，スポーツ界を牛耳る辣腕エージェントもいた（ただし，「エージェント」という名の職業は，まだ存在していなかった）。この職業が社会的認知を受けるのは，おそらく1960年代に入ってからである。これは，テレビでのスポーツ中継が盛んになり，放映権料が高騰し，その結果，選手の年俸も上昇した時期，大リーグ（MLB）がフットボールなどの例にならってドラフト制度を導入した時期と一致する。さらに，大リーグでFA（フリーエージェント）制度が導入された1976年以降，「契約内容や年俸計算が複雑になり，選手たちはエージェントの存在なしには身動きできなくなってしまった」（梅田香子『スポーツ・エージェント』文藝春秋，2000）。

❷——エージェントの役割の変化

エージェントと選手との関係，仕事の内容は，時とともに変化していった。最初は球団との契約にかかわる代理交渉が主であったが，しだいに選手のマネジメント全般にかかわっていくようになる。スポーツのメディア化が進み，商業資本との関係が深まるなかで，選手の収入源は多様化し，規模は増大していった。選手が複雑化，長期化する契約交渉に単独で臨んだり，個人の財務を管理することは，ほとんど不可能になってきた。スポンサー契約やCM出演に際しては，個人でやっていくには限界がある。一方，球団のオーナーやスポンサー企業，マスメディアなども，直接選手と交渉するのではなく，エージェントを介した方が合理的

な部分があることにしだいに気がつくようになった。一般的に言って，エージェントは，選手がスポーツ，つまり彼らの仕事に専念できる環境づくりに貢献している点も多い。今日のトップレベルにあるスポーツ選手は，チームスポーツであれ個人スポーツであれ，決してひとりの人間の個人的活動ではない。フィジカルな面をサポートするスタッフ，栄養面の管理をするスタッフ，メンタルな面をケアするスタッフ，渉外や秘書のような仕事をするスタッフ，財務を担当するスタッフ，法律に関する問題を担当するスタッフといった具合に，選手のパフォーマンスアップを図り，選手の資産価値を高めるために，文字通りチームとして活動しているのである。かくてエージェントは，今や，トータルに選手をサポートする組織へと変わりつつある。

その最も代表的な例を，陸上競技に見ることができる。この国では，いわゆるプロ組織が存在しなかった（認められなかった）陸上競技や競泳などでは，大学が選手の養成に中心的な役割を果たしてきた。日本のような実業団組織もなければ，旧共産圏のように，国家の支援もほとんど期待できなかった。そのため，トップ・アスリートが大学での競技生活の後も選手生活を続けてゆくには，たいへんな困難と犠牲を伴った。このような状況を打破すべく行き着いた1つの結論が，トップ・アスリートを総合的に支援するエリート・クラブ制度であった。シドニー・オリンピックの陸上競技男子百メートルで金メダルを獲得したモーリス・グリーンが所属するHSI (http://www.hsi.net/) は，弁護士資格を持つエージェントと短距離走のコーチとして実績のある人物が設立したクラブで，短距離走のトップ選手が多数所属している。そこでは，トレーニングやメンタル面でのケアから，出場する大会の決定や賞金の管理，メディアへの対応まで，クラブが一元的に管理している。今後このような組織が，他のスポーツおいても普及していくことが予想される。

D——マイノリティとスポーツ

❶——マイノリティのスポーツ界進出

アメリカ社会では，スポーツが移民や，黒人・ヒスパニック系などのエスニック・マイノリティに及ぼす社会・文化的な影響は，決して小さくはない。スポーツは，単なる娯楽以上の存在で，特に野球やフットボール，バスケットボールなどは，国家や彼らが所属する地域共同体やエスニック共同体などに対するアイデンティティの確立に大きな役割を果たしている。また，大学やプロのスポーツは，社会階級の上方移動の際の有効で目立つ手段として人々の熱い視線を浴びてきた。その反対に，彼らがスポーツに及ぼす影響も無視できない。バスケットボールの世界では，選手のアクションやファッションからプレースタイルに至るまで，いわゆる黒人のサブカルチャーの要素が色濃く反映されるようになった。

プロボクサーの歴代のチャンピオンには，比較的最近都市部に流入してきたエスニック・グループ出身者が多い。ボクシングは伝統的に，社会の底辺からはい上がるための，手っ取り早く魅力的な手段だと見なされてきたが，この傾向は今日でもあまり変わらない。他の多くのスポーツにおいても，同様のことが言える。大学スポーツが盛んなこの国では，フットボールやバスケットボールで秀でていれば，経済的に恵まれてなくとも，学力が通常の入学基準に達していなくとも，運動奨学金を得て大学に進学することも可能だ。大学で活躍後にプロに進んだり，その夢が叶わなくとも，大学教育をステップにキャリアアップを図る道も開けてくる。こ

❷多くの黒人選手が活躍するNBAの試合［シカゴ・ブルズ対ニューヨーク・ニックス，1998年］

れは、恵まれない環境にある若者にとってはたいへん魅力的で、彼らが真剣にスポーツに取り組むことは十分理解できる。

この結果が、スポーツ界におけるエスニック・マイノリティのオーバーリプリゼンテーション化である。この傾向は、特にバスケットボールやフットボール（黒人）、野球（ヒスパニック系）、ボクシング（黒人・ヒスパニック系）、競馬の騎手（黒人・ヒスパニック系）で顕著である。例えば、バスケットボールでは、今やNBAでプレーする選手の8割以上が黒人で、スーパースターの多くは黒人である。大学レベルでも、プロほど顕著ではないが、コートでプレーする選手が全員黒人といったシーンも目にする。このようなエスニック・マイノリティがスポーツ界へ進出すること自体、アメリカン・ドリームの体現化として評価できる。しかし、問題がないのかといえば、決してそうではない。むしろ、そこはアメリカ社会の小宇宙のごとく、社会の矛盾や歪みが色濃く映し出されているのである。

❷――マイノリティ差別

エスニック・マイノリティは、スポーツの場面で、さまざまな形で不当な差別を受けてきた。例えば、フットボールでは、クォーターバックは長らく白人専用のポジションであった。これに対して、ランニングバックには黒人が多い。野球では、黒人の捕手はまれであるが、外野手には攻撃の要になる黒人選手が多い。バスケットボールでは、ポイントガードに白人が多く、フォワードには黒人が多かった。このような傾向に対して、「白人は、専門知識が豊富で的確な状況判断ができて統率力に優れている。一方、黒人は、ボールを持って走ったり、ボールを遠くに飛ばしたり、ダンクシュートを決めたりするのに適した身体的能力を有している」といったような説明がなされてきた。また、クォーターバックや捕手、ポイントガードには白人が多いので、白人の子供たちが憧れ、ランニングバックや外野手、フォワードには黒人が多いので、黒人の子供たちが憧れる。その結果、このような傾向が続くのだという意見もある。これらの説明がどの程度、的を射ているのかを検証することは難しいが、黒人選手がクォーターバックや捕手、ポイントガードで成功するには、自分の能力以上に偏見という大きな壁があったことは事実である。

ところが、このような傾向も変わってきた。最近では、黒人のクォーターバックも捕手も珍しい存在ではなくなった。白人のポイントガードは少数派になってしまった感がある。しかし、これでポジションの差別がなくなったかといえば、決してそうではない。この背景には、これらのスポーツでプレースタイルが変化し、それぞれのポジションに求められるものも変わってきたことが関係している。また、あまりにも黒人選手の占める割合が大きくなってしまったために、かつての白人専用のポジションにまで黒人が進出してくることに対して、白人の側に心理的抵抗が少なくなってきた面もあるであろう。

しかし、ポジション以外の場面では、黒人をはじめとしたマイノリティへの不当な扱いは、

いぜん続いているとの見方が多い。例えば，白人選手と黒人選手が同じ能力なら，前者がドラフト上位で指名されたり，ベンチ入りしたり，運動奨学金を受ける確率が高いとの指摘もある。スター選手でも，白人の方がスポンサー契約を結びやすく，契約金も高いともいわれている。もっと重要なことは，引退後のセカンドキャリアの面で，黒人選手は白人選手ほど恵まれていないのが現実である。プロスポーツだけでなく，大学のレベルでも，黒人の監督やヘッドコーチをはじめとするコーチングスタッフでもまだまだ少ない。ある調査によれば，大学フットボールのディビジョン・ワンでは，約半数が黒人選手であるが，黒人のコーチはわずか18％で，ヘッドコーチは4％に過ぎない（"A Color Line on the Gridiron?" *The Chronicle of Higher Education*, May 14, 1999)。プロ球団の管理部門や大学の運動競技局で，黒人スタッフが重要なポストに就くことはまだまだまれである。

E──女性のスポーツ参加

❶──タイトル・ナインの制定

アメリカでは，長らく女性がスポーツに参加する機会は限られていた。植民地時代からずっと，女性にとってスポーツとは，娯楽や社交，健康のためにするものであって，男性のスポーツで強調された教育的な意義や競争の要素は否定されてきた。しかし，1920年代に入り，エダールやディドリクソンのようなスーパーヒロインが登場し，また女性の社会進出が盛んになるにしたがって，女性のスポーツ参加の機会は増大した。上流階級の女性は，テニスやゴルフ，スキー，スケートなどに興じ，労働者階級の女性の間では，ソフトボールやボウリングが人気スポーツになった。大学では，フィールドホッケーや女性用に改良した6人制バスケットボールがプレーされるようになった。しかし，依然として女性にとってのスポーツは，一部の人たちのもので，スポーツをする女性に対する偏見も根強かった。体育教師やコーチは大部分が女性で，彼女たちは，女性がスポーツをする目的は，男性のそれとは本質的に異なると主張していた。

このような女性とスポーツの関係に大きな変化が現れたのは，1960年代に入ってからである。この背景には，女子のテニスやゴルフでプロ化が進み，テレビ放映が盛んになったことや，オリンピックなどで女性選手の活躍が世間の関心を集めるようになったこと，さらにはテニスのキング夫人をリーダーとするスポーツ界における女性の権利拡大のための行動が社会的な注目を集めたことなどがある。しかし，女性のスポーツ観を一変させ，環境を整備し，スポーツへの進出を促進した最大の要因は，1972年に制定された「タイトル・ナイン」と呼ばれる憲法の教育条項修正法である。

タイトル・ナインによって，連邦政府から援助を受けている学区や高等教育機関がいかなる性差別を行うことも違法とされた（レイダー『スペクテイタースポーツ』大修館書店，1987)。これは，全米のほとんどの学校にあてはまり，学校スポーツや体育の現場でのスポーツ状況を一変させるくらいのインパクトがあった。特に大学スポーツ界では，タイトル・ナインの精神を実際のスポーツ・プログラムにどのように反映させてゆくのかで混乱と対立があったが，女子スポーツに対して保守的な考えに立つ組織に代わって，1983年よりNCAAが女子スポーツも統括することになった。この結果，女子スポーツは，男子スポーツと同じ理念の下で実施されるようになったのである。

❸大学女子サッカーの試合［2002年］

❷ 女性スポーツの隆盛

タイトル・ナインの制定後，特に1983年以降，各大学——特にスポーツエリート校——は競って，女子の大学運動競技プログラムの拡大・充実を図った。同好会的なものが運動部に「格上げ」され，新しい運動部が続々と誕生した。そのなかには，サッカーやアイスホッケーのような種目も含まれている。女子にも運動奨学金が支給され，練習施設が整備され，チームは大学の専用ジェット機で遠征するようになった。バスケットボールなどのメジャーなスポーツでは，男子スポーツ並の人気を誇り，観客を動員する大学も出現した。その一方で，選手のリクルートは激化し，スケジュールは過密になった。男子スポーツ同様に収益を上げ，宣伝効果を高めるようにプレッシャーがいっそう強まってきた。大学の女子スポーツの様変わりは，当然のことながら，周辺のスポーツ状況にも大きな影響を及ぼしている。バスケットボールやソフトボール，バレーボールなどでは，大学での選手生活を終えると，国内にプロ・リーグがなかったために，優秀な選手の中には海外のプロやセミプロ・リーグでプレーを続ける者もいた。しかし，大多数の者たちはプレーを続けることができなかった。ところが，90年代に入ると，WNBA（http://www.wnba.com/）のような女子のプロスポーツ・リーグが相次いで結成されるようになった。また，陸上競技や競泳なども，エリート・クラブ組織が充実し，スポンサーシップが定着するに従って，トップ選手の競技年齢が上がってきている。タイトル・ナインを契機に始まった女性の競技スポーツへの進出，その結果のプロ化の流れに対してもちろん問題点もあるが，女性が自らの意志で，スポーツを多様な形で楽しむ機会を得たことは評価すべきである。

F 世界へ波及するアメリカン・ウェイ

20世紀，世界のスポーツを支配してきたものは，19世紀イギリスの貴族階級が生み出したアマチュアリズムという理念から，20世紀アメリカ資本主義の中で醸成されていったプロフェッショナリズム，コマーシャリズムという現実へとしだいに移行していった。

スポーツをビジネスとして捉え，エンターテインメントとして最高レベルのものを提供しようとしたため，結果的には社会階級や人種の壁が打ち破られ，女性のスポーツへの進出が促進された。そして今や，世界中のトップアスリートがこの国に集まってくる。プレーは映像として世界に配信され，ヤンキースの野球帽やナイキのシューズが世界の街角に溢れる。サッカーやラグビー，クリケットまでも，アメリカ的ビジネスをまねる。

今日の世界のスポーツ・シーンを眺めると，アメリカン・ウェイがグローバルスタンダードになってしまったとの印象さえ受ける。

■参考文献

梅田香子『スポーツ・エージェント』文藝春秋，2000.

サイモン，R.（武田薫訳）『スポーツ代理人』

ベースボール・マガジン社，1998.
スミス，R.（白石義郎・岩田弘三監訳）『カレッジスポーツの誕生』玉川大学出版部，2000.
ミラー，M.（武田薫訳）『フリーエージェントへの死闘』ベースボール・マガジン社，1993.
レイダー，B. G.（平井肇訳）『スペクテイタースポーツ』大修館書店，1987.
Byers, W. *Unsportsmanlike Conduct: Exploiting College Athletes*. The Univ. of Michigan Press, 1995.
"A Color Line on the Gridiron?" *The Chronicle of Higher Education*, May 14, 1999.

■さらに知りたい場合には

エンタイン，J.（星野裕一訳）『黒人アスリートはなぜ強いのか？』創元社，2003.
　［アメリカのスポーツ界では黒人アスリートの活躍が目立つ。その強さの秘密を，彼らが歩んできた苦悩の歴史や，身体的特性に迫ることで解き明かそうとする。］

升本喜郎『ショウ・ミー・ザ・マネー──アメリカのスポーツ・エージェントを巡る法的諸問題』ソニーマガジンズ，2001.
　［スポーツ・エージェンシーの起源，発展の経緯を探り，法的観点から彼らの実情に迫る。］

Coakley, J. *Sport in Society: Issues and Controversies*. 6th ed. McGraw-Hill, 1998.
　［今日のスポーツが抱えるさまざまな問題や課題を，スポーツ社会学の手法で分析・検討する。アメリカのスポーツ界を取り巻く環境について考えるうえでは欠かせない。］

Andrews, D. and S. Jackson. eds. *Sports Stars: The cultural politics of sporting celebrity*. Routledge, 2001.
　［M. ジョーダンやウィリアムス姉妹，野茂英雄などのスポーツ界のスーパースターが作り出される社会・文化的背景とそのインパクトについて紹介する。］

99 | テーマパーク
Theme Parks

能登路雅子

フロリダ，カリフォルニア，ラスヴェガスはアメリカ本土の中で，近年，日本人が最もよく訪れる観光地となった。ツアーの目玉は大型テーマパークである。街で見かける旅行社のパンフレットにも，グランドキャニオン，ヨセミテ国立公園などの大自然とならんで，「テーマパーク大陸」としてのアメリカの魅力が派手にうたわれている。中世ヨーロッパで生まれ，アメリカで大きな発展を遂げた遊園地文化は，その後，万国博や映像メディアの影響を受けながらテーマパークという形態に進化してきた。その人気の秘密は，人工的なスリルや時空を超えた疑似体験にあり，人々はそこに非日常の快楽や心の癒しを求める。最もアメリカ的な場所であるはずのテーマパークは，一方でディズニーやユニヴァーサルなどの世界進出にともなって，グローバル文化としての顔を持ち始めている。地球規模で娯楽や消費，都市開発に大きな影響を及ぼしているテーマパークのさまざまな姿を展望する。

A——大人を楽しませる装置

テーマパークは映画やスポーツとならんでアメリカ大衆文化の大きな柱として定着し，国民の関心も高い。アメリカのテーマパークでまず気がつくのは，30代から40代の父親が雰囲気の盛り上げ役を懸命に演じていることだ。一度乗ったアトラクションに感激したあまり，子供を待たせてもう一度行列に駆けもどる父親も見かける。「女子供の行く場所」という印象が強い日本のテーマパークと違って，アメリカのテーマパークは第一に大人の遊び場であり，子供はいわば口実のようなものである。高齢者のカップルやグループも目立つ。

アメリカで今日のようにテーマパークが老若男女の広い支持を受け，レジャーの王座を占めるようになった背景には，激しい集客競争と遊園地産業そのものの長い栄枯盛衰の歴史がある。業界団体の1つである国際遊園地協会は屋外エンターテインメントを8種類に分類しているが，2000年の消費者調査によると，アメリカ人がこれらの娯楽種目に使った金額は遊園地がトップで，キャンプ場，国立公園など自然対象の施設，シーワールドなどのウォーターパーク，動物園・水族館，ファミリー娯楽センター（ゲーム機，ゴーカート，レストランなどを備えた小型遊園地），博物館，ミニチュア・ゴルフ場が続いた。

ここで遊園地とは，いわゆる「テーマパーク」と呼ばれているものと従来型の遊園地の両方を含んでいる。ディズニーランドの成功以来，多くの遊園地がテーマパークと称されるようになったが，乗り物を中心とした従来の遊園地は，雰囲気や物語性に演出を凝らしたテーマパークとは設計思想も運営方針も根本的に異な

❶左｜コニー・アイランドの入口
❷右｜ウォーターシュートが見える園内

っている。つまり，アトラクション，ショー，建物，食べ物などすべてを一貫したテーマ群に沿って構築している施設のみが，厳密な意味でのテーマパークだといえる。現在のアメリカにおいては，巨大資本によるテーマパークが躍進を続ける一方で，昔なつかしい地元の遊園地の保護にも関心が注がれている。

B── 遊園地の文化史

❶ ── プレジャー・ガーデンのアメリカ的展開

それでは遊園地がどのようにテーマパークに進化していったのか。遊園地のルーツは古く，17世紀にパリ，ロンドン，ウィーンなどヨーロッパ各地に出現した「プレジャー・ガーデン」にさかのぼる。宮廷庭園の庶民版ともいうべき新しい遊び場で人々は散策や舟遊び，スポーツ，気球乗りに興じ，夜は見世物やダンス，花火などを楽しんだ。プレジャー・ガーデンはその名のとおり快楽追求と自然鑑賞という二面性を備えていたが，スペクタクルや遊戯機械などが次々と登場するにしたがい，樹木は伐採され，池や滝も姿を消して，庭園らしさは失われていった。また，商業主義の台頭や顧客の大衆化に伴い，酒，ギャンブル，性的犯罪など，公序良俗の乱れが問題化し，健全な憩いの庭は多くの解決しがたい矛盾を抱えることになった。

19世紀の後半，野外娯楽産業の中心は大西洋を越えてアメリカに移った。新しい工業文明と移民の波に沸きかえるニューヨークの地では，旧世界のプレジャー・ガーデンの伝統は「快楽」と「庭園」に明確に二分化されて受け継がれた。前者の代表がコニー・アイランドの遊園地であり，後者を反映したのが牧歌的なセントラルパーク（1861年開園）だった。マンハッタンの南13km，ロングアイランドの南端にあるコニー・アイランドは当初は上流階級の海浜保養地だったが，1875年に鉄道が開通して，大衆娯楽のメッカに変貌した。賑やかなバンド演奏やダンスホール，数千人収容のレストラン，見世物，回転木馬，射的場は庶民のエネルギーにあふれ，賭博師，売春婦，占い師などが醸し出す盛り場の雰囲気は，禁断の快楽に対する人々の好奇心を誘った。

❷── 博覧会の歓楽街とテクノロジー

一方，1851年のロンドン博以来，欧米各地で開催された万国博覧会も最先端の技術と驚異の世界を運ぶ大衆メディアとして人気を呼んだ。アメリカにおいては1893年，シカゴで開催された世界コロンブス博覧会はコロンブス到着後4世紀を経たアメリカが人類文明の旗手となったことを宣言する画期的イベントだったが，遊園地史にとっても決定的な影響を及ぼした。広大な博覧会場で人々を圧倒したのは，巨大な発電機や大砲などの機械技術を展示する白亜のパビリオンとともに，各国の民族館や見世物小屋がひしめき合う歓楽街「ミッドウェイ」であった。

東端にアメリカ民主主義の理念を表わす丸太小屋を配し，他方の西端にアフリカ原住民の集落を配し，その中間の1マイルを「未開」から「文明」に至る人類進化の道筋としてアラブ砂漠民のテント村，南太平洋の草ぶき小屋，ムーア人のカフェ，ドイツの動物ショー，日本の茶屋，アイルランドの城などを並べた設計は，ハーヴァード大学の人類学者フレデリック・パットナムの権威と無学の興行師ソル・ブルームの天才が奇妙に結び付いた「民族学的娯楽ゾーン」として人気を集めた。それぞれの村には民族衣装を着た「原住民」が展示品のように配置されたが，外国や他人種への好奇のまなざしを教育のオーラで包み込むというこの方式は，半世紀後のアメリカのテーマパーク設計にも応用されることになる。敷地の西側にアジアやアフリカの「アドベンチャーランド」を配し，反対側にアメリカ主導の宇宙時代を表わす「トゥモローランド」を配したディズニーランドなどは，まさにシカゴ博「ミッドウェイ」の20世紀版と言える。

シカゴ博では電車の会場への乗り入れ，夜間照明や大噴水など電力による新しい演出も本格化し，会場の効率的な運営と幻想空間づくりに工夫が凝らされた。巨大観覧車や電気の照明技術などの仕掛けはコニー・アイランドにも導入され，その後60年にわたりアメリカ全土の遊園地設計の基本コンセプトとなった。次世代の遊園地としてテーマパークを構想したウォルト・ディズニーの父イライアスが，地元の大工のひとりとしてシカゴ博会場建設に携わったという事実は，偶然とはいえ，アメリカ遊園地史の重要な2点をつなぐ象徴的な意味を持つ。

❸── トロリー・パーク

シカゴ博はこうして電気の時代の到来を告げる国民的イベントとなったが，19世紀後半のアメリカでは都市化と電気の普及によって多くの町にトロリー電車が登場していた。電力会社と月ごとに一定料金で契約を結んでいた電鉄各社は週末の乗客数増加を図るため，路線の終点に遊園地を建設するようになった。こうした経緯は，日本における宝塚遊園地や豊島園にも共通する。「トロリー・パーク」と呼ばれたこれらの遊園地は，都市に新しいライフスタイルを生み出し，ピクニック場，ダンスホール，湖や川のほとりの乗り物などが人気を博した。1902年の記録によれば，日曜日や夏休みには1日当たり5万人もの集客があり，普段は別々のコミュニティーに住む労働者階級や中産階級の人々が電車によって結ばれることになった。

アメリカの遊園地産業は経済体制が生産中心から消費中心へと移行した1920年代に黄金期を迎えた。ちょうど都市人口が農村人口を上回り，中産階級を中心に可処分所得が増加し，職場では日曜に加えて土曜日も半日が休みになった時代である。激しい集客競争のなかで，スリルを狙った乗り物が次々に導入され，ジェットコースターの傑作の数々もこの時代に生まれた。しかしその後，自動車の普及による行動範

囲の拡大，ラジオや映画といった新しい娯楽メディアの登場，禁酒法，大恐慌などの打撃を受けて，1920年に1,500を数えた遊園地は30年代半ばには500に激減した。さらに人口の郊外化が進むにつれ，都市中心部には白人低所得者層，黒人，ヒスパニックなどの人種マイノリティが集中することとなり，ダウンタウンの遊園地は昔からの中産階級の顧客層を失った。かつては「都会のオアシス」として社会のあらゆる階層を集めて繁栄をきわめた遊園地は，治安の悪化，設備の老朽化など深刻な問題を抱える危険地帯となっていった。

❸左｜ロスアンゼルス近郊にあるシックス・フラッグズのガーデン
❹右｜同園内にあるスリル満点のジェットコースター

C——テーマパークの時代

❶——ディズニーの新機軸

時代錯誤ともいうべき遊園地文化を第2次大戦後の1955年に蘇えらせたのがディズニーランドである。観覧車もホットドッグもなく，入り口が一か所しかない遊園地などは愚の骨頂と遊園地業者からは嘲笑されたが，長い年月をかけて世界中の娯楽施設を視察してまわったディズニーが最も嫌ったのはコニー・アイランドの猥雑さで，最も共感をおぼえたのがコペンハーゲンのティボリ公園の清潔さと調和であった。ディズニーは遊園地の原型プレジャー・ガーデンが本来もっていた快楽の側面と庭園の側面を徹底的な管理と先端技術によって再び融合し，映画の物語を立体化したアトラクションでくりかえし訪問客をひきつけた。「冒険」「開拓」「お伽」「未来」の4つのテーマのもとで時空間を超える体験を演出するディズニーランドは，遊園地の再生というよりも，テーマパークという名のまったく新しいコンセプトだった。

映画に娯楽の王座を奪われた遊園地を次世代型に進化させたのが映画製作者ディズニーであったように，ユニヴァーサル・スタジオも映画をベースとするテーマパークとして1964年にハリウッドに登場した。しかし，ディズニーが映画のファンタジーの演出を目指しているのに対し，ユニヴァーサルは映画撮影の舞台裏を見せるのが売り物だった。その後，ユニヴァーサルは人気映画とハイテク技術を融合させたアトラクションを次々と発表して収益を拡大しているが，小型バスでまわるスタジオツアーは現在も相変わらずの人気を集めている。

❷——ライド中心のテーマパーク

一方，スリル系の乗り物を中心とするシックス・フラッグズのテーマパークも1960年代からテキサスやカリフォルニアにオープンした。63年に登場したフルーム・ライドと呼ばれる長い水流を利用したアトラクションは，またたく間に世界中のテーマパークや遊園地に広がった。オハイオ州の「シーダー・ポイント」，カリフォルニアやイリノイにある「グレート・アメリカ」，フロリダ州タンパやヴァージニア州

ウィリアムズバーグにある「ブッシュ・ガーデン」、ロサンゼルス郊外の「ナッツ・ベリー・ファーム」などは、西部のゴーストタウン、アフリカのサファリ、中世ヨーロッパといったさまざまなテーマ区域とならんで刺激あふれる絶叫マシーンを多数配置している。旧式の木製ジェットコースターも各地のテーマパークに登場して、ファンを熱狂させた。

❸ ── 天候、景気、テロとの戦い

1950年代から30年間、映画会社、ホテル業、鉄道会社、出版社、ビール製造業など大資本によるテーマパーク開園のラッシュが続いた。過当競争による市場の整理統合の結果、テーマパークはディズニーやユニヴァーサルなど、海外を含めた遠隔地から観光客が休暇で訪れる「目的地型」と「地域密着型」に棲み分けが進んだ。90年代の好景気を背景に、アメリカのテーマパーク産業は再び黄金時代を迎え、2000年には上位50で1億7,500万人という史上最高の年間集客数を記録している。

テーマパークの業績を左右するのは第一に天候であり、第二が世の中の景気である。しかし、2001年9月11日以降、国際テロリズムという第三の要因が加わった。この不測の事態のなかで、飛行機による長距離移動を敬遠する客が増え、近場のテーマパークや遊園地の価値を見直す動きが出たが、目的地型テーマパークも地元住民に割引パッケージを提供するなどのマーケティング戦略で集客力の減少を防いだ。また、ハロウィーン特別イベントで集客を伸ばしたところもある。

アメリカのテーマパーク市場は2002年現在、6大チェーンによる寡占状態にある。フロリダとカリフォルニアに6種のテーマパークをもつディズニーは全市場の集客数の32％を占め、シックス・フラッグズは18％、その他、ユニヴァーサル、アムハイザー・ブッシュ、パラマウント、シーダー・フェアの6社で全体の82％を占有する結果となっている。

D ── テーマパークのグローバル化

❶ ── 国内市場の飽和とアメリカ的空間の輸出

少数の大企業によるテーマパーク市場の独占化は、世界的にも見られる傾向である。1970年代に建設費の高騰と集客競争の激化によって、アメリカ国内のテーマパーク市場はほぼ飽和状態に近づいた。その後も、ラスヴェガスやニューオーリンズなどに大型テーマパークがオープンしているが、80年代以降、アメリカの屋外娯楽産業の視線は海外進出へと向けられ、東アジアやヨーロッパがその主要ターゲットになった。ディズニーの日本上陸は日本国内のレジャー需要やディズニーのブランド定着度といった輸入をうながす「プル要因」とともに、新たな市場開拓というアメリカからの「プッシュ要因」も大きく作用していたのである。

ディズニーやユニヴァーサルのテーマパークが日本に新しい娯楽文化をもたらしたことはよく知られるが、シックス・フラッグズ社もカナダ、ベルギー、オランダ、フランス、メキシコなどで商業的成功を収め、パラマウント社の「テラ・ミティカ」もスペインで年間200万人の集客を記録している。シックス・フラッグズにワーナー・ブラザーズ社が資本参加していることを考えれば、グローバル規模で増殖しているアメリカ製テーマパークは、かつて映像をとおして「アメリカ的生活様式」を全世界に広めたハリウッドが打ち出した次世代の文化装置と見ることができる。

その文化装置のなかでミッキーマウスやスヌ

ーピーといった世界中から愛されるキャラクターやアメリカ的な物語世界が成功に不可欠なのは当然であるが、より肝心なのはテーマパークがこれまでにない空間設計の思想を地球規模で広めていることである。すなわち、虚構の世界をつくりあげるために、ある空間を囲い込み、そのなかに完全に管理された楽園を創造するアメリカのテクノロジーと運営ソフトがテーマパークという形で輸出されているのである。近年、新味に欠けるハリウッド映画界で『ハリー・ポッター』や『指輪物語』といったファンタジーが新風を巻き起こしたり、テレビに飽きた若者がゲームに熱中しているように、人々は完全没入型の娯楽を求めている。テーマパークの魅力はそうした幻想体験が現実の空間の中で味わえることに尽きる。

❷──マックワールドという共通文化の浸透

砂漠の真中に熱帯のジャングルをつくり、現代に太古の恐竜世界を再現するという技術は、歴史や地理の現実、さらには文化の差異をも超越する破壊的な構想力を背景にもつ。つまり、世界のいかなる場所にも自由自在な人工空間を創出するテクノロジーがアメリカに独占されているという事実が重要なのである。こうしたテーマパークの世界戦略は、相手国の文化や歴史を無視してアメリカ型民主主義を広めようとする冷戦後のアメリカ政治外交の姿勢に通じるものがあり、文化帝国主義の一端をなすという見方も可能だろう。

しかし、同時にテーマパークをアメリカ合衆国の国家的な振る舞いというよりは、アメリカで発祥し今や世界性を獲得しつつある消費文化のシステムとして捉えようとする視点もある。アメリカの政治学者ベンジャミン・バーバーはマクドナルド、マッキントッシュ、ディズニー、ナイキなどの製品がもたらす「より速く、便利、効率的で快適な世界」を「マックワールド」と総称しているが、現代世界は一方の「マックワールド」と、他方で宗教や部族的原理主義に固執する「ジハード」的世界に二極分裂しており、テクノロジーと市民性を媒介すべき国民国家と民主主義が危機に直面していると論じている。

ディズニーのテーマパークを「マックワールドの応接間」と呼ぶバーバーは、地球そのものが娯楽と消費のテーマ空間に化しているとみる。実際、巨大な中国市場に対して、ディズニーは2006年オープン予定の香港につづいて上海、北京にも進出の狙いを定めているが、アメリカのテーマパーク産業にとり、香港、シンガポール、インドをはじめとするアジア地域は中産階級の急増や高い技術力の点で最も可能性の高い海外市場であり、その先には中南米や中東までもが「眠れる巨人」として進出の射程に含まれている。

E──都市のテーマパーク化

❶──ディズニー化するラスヴェガス

テーマパークの手法は、レストラン、ショッピング・モール、ホテル、空港、博物館など、他の都市空間にも応用されている。激化する競争の中でテーマ的な演出は差異化の有効なマーケティング戦略とされているが、現代において娯楽、消費、観光という3つの要素を最も集約的に演出しているのが「砂漠のディズニーランド」に変容したラスヴェガスである。1950年代までのラスヴェガスは、タバコの煙が立ちこめるカジノ、売春、マフィアの不正取引といった堕落と犯罪のイメージが濃厚だった。60年代以降、豪華ホテルや有名スターのショーな

❺都市全体がテーマパークと化したラスヴェガスの夜景

どがしだいに人気を呼び、ラスヴェガスは合法的ビジネスでも成功を収めるようになったが、それでもギャンブルで一攫千金を狙う男性客が家族を同伴したいと思う場所ではなかった。しかし、1976年に東部ニュージャージー州の海浜リゾート都市アトランティック・シティが賭博の合法化に踏み切ったことで状況は一変し、ラスヴェガスは生き残りをかけた競争を強いられることになった。

当時、子供客のための娯楽施設を備えていたカジノは例外的だったが、1989年にカジノ経営者のひとりスティーブン・ウィンが新たに屋内庭園、巨大水族館、火山噴火ショーなどを含むミラージ・ホテルをオープンし、ラスヴェガスのテーマパーク化の先鞭を切った。もともと砂漠の蜃気楼のように忽然と生まれ、奇抜な建物の内部は窓も時計もない24時間稼動のカジノという日常離脱空間を基本とするラスヴェガスが、家族客誘致のためにテーマパークの手法を導入したのは当然の論理的帰結であった。

翌年にはアーサー王の物語をテーマとしたエクスカリバー・ホテルが登場して、中世騎士の馬上槍試合を見ながらのディナー、お伽世界をモデルとしたショッピング施設が大成功をし、これに対抗してウィンはさらに1993年には宝島をテーマとしたトレジャー・アイランドをオープンした。ここで繰り広げられる海賊と英国海軍の迫真の水上戦や火事を再現したライブショーは、ディズニー系テーマパークにあるアトラクション「カリブの海賊」と夜間の水上スペクタクル「ファンタスミック」との類似を指摘する声が多い。事実、この出し物はディズニーの元スタッフの設計協力によるもので、ラスヴェガスを走るモノレールもフロリダのディズニーワールドから移設された。渋滞や公害問題を解決するためにモノレールを実際の都市で運行したいというウォルト・ディズニーの夢は、皮肉にもラスヴェガスで実現したことになる。

ピラミッド、ローマの宮殿、エッフェル塔、ヴェニスの運河などの疑似的な景観に埋め尽くされた町は、目抜き通りに5,000近い客室数の巨大ホテルが次々にオープンし、世界最大級のホテル上位20のうち19が集中することになった。その結果、ラスヴェガスは、フロリダのディズニーワールドを抜いてアメリカ最大の観光地となり、年間乗客数が1,600万人を超える隣接の空港も全米で最も利用客の多い空港の第7位を（2001年）占めている。

❷──モデル都市の管理ノウハウ

テーマパーク的な演出で様変わりしたのはラ

スヴェガスだけでない。90年代後半のニューヨークもジュリアーニ市長の治安改善，都市浄化運動の中で，タイムズスクエアの再開発にディズニー社が乗り出した。以前の猥雑さが一掃されたことに賛否両論が巻き起こったが，犯罪防止に一役買ったのは，制服姿の民間警備員とコンピューター制御の監視システムである。ディズニー型テーマパークの独自性がファンタジーづくりにあることは誰の目にも明らかであるが，それと表裏一体の関係にあるのが隠されたセキュリティ装置である。

ディズニーの敷地設計は人々が一か所に滞留しないよう計算され，モノレールなどの輸送手段や人造湖，噴水，花壇など物理的バリアーによって人々の勝手気ままな動きが制御されている。サイレント映画を彷彿とさせる制服姿の警官や私服セキュリティ要員が園内を巡回して問題行動をチェックしていることに気づく人々はほどんどいないが，ディズニー用語で群集管理と呼ばれるこうした監視システムこそ，現代の諸都市で歓迎され応用されている技術なのである。ディズニーの目に見えない徹底した管理装置は，イギリスの功利主義者ベンサムが考案した全周型刑務所「パノプティコン」によくたとえられるが，テーマパークの安全と快楽は，危険や不潔な要素の徹底的排除のうえにはじめて成り立つ。

ディズニーが典型的に示した「囲い込みによる楽園建設」の思想は，1980年代から南カリフォルニアなどで開発が進んだ要塞都市 (gated community) に表われている。これは，郊外の広大な敷地を囲い込み，部外者の出入りをゲートで厳しくチェックする高級住宅地で，保守的な白人富裕層に人気が高い。ディズニー社においてもフロリダで大規模なテーマリゾートを成功させて以来，「この世の天国のようなディズニーワールドに一年中住んでみたい」という支持層が急増した。そして，理想都市イコール生活不在という等式を完成させたはずのディズニー社は，自らバーチャル世界の現実化に着手し，1996年にディズニー・リゾートの隣接地に「セレブレーション」というモデル・タウンを建設した。

❸──楽園からの逃走

その名も祝祭という非日常世界を日常化し，「かつてアメリカに存在した清浄無垢で隣人愛あふれるコミュニティー」の再現を謳ったこの住宅地は，まるでノーマン・ロックウェルの絵から飛び出したようなレトロな町である。白い柵と緑の芝生，伝統的な建築様式の家々，玄関横のポーチから道行く人に声をかけられる街並みは，均質的でのどかな過去のアメリカに対するノスタルジアが根底にあり，現代都市の混沌と多文化主義への保守的な反応を示すものと言える。ここにはいかめしいゲートはないが，住民の圧倒的多数が裕福な白人層であるのは，住宅価格の高い設定で黒人やヒスパニック系移民などが構造的に排除されている結果である。設立当時の1996年は350名だった入居者は5年後には5,000人を数え，最終的には2万人のコミュニティーが完成する予定である。

古い外観と先端のインフラ技術が共存するこの町は，テーマパークがもつ快楽と管理という矛盾にあふれている。住宅はパステルカラーで統一され，カーテンの色は白以外は許可されず，1つの寝室に3名以上が寝ることは禁止といった細かい規則が住民を支配している。テーマ性や一定のライフスタイルを厳格に守り，間違ってもスラム化を許さないという姿勢には強い支持がある半面，余りの息苦しさに耐えかねて「楽園」を捨てた人々も多い。住宅そのものや学校の教育方針に対する不満も聞かれるという。

日常のストレスや問題を解消するはずの夢の

世界が自閉症に陥り，さらに多くの矛盾を日常世界に向かって叩きつけている。それでも，ディズニーのセレブレーションに刺激されて，アメリカ各地では小規模で歩行者優先，近所づきあいが可能な同質的な町づくりが進められている。自治体に代わって私企業が都市開発の主役を演じているいま，理想都市と秩序維持のバランスは，公共性の欠如によってますます危ういものになっている。かつては都市のダイナミズムが生みだした遊園地は，完璧なテーマパークの臨界点を超えて，G. オーウェルが『1984』で描いた恐怖の近未来像すら見せ始めている。

■参考文献

中藤保則『遊園地の文化史』自由思想社，1984.

Adams, J. A. *The American Amusement Industry: A History of Technology and Thrills*. Twayne Publishers, 1991.

Barber, B. R. *Jihad vs. McWorld: How Globalism and Tribalism are Reshaping the World*. Ballantine Books, 1995.

Rydell, R. W. *All the World's a Fair: Visions of Empire at American International Expositions, 1876-1916*. Univ. of Chicago Press, 1984.

■さらに知りたい場合には

キャソン，J. F.（大井浩二訳）『コニー・アイランド——遊園地が語るアメリカ文化』開文社出版，1987.
［アメリカ文化史研究の第一人者による世紀転換期の大衆文化論。セントラル・パーク，シカゴ博，コニー・アイランドをめぐるエリート層と大衆との対立，大衆娯楽の仕掛けと技術の変化を知るには必読の書。］

能登路雅子『ディズニーランドという聖地』岩波新書，1990.
［ディズニーランドの歴史的背景，設計・管理，主要アトラクションの物語構造をアメリカ人の価値観との関連で分析したアメリカ文化論。必ずしもディズニーのファンではないという人に薦めたい。］

吉見俊哉『博覧会の政治学』中公新書，1992.
［ロンドン博から大阪万博に至る博覧会の歴史を帝国主義，消費社会，大衆娯楽の観点から論じ，万博を舞台とした近現代のまなざしを分析。博覧会の文化と政治の力学について考えるには最適。］

■インターネット関連サイト

http://www.amusementbusiness.com
http://www.iaapa.org
http://napha.org
http://themeparks.about.com

■アメリカ都市物語⑦

ロサンゼルス
Los Angeles

●ファンタジーと現実が交錯する町——芸能界のスター情報，人種対立，日本人大リーガーの活躍など，「ロス」の風景は連日のように日本のテレビに映し出される。しかし，これぞロサンゼルスという決定的なイメージはない。それはこの町が半分は現実世界に，もう半分はファンタジーの世界に生きているからだろう。

ロサンゼルスに到着して広々とした道路を進むにつれ，たいていの人は何かしら胸が高鳴るのを感じる。サンタモニカやマリブの海岸，ロデオドライブ，サンセット通り。すべて映画やテレビの映像を通して経験ずみの場所が現実となって現れる。しかし断片的な高揚感は不安や失望と隣り合わせだ。華やかな世界のすぐ先には貧困地帯や浮浪者が溢れる街角がある。

人口369万4,820人（2000年）の全米第2の都市ロサンゼルスは，20世紀はじめにはわずか10万人の町だった。発展の契機となったのは油田発見による石油産業，温暖な気候で1年を通して野外ロケが可能なためにニューヨークから移転してきた映画産業だった。ハリウッドは19世紀末に不動産開発業者ハーヴェイ・ウィルコックスがヒイラギ（holly）の森（wood）という名の禁酒コミュニティを建設したことを出発点とするが，次第に酒やセックスにまつわるスキャンダルの舞台へと変貌していった。

●多民族・異文化のコラージュ——第2次大戦中から戦後にかけて航空機産業がロサンゼルスの発展に拍車をかけ，国内だけでなくヨーロッパ，中南米，アジアからの移民の数が膨れ上がった。そもそも18世紀末にスペイン人によって建設され，1848年まではメキシコ領だったこの町は現在ではヒスパニック系が人口の過半数を占め，公文書や看板などにも英語とスペイン語が併用されている。アジア系も発展めざましく，ダウンタウンのチャイナタウンやコリアタウンに行くと，そこにはアメリカのまったく新しい姿がある。ユダ

●車社会を発達させたロサンゼルス

ヤ系の集中するフェアファックス地区，日系の多いガーデナ，黒人の多いサウス・セントラルやワッツ地区など，民族や人種による住み分けは町の各所に見られる。異なる世界のコラージュのようなロサンゼルスにはいわゆる中心はなく，公共の交通機関もないに等しい。

成功者がすぐさま引越しをし，住所によって所得層がだいたいわかるというのもこの町の特徴である。90年代の人気テレビ番組『ビバリーヒルズ高校白書』の原題はBeverly Hills 90210だったが，この郵便番号を我がものとするために上昇志向の強い弁護士や医者は死ぬほどの努力をする。所得や人種によって住居，学校，レジャー活動などが分かれるこの町で，多様な市民に出会えるのはハリウッド・ボウルの野外コンサート，ドジャースタジアム，UCLAのキャンパスなどだろう。

周辺の丘陵には豊かな自然が残り，野生の鹿やコヨーテが生息している。ここが油田の町であることは空港近くに林立する掘削機でもわかるが，ウィルシャー通り沿いのラブレア・タービット（La Brea Tar Pits）も面白い。ここには現在もタールの沼があり，隣接するジョージ・C.ページ博物館にはここから発見された先史時代の動物の標本など，ユニークな展示がある。別名「天使の町」といわれるロサンゼルスは人工と自然，欲望と挫折が織りなすドラマの町でもある。　[能登路雅子]

■アメリカ都市物語⑧

ヒューストン
Houston

●荒野に出現した最先端都市——日本から直行便でヒューストンに行く人は、ジョージ・ブッシュ国際空港に降り立つ。第41代大統領ジョージ・H.W.ブッシュは1960年代にヒューストンの石油事業で成功し、連邦下院議員から政界に進出した。息子のジョージ・W.も石油会社や野球チーム経営を経てテキサス州知事となり、ホワイトハウス入りを果たした。70年代末からのアメリカ大統領は発展めざましいサンベルトの出身者ばかりだが、南カリフォルニアから大西洋沿岸にいたる新興産業地域の拠点としてヒューストンは牽引役をつとめてきた。現在195万の人口をもつ全米第4位の都市ヒューストンの歴史は、辺境の荒地から最先端メガロポリスへの成長物語である。

この地がテキサス共和国として独立した1836年、ニューヨークの不動産開発業者アレン兄弟が交易所を築いた。町の名は共和国大統領に就任したサミュエル・ヒューストンに因む。砂糖や綿花の集散地として地域経済は次第に発展を遂げたが、1901年に近くのスピンドルトップで油田が発見され、石油業者やプロモーターが殺到。以後、ヒューストンは全米のオイル・センターとなり、1914年にはメキシコ湾に至る大型船航行可能な水路の開通で国際港湾都市に変貌した。

唯一、発展の障害であった高温多湿の気候も1920年代にエアコンの導入でダウンタウンの大規模な開発が進み、50年代以降は建設ラッシュがつづいた。起伏のない平地に囲まれたヒューストンは「巨大なホットケーキ」とも形容されるが、その真中に三角形、円形、アールデコ調、バウハウス風など有名建築家による超高層ビルが林立し、さながら荒野の未来都市のような姿を見せている。

●多様性と若さが支える未来——ヒューストンのもうひとつの繁栄の鍵となった宇宙産業は1962年、NASAの有人宇宙船センター(現在はジョンソン宇宙センター)の開設で幕開けした。現在もヒューストンから南東に車で40分ほど行けば、

●荒野に出現した最先端メガロポリス

スペースシャトルや宇宙船の実物大模型、月の石、宇宙飛行士の訓練センターなどが見学できる。「宇宙開発のメッカ」にふさわしく、65年創立のプロ野球チームはアストロズと名づけられ、世界初の全天候型スタジアムとして有名なアストロドームは2001年までその本拠地だった。

石油化学、宇宙開発に加え、金融からバイオ、ハイテク産業による大量の雇用と豊かな財政に支えられ、この町は美術館、オペラや交響楽団、バレー、最大級のショッピングモールであるギャレリアなどの文化施設が充実しており、1万以上のレストランがある。大学や研究施設も整備され、テキサス・メディカル・センターは5万2,000人のスタッフが働く世界最大の医療センターとして年間100億㌦の経済効果を町にもたらす。

ヒスパニックが全人口の37.4％、黒人が25.3％、アジア系が5.4％とマイノリティが多いヒューストンには、豊かな生活を求める移民の流入がつづき、90の異なる言語が使用されている。81年に35歳のリベラル派の女性市長が、97年には初の黒人市長が誕生した背景には、ヒューストンの人種民族的多様性や進歩的な側面がうかがえる。しかし、人口の7割が44歳以下という数字が示す将来性と若さこそ、ヒューストン最大の資源といえるだろう。　　　　　［能登路雅子］

100 | 映画
Cinema

加藤幹郎

アメリカ映画——はアメリカ合衆国の大衆文化を代表する国民的神話装置でありながら、その主たる担い手たちはアメリカの何たるかを知らない、19世紀末の映画産業黎明期に東欧・中欧から渡米してきたばかりの新参ユダヤ移民であった。彼らは一方でユダヤ人としての出自と伝統を保持しながら、他方ではアメリカ人としての新しい自己同一性を獲得することに努めた。この二重原理は、一方で移民第一世代向けのイディッシュ語映画としてニューヨークに結実し、他方では観客層を新移民から旧移民へ、労働者階級から中産階級へと拡大し、さらに合衆国国民から全世界の人間を相手にするグローバルなハリウッド映画産業の成立へとつながった。

A——ハリウッド映画とは何か

❶——巨大映画会社の誕生

アメリカ合衆国でのユダヤ系映画産業の草創期はほぼ旧移民との戦いに費やされた。エジソンに代表される旧移民は合従連衡してユダヤ系新移民勢力を排除する映画特許会社を設立し、映画の製作＝配給の独占化を図った（1908年）。これに対抗して新移民勢力は独占禁止法を楯に初期映画産業の利権構造の切り崩しに成功する（1915年）。1920年代初頭までにユダヤ系新移民は安価な労働力と好天に恵まれたロサンゼルス（惨めなニューヨーク・ゲットーの生活を忘れさせてくれる新天地）へと製作拠点を移し終え、第１次大戦終結の頃にはハリウッド映画の世界制覇は完成し、わずか10年ほど前に誕生したばかりの「ハリウッド」が、このとき単なる地名ではなく、アメリカを代表する映画産業を意味するようになった。ハリウッドの映画会社各社は離合集散ののち、30年代半ばまでに巨大映画会社の設立をみ、黄金期（1930-40年代）を迎える。

この時期に映画会社の要職を占め、ハリウッド・タイクーンと称された立志伝中の大物ユダヤ系アメリカ人が次の９人である。ウィリアム・フォックス（20世紀フォックス社）、アドルフ・ズーカー（パラマウント社）、ルイス・B. メイヤー（MGM社）、ハリー、アルバート、サム、ジャックのワーナー四兄弟（ワーナー・ブラザーズ社）、カール・レムリ（ユニヴァーサル社）、ハリー・コーン（コロムビア社）。彼らは幼少時代にほぼ一文なしで米国に移住し、そこで両親か片親を失い、あるいは父親の度重なる失敗を見ながら成長した世代であり、その意味でアメリカン・ドリームの体現者であった。彼らが責任者を務める会社は映画の製作＝配給＝興行三部門を独占的に支配した結果、莫大な収益を上げた（ハリウッド黄金期の1938年、合衆国長者番付上位25名中、映画関

係者が19名を占め，年収120万㌦を稼いだMGM社長のルイス・B.メイヤーが石油成金を抑えて首位に輝いた）。映画界にはダリル・F.ザナックのような非ユダヤ系の辣腕プロデューサーもいたが，ほぼ例外的な存在にとどまった。大恐慌以後，ウォール街の旧移民WASP（ホワイト・アングロ=サクソン・プロテスタント）の金融資本を導入せざるをえなかったとはいえ，ハリウッド映画界はプロデューサーからメイクアップ係にいたるあらゆる職域でユダヤ系アメリカ人が大勢を占めた（⇨ 47 ユダヤ系アメリカ人 B-4）。

❷——ヘイズ・コードによる倫理規制

ハリウッドの経営基盤は，映画の製作=配給=興行を垂直的に支配するシステムにあったが，これが1948年の独占禁止法違反をめぐる同意判決へとつながり，49年ハリウッド映画界は興行部門の切り離しを余儀なくされる。1950年代以降，テレビ放送網の浸透拡充と相まってハリウッド映画産業界は緩やかな下降期に入り，その後，古典的ハリウッド映画を完膚なきまでに打ち砕いたのが，1968年におけるヘイズ・コードの廃棄である。事実，ハリウッド黄金期の盤石化に欠かせなかったものは，ハリウッドの自主検閲機構たる映画製作倫理規定とその運用組織（通称ブリーン・オフィス）であった。1922年，法律家出身の共和党政治家ウィル・H.ヘイズは，スキャンダルにゆれるハリウッド映画界を外圧から守る目的で設けられたアメリカ映画製作者配給者協会（MPPDA）の会長に就任する。MPPDAは1930年，強まるハリウッド批判を牽制するために，ハリウッド映画の気品を保証する映画製作倫理規定を制定する。会長の名をとってヘイズ・コードとも呼ばれるこの規定は，映画の社会的役割を強調する前文と性，宗教，犯罪等の描写を制限する細則とからなり，スクリーン上では使用が禁止される卑俗語のリストなども含まれる。ヘイズ・コードは1934年に罰則規定が発効すると，1960年代半ばまで実質的にハリウッド映画の表象スタイルを決定することになる。あくまでも自主検閲規定でありながら，ヘイズ・コードの運用は厳格をきわめ，後顧の憂いなく映画を上映したいと願うすべての映画会社は，MPPDAの下部組織PCA（映画製作倫理規定管理局）に事前に脚本を提出し，ジョーゼフ・ブリーンの判断を仰がねばならなかった。ヘイズ自身は1945年に会長の座を退くが，ヘイズ・コードは50年代のなしくずしの運用破綻にもかかわらず，古典的ハリウッド映画の親社会的，非政治的，倫理的特質を決定付ける大きな原動力となった。

❸——ハリウッド映画の構造変革期

1968年のヘイズ・コードの廃棄以降，ハリウッド映画は構造変革の時代を迎える。「ニューシネマ」と称される1970年代前半のアメリカ映画は，それ以前の古典的ハリウッド映画が表象を禁じられた主題（同性愛，麻薬等）を積極的に取り上げた。ハリウッド映画産業に翳りがさしたこの時期，全米の大学に映画学コースが創設され，映画の理論と歴史と製作が高等教育の対象となった。事実，1980-90年代のアメリカ映画の良心はフィルム・スクール第二世代によって担われた。アフリカ系アメリカ人の日常とビジョンを律動的文体で描くニューヨーク大学出身のスパイク・リー。市民生活の欺瞞をメロドラマと恐怖映画の語彙で描くAFI（アメリカ映画協会）出身のデイヴィッド・リンチなどである。多分に低予算体制であった70年代「ニューシネマ」期が終わる頃，フィルム・スクール第一世代と言うべきジョージ・ルーカスとスティーヴン・スピルバーグに代表され

る，巨額な製作費をかけて高収益を上げるブロックバスター映画の隆盛となる（『スター・ウォーズ』5部作，『エイリアン』4部作等）。この時期（80-90年代）の特徴として，映画製作にコンピュータが導入され，古典映画（30-50年代）の空疎なリメイクが流行し，興行的にはショッピングモール内の複数スクリーン式のシネマ・コンプレックスが定着し，ブロックバスター映画とテーマパーク（例えばユニヴァーサル・スタジオ）の協力体制が進行した。この時期のハリウッド映画は人間の内面描写を重視する古典映画から袂を分かち，総じてアクションとスペクタクルを重視する見世物として初期映画に回帰した観がある。

B——アメリカ映画の父グリフィス

しかしながら一口にハリウッド映画といっても，それは実際いかなる映画的内実をもち，そして誰によって，どのように形成されたのだろうか。ここで「アメリカ映画の父」に登場してもらわねばならない。D. W. グリフィスである。彼が「アメリカ映画の父」と呼ばれるのは，物語映画にふさわしい劇的話法を開発した功績を踏まえてのことである。その意味ではグリフィスは単にアメリカ映画，ハリウッド映画の父にとどまらず，広く世界の商業映画の父でもある。彼は遅くとも1913年（『アッシリアの遠征』）までに，それまでの演劇的視点からスクリーンを解放し，異なる複数のポジションを超越的に統括する映画的視点を観客にあたえることに成功する（この編集法は今日におよぶまで主流映画の支配的編集原理である）。グリフィスはしばしば並行編集とクロースアップの発明者と誤解されるが，映画のこの二大技法の発明の栄は彼に属さぬものの，それらを劇的効

❶ D. W. グリフィス

果のために物語映画のなかで体系的に利用したのは確かに彼の功績である。グリフィスの偉大さは単に映画史初期に映画の基本構文を完成させたというにとどまらない。彼はそれを誰よりもうまく，しかも感動的に運用したのである。

グリフィスは1908年，アメリカン・ミュートスコープ・アンド・バイオグラフ社で監督第一作『ドリーの冒険』を演出し，以後，1913年に同社を去るまでの5年間に，450本以上もの短篇を撮る（当時の一般的な映画の上映時間は15分前後）。その間，『赤い肌の男と子供』（1908）で視点編集による知覚と情動の結合がプロット展開上いかに重要であるかを実践的に証明し，舞台を正面からとらえたかのようなそれまでの長廻し固定キャメラのショットは，空間的延長を賦与され，三次元的リアリティを獲得する。それはさらに『彼は腰抜けだったか』（1911）においてシングル・ショット内の前景と後景，フレーム内要素とフレーム外要素との効果的配分によって象徴的・空間的パースペクティブをあたえられ，主人公の内面に外的根拠があたえられた。そのうえで『イオラの約束』（1912）において多様なサイズのショットの組み合わせ（大俯瞰パノラマとロングとミディアム・クロースの3種類の遠近ショットの編集）によって，グリフィスは同一対象を異なる視点から複合的に描出するようになる。

この新しい編集法によって映画は，いわば一

❷ 映画『恐ろしき一夜』（The Avenging Conscience）を演出するグリフィス（画面中央）［1914年］

点透視図法のもとに対象をひとつの特定点に位置付けるだけでなく，対象と空間の多様な関係を構造化し，より正確な対象記述が可能になった。そしてそのことによって映画ははじめて古典的演劇の三一致の法則から訣別することになる。映画は，さまざまな場所のさまざまな立場の人間に倫理的一貫性をあたえる媒体であり，視点の遍在性と全知の統一的視野こそ，人々を魅了してやまない古典的ハリウッド映画の一大特性である。グリフィスがこれらの知見を映画的実践を通して獲得するまでに，監督デビューから5年を要していないという事実は驚くべきことである。これらの知見の結果，のちにその名を世界に知らしめる後期グリフィス（1915年以降）の長編傑作の数々が可能になる。それらは，複数の対象をひとつらなりの時間の中に，その緊迫した連続性においてとらえるばかりでなく，複数の時間（歴史）の複数の対象をその多様な息づかいのままに描くことができるようになる。有名な『国民の創生』（1915），『イントレランス』（1916），『東への道』（1920），『嵐の孤児』（1921）といった大作が可能になるのは，初期グリフィスの映画的実践の賜物にほかならない。とりわけ『東への道』のクライマックスにおける並行編集は「あわやというところでの救出劇」というヴィクトリア朝的メロドラマの作劇法をダイナミックな映像言語へと昇華させた典型である。

C──ハリウッド・スターと自己同一化

　ハリウッド映画の成功の根幹にはスター主義がある。観客はスターの一挙手一投足に羨望と畏敬の眼差しをそそぐ。スターの役柄と私生活は積極的に混同され，観客の人生の指針や目標にすらなる。社会的成功者が讃美されるアメリカでは，ハリウッド・スターはアメリカンドリームを二重の意味で体現する。スターは銀幕のうえで華麗な役柄を演じ，実生活においても莫大な資産と名声を有するがゆえにアメリカ社会の英雄となる。その結果，スターは，彼らが出演するハリウッド映画のロゴ（白銀を抱いた霊峰［パラマウント］やかがり火を捧げた女神［コロムビア］あるいは咆哮する百獣の王［MGM］）さながらに，至高の存在として神格化される。

　わずかな入場料を支払う能力さえあれば，いつでも誰もがスターの尊顔を拝することができる。大衆消費社会の中では廉価性と反復性に結び付いた神だけが真の神格を獲得する。スターと神は，観客（信者）が欲するときに，彼らが欲する姿を身にまとって，薄暗い神殿（映画館）の中に繰り返し顕現し，そのかぎりで観客（信者）に偶像としての同一化可能な容貌を呈する。この同一化の原理は一般に自然の擬人化と人格の神格化というかたちをとる。人間以外の動物（熊や獅子）あるいは同定困難な自然現象（雷や嵐）に人格をあたえることによって人智を超えたスーパースターの物語，すなわち神話が可能になる。さもなければ猥雑な人間がベールと教育を通して神秘化され，アイドル（偶像）と化す。いずれにせよ物語の一般的作用，

すなわち現実の簡便化が行われ，簡便であるがゆえに神話は人口に膾炙する。ハリウッドでベールの役割を果たすのは銀幕であり，教育はファン雑誌によって行われる。そして神話作用を完成させるのが，信者たちの常軌を逸したカルト行動である。ファンは，尋常では考えられないその熱狂ぶりにおいて，みずからの偶像に最終認証をあたえる。その端的な例がルドルフ・ヴァレンチノの葬儀騒動である。ヴァレンチノは1920年代を代表する人気スターであった。彼は生前から重婚罪などのスキャンダルで世間を騒がせていたが，急逝すると，女性ファンの間に集団ヒステリーを巻き起こし，葬儀の日，感極まった何千人もの女性ファンは暴動寸前にいたった。偶像の死は，偶像に過剰に同一化する信者たちにことばの二重の意味の「失神」をもたらし，信者たちはことば本来のエクスタシー，この世ならぬ脱自，自己の昇華を経験する。

ひるがえって神話作用とは映画の欲望そのものである。ひとはなぜ映画の観客になるのか。それは高度資本主義世界において自分はもはや理性的な自己決定の主体ではありえないという喪失感を補わんがためである。わたしはすでにわたし自身のものではないという20世紀の認識は新たな神話を召喚する。わたしの実存によっても乗り越えがたく屹立するこの世界は，人間の営為に無関心なギリシア時代の神々を想起させる。そしてわたしがわたし自身たりうるのは，想像界（映画館）の中で，おのれを空にして他の誰か（物語の主人公＝英雄）に一体化するときだけである。ハリウッド映画は，スターという自己同一化（identification）のよりしろと物語という征服可能な「現実」を観客にあたえることで20世紀の人気商品となりおおせたのである。

D── 映画ジャンルの生成変化

わたしたちはアメリカ映画のジャンルとして，ミュージカル映画，スクリューボール・コメディ，メロドラマ映画，西部劇，戦争映画，恐怖映画，ギャング映画，道化喜劇映画，スワッシュバックラー映画など数多くのジャンル名を知っている。これらはもっぱらハリウッドが先行する舞台演劇や小説作品に基づいて作り上げた商業的な区分であるが，問題はわたしたちは本当にこれらのジャンルについて正確な知識を共有しているかどうかということである。

ジャンルは便利な符丁として，映画の生産者から消費者まで，新作映画の企画立案者から試写会通いに忙しい映画評論家に至る幅広い層に利用される。ジャンルは，映画作家から映画ファンにいたるまで，自分たちが撮影し，あるいは見ることになっている映画の物語の内容とスタイルについて共有可能な期待の地平を形成する。しかしながら，この地平の形成は明確な教育と学習の成果ではないので，同じ期待の地平のうえに立っているはずの多くの映画共同体構成員の間でさまざまな誤解と齟齬が生じる。つまり映画のジャンルについての旧来の知識は，それと意識されることのない暗黙の了解のうえに成った不安定な知の積木細工にすぎない。ジャンル論が必要なのは，そうした積木細工を補強し，できることならそれをより強固な地盤のうえの安定した構造物へと改築し，映画の解釈共同体のなかをより円滑に流通する，より客観的な批評言語を共有せんがためである。しかしながらジャンルについての書物は一度書かれれば，それで終わりということはない。ジャンルは生きているからである。ジャンルを形成するのは個々の作品である。したがってある一本の新作映画が過去のジャンルの約束事に依拠して

製作されたとしても，そこにわずかでもジャンルについての新しい知見が加わっていれば，それはやがてジャンル全体にある質的な変化を及ぼさずにはおかない。映画作家は必要に応じて過去のジャンルの約束事を参照し，またその約束事から逸脱する。個々の作例におけるジャンルの約束事の遵守と逸脱の度合いに応じて，ジャンルは変貌し，あるいは安定する。

一方，映画ジャンルについての暗黙の了解が共同体に広く浸透するのは，当該ジャンルに属すると見なされるフィルムが集中的に量産されるときである。例えばハリウッド製西部劇の製作数は1924年から43年の20年間で実に2,500本以上にのぼる。この膨大な作品数なしには，西部劇映画についてのわたしたちの共通理解も成り立たなかっただろう。その後の西部劇もまたこの時期に成立したジャンルの約束事を参照するかたちで製作されつづけたからである。しかしジャンルは製作者サイドの一方的な思惑だけでは成立しない。ハリウッド映画には一般に巨額の製作資金が投入されるが，それは映画が大衆消費社会における廉価な人気娯楽として大量の観客動員を見込むことができるからである。ハリウッド映画はこの明確な経済原則に基づいて製作される。それゆえ1本の新作映画の命運は，それが社会成員によって認知可能かどうかということにかかってくる。映画の認知可能性がハリウッド経済学の大きな指標となり，ひいてはジャンルの生成変化に大きな影響を及ぼす。

例えばハリウッド製西部劇は第2次大戦まではインディアンを駆逐する勇壮な建国神話として国民的人気を博していたが，戦後，先住民族抑圧の歴史への自戒を込めた西部劇が製作される始めると，ジャンルとしての人気に翳りがさす。1952年にはまだ年間108本の製作数を誇っていた西部劇が，四半世紀後の1977年には7本にまで激減する。つまりアメリカ国内の人種問題の政治的解決と社会的同意の結果として，インディアンを敵役とする西部劇は社会的に認知不可能なジャンルとなり，西部劇は冒険活劇としての明確な敵を喪失する。その結果，インディアンの代わりにエイリアンやファシストや共産圏スパイや帝国主義者を敵にまわす他の冒険活劇ジャンル（SF映画，スパイ映画，スワッシュバックラー映画など）が西部劇に代わって人気を博することになる。1980年代には西部劇はいわば完全に死亡宣告を受けた。1992年度アカデミー賞監督作品両賞受賞の栄誉に輝いた『許されざる者』は，西部劇を見舞ったこの変化を雄弁に物語っている。古典的ハリウッド映画の遺産を最も華麗に受け継ぐ映画人として有名なスター，クリント・イーストウッドが監督と主演を兼ねるこの「新作西部劇」では，敵役として主人公に殺されるのは，かつて開拓街の平和と秩序のシンボルであった保安官であり，彼が殺される理由はいわば人種とジェンダーと保守主義に対して配慮を欠いたからである。ジャンルの生成変化に関与する主要因は，政治的・社会的同意に基づく製作者側の経済学と作家による先行作品への配慮とそこからの偏差としての創造的付加である。

E——ドライブ・イン・シアターと地域共同体

❶——ドライブ・イン・シアターの出現

車がなければ郵便局にも行けない広大なアメリカ合衆国は，同時に駐車場がなければ何も始まらない国である。そこでごく自然に駐車場と映画館を合体させるアイディアが生まれる。車から降りることなく映画を見ることのできるドライブ・イン・シアターが世界で初めて出現したのは1933年，ニュージャージー州でのこと

であった。この世界初のドライブ・イン・シアターの構造は、スクリーンを中心に扇形に敷地を仕切り、敷地全体をすり鉢状に整地して緩やかな傾斜をつけ、それをさらに雛壇状に区切って駐車スペースを設けたものであった。映写室は雛壇最前列中央に位置し、スクリーン脇に3台の指向性スピーカーがあり、そこから最後部の観客のために大音量の音が流された。収容台数約350台のこの世界初のドライブ・イン・シアターの経営者は、ドライブ・イン・シアターの発明者にして特許取得者のリチャード・ホリングシェッドJr.本人であった。しかしながらドライブ・イン・シアターがアメリカで本格的な流行を見るには第2次大戦後を待たなければならない。終戦直後、全米でまだ100館ほどしかなかったこの新型屋外劇場が、大衆車文化の到来とベビーブームと住宅地の郊外化の波に乗って1950年代初頭にはその30倍にも増える。ドライブ・イン・シアターはベビー・シッターを雇う余裕のない若い両親に、たとえ上映中に赤ん坊が泣いても周囲に迷惑をかける心配のない、最も経済的な娯楽として受容された（赤ん坊は両親が映画を見ている間、後部座席で眠っていることになっていた）。

常設屋内映画館よりも安価な投資ですむドライブ・イン・シアターは1950年代半ばに黄金期を迎える。シカゴ郊外のスターライト劇場は約1,900台の車を収容したうえに、さらに一般来場者用に1,000人分の席まで用意した巨大ドライブ・イン・シアターであった。入場料はおとなが1ドル25セント。子供同伴の場合、12歳未満は無料。ミルクとおむつも無料。併設された小型遊園地にはミニ・ゴルフ・コースがあり、売店ではチキン・ディナーが1ドルで買え、週末には星空のもと有名楽団による演奏が行われ、おとなたちはダンスが楽しめた。史上最大のドライブ・イン・シアターは自動車産業の本拠地デトロイトのもので、3,000台の車を収容した

❸ニューヨーク市近郊のドライブ・イン・シアター［1951年］

と伝えられる。しかしこの劇場はあまりにも巨大すぎて最後尾の観客にはスクリーンは切手ほどにも見えなかった。しかもドライブ・イン・シアターのスクリーンの平均輝度は通常の屋内映画館のそれのせいぜい5分の1程度だと言われている。後に行けば行くほど画面は見づらいものになった。そのうえスターライト劇場は厳寒地シカゴで冬期営業も行ったため、観客は車をアイドリングしてヒーターをつけねばならず、いきおい視界は排気ガスで悪くなるいっぽうだった。スターライト劇場が上映をとりやめるのは星明かりが見えなくなる濃霧の日だけで、飛行場が閉まる日はスターライト劇場も閉まるという名文句が生まれた。

1948年には、ニュージャージー州に元海軍パイロットの館主による世界初のフライ・イン・シアターが誕生する。500台の車用スペースのほかに25機の飛行機のためのスペースが劇場最後尾に用意され、操縦士や乗客は機上のまま映画を見ることができた。滑走路を併設したこの種のフライ・イン＝ドライブ・イン・シアターは以後、アイオワやテキサスなど全米数ヵ所に設けられた。今日、雲のうえでの映画鑑賞は空の長旅に欠かせないものとなっているが、飛行機や列車の中で映画を上映するのではなく、飛行機を直接、屋外スクリーンのそばまでもってくるという発想は、自家用機を自家用

車代わりに利用する広大なアメリカならではのものであろう。

❷──ドライブ・イン・シアターの共同体形成機能

　ドライブ・イン・シアターが1950年代半ばに黄金期を迎えるのは象徴的なことである。それはテレビ産業が映画産業を蚕食する時期と正確に重なる。ドライブ・イン・シアターは大衆の映像音響体験がちょうど映画からテレビへと移行する時期にピークを迎える。この屋外常設映画館は、家族中心に構成された車内という閉域の中で享受されるという点で、家庭でテレビを楽しむのに似ている。映画館でコメディを見れば、ひとりひとりの笑いはやがて館内全体を包み込む巨大な笑いへと反響するが、ドライブ・イン・シアターの観客の笑いは広大な敷地の中の小さな車内（家族構成員）だけのものである。映画館という公共圏の中に私的空間をむりやり挿し入れたもの、それがドライブ・イン・シアターである。そこでは映画を通してほかの大勢の観客と連帯感をもつことは難しい。

　しかしながら1950年代のドライブ・イン・シアターが共同体としての機能を果たしていなかったかというと、かならずしもそうではない。50年代のドライブ・イン・シアターは戦後のベビーブームという時代の要請にあわせた近隣家族のための遊園地でもあった（敷地内には家族の一員たるペットのために犬小屋さえ用意された）。ドライブ・イン・シアターの開場は夏期は午後6時だが、それでも最初の上映までには3時間待たなければならない（アメリカは時計を1時間進める夏時間を採用している）。そこで上映開始まで何をして時間をつぶすかというと、子供たちはスクリーン前の空き地を利用した小型遊園地で種々の遊具を使って遊んだり、抽選会や花火大会やお化け大会を楽しみ、そのうえスクリーン前方に設けられた舞台では「チビッコ美男美女コンテスト」まで開催された。50年代半ば、アメリカのドライブ・イン・シアターのじつに9割が小型遊園地を備え、各種イベントを開催し、それらを通じて地域住民（近隣家族）に相互交流の場を提供した（もちろんこうしたドライブ・イン・シアターの遊園地化は、それが劇場内の売店の収益増を意味したからこそ実施されたのだが）。あるドライブ・イン・シアター経営者は、顧客に赤ちゃんが誕生すると無料招待券を同封した出産祝いカードを送って未来の顧客確保につとめたが、これはさながら地元市役所の地域住民課の仕事であろう。一方、顧客のいない昼間のドライブ・イン・シアターの利用法も別途案出された。ドライブ・イン・シアターは誰も邪魔する者のいない広場として地元教会に屋外説教地として無料開放された。牧師は映写室上部からスピーカーを通して、車で乗りつけてきた信者たちに神の恩寵と地獄の恐怖を説き、電気オルガンと合唱隊が信者の信仰心をかきたて、地元企業からの寄付によるコーヒーとドーナッツが会衆にふるまわれた。こうしたイベントを通じてドライブ・イン・シアターが地域の共同体意識形成に貢献したことは想像にかたくない。それは娯楽や信仰を通じて地元住民が交流する場所でもあったのである。

F──シネマ・コンプレックスとショッピング

❶──ショッピングモール内のシネマ・コンプレックス

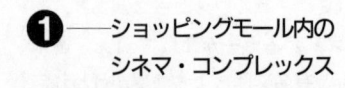

　かつて常設映画館はもっぱら商店の立ち並ぶ繁華街に立地していた。今日（1980年代以降）、主流映画館の多くは劇的変貌を経験し、

シネマ・コンプレックス（複合映画館）という新形態を採っている。シネマ・コンプレックスはかつての郊外型ドライブ・イン・シアターに取って代わるように，もっぱら公共交通機関網（フリーウェイを含む）の発達した都市近郊のショッピングモール内に展開しており，自家用車所有比率の増大により，都市中心部から離れた立地条件を得た点が過去の屋内常設映画館とは異なる。しかしそれがしばしばショッピングモール内に位置するという点は，過去の映画館が商店街やデパート内に位置したことといちじるしい共通点を示している。映画を見ることとショッピングは，永遠に所有しえないものを永遠に欲望するというかぎりで同根である。映像（スクリーンの向こう側にあるもの）は観客にとって定義上永遠に所有不可能であるし，商店で扱われる商品もまた常に新製品（流行品）に取って代わられつづけることによって永遠に所有不可能な次元にとどまり，それが消費者の購買意欲を永遠に煽りつづける。その意味でショッピングは映画館で映画を見る行為に似ている。

シネマ・コンプレックスは一か所で複数の（10本前後の）映画作品を並行上映する施設で，ボックス・オフィス，映写室，ロビー，売店など映画館に必須の諸設備を複数の映画館で共有できる点で経営者側に有利な統合施設である。シネマ・コンプレックス内の各劇場は平均300人前後の観客を収容する比較的小規模なものであり，最も小さなスクリーンの場合，劇場というよりも試写室のような手狭な印象をあたえる。上映する映画作品の人気の変化に応じて，それをかける劇場を収容人数の多いものから少ないものへと随時変えることができるのも経営者側にとって都合の良い施設である。では観客の立場からすればシネマ・コンプレックスの利点はどこにあるだろうか。それは自分が見る映画をその場で選べるという点にある。つまり新聞，情報誌等であらかじめ見るべき映画作品を選定したうえで，しかるべき時間にしかるべき映画館に行くという従来の習慣が稀薄になったのである。シネマ・コンプレックスに映画を見に行くということは，ショッピングモールやデパートに買い物に行くことと同様，かならずしもあらかじめ何を買うか決めてから行動に移る必要のない，大量多種商品の展示販売による消費者の自由と気まぐれ（態度決定をぎりぎりまで留保することの快楽）を保証する。シネマ・コンプレックスの登場にともなうこの新しい映画習慣の浸透は，それがショッピングモール内に位置するという立地条件ともかなっている。つまりシネマ・コンプレックスが提供する複数の映画の中から自分の見たい作品をその場で決めて，そのうえでもし当該作品の開映までにまだ時間があれば（通常シネマ・コンプレックスは中途入場を許さないので），傍らの店舗に入って（ウィンドウ）ショッピングをしながら時間をつぶすことができる。むろん映画を見ることとショッピングとの時間的関係は逆転可能である。映画を見るまえにショッピングをしてもいいし，逆に映画を見たあと，先ほどスクリーンの中の俳優が身につけていた/使っていた/飲んだり食べたりしていたのと同じものを映画館を出てすぐに買い求めることもできる。つい先ほどスクリーンの向こう側に垣間見たあのきらびやかな事物は，いまここに代価と引き換えに確実に自分のものになる商品として並んでいる（商品は購入されたとたん，先ほどスクリーンの中で放っていたはずの光輝を失い，蒼白した表情を帯びることになるだろうが，それでも触知不可能な映像からいつでも自由に手に取ることのできる所有物となった商品はあなたにつかのまの喜びをあたえてくれるだろう）。あなたはスクリーンの向こう側に住むスター/登場人物に自己同一化することで映画を楽しんだのだから，映画館を出た後も，彼らが消費し

ていたものと同じものを手に入れることによって，スクリーンのこちら側でもひき続き幻想を見ることができる。こうして映画は観客にショッピングをうながし，ショッピングは映画と同様の幻想を購買者にあたえることになる。

❷──テレビとの競合

今日，主流映画館がシネマ・コンプレックスの形態を採らざるをえないのは，映画がテレビに完敗したことのまぎれもない証左である。アメリカのケーブル・テレビ会社は300チャンネル前後の番組を妥当な代価で視聴者に提供しており，この番組の多様性こそシネマ・コンプレックスが模倣しようとしているものである。またケーブルテレビの番組には24時間休みなく放映しつづけられるTVショッピング専門チャンネルが含まれており，視聴者は自分が見た映像が喚起する魅力の度合いに応じて，自宅に居ながらにして商品を電話で注文することができる（デジタルTVの登場は電話さえ不要にした）。映像とショッピングのこの強固な結び付きはショッピングモール内のシネマ・コンプレックスとケーブル・テレビの高い相同性を示している。しかしながら，このようなテレビ優位の現状においてもなおシネマ・コンプレックスがケーブル・テレビと共存できる理由は何であろうか。それはシネマ・コンプレックスの観客がケーブル・テレビの視聴者とは違って，他の共同体構成員と直接交流する喜びをもっていることである。友人や恋人といっしょにショッピングモール内の映画館に行く（そしてモール内のレストランでいっしょに食事する）ことの喜びは，ひとりで出来合いのTVディナーを食べながらケーブル・テレビを見ることの喜びに勝っている。シネマ・コンプレックスに行くことは恋人や友人との交際の延長線上にある。このことを象徴的に物語るケーブル・テレビ番組がアメリカにある。それは往年のB級「きわもの」映画を放映する番組なのだが，おどろくべきことに画面手前に連結式観客席にすわった3人の観客（ひとりの人間と2台のロボット）が黒いシルエットとなって写し込まれており，視聴者はさながら映画館の中で他の観客の後ろ姿を見ながら，彼らとともに同じ映画を見ているような気分を味わうことができるようになっている。テレビの中のこの3人の観客は映画を見ながら，たがいにさかんにおしゃべりをして（ときにはスクリーンの登場人物に野次を飛ばしたりして）おり，シッカム（TV版シチュエーション・コメディ）に姿の見えない観客たちの笑い声がかならず効果音としてつけられるように，テレビの前の孤独な視聴者につかのまの共同体幻想をあたえてくれる。

G──ファントム・ライドとしての映画

かつてアメリカ全土に常設映画館が浸透する直前，「ヘイルズ・ツアーズ」と呼ばれる仮設の擬似旅行体感装置が遊園地等で大流行をみた。セントルイスの発明家ウィリアム・J. キーフがのちに「ヘイルズ・ツアーズ」の名で呼ばれることになる突拍子もないアイディアを練りあげていたのは1902年から3年にかけてのことである。それは円環軌道上を走る小型列車に乗って，トンネル内の半透過式スクリーンに映しだされる風景の映像を楽しむ仕掛けだった。翌1904年，出資者ジョージ・C. ヘイルらの協力のもと，地元セントルイスの世界万博でこの擬似列車旅行装置が発表され話題になる。この装置は1905年に改良を加えられたのち，ヘイルの地元カンザスシティやニューヨーク，ボストンなどアメリカ東部主要都市に設置され，国民的関心を呼ぶことになる。改良が的

を射ていたのである。観客を乗せた小型列車が実際に軌道上を走る代わりに，観客に列車の走行感のみをあたえたのである。装置の内部は，60名程の観客を収容する本物の客車さながらの縦長の部屋（アメリカの一般車輌は非コンパートメント方式）の正面に半透過式スクリーンをすえ，実際に走行する機関車前面の牛除け（排障器）のうえなどから撮影された「動く景色」の映像をスクリーン後方から映写した。上映される「動く景色」は列車の乗客（あるいは運転手）が見るであろう風景そのままに画角調整され，今日言うところのほぼ正確な「主観ショット」を構成し，観客は視線の同一化によって列車の乗客と容易に一体化することができた。そのうえ観客（旅客）を乗せたこの装置は，スクリーンの列車の動きに合わせて本物の客車さながらに軋みをあげて振動し，車内には蒸気の吹きだす音や警笛が鳴り響き，人工の風が吹き込みさえした。

　「ヘイルズ・ツアーズ」は映画館と交通機関（蒸気機関車）とを結び付け，映画を見ることが遠い異世界への旅立ちであった時代を象徴することになるが，映画はまた実際に交通機関を利用しながら見ることもできる。かつて一部の高所得者向けに特別仕様列車がエアコン装備の食堂車に16ミリ映写機材とスクリーンを積み込み50人ほどの観客＝乗客のためにだけ映画を上映したことがある。1920年代末までには映画を見ることは低所得者層から高所得者層まであらゆる階級の人間にとってなくてはならぬ娯楽となっていたが，通常の映画館でではなく，乗り物に乗って移動しながら映画を見るという行為は20世紀前半においては高所得者層だけに許されたステータス・シンボルとなった。1920年代には豪華客船に映画上映施設が設けられ，30年代までには大西洋横断航路上で映画の封切り上映を行うことは豪華客船乗客のための特権的アトラクションとなった。40年代にはクィーン・エリザベス1世号船内にエアコン装備のアールデコ装飾の380席の映画館が設けられた。1960年代に入ると，海のうえで映画を見ることに代わって空のうえで映画を見ることが金持ちの特権となった。1961年，TWA航空はニューヨーク–ロサンゼルス間空路の1等席乗客のために初めて16ミリ映画を上映した。しかし，それから40年後の今日，機内映画はエコノミー・クラスの乗客にとってすら凡庸な暇つぶしのひとつとなり，国際線の航空会社の提供する平板な映画プログラムに飽きたらない乗客の中には機内持ち込みのラップトップ・コンピュータで持参のDVD（デジタル・ビデオ・ディスク）映画をひとりで見ている者も珍しくない。

　かつて映画を見ることは列車に乗って旅するファントム・ライドのめくるめく感覚（ヘイルズ・ツアーズ）を味わうことであった。このことを考えあわせると，乗り物に乗って映画を見るという行為は，それがたとえ長旅の所在なさをまぎらわすためであっても，あるいはまさにそれゆえに，何かしら過剰で猥雑な印象をあたえる。今日，空のうえの映画上映は最大限コンパクト化し（手狭な機内の小型TVモニター画面からラップトップ・コンピュータの極小画面まで），かつて主要都市を席巻した映画宮殿（ムービー・パレス）の巨大スクリーンが5,000人の観客を相手に壮大な見世物を見せていたことなど信じられない時代を迎えている。5,000人もの観客が一堂に会してたった一枚のスクリーンに我を忘れて没入していた1920年代は，乗客が機内で勝手にDVD個人上映会を開く90年代に取って代わられた。短時間かつ低廉な価格（映画館の入場料40回分ほど）で世界中どこへでも行ける時代には，観客を夢の旅行へと誘うファントム・ライドとしての映画はもはやその意味と機能を失ってしまった。かつて映画館に行くということは，乗り物に乗ら

ずして世界中どこへでも行けるという幻想を意味していたが，今日，乗り物に乗って移動しながら映画を見るという行為は冗長冗漫で，それゆえ退屈な同語反復以外の何ものでもなくなってしまった。

H――黒人劇場

　これまでアメリカの映画館とその観客の多様性の一端について語ってきたが，そうした議論の中で欠落していたものがひとつある。それは観客の人種構成である。映画の観客は人種構成においても均質ではなかった。とりわけアメリカ国内の人種的少数派たるアフリカ系アメリカ人（黒人）の存在が問題となる。過去，アフリカ系アメリカ人は映画史の半分以上の長きにわたって事実上差別を受けてきた。列車やバスやレストランなどの公共圏において白人から差別されつづけていた黒人が，映画館の中でだけ差別を受けないということはありえなかった。公民権運動が成果を上げる1965年頃までアフリカ系アメリカ人は主流映画館から歓迎される客ではなかったのだ。それゆえ映画館にもまた黒人専用スペースというものが存在した。映画史上最初の常設映画館ブームとなったニッケルオディオン期の1909年の時点で全米に112館の「黒人劇場」が存在し，これは同時代のニッケルオディオン（入場料が10セントの安普請映画館）の総数のほぼ70分の1にすぎなかった。合衆国総人口の少なくとも10分の1が黒人人口である以上，これはあまりにも少ない数字である。それゆえ通常のボードビル劇場でも映画上映に際して別入口から入場させてバルコニー席を黒人観客のために開放するところもあった。バルコニー席のない小規模劇場では，中央通路にカーテンをひき，観客席を左右2つに分けて，一方に白人を他方に黒人をすわらせた。黒人観客を空間的に隔離差別する「黒人劇場」やバルコニー席のほかに，時間的隔離も頻繁に行われた。黒人観客を敬遠する「白人劇場」でも，一般の興行が終わった深夜に黒人観客に開放されることがあったのだ。黒人観客は贅をつくした1920年代の夢のムービー・パレスからも人種的にも経済的にも排除され，娯楽施設における白人席と黒人席の分離はその後も続いた。

■さらに知りたい場合には

加藤幹郎『映画　視線のポリティクス』筑摩書房，1996．
　［ヘイズ・コードの実態について知りたい方に。］
加藤幹郎『映画ジャンル論』平凡社，1996．
　［古典的ハリウッド映画の10種類のジャンルの歴史と構造を知りたい方に。］
加藤幹郎『映画とは何か』みすず書房，2001．
　［ハリウッド映画における主流映画史と傍流映画史の弁証法的可能性について知りたい方に。］
スクラー，R.（鈴木主税訳）『アメリカ映画の文化史』講談社学術文庫，1995．
　［ハリウッド映画史の詳細を知りたい方に。］
蓮實重彦『ハリウッド映画史講義』筑摩書房，1993．
　［ハリウッド映画における移民と亡命者の役割を知りたい方に。］

101 演劇とミュージカル
The Theater and the Musical

大平和登

「ブロードウェイ」といえば，ニューヨークの劇場街を指すと同時に，アメリカの劇場文化の代名詞ともなっている。タキシードとイブニングドレスで正装した熟年カップルがリムジンで乗りつけるような豪華な劇場もあれば，ジーパン姿の若者が舞台と一体となって楽しむような気楽に入れる劇場もある。そこでは，鍛え上げられた俳優たち，練達のプロデューサーや演出家，劇作家，作曲家たちがしのぎを削り，さらに厳しい批評家と魅力あふれるエンターテインメントを求めてやまない観客も加わって，他に例を見ないレベルの高い劇場文化が培われてきた。はじめは，ヨーロッパ旧世界のシェイクスピア劇やオペレッタの模倣から始まったアメリカの舞台芸術が，どのように独自の発展を遂げて現代世界のショービジネスのメッカとなったのか。その歴史を簡単にたどり，人間心理や社会の深層をえぐる演劇，そして心弾ませるミュージカル上演がどのようなビジネスシステムによって支えられているかを探る。

A── 劇場文化のメッカ，ブロードウェイ

アメリカの劇場文化は，あらかたブロードウェイから発信され，またそこに集約されているといってよい。確かに他の地域で生まれた名作も皆無ではないが，それは極めてまれな例である。しかも，ブロードウェイが発する磁力は，今やアメリカだけにとどまらず，日本も含む全世界に及んでいる。なぜブロードウェイだけがそれほどの磁力を発しているのか，その秘密をいくつかの角度から明らかにしてみたい。

❶── ショービジネスの魅力

ブロードウェイの劇場街に足を踏み入れるだけで人は心が浮き立つのをおぼえる。ロングラン中の人気公演などは，ときには1年前でもチケットを入手するのがむずかしい。幸運にも舞台を目にできれば，そこでは俳優たちがレベルの高い生き生きとした演技，歌，ダンスを繰り広げる。満ち足りた興奮の余韻に浸りながら劇場を後にすると，劇中のメロディが口をついて出てくる。テレビなどでは味わえない，生の舞台の醍醐味である。

こうした舞台の魅力の背後には，いくたの試行錯誤を経て，時代の変化を敏感に取り入れながら発展してきた，アメリカ文化の精華が凝縮されている。そこにはアメリカ社会が建国以来追求してきた民主主義や公正という理念がさまざまな形で浸透し，大らかな人生肯定の哲学が随所に躍動しているのである。また，プラグマティックな面から見ると，経済上の競争原理や，製作者，作家，作曲家，演出家，俳優らが

織りなす，厳しい対立もはらんだコラボレーション（共同作業）のあり方にも，アメリカの文化風土を見てとることができる。

まずは，その舞台裏を探ってみよう。

❷──公演システム

ブロードウェイで行われる演劇やミュージカルの興行には公的な補助がつかない。つまり，興行に必要な資金はプロデューサーが調達しなければならないし，失敗に終わった場合にはその責任を投資家とともにとることになる。ヨーロッパにおけるオペラや演劇の上演が，歴史的には宮廷文化の一部として発展し，今や公的な補助に支えられているケースが多いことと比べると，対照的である。しかも舞台にのるのは新作がかなりを占め，リバイバルの場合でも新演出で上演されることが多い。

興行のイニシアティブをとるのはプロデューサーで，まず劇作家（ミュージカルの場合は作詞家と作曲家）と上演作品の契約を結ぶ。さらに，その作品にふさわしい演出家や俳優とも契約をかわし，「エンジェル」と呼ばれる一般投資家から出資金を募り，劇場を借りる。

出演俳優を選ぶのに際しては，たいていの場合オーディションが実施される。それを受ける俳優たちのレベルは高く，たとえ大スターであっても役柄に合わないと判断されれば落とされるし，逆に無名の新人が一夜にしてスターとして脚光を浴びることもある。オーディションに受かって契約をかわした俳優は，上演中はその舞台に専念し，他の仕事との掛け持ちは許されない。また，万一の場合に備えて必ず代役も用意される，代役システムが確立している。

各方面に興行の宣伝も行い，準備万端整えて初日の幕が開く。客の入りが良ければその作品はロングラン上演されるが，入りが悪ければ興行は打ち切られる。それだけに，初日に客にどれだけアピールできるかが，プロデューサーはじめ関係者にとって公演の生死を分ける審判のようなものとなる。

以上が企画から上演にいたる大ざっぱなプロセスである。しかし，これだけの興行を実現するには多額の製作費がかかり，しかも近年その額はますます高騰している。さらに出資者に対する責任も加味されるので，大衆受けする作品やスターに依存した作品が上演される傾向が強まっている。

その一方で，実験的な作品や製作費をかけない作品の上演を実現したいというニーズもある。それに応えているのがオフ・ブロードウェイ，およびさらに革新的なオフ・オフ・ブロードウェイと呼ばれる舞台である（⇨コラム「オン・ブロードウェイとオフ・ブロードウェイ」）。そうした舞台も存在することが，多彩な舞台活動を可能にしている。

なお，こうした公演システムは，日本でいう「商業演劇」とははっきりと異なるため，この用語を使うことは退けたい。

❸──劇評の役割

ブロードウェイの舞台を高いレベルに保つのに劇評が果たしている役割は大きい。先に述べたように，公演のオープニングの日は，公演関係者にとって晴れがましい日である一方で，厳しい審判の日ともなる。そこでの批評家は，舞台が成功するかどうかの生殺与奪の権限を握った存在である。特に，『ニューヨーク・タイムズ』紙の劇評には権威があり，ここで評価されなければ何百万ドルも投入した公演も打ち切らざるをえなくなることが多い。

それだけに，批評家には社会的信頼に応えるだけの資質が求められる。その意見は，観客の感性を代表すると同時に，それをリードする良識人の公正な見解でもあるという，社会的信頼

オン・ブロードウェイとオフ・ブロードウェイ

ブロードウェイの劇場は，演劇職能ユニオンの規定によって，オンとオフに分けられる。分類の基準になるのは，劇場の所在地とその規模（客席数）で，ユニオンの規定によれば，「オン・ブロードウェイ」とは次の2つの条件を満たす劇場である。

①特定地域（南北は34丁目から57丁目に至る間，東西は東6番街から西8番街の間の地区）に立地している。

②客席数499席以上の劇場。

これらの劇場での公演にあたっては，プロダクションの規模やスタッフ・出演者などについても細かい規定があり，それらの条件（ことにユニオンとの条件）を満たした公演を「ブロードウェイの一級公演」という。オンの劇場公演には，このような制約があるため製作費もかさみ，いきおいヒットが確実に見込める作品を舞台に載せようとする傾向が強い（それでも一般的にはリスクも大きいのがブロードウェイの現実であるが）。

しかし，そうした枠組みからはずれたところで，製作費をかけずにより実験的な舞台を実現したいというニーズもある。そうしたニーズに応えるべく舞台を提供している上記の規定外の劇場が「オフ・ブロードウェイ」である。特にグリニッチヴィレッジにそうした劇場が多い。

この「オフ」よりもさらに実験的・革新的な試みのための舞台を「オフ・オフ・ブロードウェイ」と呼び，舞台がしつらえられるのは劇場とは限らず，喫茶店や教会，地下室などで上演されることもある。42丁目ウエストサイドの通りに沿って，集中化もみられる。一部オフの劇場もある。

ただし，こうした区分を飛び越えて上演が行われることもある。『ラ・マンチャの男』や『レント』のように，オフ・オフで評判になった作品がオンに移されて上演され大ヒットしたのはその例である。また，『ファンタスティックス』（1960年初演）のようにオフでだけ上演され，1万7,162回のロングランを記録したミュージカルもある。

このようなニーズに応じたさまざまな舞台の存在が，ブロードウェイの劇場文化を活性化させ，多彩な活動を生み出す源泉になっている。

もうひとつ指摘しておきたいのは，オフで活躍する演劇集団や劇場が非営利団体であるという点である。成功した舞台の収益が投資家やプロデューサーに還元されるオン・ブロードウェイと異なり，オフのすべての利益は非営利団体組織に還元される。運営のための大小の寄付金（大半が免税の対象）や政府・自治体からの芸術資金援助も，実績のある優良グループに与えられる。

そうしたグループとして，ニューヨーク・シェイクスピア・フェスティバル劇団（⇨B-5-b），リンカンセンター・プロダクション，ブルックリン・アカデミー・オブ・ミュージック，シティセンターの地下にあるマンハッタン・シアター・クラブなどが挙げられる。

このうちリンカンセンターやブルックリン・アカデミーはブロードウェイ並のユニオンに所属する大小の劇場が併存するユニオン・ハウスであるが，文化財団法人として，経営理念はブロードウェイの劇場とはまったく異なっている。その内容は演劇祭形式やシーズン制の大型のプログラムであり，最低でも年に1回，または春・秋に，あるいは夏の特別番組としてそうした催しを実施し，世界的な演劇交流にも貢献するような実績を重ねている。

［大平和登］

❶華やいだ活気がみなぎる夜のブロードウェイ劇場街

に支えられているのである。この「初日の劇評」という批評システムが確立されていることが、舞台の芸術性の高さを支える大きな力になっており、その積み重ねが舞台芸術の繁栄をもたらした。

こうした評価システムの集大成ともいえるのがトニー賞であり、年間のブロードウェイ公演の各部門における優れた仕事を顕彰する。選考にあたるのは、ブロードウェイで働く劇場人、スタッフユニオンのメンバー、プロデューサーからパブリシストにいたる舞台関係者700名以上で、投票による多数決によって授賞が決まる。さまざまな職能のプロによる民主的で公正な手続きゆえに、この賞は権威を保っている。

B──アメリカ演劇の歴史

❶──植民地時代から近代へ

ⓐアメリカ演劇の芽生え───

1624年オランダ人がマンハッタン島に入植し、ニューヨーク市が形成される第一歩が印された。1664年以降、芝居好きのイギリス人の統治時代になると舞台や芸が流行し始めて、劇場も建設され、1732年ニュー・シアターが開場した。

1798年には、以後半世紀にわたり演劇史上顕著な実績を残したパーク劇場が開場、他にも6劇場がその周辺に散在した。

19世紀に入ると、「初の本格的アメリカ演劇」と評価された『ファッション』（アンナ・コーラ・モーワット作、1845年初演）が上演された。この頃にはまたシェイクスピア劇の巡演が盛んに行われ、名優エドマンド・キーンもその初期に来演し、名演技によって絶賛された。

キーンの相手役をつとめたのがジュニアス・ブルータス・ブースで、その息子エドウィン・ブースは演劇一家に育ち、父親の巡演に子供の頃から参加した。彼は1880年から2年間ヨーロッパを巡演、アメリカ初のシェイクスピア役者という世評を高めた。

ⓑ劇場街ブロードウェイの誕生と演劇環境の発展

19世紀最後の四半世紀はニューヨークが大都市へと成長した時期であった。この新しい時代に呼応するように、劇場の近代化に努めたのがシューバート3兄弟である。彼らは古いシンジケートと闘い、才能ある俳優やスタッフの協力を得て、次々と成功を収めた。演劇界における彼らの支配は以後半世紀にわたって続き、その力は全米はもちろんイギリスにも及んだ。

またこの時期にアメリカ生え抜きのスター役者も輩出した。その1人、19世紀末にデビューしたジョージ・M. コーハンは、アメリカ最初の偉大なミュージカル・コメディアンと評価された。

❷──アメリカ近代演劇の確立

ⓐオニールの登場───

アメリカ近代演劇の真の到来を告げ、アメリカ演劇を世界レベルに引き上げたのは劇作家ユージン・オニールである。彼は、既存の演劇を批判し、近代劇確立を目指していくつかの試作を書いた後、『水平線の彼方に』（1920）でたちまちピューリツァー賞を受賞。その後、『楡の木陰の欲望』（1924）、『ああ荒野』（1933）、『氷屋来たる』（1946）など次々と話題作を発表、1936年にはアメリカ人劇作家として初めてノーベル文学賞を受賞した。作者の死後、『夜への長い旅路』（1956）、『詩人気質』（1957）の上演も実現、改めてアメリカ演劇の第一人者という評価を決定づけた。

ⓑ批評ジャーナリズムの成熟───

デビュー当時無名であったオニールが第一級

の劇作家になった背後には，彼を最初に認め，生涯にわたって擁護し，理解を示した劇評家ジョージ・ジーン・ネーサンの存在があった。

このように，一流の劇作家が育つには一流の劇評家の擁護や批判が必要であるし，一流の演劇社会の成長には一流の演劇ジャーナリズムが必要である。20世紀前半のブロードウェイには，すでに『ニューヨーク・タイムズ』をはじめとする新聞・雑誌・ラジオなど多くのメディアの本拠があり，演劇文化の成熟に大きな力を発揮した。

1920年代以降になると，劇評の存在がブロードウェイの興行を大きく左右するようになり，『ニューヨーク・タイムズ』『ヘラルド・トリビューン』などの紙上での劇評のあり方が注目されるようになった。なかでも，『ニューヨーク・タイムズ』の劇評家ブルックス・アトキンソンの公平な劇評は，観客の信頼を不動のものにし，アメリカ演劇のあり方をリードした。

❷ シアター・ギルドとビッグ・ファイブ──

オニールらが提唱した新演劇意識に触発されて，1919年に「シアター・ギルド」集団が誕生した。この集団は以後20年間活発な活動を行い，そのなかからビッグ・ファイブと呼ばれた作家たち（エルマー・ライス，マクスウェル・アンダーソン，ロバート・シャーウッド，シドニー・ハワード，S. N. バーマン）が登場した。シアター・ギルドはやがてグループ・シアターとプレイライツ・カンパニーの2つの演劇集団に分かれたが，この間のビッグ・ファイブの活躍は，オニールから始まった演劇大国への歩みをさらに基礎固めする役目を果たした。

❹ 劇場労働者のユニオン化──

1912年，ブロードウェイの役者，劇場労働者，職人のユニオンが結成された。そして1919年，劇場の繁栄に比べて待遇が劣悪なことに抗議して初の大ストライキが組織され，1

❷ E. オニール

ヵ月にわたって12舞台が休演した。このストは全米に波及し，193劇場が閉鎖し，組合員数は2,700人から一挙に1万4,000人へと増加した。以後，現在まで，ユニオンの存在がブロードウェイを支える芸術家やプロ労働者の生活を守っている。

❸── 大恐慌下の苦闘から黄金時代へ

❶ 苦難の時代が培った演劇土壌──

1929年10月に起きたウォール街の大恐慌はブロードウェイにも大打撃を与え，人々は劇場離れし，舞台は激減した。観客は安価な娯楽になったトーキー映画に走り，42丁目通りを中心に，劇場も映画館に続々と変わっていった。

このブロードウェイ演劇の地盤沈下は30年代から40年代にかけて生じ，ブロードウェイが新たな演劇意識でよみがえる1960年代まで苦闘を強いられる状態が続いた。

しかし，この苦闘の中から現在まで通用するアメリカ演劇の作家と作品が生まれ，後の黄金時代を形成する土壌が培われた。

彼らの実績で輝いているのは，20世紀アメリカ演劇の中核になる作家たちをデビューさせ，アメリカ演劇の世界的な評価を勝ち得る基礎をつくったことであろう。そのなかには，クリフォード・オデッツ，ウィリアム・サローヤン，アーサー・ミラーらがおり，彼らの舞台は

❸左｜A.ミラー
❹上｜日本における『セールスマンの死』の翻訳上演［仲代達矢（右）と小宮久美子（左），無名塾公演，2001年］

苦難の時代が育てた果実であったともいえよう。

ⓑ 1930年代の劇作家たちとファシズムへの挑戦

グループ・シアターには属していなかったが，30年代に注目される活躍をした劇作家にソーントン・ワイルダーとリリアン・ヘルマンがいた。

日常の些事を劇として捉える人生派の目で繊細な人間劇を創ったワイルダー。一方それと対照的に，ヘルマンは女性としての強靱な弾劾の精神，階級意識，ナチス・ドイツに反対するイデオロギーの主張で，独自の劇作を展開した。その活躍はアメリカの左翼演劇の傾向を反映したものでもあった。

ⓒ ウィリアムズとミラー

1940年代になると，オニールとならんでアメリカ演劇史に大きな足跡を残した2人の巨匠がデビューした。

南部を背景に神経質な女性の叫びを捉えたテネシー・ウィリアムズと社会派と見なされたアーサー・ミラーである。

ウィリアムズは『天使たちの戦い』（1940）でデビューを飾り注目された。以後，独特の女性像の劇化で，人間の狂気や異様なあり方を鋭く捉えた。代表作に『ガラスの動物園』（1945），『欲望という名の電車』（1947），『夏と煙』（1947），『イグアナの夜』（1961）などがある。

アーサー・ミラーも早くからその才能を評価されて順調なデビューを果たした。『みんなわが子』（1947）で注目された後，『セールスマンの死』（1949）によって第2次世界大戦後のアメリカを代表する劇作家と見なされるようになった。

つづいて『るつぼ』（1953），『橋からの眺め』（1955）を発表。1956年には女優のマリリン・モンローと結婚し，61年に離婚。その後も，『失墜の後で』（1964），『代価』（1986），『アメリカの時計』（1980），『転落』（1991），『ザ・ラスト・ヤンキー』（1993），『壊れたグラス』（1994）など，晩年になっても精力的に作品を発表し続け，今日に至っている。

ミラーの骨太で，がっちりとした作品がなければ，アメリカ演劇の世界的名声は第一級のものにならなかったかもしれない。

ⓓ 赤狩りと1950年代の劇作家

1950年から54年にかけて吹き荒れた「マッカーシーの赤狩り」は演劇界にも及び，アーサー・ミラー，リリアン・ヘルマンら23人の芸術家たちが非米活動委員会に告発された。クリフォード・オデッツは密告者とされ，エリア・カザンは"裏切り者"として告発され，その時の汚名を生涯拭えなかった。

このマッカーシー旋風に対して，魔女狩りの

イメージを借りて批判したのが，ミラーの『るつぼ』である。マッカーシー議員の欺瞞性をみごとに暴いたのは，小説家ゴア・ヴィダールの政治劇『ザ・ベスト・マン』(1960)であった。

この50年代に，赤狩りとはかかわりのないところで，期待される新人として迎えられたのがウィリアム・インジである。カンザス生まれで，地方色豊かな作品が評価された。代表作は，『いとしのシバよ帰れ』(1950)，『ピクニック』(1953)，『バス・ストップ』(1955)など。

❹──ニューフロンティアから
ベトナム反戦へ

ケネディが唱えたニューフロンティア，そしてベトナム戦争の泥沼化にともなう若者たちのカウンターカルチャーの動きは，ブロードウェイにも革新の気風をもたらし，オン・ブロードウェイに対抗するオフ・ブロードウェイ活動が活発になった。さらに先鋭化した革新を求める動きは，オフ・オフ・ブロードウェイへと発展し，今日に至っている。

❶ オフ・ブロードウェイ活動の活発化

このオフ・ブロードウェイ演劇で時代の注目を浴びた劇団にリビング・シアター(1947-63)があり，ヨーロッパの新演劇ガートルード・スタイン，ルイジ・ピランデロらの作品を紹介して，それまでのアメリカ演劇のあり方に挑戦状を突きつけた。

しかし，オフがその真価を見せたのは，ジョゼフ・チェイキンの活動といえよう。彼はリビングシアターから巣立って自らオープン・シアター(1963)を設立し，新演技論を披露(*The Presence of the Actor*，1972年出版)，前衛劇のチャンピオンになった。その革新の本質は，混迷，即興，沈黙の真摯な発見に求められる。

また，オントロジカル・ヒステリック・シアター(1968)を設立したリチャード・フォアーマンも，その異色の前衛演劇活動が注目された。

❷ 不条理演劇とエドワード・オールビー

こうしたオフの実験的な前衛舞台がブロードウェイの周縁で展開する一方，ブロードウェイでも，50年代後半から徐々に不条理演劇が紹介され，新しいアメリカ演劇の動きを刺激した。

サミュエル・ベケットの『ゴドーを待ちながら』(1956)，ジョン・オズボーンの『怒りをこめてふりかえれ』(1957)，ウージェーヌ・イオネスコの『犀』(1961)などが注目された。

ことにエドワード・オールビーの『動物園物語』(1959)から『ヴァージニア・ウルフなんかこわくない』(1962)の上演はそのピークをなし，不条理演劇が市民権を得た。

❸ ニール・サイモンの喜劇

1960年代に注目すべきデビューを飾ったのが喜劇作家ニール・サイモンで，以後30年あまりにわたりブロードウェイ喜劇の分野では半ば独占的な地位を占めつづけた。

『裸足で散歩』(1963)，『おかしな二人』(1965)，『サンシャイン・ボーイズ』(1972)，『ビロクシー・ブルース』(1985)，『ヨンカーズ物語』(1991)など，多作なわりには良質な喜劇の佳作を書きつづけた。

なお，サイモンはミュージカル・コメディもいくつか手がけ，ヒット作品に『スイート・チャリティ』(1966)がある。

❺──多文化主義時代の多様化する演劇活動

❶ 新世代の旗手たち

70年から80年代にかけて，かつてない話法やことば遣いを台詞に使ったり，人間関係の奇

妙さを題材にするなど，現実を直視する若い劇作家が新鮮な作品を舞台にのせた。

そうした劇作家として，サム・シェパード，デイヴィッド・マーメット，マーシャ・ノーマン，ウェンディ・ワッサースタインらが挙げられる。

ⓑ ジョー・パップとニューヨーク・シェイクスピア・フェスティバル──

ヒット・ミュージカルのプロデューサーとして有名なジョー・パップは，1954年ニューヨーク・シアター・ワークショップを設立し，やがてニューヨーク・シアター・フェスティバルというオフを拠点にした劇団に発展させた。ニューヨーク市と提携してセントラルパークに野外劇場デラコルト・シアターを建て，そこでおもにシェイクスピア劇を中心に毎夏，無料公演を提供。一方，オフの劇場はパップの念願であったパブリック・シアターとして運営，オフで最も力のある舞台活動を展開し，数々の話題作を提供した。特にミュージカル『コーラス・ライン』はブロードウェイの大ロングラン記録を樹立した。パップは，オフ・オンの両方でナンバーワン・プロデューサーとしての力を存分に発揮した。彼の死後もその活動は続けられているが，かつての活気はもはや見られない。

ⓒ 黒人作家，マイノリティ作家の活躍──

1970年代，ブラック・パワーが市民権を得て，ブロードウェイの新潮流として話題を呼んだ。ニグロー・アンサンブル劇団の『リヴァー・ナイジャー』(1973)はその代表的な作品の１つ。そのほか，アルフレッド・ウーリーは『ドライビング・ミス・デージー』(1987)で，白黒人種の信頼感溢れる老人劇の主従関係を描いた。また，オーギュスト・ウィルソンは，『塀』(1987)，『ピアノ・レッスン』(1990)で，公民権を得た後の黒人社会の年代記を書いて，広く注目された。

マイノリティ出身の劇作家としては中国系アメリカ人デイヴィッド・ホアンが『エム・バタフライ』(1988)で数少ないアジア系劇作家として認知され，これからの活躍が期待されている。

ⓓ エイズとの闘い──

アフリカに発生した新時代病エイズはブロードウェイを含むニューヨークのパフォーミング・アーティストを急襲，1980年代から罹患者が次第に増大し90年代半ば頃まで劇場にも街頭にもエイズ救済の赤いリボンが溢れた。

こうしたなか，闘病などを題材にした優れたエイズ劇がいくつも誕生した。ラリー・クレーマー作『ノーマル・ハート』(1984)，ウィリアム・M.ホフマン『アズ・イズ』(1985)などである。

なかでも最高傑作とされるのが，トニー・クシュナーが同性愛とエイズを絡ませて書いた『エンジェルズ・イン・アメリカ』(2部作)(1993, 94)であり，ファンタジックな筋立ての中にエイズの悲劇からの救済を描き，観客の共感を呼んだ。

❻──21世紀への課題

20世紀のアメリカ演劇は，人種問題，男女平等，ファシズムとの戦い，エイズとの闘いなど，文明社会の難題と取り組んで他にあまり類例をみない実績を積み上げてきた。

しかし，1990年代後半頃からブロードウェイ演劇は衰退を見せており，上演数が年々20％弱減少するという行き詰まった状況が続いている。その反面，ミュージカルは全盛時代を迎えたが，9.11の同時多発テロ以後，状況は大きく変化し，21世紀へ向けての演劇の課題は多い。

さらに，2003年春，米・英中心の対イラク戦争が勃発した。これが，どんな社会的，経済的，芸術的な問題をブロードウェイにも残すの

かは，まだ予測できないが，大きな変化を生むことは必至であろう。

C──ミュージカルの歴史

❶──源流としての19世紀ショービジネス

　ミュージカルは，歌，芝居，コント，音楽，ダンスなど，多彩な要素が渾然一体となって，20世紀にアメリカで独自の発展を遂げた総合舞台芸術である。その成り立ちを探ると，ヨーロッパで発達したオペレッタ（ウィーンやパリで人気を博したオペレッタやロンドンのサヴォイ・オペラ）をベースに，19世紀にアメリカで新しい展開を見せたショービジネスのさまざまな要素が流れ込んでいることが見て取れる。それらショービジネスとは，ミンストレル・ショー，サーカス・ショー，ワイルド・ウェスト・ショー，バーレスク・ショーなどである。

　19世紀には，鉄道をはじめとする交通機関の急速な整備に伴い，主要都市を巡演して娯楽を定期的に人々に提供するショービジネスが盛んになった。また，ミシシッピ川を上下したショーボートもその舞台になった。これらのショーが，ミュージカルの1つの源流をなした。

　ミンストレル・ショーは，1820年代に成立したもので，白人が黒人を模して笑わせる趣向がもてはやされた。その普及に力があり父親的存在といわれたのが，トーマス・"ダディ"・ライスである。彼はジム・クロウという名の道化役を創り出して人気を博した。そして，この名はその後，黒人一般に対する差別的な用語としても広まった。ライスはこの道化役を歌，踊りなど多彩な芸でもって演じ，それがミュージカル役者の1つの原型となった。

　ワイルド・ウェスト・ショー（1863-1909）

❺ジム・クロウを演じるT. D. ライス

は，西部開拓のフォーク・ヒーロー，バッファロー・ビルが組織したショーで，曲馬，射撃，投げ縄などの妙技を売り物にした。

　フィニアス・バーナムは主にサーカスの主宰者として，「地上最大のショー」（1871）で名声を馳せた。『ジャンボー』（1935）は，彼がロンドンの動物園で購入した巨象にちなむミュージカル。また，彼を題材にしたミュージカル『バーナム』（1980）もある。バーレスク・ショーは，18世紀にフランスからアメリカにもたらされたステージ。19世紀アメリカでも全盛時代を迎えた。バーレスクの父といわれたマイケル・ベネット・リーヴィットの「大バーレスク・ショー」（1868）では，スペクタクルな「レッグ・ショー」が特に注目された。また，しばしばミュージカルの原点のごとく見なされる『ブラック・クルック』（1866, 1929）でも，たくさんのピンク・タイツ・ダンサーが評判になった。

　「ボードビル」と呼ばれた，いわゆるバラエティ・ショーは，イギリス植民地時代から人々に好まれた。20世紀にバーレスク・ショーと合体・混合して「ミュージック・ボックス・レビュー」（1921-24），「グリニッチ・ビレッジ・フォリーズ」（1919-25, 28）などに取り入れられ，ミュージカル・ショーのアクセントとなった。

❻ G. ガーシュウィン

1925年,全米でバーレスク専用劇場として46劇場を数える全盛時代を迎えたものの,大恐慌以後大半が消滅した。

❷ ミュージカルの開拓期

オペレッタあるいはショーの作曲家として活躍した才人たちは,また近代ミュージカルへの道を拓いたパイオニアともなった。

ヴィクター・ハーバートは多くのショー音楽のほか,オペラやオペレッタも作曲し,アメリカ最初の偉大な作曲家と見なされた。ルドルフ・フリムル,シグムンド・ロンバーグらもそうした先駆的役割を果たした。

❸ ミュージカルの確立期

❶『ショーボート』の出現

これら先駆的な芸術家たちの成果を踏まえて,黒人の人種問題までも初めて取り上げた『ショーボート』(1927) の出現により近代ミュージカルが確立したと見なされている。作曲はジェローム・カーン,台本・作詞はオスカー・ハマースタイン二世。

なお,この作品の中にでてくる名曲「オール・マン・リバー」は,黒人の深い悲哀を歌いあげた曲として,60年代の公民権運動の主題歌のごとく響くことになった。

❷ ジョージ・ガーシュウィン

ジョージ・ガーシュウィンは,最もアメリカ的な創造的作曲家として不動の地位をアメリカ音楽史の中に占めている。その最大要因は,幼年期から親しんだ黒人音楽を白人の音楽家がより洗練された形で完成した独創性にある。彼を生涯にわたって支えたのは,作詞家でもある兄アイラ・ガーシュウィンで,彼なしではジョージのミュージカル作品の完成もなかった。

『ティプ・トウ』(1925),『オー,ケイ』(1926),『ショー・ガール』(1929) など,舞台のための音楽をたくさん書いたが,最も偉大なフォーク・オペラと呼ばれた『ポーギーとベス』(1935) は,現在まで随所で上演され,劇中のナンバー「サマータイム」は単独でもよく演奏されるヒット曲となった。

❹ ミュージカルの成熟期

ジョージ・ガーシュウィンもジェローム・カーンも早世したが,彼らの寡作を補うがごとく活躍したのが作曲家コール・ポーターであった。

ポーターは『グリニッチ・ビレッジ・フォリーズ』(1924) で注目される曲を書き,以後たくさんのミュージカルを書いた。『5千万人のフランス人』(1929),『ゲイ・ディボース』(1932),『エニシング・ゴーズ』(1934),『ジュビリー』(1935),『80日間世界一周』(1946),『キス・ミー,ケート』(1948),『カンカン』(1953),『絹の靴下』(1955) など。

ポーターのなじみやすいメロディの数々は,ブロードウェイ・ミュージカルのもつポピュラーな楽しさ,豊かな娯楽性を身近に感じさせるものとして観客に歓迎されたのであった。

30年代の不況期には,ミュージカル分野でも社会派ともいうべき作品が生まれた。

作曲家ハロルド・ロームは,裁縫工場のスト

❼左｜R.ロジャーズ[右]とO.ハマースタイン二世[左]
❽上｜『サウンド・オブ・ミュージック』のブロードウェイ公演の舞台［1959年］

ライキを描いた『ピンと針』(1937)がデビュー作で，この変わった主題と曲の面白さが注目された。その後，『ファニー』(1954)などのヒット・ミュージカルも作曲，1970年には初来日して『スカーレット』(1970)で初の本格的な日米合作ミュージカルを創った。

❺ ミュージカルの黄金期

ⓐ ロジャーズとハマースタイン二世

アメリカン・ミュージカルの第一の黄金時代が現出したのは，作曲家リチャード・ロジャーズが作詞家オスカー・ハマースタイン二世とコンビを組んで活発な創作活動を展開した約20年間である。

『オクラホマ！』(1943)，『回転木馬』(1945)，『南太平洋』(1949)，『王様と私』(1951)，『フラワー・ドラム・ソング』(1958)，『サウンド・オブ・ミュージック』(1959)など，次々とヒット作品が生み出された。これらの作品はハリウッドですべて映画化され，世界に流布し，ロジャーズ=ハマースタイン二世コンビの名前も世界に広まった。

ⓑ 『マイ・フェア・レディ』

ロジャーズ=ハマースタイン二世と同時期に活躍したもう一組のコンビに，作曲家フレデリック・ロウと作詞家のアラン・ジェイ・ラーナーがいた。

代表作に『ブリガドゥーン』(1947)，『マイ・フェア・レディ』(1956)，『キャメロット』(1960)，『ジジ』(1973)などがある。

特に『マイ・フェア・レディ』は，作品自体の魅力だけでなく，レックス・ハリソンのヒギンズ教授，ジュリー・アンドリューズのイライザの好演，セシル・ビートンの衣装など，キャスト，スタッフの面でも伝説化された秀でた舞台になり，50年代後半，ブロードウェイは"マイ・フェア・レディの時代"とまでいわれた。

ⓒ 『ウエスト・サイド物語』

もう1人，ミュージカルの黄金期に貢献した才人は，若き日のレナード・バーンスタインである。

『オン・ザ・タウン』(1944)，『ワンダフル・タウン』(1953)，『キャンディード』(1956)，『ウエスト・サイド物語』(1957)といったミュージカルを作曲した。

❾『ウエスト・サイド物語』の公演チラシ

特に，『ウエスト・サイド物語』のダイナミックな音楽は，振付師ジェローム・ロビンズのダンス・ナンバーの素晴らしさと相まって，アメリカン・ミュージカルの歴史に力強く衝撃的な一石を投じ，20世紀を代表する作品になった。

ⓓ 黄金期を支えたヒットメーカーたち

いつの時代にも，その時代を代表する一流の舞台が生まれるのは，多くの芸術家，専門家，職人などのおびただしい努力や才能が結集されてのことである。

ブロードウェイがミュージカル黄金時代を迎えた第2次世界大戦後からの20年間は，ミュージカルの各領域で優れた成果が見られた。そのひとつひとつが群がることで，その時代の輝きになる。前述した以外にも，こうした輝きを担った才人が輩出した。その何人かを紹介しよう。

作曲家アーヴィング・ベルリン（バーリン）は『アニーよ銃をとれ』(1946)，作曲家バートン・レーンは『フィニアンの虹』(1946)，作曲家リチャード・アドラーは『パジャマ・ゲーム』(1954)，『くたばれヤンキース』(1955)，メレディス・ウィルソンは作詞・作曲・台本を1人で書き上げた『ザ・ミュージックマン』(1957) といった個性豊かな作品で50年代のミュージカルを多彩なものにした。

60年代には，作曲家サイ・コールマンが『リトル・ミー』(1962)，『スイート・チャリティ』(1966) でミュージカル作曲家として認知された。以後，コールマンは『シーソー』(1973)，『バーナム』(1980)，『シティ・オブ・エンジェル』(1989)，90年代には『ザ・ライフ』(1997) など，息の長い創作活動をみせた。

作曲家ジェリー・ハーマンは『ハロー，ドーリー』(1964) で大ヒットを飛ばした。

作曲家ジェリー・ボックは作品数は少なかった。しかし，『屋根の上のヴァイオリン弾き』(1964) は，シャガールの絵にヒントを得たボリス・アロンソンの装置が主役テビエを演じたゼロ・モステルの名演とともに注目され，最長ロングラン公演の1つになった。このヒットには，製作者ハロルド・プリンスの貢献も大きかった。

劇作家デール・ワッサーマンは，作曲家ミッチ・リーらの協力で名作古典文学『ドン・キホーテ』をミュージカル化した『ラ・マンチャの男』(1965) をオフ・オフの仮設小屋でスタートさせた。好評を得て，一足飛びにブロードウェイでも上演，文学性の高いミュージカルの傑作と評価された。

❻ ミュージカルの変革期

ⓐ 『ヘアー』の衝撃

1960年代後半，ベトナム戦争の泥沼化で若者たちは反戦，反体制に走り，さらに70年代前半のウォーターゲート事件やベトナム戦争の終結によって変革の気運が高まった。そうした時代の潮流を反映して，ブロードウェイにも変革の流れが押し寄せた。

新時代の反戦意識に，性の解放もからめて尖端的な舞台になったのが，ロック・ミュージカ

ル『ヘアー』(1967)であった。明確な筋もないままヒッピーの生態を描き，全裸の女性を初めて登場させて衝撃を与え，ガルト・マクダーモット作曲の劇中ナンバー「アクエリアス（水瓶座の時代）」は大ヒットした。

『グリース』(1972)が大ヒットしたのも，ロックン・ロールの青春を謳歌する若者たちの逆説的な反戦意識の表明であったろう。

❺ 黒人ミュージカルの出現

黒人ミュージカルがついに登場した，と思わせる衝撃を与えたのが『ウィズ』(1975)で，黒人版「オズの魔法使い」という趣の内容であった。さらに作曲家ヘンリー・クリーガーは，ガーシュウィンのごとく，白人による黒人音楽＝モータン・サウンドの曲を書き，『ドリーム・ガールズ』(1981)，『タップダンス・キッド』(1983)で注目を浴びた。いずれも，人種に対する新しい認識を示したマイノリティ人種のミュージカルの佳品であった。

❻ 正統派の旗手，ソンドハイム

1970年代は，ミュージカルもかつてない激変を見せ，変動の時代を反映した。その半面，ブロードウェイの主調低音のように正統派ミュージカルを求めるファンの気持ちを逃さなかったのは，バーンスタインの流れを汲む作品を次々と発表したスティーヴン・ソンドハイムであり，より音楽と舞台の芸術精度を高める役割を果たした。主要作品には，『カンパニー』(1970)，『フォリーズ』(1971)，『太平洋序曲』(1976)，『スウィーニー・トッド』(1979)などがある。

❼ 『コーラス・ライン』とダンスの役割の増大

ブロードウェイを代表する大物プロデューサー，ジョー・パップ（⇨ B-5-b）は，オーディションの楽屋裏における若者たちを描いた『コーラス・ライン』(1975)を舞台に載せた。ヒット曲「ワン」に見られる，若者たちの協力による一体感の確認というメッセージが，ベト

❿ 『コーラス・ライン』のブロードウェイ公演

ナム戦争後の精神的な荒廃から立ち直ろうとする世相ともマッチして，史上2位の大ロングラン記録を樹立した。

この『コーラス・ライン』をはじめとするこの時期の特色のひとつに，ダンスの役割の増大がある。この作品の演出・振付をしたマイケル・ベネットはダンス主導の舞台作りを行い，ダンス・ミュージカル時代ともいうべき時代の流れをつくった。

その先駆けとなる仕事をした振付師には，ボブ・フォッシー，ガワー・チャンピオン，ジェローム・ロビンズらがおり，彼らによってダンスナンバーは一流のレベルのものに高められた。

80年代から90年代前半にかけて，ダンスの役割の増大という流れの中で特筆すべき活躍を見せたのが，演出・振付家であり，歌えて踊れるスターで，タップダンスを芸術にまで引き上げたトミー・テューンであった。その代表作が『ホワイトタイとテール』(2003)である。

こうしたダンス・ミュージカルの流れはその

表101-1 ●ロングラン・ミュージカル・ベスト20

順位	作品	上演回数
①	キャッツ	7,485
②	オペラ座の怪人*	6,749
③	レ・ミゼラブル	6,680
④	コーラス・ライン	6,137
⑤	オー！カルカッタ！（再演）	5,959
⑥	ミス・サイゴン	4,097
⑦	美女と野獣*	4,071
⑧	フォーティセカンド・ストリート	3,486
⑨	グリース	3,388
⑩	レント*	3,303
⑪	屋根の上のヴァイオリン弾き	3,242
⑫	ライフ・ウィズ・ファーザー	3,224
⑬	タバコ・ロード	3,182
⑭	シカゴ（再演）*	3,075
⑮	ハロー，ドーリー	2,844
⑯	マイ・フェア・レディ	2,717
⑰	ライオン・キング*	2,698
⑱	キャバレー（再演）	2,378
⑲	アニー	2,377
⑳	ラ・マンチャの男	2,328

● 出典｜www.playbill.com
● 注｜①上演回数は2004年4月7日現在の数字。
　　　②*は上記の日付現在上演中の作品。

後ますます強まり，『コンタクト』（2000，演出・振付スーザン・ストローマン）のように全編ほとんどダンスだけで構成された作品も現れた。

ⓔ 前衛パフォーマンスの創造

オフ・ブロードウェイの活性化によって生じた革新的機運は，既存の舞台意識も変え，劇場を飛び出して街路で公演するストリート・パフォーマンスも盛んになった。

この分野の先駆者でマルチ・タレント，メレディス・モンクは，声と身体表現を一体化させたユニークなパフォーマンスで独創的なイメージの世界を確立した。

70年代のニューヨークの前衛パフォーマンスに国際的注目を集めたのが，ロバート・ウィルソンである。言語障害を克服した自らの少年期の体験から発した，一種のセラピー・パフォーマンスが，その動きの基礎になった。

❼ ブロードウェイの国際化とロンドン・ミュージカル

1980年代になって，ブロードウェイの市場は全米，さらには海外へと拡大し，それらがブロードウェイでのビジネスの3倍以上の収益を上げる国際化時代を迎えた。

その一方，ロンドンの演劇人がブロードウェイにも積極的に投資・参入し，俳優ユニオンと出演者をめぐる問題を起こしながらも刮目すべき実績を上げるようになった。その嚆矢となったのが，ロンドンで製作されたミュージカル『ジーザス・クライスト・スーパースター』(1971)，演劇大作『ニコラス・ニクルビーの冒険』(1981)のブロードウェイ公演の成功である。

こうした成功を見て，大劇場会社のシューバート・オーガニゼーションはロンドン・ミュージカル『キャッツ』(1982)のためにウィンター・ガーデン劇場の客席を大きく改修して，ロングランに備えた。結果的にブロードウェイ史上最長ロングラン記録7,485公演を達成，1,000万人以上の観客を動員した（表101-1）。

『キャッツ』を作曲したアンドリュー・ロイド・ウェバーは『オペラ座の怪人』(1988)でも大ヒットを放ち，ロングラン中である（2004年4月現在）。

それら2作品に加え，閉幕したもう1つのロングラン・ミュージカル『レ・ミゼラブル』(1987)と，『ミス・サイゴン』(1991)を製作した英国人キャメロン・マッキントッシュは80年代以降のブロードウェイ最大のプロデューサーにのし上がり，黄金伝説の体現者になった。

❽ 新たな黄金期への胎動

ⓐ 42丁目の再生とディズニーの進出

　42丁目タイムズスクエア地区は，1920年代から60年代にかけてまでショービジネスのメッカとして輝きを保っていたが，70年代，80年代には犯罪，売春，ポルノが横行するようになり荒廃した。90年代に入りようやくニューヨーク市がその再開発に乗り出し，健全な娯楽文化の中心街としてよみがえった。

　娯楽産業の雄ディズニー・グループがブロードウェイ・ミュージカル製作にも乗り出し，まず『美女と野獣』(1994) で成功。97年にはディズニー専用のニュー・アムステルダム劇場を開場し，特に『ライオン・キング』(1997，演出・振付ジュリー・テイモア) が大ヒットして，ロンドン産ミュージカルを押さえ観客動員数のトップに立った。さらに第3作目『アイーダ』(2000) もヒットさせ，一気にブロードウェイの主流にのし上がった。

　これらディズニー・ミュージカルについての専門家筋の評価は，『ライオン・キング』を除いてけっして高くなかった。しかし，その不評も，ディズニーの知名度と宣伝力により，かえって観客の興味をかき立てる材料に変えてしまうような底力を発揮し，ミュージカルの流れを変えた。

ⓑ オフ・オフの『レント』のヒット

　大資本のディズニー・ミュージカルの対極にありながら，ヒットした『レント』(1996) は，文字通り部屋のレントも支払えない貧しい若者たちが創ったミュージカルであった。

　ところが，作曲・作詞・台本を手がけたジョナサン・ラーソンが，オフ・オフの初日前夜に36歳で他界したことが報じられると若者の共感を呼び，一躍ブロードウェイ公演が実現，大ヒットとなった。ここにも，ブロードウェイならではの新しい黄金伝説が生まれた。

ⓒ 女性演劇人の活躍

　ジュリー・テイモア，グラシェラ・ダニエル，スーザン・ストローマンといった女流演出・振付家達が，90年代後半以降めざましい活躍を見せていることが特筆される。

　ジュリー・テイモアは人形師であり，『ライオン・キング』の他，人形と人間の混在する舞台や，オペラ・映画でも活躍している。

　グラシェラ・ダニエルは演出・振付家のキャリアが長く，90年代に入ってからの活躍は特にめざましい。決定打になる作品が望まれる。

　スーザン・ストローマンは，早くから才能を認められていた。2000-01年には，『コンタクト』(2000)，『プロデューサーズ』(2001) など4舞台の演出・振付を並行してこなすという快挙を成し遂げた。特に『プロデューサーズ』は『ライオン・キング』を超える大ヒットになって現在に至っている。

　こうしたダンスを中心にした女性芸術家の大活躍に比べて，作曲家の新しい才能が目立たず，その出現が求められている。

ⓓ テロ事件とその後

　ブロードウェイは2001年9月11日の同時多発テロが起こるまでは，毎年観客動員記録を更新する順調な歩みを続けていた。特にミュージカルは観客全体の80％以上を占め，演劇を大きく凌いでいた。それが，テロのために急激に落ち込んだが，表面的には1ヵ月のうちに回復した。

　ミュージカルが本来的に培ってきた明るく人生肯定的な魅力が，苦境にあってより強く人々にアピールした結果と見ることができよう。ユニオンも労働条件の50％カットという厳しい条件を受け入れて，舞台の存続に協力を惜しまなかった。

　9.11テロ事件によって，演劇精神はかえって刺激され，観客の支持も広がった。製作内容の変化と舞台本数の増加の中に，21世紀らし

い特性の確立を目指す，すさまじいまでの努力がうかがえる。

■さらに知りたい場合には

大平和登『ニューヨークのパフォーミング・アーツ』新書館，1989．

大平和登『ブロードウェイの魅力』丸善，1994．

大平和登『ブロードウェイを歩く』読売新聞社，1995．

［上の3冊はいずれも，長らくブロードウェイの舞台に接し，またミュージカルの翻訳公演にもパイオニア的な仕事をなした著者が，その経験と臨場感あふれるエピソードを織り込んで，ブロードウェイの魅力と舞台裏を綴ったもの。］

石原隆司・松崎巌『まるごと1冊ミュージカル』音楽之友社，1998．

［ブロードウェイ・ミュージカルの製作プロセスから，舞台裏，作品解説，本場のチケットの入手法と楽しみ方まで，現地での経験と入念な調査に基づく行き届いたガイド。］

102 | 音楽
Popular Music
佐藤良明

紀元2000年時点で,世界の主流商業音楽は,まだまだ総じてロック系サウンドの支配下にあった。流行する「ジャンル」の呼び名はさまざまでも,電気(電子)的に増幅した楽器による,バックビートの卓越した,強い身体性を帯びた音楽,という点は共通。北アメリカのみならず地球上の,政治的・宗教的な統制の弱い地域のほとんどで,ロックとそれに派生する享楽と快感と癒しの音楽が,地域の伝統音楽を押しやり,あるいは吸収しながら,大量消費されるという現実は,アメリカを主要な発信源とするグローバルなメディア文化全体のありようを考えるうえで,鍵となる現象だ。以下,20世紀全体を見渡しながら,アメリカのヒットソングの流れを軸として,商業音楽文化全体の流れを追う。

A――百年の溝

1892年,ミルウォーキーでバンジョー弾きをやっていたチャールズ・ハリスという男が《舞踏会の後で》という曲を書いた。売り込みに苦労しているところへ,ニューヨークの大ヒット・ミュージカル『ア・トリップ・トゥ・チャイナタウン』をひっさげた劇団がやってきた。ハリスの歌は一座の人気歌手に気に入られ,もとの脚本にはないこの歌が新しい挿入歌として歌われることになった。するとこれが大当たり。同じ出し物で各地を巡回していた他の劇団でも歌われるようになった。これは大儲けできるとふんだハリスは,借金をしてニューヨークに自身の出版社を設立。この芝居が史上最長のロングランとなっていくなか,楽譜のセールスは,最終的に500万枚に達した。

このエピソードは,ポピュラー音楽市場が飛躍的に成長した19世紀末のアメリカの状況をよく伝えている。ディスク型レコードもすでに発明されていたが,1903年にイタリアのオペラ歌手カルーソが吹き込んだ盤がヒットするまでは,自動書取機としてのビジネス用途が主で,音楽とは縁遠かった。音楽のレコードが大量消費の時代に入るのは1920年頃で,それまで人々は主として楽譜を買って音楽を楽しんだのである。中流家庭の居間にはよく竪型ピアノが置かれていて,これを奏でて家族や客人を楽しませることが家庭婦人に期待されていた。

《故郷の人々》(1851)をはじめとするスティーヴン・フォスターの曲もそうだったように,19世紀,新しい歌の流行は,各地を巡回するミンストレル・ショー(黒塗りの白人がステレオタイプ化した黒人像を演じる歌と踊りのショー)から始まることが多かった。1880年代になると大都市の劇場もヨーロッパ産のオペレッタよりも,より軽妙なミュージカルを好ん

で上演するようになる。加えてもっとくだけたミュージカル・レビューやボードビルの演芸小屋も数多く現れ、ワルツを中心としたダンス向きの軽音楽が人々の日常に浸透していくとともに、流行歌業界は急激に膨張していった。

1890年代に入ると、ブロードウェイから28丁目を曲がったあたりには多数の音楽専門出版社が建ち並んだ。売り込み演奏家（plugger）たちの楽音が絶えないこの界隈は、「ティンパンアレー」と呼ばれ、以後1950-60年代のロック革命の煽りを受けるまで、このことばはアメリカのポピュラー音楽業界そのものを指し、そこで生まれる音楽自体も意味した。

当時売れたのはどんな音楽だったろう？《舞踏会の後で》を聴くと、いわゆる"黒人音楽"の要素がまったく入っていない点が、今日の私たちの耳に印象的だ。3拍子のワルツのリズムにのせて、和音を上がり下りする流麗なメロディ。AABAの閉じた4部形式。準オペラ風に朗々した「ベルカント唱法」。みなヨーロッパの（上品な）伝統そのままだ。舞踏会で自分の愛する女が彼女の兄とキスをするのを見て誤解し、一生独身で通してしまった男の身の上話という歌詞も、なんともピューリタン的にしてメロドラマ風である。

その百年後、ポピュラー音楽はどのように変わっていただろう？　世はビデオ・クリップ時代。1981年のMTV開局以降、ヒットはプロモーション・ビデオから生まれるものとなっていた。

MTV時代の申し子として刺激的な視覚イメージを売りまくったスーパースターの一人がマドンナである。1992年、彼女は自分の会社を設立し、写真集の出版、映画制作へと活躍の場を拡げていた。この年の彼女のヒット《エロティカ》は、弾けるエレクトリック・ベースと打ち込みのドラムスとの絡みが、終始変わらぬグルーヴを作っている。そのうえに、文字通りエロティックなささやき声と、基本的に「ラ・シ・ド」3音だけからなる非メロディ系の"歌唱"。過度のバックビート（2,4拍めの強調）と、レコード針のノイズや東洋風旋律をはじめとする音のコラージュの合間に聞こえる切れ切れの歌詞は、扇情的なTV画面が示唆する通りの内容だ。

《舞踏会の後で》から《エロティカ》へ。その百年の間に、アメリカのポピュラー音楽は「革命」を波状的に経験した。技術革新、音楽生産配信システムの変化、産業規模の大成長、人々の道徳観の変化、すべてを巻き込んだシステム全体の変貌である。その過程でヒットする音楽自体が変化し、社会において音楽のはたす機能が変わった。兆単位のドルを動かす現代のポピュラー音楽は、たんなる娯楽を超えて、人々のノリと快感を調律し、好ましい（またはおぞましい）イメージを顕在化させながら、無意識の深みにおいて政治経済を動かすまでになっている。

B――アフリカ的伝統のアメリカ的展開

音楽自体に注目しよう。アメリカの人気曲はどのような変化の道筋を通ってきたのか？百年の変化を通して一貫しているのは、"黒人風"な様式の混入によって、当初のヨーロッパ的特徴が崩れる、という過程が繰り返されてきたということ。より精確に言うと、欧阿両大陸からもたらされた伝統の混交が、まずアフリカ系アメリカ人たちの音楽を創造的に変革し、それとの接触によって主流ポピュラー音楽が徐々に変化してきたということである。ラグタイム、ジャズ、ブルース、ブギウギ、R＆B、ソウル、ファンク、ヒップホップ等、それぞれの時代の黒人音楽の"ワイルドさ"に刺激され、違和感

をもちつつもそれを受け止め，主流文化に生きる大衆にとっての自然な音楽と折衷しながら，徐々に自然さの基準を黒人側に近づけていく——というのが20世紀のポピュラー音楽の進化の図式であった。

ところが1990年代に入ると，"黒い刺激"は自然な状態では機能しなくなってくる（"黒人ゲットーの怒り"のイメージを煮詰めた「ギャングスタ・ラップ」は当たったが，短命だった）。とともに，アフリカ起源の諸要素が，メインストリームのなかに十分にとけ込んだ上で，刺激ではなく癒しをもたらす，そんな展開が顕著になってきた。ホイットニー・ヒューストンの《オールウェイズ・ラヴ・ユー》（ビルボード誌による92年最大のヒット）は，ポップス伝統の循環コードにのせて，（黒人教会で育まれてきた）ゴスペル風の歌唱をアリアのように朗々と響かせる。同じく大ヒットしたエリック・クラプトンの《ティアーズ・イン・ヘヴン》は，澄んだアコスティック・ギターの音色と，弦を滑る指の音と，ヨーロッパ的なメロディをなぞるブルース伝統の"甘美なしゃがれ声"でリスナーに迫る。どちらも"欧風"と"黒人風"とがすでに対立しない音楽のありようを体現している。

アメリカの黒人風音楽に影響したはずのアフリカ音楽の伝統は，ごく大まかに，次のような特徴に整理できる。

メリスマ——しばしば音程の表記ができない「揺り」に満ちた歌唱。ゴスペルやブルースの特徴として保持され，60年代末以降，主流ポップスでも顕著に。

ポリリズム——複数のリズムが衝突しながら複雑なビートをつくる。この伝統が浸透した結果，ウラ拍やシンコペーションを多用するヒット曲が時代を下るにつれて増えていった。

コール＆リスポンス——一人の呼びかけに対し，もう一人または全員が応える。教会での説教と応答，ジャズにおける楽器間のやりとりや，ロック・コンサートでの観客とのやりとりへと展開。

グルーヴ——4部形式のような閉じた構造のなかで始まり終わるのではなく，1つのパターンを延々と押し進めながら恍惚感を増していくパフォーマンス形態。この特徴は，リズム＆ブルースやソウル音楽の中に顕在化し，ファンク，ヒップホップへと強まっていった。

アメリカ南部に連れてこられた奴隷たちは長い間ドラムの演奏を禁じられたため，ブラジルやキューバのようにパーカッション音楽を発展させることはなかった。しかし教会で歌う霊歌や遊び歌，労働歌，独特の歌うような呼びかけ（call）や叫び（holler）の中に，民族伝統の音楽特性を保持していた。

南部の黒人たちが日々接していたのが，イギリスやアイルランドの民謡を歌っていた白人貧農たちである。19世紀末，それらの民謡との交わりのなかで，黒人たちの私的な嘆きを歌うブルースが誕生。そのシンプルな形式と独特な音の運びは，ジャズや後のロックをつくる要素となった。

同じく1890年代，黒人的なリズム感覚を取り入れたピアノ・ソロの演奏スタイルとして「ラグタイム」が流行。右手と左手の動きをずらして裏拍（off beat）の多いリズムを奏でるラグタイムは，世紀の変わり目にスコット・ジョプリンらによって欧風に"洗練"，白人中流層に受け入れらて，その後自動ピアノやサイレント映画館での定番音楽となった。

さらに19世紀末ニューオーリンズの歓楽街では，クレオールと呼ばれるヨーロッパ人と黒人の混血が，ブルース，ラグタイム，ブラスバンド音楽の要素を混ぜ合わせて，ジャズと呼ばれることになる音楽の演奏をはじめた。生きのいいオフビートのリズム・セクションに乗って，複数の管楽器が即興的なフレーズを同時に

❶軽快で優雅なタップダンスで観客を魅了したF. アステアの主演映画『有頂天時代』[1936年]

鳴らす初期のジャズ・サウンドは，第1次大戦期にシカゴをはじめとする北部大都市へ飛び火し，以後世界に浸透するとともに，アメリカの黒人が主導した芸術の最たる成果をもたらす。

C──踊るアメリカ

ラグタイムが解放した奔放なリズムは，上品な規律にしばられていた市民のダンスに革命的な変化を起こした。1910年代になると，ターキートロットなど，新奇な流行ステップが人気を呼び，それとともにヒット曲も相貌を変えた。《アレクサンダーズ・ラグタイム・バンド》(1911) は，「リフ」（少数の楽音からなる，一ちぎりのフレーズ）をつなぎ合わせて，呼び屋のかけ声をそのまま歌にしたような味わいを持っている。作曲者のアーヴィング・バーリンは，子供のときに移民してきたユダヤ系ロシア人で，正式な音楽教育を受けていないが，以後数十年，ティンパンアレー史上最も多彩で多産な作曲家として活躍する。

第1次大戦中に北部に入ってきたジャズは，戦後，新しい解放の時代のキーワードとなった。もっとも"ジャズ・エイジ"の狂騒をもたらしたダンス音楽は，ほとんどが，アフリカ的要素の薄い，フォックストロット（軽快な2ビート）の曲だった。

とはいえニューヨークで活動を始めたコルネット奏者ルイ・アームストロングや，女性ブルースシンガー，ベシー・スミスらの名演名唱によって黒人音楽の繊細さへの感受性も徐々に高まった。その背景に，高音質のレコードの普及がある。録音から再生まで電気的なプロセスで通すことができるようになったことはまた，人気歌手の歌い方にも変化を及ぼし，ビング・クロスビーら，甘い声で歌うクルーナーたちが一世を風靡するようになった。

1927年，史上初のトーキー映画『ジャズ・シンガー』が公開され，以後数年のうちにアメリカ映画はミュージカル全盛の時代に入る。テクノロジーの向上はまた，ジャンルの多様化ももたらした。レコードの総売上が1億4,000万枚に達したこの年，黒人ブルースやゴスペルに加え，イングランドやアイルランドの民謡に基づく南部の田舎の民衆音楽にも業界の手が伸び，1927年にはカーター・ファミリーやジミー・ロジャーズといったカントリー音楽の最初のスターたちが登場。この年はまた，デューク・エリントンがハーレムのコットンクラブでの演奏を通して，ジャズの高度な音楽性を認識させた年でもあった。

交響曲にブルースの要素を採り入れて《ラプソディ・イン・ブルー》(1923) を書いたジョージ・ガーシュウィン（ユダヤ系ロシア移民の子）は，ポップソングにおいても大胆なシンコペーション（強拍のずらし）を取り入れ，《魅惑のリズム》(1927) など"リズム・ソング"の流行をもたらした。ミュージカル映画の黄金期には，ロマンチックな映像を背景に，フレッド・アステアらのスターが軽快にシンコペート

するリズムでタップを踏む姿が，世界の観客を魅了した。

　映画とともに1930年代の娯楽の中心となったのがラジオである。3時間の軽音楽番組『レッツ・ダンス』のレギュラーとして名を広めた白人クラリネット奏者でバンド・リーダーのベニー・グッドマンは，黒人ジャズマン，フレッチャー・ヘンダーソンを招き，「スイング」のノリを持つ曲を全米で演奏して回った。大衆も次第に反応し，1936年，全国的なスイング・ブームが起こる。まもなく若者たちはジルバの踊りに熱狂し，より"野性的"なブギウギも交えながら，太平洋戦争開始後もビッグバンド・ジャズのブームは続いた。

D──ロックンロール革命

　20世紀前半のアメリカ最大の音楽的成果であるジャズは，しかし先鋭的な黒人音楽家たちの創造的な演奏によって進化した音楽であり，ビッグバンド・ブームを別とすれば，ジャズが真に大衆的な人気を得たことはなかった。特に第2次大戦直後，チャーリー・パーカーらによるビバップ革命を経てからの"モダンジャズ"は，エリート音楽として実験的な道を進んでいく。それでも，ラグタイムからスイング，もっと"アフリカ的"なブギウギへと，黒人音楽に由来する複雑なリズムをポピュラーにしてきた20世紀前半のアメリカ商業音楽は，そのかぎりにおいて西洋の伝統を離れて新しい時代のリズムを開拓し，世界に発信してきたのだといえる。

　とはいえ，田舎のブルースやゴスペル等の，より民衆的な黒人音楽は，「レイス・ミュージック」として一般市場の外に追いやられていたし，ビリー・ホリデイのような世界歌唱史に残るジャズ・シンガーもけっして一般受けしたわけではなく，黒人が（コミック路線に陥らず）真にポピュラーになるためには，ナット・キング・コールのように，聴衆のテイストに合わせた甘く端正な歌を歌うしかなかったのである。

　第2次大戦後，南部の農村から工場労働者としての黒人たちの人口移動が起こった。シカゴ，メンフィス，アトランタなどアフリカ系住人でにぎわう都会の盛り場は，「リズム＆ブルース」（R＆B）が盛り上がっていた。エレクトリック・ギターで増幅したラウドな音と重いビートを特徴とする，アフリカ的伝統の濃い享楽的な音楽である。

　一方ナッシュビルを総本山として南部，西部の白人庶民階級に勢力を拡げていたカントリー＆ウェスタン（C＆W）は，戦後まもなくハンク・ウィリアムズらの新しいスターを擁して強い人気を博していた。ナッシュビルのWSM局の巨大なアンテナから発するラジオ電波は広大な国土をカバーしていたが，独特の鼻声で「さびしい」とか「泣きたい」とか感情を露骨に表現する歌を，多くの中流市民は「ヒルビリー音楽」の蔑称で呼んでいた。

　当時は人種の違いだけでなく，地域や階級の違いが，ポピュラー音楽の市場を分断していた。都市文化圏に生きる中流階級の文化的優越性を裏打ちするような種類の音楽が「ポップス」として流通していたということである。1950年代初頭，新たに白人中流階級に浸透してきたテレビの画面から流れていたのは，パティ・ペイジやペリー・コモらの，甘く上品な歌声ばかりだった。

　変化の口火を切ったのは，大きな購買力をつけたティーンエイジャー層である。彼らは人種の境界を超えて黒人向けのラジオ局にダイアルを合わせ，これに反応したDJ，ベンチャー企業家，プロデューサー，ミュージシャンらが，白人の若者を標的とする派手派手しいリズム＆

❷ロックンロールのスター歌手として若者たちを熱狂させたE. プレスリー［ミシシッピでのライブ, 1956年］

ブルースを「ロックンロール」と呼び換えて売り出すようになったのである。

　黒人ミュージシャンのなかからも，チャック・ベリーやリトル・リチャードら，白人の高校生にわかりやすい刺激的な音楽を演奏してヒットチャートを上昇するものが現れた。南部メンフィスでは，セクシュアルな身体感覚を，甘いマスクと声で包んだエルヴィス・プレスリーが登場。1956年，メジャー移籍してから大ヒット曲を連発し，マーロン・ブランドやジェイムズ・ディーンらの映画スターが一足早く築いていた「反逆する若く美しいヒーロー」の市場を一挙に拡大した。

　1956年春から1958年春にかけての2年間，ビルボード・チャートの1位は，全体の半数以上の週をエルヴィスの曲が占めた。そのなかには西洋風のバラッドも少なくなかったが，エルヴィスを通して，R＆Bの身体性が大衆に焼き付いたことは間違いない。バックビートや裏拍の，野卑なまでの強調，ブルースゆかりの3連符拍とそれに合わせての性的な身振り。人種分離の明瞭なミシシッピ州に生まれながら，黒人たちと一緒の地域で育った貧農家庭の青年は，"黒い"セクシュアリティを魅力的に表現した。これに，アメリカだけでなくイギリスもフランスでも，大勢の後陣が続いた。エルヴィス以降，ロックビートはもはや後戻りできないかたちで世界に根を張っていくのである。

E──ロックの定着と民族差の解消

　社会が是認する範囲から逸脱した身体刺激を売り物にし，ゆえに"不道徳"の烙印を押されたロックンロールは，さまざまな保守陣営からの圧力を受けて，本国アメリカではいったん抑え込まれたかに見えたが，それが解放した強いビートは，それとない形でポップスに吸収され，ツイスト（1960年に大流行）をはじめとするさまざまなダンス音楽を活性化させた。イギリスでは"本物の"黒人音楽に憧れたグループが激しいR＆B曲によってローカル・シーンを活性化する展開が生まれた。

　このなかからまず1963年にビートルズが大ブレイク。ファンの熱狂は，翌年早々アメリカに上陸して世界に広がり，20世紀最大規模のポップ現象となった。アニマルズ，ローリング・ストーンズと続いた"英国の侵攻"に，セールスの点で対抗できたアメリカ産の音楽は，黒人企業家ベリー・ゴーディによる新興のモータウン等，一部のレーベルだけだった。フォー・トップスやシュープリームス，スティーヴィ・ワンダーらを擁したモータウンからは，十代の白人を主要ターゲットとしたビート・ポップスが矢継ぎ早に放たれ，チャートをかけ昇った。

　スイングの浮遊感を保つジャズと違って，ロックは下層の黒人労働者が育んできた"粗野な"ビートへ身体をあずけていくことを快感とする音楽である。ビートルズやモータウンの成功は，そのビートを世界の若者たちが受け止めやすいようにポップ化した点に求められるだろ

表102-1 ●年間のトップ３ヒットの変遷

1908年	①"Take Me Out to the Ball Game" Bill Murray & Haydn Quartet ②"As Long As the World Rolls On" Alan Turner ③"Under Any Old Flag at All" Billy Murray	1952年	①"You Belong to Me" Jo Stafford ②"Wheel of Fortune" Kay Starr ③"I Went to Your Wedding" Patti Page
1916年	①"M-O-T-H-E-R (A Word That Means the World To Me) Henry Burr ②"Good-Bye, Good Luck, God Bless You (Is All That I Can Say)" Henry Burr ③"Hello, Hawaii, How Are You?" Prince's Orchestra.	1957年	①"All Shook Up" Elvis Presley ②"Love Letters in the Sand" Pat Boone ③"Jailhouse Rock" Elvis Presley
		1962年	①"I Can't Stop Loving You" Ray Charles ②"Big Girls Don't Cry" The 4 Seasons ③"Sherry" The 4 Seasons
1922年	①"April Showers" Al Jolson ②"Three O'Clock in the Morning" Paul Whiteman Orchestra ③"He's Got Hot Lips When He Plays Jazz" Paul Whiteman Orchestra.	1968年	①"Hey Jude" The Beatles ②"I Heard It Through the Grapevine" Marvin Gaye ③"Love is Blue" Paul Mauriat Orchestra
1927年	①"My Blue Heaven," Gene Autry ②"In a Little Spanish Town" Paul Whiteman Orchestra ③"Charmaine!" Guy Lombardo	1973年	①"Killing Me Softly with His Song" Roberta Flack ②"Tie a Yellow Ribbon Round the Ole Oak Tree" Dawn ③"My Love" Paul McCartney & Wings
1932年	①"Night and Day" Leo Reisman ②"In a Shanty Old Shangy Town" Ted Lewis ③"Please" Bing Crosby	1978年	①"Night Fever" The Bee Gees ②"Shadow Dancing" Andy Gibb ③"Le Freak" Chic
1937年	①"Sweet Leilani" Bing Crosby ②"Once in a While" Tommy Dorsey Orchestra. ③"Dipsy Doodle" Tommy Dorsey Orchestra	1983年	①"Every Breath You Take" The Police ②"Billie Jean" Michael Jackson ③"Flashdance... What a Feeling" Irene Cara
1942年	①"White Christman" Bing Crosby ②"Moonlight Cocktail" Glenn Miller Orchestra ③"Jingle Jangle Jingle" Kay Kyser	1988年	①"Roll with It" Steve Winwood ②"Every Rose Has Its Thorn" Poison ③"One More Try" George Michael
1947年	①"Near You" Francis Craig ②"Heartaches" Ted Weems ③"Ballerina" Vaughn Monroe	1992年	①"I Will Always Love You" Whitney Houston ②"End of the Road" Boyz II Men ③"Jump" Kris Kross
		1997年	①"Candle in the Wind" Elton John ②"I'll Be Missing You" Puff Daddy & Faith Evans ③"Can't Nobody Hold Me Down" Puff Daddy

●出典｜Joel Wilbur, *A Century of Pop Music* (compiled from America's Popular Music Charts, Surveys, and Record Listings 1900-1939, and Billboard's Pop Single Charts, 1940-1999) に基づく。

う。そして，ひとたびロックの8ビートがポップスの基本になると，フォークソングを含む他のジャンルまでも，その渦に引き込まれることになった。

　田舎の素朴な民衆の歌を愛するフォークソング聴衆層は，そもそも商業主義的なサウンドを嫌っていたが，公民権運動の盛り上がった1960年頃の学生街では，フォークの"知的でクール"なスタンス自体がトレンディな魅力を発揮するようになっていた。彼らの新しいアイドルとしてデビューしたボブ・ディランは，1965年，エレクトリックなビート音楽に転向。これを機に"フォークロック"の流行が始まる。ジョーン・バエズらが担っていた純ヨーロッパ風の歌唱は衰え，65年に映画化されたミュージカル『サウンド・オブ・ミュージック』を最後に，伝統的欧風歌謡のアルバムがトップ・セラーとなることはなくなった。

　より"知的"なリスナー層を取り込んだロックは，音楽的にも歌詞の面でも，多彩でメッセージ性の濃い音楽へと変化した。アメリカの混迷期である60年代後半は，対抗文化が花開き，一切の抑圧からの解放が叫ばれるなかで，ロック音楽が過剰な意味を担った時代でもあった。ジミ・ヘンドリクスのうねるギターも，ドアーズの赤裸々にセクシュアルな舞台も，ジャニス・ジョプリンが恍惚として歌う"サイケデリック・ブルース"も，ファンの心に，欺瞞的な制度社会を逃れその外側を飛翔する感覚をもたらしたのである。

　黒人パフォーマーたちは，50年代末からゴスペルを世俗化・ポップ化した「ソウル」を発展させたが，メリスマの強い"ソウルフル"な歌唱は，しだいに白人のポップ歌手にも採り入れられた。70年代，ラウドで誇大妄想的なサウンドの流行が去って，ジェイムズ・テイラーらがしんみりとした自作の曲を弾き語るシンガーソングライター・ブームが訪れたときも，その歌唱スタイルには，黒人音楽に由来する裏拍がしっかりと焼き付いていた。先鋭的な黒人ミュージシャンが開拓したサウンドを白人たちが流行に採り入れるのは，20年代のジャズから変わらないパターンだが，60年代以降はそれが巨大な大衆マーケットにおいて，それほど意識されぬまま進展した点が違っている。

　キング牧師暗殺（1968年）以後，黒人聴衆の間に民族主義的な結束が強まり，ソウルに見られた欧風のメロディへの接近を，意識的に断ち切ったパーカッション音楽が栄えるようになる。50年代末からアフリカのルーツを意識した先鋭的なサウンドを目指してきたジェイムズ・ブラウンは，70年頃までに，コード展開もメロディへの関心も捨てて強烈なグルーヴを持続させる「ファンク」のスタイルを作り上げた。その刺激を主流ポップスが受け止め，大衆向けのダンス音楽に仕立てたものが「ディスコ」である。1978年には，『サタデー・ナイト・フィーバー』のサントラ盤が売り上げの記録を樹立。80年には，ディスコ風のパーカッションの上に，ノリのよい無メロディのライムを乗せたシュガー・ヒル・ギャングの《ラッパーズ・デイライト》がヒットし，黒人ゲットーで誕生したヒップホップ文化が世界の若者サブカルチャーを牽引していく流れができる。

　1970年前後からアメリカン・ロックはカントリー音楽との融合も強めた。1950年代には人種と地域によって明確に仕切られていた「ポップ」「R＆B」「C＆W」の3領域は，相互に乗り入れながら，やや極端に言うなら，単一のマーケットにおけるサウンド・イメージの選択肢のようなものへと変化したのである。70年代から90年代にかけてのある時点で，アメリカに流れ込んだ3つの文化伝統（ヨーロッパの上品な音楽，アングロ＝ケルトの民謡，アフリカ音楽）は，「混交による発展」のダイナミズムを失った。ポピュラー音楽の分類が，人

種や民族や階級といった社会的区分ではなく、ハード、ヘヴィ・メタル、アコースティック、テクノ、"ワールド"（ケルト、アフリカン、カリビアン……）といったイメージ的なものによってなされる時代に入ったということである。

この変化は、私たちの生きる環境が"ポストコロニアル"な時代へ移行したことを表わしてもいる。人種や民族に優劣の差が感じられにくくなれば、白人が"黒人音楽"を閉め出したり、ロマンチックな他者として享受したり、その"性的"で"暴力的"ビートをかっこよがったりする習癖も消えるだろう。都会と田舎の二項についても事情は同じである。そしてそれと同様の上下関係の希薄化が、アメリカ（とイギリス）対他の国々の間にも生じてきているようだ。現在のアメリカン・ポップスに、黒人音楽を加工して輸出することで世界の市場を特権的に牛耳っていたジャズやロックの発展期のパワーはない。

2000年代も若者たちは世界の繁華街で踊っている。そこは"ボールルーム"でも"ダンスホール"でも"ディスコテック"でもない、"ハウス"と呼ばれる空間だ。彼らはダンスをしてはいない。軽やかなスイングもしていないし、ビートに合わせて体をロックしてもいない。重低音のパルスとコンピュータ制御された照明のなかで、脳を刺激に晒しているといった感じ。かつて"黒人"が担っていたサウンドの荒野が、電子音のフロンティアによって置き換えられつつあるということなのだろうか。

■参考文献

Campbell, M. *And the Beat Goes On: An Introduction to Popular Music in America, 1840 to Today*. Shirmer Books, 1996.

Whitburn, J. *A Century of Pop Music*. Record Research Inc., 1999.

■さらに知りたい場合には

三井徹・北中正和・藤田正・脇谷浩昭編『クロニクル 20世紀のポピュラー音楽』平凡社，2000.
　［世界のポピュラー音楽の動きを年表化して解説を付した本。米国に関する約120項は、基本知識としてぜひおさえておこう。］

中村とうよう『大衆音楽の真実』ミュージック・マガジン社，1985.
　［アメリカの黒人音楽の展開を、世界の民衆音楽史のなかで相対化する。今読んでも、その知見に古さはない。］

オリヴァー，P.（米口胡訳）『ブルースの歴史』晶文社，1978.
　［イギリスの著名なブルース研究家による定番のブルース通史。戦前のブルースを中心に、歌詞と音楽と社会背景を総合的に追う。］

ケン・バーンズ編『Jazz』（DVD 10巻）
　［個々のジャズメンにスポットを当てた、総計16時間のドキュメンタリー。映像によるアメリカ社会史・芸能史として価値が高い。］

『20世紀ポップ・ロック大全集』（DVD 9巻）
　［ロックの歴史を、その成立前夜からヒップホップの展開まで、当事者のことばとライブ映像によって見せる。］

■インターネット関連サイト

Parlor Songs…http://parlorsongs.com/
jazz. com…http://www.jass.com/
The Red Hot Jazz Archive…http://www.red-hotjazz.com/
The History of Rock'nRoll…http://www.history-of-rock.com/

103 | 小説
Contemporary Novels

若島 正

テレビが休むことなく画像と音声を流しつづけ，インターネットで網羅される膨大な情報にさらされる現代，ジョナサン・フランゼンは「なぜわざわざ小説か？」と問いかけた。イギリス文学からの脱却を目指し，時代の思潮を敏感に取り入れながら自己革新の運動を繰り返してきたアメリカ小説も，今，岐路に立たされている。第2次大戦後，アメリカの小説界は次々と新たな才能を見いだしてきた。1950年代の反体制的「ビート世代」の作家たち，「小説そのものを小説にする」ことを主張する60年代の「新しい作家」たち，そしてジャーナリズムと小説の邂逅はニュー・ジャーナリズムやノンフィクション・ノベルという新たなジャンルを生み出す。また，多文化社会の現実がマイノリティ文学を世に送り出す一方で，たえず「おもしろい小説」を求める読者は，大衆小説の巨大なブック・ビジネスを支えている。「偉大なるアメリカ小説」を追いつづけてきた小説大国は，どこから来て，どこへ向かおうとしているのだろうか。ここでは第2次大戦後のアメリカ小説の流れを見ていく。

A——アメリカ小説活性化の運動

「偉大なるアメリカ小説」という言葉がある。フィリップ・ロスの長篇小説の題名にもなっているこの言葉は，メルヴィルが描いた巨大な白鯨にも似て，これこそアメリカ小説の最高傑作という作品を追い求めようとするアメリカ小説家たちの見果てぬ夢を表わしている。

この言葉にもよく読み取れるように，アメリカ文学史とは，イギリス文学から脱却したアメリカ文学独自のものを探求し，それを国家的なアイデンティティとして掲げようとする試みでもあった。そこには，たえず新しいものを導入しようとする動きが顕著だ。

ここではまず，第2次大戦以降に見られる，アメリカ文学活性化の大きな動きをいくつか概観し，その小説における代表的な作家と作品を眺めていくことから始めよう。

❶——ビート

50年代に，既成の価値観を疑問視して，社会からドロップ・アウトする一群の若者たちが現れた。「ビート世代」と自らの世代を名付けたジャック・ケルアックは，アメリカ大陸放浪の旅を描いた代表作『路上』(1957)がベストセラーとなって，一躍有名になった。もう1人の立て役者であるウィリアム・S. バロウズには，麻薬中毒を素材にした『ジャンキー』(1953)や，カットアップの手法を用いた前衛小説『裸のランチ』(1959)がある。

反社会的あるいは反体制的な姿勢をもつこうしたビートニクたちは，60年代以降のヒッピ

ー・ムーブメントおよび対抗文化（カウンターカルチャー）の運動を準備しただけではなく，その後もアメリカ文学の1つの根強い流れとなって続いていることに注意したい。そのようなビート系の小説家として位置付けることができる作家には，アメリカを離れて長年タンジールに住んでいたビートの先駆者ポール・ボウルズ，場末の酒場の酔っぱらいから小説家になったチャールズ・ブコウスキー，監獄のような精神病院を舞台にした『カッコーの巣の上で』(1962)を書いたケン・キージーをはじめとして，トマス・ピンチョンや『カウガール・ブルース』(1976)のトム・ロビンズも感性としてその根っこをビートと共有している。

❷──1960年代の「新しい作家」たち

ビート世代の波は，60年代に現れたヒッピーたちへと受け継がれていく。この頃の読者層を支えていたのは若者たち，とりわけ大学生であり，彼らは主流小説にはない魅力をもった小説を見つけてはその熱狂的な読者となった。こうした若者たちに発見されたいわゆる「カルト小説」の代表例としては，アメリカ小説ではないが，トールキンの『指輪物語』がある。

こうした新しい読者層に支持されて，60年代から70年代にかけては，ポストモダンと称されることも多い一群の「新しい作家」(New Writers)たちが輩出した。この時期のアメリカ小説の隆盛は，戦後からの50年ほどを眺めてみても，おそらく1つの頂点を形成している。

SF的な趣向を凝らし，苦いユーモアを含んだ文体で世界の終末を描く『猫のゆりかご』(1963)やドレスデン空襲体験を題材にした『スローターハウス5』(1969)の作者カート・ヴォネガットは，現代文明に警鐘を鳴らすカルト作家としてヒーローになった。謎の女を探求

❶ W. S. バロウズ

する物語『V.』(1963)でデビューしたトマス・ピンチョンは，世間に姿を見せない徹底ぶりで謎の作家としてまず有名になり，長大な作品『重力の虹』(1973)はその難解さでジョイスの『ユリシーズ』を凌ぐほどだと言われた。この時期の小説は大著が多いこともその特徴のひとつで，ジョン・バースの『山羊少年ジャイルズ』(1966)も，大学とコンピュータという当時では先進的な素材を用いた大作である。

小説理論家でもあったバースは，新しい小説が目指すものは現実の模写ではなく，小説そのものを小説の主題とすることだと提唱した。小説の自立性，あるいは言語構築物としての小説という方向性は，メタフィクション(metafiction)という用語で説明されることも多い。この用語の創始者であるウィリアム・H. ギャスのコラージュ的作品『ウィリー・マスターズの寂しい妻』(1968)，バースの実験小説群『びっくりハウスの迷子』(1968)，現在もなおブラウン大学でハイパーフィクションなどの実験を続けているロバート・クーヴァーの『プリックソングとデスカント』(1969)，『ニューヨーカー』誌でコラージュ手法を駆使した独特の短篇を発表しつづけたドナルド・バーセルミの『シティ・ライフ』(1970)などが，この系列の代表例である。

しかし，この時期に発表された作品で，今な

お強烈なインパクトをもつのは，おそらくジョゼフ・ヘラーの『キャッチ＝22』（1961）だろう。第2次大戦中，イタリアに展開していたアメリカ空軍部隊を描いたこの小説は，論理のたがが絶望的にはずれてしまった不条理な場として戦争を捉える反戦小説であり，奇跡的な傑作である。

また，この60年代は，現在の混迷するアメリカにおいて，たえずふりかえり参照される時代となっていることにも注意しておきたい。そのような傾向が小説に現れたものとしては，ピンチョンの『ヴァインランド』（1984）やロスの『アメリカン・パストラル』（1997），さらには大衆小説家スティーヴン・キングの『アトランティスのこころ』（1999）を挙げておこう。

❸──ニュー・ジャーナリズムとノンフィクション・ノベル

「虚構」と「現実」──小説史を動かしている大きな力の1つは，常にこの2つの方向性の綱引きにある。「虚構」の方に引っぱる力が強いときには，それに拮抗するように，「現実」へと押し戻そうとする力もまた強くなる。60年代から70年代にかけて，前述したような虚構を強調する小説が力を増したときに，そのような現実離れした小説に愛想を尽かして，生の現実をとらえるルポルタージュに重点を置く新しいジャーナリズムの流れが顕著になった。これを「ニュー・ジャーナリズム」と呼ぶ。

ニュー・ジャーナリズムの特徴の1つは，事実を並べるだけで平板に陥りやすい従来の叙述方法に換えて，小説的な語りの手法を大胆に取り入れている点である。つまり，フィクションのように読めるノンフィクションなのだ。

ニュー・ジャーナリズムの提唱者とも呼ぶべきトム・ウルフは，何よりもまず，同時代の風俗をカラフルな文体で写し取ることに長けた作家であった。初期の代表作『クール・クールLSD交感テスト』（1968）は，ケン・キージーを中心として狂騒の60年代のドラッグカルチャーを活写した作品である。トム・ウルフはその後，ジョン・グレンなど宇宙飛行士たちの内面を共感をこめて描いた代表作『ライト・スタッフ』（1979）で押しも押されぬ存在となり，さらには小説家に転じて『虚栄の篝火』（1987）で話題を集めた。大きなスケールの社会小説を目指す彼が範として仰ぐのが，バルザックやサッカレーといった古典的作家であるのは，なにも驚くには当たらない。

いわゆる「ゴンゾー・ジャーナリズム」の王と呼ばれたハンター・S.トンプソンも，ニュー・ジャーナリズムを語るときに欠かせない存在である。客観公正中立を尊重するジャーナリストとしての立場を捨て，取材の対象と徹底的に同化してしまうのがゴンゾー・ジャーナリズムであり，ラスヴェガスへの取材旅行の途中でドラッグと酒に溺れてしまう体験記『ラスベガス★71』（1971）がその代表作とされる。

興味深いのは，こうした小説的手法にすり寄るジャーナリストたちとちょうど対になるようにして，事実にすり寄ろうとする小説家たちも同時に現れたという現象だ。こちらの方は「ノンフィクション・ノベル」と呼ばれる。彼らは小説家としての技術をそのままに保持しつつ，現実に起こった事件を題材にして作品を書いた。このノンフィクション・ノベルの先がけとなったのが，トルーマン・カポーティの『冷血』（1966）である。カンザス州で農場を営む裕福な一家が猟銃で惨殺されるという事件が1959年に起きた。それを丹念な取材と小説的想像力によって描き出したのがこの作品だ。当時，新しい文体を模索していたカポーティは，この作品をきっかけに事実への傾斜を強め，最晩年にはその手法で再び話題作『叶えられた祈

り』(1987) を書こうとしたが，未完のまま死んでしまった。

『冷血』とほぼ同じ頃，ノーマン・メイラーは『夜の軍隊』(1968) を発表した。これはメイラー自身が参加した，ベトナム戦争に反対するペンタゴンへの抗議デモを描いたルポルタージュである。さらにメイラーは，殺人鬼の死刑囚ゲイリー・ギルモアを描いた長大なノンフィクション・ノベル『死刑執行人の歌』(1979) を書いている。

❹──ミニマリズム

60年代から70年代にかけてのポストモダン小説の時代と対照的なのは，80年代の俗に「ミニマリズム」と呼ばれるリアリズムへの回帰である。文芸誌『グランタ』によって「ダーティ・リアリズム」と命名されたり，トム・ウルフによって「Kマート・リアリズム」と蔑称で呼ばれたこの傾向は，アメリカ全体の保守化にも原因があると言えるだろうが，もうひとつには全米の大学で定着した創作科（creative writing course）にも根ざしている。大学は創作科を設けるとともに，作家を学内講師として雇うようになった（writers in residence）。学生たちは作家から直接に文章作法を学び，簡潔な文章でまず短篇を書くことを教わる。ミニマ

リズムの代表的な存在であるレイモンド・カーヴァーも，そうして創作科で小説家のジョン・ガードナーに学んで，短篇を書き出したのである。

日常的な言葉で書かれた簡潔な文体。社会とか歴史に目を向けるのではなく，もっぱら一個人の生活範囲内で，ささやかな出来事による感情の微妙な変化を描くという内容。登場人物は中流層以下。場所は都会よりむしろ地方。こういった共通項をもつのがミニマリズムの短篇であり，カーヴァーの短篇集『頼むから静かにしてくれ』(1976) と『愛について語るときに我々の語ること』(1981) はその道標的な著作である。ただ，カーヴァーの極めてぶっきらぼうで一見すると反知性的にも映る文体は，アメリカ文学史の中で眺めればけっして突発的なものではなく，その源流をさかのぼればヘミングウェイに行きつくことは忘れないでおきたい。彼の作品はその意味で極めてアメリカ的なのである。

カーヴァーのような小さな声の持ち主が，なぜ大きな読者層を獲得するに至ったのかを考えると，〈ヴィンテージ・コンテンポラリー〉というペーパーバックの叢書の存在を無視することはできない。ゲイリー・フィスケットジョンという辣腕編集者は，有望な新進作家たちの作品をお洒落な装丁のペーパーバックで売り出す

❷ T. カポーティ

❸ R. カーヴァー

❹ T. モリスン

ことに成功した。ジェイ・マキナニーの『ブライト・ライツ、ビッグ・シティ』(1984) がそれで売れた代表例だが、カーヴァーもこの叢書で出なければここまでの名声を勝ち得ることはなかっただろう。

ミニマリズムの作家としてもう1人だけ挙げるとすれば、アン・ビーティにとどめをさす。郊外族の生活をまったく湿り気のない文体でペシミスティックに描いて、触れれば壊れるガラス細工のような作品が、『燃える家』(1982) などの短篇集に収められている。

❺ ── フェミニズムとマルチカルチュラリズム

70年代から80年代にかけて、文学のみならず広く社会にも影響を及ぼしたのが、フェミニズムとマルチカルチュラリズムである。アメリカにおけるフェミニズム運動の影響力は、本項目で取り上げるまでもないだろう（⇨ 53 フェミニズム）。

「人種のるつぼ」であるアメリカは、国としてのアイデンティティを多文化共生という方向に求めざるをえなかった。1つの社会に多くの文化が存在することを認め、そのそれぞれの文化を尊重するというマルチカルチュラリズムは、公教育の場でも強調されるまでに至っている。

フェミニズムとマルチカルチュラリズムが交わる地点、それがここ数十年のアメリカ文学では最も活動が盛んな場所である。これは、60年代頃までのアメリカ文学におけるマイノリティ文学の位置付けと比べればその変化は一目瞭然となるだろう。当時は、一般に認知されたマイノリティ文学のジャンルというものがほとんど「黒人文学」と「ユダヤ系文学」しかなかった。しかも、そこに分類される作家は、ほとんどが男性作家だった。

こうした状況を根本的に変えることになったきっかけは、黒人女性作家の台頭に求められる。アリス・ウォーカーは、全米的な話題作となった『カラー・パープル』(1982) の中で、黒人社会の内部にも女性差別があることを糾弾した。トニ・モリスンは代表作『ビラヴド』(1987) において、民族の記憶に根ざし、民間伝承を取り入れた豊かな世界を作り上げた。この2人が黒人女性文学の発展に寄与した功績は計り知れないが、もう1人、この時期に著作が再刊されて、大きく再評価されることになった、『彼らの目は神を見ていた』(1937) で有名なハーレム・ルネサンスの女性作家ゾラ・ニール・ハーストンの名前を落とすことはできない。彼女の再評価をいわば皮切りにして、過去の忘れられた女性作家たちが発掘され、アメリカ文学史が書き換えられるようになったのである。

こうしてマイノリティ文学における女性作家たちはいまやアメリカ文学の周縁から中心へと位置を変えるほどの活躍ぶりであり、ここでとてもその全貌を伝えることは不可能なので、主な作家と作品を列挙するだけにとどめておく。中国系ではエイミー・タンの『ジョイ・ラック・クラブ』(1989)、マキシン・ホン・キングストンの『チャイナタウンの女武者』(1976)。メキシコ系ではサンドラ・シスネロ

スの短篇集『マンゴー通り、ときどきさよなら』(1984)、グローリア・アンサルドゥーアの『ボーダーランド』(1987)。ネイティブ・アメリカンではルイーズ・アードリックの『ラヴ・メディシン』(1984)、レスリー・マーモン・シルコの『ストーリーテラー』(1981)。カリブ系ではジャメイカ・キンケイドの『川底に』(1992)。ユダヤ系ではシンシア・オージックの『ショール』(1989)。

B── 大衆小説の現状

小説読者はハイ・カルチャーとロー・カルチャーの境界線を意識しない。主流小説であれ、大衆小説であれ、そこにはおもしろい小説とつまらない小説があるだけなのだ。

アメリカは「ベストセラー」を愛してきた国だ。そこでは、本というものがブック・ビジネスとして捉えられ、本を大量に売る戦略が採られた。1950年代に百花繚乱のように咲き乱れた、俗悪な表紙のペーパーバックも、その意味でいかにもアメリカらしい産物なのだった。

ここでは、大衆小説のいくつかのジャンルを簡単に眺めてみたい。

❶── クライム・ノベル

アメリカでは、ミステリーというジャンルにおいては、イギリスと異なり、古典的な探偵小説はむしろ稀で、ハードボイルド、警察小説といったサブジャンルが優勢である。こうしたサブジャンルは、クライム・ノベル（犯罪小説）という呼び方でまとめられることがよくある。

クライム・ノベルの中で最も職業的な技巧を身につけた、プロ中のプロとも呼ぶべき作家はエルモア・レナードだろう。『グリッツ』

❺ E. レナード

(1985) や『ゲット・ショーティ』(1990) など、アメリカのアンダーワールドに棲息する人間たちを生き生きとした口語で描くレナードの手腕は他の追随を許さない。

レナードの作品が最上のエンターテインメントであるのに対して、ジェイムズ・エルロイの作品はどす黒いノワール・フィクションである。警察小説から出発した彼の『ブラック・ダリア』(1987) や『LAコンフィデンシャル』(1990) を代表作とする作品群は、ロサンゼルスを主な舞台として、アメリカの恥部を暴き出す異様な迫力に満ちている。

また、このジャンルに入れるべきかどうかわからないが、トマス・ハリスのサイコ・スリラー『羊たちの沈黙』(1989) が大ベストセラーとなったことも特筆すべきであろう。とりわけハンニバル・レクターという強烈なキャラクターの造形は、20世紀末のアメリカ小説の中でも異彩を放っている。

❷── SF・ファンタジー

SFというジャンルにおいて、いわばポストモダンの経路を切り開いたのはウィリアム・ギブスンの『ニューロマンサー』(1984) である。サイバー空間で活動するハッカーを描いたこの小説は、テクノロジーの用語を凝った文章

❻ S. キング

の中にちりばめる独特の文体で,「サイバーパンク」と呼ばれる SF のムーブメントを作り出した。

80年代後半から登場したダン・シモンズの圧倒的な筆力にも目をみはるものがある。代表作の1つ『ハイペリオン』(1989) をはじめとして,彼の質・量ともに豊富な作品群は,21世紀に入っても衰える気配を見せない。

ファンタジーのジャンルでは,ジーン・ウルフの《新しい太陽の書》5部作 (1980-87) が金字塔的なシリーズである。その他に,妖精物語を壮大なスケールで描いた『リトル,ビッグ』(1981) のジョン・クロウリーや,ダーク・ファンタジーの名手ジョナサン・キャロルも見逃すことができない。

❸──ホラー

少数の愛好者のためのマイナーなジャンルという趣のあるホラー小説が,ベストセラーの上位を占めるようになったのは,いわゆるモダン・ホラーの出現,さらに正確に言えばスティーヴン・キングの出現によるところが大である。

キングは,デビュー作の『キャリー』(1974) そして『シャイニング』(1977) がそれぞれブライアン・デ・パルマおよびスタンリー・キューブリックの手で映画化されて人気を呼び,ベストセラー作家の仲間入りをした。その後も,『IT』(1986) を1つの頂点として,発表作がすべてベストセラーになるほどの安定した作家活動を続けている。もし作家の力というものが売り上げ総冊数で測られるならば,キングは間違いなく現存するアメリカ作家の中でナンバー1である。

キングの出現,そして『13日の金曜日』などのホラー映画の大ヒットによって,ホラーは暗がりのジャンルではなく日常的に光を浴びるジャンルへと変貌を遂げた。

キング以外にも,『ゴースト・ストーリー』(1979) のピーター・ストラウブ,『少年時代』(1991) のロバート・R. マキャモンなど,このジャンルから出発して実力をつけた作家は多い。そして彼らはみな,ホラーというジャンルから少しずつはずれて,書きたい小説を書くという方向に向かっている。

C──アメリカ小説の未来

かつてフィリップ・ロスは,1961年に発表したエッセイ「アメリカ小説を書く」の中で,アメリカの現実そのものが小説家の想像力を追い越してしまったと嘆いた。これは,20世紀後半のアメリカ小説を占う名エッセイとなった。

現在,そのロスのエッセイに取って代わるのは,家族というものを問い直した『コレクションズ』(2001) で一躍脚光を浴びたジョナサン・フランゼンが1996年に『ハーパーズ』誌に発表したエッセイ「なぜわざわざ小説か?」である。

フランゼンは,ロスのエッセイと同じ年に出たヘラーの『キャッチ=22』が想像力によって

現実を凌駕する方法を発見し，しかも大勢の読者層を獲得したという出来事を回顧する。そして，その時代に比べて，現在の社会がいかにアメリカ小説に目もくれなくなってきているか，その現状を分析してみせるのだ。テレビが休むことなく画像と音声を提供し，そのうえインターネットは膨大な情報を網羅している。そうしたなかで生活する人間にとって，小説がもつ意味は薄れてしまった。内容が問題にされることはなく，せいぜい売れている本が社交上の話題として使われる程度にすぎない。

しかし，このように小説の未来に対して悲観的な見方を取りながらも，フランゼンは絶望しているわけではない。終末を迎えつつある世界の中で書くというのが，いつの時代にも変わらない小説家の宿命であったし，今後もそうありつづけることだろう。フランゼンはそう考えて，小説を書くことに意味を見いだしている。

アメリカ小説がたえず自己を革新する運動を生み出してきたのも，その根底には小説家たちのそうした思いがあったはずだ。アメリカ小説の未来はけっして薔薇色ではないが，それでもわたしたちは新しいアメリカ小説の出現を常に待ちつづけているだろう。

❼ J. フランゼン著 *How To Be Alone* の表紙。[同書には "Why Bother?" 等のエッセイが収められている]

■参考文献

Bradbury, M. *The Modern American Novel*, New Edition. Oxford Univ. Press, 1992.

Roth, P. *Reading Myself and Others*. Farrar, Straus and Giroux, 1975.

■さらに知りたい場合には

Baker, N. *Double Fold: Libraries and the Assault on Paper*. Vintage, 2001.
[図書館で保存されている書籍や新聞が次第にマイクロフィルムに変わりつつある現状についての憂慮を表明した長篇評論。これも書物の現在を考える意味では貴重。]

Franzen, J. *How To Be Alone*. Farrar, Straus and Giroux, 2002.
[話題になったエッセイ "Why Bother?" を含む。現在のアメリカ小説を取り巻く厳しい状況についてはこの著者がいちばん敏感。]

King, S. *On Writing: A Memoir of the Craft*. Pocket Books, 2000.
[ベストセラー作家による小説作法だが，20世紀後半の小説をめぐる状況の変遷を反映した読み物にもなっている。巻末にはキングによるおすすめ小説のリストも付いていてお得。]

日本とアメリカの関係

　われわれの身のまわりにあふれているアメリカ生まれのものを挙げだすときりがない。ハンバーガー，ナイキ，テレビ放送，コンピュータ，コンビニエンス・ストア，ディズニーランド，アメリカ軍基地，……。これらのアイテムが，どのように日本に取り入れられ，それが何をもたらしたのかを探ることが，現代日本がかかえる問題を解明する1つの手がかりになる。

　幕末以来，日本とアメリカの関係は，政治・経済面では協調と対立，そしてジャーナリズムのレベルでは親米と反米の間で激しく揺れ動いてきた。その一方で，教育や大衆娯楽，消費文化などの面では，アメリカニズムが日本の文化風土に合わせた変容を受けながらも，着実に浸透していった。ことに第2次大戦後，日本は経済・安全保障をはじめさまざまな面でアメリカの圧倒的な影響下に歴史を刻んできた。無意識のうちに身のまわりに環境化されているアメリカを掘り返し，アメリカが日本をどう見てきたかも含めてグローバルな文脈の中で日米関係を捉え直すことは，現在の日本を的確に位置付けるための基盤となろう。

104 日米交流のはじまり
Japan-US Relations : Early Years

川澄哲夫

日米の関係は，日本の漂流民とアメリカの鯨捕りという庶民の接触から始まる。19世紀も20年を過ぎる頃から，アメリカの捕鯨船が日本近海でマッコウクジラを追いかけるようになった。そこで漂流中の日本人を救助したり，自らも難船して日本に上陸するという事件が頻発した。米国政府は自国の難民扶助を第一の目的として使節を派遣する。1854年に日米和親条約，次いで，1858年には日米通商条約が締結された。幕府は，日米通商条約の批准書交換のために使節をワシントンに派遣し，その機会を利用して「夷情探索」ということを考えた。同じ時，咸臨丸が太平洋を横断してサンフランシスコへ渡った。福沢諭吉が２度目のアメリカ行で買って帰った英書が，明治になって広く学校の教科書として用いられる。アメリカの宣教師とお雇い外国人たちが，日本文化に及ぼした影響も見逃せない。

A——マロー号による日本漁場の発見

1819年，17隻の捕鯨船がナンタケット島を出帆，ホーン岬をまわり，太平洋に出てマッコウクジラを追いかけていった。エセックス号とマロー号が加わっていた。ナンタケットは，ケープ・コッドの南およそ24ﾏｲﾙのところにある小さな島である。西洋人で最初にこの島に到着したのはイギリス人のゴスノルド船長であるといわれている。1602年のことであった。1659年になると，ソールズベリー（現在マサチューセッツ州最北端の町）から，トマス・メイシー一家とエドワード・スターバックがこの島に移り住んだ。4人のクエーカー教徒を一時かくまったことがピューリタン・ニューイングランドの不興を買ったことから信教の自由を求めてやってきたのである。その翌年にはトマス・メイヒューらの10家族のイギリス人が移民してきた。当初，彼らは羊を飼い，農耕に携わり，サバやタラを捕りささやかな暮しをたてていた。1819年には人口はおよそ7,360人，捕鯨業が唯一の産業となり，捕鯨船は61隻を数えた。

エセックス号は，太平洋に出た後，南緯1度，西経118度のところで，1頭の巨大なクジラに襲われ沈んでしまった。1820年11月17日のことであった。この事件はハーマン・メルヴィルの『白鯨』（1851）の素材となる。

一方，マロー号（315t）は10月26日にナンタケット島を出港，翌年の5月22日にはマウイ島に錨を下ろした。そこからジョセフ・アレン船長は進路を北西にとり，6月の末「日本沿岸」に到達した。その位置は，北緯36度，東経168度から西経170度，江戸よりむしろハワイのホノルルに近い海域である。そこでマロー号はマッコウクジラの大群に出合い，船倉

❶左｜19世紀のナンタケット島
❷右｜19世紀当時のクジラのさまざまな用途を示したイラスト

をマッコウ油で満たして，1822年3月10日ナンタケットに帰港した。これより先，イギリスのエンダービー商会は，ナンタケット生まれのベンジャミン・コフィンを船長として，サイレン号を日本近海へ送っている。

マロー号による日本漁場の発見は，海のゴールドラッシュを生んだ。1822年には，少くとも60隻のアメリカの捕鯨船が日本漁場でマッコウクジラを追いかけるようになっていた。だがこの捕鯨季節にもアメリカの鯨捕りで日本を望見した人はいない。

この年イギリスの捕鯨船サラセン号が浦賀に入港して薪水食料を求めた。

アメリカの捕鯨船が日本近海に出漁するきっかけとなった出来事は，1712年にさかのぼる。この年，ハセーというナンタケットの鯨捕りがマッコウクジラ1頭を仕留めて帰ってきた。それまではセミクジラが中心であった。ところがマッコウクジラ油が優れていることがわかると，捕鯨の対象がマッコウクジラにしぼられていった。

このようにして，アメリカ植民地の捕鯨業は，ナンタケットを中心に，やがてニューベッドフォードが加わり発展していった。1775年に始まる独立戦争は植民地の捕鯨業に大打撃を与えた。しかし戦後1791年，ナンタケットおよびニューベッドフォードの捕鯨船6隻が，ホーン岬を迂回して，太平洋に出て，マッコウクジラに銛を打ち込み，多大な収穫を収めて帰港した。こうして太平洋のマッコウ漁場の扉が開かれた。1818年にはナンタケットのグローブ号が赤道を西へ，太平洋の中心に出てマッコウクジラを追いかけていった。いわゆる遠海漁場の始まりである。次がマロー号による日本沖の大マッコウ漁場の発見であった。

アメリカ捕鯨業の黄金時代は1835年に始まり1860年頃まで続く。ちなみに1843年にアメリカが保有していた捕鯨船の数は675隻，1万5,000～6,000人が乗り組み，大部分が太平洋に出漁していた。

当時，アメリカの捕鯨業は，世界の捕鯨業の分野において，圧倒的に優位な地位を占めていた。1847年，全世界の捕鯨船数はおよそ900隻，このなかで722隻がアメリカ合衆国の所有であった。チャールズ・ウィルクス大尉のことばを借りれば，「わが捕鯨船団は，その帆布で太平洋を白く埋め尽くし，クジラ製品のおかげで，アメリカの多くの家庭は，快適で幸福な生活を送って」いた。

ウィルクス率いるアメリカ海軍の探検隊は1838年から1842年にわたって，太平洋の島嶼，潮流の調査を行った。主として太平洋で操

業しているアメリカの捕鯨船団の安全を図ることが目的であった。日本沿岸の調査もその計画の中にあったが実現しなかった。

B——漂流民のアメリカ体験

日本漁場では、アメリカの捕鯨船が「日本の千石船に乗って、大海を漂っているおかしな人間どもを拾ってゆく」(『白鯨』)という出来事が頻々と起こった。

1841年6月27日、ジョン・ハウランド号は鳥島の沖合に錨を下ろした。ニューベッドフォードを出帆して1年8ヵ月が経っていた。その日はたまたま安息日で、海亀でも捕え、食生活を潤そうと考えて、島にボートを漕ぎ寄せたところ、5人の人間を発見した。土佐の漁師たちで、その1人が万次郎であった。彼らはこの年の1月27日、漁に出て嵐に遭い、この島へ漂着したのであった。

万次郎たちが鳥島に流れ着くおよそ1ヵ月前の1月3日、ハーマン・メルヴィルという平水夫が、アクシュネット号(359t)に乗り組み、フェアヘヴンを出帆し、日本漁場へ向かった。

ジョン・ハウランド号は、それからしばらく日本漁場でクジラを捕ったあと、11月20日「ウワホーと申島のハロナロ」へ入港した。「真珠湾」から1世紀前の出来事である。

ハワイでは日本の漂流民が問題になっていた。そのきっかけはモリソン号事件である。モリソン号はアメリカ・オリファント商会に所属する商船で、1837年7月、尾張の音吉ら日本の漂流民7人を浦賀へ送り届けようとして撃退された。この情報は人道上許せない行為として国際的な世論となっていた。ハワイで、土佐の4人の漂流民は「此国の役人へ預け置」かれ、万次郎だけが「フイチセルより所望」されて、「メリケへ携ゆき養育」されることになる。

1841年12月2日、万次郎を乗せたジョン・ハウランド号はハワイを出帆した。次の漁場は、ウィルクスのいう第3ベルト地帯である。そこにはマルケサス、ソシエテ、フレンドリー、サモア、フィージーの諸群島が控えている。

この水域には、ハーマンが乗り組んだアクシュネット号がいる。ハーマンは、フェアヘヴンを出港したあと、船長の処遇に耐えきれずアクシュネット号を脱走、食人種の島ヌクヒバ島へ迷い込む。2ヵ月後、タヒチ島へ逃れ、そして隣のエイミオ島へ渡ってくる。そこから11月19日にはナンタケットの捕鯨船でハワイへ向かう。それから10日目の11月29日、万次郎を乗せたジョン・ハウランド号がエイミオ島へやってくる。ジョン・マン(万次郎のアメリカでの呼び名)とハーマンの世紀の出会いは実現しなかった。

ジョン・ハウランド号は、その後しばらくマッコウクジラを追いかけ、やがてホーン岬をまわって、ニューベッドフォードへ入港した。1843年5月7日のことである。

ホイットフィールド船長は、自らの家庭に万次郎を迎え、実の子のように育てた。人間が平等であることを教えようとして人種差別をしない教会を選んだほどである。また万次郎がアメリカの社会で独立して生きてゆけるように教育を受けさせた。

1845年4月、万次郎がフェアヘヴンの町で自由な青春時代を送っている頃、サグ・ハーバーに船籍をもつ捕鯨船マンハッタン号が、鳥島とその近海で、日本の漂流民22名を救助し、浦賀に送り届けた。クーパー船長はモリソン号の場合と同じように、追い払われることを覚悟していたのだが、意外にも幕府は漂流民を受け取ったのである。

C──「日本を開国するのは捕鯨船だ」

　万次郎はアメリカの鯨捕りとして，クジラを追って7つの海を渡る。1846年5月16日，万次郎の乗り組んだフランクリン号はニューベッドフォードを出帆，ボストンに立ち寄った。港にはおびただしい数の巨大な軍艦が錨を下ろしていた。アメリカ＝メキシコ戦争が始まっていた。フランクリン号は大西洋を南下し，喜望峰をまわり，インド洋を横切って太平洋に出て，グアム島のアプラ港へ入港した。1847年3月3日であった。これより先，1846年5月6日アメリカの捕鯨船ローレンス号の乗組員7名がエトロフ島へ上陸するという事件が起こっていた。7月20日には，ビッドル東インド艦隊司令長官が，コロンバス，ヴィンセンズの両艦を率いて浦賀に姿を現した。日本が交易をする意志があるかどうかを探るためであったが，幕府に体よく追い払われてしまった。

　万次郎は，1847年3月12日付で，ホイットフィールド船長に宛てて1通の手紙を書き，そのなかで途方もない決意を述べた。

　　フランクリン号は琉球へ向かいます。機会をとらえて上陸し，そこに港を開いて捕鯨船が薪水食料を補給できるように努力するつもりです。

　万次郎は，日本の鎖国政策がアメリカの鯨捕りの間で評判が悪くて，つねづね肩身の狭い思いをしていた。その後，フランクリン号は父島，琉球に立ち寄り，日本漁場でクジラを追いかけた。ちょうどその頃，1848年6月7日，同じニューベッドフォードの捕鯨船ラゴダ号の乗組員15名が，3隻のボートに分乗して蝦夷小砂子村に上陸するという事件が起こってい

❸上｜捕鯨船チャールズ・アンド・ヘンリー号の日本漁場での捕鯨風景［同船にメルヴィルはハワイまで乗船していた。GouldとJorhamの航海日誌より，1843年8月22日］
❹下｜日本人漂流民を救助し，浦賀に届けたマンハッタン号

た。フランクリン号は，日本漁場を後にして，1848年10月17日ハワイへ入港した。この10月だけでホノルルへ入港した捕鯨船は53隻，そのうちアメリカの捕鯨船は46隻を数えた。ハワイでは，ラナルド・マクドナルドというプリマス号の鯨捕りが日本に侵入していったという噂でもちきりであった。マクドナルドは，日本が開国した暁には，通訳になろうという夢を抱いていたというのである。

　万次郎はサミュエル・デーマン牧師を訪ね，アメリカがどのように日本を見ているかを知ることができた。ハワイでは，日本の開国は焦眉の急となっていた。デーマン牧師は，1848年12月1日付の『フレンド』紙に，次のように書いている。

　　日本が鎖国政策を捨て，諸外国と交易を開

く時が，急速に近づいている。アメリカの捕鯨船が日本の開国に向かって「一石を投じ」た。マンハッタン号が日本へ漂流民を送り返し，政府は彼らを受けとった。今年の捕鯨季節にも数百隻のアメリカの捕鯨船が，日本の海岸を目の前にして操業している。なかには漁師たちと交歓し，漂流民を救助したものまでいる。

1848年11月3日，フランクリン号は，オアフを出発，さらに1ヵ年ほどクジラを捕った後，ニューベッドフォードへ帰港した。1849年9月23日のことであった。万次郎は，帰国して，アメリカの捕鯨船が自由に憩うことのできる港を開いてくれるように「統領へ直談」する決意を固めていた。この3年4ヵ月にわたるフランクリン号の旅で，アメリカの鯨捕りが，自らの手で日本の開国を希望している，としみじみと感じた。それがホイットフィールド船長の恩に報いることであり，日本のためにもなると信じた。フランクリン号は万次郎にとって「私のエール大学であり，ハーヴァード大学」であった。

D──たった1人の日本遠征

万次郎は自力で資金を稼ぎ，この命がけの計画を実行する。1849年11月27日，ニューベッドフォードを離れ，「金山へユキ，金ヲ掘」り，帰国に必要な資金を稼ぐと，ハワイへ渡った。ハワイではデーマン牧師の協力を得て帰国する。漂流した仲間を誘うことを忘れなかった。

1850年12月17日，万次郎はアメリカの鯨捕りの期待を担ってハワイを出発した。たった1人の日本遠征である。デーマンは『フレンド』紙に，「日本遠征」と題する記事を書き，万次郎が「無事に故国に帰り着き，日本の開国に貢献し，ひいては通訳として成功する」ことを祈った。

1851年2月3日，万次郎ら土佐の3人の漂流民は，琉球に上陸した。漂流して10年の歳月が流れていた。しかし予期していたことだが，彼らは鎖国の掟を破った罪に問われ，長期にわたる取り調べを受けたあげく，土佐藩より「他国往来は勿論，海上業」等は一切禁じられてしまった。

この頃から，アメリカでも日本遠征への動きが現実のものとなってきた。そのきっかけはマンハッタン号とプレブル号事件である

6月10日東インド艦隊司令長官オーリックが日本遠征の命を受けた。しかし11月18日，オーリックが突如として遣日使節を解任される。その頃ニューヨークの書店にはメルヴィルの『白鯨』が姿を現していた。その122ページを開くと，「日本を開国するのは捕鯨船である」と書かれていた。

1852年3月24日，マシュー・ペリーが正式に日本遠征の指令を受ける。

4月29日，ペリーは，ニューベッドフォードにジョセフ・デラノ船長を訪ねた。これまでもペリーは，デラノから太平洋におけるアメリカ捕鯨船団の活動情況，マンハッタン号事件，日本の漂流民等についての情報を得ていた。鯨捕りからの情報は，日本に関する古い文献よりもはるかに新鮮で，有意義であると考えた。今回の訪問は，日本遠征にあたって，日本近海で操業しているアメリカの捕鯨船団の協力を依頼するためであった。当時，デラノはアメリカ捕鯨業界の大元締めであった。第32代大統領F. ローズヴェルトの大叔父にあたる。

ペリー提督は，その年の11月24日にミシシッピー号に座乗して，ノーフォークを出港した。喜望峰をまわり，香港，上海，父島，琉球

を経て、浦賀の沖合に錨を下ろした。1853年7月8日午後5時であった。日本漁場における捕鯨季節の最盛期である。

7月14日、日本側は、久里浜において、フィルモア大統領の親書を受け取った。それから3日後の7月17日、ペリー艦隊は錨を上げて琉球、広東に向かって立ち去った。

幕府は、万次郎がアメリカから持ち帰った新知識を必要とした。ペリーが立ち去ると、ただちに彼を江戸へ呼び寄せた。

万次郎は、アメリカが日本と「親睦いたし度との儀」は「彼国積年の宿願」であると、老中首座阿部正弘に訴える。その趣意は、これまでアメリカの捕鯨船が日本近海で漂没し、松前などに上陸した節、クジラ捕りたちが「禽獣同様之取扱」を受けているからであると、ラゴダ号事件に触れる。このことをアメリカは「多年不快」に思っている。それも「通信無之国」であるため、自然そうなるのであるから、「薩摩南島」か「琉球」あたりに、捕鯨船が憩うことのできる港を開いて欲しいと、切々と「統領に直訴」する。しかしフィルモアの国書が、「通商之儀」や「石炭交易之儀相願」っていることは、「及承候儀無之意味難相分」く、「必定間違ニも可有之哉」と否定する。

ここで万次郎は1つの嘘を言う。アメリカ＝メキシコ戦争で「領地不残共和政治伐取候へ共」、その後メキシコより詫びを入れたため、「右地所返し遣し候」と主張する。アメリカが「他国ヲ伺ヒトル工ミナトハ、決シテ無」いことを言いたかったためである。万次郎は、琉球上陸以来、「亜美利駕は大国ゆへ、他国を取ニ不及との了簡」であると訴え続けてきた。

翌年2月、ペリー艦隊が再び来航して、3月31日に日米和親条約が締結された。この条約は全12条から成り、第2条で下田・函館の開港、3，4，5条には、はっきりと合衆国漂民扶助の規定が盛り込まれている。ここに万次郎の

❺ペリーの久里浜上陸の図

「日本遠征」はその幕を閉じた。

E──夷狄感克服へ、試練の旅

1860年、日本人が大挙してアメリカへ渡った。遣米使節一行と咸臨丸グループ合わせて173名、そのなかには多くの庶民が含まれていた。幕府は、日米通商条約の批准書交換のために、使節をワシントンに送り、この機会を利用して、「米国の文事や武備を実見して、わが国に一大改革を行おう」ということを考えていた。咸臨丸は、使節の「海上警固」と「外国へ舶を出」す「端を開ん」ため、幕府が独自に送り出したものであった。

1860年2月9日、遣米使節の一行を乗せたポーハタン号は品川を出帆し、横浜に立ち寄り、長途の旅に出発した。正使に新見豊前守正興、副使は村垣淡路守範正、目付として小栗豊後守が加わっていた。使節一行が残した日記の中では、特に村垣淡路守の『遣米使日記』と玉虫左太夫『航米日録』が興味深い読みものとなっている。使節一行は途中寄港したハワイで西洋文明の最初の洗礼を受ける。ここでカメハメハ4世の招待を受けるが、まるで「夢路をたどる」（村垣）ばかりであった。

3月29日、ポーハタン号はサンフランシス

❻ J. ブキャナン大統領に謁見する遣米使節一行

コへ入港した。咸臨丸はすでに12日前に到着していた。その後，一行はパナマでポーハタン号の乗組員と名残りを惜しみ，「手をとりて」別れた。パナマからは蒸気車に乗り組み，「雷の鳴雲の中を走るか如く何ひとつ見留るひまもなくはやアスヒンワルといふ港町」(村垣)へ到着した。そこからロアヌーク号でハンプトンローズまで送られ，馬車でウィラード・ホテルへ到着した。5月15日の午後2時のことであった。その日はおそい昼食が祝宴の場となり，豪華な料理が山と積まれた。しかし「珍物ノ食前ニムカエドモ」(森田清行『亜行日記』)空腹を凌ぐことはできなかった。

5月17日，使節はホワイトハウスのイーストルームにおいて，大統領ジェイムズ・ブキャナンに謁見した。大統領は70有余の老人で威厳もあるが，「商人も同じく黒羅紗の筒袖股引何の飾もなく大刀」(村垣)もおびていなかった。

日本人にどうしても理解できないのは，アメリカ女性の役割と地位および大統領制であった。玉虫は「女トイヘドモ文字ヲ読ム」ことに驚き，「此国ニテハ婦人ノ貴キコト男子ノ能及所ニ非ズ」ことを実感する。

大統領は群衆の中へ「供立モナク平人ノ服ニテ一人ニテ相越」し，握手したり歓談する。玉虫はウィラード・ホテルで大統領と同席して幻燈を観た。これには，ただ茫然とし，「夷俗上下ノ別ナキ」を知った。

5月22日，使節は国務省にカス長官を訪ね，「何の礼もなく机の上にて」(村垣)批准書を取り交わした。

批准書の交換も終わり，「夷情探索」となっても，使節たちは「空シク房内に屏居シ」(玉虫)ているだけである。「学校病院幼院獄屋までも見よ」(村垣)と勧められても，断ってしまう。「御奉行始メ誰アリテ」，「政度，形勢ヲ探索スルニ志アルモノナシ」と，玉虫の批判は厳しい。

使節たちが，「其政事・物情深ク探ルヲ」妨げていた原因の1つは，「語音侏離欱舌ニ通ゼズ」ということであった。

5月23日，3使節らは国会を訪れた。「花旗人能ク導キ教ヘ」てくれるのだが，「言語通ゼズ，結構ノ緻密解スル能ワズ」(玉虫)と無念の思いをする。「もも引掛筒袖にて大音に罵るさま副統領の高き所に居る体抔日本橋の魚市のさまによく似たり」(村垣)という印象ばかりが残った。

6月8日，使節たちはブキャナン大統領をホワイトハウスに訪ね，暇乞いして，ワシントンを後にした。その前日，村垣は「我鎖国を開きてはじめて此国に航せしは愉快の事とも也」と日記に書き記した。

使節一行はボルティモアとフィラデルフィアで，熱狂的な歓迎を受けた後，6月16日ニューヨークに到着した。彼らは無蓋の四輪馬車に寄りかかり，ブロードウェイを行進し，メトロポリタン・ホテルへ運ばれた。この日詩人のホイットマンはブロードウェイの片隅に立って，馬車で過ぎてゆく日本の使節一行を見守っていた。後に，その時の情景を'The Errand Bearers or Broadway Pagent'と題して詩に書いた。

6月20日，ニューヨークの町は日本人の買

❼ブロードウェイを四輪馬車で行進する遣米使節一行

物客で賑わった。ブロードウェイ514番地にあるミシン商会 Wilson ＆ Bankers では'Nice, Great Curious, Will take to Japan'などの破格な英語がとび交った。アップルトン社を訪れ「貨幣之事を記せし書」を買った者もいた。日本人のニューヨークに対する評価は"very much good—very big"であった。

とにかく若き自由の国アメリカは使節たちを心から遇した。「使節従者77人」「大抵ハ彼ヲ憤リ悪ノ士ナリ、然ト雖、其実ヲ知ニ及ンテハ、各先非ヲ悔タリ」との福島義言の結論は興味深い。

6月30日、ナイヤガラ号はニューヨークを出港、喜望峰まわりで、使節一行を品川に送り届けた。11月9日のことであった。やがて使節たちが、これまでたどってきた夢路から醒めたとき、国内は攘夷の嵐が吹きすさび、彼らの見聞を語ることさえ遠慮しなければならなかった。

F──華盛頓(ワシントン)の子孫はどうなっているか

福沢諭吉は幕末の10年間に3度外国へ渡った。第1回目は咸臨丸でのアメリカ行きである。福沢は中津の窮屈な門閥社会を嫌って、そこを飛び出し、長崎、大阪と蘭学を学び、江戸に出て、中津藩中屋敷内に蘭学塾を開いた。ところが、その翌安政6（1859）年、開港したばかりの横浜で、オランダ語が役に立たないことを知って、英語を学び始める。そのとき、万次郎から英語の発音を学んだ。福沢のことだから、万次郎から、アメリカが門閥社会のない国であることも聞き知ったであろう。そこでアメリカへ行きたいものだと考え、咸臨丸へ乗り込むことになった。1860年2月8日、咸臨丸は浦賀沖に碇泊している。艦内の1室では、通弁中浜万次郎のアメリカばなしに花が咲いていた。日本の将軍にあたる大統領が「人民の入れ札」によって選ばれ、しかも「4年交代」だという。

> 皇帝国王なとと言ふ人はなく、又定りて子孫相続き之大将も無之、国中一統器量之人を撰み大将に取立、4年目に交代いたす。英国と争戦之時勝軍之大将ハ余程名将にて、人々も致信服居、八か年程相勤、名は「ヂヨノロヂャキシン」と申した。
> 　大統領往来一僕二而軽き躰也
> 　民百姓ナリトモ学問次第挙ケ用ヒラル

万次郎の語るアメリカ事情は、信じられないことばかりであった。

3月18日、サンフランシスコのインターナショナル・ホテルにおいて、市長主催の歓迎会

❽滞米時撮影された福澤諭吉と写真屋の娘

が開かれた。咸臨丸が入港した翌日のことである。そこへ日本の大名にあたるカリフォルニア州の知事が、伴も連れずに、ぶらりと町へ姿を現し、祝宴に加わった。日本人には、このように「気取らず、物静かな男」が知事だなどとはとても信じられなかった。しかも「一僕も連れずに出歩いている」となるとなおさらであった。諭吉もサンフランシスコに上陸すると、早速、万次郎噺を試してみた。

> 今華盛頓の子孫は如何なっているかと尋ねたところが、ワシントンの子孫には女がある筈だ、何でも誰かの内室になっている様子だと如何にも冷淡な答で、何とも思って居らぬ。

福沢にしてみれば、「大統領は4年交代」ということは納得できるが、ワシントン一族は、徳川家康の子孫と同じように、それ相応の扱いを受けていると考えたのである。

勝海舟はアメリカでは士農工商の区別のないことに驚く。

福沢のもう1つのサンフランシスコ土産は、「ウエブストル」の辞書である。

咸臨丸は、1860年5月8日にサンフランシスコを出港、途中ホノルルに立ち寄り、6月23日浦賀に帰り着いた。

福沢諭吉は第1回のアメリカ行では記録らしい記録を残していない。しかし「ワシントンの子孫」はやがて『西洋事情』(「初編」慶応2年、「外編」明治元年、「二編」明治3年)として結実し、「ウエブストル」の辞書は、福沢の英学研究のための「天地間無上の宝」となる。こうして「万次郎のアメリカ」は福沢諭吉にバトンタッチされることになった。

1867年、福沢諭吉は再びアメリカへ渡った。福沢はワシントン滞在中、独立宣言書の草稿を見たり、時の大統領アンドルー・ジョンソンが1人で散歩しているのに出会う。

今度の福沢のアメリカ土産は多数の英書、特に歴史、政治、経済などに関する書物であった。従来、西洋の学問は、医学、天文学、兵学などの自然科学に限られ、封建体制を補強する学問からあまり出なかった。これを「社会の人事に適用せん」と考えたからである。英学が封建社会から解放される第一歩である。

福沢がもたらしたアメリカ出版の学校読本は当分の間、日本国中で使用されていた。

■参考文献

《幕末日米関係一般》

Dulless, F. R. *Yankees and Samurai*. Harper & Row, New York, 1965.

鈴木孝夫監修・川澄哲夫編著『資料 日本英学史 第1巻(上・下)』大修館書店、1998.

《アメリカの鯨捕りと日本の漂流民》

Ronald MacDonald—the Narrative of His Life, 1824-1894. Oregon Historical Society Press, 1990.

春名徹『にっぽん音吉漂流記』晶文社、1979.

室賀信夫・矢守和彦編訳『蕃談——漂流の記録』(東洋文庫39)平凡社、1965.

川澄哲夫編著・鶴見俊輔監修『中浜万次郎集

宣教師とお雇い外国人たち

開国直後，神奈川成仏寺がアメリカ人宣教師たちの宿となった。最初に成仏寺に住みついたのはジェイムズ・ヘボンである。ヘボンは1815年の生まれで，プリンストン大学，ペンシルヴェニア大学医学部卒業後，1841年，東洋伝道に向かった。ヘボンは帰国後，ニューヨーク市の42番街に医院を開いた。

ところが，ヘボンは，日本が開国したことを知ると，病院や邸宅，別荘，家財道具を一切処分し，日本伝道を志して横浜へやってきた。1859年10月17日のことであった。

成仏寺に居を定めたヘボンは英語を教えるかたわら日本語の勉強に励んだ。それから2年後の1861年半ば頃までに，成仏寺には，ヘボン，サミュエル・ブラウン，ジョナサン・ゴーブル，ジェイムズ・バラの4人のアメリカ宣教師が家族と共に住むようになっていた。

1862年，ヘボンは幕府から村田蔵六ら9名の幕臣に英学の教授を依託された。このときボーディッチの航海書を教えていたことは興味深い。ボーディッチは万次郎がフェアヘヴンの学校で学んでおり，遣米使節が70冊買って帰ってきている。同じ年ヘボンは塾を横浜居留地内39番地に移転した。1864年，数え年12歳になった高橋是清は横浜へ出てヘボン塾に入った。新島七五三太は函館から密航してアメリカに渡る。この頃ヘボンは英語の教育を夫人に任せ，聖書の翻訳，『和英語林集成』の編集に力をそそいでいた。

1866年にヘボンは『和英語林集成』の原稿を完成し，夫妻は助手の岸田吟香を連れて，上海に渡った。留守中，バラ夫人がヘボン塾を引き受け，高橋是清も大槻文彦もバラ夫人から英語を習った。『和英語林集成』は1867年刊行された。高橋はアメリカへ渡り，騙されて奴隷の生活を送ることになる。

明治3年，ヘボン塾にメリー・キダーが加わった。その後，キダー塾は独立し，フェリス女学

❾ J. ヘボン

院となる。総じて，幕末から明治初年にかけて，アメリカ人宣教師が，日本の教育に残した功績は大きい。

お雇いアメリカ人については，明治初期日本の教育に尽くした人たちを列挙するにとどめる。文部省顧問で，「モルレー申報」で知られるデイヴィッド・マレー，札幌農学校のウィリアム・クラーク，森有礼が設立した商法講習所（一橋大学の前身）のお雇いとなったW. C. ホイットニー，元サンフランシスコの小学校長で，師範教育を改革したM. スコット，C. カローザースは，アメリカ7年制カレッジにならって，慶応義塾の学科課程を改善した。ウィリアム・グリフィスは『皇国』をはじめとした日本人論の著書で知られている。学問の面で一言すれば，東京大学の英文学はウィリアム・ホートンに始まり，ダーウィンの進化論を講義し，大森貝塚の発見で有名なエドワード・モース，モースの紹介で来日したアーネスト・フェノロサは見逃せない。フェノロサは，東京大学では政治学，経済学，哲学を教えた。フェノロサによって岡倉覚三は東洋の古美術に目を開かれた。内村鑑三，新渡戸稲造はクラークからキリスト教の影響を受け，スコットのおかげで内村は「英語の勉強に多大の興味を覚」え，新渡戸は英文学の味わい方を知った。

［川澄哲夫］

成』（増補改訂版）小学館，2001.
川澄哲夫編著・小沢一郎監修『ジョン万次郎とその時代』広済堂出版，2001.
春名徹『漂流――ジョセフ・ヒコと仲間たち』角川選書，1982.

《ペリー日本遠征》

The Personal Journal of Commodore Matthew C. Perry. ed. by Roger Pineau Smithonian Institution Press, 1968.

Williams, S. W. Journal of the Perry Expedition to Japan. Asiatic Society of Japan Transactions XXXVII (1910).

《タウンゼント・ハリスの日記》

The Complete Journal of Townsend Harris. Japan Society, New York, 1930.

《遣米使節と咸臨丸》

玉虫左太夫（沼田次郎校注）「航米日録」「西洋見聞録」『日本思想体系66』岩波書店，1974.
村垣淡路守『遣米使日記』『遣米使節日記 纂輯 第一』東京大学出版会，1928.
福沢諭吉（富田正文注）『福翁自伝』岩波文庫，1978.
木村摂津守「奉使米利堅紀行」『遣外使節日記纂輯 第二』東京大学出版会，1929，1987.

《小説で幕末の日米関係を読む》

井伏鱒二『風来漂民奇譚 ジョン萬次郎漂流記』河出書房，1937.
井伏鱒二『漂民宇三郎』講談社，1956.
杉浦明平『小説 渡辺崋山』全八巻 朝日新聞社，1982.
吉村昭『海の祭礼』文藝春秋，1986.

105 日系アメリカ人
Japanese Americans

飯野正子

アメリカの移民史において日本からの移民は後発で、アメリカへ入国する日本人移民が増加したのは1890年頃からである。日本人移民とその子孫、つまり日系人の人口がアメリカ社会で注目を集めるほどの規模になったことはなく、人口の集中していたカリフォルニア州で日系人人口が最大になったときでも、州人口の1％以下であった。それにもかかわらず、19世紀末から20世紀にかけて日系人は排斥され、1924年移民法により入国を禁止されるに至り、さらに第2次世界大戦時には敵性外国人として強制立ち退き・収容の措置を受ける。アメリカにおける日系人の立場や地位は、アメリカ社会の移民やエスニック集団に対する姿勢の変化に左右されただけでなく、日米関係の波に大きく影響されてきたのである。国勢調査の数字に表れる1960年代以降の日系人の所得、教育程度、職種などは、アメリカ平均よりよいと見なされ、戦後ゼロから出発した日系人の経済・社会的地位が急速に向上したことがわかる。最近では、「日系アメリカ人」というより「アジア系アメリカ人」というアイデンティティを持つ人々も増えているといわれる。

A──日本からの移民のはじまりと増加

❶──移民のはじまり

日本人移民がアメリカの移民統計に最初に現れたのは、1861年の1人であり、1860年代の10年間に186人が日本からアメリカに入国している。ただし、その全員が移民であったとは考えられない。明治維新の混乱のさなか、出国許可を得られないままハワイ王国に渡った「元年者」と呼ばれる日本人労働者の一団や、1869年、カリフォルニアで「若松コロニー」と称する開拓村を築こうとした人々がいたこともよく知られている。しかし彼らは定着せず、のちの日本人移民の先達としての役割を果たさなかった。『日本外交文書』によれば1870年の在米日本人数は55人、1880年では188人とされる。

1885年、ハワイ王国と日本政府との間に契約労働者に関する協約が結ばれ、協約終了の1894年までに合計3万人近くの日本人がハワイ王国へ渡ったが、これはアメリカ本土への移民が増加し始める時期でもあった。在米日本人の数は1886年以後、急速に増加し、この傾向は1907-08年にいわゆる「紳士協定」が日米間で取り決められるまで続くことになる。この時期をピークとして、その後、日本からの移民は減少し、1924年移民法によって事実上、途絶えることになる。

このような日本人移民そして彼らを祖先としてアメリカで生まれた日系アメリカ人の歴史は大きく5期に分けられる。(1)はじまりと増

加（1880頃-1908年），（2）定着と排斥（1908-1924年），（3）1924年移民法から第2次世界大戦まで（1924-1941年），（4）戦時中，（5）戦後。

❷ 農民の窮乏と海外移住

移民となった人々の中心は一般農民であったが，特にアメリカへの移民が増加した1880年代後半の日本は，西南の役のあとの松方デフレ政策による不景気，米価の低落，地租の重税，さらには凶作も加わり，農村は深刻な不況に見舞われていた。農民は土地を手放し，小作農へと転落し，ついに離農離村を余儀なくされ，都市産業に低賃金で雇用されることになった。産業資本の形成期，つまり商業経済への移行の時期に，農村経済の困窮は必然であった。そして同時に，交通・輸送手段の近代化に伴い，農村からの離脱は容易でもあった。しかしながら，この時代の都市産業はまだ十分に発達しておらず，農村から流出する労働力をすべて吸収する余裕はなかった。このような余剰労働力の一部が，北海道移住または海外移住にまわったことは容易に想像できる。

ハワイへの官約移民の第1回募集（1885年）の際，600人の募集に対し2万8,000人の応募者があったことや，同年の第2回の募集に際しても，例えば熊本県の300人の募集に対し6,016人の応募者があったことから，この時代に農村の経済的疲弊による潜在的移住希望者の多かったことがうかがえる。

移民の大多数は広島，山口，和歌山，福岡の出身であったが，これらの県では個人所得において全国平均を下回る農民階級の割合が最も大きかった。この事実は，移住の動機としては経済上のものが大きかったことを示している。ただし，総体的に，もともと貧困状態にあった地域よりも，何らかの原因で経済状態が急激に低下した地域からの移民が多いのは，どの移住地についても同様である。また，海外への移民を多数送り出した地域は，往々にして海に囲まれた地域で海外志向性が高かったといわれるが，この点も移民一般に共通している。さらに，先輩移民の成功が刺激となって移民母村に一種のブームを起こすことも多かった。

1896年にはシアトルへ，1898年にはサンフランシスコへの定期航路が開設され，アメリカへの渡航が以前に比べて身近になったこともある。徴兵忌避も動機の1つとなった。

❸ 移民保護規制の制定

1894年，日本において移民保護規則が制定され，それまで政府が行っていた移民取り扱い業務が民間の業者である移民会社の手に移り，移民募集・送出が活発かつ組織的に行われ始めた。外国の雇用者に労働力を周旋する仕事はきわめて利潤の高いものとなり，移民会社は自己の利益のために移民を奨励することになった。また，『渡米案内』『渡米の手引き』といった出版物も多数あった。またこの頃は，言論界，政界，学界でも，海外移住奨励の意見が多かった。

人々に移民を決心させた重要な要因は，移民した先での，日本におけるよりも高い賃金であった。職種により，また移民の運不運によっても異なるが，契約労働者の場合，移民先では日本での賃金のほぼ4倍から5倍を得たといわれる。実際の条件がそれほどよくなくとも，伝えられる成功した移民の話や，移民を募集する移民会社の宣伝文句には，そのような数字が示され，日本での生活から逃げ出して経済状況を改善したいと願う移民希望者には極めて魅力的であったと思われる。

❶官約移民としてハワイに渡りサトウキビ農場で労働に従事する日本人移民

B ── 定着と排斥

❶ ── カリフォルニアへの定着

　アメリカ本土への日本人移民の半数以上がカリフォルニアに定着した。その理由としては，つぎのようなことが考えられる。（1）主として距離的な理由のため太平洋岸地域にはヨーロッパからの移民が少なかったこと，（2）日本からアメリカへ入国する移民は，まず太平洋岸の港に到着したこと，（3）人口が少なく，ゴールドラッシュの後で急激な発展途上にあるカリフォルニアには，鉄道敷設，鉱山，農業などの分野において経済上の可能性が大きかったこと。

　彼らが低賃金で長時間の労働に甘んじたこと，これが彼らが好まれた第一の理由であった。彼らは若く，元気で，結婚しておらず，よく働く，という季節労働者として「望ましい」条件を備え，「最も粗末な設備と，最も簡素な食事に満足する」労働者と見なされたのであった。

　家庭の召使いや料理店の雇い人になる者もあったが，言葉が通じなくとも仕事ができ，経験や技術をそれほど必要としない割には条件通りによく働く労働者となり得たのは，長い封建制度の遺風の故に身分関係を基盤とした不平等を容易に受け入れたからだといった説明もなされる。しかし，この頃の日本人移民は，お金を貯めることを目的としていたから悪条件でもよく働いたのだともいえる。多くは当時，日本で家が建つといわれた1,000円の貯金ができれば帰国する，つまり錦衣帰郷を夢見る出稼ぎであったのだから。

　ただし，増加の傾向を見せたとはいえ，日本人移民の数は当時の中国人移民の比ではなかった。1890年のアメリカの国勢調査は，中国人10万7,000人に対し，在米日本人は約2,050人であった。日本人移民の入国が年間1,000人に達した1891年の全移民入国数は，56万人余であった。

　最も日系人口の集中していたカリフォルニア州ですら日本人移民および日系人が注目されるほどの規模ではなかったにもかかわらず，日本人移民の入国に反対し，日系人を排斥しようとする，いわゆる排日運動が起きることになる。このような排日運動のはじまりを正確に位置づけることは難しいが，1880年代の末には「ジャップは出て行け！（Japs must go!)」の

表105-1 ●日本人移民入国数の推移　[単位：人]

期間	人数
1861-1870年	186
1871-1880年	149
1881-1890年	2,270
1891-1900年	25,942
1901-1910年	129,797
1911-1920年	83,837
1921-1930年	33,462
1931-1940年	1,948
1941-1950年	1,555
1951-1960年	46,250
1961-1970年	39,988
1971-1980年	49,775
1981-1990年	47,085

●出典｜U.S. Immigration and Naturalization Service, *Statistical Yearbook of the Immigration and Naturalization Service* (Washington D.C.:GPO, 1993), pp.26-28.

❷日本人移民の増加に対する危機感を煽る記事が『サンフランシスコ・クロニクル』紙の一面を飾る［見出しに「日本人の侵略：時間の問題」とある。1905年2月23日付］

声がカリフォルニア州で聞かれるようになったようである。

❷——アジア人排斥運動

そして日本人移民入国数がピークを迎える1900年代には、排斥は組織的・全国的なものとなる。1905年にはサンフランシスコにおいてアジア系排斥同盟（のちに日韓人排斥同盟と改称）が組織された。この同盟が目標達成のために用いた手段は、立法とボイコット、そしてプロパガンダであった。

この運動をさらに活発にすることに貢献した新しい要素は新聞である。1905年、『サンフランシスコ・クロニクル』紙がアジア人排斥を唱えるセンセーショナルな記事を掲載し、他の地方紙もこれに続いた。これらの新聞が排斥を唱える際にその論拠としたのは黄禍論であった。もともとヨーロッパで唱えられていた黄禍論をカリフォルニアと結び付けたのは『無知の勇気』を書いたホーマー・リーである。彼が述べた、日本人を恐れるのは彼らが劣等だからではなく、むしろ優等だからだ、という論は、その後の排日運動の中心であり、『サクラメント・ビー』紙の発刊者ヴァレンタイン・V. マックラッチーらが用いて効果を上げることになる論拠なのである。

日露戦争で勝利を収めた日本は、突如、太平洋における強力な国家として浮かび上がった。これは、当時、東アジア地域は将来アメリカが市場および勢力を拡大するにふさわしいと見なしていたアメリカの思惑に不吉な影を落とすものであった。この頃、ちょうど、日本人労働者が以前の中国人のような苦力労働者のままではいないということが明らかになり始めていた。新聞が排日を書き立てる要因は揃った。こうした状況を巧みに捉え、センセーショナルに書き立てた新聞の影響は大きく、日本人移民に対する恐怖心と不信とがアメリカ人の間で育ち始めるのである。

❸——サンフランシスコ学童隔離問題

このような背景で起こったのがサンフランシスコ学童隔離問題である。1906年にサンフランシスコで起きた地震の後、同市の教育委員会が、市内の学校の半数が焼失し学校設備に不足をきたしたことを理由に、市内の日韓人学童全員を東洋人学校に転校させると発表した。当時、市内の全学童約2万5,000人のうち、日本

人学童は93人にすぎなかったのであるから、教育局のこの措置は明らかに当地の排日的世論を反映していた。

この問題は、もともとカリフォルニア州という一地域のものであったが、日本政府がアメリカ連邦政府に抗議したため、セオドア・ローズヴェルト大統領は商務労働長官ヴィクター・H. メトカーフをこの問題の調査のためにサンフランシスコに急派した。カリフォルニア州における排日運動の圧力を受けつつも日本との友好関係の維持を望むローズヴェルトの態度に接し、カリフォルニア州では、日本人移民に対し一段と強硬な排斥の姿勢がみられた。新聞の排日論調も強まった。ローズヴェルトによる連邦政府の州権への介入も、カリフォルニア州民の姿勢硬化の原因であった。問題はすでにカリフォルニア州にとどまらず、州政府対連邦政府、そしてアメリカ政府対日本政府の問題となっていたのである。

ローズヴェルトはサンフランシスコ市長および市教育委員会との会談を持ち、学童隔離をやめるよう説得し、成功した。しかし、当地の日本人移民に対する襲撃や嫌がらせは、その度を増していくのである。ローズヴェルトの意向を受けて、日米の政府間で交渉が行われ、その結果、1907-08年のいわゆる「日米紳士協定」が締結された。これによって日本政府は自主的に労働者への旅券発行を停止することを確認したのである。

❹──土地法の制定

この後、日本人移民の入国は減少し、すでにアメリカにいる日本人は「定着の時代」に入る。つまり、この頃から日本人移民は次第に内陸部へ入り、農業に従事し始めたのである。彼らは最初は土地を持たず農場労働者として働くが、その目的は独立した農場経営者となることであり、出稼ぎとしての性格は消えていた。初期の農業における成功者、「ポテト王」と呼ばれた牛島謹爾（ジョージ・シマ）は、1926年に死亡したとき、推定1,500万ドルもの財産を残していたといわれる。彼の成功物語は再々日本の新聞雑誌に掲載されたが、これに刺激を受けてアメリカ移住を志した若者も多い。

日本人農夫の働きはめざましく、土地所有および借地面積は急速に増加した。日本人は手のつけられない荒れ地を肥沃な土地に変えると、その魔法とも思える努力が賞賛される一方、その努力のゆえに、彼らへの排斥も激しさを増したのである。排斥の理由は、もはや日本人移民が出稼ぎの安い労働力であることではなく、アメリカ人の土地を奪っていることであった。そしてついに1913年、市民権を得る資格のない外国人（つまり日本人）の土地購入を禁止する外国人土地法がカリフォルニア議会を通過した。借地権も3年以内と制限された。

そして、その法の抜け穴ともいうべきアメリカ生まれの二世の名義での土地購入が進むと、排斥の機運はいっそう高まり、1920年には日本人の借地権をも奪う土地法が制定された。同様の土地法は続いてワシントン、オレゴン諸州でも制定される。1920年当時、アメリカ本土に住む日系アメリカ人約11万5,000人のうち、約9万5,000人が太平洋岸地域に集中していたが、この地域全体で日系人は定住の基盤となる土地所有を拒否されたのである。

そして1924年移民法により、日本からの移民の入国は完全に禁止されることになる。1924年移民法は、東欧・南欧からの移民の入国を抑え、西欧・北欧からの移民の入国を有利にすることを目指したものであり、その中では日本人という表現を用いて日本人の入国禁止を定めているわけではないにもかかわらず、一般に「排日移民法」といわれる。確かに、「帰化不能外国人の入国禁止」を定める付帯条項を含

むこの移民法は，1922年，最高裁によって「帰化権なし」との判決を受けていた日本人にとっては「排日移民法」にも等しいものであった。すでに中国人は1882年に始まりその後10年ごとに更新された中国人排斥法によって，またインド人その他のアジア人も1917年の移民法によって，入国を禁じられていたので，この移民法にある「帰化不能外国人」条項が日本人を対象としていると日本側に受け取られても当然といえた。アメリカの一歴史家も，これは，日本人を名指ししてはいないが，「日本人を対象とした差別的性格を持つ連邦政府の行動としては最初のもの」だと論じている。

1924年移民法制定の後，日本人移民の入国は激減したが，すでにアメリカにいる日系人は着々と地歩を固めていた。1930年には農業従事者が52％，家庭労働・雑役従事者が23％，小売商が12％という割合であった。ことに日系人の技術がよく知られるようになったのは庭師としての腕であり，庭のある家を持つヨーロッパ系中流階級にとって「日系人の庭師」は手放せないものとなった。農産物卸売市場，食料品店，洗濯屋を経営するに至った日系人も多かった。

そしてある程度の経済上の安定が達成されると，一世が望んだのは二世の教育であった。もともと日本人移民のほとんどは男子であり，ヨーロッパ系との結婚は許されていなかったため，彼らと子供である二世との年齢差は大きかった（1942年の統計では，一世と二世の平均年齢がそれぞれ55歳と17歳であった）。そして，親の期待通り教育を受けた二世は，アメリカ社会に受け入れられることを望み，一方で親の世代とのギャップは広がるものの，アメリカ社会への同化は他のエスニック集団と同様に進むことになる。

C——第2次世界大戦と日系人

❶——強制立ち退き実施

第2次世界大戦中の日系人の体験はアメリカ社会での彼らの地位に大きな影響を及ぼしたが，これは他のエスニック集団の歴史にはみられないものである。1941年12月7日，日本軍がハワイの真珠湾を奇襲した。アメリカ政府の対応は迅速であった。即日，日系人社会の中心的人物が拘引され，司法省管轄下の抑留所に入れられた。一世の預金は凍結された。そして翌年2月，フランクリン・D. ローズヴェルト大統領が行政命令第9066号に署名した。これは，必要があれば国内に軍事地区を指定し，そこに住む者で国防を犯すと認められる者には強制立ち退きを命ずる権限を，陸軍省に与えるものであり，実質的には，西部防衛司令部司令官ジョン・L. ドゥウィット中将がそれを実施することになった。その対象には市民権を持たないドイツ人やイタリア人も含まれていたが，実施にあたって適用されたのは日系人だけであった。それも，アメリカ市民権を持たない一世だけではなく，アメリカ市民である二世，三世にも適用されたのである。

そして3月，ドゥウィットは第一軍事地区を定め，そこから日系人の自発的立ち退きを勧告するが，このときに立ち退いた約1万人の日系人は移動先で抗議や妨害に遭い，この計画は中止となる。そこで政府は，日系人を保護するためという理由を加えて，強制立ち退きの実施に踏み切ったのである。立ち退き者の管理を任せるために戦時転住局（WRA）も設置された。政府内部からの批判もあったが，すでにこのとき，「軍事上の必要性」は何ものにも優先した。この名目で，ワシントン，オレゴン，カリフォルニアの3州に居住する日系人約11万

人の強制立ち退きが実施に移されたのである。

　日系人は一世も二世も，家や家財道具を二束三文で手放し，または政府や友人に託し，職を捨て，住み慣れた土地を離れることになる。それまで長年かかって歯を食いしばって築き上げた生活が音を立てて崩れたのである。

❷──転住先での苦難

　彼らは，まず，ワシントン，オレゴン，カリフォルニア，アリゾナ諸州の計15ヵ所に設けられた仮収容所へ集められ，そこから転住所に向かった。仮収容所として用いられたのは競馬場の厩舎や農産物品評会用地内の建物で，悪臭に辟易したとの感想は立ち退き者の多くに共通している。転住所はユタ，アリゾナ，コロラド，ワイオミング，アーカンソー，アイダホ，カリフォルニア諸州に計10ヵ所（表105-2），急造されたが，いずれも砂漠や荒れ地で気候の変化の激しいところであった。鉄柵に囲まれ，監視塔の見張りのもと，日系人は，それまでに味わったものとまったく異なった苦難を体験することになる。

　一世にとって，物理的・肉体的な逆境におかれた苦しみもさることながら，戦前にようやく築き上げた財産や社会的地位，そして仕事を失った精神的打撃は大きかった。転住所を出た後も立ち直ることができないまま亡くなった例もある。また，アメリカで生まれアメリカ市民として生きてきた二世が，アメリカに裏切られたと感じ，アメリカ政府に不信感を抱くようになった例も多い。

　しかし，二世にとっては，転住所生活が人生の転機ともなった。WRAなどの協力を得て，太平洋岸に住み続けていては不可能であったかもしれない東部・中西部の大学への入学・転学を果たした者もいた。ハワイ出身の二世による第100歩兵大隊に編入された第442連隊戦闘部隊は，転住所から志願した二世のみによる編制であったが，この部隊のイタリア戦線，フランス戦線での活躍は有名である。犠牲者の数も膨大であったが，アメリカ軍事史上最も多くの功績を立てたとされるこの部隊の，アメリカに対する血をもっての忠誠は，戦後のアメリカ社会における日系人の地位の飛躍的上昇の一要因である（⇨コラム「日系アメリカ人と軍隊」）。

　ただし，二世の中でも，主たる教育を日本で受けてアメリカへ戻った，いわゆる帰米二世はやや複雑な立場にあった。約9,000人の帰米の

❸戦時下，強制立ち退きを命じられ当局に登録する日系人［サンフランシスコ，1942年］

表105-2 ●強制収容の転住所と収容人数［単位：人］

転住先	最大人口
ヒラ・リヴァー［アリゾナ州］	13,348
グラナダ［コロラド州］	7,318
ハートマウンテン［ワイオミング州］	10,767
ジェローム［アーカンソー州］	8,497
マンザナ［カリフォルニア州］	10,046
ミニドカ［アイダホ州］	9,397
ポストン［アリゾナ州］	17,814
ローワー［アーカンソー州］	8,475
トパーズ［ユタ州］	8,130
ツールレイク［カリフォルニア州］	18,789

●出典｜R. Daniels, S. C. Taylor, and H. H. L. Kitano, eds., *Japanese Americans: From Relocation to Redress* (Salt Lake City; Univ. of Utah Press, 1986)

表 105-3 ●地域別日系人人口の割合の推移［1930-90年，ハワイを除く］　　　　　　　　　　　　　　　［単位：％］

国勢調査年	太平洋岸地域	山岳地帯西部	北中央部	南部	北東部
1930年	86.7	8.3	1.5	0.8	2.8
1940年	88.6	6.8	1.2	0.8	2.6
1950年	69.4	10.0	13.2	2.2	5.2
1960年	68.8	6.7	11.3	6.2	6.9
1970年	65.0	5.5	11.5	7.7	10.3
1980年	64.2	6.2	9.7	10.0	9.8
1990年	60.2	5.7	10.5	11.2	12.4

●出典｜U.S. Bureau of the Census, *Nonwhite Population by Race,* Subject Report PC2-1C (Washington D.C.: GPO, 1963); U.S. Bureau of the Census, *Japanese, Chinese, and Filipinos in the United States,* Subject Report PC2-1G (Washington D.C.: GPO, 1973); U.S. Bureau of the Census, *Asian and Pacific Islander Population by State: 1980,* Supplementary Report PC80-S1-12 (Washington D.C.: GPO, Dec. 1983); "Census Bureau Releases 1990 Census Counts on Specific Racial Groups," *U.S. Department of Commerce News* (June 12, 1991).

中には，アメリカではなく日本に愛着を抱き日本の勝利を願う者もいたからである。

D──戦後

❶──立ち退き命令の撤回

1944年12月，陸軍省が翌年1月2日をもって立ち退き命令を撤回すると発表した。WRAも，次のような声明を出して，当時まだ転住所にいた8万人の日系人に出所を促した。1945年末までに転住所はすべて閉鎖され，WRAの全計画が1946年6月には終了すること。そして日系人は西海岸の立ち退き地域に帰ることも，また西海岸以外の地域へ再定住することも可能であり，WRAは援助の用意があること。

西海岸の世論はまだ不安定だと伝えられており，帰還には勇気が必要であったが，それでも1945年6月末には転住所からの出所者の半数，10月末では90％が西海岸に向かった。日系人にとっては待望の帰還であったが，その故郷では仕事も財産もなくなっていることが多かっ

た。偏見も消えてはいなかった。最も難しかったのは住宅の確保であった。これらの問題解決のためのWRAの努力を助けたのが教会や人道主義団体である。

忠誠心に問題があるとされていたツールレイク転住所の隔離者たちは，この時点ではまだ出所を許されず，国籍剥奪法に基づく市民権放棄申請書が約5,700人の日系人から出された。しかし1945年8月，日本降伏の頃には，多くは申請取り消しを申し立て，結局日本へ送還されたのは4,724人にとどまった。1946年の時点での日系人人口分布を見ると，約5万4,000人が西海岸に戻っており，約5万2,000人が他の地域に再定住している（表105-3）。

❷──補償請求運動の結実

1930年の結成以来，日系人のアメリカ化を促すと同時に，日系人の立場を一般に理解させる努力や第1次世界大戦に従軍した一世の帰化権獲得運動に活躍していた全米日系市民協会（JACL）は，戦後も日系人の地位向上のためにめざましい働きを見せる。強制立ち退きによ

日系アメリカ人と軍隊

●**マイノリティと軍隊**──日系アメリカ人が「アメリカ人」と認められるためにはどのような苦難があったか。最も手っ取り早い手段は軍隊に入り，手柄を立てることであった。つまり，米国に命を捧げることであった。

第2次大戦中の日系部隊で名を馳せたのは，第442連隊であった。欧州戦線でドイツ軍によって連隊から分断されたテキサス州兵第1大隊の200名を救出するために800名以上の死傷者を出した442連隊はこの大戦中，米陸軍で最も多く勲章をもらった部隊として知られる。日系部隊が武勲を求めたのは，当時，日系市民が「市民」でも「外国人」でもない「非外国人」として迫害されたなかで，米国政府，米国社会に対し，忠誠心を示そうとしたからであった。日系人が一般のアメリカ人以上に犠牲を厭わず戦うことで日系人に対する猜疑心が解け，米国社会に受け入れてもらえることを期待したからである。

ただ，日系部隊が欧州戦線に投入されたのは，アジア系がアジア人と戦うことを嫌うのではないか，とみられたためだった。日系人の米国への愛国心が信用されていなかったのである。母国米国のために大きな犠牲を払った442連隊も，それに見合う評価を得なかったのである。

米国社会が第2次大戦後も日系人をただちに「本当の米国市民」として受け入れたとはいえない。人種差別に基づき日系人を事実上締め出していた「1924年移民法」がある程度自由化されたのは1960年代半ば，公民権運動が活発になった副産物としてであった。

1999年，米陸軍参謀総長に日系人のエリック・シンセキ将軍が就任した。参謀総長は統合参謀本部議長に次ぐ制服組のナンバー2で，陸軍ではトップの地位である。シンセキ将軍は1942年ハワイで生まれた三世で，ボスニア紛争などの在欧米陸軍司令官を経て，陸軍の最高位に就いた。その10年前の1989年には，統合参謀本部議長に初のアフリカ系アメリカ人が抜擢されていた。現国務長官のコリン・パウエル将軍である。

アフリカ系アメリカ人が制服組の頂点に，それに次いで自分たちの仲間が陸軍トップに就くなどとは，第442連隊の日系人たちは思いもよらなかったにちがいない。軍隊の指揮官は実際に能力がある人物でなければならない。その地位にマイノリティが選ばれたのは，少数派がこの国で地歩を築いていくうえでの覚悟と，それを受け入れる米国社会の懐の深さ，合理性を映している。

●**米軍組織と徴兵制**──米軍は最高司令官である大統領の下に陸軍，海軍，空軍，海兵隊の4軍と沿岸警備隊，州兵が存在する。日本人になじみが薄いのが州兵（ナショナル・ガード）で，米軍で歴史的に一番古い組織だ。公式に連邦組織としての役割も与えられ，連邦正規軍と変わらない。米国全体で約50万人いる。

ところで，米国には現在，徴兵制度はなく，志願制である。徴兵制度がしかれたのは南北戦争，2度の世界大戦，ベトナム戦争など，例外的な事態の場合である。徴兵制は1973年に廃止された。ただ，18歳から26歳までの男子（市民，永住者）は，いざ徴兵という時のための予備登録を最寄りの郵便局でしなければならない。このように，米国では市民と軍隊の距離が近く，米国民は身近な軍隊に親近感をもっている。　　［小田隆裕］

❹日系二世によって編制された第442連隊［1943年］

る財産損失の補償要求や一世の帰化権獲得運動などである。このような動きに伴い，カリフォルニア州外国人土地法は1956年に廃棄され，他州における外国人土地法も1966年までにはすべて廃棄されるにいたった。

しかし，第2次世界大戦時，日系アメリカ人が強制的に立ち退かされ，戦後にかけて最長3年半の年月を転住所で過ごしたことに対する補償を求める本格的な補償請求運動が，日系人コミュニティとアメリカの世論の支持を受けて成功するまでには，かなりの時間が必要であった。1948年，トルーマン大統領はJACLなどの補償請求に応じて日系人立ち退き賠償請求法を制定した。これにより，アメリカ政府は強制立ち退きに関する道義的責任を認め，約2万6,600件に対し総計3,700万ドル近くを支払った。しかし，賠償請求手続きが複雑な上に，賠償が認められる財産の種類が限定されていたり，賠償率が低いなど，多くの問題があった。さらに，強制立ち退き・収容によって引き起こされた心理的苦痛などは考慮されず，政府のとった行為が違憲であったことを公表するものでもなかったために，この措置は日系人の間に大きな不満を残した。

その後20年以上もの間，補償要求の動きはまったくみられなかった。その運動が再開されるのは，JACL全国大会において「全米補償請求委員会」が生まれた1970年のことである。この頃から，「賠償」だけではなく，日系人の被った「不正」を「正す」という意味の加わった「リドレス」ということばが定着した。そして，長い年月が必要であったが，この運動は，ついに政府を動かし，1988年，強制立ち退き・収容を経験した日系アメリカ人に対する謝罪と補償金支払いを保証する法案にロナルド・レーガン大統領が署名することで，成功に終わった。これは「1988年市民自由法」の制定という形になり，日系アメリカ人にとって戦後50年の最も重要なできごととなった。

戦後は，日系人の社会的・経済的地位の上昇に伴い，居住地も拡散し，他のエスニック集団の人々との結婚も進んだ。1990年の統計では，約85万人の日系アメリカ人の3分の1弱がハワイ州，3分の1強がカリフォルニア州に住み，残りは全米に拡散している。家族所得では全米平均を40％上回るが，その要因の1つは教育程度が高いことである。一世は農業，庭園業，小売業など，高い教育を必要としない職業に就いていたが，教育を重視する彼らの期待を担って二世は高い教育を受け，専門職に就いている者が多い。

三世になると，その傾向はさらに高くなる。1990年の統計では，25歳以上の日系人平均就学年数は13.2年で，アメリカ全体の12.5年より0.7年高い。また三世では90％が短大卒業以上の学歴を持つ。建築家ミノル・ヤマサキ，言語学者S. I. ハヤカワ，元上院議員ダニエル・イノウエをはじめ，アメリカ社会に卓越した貢献をした日系人は多い。2000年6月末には，クリントン大統領が元下院議員でサンノゼ市長を務めたこともあるノーマン・ミネタを商務長官に任命し，続くブッシュ大統領も同長官の留任を求めた。アジア系アメリカ人の閣僚が誕生したのである。

■参考文献

飯野正子『もう一つの日米関係史』有斐閣，2000.

石川友紀『日本移民の地理学的研究』榕樹書林，1997.

伊藤一男『北米百年桜』日貿出版社，1969.

ウィルソン，R./ホソカワ，B.（猿谷要監訳）『ジャパニーズ・アメリカン――日系米人苦難の歴史』有斐閣，1982.

北村崇朗『一世としてアメリカに生きて』草思社，1992.

粂井輝子『外国人をめぐる社会史』雄山閣, 1996.
児玉正昭『日本移民史研究序説』渓水社, 1992.
竹沢泰子『日系アメリカ人のエスニシティ』東京大学出版会, 1994.
ホソカワ, B.（猿谷要監訳）『120％の忠誠——日系二世・この勇気ある人々の記録』有斐閣, 1984.
若槻泰雄『排日の歴史』中央公論社, 1972.

■さらに知りたい場合には

イチオカ, Y.（富田虎男・粂井輝子・篠田左多江訳）『一世——黎明期アメリカ移民の物語り』刀水書房, 1992.
　［アメリカにおける日本人移民の, 最も初期の時代, つまり 1885-1924 年の歴史を述べた古典とも言える研究書の翻訳。著者は日系アメリカ人で二世。］

飯野正子『もうひとつの日米関係史——紛争と協調のなかの日系アメリカ人』有斐閣, 2000.
　［日系アメリカ人がいかに日米関係に揺れ動かされ, また彼らがいかに日米関係に重要な影響を及ぼしてきたかを歴史的に考察する研究書。］

竹沢泰子『日系アメリカ人のエスニシティ——強制収容所と補償運動による変遷』東京大学出版会, 1994.
　［日系アメリカ人のエスニック・アイデンティティが, 第2次世界大戦中の強制収容所に対する補償運動を通して活性化したことを, 文化人類学の手法で考察した研究書。］

106 アメリカの中の日本
Changing Images of Japan in America

村上由見子

他者への好奇心とは，良かれ悪しかれ何らかの出会いの衝撃によってもたらされる。アメリカの日本への関心も，さまざまな出会いによってかき立てられてきた歴史がある。それはサムライを見た驚きから，キモノへの憧れ，スシやトーフなど日本食への関心，はてはポケモンへの熱狂に至るまで，人それぞれの出会い方があった。あるいは移民問題，戦争，経済摩擦など国家レベルでの衝突によって，否が応でも「日本」と正面から向かい合い，対峙せざるをえなかった時代もある。ヒトに出会い，モノに出会い，文化に出会うことで，アメリカ人はさまざまな「日本」と遭遇してきた。他者への好奇心とは，裏返せば常に自己アイデンティティの確認作業につながる。「日本」という異国とどのように出会い，イメージをかき立てられ，自国の文脈にどう取り入れてきたのか，その道筋はアメリカ自身の「自画像」を語るものでもある。

A──「日本」との邂逅

❶──アメリカのジャポニズム

アメリカ人が太平洋を渡って日本に到着する以前から，「日本」はヨーロッパ経由でアメリカに伝わっていた。

19世紀後半，ヨーロッパでは「ジャポニズム」の流行により，日本の美術工芸品が熱狂的なブームとなったが，陶磁器や漆器，象牙彫刻，扇子，七宝，書画，浮世絵，着物といったさまざまな日本の「モノ」は，大西洋経由でアメリカへも流れこんでいた。小文字で書くjapanが「漆器」を意味するように，日本Japanからまず連想するものは，洗練された美意識と精巧で緻密な手作業によって生み出された，珍しい「モノ」だった。

異なるモノへのインパクトの波はやがて自国文化内へと吸収され，適用され，同化されていく。「日本」は「日本ふう」として模倣され，ティファニーでは1870年代から日本的なモチーフをあしらった陶磁器や銀製品を売り出してジャポニズム流行の先陣を切った。また，ヨーロッパで活躍したアメリカ人画家ジェイムズ・A. M. ホイッスラーは，早くも1860年代にキモノを羽織った西洋女性や屏風や浮世絵を画布に描き込んでおり，印象派画家たちの日本傾倒の以前に「『創造的ジャポニズム』と呼べる作品を描き上げたのはホイッスラーが最初だった」(児玉実英『アメリカのジャポニズム』)と評価されている。

日本人という「ヒト」がアメリカに正式にお目みえしたのは，1860年（万延元年），幕府の使節団78名がアメリカへ派遣されたときだが（万延元年遣米使節），丁髷に刀を差した小柄なサムライたちの一行は，行く先々で驚きの目

で見られた。ニューヨークで歓迎のパレードが開かれた際、群衆の中にいた詩人のウォルト・ホイットマンはサムライたちを目撃した感激を「ブロードウェイの行列」という長詩につづった。「色浅黒く」「悠然と構え」た日本人を賛美した詩だが、そこにあったのはアメリカの「対極」にある東洋世界への畏敬の念だった。

同じ頃、アメリカに早々と姿を見せ始めたのが、日本からの芸人たちである。欧米人の興行師に率いられ、「ミカド曲芸団」「高野広八一座」「早竹虎吉一座」など、少なからぬ日本人軽業師たちがアメリカへ渡り興行を行い、大喝采を受けた。高野広八はワシントンでアンドルー・ジョンソン大統領にも謁見している。

幕末期、その芸人たちが大挙して流れていった先が1867年のパリ万博だったというが、ヨーロッパの万国博覧会ブームはまもなくアメリカへも伝播し、1876年にはフィラデルフィアで、1885年にはニューオーリンズで、1893年にはシカゴで、1904年にはセントルイスで万博が開かれた。

そして、これら万博会場では常に日本風建築の日本パビリオンが設けられ、日本から数多くの物品が出展されて人気を博した。後に来日するラフカディオ・ハーンはニューオーリンズ万博で日本に関心を抱き、建築家のフランク・ロイド・ライトはシカゴ万博の平等院鳳凰堂を模した日本館に強く惹かれたという。万博は明治政府が日本をPRする大きなチャンスであり、アメリカのジャポニズム隆盛を後押ししたが、自ら東洋のエキゾティシズムを強調する「ある種の媚態」(吉見俊哉『博覧会の政治学』)があった点も否めない。

明治初期から対米貿易の輸出品は圧倒的に生糸が多かったが、折しも絹織物産業が緒に就いていたアメリカ東部では、日本産生糸を歓迎した。明治9年(1876年)、良質生糸の直輸出を図りニューヨークへ渡った新井領一郎らは、日

❶シカゴ万博の平等院鳳凰堂を模した日本パビリオン[1893年]

本人ビジネス駐在員のはしりでもあったが、ここから近代の「シルクロード」が開けてくる。

絹といえば着物だが、これもヨーロッパ・ジャポニズムの影響を経て、アメリカにもキモノの変形である室内着が19世紀末に大流行した。デザインは楽に羽織るキモノ風「くつろぎ着」だが、素材はアメリカ化され薄地綿が多かった。素材よりもデザインという「視覚」が優先されたのも、アメリカ大衆消費社会の到来ゆえである。この打ち合せデザインの室内着はバスローブへと変形していったと思われるが、アメリカでは今も丈の短いキモノがバスローブとして広く愛用されており、アメリカのジャポニズム変遷の軌跡がうかがえる。

❷ 高まる日本文化への関心

一方、明治期に来日したアメリカ人たちは次々と日本研究書を著した。ウィリアム・E・グリフィスの『皇国』(1876)、エドワード・S・モースの『日本のすまいとその周囲』(1886)、パーシヴァル・ローウェルの『極東の魂』(1888)、バジル・ホール・チェンバレンの『日本事物誌』(1890)、ラフカディオ・ハーンの『こころ』(1896)、『怪談』(1904)など、日本を紹介する本がアメリカで出版される。1878年に来日したアーネスト・フェノロ

サは日本美術の復興に寄与し，1890年にはボストン美術館の日本部初代部長となる。

また，19世紀末から20世紀初頭にかけては，日本を舞台にした大衆小説も数多く出版された。その代表がジョン・ルーサー・ロング著『蝶々夫人』（1898）だが，これは明らかにフランスのジャポニズム隆盛期に書かれた『お菊さん』（ピエール・ロティ著，1887）の影響が色濃い。長崎の元・芸者「蝶々さん」の悲恋を描いた短篇小説はアメリカで大ヒットとなり，1900年にはニューヨークで戯曲家デイヴィッド・ベラスコによって舞台化されて話題を呼び，1904年にはイタリアでプッチーニ作曲でオペラ化されるに至った。芯は強いが従順で貞淑な日本女性というステレオタイプ，あるいはゲイシャという概念とことばがここに定着する。

アメリカのジャポニズム全盛期，間接的な情報をもとに小説家たちは日本イメージを膨らませた。英国人と中国人の混血であるウィニフレッド・イートンも日本を舞台にした数多くの小説を書いて売れっ子作家となる（彼女は「オノト・ワタンナ」という日本ふうのペン・ネームも使った）。なかでも混血の芸者を主人公にした『日本のナイチンゲール』（1901）はベストセラーとなり，後にはハリウッドでも映画化された（公開時邦題『お雪さん』）。このほか，アーネスト・フェノロサの妻で来日経験のあるメアリー・フェノロサの書いた小説『竜の画家』（1906）も，早川雪洲がアメリカで映画化している。

大衆小説『蝶々夫人』が世に出た翌年には，新渡戸稲造が英語で書いた『武士道』が出版され，ときの大統領セオドア・ローズヴェルトに絶賛された。また，日本美術をアメリカに紹介し，フェノロサの後を継いでボストン美術館東洋部顧問となった岡倉天心も20世紀初頭に『東洋の理想』『日本の目覚め』『茶の本』などを次々と英語で著す。詩人のエズラ・パウンドは，漢詩や俳句のイメージ性に着目し，1914年に『イマジスト詩集』を出版した。「武士道」や「茶の心」は日本人がアメリカ人に向かって日本精神の真髄を英語で説明しようと試みたものだが，臨済宗禅僧の釈宗演は1893年にシカゴ万国宗教大会に日本仏教代表で参加したことがきっかけで，禅の布教を模索した。4年後には門下の鈴木大拙が渡米している。その後ニューヨークに佐々木指月が，サンフランシスコに千崎如幻が禅窟を開くが，アメリカ人の信徒は多くなかった。禅ブームはずっと後の1950年代にビート・ジェネレーションが再び注目して広まることになる。

B──「マスキュリン」な日本像の台頭

❶──日露戦争と日本の脅威

19世紀後半から20世紀初頭にかけてのアメリカのジャポニズム流行には，繊細な日本芸術の「フェミニン」な美への賛美がある。西洋を男性視する一方で，東洋を女性化するのは「オリエンタリズム」の常套だが，それまで女性性で想起されていた日本のイメージが混乱してきたのが，日露戦争（1904-05年）だった。軍事大国化する日本の男性性，「マスキュリン」な姿が立ち現れてくるころ，アメリカのジャポニズムは急速に終焉する。

同じアメリカでも，ヨーロッパ経由でジャポニズムが伝わった東部と，太平洋を隔てて日本と向かい合う西部では，日本イメージは大きく異なった。19世紀末から日本人移民の数が急増した西部では，「日本」との出会いはモノではなく，身体を伴ったヒトだった。西部諸州の都市部や農地に日本人労働者が浸透していくにつれ，その存在は白人労働者の脅威となり，厳

しい排日運動が展開されていく。

脅威を後押ししたのが，日露戦争での日本の勝利だった。それまでの前近代的な「閉じられた」異国のミステリアスなイメージは，急に西洋と肩をならべる軍事大国の様相を帯びてきた。

ここに黄色人種の領地拡大，イエロー・ペリル（黄禍）の恐れが生まれ，「次はカリフォルニアが狙われる」「日本移民はアメリカに送り込まれたスパイだ」といった扇動的な声が，カリフォルニアで沸き起こる。日本人の黄禍を恐れる空気は，1909年に出版された『無知の勇気』（ホーマー・リー著）によく表われていた。

❷——絡み合う「フェミニン」・「マスキュリン」イメージ

20世紀初頭のその時期，アメリカでは映画の登場によって大衆文化が大きく変貌してくるが，ハリウッドで撮影が開始された1907年は，折しもカリフォルニアでは排日運動がピークを迎えていたころでもあった。ハリウッド映画には当初から，エキゾティックでミステリアスな「他者」としての東洋人が描写されてきたが，初期ハリウッド映画には前近代的な「フェミニン」な日本像と，近代的な「マスキュリン」な日本像が絡み合うかたちで現れている。いわば「菊と刀」の両者の極端なイメージは，この時期から形成されていたと言えよう。

日本を題材にした初期の作品には『神々の怒り（火の海）』（1914）や『異郷の人』（1916）があるが，これらは在米日本人を起用してハリウッドで撮影したもので，この中からハリウッドスター早川雪洲が誕生してくる。雪洲は『タイフーン』（1914）で，フランスの軍事機密を盗むパリの日本大使館員役を演じて鮮烈なハリウッド・デビューを飾った。その翌年，白人女性の肩に焼きごてを押しつける残忍な日本人を

❷ 早川雪洲の出世作『チート』[1915年]

演じた『チート』でスターの座を不動のものとした。雪洲は妖しいセックスアピールを持つ東洋人男優としてハリウッドでもてはやされたが，そこには当時のアメリカが日本に抱いた感情が如実に反映されている。

雪洲が「マスキュリン」でアグレッシブな近代日本を表象した一方，同じ1910年代には前世紀からの「フェミニン」でエキゾティックな日本イメージも並行して登場している。『マダム・バタフライ』（1915），『桜子』（1918），『お雪さん』（1919）などの作品では，白人女優がメークをして日本人女性を演じた。無声映画の時代は，日本庭園や太鼓橋といった風物，キモノ・ファッションや日本髪スタイルを，スクリーン上で見る「視覚」の快楽も多分にあり，裏方として在ロサンゼルスの日本人たちが美術装置や着付けで駆り出された。

❸——「去勢化」される日本人イメージ

「マスキュリン」な日本への恐れは，反転すると「去勢化」願望につながる。ユーモア作家ウォラス・アーウィンは1907年，ニューヨークの雑誌『コリエーズ・ウィークリー』に「日本人スクールボーイの手紙」という連載を開始した。実際，日本人男性移民はアメリカ人家庭に住み込んで家事雑役をしながら学校へ通う「スクールボーイ」が多く，作家アーウィンが

いかにもありそうな日本人「ハシムラ・トーゴー」に偽装して書いたものだった。「トーゴー」という名前は日露戦争のヒーロー東郷平八郎元帥に由来するが、掃除・洗濯・料理など家事雑役という女性化された役割、コミカルなキャラクターは、日本人恐れるに足らずという心理的「去勢化」がうかがえる。この連載は1921年まで発表誌を変えてえんえん続き、1つの強固な日本人ステレオタイプを築き上げた。「オーナラブル、サー（Honorable Sir）」「ソー・ソーリー、プリーズ（So sorry, please）」といった奇妙な敬語が日本人独特の英語として定着したのも、この小説がきっかけだった。なお、ハリウッドで映画化された『ハシムラ・トーゴー』（1917）には早川雪洲が主演している。

1920年代、日本が中国大陸へ進出するにつれ、カリフォルニアでは排日キャンペーンが再燃した。この当時、出版されて評判となった反日小説として、前出のウォラス・アーウィン著の『太陽の種』（1921）と、ピーター・B. カイン著『パロマ山の誇り』（1921）がある。両者ともに、白人と日本人との混血を嫌悪するテーマである点が興味深い。1924年にはアメリカで「排日移民法」が成立し、日本人移民が全面的に禁止された。1930年代は日本が満州国を建国し、国際連盟を脱退しと、国際的な孤立化を進めていくが、作家ジョン・マーカンドは1934年に『サタデー・イブニング・ポスト』誌に、国際秘密警察の優秀な日本人スパイ「ミスター・モト」を登場させる。これもハリウッドで映画化され、1937年から2年間で「ミスター・モト」シリーズとして8本のB級映画が次々に製作された。小柄ながら頭脳明晰で柔術にたけたケンタロー・モトに扮したのは、名脇役として知られたハンガリー出身のピーター・ローレ。「モト」は「トーゴー」とともに、日本人の代表的な名前としてアメリカ人に記憶された。

C──戦中と戦後の日本人像

❶──憎悪の対象としての日本人

1930年代後半、日本が中国で軍事行動を拡大するに従い、アメリカでは日本に対する警戒心が増大する。テレビのまだなかった当時、映画館で上映されるニュース映像には、中国大陸での日本軍部の暴挙が映し出され、大衆間の日本イメージはさらに悪化した。

1941年12月7日（日本時間8日）、日本軍が真珠湾を奇襲攻撃するや、日本人は「卑怯なジャップ（sneaky Jap）」として一挙に憎悪の対象となった。F. ローズヴェルト大統領は「12月7日は恥辱の日として記憶されるだろう」と演説し、「真珠湾を忘れるな」が国民のスローガンとなる。開戦すぐの『タイム』誌には「友人（中国人）とジャップをどう見分けるか」という比較写真つきの記事が掲載され、日本人の身体や顔つき、動作の特徴を並べた。新聞や雑誌にも敵国の日本人を描いた漫画が数多く登場し、「そっ歯」「出っ歯」「吊り目に丸眼鏡」といった侮蔑的カリカチュアが横行する。さらに、日本はあなどれぬ敵として巨大な「類人猿」に描かれたり、民主主義世界を汚す「害虫」や、しぶとく抵抗してくる「猿」の集団として描写されたりと、各紙誌で戯画化された日本人像には、アメリカ側の危機感情が如実に反映されている。また、日本海軍の「旭日旗」のマークは「日本＝ライジングサン」を表象するものとして盛んにメディアに登場したが、これは今日に至るまで日本を意味する〈記号〉として使われている。

戦争によって、アメリカ人がまず対峙する日本人とは戦場の敵兵となった。戦中にベストセラーになった従軍記、『バターンの兵士たち』（J. ハーシー著）と『ガダルカナル日記』（R.

トレガスキス著)はどちらもハリウッドで映画化されている。当時,アメリカで個人名で知られている日本人は「天皇ヒロヒト」か「軍人トージョー」ぐらいしかいなかったが,戦中のハリウッド映画に登場する日本兵は顔も名前もない集合体として描かれた。キャラクターが与えられた場合も,ほとんどが「長年スパイ活動にいそしんでいた日本人」「不敵な笑いを浮かべて陰謀を企む日本人」「背後から急に襲ってくる卑劣漢」といった悪役であり,それにアメリカ人主人公が果敢に立ち向かう,というプロットが多い。ハリウッド映画は大衆の戦意高揚に大きく影響した。

❷──学術的日本研究のはじまり

一方,日米開戦とともに米政府が急いだのは,敵国日本の情報収集や分析だった。そのため,アメリカ海軍や陸軍では急遽,各地の大学機関と協力して日本語学校を設け,アメリカ人に日本語を学ばせた。日本語教師の中には後に駐日大使となるエドウィン・O・ライシャワーが,また生徒の側には戦後に日本研究者となるドナルド・キーンやエドワード・G・サイデンステッカーがいた。

アメリカでは19世紀半ばから「ハラキリ」ということばが知られていたが,かつてラフカディオ・ハーンが紹介した「カミカゼ」は戦争終盤には日本の神風特攻隊機を意味するようになる。特攻隊突撃に代表されるファナティックな行動,その死生観,天皇を頂点とした異様な集団性など,アメリカ人の目に日本人の行動はどれも不可解に映った。戦争中は敵国日本の「異質性」を解明すべく学術的研究が進むが,その集大成ともいうべき研究書『菊と刀』(ルース・ベネディクト著)がアメリカで出版されたのは戦後の1946年だった。この後,欧米の「罪の文化」に対して日本の「恥の文化」が対

❸日本の真珠湾攻撃を批判する風刺画 [Remember Pearl Harbor と記されている,1943年]

置され,「恩」「義理」などが日本の国民性を説明する際の基本概念となっていく。

❸──再びフェミニンな日本へ

戦争が終わり,アメリカの占領が始まるとともに,かつてない規模のアメリカ人が日本に上陸し,実際の日本でさまざまな体験をする。勝者アメリカの目に,疲弊した日本はすでに恐れる相手ではなく,アメリカ式民主主義を教化すべき後進国となった。占領期,アメリカ人はその余裕から再び「フェミニン」な日本の美に目を向け,大いに魅了される。在日アメリカ軍関係者の中には根付けコレクターや浮世絵ファンなど,日本の美術工芸品に開眼した者も少なくない。2度目の開国とでもいうべきこの時期,日本の美術工芸品は再びアメリカへと流れていく。また,日本で実際に出会ったのはモノや文化だけにかぎらず,日本女性という存在も大きかった。軍隊には必ず性の問題がつきまとうが,米兵たちは初めて出会う異国の女性に大いなるインパクトを受けた。1950年代は朝鮮戦争勃発により在日アメリカ軍人の数が飛躍的に増したが,多くの米兵が日本女性と接触し,そ

の結果，数万人規模の「戦争花嫁」が誕生してアメリカへと渡った。

❹——日米ハネムーン時代

1950年代は日本映画隆盛期でもあり，『羅生門』(黒沢明監督) や『雨月物語』(溝口健二監督) などの作品が海外で高く評価され，アメリカにも日本映画ファンが生まれた。また，54年には「吾妻歌舞伎」が渡米しているが，この前後に歌舞伎の研究書『日本の演劇』(F. バーワーズ著) や『日本の歌舞伎』(E. アンスト著) も出版されている。

50年代は日米ハネムーンとでも呼ぶ時代で，日本を舞台にした物語も次々と出版された。GIが孤児院建設に奔走する実話『やさしい狼犬部隊』(E. J. カーン著)，沖縄占領を描いた小説『八月十五夜の茶屋』(V. J. スナイダー著)，アメリカ軍人と日本女性の恋愛小説『サヨナラ』(J. ミッチェナー著) などは，いずれもハリウッドで映画化されている。これら小説や映画は，戦後の日本紹介や観光の役割をも担ったが，日本社会を「通訳」「案内」する役は常に聡明で美しい日本女性であり，日本男性の影はごく薄かった。

ドルの威力もあり，日本に駐留した若い米兵たちは日本滞在に好印象を残した。この時期の「快適で楽しい日本の思い出」はアメリカ各地に戻った大量のGIたちの口からも伝えられ，被占領国日本のイメージは長く浸透した。

D——経済大国ニッポンから「ピカチュウ」まで

❶——ジャパン・バッシング

「メイド・イン・ジャパン」は安かろう悪かろうの代名詞といわれてきたが，その汚名を返上するきっかけとなったのは皮肉にも朝鮮戦争だった。『ライフ』誌カメラマンのD. D. ダンカンやH. ウォーカー等，アメリカ人報道写真家が戦場で日本製カメラやレンズを試用したところ，その品質のよさが証明され，大いに注目される結果となった。60年代高度成長期を経て，日本製品の品質は飛躍的に向上していく。

1965年にはアメリカの対日貿易収支が初めて赤字に転落，日米間に貿易摩擦が浮上してきた。繊維，鉄鋼，カラーテレビをめぐる自主規制問題やダンピング提訴などに続き，70年代には自動車や半導体の輸出規制問題が持ち上がる。76年には日本車の対米輸出が100万台を突破，78年には対米黒字が100万ドルを超えた。

70年代は日本から海外旅行者が増大するが，「カメラを首から下げた日本人観光客」「旗の後をぞろぞろ歩く集団」の姿は，アメリカでも揶揄の対象となりがちだった。その一方，アメリカでは食生活見直しでヘルシー指向が進み，スシやトーフの日本食に注目が集まる。ABC局のテレビドラマ・シリーズ「将軍」(J. クラベル原作) が全米で高視聴率を取った80年は，「日本車」「スシ・レストラン」「将軍」と三拍子揃って日本ブームのピークとなった。

日本企業は70年代後半から続々とアメリカに進出，背広姿の「日本人ビジネスマン」のプレゼンスがアメリカ各地で増してきた。79年には『ジャパン・アズ・ナンバーワン』(E. ヴォーゲル著) が出版され，日本の優勢が印象付けられた。日本式経営を見習えと「カンバン」「ケイレツ」といった日本語もアメリカで流通するようになる。85年にはプラザ合意によりドル高が是正されるが，なお日本側の黒字は減らず，対日経済制裁が叫ばれるようになる。

円高は対米投資熱を引き起こし，ジャパン・マネーによる大型企業や有名不動産の買収が相次いだことから，「ジャパン・バッシング」が

燃え盛る。ソニーがコロンビア映画を買収したときには「アメリカの魂までも買った」といわれ，日本脅威論はピークに達した。その89年，日本側では『NOと言える日本』（石原慎太郎・盛田昭夫著）が出版され，アメリカ側ではジェイムズ・ファローズが『アトランティック』誌に「日本封じ込め」を掲載した。対日関係を重視するジャパノロジストたちは「菊クラブ」と呼ばれ，日本異質論・日本見直し論を唱えるタカ派は「リビジョニスト」と呼ばれた。

❷——大衆文化に浸透する"日本イメージ"

　日本を警戒視するこの時代の空気は大衆文化にも反映し，E. V. ラストベーダーの『忍者』(1980)や『巫女』(1984)がベストセラーになったほか，二流大衆小説でも「原爆の恨みを忘れずアメリカに復讐する日本人」といったおどろおどろしいプロットが横行した。また，ハリウッド映画でも『ガン・ホー』(1986)，『太陽の帝国』(1987)，『ダイ・ハード』(1988)，『ブラック・レイン』(1989)など，日本人を正面から描いた話題作は数多い。日本脅威論は人気ミステリー作家マイクル・クライトンの小説『ライジング・サン』(1992)とその映画化(1993)によって「総仕上げ」となった感がある。経済大国イメージのほかに，近年は実際の日本滞在経験をもとに，『ランサム』(J. マキナニー著)，『オードリー・ヘプバーンのうなじ』(A. ブラウン著)，『あいどる』(W. ギブスン著)など多様な小説が登場してきている。

　また，キッチュな日本像の代表としては「ゴジラ」があるが，今や"otaku""anime""manga"とつづられるように，アメリカの若者層の日本イメージはまず「ジャパニメーション」に集約される。日本アニメは1960年代から『鉄腕アトム』や『ジャングル大帝』がアメリカで放映されたが，80年代半ばからビデオ

❹アメリカで開催されたアニメエクスポに参加して日本アニメのコスプレを披露するアニメファン［2003年］

の普及により日本アニメファンが増え，マンガのほうも『子連れ狼』や『AKIRA』が英訳で出版されて注目を集めた。91年からは日本アニメファンの集う大会が毎年催され，コスプレ姿のオタクが集結している。最近では『攻殻機動隊』がヒットしたが，無国籍風近未来都市，ロボットや人工生命といったハイテク・イメージは現代日本像と重なっている。これは日本企業が大きくリードしているコンピュータ・ゲームソフト分野にも似たことが言えよう。また「ハロー・キティ」や「ポケモン」などのキャラクターもアメリカの子供には熱狂的に受け入れられているが，かつての「鉄腕アトム」同様，これらが日本製キャラクターであることはことさら意識されていない。

　1997年には日本映画『Shall we ダンス？』がアメリカでも異例のヒットとなるが，サムライでもヤクザでもない等身大の日本サラリーマン像に人気が集まったのは珍しい。ハリウッド大作『パール・ハーバー』が鳴り物入りで公開されたのは2001年夏，その印象冷めやらぬときに9.11同時多発テロが起き，「第2のパール・ハーバー」という表現がアメリカ国内に吹き荒れた。また，2003年には，侍精神にひかれていく米軍人を描いた大作『ラスト・サムライ』と，日本を舞台にしたキッチュ感覚全開の映画『キル・ビル』が登場。一方，スピルバー

グ監督は，芸者の回想記の形をとったベストセラー小説『さゆり』（A.ゴールデン原作）の映画化を企画したものの，実現には至っていない。

いずれにせよ，アメリカの日本イメージは今後もしばらくは「菊」と「刀」と「近未来」の3つを主軸にして展開していくだろう。

■参考文献

綾部恒雄編著『外から見た日本人——日本観の構造』朝日選書，1992.

亀井俊介『メリケンからアメリカへ——日米文化交渉史覚書』東京大学出版会，1979.

亀井俊介編『日米文化交流事典』南雲堂，1988.

川竹和夫『ニッポンのイメージ——マスメディアの効果』日本放送出版協会，1988.

児玉実英『アメリカのジャポニズム——美術・工芸を超えた日本志向』中公新書，1995.

ショット，F. L.（樋口あや子訳）『ニッポンマンガ論——日本マンガにはまったアメリカ人の熱血マンガ論』マール社，1998.

ジョンソン，S.（鈴木健次訳）『アメリカ人の日本観——ゆれ動く大衆感情』サイマル出版会，1986.

富島美子「「日本男子」売ります！——ウォラス・アーウィンと黄禍物語」巽孝之・渡辺桃子編『物語のゆらめき』南雲堂，1998.

マックウィリアムス，K.（鈴木二郎・小野瀬嘉滋訳）『アメリカの人種偏見——日系米人の悲劇』，新泉社，1970.

安岡章太郎『大世紀末サーカス』朝日新聞社，1984.

吉見俊哉『博覧会の政治学——まなざしの近代』中公新書，1992.

Dower, J. W. *War without Mercy: Race & Power in the Pacific War*. Pantheon Books, 1986.

■さらに知りたい場合には

草薙聡志『アメリカで日本のアニメは，どのように見られてきたか？』徳間書店，2003.
［日本の誇る文化輸出アニメのアメリカにおける受容を年代順に追った一冊。］

児玉実英『アメリカのジャポニズム——美術・工芸を超えた日本志向』中公新書，1995.
［19〜20世紀のアメリカで，ファッション，美術，文学，建築など各分野に影響を及ぼした"日本趣味"を紹介。］

ジョンソン，S.（鈴木健次訳）『アメリカ人の日本観——ゆれ動く大衆感情』サイマル出版会，1986.
［文化人類学者が日本人をテーマにした全米ベストセラーを通し，アメリカの日本観の変遷をたどる。］

周防正行『『Shall we ダンス？』アメリカを行く』太田出版，1998.
［映画プロモーションで全米各地を回った監督のアメリカ観察記。アメリカ人の日本観がよく見えてくる。］

ダワー，J. W.（斎藤元一訳）『人種偏見——太平洋戦争に見る日米摩擦の底流』TBSブリタニカ，1987.
［戦争中，アメリカは敵国日本をどう捉え，描いたか。日米関係に限らず，「戦争」と「メディア」と「他者イメージ」を考える際の最適の書。］

村上由見子『イエロー・フェイス——ハリウッド映画にみるアジア人の肖像』朝日選書，1993.
［20世紀ハリウッド映画に，日本人を含むアジア人のさまざまな表象を追った一冊。］

107 | 日本の中の「アメリカ」：戦前
American Culture in Pre-war Japan

吉見俊哉

幕末から昭和前期までの日本において，「アメリカ」はすでにさまざまな意味を帯びた他者として重層的に作用をしていた。初期において，アメリカは何よりも「自由の国」として，理想化されて描かれ，欲望されていた。しかしやがて多くの知識人たちが渡米し，長く滞在してアメリカ社会の深部に触れていくようになると，この国の金ぴか主義や人種差別，欺瞞と腐敗，貧困が具体的に問われていくようになる。他方，日露戦争後の帝国意識の浮上とアメリカにおける排日関連法の成立の中で，初期の親米意識は大きく反米意識へと反転し始め，日米未来戦物のSF小説も描かれていくようになる。さらに，こうした知識人やジャーナリズムのレベルと並行して，より大衆的なレベルでは，すでに明治末からアメリカのバラエティ・ショーやボードビルの文化が日本の芸人たちによって受容され，大衆娯楽的なアメリカニズムの空間を形作っていた。そして1920年代後半以降，政治やジャーナリズムの言説では反米意識がしばしば語られながら，日常生活や都市文化においては本格的なアメリカニゼーションの時代が始まっていく。ハリウッド映画やジャズ，自動車やスポーツ，化粧品やデパートの消費文化によって彩られる20年代の都市文化を前に，批評家たちは，「今や，アメリカ的でない日本がどこにあるか」と語り始めていた。

A──「アメリカ」との出会い

日本において，「アメリカ」という国の存在とその文化が知られるようになるのはペリー来航の前後からである。すでに19世紀初頭からオランダ経由，中国経由でアメリカについてのさまざまな情報が入ってきていたが，世紀半ばになると中浜万次郎や浜田彦蔵のような漂流民や幕府の渡米使節を通じてより直接的なアメリカとの接触が始まる。亀井俊介は，こうした初期の出会いの中で，アメリカにおける「自由」の精神や制度をどのように理解していくのかが，当時の日本人にとって大きな意味を持つ問いとなっていったことを指摘している。横井小楠や坂本竜馬，中岡慎太郎などの幕末の思想家や運動家にあった共和政治的なものへの志向には，「自由の国」としてのアメリカのイメージが一定の影響を及ぼしていたし，そうした「アメリカ」をモデルにした共和政治への傾斜は，幕府崩壊に際して函館の五稜郭に立てこもった榎本武揚らの「北海道共和国」から自由民権運動での馬場辰猪や植木枝盛らのラディカリズムにつながっていく。実際，植木にあっては「自由の国」アメリカのイメージは極端なまでに理想化され，彼自身の民権思想を裏付ける根拠として使われていた（亀井「自由の聖地」加藤秀俊・亀井俊介編『日本とアメリカ』日本学術振

❶福澤諭吉著『西洋事情』の扉［1866年刊］

興会，1991）。

　幕末から明治初期にかけて，多くの日本人のアメリカ像に決定的な影響をもたらしたものに，福澤諭吉の諸著作がある。福澤は，1860年に日米修好通商条約批准書交換のために幕府の使節団が渡米した際，軍艦奉行の従者として初めてアメリカに渡り，2年後にはやはり幕府使節団の一員としてヨーロッパに渡る。そしてこれらの経験と書物からの知識をもとに，1866年に『西洋事情』を出版するのである。この近代日本初のベストセラーの中で，福澤はアメリカを，「純粋の共和政治にて，事実人民の名代人なるもの相会して国政を議し，毫も私なき」国であり，彼が理想とした「自主任意」の政治を理念的に実現しているところとして位置付けていった。福澤はさらに，1867年に再びアメリカに渡り，このときの観察を『西洋旅案内』にまとめて詳しく紹介し，1869年には絵入りの大衆的な啓蒙書として『世界国尽』を出し，さまざまにアメリカの「自由」を理想化して見せた。このように，初期福澤の思想が彼のアメリカ認識と緊密に結び付いていることは，『学問のすすめ』の有名な「天は人の上に人をつくらず，人の下に人をつくらず」という一句が，実はアメリカ独立宣言の福澤なりの解釈に由来していることからも明らかである。こうして亀井も指摘するように，明治初期の日本人のアメリカ像は，福澤を通じ，「自由」の概念が国家理念から社会意識までを貫く国としてのイメージにまとめあげられていった。

　もうひとつ，明治初期の日本社会における「アメリカ」の受容で重要なのは，アメリカ出身者が多数を占めたお雇い外国人やキリスト教宣教師の活動であった。とりわけ幕末から明治初頭にかけて日本に来た宣教師の多くがアメリカ人であり，ほかにも大学南校のフルベッキ，熊本洋学校のジェーンズ，札幌農学校のクラーク，ミッション系の多くの学校教師など，教育の分野でアメリカのキリスト教は大きな影響を明治の日本に及ぼした。こうした宗教的アメリカニズムの影響は，幕末にキリスト教コミューンで生活をした森有礼から，札幌農学校でクラークの影響下にキリスト教に入信し，渡米した内村鑑三までに貫かれている。知られるように内村の場合，渡米後，「自由の国」としてのアメリカのイメージと現実の世紀末のアメリカで横行する「金ぴか主義」のギャップに悩みながら，「アメリカ的なるもの」の影響はより内的な思想の次元にまで深められていく。

　内村鑑三のアメリカに対する両義的なスタンスは，1895年に英語版が出され，やがてヨーロッパ各国語に訳されて名声を博した『余は如何にして基督信徒となりし乎』に明らかである。「すべて高貴なもの，有用なもの，向上的なものを英語という運搬車を通して学んだ」主人公は，「異教文明にまさる基督教文明の優越性」を信じ，「聖地」として心に描いたアメリカに渡る。その後，この「高潔で宗教的でピューリタン的」なアメリカ観は，徐々に崩壊していく。やがて主人公の経験の数々によって，「金銭はアメリカでは全能」であることが確証されていく。それ以上に，「人民の間に依然として存在している強い人種的偏見」によって，

この国は異教国のように見えてくる。アメリカ人の感情は,「インディアン人とアフリカ人に対して強烈で非基督教的」であるのみならず,「シナの子らに対して彼らがいだく偏見・嫌悪・反感は我々異教国のものがかつて類例を見たことがないもの」であった。内村は,これら金ぴか主義と人種差別を筆頭に,賭博傾向や拳闘への熱狂,大規模なラム酒取引,政治的デマゴギー,資本家の圧制,貧富の格差などのアメリカの矛盾を次々に批判していく。結局のところ,アメリカでは平和をけっして見いだすことができず,むしろあるのは混乱と複雑,狂気と刑務所,膨大な貧困でしかなかった。

B——日露戦争後のアメリカ観の変容

　以上のように,幕末から明治にかけての「アメリカ」の受容には,一定のパターンが存在した。アメリカは,自由民権的な運動家や知識人,教育家にとって,まずは「自由」の理念が具現された「聖地」として受けとめられていた。しかし,やがてこうしたユートピア的なアメリカ像は,渡米した人々の経験において崩れ去っていく。そこで見えてくるのは,すべてに市場原理が貫徹し,社会的腐敗や貧困,人種的偏見が充満した国の姿である。このようなアメリカ・イメージの分裂は,明治末にアメリカに渡った文学者や芸術家たちにも受け継がれている。明治末,「アメリカ」への人々の分裂したまなざしを鋭く捉えた代表的な文学者を挙げるとすれば,永井荷風と有島武郎であろう。荷風はその初期の作品である『あめりか物語』(1908)において,有島は『或る女』(1920)において,その豊かな文学的観察眼で「アメリカ」への日本人の意識の屈折を描いた。

　一方で荷風は,20歳代後半の4年間をアメ

❷滞米時代の永井荷風〔1907年〕

リカで過ごす中で,独特の斜に構えた文学的スタイルを確立しながら,アメリカ社会の両面性,日本から渡った人々の困難や絶望を冷静なタッチで描いていった。彼は一方で,地方大学でキリスト教の信仰に身を捧げる日本人の若者や,たとえ「偽善的」であったとしても,日本の家父長制に比べればはるかに女性たちが人生を楽しんでいること,そして「自由の国には愛の福音より外には,人間自然の情に悖った面倒な教義は存在して居ない」ことを示していく。他方,「米国ほど道徳の腐敗した社会はない」という作中人物の科白や移民たちの悲惨な運命,抜け目なく売春斡旋で生き延びていく日本人,人種差別が露骨に示されたエピソードの数々を通じてアメリカの「暗黒面」を浮かび上がらせたのである。この作品は,日露戦争後のいわゆる「自然主義」勃興のムードとも合致し,荷風を一躍文学界のスターにしていった。

　他方,有島武郎の『或る女』では,偽善的なキリスト教徒であった母の強い影響を受けて育ち,「世間の常識」に公然と反旗を翻してきた主人公が,再婚相手のいるアメリカをめざして渡航しながら,結局は上陸せずに帰国してしまう。彼女は船のなかでアメリカについて,「女

のチャームというものが，習慣的な絆から解き放されて，その力だけに働く事のできる生活がそこにはあるに違いない。才能と力量さえあれば女でも男の手を借りずに自分を周りの人に認めさす事の出来る生活がそこにはあるに違いない。女でも胸を張って存分呼吸の出来る生活がそこにはあるに違いない」と想像する。そして一度はそうした「米国で，女としての自分がどんな位置に坐ることが出来るか試して見よう」と決意するのだが，結局，逞しい肉体をもつ船の事務長に惹かれ，日本に舞い戻ってきてしまう。この帰還がなかば必然的に，彼女に悲惨な結末をもたらしていくことになるのである。有島はこの作品で，日露戦争後の日本で「時代の不思議な目覚めを経験した」主人公にとって，恐ろしい敵は男だったと書く。男たちは「女がじっとしている間は慇懃にして見せるが，女が少しでも自分で立ち上がろうとすると，打って変って恐ろしい暴王になり上がる。女までがおめおめと男の手伝いをしている」。抑圧的な男性支配が貫徹する日本に対し，アメリカは，少なくともジェンダーでは抑圧体制の外部にあるはずの社会であった。

C——「敵」としての「アメリカ」

　明治期までのアメリカとのさまざまな出会いを経て，大正以降の知識人や政治家は，「アメリカ」という存在をどう受容していったのだろうか。大正の知識人にとって，「アメリカ」はまずウィルソン主義と結び付き，デモクラシーのモデルとして語られていった。いうまでもなく，大正期日本でのウィルソン主義の唱導者は吉野作造であった。彼は，1916年に『中央公論』に「憲政の本義を説いて其有終の美を済すの途を論ず」を発表し，内政における民本主義と外政における国際平等主義を語っていた。また，ウィルソンによる国際連盟設立の提唱に対しては，ここに示される国際主義が，大戦後の世界と日本の共同利益であると主張した。もともと第二高等学校在学中に洗礼を受け，帝国大学法科大学に進学後は本郷教会で海老名弾正から深い感化を受けていた吉野は，キリスト教の信仰とデモクラシーの思想を深く結び付けようとする点で，ウィルソンのキリスト教的人道主義と思想的基盤を共有していた。こうした吉野の言説を中心軸に，この時期，「デモクラシー」がアメリカ的な理念の根本として受け止められ，広く支持されていくことになったのである。しかしながら，ロシア革命やアメリカにおけるウィルソン時代の終り，第1次大戦後の歴史的変化の中で，ウィルソン主義的なアメリカニズムの影響力は急速に衰えていく。

　ウィルソンの国際主義に対し，多くの保守的な論者は吉野よりもはるかに懐疑的であった。例えば近衛文麿は1918年，『日本及日本人』に「英米本位の平和主義を排す」を発表し，英米のいう人道主義や平和，国際連盟への動きが旧来の帝国主義秩序の現状維持を背後で狙っており，額面通りには受け取れないことを指摘した。近衛によれば，英米がドイツを「人道の敵」と非難するのは世界大戦の本質を隠している。実際にはこの大戦は，「已成の強国」と「未成の強国」，つまり「現状維持を便利とする国」と「現状打破を便利とする国」との争いであった。日本はドイツと同様，「現状打破を便利とする」立場にありながら，英米の平和主義を福音のように仰ぐのは，国際政治の現実を見失うものである。むしろ戦後秩序の構築に当たっては，「経済的帝国主義の排斥」と「黄白人の無差別的待遇」を主張し，英米の独り善がりな平和主義の欺瞞を問うべきである，というのであった。

　近衛と同様，徳富蘇峰もウィルソン主義には

否定的であった。澤田次郎が指摘したように、蘇峰はもともとアメリカを学ぶべき師、敬慕すべきキリスト教国、英傑の大統領を持つ国として親愛の情を抱いていたが、日露戦争後、移民問題や満州問題、黄禍論などが渦巻く中で対米感情を次第に悪化させ、1913年、カルフォルニア州で排日土地法が成立すると、「白閥打破」を掲げ、欧米白人の世界における優越を打破し、有色人種との平衡を達成すべきだと主張するに至る。ここにおいて、初期の蘇峰の親米意識は決定的に反米意識へと反転していくことになる。こうした蘇峰からすれば、ウィルソンの国際主義は、表面で言われていることとは反対に、列強の帝国主義的覇権を再確認していくものにしかならない。アメリカは、「正義人道のスローガンを掲げつつ、その実体は私欲を追求するエゴイスティックな国家」であった（澤田『近代日本人のアメリカ観』慶応義塾大学出版会、1999）。

同じ頃から、より大衆的なレベルで台頭してくるのは、「仮想敵としてのアメリカ」というイメージである。例えば佐伯彰一は、1920年代からすでに日米未来戦物とでも呼ぶべきSF大衆小説のジャンルが浮上しつつあったことを跡づけている。佐伯によれば、その嚆矢は1897年に『文芸倶楽部』の特別号として出された『日米開戦未来記』だが、より大きな関心を呼ぶようになるのは1911年、ホーマー・リーの小説の邦訳として『日米必戦論』と『日米戦争』が出された頃からである。続いて1914年、数年前に『此の一戦』で日本海海戦を描いて人気を博した水野広徳が、今度は未来の日米戦を想像した『次の一戦』を出版する。さらに20年代には、ワシントン会議の結果への反発もあって、『日米若し戦はば』（1920）や『日米戦争夢物語』（1922）などの書物が出版されていき、他にも宮崎一雨の『日米未来戦』（1923）をはじめ、『日米闘うべきか』『日米戦

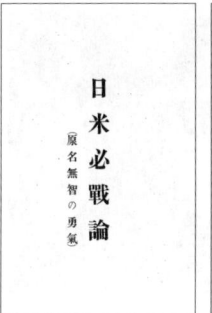

❸反米的気運を煽ったH.リー著『日米必戦論』（左）と佐藤鋼次郎著『日米若し戦はば』（右）の扉

争未来記』『日本危機 米禍来る』などが次々に出版されていた（佐伯「仮想敵としてのアメリカのイメージ」、加藤・亀井編、前掲書）。『少年倶楽部』の中で描かれるアメリカ像でも、24年の対日移民法に衝撃を受けて「復讐心」に燃え上がった反米的な投書や読み物の連載が始まっている（澤田、前掲書）。

D──民衆娯楽の中の「アメリカ」

これらのほかにも、大正から昭和にかけての言論人、政治家、軍人などのアメリカ像を分析した論考は枚挙に暇がない。これらの分析はしかし、分析の基本単位をあくまで2つの国民国家間の関係に置き、しばしば政治・軍事的変化と文化的変化を直線的に結んでしまう傾向をもつ点で限界を有している。実際、大正期までにアメリカは、政治思想や知識人たちの言説のレベルだけでなく、もっと通俗的で感覚的な大衆文化のレベルに影響を及ぼし始めていた。そうした例のひとつが大正期に全盛を極める浅草オペラである。

通説では、浅草オペラはもともと1912年、帝国劇場がイタリア人ジョバンニ・ローシーを歌劇部に招いて本格的なオペラ上演に乗り出そ

❹浅草オペラで上演されたオッフェンバック『天国と地獄』［中央が高木徳子，1915-1919年頃］

うとしたところに端緒を持つ。数年間試みられた帝劇のローシー歌劇は不振で，帝劇歌劇部は解散してしまう。ローシーはその後，赤坂見附の活動写真館を買収し，そこに帝劇歌劇部の残党や新人を集めてオペラ文化を起こそうとするが，これも2年ももたずに閉館する。こうしてイタリア式オペラ直輸入の試みは失敗に終わるのだが，やがてローシーのもとでオペラを学んだ俳優たちが六区に再結集し，浅草オペラの中核を担っていく。まず，高木徳子らの常盤座での『女軍出征』の成功を受け，1917年には日本館がオペラ常設館となり，ここを根城に石井漠，沢モリノ，河合澄子らの東京歌劇座が旗揚げをする。18年には曾我廼家五九郎が原信子を中心に観音劇場で原信子歌劇団を結成。前者にはやがて清水金太郎が，後者には田谷力三が参加するというように，ローシー歌劇の人材の多くが浅草オペラに吸収されていった。

このような帝劇オペラから浅草オペラへの流れは，たしかに浅草オペラの中核を担った歌手たちの経歴を示しはするが，なぜ大正期の浅草でオペラがあれほど熱狂的に受け入れられたのかを説明しない。しかし大笹吉雄が示したように，大正までに浅草では，オペラのような「ミュージカルを受け入れる素地」がすでに形作られており，この素地がなかったなら，一度は失敗したオペラが浅草で息を吹き返し，旺盛な発展を遂げていくことはあり得なかった。大笹は，六区でオペラが大人気を博す先史として，松旭斎天勝一座のバラエティ・ショーの成功に目を向けている。天勝の師，松旭斎天一は，日本で最初に「西洋大奇術」と銘打った奇術界の第一人者で，1901年，天勝ら座員と渡米してアメリカ各地を巡業する。このときアメリカ式の演出を大胆に取り入れ，テンポの速いショー仕立ての舞台を身に付けていった。アメリカから帰国後の彼らの舞台では，伴奏のほとんどは「トランペットやアコーディオン等からなるジンタの洋楽で，天一はシルクハットに燕尾服装で『ワン，ツー，スリー！』と号令を掛けた。それにも増して人目を引いたのは美貌の天勝の舞台振りで，その『羽衣ダンス』は，スパンコールを散らした紗の薄絹の羽衣をまとい，おそらくわが国初のドーラン化粧にアイシャドーを施しつけまつ毛をつけ，回転フィルターを使って七色に変わる照明の中で，アメリカ仕込みのダンスを踊った」（大笹吉雄『日本現代演劇史』大正・昭和初期編，白水社，1986）。

天一の引退後，天勝は独立し，浅草の帝国館でこうしたバラエティ・ショー式の舞台をさらに進めて旗揚げ興行をする。これが大当たりをとり，以後，「天勝一座はどこに出ても大入りという常勝将軍ぶり」を見せた。こうして明治末期，オペラに先立って，アメリカ流のバラエティ・ショーがすでに浅草には導入されていたのである。そして浅草オペラもまた，最初は天一や松旭斎天勝が学んできたアメリカのバラエティ・ショー，あるいはバーレスク系の芸能として姿を現すのだ。例えば，このバラエティ・ショーからオペラへの連続的な移行過程でスターの地位にのし上がっていったのが高木徳子である。徳子もまた，1906年に夫陳平とともに渡米し，ボードビル全盛時代のアメリカで歌とダンス，マイムなどを習った人物であった。最初はアメリカ人相手の場末のショーでドサ廻り

をしていた徳子は，ショーダンサーとしての技術を身につけるとアメリカを巡演，やがてヨーロッパにも渡る。その後，紆余曲折を経ながら徳子は，1917年に浅草で「女軍出征」を上演し，大成功を収めて浅草オペラのブームに火をつけることになるのである。

「女軍出征」の成功とその後のオペラの興隆についてはすでによく知られている。しかしここで強調しておきたいのは，高木らが六区で興そうとした「オペラ」が，ヨーロッパ流のグランドオペラではなく，むしろアメリカ流のバラエティ・ショーやミュージカルに近いものだった点である。徳子と組んで浅草オペラを創始した伊庭孝は，オペラを「一作に統一せる個性的作曲を附せず，流行歌を随所に挿入して，喜劇，風刺に音楽的色彩を施した」ミュージカル・コメディーと考えていたし，高木徳子が目指していたのも，いわゆるオペラよりはボードビルショーに近いものであった。浅草オペラの実体が同時代のアメリカの大衆文化につながるものであったからこそ，六区の大衆は，これを歓呼で迎えたのである。大笹は，このように明治末から昭和のある時期まで続く浅草におけるアメリカニズムの開花を次のようにまとめている。

「浅草オペラと呼ばれる一種不思議な芸能は，高木徳子が拓き，伊庭孝が促進し，佐々紅華もそれを助けたアメリカ系のミュージカルと，ローシーの置土産になったオペレッタ，益田太郎冠者式のナンセンス・コメディー，それにグランドオペラの4つの要素のごった煮だった。大震災はオペレッタとグランドオペラを振り落としたが，残る二つの要素は昭和初期に開花した。それがカジノ・フォーリーをはじめとするレヴュー式喜劇で，これは浅草オペラと呼ばれたものの大きな要素の昭和版の再生だった。……浅草オペラにしろレヴュー式喜劇にしろ，これらはともに都市型の文化であり，その後ろに『アメリカ』があった。日本の文化のアメリカナイズは，舞台に即して見る限りまず浅草からおこるのである」（大笹，前掲書）。

E──「今や，アメリカ的でない日本がどこにあるか」

以上のように，第1次世界大戦の頃までの日本では，一方に政治思想や知識人たちの異文化理解として，「自由」と「民主主義」のシンボルとしてのアメリカというイメージがあり，他方でもっとバタ臭い大衆娯楽の世界の中で，ボードビルショーにつながるようなアメリカの大衆文化の流入があった。しかしながら，もっと日常的な消費生活の中で，アメリカニズムの浸透が広く意識されるようになり始めるのは1920年代後半からである。というのも，20年代後半から30年代にかけて，ハリウッド映画やジャズ，広告，野球からさまざまな大衆消費財に至るまで，アメリカ的生活様式は，東京や大阪といった大都市の中産階級を魅了していった。だからこそ，1929年に出版された『アメリカ』という本のなかで室伏高信は，今や「アメリカ的でない日本がどこにあるか。アメリカを離れて日本が存在するか。アメリカ的でない生活がわれわれのどこに残っているか。私は断言する。アメリカが世界であるばかりではない。今日は日本もまたアメリカのほか何でもなかったということを」と語ったのだ。室伏はさらに，アメリカは今日，その文明を世界中に輸出しつつあると主張した。「世界は今やアメリカ文明の時代に入ったのだ。アメリカのドルが世界を支配しているばかりでない。アメリカ文明──ドルから出発したアメリカ文明，しかりダラー・シビライゼーションが世界を支配する」（室伏高信『アメリカ』先進社，1929）。

室伏だけでなく，この頃，アメリカ論がさまざまなジャンルの人々によって書かれ，月刊誌は何度もアメリカ特集を組んでいくようになる。この事実は，20年代後半にはすでにアメリカニズムが広くこの国の人々の意識を捉え始めていたことを示している。例えば新居格は，やはり1929年，今や世界が「国々の色と匂いと響きとが国際的溶解を迅速にする世紀」に入り，アメリカニズムがこうした「カクテル時代」の世界を席巻していると述べた。日本でも，ジャズが若い世代の心を捉え，ハリウッド映画が際限なく流入し，髪形から化粧，服装に至るまで，若者たちは映画の世界を模倣している。アメリカ風のビルに通勤して，日曜の昼間は野球見物かドライブをし，夜はダンスホールでジャズを踊るか映画館で時をすごすというのが，この時代の最も都会的な生活様式となってきた。新居は，このようなアメリカニズムの生活や風俗における流行が，思想におけるロシアニズムの流行と並行していると指摘した。日本では「ロシア風のイデオロギーを考えながら，アメリカ風の趣味性を持つものが少なくはなく，よし又アメリカ風の生活様式に生活しつつある所謂モダン・ボーイにしても社会主義には決して無関心ではないのである」。新居は，この生活のアメリカ化と思想のロシア化の同時進行が，相互補完的に進んでいる点を強調した（新居格「アメリカニズムとルシアニズムの交流」『中央公論』1929年6月号）。

同じ頃，大宅壮一は，昨今のアメリカ化が，東京よりも大阪で進んでいることを強調した。彼は，大阪は「日本のアメリカ」だと言う。明治以来，日本の近代化は東京のエリートに主導されてきたが，そうして発達した東京文化の多くは西欧の模倣であった。当時，「アメリカはアングロ・サクソン系の植民地であり，ロシアはアジアにまたがる半未開国であり，それらは日本と同程度の，もしくはそれ以下の文化的水準の上に立っている国々」と見なされていた。ところが第1次世界大戦の勃発は，このような世界認識を一変させる。この変動の中から現代文化の2つの型として浮上してきたのがロシアとアメリカであった。なかでもアメリカは，「計るべからざる資力と，映画その他の宣伝的威力によって，まず戦争のためにはなはだしく疲弊せる文化的祖国ヨーロッパを風靡し，さらに東洋諸国を，全世界を征服しつつある」。大宅は，このような大戦後のヨーロッパに大震災後の東京をなぞらえていく。そして，台頭するアメリカに対応するのが大阪である。大宅によれば，東京文化は西欧の模倣によって発達したのだから，その原型が精彩を失っていくとき，模写も衰微しないわけにはいかない。これに代わって今や日本を征服しつつあるのは大阪であり，大阪で繁栄している生活中心のアメリカ文化である（大宅「モダン層とモダン相」）。

とはいえ，大宅が予言した大阪の東京に対する優越は一時的なものであった。30年代以降，大震災から復興した東京でアメリカニズムが花開く舞台となったのは銀座である。もともと明治政府によって文明開化のモデルとして建設されたこの街は，明らかにヴィクトリア朝英国の大通りを模したものであったし，震災前まで，ここに開店したプランタンなどのカフェや資生堂のような商店はフランス趣味を前面に出していた。ところが震災後，銀座は一気にアメリカニズムに席巻されていく。1931年に出た『銀座細見』の中で安藤更生は言う。「今日の銀座に君臨しているものはアメリカニズムである。まずそこのペーヴメントを踏む男女を見るがいい。彼らの扮装は，彼らの姿態は，いずれもアメリカ映画からの模倣以外に何があるか。……今日の銀座に最も多いのはフランス料理に非ずして，水を以て葡萄酒に代えるアメリカ風ランチである。至るところのカフェに鳴る音楽はアメリカ好みのジャズである」（安藤更生『銀座

細見』中公文庫，1977）。このようなアメリカニズムの優越が，銀座を日本の消費文化の中心地とし，やがて全国の商店街に「銀座」という名を増殖させていくのである。

しかも，アメリカニズムに対する日本人の関心は，日本のアジア各地への侵略が本格化し，現実のアメリカとの国際関係が悪化する1930年代後半，さらにはアメリカと戦争状態に入る40年代にも形を変えながら持続した。第2次大戦中，日本の大衆は，アメリカを敵国として罵りながらも，同時にアメリカを強く意識し，時にはアメリカを欲望しつづけたようにも見える。実際，日米開戦と前後して，多くの雑誌がアメリカ問題を特集しているが，そこでは単に日米の軍事的緊張だけでなく，アメリカニズムの評価が問題となっていた。ある論者は，「われわれの周囲を省みて見るならば，我が国民の実生活のうちにはおどろくほど広汎にアメリカ的様式が浸潤している。近代的生活の様式にとって技術的に便宜的なものはほとんどすべてがアメリカ風である」と述べ，「実生活の外面的様式においてアメリカの文明主義的なものがあまりにも身近であるために，その実体について本質的な気鋭と批判が忘却されてしまった」と批判した。またある論者は，「わが国民の多くが，アメリカ的唯物文明に眩惑せられて私に恐怖し，乃至はこれを高度の先進文化なるかの如く，過大に評価する」と論じた。日本人は戦前，戦中，戦後を通じてアメリカに対する屈折した感情を抱き続けており，これは戦争の最中でも消えはしなかったのである。

こうして両大戦間期の日本に広がり，人々の意識を捉え始めたアメリカニズムが，第1次大戦後の現実のアメリカ文化に由来するものではあっても，その直輸入ではなく，日本でリメイクされていた点には注意したい。1943年，日米が交戦状態にある中で，清水幾太郎は日本におけるアメリカニズムの氾濫を，合衆国のアメリカニズムの一部が異なる文脈のもとで独自の発展を遂げた状態として把握した。彼が強調したのは，「アメリカ文化の断片が太平洋を渡って来るとき，当然そこにはその機能における大きな相違乃至変化が生れ」るという認識である。要素の意味は文脈に依存しており，「一つの全体から他の全体へ或る要素が伝えられる時，その要素は前者において果していた機能をそのまま後者において果すのではない」。清水によれば，合衆国のアメリカニズムがある種の公共精神の表現であるのに対し，日本のそれは個人や家庭と深く関係し，私的領域の現象として理解されている（清水幾太郎「敵としてのアメリカニズム」『中央公論』1943年4月）。

■参考文献

アーノルド，M.（多田英次訳）『教養と無秩序』岩波文庫，1946.

新居格「アメリカニズムとルシアニズムの交流」『中央公論』1929年6月号．

有島武郎『或る女』新潮文庫，1995．

内村鑑三『余はいかにして基督教徒となりし乎』岩波文庫，1938.

大笹吉雄『日本現代演劇史』（大正・昭和初期編）白水社，1986.

大宅壮一「大阪は日本の米国だ」『大宅壮一全集』第2巻，蒼洋社，1981.

栗田廣美『亡命・有島武郎のアメリカ』右文書院，1998.

佐藤毅「モダニズムとアメリカ化」南博編『日本モダニズムの研究』ブレーン出版，1982.

澤田次郎『近代日本人のアメリカ観』慶應義塾大学出版会，1999.

清水幾太郎「敵としてのアメリカニズム」『中央公論』1943年4月号．

上智大学アメリカ・カナダ研究所編『アメリカと日本』彩流社，1993.

瀧田佳子『アメリカン・ライフへのまなざし』

東京大学出版会，2000．

ダワー，J. W.（猿谷要監修・斎藤元一訳）『容赦なき戦争』平凡社，2001．

トクヴィル，A. de（井伊玄太郎訳）『アメリカの民主政治』全3巻，講談社学術文庫，1987．

永井荷風『あめりか物語』新潮文庫，1951．

長谷川雄一編『大正期日本のアメリカ認識』慶應義塾大学出版会，2001．

ヘインズ，J. E.「大衆文化/下位文化/民衆文化」吉見俊哉編『都市の空間 都市の身体』勁草書房，1996．

室伏高信『アメリカ』先進社，1929．

吉見俊哉「アメリカナイゼーションと文化の政治学」見田宗介他編『現代社会の社会学』（岩波講座 現代社会学 第1巻）岩波書店，1996．

Yoo, Sun-Young. "Embodiment of American Modernity in Colonial Korea." *Inter-Asia Cultural Studies*, 2-3, 2000.

■さらに知りたい場合には

古矢旬『アメリカニズム』東京大学出版会，2002．

［アメリカニズムとはそもそも何か，それは19世紀から20世紀にかけていかなる変容を遂げたのかを明晰に解説する。今日のグローバルなアメリカ化をそれぞれの地域的なコンテクストから考えるうえでも必ず一読すべき著作。］

加藤秀俊・亀井俊介『日本とアメリカ』日本学術振興会，1991．

［幕末維新期から昭和初期まで，日本人にとって「アメリカ」とは何であったのかを，いくつもの論文が独自の視点で解説している。亀井論文，佐伯論文など労作も多く，地味な刊行形態がもったいない論集。］

吉見俊哉「帝都東京とモダニティの文化政治」『拡大するモダニティ』（岩波講座 近代日本文化史 第6巻）岩波書店，2002．

［近代日本の都市の大衆文化レベルでのアメリカ化を，モダニズムと帝国秩序，ジェンダーなどの複合的な視点から捉えている。］

108 | 日本の中の「アメリカ」：戦後
American Culture in Post-war Japan

吉見俊哉

第2次大戦後,「アメリカ」は日本人の文化や意識に圧倒的な影響を及ぼしていくようになる。このプロセスは,一方ではすでに戦前から大都市で始まっていたアメリカ化の延長線上にある現象といえたが,他方では敗戦と占領,そして占領軍の存在を抜きにしては考えることができない。アメリカによる占領と戦後の大衆文化や日常意識の関係をめぐっては,まずは米軍基地が,人々の身体的な感覚レベルも含めて及ぼしていった影響の次元を考える必要がある。ポピュラー音楽からファッション,食文化に至るまで,占領期には米軍基地から日本人の日常生活への直接的な浸潤作用が存在した。だが,やがて占領が終わり,日本が高度成長の時代になると,人々はそうした占領や基地と戦後文化の関係を忘却,ないし否認するような仕方で「アメリカ」のイメージと結び付いていくようになる。このような50年代末以降の再編を中心的に担ったのは,テレビや映画,レコード,マンガなどのメディア文化であった。こうしてやがて,日本の中の「アメリカ」は,「暴力としてのアメリカ」との対峙の次元から切り離されて,もっぱら消費可能なメディア化されたイメージとして経験されていくことになる。このような過程の行き着く先は,日常意識や社会的現実総体のなかに「アメリカ的なもの」が希薄化されながら遍在していく状況を出現させ,「アメリカ」は戦後日本人にとって,いわば「空気」のような存在になっていくのである。こうした状況が飽和化するのは1970年代末であり,まさにこのとき東京近郊には東京ディズニーランドが建設され,やがて大成功を収めていくのだ。

A——米軍基地と占領期のアメリカ文化

両大戦間期から,すでにある種のアメリカニズムが,大阪や東京などの都市部の日本人の意識に広く浸透し始めていたとしても,全国規模で,日常の隅々にまで作用する存在として「アメリカ」が浮上してくるのは戦後のことである。このプロセスは,「敗戦」という決定的な契機を経ることにより,すでに都市に広がっていた「アメリカ的なもの」への欲望が,一気に国土全域にまで拡大していった過程であった。

実際,すでに日本の連合軍への無条件降伏が発表された8月15日の1ヵ月後には,『日米英会話手帳』という小冊子がまたたく間に400万部も売れるミリオンセラーになっている。また,1948年からNHKラジオで始まった「アメリカ便り」という番組は,ワシントンから送られてくる最新のアメリカ事情を伝えるだけだったのに人気番組となった。そして49年からは,アメリカ的生活様式の豊かさをコミカルに描いた漫画『ブロンディ』が朝日新聞朝刊に登場して広範な人気を保っていく。実際には『ブロンディ』の場面に,家電製品や自動車がいつ

もはっきり描き込まれていたわけではないとしても，すでに「アメリカ的豊かさ」への欲望を身に付けていた戦後日本人は，曖昧に描かれた絵柄の中に，そうした豊かさのシンボルを自ら見いだしていったのである。

さらに50年，大阪近郊の西宮で朝日新聞社主催のアメリカ博覧会が開催されるが，これも予想を大きく上回る大人気となる。会場では，メイフラワー号から現代に至る合衆国の歴史を紹介するホワイトハウス館やアメリカの圧倒的な豊かさを誇示する本館，テレビジョン館，ニューヨークの摩天楼と自由の女神，西部の開拓地などを見渡すアメリカ周遊の大パノラマに黒山の人だかりができていた。また，PX（占領軍販売所）の展示室が現代アメリカの生活必需品を来場者たちに見せつけていたから，こうした博覧会の開催が，占領軍の指導のもとで企画されていたことは容易に想像できる。それでも全体としてみるならば，「アメリカ」への戦後的な欲望は，けっして単に強制や政策の結果というだけではなかった。

このような「アメリカ」への欲望を考えていくうえで，まず注目されるのは，米軍基地の文化的影響である。なかでも音楽文化においてはこの影響が顕著であった。戦後しばらく，ミュージシャンたちの仕事の場は進駐軍の慰問が圧倒的に多かったし，GHQから委嘱された日本の政府機関も，彼らをAからDまで4段階に査定して将校クラブや各地の基地に送り込んでいた。他方，送り込まれたミュージシャンたちからすれば，米軍基地や米兵用の慰安施設での興行は，他の日本人の生活とは隔絶して待遇が良かったから，多くの若い歌手たちがこの突然の職場に群がった。伊東ゆかりは6歳の頃から父親に背負われて基地で歌っていたし，江利チエミも小学4年で米軍相手に歌手生活を始めている。松尾和子は15歳で北富士の基地でステージに立ち，森光子までが習ったジャズで基地を廻って暮らしていた。

当時，東京駅丸の内北口には数百名のミュージシャンたちが集まり，連日，米軍トラックの前でバンドマンの「セリ市」が行われていたという。あるいは，米兵の宿舎やクラブの多くがあった横浜では，米軍人と日本のジャズメンが入り乱れて週末に昼夜通しのジャム・セッションが行われたり，こうした交流の中で日本人ジャズメンの才能が伸ばされたりしていたという。こうしたライブでの活動や進駐軍放送のような媒介を通じ，ジャズは戦後の音楽文化の中核を占めていく。そして1952年，日米間で講和条約が結ばれて将校クラブなどの演奏場所が閉鎖されると，多くのジャズ・ミュージシャンたちが始まったばかりの民間放送やレコード，コンサート，日本人相手のジャズ・クラブなどに活躍の場を求めていくようになり，ここに戦後の歌謡界の基盤が形成されていく。

B──否認される「アメリカ」と若者文化

ジャズであれ，ファッションであれ，食文化であれ，戦後まもなく基地から大衆文化のなかに溢れ出ていった諸々の強力な浸潤作用が存在した。しかし，戦後日本における米軍基地と大衆文化の関係は，決して単純な影響関係に還元できない。戦後，多くの大衆文化が「占領するアメリカ」との直接的な結び付きを基盤にしていったにもかかわらず，大衆文化の方はこのことを否認し，米軍基地との結び付きが有していた暴力性を断ち切るようなレトリックを編み出していく。換言するなら，占領期が過ぎるなかで，日本の大衆文化は「占領するアメリカ」との直接的な結び付きを，例えば「闇市」や「パンパンガール」などといった，アンダーグラウンドなイメージのなかに周縁化していき，しだ

いに忘却していこうと努め始めるのである。そして，むしろアメリカのあからさまな暴力性が見えにくくなったところで，逆に「アメリカ」とねじれた仕方で結び付く消費主義的なアメリカニズムを増殖させていくのである。

例えば，都市空間でいうならば，東京の六本木や原宿，あるいは湘南海岸が，若者たちの文化的先端性を担う空間になっていった背景には，かつて存在していた米軍施設との密かなる関係が存在した。六本木の場合，戦前までこの界隈は，陸軍や近衛師団，憲兵隊などの施設が集中する「兵隊の街」だった。戦後，旧日本軍の施設の多くは米軍に引き継がれ，この界隈には米軍施設や軍関係者の住宅ができていった。こうした施設は60年頃まで返還されなかったから，50年代までの六本木には米軍の影がはっきり残っていた。このような場所に，やがて「六本木族」と呼ばれる若者たちが集まるようになり，テレビ関係者やロカビリー歌手とその取り巻きなども集まるようになり，徐々に現在につながるファッショナブルでコロニアルな夜の街のイメージができあがっていく。

原宿の場合もまた，戦後のこの街の「若者の街」への発展は，米軍将校用の住宅施設であったワシントンハイツとの関係を抜きに考えることができない。ハイツの建設が始まったのは終戦直後。まだ周囲は焼け野原とバラック，闇市の風景が広がる中に，忽然と下士官家族用の住宅団地と病院，学校，消防署，教会，デパート，劇場，テニスコート，ゴルフ場などが完備された「豊かなアメリカ」が出現したのである。この広大なハイツの存在が，この一帯の代々木練兵場の街というイメージを大きく塗り替えていった。50年代になると，キディランドやオリエンタルバザーなどの将校家族用の店が並び始め，街の雰囲気を象徴する建物としてセントラルアパートが建設される。このアパートの初期の住人の多くは貿易商，米軍関係者な

❶旧陸軍代々木練兵所跡地に建設中のワシントンハイツ［1946-50年］

どで，「オフ・リミッツ」の雰囲気を残していたが，やがてカメラマン，デザイナーなどの流行の先端を行く商売の人々に変化していった。

他方，占領期の銀座は，「主要なビルが進駐軍施設として接収されており，阪急ビル，和光，黒沢ビル，松屋などがPX，酒保，宿舎などとなり，一帯には各所に星条旗が翻り，さながらアメリカの街のような印象を与え」ていた（原田弘『MPのジープから見た占領下の東京』草思社，1994）。街路には，「ニューブロードウェイ」「Xアヴェニュー」「エンバシー・ストリート」「ポーカー・ストリート」などの名前が付けられ，地区全体が植民地的な風景のなかに移し変えられていた。当時の「銀座」を歌った流行歌にも，1946年にヒットした『東京の花売娘』の，「ジャズが流れる，ホールの灯かげ/花を召しませ，召しませ花を/粋なジャンパーの，アメリカ兵の/影を追うよな，甘い風」といった歌詞にみられるように，占領軍の影がはっきりと歌いこまれていた。

同様のことは，太陽族映画や湘南サウンドの舞台となった湘南海岸についても当てはまる。今日につながる「湘南」のイメージは，石原慎太郎の『太陽の季節』や石原裕次郎の主演映画『狂った果実』のヒットによって，逗子や葉山のビーチのイメージが大衆的欲望に強烈にアピールしていくなかで形作られたものである。し

かし，50年代の湘南は，実際の風景としても「アメリカ」を深く内面化しようとしていた。例えば，1957年5月11日の朝日新聞は，この地が「東洋のマイアミ」になろうと躍起になっていることを伝えている。それによれば，この一角の片瀬海岸は「海岸の風景を楽しむドライブウェイ，近代的なビーチハウスと広いモータープール」を備えた「バターくさいまでにモダンな海水浴場」に変身しつつある。神奈川県は，ここに「マリンランド」「ビーチハウス」「ヘルスセンター」などを建設し，やがては外資系ホテルも誘致して，湘南海岸をマイアミビーチに匹敵する一帯に変えたいという考えであった。こうした「湘南＝マイアミ」の風景を背景に，61年には加山雄三が湘南ボーイを代表する役柄として登場している。これ以降，いわゆる湘南サウンドが，音楽の面からこの一帯のアメリカニズムを担っていった。

「太陽族」が闊歩する逗子や葉山といい，「マイアミ」もどきの片瀬海岸といい，アメリカニズムを強烈に内包した「湘南」のイメージは，しかしその背後で本土最大の軍港の1つであった横須賀をはじめ，神奈川県に点在した米軍施設やそこに駐留する米兵の存在と深く結び付いていた。ちなみに70年代以降の湘南海岸では，サーフィンを楽しむ若者たちの姿が主役をなしていくが，サーフィンがこの地に根づくきっかけを作ったのは，近隣の基地から遊びに来ていた米兵サーファーたちであった。湘南海岸の風景は，沖縄からグアム，ハワイ，マイアミまでの，基地とリゾートが背中合わせになって大量の観光客を集めている諸々のアメリカン・ビーチの風景に連続しているのである。

C——ブラウン管の中の「アメリカ」

このような間接化の媒介として，テレビをはじめとするマスメディアが果たした役割は無視できない。60年代初頭までに，テレビは一般家庭に爆発的に普及し，歌謡曲からドラマ，スポーツ，演芸まで，あらゆる大衆文化ジャンルにおいてヘゲモニーを握る包括的な装置となりつつあった。しかしながら，ここにおいても事態は直線的に進んでいったわけではない。テレビ文化そのものが，初期には高度成長期に一般的になるのとはきわめて異なる仕方で人々の屈折した心情と「アメリカ」を繋いでいた。

そうした初期のテレビ文化の中での「アメリカ」を象徴的に示したのは，街頭テレビでのプロレス中継である。もともと街頭テレビは，NHKとほぼ同時に民間放送局としてスタートした日本テレビの市場戦略として誕生したものだった。当時のテレビは，一般家庭にはとても手が出ない高級商品であった。そこで日本テレビは，テレビを買えなくてもテレビ放送に熱烈な関心を持つ大衆を相手に自らの番組の広告収入に役立てようと，主に首都圏の駅前や盛り場55ヵ所に220台の大型テレビを設置したのである。これが大人気を呼び，毎日のように周囲に黒山の人だかりができていくことになる。

この街頭テレビで最も人気を集めたのは，プロレス中継であった。狭いリングでスピード感あふれるプロレスは，テレビ画面に収めるのに最適のジャンルだった。とりわけ力道山は，テレビカメラを明瞭に意識したアメリカ仕込みのショーマンシップに加え，反則技を繰り返す巨漢のアメリカ人レスラーに対する勇気ある日本人レスラーという構図を意識的にテレビ画面の中に演出していた。彼は戦後日本人の屈折した疑似反米ナショナリズムを，テレビというメデ

ィアのなかに巧みに定着させたのである。力道山はプロレスが、単なるスポーツでも見世物でもなく、むしろテレビの前に集合した数百万人のオーディエンスに向けて演じられるナショナルな象徴劇であることを察知していた。そうして彼は、アメリカ的なものに対する人々の屈折した気分と自らの鮮やかな演技を反響させることで大成功を勝ちとったのである。

　だが、1950年代末以降になると、街頭テレビと家庭のテレビの比重が逆転していく。街頭テレビの成功でテレビの効果を知った飲食店主や商店主が、やがてテレビを店内やウィンドーに置くようになり、徐々にテレビは街頭から商店、そして家庭へと浸透していくのである。そして、この「テレビを見る場所」の転換の中で、プロレス中継は次第に周縁的な位置に追いやられていく。60年代初頭、いくつかの民間のテレビ視聴者に対する調査において、「くだらない」「家庭で見るにふさわしくない」番組の筆頭に挙げられていくのはプロレス中継である。それは相変わらず、視聴率では圧倒的な人気を誇っていたが、同時に家庭のテレビには相応しくない逸脱的なものとして非難を浴びるようにもなっていた。プロレスには次第に暗い、逸脱的なイメージがつきまとうようになり、63年12月、力道山が暴力団組員に刺されて死亡したとき、この戦後の「英雄」の死についての一般新聞の扱いは、かつての国民的人気からするなら不自然なくらいに冷淡であった。

　1950年代末、街頭から家庭に入り始めた初期のテレビで、番組の主流を占めていたのはアメリカから直輸入された番組フィルムであった。テレビ放送が上昇気流に乗り始める57年あたりから、『バッファロー・ビルの冒険』や『アニーよ銃をとれ』のような30分もののウェスタン・シリーズが次々に日本に紹介され始め、翌58年には『パパは何でも知っている』や『名犬ラッシー』のようなホーム・コメディ

❷街頭テレビで力道山の活躍に熱狂する群集〔1954年〕

ーや名犬もののドラマも始まって、人気を博していった。こうしたアメリカ製フィルムの放映は、61年頃に頂点に達し、夜の時間帯に放映される番組の約3分の1を占めていく。それらのなかから、『ローハイド』や『ララミー牧場』から『コンバット』、『ベン・ケーシー』までの人気番組も登場していた。これらのホーム・コメディで描かれたサラリーマン家庭のイメージは、60年代以降の日本製のホームドラマにも大きな影響を与えていった。

　60年代半ば以降、こうしたアメリカ製フィルムは衰退に向かい、30分ものの西部劇シリーズなどは深夜などの時間帯に周縁化されていった。これらに代わり、日本製のホームドラマや時代劇が次々に制作されるようになり、番組の国産化が急速に進んでいくのである。例えば、1961年にはバラエティ番組として人気を集める『シャボン玉ホリデー』や『夢で逢いましょう』がスタートし、江利チエミが庶民的な嫁役を演じたホームドラマ『咲子さんちょっと』も放映されている。後者はやがて大家族に焦点を据えた64年の『七人の孫』や『ただいま11人』から68年の『肝っ玉母さん』、70年の『時間ですよ』などまでのTBSのホームドラマ路線へ引き継がれていく。他方、NHKの大河ドラマが『花の生涯』でスタートしたのは63年で、同じ頃から民放でも大型時代劇が組

❸第2次砂川基地反対闘争で警察隊と衝突するデモ隊〔1956年10月4日〕

まれ、60年代末には『水戸黄門』や『大岡越前』のような時代劇も登場している。

50年代後半からの変容に、何人かの芸人は見事に適応し、何人かは適応できずに人々の視界から消えていった。安田常雄は、この両極の例として、美空ひばりとトニー谷を比較している。一方で、「物真似アメリカニズムとしてはじまったひばりの歌は、占領期の庶民の哀歓を巧みに表現して、一躍スターの座」を築いたが、1952年、『リンゴ追分』を歌ったのを転回点に、「日本的なるもの」へと「転向」していく。他方、トニー谷は、敗戦直後、司会兼ボードビリアンとして占領軍クラブで人気を得、「真っ赤な上着に白いズボン、フォックス眼鏡にきざな口ひげをつけ、……『トニイングリッシュ』という怪しげな英語を駆使し、『さいざんす』『オコンバンワ』などたくさんの流行語をつくり、日本を『パチンコ・カントリー』と批評」しながら50年代半ばに人気絶頂に達したが、その後は人々の関心から消えていった。安田はこのトニー谷を、「占領期のいかがわしさとアナーキーの象徴として、そして庶民の『被占領心理』の屈折した自虐性によって支持され、高度経済成長とともに捨て去られていった芸人」として捉えている（安田常雄「アメリカニゼーションの光と影」中村政則他編『戦後思想と社会意識』〈戦後日本 占領と戦後改革 第3巻〉岩波書店、1995、pp. 263-265）。

D——変貌し、分裂する「アメリカ」

1950年代後半から60年代にかけて、一方では太陽族から六本木族、原宿族などが誕生し、若者たちがロカビリーのブームに沸き、他方ではテレビがお茶の間へと浸透し、アメリカ製の輸入フィルムから歌謡曲やホームドラマ、大河ドラマまでを含んだ国産組への転換がはかられていった。しかし、この時代はまた激しい基地闘争の時代でもあったことを忘れてはならない。1953年、石川県内灘村で米軍砲弾試射場に反対する闘争（内灘闘争）が急速な広がりを見せる。そして55年、立川基地飛行場拡張に反対して立ち上がった東京・砂川町住民の「砂川闘争」が盛り上がり、翌年10月には強制測量を阻止しようとして座り込んだ農民、支援労組員、学生と警官隊が衝突し、およそ1,000人の負傷者を出す事件にまで至る。同じ頃、沖縄では度重なる住民女性への米兵の暴力、殺人と住民意思を無視した占領方針に人々の怒りが爆発し、「島ぐるみ闘争」が展開されていた。

つまり、この50年代後半の日本には、2つの「アメリカ」が出現し始めていた。一方は、もともと米軍基地や慰安施設のなかで育まれてきたにせよ、次第にその暴力的な関係を後景化し、むしろ商品やメディアに媒介されるイメージとして消費される「アメリカ」である。他方は、文字どおりの「暴力」として反米闘争の標的となる基地の「アメリカ」である。これらは実のところ同じ1つの「アメリカ」の異なる側面だったのだが、日本が高度成長へと向かう50年代半ばを境にして、両者の間の断層が広がっていき、2つはそもそも別種のものであるかのようなリアリティが成立していく。前者の

「アメリカ」は，最初から文化消費のレベルで完結しているかのように理解され，後者の「アメリカ」では，もっぱら基地公害や米兵の性暴力，売春の問題が，文化的次元を捨象するような仕方でクローズアップされていくのである。

50年代後半以降，インドシナ情勢が悪化するなかでますます基地の存在が大きなものになっていた沖縄とは対照的に，本土の都市部では，次第に米軍基地の存在が見えにくいものになっていった。53年の時点では，日本本土には飛行場が44，演習場が79，港湾施設が30，兵舎が220，集団住宅施設が51など，米軍の施設数は733と，あらゆる方面にわたって膨大な米軍施設が置かれていた。しかし，本土の米軍基地は，その後減少していき，68年までに飛行場は7，演習場は16，港湾施設は9，兵舎は4，住宅施設は17という数になっている。兵数では，1952年の26万人から55年には15万人，57年には7万7,000人，60年には4万6,000人というように減少してきた。この過程で在日米軍の主力は空海軍になり，陸軍の比重は大幅に軽くなっていた。60年代末になっても，首都圏では横田や立川，横須賀，座間，朝霞などに基地が残っていたが，もはや至るところに米軍施設があり，米兵が日常的な現実であるという状態ではなくなっていた。

このようにして50年代末以降，日本本土における「アメリカ」は，基地や暴力との直接的遭遇の経験や記憶から分離され，沖縄や韓国，台湾などの東アジア諸国における「アメリカ」のリアリティとは異なる道を歩むようになる。それはむしろ，メディアを通じて消費されるイメージとして純化され，そのことによってすべての人々に同じように誘惑的な力を発揮していくのである。1940年代後半から50年代初頭まで，「アメリカ」はそれぞれの日本人にとって異なる意味を帯びていた。ある者にとっては「解放者」であり，ある者にとっては「征服者」

であり，欲望の対象であると同時に怖れの理由であり，豊かさであり，退廃であった。異なる階級と世代，ジェンダー，地域，個人的な偶然によって，無数の異なるアメリカが存在した。なぜならば，アメリカは単なるイメージというよりも，人々が日常的に遭遇した現実であり，具体的な米軍兵士や制度，変化の直接的な経験としてそこにあったからである。

しかし，50年代半ば以降，「占領するアメリカ」が日本本土では多くの人々の直接的な日常の風景から少しずつ遠ざかり，「一部の地域」の問題とされていくにしたがい，むしろ逆に「アメリカ」は，単一のイメージに純化されてそれまで以上に強烈に人々の心を捉え始める。実際，この頃の広告のなかでの「アメリカ」の描かれ方を見ると，50年代初頭まで，何よりも直接的に「アメリカ」ということばが目指されるべきものとして連呼されていたのが，50年代半ばを境に，アメリカ的なライフスタイルのなかで日本人の家族，とりわけ「主婦」が演じるべき役割が明示され，また「若者」にポップな文化とも重ねられていくようになる。50年代半ば以降の「アメリカ」のイメージは，日常的現実のなかでの「アメリカ」との直接的遭遇が具体性を失っていくのと反比例するかのように，より具体的で，そのなかに日本人自身の役割やアイデンティティが書き込まれたものになっていったのである。戦後日本のなかで「アメリカ」は，間接化され，メディア化され，イメージ化されることで，逆に日常意識を内側から強力に再編していったのだ。

E──日常としての「アメリカ」

こうした分裂の行き着く先は，70年代末までに明らかになる。加藤典洋は『アメリカの

影』で，村上龍が1975年に書いた『限りなく透明に近いブルー』と田中康夫が80年に書いた『なんとなく，クリスタル』の2つの話題作に，江藤淳がまったく異なる評価をしていることに注目した。多くの批評家が前者よりも後者に反発するなかで，江藤がむしろ前者を否定し，後者を評価したのは，この両者が「アメリカ」に対して示している微妙な態度の差に由来する。村上の小説に江藤が苛立つのは，村上がアメリカと日本の関係を占領者と被占領者の関係として提示しながら，むき出しの反米意識をのぞかせているからである。それに対し，江藤が田中の小説を評価するのは，アメリカという茫たる存在を受け入れ，「まるで空気のように気づかれずにぼく達をつつみこんでいるその圧倒的な弱さ，そのなかで日々呼吸して生きていく生活感覚」を，描いているからである。戦後日本で「アメリカ」はあらゆる言説の可能性を枠付けており，ナショナリズムすらアメリカへの依存を通じてしか存在できないというのが江藤の基本認識だった（加藤典洋『アメリカの影』河出書房新社，1985）。

1970年代以降，日本の中の「アメリカ」は，もはやそれと目につく特異点ではなく，人々の日常をあらゆるレベルで包み込んでいく空気のような存在となっていった。例えば，こうした動向をいち早く示したのは，マクドナルド日本進出である。1970年，銀座に日本初のマクドナルドのハンバーガー・ショップが開店して以来，日本マクドナルドは店舗数と売り上げを急伸させ，この成功を追いかけるように，各種のファーストフード店の進出が続き，日本人の食生活を大きく変えていった。そして，この日本マクドナルドの成功の際に話題にされたのは，従業員を徹底してマニュアル管理することや，たえず店内を清掃して「清潔さ」を保ちつづけることなどであった。

もう1つ，同時代の動きで注目されるのはサンリオである。かつては弱小の雑貨業者にすぎなかった山梨シルクセンターが，ファンシー商品の巨大な市場を開拓していく契機になったのは，水森亜土のイラストを配した小物のヒットとアメリカ最大のカード会社ホールマークとの提携であった。この提携が成立したのは69年末，そしてカードを扱う部門を統合して社名をサンリオとし，複合的なキャラクター・ビジネスに乗り出すのが73年である。すでに70年前後から，ミッキーマウスやスヌーピーなどのキャラクターたちが日用品の中にも頻繁に登場するようになっていた。ホールマークとの提携は，サンリオに，カードのキャラクターを，自社の文具・小物類に転用していくことを可能にした。しかも，この同じ時期にオリジナルのキャラクターとして「ハローキティ」や「パティ・アンド・ジミー」も誕生している。その後の同社は，映画製作からテーマパーク建設に至るまで，常にディズニーをモデルとしつつ，事業を発展させていくのである。

このような一連の展開を背景としつつ，1983年，東京湾岸に東京ディズニーランドが開園し，1980，90年代を通じてめざましい成功を収めていった。年間入園者数を見ても，83年度は約1,036万人，84年度は約1,001万人，85年度は約1,068万人，86年度は約1,067万人と，毎年目標の年間1,000万人を確実に保っていく。87年度以降，入園者はさらに増加し，87年度は約1,198万人，88年度は約1,338万人，89年度は約1,475万人，90年度は約1,587万人と，開園当初の約1.5倍に達し，91年5月には，累計の入園者数が1億人を超えるのである。高度成長以降の日本にあって，これほど大規模で継続的な集客力をもった施設はほかにない。東京ディズニーランドはまた，都市開発の面においても大きな影響を及ぼしていった。80年代を通じ，リピーターの増加を狙って新しい施設が建設されただけでな

く，86年以降，隣接して豪華ホテル群が次々と建設され，2001年には，いわば第2ディズニーランドとして，隣接の敷地にディズニーシーもオープンした。

マクドナルドの全国展開から東京ディズニーランドの成功に至る1970年代以降の十数年間に起きたことは，1920年代に始まる日本の大衆文化のアメリカ化の最終局面であった。もちろん，マクドナルドの日本進出とサンリオの事業展開は，同時代に起きながらも別々の事柄であるし，巨大なイメージ産業としてのディズニーは，すでに50年代から映画や絵本を通じて日本人の日常意識に浸透していた。それでもこうした諸々の異なるレベルの動きを通じ，70年代末までには，戦後日本人の感受性は，すでに「ディズニー」の世界をより全面的に受容できるほどになっていたのである。60年代までのアメリカ化は，大衆の欲望が「アメリカ」へと投射され，個々のモノや記号のレベルで日本に輸入されることによって起きていた。このとき「アメリカ」は，「貧しい」日本人が羨望する彼方に確かな相貌をとって存在していた。ところが70年代以降，欲望の投射点としての「アメリカ」の相貌ははるかに曖昧になる。相変わらず「アメリカ」は，日本人の意識に強く作用し続けるのだが，それは大衆の欲望の投射というよりも，われわれの日常世界が産業化されていく必然的な帰結としてであった。

❹東京ディズニーランドの開園セレモニー［浦安市，1983年4月15日］

■参考文献

有山輝雄『占領期メディア史研究』柏書房，1996.

沖縄国際大学石原ゼミナール編『戦後コザにおける民衆生活と音楽文化』榕樹書林，1994.

加藤典洋『アメリカの影』河出書房新社，1985.

姜尚中・吉見俊哉『グローバル化の遠近法』岩波書店，2001.

ゲイン，M.（鈴木主税訳）『ニッポン日記』ちくま学芸文庫，1998.

佐伯啓思『「アメリカニズム」の終焉』TBSブリタニカ，1993.

「思想の科学」編集委員会．特集「日本人のアメリカ体験」『思想の科学』1996年4月号．

袖井林二郎『拝啓 マッカーサー元帥様』岩波文庫版，2002.

谷川建司『アメリカ映画と占領政策』京都大学学術出版会，2002.

平野共余子『天皇と接吻』草思社，1998.

山本武利『占領期メディア分析』法政大学出版局，1996.

吉見俊哉「『アメリカ』を欲望/忘却する戦後」『現代思想』総特集「戦後東アジアとアメリカの存在」2001年7月臨時増刊．

Kuisel, R. *Seducing the French: The Dilemma of Americanization*. Univ. of California Press, 1993.

Pommerin, R. *The American Impact on Postwar Germany*. Berghahn Books, 1995.

■さらに知りたい場合には

石川弘義・藤竹暁・小野耕世監修『アメリカン・カルチャー』全3巻，三省堂，1981.
［戦後日本の大衆文化における「アメリカ」の影響を，3期に分けて広範囲に項目解説している。「文化」だけに視野が限定されてい

るものの，先駆的な作業として評価できる。]
ダワー，J. W.（三浦陽一・高杉忠明・田代泰子訳）『敗北を抱きしめて』岩波書店，2001.
[すでに古典となったマッカーサーの占領政策と日本の支配者層の結び付きを捉えた労作。天皇制とGHQの占領支配の「談合」的な関係を捉えた分析は非常に説得的である。]
吉見俊哉「シミュラークルの楽園」多木浩二・内田隆三編『零の修辞学』リブロポート，1992.
[1980年代の東京ディズニーランド現象を言説と空間の両面から構造分析し，70年代以降の日本の消費社会の中での主体のあり方を，アメリカ化との関係で捉えた論文。]

李鍾元『東アジア冷戦と韓米日関係』東京大学出版会，1996.
[1950年代の東アジアにおける日本の位置を，米国・韓国・日本の三者の関係の中で力動的に捉えた労作で，戦後日本のアメリカ文化の意味を考えるときにも有効。]
トービン，J. J.編『文化加工装置ニッポン』時事通信社，1995. (Tobin, Joseph J. *Remade in Japan*. Yale Univ. Press, 1992.)
[日本のアメリカ化はアメリカ文化の直輸入ではなく，日本の歴史的文脈の中で「加工」されたものであるということを，人類学的な事例分析から説得的に示した論集。日本版は抄訳。]

109 経済を中心とする日米関係
Japan-US Relations: The Economy

松原隆一郎

　第2次大戦後の日米関係は，米軍の占領をもって開始される。それはアメリカにとって，戦中の日本を平和国家に改造するための解体・矯正作業であった。占領初期においては，占領軍は日本経済のソフトランディングを望んだが，本国においてはハードランディングを唱える声が強かったといわれる。だがそうした試みは，冷戦の幕開けとともに路線変更された。極東の安全保障のために，アメリカにとっての橋頭堡たる日本経済を急速に復興させねばならなくなったからである。こうして冷戦開始以降，アメリカ側は，安全保障問題が懸念されると経済的に協調色を濃くし，必要が薄れると対日競争面を強調していった。「協調と競争」の循環が，日米経済関係の基盤となったのである。この枠組みを背景に，戦後の日本経済においてどのような相互作用がはたらいていたのかの一端を，技術革新，経済システムの型，消費欲望のあり方という3つの断面を取り上げ，捉え直してみたい。

A──日米間の貿易における相互依存関係

　日米経済は1960年から1990年までの30年間，合わせて世界のGNPの30%以上，特に90年においては44%という高い割合を上げてきた。また世界輸出・世界輸入高に関しても，その20%前後を占めてきた。けれどもこの間に両国の置かれた位置は，激変している。この30年で，日本は世界GNPにおけるシェアで5.3倍，世界輸出高シェアで2.4倍，世界輸入高シェアで1.8倍となった。これは，日本経済がこの間に高度に成長したことを物語っている（表109-1）。

　経済復興を経て経済活動が戦前の水準をほぼ回復したといわれる1955年，日本の1人当たり名目GDPは米国の1割程度に過ぎなかった。ところが30年あまりの後の87年にはそれはアメリカを上回るに至り，96年には2割強引き離して世界最高水準となった。このような1人当たり所得の急成長は，日本経済の生産性の上昇によって達成されたものだと言える。

　一方のアメリカは，特に世界輸出高のシェアを3分の2へと激減させている。1971年以降，貿易収支は赤字となり，85年には世界最大の債務国となった。このことは，世界経済において日本の占める地位が戦後拡大しつづけたのに対して，アメリカのそれは後退しつつ，しかし貿易収支の赤字に示されるように生産に比して過剰な消費を行っていることを意味している。

　日米間の貿易収支に関しては，表109-2のようになっている。アメリカの貿易収支は全体として悪化の一途をたどっているが，90年においては特に日本に対する貿易赤字が全体の39%をも占めるに至っている。両国の貿易に

関する相互依存関係は図109-1に示されている。そこから読み取れることは，アメリカにとって対日輸出が輸出全体に占める割合は一貫して10％程度であるが，それに対して対日輸入の輸入全体に占める割合は趨勢として増えているということである。

一方，日本にとってのアメリカとの貿易は，大きく変化している。輸入全体に占める対米輸入の割合は60年の35％から80年には20％を割り込むところまで減退した。これに対して対米輸出は，20％から40％弱までの間で激しく増減している。

B——戦後経済における日米関係

戦後の日本経済の発展は，いくつかの側面から眺めることができる。第一が，技術革新である。日本経済における生産性の上昇は主に技術革新によって引き起こされ，その経済成長は，欧米との技術格差を埋めるキャッチアップによって実現した。革新を起こしている技術の種類によって，比較優位にある産業と輸出される財の分野が決まってくる。第二は，経済システムの型である。日本経済においては，占領軍が強いた経済民主化政策によって戦前の財閥中心の経済システムが解体され，代わりに自由な市場を中心とするアメリカ的な経済システムが植え付けられたかに思われたが，高度成長期を経て，独自の日本型経済システムが再構築されるに至った。これは70年代のニクソン・ショックおよび石油ショックによって大きく揺らいだが，すばやい立ち直りを見せ，90年代に至っている。90年代以降の長期の不況は，そうした日本独自の経済システムが，根本的に解体されつつある過程で起きたものだと言える。第三は，消費欲望のあり方である。敗戦直後から占領期そして高度成長期において，アメリカの消費文化は日本人にとって憧れであった。また占領期から援助を通じて定着していったパン食は，日本人の食習慣を根本的に変えた。だがそうした強い影響にもかかわらず，消費文化において完全にはアメリカナイズされえなかった部分もある。その特徴は，特に流通制度において顕著に現れている。

以下，戦後日本経済の3つの側面に触れるが，これらはそれぞれ，アメリカから陰に陽に強い影響を与えられている。

❶——技術革新と輸出

ⓐ 経済発展を支えた技術革新と経営改善

戦後日本の経済成長に関しては，資本や労働などの投入の量的な増加のみならず，その質的な向上と技術進歩の貢献が大きいことが知られている。製造業に関しては，特にそれらの寄与度が相対的に大きかった。ことに第1次石油危機以降は，製造業の実質GDPの成長の6割以上が技術進歩によって達成されたといわれている。また全産業および非製造業については，資本の投入量および質的な向上，技術革新に関する寄与度が大幅に低下し，それが成長率の低下をもたらしたとされている。その結果，日本経済は60年代の高度成長から70年代以降の安定成長へと転換したのである。さらに90年代以降は，その伸びが大きく鈍化している。このように，労働・資本の質の向上および技術革新は，日本経済の発展を支える大きな要因であった。

村上泰亮が指摘したように，先進国として最前線で技術革新を行っているのでない発展途上の国においては，先進国の技術を模倣することが技術進歩の内容となる。とりわけ日本では，敗戦後の復興期から高度成長期にかけ，欧米からの導入技術がすなわち技術進歩となった。日

表109-1 ●世界経済に占める日米の比率の推移 [1960-90年]　　　　　　　　　　　　　　[単位:%]

		1960年	1970年	1980年	1990年
世界GNPでのシェア	アメリカ	33.7	30.2	23.0	28.8
	日本	2.9	6.0	8.9	15.3
世界輸出でのシェア	アメリカ	18.1	15.3	11.8	11.8
	日本	3.6	6.9	6.8	8.6
世界輸入でのシェア	アメリカ	12.6	13.6	13.1	15.0
	日本	3.8	6.4	7.2	6.8

●出典│塩見治人・堀一郎編著『日米関係経営史』名古屋大学出版会，1998に基づく。
●注│世界GNP総額はその3分の2を先進国が占めるものとして推定。1990年はGNPではなくGDPで算出。

表109-2 ●日米の貿易収支尻の推移 [1960-90年]　　　　　　　　　　　　　　　　　[単位:億ドル]

	1960年	1965年	1970年	1975年	1980年	1985年	1990年
アメリカ	59	50	26	89	−255	−1,221	−1,081
［対日本］	[−5]	[−3]	[−12]	[−19]	[−104]	[−435]	[−417]
日本	−4	19	40	50	21	560	778
［対アメリカ］	[−3]	[1]	[4]	[5]	[70]	[395]	[425]

●出典│塩見治人・堀一郎編著『日米関係経営史』名古屋大学出版会，1998に基づく。

図109-1 ●日米間の貿易における相互依存度の推移 [1960-90年]

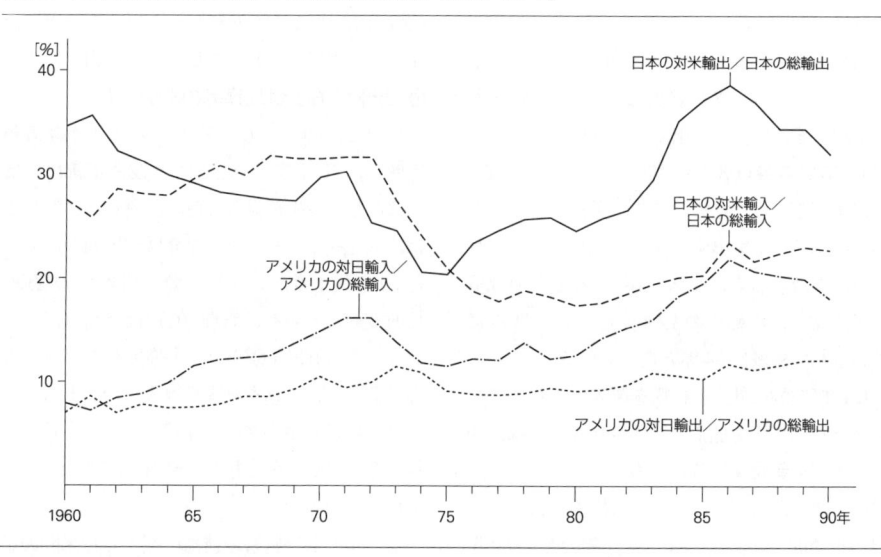

●出典│塩見治人・堀一郎編著『日米関係経営史』名古屋大学出版会，1998.

本と欧米では相当程度の技術格差が存在したため、模倣により格差を埋めることで先進国にキャッチアップしていったのである。

とりわけ50年代後半以降の日本では、アメリカで発達していた経営管理技法に関心が向けられた。日本生産性本部などはアメリカから学ぶことを目的として組織化され、遣米視察団は「昭和の遣唐使」と呼ばれて、視察成果の報告会場は満員となり大企業からも講演依頼が殺到したという。こうした中でアメリカ産の管理技法が日本に導入された。統計的品質管理（SQC）である。ところがそれはじきに修正されることになる。全社的品質管理（TQC）はその修正の過程で生み出され、日本独自の技術として完成されたものであった。このように、模倣的に導入され、修正され、日本独自の技術として完成されるというのが、一般的な技術導入プロセスとなった。それにより、海外から導入された多くの技術を組み合わせて、低コストの量産化を行うことが高度成長期に行われていった。

商品の低価格化は、輸出を促進する。60年代を通し数量ベースの輸出は年率16％で拡大したが、それは世界輸出に占める日本のシェアが60年での時点3.2％、70年においても6.4％にすぎなかったためで、この過程において世界市場へ向けて輸出するなかで日本企業は新たな技術を吸収していった。中核となったのは重化学工業で、総輸出の72.4％を占め、さらにそのうちで機械は64％となっている。

単に模倣的に外来の技術を導入するだけでなく、それに修正を加えて発展させることは、独自の技術革新を遂げるための呼び水となる。先進国となった日本では、単なる模倣ではなく独自の技術開発が必要となった。そのため80年代に入ると、民間企業の研究開発費も増額され、日本独自の研究開発が進展し、技術輸出も増加して欧米を脅かすなど、欧米との技術格差は縮小してきた。欧米では80年代、基礎科学だけでなく応用技術に資金を投じるべきだとする「科学のモード転換」が生じたといわれるが、それは日本の応用技術のめざましい発展が脅威として受け取られたことを意味している。

特に73年の第1次石油危機に関しては、日本も大打撃を受けたものの、これを機に「重厚長大」な重化学工業を中心とする産業構造から脱皮し、マイクロエレクトロニクス技術を大幅導入し、機械産業を「軽薄短小」の加工組立型に再構成したことが注目される。日本の平均的な輸出依存度（GDPに占める輸出の割合）は表109-3のように、93年の時点でも14.7％と、34％以上の東アジア、東南アジア諸国はもとより、フランスの27.4％、ドイツの32.7％よりも相当に低い（アメリカは11.6％）。けれども輸出の中核を担う機械4業種（一般、電気、輸送、精密）は輸出依存度が高く、しかも国内での中間財需要に大きな関係をもつため、生産波及効果が相当に大きい。これが平均的輸出依存度からうかがわれる以上の輸出依存体質を日本経済にもたらしている理由である。

ⓑ 日米間における技術革新の相互作用

ただし、90年代になると、アメリカ経済が復興し、IT産業を中心とする技術革新にもはなばなしい成果が見られた。品質管理に関しては、低迷期にあって新たな発展が模索されていた80年代より、アメリカでは日本型のTQCに改変が加えられ、管理（C）は経営（M）におきかえられ、TQMとして発展していた。現在ではさらにそれを日本が導入しつつある。このように日本が先進国の仲間入りしてからは、技術革新は日米間で相互に影響を与え合いつつ発展している。

このような経営管理技術に関する日米間の影響関係は、ほかにも特徴あるものだけでいくつかを指折ることができる。生産管理に関してフォード・システムは、自動車の大量生産におい

表109-3 ●貿易の対GDP比 [1980-93年]　　　　　　　　　　　　　　　　　　　　　[単位：%]

		1980年	1985年	1990年	1991年	1992年	1993年
日本	輸出依存度	12.1	14.4	13.8	14.0	14.5	14.7
	輸入依存度	12.9	11.1	14.8	13.7	13.4	13.8
中国	輸出依存度	6.1	9.5	16.6	19.0	18.5	16.6
	輸入依存度	6.7	14.7	14.2	16.9	17.6	18.8
韓国	輸出依存度	—	27.7	29.8	30.5	32.2	34.2
	輸入依存度	—	23.1	30.3	33.1	33.1	33.7
台湾	輸出依存度	45.0	50.0	56.0	58.8	59.1	57.9
	輸入依存度	40.7	34.5	48.4	51.9	55.0	56.6
香港	輸出依存度	[NA]	107.9	164.0	181.1	203.1	216.8
	輸入依存度	[NA]	105.3	160.4	181.3	208.5	221.7
タイ	輸出依存度	21.4	24.2	35.9	38.6	40.5	[NA]
	輸入依存度	29.7	24.4	41.6	44.1	43.6	[NA]
マレーシア	輸出依存度	50.8	55.8	80.3	85.0	87.7	89.4
	輸入依存度	53.7	52.7	77.6	88.4	87.9	86.9
シンガポール	輸出依存度	155.2	128.9	150.1	146.7	137.8	132.4
	輸入依存度	204.7	148.5	173.1	164.4	156.8	152.5
インドネシア	輸出依存度	15.4	22.9	25.0	30.2	32.1	34.0
	輸入依存度	34.1	22.5	20.8	22.1	21.8	22.2
フィリピン	輸出依存度	25.4	24.0	30.5	32.9	31.8	34.0
	輸入依存度	29.4	21.9	37.3	37.1	41.6	43.0
アメリカ	輸出依存度	—	7.2	10.4	11.2	11.6	11.6
	輸入依存度	—	30.6	11.5	19.5	19.0	18.3

●出典｜青木・馬田『日米経済関係』勁草書房、1996に基づく。
●注｜実質GNP（GDP）ベース。日本、フィリピンは85年価格、韓国は90年価格、香港は80年価格、タイは72年価格、台湾は86年価格、マレーシアは78年価格、インドネシアは83年価格、中国とシンガポールは名目・通貨ベース。アメリカは87年価格。

てテイラーなどの実践的研究に基づくベルトコンベア式の効率的かつ画一的な労働配置を採用したが、一方で賃金を引き上げることで過酷な労働条件から生じる不満を抑えた。トヨタはこれに学び、さらに中間完成品を時間をおくことなく次の作業現場に送るジャスト・イン・タイムの「カンバン方式」を付け加えた（⇨60企業経営の歴史D-2）。だがこうしたチーム式生産管理法に脅威を感じたアメリカでは、80年代において、生産現場において部分的に効率化しても全体は最適状態からはずれる可能性があるという理屈から、ボトルネック（制約条件）となっている部分をまず発見し、集中的に改善することを唱える「TOC（制約条件の理論）」を編み出した。トヨタ式経営では無駄・無理はしらみつぶしになくすのだが、TOCはそれを部分効率化でしかないと見なし、唯一の制約の解消に全力を費やす。さらに成果の評価は、原価ではなく、市場価格で行うというのである。この技法を考案したエリヤフ・ゴールドラット

は，日本人には伝えるな，と周囲に釘を刺していたという。ここには日本企業に対する競争心が見て取れる。

また，コンビニエンス・ストア（CVS）のシステムは，アメリカ最大手サウスランド社からイトーヨーカドーが，商標のみならずフランチャイズ・システムや契約，会計処理などを導入した。これがセブン・イレブン・ジャパン社である（CVSそのものは70年代初期から他社が導入している）。ところがCVSを導入した理由は，日本に特有のものであった。当時，大型スーパーの出店が全国で中小小売店に警戒され，スーパー関係者と小売店主との対立が激化していた。そこでCVSは，スーパー側が中小小売店と共存しうるシステムとして見いだしたのである。日本型に変型されたCVSのシステムには，土地が狭隘であり，在庫にも地価がコストとしてつきまとうという日本の流通の特異性が反映されている。平均30坪の1店舗になるべく多くの商品種（アイテム数）をそろえようとするとその数は約3,000となり，1品当たりの在庫数も少な目に抑えられ，その適切な管理が課題となる。こうしてCVSは，従来アメリカで常識とされていたようにメーカーのセールスマンに商品補充を頼るのではなく，小売側が客のニーズを把握して発注するように，システムの180度転換を図ることになる。POS（Point of Sales）情報は，バーコードと手打ちで読み込まれる。商品種・メーカー・価格や，性別・年代に関する客層情報である。これらは本部に送られ，単品売り上げの量や時点に関する分析・加工が施され，欠品が起きた時刻は記録され，納品する最適な便と量が算出される。さらに地域の天気予報やイベント情報により，傘や弁当が急に必要になるといった判断が加味され，オンラインでベンダーへの発注が行われる。後に経営の悪化したサウスランド社はセブン・イレブン・ジャパンに買収を申し入れるまでになった。

❷──日本型経済システム

ⓐ 財閥の解体から再編成へ

以上のように，機械産業を中心とする技術革新により戦後日本経済は輸出に導かれて経済成長を達成したが，それを実現したのは独自の経済システムにおいてであった。戦後日本の経済システムは，敗戦を受けて戦前のそれが占領軍によって解体されたことを出発点としている。占領軍は戦前における財閥中心の日本経済を民主化し，それを通じて非軍事化しようとした。それは結局，アメリカ的な制度への大改造を目指すことを意味していた。日本経済のアメリカ化である。

戦前の日本では，財閥が株式所有によりピラミッド型の企業集団を形成していた。財閥は戦争を遂行した主体と見なされたため，まずもってこの所有関係を解体しようとする措置がとられた。財閥解体とはこのように直接には証券所有の民主化であったが，それは同時に戦時経済において非合理に巨大化した企業組織を是正することでもあった。とりわけ三井物産や三菱商事は何百もの小さな企業に分割され，それによって独占的市場構造の解体が目指された。また，財閥同族支配力排除法が制定され，財閥系企業を中心とする日本の大企業経営者が多数追放された。「公職追放」である。これにより，戦後の日本企業では一気に経営陣が若返った。また，労働組合運動が奨励され，大規模な労働争議が勃発した。さらに農地解放も行われ，大地主の所有する農地は零細農民に分割・配布された。占領軍によるこうした一連の措置を経て，アメリカ経済が目指すような，小企業が市場競争にしのぎを削る完全競争状態が達成されるはずであった。

けれどもこうした占領政策が終了すると，さ

まざまな矛盾が露呈する。例えば三井物産や住友商事が解体されたが、その結果として分割された小企業をまとめ上げるような機能の欠如が著しい非効率をもたらすこととなり、それを補うために総合商社化が求められ、再合併が生じた。また、証券所有の民主化によって外国の資本家が企業を乗っ取る可能性が生じたため、それを防ぐために三菱の金曜会、住友の白水会など旧財閥系の企業集団が株式を相互に持ち合う傾向が現れた。安定株主工作である。さらに、馘首に際して勃発する労働争議のコストが経営者側にとってあまりにも高くつくものとなったため、逆に雇用は長期継続をベースとするものとなった。このように大企業を中心として終身雇用制が形成され、労使協調を旨とする企業別組合が定着していった。

❺ 日本経済システムの特徴

こうして戦後の復興期に萌芽が芽生えた日本型経済システムは、高度成長期になると独自の様相を呈し、確立されていく。その特徴を橋本寿朗にならって列挙すると、

①金融システムは間接金融が主で、「護送船団方式」と、「メインバンク・システム」をもつ。企業の直接の監督者はメインバンクであり、大蔵省は銀行の中に破綻するものが出ないよう、銀行全体として協調しあうよう指導した。また、政府系金融機関が長期低金利で資金を供給した（⇨60 企業経営の歴史 D-1）。

②企業組織においては、品質管理技法を日本的に修正、洗練したものが用いられる。TQC において労使は協力者であり、トップから現場労働者まで全階層が参加して不良品の撲滅を目指す。また特徴あるトヨタ生産方式においては、労働者は多能工であり、現場で何種類もの技能を発揮し、その技能は OJT（職場内訓練）によって修得され、それを通じて加工・組立工程は自働化される。

雇用に関しては、終身雇用が定着したために企業内部での昇進制となり、40歳くらいまでは決定的な差がつかない「遅い昇進」と幅の広いジョブ・ローテーション、厳しい競争が加味された。

③市場取引は長期的に継続されるのが一般的で、特に大企業は下請けと呼ばれる多くの中小企業と長期継続取引を行う。これは技術情報を的確に交換しうる点にメリットがあった。

④政府の機能が何であったかの特定は難しい。政府がある産業を作為的に振興させようとする産業政策は、基本的に失敗した。むしろ農業において生じたような産業衰退に伴う失業問題を回避するために、比較劣位化産業へ補助金を与えて秩序維持を図る政策が成功したとみるべきだろう。

❻ 迫られる構造改革

70年から80年代前半は、世界不況と保護主義圧力の増大が懸念された時期である。71年8月、米国政府はドルの金兌換停止を発表した。ニクソン・ショックである。その結果、一時的に変動幅を持った固定相場制を維持することが合意されたが、投機的な資本移動の激化により73年に固定相場制に終止符が打たれ、変動相場制に移行した。

通貨制度のこうした変化とともに、73年と79年には2度にわたる石油危機が到来した。石油価格の上昇はコスト面から物価上昇に圧力を加え、先進国の国際収支を大幅に悪化させた。そしてインフレの加速は、世界各国を戦後最大の不況に陥らせた。この時期に世界経済から受けたインパクトによって日本経済は高度成長期を終え、独自の経済システムを確立するに至る。

それは70年代の石油危機やニクソン・ショック、それらが強いた有利子負債を圧縮する「減量経営」や雇用調整、省エネルギー化、優

良企業の「銀行離れ」や企業の国際化などによって大幅な変容を遂げたが，しかし本質においては揺るがなかった。日本型経済システムにとって本質的な変容は，80年代のバブル経済を経て90年代に入り，長期不況の後に「構造改革」を強いられたことから生じた。これは日本型経済システムに対して市場中心のアメリカ化を図ろうとする動きであり，敗戦直後の経済民主化政策を再度遂行しようとするものだと言えよう。

❸——日本型消費社会の誕生

ⓐアメリカ型消費社会への憧れ——

戦後日本の出発点で占領軍が意図的に見せつけたアメリカ消費文化は，強烈な印象を日本国民に与えた。銀座のPX（占領軍販売所）のショーウィンドウには，靴や洋服をはじめとしてアメリカ的生活を彩る日用品が陳列された。その目映いばかりの輝きは，戦争に疲れた日本人の目に強烈な印象を残した。過去の消費習慣，とりわけ戦中の物資の「少なさ」と対照的だったのがアメリカ的生活の「豊かさ」であった。占領政策の一環として，和食の食習慣を「パンと肉とミルクの豊かな食卓」に変える「食生活洋風化」の実験も推進された。敗戦直後の日本人にとっては食物選択の自由はなく放出品の小麦粉を食べるしかなかったが，この実験はみごとに成功し，米食は60年をピークとして以降は減少の一途をたどり，ついには「米ばなれ」を帰結した。これには50年からガリオア援助により徐々に始められた学校給食のパン食も関与しているといえよう。高度成長期には，畜産物と油脂類といった食材の洋風化，および加工食品の消費拡大も本格化した。

さらに注目されるのが，アメリカのホームドラマが次々に放映されたことである。『パパは何でも知っている』は58年，『うちのママは世界一』は59年，『パパ大好き』は61年，『奥様は魔女』は66年と，次々に放映が開始された。こうしたドラマでは，主要な筋書きの背景に，中産階級の家庭が用いるさまざまな日用品が映し出されていた。一戸建ての家，テレビ，キッチン，自家用車など。これらは日本人に，物的な「豊かさ」のもたらす「幸せ」のイメージを植え付けた。高度成長期において三種の神器に代表される耐久消費財や大量生産に基づく安価な日用品が普及したのは，すでに大量消費生活への憧れが受容されていたからであろう。

ⓑ消費心理の変容——

けれども，こうしたアメリカ的生活への憧れは，さほど長くは続かない。何より，高度成長のおかげで，多くのものが現実のものとして手に入ってしまったからだ。それ以降は，コカ・コーラやマクドナルドのようにアメリカ的豊かさの象徴という意味合いを超えて無国籍化した商品は引き続き日本の外食市場を席巻したが，人々の視線は国内の他人に向けられて行った。

高度成長末期，民間の住宅産業が大量生産を開始する。それとともに郊外が，大企業の社宅，民間デベロッパーの開発したニュータウン，住宅・都市整備公団の団地などによって占められてゆく。なかでも団地居住者は平均4，5年で退居し，多くはローンと引き換えにマイホームを取得して，さらに遠くの郊外に移動していった。こうして「マイホーム幻想」が誕生する。「隣人なみ」が消費の目標になったのである。ニュータウンは，コミュニティとしては極めて人工性の高い点に特徴があった。日本では，入居基準によって所得がクラス分けされ，それによって住宅が階層の記号とされた。ニュータウンでは，公営住宅，公団・公社の賃貸住宅，分譲住宅の順で低所得層から高所得層が並べられ，それにより「隣人なみ」願望はいっそうふくらむこととなったのである。そうしたな

かで，「ウォークマン」のように，機能の高度化よりもデザイン性が重視される商品が登場し，ファミリーレストランやハンバーガーショップのようにサービスが商品化されるようになった。そこで企業は消費者に対し，マーケティング戦略の一環として「ライフスタイルの提案」を行う戦略を採るようになる。商品の広告に，その商品を1つの単語として含むような文脈をも提示するわけである。「ニュー・ファミリー」などは典型的であった。

80年代になると，企業の供給する製品の多様化，すなわち多品種少量生産が日本に特異な現象として展開された。ところが消費者は，一方で企業が操作的に発信するライフスタイルの提案に，じきにそのままのかたちでは同調しなくなった。企業が操作的に打ち出すブランド評価のコード自体が選択の対象とされるようになったのである。個々人がライフスタイルを選ぶ判断力を修得し，その差異性を際立たせるようなブランドを身につけるようになる。このような「買い手市場」化を最も鋭敏に反映したのが，飛躍的に店舗数を伸ばしつつあったコンビニエンス・ストアであった。コンビニでは商品の「売れやすさ」は価格とは独立だと理解され，死に筋商品の排除が経営の方針として打ち出される。アメリカの革新的流通形態であるスーパーの出店攻勢をおさえるため制定された大型店舗規制法（大店法）のもと，狭い売り場で3,000種もの商品の販売を行おうとしたからである。コンビニエンス・ストアは，「時と所」によって差異のあるニーズ情報を，POSシステムを駆使することで管理し，それに即した効率的な品揃えを実現した。

90年代は，こうした趨勢に加えてメディアの変化が顕著であった。商品差別化は専門分野レベルに達し，その受け皿となるような多チャンネルの衛星テレビや関心ごとにサイトが運営されるインターネットが定着している。それに

よって消費欲望もメディアごとに仕切られている。国民の誰もが知る美空ひばりはいなくなり，しかし紅白にも登場しない歌手が何百万枚もアルバムを売り上げる「一部で大量」ないし「1人勝ち」現象が起きることになる。

このように，消費社会は消費者の価値観の推移およびメディアのあり方によって変容を重ねてきた。ただしそれは支出の内容に関してであった。とりわけ90年代に明らかとなったのは，収入が不安定だと見なされる場合は，消費が切りつめられるという現象である。不況が深刻化しリストラが進むと将来不安が蔓延し，それによって消費不況も広まったのである。消費社会は，雇用の安定によってこそ消費が安定する社会である。その意味では，雇用もまた消費社会を規定する大きな要因だといえるだろう。

以上，技術から経済システム，消費に至るまで，日米の経済関係は，相互に影響を与え合いつつ，現在に至っている。

■参考文献

ギボンズ，M. 編著（小林信一監訳）『現代社会と知の創造：モード論とは何か』丸善ライブラリー，1997.

ゴールドラット，E.（三木本亮訳）『ザ・ゴール』ダイヤモンド社，2001.（Goldratt, E. M. *The Goal: a process of ongoing improvement.* North River Press, 1992.）

塩見治人・堀一郎編著『日米関係経営史』名古屋大学出版会，1998.

『通商白書 平成10年度版』経済産業省，1998（http://www.meti.go.jp/hakusho/）

村上泰亮『反古典の政治経済学』中央公論社，1992.

■さらに知りたい場合には

青木健・馬田啓一編著『日米経済関係──新たな枠組みと日本の選択』勁草書房，1996.

[日米経済関係を貿易構造，為替レート，企業内貿易，NAFTA，APECなど多くの視点から多角的に分析し，新段階に入った日米関係のあり方を展望する。]

橋本寿朗『戦後の日本経済』岩波新書，1995.
[敗戦後の50年において，日本経済の岐路はいつで，その構造的特質は何なのか。史的事実を辿りつつ，「日本型企業システム」の形成過程を明らかにする。定評ある戦後日本経済史。]

松原隆一郎『消費資本主義のゆくえ――コンビニから見た日本経済』ちくま新書，2000.
[大型スーパーからコンビニへと消費の主導権は移り，一方ではIT革命が進行するなか，日本経済の現実は大きく変化した。戦後日本の経済史を消費面から振り返る試み。]

110 | 安全保障から見た日米関係
Japan-US Relations : National Security

外岡秀俊

戦後の日本の平和と繁栄は、日米安全保障条約の礎石の上に築かれた。その考えは今や、多数に受け入れられた見解と言えよう。だが、条約は一度しか改定されなかったものの、条約の役割と評価は、時代に応じて目まぐるしく変化した。簡潔に言えば日米安保は、日本側が基地を、米側は兵力を提供し合うことで東アジアの冷戦構造を支える体制だった。それは「日本の脅威」と「日本への脅威」を同時に防ぐために設計され、日本の経済力の伸長とともに、日本が米国の安全保障体制を補完する形で定着した。2001年9月8日は、日米安保条約が結ばれて50周年という節目だった。3日後に9.11事件が起こり、米国の安全保障は最大の激変期を迎えた。グローバルな世界秩序の再編により、21世紀の日米関係も大きな試練の時を迎えよう。

A──アメリカから見た日米安保

米国は大陸国家であると同時に海洋国家である。20世紀以降の米国の安全保障は、太平洋・大西洋の彼方に、米国を脅かす国家や国家連合の覇権を許さないことを基本方針としてきた。

第2次大戦は大西洋の彼方にドイツ、太平洋の彼方に日本という脅威が現れ、2つの脅威に同時対処するために参戦した。戦後は両海洋に迫る大陸国家ソ連が一貫した脅威であり、その封じ込めが最大の戦略課題だった。米国はまず欧州で1949年に北大西洋条約機構（NATO）をつくり、集団的自衛権の同盟を大西洋側に築いた。一方、太平洋側では、ソ連・中国を包囲する形で次々に2国間の相互安全保障条約を結び、共産主義の脅威に対抗した。後で見るように、それが日米安保の米国から見た一側面である。大西洋側では英国、太平洋側では日本が、米国の橋頭堡にあたり、もし両国が中立化ないし敵対する場合に、米国は防衛線をはるか後方に引かざるをえない。その意味で、日本は英国とならび、米戦略に死活的に重要な拠点と言える。

このように、日米安保を、「日本の平和と安全」という見地だけでなく、米国の世界的な安全保障戦略の一環として捉えることが必要だろう。日米経済摩擦が深刻化した一時期には米国内で、「日本は米国の軍備負担のもとに経済力をつけた」という「安保ただ乗り論」が流布したことがある。しかし相互に利益がないかぎり、同盟関係は形骸化するか、消滅するしかない。日米安保が続いたのは、日本だけでなく、米国にとっても利益があり、双方の貸借対照表が一致していたからだという視点が必要だ。

B──日米安保旧条約の成立

　米軍占領下の戦後日本で、連合国軍総司令部（GHQ）のマッカーサー元帥が初めて「講和後の安全保障」に言及したのは1947年3月のことだ。元帥は当時、沖縄を軍事要塞化して米軍を置けば、本土を非武装化してもその安全を維持できると考えていた。日本の軍事機構を解体し、戦争を放棄しても、機動力のある米軍がその安全を確保できるという考えだ。

　だが同時期、ワシントンではトルーマン・ドクトリンが発表され、対ソ連封じ込め路線が台頭する。その主唱者であるジョージ・ケナン国務省政策室長は48年3月に来日し、マッカーサー元帥と3度にわたって会談した。ケナンの主張は、講和条約締結を急がず、これまでの占領政策を転換して日本を冷戦体制に組み込むことだった。

　マッカーサー元帥は49年3月に「日本は東洋のスイスたれ」と発言するなど、本土の非武装化路線にこだわった。しかし日本では、47年に芦田均外相がアイケルバーガー中将にいわゆる「芦田書簡」を渡し、「米ソ関係が改善しない場合は米軍が駐屯し、基地を使用できるようにする」という構想を伝えるなど、新たな潮流が生じていた。

　終戦直後の米国と周辺国の関心は、「日本の脅威」をいかに封じ込めるかにあった。国連憲章で旧敵国条項を設け、日本国憲法第9条に戦争放棄の条項を設けたのも、その非武装化路線の一環と言える。

　だが、もう1つの課題として急浮上したのが、敵対を強めるソ連の脅威から、いかに日本を防衛するかという問題だった。米国の島嶼防衛線の中核である日本を共産化させないことが、当時の米国の優先課題だった。

❶日米安全保障条約に調印する吉田茂首相 [1951年9月8日]

　こうして、「日本の脅威」と「日本への脅威」に同時に対処する方法として、講和後も米軍が駐留して日本の軍国主義の再来を防ぎ、日本を防衛するという構想が固まる。吉田茂首相は50年4月、池田勇人蔵相を渡米させ、「早期に講和条約を結び、独立後も米軍を日本に駐留させる」という意向を密かに米側に伝えた。この情報は対日講和担当のダレス国務省顧問に伝えられ、のちの日米安保の指針となる。

　この頃マッカーサー元帥も、本土の非武装化路線を転換していた。6月25日に朝鮮戦争が勃発したため、マッカーサー元帥は、手薄となる占領軍を補完する兵力として、日本政府に警察予備隊7万5,000人の創設、海上保安庁の8,000人増員を「許可」した。本土の基地化と日本の再武装が、米国の方針になったと言える。こうして51年9月8日、日本は49ヵ国と講和条約を結び、同じ日、米国との間に日米安全保障条約が結ばれた。

　この旧条約を礎とする戦後の「軽軍備・経済成長路線」は、いわゆる「吉田ドクトリン」と呼ばれ、国内では自主外交の成果として高い評価を得てきた。憲法第9条を歯止めとしながら、日本防衛の課題に適応したという評価である。だが後年、吉田首相は交渉にあたって、米

国が必須とする日本の基地使用をカードとして使わず，秘密覚書で米国に再軍備を約束したことが明らかになった。「吉田ドクトリン」は，自主外交の成果というより，米国の圧力に押し切られた結果だ，との批判も出ている。

C──安保条約の改定

旧条約はわずか5条の簡潔な条文である。日本は防衛のための暫定措置として米軍駐留を希望し，米国は極東の平和と安全を維持するため基地を使用できる，というのがその内容だ。最大時に43万人いた「進駐軍」は「駐留軍」に名前を変えたが，講和条約発効後も全国の基地・施設は2,800ヵ所に及ぶなど，戦時の影を色濃く引きずっていた。旧条約は「駐軍規定」の性格が強く，米軍の日本防衛義務を明記しないなど，米国にとって有利な条約だった。こうした片務性，不平等性を是正する条約改定が，以後の保守政権の目標となる。

米国は当初，吉田首相の秘密覚書をもとに日本の自衛力大幅強化を働きかけ，日本は「憲法の制約」を盾に「漸次増強路線」でこれに抵抗した。その交渉のピークが，1953年10月の池田=ロバートソン会談だった。しかし54年以降，米国の増強圧力は弱まる。ビキニ環礁での第5福竜丸被曝事件で反核感情が燃え上がり，基地が集積した沖縄では「島ぐるみ闘争」と呼ばれる反基地運動が広がったためだ。

鳩山一郎内閣は55年以降，条約改定に本腰を入れたが，この年8月に訪米した重光葵外相の要求はダレス国務長官に一蹴された。当時の米側記録によれば，条約の相互性と将来の全米軍兵力撤収，基地使用の限定化を求める重光に対してダレスは，「米国が攻撃されたら，日本は米国を助けるために，国外に兵力を送ることができるだろうか。もしグアムが攻撃されたら，日本は米国を防衛しにいけるだろうか」と尋ねた。

国連の強制行動以外に，各国に暫定的に認められている軍事力行使は，急迫不正の侵害に対して身を守る個別的自衛権か，同盟関係にある他国が侵害され，それを自国への攻撃と見なして反撃する集団的自衛権の発動のいずれかだ。NATOはこの集団的自衛権を根拠とする。

しかし日本は憲法第9条によって，海外における米軍防衛を禁じられている。個別的自衛権はともかく，集団的自衛権の行使は禁じられている，というのが政府解釈である。ダレスはその点を指摘し，他国のように条約に相互性を求める日本側の要求を封じたのだった。

この交渉団に同行した岸信介民主党幹事長は，アイゼンハワー政権が核戦力の強化によって海外からの地上兵力撤収に路線転換するのを見てとり，交渉目標を地上兵力削減にのみ絞って条約改定に乗り出した。57年6月に訪米した岸首相は在日米軍の配備について，日本が協議権をもつようにすること，国連憲章と条約の関係を明確化することなどを要求した。

米国はすぐには日本の要求に応えなかったが，58年には沖縄で反米運動が燃え盛るなど，一刻の猶予も許さない緊迫した情勢が続く。このため米側もようやく交渉に応じる姿勢に転換した。その際，米統合参謀本部の要求は「米軍の使用と配備」「核持ち込み」の2点について，既得権を維持するという条件をつけることだった。日本側は，重要事項については事前協議を行うことで対等性を確保したい。だが米軍は，できるだけ基地使用の制約を取り除きたい。この両者の対立は，最終的には密約の形で処理されたと見られる。条約に伴う交換公文では，核の持ち込みを含む「米軍の配置・配備における重要な変更」と，「日本から行われる戦闘作戦行動」については「事前協議」の対象とするこ

❷新安保条約案に抗議し、国会構内に突入するデモ隊　[1959年11月27日]

とがうたわれたが、この2点については「事前協議」からはずすという密約を記す米公文書が見つかったからである（『日米同盟半世紀』朝日新聞社，2001）。だが政府はこうした密約の存在を一貫して否定している。なお、これまでに事前協議が行われたことは一度もない。

新安保条約案は60年2月の国会に提出され、激しい議論を呼んだ。審議は国論を二分したが政府・自民党は5月19日に安保特別委員会の質疑を打ち切り、単独で関係案件を一括承認した。野党は実力阻止を図ったが、警官隊500人が導入され、20日未明に質疑も討論もなく議決を承認。この強行採決に対し、5月26日の統一行動には全国で200万人が抗議のデモを行った。6月15日夜には全学連が国会に突入し、警官隊と激突して女子学生樺美智子さんが死亡。極東の同盟国を歴訪中のアイゼンハワー大統領は訪日を中止した。6月19日に安保条約は自然成立し、23日には東京で批准書交換式を行い、岸首相はその直後に辞意を表明した。

新条約は「条約区域」を日本領に限定し、日本領で日米いずれかに武力攻撃が発生した場合は自国の憲法上の既定と手続きに従って共通の危険に対処すること（第5条）、米国は「日本国の安全に寄与し、極東における国際の平和と安全の維持に寄与するため」、基地使用を許される（第6条）ことが決まった。「条約区域」を日本領に限定することで、日本が海外に派兵する可能性を排除する代わりに、米軍の「作戦区域」を極東全体に拡大することでバランスをとった結果と言える。この5条と6条の関係は、日本が基地を提供し、米軍が兵力を提供するという意味で、「物（基地）と人（兵力）の非対称な相互性」（坂元一哉・大阪大教授）を基礎にした条約だと言える。

こうした一見変則的な条約が成立した背景には、日本が憲法第9条によって集団的自衛権の行使を禁じられていること、米国にとっては日本を中立化に追い込まず、その基地の自由使用を確保することが最優先の課題だったことが挙げられる。冷戦期には米軍が「槍」、日本が「盾」を提供することで双方の利害が合致していた、と言うこともできる。

D──沖縄返還

だがこうした変則条約を陰で支えたもう1つの要因を見逃すことはできない。それは沖縄である。前に見たように、マッカーサー元帥は沖縄を要塞化すれば、本土を非武装化しても日本防衛は可能と考えていた。安保条約改定交渉を通じて米軍は1957年から地上兵力を撤収し、米軍8万7,000人が5万人弱まで減少し、基地も半減した。だが、この時期に本土の第3海兵師団が沖縄に移転するなど、むしろ在沖米軍は兵員、基地ともに強化されている。

返還まで沖縄には憲法や日米安保条約、米軍の権利を定める日米地位協定も適用されず、文字通り米軍が「基地の自由使用」を行ってきた。米国は戦後すぐに沖縄の施政権を本土から切り離し、連合国軍総司令部とは別の指揮系統

に置いた。講和条約によって日本は「潜在主権」をもつことになったが、これは復帰の際には日本に帰属することを認めただけで、事実上は米軍の直接統治下にあった。すでに見たように、沖縄ではこうした軍政に対する不満が間欠的に爆発し、50年代には「島ぐるみ闘争」と呼ばれる大衆運動が起きた。

60年代にはケネディ政権の国務省が中心となって沖縄の経済・生活条件を改善し、復帰圧力を回避する動きが目立った。しかし63年に同大統領が暗殺され、ジョンソン政権がベトナム戦争への介入を強めたことから、直接の北爆発進基地となる沖縄の反発は日増しに高まった。

65年7月にライシャワー駐日大使は、国務省に対し、日本人の民族主義的な感情と左翼の反米主義が結び付くと沖縄統治は困難になる、と警告。施政権交渉の準備に入るよう提言した。

その直後にグアム駐留の戦略爆撃機B52が、台風避難を名目に沖縄本島の嘉手納基地に飛来し、発進を続けたことから、復帰運動は急速な盛り上がりを見せた。9月には屋良朝苗・沖縄教職員会長らが主席公選を求める動きを始めるなど、事態は緊迫の度を高めた。

こうした動きに押されて米政府は66年、沖縄返還の準備作業に入る。米軍は一貫して返還に反対したが、国務省は70年の安保条約自動延長を控え、今後も基地の使用権を維持するには沖縄を返還した方が有利という論旨を展開した。

沖縄では68年11月に屋良氏が最初の公選で主席に選ばれ、直後には嘉手納基地でB52が墜落炎上する事故が起きるなど、もはや抜き差しならない局面に達した。

水面下の交渉の動きは69年、ニクソン大統領の就任で一気に加速される。ニクソン大統領は就任直後に国家安全保障会議（NSC）で返還検討を指示し、5月には返還交渉の大枠が決まった。日本側は「核抜き・本土並み」の返還を掲げた。これに対し米側は、核については撤去を最終段階まで保留してまず基地の自由使用権を確保し、緊急時の核の再貯蔵、通過権を条件として最後に核の撤去に応じるという交渉戦略を描いた。交渉の早い段階で日本側は基地の自由使用について譲り、残る焦点は核の取り扱いに絞られた。69年11月の佐藤＝ニクソン会談で、ニクソン大統領は最後まで残った「核抜き」問題に同意し、72年の沖縄返還が決まった。

しかし、この交渉にあたって日本側の密使を務めた若泉敬・京都産業大教授（故人）は、のちに著書『他策ナカリシヲ信ゼムト欲ス』（文藝春秋）で、日米首脳会談の席上、非常時の沖縄への核再持ち込みを認める密約が結ばれたと暴露し、反響を呼んだ。この点についても、政府は一貫してその存在を否定している。

また、共同声明の後の演説で佐藤首相は、朝鮮半島、台湾有事の場合にも「事前協議」に前向きに応じる姿勢を明確にした。

返還によって日米安保条約は沖縄にも適用されることになり、それまで日米関係の「トゲ」となった沖縄問題は一応の決着をみた。しかし復帰運動が求めた在沖基地の減少は実現せず、本土の基地が整理統合された結果、沖縄の基地の比重はかえって際立つことになった。これが、後に少女暴行事件を機に県民感情を再び燃え上がらせる背景となる。

E──日米安保体制の変質

1970年代から80年代にかけて、日米安保は2つの大きな変化の波にさらされた。同じ条文を維持しながら、この時期を通して日米双方の

役割は大きく変化していくことになる。

第一は70年代のデタント末期に生じた防衛費分担増圧力の問題である。泥沼化したベトナム戦争に疲弊した米国は、71年に「米中和解」と「金ドル交換停止」という2つの「ニクソン・ショック」を発表することで政策の大転換を図った。この転換は、ベトナム介入からいかに身を引き、経済の建て直しを図るかという戦略目標がもたらした帰結だった。対中接近は、中ソ分裂を利用して地域の不安定化を防ぎ、同時にソ連を牽制する目的があったし、金ドル交換停止も、基軸通貨国の負担を減らし、膨大な戦費で弱体化した経済を建て直す狙いがあった。

この時期の米国の戦略を示す言葉がデタント（緊張緩和）である。米国は急速な経済成長を遂げた日本に対し、防衛費を負担するよう強く働きかけた。貿易摩擦の深刻化に応じて、米国内では防衛の過剰負担が貿易収支悪化につながっているという「日本ただ乗り論」が盛んだった。これに対する日本側の対応は、日本的な「情」の文脈における解決法だった。いわゆる「思いやり予算」である。

78年に金丸信防衛庁長官は、ハロルド・ブラウン米国防長官に対し、日本人基地従業員の賃金を次年度から70億円分日本側が負担し、施設費についても228億円を予算要求していると伝えた。日米地位協定では、民有地など地代を除き、「合衆国軍隊を維持する経費は米国負担」とされているが、高度成長によって高騰した人件費に「応分の負担」を求める米側への回答だった。支出の根拠を問われた金丸長官は、「思いやり」と答えたため、条約外の日本側の負担は「思いやり予算」と呼ばれることになる。

「思いやり予算」はその後急速に拡大し、87年から特別協定を5年ごとに改定する方式になり、その範囲は日本人従業員の給与、米軍家族住宅の整備、米軍の光熱費や水道代、語学手当やゴルフ場などに広がった。その額は、99年には米国の他の同盟21ヵ国の合計を上回った。基地に使われる国有地の地代や周辺対策費を含めると、毎年5,000億円近くが使われる計算になる。

第2の変化は、カーター政権末期、レーガン政権期を通じて緊張が高まった「新冷戦」の波である。この段階では経済的な負担に加え、防衛の実質面における負担増が問題になった。

イランでの米大使館人質事件、ソ連によるアフガニスタン侵攻後、訪米した大平正芳首相は、初めて日米が「同盟国」の関係にあると明言。81年のレーガン政権発足後、訪米した鈴木善幸首相は、「千海里シーレーン防衛」を約束して内外に大きな波紋を拡げた。米国は、中東など戦略地域で紛争が発生した場合に、大規模な軍事力を投入し、補給路を確保する必要がある。その海上連絡交通路にあたる海域を防衛してほしいというのが米側の要望だった。日本ではこのシーレーンを国内向けには「航路帯」と説明し、「面」の防衛を求める米側の意図は曖昧にしたままだった。

83年1月に訪米した中曽根康弘首相は、米紙へのインタビューに答え、「不沈空母発言」をして米側の要求に正面から答えた。同首相は「日本列島はソ連のバックファイアー爆撃機の侵入に対し、巨大な砦を載せた不沈空母のようになるべきだ。ソ連潜水艦や他の海軍活動を通過させないよう、日本の周囲4海峡（のち3海峡に訂正）を完全かつ全面的に統制すべきだ。さらに海洋についてはグアム―東京、台湾海峡―大阪のシーレーンを防衛する」と言明した。

中曽根政権は国会で、集団的自衛権についても従来の答弁を塗り替えた。「日本が侵略された場合に、日本防衛の目的で米艦船が日本救援に駆けつける。それを公海上で護衛、救出するのは個別的自衛権の範囲内」などの新解釈だ。

「集団的自衛権は不行使」という従来の解釈は変えず，「個別的自衛権」の適用範囲を拡大することで，「行使できない集団的自衛権」の幅を狭める方法といえる。

こうした防衛負担の背景には，大西洋においてはNATO，太平洋においては日本の海軍力と連携してソ連の潜水艦の動きを封じ，周囲千海里に海上優勢を確立するという米国の戦略があった。ここに至って，日米安保条約は質的な変化を遂げたと言える。かつての安保は日本が極東をにらむ米軍に基地を提供する代わりに，米軍が日本有事で救援に駆けつける前提だった。米軍が核の傘を提供し，日本有事で自衛隊を補完する図式である。この時点では，極東有事にあたって自衛隊が米軍を補完するという図式が新たに加わったと言うことができる。

なお，在日米軍は，編制上ハワイに本拠を置く米太平洋軍に属しており，兵力は4万から4万5,000人。これに日本を母港とする第7艦隊が1万人以上いるため，総数は5，6万人に上る。これはハワイの米軍の規模に匹敵する。陸，海，空，海兵隊の4軍を1,000人以上の規模で外国に前方配備しているのは世界でも日本だけ。東アジア・太平洋に前方展開している米軍は10万人体制と呼ばれるが，内実は在日米軍と在韓米軍約4万人のことを指す。主な基地としては空軍の沖縄・嘉手納飛行場，青森・三沢飛行場，東京・横田飛行場，海軍の神奈川・横須賀，長崎・佐世保の各海軍施設，海兵隊の沖縄・普天間飛行場，沖縄・キャンプシュワブ，同・キャンプハンセン，山口・岩国飛行場などがある。

F──冷戦後の日米安保

1991年の湾岸戦争とソ連の崩壊を通じて，冷戦後の日米安保は大きな変化の時期を迎える。共通の敵を通じて緊密な利害に結び付いていた日米は，その存在意義をめぐって食い違いをみせ，同盟は「漂流」を始める。93-94年の北朝鮮核疑惑危機では，水面下で活発な交渉が行われたが，強固な後方支援を求める米国に対し，危機意識の薄い日本側の反応は鈍かった。

日米の安保担当者は，「安保再定義」によって絆を強固にしようと交渉を始めた。しかし95年9月，少女暴行事件が起きたのをきっかけに，沖縄では反基地運動が再燃した。

当時の大田昌秀県知事は，駐留軍用地の強制収用に必要な土地・物件調書への代理署名を拒否，村山富市首相が職務執行命令訴訟を起こす動きに発展した。この時点で国土面積の0.6％しかない沖縄に全国の米軍基地・施設の75％が集中しており，その過剰負担は誰の目にも明らかだった。政府は日米特別行動委員会（SACO）で沖縄基地の整理縮小を図る一方，沖縄との間に基地問題協議会を設けた。

96年初頭に就任した橋本龍太郎首相は，水面下でクリントン政権に働きかけ，4月に日米で「普天間飛行場返還」を発表。その直後にはクリントン大統領が来日し，日米安保共同宣言に署名した。これは日米安保の目的を，従来の「極東」から，「アジア・太平洋地域の平和と安定の維持」に拡大するもので，「安保再定義」作業の集大成と言える。この共同宣言で日米安保は，対ソ封じ込めの一環としての同盟から，「アジア・太平洋」地域をにらむ「安定装置」としての同盟へと脱皮を図ったと言える。

その後98年には，日本周辺事態における日米協力のための指針，いわゆる新ガイドラインが閣議決定され，それに基づいて2000年11月に周辺事態法が成立した。「周辺事態」とは，朝鮮半島危機の再来を念頭に置き，「そのまま放置すればわが国に対する直接の武力攻撃に至るおそれのある事態等周辺の地域におけるわが

❸協力関係を強める米軍と自衛隊〔別府市十文字原演習場で行われた日米共同訓練で，米海兵隊とともに市街地戦闘訓練をする自衛隊員，2003年5月〕

国の平和及び安全に重要な影響を与える事態」と説明された。戦闘行為が行われることのない公海と上空で，自衛隊が米軍の後方支援にあたることを根拠付ける法律である。

普天間返還問題はその後，名護市の代替施設の建設をめぐって交渉が行き詰まり，基地問題はまたも停滞期に入った。政府は2000年7月に沖縄で主要国首脳会議（サミット）を開くなど経済振興策に力を入れたが，SACO報告が決めた基地の整理縮小は，大半が代替施設を県内に移設することを条件としたためほとんど進展していない。沖縄の基地問題は，依然として日米安保最大の懸案として先送りにされた。

2001年9月11日，ブッシュ政権下で起きたテロ事件以後，日本政府は「テロ対策特別措置法」を10月に成立させ，自衛隊艦船がインド洋上での給油活動など後方支援にあたった。これはテロが「日本での武力攻撃」という安保条約の発動条件にあたらず，しかも活動地点が周辺事態法で想定する範囲を超えていたため，従来法規では対応できなかったためだ。

その後，米国は2002年にイラク，イラン，北朝鮮を「悪の枢軸」と呼び，大量破壊兵器とテロ組織の脅威に対しては先制攻撃も辞さないという「ブッシュ・ドクトリン」を打ち出し，

2003年3月には英国とともにイラク攻撃に踏み切った。小泉純一郎首相は7月末，イラク特別措置法を成立させ，12月にはイラク南部への自衛隊派遣を決めた。グローバルな脅威に対して日本がどこまで協力すべきか，憲法第9条や集団的自衛権の不行使という政府解釈との関係をどう考えるべきか，日米安保体制は今後大きな岐路に立たされるだろう。

■参考文献

五十嵐武士『戦後日米関係の形成――講和・安保と冷戦後の視点に立って』講談社学術文庫，1995．

坂元一哉『日米同盟の絆』有斐閣，2000．

外岡秀俊・本田優・三浦俊章『日米同盟半世紀』朝日新聞社，2001．

田中明彦『20世紀の日本2 安全保障』読売新聞社，1997．

豊下楢彦『安保条約の成立』岩波新書，1996．

■さらに知りたい場合には

The State Department's Office of the Historian, ed. *Foreign Relations of the United States*.

〔戦後の外交政策にかかわるホワイトハウス，国務省，国防総省，在外公館などの文書を編年で公刊。戦後の日米安保関係を知るうえで必読文献。〕

International Institute for Strategic Studies, ed. *The Military Balance*.

〔英シンクタンクが毎年編集する各国軍事力と情勢の分析。最も定評がある。〕

オーバードーファー，D.（菱木一美訳）『二つのコリア』共同通信社，1998．

〔日本を取り巻く朝鮮半島情勢を知るためには最適。〕

■ 資料・索引

■
アメリカ史年表
歴代大統領・副大統領・国務長官一覧
主要参考文献
日英用語対照表
英日用語対照表
日英人名対照表
略語・略記一覧
事項索引
人名索引
図表一覧
写真・図版出典一覧

アメリカ史年表

年代	●アメリカ		
	●政治	●経済・社会	●文化・技術
B.C.30000- B.C.7000		アメリカ先住民の祖先がベーリング海峡を渡りアジアから移住開始	B.C.2000～土器 B.C.ホホカム文化の用水路
500- 700		500　ホープウェル文化［オハイオ川流域］ 700　ミシシッピ文化の繁栄‖プエブロ文化の成立	700-1600　円墳
900		982-85　ヴァイキング（赤毛のエリク），グリーンランドを探検	
1000		1000-03　ヴァイキング（レイフ・エリクソン），現在のニューファンドランド島に上陸，ヴィンランドと命名	
1400		1492.10.12.クリストファー・コロンブス，バハマ諸島に到着 1493-96　コロンブス第2回航海。サント・ドミンゴ島に入植 1497-98　ジョン・カボット，ノヴァスコシアからニューファンドランド沿岸を探検	
1500		1506　フランス人ジャン=ドニとカマール，セントローレンス湾を探検 1507　地図制作者ワルトゼーミュラーが，新大陸を「アメリカ」と命名 1513　フアン・ポンス・デ・レオン，フロリダに上陸 1514　バルトロメ・デ・ラス・カサスによるインディアン布教の開始	

●ヨーロッパ	●中南米	●アジア	●日本
	1500 ポルトガル人カブラル,ブラジルに到達[ポルトガル領を宣言]		
	1501 アメリゴ・ヴェスプッチ,ブラジルおよびアルゼンチン沿岸を航海		
	1503 スペイン,新世界での強制労働(奴隷)を認可		
1509 エラスムス『愚神礼讃』	1510 スペイン,黒人奴隷を西インドに輸出		
		1511 ポルトガル,マラッカ占領	
	1514 スペイン,キューバ占領		
1516 トマス・モア『ユートピア』			
1517 ルター,「95カ条の論題」[宗教改革の始まり]			
1519 チョコレート,スペインに渡来			
1519-22 マゼラン船,世界一周			

年代	●アメリカ		
	●政治	●経済・社会	●文化・技術
		1524　ジョヴァンニ・ヴェラッツァーノ，北米大陸大西洋沿岸を探検	
		1534　ジャック・カルティエの第1次北米探検。	
		1535　カルティエ第2次北米探検	
		1539　エルエンド・デ・リト，フロリダより北米南東部探検	
		1541　デ・リト，ミシシッピ川到達	
		1542　スペイン探検者，カリフォルニア沿岸を経てオレゴン到達	
	1550　イロコイ連合が形成される		
	1562　フランスからユグノー教徒がフロリダに入植		
	1565　スペイン人，フロリダのセントオーガスティンに植民		
		1566　フロリダのインディアンに対するイエズス会の布教開始	
			1584　リチャード・ハクルート，『西方植民論』
	1585　ローリー卿の命をうけた100人がヴァージニアのロアノーク島に上陸［翌年6月に撤退］		
	1587　107人のイギリス人がロアノーク島に入植［救援物資が届かず1602年までに消滅］		

●ヨーロッパ	●中南米	●アジア	●日本
	1521 コルテス，メキシコ征服 1526 コルテス，カリフォルニア到達 1533 ピサロ，ペルー征服 1534 インカ帝国滅亡	1526 《インド》ムガル帝国成立	
1534 《仏》パリでイグナティウス・デ・ロヨラ，イエズス会創立‖《英》首長令発布［イギリス国教会成立］			
1540 教皇パウルス3世，イエズス会を公認［反宗教改革の動き活発化］		1537 ポルトガル，中国マカオに植民開始	
1543 コペルニクス『天球の回転について』［地動説を提唱］	1544 ボリビアで金鉱発見		1543 ポルトガル人，種子島に漂着［鉄砲伝来］ 1549 ザビエル，来日
1550 タバコ，スペインとポルトガルに渡来	1551 メキシコ大学創立		
1554 トマト，ヨーロッパに渡来 1555 アウグスブルク宗教和議［ルター派の存在を公認］ 1562-98 《仏》ユグノー戦争		1565 スペイン艦隊，セブ島に上陸し，フィリピン征服を開始 1566 ポルトガル，マカオ建設	
1568-1609 オランダ独立戦争		1571 スペイン，マニラを制圧，スペイン政庁を建設	
1573 ジャガイモ，ヨーロッパに渡来	1572 イエズス会によるアメリカ伝道‖コロンビアにボゴタ大学創立		1573 室町幕府滅亡 1582-90 天正少年使節をローマに派遣
1585 パイプによる喫煙，ヨーロッパに渡来			1587 キリスト教禁教
1588 イギリス，スペインの無敵艦隊を破る			

年代	●アメリカ ●政治	●経済・社会	●文化・技術
	1598 スペイン人，ニューメキシコ，カリフォルニアに進出		
1600		1600 スペイン人，フロリダでインディアンに対する伝道所建設	
	1603 最初のフランス植民地建設（現在のメイン州）		
	1606 英のヴァージニア会社，120名をヴァージニアの植民地に送る		
	1607 ヴァージニアにジェームズタウン植民地を建設［最初のイギリス植民地］	1608 ジョン・スミス，族長ポーハタンの娘ポカホンタスに救われる	1608 ジョン・スミス『ヴァージニアに関する覚書』
	1609 スペイン，サンタフェを建設	1609 ヘンリー・ハドソン，ハドソン川を探検，近辺をニューネザーランドと命名	
1610		1610 植民地の推定人口210人‖ハドソン，ハドソン湾を探検	
		1612 ヴァージニアでタバコ栽培開始	1612 ジョン・スミス『ヴァージニア地図』
		1614 ジョン・スミス，東部沿岸を探検，この地方をニューイングランドと命名‖ポカホンタス，ジョン・ロルフと結婚	
		1616 ポカホンタス，訪英し，エリザベス1世に拝謁‖天然痘によりニューイングランドのインディアン壊滅状態	1616 ジョン・スミス『ニューイングランドに関する記述』
		1617 タバコが主要な輸出品に	
	1619 ジェームズタウンで北アメリカ植民地初の議会が開かれる	1619 ヴァージニアに初の黒人奴隷が輸入される	
1620	1620 ニューイングランド評議会設立‖メイフラワー号，現在のマサチューセッツ州プリマスに到着［ピルグリム・ファーザーズによるメイフラワー誓約］‖プリマス植民地の建設		
	1621 ウィリアム・ブラッドフォード，プリマス植民地の総督となる	1621 ピルグリム，入植1周年を祝う［感謝祭の発端となる］	

● ヨーロッパ	● 中南米	● アジア	● 日本
			1590 豊臣秀吉，天下統一
	1593 オランダ船，ギニアの黄金海岸に到達		
1600 《英》東インド会社設立			1600 関ヶ原の戦い
1600頃 シェイクスピア『ハムレット』初演		1601 《明》マテオ・リッチ，北京に至り万暦帝に謁見	
1602 《オランダ》東インド会社設立		1602 《明》マテオ・リッチ，『坤輿万国図』作成	1603 江戸幕府成立
1605 セルバンテス『ドン・キホーテ』			
1607 《英》ジェイムズⅠ世，王権神授説を唱える	1607 イエズス会，パラグアイで布教開始		1607 朝鮮使，初めて江戸に来る
1609 スペイン，オランダ独立を事実上承認‖グロティウス『海洋自由論』			1609 オランダに貿易許可‖オランダ，平戸に商館設置
1610 《英》欽定訳聖書完成			
1611 シェイクスピア，『テンペスト』の舞台にアメリカらしきイメージを使う			
			1613 伊達政宗，支倉常長を欧州に派遣‖全国にキリスト教禁止令
		1617 《明》『金瓶梅』	
1618-48 30年戦争			
			1622 キリスト教徒55人を長崎で処刑（元和大殉教）

年代	●アメリカ		
	●政治	●経済・社会	●文化・技術
	1623 ニューハンプシャーにイギリス人が入植		
	1624 ヴァージニア，王領植民地となる‖ヴァージニア会社解散		1624 ジョン・スミス『ヴァージニア通史』‖エドワード・ウィンスロウ『ニューイングランド便り』
	1625 マンハッタン島にオランダ人が入植［ニューアムステルダムと改名］		
	1626 オランダ，マンハッタン島をインディアンから買収		
	1628 ジョン・ウィンスロップ，マサチューセッツ湾会社設立の許可を得る	1628 ニューアムステルダムにオランダ改革派教会設立	
	1629 ニューハンプシャー植民地建設		1629 ジョン・ウィンスロップ『ニューイングランド入植』
1630	1630 ウィンスロップ，アラベラ号にてニューイングランドに到着，マサチューセッツ湾植民地を建設	1630 植民地の推定人口5,700人	1630 ウィリアム・ブラッドフォード『プリマス植民地の歴史』執筆開始（1856年刊行）‖ジョン・スミス，自伝『船長ジョン・スミスによるありのままの旅行，冒険，および観察』‖ジョン・ウィンスロップ『キリスト教的慈愛の雛型』
	1632 ボストン，マサチューセッツ植民地の首都となる		
		1633 ジョン・コットン，アメリカに移住	
	1634 ボルティモア卿セシリウス・カルヴァート，メリーランド植民地建設		
	1635 コネティカット植民地建設		
		1636 ロジャー・ウィリアムズ，自由主義的な宗教思想のためマサチューセッツを追放され，ロードアイランドにプロヴィデンスを建設	1636 ハーヴァード・カレッジ創立
	1637 初めてのネイティブ・アメリカンとの戦い（対ピークオート族）		1637 トマス・モートン『ニューイングランドのカナン』
	1638 スウェーデンの入植者，デラウェアに植民地建設。丸太小屋式建物導入	1638 アンチノミアン論争［アン・ハチンソン，夫とともにマサチューセッツを追放される］	
	1639 コネティカット基本法制定［近代民主主義思想の成文化］		1639 北米最初の印刷機稼働［マサチューセッツ］
1640			1640 トマス・シェパード『誠実な改宗者』
			1642 マサチューセッツ，初等教育を義務化
	1643 ニューヘヴン植民地建設‖マサチューセッツ湾，プリマス，コネティカット，ニューヘヴン植民地がニューイングランド連合を形成	1643 最初のレストラン，ボストンで開店‖最初の毛織物工場，マサチューセッツで創業	1643 ロジャー・ウィリアムズ『アメリカの言語への鍵』

● ヨーロッパ	● 中南米	● アジア	● 日本
			1623 英, 平戸商館を閉鎖
	1624 オランダ艦隊, ブラジル総督府のあるバイアを攻撃し占領	1624-61 オランダ, 台湾の一部を占領	1624 スペイン船の来航を禁止
1628 《英》権利の請願‖ハーヴェイ, 血液循環説を発表 [近代生理学のはじまり]	1627 英, バルバドス植民開始		1627 長崎奉行, キリスト教徒340人処刑
			1628 ポルトガル船を抑留し, 断交‖オランダ船を抑留し, 断交
			1629 踏み絵, 始まる
	1630 《ブラジル》オランダ, レシフェを占領‖《ペルー》この頃, リマ市が繁栄		
1632 ガリレイ『天文対話』			
1633 ガリレイ, 異端審問で有罪判決			1633 鎖国令[奉書船以外の海外渡航禁止, 在外5年以上の日本人の帰国を禁止]
1635 アカデミー・フランセーズ設立			1635 鎖国令[外国船入港を長崎に限定, 日本人の海外渡航および帰国を禁止]‖参勤交代制定
		1636 《後金》ホンタイジ, 国号を清とする	
1637 デカルト『方法序説』		1637 宋応星『天工開物』[伝統技術の集大成]	1637 島原の乱
1638 ロシア, 太平洋岸到達, オホーツク市建設			
			1639 鎖国令[ポルトガル人の居住と来航を禁止, 鎖国完成]
			1641 オランダ人を出島に移す
1642-49 《英》ピューリタン革命		1643 《朝鮮》日本に通信使を派遣‖《朝鮮》中国よりキリスト教伝来	

年代	●アメリカ		
	●政治	●経済・社会	●文化・技術
	1644 ロードアイランド植民地, 勅許状を受ける		
			1646 マサチューセッツで初めてインディアンにプロテスタントの宣教
		1647 マサチューセッツ, カナリア, マデイラ諸島, スペインと交易開始	1647 マサチューセッツ, カトリック司祭の植民地立ち入り禁止
	1649 メリーランド植民地, 信教の自由を認める寛容法採択		
1650		1650 植民地推定人口5万2千人∥マサチューセッツからイングランドへ最初の鉄の輸出∥捕鯨が重要産業に	1650 アン・ブラッドストリート『アメリカに最近現れた10人目の詩神』
	1651 第1次航海条例制定[植民地からイギリスへの輸出をイギリス船のみに許可] 1652 ロードアイランドで初の奴隷制反対法通過		
	1655 メリーランドでカトリック勢力, プロテスタントに敗北∥オランダ人, デラウェア植民地をスウェーデンより奪取	1655 女性の文盲率, マサチューセッツで50%, ヴァージニアで75%	
			1656 ハーヴァード・カレッジ, コペルニクスの地動説を受け入れる
		1657 クエーカー教徒, ニューアムステルダムに到着, ロードアイランドへ送られる	
1660	1660 第2次航海条例制定		1661 新約聖書のインディアン（アルゴンキン）語翻訳出版
		1662 マサチューセッツ教会会議半途契約を承認[信仰告白者の子供に対して従来認められてきた教会員としての特権が三世にまで認められることに]	1662 マイケル・ウィグルスワース『最後の審判の日』
	1663 カロライナ植民地建設∥ロードアイランド植民地, チャールズ2世より特許状を受ける	1663 コネティカット, メリーランドなどで魔女騒ぎ広がる	
	1664 ニューアムステルダムが英領となり, ニューヨークと改名∥英軍, デラウェアをオランダ人より奪取	1664 黒人奴隷の終身奴隷制, メリーランド法で定める	
	1665 ニュージャージー植民地建設		1665 ハーヴァード・カレッジで初のインディアン卒業生∥北米最初の競馬場, ロングアイランド
	1669 ジョン・ロック起草によるカロライナの基本憲法施行		

●ヨーロッパ	●中南米	●アジア	●日本
		1644 李自成,北京占領［明の滅亡］∥順治帝,北京で即位 1646 《清》イエズス会宣教師アダム・シャール,国立天文台長官に任命される	
1648 ウェストファリア条約締結［30年戦争終結］∥オランダ独立公認 1649 《英》チャールズ1世処刑,共和国宣言 1649-58 《英》クロムウェルの独裁政治			
1651 《英》第1次航海条例制定∥ホッブズ『リヴァイアサン』 1652-54 第1次英蘭戦争	1654 ポルトガル,オランダをブラジルから追放 1655 英,ジャマイカ占領	1653 《インド》タージ＝マハル完成	
1660 《英》王政復古		1661 《インド》英,ボンベイを入手	
1665-67 第2次英蘭戦争 1667 ミルトン『失楽園』	1668 英海賊ヘンリー・モーガン,スペイン領パナマの港町ポルトベロを襲撃		

年代	●アメリカ		
	●政治	●経済・社会	●文化・技術
1670	1670 サウスカロライナ,チャールストン建設	1670 植民地の推定人口11万5千人	1670 インディアンのキリスト教会,マサチューセッツで設立
		1673 フランス人ジャック・マルケット,ルイ・ジョリエ,ミシシッピ川をアーカンソーまで探検	1673 ニューヨーク-ボストン間で馬による郵便配達開始‖サミュエル・シューアル『日記』執筆開始(-1729)
	1674 エドマンド・アンドロス卿,ニューヨーク総督となる		1674 インクリース・マザー『災いの日は近い』
	1675 フィリップ王戦争始まる(~76)[インディアンがニューイングランド植民者を攻撃]		
	1676 ベーコンの反乱[インディアンに対する宥和政策に不満を抱くヴァージニア植民地の農民たちによる]	1676 初のコーヒーショップ,ボストンで開店	
		1678 フランス人探検家ラ・サール,ルイ・エヌパンら白人として初めてナイアガラ瀑布に到達	
	1679 ニューハンプシャー,王領植民地となる		
1680		1680 植民地の推定人口15万5千人	
	1681 ウィリアム・ペン,クエーカー教徒ためのペンシルヴェニア植民地を開く		
	1682 フィラデルフィア建設ルイジアナ植民	1682 ラ・サール,ミシシッピ河口に到達[流域全域をルイ14世に因んでルイジアナと命名]	1682 メアリ・ホワイト・ローランドソン『崇高にして慈悲深き神はその約束を守りたもう』‖エドワード・テイラー『瞑想詩』
	1683 最初のドイツ移民,ペンシルヴェニアに入植		1683 ベンジャミン・ハリス『ニューイングランド初等読本』
			1684 インクリース・マザー『神の御業のしるし』
	1685 ヨーク公,ジェイムズ2世となり,ニューヨーク王領植民地となる‖ナントの勅令が廃止され,フランス・ユグノー教徒がアメリカに移住		
		1688 ペンシルヴェニアのメノー派教徒,奴隷制反対声明を発表	
	1689 マサチューセッツで,アンドロス総督に対する反乱‖ニューヨークでライスラーの反乱‖ウィリアム王戦争(英仏植民地戦争,-97)		1689 初の公立学校,フィラデルフィアに設立[貧困者は授業料免除。科学・発明などの実用的カリキュラム]
1690	1690 植民地会議開催	1690 植民地の推定人口21万3千人‖マサチューセッツで紙幣発行	1690 ボストンで最初の新聞発行
	1691 マサチューセッツ植民地,王領植民地となる[プリマス,メインを併合]		

●ヨーロッパ	●中南米	●アジア	●日本
1670 パスカル『パンセ』	1671 英海賊モーガン，パナマ市を攻略		
1672-78 第3次英蘭戦争		1673-81 三藩の乱（呉三桂が反乱）	1673 英船リターン号，長崎に来航し通商復活を要求，幕府は拒否
1673 《英》審査法成立［公職に就けるのは国教徒のみとなる］			1674 関孝和『発微算法』
1675 《英》グリニッジ天文台設立			
		1677 オランダ，ジャワ島のマタラム王国の内乱に介入［ジャワ進出の足がかりを得る］	
1678 ホイヘンス，光の波動説を発表			
		1681 清軍，昆明を占領［三藩の乱終わる］	
			1682 井原西鶴『好色一代男』
1684 ライプニッツ，微積分法に関する研究成果を公表‖バニヤン『天路歴程』			
1685 《仏》ナント勅令廃止［これによりユグノー，イギリス・オランダ・プロイセンなどに逃亡］			
1687 《英》信仰の自由宣言‖ニュートン『プリンキピア』			
1688 《英》名誉革命			
1689 《英》権利宣言提出［その後制定される権利章典へ］		1689 清・露間にネルチンスク条約締結	1689 松尾芭蕉，「奥の細道」の旅に出る
1690 ロック『統治論二篇』			1690 ドイツ人ケンペル，オランダ商館医として来日

年代	●アメリカ		
	●政治	●経済・社会	●文化・技術
		1692 セイラム魔女裁判 1693 フィラデルフィア・ニューヨーク間で郵便事業開始	1693 ウィリアム・アンド・メアリー・カレッジ設立‖コットン・マザー『不可視世界の驚異』 1694 コットン・マザー『アメリカにおけるキリストの大いなる御業』執筆開始(-98, 1702 刊行)
	1696 最後の航海条例発布‖通商拓殖院設置［植民地の行政事務全般の統括機関］ 1699 毛織物条例制定‖フランス，スペイン，イギリスに先んじてルイジアナ植民	1699 海賊キャプテン・キッド，ニューイングランドで逮捕，イングランドへ送還［1701年，処刑］	
1700		1700 植民地の推定人口27万5千人［うち，奴隷2万5千人］	1700 ペンシルヴェニア議会，劇など見せ物を禁止する条例 1701 イェール・カレッジ創立
	1701 フランス人キャディラック，現在のデトロイトに砦建設		
	1702-13 アン女王戦争［植民地をめぐる英仏の戦い］	1702 コットン・マザー，冒瀆的言動取り締まりのための不道徳抑制協会設置	1702 コットン・マザー『アメリカにおけるキリストの大いなる御業』 1703 ペンシルヴェニアでオルガンなどの楽器演奏盛ん
	1704 デラウェア，ペンシルヴェニアから分立 1705 ウイリアムズバーグ，ヴァージニア植民地の首都になる［英国人クリストファー・レン，主要建物設計］	1705 黒人奴隷の終身奴隷制，ヴァージニア法で定める	1704 初の定期発行新聞『ボストン・ニューズ・レター』創刊 1707 ジョン・ウィリアムズ『解放された捕虜』
1710	1710-18 フランス人，ニューオーリンズ建設 1711 タスカロラ戦争［カロライナへの白人入植者に対するインディアンの襲撃］ 1712 カロライナ植民地，南北に分離 1714 スコットランド系アイルランド人の移住開始	1710 植民地の推定人口35万7千人	1710 コットン・マザー『善行論』
		1715 マッコウクジラの捕鯨始まり，マサチューセッツのナンタケット，捕鯨基地として繁栄	1716 ボストンに初の灯台建設‖ウィリアムズバーグに植民地初の劇場建設 1717 コットン・マザー，黒人とインディアンのための学校を創立

●ヨーロッパ	●中南米	●アジア	●日本
1694 《英》イングランド銀行設立	1694 《ブラジル》ミナス地方で金鉱が発見され，ゴールドラッシュ起こる		
1700 スペインのハプスブルグ家断絶 1701 プロイセン公国，王国となる‖スペイン，ブルボン家成立 1702-13 スペイン継承戦争 1702 英，スペイン継承戦争（スペイン・フランス対イギリス・オランダ・オーストリア）に参戦［英仏は北米植民地をめぐっても抗争（アン女王戦争）］ 1704 英，ジブラルタル占領‖ニュートン『光学』 1705 オランダ東インド会社，ジャカルタに拠点建設‖ニューコメン，蒸気機関を発明 1707 《英》イングランドとスコットランドの合同 1709 《英》アン女王，世界初の著作権法を制定		1704 《清》ローマ教皇，典礼問題［イエズス会の布教方法を否認］	1702 赤穂浪士，吉良義央を討つ 1703 近松門左衛門『曽根崎心中』上演 1707 富士山噴火，宝永山出現 1708 イタリア宣教師シドッチ，屋久島来着
1713 ユトレヒト条約締結［スペイン継承戦争終結］ 1714 ライプニッツ『単子論』		1715 《清》英東インド会社，広州に商館設置‖カスティリオーネ来朝 1716 《清》『康熙字典』完成 1717 《清》カトリック布教の禁止を強化	1713 貝原益軒『養生訓』 1715 新井白石『西洋紀聞』 1716 徳川吉宗，第8代将軍となる［享保の改革始まる］

年代	●アメリカ		
	●政治	●経済・社会	●文化・技術
	1718 スペイン，テキサスにサンアントニオ建設 1719 ドイツ人農民，ルイジアナに入植［食糧増産のため］	1718 ソロモン・ストダード，教会員の半途契約を認める‖ウィリアム・ペン死去	1719 『アメリカン・マーキュリー誌』，『ボストン・ガゼット』誌創刊
1720	1720 フランス人，ナイアガラに砦建設 1722 イロコイ6部族連合成立	1720 植民地の推定人口47万4千人 1721 ボストンで最初の天然痘予防接種	1721 コットン・マザー『キリスト教科学者』 1723 インクリース・マザー没‖ボストンにクライスト教会建設（現在のオールド・ノース教会）
	1729 北カロライナ，王領植民地となる‖ボルティモア建設	1728 ロシアに雇われたデンマーク人航海家ベーリング，シベリア東端の海峡を発見	1728 コットン・マザー死去［ボストンを支配した「マザー王朝」終焉‖初の植物園，フィラデルフィアに開園］
1730		1730 植民地の推定人口65万5千人	1730-48 ベンジャミン・フランクリン『ペンシルヴェニア・ガゼット』を発行
	1732 帽子法制定［徒弟数制限］‖ジェイムズ・オグルソープ，ジョージア植民地建設の特許状を得る 1733 糖蜜法制定［砂糖と糖蜜の英領以外からの輸入に高関税］	1732 初の駅馬車，ニュージャージーのバーリントン-アンボイ間に開通	1732 フランクリン『貧しきリチャードの暦』創刊［-58］ 1733 ピーター・ゼンガー『ニューヨーク・ウィークリー』誌創刊［植民地総督の政策批判］
		1734 第1次宗教復興運動（大覚醒）がニューイングランド中心に広がる	1734 ジョナサン・エドワーズ『聖なる神の光』
		1739 チャールストンで黒人暴動が頻発	
1740	1740 オグルソープ，フロリダに侵入，スペインの砦を攻略	1741 ベーリング，アラスカを発見‖ニューヨークで黒人と貧民の暴動［多数の黒人処刑］	1741 ジョナサン・エドワーズ『罪人は怒れる神の手のうちに』‖初の定期刊行雑誌『アメリカン・マガジン』創刊
			1743 アメリカ哲学協会創立

●ヨーロッパ	●中南米	●アジア	●日本
1719 デフォー『ロビンソン・クルーソー』			
			1720 キリスト教以外の洋書輸入を許可
1726 スウィフト『ガリヴァー旅行記』		1724 《清》宣教師らマカオに追放，キリスト教全面禁止 1725 《清》『古今図書集成』完成 1728 《清》フランス，広州に商館設置	
		1731 清朝政府，アヘンを全面禁止	
1733 ジョン・ケイ，飛び梭発明〔紡績機械の発達を促す〕			
1735 リンネ『自然の分類』	1736 スペイン人，コロンビアで新金属（後にプラチナと命名）発見		
1738頃 《英》紅茶が一般民衆にも普及			
			1739 ロシア船，陸奥・安房沖に出没
1740-48 オーストリア継承戦争			
	1742 《ペルー》フアン・サントス率いるインディオ，スペイン支	1742 《清》イエズス会布教禁止 1743 『大清一統志』	

年代	● アメリカ		
	● 政治	● 経済・社会	● 文化・技術
	1744-48 ジョージ王戦争［北米植民地における英仏の戦い。英,ノヴァスコシアの支配権強化］		［初代会長フランクリン］
			1746 ニュージャージー大学（現プリンストン大学）創立
		1747 初の法曹団体としてニューヨーク弁護士協会設立	
			1749 初の劇団, フィラデルフィアで結成
1750	1750 英国の製鉄業を保護する鉄法制定	1750 植民地推定人口, 100万人を超える‖エドワーズ, ノーザンプトン教会を追われる	
		1751 イギリス, ニューイングランドの紙幣発行を禁止	1751 フィラデルフィア・アカデミー（現ペンシルヴェニア大学）創立
	1752.7.ジョージア, 王領植民地となる		1752.6.フランクリン, たこ上げ実験により雷が電気であると証明
	1753 オハイオ川流域で英仏の対立激化		
	1754.6.オルバニー会議［フランクリン起草による植民地間の連合をうたったオルバニー連合案を採択］		1754 エドワーズ『意志の自由論』‖キングズ・カレッジ（現コロンビア大学）創立
	1755-63 フレンチ・アンド・インディアン戦争［北米植民地をめぐる英仏の抗争。多くの戦いでインディアン, 仏軍に協力。ヨーロッパにおける7年戦争誘発］	1755 英, フランス人住民をアカディア地方から追放［一部はルイジアナにケージャンとして定着］	
			1757 フランクリン『富へ至る道』［勤勉と節約を説く］
		1758 フィラデルフィアでクエーカー教徒の年次会議［奴隷貿易および奴隷所有制度の糾弾を決議］	
1760		1760 植民地の推定人口160万人	
	1762 フランス, スペインにミシシッピ以西のルイジアナ譲渡		
	1763.2.パリ条約［ミシシッピ以東のフランス領をイギリスに譲渡］‖10.ジョージ3世, アパラチア山脈以西への植民地人の入植禁止［国王宣言線］	1763-67 メイソン＝ディクソン・ライン（ペンシルヴェニアとメリーランドの境界線）の調査・確定［後年, 北部・南部の境界となる］	
	1764.4.砂糖法制定‖英国製品不買運動が起こる		1764 ロードアイランド・カレッジ（現ブラウン大学）創立
	1765.3.印紙条例制定‖「自由の息		1765 初の医学校, フィラデ

ヨーロッパ	中南米	アジア	日本
	配に対し反乱	（総合的地誌）完成	
1745-64 《仏》ポンパドゥール夫人，宮廷に関与［サロンなども主宰］			1746 貿易額制限令（清船10隻，蘭船2隻）
1748 アーヘンの和約［オーストリア継承戦争終結］‖モンテスキュー『法の精神』			1748 竹田出雲『仮名手本忠臣蔵』初演
1750頃 啓蒙思想が広まる‖都市化が急激に進み，パリ，ロンドンなどが人口50万を超える			
1751 ディドロ，ダランベールらによる『百科全書』刊行始まる（-72）			
1753 大英博物館創立			1754 山脇東洋，初めて死体の解剖を見学
1755 ルソー『人間不平等起源論』‖ジョンソン『英語辞典』			
1756-63 7年戦争（第3次シュレジエン戦争）	1756 《パラグアイ》先住民グアラニー族の蜂起をスペイン・ポルトガル連合軍が鎮圧	1757 《清》英の寧波での貿易を拒否‖ヨーロッパ船の来航を広州一港に限る	1757 杉田玄白，洋医学を提唱
1758 ヒューム『人間悟性論』‖ケネー『経済表』			
1762 ルソー『社会契約論』	1762 英軍，仏領マルティニクとスペイン領ハバナを攻略［カリブ海における海上権の優位確立］	1762 《清》オランダ，広東に商館設置‖《フィリピン》英軍，首都マニラを占領［これを契機に反スペイン反乱が各地で発生］	
	1763 《ブラジル》ポルトガルの副王領となり，リオデジャネイロに首都移転		
1764 ハーグリーヴズ，ジェニー紡績機を発明［産業革命のはじまり］			
1765 ワット，蒸気機関を改			

年代	●アメリカ		
	●政治	●経済・社会	●文化・技術
	子たち」結成 1766　ポンティアックの戦い［インディアン，アパラチア山脈の東の土地を失う］‖3.印紙条例廃止 1767.6.タウンゼンド法制定［ガラス，紙，茶，ペンキなどに輸入関税を課す］ 1769.5.ヴァージニア会議，英国製品不買同盟を決議	1767　ダニエル・ブーン，ケンタッキー地方へ入る	ルフィアに設立 1766　クイーンズ・カレッジ（現ラトガース大学）創立 1768　ジョン・ディキンソン『ペンシルヴェニアの農夫からの手紙』 1769　ダートマス・カレッジ（現ダートマス大学）創立
1770	1770.3.ボストン虐殺事件‖4.タウンゼンド法，茶条項を除いて撤廃 1773.12.ボストン茶会事件［インディアンに仮装した民衆，大量の茶を海中に投棄］ 1774.9.フィラデルフィアで第1回大陸会議開催 1775.4.レキシントン，コンコードの戦い［独立戦争開始］‖5.第2回大陸会議開催‖6.ジョージ・ワシントン，植民地軍総司令官に任命される‖6.バンカーヒルの戦い 1776.7.独立宣言公布 1777.7.星条旗が国旗となる‖10.サラトガの戦い，英国軍敗北‖11.連合規約が大陸会議で採決‖12.植民地軍，ヴァレー・フォージに撤退 1778.2.フランスと通商・同盟条約締結‖10.フランス，対英宣戦	1700　植民地の推定人口220万人 1771.5.ノースカロライナ農民によるレギュレーター（世直し）運動 1773　初の黒人バプテスト教会，ジョージアに設立 1774　ロードアイランド州，奴隷制を廃止 1775　クエーカー教徒，初の奴隷制反対協会を結成 1776　アン・リー，シェーカー教徒とニューヨークに入植	 1773　フィリス・ホイートリー『詩集』 1775　『フィラデルフィア・イヴニング・ポスト』紙創刊［初の日刊紙］‖植民地に37種の新聞発行 1776　トマス・ペイン『コモン・センス』［3ヵ月で12万部発行］
1780	1780.6.マサチューセッツ憲法制定 1781.3.連合規約，全邦に批准され発効‖10.ヨークタウンの戦いで英国軍敗退［独立戦争終結］ 1783.9.パリ条約締結［イギリス，アメリカの独立を承認］ 1784.6.スペイン，アメリカ人のミシシッピ川航行禁止‖11.ニューヨーク，連邦首都となる	1780　アメリカの推定人口270万人 1781.12.大陸会議により初の銀行設立	 1782　ミシェル＝ギョーム・ジャン・ド・クレヴクール『アメリカ農夫からの手紙』 1783　ノア・ウェブスター『アメリカンスペリング・ブック』［アメリカ英語の標準的スペル・文法を確立］ 1784　トマス・ジェファソン『ヴァージニア覚書』‖オリヴァー・エヴァンス，全自動製粉所設立

●ヨーロッパ	●中南米	●アジア	●日本
良			
1768 『エンサイクロペディア・ブリタニカ』初版刊行			1768 上田秋成『雨月物語』
1769 アークライト,水力紡績機を発明‖ワット,蒸気機関の実用化			
1772 第1次ポーランド分割			1772 田沼意次,老中となる
		1773 《清》四庫全書館を開く	
1774 ゲーテ『若きウェルテルの悩み』			1774 杉田玄白・前田良沢ら,『解体新書』出版
1776 アダム・スミス『諸国民の富』		1776 《朝鮮》奎章閣を設置	1776 平賀源内,エレキテルを試作
			1778 ロシア船,松前藩に通商を求める
1779 クロンプトン,ミュール紡績機発明			1779 塙保己一『群書類従』の編纂に着手
1780 カント『純粋理性批判』			
		1782 《清》『四庫全書』の書写完成	
			1783 伊勢の船頭大黒屋光太夫ら,アリューシャンに漂流
			1783-88 天明の大飢饉
		1784 《清》アメリカ商船チャイナ・エンプレス号,広州に到着	

年代	● アメリカ		
	● 政治	● 経済・社会	● 文化・技術
		1785.5.公有地条例制定	1785 初の州立大学としてジョージア大学創立
	1786.9.アナポリス会議［5邦代表による通商規制権問題の議論］	1786.8.シェイズの反乱［独立戦争によって財産を失ったマサチューセッツ西部農民の蜂起］	
	1787.5.憲法制定会議開催‖7.すべての新設州に公有地を確保する北西部条例‖12.邦によるアメリカ合衆国憲法案を批准 1788.6.合衆国憲法成立		1787 『フェデラリスト』刊行開始‖初の蒸気船，デラウェア川航行
	1789.2.大統領選挙，ワシントン初代大統領に選出‖3.第1回連邦議会開催‖4.1.上下両院の開会‖4.30.ワシントン初代大統領に就任‖9.合衆国司法制度確立	1789 最初の関税法発効	1789 アメリカ初の小説，ウィリアム・ヒル・ブラウン『親和力』‖ノースカロライナ大学創立
1790	1790.7.連邦の恒久的首都をポトマック河畔に決定。フィラデルフィア，臨時首都とする	1790 初の国勢調査による人口390万人［最大都市はフィラデルフィア］	1790 サミュエル・スレーター，木綿紡績機作製
	1791.3.ヴァーモント，独立後初の14番目の州に‖12.憲法修正第1～10条（権利章典）発効	1791.2.合衆国銀行法成立‖3.酒税法成立［蒸留酒に課税］‖12.合衆国銀行，フィラデルフィアに開設	1791 ピエール・ランファン，ワシントンD.C.を設計
	1792.6.ケンタッキー，15番目の州に	1792 ドルを通貨と定める	
	1793.2.逃亡奴隷法成立‖6.テネシー，16番目の州に	1793 ワシントンで議事堂中心部竣工	1793 イーライ・ホイットニー，綿繰機発明‖ジョン・ビル・リケッツのサーカス上演［ワシントン大統領も鑑賞］
	1794.3.外国との奴隷貿易禁止‖7.酒税法に反対する農民によってペンシルヴェニアでウィスキー暴動起こる	1794 フィラデルフィアで職人組合結成	1794 チャールズ・ウィルソン・ピール，フィラデルフィアに博物館創設
	1795.10.スペインとの間にトマス＝ピンクニー条約締結［ミシシッピ川航行権などを獲得］		
	1796.9.ワシントン，ヨーロッパの列強と恒久的同盟を結ばないという主旨の告別演説を発表		1796 ヨーロッパのギリシア文化・建築復活運動，アメリカに波及
	1797.3.ジョン・アダムズ，第2代大統領に就任		1797 ハナ・フォスター『浮気娘』‖ロイヤル・タイラー『アルジェリアの捕囚』
	1798.1.憲法修正第11条成立［合衆国司法権が異なる州の住民間の訴訟に及ばないとする］ 1799.12.ワシントン死去		1798 チャールズ・ブロックデン・ブラウン『ウィーランド』
			1799 チャールズ・ブロックデン・ブラウン『エドガー・ハントリー』，『アーサー・マーヴィン』
1800	1800.6.首都がフィラデルフィアからワシントンD.C.に移転［人口	1800 国勢調査による人口530万人［うち80万以上が奴	1800.4.議会図書館創立‖メーソン・ウィームズ『ワシント

●ヨーロッパ	●中南米	●アジア	●日本
1785 《英》『タイムズ』紙創刊‖カートライト，力織機を発明		1786 《朝鮮》キリスト教が朝廷により禁止される	1786 ロシア人，千島に来る
			1787 松平定信，老中筆頭となる（寛政の改革）
1788 ギボン『ローマ帝国衰亡史』‖カント『実践理性批判』			
1789.7.14.フランス革命起こる	1789 ブラジル独立を目指した「ミナスの陰謀」失敗		
		1791 《朝鮮》辛亥教難[キリスト教徒弾圧，信者を処刑]	
1792 《仏》王権停止，国民公会招集，共和制宣言			1792 林子平，『海国兵談』による筆禍[蟄居を命じられる]‖ロシア使節ラクスマン，漂流民光太夫らを連れ根室に来航し，通商を求める
1793 《仏》ルイ16世，王妃マリー・アントワネット処刑		1793 《清》英使節マカートニー，北京で通商要求	
		1794 《清》オランダ使節ティチング来朝	
1795 《仏》国民公会，メートル法制定			
1796 ジェンナー，種痘法発見		1796-1804 《清》湖北で白蓮教反乱	
		1797 《朝鮮》英軍艦来航	
1798 ナポレオンのエジプト遠征‖マルサス『人口論』			
1799 《仏》ブリュメール18日のクーデター[ナポレオン，実権を握る]	1799 アレクサンダー・フンボルト，南米を調査		
1800 スペイン，仏にルイジアナを割譲			

年代	●アメリカ		
	●政治	●経済・社会	●文化・技術
	8,000人] 1801.1.ジョン・マーシャル,最高裁首席判事に任命‖2.トマス・ジェファソン,第3代大統領就任	隷]‖黒人奴隷ガブリエルによる反乱	ン伝』 1801 『ニューヨーク・イブニング・ポスト』紙創刊
	1803.2.最高裁,マーベリ対マディソン事件判決[最高裁の違憲立法審査権を確立]‖3.オハイオ,17番目の州に‖4.フランスよりルイジアナ購入[領土倍加,西部開拓への道開く]	1802 ニューヨーク州ウェストポイントに陸軍兵学校創立 1804.5.-06.9 ルイスとクラーク2隊長による西部探検[インディアンや動物等の調査と太平洋への水路探索] 1805.8.-07 ゼブロン・パイク,ミシシッピ川源流地域およびコロラド,ニューメキシコ地方探検	
	1807.12.出港禁止法[対外貿易禁止]		1807 ロバート・フルトン,ハドソン川で蒸気船航行‖ジョエル・バーロウ『コロンビアッド』
	1808.1.奴隷貿易禁止	1808 ジョン・アスター,アメリカ毛皮会社設立	
	1809.3.ジェイムズ・マディソン,第4代大統領就任		1809 ワシントン・アーヴィング『ニューヨークの歴史』‖ウィリアム・マクルア,米国初の詳細な地質図発行
1810	1810 マディソン,西フロリダ併合を声明	1810 国勢調査による人口720万人[うち奴隷120万,移民6万]‖アメリカ海外伝道局設立,アジア各地に宣教師派遣 1811 合衆国銀行再認可,否決される‖ミシシッピ川に蒸気船就航‖カンバーランド国道建設[西部開拓に拍車]	1810 イェール医学校創立‖フランソワ・ミショー,北米の樹木に関する研究書出版
	1812.4.ルイジアナ,18番目の州に 1812-15 第2次米英戦争(1812年戦争)	1812 初の生命保険会社,フィラデルフィアに創立	
	1813-14 クリーク戦争[クリーク族による白人500人殺害が発端] 1814.8.英軍,首都ワシントンを焼討ち‖12.ガン条約調印[第2次米英戦争の講和成立]	1813 ボストン工業会社設立[米国初の大規模工場]	1814 英軍ボルティモア砲撃の折,フランシス・スコット・キー,「星ちりばめた旗」作詞[1931年に国歌に制定]

●ヨーロッパ	●中南米	●アジア	●日本
1801 《英》アイルランド合併, 大ブリテン・アイルランド連合王国の成立‖ゲーテ『ファウスト』第1部 1802 英・仏間, アミアンの和約	1802 《ハイチ》独立運動の指導者ルヴェルチュール, フランス軍に捕えられる	1801 《朝鮮》辛酉の獄（キリスト教大迫害）	1802 幕府, 東蝦夷地を永久直轄とする 1803 米船, 長崎に来航し通商を要求するが, 幕府は拒否
1804 《仏》民法典（ナポレオン法典）成立	1804 ハイチ, フランスに対し独立を宣言［初の黒人共和国誕生］		1804 ロシア使節レザノフ, 長崎に来航し通商を要求
1805.10.トラファルガーの海戦［ナポレオンの英上陸作戦失敗］‖12.アウステルリッツの戦い	1805 《メキシコ》初の日刊紙『エン・ディアリオ・デ・メヒコ』創刊 1806 《ベネズエラ》革命家フランシス・ミランダ, スペインからの独立を目指してクーデターを起こすも失敗	1805 《清》西洋人のキリスト教伝道と出版を厳禁（刻書伝道の禁）	1806 外国船への薪水給与令発布
1807 《英》奴隷貿易廃止法‖フィヒテ『ドイツ国民に告ぐ』		1807 《清》プロテスタント宣教師・英人モリソン, 広州に到着	1807 幕府, 西蝦夷も直轄とする
	1808 各地のスペイン植民地で独立運動が激化［ナポレオンによるスペイン支配の余波］		1808 間宮林蔵, 樺太探検‖フェートン号事件
	1810 《メキシコ》イダルゴ神父の指導によるインディオの反乱‖《チリ》自治政府誕生		
1811 《英》ラッダイド運動始まる	1811 《ベネズエラ》シモン・ボリーバルら, スペインからの独立を宣言‖《パラグアイ》スペインからの独立を宣言	1811 《清》ヨーロッパ人のキリスト教布教と居住を禁止	1811 ロシア軍艦長ゴロウニンらをクナシリで捕らえる
1812 ナポレオンのロシア遠征‖『グリム童話集』出版	1812 《ベネズエラ》革命運動指導者ミランダ, スペイン軍に投降［前年独立を宣言した共和国崩壊］		
1813 ナポレオン, ライプツィヒの戦いで敗北 1814-15 ウィーン会議 1814 ナポレオン退位, エルバ島に流される‖スティーヴンソン, 蒸気機関車発明	1813 《ベネズエラ》ボリーバル, 首都カラカスを奪還［「解放者」の称号を得る］	1813 《清》アヘン販売・吸煙に関する法令制定	1814 滝沢馬琴『南総里見八犬伝』

年代	●アメリカ		
	●政治	●経済・社会	●文化・技術
	1815.1.ニューオーリンズの戦い［アンドルー・ジャクソン将軍，講和を知らず，英軍に大勝］		1815 評論誌『ノース・アメリカン・レビュー』創刊‖フルトン，米国初の蒸気戦艦建造
	1816.4.初の保護関税法成立‖12.インディアナ，19番目の州に 1816-18 第1次セミノール戦争	1816 第2合衆国銀行設立を承認‖大西洋横断定期船就航‖自由黒人のアフリカ移住を目的としたアメリカ植民協会設立‖アメリカ聖書協会設立	1816 世界初のワイヤーによる吊橋，フィラデルフィア近郊に建設
	1817.3.ジェイムズ・モンロー，第5代大統領就任‖12.ミシシッピ，20番目の州に	1817 ミシシッピ川に蒸気船の定期便開設	
	1818.10.英米条約［米のカナダ沿岸における漁業権，およびカナダとのロッキー山脈以東の境界線確定］‖12.イリノイ，21番目の州に		
	1819.2.フロリダをスペインより購入‖12.アラバマ，22番目の州に	1819 米国初の経済恐慌	1819 ヴァージニア大学創立［ジェファソンによる建学精神とキャンパス設計］
1820	1820.2.ミズーリ協定成立［ミズーリ準州を奴隷州として連邦に加入させるかわりに，北緯36度30分以北での奴隷制を禁止］‖3.メイン，23番目の州に	1820 国勢調査による人口960万人［最大都市はニューヨーク。アパラチア山脈以西に220万人］‖ハワイに初の米国伝道団を派遣	1820 アーヴィング『スケッチブック』
	1821.3.ジェイムズ・モンロー，第5代大統領に就任‖8.ミズーリ，24番目の州に‖11.ニューヨーク州，選挙権の財産資格撤廃［選挙権拡大へ］	1821 ウィリアム・ベックネル，メキシコへの交易路サンタフェ・トレイル開く	1821 『サタデー・イブニング・ポスト』誌創刊‖ジェイムズ・フェニモア・クーパー『スパイ』‖米国初のトンネル，ペンシルヴェニア州に開通‖エマ・ウィラード，初の女子高等教育機関をニューヨーク州で創立
	1822 アメリカ植民協会，アフリカに解放黒人によるリベリア共和国を建国 1823.12.モンロー宣言	1822 スティーブン・オースティン，テキサスに入植‖黒人奴隷デンマーク・ヴェシーの乱	1823 クーパー『レザーストッキング物語』（1823-41）
	1824.3.最高裁，ギボンズ対オグデン事件判決［連邦政府の州際通商規制権を認める］	1824 ジェデディア・スミス，ロッキー山脈を越え，カリフォルニアに到達‖チャールズ・フィニーによる信仰復興運動，東部に広がる‖ロードアイランド州ポータケットで女性織工によるスト	
	1825.1.モンロー大統領，インディアンのミシシッピ以西への強制移住を発表‖3.ジョン・クインシー・アダムズ，第6代大統領に就任［第2代大統領の子］	1825.10.エリー運河開通［五大湖，ハドソン川，大西洋を結ぶ。交通革命の始まり］‖ロバート・オーウェン，インディアナ州に社会改良主義の共同体ニュー・ハーモニー建設‖ボストンで10時間労働を要求する大	1825 トマス・コール，風景画のハドソンリヴァー派創設‖ニューヨークのトマス・ケンセット，米国初のブリキ缶開発で特許［缶詰食品普及へ］

●ヨーロッパ	●中南米	●アジア	●日本
1815 ナポレオン,エルバ島脱出ののち,パリ入城(百日天下)‖ワーテルローの戦いで敗北,ナポレオン,セント・ヘレナ島へ流刑	1815 《ウルグアイ》自治政府樹立される	1815 《清》アヘン輸入禁止の強化	1815 杉田玄白『蘭学事始』
	1816 《アルゼンチン》リオ・デ・ラ・プラタ諸州連合,スペインからの独立を宣言	1816 《清》英使節アマースト,北京来訪(三跪九叩頭令の拒否)‖《朝鮮》イギリス船来航	1816 英船,琉球に来航し通商を求める
	1818 《チリ》スペインからの独立を宣言		1818 イギリス人ゴルトン,浦賀に来航し貿易を要求するが,幕府は拒否
	1819 ボリーバルが提唱するコロンビア共和国(コロンビア,ベネズエラ,エクアドルにまたがる)成立	1819 英,シンガポール獲得,国際貿易港として整備	
1821 《英》イングランド銀行,金本位制実施‖《仏》ナポレオン死去	1821 ペルー,エルサルバドル,メキシコ,ドミニカがスペインから独立	1821 英人モリソン,『英華・華英辞典』を刊行	1821 伊能忠敬『大日本沿海輿地全図』
1822 シャンポリオン,エジプト神聖文字解読	1822 ブラジル,ポルトガルからの独立を宣言		1822 イギリス船浦賀に来航,薪水を求める
1823 ベートーヴェン『第九交響曲』完成	1823 グアテマラ,エルサルバドル,ニカラグア,ホンジュラス,コスタリカが中央アメリカ連邦の結成を宣言	1823 《清》民間のケシ栽培,アヘン製造を禁止	1823 シーボルト,オランダ商館医師として来日
1825 《英》ストックトン-ダーリントン間に最初の鉄道開通	1825 ボリビア独立		1825 異国船打払令

年代	●アメリカ		
	●政治	●経済・社会	●文化・技術
		工のスト	
	1826.6.パナマ会議	1826 西部開拓の伝説的英雄デイヴィ・クロケット，テネシー州の連邦下院議員に選出	1826 クーパー『最後のモヒカン族』‖ジョン・スティーヴンス，アメリカ初の蒸気機関車作製
	1827 米，イギリスとオレゴン地方の共同管理に合意	1827 ジョセフ・ディクソン，米国初の鉛筆工場をマサチューセッツ州セイラムで創業 1820年代-30年代 アメリカ産業革命	1827 初の黒人新聞『フリーダムズ・ジャーナル』創刊‖クーパー『大草原』‖キャサリン・セジウィック『ホープ・レスリー』‖オーデュボン『アメリカの鳥類』‖ニューオーリンズでマルディ・グラ始まる[仏系学生が街頭で仮装パレード]
	1828.5.アダムズ，北部産業資本のため，高率の保護関税法を制定[海外市場に依存する南部農業経済に打撃]‖民主党結成[リパブリカン党分裂と地域対立が背景]‖選挙権の財産資格，大半の州で撤廃	1828 アメリカ平和協会設立‖10時間労働を要求する繊維工場労働者によるスト	1828 ノア・ウェブスター『アメリカ版英語辞典』‖ジョゼフ・ヘンリー，電磁石発明‖初のインディアン新聞『チェロキー・フェニックス』創刊
	1829.3.アンドルー・ジャクソン，第7代大統領に就任	1829 オーウェンの指導によりニューヨークで労働者党結成‖初の近代的ホテルがボストンで開業	1829 初の盲学校，ボストンに設立‖米国初の百科事典『エンサイクロペディア・アメリカーナ』発行
1830	1830.5.インディアン強制移住法成立[先住民諸部族をミシシッピ以西のオクラホマ地方に追放]	1830 国勢調査による人口1,280万人[うち20年代の移民15万]‖4.ジョセフ・スミス，モルモン教会をニューヨーク州ラファイエットに設立‖5.ボルティモア・オハイオ鉄道開通[米大陸初の鉄道]‖フィラデルフィアで自由黒人協会設立	1830.8.初の米国製蒸気機関車トム・サム号試運転‖『レディーズ・ブック』誌(のちの『ゴーディーズ・レディーズ・ブック』)創刊[米国初の女性月刊誌]
	1831.8.ヴァージニア州サザンプトンでナット・ターナー率いる奴隷反乱[以後，黒人奴隷の束縛強化]		1831 奴隷解放論者ウィリアム・ロイド・ギャリソン，『リベレイター』誌創刊‖サイラス・マコーミック，機械式収穫機発明
	1832.7.ジャクソン，合衆国銀行の特許更新拒否‖11.サウスカロライナ州，関税法の無効を宣言		1832 ミュージカル『ジム・クロウ』上演[ケンタッキーの市民劇場]
	1833.3.妥協関税法制定[サウスカロライナ，無効宣言取消す]	1833 ニューヨーク，ニューイングランドの奴隷制廃止論者，アメリカ奴隷制反対協会設立	1833 オハイオ州オーバリン・カレッジ，初の男女共学大学として創立[35年には黒人入学許可]‖『西テネシーなるデイヴィッド・クロケット大佐の横顔と奇行』出版[フロンティア住民の「ほら話」流行]
	1834.4.ヘンリー・クレイらによるホイッグ党結成[旧ナショナル・リパブリカン党を継承し，反ジャクソン勢力が結集]	1834 マサチューセッツ州ローウェルの紡績工場で女性工員スト	
	1835.5.民主党ボルティモア大会[政党史上初の全国党大会]‖テキサス独立戦争始まる 1835-42 第2次セミノール戦争		1835 アレクシス・ド・トクヴィル『アメリカの民主政治』[英訳は38年]‖『クロケット暦』[56年まで約50

●ヨーロッパ	●中南米	●アジア	●日本
	1828 《ウルグアイ》共和国としてブラジルから独立		1828 シーボルト事件
1829 《英》カトリック教徒解放法成立			
1830 《英》マンチェスター-リヴァプール間の鉄道開通‖《仏》7月革命	1830 シモン・ボリーバル没［それに伴いグラン・コロンビア崩壊］		
		1832 《朝鮮》英船ロード・アマースト号来航，通商を要求	1832 葛飾北斎「富嶽三十六景」
1833 《英》英帝国内の奴隷制廃止，一般工場法成立‖ファラデー，電気分解の法則（ファラデーの法則）発見			

年代	●アメリカ		
	●政治	●経済・社会	●文化・技術
	[フロリダからの強制移住を拒否したセミノール族が黒人と結束] 1836.2-3.アラモ砦の戦い‖3.テキサス, メキシコから独立を宣言‖6.アーカンソー, 25番目の州に‖10.サミュエル・ヒューストン, テキサス共和国大統領に就任‖国務省内に特許局設置		種発刊] 1836 サミュエル・コルト, 連発式拳銃で特許‖ラルフ・ウォルドー・エマソン『自然』‖ボストンの知識人による「超絶クラブ」結成‖『マクガフィーのリーダーズ』編纂[以後100年間, 初等標準テキストとなる]
	1837.1.ミシガン, 26番目の州に‖3.テキサス共和国を承認‖3.マーティン・ヴァン・ビューレン, 第8代大統領に就任	1837 ニューヨークの諸銀行で正貨支払いを停止, 経済恐慌(-42)	1837 エマソン, ハーヴァード大学で「アメリカの学者」講演[アメリカの知的独立宣言]‖ジョン・ディア, 鋼製の鋤を発明[平原地帯の農業開発に革命]
	1838.10.「涙の旅路」[チェロキー族, ジョージアからオクラホマへ強制移住開始, 途中, 4000人死亡]	1838 「地下鉄道」組織結成[南部奴隷の逃亡を支援]	
	1839.11.奴隷制廃止論者たちによる自由党結成		1839 サミュエル・モース, モールス信号考案 1839 チャールズ・グッドイヤー, 加硫ゴム生産[ゴムタイヤ開発への道開く]‖アブナー・ダブルデー, ニューヨーク州クーパーズタウンで野球を創案
1840		1840 国勢調査による人口1,700万人[うち30年代の移民60万]‖連邦法で公務員の10時間労働を制定	1840 超絶主義者たちによる雑誌『ダイアル』創刊
	1841.4.ウィリアム・ハリソン, 第9代大統領に就任後1ヵ月で病死‖4.ジョン・タイラー, 第10代大統領に就任		1841 エドガー・アラン・ポー「モルグ街の殺人」‖ホラス・グリーリー, 『ニューヨーク・トリビューン』紙創刊
		1842 ジョン・フリーモント, キット・カーソンら, ロッキー山脈を越え, オレゴン・トレイル探検‖ボストン近郊に「ブルック・ファーム」建設[実験的共同体運動隆盛]	
		1843 オレゴンに大移住開始[英に対しオレゴン地方の単独領有を主張する根拠となる]	
		1844 モルモン教の開祖ジョン・スミス殺害	1844 ワシントン・ボルティモア間に電信開通[モースの電信技術の実用化]
	1845.3.フロリダ, 27番目の州に‖3.ジェイムズ・ポーク, 第11代大統領就任‖12.テキサス併合, 28番目の州に	1845 メリーランド州アナポリスに海軍兵学校創立	1845 「明白な運命」による領土拡大主張[ジョン・オサリヴァン編集の『デモクラティック・レヴュー』誌]‖マーガレット・フラー『19世紀の女性』‖『サイエンティフィック・アメリカン』創刊
	1846-48 アメリカ=メキシコ戦争 1846.6.オレゴン協定[英領カナダ	1846 英人化学者ジェイムズ・スミッソンの遺産をもとにスミ	1846 ハーマン・メルヴィル『タイピー』‖イライアス・

●ヨーロッパ	●中南米	●アジア	●日本
			1837 大塩平八郎の乱‖米船モリソン号, 漂流民を護送して浦賀に入港。浦賀奉行が砲撃(モリソン号事件)
1838 《英》人民憲章公表 1838-48 《英》チャーティスト運動	1838 中央アメリカ連邦解体	1838 《清》林則徐を欽差大臣として広東へ派遣	1838 緒方洪庵, 大坂に蘭学塾(適々斎塾)を開く
		1839 《清》林則徐, アヘン2万箱余没収‖《朝鮮》天主教(キリスト教)に対する大弾圧(己亥教獄)	1839 渡辺崋山・高野長英ら, 逮捕・投獄される[蛮社の獄, 最初の蘭学者の弾圧]
		1840-42 アヘン戦争	1840 オランダ船, アヘン戦争の勃発を伝える
1841 《英》トマス・クック, 団体旅行業開始			
		1842 中英間で南京条約締結[アヘン戦争終結, 香港割譲, 英国の中国進出開始]	1842 外国船打払令を緩和
	1844 ドミニカ共和国独立	1844 《清》アメリカとの間に望厦条約を締結‖フランスとの間に黄埔条約締結	1844 フランス船, 琉球に来航し通商を求める‖オランダ軍艦長崎に来航[使節コープスが国王の開国勧告書簡を奉呈]
1845-47 アイルランド大飢饉		1845 《清》上海租地章程を公布。租界の形成始まる	
		1846 《朝鮮》仏艦隊, 国王に書簡を伝達[天	1846 アメリカ東インド艦隊司令官町ビッドル,

年代	●アメリカ		
	●政治	●経済・社会	●文化・技術
	との国境を北緯49度に確定]‖8.ウィルモット建議[メキシコから得る新領土で奴隷制禁止を提案。両院を通過せず、南北対立深まる]‖12.アイオワ、29番目の州に	ソニアン協会設立	ハウ、機械ミシンを発明‖初の野球試合がニュージャージー州ホーボーケンで行われる‖ナンシー・ジョンソン、手回しアイスクリーム製造器発明
		1847 ニューヨーク・リヴァプール間に大西洋横断蒸気船就航[アメリカ移住に拍車]‖ジャガイモ飢饉で10万5,000人のアイルランド系移民[前年の3倍]‖アメリカ医学会設立‖ブリガム・ヤング、ソルトレイクにモルモン社会建設	1847 自由黒人フレデリック・ダグラス、「北極星」紙を創刊‖ロングフェロー「エヴァンジェリン」
	1848.2.グアダルーペ・イダルゴ条約[アメリカ=メキシコ戦争終結、カリフォルニアおよびニューメキシコ地方を獲得し、メキシコは国土の半分近くを失う]‖5.ウィスコンシン、30番目の州に‖8.フリーソイル(自由土地)党結成[西部への奴隷制拡大反対]	1848.1.カリフォルニアで金鉱発見‖7.女性の権利のための会議開催[ニューヨーク州セネカ・フォールズ、近代フェミニズム運動の始まり]‖シカゴ商品取引所開設‖AP通信社設立	1848 ポー「ユリイカ」‖リチャード・ホー、輪転印刷機を開発‖ジョン・カーティス、チューインガム商品化
	1849.3.ザカリー・テイラー第12代大統領に就任‖3.西部開拓などの必要に応えて内務省設置	1849 カリフォルニアでゴールドラッシュ始まる‖フォスターの「おお、スザンナ」金鉱採掘者の間で大流行‖ニューヨークでアスター・プレース暴動[英人シェイクスピア役者の公演を契機に反英感情爆発、死者22名]‖エリザベス・ブラックウェル、女性として世界初の医学の学位取得	1849 フランシス・パークマン「オレゴン・トレイル」‖ヘンリー・デイヴィッド・ソロー「市民的不服従」‖アメリア・ブルーマー、「リリー」誌創刊し、禁酒、女性の権利、「ブルーマーズ」と呼ばれる運動着推進
1850	1850.7.テイラー大統領病死によりミラード・フィルモア、第13代大統領就任‖9.「1850年の妥協」成立[カリフォルニア、自由州として連邦加入の代わりに逃亡奴隷法強化]	1850 国勢調査による人口2,310万人[うち奴隷320万、移民170万]‖ミシシッピ以西で初の陸上輸送サービス開始	1850 ナサニエル・ホーソーン「緋文字」‖フィラデルフィアで初の女子医学校創立
		1851 ジャガイモ飢饉によるアイルランド移民、年間25万人[ニューヨーク、ボストン、フィラデルフィア住民の4分の1を占める]‖初の国際ヨットレースで米チーム優勝[アメリカズ・カップの始まり]	1851 メルヴィル「白鯨」‖ホーソーン「七破風の家」‖「ニューヨーク・タイムズ」紙創刊‖アイザック・シンガー、ミシン発明で特許‖ジョゼフ・ヘンリー、電報利用した天気予報システム考案‖ボストン公共図書館設立‖ボストンで米国初のYMCA設立
			1852 ハリエット・ビーチャー・ストウ「アンクルトムの小屋」‖エリーシャ・オーティス、エレベーターを発明[摩天楼建築に寄与]
	1853.3.フランクリン・ピアース、第14代大統領就任‖12.ガズデン購入[アリゾナ、メキシコ国境地帯をメキシコから購入。アラスカを除く本土の現領土の確定]	1853 ニューヨーク・シカゴ間に鉄道開通‖リーヴァイ・ストラウス、ジーンズを発売	

●ヨーロッパ	●中南米	●アジア	●日本
		主教弾圧を詰問]	浦賀に来航し通商を求める‖フランス・インドシナ艦隊司令官セシュ, 長崎に来航し薪水と難破船の救護を求める
1847 《英》女性・少年の10時間労働法成立		1847 《朝鮮》仏軍艦, 前年書簡の回答を求め来航	
1848 パリの民衆デモ, 2月革命, 第2共和制成立‖ウィーン3月革命‖フランクフルトで国民議会開催‖イタリア諸邦に自由主義的憲法発布‖マルクス=エンゲルス『共産党宣言』			1848 オランダ通詞本木昌造ら, 活版印刷機をオランダから購入
		1849 ポルトガル, マカオを占領‖フランス, 上海に租界開設	
1850 ドーヴァー・カレー間に海底ケーブル開通		1850-64 《清》太平天国の乱	
1851 第1回万国博覧会, ロンドンにて開催		1851 《清》ロシアとのイリ通商条約に調印‖《タイ》ラーマ4世, シャム国王に即位[近代化政策を推進]	1851 中浜万次郎ら, アメリカ船に送られ琉球に上陸
			1852 ロシア船, 下田に漂流民を送還
1853-56 クリミア戦争			1853 アメリカ東インド艦隊司令官ペリー, 軍艦4隻を率いて浦賀に来航‖ロシア使節極東艦隊司令長官プチャーチン, 軍艦4隻を率いて長崎に

年代	●アメリカ		
	●政治	●経済・社会	●文化・技術
	1854.5.カンザス・ネブラスカ法成立［カンザス、ネブラスカの2準州設置に際し、奴隷制の可否を住民が決定する原則を採用。これによりミズーリ協定は撤廃］∥7.共和党結成［旧自由土地党、ホイッグ党系反奴隷制勢力が支持基盤］	1854 中国人移民急増［大陸横断鉄道建設工事のため］	1854 スミス&ウエッソン、回転式連発拳銃で特許［駅馬車の護衛用に使われて広まる］∥ソロー『ウォールデン——森の生活』∥ニューヨーク児童病院開設
	1855 アメリカ党（ノーナッシング党）、反移民・反カトリックの綱領を採択し、6州で知事選出果たす	1855 ウェスタン・ユニオン電報会社設立	1855 ウォルト・ホイットマン『草の葉』∥ロングフェロー『ハイアワサの歌』∥
		1856 「流血のカンザス」事件［奴隷制廃止論者ジョン・ブラウンらが奴隷制擁護派を殺害］	1856 ドイツ系幼稚園、ウィスコンシン州で設立［フレーベルの教育思想をマルガレーテ・シュルツが導入］
	1857.3.ジェイムズ・ブキャナン、第15代大統領に就任∥3.最高裁ドレッド・スコット事件に判決［奴隷の法的地位をめぐって、ミズーリ協定を違憲と判断］	1857 経済恐慌［鉄道債権と不動産投機による］∥ミルウォーキーでドイツ系移民アドルファス・ブッシュ、ビール醸造業開始、アンハウザー、シュリッツ、ミラーらも含めビール産業拡大［50年代のドイツ系移民、アイルランド系を上回る］	1857 『アトランティック・マンスリー』誌創刊∥世界初のエレベーター設置（ニューヨーク）
	1858.5.ミネソタ、32番目の州に∥8.リンカン=ダグラス論争［イリノイ州選出上院議員の席を争い7回の公開討論会。リンカンは選挙に敗れるが、一躍全国的名声を得る］	1858 セントルイスとサンフランシスコ間に駅馬車と郵便事業開始∥ニューヨークでメイシー百貨店創業	1858 大西洋海底ケーブル敷設開始（1866年開通）∥ハミルトン・スミス、手動の回転式洗濯機発明
		1859.8.ペンシルヴェニアで油田発見［石油産業の始まり］∥10.ジョン・ブラウン、ヴァージニア州ハーパーズ・フェリーの連邦軍兵器庫を襲撃、奴隷蜂起をめざしたが鎮圧され、絞首刑に∥ニューヨークでA&P創業［チェーンストアの始まり］	1859 初の大学対抗野球試合∥初の大学対抗ヨットレース
1860	1860.12.サウスカロライナ州、連邦脱退を宣言	1860 国勢調査による人口3,140万人［20％が都市住民］∥ポニー・エクスプレス開設［ミズーリ州セントジョセフとカリフォルニア州サクラメント間を早馬で結ぶ郵便事業］	1860 ホーソーン『大理石の牧神』∥ウィンチェスター連発銃開発∥エリザベス・ピーボディー、初の英語を使用する幼稚園をボストンで設立
	1861.1.ミシシッピ、フロリダ、アラバマ、ジョージア、ルイジアナ、テキサスが連邦から脱退∥2.脱退した南部7州が南部連合を結成∥4.4.エイブラハム・リンカン、第16代大統領就任∥4.12.南軍によるサムター要塞攻撃、南北戦争始まる	1861 ニューヨークにセントラルパーク開園∥初めて所得税を課す	1861 ワシントン・サンフランシスコ間に電信開通∥リチャード・ガトリング、機関銃を発明∥ハリエット・ジェイコブズ『ある奴隷娘の生涯で起こった事件』∥マシュー・ブレイディ、南北戦争の写真撮影［68年に写真集出

● ヨーロッパ	● 中南米	● アジア	● 日本
1854 グリム兄弟の『ドイツ語辞典』刊行開始		1854 関税設置に英米仏が抗議し、上海が自由港となる	来航 1854 ペリー，軍艦7隻で再び神奈川沖に来る‖日米和親条約‖日英和親条約‖日露和親条約
1855 パリで万国博開催			1855 幕府，全蝦夷地を直轄とする‖日蘭和親条約
1856 パリ条約締結［クリミア戦争終結］‖ヘンリー・ベッセマー，転炉を用いたベッセマー法開発［大量生産製鉄の始まり］	1856 《ニカラグア》米人冒険家ウィリアム・ウォーカー，首都グラナダ攻略，大統領に就任 1856-60 メキシコ内戦	1856-60 アロー号戦争 1857 《インド》反英大反乱	1856 ハリス，アメリカ初代駐日総領事として下田に着任
		1858 《清》ロシアとアイグン条約‖英仏米露と天津条約‖《インド》ムガール帝国滅亡‖東インド会社廃止，英，インドを直接統治	1858 日米通商条約調印‖日蘭・日露・日英通商条約調印‖日仏修好通商条約調印
1859 ダーウィン『種の起原』			1859 神奈川，長崎，箱館の3港で貿易を開始‖米人宣教師ヘボン，米国に移住したオランダ人宣教師フルベッキら来日し，伝道・教育に着手
		1860 《清》英仏連合軍，北京進撃‖北京条約	1860 幕府軍艦咸臨丸，アメリカへ出航‖桜田門外の変

年代	●アメリカ 政治	経済・社会	文化・技術
	1861.4.-65.4.南北戦争 1861.4.5.ヴァージニア，アーカンソー，ノースカロライナ，テネシーが連邦を脱退 1862.3.ヴァージニア州ハンプトン・ローズ沖で南北両軍，初の装甲軍艦による海戦で引き分け‖5.ホームステッド法（自営農地法）成立‖6.ロバート・リー将軍，南部連合北ヴァージニア軍団司令官に就任，智略で北軍を苦しめる‖7.モリル法成立［農業中心の州立大学設置のために国有地払い下げ］‖8.ミネソタで第1次スー戦争	1862.2.連邦政府，（背が緑色の）グリーンバック紙幣発行［不換紙幣の大量流通により戦後のインフレ誘発］	版］‖ニューヨーク州にヴァッサー女子大学創立
	1863.1.1.奴隷解放宣言‖3.北部に徴兵令施行‖6.ウェストヴァージニア，35番目の州に［61年にヴァージニア州から分立］‖7.ゲティスバーグの戦い［3日間で死傷者4万6,000人］，南軍撤退	1863 ニューヨークで徴兵反対の大暴動［富裕層の兵役免除に抗議するアイルランド系が中心。他の都市にも拡大］‖初の旅行保険会社，コネティカット州ハートフォードで創業	1863 エイブラハム・リンカン「ゲティスバーグ演説」‖アメリカ科学アカデミー設立
	1864.3.ユリシーズ・グラント将軍，合衆国軍総司令官に就任‖10.ネヴァダ，36番目の州に‖11.コロラド義勇軍，サンド・クリークでインディアン虐殺		1864 ジョージ・プルマン，改良型寝台車「パイオニア」を考案［翌年，リンカンの葬送列車として使用］
	1865.2.リー将軍，南部連合総司令官に就任‖4.リー将軍降伏，南北戦争終結‖4.14.リンカン暗殺［観劇中に俳優ジョン・ブースに狙撃され，翌日死去］‖4.15.アンドルー・ジョンソン，第17代大統領就任‖12.憲法修正第13条成立［奴隷制廃止］	1865 テキサス牛のロング・ドライブ始まる［中西部の鉄道駅まで長距離の牛追い。カウボーイの全盛期迎える］‖オハイオで初の鉄道強盗	1865 ソロー『ケープ岬』‖『ネイション』誌創刊‖マサチューセッツ工科大学(MIT)創立
	1866.4.公民（市民）法制定［解放奴隷の人権と財産権保障］	1866.5.白人至上主義集団クー・クラックス・クラン（KKK）結成［テネシー州プラスキ］‖南部でシェア・クロッピング制度始まる［解放黒人を対象とした分益小作制度］‖各地でコレラ流行	1866 米国初の冷蔵貨車開発‖ニューヨークの病院で初の人工授精に成功‖ボストンで米国初のYWCA設立‖大西洋海底ケーブル開通
	1867.3.ネブラスカ，37番目の州に‖3.南部再建法制定‖10.ロシアよりアラスカ購入	1867 グレンジャー運動始まる［農民による協同組合活動。鉄道，倉庫会社の規制を要求］	1867 ホレイショ・アルジャーの立身出世物語第1作『おんぼろディック』‖初の高架鉄道，ニューヨークで開通‖初の黒人高等教育機関ハワード大学創立
	1868.7.憲法修正第14条発効［黒人に市民的権利を保障］‖3-5ジョンソン大統領弾劾裁判にかけられるが無罪確定	1868 連邦法で公務員の8時間労働を制定	1868 クリストファー・ショールズ，タイプライターを発明‖ルイザ・メイ・オルコット『若草物語』‖アイススケート，自転車流行
	1869.3.ユリシーズ・グラント，第18代大統領就任‖12.ワイオミング準州，最初の女性参政権制定	1869.5.大陸横断鉄道完成‖5.全米婦人参政権協会がニューヨークで設立‖9.ウォール街で経済	1869 地質学者ジョン・ウェズリー・パウエル，グランドキャニオン探検‖アメリカ哲

●ヨーロッパ	●中南米	●アジア	●日本
	1862 《メキシコ》プエブラの戦い［メキシコ征服をもくろむフランス軍をメキシコ軍が撃退。「シンコ・デ・マイヨ」祝祭日の発端となる］		
			1863 長州藩,下関で米・仏・蘭艦を砲撃‖薩英戦争
1864 ロンドンで第一インターナショナル結成／国際赤十字条約,国際赤十字委員会発足	1864 パラグアイ戦争 1864-67 メキシコ帝制	1864 《清》太平天国指導者の洪秀全死亡‖清軍,南京を占領。太平天国崩壊	1864 新島襄,アメリカに密出国
1865 パリに百貨店プランタン開店‖メンデル,遺伝の法則を発見	1865 ドミニカ共和国独立	1865 《朝鮮》景福宮再建開始‖このころから民謡「アリラン」が景福宮再建のため朝鮮全道からかり出された労働者たちの間で歌われ始める	
1866 大西洋海底ケーブル開通［通信革命のはじまり］		1866 米船シャーマン号が平壌を攻撃,これに怒った軍民が蜂起,シャーマン号を焼き払う	1866 福沢諭吉『西洋事情』
1867 マルクス『資本論』第1巻刊行	1867 メキシコ共和制に復帰		1867 大政奉還,王政復古
			1868 明治維新
1869 スエズ運河開通‖トルストイ『戦争と平和』			1869 東京遷都‖蝦夷地を北海道と改称‖大学校設立

年代	●アメリカ 政治	●経済・社会	●文化・技術
		恐慌‖12.労働騎士団がフィラデルフィアで結成	学協会，ハーバート・スペンサーを名誉会員に推挙［社会進化論が時代思潮に］‖初のプロ野球団シンシナティ・レッドストッキングズ結団‖初の大学対抗アメリカン・フットボール試合
1870	1870.3.憲法修正第15条発効［黒人に選挙権］‖6.司法省創設	1870 国勢調査による人口3,980万人［うち解放奴隷490万，1860年代の移民230万］‖ジョン・D.ロックフェラー，スタンダード石油会社設立	1870 エドワード・ドスメット，アスファルト舗装開発［近代道路建設の始まり］‖ハーヴァードとイェール大学で米国初の大学院制度
	1871.3.公務員制度改革のため公務員委員会発足	1871.10.ツィード汚職事件［ニューヨーク市政を牛耳ったウィリアム・ツィード一味，失脚］‖10.シカゴ大火で300人死亡。以後，中心部で木造建築禁止	1871 P.T.バーナム，サーカス「地上最大のショー」を旗揚げ‖全米ライフル協会設立［南北戦争通じた銃への関心反映］‖ホイットマン「民主主義の展望」
	1872.5.南部旧指導者に対する大赦令	1872.9.クレディ・モビリエ事件［ユニオン・パシフィック鉄道建設をめぐる議員買収事件が露見］‖イエローストーン，初の国立公園に指定‖シカゴでモンゴメリー・ウォード創業［通信販売業の始まり］	1872 ワルツ王ヨハン・シュトラウス，ボストンでコンサート［普仏戦争終結祝賀行事のため渡米］‖初のスキークラブ，ニューハンプシャー州で誕生
	1873.2.貨幣鋳造法制定［金本位制を採用し，銀貨鋳造停止］	1873.9.経済恐慌起こる‖ヴァンダービルトの鉄道網，ニューヨークからシカゴまで支配［企業合同進む］‖人口2万以上の市町村に無料郵便配達実施	1873 マーク・トウェインとチャールズ・ダドレー・ウォーナー「金めっき時代」‖ケーブルカー，サンフランシスコで開通‖初の路面電車，ニューヨークで開通
	1874.11.グリーンバック党結成［農民の負債解消のためインフレ政策要求］	1874 女性キリスト教禁酒同盟，クリーヴランドで結成	1874 ジョゼフ・グリッデン，有刺鉄線発明［牧畜業の大規模化とカウボーイ時代の終焉］‖成人教育のためのショトーカ組織設立‖ルイス・コンフォート・ティファニー，創作ガラス工房開く
	1875.1.ハワイと互恵通商条約を締結		1875 アンドルー・カーネギー，ベッセマー法による最新式製鋼工場をピッツバーグに建設
	1876.6.第2次スー戦争［カスター将軍率いる騎兵隊をシッティング・ブル，クレージー・ホース率いるスー・シャイアン連合軍がリトル・ビッグホーンで殲滅］‖8.コロラド，38番目の州に	1876 フィラデルフィア万国博［独立百年記念。入場者数1,000万人］	1876 グラハム・ベル，磁石式電話機を発明‖トウェイン「トム・ソーヤの冒険」‖ジョンズ・ホプキンズ大学創立［大学院教育推進］‖野球のナショナル・リーグ結成‖ヘンリー・ハインツ，瓶詰ケチャップを発売［食品のパッケージ化進む］
	1877.3.ラザフォード・ヘイズ，第19代大統領就任‖4.南部から連邦軍引き揚げ完了［再建法に基づ	1877.7.ボルティモア・オハイオ鉄道スト，全国規模へと拡大‖ジョン・ワナメーカー，フィラ	1877 トマス・エジソン，蓄音機を発明‖ヘンリー・ジェイムズ『アメリカ人』‖「ワ

●ヨーロッパ	●中南米	●アジア	●日本
1870 《英》教育法成立 1870-71 普仏戦争			
1871 《独》ドイツ帝国成立‖《英》労働組合法制定‖《仏》パリ・コミューン成立		1871 《清》上海・香港間海底ケーブル開通［欧米各国と電信連絡］	1871 岩倉使節団，米欧へ出発‖津田梅子らアメリカ留学
		1872 《清》政府派遣第一次留学生30人，米国に向け上海を出発	1872 品川・横浜間で鉄道仮開業‖官営富岡製糸場が操業開始
1873 三帝同盟（独・露・オーストリア）‖ウィーン万国博			1873 徴兵令布告‖第一国立銀行設立
		1874 《ベトナム》第2次サイゴン条約［ベトナム，仏の保護国になる］	
1875 《英》スエズ運河株式会社を買収		1875 《朝鮮》江華島事件［日本軍艦雲揚号，江華島を攻撃］	1875 東京気象台設立
1876 ヨハン・シュトラウス『美しく青きドナウ』作曲		1876 《朝鮮》日朝修好条規‖朝鮮開国。釜山・仁川・元山開港	1876 札幌農学校開校［教頭に米国人ウィリアム・クラーク招聘］
1877 《英》ヴィクトリア女王，インド皇帝を宣言		1877 《清》機械工業技術習得のため，英仏に30人の留学生を派遣	1877 西南戦争‖モース，大森貝塚を発見

年代	●アメリカ		
	●政治	●経済・社会	●文化・技術
	〈軍政の終了〉‖10.ジョゼフ族長率いるネズ・パース族，2500キロの逃避行の末，保留地に収容 1878.2.グリーンバック労働党結成［銀貨鋳造要求］‖2.ブランド＝アリソン法制定［政府による銀購入を義務づける］	デルフィアでデパート開業‖カリフォルニアで中国人排斥運動 1878 米国南部で黄熱病大流行し，14,000人死亡	シントン・ポスト』紙創刊 1878 チャールズ・パース，プラグマティズムを提唱‖エドワード・マイブリッジ，活動写真発明‖インディアン児童を対象とした寄宿学校設立［同化政策の一環］‖南北戦争で中断したショーボート復活し，ボードビル演芸隆盛
	1879.1.グリーンバック紙幣の正貨兌換開始‖5.カリフォルニア州，憲法で中国人雇用禁止	1879 フランク・ウールワース，「5セント10セント・ストア」開業［チェーンストア普及］	1879 エジソン，白熱電球を発明‖ヘンリー・ジェイムズ『デイジー・ミラー』
1880	1880.4.農民同盟結成‖初の禁酒法，カンザス州で成立	1880 国勢調査に基づく人口5,010万人。うち移民280万。公教育拡大で文盲率17％に低下‖セントルイス・ニューオーリンズ間の鉄道完成［これにより，牛のロングドライブ終焉。鉄道建設の最盛期］‖米国初の救世軍，フィラデルフィアで結成	1880 ヘンリー・アダムズ『デモクラシー』‖ルイス・ウォレス『ベン・ハー』［200万部の大ヒット］‖カーネギー，公共図書館設立運動開始‖ニューヨークにメトロポリタン美術館開館
	1881.3.ジェイムズ・ガーフィールド，第20代大統領に就任‖7.ガーフィールド大統領暗殺‖9.チェスター・アーサー，第21代大統領に就任‖11.国務長官ジェイムズ・ブレーン，汎米会議を提唱	1881.11.アメリカ・カナダ組織産業労働総同盟結成‖クララ・バートン，赤十字アメリカ支部設立‖西部の無法者ビリー・ザ・キッド，殺される 1881-83 気象学者アドルファス・グリーリーによる北極遠征	1881 ボストン交響楽団設立‖ブッカー・T.ワシントン，アラバマ州タスキーギに黒人職業訓練学校創設‖ジョエル・C.ハリス『アンクル・リーマス』［黒人英語を使った南部民話］‖ヘレン・ハント・ジャクソン『恥ずべき一世紀』でインディアン虐待描く
	1882.5.中国人移民禁止法（10年期限）‖8.犯罪者，浮浪者，精神障害者の入国禁止法	1882.1.ロックフェラー，スタンダード石油トラストを組織［石油の90％を支配］‖西部の無法者ジェシー・ジェイムズ，殺される	1882 初の「レイバー・デー」で労働者がニューヨークで大パレード‖ボクシング人気高まる‖エジソンによる送電開始（ニューヨーク）
	1883.1.ペンドルトン法制定［連邦公務員の資格任用制と政治的中立を規定］	1883 国内に4つの標準時間帯設定‖ジョゼフ・ピューリツァー，ニューヨーク『ワールド』紙買収‖ブルックリン橋完成	1883 ハイラム・マキシム，自動機関銃を発明‖『レディズ・ホーム・ジャーナル』誌創刊‖ニューヨークにメトロポリタン・オペラハウス開設‖バッファロー・ビルの「ワイルド・ウェスト・ショー」旗揚げ
	1884.6.内務省内に労働局設置	1884 ニューオーリンズ万国博［工業化と「新しい南部」がテーマ］	1884 トウェイン『ハックルベリー・フィンの冒険』‖ルイス・ウォーターマン，万年筆発明‖ジョージ・イーストマン，写真用フィルム実用化
	1885.3.グローヴァー・クリーヴランド，第22代大統領就任	1885 ワシントン記念塔完成‖シカゴでホーム・インシュラン	1885 ウィリアム・ディーン・ハウエルズ『サイラス・

● ヨーロッパ	● 中南米	● アジア	● 日本
1878 三帝同盟崩壊			
1879 《英》アイルランド土地同盟結成‖イプセン『人形の家』上演‖ファーブル『昆虫記』第1巻発行‖ジーメンス，電車を発明	1879-83 太平洋戦争［チリとペルー・ボリビア同盟が硝石採掘をめぐって戦う］	1879 《清》第1次イリ条約	
1880 《英》初等教育の義務化‖《イタリア》米への移民増加		1880 《清》清独・清米条約成立‖李鴻章，海軍創設	
1881 第2次アイルランド土地法制定‖三帝同盟復活‖パストゥール，狂犬病菌を発見		1881 《清》第2次イリ条約	
1882 三国同盟（独・オーストリア・イタリア）‖コッホ，結核菌を発見		1882 《朝鮮》朝米修好条規‖日朝間に済物浦条約	
1883 コッホ，コレラ菌発見‖オリエント急行営業開始			1883 鹿鳴館開館
	1884 《チリ》バルパライ条約［太平洋戦争終結］	1884 《朝鮮》朝露修好条規 1884-85 清仏戦争	
1885 ダイムラー，ガソリン機関発明		1885 《清》日清天津条約調印‖仏と天津講和	

年代	●アメリカ		
	◎政治	◎経済・社会	◎文化・技術
		ス・ビル完成［摩天楼の始まり］‖東欧・南欧からの「新移民」急増	ラバムの向上」‖スタンフォード大学創立
	1886.9.アパッチ族の戦士ジェロニモの降伏でインディアンの抵抗戦争終焉	1886.5.ヘイマーケット事件［シカゴで労働者と警官隊が衝突し、死傷者多数。メーデーの発端となる］‖10.フランスより贈られた「自由の女神」像落成‖12.アメリカ労働総同盟（AFL）結成	1886 フランシス・バーネット『小公子』‖カリフォルニア州パサデナでローズ・パレード始まる‖アトランタの薬剤師ジョン・ペンバートン、コカ・コーラ創製‖チャールズ・マーティン・ホール、アルミニウムの電解製造法開発
	1887.1.ハワイ王国から真珠湾の使用権を獲得‖2.鉄道運賃規制のための州際通商法制定‖2.ドーズ法制定［インディアンの自営農地法］	1887 人口1万以上の市町村に無料郵便配達実施	1887 初のトロリー電車、ヴァージニア州リッチモンドで開通‖メルヴィル・デューイ、ニューヨーク州オルバニーに州立図書館学校設立
	1888 労働省創設	1888.3.東部沿岸地方で暴風雨［400名死亡。交通・通信麻痺し、電線の地中化促す］‖ニューヨーク州で死刑囚に電気処刑導入	1888 イーストマン、最初のコダック・カメラを発明‖未熟児用の保育器実用化‖『ナショナル・ジオグラフィック』誌創刊‖エドワード・ベラミ『振り返れば』‖海兵軍楽隊長ジョン・フィリップ・スーザ、「忠誠行進曲」作曲［音楽にもナショナリズムの気運］
	1889.2.農務省創設‖3.ベンジャミン・ハリソン、第23代大統領就任‖10.第1回汎米会議、ワシントンで開催‖11.ノースダコタ、サウスダコタ、モンタナ、ワシントン、39〜42番目の州に	1889 オクラホマ、白人入植者に開放‖ジェイン・アダムズ、シカゴに米国初のセツルメント「ハル・ハウス」設立	1889 カーネギー『富の福音』‖『ウォールストリート・ジャーナル』紙創刊
1890	1890.7.シャーマン反トラスト法制定‖10.マッキンリー関税法制定［関税率49.5%］‖12.サウスダコタ州のインディアン居留地ウーンデッドニーで米軍によるスー族虐殺	1890 国勢調査に基づく人口6,290万［フロンティア・ラインの消滅宣言］‖セコイア国立公園、ヨセミテ国立公園設置	1890 ウィリアム・ジェイムズ『心理学原理』‖エミリー・ディキンソン『詩集』‖ニューヨーク『ワールド』紙の女性記者ネリー・ブライ、72日間世界一周達成
	1891.3.森林保護法成立‖3.巡回控訴裁判所設置‖5.人民党、シンシナティで設立大会	1891 アメリカン・エキスプレス、トラベラーズチェック発行	1891 メルヴィル『ビリー・バッド』（1924出版）‖ロックフェラーの寄付金でシカゴ大学創立‖カーネギー・ホール落成［チャイコフスキー指揮］‖ジェイムズ・ネイスミス、バスケットボール創案‖ボストンで初のマラソン大会
	1892.1.ニューヨーク港にエリス島移民入国所設置‖2.人民党、セントルイスで正式に結成‖5.中国人移民禁止法、10年更新	1892.7.カーネギー製鋼会社のホームステッド工場で長期スト‖環境保護団体シエラ・クラブ設立［会長ジョン・ミューア］‖イーストマン・コダック社設立‖ゼネラル・エレクトリック社設立	1892 エジソン、動画用スタジオ「ブラック・マリア」を設立‖「国旗への忠誠宣言」の文言、『ユース・コンパニオン』誌に掲載‖ドボルザーク、ニューヨークのナショナル音楽院長として渡米
	1893.1.ハワイ王国で米国人住民によるクーデター、リリウオカラニ	1893.5.禁酒同盟結成‖ユージン・デブス、アメリカ鉄道組合	1893 ヘンリー・フォード、自動車製作‖エジソン、活動

●ヨーロッパ	●中南米	●アジア	●日本
		条約‖《インド》国民会議第1回年次大会開催	
1886 万国著作権協定成立		1886 《朝鮮》仏と修好通商条規	1886 北海道庁設置
1887 《英》炭坑法成立［少年労働の禁止］‖ザメンホフ，エスペラント考案		1887 《清》マカオをポルトガルに割譲‖ポルトガルと修好通商条約‖仏領インドシナ連邦成立	
1888 ダンロップ，空気入りタイヤを発明		1888 《清》ロシアと通商条約	1888 メキシコと通商条約
1889 パリにエッフェル塔建設‖ダイムラー，自動車発明	1889 《ブラジル》帝制から共和国に移行		1889 大日本帝国憲法発布‖東海道本線全通
1890 ヨーロッパ各地で第1回メーデー開催［8時間労働を要求］			1890 第1回衆議院議員総選挙‖第1回帝国議会招集‖北里柴三郎，破傷風血清療法を発見‖ラフカディオ・ハーン，米国より来日
1891 《ロシア》シベリア鉄道建設開始			
	1892 《キューバ》ホセ・マルティ，キューバ革命党結成		
1893 ディーゼル，内燃機関発明			

年代	●アメリカ		
	●政治	●経済・社会	●文化・技術
	女王退位‖3.クリーヴランド，第24代大統領就任‖11.コロラド州，女性に参政権	を結成‖シカゴ万国博[コロンブス上陸400年記念。入場者2,700万人]‖シアーズ・ローバック社設立[通信販売事業拡大]	写真を発明‖フレデリック・ジャクソン・ターナー「アメリカ史におけるフロンティアの意義」を発表‖スティーヴン・クレイン『街の女マギー』‖キャサリン・リー・ベイツ，愛国歌「アメリカ・ザ・ビューティフル」作詞‖ドボルザーク，交響曲「新世界より」をカーネギー・ホールで初演
	1894.7.ハワイ共和国成立‖8.移民局創設	1894.3-5 ジェイコブ・コクシー，失業者を率いてオハイオからワシントンへ行進[[コクシーの軍隊]，政府に雇用要求]‖6-7.デブスの指導下，プルマン鉄道スト勃発し，鎮圧のため連邦軍出動[未曾有の労使対決]	1894 ボストン保健委員会，学童の身体検査実施‖ミルトン・ハーシー，板チョコ創製
		1895 フレデリック・テイラー，労働の科学的管理を提唱‖ハースト，ニューヨーク『ジャーナル』紙買収‖黒人医師，ナショナル医学会設立	1895 クレイン『赤い武勲章』‖ニューヨーク公共図書館設立‖ゴルフ全米オープン始まる‖ペンシルヴェニア州で初のプロフットボール試合
	1896.1.ユタ，45番目の州に‖5.最高裁，プレッシー対ファーガソン事件判決[[分離すれども平等]を原則とする人種差別を合法化]	1896.8.アラスカで金鉱発見‖地方無料郵便配達制度（RFD）始まる[全米に郵便網拡大]‖アテネの第1回近代オリンピック大会で初の金メダルを米国人選手が獲得（ジェイムズ・コナリー，三段跳び）	1896 エジソン，蛍光燈を発明‖ニューヨーク『ワールド』紙に連載漫画「イエロー・キッド」登場‖カリフォルニア州サンタバーバラ沖で海底油田掘削
	1897.2.クリーヴランド，移民の識字テスト立法化に拒否権発動‖3.ウィリアム・マッキンリー，第25代大統領就任‖7.ディングリー関税法制定[関税率，過去最高の57%]	1897 ペンシルヴェニア，オハイオ，ウェストヴァージニアで炭鉱スト	1897 米国初の地下鉄，ボストンで開通‖ジョン・ルーサー・ロング『蝶々夫人』‖キャンベルの缶スープ発売
	1898.4.米西戦争‖7.ハワイ併合，海軍基地パールハーバー建設‖12.パリ条約[米西戦争終結。プエルトリコ，フィリピン，グアムを獲得，キューバを放棄]米国，世界強国に‖デブス，社会民主党結成	1898.5.ルイジアナ州，識字テストや「祖父条項」により黒人の選挙権剝奪	
	1899.2.フィリピンでアギナルドの反乱[米軍によって民族解放勢力の大虐殺が行われる]‖9.国務長官ジョン・ヘイ，中国の門戸開放宣言		1899 ケイト・ショパン『目覚め』‖フランク・ノリス『マクティーグ』‖ソースタイン・ヴェブレン『有閑階級の理論』‖ピアニスト・作曲家スコット・ジョプリンの活躍でラグタイム流行
1900	1900 通貨法成立[金本位制採用]	1900 国勢調査による人口7,600万人[うち1890年代の移民360万]‖9.テキサス州ガルヴェストンで竜巻・津波によ	1900 シオドア・ドライサー『シスター・キャリー』‖フランク・ボーム『オズの魔法使い』‖野球のアメリカン・

● ヨーロッパ	● 中南米	● アジア	● 日本
1894 《英》8時間労働制成立‖《仏》ドレフュス事件‖マルクス『資本論』完成		1894 孫文，ハワイで興中会組織‖《朝鮮》東学党の乱（甲午農民戦争） 1894-95 日清戦争	1894-95 日清戦争
1895 マルコーニ，無線電信発明‖レントゲン，X線発見 1896 アテネで第1回近代オリンピック大会開催	1895 《キューバ》反スペイン反乱起こる［アメリカも干渉］	1895 《清》興中会，広東で挙兵し失敗‖孫文，日本へ亡命‖《朝鮮》乙未の変（閔妃暗殺事件） 1896 《清》日本に初の官費留学生13人派遣	1895 日清講和条約（下関条約）調印‖三国干渉［露独仏，遼東半島還付を要求］
1897 《英》労働者保護法成立‖スイスのバーゼルで第1回シオニスト会議開催		1897 《韓国》国号を大韓帝国とし，国王を皇帝と改称‖《清》上海に初の外資紡績工場設立	1897 八幡製鉄所設立‖金本位制採用‖日本初の労働組合設立
1898 キュリー夫妻，ラジウム発見‖《仏》ゾラ，ドレフュス擁護の公開状「われ糾弾す」発表		1898 アギナルド，フィリピン独立宣言‖米西戦争の結果，フィリピン，グアム米国領となる	1898 志賀潔，赤痢菌発見
	1899 キューバ独立	1899 米が清に対し門戸開放通牒 1899-1901 《フィリピン》アギナルドの対米戦争	1899 治外法権撤廃
1900 フロイト『夢判断』		1900.6.《清》義和団事件［自国の居留民保護のため，日本を含む8カ国連合軍出兵］／孫文	

年代	●アメリカ		
	●政治	●経済・社会	●文化・技術
		り8,000人死亡‖国際婦人服飾労働者組合，ニューヨークで結成	リーグ結成 1900頃　アシュキャン・スクールの美術家活躍
	1901.9.マッキンリー大統領暗殺，セオドア・ローズヴェルト，第26代大統領就任[革新主義政治の始まり(-1917頃)]‖10.第2回パンアメリカ会議開催‖アメリカ社会党結成‖ローズヴェルト，天然資源保護法発表	1901　J.P.モーガン，U.S.スティール社設立‖商務省内に国立標準局設置‖テキサス州北東部で石油発見	1901　ロックフェラー医学研究所設立‖キング・ジレット，替え刃式安全かみそり考案‖フランク・ノリス『オクトパス』[マックレイカーによる腐敗告発始まる]
	1902.4.無期限の中国人移民禁止法成立	1902　ペンシルヴェニアで炭鉱スト	1902　オーウェン・ウィスター『ヴァージニア人』[西部劇小説の元祖]
	1903.11.パナマ運河地帯を永久租借	1903　ヘンリー・フォード，フォード自動車会社設立	1903　ライト兄弟，飛行に初めて成功‖太平洋海底ケーブル開通‖W.E.B.デュボイス『黒人のたましい』‖ジャック・ロンドン『野性の呼び声』‖テディ・ベア登場[ローズヴェルト大統領の愛称に因む]‖プロ野球大リーグの第1回ワールドシリーズ開催
	1904.12.ローズヴェルト，モンロー主義に基づいたラテンアメリカへの干渉の権利を主張	1904　北部証券会社に対してシャーマン反トラスト法違反の判決‖5.パナマ運河建設開始(-1914.8)‖セントルイス万国博の一環として米国初のオリンピック開催	1904　ニューヨークに地下鉄開通
1905	1905　ローズヴェルト，日露戦争講和締結の調停	1905.6.世界産業労働組合(IWW)発足‖初のライオンズ・クラブ，シカゴで設立	1905　アルフレッド・スティーグリッツ，ギャラリー291をニューヨークに設立[写真芸術の独自性追求]‖劇映画の先駆『大列車強盗』
	1906.6.食品衛生・薬剤法，食肉検査法制定[米西戦争の食肉衛生問題，シンクレアの小説での，あるシカゴ食肉加工工場の実態報告が契機]	1906.4.サンフランシスコ大地震[米史上最大級の地震，死者700名]‖10.サンフランシスコ市教育委員会，アジア人児童の分離を指示‖12.ローズヴェルト大統領，ノーベル平和賞受賞[日露戦争調停への貢献]	1906　リー・デフォレスト，初のラジオ放送‖アプトン・シンクレア『ジャングル』‖O.ヘンリー短編集『400万人』‖フランク・ロイド・ライト設計のユニティ・テンプル，シカゴに完成‖ケロッグのコーン・フレークス発売
	1907.11.オクラホマ，46番目の州に‖12.合衆国艦隊「グレート・ホワイト・フリート」世界周航[米の海軍力誇示，08年10月に日本寄航]‖禁酒法制定[ジョージア，オクラホマ，ミシシッピ，ノースカロライナ，テネシー，アラバマ]	1907　金融恐慌の開始‖年間移民数，過去最多128万5,000人を記録‖UP通信社設立	1907　アルバート・マイケルソン，米国初のノーベル物理学賞受賞‖ウィリアム・ジェイムズ『プラグマティズム』‖ヘンリー・アダムズ『ヘンリー・アダムズの教育』‖フロレンツ・ジーグフェルド，多彩なミュージカル上演開始
	1908.6.資源保護のため全米国土保全委員会発足‖司法省内に捜査局(35年よりFBI)設置	1908　日米紳士協定[日本人移民の制限]	1908　イズレイル・ザングウィル『るつぼ』上演‖メアリー・ベーカー・エディ，『クリスチャン・サイエンス・モ

● ヨーロッパ	● 中南米	● アジア	● 日本
		の挙兵失敗（恵川事件）	
1901 ノーベル賞制定		1901.9.《清》北京議定書（辛丑条約）‖《フィリピン》米軍，アギナルドを逮捕し反乱鎮圧	1901.9.義和団事件講和議定書調印‖八幡製鉄所操業開始‖与謝野晶子『みだれ髪』
			1902.1.日英同盟成立
	1903.2.《キューバ》アメリカ・キューバ協定締結［プラット修正条項（1901）に基づく。米による保護国化の始まり］‖11.《パナマ》コロンビアから独立し，共和国を宣言［米が後押し］		
1904.7.シベリア鉄道全線開通		1904.9.《韓国》第1次日韓協約締結	1904.2.-05.9.日露戦争 1904.9.第1次日韓協約締結
1905.1.《ロシア》「血の日曜日」事件［軍隊が皇帝請願労働者に発砲，第1次ロシア革命の始まり］‖アインシュタイン，特殊相対性理論を発表		1905.8.孫文，東京で中国同盟会結成‖11.《韓国》第2次日韓協約締結［日本，韓国を保護国とする］‖《清》科挙制度廃止	1905.9.ポーツマス講和条約調印‖11.第2次日韓協約締結
	1906.10.米，キューバを占領	1906.2.《韓国》日本，韓国総督府設置‖12.《インド》国民会議派カルカッタ大会‖12.全インド・ムスリム連盟結成	1906.11.南満州鉄道会社創立‖島崎藤村『破戒』
1907.8.英露協商		1907.6.《韓国》ハーグ密使事件‖7.第3次日韓協約締結	
1908.10.オーストリア=ハンガリー，ボスニア・ヘルツェゴヴィナ併合		1908 《清》対日ボイコット広がる	1908.2.日米紳士協定

年代	●アメリカ ●政治	●経済・社会	●文化・技術
			ニター』紙創刊
	1909.3.ウィリアム・ハワード・タフト，第27代大統領就任‖11.高平＝ルート協定成立	1909 フォード社，T型フォード大量生産開始‖全国黒人地位向上協会（NAACP）設立‖軍人探検家ロバート・ピアリー，世界初の北極点到達	1909 フロイト，ユング訪米［米国に精神分析が広まる］‖ガートルード・スタイン『三人の女』‖ライト，シカゴにロビー邸設計［中西部独自のプレーリー・ハウスの代表作］
1910	1910.8.ローズヴェルト，「ニューナショナリズム」提唱‖内務省内に鉱山局設置	1910 国勢調査による人口9,200万人［うち1900年代の移民870万。25歳以上で高校修了者は半数以下］‖郵便貯金制度確立‖ボーイスカウト，キャンプファイヤー・ガールズ発足	1910 ハレー彗星大接近［大パニック発生］‖電気洗濯機実用化‖ルイス・ハイン，写真通じて児童労働告発‖ジョン・ローマックス編纂『カウボーイ・ソングその他のフロンティア歌謡』
		1911 最高裁，スタンダード石油会社，反トラスト法違反と判決，解体を命令‖アメリカ・タバコ会社，反トラスト法違反により解体‖全国都市同盟（NUL）発足‖カーネギー財団設立	1911 人類学者フランツ・ボアズ『原始人の心』‖イーディス・ウォートン『イーサン・フロム』‖アーヴィング・バーリンの初ヒット曲「アレグザンダー・ラグタイム」‖フレデリック・テイラー『科学的管理法の原理』
	1912.1.ニューメキシコ，47番目の州に‖2.アリゾナ，48番目の州に‖6.ローズヴェルト，共和党を離脱，革新党結成（-1916）‖公衆衛生局設置	1912.4.タイタニック号沈没事件‖9.労働者に対する8時間労働法成立‖アメリカ社会党，全・地方選挙で善戦［社会主義運動最盛期］	1912 ジーン・ウェブスター『あしながおじさん』‖ユダヤ系作家メアリ・アンティン『約束の地』‖映画館動員数一日当り500万人
	1913.3.ウッドロー・ウィルソン，第28代大統領就任‖5.憲法修正第17条発効［上院議員直接選挙］	1913.2.憲法修正第16条発効［所得税の設置］‖5.カリフォルニア州で排日移民法制定［帰化不能外国人の農地所有禁止・借地権を3年に制限］‖10.アンダーウッド関税法により，税率引き下げ‖12.連邦準備銀行制度発足‖ロックフェラー財団設立‖キャス・ギルバート設計の60階建てウールワース・ビルがニューヨークに完成	1913 アーモリー・ショウ開催［ニューヨークで近代美術紹介］‖ギデオン・サンドバック，ジッパーを発明‖チャールズ・ビアード『合衆国憲法の経済的解釈』‖ランドルフ・ボーン『若さと人生』‖ウィラ・キャザー『おお，開拓者よ』‖マック・セネット監督，ドタバタ喜劇製作開始‖ニューヨークに代わりハリウッドが映画製作の中心地に
	1914.4.アメリカ海兵隊，メキシコのヴェラクルスを占領‖8.5.ウィルソン大統領，第1次世界大戦に中立宣言‖8.15.パナマ運河開通‖9.連邦取引委員会法成立	1914 南部黒人の北部工業都市への移住が盛んになる‖10.クレイトン反トラスト法制定‖女性参政権，11州に達する‖ヒューストンに初の内陸港湾完成	1914 エドガー・ライス・バローズ『ターザン』‖ガートルード・スタイン『やさしい釦』‖『ニューリパブリック』誌創刊‖『リトル・レヴュー』誌創刊‖ストコフスキー，フィラデルフィア交響楽団の指揮者に就任
1915	1915.9.ハイチを保護国とする	1915.5.ドイツ潜水艦，英国客船ルシタニア号を撃沈［米国人死亡者128名］‖11.KKK，ジョージア州で復活	1915 ニューヨーク－サンフランシスコ間に初の大陸間長距離電話開通‖デイヴィッド・W.グリフィス監督の長編映

●ヨーロッパ	●中南米	●アジア	●日本
	1909.1.コロンビア，パナマの独立を承認		1909.10.伊藤博文，ハルビンで暗殺される
	1910.11.-17.2.メキシコ革命	1910.8.《韓国》韓国併合に関する日韓条約調印	1910.5.大逆事件起こる，幸徳秋水逮捕‖8.韓国併合に関する日韓条約調印
	1911.6.《ニカラグア》米と協定締結［米，ニカラグア関税管理権を得る］	1911.10.《清》辛亥革命起こる	1911　第2次条約改正による関税自主権の回復‖西田幾多郎『善の研究』
1912　ウェゲナー，大陸移動説を発表		1912.1.中華民国成立［孫文，臨時大統領に就任，首都南京］‖2.宣統帝溥儀退位，清朝滅亡‖3.袁世凱，孫文の後任として臨時大統領就任 1913.7.《中国》第2次革命失敗［孫文ら日本に亡命］	
1914.7.-18.11.第1次世界大戦 1914.6.28.サラエボ事件‖7.28.オーストリア=ハンガリー，セルビアに宣戦布告，第1次世界大戦勃発	1914.8.15.パナマ運河開通	1914.7.孫文ら，東京で中華革命党を結成	1914.1.シーメンス事件‖8.ドイツに宣戦布告，第1次世界大戦に参戦
	1915.9.《ハイチ》米，ハイチを保護国にする	1915.1.《中国》日本より21ヵ条要求を突きつけられる‖5.袁世凱，21ヵ条要求をの	1915.1.中国に21ヵ条の要求

年代	●アメリカ		
	●政治	●経済・社会	●文化・技術
			画『国民の創生』
	1916.7.連邦農民金融法制定‖8.ヴァージン諸島購入‖9.連邦児童労働法制定‖11.ジャネット・ランキン，女性初の下院議員に当選‖内務省内に国立公園局設置‖禁酒法制定［ミシガン，モンタナ，ネブラスカ，サウスダコタ，ユタ州。禁酒州，全米で24州に］	1916 ルイス・ブランダイス，ユダヤ系初の最高裁判事に任命‖マーガレット・サンガー，米国初の産児制限相談所をニューヨークに設立［閉鎖命じられ，投獄］	1916 ジョン・デューイ『デモクラシーと教育』‖ノーマン・ロックウェル，『サタデー・イブニング・ポスト』誌の表紙イラスト開始［63年まで］‖初のゴルフ・トーナメント開催
	1917.1.ウィルソン，「勝利なき平和」演説‖2.ドイツと国交断絶‖2.全米女性党結成‖4.ドイツに宣戦布告‖5.選抜徴兵法成立‖ジョーンズ法により，プエルトリコが米国領に	1917 初のライオンズ・クラブ設立‖合衆国，債務国から債権国に	1917 ピューリツァー賞設立［新聞王ジョゼフ・ピューリツァーの遺言により］
	1918.1.ウィルソン，議会への教書として平和再建の構想「14ヵ条」を演説‖5.治安法成立‖7.米の欧州派遣軍100万人に達する‖8.シベリア出兵	1918.1.ウィルソンが拒否権を行使した移民への識字テストが，議会で可決‖7.社会党指導者ユージーン・デブス，反戦演説により10年の禁固刑‖12.最高裁，1916年の児童労働法を違憲と判断	1918 マーカス・ガーヴェイ，『ニグロ・ワールド』誌創刊［黒人の祖国をアフリカと主張し，黒人ナショナリスト運動推進］
	1919.1.パリ講和会議開催‖1.憲法修正第18条発効［禁酒法制定］‖6.ヴェルサイユ講和条約調印‖8.アメリカ共産党結成‖10.ワシントンで1回国際労働会議(ILO)開催‖11.上院，ヴェルサイユ条約を否決	1919 全国的に人種暴動が発生［シカゴでは白人15名，黒人23名が死亡，1,000名がホームレスに］‖コカ・コーラ社設立	1919 アメリカ初のタブロイド新聞『ニューヨーク・デイリー・ニューズ』創刊‖ジョン・リード『世界を震撼させた十日間』‖M.L.メンケン『アメリカの言語』‖シャーウッド・アンダソン『ワインズバーグ，オハイオ』‖ジャック・デンプシー，ボクシング・ヘビー級の世界チャンピオンに
1920	1920.2.上院，ヴェルサイユ条約留保付批准案を再度否決‖8.憲法修正第19条発効［女性参政権の成立］	1920 国勢調査による人口1億570万人［初めて都市人口が農村人口を上回る］‖1.レッドスケア［司法長官パーマーによる共産主義者大量逮捕］‖5.サッコとヴァンセッティ事件［反共・排外主義によるイタリア系無政府主義者の逮捕］‖12.カリフォルニア州で排日土地法強化［日本人の借地権禁止］‖大陸横断航空便配達開始	1920 商業ラジオ定期放送開始［ピッツバーグのラジオ局KDKA，大統領選開票速報］‖F.スコット・フィッツジェラルド『楽園のこちら側』［『失われた時代』の登場］‖シンクレア・ルイス『本町通り』‖児童文学者ヒュー・ロフティング『ドリトル先生の物語』‖ホワイトソックスの8選手が1919年ワールドシリーズでの八百長容疑で起訴
	1921.3.ウォレン・ハーディング，第29代大統領就任‖5.暫定移民制限法成立［1910年の国勢調査に基づく出身国別割当制導入］‖	1921 南部でKKKによる暴動広まる［白人至上主義の過激化］‖サンガー，アメリカ産児制限連盟をニューヨークに設	1921 ラジオ局WJZが初のワールド・シリーズ生中継‖アルバート・アインシュタイン，ニューヨークで相対性理

●ヨーロッパ	●中南米	●アジア	●日本
		む	
1916.4.《英》アイルランドでイースター蜂起‖アインシュタイン, 一般相対性理論を発表	1916.3.メキシコの革命家パンチョ・ビジャ, 米領土に侵入し米軍と交戦‖11.米, ドミニカを占領, 軍政をしく		1916　吉野作造, 民本主義を説く
1917.3.《ロシア》3月革命［ロマノフ訪朝滅亡］‖11.11月革命［レーニン, ソビエト政府樹立］	1917.2.《メキシコ》カランサ政権, 新憲法公布	1917.9.《中国》孫文, 広州で軍政府樹立, 大元帥に就任	1917.11.石井=ランシング協定
1918.2.《英》第4回選挙法改正［女性参政権成立］‖8.英, 米, 仏, 日, シベリア出兵‖10.《チェコスロヴァキア》独立を宣言‖11.《ポーランド》独立を宣言‖11.《独》ヴィルヘルム2世退位, ドイツ共和国宣言‖11.11.第1次世界大戦終結‖12.セルブ=クロアート=スロヴェーン（後のユーゴスラヴィア）独立を宣言		1918　《中国》南北軍閥の抗争開始	1918.8.-22.6.　シベリア出兵
1919.1.《アイルランド》国民議会創設, アイルランド自由国の独立宣言‖3.第3インターナショナル（コミンテルン）創立大会, モスクワで開催‖6.独, 連合軍とヴェルサイユ条約‖7.《独》ワイマール憲法制定		1919.3.《韓国》3.1独立運動［ソウル・パゴダ公園から示威運動, 独立宣言書発表］‖3.《インド》ガンディーの指導する非暴力不服従運動始まる‖5.《中国》5.4運動［北京で学生らによる反日デモ］‖10.中華革命党, 中国国民党と改称	1919.6.ヴェルサイユ条約調印
1920.1.国際連盟成立			1920.1.国際連盟正式加入‖5.日本初のメーデー, 上野公園で行われる‖第1回国勢調査施行
1921　《英》BBC発足［翌年からラジオ放送開始］		1921.7.中国共産党成立‖魯迅『阿Q正伝』	1921　メートル法採用

年代	●アメリカ		
	●政治	●経済・社会	●文化・技術
	11.ワシントン国際会議開催［海軍軍縮を討議］(-22.2.) ‖ 12.日米英仏の4ヵ国条約調印	立‖アメリカ映画製作者配給者協会（MPPDA）結成［公序良俗に基づくハリウッドの自主規制始まる］‖無政府主義者ニコラ・サッコとバルトロメオ・ヴァンゼッティに死刑判決	論に関する講義
	1922.2.ワシントン軍縮会議で9ヵ国条約調印‖9.フォードニー・マッカンバー関税法成立［農産品に高率の保護関税設定］	1922 首都ワシントンにリンカン記念堂完成	1922 『リーダーズ・ダイジェスト』誌創刊‖T.S.エリオット『荒地』‖エミリー・ポスト『エチケット』‖S.ルイス『バビット』‖ルドルフ・ヴァレンチノ主演『黙示録の四騎士』
			1922頃- アフリカ系アメリカ人の文芸活動が活発化［ハーレム・ルネサンス］‖ジャズ音楽が一般に流行［ジャズ・エイジ］
	1923.3.農業信用法成立‖8.ハーディング大統領死去‖8.カルヴィン・クーリッジ，第30代大統領就任	1923.12.ティーポット・ドーム汚職事件発覚［ワイオミング州の国有地にある油田をめぐる汚職事件］	1923 ジェイコブ・シック，電気髭剃り器発明‖黒人女性歌手ベシー・スミス，ミリオンセラーを達成‖『タイム』誌創刊‖デミル監督『十戒』‖『幌馬車』［初期西部劇映画の傑作］
	1924.5.1924年移民法［1890年の国勢調査に基づく出身国別割当制導入。東南欧移民許可数，大幅制限。日本人含むアジア系移民は全面禁止］‖J.エドガー・フーヴァー，FBIの前身司法省捜査局局長に任命される［以後，72年までFBI局長］	1924 米国生まれのインディアンに市民権付与‖MGM社設立‖コロンビア映画社設立	1924 ブルドーザー発明‖メンケンとジョージ・ネイサン，『アメリカン・マーキュリー』誌創刊‖ジョージ・ガーシュウィン『ラプソディ・イン・ブルー』‖アーネスト・ヘミングウェイ『われらの時代』
1925	1925.3.テネシー州で進化論教育禁止［他州でも同様の州法成立］‖5.フロリダ州下院，公立学校における聖書朗読を立法化	1925.6.スコープス対テネシー州事件判決［別名モンキー裁判。進化論を教えた教師ジョン・スコープスに有罪判決］‖ワイオミング州でネリー・ロスが米国初の女性知事に‖KKK幹部，殺人で有罪判決［以後，KKKの勢力衰退］‖フロリダで土地ブーム	1925 『ニューヨーカー』誌創刊‖ドライサー『アメリカの悲劇』‖フィッツジェラルド『偉大なるギャツビー』‖ブルース・バートン『誰も知らない男』［キリストを近代経営者として描く］‖チャーリー・チャップリン監督『黄金狂時代』
	1926.5.ニカラグアに海兵隊派遣‖7.パナマと条約調印‖陸軍航空隊設立	1926 陸軍航空部隊設置‖NBC社設立［ラジオ放送網拡大］‖グレーハウンド社設立［バス交通網拡大］	1926 初の大西洋横断無線電話開通‖ブック・オブ・ザ・マンス・クラブ設立‖ヘミングウェイ『日はまた昇る』
	1927.6-8.ジュネーヴで英米日3国軍縮会議	1927.5.チャールズ・リンドバーグ，単独で大西洋無着陸横断飛行‖サッコ，ヴァンゼッティ死刑執行‖CBS社設立‖フォード社，T型フォードを1,500万台生産を経て製造停止し，A型フォード発表‖GM，シボレー車の好調で米史上最高額の配当金記録	1927 初のトーキー映画『ジャズ・シンガー』‖テレビの実験放送開始‖ジェローム・カーン，オスカー・ハマースタイン二世『ショーボート』でミュージカルに新機軸‖ベーブ・ルース，シーズン本塁打60本の記録樹立

● ヨーロッパ	● 中南米	● アジア	● 日本
1922.1.アイルランド自由国成立‖2.ワシントン海軍軍縮条約			1922.2.ワシントン海軍軍縮条約調印，日英同盟廃棄
1923.1.-25.8.仏・ベルギー軍，ドイツの賠償不履行を理由にルール地方占領 1923.11.《独》ヒトラーのミュンヘン一揆失敗‖アンドレ・ブルトン「シュルレアリスム宣言」発表 1924.1.《ソ連》レーニン死去，スターリンが新指導者に		1924.1.《中国》第1次国共合作成立	1923.8.ライト設計による帝国ホテル完成‖9.関東大震災 1924　築地小劇場開場
1925.1.《伊》ムッソリーニ，議会で独裁を宣言‖1.《ソ連》スターリン権力掌握，トロツキー失脚‖10.ロカルノ条約仮調印［ヨーロッパ主要国による集団安全保障体制］‖バウハウス，デッサウに移転［バウハウス運動，盛んになる］		1925.3.《中国》孫文死去‖5.5.30事件‖7.広東国民政府成立	1925.1.東京放送局，ラジオ試験放送開始‖5.普通選挙法公布 1926　岩波文庫刊行開始［初の文庫本］
1927　ハイゼンベルク「不確定性原理」を提唱［量子力学を確立］		1927.4.《中国》蔣介石，上海クーデター［南京国民政府樹立］	

年代	●アメリカ		
	○政治	○経済・社会	○文化・技術
	1928.4.国務長官フランク・ケロッグ，不戦誓約の多国間条約を提案‖7.中国の関税自主権を承認‖8.ケロッグ=ブリアン協定（パリ不戦条約）締結	1928　クライスラー社とドッジ社合併［自動車業界史上最大の合併］‖ハリケーン被害のためフロリダ州で2,000名死亡	1928　ディズニーのトーキー映画『蒸気船ウィリー』にミッキー・マウス登場‖イーストマン，初の天然色映画を実験室で上映‖人類学者マーガレット・ミード『サモアの思春期』‖トスカニーニ，ニューヨーク交響楽団の指揮者に就任［-36年］
	1929.3.ハーバート・C.フーヴァー，第31代大統領就任‖6.農産物販売促進法成立	1929.2.聖ヴァレンタイン虐殺事件［シカゴでギャング7人が殺害される］‖10.24.「暗黒の木曜日」［ニューヨーク株式市場で株価大暴落，大恐慌始まる］‖11.軍人探検家リチャード・バード，世界初の南極点上空飛行	1929　ニューヨーク近代美術館（MoMA）開館‖ウィリアム・フォークナー『響きと怒り』‖ヘミングウェイ『武器よさらば』‖画家ジョージア・オキーフ，ニューメキシコで創作開始‖社会学者ロバート・リンド夫妻『ミドル・タウン』
1930	1930.6.スムート・ホーリー関税法制定［税率引下げ］‖7.独立行政機関として復員軍人庁設立	1930　国勢調査による人口1億2,280万人［平均寿命は61歳］‖9.フーヴァーダム着工‖12.合衆国銀行閉鎖‖ウィリアム・ヴァン・アレン設計クライスラー・ビル完成‖20年代の自動車普及によりアメリカ人の5人に1人が車を所有	1930　S.ルイス，ノーベル文学賞受賞‖原子物理学者アーネスト・ローレンス，初めてサイクロトロン建造‖クライド・トムボウ，冥王星発見‖ヴァーノン・パリントン『アメリカ思想の主流』‖ダシール・ハメット『マルタの鷹』‖『フォーチュン』誌創刊
	1931.2.退役軍人恩給法案，議会で成立‖6.フーヴァー，モラトリアム提案［戦債，賠償支払いの停止］	1931.4.スコッツボロ事件［アラバマ州で白人少女強姦容疑の黒人少年8名に死刑判決．共産党中心の救済運動により35年に最高裁再審で無罪］‖10.脱税により，シカゴ・ギャングのボス，アル・カポネに懲役11年の判決‖エライジャ・ムハマド，「ブラック・ムスリム」をシカゴで結成‖12.ワシントンで失業者による飢餓行進‖失業者，800万人を超える‖ニューヨークでエンパイア・ステート・ビル，ジョージ・ワシントン橋完成	1931　ジェイン・アダムズ，ノーベル平和賞受賞‖ジョージ・サンタヤナ『お上品な伝統の窮地』‖エドマンド・ウィルソン『アクセルの城』‖パール・バック『大地』‖チャップリン『街の灯』
	1932.1.スティムソン・ドクトリン宣言‖2.グラス=スティーガル法成立［銀行の証券引受業務と株式の売買を禁止］‖3.ノリス・ラガーディア法成立［組合労働者の権利を保護］‖7.救済建設法成立［連邦資金を州の公共事業へ貸付］	1932.2.政府出資の復興金融公社設立‖3.リンドバーグの息子誘拐殺害事件‖5.アメリア・エアハート，女性初の大西洋横断単独飛行‖7.軍人恩給の即時支給を求める退役軍人（ボーナス・アーミー）がワシントンに集結［鎮圧のためダグラス・マッカーサー率いる連邦軍出動］‖8.ロサンゼルス・オリンピック開催‖米国初の冬季オリンピック，レーク・プラシッドで開催	1932　MoMAで「モダン・アーキテクチャー展」開催‖アースキン・コールドウェル『タバコ・ロード』‖ラインホルド・ニーバー『道徳的人間と非道徳的社会』‖ローラ・インガルス・ワイルダー『大きな森の小さな家』‖フロンティア生活の回想的小説シリーズ連作開始‖グレタ・ガルボ主演『グランド・ホテル』‖マレーネ・ディートリ

●ヨーロッパ	●中南米	●アジア	●日本
1928 フレミング，ペニシリンを発見	1928.1.ハバナで第6回パンアメリカ会議開催［米の干渉政策に対する批判高まる］		1928.5.第2次山東出兵‖5.日本軍，国民政府軍と衝突（済南事件）‖6.張作霖，関東軍の謀略で爆殺される‖野口英世，黄熱病研究中にアフリカで客死
1929 飛行船ツェッペリン号，世界一周		1929.11.《韓国》光州抗日学生運動起こる‖12.《中国》国共内戦開始	
1930.4.ロンドン海軍軍縮会議	1930.7.第1回サッカー・ワールドカップ，ウルグアイで開催	1930 《インド》ガンディーが指導する完全独立，不服従運動激化	1930.4.ロンドン海軍軍縮条約
1931.4.《スペイン》スペイン革命［ブルボン朝倒れ，共和制樹立］‖5.《オーストリア》中央銀行破産，欧州に経済恐慌広がる‖12.《英》イギリス連邦成立		1931.9.《中国》満州事変勃発‖11.中華ソビエト共和国臨時政府，瑞金に成立	1931.9.満州事変
1932.7.《独》総選挙でナチス第一党に	1932.6.-35.6.チャコ戦争［ボリビア・パラグアイ間の国境紛争から戦争に］	1932.1.《中国》上海事変‖3.満州国建国宣言‖6.《タイ》立憲君主制に‖10.リットン調査団，報告書を発表	1932.1.上海事変‖3.満州国建国宣言‖5.5.15事件［犬養毅首相射殺される］

年代	●アメリカ		
	●政治	●経済・社会	●文化・技術
			ッヒ主演「上海特急」
	1933.3.フランクリン・デラノ・ローズヴェルト,第32代大統領就任‖3.100日議会,ニューディール諸立法制定‖5.連邦緊急救済法,農業調整法(AAA)成立,テネシー峡谷開発公社法(TVA)成立‖6.全国産業復興法(NIRA),個人の銀行預金を保証するグラス・スティーガル法成立,公共事業局設置,農業信用貸付法成立‖11.ソ連を承認‖12.憲法修正20条により,禁酒法(修正18条)廃止‖12.モンテビデオで第7回汎米会議[ハル米国務長官が内政干渉権否認を表明]	1933 3.ローズヴェルト,非常事態を宣言し全銀行に4日間休業を命令‖4.金本位制廃止‖5.シカゴで「進歩の一世紀」博覧会開催[全額民間資金.画家グラント・ウッド「アメリカン・ゴシック」展示]‖11.ニューヨーク市長にフィオレロ・ラガーディア当選[―45年]‖フランシス・パーキンズ,初の女性閣僚(労働長官)に就任	1933 G.スタイン『アリス・B.トクラス自伝』‖『ニューズ・ウィーク』誌創刊‖ナチス政権を逃れてアインシュタインらが米国に亡命‖ローズヴェルト,米国民に直接語るラジオの「炉辺談話」開始‖恐慌の影響で農村部で大規模な学校閉鎖‖『キング・コング』‖マルクス兄弟主演『ダックスープ』‖初のプロフットボール(NFL)決勝戦,シカゴで開催
	1934.1.金準備法制定[ドルの切り下げ]‖3.タイディングス=マクダフィー法成立[10年後のフィリピン独立を規定]‖5.プラット修正条項廃止[キューバ干渉権を放棄]‖6.証券取引法成立‖8.海兵隊がハイチより撤退	1934.6.全国労働関係委員会設置‖連邦通信委員会設置[放送・通信事業などを監視]‖中西部諸州で大干ばつ‖銀行強盗ジョン・ディリンジャー,シカゴで警官に射殺される‖銀行強盗ボニー・パーカーとクライド・バロウ,ルイジアナ州で警官に射殺される	1934 ジュリアナ・フォース,ヴェネツィア・ビエンナーレのアメリカ・パビリオンを担当‖コール・ポーター作曲ミュージカル『エニシング・ゴーズ』‖フランク・カプラ監督『ある夜の出来事』
1935	1935.1.ローズヴェルト,年頭教書で第2次ニューディールを提案‖4.農務省内に土壌保存局設置[干ばつによる土壌浸食対策]‖6.インディアン再組織法制定[インディアンの土地所有制改訂]‖7.ワグナー法成立[労働者の団結権を承認]‖8.社会保障法成立‖8.第1次中立法成立	1935.5.雇用促進局(WPA)設置‖9.「富の分配」を唱道していたルイジアナ州知事ヒューイ・ロング,バトン・ルージュで暗殺‖11.産業別組織化委員会(CIO)をアメリカ労働総同盟(AFL)内に結成‖全国産業復興法に違憲判決‖WPAによる芸術家救済措置‖アルコール依存症者匿名会(AA),ニューヨークで設立‖パンアメリカン航空,太平洋横断定期便就航‖ジョージ・ギャラップ,アメリカ世論研究所設立	1935 ジョージ・ガーシュウィン作曲オペラ『ポーギーとベス』‖フレッド・アステア,ジンジャー・ロジャース主演『トップ・ハット』‖デュポン社のW.H.カロザーズ,ナイロン発明
	1936.2.第2次中立法成立‖11.ローズヴェルト,大統領に再選‖12.汎米平和会議,ブエノスアイレスで開催	1936.1.農業調整法に違憲判決‖フーヴァーダム完成[コロラド川上流にミード湖造成]	1936 ジョン・ドス・パソス3部作『USA』完成‖フォークナー『アブサロム,アブサロム!』‖ヴァン・ウィック・ブルックス『花咲けるニューイングランド』‖マーガレット・ミッチェル『風と共に去りぬ』[1年間で150万部売る]‖写真報道誌『ライフ』創刊
	1937.1.議会,スペイン内戦への武器禁輸決議‖2.ローヴェルト,最高裁判所改組に関する教書提出‖5.第3次中立法成立[米国世論の孤立主義の頂点示す]‖6.ローズヴェルト,最高裁判所の判事にニ	1937.1.GM社で労働者が大規模ストに突入‖3.U.S.スティールが鉱員組合を労働組合と認める‖サンフランシスコにゴールデン・ゲート・ブリッジ完成‖飛行船ヒンデンブルグ炎上事故	1937 ゾラ・ニール・ハーストン『彼らの目は神を見ていた』‖ジョン・スタインベック『二十日鼠と人間』‖ウォルター・リップマン『よき社会』‖デール・カーネギー,

●ヨーロッパ	●中南米	●アジア	●日本
1933.1.《独》ヒトラー内閣成立‖4.ユダヤ人迫害の開始‖10.国際連盟脱退		1933.2.国際連盟，満州国不承認	1933.3.国際連盟脱退
1934.8.《独》ヒトラー，総統となる‖《ソ連》スターリンの大粛清始まる‖トインビー『歴史の研究』刊行(-54)	1934.5.《キューバ》米，プラット修正条項を撤回，キューバとの間で新条約締結［米の軍事干渉権廃棄］	1934.10.《中国》国民政府軍，瑞金攻撃，中国共産党の大西遷（長征）開始	1934.3.満州国で皇帝溥儀による帝政実施‖12.ワシントン条約破棄を米に通告
		1935.1.《中国》共産党の遵義会議［毛沢東の指導権確立］‖共産党8.1宣言［内戦停止と抗日への一致団結呼びかけ］	1935　湯川秀樹，中間子理論を発表‖第1回芥川賞・直木賞発表
1936.3.《独》ロカルノ条約破棄，ラインラント進駐‖7.《スペイン》スペイン内乱始まる‖8.ベルリン・オリンピック開催‖ケインズ『雇用・利子および貨幣の一般理論』		1936.12.《中国》西安事件［張学良，抗日を訴え蔣介石を監禁］‖《韓国》孫基禎，ベルリン五輪のマラソン優勝	1936.1.ロンドン軍縮会議からの脱退を通告‖2.2.26事件‖11.日独防共協定成立
1937.11.日独伊三国防共協定成立‖4.《スペイン》ゲルニカ爆撃，バルセロナで市街戦‖ピカソ『ゲルニカ』		1937.7.《中国》盧溝橋事件，日中戦争勃発‖9.第2次国共合作成立‖12.南京事件	1937.4.ヘレン・ケラー来日‖7.盧溝橋事件，日中戦争始まる‖11.日独防共協定成立‖12.日本軍，南京を占領［南京事件］

年代	●アメリカ		
	●政治	●経済・社会	●文化・技術
	ューディール賛成派のヒューゴ・ブラック上院議員を任命［「ローズヴェルト裁判所」の形成］‖7.農業保全局設置‖10.ローズヴェルト，シカゴで「隔離」演説［侵略国を疫病にたとえる］	［大西洋横断航路についたドイツの最後の旅客飛行船が米国着陸時に炎上］‖女性飛行士エアハート，太平洋上で行方不明	処世術を教えるハウツー本出版開始‖ヘミングウェイら知識人，スペイン内戦で共和政府側に協力
	1938.2.新農業調整法成立‖5.非米活動委員会，下院に設置‖6.公正労働基準法成立［最低賃金，最高労働時間が規定される］	1938.4.ローズヴェルト，支出教書により景気振興政策を発表‖11.産業別組織会議（CIO），アメリカ労働総同盟（AFL）から独立	1938 テフロン，ファイバーグラス市販‖パール・バック，ノーベル文学賞受賞‖オーソン・ウェルズ制作のラジオドラマ『宇宙戦争』［火星人襲来を信じた人々がパニック］‖ディズニー初の長編アニメーション『白雪姫』
	1939.1.ローズヴェルト，年頭教書で軍備拡大を要請‖4.連邦議会，スペインのフランコ政権を承認‖7.日米通商条約の半年後の失効を通告‖11.新中立法可決［武器輸出禁止条項を撤廃］	1939 ニューヨーク世界博覧会開催（-1940）	1939 ナイロン製ストッキング市販‖レイモンド・チャンドラー『大いなる眠り』‖スタインベック『怒りのぶどう』‖ミュージカル映画『オズの魔法使い』‖ジョン・フォード監督『駅馬車』
1940	1940.1.日米通商条約失効‖6.外国人登録法‖7.西半球以外への航空機用ガソリン輸出を禁止‖7.選抜徴兵法成立‖7.「アメリカ第一」委員会設立［米国参戦に反対］‖9.英米防衛協定調印‖11.ローズヴェルト，3選‖12.ローズヴェルト，米国を「民主主義の兵器廠」とする必要性強調［中立主義からの転換］‖12.生産管理局設立［国防生産調整，連合国への物資援助］	1940 国勢調査による人口1億3,170万人［都市人口は56.5％。平均寿命63歳］‖1938年公正労働基準法に定められた週40時間労働規定が発効	1940 ヘミングウェイ『誰がために鐘は鳴る』‖リチャード・ライト『アメリカの息子』‖チャップリン監督『独裁者』
	1941.1.ローズヴェルト，年頭教書で「4つの自由」演説‖3.武器貸与法成立‖5.無制限国家非常事態宣言‖7.情報調整官事務局（OCI）を設置［のちに戦略情報事務局（OSS）に改組］‖7.アメリカ国内の日本資産凍結‖8.対日石油輸出の全面禁止‖8.ローズヴェルト=チャーチル会談［大西洋憲章宣言］‖12.7.日本軍によるハワイ・真珠湾攻撃‖12.8.対日宣戦布告‖12.11.対独伊宣戦布告	1941 フィリップ・ランドルフ，軍需産業と軍隊における人種差別撤廃を求める運動展開‖FCC，テレビ放送認可［41年末までに販売数100万台］‖東部諸州でガソリン販売の時間制始まる‖サウスダコタ州にマウント・ラシュモア国立メモリアル開設［1927年に着工された4大統領の巨大頭像］	1941 ヘンリー・ルース「アメリカの世紀」［『ライフ』誌2月17日号で米国の国際的指導力と責任を強調］‖国立美術館，ワシントンに開館‖フィッツジェラルド『ラスト・タイクーン』‖O.ウェルズ監督『市民ケーン』‖ブルーノ・ワルター，メトロポリタンオペラの指揮者に就任‖ヤンキーズのジョー・ディマジオ，56試合連続ヒットの記録樹立
	1942.1.国家戦時労働局設置‖1.緊急物価統制法成立‖6.ミッドウェー海戦で米軍初めて日本軍に大勝‖8.原爆製造の「マンハッタ	1942.2.ローズヴェルトの行政命令第9066号［西海岸に住む日系人約11万人（うち3分の2は米国市民）に強制収容命令］‖	1942 シカゴ大学エンリコ・フェルミ，研究室で核分裂連鎖反応実験に成功‖初の電子コンピュータの開発‖フォー

● ヨーロッパ	● 中南米	● アジア	● 日本
1938.3.《独》オーストリア併合‖9.ミュンヘン会議［英・仏・独・伊，チェコ西部ズデーテン地方の対独割譲承認］‖11.《独》全土で「水晶の夜」［ユダヤ人迫害の激化］‖オットー・ハーンとフリッツ・シュトラースマン，ウランの核分裂現象を発見‖サルトル，実存主義を提唱［『嘔吐』出版］‖レニ・リーフェンシュタール監督『オリンピア』	1938.3.《メキシコ》政府が米英の石油会社を接収		1938.4.国家総動員法公布
1939.3.《スペイン》フランコ勝利宣言，スペイン内乱終結‖8.独ソ不可侵条約締結‖9.1.ドイツ軍ポーランド侵攻，第2次世界大戦勃発 1939.9.-45.5.第2次世界大戦			1939.7.米，日米通商航海条約破棄を通告‖8.ノモンハン事件［関東軍，ソ連軍と交戦］
1940.6.ドイツ軍，パリ占領‖9.日独伊三国同盟成立		1940.1.《中国》毛沢東『新民主主義論』‖2-8.《韓国》総督府，創氏改名を強制	1940.9.日独伊三国同盟締結‖10.大政翼賛会発足
1941.6.ドイツ軍，ソ連侵攻‖8.チャーチルとローズヴェルト，大西洋憲章発表‖12.米，参戦		1941.12.《中国》米・英と同盟，対日・独・伊宣戦布告	1941.4.日ソ中立条約締結‖10.国際スパイ事件（ゾルゲ逮捕）‖11.26.米，日本に対しハル・ノートを提示‖12.1.御前会議，対米英蘭開戦を決定‖12.8.ハワイ真珠湾奇襲，太平洋戦争始まる 1941.12.8.-45.8.15.太平洋戦争
1942.1.連合国26ヵ国の共同宣言			1942.1.日本軍，マニラ占領‖6.ミッドウェー海戦で日本軍大敗

年代	●アメリカ ●政治	●経済・社会	●文化・技術
	計画」始動‖11.ガダルカナル沖海戦で米軍圧勝［太平洋戦線で反撃開始］‖11.戦時情報局(OWI)設置	人種平等会議(CORE)設立‖食料・ガソリンの配給始まる	クナー『行け，モーゼ』‖ジェイムズ・キャグニー主演『ヤンキー・ドゥードル・ダンディー』
	1943.1.英米首脳によるカサブランカ会談［日独伊の無条件降伏まで戦争継続を声明］‖5.戦時動員局設置‖10.19-30.米英ソによるモスクワ外相会談‖11.22-26.米英中首脳カイロ会談‖11.28-12.1.米英ソ首脳テヘラン会談‖12.ドワイト・アイゼンハワー，ヨーロッパ連合軍最高司令官に任命	1943 炭坑労働者のスト発生。ローズヴェルト，炭坑の国家管理を命令‖6.デトロイトで人種暴動‖6.スミス=コナリー労働争議法成立‖11.中国系移民の帰化権承認‖12.中国人移民禁止法の廃止‖12.スト回避のため，鉄道を国家管理	1943 グンナー・ミュルダル『アメリカのジレンマ』‖トシオ・モリ「スケッチ」‖ロジャーズ&ハマースタイン『オクラホマ』上演［43.3.-48.5.］‖『カサブランカ』‖ムッソリーニ降伏の報に，トスカニーニ，祝賀コンサート「勝利第1幕」公演
	1944.5.アメリカ共産党解散［共産主義政治協会へ改組］‖6.「GI権利章典」制定［復員兵に大学教育や住宅資金供与］‖6.連合軍，ノルマンディー上陸‖7.ブレトンウッズ会議［国際通貨基金(IMF)設置と国際復興開発銀行設立で合意］‖8.21-10.7.ダンバートン=オークス会議［国連設立をめぐり米英ソ中が討議］‖11.ローズヴェルト4選．米軍，B29による日本本土爆撃開始	1944 7.リングリング・ブラザーズ&バーナム&ベイリー・サーカス公演中に大火［コネティカット州ハートフォードで。死者167名］‖10.コレマツ対合衆国事件判決で最高裁，西海岸からの日系人強制収容支持‖肉類の配給制廃止	1944 ソール・ベロー『宙ぶらりんの男』‖アーロン・コープランド，バレー音楽「アパラチアの春」作曲，マーサ・グラハム振付‖議会図書館で「独立宣言書」など重要文書公開再開［真珠湾攻撃後，ワシントンから移動］‖ビング・クロスビー主演『我が道を行く』
1945	1945.2.米英ソ首脳ヤルタ会談‖4.1.米軍，沖縄に上陸作戦‖4.12.ローズヴェルト急死，ハリー・トルーマン，第33代大統領就任‖5.8.V-Eデー［ヨーロッパでの戦闘終了］‖7.17-8.2.米英ソ首脳によるポツダム会議，ポツダム宣言発表‖8.6.広島に原爆投下‖8.8.トルーマン，国連憲章に署名‖8.9.長崎に原爆投下‖8.15.V-Jデー［対日戦終了］‖9.2.日本，東京湾のミズーリ号上で降伏文書調印	1945.1.非米活動委員会の恒常化，下院で可決‖6.「自由勲章」設立［民間人の功績に対する最高勲章］‖7.ニューメキシコ州ロスアラモスで初の原爆実験に成功‖7.エンパイア・ステート・ビル78-79階に濃霧のためB25爆撃機突入［死者13名］‖8.トルーマン，民間消費物資の生産統制解除‖11.統一自動車労組(UAW)，GMに対して大規模スト	1945 初の電子コンピュータENIAC開発‖タッパー容器発明‖気象レーダー開発‖黒人中産階級向け雑誌『エボニー』誌創刊‖R.ライト自伝『ブラック・ボーイ』
	1946.3.チャーチル，ミズーリ州フルトンで「鉄のカーテン」演説‖7.ビキニ環礁で原爆実験‖8.マクマホン法案により，原子力委員会設立‖9.ソ協調派の商務長官ヘンリー・ウォレス辞任‖11.中間選挙で共和党勝利	1946 2.経済安定局設立‖ニューヨーク州レヴィットタウンに郊外型住宅建設‖国際学術交流のためのフルブライト計画発足‖ビリー・グレアム，大衆向け福音宣教活動開始‖修道女マザー・カブリーニ，初の米国人としてカトリック教会により列聖	1946 ジョン・ハーシー『ヒロシマ』‖ベンジャミン・スポック『スポック博士の育児書』［10年間で800万部販売］‖ロバート・ペン・ウォレン『すべての王の民』‖ユードラ・ウェルティ『デルタ・ウェディング』
	1947.3.12.トルーマン・ドクトリン演説‖3.22.最高裁，政府が共産党員を解雇する権利を承認［これにより，トルーマン，連邦職員の忠誠審査実施］‖6.5.マーシャル・プラン発表［ヨーロッパ経済復興支援を表明］‖6.23.タフト=	1947 黒人初の大リーガー，ジャッキー・ロビンソン，ブルックリン・ドジャーズに入団‖10.非米活動委員会によるハリウッドの赤狩り始まる［ロナルド・レーガン，ゲーリー・クーパーら映画人がワシントンに召	1947 LPレコードの発明‖トランジスタの発明‖チャック・イェーガーがロケットエンジン搭載の航空機で音速を超える‖テネシー・ウィリアムズ『欲望という名の電車』‖ジェイムズ・ミッチェ

●ヨーロッパ	●中南米	●アジア	●日本
1943.2.スターリングラードのドイツ軍降伏‖9.《イタリア》連合軍に無条件降伏		1943.9.《中国》蔣介石，国民政府主席に就任‖11.カイロ宣言［米英中3首脳による対日戦略確認］	1943.2.日本軍，ガダルカナルから撤退‖11.東京で大東亜会議開催
1944.6.連合軍，ノルマンディー上陸‖7.連合国45ヵ国によるブレトンウッズ会議［戦後経済体制を討議］‖8.連合軍，パリ解放‖8.《ポーランド》対独ワルシャワ蜂起			1944.6.米軍，サイパン島上陸
1945.2.ヤルタ会談‖2.連合軍によるドレスデン大空襲‖4.《イタリア》ムッソリーニ処刑‖4.《独》ヒトラー自殺‖5.7.ドイツ，無条件降伏‖6.国際連合憲章［連合国50ヵ国が調印］‖7.ポツダム宣言発表‖10.国際連合発足 1945.11.-46.10.ニュルンベルク国際軍事裁判		1945.7.《インドネシア》オランダからの独立を宣言［スカルノが大統領に］‖8.《韓国》建国準備委員会結成‖8.北緯38度線を境に南北分裂‖9.《ベトナム》ベトナム民主共和国としてフランスからの独立を宣言［ホー・チミンが主席に］‖《中国》国共の内戦進行	1945.3.東京大空襲‖4.米軍，沖縄本島に上陸‖8.6.広島に原子爆弾投下‖8.8.ソ連，日本に宣戦‖8.9.長崎に原子爆弾投下‖8.14.ポツダム宣言受諾，無条件降伏‖8.15終戦詔勅放送‖9.2.降伏文書調印‖10.GHQ，民主化指令‖10.マッカーサー，人権確保の5大改革を要求
1946.1.第1回国連総会，ロンドンにて開催‖7.パリ講和会議	1946.2.《アルゼンチン》フアン・ドミンゴ・ペロン，大統領選で圧勝	1946.5.《韓国》米ソ合同委員会決裂‖7.《中国》国共両軍の全面的内戦始まる‖7.《フィリピン》共和国として米から独立	1946.1.天皇人間宣言‖5.極東国際軍事裁判開廷（-48.11.）‖11.日本国憲法公布
1947.2.パリ平和条約調印‖9.9ヵ国の共産党，コミンフォルム結成‖10.GATTに23ヵ国調印		1947.8.《インド》インドとパキスタンに分離して英から独立	1947.4.教育基本法に基づき6・3・3・4制実施‖11.独占禁止法実施‖12.改正民法公布

年代	●アメリカ		
	●政治	●経済・社会	●文化・技術
	ハートリー法成立［労働組合幹部に非共産党員の宣誓を義務付け］‖7.中央情報局（CIA）発足‖7.ジョージ・ケナン，対ソ封じ込め政策を提唱‖9.米州相互援助条約（リオ条約）調印	喚され，証言を拒否した監督，脚本家ら10名が映画業界の判断でブラックリストに］	ナー『南太平洋物語』［49年にミュージカル『南太平洋』大ヒット］
	1948.4.対外援助法成立‖5.ボゴタ憲章により，反共軍事同盟である米州機構（OAS）設立‖6.上院，ヴァンデンバーグ決議採択‖6.新選抜徴兵法成立‖7.フィリピン独立‖7.ヘンリー・ウォレス，進歩党結成，大統領選に出馬	1948 7.トルーマン，連邦政府職員雇用における人種差別禁止命令‖7.行政命令で軍隊内の人種統合推進‖8.非米活動委員会による共産党員の公職追放‖国務省の元官僚アルジャー・ヒスにスパイ容疑［1950年に懲役5年の判決］‖チャップリンに反米活動の疑惑‖最高裁，公立学校での宗教教育に違憲判決	1948 初のカラーによるニュース映画上映［ローズ・パレードとローズ・ボウル報道］‖トルーマン・カポーティ『遠い声，遠い部屋』‖ノーマン・メイラー『裸者と死者』‖アルフレッド・キンゼイ『男性の性行動』［51年の研究報告『女性の性行動』とともに性の意識変革起こす］
	1949.1.トルーマン，フェアディール政策を発表‖1.トルーマン，低開発地域経済開発計画（ポイント・フォー）発表‖4.北大西洋条約調印［NATO発足］‖9.トルーマン，ソ連の原爆保有を発表	1949.6.炭坑ストライキ‖7.上院司法委員会，共産党取締法（マッカラン法）承認‖10.共産党幹部11名がスミス法違反で有罪‖10.鉄鋼ストライキ	1949 フォークナー，ノーベル文学賞受賞‖ロケット工学者フォン・ブラウン『宇宙飛行』［後のアポロ計画指導］‖アーサー・ミラー『セールスマンの死』‖キャロル・リード監督『第三の男』
1950	1950.1.トルーマン，台湾への軍事不干渉を表明‖1.トルーマン，水素爆弾の製造を指示 1950.6.-1953.7.朝鮮戦争 1950.6.トルーマン海空軍に韓国軍援助を指示‖9.マッカラン国内治安法成立	1950 国勢調査による人口1億5,070万人［40年以降，南部黒人が北部に大量移住。文盲率3.2％に低下］‖2.ジョゼフ・マッカーシー上院議員による国内の共産主義者を告発する演説［マッカーシズムの始まり］‖合衆国キリスト教会全国協議会結成［会員数3,200万人］‖テレビの売り上げ100万台突破［普及率9％］‖ダイナース・クラブ設立［クレジット・カード文化の始まり］	1950 議会，全米科学財団（NFS）設立‖黒人外交官ラルフ・バンチ，ノーベル平和賞受賞‖デイヴィッド・リースマン『孤独な群衆』‖アイザック・アシモフ『僕はロボット』‖ジャクソン・ポロック，「アクション・ペインティング」開始‖チャールズ・シュルツの漫画『ピーナッツ』初登場‖冷凍食品・半加工製品の発達で食生活変化
	1951.2.憲法修正第22条発効［大統領の3選禁止］‖4.マッカーサー，朝鮮派遣軍司令官および在日国連軍総司令官を解任される‖6.選抜徴兵法，1955年まで延長‖9.サンフランシスコ講和条約，日米安全保障条約調印	1951 ジュリアスとエセル・ローゼンバーグ夫妻，原子力機密スパイとして死刑判決	1951 CBS放送局が地上波で初のカラー放送開始‖初の量産コンピュータUNIVAC開発‖アイダホ州アクロンで原子力発電成功‖ジョージ・ケナン『アメリカ外交50年史』‖J.D.サリンジャー『ライ麦畑でつかまえて』‖ミュージカル『王様と私』‖テレビ番組『アイ・ラブ・ルーシー』開始
	1952.2.日米行政協定調印‖3.上院，対日講和条約批准‖7.トルーマン，朝鮮戦争従軍兵士のためのGI権利章典に署名‖7.プエルトリコ，米国の自治領となる‖10.第1回国連総会ニューヨークで開	1952.6.鉄鋼ストライキ‖6.マッカラン＝ウォルター移民国籍法成立［アジア系移民の帰化権承認，アジア諸国にも移民割当］‖11.エニウェトク環礁で世界初の水爆実験‖反共思想強	1952 ヘミングウェイ『老人と海』‖スタインベック『エデンの東』‖ノーマン・ヴィンセント・ピール『積極的考え方の力』‖セシル・B.デミル監督『地上最大のショ

● ヨーロッパ	● 中南米	● アジア	● 日本
1948.3.西ヨーロッパ連合条約成立［英・仏・ベネルクス3国］‖5.イスラエル，建国を宣言‖6.ソ連，ベルリン封鎖［これに対抗して米英仏はベルリン空輸を翌年5月まで実施］	1948.4.コロンビアのボゴタで開催されたパンアメリカ会議で，米州機構憲章調印［米とラテンアメリカ20ヵ国の共同防衛圏形成］	1948.1.《ミャンマー》ビルマ連邦として英から独立‖8.大韓民国成立‖9.朝鮮民主主義人民共和国成立	1948.12.極東国際軍事裁判判決
1949.4.1.ソ連と東欧5ヵ国，経済相互援助会議（コメコン）設立‖4.北大西洋条約機構（NATO）発足‖5.ドイツ連邦共和国（西独）成立‖9.ソ連，原爆保有を認める‖10.ドイツ民主共和国（東独）成立		1949.10.《中国》中華人民共和国成立宣言［主席に毛沢東，首相に周恩来就任］‖11.《インドネシア》オランダとの間でハーグ協定締結［完全独立を達成］‖12.《中国》国民政府，台湾に移る	1949.8.シャウプ勧告［税制改革勧告］‖11.湯川秀樹にノーベル物理学賞
1950.1.《英》中華人民共和国承認‖3.世界平和擁護大会の委員会，ストックホルム・アピールを発表‖7.東独・ポーランド国境画定［オーデル＝ナイセ線を国境とすることに同意］		1950.1.《中国》英，新政府を承認‖2.中ソ友好同盟相互援助条約‖6.土地改革法公布 1950.6.-53.7.朝鮮戦争	1950.6.マッカーサー，日本共産党中央委員の追放を指令‖7.レッド・パージ始まる
1951.4.欧州石炭鉄鋼共同体（ECSC）条約調印［仏・西独・伊・ベネルクス3国］/ユーゴ，対ソ非難		1951.3.第1回アジア競技大会，ニューデリーで開催	1951.4.マッカーサー解任‖9.サンフランシスコ平和条約・日米安全保障条約調印‖黒沢明監督『羅生門』，ベネチア映画祭でグランプリ受賞
1952.5.欧州防衛共同体（ECD）創設条約調印［その後，仏議会の拒否にあい実現せず］‖《英》世界初のジェット旅客機コメット就航‖ベケット『ゴドーを待ちなが	1952.3.《キューバ》元大統領バティスタ，無血クーデターで政権奪取	1952.1.《韓国》李承晩ライン宣言‖4.《台湾》日華平和条約調印	1952.4.中華民国との間で日華平和条約調印‖フルブライト交流始まる

年代	●アメリカ		
	●政治	●経済・社会	●文化・技術
	催	まる	ウ』‖シネラマ初公開‖立体（3D）映画開発
	1953.1.ドワイト・アイゼンハワー、第34代大統領就任‖1.共産党幹部13名、スミス法に基づき有罪判決‖2.ダレス国務長官、テレビで共産主義に対する「巻き返し政策」演説‖4.保健教育福祉省設立‖7.朝鮮戦争、板門店で休戦協定‖8.難民法成立［21万人追加入国許可］	1953 アイゼンハワー、同性愛者の連邦職員からの排除を命令‖ローゼンバーグ夫妻、電気椅子で死刑執行	1953『プレイボーイ』誌創刊［第1号にマリリン・モンローのヌード写真。アメリカの性革命の始まり］‖アーサー・ミラー『るつぼ』上演‖初の教育テレビ局KUHI開設‖プラスチック製コンタクトレンズ開発‖ワトソンとクリック、DNAの二重らせん構造を解明
	1954.1.ダレス国務長官、ニュールック政策を発表‖7.農業貿易振興援助法成立‖9.東南アジア条約機構（SEATO）発足‖12.上院、マッカーシー議員非難決議採択	1954.3.ビキニ水爆実験‖5.ブラウン対トピカ教育委員会事件判決［プレッシー対ファーガソン判決を覆し、公立学校での人種分離教育に違憲判決］‖8.共産党統制法成立［共産党の非合法化］‖8.原子力エネルギー法制定‖オッペンハイマー博士、水爆製造に反対したため危険分子として公職追放される	1954 初の原子力潜水艦「ノーチラス号」進水‖ソーク・ワクチンに認可［小児麻痺、激減］‖ヘミングウェイ、ノーベル文学賞受賞‖ジャスパー・ジョーンズ、「国旗」シリーズ開始［ポップアートの先駆］‖ニューポート・ジャズ・フェスティバル開始‖エルヴィス・プレスリー登場
1955	1955.1.南ベトナム、カンボジア、ラオスへの経済援助開始‖4.民間防衛調整委員会設立［連邦諸機関の防衛活動を調整］‖6.選抜徴兵法、59年6月末まで延長‖7.32億ドル対外援助法成立‖8.米英仏ソ4巨頭ジュネーヴ会談［「雪解け」の端緒］	1955.5.最高裁、公立学校における人種分離撤廃の実施を命令‖7.航空士官学校、コロラド・スプリングズに開校‖11.州間の鉄道・バスの人種差別を禁止‖12.アラバマ州モントゴメリーでバス・ボイコット［キング牧師が指揮をとり、公民権運動へ発展］‖12.AFLとCIOが合併‖マクドナルド、チェーン1号店開店‖バートランド・ラッセル、アインシュタインをはじめとする科学者が核戦争の危機を表明	1955 ディズニーランド開園‖ジェイムズ・ディーン主演『理由なき反抗』‖マリアン・アンダーソン、黒人として初めてメトロポリタン・オペラで歌う‖ビル・ヘイリー＆ヒズ・コメッツ「ロック・アラウンド・ザ・クロック」でロックンロールが登場
	1956.1.ダレス国務長官、『ライフ』誌に「瀬戸際政策」発表‖6.州間道路建設を推進するハイウェイ法成立［鉄道の斜陽化に拍車］	1956.5.原子力委員会、民間の原子力工場の設立許可‖11.最高裁、モントゴメリー市の公共交通機関の人種差別に違憲判決‖アラバマ州立大学、初の黒人学生オーザリン・ルーシーを停学処分‖南部選出の議員101人が、ブラウン判決・人種統合政策を批判	1956 大西洋間ケーブルによる電話サービス開始‖ロスアラモス研究所でニュートリノ発見‖アンペックス、ビデオレコーダー発売‖アレン・ギンズバーグ『吠える』‖ジョン・F.ケネディ『勇気ある人々』‖グレース・メタリアス『ペイトン・プレース』大ベストセラー‖ミュージカル『マイ・フェア・レディ』上演
	1957.1.アイゼンハワー・ドクトリン［アイゼンハワー、年頭教書で中東政策発表］‖3.議会、中東への軍事経済援助を承認‖9.公民権法成立［1875年以降初の黒人選挙権保護］‖11.米ソ「ミサイル・ギャップ」論をめぐり上院で	1957.2.マーティン・ルーサー・キング牧師が中心となり「南部キリスト教指導者会議」（SCLC）設立‖9.4.アーカンソー州リトル・ロックで黒人高校生、連邦軍に守られ登校す‖ソ連、人類初の人工衛星成	1957 米国初の大規模原子力発電所、ペンシルヴェニア州シッピングポートに建設‖バーナード・マラマッド『アシスタント』‖ジャック・ケルアック『路上』‖ノースロップ・フライ『批評の解剖』‖

● ヨーロッパ	● 中南米	● アジア	● 日本
ら」［不条理劇の始まり］			
1953.8.《ソ連》水爆保有を発表‖ヒラリー，エベレスト初登頂		1953.7.朝鮮休戦協定調印‖10.米韓相互防衛条約調印	1953　NHKテレビ本放送開始
1954.10.西独，NATO加盟		1954.6.周恩来・ネルー，平和5原則の共同声明を発表‖12.《台湾》米・国民政府相互防衛条約締結	1954.3.ビキニ水爆，第五福龍丸被爆事件‖3.日米相互防衛援助協定調印‖7.防衛庁・陸海空自衛隊発足
1955.5.ワルシャワ条約機構成立‖7.米・英・仏・ソによるジュネーヴ四巨頭会談		1955.4.アジア・アフリカ会議，インドネシアのバンドンで開催	1955.8.第1回原水爆禁止世界大会広島で開催
1956.2.《ソ連》フルシチョフ，スターリン批判演説‖10.ハンガリー動乱		1956.4.中ソ経済協力援助協定	1956.7.『経済白書』，「もはや戦後でない」と宣言‖10.モスクワで日ソ共同宣言調印［ソ連との国交回復］‖12.国際連合加盟
1957.3.欧州経済共同体（ECC）設立条約および欧州原子力共同体（EURATOM）設立条約調印‖10.《ソ連》史上初の人工衛星（スプートニク1号）打ち上げ成功			1957.12.日ソ通商条約調印‖日本初の原子炉（東海村原子力発電所）始動

年代	●アメリカ		
	●政治	●経済・社会	●文化・技術
	聴聞会開始	功により米国内に「スプートニク・ショック」起こる[科学教育，国防予算の議論沸騰]	「ビート」「ビートニク」「怒れる若者たち」が流行語に‖レナード・バーンスタイン作曲ミュージカル『ウエスト・サイド物語』上演
	1958.7.レバノン出兵‖7.航空宇宙局（NASA）設置法成立‖9.国防教育法制定	1958.9.アーカンソー州知事フォーブス，リトル・ロックの高校4校を閉鎖‖失業率5.2%に	1958.1.米国初の人工衛星エクスプローラ1号打ち上げ成功‖ゼロックス複写機実用化‖L.ミース・ファン・デル・ローエとフィリップ・ジョンソン協同設計によるシーグラム・ビル完成
	1959.1.アラスカ，49番目の州に‖1.キューバ革命，米国，新政府を承認‖4.キューバ首相カストロ訪米‖8.ハワイ，50番目の州に‖9.25.米ソ首脳，キャンプ・デーヴィッド会談‖12.アイゼンハワー，ヨーロッパ，中近東，アフリカを訪問	1959.2.ヴァージニア州の学校で人種統合始まる‖7.大規模な鉄鋼ストライキ‖7.ニクソン副大統領訪ソ[フルシチョフと台所論争]‖共産党再建大会	1959 ライト設計によるグッゲンハイム美術館開館‖エクスプローラ6号，初めて地球のテレビ画像を送信‖原子力商船サヴァンナ号進水‖ミュージカル『サウンド・オブ・ミュージック』上演‖マイルス・デイヴィス，ジョン・コルトレーン，ビル・エヴァンズによるモード奏法ジャズ・アルバム『キング・オブ・ブルー』発売‖アメリカン・フットボール・リーグ（AFL）結成
1960	1960.1.日米安全保障新条約調印‖5.U-2型機事件[米軍軍偵察機がソ連領空で撃墜され，米国務省がスパイ活動を認める]‖5.パリで開催された米ソ首脳会談，U-2型機をめぐり決裂‖7.キューバ，米資産国有化を宣言‖9.ケネディ＝ニクソン・テレビ討論[大統領候補者による初のテレビ討論]	1960 国勢調査による人口1億7,930万人[カリフォルニアなど西部州への人口移動急増]‖2.シット・イン（座り込み）運動[ノースカロライナ州グリーンズボロで黒人学生が白人専用席に座り込み]‖全国インディアン会議開催‖全米学生非暴力調整委員会（SNCC）発足	1960 ポップ・アート登場
	1961.1.キューバと断交‖1.ジョン・F.ケネディ，第35代大統領就任‖2.ドル防衛法案発表‖3.ケネディ，中南米開発援助計画で「進歩のための同盟」を提唱‖4.CIAの支援を受けた反カストロ派のキューバ侵攻失敗‖9.平和部隊法成立‖10.南ベトナム政府援助を強化	1961.4.憲法修正第23条[コロンビア特別行政区に大統領選挙人選出権を認める]‖5.フリーダム・ライド（自由のためのバス乗車）開始[SNCCの提案でワシントンD.C.を出発。黒人と白人がともに深南部をまわる]	1961.5.アメリカ最初の有人ロケット飛行成功
	1962.2.キューバからの輸入を全面禁止‖2.南ベトナムに軍事援助司令部を設置‖10.通商拡大法成立[関税一括引き下げ]‖10.22-28.キューバ危機[キューバへのソ連ミサイル搬入をめぐって米ソ関係緊迫]	1962.2.最高裁，ミシシッピ州の交通機関での人種差別撤廃を命令‖9.ミシシッピ州立大学が黒人学生ジェイムズ・メレディスの入学を最高裁命令に反して拒否[学生・白人によるメレディス入学反対暴動をケネディは連邦軍派遣し鎮圧]‖ニューヨーク株式大暴落	1962.2.ジョン・グレン，有人人工衛星で軌道周回飛行‖レイチェル・カーソン『沈黙の春』‖ウラジーミル・ナボコフ『青白い炎』‖マイケル・ハリントン『もうひとつのアメリカ』‖アンディ・ウォーホル「キャンベル・スープ缶」
	1963.6.ケネディ，対ソ平和共存政策を演説‖7.米英ソによるモスク	1963.2.ケネディ，人種差別撤廃の公民権教書提出‖5.キング牧	1963 ベティ・フリーダン『女性らしさの神話』[第2波

●ヨーロッパ	●中南米	●アジア	●日本
1958.5.《仏》第5共和制発足,ドゴール,首相に就任		1958.8.中国軍,金門島攻撃,台湾海峡の緊張高まる‖8.人民公社の全国的な建設運動開始	1958.8.アメリカ製ホームドラマ『パパは何でも知っている』放映開始
1959.11.ヨーロッパ自由貿易連合(EFTA)結成条約調印	1959.1.《キューバ》フィデル・カストロ,バティスタ政権を倒し,革命政府の首相に就任	1959.9.毛沢東・フルシチョフ会談	1959 安保改定論争激化
1960.2.《仏》サハラで核実験‖5.《ソ連》U-2型偵察機撃墜発表‖9.OPEC設立宣言		1960.4.《韓国》4月革命起こる[李承晩退陣]‖《中国》中ソ論争公然化	1960.1.日米安全保障新条約,ワシントンで調印‖5-6.安保闘争激化‖7.池田勇人内閣成立,所得倍増政策発表‖9.カラーテレビ本放送開始‖10.浅沼稲次郎社会党委員長,刺殺される
1961.4.《ソ連》ガガーリン少佐,ヴォストーク1号で地球一周に成功‖8.東独,ベルリンの壁を構築‖9.非同盟諸国首脳会議,ベオグラードで開催	1961.4.《キューバ》カストロ首相,ハバナ宣言[社会主義国家建設を目指すと発表]	1961.5.《韓国》軍部によるクーデター,朴正煕,政権掌握	
1962.10-12.第2回ヴァチカン公会議‖ビートルズ,レコード・デビュー		1962 中印国境紛争激化‖中ソ対立表面化	
1963.1.フランス・西ドイツ協力条約締結‖8.英・米・ソ,			

年代	●アメリカ		
	●政治	●経済・社会	●文化・技術
	ワ会談［部分的核実験停止条約調印］‖8.ワシントン・モスクワ間直通電信線（ホットライン）開通‖11.アメリカ、南ベトナム軍部のクーデターを容認‖11.22.ケネディ、テキサス州ダラスにて暗殺‖11.22.リンドン・ジョンソン副大統領、第36代大統領に就任	師らがアラバマ州バーミンガムで行った人種差別反対デモに対して暴動発生［ケネディ、アラバマ州へ連邦軍出動］‖6.アラバマ州立大学が黒人学生の入学を承認‖最高裁、公立学校でのキリスト教関連行事を違憲と判断‖8.ワシントン大行進［奴隷解放宣言100周年を機に、25万人以上が大行進。キング牧師の「私には夢がある」演説］‖9.バーミンガムで黒人教会爆破事件	フェミニズム運動のきっかけ］‖トマス・ピンチョン『V.』‖エドワード・オールビー『ヴァージニア・ウルフなんてこわくない』
	1964.1.憲法修正第24条［投票権妨害のための人頭税廃止］‖1.パナマと国交断絶‖7.1964年公民権法成立‖7.対キューバ経済制裁‖8.トンキン湾事件［米駆逐艦マドックスがトンキン湾で魚雷艇の攻撃を受け、交戦と発表］‖8.北ベトナム基地を報復爆撃	1964.1.ジョンソン、「貧困に対する戦い」を発表‖2.カシアス・クレイがボクシング・ヘビー級の世界チャンピオンに‖4.ニューヨーク世界博覧会開催‖6.マルコム・X、ブラック・ムスリムから離れ、「アフロ・アメリカン統一機構」を設立‖7.ハーレム暴動［ニューヨーク、ハーレムで白人警官による黒人少年の射殺事件をめぐって黒人暴動］‖9.ウォーレン委員会、ケネディ暗殺事件調査報告書提出［ハーヴェイ・オズワルドの単独犯と報告］‖12.キング牧師にノーベル平和賞	1964 ソール・ベロー『ハーツォーグ』
1965	1965.1.ジョンソン、年頭教書で「偉大な社会」政策を発表‖2.北ベトナムのドンホイ基地を爆撃、北爆の本格化‖3.アメリカ軍、ベトナムのダナンに上陸‖5.ジョンソン、共産化阻止のためドミニカに派兵‖7.老人医療保険法成立‖8.投票権法成立‖10.移民法成立［移民の地域別割当制度廃止］	1965.3.セルマ行進［キング牧師、南部での黒人投票権を要求して非暴力デモを開始。アラバマ州セルマ-モントゴメリー間を行進］‖8.ロサンゼルス、ワッツ地区で黒人暴動‖ワシントンでベトナム反戦デモ‖各地の大学でベトナム戦争反対のティーチ・イン	1965 ノーマン・メイラー『アメリカの夢』‖ラルフ・ネーダー『どんなスピードでも自動車は危険だ』［自動車企業のモラル欠落を告発］
	1966.1.ロバート・ウィーヴァー、住宅都市開発省長官に任命される［初の黒人閣僚］‖6.ハノイ爆撃を開始	1966.10.ヒューイ・ニュートンとボビー・シールがオークランドで、ブラック・パンサー党結成‖10.全米女性機構（NOW）結成‖シカゴで黒人暴動、州兵出動‖SNCC指導者ストーリー・カーマイケル、「ブラックパワー」提唱	1966 ジョン・バース『山羊少年ジャイルズ』‖T.カポーティ『冷血』‖T.ピンチョン『競売49の叫び』‖無人探査体サーベイヤー1号、月面軟着陸成功
	1967.1.米ソ空路教務協定調印‖1.宇宙平和利用条約調印‖2.憲法修正第25条［大統領職継承手続きを規定］‖2.ベトナム非武装地帯への爆撃開始	1967 カシアス・クレイ、徴兵拒否でWBAタイトル剥奪‖デトロイトで黒人の大暴動発生、連邦軍が投入される‖SNCC委員長ラップ・ブラウン逮捕‖ベトナム反戦週間にワシントンで大規模なベトナム反戦集会‖サーグッド・マーシャル、黒人初の最高裁判事に就任	1967.1.第1回スーパーボウル開催‖ノーマン・メイラー『なぜぼくらはベトナムへ行くのか』‖リーチャード・ブローディガン『アメリカの鱒釣り』‖ウィリアム・スタイロン『ナット・ターナーの告白』

● ヨーロッパ	● 中南米	● アジア	● 日本
部分的核実験停止条約調印[仏は調印拒否]‖8.ワシントン・モスクワ間のホットライン開通			
1964.1.《仏》中国承認		1964.1.《中国》仏と外交関係樹立‖2.《台湾》仏と国交を断絶‖10.《中国》核爆発実験に成功	1964.4.経済協力開発機構（OECD）に加盟‖4.海外旅行自由化‖10.新幹線開業‖10.オリンピック東京大会開催
1965.5.《西独》イスラエルとの国交樹立‖9.ヴァチカン公会議，信仰の自由に関する宣言‖12.ローマ教皇，ギリシア正教大主教，相互破門を取り消す共同声明	1965.5.《ドミニカ》改革派によるクーデター起こる［米，共産化阻止のため軍を派遣］	1965.2.《韓国》，南ベトナムへ派兵‖6.日韓基本条約調印	1965.6.日韓基本条約調印‖12.朝永振一郎，ノーベル物理学賞受賞
1966.2.《ソ連》月ロケット，月面軟着陸に成功‖7.《仏》NATO脱退		1966.5.《中国》文化大革命始まる	1966.6.ビートルズ来日
1967.7.欧州共同体（EC）正式発足	1967.10.《ボリビア》革命家チェ・ゲバラ，ボリビア軍に捕らえられ処刑される	1967.6.《中国》水爆実験成功‖8.東南アジア諸国連合（ASEAN），バンコクで設立	

年代	●アメリカ		
	◯政治	◯経済・社会	◯文化・技術
	1968.1.南ベトナムでテト攻勢,サイゴンのアメリカ大使館が破壊される‖3.ジョンソン,北爆の縮小と大統領不出馬を表明‖8.シカゴの民主党の大統領指名集会中,反戦デモ隊と警官が衝突‖10.ジョンソン,北爆の全面停止を表明	1968.4.キング牧師,メンフィスで暗殺される‖6.ロバート・ケネディ上院議員,遊説先のロサンゼルスで暗殺される‖6.黒人の「貧者の大行進」が阻止される‖シャーリー・キスホルム,初の黒人女性下院議員に選出‖各地で黒人暴動発生‖イェール大学が女子の入学を認める	1968 通信衛星インテルスタット3A打ち上げ‖アポロ8号,月の軌道を周回‖ロバート・クーヴァー『ユニヴァーサル野球協会』‖スタンリー・キューブリック監督『2001年宇宙の旅』
	1969.1.リチャード・ニクソン,第37代大統領就任‖6.ニクソン,南ベトナム大統領チューと会談[米軍2万5,000人の撤兵を発表]	1969.5.『ニューヨーク・タイムズ』,米軍のホーチミン・ルートへの越境爆撃を暴露‖6.ストーン・ウォール暴動[同性愛解放運動が広がる]‖11.ワシントンで25万人参加の大規模な反戦集会‖11.『ニューヨーク・タイムズ』,ソンミ村の虐殺を報道‖11.ネイティブ・アメリカン,アルカトラズ島を占拠[インディアン対策の改善を要求]‖ベトナム反戦の大学紛争各地で勃発	1969.7.アポロ11号の月着陸船イーグル号が月面着陸‖アーシュラ・K.ル=グィン『闇の左手』‖ウッドストック・ミュージック・フェスティバル開催
1970	1970.2.ニクソン・ドクトリン発表‖4.マサチューセッツ州,宣戦布告なき戦争への不参加を認める州法を制定[同州軍人のベトナム戦争への不参加を承認]‖4.米軍,カンボジアへ侵攻‖6.ニクソン,カンボジアからの米軍撤退を発表‖12.大気清浄法(マスキー法)成立	1970 国勢調査による人口2億330万人[平均寿命は全体で70.9歳,非白人男性では61.3歳]‖5.カンボジア派兵への反対デモ,各地で勃発‖各地で女性解放デモ行進‖ニクソン政権,アファーマティブ・アクションのガイドラインを発表‖ジャンボ・ジェット,ボーイング747就航[空の大量輸送時代の幕開け]	1970.4.22.環境保護を目的とする「アースデー」始まる‖ウィスコンシン大学で初の遺伝子合成に成功
	1971.3.ソンミ虐殺事件でウィリアム・カリー中尉に有罪判決‖6.憲法修正第25条[投票権を18歳に引き下げ]‖7.キッシンジャー,内密に中国訪問。周恩来と会談‖8.ニクソン,ドル防衛策を発表[ドルと金の交換の一時停止ほか,いわゆる「ニクソン・ショック」]‖12.大規模な北爆	1971.6.『ニューヨーク・タイムズ』,「ベトナム秘密文書」を掲載開始[国防総省のベトナム秘密調査を暴露]‖8.ニクソン,新経済政策を発表[3ヵ月間の賃金,物価の凍結]‖9.ニューヨーク州アッティカ刑務所で囚人の待遇改善を求め暴動‖NASDAQ設立	1971 ワシントンにケネディ芸術センターがオープン
	1972.2.ニクソン訪中,毛沢東・周恩来と会談,米中共同声明を発表‖3.男女平等憲法修正案(ERA),上院で可決‖5.ニクソン,北ベトナムの全港湾を封鎖‖5.ニクソン訪ソ,第1次戦略兵器制限条約(SALTⅠ)調印‖8.上院,米軍捕虜の釈放を条件にインドシナから米軍全面撤退を可決‖10.連邦水質汚濁防止法成立‖12.北爆再開	1972.6.ウォーターゲート事件の発端[民主党全国委員会に盗聴器設置を図った5名を逮捕]‖11.ネイティブ・アメリカン,内務省インディアン局を占拠‖『ワシントン・ポスト』が国防総省の対北ベトナム交渉秘密文書を暴露	1972 デイヴィッド・ハルバースタム『ベスト・アンド・ブライテスト』‖ジョン・バース『キマイラ』‖フランシス・コッポラ監督『ゴッド・ファーザー』‖フェミニズム雑誌『ミズ』創刊
	1973.1.パリでベトナム和平協定正式調印‖3.米軍,南ベトナムから	1973.1.ウォーターゲート裁判開始‖2.第2次ウンデッドニー事	1973 T.ピンチョン『重力の虹』‖アドリエンヌ・リッチ

● ヨーロッパ	● 中南米	● アジア	● 日本
1968.5.《仏》5月革命［パリで学生・労働者がデモ，全国規模のゼネストに発展］‖8.ワルシャワ条約機構軍，チェコ侵攻［自由化運動「プラハの春」を圧殺］		1968.1.《北朝鮮》プエブロ号事件‖10.《中国》劉少奇失脚	1968.4.小笠原諸島返還‖川端康成，ノーベル文学賞受賞‖イタイイタイ病と水俣病，「公害病」と認定される
1969 北アイルランド紛争激化		1969.3.《中国》中ソ国境紛争激化，ウスリー川で武力衝突‖4.共産党九全大会で毛沢東・林彪体制発足	1969.11.沖縄返還決定（72年に実施）‖大学紛争拡大
1970.3.東西両ドイツ首脳会談‖12.西独，ポーランドと国交正常化条約（ワルシャワ条約）	1970.5.《ペルー》マグニチュード7.7の大地震に見舞われる［死者5万人余］‖10.《チリ》アジェンデ政権発足［自由選挙による米大陸初の社会主義政権］	1970.4.《中国》初の人工衛星打ち上げに成功‖カナダ，イタリアと国交樹立	1970.3.日本万国博覧会大阪で開幕‖6.日米安全保障条約自動延長核拡散防止条約に調印
1971.5.《西独》外国為替，変動相場制に移行		1971.7.《中国》キッシンジャー，極秘裏に中国訪問‖9.林彪，毛沢東暗殺のクーデター失敗，逃亡中に墜落死‖10.中華人民共和国の国連加盟‖10.台湾国民政府，国連追放	1971.1.日米繊維協定調印‖7.マクドナルド日本第1号店，銀座に出店‖8.ドル・レート，暫定的に変動為替相場制採用
1972.3.《英》北アイルランド直接統治発表‖6.米・英・仏・ソ外相，ベルリン協定に調印［デタントの動き強まる］‖9.ミュンヘン・オリンピック選手村をアラブ・ゲリラが襲撃‖12.東西ドイツ基本条約調印‖ローマ・クラブ報告「成長の限界」発表		1972.2.《中国》ニクソン訪中‖9.日本と国交回復‖9.《台湾》日本と国交断絶声明	1972.2.冬季オリンピック札幌大会開催‖5.沖縄返還‖9.田中角栄首相訪中，日中国交正常化
1973.1.拡大EC発足［イギリス，アイルランド，デンマー	1973.9.《チリ》軍部によるクーデター［アジ	1973.8.《中国》批林批孔運動始まる‖8.《韓	1973.2.円，変動相場制に移行‖10.第1次石油危

年代	●アメリカ		
	●政治	●経済・社会	●文化・技術
	完全撤退‖10.スピロ・アグニュー副大統領，収賄容疑で辞任‖11.戦争権限法成立‖12.ジェラルド・フォード，副大統領に就任	件［ネイティブ・アメリカン，サウスダコタ州ウンデッドニーを占拠。1200人が逮捕］‖5.上院，ウォーターゲート特別調査委員会で公聴会開始‖8.全米黒人女性機構（NBFO）設立‖ロウ対ウェイド事件判決［最高裁が妊娠中絶を選択する女性の権利を承認］	『難破船に潜る』
	1974.2.パナマ運河をパナマ政府へ譲渡する原則宣言に調印‖4-5.キッシンジャー，中東で緊張緩和外交‖6.ニクソン訪ソ‖8.8.ニクソン辞任‖8.9.フォード副大統領，第38代大統領就任‖10.選挙資金法改正‖11.フォード，米大統領として初めて訪日‖11.情報公開法成立	1974.5.下院司法委員会，ニクソン弾劾決議案審議を開始‖7.11.下院司法委員会ウォーターゲート事件調査報告書を発表‖7.13.上院調査特別委員会，ウォーターゲート事件最終報告書を発表‖7.30.ニクソン大統領弾劾を可決‖アメリカ精神分析協会，同性愛を精神病のリストから除外‖第1次石油危機	
1975	1975.1.通商法成立‖4.フォード，対ベトナム戦争の終結を宣言‖6.マリアナ諸島，米自治領化‖9.2度のフォード暗殺未遂事件‖12.フォード，新太平洋ドクトリン発表	1975.7.学校における性差別禁止‖ウォール街のレストランで，プエルトリコ民族解放武装勢力による爆弾テロ‖ベトナム人亡命者14万人を受け入れ‖ビル・ゲイツら，マイクロソフト社設立	1975 ミュージカル『コーラス・ライン』上演
	1976.2.上院の調査によりロッキード社の賄賂工作が発覚‖5.米ソ，地下核実験制限条約調印	1976.7.4.独立宣言200周年記念祭‖空軍，初の女性隊員の受け入れ	1976.4.アップルⅠコンピュータ発売［キット・パソコン時代の始まり］‖7.ヴァイキング1号火星着陸‖ソール・ベロー，ノーベル文学賞受賞‖マキシン・ホン・キングストン『チャイナタウンの女武者』‖アレックス・ヘイリー『ルーツ』
	1977.1.ジミー・カーター，第39代大統領就任‖1.カーター，ベトナム戦争徴兵忌避者に特赦‖2.カーター，人権外交提唱‖5.ロッキード問題に関する報告書公表‖8.エネルギー省創設‖9.新パナマ運河条約に調印［2000年1月1日，運河の主権をパナマに返還決定］	1977.11.全米女性会議開催‖ジャクリーン・ミーン，エピスコパル派で初の女性牧師となる‖アラスカ・石油パイプライン開通	1977 ヘイリー『ルーツ』のテレビ・ドラマ化大ヒット‖トニ・モリスン『ソロモンの歌』‖ジョージ・ルーカス監督『スター・ウォーズ』‖宇宙探査船ボイジャー1号および2号，打ち上げ‖アップル社，初のパーソナル・コンピュータ「AppleⅡ」を発売
	1978.1.カーター=サダト会談，中東和平三原則を発表‖3.核技術，ウラン輸出を制限する核不拡散法制定‖9.カーター，イスラエルとエジプトの「キャンプ・デーヴィッド合意」を斡旋‖10.カーター，中性子爆弾の製造決定 1979.1.中華人民共和国と正式国交	1978.6.カリフォルニア大評議員対バッキ事件判決［マイノリティ出身者の大学特別入学枠を違法と判決］‖11.ジム・ジョーンズ率いる「人民寺院」の信者912人がガイアナで集団自殺‖米国史上最長の炭坑スト 1979 スリーマイル島原子力発	1978 『シカゴ・デイリー・ニューズ』（1875年創刊）が刊行停止に‖スーザン・ソンタグ『隠喩としての病い』‖パイオニア1号，2号が金星探索‖フィリップス社，コンパクト・ディスクを開発

●ヨーロッパ	●中南米	●アジア	●日本
クが新規加盟し9ヵ国に］‖10.東西ドイツ,国連加盟‖10.第1次石油ショック［OPEC6ヵ国,原油価格の21％引き上げを発表］	ェンデ政権崩壊］	国》金大中,東京のホテルで誘拐される	機始まる‖江崎玲於奈,ノーベル物理学賞受賞
1974.4.《ポルトガル》無血クーデター［救国軍事評議会,民主化施策を実施］‖7.《ギリシア》民政移管	1974.7.《アルゼンチン》ペロン大統領没,後任に夫人のイザベル・ペロン就任	1974.1.-《韓国》数ヵ月にわたり大統領緊急措置を続々と発動‖6.《中国》大気圏内核実験	1974.11.田中首相,金脈問題で辞任‖12.佐藤栄作,ノーベル平和賞受賞
1975.7.欧州安保協力首脳会議,ヘルシンキで開催‖11.第1回サミット,フランスで開催	1975.6.国際婦人年世界会議,メキシコシティで開催	1975.1.《中国》改正憲法採択‖4.《カンボジア》プノンペン陥落,親米のロン・ノル政権崩壊［カンボジア内戦終結］‖4.《ベトナム》サイゴン陥落［ベトナム戦争終結］‖9.《中国》ECと外交関係樹立	1975.7.沖縄国際海洋博覧会開催 9.-10.天皇・皇后,訪米
1976.2.英とアイスランド,タラ漁業をめぐって断交（タラ戦争）		1976.4.天安門事件［周恩来首相追悼をめぐる騒乱事件］‖9.毛沢東死去‖10.江青ら「四人組」逮捕［文化大革命終わる］	1976.2.ロッキード事件発覚‖7.田中前首相逮捕
1977.1.EC諸国,200海里漁業専管水域実施‖1.《英》IMFから巨額借款‖3.仏・西・伊の共産党,ユーロコミュニズムの宣言		1977.7.鄧小平復活,副主席就任‖8.文化大革命集結宣言,華国鋒体制の確立	1977.2.新日米漁業協定調印［200海里漁業専管水域に対応］‖9.日本赤軍,日航機をハイジャック
1978.7.世界初の体外受精児,英で誕生‖8.ヨハネ・パウロ2世,教皇に選出される	1978.9.《ニカラグア》内戦,全土に拡大	1978.3.《中国》新憲法公布［「四つの現代化」路線決定］‖4.《韓国》大韓航空機のソ連領空侵犯‖8.《中国》日中平和友好条約調印	1978.8.日中平和友好条約調印‖円急騰
1979.5.《英》サッチャー保守	1979.9.《ニカラグア》	1979.1.《中国》米中国	1979.2.初の日本語ワープ

年代	●アメリカ		
	●政治	●経済・社会	●文化・技術
	を樹立‖3.カーター，和平工作のためイスラエルおよびエジプト訪問‖4.台湾関係法成立‖6.米ソ第2次戦略兵器制限条約(SALT II)調印‖7.第2次石油危機に際し，エネルギー計画を発表‖11.テヘラン・アメリカ大使館占拠事件[ホメイニ支持の学生グループによる大使館占拠]‖12.カーター，ソ連のアフガニスタン侵攻を非難	電所事故[大量の放射能漏れ発生]	
1980	1980.1.ソ連のアフガニスタン侵攻に対し報復措置発表[対ソ連禁輸政策，モスクワ・オリンピックのボイコット]‖1.中東防衛に関する「カーター・ドクトリン」発表‖4.対イラン制裁措置発表‖4.テヘランの米大使館人質救出作戦失敗‖12.財政均衡法成立	1980　国勢調査による人口2億2,650万人[フロリダ，テキサスなどのサンベルトが急成長，離婚率急上昇，アジア系移民数がヨーロッパ系を超える]‖5.マイアミ暴動[フロリダ州で黒人を殺害した白人警官4名の無罪判決に対し黒人暴動が勃発]‖12.ジョン・レノン，ニューヨークで暗殺される	
	1981.1.テヘランのアメリカ大使館の人質，全員解放‖ロナルド・レーガン，第40代大統領就任[就任演説で「小さな政府」を表明]‖7.減税法案成立‖8.中性子爆弾の生産再開発表‖11.対ソ戦域核制限交渉開始	1981.2.レーガン，経済再建計画(レーガノミックス)を発表‖3.レーガン暗殺未遂事件‖5.対米自動車輸出自主規制問題，日米間で決着‖9.サンドラ・デイ・オコナー，女性初の最高裁判事に就任	1981.4.初のスペースシャトル・コロンビア号の飛行成功‖MTVネットワーク，放送開始‖IBM社，パーソナル・コンピュータ発売‖レイモンド・カーヴァー『愛について語るときに我々の語ること』‖ジョン・アーヴィング『ホテル・ニューハンプシャー』
	1982.4.レーガン，中国訪問‖6.レーガン，対ソ経済制裁を強化‖6.米ソ戦略兵器削減交渉(START)開始‖7.レーガン，国家宇宙政策を発表‖8.台湾への武器輸出問題について米中共同声明発表‖9.レーガン，包括的な中東和平提案を発表	1982.11.ベトナム退役記念碑除幕‖ニューヨークで大規模な反核デモ‖失業率が10%を超す	1982　アリス・ウォーカー『カラー・パープル』‖スティーヴン・スピルバーグ監督『E.T.』‖アンドリュー・ロイド・ウェバー作曲ミュージカル『キャッツ』ブロードウェイで上演
	1983.1.米ソ，ヨーロッパ中距離核戦力制限交渉再開‖4.レーガン，戦略防衛構想(SDI)発表‖4.ベイルートの米国大使館爆破事件‖10.米軍，グレナダ侵攻‖11.レーガン，日韓を訪問	1983.2.日系人戦時強制収容問題委員会，収容を不当と結論‖7.米疾病管理予防センター，1979年以来1,700人のエイズ患者が確認されたと発表‖トヨタとゼネラル・モーターズ(GM)小型乗用車合弁生産に合意	1983　ロック歌手マドンナ，デビュー
	1984.1.レーガン，一般教書で「強いアメリカ」を強調‖2.レーガン，海兵隊のベイルートからの撤兵を指示‖9.レーガン，国連総会で米ソ定期閣僚協議を提唱‖11.米ソ，新たな包括的軍縮交渉開始に合意‖11.イラクと国交再開‖12.アメリカ，ユネスコから脱退	1984　ベトナム戦争復員兵1万8,000人による枯葉剤集団訴訟[化学会社が1億8,000万ドル支払うことで和解]‖ジェラルディン・フェラーロ，女性初の副大統領候補(民主党)に‖ロサンゼルス・オリンピック開催	1984　ウィリアム・ギブスン『ニューロマンサー』‖ツヴェタン・トドロフ『他者の記号学』

●ヨーロッパ	●中南米	●アジア	●日本
党内閣発足‖12.NATO閣僚理事会，中距離核兵器(INF)欧州配備問題で二重決議‖12.ソ連軍，アフガニスタン侵攻	サンディニスタ政権樹立	交樹立‖1.《台湾》対米断交声明‖2.ホメイニによるイラン革命‖2.中越国境紛争［中国軍，ベトナムへ侵攻］‖4.中ソ友好同盟相互援助条約破棄‖8.《中国》「一人っ子政策」が提唱される‖10.《韓国》朴大統領，暗殺される	口発売される‖6.第5回サミット，東京で開催
1980.7.モスクワ・オリンピック開催［日・米・西独など，59ヵ国不参加］‖9.《ポーランド》自主管理労組「連帯」結成		1980.2.《中国》劉少奇の名誉回復‖5.《韓国》光州事件‖7.中越国境紛争再発‖8.《韓国》全斗煥が大統領に就任 1980.9.-88.8.イラン・イラク戦争	1980 日本車の年間生産台数，アメリカを抜き世界一に
1981.5.《仏》ミッテラン，大統領に就任‖9.《仏》TGV営業開始‖12.《ポーランド》戒厳令施行［「連帯」のワレサ委員長拘禁］	1981.10.初の南北サミット，メキシコで開催	1981.6.《中国》六中全会で，鄧小平・胡耀邦体制確立‖12.中印国境交渉	1981.2.ヨハネ・パウロ2世，ローマ教皇として初来日‖福井謙一，ノーベル化学賞受賞
1982.4.-6.《英》フォークランド紛争‖10.《西独》コール，首相に就任	1982.4.-6.フォークランド紛争［英領フォークランド諸島の領有権をめぐり英軍とアルゼンチン軍が武力衝突］	1982.7.-9.《中国・韓国》教科書問題で日本に抗議‖12.《韓国》金大中を釈放，米に移送	1982 教科書検定による「歴史の改ざん」に中国・韓国から抗議
1983.10.《西独》各地でアメリカ製中距離核ミサイル配備に対する抗議集会［総参加者数150万人］		1983.5.中国民航機，乗っ取られて韓国に着陸‖9.大韓航空機，サハリン沖で領空侵犯のためソ連軍機に撃墜される‖10.《韓国》ラングーン爆弾テロ事件［韓国閣僚ら爆死］	1983.4.東京ディズニーランド開園‖10.ロッキード裁判［田中角栄元首相に有罪判決］
1984.12.《英》香港返還協定調印	1984.6.中南米11ヵ国，先進国に対し債務利子の引き下げを要求［ドル高と高金利の下，累積債務の返済に苦しんだ結果］	1984.1.米と産業技術協力協定・科学技術協力協定締結‖4.レーガン大統領訪中‖12.1997年香港返還に関する中英合意文書正式調印	1984 日本，世界一の長寿国となる

年代	●アメリカ		
	●政治	●経済・社会	●文化・技術
1985	1985.3.日米貿易不均衡増大, 議会で日本への批判高まる‖9.プラザ合意成立［G5諸国によるドル安誘導協調介入合意］‖12.均衡予算法（グラム・ラドマン法）成立	1985 ベイルートで人質になっていた39名が解放される‖ワシントンの平和と反核を求める集会に4万人が集まる	1985 ポール・オースター『シティ・オブ・グラス』‖ダナ・ハラウェイ「サイボーグ宣言」
	1986.4.リビア政府の国際テロ支援への報復のため、米空軍がトリポリなどを攻撃‖8.反アパルトヘイト法案成立［南アフリカに対する経済制裁強化］‖8.上院, ニカラグアの反政府ゲリラ・コントラへの援助を決定‖9.税制改革法成立‖11.イラン・コントラ事件［イランへの武器売却の利益がコントラへ流出していたことが発覚, ポインデクスター大統領補佐官が辞任］	1986 キング牧師の誕生日が国の祝日に制定される	1986.1.スペース・シャトル・チャレンジャー号爆発［宇宙計画に打撃］‖全米科学財団（NSF）, NSFnetの運用開始［インターネットの前身］
	1987.12.ワシントンで米ソ首脳会談［INF全廃条約に調印］	1987.10.暗黒の月曜日［ニューヨーク株式市場で株価が22％下落］‖ウィリアム・レンクィスト, 最高裁判所首席判事に指名される‖アメリカ, 世界一の債務国となる	1987 リチャード・ウィルバー, 桂冠詩人に‖アラン・ブルーム『アメリカン・マインドの終焉』‖トニ・モリスン『ビラヴト』
	1988.5.レーガン訪ソ‖7.イラン航空の旅客機がペルシャ湾で作戦中の米艦船に撃墜される‖8.スーパー301条を含む包括的通商法成立‖8.市民自由法成立	1988.2.ニュージャージー州最高裁で「ベビーM」事件判決［代理母が出産した子供の返還を求めた訴訟］‖8.日系人強制収容補償法成立‖テンプル大学で黒人初の博士号授与者	1988 ブレット・イーストン・エリス『アメリカン・サイコ』
	1989.1.ジョージ・H.W.ブッシュ, 第41代大統領就任‖1.アメリカとカナダ, 包括的自由貿易協定調印‖5.オリヴァー・ノース中佐, イラン・コントラ事件で有罪判決‖8.貯蓄貸付組合救済法成立‖12.ブッシュ, マルタ島でソ連のゴルバチョフ書記長と会談［冷戦の終結を宣言］‖12.米軍, パナマに侵攻	1989.9.ソニー, コロンビア映画を買収‖失業率が5.1％に‖最高裁, 女性の妊娠中絶権を制限‖コリン・パウエル将軍, 黒人初の統合参謀本部議長に就任‖北カリフォルニアで大地震	1989 デイヴィッド・リンチ監督のTVドラマ『ツイン・ピークス』（～92）が話題に‖スティーヴ・エリクソン『黒い時計の旅』‖ジェイムズ・ファローズ,「日本封じ込め論」を『アトランティック』誌に掲載

● ヨーロッパ	● 中南米	● アジア	● 日本
1985.3.《ソ連》ゴルバチョフ，書記長に就任		1985.5.《韓国》南北経済会談‖6.《中国》人民公社解体	1985.5.男女雇用機会均等法成立‖8.中曽根康弘首相，戦後初の靖国神社公式参拝‖日米貿易摩擦激化［対米黒字34億ドル］
1986.1.スペイン・ポルトガル，EC加盟‖4.《ソ連》チェルノブイリ原子力発電所で爆発事故‖6.《ソ連》ゴルバチョフ，ペレストロイカ提唱		1986.2.《フィリピン》マルコス政権崩壊，コラソン・アキノが大統領就任‖2.《韓国》改憲運動始まる‖11.-《中国》各地で民主化要求の学生デモ	
1987.3.《ポルトガル》マカオの中国返還（1999年）に合意‖12.米ソ，中距離核戦力（INF）全廃条約に調印		1987.3.《中国》ポルトガルのマカオ返還共同声明に調印‖7.《台湾》38年ぶりに戒厳令解除‖11.《韓国》大韓航空機爆破事件‖12.《韓国》直接選挙により，盧泰愚大統領当選［初の平和的政権交代］	1987.4.国鉄分割民営化‖利根川進，ノーベル医学生理学賞受賞
1988.1.仏・西独，軍事経済協力協定調印‖5.《ソ連》アフガニスタンから撤兵開始		1988.1.《台湾》李登輝，総統就任‖9.《韓国》ソウル・オリンピック大会開催［北朝鮮不参加］‖10.中ソ国境交渉合意	1988.3.青函トンネル開業‖6.リクルート関連株疑惑発覚
1989.5.《ハンガリー》オーストリアとの国境の監視塔と鉄条網を撤去［東独市民の西側流出始まる］‖8.東独市民のハンガリー経由での西側への流出激増‖8.《ポーランド》マゾビエツキ（連帯）非共産党内閣発足‖8.《バルト3国》民族の独立を求め，3国の100万人以上の市民が手をつなぎ，600kmに及ぶ「自由の鎖」をつくる‖10.《東独》ホーネッカー書記長辞任‖《ハンガリー》共産党が「社会党」と改称，複数政党制への移行など各種改革に着手‖11.9.ベルリンの壁崩壊［東独市民の国外移動自由化］‖11.《チェコスロバキア》ビロード革命始まる‖12.《ルーマニア》反政府運動が高まり，チャウシェスク	1989.12.《パナマ》米軍，パナマ侵攻	1989.2.《中国》インドネシアと国交正常化［22年ぶり］‖5.《中国》ゴルバチョフ訪中［中ソ関係30年ぶりに正常化］‖6.天安門事件［民主化運動弾圧］‖11.アジア太平洋経済協力会議（APEC），オーストラリアのキャンベラで第1回会議を開催	1989.1.昭和天皇崩御，平成と改元‖4.消費税導入‖ソニー，コロンビア映画買収‖三菱地所，ロックフェラーセンター買収‖ベトナム難民急増

年代	●アメリカ		
	●政治	●経済・社会	●文化・技術
1990	1990.8.ブッシュ, サウジアラビア防衛のため米軍を派遣‖9.ブッシュ,「新世界秩序」演説‖11.ブッシュ, サウジ派遣軍の増派を発表‖11.ブッシュ, 財政赤字削減法案に署名	1990 国勢調査による人口2億4,870万人［都市人口75.2％, 農業従事者は総人口の1.9％］‖1.パナマ大統領ノリエガ, 米軍により麻薬裁判のためフロリダに護送される‖7.ブッシュ, 心身障害者に対する差別を禁止する法案に署名	1990 T.ピンチョン『ヴァインランド』‖イヴ・セジウィック『クローゼットの認識論』
	1991.1.上下両院, クウェート解放のためイラクに対する武力行使を承認‖1.17.湾岸戦争開始［アメリカを中心とする多国籍軍, イラクを攻撃］‖7.モスクワで米ソ首脳会談, 第1次戦略核兵器削減条約（STARTⅠ）調印‖11.失業保険受給期間延長法成立	1991.12.7.ブッシュ, 真珠湾50周年記念式典に出席‖失業率6.5％に‖大銀行間の合併傾向が顕著に‖ポリティカル・コレクトネス（PC）の議論が世論で高まる‖バスケットボールの名選手, アーヴィン・"マジック"・ジョンソン選手, エイズにより引退	1991 ラリイ・マキャフリイ,「アヴァン・ポップ宣言」発表‖ノーマン・スピンラッド,「北米マジック・リアリズム」提唱‖X世代が話題に‖ダグラス・クープランド『ジェネレーションX』‖エイミー・タン『キッチン・ゴッズ・ワイフ』
	1992.5.議員の報酬に関する憲法修正第27条成立‖8.北米自由貿易協定（NAFTA）締結‖12.米海兵隊をソマリアに派遣［人道的介入を謳った国連安保理決議に基づく］	1992.4.ロサンゼルス暴動［市警の白人警官4名が黒人のロドニー・キングを集団暴行した事件の, 白人警官に対する無罪判決に抗議して暴動発生］‖10.日本人留学生射殺事件［ルイジアナ州へ留学中の日本人高校生がハロウィンに訪問先を間違え射殺される］	1992 フランシス・フクヤマ『歴史の終わり』‖全米日系アメリカ人博物館開館
	1993.1.ビル・クリントン, 第42代大統領就任［戦後生まれの大統領の誕生］‖1.米ロ首脳会談, STARTⅡ調印‖9.米の仲介により, イスラエルとPLO, パレスティナ暫定自治協定に調印‖10.クリントン, ソマリアからの撤兵を発表‖11.連邦支出削減法成立‖11.ブレイディ銃保有規制法成立‖12.GATTウルグアイ・ラウンド最終協定案採択	1993.2.ニューヨーク, 世界貿易センターの地下で大規模な爆発［7名死亡, 600名が負傷。容疑者としてイスラム原理主義者がカイロで逮捕される］‖2.武装宗教集団「ブランチ・デヴィディアン」集団自決‖クリントン, 米軍内部の同性愛者について「訊かない, 言わない, 追及しない」原則を提唱	1993 トニ・モリスン, ノーベル文学賞受賞‖トニー・クシュナー『エンジェルズ・イン・アメリカ』‖S.エリクソン『Xのアーチ』‖ユーリディシー『f32のオーガズム』‖ワールド・ワイド・ウェブ（WWW）, 開発される
	1994.1.アメリカ, カナダ, メキシコの3ヵ国間の貿易自由化を目指す北米自由貿易協定（NAFTA）発効‖5.クリントン, 中国に対する最恵国待遇更新を決定‖6.カーター元大統領, 核開発凍結問題について平壌で金日成と会談‖8.クリントン, 対キューバ圧力を強化‖9.ハイチへ派兵	1994.1.ロサンゼルス大地震‖大リーグ, ストライキのためワールド・シリーズ中止	1994 バーバラ・チェイス・リボウ『大統領の秘密の娘』‖ハロルド・ブルーム『西洋の聖典』‖この頃からインターネットが急速に普及
1995	1995.3.商務省, 貿易赤字が史上最大に達したと発表‖7.ベトナムと国交正常化‖12.予算不成立により連邦政府機能が一時停止	1995.4.オクラホマ・シティの連邦政府ビル爆破事件［死者168名］‖10.フットボール選手のO.J.シンプソンに対し, 元妻の殺害裁判で無罪判決	1995 スティーヴン・キング『グリーン・マイル』‖ウィンドウズ95発売［インターネットの普及にさらに拍車がかかる］

●ヨーロッパ	●中南米	●アジア	●日本
政権崩壊‖米ソ首脳，マルタで会談し，冷戦終結を宣言			
1990.2.《ソ連》共産党中央委，一党独裁放棄‖3.-5.バルト3国独立宣言‖4.《ハンガリー》43年ぶりの総選挙で民主フォーラム圧勝‖10.3.東西ドイツ統一‖12.《アルバニア》複数政党制導入	1990.1.《パナマ》ノリエガ将軍，米軍に逮捕される‖6.《ペルー》アルベルト・フジモリ，初の日系人大統領に選出される	1990.8.《クウェート》イラク軍，クウェート侵攻‖8.中国・インドネシア国交回復‖9.中国・ベトナム首脳公式会談‖9.《韓国》ソ連と国交樹立	1990.6.日米構造協議最終決着
1991.6.クロアチアとスロヴェニアがユーゴスラヴィア連邦からの独立を宣言‖6.コメコン解散‖8.《ソ連》保守派ヤナーエフらによるクーデタ失敗（8月政変），共産党解体‖12.ソ連邦解体，独立国家共同体（CIS）誕生		1991.1.-4.湾岸戦争‖9.韓国と北朝鮮，国連に同時加盟‖10.《ミャンマー》民主化運動指導者アウン・サン・スー・チー，ノーベル平和賞受賞‖11.中国・ベトナム国交正常化	1991.1.-3.湾岸戦争で多国籍軍に経済支援‖4.-10.ペルシア湾に海上自衛隊掃海艇部隊派遣［初の自衛隊海外派遣］‖4.ゴルバチョフ来日‖バブル経済崩壊
1992.2.EC加盟国，マーストリヒト条約（欧州連合条約）に調印‖3.旧ソ連8ヵ国，国連に加盟‖3.ボスニア内戦勃発‖4.セルビアとモンテネグロ，新ユーゴ連邦を設立［旧ユーゴ解体し，5つの共和国に分裂］	1992.6.国連環境開発会議（地球サミット），リオデジャネイロで開催	1992.3.《カンボジア》国連カンボジア暫定行政機構（UNTAC），正式発足‖8.中国・韓国国交樹立‖10.天皇の中国訪問	1992.6.PKO協力法成立‖9.日本人初の宇宙飛行士，毛利衛が乗り組んだスペースシャトル打ち上げ‖10.自衛隊PKO部隊をカンボジアに派遣
1993.1.チェコとスロヴァキア，分離（ビロード離婚）‖10.欧州連合条約，全加盟国の批准完了［ECからEUへ］			1993.5.日本初のプロサッカーリーグ，Jリーグ開幕‖8.細川護熙内閣発足［55年体制崩壊］
1994.5.ユーロトンネル開通‖6.《ロシア》EUと友好協力協定に調印‖12.ロシア軍，チェチェンに侵攻［第1次チェチェン戦争（-96.6）］	1994.12.《メキシコ》新ペソ大暴落，通貨危機	1994.2.北朝鮮，IAEAの核査察を受け入れ‖6.北朝鮮，IAEA脱退を宣言‖7.北朝鮮金日成主席死去‖9.中国，ロシアと友好宣言‖10.中国首脳，初の韓国訪問‖10.米朝「枠組み合意」	1994.2.H2ロケット打ち上げ成功‖10.大江健三郎，ノーベル文学賞受賞
1995.1.オーストラリア，フィンランド，スウェーデン，EUに加盟‖1.WTO発足［GATTが発展的に解消］‖11.ボスニア内戦についてのデイトン和平合意成立［内戦，一応終結］‖12.《英》		1995.3.朝鮮半島エネルギー開発機構（KEDO）発足‖8.国連世界女性会議，北京で開催‖	1995.1.阪神・淡路大震災‖3.東京地下鉄サリン殺人事件‖11.沖縄米軍基地縮小が検討される［9月に起きた米兵による少女暴行事件がきっかけ］‖野茂英雄，米大リ

年代	●アメリカ		
	●政治	●経済・社会	●文化・技術
	1996.2.テレコミニュケーション法成立［通信電話業界の規制撤廃］‖4.クリントン訪日，日米安全保障共同宣言発表‖8.福祉改革法成立‖9.イラクに空爆	1996.7.アトランタ・オリンピック開催‖12.マデレーン・オルブライト，初の女性国務長官に就任	1996 マイケル・キージング「赤毛のアンナちゃん」，アラン・ブラウン「オードリー・ヘップバーンのうなじ」など，新たなオリエンタリズム小説が相次いで発表される‖スティーヴン・ミルハウザー「マーティン・ドレスラーの夢」
	1997.5.クリントン，中米首脳会談に出席［NAFTA加盟国拡大化する方針を表明］‖10.江沢民訪米，米中首脳会談	1997.3.カルト集団「ヘヴンズ・ゲイト」信者39名が集団自殺‖10.100万人女性行進［フィラデルフィアで黒人女性が地位向上を求め行進，史上最大規模の集会となる］‖6.クリントン，黒人差別や過去の奴隷制度についての公式謝罪を検討すると発表‖8.カリフォルニア州で，アファーマティブ・アクションを撤廃する州法を施行‖9.LTCMの経営危機，表面化	1997.7.ネヴァダ州で第1回臨界前核実験実施‖ドン・デリーロ「アンダーワールド」‖アーサー・ゴールデン「さゆり」‖T.ピンチョン「メイスン＆ディクスン」‖IBMのスーパーコンピュータ「ディープ・ブルー」，チェスの世界チャンピオン，ゲイリー・カスパロフと対戦し勝利
	1998.3.対キューバ政策緩和‖4.米州サミット［米州自由貿易地域実現に向けて貿易交渉委員会が発足］‖6.クリントン訪中，江沢民国家主席と会談‖8.ケニアとタンザニアの米国大使館が爆破される［死者257名］‖8.クリントン，大使館爆破はオサマ・ビンラディンの組織による者と断定。スーダンとアフガニスタンの「テロ関連施設」をミサイル攻撃‖12.国連査察拒否を理由に米英によるイラク攻撃	1998.12.エクソンとモービル合併［世界最大の石油メジャー誕生］‖クリントンと元実習生モニカ・ルインスキーとの不倫スキャンダルが発覚，クリントン，連邦大陪審で証言	1998 ジョン・アーヴィング「未亡人の一年」‖マイケル・カニンガム「時間」
	1999.3.NATO軍，コソボ攻撃‖11.米中貿易協定調印	1999.2.クリントン，弾劾裁判で無罪確定‖4.コロラド州コロンバイン高校で銃乱射事件［死者15人］‖7.ジョン・F.ケネディ二世，飛行機事故で死亡‖7.アイリーン・コリンズ空軍大佐，女性初のスペースシャトル船長としてコロンビア号飛行	
2000	2000.10.米海軍駆逐艦USSコール，イエメン沖で爆破事件［米兵17名死亡］‖10.オルブライト国務長官，北朝鮮訪問‖11.ヒラリー・クリントン，上院議員に当選［ファーストレディとして初めて公職に選出］‖11.クリントン，ニクソン以来初の米大統領としてベトナム訪問‖11-12.大統領選	2000 国勢調査による人口2億8,140万人［うち11％が外国生まれ。家庭でスペイン語，中国語，ロシア語など，英語以外の言語を使う人口も急増］‖7.ゴルフ選手タイガー・ウッズ，最年少（24歳）でグランドスラム達成	2000 ニューヨーク・ヤンキース，1972年以来初めてワールド・シリーズで3連勝

●ヨーロッパ	●中南米	●アジア	●日本
狂牛病広がる 1996.6.《ロシア》チェチェンと停戦‖9.国連で包括的核実験禁止条約（CTBT）採択‖10.ローマ教皇，進化論を認める	1996.12.《ペルー》日本大使公邸人質事件起こる［翌年4月に解決］	1996.10.韓国，OECD加盟	ーグ・ドジャーズ入団 1996.4.沖縄普天間基地返還などについて日米共同声明
1997.2.世界初のクローン羊誕生‖6.EU首脳会議，アムステルダム条約を採択		1997.7.英，香港を中国に返還‖7.タイ・バーツ急落［アジア通貨危機の始まり。その後，インドネシア，韓国など各国に波及］‖12.《韓国》IMFなどによる支援受け入れ［経済改革始まる］	1997.3.東海村動燃再処理工場で爆発事故‖9.日米防衛協力のための指針（ガイドライン）に合意‖12.地球温暖化防止京都会議
1998.4.《英》北アイルランド和平合意		1998.2.《韓国》金大中，大統領就任‖5.インドとパキスタン，相次いで地下核実験‖10.日韓共同宣言を発表	1998.2.長野冬季オリンピック開催
1999.1.欧州単一通貨ユーロ，参加11ヵ国で導入［貨幣の流通は2002年］‖3-6.NATO軍，ユーゴ空爆‖6.コソボ紛争停戦［NATOの監視下，国連が秩序回復と復興にあたる］‖8-9.《ロシア》モスクワなどでチェチェン勢力によるテロが続発［ロシア軍が戦闘を再開し，第2次チェチェン戦争始まる］	1999.1.ブラジル金融危機	1999.10.《インドネシア》東ティモールの独立を承認‖12.ポルトガル，マカオを中国に返還	1999.5.防衛指針（ガイドライン）法成立‖8.国旗・国家法，通信傍受法成立‖9.東海村で初の核臨界事故‖10.東京で日韓首脳会談［共同宣言を発表し，両国の歴史認識を確認］
2000.2.ロシア軍，チェチェンの首都グローズヌイを制圧‖4.《ロシア》下院がSTART ⅡおよびCTBT条約を批准‖11.《ユーゴ》国連再加盟が承認される	2000.1.《エクアドル》通貨を米ドル化	2000.6.南北首脳会談［金大中大統領，平壌を訪れ金正日と会談，南北共同宣言を発表］	2000.12.白川英樹，ノーベル化学賞受賞‖イチロー，米大リーグ・マリナーズ入団

年代	●アメリカ		
	●政治	●経済・社会	●文化・技術
	挙。共和党ジョージ・W.ブッシュ対民主党アル・ゴア［フロリダ州の得票について最高裁で決定，ブッシュの当選確定］‖12.国際刑事裁判所設立条約調印		
	2001.1.ジョージ・W.ブッシュ，第43代大統領就任‖3.米，環境問題をめぐり京都議定書からの離脱表明‖4.米軍偵察機，南シナ海上空で中国空軍と衝突［米兵の身柄引渡しをめぐり外交問題に発展］‖9.21.ブッシュ・ドクトリン表明‖10.アフガニスタン攻撃［米英軍，ビンラディン率いるイスラム過激派アル・カイダへの報復のためアフガニスタン攻撃］‖10.米国パトリオット法制定［テロ防止のための連邦当局の捜査権強化］‖11.米，CTBT不参加を表明‖12.米，ABM条約脱退	2001.9.11.同時多発テロ事件［ニューヨークの世界貿易センタービル，ワシントンD.C.のペンタゴンがハイジャック機により爆破］‖10.炭疽菌テロが頻発‖12.大手エネルギー会社エンロン，破産法適用申請	
	2002.1.ブッシュ，イラク・イラン・北朝鮮を「悪の枢軸」と批判‖5.国際刑事裁判所設立条約から離脱‖9.米国安全保障戦略報告‖10.議会，イラク攻撃容認決議案採択‖11.国土安全保障省創設	2002.2.ソルトレイク・シティで冬季オリンピック開催［崩壊した世界貿易センターから回収された星条旗を開会式で掲揚］‖7.通信大手ワールドコム倒産	2002.3.デンゼル・ワシントン，ハル・ベリーがアカデミー主演男優賞，主演女優賞［黒人男性として2人目，黒人女性として初］‖10.カーター元大統領，ノーベル平和賞受賞‖プレスリー没後25年，Elvis：30♯1Hitsがレコード売上チャートの首位を占める
	2003.3.英米軍，イラク攻撃‖4.バグダッド陥落‖4.アメリカ，国連，ロシア，EUがパレスチナ新和平案（ロードマップ）を発表‖12.サダム・フセイン逮捕	2003.2.スペースシャトル・コロンビア号事故［帰還直前に空中分解，乗組員全員死亡］‖8.米国北東部からカナダにかけて北米史上最大規模の停電	2003.4.ヒトゲノム解読完了［米欧日の協力により］
	2004.5.米駐留軍兵士によるイラク軍捕虜虐待事件‖6.レーガン大統領国葬	2004.2.サンフランシスコ市，全米の自治体で初めて同性間の結婚に許可証発行［キリスト教右派を中心に同性婚反対運動高まる］‖インターネット利用者，全世界で9億4,500万人に［うち米国は1億8,900万人］	

●ヨーロッパ	●中南米	●アジア	●日本
2001.9.ウズベキスタン，タジキスタン，キルギス，対テロ戦争のための米軍駐留を承認	2001.12.アルゼンチン金融危機	2001.12.《中国》WTOに正式加盟	2001.2.実習船えひめ丸，ハワイ沖で米原潜と衝突，沈没‖12.野依良治，ノーベル化学賞受賞
2002.1.EU単一通貨ユーロ，12ヵ国で流通開始‖5.NATO・ロシア理事会設立‖8.中東欧地域のエルベ川流域で大洪水‖10.《ロシア》モスクワで，チェチェン独立派による劇場占拠事件‖11.NATO首脳会議，東方拡大決定［バルト3国，スロバキア，スロベニア，ブルガリア，ルーマニアの2004年度加盟が決まる］		2002.5.日韓共催サッカーワールドカップ開催	2002.5.日韓共催サッカーワールドカップ開催‖9.小泉純一郎首相訪朝，金正日総書記と会談［金総書記，拉致事実を認め謝罪］‖10.小柴昌俊ノーベル物理学賞受賞，田中耕一ノーベル化学賞受賞［日本で初のダブル受賞］
2003.3.仏独，米によるイラクへの武力行使に反対表明‖7.《ロシア》モスクワでチェチェン独立派による自爆テロ		2003.2-5.中国でSARS大流行‖4.《北朝鮮》核兵器保有を宣言‖6.中国，サミットに初参加［フランス，エビアン・サミット］	2003.5.個人情報保護法成立‖6.有事法制関連3法成立‖7.イラク復興支援特別措置法成立
2004.5.EU東方拡大［中東欧10ヵ国が加盟し，25ヵ国体制に］			2004.1.イラク復興支援のため自衛隊派遣

歴代大統領・副大統領・国務長官一覧

代	大統領 [政党・在任期間]	副大統領	国務長官
1	ジョージ・ワシントン 1789-97	J. アダムズ	T. ジェファソン E. J. ランドルフ T. ピッカリング
2	ジョン・アダムズ フェデラリスト党 1797-1801	T. ジェファソン	T. ピッカリング J. マーシャル
3	トマス・ジェファソン リパブリカン党 1801-09	A. バー G. クリントン	J. マディソン
4	ジェイムズ・マディソン リパブリカン党 1809-1817	G. クリントン E. ゲリー	R. スミス J. モンロー
5	ジェイムズ・モンロー リパブリカン党 1817-25	D. D. トンプキンズ	J. Q. アダムズ
6	ジョン・クインシー・アダムズ リパブリカン党 1825-29	J. C. カルフーン	H. クレー
7	アンドルー・ジャクソン 民主党 1829-37	J. C. カルフーン M. ヴァン・ビューレン	M. ヴァン・ビューレン E. リヴィングストン L. マックレン J. フォーシス
8	マーティン・ヴァン・ビューレン 民主党 1837-41	R. M. ジョンソン	J. フォーシス
9	ウィリアム・ヘンリー・ハリソン ホイッグ党 1841	J. タイラー	D. ウェブスター
10	ジョン・タイラー ホイッグ党 1841-45		D. ウェブスター H. S. レグレ A. P. アップシュア J. C. カルフーン

代	大統領 [政党・在任期間]	副大統領	国務長官
11	ジェイムズ・K. ポーク 民主党 1845-1849	G. M. ダグラス	J. ブキャナン
12	ザカリー・テイラー ホイッグ党 1849-50	M. フィルモア	J. M. クレイトン
13	ミラード・フィルモア ホイッグ党 1850-53		D. ウェブスター E. エベレット
14	フランクリン・ピアース 民主党 1853-57	W. R. キング	W. L. マーシー
15	ジェイムズ・ブキャナン 民主党 1857-61	J. C. ブレッキンリッジ	L. カス J. S. ブラック
16	エイブラハム・リンカン 共和党 1861-65	H. ハムリン A. ジョンソン	W. H. スーアード
17	アンドルー・ジョンソン 民主党 1865-69		W. H. スーアード
18	ユリシーズ・S. グラント 共和党 1869-77	S. コルファクス H. ウィルソン	E. B. ウォッシュバーン H. フィッシュ
19	ラザフォード・B. ヘイズ 共和党 1877-81	W. A. ウィーラー	W. M. エバーツ
20	ジェイムズ・A. ガーフィールド 共和党 1881	C. A. アーサー	J. G. ブレーン
21	チェスター・A. アーサー 共和党 1881-85		F. T. フリーリングハイゼン

代	大統領〔政党・在任期間〕	副大統領	国務長官
22	S. グローヴァー・クリーヴランド 民主党 1885-89	T. A. ヘンドリックス	T. F. バイアード
23	ベンジャミン・ハリソン 共和党 1889-93	L. P. モートン	J. G. ブレーン J. W. フォスター
24	S. グローヴァー・クリーヴランド 民主党 1893-97	A. E. スティーブンソン	W. Q. グレシャム R. オルニ
25	ウィリアム・マッキンリー 共和党 1897-1901	G. A. ホバート T. ローズヴェルト	J. シャーマン W. R. デイ J. ヘイ
26	セオドア・ローズヴェルト 共和党 1901-09	C. W. フェアバンクス	J. ヘイ E. ルート R. ベーコン
27	ウィリアム・H. タフト 共和党 1909-13	J. S. シャーマン	P. C. ノックス
28	ウッドロー・ウィルソン 民主党 1913-21	T. R. マーシャル	W. J. ブライアン R. ランシング B. コルビー
29	ウォレン・G. ハーディング 共和党 1921-23	C. クーリッジ	C. E. ヒューズ
30	カルヴィン・クーリッジ 共和党 1923-29	C. G. ドーズ	C. E. ヒューズ F. B. ケロッグ
31	ハーバート・C. フーヴァー 共和党 1929-33	C. カーティス	H. L. スティムソン
32	フランクリン・D. ローズヴェルト 民主党 1933-45	J. N. ガーナー H. A. ウォーレス H. S. トルーマン	C. ハル E. R. ステティニアス2世

代		大統領 [政党・在任期間]	副大統領	国務長官
33		ハリー・S. トルーマン 民主党 1945-53	A. W. バークリー	J. E. バーンズ G. C. マーシャル D. G. アチソン
34		ドワイト・D. アイゼンハワー 共和党 1953-61	R. M. ニクソン	J. F. ダレス C. A. ハーター
35		ジョン・F. ケネディ 民主党 1961-63	L. B. ジョンソン	D. ラスク
36		リンドン・B. ジョンソン 民主党 1963-69	H. H. ハンフリー	D. ラスク
37		リチャード・M. ニクソン 共和党 1969-74	S. T. アグニュー G. R. フォード	W. P. ロジャーズ H. A. キッシンジャー
38		ジェラルド・R. フォード 共和党 1974-77	N. A. ロックフェラー	H. A. キッシンジャー
39		ジミー・E. カーター 民主党 1977-81	W. F. モンデール	C. R. バンス E. S. マスキー
40		ロナルド・W. レーガン 共和党 1981-89	G. H. W. ブッシュ	A. ヘーグ G. P. シュルツ
41		ジョージ・H. W. ブッシュ 共和党 1989-93	J. D. クエール	J. ベーカー
42		ウィリアム・J. クリントン 民主党 1993-2001	A. ゴア Jr.	W. M. クリストファー M. オルブライト
43		ジョージ・W. ブッシュ 共和党 2001-	R. B. チェイニー	C. パウエル

主要参考文献

●英語文献

Cayton, Mary Kupiec, Elliott J. Gorn, and Peter W. Williams, eds. *Encyclopedia of American Social History.* 3 vols. Scribner, 1993.
DeConde, Alexander, ed. *Encyclopedia of American Foreign Policy.* Scribner, 1978.
Foner, Eric, and John A. Garraty, eds. *The Reader's Guide to American History.* Houghton Mifflin, 1991.
Freidel, Frank B., ed. *Harvard Guide to American History.* 2 vols. Belknap Press of Harvard University Press, 1977.
Garraty, John A. *The American Nation.* 7th ed. Harper Collins, 1991.
Jentleson, Bruce W. and Thomas G. Paterson, eds. *Encyclopedia of U.S. Foreign Relations.* 4 vols. Oxford University Press, 1997.
Kellogg, Jefferson B. and Robert H. Walker, eds. *Sources for American Studies.* Greenwood Press, 1983.
Kurian, George T., ed. *Encyclopedia of American Studies.* Grolier Educational, 2001.
Kutler, Stanley I., ed. *Dictionary of American History.* 3rd ed. Scribner's Sons, 2003.
Lipset, Seymour M. *American Exceptionalism: A Double-Edged Sword.* W.W. Norton, 1996.
McElvaine, Robert, ed. *Encyclopedia of the Great Depression.* 2 vols. Macmillan Reference USA, 2004.
Ness, Immannuel, ed. *Encyclopedia of American Social Movements.* M. E. Sharpe, 2004.
Salzman, Jack, ed. *American Studies: An Annotated Bibliography.* 3 vols. Cambridge University Press, 1986.
Thernstrom, Stephan, Ann Orlov, and Oscar Handlin, eds. *Harvard Encyclopedia of American Ethnic Groups.* Belknap Press of Harvard University, 1980.
U. S. Bureau of Census. *Statistical Abstract of the United States.* G. P. O., 1879- .
U. S. Dept. of Commerce, Bureau of the Census. *Historical Statistics of the United States. Colonial Times to 1970.* Kraus International Publications, 1989.

●全体にかかわるもの,事典,資料など

明石紀雄・川島浩平編著『現代アメリカ社会を知るための60章』明石書店,1998.
阿部齊・五十嵐武士編『アメリカ研究案内』東京大学出版会,1998.
アメリカ学会訳編『原典アメリカ史』(全7巻・別巻) 岩波書店,1950/51/53/55/57/58/81/82.
有賀夏紀・油井大三郎編『アメリカの歴史――テーマで読む多文化社会の夢と現実』有斐閣アルマ,2003.
五十嵐武士・油井大三郎編『アメリカ研究入門』(第3版) 東京大学出版会,2003.
大下尚一・有賀貞・志邨晃佑・平野孝編『史料が語るアメリカ』有斐閣,1989.
大橋健三郎・加藤秀俊・斎藤眞編『講座アメリカの文化』(全6巻・別巻2) 南雲堂,1969-71.
合衆国商務省編(斎藤眞・鳥居泰彦監訳)『アメリカ歴史統計』(全2巻・別巻) 原書房,1986/87.
合衆国商務省編(斎藤眞・鳥居泰彦監訳)『アメリカ歴史統計』(新装版・全2巻・別巻1) 東洋書林,1999.
合衆国商務省センサス局編(鳥居泰彦監訳)『現代アメリカデータ総覧』原書房,1990;東洋書林,

1997- .

亀井俊介編『アメリカ文化事典』研究社出版，1999.
亀井俊介監修『読んで旅する世界の歴史と文化　アメリカ』新潮社，1992.
川島浩平ほか編『地図でよむアメリカ——歴史と現在』雄山閣出版，1999.
斎藤眞『アメリカとは何か』平凡社ライブラリー，1995.
斎藤眞ほか監修『アメリカを知る事典』(新訂増補版) 平凡社，2000.
斎藤眞ほか編『アメリカ古典文庫』(全23巻) 研究社出版，1974-78/82.
清水克祐『アメリカ州別文化事典』名著普及会，1986.
清水知久・高橋章・富田虎男『アメリカ史研究入門』(第3版) 山川出版社，1988.
髙村宏子・飯野正子・粂井輝子編『アメリカ合衆国とは何か——歴史と現在』雄山閣出版，1999.
富田虎男・鵜月裕典・佐藤円編著『アメリカの歴史を知るための60章』明石書店，2000.
ハイアム，J. 編 (同志社大学アメリカ研究所訳)『アメリカ史像の再構成』小川出版，1970.
ピアス，N. R., ハクストロム，J. (中屋健一監訳)『ザ・ブック・オブ・アメリカ』実業之日本社，1985.
フェレル，R. H. (猿谷要監修・谷中寿子ほか訳)『図説・アメリカ歴史地図——目で見るアメリカの500年』原書房，1994.
古矢旬・遠藤泰生編『アメリカ学入門』(新版) 南雲堂，2004.
松村赳・富田虎男編著『英米史辞典』研究社，2000.

●歴史

安武秀岳・野村達朗・上杉忍『新書アメリカ合衆国史　1～3』(全3巻) 講談社現代新書，1988/89.
阿部齊ほか編『世紀転換期のアメリカ』東京大学出版会，1982.
有賀貞『アメリカ史概論』東京大学出版会，1987.
有賀貞・大下尚一・志邨晃佑・平野孝編『アメリカ史』(全2巻) 山川出版社，1993/94.
有賀貞・大下尚一編『概説アメリカ史』(新版) 有斐閣，1990.
有賀夏紀『アメリカの20世紀』(全2巻) 中公新書，2002.
今津晃・斎藤眞監修『新アメリカ史叢書』(全7巻・別巻) 南雲堂，1976/77.
今津晃・池田幸三・高橋章編『アメリカ史を学ぶ人のために』(第4版) 世界思想社，1993.
『岩波講座　世界歴史』(新版，17-19/22-28) 岩波書店，1998-2000.
ガットマン，H. G. (大下尚一ほか訳)『金ぴか時代のアメリカ』平凡社，1986.
遠藤泰生・金井光太朗ほか『常識のアメリカ，歴史のアメリカ』木鐸社，1993.
斎藤眞『アメリカ現代史』山川出版社，1976.
シュレージンガー，A. (飯野正子・髙村宏子訳)『アメリカ史のサイクル』(全2巻) パーソナルメディア，1986.
ジン，H. (猿谷要監修・富田虎男訳)『民衆のアメリカ史』(全3巻, 新装版) TBSブリタニカ，1993.
『世界の歴史』(21・23・25・26・28・29巻) 中央公論新社，1997-99.
タカキ，R. (富田虎男監訳)『多文化社会アメリカの歴史——別の鏡に映して』明石書店，1995.
長沼秀世・新川健三郎『アメリカ現代史』岩波書店，1991.
ノートン，M. B. ほか (本田創造監修・白井洋子ほか訳)『アメリカの歴史』(全6巻) 三省堂，1996.
野村達朗編著『アメリカ合衆国の歴史』ミネルヴァ書房，1998.
紀平英作編『アメリカ史』山川出版社，1999.
ホーフスタッター，R. (田口富久治・泉昌一訳)『アメリカの政治的伝統』(全2巻) 岩波書店，

1992.
ホーフスタッター, R.（清水知久ほか訳）『改革の時代』みすず書房, 1988.
本田創造編『アメリカ社会史の世界』三省堂, 1989.
本間長世・亀井俊介・新川健三郎編『現代アメリカ像の再構築——政治と文化の現代史』東京大学出版会, 1990.
歴史学研究会編『南北アメリカの500年』（全5巻）青木書店, 1992/93.

● 政治・外交

阿部齊・五十嵐武士編『アメリカ現代政治の分析』東京大学出版会, 1991.
阿部齊・加藤普章・久保文明『北アメリカ』（国際情勢ベーシック・シリーズ8）自由国民社, 1999.
阿部齊・久保文明『国際社会研究 I　現代アメリカの政治』放送大学教育振興会, 2002.
有賀貞『アメリカ政治史』（新版）福村出版, 1995.
有賀貞編『アメリカ外交と人権』日本国際問題研究所, 1992.
有賀貞・宮里政玄編『概説アメリカ外交史』（新版）有斐閣, 1998.
五十嵐武士・古矢旬・松本礼二編『アメリカの社会と政治』有斐閣, 1995.
ウィリアムズ, W. A.（高橋章ほか訳）『アメリカ外交の悲劇』お茶の水書房, 1991.
ケナン, G. F.（近藤晋一・飯田藤次・有賀貞訳）『アメリカ外交50年』岩波現代文庫, 2000.
斎藤眞『アメリカ政治外交史』東京大学出版会, 1975.
砂田一郎『現代アメリカ政治』（新版）芦書房, 1999.
西崎文子『アメリカ外交とは何か——歴史の中の自画像』岩波新書, 2004.
本橋正『アメリカ外交史概説』東京大学出版会, 1993.
リプセット, S. M.（上坂昇・金重紘訳）『アメリカ例外論』明石書店, 1999.

● 経済

秋元英一『アメリカ経済の歴史　1492-1993』東京大学出版会, 1995.
岡田泰男『アメリカ経済史』慶應義塾大学出版会, 2000.
鈴木圭介編『アメリカ経済史 I』東京大学出版会, 1972.
鈴木圭介編『アメリカ経済史 II』東京大学出版会, 1988.

● 思想

辻内鏡人『現代アメリカの政治文化』ミネルヴァ書房, 2001.
古矢旬『アメリカニズム——「普遍国家」のナショナリズム』東京大学出版会, 2002.
本間長世『理念の共和国——アメリカ思想の潮流』中公叢書, 1976.
本間長世『思想としてのアメリカ』中公叢書, 1996.

● 民族・人種

明石紀雄・飯野正子『エスニック・アメリカ——多民族国家における統合の現実』（新版）有斐閣, 1997.
五十嵐武士編『アメリカの多民族体制——「民族」の創出』東京大学出版会, 2000.
ウッドワード, C. V.（清水博・長田豊臣・有賀貞訳）『アメリカ人種差別の歴史』（新装版）福村出版, 1998.
キクムラ=ヤノ, A. 編（小原雅代ほか訳）『アメリカ大陸日系人百科事典——写真と絵で見る日系人の歴史』明石書店, 2002.
グレイザー, N., モイニハン, D. P.（阿部斎ほか訳）『人種のるつぼを越えて』南雲堂, 1986.
清水知久『米国先住民の歴史』（増補版）明石書店, 1992.
竹沢泰子『日系アメリカ人のエスニシティ』東京大学出版会, 1994.
富田虎男『アメリカ・インディアンの歴史』（第3版）雄山閣出版, 1997.

野村達朗『「民族」で読むアメリカ』講談社現代新書，1992.
ハイアム，J.（斎藤眞ほか訳）『自由の女神のもとへ——移民とエスニシティ』平凡社，1994.
フランクリン，J. H.（井出義光ほか訳）『アメリカ黒人の歴史——奴隷から自由へ』研究社出版，1978.
ベフ，H.編『日系アメリカ人の歩みと現在』人文書院，2002.
本田創造『アメリカ黒人の歴史』（新版）岩波新書，1991.
松尾弌之『民族から読みとく「アメリカ」』講談社選書メチエ，2000.

●女性
有賀夏紀『アメリカ・フェミニズムの社会史』勁草書房，1988.
井上輝子・上野千鶴子・江原由美子・大沢真理・加納実紀代編『岩波女性学事典』岩波書店，2002.
エヴァンズ，S. M.（小檜山ルイ・竹俣初美・矢口祐人訳）『アメリカの女性の歴史——自由のために生まれて』明石書店，1997.
カーバー，L. K., ドゥハート，J. S. 編著（有賀・杉森・瀧田・能登路・藤田編訳）『ウィメンズ　アメリカ　資料編』ドメス出版，2000.
カーバー，L. K., ドゥハート，J. S. 編著（有賀・杉森・瀧田・能登路・藤田編訳）『ウィメンズ　アメリカ　論文編』ドメス出版，2002.
栗原涼子『アメリカの女性参政権運動史』武蔵野書房，1993.
杉森長子『アメリカの女性平和運動史　1889年-1931年』ドメス出版，1996.
武田貴子・緒方房子・岩本裕子著『アメリカ・フェミニズムのパイオニアたち』彩流社，2001.
フリーダン，B.（三浦富美子訳）『新しい女性の創造』（改定版）大和書房，2004.

●社会・文化
アレン，F. L.（藤久ミネ訳）『オンリー・イエスタデイ』ちくま文庫，1993.
大塚秀之『現代アメリカ社会論』大月書店，2001.
奥出直人『トランスナショナル・アメリカ』岩波書店，1991.
カーソン，R.（青樹簗一訳）『沈黙の春』（新装版）新潮社，2001.
亀井俊介『アメリカン・ヒーローの系譜』研究社出版，1993.
亀井俊介『サーカスが来た！——アメリカ大衆文化覚書』岩波書店同時代ライブラリー，1992.
ガルブレイス，J. K.（牧野昇監訳）『ガルブレイスの大恐慌』徳間文庫，1998.
キャンベル，N., キーン，A.（徳永由紀子ほか訳）『アメリカン・カルチュラル・スタディーズ——文学・映画・音楽・メディア』（増補版）萌書房，2002.
クレヴクール（秋山健・後藤昭次訳・渡辺利雄解説）『クレヴクール』（アメリカ古典文庫2）研究社出版，1982.
佐々木隆・明石紀雄・大井浩二・岡本勝編著『100年前のアメリカ——世紀転換期のアメリカ社会と文化』修学社，1995.
佐藤忠男『アメリカ映画』第三文明社，1990.
猿谷要『物語アメリカの歴史——超大国の行方』中公新書，1991.
シュレージンガー，A., Jr.（都留重人監訳）『アメリカの分裂——多元文化社会についての所見』岩波書店，1992.
スクラー，R.（鈴木主税訳）『アメリカ映画の文化史』（上・下）講談社学術文庫，1995.
トクヴィル，A.（岩永健吉郎・松本礼二訳）『アメリカにおけるデモクラシー』研究社出版，1972.
トクヴィル，A.（井伊玄太郎訳）『アメリカの民主政治』（全3巻）講談社学術文庫，1987.
トラクテンバーグ，A.（大井浩二訳）『ブルックリン橋——事実と象徴』研究社出版，1977.
蓮實重彦『ハリウッド映画史講義』筑摩書房，1993.

パリーロ，V. N.（富田虎男訳）『多様性の国アメリカ』明石書店，1997.
ハルバースタム，D.（浅野輔訳）『ベスト＆ブライテスト』（全3巻）朝日文庫，1999.
ブアスティン，J.（新川健三郎・木原武一訳）『アメリカ人——大量消費社会の生活と文化』（全2巻）河出書房新社，1976.
ブルーム，A.（菅野盾樹訳）『アメリカン・マインドの終焉』みすず書房，1988.
ホイ，S.（椎名美智訳・富山太佳夫解説）『清潔文化の誕生』紀伊国屋書店，1999.
ボドナー，J.（野村達朗ほか訳）『鎮魂と祝祭のアメリカ——歴史の記憶と愛国主義』青木書店，1997.
ホリンガー，D. A.（藤田文子訳）『ポストエスニック・アメリカ——多文化主義を超えて』明石書店，2002.
本間千枝子・有賀夏紀『世界の食文化——アメリカ』農山漁村文化協会，2004.
本間長世編『アメリカ社会とコミュニティ』日本国際問題研究所，1993.
マークス，L.（榊原胖夫・明石紀雄訳）『楽園と機械文明——テクノロジーと田園の理想』研究社出版，1972.
森孝一『宗教からよむ「アメリカ」』講談社選書メチエ，1996.
油井大三郎・遠藤泰生編『浸透するアメリカ，拒まれるアメリカ——世界史の中のアメリカニゼーション』東京大学出版会，2003.
油井大三郎・遠藤泰生編『多文化主義のアメリカ——揺らぐナショナル・アイデンティティ』東京大学出版会，1999.
レイダー，B. G.（平井肇訳・川口智久監訳）『スペクテイタースポーツ——20世紀アメリカスポーツの軌跡』大修館書店，1987.

● 日米関係

五十嵐武士『戦後日米関係の形成』講談社学術文庫，1995.
入江昭『日米関係五十年』岩波書店，1991.
入江昭・ワンプラー，R. 編（細谷千博・有賀貞監訳）『日米戦後関係史 1951-2001』講談社インターナショナル，2001.
ヴォーゲル，S. K. 編著（読売新聞社調査研究本部訳）『対立か協調か——新しい日米パートナーシップを求めて』中央公論新社，2002.
亀井俊介『アメリカ文化と日本』岩波書店，2000.
ダワー，J.（三浦陽一・高杉忠明訳）『敗北を抱きしめて——第二次世界大戦後の日本人』（増補版）岩波書店，2004.
ダワー，J.（斎藤元一訳）『容赦なき戦争——太平洋戦争における人種偏見』平凡社，2001.
細谷千博監修・A50日米戦後史編集委員会編『日本とアメリカのパートナーシップの50年』ジャパンタイムズ，2001.
細谷千博・本間長世編『日米関係史（新版）——摩擦と強調の一四〇年』有斐閣，1991.
細谷千博『日米関係通史』東京大学出版会，1995.

日英用語対照表

●ア

『ああ荒野』	Ah, Wilderness !
『アイイイー！』	Aiiieeeee !
アイヴィー・リーグ	Ivy League
アイオワ州	Iowa
アイザックウォートン・リーグ	Izaak Walton League
アイゼンハワー景気	Eisenhower Prosperity
『アイーダ』	AIDA
アイデンティティ	identity
アイデンティティの政治	identity politics
アイデンティフィケーション	identification
哀悼の日	Day of Mourning
『あいどる』	Idoru
『愛について語るときに我々の語ること』	What We Talk About When We Talk About Love
アメリカ・イスラエル公共問題委員会	American Israel Public Affairs Committee (AIPAC)
『アイ・ラブ・ルーシー』	I Love Lucy
アイルランド系	Irish-Americans
アウトロー	outlaw
『青白い炎』	Pale Fire
青の政策	Policy measures in the Blue box
『赤い河』	Red River
『赤い肌の男と子供』	Redman and the Child, The
『赤い武勲章』	Red Badge of Courage, The
アカウンタビリティ，説明責任	accountability
赤狩り	Red Purge
「赤鼻のトナカイ」	Rudolph the Red-Nosed Reindeer
アーカンソー州	Arkansas
アーカンザス川	The Arkansas
『アキラ』	AKIRA
『アクエリアス（水瓶座の時代）』	"Aquarius"
アクシュネット号	The Acushnet
アクション・ペインティング	Action Painting
アクト・アップ	Aids Coalition To Unleash Power (ACT-UP)
悪の枢軸	axis of evil
アグリビジネス	agribusiness
アクレディテーション，基準認定制度	accreditation
アコマ・プエブロ	Pueblo of Acoma
アジア・アフリカ・アメリカ三大陸人民連帯会議	Tricontinental Conference of Solidarity of the Peoples of Asia, Africa and Latin America
アジア危機	Asian Crisis
アジア救済連盟	Licensed Agencies for Relief Asia (LARA)
アジア系	Asian Americans
アジア系排斥同盟	Asiatic Exclusion League
アジア献金疑惑	Asian money scandal in American campaign-finance
アジア太平洋経済協力会議	Asia-Pacific Economic Cooperation (APEC)
アジア系アメリカ人政治同盟	Asian American Political Alliance
アシニボイン族	Assiniboine
アシロマ会議	Assilomar Conference
『アズ・イズ』	As Is
アースデイ	Earth Day
アース・ファースト！	Earth First !
アスペン研究所	The Aspen Institute
アースワーク	Earthwork
アダムズ・オニス条約	Adams-Onis Treaty
『新しいイギリスのカナン』	New English Canaan
新しい公民科	New Civics
『新しい黒人』	The New Negro
新しい作家	New Writers
新しい社会運動	new social movement
『新しい太陽の書』	The Book of the New Sun
アーツ・アンド・クラフト運動	Arts and Crafts movement
『アッシリアの遠征』	Judith of Bethulia
アップル社	Apple Computer
アップルパイ	apple pie
アートディレクター	art director
アドニス・コンプレックス	Adonis Complex
『アート・ニューズ』	Art News
アドバンス	advance
アトムズ・フォア・ピース演説	Atom for Peace
アトラス	Atlas
アトランタ	Atlanta
アトランタ・ユニオン・ミッション	Atlanta Union Mission
『アトランティスのこころ』	Hearts in Atlantis
『アトランティック』	Atlantic
『アトランティック・アンバウンド』	Atlantic Unbound
アトランティック・シティ	Atlantic City
『アトランティック・マンスリー』	Atlantic Monthly, The
『ア・トリップ・トゥ・チャイナタウン』	A Trip to Chinatown
アナボリクス・ステロイド	anabolic Steroid
『アニー』	Annie
アニシナベ族	Anishinabe
アニマルズ	The Animals
『アニーよ銃をとれ』（ミュージカル）	Annie Get Your Gun
『アニーよ銃をとれ』（テレビ）	Annie Oakley
アーバニズム	urbanism
アパラチア山脈	The Appalachian Mountains
アヴォンディール	Avondale
アファーマティブ・アクション	affirmative action
アフガニスタン	Afghanistan

アフガン戦争	Afghan war	アメリカ教師連盟	American Federation of Teachers (AFT)
「舞踏会の後で」	"After the Ball"		
『アフター・リベラリズム』	After Liberalism	アメリカ空軍協会	Air Force Association
アフリカ系アメリカ人	African Americans	アメリカ建築家協会	The American Institute of Architects (AIA)
アフリカン・ミソジスト・エスコパル教会	African Methodist Escopal Church	アメリカ航空宇宙局	National Aeronautics and Space Administration (NASA)
アフロ・セントリズム	Afrocentrism		
アプロプリエーション（美術）	Appropriation	アメリカ国家安全保障戦略	National Security Strategy of the United States
アーベラ号	The Arbella		
アポマトックス	Appomattox	アメリカ・シオニスト機構	Zionist Organization of America
アポロ計画	Project Apollo		
アポロ11号	Apollo 11	アメリカ式製造システム	American system of manufacture
アポロ=ソユーズ・ドッキング飛行	Apollo-Soyuz Test Project (ASTP)	『アメリカ思想主潮史』	Main Currents in American Thought
『甘さと権力』	Sweetness and Power		
アマゾン・ドット・コム（アマゾン社）	Amazon.com	アメリカ自動車製造者協会	American Automobile Manufacturers Association
アーミッシュ	Amish	アメリカ史博物館	National Museum of American History
アームド・サービシーズ・エディションズ	armed services edition	アメリカ市民奨学基金	Citizen' Scholarship Foundation of America (Scholarship America)
アムトラック	Amtrak (National Railroad Passengers Corporation)		
アムネスティ・インターナショナル	Amnesty International	アメリカ社会科学協会	American Social Science Association
『アメージング・ストーリーズ』	Amazing Stories	アメリカ社会党	Socialist Party of America
アメリカ鉄鋼労働組合対ウェーバー事件判決	United Steelworkers of America v. Weber	アメリカ州・郡・都市被用者組合連合	American Federation of State, County, and Municipal Employees (AFSCM)
アメリカ育種協会	American Breeders Association	アメリカ主義	Americanism
アメリカ遺伝学会	American Genetic Association	アメリカ少年少女クラブ	Boys & Girls Clubs of America
アメリカ・インディアン	American Indian	「アメリカ小説を書く」	"Writing American Fiction"
アメリカ・インディアン運動	American Indian Movement (AIM)	アメリカ植民協会	American Colonization Society
アメリカ・インディアン博物館	National Museum of the American Indian	アメリカ心臓協会	American Heart Association
		アメリカ人のための食事指針	Diet Guidelines for Americans
アメリカ映画協会	American Film Institute (AFI)	『アメリカ人の成り立ち』	Making of Americans
アメリカ映画製作者配給者協会	Motion Pictures Producers and Distributors Association (MPPDA)	アメリカ人類学会	American Anthropological Association
		アメリカ聖公会	Episcopal Church U.S.A.
アメリカ英語	American English	アメリカ精神医学会	American Psychiatric Association
アメリカお兄さんお姉さんの会	Big Brothers Big Sisters of America	アメリカ政府従業員連盟	American Federation of Government Employees (AFGE)
アメリカ海外伝道局	American Board of Commissioners for Foreign Missions	アメリカ赤十字	American National Red Cross
		アメリカ先住民	native American
アメリカ海軍研究所	Naval Research Laboratory (NRL)	アメリカ先住民権利擁護基金	Native American Rights Fund (NARF)
『アメリカ外交の悲劇』	Tragedy of American Diplomacy, The	アメリカ退職者協会	American Association of Retired Persons (AARP)
アメリカ革命	American Revolution	アメリカ・タバコ会社	American Tobacco Co.
『アメリカ合衆国史』	History of the United States	アメリカ大砂漠	Great American Desert
『アメリカ合衆国の軍事政策』	The Military Policy of the United States	アメリカ的生活様式	American Way of Life
		アメリカ哲学協会	American Philosophical Society
アメリカ・カトリック海外宣教会	Catholic Foreign Mission Society of America	アメリカ電気技術者協会	The American Institute of Electrical Engineers (AEII)
アメリカ・ガールスカウト	Girl Scouts of the USA	アメリカ伝道協会	American Missionary Association
アメリカ癌協会	American Cancer Society		
アメリカ癌研究所	American Institute for Cancer Research	アメリカ電話電信会社	American Telephone and Telegraph Co. (AT & T)
アメリカ技術者協会	American Society of Mechanical Engineers (ASME)	アメリカ独立革命	American Independent Revolution
アメリカ共産党	American Communist Party		

アメリカ図書館協会	American Library Association	アメリカン・ウエイ・オブ・コミュニケーション	American Way of Communication
『アメリカにおけるキリストの大いなる御業──ニューイングランド教会史』	Magnalia Christi Americana : The Ecclesiastical History of New England	アメリカン・ウエイ・オブ・ライフ	American Way of Life
		アメリカン・ウエイ・オブ・リビング	American Way of Living
『アメリカにおけるヒーロー』	The Hero in America : A Chronicle of Hero-Worship	アメリカン・エンタープライズ公共政策研究所	American Enterprise Institution for Public Policy Research (AEI)
アメリカニズム	Americanism		
アメリカニゼーション	Americanization	アメリカン・グランド・プライズ	American Grand Prize
『アメリカ農夫の手紙』	Letters from an American Farmer	アメリカン航空	American Airlines
アメリカの食料庫	Food Supplier of America	『アメリカン・コモンウェルス』	American commonwealth
『アメリカの女性』	American Women		
『アメリカの親族』	American Kinship	アメリカン・サイエンス	American Science
アメリカの世紀	the American Century	アメリカン・シーン・ペインティング	American Scene Painting
『アメリカのつましい主婦』	The American Frugal Housewife	『アメリカン・スペリング・ブック』	American Spelling Book
『エンジェルズ・イン・アメリカ』	Angeles in America	アメリカン・ドリーム	American Dream
『アメリカの時計』	American Clock	アメリカン・ナラティヴ	American Narrative
『アメリカのナショナリズム』	America Nationalism	『アメリカン・パストラル』	American Pastoral
アメリカのパンかご	Bread Basket of America	『アメリカン・ビューティー』	American Beauty
『アメリカの民主政治』	De La Démocratie en Amérique	アメリカンフットボール	American football
		アメリカン・ボード	American Board
『アメリカの息子』	Native Son	『アメリカン・マインドの終焉』	Closing American Mind
アメリカ肺協会	American Lung Association		
『アメリカ版英語辞典』	An American Dictionary of the English Language	アメリカン・ミュートスコープ・アンド・バイオグラフ社	American Mutoscope and Biograph Co.
アメリカ美術史館	National Museum of American Art	アメリカン・リージョン	The American Legion
アメリカ肥満協会	American Obesity Association	アメリカンリヴァー	American River
		アメリカン・ルネサンス	American Renaissance
『アメリカ婦人の家庭教本』	The American woman's home : or, Principles of domestic science ; being a guide to the formation and maintenance of economical, healthful, beautiful, and Christian homes	アメリテック	Ameritex
		アーモリー・ショウ	Armory Show
		アライアンス（航空会社の）	alliance
		『嵐の孤児』	Orphans of the Storm
		アラスカ	Alaska
		アラスカ購入	Purchase of Alaska
アメリカ・フレンド・サービス委員会	American Friends Service Committee (AFSC)	アラスカ先住民請求解決法	Alaska Native Claims Settlement Act
アメリカ文化卒業要件	American Cultures Graduation Requirement	アラスカ先住民村落統計地域	Alaska Native Village Statistical Areas
アメリカ・ボランティア協会	Volunteers of America	アラスカ先住民国家連合	Alaska Federation of Nations
アメリカ・ミュージアム連盟	American Association of Museums (AAM)	アラバマ州	Alabama
		『アラモ』	The Alamo
アメリカ＝メキシコ戦争	Mexican war	アラモ砦	Alamo
アフリカン・メソジスト・エピスコパル	American Methodist Episcopal (AME)	アリーカラ族	Arikara
		アリゾナ記念館	USS Arizona Memorial
アメリカ・ユダヤ人委員会	American Jewish Committee	アリゾナ州	Arizona
アメリカ・ユダヤ人会議	American Jewish Congress	アリュート	Aleut
アメリカ例外主義	American Exceptionalism	アーリントン国立墓地	Arlington National Cemetery
アメリカ歴史学会	American Historical Association (AHA)	アルカイダ	Al-Quaeda
		アルコール依存症者匿名会	Alcoholics Anonymous (AA)
アメリカ労働総同盟	America Federation of Labor (AFL)	アルコール・タバコ・火器取締局	Bureau of Alcohol, Tobacco, and Firearms (ATF)
アメリカ労働総同盟＝産業別組織会議	America Federation of Labor-Congress of Industrial Organizations (AFL-CIO)	アルコール・タバコ・火器・爆発物取締局	Bureau of Alcohol, Tobacco, Firearms, and Explosives (ATF)
『アメリカン・アート』	American Art	アルゴンヌ国立研究所	Argonne National Laboratory (ANL)
『アメリカン・アンソロポロジスト』	American Anthropologist	アルツハイマー協会	Alzheimer's Association
アメリカン・イーグル	American eagle	アール・デコ	Art Deco

アルト	Alto (workstation computer)	異性愛主義	heterosexism
『ある奴隷娘の生涯で起こった事件』	Incidents in the Life of a Slave Girl	遺族給付	survivors' benefit
		偉大な社会	Great Society
アルバートソンズ	Albertson's	偉大なるアメリカの小説	the Great American Novel
『ある婦人の肖像』	The Portrait of a Lady	『偉大なる種族の危機』	Passing of the great race
アルフレッド・A. クノップ	Alfred A. Knopf	イタリア系アメリカ人	Italian Americans
		イタリア系移民	Italian immigrants
アルミニウム	aluminum	イタリアネート	Italianate
『アレキサンダーの橋』	Alexander's Bridge	イタリア料理	Italian food
「アレクサンダーズ・ラグタイム・バンド」	"Alexander's Ragtime Band"	『いちご白書』	The Strawberry Statement
		一時被保険者	currently insured
アレゲニー台地	Allegheny Plateau	『1ダースなら安くなる』	Cheaper by the Doze
「荒地」	"The Waste Land"	一番長い行進	The Longest Walk
アンクル・サム	Uncle Sam	一括補助金	block grants
アンクル・トマホーク(物乞主義)	Uncle Tomahawk	一般得票数	popular vote
		一般扶助	General Assistance (GA)
『アンクル・トムの小屋』	Uncle Tom's Cabin	一夫多妻制	polygamy
アングロ・コンフォーミティ論	Anglo-Conformity	イディッシュ語	Yiddish
		イディッシュ語新聞	Yiddish newspaper
アングロ=サクソン系	Anglo-Saxon	イディッシュ文化	Yiddish culture
暗黒の木曜日	Black Thursday	『遺伝学雑誌』	Journal of Heredity
アンザス条約	ANZUS Treaty	遺伝子組換え実験ガイドライン	Guideline for Resombinant DNA Research
安全の権利(消費者の4つの権利)	right to safety		
		遺伝子組換え作物	genetically modified crops
安全保障	security	移動	migration
安息日再臨派	Seventh-day Adventists	移動組立方式	moving assembly line
アンダーグラウンド	underground	移動祝日	movable feast
アンダー・グラデュエイト	undergraduate	『いとしのシバよ帰れ』	Come Back, Little Sheba
アンダークラス	under-class	移入民	immigrants
アンテイラー	Ann Taylor	『イマジスト詩集』	Des Imagistes
アンビュランス・チェイサー	Ambulance Chaser	移民	immigrants
		移民帰化局	Immigration and Nationalization Service
●イ		移民国籍法	Immigration and Nationality Act
委員(行政委員会の)	commission		
委員会型	commission form	移民排斥主義	nativism
イエズス会士	Jesuits	移民法	Immigration Act
イェール神学校	Yale Divinity School	移民法改正(1952)	Immigration and Nationality Act of 1952
イェール大学	Yale University		
イエロー・ジャーナリズム	yellow journalism	イーライ・リリー社	Eli Lilly
イエローストーン(国立公園)	Yellowstone (National Park)	イラン=イラク戦争	Iran-Iraq war
		イラン革命	The Iranian Revolution
『イオラの約束』	Iola's Promise	イラン・コントラ事件	Iran-Contra scandal
『怒りをこめてふりかえれ』	Look Back in Anger	キリスト教徒	Christian
『異郷の人』	Alien Souls	イリノイ州	Illinois
イギリス英語	British English	医療気候学	medical climatotherapy
イギリス系コロニアル住宅	New England Colonial House	医療給付	medical care benefit
『イグアナの夜』	Night of the Iguana	イールド・マネージメント	yield management
イーグル・フォーラム	Eagle Forum	イロコイ族	Iroquois
意見が聞き入れられる権利(消費者の4つの権利)	right to be heard	イロコイ連合	Iroquois Confederacy, Iroquois League
		イングランド系アメリカ人	English-Americans
違憲審査権	judicial review	イングリッシュ・イマージョン	English Immersion
イコール・アクセス	Equal Access		
意識覚醒運動	Consciousness-Raising (CR)	イングリッシュ・オンリー	English Only
移出民	emigrant	イングリッシュ・ハイスクール	English High School
イースター	Easter		
イースタン航空	Eastern Airlines	イングリッシュ・プラス	English Plus
イースト・ウェスト・プレーヤーズ	East West Players	インゲン豆	kidney bean
		印紙条例	Stamp Act
イーストコースト	East Coast	『インシュア』	Insure
イーストマン・コダック社	Eastman Kodak	飲酒運転に反対する母の会	Mother Against Drunk Driving (MADD)
イスラム教徒	Moslem, Muslim		
イスラム原理主義	Islamic fundamentalism	インセンティブ	incentive
イスラム原理主義者	Islamic fundamentalist		

インターエスニック・マリッジ	interethnic marriage
インダストリアル・エンジニアリング	industrial engineering (IE)
インダストリアル・デザイナー	industrial designer
インダストリアル・デザイン	industrial design
『インターナショナル・スタイル』	*International Style*
インターナショナル・スタイル（建築）	International style
インターネット	internet
インターネット広告	internet advertisement
インターネット広告協議会	Interactive Advertising Bureau (IAB)
インターネット・サービス・プロバイダー	Internet Service Provider (ISP)
インターマリッジ	intermarriage
インターモーダリズム	intermodalism
インターモーダル推進室（運輸省）	Office of Intermodalism
インターモーダル陸上交通効率化法	Intermodal Surface Transportation Efficiency Act (ISTEA)
インディアナ州	Indiana
インディアナポリス500マイルレース	Indianapolis 500 Mile Race
インディアナポリス・モータースピードウェイ	Indianapolis Motor Speedway
インディアン（オートバイメーカー）	Indian
インディアン委員会	Board of Indian Commissioners
インディアン局（内務省）	Bureau of Indian Affairs (BIA)
インディアン居住地域	Indian areas
インディアン研究	Indian studies
インディアン公民権法	Indian Civil Rights Act
インディアン再組織法	Indian Reorganization Act
インディアン自決・教育援助法	Indian Self-Determination and Education Assistance Act
インディアン児童福祉法	Indian Child Welfare Act
インディアン宗教自由法	American Indian Religious Freedom Act
インディアン請求委員会	Indian Claim Commission
インディアン戦争	Indian wars
インディアン独立宣言	Indian Declaration of Independence
インディアンに関する特別調査委員会	Senate Select Committee on Indian Affairs
インディアン保健法	Indian Health Care Improvement Act
インディアン捕囚体験記	Indian Captivity Narrative
インディアン保留地	Indian Reservation
インディ500	Indy 500
『インディペンデンス・デイ』	*Independence Day*
インテル	Intel
インド系アメリカ人	Indian Americans
インド=ヨーロッパ祖語	Proto-Indo-European Language
『イントレランス』	*Intolerance*
院内幹事	whip
院内総務	floor leader
インフォテインメント（娯楽情報）	infotainment
インフレーション	inflation
インペリアルヴァレー	Imperial Valley

●ウ

ヴァイアコム	Viacom
ヴァイアコム・エンターテインメント	Viacom Entertainment
ヴァイキング	Viking
『ヴァインランド』	*Vineland*
ヴァウチャー	vouchers
ヴァージニア州	Virginia
『ヴァージニア・ウルフなんかこわくない』	*Who's afraid of Virginia Wolf?*
『ヴァージニア覚書』	*Notes on the State of Virginia*
ヴージニア信仰自由法	Virginia Statue for Religious Freedom
ヴァーモント州	Vermont
ヴァーモント州憲法	The Vermont Constitution
ヴァン・アレン帯	Van Allen belt
ヴァンガード	Vanguard
ヴァンダービルト・カップレース	Vanderbilt Cup Race
ヴィクトリアン・クイーンアン	Victorian Queen Anne Style
『ウィズ』	*Wiz*
ウィスコンシン州	Wisconsin
ウィスコンシン大学	University of Wisconsin
ウィメンズ・リベレーション運動	Women's Liberation Movement
ウィラメットヴァレー	The Willamette Valley
ウィリアムズ大学	Williams College
ウィリアムズバーグ	Williamsburg
ウィリス-オーバーランド	Willys-Overland Motors
『ウィリー・マスターズの寂しい妻』	*Willie Master's Lonesome Wife*
『ウィル・ロジャーズ・フォーリーズ』	*The Will Rogers Follies*
『ヴィレッジ・ヴォイス』	*The Village Voice*
ヴィンセント・チン事件	a murder case of Vincent Chin
ウィンターサー・ミュージアム	Winterthur Museum, Garden & Library
ヴィンテージ・コンテンポラリー	Vintage Contemporary
ウィンテル連合	Wintel alliance
ウィンドウズ	Windows
ヴィンランド	Vinland
ウェスタン（西部劇）	Western
ウェスタン・エレクトリック社	Western Electric Co.
ウェスタン鉄道	Western Railroad
ウェスタンユニオン電報会社	Western Union Telegraph Co.
ウェスティングハウス社	Westinghouse Electric Co.
ウェストヴァージニア州	West Virginia
『ウエスト・サイド物語』	*West Side Story*
ウェブ・アクセシビリティ	Web Accessibility
ウェブサイト	web site
ウェブジン	Webzine
ウェブスター対リプロダクティブ・ヘルス・サービス判決	Webster v. Reproductive Health Services
ウェールズ系アメリカ人	Welsh-Americans

飢える人への食糧	Food for the Hungry	衛星利用の自由化	Open Sky Policy
『ヴォーグ』	Vogue	永続可能な発展	sustainable development
『ウォーゲーム』	War Games	エイプリル・フール	April Fools Day
ヴォストーク1号	Vostok 1	栄養補助剤	supplement
ウォーターゲート事件	Watergate Scandal	栄養補助剤健康教育法	Dietary Supplement Health and Education Act (DSHEA)
モンゴメリ・ワード	Montgomery Ward		
ウォバッシュ鉄道対イリノイ州事件判決	Wabash, St. Louis & Pacific R.R. v. Illinois	栄養補助剤情報協会	Dietary Supplement Information Bureau (DSEA)
ウォー・ベイビー	war-baby		
ウォール・ストリート	Wall Street	『エイリアン』	Alien
『ウォールストリート・ジャーナル』	Wall Street Journal	エヴァンジェリカルズ=ファンダメンタリスツ	evangelicals-fundamentalists
『ウォールデン森の生活』	Walden ; or, Life in the woods	液化天然ガス	Liquefied Natural Gas (LNG)
ウォルト・ディズニー・カンパニー	Walt Disney Co.	『駅馬車』	Stagecoach
		エキュ（欧州通貨単位）	European Currency Unit (ECU)
ウォルマート（ストアズ）	Wal-Mart Stores		
失われた世代	Lost Generation	エキュメニズム	ecumenism
『うちのママは世界一』	The Donna Reed Show	エクササイズ	exercise
宇宙産業	space industry	エクスカリバー・ホテル	Excalibur Hotel
宇宙ステーション	space station	エクスプローラ1号	Explorer 1
『宇宙戦争』	The War of the Worlds	エクスプロラトリアム	The Exploratorium
宇宙探査	space exploration	エクスペリメンター	experimenter
宇宙飛行士	astronaut	エクセロン	EXERON
宇宙遊泳	space walk	エクソダス	Exodus
『ウィメンズ・ホーム・コンパニオン』	Women's Home Companion	エクソン	Exxon
		エクソンモービル	ExxonMobil
ウラジミール・ジャボチンスキー賞	Vladimir Jabotinsky medal	エージェンシー理論	Agency theory
		エージェント（代理人）	agent
『裏面の社会はいかに』	How the Other Half	エジソン・スクール	Edison Schools
ウラン濃縮型原爆	uranium weapon	エスカトロジー	eschatology
売り込み演奏家	plugger	エスキモー	Eskimo
ウルグアイ・ラウンド	Uruguay Round	『エスクワイア』	Esquire
ウールコ	Woolco	『エスケープ・ヴェロシティー』	Escape velocity : cyberculture at the end of the century
ウールワースビル	Woolworth Building		
『浮気娘』	The Coquette	エスニック・アイデンティティ	ethnic identity
運河	canal		
ウンデッドニー事件（第2次）	Second Wounded Knee	エスニック・グループ	ethnic group
		エスニック研究	ethnic studies
ウンデッドニー	Wounded Knee	エスニック集団	ethnic group
運動競技局（大学の）	Athletic Department	エスニック・ビジネス	ethnic business
運輸省	Department of Transportation	エスニック・マイノリティ	ethnic minority
		エスニック料理	ethnic food
		エスノグラフィー	ethnography
●エ		エスノサイエンス	ethnoscience
エアーコンディショナー	air conditioner	エスノメソドロジー	ethnomethodology
シュルレアリスト	surrealist	越境性	transnationality
エアロビクス	aerobic exercise	エッセンシャル・インフォメーション	Essential Information
エイヴォン・ブックス	Avon Books		
永遠の外国人	perpetual foreigners	エディソン・ミッション・エナジー	Edison Mission Energy
映画学コース（大学の）	cinema studies		
映画宮殿	movie palace	エディバウアー	Eddie Bauer
映画産業	motion picture industry	『エドガー・ハントリー』	Edgar Huntly
映画製作倫理規定管理局	Production Code Administration (PCA)	『エド・サリバン・ショー』	The Ed Sullivan Show
		『エニシング・ゴーズ』	Anything Goes
映画製作倫理規定	Production Code	エネルギー安全保障	energy security
英語	English	エネルギー省	Department of Energy (DOE)
英国協会派	Anglicans	エネルギー政策法	Energy Policy Act
英語公用語論争	English as Official Language	エノラ・ゲイ	Enola Gay
英語第一主義	English First	エフェドラ	Ephedra
英語を合衆国の公用語とする法案	Official English bill	エブリデイ・ローエスト・プライシズ	Everyday Lowest Prices (EDL)
エイズ	AIDS	エボニックス	Ebonics
エイズ危機	AIDS Crisis	エホバの証人	Jehovah's Witness
衛生研究室	Hygienic Laboratory	エミグレ	émigré
衛星放送	satellite broadcasting	『エム・バタフライ』	M. Butterfly

日本語	英語	日本語	英語
選ぶ権利（消費者の４つの権利）	right to choose	オハイオ州	Ohio
エリー運河	Erie Canal	オハイオ川	The Ohio
エリー湖	Lake Erie	『オハイオ州ワインズバーグ』	Winesburg, Ohio
エリー鉄道	New York & Erie Railroad	オーバーリプリゼンテーション	over-representation
エリート・クラブ制度	elite club system	オーバル・トラック	oval track
エルサルバドル	El Salvador	オービタ（軌道船）	orbita
エルダーホステル	Elderhostel	オフィス・デポ	Office Depot
エルバート山	Mt. Elbert	オフィス・マックス	Office Max
エルンスト・アンド・ヤング	Ernst & Young	オフ・オフ・ブロードウェイ	Off off Broadway
エレクトリック・ギター	electric guitar	オフ・ショア・トランスファー	offshore transfer
エレクトロニクス革命	electronic revolution	オプティカル・アート	optical art
エレクトロラックス社	Electrolux	オフプライス・ストア	off-price store
『エレン』	Ellen	オフ・ブロードウェイ	Off Broadway
「エロティカ」	"Erotica"	オープン・アーキテクチャ	open architecture
演劇ジャーナリズム	theatre journalism	オープン・シアター	Open Theatre
エンジェル	angel	オープンホイール・レース	open-wheel race
エンジニア	engineer	『オペラ座の怪人』	The Phantom of the Opera
援助付き雇用（障害者の）	supported employment	『O.ヘンリー賞受賞作品集』	Prize Stories : O. Henry Awards
エンパワーメント	empowerment	『お雪さん』	Japanese Nightingale, A
エンロン	ENRON	オランダ改革派	Dutch Reformed Church
●オ		オランダ系アメリカ人	Dutch-Americans
オートバイ	motorcycle	オランダ系移民	Dutch immigrants
オイル・ショック	oil shock	オランダ系コロニアル住居	Dutch Colonial House
黄金時代（アメリカン・ルネサンスの）	Golden Age	オリエンタリズム	Orientalism
『王様と私』	The King and I	「オールウェイヴ・ラブ・ユー」	"Always Love You"
欧州宇宙機構	European Space Agency (ESA)	『オール・ストーリー・マガジン』	The All-Story Magazine
欧州中央銀行	European Central Bank (ECB)	オールド・エコノミー	Old Economy
欧州通貨制度	European Monetary System (EMS)	「オールマン・リヴァー」	"Ol' Man River"
欧州通常兵器条約	Treaty of Conventional Armed Forces in Europe (CFE)	オレゴン州	Oregon
		オレゴン・トレイル	Oregon Trail
欧州復興計画	Europe Recovery Program (ERP)	『俺たちが語る。君たちも聞け』	We talk, You Listen
欧州連合	European Union (EU)	『オン・アワ・バックス』	On Our Backs
応報刑・抑止モデル	Retribution or Deterrence Model	『オン・ザ・タウン』	On the Town
		恩赦権	power to grant reprieves and pardons
応用社会研究所（コロンビア大学）	Bureau of Applied Social Research	オンタリオ湖	Ontario, Lake
大きな政府	big government	温暖化ガス削減	greenhouse gas reduction
『おかしな二人』	The Odd Couple	オントロジカル・ヒステリック・シアター	Ontological Hysteric Theatre
丘の上の町	City upon a Hill		
オガララ帯水層	Ogallala Aquifer	女に一体化する女	woman-identified woman
『お菊さん』	Madame Chrysantheme	『女らしさの神話』	The Feminine Mystique
『置き去られて』	Left Behind	オンライン・ジャーナリズム	online journalism
『奥様は魔女』	Bewitched	オンライン・ジャーナリズム賞	Online Journalism Awards
オクタゴン	Octagon	オンライン・ショッピング	online shopping
『オクラホマ！』	Oklahoma !	オンライン書店	online bookstore
オクラホマ・ラッシュ	Oklahoma Rush	オンライン・ニュース・アソシエーション	Online News Association (ONA)
オグララ・スー族	Oglala Sioux		
『オー、ケイ』	Oh, Key	オンライン目録検索システム	Online Public Access Catalog (OPAC)
オジブワ族	Ojibwa		
『オズの魔法使い』	The Wonderful Wizard of Oz	**●カ**	
オーディション	audition	会員制体重管理プログラム	weight management program
『男同士の絆』	Between Men	会員制図書館	membership library
男の友情映画	buddy film	海外移転	offshore transfer
『オードリー・ヘップバーンのうなじ』	Audrey Hepburn's Neck		
オネイダ族	Oneida		
オノンダガ族	Onondaga		

海外伝道総会	General Convention of the Baptist Denomination in the United States for Foreign Missions
海外奉仕のためのボランティア団体アメリカ会議	American Council of Voluntary Agencies for Foreign Service
改革派ユダヤ教	Reform Judaism
海岸山脈	Coast Ranges
海岸平野	coastal plain
回教徒	Moslem, Muslim
海軍	U.S. Navy
海軍研究局	Office of Naval Research
海軍省	Department of Navy
『海軍力の歴史への影響』	The Influence of sea power upon history 1660-1783
会計検査院	General Accounting Office
会計情報の開示	disclosure of accounting information
外交	diplomacy
外交委員会（上院）	Senate Committee on Foreign Relations
外交問題評議会	Council on Foreign Relations (CFR)
外国人・治安煽動法	Alien and Sedition Acts
外国人土地法	Alien Land Law
海事委員会	Federal Maritime Commission (FMC)
海事病院サービス	Marine Hospital Service
解釈人類学	interpretative anthropology
会衆派	Congregationalists
会衆派教会	Congregationalists church
回心告白	conversion narrative
改正移民法	Immigration Reform Act
階層化（社会の）	stratification
『怪談』	Kuwaidan
『回転木馬』	Carousel
外部取締役	outside director
海兵隊	U.S. Marine Corps (USMC)
解放黒人	freed men (freed blacks)
解放黒人局	Freedman's Bureau
解放された男性たちの全米協議会	National Coalition of Free Men (NCFM)
外務省	Department of Foreign Affairs
買い物依存症	shopping syndrome
『買い物しすぎる女たち』	Women Shop Too Much
会話	conversation
会話協調の原則	Cooperative Principle
会話の公理	Conversational Maxims
下院（議会）	House of Representatives
『ガイン/エコロジー』	Gyn/Ecology
下院議長	Speaker
下院共和党研究委員会	Republican Study Committee
『カウガール・ブルース』	Even Cowgirls Get the Blues
カウボーイ	cowboy
カウボーイソング	cowboy song
カウボーイハット	cowboy hat
カウンターカルチャー	counterculture
カウンターカルチャー運動	counterculture movement
カウンティ（郡）	county
カウンティ委員会	Board
カウンティ支配人	county manager
カオス・コンピュータ・クラブ	Chaos Computer Club
『科学——終わりなきフロンティア』	Science : The Endless Frontier
科学技術政策局（大統領府）	Office of Science and Technology Policy
科学研究開発局	Office of Scientific Research and Development
科学的管理法	scientific management
科学的人種主義	scientific racism
科学のモード転換	mode conversion of science
カーギル	Cargill
学士	Bachelor
学士課程	undergraduate program
核実験禁止条約	Nuclear Test Ban Treaty
学術系大学院	graduate schools of Arts and Sciences
学術博士	Ph.D. (Doctor of Philosophy)
確証破壊	assured destruction
革新主義	progressivism
学生消費者主義	student consumerism
学生非暴力調整委員会	Student Nonviolent Coordinating Committee (SNCC)
核不拡散条約（核拡散防止条約）	Treaty on the Non-proliferation of Nuclear Weapons (NPT)
学部長（大学の）	deans
核兵器	nuclear weapon
核兵器複合体	nuclear weapon complex
閣僚（各省長官）	cabinet member
『賢い血』	Wise Blood
合衆国技術アセスメント局	The Congressional Office of Technology Assessment (OTA)
過剰拘禁	overcrowding
過小代表	under-representation
過食症	bulimia nervosa
『華氏四五一度』	Fahrenheit 451
カスケード山脈	Cascade Range
『カスターは君たちの罪のため死んだ』	Custer Died for Your Sins
火星	Mars
家政学	home economics
『風と共に去りぬ』	Gone With the Wind
家族と家庭のネットワーク	Family and Home Network
家族保護法	Family Protection Act
家族呼び寄せ	family unification
過大代表	over-representation
片親家庭	one-parent family
カーター・センター	Carter Center
カーター・ファミリー	The Carter Family
カタリスト（触媒）	Catalyst
『ガダルカナル日記』	Guadalcanal diary
カタログ	catalog
学科主任（大学の）	department chair
学区（学校区）	school district
学校区図書館	school district library
『カッコーの巣の上で』	One Flew over the Cuckoo's Nest
合衆国移民委員会	U.S. Immigration Commission
合衆国カラード隊	U.S. Colored Troops
合衆国最高裁判所	Supreme Court of the United States, The
合衆国亡命者プログラム	United States Escapee Program (USEP)
褐色の民	bronze people
葛藤解決	conflict resolution

葛藤解決教育ネットワーク	Conflict Resolution Education Network
『家庭で役立つ家政経済論』	A Treatise on Domestic Economy for Use in the Home
家庭電化製品（家電製品）	household electrical appliance
カトリック	Catholic
カトリック教会	Catholic Church
『叶えられた祈り』	Answered Prayers
カーネギー教育振興財団	Carnegie Foundation for the advancement of teaching
カーネギー国際平和基金	Carnegie Endowment for International Peace
カーネギー財団	Carnegie Corporation
ガネット	Gannett
株式	equity
株主	stockholder
株主行動（社会的責任投資としての）	Shareholder Advocacy
カーペットバガー	carpetbagger
画報雑誌	illustrated news
カボチャ	pumpkin
カーボン紙	carbon paper
カー・マギー社	Kerr-McGee Corporation
『神々の怒り（火の海）』	Wrath of the God
嚙みタバコ	chewing tobacco
神の教会	Church of God
紙巻タバコ	cigarette
貨物取扱い業	forwarder
『火薬を湿らすな』	And Keep Your Powder Dry
カユーガ族	Cayuga
カラー・コンシャス	Color Conscious
カラー写真	color photography
ガラスの天井	glass ceiling
『ガラスの動物園』	The Grass Menagerie
『カラー・パープル』	The Color Purple
カラー・フィールド・ペインティング	Color Field Painting
カラー・ブラインド	color-blind
カリフォルニア	California
カリフォルニア共和国	California Republic
カリフォルニア大学	University of California
カリフォルニア大学システム	University of California system
カリフォルニア大学評議員対バッキ事件判決	Regents of the University of California v. Bakki
カリフォルニア・ワイン	California wine
カリフォルニア湾	the Gulf of California
カリブ海域	Caribbean Sea
カルチュラル・レボリューション	cultural revolution
カルテックス	CALTEX
カルト小説	cult fiction
カルバート対ジョンソン事件判決	Calvert v. Johnson
ガルフ	Gulf
『華麗なるギャツビー』	The Great Gatsby
『彼は腰抜けだったか』	Was He a Coward ?
枯葉剤	defoliant
『彼らの目は神を見ていた』	Their Eyes Were Watching God
カレラ・パンアメリカーナ・メヒコ	Carrea Panamericana Mexico
カロタイプ	calotype
皮脚半物語	leather stocking tales
『川底に』	At the Bottom of the River
管轄（犯罪の）	jurisdiction
『カンカン』	Can Can
環境	environment
環境	nurture
環境アセスメント	Environmental Impact Statement
環境協力に関する北米協定	North American Agreement on Environmental Cooperation, The (NAAEC)
環境芸術	Earthwork
環境正義	Environmental Justice
環境正義事務局	Office of Environmental Justice
環境政策	environmental policy
環境防衛基金	Environmental Defense Fund (EDF)
環境保護運動	environmental movement
環境保護庁	Environmental Protection Agency (EPA)
環境保全企業協議会	Corporate Conservation Council
環境問題会議	Council on Environmental Quality
韓国移民	Korean Immigrants
カンザス州	Kansas
カンザス・パシフィック鉄道	Kansas Pacific Railroad
感謝祭	Thanksgiving Day
慣習法	common law
感傷小説（センチメンタル・フィクション）	sentimental fiction
関税委員会	Tariff Commission
関税・貿易に関する一般協定	General Agreement on Tariffs and Trade (GATT)
間接金融による設備投資先行型成長パターン	plant and equipment investment oriented growth pattern by indirect finance
間接選挙	indirect election
完全借地農	full tenant
完全年金	full pension
乾燥農法	dry farming
缶詰	canned food
『カンディード』	Candide
監督権限	functional regulator
監督教会派	Episcopal Church
カントリー＆ウェスタン	country-and-western
『カンパニー』	Company
カンバーランド台地	The Cumberland Plateau
カンバン	kanban
『ガン・ホー』	Gung-Ho
ガンボのスープ	gumbo soup
ガンマン	gunman
官約移民	government-sponsored contract laborer
管理執行部（大学の）	administration

●キ

議員の第三院	third house
議会内閣制	parliamentary cabinet system
機械化	mechanization
機械可読型目録	Machine Readable Catalog (MARC)
機会均等局	Bureau of Equal Opportunity
議会黒人議員コーカス	Congressional Black Caucus
機会主義的行動	opportunism or opportunistic behavior

議会（議院）召集権	power to convene both Houses
議会女性コーカス	Congressional Caucus for Women's Issues
議会調査局	Congressional Research Service (CRS)
議会図書館	The Library of Congress (LC)
機会の国	Land of Opportunity
議会予算局	Congressional Budget Office (CBO)
帰化不能外国人	aliens ineligible for citizenship
毛皮採集人	fur trappers
『危機に立つ国家』	*A Nation at Risk*
企業改革法	Sarbanes-Oxley Act
企業間電子商取引市場	Business to Business (B to B)
企業経営	Business Administration (Management)
企業統治	corporative governance
『企業の良心度評価』	*Corporate Conscience*
菊クラブ	Chrysanthemum Club
『菊と刀』	*Chrysanthemum and the Sword, The : Patterns of Japanese Culture*
気候療法	climatotherapy
議事運営委員会	House Rules Committee
基軸通貨	key currency
記者会見	press conference
『キス・ミー，ケート』	*Kiss Me, Kate*
北アメリカプレート	North American Plate
北大西洋条約機構	North Atlantic Treaty Organisation (NATO)
北マリアナ共和国（人）	Commonwealth of the Northern Marianas
議長（上院）	President
議長（下院）	Speaker
喫煙と健康に関する全国連絡協議会	National Interagency Council on Smoking and Health
「喫煙と健康に関する報告」	*Report on Smoking and Health*
キッチン・キャビネット	Kitchen Cabinet
『絹の靴下』	*Silk Stockings*
キネティック・アート	kinetic art
機能欠損	impairment
機能主義	functionalism
黄の政策	Policy measures in the Yellow box
規範少数民族	Model Minority
忌避	shunning
『キビタス』	*CIVITAS*
ギブソン	Gibson
帰米二世（日系）	Kibei
希望回復作戦	Operation Restore Hope
規模の経済	economics of scale
『基本色彩論』	*Basic Color Terms*
ギボンズ対オグデン	Gibbons v. Ogden
基本ソフト	Operation System (OS)
『キャッチ=22』	*Catch 22*
『キャッツ』	*Cats*
キャッツキル	Catskill
キャッツスライド	catslide
ギャップ	GAP
キャデラック応用力学学校	Cadillac School of Applied Mechanics
キャデラック自動車会社	Cadillac Motor Car Co.
キャトル・トレイル	Cattle trail
キャピタルシティ	Capital Cities
キャメル	Camel
『キャメロット』	*Camelot*
『キャリー』	*Carrie*
ギャローデット革命	Gallaudet Revolution
ギャローデット大学	Gallaudet University
ギャング映画	Gangster Film
ギャングスタ・ラップ	gangster rap
キャンプ・ミーティング	camp meeting
キャンベル	Campbell
救世軍	Salvation Army
休戦の日	Armistice Day
キューバ	Cuba
キューバ系アメリカ人	Cuban Americans
キューバ・ミサイル危機	Cuban Missile Crisis
キュレーター	curator
教育厚生省	Department of Health, Education and Welfare
教育修正法第9条	Title IX, Education Amendments of 1972
教育省	Department of Education
教育の現代化	Modernization of Education
教会	church
業界標準	industry standard
教学（大学の）	Academic Affairs
『共感力』	*The Power of Sympathy*
供給の経済学	supply-side economy
共産主義	communism
行政委員会	administrative Commission
行政委員会の半司法的（機能）	quasi-judicial
行政委員会の半立法的（機能）	quasi-legislation
行政管理予算局	Office of Management and Budget (OMB)
行政機関	executive agencies
行政権	administrative power
行政再組織法	Reorganization Act
強制収容所	concentration camp
強制的異性愛	compulsory heterosexuality
強制的量刑法	Truth-in-Sentencing Laws (TSL)
強制バス通学	bussing
行政府	executive branch
行政命令	executive order
競争の連邦主義	competitive federalism
協同学習	cooperative learning
京都議定書	Kyoto Protocol
恐怖映画	horror film
教務担当副学長（大学の）	provost(vice) president for academic affairs
教務部長（大学の）	academic deans
協力的連邦主義	cooperative federalism
共和国陸軍	Grand Army of the Republic (GAR)
共和党	Republican party
『虚栄の篝火』	*The Bonfire of the Vanities*
漁業権	fishing right
『極東の魂』	*The Soul of the Far East*
拒食症	anorexia
拒食症（神経性無食欲症）	anorexia nervosa
『巨大な部屋』	*The Enormous Room*
『去年の夏突然に』	*Suddenly Last Summer*
キリスト教右翼	Christian Right

キリスト教再臨信仰者統一教会	United Society of Believers
『キリスト教的慈悲の雛型』	"A Model of Christian Charity"
キリストの教会	Churches of Christ
キリストの弟子たち	Disciples of Christ (Christian Church)
ギルデッド・エイジ	Gilded Age
『キル・ビル』	Kill Bill
『儀礼の過程』	The Ritual Process
筋萎縮症協会	Muscular Dystrophy Association (MDA)
禁煙	prohibition of smoking
キング牧師の誕生日	Martin Luther King, Jr. Day
銀行法	Banking Act
銀行持株会社法	bank holding company
金山	Gam Saan
禁酒法	Prohibition Amendment
禁酒法運動	Prohibition movement
禁酒法時代	The Prohibition
『禁じられた情事の森』	Reflections in a Golden Eye
金属組織学（金相学）	metallography
筋肉増強剤	anabolic steroid
金二重価格制	two tier gold price system
金の神	Mammon
金ぴか時代	Gilded Age
金プール制	gold pool system
金融革新	financial innovation
金融機関の収益	financial institutions
金融業	financial sector
金融自由化	financial deregulation
金融政策	monetary policy
金融制度改革法	Gramm-Leach-Bliley Act
金融持株会社	financial holding company
金利規制	Regulation Q
近隣住区	neighborhood

●ク

グアダルーペ・イダルゴ条約	Treaty of Guadalope-Hidalgo
グアテマラ	Guatemala
グアム	Guam
グアム人	indigenous peoples of Guam [Chamorros]
クイア	queer
クイア・ネーション	Queer Nation
クイズ番組	quiz show
空間商品化	commodification of urban space
空軍	U.S. Air Force
クエーカー教徒	Quaker
『クエーカー・シティ』	The Quaker City
クエスト	Qwest
クー・クラックス・クラン	Ku Klux Klan (KKK)
『草の葉』	Leaves of Grass
『くたばれヤンキーズ』	Damn Yankees
グッゲンハイム美術館	Guggenheim Museum
屈折（言語の）	inflection
グッドウィル・インターナショナル	Goodwill Industries International
『グッド・ハウスキーピング』	Good Housekeeping
国別割り当て法	National Origins Act (Johnson-Reed Act)
クーパー・ヒューイット・デザイン・ミュージアム	Cooper-Hewitt National Design Museum
クライスラー社	Chrysler Corporation
クライスラービル	Chrysler Building
クライム・ノヴェル	crime novel
クラウン	Crown
グラウンドホッグ・デー	Groundhog Day
グラス・コクピット	glass cockpit
グラス=スティーガル法	Glass-Steagal Act
クラス（集合代表）訴訟	class action
グラス・ハウス	Glass House
クラス・マガジン	class magazine
クラッカー	cracker
グラフィティ・アート	graffiti art
クラブ女性総連盟	General Federation of Women's Clubs
クラブハウス・サンド	Clubhouse Sandwich
グラマン社	Grumman
クラムチャウダー	clam chowder
クラムベイク	clambake
『クランズマン』	Clansman
『グランタ』	Granta
グランドキャニオン	Grand Canyon
クランベリーソース	cranberry sauce
クリアチャンネル・コミュニケーション	Clear Channel Comm INC
クリオージョ	criollo
グリーク・リバイバル様式	Greek Revival Style
『グリース』	Grease
クリスチャン・サイエンス	Christian Science
『クリスチャン・サイエンス・モニター』	Christian Science Monitor
クリスチャン・シオニズム	Christian Zionism
『クリスティーナの世界』	Christina's World
クリスマス	Christmas Day
クリスマスカード	Christmas card
クリックス・アンド・モルタル	clicks and mortal
『グリッツ』	Glitz
クリッパーチップ構想	clipper chip
『グリニッチ・ビレッジ・フォリーズ』	Greenwich Village Follies
『グリニッチ・ビレッジ・フォリーズ』	"Greenwich Village Follies"
苦力（クーリー）貿易	coolie trade
グリーンズボロ	Greensboro
グリーンビジネス	Green Business
グリーンピース	Greenpeace
グリーンピース・アメリカ	Greenpeace USA
グリーンフィールド	Greenfield Village
グリーン料金プログラム	Green Electricity Program
グルーヴ	groove
『クール・クール LSD 交換テスト』	The Electric Kool-Aid Acid Test
『クルージング』	Cruising
クルーナー	crooner
グループ（上・下院議員による）	group
グループ化（百貨店の）	cooperation
グループ・シアター	Group Theater
クレイトン法	Clayton Antitrust Act
クレオール	Creole
クレオール料理	Creole food
クレジットカード	credit card

グレーテスト・ジェネレーション（最も偉大な世代）	The Greatest Generation	経営学修士	Master of Business Administration (MBA)
		経営経済学	Betriebswirtschaftslehre
グレート・アトランティック・アンド・パシフィック・ティー	Great Atlantic and Pacific Tea (A & P)	『経営者の役割』	Functions of the Executive, The
グレート・アメリカ	Great America	経営戦略論	Business Strategy, corporate strategy
グレートウェスタン・トレイル	Great Western Trail	ゲイ解放運動	gay liberation
グレート・コミュニケーター	great communicator	ゲイ解放戦線	Gay Liberation Front
		景気停滞	stagnation
グレートスモーキー	Great Smoky	軽罪	misdemeanor
グレートフル・デッド	Grateful Dead	経済活動の自由	freedom of economy
グレートプレーンズ（大平原）	Great Plains	経済研究所	Institute of Economics
		経済諮問委員会	Council of Economic Advisers (CEA)
グレート・ホワイト・フリート	Great White Fleet	経済保障委員会	Committee of Economic Security (CES)
グレーハウンド	Greyhound Lines	経済優先度評議会	Council on Economic Priorities (CEP)
クレプトマニア	kleptomania	警察小説	police fiction
『クレーマー・クレーマー』	Kramer vs. Kramer	ゲイザー報告書	Gaither Report
黒い積荷	black cargo	刑事事件	criminal cases
グロヴァントル族	Gros Ventre	形而上クラブ	Metaphysical Club
クロウ族	Crow	『刑事ジョン・ブルック/目撃者』	Witness
クローガー	Kroger		
クロケット暦	Crockett Calendar	ケイジャン料理	Cajun food
クローズド・アーキテクチャ	closed architecture	形状記憶合金	shape memory alloys
クローズド・キャプション	closed caption	ケイ素	silicon
『クローゼットの認識論』	Epistemology of the Closet	ゲイツ財団	Bill and Melinda Gates Foundation
クローチュア	cloture		
グローバリゼーション	globalization	『ゲイ・ディボース』	Gay Divorce
グローバル・エクスチェンジ	Global Exchange	ケイトー研究所	Cato Institute
		軽度障害	no severe disability
グローバル企業	global corporation	ゲイト付きコミュニティ	gated community
グローバル・コミュニケーション研究所	Institute for Global Communications (IGC)	刑の宣告手続	sentencing
		競馬	horse racing
『グローブ』	Globe	刑務所	prison
クワンザーの祭り	Kwanzaa	ケインズ的財政政策	Keynesian fiscal policy
郡	county	劇評	theatre review
軍規格	mil-standard	ケージャン住宅	Cajun cottage
郡警察	County Police (County Sheriff's Office)	『結婚しない女』	An Unmarried Woman
		ゲットー（黒人の）	ghetto
軍産複合体	military-industrial complex	血統主義	ius sanguinis
軍事委員会（上院）	Senate Committee on Armed Services	『ゲット・ショーティ』	Get Shorty
		ゲティ財団	J. Paul Getty Foundation
軍事衛星	military satellite	ゲティスバーグ	Gettysburg
軍事革命	Revolution in Military Affairs (RMA)	ゲティスバーグの演説	Gettysburg Address
		ゲティ美術館	J. Paul Getty Museum
君主	monarch	ケネディ宇宙センター	Kennedy Space Center
群集管理	crowd control	ケネディ芸術センター	John F. Kennedy Center for the Performing Arts
軍縮	disarmament		
君主制	monarchy	懸念国家	concerned states
軍仕様	mil-spec	ケープコッド	Cape Cod
軍人・軍属年金制度	veterans' Pension	ケーブルテレビ	cable television (CATV)
軍隊の統帥権	power to command all the armed forces	ケーブルテレビ・オペレーター	cable operator
郡党員集会	county convention	ケーブルテレビ法	Cable Television Act
軍民転換	defense conversion	ゲーム理論	game theory
軍用機	military aircraft	ゲリマンダー	gerrymander
		ケルビネーター社	Kelvinator
●ケ		検閲	censorship
ゲイ	gay	原価計算	cost accounting
経営階層組織	managerial hierarchy	研究大学	research university
経営学	business administration	現金持ち帰り方式	cash-and-carry
		「健康な人々2010年」	"Healthy People 2010"

原告専門の弁護士	trial lawyer	『皇国』	The Mikado's Empire
建国の父祖，ファウンディングファーザーズ	founding fathers	広告収入	advertising revenue
		広告代理店	advertising agency
言語浄化	language cleansing	広告放送	commercial broadcasting
言語政策	language policy	高コンテクスト	high context
検死官	Coroner	公式の帝国	a formal empire
原始キリスト教	primitive Christianity	公衆衛生紙巻タバコ禁煙法	Public Health Cigarette Smoking Act
『原始人の心』	The Mind of Primitive Man		
現象学的社会学	phenomenological sociology	公衆衛生サービス法	Public Health Service Act
原子爆弾	atomic bomb	交渉（条約締結のための）	negotiation
原子力	nuclear energy	公正原則	Fairness Doctrine
原子力委員会	Atomic Energy Commission	厚生省	Department of Health and Human Services
原子力委員会諮問委員会	Atomic Energy Commission Advisory Board	国勢調査局	Bureau of Census
原子力発電所	atomic power plant (station)	連邦取引委員会	Federal Trade Commission (FTC)
減税	tax-cut		
原生自然	wilderness	公正包装表示法	Fair Labeling and Packing Act
原生自然法	Wilderness Act		
健全経営（金融機関の）	sound banking	控訴	appeal
現代企業	modern industrial enterprise	構造学派分子生物学	Structural School of molecular biology
ケンタッキー州	Kentucky		
ケンタッキー・フライドチキン	Kentucky Fried Chicken	構造機能主義（文化人類学の）	structural functionalism
『建築の多様性と対立性』	Complexity and Contradiction in Architecture	構造主義	structuralism
		高速増殖炉	Fast Breeder Reactor (FBR)
限定政府	limited government	控訴裁判所，控訴審裁判所	Court of Appeals
限定分野を扱う裁判所	specialized court	控訴審裁判所（ワシントン特別区の）	Court of Appeals for the District of Columbia Circuit
ケント州立大学事件	Kent State Incident		
現物寄付活動促進インターナショナル	Gifts in Kind International	交通安全局	Transportation Security Administration
憲法修正条項	Amendment	交通革命	transportation revolution
憲法上の信念	Constitution faith	交通公正法	Transportation Equity Act for the 21st Century (TEA-21)
憲法制定会議	Constitutional Convention		
権利章典	The Bill of Rights		
減量計画	weight loss program	工程管理	process control
権力分立	separation of powers	公定歩合	official discount rate
元老院	senate	公的扶助制度	Public Assistance
言論表現の自由	freedom of speech	合同委員会（連邦議会の）	Joint Committees
		合同海外伝道会	United Foreign Missionary Society
●コ			
コア・カリキュラム	core curriculum	強盗貴族	robber baron
語彙	vocabulary	高等教育	higher education, postsecondary education
郊外	suburb		
航海条例	Navigation Act	高等教育機会の解放（すべての者のために）	universal-access
『攻殻機動隊』	Ghost in the Shell		
黄禍論	yellow peril	『高等教育論——学生消費者時代の大学』	On Higher Education, the Academic Enterprise in an Era of Rising Student Consumerism
高級紙	quality paper		
公共事業局	Public Works Administration (PWA)		
		高等研究計画局	Advanced Research Projects Agency (ARPA)
公共図書館	public library		
公共の福祉に関する法律センター	Center for Law in the Public Interest (CLIPI)	合同黒人大学基金	United Negro College Fund
		合同男子服労組	Amalgamated Clothing Workers of America (ACWA)
公共の利益	public interest		
公共放送法	public broadcasting act		
公共放送	Public Broadcasting System (PBS)	購買力補給論	purchasing power-theory
		公平な陪審	impartial jury
公共利益科学センター	Center for Science in the Public Interest	公法	public law
		公民	citizenship
拘禁率	imprisonment rate	公民概念	citizenship
航空宇宙博物館	National Air and Space Museum	公民教育	citizenship education, civic education, citizen education
航空機産業	aviation		
合憲の推定	presumption of constitutionality	公民教育センター	Center for Civic Education
		公民権	civil rights
広告	advertisement	公民権運動	civil rights movement

公民権法	Civil Rights Act	国際通貨	international currency
公民職業リハビリテーション法	Civilian Vocational Rehabilitation Act	国際通貨基金	International Monetary Fund (IMF)
公民性	civility	国際通商裁判所	U.S. Court of International Trade
公民的参加	civic participation		
公民的資質向上委員会	Council for the Advancement of Citizenship	国際婦人服労組	International Ladies Garment Workers Union (ILGWU)
公民的精神	civil-mindedness	国際復興開発銀行	International Bank for Reconstruction and Development
公民的知識と技能	civic knowledge and intellectual skills	国際モダンアート展	International Exhibition of Modern Art
公民的徳	civic virtue		
公務員	civil servant	国際遊園地協会	International Association of Amusement Parks and Attractions
公務員退職年金制度	civil servant pension system		
項目別拒否権法	Line-Item Veto Act		
『荒野の決闘』	My Darling Clementine	国際連合（国連）	United Nations (UN)
公有地	Public Land	国璽	Great Seal of the United States, The
公用語運動	official English movement		
小売革命の時代	age of retailing revolution, the	国際英語	international English
		黒人	blacks
公立職業訓練学校	public vocational school	黒人英語	Black English, African American Vernacular English (AAVE)
「小売の輪」モデル	retailing wheel		
『氷屋来たる』	The Iceman Cometh		
コカ・コーラ	Coca-Cola	黒人教会	black church
コーカス	Caucus	黒人研究	black studies
互換性技術	interchangeable technology	『黒人のたましい』	The Souls of Black Folk
互換部品	interchangeable parts	黒人文学	Black Literature
「故郷の人々」	"Old Folks at Home"	黒人霊歌	negro spiritual
「国益の中の科学」	"Science in the National Interest"	国勢調査	Census
		国勢調査局	U.S. Census Bureau
国際インディアン条約会議	International Indian Treaty Council	国籍剥奪法案	Denaturalization Bill
		国土安全保障省	Department of Homeland Security (DHS)
国際宇宙ステーション	International Space Station (ISS)		
		国内行動計画（国際女性年監視全米委員会の）	National Action Plan
国際開発庁	U. S. Agency for International Development (USAID)		
		国内市場	domestic market
国境環境協力委員会	Border Environment Cooperation Commission (BECC)	国内植民地	internal colonialism
		国内伝道協会	home mission society
国際教育機構	Institute of International Education	国防教育法	National Defense Education Act
国際経済研究所	Institute of International Economics (IIE)	国法銀行	national bank
		国防計画ガイダンス	Defense Planning Guidelines
国際刑事裁判所	International Criminal Court (ICC)	国防高等研究計画局	Defense Advanced Research Projects Agency (DARPA)
国際健康・ラケット・スポーツクラブ協会	International Health, Racquet and Sportsclub Associaton (IHRSA)	国防省	Department of War
		国防総省	Department of Defense (DOD) [Pentagon]
国際原子力機構	International Atomic Energy Agency (IAEA)	国防総省秘密文書事件	Pentagon Papers Case
		国民の祝日	national holiday
国際航空競争法	International Air Transportation Competition Act	『国民の創生』	The Birth of a Nation
		国務省	Department of State
国際サービス労働組合	Service Employees International Unions (SEIU)	国務長官	Secretary of State
		国有地付与運動	Land-grand movement
国際自動車研究プログラム	International Motor Vehicle Program (IMVP)	国立ガン研究所	National Cancer Institute (NCI)
国際自由労連	International Confederation of Free Trade Unions (ICFTU)	国立公園	National Park
		国立公園局	National Park Service (NPS)
		国立公園警察	National Park Police
国際女性年	International Women's Year	国立公園制度	National Park System
国際女性年監視全米委員会	National Commission o the Observance of International Women's year	国立ヒトゲノム研究所	National Human Genome Research Institute (NHGRI)
		国立保健研究所	National Institutes of Health (NIH)
国際信教自由法案	International Freedom of Religion Bill		
		国連ストックホルム環境会議	United Nations Stockholm Conference
国際地球観測	International Geophysical Co-operation		

国連資源保全利用科学会議	United Nations Scientific Conference on Utilization of Resources	個別誘導型再突入複数弾道	Multiple independently-targeted Re-entry vehicle (MIRV)
国連平和維持活動	United Nations Peacekeeping Operations (PKO)	コオペラティブ・チェーン	cooperative chain
		コマーシャル	commercial
『心は淋しい狩人』	The Heart is a Lonely Hunter	コミューター路線	commuter
『孤児アニー』	Little Orphan Annie	コミュニケーション	communication
50年戦争	Fifty-Year War	コミュニケーション法	Communications Act
ゴジラ	Godzilla	コミュニティ	community
個人責任と就業機会に関する調整法	Personal Responsibility and Work Opportunity Reconciliation Act (PRWOR)	コミュニティ・カレッジ	community college
		コミュニティ環境協議会	Community Environmental Council (CEC)
『個人と社会』	The Individual and His Society	コミュニティ・シビックス	Community Civics
沿岸警備隊	Coast Guard	『コミュニティ・シビックスの教育』	Teaching of Community Civics
コストコ・ホールセール	Costco Wholesale	コミュニティ情報交流会	Community Information Exchange
『ゴースト・ストーリー』	Ghost Story		
ゴーストダンス	ghost dance	コミュニティ投資（社会的責任投資としての）	Community Investment
ゴスペルソング	gospel song		
コスモポリタニズム	cosmopolitanism	コミュニティ・ポリーシング	community policing
『コスモポリタン』	Cosmopolitan	コミュニティ・メディア連合	Alliance for Community Media
『5千万人のフランス人』	Fifty Million Frenchmen		
五大湖	The Great Lakes	小麦	wheat
『古代社会』	Ancient Society	コムキャスト	Comcast
固体ロケット・ブースター	Solid Rocket Boosters (SRB)	コメ	rice
コダック社	Eastman Kodak	『コモン・センス』	Common Sense
ゴチック・リバイバル	Gothic Revival	コモンマン	common man
本土安全保障	Homeland Security	コモン・ロー	common law
国家安全保障会議	National Security Council (NSC)	雇用機会均等委員会	Equal Employment Opportunity Commission (EEOC)
国家安全保障法	National Security Act	雇用促進局	Works Progress Administration (WPA)
国家ガン研究法	National Cancer Act		
国家経済会議	National Economic Council (NEC)	雇用法	Employment Act
		『コーラス・ライン』	A Chorus Line
国家環境政策法	National Environmental Policy Act	コラムニスト	columnist
		『コリエーズ・ウィークリー』	Collier's Weekly
国家航空評議委員会	National Advisory Committee for Aeronautics (NACA)		
		孤立主義	Isolationism
		コール＆リスポンス	call & response
国家心臓・血管・血液研究法	National Heart, Blood Vessel, Lung Research Act	コルディレラ山系	Cordillera
		ゴールデン・アワー	prime time
国家防衛教育法	National Defense Education Act	コルト社	Colt
		コールドスプリングハーバー研究所	Cold Spring Harbor Laboratory
国家防衛研究委員会	National Defense Research Committee		
		ゴールドマン・サックス	Goldman Sachs
国家ミサイル防衛	National Missile Defense (NMD)	ゴールドラッシュ	gold rush
		コルレス口座	correspondent balance
国家薬物規制局	Office of National Drug Control Policy	『コレクションズ』	The Corrections
		コロディオン・プロセス	collodion process
国家予算法	Military Force Structure Review Act	コロニー	colony
		コロニアル・ウィリアムズバーグ	Colonial Williamsburg
国境警備隊	Border Patrol		
コットンクラブ	Cotton Club	コロニアル住宅	Colonial House
『子連れ狼』	Lone Wolf and Cub	コロラド州	Colorado
コード・シェアリング	Code-sharing	コロラド川	The Colorado
言葉狩り	language cleansing	コロラド高原	The Colorado Plateau
『ゴドーを待ちながら』	Waiting for Godot	コロラド砂漠	The Colorado Desert
コニーアイランド	Coney Island	コロンバス・サークル	Columbus Circle
コネティカット州	Connecticut	コロンバス・デー	Columbus Day
コーネル大学	Cornell University	コロンビア州	Columbia
コープ・アメリカ	Co-op America	コロンビア（スペースシャトル）	Columbia
コプレー・ニュースサービス	Copley News Service		
		コロンビア映画	Columbia Pictures
コープ・ウォッチ	Corp Watch	コロンビア高原	The Columbia Plateau
3/5条項	three-fifth's clause		

コロンビア大学の学生蜂起	Student Uprising at Colombia University	最終弁論（裁判の）	closing argument
コロンブス記念世界博覧会	World's Columbian Exposition	歳出	Appropriations
		再審理	new trial
『壊れたグラス』	Broken Glass	サイスエナジー	Sithe Energies Inc.
コンヴァージョン・ナラティヴ	Conversion Narrative	再生可能エネルギー	Renewable Energy
		祭政分離	church and state
コングロマリット	conglomerate	在宅保健サービス	home care service
混淆性	hybridity	財団	foundation
混合農業	mixed farming	最低価格保障（農産物の）	guaranteed minimum price system
コンコード	Concord	最低賃金法	Minimum Wage Act
コンサベーション・インタナショナル	Conservation International	歳入	Ways and Means
		歳入分与制度	revenue sharing program
コンシューマー・ユニオン	Consumer Union	才能教育	gifted education
コンシューマリズム	consumerism	サイバーカルチャー	cyberculture
コンセッション，譲歩	concession	サイバースペース	cyberspace
コンセプチュアル・アート	Conceptual Art	サイバーソン	Cyberthon
コンセント	receptacle	サイバネティックス・グループ	cybernetics group
ゴンゾー・ジャーナリズム	Gonzo Journalism		
コンソリデイテッド	Consolidated	サイバネティックス	cybernetics
コンソリデイテッド・ヴァルテイ社	Consolidated Vultee Aircraft Corporation	サイバーパンク	cyberpunk
		サイバーパンク SF	cyberpunk novels
『コンタクト』	Contact	サイバー部門（FBI の）	cyber division
コンデ・ナスト社	Condé Nast Publications	裁判外の解決	Alternative Dispute Resolution (ADA)
コンテンポラリー派	Contemporary Photographers		
コンパック	Compaq	裁判官	judge
『コンバット』	Combat	裁判区	judicial district
コンビニエンス・ストア	Convenience Store (CVS)	裁判所	court
コンピュータ	computer	サイファーパンク	cypherpunk
コンピュータ・ウィルス	computer virus	『サイベリア』	Cyberia : life in the trenches of hyperspace
コンピュータ機械学会	Association for Computing Machinery (ACM)	サイボーグ	cyborg
コンピュータ・グラフィックス	computer graphics	財務省	Department of the Treasury
		財務長官（カウンティの）	Treasurer
『コンピュータの神話学』	The Cult of Information	サイモン・アンド・シュスター	Simon & Schuster
コンピュータ予約システム	computer reservation system (CRS)	再臨派（アドヴェンティスト）	Adventist
コンピュメンター	CompuMentor	サイレン号	The Syren
コンプスタット	COMPSTAT (Computerized Statistics)	『サインズ』	Signs
		サウジアラビア	Saudi Arabia
コンプ USA	CompUSA	サウスウエスト航空	Southwest Airlines
コンベア社	Convair	サウスカロライナ州	South Carolina
コーンベルト	Corn Belt	サウスダコタ州	South Dakota
棍棒外交	Big Stick diplomacy	サウスランド社	Southland Corporation
		サウスワース&ホーズ	Southworth & Haws
●サ		『サウンド・オブ・ミュージック』	The Sound of Music
『犀』	Rhinoceros		
罪悪税	sin tax	『ザ・エージェント』	Jerry Maguire
サイエニアリング	Scieneering	酒場	saloon
サイオコール	Thiokol	サーキット・レース	circuit race
細菌学	bacteriology	『桜子』	Her American Husband
最恵国待遇	Most Favorite Nation (MFN)	『サクラメント・ビー』	Sacrament Bee
サイケデリック・ブルース	psychedelic blues	サケ	salmon
債券	bond	サザンホスピタリティー	Southern Hospitality
再建	Reconstruction	サザン・ルネサンス	Southern Renaissance
再建派ユダヤ教	Reconstructionist	『ザ・ストリート』	The Street
最高裁判所	Supreme Court	財政赤字	fiscal deficit
最高指揮権（陸海空軍・民兵の）	powers of Commander in Chief	『サタデー・イブニング・ポスト』	Saturday Evening Post
最高指揮権	supreme command	『サタデー・ナイト・フィーバー』	Saturday Night Fever
最高司令官	commander in Chief		
最高法規性	supreme law	サターン（ロケット）	Saturn
在庫管理	inventory control	サックス	Saks
『最後のピューリタン』	The Last Puritan	雑誌	magazine
『最後のモヒカン族』	The Last of the Mohicans	ザップアクション	zap action

砂糖カエデ	maple
砂漠	desert
砂漠気候	Desert climate
サプライサイド経済学	Supply-Side Economy
サプライ・チェーン・マネージメント	supply chain management
サブリミナル広告	subliminal advertisement
サブリミナル・メッセージ	subliminal message
サプリメント	supplement
『ザ・ベスト・マン』	*The Best Man*
差別的出来高給	differential piece-rate system
サーベーンズ・オクスレー法	Sarbanes-Oxley Act
『ザ・ミュージックマン』	*The Music Man*
サムズ・ホールセール・クラブ	Sam's Wholesale Club (SWC)
『サモアの思春期』	*Coming of Age in Samoa*
サーモスタット	thermostat
ソロモン・スミス・バーニー	Salomon Smith Barney
『さゆり』	*Memory of a Geisha*
サヨナラ	*Sayonara*
『ザ・ライフ』	*The Life*
『ザ・ラスト・ヤンキー』	*The Last Yankee*
サラセン号	The Saracen
サラダボウル論	Salad Bowl
『サロン』	*Salon*
サンアンドレアス断層系	San Andreas Fault
三角貿易	triangular trade
サンガー・センター	Sanger Centre
産業革命	Industrial Revolution
産業組織	industrial organization
産業別組織化委員会	Committee for Industrial Organization (CIO)
産業別組織会議	Congress of Industrial Organizations (CIO)
三権分立	separation of powers
『サンシャイン・ボーイズ』	*The Sunshine Boys*
三振アウト法	Three Strikes You're Out Law
サン石油会社	Sunoco (Sun Oil Co.)
3大ネットワーク	The Major Networks
サンタクロース	Santa Claus
サンタフェ	Santa Fe
サンダンス	Sun Dance
サンディア（国立）研究所	Sandia National Laboratory
サンデビル作戦	Operation Sun Devil
サンド・クリーク虐殺史跡設置法	Sand Creek Massacre National Historic Site Establishment Act
サント・ドミンゴ	Santo Domingo
サンビーム	Sunbeam
『サンフランシスコ・クロニクル』	*San Francisco Chronicle*
サンフランシスコ	San Francisco
サンフランシスコ交響楽団	San Francisco Symphony
サンフランシスコ・ポエトリ・ルネッサンス	San Francisco Poetry Renaissance
サンベルト	Sunbelt
サンベルト現象	Sunbelt phenomenon
『サン・ルイ・レイの橋』	*The Bridge of San Luis Rey*

●シ

シアーズ・ローバック社	Sears Roebuck & Co.
シアター・ギルド	Theater Guild
シアトル	Seattle
シヴィックス	Civics
シェア・クロッパー	sharecropper
シェイズの反乱	Shays' Rebellion
ジ・エイト	The Eight
ジェームズタウン	Jamestown
ジェイル	jail
シェーカーズ	Shakers
ジェット機	jet plane
ジェット・コースター	roller coaster
ジェットライン	jetline
シェブロン	Chevron
シェブロンテキサコ	Chevron Texaco
ジェミニ宇宙船	Gemini
ジェミニ計画	Project Gemini
ジェームズ・タウン	James town
シエラ・クラブ	Sierra Club
シエラネヴァダ山脈	Sierra Nevada, The
ジェンセニズム	Jensenism
ジェンダー	gender
『ジェンダー・トラブル』	*Gender Trouble*
ジェントリフィケーション（都市開発）	gentrification
ジオデシック・ドーム	geodesic dome
シオニズム運動	Zionism
シカゴ	Chicago
シカゴ学派（社会学の）	Chicago School
シカゴ交響楽団	Chicago Symphony Orchestra
シカゴ商品取引所	Chicago Board of Trade (CBOT)
シカゴ大学	University of Chicago
『シカゴ・トリビューン』	*Chicago Tribune*
シカゴ万国博覧会	World's Columbian Exhibition of 1893
シカゴ美術館	Art Institute of Chicago
シカゴ・マーカンタイル取引所	Chicago Mercantile Exchange (CME)
シカゴ・ルネサンス	Chicago Renaissance
四月馬鹿の日	April Fools Day
次官（省の）	Deputy Secretary
時間研究（テイラーによる労働作業の）	time study
次官補（省の）	Assistant Secretaries
事業部制組織	divisional organization
シーグラムビル	Seagram Building
シークレット・サービス	Secret Service
市警察	Municipal Police
『死刑執行人の歌』	*The Executioner's Song*
死刑制度	Capital Punishment
資源再生センター	Resource Renewal Institute
資源保全運動	conservation movement
「自己依存」	"Self-Reliance"
『思考のための道具』	*Tools for Thought*
自己決定	Self-Determination
思索小説	speculative fiction
自作農	owned farm
シーザーサラダ	caesar salad
『ジーザス・クライスト・スーパースター』	*Jesus Christ Superstar*
資産担保証券	asset-backed security
『ジジ』	*Gigi*
シーシェファード	Sea Shepherd Conservation Society
支持政党	party affiliation
事実（事件の）	fact
事実審理手続	trial
市支配人型	council-manager form

四旬節	Lent	司法委員会（上院）	Senate Committee on the Judiciary
市場経済	market economy	司法者	Department of Justice (DOJ)
辞書体目録	Dictionary Catalog	脂肪吸引術	Liposuction
『詩人気質』	A Touch of the Poet	司法試験	bar examination
シスコ・システムズ	Sisco Systems	司法省反トラスト局	Department of Justice Antitrust Division
『シスター・キャリー』	Sister Carry	司法審査制	judicial review
『シスターフッドはパワフル』	Sisterhood Is Powerful	司法府	Judicial Branch
システム論	systems theory	死亡率	death rate
自然資源防衛会議	Natural Resources Defense Council (NRDC)	シボレー	Chevrolet
自然史博物館	National Museum of Natural History	字幕	closed caption
		市民	citizen
自然主義	naturalism	市民権	citizenship
自然地域	natural area	市民権法第7条（1964）	Title VII, Civil Rights Act of 1964
慈善的なトラスト	benevolent trust		
自然文学	nature writing	市民自由法	Civil Liberties Act
『自然論』	Nature	「市民的不服従」	"Civil Disobedience"
『シーソー』	Seesaw	『市民のマニュアル：コモンスクールのための政府のテキスト』	Alden's Citizen's Manual. A Textbook on Government for Common Schools
思想浄化	thought cleansing		
シーダー・ポイント	Cedar Point		
7月4日	July 4th	ジム・クロウ	Jim Crow
『7月4日に生まれて』	Born on the Fourth of July	シャイアン族	Cheyenne
『七破風の家』	The House of the Seven Gables	『シャイニング』	The Shining
		シャウト	shout
七面鳥	turkey	ジャガー	JUGAR
七面鳥のリンゴ詰め	turkey stuffed with apples	社会科	social studies
市長-市議会型	mayor-council form	社会科教育	social studies
シッカム	sitcom	社会学	sociology
失業	unemployment	『社会学的想像力』	The Sociological Imagination
失業信託基金	Unemployment Trust Fund	『社会行為の構造』	The Structure of Social Action
失業保険	unemployment insurance		
シックス・フラッグズ	Six Flags	社会主義フェミニズム	socialist feminism
実験進化研究所	Station for Experimental Evolution	社会進化論	Social Darwinism
		社会人類学	social anthropology
湿潤亜熱帯性気候	Humid subtropical climate	社会的責任投資	Socially Responsible Investment (SRI)
『失墜の後で』	After the Fall		
シット・イン	sit-in	社会的風景	social landscape
シップ・アメリカン政策	Ship American	社会フェミニズム	social feminism
疾病管理予防センター	Centers for Disease Control and Prevention (CDC)	社会復帰・改善教育刑モデル	Rehabilitation or Treatment Model
『シティ・オブ・エンジェル』	City of Angeles	社会紛争	social conflict
		社会保障	social security
シティグループ	Citigroup	社会保障法	Social Security Act
シティグループ・グローバル・マーケッツ	Citigroup Global Markets	ジャガイモ	potato
		ジャクソン=ヴァニク修正	Jackson-Vanik Amendment
『シティ・ライフ』	City Life	ジャクソン・デモクラシー	Jacksonian democracy
『自伝』(T.ジェファソン)	Autobiography	借地	rent-in-farmland
『自伝』(B.フランクリン)	Autobiography	写真花嫁	picture bride
『自伝』(F.ダグラス)	Narrative of Frederick Douglass, The	写真分離派	Photo-Secessionism
		『写真論』	On Photography
自動車	automobile	ジャズ	jazz
使途別補助金	categorical grants	ジャズ・エイジ	Jazz Age
シートン・ヒル美術大学	Seton Hill Fine Arts Center	『ジャズ・シンガー』	The Jazz Singer
シナゴーグ	synagogue	ジャスト・イン・タイム	just-in-time
シナジー	synergy	ジャップ	Jap
シニアネット	Senior Net	社内弁護士	in house counselor
シネキズム	synechism	ジャーナリズム	journalism
シネマ・コンプレックス	cinema complex	ジャーナリズム科（コロンビア大学）	Columbia Graduate School of Journalism
支配人（市の）	City Manager		
ジープ	Jeep	ジャーナリズム教育	journalism education
シープ・ランチ・ランチェリア	Sheep Ranch Rancheria	謝肉祭	Carnival
		ジャパニメーション	japanimation
私法	private law	ジャパノロジスト	japanologist
		シャパラル	chaparral

『ジャパン・アズ・ナンバーワン』	Japan as Number One
ジャパン・バッシング	Japan-bashing
ジャポニズム	Japonism
ジャマイカ	Jamaica
シャーマン反トラスト法	Sherman Anti-Trust Act
『シャーロット・テンプル』	Charlotte Temple
『ジャンキー』	Junky
『ジャングル』	The Jungle
『ジャングル大帝』	Kimba the White Lion
ジャンバラヤ	jambalaya
ジャンボ（機）	Jumbo
『ジャンボー』	Jumbo
ジャンル SF	Genre SF
『ジューイッシュ・デイリー・フォワード』	Jewish Daily Forward
州	state
週刊新聞	weekly newspaper
州議会	state legislature
州議会議員（選挙）	state legislators
宗教系学校	religious school
宗教原理主義	religious fundamentalism
自由競争社会	free competitive society
宗教の右派	Religious Right
宗教迫害からの自由法案	Freedom from Religious Persecution Bill
州禁酒法	state prohibition (law)
州警察	State Police
州控訴審裁判所	State Courts of Appeals
自由黒人	free blacks
重罪	felony
州際通商委員会	Interstate Commerce Commission (ICC)
州際通商法	Interstate Commerce Act
州最高裁判所	State Supreme Court
州際通商規制条項	Interstate Commerce Clause
州裁判所	state courts
『13日の金曜日』	Friday the 13th
自由州	Free State
修正同意判決	Modification Final Judgment (MFJ)
州政府	state government
集積回路	integrated circuit (IC)
住宅・都市開発省	Department of Housing and Urban Development
州知事	(state) governor
州地方裁判所	State District Courts, Trial Court, County Court, Superior Court
州テスト	state-tests
州党大会	state convention
重度障害	severe disability
重度腎臓病患者	persons who have end-stage renal disease
自由な経済活動	Free Economy
柔軟反応政策	Flexible Response
自由の鐘	Liberty Bell
自由のための乗車運動	Freedom Ride
自由の帝国	empire for liberty
自由の息子たち	Sons of Liberty
醜聞暴露	muckraking
州兵	National Guard
州法	state law
自由貿易	free trade
自由貿易協定	Free Trade Agreement (FTA)
州法銀行	state bank
終末思想	eschatology
自由ヨーロッパ	Radio Free Europe
14ヵ条	Fourteen Points
州立公園管理官	State Park System Officer
州立大学警察	State University Police
州立図書館	state library
『重力の虹』	Gravity's Rainbow
自由連合州	Commonwealth
シュガー・ヒル・ギャング	Sugarhill Gang
儒教	Confucianism
種子ビジネス	seed business
首相	prime minister
住宅法	National Housing Act
出エジプト記	Exodus
出生率	birth rate
出身国別割当制	National Origins Quotas
十進分類法	Decimal Classification
出版コンサルタント	publishing consultant
出版社，出版人	publisher
シューパー・オーガニゼーション	Shubert Organization
『ジュビリー』	Jubilee
主婦	housewife
シュープリームス	The Supremes
ジュラルミン	duralumin
『ジュリア』	Julia
主流派フェミニズム	mainstream feminism
スーアードの愚行	Seward's folly
巡回区（裁判所の）	Circuits
準学士	associate degree
ジューン・ブライド	June bride
『ジョイ・ラック・クラブ』	The Joy Luck Club
ジョイント・ストライク・ファイター	Joint Strike Fighter (JSF)
省	departments
小委員会（連邦議会の）	subcommittee
上院	Senate
上院議員	Senator
上院の議長	President
障害	disability
障害学	disability studies
障害給付	disability benefit
障害者	disabled people
障害者運動	disabled people's movement
障害者の権利擁護教育基金	Disability Rights Education and Defense Fund (DREDF)
障害の文化	culture of disability
障害を持つアメリカ人法	Americans with Disabilities Act (ADA)
小額請求裁判所	small claims court
蒸気船	steamboat
商業広告	commercial advertisement
『将軍』	Shogun
上・下両院合同決議	joint resolution
上・下両院同意決議	concurrent resolution
証券化	securitization
証券会社	securities broker
証券取引委員会	Securities and Exchange Commission (SEC)
勝者独占方式	Winner-take-all system
少女の会	Girls Incorporated
少数党内総務	minority floor leader
小政党	minor party
常設委員会（連邦議会の）	standing committee

小選挙区制	single-member district system	女性解放運動	women's liberation (movement)
上訴	appeal	女性学	women's studies
肖像画美術館	National Portrait Gallery	『女性学』	Women's Studies
醸造業者	brewer	女性教育衡平法	Women's Educational Equality Act
傷痍軍人リハビリテーション法	Soldiers Rehabilitation Act	女性キリスト教禁酒同盟	Woman's Christian Temperance Union
省庁	executive departments		
象徴人類学	symbolic anthropology	女性衡平行動連盟	Women's Equity Action League (WEAL)
象徴的相互作用論	Symbolic interactionism		
『象徴と社会』	Dramas, Fields, and Metaphors	助成財団資料センター	The Foundation Center
		女性雑誌	women's magazine
『象徴の森』	The Forests of Symbols	女性性	femininity
少年/家庭裁判所	juvenile or family court	女性の権利宣言	Bill of Rights for Women
『少年時代』	Boy's Life	女性の地位に関する大統領委員会	President's Commission on the Status of Women
少年と少女の家	Girls and Boys Town		
『紙葉の家』	House of Leaves	女性平和党	Woman's Peace Party
小陪審	petty jury	女性連帯会議	Congress to the United Women
消費者運動	consumer movement		
『消費社会の神話と構造』	La societe de consommation : ses mythes, ses structures	書籍流通	book distribution industry
		ショッピング・カート	shopping cart
消費者教育	consumer education	ショッピングセンター	shopping center
消費者組合	Consumers Union	『ショッピング・フォー・ベター・ワールド』	Shopping for a Better World
消費者経済	consumer economy		
消費者資本主義	consumer capitalism	ショッピングモール	shopping mall
消費者の権利	rights of consumers	初等・中等教育法	Elementary and Secondary Education Act
消費者の4つの権利	four basic consumer rights		
消費者問題担当官	Special Assistant to the President for Consumer Affairs	初等・中等教育	elementary and secondary education
消費の共同体	community of consumption	所得税申告	income tax return
消費の単位	consumer unit	所得不平等化	growing inequality of income
消費の民主化	democratization of consumption	ジェニー・クレイグ	Jenny Craig, Inc.
		初日の劇評	Drama review (after the opening)
消費の民主主義	democracy of consumption		
消費不況	consumption depression	ジョバー（書籍流通の）	jobber
商品先物取引委員会	Commodity Futures Trading Commission (CFTC)	ショービジネス	show business
		『ショーボート』	Show Boat
情報革命	information revolution	所有権（資源の）	property rights
情報技術	Information Technology (IT)	所有と経営の分離	separation of ownership from management
情報スーパーハイウェイ	Information Superhighway		
情報学派分子生物学	Informational School of molecular biology	『ショール』	The Shawl
		ジョーンズ法	Jones Act
商務省	Department of Commerce	ジョンソン&ジョンソン	Johnson & Johnson
商務長官	Secretary of Commerce	ジョンソン宇宙センター	Johnson Space Center
商務労働省	Department of Commerce and Labor	ジョンソン財団	Robert Wood Johnson Foundation
召命	calling		
条約締結	conclusion of treaty	ジョン・ハウランド号	The John Howland
条約の締結権	power to make treaties	ジョン・ワナメーカー	John Wanamaker
商用インターネットサービス・プロバイダー	internet service provider (ISP)	シーランチ・コンドミニアム	Sea Ranch Condominium
		シリコン	silicon
常緑針葉樹	Needleleaf evergreen	シリコンヴァレー	Silicon Valley
『ショー・ガール』	Show Girl	シリコンヴァレー・モデル	Silicon Valley Model
職業リハビリテーション	vocational rehabilitation	シリコンチップ	silicon chip
職能別組織	functional organization	自立生活運動	Independent Living Movement
『触発する言葉』	Excitable Speech		
食品安全法	Pure Food and Drug Act	自立生活センター	Center for Independent Living (CIL)
食品医薬品局	Food and Drug Administration (FDA)		
		飼料作物	feed crops
植民者	colonist	知る権利（消費者の4つの権利）	right to be informed
植民地主義	colonialism		
植民地の時代	Colonial Period	ジルバ	jitterbug
助言と同意（上院の）	advice and consent	白椿騎士団	Knights of the White Camellia
ジョージア州	Georgia		
ジョージアン様式	Georgian style	新移民	New Immigrants
ジョージタウン大学	Georgetown University	新エネルギー政策	National Energy Policy

人格教育	character education
シンガー社	Singer
「進化の一世紀」展	A Century Progress Exposition (CPE)
進化論	evolutionalism
『種の起原』	*The Origin of Species*
信教の自由	freedom of religion
シングル（葺）	shingled roof
シングル社会	single society
シングル・スタイル	shingle style
シングルマザー	single mother
新経済政策	New Economic Policy (NEP)
神経性無食欲症	anorexia nervosa
人権および人道問題局	Bureau of Human Rights and Humanities
人権外交	human rights diplomacy
人権協会	Society for Human Rights
人口	population
人工衛星	artificial satellite
人工ゴム	synthetic gum
人口重心	center of population
人工授精	artificial insemination
人口増加率	Population increase rate
人工ダイヤモンド	Synthetic diamond
人工内耳手術	cochlear Implant
『人口爆弾』	*The Population Bomb*
信仰復興運動，リバイバリズム	Revivalism
信仰ミッション	faith mission
シンコ・デ・マイヨ	Cinco de Mayo
シンジェンタ	Syngenta
人事管理庁	Office of Personnel Management
『紳士協定』	*Gentleman's Agreement*
シンジケーション	syndication
シンジケーター	Syndicator
シンジケート	syndicate
新思考	new thought
シンシナティ	Cincinnati
新社会科	New Social Studies
人種	race
『人種・言語・文化』	*Race, Language, and Culture*
人種差別制度	racial discrimination
『人種のるつぼを越えて』	*Beyond the Melting Pot*
人種プロファイリング	race profiling
「真珠湾を忘れるな」	"Remember Pearl Harbor"
新進化主義	neo-evolutionalism
新進歩主義	neo-progressivism
ジーンズ	jeans
新政党	new party
新世界秩序	New World Order
新著作権法	Revised Copyright Law, Revision of Copyright Act
新年	New Year's Day
新年（ユダヤ教の）	Rosh Hashanah
新批評	New Criticism
新批評家	New Critics
新表現主義	Neo-Expressionism
新聞記者	journalist
新聞系列	newspaper chain, newspaper group
新米国の世紀プロジェクト	Project for the New American Century (PNAC)
新保守主義	neoconservatism
新保守派	neoconservativist
進歩的政策研究所	Progressive Policy Institute (PPI)
進歩党	Progressive party
進歩のための同盟計画	Alliance for Progress
人民寺院	People's Temple
新民族誌	new ethnography
人民党	Populist party
信用維持政策	prudential policy
『心理学原理』	*Principles of Psychology*
心理人類学	psychological anthropology
人類学	anthropology
新歴史主義	Neo-Historicism
新連邦主義	new federalism

●ス

水牛事件	water buffalo affair
水平的連邦主義	horizontal federalism
垂直離着陸戦闘機	vertical take-off fighter
スイート・チャリティ	*Sweet Charity*
『スウィーニー・トッド』	*Sweeney Todd*
『水平線の彼方に』	*Beyond the Horizon*
スイング	swing
スウェット・ロッジ（汗かき小屋）	sweat-lodge
スウェーデン系	Swedish
『崇高にして慈悲深き神はその公約を守りたもう』	*The Sovereignty and Goodness of God, together with the Faithfulness of His Promises Displayed*
スウット・ロッジ	sweat-lodge
スウェットショップ	sweatshop
『須恵村』	*Sue Mura*
スカイスクレーパー	skyscraper
『スカーレット』	*Scarlett*
スカンジナヴィア系	Scandinavian
過ぎ越しの祝い	Passover
スキッドモア・オウイングズ・アンド・メリル	Skidmore, Owings & Merrill LLP (SOM)
スクリーニング	screening
スクリブナー	Scribner
スクリューボール・コメディ	screwball comedy
『スケッチブック』	*The Sketch-Book*
スコッチ=アイリッシュ系	Scotch-Irish
スコットランド系	Scottish
スコットランド系アイルランド人	Scotch-Irish
スコットランド哲学	Scottish Philosophy
スコープス裁判	Scopes Trial (Monkey Trial)
寿司	sushi
スーシティ	Sioux City
スー族	Sioux
スター（映画の）	star
『スター・ウォーズ』	*Star Wars*
スタグネーション	stagnation
スタグフレーション	stagflation
『スタートレック』	*Startrek*
スターバックス社	Starbucks Coffee
スタンダード	standard
スタンダード石油	Standard Oil Co.
スタンフォード研究所	Stanford Research Institute
スチューデント・コンシューマリズム	student consumerism
スティーヴ・ジャクソン・ゲームズ社	Steve Jackson Games
スティック・スタイル	Stick Style

ステイプル（輸出向け農産物）	staple	擦り合わせ型アーキテクチャー	Integral Architecture
ステークホルダー	stakeholder	スリーマイル原子力発電所	Three Mile Island Nuclear Power Plant
ステージ・コーチ	stagecoach	スリップ・ストリーム	slipstream
ステータス・シンボル	status symbol	「スリーピーホローの伝説」	"The Legend of Sleepy Hollow"
ステットソン	STETSON		
ステップ気候	Steppe climate	スレイヴ・ナラティヴ	Slave Narrative
ステップファミリー	step family	『スローターハウス5』	Slaughterhouse-Five
ステープルズ	Staples	スローン・システム	Sloan system
ステルス性	stealth	スワッシュバックラー映画	swashbuckler
ステレオグラフ（立体写真）	stereograph	スワップ協定	swap arrangement
ステレオタイプ	stereotype	座り込み運動	sit-in
ストックカー・レース	stock car race		
ストライキ	strike	●セ	
ストラトキャスター	Stratocaster	聖ヴァレンタインの日	St. Valentine's Day
『ストーリーテラー』	*Storyteller*	西岸海岸性気候	Marine west coast climate
ストリート・パフォーマンス	street performance	税関局	Costumes Service
ストリートワイズ	streetwise	正義のためのカリフォルニア人教育基金	Californians For Justice Education Fund
ストレートフォト	straight photography		
ストーンウォール・イン	Stonewall Inn	請求裁判所	U.S. Claims Court
ストーンウォール暴動	Stonewall Riot	性教育	sex education
スナップショット	snapshot	政教分離	separation between church and state
スヌーピー	Snoopy		
スネーク川	Snake River	聖金曜日	Good Friday
スノーベルト	snowbelt	制限君主制	limited monarchy
スーパー・ステーション	Super Station	政権党	gorvernment party
スパニッシュ/ヒスパニック/ラティノ	Spanish/Hispanic/Latino	制限統治	limited government
		精巧主義	precisionism
スーパーボウル	Super Bowl	成功報酬（弁護士の）	contingent fee
スーパーマーケット	supermarket	政策金利	official rate
スピークアウト	speak-out	政策推進局（大統領府）	Office of Policy Development
スピーゲル	Spiegel	生産システムの累積進化仮説	evolution of production system hypothesis
スピーチ・コード	speech code		
スピンオフ効果	spin-off effect	生産税額控除制度	Production Tax Credit (PTC)
スプートニク	Sputnik	生産調整（セット・アサイド）（農産物の）	set aside (program)
スプートニク・ショック	Sputnik shock		
スプリント	Sprint	政治教育委員会（ALO-CIO内の）	Committee on Political Education (COPE)
スプロール化	sprawl		
スペアリブ	sparerib	性志向	sexual orientation
スペイン系コロニアル住宅	Spanish Colonial House	聖燭祭	Candlemas
スペキュレーティヴ・フィクション	speculative fiction	精神医療	psychiatry
		『精神・自我・社会』	*Mind, Self and Society from the standpoint of a social behaviorist*
スペクテイター・スポーツ	spectator sports		
スペキュレーティヴ・フィクション	speculative fiction		
		『精神疾患の診断・統計マニュアル』	*Diagnostic and Statistical Manual of Mental Disorders (DSM)*
スペシャル・オリンピック・インターナショナル	Special Olympic International		
スペースシャトル	space shuttle	精神分析医	psychoanalyst
「すべての者に高等教育を」	Higher Education for All	精神分析	psychoanalysis
スペリオル湖	Superior, Lake	西漸運動	Westward movement
『スペリング・ブック』	*Elementary Spelling Book*	製造業	manufacturing (industry)
スポーツ	sports	製造小売業	specialty retailer of private label apparel (SPA)
スポーツ・オーソリティ	Sports Authority		
スポーツクラブ	sports club	生態模倣的な素材	biomimetic materials
スポンサード・フィルム	sponsored film	生地主義	ius soli
スポンサー方式	sponsorship system	『成長の限界』	*Limit to Growth*
スマート・デザイン	Smart Design	成長マシン	growth machine
スマート・マテリアル	smart material	性的少数派	sexual minority
スミス・カレッジ	Smith College	制度	institution
『スミソニアン』	*Smithsonian*	正統派ユダヤ教徒	Orthodox Judaism
スミソニアン協会	Smithsonian Institution	聖ドミニコ海外宣教修道女	Foreign Mission Sisters of St. Dominic
『スモーク・シグナルズ』	*Smoke Signals*		
スラリ輸送	slurry	「聖ニコラスの訪問」	"A Visit from Saint Nicholas"
		『性の政治学』	*Sexual Politics*

『性の弁証法』	The Dialectic of Sex	セブン・シスターズ, 7人の魔女	Seven Sisters
聖灰水曜日	Ash Wednesday		
聖パトリックの日	St. Patrick's Day	セブンデイ＝アドヴェンティスト	Seventh-day Adventists
製品アーキテクチャ	product architecture		
西部	West	セミノール族	Seminole
政府機能の統合	governmental consolidation	セラピスト（結婚・家族・児童）	therapeutist, therapist
征服者たち	Conquistadores		
西部劇	Western	『セールスマンの死』	Death of a Salesman
政府公社	government corporations	セルデン特許	Selden Patent
生物医学研究	biomedical research	セルフサービス	self-service
『西部のライオン』	The Lion of the West	セルフ・デタミネーション	Self-Determination
成文憲法	written constitution	セルフメイド・マン	self-made man
『生命とは何か』	What is Life ?	セルロイド	celluloid
制約条件の理論	Theory of Constraints (TOC)	セレブレーション	Celebration
聖ヨセフの日	St. Joseph's Day	セレラ・ジェノミクス社	Celera Genomics
セイラム	Salem	ゼログラフィー	xerography
セイラムの魔女狩り	The Salem Witch Hunts	ゼロックス社	Xerox
セイラムの魔女裁判	The Salem Witch Trials	ゼロ・トレランス	Zero Tolerance
聖ルチアの祭り	Santa Lucia's Day	戦域ミサイル防衛	Theater Missile Defense (TMD)
世界禁煙デー	World No Tobacco Day		
世界銀行	World Bank	前衛芸術	avant-garde art
世界コロンブス博覧会	World's Columbian Exposition	前衛劇	Avant-Garde theatre (or drama)
世界資源研究所	World Resources Institute (WRI)	全学評議会（大学の）	Academic Senate
		戦艦	battleship
世界障害者研究所	The World Institute on Disability (WID)	宣教師	missionary
		宣教師外交	missionary diplomacy
世界都市	world city, global city	専業主婦	housewife
世界標準	global standard	選挙運動費用	campaign expenses
世界貿易機関	World Trade Organization (WTO)	選挙管理委員会	boarders of elections
		選挙区	electoral district
世界貿易センター	World Trade Center	選挙人	electors
世界保健機構	World Health Organization (WHO)	選挙人獲得数	electoral vote
		電灯協会	National Electric Light Association (NELA)
セカンドエンパイア様式	Second Empire Style		
赤十字アメリカ支部	American Association of the Red Cross	全国アメリカ・インディアン会議	National Congress of American Indians (NNCAI)
石炭	coal	全国インディアン青年会議	National Indian Youth Council (NIYC)
石油	oil		
石油メジャー	oil majors	全国教会協議会	National Council of Churches (NCC)
石油輸出国機構	Organization of the Petroleum Exporting Countries (OPEC)		
		全国禁酒法	National Prohibition Law
		全国禁酒法党	National Prohibition Party, The
セクシャル・ハラスメント	sexual harassment		
セクシュアリティ	sexuality	全国黒人地位向上協会	National Association for the Advancement of Colored People (NAACP)
積極的差別是正措置	affirmative action		
セックス戦争	sex war		
設計モジュラー化	modularization of parts	全国産業復興法	National Industrial Recovery Act (NIRA)
節酒・禁酒運動	temperance movement		
摂食障害	eating disorder	全国紙	national newspaper
絶対移民制限法	Comprehensive Immigration Law	全国消費者連盟	National Consumer League (NCL)
『説得評論集』	General Theory of Employment, Interest, and Money	全国党大会	national convention
		全国反紙巻きタバコ連盟	National Anti-Cigarette League
セネカ族	Seneca		
ゼネラル・エレクトリック社	General Electric Co. (GE)	全国復興局	National Recovery Administration (NRA)
ゼネラル・ダイナミックス社	General Dynamics (GD)	全国陸上交通委員会	National Surface Transportation Board
ゼネラル・モーターズ	General Motors (GM)	全国労働関係委員会	National Labor Relations Board (NLRB)
セファーディック系	Sephardic		
セファーディック・ユダヤ人	Sephardic Jews	全国労働関係法	National Labor Relations Act
		センサス	Census
セーフウェイ	Safeway Inc.	戦時転住局	War Relocation Authority (WRA)
セブン・イレブン	7-Eleven		

戦時産業局	War Industries Board	全米慈善団体情報局	National Charities Information Bureau
戦時大統領	Wartime President	全米自動車協会	American Automobile Association
全社的品質管理	total quality management (TQC)	統一自動車労組	United Automobile Worker's Union (UAW)
先住アメリカ人	Native American	全米社会科協議会	National Council for the Social Studies (NCSS)
先住アメリカ人墓地保護・返還法	Native American Graves Protection and Repatriation Act	全米女性会議	National Women's Conference
戦術核兵器	tactical nuclear weapon	全米女性解放会議	national women's liberation conference
全障害児教育法	Education of all Handicapped Children Act	全米女性機構	National Organization for Women (NOW)
潜水艦	submarine		
潜水艦発射型弾道ミサイル	submarine-launched ballistic missile (SLBM)	全米女性政治幹部会議	National Women's Political Caucus
戦争映画	war film	全米女性問題顧問委員会	National Advisory Committee on Women
戦争権限法	War Power Act	全米腎臓財団	National Kidney Foundation (NKF)
戦争花嫁	war bride		
戦争花嫁法	War Brides Act	全米人文基金	National Endowment for the Humanities (NEH)
洗濯機	washing machine		
センターピボット灌漑装置	center-pivot irrigation	全米精神衛生協会	National Mental Health Association
センチメンタル・フィクション	Sentimental Fiction	全米生命の権利委員会	National Right to Life Committee
セントラル・アベニュー	central avenue		
セントラルヴァレー	Central Valley	全米摂食障害協会	National Eating Disorders Association
セントラル・パーク	Central Park		
『セントラル・ヨーロッパ・レヴュー』	Central Europe Review	全米大学対抗運動競技連盟	National Collegiate Athletic Association (NCAA)
セントルイス	St. Louis	全米地域再投資連合	National Community Reinvestment Coalition (NCRC)
セントルイス運動	St. Louis Movement		
「セントルイスの魂」号	Spirit of St. Louis	全米中絶権利行動連盟	National Abortion Rights Action League
セントルイス・ヘーゲリアン	St. Louis Hegelians		
セントローレンス川	The St. Lawrence	全米中絶法廃止協会	National Association for the Repeal of Abortion Laws
千年紀後再臨説	postmillennialism		
千年紀前再臨説	premillennialism	全米テレビ方式委員会	National Television System Committee, The
先買権法	Pre-emption Act		
1850年の妥協	Compromise of 1850	全米統一犯罪報告	National Unified Reporting
1812年戦争	War of 1812	全米道路交通自動車安全法	National Traffic and Motor Vehicle Safety Act of 1966, the
扇風機	(electric) fan		
全米インディアン芸術学院	Institute of American Indian and Alaska Native Culture and Arts Development	全米図書賞	National Book Award, The
		全米都市連合	National Urban League
全米オーデュボン協会	National Audubon Society	全米ニグロ女性評議会	National Council of Negro Women
全米科学学会	National Academy of Sciences	全米日系アメリカ人博物館	Japanese American National Museum
全米科学財団	National Science Foundation (NSF)	全米日系市民協会	Japanese American citizen League (JACL)
全米学識者協会	National Association of Scholars	全米脳性麻痺協会	United Cerebral Palsy (UCP)
全米環境正義諮問評議会	National Council on Environmental Justice	全米犯罪情報センター	National Crime Information Center
全米教育協会	National Education Association (NEA)	全米父性イニシアティブ	National Fatherhood Initiative
全米金融委員会	National Monetary Commission	全米補償請求委員会	National Committee for Redoes
全米芸術基金	National Endowment for the Arts (NEA)	全米民間健康機構	National Voluntary Health Agencies
全米形成外科医協会	America Society of Plastic Surgeons (ASPS)	全米野生保護基金	World Wildlife Fund (WWF)
全米健康統計センター	National Center for Health Statistics	全米有色女性協会	National Association of Colored Women
全米強姦・虐待・近親相姦ネットワーク	Rape, Abuse & Incest National Network (RAINN)	全米有色人種環境運動サミット	National People of Color Environmental Leadership Summit
全米黒人フェミニズム機構	National Black Feminism Organization		

全米ろう者協会	National Association of Deaf
戦没将兵記念日	Memorial Day
専門店	specialty store
専門弁護士	specialized attorney
戦略核兵器削減条約	Strategic Arms Reduction Talks (START)
戦略・国際問題研究所	Center for Strategic and International Studies (CSIS)
戦略的行動	strategic behavior
戦略兵器削減条約	Strategic Arms Reduction Treaty (START)
戦略兵器制限交渉	Strategic Arms Limitation Talks (SALT)
戦略防衛構想	Strategic Defense Initiative (SDI)
先例価値	precedent

●ソ

憎悪犯罪	hate crime
臓器移植	organ transplant
草原	Grassland
草原の帆船	prairie schooner
総合小売企業	general merchandize store (GMS)
相互確証破壊	Mutual Assured Destruction (MAD)
捜査局（FBIの前身）	Bureau of Investigation
創作科（大学の）	creative writing course
創造的連邦主義	creative federalism
想像の共同体	imagined communities
相対多数意見	plurality opinion
総長（大学の）	President
相場受信システム	stock ticker
双発機の洋上飛行制限	Extended Twin-engine operations (ETOPS)
総務局（大統領府）	Office of Administration
ソウル（音楽）	soul music
ソウルフード	soul food
ソーカル	Socal
ソコニー	Socony
組織のコンティンジェンシー理論	contingency theory of organizations, structural contingency theory
ソーシャルインベストメント・フォーラム	Social Investment Forum
訴訟	litigation
租税裁判所	U.S. Tax Court
卒業後課程	postgraduate program
『ゾートロープ・オールストーリー』	*Zoetrope : All-Story*
ソノマヴァレー	Sonoma Valley
ソビエト連邦	Soviet Union
ソフトパワー	soft power
ソラリゼーション	solaization
『ソルジャー・ブルー』	*Soldier Blue*
ソールズベリー	Salisbury
ソルトボックス	saltbox
ソルトレイクシティ	Salt Lake City

●タ

第1次消費革命	First consumer revolution
第1次世界大戦	World War I.
第1次排日土地法	Alien Land Law of 1931
第1波フェミニズム	First Wave Feminism
ダイエット	diet
ダイエット産業	diet industry, the
『代価』	*Price, The*
体外受精	in vitro fertilization
大学院	graduate schools
『大学革命』	*The Academic Revolution*
体格指数	Body Mass Index (BMI)
大学スポーツ	college sports
大覚醒	Great Awakening
大学対抗運動競技プログラム	intercollegiate athletics program
大学図書館	university library
大韓民国会	Korean National Association
大干ばつ時代	Dust Bowl Years
代議員	delegate
大企業	big-sized enterprise
大恐慌	Great Depression
対抗文化	countercultur
対抗文化運動	countercultur movement
対困窮家庭一時扶助制度	Temporary Assistance for Needy Family (TANF)
第3次産業革命	Third Industrial Revolution
第3次中東戦争	Six-Day War (Arab-Israeli War of 1967)
『大司教に死は来る』	*Death Comes for the Archbishop*
体重管理会社	weight management firms
大衆消費社会	mass consumption society
大衆文化	popular culture
退職給付	benefit for retirement
大豆	soybean
大政党	major party
大西洋憲章	Atlantic Charter
タイタスヴィル	Titusville
タイタン	Titan
『大地』	*The Good Earth*
対低所得者医療制度	Medicaid
対低所得世帯光熱費扶助	Low-Income Home Energy Assistance Program (LIHEAP)
対敵諜報活動	counter intelligence
タイドウォーター	Tide water
大統領	President
大統領行政命令	Executive Order
大統領決定指令	Presidential Decision Directive (PDD)
大統領候補の選挙運動	election campaign
大統領職継承順位	order of Presidential Succession
大統領制	presidential government
大統領政策再検討指令	Presidential Review Directive (PRD)
大統領選	presidential election
大統領選挙運動基金	presidential election campaign fund
大統領選挙人	elector
大統領の資格	eligibility of the President
大統領の任期	term of the President
大統領の拒否権	veto
大統領被選挙権	right to be eligible to the office of President
大統領府	Executive Office of the President
大統領報道官	Presidential Press Secretary
大統領補佐官	Assistant to the President
大統領予備選挙	presidential primary election

台所内閣	Kitchen Cabinet
台所論争	Kitchen Debate
大都市圏	metropolitan area
タイトル・ナイン	Title IX
ダイナブック	Dynabook
第二言語としての英語	English as a Second Language
第2国立銀行設置法	Second Bank of the United States Act
第2次世界大戦	World War II
第2次大覚醒期	Second Great Awakening
第2次米英戦争	War of 1812
第2帝政様式，セカンド・エンパイア様式	Second Empire Style
第二の収穫	Second Harvest
『第二の四月』	*Second April*
第二の波（アジア系移民の）	Second Wave of Asian immigration
第2波フェミニズム（運動）	Second Wave Feminism, Second Wave of Feminist Movement
第二歩	The Second Step
大陪審	grand jury
『ダイ・ハード』	*Die Hard*
『代表的人間』	*Representative Men*
『タイフーン』	*The Typhoon*
大平原（グレートプレーンズ）	Great Plains
太平洋	The Pacific Ocean
『太平洋序曲』	*Pacific Overtures*
太平洋プレート	Pacific Plate
ダイマクション・ハウス	Dymaxion House
『タイム』	*Time*
タイムズ・ミラー社	Times Miller Co.
ダイム・ノベル	dime novel
ダイムラー=クライスラー	DaimlerChrysler
タイム・ワーナー	Time Warner
タイム・ワーナー・ケーブル	Time Warner Cable
代役システム（演劇・ミュージカルの）	understudy system
『太陽の種』	*Seed of the Sun*
『太陽の帝国』	*Empire of the Sun*
第422連隊	442nd Regimental Combat Team
代理業	agency
大リーグ	Major League Baseball (MLB)
大陸横断鉄道	Transcontinental Railroad
大陸会議	Continental Congress
大陸間弾道弾ミサイル	intercontinental ballistic missile (ICBM)
大陸性湿潤夏季温暖気候	Humid continental climate with warm summers
大陸性湿潤夏季冷涼気候	Humid continental climate with cool summers
大陸法	continental law
代理制度	agent system
代理母	surrogate mother
大量仕入れ	mass buying
大量生産	mass production
大量生産システム	mass production system
大量破壊兵器	Weapons of Mass Destruction (WMD)
大量販売	mass sales
大量報復戦略	Massive Retaliation
ダウ・ジョーンズ・ニュースサービス	Dow Jones News Service
代替通信社	alternative wire service
タウンシップ制	U.S. Rectangular Land Survey
タオスプエブロ族	TaosPueblo
多角的投資貿易協定	Multilateral Agreement on Investment (MAI)
多からなる一	E Pluribus Unum
滝線	fall line
ターキットロット	turkey trot
ダークサイド・ハッカー	dark-side hacker
ダグラス社	Douglas
ターゲット（ストア）	Target (stores)
ターゲット・プライス（農産物の）	target price
ダゲレオタイプ	daguerreotype
ダゲレオタイプ・パーラー	daguerreotype parlor
多国籍企業	multinational corporation
多国籍企業委員会	Center on Transnational Corporations
多国籍軍	Multilateral Force
タコス	taco
『ターザン』	*Tarzan*
他人種との結婚	interracial marriage
多数党院内総務	majority floor leader
タスク・フォース	task force
ダストボール時代	Dust Bowl Years
多選禁止	term limit
多チャンネル化	multiplexing
脱構築	deconstruction
ダッチ・オーブン	Dutch oven
タッパーウェア	Tupperware
タッパーウェアパーティ	Tupperware party
『タップダンス・キッド』	*Tap Dance Kid*
ダーティ・リアリズム	dirty realism
他人同士の政府	A Government of Strangers
多能工	cross-trained worker
他のエスニック同士の結婚	interethnic marriage
他の人種・エスニック集団との結婚	intermarriage
『頼むから静かにしてくれ』	*Will You Please Be Quiet, Please?*
タバコ	tobacco
ダビュレータ	tabulator
ダブルディ	Doubleday
タフト・ハートレー法	Taft-Hartley Act
多文化教育	multicultural education
『多文化教育のためのカリキュラム・ガイドライン』	*Curriculum Guidelines for Multicultural Education*
多文化社会	multicultural society
多文化主義	multiculturalism
タマニー協会	Tammany Society
ターミネーション	Termination
『ダラス』	*Dallas*
ダラー・ストア	dollar store
タリバーン政権	Taliban government
タルボッツ	Talbots
単位動作	therblig
タングステン線	tungsten filament
断種法	Sterilization Law
単純決議	simple resolution
単身出稼ぎの男性社会	bachelor society

ダンスホール	dance
男性性	masculinity
男性中心主義	androcentorism
男性同性愛者の健康の危機	Gay Men's Health Crisis (GMHC)
『男性と女性』	Male and Female
探偵小説	detective fiction
弾道弾迎撃ミサイル制限条約	Anti-Ballistic Missile treaty (ABM)
単独（行動）主義	unilateralism
ダンバートンオークス会議	Dumbarton Oaks Conference
短編小説	short story
ダンラップ版（独立宣言）	Dunlap broadside

●チ

治安対策組織（法執行機関）	law-enforcement agencies
地域活動支援公社	Local Initiatives Support Corporation (LISC)
地域間分業	interregional division of labor
地域経済格差	regional economic disparity
地域社会	community
地域社会変革センター	Center for Community Change
地域電話会社	Local Exchange Carries
地域密着型テーマパーク	regional parks
小さな政府	small government
小さな立法部	little legislatures
チェサピーク湾	Chesapeake Bay
チェスターフィールド	Chesterfield
チェロキー族	Cherokee
チェーン・ストア	Chain Store Age
チェーン・ストア・エイジ	chain store
チェーン放送	chain broadcasting
地下鉄道	Underground Railroad
チカノ運動	Chicano Movement
チキータ	Chiquita
地球の友	Friends of the Earth
蓄音機	phonograph
チザム・トレイル	Chisholm Trail
地上波放送	broadcasting
知性の多様性	multiple intelligence
父の日	Father's Day
地中海性気候	Mediterranean climate
「膣オーガズムの神話」	"The Myth of the Vaginal Orgasm"
知的所有権	intellectual property
『チート』	The Cheat
ディビジョン・ワン（大学フットボールの）	Division I
チピワ族	Chippewa
地方組合（ローカル）	local
地方裁判所	district court
地方主義	regionalism
地方政府	local government
チーム式生産管理法	team production system
チャイナタウン	Chinatown
『チャイナタウンの女武者』	The Woman Warier
チャイナマン	Chinaman
チャイルドリーチ	Childreach
チャールズリヴァー・ブリッジ事件	Charles River Bridge Case
チャータースクール	charter school
チャーチ・アンド・ステート	church and state
『茶の本』	The Book of Tea
チャールストン	Charleston
チャレンジャー（スペースシャトル）	Challenger
中央情報局	Central Intelligence Agency (CIA)
中央情報局長官	Director of Central Intelligence Agency
中央条約機構	Central Treaty Organization (CENTO)
中央政府	central government
中間航路	middle passage
中距離ミサイル	Intermediate Range Missile
中国系アメリカ人	Chinese-Americans
中国系アメリカ人博物館	Museum of Chinese in the Americas
中国人移民	Chinese immigrants
中国人排斥法，中国系移民排斥法	Chinese Exclusion Act
中国石化集団	China Petroleum and Chemical Corporation (SINOPEC)
中産階級	middle class
中小企業庁	Small Business Administration (SBA)
中傷広告	negative ad (advertising)
抽象表現主義	Abstract Expressionism
忠誠問題	loyalty questionnaire
中絶禁止法	Abortion Laws
中東戦争（第3次）	Six-Day War, Arab-Israeli War of 1967
中東戦争（第4次）	Yom Kippur War, October War, Ramadan War
『宙ぶらりんの男』	The Dangling Man
中立法	Neutrality Act
中西部	Middle West, Midwest
長官（省の）	Secretary
長期看護施設ケア	long term care
彫刻	sculpture
超絶主義者	transcendentalist
朝鮮のためのアメリカ救援	American Relief for Korea (ARK)
朝鮮半島エネルギー開発機構	Korean Peninsula Energy Development Organization, The (KEDO)
朝鮮戦争	Korean War
『蝶々夫人』	Madame Butterfly
超伝導	superconductivity
超伝導超大型粒子加速器	Superconducting Super Collider (SSC)
懲罰的損害	punitive damages
超有機体論	the superorganic
長老派（教会）	Presbyterian (Church)
調和主義	Harmonialism
直接支払い（補助金の）	direct payments
著作権	copyright
著作権保護	copyright protection
貯蓄貸付組合	Savings and Loan (S & L)
貯蓄金融機関	thrift institution
チリ（料理）	chili
チリコンカーン	chili con carne
治療	healing
チンク	Chink
『沈黙の春』	Silent Spring

●ツ

ツイスト	twist

通貨監督局	Office of the Comptroller of the Currency (OCC)	デキシーカップ	Dixie cup
通商協定法	Trade Agreements Act	敵性外国人	enemy aliens
通商代表部	United States Trade Representatives (USTR)	できるようにする技術	enabling technology
		デコンストラクション	deconstruction
通常兵器	conventional weapon	デコンストラクティヴィスト・アーキテクチュア展	Deconstructivist Architecture
通商法	Trade Act	デザイン	design
通商法スーパー301条	Article 301 of the Omnibus Trade Act	デジタル・アビオニクス	digital avionics
		デジタル情報ネットワーク技術	digital information network technology
通信社	wire service		
通信販売	mail order	デジタルテレビ	digital television
通信販売店	mail order house	デジタル放送	digital broadcasting
通信法	Federal Communication Act	テスト	test
綴り	spelling	デタント外交	détente diplomacy
ツーバイフォー構法	platform frame construction	哲学博士	Doctor of Philosophy (Ph.D.)
		鉄道	railroad
●テ		鉄道旅客サービス法	Rail Passenger Service Act
「ティアーズ・イン・ヘヴン」	"Tears In Heaven"	『鉄の踵』	The Iron Heel
		『鉄腕アトム』	Astro Boy
ディアスポラ	Diaspora	デトロイト	Detroit
『ディアボーン・インディペンデンツ』	Dearborn Independent	テナントと所有者開発公社	Tenants and Owners Development Corp (TODCO)
提案	Proposition	テネシー州	Tennessee
T型フォード	Model T	テネシー川	The Tennessee
帝国主義	imperialism	テネシー渓谷開発公社	Tennessee Valley Authority (TVA)
低コンテクスト	low context		
ディジタル加入者回線	Digital Subscriber Line (DSL)	『テネシー州なるデイヴィッド・クロケットの生涯の物語』	Narrative of the life of David Crockett of the State of Tennessee, A
ディスインターミディエーション	disintermediation		
ディスエイブリズム	disablism	デファクト・スタンダード	de facto standard
ディスカウント・ストア	discount store	デフレ・ギャップ	deflation gap
ディスカバリー手続	discovery	テーマパーク	theme park
ディスコ	disco	『デモクラシー』	Democracy
ディスコテック	discotheque	デモクラシティ	Democracity
ディストリビューター（書籍の）	distributor	『デモクラティック・レヴュー』	Democratic Review
ディズニー	Walt Disney Co.	デュークエナジー	Duke Energy
ディズニーランド	Disneyland	デューセンバーグ	Duesenberg
ディズニーワールド	Disneyworld	デュー・プロセス革命	due process revolution, the
定置組立方式	stall build system	デュポン社	DuPont
『停電の夜に』	Interpreter of Maladies	デュモン・ネットワーク	Dumont Network
デイトン社	Dayton Hudson Corperation	デラコーテ	Delacorte
ティファニー	Tiffany & Co.	デラコルト・シアター	Delacorte Theater, The
ディファニース対オデガード事件判決	DeFunis v. Odegaard	テラ・ミティカ	Terra Mitica
		デリバティブ	derivative
『ティプ・トゥ』	Tip Toes	デルタ	Delta
ティボリ公園	Tivoli Park	テレコミュニケーション法	Telecommunications Act
ティームスター組合	International Brotherhood of Teamsters	テレビ	television
		テレビ説教師	television preacher
テイラー主義	Taylorism	テレビ・ディベート	television debate
テイラー・システム	Taylor System	テレビデコーダ法	Television Decoder Circuitry Act
ディラード	Dillard's		
ティーンエイジャー	teenager	テレビ討論	television debate
ティンパンアレー	Tin Pan Alley	テレビ放映権	TV Broadcasting Rights
適格期間	qualified Period	テレフィルム	Telefilm
適格被保険者	fully insured, the	テレポート	Teleport Communications Group, Inc.
テキサコ	Texaco		
『テキサコ・スター・シアター』	The Texaco Star Theater	デロイト・トウシェ・トーマツ	Deloitte Touche Thomatsu
テキサス	Texas	テロ対策タスク・フォース	Terrorism Preparedness Taskforce
テキサス・インスツルメント社	Texas Instruments		
		テロとの戦争	War Against Terrorism
テキサス・ステーキ	Texas steak	テロリズム	terrorism
テキサス併合	Texas Annexation	田園都市	garden city
テキサス・ロングホーン牛	Texas longhorn	電化	electrification

『天蓋の空』	The Sheltering Sky
てんかん財団	Epilepsy Foundation
電気アイロン	electric iron
電気通信法	Telecommunications Act
電子商取引	electronic commerce
電子・情報技術アクセシビリティ基準	Electronic and Information Technology Standards
『天使たちの戦い』	Battle of Angels
電子図書館	Digital Library
電子取引所	on line exchange
電磁波	electromagnetic wave
電子ブック	E-book
電子フロンティア協会	Electronic Frontier Foundation (EFF)
天職	calling
電子レンジ	microwave oven
電信	telegraph
テンダーロイン近隣開発公社	Tenderloin Neighborhood Development Corporations
電灯	incandescent lump
伝道会	missionary society
伝道局	mission board
「伝統と個人の才能」	"Tradition and the Individual Talent"
天然資源	natural resources
デンヴァー	Denver
『転落』	The Ride Down Mt. Morgan
電力自由化	deregulation in electricity industry
電話	telephone
電話会議	party line
電話フリーク	phone freaks
●ト	
ドアーズ	The Doors
トイザらス	Toys "R" US
ドイツ宇宙旅行協会	Verein für Raumschiffahrt (VfR)
ドイツ観念哲学	German Idealism
ドイツ救済連盟	Council of Relief Agencies Licensed to Operate in Germany (CRALOG)
ドイツ系アメリカ人	German-Americans
ドイツ系コロニアル住宅	German Colonial House
ドイツ系ユダヤ人	German Jews
ドミノ・ピザ	Domino's Pizza
統一ラテンアメリカ系市民連盟	League of United Latin American Citizens (LULAC)
統一農場労働者組合	United Farm Workers (UFW)
党員	party member
党員集会	caucus
東欧系ユダヤ人	East European Jews
同化	assimilation
統覚	Apperception
トウガラシ	chili pepper
道具主義	Instrumentalism
統計的品質管理	statistical quality control (SQC)
道化喜劇映画	Clown comedy
統合攻撃戦闘機	Joint Strike Fighter (JSF)
統合参謀本部	Joint Chiefs of Staff (JCS)
統合参謀本部議長	Chairman of Joint Chiefs of Staff
統合の象徴	symbol of integration
投資家責任リサーチ・センター	Investor Responsibility Research Center (IRRC)
投資銀行	investment bank
当事者対決方式	adversary system
投資信託	mutual fund
同時多発テロ (9.11)	9.11 hijacking attacks, 9.11 terrorist hijacking
冬至祭り	Solstice Day
党首	head of party
搭乗率（飛行機の）	load factor
同性愛	homosexual
同性愛者擁護団体	homophile
闘争理論	Conflict Theory
統治構造	Government
道徳的説諭	moral suasion
道徳文化学校	Ethical Culture School
東南アジア条約機構	Southeast Asia Treaty Organization (SEATO)
東南アジア諸国連合	Association of Southeast Asian Nations (ASEAN)
投票区	precinct
投票権法	Voting Rights Act
投票用紙	ballot
『動物園物語』	The Zoo Story
トウモロコシ	maize
東洋人学校	Oriental School
『東洋の理想』	The Ideals of the Far East
「遠い声，遠い部屋」	Other Voice, Other Rooms
毒物植民地主義	toxic colonialism
特定非営利活動促進法	Law to Promote Specified Nonprofit Activities
特別委員会	Select Committees
特別区	special district
特別軍事法廷	special military commissions
特別捜査官 (FBIの)	special agent
特別通商代表	Special Representative for Trade Negotiations
特約酒場	tied house
独立記念日	Independence Day
独立行政機関	independent agencies, independent establishments
独立系財団	independent foundations
独立系の放送局	independent stations
独立宣言	Declaration of Independence
独立発電事業者	Independent Power Producer (IPP)
都市インディアン	urban Indian
都市化	urbanization
都市間競争	intercity competition
都市研究所	Urban Institute
都市圏計画委員会	Metropolitan Planning Organizations (MPO)
都市社会学	urban sociology
都市人口	population of urban territory
都市政策	Urban Policy
都市同盟	National Urban League (NUL)
図書館法	Public Library Law
トスカローラス族	Tuscarora
トスコ	Tosco Oil
ドーズ法	Daws Act
トータル・ディマンド・マネージメント	Total Demand Management (TDM)
トタルフィナエルフ	TOTALFINAELF
土地法	Land Law

土地法（1785年）	Land Ordinance
特許許諾自動車製造協会	Association of Licensed Automobile Manufacturers (ALAM)
特許権	patent
トーテム	totem
トーテム・ポール	totem pole
怒濤の20年代	roaring twenties
『ドナ・リード・ショー』	Donna Reed Show, the
トニー賞	Tony Award
ドミニカ共和国	Dominican Republic
「富へ至る道」	"Way to Wealth, The"
『トム・ソーヤの冒険』	Adventures of Tom Sawyer, The
『ドライビング・ミス・デージー』	Driving Miss Daisy
トライブ	tribe
ドライブ・イン・シアター	drive-in theater
ドラッグ・カルチャー	drug culture
ドラッグストア	drugstore
ドラッグ・レース	drag race
『トラフィック』	Traffic
ドラフト制度	draft
トラベルズー	travelzoo
ドラマ	drama
トランジスタ	transistor
トランジスタ・ラジオ	transistor radio
トランスセクシャル	transsexual
トランスナショナル	transnational
トランスナショナル企業	transnational corporation
トランスベスタイト	transvestite
トランスワールド航空	Trans World Airlines (TWA)
トランセンデンタリスト	transcendentalist
トリックスター	trickster
『ドリーの冒険』	Adventures of Dollie
取引金利	Federal Funds rate
取引コスト・アプローチ	transaction-cost approach
トリビューン社	Tribune Co.
『ドリームガールズ』	Dreamgirls
ドール	Dole
ドル外交	Dollar Diplomacy
トール洗濯機	Thor washing machine
トルティーヤ	tortilla
トルーマン・ドクトリン	Truman Doctrine
奴隷解放宣言	Emancipation Proclamation
奴隷州	Slave state
奴隷制反対運動	antislavery movement
奴隷制プランテーション	slavery plantation
奴隷体験記	Slave Narrative
奴隷取締法	slave codes
奴隷法	slave laws
奴隷貿易	slave trade
トレジャー・アイランド	Treasure Island
『どれだけ消費すれば満足なのか』	How Much Is Enough ?
ドレッド・スコット事件	Dred Scott Case
ドレッド・スコット対サンフォード判決	Dred Scott v. Sanford
トレントン	Trenton
トロリー・パーク	trolley park
トロリーバス	trolleybus
『ドン・キホーテ娘』	Female Quixotism
『どんなスピードでも自動車は危険だ』	Unsafe at Any Speed

● ナ

ナイアガラ運動	Niagara Movement
ナイアガラの滝	Niagara Fall
内閣	Cabinet
内閣制	cabinet system
ナイト・リダー社	Night Ridder
ナイト・リダー／トリビューン・インフォメーションサービス	Knight Ridder/Tribune Information Service
ナイネックス	Nynex
内務省	Department of the Interior
内務省インディアン局	Bureau of Indian Affairs
内陸低地	Interior Lowlands
ナイロン	nylon
ナインイレブン	9.11
ナヴァホ族	Navajo, Navaho
ナヴァホ保留地	Navajo Reservation
ナショナリズム	nationalism
『ナショナルエンクワイアラー』	National Enquirer
ナショナル・カウボーイ・ホール・オブ・フェイム	National Cowboy & Western Heritage Museum
『ナショナル・グリーンページ』	National Green Pages
ナショナル・スチール・アンド・シップビルディング社	National Steel and Shipbuilding Co. (NASSCO)
ナスダック	NASDAQ
「なぜわざわざ小説か？」	"Why Bother ?"
夏時間	Daylight Saving Time
ナッシュビル	Nashville
ナッツ・ベリー・ファーム	Knott's Berry Farm
『夏と煙』	Summer and Smoke
ナノテクノロジー	nanotechnology
名前のない問題	problem that has no name, the
ナラガンセット族	Narragansetts
ならずもの国家	rogue states
ならず者ども	refuse
ナンタケット	Nantucket
南部	South
南部キリスト教指導者会議	Southern Christian Leadership Conference (SCLC)
南部系ゴシック	Southern Gothic
『南部のための社会学』	Sociology for the South
南部バプテスト	Southern Baptist
南部メソジスト監督派	Methodist Episcopal Church South U.S.A.
南部連合	Confederate States of America, Confederacy
南部連合の憲法	Constitution of the Confederate States of America
南米経済復興10年計画	Alliance for Progress
南北戦争	Civil War
南北問題	North-South problem
難民	refugee
難民救援法	Refugee Relief Act
難民法	Displaced Persons Act

● ニ

ニカラグア	Nicaragua
二級市民	second class citizen
ニグロ・アフリカ労働評議会	Negro American Labor Council
ニグロ・アンサンブル劇団	Negro Ensemble Company, the

ニクロム線	nichrome wire
『ニコラス・ニコルビーの冒険』	Life and Adventure of Nicolas Nickloby, The
西アフリカ	West Africa
二次情報検索サービス	Bibliographic Information Retrieval Service
『西テネシーなるデイヴィッド・クロケット大佐の横顔と奇行』	Sketch and Eccentricities of Col. Crockett of West Tennessee
西半球安全協力研究所	Western Hemisphere Institute for Security Cooperation (WHISEC)
二重連邦主義	dual federalism
20世紀フォックス社	20th Century Fox
『2001年宇宙の旅』	2001 : A Space Odyssey
二大政党制	two-party system
日米安全保障条約	Security Treaty between Japan and the United States of America
日米安保共同宣言	Joint Declaration on Security between Japan and the United States
日米構造協議	Japan-US Structural Impediments Initiative (SII)
日米欧三極委員会	Trilateral Commision
日米紳士協定	Gentlemen's Agreement
日米特別行動委員会	Special Action Committee on Facilities and Areas in Okinawa (SACO)
日米物品役務協定	Acquisition and Cross Servicing Agreement (ACSA)
日米和親条約	US-Japan Treaty of Peace and Amity (1854)
日刊紙	daily paper
日韓人排斥同盟	Japanese and Korean Exclusion League
日系移民	Japanese immigrants
日系人, 日系アメリカ人	Japanese Americans
日系人立ち退き賠償請求法	Japanese American Evacuation Claims Act
ニッケルオディオン	nickelodeon
二大政党制	two parties system
日本異質論	"they are not like us"
日本型もの造り方式	Japanese-style manufacturing system
日本脅威論	Economic Thread from Japan
日本漁場	Japan Grounds
『日本事物誌』	Things Japanese
日本人移民	Japanese immigrants
日本人町	Japan town
『日本の演劇』	Japanese Theater
『日本の歌舞伎』	Kabuki Theatre
『日本のすまいとその周辺』	Japanese homes and their surroundings
『日本のナイチンゲール』	A Japanese Nightingale
『日本の目覚め』	The Awaking of Japan
日本封じ込め	Containing Japan
ニーマンマーカス	Nieman Marcus
ニューアムステルダム	New Amsterdam
ニューイングランド	New England
ニューイングランド神学	New England Theology
『ニューイングランド・プライマー』	New England Primer
入院医療サービス	hospital benefit
入院保険	Hospital Insurance (HI)
ニューウェーブ (消費者運動の)	New Wave
乳児死亡率	infant mortality rate
ニューポート・ニューズ・シッピングビルディング社	Newportnews Shippbuilding
ニュー・エコノミー	New Economy
ニューオーリンズ	New Orleans
ニューカレッジ補助法	Tribally Controlled Community College Assistant or University Act of 1978
『ニューギニアで育つ』	Growing Up in New Guinea
ニュージアム	The Newseum
ニューシネマ	New Cinema
ニュージャージー・ベル	New Jersey Bell
ニュー・ジャーナリズム	New Journalism
『ニューズウィーク』	News Week
ニューズグループ	newsgroup
ニューズ・コーポレーション	News Corporation
ニューディール	New Deal
ニューディール連合	New Deal Coalition
『ニュトゥリションビジネス・ジャーナル』	Nutrition Business Journal
ニューハンプシャー州	New Hampshire
ニュー・フロンティア	New Frontier
ニューペインティング	New Painting
ニューベッドフォード	New Bedford
ニューベリー図書館	Newberry Library
ニューメキシコ (州)	New Mexico
ニューメキシコ大学	University of New Mexico
『ニューメキシコのアウトロー、ビリー・ザ・キッド』	Billy the Kid, the New Mexican Outlaw
『ニューヨーカー』	The New Yorker
ニューヨーク近代美術館	Museum of Modern Art (MoMA)
『ニューヨーク・サン』	New York Sun
ニューヨーク	New York
ニューヨーク・シェイクスピア・フェスティバル	New York Shakespeare Festival, The
ニューヨーク州立図書館	New York State Library
ニューヨーク世界博覧会	New York World's Fair (NYWF)
『ニューヨーク・タイムズ』	New York Times
ニューヨーク・タイムズ・ニュースサービス	New York Times News Service
『ニューヨーク・デイリー・ニューズ』	New York Daily News
ニューヨーク派作家	Knickerbockers
ニューヨーク連邦準備銀行	Federal Reserve Bank of New York
『ニュー・リパブリック』	The New Republic
ニュー・ルック政策	New Look Strategy
ニューオーリンズ	New Orleans
『ニューロマンサー』	Neuromancer
『楡の木陰の欲望』	Desire Under the Elms
人間関係論	Human Relations
認識人類学	cognitive anthropology
『忍者』	The Ninja
妊娠中絶	abortion
任命権 (外交使節・最高裁判事・官吏等の)	power to nominate and appoint ambassadors, etc.

●ネ

ネイションズ・パーク	nation's Park

ネイチャー・コンサバンシー	The Nature Conservancy	パイオニア10号	Pioneer-10
ネイティブ・アメリカン	Native American	パイオニア・ハイブリッド	Pioneer Hi-Bred International
ネイティブ・アメリカン・センター	Native American Center	パイクスピーク・ヒルクライム	Pikes Peak Hillclimb
ネイティブ・アメリカン・プログラム法	Native American Programs Act	賠償	damages
		陪審	jury
ネヴァダ州	Nevada	陪審員候補者名簿	prospective juror list
ネオ・オーソドクシー	Neo Orthodoxy	陪審員選任	jury selection
ネオコロニアル	neocolonial	陪審候補者	venire man
ネオコンサーバティズム	neoconservatism	陪審裁判	jury trial
ネオジオ	Neo-Geo (Neo-Geometric Conceptualism)	陪審長	foreperson
		陪審評議	jury deliberation
ネオ・ジオメトリック・コンセプチュアリズム	Neo-Geometric Conceptualism	陪審評決	jury verdict
		陪審への説示（裁判官による）	instruction, charge
ネオ・ダダ	Neo Dada	バイセクシャル	bisexual
ネオ・リベラル方策	neo-liberal	バイソン	bison
ネガティブ・アド（中傷広告）	negative ad (advertising)	ハイチ	Haiti
		排日移民法	Anti-Japanese Immigration Act, Japanese Exclusion Act
ネガティブ・アプローチ	negative approach		
『猫のゆりかご』	Cat's Cradle		
『ねじの回転』	The Turn of the Screw	排日運動	Anti-Japanese movement
ネーション・オブ・イスラーム	Nation of Islam, The	パイプライン	pipeline
		ハイブリッド	hybrid
ネット企業	internet business	ハイプレーンズ帯水層	High Plains Aquifer
ネット販売	online shopping	『ハイペリオン』	Hyperion
ネットワーク	network	パイユート族	Paiute
ネブラスカ州	Nebraska	バイリンガル教育法	Bilingual Education Act
年季奉公人	indentured servants	『ハイアワサ』	Hiawatha
		『ハイアワサの歌』	The Song of Hiawatha
●ノ		ハインツ	Heinz
ノヴァーティス	Novartis	パインリッジ保留地	Pine Ridge Reservation
農業	agriculture	ハーヴァード・カレッジ	Harvard College
農業安定局	Farm Security Administration (FSA)	ハウス	house
		バウワウ	powwow
農業協定（WTOの）	Agreement on Agriculture	バギー	buggy
農業調整法	Agricultural Adjustment Act (AAA)	パークアヴェニュービル	Park Avenue Building
		『白鯨』	Moby-Dick
農業法	Agricultural Act	白人	Whites
納税者	taxpayer	白人住民の脱出	white flight
農村電化局	Rural Electrification Administration (REA)	白頭ワシ	bald eagle
		白熱電灯	incandescent lamp
農民	farmer	バークレー	Berkley
農務省	Department of Agriculture	ハーコート・ブレース	Harcourt Brace
ノーサンプトン	Northampton	『バゴンボの嗅ぎタバコ入れ』	Bagombo Snuff Box
ノースアメリカン社	North American		
ノースウェスタン大学	Northwestern University	パサマコディ族	Passamaquoddy
ノースカロライナ州	North Carolina	『橋からの眺め』	A View from the Bridge
ノースダコタ州	North Dakota	ハシディズム	Hasidism
ノースロップ・グラマン社	Northrop Grumman	パシフィック・テレシス・グループ	Pacific Telesis Group
ノースロップ・グラマン・ニューポート・ニューズ社	Northrop Grumman Newport News	パシフィック・フォーラムCSIS	Pacific Forum CSIS
ノースロップ社	Northrop		
ノードストローム	Nordstrom	『ハシムラ・トーゴ』	Hashimura Togo
ノーベル賞	Nobel prize	『パジャマ・ゲーム』	Pajama Game
『ノーマル・ハート』	The Normal Heart	場所のマーケティング	place marketing
ノンフィクション	nonfiction	パーシングII	Pershing II
ノンフィクション・ノベル	nonfiction novel	バス・アイアンワーク社	Bath Iron Works Corporation
		バスケット分析	basket analyze
●ハ		バスケットボール	basketball
爆発物対策部隊	bomb squad	『バス・ストップ』	Bus Stop
『ハイアワサの歌』	The Song of Hiawatha	バス・ボイコット運動	Bus Boycotts
ハイウェイ・パトロール	Highway Patrol	派生商品（金融の）	derivatives
バイオテクノロジー	biotechnology	パソコン用電子掲示板	bulletin board system (BBS)
パイオニア（開拓者）	pioneer	パーソナル・コンピュータ	personal computer

『裸のランチ』	The Naked Lunch	母の日の行進	Mother's Day march
『裸足で散歩』	Barefoot in the Park	『パパは何でも知っている』	Father Knows Best
バーター・シンジケーション	barter syndication	パピログラフ	papilograph
葉タバコ	leaf tobacco	『バッファロー・ビル——辺境人の王者』	Buffalo Bill, King of the Border Men
『働き過ぎのアメリカ人』	The Overworked American	ハブ・アンド・スポーク型（航空路線網）	hub and spoke
働く力のある障害者	qualified individuals with disabilities	バプテスト教会	Baptist church
働く貧困者	working poor	バプテスト派	Baptists
『バターンの兵士たち』	Men on Bataan	ハーフティンバー構法	half-timber construction
パターン・バーゲニング	pattern bargaining	ハプニング（美術）	Happening
『八月十五夜の茶屋』	The Teahouse of the August Moon	パブリック・アクセス・チャンネル	Public access channels
『80日間世界一周』	Around the World in Eighty Days	パブリック・シティズン	Public Citizen
		『パブリッシャーズ・ウィークリー』	Publishers Weekly
『バーチャル・ウォーズ』	The Lawnmower Man	バブル経済	bubble economy
パチュコ	pachuco	バーベキュー	barbecue
発音	pronunciation	バーボン	bourbon
ハッカー	hacker	バーボンベイクドハム	bourbon baked ham
『ハッカーズ』	Hackers : Heroes of the Computer Revolution	ハマス	Hamas
パッカード	Packard	ハーマン・ミラー社	Herman Miller
パッカード財団	David and Lucile Packard Foundation	バーミンガム公民権館	Birmingham Civil Rights Institute
『ハッカーを追え』	The hacker crackdown : law and disorder on the electronic frontier	ハーモニアリズム	harmonialism
		パラウ共和国	The Republic of Palau
パックス・アメリカーナ	Pax Americana	バラエティー（テレビ番組の）	variety
『バック・トゥ・ザ・フューチャー』	Back to the Future	パラダイム・チェンジ説	Paradigm change hypothesis
		パラトランジット（障害者の移動保障の）	para-transit
『ハックルベリー・フィンの冒険』	The Adventures of Huckleberry Finn	パラマウント社	Paramount Pictures Corp.
『バッド・アティテュード』	Bad Attitude	パラマウント他数社対全衆国判決	United States v. Paramount Pictures, Inc., et al.
バッファロー市	Buffalo		
バッファロー	buffalo	バリアフリー社会	barrier-free society
バッファロー・ウイング	Buffalo wings	ハリウッド	Hollywood
『バッファロー・ビルの冒険』	Buffalo Bill, Jr.	ハリウッド映画	Hollywood Film
		ハリウッド・タイクーン	Hollywood Tycoon
発明家	inventor	パリ条約	Treaty of Paris
バディ映画	buddy film	『ハリー・ポッター』	Hurry Potter
パーティシパントスポーツ	participant sports	パルプ雑誌	Pulp Magazine
パーティライン	party line	『パール・ハーバー』	Pearl Harbor
パテント・メディシン	patent medicine	バルーン・フレーム構法	balloon frame construction
ハドソンリヴァー派	Hudson River School	バーレスク・ショー	burlesque
パトナム	Putnam	北部メソジスト監督派	Methodist Episcopal Church U.S.A.
『鳩の翼』	The Wings of the Dove		
ハードパワー	hard power	パレスチナ	Palestine
ハードボイルド	hard-boiled	パレスチナ解放機構	Palestine Liberation Organization (PLO)
パドローネ	padorone		
バナー広告	banner advertisement	パレスチナ問題	Palestine problem
バナナのバター焼き	baked banana	ハーレーダビッドソン	Harley Davidson
パナマ運河	Panama Canal	ハーレム	Harlem
『バーナム』	Barnum	ハーレム・ルネサンス	Harlem Renaissance
ハヌカー祭	Hanukkha	バレロ	Valero Energy
パノプティコン	Panopticon	パロアルト研究所	Palo Alto Research Center (PARC)
バハ	Baha		
パパゴ族	Papago	ハロウィーン	Halloween
ハーパーズ	Harpers	『ハロー・ドーリー』	Hello, Dolly !
『ハーパーズ・ウィークリー』	Harper's Weekly	『パロマ山の誇り』	Pride of Palomar
		ハワイ	Hawaii
『ハーパーズ・バザー』	Harper's Bazaar	ハワイ王国	Kingdom of Hawaii
『ハーパーズ・マガジン』	Harper's Magazine	ハワイ州の先住民	Native Hawaiians
『パパ大好き』	The Three Sons	ハワイ併合	Annexation of Hawaii
母の家	Mother's House	パワーセンター	power center
母の日	Mother's Day	ハワード・ジョンソン	Howard Johnson

ハワード大学	Howard University	ビジネススクール	business schools
パワーマーケッター	power marketer	ビジネス・フォーマット	business format
汎アジア女性組織	Organization of Pan-Asian Women	ビジネス・ユオニズム	business unionism
		批准（条約の）	ratification
反アーバニズム	anti-urbanism	『美女と野獣』	*Beauty and the Beast*
パン・アフリカニズム	Pan-Africanism	ビスタ	Volunteers in Service to America (VISTA)
範囲の経済	economics of scope		
万愚節	All Fools' Day	ピストルランプ	pistol rump
番組格付け制度	Television Ratings	ヒスパニック（系）	Hispanic
番組販売機関	syndication	ヒスパニック系アメリカ人	Hispanic Americans
反原発運動	Anti-Nuclear Movement	ヒスパニック系議員コーカス	Hispanic Caucus
万国博覧会	exposition (expo)		
犯罪小説	crime novel	ヒスパニック研究	Hispanic Studies
犯罪プロファイリング	crime profiling	ヒズボラ（神の党）	Hizbolla
反酒場連盟	Anti-Saloon League	非政府組織	Non-Governmental Organizations (NGO)
半自動式防空管制組織	Semi-Automatic Ground Environment (SAGE)		
		被選挙資格（連邦議員の）	electoral eligibility
バンジョー	banjo	ヒ素化ガリウム	gallium arsenide
反人種差別教育	anti-racist education	非対称戦争	Asymmetrical Warfare
万聖節	All Saints' Day	ヒダッツア族	Hidatsa
『反タバコ・ジャーナル』	*The Anti-Tobacco Journal*	ビッグ・ガヴァメント	Big Government
バンタム社	American Bantam Car co., Inc.	ビッグ・クラッシュ	The Big Crush
		ビッグ・スリー（自動車メーカーの）	Big Three
バンタム・ブックス	Bantam Books		
パンツスーツ	pantsuit	ビックバン	big bang
反帝国主義者	anti-imperialists	ビッグバンド・ジャズ	big band jazz
パンティ・ストッキング	panty hose	ビッグ・ビジネス	big business
パンティ・ホーズ	panty hose	ビッグ・ファイブ（劇作家の）	Big Five
ハンティントン図書館	Huntington Library		
バンド	Band	ビッグ・フォー（コンサルティング会社の）	Big Four
半導体	semiconductor		
バーントオーヴァー・ディストリクト	The Burned-Over District	『びっくりハウスの迷子』	*Lost in the Funhouse*
		ビッグ・レイバー	Big Labor
パンナムビル	Pan American Building	『羊たちの沈黙』	*Silence of the Lambs*
万人救済説	restorationisms	ピッツバーグ	Pittsburgh
ハンバーガー	hamburger	ピットリヴァ族	Pit River
パンハンドル地方	panhandle	ヒッピー	hippie
パンプキンパイ	pumpkin pie	ヒッピー・ムーヴメント	hippie movement
ハンプトン・インスティテュート	Hampton Institute	ヒップホップ文化	hip-hop culture
		必要最小刑制度	mandatory minimum sentence statutes
反暴力（教育）	anti-violence		
反名誉毀損同盟	Anti-Defamation League	必要適切条項	necessary and proper clause
反ユダヤ主義	anti-Semitism	ビデオ・ダイアル・トーン	Video dial tone
反律法主義論争	Antinomian Controversy	ヒトゲノム	human genome
判例法	case law	ヒトゲノム計画	human genome project
		ビート・ジェネレーション	Beat Generation
●ヒ		ビート世代	Beat Generation
ピアス=アロー	Pierce-Arrow	ビートニク	beatnik
『ピアノ・レッスン』	*Piano Lesson, The*	ピードモント台地	The Piedmont Plateau
非営利セクター	Non-Profit Sector	1人1票の原則	one person, one vote
『ピエール』	*Pierre ; or, The Ambiguities*	ビートルズ	The Beatles
プリント・オン・デマンド	Print On Demand	ヒナギク	The daisy ad
比較広告	comparative advertising	ピーナッツ	peanut
東海岸	East Coast	『ピーナッツ』	*Peanuts*
『東への道』	*Way Down to East*	ビバップ	be-bop
光ファイバー	optical fiber	『日はまた昇る』	*The Sun Also Rises*
ピーカンパイ	pecan pie	『響きと怒り』	*The Sound and the Fury*
非喫煙者の権利を守るアメリカ人	Americans for Nonsmoker's Rights	被扶養児童家庭扶助	Aid to Families with Dependent Children (AFDC)
『ピクニック』	*Picnic*	『ピープル』	*People*
非公式の帝国	an informal empire	非暴力直接行動	nonviolent direct actions
ピザ	pizza	被保険者	insured
『ビジネス・ウィーク』	*Business Week*	ピマ族	Pima
『ビジネス・ウィーク・オン・ライン』	*Business Week Online*	肥満	obesity
		秘密結社	secret society

秘密工作（CIAの）	covert action	ファクトリ・アウトレット	factory outlet
『緋文字』	The Scarlet Letter	ファーストフード	fast food
百貨店	department store	おとりクリニック	fake clinic
ビュイック	Buick	『ファッション』	Fashion
ピュー財団	Pew Charitable Trusts	『ファニー』	Fanny
ピュー慈善基金	Pew Charitable Trusts	プア・ホワイト	poor white
ヒューズ・エレクトロニック	Hughes Electronics Corporation	『ファミリー・オブ・マン』	The Family of Man
		ファミリーカー	family car
ヒューズ電熱会社	Hughes Electric Heating Co.	『ファミリー・サークル』	Family Circle
『ビューティフル・マインド』	A Beautiful Mind	ファミリーフィルム	family film
		ファミリールーム	family room
ビュート	Butte	ファンク	funk
ヒューマン・ジェノミック・プロジェクト	Human Genomic Project (HGP)	ファンタジー	fantasy (fiction)
		『ファンタスティックス』	The Fantasticks
ピューリタニズム	Puritanism	ファンダメンタリスト	fundamentalist
ピューリタン	Puritan	ファントム・ライド	phantom ride
ピューリツァー賞	Pulitzer Prize	フィスク大学	Fisk University
ヒューレット・パッカード社	Hewlett-Packard	フィーチャー	feature
		フィットネス	fitness
ヒューロン湖	Lake Huron	フィットネスセンター	fitness center
ヒューロン族	Huron	フィデリティ投資慈善寄附基金	Fidelity Investments Charitable Gift Fund
評決	verdict		
評決不成立	hung jury	フィードロット	feedlot
表現の自由	freedom of speech	『フィニアンの虹』	Finian's Rainbow
標準化商品	standardized product	フィラデルフィア	Philadelphia
標準時	standard time	『フィラデルフィア』	Philadelphia
標準的な英語	standard English	フィラデルフィア図書会社	Library Company of Philadelphia
美容整修	cosmetic surgery		
平等権修正条項	Equal Rights Amendment (ERA)	フィランソロピー	philanthropy
		『フィリス・シュラフリー報告』	The Phyllis Schlafly Report
平等権フェミニズム	equal rights feminism		
『ビラヴド』	Beloved	フィリップ・モリス社	Philip Morris Co.
『ビリー・ザ・キッドの真実の生涯』	The True Life of Billy the Kid	フィリバスター	filibuster
		『フォーリン・ポリシー』	Foreign Policy
『ビリー・ザ・キッドの信頼しうる生涯』	The Authentic Life of Billy the Kid	フィルコ	Philco
		フィールド博物館	The Field Museum
『ビリティスの歌』	Les Chansons de Bilitis	フィンシン・ルール	Financial Interest and Syndication Rule
ビリティスの娘たち	Daughters of Bilitis		
ヒーリング	healing	フーヴァー戦争・革命・平和研究所	Hoover Institution on War, Revolution and Peace
ビール	beer		
ビル＆メリンダ・ゲイツ財団	Bill and Melinda Gates Foundation	フーヴァー戦争・革命・平和図書館	Hoover War Library
「比類なき侵略」	"The Unparalleled Invasion"	フーヴァー村	Hooverville
ヒルビリー音楽	hillbilly (music)	封じ込め（政策）	containment (policy)
ヒルビリーソング	hillbilly songs	風力発電	Wind Power Generation
ビルボード	billboard	フェアディール	Fair Deal
ピール・ミュージアム	Peale Museum	フェアリー（女っぽいゲイの男）	fairly
ビレッジコモン	Village common		
広い心	open-mindedness	フェデラリスト	federalist
『ビロクシー・ブルース』	Biloxi Blues	『フェデラリスト』	Federalist
貧困線	Poverty line	『フェデラリスト・ペーパー』	Federalist Papers
貧困に対する戦い	War on poverty		
貧困の女性化	feminization of poverty	フェデラリスト党	Federalist party
ビーンタウン	Bean Town	フェデラルエクスプレス	Federal Express (FedEx)
ヒンドゥー教	Hinduism	フェデラル様式	Federal Style
『ピンと針』	Pins and Needles	フェデレーテッド・デパートメントストアズ	Federated Department Stores
		フェド・ワイアー	Fed Wire (Federal Reserve Wire Network)
●フ			
ファイアーバード	Firebird		
ファイナンシャル・アンド・シンジケーション・ルール	Financial and Syndication Rule	プエブロ	pueblo
		『フェミニスト研究』	Feminist Studies
		フェミニズム	feminism
『ファイナンシャル・タイムズ』	Financial Times	『フェミニズム理論』	Feminist Theory
		フェミニティ	femininity
ファイリーン	Filene		

『フェミニン・ミスティーク』	The Feminine Mystique	『物質研究ジャーナル』	Journal of Material research
プエルトリカン	Puerto Rican	物質研究学会	Materials Research Society (MRS)
プエルトリコ	Puerto Rico	物質研究開発共同委員会	Coordinating Committee on Materials Research and Development (CCMRD)
フェンダー	Fender		
『フォアヴェルツ』	Forverts		
『フォーリン・アフェアーズ』	Foreign Affairs	ブッシュ・ガーデン	Busch Gardens
		ブッシュ・ドクトリン	Bush Doctrine
フォークウェイズ	folkways	プレッシー対ファーガソン判決	Plessy v. Ferguson
フォークソング	folk song		
フォーク・ヒーロー	folk hero	フード・スタンプ	Foods Stamps
フォークロア	folklore	ブネイ・ブリス	B'nai B'rith
フォークロック	folk rock	部品互換性	parts interchangeability
フォックストロット	fox trot	部分借地農	partly owned farm
フォックス・ネットワーク	Fox Network	不法入国者（ウェットバック）	Wetback
フォーディズム	Fordism		
フォーティーナイナーズ	Forty-Niner's	プヤラップ族	Puyallup
フォトエッセイ	photo essay	フュージョン料理	fusion food
フォトグラム	photogram	フェーチュラマ	Futurama
フォード財団	Ford Foundation	フライ・イン・シアター	fly-in theater
フォード・システム	Ford System	プリンスウォーターハウスクーパーズ	Pricewaterhouse Coopers
フォード自動車会社	Ford Motor Co.		
フォトジャーナリズム	photojournalism	プライド・セレブレーション	Pride Celebration
フォード主義	Fordism		
フォード生産方式	Ford System	フライドチキン	fried chicken
フォートップス	The Four Tops	『ブライト・ライツ，ビッグ・シティ』	Bright Lights, Big City
フォートベントン	Fort Benton		
フォト・リアリズム	fhoto realism	プライド・ラリー	Pride Rally
フォーマット	format	フライ・バイ・ワイヤー	fly by wire
『フォリーズ』	Follies	プライバシー	privacy
フォワーダー	forwarder	プライムタイム・アクセス・ルール	Prime Time Access Rule
ブギウギ	boogie-woogie		
退役軍人省	Department of Veterans Affairs	ブラウザ	browser
		ブラウン大学	Brown University
復員軍人の日	Veterans Day	ブラウン判決（ブラウン対トピーカ教育委員会判決）	Brown v. Board of Education Topeka
福音主義者	Evangelical		
福音主義派＝根本主義派（エヴァンジェリカル・ファンダメンタリスツ）	evangelicals-fundamentalists		
		プラグ	plug
		プラグマティズム	pragmatism
副学長（大学の）	vicepresidents	プラグマティック・リベラリズム	pragmatic liberalism
複合映画館	cinema complex		
福祉国家	welfare state	プラザ合意	Plaza Accord
福祉再編成法	Welfare Overhaul Act	プラスチック	plastics
複数性	plurality	ブラセロ計画	Bracero Program
複数文化主義	cultural pluralism	「ブラック・イズ・ビューティフル」	"Black is beautiful"
副大統領	Vice President		
『武士道』	Bushido, the Soul of Japan	『ブラック・クルック』	Black Crook
不条理劇	theatre (drama) of absurd	ブラック・スタディーズ	black studies
婦人伝道局	Woman's boards (Woman's societies)	『ブラック・ダリア』	Black Dahlia
		ブラック・ナショナリズム	black nationalism
部族	tribe	ブラック・パワー	Black Power
部族管轄統計地域	Tribal Jurisdiction Statistical Areas	ブラック・パンサー党	Black Panther party
		ブラックマンデー	Black Monday
部族協議会	tribal council	『ブラック・レイン』	Black Rain
部族指定統計地域	Tribal Designated Statistical Areas	フラッシュ・デッカー（級駆逐艦）	Flush Decker
不足払い制（農産物の）	deficiency payment	フラッシュライト	flash light
「普通の状態へ戻ろう」	"Return to Normalcy"	『ブラッド・イン・ブラッド・アウト』	Blood In Blood Out
復活祭（の祝日）	Easter (Sunday)		
仏教	Buddhism	フラットヘッド保留地	Flathead Reservation
ブック・オブ・ザ・マンス・クラブ	Book of the Month Club	ブラッドベリー科学博物館	Bradbury Science Museum
		フラー・ドーム	Fuller Dome
ブック・クラブ	book club	フラーフ	Human Relations Area Files (HRAF)
物質科学	materials science		
物質科学学科	materials science department	フラワーチルドレン	flower children

『フラワー・ドラム・ソング』	Flower Drum Song	プロヴィンスタウン	Provincetown
		プログレッシビズム	progressivism
フランクリン号	The Franklin	プロザック	Prozac
フランス系	French	プロ=チョイス（派）	pro-choice
フランス系コロニアル住宅	French Colonial House	フロッグ・デザイン	Frog Design
フランス料理	French food	ブロックバスター映画	blockbuster film
フランス系カナダ人	French Canadians	ブロックバスター	Blockbuster Inc.
ブランチ・デヴィディアン	Branch Davidians	プロテスタンティズム	Protestantism
フランチャイズ・システム	franchise system	プロテスタント	Protestant
プランテーション農業	plantation agriculture	プロデューサー	producer
フリーア・ギャラリー	Freer Gallery of Art	『プロデューサーズ』	The Producers
プリヴァティゼーション	privatization	ブロードウェイ	Broadway
フリーエージェント制度	Free Agent	「ブロードウェイの行列」	"The Errand Bearers of Broadway Pagent"
『振り返れば』	Looking Backward	プロ・ファミリー運動	pro-family movement
『ブリガドゥーン』	Brigadoon	プロフェッショナルスクール	professional schools
ブリガムヤング大学	Brigham Young University		
フリークェント・フライヤーズ・プログラム	Frequent Fliers Program (FFP)	フロリダ州	Florida
		『フローレス』	Flawless
プレクシグラス	plexiglass	フロンティア	Frontier
ブリザード	blizzard	フロンティア学説	Frontier Theory
フリジデアー社	Frigidaire	フロンティア・スピリット	frontier spirit
フリーダム・セブン	Freedom Seven	フロンティアライン	frontier line
フリーダム・トレール	Freedom Trail	『文化の解釈学』	The Interpretation of Cultures
『プリックソングとデスカント』	Pricksons & Descants	文化革命	cultural revolution
ブリッジ住宅公社	Bridge Housing Corporation	文化人類学	cultural anthropology
ブリティッシュ・ペトロリアム	British Petroleum (BP)	文化生態学	cultural ecology
		文化戦争	Culture War
プリマス	Plymouth	文化相対主義	cultural relativism
プリマス号	The Plymouth	文化多元主義	cultural pluralism
プリマス植民地	New Plymouth colony	分割政府	divided government
プリマス・ロック	Plymouth Rock	文化帝国主義	cultural imperialism
ブリーン・オフィス	Breen Office	文化としてのろう	Deaf as cultural category
プリンストン	Princeton	文化とパーソナリティ	culture and personality
『プリンターズ・インク』	Printer's Ink	『文化の型』	Patterns of Culture
古い公民科	Old Civics	『文化と実践的理性』	Culture and Practical Reason
ブルーカラー	blue-collar	『文化の進化』	The Evolution of Culture
フルクサス	Fluxus	『文化変化の理論』	Theory of Culture Change
ブルース	blues	文化唯物論	cultural materialism
ブルース・バートン	Bruce Barton	『文化唯物論』	Cultural Materialism
ブルッキングズ研究所	Brookings Institution	『文化を書く』	Writing Culture
プルーデンス政策	prudential policy	分子生物学	molecular biology
プルトニウム	plutonium	『文明興亡の法則』	Law of Civilization and Decay, The
プルトニウム型原爆	plutonium weapon		
ブルー・マンデー	blue Monday	文明の衝突	Clash of Civilizations
フルーム・ライド	flume ride		
ブルーリッジ	Blue Ridge	●へ	
ブルーリッジ山脈	The Blue Ridge Mountains	『ヘアー』	Hair
プレイライツ・カンパニー	The Playwright's Company	『塀』	Fences
フレキシブル大量生産	flexible mass production	米安全保障局	National Security Agency (NSA)
フレキシブルな専門化方式	flexible specialization		
プレ・コロンビア	pre-Columbian (style)	ペイオーティ信仰	Peyote Cult
プレッシー v. ファーガソン（判決）	Plessy v. Ferguson	ペイオフ	pay off
		米海軍600隻艦隊構想	600 ship navy plan
プレジャー・ガーデン	pleasure garden	平均余命	life expectancy
『ブレッド＆ローズ』	Bread & Roses	『平原の男の最後』	The Last of the Plainsmen
『ブレードランナー』	Blade Runner	米国オリンピック委員会	United States Olympic Committee
ブレトンウッズ会議	Breton Woods Conference		
ブレトンウッズ体制	Bretton Woods system	米国軍縮軍備管理委員会	United States Arms Control and Disarmament Agency
プレハブ住宅	Prefabricated House		
ポストミレニアリズム	premillennialism	米国情報標準機構	National Information Standards Organization (NISO)
プレーリー	Prairie		
プレーリー・スタイル	Prairie Style	米国パトリオット法	USA Patriot ACT
フレンドシップ・セブン	Friendship Seven	米国標準機構	American National Standards Institute (ANSI)
フレンド派	Friends (Quakers)		

米国輸出入銀行	Export-Import Bank of the United States	ペンティアム	Pentium
『兵士の報酬』	Soldiers Pay	変動為替相場制	floating exchange rate regime
米州学校	School of the Americas	『ベン・ハー』	Ben-Hur
米州自由貿易圏	Free Trade Area of the Americas (FTAA)	ペン/フォークナー賞	Pen/Faulkner Award for Fiction
ヘイズ・コード	Hays Code	『ヘンリー・アダムズの教育』	Education of Henry Adams
米西戦争	Spanish-American War	変流文学	Slipstream
ヘイトクライム	hate crime		
米ドル	U.S. Dollar	●ホ	
ヘイマーケット事件	Haymarket Affair	保安官	sheriff
ヘイメス・プエブロ	Jemez Pueblo	ボイジャー	Voyager
ベイラー医科大学	Baylor College of Medicine	ボーイスカウト・オブ・アメリカ	Boy Scouts of America
ヘイルズ・ツアーズ	Hale's Tours	ホイットニー山	Mt. Whitney
平和執行部隊	Peace-Enforcement Unit	ホイットニー・バイアニュアル	Whitney Biennial
平和の大原則	great law of peace		
平和の配当	peace dividend	ホィートベルト	Wheat Belt
平和部隊	Peace Corps	ボーイング社	Boeing
ベーカー対カー事件判決	Baker v. Carr	ボーイング377ストラトクルーザー	Boeing 377 Stratocruser
ヘクトグラフ	hectograph		
ベークライト	Bakelite	ポインツ・オブ・ライト財団	Points of Light Foundation
ベーグル	bagel		
『ベスト・アメリカン・ショート・ストーリーズ』	The Best America Short Stories	ポイント財団	Point Foundation
ベストセラー	best seller (best-seller)	ポイント・フォー・プログラム	Point Four Program
ベターハウジング・キャンペーン	Better Housing Campaign		
		邦	state
『ベター・ホームズ・アンド・ガーデンズ』	Better Homes and Gardens	法案	bill
		包括的核実験禁止条約	Comprehensive Nuclear Test Ban Treaty (CTBT)
ベッセマー炉	Bessemer converter		
ヘップバーン法	Hepburn Act	包括予算調整法	Omnibus Budget Reconciliation Act
ベトナム化政策	Vietnamization		
ベトナム系アメリカ人	Vietnamese-Americans	俸給経営者	salaried manager
ベトナム戦争	Vietnam War	北欧系コロニアル住宅	Scandinavian Colonial House
ベトナム秘密文書	Pentagon Papers	方言	dialect
ベネズエラ	Venezuela	法定納本制度	Legal Deposit System
ベネトン社	Benetton	法廷の友	amicus curiae
ペノブスコット族	Penobscot	冒頭陳述（裁判の）	opening statement
ペーパーバック	paperback	法の支配	Rule of Law
ペーパーバック革命	Paperback Revolution	法務官	county attorney
ベビーM事件	Baby M Case	法律事務所	law farm
ベビーブーマー	baby boomer	法律扶助機構	Legal Services Corporation
ベビーブーム	baby boom	『ボウリング・フォー・コロンバイン』	Bowling for Columbine
ヘリテッジ財団	Heritage Foundation		
ベル・アトランティック	Bell Atlantic	『ポエトリ』	Poetry
ベル研究所	Bell Telephone Laboratories	「吠える」	"Howl"
ベル・システム	Bell System	ポカノケット族	Pokanoket
『ベル・ジャー』	The Bell Jar	『ポーギーとベス』	Porgy and Bess
ベルテルスマン	Bertelsmann	ボクシング	boxing
ベル電話会社	Bell Operating Companies	北西部条例	Northwest Ordinance
『ベン・ケーシー』	Ben Casey	北東・中西部製造業地帯	Manufacturing Belt
弁護士	attorney	北爆	bombings of North Vietnam
弁護士（原告専門の）	trial lawyer	北米開発銀行	North American Development Bank (NADBANK)
弁護士会	bar association		
弁護士資格	qualified attorney	北米自由貿易協定	North American Free Trade Agreement (NAFTA)
ペンシルヴェニア州	Pennsylvania		
『ペンシルヴェニア・ガゼット』	Pennsylvania Gazette	ポグロム	pogrom
		捕鯨業	whale fishery
ペンシルヴェニア・ジャーマンズ	Pennsylvania Germans	捕鯨船	whalers
		ポケット・ヴィトー	pocket veto
ペンシルヴェニア州南東部家族計画協会対ケイシー判決	Planned Parenthood Association of Southern Pennsylvania v. Casey	ポケット・ブックス	pocketbook
		保険会社	insurance company
		保護（環境の）	preservation
ペンシルヴェニア・ダッチ	Pennsylvania Dutch	保護関税	protoctine tariff
ベンチャー・キャピタル	venture capital	ポサダ	posadas

「星ちりばめた旗」	"The Star-Spangled Banner"	ホーム・ルール憲章	Home Rule Charter
保守派（ユダヤ教）	Conservative Judaism	ホモセクシュアル	homosexual
補償教育	compensatory education	ホモソーシャリティ	homosociality
補助金	grants in aid	『ホライゾン』	*Horizons*
補助金（農家への）	subsidy	ホラー映画	horror film [movie]
ポスト構造主義	post-structuralism	ホラー小説	horror fiction
ポスト・コロニアリズム	postcolonialism	ホラ話	tall tale
ポスト・フェミニズム	post feminism	ポラリス	Polaris
ポスト・ペインタリー・アブストラクション	Post-Painterly Abstraction	ボランタリー・アソシエーション	voluntary association
ポストベラム期	postbellum	ボランタリー・チェーン	voluntary chain
ポストミレニアリズム	postmillennialism	ポーランド系	Polish
ポストモダニズム	postmodernism	『ポーランド農民』	*The Polish peasant in Europe and America*
ポストモダン	postmodern		
ボストン	Boston	ポリ塩化ビニル	polyvinyl chloride (PVC)
ボストン・イングリッシュ・ハイスクール	Boston English Highschool	ポリスチレン	polystyrene
		ホリデイ・イン	Holiday Inn
ボストン公共図書館	Boston Public Library	ポリティカル・コレクトネス	Political Correctness (PC)
ボストン女性健康書コレクティブ	Boston Women's Health Book Collective	ホーリネス	Holiness
		ポリメチル・メタクリレイト	polymethyl methacrylate
ボストン大虐殺	Boston Massacre	ポリリズム	polyrhythm
ボストン茶会事件	Boston Tea Party	『ホール・アース・カタログ』	*The Last Whole Earth Catalog*
ボストン・ブラーミン（ボストン知識人）	Boston Brahmin		
		ホールセラー	wholesaler
ボストン美術館東洋部	Oriental Art of Boston Museum of Fine Art	ホールセールクラブ	wholesale club
		ポルトガル	Portugal
ボストン・ベークトビーンズ	Boston baked beans	ホールマーク	Hallmark
ボストン・マリッジ	Boston marriage	ボールルーム	ballroom
『ボストン料理学校クックブック』	*The Boston Cooking-School Cook Book*	ホロコースト・ミュージアム	United States Holocaust Memorial Museum
ホスピス・ケア	hospice care	幌馬車	covered wagon
保全（環境の）	conservation	ホワイト＆グレイ論争	White & Gray
補足的医療保険	Supplementary Medical Insurance (SMI)	ホワイトカラー	white-collar
		ホワイトカラー犯罪	white-collar crime
補足的保障所得制度	Supplemental Security Income (SSI)	「ホワイト・クリスマス」	"White Christmas"
		ホワイト・セール	White sale
ホーソン工場実験	Hawthorne Experiments, Hawthorne Studies	『ホワイト・タイ・とテール』	*White Tie and Tails*
		ホワイト・ナイト	White Night
『ボーダーランド』	*Borderlands*	ホワイトハウス事務局	The White House Office
『北極星』	*Northern Star*	ホワイト・バックラッシュ	White Backlash
ホットドッグ	hotdog	ホワイトヘッド研究所	Whitehead Institute
ホットポイント電気会社	Hotpoint Electric Co.	ホワイトマウンテン	White Mountain
ポップアート	Pop Art	ボーン・アゲイン	Born Again
ボディ・イメージ	body image	盆地・山脈（ベースアンドレンジ）地域	Basin and Range
ボーデン	Borden		
ボードソース	BoardSource	『ほんとうの自分を求めて——自尊心と愛の革命』	*Revolution From Within : a Book of Self-Esteem*
ボードトラック	board track		
ボードビル	Vaudeville		
「ボトム・アップ・レビュー」	"Bottom-Up Review" (BUR)	●マ	
ボトムライン・ジャーナリズム	bottom-line journalism	マーシャル・プラン	Marshall Plan
		マイアミ	Miami
ポトラッチ	potlatch	マイクロソフト社	Microsoft
ポートランド	Portland	マイノリティ	minority
ポートランドビル	Portland Building	マイノリティ文学	Minority Literature
ホートン・ミフリン	Houghton Mifflin	『マイ・フェア・レディ』	*My Fair Lady*
『ボナンザ』	*Bonanza*	マウンテンメン	mountain men
ホピ族	Hopi	マカー族	Makah
「ポピュラックス」の時代	Populuxe era	マクガフィーのリーダーズ	McGuffy's Readers
ポピュリズム	populism	『マーガレット・ミードとサモア』	*Margaret Mead and Samoa*
微笑み作戦	Operation Smile		
『ホボモク』	*Hobomok*	マカロック対メリーランド判決	McCulloch v. Maryland
ホーム・コメディー	situation comedy		
ホームステッド法	Homestead Act	マーキュリー計画	Project Mercury
ホーム・デポ	Home Depot	マクドナルド	McDonald
		マクドネル社	McDonnell

マクドネル・ダグラス社	McDonnell Douglas	『真夜中のパーティ』	The Boys in the Band
マグナム	Magnum	マラリア	malaria
マク・ペーパー	Mcpaper	マリエル難民	Marielitos
マクヘンリー要塞	Fort McHenry	マルカス・ガーヴェイ運動	Marcus Garvey Movement
マーケティング	marketing	マルクス主義フェミニズム	Marxist Feminism
マーケティング・ローン	marketing loan	マルコーニ社	Marconi's Wireless Telegraph Company Limited
マコーミック社	McCormick		
マザー教会	Mother Church	丸太小屋	log cabin
マサチューセッツ州立図書館	State Library of Massachusetts	丸太小屋からホワイトハウスへ	from log cabin to Whitehouse
マサチューセッツ州	Massachusetts	丸太小屋伝説	Log Cabin Myth
マサチューセッツ工科大学	Massachusetts Institute of Technology (MIT)	マルチカルチュラリズム	multiculturalism
マサチューセッツ植民地	Massachusetts Bay Colony	マルチプル・システム・オペレーター	multiple system operator (MSO)
マサチューセッツの虐殺	Massachusetts Massacre	マルチプレート・パノラマ写真	multi-plate panorama
マシュー・ブレディ	Mathew Brady		
マシン・ショップ	machine shop	マルディ・グラ	Mardi Gras
マシーン政治	machine politics	マロー号	The Maro
マーズ・グローバル・サーベイヤー	Mars Global Surveyor	『マンゴー通り，ときどきさよなら』	The House on Mango Street
マスケット銃	musket	マンダン族	Mandan
貧しい人たちへの食料	Food for The Poor	マンハッタン計画	Manhattan Project
『貧しきリチャードの暦』	Poor Richard's Almanac	マンハッタン号	The Manhattan
マストキャリー・ルール	Must-carry rule	マンハッタン号とプレブル号事件	Manhattan and Preble Incidents
マーズ・パス・ファインダー	Mars Pathfinder		
マスメディア	mass media	『マンハッタン乗換駅』	Manhattan Transfer
マゼラン	Magellan	●ミ	
マタシン協会	Mattachine Society	ミアズマ	miasma
マタシン財団	Mattachine Foundation	『見えない人間』	Invisible Man
『マダム・バタフライ』	Madame Butterfly	ミクロネシア	Micronesia
『待ち暮らし』	Waiting	『巫女』	The Miko
まちづくり	community revitalization	ミサイル防衛	Missile Defense (MD)
『街の女マギー』	Maggie : A Girl of Street	ミシガン州	Michigan
マーチャンダイジング方式	merchandizing system	ミシシッピ州	Mississippi
マーチャント・バンキング業務	merchant banking	ミシシッピ川	The Mississippi
		ミシシッピ自由党民主党	Mississippi Freedom Democratic Party
マーチン	Martin		
マーチン・マリエッタ社	Martin Marietta	ミシシッピ・ミズーリ水系	Mississippi-Missouri river system
マッカーサー財団	MacArthur Foundation		
マッカーサー・フェローシップ	MacArthur Fellowship	『ミズ』	MS.
		ミス・アメリカ・コンテスト	Miss America Pageant
マッカーシズム	McCarthyism		
マッカラン=ウォルター移民国籍法	McCarran-Walter Act	『ミス・サイゴン』	Miss Saigon
		『ミスター・グッドバーを探して』	Looking for Mr. Goodbar
マッキントッシュ	Macintosh		
マックレイカーズ	muckrakers	『ミスター・モト』	Mr. Moto
マックレイキング	muckraking	ミステリー	mystery
マックワールド	McWorld	ミズーリ	Missouri
マッコウセルラー	McCaw Cellular	ミズーリ川	The Missouri
末日（世界終末）聖徒	Latter-Day Saints	ミズーリ協定	Missouri Compromise
末日聖徒イエス・キリスト教会	Church of Jesus Christ of Latter-day Saints	オペレーション・レスキュー	operation rescue
		ミッキーマウス	Mickey Mouse
『マッチョな売奴』	Machoi Sluts	ミッション	mission
マッチング・ファンド	matching fund	ミッション・スタイル	Mission Style
マーティン	Martin & Co.	ミッチェル山	Mt. Mitchell
摩天楼	skyscraper	『三つの原始社会における性と気質』	Sex and Temperament in Three Primitive Societies
割れ窓理論	broken windows theory		
マフィア	Mafia	ミッドアトランティック	Mid-Atlantic
マーブルケーキスタイル	marble cake style	ミッド・ウェスト	Midwest
マーベリ対マディソン判決	Marbury v. Madison	緑の政策	Policy measures in the Green box
マーモン社	Nordyke and Marmon Co.		
麻薬との戦い	War on Drugs	ミドル・ウェスト	Middle West
麻薬取締局	Drug Enforcement Administration (DEA)	『南太平洋』	South Pacific
		南ベトナム	South Vietnam

ミニスカート	miniskirt
ミニットマン	Minuteman
ミニバン	minivan
ミニマリズム	minimalism
ミネアポリス	Minneapolis
ミネソタ	Minnesota
『ミ・ファミリア』	*Mi Familia*
ミメオグラフ	mimeograph
ミュージアム	museum
ミュージカル	musical
「ミュージック・ボックス・レビュー」	"Music Box Revue"
ミュニシパリティ	municipality
ミラージ・ホテル	Mirage Hotel
ミルウォーキー	Milwaukee
「魅惑のリズム」	"Fascinating Rhythms"
民間海外援助諮問委員会	Advisory Committee on Voluntary Foreign Aid
民間機	commercial aircraft
民間航空委員会	Civil Aeronautics Board (CAB)
民間非営利組織	Non-Profit Organization (NPO)
民事裁判	civil case
民事事件	civil case
民主共和党	Democratic-Republican party
民主共和派	Democratic-Republican
民主主義	democracy
民主主義革命	Democratic Revolution
民主主義政治理論	Democratic Political Theory
民主主義とガヴァナンス局	Center for Democracy and Governance
民主主義・人権・労働局	Bureau of Democracy, Human Rights and Labor (DRL)
民需転換	defense conversion
民主党	Democratic party
民主党指導者理事会	Democratic Leadership Council (DLC)
ミンストレル・ショー	minstrel show
民族誌	ethnography
民族自決	Self-Determination
『みんなわが子』	*All My Sons*

●ム

無煙タバコ	smokeless tobacco
無罪	not guilty
無罪赦免	acquittal
ムジャヒディン	Mujahidin
ムスリム	Muslim
ムスリム同胞団	Muslim Brotherhood
無線	wireless
無線少年	wireless boys
『無知の勇気』	*The Valor of Ignorance*
ムービー・パレス	Movie Palace
無保険者	uninsured

●メ

『メアリー・タイラー・ムーア・ショー』	*Mary Tylor Moore Show*
『名犬ラッシー』	*Lassie*
メイシー財団	Josiah Macy Jr. Foundation
メイシーズ	Macy's
メイシー百貨店	Macy's Department Store
メイソン=ディクソン・ライン	Mason-Dixon Line
『メイド・イン・アメリカ』	*Made in America*
メイド・イン・ジャパン	made in Japan
明白な運命	Manifest Destiny
メイ百貨店	May Department Stores
メイフラワー号	Mayflower
メイフラワー誓約	Mayflower Compact
メインストリーム（障害者の移動保障の）	mainstream
メインストリート	main street
メイン州	Maine
メガバンク	mega-bank
メキシコ革命	Mexican Revolution
メキシコ危機	currency crisis in Mexico
メキシコ系アメリカ人	Mexican-Americans
メキシコ系アメリカ人女性協会	Mexican-American Women's Association
メキシコ湾	The Gulf of Mexico
メサ	Mesa
メサバ交通	Mesaba Transportation Company
『目覚め』	*The Awaking*
メジャー	Major
メジャー・リーグ	Major League Baseball (MLB)
メソジスト派	Methodists
メタフィクション	metafiction
メーデー	May Day
『メディアの理解』	*Understanding media : the Extensions of Man*
メディア・ワン	MediaOne
メディカルスクール	medical schools
メディケア	Medicare
メディケイド	Medicaid
メトロポリタン美術館	Metropolitan Museum of Art
メトロ・メディア	Metromedia
メノウ派	Mennonite
メノナイト中央委員会	Mennonite Central Committee (MCC)
メモリアル・デー	Memorial Day
メリスマ	melisma
メリット料率制	merit-rating
メリット・プラン	merit plan
メリノール・シスターズ	Maryknoll sisters
メリノール・ファザーズ・アンド・ブラザーズ	Maryknoll Fathers and Brothers
メリーランド州	Maryland
メリル・リンチ	Merrill Lynch
メールオーダー・カタログ	mail-order catalogue
メールオーダー住宅	mail-order house
メロドラマ映画	melodrama
免疫学	immunology
綿花	cotton
面会係秘書（大統領の）	Appointment Secretary to the President
綿花生産	cotton plantation
メンフィス	Memphis
綿紡績業	cotton textile industry
メンローパーク	Menlo Park

●モ

モア・チャンネル	more channel
モアハウス大学	Morehouse College
『もう1つのアメリカ』	*The Other America*

公民科	Civics	ヤンキー・ペドラー（ヤンキーの行商人）	Yankee peddler
『燃える家』	Burning House, The	ヤング・アメリカ運動	Young America movement
モルガン・スタンレー	Morgan Stanley		
モルガン・スタンレー・ディーン・ウィッター	Morgan Stanley Dean Witter	●ユ	
モーガン図書館	Morgan Library, The	遺言検認裁判所	probate court
目的地型テーマパーク	destination park	遊園地	amusement park
もぐり酒場	speakeasy	有害廃棄物	toxic waste
目録データベース	Catalog Database	『有閑階級の理論』	Theory of the Leisure Class, The
モザイク	mosaic		
モスレム	Moslem	夕刊紙	evening paper [newspaper]
モータウン	Motown	有権者	voters
モータースポーツ	motor sports	有権者登録	voter registration
モダニズム	modernism	有罪	guilty
モータリゼーション	motorization	有罪判決	judgment of conviction
モダンジャズ	modern jazz	有人宇宙飛行計画	human spaceflight program
『モダンタイムズ』	Modern Times	優生学	eugenics
モダン・ホラー	Modern Horror	優生学記録局	Eugenic Record Office
モックアップ・モデル	mockup model	郵政公社	United States Postal Service (USPS)
モデルチェンジ	model change		
モデル・マイノリティ	model minority	有線テレビジョン放送	CATV
モートラマ	Motoramas	有料放送	pay broadcasting
モートン・サイオコール社	Morton Thiokol	雪解け（デタント）	détente
モービル	Mobil	ユグノー	Huguenot
モービル・ホーム	mobile home	『「豊かさ」の貧困』	The Poverty of Affluence
モホーク族	Mohawk	『豊かな社会』	Affluent Society
モラル・マジョリティ	Moral Majority	『豊かな人々』	People of Plenty
モリソン号事件	Morrison Incidents	ユタ州	Utah
モリル法	Morrill Land Grant Act	ユダヤ教	Judaism
モール化	malling	ユダヤ系	Jewish
『モール化するアメリカ』	The Malling of America : an inside look at the great consumer paradise	ユダヤ系アメリカ人	Jewish Americans
		ユダヤ系文学	Jewish Literature
		ユナイテッド航空	United Airlines
「モルグ街の殺人」	"The Murder In The Rue Morgue"	ユナイテッド・パーセル・サービス	United Parcel Service (UPS)
モールス信号	Morse code	ユニヴァーサル社	Universal Pictures
モルモン教	Mormon	ユニヴァーサル・スタジオ	Universal Studios
モルモン大隊	Mormon Battalion	ユニタリアン派	Unitarian
門戸開放的帝国主義	Open Door imperialism	ユニティ・テンプル	Unity Temple
門戸開放政策	Open Door policy	ユニバーサル・アテンダンス（大学への）	universal attendance
モンサント	Monsanto		
モンタナ州	Montana	ユニバーシティ	university
モントゴメリ	Montgomery	輸入代替工業化	import substitution industrialization
モンゴメリー・ウォード	Montgomery Ward		
モントリオール議定書	Montreal Protocol	『指輪物語』	Lord of the Ring
モンロー・ドクトリン（モンロー教書）	Monroe Doctrine	『許されざる者』	Unforgiven
		ユーロ	Euro
●ヤ		●ヨ	
『山羊少年ジャイス』	Giles Goat-Boy	『陽気なネルソン』	The Adventures of Ozzie & Harriet
ヤキマ族	Yakima		
野球	baseball	要塞化	fortification
『やさしい狼犬部隊』	The Gentle Wolfhound	要塞都市	gated community
野生動植物法	Wilderness Act	預金	deposit
『野生の呼び声』	The Call of the Wild	抑止刑論	deterrence theory
ヤッピー	yuppie	抑制と均衡	check and balance
『屋根の上のバイオリン弾き』	Fiddler on the Roof	ヨークタウンの戦い	Battle of Yorktown
		『欲望という名の列車』	A Streetcar Named Desire
ヤフー	Yahoo	予型論	typology
破られた条約の旅	Trail of Broken Treaties	予算会計法	Budget and Accounting Act
山猫ストライキ	wildcat strike	予算局	Bureau of the Budget
ヤンキー	Yankee	ヨセミテ（国立公園）	Yosemite (National Park)
ヤンキークリッパー	Yankee Clippers	四年期国防レビュー	Quadrennial Defense Review (QDR)
ヤンキー帝国主義	imperialismo yanqui		
ヤンキー・ノーション	Yankee notions	予備尋問	voir dire

予備選挙法	direct-primary law
ヨム・キプール	Yom Kippur
より完全な連合体	more perfect union, a
ヨルダン	Jordan
『夜の軍隊』	The Armies of the Nights
『夜への長い旅路』	Long Day's Journey into Night
喜ぶゲームクラブ	glad game club
ヨーロッパ宇宙機構	European Space Agency (ESA)
ヨーロッパに小包を送るアメリカ人の会	Corperative for American Remittances to Europe (CARE)
『ヨーロッパと歴史のない人々』	Europe and the People without History
『ヨンカーズ物語』	Lost in Yonkers
四分野アプローチ	four-field approach

●ラ

『ライオン・キング』	The Lion King
ライオンズクラブ	Lions Club International
『ライジング・サン』	Rising Sun
ライセンス生産	licensed production
ライト・コンストラクション展	Light Construction
『ライト・スタッフ』	The Right Stuff
ライトレイル	Light Rail
『ライフ』	Life
ライブラリー・ディストリビューター	Library Distributor
ライフル銃	riffle
『ライ麦畑でつかまえて』	The Catcher in the Rye
ラヴェンダー色の脅威	Lavender Menace
ラウ対ニコラス事件判決	Lau v. Nichols
『ラヴ・メディシン』	Love Medicine
ラウラウ	laulau
ラグタイム	ragtime
落葉広葉樹	Broadleaf deciduous trees
ラゴダ号	The Lagoda
ラコタ族	Lakota
ラジオ	radio
ラジオ局	radio station
『裸者と死者』	The Naked and the Dead
『ラスト・サムライ』	The Last Samurai
ラスト・ワンマイル問題	last one-mile problem
ラスヴェガス	Las Vegas
『ラスベガス★71』	Fear and Loathing in Las Vegas
『ラダー』	The Ladder
ラッキーストライク	Lucky Strike
「ラッパーズ・デイライト」	"Rappers Daylight"
ラディカル・フェミニズム	radical feminism
ラディカレズビアン	radicalesbian
ラティーノ	Latino
ラテンアメリカ	Latin America
「ラプソディー・イン・ブルー」	"Rhapsody in Blue"
『ラ・マンチャの男』	Man of La Mancha
ラムダ法律擁護と教育基金	Lambda Legal Defense and Education Fund
『ララミー牧場』	Laramie
『ランサム』	Ransom
ランダムハウス	Random House
ランチェリー	rancharie
ランドグラント	Land grant
ランドラム=グリフィン法	Landrum-Griffin Act
ランニング装置	treadmill

●リ

『リアル・シンプル』	Real Simple
リーン生産方式	lean production system
リーヴァイス	Levi's
リエンジニアリング	reengineering
リオグランデ川	Rio Grande
陸軍	U.S. Army
陸軍省	Department of War
陸軍長官	Secretary of War
陸上競技	track and field
離婚	divorce
離婚率	divorce rate
リザベーション	reservation
利鞘	margin
理事会（大学の）	Board of Trustee, Board of Regents
リー将軍の誕生日	Robert E. Lee's Birthday
リズム・ソング	rhythm songs
リズム＆ブルース	rhythm and blues (R & B)
『リーダーズ・ダイジェスト』	Reader's Digest
リタリン	Ritalin
立証（裁判の）	presentation of evidence
立体スラム	vertical slum
リットン・インガルス社	Ingalls Shipbuilding ?
立法府	Legislative Branch
リテラリー・エージェント	literary agent
リテラリー・ギルド	Literary Guild Book Club
『リトル、ビッグ』	Little, Big
リトルビッグホーン国立記念戦跡	Little Bighorn Battlefield National Monument
リトル・ブラウン	Little Brown and Co.
『リトル・ミー』	Little Me
『リバティー・バランスを撃った男』	The Man Who Shot Liberty Valance
リバイバル	Revival
リバタリアニズム	Libertarianism
リヴァー・ナイジャー	River Niger
リハビリテーション法	Rehabilitation Act
修正リハビリテーション法第508条	Amendment to Section 508 of the Rehabilitation Act
リビジョニスト	Revisionist
リビング・シアター	Living Theatre Company
リフ	riff
リフレーション	reflation
リベラルアーツ・カレッジ	liberal arts college
リベラル・フェミニズム	liberal feminism
リポサクション	Liposuction
リーボック	Reebok
リミテッド	Limited
リメインダー・ディーラー	remainder dealer
流線型	streamline
流通企業	distribution company
流通制度	distribution system
理由付き忌避（陪審員選任の）	challenge for cause
『理由なき反抗』	Rebel without a Cause
『竜の画家』	Dragon Painter
理由不要の忌避（陪審員選任の）	peremptory challenge
両院協議会	conference committee
量刑ガイドライン	sentencing guideline

療養サービス	nursing service	『レッツ・ダンス』	Let's Dance
リリー財団	Lilly Endowment, Inc	レッド・スケア	red scare
リンカーン（自動車）	Lincoln	レッド・パワー	Red Power
リンカンセンター協会	Lincoln Center Institute	『レディズ・ホーム・ジャーナル』	Ladies' Home Journal
リンカン（大学）	Lincoln University		
リンカンの誕生日	Lincoln's Birthday	『レディズ・マガジン』	Ladies' Magazine
臨時議長	President pro tempore	レバノン	Lebanon
リーン・プロダクション仮説	Lean production hypothesis	レバノン戦争	Lebanon War
		『レ・ミゼラブル』	Les Miserables
●ル		連合会議	Confederate Congress
ルイヴィル	Louisville	連合規約	Articles of Confederation
『類猿人ターザン』	Tarzan of the Apes	連合国総司令部	General Headquarters (GHQ)
ルイジアナ州	Louisiana	連合国復興機関	United Nations Relief and Rehabilitation Administration (UNRRA)
ルイジアナ購入	Louisiana Purchase		
ルイス＝クラーク探検隊	Lewis and Clark Expedition		
累積債務問題	sovereign debt crisis	『レント』	Rent
ルーサイト	Lucite	連動写真	Pictures in Motion
ルーセント	Lucent Technologies	連邦管理終結	Termination
ルター派	Lutheran	連邦議会	Congress
『ルック』	Look	連邦議会議員選挙	congressional elections
『るつぼ』（A.ミラー著）	The Cruicible	連邦議会テレビ C-SPAN	Cable Satellite Public Affairs Network (C-SPAN)
るつぼ（人種の）	melting pot		
『るつぼ』（サングウィル著）	The Melting Pot	連邦緊急事態管理局	Federal Emergency Management Agency
立法部のワークショップ	workshop of the legislature	連邦憲法	federal constitution
ルーテル教会	Lutheran Church	連邦公開市場委員会	Federal Open Market Committee (FOMC)
ルネサンス・スタイル	Renaissance style		
ルーブル合意	Louvre Accord	連邦航空管制官組合	Professional Air Traffic Controllers Organization (PATCO)
●レ			
霊歌	spirituals	連邦航空局	Federal Aviation Administration (FAA)
レイクショアドライヴ・アパートメント	Lake Shore Drive Apartments		
		連邦裁判官	federal judges
『冷血』	In Cold Blood	連邦裁判所	federal courts
レイス・ミュージック	race music	連邦裁判所制度	federal court system
レイセオン社	Raytheon Co.	連邦シガレット表示・広告法	Federal Cigarette Labeling and Advertising Act
冷戦	Cold War		
冷蔵庫	refrigerator	連邦州際通商法	Interstate Commerce Acts
冷凍食品	frozen food	連邦主義	federalism
レイバー・デー	Labor day	連邦主義者	federalist
レイヤーケーキ・スタイル	layer cake style	連邦巡回区（裁判所の）	Federal Circuit
レヴァー・ハウス	Lever House	連邦巡回区控訴審裁判所	Court of the Appeals for the Federal Circuit
レヴィットタウン	Levittown		
レーガノミックス	Reaganomics	連邦準備銀行（連銀）	Federal Reserve Bank (FRB)
歴史個別主義	historical particularism	連邦準備制度	Federal Reserve System (FRS) (Fed)
歴史的建造物	historical monument		
歴史の終焉	the end of history	連邦準備制度理事会	Board of Governors of the Federal Reserve System (FRB)
レキシントン	Lexington		
レキシントン・コンコードの戦い	Battle of Lexington and Concord		
		連邦信託地	Trust Lands
レゲエ	reggae	連邦制	federalism
レザーストッキング・テールズ	Leatherstocking Tale	連邦政府	Federal government
		連邦選挙運動法	Federal Election Campaign Act
レーシングカー	racing car		
レズビアニズム	lesbianism	連邦捜査局	FBI (Federal Bureau of Investigation)
レズビアン	lesbian		
レズビアン・アヴェンジャー	Lesbian Avengers	連邦紙巻きタバコ税	federal cigarette tax
		連邦通信委員会	Federal Communications Commission (FCC)
レズビアン・パルプフィクション	lesbian pulp fiction		
		連邦通信法（コミュニケーション法）	Communications Act
レズビアン・フェミニズム	lesbian feminism		
レズビアン連続体	lesbian continuum	連邦陪審選任法	Jury Selection and Service Act
レーダー吸収素材	Radar Absorbing Material (RAM)		
		連邦美術計画	Federal Art Project (FAP)
『列車強盗』	Train Robbery	連邦法	federal law

連邦法定休日	federal legal public holiday	ロッキード・マーチンF22ラプター	Lockheed Martin F22 Raptor
連邦無線委員会	Federal Radio Commission (FRC)	ロック	rock
連邦預金保険公社	Federal Deposit Insurance Corporation (FDIC)	ロックウェル・インターナショナル社	Rockwell International
連邦労働関係局	National Labor Relation Board	ロックフェラー医学研究所	Rockefeller Institute for Medical Research
連邦ロビイスト規制法	Federal Regulation of Lobbying Act	ロックフェラー兄弟基金	Rockefeller Brothers Fund
		ロックフェラー財団	Rockefeller Foundation
連邦議会	Congress of the United States	ロックンロール	rock'n'roll
		ロックン・ロール・ホール・オブ・フェイム	Rock and Roll Hall of Fame and Museum
●ロ			
ロイター	Reuter	ロデオ	rodeo
ロイヤル・ダッチ・シェル	Royal Dutch Shell	ロードアイランド州	Rhode Island
労災補償保険	workers' compensation	ロドニィ・キング事件	Rodney King case
労働生産性	labor productivity	ロード・ノベル	road novel
労働報告公開法	Labor Management Reporting and Disclosure Act	ロード・ファクター	load factor
		『ローハイド』	*Rawhide*
労使関係法	Labor-Management Relations Act	R.ブルッキングズ経済・政府研究大学院	Robert Brookings Graduate School
ろう者	Deaf	ロビイスト	lobbyist
ロウ対ウェイド判決	Roe v. Wade	ロビー活動	lobbying
労働騎士団	Knights of Labor	ロビー邸	Roby House
労働行動同盟	Alliance for Labor Action	ロビンズ・ローレンス社	Robins Lawrence
労働者の日	Labor Day	『ロープ』	*Rope*
労働省	Department of Labor	ロブスター	lobster
労働省女性局	Women's Bureau, Department of Labor	炉辺談話	Fireside Chat
		リビジョニスト	revisionist
労働生産性	labor productivity	ロマンティックな友情	romantic friendship
ろう文化	Deaf Culture	ローム&ハース社	Rohm and Haas Co.
老齢・遺族・障害・健康保険	Old-Age, Survivors, Disability, and Health Insurance (OASDHI)	路面電車の郊外	street car suburb
		『ローリング・ストーン』	*Rolling Stone*
		ローリング・ストーンズ	Rolling Stones
老齢・遺族・障害年金保険	Old-Age, Survivors and Disability Insurance (OASDI)	ローリング・トウェンティーズ	Roaring Twenties
		ロールフィルム	roll film
老齢給付	old age benefit	ローレンス号	The Lawrence
老齢年金保険	Old Age Insurance (OAI)	ローレンス・リヴァモア(国立)研究所	Lawrence Livermore National Laboratory (LLNL)
ローカル紙	local newspaper		
『ローカル・ノレッジ』	*Local Knowledge*		
『六万四千ドルの問題』	*The $64,000 Question*	ロワーイーストサイド	Lower East Side
ロケット	rocket	ロングヘアー	long hair
ローザ・パークス事件	Rosa Parks	ロンドン海軍軍縮条約	London Naval Treaty (Treaty for the Limitation and Reduction of Naval Armament)
ローザ・ボンド	Roosa bond		
『ロサンゼルス・タイムズ』	*Los Angels Times*		
ロサンゼルス暴動	Los Angeles Riots		
ロジコン社	Logicon	ロンドン会社	The London Company (the Virginia Company of London)
ローシュ・ハシャナ	Rosh Hashanah		
『路上』	*On the Road*		
ロスアラモス(国立)研究所	Los Alamos National Laboratory (LANL)	『ローン・レンジャー』	*The Lone Ranger*
ローズヴェルト裁判所	the Roosevelt Court	●ワ	
ローズヴェルトの系論	Roosevelt Corollary (to the Monroe Doctrine)	ワイオミング州	Wyoming
		ワイルド・ウェスト・ショー	Wild West Show
ロースクール	law school	ワイルドライス	wild rice
ローズ・パレード	Rose Parade	若松コロニー	Wakamatsu Colony
ローズボウル	Rose Bowl	若者文化	youth culture
ロータス社	Lotus Development Corporation	ワークショップ	workshop
		ワークステーション	workstation
ロータリー財団	Rotary Foundation of Rotary International	ワグナー法	Wagner Act
		ワシントン	Washington D.C.
ロッキー山脈	The Rocky Mountains	ワシントン海軍軍縮条約	Washington Naval Treaty
ロッキード社	Lockheed	ワシントン・カーネギー研究所	Carnegie Institution of Washington
ロッキードL749コンステレーション	Lockheed L749 Constellation		
ロッキード・マーチン社	Lockeed Martin Cooperation		

ワシントン・コンセンサス	Washington Consensus	Eジン	E-zine
ワシントン州	Washington	F14トムキャット	F14 Tomcat
ワシントン大学	Washington University	FA制度	Free Agent
ワシントン大行進	March on Washington	FBI海外支局	FBI foreign liaison offices
ワシントン誕生日	Washington's Birthday	『FDRあざやかなる欺瞞』	FDR's Splendid Deception
『ワシントン伝』	Life of George Washington	FDR記念館	FDR Memorial
ワシントンへの大使	Ambassador to Washington, D.C.	FF金利	Federal Funds rate
		F.W.ウールワース	F. W. Woolworth
『ワシントン・ポスト』	Washington Post	GM食品	genetically modified foods (GM foods)
ワシントン・ポスト/ロサンゼルスタイムズ・ニュースサービス	Washington Post/Los Angeles Times News Service	I.G.ファルベン	I. G. Farben
		INF条約	Treaty on Intermediate-Range Nuclear Forces
ワスプ	WASP (White Anglo-Saxon Protestant)	IQテスト	IQ Test
綿繰機	Cotton Gin	J.C.ペニー	J. C. Penny
『私たちのからだ、私たち自身』	Our Bodies, Ourselves	「J.アルフレッド・プルフロックの恋歌」	"Love Song of J. Alfred Prufrock"
「わたしたちの子供を守れ」キャンペーン	Save Our Children	J・ポール・ゲティ・ミュージアム	J. Paul Getty Museum
『私の秘密』	I've Got a Secret	KC135空中給油機	KC135 Tanker
『わたしは女ではないのか』	Ain't I a Woman?	Kマート	Kmart
渡り鳥（出稼ぎ労働者）	birds of passage	Kマート・リアリズム	K-mart realism
ワッツ暴動	Watts riot	L1011トライスター旅客機	L1011 Tristar
ワーナー・ケーブル	Warner Cable	L1059スーパー・コンステレーション旅客機	Lockheed L1059 Superconstration
ワーナー・ブラザーズ社	Warner Brothers		
ワールドウォッチ研究所	Worldwatch Institute	『LAコンフィデンシャル』	LA Confidential
ワールドコム	WorldCom Inc.	NII行動アジェンダ	National Information Infrastructure (NII), Agenda for Action
ワールド・ワイド・ウェブ	World Wide Web (www)		
『我らが有名人を称えよう』	Let Us Now Praise Famous Men		
		NPOサポートセンター	Support Center for Nonprofit Management
われらのアメリカ	Nuestra América		
湾岸戦争	Gulf War	N.W.エアー・アンド・サン社	N.W. Ayer & Son
ワン・ストップ・ショッピング	one-stop shopping		
		PURPA法	Public Utility Regulatory Policies Act
『ワンダフル・タウン』	Wonderful Town		
『ワンマガジン』	One Magazine	RJRナビスコ社	RJR Nabisco, Inc.
		SBCコミュニケーションズ	SBC Communications, Inc.
●			
A6イントルーダー	A6 Intruder	SF映画	science fiction film
ABM制限条約	Anti-Ballistic Missile treaty	SF小説	science fiction
ARPAネット	ARPANET	SIPP調査	Survey of Income and Program Participation
AT&Tビル	AT & T Building		
AT&Tブロードバンド	AT & T Broadband	S.I.ニューハウス	S. I. Newhouse
AV8ハリヤー	AV8 Harrier	S.S.クレスギ	S. S. Kresge
B-2ステルス	B-2 stealth	T型フォード	Model T.
B52戦略爆撃機	B52 Strategic Bomber	TRIM協定	Agreement on Trade-Related Investment Measures
B70バルキリー	B70 Valkyrie		
BIS規制	Basel accord on capital adequacy ratio	TVディナー	TV dinner
		『USAトゥデイ』	USA Today
BLTサンド	BLT Sandwich	USイングリッシュ	U. S. English, Inc.
C5Aギャラクシー戦略輸送機	C5A Galaxy	USウェスト	US West
		U.S.スティール	United States Steel Co.
『CNETニュース』	CNET News	Vチップ	V-chip
E.J.コーベット社	E. J. Korvett	WTO農業交渉	WTO agricultural negotiations
E.P.ダットン	E. P. Dutton		
ERA阻止	Stop ERA	W.W.ノートン	W.W. Norton & Co.
E-システムズ社	E-Systems	『Xファイル』	The X-Files
『eシーン』	eScene		

英日用語対照表

●A

A Century Progress Exposition (CPE)	「進化の一世紀」展
abortion	妊娠中絶
Abortion Laws	中絶禁止法
Abstract Expressionism	抽象表現主義
Academic Affairs	教学（大学の）
Academic Deans	教務部長（大学の）
Academic Revolution, The	『大学革命』
Academic Senate	全学評議会（大学の）
accountability	アカウンタビリティ，説明責任
accreditation	アクレディテーション，基準認定制度
Acquisition and Cross Servicing Agreement (ACSA)	日米物品役務協定
acquittal	無罪赦免
Action Painting	アクション・ペインティング
Acushnet, The	アクシュネット号
Adams-Onis Treaty	アダムス・オニス条約
administration	管理執行部（大学の）
administrative Commission	行政委員会
administrative power	行政権
Adonis Complex	アドニス・コンプレックス
advance	アドバンス
Advanced Research Projects Agency (APRA)	高等研究計画局
Adventist	再臨派，アドヴェンティスト
Adventures of Dollie	『ドリーの冒険』
Adventures of Huckleberry Finn, The	『ハックルベリー・フィンの冒険』
Adventures of Ozzie & Harriet, The	『陽気なネルソン』
Adventures of Tom Sawyer, The	『トム・ソーヤの冒険』
adversary system	当事者対決方式
advertisement	広告
advertising agency	広告代理店
advertising revenue	広告収入
advice and consent	助言と同意（上院の）
Advisory Committee on Voluntary Foreign Aid	民間海外援助諮問委員会
aerobic exercise	エアロビクス
affirmative action	アファーマティブ・アクション，積極的差別是正措置
Affluent Society	『豊かな社会』
Afghan war	アフガン戦争
African American Vernacular English (AAVE)	黒人英語
African Americans	アフリカ系アメリカ人
African Methodist Episcopal Church	アフリカン・メソジスト・エピスコパル教会
Afro centrism	アフロ・セントリズム
After Liberalism	『アフター・リベラリズム』
"After the Ball"	「舞踏会の後で」
After the Fall	『失墜の後で』
age of retailing revolution	小売革命の時代
agency	代理業
Agency for International Development, U. S. (USAID)	国際開発庁
Agency theory	エージェンシー理論
agent	エージェント，代理人
agent system	代理制度
Agreement on Agriculture	農業協定（WTOの）
Agreement on Trade-Related Investment Measures (TRIM)	TRIM協定
agribusiness	アグリビジネス
Agricultural Act	農業法
Agricultural Adjustment Act (AAA)	農業調整法
agriculture	農業
Ah, Wilderness !	『ああ荒野』
Aid to Families with Dependent Children (AFDC)	被扶養児童援助家庭扶助
AIDA	『アイーダ』
AIDS	エイズ
Aids Coalition To Unleash Power (ACT-UP)	アクト・アップ
AIDS Crisis	エイズ危機
Aiiieeeee !	『アイイィー！』
Ain't I a Woman ?	『わたしは女ではないのか』
air conditioner	エアーコンディショナー
Air Force, U. S.	空軍
Air Force Association	アメリカ空軍協会
AKIRA	『アキラ』
Alabama	アラバマ
Alamo	アラモ砦
Alamo, The	『アラモ』
Alaska	アラスカ
Alaska Federation of Nations	アラスカ先住民国家連合
Alaska Native Claims Settlement Act	アラスカ先住民請求解決法
Alaska Native Village Statistical Areas	アラスカ先住民村落統計地域
Albertson's	アルバートソンズ
Alden's Citizen's Manual. A Textbook on Government for Common Schools	『市民のマニュアル——コモンスクールのための政府のテキスト』
Aleut	アリュート族（語）
"Alexander's Ragtime Band"	「アレクサンダーズ・ラグタイム・バンド」
Alfred A. Knopf	アルフレッド・A.クノッフ
Alien	『エイリアン』
Alien Land Law	外国人土地法
Alien Land Law of 1913	第1次排日土地法

1343

aliens ineligible for citizenship	帰化不能外国人	American Automobile Manufacturers Association	アメリカ自動車製造者協会
Alien Souls	『異郷の人』	American Bantam Car co., Inc.	バンタム社
Alkoholics Anonymous (AA)	アルコール依存症者匿名会	*American Beauty*	『アメリカン・ビューティー』
All Fools' Day	万愚節	American Board	アメリカン・ボード
All My Sons	『みんなわが子』	American Board of Commissioners for Foreign Missions	アメリカ海外伝道局
All Saints' Day	万聖節		
Allegheny Plateau, the	アレゲニー台地	American Breeders Association	アメリカ育種協会
alliance	アライアンス（航空会社の）		
Alliance for Community Media	コミュニティ・メディア連合	American Cancer Society	アメリカ癌協会
Alliance for Labor Action	労働行動同盟	American Century, The	アメリカの世紀
Alliance for Progress	進歩のための同盟計画	*American Clock*	『アメリカの時計』
All-Story Magazine, The	『オール・ストーリー・マガジン』	American Colonization Society	アメリカ植民協会
Al-Quaeda	アルカイダ	*American commonwealth*	『アメリカン・コモンウェルス』
Alternative Dispute Resolution (ADA)	裁判外の解決	American Communist Party	アメリカ共産党
alternative wire service	代替通信社	American Council of Voluntary Agencies for Foreign Service	海外奉仕のためのボランティア団体アメリカ会議
Alto (workstation computer)	アルト		
aluminum	アルミニウム		
"Always Love You"	「オールウェイヴ・ラブ・ユー」	American Cultures Graduation Requirement	アメリカ文化卒業要件
Alzheimer's Association	アルツハイマー協会		
Amalgamated Clothing Workers of America (ACWA)	合同男子服労組	*American Dictionary of the English Language*	『アメリカ版英語辞典』
		American Dream	アメリカン・ドリーム
Amazing Stories	『アメージング・ストーリーズ』	American eagle	アメリカン・イーグル
Amazon.com	アマゾン・ドット・コム，アマゾン社	American English	アメリカ英語
		American Enterprise Institution for Public Policy Research (AEI)	アメリカン・エンタープライズ公共政策研究所
Ambassador to Washington, D.C.	ワシントンへの大使		
Ambulance Chaser	アンビュランス・チェイサー	American Exceptionalism	アメリカ例外主義
Amendment	憲法修正条項		
Amendment to Section 508 of the Rehabilitation Act	修正リハビリテーション法第508条	American Federation of Government Employees (AFGE)	アメリカ政府従業員連盟
America Federation of Labor (AFL)	アメリカ労働総同盟	American Federation of State, County, and Municipal Employees (AFSCM)	アメリカ州・郡・都市被用者組合連合
America Federation of Labor-Congress of Industrial Organizations (AFL-CIO)	アメリカ労働総同盟＝産業別組織会議		
		American Federation of Teachers (AFT)	アメリカ教師連盟
America Nationalism	『アメリカのナショナリズム』	American Film Institute (AFI)	アメリカ映画協会
America Philosophical Society	アメリカ哲学協会	American football	アメリカンフットボール
America Society of Plastic Surgeons (ASPS)	全米形成外科医協会	American Friends Service Committee (AFSC)	アメリカ・フレンド・サービス委員会
American Airlines	アメリカン航空	*American Frugal Housewife, The*	『アメリカのつましい主婦』
American Anthropological Association	アメリカ人類学会		
		American Genetic Association	アメリカ遺伝学会
American Anthropologist	『アメリカン・アンソロポロジスト』	American Grand Prize	アメリカン・グランド・プライズ
American Art	『アメリカン・アート』		
American Association of Museums (AAM)	アメリカ・ミュージアム連盟	American Heart Association	アメリカ心臓協会
		American Historical Association (AHA)	アメリカ歴史学会
American Association of Retired Persons (AARP)	アメリカ退職者協会	American Independent Revolution	アメリカ独立革命
American Association of the Red Cross	赤十字アメリカ支部	American Indian	アメリカ・インディアン
American Automobile Association	全米自動車協会	American Indian Movement (AIM)	アメリカ・インディアン運動

American Indian Religious Freedom Act	インディアン宗教自由法
American Institute for Cancer Research	アメリカ癌研究所
American Institute of Architects, The (AIA)	アメリカ建築家協会
American Institute of Electrical Engineers (AEII)	アメリカ電気技術者協会
American Israel Public Affairs Committee (AIPAC)	アメリカ・イスラエル公共問題委員会
American Jewish Committee	アメリカ・ユダヤ人委員会
American Jewish Congress	アメリカ・ユダヤ人会議
American Kinship	『アメリカの親族』
American Legion, The	アメリカン・リージョン
American Library Association	アメリカ図書館協会
American Lung Association	アメリカ肺協会
American Methodist Episcopal (AME)	アフリカン・メソジスト・エピスコパル
American Missionary Association	アメリカ伝道協会
American Mutoscope and Biograph Co.	アメリカン・ミュートスコープ・アンド・バイオグラフ社
American Narrative	アメリカ・ナラティヴ
American National Red Cross	アメリカ赤十字
American National Standards Institute (ANSI)	米国標準機構
American Obesity Association	アメリカ肥満協会
American Pastoral	『アメリカン・パストラル』
American Psychiatric Association	アメリカ精神医学会
American Relief for Korea (ARK)	朝鮮のためのアメリカ救援
American Renaissance	アメリカン・ルネサンス
American Revolution	アメリカ革命
American River	アメリカンリヴァー
American Scene Painting	アメリカン・シーン・ペインティング
American Science	アメリカン・サイエンス
American Social Science Association	アメリカ社会科学協会
American Society of Mechanical Engineers (ASME)	アメリカ技術者協会
American Spelling Book	『アメリカン・スペリング・ブック』
American system of manufacture	アメリカ式製造システム
American Telephone and Telegraph Co. (AT & T)	アメリカ電話電信会社
American Tobacco Co.	アメリカ・タバコ会社
American Way of Communication	アメリカン・ウエイ・オブ・コミュニケーション
American Way of Life	アメリカン・ウェイ・オブ・ライフ，アメリカ的生活様式
American Way of Living	アメリカン・ウェイ・オブ・リビング
American woman's home, The : or, Principles of domestic science ; being a guide to the formation and maintenance of economical, healthful, beautiful, and Christian homes.	『アメリカ婦人の家庭教本』
American Women	『アメリカの女性』
Americanism	アメリカニズム，アメリカ主義
Americanization	アメリカニゼーション
Americans for Nonsmoker's Right	非喫煙者の権利を守るアメリカ人
Americans with Disabilities Act (ADA)	障害を持つアメリカ人法
Ameritex	アメリテック
amicus curiae	法廷の友
Amish	アーミッシュ
Amnesty International	アムネスティ・インターナショナル
Amtrak (National Railroad Passengers Corporation)	アムトラック
amusement park	遊園地
anabolic steroid	アナボリック・ステロイド，筋肉増強剤
Ancient Society	『古代社会』
And Keep Your Powder Dry	『火薬を湿らすな』
androcentorism	男性中心主義
angel	エンジェル
Angeles in America	『エンジェルズ・イン・アメリカ』
Anglicans	英国協会派
Anglo-Conformity	アングロ・コンフォーミティ論
Anglo-Saxon	アングロ=サクソン系
Animals, The	アニマルズ
Anishinabe	アニシナベ族
Ann Taylor	アンテイラー
Annexation of Hawaii	ハワイ併合
Annie	『アニー』
Annie Get Your Gun	『アニーよ銃をとれ』（ミュージカル）
Annie Oakley	『アニーよ銃をとれ』（テレビシリーズ）
anorexia nervosa	拒食症，神経性無食欲症
Answered Prayers	『叶えられた祈り』
anthropology	人類学
Anti-Ballistic Missile treaty (ABM)	ABM制限条約，弾道弾迎撃ミサイル制限条約
Anti-Defamation League	反名誉毀損同盟
anti-imperialists	反帝国主義者
Anti-Japanese Immigration Act	排日移民法
Anti-Japanese movement	排日運動
Antinomian Controversy	反律法主義論争
Anti-Nuclear Movement	反原発運動
anti-racist education	反人種差別教育
Anti-Saloon League	反酒場連盟
anti-Semitism	反ユダヤ主義
antislavery movement	奴隷制反対運動
Anti-Tobacco Journal, The	『反タバコ・ジャーナル』
anti-urbanism	反アーバニズム
anti-violence	反暴力

Anything Goes	『エニシング・ゴーズ』
ANZUS Treaty	アンザス条約
Apollo	アポロ
Apollo-Soyuz Test Project (ASTP)	アポロ=ソユーズ・ドッキング飛行
Appalachian Mountains, The	アパラチア山脈
appeal	控訴，上訴
Apperception	統覚
Apple Computer	アップル社
apple pie	アップルパイ
Appointment Secretary to the President	面会係秘書（大統領の）
Appomattox	アポマトックス
Appropriation	アプロプリエーション（美術）
Appropriations	歳出
APRANET	APRA ネット
April Fools Day	エイプリル・フール，四月馬鹿の日
"Aquarius"	「アクエリアス（水瓶座の時代）」
Arbella, The	アーベラ号
Arexander's Bridge	『アレキサンダーの橋』
Argonne National Laboratory (ANL)	アルゴンヌ国立研究所
Arikara	アリーカラ族（語）
Arizona	アリゾナ
Arkansas	アーカンソー
Arkansas, The	アーカンザス川
Arlington National Cemetery	アーリントン国立墓地
armed services edition	アームド・サービシーズ・エディションズ
Armies of the Nights, The	『夜の軍隊』
Armistice Day	休戦の日
Armory Show	アーモリー・ショウ
Army, U. S.	陸軍
Arms Control and Disarmament Agency, U. S.	米国軍縮軍備管理機関
Around the World in Eighty Days	『80日間世界一周』
Art Deco	アール・デコ
art director	アートディレクター
Art Institute of Chicago	シカゴ美術館
Art News	『アート・ニューズ』
Article 301 of the Omnibus Trade Act	通商法スーパー301条
Articles of Confederation	連合規約
artificial insemination	人工授精
artificial satellite	人工衛星
Arts and Crafts movement	アーツ・アンド・クラフト運動
As Is	『アズ・イズ』
Ash Wednesday	聖灰水曜日
Asian-Americans	アジア系アメリカ人
Asian American Political Alliance	アジア系アメリカ人政治同盟
Asian Crisis	アジア危機
Asian money scandal in American campaign-finance	アジア献金疑惑
Asia-Pacific Economic Cooperation (APEC)	アジア太平洋経済協力会議
Asiatic Exclusion League	アジア系排斥同盟
Aspen Institute, The	アスペン研究所
asset-backed security	資産担保証券
Assilomar Conference	アシロマ会議
assimilation	同化
Assiniboine	アシニボイン族（語）
Assistant Secretaries	次官補（省の）
Assistant to the President	大統領補佐官
Associate Degree	準学士
Association for Computing Machinery (ACM)	コンピュータ機械学会
Association of Licensed Automobile Manufacturers (ALAM)	特許許諾自動車製造協会
Association of Southeast Asian Nations (ASEAN)	東南アジア諸国連合
assured destruction	確証破壊
Astro Boy	『鉄腕アトム』
astronaut	宇宙飛行士
Asymmetrical Warfare	非対称戦争
At the Bottom of the River	『川底に』
AT & T Building	AT＆Tビル
AT & T Broadband	AT＆Tブロードバンド
Athletic Department	運動競技局（大学の）
Atlanta	アトランタ
Atlanta Union Mission	アトランタ・ユニオン・ミッション
Atlantic	『アトランティック』
Atlantic Charter	大西洋憲章
Atlantic City	アトランティック・シティ
Atlantic Monthly, The	『アトランティック・マンスリー』
Atlantic Unbound	『アトランティック・アンバウンド』
Atlas	アトラス
Atom for Peace	アトムズ・フォア・ピース（演説）
atomic bomb	原子爆弾
Atomic Energy Commission	原子力委員会
Atomic Energy Commission advisory board	原子力委員会諮問委員会
atomic power plant (station)	原子力発電所
attorney	弁護士
audition	オーディション
Audrey Hepburn's Neck	『オードリー・ヘップバーンのうなじ』
Authentic Life of Billy, The	『ビリー・ザ・キッドの信頼しうる生涯』
Autobiography	『自伝』（B.フランクリンの）
automobile	自動車
AV8 Harrier	AV8ハリヤー
avant-garde art	前衛芸術
Avant-Garde theatre (drama)	前衛劇
aviation	航空機産業
Avon Books	エイヴォン・ブックス
Avondale	アヴォンディール
Awaking of Japan, The	『日本の目覚め』
Awaking, The	『目覚め』
axis of evil	悪の枢軸
A6 Intruder	A6イントルーダー

●B

B52 Strategic Bomber	B52戦略爆撃機
B70 Valkyrie	B70バルキリー
baby boom	ベビーブーム
baby boomer	ベビーブーマー
Baby M Case, the	ベビーM事件
Bachelor	学士
bachelor society	単身出稼ぎの男性社会
Back to the Future	『バック・トゥ・ザ・フューチャー』
bacteriology	細菌学
Bad Attitude	『バッド・アティテュード』
bagel	ベーグル
Bagombo Snuff Box	『バゴンボの嗅ぎタバコ入れ』
Baha	バハ
baked banana	バナナのバター焼き
Bakelite	ベークライト
Baker v. Carr	ベーカー対カー裁判
bald eagle	白頭ワシ
balloon frame construction	バルーン・フレーム構法
ballot	投票用紙
ballroom	ボールルーム
Band	バンド
banjo	バンジョー
bank holding company	銀行持株会社法
Banking Act	銀行法
banner advertisement	バナー広告
Bantam Books	バンタム・ブックス
Baptist church	バプテスト教会
Baptists	バプテスト派
bar association	弁護士会
bar examination	司法試験
barbecue	バーベキュー
Barefoot in the Park	『裸足で散歩』
Barnum	『バーナム』
barrier-free society	バリアフリー社会
barter syndication	バーター・シンジケーション
baseball	野球
Basel accord on capital adequacy ratio	BIS規制
Basic Color Terms	『基本色彩論』
Basin and Range	盆地・山脈（ベースンアンドレンジ）地域
basket analyze	バスケット分析
basketball	バスケットボール
Bath Iron Works Corporation	バス・アイアンワーク社
Battle of Angels	『天使たちの戦い』
Battle of Lexington and Concord	レキシントン・コンコードの戦い
Battle of Yorktown	ヨークタウンの戦い
battleship	戦艦
Baylor College of Medicine	ベイラー医科大学
Bean Town	ビーンタウン
Beat Generation	ビート・ジェネレーション，ビート世代
Beatles, The	ビートルズ
beatnik	ビートニク
Beautiful Mind, A	『ビューティフル・マインド』
Beauty and the Beast	『美女と野獣』
be-bop	ビバップ
beer	ビール
Bell Atlantic	ベル・アトランティック
Bell Jar, The	『ベル・ジャー』
Bell Operating Companies	ベル電話会社
Bell System	ベル・システム
Bell Telephone Laboratories	ベル研究所
Beloved	『ビラヴド』
Ben Casey	『ベン・ケーシー』
benefit for retirement	退職給付
Benetton	ベネトン社
benevolent trust	慈善的なトラスト
Ben-Hur	『ベン・ハー』
Berkley	バークレー
Bertelsmann	ベルテルスマン
Bessemer converter	ベッセマー炉
Best America Short Stories, The	『ベスト・アメリカン・ショート・ストーリーズ』
Best Man, The	『ザ・ベスト・マン』
best seller (best-seller)	ベストセラー
Betriebswirtschaftslehre	経営経済学
Better Homes and Gardens	『ベター・ホームズ・アンド・ガーデンズ』
Better Housing Campaign	ベターハウジング・キャンペーン
Between Men	『男同士の絆』
Bewitched	『奥様は魔女』
Beyond the Horizon	『水平線の彼方に』
Beyond the Melting Pot	『人種のるつぼを超えて』
Bibliographic Information Retrieval Service	二次情報検索サービス
big band jazz	ビッグバンド・ジャズ
big bang	ビックバン
Big Brothers big Sisters of America	アメリカお兄さんお姉さんの会
big business	ビッグ・ビジネス
Big Crush, The	ビッグ・クラッシュ
Big Five	ビッグ・ファイブ（劇作家の）
Big Four	ビッグ・フォー（コンサルティング会社の）
big government	大きな政府，ビッグ・ガヴァメント
Big Labor	ビッグ・レイバー
Big Stick diplomacy	棍棒外交
big-sized enterprise	大企業
Big Three	ビッグ・スリー（自動車メーカーの）
Bilingual Education Act	バイリンガル教育法
bill	法案
Bill and Melinda Gates Foundation	ビル＆メリンダ・ゲイツ財団（ゲイツ財団）
Bill of Rights for Women	女性の権利宣言
billboard	ビルボード
Bill of Rights, The	権利章典
Billy the Kid, the New Mexican Outlaw	『ニューメキシコのアウトロー，ビリー・ザ・キッド』
Biloxi Blues	『ビロクシー・ブルース』
biomedical research	生物医学研究
biomimetic materials	生態模倣的な素材
biotechnology	バイオテクノロジー
birds of passage	渡り鳥（出稼ぎ労働者）
Birmingham Civil Rights Institute	バーミンガム公民権館
Birth of a Nation, The	『国民の創生』
birth rate	出生率
bisexual	バイセクシャル

bison	バイソン	Border Environment Co-operation Commission (BECC)	国境環境協力委員会
blacks	黒人		
black cargo	黒い積荷		
black church	黒人教会	Border Patrol	国境警備隊
Black Crook	『ブラック・クルック』	*Borderlands*	『ボーダーランド』
Black Dahlia	『ブラック・ダリア』	Born Again	ボーン・アゲイン
Black English	黒人英語	*Born on the Fourth of July*	『7月4日に生まれて』
"Black is beautiful"	「ブラック・イズ・ビューティフル」	Boston	ボストン
Black Literature	黒人文学	Boston baked beans	ボストン・ベークトビーンズ
Black Monday	ブラックマンデー	Boston Brahmin	ボストン・ブラーミン，ボストン知識人
black nationalism	ブラック・ナショナリズム		
Black Panther party	ブラック・パンサー党	*Boston Cooking-School Cook Book, The*	『ボストン料理学校クックブック』
black power	ブラック・パワー		
Black Rain	『ブラック・レイン』	Boston English Highschool	ボストン・イングリッシュ・ハイスクール
Black Studies	黒人研究，ブラック・スタディーズ		
		Boston marriage	ボストン・マリジ
Black Thursday	暗黒の木曜日	Boston Massacre	ボストン大虐殺
Blade Runner	『ブレードランナー』	Boston Public Library	ボストン公共図書館
blizzard	ブリザード	Boston Tea Party	ボストン茶会事件
block grants	一括補助金	Boston Women's Health Book Collective	ボストン女性健康書コレクティブ
blockbuster film	ブロックバスター映画		
Blockbuster Inc.	ブロックバスター	bottom-line journalism	ボトムライン・ジャーナリズム
Blood In Blood Out	『ブラッド・イン・ブラッド・アウト』	"Bottom-Up Review" (BUR)	「ボトム・アップ・レビュー」
BLT	BLTサンド	bourbon	バーボン
blue Monday	ブルー・マンデー	bourbon baked ham	バーボンベイクトハム
Blue Ridge	ブルーリッジ	*Bowling for Columbine*	『ボウリング・フォー・コロンバイン』
Blue Ridge Mountains, The	ブルーリッジ山脈		
		boxing	ボクシング
blue-collar	ブルーカラー	Boy Scouts of America	ボーイスカウト・オブ・アメリカ
blues	ブルース	Boys & Girls Clubs of America	アメリカ少年少女クラブ
B'nai B'rith	ブネイ・ブリス		
Board	カウンティ委員会	*Boys in the Band, The*	『真夜中のパーティ』
Board of Governors of the Federal Reserve System (FRB)	連邦準備制度理事会	*Boy's Life*	『少年時代』
		Bracero Program	ブラセロ計画
		Bradbury Science Museum	ブラッドベリー科学博物館
Board of Indian Commissioners	インディアン委員会		
		Branch Davidians	ブランチ・デヴィディアン
Board of Trustee (Board of Regents)	理事会（大学の）	brand	ブランド
		Bread & Roses	『ブレッド＆ローズ』
board track	ボードトラック	Bread Basket of America	アメリカのパンかご
boarders of elections	選挙管理委員会	Breen Office	ブリーン・オフィス
BoardSource	ボードソース	Breton Woods Conference	ブレトンウッズ会議
body image	ボディ・イメージ		
Body Mass Index (BMI)	体格指数	Bretton Woods system	ブレトンウッズ体制
Boeing	ボーイング社	brewer	醸造業者
Boeing 377 Stratocruser	ボーイング377ストラトクルーザー	Brice Barton	ブルース・バートン
		Bridge Housing Corporation	ブリッジ住宅公社
bomb squad	爆発物対策部隊		
bombings of North Vietnam	北爆	*Bridge of San Luis Rey, The*	『サン・ルイ・レイの橋』
		Brigadoon	『ブリガドゥーン』
Bonanza	『ボナンザ』	Brigham Young University	ブリガムヤング大学
bond	債券		
Bonfire of the Vanities, The	『虚栄の篝火』	*Bright Lights, Big City*	『ブライト・ライツ, ビッグ・シティ』
boogie-woogie	ブギウギ		
book club	ブック・クラブ	British English	イギリス英語
book distribution	書籍流通	British Petroleum (BP)	ブリティッシュ・ペトロリアム
Book of Tea, The	『茶の本』	broadcasting	地上波放送
Book of the Month Club	ブック・オブ・ザ・マンス・クラブ	Broadleaf deciduous trees	落葉広葉樹
		Broadway	ブロードウェイ
Book of the New Sun, The	『新しい太陽の書』	*Broken Glass*	『壊れたグラス』
		broken windows theory	割れ窓理論
Borden	ボーデン	bronze people	褐色の民

英日用語対照表——1349

Brookings Institution	ブルッキングズ研究所
Brown University	ブラウン大学
Brown v. Board of Education Topeka	ブラウン対ピーカ教育委員会裁判（ブラウン判決）
browser	ブラウザ
bubble economy	バブル経済
Buddhism	仏教
buddy film	男の友情映画，バディ映画
Budget and Accounting Act	予算会計法
Buffalo	バッファロー市
buffalo	バッファロー
Buffalo Bill, King of the Border Men	『バッファロー・ビル——辺境人の王者』
Buffalo Bill, Jr	『バッファロー・ビルの冒険』
Buffalo wings	バッファロー・ウイング
buggy	バギー
Buick	ビュイック
bulimia (nervosa)	過食症
bulletin board system (BBS)	パソコン用電子掲示板
Bureau of Alcohol, Tobacco, and Firearms (ATF)	アルコール・タバコ・火器取締局
Bureau of Alcohol, Tobacco, Firearms, and Explosives (ATF)	アルコール・タバコ・火器・爆発物取締局
Bureau of Applied Social Research	応用社会研究所(コロンビア大学)
Bureau of Census	センサス局，国勢調査局
Bureau of Democracy, Human Rights and Labor (DRL)	民主主義・人権・労働局
Bureau of Equal Opportunity	機会均等局
Bureau of Human Rights and Humanities	人権および人道問題局
Bureau of Indian Affairs (BIA)	インディアン局
Bureau of Investigation	捜査局（FBIの前身）
Bureau of the Budget	予算局
burlesque	バーレスク・ショー
Burned-Over District	バーントオーヴァー・ディストリクト
Burning House, The	『燃える家』
Bus Boycotts	バス・ボイコット運動
Bus Stop	『バス・ストップ』
Busch Gardens	ブッシュ・ガーデン
Bush Doctrine	ブッシュ・ドクトリン
Bushido, the Soul of Japan	『武士道』
business administration	経営学
business administration (management)	企業経営
business format	ビジネス・フォーマット
business schools	ビジネススクール
business strategy, corporate strategy	経営戦略論
Business to Business	企業間電子商取引市場
business unionism	ビジネス・ユニオニズム
Business Week	『ビジネス・ウィーク』
Business Week Online	『ビジネス・ウィーク・オンライン』
bussing	強制バス通学
Butte	ビュート
B-2 stealth	B-2ステルス

● C

Cabinet	内閣
cabinet member	閣僚（各省長官）
cabinet system	内閣制
cable operator	ケーブルテレビ・オペレーター
Cable Satellite Public Affairs Network (C-SPAN)	連邦議会テレビC-SPAN
cable television (CATV)	ケーブルテレビ，有線テレビジョン放送
Cable Television Act	ケーブルテレビ法
Cadillac Motor Car Co.	キャデラック自動車会社
Cadillac School of Applied Mechanics	キャデラック応用力学学校
caesar salad	シーザーサラダ
Cajun cottage	ケージャン住宅
Cajun food	ケイジャン料理
California	カリフォルニア
California Republic	カリフォルニア共和国
California wine	カリフォルニア・ワイン
Californians For Justice Education Fund	正義のためのカリフォルニア人教育基金
call & response	コール&リスポンス
Call of the Wild, The	『野生の呼び声』
calling	天職，召命，コーリング
calotype	カロタイプ
CALTEX	カルテックス
Calvert v. Johnson	カルバート対ジョンソン事件判決
Camel	キャメル
Camelot	『キャメロット』
camp meeting	キャンプ・ミーティング
campaign expenses	選挙運動費用
Campbell	キャンベル
Can Can	『カンカン』
canal	運河
Candide	『カンディード』
Candlemas	聖燭祭
canned food	缶詰
Cape Cod	ケープコッド
Capital Cities	キャピタルシティ
Capital Punishment	死刑制度
carbon paper	カーボン紙
Cargill	カーギル
Caribbean Sea	カリブ海域
Carnegie Corporation	カーネギー財団
Carnegie Endowment for International Peace	カーネギー国際平和基金
Carnegie Foundation for the advancement of teaching	カーネギー教育振興財団
Carnegie Institution of Washington	ワシントン・カーネギー研究所
carnival	謝肉祭
Carousel	『回転木馬』
carpetbagger	カーペットバガー
Carrea Panamericana Mexico	カレラ・パンアメリカーナ・メヒコ
Carrie	『キャリー』
Carter Center	カーター・センター
Carter Family, The	カーター・ファミリー
Cascade Range, The	カスケード山脈
case law	判例法

cash-and-carry	現金持ち帰り方式	Challenger	チャレンジャー（スペースシャトル）
catalog	カタログ	Chansons de Bilitis, Les	『ビリティスの歌』
Catalog Database	目録データベース	Chaos Computer Club	カオス・コンピュータ・クラブ
Catalyst	カタリスト（触媒）	chaparral	シャパラル
Catch 22	『キャッチ=22』	character education	人格教育
Catcher in the Rye, The	『ライ麦畑でつかまえて』	Charles River Bridge Case	チャールズリヴァー・ブリッジ事件
categorical grants	使途別補助金	Charleston	チャールストン
Catholics	カトリック教徒	Charlotte Temple	『シャーロット・テンプル』
Catholic Church	カトリック教会	charter school	チャータースクール
Catholic Foreign Mission Society of America, The	アメリカ・カトリック海外宣教会	Cheaper by the Doze	『1ダースなら安くなる』
Cato Institute	ケイトー研究所	Cheat, The	『チート』
Cats	『キャッツ』	check and balance	抑制と均衡
Cat's Cradle	『猫のゆりかご』	Cherokee	チェロキー族（語）
Catskill	キャッツキル	Chesapeake Bay	チェサピーク湾
catslide	キャッツスライド	Chesterfield	チェスターフィールド
Cattle trail	キャトル・トレイル	Chevrolet	シボレー
caucus	コーカス，党集会	Chevron	シェブロン
Cayuga	カユーガ族（語）	Chevron Texaco	シェブロン=テキサコ
Cedar Point	シーダー・ポイント	chewing tobacco	嚙みタバコ
Celebration	セレブレーション	Cheyenne	シャイアン族（語）
Celera Genomics	セレラ・ジェノミクス社	Chicago	シカゴ
celluloid	セルロイド	Chicago Board of Trade (CBOT)	シカゴ商品取引所
censorship	検閲		
Census	センサス，国勢調査	Chicago Mercantile Exchange (CME)	シカゴ・マーカンタイル取引所
Center for Civic Education	公民教育センター		
		Chicago Renaissance	シカゴ・ルネサンス
Center for Community Change	地域社会変革センター	Chicago School	シカゴ学派（社会学の）
		Chicago Symphony Orchestra	シカゴ交響楽団
Center for Democracy and Governance	民主主義とガヴァナンス局		
		Chicago Tribune	『シカゴ・トリビューン』
Center for Independent Living (CIL)	自立生活センター	Chicano Movement	チカノ運動
		Childreach	チャイルドリーチ
Center for Law in the Public Interest (CLIPI)	公共の福祉に関する法律センター	chili	チリ（料理）
		chili con carne	チリコンカーン
Center for Science in the Public Interest	公共利益科学センター	chili pepper	トウガラシ
		Chinaman	チャイナマン
Center for Strategic and International Studies (CSIS)	戦略・国際問題研究所	Chinatown	チャイナタウン
		Chinese-Americans	中国系アメリカ人
		Chinese Exclusion Act	中国人（中国系移民）排斥法
center of population	人口重心	Chinese immigrant	中国系移民，中国人移民
Center on Transnational Corporations	多国籍企業委員会	Chink	チンク
		Chippewa	チピワ族（語）
center-pivot irrigation	センターピボット灌漑装置	Chiquita	チキータ
Centers for Disease Control and Prevention (CDC)	疾病管理予防センター	Chisholm Trail	チザム・トレイル
		Chorus Line, A	『コーラス・ライン』
		Christian	キリスト教徒
central avenue	セントラル・アヴェニュー	Christian Right	キリスト教右翼
Central Europe Review	『セントラル・ヨーロッパ・レヴュー』	Christian Science	クリスチャン・サイエンス
		Christian Science Monitor	『クリスチャン・サイエンス・モニター』
central government	中央政府		
Central Intelligence Agency (CIA)	中央情報局	Christian Zionism	クリスチャン・シオニズム
		Christina's World	『クリスティーナの世界』
Central Park	セントラル・パーク	Christmas card	クリスマスカード
Central Treaty Organization (CENTO)	中央条約機構	Christmas Day	クリスマス
		Chrysanthemum and the Sword, The : Patterns of Japanese Culture	『菊と刀』
Central Valley	セントラルヴァレー		
chain broadcasting	チェーン放送		
chain store	チェーン・ストア・エイジ	Chrysanthemum Club	菊クラブ
Chain Store Age	チェーン・ストア	Chrysler Building	クライスラービル
Chairman of Joint Chiefs of Staff	統合参謀本部議長	Chrysler corporation	クライスラー社
		church	教会
challenge for cause	理由付き忌避（陪審員選任の）	church and state	祭政分離，チャーチ・アンド・ステート

Church of God	神の教会	closing argument	最終弁論（裁判の）
Church of Jesus Christ of Latter-day Saints	末日聖徒イエス・キリスト教会	cloture	クローチュア
		Clown comedy	道化喜劇映画
Churches of Christ	キリストの教会	Clubhouse Sandwich	クラブハウス/サンド
cigarette	紙巻タバコ	*CNET News*	『CNET ニュース』
Cincinnati	シンシナティ	coal	石炭
Cinco de Mayo	シンコ・デ・マイヨ	Coast Guard (CG)	沿岸警備隊
cinema complex	シネマ・コンプレックス，複合映画館	Coast Ranges	海岸山脈
		coastal plain, the	海岸平野
cinema studies	映画学コース（大学の）	Coca-Cola	コカ・コーラ
circuit race	サーキット・レース	cochlear Implant	人工内耳手術
Circuits	巡回区（裁判所の）	Code-sharing	コード・シェアリング
Citigroup	シティグループ	Cognitive Anthropology	認識人類学
Citigroup Global Markets	シティグループ・グローバル・マーケッツ	Cold Spring Harbor Laboratory	コールドスプリングハーバー研究所
citizen	市民	Cold War	冷戦
citizen education	公民教育	college sports	大学スポーツ
Citizen' Scholarship Foundation of America (Scholarship America)	アメリカ市民奨学基金	*Collier's Weekly*	『コリエーズ・ウィークリー』
		collodion process	コロディオン・プロセス
		Colonial House	コロニアル住宅
citizenship	公民，公民概念，市民権	Colonial Period	植民地の時代
Citizenship Education	公民教育	Colonial Williamsburg	コロニアル・ウィリアムスバーグ
City Life	『シティ・ライフ』	colonialism	植民地主義
City Manager	支配人	colonist	植民者
City of Angeles	『シティ・オブ・エンジェル』	colony	コロニー
City upon a Hill	丘の上の町	Color Blind	カラー・ブラインド
civic education	公民教育	Color Conscious	カラー・コンシャス
civic knowledge and Intellectual skills	公民的知識と技能	Colored Troops, U. S.	合衆国カラード隊
		Color Field Painting	カラー・フィールド・ペインティング
civic participation	公民的参加		
civic virtue	公民的徳	color photography	カラー写真
Civics	公民科	*Color Purple, The*	『カラー・パープル』
Civil Aeronautics Board (CAB)	民間航空委員会	Colorado	コロラド
		Colorado Desert, The	コロラド砂漠
civil case	民事事件，民事裁判（？）	Colorado Plateau, The	コロラド高原
Civil Disobedience	『市民的不服従』	Colorado, The	コロラド川
Civil Liberties Act	市民自由法	Colt	コルト社
civil rights	公民権	Columbia	コロンビア
Civil Rights Act	公民権法	Columbia	コロンビア（スペースシャトル）
civil rights movement	公民権運動		
civil servant	公務員	Columbia, The	コロンビア川
civil servant pension system	公務員退職年金制度	Columbia Graduate School of Journalism, The	ジャーナリズム科（コロンビア大学）
Civil War	南北戦争		
Civilian Vocational Rehabilitation Act	公民職業リハビリテーション法	Columbia Pictures	コロンビア映画
		Columbia Plateau	コロンビア高原
civility	公民性	Columbus Circle	コロンバス・サークル
civil-mindedness	公民的精神	Columbus Day	コロンバス・デー
CIVITAS	『キビタス』	columnist	コラムニスト
Claims Court	請求裁判所	*Combat*	『コンバット』
clam chowder	クラムチャウダー	Comcast	コムキャスト
clambake	クラムベイク	*Come Back, Little Sheba*	『いとしのシバよ帰れ』
Clansman	『クランズマン』	*Coming of Age in Samoa*	『サモアの思春期』
Clash of Civilizations	文明の衝突	commander in Chief	最高司令官
class action	クラス訴訟，集合代表訴訟	commercial	コマーシャル
class magazine	クラス・マガジン	commercial advertisement	商業広告
Clayton Antitrust Act	クレイトン法		
Clear Channel Comm INC	クリアチャンネル・コミュニケーション	commercial aircraft	民間機
		commercial broadcasting	広告放送
clicks and mortal	クリックス・アンド・モルタル	commission	委員（行政委員会の）
climatotherapy	気候療法	commission form	委員会型
clipper chip	クリッパーチップ構想	Committee for Industrial Organization (CIO)	産業別組織化委員会
closed architecture	クローズド・アーキテクチャ		
closed caption	字幕，クローズド・キャプション	Committee of Economic Security (CES)	経済保障委員会
Closing American Mind	『アメリカン・マインドの終焉』		

Committee on Political Education (COPE)	政治教育委員会（ALO-CIO内の）
commodification of urban space	空間商品化
Commodity Futures Trading Commission (CFTC)	商品先物取引委員会
common law	慣習法，コモン・ロー
common man	コモンマン
Common Sense	『コモン・センス』
Commonwealth	自由連合州
Commonwealth of the Northern Marianas, the	北マリアナ共和国（合衆国統治下の）
communication	コミュニケーション
Communications Act	コミュニケーション法（連邦通信法）
communism	共産主義
community	コミュニティ，地域社会
Community Civics	コミュニティ・シビックス
Community College	コミュニティ・カレッジ
Community Environmental Council (CEC)	コミュニティ環境協議会
Community Information Exchange	コミュニティ情報交流会
Community Investment	コミュニティ投資（社会的責任投資としての）
community of consumption	消費の共同体
Community policing	コミュニティ・ポリーシング
community revitalization	まちづくり
commuter	コミューター路線
Company	『カンパニー』
Compaq	コンパック
comparative advertising	比較広告
compensatory education	補償教育
competitive federalism	競争的連邦主義
Complexity and contradiction in architecture	『建築の多様性と対立性』
Comprehensive Immigration Law	絶対移民制限法
Comprehensive Nuclear Test Ban Treaty (CTBT)	包括的核実験禁止条約
Compromise of 1850	1850年の妥協
COMPSTAT (Computerized Statistics)	コンプスタット
compulsory heterosexuality	強制的異性愛
CompuMentor	コンピュメンター
CompUSA	コンプUSA
computer	コンピュータ
computer graphics	コンピュータ・グラフィックス
computer reservation system (CRS)	コンピュータ予約システム
computer virus	コンピュータ・ウィルス
concentration camp	強制収容所
Conceptual Art	コンセプチュアル・アート
concerned states	懸念国家
concession	コンセッション，譲歩
conclusion of treaty	条約締結
Concord	コンコード
concurrent resolution	上・下両院同意決議
Condé Nast Publications	コンデ・ナスト社
Coney Island	コニーアイランド
Confederacy	南部連合
Confederate Congress	連合会議
Confederate States of America	南部連合
conference committee	両院協議会
conflict resolution	葛藤解決
Conflict Resolution Education Network	葛藤解決教育ネットワーク
Conflict Theory	闘争理論
Confucianism	儒教
conglomerate	コングロマリット
Congregationalists (Congregationalists church)	会衆派
Congress (of the United States)	連邦議会
Congress of Industrial Organizations (CIO)	産業別組織会議
Congress to the United Women	女性連帯会議
Congressional Black Caucus	議会黒人議員コーカス
Congressional Budget Office (CBO)	議会予算局
Congressional Caucus for Women's Issues	議会女性コーカス
congressional elections	連邦議会議員選挙
Congressional Research Service (CRS)	議会調査局
Connecticut	コネティカット州
Conquistadores	征服者たち
Consciousness-Raising (CR)	意識覚醒運動
conservation	保全（環境の）
Conservation International	コンサベーション・インタナショナル
conservation movement	資源保全運動
Conservative Judaism	保守派ユダヤ教
Consolidated	コンソリデイテッド
Consolidated Vultee Aircraft Corporation	コンソリデイテッド・ヴァルテイ社
Constitution faith	憲法上の信念
Constitution of the Confederate States of America	南部連合の憲法
Constitutional Convention	憲法制定会議
consumer capitalism	消費者資本主義
consumer economy	消費者経済
consumer education	消費者教育
consumer movement	消費者運動
consumer revolution, First	第1次消費革命
Consumer Union	コンシューマー・ユニオン
consumer unit	消費の単位
consumerism	コンシューマリズム，消費者運動
Consumers Union	消費者組合
consumption depression	消費不況
Contact	『コンタクト』
containing Japan	日本封じ込め
containment policy	封じ込め政策
Contemporary Photographers	コンテンポラリー派
Continental Congress	大陸会議
continental law	大陸法

contingency theory of organizations	組織のコンティンジェンシー理論	Council on Environmental Quality	環境問題会議
contingent fee	成功報酬（弁護士の）	Council on Foreign Relations (CFR)	外交問題評議会
Convair	コンベア社		
Convenience Store (CVS)	コンビニエンス・ストア	council-manager form	市支配人型
conventional weapon	通常兵器	counter intelligence	対敵諜報活動
conversation	会話	counterculture	カウンターカルチャー,対抗文化
Conversational Maxims	会話の公理	counterculture movement	カウンターカルチャー運動,対抗文化運動
conversion narrative	回心告白,コンヴァージョン・ナラティヴ		
		country-and-western	カントリー&ウェスタン
coolie trade	苦力（クーリー）貿易	county	カウンティ,郡
Co-op America	コープ・アメリカ	county attorney	法務官
cooperation	グループ化（企業の）	county convention	郡党員集会
cooperative chain	コオペラティブ・チェーン	County Court	州地方裁判所
cooperative federalism	協力的連邦主義	county manager	カウンティ支配人
Cooperative for American Remittances to Europe (CARE)	ヨーロッパに小包を送るアメリカ人の会	County Police	郡警察
		County Sheriff's Office	郡警察
		court	裁判所
cooperative learning	協同学習	Court of Appeals	控訴裁判所,控訴審裁判所
Cooperative Principle	会話協調の原則	Court of Appeals for the District of Columbia Circuit	ワシントン特別区控訴審裁判所
Cooper-Hewitt National Design Museum	クーパー・ヒューイット・デザイン・ミュージアム		
Coordinating Committee on Materials Research and Development (CCMRD)	物質研究開発共同委員会	Court of Appeals for the Federal Circuit	連邦巡回区控訴審裁判所
		Court of International Trade, U. S.	国際通商裁判所
Copley News Service	コプレー・ニュースサービス	covered wagon	幌馬車
copyright	著作権	covert action	秘密工作（CIAの）
copyright protection	著作権保護	cowboy	カウボーイ
Coquette, The	『浮気娘』	cowboy hat	カウボーイハット
Cordillera	コルディレラ山系	cowboy song	カウボーイソング
core curriculum	コア・カリキュラム	cracker	クラッカー
Corn Belt	コーンベルト	cranberry sauce	クランベリーソース
Cornell University	コーネル大学	creative federalism	創造的連邦主義
Coroner	検死官	creative writing course	創作科（大学の）
Corp Watch [Transnational Resources & Action Center (TRAC)]	コープ・ウォッチ	credit card	クレジットカード
		Creole	クレオール
		Creole food	クレオール料理
Corporate Conscience	『企業の良心度評価』	crime novel	クライム・ノヴェル,犯罪教室
Corporate Conservation Council	環境保全企業協議会	crime profiling	犯罪プロファイリング
		criminal cases	刑事事件
corporative governance	企業統治	criollo	クリオージョ
Corrections, The	『コレクションズ』	Crockett Calendar	クロケット暦
correspondent balance	コルレス口座	crooner	クルーナー
cosmetic surgery	美容整形	cross-trained worker	多能工
Cosmopolitan	『コスモポリタン』	Crow	クロウ族（語）
cosmopolitanism	コスモポリタニズム	crowd control	群集管理
cost accounting	原価計算	Crown	クラウン
Costco Wholesale	コストコ・ホールセール	*Crucible, The*	『るつぼ』
Costumes Service	税関局	*Cruising*	『クルージング』
cotton	綿花	Cuba	キューバ
Cotton Club	コットンクラブ	Cuban-Americans	キューバ系アメリカ人
cotton gin	綿繰機	Cuban missile crisis	キューバ・ミサイル危機
cotton plantation	綿花生産	cult fiction	カルト小説
cotton textile industry	綿紡績業	*Cult of Information, The*	『コンピュータの神話学』
Council for the Advancement of Citizenship	公民的資質向上委員会	cultural anthropology	文化人類学
		cultural ecology	文化生態学
Council of Economic Advisers (CEA)	経済諮問委員会	Cultural imperialism	文化帝国主義
		Cultural Materialism	『文化唯物論』
Council of Relief Agencies Licensed to Operate in Germany (CRALOG)	ドイツ救済連盟	cultural pluralism	文化多元主義,複数文化主義
		cultural relativism	文化相対主義
		cultural revolution	文化革命,カルチュラル・レボリューション
Council on Economic Priorities (CEP)	経済優先度評議会	culture and personality	文化とパーソナリティ

Culture and Practical Reason	『文化と実践的理性』	Deconstructivist Architecture	デコンストラクティヴィスト・アーキテクチュア展
culture of disability	障害の文化	Defense Advanced Research Projects Agency (DARPA)	国防高等研究計画局
Culture War	文化戦争		
Cumberland Plateau, The	カンバーランド台地		
curator	キュレーター	defense conversion	軍民転換，民需転換
currency crisis in Mexico	メキシコ危機	Defense Planning Guidelines	国防計画ガイダンス
currently insured	一時被保険者		
Curriculum Guidelines for Multicultural Education	『多文化教育のためのカリキュラム・ガイドライン』	deficiency payment	不足払い制（農産物の）
		deflation gap	デフレ・ギャップ
		defoliant, 2,4-D	枯葉剤
Custer Died for Your Sins	『カスターは君たちの罪のために死んだ』	DeFunis vs. Odegaard	ディファニース対オデガード事件判決
cyberculture	サイバーカルチャー	Delacorte	デラコーテ
cyber division	サイバー部門（FBIの）	Delacorte Theater	デラコルト・シアター
Cyberia : life in the trenches of hyperspace	『サイベリア』	delegate	代議員
		Deloitte Touche Thomatsu	デロイト・トウシェ・トーマツ
Cybernetics	『サイバネティックス』		
cybernetics group	サイバネティックス・グループ	Delta	デルタ
Cyberpunk	『サイバーパンク』	Democracity	デモクラシティ
cyberpunk novels	サイバーパンクSF	democracy	民主主義
cyberspace	サイバースペース	*Democracy*	『デモクラシー』
Cyberthon	サイバーソン	democracy of consumption	消費の民主主義
cyborg	サイボーグ		
cypherpunk	サイファーパンク	Democratic Leadership Council (DLC)	民主党指導者理事会
C5A Galaxy	C5Aギャラクシー戦略輸送機		
		Democratic party	民主党
●D		Democratic Political Theory	民主主義政治理論
daguerreotype	ダゲレオタイプ		
daguerreotype parlor	ダゲレオタイプ・パーラー	*Democratic Review*	『デモクラティック・レヴュー』
daily paper	日刊紙	Democratic Revolution	民主主義革命
DaimlerChrysler	ダイムラー=クライスラー	Democratic-Republican	民主共和派
daisy ad, the	ヒナギク	Democratic-Republican Party	民主共和党
Dallas	『ダラス』		
damages	賠償	democratization of consumption	消費の民主化
Damn Yankees	『くたばれヤンキーズ』		
dance	ダンスホール	Denaturalization Bill	国籍剝奪法案
Dangling Man, The	『宙ぶらりんの男』	Denver	デンヴァー
dark-side hacker	ダークサイド・ハッカー	department chair	学科主任（大学の）
Daughters of Bilitis	ビリティスの娘たち	Department of Agriculture	農務省
David and Lucile Packard Foundation	パッカード財団		
		Department of Commerce	商務省
Daws Act	ドーズ法	Department of Commerce and Labor	商務労働省
Day of Mourning	哀悼の日		
Daylight Saving Time	夏時間	Department of Defense (DOD)	国防総省
Dayton Hudson Corperation	デイトン社		
		Department of Education	教育省
de facto standard	デファクト・スタンダード	Department of Energy (DOE)	エネルギー省
De La Démocratie en Amérique	『アメリカの民主政治』		
		Department of Foreign Affairs	外務省
deaf	ろう者		
deaf as cultural category	文化としてのろう	Department of Health and Human Services	厚生省
Deaf Culture	ろう文化		
deans	学部長（大学の）	Department of Health, Education and Welfare	教育厚生省
Dearborn Independent	『ディアボーン・インディペンデンツ』		
		Department of Homeland Security (DHS)	国土安全保障省
Death Comes for the Archbishop	『大司教に死は来る』		
		Department of Housing and Urban Development	住宅・都市開発省
Death of a Salesman	『セールスマンの死』		
death rate	死亡率		
Decimal Classification	十進分類法	Department of Justice (DOJ)	司法省
Declaration of Independence, The	独立宣言		
		Department of Justice Antitrust Division	司法省反トラスト局
deconstruction	デコンストラクション（脱構築）		
		Department of Labor	労働省

Department of Navy	海軍省
Department of State	国務省
Department of the Interior	内務省
Department of the Treasury	財務省
Department of Transportation	運輸省
Department of Veterans Affairs	退役軍人省
Department of War	陸軍省, 国防省
department store	百貨店
departments	省
deposit	預金
deputy secretary	次官 (省の)
deregulation in electricity industry	電力自由化
derivatives	派生商品, デリバティブ
Des Imagistes	『イマジスト詩集』
desert	砂漠
Desert climate	砂漠気候
design	デザイン
Desire Under the Elms	『楡の木陰の欲望』
destination park	目的地型 (テーマパーク)
Detary Supplement Health and Education Act (DSHEA)	栄養補助剤健康教育法
detective fiction	探偵小説
détente	雪解け, デタント
détente diplomacy	デタント外交
deterrence theory	抑止刑論
Detroit	デトロイト
Diagnostic and Statistical Manual of Mental Disorders (DSM)	『精神疾患の診断・統計マニュアル』
dialect	方言
Dialectic of Sex, The	『性の弁証法』
Diaspora	ディアスポラ
Dictionary Catalog	辞書体目録
Die Hard	『ダイ・ハード』
diet	ダイエット
Diet Guidelines for Americans	アメリカ人のための食事指針
diet industry	ダイエット産業
Dietary Supplement Information Bureau (DSEA)	栄養補助剤情報協会
differential piece-rate system	差別的出来高給
digital avionics	デジタル・アビオニクス
digital broadcasting	デジタル放送
digital information network technology	デジタル情報ネットワーク技術
Digital Library	電子図書館
Digital Subscriber Line (DSL)	ディジタル加入者回線
digital television	デジタルテレビ
Dillard's	ディラード
dime novel	ダイム・ノベル
diplomacy	外交
direct payments	直接支払い (補助金の)
Director of Central Intelligence Agency	中央情報局長官
direct-primary law	予備選挙法
dirty realism	ダーティ・リアリズム
disability	障害
disability benefit	障害給付
Disability Rights Education and Defense Fund (DREDF)	障害者の権利擁護教育基金
disability studies	障害学
disabled people	障害者
disabled people's movement	障害者運動
disablism	ディスエイブリズム
disarmament	軍縮
Disciples of Christ (Christian Church)	キリストの弟子たち
disclosure of accounting information	会計情報の開示
disco	ディスコ
discotheque	ディスコテック
discount store	ディスカウント・ストア
discovery	ディスカバリー手続
discrimination	差別
disintermediation	ディスインターミディエーション
Disneyland	ディズニーランド
Disneyworld	ディズニーワールド
Displaced Persons Act	難民法
distribution company	流通企業
distribution system	流通制度
distributor	ディストリビューター (書籍の)
district court	地方裁判所
divided government	分割政府
Division I	ディビジョン・ワン (大学フットボールの)
divisional organization	事業部制組織
divorce	離婚
divorce rate	離婚率
Dixie cup	デキシーカップ
Doctor of Philosophy (Ph. D.)	学術博士, 哲学博士
Dole	ドール
Dollar Diplomacy	ドル外交
dollar store	ダラー・ストア
domestic market	国内市場
Dominican Republic	ドミニカ共和国
Domino's Piza	ドミノ・ピザ
Donna Reed Show, The	『うちのママは世界一』, 『ドナ・リード・ショー』
Doors, The	ドアーズ
Doubleday	ダブルディ
Douglas	ダグラス社
Dow Jones News Service	ダウ・ジョーンズ・ニュースサービス
draft	ドラフト制度
drag race	ドラッグ・レース
Dragon Painter	『竜の画家』
drama	ドラマ
Drama review (after the opening)	初日の劇評
Dramas, Fields, and Metaphors	『象徴と社会』
Dreamgirls	『ドリームガールズ』
Dred Scott Case	ドレッド・スコット事件
Dred Scott v. Sanford	ドレッド・スコット対サンフォード判決
drive-in theater	ドライブ・イン・シアター

Driving Miss Daisy	『ドライビング・ミス・デージー』	electoral eligibility	被選挙資格
drug culture	ドラッグ・カルチャー	electoral vote	選挙人獲得数
Drug Enforcement Administration (DEA)	麻薬取締局	electors	選挙人
		electric fan	扇風機
drugstore	ドラッグストア	electric guitar	エレクトリック・ギター
dry farming	乾燥農法	electric iron	電気アイロン
dual federalism	二重連邦主義	*Electric Kool-Aid Acid Test, The*	『クール・クール LSD 交換テスト』
due process revolution, the	デュー・プロセス革命	electrification	電化
Duesenberg	デューセンバーグ	Electrolux	エレクトロラックス社
Duke Energy	デュークエナジー	electromagnetic wave	電磁波
Dumbarton Oaks Conference	ダンバートンオークス会議	Electronic and Information Technology Standards	電子・情報技術アクセシビリティ基準
Dumont Network	デュモン・ネットワーク	electronic commerce	電子商取引
Dunlap broadside	ダンラップ版（独立宣言）	Electronic Frontier Foundation (EFF)	電子フロンティア協会
DuPont	デュポン社		
duralumin	ジュラルミン	electronic revolution	エレクトロニクス革命
Dust Bowl Years	大干ばつ時代，ダストボール時代	elementary and secondary education	初等・中等教育
Dutch-Americans	オランダ系アメリカ人	Elementary and Secondary Education Act	初等中等教育法
Dutch Colonial House	オランダ系コロニアル住居		
Dutch immigrants	オランダ系移民	*Elementary Spelling Book*	『スペリング・ブック』
Dutch oven	ダッチ・オーブン	Eli Lilly	イーライ・リリー社
Dutch Reformed Church	オランダ改革派	eligibility of the President	大統領の資格
Dymaxion House	ダイマクション・ハウス		
Dynabook	ダイナブック	elite club system	エリート・クラブ制度
		Ellen	『エレン』
●E		Emancipation Proclamation	奴隷解放宣言
E Pluribus Unum	多からなる一		
E.J. Korvett	E. J. コーベット社	emigrants	移出民
Eagle Forum	イーグル・フォーラム	émigré	エミグレ
Earth Day	アースデイ	empire for liberty, an	自由の帝国
Earth First !	アース・ファースト！	*Empire of the Sun*	『太陽の帝国』
Earthwork	環境芸術，アースワーク	Employment Act	雇用法
East Coast	東海岸，イーストコースト	empowerment	エンパワーメント
East European Jews	東欧系ユダヤ人	enabling technology	できるようにする技術
East West Players	イースト・ウェスト・プレーヤーズ	End of history, the	歴史の終焉
		enemy aliens	敵性外国人
Easter	イースター，復活祭	Energy Policy Act	エネルギー政策法
Easter Sunday	復活祭の祝日	energy security	エネルギー安全保障
Eastern Airlines	イースタン航空	engineer	エンジニア
Eastman Kodak	イーストマン・コダック社	English-Americans	イングランド系アメリカ人
eating disorder	摂食障害	English	英語
Ebonics	エボニックス	English as a Second Language	第二言語としての英語
E-book	電子ブック		
economics of scale	規模の経済	English as Official Language	英語公用語論争
economics of scope	範囲の経済		
ecumenism	エキュメニズム	English First	英語第一主義
Ed Sullivan Show, The	『エド・サリバン・ショー』	English Immersion	イングリッシュ・イマージョン
Eddie Bauer	エディバウワー	English Only	イングリッシュ・オンリー
Edgar Huntley	『エドガー・ハントリー』	English Plus	イングリッシュ・プラス
Edison Mission Energy	エディソン・ミッション・エナジー	Enola Gay	エノラ・ゲイ
Edison Schools	エジソン・スクール	*Enormous Room, The*	『巨大な部屋』
Education of all Handicapped Children Act	全障害児教育法	ENRON	エンロン
		environment	環境
Education of Henry Adams	『ヘンリー・アダムズの教育』	Environmental Defense Fund (EDF)	環境防衛基金
Eisenhower Prosperity	アイゼンハワー景気	Environmental Impact Statement	環境アセスメント
El Salvador	エルサルバドル		
Elbert, Mt.	エルバート山	Environmental Justice	環境正義
Elderhostel	エルダーホステル	environmental movement	環境保護運動
election campaign	大統領候補の選挙運動	environmental policy	環境政策
elector	大統領選挙人	Environmental Protection Agency (EPA)	環境保護庁
electoral district	選挙区		

EP Dutton	E.P.ダットン	evening paper [newspaper]	夕刊紙
Ephedra	エフェドラ		
Epilepsy Foundation	てんかん財団	Everyday Lowest Prices (EDL)	エブリデイ・ローエスト・プライシズ
Episcopal Church	監督教会派		
Episcopal Church U.S.A.	アメリカ聖公会	*Evolution of Culture, The*	『文化の進化』
Epistemology of the Closet	『クローゼットの認識論』	evolution of production system hypothesis	生産システムの累積進化仮説
Equal Access	イコール・アクセス	evolutionism	進化論
Equal Employment Opportunity Commission (EEOC)	雇用機会平等委員会	Excalibur Hotel	エクスカリバー・ホテル
		Excitable Speech	『触発する言葉』
		Executioner's Song, The	『死刑執行人の歌』
Equal Rights Amendment (ERA)	平等権修正条項	executive agencies	行政機関
		executive branch	行政府
equal rights feminism	平等権フェミニズム	executive departments	省庁
equity	株式	Executive Office of the President	大統領府
Erie Canal	エリー運河		
Erie, Lake	エリー湖	Executive Order	大統領行政命令
Ernst & Young	エルンスト・アンド・ヤング	exercise	エクササイズ
Erotica	「エロティカ」	EXERON	エクセロン
Errand Bearers of Broadway Pagent, The	「ブロードウェイの行列」	Exodus	エクソダス，出エジプト記
		experimenter	エクスペリメンター
Escapee Programm, U. S.	合衆国亡命者プログラム	Exploratorium, The	エクスプロラトリアム
Escape velocity : cyberculture at the end of the century	『エスケープ・ヴェロシティー』	Explorer	エクスプローラ
		Export-Import Bank of the United States	米国輸出入銀行
eScene	『eシーン』	exposition (expo)	万国博覧会
eschatology	終末思想，エスカトロジー	Extended Twin-engine operations (ETOPS)	双発機の洋上飛行制限
Eskimo	エスキモー		
Esquire	『エスクワイア』	Exxon	エクソン
Essential Information	エッセンシャル・インフォメーション	Exxon Mobil	エクソン=モービル
		E-zine	Eジン
E-Systems	E-システムズ社		
Ethical Culture School	道徳文化学校	●F	
ethnic business	エスニック・ビジネス	F.W. Woolworth	F.W.ウールワース
ethnic food	エスニック料理	F14 Tomcat	F14 トムキャット
ethnic group	エスニック・グループ，エスニック集団	fact	事実（事件の）
		factory outlet	ファクトリ・アウトレット
ethnic identity	エスニック・アイデンティティ	*Fahrenheit 451*	『華氏四五一度』
ethnic minority	エスニック・マイノリティ	Fair Deal	フェアディール
ethnic studies	エスニック研究	Fair Labeling and Packing Act	公正包装表示法
ethnography	エスノグラフィー，民族誌		
ethnomethodology	エスノメソドロジー	fairly	女っぽいゲイの男，フェアリー
ethnoscience	エスノサイエンス	Fairness Doctrine	公正原則
Eugenic Record Office	優生学記録局	faith mission	信仰ミッション
eugenics	優生学	fake clinic	おとりクリニック
Euro	ユーロ	fall line	滝線
Europe and the People without History	『ヨーロッパと歴史のない人々』	Family and Home Network	家族と家庭のネットワーク
		family car	ファミリーカー
Europe Recovery Program (ERP)	欧州復興計画	*Family Circle*	『ファミリー・サークル』
		family film	ファミリーフィルム
European Central Bank (ECB)	欧州中央銀行	*Family of Man, The*	『ファミリー・オブ・マン』
		Family Protection Act	家族保護法
European Currency Unit (ECU)	エキュ（欧州通貨単位）	family room	ファミリールーム
		family unification	家族呼び寄せ
European Monetary System (EMS)	欧州通貨制度	*Fanny*	『ファニー』
		Fantasticks, The	『ファンタスティックス』
European Space Agency (ESA)	ヨーロッパ宇宙機構	fantasy (fantasy fiction)	ファンタジー
		Farm Security Administration (FSA)	農業安定局
European Union (EU)	欧州連合		
Evangelical	福音主義者	farmer	農民
evangelicals-fundamentalists	福音主義派=根本主義派，エバンジェリカルズ=ファンダメンタリスツ	"Fascinating Rhythms"	「魅惑のリズム」
		Fashion	『ファッション』
		Fast Breeder Reactor (FBR)	高速増殖炉
Even Cowgirls Get the Blues	『カウガール・ブルース』		

fast food	ファーストフード	*Federalist Papers*	『フェデラリスト・ペーパー』
Father Knows Best	『パパは何でも知っている』	Federalist party	フェデラリスト党
Father's Day	父の日	Federated Department Stores	フェデレーテッド・デパートメントストアズ
FBI foreign liaison offices	FBI海外支局		
FDR Memorial	FDR記念館	feed crops	飼料作物
FDR's Splendid Deception	『FDRあざやかなる欺瞞』	feedlot	フィードロット
Fear and Loathing in Las Vegas	『ラスベガス★71』	felony	重罪
		Female Quixotism	『ドン・キホーテ娘』
feature	フィーチャー	*Feminine Mystique, The*	『女らしさの神話』,『フェミニン・ミスティーク』
Fed Wire (Federal Reserve Wire Network)	フェド・ワイアー		
		femininity	女性性,フェミニニティ
		feminism	フェミニズム
Federal Art Project (FAP)	連邦美術計画	*Feminist Studies*	『フェミニスト研究』
		Feminist Theory	『フェミニズム理論』
Federal Aviation Administration (FAA)	連邦航空局	feminization of poverty	貧困の女性化
		Fences	『塀』
Federal Bureau of Investigation (FBI)	連邦捜査局	Fender	フェンダー
		Fiddler on the Roof	『屋根の上のバイオリン弾き』
Federal Cigarette Labeling and Advertising Act	連邦シガレット表示・広告法	Fidelity Investments Charitable Gift Fund	フィデリティ投資慈善寄附基金
		Field Museum, The	フィールド博物館
federal cigarette tax	連邦紙巻きタバコ税	*Fifty Million Frenchmen*	『5千万人のフランス人』
Federal Circuit	連邦巡回区(裁判所の)	Fifty-Year War	50年戦争
Federal Communication Act	通信法	Filene	ファイリーン
		filibuster	フィリバスター
Federal Communications Commission (FCC)	連邦通信委員会	Financial and Syndication Rule	ファイナンシャル・アンド・シンジケーション・ルール
Federal Constitution	連邦憲法	financial deregulation	金融自由化
federal court system	連邦裁判所制度	financial holding company	金融持株会社
federal courts	連邦裁判所		
Federal Deposit Insurance Corporation (FDIC)	連邦預金保険公社	financial innovation	金融革新
		financial institutions	金融機関の収益
		Financial Interest and Syndication Rule	フィンシン・ルール
Federal Election Campaign Act	連邦選挙運動法		
		financial sector	金融業
Federal Emergency Management Agency	連邦緊急事態管理局	*Financial Times*	『ファイナンシャル・タイムズ』
		Finian's Rainbow	『フィニアンの虹』
Federal Express (FedEx)	フェデラルエクスプレス,フェデックス	Firebird	ファイアーバード
		Fireside Chat	炉辺談話
Federal Funds rate	FF金利,取引金利	First Wave Feminism	第1波フェミニズム
Federal government	連邦政府	fiscal deficit	財政赤字
federal judges	連邦裁判官	fishing right	漁業権
federal law	連邦法	Fisk University	フィスク大学
federal legal public holiday	連邦法定休日	fitness	フィットネス
		fitness center	フィットネスセンター
Federal Maritime Commission (FMC)	海事委員会	flash light	フラッシュライト
		Flathead Reservation	フラットヘッド保留地
Federal Open Market Committee (FOMC)	連邦公開市場委員会	*Flawless*	『フローレス』
		flexible mass production	フレキシブル大量生産
Federal Radio Commission (FRC)	連邦無線委員会	Flexible Response	柔軟反応政策
		flexible specialization	フレキシブルな専門化方式
Federal Regulation of Lobbying Act	連邦ロビイスト規制法	floating exchange rate regime	変動為替相場制
Federal Reserve Bank (FRB)	連邦準備銀行	floor leader	院内総務
		Florida	フロリダ
Federal Reserve Bank of New York	ニューヨーク連邦準備銀行	flower children	フラワーチルドレン
		Flower Drum Song	『フラワー・ドラム・ソング』
Federal Reserve System (FRS) (Fed)	連邦準備制度	flume ride	フルーム・ライド
		Flush Decker	フラッシュ・デッカー(級駆逐艦)
Federal Style	フェデラル様式		
Federal Trade Commission (FTC)	連邦取引委員会	Fluxus	フルクサス
		fly by wire	フライ・バイ・ワイヤー
federalism	連邦制,連邦主義	fly-in theater	フライ・イン・シアター
federalist	フェデラリスト,連邦主義者	folk hero	フォーク・ヒーロー
Federalist	『フェデラリスト』	folk rock	フォークロック

folk song	フォークソング	French-Americans	フランス系アメリカ人
folklore	フォークロア	French Canadians	フランス系カナダ人
folkways	フォークウェイズ	French Colonial House	フランス系コロニアル住宅
Follies	『フォリーズ』	French food	フランス料理
Food and Drug Administration (FDA)	食品医薬品局	Frequent Fliers Program (FFP)	フリークェント・フライヤーズ・プログラム
Food for the Hungry	飢える人への食糧	*Friday the 13th*	『13日の金曜日』
Food for The Poor	貧しい人たちへの食料	fried chicken	フライドチキン
Food Supplier of America	アメリカの食料庫	Friends (Quakers)	フレンド派
food stamp	フード・スタンプ	Friends of the Earth	地球の友
Ford Foundation	フォード財団	Friendship Seven	フレンドシップ・セブン
Ford Motor Co.	フォード自動車会社	Frigidaire	フリジデアー社
Ford System	フォード・システム（生産方式）	Frog Design	フロッグ・デザイン
Fordism	フォーディズム，フォード主義	from log cabin to the Whitehouse	丸太小屋からホワイトハウスへ
Foreign Affairs	『フォーリン・アフェアーズ』	frontier	フロンティア
Foreign Mission Sisters of St. Dominic	聖ドミニコ海外宣教修道女	frontier line	フロンティアライン
		frontier spirit	フロンティア・スピリット
Foreign Policy	『フォーリン・ポリシー』	Frontier Theory	フロンティア学説
Foreigners and Sedition Acts	外国人・治安煽動法	frozen food	冷凍食品
		full pension	完全年金
foreperson	陪審長	full tenant	完全借地農
Forests of Symbols, The	『象徴の森』	Fuller Dome	フラー・ドーム
formal empire, a	公式の帝国	fully insured, the	適格被保険者
format	フォーマット	functional organization	職能別組織
Fort Benton	フォートベントン	functional regulator	監督権限
Fort McHenry	マクヘンリー要塞	functionalism	機能主義
fortification	要塞化	*Functions of the Executive, The*	『経営者の役割』
Forty-Niner's	フォーティーナイナーズ		
Forverts	『フォアヴェルツ』	fundamentalist	ファンダメンタリスト，根本主義者
forwarder	フォワーダー（貨物取扱業）		
foundation	財団	funk	ファンク
Foundation Center	助成財団資料センター	fur trappers	毛皮採集人
founding fathers	建国の父祖，ファウンディングファーザーズ	fusion food	フュージョン料理
		Futurama	フーチュラマ
four basic consumer rights	消費者の4つの権利	●G	
		Gaither Report	ゲイザー報告書
Four Tops, The	フォートップス	Gallaudet Revolution	ギャローデット革命
four-field approach	四分野アプローチ	Gallaudet University	ギャローデット大学
Fourteen Points	14ヵ条	gallium arsenide	ヒ素化ガリウム
Fox Network	フォックス・ネットワーク	Gam Saan	金山
fox trot	フォックストロット	Game theory	ゲーム理論
franchise system	フランチャイズ・システム	Gangster Film	ギャング映画
Franklin, The	フランクリン号	gangster rap	ギャングスタ・ラップ
Free Agent	フリーエージェント制度，FA制度	Gannett	ガネット
		GAP	ギャップ
free blacks	自由黒人	garden city	田園都市
free competitive society	自由競争社会	gated community	要塞都市，ゲイト付きコミュニティ
Free State	自由州		
free trade	自由貿易	gay	ゲイ
Free Trade Agreement (FTA)	自由貿易協定	*Gay Divorce*	『ゲイ・ディボース』
		gay liberation	ゲイ解放運動
Free Trade Area of the Americas (FTAA)	米州自由貿易圏	Gay Liberation Front	ゲイ解放戦線
		Gay Men's Health Crisis (GMHC)	男性同性愛者の健康の危機
freed men (freed blacks)	解放黒人		
Freedman's Bureau	解放黒人局	Gemini	ジェミニ宇宙船
Freedom from Religious Persecution Bill	宗教迫害からの自由法案	gender	ジェンダー
		Gender Trouble	『ジェンダー・トラブル』
freedom of speech	言論表現の自由	General Accounting Office	会計検査院
freedom of religion	信教の自由		
freedom of economy	経済活動の自由	General Agreement on Tariffs and Trade (GATT)	関税・貿易に関する一般協定
Freedom Ride	自由のための乗車運動		
Freedom Seven	フリーダム・セブン		
Freedom Trail	フリーダム・トレール	General Assistance (GA)	一般扶助
Freer Gallery of Art	フリーア・ギャラリー		

General Convention of the Baptist Denomination in the United States for Foreign missions	海外伝道総会	Globe	『グローブ』
		GM foods	GM食品，遺伝子組換え食品
		Godzilla	ゴジラ
		gold pool system	金プール制
		gold rush	ゴールドラッシュ
General Dynamics (GD)	ゼネラル・ダイナミックス社	Golden Age	黄金時代
General Electric Co. (GE)	ゼネラル・エレクトリック社	Goldman Sachs	ゴールドマン・サックス
General Federation of Women's Clubs	クラブ女性総連盟	Gone With the Wind	『風と共に去りぬ』
		Gonzo Journalism	ゴンゾー・ジャーナリズム
General Headquarters (GHQ)	連合国総司令部	Good Earth, The	『大地』
		Good Friday	聖金曜日
general merchandize store (GMS)	総合小売企業	Good Housekeeping	『グッド・ハウスキーピング』
		Goodwill Industries International	グッドウィル・インターナショナル
General Motors (GM)	ゼネラルモーターズ		
General Theory of Employment, Interest, and Money	『説得評論集』	Gorvernment party	政権党
		gospel song	ゴスペルソング，霊歌
		Gothic Revival	ゴチック・リバイバル
genetically modified crops	遺伝子組換え作物	Government	統治構造
		Government Corporations	政府公社
Genre SF	ジャンルSF		
Gentle Wolfhound, The	『やさしい狼犬部隊』	Government of Strangers	他人同士の政府
Gentleman's Agreement	『紳士協定』	governmental consolidation	政府機能の統合
Gentlemen's Agreement, The	日米紳士協定		
		government-sponsored contract laborer	官約移民
gentrification	ジェントリフィケーション（都市開発の）		
		governor	州知事
geodesic dome	ジオデシック・ドーム	graduate schools	大学院
Georgetown University	ジョージタウン大学	graduate schools of Arts and Sciences	学術系大学院
Georgia	ジョージア		
Georgian style	ジョージアン様式	graffiti art	グラフィティ・アート
German-Americans	ドイツ系アメリカ人	Gramm-Leach-Bliley Act	金融制度改革法
German Colonial House	ドイツ系コロニアル住宅	Grand Army of the Republic (GAR)	共和国陸軍
German Idealism	ドイツ観念哲学		
German Jews	ドイツ系ユダヤ人	Grand Canyon	グランドキャニオン
gerrymander	ゲリマンダー	grand jury	大陪審
Get Shorty	『ゲット・ショーティ』	Granta	『グランタ』
Gettysburg	ゲティスバーグ	grants in aid	補助金
Gettysburg Address, the	ゲティスバーグの演説	Grass Menagerie, The	『ガラスの動物園』
ghetto	ゲットー（黒人の）	grassland	草原
ghost dance	ゴーストダンス	Grateful Dead	グレートフル・デッド
Ghost in the Shell	『攻殻機動隊』	Gravity's Rainbow	『重力の虹』
Ghost Story	『ゴースト・ストーリー』	Grease	『グリース』
Gibbons v. Ogden	ギボンズ対オグデン判決	Great America	グレート・アメリカ
Gibson	ギブソン	Great American Desert	アメリカ大砂漠
gifted education	才能教育	Great American Novel, the	偉大なるアメリカの小説
Gifts in Kind International	現物寄付活動促進インターナショナル		
		Great Atlantic and Pacific Tea (A & P)	グレート・アトランティック・アンド・パシフィック・ティー
Gigi	『ジジ』		
Gilded Age	金ぴか時代，ギルデッド・エイジ		
		Great Awakening, The	大覚醒
Giles Goat-Boy	『山羊少年ジャイス』	great communicator	グレート・コミュニケーター
Girl Scouts of the USA	アメリカ・ガールスカウト	Great Depression	大恐慌
Girls and Boys Town	少年と少女の家	Great Gatsby, The	『華麗なるギャツビー』
Girls Incorporated	少女の会	Great Lakes, The	五大湖
glad game club	喜ぶゲームクラブ	great law of peace	平和の大原則
glass ceiling	ガラスの天井	Great Plains	グレートプレーンズ，大平原
glass cockpit	グラス・コクピット	Great Seal of the United States, The	国璽
Glass House	グラス・ハウス		
Glass-Steagal Act	グラス=スティーガル法	Great Smoky	グレートスモーキー
Glitz	『グリッツ』	Great Society	偉大な社会
global city	世界都市	Great Western Trail	グレートウェスタン・トレイル
global corporation	グローバル企業	Great White Fleet	グレート・ホワイト・フリート
Global Exchange	グローバル・エクスチェンジ	Greatest Generation, The	グレーテスト・ジェネレーション，最も偉大な世代
global standard	世界標準		
globalization	グローバリゼーション	Greek Revival Style	グリーク・リバイバル様式

green business	グリーンビジネス	Harpers	ハーパーズ
Green Electricity Program	グリーン料金プログラム	*Harper's Bazaar*	『ハーパーズ・バザー』
		Harper's Magazine	『ハーパーズ・マガジン』
Greenfield Village	グリーンフィールド	*Harper's Weekly*	『ハーパーズ・ウィークリー』
greenhouse gas reduction	温暖化ガス削減	Hashimura Togo	『ハシムラ・トーゴ』
Greenpeace	グリーンピース	Hasidism	ハシディズム
Greenpeace USA	グリーンピース・アメリカ	hate crime	ヘイトクライム，憎悪犯罪
Greensboro	グリーンズボロ	Hawthorne Experiments, Hawthorne Studies	ホーソン工場実験
Greenwich Village Follies	『グリニッチ・ビレッジ・フォリーズ』		
		Haymarket Affair	ヘイマーケット事件
Greyhound Lines	グレーハウンド	Hays Code	ヘイズ・コード
groove	グルーヴ	head of party	党首
Gros Ventre	グロヴァントル族	healing	治療，ヒーリング
Groundhog Day	グラウンドホッグ・デー	"Healthy People 2010"	「健康な人々2010年」
group	グループ（上・下院議員の）	*Heart is a Lonely Hunter, The*	『心は淋しい狩人』
Group Theater	グループ・シアター		
growing inequality of income	所得不平等化	*Hearts in Atlantis*	『アトランティスのこころ』
		hectograph	ヘクトグラフ
Growing Up in New Guinea	『ニューギニアで育つ』	Heinz	ハインツ
		Hello, Dolly!	『ハロー・ドーリー』
growth machine	成長マシン	Hepburn Act	ヘップバーン法
Grumman	グラマン社	*Her American Husband*	『桜子』
Guadalcanal diary	『ガダルカナル日記』	Heritage Foundation	ヘリテッジ財団
Guam	グアム	Herman Miller	ハーマン・ミラー社
guaranteed minimum price system	最低価格保障（農産物の）	*Hero in America: A Chronicle of Hero-Worship, The*	『アメリカにおけるヒーロー』
Guatemala	グアテマラ		
Guggenheim Museum	グッゲンハイム美術館	heterosexism	異性愛主義
Guideline for Resombinant DNA Research	遺伝子組換え実験ガイドライン	Hewlett-Packard	ヒューレット・パッカード社
		Hiawatha	『ハイアワサ』
guilty	有罪	Hidatsa	ヒダッツア族（語）
Gulf	ガルフ	high context	高コンテクスト
Gulf of California, The	カリフォルニア湾	High Plains (Ogallala) Aquifer	ハイプレーンズ（オガララ）帯水層
Gulf of Mexico, The	メキシコ湾		
Gulf War	湾岸戦争	"Higher Education for All"	「すべての者に高等教育を」
gumbo soup	ガンボのスープ		
Gung-Ho	『ガン・ホー』	higher education	高等教育
gunman	ガンマン	Highway Patrol	ハイウェイ・パトロール
Gyn/Ecology	『ガイン/エコロジー』	hillbilly (music)	ヒルビリー音楽
		hillbilly songs	ヒルビリーソング
●H		Hinduism	ヒンドゥー教
hacker	ハッカー	hip-hop culture	ヒップホップ文化
Hacker crackdown: law and disorder on the electronic frontier, The	『ハッカーを追え』	hippie	ヒッピー
		hippie movement	ヒッピー・ムーブメント
		Hispanic	ヒスパニック（系）
Hackers: Heroes of the Computer Revolution	『ハッカーズ』	Hispanic-Americans	ヒスパニック系アメリカ人
		Hispanic Caucus	ヒスパニック系議員コーカス
Hair	『ヘアー』	Hispanic Studies	ヒスパニック研究
Haiti	ハイチ	historical monument	歴史的建造物
Hale's Tours	ヘイルズ・ツアーズ	historical particularism	歴史個別主義
half-timber construction	ハーフティンバー構法	*History of the United States*	『アメリカ合衆国史』
Hallmark	ホールマーク		
Halloween	ハロウィーン	Hizbolla	ヒズボラ（神の党）
Hamas	ハマス	*Hobomok*	『ホボモク』
hamburger	ハンバーガー	Holiday Inn	ホリデイ・イン
Hampton Institute	ハンプトン・インスティテュート	Holiness	ホーリネス
Hanukkha	ハヌカ祭	Hollywood	ハリウッド
Happening	ハプニング（美術）	Hollywood Film	ハリウッド映画
Harcourt Brace	ハーコート・ブレース	Hollywood Tycoon	ハリウッド・タイクーン
hard power	ハードパワー	Holocaust Memorial Museum, U.S.	ホロコースト・ミュージアム
hard-boiled	ハードボイルド		
Harlem	ハーレム	home care service	在宅保健サービス
Harlem Renaissance	ハーレム・ルネサンス	Home Depot	ホーム・デポ
Harley Davidson	ハーレーダビッドソン	home economics	家政学
Harmonialism	調和主義，ハーモニアリズム	home mission society	国内伝道協会

Home Rule Charter	ホーム・ルール憲章	Humid subtropical climate	湿潤亜熱帯性気候
Homeland Security	本土安全保障	hung jury	評決不成立
Homestead Act	ホームステッド法	Huntington Library, The	ハンティントン図書館
homophile	同性愛者擁護団体	Huron	ヒューロン族（語）
homosexual	同性愛，ホモセクシュアル	Huron, Lake	ヒューロン湖
homosociality	ホモソーシャリティ	*Hurry Potter*	『ハリー・ポッター』
Hooverville	フーヴァー村	hybrid	ハイブリッド
Hoover Institution on War, Revolution and Peace	フーバー戦争・革命・平和研究所	hybridity	混淆性
		Hygienic Laboratory	衛生研究室
Hoover War Library	フーバー戦争・革命・平和図書館	*Hyperion*	『ハイペリオン』
Hopi	ホピ族（語）	●I	
Horizons	『ホライゾン』	*I Love Lucy*	『アイ・ラブ・ルーシー』
horizontal federalism	水平的連邦主義	*Iceman Cometh, The*	『氷屋来たる』
horror fiction	ホラー小説	*Ideals of the far east, The*	『東洋の理想』
horror film [movie]	ホラー映画，恐怖映画	identification	アイデンティフィケーション
horse racing	競馬	identity	アイデンティティ
hospice care	ホスピス・ケア	identity politics	アイデンティティの政治
hospital benefit	入院医療サービス	*Idoru*	『あいどる』
Hospital Insurance (HI)	入院保険	I. G. Farben	I.G.ファルベン
hotdog	ホットドッグ	Illinois	イリノイ
Hotpoint Electric Co.	ホットポイント電気会社	illustrated news	画報雑誌
Houghton Mifflin	ホートン・ミフリン	imagined communities	想像の共同体
House of Leaves	『紙葉の家』	immigrant	移民，移入民
House of Representatives	下院（議会）	Immigration Act	移民法
House of the Seven Gables, The	『七破風の家』	Immigration and Nationality Act	移民国籍法
House on Mango Street, The	『マンゴー通り，ときどきさよなら』	Immigration and Naturalization Service	移民帰化局
House Rules Committee	議事運営委員会	Immigration Commission, U. S.	合衆国移民委員会
household electrical appliance	家庭電化製品	Immigration Reform Act	改正移民法
housewife	主婦	immunology	免疫学
How Much Is Enough?	『どれだけ消費すれば満足なのか』	impairment	機能欠損
		impartial jury	公平な陪審
How the Other Half	『裏面の社会はいかに』	Imperial Valley	インペリアルヴァレー
Howard Johnson	ハワード・ジョンソン	imperialism	帝国主義
Howard University	ハワード大学	imperialismo yanqui	ヤンキー帝国主義
"Howl"	「吠える」	import substitution industrialization	輸入代替工業化
hub and spoke	ハブ・アンド・スポーク型（航空路線網）	imprisonment rate	拘禁率
Hudson River School	ハドソンリヴァー派	*In Cold Blood*	『冷血』
Hughes Electric Heating Co.	ヒューズ電熱会社	in house counselor	社内弁護士
		in vitro fertilization	体外受精
Hughes Electronics Corporation	ヒューズ・エレクトロニック	incandescent lamp	白熱電灯，電灯
		incentive	インセンティブ
Huguenot	ユグノー	*Incidents in the Life of a Slave Girl*	『ある奴隷娘の生涯で起こった事件』
human genome	ヒトゲノム		
human genome project	ヒトゲノム計画	income tax return	所得税申告
Human Genomic Project (HGP)	ヒューマン・ジェノミック・プロジェクト	indentured servants	年季奉公人
		Independence Day	独立記念日
Human Relations	人間関係論	*Independence Day*	『インディペンデンス・デイ』
Human Relations Area Files (HRAF)	フラーフ	independent agencies, Independent Establishments	独立行政機関
human rights diplomacy	人権外交		
human spaceflight program	有人宇宙飛行計画	independent foundations	独立系財団
		Independent Living Movement	自立生活運動
Humid continental climate with cool summers	大陸性湿潤夏季冷涼気候		
		Independent Power Producer (IPP)	独立発電事業者
Humid continental climate with warm summers	大陸性湿潤夏季温暖気候		
		independent stations	独立系放送局
		Indian	インディアン（オートバイメーカー）
		Indian Americans	インド系アメリカ人

Indian areas	インディアン居住地域	instruction, charge	陪審への説示（裁判官による）
Indian Captivity Narrative	インディアン捕囚体験記	Instrumentalism	道具主義
		insurance company	保険会社
Indian Child Welfare Act	インディアン児童福祉法	*Insure*	『インシュア』
Indian Civil Rights Act	インディアン公民権法	insured	被保険者
Indian Claim Commission	インディアン請求委員会	Integral Architecture	擦り合わせ型アーキテクチャー
Indian Declaration of Independence	インディアン独立宣言	integrated circuit (IC)	集積回路
		Intel	インテル
Indian Health Care Improvement Act	インディアン保健法	intellectual property	知的所有権
		Interactive Advertising Bureau (IAB)	インターネット広告協議会
Indian Reorganization Act	インディアン再組織法	interchangeable parts	互換部品
Indian Reservation	インディアン保留地	interchangeable technology	互換性技術
Indian Self-Determination and Education Assistance Act	インディアン自決・教育援助法	intercity competition	都市間競争
		intercollegiate athletics program	大学対抗運動競技プログラム
Indian Studies	インディアン研究		
Indian wars	インディアン戦争	intercontinental ballistic missile (ICBM)	大陸間弾道弾ミサイル
Indiana	インディアナ		
Indianapolis 500 Mile Race	インディアナポリス500マイルレース	interethnic marriage	インターエスニック・マリッジ
		Interior Lowlands	内陸低地
Indianapolis Motor Speedway	インディアナポリス・モータースピードウェイ	intermarriage	インターマリッジ
		intermediate range missile	中距離ミサイル
indigenous peoples of Guam [Chamorros]	グアム人	Intermodal Surface Transportation Efficiency Act (ISTEA)	インターモーダル陸上交通効率化法
indirect election	間接選挙		
Individual and His Society, The	『個人と社会』	intermodalism	インターモーダリズム
		internal colonialism	国内植民地
industrial design	インダストリアル・デザイン	International Air Transportation Competition Act	国際航空競争法
industrial designer	インダストリアル・デザイナー		
industrial engineering (IE)	インダストリアル・エンジニアリング	International Association of Amusement Parks and Attractions	国際遊園地協会
industrial organization	産業組織論		
Industrial Revolution	産業革命		
industry standard	業界標準	International Atomic Energy Agency (IAEA)	国際原子力機構
Indy 500	インディ500		
infant mortality rate	乳児死亡率	International Bank for Reconstruction and Development	国際復興開発銀行
inflation	インフレーション		
inflection	屈折（言語の）		
Influence of sea power upon history 1660-1783, The	『海軍力の歴史への影響』	International Brotherhood of Teamsters	ティームスター組合
		International Confederation of Free Trade Unions (ICFTU)	国際自由労連
informal empire, an	非公式の帝国		
information revolution	情報革命		
Information Superhighway	情報スーパーハイウェイ	International Criminal Court (ICC)	国際刑事裁判所
		international currency	国際通貨
Information Technology (IT)	情報技術	international English	国際英語
		International Exhibition of Modern Art	国際モダンアート展
Informational School of molecular biology	情報学派分子生物学		
infotainment	インフォテインメント（娯楽情報）化	International Freedom of Religion Bill	国際信教自由法案
		International Geophysical Cooperation	国際地球観測
Ingalls Shipbuilding ?	リットン・インガルス社		
Institute for Global communications (IGC)	グローバル・コミュニケーション研究所	International Health, Racquet and Sportsclub Associaton (IHRSA)	国際健康・ラケット・スポーツクラブ協会
Institute of American Indian and Alaska Native Culture and Arts Development	全米インディアン芸術学院		
		International Indian Treaty Council	国際インディアン条約会議
Institute of Economics	経済研究所	International Ladies Garment Workers Union (ILGWU)	国際婦人服労働組合
Institute of International Economics (IIE)	国際経済研究所		
Institute of International Education	国際教育機構	International Monetary Fund (IMF)	国際通貨基金
institution	制度		

International Motor Vehicle Program (IMVP)	国際自動車研究プログラム	J. C. Penny	J. C. ペニー
		Jacksonian democracy	ジャクソン・デモクラシー
		Jackson-Vanik Amendment	ジャクソン=ヴァニク修正
International Space Station (ISS)	国際宇宙ステーション	Jaguar	ジャガー
		jail	ジェイル
International style	『インターナショナル・スタイル』	Jamaica	ジャマイカ
		jambalaya	ジャンバラヤ
International style	インターナショナル・スタイル	Jamestown	ジェームズタウン
International Women's Year	国際女性年	Jap	ジャップ
internet	インターネット	*Japan as Number One*	『ジャパン・アズ・ナンバーワン』
internet advertisement	インターネット広告		
internet business	ネット企業	Japan Grounds	日本漁場
Internet Service Provider (ISP)	インターネット・サービス・プロバイダー	Japan town	日本人町
		Japan-bashing	ジャパン・バッシング
Interpretation of Cultures, The	『文化の解釈学』	Japanese Americans	日系人, 日系アメリカ人
		Japanese American Citizens League (JACL)	全米日系市民協会
interpretative anthropology	解釈人類学		
		Japanese American Evacuation Claims Act	日系人立ち退き賠償請求法
Interpreter of Maladies	『停電の夜に』		
interracial marriage	他人種との結婚	Japanese American National Museum	全米日系アメリカ人博物館
interregional division of labor	地域間分業		
		Japanese and Korean Exclusion League	日韓人排斥同盟
Interstate Commerce Act	州際通商法		
Interstate Commerce Clause	州際通商規制条項	Japanese Exclusion Act	排日移民法
		Japanese homes and their surroundings	『日本のすまいとその周辺』
Interstate Commerce Commission (ICC)	州際通商委員会		
		Japanese immigrants	日系移民, 日本人移民
Intolerance	『イントレランス』	*Japanese Nightingale, A*	『日本のナイチンゲール』,『お雪さん』
inventor	発明家		
inventory control	在庫管理	*Japanese Theater*	『日本の演劇』
investment bank	投資銀行	Japanese-style manufacturing system	日本型もの造り方式
Investor Responsibility Research Center (IRRC)	投資家責任リサーチ・センター		
		japanimation	ジャパニメーション
		japanologist	ジャパノロジスト
Invisible Man	『見えない人間』	Japan-US Structural Impediments Initiative (SII)	日米構造協議
Iola's Promise	『イオラの約束』		
Iowa	アイオワ		
IQ Test	IQテスト	Japonism	ジャポニズム
Iran-Contra scandal	イラン・コントラ事件	jazz	ジャズ
Iranian Revolution, The	イラン革命	Jazz Age	ジャズ・エイジ
Iran-Iraq war	イラン=イラク戦争	*Jazz Singer, The*	『ジャズ・シンガー』
Irish-Americans	アイルランド系アメリカ人	jeans	ジーンズ
Iron Heel, The	『鉄の踵』	Jeep	ジープ
Iroquois	イロコイ族 (語)	Jehovah's Witness	エホバの証人
Iroquois Confederacy or Iroquois League	イロコイ連合	Jemez Pueblo	ヘイメス・プエブロ
		Jenny Craig, Inc.	ジョニー・クレイグ
Islamic fundamentalism	イスラム原理主義	Jensenism	ジェンセニズム
Islamic fundamentalist	イスラム原理主義者	*Jerry Maguire*	『ザ・エージェント』
Isolationism	孤立主義	Jesuits	イエズス会士
Italian-Americans	イタリア系	*Jesus Christ Superstar*	『ジーザス・クライスト・スーパースター』
Italian food	イタリア料理		
Italian immigrants	イタリア系移民	jet plane	ジェット機
Italianate	イタリアネート	jetline	ジェットライン
ius sanguinis	血統主義	Jewish	ユダヤ系
ius soli	生地主義	Jewish Americans	ユダヤ系アメリカ人
I've Got a Secret	『私の秘密』	*Jewish Daily Forward*	『ジューイッシュ・デイリー・フォワード』
Ivy League	アイヴィー・リーグ		
Izaak Walton League, The	アイザックウォートン・リーグ	Jewish Literature	ユダヤ系文学
		Jim Crow	ジム・クロウ制度
		jitterbug	ジルバ
●J		jobber	ジョバー (書籍流通の)
J. Paul Getty Foundation	ゲティ財団	John F. Kennedy Center for The Performing Arts	ケネディ芸術センター
J. Paul Getty Museum	ゲティ美術館, J. ポール・ゲティ・ミュージアム		

John Howland, The	ジョン・ハウランド号	*Kill Bill*	『キル・ビル』
John Wanamaker	ジョン・ワナメイカー	*Kimba the White Lion*	『ジャングル大帝』
Johnson & Johnson	ジョンソン&ジョンソン	kinetic art	キネティック・アート
Johnson Space Center	ジョンソン宇宙センター	*King and I, The*	『王様と私』
Joint Chiefs of Staff (JCS)	統合参謀本部	Kingdom of Hawaii	ハワイ王国
Joint Committees	合同委員会	*Kiss Me, Kate*	『キス・ミー，ケート』
Joint Declaration on Security between Japan and the United States	日米安保共同宣言	Kitchen Cabinet	キッチン・キャビネット，台所内閣
		Kitchen Debate	台所論争
joint resolution	上・下両院合同決議	kleptomania	クレプトマニア
Joint Strike Fighter (JSF)	ジョイント・ストライク・ファイター，統合攻撃戦闘機	Kmart	Kマート
		K-mart realism	Kマート・リアリズム
Jones Act	ジョーンズ法	Knickerbockers	ニューヨーク派作家
Jordan	ヨルダン	Kight Ridder	ナイト・リダー社
Josiah Macy Jr. Foundation	メイシー財団	Knight Ridder/Tribune Information Service	ナイト・リダー/トリビューン・インフォメーションサービス
Journal of Heredity	『遺伝学雑誌』		
Journal of Material research	『物質研究ジャーナル』	Knights of Labor	労働騎士団
		Knights of the White Camellia	白椿騎士団
journalism	ジャーナリズム	Knott's Berry Farm	ナッツ・ベリー・ファーム
journalism education	ジャーナリズム教育	Kodak	コダック社
journalist	新聞記者	Korean Immigrants	韓国移民
Joy Luck Club, The	『ジョイ・ラック・クラブ』	Korean National Association	大韓人国民会
Jubilee	『ジュビリー』		
Judaism	ユダヤ教	Korean Peninsula Energy Development Organization, The (KEDO)	朝鮮半島エネルギー開発機構
judge	裁判官		
judgment of conviction	有罪判決		
judicial branch	司法府	Korean War	朝鮮戦争
judicial district	裁判区	*Kramer vs. Kramer*	『クレーマー・クレーマー』
judicial review	違憲審査権，司法審査制	Kroger	クローガー
Judith of Bethulia	『アッシリアの遠征』	Ku Klux Klan (KKK)	クー・クラックス・クラン
Julia	『ジュリア』	*Kuwaidan*	『怪談』
July 4th	7月4日	Kwanzaa	クワンザーの祭り
Jumbo	ジャンボ（機）	Kyoto Protocol	京都議定書
Jumbo	『ジャンボー』		
June bride	ジューン・ブライド	●L	
Jungle, The	『ジャングル』	*LA Confidential*	『LA コンフィデンシャル』
Junky	『ジャンキー』	*La societe de consommation : ses mythes, ses structures*	『消費社会の神話と構造』
jurisdiction	管轄（犯罪の）		
jury	陪審		
jury deliberation	陪審評議	Labor Day	レイバー・デー，労働者の日
jury selection	陪審員選任	Labor Management Reporting and Disclosure Act	労働報告公開法
Jury Selection and Service Act	連邦陪審選任法		
		labor productivity	労働生産性
jury trial	陪審裁判	Labor-Management Relations Act	労使関係法
jury verdict	陪審評決		
just-in-time	ジャスト・イン・タイム	Lakota	ラコタ族（語）
juvenile or family court	少年/家庭裁判所	*Ladder, The*	『ラダー』
		Ladies' Home Journal	『レディズ・ホーム・ジャーナル』
●K			
Kabuki Theatre	『日本の歌舞伎』		
kanban	カンバン	*Ladies' Magazine*	『レディズ・マガジン』
Kansas	カンザス	*Lagoda, The*	ラゴダ号
Kansas Pacific Railroad	カンザス・パシフィック鉄道	Lake Shore Drive Apartments	レイクショアドライヴ・アパートメント
KC135 Tanker	KC135 空中給油機		
Kelvinator	ケルビネーター社	Lambda Legal Defense and Education Fund	ラムダ法律擁護と教育基金
Kennedy Space Center	ケネディ宇宙センター		
Kent State Incident	ケント州立大学事件	land grant	ランドグラント
Kentucky	ケンタッキー	Land Law	土地法
Kentucky Fried Chicken	ケンタッキー・フライドチキン	Land of Opportunity	機会の国
Kerr-McGee Corporation	カー・マギー社	Land Ordinance	土地法（1785年）
key currency	基軸通貨	Land-grand movement	国有地付与運動
Keynesian fiscal policy	ケインズ的財政政策	Landrum-Griffin Act	ランドラム=グリフィン法
Kibei	帰米二世（日系）	language cleansing	言語浄化，言葉狩り
kidney bean	インゲン豆		

language policy	言語政策	Lever House	レヴァー・ハウス
Laramie	『ララミー牧場』	Levi's	リーヴァイス
Las Vegas	ラスヴェガス	Levittown	レヴィットタウン
Lassie	『名犬ラッシー』	Lewis and Clark Expedition	ルイス=クラーク探険隊
Last of the Mohicans, The	『最後のモヒカン族』	Lexington	レキシントン
Last of the Plainsmen, The	『平原の男の最後』	liberal arts college	リベラルアーツ・カレッジ
		liberal feminism	リベラル・フェミニズム
last one-mile problem	ラスト・ワンマイル問題	libertarianism	リバタリアニズム
Last Puritan, The	『最後のピューリタン』	Liberty Bell	自由の鐘
Last Samurai, The	『ラスト・サムライ』	Library Company of Philadelphia	フィラデルフィア図書館会社
Last Whole Earth Catalog, The	『ホール・アース・カタログ』	library distributor	ライブラリー・ディストリビューター
Last Yankee, The	『ザ・ラスト・ヤンキー』	Library of Congress (LC)	議会図書館
Latin America	ラテンアメリカ	Licensed Agencies for Relief Asia (LARA)	アジア救済連盟
Latinos	ラテンアメリカ系移民		
Latter-day Saints	末日聖徒，世界終末聖徒	licensed production	ライセンス生産
Lau vs. Nichols	ラウ対ニコラス事件判決	*Life*	『ライフ』
laulau	ラウラウ	*Life and Adventure of Nicolas Nickloby, The*	『ニコラス・ニコルビーの冒険』
Lavender Menace	ラヴェンダー色の脅威		
law farm	法律事務所	life expectancy	平均余命
Law of Civilization and Decay, The	『文明興亡の法則』	*Life of George Washington*	『ワシントン伝』
law school	ロースクール	*Life, The*	『ザ・ライフ』
Law to Promote Specified Nonprofit Activities	特定非営利活動促進法	Light Construction	ライト・コンストラクション展
		Light Rail	ライトレイル
law-enforcement agencies	治安対策組織，法執行機関	Lilly Endowment, Inc.	リリー財団
Lawnmower Man, the	『バーチャル・ウォーズ』	*Limit to Growth*	『成長の限界』
Lawrence Livermore National Laboratory (LLNL)	ローレンス・リヴァモア（国立）研究所	Limited	リミテッド
		limited government	限定政府，制限統治
Lawrence, The	ローレンス号	limited monarchy	制限君主制
layer cake style	レイヤーケーキ・スタイル	Lincoln	リンカーン（自動車）
leaf tobacco	葉タバコ	Lincoln Center Institute	リンカンセンター協会
League of United Latin American Citizens (LULAC)	統一ラテンアメリカ系市民連盟	Lincoln University	リンカン大学
		Lincoln's Birthday	リンカンの誕生日
		Line-Item Veto Act	項目別拒否権法
lean production hypothesis	リーン・プロダクション仮説	*Lion King, The*	『ライオン・キング』
		Lion of the West, The	『西部のライオン』
lean production system	リーン生産方式	Lions Club International	ライオンズクラブ
Leatherstocking tales	皮脚半物語，レザーストッキング・テールズ	liposuction	リポサクション，脂肪吸引術
		Liquefied Natural Gas (LNG)	液化天然ガス
Leaves of Grass	『草の葉』		
Lebanon War	レバノン戦争	literary agent	リテラリー・エージェント
Lee's Birthday	リー将軍の誕生日	Literary Guild Book Club	リテラリー・ギルド
Left Behind	『置き去られて』	litigation	訴訟
Legal Deposit System	法定納本制度	Little Bighorn Battlefield National Monument	リトルビッグホーン国立記念戦跡
Legal Services Corporation	法律扶助機構		
		little legislatures	小さな立法部
"Legend of Sleepy Hollow, The"	「スリーピーホローの伝説」	*Little Me*	『リトル・ミー』
		Little Orphan Annie	『孤児アニー』
Legislative Branch	立法府	*Little, Big*	『リトル，ビッグ』
Lent	四旬節	Little, Brown and Co.	リトル・ブラウン
Les Miserables	『レ・ミゼラブル』	Living Theatre Company	リビング・シアター
lesbian	レズビアン	load factor	ロード・ファクター，搭乗率
Lesbian Avengers	レズビアン・アヴェンジャー	lobbying	ロビー活動，ロビイング
lesbian continuum	レズビアン連続体	lobbyist	ロビイスト
lesbian feminism	レズビアン・フェミニズム	lobster	ロブスター
lesbian pulp fiction	レズビアン・パルプフィクション	local	地方組合，ローカル
lesbianism	レズビアニズム	Local Exchange Carries	地域電話会社
Let Us Now Praise Famous Men	『我らが有名人を称えよう』	local government	地方政府
		Local Initiatives Support Corporation (LISC)	地域活動支援公社
Let's Dance	『レッツ・ダンス』		
Letters from an American Farmer	『アメリカ農夫の手紙』	*Local Knowledge*	『ローカル・ノレッジ』
		local newspaper	ローカル紙

Lockheed	ロッキード社	Machine Readable Catalog (MARC)	機械可読型目録
Lockheed L1059 Super-constration	L1059 スーパー・コンステレーション旅客機	machine shop	マシン・ショップ
Lockheed L749 Constellation	ロッキード L749 コンステレーション	*Machoi Sluts*	『マッチョな売奴』
		Macintosh	マッキントッシュ
Lockheed Martin	ロッキード・マーチン	Macy's	メイシーズ
Lockheed Martin F22 Raptor	ロッキード・マーチン F22 ラプター	Macy's Department Store	メイシー百貨店
		Madame Butterfly	『蝶々夫人』, 『マダム・バタフライ』
log cabin	丸太小屋		
Log Cabin Myth	丸太小屋伝説	*Madame Chrysantheme*	『お菊さん』
Logicon	ロジコン社	*Made in America*	『メイド・イン・アメリカ』
London Company, The (The Virginia Company of London)	ロンドン会社	made in Japan	メイド・イン・ジャパン
		Mafia	マフィア
		magazine	雑誌
London Naval Treaty (Treaty for the Limitation and Reduction of Naval Armament)	ロンドン海軍軍縮条約	Magellan	マゼラン
		Maggie : A Girl of Street	『街の女マギー』
		Magnalia Christi Americana : The Ecclesiastical History of New England	『アメリカにおけるキリストの大いなる御業――ニューイングランド教会史』
Lone Ranger, The	『ローン・レンジャー』		
Lone Wolf and Cub	『子連れ狼』		
Long Day's Journey into Night	『夜への長い旅路』		
		Magnum	マグナム
		mail order	通信販売
long hair	ロングヘアー	mail order house	通信販売店
long term care	長期看護施設ケア	mail-order catalog	メールオーダー・カタログ
Longest Walk, The	一番長い行進	mail-order house	メールオーダー住宅
Look	『ルック』	*Main Currents in American Thought*	『アメリカ思想主潮史』
Look Back in Anger	『怒りをこめてふりかえれ』		
Looking Backward	『振り返れば』	main street	メインストリート
Looking for Mr. Goodbar	『ミスター・グッドバーを探して』	Maine	メイン
		mainstream	メインストリーム（障害者の移動保障の）
Lord of the Ring	『指輪物語』		
Los Alamos National Laboratory (LANL)	ロスアラモス（国立）研究所	mainstream feminism	主流派フェミニズム
		maize	トウモロコシ
Los Angeles Riots	ロサンゼルス暴動	Major	メジャー
Los Angels Times	『ロサンゼルス・タイムズ』	Major League Baseball (MLB)	メジャー・リーグ, 大リーグ
Lost Generation	失われた世代		
Lost in the Funhouse	『びっくりハウスの迷子』	Major Networks	3大ネットワーク
Lost in Yonkers	『ヨンカーズ物語』	major party	大政党
Lotus Development Corporation	ロータス社	majority floor leader	多数党院内総務
		Makah	マカー族（語）
Louisiana	ルイジアナ	*Making of Americans*	『アメリカ人の成り立ち』
Louisiana Purchase	ルイジアナ購入	malaria	マラリア
Louisville	ルイヴィル	*Male and Female*	『男性と女性』
Louvre Accord	ルーブル合意	malling	モール化
Love Medicine	『ラヴ・メディシン』	*Malling of America, The : an inside look at the great consumer paradise*	『モール化するアメリカ』
"Love Song of J. Alfred Prufrock"	『J.アルフレッド・プルフロックの恋歌』		
low context	低コンテクスト		
Lower East Side	ロワーイーストサイド	Mammon	金の神, マモン
Low-Income Home Energy Assistance Program (LIHEAP)	対低所得世帯光熱費扶助	*Man of La Mancha*	『ラ・マンチャの男』
		Man Who Shot Liberty Valance, The	『リバティ・バランスを撃った男』
loyalty questionnaire	忠誠問題	managerial hierarchy	経営階層組織
Lucent Technologies	ルーセント	Mandan	マンダン族（語）
Lucite	ルーサイト	mandatory minimum sentence statutes	必要的最小刑制度
Lucky Strike	ラッキーストライク		
Lutheran	ルター派	Manhattan and Preble Incidents	マンハッタン号とプレブル号事件
Lutheran Church	ルーテル教会		
L1011 Tristar	L1011 トライスター旅客機	Manhattan Project	マンハッタン計画
		Manhattan Transfer	『マンハッタン乗換駅』
●M		Manhattan, The	マンハッタン号
M. Butterfly	『エム・バタフライ』	Manifest Destiny	明白な運命, マニィフェスト・デスティニー
MacArthur Fellowship	マッカーサー・フェローシップ		
MacArthur Foundation	マッカーサー財団	manufacturing (industry)	製造業
machine politics	マシーン政治	Manufacturing Belt	北東・中西部製造業地帯

maple	砂糖カエデ	Mayflower Compact	メイフラワー誓約
marble cake style	マーブルケーキスタイル	mayor-council form	市長-市議会型
Marbury v. Madison	マーベリ対マディソン事件判決	McCarran-Walter Act	マッカラン=ウォルター移民国籍法
March on Washington	ワシントン大行進		
Marcus Garvey Movement	マルカス・ガーヴェイ運動	McCarthyism	マッカーシズム
		McCaw Cellular	マッコウセルラー
Mardi Gras	マルディ・グラ	McCormick	マコーミック社
Margaret Mead and Samoa	『マーガレット・ミードとサモア』	McCulloch v. Maryland	マカロック対メリーランド判決
		McDonald	マクドナルド
margin	利鞘	McDonnell	マクドネル社
Marielitos	マリエル難民	McDonnell Douglas	マクドネル・ダグラス社
Marine Corps, U. S.	海兵隊	McGuffy's Readers	マクガフィーのリーダーズ
Marine Hospital service	海事病院サービス	Mcpaper	マク・ペーパー
Marine west coast climate	西岸海岸性気候	McWorld	マックワールド
		mechanization	機械化
market economy	市場経済	MediaOne	メディア・ワン
marketing	マーケティング	Medicaid	メディケイド，対低所得者医療制度
marketing loan	マーケティング・ローン		
Maro, The	マロー号	medical care benefit	医療給付
Mars	火星	medical climatotherapy	医療気候学
Mars Global Surveyor	マーズ・グローバル・サーベイヤー	medical schools	メディカルスクール
		Medicare	メディケア
Mars Pathfinder	マーズ・パス・ファインダー	Mediterranean climate	地中海性気候
Marshall Plan	マーシャル・プラン	mega-bank	メガバンク
Martin	マーチン	melisma	メリスマ
Martin Guitar Co.	マーティン（ギター）	melodrama	メロドラマ映画
Martin Luther King, Jr. Day	キング牧師の誕生日	melting pot	るつぼ
		melting pot theory	るつぼ理論
Martin Marietta	マーチン・マリエッタ社	*Melting Pot, The*	『るつぼ』（サングウィル著）
Marxist Feminism	マルクス主義フェミニズム	membership library	会員制図書館
Mary Tylor Moore Show	『メアリー・タイラー・ムーア・ショー』	Memorial Day	メモリアル・デー，戦没将兵記念日
Maryknoll Fathers and Brothers	メリノール・ファザーズ・アンド・ブラザーズ	*Memory of a Geisha*	『さゆり』
		Memphis	メンフィス
Maryknoll sisters	メリノール・シスターズ	*Men on Bataan*	『バターンの兵士たち』
Maryland	メリーランド州	Menlo Park	メンローパーク
masculinity	男性性，マスキュリニティ	Mennonite	メノウ派
Mason-Dixon Line	メイソン=ディクソン・ライン	Mennonite Central Committee (MCC)	メノナイト中央委員会
mass buying	大量仕入れ		
mass consumption society	大衆消費社会	merchandizing system	マーチャンダイジング方式
mass media	マスメディア	merchant banking	マーチャント・バンキング業務
mass production	大量生産	merit plan	メリット・プラン
mass production system	大量生産システム	merit-rating	メリット料率制
mass sales	大量販売	Merrill Lynch	メリル・リンチ
Massachusetts	マサチューセッツ	Mesa	メサ
Massachusetts Bay Colony	マサチューセッツ植民地	Mesaba Transportation Company, the	メサバ交通
Massachusetts Institute of Technology (MIT)	マサチューセッツ工科大学	metafiction	メタフィクション
		metallography	金属組織学，金相学
Massachusetts Massacre	マサチューセッツの虐殺	Metaphysical Club	形而上クラブ
Massive Retaliation	大量報復戦略	Methodist Episcopal Church South U.S.A.	南部メソジスト監督派
Master of Business Administration (MBA)	経営学修士		
		Methodist Episcopal Church U.S.A.	北部メソジスト監督派
matching fund	マッチング・ファンド		
material science	物質科学	Methodists	メソジスト派
Material Science Department	物質科学学科	Metromedia	メトロ・メディア
		metropolitan area	大都市圏
Materials Research Society (MRS)	物質研究学会	Metropolitan Museum of Art	メトロポリタン美術館
Mathew Brady	マシュー・ブレディ	Metropolitan Planning Organizations (MPO)	都市圏計画委員会
Mattachine Foundation	マタシン財団		
Mattachine Society	マタシン協会	Mexican-Americans	メキシコ系アメリカ人
May Day	メーデー	Mexican-American Women's Association	メキシコ系アメリカ人女性協会
May Department Stores	メイ		
Mayflower, The	メイフラワー号	Mexican Revolution	メキシコ革命

Mexican War	アメリカ＝メキシコ戦争	Missouri, The	ミズーリ川
Mi Familia	『ミ・ファミリア』	Mitchell, Mt.	ミッチェル山
Miami	マイアミ	Mixed farming	混合農業
miasma	ミアズマ	Mobil	モービル
Michigan	ミシガン	mobile home	モービル・ホーム
Mickey Mouse	ミッキーマウス	*Moby-Dick*	『白鯨』
Micronesia	ミクロネシア	mockup model	モックアップ・モデル
Microsoft	マイクロソフト社	mode conversion of science	科学のモード転換
microwave oven	電子レンジ		
Mid-Atlantic	ミッドアトランティック	model change	モデルチェンジ
middle class	中産階級	model minority	モデル・マイノリティ，規範少数民族
middle passage	中間航路		
Middle West	ミドル・ウェスト，中西部	"Model of Christian Charity, A"	「キリスト教的慈悲の雛型」
Midwest	ミッド・ウェスト，中西部		
migration	移動	Model T	T型フォード
Mikado's Empire, The	『皇国』	modern horror	モダン・ホラー
Miko, The	『巫女』	modern industrial enterprise	現代企業
military aircraft	軍用機		
Military Force Structure Review Act	国家予算法	modern jazz	モダンジャズ
		Modern Times	『モダンタイムズ』
military-industrial complex	軍産複合体	modernism	モダニズム
		modernization of education	教育の現代化
Military Policy of the United States, The	『アメリカ合衆国の軍事政策』		
		Modification Final Judgment (MFJ)	修正同意判決
military satellite	軍事衛星		
mil-spec	軍仕様	modularization of parts	設計モジュラー化
mil-standard	軍規格	Mohawk	モホーク族（語）
Milwaukee	ミルウォーキー	molecular biology	分子生物学
mimeograph	ミメオグラフ	monarch	君主
Mind of Primitive Man, The	『原始人の心』	monarchy	君主制
		monetary policy	金融政策
Mind, Self and Society from the standpoint of a social behaviorist	『精神・自我・社会』	Monroe Doctrine	モンロー・ドクトリン，モンロー教書
		Monsanto	モンサント
minimalism	ミニマリズム	Montana	モンタナ
Minimum Wage Act	最低賃金法	Montgomery	モントゴメリ
miniskirt	ミニスカート	Montgomery Ward	モンゴメリー・ウォード
minivan	ミニバン	Montreal Protocol	モントリオール議定書
Minneapolis	ミネアポリス	Moral Majority	モラル・マジョリティ
Minnesota	ミネソタ	moral suasion	道徳的説諭
minor party	小政党	more channel	モア・チャンネル
minority	マイノリティ	more perfect union, a	より完全な連合体
minority floor leader	少数党院内総務	Morehouse College	モアハウス大学
Minority Literature	マイノリティ文学	Morgan Library, The	モーガン図書館
minstrel show	ミンストレル・ショー	Morgan Stanley	モルガン・スタンレー
Minuteman	ミニットマン	Morgan Stanley Dean Witter	モルガン・スタンレー・ディーン・ウィッター
Mirage Hotel	ミラージ・ホテル		
misdemeanor	軽罪	Mormon	モルモン教
Miss America Pageant	ミス・アメリカ・コンテスト	Mormon Battalion	モルモン大隊
Miss Saigon	『ミス・サイゴン』	Morrill Land Grant Act	モリル法
Missile Defense (MD)	ミサイル防衛	Morrison Incidents	モリソン号事件
mission	ミッション	Morse code	モールス信号
mission board	伝道局	Morton Thiokol	モートン・サイオコール社
Mission Style	ミッション・スタイル	mosaic	モザイク
missionary	宣教師，伝道師	Moslem	モスレム，イスラム教徒，回教徒，ムスリム
missionary diplomacy	宣教師外交		
missionary society	伝道会	Most Favorite Nation (MFN)	最恵国待遇
Mississippi	ミシシッピ		
Mississippi Freedom Democratic party	ミシシッピ自由党民主党	Mother Against Drunk Driving (MADD)	飲酒運転に反対する母の会
Mississippi River, The	ミシシッピ川	Mother Church	マザー教会
Mississippi-Missouri river system	ミシシッピ・ミズーリ水系	Mother's Day	母の日
		Mother's Day march	母の日の行進
Missouri	ミズーリ	Mother's House	母の家
Missouri Compromise	ミズーリ協定	motion picture industry	映画産業

英日用語対照表——1369

Motion Pictures Producers and Distributors of America (MPPDA)	アメリカ映画製作者配給者協会	●N	
motor sports	モータースポーツ	Naked and the Dead, The	『裸者と死者』
Motoramas	モートラマ	Naked Lunch, The	『裸のランチ』
Motorcycle	オートバイ	nanotechnology	ナノテクノロジー
motorization	モータリゼーション	Nantucket	ナンタケット
Motown	モータウン	Narragansett	ナラガンセット族（語）
mountain men	マウンテンメン	Narrative of Frederick Douglass, The	『自伝』（F.ダグラス著）
movable feast	移動祝日	Narrative of the life of David Crockett of the State of Tennessee, A	『テネシー州なるデイヴィッド・クロケットの生涯の物語』
movie palace	映画宮殿，ムービー・パレス		
moving assembly line	移動組立方式		
Mr. Moto	『ミスター・モト』	NASDAQ	ナスダック
MS.	『ミズ』	Nashville	ナッシュビル
muckrakers	マックレイカーズ	Nation at Risk, A	『危機に立つ国家』
muckraking	醜聞暴露，マックレイキング	Nation of Islam	ネーション・オブ・イスラーム
Mujahidin	ムジャヒディン	National Abortion Rights Action League	全米中絶権利行動連盟
multicultural	多文化主義的		
multicultural education	多文化教育	National Academy of Sciences	全米科学学会
multicultural society	多文化社会		
multiculturalism	多文化主義，マルチカルチュラリズム	National Action Plan	国内行動計画（国際女性年監視全米委員会の）
Multilateral Agreement on Investment (MAI)	多角的投資貿易協定	National Advisory Committee for Aeronautics (NACA)	国家航空評議委員会
Multilateral Force	多国籍軍	National Advisory Committee on Women	全米女性問題顧問委員会
multinational corporation	多国籍企業		
multi-plate panorama	マルチプレート（多面）パノラマ写真	National Aeronautics and Space Administration (NASA)	アメリカ航空宇宙局
Multiple independently-targeted Re-entry vehicle (MIRV)	個別誘導型再突入複数弾道		
		National Air and Space Museum	航空宇宙博物館
multiple intelligence	知性の多様性	National Anti-Cigarette League	全国反紙巻きタバコ連盟
multiple system operator (MSO)	マルチプル・システム・オペレーター		
		National Association for the Advanced of Colored People (NAACP)	全国黒人地位向上協会
multiplexing	多チャンネル化		
Municipal Police	市警察		
municipality	ミュニシパリティ	National Association for the Repeal of Abortion Laws	全米中絶法廃止協会
murder case of Vincent Chin	ヴィンセント・チン事件		
"Murder In The Rue Morgue, The"	「モルグ街の殺人」	National Association of Colored Women	全米有色女性協会
Muscular Dystrophy Association (MDA)	筋萎縮症協会	National Association of Deaf	全米ろう者協会
museum	ミュージアム，博物館，美術館	National Association of Scholars	全米学識者協会
Museum of Chinese in the Americas	中国系アメリカ人博物館	National Audubon Society	全米オーデュボン協会
Museum of Modern Art (MoMA)	ニューヨーク近代美術館		
		national bank	国法銀行
"Music Box Revue"	「ミュージック・ボックス・レビュー」	National Black Feminism Organization	全米黒人フェミニズム機構
Music Man, The	『ザ・ミュージックマン』	National Book Award	全米図書賞
musical	ミュージカル	National Cancer Act	国家ガン研究法
musket	マスケット銃	National Cancer Institute (NCI)	国立ガン研究所
Muslim	イスラム教徒,回教徒,ムスリム		
Muslim Brotherhood	ムスリム同胞団	National Center for Health Statistics	全米健康統計センター
Must-carry rule	マストキャリー・ルール		
Mutual Assured Destruction (MAD)	相互確証破壊	National Charities Information Bureau	全米慈善団体情報局
mutual fund	投資信託	National Coalition of Free Men (NCFM)	解放された男性たちの全米協議会
My Darling Clementine	『荒野の決闘』		
My Fair Lady	『マイ・フェア・レディ』	National Collegiate Athletic Association (NCAA)	全米大学対抗運動競技連盟
mystery	ミステリー		
"Myth of the Vaginal Orgasm, The"	「膣オーガズムの神話」		

National Commission o the Observance of International Women's year	国際女性年監視全米委員会
National Committee for Redoes	全米補償請求委員会
National Community Reinvestment Coalition (NCRC)	全米地域再投資連合
National Congress of American Indians (NNCAI)	全国アメリカ・インディアン会議
National Consumers League (NCL)	全国消費者連盟
national convention	全国党大会
National Council for the Social Studies (NCSS)	全米社会科協議会
National Council of Churches (NCC)	全国教会協議会
National Council of Negro Women	全米ニグロ女性評議会
National Council on Environmental Justice	全米環境正義諮問評議会
National Cowboy & Western Heritage Museum	ナショナル・カウボーイ・ホール・オブ・フェイム
National Crime Information Center	全米犯罪情報センター
National Defense Education Act	国家防衛教育法（国防教育法）
National Defense Research Committee	国家防衛研究委員会
National Eating Disorders Association	全米摂食障害協会
National Economic Council (NEC)	国家経済会議
National Education Association (NEA)	全米教育協会
National Electric Light Association (NELA)	電灯協会
National Endowment for the Arts (NEA)	全米芸術基金
National Endowment for the Humanities (NEH)	全米人文基金
National Energy Policy	新エネルギー政策
National Enquirer	『ナショナルエンクワイアラー』
National Environmental Policy Act	国家環境政策法
National Fatherhood Initiative	全米父性イニシアティブ
National Green Pages	『ナショナル・グリーンページ』
National Guard	州兵
National Heart, Blood Vessel, Lung Research Act	国家心臓・血管・血液研究法
national holiday	国民の祝日
National Housing Act	住宅法
National Human Genome Research Institute, The (NHGRI)	国立ヒトゲノム研究所
National Indian Youth Council (NIYC)	全国インディアン青年会議
National Industrial Recovery Act (NIRA)	全国産業復興法
National Information Infrastructure (NII), Agenda for Action	NII 行動アジェンダ
National Information Standards Organization (NISO)	米国情報標準機構
National Institutes of Health (NIH)	国立保健研究所
National Interagency Council on Smoking and Health	喫煙と健康に関する全国連絡協議会
National Kidney Foundation (NKF)	全米腎臓財団
National Labor Relation Board	連邦労働関係局
National Labor Relations Act	全国労働関係法
National Labor Relations Board (NLRB)	全国労働関係委員会
National Mental Health Association	全米精神衛生協会
National Missile Defense (NMD)	国家ミサイル防衛
National Monetary Commission	全米金融委員会
National Museum of American Art	アメリカ美術史館
National Museum of American History	アメリカ史博物館
National Museum of Natural History	自然史博物館
National Museum of the American Indian	アメリカ・インディアン博物館
national newspaper	全国紙
National Organization for Women (NOW)	全米女性機構
National Origins Act (Johnson-Reed Act)	国別割り当て法
National Origins Quotas	出身国別割当制
National Park	国立公園
National Park Police	国立公園警察
National Park Service (NPS)	国立公園局
National Park System	国立公園制度
National People of Color Environmental Leadership Summit	全米有色人種環境運動サミット
National Portrait Gallery	肖像画美術館
National Prohibition Law	全国禁酒法
National Prohibition Party, The	全国禁酒党
National Recovery Administration (NRA)	全国復興局
National Right to Life Committee	全米生命の権利委員会
National Science Foundation (NSF)	全米科学財団
National Security Act	国家安全保障法
National Security Agency (NSA)	米安全保障局
National Security Council (NSC)	国家安全保障会議
National Security Strategy of the United States	アメリカ国家安全保障戦略

National Steel and Shipbuilding Company (NASSCO)	ナショナル・スチール・アンド・シップビルディング社	Negro Ensemble Company, The	ニグロ・アンサンブル劇団
National Surface Transportation Board	全国陸上交通委員会	negro spiritual	黒人霊歌
		neighborhood	近隣住区
		Neo-Dada	ネオ・ダダ
National Television System Committee	全米テレビ方式委員会	neoorthodoxy	ネオ・オーソドクシー
		neocolonial	ネオコロニアル
National Traffic and Motor Vehicle Safety Act of 1966, the	全米道路交通自動車安全法	neoconservatism	ネオコンサーバティズム，新保守主義，ネオコン
		neo-evolutionalism	新進化主義
National Unified Reporting	全米統一犯罪報告	Neo-Expressionism	新表現主義
		Neo-Geo (Neo-Geometric Conceptualism)	ネオジオ
National Urban League	全米都市連合		
National Urban League (NUL)	都市同盟	Neo-Geometric Conceptualism	ネオ・ジオメトリック・コンセプチュアリズム
National Voluntary Health Agencies	全米民間健康機構	Neo-Historicism	新歴史主義
		neo-liberal	ネオ・リベラル方策
National Women's Conference	全米女性会議	Neo-Progressivism	新進歩主義
		network	ネットワーク
national women's liberation conference	全米女性解放会議	*Neuromancer*	『ニューロマンサー』
		Neutrality Act	中立法
National Women's Political Caucus	全米女性政治幹部会議	Nevada	ネヴァダ
		New Amsterdam	ニューアムステルダム
nationalism	ナショナリズム	New Bedford	ニューベッドフォード
nation's Park	ネイションズ・パーク	New Cinema	ニューシネマ
Native American	ネイティブ・アメリカン，アメリカ先住民，先住アメリカ人	New Civics	新しい公民科
		New Criticism	新批評
Native American Center	ネイティブ・アメリカン・センター	New Critics	新批評家
		New Deal	ニューディール
Native American Graves Protection and Repatriation Act, 1990	先住アメリカ人墓地保護・返還法	New Deal Coalition	ニューディール連合
		New Economic Policy (NEP)	新経済政策
Native American Programs Act	ネイティブ・アメリカン・プログラム法	New Economy	ニュー・エコノミー
		New England	ニューイングランド
Native American Rights Fund (NARF)	アメリカ先住民権利擁護基金	New England Colonial House	イギリス系コロニアル住宅
Native Hawaiians	ハワイ州の先住民	New England Primer	『ニューイングランド・プライマー』
Native Son	『アメリカの息子』		
nativism	移民排斥主義	New England Theology	ニューイングランド神学
NATO (North Atlantic Treaty Organisation)	北大西洋条約機構	*New English Canaan, The*	『新しいイギリスのカナン』
		new ethnography	新民族誌
natural area	自然地域	New Federalism	新連邦主義
natural resources	天然資源	New Frontier	ニュー・フロンティア
Natural Resources Defense Council (NRDC)	自然資源防衛会議	New Hampshire	ニューハンプシャー
		New Immigrants	新移民
		New Jersey Bell	ニュージャージー・ベル
naturalism	自然主義	New Journalism	ニュー・ジャーナリズム
Nature	『自然論』	New Look Strategy	ニュー・ルック政策
Nature Conservancy	ネイチャー・コンサバンシー	New Mexico	ニューメキシコ
nature writing	自然文学	*New Negro, The*	『新しい黒人』
Navajo Reservation	ナヴァホ保留地	New Orleans	ニューオーリンズ
Navajo, Navaho	ナヴァホ族（語）	New Painting	ニューペインティング
Naval Research Laboratory (NRL)	アメリカ海軍研究所	new party	新政党
		New Plymouth colony	プリマス植民地
Navigation Act	航海条例	*New Republic, The*	『ニュー・リパブリック』
Navy, U.S.	海軍	new social movement	新しい社会運動
Nebraska	ネブラスカ	New Social Studies	新社会科
necessary and proper clause	必要適切条項	new thought	新思考，ニューソート
		new trial	再審理
needleleaf evergreen	常緑針葉樹	New Wave	ニューウェーブ（消費者運動の）
negative ad (advertising)	中傷広告，ネガティブ・アド		
negative approach	ネガティブ・アプローチ	New World Order	新世界秩序
negotiation	交渉（条約締結のための）	New Writers	新しい作家
Negro American Labor Council	ニグロ・アフリカ労働評議会	New Year's Day	新年
		New York	ニューヨーク

New York & Erie Railroad	エリー鉄道	North-South problem	南北問題
		Northwest Ordinance	北西部条例
New York Daily News	『ニューヨーク・デイリー・ニュース』	Northwestern University	ノースウェスタン大学
		not guilty	無罪
New York Shakespeare Festival, The	ニューヨーク・シェイクスピア・フェスティバル	*Notes on the State of Virginia*	『ヴァージニア覚書』
New York State Library, The	ニューヨーク州立図書館	Novartis	ノヴァーティス
		nuclear energy	原子力
New York Sun	『ニューヨーク・サン』	Nuclear Test Ban Treaty	核実験禁止条約
New York Times	『ニューヨーク・タイムズ』	nuclear weapon	核兵器
New York Times News Service	ニューヨーク・タイムズ・ニュースサービス	nuclear weapon complex	核兵器複合体
		Nuestra América	われらのアメリカ
New York World's Fair (NYWF)	ニューヨーク世界博覧会	nursing service	療養サービス
		nurture	環境
New Yorker, The	『ニューヨーカー』	*Nutrition Business Journal*	『ニュトゥリションビジネス・ジャーナル』
Newberry Library, The	ニューベリー図書館		
Newportnews Shippbuilding	ニューポート・ニューズ・シッピングビルディング社	N.W. Ayer & Son	N.W. エアー・アンド・サン社
		nylon	ナイロン
News Corporation	ニューズ・コーポレーション	Nynex	ナイネックス
News Week	『ニューズウィーク』		
Newseum, The	ニュージアム	●O	
newsgroup	ニューズグループ	*O*	『O』
newspaper chain	新聞系列	obesity	肥満
newspaper group	新聞系列	Octagon	オクタゴン
Niagara Falls	ナイアガラの滝	*Odd Couple, The*	『おかしな二人』
Niagara Movement	ナイアガラ運動	Off Broadway	オフ・ブロードウェイ
Nicaragua	ニカラグア	Off off Broadway	オフ・オフ・ブロードウェイ
nichrome wire	ニクロム線	Office Depot	オフィス・デポ
nickelodeon	ニッケルオディオン	Office Max	オフィス・マックス
Nieman Marcus	ニーマンマーカス	Office of Administration	総務局（大統領府）
Night of the Iguana	『イグアナの夜』	Office of Environmental Justice	環境正義事務局
Ninja, The	『忍者』		
no severe disability	軽度障害	Office of Intermodalism	インターモーダル推進室（運輸省）
Nobel prize	ノーベル賞		
nonfiction	ノンフィクション	Office of Management and Budget (OMB)	行政管理予算局
non-fiction novel	ノンフィクション・ノベル		
nongoverment organization (NGO)	非政府組織	Office of National Drug Control Policy	国家薬物規制局（大統領府）
nonprofit organization (NPO)	民間非営利組織	Office of Naval Research	海軍研究局
		Office of Personnel Management	人事管理庁
nonprofit sector	非営利セクター		
nonviolent direct actions	非暴力直接行動	Office of Policy Development	政策推進局（大統領府）
Nordstrom	ノードストローム		
Nordyke and Marmon Co.	マーモン社	Office of Science and Technology Policy	科学技術政策局（大統領府）
Normal Heart, The	『ノーマル・ハート』	Office of Scientific Research and Development	科学研究開発局
North American	ノースアメリカン社		
North American Agreement on Environmental Cooperation (NAAEC)	環境協力に関する北米協定	Office of Technology Assessment, The congressional (OTA)	合衆国技術アセスメント局
North American Development Bank (NADBANK)	北米開発銀行	Office of the Comptroller of the Currency (OCC)	通貨監督局
North American Free Trade Agreement (NAFTA)	北米自由貿易協定	Office of the United States Trade Representative (USTR)	通商代表部
North American Plate	北アメリカプレート	official discount rate	公定歩合
North Carolina	ノースカロライナ	Official English bill	英語を合衆国の公用語とする法案
North Dakota	ノースダコタ		
Northampton	ノーサンプトン	official English movement	公用語運動
Northern Star	『北極星』	official rate	政策金利
Northrop	ノースロップ社	off-price store	オフプライス・ストア
Northrop Grumman	ノースロップ・グラマン社	offshore transfer	オフ・ショア・トランスファー、海外移転
Northrop Grumman Newport News	ノースロップ・グラマン・ニューポート・ニューズ社	Ogallala Aquifer	オガララ帯水層

Oglala Sioux	オグララ・スー族	Operation Smile	微笑み作戦
Oh, Key	『オー，ケイ』	Operation Sun Devil	サンデビル作戦
Ohio	オハイオ	opportunism or opportunistic behavior	機会主義的行動
Ohio, The	オハイオ川		
oil	石油	optical art	オプティカル・アート
oil majors	石油メジャー	optical fiber	光ファイバー
oil shock	オイル・ショック	Orbita	オービタ，軌道船
Ojibwa	オジブワ族（語）	order of Presidential Succession	大統領職継承順位
Oklahoma Rush	オクラホマ・ラッシュ		
Oklahoma!	『オクラホマ！』	Oregon	オレゴン
"Ol' Man River"	「オールマン・リヴァー」	Oregon Trail	オレゴン・トレイル
old age benefit	老齢給付	organ transplant	臓器移植
Old Age Insurance (OAI)	老齢年金保険	Organization of Pan-Asian Women	汎アジア女性組織
Old Civics	古い公民科		
Old Economy	オールド・エコノミー	Organization of the Petroleum Exporting Countries (OPEC)	石油輸出国機構
Old Folks at Home	「故郷の人々」		
Old-Age, Survivors and Disability Insurance (OASDI)	老齢・遺族・障害年金保険		
		Oriental Art of Boston Museum of Fine Art	ボストン美術館東洋部
Old-Age, Survivors, Disability, and Health Insurance (OASDHI)	老齢・遺族・障害・健康保険	Oriental School	東洋人学校
		Orientalism	オリエンタリズム
		Orientalism	『オリエンタリズム』
Olymic Commitee, U.S.	オリンピック委員会	*Origin of Species, The*	『種の起源』
Omnibus Budget Reconciliation Act	包括予算調整法	*Orphans of the Storm*	『嵐の孤児』
		Orthodox Judaism	正統派ユダヤ教徒
On Higher Education, the Academic Enterprise in an Era of Rising Student Consumerism.	『高等教育論──学生消費者時代の大学』	OS (Operating System)	基本ソフト
		Other Voice, Other Rooms	『遠い声，遠い部屋』
		Our Bodies, Ourselves	『私たちのからだ，私たち自身』
on line exchange	電子取引所	outlaw	アウトロー
On Our Backs	『オン・アワ・バックス』	outside director	外部取締役
On Photography	『写真論』	oval track	オーバル・トラック
On the Road	『路上』	overcrowding	過剰拘禁
On the Town	『オン・ザ・タウン』	over-representation	過大代表
One Flew over the Cuckoo's Nest	『カッコーの巣の上で』	*Overworked American, The*	『働き過ぎのアメリカ人』
One Magazine	『ワンマガジン』	owned farm	自作農
one person, one vote	1人1票の原則		
Oneida	オネイダ族（語）	●P	
one-parent family	片親家庭	pachuco	パチュコ
one-stop shopping	ワン・ストップ・ショッピング	Pacific Forum CSIS	パシフィック・フォーラム CSIS
online bookstore	オンライン書店		
online journalism	オンライン・ジャーナリズム	Pacific Ocean, The	太平洋
Online Journalism Awards	オンライン・ジャーナリズム賞	*Pacific Overtures*	『太平洋序曲』
		Pacific Plate	太平洋プレート
Online News Association (ONA)	オンライン・ニュース・アソシエーション	Pacific Telesis Group	パシフィック・テレシス・グループ
		Packard	パッカード
Online Public Access Catalog (OPAC)	オンライン目録検索システム	padorone	パドローネ
		Paiute	パイユート族（語）
online shopping	オンライン・ショッピング（販売）	*Pajama Game*	『パジャマ・ゲーム』
		Pale Fire	『青白い炎』
Onondaga	オノンダガ族（語）	Palestine	パレスチナ
Ontario, Lake	オンタリオ湖	Palestine Liberation Organization (PLO)	パレスチナ解放機構
Ontological Hysteric Theatre	オントロジカル・ヒステリック・シアター		
		Palestine problem	パレスチナ問題
open architecture	オープン・アーキテクチャ	Palo Alto Research Center (PARC)	パロアルト研究所
Open Door imperialism	門戸開放型帝国主義		
Open Door policy	門戸開放政策	Pan American Building	パンナムビル
Open Sky policy	衛星利用の自由化	Pan-Africanism	パン・アフリカニズム
Open Theatre	オープン・シアター	Panama Canal	パナマ運河
opening statement	冒頭陳述（裁判の）	panhandle	パンハンドル地方
open-mindedness	広い心	Panopticon	パノプティコン
open-wheel race	オープンホイール・レース	pantsuit	パンツスーツ
operation rescue	オペレーション・レスキュー	pantyhose	パンティ・ストッキング
Operation Restore Hope	希望回復作戦		

Papago	パパゴ族（語）	Pew Charitable Trusts	ピュー財団，ピュー慈善基金
paperback	ペーパーバック	Peyote Cult	ペイオーティ信仰
Paperback Revolution	ペーパーバック革命	*Phantom of the Opera, The*	『オペラ座の怪人』
papilograph	パピログラフ		
Paradigm change hypothesis	パラダイム・チェンジ説	phantom ride	ファントム・ライド
		phenomenological sociology	現象学的社会学
Paramount Pictures Corp.	パラマウント社		
		Philadelphia	フィラデルフィア
para-transit	パラトランジット（障害者の移動保障の）	*Philadelphia*	『フィラデルフィア』
		philanthropy	フィランソロピー
Park Avenue Building	パークアヴェニュービル	Philco	フィルコ
parliamentary cabinet system	議院内閣制	Philip Morris Co.	フィリップ・モリス社
		phone freaks	電話フリーク
participant sports	パーティシパントスポーツ	phonograph	蓄音機
partly owned farm	部分借地農	photo essay	フォトエッセイ
parts interchangeability	部品互換性	photo realism	フォト・リアリズム
party affiliation	支持政党	photogram	フォトグラム
party line	パーティライン，電話会議	photojournalism	フォトジャーナリズム
party member	党員	Photo-Secessionism	写真分離派
Passamaquoddy	パサマコディ族（語）	*Phyllis Schlafly Report, The*	『フィリス・シュラフリー報告』
Passing of the great race	『偉大なる種族の危機』		
Passover	過ぎ越しの祝い	*Piano Lesson, The*	『ピアノ・レッスン』
patent	特許権	*Picnic*	『ピクニック』
patent medicine	パテント・メディシン	picture bride	写真花嫁
pattern bargaining	パターン・バーゲニング	pictures in motion	連動写真
Patterns of Culture	『文化の型』	Piedmont Plateau	ピードモント台地
Pax Americana	パックス・アメリカーナ	Pierce-Arrow	ピアス＝アロー
pay broadcasting	有料放送	*Pierre; or, The Ambiguities*	『ピエール』
pay off	ペイオフ		
Peace Corps	平和部隊	Pikes Peak Hillclimb	パイクスピーク・ヒルクライム
peace dividend	平和の配当	Pima	ピマ族（語）
Peace-Enforcement Unit	平和執行部隊	Pine Ridge Reservation	パインリッジ保留地
Peacekeeping Operations (PKO)	国連平和維持活動	*Pins and Needles*	『ピンと針』
		pioneer	開拓者，パイオニア
Peale Museum	ピール・ミュージアム	Pioneer	パイオニア（宇宙船）
peanut	ピーナッツ	Pioneer Hi-Bred International	パイオニア・ハイブリッド
Peanuts	『ピーナッツ』		
Pearl Harbor	真珠湾，パール・ハーバー	pipeline	パイプライン
pecan pie	ピーカンパイ	pistol rump	ピストルランプ
Pen/Faulkner Award for Fiction	ペン/フォークナー賞	Pit River	ピットリヴァ族
		Pittsburgh	ピッツバーグ
Pennsylvania	ペンシルヴェニア	pizza	ピザ
Pennsylvania Dutch	ペンシルヴェニア・ダッチ	place marketing	場所のマーケティング
Pennsylvania Gazette	『ペンシルヴェニア・ガゼット』	Planned Parenthood Association of Southern Pennsylvania v. Casey	ペンシルヴェニア州南東部家族計画協会対ケイシー判決
Pennsylvania Germans	ペンシルヴェニア・ジャーマンズ		
Penobscot	ペノブスコット族（語）		
Pentagon	ペンタゴン，国防総省		
Pentagon Papers	ベトナム秘密文書	plant and equipment investment oriented growth pattern by indirect finance	間接金融による設備投資先行型成長パターン
Pentagon Papers Case	国防総省秘密文書事件		
Pentium	ペンティアム		
People	『ピープル』		
People of Plenty	『豊かな人々』	plantation agriculture	プランテーション農業
People's Temple	人民寺院	plastics	プラスチック
peremptory challenge	理由不要の忌避（陪審員選任の）	platform frame construction	ツーバイフォー構法
perpetual foreigners	永遠の外国人	Playwright's Co.	プレイライツ・カンパニー
Pershing II	パーシングⅡ	Plaza Accord	プラザ合意
personal computer	パーソナル・コンピュータ	pleasure garden	プレジャー・ガーデン
Personal Responsibility and Work Opportunity Reconciliation Act (PRWOR)	個人責任および就業機会に関する調整法	Plessy v. Ferguson	プレッシー対ファーガソン判決
		plexiglass	プレクシグラス
		plug	プラグ
		plugger	売り込み演奏家
persons who have end-stage renal disease	重度腎臓病患者	plurality	複数性
		plurality opinion	相対多数意見
petty jury	小陪審	plutonium	プルトニウム

plutonium weapon	プルトニウム型原爆
Plymouth	プリマス
Plymouth Rock	プリマス・ロック
Plymouth, The	プリマス号
pocket veto	ポケット・ヴィトー
pocketbook	ポケット・ブックス
Poetry	『ポエトリ』
pogrom	ポグロム
Point Foundation	ポイント財団
Point Four Program	ポイント・フォー・プログラム
Points of Light Foundation	ポインツ・オブ・ライト財団
Pokanoket	ポカノケット族
Polaris	ポラリス
police fiction	警察小説
Policy measures in the Blue box	青の政策
Policy measures in the Green box	緑の政策
Policy measures in the Yellow box	黄の政策
Polish-Americans	ポーランド系アメリカ人
Polish peasant in Europe and America, The	『ポーランド農民』
Political Correctness (PC)	ポリティカル・コレクトネス
polygamy	一夫多妻制
polymethyl methacrylate	ポリメチル・メタクリレイト
polyrhythm	ポリリズム
polystyrene	ポリスチレン
polyvinyl chloride (PVC)	ポリ塩化ビニル
Poor Richard's Almanac	『貧しきリチャードの暦』
poor white	プア・ホワイト
pop art	ポップアート
popular culture	大衆文化
popular vote	一般得票数
population	人口
Population Bomb, The	『人口爆弾』
population increase rate	人口増加率
population of urban territory	都市人口
populism	ポピュリズム
Populist party	人民党
Populuxe era	ポピュラックスの時代
Porgy and Bess	『ポーギーとベス』
Portland	ポートランド
Portland Building	ポートランドビル
Portrait of a Lady, The	『ある婦人の肖像』
Portugal	ポルトガル
posadas	ポサダ
Postal Service, U.S. (USPS)	郵政公社
postcolonialism	ポスト・コロニアリズム
post feminism	ポスト・フェミニズム
Post-Painterly Abstraction	ポスト・ペインタリー・アブストラクション
postbellum	ポストベラム期
postcolonial	ポストコロニアル
postgraduate program	卒業後課程
postmillennialism	千年紀後再臨説，ポストミレニアリズム
postmodern	ポストモダン
postmodernism	ポストモダニズム
postsecondary education	高等教育
post-structuralism	ポスト構造主義
potato	ジャガイモ
potlatch	ポトラッチ
poverty line	貧困線
Poverty of Affluence, The	『「豊かさ」の貧困』
power center	パワーセンター
power marketer	パワーマーケッター
Power of Sympathy, The	『共感力』
power to command all the armed forces	軍隊の統帥権
power to convene both Houses	議会（議院）召集権
power to grant reprieves and pardons	恩赦権
power to make treaties	条約の締結権
power to nominate and appoint ambassadors, etc.	任命権（外交使節・最高裁判事・官吏等の）
powers of Commander in Chief	最高指揮権（陸海空軍・民兵の）
powwow	パウワウ
pragmatic liberalism	プラグマティック・リベラリズム
pragmatism	プラグマティズム
prairie	プレーリー植生
prairie schooner	草原の帆船
Prairie Style	プレーリー・スタイル
precedent	先例価値
precinct	投票区
Precisionism	精巧主義
pre-Columbian (style)	プレ・コロンビア
Pre-emption Act	先買権法
Prefabricated House	プレハブ住宅
premillennialism	千年紀前再臨説，プレミレニアリズム
Presbyterian	長老派
presentation of evidence	立証（裁判の）
preservation	保護（環境の）
President	大統領，上院議長，大学総長
President pro tempore	臨時議長（上院）
Presidential Decision Directive (PDD)	大統領決定指令
presidential election	大統領選挙
presidential election campaign fund	大統領選挙運動基金
presidential government	大統領制
Presidential Press Secretary	大統領報道官
presidential primary election	大統領予備選挙
Presidential Review Directive (PRD)	大統領政策再検討指令
President's Commission on the Status of Women	女性の地位に関する大統領委員会
press conference	記者会見
presumption of constitutionality	合憲の推定
Price, The	『代価』
PricewaterhouseCoopers	プリンスウォーターハウスクーパーズ
Pricksons & Descants	『プリックソングとデスカント』
Pride Celebration	プライド・セレブレーション
Pride of Palomar	『パロマ山の誇り』
Pride Rally	プライド・ラリー
prime minister	首相
prime time	ゴールデン・アワー

Prime Time Access Rule	プライムタイム・アクセス・ルール	psychoanalyst	精神分析医
primitive Christianity	原始キリスト教	psychological anthropology	心理人類学
Princeton	プリンストン	public access channels	パブリック・アクセス・チャンネル
Principles of Psychology	『心理学原理』		
Print On Demand	プリント・オン・デマンド	public assistance	公的扶助制度
Printer's Ink	『プリンターズ・インク』	Public Broadcasting Act	公共放送法
prison	刑務所	Public Broadcasting System (PBS)	公共放送
privacy	プライバシー		
private law	私法	Public Citizen	パブリック・シチズン
privatization	プリヴァティゼーション，民営化	Public Health Cigarette Smoking Act	公衆衛生紙巻タバコ禁煙法
Prize Stories: O. Henry Awards	『O.ヘンリー賞受賞作品集』	Public Health Service Act	公衆衛生サービス法
probate court	遺言検認裁判所	public interest	公共の利益
problem that has no name, the	名前のない問題	Public Land	公有地
		public law	公法
process control	工程管理	public library	公共図書館
pro-choice	プロ＝チョイス	Public Library Law	図書館法
producer	プロデューサー（演劇・ミュージカルの）	Public Utility Regulatory Policies Act	PURPA法
Producers, The	『プロデューサーズ』	public vocational school	公立職業訓練学校
product architecture	製品アーキテクチャ	Public Works Administration (PWA)	公共事業局
Production Code	映画製作倫理規定		
Production Code Administration (PCA)	映画製作倫理規定管理局	publisher	出版社
		Publishers Weekly	『パブリッシャーズ・ウィークリー』
Production Tax Credit (PTC)	生産税額控除制度	publishing consultant	出版コンサルタント
pro-family movement	プロ・ファミリー運動	pueblo	プエブロ
Professional Air Traffic Controllers Organization (PATCO)	連邦航空管制官組合	Pueblo of Acoma	アコマ・プエブロ
		Puerto Rican	プエルトリコ人
		Puerto Rico	プエルトリコ
professional schools	プロフェッショナルスクール	Pulitzer Prize	ピューリツァー賞
Progressive party	進歩党	pulp magazine	パルプ雑誌
Progressive Policy Institute (PPI)	進歩的政策研究所	pumpkin	カボチャ
		pumpkin pie	パンプキンパイ
progressivism	革新主義，プログレッシビズム	punitive damages	懲罰的損害
Prohibition, the	禁酒法時代	Purchase of Alaska	アラスカ購入
Prohibition Amendment	禁酒法	Purchasing power-theory	購買力補給論
Prohibition movement	禁酒法運動	Pure Food and Drug Act	食品安全法
prohibition of smoking	禁煙	Puritan	ピューリタン
Project Apollo	アポロ計画	Puritanism	ピューリタニズム
Project for the New American Century (PNAC)	新米国の世紀プロジェクト	Putnam	パトナム
		Puyallup	プヤラップ族
Project Gemini	ジェミニ計画	● Q	
Project Mercury	マーキュリー計画	"Quadrennial Defense Review" (QDR)	「四年期国防レビュー」
pronunciation	発音		
property rights	所有権（資源の）	Quaker	クエーカー教徒
proposition	提案	*Quaker City, The*	『クエーカー・シティ』
prospective juror list	陪審員候補者名簿	qualified attorney	弁護士資格
Protestant	プロテスタント	qualified individuals with disabilities	働く力のある障害者
Protestantism	プロテスタンティズム		
protectine tariff	保護関税	qualified Period	適格期間
Proto-Indo-European Language	インド＝ヨーロッパ祖語	quality paper	高級紙
		quasi-judicial	行政委員会の半司法的機能
Provincetown	プロヴィンスタウン	quasi-legislation	行政委員会の半立法的機能
provost (vice) president for academic affairs	教務担当副学長（大学の）	queer	クイア
		Queer Nation	クイア・ネーション
Prozac	プロザック	quiz show	クイズ番組
prudential policy	プルーデンス政策，信用維持政策	Qwest	クエスト
psychedelic blues	サイケデリック・ブルース	● R	
psychiatry	精神医療	race	人種
psychoanalysis	精神分析	race music	レイス・ミュージック

race profiling	人種プロファイリング	Religious Right	宗教的右派, ニューライト
Race, Language, and Culture	『人種・言語・文化』	religious school	宗教系学校
		remainder dealer	リメインダー・ディーラー
racial discrimination	人種差別制度	"Remember Pearl Harbor"	「真珠湾を忘れるな」
racing car	レーシングカー		
Radar Absorbing Material (RAM)	レーダー吸収素材	Renaissance Style	ルネサンス・スタイル
		Renewable Energy	再生可能エネルギー
radical feminism	ラディカル・フェミニズム	*Rent*	『レント』
radicalesbian	ラディカレズビアン	rent-in-farmland	借地
radio	ラジオ	Reorganization Act	行政再組織法
Radio Free Europe	自由ヨーロッパ	"Report on Smoking and Health"	「喫煙と健康に関する報告」
radio station	ラジオ局		
ragtime	ラグタイム	*Representative Men*	『代表的人間』
Rail Passenger Service Act	鉄道旅客サービス法	Republic of Palau, the	パラウ共和国
		Republican party	共和党
railroad	鉄道	research university	研究大学
rancharie	ランチェリー	reservation	リザベーション, 保留地
Random House	ランダムハウス	Resource Renewal Institute	資源再生センター
Ransom	『ランサム』		
Rape, Abuse & Incest National Network (RAINN)	全米強姦・虐待・近親相姦ネットワーク	restorationism	万人救済説
		retailing wheel	小売の輪モデル
		Retribution or Deterrence Model	応報刑・抑止モデル
"Rappers Daylight"	「ラッパーズ・デイライト」		
ratification	批准（条約の）	Return to Normalcy	普通の状態へ戻ろう
Rawhide	『ローハイド』	Reuter	ロイター
Raytheon Co.	レイセオン社	revenue sharing program	歳入分与制度
Reader's Digest	『リーダーズ・ダイジェスト』	Revised Copyright Law/Revision of Copyright Act	新著作権法
Reaganomics	レーガノミックス		
Real Simple	『リアル・シンプル』		
Rebel without a Cause	『理由なき反抗』	revisionist	リビジョニスト
receptacle	コンセント	Revival	リバイバル
Reconstruction	再建	Revivalism	信仰復興運動, リバイバリズム
Reconstructionist	再建派ユダヤ教	*Revolution From Within : a Book of Self-Esteem*	『ほんとうの自分を求めて――自尊心と愛の革命』
rectangular survey system	タウンシップ制		
Red Badge of Courage, The	『赤い武勲章』	Revolution in Military Affairs (RMA)	軍事革命
Red Power	レッド・パワー	"Rhapsody in Blue"	「ラプソディー・イン・ブルー」
Red Purge	赤狩り	*Rhinoceros*	『犀』
Red River	『赤い河』	Rhode Island	ロードアイランド州
red scare	レッドスケア	rhythm and blues (R & B)	リズム＆ブルース
Redman and the Child, The	『赤い肌の男と子供』	rhythm songs	リズム・ソング
		rice	コメ
Reebock	リーボック	*Ride Down Mt. Morgan, The*	『転落』
reengineering	リエンジニアリング		
reflation	リフレーション	riff	リフ
Reflections in a Golden Eye	『禁じられた情事の森』	riffle	ライフル銃
		Right Stuff, The	『ライト・スタッフ』
Reform Judaism	改革派ユダヤ教	right to be eligible to the office of President	大統領被選挙権
refrigerator	冷蔵庫		
refugee	難民	right to be heard	意見が聞き入れられる権利権利（消費者の4つの権利）
Refugee Relief Act	難民救援法		
refuse	ならず者ども	right to be informed	知る権利（消費者の4つの権利）
Regents of the University of California v. Bakki	カリフォルニア大学評議員対バッキ事件判決		
		right to choose	選ぶ権利（消費者の4つの権利）
reggae	レゲエ		
regional economic disparity	地域経済格差	right to safety	安全の権利（消費者の4つの権利）
regional parks	地域密着型テーマパーク	rights of consumers	消費者の権利
regionalism	地方主義	Rio Grande	リオグランデ川
Regulation Q	金利規制	*Rising Sun*	『ライジング・サン』
Rehabilitation Act	リハビリテーション法	Ritalin	リタリン
Rehabilitation or Treatment Model	社会復帰・改善教育刑モデル	*Ritual Process, The*	『儀礼の過程』
		River Niger	リヴァー・ナイジャー
religious fundamentalism	宗教原理主義	RJR Nabisco, Inc.	RJRナビスコ社

Road Novel	ロード・ノベル	salmon	サケ
roaring twenties	怒涛の20年代, ローリング・トウェンティーズ	Salomon Smith Barney	ソロモン・スミス・バーニー
		Salon	『サロン』
robber baron	強盗貴族	saloon	酒場
Robert Brookings Graduate School	R.ブルッキングズ経済・政府研究大学院	Salt Lake City	ソルトレイクシティ
		saltbox	ソルトボックス
Robert E. Lee's Birthday	リー将軍の誕生日	Salvation Army	救世軍
Robert Wood Johnson Foundation	ジョンソン財団	Sam's Wholesale Club (SWC)	サムズ・ホールセール・クラブ
Robins Lawrence	ロビンズ・ローレンス社	San Andreas Fault	サンアンドレアス断層系
Roby House	ロビー邸	San Francisco	サンフランシスコ
rock	ロック	*San Francisco Chronicle*	『サンフランシスコ・クロニクル』
Rock and Roll Hall of Fame and Museum	ロックン・ロール・ホール・オブ・フェイム	San Francisco Poetry Renaissance	サンフランシスコ・ポエトリ・ルネサンス
Rockefeller Brothers Fund	ロックフェラー兄弟基金	San Francisco Symphony	サンフランシスコ交響楽団
Rockefeller Foundation	ロックフェラー財団	Sand Creek Massacre National Historic Site Establishment Act	サンド・クリーク虐殺跡設置法
Rockefeller Institute for Medical Research	ロックフェラー医学研究所		
rocket	ロケット	Sandia National Laboratory	サンディア（国立）研究所
rock'n'roll	ロックンロール		
Rockwell International	ロックウェル・インターナショナル社	Sanger Centre	サンガー・センター
		Santa Claus	サンタクロース
Rocky Mountains, the	ロッキー山脈	Santa Fe	サンタフェ
rodeo	ロデオ	Santa Lucia's Day	聖ルチアの祭り
Rodney King case	ロドニィ・キング事件	Santo Domingo	サント・ドミンゴ
Roe v. Wade	ロウ対ウェイド判決	Saracen, The	サラセン号
rogue states	ならずもの国家	Sarbanes-Oxley Act	企業改革法, サーベーンズ・オクスレー法
Rohm and Haas Co.	ローム＆ハース社		
roll film	ロールフィルム	satellite broadcasting	衛星放送
roller coaster	ジェット・コースター	*Saturday Evening Post*	『サタデー・イブニング・ポスト』
Rolling Stone	『ローリング・ストーン』		
Rolling Stones	ローリング・ストーンズ	*Saturday Night Fever*	『サタデー・ナイト・フィーバー』
romantic friendship	ロマンティックな友情		
Roosa bond	ローザ・ボンド	Saturn	サターン（ロケット）
Roosevelt Corollary (to the Monroe Doctrine)	ローズヴェルトの系論	"Save Our Children"	「わたしたちの子供を守れ」（キャンペーン）
Roosevelt Court, the	ローズヴェルト裁判所	Savings and Loan (S & L)	貯蓄貸付組合
Rope	『ロープ』	*Sayonara*	『サヨナラ』
Rosa Parks	ローザ・パークス事件	SBC Communications, Inc.	SBCコミュニケーションズ
Rose Bowl	ローズボウル		
Rose Parade	ローズ・パレード	Scandinavian	スカンジナヴィア系
Rosh Hashanah	ローシュ・ハシャナ, 新年（ユダヤ教の）	Scandinavian Colonial House	北欧系コロニアル住宅
Rotary Foundation of Rotary International	ロータリー財団	*Scarlett*	『スカーレット』
		Scarlet Letter, The	『緋文字』
Royal Dutch Shell	ロイヤル・ダッチ・シェル	Scholastic Aptitude Tests, Scholastic Achievement Tests (SAT)	大学進学適正テスト
Rudolph the Red-Nosed Reindeer	「赤鼻のトナカイ」		
Rule of law	法の支配		
Rural Electrification Administration (REA)	農村電化局	school district	学区, 学校区
		school district library	学校区図書館
		School of the Americas	米州学校
		science fiction	SF小説
		science fiction film	SF映画
●S		"Science in the National Interest"	「国益の中の科学」
Sacrament Bee	『サクラメント・ビー』		
Safeway Inc.	セーフウェイ	*Science-The Endless Frontier*	『科学――終わりなきフロンティア』
Saint Lawrence	セントローレンス川		
Saks	サックス	Scieneering	サイエニアリング
Salad Bowl	サラダボウル論	scientific management	科学的管理法
salaried manager	俸給経営者	scientific racism	科学的人種主義
Salem	セイラム	Scopes Trial (Monkey Trial)	スコープス裁判
Salem Witch Hunts, The	セイラムの魔女狩り		
Salem Witch Trials, The	セイラムの魔女裁判		
Salisbury	ソールズベリー		

Scotch-Irish	スコッチ=アイリッシュ系, スコットランド系アイルランド人	Senate Committee on the Judiciary	上院司法委員会
Scottish-Americans	スコットランド系アメリカ人	Senate Select Committee on Indian Affairs	インディアンに関する特別調査委員会
Scottish Philosophy	スコットランド哲学	Senator	上院議員
screening	スクリーニング（社会的責任投資としての）	Seneca	セネカ族（語）
screwball comedy	スクリューボール・コメディ	Senior Net	シニアネット
Scribner	スクリブナー	sentencing	刑の宣告手続
sculpture	彫刻	sentencing guideline	量刑ガイドライン
Sea Ranch Condominium	シーランチ・コンドミニアム	Sentimental Fiction	感傷小説, センチメンタル・フィクション
Sea Shepherd Conservation Society	シーシェファード	Separation between Church and State	政教分離
Seagram Building	シーグラムビル	separation of ownership from management	所有と経営の分離
Sears Roebuck & Co.	シアーズ・ローバック社	separation of powers	三権分立, 権力分立
Seattle	シアトル	Sephardic	セファーディック系
Second April	『第二の四月』	Sephardic Jews	セファーディック・ユダヤ人
Second Bank of the United States Act	第２国立銀行設置法	Service Employees International Unions (SEIU)	国際サービス労働組合
second class citizen	二級市民	set aside (program)	生産調整（農産物の）, セット・アサイド
Second Empire Style	セカンドエンパイア様式, 第２帝政様式	Seton Hill Fine Arts Center	シートン・ヒル美術大学
Second Great Awakening, The	第２次大覚醒期	Seven Sisters	セブン・シスターズ（7人の魔女）
Second Harvest	第二の収穫		
Second Step, The	第二歩	Seventh-day Adventists	安息日再臨派, セブンデイ=アドヴェンティスト
Second Wave Feminism	第２波フェミニズム		
Second Wave of Asian immigration	第二の波（アジア系移民の）	severe disability	重度障害
		Seward's folly	スーアードの愚行
Second Wave of Feminist Movement	第２波フェミニズム運動	*Sex and Temperament in Three Primitive Societies*	『三つの原始社会における性と気質』
Second Wounded Knee	第２次ウンデッドニー事件		
Secret Service	シークレット・サービス	sex education	性教育
secret society	秘密結社	sex war	セックス戦争
Secretary	長官（省の）	sexual harassment	セクシャル・ハラスメント
Secretary of Commerce	商務長官	sexual minority	性的少数派
Secretary of State	国務長官	sexual orientation	性志向
Secretary of War	陸軍長官	*Sexual Politics*	『性の政治学』
Securities and Exchange Commission (SEC)	証券取引委員会	sexuality	セクシュアリティ
		Shakers	シェーカーズ
securities broker	証券会社	shape memory alloys	形状記憶合金
securitization	証券化	sharecropper	シェア・クロッパー
security	安全保障	Shareholder Advocacy	株主行動（社会的責任投資としての）
Security Treaty between Japan and the United States of America	日米安全保障条約		
		Shawl, The	『ショール』
seed business	種子ビジネス	Shays' Rebellion	シェイズの反乱
Seed of the Sun	『太陽の種』	Sheep Ranch Rancheria	シープ・ランチ・ランチェリア
Seesaw	『シーソー』	*Sheltering Sky, The*	『天蓋の空』
Selden Patent	セルデン特許	sheriff	保安官
Select Committees	特別委員会	Sherman Anti-Trust Act	シャーマン反トラスト法
Self-Determination	セルフ・デタミネーション, 自己決定, 民族自決	shingle style	シングル・スタイル
		shingled roof	シングル（葺）
self-made man	セルフメイド・マン	*Shining, The*	『シャイニング』
"Self-Reliance"	「自己依存」	Ship American	シップ・アメリカン政策
self-service	セルフサービス	*Shogun*	『将軍』
Semi-Automatic Ground Environment (SAGE)	半自動式防空管制組織	shopping cart	ショッピング・カート
		shopping center	ショッピングセンター
semiconductor	半導体	*Shopping for a Better World*	『ショッピング・フォー・ベター・ワールド』
Seminole	セミノール族（語）		
Senate	上院, 元老院	shopping mall	ショッピングモール
Senate Committee on Armed Services	上院軍事委員会	shopping syndrome	買い物依存症
		short story	短編小説
Senate Committee on Foreign Relations	上院外交委員会	shout	シャウト
		Show Boat	『ショーボート』

show business	ショービジネス
Show Girl	『ショー・ガール』
Shubert Organization, The	シューバー・オーガニゼーション
shunning	忌避（アーミッシュの）
Siberia	シベリアへの出兵
Sierra Club	シエラ・クラブ
Sierra Nevada, The	シエラネヴァダ山脈
Signs	『サインズ』
Silence of the Lambs	『羊たちの沈黙』
Silent Spring	『沈黙の春』
silicon	ケイ素（シリコン）
silicon	シリコン
silicon chip	シリコンチップ
Silicon Valley	シリコンヴァレー
Silicon Valley Model	シリコンヴァレー・モデル
Silk Stockings	『絹の靴下』
Simon & Schuster	サイモン・アンド・シュスター
simple resolution	単純決議
sin tax	罪悪税
S.I. Newhouse	S.I.ニューハウス
Singer	シンガー社
single mother	シングルマザー
single society	シングル社会
single-member district system	小選挙区制
SINOPEC (China Petroleum and Chemical Corporation)	中国石化集団
Sioux	スー族（語）
Sioux City	スーシティ
Sisco Systems	シスコ・システムズ
Sister Carry	『シスター・キャリー』
Sisterhood Is Powerful	『シスターフッドはパワフル』
sitcom	シッカム
Sithe Energies Inc.	サイスエナジー
sit-in	座り込み運動，シット・イン
situation comedy	ホーム・コメディー
Six Flags	シックス・フラッグズ
Six-Day War (Arab-Israeli War of 1967)	第3次中東戦争
Sketch and Eccentricities of Col. Crockett of West Tennessee	『西テネシーなるデイヴィッド・クロケット大佐の横顔と奇行』
Sketch-Book, The	『スケッチブック』
Skidmore, Owings & Merrill LLP (SOM)	スキッドモア・オウイングズ・アンド・メリル
skyscraper	摩天楼，スカイスクレーパー
Slaughterhouse-Five	『スローターハウス5』
slave codes	奴隷取締法
slave laws	奴隷法
Slave Narrative	奴隷体験記，スレイヴ・ナラティヴ
Slave State	奴隷州
slave trade	奴隷貿易
slavery plantation	奴隷制プランテーション
Slipstream	変流文学，スリップ・ストリーム
Sloan system	スローン・システム
slurry	スラリ輸送
Small Business Administration (SBA)	中小企業庁
Small Claims Court	小額請求裁判所
small government	小さな政府
Smart Design	スマート・デザイン
smart material	スマート・マテリアル
Smith College	スミス・カレッジ
Smithsonian	『スミソニアン』
Smithsonian Institution	スミソニアン協会
Smoke Signals	『スモーク・シグナルズ』
smokeless tobacco	無煙タバコ
Snake River	スネーク川
snapshot	スナップショット
Snoopy	スヌーピー
snowbelt	スノーベルト
Socal	ソーカル
social anthropology	社会人類学
social conflict	社会紛争
Social Darwinism	社会進化論
social feminism	社会フェミニズム
Social Investment Forum	ソーシャルインベストメント・フォーラム
social landscape	社会的風景
social security	社会保障（制度）
Social Security Act	社会保障法
social studies	社会科，社会科教育
socialist feminism	社会主義フェミニズム
Socialist Party of America	アメリカ社会党
Socially Responsible Investment (SRI)	社会的責任投資
Society for Human Rights	人権協会
Sociological Imagination, The	『社会学的想像力』
sociology	社会学
Sociology for the South	『南部のための社会学』
Socony	ソコニー
soft power	ソフトパワー
solaization	ソラリゼーション
Soldier Blue	『ソルジャー・ブルー』
Soldiers' Pay	『兵士の報酬』
Soldiers Rehabilitation Act, The	傷痍軍人リハビリテーション法
Solid Rocket Boosters (SRB)	固体ロケット・ブースター
Solstice Day	冬至祭り
Song of Hiawatha, The	『ハイアワサの歌』
Sonoma Valley	ソノマヴァレー
Sons of Liberty	自由の息子たち
soul food	ソウルフード
soul music	ソウル（音楽）
Soul of the far east, The	『極東の魂』
Souls of Black Folk, The	『黒人のたましい』
Sound and the Fury, The	『響きと怒り』
sound banking	健全経営（金融機関の）
Sound of Music, The	『サウンド・オブ・ミュージック』
South	南部
South Carolina	サウスカロライナ
South Dakota	サウスダコタ
South Pacific	『南太平洋』
Southeast Asia Treaty Organization (SEATO)	東南アジア条約機構
Southern Baptist	南部バプテスト
Southern Christian Leadership Conference (SCLC)	南部キリスト教指導者会議
Southern Gothic	南部系ゴシック
Southern Hospitality	サザンホスピタリティー

Southern Renaissance	サザン・ルネサンス
Southland Corporation	サウスランド社
Southwest Airlines	サウスウエスト航空
Southworth & Haws	サウスワース＆ホーズ
sovereign debt crisis	累積債務問題
Sovereignty and Goodness of God, together with the Faithfulness of His Promises Displayed, The	『崇高にして慈悲深き神はその公約を守りたもう』
Soviet Union	ソビエト連邦
soybean	大豆
space development	宇宙開発
space industry	宇宙産業，宇宙企業
space shuttle	スペースシャトル
space station	宇宙ステーション
space walk	宇宙遊泳
spaceshuttle	スペースシャトル
Spanish Colonial House	スペイン系コロニアル住宅
Spanish/Hispanic/Latino	スパニッシュ/ヒスパニック/ラティノ
Spanish-American War	米西戦争
sparerib	スペアリブ
speakeasy	もぐり酒場
Speaker	下院議長
speak-out	スピークアウト
Special Action Committee on Facilities and Areas in Okinawa (SACO)	日米特別行動委員会
special agent	特別捜査官（FBI の）
Special Assistant to the President for Consumer Affairs	消費者問題担当官
special district	特別区
special military commissions	特別軍事法廷
Special Olympic International	スペシャル・オリンピック・インターナショナル
Special Representative for Trade Negotiations	特別通商代表
speciality retailer of private label apparel (SPA)	製造小売業
specialized attorney	専門弁護士
specialized court	限定分野を扱う裁判所
specialty store	専門店
spectator sports	スペクテイタースポーツ
speculative fiction	思索小説，スペキュレーティヴ・フィクション
speech code	スピーチ・コード
spelling	綴り
Spiegel	スピーゲル
spin-off effect	スピンオフ効果
Spirit of St. Louis	「セントルイスの魂」号
spirituals	霊歌
sponsored film	スポンサード・フィルム
sponsorship system	スポンサー方式（カーレースの）
sports	スポーツ
sports club	スポーツクラブ
Sports Authority	スポーツ・オーソリティ
sprawl	スプロール化
Sprint	スプリント
Sputnik shock	スプートニク・ショック
S.S. Kresge	S.S.クレスギ
St. Joseph's Day	聖ヨセフの日
St. Louis	セントルイス
St. Louis Hegelians	セントルイス・ヘーゲリアン
St. Louis Movement	セントルイス運動
St. Patrick's Day	聖パトリックの日
St. Valentine's Day	聖ヴァレンタインの日
Stagecoach	『駅馬車』
stagecoach	ステージ・コーチ
stagflation	スタグフレーション
stagnation	景気停滞，スタグネーション
stakeholder	ステークホルダー
stall build system	定置組立方式
Stamp Act	印紙条例
standard	スタンダード
standard English	標準的な英語
Standard Oil Co.	スタンダード石油
standard time	標準時
standardized product	標準化商品
standing committee	常設委員会（連邦議会の）
Stanford Research Institute	スタンフォード研究所
staple	ステイプル（輸出向け農産物）
Staples	ステープルズ
star	スター（映画の）
Star Wars	『スター・ウォーズ』
Starbucks Coffee	スターバックス社
"Star-Spangled Banner, The"	「星ちりばめた旗」
Startrek	『スタートレック』
state	州（邦）
state bank	州法銀行
state constitution	州憲法
state convention	州党大会
state courts	州裁判所
State Courts of Appeals	州控訴審裁判所
State District Courts	州地方裁判所
state government	州政府
state governor	州知事
state law	州法
state legislators	州議会議員
state legislature	州議会
state library	州立図書館
State Library of Massachusetts	マサチューセッツ州立図書館
State Park System Officer	州立公園管理官
state police	州警察
state prohibition (law)	州禁酒法
State Supreme Court	州最高裁判所
state university police	州立大学警察
state-tests	州テスト
Station for Experimental Evolution	実験進化研究所
statistical quality control (SQC)	統計的品質管理
status symbol	ステータス・シンボル
stealth	ステルス性
steamboat	蒸気船
step family	ステップファミリー
Steppe climate	ステップ気候
stereograph	ステレオグラフ（立体写真）
stereotype	ステレオタイプ
Sterilization Law	断種法
STETSON	ステットソン

Steve Jackson Games	スティーヴ・ジャクソン・ゲームズ社	Super Bowl	スーパーボウル
Stick Style	スティック・スタイル	Super Station	スーパー・ステーション
stock car race	ストックカー・レース	Superconducting Super Collider (SSC)	超伝導超大型粒子加速器
stockholder	株主	superconductivity	超伝導
stoke tiker	相場受信システム	Superior Court	州地方裁判所
Stonewall Inn	ストーンウォール・イン	Superior, Lake	スペリオル湖
Stonewall Riot	ストーンウォール暴動	supermarket	スーパーマーケット
Stop ERA	ERA阻止	superorganic, the	超有機体論
Storyteller	『ストーリーテラー』	supplement	サプリメント，栄養補助剤
straight photography	ストレートフォト	Supplemental Security Income (SSI)	補足的保障所得制度
Strategic Arms Limitation Talks (SALT)	戦略兵器制限交渉	Supplementary Medical Insurance (SMI)	補足的医療保険
Strategic Arms Reduction Talks (START)	戦略兵器削減交渉	supply chain management	サプライ・チェーン・マネージメント
Strategic Arms Reduction Treaty (START)	戦略兵器削減条約	supply-side economy	供給の経済学，サプライサイド経済学（レーガノミックス）
strategic behavior	戦略的行動		
Strategic Defense Initiative (SDI)	戦略防衛構想	Support Center for Nonprofit Management	NPOサポートセンター
stratification	階層化	supported employment	援助付き雇用（障害者の）
Stratocaster	ストラトキャスター	supreme command	最高指揮権
Strawberry Statement, The	『いちご白書』	Supreme Court	最高裁判所
		supreme law	最高法規性
streamline	流線型	Supremes, The	シュープリームス
street car suburb	路面電車の郊外	surrealist	シュルレアリスト
street performance	ストリート・パフォーマンス	surrogate mother	代理母
streetwise	ストリートワイズ	Survey of Income and Program Participation	SIPP調査
Streetcar Named Desire, A	『欲望という名の列車』		
		survivors' benefit	遺族給付
strike	ストライキ	sushi	寿司
structural contigency theory	組織のコンティンジェンシー理論	sustainable development	永続可能な発展
		swap arrangement	スワップ協定
structural functionalism	構造機能主義	swashbuckler	スワッシュバックラー映画
structuralism	構造主義	sweat-lodge	スウェット・ロッジ，汗かき小屋
Structural School of molecular biology	構造学派分子生物学		
		sweatshop	スウェットショップ，苦汗工場
Structure of Social Action, The	『社会行為の構造』	Swedish-Americans	スウェーデン系アメリカ人
		Sweeney Todd	『スウィーニー・トッド』
student consumerism	学生消費者主義，スチューデント・コンシューマリズム	*Sweet Charity*	『スイート・チャリティ』
		Sweetness and Power	『甘さと権力』
Student Nonviolent Coordinating Committee (SNCC)	学生非暴力調整委員会	swing	スイング
		symbol of integration	国民的英雄
		symbol of integration	統合の象徴
Student Uprising at Colombia University	コロンビア大学の学生蜂起	symbolic anthropology	象徴人類学
		symbolic interactionism	象徴的相互作用論
subcommittee	小委員会（連邦議会の）	synagogue	シナゴーグ
subliminal advertisement	サブリミナル広告	syndicate	シンジケート
subliminal message	サブリミナル・メッセージ	syndication	シンジケーション，番組販売機関
submarine	潜水艦		
submarine-launched ballistic missile (SLBM)	潜水艦発射型弾道ミサイル	syndicator	シンジケーター
		synechism	シネキズム
subsidy	補助金（農家への）	synergy	シナジー
suburb	郊外	Syngenta	シンジェンタ
Suddenly Last Summer	『去年の夏突然に』	synthetic diamond	人工ダイヤモンド
Sue Mura	『須恵村』	synthetic gum	人工ゴム
Sugarhill Gang	シュガー・ヒル・ギャング	Syren, The	サイレン号
Summer and Smoke	『夏と煙』	systems theory	システム論
Sun Also Rises, The	『日はまた昇る』		
Sunbelt	サンベルト	●T	
Sunbelt phenomenon	サンベルト現象	tabulator	タビュレータ
Sun Dance	サンダンス	taco	タコス
Sunbeam	サンビーム	tactical nuclear weapon	戦術核兵器
Sunoco (Sun Oil Co.)	サン石油会社	Taft-Hartley Act	タフト=ハートレー法
Sunshine Boys, The	『サンシャイン・ボーイズ』	Talbots	タルボッツ

Taliban government	タリバーン政権	Tex-Mex (texmex)	テックス・メックス料理
tall tale	ホラ話	Thanksgiving Day	感謝祭
Tammany Society	タマニー協会	The Eight	ジ・エイト
TaosPueblo	タオスプエブロ族	*The Other America*	『もう1つのアメリカ』
Tap Dance Kid	『タップダンス・キッド』	*The Street*	『ザ・ストリート』
target price	ターゲット・プライス(農産物の)	Theater Guild	シアター・ギルド
Target (stores)	ターゲット（ストア）	Theater Missile Defense (TMD)	戦域ミサイル防衛
Tariff Commission	関税委員会	theatre journalism	演劇ジャーナリズム
Tarzan	『ターザン』	theatre review	劇評
Tarzan of the Apes	『類猿人ターザン』	theatre (drama) of absurd	不条理劇
task force	タスク・フォース	*Their Eyes Were Watching God*	『彼らの目は神を見ていた』
Tax Court	租税裁判所		
tax-cut	減税	theme park	テーマパーク
taxpayer	納税者	Theory of Constrains	制約条件の理論
Taylor System	テイラー・システム	*Theory of Culture Change*	『文化変化の理論』
Taylorism	テイラー主義	*Theory of the Leisure Class, The*	『有閑階級の理論』
"Teaching of Community Civics"	「コミュニティ・シビックスの教育」		
		therapeutist (therapist)	セラピスト
Teahouse of the August Moon, The	『八月十五夜の茶屋』	therblig	単位動作
		thermostat	サーモスタット
team production system	チーム式生産管理法	*Things Japanese*	『日本事物誌』
"Tears In Heaven"	「ティアーズ・イン・ヘヴン」	Thiokol	サイオコール
teenager	ティーンエイジャー	third house	議員の第三院
Telecommunications Act	電気通信法, テレコミュニケーション法	Third Industrial Revolution	第3次産業革命
telefilm	テレフィルム	Thor washing machine	トール洗濯機
telegraph	電信	thought cleansing	思想浄化
telephone	電話	Three Mile Island Nuclear Power Plant	スリーマイル原子力発電所
Teleport Communications Group, Inc.	テレポート		
		Three Sons, The	『パパ大好き』
television	テレビ	Three Strikes You're Out Law	三振アウト法
television debate	テレビ討論, テレビ・ディベート		
Television Decoder Circuitry Act	テレビデコーダ法	three-fifth's clause	3/5条項
		thrift institution	貯蓄金融機関
television preacher	テレビ説教師	Tide water	タイドウォーター
Television Ratings	番組格付け制度	tied house	特約酒場
temperance movement	節酒・禁酒運動	Tiffany & Co.	ティファニー
Temporary Assistance for Needy Family (TANF)	対困窮家庭一時扶助制度	*Time*	『タイム』
		time study	時間研究（テイラーによる労働作業の）
Tenants and Owners Development Corp (TODCO)	テナントと所有者開発公社		
		Time Warner	タイム・ワーナー
		Time Warner Cable	タイム・ワーナー・ケーブル
Tenderloin Neighborhood Development Corporations	テンダーロイン近隣開発公社	Times Miller Co.	タイムズ・ミラー社
		Tin Pan Alley	ティンパンアレー
		Tip Toes	『ティプ・トゥ』
Tennessee	テネシー	Titan	タイタン
Tennessee Valley Authority (TVA)	テネシー渓谷開発公社	Title VII, Civil Rights Act of 1964	市民権法第7条
term limit	多選禁止	Title IX, Education Amendments of 1972	教育修正法第9条
term of the President	大統領の任期		
Termination	連邦管理終結, ターミネーション	Title IX	タイトル・ナイン
		Titusville	タイタスヴィル
Terra Mitica	テラ・ミティカ	Tivoli Park	ティボリ公園
terrorism	テロリズム	tobacco	タバコ
Terrorism Preparedness Taskforce	テロ対策タスク・フォース	Tony Award	トニー賞
		Tools for Thought	『思考のための道具』
test	テスト	tortilla	トルティーヤ
Texaco	テキサコ	Tosco Oil	トスコ
Texaco Star Theater, The	『テキサコ・スター・シアター』	Total Demand Management (TDM)	トータル・ディマンド・マネージメント
Texas	テキサス（州）		
Texas Annexation	テキサス併合	total quality management (TQC)	全社的品質管理
Texas Instruments	テキサス・インスツルメント社		
Texas longhorn	テキサス・ロングホーン牛	TOTALFINAELF	トタルフィナエルフ
Texas steak	テキサス・ステーキ	totem	トーテム

totem pole	トーテム・ポール
Touch of the Poet, A	『詩人気質』
toxic colonialism	毒害物植民地主義
toxic waste	有害廃棄物
Toys "R" US	トイザらス
track and field	陸上競技
Trade Act	通商法
Trade Agreements Act	通商協定法
Trade Representative, U.S. (USTR)	通商代表部
"Tradition and the Individual Talent"	「伝統と個人の才能」
Traffic	『トラフィック』
Tragedy of American Diplomacy, The	『アメリカ外交の悲劇』
Trail of Broken Treaties	破られた条約の旅
Train Robbery	『列車強盗』
Trans World Airlines (TWA)	トランスワールド航空
transaction-cost approach	取引コスト・アプローチ
transcendentalist	トランセンデンタリスト，超絶主義者
Transcontinental Railroad	大陸横断鉄道
transistor	トランジスタ
transistor radio	トランジスタ・ラジオ
transnational	トランスナショナル
transnational Corporation	トランスナショナル企業
transnationality	越境性
Transportation Equity Act for the 21st Century (TEA-21)	交通公正法
transportation revolution	交通革命
Transportation Security Administration	交通安全局
transsexual	トランスセクシャル
transvestite	トランスベスタイト
travelzoo	トラベルズー
treadmill	ランニング装置
Treasure Island	トレジャー・アイランド
Treasurer	財務長官（カウンティの）
Treatise on Domestic Economy for Use in the Home, A	『家庭で役立つ家政経済論』
Treaty of Paris	パリ条約
Treaty of Conventional Armed Forces in Europe (CFE)	欧州通常兵器条約
Treaty of Guadalope-Hidalgo	グアダルーペ＝イダルゴ条約
Treaty on Intermediate-Range Nuclear Forces	INF 条約
Treaty on the Non-proliferation of Nuclear Weapons (NPT)	核不拡散条約，核拡散防止条約
Trenton	トレントン
trial	事実審理手続
Trial Court	州地方裁判所
trial lawyer	原告専門の弁護士
triangular trade	三角貿易
tribal council	部族協議会
Tribal Designated Statistical Areas	部族指定統計地域
Tribal Jurisdiction Statistical Areas	部族管轄統計地域
Tribally Controlled Community College Assistance Act	ニューカレッジ補助法
tribe	トライブ，部族
Tribune Co.	トリビューン社
trickster	トリックスター
Tricontinental Conference of Solidarity of the Peoples of Asia, Africa and Latin America	アジア・アフリカ・アメリカ三大陸人民連帯会議
Trilateral Commision	日米欧三極委員会
Trip to Chinatown, A	『ア・トリップ・トゥ・チャイナタウン』
trolley park	トロリー・パーク
trolleybus	トロリーバス
True Life of Billy the Kid, The	『ビリー・ザ・キッドの真実の生涯』
Truman Doctrine	トルーマン・ドクトリン
Trust lands	連邦信託地
Truth-in-Sentencing Laws (TSL)	強制的量刑法
tungsten filament	タングステン線
Tupperware	タッパーウェア
Tupperware party	タッパーウェアパーティ
turkey	七面鳥
turkey stuffed with apples	七面鳥のリンゴ詰め
turkey trot	ターキットロット
Turn of the Screw, The	『ねじの回転』
Tuscarora	トスカロラス族（語）
TV Broadcasting Rights	テレビ放映権
TV dinner	TVディナー
twist	ツイスト
two parties system	二大政党制
two tier gold price system	金二重価格制
two-party system	二大政党制
Typhoon, The	『タイフーン』
typology	予型論，タイポロジー

●U

Uncle Sam	アンクル・サム
Uncle Tomahawk	アンクル・トマホーク，物乞主義
Uncle Tom's Cabin	『アンクル・トムの小屋』
under-class	アンダークラス
undergraduate	アンダー・グラデュエイト
undergraduate program	学士課程
underground	アンダーグラウンド
Underground Railroad	地下鉄道
under-representation	過小代表
Understanding media: the Extensions of Man	『メディアの理解』
understudy system	代役システム（演劇・ミュージカルの）
unemployment	失業
unemployment insurance	失業保険
Unemployment Trust Fund	失業信託基金
Unforgiven	『許されざる者』
unilateralism	単独（行動）主義
uninsured	無保険者

Unitarianism	ユニタリアン派	U.S. Dollar	米ドル
United Airlines	ユナイテッド航空	U.S. English, Inc.	USイングリッシュ
United Automobile Worker's Union (UAW)	統一自動車労働組合	US-Japan Treaty of Peace and Amity, the	日米和親条約
		USS Arizona Memorial	アリゾナ記念館
United Cerebral Palsy (UCP)	全米脳性麻痺協会	USWest	USウェスト
		Utah	ユタ
United Farm Workers (UFW)	統一農場労働者組合	●V	
United Foreign Missionary Society, The	合同海外伝道会	Valero Energy	バレロ
		Valor of Ignorance, The	『無知の勇気』
United Nations (UN)	国際連合	Van Allen belt	ヴァン・アレン帯
United Nations Relief and Rehabilitation Administration (UNRRA)	連合国復興機関	Vanderbilt Cup Race	ヴァンダービルト・カップレース
		Vanguard	ヴァンガード
		variety	バラエティー（テレビ番組の）
		Vaudeville	ボードビル
United Nations Scientific Conference on Utilization of Resources, The	国連資源保全利用科学会議	V-chip	Vチップ
		Venezuela	ベネズエラ
		venire man	陪審候補者
United Nations Stockholm conference	国連ストックホルム環境会議	venture capital	ベンチャー・キャピタル
		verdict	評決
United Negro College Fund	合同黒人大学基金	Verein für Raumschif-Fahrt (VfR)	ドイツ宇宙旅行協会
United Parcel Service (UPS)	ユナイテッド・パーセル・サービス	Vermont	ヴァーモント
		Vermont Constitution, The	ヴァーモント州憲法
United Society of Believers	キリスト教再臨信仰者統一教会	vertical slum	立体スラム
		vertical take-off fighter	垂直離着陸戦闘機
United States Steel Co.	U.S.スティール	Veterans Day	復員軍人の日
United States v. Paramount Pictures, Inc., et al.	パラマウント他数社対合衆国判決	veterans' Pension	軍人・軍属年金制度
		veto	大統領の拒否権
		Viacom	ヴァイアコム
United Steelworkers of America vs. Weber	アメリカ鉄鋼労働組合対ウェーバー事件判決	Viacom Entertainment	ヴァイアコム・エンターテインメント
Unity Temple	ユニティ・テンプル	vice president	副大統領，大学の副学長
universal attendance	ユニバーサル・アテンダンス（大学への）	Victorian Queen Anne Style	ヴィクトリアン・クイーンアン
Universal Pictures	ユニバーサル社	Video dial tone	ビデオ・ダイアル・トーン裁定
Universal Studios	ユニヴァーサル・スタジオ	Vietnam War	ベトナム戦争
universal-access	高等教育機会の解放（すべての者のために）	Vietnamese-Americans	ベトナム系アメリカ人
		Vietnamization	ベトナム化政策
university	ユニバーシティ，大学	View from the Bridge, A	『橋からの眺め』
university library	大学図書館	Viking	ヴァイキング
University of California	カリフォルニア大学	Village common	ビレッジコモン
University of California system	カリフォルニア大学システム	Village Voice, The	『ヴィレッジ・ヴォイス』
		Vineland	『ヴァインランド』
University of Chicago	シカゴ大学	Vinland	ヴィンランド
University of New Mexico	ニューメキシコ大学	Vintage Contemporary	ヴィンテージ・コンテンポラリー
University of Wisconsin	ウィスコンシン大学	Virginia	ヴァージニア
Unmarried Woman, An	『結婚しない女』	Virginia Statue for Religious Freedom	ヴージニア信仰自由法
"Unparalleled Invasion, The"	「比類なき侵略」	"Visit from Saint Nicholas, A"	「聖ニコラスの訪問」
Unsafe at Any Speed	『どんなスピードでも自動車は危険だ』	Vladimir Jabotinsky medal	ウラジミール・ジャボチンスキー賞
uranium weapon	ウラン濃縮型原爆		
urban Indian	都市インディアン	vocabulary	語彙
Urban Institute	都市研究所	vocational rehabilitation	職業リハビリテーション
urban policy	都市政策	Vogue	『ヴォーグ』
urban sociology	都市社会学	voir dire	予備尋問
urbanism	アーバニズム	Volunteers in Service to America (VISTA)	ビスタ
urbanization	都市化		
Uruguay Round	ウルグアイ・ラウンド（ガットの）	voluntary association	ボランタリー・アソシエーション
		voluntary chain	ボランタリー・チェーン
USA Patriot ACT	米国パトリオット法	Volunteers of America	アメリカ・ボランティア協会
USA Today	『USAトゥデイ』	Vostok	ヴォストーク

voter registration	有権者登録	Webster v. Reproductive Health Services	ウェブスター対リプロダクティブ・ヘルス・サービス判決
voters	有権者	Webzine	ウェブジン
Voting Rights Act	投票権法	weekly newspaper	週刊新聞
vouchers	ヴァウチャー	weight loss program	減量計画
Voyager	ボイジャー	weight management firms	体重管理会社
		weight management program	会員制体重管理プログラム

●W

Wabash, St. Louis & Pacific R.R. v. Illinois	ウォバッシュ鉄道対イリノイ州事件判決	Welfare Overhaul Act	福祉再編成法
Wagner Act	ワグナー法	welfare state	福祉国家
Waiting	『待ち暮らし』	Welsh-Americans	ウェールズ系アメリカ人
Waiting for Godot	『ゴドーを待ちながら』	West	西部
Wakamatsu Colony	若松コロニー	West Africa	西アフリカ
Walden ; or, Life in the woods	『ウォールデン――森の生活』	West Side Story	『ウエスト・サイド物語』
		West Virginia	ウェストヴァージニア
Wall Street	ウォール・ストリート	Western	ウェスタン，西部劇
Wall Street Journal	『ウォールストリート・ジャーナル』	Western Electric Co.	ウェスタン・エレクトリック社
Wal-Mart Stores	ウォルマート（ストアズ）	Western Hemisphere Institute for Security Cooperation (WHISEC)	西半球安全保障協力研究所
Walt Disney Co.	ウォルト・ディズニー・カンパニー，ディズニー	Western Railroad	ウェスタン鉄道
War Against Terrorism	テロとの戦争	Western Union Telegraph Co.	ウェスタンユニオン電報会社
war bride	戦争花嫁		
War Brides Act	戦争花嫁法	Westinghouse Electric Co.	ウェスティングハウス
war film	戦争映画		
War Games	『ウォーゲーム』	Westward movement	西漸運動
War Industries Board	戦時産業局	Wetback	不法入国者，ウェットバック
War of 1812	第2次米英戦争，1812年戦争	whale fishery	捕鯨業
War of the worlds, The	『宇宙戦争』	whalers	捕鯨船
War on Drugs	麻薬との戦争	What is Life ?	『生命とは何か』
War on poverty	貧困に対する戦い	What We Talk About When We Talk About Love	『愛について語るときに我々の語ること』
War Power Act	戦争権限法		
War Relocation Authority (WRA)	戦時転住局		
		wheat	小麦
war-baby	ウォー・ベイビー	wheat belt	ホィートベルト
Warner Brothers	ワーナー・ブラザーズ社	whip	院内幹事
Warner Cable	ワーナー・ケーブル	Whirlwind (Computer)	ワールウィンド
Wartime President	戦時大統領	White Backlash	ホワイト・バックラッシュ
Was He a Coward ?	『彼は腰抜けだったか』	"White Christmas"	「ホワイト・クリスマス」
washing machine	洗濯機	white flight	白人住民の脱出
Washington	ワシントン	White House Office, the	ホワイトハウス事務局
Washington Consensus	ワシントン・コンセンサス	White Mountain	ホワイトマウンテン
Washington, D.C.	ワシントンD.C.	White Night	ホワイト・ナイト
Washington Naval Treaty	ワシントン海軍軍縮条約	White sale	ホワイト・セール
		White Tie and Tails	『ホワイトタイ・とテール』
Washington Post	『ワシントン・ポスト』	White & Gray	ホワイト＆グレイ論争
Washington Post/Los Angeles Times News Service	ワシントン・ポスト/ロサンゼルスタイムズ・ニュースサービス	white-collar	ホワイトカラー
		white-collar crime	ホワイトカラー犯罪
		Whitehead Institute	ホワイトヘッド研究所
Washington University	ワシントン大学	Whites	白人
Washington's Birthday	ワシントン誕生日	Whitney, Mt.	ホイットニー山
WASP (White Anglo-Saxon Protestant)	ワスプ	Whitney Biennial	ホイットニー・バイアニュアル
		Who's afraid of Virginia Wolf ?	『ヴァージニア・ウルフなんかこわくない』
"Waste Land, The"	「荒地」		
water buffalo affair	水牛事件	wholesale club	ホールセールクラブ
Watergate scandal	ウォーターゲート事件	wholesaler	ホールセラー
Watts riot	ワッツ暴動	"Why Bother ?"	「なぜわざわざ小説か？」
Way Down to East	『東への道』	wild rice	ワイルドライス
"Way to Wealth, The"	「富へ至る道」	Wild West Show	ワイルド・ウェスト・ショー
Ways and Means	歳入	wildcat strike	山猫ストライキ
We talk, You Listen	『俺たちが語る。君たちは聞け』	wilderness	原生自然
		Wilderness Act	原生自然法，野生動植物法
weapons of mass destruction (WMD)	大量破壊兵器	Will Rogers Follies, The	『ウィル・ロジャーズ・フォーリーズ』
web accessibility	ウェブ・アクセシビリティ		
web site	ウェブサイト		

Will You Please Be Quiet, Please ?	『頼むから静かにしてくれ』	world city	世界都市
Willamette Valley, The	ウィラメットヴァレー	World Health Organization (WHO)	世界保健機構
Williams College	ウィリアムズ大学	World Institute on Disability, The (WID)	世界障害者研究所
Williamsburg	ウィリアムズバーグ		
Willie Master's Lonesome Wife	『ウィリー・マスターズの寂しい妻』	World No Tobacco Day	世界禁煙デー
		World Resources Institute (WRI)	世界資源研究所
Willys-Overland Motors	ウィリス=オーバーランド		
Wind Power Generation	風力発電	World Trade Center	世界貿易センタービル
Windows	ウィンドウズ	World Trade Organization (WTO)	世界貿易機関
Winesburg, Ohio	『オハイオ州ワインズバーグ』		
Wings of the Dove, The	『鳩の翼』	World War I	第1次世界大戦
winner-take-all system	勝者独占方式	World War II	第2次世界大戦
Wintel alliance	ウィンテル連合	World Wide Web (WWW)	ワールド・ワイド・ウェブ
Winterthur Museum, Garden & Library	ウィンターサー・ミュージアム		
		World Wildlife Fund (WWF)	全米野生保護基金
wire service	通信社		
wireless	無線	WorldCom Inc.	ワールドコム
wireless boys	無線少年	World's Columbian Exhibition of 1893	シカゴ万国博覧会，コロブス記念世界博覧会，世界コロンブス博覧会
Wireless Telegraph & Signal Co. Ltd., The (Marconi's Wireless Telegraph Co. Ltd.)	マルコーニ社		
		Worldwatch Institute	ワールドウォッチ研究所
		Wounded Knee	ウンデッドニー
Wisconsin	ウィスコンシン	*Wrath of the God*	『神々の怒り（火の海）』
Wise Blood	『賢い血』	"Writing American Fiction"	「アメリカ小説を書く」
Witness	『刑事ジョン・ブルック/目撃者』		
		Writing Culture	『文化を書く』
Wiz	『ウィズ』	written constitution	成文憲法
Woman Warier, The	『チャイナタウンの女武者』	WTO agricultural negotiations	WTO農業交渉
woman-identified woman	女に一体化する女		
Woman's boards (Woman's societies)	婦人伝道局	W.W. Norton & Co.	W.W.ノートン
		Wyoming	ワイオミング
Woman's Christian Temperance Union	女性キリスト教禁酒同盟	●X	
		xerography	ゼログラフィー
Woman's Peace party	女性平和党	Xerox	ゼロックス社
Women Shop Too Much	『買い物しすぎる女たち』	*X-Files, The*	『Xファイル』
Women's Bureau, Department of Labor	労働省女性局	●Y	
		Yahoo	ヤフー
Women's Educational Equality Act	女性教育衡平法	Yakima	ヤキマ族（語）
		Yale Divinity School	イェール神学校
Women's Equity Action League (WEAL)	女性衡平行動連盟	Yale University	イェール大学
		Yankee	ヤンキー
Women's Home Companion	『ウィメンズ・ホーム・コンパニオン』	Yankee Clippers	ヤンキークリッパー
		Yankee notions	ヤンキー・ノーション
women's liberation (movement)	女性解放運動	Yankee peddler	ヤンキーの行商人，ヤンキー・ペドラー
women's liberation Movement, The	ウィメンズ・リベレーション運動		
		yellow journalism	イエロー・ジャーナリズム
women's magazine	女性雑誌	yellow peril	黄禍論
women's studies	女性学	Yellowstone (National Park)	イエローストーン（国立公園）
Women's Studies	『女性学』		
Wonderful Town	『ワンダフル・タウン』	Yiddish	イディッシュ語
Wonderful Wizard of Oz, The	『オズの魔法使い』	Yiddish culture	イディッシュ文化
		Yiddish newspaper	イディッシュ語新聞
Woolco	ウールコ	yield management	イールド・マネージメント
Woolworth Building	ウールワースビル	Yom Kippur	ヨム・キプール
workers' compensation	労災補償保険	Yom Kippur War (October War, Ramadan War)	第4次中東戦争
working poor	働く貧困者		
Works Progress Administration (WPA)	雇用促進局		
		Yosemite (National Park)	ヨセミテ（国立公園）
workshop	ワークショップ		
workshop of the legislature	立法府のワークショップ	Young America movement	ヤング・アメリカ運動
workstation	ワークステーション		
World Bank	世界銀行	youth culture	若者文化，ユースカルチャー

yuppie	ヤッピー		

●Z

zap action	ザップアクション
Zero Tolerance	ゼロ・トレランス
Zionism	シオニズム運動
Zionist Organization of America	アメリカ・シオニスト機構
Zoetrope: All-Story	『ゾートロープ・オールストーリー』
Zoo Story, The	『動物園物語』

●

$64,000 Question, The	『六万四千ドルの問題』
2001: A Space Odyssey	『2001年宇宙の旅』
20th Century Fox	20世紀フォックス社
442nd Regimental Combat Team	第422連隊
600-ship navy plan	米海軍600隻艦隊構想
7-Eleven	セブン・イレブン
9.11	ナイン・イレブン，9.11テロ，同時多発テロ
9.11 hijacking attacks	ナイン・イレブン，9.11テロ，同時多発テロ
9.11 terrorist hijacking	ナイン・イレブン，9.11テロ，同時多発テロ

日英人名対照表

●ア行

アイケルバーガー, ロバート・L.（軍人）　Eichelberger, Robert L. (1886-1961)
アイゼンスタット, アルフレッド（写真家）　Eisenstaedt, Alfred (1898-1995)
アイゼンハワー, ドワイト・D.（34代大統領）　Eisenhower, Dwight D. (1890-1969)
アイゼンマン, ピーター（建築家）　Eisenman, Peter (1932-)
アインシュタイン, アルバート（物理学者）　Einstein, Albert (1879-1955)
アーウィン, ウォラス（小説家・ジャーナリスト）　Irwin, Wallace (1875-1959)
アーヴィング, ジョン（小説家）　Irving, John (1959-)
アーヴィング, ワシントン（文学者）　Irving, Watsington (1783-1859)
アヴェドン, リチャード（写真家）　Avedon, Richard (1923-)
アガシ, ルイ（博物学者）　Agassiz, Louis (1807-73)
アグニュー, スピロ・T.（政治家）　Agnew, Spiro T. (1918-96)
アコンチ, ヴィト（彫刻家・インスタレーション作家）　Acconci, Vito (1940-)
アステア, フレッド（ダンサー・歌手・俳優）　Astaire, Fred (1899-1987)
アスピン, レス（レスリー）（政治家）　Aspin, Les (Leslie) (1938-95)
アタックス, クリスパス（奴隷解放運動家）　Attucks, Crispus (1723頃-70)
アダムズ, アンセル（写真家）　Adams, Ansel (1902-84)
アダムズ, ジョン（2代大統領）　Adams, John (1735-1826)
アダムズ, ブルックス（歴史家）　Adams, Brooks (1848-1927)
アダムズ, ヘンリー（歴史学者）　Adams, Henry (1838-1918)
アッカー, キャシー（小説家）　Acker, Kathy (1947-97)
アットウォーター, ウィルバー・O.（農業化学者）　Atwater, Wilbur O. (1844-1907)
アトキンスン, ティ=グレイス（フェミニズム運動家）　Atkinson, Ti-Grace (1939-)
アトキンソン, ブルックス（ジャーナリスト・劇評家）　Atkinson, Brooks (1894-1984)
アドラー, リチャード（作曲家）　Adler, Richard (1921-)
アードリック, ルイーズ（小説家・詩人）　Erdrich, Louise (1954-)
アーネット, ピーター（ジャーナリスト）　Arnett, Peter (1934-)
アーバス, ダイアン（写真家）　Arbus, Diane (1923-1971)
アブザグ, ベラ・S.（政治家）　Abzug, Bella S. (1920-98)
アプトン, エモリー（軍人）　Upton, Emory (1839-81)
アボット, ベレニース（写真家）　Abbott, Berenice (1898-1991)
アマコスト, マイケル・H.（政府高官・外交官）　Armacost, Michael H. (1937-)
アマン, ヤーコプ（宗教家）　Ammann, Jakob (1644頃-1730頃)
アームストロング, ニール（宇宙飛行士）　Armstrong, Neil (1930-)
アームストロング, C・マイケル（企業家）　Armstrong, C. Michael (1938-)
アームストロング, ルイ（ジャズ奏者）　Armstrong, Louis (1901-71)
アラファト, ヤセル（PLO議長）　Arafat, Yasir(Yasser) (1929-)
アランゴ, ドロテオ（革命家）　Arango, Doroteo (1878-1923)　⇒ビジャ, F.
アリスティド, ジャン=ベルトラン（ハイチ大統領）　Aristide, Jean-Bertrand (1953-)
アルジャー, ホレイショ（小説家）　Alger, Horatio (1832-99)
アルテアガ, アルフレッド（チカノ批評家・詩人）　Arteaga, Alfred (1950-)
アルマン, ドリス（写真家）　Ulmann, Doris (1882-1934)
アレン, ウッディ（映画監督・俳優）　Woody, Allen (1935-)
アレン, ポール（企業家）　Allen, Paul (1953-)
アーレント, ハンナ（哲学者）　Arendt, Hannah (1906-75)
安昌浩（アン・チャンホ）（民族独立運動指導者）　Ahn Chang Ho/Ahn Chang-ho (1878-1938)
アンサルドゥーア, グローリア（詩人・著述家）　Anzaldua, Gloria (1942-2004)
アンソニー, スーザン・B.（社会改革家・女性解放運動指導者）　Anthony, Susan B. (1820-1906)
アンダソン, シャーウッド（小説家）　Anderson, Sherwood (1876-1941)
アンダーソン, ベネディクト（政治学者・インドネシア学者）　Anderson, Benedict (1936-)
アンダーソン, マクスウェル（劇作家）　Anderson, Maxwell (1888-1959)
アンダーソン, ルーファス（宗教家）　Anderson, Rufus (1796-1880)
アンドリーセン, マーク（コンピュータ技術者）　Andreesen, Marc (1971-)
アンドレ, カール（彫刻家）　Andre, Carl (1935-)
イアハート, アメリア・M.（飛行家）　Earhart, Amelia M. (1897-1937)
イエロー・ハンド（ネイティブ・アメリカン酋長）　Yellow Hand
イオネスコ, ウージェーヌ（劇作家）　Ionesco, Eugène (1912-94)
イザベル1世（スペイン女王）　Isabel I (1451-1504)

イーストウッド，クリント（俳優・映画監督）	Eastwood, Clint (1930-)
イーストマン，ジョージ（発明家・企業家）	Eastman, George (1854-1932)
李承晩（イ・スンマン）（韓国大統領）	Rhee, Syngman/I Sung-man (1875-1965)
イチオカ，ユージ（歴史学者）	Ichioka, Yuji (1936-2002)
イートン，ウィニフレッド（小説家）	Eaton, Winnifred (1875-1954) ⇒筆名 Onoto Watana
イノウエ，ダニエル（政治家）	Inoue, Daniel (1924-)
イームズ，チャールズ（デザイナー）	Eams, Charles (1907-78)
インジ，ウィリアム（劇作家）	Inge, William (1913-73)
ヴァレンチノ，ルドルフ（俳優）	Valentino, Rudolph (1895-1926)
ヴァン・アレン，ウィリアム（建築家）	Van Allen, William (1883-1954)
ヴァンダービルト，ウィリアム・K.（カーレーサー）	Vanderbilt, William. K. (1875-1944)
ヴァンダービルト，コーニーリアス（企業家）	Vanderbilt, Cornelius (1794-1877)
ウィザースプーン，ジョン（聖職者・神学者）	Witherspoon, John (1723-1794)
ウィスター，オーウェン（小説家）	Wister, Owen (1860-1938)
ヴィゼナー，ジェラルド・R.（小説家）	Vizenor, Gerald R. (1934-)
ヴィダール，ゴア（劇作家・エッセイスト）	Vidar, Gore (1925-)
ヴィッカリー，ジェイムズ（社会学者・心理学者）	Vicary, James M. (1936-67)
ウィックマン，カール・エリック（企業家）	Wickman, Carl Eric (1887-1954)
ウィーナー，ノーバート（数理論理学者）	Wiener, Norbert (1894-1964)
ウィノグランド，ギャリー（写真家）	Winogrand, Garry (1928-1984)
ウィームズ，メイソン（聖職者・著述家）	Weems, Mason Locke (1750-1825)
ウィリアムズ，ハンク（歌手）	Williams, Hank (1923-1953)
ウィリアムズ，ウィリアム・A.（外交史家）	Williams, William A. (1921-90)
ウィリアムズ，ジョン（宗教家）	Williams, John (1664-1729)
ウィリアムズ，テネシー（劇作家）	Williams, Tennessee (1911-83)
ウィリアムズ，ロジャー（宗教家）	Williams, Rodger (1604 頃-83)
ウィリス，コニー（小説家）	Willis, Connie (1945-)
ウィルソン，ウッドロー・T.（28 代大統領）	Wilson, Woodrow T. (1856-1924)
ウィルソン，オーギュスト（劇作家）	Wilson, August (1945-)
ウィルソン，ソーントン（企業家）	Wilson, Thornton M. (?-1999)
ウイルソン，メレディス（作曲家）	Wilson, Meredith (1902-84)
ウィルソン，リチャード（ネイティブ・アメリカン指導者）	Wilson, Richard
ウィルソン，ロバート（前衛パフォーマンサー）	Wilson, Robert (1941-)
ウィーロック，エレザ（宗教家）	Wheelock, Eleazar (1711-79)
ウィン，スティーヴン（企業家）	Wynn, Stephen
ウィンスロップ，ジョン（植民地開拓者）	Winthrop, John (1588-1649)
ウィンフリー，オプラ（TV 司会者）	Winfrey, Oprah (1954-)
ウェイン，ジョン（俳優）	Wayne, John (1907-79)
ウェクター，ディクソン（歴史家・教育者）	Wecter, Dixon (1906-50)
ウェスト，ベンジャミン（画家）	West, Benjamin (1738-1820)
ウェストン，エドワード（写真家）	Weston, Edward (1886-1958)
ウェッソン，キャロリン（著述家）	Wesson, Carolyn
ウェバー，アンドルー・ロイド（作曲家・劇作家）	Webber, Andrew L. (1948-)
ウェーバー，マックス（社会学者・経済学者）	Weber, Max (1864-1920)
ウェブスター，ノア（辞書編集者・著述家）	Webster, Noah (1758-1843)
ヴェブレン，ソースタイン（経済学者・社会科学者）	Veblen, Thorstein (1857-1929)
ウェルズ，H. G.（小説家）	Wells, H. G. (1866-1946)
ヴェンター，J. クレイグ（遺伝学者）	Venter, J. Craig (1946-)
ヴェンチューリ，ロバート（建築家）	Venturi, Robert (1925-)
ウォーカー，アリス（小説家・詩人）	Walker, Alice (1944-)
ウォーカー，ウィリアム（冒険家・革命家）	Walker, William (1824-60)
ウォーカー，ハンク（写真家）	Walker, Hank (1922-)
ウォグスタッフ，サム（美術館キュレーター）	Wagstaff, Sam (1922-87)
ヴォーゲル，エズラ・F.（社会学者）	Vogel, Ezra F. (1930-)
ウォズニアック，スティーヴ（企業家）	Wozniak, Steve (1950-)
ウォーターズ，アリス（料理研究家）	Waters, Alice (1944-)
ウォード，レスター・F.（社会学者）	Ward, Lester F. (1841-1913)
ウォード，ジョン・W.（著述家）	Ward, John W. (1922-)
ヴォネガット，カート，ジュニア（小説家）	Vonnegut, Kurt, Jr. (1922-)
ウォーホル，アンディ（ポップアーティスト・映画製作者）	Warhol, Andy (1928-87)
ウォーラーステイン，イマニュエル（歴史学者）	Wallerstein, Immanuel (1930-)
ヴォルカー，ポール・A.（経済学者）	Volcker, Paul A. (1927-)
ウォルフォウィッツ，ポール（政治家）	Wolfowitz, Paul (1943-)
ヴォルマン，ウィリアム（小説家）	Vollmann, William T. (1959-)
ウォレス，ヘンリー・A.（政治家・農業家）	Walles, Henry A. (1888-1965)

ウォレン，アール（最高裁判事）	Warren, Earl (1891-1974)
ウォレン，ロバート・ペン（小説家・詩人）	Warren, Robert Penn (1905-89)
牛島謹爾（ジョージ・シマ）（農業家）	Shima, George (1864-1926)
ウースター，サミュエル・A.（宗教家）	Worcester, Sammuel A. (1798-1859)
ウッド，ロバート（企業家）	Wood, Robert (1879-1969)
ウーリー，アルフレッド（劇作家）	Whry, Alfred (1936-)
ウリー，ダン・W.（物理化学者）	Urry, Dan W.
ウルジー，R. ジェイムズ（政治家）	Woolsey, R. James (1941-)
ウルフ，エーリヒ（文化人類学者）	Wolf, Erich (1923-99)
ウルフ，ジーン（小説家）	Wolfe, Gene (1931-)
ウルフ，トム（ジャーナリスト・評論家・小説家）	Wolfe, Tom (1931-)
エア，クリス（映画監督）	Eyre, Chris (1969-)
エイキンズ，トマス（画家）	Eakins, Thomas (1844-1916)
エイジー，ジェイムズ（小説家・詩人・映画評論家）	Agee, James (1909-55)
エヴァンズ，ウォーカー（写真家）	Evans, Walker (1902-75)
エーヴリー，オズワルド・T.（分子生物学者）	Avery, Oswald T. (1877-1955)
エキンズ，ポール（経済学者）	Ekins, Paul
エグルストン，ウィリアム（写真家）	Eggleston, William (1937-)
エジソン，トマス・アルヴァ（発明家）	Edison, Thomas Alva (1847-1931)
エステス，リチャード（画家）	Estes, Richard (1936-)
エステファン，グロリア（歌手）	Estefan, Gloria (1957-)
エダール，ガートルード（水泳選手）	Ederle, Gertrude (1906-2003)
エディ，メアリー・ベーカー（宗教家）	Eddy, Mary Baker (1821-1910)
エドワーズ，ジョナサン（神学者・形而上学者）	Edwards, Jonathan (1703-58)
エマソン，ラルフ・ウォルドー（詩人・随筆家）	Emerson, Ralph Waldo (1803-82)
エリオット，ジョン（宗教家）	Eliot, John (1604-90)
エリオット，T. S.（詩人・批評家・劇作家）	Eliot, Thomas Stearns (1888-1965)
エリクソン，スティーヴ（小説家）	Erickson, Steve (1950-)
エリス，ブレッド・イーストン（小説家）	Ellis, Bret Easton (1964-)
エリソン，ラルフ（小説家・著述家）	Ellison, Ralph (1914-94)
エーリック，アン＆ポール（人口学者）	Ehrlich, Paul R. (1932-) & Anne H.
エリントン，デューク（ジャズ奏者・作曲家）	Ellington, Duke (1899-1974)
エルー，ポール・L.（化学者）	Héroult, Paul L. (1863-1914)
エルロイ，ジェイムズ（小説家）	Ellroy, James (1945-)
エルンスト，マックス（画家）	Ernst, Max (1891-1976)
エンブリー，ジョン（文化人類学者）	Embree, John F. (1908-50)
オーウェル，ジョージ（小説家・著述家）	Orwell, George (1903-50)
オキーフ，ジョージア（画家）	O'Keefe, Georgia (1887-1986)
オグバーン，ウィリアム・F.（社会学者）	Ogburn, William Fielding (1886-1959)
オコナー，フラナリー（小説家）	O'Conner, Flannery (1925-64)
オコナー，サンドラ・D.（法律家・最高裁判事）	O'Conner, Sandra D. (1930-)
オサリヴァン，ジョン・L.（ジャーナリスト）	O'Sullivan, John L. (1813-95)
オサリヴァン，ティモシー（写真家）	O'Sullivan, Timothy (1840-82)
オージック，シンシア（小説家）	Ozick, Cynthia (1928-)
オースター，ポール（小説家）	Auster, Paul (1947-)
オズボーン，ジョン（劇作家）	Osborne, John (1928-94)
オーソン，グレッグ（金属工学者）	Olson, Greg (Gregory) B.
オチョア，セベロ（生化学者）	Ochoa, Severo (1905-93)
オデッツ，クリフォード（劇作家）	Odets, Clifford (1906-63)
オーデュボン，ジョン・ジェイムズ（鳥類学者・鳥類画家）	Audubon, John James (1785-1851)
オニール，トマス・P.（政治家）	O'Neill, Thomas P. (1912-94)
オニール，ユージーン（劇作家）	O'Neil, Eugene (1888-1953)
オノ，ヨーコ（美術家）	Ono Yoko (1933-)
オノト・ワタンナ（小説家）	Onoto Watanna ⇒ Eaton, W.の筆名
オーベルト，ヘルマン（宇宙工学者）	Oberth, Hermann (1894-1990)
オッペンハイマー，フランク（物理学者）	Oppenheimer, Frank (1912-85)
オー・ヘンリー（小説家）	O. Henry (1862-1910)
オーリック，ジョン・H.（軍人）	Aulick, John H. (1789-1873)
オルコット，ブロンソン（教育者・哲学者）	Alcott, Bronson (1799-1888)
オルコット，ルイーザ・M.（小説家）	Alcott, Louisa M. (1832-88)
オールデン，ジョセフ（教育者）	Alden, Joseph (1807-85)
オルデンバーグ，クレス（彫刻家）	Oldenburg, Claes (1929-)
オールドフィールド，バーニー（カーレーサー）	Oldfield, Barney (1878-1946)
オルドリン，エドウィン・E.（宇宙飛行士）	Aldrin, Edwin E. (1930-)
オールビー，エドワード（劇作家）	Albee, Edward (1928-)

オルモス，エドワード・ジェイムズ（俳優） Olmos, Edwards James (1947-)
オロスコ，ガブリエル（画家） Orozco, Gabriel (1962-)

●カ行

カー，クラーク（教育者・経済学者） Kerr, Clark (1911-2003)
カアフマヌ（ハワイ王妃） Kaahumanu (1772頃-1832)
カイン，ピーター・B.（小説家） Kyne, Peter B. (1880-1957)
カーヴァー，クレイグ・M.（方言学者） Carver, Craig M. (1947-)
カーヴァー，レイモンド（詩人・短編作家） Carver, Raymond (1939-88)
ガーヴェイ，マーカス（黒人解放運動家） Garvey, Marcus (1887-1940)
カウンツ，ジョージ・S.（教育学者） Counts, George S. (1907-74)
ガガーリン，ユーリ（宇宙飛行士） Gagarin, Yuri A. (1934-68)
カークランド，レイン（労働運動指導者） Kirkland, Lane (1922-)
カザン，エリア（舞台演出家・映画監督） Kazan, Elia (1909-2003)
ガーシュウィン，アイラ（作詞家） Gershwin, Ira (1896-1983)
ガーシュイン，ジョージ（作曲家） Gershwin, George (1898-1937)
カスター，ジョージ・A.（軍人） Custer, George A. (1839-76)
カストロ，フィデル（キューバ大統領） Castro Ruz, Fidel (1926-)
カーソン，レイチェル（著述家・海洋生物学者） Carson, Rachel (1907-64)
カーター，ジミー・E.（39代大統領） Carter, Jimmy (James) E. (1924-)
カッター，チャールズ・A.（司書） Cutter, Charles Ammi (1837-1903)
カッペルホフ，ドリス（歌手） Kappelhof, Doris (1924-) ⇒芸名Day, Doris
カーティス，トニー（俳優） Curtis, Tony (1925-)
カーディナー，エイブラム（文化人類学者） Kardiner, Abram (1891-1991)
ガーテン，ジェフリー（経済学者） Garten, Jeffrey (1946-)
カードーゾ，ベンジャミン・N.（最高裁判事） Cardozo, Benjamin N. (1870-1938)
ガードナー，アレグザンダー（写真家） Gardener, Alexander (1821-1882)
ガードナー，ジョン（小説家） Gardner, John (1933-82)
ガードナー，ロイド（歴史学者） Gardner, Lloyd (1936-)
カトリン，ジョージ（画家・著述家） Catlin, George (1796-1872)
ガーニー，ダン（カーレーサー） Gurny, Dan (1931-)
カニンガム，イモージェン（写真家） Cunningham, Imogen (1883-1976)
カーネギー，アンドルー（企業家） Carnegie, Andrew (1835-1919)
カーネギー，デイル（著述家・講演家） Carnegie, Dale (1888-1955)
ガーバー，ヘンリー（ゲイ解放運動家） Gerber, Henry (1892-1972)
カプラン，モーディカイ（宗教家） Kaplan, Mordecai (1881-1983)
カプロー，アラン（画家） Kaprow, Allen (1927-)
カーペンター，カレン・A.（歌手） Carpenter, Karren A. (1950-83)
カポーティ，トルーマン（小説家） Capote, Truman (1924-84)
カポネ，アル（マフィア首領） Capone, Al (phonse) (1899-1947)
カーマイケル，ストークリー（公民権運動家） Carmichael, Stokeley (1941-98)
カミングズ，e. e.（詩人・作家・画家） cummings, e. e. (1894-1962)
カミングス，ブルース（社会学者） Cumings, Bruce (1943-)
カメハメハ4世（ハワイ王） Kamehameha IV. (1834-63)
ガーランド，ハムリン（小説家・詩人） Garland, Hamlin (1860-1940)
カリフィア，パット（小説家） Califia, Pat (1954-)
カルザイ，ハミド（アフガニスタン大統領） Karzai, Hamid (1957-)
ガルシア，アンディ（俳優） Garcia, Andy (1956-)
カールソン，チェスター（発明家） Carlson, Chester (1906-68)
ガルブレイス，ジョン・ケネス（経済学者） Galbraith, John Kenneth (1908-)
カルフーン，ジョン・C.（政治家） Calhoun, John C. (1782-1850)
カレン，ホーレス・M.（哲学者） Kallen, Horace M. (1882-1974)
カレン，マイケル・J.（企業家） Cullen, Michael J. (1884-1936)
カロザーズ，ウォレス（化学者） Carothers, Wallace H. (1896-1937)
カーン，E. J.（著述家） Kahn, E. J., Jr. (1916-)
カーン，イライ・ジャック（建築家） Kahn, Ely Jaques. (1884-1972)
カーン，エイブラハム（ジャーナリスト） Cahan, Abraham (1860-1951)
カーン，ジェローム（作曲家） Kern, Jerome (1885-1945)
カーン，ハーマン（核戦略家・未来学者） Kahn, Herman (1922-)
ガーンズバック，ヒューゴー（小説家・編集者） Gernsback, Hugo (1884-1967)
カンター，エディー（エンターテイナー） Cantor, Eddie (1892-1964)
キー，フランシス・スコット（詩人） Key, Francis Scott (1779-1843)
ギアーツ，クリフォード（文化人類学者） Geertz, Clifford (1926-)
キージー，ケン（小説家） Kesey, Ken (1935-2001)
キダー，メアリ・E.（宗教家・教育者） Kidder, Mary E. (1834-1910)

キッシンジャー, ヘンリー (政治家・政治学者)	Kissinger, Henry (1923-)
ギブスン, ウィリアム (小説家)	Gibson, William (1948-)
キャザー, ウィラ (小説家・詩人)	Cather, Willa (1873-1947)
ギャス, ウィリアム・H. (小説家)	Gass, William H. (1924-)
ギャストン, ルーシー・P. (社会運動家)	Gaston, Lucy P.
ギャディス, ウィリアム (小説家)	Gaddis, William (1922-98)
キャノン, ジョゼフ・G. (政治家)	Cannon, Joseph G. (1836-1926)
キャパ, ロバート (写真家)	Capa, Robert (1913-54)
キャプテン・クランチ (ハッカー)	Captain Crunch (本名 Draper, John T.)
キャプラン, ロバート (言語学者)	Kaplan, Robert
ギャラティン, アルバート (政治家)	Gallatin, Albert (1761-1849)
ギャラハー, ヒュー・G. (著述家)	Gallagher, Hugh G. (1932-)
キャリアー, ウィリス・H. (エンジニア)	Carrier, Willis H. (1876-1950)
ギャリソン, ウィリアム・R. (奴隷解放論者)	Garrison, William R. (1805-79)
ギャレット, パット (保安官)	Garrett, Pat (1850-1908)
キャロル, ジョナサン (文学)	Carroll, Jonathan (1949-)
キャンベル, W. グレン (フーヴァー戦争・革命・平和研究所所長)	Campbell, W. Glenn (1924-)
キューブリック, スタンリー (映画監督)	Kubrick, Stanley (1928-)
キュラス, ハンス (方言学者)	Kurath, Hans (1891-1992)
ギルバート, キャス (建築家)	Gilbert, Cass (1859-1934)
ギルバート, ハンフリー (探検家)	Gilbert, Sir Humphrey (1539 頃-83)
ギルピン, ローラ (写真家)	Giplin, Laura (1891-1979)
ギルブレス夫妻 (リリアン&フランク) (工学者・能率研究家)	Gilbreth, Lilian Moller (1878-1972)
	Gilbreth, Frank Bunker (1868-1924)
キーン, エドマンド (俳優)	Kean, Edmund (1787 頃-1833)
キーン, ドナルド (日本文化・文学研究者)	Keene, Donald (1922-)
キング, スティーヴン (小説家)	King, Stephen (1947-)
キング, ビリー・ジーン (テニス選手)	King, Billie Jean (1943-)
キング, マーティン・ルーサー, ジュニア (牧師・黒人運動家)	King., Martin Luther, Jr. (1929-68)
キング, メアリ (フェミニズム運動家)	King, Mary
キングストン, マキシン・ホン (小説家)	Kingston, Maxine Hong (1940-)
ギングリッチ, ニュート (政治家)	Gingrich, Newt (1943-)
キンケイド, ジャメイカ (著述家)	Kincaid, Jamaica (1949-)
ギンズバーグ, アレン (詩人)	Ginsberg, Allen (1926-97)
クィンビー, フィニアス・P. (宗教家)	Quimby, Phineas P. (1802-66)
クーヴァー, ロバート (小説家・劇作家・エッセイスト)	Coover, Robert (1932-)
クシュナー, トニー (劇作家)	Kushuner, Tony (1956-)
クシュマン, フィリップ (心理学者)	Cushman, Philip
グッドイナフ, ウォード (文化人類学者)	Goodenough, Ward (1919-)
グッドイヤー, チャールズ (発明家)	Goodyear, Charles (1800-60)
グッドマン, ベニー (クラリネット奏者・バンドマスター)	Goodman, Benny (1909-1986)
グッドリッチ, ベンジャミン・F. (企業家)	Goodrich, Benjamin F. (1841-88)
クーパー, ジェイムズ・F. (小説家)	Cooper, James F. (1789-1851)
クープ, C. エヴェリット (医師・医務総監)	Koop, C. Everett (1916-)
クームズ, チャールズ・A. (財政政策家)	Coombs, Charles A. (1919-)
グライス, H.ポール (哲学者)	Grice, H. Paul (1913-88)
クライスラー, ウォルター・P. (企業家)	Chrysler, Walter P. (1875-1940)
クライトン, マイクル (小説家)	Crichton, Michael (1942-)
クライン, ウィリアム (写真家)	Klein, William (1928-)
クラウス, リチャード (物質科学者)	Claus, Richard
クラーク, ウィリアム (探検家)	Clark, William (1770-1838)
クラーク, ウィリアム・S. (教育者)	Clark, William S. (1826-86)
クラクストン, フィランダー・P. (政治家)	Claxton, Philander P. (1862-1957)
グラックマン, マックス (社会人類学者)	Gluckman, Max (1911-75)
クラプトン, エリック (ロックギタリスト・シンガーソングライター)	Clapton, Erik (1945-)
クラベル, ジェイムズ (小説家)	Clavell, James (1924-1994)
クレーマー, ラリー (劇作家)	Kramer, Larry (1935-)
クランシー, トム (小説家)	Crancy, Tom (Thomas L.) (1947-)
グランジ, レッド (アメフト選手)	Grange, Red (1903-91)
グラント, マディソン (人種主義運動家)	Grant, Madison (1865-1937)
グラント, ユリシーズ・S. (軍人, 18 代大統領)	Grant, Ulysses S. (1822-85)
クーリー, チャールズ・H. (社会学者)	Cooley, Charles H. (1864-1929)
クリーガー, ヘンリー (作曲家)	Krieger, Henry (1945-)

グリシャム，ジョン（小説家）	Grisham, John (1955-)
クリスチャンセン，ウォード（ハッカー）	Christiansen, Ward
クリストル，アーヴィング（ジャーナリスト・社会思想家）	Kristol, Irving (1920-)
クリック，フランシス（分子生物学者）	Crick, Francis (1916-2004)
グリックマン，ローレンス・B.（歴史学者）	Glickman, Lawrence B. (1963-)
クーリッジ，ウィリアム・D.（物理化学者）	Coolidge, William D. (1873-1975)
クーリッジ，カルヴィン（30代大統領）	Coolidge, Calvin (1872-1933)
グリフィス，ウィリアム・E.（教育者）	Griffis, William E. (1843-1928)
グリフィス，デイヴィッド・W.（映画監督）	Griffith, David W. (1875-1948)
クリフォード，ジェイムズ（文化人類学者）	Clifford, James (1945-)
グリーン，モーリス（陸上選手）	Green, Maurice (1974-)
グリーンスパン，アラン（FRB議長）	Greenspan, Alan (1926-)
クリントン，ヒラリー・R.（政治家）	Clinton, Hillary R. (1947-)
クリントン，ビル（42代大統領）	Clinton, Bill (William J.) (1947-)
グリンバーグ，クレメント（美術評論家）	Greenberg, Clement (1909-94)
グルーエン，ヴィクター（建築家）	Gruen, Victor (1908-80)
クルーガー，バーバラ（造形作家・批評家）	Krugar, Barbara (1945-)
グレアム，ビリー・F.，ジュニア（宗教家）	Graham, Billy (William) F., Jr. (1952-)
グレイ，ゼーン（小説家）	Grey, Zane (1875-1939)
グレイ，ハロルド（漫画家）	Gray, Harold (1894-1968)
クレイ，ヘンリー（政治家）	Clay, Henry (1777-1852)
グレイヴズ，マイケル（建築家）	Graves, Michael (1934-)
クレイグ，ジェニー（企業家）	Craig, Jenny
クレイン，エドワード（政治学者）	Crane, Edward H. (1944-)
クレイン，スティーヴン（小説家・ジャーナリスト）	Crane, Stephen (1871-1900)
クレヴクール，ヘクター（著述家・農業経営者）	Crèvecoeur, J. Hector St. John de (1735-1813)
グレーザー，ネイサン（社会学者）	Glazer, Nathan (1923-)
グレン，ジョン・H.（宇宙飛行士）	Glenn, John H. (1921-)
クロウリー，ジョン（小説家）	Crowley, John (1942-)
クロケット，デイヴィ（デイヴィッド）（フォークヒーロー）	Crockett, Davy (David) (1786-1836)
グロージンズ，モートン（政治学者）	Grodzins, Morton
クロース，チャック（画家）	Close, Chuck (1940-)
クロスビー，ビング（歌手）	Crosby, Bing (1904-1977)
クロノン，ウィリアム（歴史学者）	Cronon, William (1954-)
クローバー，アルフレッド（文化人類学）	Kroeber, Alfred (1876-1960)
グロピウス，ワルター（建築家）	Gropius, Walter (1883-1969)
グワスミイ，チャールズ（建築家）	Gwathmey, Charles (1938-)
クーンズ，ジェフ（美術家）	Koons, Jeff (1955-)
ケイ，アラン（コンピュータ技術者）	Kay, Alan (1953-)
ケイ，ダニー（俳優・TVタレント）	Kay, Danny (1913-987)
ゲイ，ピーター（批評家）	Gay, Peter (1923-)
ゲイツ，ビル（企業家）	Gates, Bill (William Henry) (1955-)
ケインズ，ジョン・メイナード（経済学者）	Keynes, John Maynard (1883-1946)
ケーガン，ロバート（国際政治学者）	Kagan, Robert (1958-)
ケージ，ジョン（作曲家）	Cage, John (1912-92)
ゲステットナー，ジグムンド（発明家・企業家）	Gestetner, Sigmund
ケーゼビア，ガートルード（写真家）	Kasebier, Gertrude (1852-1934)
ゲッパート，リチャード（政治家）	Gephardt, Richard (1941-)
ゲティ，J. ポール（企業家）	Getty, J. Paul (1892-1976)
ゲディーズ，ノーマン・ベル（デザイナー）	Geddes, Norman Bel (1893-1958)
ケナン，ジョージ・F.（国際政治学者）	Kennan, George F. (1904-)
ケネディ，ジャッキー（ジャクリーン）（大統領夫人）	Kennedy Onassis, Jackie (Jacqueline) (1929-94)
ケネディ，ジョン・F.（35代大統領）	Kennedy, John F. (1917-63)
ケネディ，ロバート・F.（政治家）	Kennedy, Robert F. (1925-1968)
ケーポア，ミッチ（企業家）	Kapor, Mitch (1947-)
ゲリー，エルブリッジ（政治家）	Gerry, Elbridge (1744-1814)
ゲーリー，フランク・O.（建築家）	Gehry, Frank O. (1929-)
ケリー，グレイス（俳優・モナコ王妃）	Kelly, Grace (Patricia) (1929-82)
ケリー，マイク（美術家）	Kelly, Mike (1954-)
ケリー，ロビン（歴史学者）	Kelly, Robin
ケルアック，ジャック（小説家）	Keruac, Jack (1922-69)
ゴア，アル（アルバート，ジュニア）（副大統領）	Gore, Al (Albert), Jr. (1948-)
小泉八雲（小説家・教育者）	Koizumi, Yagumo ⇒ Hearn, L.
コウィンスキー，ウィリアム・S.（社会学者）	Kowinski, William S.
コーエン，スタンリー（分子生物学者）	Cohen, Stanley (1922-)

コグリン，チャールズ（宗教家）	Coughlin, Charles Edward (1891-1979)
コスース，ジョセフ（美術家・批評家）	Kosuth, Josef (1945-)
ゴダード，ロバート・H.（物理学者・ロケット技術者）	Goddard, Robert H. (1882-1945)
コーツ，ロバート（文芸評論家）	Coates, Robert (1897-1973)
コットン，ジョン（宗教家）	Cotton, John (1585-1652)
コッポラ，フランシス・フォード（映画監督）	Coppola, Francis Ford (1939-)
コーディ，ウィリアム・フレデリック ⇒バッファロー・ビルの本名（興行師）	Cody, William Frederick (1846-1917) ⇒ Buffalo Bill
ゴーディ，ベリー（企業家）	Gordy, Berry (1929-)
コート，アン（フェミニズム理論家）	Koedt, Anne
ゴードン，ミルトン・M.（社会学者）	Gordon, Milton M. (1918-)
コナリー，ジョン・B.（政治家）	Connally, John B. (1917-)
コーハン，ジョージ・M.（俳優・劇作家・演出家）	Cohan, George M. (1878-1942)
ゴーブル，ジョナサン（宗教家）	Goble, Jonathan (1827-98)
コモ，ペリー（歌手）	Como, Perry (1912-2001)
コモンズ，ジョン・R.（社会学者）	Commons, John R. (1862-1945)
コリンズ，マイケル（宇宙飛行士）	Collins, Michael (1930-)
コール，トマス（画家）	Cole, Thomas (1801-48)
コール，ナット・キング（歌手）	Cole, Nat King (1919-65)
ゴールデン，アーサー（小説家）	Golden, Arthur (1957-)
コルト，サミュエル（発明家）	Colt, Samuel (1814-62)
コールドウェル，リントン・K.（環境学者）	Caldwell, Lynton K. (1913-)
ゴールドウォーター，バリー（政治家）	Goldwater, Barry (1909-98)
ゴールドマン，シルヴァン・N.（発明家・企業家）	Goldman, Sylvan N. (1898-1984)
ゴールドラット，エリヤフ・M.（物理学者）	Goldratt, Eliyahu M. (1948-)
ゴルバチョフ，ミハイル・セルゲエヴィチ（ソ連大統領）	Gorbachov, Mikhail Sergeievich (1931-)
コールマン，サイ（作曲家）	Coleman, Cy (1929-)
コロンブス，クリストファー（探検家）	Columbus, Christopher (1451-1506)
コーン，ハリー（映画製作者）	Cohn, Harry (1891-1958)
コーン，ハンス（歴史家・著述家）	Kohn, Hans (1891-1971)
コーンウェル，パトリシア（小説家）	Cornwell, Patricia (1956-)
ゴンザレス，ロドルフォ（チカノ運動指導者）	Gonzales, Rodolfo 'Corky' (1928-)
ゴンザレス=トレス，フェリックス（美術家）	Gonzalez-Torres, Felix (1957-)
ゴンパース，サミュエル（労働組合指導者）	Gompers, Samuel (1850-1924)
コンラッド，フランク（電気技師）	Conrad, Frank (1874-1941)

● サ行

蔡国強（さいこっきょう/ツァイ・グオチアン）（美術家）	Cai Gua Qiang (1957-)
サイデンステッカー，エドワード・E.（日本文化・文学研究）	Seidensticker, Edward G. (1921-)
サイード，エドワード・W.（著述家・比較文化学者）	Said, Edward W. (1935-2003)
サイモン，ニール（劇作家）	Simon, Neil (1927-)
サイモン，ハーバート・A.（経済学者）	Simon, Herbert A. (1916-2001)
サイモン，リチャード（出版事業家）	Simon, Richard (1899-1960)
サーヴィス，エルマン（文化人類学者）	Service, Elman (1915-96)
サカジャウェ（ネイティブ・アメリカン）	Sacajawea (1790 頃-?)
サザランド，アイバン（コンピュータ技術者）	Sutherland, Ivan (1938-)
サージェント，ジョン（宗教家）	Sergent, John Sr. (1710-49)
サッター，ジョン・オーガスタス（移民開拓者）	Sutter, John Augustus (1803-80)
ザナック，ダリル・F.（映画製作者）	Zanuck, Darryl F. (1902-79)
ザハリアス，ベイブ（旧姓ディドリクソン）（ゴルフ選手・陸上選手）	Zaharias, Babe ⇒旧姓 Didrikson, B.
サピア，エドワード（言語学者・文化人類学者）	Sapir, Edward (1884-1939)
サマーズ，ローレンス（政治家・ハーヴァード大学総長）	Summers, Lawrence H. (1954-)
サムナー，ウィリアム・G.（社会学者）	Sumner, William G. (1840-1910)
サーリネン，エリエル（デザイナー）	Saarinen, Eliel (1873-1950)
サーリネン，エーロ（デザイナー）	Saarinen, Eero (1910-61)
サリンジャー，J. D.（小説家）	Salinger, J(erome). D(avid). (1919-)
サーリンズ，マーシャル（文化人類学者）	Sahlins, Marshall (1930-)
サーレ，デイヴィッド（画家）	Salle, David (1952-)
サローヤン，ウィリアム（劇作家）	Saroyan, William (1908-81)
ザングウィル，イズラエル（小説家・劇作家）	Zangwill, Israel (1864-1926)
サンダー，スーザン（ハッカー）	Thunder, Susan
サンタヤナ，ジョージ（哲学者）	Santayana, George (1863-1952)
サンドバーグ，カール（詩人）	Sandburg, Carl (1878-1967)
ジェイ，ジョン（法律家・政治家）	Jay, John (1745-1829)

ジェイコブズ, ハリエット・A.（小説家）	Jacobs, Harriet A. (1813頃-97)
ジェイコブスン, マーク（小説家）	Jacobson, Mark (1948-)
ジェイコブソン, マイケル（公益科学センター代表）	Jacobson, Michael
シェイズ, ダニエル（軍人）	Shays, Daniel (1747頃-1825)
ジェイムズ, ウィリアム（哲学者・心理学者）	James, William (1842-1910)
ジェイムズ, ジェシー・W.（アウトロー）	James, Jesse W. (1847-82)
ジェイムズ, ヘンリー（小説家）	James, Henry (1843-1916)
シェパード, アラン・B.（宇宙飛行士）	Shephard, Alan B. (1923-)
シェパード, サム（劇作家）	Shepard, Sam (1943-)
ジェファソン, トマス（3代大統領）	Jefferson, Thomas (1743-1826)
ジェフォード, ジェイムズ・M.（政治家）	Jeffords, James M. (1934-)
シェルトン, ヘンリー・H.（軍人）	Shelton, Henry H. (1942-)
ジェンクス, クリストファー（社会学者）	Jencks, Christopher
ジェンクス, チャールズ（建築家）	Jencks, Charles (1939-)
ジェーンズ, レロイ・ランシング（教育者）	Janes, Leroy Lansing (1838-1909)
ジークフリード, アンドレ（経済学者・歴史家）	Siegfried, Andre (1875-1959)
シスネロス, サンドラ（詩人・小説家）	Cisneros, Sandra (1954-)
シッティング・ブル（ダコタ・スー族酋長）	Sitting Bull (1834-1890)
シマ, ジョージ（農業経営者）	Shima, George (1864-1926)⇒牛島謹爾
シモンズ, ダン（小説家）	Simmons, Dan (1948-)
ジャーヴィス, アンナ（教育者）	Jarvis, Anna (1864-1948)
シャーウッド, ロバート（劇作家）	Sherwood, Robert (1896-1955)
シャカフスキー, ジョン（美術館ディレクター）	Szarkowski, John (1925-)
釈宗演（宗教家）	Shaku, Shoyen (1859-1919)
ジャクソン, アンドルー（7代大統領）	Jackson, Andrew (1767-1845)
ジャクソン, ウィリアム・H.（写真家）	Jackson, William Henry (1843-1942)
ジャッド, ドナルド（彫刻家）	Judd, Donald (1928-94)
ジャドソン, アドニラム（宗教家）	Judson, Adniram (1788-1850)
シャピーロ, アーヴィング（企業家）	Shapiro, Irving (1916-2001)
シャフ, フィリップ（教会史家・神学者）	Schaff, Philipp (1819-93)
シャルコー, ジャン・マルタン（精神医学者）	Charcot, Jean-Martin (1825-93)
シャーン, ベン（画家・写真家）	Shahn, Ben (1898-1969)
シュスター, マックス・L.（出版事業家）	Schuster, Max L. (1897-1970)
シュナイダー, デイヴィッド（文化人類学者）	Schneider, David (1918-95)
シュナーベル, ジュリアン（画家）	Schnabel, Julian (1951-)
シューバート3兄弟（劇場支配人・プロデューサー）	Shubert Brothers (Lee 1871-1953, Sam S. 1878-1905, Jacob J. 1880-1963)
シュラフリー, フィリス（フェミニズム運動家）	Schlafly, Phyllis (1924-)
ジュリアーニ, ルドルフ（政治家）	Giuliani, Rudolph (1944-)
シュルツ, チャールズ（漫画家）	Schulz, Charles (1922-99)
シュレジンガー, アーサー・M., ジュニア（歴史家）	Schlesinger, Arthur, Jr. (1917-)
シュレーディンガー, エルヴィン（物理学者）	Schroedinger, Erwin (1887-1961)
シュワルツ, バーナード（歌手）	Schwartz, Bernard (1925-)
シュワルツェネガー, アーノルド（俳優・政治家）	Schwarzenegger, Arnold (1938-)
ショー, ウィルバー（カーレーサー）	Shaw, Wilbur (1902-54)
ショア, ジュリエット（社会学者）	Schor, Juliet B. (1955-)
ジョプリン, ジャニス（歌手）	Joplin, Janis (1943-70)
ジョプリン, スコット（ピアニスト・作曲家）	Joplin, Scott (1868-1917)
ショパン, ケイト（小説家）	Chopin, Kate (1851-1904)
ジョブス, スティーヴ・P.（コンピュータ技術者・企業家）	Jobs, Steven Paul (1955-)
ジョルソン, アル（歌手）	Jolson, Al (Yoelson, Asa) (1886-1950)
ジョン万次郎（通訳・教育者）	John Manjiro (1827-98)
ジョーンズ, ジャスパー（画家・彫刻家・版画家）	Johns, Jasper (1930-)
ジョーンズ, ボビー（ゴルフ選手）	Jones, Bobby (1902-1971)
ジョンソン, アンドルー（17代大統領）	Johnson, Andrew (1808-75)
ジョンソン, フィリップ（建築家）	Johnson, C. Philip (1906-)
ジョンソン, リンドン・B.（36代大統領）	Johnson, Lyndon B. (1908-73)
ジョンソン, ロバート・W.（企業家）	Johnson, Robert W. (1845-1910)
シーラー, チャールズ（写真家）	Sheeler, Charles (1883-1965)
シラード, レオ（物理学者）	Szilard, Leo (1898-1964)
シール, ボビー（社会運動家）	Seal, Bobby (1936-)
シルコウ, レスリー・マーモン（詩人・小説家）	Silko, Leslie Marmon (1948-)
シンクレア, アプトン（小説家・社会改革家）	Sinclair, Upton (1878-1968)
シンセキ, エリック・K.（軍人）	Shinseki, Eric K. (1942-)
スーアード, ウィリアム（政治家）	Seward, William H. (1810-72)

スウィーニー，ジョン（労働組合指導者）	Sweeney, John (1934-)
ズーカー，アドルフ（企業家）	Zukor, Adolf (1873-1976)
スカーリー，ヴィンセント（建築史家）	Scully, Vincent (1920-)
スカント（ネイティブ・植民者援助者）	Squanto (1590頃-1622)
スクールクラフト，ヘンリー・R.（民族学者）	Schoolcraft, Henry R. (1793-1864)
スコット，マリオン・M.（教育者）	Scott, Marion M. (1853-1922)
スース，ランディ（ハッカー）	Seuss, Randy
鈴木大拙（宗教家）	Suzuki, Daisetsu (1870-1966)
スタイケン，エドワード（写真家）	Steicken, Edward (1879-1973)
スタイネム，グローリア（フェミニズム運動家・著述家）	Steinam, Gloria (1934-)
スタイン，ガートルード（詩人・批評家）	Stein, Gertrude (1874-1946)
スタインベック，ジョン（小説家）	Steinbeck, John (1902-68)
スターリング，ブルース（著述家）	Sterling, Bruce (1954-)
スタローン，シルベスター（俳優）	Stallone, Sylvester (1946-)
スターン，アイザック（バイオリニスト）	Stern, Isaac (1920-2001)
スターン，ロバート・A. M.（建築家）	Stern, Robert A. M. (1939-)
ステュアート，マーサ（生活コーディネーター）	Stewart, Martha (1941-)
ステュワード，ジュリアン（文化人類学者）	Steward, Julian (1902-72)
スティーヴンス，テッド（政治家）	Stevens, Ted (1923-)
スティーグリッツ，アルフレッド（写真家）	Stieglitz, Alfred (1864-1946)
スティルウェル，チャールズ（発明家）	Stillwell, Charles
ストウ，ハリエット・B.（小説家）	Stowe, Hariet B. (1811-96)
ストライカー，ロイ・E.（社会学者）	Stryker, Roy E. (1893-1975)
ストライザンド，バーバラ（歌手・俳優）	Streisand, Barbara (1945-)
ストラウブ，ピーター（小説家）	Straub, Peter (1943-)
ストランド，ポール（写真家）	Strand, Paul (1890-1976)
ストローマン，スーザン（演出家・振付師）	Stroman, Susan (1954-)
ストロング，ジョサイア（宗教家）	Strong, Josiah (1847-1916)
ストーン，ウィリアム・J.（版画家）	Stone, William J. (1798-1865)
スナイダー，ヴァーン・J.（小説家）	Sneider, Vern J. (1917-81)
ズナニエツキ，フローリアン・W.（社会学者）	Znaniecki, Florian W. (1882-1958)
スピヴァック，ガヤトリ・C.（批評家）	Spivak, Gayatri C. (1946-)
スピルバーグ，スティーヴン（映画監督）	Spielberg, Steven (1947-)
スペリングス，マーガレット（政治家）	Spellings, Margaret (1958-)
スペンサー，パーシー・L.（エンジニア）	Spencer, Percy L. (1894-1970)
スペンサー，ハーバート（哲学者）	Spencer, Herbert (1820-1903)
スミス，アダム（経済学者・哲学者）	Smith, Adam (1723-1829)
スミス，ジョゼフ（宗教家）	Smith, Josef (1805-44)
スミス，ジョン・スタッフォード（作曲家・音楽学者）	Smith, John Stafford (1750-1836)
スミス，デイヴィッド（彫刻家）	Smith, David (1906-65)
スミス，トニー（彫刻家）	Smith, Tony (1912-)
スミス，ベシー（歌手）	Smith, Bessie (1894?-1937)
スミス，W. ユージーン（写真家）	Smith, W. Eugene (1918-78)
スミッソン，ジェイムズ（スミソニアン協会設立者）	Smithson, James (1765-1829)
スミッソン，ロバート（彫刻家）	Smithson, Robert (1938-73)
スモール，アルビオン・W.（社会学者）	Small, Albion W. (1854-1926)
スレーター，サミュエル（発明家）	Slater, Sammuel (1768-1835)
セジウィック，イヴ・K.（批評家・詩人）	Sedgwick, Eve K. (1946-)
セルデン，ジョージ・ボールドウィン（弁護士）	Selden, George Baldwin (1846-1932)
ソービー，ヘンリー（地質学者・冶金学者）	Sorby, Henry Clifton (1826-1908)
ソロー，ヘンリー・デイヴィッド（随筆家・詩人）	Thoreau, Henry David (1817-62)
ソンドハイム，スティーヴン（作曲家）	Sondheim, Stephen (1930-)
ソンタグ，スーザン（批評家）	Sontag, Susan (1933-)

●タ行

ダイ，トマス・R.（政治学者）	Dye, Thomas R. (1935-)
タイラー，エドワード（文化人類学者）	Tylor, Edward (1832-1917)
ダーウィン，チャールズ（生物学者）	Darwin, Charles (1809-82)
ダヴンポート，ジョン（宗教家）	Davenport, John (1597-1669)
ダガンウィダ（ネイティブ・アメリカン指導者）	Deganawidah (1550頃-1600頃)
ダグラス，フレデリック（奴隷廃止論者・ジャーナリスト）	Douglass, Frederick (c. 1817-1895)
ダグラス，メアリー（社会人類学者）	Douglas, Mary (1921-)
ダスティン，ハンナ（奴隷体験記作者）	Dustin, Hannah (1659頃-1737)
ターナー，ヴィクター（文化人類学者）	Turner, Victor (1920-1983)
ターナー，フレデリック・ジャクソン（歴史学者）	Turner, Frederick Jackson (1861-1932)

ダニエル，グラシエラ（演出家・振付師）	Daniele, Graciela
ダニエレブスキー，マーク（小説家）	Danielewski, Mark (1966-)
ダーニング，アラン・T.（環境学者）	Durning, Alan T. (1964-)
ターノフ，ピーター（外交官）	Tarnoff, Peter (1937-)
タフト，ウィリアム・H.（27代大統領）	Taft, William H. (1857-1930)
タブマン，ハリエット（奴隷廃止運動）	Tubman, Harriet (1820-1913)
ダブルデイ，フランク・N.（出版企業家）	Doubleday, Frank N. (1862-1934)
ダリ，サルヴァドール（画家）	Dali, Salvador (1904-89)
タルボット，ストロウブ（政治家）	Talbott, Strobe (1946-)
ダレス，ジョン・フォスター（政治家）	Dulles, John Foster (1888-1959)
タン，エイミー（小説家）	Tan, Amy (1952-)
ダンカン，デイヴィッド・ダグラス（写真家）	Dunkan, David Douglas (1916-)
タンギー，イヴ（画家）	Tanguy, Yves (1900-55)
チェイキン，ジョゼフ（俳優・舞台監督）	Chaikin, Joseph (1935-)
チェイニー，ディック（本名リチャード・B.）（政治家）	Cheney, Dick (Richard B.) (1941-)
チェンバレン，バジル・ホール（教育家）	Chamberlain, Basil Hall (1850-1935)
チザム，シャーリー（政治家）	Chisholm, Shirley (1924-)
チャイルド，リディア・マリア（小説家・ジャーナリスト）	Child, Lydia Maria (1802-80)
チャオ，イレーン（政治家）	Chao, Elaine (1953-)
チャップマン，デイブ（デザイナー）	Chapman, David (1909-78)
チャップリン，チャーリー（映画俳優・脚本家・監督）	Chaplin, Charlie (1889-1977)
チャベス，セザール・E.（労働運動指導者）	Chavez, Cesar E. (1927-93)
チャンドラー，アルフレッド・D.（経営史家）	Chandler, Alfred D. (1918-)
チャンピオン，ガワー（振付師）	Champion, Gower (1920-80)
テューン，トミー（ダンサー・演出家・振付師）	Tune, Tomy (1939-)
チョート，ルーファス（政治家）	Chote, Rufus (1799-1859)
チョムスキー，ノーム（言語学者・政治活動家）	Chomsky, Noam (1928-)
チルトン，トマス（小説家）	Chilton, Thomas
チン，フランク（劇作家）	Chin, Frank (1940-)
ツィオルコフスキー，コンスタンチン・エドアルドヴィッチ（物理学者・ロケット工学者）	Tsiolkovskij, Konstantin Eduardovich (1857-1935)
ツイギー（ファッションモデル）	Twiggy（本名 Hornby, Leslie）(1941-)
デア，ヴァージニア（英人植者初の子）	Dare, Virginia (1587-？)
デ・アンドレア，ジョン（彫刻家）	DeAndrea, John (1941-)
デイ，ドリス（歌手）	Day, Doris (1924-) ⇒本名 Kappelhof, Doris
デイヴィ・クロケット（フォークヒーロー）	Davy Crockett ⇒ Crockett, Davy
デイヴィッドソン，アーサー（エンジニア）	Davidson, Arthur (1881-1950)
デイヴィッドソン，ウォルター（エンジニア）	Davidson, Walter (1876-1942)
ディオンヌ，E. J.（ジャーナリスト・コラムニスト）	Dionne, E. J. Jr
ディキンスン，エミリ（詩人）	Dickinson, Emily (1830-86)
ディキンソン，ジョン（政治家）	Dickinson, John (1732-1808)
ティーグ，ワルター・ドーウィン（デザイナー）	Teague, Walter Dorwin (1883-1960)
ディクソン，ウェクター（歴史家）	Dixon, Wecter (1906-50)
ディクソン，トマス（小説家）	Dixon, Thomas (1864-1946)
ディザルヴォ，フランシス・J.（物理学者）	DiSalvo, Francis J. (1944-)
ティシュ，ロレンス・アラン（投資家）	Tisch, Laurence Alan (1923-2003)
ディズニー，ウォルト（映画製作者・アニメ作家・企業家）	Disney, Walt (1901-66)
ディック，フィリップ・K.（小説家）	Dick, Philip K. (1928-)
ティテュバ（黒人奴隷）	Tituba
ディーテル，ウィリアム・M.（ロックフェラー兄弟財団会長）	Dietel, William M. (1927-)
テイト，アレン（批評家・詩人）	Tate, Allen (1899-1979)
ディドリクソン，ミルドレッド（ゴルフ・陸上選手）	Didrikson, Mildred (1914-1956)
テイモア，ジュリー（演出家・振付師・人形師）	Taymor, Julie (1952-)
テイラー，ジェイムズ（歌手・作曲家）	Taylor, James (1948-)
テイラー，フレデリック・W.（エンジニア・科学的経営管理法創始者）	Taylor, Frederik W. (1856-1915)
ディラン，ボブ（歌手）	Dylan, Bob (1941-)
デイリ，メアリ（フェミニズム理論家）	Daly, Mary (1928-)
ティルデン，ウィリアム（テニス選手）	Tilden, William (1893-1953)
ディレイニー，サミュエル・R.（小説家）	Delany, Sammuel R. (1942-)
ディーン，ジェイムズ（俳優）	Dean, James (1931-1955)
ディンゲル，ジョン（政治家）	Dingell, John (1926-)
デヴンポート，ジョン（宗教家）	Davenport, John (1597-1669)
デ・クーニング，ヴィレム（画家）	de Kooning, Willem (1904-97)
デジェネレス，エレン（俳優）	Degeneres, Ellen (1958-)

デ・ソート, エルナンド (探検家)	DeSoto, Hernando (1496or1500-1542)
テニー, タビサ・ギルマン (小説家)	Tenny, Tabitha Gilman (1762-1837)
デ・パルマ, ブライアン (映画監督)	DePalma, Brian (1940-)
デ・マリア, ウォルター (彫刻家)	De Maria, Walter (1935-)
デーマン, サミュエル (宗教家)	Daman, Samuel (1815-85)
デューイ, ジョン (哲学者・教育学者)	Dewey, John (1859-1952)
デューイ, メルヴィル (司書)	Dewey, Melvil (1837-1931)
デュカキス, マイケル・S. (政治家)	Dukakis, Michael S. (1933-)
デューク, ジェームス (企業家)	Duke, James (1856-1925)
デュシャン, マルセル (画家)	Duchamp, Marcel (1887-1968)
デュ・ボイス, W. E. B. (歴史学者・社会学者・黒人運動指導者)	Du Bois, William Edward B(urghardt) (1868-1963)
デュラント, ウィリアム・C. (企業家)	Durant, William C. (1861-1947)
デュルケム, エミール (社会学者)	Durkheim, Emile (1858-1917)
テラー, エドワード (物理学者)	Teller, Edward (1908-2003)
デラノ, ジョゼフ (捕鯨船船長)	Delano, Joseph C. (1796- ?)
デリー, マーク (サイバーカルチャー研究家)	Dery, Mark (1959-)
テリー, ルーサー・L. (医務総監)	Terry, Luther L. (1926-82)
デリシ, チャールズ (エネルギー省官僚)	DeLisi, Charles (1941-)
デリーロ, ドン (小説家)	Delillo, Don (1936-)
デル・トロ, ベニシオ (俳優)	Del Tolo, Benicio (1967-)
デルブリュック, マックス (生物学者)	Delbrueck, Max (1906-81)
デロリア, ヴァイン, ジュニア (社会運動家)	Deloria, Vine, Jr. (1933-)
デン, フランシス・M. (政治家)	Deng, Francis M. (1938-)
デンプシー, ジャック (ボクサー)	Dempsey, Jack (William Harrison D.) (1895-1983)
ドゥウィット, ジョン・L. (軍人)	DeWitt, John L. (1880-1962)
トウェイン, マーク (小説家)	Twain, Mark (1835-1910)
	[本名 Samuel Langhorne Clements]
トゥーマー, ジーン (詩人・小説家)	Toomer, Jean (1894-1967)
トクヴィル, アレクシス・ド (歴史家・政治学者)	Tocqueville, Alexis de (1805-59)
ド・グラフ, ロバート・フェア (出版企業家)	deGraff, Robert Fair (1895- ?)
ドゴール, シャルル (フランス大統領)	de Gaulle, Charles (1959-69)
トスカーニ, オリビエーロ (広告クリエーター)	Toscani, Oliviero (1942-)
ドス・パソス, ジョン (小説家・記者)	Dos Passos, John (1896-1970)
トーマス, ウィリアム・I. (社会学者)	Thomas, William I. (1863-1947)
トムソン, チャールズ (大陸議会議長秘書)	Thomson, Charlse (1729-86)
ドライサー, シオドア (小説家)	Dreiser, Theodore (1871-1945)
トラスク, ジョージ (禁酒・禁煙運動家)	Trask, George
トールキン, J. R. R. (言語学者・小説家)	Tolkien, J(ohn) R(onald) R(euel) (1892-1973)
ドルフマン, アリエル (作家・劇作家)	Dorfman, Ariel (1942-)
トルーマン, ハリー・S. (33代大統領)	Truman, Harry S. (1884-1972)
トレガスキス, リチャード (ジャーナリスト)	Tregaskis, Richard (1916-73)
ドレフィス, ヘンリー (デザイナー)	Dreyfuss, Henry (1904-72)
トロウ, マーチン (教育学者)	Trow, Martin (1926-)
ドワイト, ティモシー (聖職者・教育者・詩人)	Dwight, Timothy (1752-1817)
トンプソン, ハンター・S. (ジャーナリスト・編集者)	Thompson, Hunter S. (1939-)

●ナ行

ナイ, ジョセフ (政治学者)	Nye, Joseph (1937-)
ナウマン, ブルース (美術家)	Naumann, Bruce (1941-)
中浜万次郎 (漁師・通訳・教育者)	⇒ John Manjiro
ナスト, コンデ (出版企業家)	Nast, Conde (1873-1942)
ナスト, トマス (画家・風刺漫画家)	Nast, Thomas (1840-1902)
ナッシュ, ジョン・F. (数学者)	Nash, John F. (1928-)
ナボコフ, ウラジーミル (小説家)	Nabokov, Vladimir (1899-1977)
ニクソン, リチャード (37代大統領)	Nixon, Richard (1913-94)
ニッツ, ポール・H. (国務省政策室長)	Nitze, Paul H. (1907-)
ニーバー, ラインホールド (神学者)	Niebuhr, Reinhold (1892-1971)
ニュートン, アイザック (物理学者・数学者)	Newton, Isaac (1643-1727)
ニュートン, ヒューイ・P. (黒人運動家)	Newton, Huey P. (1942-89)
ニューハウス, セス (ネイティブ・アメリカン著述家)	Newhouse, Seth
ニューホール夫妻 (写真家)	Newhall, Beaumont (1908-93) and Nancy (1908-74)
ニューマン, バーネット (画家)	Newman, Barnett (1905-70)
ニレンバーグ, マーシャル・W. (生物化学者)	Nirenberg, Marshall W. (1927-)
ネイサン, モード (消費者運動家)	Nathan, Maud (1862-1946)

ネイラー，グロリア（小説家）	Naylor, Gloria (1950-)
ネーサン，ジョージ・ジーン（劇評家）	Nathan, George Jean (1882-1958)
ネシャット，シリン（美術家）	Neshat, Shirin (1957-)
ネスル，マリオン（栄養学者）	Nestle, Marion
ネーダー，ラルフ（環境・消費者運動家）	Nader, Ralph (1934-)
ネフ，ウェストン（美術館キュレーター）	Naef, Weston (1942-)
ネルソン，ジョージ（デザイナー）	Nelson, George (1907-86)
ノイス，エリオット（美術館キュレーター）	Noyes, Eliot (1910-77)
野口英世（医師・細菌学者）	Noguchi, Hideyo (1876-1928)
ノトキン，デビー（著述家）	Notkin, Debbie (1955-)
ノーマン，ドロシー（写真家）	Norman, Dorothy (1905-97)
ノーマン，マーシャ（劇作家）	Norman, Marsha (1947-)
ノーランド，ケネス（画家）	Noland, Kenneth (1924-)
ノリス，フランク（小説家）	Norris, Frank (1870-1902)

● ハ行

バー，アルフレッド・H.（MoMA館長）	Barr, Alfred H. (1902-81)
ハ・ジン（小説家）	Ha Jin (1956-)
ハイアット，ジョン・W.（発明家）	Hyatt, John W. (1837-1920)
ハイアワサ（オノンダガ族伝説の酋長）	Hiawatha
パイク，ナム・ジュン（美術家）	Paik, Nam June (1932-)
ハイザー，マイケル（彫刻家）	Heizer, Michael (1944-)
ハイン，トマス（著述家）	Hine, Thomas (1947-)
ハイン，ルイス・W.（写真家・教育者）	Hine, Lewis W. (1874-1940)
パウエル，コリン・L.（軍人・政治家）	Powell, Colin L. (1948-)
ハウエルズ，ウィリアム・ディーン（小説家・評論家）	Howells, William Dean (1837-1920)
パウンド，エズラ（詩人・評論家）	Pound, Ezra (1885-1972)
バエズ，ジョーン（歌手）	Baez, Joan (1941-)
パーカー，セオドア（牧師・奴隷解放運動家）	Parker, Theodore (1810-60)
パーカー，チャーリー（ジャズ奏者）	Parker, Charlie (1920-55)
バーク，エドマンド（政治家・政治哲学者）	Burke, Edmund (1729-97)
バーグ，ポール（分子生物学者）	Berg, Paul (1926-)
パーク，ロバート・E.（社会学者）	Park, Robert E. (1864-1944)
バーグステイン，C. フレッド（経済学者）	Bergstein, C. Fred (1941-)
バークベック，ジョージ（教育者・医師）	Birkbeck, George (1776-1841)
バーク＝ホワイト，マーガレット（写真家）	Bourke-White, Margaret (1906-71)
ハーシー，ジョン・R.（著述家）	Hersey, John R. (1914-93)
バース，ジョン（小説家）	Barthe, John (1930-)
パース，チャールズ・S.（哲学者）	Peirce, Charles S. (1839-1914)
バスキア，ジャン・ミッシェル（画家）	Basquiat, Jean-Michel (1960-88)
ハスタート，J.デニス（政治家）	Hastert, J. Dennis (1942-)
ハースト，ウィリアム・R.（新聞企業家）	Hearst, William R. (1863-1951)
ハーストン，ゾラ・ニール（小説家）	Hurston, Zora Neale (1903-60)
バーセルミ，ドナルド（小説家）	Barthelme, Donald (1931-89)
パーソンズ，タルコット（社会学者）	Persons, Talcot (1902-79)
バーチフィールド，チャールズ（画家）	Burchfield, Charles (1893-1967)
ハチンソン，アン（宗教活動家・開拓者）	Hutchenson, Anne (1591-1643)
ハッカー，アンドルー（政治学者）	Hacker, Andrew
パッカード，デイヴィッド（企業家）	Packard, David (1912-96)
バック，パール（小説家）	Buck, Pearl (1892-1973)
バッツ，R.フリードマン（教育学者）	Butts, R. Freedman (1910-)
パットナム，フレデリック・W.（人類学者）	Putnam, Frederick W. (1839-1915)
パップ，ジョー（舞台監督）	Papp, Joe (Papirofsky, Joseph) (1921-91)
バッファロー・ビル（興行師）	Buffalo Bill (1846-1917)
ハディド，ザハ（建築家）	Hadid, Zaha (1950-)
バーディーン，ジョン（物理学者）	Bardeen, John (1908-91)
ハーディング，ウォレン・G.（29代大統領）	Harding, Warren G. (1865-1923)
バーデン，クリス（美術家）	Burden, Chris (1946-)
ハート，パール（ゲイ解放運動家）	Hart, Pearl (1890-1974)
ハート，フィリップ（政治家）	Hart, Philip A. (1912-76)
ハート，ブレット（短編小説家）	Harte, Bret (1836-1902)
ハドソン，ロック（俳優）	Hudson, Rock (1925-85)
バトラー，オクティヴィア・E.（小説家）	Butler, Octavia E. (1947-)
バトラー，ジュディス（フェミニズム・ジェンダー研究家）	Butler, Judith (1956-)
バートン，クララ（アメリカ赤十字社創設者）	Barton, Clara (1821-1912)

バーナード，チェスター・I.（企業家）	Barnard, Chester I. (1886-1961)
バーナム，フィニアス・T.（興行師）	Barnum, Phineas T. (1810-91)
バニヤン，ポール（フォークヒーロー）	Bunyan, Paul
バーバー，ベンジャミン（政治学者）	Barber, Benjamin (1939-)
ハーバーグ，ウィル（社会学者）	Herberg, Will
ハーバート，ヴィクター（作曲家）	Herbert, Victor (1859-1924)
ハマースタイン，オスカー，ジュニア（作曲家・音楽学者）	Hammerstein, Oscar, Jr. (1895-1960)
ハーマン，アレクシス（政治家）	Herman, Alexis (1948-)
バーマン（ベアマン），S. N.（劇作家）	Behrman, S(amuel) N(athaniel) (1893-1973)
ハーマン，ジェリー（作曲家）	Herman, Jerry (1932-)
ハミルトン，アレグザンダー（政治家）	Hamilton, Alxander (1757-1804)
ハモン，ブリトン（奴隷体験記作者）	Hammon, Briton (1747-60)
ハヤカワ，サミュエル・I.（言語学者・政治家）	Hayakawa, Samuel I. (1906-92)
早川雪洲（俳優）	Hayakawa, Sessue (1889-1973)
バラ，ジェイムズ，H.（宗教家）	Ballagh, James H. (1832-1920)
ハリー，ピーター（美術家）	Halley, Peter (1953-)
バーリ，アドルフ・A.（法律家）	Berle, Adolf A. (1897-1971)
ハリス，ウィリアム（哲学者・教育者）	Harris, William T. (1835-1909)
ハリス，チャールズ（作詞・作曲家）	Harris, Charles (1867-1930)
ハリス，トマス（小説家）	Harris, Thomas (1940-)
ハリス，マーヴィン（文化人類学者）	Harris, Marvin (1927-2001)
バーリン（ベルリン），アーヴィング（作曲家）	Berlin, Irving (1888-1989)
ハリントン，マイケル（著述家・政治指導者）	Harrington, Michael (1928-89)
パリントン，ヴァーノン・L.（文学史家・哲学者）	Parrington, Vernon L. (1871-1929)
パール，リチャード（政治家）	Perle, Richard N. (1941-)
バルーク，バーナード（政治家）	Baruch, Bernard (1870-1965)
バルーディ，ウィリアム・J.（元 AEI 所長）	Baroody, William J. (1916-1980)
ハルバースタム，デイヴィッド（ジャーナリスト）	Halberstam, David (1934-)
ハーレー，ビル（オートバイ設計者・企業家）	Harley, William (1856-1937)
バーロー，ジョン・P.（詩人・エッセイスト）	Barlow, John P. (1947-)
バロウズ，ウィリアム（小説家）	Burroughs, William (S.) (1914-97)
バロウズ，ラリー（写真家）	Burrows, Larry (1926-71)
ハロウン，レイ（カーレーサー）	Harroun, Ray (1879-1968)
バローズ，エドガー・ライス（小説家）	Burroughs, Edgar Rice (1875-1950)
バローズ，ジョン（博物学者・著述家）	Burroughs, John (1837-1921)
パワーズ，フォビオン（日本研究者）	Bowers, Faubion (1917-)
パワーズ，ティム（小説家）	Powers, Tim (1952-)
パワーズ，リチャード（小説家）	Powers, Richard (1957-)
ハワード，シドニー（劇作家）	Howard, Sidney (1891-1939)
ハーン，ラフカディオ（小説家・翻訳家）	Hearn, Lafcadio (1850-1904)
ハンクス，トム（俳優）	Hanks, Tom (1958-)
バンクロフト，ジョージ（歴史家）	Bancroft, George (1800-91)
ハンコック，ジョン（政治家）	Hancock, John (1737-93)
バーンズ，アーサー・F.（経済学者・FRB 議長）	Burns, Arthur F. (1904-87)
バーンスタイン，レナード（作曲家・指揮者）	Bernstein, Leonard (1918-90)
ハンソン，ドゥエイン（彫刻家）	Hanson, Duane (1925-96)
ハンティントン，サミュエル・P.（政治学者）	Huntington, Samuel P. (1927-)
ハンティントン，ヘンリー・E.（企業家・美術品蒐集家）	Huntington, Henry E. (1850-1927)
ハント，ピーター（児童文学研究者）	Hunt, Peter (1945-)
バントライン，ネッド（小説家）	Buntline, Ned (1823-86)
バンネル，ピーター（美術館キュレーター）	Bunnell, Peter
ハンフリー，ヒューバート・H.（政治家）	Humphrey, Hubert H. (1911-78)
ピアシー，マージ（詩人・小説家）	Piercy, Marge (1936-)
ビアシュタット，アルバート（画家）	Bierstadt, Albert (1830-1902)
ビアス，アンブローズ（ジャーナリスト）	Bierce, Ambrose (Gwimett) (1842-1914 頃)
ピアリー，ロバート（軍人）	Peary, Robert Edwin (1856-1920)
ビジャ，フランシスコ・（パンチョ）（革命家）	Villa, Francisco Pancho (1878-1970)
ピーターソン，エスター（政治家）	Peterson, Ester (1906-97)
ビーチャー，キャサリン・E.（教育者・著述家）	Beecher, Catharine E. (1800-78)
ピックフォード，メアリー（俳優）	Pickford, Mary (1892-1979)
ヒッチコック，ヘンリー=ラッセル（建築史家）	Hitchcock, Henry-Russell (1903-87)
ビーティ，アン（小説家）	Beattie, Ann (1947-)
ピュー，ジョゼフ・N.，ジュニア（企業家）	Pew, Joseph N., Jr. (1886-1963)
ヒューズ，ジョージ・A.（エンジニア・企業家）	Hughes, George A. (1871-1944)
ヒューズ，ヘンリー（社会学者）	Hughes, Henry (1829-1962)

ヒューストン，ホイットニー（歌手）	Houston, Whitney (1963-)
ヒューズ，ラングストン（詩人・短編小説家・劇作家）	Hughes, Langston (1902-67)
ヒューム，デイヴィッド（哲学者・歴史家）	Hume, David (1711-76)
ピューリツァー，ジョゼフ（ジャーナリスト・新聞経営者）	Pulitzer, Joseph (1847-1911)
ビリー・ザ・キッド（アウトロー）	Billy the Kid (1859-81)
ヒル，アニタ（法学者）	Hill, Anita (1956-)
ピール，チャールズ・ウィルソン（画家・美術館創設者）	Peale, Charles Willson (1741-1827)
ピール，ノーマン・ヴィンセント（宗教家）	Peale, Norman Vincent (1898-1993)
ヒル，フィル（カーレーサー）	Hil, Phil (1927-)
ピンチョン，トマス（小説家）	Pynchon, Thomas (1937-)
ビン・ラディン，オサマ（テロリスト）	bin Ladin, O (U)sama (1957 or 58-)
プア，ヘンリー・ヴァーナム（企業家）	Poor, Henry Varnum (1812-1905)
ファイアストーン，シュラミス（フェミニズム理論家）	Firestone, Shulamith (1945-)
ファイアストーン，ハーヴェー・S.（企業家）	Firestone, Harvey S. (1868-1938)
ファイス，ダグラス・J.（政治家）	Feith, Douglas J.
ファイロ，デイヴィッド（企業家）	Filo, David (1966-)
ブアスティン，ダニエル（歴史家）	Boorstin, Daniel J. (1914-)
ファーマー，ファニー・M.（料理研究家）	Farmer, Fannie M. (1857-1915)
ファローズ，ジェイムズ（ジャーナリスト）	Fallows, James (1949-)
フィスケットジョン，ゲイリー（編集者）	Fisketjon, Gary
フィッツジェラルド，F. スコット（小説家）	Fitzgerald, F. Scott (1896-1940)
フィッツヒュー，ジョージ（法律家・ジャーナリスト・著述家）	Fitzhugh, George (1806-81)
フィニー，チャールズ・G.（宗教家・教育者）	Finney, Charles G. (1792-1875)
フィルモア，ミラード（13代大統領）	Fillmore, Millard (1800-74)
フィンク，マイク（開拓者）	Fink, Mike (1770頃-1823)
フーヴァー，J. エドガー（FBI局長）	Hoover, J. Edgar (1895-1972)
フーヴァー，ハーバート（31代大統領）	Hoover, Herbert (1874-1964)
ブラウン，ジェイムズ（歌手・作曲家・音楽プロデューサー）	Brown, James (1928-)
フェイブル，エドマンド（小説家）	Fable, Edmund
フェイヨール，アンリ（経営学者）	Fayol, Henri (1841-1925)
フェノロサ，アーネスト・F.（東洋美術史家・教育者）	Fenollosa, Ernest F. (1853-1908)
フェノロサ，メアリー・M.（小説家・詩人）	Fenollosa, Mary M. (1865-1954)
フェラー，モンゴメリー（デザイナー）	Feller, Montgomery
フエンテス，カルロス（小説家・批評家）	Fuentes, Carlos (1928-)
フォアーマン，リチャード（舞台演出家）	Foreman, Richard (1937-)
フォークナー，ウィリアム（小説家）	Faulkner, William (1897-1962)
フォーゲル，ロバート・W.（経済学者）	Fogel, Robert W. (1926-)
フォスター，スティーヴン（作曲家）	Foster, Stephen (1826-64)
フォスター，ハナ・ウェブスター（小説家）	Foster, Hannah Webster (1758-1840)
フォックス，ウィリアム（企業家）	Fox, William (1879-1952)
フォッシー，ボブ（振付師・映画監督）	Fosse, Bob (1927-87)
フォーティ，アドリアン（美術史家）	Forty, Adrian (1948-)
フォード，ジェラルド・R.（38代大統領）	Ford, Gerald R. (1913-)
フォード，ジョン（映画監督）	Ford, John (1895-1973)
フォード，ヘンリー（企業家）	Ford, Henry (1863-1947)
フォーリー，トマス・スティーヴン（政治家）	Foley, Thomas Stephen (1929-)
フォールウェル，ジェリー・L.（宗教家）	Falwell, Jerry L. (1933-)
フォレスタル，ジェイムズ・V.（政治家）	Forrestal, James Vincent (1892-1949)
フォンダ，ジェーン（俳優）	Fonda, Jane (1937-)
フォン・ノイマン，ジョン（数学者）	Von Neumann, John (1903-57)
フォン・ブラウン，ウェルナー（宇宙技術者）	Von Braun, Wernher (1912-77)
ブキャナン，ジェイムズ（15代大統領）	Buchanan, James (1791-1868)
フーコー，ミシェル（哲学者）	Foucault, Michel (1926-84)
ブコウスキー，チャールズ（小説家・詩人）	Bukowski, Charles (1920-94)
ブース，エドウィン（俳優）	Booth, Edwin (1833-93)
フセイン，サダム（イラク大統領）	Hussein, Saddam (1937-)
フックス，ベル（フェミニズム批評家）	Hooks, Bell (1952-)
ブッシュ，ヴァンネヴァー（電気工学者・行政官）	Bush, Vannevar (1890-1974)
ブッシュ，ジョージ・ハーバート・ウォーカー（41代大統領）	Bush, George Herbert Walker (1924-)
ブッシュ，ジョージ・ウォーカー（43代大統領）	Bush, George Walker (1946-)
ブッシュネル，ホレス（宗教家）	Bushnell, Horace (1802-76)
フラー，R. バックミンスター（発明家・デザイナー・哲学者）	Fuller, R. Buckminster (1895-1983)
フラー，マーガレット（評論家・社会改革者）	Fuller, Margaret (1810-50)
ブライアン，ウィリアム・J.（法律家・政治家）	Bryan, William J. (1860-1925)
ブライアント，アニタ（歌手・反ゲイ解放運動家）	Bryant, Anita (1940-)

ブライス，ジェイムズ（歴史家・政治家）	Bryce, James (1838-1922)
フライヤー，トマス（カーレーサー）	Flyer, Thomas
ブラウアー，デイヴィッド・R.（環境運動家）	Brower, David R. (1912-2000)
ブラウン，アラン（小説家）	Brown, Alan (1950-)
ブラウン，ウィリアム・ヒル（詩人・小説家・随筆家・劇作家）	Brown, William Hill (1766-93)
ブラウン，サミュエル・R.（宣教師）	Brown, Sammuel R. (1856-1945)
ブラウン，ジョン（奴隷解放運動家）	Brown, John (1800-59)
ブラウン，チャールズ・ブロックデン（小説家）	Brown, Charles Brockden (1771-1810)
ブラウン，ハロルド（政治家）	Brown, Harold (1927-)
ブラウン，リタ・M.（レズビアン解放運動家）	Brown, Rita M. (1944-)
ブラウン，レスター・R.（ワールドウォッチ研究所創立者）	Brown, Lester R. (1934-)
ブラウン，ジェイムズ（歌手）	Brown, James (1928-)
プラス，シルヴィア（詩人・小説家）	Plath, Sylvia (1932-63)
ブラックバーン，アラン（美術館キュレーター）	Blackburn, Alan
ブラッテン，ウォルター・H.（物理学者）	Bratain, Walter H. (1902-87)
ブラッドフォード，ウィリアム（プリマス植民地総督）	Bradford, William (1590-1657)
ブラッドベリ，レイ（小説家）	Bradbury, Ray(mond) (1920-)
プラトカニス，アンソニー・R.（心理学者）	Pratkanis, Anthony R.
フランク，ロバート（写真家）	Frank, Robert (1924-)
フランクファータ，フェリックス（法学者・最高裁判事）	Frankfarter, Felix (1882-1965)
フランクリン，アレサ（歌手）	Franklin, Aretha (1952-)
フランクリン，チャールズ・B.（エンジニア）	Franklin, C(harles). B. (1880- ?)
フランクリン，ベンジャミン（政治家・著述家・科学者）	Franklin, Benjamin (1706-90)
フランゼン，ジョナサン（エッセイスト・小説家）	Franzen, Jonathan (1959-)
ブランダイス，ルイス・D.（最高裁判事）	Brandeis, Louis D. (1856-1941)
ブランド，スチュアート（編集者・著述家）	Brand, Stewart (1938-)
ブランド，マックス（小説家）	Brand, Max (1892-1944)
ブランド，マーロン（俳優）	Brando, Marlon (1924-2004)
フリーア，チャールズ（美術品収集家）	Freer, Charles (1856-1919)
ブリガン，アラン（映画監督）	Brigand, Alan
ブリグマン，アン（写真家）	Brigman, Anne (1869-1950)
フリーダン，ベティ（フェミニズム運動指導者・著述家）	Friedan, Betty (1921-)
フリードキン，ウィリアム（映画監督）	Friedkin, William (1939-)
フリードマン，ミルトン（経済学者）	Friedman, Milton (1912-)
フリードランダー，リー（写真家）	Friedlander, Lee (1934-)
フリーマン，デレック（文化人類学者）	Freeman, Derek (1916-)
フリムル，ルドルフ（作曲家）	Friml, Rudolf (1879-1972)
ブルデュー，ピエール（社会学者）	Bourdieu, Pierre (1930-2002)
ブリーン，ジョセフ（政治家）	Breen, Joseph
プリンス，ハロルド（舞台演出家・プロデューサー）	Prince, Harold (1928-)
ブール，ジョージ（数学者・論理学者）	Boole, George (1815-64)
ブルッキングズ，ロバート・S.（企業家）	Brookings, Robert S. (1850-1932)
フルトン，ロバート（発明家）	Fulton, Robert (1765-1815)
フルブライト，J.ウィリアム（政治家）	Fulbright, J. William (1905-95)
フルベッキ，グイド・H. F.（宣教師・教育者）	Verbeck, Guido H. F. (1830-98)
ブルーム，アラン（哲学者）	Bloom, Allan (1930-92)
ブルーム，ソル（興行師）	Bloom, Sol (1870-1949)
フレイヴィン，ダン（彫刻家）	Flavin, Dan (1933-96)
フレイザー，ナンシー（フェミニズム理論家）	Fraser, Nancy (1947-)
ブレイナード，デイヴィッド（宗教家）	Brainerd, David (1718-47)
ブレジネフ，レオニード・イリイチ（ソ連書記長）	Brezhnev, Leonid Il'ich (1906-82)
プレスリー，エルヴィス（ロック歌手）	Presley, Elvis (1935-77)
フロイト，ジクムント（精神分析学者）	Freud, Sigmund (1856-1939)
ブロックマイヤー，ヘンリー（政治家・哲学者）	Brokmeyer, Henry (1828-1906)
ブロドヴィチ，アレクセイ（アートディレクター）	Brodovitch, Alexey (1898-1971)
フロム，エーリッヒ（心理学者）	Fromm, Erich (1900-80)
ブーン，ダニエル（開拓者）	Boone, Daniel (1734頃-1820)
ペイ，イオ・ミン（建築家）	Pei, Ieoh Ming (1917-)
ヘイ，ジョン（政治家）	Hay, John (1838-1905)
ヘイ，ハリー（ゲイ解放運動家）	Hay, Harry (1912-2002)
ヘイズ，ウィル・H.（政治家）	Hays, Will H. (1897-1954)
ヘイダック，ジョン（建築家）	Hejduk, John (1929-)
ベイティ，アン（小説家）	Beattie, Ann (1947-)
ベイトソン，グレゴリー（人類学者）	Bateson, Gregory (1904-80)
ヘイル，サラ・J.（著述家・編集者）	Hale, Sarah Josepha (1788-1879)

ペイン，トマス（思想家・著述家）	Paine, Thomas (1737-1809)
ベークランド，レオ（化学者）	Baekeland, Leo (1863-1944)
ベケット，サミュエル（劇作家）	Beckett, Samuel (1906-90)
ペイジ，パティ（歌手）	Page, Patti (1927-)
ベスカ，ブルース（著述家・コンピュータコンサルタント）	Bethke, Bruce (1955-)
ヘスパイパー，シャーリン（女性学者）	Hesse-Biber, Sharlene
ベソス，ジェフ（企業家）	Bezos, Jeff (1964-)
ベッカー，カール（歴史学者）	Becker, Carl (1873-1945)
ペック，グレゴリー（俳優）	Peck, Gregory (1916-2003)
ベック，ジョージ（デザイナー）	Beck, George
ベックリー，ジョン・J.（初代議会図書館館長・政治家）	Beckley, John J. (1757-1807)
ヘッセ，エヴァ（彫刻家）	Hesse, Eva (1936-70)
ベッセマー，ヘンリー（発明家・エンジニア）	Bessemer, Sir Henry (1813-98)
ヘドストレム，オスカー（エンジニア）	Hedstroem, Oscar (1871-1960)
ベネット，ウィリアム・J.（政治家）	Bennett, William J. (1943-)
ベネット，マイケル（演出家・振付師）	Bennett, Michael (1943-)
ベネディクト，ルース（文化人類学者）	Benedict, Ruth (1887-1948)
ヘボン，ジェイムズ・C.（宗教家・教育者）	Hepburn, James C. (1815-1911)
ヘミングウェイ，アーネスト（小説家）	Hemingway, Ernest (1899-1961)
ヘミングズ，サリー（黒人奴隷）	Hemings, Sally (1773-1835)
ヘラー，ジョゼフ（小説家）	Heller, Joseph (1923-99)
ベラスコ，デイヴィッド（戯曲家・演出家）	Berasco, David (1853-1931)
ベラミー，エドワード（小説家）	Bellamy, Edward (1850-98)
ベラミー，ジョゼフ（神学者）	Bellamy, Joseph (1719-1790)
ペリー，ウィリアム・J.（政治家）	Perry, William J. (1927-)
ベリー，チャック（歌手）	Berry, Chuck (1926-)
ペリー，マシュー・C.（軍人）	Perry, Matthew C (albraith) (1794-1858)
ヘリング，キース（美術家）	Haring , Keith (1958-90)
ベル，アレグザンダー・グレアム（発明家・教育者）	Bell, Alexander Graham (1847-1922)
ベルスキ，ピエトロ（建築家）	Belluschi, Pietro (1899-1994)
ヘルダー，ヨハン（批評家・詩人）	Herder, Johann (1774-1803)
ヘルマン，リリアン（劇作家）	Hellman, Lilian (1905-1984)
ヘルムズ，ジェシー（政治家）	Helms, Jesse (1921-)
ベーレンス，ペーター（デザイナー）	Behrens, Peter (1868-1940)
ベロー，ソール（小説家）	Bellow, Saul (1915-)
ペロシ，ナンシー（政治家）	Pelosi, Nancy (1940-)
ペン，アーヴィング（写真家）	Penn, Irving (1917-)
ペン，ウィリアム（宗教家・ペンシルヴェニア植民地創設者）	Penn, William (1644-1718)
ベングリス，リンダ（彫刻家）	Benglis, Linda (1941-)
ベンサム，ジェレミー（哲学者・法学者・社会改革者）	Bentham, Jeremy (1748-1832)
ベンター，クレッグ（分子生物学者）	Venter, Craig (1946-)
ヘンダーソン，フレッチャー（ジャズ奏者・作曲家）	Henderson, Fletcher (1897-1952)
ヘンダーソン，ローレンス・H.（生化学者）	Henderson, Lawrence J. (1878-1942)
ヘンディー，ジョージ・W.（エンジニア）	Hendee, George W. (1866-1943)
ヘンドリクス，ジミ（ロックギタリスト・歌手）	Hendrix, Jimi (1942-70)
ベントン，トマス・H.（画家）	Benton, Thomas Hart (1889-1975)
ベンハビブ，セイラ（フェミニズム研究家）	Benhabib, Seyla
ヘンリー，ジョセフ（スミソニアン初代館長）	Henry, Joseph (1797-1878)
ポー，エドガー・アラン（詩人・小説家）	Poe, Edgar Allan (1809-1849)
ボアズ，フランツ（文化人類学者）	Boas, Franz (1858-1942)
ホアン，デイヴィッド・H.（劇作家）	Hwang, David H. (1957-)
ホイッスラー，ジェイムズ・A. M.（画家）	Whistler, James A. M. (1834-1903)
ホイットニー，イーライ（発明家）	Whiteney, Eli (1765-1825)
ホイットニー，ウィリアム・C.（教育者）	Whitney, William C. (1825-82)
ホイットフィールド，ジョージ（宗教家）	Whitefield, George (1714-70)
ホイットマン，ウォルト（詩人）	Whiteman, Walt (1819-92)
ホイットマン，マーカス（宗教家）	Whiteman, Marcus (1802-47)
ホイートリー，フィリス（奴隷詩人）	Wheatley, Phillis (1753-84)
ボイヤー，エリザベス（フェミニズム運動家）	Boyer, Elizabeth
ボイヤー，ハーバート（分子生物学者）	Boyer, Herbert (1936-)
ボウ，クララ（映画俳優）	Bow, Clara (1905-65)
ボウルズ，ポール（小説家）	Bowles, Paul (1915-)
ポカホンタス（ネイティブ・アメリカン王女）	Pocahontas (1595-1617)
ボーク，ロバート・H.（法学者・判事）	Bork, Robert H. (1927-)
ホークス，ジョン（小説家）	Hawkes, John (1925-98)

ホーズ，ジョサイア（写真家）　　　　　　　　　Hawes, Josiah (1808-1901)
ホーソーン，ジェフリー（社会学者）　　　　　　Hawthorn, Geoffrey (1941-)
ホーソーン，ナサニエル（小説家）　　　　　　　Hawthorne, Nathaniel (1804-64)
ポーター，エレノア・H.（小説家）　　　　　　　Porter, Eleanor H. (1868-1920)
ポーター，コール（作曲家）　　　　　　　　　　Porter, Cole (1891-1964)
ボック，ジェリー（作曲家）　　　　　　　　　　Bock, Jerry (1928-)
ポッター，デイヴィッド・モリス（歴史家）　　　Potter, David Morris
ホッパー，エドワード（画家）　　　　　　　　　Hopper, Edward (1882-1967)
ホッブス，トマス（政治哲学者）　　　　　　　　Hobbes, Thomas (1588-1679)
ボードリヤール，ジャン（社会学者）　　　　　　Baudrillard, Jean (1929-)
ホートン，ウィリアム・A.（教育者）　　　　　　Houghton, William A. (1852-1917)
ボニー，ウィリアム・H.（ビリー・ザ・キッドの別名）　Bonney, William H.
ポープ，ハリソン（精神医学者）　　　　　　　　Pope, Harrison
ホフ，マーシャン・テッド（コンピュータ技術者・企業家）　Hoff, (Marcian E.)Ted (1937-)
ホプキンス，サミュエル（神学者）　　　　　　　Hopkins, Samuel (1721-1817)
ホフマン，ハンス（画家）　　　　　　　　　　　Hoffmann, Hans (1880-1966)
ホフマン，ウィリアム・M.（劇作家）　　　　　　Hoffman, William M. (1939-)
ホフマン，スタンリー（政治学者）　　　　　　　Hoffman, Stanley
ボーム，ライマン・フランク（小説家）　　　　　Baum, Lyman Frank (1856-1919)
ホームズ，オリヴァー・W.（医師・著述家）　　　Holmes, Oliver W. (1809-94)
ホームズ，C. F.（社会学者）　　　　　　　　　 Holmes, C. F. (1820-97)
ホメイニ，アヤトラー・ルーホラー（イラン指導者）　Khomeini, Ayatollah Ruhollah (1900-89)
ホリデイ，ビリー（ジャズ歌手）　　　　　　　　Holiday, Billie (1915-59)
ボリーバル，シモン（軍人）　　　　　　　　　　Bolívar, Simón (1783-1830)
ホリングシェッド，リチャード・M.，ジュニア（発明家）　Hollingshead, Richard M., Jr.
ポール，アリス（フェミニズム運動家）　　　　　Paul, Alice (1885-1977)
ホール，エドワード・T.（文化人類学者）　　　　Hall, Edward T. (1914-)
ホール，ジム（エンジニア・レーサー）　　　　　Hall, Jim (1935-)
ホール，チャールズ・M.（化学者）　　　　　　　Hall, Charles M. (1863-1914)
ホルツァー，ジェニー（美術家）　　　　　　　　Holtzer, Jenny (1950-)
ホルト，ヘンリー（企業家）　　　　　　　　　　Holt, Henry (1840-1926)
ホルブルック，リチャード（政治家）　　　　　　Holbrooke, Richard (1941-)
ポロック，ジャクソン（画家）　　　　　　　　　Pollok, Jackson (1912-56)
ボロフスキー，ジョナサン（美術家）　　　　　　Borofsky, Jonathan (1942-)
ホワイト，クラレンス・H.（写真家）　　　　　　White, Clarence H. (1871-1925)
ホワイト，ダン（反ゲイ解放運動家）　　　　　　White, Dan
ホワイト，ハリー・D.（経済学者）　　　　　　　White, Harry D.
ホワイト，レズリー（文化人類学者）　　　　　　White, Leslie (1900-75)
ホワイティング，ジョン（文化人類学者）　　　　Whiting, John (1910-99)
ボーン，ランドルフ（エッセイスト・評論家）　　Bourne, Randolph (1886-1918)

●マ行

マイエロヴィッツ，ジョエル（写真家）　　　　　Meyerowitz, Joel (1938-)
マイダンス，カール（写真家）　　　　　　　　　Mydans, Carl (1907-)
マイブリッジ，イードウィアード（写真家）　　　Muybridge, Eadweard (1830-1904)
マイヤー，リチャード（建築家）　　　　　　　　Meier, Richard (1939-)
マカティア，エド（宗教家）　　　　　　　　　　McAteer, Ed
マカロック，ウォレン（神経学者）　　　　　　　McCulloch, Warren (1898-1969)
マーカンド，ジョン・P.（小説家）　　　　　　　Marquand, John P. (1893-1960)
マキナニー，ジェイ（小説家）　　　　　　　　　McInnerney, Jay (1955-)
マキャフリイ，ラリイ（文芸批評家）　　　　　　McCaffery, Larry
マキャモン，ロバート・R.（小説家）　　　　　　McCammon, Robert R. (1952-)
マクガフィー，ウィリアム・H.（教育者）　　　　McGuffey, William H. (1800-73)
マクスウェル，ジェイムズ・C.（物理学者）　　　Maxwell, James C. (1831-79)
マクダーモット，ガルト（作曲家）　　　　　　　MacDermott, Galt (1928-)
マクルーハン，マーシャル（著述家）　　　　　　McLuhan, Marshall (1911-80)
マコ（岩松信）（俳優）　　　　　　　　　　　　Mako (Iwamura, Makoto) (1933-)
マコーレフ，クリスタ（教師・宇宙飛行士）　　　McAuliffe, Christa (1948-86)
マザー，インクリース（宗教家・著述家）　　　　Mather, Increase (1639-1723)
マザー，コットン（宗教家・著述家）　　　　　　Mather, Cotton (1663-1728)
マーシャル，ウィル（政治家）　　　　　　　　　Marshall, Will (1952-)
マーシャル，サーグッド（法律家・最高裁判事）　Marshall, Thurgood (1908-93)
マーシャル，ジョージ・C.（軍人・政治家）　　　Marshall, George C. (1880-1959)
マーシャル，ジョン（法律家・最高裁長官）　　　Marshall, John (1755-1835)
マーシャル，ポール（小説家）　　　　　　　　　Marshall, Paule (1929-)

マーシュ，ジェイムズ（哲学者）	Marsh, James (1794-1842)
マスコーニ，ジョージ（政治家・ゲイ解放運動家）	Moscone, George (1929-78)
マスターズ，エドガー・リー（詩人）	Masters, Edgar Lee (1869-1950)
マチューナス，ジョージ（美術家）	Maciunas, George (1931-78)
マッカーサー，ジョン・D.（企業家・マッカーサー財団創設者）	MacArthur, John D. (1897-1978)
マッカーサー，ダグラス，ジュニア（軍人）	MacArther, Douglas, Jr. (1880-1964)
マッカーシー，ジョゼフ（政治家）	McCarthy, Josef (1909-57)
マッカーティー，ヘンリー（アウトロー）	McCarty, Henry (1859-81)
マッカラーズ，カーソン（小説家）	McCullers, Carson (1917-67)
マッキノン，キャサリン（法学者・フェミニズム著述家）	MacKinnon, Catharine (1946-)
マッキントッシュ，キャメロン・A.（興行主）	Mackintosh, Cameron A. (1946-)
マッキンリー，ウィリアム（25代大統領）	McKinley, William (1843-1901)
マックラッチー，ヴァレンタイン・S.（新聞発行者）	McClatchy, Valentine S. (1857-1936)
マックレラン，ジョージ・B.（軍人）	McClellan, George B. (1826-85)
マッタ，ロベルト（画家）	Matta, Roberto (1912-2002)
マディソン，ジェイムズ（4代大統領）	Madison, James (1751-1836)
マードック，K. ルパート（メディア事業家）	Murdoch, K. Rupert (1931-)
マードック，ジョージ（文化人類学者）	Murdock, George (1897-1985)
マトラック，ティモシー（印刷工）	Matlack, Timothy (1730-1829)
マートン，ロバート・K.（社会学者）	Merton, Robert K. (1910-2003)
マドンナ（ポップス歌手）	Madonna (1959-)
マハン，アルフレッド・T（軍人・歴史家）	Mahan, Alfred T. (1840-1914)
ママディ，N. スコット（小説家）	Momaday, N. Scott (1934-)
マーメット，デイヴィッド（劇作家）	Mamet, David (1947-)
マラマッド，バーナード（著述家・小説家）	Malamud, Bernard (1914-86)
マリノフスキー，ブロニスラウ（文化人類学者）	Marinowski, Bronislaw (1881-1955)
マリーン，アリス・T.（経済優先度評議会創立者）	Marlin, Alice Tepper (1945-)
マリン，ルイス・M.（プエルトリコ知事）	Marín, Luis M. (1898-1980)
マルクーゼ，ハーバート（哲学者）	Marcuse, Herbert (1898-1979)
マルコーニ，グリエルモ（物理学者・発明家）	Marconi, Guglielmo (1874-1937)
マルコム・X（黒人運動家）	Malcolm X (1925-1965)
マルティ，ホセ（詩人・思想家・革命家）	Martí, José (1853-95)
マレー，エティエンヌ＝ジュール（生理学者・写真家）	Marey, Etienne-Jules (1830-1904)
マレー，デイヴィッド（教育者）	Murray, David (1830-1905)
マロー，エド（エドワード）・R.（ジャーナリスト・アナウンサー）	Murrow, Ed(ward) R. (1908-65)
マロン，マイケル（生化学者）	Marron, Michael
万次郎（漁師・通訳・教育者）	⇒ John Manjiro
マンスフィールド，マイク（政治家）	Mansfield, Mike (1903-2001)
マンデヴィル，バーナード（医師・風刺作家）	Mandeville, Bernard (1660-1733)
マン・レイ（画家・写真家）	Man Ray, (1890-1976)
ミゲル，ルイス（歌手）	Miguel, Luis (1970-)
ミース・ファン・デル・ローエ，ルードヴィヒ（建築家）	Mies van der Rohe, Ludwig (1886-1969)
ミッチナー，ジェイムズ・A.（小説家）	Michener, James A. (1907-97)
ミッチェル，アリス（レズビアン犯罪者）	Mitchell, Alice
ミッチェル，マーガレット（小説家）	Mitchell, Margaret (1900-49)
ミード，ジョージ・H.（社会学者）	Mead, George H. (1863-1931)
ミード，マーガレット（文化人類学者）	Mead, Margaret (1901-78)
ミトニック，ケビン（PCハッカー）	Mitnick, Kevin
ミーニー，ジョージ（労働組合運動指導者）	Meany, George (1984-1980)
ミネタ，ノーマン（政治家）	Mineta, Norman (1931-)
ミューア，ジョン（博物学者・環境保護論者）	Muir, John (1839-1914)
ミラー，アーサー（劇作家）	Miller, Arthur (1915-)
ミラー，ウィリアム（宗教家）	Miller, William (1781-1849)
ミラー，ヘンリー（小説家）	Miller, Henry (1891-1980)
ミルク，ハーヴェイ（ゲイ解放運動家）	Milk, Harvey (1930-78)
ミルズ，チャールズ・W.（社会学者）	Mills, Charles W. (1916-62)
ミルズ，ヘイリー（俳優）	Mills, Hayley (1946-)
ミレー，エドナ・セント・ヴィンセント（詩人）	Millay, Edna St Vinsent (1892-1950)
ミレット，ケイト（著述家・フェミニズム運動家）	Millett, Kate (1934-)
ミーンズ，ガーディナー・C.（経済学者）	Means, Gardiner C. (1896-1988)
ミンツ，シドニー．（文化人類学者）	Mintz, Sidney (1922-)
ミンハ，トリン・T.（フェミニズム理論家・映像作家・批評家）	Minh-ha, Trinh T. (1952-)
ムーア，クレメント・C.（教育者・ヘブライ学者・詩人）	Moore, Clement C. (1779-1863)
ムーア，チャールズ（建築家）	Moore, Charles (Willard) (1925-93)
ムーア，ヒュー・E.（企業家）	Moore, Hugh E. (1887-1972)

ムーア，マイケル（映画監督）	Moore, Michael (1954-)
メイ，イレーヌ・T.（歴史学者）	May, Elaine Tayler
メイヒュー，トマス，ジュニア（宗教家）	Mayhew, Thomas, Jr. (1621-57)
メイプルソープ，ロバート（写真家）	Mapplethorpe, Robert (1946-1989)
メイヤー，ルイス・B.（映画企業家）	Mayer, Louis B. (1885-1975)
メイラー，ノーマン（小説家・詩人）	Mailer, Norman (1923-)
メドウズ，ドネラ&デニス（環境学者・未来学者）	Meadows, Donella (1941-2001) & Dennis
メトカーフ，ヴィクター・H.（政治家）	Metcalf, Victor H. (1853-1936)
メラメッド，レオ（財政家）	Melamed, Leo
メルヴィル，ハーマン（小説家）	Melville, Herman (1819-91)
モイニハン，ダニエル・P.（政治家・社会学者）	Moynihan, Daniel P. (1927-)
モーガン，ジョン・P.（銀行家・金融資本家）	Morgan, John P. (1837-1913)
モーガン，トマス・H.（遺伝学者・生物学者）	Morgan, Thomas H. (1866-1945)
モーガン，ロビン（詩人・著述家・フェミニズム運動家）	Morgan, Robin (1941-)
モーゲンソー，ハンス（政治学）	Morgenthau, Hans (1891-1967)
モース，エドワード・S.（教育者・動物学者）	Morse, Edward S. (1838-1925)
モース，サミュエル・F. B.（発明家・画家）	Morse, Samuel F. B. (1791-1872)
モートン，トマス（探検家）	Morton, Thomas (1575/1579 頃-1647)
モラーガ，チェリー（文学）	Moraga, Cherry (1952-)
モリス，ロバート（彫刻家）	Morris, Robert (1931-)
モリスン，トニ（小説家）	Morrison, Toni (1931-)
モルガン，ルイス・H.（文化人類学）	Morgan, Lewis H. (1818-81)
モーワット，アンナ・C.（劇作家・俳優）	Mowatt, Anna Cora (1819-70)
モンク，メレディス（パフォーマンサー）	Monk, Meredith (1942-)
モンロー，ジェイムズ（5代大統領）	Monroe, James (1758-1831)
モンロー，ハリエット（詩人・批評家・編集者）	Monroe, Harriet (1860-1936)
モンロー，マリリン（映画俳優）	Monroe, Marilyn (1926-62)

●ヤ行

ヤマサキ，ミノル（建築家）	Yamasaki, Minoru (1912-1986)
ヤマシタ，カレン・T.（小説家）	Yamashita, Karen T. (1951-)
ヤン，ジェリー（企業家）	Yang, Jerry (1968-)
ヤング，ブリガム（宗教家）	Young, Brigham (1801-77)
ユーリディシー（小説家）	Eurydice
ヨーク（黒人奴隷・探検随行者）	York
ヨーク，ハーバート・F.（物理学者）	York, Herbert F. (1921-91)

●ラ行

ライオンズ，ネイサン（キュレーター）	Lyons, Nathan (1930-)
ライシャワー，エドウィン・O.（外交官・日本研究家）	Reischauer, Edwin O. (1920-90)
ライシュ，ロバート（政治家）	Reich, Robert (1946-)
ライス，エルマー（劇作家）	Rice, Elmer (1892-1967)
ライス，コンドリーザ（政治家）	Rice, Condoleezza (1954-)
ライス，トマス・"ダディ"（俳優）	Rice, Thomas Dartmouth (1808-60)
ライト兄弟（発明家）	Wright Brothers [Orville (1871-1948)，Wilbur (1867-1912)]
ライト，チョンシー（数学者）	Wright, Chauncey (1830-1875)
ライト，フランク・ロイド（建築家）	Wright, Frank Lloyd (1867-1959)
ライト，リチャード（小説家・批評家）	Wright, Richard (1908-60)
ライリー，テレンス（展覧会オルガナイザ）	Riley, Terence
ラインゴールド，ハワード（ジャーナリスト・著述家）	Rheingold, Haward
ラウシェンバーグ，ロバート（画家）	Rauschenberg, Robert (1925-)
ラザースフェルド，ポール（社会学者）	Lazarsfeld, Paul (1901-76)
ラシュコフ，ダグラス（メディア学者）	Rushkoff, Douglas
ラストベーダー，エリック・V.（小説家）	Lustbader, Eric Van (1946-)
ラーソン，ジョナサン（作曲家・作詞家・脚本家）	Larson, Jonathan (1960-96)
ラッグ，ハロルド・O.（教育学者）	Rugg, Harold O. (1886-1960)
ラッシュ，ベンジャミン（医者・政治家）	Rush, Benjamin (1745-1813)
ラッセル，リリアン（俳優）	Russel, Lillian (1861-1960)
ラドクリフ=ブラウン，A. R.（社会人類学者）	Radcliffe-Brown, A(lfred) R(eginald) (1881-1955)
ラーナー，アラン・ジェイ（作詞家）	Lerner, Alan J. (1918-86)
ラヒリ，ジュンパ（小説家）	Lahiri, Jhumpa (1967-)
ラビン，イツハーク（イスラエル首相）	Rabin, Itzhak (1922-95)
ラフィーバー，ウォルター（外交史家）	LaFeber, Walter (1933-)
ラボヴ，ウィリアム（言語学者）	Labov, Wiilliam (1927-)

ラムズフェルド，ドナルド・H.（政治家）	Rumsfeld, Donald H. (1932-)
ラモー，ルイス（小説家）	L'Amour, Louis (1908-88)
ラング，ドロシア（写真家）	Lange, Dorothea (1895-1965)
ラングミュア，アーヴィング（物理学者）	Langmuir, Irving (1881-1957)
ランサム，ジョン・クロウ（詩人・批評家）	Ransom, John Crowe (1888-1974)
ランドルフ，A. フィリップ（労働運動指導者・公民権運動家）	Randolf, A. Philip (1889-1979)
ランドン，ジョーン（TVキャスター）	Lunden, Joan
リー，アン（宗教家）	Lee, Ann (1736-1784)
リー，ヴィヴィアン（俳優）	Leigh, Vivien (1913-67)
リー，スパイク（映画監督）	Lee, Spike (1957-)
リー，チャンネ（小説家）	Lee, Chang-rae (1965-)
リー，ホーマー（軍人・著述家）	Lea, Homer (1876-1912)
リー，ミッチ（作曲家）	Leigh, Mitch (1928-)
リー，リチャード・ヘンリー（政治家）	Lee, Richard Henry (1732-94)
リー，ロバート・E.（軍人）	Lee, Robert E. (1807-70)
リアーズ，T. J. ジャクソン（文化史学者）	Lears, T. J. Jackson (1947-)
リアリー，ティモシー（心理学者）	Leary, Timothy (1920-1996)
リーヴィット，マイケル・ベネット（バーレスクの父）	Leavitt, Michael Bennett (1843-1935)
リヴィングストン，ロバート・R.（政治家）	Livingston, Robert R. (1746-1813)
リキテンスタイン，ロイ（ポップアーティスト）	Lichtenstein, Roy (1923-97)
リグス，スティーヴン・R.（宗教家）	Riggs, Stephen R. (1812-83)
リース，ジェイコブ・A.（新聞記者）	Riis, Jacob A. (1849-1914)
リストン，ウォルター（銀行家）	Wriston, Walter (1919-)
リースマン，デイヴィッド（社会学者）	Riesman, David (1909-)
リーチ，エドマンド（社会人類学者）	Leach, Edmund (1910-88)
リチャーズ，エレン・H.（化学者・衛生工学者・火星学者）	Richards, Ellen H. (1842-1911)
リチャード，リトル（歌手）	Richard, Little (1932-)
リッチ，アドリエンヌ（詩人・批評家）	Rich, Adrienne (1929-)
リッパート，ジョージ（小説家）	Lippart, George (1822-1854)
リップマン，ウォルター（ジャーナリスト）	Lippmann, Walter (1864-1946)
リード，ジョン（ジャーナリスト）	Reed, John (1887-1920)
リード，トマス・B.（政治家）	Reed, Thomas B. (1839-1902)
リバーマン，アレグザンダー（アートディレクター）	Liberman, Alexander (1912-)
リーバーマン，ジョゼフ（政治家）	Lieberman, Josef I. (1942-)
リーブマン，ニーナ・C.（社会学者）	Leibman, Nina C. (1957-95)
リプリー，ジョージ（社会改良家・文芸批評家）	Ripley, George (1802-80)
リブリン，アリス・M.（財政政策家）	Rivlin, Alice M. (1931-)
リベスキンド，ダニエル（建築家）	Libeskind, Daniel (1946-)
リーランド，ヘンリー（企業家）	Leland, Henry (1843-1932)
リンカン，エイブラハム（16代大統領）	Lincoln, Abraham (1809-65)
リンジー，N. ヴェイチェル（詩人）	Lindsay, N. Vachel (1879-1931)
リンチ，ジョン（歴史家）	Lynch, John (1927-)
リンチ，デイヴィッド（映画監督）	Lynch, David (1930-)
リンド，マイケル（ジャーナリスト）	Lind, Michael (1962-)
リンドバーグ，チャールズ・A.（飛行家）	Lindbergh, Charles A. (1902-74)
ルアーク，コンスタンス（歴史家）	Rourke, Constance (1885-1941)
ルイス，ジョン・W.（小説家）	Lewis, John W.
ルイス，シンクレア（小説家）	Lewis, Sinclair (1885-1951)
ルイス，ピエール（詩人）	Louÿs, Pierre (1870-1925)
ルイス，メリウェザー（探検家）	Lewis, Meriwether (1774-1809)
ルイス，モリス（画家）	Louis, Morris (1912-62)
ルウィット，ソル（美術家）	LeWitt, Sol (1928-)
ルーカス，ジョージ（映画監督）	Lucas, George (1944-)
ル＝グイン，アーシュラ・K.（小説家）	Le Guin, Ursula K. (1929-)
ル・コルビュジエ（建築家）	Le Corbusier (1887-1965) [本名 Charles Edouard Jeanneret]
ルーサー，ウォルター（労働組合運動指導者）	Reuther, Walter (1907-70)
ルース，ベーブ（野球選手）	Ruth, Babe (George Hermann) (1895-1948)
ルース，ヘンリー R.（雑誌発行者・編集者）	Luce, Henry R (obinson) (1898-1967)
ルリア，サルバドール・E.（物理学・生物学）	Luria, Salvador E. (1912-91)
レイナー，マーク（アヴァンポップ作家）	Leyner, Mark (1956-)
レイバーン，サム（サミュエル）（政治家）	Rayburn, Sam (Samuel) (1882-1961)
レヴィ＝ストロース，クロード（文化人類学者）	Levi-Strauss, Claude (1908-)
レヴィット，ウィリアム（建築家）	Levitt, William J. (1907-94)
レーガン，ロナルド（40代大統領）	Reagan, Ronald (1911-2004)

レスリスバーガー, フリッツ・J. (経営学者)	Roethlisberger, Fritz J. (1898-1974)
レッドフィールド, ロバート (文化人類学者)	Redfield, Robert (1897-1958)
レナード, エルモア (小説家)	Leonard, Elmore (1925-)
レノン, ジョン (歌手)	Lenon, John (1940-80)
レビー, スティーヴン (ジャーナリスト・著述家)	Levy, Steven (1951-)
レビーン, シェリー (美術)	Levine, Sherrie (1947-)
レミントン, フレデリック (画家)	Remington, Frederick (1861-1909)
レムリ, カール (企業家)	Laemmle, Carl (1867-1939)
レモン, アーサー (エンジニア)	Lemon, Arthur
レーン, バートン (作曲家)	Lane, Burton (1912-96)
ロイス, ジョサイア (哲学者)	Royce, Jocia (1855-1916)
ロウ, フレデリック (作曲家)	Lowe, Frederick (1904-88)
ロウィ, セオドア・J. (政治学者)	Lowi, Theodore J.
ローウィ, レイモンド (デザイナー)	Loewy, Raymond (1893-1987)
ローウェル, パーシヴァル (天文学者)	Lowell, Percival (1855-1916)
ローザ, ロバート・V. (政治)	Roosa, Robert V. (1918-)
ローザック, テオドア (環境心理学者)	Roszak, Theodore (1933-)
ロジャース, ウィル (俳優)	Rogers, Will (1879-1935)
ロジャーズ, ジミー (歌手・作曲家)	Rodgers, Jimmie (1897-1933)
ロジャーズ, リチャード (作曲家)	Rodgers, Richard (1902-79)
ローズ, バーバラ (美術評論家)	Rose, Barbara
ロス, ハロルド・W. (新聞・雑誌編集者)	Ross, Harold W. (1892-1951)
ロス, フィリップ (小説家)	Roth, Philip (1933-)
ロス, ベッツィ (星条旗デザイン者)	Ross, Betsy (Elizabeth) (1752-1836)
ローズヴェルト, エレノア (外交官・社会運動家)	Roosevelt, Elenor (1884-1962)
ローズヴェルト, セオドア (26代大統領)	Roosevelt, Theodore (1858-1919)
ローズヴェルト, フランクリン・D. (32代大統領)	Roosevelt, Franklin D. (1882-1945)
ロスコ, マーク (画家)	Rothko, Mark (1903-70)
ロスタイン, アーサー (写真家)	Rothstein, Arthur (1914-85)
ローゼンブラッド, アルトゥーロ (生理学者)	Rosenblueth, Arturo (1900-70)
ローソン, スザンナ (小説家・俳優)	Rowson, Susanna (1762-1824)
ロック, アレン・リロイ (批評家・教育者)	Locke, Alain Leroy (1886-1954)
ロック, ゲイリー (政治家)	Locke, Gary (1950-)
ロック, ジョン (哲学者)	Locke, John (1632-1704)
ロックウェル, ノーマン (画家)	Rockwell, Norman (1894-1978)
ロックフェラー, ジョン・D. (企業家)	Rockefeller, John D. (1839-1937)
ロッジ, ヘンリー・カボット (政治家)	Lodge, Henry Cabot (1850-1924)
ロティ, ピエール (小説家)	Loti, Pierre (1850-1923)
ロード, オードリ (詩人・フェミニズム運動家)	Lorde, Audre (1934-92)
ロバートソン, パット (宗教家)	Robertson, Pat (1930-)
ロビンズ, トム (小説家)	Robbins, Tom (1936-)
ロペス, ジェニファー (歌手・俳優)	Lopez, Jennifer (1970-)
ロビンズ, ジェローム (振付師)	Robbins, Jerome (1918-98)
ローム, ハロルド (作曲家)	Rome, Harold (1908-93)
ローランソン, メアリ・W. (著述家)	Rowlandson, Mary White (1635頃-1710)
ローリー, ウォルター (探検家)	Raleigh, Sir Walter (1552-1618)
ロリマー, ジョージ・ホレス (編集者)	Lorimer, George Horace (1868-1937)
ロルフ, ジョン (政治家)	Rolfe, John (1585-1622)
ロング, ジョン・ルーサー (小説家)	Long, John Luther (1861-1927)
ロング, ヒューイ (政治家)	Long, Huey (1893-1935)
ロングフェロー, ヘンリー・ワズワース (詩人)	Longfellow, Henry Wasworth (1807-82)
ロンシュタット, リンダ (歌手)	Ronstadt, Linda (1946-)
ロンドン, ジャック (小説家)	London, Jack (1876-1916)
ロンドン, メイヤー (政治家)	London, Meyer (1871-1926)
ロンバーグ, ジグムンド (作曲家)	Romberg, Sigmund (1887-1951)

● ワ行

ワイルダー, ソーントン (劇作家)	Wilder, Thornton (1897-1975)
ワイルダー, ビリー (映画監督)	Wilder, Billy (1906-2002)
ワクテル, ポール (心理学者)	Wachtel, Paul
ワシントン, ジョージ (初代大統領)	Washington, George (1732-99)
ワシントン, ブッカー, T. (黒人指導者・教育者)	Washington, Bucker, T. (1852-1915)
ワシントン, マーサ (大統領夫人)	Washington, Martha (1732-1802)
ワッサースタイン, ウェンディ (劇作家)	Waserstein, Wendy (1950-)
ワッサーマン, デール (劇作家)	Wasserman, Dale (1917-)

ワトキンズ，カールトン（写真家）　　　　　Watkins, Carlton (1829-1916)
ワトソン，ジェイムズ（遺伝学者）　　　　　Watson, James (1928-)
ワトソン，ポール（環境運動家）　　　　　　Watson, Paul (1950-)
ワーナー4兄弟（企業家）　　　　　　　　　Warner Brothers ［Jack (1892-1978), Sam, Harold, Albert］
ワナメーカー，ジョン（企業家）　　　　　　Wanamaker, John (1838-1922)
ワンダー，スティーヴィ（歌手・作曲家）　　Wonder, Stevie (1951-)

略語・略記一覧

AA	Alcoholics Anonymous	アルコール依存症者匿名会
AAA	American Automobile Association	全米自動車協会
AAA	Agricultural Adjustment Act	農業調整法
AAM	American Association of Museums	アメリカ・ミュージアム連盟
A & P	Great Atlantic and Pacific Tea Inc.	グレート・アトランティック・アンド・パシフィック・ティー
AARP	American Association of Retired Persons	アメリカ退職者協会
AAVE	African American Vernacular English	黒人英語
ABC	American Broadcasting Company	アメリカ放送会社
ABM	Anti-Ballistic Missile	弾道弾迎撃ミサイル
ACM	Association for Computing Machinery	コンピュータ機械学会
ACSA	Acquisition and Cross-Servicing Agreement	日米物品役務協定
ACT UP	Aids Coalition To Unleash Power	アクト・アップ
ACWA	Amalgamated Clothing Workers of America	合同男子服労組
ADR	Alternative Dispute Resolution	裁判外の解決
ADA	Americans with Disabilities Act	障害を持つアメリカ人法
ADSL	Asymmetric Digital Subscriber Line	非対称デジタル加入者回線
AEI	American Enterprise Institute for Public Policy Research	アメリカン・エンタープライズ公共政策研究所
AFDC	Aid to Families with Dependent Children	被扶養児童家庭扶助
AFGE	American Federation of Government Employees, The	アメリカ政府従業員連盟
AFI	American Film Institute	アメリカ映画協会
AFL	America Federation of Labor	アメリカ労働総同盟
AFL-CIO	America Federation of Labor-Congress of Industrial Organizations	アメリカ労働総同盟＝産業別組織会議
AFP	France-Press (Agence France-Presse)	フランス通信社
AFSC	American Friends Service Committee	アメリカ・フレンド・サービス委員会
AFSCM	American Federation of State, County, and Municipal Employees	アメリカ州・郡・市町被用者組合連合
AFT	American Federation of Teachers	アメリカ教師連盟
AFTA	Asean Free Trade Area	アセアン自由貿易地域
AHA	American Historical Association	アメリカ歴史学会
AIA	American Institute of Architects	アメリカ建築家協会
AIEE	American Institute of Electrical Engineers, The	アメリカ電気技術者協会
AIM	American Indian Movement	アメリカ・インディアン運動
AIPAC	American Israel Public Affairs Committee	アメリカ・イスラエル公共問題委員会
ALA	American Library Association	アメリカ図書館協会
ALA	American Lung Association	アメリカ肺協会
ALAM	Association of Licensed Automobile Manufacturers	特許許諾自動車製造協会
AMA	American Missionary Association	アメリカ伝道協会
AME	African Methodist Episcopal	アフリカン・メソジスト・エピスコパル
Amtrak	American travel on track, American Track (National Railroad Passenger Corporation)	アムトラック
ANL	Argonne National Laboratory	アルゴンヌ国立研究所
ANSI	American National Standard Institute	米国標準機構
ANVSA	Alaska Native Village Statistical Areas	アラスカ先住民村落統計地域
ANZUS	Security Treaty between Australia, New Zealand and the United States of America	アンザス条約
AOL	American On Line	アメリカン・オンライン
AP	Associated Press	AP通信社，米国連合通信社
APEC	Asia-Pacific Economic Cooperation	アジア太平洋経済協力会議
ARK	American Relief for Korea	朝鮮のためのアメリカ救援
ARPA	Advanced Research Project Agency	応用研究計画局
ASEAN	Association of Southeast Asia Nations	東南アジア諸国連合
ASME	American Society of Mechanical Engineers	アメリカ技術者協会
ASPS	America Society of Plastic Surgeons	全米形成外科医協会
AT & T	American Telephone and Telegraph Corporation	アメリカ電話電信会社

略語・略記一覧―――1413

ATF	Bureau of Alcohol, Tobacco, and Firearms	アルコール・タバコ・火器取締局
ATF	Bureau of Alcohol, Tobacco, Firearms, and Explosives	アルコール・タバコ・火器・爆発物取締局
BECC	Border Environment Cooperation Commission	国境環境協力委員会
BIA	Bureau of Indian Affairs	インディアン局
BLT	Bacon, Lettuce, and Tomato sandwitch	BLTサンド
BMI	Body Mass Index	体格指数
BP	British Petroleum	ブリティッシュ・ペトロリアム
B to B	Business to Business	企業間電子商取引
BUR	Bottom-Up Review	ボトム・アップ・レビュー
C & W	country-and-western	カントリー&ウェスタン
CAB	Civil Aeronautics Board	民間航空委員会
CACM	Central American Common Market, The	中米共同市場
CARE	Cooperative for American Remittances to Europe	ヨーロッパに小包を送るアメリカ人の会
CARICOM	Caribbean Community (and Common Market), The	カリブ共同体
CATV	cable television	ケーブルテレビ
CBO	Congressional Budget Office	議会予算局
CBOT	Chicago Board of Trade	シカゴ商品取引所
CBS	Columbia Broadcasting System	コロンビア放送網
CCMRD	Coordinating Committee on Materials Research and Development	物質研究開発合同委員会
CDC	Centers for Disease Control and Prevention	疾病管理予防センター
CEA	Council of Economic Advisers	経済諮問委員会
CEC	Community Environmental Council	コミュニティ環境協議会
CENTO	Central Treaty Organization	中央条約機構
CEP	Council on Economic Priorities	経済優先度評議会
CES	Committee on Economic Security, The	経済保障委員会
CFE Treaty	Treaty on Conventional Armed Forces in Europe	欧州通常兵器条約
C⁴I	command, control, communication, computor & intelligence	
CFR	Council on Foreign Relations	外交問題評議会
CFTC	Commodity Futures Trading Commission	商品先物取引院会
CHIPS	Clearing House Interbank Payment System	
CIA	Central Intelligence Agency	中央情報局
CIL	Center for Independent Living	自立生活センター
CIO	Committee for Industrial Organization	産業別組織化委員会
CIO	Congress of Industrial Organizations	産業別組織会議
CLIPI	Center for Law in the Public Interest	公共の福祉に関する法律センター
CME	Chicago Mercantile Exchange	シカゴ・マーカンタイル取引所
CNN	Cable News Network	ケーブルニュースネットワーク
COMPSTAT	Computerized Crime Statistics	コンプスタット
COPE	Committee on Political Education	政治教育委員会 (ALO-CIO内の)
CPE	A Century Progress Exposition	「進化の一世紀」展
CPU	central processing unit	中央処理装置
CR	Consciousness-Raising	意識覚醒運動
CRALOG	Council of Relief Agencies Licensed to Operate in Germany	ドイツ救援連盟
CRS	Congressional Research Service	議会調査局
CRS	Computer Reservation System	コンピュータ予約システム
CSIS	Center for Strategic and International Studies	戦略・国際問題研究所
C-SPAN	Cable Satellite Public Affairs Network	連邦議会テレビC-SPAN
CTBT	Comprehensive Nuclear Test Ban Treaty	包括的核実験禁止条約
CVS	Convinience Store	コンビニエンス・ストア
DARPA	Defense Advanced Research Projects Agency	国防高等研究計画局
DEA	Drug Enforcement Administration	麻薬取締局
DHS	Department of Homeland Security	国土安全保障省
DIY	Do It Yourself	ドゥ・イット・ユアセルフ
DLC	Democratic Leadership Council	民主党指導者理事会
DOD	Department of Defence	国防総省
DOE	Department of Energy	エネルギー省
DOI	Department of the Inteior	内務省
DOJ	Department of Justice	司法省
DOL	Department of Labor	労働省
DOT	Department of Transportation	運輸省
DREDF	Disability Rights Education and Defense Fund	障害者の権利擁護教育基金

DRL	Bureau of Democracy, Human Rights and Labor	民主主義・人権・労働局
DSHEA	Dietary Supplement Health and Education Act	栄養補助剤健康教育法
DSL	Digital Subscriber Line	ディジタル加入者回線
DSM	Diagnostic and Statistical Manual of Mental Disorders	「精神疾患の診断・統計マニュアル」
ECB	European Central Bank	欧州中央銀行
ECR	Efficient Consumer Response	効率的消費者対応
ECU	European Currency Unit	エキュ（欧州通貨単位）
ED	Department of Education	教育省
EDF	Environmental Defense Fund	環境防衛基金
EDI	Electronic Data Interchange	電子的データ交換システム
EDL	Everyday Lowest Prices	エブリデイ・ロープライシズ
EEOC	Equal Employment Opportunity Commission	雇用機会均等委員会
EFF	Electronic Frontier Foundation	電子フロンティア協会
EMS	European Monetary System	欧州通貨制度
EPA	Energy Policy Act	エネルギー政策法
EPA	Environmental Protection Agency	環境保護庁
ERA	Equal Rights Amendment	平等権修正条項
ERP	European Recovery Programm	欧州復興計画
ESA	European Space Agency	ヨーロッパ宇宙機構
ETOPS	Extended Twin-engine operations	双発機の洋上飛行制限
EU	European Union	欧州連合
FAA	Federal Aviation Administration	連邦航空局
FAP	Federal Art Project	連邦美術計画
FBC	Fox Broadcasting Company	フォックス・ブロードキャスティング・カンパニー
FBI	Federal Bureau of Investigation	連邦捜査局
FBR	Fast Breeder Reactor	高速増殖炉
FCC	Federal Communications Commission	連邦通信委員会
FDA	Food and Drug Administration	食品医療品局
FDIC	Federal Deposit Insurance Corporation	連邦預金保険公社
Fed	Federal Reserve System	連邦準備制度
FFP	Frequent Fliers Program	フリークェント・フライヤーズ・プログラム
FMC	Federal Maritime Commission	海事委員会
FOMC	Federal Open Market Committee	連邦公開市場委員会
FPC	Federal Power Committee	連邦電力委員会
FRB	Federal Reserve Bank	連邦準備銀行
FRB	Borad of Governors of the Federal Reserve System	連邦準備制度理事会
FRC	Federal Radio Commission	連邦無線委員会
FRS	Federal Reserve System	連邦準備制度理事会
FSA	Farm Security Administration	農業安定局
FTA	Free Trade Agreement	自由貿易協定
FTAA	Free Trade Area of the Americas	米州自由貿易圏
FTC	Federal Trade Commission	連邦取引委員会
GA	General Assistance	一般扶助
GA	General American	一般米語
GAR	Grand Army of the Republic	共和国陸軍
GATS	General Agreement on Trade in Services	サービス協定（WTOの）
GATT	General Agreement on Tariffs and Trade	関税・貿易に関する一般協定
GD	General Dynamics	ゼネラル・ダイナミックス社
GDP	gross domestic product	国内総生産
GE	General Electroic Co.	ジェネラル・エレクトロニック社
GHQ	General Headquarters	連合国軍総司令部
GII	Global Information Infrastructure	世界情報基盤
GM	General Motors	ゼネラル・モーターズ
GM crops	genetically modified crops	遺伝子組換え作物
GMS	general merchandize stores	総合小売企業
GNP	gross national product	国民総生産
GPA	grade point average	成績評価制度
HGP	Human Genome Project	ヒトゲノム計画
HHS	Deparment of Health and Human Services	厚生省
HI	Hospital Insurance	入院保険
HMR	Home Meal Replacement	ホーム・ミール・リプレースメント
HRAF	Human Relations Area Files	フラーフ
HUD	Department of Housing and Urban Development	住宅・都市開発省

IAB	Interactive Advertising Bureau	インターネット広告協議会
IAEA	International Atomic Energy Agency	国際原子力機構
IAM	International Association of Machinists	国際機械工組合
IBEW	International Brotherhood of Electorical Workers	国際電気組合
IBRD	International Bank for Reconstruction and Development	国際復興開発銀行
IC	integrated circuit	集積回路
ICBM	Intercontinental ballistic missile	大陸間弾道弾ミサイル
ICC	International Criminal Court	国際刑事裁判所
ICC	Interstate Commerce Commission	州際通商委員会
ICFTU	International Confederation of Free Trade Unions	国際自由労連
IE	industrial engineering	インダストリアル・エンジニアリング
IGC	Institute for Global Communications	グローバル・コミュニケーション研究所
IHRSA	International Health, Racquet and Sportsclub Associaton	国際健康・ラケット・スポーツクラブ協会
IIE	Institute of International Economics	国際経済研究所
ILGWU	International Ladies' Garment Workers' Union	国際婦人服労組
IMF	International Monetary Fund	国際通貨基金
Indy500	Indianapolis 500 Mile Race	インディー500
INF Treaty	Intermediate Range Nuclear Forces Treaty	中距離核戦力条約（INF条約）
IPP	Indipendent Power Producer	独立発電事業者
ISDN	Integrated Services Digital Network	総合デジタル通信網
ISP	Internet Service Provider	インターネット・サービス・プロバイダー
ISS	Inernational Space Station	国際宇宙ステーション
ISTEA	Intermodal Surface Transportation Efficiency Act	インターモーダル陸上効率化法
IT	Information Technology	情報技術
IWW	Industrial Workers of the World	世界産業労働者組合
JACL	Japanese American citizen League	全米日系市民協会
JCS	Joint Chiefs of Staff	統合参謀本部
JSF	Joint Strike Fighter	統合攻撃戦闘機
KEDO	Korean Peninsula Energy Development Organization	朝鮮半島エネルギー開発機構
KKK	Kuh Kulax Klan	クー・クラックス・クラン
LANL	Los Alamos National Laboratory	ロスアラモス国立研究所
LARA	Licensed Agencies for Relief Asia	アジア救済連盟
LC	Library of Congress	議会図書館
LEP	Limited English Proficient	英語をきちんとしゃべれない人（米国内の）
LIHEAP	Low-Income Home Energy Assistance Program	対低所得世帯光熱費扶助
LISC	Local Initiatives Support Corporation	地域活動支援公社
LIUNA	Laborer's International Union of North America	北米国際労働者組合
LLNL	Lawrence Livermore National Laboratory	ローレンス・リヴァモア国立研究所
LNG	Liquefied Natural Gas	液化天然ガス
LULAC	League of United Latin American Citizens	統一ラテンアメリカ系市民連盟
M & A	merger and acquisition	合併・買収
MAD	Mutual Assured Destruction	相互確証破壊
MADD	Mother Against Drunk Driving	飲酒運転に反対する母の会
MAI	Multilateral Agreement on Investment	多角的投資貿易協定
MARC	Machine Readable Catalog	機械可読型目録
MBA	Master of Business Administration	経営学修士
Mercosur	Mercado Comun del Sur	南米南部共同市場
MFN	Most Favorite Nation (Status)	最恵国（待遇）
MIRV	Multiple Independently-targeted Reentry Vehicle	個別誘導型再突入複数弾道
MIT	Massachusetts Institute of Technology	マサチューセッツ工科大学
MLB	Major League Baseball	大リーグ
MoMA	Museum of Modern Art	ニューヨーク近代美術館
MPO	Metropolitan Planning Organizations	都市圏計画委員会
MPPDA	Motion Picture Producers and Distributors of America	アメリカ映画製作者配給者協会
MRC	Major Regional Conflict	地域的大緊急事態
MRS	Materials Research Society	物質研究学会
MSO	multiple system operator	マルチプル・システム・オペレーター
MTV	music television	ミュージック・テレビジョン
NAACP	National Association for the Advancement of Colored People	全国黒人地位向上協会

NAAEC	North American Agreement on Enviromental Cooperation	環境協力に関する北米協定
NACA	National Advisory Committee for Aeronautics	国家航空評議委員会
NADB	North American Development Bank	北米開発銀行
NAFTA	North American Free Trade Agreement	北米自由貿易協定
NARF	Native American Rights Fund	アメリカ先住民権利擁護基金
NASA	National Aeronautics and Space Administration	アメリカ航空宇宙局
NASSCO	National Steel and Shipbuilding Company	ナショナル・スティール・アンド・シップビルディング社
NATO	North Atlantic Treaty Organization	北大西洋条約機構
NBC	National Broadcasting Company	ナショナル放送会社
NCAA	National Collegiate Athletic Association	全米大学対抗運動競技連盟
NCAI	National Congress of American Indians	全国アメリカ・インディアン会議
NCC	National Council of Churches	全国教会協議会
NCFM	National Coalition of Free Men	解放された男性たちの全米協議会
NCI	National Cancer Institute	国立ガン研究所
NCL	National Consumers League	全国消費者連盟
NCRC	National Community Reinvestment Coalition	全米地域再投資連合
NCSS	National Council for the Social Studies	全米社会科協議会
NEA	National Education Association	全米教育協会
NEA	National Endowment for the Arts	全米芸術基金
NEC	National Economic Council	国家経済会議
NEH	National Endowment for the Humanities	全米人文基金
NELA	National Electric Light Association	電灯協会
NEP	New Economic Policy	新経済政策
NGO	Non-Government Organization	非政府機関
NHGRI	National Human Genome Research Institute	国立ヒトゲノム研究所
NIH	Nationl Institutes of Health	国立保健研究所
NIRA	National Industrial Recovery Act	産業復興法
NISO	National Information Standard Organization	米国情報標準機構
NIYC	National Indian Youth Council	全国インディアン青年会議
NLRB	National Labor Relations Board	全国労働関係委員会
NMD	National Missile Defense	国家ミサイル防衛
NOW	National Organization for Women	全米女性機構
NPO	Non-Profit Organization	民間非営利組織
NPS	National Park Service	国立公園局
NPT	Treaty on the Non-proliferation of Nuclear Weapons	核不拡散条約
NRA	National Recovery Administration	全国復興局
NRC	Nuclear Regulatory Commission	原子力規制委員会
NRDC	Natural Resources Defense Council	自然資源防衛会議
NRL	Naval Research Laboratory	アメリカ海軍研究所
NSA	National Security Agency	国家安全保障局
NSC	National Security Council	国家安全保障会議
NSF	National Science Foundation	全米科学財団
NUL	National Urban League	都市同盟
OAI	Old-Age Insurance	老齢年金保険
OASDHI	Old-Age, Survivors, Disability, and Health Insurance	老齢・遺族・障害・健康保険
OASDI	Old-Age, Survivors, Disability Insurance	老齢・遺族・障害年金保険
OCC	Office of the Comptroller of the Currency	通貨監督局
OCLC	Online Computer Library Center	オンライン・コンピュータ・ライブラリー・センター
OHS	Office of Homeland Security	国土安全保障庁
OJT	on-the-job training	オン・ザ・ジョブ・トレーニング
OMB	Office of Management and Budget	行政管理予算局
ONA	Online News Association	オンライン・ニュース・アソシエーション
OPAC	Online Public Access Catalog	オンライン目録検索システム
OPEC	Organization of Petroleum Exporting Countries	石油輸出国機構
OS	operating system	基本ソフト
OTA	Office of Technology Assessment	技術アセスメント局
PATCO	Professional Air Traffic Controllers Organization	連邦航空管制官組合
PBS	Public Broadcasting System	公共放送
PC	Political Correctness	政治的公正
PCA	Production Code Administration	映画製作倫理規定管理局

PD	Presidential Directive	大統領指令
PDD	Presidential Decision Directive	大統領決定指令
Ph.D	Doctor of Philosophy	学術博士（哲学博士）
PKO	United Nations Peacekeeping Operations	国連平和維持活動
PLO	Palestine Liberation Organization	パレスチナ解放機構
PNAC	Project for the New American Century	新米国の世紀プロジェクト
POD	Print On Demand	プリント・オン・デマンド
POS	Point of Sales	販売時点情報管理
PPD	Presidential Policy Directive	大統領政策再検討指令
PPI	Progressive Policy Institute	進歩的政策研究所
PRWOR	Personal Responsibility and Work Opportunity Reconciliation Act	個人責任と就業機会に関する調整法
PTC	Production Tax Credit	生産税額控除制度
PVC	polyvinyl chloride	ポリ塩化ビニル
PWA	Public Works Administration	公共事業局
PX	Power Exchange	電力取引所
QDR	Quadrennial Defense Review	「四年期国防レビュー」
QR	Quick Response	クイック・レスポンス
R＆B	rhythm & blues	リズム＆ブルース
RAINN	Rape, Abuse & Incest National Network	全米強姦・虐待・近親相姦ネットワーク
RAM	Radar Absorbing Material	レーダー吸収素材
RLIN	Research Libraries Information Network	リサーチ・ライブラリーズ・インフォメーション・ネットワーク
RMA	Revolution in Military Affairs	軍事革命
S＆L	Savings and Loan	貯蓄貸付組合
SACO	Special Action Committee on Okinawa	日米特別行動委員会
SACU	Southern African Customs Union	南部アフリカ関税同盟
SAGE	Semi-Automatic Ground Environment	半自動式防空管制組織
SALT	Strategic Arms Limitation Talks	戦略兵器制限交渉
SAT	Scholastic Aptitude Test	大学進学適正テスト
SBA	Small Business Administration	中小企業庁
SCLC	Southern Christian Leadership Conference	南部キリスト教指導者会議
SDI	Strategic Defense Initiative	戦略防衛構想
SEATO	Southeast Asia Collective Defense Treaty	東南アジア条約機構
SEC	Securities and Exchange Commission	証券取引委員会
SEIU	Service Employees International Unions	国際サービス労働組合
SINOPEC	China Petroleum and Chemical Corporation	中国石化集団
SLBM	submarine-launched ballistic missile	潜水艦発射型弾道ミサイル
SMI	Supplementary Medical Insurance	補足の医療保険
SNCC	Student Nonviolent Coordinating Committee	学生非暴力調整委員会
SOM	Skidmore, Owings & Merrill LLP	スキッドモア・オウイングズ・アンド・メリル
SPA	specialty retailer of private label apparel	製造小売業
SQC	statistical quality control	統計的品質管理
SRB	Solid Rocket Boosters	固体ロケット・ブースター
SSC	Superconducting Super Collider	超伝導超大型粒子加速器
SSI	Supplemental Security Income	補足の保障所得制度
START	Strategic Arms Reduction Talks	戦略兵器削減交渉
START	Strategic Arms Reduction Treaty	戦略兵器削減条約
SWAT	Special Weapons And Tactics	特殊警備戦術部隊
TA	teaching assistant	ティーチング・アシスタント
TANF	Temporary Assistance for Needy Families	対困窮家庭一時扶助制度
TARGET	Trans-European Automated Real-Time Gross Settlement Express Transfer System	欧州間自動即時グロス決済振替システム
TDM	Transportation Demand Management	トランスポーテーション・ディマンド・マネージメント
TEA-21	Transportation Equity Act for the 21st Century	交通公正法
TEP	Transatlantic Economic Partnership	大西洋経済パートナーシップ
TMD	Theater Missile Defense	戦域ミサイル防衛
TOC	Theory of Constraints	制約条件の理論
TODCO	Tenants and Owners Development Corporation	テナントと所有者開発公社
TQC	total quality control	全社的品質管理
TRAC	Transnational Resources and Action Center	多国籍企業監視センター
TRIM	Agreement on Trade-Related Investment Measures	TRIM協定
TVA	Tennessee Valley Authority	テネシー渓谷開発公社
UAW	United Automobile Workers Union	統一自動車労働組合

UAW	United Automobile, Aerospace, and Agricultural Implement Workers		統一自動車・航空機・農業機械労働組合
UCP	United Cerebral Palsy		全米脳性麻痺協会
UFCW	United Food and commercial Workers' Union		国際食品・商業労働組合
UFW	United Farm Workers		統一農場労働者組合
UNRRA	United Nations Relief and Rehabilitation Administration		連合国復興機関
UPI	United Press International		UPI通信社
UPS	United Parcel Service		ユナイテッド・パーセル・サービス
USAID	United States Agency for International Development		国際開発庁
USDA	Department of Agriculture		農務省
USEP	United States Escapee Program		合衆国亡命者プログラム
USPS	United States Postal Service		合衆国郵政公社
USTR	United States Trade Representatives		米国通商代表部
USWA	United Steel Workers of America		統一鉄鋼労働組合
VA	Department of Veterans Affairs		退役軍人省
VfR	Verein für Raumschiffahrt		ドイツ宇宙旅行協会
VISTA	Volunteers in Service to America		ビスタ
WASP	White Anglo-Saxon Protestant		ワスプ
WB	World Bank		世界銀行
WEAL	Women's Equity Action League		女性衡平行動連盟
WH	Westinghouse Electric Company		ウェスティングハウス社
WHISEC	Western Hemisphere Institute for Security Cooperation		西半球安全協力研究所
WLN	Western Library Network		
WMD	Weapons of Mass Destruction		大量破壊兵器
WPA	Works Progress Administration		雇用促進局
WRA	War Relocation Authority		戦時転住局
WRI	World Resources Institute		世界資源研究所
WTO	World Trade Organization		世界貿易機関
WWF	World Wildlife Fund		全米野生保護基金
WWW	World Wide Web		ワールド・ワイド・ウェブ

事項索引

●ア

『ああ荒野』 1104
『アイイイー！』 551
アイヴィー・リーグ 447
アイオワ 221
アイザック・ウォルトン・リーグ 210
アイゼンハワー景気 164
『アイーダ』 1115
アイデンティティ 529
アイデンティティ（アメリカ人の） 599
アイデンティティの政治 610
アイデンティフィケーション 498
哀悼の日 869
『あいどる』 1165
『愛について語るときに我々の語ること』 1129
『アイ・ラブ・ルーシー』 967, 971, 1038
アイルランド飢饉 82, 84
アイルランド系（移民） 74, 246, 525, 557
アイルランド系（住民） 252, 356, 861
アヴァン・ポップ 379
アウトドア・レクリエーション 210
アウトロー 843
青写真 669
『青白い炎』 377
青の政策 730
『赤い河』 617
『赤い肌の男と子供』 1091
『赤い武勲章』 373
アカウンタビリティ 435
赤狩り 135, 164, 613, 854
赤狩り（マッカーシーの） 1106
アカデミー最優秀主演男優賞 617
アカデミー賞 617
「赤鼻のトナカイ」 870
アーカンザス川 198
アーカンソー 225
『アクエリアス（水瓶座の時代）』 1113
アクション・ペインティング 1046
アクト・アップ（ACT-UP） 618
悪の枢軸 26, 122, 126, 1204
アグリビジネス 63, 157, 199, 410
アクレディテーション（基準認定制度） 440, 449
アコマ・プエブロ 471
浅草オペラ 1171
アジア・アフリカ・ラテンアメリカ三大陸人民連帯会議 89
アジア危機 731
アジア救済連盟（LARA） 87
アジア系 252, 561
アジア系アメリカ人 546, 550

アジア系アメリカ人政治同盟 550
アジア系移民 248
アジア系研究 599
アジア系排斥同盟 1150
アジア献金疑惑 553
アジア太平洋経済協力会議（APEC） 61, 69
芦田書簡 1198
アシニボイン族 508
アシロマ会議 418
『アズ・イズ』 1108
アースデー 581
アース・ファースト！ 580
アスペン研究所 584
アースワーク（環境芸術） 1050
アダムス・オニス条約 184
『新しいイギリスのカナン』 205
新しい公民科 424
『新しい黒人』 376
新しい作家 1127
新しい社会運動 579
『新しい太陽の書』 1132
アーツ・アンド・クラフト運動 960
『アッシリアの遠征』 1091
アップル 1015
アップル・コンピュータ 1042
アップル社 64
アップルパイ 899
吾妻歌舞伎 1164
アドヴェンティスト 355
アートディレクター 1060
アドニス・コンプレックス 927
『アート・ニューズ』 1048
アドバンス 1007
アドボカシー（市民政策提言運動） 578
アトムズ・フォア・ピース演説 719
アトラス 776, 778
アトランタ 1121
アトランタ・ユニオン・ミッション 584
『アトランティスのこころ』 1128
『アトランティック』 1165
『アトランティック・アンバウンド』 992
アトランティック・シティ 1086
『アトランティック・マンスリー』 992
『ア・トリップ・トゥ・チャイナタウン』 1117
アナボリック・ステロイド 927
『アニー』 933
アニシナベ族 508
アニマルズ 1122
『アニーよ銃をとれ』（ミュージカル） 1112
『アニーよ銃をとれ』（テレビ） 1181
アーバニズム 235

アパラチア山脈 190, 215
アパルトヘイト批判 583
アファーマティブ・アクション 490, 518, 562, 573, 597
アファーマティブ・アクションの廃止 294, 491
アフガニスタン 119
アフガニスタン空爆 25, 45
アフガニスタン侵攻（ソ連の） 23
アフガン戦争 116
アフリカ帰還運動 556
アフリカ系 521, 536
アフリカ系アメリカ人 225, 247, 511, 592, 871, 1100, 1155
アフリカ系アメリカ人（女性） 611
アフリカ系アメリカ人の乳児死亡率 244
アフリカ系コミュニティ 241
アフリカ系住民の国内移住 235
アフリカン・メソディスト・エピスコパル（AME）教会 514
アフロ・セントリズム 562
アプロープリエーション 1052
アーベラ号 36
アポマトックス 372
アポロ計画 165, 415, 452, 665, 675, 776, 1013
アポロ11号 676, 776
アポロ＝ソユーズ・ドッキング飛行 677
『甘さと権力』 396
アマゾン社 1027
アマゾン・ドット・コム 711, 715, 1008
アマチュア無線 662
アマチュア無線家 662
アーミッシュ 363
アームド・サービシーズ・エディションズ 1002
アムトラック 751, 757
アムネスティ・インターナショナル 589
『アメージング・ストーリーズ』 375
『アメリカ』 1173
アメリカ・イスラエル公共問題委員会（AIPAC） 116
アメリカ遺伝学会 410
アメリカ・インディアン 144, 252, 498
アメリカ・インディアン/アラスカ先住民 530
アメリカ・インディアン運動（AIM） 506, 869
アメリカ・インディアン博物館 466
アメリカ映画 1089
アメリカ映画協会（AFI) 1090
アメリカ映画製作者配給者協会（MPPDA) 1090

アメリカ映画の父 1091
アメリカ英語 224, 821
アメリカお兄さんお姉さんの会 586
アメリカ海外伝道局 73
アメリカ海軍研究所 743
『アメリカ外交の悲劇』 38
アメリカ革命 644
アメリカ型コミュニケーション 813
アメリカ型（大統領制） 297
『アメリカ合衆国史』 838
『アメリカ合衆国の軍事政策』 18
アメリカ・カトリック海外宣教会 76
アメリカ・ガールスカウト 587
アメリカ癌協会 627
アメリカ癌研究所 586
アメリカ機械技術者協会（ASME） 660
アメリカ共産党 615
アメリカ教師連盟（AFT） 570
アメリカ拒食・過食協会 1069
アメリカ空軍協会 468
アメリカ現代社会学 388
アメリカ権利宣言 149
アメリカ航空宇宙局（NASA） 304, 414, 451, 460, 674, 776, 1013
アメリカ国家安全保障戦略 26
アメリカ・シオニスト機構 544
アメリカ式生活スタイル 1003
アメリカ式製造システム 689
アメリカ思想 342
『アメリカ思想主潮史』 838
アメリカ自動車製造者協会 903
アメリカ史博物館 466
アメリカ市民奨学金 587
アメリカ車 901
アメリカ社会科学協会 385
アメリカ社会党 539, 566
アメリカ州・郡・都市被用者組合連盟（AFSCME） 569
アメリカ主義 109
アメリカ小説 1126
「アメリカ小説を書く」 1132
アメリカ少年少女クラブ 586
アメリカ消費文化 1194
アメリカ植民協会 514
アメリカ人 5
アメリカ心臓協会 586, 627
アメリカ人のための食事指針 920
『アメリカ人の成り立ち』 374
アメリカ人類学会 392
アメリカ聖公会 75
アメリカ精神医学会 616, 935
アメリカ製品 1023
アメリカ政府従業員連盟（AFGE） 570
アメリカ赤十字 84
アメリカ先住民 382
アメリカ先住民権利擁護基金 591
アメリカ大砂漠 188, 199
アメリカ大使館爆破事件 117
アメリカ退役者協会（AARP） 582, 586
アメリカ・タバコ会社 626
「アメリカ便り」 1177
アメリカ綴り 824

アメリカ的生活様式 1032, 1084, 1173
アメリカ哲学協会 409
アメリカ鉄鋼労働組合対ウェーバー事件判決 490
アメリカ電気技術者協会（AIEE） 660
アメリカ電信電話局（ATT） 740
アメリカ伝道協会 516
アメリカ独立革命 296
アメリカ都市 240
アメリカ図書館協会 478
『アメリカにおけるキリストの大いなる御業——ニューイングランド教会史』 367
『アメリカにおけるヒーロー』 848
アメリカニズム 99, 1173
アメリカニゼーション 95
アメリカの食料庫 221
『アメリカの女性』 602
『アメリカの親族』 397
アメリカの世紀 17, 42
アメリカの世紀論 42
『アメリカのつましい主婦』 894
『アメリカの時計』 1106
『アメリカのナショナリズム』 36
アメリカのパンかご 155, 221
『アメリカの民主政治』 85, 380
『アメリカの息子』 376
アメリカ肺協会 627
アメリカ博覧会 1178
アメリカ美術 1043
アメリカ美術史館 466
アメリカ肥満協会 919
『アメリカ婦人の家庭読本』 894
アメリカ・フレンド・サービス委員会 589
アメリカ文学史 1126
アメリカ文化卒業要件 494
アメリカ・ボランティア協会 590
アメリカ・ミュージアム連盟（AAM） 464
アメリカ民主主義 41, 138
アメリカ＝メキシコ戦争 18, 184, 185, 531, 557, 761
『あめりか物語』 1169
アメリカ・ユダヤ人委員会 543
アメリカ・ユダヤ人会議 543
アメリカ様式（建築） 942
アメリカ料理 897
アメリカ例外主義 35
アメリカ歴史学会（AHA） 425, 426
アメリカ連合諸邦 259
アメリカ労働総同盟（AFL） 156, 566
アメリカ労働総同盟＝産業別組織会議（AFL-CIO） 566
『アメリカン・アート』 467
アメリカン・イーグル 865
アメリカン・ウェイ・オブ・コミュニケーション 813
アメリカン・ウェイ・オブ・ライフ 875, 896
アメリカン・ウェイ・オブ・リビング（アメリカ的生活様式） 1032

アメリカン・エンタープライズ公共政策研究所（AEI） 458, 461
アメリカン・グランド・プライズ 904
アメリカン航空 771
『アメリカン・コモンウェルス』 423
アメリカン・サイエンス 390
アメリカン・シーン・ペインティング 1045
アメリカン・スタンダード 62, 99
『アメリカン・スペリング・ブック』 824
アメリカン・ドリーム 366, 563, 884, 1089
アメリカン・ナラティヴ 368
『アメリカン・パストラル』 1128
アメリカン・ヒーロー 847
アメリカンフットボール 1072
アメリカン・プラン 327
アメリカン・ボード 73, 75
『アメリカン・マインドの終焉』 494
アメリカン・ミュートスコープ・アンド・バイオグラフ社 1091
アメリカンリヴァー 186
アメリカン・リージョン 868
アメリカン・ルネサンス 370
アメリテック 786
アーモリー・ショウ 1044
アライアンス（航空会社の） 759
『嵐の孤児』 1092
アラスカ 724
アラスカ購入 38, 185
アラスカ州 498
アラスカ先住民国家連合 506
アラスカ先住民請求解決法 506
アラバマ 225
アラブ・ナショナリズム 119
『アラモ』 231
アラモ砦 841
アリーカラ族 505
アリゾナ 228
アリゾナ記念館 471
アリュート 498
アーリントン国立墓地 864
『或る女』 1169
アル・カイダ 106
アルカイダ 124, 134
アルコール依存症者匿名会（AA） 625
アルコール・タバコ・火器・爆発物取締局（ATF） 331
アルゴンヌ国立研究所 452
アルツハイマー協会 586
アール・デコ 940
アルト 667
『ある奴隷娘の生涯で起こった事件』 371
アルバートソンズ 708
『ある婦人の肖像』 372
アルミニウム 740
『アレキサンダーの橋』 375
『アレクサンダーズ・ラグタイム・バンド』 1120
アレゲニー台地 190
「荒地」 374

事項索引——1421

アンクル・サム　865
アンクル・トマホーク（物乞主義）　505
『アンクル・トムの小屋』　154, 371, 1001
アングロアメリカ　111
アングロ・コンフォーミティ論　486
アングロ＝サクソン系　557, 847
アングロ＝サクソン民族の優越性　39
アングロ＝サクソン優越主義　558, 561, 562
暗黒の木曜日　48
アンザス（ANZUS）条約　21
安全の権利（消費者の）　581
安全保障　15, 23, 32, 125, 331, 1197
安息日再臨派（セブンスデイ・アドヴェンティスト）　355
アンダーグラウンド　997
アンダーグラウンド雑誌　997
アンダークラス　573
アンチ・パテント　809
アンチ・フェデラリスト　264
安定株主工作（日本の）　1193
アンテイラー　711
アンデパンダン展　1045
アンテベラム期　883
アンビュランス・チェイサー　802
安保再定義　1203
安保条約　1200
安保ただ乗り論　1197

●イ

委員会型　290
委員（行政委員会の）　304
イエズス会士　72
イェール神学校　344
イェール大学　384
イエロー・ジャーナリズム　791
イエローストーン　189, 208
イエロー・ペリル　373, 1161
『イオラの約束』　1091
『怒りをこめてふりかえれ』　1107
『異郷の人』　1161
イギリス　21
イギリス英語　822
イギリス系コロニアル住宅（東部の）　951
イギリス系コロニアル住宅（南部の）　951
イギリス系（住民）　252
イギリス人の植民　180
『イグアナの夜』　1106
イーグル・フォーラム　607
池田＝ロバートソン会談　1199
意見が聞き入れられる権利（消費者の）　581
違憲審査権　311
違憲判決　322
違憲立法審査制（司法審査制）　264
イコール・アクセス　781
意識覚醒運動（CR）　604
移出民（emigrant）　555
いすゞ　903
イースター　862
イースタン航空　771

イースト・ウェスト・プレイヤーズ　550
イーストコースト　215
イーストマン・コダック社　660, 746, 1057
イスラエル　30, 115, 116
イスラム教徒　115, 245
イスラム原理主義　105
イスラム原理主義者　115
イスラム政治運動　119
イスラム世界の対米感情　115
イスラムのジハード　119
異性愛主義　609
遺族給付　324
偉大な社会　166, 288, 293, 457
偉大なるアメリカ小説　1126
『偉大なる種族の危機』　137
イタリア系（移民）　246, 526
イタリア系（住民）　252
イタリアネート　958
イタリア料理　898
『いちご白書』　614
『1ダースなら安くなる』　404
1・1/2戦略　23
1ドル札　7
一番長い行進　508
一括補助金　292
一国主義　25
一般得票数　299
一般扶助（GA）　328
1票の格差　271
一夫多妻制　359
イディッシュ語　540, 543
イディッシュ語新聞　540
イディッシュ文化　540
『遺伝学雑誌』　410
遺伝子組換え技術　418
遺伝子組換え作物（GM作物）　63, 410
遺伝子組換え実験ガイドライン　418
移動（migration）　555
移動組立方式　691
移動祝日　862
『いとしのシバよ帰れ』　1107
イトーヨーカドー　1192
移入民（immigrant）　555
『イマジスト詩集』　1160
移民（immigrant）　243, 555
移民会社　1148
移民帰化局　333
移民国籍法　247, 411
移民制限　247
移民制限法　540, 558
移民排斥主義　536
移民法改正　550
移民法　559
移民法（1921年）　532
移民法（1924年）　161, 247, 532, 548, 558, 560, 561, 1147, 1151, 1152, 1155
移民法（1965年）　534, 550, 560, 561
移民保護規則　1148
イーライ・リリー社　454
イラク　25, 30

イラク戦争　26, 45, 116, 120, 131, 134
イラク特別措置法　1204
イラストレーテッド・ニューズ　1057
イラン　21, 25, 30
イラン＝イラク戦争　120
イラン革命　119
イラン・コントラ事件　24
イリノイ（州）　221
医療気候学　201
医療給付　326
医療保障　324
イールド・マネージメント　756
イロコイ族　345, 505, 850
イロコイ連合　145, 345, 508
イングランド系（移民）　246
イングリッシュ・イマージョン　492
イングリッシュ・オンリー　492
イングリッシュ・ハイスクール　423
イングリッシュ・プラス　492
インゲン豆　897
印紙条例　149
『インシュア』　992
飲酒運転に反対する母の会（MADD）　591, 625
飲食企業　716
インセンティブ　687
インターステート・ハイウェイ　750
インダストリアル・エンジニアリング（IE）　404, 693
インダストリアル・デザイナー　1032
インダストリアル・デザイン　1031
インターナショナル・スタイル　941, 943
インターネット　416, 481, 667, 670, 787, 972, 990, 1024, 1195
インターネット技術　687
インターネット広告　1026
インターネット広告協議会　1026
インターネット・サービス・プロバイダー　65
インターネット・ビジネス　787
インターマリッジ　544
インターモーダリズム　756
インターモーダル陸上交通効率化法（ISTEA）　756
インディアナ　221
インディアナ州　424
インディアナポリス500マイル・レース　864, 905
インディアナポリス・モータースピードウェイ　905
インディアン　181, 850
インディアン（オートバイメーカー）　908
インディアン・キャプティヴ・ナラティヴ　367
インディアン局　498
インディアン居住地域　500
インディアン研究　599
インディアン公民権法　506
インディアン再組織法　502
インディアン自決運動　505
インディアン自決・教育援助法　506, 508

インディアン児童福祉法　501
インディアン宗教自由法　501
インディアン請求委員会　508
インディアン伝道　72, 73
インディアン独立宣言　506
インディアンに関する特別調査委員会　508
インディアンの友達　73
インディアン保健法　499
インディアン捕囚体験記　367
インディアン保留地　498, 500
インディアン理事会　73
インディ500　905
インテグラル・アーキテクチャ　697
『インデペンデンス・デイ』　865
インテル　64, 1015
インド系　530, 560
インドシナ難民　561
『イントレランス』　1092
院内幹事　276
院内総務　273, 274
インフォテインメント（娯楽情報）化　987
インフレーション　653
インペリアルヴァレー　193

●ウ

ヴァイアコム　798, 972
ヴァイキング（惑星探査機）　678
『ヴァインランド』　1128
ヴァウチャー　436
ヴァージニア　181, 225
『ヴァージニア・ウルフなんかこわくない』　1107
『ヴァージニア覚え書』　838
ヴァージニア州　226
ヴァージニア植民地　146
ヴァージニア信教自由法　346
ヴァーモント州　218
ヴァーモント州憲法　513
ヴァン・アレン帯　674
ヴァンガード　776
ヴァンダービルト・カップレース　904
ヴィクトリアン・クイーンアン　959
『ウィズ』　1113
ウィスコンシン　221
ウィスコンシン大学　386
『ウィメンズ・ホーム・コンパニオン』　913
ウィメンズ・リベレーション運動　1067
ウィラメットヴァレー　192
ウィリアムズ大学　75
ウィリアムズバーグ　471
ウィリス＝オーバーランド　904
『ウィリー・マスターズの寂しい妻』　1127
ウィルソン主義　1170
『ウィル・ロジャーズ・フォーリーズ』　856
『ヴィレッジ・ヴォイス』　997
ヴィンセント・チン事件　553
ウィンターサー・ミュージアム　471
ヴィンテージ・コンテンポラリー　1129
ウィンテル連合　64
ウィンドウズ　64
ウィンドウズ95　1017
ヴィンランド　366
ウェスタン　231, 1181　⇒西部劇
ウェスタン・エレクトリック社　660
ウェスタン鉄道　683
ウェスタンユニオン電報会社　476
ウェスティングハウス社　664, 767, 793, 797, 875, 912, 975, 1057
ウェストヴァージニア　225
『ウエスト・サイド物語』　1111
ウェストポイント陸軍士官学校　18
ウェブ・アクセシビリティ　635
ウェブサイト　1026
ウェブジン　990
ウェブスター大辞典　1001
ウェブスター対リプロダクティブ・ヘルス・サーヴィセズ裁判　609
ウェールズ系　246, 524
飢える人への食糧　585
『ヴォーグ』　994, 1060
『ウォーゲーム』　1016
ウォーターゲート事件　167, 282, 302, 309, 378, 986
ウォバッシュ鉄道対イリノイ州事件　287
ウォー・ベイビー　763
ウォールストリート　699
『ウォールストリート・ジャーナル』　791, 982, 986, 992
『ウォールデン』　85, 346, 370
ウォルト・ディズニー・カンパニー　972　⇒ディズニー
ウォルマート　708, 714
『雨月物語』　1164
牛　199
失われた世代　375, 377
内灘闘争　1182
『うちのママは世界一』　873, 1194
宇宙開発　672
宇宙開発協力協定　677
宇宙企業　778
宇宙産業　776
宇宙ステーション　676, 778
『宇宙戦争』　136
宇宙飛行士　675
宇宙遊泳　675
宇宙輸送システム　677, 778
宇宙旅行協会　665
ウッドストック　1014
馬　198
海のゴールドラッシュ　1137
ウラジーミル・ジャボチンスキー賞　118
『裏面の社会はいかに』　1057
ウラン鉱　507
ウラン工場　507
ウラン濃縮型原爆　413
ウルグアイ・ラウンド　63, 67, 731, 732
ウールコ　713
ウールワース・ゴシック　940
ウールワースビル　940
『浮気娘』　369
運河　645, 749
ウンデッドニー　506
ウンデッドニー事件（第2次）　506
運動競技局　1072
運動写真　1056
運輸省　304, 755, 756

●エ

エアーコンディショナー　915
エアロビクス　922
永遠の外国人　553
映画　231, 1083
映画学コース　1090
映画宮殿（ムービー・パレス）　1099
映画産業　541
映画産業の衰退　967
映画ジャンル　1093
映画製作倫理規定　617, 1090
映画製作倫理規定管理局（PCA）　1090
英語　15
英国教会派　523
英語公用化運動　493
英語公用語化問題　835
英語公用語論争　491
英語第一主義　492
英語を合衆国の公用語とする法案　835
エイズ　417, 608, 618, 1108
エイズ危機　618
衛生研究室　416
衛星テレビ　1195
衛星利用の自由化　795
永続可能な発展　213
英仏戦争　149
エイプリル・フール　863
栄養補助剤　924
栄養補助剤健康教育法（DSHEA）　924
栄養補助剤情報協会　924
『エイリアン』　1091
液化天然ガス（LNG）　722
液体燃料ロケット　673
『駅馬車』　231
エキュ（ECU）　50
エキュメニズム　76
エクササイズ　927
エクスカリバー・ホテル　1086
エクスプローラ1号　414, 674, 776
エクスプロラトリアム　471
エクスペリメンター　662, 667
エグゼクティブ・ビル　305
エクセロン　724
エクソダス　359
エクソン　62, 721
エクソンモービル　720, 721, 62
エージェンシー理論　408
エージェント（代理人）　1074
エジソン・スクールズ　437
エスカトロジー　355
エスキモー　498, 505
『エスクワイア』　619
『エスケープ・ヴェロシティ』　1017

エスニック　529
エスニック・アイデンティティ　544
エスニック・グループ　1024
エスニック研究　599
エスニック集団　252
エスニック・ビジネス　534
エスニック・マイノリティ　1075
エスニック料理　898
エスノグラフィー（民族誌）　395
エスノサイエンス　398
エスノメソドロジー　390
エッセンシャル・インフォメーション　588
閲覧ソフト（ブラウザ）　481
エディソン・ミッション・エナジー　720
エディバウワー　711
『エドガー・ハントリー』　370
『エド・サリバン・ショー』　967
『エニシング・ゴーズ』　1110
エネルギー安全保障　719
エネルギー省　304, 416, 452
エノラ・ゲイ　467
エバンジェリカルズ=ファンダメンタリスツ　354
エフェドラ　924
エブリデイ・ローエスト・プライシズ（EDL）　715
エ・プルリブス・ウヌム　5
エポキシ炭素樹脂　742
エボニックス　835
エホバの証人　12, 355
エミグレ（émigré）　555
『エム・バタフライ』　1108
選ぶ権利（消費者の）　581
エリー運河　186, 645
エリー湖　192
エリー鉄道　685
エリート型（高等教育システム）　442
エリート・クラブ制度　1075
エルサルパドル　109
エルダーホステル　586
エルバート山　190
エルンスト・アンド・ヤング　65
エレクトリック・ギター　1121
エレクトロニクス革命　741
エレクトロラックス社　916
『エレン』　619
「エロティカ」　1118
遠隔教育　443
沿岸警備隊　333, 756, 1155
演劇ジャーナリズム　1105
エンジェル　1102
『エンジェルズ・イン・アメリカ』　1108
エンジニア　660
援助付き雇用（障害者の）　633
エンドースメント契約　804
エンパワーメント　582
エンロン　55, 66, 333, 720, 725

●オ
オイル・ショック　653
黄金時代（アメリカ・ルネサンスの）　372

『王様と私』　1111
欧州宇宙機関（ESA）　678, 778
欧州中央銀行（ECB）　52
欧州通常兵器（CFE）条約　24
欧州復興計画（ERP）　9, 86
欧州連合（EU）　101
応報刑・抑止刑モデル　335
応用社会研究所　389
大型コンピュータ　1015
大きな政府　398
大蔵省（日本の）　1193
大阪　1174
大森貝塚　1145
『おかしな二人』　1107
オガデン紛争　23
丘の上の町　35, 219, 367, 563, 839, 853
オガララ帯水層　199
『お菊さん』　1160
『置き去られて』　118
沖縄　1182, 1198, 1199, 1200, 1203
沖縄少女暴行事件　32, 1203
沖縄返還　1200, 1201
『奥様は魔女』　1194
オクタゴン　958
『オクラホマ！』　1111
オクラホマ・ラッシュ　216
オグララ・スー族　506
『オー，ケイ』　1110
オーケストラ論　488
オジブワ族　851
オーストラリア　21
『オズの魔法使い』　374
オーダー888　725
オーディション　1102
『男同士の絆』　610
男の友情映画　617
オートバイ　908
おとりクリニック　609
『オードリー・ヘプバーンのうなじ』　1165
オネイダ　345
オノンダガ　345
オハイオ　221
オハイオ川　192, 197
『オハイオ州ワインズバーグ』　376
オーバルトラック　905
オービタ（軌道船）　779
オフィス・アワー　447
オフィス・デポ　711, 715
オフィス・マックス　715
オフ・オフ・ブロードウェイ　1102, 1103, 1107
オプティカル・アート　1049
オフプライス・ストア　715
オフ・ブロードウェイ　1102, 1103, 1107
オープン・アーキテクチャ　690
オープン・アート　1049
オープン・シアター　1107
オープンホイール・レース　907
『オペラ座の怪人』　1114
オペレーション・レスキュー　609
『O. ヘンリー賞受賞作品集』　990, 995
思いやり予算　1202

お雇い外国人　1145, 1168
『お雪さん』　1160, 1161
オランダ改革派　75
オランダ系移民　869
オランダ系コロニアル住宅　952
オランダ系（住民）　252
オリエンタリズム　398, 548
「オールウェイズ・ラヴ・ユー」　1119
オールド・エコノミー　655
「オールマン・リバー」　1110
オレゴン　37, 185, 228
オレゴン・トレイル　185, 855
『俺たちが語る。君たちは聞け』　506
オレンジ計画　18
『オン・アワ・バックス』　610
『オン・ザ・タウン』　1111
恩赦権　262
オンタリオ湖　192
温暖化ガス削減　726
オントロジカル・ヒステリック・シアター　1107
女に一体化する女　610
『女らしさの神話』　602, 876
オン・ブロードウェイ　1103
オンライン・ジャーナリズム　991
オンライン・ジャーナリズム賞　991, 992
オンライン・ショッピング　1025, 1027
オンライン書店　1008
オンライン・ニュース・アソシエーション（ONA）　991
オンライン目録検索システム（OPAC）　481

●カ
会員制卸　708
会員制体重管理プログラム　921
会員制図書館　475
海外移転（オフ・ショア・トランスファー）　96
海外伝道　74
海外伝道総会　75
海外奉仕のためのボランティア団体アメリカ会議　87
改革派ユダヤ教　541
海岸山脈　192
海岸平野　191
回教徒　527
海軍　1155
海軍研究局　415
『海軍力の歴史への影響』　18
会計監査・コンサルティング業界　65
会計検査院　272
会計情報の開示　684
外交　302
外交委員会　277
外交問題評議会（CFR）　455, 459, 461
外国人・治安煽動法　264
外国人土地法　548, 560, 1151, 1156
外国人留学生　448
海事委員会　755
海事病院サービス　417
解釈人類学　397

会衆派　74, 523, 524
会衆派教会　343
海上権力論　39
回心告白　367
改正移民法　522
改選　269
階層化（商業・流通企業の）　710
開拓者　854
開拓農民　199
『怪談』　373, 1159
『回転木馬』　1111
街頭テレビ　1180
外部取締役　684
海兵隊　1155
解放黒人　515
解放黒人局　515
解放された男性たちの全米協議会　588
買い物依存症　890
『買い物しすぎる女たち』　890
会話　814
会話の協調の原則　814
会話の公理　815
下院　260, 268
『ガイア／エコロジー』　604
下院議長　273
下院共和党研究委員会　276
『カウガール・ブルース』　1127
カウボーイ　155, 199, 217, 229, 472, 855
カウボーイソング　856
カウボーイハット　856
カウボーイ文化　199
カウンターカルチャー　166, 364, 886, 1013, 1063, 1107, 1127
カウンターカルチャー運動　1040
カウンティ　288, 289, 290
カウンティ委員会　290
カウンティ支配人　290
カウンティ支配人制度　289
カオス・コンピュータ・クラブ　1016
『科学　終りなきフロンティア』　413
科学研究開発局　412
科学研究に戦時動員　412
価格支持政策（農産物の）　729
科学探査　778
科学的管理法　684
科学的管理法（テイラーの）　400, 403
科学的経営学　402
科学的人種主義　394
科学のモード転換　1190
下級裁判所　263
『限りなく透明に近いブルー』　1184
カーギル　63
学士　446
学士課程　446
核実験　413
核実験禁止条約　165
各州の公益事業委員会　783
学術系大学院　448
学術博士　448
確証破壊　22
革新主義　158, 287, 307, 385, 559
学生消費者主義　445

学生非暴力調整委員会（SNCC）　518, 594, 603
核の傘　1203
核不拡散条約（NPT）　22, 29, 32, 33, 117
学長（大学の）　449
核兵器　20, 43, 413, 763
核兵器複合体　416
革命協議会　172
革命的産業別組合主義　566
『学問のすゝめ』　1168
閣僚（各省長官）　304
加工食品　896
『賢い血』　376
過剰拘禁　338
過食症　926
『華氏四五一度』　997
カスケード山脈　192, 216
カスタ　111
カスター将軍の最期　852
『カスターは君たちの罪のために死んだ』　506
カスピ海周辺の原油開発　719
火星　679
家政学　896, 993
課税権　272
『風と共に去りぬ』　226, 376, 1005
家族　873
家族経営（農業の）　733
家族と家庭のネットワーク　588
家族保護法　608
家族呼び寄せ　550
片親家庭　878
カーター技術革新教書　809
カーター・センター　589
カーター・ファミリー　1120
カタリスト　588
『ガダルカナル日記』　1162
カタログ　1022, 1067
ガチュピン　111
学科主任　449
学区　432
学校給食（日本の）　1194
学校区　289
学校区図書館　476
『カッコーの巣の上で』　377, 1127
合衆国移民委員会　526
合衆国カラード隊　515
合衆国議会　260, 268
合衆国議会の立法権　272
合衆国憲法　151, 258, 302
合衆国最高裁判所　311, 313
合衆国亡命者プログラム　88
褐色の民　533
ガット（GATT）　100, 652
葛藤解決　437
合併（情報通信産業における）　785
『家庭で役立つ家政経済論』　894
家庭電化製品（家電製品）　650, 896, 912
カテゴリーキラー　708, 715
家電メーカー　912
可動性　750
カトリック　72, 245, 356
カトリック教会　74, 617

カトリック教徒　525, 862
『叶えられた祈り』　1128
カナダ　778
カーネギー教育振興財団　441
カーネギー国際平和基金　83
カーネギー財団　83, 410
ガネット　984
株式　700
株式売買委託手数料の自由化　700
株主　684
株主行動　583
カーペットバガー　270
画報雑誌（イラストレーテッド・ニューズ）　1057
カボチャ　196, 851
カーボン紙　668
カー・マギー社　507
『神々の怒り（火の海）』　1161
紙コップ　663
噛みタバコ　626
神の教会　355
神の国　360
紙袋　663
紙巻きタバコ　626
貨物輸送　754
『火薬を湿らすな』　394
カユーガ　345
カラー・コンシャス　490
カラー写真　1061
ガラスの天井　553
『ガラスの動物園』　1106
『カラー・パープル』　611, 1130
カラー・フィールド・ペインティング　1048
カラー・ブラインド　490
ガリオア援助　1194
カリフォルニア　185, 201, 228, 231, 1149
カリフォルニア共和国　185
カリフォルニア州　614
カリフォルニア州立大学評議員対バッキ事件判決　490
カリフォルニア大学　452
カリフォルニア大学（UC）システム　444
カリフォルニアの気候　201
カリフォルニア・ワイン　899
カリフォルニア湾　193
カリブ海域　38
カルチュラル・レボリューション（文化革命）　1063
カルテックス　720
カルト小説　1127
カルバート対ジョンソン事件　806
ガルフ　62, 721
『華麗なるギャツビー』　137, 375
ガレージセール　886
『彼は腰抜けだったか』　1091
枯葉剤　167
『彼らの目は神を見ていた』　376, 1130
カレラ・パンアメリカーナ・メヒコ　907
カロタイプ　1055
皮脚半物語　370

『川底に』 1131
『カンカン』 1110
かんきつ類 727
環境 203, 204, 578, 724
環境 NPO 579
環境（nurture） 394
環境アセスメント 210
環境協力に関する北米協定（NAAEC） 213
環境芸術（アースワーク） 1048, 1050
環境資源 205
環境正義 211, 581
環境正義事務局 211
環境政策 203
環境破壊 102, 206
環境防衛基金（EDF） 580
環境保護運動 207, 210
環境保護思想 212
環境保護庁 210, 304
環境問題 745
環境問題会議 306
ガン講和条約 152
韓国 21
韓国移民 548
カンザス 221, 228
感謝祭 853, 860, 868
慣習法 311
感傷小説 368
感情や社会性 437
関税 646
関税委員会 159
関税特許控訴裁判所 263
関税・貿易に関する一般協定（GATT） 163
間接金融 1193
間接金融による設備投資先行型成長パターン 686
間接伝道 76
完全借地農 732
幹線鉄道 682
完全年金 324
乾燥農法 199
缶詰 896
『カンディード』 1111
監督教会派 356
監督権限 703
カントリー＆ウェスタン（C＆W） 1121
元年者 1147
観音劇場 1172
『カンパニー』 1113
カンバーランド台地 190
カンパン 1164
カンパン方式 1191
『ガン・ホー』 1165
ガンボ（オクラ）のスープ 899
ガンマン 843
官約移民 547, 1148
管理執行部（大学の） 449
官吏任命権 262
咸臨丸 1141

●キ
生糸 1159

議院内閣制 296
記憶のメディア 1061
帰化 266
議会 260
機械可読型目録（MARC） 480
機械化（農業の） 647
議会（議院）招集権 262
機会均等局 166
議会黒人議員コーカス 276
機会主義的行動 408
議会女性コーカス 276
議会調査局（CRS） 272, 456
議会図書館 272, 478, 480, 481
議会の第三院 279
議会予算局（CBO） 272, 456
帰化不能外国人 532, 549, 560, 1152
帰化法 558
『危機に立つ国家』 433
危機の安定 22
企業会計改革法 333
企業間電子商取引市場（B to B） 781, 788
企業経営の歴史 680
企業的養豚業 200
企業の社会的責任 582
企業の不正会計問題 333
『企業の良心度評価』 583
企業別組合 1193
菊クラブ 1165
『菊と刀』 393, 1163
気候 193
気候療法 201
議事運営委員会 274, 277, 280
基軸通貨 47, 706
記者会見 309
技術革新（日本の） 1188
基準認定制度（アクレディテーション） 440
『キス・ミー，ケート』 1110
規制緩和 724
北アメリカプレート 192
北大西洋条約機構（NATO） 20, 129, 163, 1197
北朝鮮 25, 31, 32
北朝鮮核開発疑惑 32
北朝鮮核疑惑危機 1203
北マリアナ共和国人 498
基地闘争 1182
基地問題協議会 1203
議長（連邦議会の） 273
喫煙と健康に関する全国連絡協議会 627
「喫煙と健康に関する報告」 627
喫煙率 630
キッチン 1039
キッチン・キャビネット（台所内閣） 153
キッチン（台所）論争 886
軌道周回飛行 675
絹織物産業 1159
『絹の靴下』 1110
キネティック・アート 1049
機能欠損（impairment） 632
機能主義（文化人類学における） 395
黄の政策 730

忌避（アーミッシュの） 363
帰米二世 1153
希望回復作戦 30
規模の経済 682, 1024
『基本色彩語彙』 397
ギボンズ対オグデン 265
基本ソフト 64
基本的同位の原則 23
義務教育 220
義務納本制度 479
『キャッチ=22』 377, 1128, 1132
キャッチフレーズ 1022
『キャッツ』 1114
キャッツキル 215
キャッツスライド 951
ギャップ 709
キャデラック 902
キャデラック応用力学学校 627
キャデラック自動車会社 627
キャトル・トレイル 199
キャピタルシティ 797
キャメル 627
『キャメロット』 1111
キャラクター 1165
キャラクター・ビジネス 1184
『キャリー』 1132
ギャローデット革命 637
ギャローデット大学 637
ギャング映画 1093
ギャングスタ・ラップ 1119
キャンプ・ミーティング 74
キャンベル 157
旧移民 524
救世軍 585
休戦の日 866
旧敵国条項 1198
9.11事件 1061
9.11テロ 30, 44, 55, 106, 116
9.11同時多発テロ 1165
旧東欧諸国のNATO参加 29
牛肉 727
旧ユーゴスラビア ⇒ユーゴスラビア
キューバ 23, 109
キューバ危機 165
キューバ系 529, 534
キューバ・ミサイル危機 22
キュレーター 465
教育 578
教育修正法第9条（1972年） 603
教育省 304
教育の現代化 427
教育への市場原理の導入 437
教会 245
業界標準 696
教学 449
『共感力』 369
供給の経済学 653
恐慌 48, 321
共産主義 19, 164
共産主義者の入国 560
行政委員会 304
行政委員会の半司法的機能 304
行政委員会の半立法的機能 304
行政管理予算局（OMB） 285, 288, 306

行政機関　285
行政権　262
行政国家化　286
行政再組織法　287
行政（執行）　260
強制収容（日系人の）　549, 560
強制立ち退き　1152
強制的異性愛　610
強制的量刑法　338
強制的パス通学　238
行政府　285, 308
行政命令12898号　211
行政命令第9066号　1152
競争原理　321
競争的連邦主義　294
共通設計部品　690
協同学習　437
京都会議　213
京都議定書　213, 726
恐怖映画　1093
業務外疾病　327
教務担当副学長　449
教務部長　449
協力的連邦主義　292
共和国陸軍（GAR）　864, 868
共和党　157, 189, 275
共和党政府　652
『虚栄の篝火』　1128
漁業権　508
局地戦争　21
『極東の魂』　1159
拒食症　926, 1069
拒食宣伝ボイコット　926
『巨大な部屋』　375
『去年の夏突然に』　617
キリスト教　11
キリスト教右翼　364
キリスト教原理主義　117
キリスト教宣教師　1168
キリスト教的慈愛の雛型　367
キリスト教徒　245
キリスト再臨信仰者統一教会　355
キリストの教会　355
キリストの弟子たち　355
『キル・ビル』　1165
儀礼の過程』　397
金　51, 185
筋萎縮症協会　586
禁煙　628
銀河系間ネットワーク構想　667
緊急直接支払い　731, 735
キング牧師暗殺　570, 1124
キング牧師の誕生日　861
銀行法　162
銀行持株会社法　703
銀座　1175
『銀座細見』　1174
金山　547
禁酒法　161, 892
禁酒法運動　623
禁酒法時代　526
『禁じられた情事の森』　617
金相学　739
金属組織学　739
緊張緩和（デタント）政策　22　⇨デタント

金ドル交換停止　1202
筋肉増強剤　927
金二重価格制　49
金の神　372
金ぴか時代　157, 372, 844
金プール制　49
金融・会計監査企業　65
金融革新　700
金融機関の収益　701
金融業　699
金融先物取引　50
金融自由化　700
金融政策　704
金融制度改革法　700, 703
金融持株会社法　703
金利規制　700
近隣住区　236

●ク

グアダルーペ・イダルゴ条約　109, 531
グアテマラ　109
グアム　188
グアム人　498
グアム（ニクソン）・ドクトリン　23
クイア　620
クイア・ネーション　620
クイズ番組　967
空間商品化　239
空軍　1155
クェーカー（教徒）　355, 513, 524
『クエーカー・シティ』　370
クエスト　786
クォータ制（割り当て制）　597
9月11日のテロ　116
クー・クラックス・クラン（KKK）　137, 155, 161, 372, 515, 559
草地　196
『草の葉』　371
『くたばれヤンキーズ』　1112
グッゲンハイム美術館　944
グッドウィル・インターナショナル　585
『グッド・ハウスキーピング』　917, 993, 1004
国別割り当て法　88　⇨出身国別割当制
クーパー・ヒューイット・デザイン・ミュージアム　467
熊本洋学校　1168
クライスラー社　767, 903
クライスラービル　940
クライム・ノベル（犯罪小説）　1131
グラウンドホッグ・デー　861
グラス・コクピット　773
クラス（集合代表）訴訟　317
グラス＝スティーガル法　651, 699, 703
グラス・ハウス　943
クラス・マガジン　995, 997
クラッカー　1014
グラフィティ・アート　1052
グラフ・ジャーナリズム　1060
クラブ女性総連盟　611

クラフト（職人）的生産方式　695
クラブハウス・サンド　899
グラマン社　767
クラムチャウダー　899
クラムベイク　899
『クランズマン』　137
『グランタ』　1129
グランドキャニオン　192, 216
クランベリーソース　868
クリアチャンネル・コミュニケーション　980
クリオージョ　111
苦力（クーリー）　558
グリーク・リバイバル様式　956, 957
苦力（クーリー）貿易　547
『グリース』　1113
クリスチャン・サイエンス　360, 934
『クリスチャン・サイエンス・モニター』　362, 982
クリスチャン・シオニズム　117
『クリスティーナの世界』　1047
クリスマス　860, 869
クリスマスカード　870
クリスマス前のショッピング　887
クリックス・アンド・モルタル　716
『グリッツ』　1131
クリッパーチップ構想　1017
『グリニッチ・ビレッジ・フォリーズ』　1109
『グリニッチ・ビレッジ・フォリーズ』　1110
グリーンズボロ　518, 594
クリントン外交　33
クリントン政権（の経済運営）　654
グリーンビジネス　582
グリーンピース　580
グリーンピース・アメリカ　591
グリーンフィールド　845
グリーン料金プログラム　726
『クール・クールLSD交感テスト』　1128
『クルージング』　617
クルーナー　1120
グループ化（百貨店の）　713
グループ・シアター　001105
グループ（上・下院議員による）　276
クレイトン法　648
グレイ派（建築家）　946
クレオール　555, 1119
クレオール文化　146
クレオール料理　899
クレジットカード　885
グレーテスト・ジェネレーション（最も偉大な世代）　131
グレート・Uターン　571
グレート・アトランティック・アンド・パシフィック・ティー　712
グレート・アメリカ　1083
グレートウェスタン・トレイル　199
グレート・コミュニケーター　282, 309
グレートスモーキー　215
グレートソルトレイク湖　193
グレートブリテン島出身者　523
グレートフル・デッド　1016

事項索引——1427

グレートプレーンズ（大平原） 192, 198
グレート・ホワイト・フリート 762
グレナダ 24, 109
グレーハウンド 757
『クレーマー、クレーマー』 878
黒い積荷 512
グロヴァントル族 508
クロウ族 505
クローガー 708
クロケット暦 841
クローズド・アーキテクチャ 690
クローズド・キャプション 635
『クローゼットの認識論』 610
クロチュア 280
グローバリゼーション 4, 92, 239, 535, 563, 654
グローバル・エクスチェンジ 585
グローバル企業 61
グローバル・コミュニケーション研究所 590
『グローブ』 985
クワンザーの祭り 871
郡 289 ⇨カウンティ
軍規格 414
郡警察 330
軍事複合体 414, 764
軍事委員会 277
軍事革命（RMA） 125
軍事産業基盤維持 768
君主 296
群集管理 1087
軍縮 24
軍縮軍備管理機関 286
軍需産業 414
君主制 296
軍仕様 414
軍人・軍属年金制度 324
軍隊の統帥権 302
郡党員集会 300
軍民転換 419
軍用機 772
軍用輸送機 772

●ケ
経営階層組織 682
経営学 400
経営学修士（MBA） 448
経営管理技法 1190
『経営者の役割』 404
経営術 406
経営戦略論 408
慶応義塾 1145
ゲイ解放運動 613
ゲイ解放戦線 613
景気停滞 653
経済活動の自由 790
経済恐慌 161
経済研究所 457
経済諮問委員会 285, 306
経済成長 642
経済成長（日本の） 1188
経済保障委員会（CES） 322
経済民主化政策（占領軍の日本に対する） 1188

経済優先度評議会（CEP） 583, 588
警察小説 1131
警察予備隊 1198
ゲイザー報告書 21
刑事事件 314
形而上クラブ 348
『刑事ジョン・ブック/目撃者』 363
ゲイシャ 1160
ケイジャン料理 899
形状記憶合金 743
ケイ素（シリコン） 741
ゲイツ財団 454, 460
『ゲイ・ディボース』 1110
ケイトー研究所 458, 461
軽度障害 632
ゲイト付きコミュニティ 241 ⇨要塞都市
競馬 1076
刑罰の政策理念 334
刑務所 336
啓蒙思想 343
ケイレツ 1164
ケインズ経済学 162
ケインズ政策 651, 653
毛皮交易 197
毛皮採集人 228
劇評 1102, 1105
ケージアン住宅 955
『結婚しない女』 878
ゲットー 595
血統主義 266
『ゲット・ショーティ』 1131
ゲティ財団 455, 460
ゲティスバーグ 372
ゲティスバーグの演説 307, 839
ゲティスバーグの戦い 154
ゲティ美術館 455
ケネディ暗殺 378
ケネディ宇宙センター 676
ケネディ芸術センター 585
懸念国家 25
ケープコッド 852
ケーブルテレビ 795, 969, 1098
ケーブルテレビ・オペレーター 796
ケーブルテレビ法 796
ゲーム理論 408
ゲリマンダー 271
ケルビネーター社 915
検閲 479
減額年金 324
原価計算 683
研究助成 417
研究大学 415
兼業農家 733
現金持ち帰り方式 713
健康食 897
健康な人々2010年 920
健康保険 322
原告専門の弁護士 801
建国の父祖 368
言語浄化（ことば狩り） 495
言語政策 492
言語表現の自由 790
検死官 290
『原始人の心』 393

現実主義的抑止 22
原子爆弾 163, 473
現象学的社会学 390
原子力 723
原子力委員会 415
原子力委員会諮問委員会 746
原子力技術 480
原子力水上艦 768
原子力政策 719
原子力発電所 723
減税 653
原生自然（wilderness） 210
原生自然法 210
健全経営 706
現代企業 681
現代記号論 349
ケンタッキー 225, 854
ケンタッキー・フライドチキン 716, 1022
『建築の多様性と対立性』 945
限定政府 285
ケント州立大学事件 330
原爆 467
原爆開発 412, 665
原爆投下 302
現物寄付活動促進インターナショナル 584
『遣米使日記』 1141
憲法 258
憲法修正第12条 273
憲法修正第13条 265, 515
憲法修正第14条 265, 266, 515, 558, 592
憲法修正第15条 265, 515, 592
憲法修正第16条 159
憲法修正第18条 625
憲法修正第19条 160
憲法上の信念 267
憲法制定会議 151
原理主義者 541
権利章典 258, 259, 265, 314, 344
権利の章典（消費者のための） 886
減量経営 1193
減量計画 921
権力分立 285
元老院 268

●コ
コア・カリキュラム 437
公営選挙 301
公害 758
郊外 236, 873, 875
郊外化 1083
郊外住宅 873
航海条例 149
郊外中流家族 873, 875
郊外の家族 874
郊外への人口の集中 713
『攻殻機動隊』 1165
黄禍（論） 373, 548, 1150, 1161
高級紙 985
公共空間の商業化 887
『公共交通と運河に関する報告書』 750
公共事業 651

公共事業局（PWA） 287
工業所有権 809
公共性 476, 478
公共図書館 475, 476
公共の福祉に関する法律センター 591
公共の利益（放送による） 792
公共放送 794
公共放送法 794
公共利益科学センター 920
拘禁率 338
航空宇宙博物館 466, 467
航空機産業 201, 771
航空輸送 754
合憲の推定 266
『皇国』 1145, 1159
広告 978, 1020, 1024, 1173
広告収入 793
広告代理店 884, 1021, 1028
広告放送 793
高コンテクスト 813
公式の帝国 38
公衆衛生 206
公衆衛生紙巻きタバコ喫煙法 628
公衆衛生サービス法 417
交渉（条約締結のための） 302
公職追放（日本の大企業経営者の） 1192
公正原則 970
合成ゴム 740
厚生省 304, 452
公正包装表示法 886
控訴 315
構造改革（日本の） 1194
構造学派分子生物学 418
構造機能主義（文化人類学における） 395
構造主義 390, 397
高速増殖炉（FBR） 719
控訴裁判所 263
控訴審裁判所 312
公聴会 277
交通 749
交通安全局 333
交通革命 558, 645
交通公正法（TEA-21） 758
交通バリアフリー 635
工程管理 683
公定歩合 705
公的医療制度 325
公的年金制度 321
公的扶助 324
公的扶助制度 326
鋼鉄 739
合同委員会（議会の） 277
合同海外伝道会 75
強盗貴族 155
高等教育 439
高等教育の大衆化 440
『高等教育論——学生消費者時代の大学』 445
高等研究計画局（ARPA） 747, 787, 1013
高等研究助成基金 453
合同黒人大学基金 588

合同男子服労組 539
高度成長期（日本の） 1188
光熱費 328
購買力補給論 320
孔版ステンシル印刷機 669
高分子化合物 740
公平な陪審 314, 316
『航米日録』 1141
公法 272
公民 421, 422
公民科 422, 423
公民概念 424
公民教育 421
公民教育センター 426
公民権 592
公民権運動 427, 492, 550, 579, 593, 613, 1155
公民権法 6, 166, 272, 308, 432, 518, 561, 570, 573, 595, 633
公民職業リハビリテーション法 633
公民的関与 427
公民的参加 427
公民的資質 427
公民的資質向上委員会 426
公民的知識と技能 427
公民的徳 422, 427
公民的能力 427
公務員 304
公務員退職年金制度 324
項目別拒否権法 281
『荒野の決闘』 231
公有地 182, 647
公用語運動 835
小売革命の時代 713
公立学校 436
公立職業訓練学校 220
公立大学 441
「小売の輪」モデル 710
講和条約（太平洋戦争の） 1198
コオペラティブ・チェーン 713
『氷屋来たる』 1104
コカ・コーラ 60, 98, 870, 892, 1022, 1194
コーカス 276
互換性技術 645
互換性生産方式 761
互換部品 689
「故郷の人々」 1117
「国益の中の科学」 419
国際インディアン条約会議 506
国際宇宙ステーション（ISS） 678
国際英語 834
国際開発庁（USAID） 29, 33, 89
国際基軸通貨 9
国際教育機構 587
国際協力 578
国際経済研究所（IIE） 459, 461
国際刑事裁判所（ICC） 126
国際健康・ラケット・スポーツクラブ協会 922
国際原子力機関（IAEA） 32
国際航空競争法 759
国際サービス労働組合（SEIU） 575
国際自動車研究プログラム 695
国際自由労連（ICFTU） 569

国際主義 1170
国際女性年 606
国際女性年監視全米委員会 606
国際信教自由法案 31
国際石油資本 62, 718
国際地球観測 414
国際通貨 47
国際通貨基金（IMF） 9, 49, 100, 652
国際テロ事件 331
国際婦人服労組 539
国際復興開発銀行 86
国際モダン・アート展 1044 ⇒アーモリー・ショウ
国際遊園地協会 1080
国際連盟 159, 307
国璽 7
国際貢献 82
黒人 252, 1087
黒人/アフリカ系/ニグロ 530
黒人英語 833, 835
黒人音楽 857
黒人教会 514
黒人劇場 1100
黒人ゲットー 235
黒人研究 599
黒人受刑者 338
黒人私立大学 516
黒人奴隷 247, 556, 644
『黒人のたましい』 518
黒人文学 1130
黒人霊歌（スピリチュアル） 519, 857
黒人労働者 570
国勢調査 243, 249, 529
国勢調査局 253, 498
国籍剥奪法 1154
国鳥 865
国土安全保障省（DHS） 25, 304, 333
国土の利用 216
国内行動計画（国際女性年監視全米委員会の） 606
国内市場 682
国内植民地 37
国内伝道協会 74
国防教育法 165
国法銀行 703
国防計画ガイダンス 128
国防高等研究計画局（DARPA） 451, 460
国防省 29, 302
国防総省 19, 304, 451, 674
国防総省秘密文書事件 309
国防費 23, 414
国防費の削減 765
国防予算法 25
国民皆保険構想 327
国民購買力 320
国民国家の相対化 563
国民の英雄 302
国の祝日 859
『国民の創生』 137, 1092
国務省 29, 302
穀物倉庫（ターミナルエレベーター）

198
国有地付与運動　442
国有保存地　216
国有林　189, 216
国立ガン研究所（NCI）　417
国立公園　189, 208, 212, 216, 228
国立公園局　209
国立公園警察　331
国立公園制度　159
国立公文書館　176
国立ヒトゲノム研究所（NHGRI）　452
国立保健研究所（NIH）　417, 452, 460, 926
国連（UN）　100
国連資源保全利用科学会議　213
国連ストックホルム環境会議　213
国連平和維持活動　30
『こころ』　1159
『心は淋しい狩人』　376
『孤児アニー』　933
コージェネレーション（熱電併給）　724
50年戦争　414
ゴジラ　1165
個人責任と就業機会に関する調整法（PRWORA）　293, 326
『個人と社会』　394
コースト・ガード（沿岸警備隊）　756
コストコ・ホールセール　708
『ゴースト・ストーリー』　1132
ゴーストダンス　852
ゴスペルソング（霊歌）　227, 857
コスモポリタニズム　104, 373, 374
『5千万人のフランス人』　1110
護送船団方式　1193
コソボ空爆　25
五大湖　192, 197
『古代社会』　395
固体ロケット・ブースター（SRB）　779
コダック社　⇨イーストマン・コダック社
ゴチック・リバイバル　958
国家安全保障会議（NSC）　19, 27, 285, 305, 306, 1201
国家安全保障会議文書162号（NSC-162）　20
国家安全保障会議文書68号（NSC-68）　19
国家安全保障局（NSA）　1017
国家安全保障法　19, 306, 674
国家環境政策法　210
国家ガン研究法　417
国家経済会議（NEC）　28, 285
国家航空評議委員会（NACA）　674
国家心臓・血管・血液研究法　417
国家の一部としての農村論　396
国家防衛教育法　414
国家防衛研究委員会　412
国家ミサイル防衛（NMD）　25, 29, 31
国旗への忠誠　423
国境環境協力委員会（BECC）　213
国境警備隊　333

コットンクラブ　1120
『子連れ狼』　1165
固定為替相場制　706
コード・シェアリング　759
子供　426
『ゴドーを待ちながら』　1107
コニー・アイランド　1081
コネティカット州　218
コーネル大学　603
『此一戦』　1171
コピー機　668
コープアメリカ　582, 588
コープ・ウォッチ　588
3/5条項　513
個別的自衛権　1199, 1203
個別誘導型再突入複数弾頭（MIRV）　23
コマーシャル　967
コマーシャル・ペーパー　704
コミューター路線　756
コミュニケーション　812
コミュニケーション法　978, 980
コミュニティ　424, 498, 500
コミュニティ・カレッジ　440, 444, 446
コミュニティ環境協議会　591
コミュニティ・シビックス　424, 425
「コミュニティ・シビックスの教育」　424
コミュニティ情報交流会　590
コミュニティ投資　583
コミュニティ・ポリーシング　335
コミュニティ・メディア連合　590
小麦　727, 728, 729
コムキャスト　798
ゴムタイヤ　740
コメ　727, 728
コモドール　1015
『コモン・センス』　150, 1000, 1020
コモンマン　224
コモン・ロー　311
雇用機会均等委員会　304, 603
雇用（就業）促進局（WPA）　162, 287
雇用法　287, 652
雇用労働　576
『コーラス・ライン』　1108, 1113
コラムニスト　988
『コリエーズ・ウィークリー』　1161
孤立主義　36, 82, 162
コルディレラ山系　190
ゴールデン・アワー　969
コルト社　690
コールドスプリングハーバー研究所　418
ゴールドマン・サックス　65
ゴールドラッシュ　188, 201, 524, 546, 558, 1055
『コレクションズ』　1132
コロディオン・プロセス　1055
コロニー（インディアン保留地）　500
コロニアル・ウィリアムズバーグ　471
コロニアル住宅　956
コロムビア大学　1089

コロラド　228
コロラド川　192, 193
コロラド高原　192
コロラド砂漠　193
コロンバス・サークル　866
コロンバス襲撃　113
コロンバス・デー　866
コロンビア映画　32, 797, 1165
コロンビア川　192, 193
コロンビア高原　192
コロンビア（スペースシャトル）　679, 778
コロンビア大学の学生蜂起　614
コロンビア流域事業　193
コロンブス記念世界博覧会　866　⇨シカゴ万国博覧会
『壊れたグラス』　1106
コンヴァージョン・ナラティヴ　367
困窮家庭　326
混合農業　197
コンコード　171, 219, 346
コンサベーション・インターナショナル　580
コンシューマー・ユニオン　581
コンシューマリズム　582
コンセッション　574
コンセプチュアル・アート　1051
コンセント　913
ゴンゾー・ジャーナリズム　1128
コンソリデイテッド　772
コンソリデイテッド・ヴァルティ社　767
『コンタクト』　1114, 1115
コンテクスト　480
コンデ・ナスト社　998
コンテンポラリーアート　1043
コンテンポラリー派　1061
コントラ・ゲリラ　24
コンパック　64
『コンバット』　1181
コンビニエンス・ストア（CVS）　714, 1192, 1195
コンピュータ　10, 11, 666, 744, 1012, 1014
コンピュータ・ウィルス　1016
コンピュータ機械学会（ACM）　1017
コンピュータ・グラフィックス　1014
『コンピュータの神話学』　1013
コンピュータ犯罪　333
コンピュータ予約システム（CRS）　756
コンピュメンター　584
コンプUSA　711
コンフェデレシー（南部連合）　372
コンプスタット（COMPSTAT）　332
コンペア社　767
コーンベルト　199, 221, 729
梶棒外交　38

●サ
『犀』　1107
罪悪税　628
『サイエンティフィック・アメリカン』　662

サイオコール　778
再開発（都市部の）　238
細菌学　410
最恵国待遇（MFN）　31
サイケデリック・ブルース　1124
債券　700
再建　155
再建派ユダヤ教　541
債権流動化　701
最高裁判所　263　⇒合衆国最高裁判所
最高指揮権　262, 302
最高司令官　302
最高法規性　259
在庫管理　683
『最後のピューリタン』　351
『最後のモヒカン族』　370
祭日　859
歳出　277
サイスエナジー　720
財政赤字　653
財政赤字の削減　654
再生可能エネルギー　724
祭政分離（チャーチ・アンド・ステイト）　362
再洗礼原理主義　106　⇒ボーンアゲイン
在宅保健サービス　325
財団　83
最低価格保障　729
最低賃金法　162
在日米軍　1203
歳入　277
歳入分与制度　292, 293
才能教育　433
サイバーカルチャー　1012, 1016, 1018
サイバースペース　1012, 1015
サイバーソン　1017
財閥　1188, 1192
財閥解体　1192
『サイバネティックス』　1011
サイバネティックス　1012
サイバネティックス・グループ　1011
サイバネティックス小説　378
『サイバーパンク』　1015
サイバーパンク　378, 1016, 1132
サイバーパンクSF　1015
裁判外の解決（ADA）　318
裁判官　313
裁判区　315
裁判権　311
裁判所　260
サイファーパンク　1018
『サイベリア』　1017, 1018
サイボーグ　1012
財務省　55, 302
財務長官　290
サイモン・アンド・シュスター　1005
サイモンの組織論　405
再臨派（アドヴェンティスト）　355
『サインズ』　603
サウジアラビア　119
サウスウエスト航空　756
サウスカロライナ　225

サウスダコタ　228
サウスランド社　714, 1192
サウスワース＆ホーズ　1054
『サウンド・オブ・ミュージック』　1111, 1124
『ザ・エージェント』　802
サーカス・ショー　1109
酒場　624
酒場経営者　624
サーキット・レース　905
『桜子』　1161
『サクラメント・ビー』　1150
サケ　851
サザン・グレープ　725
サザン・ホスピタリティー　227
サザン・ルネサンス　376
『ザ・ストリート』　992
『サタデー・イブニング・ポスト』　994, 1162
『サタデー・ナイト・フィーバー』　1124
サターン・ロケット　776
サーチエンジン　481
サックス　711
雑誌　480, 990
ザップアクション　603
札幌農学校　1145, 1168
砂糖カエデ　851
佐藤＝ニクソン会談　813, 1201
砂糖プランテーション　188
砂漠　196
砂漠気候　195
砂漠のディズニーランド　1085
サパティスタ蜂起　111
サバルタン　111
サービス革命　571
サービス経済化　654
サプライサイド経済学　168
サプライ・チェーン・マネジメント　687
サブリミナル広告　1024
サブリミナル・メッセージ　1024
サプリメント　924
『ザ・ベスト・マン』　1107
差別的出来高給　693
差別表現の言い換え　495
サーベーンズ・オクスレー法　333
『ザ・ミュージックマン』　1112
サムズ・ホールセールクラブ　715
サメ肌素材　747
サモア人　498
『サモアの思春期』　393
サーモスタット　914
『さゆり』　1166
『サヨナラ』　1164
『ザ・ライフ』　1112
『ザ・ラスト・ヤンキー』　1106
サラダボウル　488, 527, 561, 562
『サロン』　992
サンアンドレアス断層系　192
三角貿易　147
サンガー・センター　453
産業革命　382, 645
産業規制政策　648
産業主義　327

産業組織論　408
産業の空洞化　571
産業の効率化（禁酒による）　624
産業別組合主義　566
産業別組織化委員会（CIO）　566
産業別組織会議（CIO）　162, 566
産業別労働組合　162
三権分立　260, 297, 308
『サンシャイン・ボーイズ』　1107
三種の神器（日本の耐久消費財の）　1194
三振アウト法　338
サン石油会社　455
3大ネットワーク　794, 966, 970, 978
サンタクロース　869
サンダンス　852
サンダンス教　501
サンデイア研究所　416
サンデビル作戦　1016
サンド・クリーク虐殺史跡設置法　501
サント・ドミンゴ　38
サンフランシスコ　195, 1148
サンフランシスコ学童隔離問題　1150
『サンフランシスコ・クロニクル』　1150
サンフランシスコ交響楽団　585
サンフランシスコ地震　192
サンフランシスコ・ポエトリ・ルネサンス　377
サンベルト　197, 250, 571
サンリオ　1184
『サン・ルイ・レイの橋』　375

●シ
シアーズ社　⇒シアーズ・ローバック社
シアーズ・ローバック社　708, 713, 885, 916, 961, 1003, 1022
シアター・ギルド　1105
シアトル　1148
シェア・クロッパー　515
シェア・クロッピング制　648
シェイズの反乱　151
ジ・エイト　1045
ジェイル　336
シェーカーズ　355
ジェット機　772
ジェットコースター　1082
ジェットライン　1039
ジェット旅客機　773
ジェット旅客機メーカー　773
ジェニー・クレイグ　921
シェブロン　62
シェブロンテキサコ　721, 62
ジェミニ宇宙船　776
ジェミニ計画　675
ジェームズタウン　146, 556, 852
シエラ・クラブ　207, 208, 210, 579, 591
シエラネヴァダ山脈　192, 216
ジェンセニズム　394
ジェンダー　620
『ジェンダー・トラブル』　610

事項索引──1431

ジェンダーに基づく差別　599
ジェントリフィケーション　239
ジオデシック・ドーム　1040
シオニズム運動　543
シカゴ　152, 194, 221, 237, 624, 749, 1036, 1121
シカゴ学派　237
シカゴ学派の社会学　388
シカゴ交響楽団　585
シカゴ先物市場　50
シカゴ商品取引所（CBOT）　49
シカゴ大学　385, 386, 452
シカゴ大学社会学部　388
『シカゴ・トリビューン』　798, 986
シカゴ万国博覧会　842, 1082
シカゴ美術館　472
シカゴ・マーカンタイル取引所（CME）　49
シカゴ・ルネサンス　375
四月馬鹿の日　863
時間研究（テイラーによる労働作業の）　693
次官（省の）　304
次官補（省の）　304
事業部制組織　681, 683
資金の流れ　704
シーグラムビル　944
シークレット・サービス　333
市警察　330
『死刑執行人の歌』　1129
死刑制度　336
資源再生センター　591
資源保全運動　207
「自己依存」　370
『思考のための道具』　1014
思考パターン　813
自己資本の比率（金融機関の）　701
自己主張　816
自己分析　932, 936
思索小説　378
自作農　732
シーザーサラダ　899
『ジーザス・クライスト・スーパースター』　1114
資産担保証券　701
『ジジ』　1111
シーシェパード　580
支持政党　300
事実（事件の）　316
市支配人型　290
四旬節　862
市場革命　883
市場経済　321, 644
市場主義　327
辞書体目録　479
地震活動　192
『詩人気質』　1104
シスコ・システムズ　64
『シスター・キャリー』　235, 374
「シスターフッドはパワフル」　604
システム論　404
姿勢制御システム　673
自然権哲学　173
自然資源防衛会議（NRDC）　580
自然史博物館　466

自然主義　351
自然主義文学　372
自然食　897
慈善的なトラスト　83
自然文学　370
自然保護　579
自然保護運動　579
『自然論』　347
『シーソー』　1112
思想浄化　495
市タバコ物品税　628
シーダー・ポイント　1083
7月4日　865
『7月4日に生まれて』　865
7年戦争　149
『七破風の家』　370
七面鳥　868, 897
七面鳥のリンゴ詰め　899
市長-市議会型　290
シッカム　1098
失業信託基金　325
失業保険　325, 651
シックス・フラッグズ　1083, 1084
実験家（エクスペリメンター）　662
実験進化研究所　410
湿潤亜熱帯性気候　194
十進分類法　479
『失墜の後で』　1106
シップ・アメリカン政策　750
疾病管理予防センター（CDC）　618, 919
『シティ・オブ・エンジェル』　1112
シティグループ　65
シティグループ・グローバル・マーケッツ　65
『シティ・ライフ』　1127
『自伝』（T. ジェファソンの）　175
『自伝』（B. フランクリンの）　343, 368
『自伝』（F. ダグラスの）　371
自動車　650, 712, 896, 1023, 1082
自動車王　10
自動車交通　754
自動車レース　904
使途別補助金　292
シートン・ヒル美術大学　948
シナゴーグ　539
シナジー　987
シニアネット　587
シニキズム　349
シネマ・コンプレックス　1091, 1097
支配人　290
ジープ　904
シープ・ランチ・ランチェリア　502
シベリアへの出兵　41
司法　260
私法　272
脂肪吸引術　923
司法権　263
司法試験　314
司法省反トラスト局　787
司法審査制　259, 264
司法府　285
死亡率　243
シボレー　903

資本主義国家　321
字幕（クローズド・キャプション）　635
島ぐるみ闘争　1182, 1199, 1201
市民　421
市民運動　578
市民権　266
市民権法第7条　603
市民自由法　1156
「市民的不服従」　370
『市民のマニュアル：コモンスクールのための政府のテキスト』　423
ジム・クロウ　1109
ジム・クロウ制　515, 558, 560, 592, 884
シャイエン族　842
『シャイニング』　1132
シャウト　857
ジャガー　908
社会科　422, 425
社会改造主義的カリキュラム論　426
社会（階層）の方言　832
社会科教育　425
社会学　383, 384
『社会学的想像力』　390
社会学部　385
社会サービス（としての高等教育）　444
社会資本　210
社会主義フェミニズム　604
社会進化論　156, 348, 383, 411
社会人類学　392
社会生活の商品化　1032
社会調査　389
社会抵抗運動　599
『社会的行為の構造』　388
社会的責任投資（SRI）　583
社会的風景　1060
社会フェミニズム　605
社会福祉政策　287
社会復帰・改善教育刑モデル　335
社会紛争　259
社会保険　322, 324
社会保障　320
社会保障の財源　322
社会保障法　162, 287, 320
社会保障連邦法の改正　324
ジャガイモ　897
ジャクソニアン・デモクラシー　153
ジャクソン=ヴァニク修正　31
借地コスト　733
写真花嫁　548, 559
写真フィルム問題　32
写真分離派　1056
『写真論』　1061
ジャズ　13, 160, 227, 857, 1119, 1173, 1178
ジャズ・エイジ　160, 375, 996, 1120
『ジャズ・シンガー』　1120
ジャスト・イン・タイム方式　686, 695, 723, 1191
社宅（日本の）　1194
ジャップ　549
社内弁護士　314
ジャーナリズム　480, 790, 791, 987

ジャーナリズム科　991
ジャーナリズム教育　988
謝肉祭　863
ジャパニメーション　1165
ジャパノロジスト　1165
シャパラル　907
『ジャパン・アズ・ナンバーワン』　1164
ジャパン・バッシング　553, 1164
ジャパン・マネー　50
ジャポニズム　1158
ジャマイカ　248
シャーマン反トラスト法　83, 158, 648, 718
『シャーロット・テンプル』　369
『ジャンキー』　1126
『ジャングル』　157
『ジャングル大帝』　1165
ジャンバラヤ　899
『ジャンボー』　1109
ジャンボ　775
ジャンル SF　377
『ジューイッシュ・デイリー・フォーワード』　540
州　259, 260
11'09"01/セプテンバー11　140
重化学工業　1190
週刊新聞　984
州間通商委員会（ICC）⇒州際通商委員会
州議会　290
州議会議員（選挙）　298
宗教系学校　436
宗教原理主義　105
自由競争社会　308
就業促進局　651　⇒雇用（就業）促進局（WPA）
宗教的右派（ニューライト）　457
宗教難民　562
宗教迫害からの自由法案　31
宗教復興運動（リバイバル）　344
宗教別人口　245
州禁酒法　623, 625
州警察　330
州憲法　290, 311
州公益事業委員会　785
集合代表訴訟　317
自由黒人　513
州事業規制　699
州際通商委員会（ICC）　158, 287, 304, 648, 755
州際通商規制権限規定　265
州際通商規制条項　272
州際通商法　287
州際道路（インターステート・ハイウェイ）　750
州裁判官の選任　313
州裁判所　311
『13日の金曜日』　1132
自由州　181, 225
自由主義者　562
終身雇用制　1193
修正資本主義　162
修正条項　260
修正同意判決（MFJ）　781

州政府　151, 286, 288, 290
修正リハビリテーション法第508条　636
集積回路（IC）　1015
住宅・都市開発省　304
住宅・都市整備公団（日本の）　1194
住宅法　917
集団的自衛権　1197, 1199, 1202
私有地　216
州知事　290
州知事（選挙）　298
州テスト　435
州党大会　300
重度障害　632
重度障害者　325
重度腎臓病患者　325
自由な経済活動（放送事業における）　792
柔軟な核の選択肢　22
柔軟反応戦略　21
自由の鐘　865
自由の国　1167
自由のための乗車運動　518, 594
自由の帝国　37
自由の息子たち　149
自由の女神像　562
重financial点化政策　334
醜聞暴露（マックレイキング）　372
州б法　330, 1155
周辺事態法　1203
州法　311
自由貿易　646
自由貿易協定（FTA）　69
州法銀行　703
終末思想（エスカトロジー）　355
自由民権運動　1167
自由民主主義　41
収容所テクノロジー　665
自由ヨーロッパ　88
14ヵ条（W. ウィルソンの）　41, 159, 307
州立公園管理官　330
州立黒人大学　516
州立大学警察　330
州立図書館　478
「重力の虹」　138, 378, 1127
自由連合州　533
シュガー・ヒル・ギャング　1124
主観ショット　1099
儒教　245
祝祭日　859
祝日　859
種子ビジネス　63
出生率　243
出身国別割当制　247, 559, 561
出版権　479
出版コンサルタント　808
出版社　1004
出版人　479
『種の起原』　347, 371
シューバート・オーガニゼーション　1114
『ジュビリー』　1110
主婦　327
シュープリームス　1122

軍需　772
主要国首脳会議（沖縄サミット）　1204
ジュラルミン　740
『ジュリア』　968
主流派フェミニズム　604
シュルレアリスト　1046
準学士　446
ジューン・ブライド　864
『ジョイ・ラック・クラブ』　1130
ジョイント・ストライク・ファイター（JSF：統合攻撃戦闘機）　776
省　302
小委員会（連邦議会の）　277
傷痍軍人リハビリテーション法　633
上院　260, 268
上院議員　269
上院議長　372
上院（司法委員会）　263
障害（disability）　632
障害給付　324
障害者　324, 632
障害者運動　634
障害学　638
障害者の権利擁護教育基金　591
障害の文化　637
障害を持つアメリカ人法（ADA）　632, 633
奨学金　447
上・下両院合同決議　273
上・下両院合意決議　273
蒸気船　186, 198, 749
商業衛星通信　778
商業広告　884
商業放送　978
「将軍」　1164
証券化　701
証券会社　703
証券取引委員会（SEC）　55, 162, 304, 703, 704
証券発行　702
勝者独占方式　299
少女と少年の家　587
少女の会　587
少数党院内総務　274
小政党　301
常設委員会（連邦議会の）　274, 277
小選挙区制　270
肖像画美術館　466
醸造業　524
醸造業者　624
省庁　285
象徴人類学　397
象徴的相互作用論　390
『象徴と社会』　397
『象徴の森』　397
湘南海岸　1179
『少年時代』　1132
『紙葉の家』　379
小陪審　315
消費　882, 883
常備軍　17
消費者　578, 649
消費者運動　581, 884
『消費社会の神話と構造』　889

消費者教育　582
消費者組合　588
消費者経済　710
消費者資本主義　649
消費者の権利　886
消費者の自律性　889
消費者の4つの権利　581
消費者保護と利益　581
消費者問題担当官　886
『消費者レポート』　581
消費心理　1194
消費生活　882
消費の共同体　884
「消費の単位」としての家族　875
消費の民主化　885
消費の民主義　710
消費不況（日本の）　1195
消費文化　889, 1188
消費をめぐる2つの言説　888
商品先物取引委員会（CFTC）　55
情報アクセシビリティ　635
情報学派分子生物学　418
情報革命　687
情報技術革命（金融分野における）　701
商法講習所　1145
情報サミット　481
情報スーパーハイウェイ　670, 782, 797, 1017
情報・通信企業　64
情報通信技術　480
情報・通信産業　64
譲歩（コンセッション）　574
商務省　288, 788
召命　369
条約締結　302
条約の締結権　262
商用インターネットサービス・プロバイダー（ISP）　481
勝利なき平和　159
常緑針葉樹　196
昭和の遣唐使　1190
『ショー・ガール』　1110
職業写真師　1054
職業リハビリテーション　633
職工学校図書館　476
植生　196
食生活洋風化（日本における）　1194
食肉産業　199
職能別組合　566
職能別組織　681, 682
『触発する言葉』　611
食品安全法　159
食品化学　894
食品成分表　894
植民者（colonist）　555
植民地議会　172
植民地主義　96
植民地の時代　147
『女軍出征』　1172
助言と同意　269
ジョージア　225
ジョージアン様式　956
女子高等学校　220
女子スポーツ　1077

ジョージタウン大学　459
女性解放運動　603, 613, 877
『女性学』　603
女性学　603
女性議員　271
女性教育衡平法　603
女性キリスト教禁酒同盟　623
女性衡平行動連盟（WEAL）　608
助成財団資料センター　584
女性雑誌　993
女性参政権　160
女性　620
女性の権利宣言　608
女性の参政権　601
女性の就労率　879
女性のスポーツ参加　1077
女性の地位に関する大統領委員会　602
女性平和党　612
女性連帯会議　609
女性（労働者）　573
書籍市場　999
書籍流通　1006
ショッピング・カート　663
ショッピングセンター　713
ショッピングセンターの父　887
『ショッピング・フォー・ベター・ワールド』　583
ショッピングモール　885, 887, 1097
初等・中等教育　430
初等中等教育改正法第7条　492
初等中等教育法　432
所得格差　571
所得税　322, 650
所得不平等化　572
所得補償　326
所得保障制度　324
初日の劇評　1104
ジョバー　1008
ショービジネス　1109
『ショーボート』　1110
庶民英語　832
所有権　205
所有と経営の分離　684
『ショール』　1131
ジョーンズ法　533
ジョンソン移民法　561
ジョンソン宇宙センター　779
ジョンソン財団　455, 460
ジョンソン&ジョンソン　455
ジョン・ハウランド号　1138
ジョン・ブラウンの煽動　372
ジョン・ワナメイカー　884
知らされる権利（消費者の）　581
シーランチ・コンドミニアム　946
シリコン　741
シリコンヴァレー　216, 687, 696
シリコンヴァレー・モデル　687
シリコンチップ　741
私立学校　436
自立生活運動　634
自立生活センター　587
私立大学　441
飼料作物　199, 728
ジルバ　1121

白椿騎士団　515
新移民　74, 235, 532
新移民（アジアからの）　550, 552
新移民（南・東ヨーロッパからの）　156, 486, 526, 558, 559, 624
新移民のアメリカナイゼーション　425
新右翼　607
新エネルギー政策　724
新ガイドライン　1203
人格教育　437
シンガー社　690
シンガーソングライター　1124
進化の一世紀展（CPE）　1035
進化論　347, 371
信教の自由　362
シンクタンク　455, 578
シンクタンク型NPO　580
シングル　951
シングル社会　714
シングル・スタイル　960
シングルマザー　879
新経済政策（NEP）　653
神経性無食欲症　926
人権　578
人権および人道問題局　29
人権外交　43, 89
人権協会　614
人口　243
人口移動　249
人工衛星　413, 674
人工ゴム　743
人口重心　248
人工授精　881
人口増加率　243
人工ダイヤモンド　742
人工内耳手術　637
『人口爆弾』　213
信仰復興運動（リバイバリズム）　354
信仰ミッション　76
人口密度　252
新国際秩序　27
シンコ・デ・マイヨ　864
シンジェンタ　63
人事管理　404
人事管理庁　304
『紳士協定』　542
紳士協定　559, 1147　⇒日米紳士協定
シンジケーション　794, 969
シンジケーター　794
シンジケート　988
新思考（ニュー・ソート）　361
シンシナティ　198, 749
新社会科　427
人種　529
人種隔離　593
『人種・言語・文化』　393
人種差別　164, 166
人種差別制度　592
人種自殺説　156
人種のモザイク　561, 562
人種のるつぼ　527, 561, 562, 1130
『人種のるつぼを越えて』　488, 534
人種プロファイリング　332

真珠湾　163, 471, 549, 1152, 1162
「真珠湾を忘れるな」　1162
新進化主義　395
新進歩主義　459
ジーンズ　856
新政党　301
新世界秩序　43
進駐軍　1199
新著作権法　478, 479
新年　860, 871
新年のカウントダウン　871
新年（ユダヤ暦の）　866
新批評　376
新批評家　376
新表現主義　1051
新聞　309, 480, 791, 982
新聞記者　988
新聞系列　984
新聞事業　791
新聞資本　791
新米国の世紀プロジェクト（PNAC）　118
新保守主義　118, 457
新保守主義者　132
新保守派　117
進歩的政策研究所（PPI）　459, 461
進歩党　159, 994
進歩のための同盟　89
人民寺院　364
新民族誌　396
人民党　157
審問方式　318
『心理学原理』　350
心理人類学　394, 395
森林地帯　196
人類学　392
新冷戦　1202
新歴史主義　379
新連邦主義　293

●ス
スーアードの愚行　185
水牛事件　495
垂直離着陸戦闘機　772
『スイート・チャリティ』　1107, 1112
水爆　416
水爆開発　21
水爆実験　413
『水平線の彼方に』　1104
水平的連邦主義　294
スイング　1121
『スウィーニー・トッド』　1113
スウェットショップ（苦汗工場）　539
スウェット・ロッジ　501
スウェーデン系　524, 870
『崇高にして慈悲深き神はその公約を守りたもう』　367
『須恵村』　395
スカイスクレーパー　944
『スカーレット』　1111
スカンジナヴィア系（移民）　246
過ぎ越しの祝い　863
スキッドモア・オウイングズ・アンド・メリル（SOM）　943
スクリーニング　583

スクリューボール・コメディ　1093
『スケッチブック』　370
スコッチ=アイリッシュ　252, 523
スコットランド系アイルランド人
　⇒スコッチ=アイリッシュ
スコットランド系（移民）　246, 523
スコットランド系（住民）　252
スコットランド哲学　346
スコープス裁判　364
寿司　897
スーシティ　198
スズキ　903
スー一族　852
スター　1092
『スター・ウォーズ』　1091
スターウォーズ計画　23, 136
スタグフレーション　571, 653
スター主義　1092
『スタートレック』　1014
スターバックス社　716
スタンダード　435
スタンダード石油　83, 455, 718, 721
スタンダード石油トラスト　648
スタンフォード研究所　667
スタンフォード大学　415, 462
スタンフォード・ビネー・テスト　411
スチームパンク　379
スティーヴ・ジャクソン・ゲームズ社　1016
スティック・スタイル　959
ステイプル　644
ステークホルダー　683, 685
ステータス・シンボル　907
ステットソン　856
ステップ気候　194
ステップファミリー　879
ステープルズ　711
ステューデント・コンシューマリズム　445
ステルス性　774
ステルス戦闘機　747
ステレオグラフ（立体写真）　1056
ステレオタイプ　816
ストックカー・レース　906
ストライキ　570
『ストーリーテラー』　1131
ストリート・パフォーマンス　1114
ストリートワイズ　241
ストレートフォト　1059
ストーンウォール・イン　613
ストーンウォール暴動　609, 613
ストーン版独立宣言　177
砂川闘争　1182
スナップショット　1059
スヌーピー　1084
スネーク　50
スネーク川　192
スノーバード　200
スノーベルト　197, 250
スパイ映画　1094
スパゲッティ　898
スーパー301条　32
スーパーチャージャー　905
スパニッシュ/ヒスパニック/ラティノ　529
スーパーボウル　871
スーパーマーケット　663, 708, 713
スーパーメジャー　62
スピークアウト　604
スピーゲル　716
スピーチ・コード　496
スピンオフ効果　414
スプートニク　21, 413, 451, 674, 776
スプートニク・ショック　165, 414, 427, 452, 673, 675, 1013
スプリント　787
スプロール化　235
スペアリブ　899
スペイン　184, 512
スペイン系コロニアル住宅　955
スペイン人　246
スペキュレーティヴ・フィクション　378
スペクテイター（観戦者）・スポーツ　1072
スペシャル・オリンピック・インターナショナル　587
スペースシャトル　677, 778, 779
「すべての者に高等教育を」　440
スペリオル湖　192
『スペリング・ブック』　1001
スポーツ　1071
スポーツ・エージェント　802
スポーツ・オーソリティ　711
スポーツクラブ　922
スポンサード・フィルム　1039
スポンサー方式（カーレースの）　906
スマート・デザイン　1041
スマート・マテリアル　743
スミス・カレッジ　221
『スミソニアン』　467
スミソニアン　465, 585
住友商事　1193
スラリ輸送　754
擦り合わせ型（インテグラル・アーキテクチャ）　697
スリップ・ストリーム　378
「スリーピーホローの伝説」　370
スリーマイル原発　723
スレイヴ・ナラティヴ　368, 371
『スローターハウス5』　1127
スローン・システム　692
スワッシュバックラー映画　1093, 1094
スワップ協定　49
座り込み運動　518, 594

●セ
聖ヴァレンタインの日　861
生活適応的カリキュラム論　426
西岸海洋性気候　196
税関局　333
正義のためのカリフォルニア人教育基金　589
請求裁判所　263
清教徒　146
政教分離　346
聖金曜日　862

事項索引―――1435

清潔産業　935
制限君主制　297
政権党　302
制限統治　260
精巧主義　1059
成功報酬　318
政策金利　705
「生産システムの累積進化」仮説　694
生産税額控除制度（PTC）　725
生産調整　729
政治教育委員会（COPE）　570
政治献金　301
性指向　610
政治哲学　344
聖燭祭　861
精神医学　935
精神医療　935
精神衛生　935
『精神・自我・社会』　387
「精神疾患の診断・統計マニュアル」（DSM）　616, 935
精神分析　929
精神分析医　929
西漸運動　37, 249, 557, 576
製造業　689
製造業の労働生産性　648
製造小売業（SPA）　709
生体模倣的な素材　743
生地主義　266
『成長の限界』　213
成長マシン　239
性的少数派　620
制度（institution）　643
政党　275
正統派ユダヤ教　541
聖ドミニコ海外宣教修道女　76
「聖ニコラスの訪問」　869
『性の政治学』　604
『性の弁証法』　604
聖灰水曜日　862
聖パトリックの日　861
製品アーキテクチャ　690
西部　228, 855
政府機能の統合　291
征服者たち　145
政府系金融機関（日本の）　1193
西部劇　1093, 1094　⇨ウェスタン
政府公社　286
生物医学研究　417
西部のヒーロー　840
『西部のライオン』　841
西部への伝道　74
成文憲法　296
生命探査　929
『生命とは何か』　418
制約条件の理論（TOC）　1191
『西洋事情』　1144, 1168
『西洋旅案内』　1168
聖ヨセフの日　861
セイラム　219, 853
セイラムの魔女狩り　135, 219, 367, 853
セイラムの魔女裁判　147
聖ルチアの祭り　870

世界恐慌　581
世界禁煙デー　630
世界銀行（WB）　100
『世界国尽』　1168
世界コロンブス博覧会　1082　⇨シカゴ万国博覧会
世界資源研究所　580
世界障害者研究所　587
世界都市　239
世界標準　706
世界文化主義　104
世界貿易機関（WTO）　31, 61, 100, 730
世界貿易機関閣僚会議　576
世界貿易センター　124, 125
世界保健機関（WHO）　630
セカンド・エンパイア様式　959
赤十字アメリカ支部　84
石炭　723
石油　121, 722
石油危機　197, 700, 1193
石油危機（第1次）　120, 718, 1190
石油危機（第2次）　51, 724
石油ショック　686, 1188
中国石化集団（SINOPEC）　720
石油メジャー（国際石油資本）　62
石油輸出国機構（OPEC）　15, 718
石油ロビー　30
セクシュアリティ　609, 620
セクシュアリティ研究　610
セクシュアル・ハラスメント　603
セクシュアル・ハラスメント裁判　611
セクター間格差　647
セコイア計画　20
世俗的資本主義　105
積極的差別是正措置　490, 518, 562
セックス戦争　619
設計モジュール化　690, 692
節酒・禁酒運動　622
摂食障害　929
絶対移民制限法　411
設置認可（チャータリング）　440
『説得評論集』　889
説明責任　815
セネカ族　345, 505
ゼネラル・エレクトリック社（GE）　660, 742, 746, 912
ゼネラル・ダイナミックス社（GD）　767, 768, 772
ゼネラル・モーターズ（GM）　581, 691, 902, 1032
セファーディック系　538
セファーディック・ユダヤ人　538
セーフウェイ　715
7-Eleven　714
セブン・イレブン・ジャパン社　1192
セブン・シスターズ（7人の魔女）　62, 721
セブンスデイ・アドヴェンティスト　355
セミノール族　18, 508
セラピスト　929
『セールスマンの死』　1106
セルデン特許　903

セルフサービス　713, 715
セルフ・デタミネーション　505
セルフ・ヘルプ本　932
セルフメイド・マン　844
セルロイド　740
セレブレーション　1087, 1088
ゼログラフィー　669
ゼロックス社　669
ゼロ・トレランス　332
禅　1160
戦域ミサイル防衛（TMD）　29, 31
前衛芸術　1044
前衛劇　1107
千海里シーレーン防衛　1202
全学評議会　449
全学連　1200
戦艦　762
戦艦アリゾナ号　471
先願主義　809
1921年移民法　532
1924年移民法　532, 548, 558, 560, 561, 1147, 1151, 1155
『1984年』　1015
1965年移民法　534, 561
宣教師　72, 1145
宣教師外交　41
専業主婦　874
選挙運動費用　301
選挙区　270
選挙権登録の運動　596
選挙制度（大統領の）　298
選挙人　262
選挙人獲得数　299
全国アメリカ・インディアン会議（NAIC）　505, 506
全国インディアン青年会議（NIYC）　505
全国教会協議会（NCC）　76
全国禁酒法　625
全国禁酒法党　623
全国禁酒法（の廃止）　626
全国黒人地位向上協会（NAACP）　516, 589, 593
全国産業復興法　287
全国産業復興法（NIRA）　322
全国紙　982
全国消費者連盟（NCL）　581, 884
全国党大会　300, 301
全国反紙巻きタバコ連盟　626
全国復興局（NRA）　162
全国陸上交通委員会　756
全国労働関係委員会　304
全国労働関係法　162, 566
センサス（国勢調査）　529
センサス（2000年）　529
戦時産業局　287
戦時大統領　127
戦時転住局（WRA）　1152
全社的品質管理（TQC）　1190
先住アメリカ人　512　⇨ネイティブ・アメリカン
先住アメリカ人墓地保護・返還法　501
先住民村落統計地域　500
戦術核兵器　20, 21

全障害児教育法 432
潜水艦 762
潜水艦発射型弾道ミサイル（SLBM） 21
先制的自衛権 26
戦争映画 1093
戦争権限法 168, 273
戦争花嫁 550, 1164
戦争花嫁法 560
戦争放棄の条項 1198
洗濯機 912
センターピボット灌漑装置 199
センチメンタル・フィクション 368
セントラル・アヴェニュー 224
セントラルアパート 1179
セントラルヴァレー 192
セントラルパーク 1081
セントラル・パシフィック鉄道 558
『セントラル・ヨーロッパ・レヴュー』 992
セントルイス 194, 197, 347
セントルイス運動 347
「セントルイスの魂」号 846
セントルイス・ヘーゲリアン 346
セントローレンス川 197
セントローレンス・五大湖水系 192
千年期後再臨説（ポストミレニアリズム） 355
千年期前再臨説（プレミレニアリズム） 355
先買権法 183
船舶保有高 754
船舶輸送 754
選抜徴兵制 18
1850年の妥協 515
1812年戦争 152 ⇒第2次米英戦争
先発明主義 809
扇風機 912
全米インディアン芸術学院 501
全米栄養調査法 920
全米オーデュボン協会 210, 591
全米科学学会 585
全米科学財団（NSF） 413, 453, 460, 670, 787
全米学識者協会 495
全米環境正義諮問評議会 211
全米教育協会（NEA） 424, 425
全米金融委員会 48
全米芸術基金（NEA） 453, 460, 1045
全米形成外科医協会 923
全米健康統計センター 919
全米強姦・虐待・近親相姦ネットワーク（RAINN） 589
全米黒人フェミニズム機構 611
全米慈善団体情報局 584
全米自動車協会 210
全米社会科学協議会（NCSS） 422, 426
全米女性会議 606
全米女性解放会議 589, 603, 877
全米女性機構（NOW） 603
全米女性政治幹部会議 611
全米女性問題顧問会議 608
全米腎臓財団 586

全米人文基金（NEH） 453, 460, 406
全米精神衛生協会 586
全米生命の権利委員会 608
全米摂食障害協会 926
全米大学対抗運動競技連盟（NCAA） 1073
全米地域再投資連合 590
全米中絶権利行動連盟 608
全米中絶法廃止協会 608
全米テレビ方式委員会 971
全米統一犯罪報告 330
全米道路交通自動車安全法 582
全米図書賞 552
全米都市連合 589
全米ニグロ女性評議会 611
全米日系アメリカ人博物館 472
全米日系市民協会（JACL） 589, 1154
全米脳性麻痺協会（UCP） 587
全米犯罪情報センター 332
全米父性イニシアティブ 589
全米補償請求委員会 1156
全米民間健康機構 586
全米野生保護基金（WWF） 591
全米有色女性協会 611
全米有色人種環境運動指導者サミット 581
全米ろう者協会 637
戦没将兵記念日 864
全面核戦争 21
専門職系大学院 448
専門店 709
専門弁護士 314
戦略核兵器削減条約（START） 24
戦略空軍 20
戦略・国際問題研究所（CSIS） 459, 461
戦略的行動 408
戦略兵器制限交渉（SALT） 22
戦略防衛構想（SDI） 23, 136, 419
占領軍販売所（PX） 1194
先例価値（precedent） 263

●ソ
憎悪犯罪 330
臓器ビジネス 744
草原 196
草原の帆船 855
総合小売企業（GMS） 708
相互確証破壊（MAD） 22
創作科（大学の） 1129
創造的連邦主義 293
想像の共同体 477
相対多数意見 263
総長（大学の） 449
相場受信システム 659
双発機の洋上飛行制限（ETOPS） 774
争乱の60年代 598
ソウル 857, 1124
ソウルフード 899
ソーカル 62, 721
属地主義 558
ソコニー 721
組織のコンティンジェンシー理論 406

ソーシャル・インベストメント・フォーラム 583
訴訟 317
訴訟社会 802
租税方式（年金保険の） 322
卒業後課程 446
『ゾートロープ・オールストーリー』 991
ソニー 797, 1165
ソノマヴァレー 216
ソノーラ砂漠 216
ソフトパワー 13
粗放的牧畜業 199
ソマリア 30
ソラリゼーション 1059
ソルジャー・ブルー 501
ソルトボックス 951
ソルトレイクシティ 195, 359
ソ連 19, 674, 776, 1197
ソ連の崩壊 1203
ソロモン・スミス・バーニー 65

●タ
タイ 21
第1次金門島・馬祖島危機 21
第1次消費革命 883
第1次世界大戦 18, 159, 307, 762, 771
第1次石油危機 120, 718, 1190
第1次大覚醒 344
第1次ニューディール 162
第1次排日土地法 548
第一世代のインダストリアル・デザイナー 1033
第一世代のデザイナー 1031, 1032
第1波フェミニズム 601
退役軍人省 304
ダイエット 923
ダイエット産業 1068
『代価』 1106
体外受精 881
大学院 446
『大学革命』 445
大学カリキュラム論争 493
大学基準協会 440
大学経営システム 448
大学スポーツ 1072
大覚醒（第1次） 344
大覚醒（第2次） 74, 346, 358
大覚醒期 365
大学対抗運動競技プログラム 1072
大学図書館 478
大学評価（基準認定制度） 449
大学フットボール 1072
大学南校 1168
大韓人国民会 549
大干ばつ（ダストボウル）時代 199
代議員 300
大企業 681
大恐慌 375, 517, 651, 699, 729, 940, 1105
対抗文化 166, 598, 625, 1013, 1124, 1127 ⇒カウンターカルチャー
対抗文化運動 1040

事項索引——1437

第5福竜丸被曝事件　1199
対困窮家庭一時扶助制度（TANF）　326
第3次産業革命　710
第3次中東戦争　120
第三世界　23, 100
『大司教に死は来る』　375
大衆科学（ポピュラー・サイエンス）誌　662
体重管理会社　921
大衆小説　1131
大衆消費社会　708
大衆文化　1030
退職給付　324
大豆　217, 727, 729
体制支持金融　55
大政党　301
大西洋横断飛行　771
大西洋憲章　42
大草原の小さな家　222
対ソ連封じ込め　1198
代替エネルギーの開発　724
代替通信社　988
タイタスヴィル　718
タイタニック号　662
タイタン　778
『大地』　376, 549
対中関係　31
対中貿易法　31
対低所得者医療制度　325
対低所得世帯光熱費扶助（LIHEAP）　328
対敵諜報活動　331
タイドウォーター　232
大統領　260, 262, 297, 313, 837
大統領行政命令11246号　490
大統領決定指令第25号（PDD25）　30
大統領候補の選挙運動　301
大統領職継承順位　273
大統領指令59号（PD59）　23
大統領制　296
大統領政策再検討指令第13号（PRD13）　30
大統領選挙　298
大統領選挙運動基金　301
大統領選挙人　298
大統領選挙のキャンペーン（テレビによる）　1027
大統領とマスコミの関係　309
大統領の拒否権　281
大統領の言説　817
大統領の資格　298
大統領の任期　298
大統領の役割　301
大統領のリーダーシップ　308
大統領被選挙権　266
大統領府　285, 302, 305
大統領府の拡大　287
大統領報道官　305, 309
大統領補佐官　288, 305, 306
大統領予備選挙　300
台所論争　874　⇒キッチン論争
大都市圏　234
タイトル・ナイン　1077

ダイナブック　1015
第二言語としての英語　433
第2国立銀行設置法　265
第2次ウンデッドニー事件　506
第2次覚醒運動　346
第2次国連ソマリア活動　30
第2次産業革命　693
第2次石油危機　51, 724
第2次大覚醒　74, 346, 358
第2次大戦　772
第2次ニューディール　162
第2次米英戦争　152, 645, 761
第2次冷戦　23
第二世代のデザイナー　1037
対日移民法　1171
対日関係　32
第2帝政様式　959
『第二の四月』　375
第二の収穫　585
第2波フェミニスト運動　1066, 1067
第2波フェミニズム　602, 604, 616
第二歩　589
大農場（プランテーション）　148
大陪審　315
『ダイ・ハード』　1165
『代表的人間』　370
大不況　320
『タイフーン』　1161
大平原（グレートプレーンズ）　192, 198, 216
太平洋　546
太平洋軍（アメリカの）　1203
『太平洋序曲』　1113
太平洋諸島系　252
太平洋プレート　192
太平洋への拡大政策　188
ダイマクション・ハウス　1040
『タイム』　995
タイムズスクエアの再開発　1087
タイムズ・ミラー・グループ　798
タイムズ・ミラー社　986
ダイム・ノベル　230, 842
ダイムラー＝クライスラー　61
ダイムラー・ベンツ　903
タイム・ワーナー　787, 797, 798
タイム・ワーナー・ケーブル　798
代役システム　1102
『太陽の種』　1162
『太陽の帝国』　1165
第4次中東戦争　117, 120
第442連隊　1153, 1155
代理業　800
大リーグ　1074
大陸横断鉄道　154, 188, 547, 647
大陸会議　150, 172
大陸間弾道ミサイル（ICBM）　21, 1013
大陸性湿潤夏季温暖気候　194
大陸性湿潤夏季冷涼気候　194
大陸法　318
代理制度　800
代理母　805, 881
代理母出産エージェンシー　805
大量仕入　710
大量仕入　682, 710

大量生産システム　689, 692
大量破壊兵器　125
大量破壊兵器拡散　26
大量販売　710
大量報復戦略　20
大量流通　682
台湾海峡ミサイル発射事件　32
タウンシップ　290
タウンシップ制　199
タウン・ミーティング　556
タオスプエブロ族　505
多角的投資貿易協定（MAI）　102
高野広八一座　1159
多からなる一　557　⇒ E Pluribus Unum
滝線　191
滝線都市　191
ダークサイド・ハッカー　1014
ダグラスDC3　771
ダグラス社　772
多系進化論　395
ターゲット　711
ターゲット・ストア　713
ターゲット・プライス　730
ダゲレオタイプ　1054
ダゲレオタイプ・パーラー　1054
多元文化主義　374
多国籍企業　57, 93, 721
多国籍企業委員会　100
多国籍軍　24
タコス　899
『ターザン』　1005
他人種との結婚　553
多数党院内総務　274
タスク・フォース　329
ダストボウル時代　199
多選禁止（term limit）　271
多チャンネル化　970
脱構築　379
ダッチ・オーブン　897
タッパーウェアパーティ　886
『タップダンス・キッド』　1113
ダーティ・リアリズム　1129
多能工　1193
他人同士の政府　305
他のエスニック同士の結婚　553
　⇒インターエスニック・マリッジ
他の人種・エスニック集団との結婚　529　⇒ interracial marriage, interethnic marriage
『頼むから静かにしてくれ』　1129
タバコ　147, 205, 226, 556, 644
タバコ会社の製造責任　629
タバコ産業　200
タバコ税　628
タバコ訴訟　629
タビュレータ　666
タフト・ハートレー法　567
ダブルデイ　797
多文化教育　427, 432
『多文化教育のためのカリキュラム・ガイドライン』　422, 427
多文化社会　431
多文化主義　427, 489, 527, 562, 819
タマニー協会　866

ターミナルエレベーター 198
多様の統一（エ・プルリブス・ウヌム） 5 ⇒ E Pluribus Unum
『ダラス』 970
ダラス 308
ダラー・ストア 715
タリバーン政権 125, 129
タルボッツ 711
単位動作 404
弾劾 281
短期金融市場 705
タングステン線 911
断種法 411
単純決議 273
男女の違い（アメリカ英語の） 832
ダンスホール 1125
ダンス・ミュージカル 1113
男性 620
男性中心主義 398
男性同性愛者の健康の危機 586
『男性と女性』 394
炭素電球 910
団地（日本の） 1194
タンディー 1015
探偵小説 1131
弾道弾迎撃ミサイル（ABM）制限条約 22 ⇒ ABM制限条約
弾道飛行 675
単独行動主義 25, 128, 129, 130, 131
蛋白質ポリマー 743
ダンバートンオークス会議 15
短編小説 993
ダンラップ版（独立宣言） 176

●チ
治安対策組織 329
地域活動支援公社（LISC） 590
地域間分業 646
地域経済格差 648
地域社会（コミュニティ） 425
地域社会変革センター 590
地域通信市場 783
地域的大緊急事態（MRC） 24
地域電話会社 781
地域分類 232
地域密着型（テーマパーク） 1084
地域メディア 791
小さな政府 288, 293, 308
小さな立法部 274
チェサピーク湾 191
チェスターフィールド 627
チェロキー族 499, 850
チェーン 791
チェーン・ストア 712
チェーン・ストア・エイジ 712
チェーン放送 793
知覚上の均衡 22
地下鉄道 514
チカノ運動 530, 532, 864
チカノ研究 111
チキータ 63
地球化経済 104
地球の友 580, 591
蓄音機 844

地形 190
チザム・トレイル 199
「地上最大のショー」 1109
地上波 972
地上波放送 969
知性の多様性 437
父の日 864
地中海性気候 195
「膣オーガズムの神話」 604
知的所有権 809
『チート』 1161
チビワ族 505
地方組合（ローカル） 567
地方裁判所 263
地方主義 1045
地方政府 288, 290
チーム式生産管理法 1191
チャイナタウン 472, 547, 558
『チャイナタウンの女武者』 551, 1130
チャイナマン 547
チャイルドリーチ 587
チャーター関連法 436
チャータースクール 436
チャータリング（設置認可） 440
『茶の本』 1160
チャールストン 160
チャールズリヴァー・ブリッジ事件 750
チャレンジャー（スペースシャトル） 677, 741, 778, 779
『中央公論』 1170
中央情報局（CIA） 19, 286, 304, 331
中央情報局長官 306
中央条約機構（CENTO） 21
中央政府 288
中間航路 512
中間選挙 269
中距離ミサイル 23
中国 31, 38, 79
中国系 530
中国系アメリカ人博物館 472
中国系移民 472, 560
中国系移民排斥法 558, 560
中国人 546
中国人移民 532, 546
中国人排斥法 248, 547, 550
中国人労働者 558
中産階級 649, 713, 883
中産階級の価値基準 1064
中小企業庁 304
中小企業（日本の） 1193
中傷広告（ネガティブ・アド） 1028
抽象表現主義 1046
中西部 221, 223
中西部の息子 846
忠誠問題 549
中絶 608
中絶禁止 608
中東政策 30
中東戦争 117, 120, 772, 773, 774
中東和平会議 30
中南米 723
中南米系 561

『宙ぶらりんの男』 377
中立法 18, 86
駐留軍 1199
長官（省の） 304
長期看護施設ケア 325
長期継続取引（日本の市場取引における） 1193
彫刻 1048
超絶主義者 346
朝鮮戦争 8, 20, 163, 772, 1163, 1198
朝鮮のためのアメリカ救援（ARK） 87
朝鮮半島エネルギー開発機構（KEDO） 33
『蝶々夫人』 1160
超伝導 742
超伝導超大型粒子加速器（SSC） 419
懲罰的損害 318
徴兵制度 1155
超有機体論 394
長老派 75, 356, 523
調和主義（ハーモニアリズム） 361
直接金融 52, 702
直接伝道 76
著作権 479, 809
著作権保護 482
貯蓄貸付組合（S＆L） 52,700
貯蓄金融機関 703
チリ 109, 899
チリコンカーン 899
治療 360
賃金支払い税 322
鎮静剤 877
『沈黙の春』 210, 886, 996

●ツ
ツイスト 1122
通貨監督局（OCC） 55, 700, 703
通商協定法 306
通商代表部（USTR） 28, 285, 288, 306
通商法 306
通商法スーパー301条 32
通信技術 477
通信社 987
通信販売 649, 1067
通信販売カタログ 1003
通信販売店 712
通信法 782
月着陸 776
月着陸計画 675
『次の一戦』 1171
綴り 824
ツーバイフォー構法 951

●テ
「ティアーズ・イン・ヘヴン」 1119
ディアスポラ 555, 563, 864
『ディアボーン・インデペンデンツ』 542
帝国主義 35
帝国循環 55
低コンテクスト 813
『ディジタル・エコノミー』 788

事項索引──1439

ディスインターミディエーション 700
ディスエイブリズム 637
ディスカウント・ストア 708, 711, 713, 714
ディスカバリー手続 317
ディスク型レコード 1117
ディスコ 1124
ディスコテック 1125
ディストリビューター 1006
ディズニー 797, 1080, 1083, 1084, 1085, 1086, 1087, 1115, 1184
ディズニーシー 1185
ディズニーの日本上陸 1084
ディズニー・ミュージカル 1115
ディズニーランド 885, 1080, 1082, 1083
ディズニーワールド 1086, 1087
定置組立方式 691
ティーチング・アシスタント（TA） 447
『停電の夜に』 552
デイトン社 713
ディビジョン・ワン（大学フットボールの） 1074
ティファニー 716
ディファーニス対オデガード事件判決 490
ディープサウス 226
『ティプ・トウ』 1110
ディベート 817
低木 196
ティボリ公園 1083
ティームスター組合 569
テイラー・システム 693
テイラー主義 692
ティラード 711
テイラーの科学的管理法 400, 402
ティーンエイジャー 1121
ティンパンアレー 1118
適格期間 324
テキサコ 62, 721
『テキサコ・スター・シアター』 967
テキサス 225, 228
テキサス・インスツルメント社 767
テキサス州 217
テキサス・ステーキ 899
テキサス併合 37, 153, 184
テキサス・ロングホーン牛 199
敵性外国人 549
できるようにする技術 636
テクノロジー・デザイン 1042
デコンストラクション（脱構築） 948
デコンストラクティヴィスト・アーキテクチャー展 948
『デザイニング・フォー・ドリーム』 1039
デザイン 1030
デザイン・ビジネス 1042
デザイン・ロジック 1041
デジタル・アビオニクス 773
デジタル加入者回線（DSL） 782
デジタル・コンピュータ 665
デジタル情報ネットワーク技術 696
デジタルテレビ 972

デジタル放送 799, 972
デスヴァレー 216
テスト 435
データ放送 972
デタント（緊張緩和） 22, 165, 305, 1202
哲学博士 448
鉄道 155, 188, 648, 682, 749
鉄道会社 683
鉄道建設ブーム 648, 693
鉄道交通 477
鉄道従業員退職制度 324
鉄道網 751
鉄道旅客サービス法 757
『鉄の踵』 373
『鉄腕アトム』 1165
デトロイト 624
テナントと所有者開発公社 590
テネシー 225
テネシー川 192, 197
テネシー渓谷開発公社（TVA） 162, 192, 304
『テネシー州なるデイヴィッド・クロケットの生涯の物語』 841
デパート 884
デファクト・スタンダード 11, 61
デフレ・ギャップ 321
テーマパーク 1080, 1085, 1091, 1184
『デモクラシー』 838
デモクラシー 1170
デモクラシティ 875, 1036
『デモクラティック・レヴュー』 371
デュークエナジー 725
デューセンバーグ 908
デュー・プロセス革命 266
デュポン社 543, 660, 683, 746, 875
デュモン・ネットワーク 966
デラコルト・シアター 1108
テラ・ミティカ 1084
デリバティブ 701
デルタ 778
テレコミュニケーション法 635
テレビ 231, 309, 817, 873, 979, 996, 1022, 1027, 1098
テレビ・ディベート 818
テレビデコーダ法 635
テレビ討論 309, 818, 1027
テレビによる選挙戦 968
テレビ放映権 1073
テレビ放送 966
テレビ放送産業 794
テレフィルム 967
テレポート 785
デロイト・トウシュ・トーマツ 65
テロ事件 1204
テロ対策タスク・フォース 334
テロ対策特別措置法（日本の） 1204
テロとの戦い 33, 34
テロリズム 26, 372
天安門事件 31
デンヴァー 195
田園都市 236, 875
電化 912
『天蓋の空』 377

てんかん財団 586
電気通信法 782, 783, 797, 972
電気レンジ 912
典型的アメリカ家族 875
電子計算機 763
電子商取引 711, 788
電子・情報技術アクセシビリティ基準 636
『天使たちの戦い』 1106
電子図書館 481
電子取引所 702
電磁波 974
電子ブック 1009
電子フロンティア協会（EFF） 1016
電子ミュージアム 467
天職（コーリング） 354, 369
電子レンジ 916
電信 658, 682
電信オペレーター 658
電信技士 659
纏足廃止運動 80
テンダーロイン近隣開発公社 590
電灯 910
伝道会 76
電灯協会（NELA） 913
伝道局 76
「伝統と個人の才能」 374
天然ガス 722
天然資源 644
『転落』 1106
電力会社 724
電力自由化 724, 725
電力ネットワーク 912
電話 781
電話会議 1014
電話フリーク 1014

●ト

ドアーズ 1124
トイザらス 715
ドイツ宇宙旅行協会（VfR） 673
ドイツ観念哲学 347
ドイツ救済連盟（CRALOG） 87
ドイツ系（移民） 74, 246, 524
ドイツ系コロニアル住宅 953
ドイツ系（住民） 252
ドイツ系ユダヤ人 538, 542
統一自動車労組（UAW） 570
統一農場労働者組合（UFW） 533, 570
統一ラテンアメリカ系市民連盟（LULAC） 532
党員 300
党員集会（コーカス） 300
東欧系ユダヤ人 539, 542
同化 599
統覚 349
同化（障害者の） 636
同化政策 430
トウガラシ 897
東京大学 1145
東京ディズニーランド 1184
道具主義 351
統計的品質管理（SQC） 1190
道化喜劇映画 1093

統合攻撃戦闘機（JSF）776
統合参謀本部（JCS）20
統合参謀本部議長　306
統合の象徴　302
投資家責任リサーチ・センター　588
投資銀行　65, 702
頭字語　826
当事者対決方式　318
投資信託　700
同時多発テロ　25, 44, 90, 117, 124, 134, 339, 788, 1115　⇨9.11テロ
冬至祭り　871
党首　302
搭乗率（飛行機の）759
同性愛　616, 617, 620, 609
同性愛者擁護団体　613
同性婚の合法化　620
闘争理論　390
統治構造（Government）258
道徳的説諭　622
道徳文化学校　1058
東南アジア条約機構（SEATO）21
東南アジア諸国連合（ASEAN）15
投票区　300
投票権法　271, 518, 596
投票用紙　298
東部森林地帯　196
『動物園物語』1107
同盟国（発言）1202
トウモロコシ　144, 145, 196, 644, 727, 728, 729, 851, 853, 897
トウモロコシ畑　217
東洋人学校　1150
『東洋の理想』1160
道路延長　754
遠い声、遠い部屋』376
常盤座　1172
毒害物植民主義　102
特定職域制度　324
特定非営利活動促進法（日本の）579
特別委員会　277
特別区　288, 289
特別軍事法廷　126
特別通商代表　306
特約酒場　624
トーク・ラジオ　980
独立革命　149
独立記念日　173, 860, 861, 865
独立行政機関　286, 302, 304
独立系財団　454
独立系の放送局　794
独立宣言　150, 171, 259, 267, 344, 369, 513, 523, 1000
独立戦争　17, 150
独立発電事業者（IPP）724
都市　217, 749
都市インディアン　499
都市化　234, 647
都市環境　207
都市間競争　239
都市研究所　589
都市圏計画委員会（MPO）758
都市社会学　237
都市人口　234
都市政策　238

都市転住計画（インディアンに対する）500
都市同盟（NUL）517
都市の再構築　239
都市の衰退　238
図書館法　476, 477
都心部のスラム化　235
トスカロラス部族　345
トスコ　721
ドーズ法　155, 181, 502
トータル・ディマンド・マネージメント（TDM）758
トタルフィナエルフ　721
土地回復訴訟　508
土地所有権　205
土地政策　646
土地の所有権　181
土地法　183, 1151
特許許諾自動車製造者協会　903
特許権　661, 809
特許法　657
ドット・コム企業　788
トーテム　850
トーテム・ポール　850
「とても太めのフェミニズム――達成不可能な似非理想像を捨て去ること」1068
怒濤の20年代　48
『ドナ・リード・ショー』1038
トニー賞　1104
トマト　897
ドミニカ　41, 109, 159, 248
ドミノ・ピザ　716
『トム・ソーヤの冒険』198
ドメスティック・パートナーシップ制度確立　620
トヨタ　1191
トヨタ生産方式　1193
『ドライビング・ミス・デージー』1108
トライブ　498
ドライブ・イン・シアター　1094
ドラッグカルチャー　1013, 1128
ドラッグストア　708
ドラッグ・レース　907
ドラフト制度　1074
トラベルズー　1026
ドラマ　873
トランジスタ　740
トランジスタ・ラジオ　979
トランス・アヴァンギャルディア　1051
トランスセクシュアル　620
トランスナショナル　563
「トランスナショナル・アメリカ」374
トランスナショナル企業　61
トランスベスタイト　620
トランスワールド航空　771
トランセンデンタリスト（超絶主義者）346
トリックスター　852
トリップ・フェスティバル　1013
『ドリーの冒険』1091
取引金利　705

取引コスト・アプローチ　408
トリビューン社　798, 986
『ドリーム・ガールズ』1113
ドール　63
ドル　9, 706
ドル外交　159
トルコ　21
トール洗濯機　913
トルティーヤ　899
ドルのフロート策　653
ドル本位制　9
トルーマン・ドクトリン　19, 42, 163, 413, 1198　⇨封じ込め政策
奴隷　147, 225
奴隷解放宣言　154, 515
奴隷州　181, 225
奴隷制　148, 153, 175, 382, 592
奴隷制の合法化　512
奴隷制廃止　648
奴隷制反対運動　513
奴隷制プランテーション　644
奴隷体験記　368, 371
奴隷取締法　514
奴隷法　513
奴隷貿易　511
トレジャー・アイランド　1086
『どれだけ消費すれば満足なのか』887, 890
ドレッド・スコット事件　154
ドレッド・スコット対サンフォード　265
トロリー・パーク　1082
トロリーバス　759
『ドン・キホーテ娘』369
『どんなスピードでも自動車は危険だ』581, 886

●ナ

ナイアガラ運動　516
ナイアガラの滝　192
内閣　304
内閣制　304
ナイトリッター　791
ナイネックス　786
内務省インディアン局出張所　502
内陸低地　192
ナイ・レポート　32　⇨『東アジア戦略報告』
ナイロン　660, 746
ナインイレブン　169　⇨9.11テロ
ナヴァホ族　499, 508, 850
ナヴァホ保留地　502, 507
ナショナリズム　536
『ナショナル・エンクワイアラー』985
ナショナル・カウボーイ・アンド・ウェスタン・ヘリテジ・ミュージアム　472
ナショナル・ガード　1155
『ナショナルグリーンページ』583
ナショナル・スチール・アンド・シップビルディング社（NASSCO）768
ナスダック　687
「なぜわざわざ小説か？」1132

夏時間　863
ナッシュビル　1121
ナッツ・ベリー・ファーム　1084
『夏と煙』　1106
ナット・ターナーの反乱　372
ナノテクノロジー　742
ナポレオン戦争　521
名前のない問題　603, 876
ナラガンセット族　853
ならず者国家　25, 30, 43, 138
ならず者ども　138
南欧系　74, 356
ナンタケット　1136
『なんとなく，クリスタル』　1184
南部　225
南部キリスト教指導者会議（SCLC）　166, 518
南部系ゴシック　376
南部植民地　147
『南部のための社会学』　383
南部バプテスト　356, 364
南部メソジスト監督派　75
南部連合　154, 372
南部連合の憲法　260
南米経済復興10年計画　165
南北戦争　18, 153, 260, 515, 592, 658, 761, 762
南北問題　89
難民　528
難民救援法　88
難民法　88, 560

●二
二院制　268
ニカラグア　24, 41, 109
二級市民　592
肉牛　217
ニクソン・ショック　9, 49, 51, 686, 706, 1188, 1193, 1202
ニクソン声明　51
ニクソン・ドクトリン　23
ニグロ・アメリカ労働評議会　570
ニグロ・アンサンブル劇団　1108
ニクロム線　912
二言語教育　562
『ニコラス・ニクルビーの冒険』　1114
西アフリカ　511
二次情報検索サービス　481
20世紀フォックス　797, 970, 1089
『西テネシーなるデイヴィッド・クロケット大佐の横顔と奇行』　841
西半球安全協力研究所　109
二重決定　23
二重封じ込め政策　122
二重連邦主義　292
『2001年宇宙の旅』　1013
二大政党制　262, 273
日米安全保障条約　21, 1198
日米安保共同宣言　33, 1203
『日米英会話手帳』　1177
日米欧三極委員会　51
『日米開戦未来記』　1171
日米構造協議（SII）　32
日米紳士協定　548, 1151
『日米戦争』　1171

『日米戦争未来記』　1171
『日米戦争夢物語』　1171
『日米闘うべきか』　1171
日米地位協定　1200, 1202
日米特別行動委員会（SACO）　1203
日米半導体協定　32
『日米必勝論』　1171
日米物品役務協定（ACSA）　33
日米防衛のガイドライン　33
日米包括協議　32
『日米未来戦』　1171
『日米若し戦はば』　1171
日米和親条約　1141
日露戦争　373, 1150, 1160
日刊紙　411
日韓人排斥同盟　1150
日系　530
日系アメリカ人　1147, 1155
日系移民　559
日系人　248
日系人立ち退き賠償請求法　1156
日系二世の442連隊　549　⇒第442連隊
ニッケルオディオン　1100
日清戦争　373
2・1/2戦争　21
日本　32, 778
日本異質論　32
日本映画　1164
『日本及日本人』　1170
日本型経済システム　1188
日本型消費社会の誕生　1194
日本型の「もの造り」方式　697
日本館　1172
『日本危機 米禍来る』　1171
日本脅威論　32, 1165
日本経済　1188
日本国憲法第9条　1198
『日本事物誌』　1159
日本人　547
日本人移民　532, 1147, 1160
日本人町　548
日本人留学生射殺事件　315, 867
日本生産性本部　1190
日本占領　9
日本テレビ　1180
『日本の安全保障と防衛力のあり方』（樋口レポート）　32
『日本の演劇』　1164
『日本の歌舞伎』　1164
日本のキリスト教化政策　12
『日本のすまいとその周囲』　1159
日本のテレビ放送　971
『日本のナイチンゲール』　1160
『日本の目覚め』　1160
日本封じ込め　1165
日本ブーム　1164
日本漁場の発見　1137
ニーマンマーカス　711
ニューアムステルダム　556
ニューイングランド　204, 217, 514
ニューイングランド植民地　147
ニューイングランド神学　344
『ニューイングランド・プライマー』　431

入院医療サービス　325
入院保険（HI）　325
ニューウェーブ（消費者運動の）　582
乳児死亡率　244
柔和な神　361
ニュー・エコノミー　54, 655, 788
ニュー・エコノミー神話　55
ニューオーリンズ　194, 198, 227, 373, 863, 1119
ニューカラー派　1061
ニューカレッジ補助法　501
『ニューギニアで育つ』　394
ニュージアム　472
ニューシネマ　1090
ニュージージー・ベル　404
ニュー・ジャーナリズム　997, 1128
ニュージーランド　21
ニューズ　797
『ニューズウィーク』　619, 995
ニューズグループ　670
ニューズ・コーポレーション　970
ニュータウン（日本の）　1194
ニューディール　86, 162, 192, 207, 260, 287, 320, 321, 457, 517, 651, 912, 1045, 321
ニューディール政策に対する違憲判決　308
ニューディール（第2次）　162
ニューディール連合　517
『ニュトウリションビジネス・ジャーナル』　925
ニューハンプシャー州　218
ニュー・ファミリー（日本の）　1195
ニュー・フィクション作家　378
ニューフロンティア（政策）　43, 165
ニューペインティング　1051
ニューベッドフォード　1137
ニューベリー図書館　479
ニューポート・ニューズ・シップビルディング社（NNS）　768
ニューメキシコ　194, 556, 629
ニューメキシコ大学　505
『ニューメキシコのアウトロー，ビリー・ザ・キッド』　843
『ニューヨーカー』　996
ニューヨーク　194, 556, 629
ニューヨーク近代美術館（MoMA）　940, 1037, 1045, 1060
『ニューヨーク・サン』　870
ニューヨーク・シアター・フェスティバル　1108
ニューヨーク市の治安改善　332
ニューヨーク州　218
ニューヨーク州立図書館　478
ニューヨーク世界博覧会（NYWF）　1036
『ニューヨーク・タイムズ』　309, 791, 982, 985
『ニューヨーク・タイムズ』紙の劇評　1102
『ニューヨーク・デイリー・ニューズ』　986
ニューヨーク手形交換所　55
ニューヨーク派（美術）　1046
ニューヨーク派作家　370

ニューヨーク万国博覧会 875
ニューヨーク連邦銀行 51, 705
ニューライト 457
『ニュー・リパブリック』 994
ニュー・ルック戦略 20
ニューロ・コンピュータ 1012
『ニューロマンサー』 378, 1015, 1131
『楡の木陰の欲望』 375, 1104
人間関係論 404
人間生態学 237
認識人類学 396
『忍者』 1165
妊娠中絶 608

●ネ
ネイションズ・パーク 208
ネイチャー・コンサバンシー 580
ネイティブ・アメリカン 144, 155, 196, 498, 521, 823
ネイティブ・アメリカン・センター 500
ネイティブ・アメリカンの政治機構 345
ネイティブ・アメリカン・プログラム法 498
ネヴァダ 228
ネオ・オーソドクシー 352
ネオコロニアル 535
ネオコン 132 ⇒新保守主義
ネオコンサーバティズム 168
ネオジオ 1052
ネオジオメトリック・コンセプチュアリズム 1052
ネオ・ダダ 1048
ネオ・リベラル方策 95
ネガティブ・アド（中傷広告） 1028
ネガティブ・アプローチ 1028
『猫のゆりかご』 1127
『ねじの回転』 372
ネーション・オブ・イスラーム 595
熱電併給 724
ネット関連事業 64
ネット企業 715
ネット販売 715
ネットワーク 793, 966
ネットワーク規制 794
ネットワーク広告放送 978
ネットワークの弱体化 970
ネブラスカ 221, 228
年季奉公人 556, 644
年金方式 324
年金保険 324

●ノ
ノイマン型コンピュータ 1012
農業 727
農業安定局（FSA） 1059
農業協定 730
農業研究 410
農業所得 734
農業地域区分 197
農業調整法（AAA） 162, 287, 322, 730, 731
農業の企業化 222

農業法（1973年） 730
農業法（1985年） 732
農業法（1990年） 732
農業法（1996年） 731
農業法（2002年） 735
農業・牧畜用地 217
農産物輸出額 728
農産物輸出大国 727
農村電化局 912
農地解放（日本の） 1192
能動的ポリマー 743
農民 221, 229
農薬 211
ノーサンプトン 344
ノースアメリカンF86 772
ノースアメリカンP51 772
ノースアメリカン社 767, 772
ノースウェスタン大学 747
ノースカロライナ 225
ノースダコタ 228
ノースロップB2爆撃機 774
ノースロップ・グラマン社 767
ノースロップ・グラマン・ニューポート・ニューズ社 768
ノースロップ社 767
ノードストローム 715
ノーベル賞受賞者 415
ノーベル文学賞 611, 1104
『ノーマル・ハート』 1108
ノンフィクション 996
ノンフィクション・ノベル 1128

●ハ
『ハイアワサ』 370
『ハイアワサの歌』 852
ハイウェイ・パトロール 330
バイオテクノロジー 63, 417
パイオニア（開拓者） 854
パイオニア（宇宙探査機） 678
パイオニア・ハイブリッド 63
バイクスピーク・ヒルクライム 905
賠償 318
陪審 314
陪審員 314, 315
陪審員の選出 315
陪審候補者名簿 315
陪審裁判 314
陪審制 314
陪審長 317
陪審の役割 316
陪審評決 317
陪席判事 263
バイセクシュアル 620
パイソン 196
ハイチ 29, 41, 159
ハイテク株 52
配電システム 911
ハイド修正条項 608
排日移民法 560, 1151, 1162
排日運動 548, 1149, 1150, 1161
排日土地法 1171
ハイパーフィクション 1127
ハイビジョン放送 972
パイプライン 722, 754
ハイブリッド 553

ハイプレーンズ（オガララ）帯水層 199
『ハイペリオン』 1132
パイユート族 505, 508
バイリンガル教育政策 835
バイリンガル教育法 492
バイリンガル教育論争 491
パインリッジ保留地 506, 507
ハーヴァード・カレッジ 220, 442
ハーヴァード大学 146
ハウス 1125
パウワウ 500, 501
バギー 907
パキスタン 21, 119
パークアヴェニュービル 940
『白鯨』 137, 370, 371, 1136
白人 252, 530, 557
白人中心主義（環境NPO活動における） 581
白頭ワシ 7, 865
白熱電灯 844
白閥打破 1171
爆発物対策部隊 333
博覧会 1035
『パゴンボの嗅ぎタバコ入れ』 996
パサマコディ族 508
『橋からの眺め』 1106
ハシディズム 541
恥の文化 1163
パシフィック・テレシス・グループ 786
パシフィック・フォーラムCSIS 459
『ハシムラ・トーゴー』 1162
『パジャマ・ゲーム』 1112
場所のマーケティング 239
パーシングII 23
バス・アイアンワークス社 768
バスケット分析 715
バスケットボール 1074, 1075, 1076
『バス・ストップ』 1107
ハースト 791
バス・ボイコット運動 518, 593, 885
バスローブ 1159
派生商品（デリバティブ） 701
パソコン 481, 667, 687, 1015
パソコン市場 64
パソコン通信 1015
パソコン用電子掲示板（BBS） 670
パーソナル・コンピュータ（パソコン） 481, 667, 687, 1015
『裸のランチ』 377, 1126
『裸足で散歩』 1107
バーター・シンジケーション 794
葉タバコ 626
『働き過ぎのアメリカ人』 889
働く能力のある障害者 633, 634
働く貧困者 574
『パターンの兵士たち』 1162
パターン・バーゲニング 568
『八月十五夜の茶屋』 1164
『80日間世界一周』 1110
『バーチャル・ウォーズ』 1017
バーチャル・ユニバーシティ 441,

443
バーチャル・リアリティー　1014,
　1017
パチュコ　112
ハッカー　378, 660, 667, 1014, 1016
『ハッカーズ』　1014
パッカード　908
パッカード財団　455, 460
『ハッカーを追え』　1016
パックス・アメリカーナ　8, 42, 164,
　377
パックス・ジャポニカ　378
『バック・トゥ・ザ・フューチャー』
　904
バックラッシュ　607
『ハックルベリー・フィン』　372
『ハックルベリー・フィンの冒険』
　198
パッケージ　1022
パッケージのデザイン　1034
『バッド・アティテュード』　610
バッファロー　155, 196, 852
バッファロー（市）　194
バッファロー・ウィング　899
バッファロー・ビル　230, 841
『バッファロー・ビルの冒険』　1181
『バッファロー・ビル――辺境人の王
　者』　842
発明家　657, 659
発明雑誌　662
パーティシパント（参加者）・スポー
　ツ　1072
バディフィルム　617
パーティライン　1014
パテント・メディシン　1021
ハドソンリヴァー派　1044
『鳩の翼』　372
ハードパワー　13
ハードボイルド　1131
パドローネ　526
バナー広告　1026
バナナのバター焼き　899
パナマ　109
パナマ運河　38, 158
『バーナム』　1109, 1112
ハヌカー祭　871
パノプティコン　1087
パパ　907
パパゴ族　508
『ハーパーズ・ウィークリー』　869,
　1001
『ハーパーズ・バザー』　993, 1033,
　1060
『ハーパーズ・マガジン』　993
『パパ大好き』　1194
母の家　945
母の日　864
母の日行進　864
『パパは何でも知っている』　873,
　967, 971, 1181, 1194
ハブ・アンド・スポーク型（航空路線
　網）　756
ハーフティンバー構法　959
バプテスト　74, 245, 356, 524
バプテスト教会　514

ハプニング　1048, 1049
パブリック・アクセス・チャンネル
　970
パブリックアート　1045
パブリック・シティズン　582, 588
『パブリッシャーズ・ウィークリー』
　1005
バブル経済（日本の）　1194
バーベキュー　899
バーボン　899
バーボンベイクトハム　899
ハマス　119
ハーマン・ミラー社　1038
バーミンガム公民権館　473
早竹虎吉一座　1159
パラウ共和国人　498
バラエティ　967
バラエティ・ショー　1109, 1172
原宿　1179
パラダイム・チェンジ説　695
パラトランジット（障害者の移動保障
　の）　634
原信子歌劇団　1172
パラマウント社　798, 1089
パラマウント他数社 vs. 合衆国裁判
　967
バリアフリー社会　636
ハリウッド　98, 1083, 1084, 1089
ハリウッド映画　617, 927, 1089,
　1094, 1161, 1163, 1173
ハリウッド映画産業　201
ハリウッド・スター　1092
ハリウッド・タイクーン　1089
パリ講和会議　150, 159
パリ条約　182
『ハリー・ポッター』　1085
『パール・ハーバー』　1165
パルプ雑誌　377
バルーン・フレーム構法　957
バーレスク・ショー　1109
パレスチナ解放機構（PLO）　117
パレスチナ問題　116, 118, 120
ハーレーダビッドソン　908
ハーレム　376, 519, 1120
ハーレム・ルネサンス　161, 375,
　376, 519, 1130
バレロ　721
パロアルト研究所　667
ハロウィーン　867
ハロー・キティ　1165
『ハロー, ドーリー』　1112
『パロマ山の誇り』　1162
ハワイ　37, 188, 248, 899
ハワイ王国　1147
ハワイ州の先住民　498
ハワイ伝道　75
ハワイ併合　39, 158
ハワイへの出稼ぎ移民　547
パワーセンター　715
ハワード・ジョンソン　712
パワーマーケッター　725
汎アジア女性組織　611
反アーバニズム　235, 236
パン・アフリカニズム　563
パンアメリカン　775

範囲の経済　682
反基地運動　1199
番組格付制度　972
番組供給事業者　794
番組販売機関　969
反グローバリゼーション　105
反原発運動　723
万国博覧会　1080, 1082, 1159
犯罪小説　1131
犯罪の傾向　334
犯罪の高度化　333
犯罪の国際化　332
犯罪プロファイリング　332
反酒場連盟　623
判例　263
バンジョー　226, 857
パン食　1188
万人救済説（レストレーショニズム）
　355
反人種差別教育　432
万聖節　867
反省的思考中心のカリキュラム論
　426
『反タバコ・ジャーナル』　626
バンタム社　904
パンツスーツ　1066
反帝国主義者　38
パンティ・ホーズ（パンティ・ストッ
　キング）　1066
ハンティントン図書館　479
バンド　498
半導体　741
バーントオーヴァ・ディストリクト
　358
反トラスト法　781, 785
パンナムビル　944
ハンバーガー　893, 896
ハンバーガーショップ　1195
パンハンドル地方　200
反フェミニズム運動　607
パンプキンパイ　899
ハンプトン・インスティテュート　74
反暴力　437
反名誉毀損同盟　542, 543
反ユダヤ主義　541
反律法主義論争　367
判例法　311

●ヒ
ピアス＝アロー　908
『ピアノ・レッスン』　1108
非営利セクター　453
比較広告　1022
『ピエール』　370
『東アジア戦略報告』（ナイ・レポー
　ト）　32
東海岸（イーストコースト）　215
『東への道』　1092
光ファイバー　741, 783
ピーカンパイ　899
非喫煙者の権利を守るアメリカ人
　628
樋口レポート　32　⇨『日本の安全保
　障と防衛力のあり方』
『ピクニック』　1107

非公式の帝国　37
非合法移民　562
ビーコン・ヒル　36
ピザ　898, 899
『ビジネス・ウィーク』　992
『ビジネス・ウィーク・オンライン』　992
ビジネススクール　448
ビジネスフォーマット（ブランド）　716
ビジネスモデル　809
ビジネス・ユニオニズム　568
批准　302
『美女と野獣』　1115
ビスタ（VISTA）　166
ヒスパニック　248, 527, 1087
ヒスパニック系　252, 864
ヒスパニック系アメリカ人　211, 356
ヒスパニック系議員コーカス　276
ヒスパニック研究　599
ヒズボラ（神の党）　119
非政府組織（NGO）　28, 213
被選挙資格（連邦議員の）　269
ヒ素化ガリウム　741
非対称戦争　125
ヒダッツァ族　505
ビッグ・ガヴァメント　567
ビッグ・クラッシュ　161
ビッグ・スリー（自動車メーカーの）　61, 903
ビッグバン　700
ビッグバンド・ジャズ　1121
ビッグ・ビジネス　567, 680, 681
ビッグ・ファイブ（劇作家の）　1105
ビッグ・フォー（会計監査・コンサルティング業界の）　65
ビッグ・ポケット　802
『びっくりハウスの迷子』　1127
ビッグ・レイバー　567, 569
『羊たちの沈黙』　1131
ピッツバーグ　198, 762
ピットリヴァ族　505
ヒッピー　166, 897, 1063
ヒッピー・ムーブメント　1126
ヒップホップ文化　1124
必要最小刑制度　338
必要適切条項　272
ビデオ・ダイアル・トーン裁定　972
ヒトゲノム　418
ヒトゲノム計画　418
1人1票の原則　271
ビートルズ　1122
ヒナギク　1028
『ピーナッツ』　929, 931
ピーナッツ　899
ビバップ　1121
『日はまた昇る』　375
『響きと怒り』　376
批評ジャーナリズム　1104
被扶養児童家庭扶助（AFDC）　293, 326

『ピープル』　999
非暴力直接行動　594
被保険者　324
ピマ族　508
肥満　919
秘密結社　515
『緋文字』　370
百貨店　708, 711, 712, 884, 887
ピュアリティ・ホール　746
ピュイック　902, 903
ピュー財団　455, 460
ピュー慈善基金　455
ヒューズ・エレクトロニクス社　767, 778
ヒューズ電熱会社　912
『ビューティフル・マインド』　617
ビュート　192
ヒューマン・ジェノミック・プロジェクト　452
ピューリタニズム　623, 932
ピューリタニズムの神学思想　343
ピューリタン　146, 218, 343, 366, 562, 852, 853
ピューリタン共同体　138
ピューリッツァー賞　985, 991
ヒューレット・パッカード社　455
ヒューロン湖　192
ヒューロン族　345
氷河　192
氷河時代　192
病気　935
病気発生（ミアズマ）地域　201
表現の自由　479
標準英語　360
標準化商品　708
標準時　477
標準的な英語　832
美容整形　923
平等権修正条項（ERA）　602, 605
平等権フェミニズム　604
漂流民　1138
『ピラヴド』　611, 1130
ビリー・ザ・キッド　843
『ビリー・ザ・キッドの真実の生涯』　843
『ビリー・ザ・キッドの信頼しうる生涯』　843
『ビリティスの歌』　616
ビリティスの娘たち　616
ヒーリング　934
ビール　899
「比類なき侵略」　373
ピルグリム・ファーザーズ　146, 366, 556
ヒルビリー音楽　1121
ヒルビリーソング　226
ビルボード　1122
ビルマ　75
ビール・ミュージアム　464
ビル＆メリンダ・ゲイツ財団　454
ビレッジコモン　218
ヒーロー　837
『ビロクシー・ブルース』　1107
貧困　578
貧困線　327

貧困に対する戦い　43, 166, 457, 570
貧困の女性化　573
ビーンタウン　899
ヒンドゥー教　245
『ピンと針』　1111
『貧乏人ほど高いものを買わされる』　886

●フ
ファイアーバード　1039
ファイナンシャル・アンド・シンジケーション・ルール　794, 796
ファイナンシャル・エイド・オフィス　447
『ファイナンシャル・タイムズ』　992
ファイリーン　884
ファクトリー・アウトレット　715
ファーストフード　714, 893
『ファッション』　1104
ファッション誌　994
『ファニー』　1111
プア・ブラック　227
プア・ホワイト　227
ファミリーヴァケーション　874
『ファミリー・オブ・マン』　1060
ファミリーカー　874
ファミリーフィルム　874
ファミリールーム　874
ファミリーレストラン　874, 1195
ファンク　1124
ファンタジー　1132
『ファンタスティックス』　1103
ファンダメンタリスト　12, 76, 356
ファントム・ライド　1099
フィットネス　925
フィットネスセンター　922
フィデリティ投資慈善寄附基金　584
フィードロット　199
『フィニアンの虹』　1112
『フィラデルフィア』　617
フィラデルフィア　464
フィラデルフィア図書館会社　475
フィランソロピー　85
フィランソロピー財団　409
フィランソロピスト　85
『フィリス・シュラフリー報告』　607
フィリップ・モリス社　630
フィリバスター　280
フィリピン　21, 188
フィリピン系　560
フィリピン人　548, 549
フィリピン併合　37
フィールドの絵画　1048
フィールド博物館　473
フィンシン・ルール　969, 972
フーヴァー戦争・革命・平和研究所　461, 462, 479
フーヴァー戦争・革命・平和図書館　462
フーヴァー村　161
封じ込め　19, 1197
封じ込め終了宣言　24
封じ込め政策（トルーマン・ドクトリン）　42, 413
風力発電　725

事項索引——1445

フェアディール 164, 287
『フェデラリスト』 291
フェデラリスト 151, 264
フェデラリスト党 152
『フェデラリスト・ペーパー』 346
フェデラル・エクスプレス（Fedex） 755
フェデラル様式 956
フェデレーテッド 711
フェデレーテッド・デパートメントストアズ 713
フェドワイヤー 55
プエブロ 500
フェミニズム 927, 1130
『フェミニズム研究』 603
フェミニズム思想 993
『フェミニズム理論』 611
『フェミニン・ミスティーク』 1065
フェリス女学院 1145
プエルトリカン 529, 533
プエルトリコ 248, 533
『フォアヴェルツ』 540
フォアカストⅡ 743
フォークウェイズ 385
フォークソング 1124
フォーク・ヒーロー 841
フォークロア 850, 852
フォークロック 1124
フォックストロット 1120
フォックス・ネットワーク（FOX） 797
フォーディズム 10, 885
フォーティーナイナーズ 186, 855
フォト・エッセイ 1060
フォトグラム 1059
フォード財団 88, 454, 460
フォード・システム 690, 692, 1032, 1190
フォード自動車会社 762, 845, 902
フォード（社） 875, 902
フォトジャーナリズム 995
フォード主義 845
フォード生産方式 690
フォー・トップス 1122
フォートベントン 198
フォト・リアリズム 1051
『フォリーズ』 1113
『フォーリン・アフェアーズ』 459
フォワーダー（貨物取扱業） 755
ブギウギ 1121
布教活動（キリスト教の） 12
復員軍人の日 860, 866
福音主義者 356
福音主義派＝根本主義派（エバンジェリカルズ＝ファンダメンタリスツ） 354
副学長（大学の） 449
複合映画館 1097
福祉 578
福祉国家 266, 287, 308, 320
福祉再編成法 293
複写機（コピー） 763
複数文化主義 819
副大統領 298, 372
富士重工 903

『武士道』 1160
不条理演劇 1107
婦人伝道局 75, 77
フセイン政権 26
武装市民の思想 17
部族管轄統計地域 500
部族協議会 502
部族指定統計地域 500
不足払い制（農産物の） 730, 735
豚 199, 200
付託（法案の） 274
不沈空母発言 1202
普通の状態に戻ろう 160
復活祭 862
仏教 245
ブック・クラブ 1008
物質科学 744
物質科学学科 747
物質研究開発共同委員会（CCMRD） 746
物質研究学会（MRS） 747
『物質研究ジャーナル』 747
物質工学 738
ブッシュ・ガーデン 1084
ブッシュ・ドクトリン 44, 129, 1204
フットボール 1076
普天間飛行場返還 1203
「舞踏会の後で」 1117
フード・スタンプ 327
ブネイ・ブリス 539, 542, 543
部品互換性 689
部分借地農 732
不法入国者（ウェットバック） 193
不法入国問題 332
プヤラップ族 505
フュージョン料理 898
フューチュラマ 1036
フライ・イン・シアター 1095
プライスウォーターハウスクーパーズ 65
プライド・セレブレーション 614
フライドチキン 899
『ブライト・ライツ，ビッグ・シティ』 1130
プライド・ラリー 614
フライ・バイ・ワイヤー 774
プライバシー 1017
プライムタイム・アクセス・ルール 794, 796, 969, 972
ブラウザ 481, 1017 ⇨閲覧ソフト
ブラウン裁判 432
ブラウン大学 221
ブラウン対教育委員会事件 265 ⇨ブラウン判決
ブラウン対トピーカ教育委員会の訴訟 593 ⇨ブラウン判決
ブラウン判決 164, 265, 432, 517, 593
プラグ 913
プラグマティック・リベラリズム 456, 457
プラグマティズム 348, 361, 386
プラグマティズム哲学 157
プラグマティズムの社会学 386

プラザ合意 50, 51
プラスチック 740
プラセロ計画 532, 560
ブラック・イズ・ビューティフル 596
『ブラック・クルック』 1109
ブラック・スタディーズ 520
『ブラック・ダリア』 1131
ブラック・ディアスポラ 556
ブラック・ナショナリズム 520
ブラック・パワー 518, 596
ブラック・パワー運動 561
ブラック・パンサー党 570, 596
ブラックマンデー 50
『ブラック・レイン』 1165
フラッシュ・デッカー 762
フラッシュライト 1057
『ブラッド・イン・ブラッド・アウト』 535
フラットヘッド保留地 502
ブラッドベリー科学博物館 473
フラー・ドーム 1040
フラワーチルドレン 166, 1063
『フラワー・ドラム・ソング』 1111
フランス 21
フランス型（大統領制） 297
フランス系カナダ人 246
フランス系コロニアル住宅 954
フランス系（住民） 252, 524
フランス植民地 197
フランス人 197
フランス料理 898
ブランチ・デヴィディアン 355, 364
フランチャイズ・システム 714
プランテーション 148, 382, 556
プランテーション農業 247
ブランド 716
ブランド商品 1022
フリーア・ギャラリー 466
プリヴァティゼーション 94, 95
フリーエージェント制度 1074
『振り返れば』 888
『ブリガドゥーン』 1111
ブリガムヤング大学 360
フリークェント・フライヤーズ・プログラム（FFP） 756
ブリザード 195
フリジデアー社 915
フリーダム・セブン 675, 776
フリーダム・トレイル 219
『ブリックソングとデスカント』 1127
ブリッジ住宅公社 590
ブリティッシュ・ペトロリアム（BP） 721
プリマス 146
プリマス植民地 853, 868
プリマス・ロック 852
不良債権処理 705
ブリーン・オフィス 1090
プリンストン 455
『プリンターズ・インク』 1021
古い公民科 423
ブルーカラー 568, 569
フルクサス 1050
ブルース 857, 1119

ブルース・バートン 917
ブルッキングズ研究所 457, 461
ブルーデンス（信用維持）政策 704, 705
プルトニウム 719, 742
プルトニウム型原爆 413
フルブライト交流計画 14
ブルー・マンデー 624
フルーム・ライド 1083
ブルーリッジ 215
ブルーリッジ山脈 190
プレイライツ・カンパニー 1105
フレキシブル大量生産 691, 692
「フレキシブルな専門化」方式 695
プレクシグラス 746
プレ・コロンビア 940
プレジャー・ガーデン 1081, 1083
プレッシー対ファーガソン 432, 516
『ブレッド＆ローズ』 535
『ブレードランナー』 1016
ブレトンウッズ会議 9, 86
ブレトンウッズ協定 48
ブレトンウッズ体制 42, 48, 51, 652, 706
プレハブ住宅 962
プレミレニアリズム 355
プレーリー植生 196
プレーリー・スタイル 961
フレンドシップ・セブン 675
フレンド派 524
フロイト現象 930
フロイト産業 930
フロイト主義 929
プロヴィンスタウン 852
プログレッシビズム（革新主義） 994
プロザック 936
プロ＝チョイス 608
フロッグ・デザイン 1041
ブロックバスター 798
ブロックバスター映画 1091
プロテスタンティズム 354
『プロテスタンティズムの倫理と資本主義の精神』 343
プロテスタント 73, 245, 356, 557
プロテスタント神学 343
プロデューサー（演劇・ミュージカルの） 1102
『プロデューサーズ』 1115
ブロードウェイ 1101
プロ・パテント（特許重視） 809
プロ・ファミリー運動 607
プロフェッショナル・スクール 448
プロペラ旅客機 772
プロモーション・ビデオ 1118
プロ＝ライフ 608
フロリダ 184, 225
『フローレス』 617
プロレス中継 1180
『ブロンディ』 1177
フロンティア 854
フロンティア（学）説 40, 223
フロンティア・スピリット 854
フロンティアの消滅 40, 188, 939, 558, 563
フロンティアライン 186

分益小作 735
分煙 628
文化革命（カルチュラル・レボリューション） 1063
文化人類学 392
文化生態学 395
文化戦争 489, 493
文化相対主義 393
文化多元主義 169, 486, 488
分割政府 282
分割払い信用 650
文化帝国主義 79, 970
『文化と実践的理性』 398
文化としてのろう 637
文化とパーソナリティ 394
文化の越境性 563
『文化の解釈学』 398
『文化の型』 393
文化の混淆性 556, 563
『文化の進化』 395
文化の複数性 556
『文化変化の理論』 395
文化唯物論 396
文化唯物論 396
『文化を書く』 398
『文芸倶楽部』 1171
分権的複数事業部制組織 683
分子生物学 412, 417
『文明興亡の法則』 39
文明の衝突論 39

●ヘ
『ヘアー』 1064, 1113
『塀』 1108
米英戦争（第2次） 645, 761
ペイオーティ信仰 501
ペイオフ 700
米海軍 767
米海軍600隻艦隊構想 767
米加自由貿易協定 28
米華条約 21
米韓条約 21
兵器輸出 768
平均寿命 245
米軍基地 1178
米国オリンピック委員会 585
米国経済の復活 696
米国債本位制 55
米国情報標準機構（NISO） 482
米国パトリオット法 339
米国標準機構（ANSI） 482
米国輸出入銀行 286
米国流の正義 126
『兵士の報酬』 375
米州学校 109
米州サミット 28
米州自由貿易圏（FTAA） 69
ヘイズ・コード 1090
ヘイズ・コードの廃棄 1090
米西戦争 18, 37, 158, 533, 762
米ソ首脳会談 27
米中和解 1202
ヘイトクライム（憎悪犯罪） 330
米ドル 47
ヘイマーケット事件 866

ヘイメス・プエブロ 502
ベイラー医科大学 453
ヘイルズ・ツアーズ 1098
ペイロール・タックス（賃金支払い税） 322
平和 578
平和維持活動（PKO） 24
平和強制活動 30
平和執行部隊構想 30
平和の大原則 345
平和の配当 24, 764
平和部隊 89, 165, 286
ベーカー対カー事件 271
ヘクトグラフ 668
ベークライト 740
ベーグル 899
ベセラー・リスト 1005
『ベスト・アメリカン・ショート・ストーリーズ』 990, 995
ベストセラー 1131
ベストセラー作家 1006
ベターハウジング・キャンペーン 917
『ベター・ホームズ・アンド・ガーデンズ』 1004
ベッセマー炉 739
ヘッチヘッチー渓谷のダム建設 208
ヘップバーン法 159, 755
ベトナム化政策 167
ベトナム系 530
ベトナム戦争 8, 22, 43, 103, 167, 308, 378, 561, 570, 598, 614, 700, 772, 1201
ベトナム反戦運動 579, 583, 598, 1063
ベトナム秘密文書 986
ベネズエラ 723
ベネトン社 1025
ペノブスコット族 508
ペーパーバック 1002, 1129
ペーパーバック革命 377
ベビーM事件 806
ベビーブーマー 923, 1013
ベビーブーム 166, 243, 244, 874
ペプシコーラ 1022
ヘリテッジ財団 458, 461, 589
ベル・アトランティック 786
ベル研究所 660, 740
ベル・システム 785
『ベル・ジャー』 377, 934
ベルテルスマン 797, 1005
ベル電話会社 781
ペレストロイカ 24
『ベン・ケーシー』 1181
弁護士 313, 801
弁護士会 314
弁護士資格 313
弁護士の資格 314
ペンシルヴェニア 221, 556
『ペンシルヴェニア・ガゼット』 1020
ペンシルヴェニア・ジャーマンズ 363
ペンシルヴェニア州南東部家族計画協会対ケイシー裁判 609
ペンシルヴェニア・ダッチ 363

ベンチャー企業　52, 778
ベンチャー・キャピタル　687
ペンティアム　64
変動為替相場制　706, 1193
『ベン・ハー』　617
ペン／フォークナー賞　552
『ヘンリー・アダムズの教育』　157, 373, 838
変流文学　378

●ホ
保安官　290
ボイジャー　678
ボーイスカウト・オブ・アメリカ　587
ホイットニー山　192, 216
ホイットニー・バイアニュアル　1052
ホィートベルト　729
ボーイング377ストラトクルーザー　772
ボーイング社　767, 771, 773, 775
ボーイング247　771
ポインツ・オブ・ライト財団　590
ポイント財団　1017
ポイント・フォー・プログラム　88
邦　259
法案　274
法案の上程　277
望夏条約　547
包括的核実験禁止条約（CTBT）　33
包括的監督権限　703
包括予算調整法　293
俸給経営者　681, 684
方言　828
方言区分　830
放送事業　792
膨張主義論者　38
法定納本制度　478
法廷の友（amicus curiae）　279
報道写真　1060
法の支配　258, 311
放牧地　217
法務官　290
亡命ユダヤ人　412
法律事務所　314, 801
法律扶助機構　314
『ボウリング・フォー・コロンバイン』　139
『ポエトリ』　375
「吠える」　377
ポカノケット族　853
『ポーギーとベス』　1110
北欧系コロニアル住宅　953
ボクシング　1075, 1076
北西部条例　152, 183
北東・中西部製造業地帯　647
北爆　167
北部同盟　372
北部メソジスト監督派　75
北米開発銀行（NADBANK）　213
北米自由貿易協定（NAFTA）　28, 61, 101, 110, 213, 654
ポグロム　539, 559
捕鯨　219
捕鯨業　1137

捕鯨船　1137
ポケット・ヴィトー　281
ポケット・ブックス　1002
ポケモン　1165
保険会社　703
保険料　322
保険料方式（年金保険の）　322
保護（preservation）　207
保護関税　646
ポサダ　870
母子家庭　326
保守派（ユダヤ教）　541
補償教育　433
補助艦　763
補助金　292
補助金（農家への）　728
ポスト構造主義　398
ポストコロニアリズム　379
ポストコロニアル　535
ポスト植民地主義　139
ポスト・フェミニズム　379
ポスト・ペインタリー・アブストラクション　1048
ポスト・ポスト冷戦期　26
ポストミレニアリズム（千年期後再臨説）　355
ポストモダニズム　378, 398, 556, 947
ポストモダン　1041, 1127, 1131
ボストン　146, 220, 899
ボストン公共図書館　477
ボストン女性健康書コレクティヴ　604
ボストン大虐殺　513
ボストン知識人　370
ボストン茶会事件　150, 883
ボストン美術館　1160
ボストン美術館東洋部　1160
ボストン・ブラーミン　370
ボストン・ベイクトビーンズ　899
ボストン・マリッジ　609
『ボストン料理学校クックブック』　894, 1004
ボスニア・ヘルツェゴビナ内戦　30
ホスピス・ケア　325
保全（conservation）　207
細川＝クリントン会談　32
補足的医療保険（SMI）　325
補足的保障所得制度（SSI）　326
ホーソーン工場実験　404, 684
『ボーダーランド』　1131
北海道共和国　1167
北極　870
『北極星』　514
ホットドッグ　893, 896
ホットポイント電気会社　912
ポップアート　1048
ポップス　1121
ボディ・イメージ　928
ポテト王　1151
ボードソース　584
ボードトラック　906
ボードビル　1109, 1172
ボトム・アップ・レビュー（BUR）　24

ボトムライン・ジャーナリズム　987
ポトラッチ　501, 851
ポートランド　196
ポートランドビル　947
『ボナンザ』　971
ポーハタン号　1141
ホピ族　508
ポピュラー・サイエンス誌　662
ポピュラックスの時代　1038
ポピュリズム　224
微笑み作戦　587
『ホボモク』　370
ホーム・コメディー　967, 1181
ホームステッド法　183, 229, 647
ホーム・デポ　708, 715
ホームドラマ　1039, 1194
ホーム・ルール憲章　289
ホモソーシャリティ　610
『ホライゾン』　1036
ホラー映画　1132
ホラー小説　1132
ホラ話　856
ポラリス　21
ボランタリー・アソシエーション　85
ボランタリー・チェーン　713
ボランティア　579
ポーランド系（移民）　246
ポーランド系（住民）　252
『ポーランド農民』　387
ポリ塩化ビニル　746
ポリスチレン　746
ホリデイ・イン　712
ポリティカル・エコノミー論　396
ホーリネス　355
ポリメチル・メタクリレイト　746
保留地インディアン　500
『ホール・アース・カタログ』　1014, 1041
ホールセラー　1006
ホールセールクラブ　715
ポルトガル　512
ホールマーク　1184
ボールルーム　1125
ホレイショ・アルジャー物語　224
ホロコースト・ミュージアム　473
幌馬車　855
ホワイトカラー　568, 569, 576, 873, 977
ホワイトカラー犯罪　331
「ホワイト・クリスマス」　870
ホワイト＆グレイ（論争）　946
ホワイト・セール　871
『ホワイトタイとテール』　1113
ホワイト・ナイト　618
ホワイト　946
ホワイトハウス　956
ホワイトハウス事務局　285, 287, 305
ホワイト・バックラッシュ　508, 518
ホワイトヘッド研究所　453
ホワイトマウンテン　215
ボーンアゲイン　355, 356
本選挙　301
ホンダ　906
盆地・山脈（ベースンアンドレンジ）

地域　192
本土安全保障　25
『ほんとうの自分を求めて——自尊心と愛の革命』　1068

●マ

マイアミ　194
マイクロエレクトロニクス技術　1190
マイクロソフト社　64, 454, 992, 1015
マイクロプロセッサー　64
マイノリティ　315, 430
マイノリティ（環境NPO活動における）　581
マイノリティ差別（スポーツにおける）　1076
マイノリティ集団　598
マイノリティ・女性への配慮　968
マイノリティのオーバーリプリゼンテーション化（スポーツにおける）　1076
マイノリティの学力不信　432
マイノリティ文学　1130
マイノリティ（労働者）　573
『マイ・フェア・レディ』　1111
マイホーム幻想（日本の）　1194
マインド・キュア　934
マウス　667
マウンテンメン　229
マツダ　903
マカー族　505
『マーガレット・ミードとサモア』　394
マカロック対メリーランド　264, 286
マーキュリー　776, 903
マーキュリー計画　675, 776
「マカフィーのリーダーズ」　431
マクドナルド　13, 61, 98, 716, 893, 1022, 1184, 1194
マクドネル社　767, 772
マクドネル・ダグラス社　767
マグナム　1060
マク・ペーパー　986
マーケティング　1023
マーケティング・ローン　731, 736
マコーミック社　690
マザー教会　362
マサチューセッツ工科大学（MIT）　221, 415, 443, 695
マサチューセッツ州　218
マサチューセッツ州立図書館　478
マサチューセッツ州立植民地　146
マサチューセッツの虐殺　149
マジック・リアリズム　379
マーシャル・プラン　9, 19, 86, 163, 652
マシュー・ブレイディ　1054
魔女狩り　⇒セイラムの魔女狩り
マシン・ショップ　658, 659
マシーン政治　624
マス型（高等教育システム）　442
マーズ・グローバル・サーベイヤー　678
マスケット銃　761
貧しい人たちへの食糧　585
貧しき者の社交場　624

『貧しきリチャードの暦』　369, 1020
マストキャリー・ルール　969
マーズ・パス・ファインダー　678
マスメディア　1180
マゼラン　678
マタシン協会　615
マタシン財団　615
『マダム・バタフライ』　1161
まちづくり　578
『街の女マギー』　157
マーチャンダイジング方式　713
マーチャント・バンキング業務　704
マーチン　771
マーチン・マリエッタ社　767, 776, 778
マッカーサー財団　455, 461
マッカーサー・フェローシップ　455
マッカーシズム　20, 377, 615
マッカラン＝ウォルター移民国籍法　550, 560
マッキントッシュ　1015
マックレイカーズ　994
マックワールド　1085
マッコウクジラ　1136
マッコウセルラー　785
松下電器産業　797
末日聖徒イエス・キリスト教会　358
末日（世界終末）聖徒　358
『マッチョな売奴』　610
マッチング・ファンド　292
摩天楼　944
マニフェスト・デスティニー　⇒明白な運命
マフィア　526
マーブルケーキ・スタイル　292
マーベリ対マディソン事件　264
マーモン社　903, 905
麻薬との戦争　332
麻薬取締局（DEA）　331
『真夜中のパーティ』　617
マラリア　201
マリエル難民　534
マルクス・ガーヴェイ運動　517
マルクス主義フェミニズム　604
マルコーニ社　661
丸太小屋　854, 954, 1082
丸太小屋からホワイトハウスへ　839, 854
丸太小屋住宅　954
丸太小屋伝説　153
マルチカルチュラリズム　1130
マルチプレート・パノラマ写真　1056
マルディ・グラ　863
マールボロ・マン　627
マロー号　1136
万延元年遣米使節　1158
万愚節　863
『マンゴー通り、ときどきさよなら』　1131
マンダン族　505
マンハッタン計画　412, 452, 665, 742, 763, 1011, 1012
マンハッタン号　1138
マンハッタン号とプレブル号事件

1140
『マンハッタン乗換駅』　375

●ミ

ミアズマ地域　201
『見えない人間』　85, 376
ミカド曲芸団　1159
ミクロ・ポリティクス　1053
『巫女』　1165
ミサイル・ギャップ論争　21
ミサイル防衛（MD）　419
ミシガン　221
ミシシッピ（州）　225
ミシシッピ川　197, 198
ミシシッピ自由民主党　596
ミシシッピ・ミズーリ川　192
ミシシッピ・ミズーリ水系　192
『ミズ』　603
ミス・アメリカ・コンテスト　603, 1067
『ミス・サイゴン』　1114
ミスター・アメリカン　223
『ミスター・グッドバーを探して』　878
「ミスター・モト」　1162
ミステリー　1131
ミズーリ（州）　225
ミズーリ川　197
ミズーリ協定　515
三井物産　1192
ミッキーマウス　1084
ミッション　76
ミッション・スタイル　73, 956
ミッチェル山　190
『三つの原始社会における性と気質』　394
ミッドアトランティック　232
ミッド・ウエスト　221
三菱自動車　903
三菱商事　1192
緑の政策　730
ミドル・ウエスト　221
『南太平洋』　1111
南ベトナム　167
ミニスカート　1066
ミニットマン　21
ミニバン　904
ミニマリズム　1050, 1129
ミネアポリス　198
ミネソタ（州）　221
ミメオグラフ　668
宮沢＝クリントン会談　32
ミュージアム　464
ミュージカル　1109
ミュージカル映画　1093
「ミュージック・ボックス・レビュー」　1109
ミュニシパリティ　288
ミラージュ・ホテル　1086
ミルウォーキー　624, 899
ミルボード・グリーク　957
「魅惑のリズム」　1120
民営化（公立学校運営の）　437
民間海外援助諮問委員会　87
民間機　771, 773

民間航空　759
民間航空委員会（CAB）　755
民間財団　453
民間非営利組織（NPO）　578
民間放送局　1180
民事裁判　314
民事事件　315
民主共和党　152
民主共和派　151
民主主義　6, 99
民主主義・人権・労働局　29
民主主義革命　43
民主主義政治理論　346
民主主義とガヴァナンス局　29
民主主義の大兵器廠　42
民需転換　765
民主党　157, 189, 275, 282, 561
民主党研究グループ　276
民主党指導者理事会（DLC）　459
民主党政府　652
ミンストレル・ショー　1109, 1117
民族誌　395
『みんなわが子』　1106
民兵　330

●ム
無煙タバコ　626
無教養英語　832
無罪　315
ムジャヒディン　119
無人探査体　677
ムスリム　115
ムスリム同胞団　119
無線　661, 975
無線少年　975
無線電信　975
無線法　793
『無知の勇気』　18, 1150, 1161
6つの文化プロジェクト　395
ムービー・パレス　1099
無保険者　327

●メ
『メアリー・タイラー・ムーア・ショー』　968
メイ　711
『名犬ラッシー』　1181
メイシー財団　1011
メイシーズ　884, 887
メイソン＝ディクソン・ライン　181, 225
メイド・イン・ジャパン　1164
明白な運命　36, 37, 153, 184, 359, 360, 371, 546, 853, 1056
メイフラワー号　146, 852
メイフラワー誓約　138, 146, 267
メイン州　218
メインストリート　224
メインストリーム（障害者の移動保障の）　634
メインバンク・システム（日本の）　1193
メガ・エージェンシー　1024
メガバンク　702
メキシコ　69, 248, 561, 723, 864

メキシコ革命　41, 532
メキシコ危機　700
メキシコ系アメリカ人女性協会　611
メキシコ系移民　246
メキシコ系（住民）　252, 529, 531, 870
メキシコ人契約労働者　560
メキシコの独立　184
メキシコ湾　197
メサ　192
メサパ交通　757
『目覚め』　373
メーシー百貨店　712
メジャー　718, 720, 721
メジャー・リーグ（MLB）　802
メソジスト　74, 356, 524
メタフィクション　1127
メーデー　866
メディア再編　797
メディア産業　790, 797
メディア資本の再編　798
メディア資本の融合　797
『メディアの理解』　1013
メディア複合体　798
メディア・ワン　798
メディカルスクール　448
メディケア　322, 324
メディケイド　325
メトロポリタン美術館　473, 1061
メトロ・メディア　970
メノウ派　363
メノナイト中央委員会　585
メモ二族　506
メモリアル・デー　864
メリット・プラン　313
メリット料率制　327
メリノール・シスターズ　76
メリノール・ファーザーズ・アンド・ブラザーズ　76
メリーランド州　225
メリル・リンチ　65
メールオーダー・カタログ　884
メールオーダー住宅　961
メルティングポット　232
メロドラマ映画　1093
免疫学　417
綿花　147, 226, 514, 644, 728
面会係秘書　305
綿花生産　644
綿花繊業　645
メンフィス　227, 1121
メンローパーク　659, 746

●モ
モア・チャンネル　795
『もう1つのアメリカ』　570
『燃える家』　1130
モーガン図書館　479
目的地型（テーマパーク）　1084
もぐり酒場　625
目録データベース　481
モザイク　527
モスレム　527 ⇨イスラム教徒, 回教徒, ムスリム
モータウン　1122

モータースポーツ　904
モダニズム　375, 1040
モダニズム文学　375
モータリゼーション　650, 896
モダン・アーキテクチャー展　941
モダンジャズ　1121
『モダンタイムス』　684
モダン・ホラー　1132
モックアップ・モデル　1035
モデルチェンジ　690, 691, 1023, 1033
モデル・マイノリティ（規範少数民族）　552
モード写真　1060
モートラマ　1039
モートン・サイオコール社　779
モービル　62, 721
モービル・ホーム　962
モホーク族　345
モラル・マジョリティ　80
モリソン号事件　1138
モリル法　410, 442
『モール化するアメリカ』　887
モルガン商会　48
モルガン・スタンレー　65
モルガン・スタンレー・ディーン・ウィッター　65
「モルグ街の殺人」　370
モールス信号　658, 975
モルモン教　12, 358
モルモン大隊　360
モルレー申報　1145
門戸開放型帝国主義　37, 38, 39
門戸開放政策　38, 40
門戸開放宣言　158
モンゴメリー・ウォード　712, 870
モンサント　63
モンタナ（州）　228
モントゴメリー　518, 593
モントリオール議定書　213
モンロー宣言　82
モンロー・ドクトリン（教書）　36, 109

●ヤ
『山羊少年ジャイルズ』　1127
ヤキマ族　505
野球　1076, 1173
薬物療法　936
『やさしい狼犬部隊』　1164
野生動植物法　166
『野生の呼び声』　373
ヤッピー　625, 897
『屋根の上のヴァイオリン弾き』　1112
ヤフー　552, 1026
破られた条約の旅　506
山猫ストライキ　571
ヤンキー　855
ヤンキー・クリッパー　218
ヤンキー帝国主義　110
ヤンキーの行商人（ペドラー）　855
ヤンキー・ノーション　855
ヤンキー物質主義　99
ヤンキー・ペドラー（行商人）　1020
ヤング・アメリカ運動　371

●ユ

遊園地　1081
有害廃棄物　210
有閑階級的な消費行動　977
『有閑階級の理論』　888
夕刊紙　983
有期立法　33
有人宇宙ステーション　778
有人宇宙飛行計画　675
優生学　410, 875
優生学記録局　411
郵便公社　286, 304
有線テレビジョン放送（CATV）　782　⇨CATV
有料放送　793
U. S. スティール社　83
雪解け（デタント）　165　⇨デタント
ユグノー　524
ユーゴスラビア　8, 24, 1028
『「豊かさ」の貧困』　890
『豊かな社会』　889
『豊かな人々』　888
ユタ州　359
ユダヤ教　540
ユダヤ教徒　245, 863
ユダヤ系（移民）　559
ユダヤ系アメリカ人　537, 866, 1089, 1090
ユダヤ系アメリカ文学　377
ユダヤ系文学　1130
ユダヤ人　116, 525, 537, 538
ユダヤ・ロビー　30, 116, 121
ユナイテッド航空　771
ユナイテッド・パーセル・サービス社（UPS）　576, 755
ユニヴァーサル社　1080, 1083, 1084, 1089
ユニヴァーサル・スタジオ　1083, 1091
ユニオン（劇場労働者の）　1105
ユニオン（北部同盟）　372
ユニティ・テンプル　940
ユニテリアン派　383
ユニバーサル型（高等教育システム）　442
ユニバーシティ　440
輸入代替工業化　645
『指輪物語』　1085, 1127
『許されざる者』　1094
ユーロ　52

●ヨ

『陽気なネルソン』　873
要塞化　241
要塞都市　1087
余暇　883
予言論　367
預金　700
抑止刑論　335
抑制と均衡（check and balance）　272, 285
ヨークタウンの戦い　150
『欲望という名の電車』　1106
予算会計法　306
予算局　288, 306
吉田ドクトリン　1198
ヨセミテ　189
ヨセミテ国立公園　192, 579
4つの自由　8, 885
四年期国防レビュー（QDR）　25
『余は如何にして基督信徒となりし乎』　1168
予備選挙　299, 301
予備選挙法　299
ヨム・キプール　866
より完全な連合体　259, 264
ヨルダン　31
『夜の軍隊』　1129
『夜への長い旅路』　1104
喜ぶゲームクラブ　933
ヨーロッパ宇宙機構（ESA）　678, 778　⇨欧州宇宙機構（ESA）
ヨーロッパ型（大統領制）　297
『ヨーロッパと歴史のない人々』　396
ヨーロッパに小包を送るアメリカ人の会（CARE）　88
『ヨンカーズ物語』　1107
四分野アプローチ　392

●ラ

『ライオン・キング』　1115
ライオンズクラブ　588
『ライジング・サン』　1165
ライセンス生産　772
ライト・コンストラクション展　949
『ライト・スタッフ』　1128
ライトレイル　759
『ライフ』　995, 1002, 1059, 1060
ライブラリー・ディストリビューター　1008
ライフル銃　762
『ライ麦畑でつかまえて』　377
ラヴェンダー色の脅威　609
ラウ対ニコラス事件判決　492
『ラヴ・メディシン』　1131
ラウラウ　899
ラグタイム　857, 1119
落葉広葉樹　196
ラコタ族　508
ラジオ　309, 664, 975, 1022, 1083, 1121
ラジオ局　980, 995
ラジオ定時放送　792
ラジオ放送　664, 974, 976
『裸者と死者』　377
『羅生門』　1164
ラスヴェガス　195, 239, 1080, 1084, 1085, 1086
ラスタファリ運動　556
『ラスト・サムライ』　1165
ラスト・ワンマイル問題　782
『ラスベガス★71』　1128
『ラダー』　616
ラッキーストライク　627
「ラッパーズ・デイライト」　1124
ラップ　13
ラディカル右翼　607
ラディカル・フェミニズム　604
ラディカレズビアン　610

ラティノ　530
ラティーノ研究　111
ラテンアメリカ　110
ラテンアメリカ型（大統領制）　297
ラテンアメリカ系移民　248
ラテン学校　220
「ラプソディ・イン・ブルー」　1120
『ラ・マンチャの男』　1103, 1112
ラムダ法律擁護と教育基金　590
ララ救援物資　80
『ララミー牧場』　1181
『ランサム』　1165
ランダムハウス　1005
ランチェリー　500
ランドグラント　750
ランドラム=グリフィン法（労使報告公開法）　569

●リ

リアリズム文学　372
『リアル・シンプル』　1004
リーヴァイス　856
『リヴァー・ナイジャー』　1108
リエンジニアリング　687
リオ会議　213
リオグランデ川　193
陸軍　1155
陸軍省　18
陸上競技　1075
離婚　877
離婚率　245, 877
リザベーション　500
利鞘　701
理事会（大学の）　448
リー将軍の誕生日　859
リスク管理（金融機関の）　701
リスボン会議　20
リズム・ソング　1120
リズム&ブルース（R & B）　857, 1121
『リーダーズ・ダイジェスト』　995
リタリン　936
立体スラム　238
立法　260
立法過程　276
立法権　272
立法府　285, 308
立法部のワークショップ　277
リテラシー　480
リテラリー・エージェント　1007
『リトル，ビッグ』　1132
リトルビッグホーン国立記念戦跡　501
『リトル・ミー』　1112
リバイバリズム　354
リバイバル（宗教復興運動）　75, 344, 346
リバタリアニズム　457
『リバティ・バランスを撃った男』　231
リハビリテーション法　632, 633
リビア　120
リビジョニスト　32, 1165
リビング・シアター　1107
リフ　1120

リフレーション 651
リベラルアーツ・カレッジ 440, 446
リベラル・フェミニズム 604
リポサクション 923
リーボック 1067
リミテッド 709
リメインダー・ディーラー 1008
留学生 14
流線型 1034
流通企業 708
流通制度（日本の） 1188
『理由なき反抗』 617
『竜の画家』 1160
両院協議会 281
量刑ガイドライン 330
良心的兵役拒否 266
療養サービス 325
旅客輸送 754
旅客機 772
リリー財団 454, 460
リンカーン（自動車） 903, 908
リンカン郡戦争 843
リンカンセンター協会 585
リンカンの誕生日 859, 861
臨時議長 273
臨床心理学者 929
臨床ソーシャルワーカー 929
リーン生産方式 695
リーン・プロダクション仮説 695

●ル
ルイヴィル 198
『類猿人ターザン』 1005
ルイジアナ 184, 197, 225
ルイジアナ購入 152, 184, 198, 557
ルイス＝クラーク探検隊 184, 198
累積債務問題 700
ルーサイト 746
ルーセント 64
ルター派 245, 356
『るつぼ』 377, 487, 854, 1106, 1107
るつぼ 527
るつぼ理論 430, 486, 561
ルーテル教会 74, 75
ルネサンス・スタイル 956
ルーブル合意 50

●レ
霊歌 1119
レイクショアドライヴ・アパートメント 943
『冷血』 1128
レイス・ミュージック 1121
レイセオン社 767, 916
冷戦 8, 19, 27, 42, 413, 451, 480, 764
冷戦時代 874
冷戦（第2次） 23
冷蔵庫 914
冷凍車両 896
冷凍食品 896
レイバー・デー 865
レイヤーケーキ・スタイル 292
レヴァー・ハウス 944

レヴィットタウン 236, 1038
レーガノミックス 168
レーガン・ドクトリン 24
歴史改変小説 379
歴史個別主義 393
歴史的建造物 614
歴史の終焉 43
レキシントン 171, 219
レキシントン・コンコードの戦い 150
レゲエ 857
レザー・ストッキング・テールズ 370
レーシングカー 905
レストレーショニズム 355
レズビアニズム , 619
レズビアン 609, 615, 619
レズビアン・アヴェンジャー 620
レズビアン・パルプフィクション 619
レズビアン・フェミニズム 619
レズビアン連続体 610
レーダー波吸収材料（RAM） 747
『列車強盗』 231
『レッツ・ダンス』 1121
レッド川 198
レッドスケア 161
レッド・パワー 505, 506
レッドロック川 197
『レディズ・ホーム・ジャーナル』 917, 993
『レディズ・マガジン』 868
レバノン 120
レバノン戦争 120
レパブリカン党 271
『レ・ミゼラブル』 1114
連合会議 291
連合規約 151, 291
連合国軍総司令部（GHQ） 1198
連合国復興機関（UNRRA） 86
『レント』 1103, 1115
連発式拳銃 761
連邦紙巻きタバコ税 628
連邦管理終結 505
連邦管理終結（ターミネーション）政策（インディアンに対する） 500
連邦議会 268, 308, 311
連邦議会議員選挙 298
連邦議会テレビ C-SPAN 591
連邦緊急事態管理局 333
連邦憲法 286, 311
連邦公開市場委員会（FOMC） 704, 706
連邦航空管制官組合（PATCO） 574
連邦航空局（FAA） 774
連邦公有地 206
連邦国家 260
連邦裁判官 313
連邦裁判所 311
連邦裁判所が審理する事件 312
連邦裁判所制度 311
連邦シガレット表示・広告法 627
連邦州際通商法 158
連邦主義 329
連邦主義者 275

連邦巡回区控訴審判所 312
連邦準備銀行（連銀） 48, 159, 705
連邦準備制度（Fed） 286, 700
連邦準備制度理事会（FRB） 55, 304, 704
連邦食品医薬品局（FDA） 924
連邦信託地 500
連邦制 291
連邦政府 151, 285, 288, 302
連邦政府の権限 150
連邦選挙運動法1971年改正法 301
連邦捜査局（FBI） 329, 330
連邦地方裁判所 312
連邦通信委員会（FCC） 286, 304, 783, 793, 968, 978
連邦通信法 793
連邦取引委員会（FTC） 159, 286, 304, 648
連邦陪審選任法 315
連邦美術計画（FAP） 1045
連邦法 311
連邦法定休日 859
連邦無線委員会（FRC） 793, 978
連邦預金保険公社（FDIC） 55, 162, 304, 700, 703
連邦ロビイスト規制法 279

●ロ
ロイヤル・ダッチ・シェル 721
労災補償保険 325, 326
労使関係法 567
労使協議制度の導入 574
労使の協調 709
労使報告公開法 569
ろう者 637
老人医療費 325
ロウ対ウェイド裁判 608
労働運動 156, 539
労働騎士団 156, 866
労働組合 539
労働組合運動（日本の） 1192
労働行動同盟 577
労働時間の短縮 883
労働者階級 576
労働者の日 866
労働主義 327
労働省女性局 602
労働争議（日本の） 1192
労働の疎外 570
労働保護法 602
ろう文化 637
老齢・遺族・障害・健康保険（OASDHI） 324
老齢・遺族・障害年金保険（OASDI） 324
老齢給付 324
老齢者健康保険（メディケア） 322
老齢年金 651
老齢年金保険 321
ローカル紙 982
『ローカル・ノレッジ』 398
『六万四千ドルの問題』 967
ロケット 672, 673
ローザ・パークス事件 614
ローザ・ボンド 49

『ロサンゼルス・タイムズ』 798, 985, 986
ロサンゼルス暴動 241
ロシア支援 29
ローシー歌劇 1172
ロジコン社 767
ローシュ・ハシャナ 866
『路上』 377, 1126
ロスアラモス 473, 665
ロスアラモス（国立）研究所（LANL） 452, 416, 460
ローズヴェルト裁判所 266
ローズヴェルトの系論 38
ロースクール 313, 314, 448
ローズタウン 571
ローズ・パレード 871
ローズボウル 871
ロータス社 64, 1016
ロータリー財団 588
ロッキー山脈 190, 196, 216
ロッキード F117 戦闘機 774
ロッキード L749 コンステレーション 772
ロッキード P38 772
ロッキード P80 772
ロッキード社 767, 771
ロッキード 14 771
ロッキード・マーチン F22 ラプター 775
ロッキード・マーチン社 767, 776
ロック 13, 227
ロックウェル・インターナショナル社 778
ロックフェラー医学研究所 83, 410
ロックフェラー兄弟基金 88
ロックフェラー財団 83, 84, 88, 455, 461
ロックフェラーセンター 32
ロックンロール 857, 979, 1122
ロックン・ロール・ホール・オブ・フェイム 474
六本木 1179
ロデオ 230, 856
ロードアイランド州 218
ロドニィ・キング事件 315
ロード・ノベル 377
ロード・ファクター（搭乗率） 759
『ローハイド』 1181
ロビイスト 278, 279, 801
ロビング 279
ロビー活動 277, 279
ロビー邸 940
ロビンズ・ローレンス社 762
『ロープ』 617
ロブスター 899
炉辺談話 309, 818, 978
ロマン主義時代 370
ロマンティックな友情 609
ローム＆ハース社 746
路面電車の郊外 236
『ローリング・ストーン』 997, 1017
ローリング・ストーンズ 1122
ローリング・トゥエンティーズ 940
ロールフィルム 1057
ローレンス・リヴァモア（国立）研究所 416, 452
ロワーイーストサイド 539
ロングヘアー 1063
ロングラン 1102
ロンドン海軍軍縮条約 763
ロンドン会社 146
ロンドン・ミュージカル 1114
論理構成 814
『ローン・レンジャー』 971

●ワ
ワイオミング 228
ワイルド・ウェスト・ショー 842, 852, 1109
ワイルドライス 897
『和英語林集成』 1145
若松コロニー 1147
若者文化 614
枠組み合意 32
ワークショップ（障害者のための） 633
ワークステーション 667
惑星探査 678
ワグナー法（全国労働関係法） 566
ワシントン 228, 299
ワシントン（海軍軍縮）会議 18, 1171
ワシントン海軍軍縮条約 763
ワシントン・カーネギー研究所 83
ワシントン・コンセンサス 415
ワシントン大学 453
ワシントン大行進 166, 518
ワシントン大行進（ゲイ解放をめざした） 618, 620
ワシントン誕生日 861
『ワシントン伝』 837
ワシントンハイツ 1179
ワシントンへの行進 595 ⇒ ワシントン大行進
ワシントンへの大使 270
『ワシントン・ポスト』 309, 791, 985, 986
ワスプ（WASP） 521, 557
綿繰機 644, 761
『私たちのからだ，私たち自身』 604
「わたしたちの子供を守れ」キャンペーン 616
『私の秘密』 967
『わたしは女ではないのか』 611
渡り鳥（出稼ぎ労働者） 526
ワッツ暴動 238
ワーナー・ケーブル 972
ワーナー・ブラザーズ社 1084, 1089
ワールウィンド 666
ワールドウォッチ 580
ワールドウォッチ研究所 461, 462
ワールドコム 787
ワールド・ワイド・ウェブ（WWW） 481, 1017, 1024
割れ窓理論 332
『我らが有名人を称えよう』 1059
われらのアメリカ 109
湾岸危機 719
湾岸戦争 8, 24, 27, 103, 115, 119, 120, 128, 169, 773, 774, 796, 1203

ワンストップ・ショッピング 704, 712
『ワンダフル・タウン』 1111
『ワンマガジン』 616

●A
AAA（農業調整法） 162, 322
AAM（アメリカ・ミュージアム連盟） 464
AARP（アメリカ退職者協会） 582
AAVE (African American Vernacular English) 833
AA（アルコール依存症者匿名会） 625
ABC 794, 797, 966, 970, 972, 978
ABM 制限条約 22
ABM 制限条約の破棄 25
ACM（コンピュータ機械学会） 1017
ACSA（日米物品役務協定） 33
ACT-UP 618
ADA（障害を持つアメリカ人法） 632, 633
ADM 63
admission officer 446
ADSL 784
AEI（アメリカン・エンタープライズ公共政策研究所） 458
AFDC（被扶養児童家庭援助計画） 293
AFDC（被扶養児童家庭扶助） 326
AFGE（アメリカ政府従業員連盟） 570
AFI（アメリカ映画協会） 1090
AFL-CIO（アメリカ労働総同盟＝産業別組織会議） 566
AFL（アメリカ労働総同盟） 156, 566
African American Vernacular English (AAVE) 833
AFSCME（アメリカ州・郡・都市被用者組合連盟） 569
AFT（アメリカ教師連盟） 570
AHA（アメリカ歴史学会） 426
AIA (American Institute of Architects) 947
AIEE（アメリカ電気技術者協会） 660
AIM（アメリカ・インディアン運動） 506, 869
AIPAC（アメリカ・イスラエル公共問題委員会） 116
『AKIRA』 1165
ALTAIR 667
anime 1165
ANSI（米国標準機構） 482
antebellum 371
ANZUS 条約 21
AOL 787, 798
AP 987
A & P 712, 713
APEC（アジア太平洋経済協力会議） 61, 69
AppleII 667
ARK（朝鮮のためのアメリカ救援） 87

事項索引──1453

ARPA　667
ARPANET　416, 667, 787
ARPA（高等研究計画局）　747, 787, 1013
ARPAネット　1013
ASEAN（東南アジア諸国連合）　15
ASME（アメリカ機械技術者協会）　660
AT ＆ T　65, 660, 746, 781, 785, 793, 798, 875
ATF（アルコール・タバコ・火器・爆発物取締局）　331
ATT（アメリカ電信電話局）　740
AT ＆ Tビル　947
AT ＆ Tブロードバンド　798
AT ＆ T分割　782, 785
AV8ハリアー　772
A-4（V-2）　673
A6イントルーダー　775

●B
BASIC言語　1015
BBS　670, 1014
BECC（国境環境協力委員会）　213
Bible Belt　118
BIS規制　701
Black English　833
BLTサンド　899
BMI（Body Mass Index）　919
Board of administrators　290
Board of commissioners　290
boingboing　1017
BP（ブリティッシュ・ペトロリアム）　721
B to B（企業間電子商取引市場）　781, 788
BUR（ボトム・アップ・レビュー）　24
B17重爆撃機　772
B1爆撃機　773
B24　772
B29重爆撃機　772
B-2ステルス　742
B52戦略爆撃機　773
B707　773
B70バルキリー　773
B727　773
B737　773
B747ジャンボ　775
B747ジャンボ旅客機　773
B777双発旅客機　774

●C
CAB（民間航空委員会）　755
calling　354, 369
CALS　687
CARE（ヨーロッパに小包を送るアメリカ人の会）　88
casesd and controversies　263
CATV　782, 784
CBOT（シカゴ商品取引所）　49
CBO（議会予算局）　456
CBS　794, 797, 966, 970, 972, 978, 979
CCMRD（物質研究開発共同委員会）

747
CDC（疾病管理予防センター）　618
CD-ROM　1009
CENTO（中央条約機構）　21
CEP（経済優先度評議会）　583
CES（経済保障委員会）　322
CFR（外交問題評議会）　455, 459
CFTC（商品先物取引委員会）　55
check and balance　285
CHIPS　55
CIA　19, 331
CIO（Committee for Industrial Organization；産業別組織化委員会）　566
CIO（Congress of Industrial Organizations；産業別組織会議）　566
CIO（産業別組織会議）　162
Citizen Education　421
Citizenship Education　421
Civic Education　421
Civics　422, 423
Civil Government　423
civil rights　592
CIVITAS　422, 426
CM　1021, 1023
CME（シカゴ・マーカンタイル取引所）　49
『CNETニュース』　992
CNN　796
Community Civics　422
COMPSTAT　332
Compu Serve　1015
COPE（政治教育委員会）　570
CPE（進化の一世紀展）　1036
CPU　64
CRALOG（ドイツ救済連盟）　87
CRS（議会調査局）　456
CRS（コンピュータ予約システム）　756
CR（意識覚醒運動）　604
CSIS（戦略・国際問題研究所）　459
CTBT（包括的核実験禁止条約）　33
CVS（ドラッグストア）　708
CVS（コンビニエンス・ストア）　1192
C ＆ W（カントリー＆ウェスタン）　1121
C⁴I（4つのCと1つのI：command, control, communication, computer ＆ intelligence）　416
C54輸送機　772
C5Aギャラクシー戦略輸送機　773
C69戦略輸送機　772
C97輸送機　772

●D
DARPA（国防高等研究計画局）　451
DC10　774
DC4旅客機　772
DC6　772
DC8　774
DC9　774
DEA（麻薬取締局）　331
DHS（国土安全保障省）　25
DLC（民主党指導者評議会）　459

DNA二重らせんモデル　418
DSHEA（栄養補助剤健康教育法）　924
DSL（デジタル加入者回線）　782
DSM（精神疾患の診断・統計マニュアル）　935
DSM（精神障害の診断と統計マニュアル）　616

●E
ECB（欧州中央銀行）　52
ECR（Efficient Consumer Response）　715
ECU（エキュ）　50
EDF（環境防衛基金）　580
EDI（Electronic Data Interchange）　788
EDL（エブリデイ・ローエスト・プライシズ）　715
EDSAC　666
EELV（Evolved Expendable Launch Vehicle）　778
EFF（電子フロンティア協会）　1016
E. J. コーベット社　713
emotional intelligence　437
EMS（欧州通貨制度）構想　50
ENIAC　666, 1012
EPA法　18
E Pluribus Unum　5, 557
『ER』　972
ERA　360
ERA阻止　607
ERA（平等権利修正条項）　602, 605
ERP（欧州復興計画）　86
ESA（ヨーロッパ宇宙機構）　678, 778
ETOPS（双発機の洋上飛行制限）　774
EU（欧州連合）　101
Eシステムズ社　767
Eジン　990
『eシーン』　990
eトイズ　711

●F
FAA（連邦航空局）　774
FAP（連邦美術計画）　1045
FA制度　1074
FBC　970
FBI　286, 329, 330
FBR（高速増殖炉）　719
FCC（連邦通信委員会）　783, 785, 968, 978
FDA（連邦食品医薬品局）　924
FDIC（連邦預金保険公社）　55, 700, 703
FDR記念館　638
『FDRのあざやかなる欺瞞』　638
Fedex　755
Fed（連邦準備制度）　700, 704
FFP（フリークェント・フライヤーズ・プログラム）　756
FF金利　705
FMラジオ　979
FOMC（連邦公開市場委員会）　704

foundation 83
FOX（フォックス・ネットワーク） 797
FRB（連邦準備制度理事会） 55, 704
FRC（連邦無線委員会） 978
Free Economy 790
Free Economy（放送事業における） 792
Free Speech 790
FSA（農業安定局） 1059
『FT』 992
FTAA（米州自由貿易圏） 69
FTA（自由貿易協定） 69
FTC（連邦取引委員会） 648
F. W. ウールワース 713
F100 772
F14 トムキャット 775
F15 イーグル 772
F16 ファイティングファルコン 772
F18 ホーネット 772
F2 戦闘機 773
F4 ファントム 772
f.64 1059

●G
GA (General American) 829
GAP 709
GAR（共和国陸軍） 864, 868
GATS 69
GATT 100, 163, 213, 652
GA（一般扶助） 328
GD（ゼネラル・ダイナミックス社） 768
General American (GA) 829
GE（ゼネラル・エレクトリック社） 742, 797, 912, 1057
GHQ 971, 1198
GI 1023
GII (Global Information Infrastructure) 481
GMS（総合小売企業） 708
GM 作物 63, 410
GM（ゼネラル・モーターズ） 581, 875, 1022, 1032, 1038
GNP 642
GPA 447
grassroots lobbying 279

●H
HBO 796
high-stakes test 436
HI（入院保険） 325
HMR (Home Meal Replacement) 897
HRAF (Human Relations Area Files) 394
HSI 1075
hung jury 317

●I
IAEA（国際原子力機構） 32
IBM 64, 742, 1015
ICBM（大陸間弾道ミサイル） 21
ICC（国際刑事裁判所） 126
ICC（州間通商委員会）

ICC（州際［間］通商委員会） 158, 648, 755
ICOM 469
IC（集積回路） 1015
IE（インダストリアル・エンジニアリング） 404, 693
I. G. ファルベン 746
IIE（国際経済研究所） 459
IMF（国際通貨基金） 9, 49, 100, 652
IMG 805
imperialismo yanqui（ヤンキー帝国主義） 110
Indian Wars 155
INF 条約 24
interethnic marriage 553
intermarriage 529
Interpreter of Maladies 552
interracial marriage 553
IPP（独立発電事業者） 724
IQ テスト 411
ISP 65
ISP（商用インターネットサービス・プロバイダー） 481
ISS 678
ISTEA（インターモーダル陸上交通効率化法） 756
『IT』 1132
IT 革命 64, 1024
IT 革命（金融分野における） 701
IT 産業 1190
IT バブル 788
IWW (Industrial Workers of World) 566

●J
JACL（全米日系市民協会） 1154
JCS（統合参謀本部） 20
J. C. ペニー 711
JP モルガン 699
JSF（統合攻撃戦闘機） 776
「J. アルフレッド・プルフロックの恋歌」 374
J. ポール・ゲティ・ミュージアム 472

●K
KC135 空中給油機 773
KDKA 664, 793
KEDO（朝鮮半島エネルギー開発機構） 33
KKK（クー・クラックス・クラン） 137, 155, 161, 372, 515, 517, 542, 559
Knickerbocker 370
KPMG 65
KQED 590
K マート 711, 713
K マート・リアリズム 1129
K12 439

●L
LANL（ロスアラモス国立研究所） 416, 452
LARA（アジア救済連盟） 87

LATA (Local Access and Transport Area) 781
『LA コンフィデンシャル』 1131
LIHEAP（対低所得世帯光熱費扶助） 328
limited government 259
LNG（液化天然ガス） 722
LSD 1013
LULAC（統一ラテンアメリカ系市民連盟） 533
L1011 トライスター 774, 775
L1049 スーパー・コンステレーション旅客機 772

●M
M & A 65
M & A（軍需産業の） 765
M & A（造船業の） 768
M & A に対する米政府の介入 767
MAD（相互確証破壊） 22
MAI（多角的投資貿易協定） 102
manga 1165
Manifest Destiny 36
MARC（機械可読目録） 480
MBA 448
MCA 797
MCI 65, 787
MD（ミサイル防衛） 419
MFJ (Modification Final Judgement) 781
MFN（最恵国待遇） 31
MGM 社 1089
MIRV（個別誘導型再突入複数弾頭） 23
MITS 社 1015
MIT（マサチューセッツ工科大学） 415, 695
MLB（メジャー・リーグ） 802
MoMA（ニューヨーク近代美術館） 940, 1045, 1060, 1061
MONDO2000 1017
MPO（都市圏計画委員会） 758
MPPDA（アメリカ映画製作者配給者協会） 1090
MRC（地域的大緊急事態） 24
MRS（物質研究学会） 747
MS-DOS 64
MSNBC 972
『MSNBC』 992, 996
MSO（マルチプル・システム・オペレーター） 798
MTV 1118

●N
NAACP（全米黒人地位向上協会） 516, 593
NAAEC（環境協力に関する北米協定） 213
NACA（国家航空評議委員会） 674
NADBANK（北米開発銀行） 213
NAFTA 加盟問題 580
NAFTA（北米自由貿易協定） 28, 61, 101, 110, 213, 654
NAIC（全国アメリカ・インディアン会議） 506

事項索引——1455

Napster 482
NASA 414, 451, 674, 676, 776, 779, 1013
NASDAQ 687
NASSCO（ナショナル・スチール・アンド・シップビルディング社） 768
NATO（北大西洋条約機構） 20, 129, 163
NATO 首脳会議 29
NATO の東方拡大 29
NATO=ロシア基本議定書 29
NBC 793, 797, 966, 970, 978
NBC ニュース 992
NCAA（全米大学対抗運動競技連盟） 1073
NCC（全国教会協議会） 76
NCI（国立ガン研究所） 417
NCL（全国消費者連盟） 581
NCSS（全米社会科協議会） 422
NEA（全米教育協会） 424, 425
NEA（全米芸術基金） 453, 1045
NEC（国家経済会議） 28
NEH（全米人文基金） 453
NELA（電灯協会） 913
NEP（新経済政策） 653
Network English 829
New Empire, The 39
NGO（非政府組織） 28, 213
NHGRI（国立ヒトゲノム研究所） 452
NIH（国立保健研究所） 417, 418, 452, 926
NII 行動アジェンダ 782
NIRA（全国産業復興法） 322
NISO（米国情報標準機構） 482
NMD（国家ミサイル防衛） 25, 29, 31
NNS（ニューポート・ニューズ・シップビルディング社） 768
NOW（全米女性機構） 603, 877
「NO と言える日本」 1165
NPO 275, 453, 578
NPO サポートセンター 584
NPO 法 579
NPT（核不拡散条約） 29, 32, 33, 117
NRA（全国復興局） 162
NRDC（自然資源防衛会議） 580
NSA（国家安全保障局） 1017
NSC（国家安全保障会議） 28, 306
NSFNET 787
NSF（全米科学財団） 413, 453, 670
NTSC 方式 971
Nuestra América（われわれのアメリカ） 109
NUL（都市同盟） 517
NWF（National Wildlife Federation） 580
N.W. エアー・アンド・サン社 884, 1021
NYWF（ニューヨーク世界博覧会） 1036

●O

「O」 1004
OAI（Old Age Insurance） 321, 322
OASDHI（老齢・遺族・障害・健康保険） 324
OASDI（老齢・遺族・障害年金保険） 324
OCC（通貨監督局） 55, 700, 703
OCLC（Online Computer Library Center） 481
OJT（職場内訓練） 1193
OMB（行政管理予算局） 306
ONA（オンライン・ニュース・アソシエーション） 991
ONE 616
OPAC（オンライン目録検索システム） 481
OPEC（石油輸出国機構） 15, 718
OS 64
otaku 1165
『O・ヘンリー賞受賞作品集』 990, 995

●P

part-society 396
PATCO（連邦航空管制官組合） 574
PBS 794
PCA（映画製作倫理規定管理局） 1090
PC（ポリティカル・コレクトネス） 495
PD59（大統領指令59号） 23
PDD25（大統領決定指令第25号） 30
Ph.D.（Doctor of Philosophy） 448
PIRG 582
PKO（平和維持活動） 24
PLO（パレスチナ解放機構） 117
PNAC（新米国の世紀プロジェクト） 118
POD（プリント・オン・デマンド） 1009
POS（Point of Sales）情報 1192
postbellum 371
PPI（進歩的政策研究所） 459
PR 1057
PRD13（大統領政策再検討指令第13号） 30
PRWORA（個人責任と就業機会に関する調整法） 326
PTC（生産税額控除制度） 725
Public Land 182
PURPA 法 724, 725
PWA（公共事業局） 287
PX（Power Exchange） 725
PX（占領軍販売所） 1178, 1194
P2P（Peer To Peer） 482

●Q

QDR（四年期国防レビュー） 25
QR（Quick Response） 715

●R

RAM（レーダー波吸収材料） 747
R＆B（リズム＆ブルース） 857, 1121
RCA 793, 971
Return to Normalcy 160
rights-based democracy 258
RLIN（Research Libraries Information Network） 481
RMA（軍事革命） 125
Rule of law 258
R. ブルッキングズ経済・政府研究大学院 457

●S

S＆L（貯蓄貸付組合） 52
SAGE 666, 1013
SALT（戦略兵器制限交渉） 22
SALT I 22
SALT II 23
SAT 435, 447
SBC コミュニケーションズ 786
Scineering 744
SCLC（南部キリスト教指導者会議） 166, 518
SDI（戦略防衛構想） 23, 136, 419
SEATO（東南アジア条約機構） 21
SEC（証券取引委員会） 55, 703, 704
SEIU（国際サービス労働組合） 575
SF 1131
SF 映画 1094
SF 小説 1014
『Shall we ダンス？』 1165
SIGGRAPH 1017
SII（日米構造協議） 32
SINOPEC（中国石化集団） 720
SIPP 調査 632
S.I. ニューハウス 998
S＆L（貯蓄貸付組合） 700
SMI（補足的医療保険） 325
SNCC（学生非暴力調整委員会） 518, 594
Social Studies 425
SOM（スキッドモア・オウイングズ・アンド・メリル） 944
Southern drawl 829
SPA（製造小売業） 709, 711
spin-off 765
SQC（統計的品質管理） 1190
SRB（固体ロケット・ブースター） 779
SRI（社会的責任投資） 583
SSC（超伝導超大型粒子加速器） 419
SSI（補足的保障所得制度） 326
S.S. クレスギ 713
stagnation 653
START 24
START II 29
START III 29
State of the World 462
Super Station 795
SWAT 333

●T

TANF（対困窮家庭一時扶助制度） 326
TARGET 53
TA（ティーチング・アシスタント）

447
TBS 797
TCI 785, 798
TDM（トータル・ディマンド・マネージメント） 758
TEA-21（交通公正法） 758
Tex-Mex（テキサス/メキシコ）料理 899
The Five 946
The Source 1015
TMD（戦域ミサイル防衛） 29, 31
TOC（制約条件の理論） 1191
TQC（全社的品質管理） 1190, 1193
TQM 1190
TRIM協定 69
TULIP 367
TVA（テネシー渓谷開発公社） 162, 192, 912
TV説教師 364
TVディナー 896
T型フォード 10, 160, 650, 691, 712, 845, 902, 1032

● U
UAW（統一自動車労組） 570, 574
UFW（統一農場労働者組合） 533, 570
undergraduate 446

UNIVAC-1 666
universal-access 442
universal attendance 443
UNRRA（連合国復興機関） 86
UPI 987
UPS（ユナイテッド・パーセル・サービス社） 555, 755
USAID（国際開発庁） 29, 33, 89
『USAトゥデイ』 791, 982, 986, 987
USENET 670
USTR（通商代表部） 28, 306
USイングリッシュ 493
USウエスト 786
U. S. スティール社 83, 648, 739
U2 474

● V
『V.』 1127
VfR（ドイツ宇宙旅行協会） 673
VISTA 166
Vチップ 972

● W
WASP 267, 366, 557, 1090
WASP優越論 486
WB（世界銀行） 100
WEAL（女性衡平行動連盟） 608
WHO（世界保健機関） 630

WH（ウェスティングハウス社） 912
WinMX 482
WIRED 1017
WLN（Western Library Network） 481
WNBA（Women's National Basketball Association） 1078
world city, global city 239
WPA（雇用［就業］促進局） 162, 287
WRA（戦時転住局） 1152, 1154
writers in residence 1129
『WSJ』 992
WTO新ラウンドの農業交渉 63
WTO（世界貿易機関） 61, 101, 730
WWW（ワールド・ワイド・ウェブ） 1017, 1024

● X
『Xファイル』 972
X-33 679

●
2600 1017
『291』 1045
7-Eleven 714

人名索引

●ア行

アイケルバーガー, R. 1198
アイゼンスタット, A. 1059
アイゼンハワー, D. 13, 20, 164, 298, 414, 614, 719, 763, 776, 868, 968, 1027
アイゼンマン, P. 946, 948
アインシュタイン, A. 412, 540
アーウィン, W. 1162
アーヴィング, J. 378
アーヴィング, W. 370
アヴェドン, R. 1060
明石康 14
アガシ, L. 348
アグニュー, S. T. 168
アコンチ, V. 1051
芦田均 1198
アステア, F. 1120
アスピン, L. 765
アタックス, C. 513
アダムス, A.（写真家） 1057
アダムス, B.（歴史家） 38
アダムズ, H.（歴史学者） 157, 373, 383, 838
アダムズ, J.（2代大統領） 172, 174
アッカー, K. 379
アットウォーター, W. 894
アトキンスン, T. -G. 610
アトキンソン, B. 1105
アドラー, A. 1112
アードリック, L. 501, 612, 1131
アーネット, P. 796
アーバス, D. 1058, 1061
アブザグ, B. S. 606
アプトン, E. 18
アボット, B. 1059
アマコスト, M. 458
アマン, J. 363
アームストロング, C. M.（企業家） 785
アームストロング, L.（ジャズ奏者） 1120
アームストロング, N.（宇宙飛行士） 676
新居格 1174
新井領一郎 1159
アラファト, Y. 30
アランゴ, D. 113
有島武郎 1169
アリスティド, J.-B. 29
有馬朗人 14
アルジャー, H. 85, 224
アルテアガ, A. 111
アルマン, D. 1058
アレン, P.（企業家） 1015
アレン, W.（映画監督・俳優） 540
アーレント, H. 540, 543
安昌浩 549

アンサルドゥーア, G. 112, 610, 1131
アンスト, E. 1164
アンダソン, S. 374, 376
アンダーソン, B.（歴史家） 477, 883
アンダーソン, M.（劇作家） 1105
アンダーソン, C.（宗教家） 77
安藤更生 1174
アンドリーセン, M. 1017
アンドレ, C. 1050
李承晩（イ・スンマン） 549
イーヴス, M. 747
イエロー・ハンド 842
イオネスコ, E. 1107
池田勇人 1198
イーストウッド, C. 1094
イーストマン, G. 1057
イチオカ, Y. 550
伊東ゆかり 1178
イートン, W. 1160
イノウエ, D. 508, 1156
イームズ, C. 1037
岩松信 550 ⇒マコ
インジ, W. 1107
ヴァレンチノ, R. 1093
ヴァン・アレン, W. 940
ヴァンダービルト, C.（企業家） 156
ヴァンダービルト, W. K.（カーレーサー） 904
ウィザースプーン, J. 346
ウィスター, O. 230
ヴィゼナー, G. R. 501
ヴィダール, G. 1107
ヴィッカリー, J. M. 1024
ウィックマン, C. E. 757
ウィーナー, N. 1011
ウィノグランド, G. 1061
ウィームズ, M. 837
ウィリアムズ, H.（歌手） 1121
ウィリアムズ, J.（宗教家） 368
ウィリアムズ, R.（宗教家） 73, 147, 219, 367
ウィリアムズ, T.（劇作家） 1106
ウィリアムズ, W. A.（外交史家） 38
ウィリス, C. 379
ウィルソン, A.（劇作家） 1108
ウィルソン, M.（ミュージカル作家・作曲家） 1112
ウィルソン, R.（ネイティブ・アメリカン指導者） 506
ウィルソン, R.（前衛パフォーマンサー） 1114
ウィルソン, T.（企業家） 775
ウィルソン, W. T.（28代大統領） 8, 40, 159, 307, 818, 864
ウィーロック, E. 73

ウィン, S. 1086
ウィンスロップ, J. 8, 35, 205, 367
ウィンフリー, O. 1004
ウェイン, J. 13, 230, 927
植木枝盛 1167
ウェクター, D. 848
ウェストン, E. 1057
ウェッソン, C. 890
ウェーバー, A. L. 1114
ウェーバー, M. 343, 399
ウェブスター, N. 824, 1001
ウェブレン, T. 977, 888
ウェルズ, H. G. 136, 373
ヴェンター, J. 453
ヴェンチューリ, R. 945
ウォーカー, A.（小説家・詩人） 611, 1066, 1130
ウォーカー, H.（写真家） 1164
ウォーカー, W.（冒険家・革命家） 109
ウォグスタッフ, S. 1061
ヴォーゲル, E 1164
ウォズニアック, S. 1015
ウォーターズ, A. 898
ウォード, L. 385
ヴォネガット・Jr.,K. 996, 1127
ウォーホル, A. 1049
ウォーラーステイン, I. 8
ヴォルカー, P. A. 51, 653
ウォルフォウィッツ, P. 117, 128
ヴォルマン, W. T. 379
ウォレス, H. A. 994
ウォレン, E.（最高裁判事） 164, 271
ウォレン, R. P.（小説家・詩人） 376, 848
牛島謹爾（ジョージ・シマ） 1151
ウースター, S. A. 73
内村鑑三 1145, 1168
ウッド, R. 712
ウーリー, A. 1108
ウリー, D. 743
ウルジー, J. 28
ウルフ, E.（文化人類学者） 396
ウルフ, G.（ファンタジー作家） 1132
ウルフ, T.（小説家） 1128, 1129
エア, C. 501
エイキンズ, T. 1056
エイジー, J. 1059
エヴァンズ, W. 1059
エーヴリー, O. T. 418
エキンズ, P. 888
エグルストン, W. 1061
エジソン, T. A. 136, 155, 626, 658, 659, 660, 746, 902, 844, 845, 910, 911, 1089
エステス, R. 1051

エステファン, G. 535
エダール, G. 1071
エディ, M. B. 360, 934
江藤淳 1184
エドワーズ, J. 344, 346, 355, 368
榎本武揚 1167
エマソン, R. W. 206, 346, 361, 370
江利チエミ 1178
エリオット, J. (宗教家) 73
エリオット, T. S. (詩人・批評家) 374
エリクソン, S. 379
エリス, B. E. 379
エリソン, R. 85, 376
エーリック, A. & P. 213
エリントン, D. 1120
エルー, P. L. 740
エルロイ, J. 1131
エルンスト, M. 1046
エンブリー, J. 395
オーウェル, G. 1015
大田昌秀 1203
大槻文彦 1145
大平正芳 1202
大宅壮一 1174
岡倉天心 (覚三) 1145, 1160
オキーフ, G. 224
オグバーン, W. F. 388
小栗豊後守 1141
オコナー, F. (小説家) 376
オコナー, S. (最高裁判事) 263
オサリヴァン, J. L. (ジャーナリスト) 37, 371
オサリヴァン, T. (写真家) 1056
オージック, C. 1131
オースター, P. 379
オズボーン, J. 1107
オーソン, G. 744, 745
小田 実 14
オチョア, S. 418
オデッツ, C. 543, 1105, 1106
オーデュボン, J. J. 206
オニール, E. (劇作家) 375, 1104
オニール, T. (政治家) 274
オノ, Y. 1050
オノト・ワタンナ 1160 ⇒イートン, W.
オーベルト, H. 672
オッペンハイマー, F. 471
O. ヘンリー 374
オーリック, J. A. 1140
オルコット, B. 346
オールデン, J. 423
オルデンバーグ, C. 1049
オールドフィールド, B. 902
オルドリン, E. 676
オールビー, E. 1107
オルモス, E. J. 535
オロスコ, G. 1052

●カ行

カー, C. 445
カアフマヌ 75
カイン, P. B. 1162
カーヴァー, C. M. (方言学者) 830

カーヴァー, R. (短編作家・詩人) 378, 1129
ガーヴェイ, M. 556
カウンツ, G. 426
ガガーリン, J. 675, 776
カークランド, L. 574
カザン, E. 1106
ガーシュウィン, I. (作詞家) 1110
ガーシュイン, G. (作曲家) 543, 1110, 1120
柏木雄介 51
カスター, G. A. 501
カストロ, F. 534
カーソン, R. 210, 886, 996
カーター, J. 23, 43, 168, 210, 364, 459, 608, 724, 818, 886
カッター, C. 479
カッペルホフ, D. 543
カーティス, T. 540
カーディナー, A. 394
ガーテン, J. 13
カードーゾ, B. J. 263
ガードナー, A. (写真家) 1056
ガードナー, J. (小説家) 1129
ガードナー, L. (歴史家) 38
カトリン, G. 206, 208
金丸信 1202
ガーニー, D. 907
カニンガム, I. 1058
カーネギー, A. (企業家) 83, 156, 479, 739, 746, 762
カーネギー, D. (著述家・演説家) 362
ガーバー, H. 614
カプラン, M. 540
カプロー, A. 1048, 1049
カプロウィッツ, D. 886
カーペンター, K. 926
カポーティ, T. 376, 1128
カポネ, A. 625, 843
カーマイケル, S. 596
カミングズ, e. e. 375
カミングス, S. 54
亀井俊介 1167
カメハメハ4世 1141
ガーランド, H. 372
カリフィア, P. 610
カルザイ, H. 125
ガルシア, A. 535
カールソン, C. 669
ガルブレイス, J. K. 889
カルフーン, J. C. 18, 383
カレン, H. (哲学者) 487
カレン, M. (企業家) 713
カローザース, C. (教育者) 1145
カローザース, W. H. (化学者) 660, 746
カーン, A. (新聞編集者) 540
カーン, E. J. (著述家) 1164
カーン, E. J. (建築家) 940
カーン, H. (核戦略家・未来学者) 48
カーン, J. (作詞家・作曲家) 543, 1110
ガーンズバック, H. 662, 375

カンター, E. 543
キー, F. S. コラム
ギアーツ, C. 397
キージー, K. 377, 1013, 1127, 1128, 1145
岸信介 1199
岸田吟香 1145
キダー, M. E. 1145
キッシンジャー, H. A. 21, 88, 267, 305, 543, 1098
キーフ, W. J. 1098
ギブソン, W. 378, 1015, 1131, 1165
キャザー, W. 375
ギャス, W. H. 1127
ギャストン, L. 626
ギャディス, W. 378
キャノン, J. G. 274
キャパ, R. 1060
キャプテン・クランチ 1014
キャプラン, R. 813
ギャラティン, A. 750
ギャラハー, H. 638
キャリアー, W. H. 916
ギャリソン, W. R. 154
ギャレット, P. 843
キャロル, J. 1132
キャンベル, W. G. 462
キューブリック, S. 1013, 1132
キュラス, H. 830
ギルバート, C. (建築家) 940
ギルバート, H. (探検家) 180
ギルピン, L. 1058
ギルブレス夫妻 403
キーン, D. 1163
キーン, E. 1104
キング, B. J. (テニス選手) 1077
キング, M. (フェミニズム運動家) 603
キング, M. L., Jr. (牧師・黒人運動家) 6, 166, 352, 518, 570, 594, 595, 598, 848
キング, S. (小説家) 1005, 1128, 1132
キングストン, M. H. 379, 551, 1130
キング夫人⇒キング, B. J.
ギングリッチ, N. 274, 458, 468
キンケイド, J. 1131
ギンズバーグ, A. 377, 543
クィンビー, P. P. 361
クーヴァー, R. 1127
クシュナー, T. 1108
クシュマン, P. 929
グッドイナフ, W. 396
グッドイヤー, C. 740
グッドマン, B. 1121
グッドリッチ, B. F. 746
クーパー, J. F. 370
クープ, C. E. 628
クームズ, C. 51
グライス, H. 814
クライスラー, W. P. 903
クライトン, M. 1005, 1165
クライン, W. 1060

人名索引——1459

クラウス，R. 743
クラーク，W.（探検家） 184
クラーク，W. S.（教育者） 1145, 1168
クラクストン，P. P. 423
グラックマン，M. 397
クラプトン，E. 1119
クラベル，J. 1164
クランシー，T. 1005
グランジ，R. 1071
グラント，M. 137
クーリー，C. H. 387
クリーガー，H. 1113
グリシャム，J. 1005
クリスチャンセン，W. 670
クリストル，I. 458
グリーンスパン，A. 51, 654, 705
クリック，F. 418
グリックマン，L. B. 882
クーリッジ，C.（30代大統領） 160, 968
クーリッジ，W. D.（物理学者） 660
グリフィス，D. W.（映画監督） 1091
グリフィス，W. E.（教育者） 1145, 1159
クリフォード，J. 398
グリーン，M. 1075
クリントン，B.（42代大統領） 4, 6, 24, 27, 30, 43, 116, 121, 169, 211, 271, 282, 288, 419, 452, 575, 580, 608, 628, 719, 725, 782, 797, 1203
クリントン，H.（大統領夫人） 270
グリンバーグ，C. 1048
グルーエン，V. 887
クルーガー，B. 1052
クレアム，B. 118
クレイ，H. 274
グレイ，H.（漫画家） 933
グレイ，Z.（小説家） 230
グレイヴズ，M. 946, 947, 1041
クレイグ，J. 921
クレイン，E.（ケイトー研究所創立者） 458
クレイン，S.（小説家・ジャーナリスト） 157, 373
クレヴクール，J. H. 487, 523, 527
グレーザー，N. 488
クレーマー，L. 1108
グレン，J. 233, 675
クロウリー，J. 1132
クロケット，D. 840, 856
黒沢明 1164
グロージンズ，M. 292
クロース，C. 1051
クロスビー，B. 870, 1120
クロノン，W. 205
クローバー，A. 394
グロピウス，W. 941, 943
グワスミイ，C. 946
クーンズ，J. 1052
ケイ，A.（コンピュータ・エンジニア） 1015
ケイ，D.（俳優） 540
ゲイ，P. 178

ゲイツ，B. 454, 661, 670, 1015
ケインズ，J. M. 48, 889
ケーガン，R. 130
ケージ，J. 1048, 1050
ゲステットナー，S. 1033
ケーゼピア，G. 1058
ゲッパート，R. 276
ゲティ，J. P. 472, 455
ゲディーズ，N. B. 1031, 1032, 1034
ケナン，J. 19, 1198
ケネディ，J.（大統領夫人） 1068
ケネディ，J. F.（35代大統領） 4, 13, 21, 43, 89, 165, 167, 968, 308, 309, 561, 581, 602, 675, 773, 776, 886, 1027
ケネディ，R. F.（政治家） 270, 598
ケーポア，M. 1016
ケリー，M. 1053
ゲリー，E. 271
ゲーリー，F. O. 948
ケルアック，J. 377, 1126
ゴア，A., Jr. 5, 116, 576, 1017
小泉純一郎 1204
小泉八雲 373
コウィンスキー，W. 887
コーエン，S. 418
コグリン，C. 542
コスース，J. 1051
ゴダード，R. H. 672
コーツ，R. 1046
コットン，J. 343
コッポラ，F. F. 991
コーディ，W. F. 841
ゴーディ，J. 1122
コート，A. 604
ゴードン，M. 486
コナリー，J. 51
コーハン，G. M. 1104
コフィン，B. 1137
ゴーブル，J. 1145
コモ，P. 1121
コモンズ，J. R. 327
コリンズ，M. 676
コール，T. 1044
ゴールデン，A. 1165
コルト，S. 761
コールドウェル，L. 203
ゴールドウォーター，B. 607, 1027
ゴールドマン，S. N. 663
ゴールドラット，E. M. 1191
コール，N. K. 1121
ゴルバチョフ，M. 24
コールマン，C. 1112
コロンブス，C. 145, 511
コーン，H.（映画製作者） 1089
コーン，H.（歴史家・著述家） 36
コーンウェル，P. 1005
ゴンザレス，R. 533
ゴンザレス＝トレス，F. 1053
ゴンパーズ，S. 156, 567
コンラッド，F. 975, 664

●サ行
蔡國強 1052

サイデンステッカー，E. G. 1163
サイード，E. 137, 398, 563
サイモン，H.（経済学者） 404
サイモン，N.（劇作家） 543, 1107
サーヴィス，E. 395
佐伯彰一 1171
サカジャウェ 184
坂本竜馬 1167
佐々木指月 1160
サザランド，I. 1014
サージェント，J. 73
サッター，J. A. 524
ザナック，D. 1090
サピア，E. 394
サマーズ，L. 102
サムナー，W. G. 384
サーリネン，E.（デザイナー・父） 1037
サーリネン，E.（デザイナー・子） 1037
サリンジャー，J. D. 377
サーリンズ，M. 395
サーレ，D. 1051
サローヤン，W. 1105
ザングウィル，I. 487, 527
サンダー，S. 1014
サンタヤナ，G. 351
サンドバーグ，C. 375
ジェイ，J. 346
ジェイコブス，H. A. 371
ジェイコブスン，M.（小説家） 379
ジェイコブソン，M.（公益科学センター代表） 920
シェイズ，D. 151
ジェイムズ，W.（哲学者） 157, 348, 349
ジェイムズ，H.（小説家） 346, 350, 372
ジェイムズ，J.（アウトロー） 856
シェパード，A.（宇宙飛行士） 675, 776
シェパード，S.（劇作家） 1108
ジェファソン，T.（3代大統領） 37, 150, 151, 172, 174, 182, 206, 279, 275, 307, 344, 369, 478, 513, 838
ジェフォード，J. M. 282
シェルトン，H. H. 277
ジェンクス，C.（社会学者） 445
ジェンクス，C.（建築家） 1041
ジェーンズ，L. L. 1168
シーグフリード，A. 845
重光葵 1199
シスネロス，S. 1130
シッティング・ブル 852
シマ，G. 1151 ⇒牛島謹爾
島田晴雄 14
清水幾太郎 1175
シムキン，L. 1002
シモンズ，D. 1132
ジャーヴィス，A. 864
シャーウッド，R. 1105
シャカフスキー，J. 1060
釈宗演 1160
ジャクソン，A.（7代大統領） 18, 153, 184, 841

ジャクソン, W. H.（写真家・画家） 1056
ジャッド, D. 1050
ジャドソン, A. 75
シェパード, A. B. 776
シャピーロ, I. 543
シャフ, P. 525
シャルコー, J.-M. 929
シャーン, B. 1059
シュスター, M. 1002
シュナイダー, D. 397
シュナーベル, J. 1051
シューベルト3兄弟 1104
シュラフリー, P. 607
ジュリアーニ, R. 332
シュルツ, C. 929
シュレジンガー・ジュニア, A. 6, 352
シュレーディンガー, E. 418
シュワルツ, B. 541
シュワルツェネガー, A. 927
ショー, W. 906
ショア, J. 889
蔣介石 79
松旭斎天一 1172
ショパン, K. 373
ジョブズ, S. 661, 670, 1015
ジョプリン, J.（歌手） 1014, 1063, 1124
ジョプリン, S.（作曲家・ピアニスト） 1119
ジョルソン, A. 543
ジョーンズ, B.（ゴルフ選手） 1071
ジョーンズ, C.（アメフト選手） 924
ジョーンズ, J.（画家・彫刻家・版画家） 1048
ジョンソン, A.（17代大統領） 37, 281, 1144
ジョンソン, L.（36代大統領） 43, 166, 167, 276, 288, 292, 308, 570, 595, 755, 886, 1027
ジョンソン, P.（建築家） 939, 942
ジョンソン, R. W.（企業家） 455
ジョン万次郎 219 ⇒中浜万次郎
シーラー, C. 1059
シラード, L. 412
シール, B. 596
シルコウ, L. M. 501, 612, 1131
シンクレア, U. 157, 372
シンセキ, E 1150
スーアード, W. 38
スウィーニー, J. 575
ズーカー, A. 1089
スカーリー, V. 959, 960
スカント 853
スクールクラフト, H. 851
スコット, M. M. 1145
スース, R. 670
鈴木善幸 1202
鈴木大拙 1160
スタイケン, E. 1056, 1060
スタイネム, G. 603, 1068
スタイン, G. 374
スタインベック, J. 5
スターリング, B. 1016

スターローン, S. 927
スターン, I.（バイオリニスト） 543
スターン, R. A. M.（建築家） 946
スチュアート, M. 1004
スティーヴンス, T. 271, 273
スティーグリッツ, A. 544, 1045, 1056
スティルウェル, C. 663
ステュワード, J. 395
ストウ, H. B. 154, 371, 1001
ストライカー, R. 1059
ストライザンド, B. 543
ストラウブ, P. 1132
ストランド, P. 1057, 1058
ストローマン, S. 1115
ストロング, J. 75
ストーン, W. J. 176
スナイダー, V. J. 1164
ズナニエツキ, F. 387
スピヴァック, G. C. 612
スピルバーグ, S. 540, 1090
スペリングス, M. 305
スペンサー, H.（哲学者） 156, 348, 383
スペンサー, P. L.（発明家） 916
スミス, A.（経済学者・哲学者） 888
スミス, B.（歌手） 1120
スミス, D.（彫刻家） 1048
スミス, E.（写真家） 1060, 1061
スミス, J.（宗教家） 358
スミス, J. S.（作曲家・音楽学者） コラム
スミス, T.（彫刻家） 1048
スミッソン, J. 465
スミッソン, R. 1050
スモール, A. 386
スレーター, S. 657
セジウィック, E. K. 610
セルデン, G. B. 903
先崎如幻 1160
ソービー, H. C. 738
ソロー, H. D. 85, 206, 208, 346, 370
ソンドハイム, S. 1113
孫文 563
ソンタグ, S. 1061

●タ行
ダイ, T. 294
タイラー, E. 393
ダーウィン, C. 347, 371, 383
ダヴンポート, J. 343
高木徳子 1172
高野広八 1159
高橋是清 1145
ダガンウィダ 345
ダグラス, F.（奴隷解放運動家・著述家） 371, 513
ダグラス, M.（社会人類学者） 397
田嶋伸博 905
ダスタン, H. 368
ターナー, F. J.（歴史家） 40, 188, 223, 939
ターナー, V.（文化人類学） 397

ダニエル, G. 1115
ダニエレブスキー, M. 379
ダーニング, A. 887, 890
ターノフ, P. 28
タフト, W. H. 159, 298
タブマン, H. 513
ダブルデイ, F. N. 1005
玉虫左太夫 1141
ダリ, S. 1046
タルボット, S. 458
ダレス, J. F. 20, 88, 165, 1198
タン, E. 612, 1130
ダンカン, D. D. 1164, 1060
タンギー, Y. 1046
チェイキン, J. 1107
チェイニー, D. 24, 128, 282
チェンバレン, B. H. 1159
チザム, S. 611
チャイルド, L. M. 894, 370
チャオ, E. 552, 576
チャップマン, D. 1037
チャップリン, C. 684
チャベス, C. 533, 570
チャンドラー, A. 681
チャンピオン, G. 1113
チョート, R. 174
チョムスキー, N. 139
チルトン, J. 841
チン, F. 551
ツィオルコフスキー, K. E. 672
ツイギー 1066
津田梅子 11
デ・アンドレア, J. 1051
デイ, D. 540
デイヴィッドソン, A.（エンジニア） 908
デイヴィッドソン, W.（エンジニア） 908
ディオンヌ, E. J. 457
ディキンスン, E.（詩人） 371
ディキンソン, J.（政治家） 176
ティーグ, W. D. 1031, 1032
ディクソン, T. 137
ディザルヴォ, F. 745
ティシュ, L. A. 970
ディズニー, W. 1082, 1086
ディック, P. K. 378
ティテュバ 135
ディーテル, W. 462
テイト, A. 376
ディドリクソン, M. 1071
テイモア, J. 1115
テイラー, F. W.（エンジニア） 400, 402, 403, 684, 692, 1031, 1191
テイラー, J.（シンガーソングライター） 1124
ディラン, B. 1124
デイリ, M. 604
ティルデン, W. 1071
ディレイニー, S. 378
ディーン, J. 1122
ディンゲル, J. 271
デ・クーニング, W. 1046
デジェネレス, E. 619
デ・ソート, H. 145

テニー, T. G. 369
デ・パルマ, B. 1132
デ・マリア, W. 1050
デーマン, S. 1139C
デューイ, J.（哲学者・教育学者） 157, 350
デューイ, M.（司書） 479
デュカキス, M. 1028
デューク, J. 626
デュシャン, M. 1044
デュ・ボイス, W. E. B. 5, 516
デュラント, W. C. 624, 902
デュルケム, E. 394
テューン, T. 1113
テラー, E. 416
デラノ, J. 1140
デリー, M. 1017
デリシ, C. 418
テリー, L. 627
デリーロ, D. 378
デル・トロ, B. 535
デルブリュック, M. 412
デロリア, V., Jr. 506
デン, F. M. 457
デンプシー, J. 1071
ドゥウィット, J. L. 1152
トウェイン, M. 157, 198, 372, 842, 993
トゥーマー, J. 375
トクヴィル, A. de. 11, 85, 380, 382
徳富蘇峰 1170
ド・グラフ, R. F. 1002
トスカーニ, O. 1025
ドス・パソス, J. 375
トニー谷 1182
トーマス, W. I. 387
トムソン, C. 176
ドライサー, T. 157, 235, 372, 374
トラスク, G. 626
トールキン, J. R. R. 1127
ドルフマン, A. 44
トルーマン, H. S. 19, 43, 88, 163, 287, 302, 1156
トレガスキス, R. 1162
ドレフュス, H. 1031, 1032, 1036
トロウ, M. 440, 442
ドワイト, T. 344
トンプソン, H. S. 1128

●ナ行
ナイ, J. 32
ナウマン, B. 1051
永井荷風 1169
中岡慎太郎 1167
中曽根康弘 1202
中浜万次郎 219, 1138, 1167 ⇒ジョン万次郎
ナスト, C.（出版業者） 994
ナスト, T.（画家・漫画家） 865, 869, 993
ナッシュ, J. 617
ナボコフ, V. 377
新島七五三太 1145
新見豊前守正興 1141
ニクソン, R. 22, 167, 282, 293, 302, 305, 306, 309, 874, 886, 1027, 1201
ニーダム, R. 397
ニッツ, P. 19
新渡戸稲造 1145, 1160
ニーバー, R. 352
ニュートン, I. 346
ニュートン, H. 596
ニューハウス, S. 345 コラム
ニューホール夫妻 1057
ニューマン, B. 1048
ニレンバーグ, M. 418
ネイサン, M. 884
ネイラー, G. 379
ネーサン, G. J. 1105
ネシャット, S. 1052
ネスル, M. 920
ネーダー, R. 581, 886
ネフ, W. 1061
ネルソン, G. 1037, 1038
ノイス, E. 1037
野口英世 410
ノトキン, D. 1068
ノーマン, D.（写真家） 1057
ノーマン, M.（劇作家） 1108
ノーランド, K. 1048
ノリス, F. 157, 372, 374

●ハ行
バー, A. H. 940
ハイアット, J. W. 740
ハイアワサ 345
パイク, N. J. 1050
ハイザー, M. 1050
ハイン, L.（写真家・教育者） 1058
ハイン, T.（著述家） 1038
パウエル, C. 5, 128, 1115
ハウエルズ, W. D. 372, 993
パウンド, E. 374, 1160
バエズ, J. 1063, 1124
パーカー, T.（牧師・奴隷制廃止論者） 346
パーカー, C.（ジャズ奏者） 1121
パーク, E. 345
バーグ, P. 418
パーク, R. 237, 387
バーグステイン, C. F. 459
パークベック, G. 476
パーク=ホワイト, M. 1058
ハーシー, J. 1162
橋本龍太郎 33, 1203
ハ・ジン 552
バース, J. 378, 1127
パース, C. S. 348
パスキア, J.-M. 1052
ハスタート, D. 274
ハースト, W. 624, 791
ハーストン, Z. N. 376, 1130
パーセルミ, J. 1127
パーソンズ, T. 388
バーチフィールド, C. 1045
ハチンソン, A. 147, 219, 367
ハッカー, A. 6
パッカード, D. 455
バック, P. 376, 549
バッツ, R. F. 426
パットナム, F. W. 1082
パップ, J. 1108, 1113
バッファロー・ビル 230, 841, 852, 1109
ハディド, Z. 948
バーディーン, J. 740
ハーディング, W. G. 160
バーデン, C. 1051
ハート, B.（短編小説家） 993
ハート, P.（ゲイ解放運動家） 616
ハート, P. A.（政治家） 886
ハドソン, R. 618
鳩山一郎 1198
バトラー, O.（小説家） 379
バトラー, J.（フェミニズム・ジェンダー研究家） 610
バートン, C. 84
バーナード, C. I. 404
バーナム, P. 1109
バニアン, P. 856
馬場辰猪 1167
バーバー, B. 1085
ハーバーグ, W. 527
ハーバート, V. 1110
パーベック, G. 476
ハマースタイン, O., Jr. 543, 1110, 1111
浜田彦蔵 1167
ハーマン, A.（政治家） 575
ハーマン, J.（作曲家） 1112
バーマン, S. N. 1105
ハミルトン, A. 151, 346
ハモン, B. 371
ハヤカワ, S. I. 493, 1156
早川雪洲 1160, 1161, 1162
パラ, J. H. 1145
ハリー, P. 1052
ハリス, C.（作詞・作曲家） 1117
ハリス, M.（文化人類学者） 396
ハリス, T.（小説家） 1131
ハリス, W.（哲学者・教育者） 347
パーリとミーンズ 684
バーリン, I. 543, 870, 1120, 1112 ⇒ベルリン
パリントン, V. L. 838
ハリントン, M. 570
パール, R. 117, 458
バルーク, B. 287, 413
パルーディ, N. 458
ハルバースタム, D. 6
ハーレー, B.(W.) 908
バーロー, J. 1016
バロウズ, L.（写真家） 1061
バロウズ, W. S.（小説家） 377, 1126
ハロウン, R. 905
バローズ, E. R. 1005
バローズ, T. 845
パワーズ, R.（小説家） 379
パワーズ, T.（小説家） 379
パワーズ, F. 1164
ハワード, S. 1105
ハーン, L. 373, 1159 ⇒小泉八雲
ハンクス, T. 617

バンクロフト, G. 838
ハンコック, J. 176
バーンズ, A. 51
バーンスタイン, L. 543, 1111
ハンソン, D. 1051
ハンティントン, H. E.（企業家） 479
ハンティントン, S. P.（政治学者） 39
ハント, P. 933
バントライン, N. 230, 842
バンネル, P. 1061
ハンフリー, H. 570
ピアシー, M. 379
ピアシュタット, A. 472
ピアス, A. 372
ピアリー, R. E. 870
ビジャ, P.（F.） 113
ピーターソン, E. 602, 886
ビーチャー, C. 894
ピックフォード, M. 933
ヒッチコック, H.-R. 941
ビーティ, A. 1130
ピュー, J. 455
ヒューズ, G.（エンジニア・企業家） 912
ヒューズ, H.（社会学者） 383
ヒューズ, L.（詩人・短編小説家・劇作家） 375
ヒューストン, W. 1119
ヒューム, D. 888
ピューリツァー, J. 791, 991
ビリー・ザ・キッド 843, 856
ヒル, A. 611
ピール, C. W. 464, 1047
ピール, N. V. 362
ヒル, A. 907
ピンチョン, T. 138, 378, 1127, 1128
ビン・ラディン, O. 117, 124, 134
プア, H. V. 685
ファイアストーン, H.（企業家） 845
ファイアストーン, S.（フェミニズム研究家） 604
ファイス, D. 117
ファイロ, D. 1026
ファスティン, D. 884
ファーマー, F. 894, 1004
ファローズ, J. 1165
フィスケットジョン, G. 1129
フィッツジェラルド, S. 137, 375, 994
フィッツヒュー, G. 383
フィニー, C. G. 359
フィルモア, M. 1141
フィンク, M. 856
フーヴァー, H.（31代大統領） 84, 160, 287, 298, 462, 896, 1032
フーヴァー, J. E.（FBI局長） 331
フェイブル, E. 843
フェイヨール, H. 400
フェノロサ, E.（東洋美術研究家・教育者） 1145, 1159
フェノロサ, M.（小説家・詩人）

フェラー, M. 1037
フエンテス, C. 113
フォアマン, R. 1107
フォークナー, W. 375, 376
フォーゲル, R. W. 483
フォスター, C.（小説家） 369
フォスター, S.（作曲家） 1117
フォックス, W. 1089
フォッシー, B. 1113
フォーティ, A. 1035
フォード, G.（38代大統領） 168, 298, 606
フォード, H.（企業家） 10, 160, 454, 542, 624, 691, 845, 885, 902, 1031
フォード, J.（映画監督） 231
フォーリー, T. S. 274
フォールウェル, J. 117, 118, 364
フォレスタル, J. 19, 674
フォーンズ, T. 852
フォンダ, J. 926
フォン・ノイマン, J. 1012
フォン・ブラウン, W. 665, 673, 674
ブキャナン, J. 1142
福沢諭吉 1143, 1168
フーコー, M. 398
ブコウスキー, C. 1127
ブース, E. 1104
フセイン, S. 115, 128
フックス, B. 611
ブッシュ, G. H. W.（41代大統領, 父） 24, 27, 30, 43, 44, 128, 168, 298, 365, 1028
ブッシュ, G. W.（43代大統領, 子） 5, 25, 34, 44, 117, 121, 127, 134, 169, 213, 365, 419, 576, 607, 679, 724, 726, 735
ブッシュ, V.（電気技師・発明家） 412
ブッシュネル, H. 347
フラー, B. 1039
フラー, M. 346
ブライアン, W. 157
ブライアント, A. 616
プライス, J. 423
フライヤー, T. 904
ブラウアー, D. 580
ブラウン, A.（小説家） 1165
ブラウン, C. B.（小説家） 370
ブラウン, H.（政治家） 1202
ブラウン, J.（歌手） 1124
ブラウン, J.（奴隷解放運動家） 154
ブラウン, L.（ワールドウォッチ研究所創立者） 462
ブラウン, R. M.（レズビアン解放運動家） 609
ブラウン, R.（宣教師） 1145
ブラウン, W. H.（詩人・小説家・随筆家・劇作家） 369
プラス, S. 377, 934
ブラックバーン, A. 943
ブラッテン, W. 740
ブラッドフォード, W. 73, 205

ブラッドベリ, R. 997
プラトカニス, A. 1024
フランク, R. 1060, 1061
フランクファータ, F. 263
フランクリン, A.（歌手） 474
フランクリン, B.（政治家・著述家・科学者） 172, 343, 345, 368, 475, 523, 1020
フランクリン, C. B.（エンジニア） 908
フランゼン, J. 1132
ブランダイス, L. D. 263, 544
ブランド, M.（俳優） 1122
ブランド, M.（小説家） 230
ブランド, S.（編集者） 1014, 1041
フリーア, C. 465
ブリガン, A. 140
ブリグマン, A. 1058
フリーダン, B. 602, 609, 876, 1065
フリードキン, W. 617
フリードマン, M. 49, 462
フリードランダー, L. 1061
フリーマン, D. 394
フリムル, R. 1110
ブリーン, J. 1090
プリンス, H. 1112
ブール, G. 349
ブルッキングズ, R. 457
ブルデュー, P. 398
フルトン, R. 136, 762
フルブライト, J. W. 14 15
フルベッキ, G. 1168
ブルーム, A.（哲学者） 494
ブルーム, S.（興行師） 1082
フレイヴィン, D. 1050
フレイザー, N. 605
ブレイナード, D. 73
ブレジネフ, L. I. 23
プレスリー, E. 13, 1122
フロイト, S. 929, 399
ブロックマイヤー, H. 347
ブロドヴィチ, A. 1060
フロム, E. 540, 889
ブーン, D. 854
ヘイ, H. 615
ヘイ, H. 38
ペイ, I. M. 474
ペイジ, P. 1121
ヘイズ, W. H. 1090
ヘイダック, J. 946
ペイティ, A. 378
ベイトソン, G. 1011
ヘイル, G. C.（興行師） 1098
ヘイル, S. J.（著述家・編集者） 868
ペイン, T. 150, 1000
ベークランド, L. 740
ベケット, S. 1107
ベスカ, B. 1015
ヘスパイパー, S. 926
ベソス, J. 1027
ベッカー, C. 173
ベック, G. 927
ベック, G. 1037
ベックリー, J. J. 478
ヘッセ, E. 1050

ベッセマー, H. 739
ヘドストレム, O. 908
ベネット, M.(演出家・振付師) 1113
ベネット, W.(政治家) 494
ベネディクト, R. 393, 1163
ヘボン, J. C. 1145
ヘミングウェイ, E. 374, 375, 1129
ヘミングズ, S. 839
ベラスコ, D. 1160
ベラミー, E.(小説家) 888
ベラミー, J.(神学者) 344
ベリー, C. 1122
ペリー, M. C.(軍人) 219, 1140
ペリー, W.(政治家) 32
ヘリング, K. 1051
ベル, (A.) G. 781
ベルスキ, P. 944
ヘルダー, J. 399
ヘルマン, L. 543, 1106
ヘルムズ, J. 33
ベルリン, I. 1112 ⇨ バーリン, I.
ペーレンス, J. 1032
ベロー, S. 377, 543
ペロシ, N. 276
ペン, I.(写真家) 1060
ペン, W.(宗教指導者・植民地開拓者) 358, 556
ペングリス, L. 1050
ベンサム, J. 1087
ベンダー, C. 453, 419
ヘンダーソン, F.(ジャズ奏者) 1121
ヘンダーソン, L. J.(生化学者) 404
ヘンダーソン, W.(エンジニア) 908
ヘンディー, G. W. 908
ヘンドリクス, J. 474, 1124, 1014
ベントン, T. H. 1046
ベンハビブ, S. 605
ヘンリー, J. 465
ポー, E. A. 370
ボアズ, F. 392, 544
ホアン, D. H. 379, 1108
ホイッスラー, J. A. M. 1158
ホイットニー, E.(発明家) 513, 689, 761
ホイットニー, W. C.(教育者) 1145
ホイットフィールド, G. 344
ホイットマン, M.(宣教師) 185
ホイットマン, W.(詩人) 370, 1142, 1159
ホイトニー, P. 519
ボイヤー, E.(女性解放運動家) 608
ボイヤー, H.(分子生物学者) 418
ボウルズ, P. 374, 377, 1127
ポカホンタス 146
ポーク, J. 458
ホークス, J. 378
ホーズ, H. 1054
ホーソーン, G.(社会学者) 381
ホーソーン, N.(小説家) 370
ポーター, C.(作曲家) 1110
ポーター, E. H.(小説家) 933
ポック, J. 1112
ポッター, D. 888
ホッパー, E. 1046
ホップス, T. 345
ボードリヤール, J. 889
ホートン, W. 1145
ポニー, W. H. 842
ポープ, H. 927
ホフ, M. T. 64
ホプキンス, S. 344
ホフマン, W. M.(劇作家) 1108
ホフマン, S. 33
ホフマン, H.(画家) 1046
ボーム, L. F. 374
ホームズ, C. F.(社会学者) 383
ホームズ, O. W.(医師・著述家) 1055
ホメイニ, A. R. 122
ポリアンナ 933
ホリデイ, B. 1121
ボリーバル, S. 109
ホリングシェッド, R., Jr. 1095
ホール, C. M.(化学者) 740
ホール, E.(文化人類学者) 813
ホール, J.(エンジニア) 907
ポール, A. 606
ホルツァー, J. 1052
ホルト, H. 1005
ホルブルック, C. 30
ポロック, J. 1046
ボロフスキー, J. 1051
ホワイト, C.(写真家) 1058
ホワイト, D.(反ゲイ運動家) 618
ホワイト, H.(経済学者) 48
ホワイト, L.(文化人類学者) 395
ホワイティング, J. 394
ボーン, R. 374, 488

●マ行

マイエロヴィツ, J. 1061
マイダンス, C. 1059
マイブリッジ, E. 1056
マイヤー, R. 472, 946
マッカーティー, H. 843
マカティア, E. 118
マカロック, W. 1012
マーカンド, J. 1162
マキナニー, J. 1165, 1129
マキャフリイ, L. 378
マキャモン, R. R. 1132
マクガフィー, W. 431
マクスウェル, J. 974
マクダーモット, G. 1112
マクドナルド, R. 1139
マクルーハン, M. 1013
マコ 550 ⇨ 岩松信
マコーミック, R. 986
マコーレフ, C. 779
マザー, C. 355, 367, 368
マザー, I. 355, 622
マーシャル, G. C.(政治家) 87
マーシャル, J.(法律家・最高裁長官) 264, 286
マーシャル, P.(小説家) 379
マーシャル, T.(判事) 263
マーシャル, W.(政治家) 459
マーシュ, J. 350
マスコーニ, G. 618
マスターズ, E. L. 375
マチューナス, G. 1050
松尾和子 1178
マッカーサー, D.(軍人) 12, 1198
マッカーサー, J.(企業家) 455
マッカーシー, J. 164, 613
マッカラーズ, C. 376
マッキノン, C. 611
マッキントッシュ, C. 1114
マッキンリー, W. 38, 307
マックラッチー, V. V. 1150
マックレラン, G. 302
マッタ, R. 1046
マディソン, J. 291, 298, 346
マードック, G.(文化人類学者) 394
マードック, R.(メディア企業経営者) 797, 970
マトラック, T. 176
マートン, R. K. 390
マドンナ 13, 1118
マハン, A. T. 38 39, 18
ママディ, N. S. 501
マーメット, D. 1108
マラマッド, B. 543
マリノフスキー, B. 395
マリーン, A. T. 583
マリン, L. M. 533
マルクーゼ, H. 543
マルコーニ, G. 661, 975
マルコム・X 595
マルティ, J. 109
マレー, E.-J. 1056
マレー, D. 1145
マロー, E. R. 979
ブランド, M. 1122
マロン, M. 743
万次郎 1138 ⇨ ジョン万次郎, 中浜万次郎
マンスフィールド, M. 276
マンデヴィル, B. 888
マン・レイ 1059
ミゲル, L. 535
水田三喜男 51
水野広徳 1171
ミース・ファン・デル・ローエ, L. 941, 943
溝口健二 1164
美空ひばり 1182
ミッチェナー, J. 1164
ミッチェル, A.(レズビアン犯罪者) 619
ミッチェル, M.(小説家) 376, 1005
ミード, G. H.(社会学者) 387
ミード, M.(文化人類学者) 393
ミトニック, K. 1014
ミーニー, G. 567
ミネタ, N. 552, 1156
宮崎一雨 1171
ミュア, J. 207, 208

ミラー，A.（劇作家） 377, 543, 854, 1105, 1106
ミラー，H.（小説家） 377
ミラー，W.（宗教家） 355
ミルク，H. 618
ミルズ，C. W.（社会学者） 390
ミルズ，H.（俳優） 933
ミレー，E. V. 375
ミレット，K. 604 610
ミンツ，S. 396
ミンハ，T. T. 612
ムーア，C.（教育者・ヘブライ学者・詩人） 869
ムーア，C.（建築家） 946
ムーア，C.（企業家） 663
ムーア，M.（映画監督） 139
村垣淡路守範正 1141
村田蔵六 1145
村山富市 1203
室伏高信 1173
メイ，E. T. 874
メイヒュー，T. 73
メイプルソープ，R. 1061
メイヤー，L. B. 1089
メイラー，N. 377, 543, 1129
メドウズ，D. & D. 213
メトカーフ，V. H. 1151
メラメッド，L. 49
メルヴィル，H. 137, 370, 1136, 1138
モイニハン，D. P. 488
モーガン，J. P.（銀行家・金融資本家） 473
モーガン，R.（詩人・著述家・フェミニズム運動家） 604
モーガン，T.（遺伝学者・生物学者） 417, 418
モーゲンソー，H. 352
モース，E. S.（教育者・動物学者） 1145, 1159
モース，S.（発明家・画家） 658
モートン，T. 205
モラーガ，C. 610
森光子 1178
森有礼 1145, 1168
モリス，R. 1050
モリスン，T. 520, 611, 1130
モルガン，L. 393, 395
モーワット，A. C. 1104
モンク，M. 1114
モンロー，H.（詩人・批評家） 376
モンロー，M.（映画俳優） 164, 1068, 1106

●ヤ行
ヤマサキ，M. 1156
ヤマシタ，K. T. 379
屋良朝苗 1201
ヤン，J. 552, 1026
ヤング，B. 359
ユーリディシー 379
ヨーク（黒人奴隷） 184
ヨーク，H.（物理学者） 747
横井小楠 1167
吉田茂 1198

吉野作造 1170

●ラ行
ライオンズ，N. 1061
ライシャワー，E. O. 1201, 1163
ライシュ，R. 575
ライス，C.（政治家） 128, 305, 462, 612
ライス，E.（劇作家） 1105
ライス，T. D.（俳優） 1109
ライト，C.（数学者） 348
ライト，F. L.（建築家） 224, 939, 961, 1159
ライト，R.（小説家） 376
ライト兄弟 771
ラインゴールド，H. 1014
ラウシェンバーグ，R. 1048
ラザースフェルド，P. 389
ラシュコフ，D. 1017
ラストペーダー，E. V. 1165
ラーソン，J. 1115
ラッグ，H. 426
ラッシュ，B. 935
ラッセル，L. 1068
ラドクリフ=ブラウン，A. R. 395
ラーナー，A. J. 1111
ラヒリ，J. 552
ラビン，J. 30
ラフィーバー，W. 39
ラボヴ，W. 830
ラムズフェルド，D. 128
ラモー，L. 230
ラング，D. 1058, 1059
ラングミュア，I 660
ランサム，J. C. 376
ランドルフ，A. P. 570
ランドン，J. 807
リー，A.（宗教家） 355
リー，C.（小説家） 379
リー，H.（軍人・著述家） 18, 1150, 1161, 1171
リー，M.（作曲家） 1112
リー，R. H.（政治家） 172
リー，S.（映画監督） 1090
リアーズ，T. J. J. 889
リアリー，T. 1013
リーヴィット，M. B. 1109
リヴィングストン，R. R. 176
リキテンスタイン，R. 1049
力道山 1180
リグス，S. R. 73
リース，J. 1057
リストン，W. 11
リースマン，D. 445
リーチ，E. 397
リチャーズ，E. 894
リチャード，L. 1122
リッチ，A. 610
リッパート，G. 370
リップマン，W. 544
リード，J. 113
リード，T. 274
リバーマン，A. 1060
リバーマン，J. 5, 542
リーブマン，N. 873

リプリー，G. 346
リプリン，A. M. 457
リベスキンド，D. 948
リーランド，H. 627, 903
リンカン，A. 37, 154, 224, 298, 302, 307, 372, 839, 854, 954
リンジー，N. V. 375
リンチ，D.（映画監督） 1090
リンチ，J.（歴史家） 109
リンド，M. 5
リンドバーグ，C. 160, 771, 846
ルアーク，C. 841
ルイス，J. W.（小説家） 843
ルイス，M.（探検家） 184
ルイス，M.（画家） 1048
ルイス，P.（詩人） 616
ルイス，S.（小説家） 236
ルウィット，S. 1051
ルーカス，G. 1090
ル=グイン，U. K. 378
ル・コルヴュジェ 941
ルーサー，W. 567, 570
ルース，B.（野球選手） 1071, 1072
ルース，H. R.（雑誌発行者・編集者） 42, 995
ルーズヴェルト ⇒ローズヴェルト
ルリア，S. 412
レイナー，M. 379
レイバーン，S. 274
レヴィ=ストロース，C. 397
レヴィット，W. J. 1038
レーガン，R.（40代大統領） 23, 43, 117, 136, 168, 189, 210, 288, 293, 308, 309, 419, 574, 608, 618, 724, 767, 779, 796, 818, 1156
レスリスバーガー，F. J. 404
レッドフィールド，R. 396
レナード，E. 1131
レノン，J. 474
レビ，S. 1014
レビーン，S. 1052
レミントン，F. 472
レムリ，L. 1089
レモン，A. 908
レーン，B. 1112
ロイス，J. 349
ロウ，F. 1111
ロウィ，T. J. 293
ローウィ，R. 1031, 1032, 1033
ローウェル，P. 1159
ローザ，F. 51
ローザック，T. 1014
ロジャーズ，J.（歌手・作曲家） 1120
ロジャーズ，R.（作曲家） 543, 1111
ロジャーズ，W.（演劇） 856
ロジャーズ&ハマースタイン 543 ⇒ロジャーズ，R.，ハマースタイン，O., Jr.
ロス，H.（新聞・雑誌編集者） 996
ロス，P.（小説家） 543, 1126, 1128, 1132
ローズ，B. 1050
ローズヴェルト，E.（大統領夫人） 602, 605

ローズヴェルト，F. D.（32代大統領）
  8, 12, 18, 42, 162, 207, 213, 298,
  305, 307, 309, 287, 322, 412, 517,
  625, 638, 651, 772, 818, 869, 885,
  912, 978, 1152, 1162
ローズヴェルト，T.（26代大統領）
  18, 38, 84, 159, 207, 208, 307,
  825, 842, 1151, 1160
ロスコ，M. 1046
ロスタイン，A. 1059
ロス・ロボス 535
ローゼンブリュート，A. 1012
ローソン，S. 369
ロック，A. L.（批評家・教育者）
  376
ロック，G.（政治家） 553
ロック，J.（哲学者） 173, 345, 381,
  475
ロックウェル，N. 994
ロックフェラー，J. 83, 156, 455,
  473, 624, 718
ロッジ，H. G. 38
ロティ，P. 1160
ロード，A. 610
ロバートソン，P. 364
ロビンズ，T. 1127
ロペス，J. 535
ロビンズ，J. 1112, 1113
ローム，H. 1110
ローランソン，M. W. 367
ローリー，W. 181
ロリマー，G. H. 994
ロルフ，J. 146
ロング，J. L. 1160
ロングフェロー，H. W. 370, 852
ロンシュタット，L. 535
ロンドン，M.（政治家） 539
ロンドン，J.（小説家） 372, 373,
  994
ロンバーグ，S. 1110

●ワ行
ワイエス，A.（画家） 1047
ワイエス，J.（画家） 1047
ワイエス，N. C.（画家） 1047
ワイルダー，T. 375, 1106
若泉敬 1201
ワクテル，P. 890
ワシントン，B. T.（黒人指導者・教育者） 74, 516
ワシントン，G.（初代大統領） 150,
  151, 298, 307, 423, 837, 1020
ワッサースタイン，W. 1108
ワッサーマン，D. 1112
ワトキンズ，C. 1055
ワトソン，J.（遺伝学者） 418
ワトソン，P.（環境保護運動家） 580
ワナメーカー，J. 624
ワーナー4兄弟 1089
ワンダー，S. 1122

図表一覧

5．ドルが支配する世界
図5-1　イギリス所在銀行の非居住者向け取引の通貨別内訳［2000年3月末］
図5-2　世界の資本をかき集めるアメリカ
表5-1　世界の外国為替市場における通貨別比率の推移

6．多国籍企業と貿易
図6-1　対外直接投資残高で見る米国と各地域との関係［1997年］
図6-2　貿易で見る米国と各国・地域の関係［2002年］
図6-3　主要国の対外直接投資残高の推移
図6-4　米国の経常収支と輸出入の推移［1960-2002年］
図6-5　米国を中心とした自由貿易圏・FTAなど［2003年7月時点］
図6-6　米財輸出の国別シェアの推移［1975-2002年］
図6-7　米財輸入の国別シェアの推移［1975-2002年］
表6-1　米国系多国籍企業の海外資産額による世界ランキング［2000年］
表6-2　主要国による財貿易の状況

8．海外援助と財団活動
表8-1　合衆国政府の対外援助額［1945-1959年］
表8-2　合衆国政府非軍事援助の地域別金額・比率
表8-3　合衆国政府非軍事援助の主要受領国
表8-4　合衆国政府経済援助の主要受領国［1997年］

9．グローバリゼーションとアメリカ
図9-1　多国籍企業の売上額と国家のGDPとの対応
表9-1　主要国における化石燃料消費による二酸化炭素の放出量と将来予測

14．アメリカ成立の過程
図14-1　18世紀半ば頃のイギリス植民地におけるエスニック・グループの分布

15．独立宣言の意味
図15-1　ダンラップ版独立宣言［活字印刷，1776年］
図15-2　ストーン版独立宣言［銅板彫，1823年］

16．国土の形成
図16-1　米国の領土の拡大
図16-2　開拓の進展と人口密度の変化
表16-1　領土面積と人口密度

17．地形と気候
図17-1　北アメリカの地形区分
図17-2　合衆国の主要河川と湖
図17-3　北アメリカの気候区分
表17-1　主要都市の月別平年気温と月別平年降水量

18．環境・自然とのかかわり
図18-1　主な国立公園の所在地

20．都市
図20-1　メジャーリーグ・ベースボールの球団立地都市［2003年］

21．人口の動態
図21-1　合衆国への移民の出身地域の推移［1820-1990年］
図21-2　合衆国の人口重心の移動［1790-2000年］
図21-3　合衆国の地域間純人口移動［1980年代］
図21-4　州別人口増加率［1990-2000年］
図21-5　州別人口密度［2000年］
図21-6　合衆国国勢調査［Census 2000］の記入用紙
表21-1　合衆国の総人口の推移［1790-2000年］
表21-2　合衆国のエスニック集団の構成［1990年］

22．合衆国憲法
図22-1　合衆国憲法の原文
図22-2　権利章典の原文

23．合衆国議会
表23-1　上院・下院の常設委員会［2003年108議会］

24．連邦組織と地方政府
表24-1　アメリカ合衆国の省庁［設立順］
表24-2　タイプ別の地方政府の数の変遷［1952-2002年］
表24-3　連邦補助金額の変遷［1950-95年］
表24-4　どこが主たる責任を負うべきかについてのアンケートに対する回答

25．大統領
図25-1　大統領選出のしくみ
図25-2　合衆国政府の行政機構図

26．裁判制度
図26-1　裁判所組織略図
図26-2　刑事陪審裁判の流れ

27．社会保障制度
表27-1　政府による社会保障の対個人移転支払いの推移［種類別］

28．国内治安・犯罪
図28-1　人口10万人当たりの罪種別指標犯罪の発生率の推移［1971-96年］
図28-2　アメリカの死刑執行数の推移［1976-2000年］
図28-3　人口10万人当たりの暴力犯罪の発生率と刑務所拘禁率の推移［1971-96年］
表28-1　州刑務所・連邦刑務所・地方ジェイルに収容された成人受刑者の収容人員と比率［人種別・性別］［1985-95年］

30．アメリカ生まれの宗教
図30-1　合衆国における宗教の主要宗派別推計人口の推移［1990-2001年］
表30-1　合衆国における宗教の主要宗派別推計人口［2001年］

34．経営学
図34-1　コンティンジェンシー理論の主要命題

35．自然科学
表35-1　アメリカ人科学者のノーベル賞受賞者数［1901-1998年］

表35-2　研究開発支出［1960-2000年］

37．初等・中等教育
図37-1　植民地時代の教科書『ニューイングランド・プライマー』の内容の一部
図37-2　アメリカの教育制度
表37-1　教職員分業化例［R小学校教職員リスト］

38．高等教育
表38-1　カーネギー教育振興財団による大学分類［2000年度］
表38-2　米国における高等教育の発展段階

39．高等研究機関
表39-1　高等研究機関リスト

40．博物館・美術館
表40-1　主要博物館・美術館リスト

42．多文化主義をめぐる議論
表42-1　米国におけるエスニック集団ごとの人口の推移［1960-2000年］

43．ネイティブ・アメリカン
図43-1　アメリカ・インディアンの人口の推移
図43-2　インディアン保留地とインディアン人口集中都市［1992年］
図43-3　インディアンと他民族集団の貧困率
図43-4　ナヴァホ保留地付近の炭鉱・ウラン鉱山と廃鉱堆積地
表43-1　インディアンの社会・経済状態の他集団との比較
表43-2　インディアンの保健状態の全国民との比較
表43-3　インディアンの土地回復訴訟［1992年現在］

45．ヨーロッパ系移民
表45-1　人種・民族別植民地人口［1776年］
表45-2　出生大陸別移民［1820-1997年］

47．ユダヤ系アメリカ人
表47-1　総移民数とユダヤ移民数［年代別］
表47-2　合衆国へのユダヤ移民の出身国別分類［1881年-1910年］

48．アジア系アメリカ人
表48-1　シリコンヴァレーで創業された中国系・インド系経営のハイテク企業の推移

50．労働運動
表50-1　米国における労働組合員数と組織率の推移［1955-1993年］
表50-2　労働組合員の経済部門別分布率の変化
表50-3　平均賃金の推移［1967-96年］
表50-4　中位家族年間所得の推移とその人種別比較［1947-97年］
表50-5　年間所得に応じて区分した階層別の家族所得配分の推移［1947-97年］
表50-6　失業率の推移［1947-97年］
表50-7　人種別の貧困率の推移［1959-97年］
表50-8　AFL-CIO傘下の10大組合

51．市民運動・草の根活動
表51-1　主要NPO・NGOリスト

53．フェミニズム
図53-1　各州のERAの批准［1972年-1982年］

57．経済の歴史
図57-1　19世紀前半アメリカ経済の模式図
図57-2　アメリカ経済に占める情報テクノロジー（IT）産業の産出シェア
図57-3　各国経済成長の比較
表57-1　各国別1人当たりGDP成長率年平均［1820-1989年］

61．製造業の過去と現在
図61-1　19-20世紀米国の設計・生産方式の変遷［設計共通化・製造互換性の視点］
表61-1　米国鉱工業生産の産業別構成比

63．商業・流通業
表63-1　米国流通企業上位30社［2001年度］

64．エネルギー産業
図64-1　メジャーの再編
図64-2　アメリカの一次エネルギー供給の構成率
図64-3　アメリカのエネルギー輸入［2003年］

65．農業
図65-1　農家・農場の農業収入に占める政府補償の割合
図65-2　農場の平均経営面積と実質収入
図65-3　イリノイ州の穀作農場のエーカー当たり農業所得，純地代，農地価格の水準
表65-1　主要作物の収入構成［1999穀物年度］
表65-2　農業経営の諸指標

67．交通・運輸
図67-1　インターステート・ハイウェイと交通の要衝にある都市
表67-1　主要空港の年間乗客数［2001年］

68．軍事産業
図68-1　アメリカのGDPに対する国防予算比率の推移［1900-96年度］
図68-2　平和の配当の会計年度ごとの推移［1985-2004年度］
図66-3　アメリカのGDPに対する国防支出比率の推移［1950-2004年度］
図68-4　航空宇宙産業雇用者数の推移［1987-2001年］
図68-5　世界の主要兵器輸出国と市場占有率

69．航空宇宙産業
図69-1　航空宇宙産業の主なグループ化
表69-1　航空宇宙産業の産業構造
表69-2　航空宇宙産業の主要メーカー［2000年現在］

70．情報通信産業
表70-1　通信市場の推移
表70-2　米国の情報通信産業の歴史
表70-3　地域通信産業の市場占有率（収入ベース）の推移
表70-4　高速回線の普及状況

71．メディア産業
図71-1　米国放送ビジネスの仕組み

74．アメリカ英語
図74-1　キュラスによる米国東部の方言区分
図74-2　カーヴァーによる方言区分
図74-3　ラボヴによる方言区分
表74-1　アメリカ英語とイギリス英語で異なる語彙
表74-2　同じ語形でもアメリカ英語とイギリス英語で意味が異なる例

表74-3　方言によって異なる語彙の例

77. 祝祭日と祝い事
図77-1　アメリカの祝祭日と季節のかかわり
表77-1　連邦法定休日

78. アメリカン・ファミリー
図78-1　アメリカの出生数の推移
図78-2　アメリカの婚姻率と離婚率の推移
図78-3　アメリカの未婚女性の出生数の推移
図78-4　アメリカの既婚女性の就労率の推移
表78-1　アメリカの平均初婚年齢の推移［1920-70年］
表78-2　アメリカの子供（0-17歳）のいる世帯の状況［1940-88年］

82. 電化製品
図82-1　並列接続の配置システム
図82-2　電化製品の普及状況

87. テレビ
表87-1　テレビ商用ネットワーク数の推移
表87-2　アメリカでのテレビ受像機の普及
表87-3　ケーブルテレビの普及

88. ラジオ
表88-1　ラジオの普及状況［1922年-1944年］

89. 新聞
表89-1　米国の日刊紙の数と総発行部数の推移
表89-2　米国の日刊紙上位20紙と発行部数
表89-3　新聞グループ上位20社

101. 演劇とミュージカル
表101-1　ロングラン・ミュージカル・ベスト20

102. 音楽
表101-1　年間のトップ3ヒットの変遷

105. 日系アメリカ人
表105-1　日本人移民入国数の推移
表105-2　強制収容の転住所と収容人数
表105-3　地域別日系人人口の割合の推移［1930-90年，ハワイを除く］

109. 経済を中心とする日米関係
図109-1　日米間の貿易における相互依存度の推移［1960-90年］
表109-1　世界経済に占める日米の比率の推移［1960-90年］
表109-2　日米の貿易収支尻の推移［1960-90年］
表109-3　貿易の対GDP比［1980-93年］

写真・図版出典一覧

例えば「98-❷」は、該当の写真が「98 スポーツ」の章の❷の写真であることを示す。

●エージェント，図書館，個人提供

粟谷修：98-❷
五十嵐武士：110-①
(財)川喜多記念映画文化財団：54-③，102-①
鍛冶壯一：69-①
川澄哲夫：104-⑥⑦
菊池東太：43-①
共同通信社：72-③，97-②，110-③
慶應義塾福澤研究センター：104-⑧
康駿：16-③
篠田有史：10-①
新建築社写真部：85-①②④⑤⑥
人民網（www.people.ne.jp）：8-③
舘美貴子：67-②
ツインリンクもてぎ：81-③
恒吉僚子：37-①②③
全米日系人博物館：105-①
日本ゼネラルモーターズ：81-②
能登路雅子：《カラーページ》「アメリカの象徴」⑮㉘㉛
　（協力 祝祭日および祝い事/テーマパーク）
秦隆司：91-⑤
一橋大学社会科学古典資料センター：32-①
フォード・ジャパン・リミテッド：81-①
米国大使館：14-⑨，大統領一覧 George Bush, Bill Clinton, George W. Bush 大統領
堀口健治：65-①②
毎日新聞社：44-⑤，45-③，83-①，108-②④，110-②
町村敬志：20-②
松尾弌之：19-⑦
マツダ映画社：106-②
無名塾：101-④
矢ヶ崎典隆：17-②③
八木幸二：86-①②③④⑤⑥⑦⑧⑨⑩⑪⑫⑬⑭⑮⑯⑰⑱⑲⑳㉑㉒㉔
矢口祐人：40-②③④⑤⑥⑦
横浜開港資料館所蔵：104-⑤

© Abbas/Magnum Photos Tokyo：《カラーページ》「アメリカの象徴」⑩
The Abby Aldrich Rockefeller Folk Art Museum：76-⑥
Amon Carter Museum：76-⑤
© The Andy Warhol Foundation for the Visual Arts, NY & JCS, Tokyo, 2004：95-⑩
AP/WWP：2-①②③，3-①②③，4-③，5-②③，9-①②③，10-②，11-①②③，12-①②③，14-⑥，14-⑧，17-①，18-①⑤，23-②，26-②，27-②，28-②，30-③，35-⑤，42-①，43-②③，46-①，52-①，62-①，75-⑤，97-①，101-②，103-②④⑤⑥，《カラーページ》「アメリカの象徴」④⑪⑰㉓㉙㉜
© 2000The Irvine Company：《カラーページ》「アメリカの象徴」㉔
The Bancroft Library, University of California：105-④
© Copyright 1992 Benetton Group S. p. A. Photo; Therese Frare Concept; Oliviero Toscani：93-②
Bishop Museum：105-①
The Brookings Institution：39-③④
The Coca-Cola Company：93-①
Courtesy of Cai Studio：95-⑪

Courtesy of the Cold Spring Harbor Laboratory Archives：35-①
Columbia University Library：31-①，49-③
© Disney：《カラーページ》「アメリカの象徴」㉜
© Estate of Duane Hanson/VAGA, New York/SPADA, Tokyo, 2004］：《カラーページ》「アメリカの象徴」⑱
The Granger Collection：77-⑤
Jenny Warburg：97-③
Library of Congress：4-① Thomas E. Powers (1912)，7-① Hugh Bridport (1829)，14-① (1910-1930)，27-① (1935)，30-② (1916)，31-③ George F. Parlow (1879) ⑨ New York World-Telegram and the Sun Newspaper Photograph Collection (1951)，33-① Underwood & Tnderwood photograph (1930)，35-② John D. Schiff (1945)，44-② (1865-80) ③ (1930-50)，47-③ (1905-1915)，50-② John Z. Gelsavage (1965-1980)，58-① (1900-1920)，75-① (1863)，79-① John Vachon (1942) ③ Gottscho-Schleisner,Inc. (1959)，85-③ Carl Van Vechen (1963)，88-① (1945) ③ Herbert E. French (1920-30)，96-① A. Berghaus，96-⑤ Walker Evans (1936)，100-② New York World-Telegram and the Sun Newspaper Photograph Collection (1914)
《カラーページ》「アメリカの象徴」① United International telephoto (1965)
Lincoln Boyhood National Memorial：76-③
Maxwell School of Syracuse University：5-①
Courtesy of the Nantucket Historical Association：104-⑨②
Minneapolis Institute of Arts：96-②
NASA：35-④，59-②③，《カラーページ》「アメリカの象徴」⑤
National Archives and Records Administration：4-② U. S. Food Administration (1918-1919)，14-② George Washington Bicentennial Commission (1775)，14-③ War Department (1861)，14-⑦ Department of the Interior (1963)，15-① Department of Commerce (1776)，22-①②，28-① Department of Justice (1953)，31-② U. S. Constitution Sesquicentennial Commission (1935-1939)，35-③ Department of Energy (1945)，44-④ U. S. Information Agency (1963)，47-① Department of Commerce and Labor. Children's Bureau (1912)，52-② U. S. Information Agency (1963)，53-② White House Staff Photographers (1977)，56-① White House Photograph Office (1990)，105-③ Department of the Interior (1942)，106-③ Office for Emergency Management (1943)，《カラーページ》「アメリカの象徴」⑥ Office of Naval Aide to the President (1963) ⑨ White House Photographic Office (1986) ⑬Department of Defense (1947)
National Cancer Institute：39-①②
National Park Service：54-①，57-①
New York Public Library：16-① Albert Bobbett, Felix Octavius Carr Darley (1877) ② Karl Theodore Francis Bitter (1904)，101-⑥⑨⑩
New York Times Co./Archive Photos：100-③
Peabody Museum of Salem：19-①
Pennsylvania Farm Museum of Landis Valley：76-④
© Pollock-Krasner Foundation/ ARS, NY & JVACS：95

-⑧
PPS 通信社：《カラーページ》「アメリカの象徴」⑳
Resources for the history of invention, Smithsonian Institution：58-③
© 2003 Rich Clarkson and Associates：98-③
Courtesy of The Rodgers and Hammerstein Organization：100-⑦⑧
Schomburg Center for Research in Black Culture, New York Public Library：52-①
Selected American Authors, The University of Iowa：103 -③
Resources for the history of invention, Smithsonian Institution：58-③
University of Southern California Image Library：95-①
UPI/APL：《カラーページ》「アメリカの象徴」㊱
U. S. Navy：《カラーページ》「アメリカの象徴」⑭
Walter P. Reuther Library, Wayne State University：50-①
1199News, Local1199, Health Care Employees Union：52-③

●書籍
佐藤鋼次郎『日米若し戦はば』目黒分店，1920：107-③
高谷道男監修『図説 横浜キリスト教文化史』有隣堂，1992：7-②
辻静雄監修・坂東三郎訳『西洋料理の巨匠とその料理――タイユヴァンからエスコフィエまで』鎌倉書房，1981：80-①
常松洋『世界史リブレット 48 大衆消費社会の登場』山川出版，1997：80-③
橋本毅彦『〈標準〉の哲学――スタンダード・テクノロジーの三〇〇年』講談社選書メチエ，2002：34-①
ホーマー・リー著・望月小太郎訳『日米必戦論』英文通信社，1911：107-③
吉田光邦監修『万国博の日本館』Inax，1990：106-①
Forbes, S. *America's Heartland*. Crescent Books, 1985：19-③
Graham, C. *Harper's Weekly*. April 10, 1886：66-①
Harrington, J. D. *Yankee Samurai: The secret role of Nisei in America's Pacific Victory*. Pettigrew Enterprises, 1979：49-②
Harris, B. *AMERICA The fifty States*. Crescent Books, 1985：19-②⑥
Hine, T. *Populuxe*. Alfred A. Knopf, 1986：20-①, 78-①
Hobsbawm, E. J. *Bandits*. Pelican Books, 1969：10-④
Hogan, S., Hudson, L. *Completely queer: The Gay and Lesbian Encyclopedia*. Henry Holt & Company, 1998：54

-②④
Horsley, E. *The 1950s*. BDD Promotional Books Company, 1990：13-②, 79-②
Kuby, E. *Die Deutschen in Amerika*. Wilhelm Heyne Verlag, 1983：45-①, 59-①
Leinwoll, S. *From Spark to Satellite: A History of Radio Communication*. Scribner, 1979：88-②
Levenstein, H. A. *Revolution at the Table*. Oxford University Press, 1988：80-③
Lossing, B. J. *Harper's Encyclopaedia of United States history from 458A. D. to 1905*：44-①
MacCalley, B. W. *Model T Ford: The Car That Changed the World*. Kraus Publications, 1994：57-②
Merton, R. K. et al., *Qualitative and Quantitative Social Research: Papers in Honor of Paul F. Lazarsfeld*. Free Press, 1979：32-⑥
Petrone, G. S. *Tobacco Advertising: The Great Seduction*. Schiffer Publishing, 1996：55-②
The Queens Museum. *Dawn of A New Day: The New York World's Fair, 1939/40*：78-②
Rockefeller Archive Center. *Research Reports*. Spring 1996：8-②
Schoener, A. ed., *Portal to America: The Lower East Side, 1870-1925*. Holt, Rinehart, and Winston, 1967：49-①
Simonds, W. *Abortion at Work: Ideology and Practice in a Feminist Clinic*. Rutgers University Press, 1996：53-③
Smart, T. *New Orleans*. Crescent Books, 1978：19-④⑤
Snow, R. *Coney Island—A postcard journey to the city of fire*. Brightwaters press, 1984：99-①②
Stryker, S. *Queer Pulp: Perverted Passions from the Golden Age of the Paperback*. Chronicle Books, 2001：54-⑤
Wilson, M. *American Science and Invention, a pictorial history: the fabulous story of how American dreams, wizards, and inspired thinkers converted a wilderness into the wonder of the world*. Bonanza Books, 1954：60-①, 61-①
Life. April 13, 1905：8-①
Life. July, 1922：14-⑤
Life. September 28, 1970：78-③
People. March 10, 2003：72-⑤

●パンフレット
Six Flags：99-③④
The Woodland Hills Chamber of Commerce—Presents its 13th annual 4th of July celebration：77-②

事典現代のアメリカ
© ODA Takahiro, KASHIWAGI Hiroshi, TATSUMI Takayuki 2004
  NOTOJI Masako, MATSUO Kazuyuki, YOSHIMI Shun'ya

NDC 030　1,548p　22cm

初版第1刷────2004年10月1日

編集者	小田隆裕・柏木 博・巽 孝之 能登路雅子・松尾弌之・吉見俊哉
発行者	鈴木一行
発行所	株式会社大修館書店 〒101-8466 東京都千代田区神田錦町 3-24 電話 03-3295-6231（販売部）　03-3294-2355（編集部） 振替 00190-7-40504 ［出版情報］http://www.taishukan.co.jp
装丁者	田中　晋
印刷所	壮光舎印刷
製本所	関山製本

ISBN4-469-01274-2　Printed in Japan

Ⓡ本書の全部または一部を無断で複写複製（コピー）することは、著作権法上での例外を除き禁じられています。

●本文基本デザイン
　田中　晋

●地図・図版制作
　株式会社文化情報

●編集・校正協力
　飯野朋美，法橋　量，大木敦子

●編集協力・CD-ROM 制作
　株式会社ディジタルアシスト

● CD-ROM 用資料作成
　飯野朋美，法橋　量